刑法规范总整理

（第十四版）

TOTAL ARRANGEMENT OF CRIMINAL LAW RULES

刘志伟 编

法律出版社
LAW PRESS·CHINA
北京

图书在版编目(CIP)数据

刑法规范总整理 / 刘志伟编. -- 14 版. -- 北京 : 法律出版社, 2024
ISBN 978 - 7 - 5197 - 9008 - 0

Ⅰ. ①刑… Ⅱ. ①刘… Ⅲ. ①刑法-汇编-中国 Ⅳ. ①D924.09

中国国家版本馆 CIP 数据核字(2024)第 072598 号

刑法规范总整理(第十四版)
XINGFA GUIFAN ZONGZHENGLI
(DI-SHISI BAN)

刘志伟 编

责任编辑 黄倩倩
装帧设计 贾丹丹

出版发行 法律出版社
编辑统筹 学术·对外出版分社
责任校对 王语童 郭艳萍
责任印制 胡晓雅 宋万春
经　　销 新华书店

开本 A5
印张 39.875　**字数** 1612 千
版本 2024 年 5 月第 14 版
印次 2024 年 5 月第 1 次印刷
印刷 天津嘉恒印务有限公司

地址:北京市丰台区莲花池西里 7 号(100073)
网址:www.lawpress.com.cn
投稿邮箱:info@lawpress.com.cn
举报盗版邮箱:jbwq@lawpress.com.cn
销售电话:010 - 83938349
客服电话:010 - 83938350
咨询电话:010 - 63939796

书号:ISBN 978 - 7 - 5197 - 9008 - 0
定价:128.00 元
凡购买本社图书,如有印装错误,我社负责退换。电话:010 - 83938349

使用指南

本书为读者提供了两种查阅刑法规范的方法：

1.目录查阅法：通过本书“详目”找到欲查阅的刑法条文及其刑法解释规范在本书中所在的页码，查阅刑法条文的规定及其刑法解释规范的全文。

2.脚注查阅法：根据刑法条文之下脚注所注明的各个刑法解释规范在本书所在的页码，查阅有关该条文的所有现行有效的刑法解释规范。

第十四版编写说明

《刑法规范总整理》自2005年6月出版以来，因编辑方法新颖、实用，查询方法简单、便捷，内容全面、准确，法典与解释各自独立、完整而又有合理的连接，受到读者朋友的广泛认可与好评，因而得以多次重印和每年修订再版。

本次修订，增加了包括《中华人民共和国刑法修正案(十二)》在内的5部法律、20件司法解释和司法解释性文件、21个指导性案例，删去了已失效和虽未废止但实际上已不适用的16件司法解释、司法解释性文件和2个指导性案例。同时，继续保持和完善本书的如下突出优点。

第一，查阅方法独特、快捷。为了在保持刑法典与各相关刑法解释规范的独立性与完整性的前提下，实现各刑法典条文与相关刑法解释规范之间的快速连接，方便读者快捷而集中地查找相关刑法解释规范的编写宗旨，本书采用了比较独特的编辑方法。先将所有刑法规范分为刑法、刑法修正案、单行刑法与其他法律、立法解释、全国人大常委会法工委的解释性意见、司法解释、指导性案例7个部分，对刑法典之外的各个部分的刑法规范分别按照刑法典条文的排列方法及发布时间的先后进行排列，然后针对刑法典的条文以脚注的形式，将所有与该条文有关的立法解释、司法解释等刑法解释规范的发布时间、名称、具体规定的条款序号与其所在本书的页码标示出来，这样就在刑法典条文与其相关刑法解释规范之间实现了连接，使读者能快捷地通过各个刑法典条文之下的脚注查阅与之相关的所有刑法解释规范。

第二，借助电子书实现功能互补。用手机微信扫描纸质书封面折页上的二维码，下载法律出版社App"有章"，即可查看App内《刑法规范总整理》的电子书。该电子书采用与纸质书完全不同的编辑方法，即将与各刑法典条文相关的立法解释、司法解释等刑法解释规范拆分之后集中置于相关刑法典条文之后。这种编辑方法的优点在于能够集中查阅到与各刑法典条文相关的所有刑法解释规范；缺点在于无法在书中看到每件立法解释、司法解释等刑法解释规范的全貌，而且在每个刑法典条文后放置了相当数量的刑法解释规范,使刑法典湮没在浩瀚的刑法解释规范中,读者无法从整体上把握刑法典及各个立法解释、司法解释等刑法解释规范的全貌和了解其内部各部分的逻辑联系。纸质书采用编辑方法的优点在于,不仅保持了刑法典与各个立法解释、司法解释等刑法解释规范的独立性和完整性,而且通过注释的方式实现了各刑法典条文与相关立法解释、司法解释等刑法解释规范的连接,使读者能够快速而集中地查阅到与各刑法典条文相关的所有刑法解释规范,但这种编辑方法也有一定的不足,即只是将绝大部分与各刑法典条文相关的刑法解释规范集中放在一起,而为了保持各刑法解释规范的独立性和完整性,没有办法将综合性的刑法解释规范与那些和各刑法典条文相关的专门刑法解释规范放在一起,因而与前述编辑方法相比,仍会给读者带来一些不便。在无法将两种编辑方法在纸质书中共用的情况下,采用在纸质书上附加电子书的方式,无疑是实现两种编辑方法功能互补的最佳路径。

第三,收录规范全面、准确。 由于不少刑法解释规范没有公开发布,收集起来颇为困难,为此编者穷尽各种方法进行收集,力争使本书收集的刑法解释规范尽可能全面。本书收录现行刑法典和中华人民共和国成立以来至2024年5月1日颁行且目前有效的单行刑法与其他含有刑事内容的法律、刑法修正案、立法解释、司法解释、司法解释性文件等各类刑法规范(为简便计,仅收录部分内容的规范不再在标题后标注“节选”字样)共678件和最高人民法院、最高人民检察院各自发布的指导性案例共128件以及最高人民法院研究室的研究意见27件。因此,可以说,本书是迄今为止收录中华人民共和国成立以来发布的刑法规范最为全面和准确的书籍。

第四,保持刑法典与时俱进。 根据现行刑法典颁行后国家立法机关发布的《关于惩治骗购外汇、逃汇和非法买卖外汇犯罪的决定》和12个刑法修正案,本书对刑法典的相关条文进行整理,使刑法典能够及时、全面、准确地体现国家立法机关对刑法的修改与完善,实现了刑法典的与时俱进,保持了刑法典的完整性。同时,为了便于领会刑法典条文的主旨和精神,本书根据刑法理论和最高人民法院与最高人民检察院发布的有关确定罪名的司法解释,对刑法典总则的各个条文归纳了主题名称,对刑法典分则的各个条文确定了罪名或主题名称。

本书为刑事司法实务工作者乃至广大公民快速查阅、综合理解和正确运用刑法规范提供了便捷的途径,也为刑法学教学与科研人员和广大刑法专业的博士研究生与硕士研究生分析、研究、比较中国刑法提供了颇有价值的立法和司法资料，对于众多学习法律的本科学生与参加法律职业资格考试的考生来说，本书也是一部不可多得的刑法工具书。

法律出版社学术分社前任分社长蒋浩先生、朱宁女士，现任分社长孙东育女士，前任编辑张旭辉女士、刘彦沣女士、易明群女士，现任编辑黄倩倩女士及其同仁，我指导的研究生周国良、侯书栋、杨静、周骞、马鄢君、潘文博、林玉玉、刘斯奋、周悦然、胡树琪、陶琳琳、卢少楠、冯伟、梁文彩、郑祖星、许晨夕、张莹、郑洋、吴波为本书的出版付出了辛勤而卓有成效的劳动。著名刑法学家高铭暄教授、储槐植教授、赵秉志教授、黄京平教授、阮齐林教授等很多专家学者充分肯定了本书的编辑方式并提出了非常好的改进建议，许多读者数年来对本书一直给予厚爱和支持，特别是罗庆东博士、周加海博士、卢宇博士、喻海松博士、杨建军博士、刘志洪博士、王吉春博士、余枫霜博士、胥开军先生、汤筱娴女士、李大壮先生热心地指出了本书中的一些错误或提出了完善的建议，在此表示诚挚的感谢！

对《刑法规范总整理》的修订，虽然会尽心竭力，但仍不免会有疏漏和不足，真诚希望读者诸君不吝提出宝贵意见和建议并发至 liuzhiwei@ bnu. edu. cn 邮箱或者发微信至 liuzhiweijs（微信号），以便今后修订本书时予以完善。为了及时传送最新发布的刑法立法、司法解释以及有关刑法规范整理、刑法问题研究等信息，编者特开设“刑法规范总整理”微信公众号（xfgfzzl），敬请大家关注！

刘志伟

2024 年 5 月

于北京师范大学刑事法律科学研究院

简目

详目

一、中华人民共和国刑法

[1979年7月1日第五届全国人民代表大会第二次会议通过,1997年3月14日第八届全国人民代表大会第五次会议修订,1997年3月14日中华人民共和国主席令第83号公布,自1997年10月1日起施行。根据1998年12月29日第八届全国人民代表大会常务委员会第六次会议通过的《关于惩治骗购外汇、逃汇和非法买卖外汇犯罪的决定》、1999年12月25日第九届全国人民代表大会常务委员会第十三次会议通过的《中华人民共和国刑法修正案》、2001年8月31日第九届全国人民代表大会常务委员会第二十三次会议通过的《中华人民共和国刑法修正案(二)》、2001年12月29日第九届全国人民代表大会常务委员会第二十五次会议通过的《中华人民共和国刑法修正案(三)》、2002年12月28日第九届全国人民代表大会常务委员会第三十一次会议通过的《中华人民共和国刑法修正案(四)》、2005年2月28日第十届全国人民代表大会常务委员会第十四次会议通过的《中华人民共和国刑法修正案(五)》、2006年6月29日第十届全国人民代表大会常务委员会第二十二次会议通过的《中华人民共和国刑法修正案(六)》、2009年2月28日第十一届全国人民代表大会常务委员会第七次会议通过的《中华人民共和国修正案(七)》、2011年2月25日第十一届全国人民代表大会常务委员会第十九次会议通过的《中华人民共和国刑法修正案(八)》、2015年8月29日第十二届全国人民代表大会常务委员会第十六次会议通过的《中华人民共和国刑法修正案(九)》、2017年11月4日第十二届全国人民代表大会常务委员会第二十次会议通过的《中华人民共和国刑法修正案(十)》、2020年12月26日第十三届全国人民代表大会常务委员会第二十四次会议通过的《中华人民共和国刑法修正案(十一)》、2023年12月29日第十四届全国人民代表大会常务委员会第七次会议通过的《中华人民共和国刑法修正案(十二)》修正]

目　　录

第一编 总 则

第一章 刑法的任务、基本原则和适用范围

第一条 【刑法的目的与根据】 为了惩罚犯罪,保护人民,根据宪法,结合我国同犯罪作斗争的具体经验及实际情况,制定本法。

第二条 【刑法的任务】 中华人民共和国刑法的任务,是用刑罚同一切犯罪行为作斗争,以保卫国家安全,保卫人民民主专政的政权和社会主义制度,保护国有财产和劳动群众集体所有的财产,保护公民私人所有的财产,保护公民的人身权利、民主权利和其他权利,维护社会秩序、经济秩序,保障社会主义建设事业的顺利进行。

第三条 【罪刑法定原则】 法律明文规定为犯罪行为的,依照法律定罪处刑;法律没有明文规定为犯罪行为的,不得定罪处刑。

第四条 【适用刑法人人平等原则】 对任何人犯罪,在适用法律上一律平等。不允许任何人有超越法律的特权。

第五条 【罪责刑相适应原则】 刑罚的轻重,应当与犯罪分子所犯罪行和承担的刑事责任相适应。

第六条[①] **【属地管辖】** 凡在中华人民共和国领域内犯罪的,除法律有特别规定的以外,都适用本法。

凡在中华人民共和国船舶或者航空器内犯罪的,也适用本法。

犯罪的行为或者结果有一项发生在中华人民共和国领域内的,就认为是在中华人民共和国领域内犯罪。

第七条 【属人管辖】 中华人民共和国公民在中华人民共和国领域外犯本法规定之罪的,适用本法,但是按本法规定的最高刑为三年以下有期徒刑的,可以不予追究。

中华人民共和国国家工作人员和军人在中华人民共和国领域外犯本法规定之罪的,适用本法。

---

① a. 2000 年《关于审理拐卖妇女案件适用法律有关问题的解释》第二条,第 722 页。
b. 2016 年《关于审理发生在我国管辖海域相关案件若干问题的规定(一)》,第 224 页。

第八条 【保护管辖】 外国人在中华人民共和国领域外对中华人民共和国国家或者公民犯罪,而按本法规定的最低刑为三年以上有期徒刑的,可以适用本法,但是按照犯罪地的法律不受处罚的除外。

第九条 【普遍管辖】 对于中华人民共和国缔结或者参加的国际条约所规定的罪行,中华人民共和国在所承担条约义务的范围内行使刑事管辖权的,适用本法。

第十条 【对已被外国刑事追究的领域外犯罪的处理】 凡在中华人民共和国领域外犯罪,依照本法应当负刑事责任的,虽然经过外国审判,仍然可以依照本法追究,但是在外国已经受过刑罚处罚的,可以免除或者减轻处罚。

第十一条 【外交豁免】 享有外交特权和豁免权的外国人的刑事责任,通过外交途径解决。

第十二条① **【刑法的溯及力】** 中华人民共和国成立以后本法施行以前的行为,如果当时的法律不认为是犯罪的,适用当时的法律;如果当时的法律认为是犯罪的,依照本法总则第四章第八节的规定应当追诉的,按照当时的法律追究刑事责任,但是如果本法不认为是犯罪或者处刑较轻的,适用本法。

本法施行以前,依照当时的法律已经作出的生效判决,继续有效。

第二章 犯 罪

第一节 犯罪和刑事责任

第十三条 【犯罪概念】 一切危害国家主权、领土完整和安全,分裂国家、颠覆人民民主专政的政权和推翻社会主义制度,破坏社会秩序和经济秩序,侵犯国有财产

---

① a. 1997 年《关于认真学习宣传贯彻修订的〈中华人民共和国刑法〉的通知》三、四、五,第 223 页。

b. 1997 年《关于适用刑法时间效力规定若干问题的解释》,第 227 页。

c. 1997 年《关于检察工作中具体适用修订刑法第十二条若干问题的通知》,第 228 页。

d. 1998 年《关于适用刑法第十二条几个问题的解释》,第 229 页。

e. 1998 年《关于对跨越修订刑法施行日期的继续犯罪、连续犯罪以及其他同种数罪应如何具体适用刑法问题的批复》,第 230 页。

f. 2000 年《关于〈全国人民代表大会常务委员会关于《中华人民共和国刑法》第九十三条第二款的解释〉的时间效力的批复》,第 342 页。

g. 2001 年《关于适用刑事司法解释时间效力问题的规定》,第 230 页。

h. 2003 年《关于九七刑法实施后发生的非法买卖枪支案件,审理时新的司法解释尚未作出,是否可以参照 1995 年 9 月 20 日的最高人民法院〈关于办理非法制造、买卖、运输非军用枪支、弹药刑事案件适用法律问题的解释〉的规定审理案件请示的复函》,第 231 页。

i. 2003 年《关于认真贯彻执行〈中华人民共和国刑法修正案(四)〉和〈全国人大常委会关于《中华人民共和国刑法》第九章渎职罪主体适用问题的解释〉的通知》三,第 1120 页。

j. 2011 年《关于假释时间效力法律适用问题的答复》,第 338 页。

k. 2021 年《关于适用〈中华人民共和国刑法修正案(十一)〉有关问题的通知》三,第 234 页。

或者劳动群众集体所有的财产，侵犯公民私人所有的财产，侵犯公民的人身权利、民主权利和其他权利，以及其他危害社会的行为，依照法律应当受刑罚处罚的，都是犯罪，但是情节显著轻微危害不大的，不认为是犯罪。

第十四条　【故意犯罪】 明知自己的行为会发生危害社会的结果，并且希望或者放任这种结果发生，因而构成犯罪的，是故意犯罪。

故意犯罪，应当负刑事责任。

第十五条　【过失犯罪】 应当预见自己的行为可能发生危害社会的结果，因为疏忽大意而没有预见，或者已经预见而轻信能够避免，以致发生这种结果的，是过失犯罪。

过失犯罪，法律有规定的才负刑事责任。

第十六条　【不可抗力和意外事件】 行为在客观上虽然造成了损害结果，但是不是出于故意或者过失，而是由于不能抗拒或者不能预见的原因所引起的，不是犯罪。

第十七条[①] **【刑事责任年龄】** 已满十六周岁的人犯罪，应当负刑事责任。

已满十四周岁不满十六周岁的人，犯故意杀人、故意伤害致人重伤或者死亡、强奸、抢劫、贩卖毒品、放火、爆炸、投放危险物质罪的，应当负刑事责任。

已满十二周岁不满十四周岁的人，犯故意杀人、故意伤害罪，致人死亡或者以特别残忍手段致人重伤造成严重残疾，情节恶劣，经最高人民检察院核准追诉的，应当负刑事责任。

对依照前三款规定追究刑事责任的不满十八周岁的人，应当从轻或者减轻处罚。

因不满十六周岁不予刑事处罚的，责令其父母或者其他监护人加以管教；在必要

---

① a. 本条系根据《刑法修正案（十一）》第一条的规定修改。原条文为“（第一款）已满十六周岁的人犯罪，应当负刑事责任。（第二款）已满十四周岁不满十六周岁的人，犯故意杀人、故意伤害致人重伤或者死亡、强奸、抢劫、贩卖毒品、放火、爆炸、投毒罪的，应当负刑事责任。（第三款）已满十四周岁不满十八周岁的人犯罪，应当从轻或者减轻处罚。（第四款）因不满十六周岁不予刑事处罚的，责令他的家长或者监护人加以管教；在必要的时候，也可以由政府收容教养”。

b. 1997 年《关于如何确定无户籍登记的犯罪嫌疑人年龄的答复》，第 234 页。

c. 2000 年《关于“骨龄鉴定”能否作为确定刑事责任年龄证据使用的批复》，第 235 页。

d. 2002 年《关于已满十四周岁不满十六周岁的人承担刑事责任范围问题的答复意见》，第 221 页。

e. 2002 年《关于已满十四周岁不满十六周岁的人承担刑事责任范围问题的复函》，第 235 页。

f. 2003 年《关于相对刑事责任年龄的人承担刑事责任范围有关问题的答复》，第 235 页。

g. 2006 年《关于审理未成年人刑事案件具体应用法律若干问题的解释》第二至五、十二、十三、十七条，第 236 ~ 238 页。

h. 2007 年《关于在检察工作中贯彻宽严相济刑事司法政策的若干意见》11，第 288 页。

i. 2010 年《关于贯彻宽严相济刑事政策的若干意见》20，第 292 页。

j. 2011 年《关于对涉嫌盗窃的不满 16 周岁未成年人采取刑事拘留强制措施是否违法问题的批复》，第 238 页。

k. 2013 年《人民检察院办理未成年人刑事案件的规定》，第 239 页。

l. 最高检 2014 年指导性案例 19 号《张某、沈某某等七人抢劫案》，第 1165 页。

m. 2017 年《未成年人刑事检察工作指引（试行）》，第 240 页。

n. 2020 年《关于依法严惩利用未成年人实施黑恶势力犯罪的意见》，第 900 页。

o. 2021 年《关于常见犯罪的量刑指导意见（试行）》三·（一），第 277 页。

的时候,依法进行专门矫治教育。

第十七条之一[①] **【老年人犯罪的刑事责任】** 已满七十五周岁的人故意犯罪的,可以从轻或者减轻处罚;过失犯罪的,应当从轻或者减轻处罚。

第十八条[②] **【精神障碍与刑事责任】** 精神病人在不能辨认或者不能控制自己行为的时候造成危害结果,经法定程序鉴定确认的,不负刑事责任,但是应当责令他的家属或者监护人严加看管和医疗;在必要的时候,由政府强制医疗。

间歇性的精神病人在精神正常的时候犯罪,应当负刑事责任。

尚未完全丧失辨认或者控制自己行为能力的精神病人犯罪的,应当负刑事责任,但是可以从轻或者减轻处罚。

醉酒的人犯罪,应当负刑事责任。

第十九条 **【又聋又哑的人或者盲人犯罪的刑事责任】** 又聋又哑的人或者盲人犯罪,可以从轻、减轻或者免除处罚。

第二十条[③] **【正当防卫】** 为了使国家、公共利益、本人或者他人的人身、财产和其他权利免受正在进行的不法侵害,而采取的制止不法侵害的行为,对不法侵害人造成损害的,属于正当防卫,不负刑事责任。

正当防卫明显超过必要限度造成重大损害的,应当负刑事责任,但是应当减轻或者免除处罚。

对正在进行行凶、杀人、抢劫、强奸、绑架以及其他严重危及人身安全的暴力犯罪,采取防卫行为,造成不法侵害人伤亡的,不属于防卫过当,不负刑事责任。

第二十一条[④] **【紧急避险】** 为了使国家、公共利益、本人或者他人的人身、财产和其他权利免受正在发生的危险,不得已采取的紧急避险行为,造成损害的,不负刑事责任。

紧急避险超过必要限度造成不应有的损害的,应当负刑事责任,但是应当减轻或者免除处罚。

第一款中关于避免本人危险的规定,不适用于职务上、业务上负有特定责任的人。

---

① a. 本条系根据《刑法修正案(八)》第一条的规定增加。
b. 2021 年《关于常见犯罪的量刑指导意见(试行)》三·(二),第 277 页。

② 2021 年《关于常见犯罪的量刑指导意见(试行)》三·(三),第 277 页。

③ a. 1983 年《关于人民警察执行职务中实行正当防卫的具体规定》,第 242 页。
b. 2015 年《关于依法办理家庭暴力犯罪案件的意见》19、20,第 664、665 页。
c. 最高法 2018 年指导性案例 93 号《于欢故意伤害案》,第 1155 页。
d. 最高检 2018 年指导性案例 45 号《陈某正当防卫案》,第 1172 页。
e. 最高检 2018 年指导性案例 46 号《朱凤山故意伤害(防卫过当)案》,第 1172 页。
f. 最高检 2018 年指导性案例 47 号《于海明正当防卫案》,第 1173 页。
g. 最高检 2018 年指导性案例 48 号《侯雨秋正当防卫案》,第 1174 页。
h. 2019 年《关于依法惩治妨害公共交通工具安全驾驶违法犯罪行为的指导意见》一·(四),第 434 页。
i. 2020 年《关于依法适用正当防卫制度的指导意见》,第 243 页。
j. 最高法 2020 年指导性案例 144 号《张那木拉正当防卫案》,第 1157 页。

④ 2019 年《关于依法惩治妨害公共交通工具安全驾驶违法犯罪行为的指导意见》一·(五),第 434 页。

第二节 犯罪的预备、未遂和中止

第二十二条 【犯罪预备】 为了犯罪,准备工具、制造条件的,是犯罪预备。

对于预备犯,可以比照既遂犯从轻、减轻处罚或者免除处罚。

第二十三条① **【犯罪未遂】** 已经着手实行犯罪,由于犯罪分子意志以外的原因而未得逞的,是犯罪未遂。

对于未遂犯,可以比照既遂犯从轻或者减轻处罚。

第二十四条 【犯罪中止】 在犯罪过程中,自动放弃犯罪或者自动有效地防止犯罪结果发生的,是犯罪中止。

对于中止犯,没有造成损害的,应当免除处罚;造成损害的,应当减轻处罚。

第三节 共同犯罪

第二十五条 【共同犯罪的概念】 共同犯罪是指二人以上共同故意犯罪。

二人以上共同过失犯罪,不以共同犯罪论处;应当负刑事责任的,按照他们所犯的罪分别处罚。

第二十六条② **【主犯】** 组织、领导犯罪集团进行犯罪活动的或者在共同犯罪中起主要作用的,是主犯。

三人以上为共同实施犯罪而组成的较为固定的犯罪组织,是犯罪集团。

对组织、领导犯罪集团的首要分子,按照集团所犯的全部罪行处罚。

对于第三款规定以外的主犯,应当按照其所参与的或者组织、指挥的全部犯罪处罚。

第二十七条③ **【从犯】** 在共同犯罪中起次要或者辅助作用的,是从犯。

对于从犯,应当从轻、减轻处罚或者免除处罚。

第二十八条 【胁从犯】 对于被胁迫参加犯罪的,应当按照他的犯罪情节减轻处罚或者免除处罚。

第二十九条 【教唆犯】 教唆他人犯罪的,应当按照他在共同犯罪中所起的作用处罚。教唆不满十八周岁的人犯罪的,应当从重处罚。

如果被教唆的人没有犯被教唆的罪,对于教唆犯,可以从轻或者减轻处罚。

---

① 2021 年《关于常见犯罪的量刑指导意见(试行)》三·(四),第 278 页。

② a. 1984 年《关于当前办理集团犯罪案件中具体应用法律的若干问题的解答》一、二、四,第 246 ~ 247 页。

b. 2018 年《关于办理黑恶势力犯罪案件若干问题的指导意见》14 至 16,第 883 页。

c. 2019 年《关于办理恶势力刑事案件若干问题的意见》,第 887 页。

d. 最高法 2020 年指导性案例 187 号《吴强等敲诈勒索、抢劫、故意伤害案》,第 1158 页。

③ 2021 年《关于常见犯罪的量刑指导意见(试行)》三·(五),第 278 页。

第四节　单位犯罪

第三十条[①] **【单位犯罪的成立范围】** 公司、企业、事业单位、机关、团体实施的危害社会的行为,法律规定为单位犯罪的,应当负刑事责任。

第三十一条[②] **【单位犯罪的处罚原则】** 单位犯罪的,对单位判处罚金,并对其直接负责的主管人员和其他直接责任人员判处刑罚。本法分则和其他法律另有规定的,依照规定。

第三章　刑　　罚

第一节　刑罚的种类

第三十二条　【主刑和附加刑】 刑罚分为主刑和附加刑。

第三十三条　【主刑种类】 主刑的种类如下:

(一)管制;

(二)拘役;

(三)有期徒刑;

(四)无期徒刑;

(五)死刑。

第三十四条　【附加刑种类】 附加刑的种类如下:

(一)罚金;

(二)剥夺政治权利;

---

① a. 1999 年《关于审理单位犯罪案件具体应用法律有关问题的解释》,第 247 页。

b. 2001 年《全国法院审理金融犯罪案件工作座谈会纪要》二·(一),第 546 页。

c. 2003 年《关于外国公司、企业、事业单位在我国领域内犯罪如何适用法律问题的答复》,第 249 页。

d. 2007 年《关于村民委员会可否构成单位犯罪主体问题的批复》,第 249 页。

e. 2014 年《关于〈中华人民共和国刑法〉第三十条的解释》,第 218 页。

f. 2017 年《关于办理涉互联网金融犯罪案件有关问题座谈会纪要》20 至 24,第 556 页。

g. 2019 年《关于办理非法集资刑事案件若干问题的意见》二、三,第 584、585 页。

h. 2019 年《关于办理环境污染刑事案件有关问题座谈会纪要》1,第 959 页。

② a. 1994 年《关于如何理解走私罪中"直接负责的主管人员"和"直接责任人员"的答复》,第 509 页。

b. 1998 年《关于企业犯罪后被合并应当如何追究刑事责任问题的答复》,第 247 页。

c. 2000 年《关于审理单位犯罪案件对其直接负责的主管人员和其他直接责任人员是否区分主犯、从犯问题的批复》,第 248 页。

d. 2001 年《全国法院审理金融犯罪案件工作座谈会纪要》二·(一),第 546 页。

e. 2002 年《关于涉嫌犯罪单位被撤销、注销、吊销营业执照或者宣告破产的应如何进行追诉问题的批复》,第 248 页。

f. 2022 年《关于办理走私刑事案件适用法律若干问题的意见》十七至十九,第 514、515 页。

g. 2017 年《关于办理涉互联网金融犯罪案件有关问题座谈会纪要》25 至 27,第 557 页。

(三)没收财产。

附加刑也可以独立适用。

第三十五条 【驱逐出境】 对于犯罪的外国人,可以独立适用或者附加适用驱逐出境。

第三十六条[①] **【犯罪行为的民事责任】** 由于犯罪行为而使被害人遭受经济损失的,对犯罪分子除依法给予刑事处罚外,并应根据情况判处赔偿经济损失。

承担民事赔偿责任的犯罪分子,同时被判处罚金,其财产不足以全部支付的,或者被判处没收财产的,应当先承担对被害人的民事赔偿责任。

第三十七条 【非刑罚处罚措施】 对于犯罪情节轻微不需要判处刑罚的,可以免予刑事处罚,但是可以根据案件的不同情况,予以训诫或者责令具结悔过、赔礼道歉、赔偿损失,或者由主管部门予以行政处罚或者行政处分。

第三十七条之一[②] **【职业禁止】** 因利用职业便利实施犯罪,或者实施违背职业要求的特定义务的犯罪被判处刑罚的,人民法院可以根据犯罪情况和预防再犯罪的需要,禁止其自刑罚执行完毕之日或者假释之日起从事相关职业,期限为三年至五年。

被禁止从事相关职业的人违反人民法院依照前款规定作出的决定的,由公安机关依法给予处罚;情节严重的,依照本法第三百一十三条的规定定罪处罚。

其他法律、行政法规对其从事相关职业另有禁止或者限制性规定的,从其规定。

第二节 管 制

第三十八条[③] **【管制的期限与执行】** 管制的期限,为三个月以上两年以下。

判处管制,可以根据犯罪情况,同时禁止犯罪分子在执行期间从事特定活动,进入特定区域、场所,接触特定的人。

对判处管制的犯罪分子,依法实行社区矫正。

---

① a. 1999 年《全国法院维护农村稳定刑事审判工作座谈会纪要》三·(五),第 702 页。
b. 2002 年《关于行政机关工作人员执行职务致人伤亡构成犯罪的赔偿诉讼程序问题的批复》,第 249 页。
c. 2006 年《关于审理未成年人刑事案件具体应用法律若干问题的解释》第十九条,第 238 页。

② a. 本条系根据《刑法修正案(九)》第一条的规定增加。
b. 2015 年《关于〈中华人民共和国刑法修正案(九)〉时间效力问题的解释》第一条,第 232 页。
c. 2022 年《关于落实从业禁止制度的意见》,第 250 页。
d. 2009 年《关于依法审理和执行被风险处置证券公司相关案件的通知》五,第 250 页。

③ a. 本条系根据《刑法修正案(八)》第二条的规定修改。原条文为"(第一款)管制的期限,为三个月以上两年以下。(第二款)被判处管制的犯罪分子,由公安机关执行"。
b. 2011 年《关于〈中华人民共和国刑法修正案(八)〉时间效力问题的解释》第一条,第 231 页。
c. 2011 年《关于对判处管制、宣告缓刑的犯罪分子适用禁止令有关问题的规定(试行)》,第 251 页。
d. 最高法 2013 年指导性案例 14 号《董某某、宋某某抢劫案》,第 1152 页。
e. 2019 年《中华人民共和国社区矫正法》,第 199 页。
f. 2020 年《中华人民共和国社区矫正法实施办法》,第 253 页。

违反第二款规定的禁止令的,由公安机关依照《中华人民共和国治安管理处罚法》的规定处罚。

第三十九条[①] **【被管制罪犯的义务和权利】** 被判处管制的犯罪分子,在执行期间,应当遵守下列规定:

(一)遵守法律、行政法规,服从监督;

(二)未经执行机关批准,不得行使言论、出版、集会、结社、游行、示威自由的权利;

(三)按照执行机关规定报告自己的活动情况;

(四)遵守执行机关关于会客的规定;

(五)离开所居住的市、县或者迁居,应当报经执行机关批准。

对于被判处管制的犯罪分子,在劳动中应当同工同酬。

第四十条 【管制期满解除】 被判处管制的犯罪分子,管制期满,执行机关应即向本人和其所在单位或者居住地的群众宣布解除管制。

第四十一条[②] **【管制刑期的计算】** 管制的刑期,从判决执行之日起计算;判决执行以前先行羁押的,羁押一日折抵刑期二日。

第三节 拘　　役

第四十二条 【拘役的期限】 拘役的期限,为一个月以上六个月以下。

第四十三条[③] **【拘役的执行】** 被判处拘役的犯罪分子,由公安机关就近执行。

在执行期间,被判处拘役的犯罪分子每月可以回家一天至两天;参加劳动的,可以酌量发给报酬。

第四十四条[④] **【拘役刑期的计算】** 拘役的刑期,从判决执行之日起计算;判决执行以前先行羁押的,羁押一日折抵刑期一日。

---

① a. 1986 年《关于被判处管制、剥夺政治权利和宣告缓刑、假释的犯罪分子能否外出经商等问题的通知》,第 317 页。

b. 1991 年《关于被判处管制、剥夺政治权利和宣告缓刑、假释的犯罪分子能否担任中外合资、合作经营企业领导职务问题的答复》,第 317 页。

② a. 2018 年《监察法》第四十四条第三款规定:“被留置人员涉嫌犯罪移送司法机关后,被依法判处管制、拘役和有期徒刑的,留置一日折抵管制二日,折抵拘役、有期徒刑一日。”

b. 2021 年《中华人民共和国行政处罚法》第三十五条,第 207 页。

c. 2021 年《关于进一步加强虚假诉讼犯罪惩治工作的意见》第二十二条,第 924 页。

d. 2021 年《关于办理电信网络诈骗等刑事案件适用法律若干问题的意见(二)》十五,第 786 页。

e. 2021 年《关于依法惩治涉枪支、弹药、爆炸物、易燃易爆危险物品犯罪的意见》22,第 463 页。

③ 2001 年《关于对被判处拘役的罪犯在执行期间回家问题的批复》,第 265 页。

④ 2018 年《监察法》第四十四条第三款规定:“被留置人员涉嫌犯罪移送司法机关后,被依法判处管制、拘役和有期徒刑的,留置一日折抵管制二日,折抵拘役、有期徒刑一日。”

第四节　有期徒刑、无期徒刑

第四十五条　【有期徒刑的期限】　有期徒刑的期限，除本法第五十条、第六十九条规定外，为六个月以上十五年以下。

第四十六条①　**【有期徒刑与无期徒刑的执行】**　被判处有期徒刑、无期徒刑的犯罪分子，在监狱或者其他执行场所执行；凡有劳动能力的，都应当参加劳动，接受教育和改造。

第四十七条②　**【有期徒刑刑期的计算】**　有期徒刑的刑期，从判决执行之日起计算；判决执行以前先行羁押的，羁押一日折抵刑期一日。

第五节　死　　刑

第四十八条③　**【死刑的适用条件及核准程序】**　死刑只适用于罪行极其严重的犯罪分子。对于应当判处死刑的犯罪分子，如果不是必须立即执行的，可以判处死刑同时宣告缓期二年执行。

死刑除依法由最高人民法院判决的以外，都应当报请最高人民法院核准。死刑缓期执行的，可以由高级人民法院判决或者核准。

第四十九条④　**【死刑适用对象的限制】**　犯罪的时候不满十八周岁的人和审判的时候怀孕的妇女，不适用死刑。

---

① 2016 年《关于人民法院办理接收在台湾地区服刑的大陆居民回大陆服刑案件的规定》，第 266 页。

② a. 1964 年《关于在押未决犯保外就医期间是否折抵刑期问题的联合批复》，第 267 页。

b. 1983 年《关于因错判在服刑期“脱逃”后确有犯罪其错判服刑期限可否与后判刑期折抵问题的电话答复》，第 268 页。

c. 2018 年《监察法》第四十四条第三款规定：“被留置人员涉嫌犯罪移送司法机关后，被依法判处管制、拘役和有期徒刑的，留置一日折抵管制二日，折抵拘役、有期徒刑一日。”

d. 2018 年《中华人民共和国国际刑事司法协助法》第三十八、六十四条，第 198 页。

e. 2021 年《中华人民共和国行政处罚法》第三十五条，第 207 页。

f. 2021 年《关于进一步加强虚假诉讼犯罪惩治工作的意见》第二十二条，第 924 页。

g. 2021 年《关于办理电信网络诈骗等刑事案件适用法律若干问题的意见（二）》十五，第 786 页。

h. 2021 年《关于依法惩治涉枪支、弹药、爆炸物、易燃易爆危险物品犯罪的意见》22，第 463 页。

③ a. 1999 年《全国法院维护农村稳定刑事审判工作座谈会纪要》二·（一），第 699 页。

b. 2007 年《关于统一行使死刑案件核准权有关问题的决定》，第 268 页。

c. 2007 年《关于进一步严格依法办案确保办理死刑案件质量的意见》二，第 269 页。

d. 2007 年《关于进一步加强刑事审判工作的决定》六，第 270 页。

e. 最高检 2010 年指导性案例 2 号《忻云龙绑架案》，第 1161 页。

f. 最高检 2014 年指导性案例 18 号《郭明先参加黑社会性质组织、故意杀人、故意伤害案》，第 1165 页。

④ a. 本条第二款系根据《刑法修正案（八）》第三条的规定增加。

b. 1991 年《关于如何理解“审判的时候怀孕的妇女不适用死刑”问题的电话答复》，第 271 页。

c. 1998 年《关于对怀孕妇女在羁押期间自然流产审判时是否可以适用死刑问题的批复》，第 271 页。

审判的时候已满七十五周岁的人,不适用死刑,但以特别残忍手段致人死亡的除外。

第五十条[①] **【死缓的法律后果】** 判处死刑缓期执行的,在死刑缓期执行期间,如果没有故意犯罪,二年期满以后,减为无期徒刑;如果确有重大立功表现,二年期满以后,减为二十五年有期徒刑;如果故意犯罪,情节恶劣的,报请最高人民法院核准后执行死刑;对于故意犯罪未执行死刑的,死刑缓期执行的期间重新计算,并报最高人民法院备案。

对被判处死刑缓期执行的累犯以及因故意杀人、强奸、抢劫、绑架、放火、爆炸、投放危险物质或者有组织的暴力性犯罪被判处死刑缓期执行的犯罪分子,人民法院根据犯罪情节等情况可以同时决定对其限制减刑。

第五十一条 **【死缓的期间及减为有期徒刑的刑期计算】** 死刑缓期执行的期间,从判决确定之日起计算。死刑缓期执行减为有期徒刑的刑期,从死刑缓期执行期满之日起计算。

第六节 罚　　金

第五十二条[②] **【罚金数额的裁量】** 判处罚金,应当根据犯罪情节决定罚金数额。

第五十三条[③] **【罚金的缴纳、减免】** 罚金在判决指定的期限内一次或者分期缴纳。期满不缴纳的,强制缴纳。对于不能全部缴纳罚金的,人民法院在任何时候发现被执行人有可以执行的财产,应当随时追缴。

---

① a. 本条第一款原文为"判处死刑缓期执行的,在死刑缓期执行期间,如果没有故意犯罪,二年期满以后,减为无期徒刑;如果确有重大立功表现,二年期满以后,减为十五年以上二十年以下有期徒刑;如果故意犯罪,查证属实的,由最高人民法院核准,执行死刑"。《刑法修正案(八)》第四条将本款修改为"判处死刑缓期执行的,在死刑缓期执行期间,如果没有故意犯罪,二年期满以后,减为无期徒刑;如果确有重大立功表现,二年期满以后,减为二十五年有期徒刑;如果故意犯罪,查证属实的,由最高人民法院核准,执行死刑"。《刑法修正案(九)》将本款修改为现规定。

b. 2011 年《关于〈中华人民共和国刑法修正案(八)〉时间效力问题的解释》第二条,第 231 页。

c. 2015 年《关于〈中华人民共和国刑法修正案(九)〉时间效力问题的解释》第二条,第 233 页。

② a. 1999 年《全国法院维护农村稳定刑事审判工作座谈会纪要》三·(四),第 701 页。

b. 2000 年《关于适用财产刑若干问题的规定》第一至四、八、九条,第 272 页。

c. 2006 年《关于审理未成年人刑事案件具体应用法律若干问题的解释》第十五条,第 237 页。

③ a. 本条系根据《刑法修正案(九)》第三条的规定修改。原条文为"罚金在判决指定的期限内一次或者分期缴纳。期满不缴纳的,强制缴纳。对于不能全部缴纳罚金的,人民法院在任何时候发现被执行人有可以执行的财产,应当随时追缴。如果由于遭遇不能抗拒的灾祸缴纳确实有困难的,可以酌情减少或者免除"。

b. 2000 年《关于适用财产刑若干问题的规定》第五、六、十、十一条,第 272 页。

c. 2009 年《关于依法审理和执行被风险处置证券公司相关案件的通知》五,第 250 页。

d. 2021 年《中华人民共和国行政处罚法》第三十五条,第 207 页。

e. 2021 年《关于进一步加强虚假诉讼犯罪惩治工作的意见》第二十二条,第 924 页。

f. 2021 年《关于办理电信网络诈骗等刑事案件适用法律若干问题的意见(二)》十五,第 786 页。

g. 2021 年《关于依法惩治涉枪支、弹药、爆炸物、易燃易爆危险物品犯罪的意见》22,第 463 页。

由于遭遇不能抗拒的灾祸等原因缴纳确实有困难的,经人民法院裁定,可以延期缴纳、酌情减少或者免除。

第七节 剥夺政治权利

第五十四条 【剥夺政治权利的内容】 剥夺政治权利是剥夺下列权利:

(一)选举权和被选举权;

(二)言论、出版、集会、结社、游行、示威自由的权利;

(三)担任国家机关职务的权利;

(四)担任国有公司、企业、事业单位和人民团体领导职务的权利。

第五十五条 【剥夺政治权利的期限】 剥夺政治权利的期限,除本法第五十七条规定外,为一年以上五年以下。

判处管制附加剥夺政治权利的,剥夺政治权利的期限与管制的期限相等,同时执行。

第五十六条① **【剥夺政治权利的适用范围】** 对于危害国家安全的犯罪分子应当附加剥夺政治权利;对于故意杀人、强奸、放火、爆炸、投毒、抢劫等严重破坏社会秩序的犯罪分子,可以附加剥夺政治权利。

独立适用剥夺政治权利的,依照本法分则的规定。

第五十七条 【对死刑、无期徒刑罪犯剥夺政治权利的适用】 对于被判处死刑、无期徒刑的犯罪分子,应当剥夺政治权利终身。

在死刑缓期执行减为有期徒刑或者无期徒刑减为有期徒刑的时候,应当把附加剥夺政治权利的期限改为三年以上十年以下。

第五十八条② **【附加剥夺政治权利的刑期计算、效力和执行】** 附加剥夺政治权利的刑期,从徒刑、拘役执行完毕之日或者从假释之日起计算;剥夺政治权利的效力当然施用于主刑执行期间。

被剥夺政治权利的犯罪分子,在执行期间,应当遵守法律、行政法规和国务院公安部门有关监督管理的规定,服从监督;不得行使本法第五十四条规定的各

---

① a. 1984 年《关于正在服刑的罪犯和被羁押的人的选举权问题的联合通知》,第 220 页。

b. 1998 年《关于对故意伤害、盗窃等严重破坏社会秩序的犯罪分子能否附加剥夺政治权利问题的批复》,第 275 页。

c. 2006 年《关于审理未成年人刑事案件具体应用法律若干问题的解释》第十四条,第 237 页。

② a. 1986 年《关于被判处管制、剥夺政治权利和宣告缓刑、假释的犯罪分子能否外出经商等问题的通知》,第 317 页。

b. 1987 年《关于剥夺政治权利期间是否可以获准出国定居的电话答复》,第 275 页。

c. 1991 年《关于被判处管制、剥夺政治权利和宣告缓刑、假释的犯罪分子能否担任中外合资、合作经营企业领导职务问题的答复》,第 317 页。

项权利。

第八节 没收财产

第五十九条[①] **【没收财产的范围】** 没收财产是没收犯罪分子个人所有财产的一部或者全部。没收全部财产的,应当对犯罪分子个人及其扶养的家属保留必需的生活费用。

在判处没收财产的时候,不得没收属于犯罪分子家属所有或者应有的财产。

第六十条[②] **【以没收的财产偿还正当债务】** 没收财产以前犯罪分子所负的正当债务,需要以没收的财产偿还的,经债权人请求,应当偿还。

第四章 刑罚的具体运用

第一节 量 刑

第六十一条[③] **【量刑的根据】** 对于犯罪分子决定刑罚的时候,应当根据犯罪的事实、犯罪的性质、情节和对于社会的危害程度,依照本法的有关规定判处。

第六十二条 【从重处罚情节与从轻处罚情节的适用】 犯罪分子具有本法规定的从重处罚、从轻处罚情节的,应当在法定刑的限度以内判处刑罚。

---

① a. 2000 年《关于适用财产刑若干问题的规定》第一、九、十条,第 272 页。
b. 2006 年《关于审理未成年人刑事案件具体应用法律若干问题的解释》第十五条,第 237 页。
c. 2009 年《关于依法审理和执行被风险处置证券公司相关案件的通知》五,第 250 页。
d. 2012 年《关于如何执行没收个人全部财产问题的研究意见》,第 1204 页。
e. 2014 年《关于刑事裁判涉财产部分执行的若干规定》第六、九条,第 273、274 页。

② a. 2000 年《关于适用财产刑若干问题的规定》第七条,第 272 页。
b. 2014 年《关于刑事裁判涉财产部分执行的若干规定》第十三条,第 274 页。

③ a. 1987 年《关于被告人亲属主动为被告人退缴赃款应如何处理的批复》,第 299 页。
b. 2006 年《关于审理未成年人刑事案件具体应用法律若干问题的解释》第十一条,第 237 页。
c. 2007 年《关于在检察工作中贯彻宽严相济刑事司法政策的若干意见》,第 287 页。
d. 2009 年《关于办理职务犯罪案件认定自首、立功等量刑情节若干问题的意见》四,第 305 页。
e. 2010 年《最高人民法院关于贯彻宽严相济刑事政策的若干意见》,第 289 页。
f. 2010 年《关于充分发挥刑事审判职能作用深入推进社会矛盾化解的若干意见》7、12、20,第 295、296 页。
g. 2019 年《关于办理恶势力刑事案件若干问题的意见》13 至 16,第 889 页。
h. 2019 年《关于适用认罪认罚从宽制度的指导意见》8、9、18,第 296、297 页。
i. 最高检 2020 年指导性案例《无锡 F 警用器材公司虚开增值税专用发票案》,第 1181 页。
j. 最高检 2020 年指导性案例《据某忠盗窃案》,第 1182 页。
k. 2021 年《关于常见犯罪的量刑指导意见(试行)》一至三,第 276～277 页。
l. 2021 年《人民检察院办理认罪认罚案件开展量刑建议工作的指导意见》第十一至二十条,第 297 页。

第六十三条[①] **【减轻处罚情节的适用】** 犯罪分子具有本法规定的减轻处罚情节的，应当在法定刑以下判处刑罚；本法规定有数个量刑幅度的，应当在法定量刑幅度的下一个量刑幅度内判处刑罚。

犯罪分子虽然不具有本法规定的减轻处罚情节，但是根据案件的特殊情况，经最高人民法院核准，也可以在法定刑以下判处刑罚。

第六十四条[②] **【犯罪所得之物与所用之物的处理】** 犯罪分子违法所得的一切财物，应当予以追缴或者责令退赔；对被害人的合法财产，应当及时返还；违禁品和供犯罪所用的本人财物，应当予以没收。没收的财物和罚金，一律上缴国库，不得挪用和自行处理。

第二节　累　　犯

第六十五条[③] **【一般累犯】** 被判处有期徒刑以上刑罚的犯罪分子，刑罚执行完毕或者赦免以后，在五年以内再犯应当判处有期徒刑以上刑罚之罪的，是累犯，应当从重处罚，但是过失犯罪和不满十八周岁的人犯罪的除外。

前款规定的期限，对于被假释的犯罪分子，从假释期满之日起计算。

---

① a. 本条第一款系根据《刑法修正案（八）》第五条的规定修改。原条文为"犯罪分子具有本法规定的减轻处罚情节的，应当在法定刑以下判处刑罚"。

b. 1997 年《关于适用刑法时间效力规定若干问题的解释》第二条，第 228 页。

c. 2012 年《关于如何理解"在法定刑以下判处刑罚"问题的答复》，第 299 页。

② a. 1987 年《关于被告人亲属主动为被告人退缴赃款应如何处理的批复》，第 299 页。

b. 2001 年《关于公安机关在办理刑事案件中可否查封冻结不动产或投资权益问题的批复》，第 300 页。

c. 2001 年《关于对伪造机动车发动机号、车架号、合格证、车辆档案和交易发票的车辆如何处理的答复》，第 300 页。

d. 2013 年《关于办理行贿刑事案件具体应用法律若干问题的解释》第十一条，第 1119 页。

e. 2013 年《关于适用刑法第六十四条有关问题的批复》，第 300 页。

f. 2014 年《关于刑事裁判涉财产部分执行的若干规定》第六、十、十一、十五条，第 273 ~ 274 页。

③ a. 本条第一款系根据《刑法修正案（八）》第六条的规定修改。原条文为"被判处有期徒刑以上刑罚的犯罪分子，刑罚执行完毕或者赦免以后，在五年以内再犯应当判处有期徒刑以上刑罚之罪的，是累犯，应当从重处罚，但是过失犯罪除外"。

b. 1997 年《关于适用刑法时间效力规定若干问题的解释》第三条，第 228 页。

c. 2010 年《关于贯彻宽严相济刑事政策的若干意见》11，第 291 页。

d. 2011 年《关于〈中华人民共和国刑法修正案（八）〉时间效力问题的解释》第三条，第 232 页。

e. 2013 年《关于适用刑法第六十五条第一款有关问题的答复》，第 301 页。

f. 2018 年《关于认定累犯如何确定刑罚执行完毕以后"五年以内"起始日期的批复》，第 301 页。

g. 2020 年《关于缓刑犯在考验期满后五年内再犯应当判处有期徒刑以上刑罚之罪应否认定为累犯问题的批复》，第 302 页。

h. 2021 年《关于常见犯罪的量刑指导意见（试行）》三·（十五），第 279 页。

第六十六条[①] **【特别累犯】** 危害国家安全犯罪、恐怖活动犯罪、黑社会性质的组织犯罪的犯罪分子,在刑罚执行完毕或者赦免以后,在任何时候再犯上述任一类罪的,都以累犯论处。

第三节 自首和立功

第六十七条[②] **【自首】** 犯罪以后自动投案,如实供述自己的罪行的,是自首。对于自首的犯罪分子,可以从轻或者减轻处罚。其中,犯罪较轻的,可以免除处罚。

被采取强制措施的犯罪嫌疑人、被告人和正在服刑的罪犯,如实供述司法机关还未掌握的本人其他罪行的,以自首论。

【坦白】 犯罪嫌疑人虽不具有前两款规定的自首情节,但是如实供述自己罪行的,可以从轻处罚;因其如实供述自己罪行,避免特别严重后果发生的,可以减轻处罚。

第六十八条[③] **【立功】** 犯罪分子有揭发他人犯罪行为,查证属实的,或者提供重要线索,从而得以侦破其他案件等立功表现的,可以从轻或者减轻处罚;有重大立功表现的,可以减轻或者免除处罚。

---

① a. 本条系根据《刑法修正案(八)》第七条的规定修改。原条文为"危害国家安全的犯罪分子,在刑罚执行完毕或者赦免以后,在任何时候再犯危害国家安全罪的,都以累犯论处"。

b. 2011 年《关于〈中华人民共和国刑法修正案(八)〉时间效力问题的解释》第三条,第 232 页。

② a. 本条第三款系根据《刑法修正案(八)》第八条的规定增加。
b. 1997 年《关于适用刑法时间效力规定若干问题的解释》第四条,第 228 页。
c. 1998 年《关于处理自首和立功具体应用法律若干问题的解释》第一至四条,第 302、303 页。
d. 2002 年《关于办理走私刑事案件适用法律若干问题的意见》二十一,第 515 页。
e. 2004 年《关于被告人对行为性质的辩解是否影响自首成立问题的批复》,第 303 页。
f. 2009 年《关于办理职务犯罪案件认定自首、立功等量刑情节若干问题的意见》一、三,第 304、305 页。
g. 2009 年《关于审理故意杀人、故意伤害案件正确适用死刑问题的指导意见》五,第 706 页。
h. 2010 年《关于贯彻宽严相济刑事政策的若干意见》17,第 291 页。
i. 2010 年《关于处理自首和立功若干具体问题的意见》一至三、八,第 306 ~ 308 页。
j. 2011 年《关于〈中华人民共和国刑法修正案(八)〉时间效力问题的解释》第四条,第 232 页。
k. 2013 年《关于办理行贿刑事案件具体应用法律若干问题的解释》第八条,第 1118 页。
l. 2013 年《关于自动投案法律适用问题的答复》,第 309 页。
m. 2019 年《关于适用认罪认罚从宽制度的指导意见》9,第 297 页。
n. 2019 年《纪检监察机关处理主动投案问题的规定(试行)》,第 309 页。
o. 2021 年《关于常见犯罪的量刑指导意见(试行)》三·(六)、(七),第 278 页。

③ a. 根据《刑法修正案(八)》第九条的规定删除了本条第二款"犯罪后自首又有重大立功表现的,应当减轻或者免除处罚"的规定。
b. 1990 年《关于两罪均应判处死刑而有重大立功表现的能否对两罪从宽处罚的答复》,第 312 页。
c. 1997 年《关于适用刑法时间效力规定若干问题的解释》第五条,第 228 页。
d. 1998 年《关于处理自首和立功具体应用法律若干问题的解释》第五至七条,第 303 页。
e. 2009 年《关于办理职务犯罪案件认定自首、立功等量刑情节若干问题的意见》二,第 304 页。
f. 2010 年《关于处理自首和立功若干具体问题的意见》四至六、八,第 307 ~ 308 页。
g. 2009 年《关于审理故意杀人、故意伤害案件正确适用死刑问题的指导意见》五,第 706 页。
h. 2010 年《关于带领被害方抓捕同案犯能否认定为有立功表现的复函》,第 312 页。
i. 2010 年《关于贯彻宽严相济刑事政策的若干意见》18,第 291 页。
j. 2011 年《关于〈中华人民共和国刑法修正案(八)〉时间效力问题的解释》第五条,第 232 页。
k. 2012 年《关于带领被害方抓捕同案犯能否认定为有立功表现问题的研究意见》,第 1204 页。
l. 2013 年《关于办理行贿刑事案件具体应用法律若干问题的解释》第九条,第 1118 页。
m. 2021 年《关于常见犯罪的量刑指导意见(试行)》三·(九),第 278 页。

第四节 数罪并罚

第六十九条[①] **【判决宣告前一人犯数罪的并罚】** 判决宣告以前一人犯数罪的，除判处死刑和无期徒刑的以外，应当在总和刑期以下、数刑中最高刑期以上，酌情决定执行的刑期，但是管制最高不能超过三年，拘役最高不能超过一年，有期徒刑总和刑期不满三十五年的，最高不能超过二十年，总和刑期在三十五年以上的，最高不能超过二十五年。

数罪中有判处有期徒刑和拘役的，执行有期徒刑。数罪中有判处有期徒刑和管制，或者拘役和管制的，有期徒刑、拘役执行完毕后，管制仍须执行。

数罪中有判处附加刑的，附加刑仍须执行，其中附加刑种类相同的，合并执行，种类不同的，分别执行。

第七十条[②] **【判决宣告后发现漏罪的并罚】** 判决宣告以后，刑罚执行完毕以前，发现被判刑的犯罪分子在判决宣告以前还有其他罪没有判决的，应当对新发现的罪作出判决，把前后两个判决所判处的刑罚，依照本法第六十九条的规定，决定执行的刑罚。已经执行的刑期，应当计算在新判决决定的刑期以内。

第七十一条[③] **【判决宣告后又犯新罪的并罚】** 判决宣告以后，刑罚执行完毕以前，被判刑的犯罪分子又犯罪的，应当对新犯的罪作出判决，把前罪没有执行的刑

---

① a. 本条原文为"（第一款）判决宣告以前一人犯数罪的，除判处死刑和无期徒刑的以外，应当在总和刑期以下、数刑中最高刑期以上，酌情决定执行的刑期，但是管制最高不能超过三年，拘役最高不能超过一年，有期徒刑最高不能超过二十年。（第二款）如果数罪中有判处附加刑的，附加刑仍须执行"。《刑法修正案（八）》第十条将本条修改为"（第一款）判决宣告以前一人犯数罪的，除判处死刑和无期徒刑的以外，应当在总和刑期以下、数刑中最高刑期以上，酌情决定执行的刑期，但是管制最高不能超过三年，拘役最高不能超过一年，有期徒刑总和刑期不满三十五年的，最高不能超过二十年，总和刑期在三十五年以上的，最高不能超过二十五年。（第二款）如果数罪中有判处附加刑的，附加刑仍须执行，其中附加刑种类相同的，合并执行，种类不同的，分别执行"。《刑法修正案（九）》第四条增加了"数罪中有判处有期徒刑和拘役的，执行有期徒刑。数罪中有判处有期徒刑和管制，或者拘役和管制的，有期徒刑、拘役执行完毕后，管制仍须执行"作为本条的第二款，原第二款作为本条第三款。

b. 2011 年《关于〈中华人民共和国刑法修正案（八）〉时间效力问题的解释》第六条，第 232 页。

c. 2015 年《关于〈中华人民共和国刑法修正案（九）〉时间效力问题的解释》第三条，第 233 页。

② a. 1993 年《关于判决宣告后又发现被判刑的犯罪分子的同种漏罪是否实行数罪并罚问题的批复》，第 313 页。

b. 2011 年《关于罪犯在刑罚执行期间的发明创造能否按照重大立功表现作为对其漏罪审判时的量刑情节问题的答复》，第 314 页。

c. 2016 年《关于办理减刑、假释案件具体应用法律的规定》第三十四条，第 332 页。

③ a. 1989 年《关于对再审改判前因犯新罪被加刑的罪犯再审时如何确定执行的刑罚问题的电话答复》，第 312 页。

b. 1991 年《关于罪犯在服刑期间又犯罪被服刑地法院以数罪并罚论处的，现前罪改判应当由哪一个法院决定执行刑罚问题的电话答复》，第 313 页。

c. 1993 年《关于罪犯在保外就医期间又犯罪，事隔一段时间后被抓获，对前罪的余刑，应当如何计算的请示的答复》，第 314 页。

d. 2009 年《关于在执行附加刑剥夺政治权利期间犯新罪应如何处理的批复》，第 275 页。

e. 2016 年《关于办理减刑、假释案件具体应用法律的规定》第三十三条，第 332 页。

f. 2017 年《关于对被告人在罚金刑执行完毕前又犯新罪的罚金应否与未执行完毕的罚金适用数罪并罚问题的答复意见》，第 315 页。

罚和后罪所判处的刑罚,依照本法第六十九条的规定,决定执行的刑罚。

第五节 缓 刑

第七十二条[①] **【缓刑适用条件】** 对于被判处拘役、三年以下有期徒刑的犯罪分子,同时符合下列条件的,可以宣告缓刑,对其中不满十八周岁的人、怀孕的妇女和已满七十五周岁的人,应当宣告缓刑:

(一)犯罪情节较轻;

(二)有悔罪表现;

(三)没有再犯罪的危险;

(四)宣告缓刑对所居住社区没有重大不良影响。

宣告缓刑,可以根据犯罪情况,同时禁止犯罪分子在缓刑考验期限内从事特定活动,进入特定区域、场所,接触特定的人。

被宣告缓刑的犯罪分子,如果被判处附加刑,附加刑仍须执行。

第七十三条 **【缓刑考验期限】** 拘役的缓刑考验期限为原判刑期以上一年以下,但是不能少于二个月。

有期徒刑的缓刑考验期限为原判刑期以上五年以下,但是不能少于一年。

缓刑考验期限,从判决确定之日起计算。

第七十四条[②] **【不适用缓刑的对象】** 对于累犯和犯罪集团的首要分子,不适用缓刑。

第七十五条[③] **【缓刑犯应遵守的规定】** 被宣告缓刑的犯罪分子,应当遵守下列规定:

(一)遵守法律、行政法规,服从监督;

(二)按照考察机关的规定报告自己的活动情况;

---

① a. 本条系根据《刑法修正案(八)》第十一条的规定修改。原条文为"(第一款)对于被判处拘役、三年以下有期徒刑的犯罪分子,根据犯罪分子的犯罪情节和悔罪表现,适用缓刑确实不致再危害社会的,可以宣告缓刑。(第二款)被宣告缓刑的犯罪分子,如果被判处附加刑,附加刑仍须执行"。

b. 1998 年《关于对数罪并罚决定执行刑期为三年以下有期徒刑的犯罪分子能否适用缓刑问题的复函》,第 316 页。

c. 1999 年《全国法院维护农村稳定刑事审判工作座谈会纪要》三·(二),第 701 页。

d. 2006 年《关于审理未成年人刑事案件具体应用法律若干问题的解释》第十六条,第 238 页。

e. 2007 年《关于办理侵犯知识产权刑事案件具体应用法律若干问题的解释(二)》第三条,第 625 页。

f. 2011 年《关于对判处管制、宣告缓刑的犯罪分子适用禁止令有关问题的规定(试行)》,第 251 页。

g. 2011 年《关于进一步加强危害生产安全刑事案件审判工作的意见》17 至 19,第 478、479 页。

h. 2012 年《关于办理职务犯罪案件严格适用缓刑、免予刑事处罚若干问题的意见》,第 318 页。

i. 最高法 2013 年指导性案例 14 号《董某某、宋某某抢劫案》,第 1152 页。

j. 2017 年《关于对因犯罪在大陆受审的台湾居民依法适用缓刑实行社区矫正有关问题的意见》第一至六条,第 319、320 页。

② 本条系根据《刑法修正案(八)》第十二条的规定修改。原条文为"对于累犯,不适用缓刑"。

③ a. 1986 年《关于被判处管制、剥夺政治权利和宣告缓刑、假释的犯罪分子能否外出经商等问题的通知》,第 317 页。

b. 1991 年《关于被判处管制、剥夺政治权利和宣告缓刑、假释的犯罪分子能否担任中外合资、合作经营企业领导职务问题的答复》,第 317 页。

（三）遵守考察机关关于会客的规定；

（四）离开所居住的市、县或者迁居，应当报经考察机关批准。

第七十六条[①] **【缓刑的执行及其法律后果】** 对宣告缓刑的犯罪分子，在缓刑考验期限内，依法实行社区矫正，如果没有本法第七十七条规定的情形，缓刑考验期满，原判的刑罚就不再执行，并公开予以宣告。

第七十七条[②] **【缓刑的撤销及其法律后果】** 被宣告缓刑的犯罪分子，在缓刑考验期限内犯新罪或者发现判决宣告以前还有其他罪没有判决的，应当撤销缓刑，对新犯的罪或者新发现的罪作出判决，把前罪和后罪所判处的刑罚，依照本法第六十九条的规定，决定执行的刑罚。

被宣告缓刑的犯罪分子，在缓刑考验期限内，违反法律、行政法规或者国务院有关部门关于缓刑的监督管理规定，或者违反人民法院判决中的禁止令，情节严重的，应当撤销缓刑，执行原判刑罚。

第六节　减　　刑

第七十八条[③] **【减刑的适用条件及限度】** 被判处管制、拘役、有期徒刑、无期徒刑的犯罪分子，在执行期间，如果认真遵守监规，接受教育改造，确有悔改表现的，或者有立功表现的，可以减刑；有下列重大立功表现之一的，应当减刑：

---

① a. 本条系根据《刑法修正案（八）》第十三条的规定修改。原条文为“被宣告缓刑的犯罪分子，在缓刑考验期限内，由公安机关考察，所在单位或者基层组织予以配合，如果没有本法第七十七条规定的情形，缓刑考验期满，原判的刑罚就不再执行，并公开予以宣告”。

b. 2017 年《关于对因犯罪在大陆受审的台湾居民依法适用缓刑实行社区矫正有关问题的意见》第七至十一条，第 320 页。

c. 2019 年《中华人民共和国社区矫正法》，第 199 页。

d. 2020 年《中华人民共和国社区矫正法实施办法》，第 253 页。

② a. 本条第二款系根据《刑法修正案（八）》第十四条的规定修改。原条文为“被宣告缓刑的犯罪分子，在缓刑考验期限内，违反法律、行政法规或者国务院公安部门有关缓刑的监督管理规定，情节严重的，应当撤销缓刑，执行原判刑罚”。

b. 1997 年《关于适用刑法时间效力规定若干问题的解释》第六条，第 228 页。

c. 2002 年《关于撤销缓刑时罪犯在宣告缓刑前羁押的时间能否折抵刑期问题的批复》，第 318 页。

③ a. 本条第二款系根据《刑法修正案（八）》第十五条的规定修改。原条文为“减刑以后实际执行的刑期，判处管制、拘役、有期徒刑的，不能少于原判刑期的二分之一；判处无期徒刑的，不能少于十年”。

b. 2005 年《关于对原判有期徒刑再审、被改判为死刑缓期执行或者无期徒刑的罪犯减刑时，对其原服刑期能否折抵减刑后的刑期问题的答复》，第 321 页。

c. 2006 年《关于审理未成年人刑事案件具体应用法律若干问题的解释》第十八条，第 238 页。

d. 2010 年《关于贯彻宽严相济刑事政策的若干意见》34，第 293 页。

e. 2011 年《关于罪犯在刑罚执行期间的发明创造能否按照重大立功表现作为对其漏罪审判时的量刑情节问题的答复》，第 314 页。

f. 2011 年《关于〈中华人民共和国刑法修正案（八）〉时间效力问题的解释》第七条，第 232 页。

g. 2014 年《关于严格规范减刑、假释、暂予监外执行切实防止司法腐败的意见》，第 321 页。

h. 2017 年《关于办理减刑、假释案件具体应用法律的规定》第二至二十一、三十、三十二至四十一条，第 327 ~ 334 页。

i. 2019 年《关于办理减刑、假释案件具体应用法律的补充规定》第一至五条，第 337 页。

(一)阻止他人重大犯罪活动的;

(二)检举监狱内外重大犯罪活动,经查证属实的;

(三)有发明创造或者重大技术革新的;

(四)在日常生产、生活中舍己救人的;

(五)在抗御自然灾害或者排除重大事故中,有突出表现的;

(六)对国家和社会有其他重大贡献的。

减刑以后实际执行的刑期不能少于下列期限:

(一)判处管制、拘役、有期徒刑的,不能少于原判刑期的二分之一;

(二)判处无期徒刑的,不能少于十三年;

(三)人民法院依照本法第五十条第二款规定限制减刑的死刑缓期执行的犯罪分子,缓期执行期满后依法减为无期徒刑的,不能少于二十五年,缓期执行期满后依法减为二十五年有期徒刑的,不能少于二十年。

第七十九条①　**【减刑的程序】**　对于犯罪分子的减刑,由执行机关向中级以上人民法院提出减刑建议书。人民法院应当组成合议庭进行审理,对确有悔改或者立功事实的,裁定予以减刑。非经法定程序不得减刑。

第八十条②　**【无期徒刑减为有期徒刑的计算】**　无期徒刑减为有期徒刑的刑期,从裁定减刑之日起计算。

第七节　假　　释

第八十一条③　**【假释的适用条件】**　被判处有期徒刑的犯罪分子,执行原判刑

---

①　a. 2014 年《关于严格规范减刑、假释、暂予监外执行切实防止司法腐败的意见》,第 321 页。

b. 2014 年《关于减刑、假释案件审理程序的规定》,第 324 页。

c. 2021 年《关于加强减刑、假释案件实质化审理的意见》,第 334 页。

②　2017 年《关于办理减刑、假释案件具体应用法律的规定》第三十七条,第 333 页。

③　a. 本条系根据《刑法修正案(八)》第十六条的规定修改。原条文为"(第一款)被判处有期徒刑的犯罪分子,执行原判刑期二分之一以上,被判处无期徒刑的犯罪分子,实际执行十年以上,如果认真遵守监规,接受教育改造,确有悔改表现,假释后不致再危害社会的,可以假释。如果有特殊情况,经最高人民法院核准,可以不受上述执行刑期的限制。(第二款)对累犯以及因杀人、爆炸、抢劫、强奸、绑架等暴力性犯罪被判处十年以上有期徒刑、无期徒刑的犯罪分子,不得假释"。

b. 1997 年《关于适用刑法时间效力规定若干问题的解释》第七、八条,第 228 页。

c. 2006 年《关于审理未成年人刑事案件具体应用法律若干问题的解释》第十八条,第 238 页。

d. 2011 年《关于〈中华人民共和国刑法修正案(八)〉时间效力问题的解释》第七、八条,第 232 页。

e. 2011 年《关于假释时间效力法律适用问题的答复》,第 338 页。

f. 2012 年《关于原判有期徒刑的罪犯被再审改判无期徒刑应如何计算实际执行刑期问题的研究意见》,第 1204 页。

g. 2014 年《关于严格规范减刑、假释、暂予监外执行切实防止司法腐败的意见》,第 321 页。

h. 2017 年《关于办理减刑、假释案件具体应用法律的规定》第二十二至二十八、三十至四十一条,第 331 ~ 334 页。

i. 2019 年《关于办理减刑、假释案件具体应用法律的补充规定》第一、六条,第 337 页。

j. 最高检 2023 年指导性案例 195 号《罪犯向某假释监督案》,第 1201 页;最高检 2023 年指导性案例 196 号《罪犯杨某某假释监督案》,第 1201 页;最高检 2023 年指导性案例 197 号《罪犯刘某某假释监督案》,第 1201 页;最高检 2023 年指导性案例 198 号《罪犯邹某某假释监督案》,第 1201 页。

期二分之一以上,被判处无期徒刑的犯罪分子,实际执行十三年以上,如果认真遵守监规,接受教育改造,确有悔改表现,没有再犯罪的危险的,可以假释。如果有特殊情况,经最高人民法院核准,可以不受上述执行刑期的限制。

对累犯以及因故意杀人、强奸、抢劫、绑架、放火、爆炸、投放危险物质或者有组织的暴力性犯罪被判处十年以上有期徒刑、无期徒刑的犯罪分子,不得假释。

对犯罪分子决定假释时,应当考虑其假释后对所居住社区的影响。

第八十二条[①] **【假释的程序】** 对于犯罪分子的假释,依照本法第七十九条规定的程序进行。非经法定程序不得假释。

第八十三条 **【假释考验期限】** 有期徒刑的假释考验期限,为没有执行完毕的刑期;无期徒刑的假释考验期限为十年。

假释考验期限,从假释之日起计算。

第八十四条[②] **【假释犯应遵守的规定】** 被宣告假释的犯罪分子,应当遵守下列规定:

(一)遵守法律、行政法规,服从监督;

(二)按照监督机关的规定报告自己的活动情况;

(三)遵守监督机关关于会客的规定;

(四)离开所居住的市、县或者迁居,应当报经监督机关批准。

第八十五条[③] **【假释的执行及其法律后果】** 对假释的犯罪分子,在假释考验期限内,依法实行社区矫正,如果没有本法第八十六条规定的情形,假释考验期满,就认为原判刑罚已经执行完毕,并公开予以宣告。

第八十六条[④] **【假释的撤销及其法律后果】** 被假释的犯罪分子,在假释考验

---

① a. 2014 年《关于严格规范减刑、假释、暂予监外执行切实防止司法腐败的意见》,第 321 页。

b. 2014 年《关于减刑、假释案件审理程序的规定》,第 324 页。

c. 2021 年《关于加强减刑、假释案件实质化审理的意见》,第 334 页。

② a. 1986 年《关于被判处管制、剥夺政治权利和宣告缓刑、假释的犯罪分子能否外出经商等问题的通知》,第 317 页。

b. 1991 年《关于被判处管制、剥夺政治权利和宣告缓刑、假释的犯罪分子能否担任中外合资、合作经营企业领导职务问题的答复》,第 317 页。

③ a. 本条系根据《刑法修正案(八)》第十七条的规定修改。原条文为"被假释的犯罪分子,在假释考验期限内,由公安机关予以监督,如果没有本法第八十六条规定的情形,假释考验期满,就认为原判刑罚已经执行完毕,并公开予以宣告"。

b. 2019 年《中华人民共和国社区矫正法》,第 199 页。

c. 2020 年《中华人民共和国社区矫正法实施办法》,第 253 页。

④ a. 本条第三款系根据《刑法修正案(八)》第十八条的规定修改。原条文为"被假释的犯罪分子,在假释考验期限内,有违反法律、行政法规或者国务院公安部门有关假释的监督管理规定的行为,尚未构成新的犯罪的,应当依照法定程序撤销假释,收监执行未执行完毕的刑罚"。

b. 1997 年《关于适用刑法时间效力规定若干问题的解释》第九条,第 228 页。

c. 1999 年《关于对江苏省人民检察院监所检察处〈关于如何理解和确定刑法第八十六条第三款"未执行完毕的刑罚"的请示〉的答复意见》,第 337 页。

d. 2017 年《关于办理减刑、假释案件具体应用法律的规定》第二十九条,第 332 页。

期限内犯新罪,应当撤销假释,依照本法第七十一条的规定实行数罪并罚。

在假释考验期限内,发现被假释的犯罪分子在判决宣告以前还有其他罪没有判决的,应当撤销假释,依照本法第七十条的规定实行数罪并罚。

被假释的犯罪分子,在假释考验期限内,有违反法律、行政法规或者国务院有关部门关于假释的监督管理规定的行为,尚未构成新的犯罪的,应当依照法定程序撤销假释,收监执行未执行完毕的刑罚。

第八节　时　　效

第八十七条[①] **【追诉期限】** 犯罪经过下列期限不再追诉:

(一)法定最高刑为不满五年有期徒刑的,经过五年;

(二)法定最高刑为五年以上不满十年有期徒刑的,经过十年;

(三)法定最高刑为十年以上有期徒刑的,经过十五年;

(四)法定最高刑为无期徒刑、死刑的,经过二十年。如果二十年以后认为必须追诉的,须报请最高人民检察院核准。

第八十八条[②] **【追诉期限的延长】** 在人民检察院、公安机关、国家安全机关立案侦查或者在人民法院受理案件以后,逃避侦查或者审判的,不受追诉期限的限制。

被害人在追诉期限内提出控告,人民法院、人民检察院、公安机关应当立案而不予立案的,不受追诉期限的限制。

第八十九条[③] **【追诉期限的计算与中断】** 追诉期限从犯罪之日起计算;犯罪行为有连续或者继续状态的,从犯罪行为终了之日起计算。

在追诉期限以内又犯罪的,前罪追诉的期限从犯后罪之日起计算。

---

① a. 1988 年《关于不再追诉去台人员在中华人民共和国成立前的犯罪行为的公告》,第 338 页。

b. 1989 年《关于不再追诉去台人员在中华人民共和国成立后当地人民政权建立前的犯罪行为的公告》,第 338 页。

c. 2012 年《关于办理核准追诉案件若干问题的规定》第五条,第 339 页。

d. 最高检 2015 年指导性案例 20 号《马世龙(抢劫)核准追诉案》,第 1166 页。

e. 最高检 2015 年指导性案例 21 号《丁国山等(故意伤害)核准追诉案》,第 1166 页。

f. 最高检 2015 年指导性案例 22 号《杨菊云(故意杀人)不核准追诉案》,第 1166 页。

g. 最高检 2015 年指导性案例 23 号《蔡金星、陈国辉等(抢劫)不核准追诉案》,第 1166 页。

② a. 1997 年《关于适用刑法时间效力规定若干问题的解释》第一条,第 228 页。

b. 2000 年《关于刑事追诉期限有关问题的批复》,第 339 页。

c. 2014 年《对刑法追诉时效制度有关规定如何理解适用的答复意见》,第 222 页。

d. 2019 年《关于如何理解和适用 1997 年刑法第十二条第一款有关时效问题征求意见的复函》,第 340 页。

③ 1998 年《关于对跨越修订刑法施行日期的继续犯罪、连续犯罪以及其他同种数罪应如何具体适用刑法问题的批复》,第 230 页。

第五章 其他规定

第九十条 【民族自治地方适用刑法的变通或补充】 民族自治地方不能全部适用本法规定的,可以由自治区或者省的人民代表大会根据当地民族的政治、经济、文化的特点和本法规定的基本原则,制定变通或者补充的规定,报请全国人民代表大会常务委员会批准施行。

第九十一条 【公共财产的范围】 本法所称公共财产,是指下列财产:

(一)国有财产;

(二)劳动群众集体所有的财产;

(三)用于扶贫和其他公益事业的社会捐助或者专项基金的财产。

在国家机关、国有公司、企业、集体企业和人民团体管理、使用或者运输中的私人财产,以公共财产论。

第九十二条 【公民私人所有财产的范围】 本法所称公民私人所有的财产,是指下列财产:

(一)公民的合法收入、储蓄、房屋和其他生活资料;

(二)依法归个人、家庭所有的生产资料;

(三)个体户和私营企业的合法财产;

(四)依法归个人所有的股份、股票、债券和其他财产。

第九十三条① **【国家工作人员的含义】** 本法所称国家工作人员,是指国家机

---

① a. 2000 年《对〈关于中国保险监督管理委员会主体认定的请示〉的答复》,第 342 页。

b. 2000 年《关于〈全国人民代表大会常务委员会关于《中华人民共和国刑法》第九十三条第二款的解释〉的时间效力的批复》,第 342 页。

c. 2000 年《关于国家工作人员在农村合作基金会兼职从事管理工作如何认定身份问题的答复》,第 342 页。

d. 2000 年《关于贯彻执行〈全国人民代表大会常务委员会关于《中华人民共和国刑法》第九十三条第二款的解释〉的通知》,第 341 页。

e. 2000 年《关于镇财政所所长是否适用国家机关工作人员的批复》,第 340 页。

f. 2000 年《对〈关于中国证监会主体认定的请示〉的答复函》,第 340 页。

g. 2000 年《关于〈中华人民共和国刑法〉第九十三条第二款的解释》,第 217 页。

h. 2001 年《关于在国有资本控股、参股的股份有限公司中从事管理工作的人员利用职务便利非法占有本公司财物如何定罪问题的批复》,第 817 页。

i. 2003 年《全国法院审理经济犯罪案件工作座谈会纪要》一,第 1098 页。

j. 2003 年《关于集体性质的乡镇卫生院院长利用职务之便收受他人财物的行为如何适用法律问题的答复》,第 1112 页。

k. 2003 年《关于佛教协会工作人员能否构成受贿罪或者公司、企业人员受贿罪主体问题的答复》,第 343 页。

l. 2004 年《关于国家机关、国有公司、企业委派到非国有公司、企业从事公务但尚未依照规定程序获取该单位职务的人员是否适用刑法第九十三条第二款问题的答复》,第 344 页。

m. 2005 年《关于如何认定国有控股、参股股份有限公司中的国有公司、企业人员的解释》,第 545 页。

n. 2010 年《关于办理国家出资企业中职务犯罪案件具体应用法律若干问题的意见》六,第 544 页。

o. 最高检 2023 年指导性案件 190 号《宋某某违规出具金融票证、违法发放贷款、非国家工作人员受贿案》,第 1198 页。

关中从事公务的人员。

国有公司、企业、事业单位、人民团体中从事公务的人员和国家机关、国有公司、企业、事业单位委派到非国有公司、企业、事业单位、社会团体从事公务的人员,以及其他依照法律从事公务的人员,以国家工作人员论。

第九十四条 【司法工作人员的含义】 本法所称司法工作人员,是指有侦查、检察、审判、监管职责的工作人员。

第九十五条[①] **【重伤的含义】** 本法所称重伤,是指有下列情形之一的伤害:

(一)使人肢体残废或者毁人容貌的;

(二)使人丧失听觉、视觉或者其他器官机能的;

(三)其他对于人身健康有重大伤害的。

第九十六条[②] **【违反国家规定的含义】** 本法所称违反国家规定,是指违反全国人民代表大会及其常务委员会制定的法律和决定,国务院制定的行政法规、规定的行政措施、发布的决定和命令。

第九十七条 【首要分子的含义】 本法所称首要分子,是指在犯罪集团或者聚众犯罪中起组织、策划、指挥作用的犯罪分子。

第九十八条 【告诉才处理的含义】 本法所称告诉才处理,是指被害人告诉才处理。如果被害人因受强制、威吓无法告诉的,人民检察院和被害人的近亲属也可以告诉。

第九十九条 【以上、以下、以内的界定】 本法所称以上、以下、以内,包括本数。

第一百条[③] **【前科报告与报告义务免除】** 依法受过刑事处罚的人,在入伍、就业的时候,应当如实向有关单位报告自己曾受过刑事处罚,不得隐瞒。

犯罪的时候不满十八周岁被判处五年有期徒刑以下刑罚的人,免除前款规定的报告义务。

第一百零一条 【总则的效力】 本法总则适用于其他有刑罚规定的法律,但是其他法律有特别规定的除外。

第二编 分 则

第一章 危害国家安全罪

第一百零二条 【背叛国家罪】 勾结外国,危害中华人民共和国的主权、领土完整和安全的,处无期徒刑或者十年以上有期徒刑。

与境外机构、组织、个人相勾结,犯前款罪的,依照前款的规定处罚。

---

① 2014年《人体损伤程度鉴定标准》,第666页。

② 2011年《关于准确理解和适用刑法中"国家规定"的有关问题的通知》,第344页。

③ 本条第二款系根据《刑法修正案(八)》第十九条的规定增加。

第一百零三条[①] **【分裂国家罪】** 组织、策划、实施分裂国家、破坏国家统一的，对首要分子或者罪行重大的，处无期徒刑或者十年以上有期徒刑；对积极参加的，处三年以上十年以下有期徒刑；对其他参加的，处三年以下有期徒刑、拘役、管制或者剥夺政治权利。

【煽动分裂国家罪】 煽动分裂国家、破坏国家统一的，处五年以下有期徒刑、拘役、管制或者剥夺政治权利；首要分子或者罪行重大的，处五年以上有期徒刑。

第一百零四条 **【武装叛乱、暴乱罪】** 组织、策划、实施武装叛乱或者武装暴乱的，对首要分子或者罪行重大的，处无期徒刑或者十年以上有期徒刑；对积极参加的，处三年以上十年以下有期徒刑；对其他参加的，处三年以下有期徒刑、拘役、管制或者剥夺政治权利。

策动、胁迫、勾引、收买国家机关工作人员、武装部队人员、人民警察、民兵进行武装叛乱或者武装暴乱的，依照前款的规定从重处罚。

第一百零五条[②] **【颠覆国家政权罪】** 组织、策划、实施颠覆国家政权、推翻社会主义制度的，对首要分子或者罪行重大的，处无期徒刑或者十年以上有期徒刑；对积极参加的，处三年以上十年以下有期徒刑；对其他参加的，处三年以下有期徒刑、拘役、管制或者剥夺政治权利。

【煽动颠覆国家政权罪】 以造谣、诽谤或者其他方式煽动颠覆国家政权、推翻社会主义制度的，处五年以下有期徒刑、拘役、管制或者剥夺政治权利；首要分子或者罪行重大的，处五年以上有期徒刑。

第一百零六条[③] **【与境外勾结犯罪的处罚】** 与境外机构、组织、个人相勾结，实施本章第一百零三条、第一百零四条、第一百零五条规定之罪的，依照各该条的规定从重处罚。

第一百零七条[④] **【资助危害国家安全犯罪活动罪】** 境内外机构、组织或者个人资助实施本章第一百零二条、第一百零三条、第一百零四条、第一百零五条规定之

---

① a. 1998 年《关于审理非法出版物刑事案件具体应用法律若干问题的解释》第一条，第 632 页。

b. 2000 年《关于维护互联网安全的决定》二·（一），第 195 页。

c. 2003 年《关于办理妨害预防、控制突发传染病疫情等灾害的刑事案件具体应用法律若干问题的解释》第十、十七条，第 348、349 页。

d. 2020 年《关于依法惩治妨害新型冠状病毒感染肺炎疫情防控违法犯罪的意见》二·（六）、（十），第 351、353 页。

② a. 1998 年《关于审理非法出版物刑事案件具体应用法律若干问题的解释》第一条，第 632 页。

b. 2000 年《关于维护互联网安全的决定》二·（一），第 195 页。

③ 2017 年《中华人民共和国反间谍法实施细则》第三条，第 430 页。

④ a. 本条系根据《刑法修正案（八）》第二十条的规定修改。原条文为“境内外机构、组织或者个人资助境内组织或者个人实施本章第一百零二条、第一百零三条、第一百零四条、第一百零五条规定之罪的，对直接责任人员，处五年以下有期徒刑、拘役、管制或者剥夺政治权利；情节严重的，处五年以上有期徒刑”。

b. 2017 年《中华人民共和国反间谍法实施细则》第三条，第 430 页。

c. 2020 年《关于依法惩治妨害新型冠状病毒感染肺炎疫情防控违法犯罪的意见》二·（六）、（十），第 351、353 页。

罪的,对直接责任人员,处五年以下有期徒刑、拘役、管制或者剥夺政治权利;情节严重的,处五年以上有期徒刑。

第一百零八条　【投敌叛变罪】　投敌叛变的,处三年以上十年以下有期徒刑;情节严重或者带领武装部队人员、人民警察、民兵投敌叛变的,处十年以上有期徒刑或者无期徒刑。

第一百零九条[①]　**【叛逃罪】**　国家机关工作人员在履行公务期间,擅离岗位,叛逃境外或者在境外叛逃的,处五年以下有期徒刑、拘役、管制或者剥夺政治权利;情节严重的,处五年以上十年以下有期徒刑。

掌握国家秘密的国家工作人员叛逃境外或者在境外叛逃的,依照前款的规定从重处罚。

第一百一十条[②]　**【间谍罪】**　有下列间谍行为之一,危害国家安全的,处十年以上有期徒刑或者无期徒刑;情节较轻的,处三年以上十年以下有期徒刑:

(一)参加间谍组织或者接受间谍组织及其代理人的任务的;

(二)为敌人指示轰击目标的。

第一百一十一条[③]　**【为境外窃取、刺探、收买、非法提供国家秘密、情报罪】**　为境外的机构、组织、人员窃取、刺探、收买、非法提供国家秘密或者情报的,处五年以上十年以下有期徒刑;情节特别严重的,处十年以上有期徒刑或者无期徒刑;情节较轻的,处五年以下有期徒刑、拘役、管制或者剥夺政治权利。

第一百一十二条　【资敌罪】　战时供给敌人武器装备、军用物资资敌的,处十年以上有期徒刑或者无期徒刑;情节较轻的,处三年以上十年以下有期徒刑。

第一百一十三条　【危害国家安全罪死刑及没收财产的适用】　本章上述危害国家安全罪行中,除第一百零三条第二款、第一百零五条、第一百零七条、第一百零九条外,对国家和人民危害特别严重、情节特别恶劣的,可以判处死刑。

犯本章之罪的,可以并处没收财产。

---

①　本条系根据《刑法修正案(八)》第二十一条的规定修改。原条文为"(第一款)国家机关工作人员在履行公务期间,擅离岗位,叛逃境外或者在境外叛逃,危害中华人民共和国国家安全的,处五年以下有期徒刑、拘役、管制或者剥夺政治权利;情节严重的,处五年以上十年以下有期徒刑。(第二款)掌握国家秘密的国家工作人员犯前款罪的,依照前款的规定从重处罚"。

②　a. 2017 年《中华人民共和国反间谍法实施细则》第四条,第 430 页。

b. 2023 年《中华人民共和国反间谍法》第四、五十五条,第 212、213 页。

③　a. 2000 年《关于维护互联网安全的决定》二·(二),第 195 页。

b. 2001 年《关于审理为境外窃取、刺探、收买、非法提供国家秘密、情报案件具体应用法律若干问题的解释》,第 428 页。

c. 2001 年《关于执行〈关于审理为境外窃取、刺探、收买、非法提供国家秘密、情报案件具体应用法律若干问题的解释〉有关问题的通知》,第 429 页。

d. 2017 年《中华人民共和国反间谍法实施细则》第三条,第 430 页。

第二章 危害公共安全罪

第一百一十四条[①] **【放火罪】【决水罪】【爆炸罪】【投放危险物质罪】【以危险方法危害公共安全罪】** 放火、决水、爆炸以及投放毒害性、放射性、传染病病原体等物质或者以其他危险方法危害公共安全,尚未造成严重后果的,处三年以上十年以下有期徒刑。

第一百一十五条[②] **【放火罪】【决水罪】【爆炸罪】【投放危险物质罪】**

---

① a.本条系根据《刑法修正案(三)》第一条的规定修改。原条文为"放火、决水、爆炸、投毒或者以其他危险方法破坏工厂、矿场、油田、港口、河流、水源、仓库、住宅、森林、农场、谷场、牧场、重要管道、公共建筑物或者其他公私财产,危害公共安全,尚未造成严重后果的,处三年以上十年以下有期徒刑"。

b.2003年《关于办理妨害预防、控制突发传染病疫情等灾害的刑事案件具体应用法律若干问题的解释》第一、十七条,第347、349页。

c.2013年《关于公安机关处置信访活动中违法犯罪行为适用法律的指导意见》二·1、4,第850、851页。

d.2012年《关于磷化铝是否属于刑法规定的毒害性物质的研究意见》,第1205页。

e.2017年《关于办理组织、利用邪教组织破坏法律实施等刑事案件适用法律若干问题的解释》第十二条,第907页。

f.2019年《关于依法惩治妨害公共交通工具安全驾驶违法犯罪行为的指导意见》一·(一)至(三),第433~434页。

g.2019年《关于办理环境污染刑事案件有关问题座谈会纪要》6,第961页。

h.2019年《关于依法妥善审理高空抛物、坠物案件的意见》4至6,第434、435页。

i.2019年《关于依法严厉打击传播艾滋病病毒等违法犯罪行为的指导意见》二·(八),第427页。

j.2020年《关于依法惩治袭警违法犯罪行为的指导意见》三、五,第828页。

k.2020年《关于依法惩治妨害新型冠状病毒感染肺炎疫情防控违法犯罪的意见》二·(一)、(十),第350、353页。

l.2020年《关于办理涉窨井盖相关刑事案件的指导意见》二、十二,第435、437页。

m.2021年《关于依法惩治涉枪支、弹药、爆炸物、易燃易爆危险物品犯罪的意见》8、13、14,第461~462页。

n.2023年《关于办理环境污染刑事案件适用法律若干问题的解释》第九条,第956页。

② a.本条第一款系根据《刑法修正案(三)》第二条的规定修改。原条文为"放火、决水、爆炸、投毒或者以其他危险方法致人重伤、死亡或者使公私财产遭受重大损失的,处十年以上有期徒刑、无期徒刑或者死刑"。

b.2001年《关于森林和陆生野生动物刑事案件管辖及立案标准》二·(六)、(七),第977页。

c.2003年《关于办理妨害预防、控制突发传染病疫情等灾害的刑事案件具体应用法律若干问题的解释》第一、十七条,第347、349页。

d.2008年《关于公安机关管辖的刑事案件立案追诉标准的规定(一)》第一条,第371页。

e.2009年《关于醉酒驾车犯罪法律适用问题的意见》,第468页。

f.2012年《关于磷化铝是否属于刑法规定的毒害性物质的研究意见》,第1205页。

g.2017年《关于办理组织、利用邪教组织破坏法律实施等刑事案件适用法律若干问题的解释》第十二条,第907页。

h.2019年《关于依法惩治妨害公共交通工具安全驾驶违法犯罪行为的指导意见》一·(一)至(三),第433~434页。

i.2019年《关于依法妥善审理高空抛物、坠物案件的意见》4至6,第434、435页。

j.2019年《关于依法严厉打击传播艾滋病病毒等违法犯罪行为的指导意见》二·(八)、四·(三),第427、428页。

k.2020年《关于依法惩治袭警违法犯罪行为的指导意见》三、五,第828页。

l.2020年《关于依法惩治妨害新型冠状病毒感染肺炎疫情防控违法犯罪的意见》二·(一)、(十),第350、353页。

m.2020年《关于办理涉窨井盖相关刑事案件的指导意见》二、十二,第435、437页。

n.2021年《关于依法惩治涉枪支、弹药、爆炸物、易燃易爆危险物品犯罪的意见》8、13、14,第461~462页。

o.2022年《关于军地共同加强部队训练场未爆弹药安全风险防控的意见》(十三),第1095页。

p.2023年《关于办理环境污染刑事案件适用法律若干问题的解释》第九条,第956页。

【以危险方法危害公共安全罪】 放火、决水、爆炸以及投放毒害性、放射性、传染病病原体等物质或者以其他危险方法致人重伤、死亡或者使公私财产遭受重大损失的，处十年以上有期徒刑、无期徒刑或者死刑。

【失火罪】【过失决水罪】【过失爆炸罪】【过失投放危险物质罪】【过失以危险方法危害公共安全罪】 过失犯前款罪的，处三年以上七年以下有期徒刑；情节较轻的，处三年以下有期徒刑或者拘役。

第一百一十六条　【破坏交通工具罪】 破坏火车、汽车、电车、船只、航空器，足以使火车、汽车、电车、船只、航空器发生倾覆、毁坏危险，尚未造成严重后果的，处三年以上十年以下有期徒刑。

第一百一十七条[①] **【破坏交通设施罪】** 破坏轨道、桥梁、隧道、公路、机场、航道、灯塔、标志或者进行其他破坏活动，足以使火车、汽车、电车、船只、航空器发生倾覆、毁坏危险，尚未造成严重后果的，处三年以上十年以下有期徒刑。

第一百一十八条[②] **【破坏电力设备罪】【破坏易燃易爆设备罪】** 破坏电力、燃气或者其他易燃易爆设备，危害公共安全，尚未造成严重后果的，处三年以上十年以下有期徒刑。

第一百一十九条[③] **【破坏交通工具罪】【破坏交通设施罪】【破坏电力设备罪】【破坏易燃易爆设备罪】** 破坏交通工具、交通设施、电力设备、燃气设备、易燃易爆设备，造成严重后果的，处十年以上有期徒刑、无期徒刑或者死刑。

【过失损坏交通工具罪】【过失损坏交通设施罪】【过失损坏电力设备罪】【过失损坏易燃易爆设备罪】 过失犯前款罪的，处三年以上七年以下有期徒刑；情节较轻的，处三年以下有期徒刑或者拘役。

---

① a. 2020 年《关于依法惩治妨害新型冠状病毒感染肺炎疫情防控违法犯罪的意见》二·(八)、(十)，第352、353 页。

b. 2020 年《关于办理涉窨井盖相关刑事案件的指导意见》一、十二，第 435、437 页。

② a. 2007 年《关于办理盗窃油气、破坏油气设备等刑事案件具体应用法律若干问题的解释》第一、四、八条，第 438、439 页。

b. 2007 年《关于审理破坏电力设备刑事案件具体应用法律若干问题的解释》，第 437 页。

c. 2013 年《关于办理盗窃刑事案件适用法律若干问题的解释》第十一条，第 765 页。

d. 2018 年《关于办理盗窃油气、破坏油气设备等刑事案件适用法律若干问题的意见》一、三、四、六，第 439、440 页。

③ a. 2007 年《关于审理破坏电力设备刑事案件具体应用法律若干问题的解释》第一、三、四条，第437 页。

b. 2007 年《关于办理盗窃油气、破坏油气设备等刑事案件具体应用法律若干问题的解释》第二、四、八条，第 438、439 页。

c. 2013 年《关于办理盗窃刑事案件适用法律若干问题的解释》第十一条，第 765 页。

d. 2020 年《关于依法惩治妨害新型冠状病毒感染肺炎疫情防控违法犯罪的意见》二·(八)、(十)，第 352、353 页。

e. 2020 年《关于办理涉窨井盖相关刑事案件的指导意见》一、十二，第 435、437 页。

第一百二十条[①] **【组织、领导、参加恐怖组织罪】** 组织、领导恐怖活动组织的，处十年以上有期徒刑或者无期徒刑，并处没收财产；积极参加的，处三年以上十年以下有期徒刑，并处罚金；其他参加的，处三年以下有期徒刑、拘役、管制或者剥夺政治权利，可以并处罚金。

犯前款罪并实施杀人、爆炸、绑架等犯罪的，依照数罪并罚的规定处罚。

第一百二十条之一[②] **【帮助恐怖活动罪】** 资助恐怖活动组织、实施恐怖活动的个人的，或者资助恐怖活动培训的，处五年以下有期徒刑、拘役、管制或者剥夺政治权利，并处罚金；情节严重的，处五年以上有期徒刑，并处罚金或者没收财产。

为恐怖活动组织、实施恐怖活动或者恐怖活动培训招募、运送人员的，依照前款的规定处罚。

单位犯前两款罪的，对单位判处罚金，并对其直接负责的主管人员和其他直接责任人员，依照第一款的规定处罚。

第一百二十条之二[③] **【准备实施恐怖活动罪】** 有下列情形之一的，处五年以下有期徒刑、拘役、管制或者剥夺政治权利，并处罚金；情节严重的，处五年以上有期徒刑，并处罚金或者没收财产：

---

① a. 本款第一款原文为“组织、领导和积极参加恐怖活动组织的，处三年以上十年以下有期徒刑；其他参加的，处三年以下有期徒刑、拘役或者管制”。《刑法修正案（三）》第三条将本款修改为“组织、领导恐怖活动组织的，处十年以上有期徒刑或者无期徒刑；积极参加的，处三年以上十年以下有期徒刑；其他参加的，处三年以下有期徒刑、拘役、管制或者剥夺政治权利”。《刑法修正案（九）》第五条又将本款修改为现规定。

b. 2015 年《关于充分发挥审判职能作用切实维护公共安全的若干意见》二·3，第 431 页。

c. 2016 年《中华人民共和国反恐怖主义法》第三条，第 197 页。

d. 2018 年《关于办理恐怖活动和极端主义犯罪案件适用法律若干问题的意见》一·（一）、（八），第 440、443 页。

② a. 本条系根据《刑法修正案（三）》第四条的规定增加，原条文为“（第一款）资助恐怖活动组织或者实施恐怖活动的个人的，处五年以下有期徒刑、拘役、管制或者剥夺政治权利，并处罚金；情节严重的，处五年以上有期徒刑，并处罚金或者没收财产。（第二款）单位犯前款罪的，对单位判处罚金，并对其直接负责的主管人员和其他直接责任人员，依照前款的规定处罚”。《刑法修正案（九）》第六条又将本条修改为“（第一款）资助恐怖活动组织、实施恐怖活动的个人的，或者资助恐怖活动培训的，处五年以下有期徒刑、拘役、管制或者剥夺政治权利，并处罚金；情节严重的，处五年以上有期徒刑，并处罚金或者没收财产。（第二款）为恐怖活动组织、实施恐怖活动或者恐怖活动培训招募、运送人员的，依照前款的规定处罚。（第三款）单位犯前两款罪的，对单位判处罚金，并对其直接负责的主管人员和其他直接责任人员，依照第一款的规定处罚”。

b. 2009 年《关于审理洗钱等刑事案件具体应用法律若干问题的解释》第五条，第 598 页。

c. 2016 年《中华人民共和国反恐怖主义法》第三条，第 197 页。

d. 2018 年《关于办理恐怖活动和极端主义犯罪案件适用法律若干问题的意见》一·（二）、（八），第 441、443 页。

e. 2022 年《关于公安机关管辖的刑事案件立案追诉标准的规定（二）》第一条，第 396 页。

③ a. 本条系根据《刑法修正案（九）》第七条的规定增加。

b. 2016 年《中华人民共和国反恐怖主义法》第三条，第 197 页。

c. 2018 年《关于办理恐怖活动和极端主义犯罪案件适用法律若干问题的意见》一·（三）、（八），第 441、443 页。

(一)为实施恐怖活动准备凶器、危险物品或者其他工具的;

(二)组织恐怖活动培训或者积极参加恐怖活动培训的;

(三)为实施恐怖活动与境外恐怖活动组织或者人员联络的;

(四)为实施恐怖活动进行策划或者其他准备的。

有前款行为,同时构成其他犯罪的,依照处罚较重的规定定罪处罚。

第一百二十条之三[①] **【宣扬恐怖主义、极端主义、煽动实施恐怖活动罪】** 以制作、散发宣扬恐怖主义、极端主义的图书、音频视频资料或者其他物品,或者通过讲授、发布信息等方式宣扬恐怖主义、极端主义的,或者煽动实施恐怖活动的,处五年以下有期徒刑、拘役、管制或者剥夺政治权利,并处罚金;情节严重的,处五年以上有期徒刑,并处罚金或者没收财产。

第一百二十条之四[②] **【利用极端主义破坏法律实施罪】** 利用极端主义煽动、胁迫群众破坏国家法律确立的婚姻、司法、教育、社会管理等制度实施的,处三年以下有期徒刑、拘役或者管制,并处罚金;情节严重的,处三年以上七年以下有期徒刑,并处罚金;情节特别严重的,处七年以上有期徒刑,并处罚金或者没收财产。

第一百二十条之五[③] **【强制穿戴宣扬恐怖主义、极端主义服饰、标志罪】** 以暴力、胁迫等方式强制他人在公共场所穿着、佩戴宣扬恐怖主义、极端主义服饰、标志的,处三年以下有期徒刑、拘役或者管制,并处罚金。

第一百二十条之六[④] **【非法持有宣扬恐怖主义、极端主义物品罪】** 明知是宣扬恐怖主义、极端主义的图书、音频视频资料或者其他物品而非法持有,情节严重的,处三年以下有期徒刑、拘役或者管制,并处或者单处罚金。

第一百二十一条　【劫持航空器罪】 以暴力、胁迫或者其他方法劫持航空器的,处十年以上有期徒刑或者无期徒刑;致人重伤、死亡或者使航空器遭受严重破坏的,处死刑。

第一百二十二条　【劫持船只、汽车罪】 以暴力、胁迫或者其他方法劫持船只、汽车的,处五年以上十年以下有期徒刑;造成严重后果的,处十年以上有期徒刑或者

---

① a. 本条系根据《刑法修正案(九)》第七条的规定增加。

b. 2016 年《中华人民共和国反恐怖主义法》第三条,第 197 页。

c. 2018 年《关于办理恐怖活动和极端主义犯罪案件适用法律若干问题的意见》一·(四)、(八),第 442、443 页。

② a. 本条系根据《刑法修正案(九)》第七条的规定增加。

b. 2018 年《关于办理恐怖活动和极端主义犯罪案件适用法律若干问题的意见》一·(五)、(八),第 442、443 页。

③ a. 本条系根据《刑法修正案(九)》第七条的规定增加。

b. 2016 年《中华人民共和国反恐怖主义法》第三条,第 197 页。

c. 2018 年《关于办理恐怖活动和极端主义犯罪案件适用法律若干问题的意见》一·(六)、(八),第 443 页。

④ a. 本条系根据《刑法修正案(九)》第七条的规定增加。

b. 2016 年《中华人民共和国反恐怖主义法》第三条,第 197 页。

c. 2018 年《关于办理恐怖活动和极端主义犯罪案件适用法律若干问题的意见》一·(七)、(八),第 443 页。

无期徒刑。

第一百二十三条 【暴力危及飞行安全罪】 对飞行中的航空器上的人员使用暴力，危及飞行安全，尚未造成严重后果的，处五年以下有期徒刑或者拘役；造成严重后果的，处五年以上有期徒刑。

第一百二十四条[①] **【破坏广播电视设施、公用电信设施罪】** 破坏广播电视设施、公用电信设施，危害公共安全的，处三年以上七年以下有期徒刑；造成严重后果的，处七年以上有期徒刑。

【过失损坏广播电视设施、公用电信设施罪】 过失犯前款罪的，处三年以上七年以下有期徒刑；情节较轻的，处三年以下有期徒刑或者拘役。

第一百二十五条[②] **【非法制造、买卖、运输、邮寄、储存枪支、弹药、爆炸物罪】** 非法制造、买卖、运输、邮寄、储存枪支、弹药、爆炸物的，处三年以上十年以下有期徒

---

① a. 2005 年《关于审理破坏公用电信设施刑事案件具体应用法律若干问题的解释》，第 445 页。

b. 2011 年《关于审理破坏广播电视设施等刑事案件具体应用法律若干问题的解释》，第 448 页。

c. 2013 年《关于办理盗窃刑事案件适用法律若干问题的解释》第十一条，第 765 页。

d. 2014 年《关于依法办理非法生产、销售、使用"伪基站"设备案件的意见》，第 446 页。

e. 2014 年《公用电信设施损坏经济损失计算方法》，第 449 页。

② a. 本条第二款系根据《刑法修正案(三)》第五条的规定修改。原条文为"非法买卖、运输核材料的，依照前款的规定处罚"。

b. 2001 年《关于审理非法制造、买卖、运输枪支、弹药、爆炸物等刑事案件具体应用法律若干问题的解释》第一、二、七至十条，第 451 ~ 454 页。

c. 2002 年《关于对彩弹枪按照枪支进行管理的通知》，第 455 页。

d. 2003 年《关于办理非法制造、买卖、运输、储存毒鼠强等禁用剧毒化学品刑事案件具体应用法律若干问题的解释》，第 458 页。

e. 2003 年《关于九七刑法实施后发生的非法买卖枪支案件，审理时新的司法解释尚未作出，是否可以参照 1995 年 9 月 20 日的最高人民法院〈关于办理非法制造、买卖、运输非军用枪支、弹药刑事案件适用法律问题的解释〉的规定审理案件请示的复函》，第 231 页。

f. 2004 年《关于非法制造、买卖、运输、储存以火药为动力发射弹药的大口径武器的行为如何适用法律问题的答复》，第 455 页。

g. 2006 年《关于涉弩违法犯罪行为的处理及性能鉴定问题的批复》，第 456 页。

h. 2006 年《关于对以气体等为动力发射金属弹丸或者其他物质的仿真枪认定问题的批复》，第 456 页。

i. 2008 年《仿真枪认定标准》，第 457 页。

j. 2008 年《关于公安机关管辖的刑事案件立案追诉标准的规定(一)》第二条，第 371 页。

k. 2011 年《关于仿真枪认定标准有关问题的批复》，第 457 页。

l. 2011 年《关于对空包弹管理有关问题的批复》，第 458 页。

m. 2012 年《关于依法加强对涉嫌犯罪的非法生产经营烟花爆竹行为刑事责任追究的通知》一，第 353 页。

n. 2012 年《关于磷化铝是否属于刑法规定的毒害性物质的研究意见》，第 1205 页。

o. 最高法 2013 年指导性案例 13 号《王召成等非法买卖、储存危险物质案》，第 1152 页。

p. 2014 年《关于枪支主要零部件管理有关问题的批复》，第 459 页。

q. 2018 年《关于涉以压缩气体为动力的枪支、气枪铅弹刑事案件定罪量刑问题的批复》，第 460 页。

r. 2019 年《关于依法严厉打击传播艾滋病病毒等违法犯罪行为的指导意见》二·(八)、四·(三)，第 427、428 页。

s. 2021 年《关于依法惩治涉枪支、弹药、爆炸物、易燃易爆危险物品犯罪的意见》4、10 至 14，第 460 ~ 462 页。

t. 2022 年《关于军地共同加强部队训练场未爆弹药安全风险防控的意见》(十三)，第 1095 页。

刑;情节严重的,处十年以上有期徒刑、无期徒刑或者死刑。

【非法制造、买卖、运输、储存危险物质罪】 非法制造、买卖、运输、储存毒害性、放射性、传染病病原体等物质,危害公共安全的,依照前款的规定处罚。

单位犯前两款罪的,对单位判处罚金,并对其直接负责的主管人员和其他直接责任人员,依照第一款的规定处罚。

第一百二十六条① **【违规制造、销售枪支罪】** 依法被指定、确定的枪支制造企业、销售企业,违反枪支管理规定,有下列行为之一的,对单位判处罚金,并对其直接负责的主管人员和其他直接责任人员,处五年以下有期徒刑;情节严重的,处五年以上十年以下有期徒刑;情节特别严重的,处十年以上有期徒刑或者无期徒刑:

(一)以非法销售为目的,超过限额或者不按照规定的品种制造、配售枪支的;

(二)以非法销售为目的,制造无号、重号、假号的枪支的;

(三)非法销售枪支或者在境内销售为出口制造的枪支的。

第一百二十七条② **【盗窃、抢夺枪支、弹药、爆炸物、危险物质罪】** 盗窃、抢夺枪支、弹药、爆炸物的,或者盗窃、抢夺毒害性、放射性、传染病病原体等物质,危害公共安全的,处三年以上十年以下有期徒刑;情节严重的,处十年以上有期徒刑、无期徒刑或者死刑。

【抢劫枪支、弹药、爆炸物、危险物质罪】 抢劫枪支、弹药、爆炸物的,或者抢劫毒害性、放射性、传染病病原体等物质,危害公共安全的,或者盗窃、抢夺国家机关、军警人员、民兵的枪支、弹药、爆炸物的,处十年以上有期徒刑、无期徒刑或者死刑。

---

① a. 2001 年《关于审理非法制造、买卖、运输枪支、弹药、爆炸物等刑事案件具体应用法律若干问题的解释》第三条,第 452 页。

b. 2008 年《关于公安机关管辖的刑事案件立案追诉标准的规定(一)》第三条,第 372 页。

② a. 本条系根据《刑法修正案(三)》第六条的规定修改。原条文为"(第一款)盗窃、抢夺枪支、弹药、爆炸物的,处三年以上十年以下有期徒刑;情节严重的,处十年以上有期徒刑、无期徒刑或者死刑。(第二款)抢劫枪支、弹药、爆炸物或者盗窃、抢夺国家机关、军警人员、民兵的枪支、弹药、爆炸物的,处十年以上有期徒刑、无期徒刑或者死刑"。

b. 2001 年《关于审理非法制造、买卖、运输枪支、弹药、爆炸物等刑事案件具体应用法律若干问题的解释》第四、七、十条,第 452 ~ 454 页。

c. 2002 年《关于对彩弹枪按照枪支进行管理的通知》,第 455 页。

d. 2004 年《关于非法制造、买卖、运输、储存以火药为动力发射弹药的大口径武器的行为如何适用法律问题的答复》,第 455 页。

e. 2006 年《关于对以气体等为动力发射金属弹丸或者其他物质的仿真枪认定问题的批复》,第 456 页。

f. 2008 年《仿真枪认定标准》,第 457 页。

g. 2011 年《关于仿真枪认定标准有关问题的批复》,第 457 页。

h. 2012 年《关于磷化铝是否属于刑法规定的毒害性物质的研究意见》,第 1205 页。

i. 2020 年《关于依法惩治袭警违法犯罪行为的指导意见》四,第 828 页。

j. 2022 年《关于军地共同加强部队训练场未爆弹药安全风险防控的意见》(十三),第 1095 页。

第一百二十八条[①] **【非法持有、私藏枪支、弹药罪】** 违反枪支管理规定，非法持有、私藏枪支、弹药的，处三年以下有期徒刑、拘役或者管制；情节严重的，处三年以上七年以下有期徒刑。

【非法出租、出借枪支罪】 依法配备公务用枪的人员，非法出租、出借枪支的，依照前款的规定处罚。

依法配置枪支的人员，非法出租、出借枪支，造成严重后果的，依照第一款的规定处罚。

单位犯第二款、第三款罪的，对单位判处罚金，并对其直接负责的主管人员和其他直接责任人员，依照第一款的规定处罚。

第一百二十九条[②] **【丢失枪支不报罪】** 依法配备公务用枪的人员，丢失枪支不及时报告，造成严重后果的，处三年以下有期徒刑或者拘役。

第一百三十条[③] **【非法携带枪支、弹药、管制刀具、危险物品危及公共安全罪】** 非法携带枪支、弹药、管制刀具或者爆炸性、易燃性、放射性、毒害性、腐蚀性物品，进入公共场所或者公共交通工具，危及公共安全，情节严重的，处三年以下有期徒刑、拘役或者管制。

---

① a. 1998 年《关于将公务用枪用作借债质押的行为如何适用法律问题的批复》，第 464 页。

b. 2001 年《关于审理非法制造、买卖、运输枪支、弹药、爆炸物等刑事案件具体应用法律若干问题的解释》第五、七至十条，第 453、454 页。

c. 2002 年《关于对彩弹枪按照枪支进行管理的通知》，第 455 页。

d. 2004 年《关于非法制造、买卖、运输、储存以火药为动力发射弹药的大口径武器的行为如何适用法律问题的答复》，第 455 页。

e. 2006 年《关于对以气体等为动力发射金属弹丸或者其他物质的仿真枪认定问题的批复》，第 456 页。

f. 2008 年《仿真枪认定标准》，第 457 页。

g. 2011 年《关于仿真枪认定标准有关问题的批复》，第 457 页。

h. 2008 年《关于公安机关管辖的刑事案件立案追诉标准的规定(一)》第四、五条，第 372 页。

i. 2018 年《关于涉以压缩气体为动力的枪支、气枪铅弹刑事案件定罪量刑问题的批复》，第 460 页。

② 2008 年《关于公安机关管辖的刑事案件立案追诉标准的规定(一)》第六条，第 373 页。

③ a. 2001 年《关于审理非法制造、买卖、运输枪支、弹药、爆炸物等刑事案件具体应用法律若干问题的解释》第六、七条，第 453 页。

b. 2001 年《关于对少数民族人员佩带刀具乘坐火车如何处理问题的批复》，第 464 页。

c. 2002 年《关于对彩弹枪按照枪支进行管理的通知》，第 455 页。

d. 2004 年《关于非法制造、买卖、运输、储存以火药为动力发射弹药的大口径武器的行为如何适用法律问题的答复》，第 455 页。

e. 2006 年《关于对以气体等为动力发射金属弹丸或者其他物质的仿真枪认定问题的批复》，第 456 页。

f. 2008 年《仿真枪认定标准》，第 457 页。

g. 2008 年《关于公安机关管辖的刑事案件立案追诉标准的规定(一)》第七条，第 373 页。

h. 2010 年《关于将陶瓷类刀具纳入管制刀具管理问题的批复》，第 465 页。

i. 2011 年《关于仿真枪认定标准有关问题的批复》，第 457 页。

j. 2013 年《关于公安机关处置信访活动中违法犯罪行为适用法律的指导意见》二·3，第 851 页。

k. 2012 年《关于磷化铝是否属于刑法规定的毒害性物质的研究意见》，第 1205 页。

l. 2014 年《关于依法惩处涉医违法犯罪维护正常医疗秩序的意见》二·(五)，第 713 页。

m. 2019 年《关于依法处理信访活动中违法犯罪行为的指导意见》一·(五)、(七)、(八)，二，第 856、857 页。

第一百三十一条 【重大飞行事故罪】 航空人员违反规章制度,致使发生重大飞行事故,造成严重后果的,处三年以下有期徒刑或者拘役;造成飞机坠毁或者人员死亡的,处三年以上七年以下有期徒刑。

第一百三十二条①**【铁路运营安全事故罪】** 铁路职工违反规章制度,致使发生铁路运营安全事故,造成严重后果的,处三年以下有期徒刑或者拘役;造成特别严重后果的,处三年以上七年以下有期徒刑。

第一百三十三条②**【交通肇事罪】** 违反交通运输管理法规,因而发生重大事故,致人重伤、死亡或者使公私财产遭受重大损失的,处三年以下有期徒刑或者拘役;交通运输肇事后逃逸或者有其他特别恶劣情节的,处三年以上七年以下有期徒刑;因逃逸致人死亡的,处七年以上有期徒刑。

第一百三十三条之一③**【危险驾驶罪】** 在道路上驾驶机动车,有下列情形之一的,处拘役,并处罚金:

(一)追逐竞驶,情节恶劣的;

(二)醉酒驾驶机动车的;

(三)从事校车业务或者旅客运输,严重超过额定乘员载客,或者严重超过规定时速行驶的;

(四)违反危险化学品安全管理规定运输危险化学品,危及公共安全的。

机动车所有人、管理人对前款第三项、第四项行为负有直接责任的,依照前款的规定处罚。

有前两款行为,同时构成其他犯罪的,依照处罚较重的规定定罪处罚。

---

① 2015 年《关于办理危害生产安全刑事案件适用法律若干问题的解释》第六、七、十、十二至十四、十六条,第 479 ~ 482 页。

② a. 1992 年《关于遇害者不明的水上交通肇事案件应如何适用法律问题的电话答复》,第 465 页。

b. 2000 年《关于审理交通肇事刑事案件具体应用法律若干问题的解释》,第 466 页。

c. 2009 年《关于醉酒驾车犯罪法律适用问题的意见》,第 468 页。

d. 2011 年《关于纵容他人醉酒驾驶造成重大交通事故定性问题的复函》,第 467 页。

e. 2012 年《纵容他人醉酒驾驶造成重大交通事故定性问题的研究意见》,第 1205 页。

f. 2012 年《关于对运输货车自行滑坡造成他人死亡如何定性处理问题的研究意见》,第 1205 页。

g. 2014 年《关于交通肇事刑事案件附带民事赔偿范围问题的答复》,第 467 页。

h. 2020 年《关于依法办理"碰瓷"违法犯罪案件的指导意见》六、九、十,第 752、753 页。

i. 最高检 2021 年指导性案例 97 号《夏某某等人重大责任事故案》,第 1184 页。

j. 2021 年《关于常见犯罪的量刑指导意见(试行)》四·(一),第 279 页。

③ a. 本条系根据《刑法修正案(八)》第二十二条的规定增加,原条文为"(第一款)在道路上驾驶机动车追逐竞驶,情节恶劣的,或者醉酒驾驶机动车的,处拘役,并处罚金。(第二款)有前款行为,同时构成其他犯罪的,依照处罚较重的规定定罪处罚"。《刑法修正案(九)》第八条又将本条修改为现规定。

b. 2011 年《关于公安机关办理醉酒驾驶机动车犯罪案件的指导意见》,第 469 页。

c. 最高法 2014 年指导性案例 32 号《张某某、金某危险驾驶案》,第 1153 页。

d. 2015 年《严重超员、严重超速危险驾驶刑事案件立案标准(试行)》,第 476 页。

e. 2021 年《关于依法惩治涉枪支、弹药、爆炸物、易燃易爆危险物品犯罪的意见》5、13、14,第 461 ~ 462 页。

f. 2021 年《关于常见犯罪的量刑指导意见(试行)》四·(二),第 279 页。

g. 2023 年《关于办理醉酒危险驾驶刑事案件的意见》,第 471 页。

第一百三十三条之二[①] **【妨害安全驾驶罪】** 对行驶中的公共交通工具的驾驶人员使用暴力或者抢控驾驶操纵装置,干扰公共交通工具正常行驶,危及公共安全的,处一年以下有期徒刑、拘役或者管制,并处或者单处罚金。

前款规定的驾驶人员在行驶的公共交通工具上擅离职守,与他人互殴或者殴打他人,危及公共安全的,依照前款的规定处罚。

有前两款行为,同时构成其他犯罪的,依照处罚较重的规定定罪处罚。

第一百三十四条[②] **【重大责任事故罪】** 在生产、作业中违反有关安全管理的规定,因而发生重大伤亡事故或者造成其他严重后果的,处三年以下有期徒刑或者拘役;情节特别恶劣的,处三年以上七年以下有期徒刑。

【强令、组织他人违章冒险作业罪】 强令他人违章冒险作业,或者明知存在重大事故隐患而不排除,仍冒险组织作业,因而发生重大伤亡事故或者造成其他严重后果的,处五年以下有期徒刑或者拘役;情节特别恶劣的,处五年以上有期徒刑。

第一百三十四条之一[③] **【危险作业罪】** 在生产、作业中违反有关安全管理的规定,有下列情形之一,具有发生重大伤亡事故或者其他严重后果的现实危险的,处一年以下有期徒刑、拘役或者管制:

(一)关闭、破坏直接关系生产安全的监控、报警、防护、救生设备、设施,或者篡改、隐瞒、销毁其相关数据、信息的;

(二)因存在重大事故隐患被依法责令停产停业、停止施工、停止使用有关设备、设施、场所或者立即采取排除危险的整改措施,而拒不执行的;

(三)涉及安全生产的事项未经依法批准或者许可,擅自从事矿山开采、金属冶

---

① 本条系根据《刑法修正案(十一)》第二条的规定增加。

② a. 本条原文为“工厂、矿山、林场、建筑企业或者其他企业、事业单位的职工,由于不服管理、违反规章制度,或者强令工人违章冒险作业,因而发生重大伤亡事故或者造成其他严重后果的,处三年以下有期徒刑或者拘役;情节特别恶劣的,处三年以上七年以下有期徒刑”。《刑法修正案(六)》第一条修改为“(第一款)在生产、作业中违反有关安全管理的规定,因而发生重大伤亡事故或者造成其他严重后果的,处三年以下有期徒刑或者拘役;情节特别恶劣的,处三年以上七年以下有期徒刑。(第二款)强令他人违章冒险作业,因而发生重大伤亡事故或者造成其他严重后果的,处五年以下有期徒刑或者拘役;情节特别恶劣的,处五年以上有期徒刑”。《刑法修正案(十一)》第三条将本条第二款修改为现规定。

b. 2000 年《关于审理交通肇事刑事案件具体应用法律若干问题的解释》第八条,第 467 页。

c. 2011 年《关于进一步加强危害生产安全刑事案件审判工作的意见》,第 476 页。

d. 2015 年《关于办理危害生产安全刑事案件适用法律若干问题的解释》第一、二、五至七、十、十二至十四、十六条,第 479 ~ 482 页。

e. 2015 年《关于充分发挥审判职能作用切实维护公共安全的若干意见》三·7,第 431 页。

f. 2019 年《关于依法妥善审理高空抛物、坠物案件的意见》7,第 435 页。

g. 2020 年《关于办理涉窨井盖相关刑事案件的指导意见》五、十二,第 436、437 页。

h. 最高检 2021 年指导性案例 94 号《余某某等人重大劳动安全事故重大责任事故案》,第 1183 页。

i. 最高检 2021 年指导性案例 95 号《宋某某等人重大责任事故案》,第 1183 页。

j. 最高检 2021 年指导性案例 97 号《夏某某等人重大责任事故案》,第 1184 页。

k. 2022 年《关于办理危害生产安全刑事案件适用法律若干问题的解释(二)》第一、四、五、十一条,第 482 ~ 484 页。

③ a. 本条系根据《刑法修正案(十一)》第四条的规定增加。

b. 2021 年《关于依法惩治涉枪支、弹药、爆炸物、易燃易爆危险物品犯罪的意见》5、13、14,第 461 ~ 462 页。

c. 2022 年《关于办理危害生产安全刑事案件适用法律若干问题的解释(二)》第二至五、十、十一条,第 482 ~ 484 页。

炼、建筑施工,以及危险物品生产、经营、储存等高度危险的生产作业活动的。

第一百三十五条[①] **【重大劳动安全事故罪】** 安全生产设施或者安全生产条件不符合国家规定,因而发生重大伤亡事故或者造成其他严重后果的,对直接负责的主管人员和其他直接责任人员,处三年以下有期徒刑或者拘役;情节特别恶劣的,处三年以上七年以下有期徒刑。

第一百三十五条之一[②] **【大型群众性活动重大安全事故罪】** 举办大型群众性活动违反安全管理规定,因而发生重大伤亡事故或者造成其他严重后果的,对直接负责的主管人员和其他直接责任人员,处三年以下有期徒刑或者拘役;情节特别恶劣的,处三年以上七年以下有期徒刑。

第一百三十六条[③] **【危险物品肇事罪】** 违反爆炸性、易燃性、放射性、毒害性、腐蚀性物品的管理规定,在生产、储存、运输、使用中发生重大事故,造成严重后果的,处三年以下有期徒刑或者拘役;后果特别严重的,处三年以上七年以下有期徒刑。

第一百三十七条[④] **【工程重大安全事故罪】** 建设单位、设计单位、施工单位、工程监理单位违反国家规定,降低工程质量标准,造成重大安全事故的,对直接责任人员,处五年以下有期徒刑或者拘役,并处罚金;后果特别严重的,处五年以上十年以下有期徒刑,并处罚金。

第一百三十八条[⑤] **【教育设施重大安全事故罪】** 明知校舍或者教育教学设施有危险,而不采取措施或者不及时报告,致使发生重大伤亡事故的,对直接责任人员,

---

① a. 本条系根据《刑法修正案(六)》第二条的规定修改。原条文为“工厂、矿山、林场、建筑企业或者其他企业、事业单位的劳动安全设施不符合国家规定,经有关部门或者单位职工提出后,对事故隐患仍不采取措施,因而发生重大伤亡事故或者造成其他严重后果的,对直接责任人员,处三年以下有期徒刑或者拘役;情节特别恶劣的,处三年以上七年以下有期徒刑”。

b. 2000 年《关于审理交通肇事刑事案件具体应用法律若干问题的解释》第八条,第 467 页。

c. 2009 年《关于被告人阮某重大劳动安全事故案有关法律适用问题的答复》,第 484 页。

d. 2011 年《关于进一步加强危害生产安全刑事案件审判工作的意见》,第 476 页。

e. 2015 年《关于办理危害生产安全刑事案件适用法律若干问题的解释》第三、六、七、十、十二至十四、十六条,第 479 ~ 482 页。

f. 2015 年《关于充分发挥审判职能作用切实维护公共安全的若干意见》三 · 7,第 431 页。

g. 最高检 2021 年指导性案例 94 号《余某某等人重大劳动安全事故重大责任事故案》,第 1183 页。

② a. 本条系根据《刑法修正案(六)》第三条的规定增加。

b. 2015 年《关于办理危害生产安全刑事案件适用法律若干问题的解释》第六、七、十、十二至十四、十六条,第 479 ~ 482 页。

③ a. 2000 年《关于加强爆炸案件和爆炸物品丢失被盗案件倒查责任追究工作的通知》三,第 454 页。

b. 2004 年《关于进一步加强和改进出租屋管理工作有关问题的通知》三 · (五),第 425 页。

c. 2015 年《关于办理危害生产安全刑事案件适用法律若干问题的解释》第六、七、十、十二至十四、十六条,第 479 ~ 482 页。

d. 2015 年《关于充分发挥审判职能作用切实维护公共安全的若干意见》三 · 7,第 431 页。

e. 2021 年《关于依法惩治涉枪支、弹药、爆炸物、易燃易爆危险物品犯罪的意见》6、7、13、14,第 461 ~ 462 页。

④ a. 2015 年《关于办理危害生产安全刑事案件适用法律若干问题的解释》第六、七、十、十二至十四、十六条,第 479 ~ 482 页。

b. 2020 年《关于办理涉窨井盖相关刑事案件的指导意见》五、十二,第 436、437 页。

⑤ 2015 年《关于办理危害生产安全刑事案件适用法律若干问题的解释》第六、七、十、十二至十四、十六条,第 479 ~ 482 页。

处三年以下有期徒刑或者拘役；后果特别严重的，处三年以上七年以下有期徒刑。

第一百三十九条①　【消防责任事故罪】　违反消防管理法规，经消防监督机构通知采取改正措施而拒绝执行，造成严重后果的，对直接责任人员，处三年以下有期徒刑或者拘役；后果特别严重的，处三年以上七年以下有期徒刑。

第一百三十九条之一②　【不报、谎报安全事故罪】　在安全事故发生后，负有报告职责的人员不报或者谎报事故情况，贻误事故抢救，情节严重的，处三年以下有期徒刑或者拘役；情节特别严重的，处三年以上七年以下有期徒刑。

第三章　破坏社会主义市场经济秩序罪

第一节　生产、销售伪劣商品罪

第一百四十条③　【生产、销售伪劣产品罪】　生产者、销售者在产品中掺杂、掺假，以假充真，以次充好或者以不合格产品冒充合格产品，销售金额五万元以上不满

---

① 2015年《关于办理危害生产安全刑事案件适用法律若干问题的解释》第六、七、十、十二至十四、十六条，第479～482页。

② a. 本条系根据《刑法修正案（六）》第四条的规定增加。

b. 2008年《关于公安机关管辖的刑事案件立案追诉标准的规定（一）》第十五条之一，第374页。

c. 2011年《关于进一步加强危害生产安全刑事案件审判工作的意见》，第476页。

d. 2015年《关于办理危害生产安全刑事案件适用法律若干问题的解释》第四、八、九、十、十二至十四、十六条，第479～482页。

e. 最高检2021年指导性案例96号《黄某某等人重大责任事故、谎报安全事故案》，第1184页。

③ a. 2001年《关于办理生产、销售伪劣商品刑事案件具体应用法律若干问题的解释》第一、二、九至十二条，第485、487页。

b. 2001年《关于审理生产、销售伪劣商品刑事案件有关鉴定问题的通知》，第487页。

c. 2003年《关于办理假冒伪劣烟草制品等刑事案件适用法律问题座谈会纪要》，第488页。

d. 2003年《关于办理妨害预防、控制突发传染病疫情等灾害的刑事案件具体应用法律若干问题的解释》第二、十七条，第347、349页。

e. 2008年《关于公安机关管辖的刑事案件立案追诉标准的规定（一）》第十六条，第375页。

f. 2010年《关于办理非法生产、销售烟草专卖品等刑事案件具体应用法律若干问题的解释》第一、二、四至九条，第491、492页。

g. 2012年《关于依法加强对涉嫌犯罪的非法生产经营烟花爆竹行为刑事责任追究的通知》一，第353页。

h. 最高检2014年指导性案例12号《柳立国等人生产、销售有毒、有害食品，生产、销售伪劣产品案》，第1164页。

i. 最高检2014年指导性案例15号《胡林贵等人生产、销售有毒、有害食品，行贿；骆梅等人销售伪劣产品；朱伟全等人生产、销售伪劣产品；黎达文等人受贿，食品监管渎职案》，第1164页。

j. 2019年《打击非设关地成品油走私专题研讨会会议纪要》一，第532页。

k. 2020年《关于依法惩治妨害新型冠状病毒感染肺炎疫情防控违法犯罪的意见》二·（三）、（十），第351、353页。

l. 2020年《关于废止〈最高人民检察院关于办理非法经营食盐刑事案件具体应用法律若干问题的解释〉的决定》，第493页。

m. 2020年《关于充分发挥检察职能服务保障“六稳”“六保”的意见》3，第421页。

n. 最高检2020年指导性案例85号《刘远鹏涉嫌生产、销售“伪劣产品”（不起诉）案》，第1182页。

o. 2022年《关于办理危害食品安全刑事案件适用法律若干问题的解释》第十五、二十二、二十三条，第504、506页。

p. 2022年《关于办理危害药品安全刑事案件适用法律若干问题的解释》第十一条，第497页。

二十万元的,处二年以下有期徒刑或者拘役,并处或者单处销售金额百分之五十以上二倍以下罚金;销售金额二十万元以上不满五十万元的,处二年以上七年以下有期徒刑,并处销售金额百分之五十以上二倍以下罚金;销售金额五十万元以上不满二百万元的,处七年以上有期徒刑,并处销售金额百分之五十以上二倍以下罚金;销售金额二百万元以上的,处十五年有期徒刑或者无期徒刑,并处销售金额百分之五十以上二倍以下罚金或者没收财产。

第一百四十一条① **【生产、销售、提供假药罪】** 生产、销售假药的,处三年以下有期徒刑或者拘役,并处罚金;对人体健康造成严重危害或者有其他严重情节的,处三年以上十年以下有期徒刑,并处罚金;致人死亡或者有其他特别严重情节的,处十年以上有期徒刑、无期徒刑或者死刑,并处罚金或者没收财产。

药品使用单位的人员明知是假药而提供给他人使用的,依照前款的规定处罚。

第一百四十二条② **【生产、销售、提供劣药罪】** 生产、销售劣药,对人体健康造

---

① a. 本条第一款原文为"生产、销售假药,足以严重危害人体健康的,处三年以下有期徒刑或者拘役,并处或者单处销售金额百分之五十以上二倍以下罚金;对人体健康造成严重危害的,处三年以上十年以下有期徒刑,并处销售金额百分之五十以上二倍以下罚金;致人死亡或者对人体健康造成特别严重危害的,处十年以上有期徒刑、无期徒刑或者死刑,并处销售金额百分之五十以上二倍以下罚金或者没收财产"。《刑法修正案(八)》第二十三条修改为现规定。本条第二款原文为"本条所称假药,是指依照《中华人民共和国药品管理法》的规定属于假药和按假药处理的药品、非药品"。《刑法修正案(十一)》第五条删去了本条原第二款,并新增了现第二款规定。

b. 2001 年《关于办理生产、销售伪劣商品刑事案件具体应用法律若干问题的解释》第三、九至十二条,第 485、487 页。

c. 2003 年《关于办理妨害预防、控制突发传染病疫情等灾害的刑事案件具体应用法律若干问题的解释》第二、十七条,第 347、349 页。

d. 2008 年《关于公安机关管辖的刑事案件立案追诉标准的规定(一)》第十七条,第 375 页。

e. 2015 年《关于充分发挥审判职能作用切实维护公共安全的若干意见》四 · 10,第 432 页。

f. 2015 年《对〈关于具有药品经营资质的企业通过非法渠道从私人手中购进药品后销售的如何适用法律问题的请示〉的答复》,第 494 页。

g. 2020 年《关于依法惩治妨害新型冠状病毒感染肺炎疫情防控违法犯罪的意见》二 · (三)、(十),第 351、353 页。

h. 2022 年《关于办理危害药品安全刑事案件适用法律若干问题的解释》第一至四、六、九、十、十四至二十条,第 495 ~ 499 页。

② a. 本条系根据《刑法修正案(十一)》第六条的规定修改。原条文为"(第一款)生产、销售劣药,对人体健康造成严重危害的,处三年以上十年以下有期徒刑,并处销售金额百分之五十以上二倍以下罚金;后果特别严重的,处十年以上有期徒刑或者无期徒刑,并处销售金额百分之五十以上二倍以下罚金或者没收财产。(第二款)本条所称劣药,是指依照《中华人民共和国药品管理法》的规定属于劣药的药品"。

b. 2001 年《关于办理生产、销售伪劣商品刑事案件具体应用法律若干问题的解释》第九至十二条,第 487 页。

c. 2003 年《关于办理妨害预防、控制突发传染病疫情等灾害的刑事案件具体应用法律若干问题的解释》第二、十七条,第 347、349 页。

d. 2008 年《关于公安机关管辖的刑事案件立案追诉标准的规定(一)》第十八条,第 376 页。

e. 2015 年《关于充分发挥审判职能作用切实维护公共安全的若干意见》四 · 10,第 432 页。

f. 2015 年《对〈关于具有药品经营资质的企业通过非法渠道从私人手中购进药品后销售的如何适用法律问题的请示〉的答复》,第 494 页。

g. 2020 年《关于依法惩治妨害新型冠状病毒感染肺炎疫情防控违法犯罪的意见》二 · (三)、(十),第 351、353 页。

h. 2022 年《关于办理危害药品安全刑事案件适用法律若干问题的解释》第一、二、四至六、九、十、十四至二十条,第 495 ~ 499 页。

成严重危害的，处三年以上十年以下有期徒刑，并处罚金；后果特别严重的，处十年以上有期徒刑或者无期徒刑，并处罚金或者没收财产。

药品使用单位的人员明知是劣药而提供给他人使用的，依照前款的规定处罚。

第一百四十二条之一[①] **【妨害药品管理罪】** 违反药品管理法规，有下列情形之一，足以严重危害人体健康的，处三年以下有期徒刑或者拘役，并处或者单处罚金；对人体健康造成严重危害或者有其他严重情节的，处三年以上七年以下有期徒刑，并处罚金：

（一）生产、销售国务院药品监督管理部门禁止使用的药品的；

（二）未取得药品相关批准证明文件生产、进口药品或者明知是上述药品而销售的；

（三）药品申请注册中提供虚假的证明、数据、资料、样品或者采取其他欺骗手段的；

（四）编造生产、检验记录的。

有前款行为，同时又构成本法第一百四十一条、第一百四十二条规定之罪或者其他犯罪的，依照处罚较重的规定定罪处罚。

第一百四十三条[②] **【生产、销售不符合安全标准的食品罪】** 生产、销售不符合食品安全标准的食品，足以造成严重食物中毒事故或者其他严重食源性疾病的，处三年以下有期徒刑或者拘役，并处罚金；对人体健康造成严重危害或者有其他严重情节的，处三年以上七年以下有期徒刑，并处罚金；后果特别严重的，处七年以上有期徒刑或者无期徒刑，并处罚金或者没收财产。

---

① a. 本条系根据《刑法修正案（十一）》第七条的规定增加。

b. 2022 年《关于办理危害药品安全刑事案件适用法律若干问题的解释》第七至十、十四至十七、二十条，第 496 ~ 499 页。

c. 2023 年《全国法院毒品案件审判工作会议纪要》二·（三），第 1013 页。

② a. 本条系根据《刑法修正案（八）》第二十四条的规定修改。原条文为“生产、销售不符合卫生标准的食品，足以造成严重食物中毒事故或者其他严重食源性疾患的，处三年以下有期徒刑或者拘役，并处或者单处销售金额百分之五十以上二倍以下罚金；对人体健康造成严重危害的，处三年以上七年以下有期徒刑，并处销售金额百分之五十以上二倍以下罚金；后果特别严重的，处七年以上有期徒刑或者无期徒刑，并处销售金额百分之五十以上二倍以下罚金或者没收财产”。

b. 2001 年《关于办理生产、销售伪劣商品刑事案件具体应用法律若干问题的解释》第四、九至十二条，第 486、487 页。

c. 2008 年《关于公安机关管辖的刑事案件立案追诉标准的规定（一）》第十九条，第 376 页。

d. 2011 年《关于进一步加大力度，依法严惩危害食品安全及相关职务犯罪的通知》，第 499 页。

e. 2012 年《关于依法严惩“地沟油”犯罪活动的通知》，第 500 页。

f. 2015 年《关于充分发挥审判职能作用切实维护公共安全的若干意见》四·10，第 432 页。

g. 2019 年《关于审理走私、非法经营、非法使用兴奋剂刑事案件适用法律若干问题的解释》第五、七、八条，第 531 页。

h. 2020 年《关于废止〈最高人民检察院关于办理非法经营食盐刑事案件具体应用法律若干问题的解释〉的决定》，第 493 页。

i. 2022 年《关于办理危害食品安全刑事案件适用法律若干问题的解释》第一至五、十二至十四、十七、二十一至二十五条，第 502 ~ 506 页。

第一百四十四条[①] **【生产、销售有毒、有害食品罪】** 在生产、销售的食品中掺入有毒、有害的非食品原料的,或者销售明知掺有有毒、有害的非食品原料的食品的,处五年以下有期徒刑,并处罚金;对人体健康造成严重危害或者有其他严重情节的,处五年以上十年以下有期徒刑,并处罚金;致人死亡或者有其他特别严重情节的,依照本法第一百四十一条的规定处罚。

第一百四十五条[②] **【生产、销售不符合标准的医用器材罪】** 生产不符合保障人体健康的国家标准、行业标准的医疗器械、医用卫生材料,或者销售明知是不符合保障人体健康的国家标准、行业标准的医疗器械、医用卫生材料,足以严重危害人体健康的,处三年以下有期徒刑或者拘役,并处销售金额百分之五十以上二倍以下罚金;对人体健康造成严重危害的,处三年以上十年以下有期徒刑,并处销售金额百分

---

① a. 本条系根据《刑法修正案(八)》第二十五条的规定修改。原条文为"在生产、销售的食品中掺入有毒、有害的非食品原料的,或者销售明知掺有有毒、有害的非食品原料的食品的,处五年以下有期徒刑或者拘役,并处或者单处销售金额百分之五十以上二倍以下罚金;造成严重食物中毒事故或者其他严重食源性疾患,对人体健康造成严重危害的,处五年以上十年以下有期徒刑,并处销售金额百分之五十以上二倍以下罚金;致人死亡或者对人体健康造成特别严重危害的,依照本法第一百四十一条的规定处罚"。

b. 2001 年《关于办理生产、销售伪劣商品刑事案件具体应用法律若干问题的解释》第五、九至十二条,第 486、487 页。

c. 2002 年《关于办理非法生产、销售、使用禁止在饲料和动物饮用水中使用的药品等刑事案件具体应用法律若干问题的解释》,第 647 页。

d. 2008 年《关于公安机关管辖的刑事案件立案追诉标准的规定(一)》第二十条,第 376 页。

e. 2011 年《关于进一步加大力度,依法严惩危害食品安全及相关职务犯罪的通知》,第 499 页。

f. 2012 年《关于依法严惩"地沟油"犯罪活动的通知》,第 500 页。

g. 最高检 2014 年指导性案例 12 号《柳立国等人生产、销售有毒、有害食品,生产、销售伪劣产品案》,第 1164 页。

h. 最高检 2014 年指导性案例 13 号《徐孝伦等人生产、销售有害食品案》,第 1164 页。

i. 最高检 2014 年指导性案例 14 号《孙建亮等人生产、销售有毒、有害食品案》,第 1164 页。

j. 最高检 2014 年指导性案例 15 号《胡林贵等人生产、销售有毒、有害食品,行贿;骆梅等人销售伪劣产品;朱伟全等人生产、销售伪劣产品;黎达文等人受贿,食品监管渎职案》,第 1164 页。

k. 2015 年《关于充分发挥审判职能作用切实维护公共安全的若干意见》四·10,第 432 页。

l. 最高法 2016 年指导性案例 70 号《北京阳光一佰生物技术开发有限公司、习文有等生产、销售有毒、有害食品案》,第 1154 页。

m. 2019 年《关于审理走私、非法经营、非法使用兴奋剂刑事案件适用法律若干问题的解释》第五、七、八条,第 531 页。

n. 2020 年《关于废止〈最高人民检察院关于办理非法经营食盐刑事案件具体应用法律若干问题的解释〉的决定》,第 493 页。

o. 2022 年《关于办理危害食品安全刑事案件适用法律若干问题的解释》第六至十四、十七、二十一至二十五条,第 503 ~ 506 页。

② a. 本条系根据《刑法修正案(四)》第一条的规定修改。原条文为"生产不符合保障人体健康的国家标准、行业标准的医疗器械、医用卫生材料,或者销售明知是不符合保障人体健康的国家标准、行业标准的医疗器械、医用卫生材料,对人体健康造成严重危害的,处五年以下有期徒刑,并处销售金额百分之五十以上二倍以下罚金;后果特别严重的,处五年以上十年以下有期徒刑,并处销售金额百分之五十以上二倍以下罚金,其中情节特别恶劣的,处十年以上有期徒刑或者无期徒刑,并处销售金额百分之五十以上二倍以下罚金或者没收财产"。

b. 2001 年《关于办理生产、销售伪劣商品刑事案件具体应用法律若干问题的解释》第六、九至十二条,第 486、487 页。

c. 2003 年《关于办理妨害预防、控制突发传染病疫情等灾害的刑事案件具体应用法律若干问题的解释》第三、十七条,第 348、349 页。

d. 2008 年《关于公安机关管辖的刑事案件立案追诉标准的规定(一)》第二十一条,第 376 页。

e. 2020 年《关于依法惩治妨害新型冠状病毒感染肺炎疫情防控违法犯罪的意见》二·(三)、(十),第 351、353 页。

之五十以上二倍以下罚金；后果特别严重的，处十年以上有期徒刑或者无期徒刑，并处销售金额百分之五十以上二倍以下罚金或者没收财产。

第一百四十六条[①] **【生产、销售不符合安全标准的产品罪】** 生产不符合保障人身、财产安全的国家标准、行业标准的电器、压力容器、易燃易爆产品或者其他不符合保障人身、财产安全的国家标准、行业标准的产品，或者销售明知是以上不符合保障人身、财产安全的国家标准、行业标准的产品，造成严重后果的，处五年以下有期徒刑，并处销售金额百分之五十以上二倍以下罚金；后果特别严重的，处五年以上有期徒刑，并处销售金额百分之五十以上二倍以下罚金。

第一百四十七条[②] **【生产、销售伪劣农药、兽药、化肥、种子罪】** 生产假农药、假兽药、假化肥，销售明知是假的或者失去使用效能的农药、兽药、化肥、种子，或者生产者、销售者以不合格的农药、兽药、化肥、种子冒充合格的农药、兽药、化肥、种子，使生产遭受较大损失的，处三年以下有期徒刑或者拘役，并处或者单处销售金额百分之五十以上二倍以下罚金；使生产遭受重大损失的，处三年以上七年以下有期徒刑，并处销售金额百分之五十以上二倍以下罚金；使生产遭受特别重大损失的，处七年以上有期徒刑或者无期徒刑，并处销售金额百分之五十以上二倍以下罚金或者没收财产。

第一百四十八条[③] **【生产、销售不符合卫生标准的化妆品罪】** 生产不符合卫生标准的化妆品，或者销售明知是不符合卫生标准的化妆品，造成严重后果的，处三年以下有期徒刑或者拘役，并处或者单处销售金额百分之五十以上二倍以下罚金。

第一百四十九条[④] **【竞合的适用】** 生产、销售本节第一百四十一条至第一百四十八条所列产品，不构成各该条规定的犯罪，但是销售金额在五万元以上的，依照本节第一百四十条的规定定罪处罚。

生产、销售本节第一百四十一条至第一百四十八条所列产品，构成各该条规定的犯罪，同时又构成本节第一百四十条规定之罪的，依照处罚较重的规定定罪处罚。

第一百五十条 **【单位犯罪的处罚】** 单位犯本节第一百四十条至第一百四十八条规定之罪的，对单位判处罚金，并对其直接负责的主管人员和其他直接责任人员，依照各该条的规定处罚。

---

① a. 2001 年《关于办理生产、销售伪劣商品刑事案件具体应用法律若干问题的解释》第九至十二条，第 487 页。

b. 2008 年《关于公安机关管辖的刑事案件立案追诉标准的规定（一）》第二十二条，第 377 页。

c. 2012 年《关于依法加强对涉嫌犯罪的非法生产经营烟花爆竹行为刑事责任追究的通知》一，第 353 页。

d. 2015 年《关于办理危害生产安全刑事案件适用法律若干问题的解释》第十一、十六条，第 481、482 页。

e. 2020 年《关于办理涉窨井盖相关刑事案件的指导意见》六、十二，第 436、437 页。

② a. 2001 年《关于办理生产、销售伪劣商品刑事案件具体应用法律若干问题的解释》第七、九至十二条，第 486、487 页。

b. 2008 年《关于公安机关管辖的刑事案件立案追诉标准的规定（一）》第二十三条，第 377 页。

c. 最高检 2020 年指导性案例 61 号《王敏生产、销售伪劣种子案》，第 1176 页。

d. 最高检 2020 年指导性案例 62 号《南京百分百公司等生产、销售伪劣农药案》，第 1176 页。

e. 2022 年《关于进一步加强涉种子刑事审判工作的指导意见》三、四、六、七，第 506、507 页。

③ a. 2001 年《关于办理生产、销售伪劣商品刑事案件具体应用法律若干问题的解释》第九至十二条，第 487 页。

b. 2008 年《关于公安机关管辖的刑事案件立案追诉标准的规定（一）》第二十四条，第 377 页。

④ 2001 年《关于审理生产、销售伪劣商品刑事案件有关鉴定问题的通知》三，第 488 页。

第二节 走 私 罪

第一百五十一条[①] **【走私武器、弹药罪】【走私核材料罪】【走私假币罪】** 走私武器、弹药、核材料或者伪造的货币的,处七年以上有期徒刑,并处罚金或者没收财产;情节特别严重的,处无期徒刑,并处没收财产;情节较轻的,处三年以上七年以下有期徒刑,并处罚金。

【走私文物罪】【走私贵重金属罪】【走私珍贵动物、珍贵动物制品罪】 走私国家禁止出口的文物、黄金、白银和其他贵重金属或者国家禁止进出口的珍贵动物及其制品的,处五年以上十年以下有期徒刑,并处罚金;情节特别严重的,处十年以上有

---

① a. 本条原文为"(第一款)走私武器、弹药、核材料或者伪造的货币的,处七年以上有期徒刑,并处罚金或者没收财产;情节较轻的,处三年以上七年以下有期徒刑,并处罚金。(第二款)走私国家禁止出口的文物、黄金、白银和其他贵重金属或者国家禁止进出口的珍贵动物及其制品的,处五年以上有期徒刑,并处罚金;情节较轻的,处五年以下有期徒刑,并处罚金。(第三款)走私国家禁止进出口的珍稀植物及其制品的,处五年以下有期徒刑,并处或者单处罚金;情节严重的,处五年以上有期徒刑,并处罚金。(第四款)犯第一款、第二款罪,情节特别严重的,处无期徒刑或者死刑,并处没收财产。(第五款)单位犯本条规定之罪的,对单位判处罚金,并对其直接负责的主管人员和其他直接责任人员,依照本条各款的规定处罚"。《刑法修正案(七)》第一条将本条第三款修改为"走私珍稀植物及其制品等国家禁止进出口的其他货物、物品的,处五年以下有期徒刑或者拘役,并处或者单处罚金;情节严重的,处五年以上有期徒刑,并处罚金"。《刑法修正案(八)》第二十六条将本条修改为"(第一款)走私武器、弹药、核材料或者伪造的货币的,处七年以上有期徒刑,并处罚金或者没收财产;情节特别严重的,处无期徒刑或者死刑,并处没收财产;情节较轻的,处三年以上七年以下有期徒刑,并处罚金。(第二款)走私国家禁止出口的文物、黄金、白银和其他贵重金属或者国家禁止进出口的珍贵动物及其制品的,处五年以上十年以下有期徒刑,并处罚金;情节特别严重的,处十年以上有期徒刑或者无期徒刑,并处没收财产;情节较轻的,处五年以下有期徒刑,并处罚金。(第三款)走私珍稀植物及其制品等国家禁止进出口的其他货物、物品的,处五年以下有期徒刑,并处或者单处罚金;情节严重的,处五年以上有期徒刑,并处罚金。(第四款)单位犯本条规定之罪的,对单位判处罚金,并对其直接负责的主管人员和其他直接责任人员,依照本条各款的规定处罚"。《刑法修正案(九)》第九条又将本条第一款修改为现规定。

b. 1993 年《关于核准部分濒危野生动物为国家重点保护野生动物的通知》,第 507 页。

c. 1994 年《关于如何理解走私罪中"直接负责的主管人员"和"直接责任人员"的答复》,第 509 页。

d. 2001 年《关于森林和陆生野生动物刑事案件管辖及立案标准》二·(五)、(十一),第 977、978 页。

e. 2001 年《关于发布破坏野生动物资源刑事案中涉及走私的象牙及其制品价值标准的通知》,第 508 页。

f. 2002 年《关于发布破坏野生动物资源刑事案件中涉及犀牛角价值标准的通知》,第 508 页。

g. 2002 年《关于办理走私刑事案件适用法律若干问题的意见》五至七、十五、十八、十九、二十一至二十四,第 512、514 ~ 516 页。

h. 2005 年《关于〈中华人民共和国刑法〉有关文物的规定适用于具有科学价值的古脊椎动物化石、古人类化石的解释》,第 216 页。

i. 2008 年《关于若干经济犯罪案件如何统计涉案总价值、挽回经济损失数额的批复》,第 538 页。

j. 2014 年《关于办理走私刑事案件适用法律若干问题的解释》第一至十二条,第 517 ~ 520 页。

k. 2016 年《关于办理妨害文物管理等刑事案件适用法律若干问题的解释》第一、十一至十七条,第 942、944、945 页。

l. 2018 年《关于涉以压缩气体为动力的枪支、气枪铅弹刑事案件定罪量刑问题的批复》,第 460 页。

m. 2019 年《关于审理走私、非法经营、非法使用兴奋剂刑事案件适用法律若干问题的解释》第一、七、八条,第 530、531 页。

n. 2020 年《关于全面禁止非法野生动物交易、革除滥食野生动物陋习、切实保障人民群众生命健康安全的决定》一,第 206 页。

o. 2020 年《关于依法惩治非法野生动物交易犯罪的指导意见》,第 988 页。

p. 2021 年《关于打击粤港澳海上跨境走私犯罪适用法律若干问题的指导意见》,第 536 页。

q. 2022 年《关于公安机关管辖的刑事案件立案追诉标准的规定(二)》第二条,第 396 页。

r. 2022 年《关于办理破坏野生动物资源刑事案件适用法律若干问题的解释》第一、二、十二至十八条,第 991、994 页。

期徒刑或者无期徒刑，并处没收财产；情节较轻的，处五年以下有期徒刑，并处罚金。

【走私国家禁止进出口的货物、物品罪】 走私珍稀植物及其制品等国家禁止进出口的其他货物、物品的，处五年以下有期徒刑或者拘役，并处或者单处罚金；情节严重的，处五年以上有期徒刑，并处罚金。

单位犯本条规定之罪的，对单位判处罚金，并对其直接负责的主管人员和其他直接责任人员，依照本条各款的规定处罚。

第一百五十二条[①] **【走私淫秽物品罪】** 以牟利或者传播为目的，走私淫秽的影片、录像带、录音带、图片、书刊或者其他淫秽物品的，处三年以上十年以下有期徒刑，并处罚金；情节严重的，处十年以上有期徒刑或者无期徒刑，并处罚金或者没收财产；情节较轻的，处三年以下有期徒刑、拘役或者管制，并处罚金。

【走私废物罪】 逃避海关监管将境外固体废物、液态废物和气态废物运输进境，情节严重的，处五年以下有期徒刑，并处或者单处罚金；情节特别严重的，处五年以上有期徒刑，并处罚金。

单位犯前两款罪的，对单位判处罚金，并对其直接负责的主管人员和其他直接责任人员，依照前两款的规定处罚。

第一百五十三条[②] **【走私普通货物、物品罪】** 走私本法第一百五十一条、第一

---

① a.《刑法修正案（四）》第二条规定增加本条第二款，本条原第二款作为第三款，并对第三款作了相应的修改。第三款原文为"单位犯前款罪的，对单位判处罚金，并对其直接负责的主管人员和其他直接责任人员，依照前款的规定处罚"。

b. 1994 年《关于如何理解走私罪中"直接负责的主管人员"和"直接责任人员"的答复》，第 509 页。

c. 2002 年《关于办理走私刑事案件适用法律若干问题的意见》五、六、十五、十八、十九、二十一至二十四，第 512、514 ~ 516 页。

d. 2008 年《关于公安机关管辖的刑事案件立案追诉标准的规定（一）》第二十五条，第 377 页。

e. 2014 年《关于办理走私刑事案件适用法律若干问题的解释》第十三至十五、二十二至二十四条，第 520 ~ 522 页。

f. 2021 年《关于打击粤港澳海上跨境走私犯罪适用法律若干问题的指导意见》二至六，第 536、537 页。

② a. 本条第一款系根据《刑法修正案（八）》第二十七条的规定修改。原条文为"走私本法第一百五十一条、第一百五十二条、第三百四十七条规定以外的货物、物品的，根据情节轻重，分别依照下列规定处罚：（一）走私货物、物品偷逃应缴税额在五十万元以上的，处十年以上有期徒刑或者无期徒刑，并处偷逃应缴税额一倍以上五倍以下罚金或者没收财产；情节特别严重的，依照本法第一百五十一条第四款的规定处罚；（二）走私货物、物品偷逃应缴税额在十五万元以上不满五十万元的，处三年以上十年以下有期徒刑，并处偷逃应缴税额一倍以上五倍以下罚金；情节特别严重的，处十年以上有期徒刑或者无期徒刑，并处偷逃应缴税额一倍以上五倍以下罚金或者没收财产；（三）走私货物、物品偷逃应缴税额在五万元以上不满十五万元的，处三年以下有期徒刑或者拘役，并处偷逃应缴税额一倍以上五倍以下罚金"。

b. 1994 年《关于如何理解走私罪中"直接负责的主管人员"和"直接责任人员"的答复》，第 509 页。

c. 2000 年《关于擅自销售进料加工保税货物的行为法律适用问题的解释》，第 509 页。

d. 2002 年《关于办理走私刑事案件适用法律若干问题的意见》五、六、八至十二、十八至二十四，第 512 ~ 516 页。

e. 2011 年《关于审理走私犯罪案件适用法律有关问题的通知》，第 516 页。

f. 2014 年《关于办理走私刑事案件适用法律若干问题的解释》第十六至十八、二十一至二十四条，第 521、522 页。

g. 2019 年《打击非设关地成品油走私专题研讨会会议纪要》，第 532 页。

h. 2019 年《关于审理走私、非法经营、非法使用兴奋剂刑事案件适用法律若干问题的解释》第一、七、八条，第 530、531 页。

i. 2021 年《关于办理涉走私平行进口车刑事案件有关问题的指导意见》，第 534 页。

j. 2021 年《关于打击粤港澳海上跨境走私犯罪适用法律若干问题的指导意见》二至六，第 536、537 页。

k. 2022 年《关于办理利用海南离岛旅客免税购物政策走私刑事案件有关问题的指导意见》，第 537 页。

百五十二条、第三百四十七条规定以外的货物、物品的,根据情节轻重,分别依照下列规定处罚:

(一)走私货物、物品偷逃应缴税额较大或者一年内曾因走私被给予二次行政处罚后又走私的,处三年以下有期徒刑或者拘役,并处偷逃应缴税额一倍以上五倍以下罚金;

(二)走私货物、物品偷逃应缴税额巨大或者有其他严重情节的,处三年以上十年以下有期徒刑,并处偷逃应缴税额一倍以上五倍以下罚金;

(三)走私货物、物品偷逃应缴税额特别巨大或者有其他特别严重情节的,处十年以上有期徒刑或者无期徒刑,并处偷逃应缴税额一倍以上五倍以下罚金或者没收财产。

单位犯前款罪的,对单位判处罚金,并对其直接负责的主管人员和其他直接责任人员,处三年以下有期徒刑或者拘役;情节严重的,处三年以上十年以下有期徒刑;情节特别严重的,处十年以上有期徒刑。

对多次走私未经处理的,按照累计走私货物、物品的偷逃应缴税额处罚。

第一百五十四条[①] **【走私普通货物、物品罪】** 下列走私行为,根据本节规定构成犯罪的,依照本法第一百五十三条的规定定罪处罚:

(一)未经海关许可并且未补缴应缴税额,擅自将批准进口的来料加工、来件装配、补偿贸易的原材料、零件、制成品、设备等保税货物,在境内销售牟利的;

(二)未经海关许可并且未补缴应缴税额,擅自将特定减税、免税进口的货物、物品,在境内销售牟利的。

第一百五十五条[②] **【间接走私】** 下列行为,以走私罪论处,依照本节的有关规定处罚:

(一)直接向走私人非法收购国家禁止进口物品的,或者直接向走私人非法收购走私进口的其他货物、物品,数额较大的;

(二)在内海、领海、界河、界湖运输、收购、贩卖国家禁止进出口物品的,或者运输、收购、贩卖国家限制进出口货物、物品,数额较大,没有合法证明的。

---

① a. 2000 年《关于擅自销售进料加工保税货物的行为法律适用问题的解释》,第 509 页。

b. 2002 年《关于办理走私刑事案件适用法律若干问题的意见》十三,第 513 页。

c. 2014 年《关于办理走私刑事案件适用法律若干问题的解释》第十九条,第 522 页。

② a. 本条系根据《刑法修正案(四)》第三条的规定修改。原条文为"下列行为,以走私罪论处,依照本节的有关规定处罚:(一)直接向走私人非法收购国家禁止进口物品的,或者直接向走私人非法收购走私进口的其他货物、物品,数额较大的;(二)在内海、领海运输、收购、贩卖国家禁止进出口物品的,或者运输、收购、贩卖国家限制进出口货物、物品,数额较大,没有合法证明的;(三)逃避海关监管将境外固体废物运输进境的"。

b. 2002 年《关于办理走私刑事案件适用法律若干问题的意见》十四,第 514 页。

c. 2014 年《关于办理走私刑事案件适用法律若干问题的解释》第二十条,第 522 页。

d. 2019 年《打击非设关地成品油走私专题研讨会会议纪要》,第 532 页。

e. 2022 年《关于办理利用海南离岛旅客免税购物政策走私刑事案件有关问题的指导意见》,第 537 页。

第一百五十六条[①] **【走私罪的共犯】** 与走私罪犯通谋,为其提供贷款、资金、帐号、发票、证明,或者为其提供运输、保管、邮寄或者其他方便的,以走私罪的共犯论处。

第一百五十七条[②] **【武装掩护走私与抗拒缉私的处罚】** 武装掩护走私的,依照本法第一百五十一条第一款的规定从重处罚。

以暴力、威胁方法抗拒缉私的,以走私罪和本法第二百七十七条规定的阻碍国家机关工作人员依法执行职务罪,依照数罪并罚的规定处罚。

第三节 妨害对公司、企业的管理秩序罪

第一百五十八条[③] **【虚报注册资本罪】** 申请公司登记使用虚假证明文件或者采取其他欺诈手段虚报注册资本,欺骗公司登记主管部门,取得公司登记,虚报注册资本数额巨大、后果严重或者有其他严重情节的,处三年以下有期徒刑或者拘役,并处或者单处虚报注册资本金额百分之一以上百分之五以下罚金。

单位犯前款罪的,对单位判处罚金,并对其直接负责的主管人员和其他直接责任人员,处三年以下有期徒刑或者拘役。

第一百五十九条[④] **【虚假出资、抽逃出资罪】** 公司发起人、股东违反公司法的规定未交付货币、实物或者未转移财产权,虚假出资,或者在公司成立后又抽逃其出资,数额巨大、后果严重或者有其他严重情节的,处五年以下有期徒刑或者拘役,并处或者单处虚假出资金额或者抽逃出资金额百分之二以上百分之十以下罚金。

单位犯前款罪的,对单位判处罚金,并对其直接负责的主管人员和其他直接责任人员,处五年以下有期徒刑或者拘役。

第一百六十条[⑤] **【欺诈发行证券罪】** 在招股说明书、认股书、公司、企业债券

---

① 2002 年《关于办理走私刑事案件适用法律若干问题的意见》十五,第 514 页。

② 本条第一款系根据《刑法修正案(八)》第二十八条的规定修改。原条文为“武装掩护走私的,依照本法第一百五十一条第一款、第四款的规定从重处罚”。

③ a. 2008 年《关于若干经济犯罪案件如何统计涉案总价值、挽回经济损失数额的批复》,第 538 页。

b. 2014 年《关于〈中华人民共和国刑法〉第一百五十八条、第一百五十九条的解释》,第 218 页。

c. 2014 年《关于严格依法办理虚报注册资本和虚假出资抽逃出资刑事案件的通知》,第 539 页。

d. 2022 年《关于公安机关管辖的刑事案件立案追诉标准的规定(二)》第三条,第 396 页。

④ a. 2008 年《关于若干经济犯罪案件如何统计涉案总价值、挽回经济损失数额的批复》,第 538 页。

b. 2014 年《关于〈中华人民共和国刑法〉第一百五十八条、第一百五十九条的解释》,第 218 页。

c. 2014 年《关于严格依法办理虚报注册资本和虚假出资抽逃出资刑事案件的通知》,第 539 页。

d. 2022 年《关于公安机关管辖的刑事案件立案追诉标准的规定(二)》第四条,第 396 页。

⑤ a. 本条系根据《刑法修正案(十一)》第八条的规定修改。原条文为“(第一款)在招股说明书、认股书、公司、企业债券募集办法中隐瞒重要事实或者编造重大虚假内容,发行股票或者公司、企业债券,数额巨大、后果严重或者有其他严重情节的,处五年以下有期徒刑或者拘役,并处或者单处非法募集资金金额百分之一以上百分之五以下罚金。(第二款)单位犯前款罪的,对单位判处罚金,并对其直接负责的主管人员和其他直接责任人员,处五年以下有期徒刑或者拘役”。

b. 2022 年《关于公安机关管辖的刑事案件立案追诉标准的规定(二)》第五条,第 397 页。

募集办法等发行文件中隐瞒重要事实或者编造重大虚假内容,发行股票或者公司、企业债券、存托凭证或者国务院依法认定的其他证券,数额巨大、后果严重或者有其他严重情节的,处五年以下有期徒刑或者拘役,并处或者单处罚金;数额特别巨大、后果特别严重或者有其他特别严重情节的,处五年以上有期徒刑,并处罚金。

控股股东、实际控制人组织、指使实施前款行为的,处五年以下有期徒刑或者拘役,并处或者单处非法募集资金金额百分之二十以上一倍以下罚金;数额特别巨大、后果特别严重或者有其他特别严重情节的,处五年以上有期徒刑,并处非法募集资金金额百分之二十以上一倍以下罚金。

单位犯前两款罪的,对单位判处非法募集资金金额百分之二十以上一倍以下罚金,并对其直接负责的主管人员和其他直接责任人员,依照第一款的规定处罚。

第一百六十一条①　**【违规披露、不披露重要信息罪】**　依法负有信息披露义务的公司、企业向股东和社会公众提供虚假的或者隐瞒重要事实的财务会计报告,或者对依法应当披露的其他重要信息不按照规定披露,严重损害股东或者其他人利益,或者有其他严重情节的,对其直接负责的主管人员和其他直接责任人员,处五年以下有期徒刑或者拘役,并处或者单处罚金;情节特别严重的,处五年以上十年以下有期徒刑,并处罚金。

前款规定的公司、企业的控股股东、实际控制人实施或者组织、指使实施前款行为的,或者隐瞒相关事项导致前款规定的情形发生的,依照前款的规定处罚。

犯前款罪的控股股东、实际控制人是单位的,对单位判处罚金,并对其直接负责的主管人员和其他直接责任人员,依照第一款的规定处罚。

第一百六十二条②　**【妨害清算罪】**　公司、企业进行清算时,隐匿财产,对资产负债表或者财产清单作虚伪记载或者在未清偿债务前分配公司、企业财产,严重损害债权人或者其他人利益的,对其直接负责的主管人员和其他直接责任人员,处五年以下有期徒刑或者拘役,并处或者单处二万元以上二十万元以下罚金。

---

① a. 本条原文为“公司向股东和社会公众提供虚假的或者隐瞒重要事实的财务会计报告,严重损害股东或者其他人利益的,对其直接负责的主管人员和其他直接责任人员,处三年以下有期徒刑或者拘役,并处或者单处二万元以上二十万元以下罚金”。《刑法修正案(六)》第五条修改为“依法负有信息披露义务的公司、企业向股东和社会公众提供虚假的或者隐瞒重要事实的财务会计报告,或者对依法应当披露的其他重要信息不按照规定披露,严重损害股东或者其他人利益,或者有其他严重情节的,对其直接负责的主管人员和其他直接责任人员,处三年以下有期徒刑或者拘役,并处或者单处二万元以上二十万元以下罚金”。《刑法修正案(十一)》第九条修改为现规定。

b. 2002 年《关于如何认定湖北××股份有限责任公司涉嫌提供虚假财会报告罪的批复》,第 540 页。

c. 2002 年《关于认定烟台××电子信产业股份有限公司涉嫌提供虚假财会报告罪犯罪结果的批复》,第 541 页。

d. 最高检 2020 年指导性案例 66 号《博元投资股份有限公司、余蒂妮等人违规披露、不披露重要信息案》,第 1177 页。

e. 2022 年《关于公安机关管辖的刑事案件立案追诉标准的规定(二)》第六条,第 397 页。

② 2022 年《关于公安机关管辖的刑事案件立案追诉标准的规定(二)》第七条,第 397 页。

第一百六十二条之一[①] **【隐匿、故意销毁会计凭证、会计帐簿、财务会计报告罪】** 隐匿或者故意销毁依法应当保存的会计凭证、会计帐簿、财务会计报告,情节严重的,处五年以下有期徒刑或者拘役,并处或者单处二万元以上二十万元以下罚金。

单位犯前款罪的,对单位判处罚金,并对其直接负责的主管人员和其他直接责任人员,依照前款的规定处罚。

第一百六十二条之二[②] **【虚假破产罪】** 公司、企业通过隐匿财产、承担虚构的债务或者以其他方法转移、处分财产,实施虚假破产,严重损害债权人或者其他人利益的,对其直接负责的主管人员和其他直接责任人员,处五年以下有期徒刑或者拘役,并处或者单处二万元以上二十万元以下罚金。

第一百六十三条[③] **【非国家工作人员受贿罪】** 公司、企业或者其他单位的工作人员,利用职务上的便利,索取他人财物或者非法收受他人财物,为他人谋取利益,数额较大的,处三年以下有期徒刑或者拘役,并处罚金;数额巨大或者有其他严重情

---

① a. 本条系根据《刑法修正案》第一条的规定增加。

b. 2002 年《关于对"隐匿、销毁会计凭证、会计账簿、财务会计报告构成犯罪的主体范围"问题的答复意见》,第 221 页。

c. 2002 年《关于对隐匿销毁会计资料罪有关问题请示的答复》,第 541 页。

d. 2022 年《关于公安机关管辖的刑事案件立案追诉标准的规定(二)》第八条,第 398 页。

② a. 本条系根据《刑法修正案(六)》第六条的规定增加。

b. 2022 年《关于公安机关管辖的刑事案件立案追诉标准的规定(二)》第九条,第 398 页。

③ a. 本条原文为"(第一款)公司、企业的工作人员利用职务上的便利,索取他人财物或者非法收受他人财物,为他人谋取利益,数额较大的,处五年以下有期徒刑或者拘役;数额巨大的,处五年以上有期徒刑,可以并处没收财产。(第二款)公司、企业的工作人员在经济往来中,违反国家规定,收受各种名义的回扣、手续费,归个人所有的,依照前款的规定处罚。(第三款)国有公司、企业中从事公务的人员和国有公司、企业委派到非国有公司、企业从事公务的人员有前两款行为的,依照本法第三百八十五条、第三百八十六条的规定定罪处罚"。《刑法修正案(六)》第七条修改为"(第一款)公司、企业或者其他单位的工作人员利用职务上的便利,索取他人财物或者非法收受他人财物,为他人谋取利益,数额较大的,处五年以下有期徒刑或者拘役;数额巨大的,处五年以上有期徒刑,可以并处没收财产。(第二款)公司、企业或者其他单位的工作人员在经济往来中,利用职务上的便利,违反国家规定,收受各种名义的回扣、手续费,归个人所有的,依照前款的规定处罚。(第三款)国有公司、企业或者其他国有单位中从事公务的人员和国有公司、企业或者其他国有单位委派到非国有公司、企业以及其他单位从事公务的人员有前两款行为的,依照本法第三百八十五条、第三百八十六条的规定定罪处罚"。《刑法修正案(十一)》第十条将本条第一款修改为现规定。

b. 2003 年《关于在房屋拆迁过程中利用职务便利索取贿赂如何定性的批复》,第 542 页。

c. 2001 年《关于非国家工作人员涉嫌职务犯罪案件管辖问题的意见》,第 542 页。

d. 2005 年《关于如何认定国有控股、参股股份有限公司中的国有公司、企业人员的解释》,第 545 页。

e. 2008 年《关于办理商业贿赂刑事案件适用法律若干问题的意见》二至八、十、十一,第 1115、1116 页。

f. 2012 年《关于向非国家工作人员介绍贿赂行为如何定性问题的研究意见》,第 1205 页。

g. 2016 年《关于办理贪污贿赂刑事案件适用法律若干问题的解释》第十一至十三、十五、十六、十八条,第 1105、1106 页。

h. 2022 年《关于公安机关管辖的刑事案件立案追诉标准的规定(二)》第十条,第 398 页。

i. 最高检 2023 年指导性案例 190 号《宋某某违规出具金融票证、违法发放贷款、非国家工作人员受贿案》,第 1198 页。

节的,处三年以上十年以下有期徒刑,并处罚金;数额特别巨大或者有其他特别严重情节的,处十年以上有期徒刑或者无期徒刑,并处罚金。

公司、企业或者其他单位的工作人员在经济往来中,利用职务上的便利,违反国家规定,收受各种名义的回扣、手续费,归个人所有的,依照前款的规定处罚。

【受贿罪】 国有公司、企业或者其他国有单位中从事公务的人员和国有公司、企业或者其他国有单位委派到非国有公司、企业以及其他单位从事公务的人员有前两款行为的,依照本法第三百八十五条、第三百八十六条的规定定罪处罚。

第一百六十四条① **【对非国家工作人员行贿罪】** 为谋取不正当利益,给予公司、企业或者其他单位的工作人员以财物,数额较大的,处三年以下有期徒刑或者拘役,并处罚金;数额巨大的,处三年以上十年以下有期徒刑,并处罚金。

【对外国公职人员、国际公共组织官员行贿罪】 为谋取不正当商业利益,给予外国公职人员或者国际公共组织官员以财物的,依照前款的规定处罚。

单位犯前两款罪的,对单位判处罚金,并对其直接负责的主管人员和其他直接责任人员,依照第一款的规定处罚。

行贿人在被追诉前主动交待行贿行为的,可以减轻处罚或者免除处罚。

第一百六十五条② **【非法经营同类营业罪】** 国有公司、企业的董事、监事、高级管理人员,利用职务便利,自己经营或者为他人经营与其所任职公司、企业同类的营业,获取非法利益,数额巨大的,处三年以下有期徒刑或者拘役,并处或者单处罚金;数额特别巨大的,处三年以上七年以下有期徒刑,并处罚金。

其他公司、企业的董事、监事、高级管理人员违反法律、行政法规规定,实施前款

---

① a. 本条原文为"(第一款)为谋取不正当利益,给予公司、企业工作人员以财物,数额较大的,处三年以下有期徒刑或者拘役;数额巨大的,处三年以上十年以下有期徒刑,并处罚金。(第二款)单位犯前款罪的,对单位判处罚金,并对其直接负责的主管人员和其他直接责任人员,依照前款的规定处罚。(第三款)行贿人在被追诉前主动交待行贿行为的,可以减轻处罚或者免除处罚"。《刑法修正案(六)》第八条将本条第一款修改为"为谋取不正当利益,给予公司、企业或者其他单位的工作人员以财物,数额较大的,处三年以下有期徒刑或者拘役;数额巨大的,处三年以上十年以下有期徒刑,并处罚金"。《刑法修正案(八)》第二十九条将本条修改为"(第一款)为谋取不正当利益,给予公司、企业或者其他单位的工作人员以财物,数额较大的,处三年以下有期徒刑或者拘役;数额巨大的,处三年以上十年以下有期徒刑,并处罚金。(第二款)为谋取不正当商业利益,给予外国公职人员或者国际公共组织官员以财物的,依照前款的规定处罚。(第三款)单位犯前两款罪的,对单位判处罚金,并对其直接负责的主管人员和其他直接责任人员,依照第一款的规定处罚。(第四款)行贿人在被追诉前主动交待行贿行为的,可以减轻处罚或者免除处罚"。《刑法修正案(九)》第十条将本条第一款修改为现规定。

b. 2008 年《关于办理商业贿赂刑事案件适用法律若干问题的意见》二、三、七至十,第 1114 ~ 1116 页。

c. 2016 年《关于办理贪污贿赂刑事案件适用法律若干问题的解释》第十一、十二、十九条,第 1105、1106 页。

d. 2022 年《关于公安机关管辖的刑事案件立案追诉标准的规定(二)》第十一、十二条,第 398 页。

e. 最高检 2023 年指导性案例 190 号《宋某某违规出具金融票证、违法发放贷款、非国家工作人员受贿案》,第 1198 页。

② 本条系根据《刑法修正案(十二)》第一条的规定修改。原条文为"国有公司、企业的董事、经理利用职务便利,自己经营或者为他人经营与其所任职公司、企业同类的营业,获取非法利益,数额巨大的,处三年以下有期徒刑或者拘役,并处或者单处罚金;数额特别巨大的,处三年以上七年以下有期徒刑,并处罚金"。

行为，致使公司、企业利益遭受重大损失的，依照前款的规定处罚。

第一百六十六条[①] **【为亲友非法牟利罪】** 国有公司、企业、事业单位的工作人员，利用职务便利，有下列情形之一，致使国家利益遭受重大损失的，处三年以下有期徒刑或者拘役，并处或者单处罚金；致使国家利益遭受特别重大损失的，处三年以上七年以下有期徒刑，并处罚金：

（一）将本单位的盈利业务交由自己的亲友进行经营的；

（二）以明显高于市场的价格从自己的亲友经营管理的单位采购商品、接受服务或者以明显低于市场的价格向自己的亲友经营管理的单位销售商品、提供服务的；

（三）从自己的亲友经营管理的单位采购、接受不合格商品、服务的。

其他公司、企业的工作人员违反法律、行政法规规定，实施前款行为，致使公司、企业利益遭受重大损失的，依照前款的规定处罚。

第一百六十七条[②] **【签订、履行合同失职被骗罪】** 国有公司、企业、事业单位直接负责的主管人员，在签订、履行合同过程中，因严重不负责任被诈骗，致使国家利益遭受重大损失的，处三年以下有期徒刑或者拘役；致使国家利益遭受特别重大损失的，处三年以上七年以下有期徒刑。

第一百六十八条[③] **【国有公司、企业、事业单位人员失职罪】【国有公司、企业、事业单位人员滥用职权罪】** 国有公司、企业的工作人员，由于严重不负责任或者滥用职权，造成国有公司、企业破产或者严重损失，致使国家利益遭受重大损失的，处三年以下有期徒刑或者拘役；致使国家利益遭受特别重大损失的，处三年以上七年以

---

① 本条系根据《刑法修正案（十二）》第二条的规定修改。原条文为“国有公司、企业、事业单位的工作人员，利用职务便利，有下列情形之一，使国家利益遭受重大损失的，处三年以下有期徒刑或者拘役，并处或者单处罚金；致使国家利益遭受特别重大损失的，处三年以上七年以下有期徒刑，并处罚金：（一）将本单位的盈利业务交由自己的亲友进行经营的；（二）以明显高于市场的价格向自己的亲友经营管理的单位采购商品或者以明显低于市场的价格向自己的亲友经营管理的单位销售商品的；（三）向自己的亲友经营管理的单位采购不合格商品的”。

② 1998 年《关于惩治骗购外汇、逃汇和非法买卖外汇犯罪的决定》七，第 194 页。

③ a. 本条系根据《刑法修正案》第二条的规定修改。原条文为“国有公司、企业直接负责的主管人员，徇私舞弊，造成国有公司、企业破产或者严重亏损，致使国家利益遭受重大损失的，处三年以下有期徒刑或者拘役”。

b. 2000 年《关于审理扰乱电信市场管理秩序案件具体应用法律若干问题的解释》第六条，第 642 页。

c. 2002 年《关于中国农业发展银行及其分支机构的工作人员法律适用问题的答复》，第 545 页。

d. 2002 年《关于能否对章××进行立案侦查的批复》，第 545 页。

e. 2003 年《关于办理妨害预防、控制突发传染病疫情等灾害的刑事案件具体应用法律若干问题的解释》第四、十七条，第 348、349 页。

f. 2005 年《关于如何认定国有控股、参股股份有限公司中的国有公司、企业人员的解释》，第 545 页。

g. 2005 年《关于国有公司人员滥用职权犯罪追溯期限等问题的答复》，第 545 页。

h. 2010 年《关于办理国家出资企业中职务犯罪案件具体应用法律若干问题的意见》一、四至六、八，第 542 ~ 544 页。

i. 最高检 2023 年指导性案例 188 号《桑某受贿、国有公司人员滥用职权、利用未公开信息交易案》，第 1196 页。

下有期徒刑。

国有事业单位的工作人员有前款行为,致使国家利益遭受重大损失的,依照前款的规定处罚。

国有公司、企业、事业单位的工作人员,徇私舞弊,犯前两款罪的,依照第一款的规定从重处罚。

第一百六十九条① **【徇私舞弊低价折股、出售公司、企业资产罪】** 国有公司、企业或者其上级主管部门直接负责的主管人员,徇私舞弊,将国有资产低价折股或者低价出售,致使国家利益遭受重大损失的,处三年以下有期徒刑或者拘役;致使国家利益遭受特别重大损失的,处三年以上七年以下有期徒刑。

其他公司、企业直接负责的主管人员,徇私舞弊,将公司、企业资产低价折股或者低价出售,致使公司、企业利益遭受重大损失的,依照前款的规定处罚。

第一百六十九条之一② **【背信损害上市公司利益罪】** 上市公司的董事、监事、高级管理人员违背对公司的忠实义务,利用职务便利,操纵上市公司从事下列行为之一,致使上市公司利益遭受重大损失的,处三年以下有期徒刑或者拘役,并处或者单处罚金;致使上市公司利益遭受特别重大损失的,处三年以上七年以下有期徒刑,并处罚金:

(一)无偿向其他单位或者个人提供资金、商品、服务或者其他资产的;

(二)以明显不公平的条件,提供或者接受资金、商品、服务或者其他资产的;

(三)向明显不具有清偿能力的单位或者个人提供资金、商品、服务或者其他资产的;

(四)为明显不具有清偿能力的单位或者个人提供担保,或者无正当理由为其他单位或者个人提供担保的;

(五)无正当理由放弃债权、承担债务的;

(六)采用其他方式损害上市公司利益的。

上市公司的控股股东或者实际控制人,指使上市公司董事、监事、高级管理人员实施前款行为的,依照前款的规定处罚。

犯前款罪的上市公司的控股股东或者实际控制人是单位的,对单位判处罚金,并对其直接负责的主管人员和其他直接责任人员,依照第一款的规定处罚。

---

① a. 本条系根据《刑法修正案(十二)》第三条的规定修改。原条文为“国有公司、企业或者其上级主管部门直接负责的主管人员,徇私舞弊,将国有资产低价折股或者低价出售,致使国家利益遭受重大损失的,处三年以下有期徒刑或者拘役;致使国家利益遭受特别重大损失的,处三年以上七年以下有期徒刑”。

b. 2010 年《关于办理国家出资企业中职务犯罪案件具体应用法律若干问题的意见》一、四至六、八,第 542 ~ 544 页。

② a. 本条系根据《刑法修正案(六)》第九条的规定增加。

b. 2022 年《关于公安机关管辖的刑事案件立案追诉标准的规定(二)》第十三条,第 398 页。

第四节　破坏金融管理秩序罪

第一百七十条①　**【伪造货币罪】**　伪造货币的,处三年以上十年以下有期徒刑,并处罚金;有下列情形之一的,处十年以上有期徒刑或者无期徒刑,并处罚金或者没收财产:

(一)伪造货币集团的首要分子;

(二)伪造货币数额特别巨大的;

(三)有其他特别严重情节的。

第一百七十一条②　**【出售、购买、运输假币罪】**　出售、购买伪造的货币或者明知是伪造的货币而运输,数额较大的,处三年以下有期徒刑或者拘役,并处二万元以上二十万元以下罚金;数额巨大的,处三年以上十年以下有期徒刑,并处五万元以上五十万元以下罚金;数额特别巨大的,处十年以上有期徒刑或者无期徒刑,并处五万元以上五十万元以下罚金或者没收财产。

【金融工作人员购买假币、以假币换取货币罪】　银行或者其他金融机构的工作人员购买伪造的货币或者利用职务上的便利,以伪造的货币换取货币的,处三年以上十年以下有期徒刑,并处二万元以上二十万元以下罚金;数额巨大或者有其他严重情节的,处十年以上有期徒刑或者无期徒刑,并处二万元以上二十万元以下罚金或者没收财产;情节较轻的,处三年以下有期徒刑或者拘役,并处或者单处一万元以上十万

---

①　a. 本条系根据《刑法修正案(九)》第十一条修改。原条文为“伪造货币的,处三年以上十年以下有期徒刑,并处五万元以上五十万元以下罚金;有下列情形之一的,处十年以上有期徒刑、无期徒刑或者死刑,并处五万元以上五十万元以下罚金或者没收财产:(一)伪造货币集团的首要分子;(二)伪造货币数额特别巨大的;(三)有其他特别严重情节的”。

b. 2001 年《全国法院审理金融犯罪案件工作座谈会纪要》二·(二)·2,第 546 页。

c. 2000 年《关于审理伪造货币等案件具体应用法律若干问题的解释》第一、七条,第 558、559 页。

d. 2003 年《关于制造、销售用于伪造货币的版样的行为如何定性问题的批复》,第 560 页。

e. 2004 年《关于伪造缅甸货币行为定性问题的批复》,第 561 页。

f. 2007 年《关于对制贩假贵金属纪念币行为性质认定问题的批复》,第 561 页。

g. 2008 年《关于若干经济犯罪案件如何统计涉案总价值、挽回经济损失数额的批复》,第 538 页。

h. 2009 年《关于对贩卖伪造的澳大利亚法定贵金属纪念币有关问题的批复》,第 561 页。

i. 2009 年《关于严厉打击假币犯罪活动的通知》三,第 559 页。

j. 2010 年《关于审理伪造货币等案件具体应用法律若干问题的解释(二)》,第 560 页。

k. 2022 年《关于公安机关管辖的刑事案件立案追诉标准的规定(二)》第十四条,第 399 页。

l. 最高检 2023 年指导性案例 176 号《郭四记、徐维伦等人伪造货币案》,第 1195 页。

②　a. 2000 年《关于审理伪造货币等案件具体应用法律若干问题的解释》第二至四、七条,第 558、559 页。

b. 2001 年《全国法院审理金融犯罪案件工作座谈会纪要》二·(二)·2,第 546 页。

c. 2008 年《关于若干经济犯罪案件如何统计涉案总价值、挽回经济损失数额的批复》,第 538 页。

d. 2009 年《关于严厉打击假币犯罪活动的通知》三,第 559 页。

e. 2010 年《关于审理伪造货币等案件具体应用法律若干问题的解释(二)》,第 560 页。

f. 2022 年《关于公安机关管辖的刑事案件立案追诉标准的规定(二)》第十五、十六条,第 399 页。

元以下罚金。

伪造货币并出售或者运输伪造的货币的,依照本法第一百七十条的规定定罪从重处罚。

第一百七十二条[①] **【持有、使用假币罪】** 明知是伪造的货币而持有、使用,数额较大的,处三年以下有期徒刑或者拘役,并处或者单处一万元以上十万元以下罚金;数额巨大的,处三年以上十年以下有期徒刑,并处二万元以上二十万元以下罚金;数额特别巨大的,处十年以上有期徒刑,并处五万元以上五十万元以下罚金或者没收财产。

第一百七十三条[②] **【变造货币罪】** 变造货币,数额较大的,处三年以下有期徒刑或者拘役,并处或者单处一万元以上十万元以下罚金;数额巨大的,处三年以上十年以下有期徒刑,并处二万元以上二十万元以下罚金。

第一百七十四条[③] **【擅自设立金融机构罪】** 未经国家有关主管部门批准,擅自设立商业银行、证券交易所、期货交易所、证券公司、期货经纪公司、保险公司或者其他金融机构的,处三年以下有期徒刑或者拘役,并处或者单处二万元以上二十万元以下罚金;情节严重的,处三年以上十年以下有期徒刑,并处五万元以上五十万元以下罚金。

【伪造、变造、转让金融机构经营许可证、批准文件罪】 伪造、变造、转让商业银行、证券交易所、期货交易所、证券公司、期货经纪公司、保险公司或者其他金融机构的经营许可证或者批准文件的,依照前款的规定处罚。

单位犯前两款罪的,对单位判处罚金,并对其直接负责的主管人员和其他直接责

---

① a. 2000 年《关于审理伪造货币等案件具体应用法律若干问题的解释》第五、七条,第 559 页。
b. 2001 年《全国法院审理金融犯罪案件工作座谈会纪要》二·(二)·2,第 546 页。
c. 2008 年《关于若干经济犯罪案件如何统计涉案总价值、挽回经济损失数额的批复》,第 538 页。
d. 2009 年《关于严厉打击假币犯罪活动的通知》三,第 559 页。
e. 2010 年《关于审理伪造货币等案件具体应用法律若干问题的解释(二)》三至五,第 560 页。
f. 2022 年《关于公安机关管辖的刑事案件立案追诉标准的规定(二)》第十七条,第 399 页。

② a. 2000 年《关于审理伪造货币等案件具体应用法律若干问题的解释》第六、七条,第 559 页。
b. 2003 年《关于马党权变造货币案中变造货币数额认定问题的批复》,第 562 页。
c. 2008 年《关于若干经济犯罪案件如何统计涉案总价值、挽回经济损失数额的批复》,第 538 页。
d. 2009 年《关于严厉打击假币犯罪活动的通知》三,第 559 页。
e. 2010 年《关于审理伪造货币等案件具体应用法律若干问题的解释(二)》三至五,第 560 页。
f. 2012 年《对外国残损、变形硬币进行加工修复是否属于"变造货币"问题的研究意见》,第 1206 页。
g. 2012 年《关于对外国残损、变形硬币进行加工修复是否属于"变造货币"征求意见的复函》,第 562 页。
h. 2022 年《关于公安机关管辖的刑事案件立案追诉标准的规定(二)》第十八条,第 400 页。

③ a. 本条系根据《刑法修正案》第三条的规定修改。原条文为"(第一款)未经中国人民银行批准,擅自设立商业银行或者其他金融机构的,处三年以下有期徒刑或者拘役,并处或者单处二万元以上二十万元以下罚金;情节严重的,处三年以上十年以下有期徒刑,并处五万元以上五十万元以下罚金。(第二款)伪造、变造、转让商业银行或者其他金融机构的经营许可证的,依照前款的规定处罚。(第三款)单位犯前两款罪的,对单位判处罚金,并对其直接负责的主管人员和其他直接责任人员,依照第一款的规定处罚"。
b. 2011 年《关于小额贷款公司是否属于金融机构的批复》,第 562 页。
c. 2020 年《关于新民间借贷司法解释适用范围问题的批复》,第 563 页。
d. 2022 年《关于公安机关管辖的刑事案件立案追诉标准的规定(二)》第十九、二十条,第 400 页。

任人员,依照第一款的规定处罚。

第一百七十五条[①] **【高利转贷罪】** 以转贷牟利为目的,套取金融机构信贷资金高利转贷他人,违法所得数额较大的,处三年以下有期徒刑或者拘役,并处违法所得一倍以上五倍以下罚金;数额巨大的,处三年以上七年以下有期徒刑,并处违法所得一倍以上五倍以下罚金。

单位犯前款罪的,对单位判处罚金,并对其直接负责的主管人员和其他直接责任人员,处三年以下有期徒刑或者拘役。

第一百七十五条之一[②] **【骗取贷款、票据承兑、金融票证罪】** 以欺骗手段取得银行或者其他金融机构贷款、票据承兑、信用证、保函等,给银行或者其他金融机构造成重大损失的,处三年以下有期徒刑或者拘役,并处或者单处罚金;给银行或者其他金融机构造成特别重大损失或者有其他特别严重情节的,处三年以上七年以下有期徒刑,并处罚金。

单位犯前款罪的,对单位判处罚金,并对其直接负责的主管人员和其他直接责任人员,依照前款的规定处罚。

第一百七十六条[③] **【非法吸收公众存款罪】** 非法吸收公众存款或者变相吸收

---

① 2022年《关于公安机关管辖的刑事案件立案追诉标准的规定(二)》第二十一条,第400页。

② a.本条系根据《刑法修正案(六)》第十条的规定增加。本条第一款原文为"以欺骗手段取得银行或者其他金融机构贷款、票据承兑、信用证、保函等,给银行或者其他金融机构造成重大损失或者有其他严重情节的,处三年以下有期徒刑或者拘役,并处或者单处罚金;给银行或者其他金融机构造成特别重大损失或者有其他特别严重情节的,处三年以上七年以下有期徒刑,并处罚金"。《刑法修正案(十一)》第十一条将其修改为现规定。

b. 2009年《关于针对骗取贷款、票据承兑、金融票证罪和违法发放贷款罪立案追诉标准的意见》,第563页。

c. 2009年《关于骗取贷款罪和违法发放贷款罪立案追诉标准问题的批复》,第563页。

d. 2020年《关于充分发挥检察职能服务保障"六稳""六保"的意见》3,第421页。

e. 2022年《关于公安机关管辖的刑事案件立案追诉标准的规定(二)》第二十二条,第400页。

③ a.本条系根据《刑法修正案(十一)》第十二条的规定修改。原条文为"(第一款)非法吸收公众存款或者变相吸收公众存款,扰乱金融秩序的,处三年以下有期徒刑或者拘役,并处或者单处二万元以上二十万元以下罚金;数额巨大或者有其他严重情节的,处三年以上十年以下有期徒刑,并处五万元以上五十万元以下罚金。(第二款)单位犯前款罪的,对单位判处罚金,并对其直接负责的主管人员和其他直接责任人员,依照前款的规定处罚"。

b. 2001年《全国法院审理金融犯罪案件工作座谈会纪要》二·(二)·4,第547页。

c. 2001年《关于认定非法吸收公众存款罪主体问题的复函》,第578页。

d. 2004年《关于以投资林业为名向社会吸收资金行为定性的答复意见》,第578页。

e. 2008年《关于整治非法证券活动有关问题的通知》二·(二),第569页。

f. 2011年《关于非法集资刑事案件性质认定问题的通知》,第582页。

g. 2014年《关于办理非法集资刑事案件适用法律若干问题的意见》二、三,第583页。

h. 2017年《关于办理涉互联网金融犯罪案件有关问题座谈会纪要》6至13、21至24、26、27,第553～554、556～557页。

i. 2019年《关于办理非法集资刑事案件若干问题的意见》一至六,第584～586页。

j. 最高检2020年指导性案例64号《杨卫国等人非法吸收公众存款案》,第1176页。

k. 2021年《关于常见犯罪的量刑指导意见(试行)》四·(三),第279页。

l. 2022年《关于审理非法集资刑事案件具体应用法律若干问题的解释》第一至六、九、十三、十四条,第579～582页。

m. 2022年《关于公安机关管辖的刑事案件立案追诉标准的规定(二)》第二十三条,第400页。

n. 最高检2023年指导性案例175号《张业强等人非法集资案》,第1194页。

公众存款,扰乱金融秩序的,处三年以下有期徒刑或者拘役,并处或者单处罚金;数额巨大或者有其他严重情节的,处三年以上十年以下有期徒刑,并处罚金;数额特别巨大或者有其他特别严重情节的,处十年以上有期徒刑,并处罚金。

单位犯前款罪的,对单位判处罚金,并对其直接负责的主管人员和其他直接责任人员,依照前款的规定处罚。

有前两款行为,在提起公诉前积极退赃退赔,减少损害结果发生的,可以从轻或者减轻处罚。

第一百七十七条[①] **【伪造、变造金融票证罪】** 有下列情形之一,伪造、变造金融票证的,处五年以下有期徒刑或者拘役,并处或者单处二万元以上二十万元以下罚金;情节严重的,处五年以上十年以下有期徒刑,并处五万元以上五十万元以下罚金;情节特别严重的,处十年以上有期徒刑或者无期徒刑,并处五万元以上五十万元以下罚金或者没收财产:

(一)伪造、变造汇票、本票、支票的;

(二)伪造、变造委托收款凭证、汇款凭证、银行存单等其他银行结算凭证的;

(三)伪造、变造信用证或者附随的单据、文件的;

(四)伪造信用卡的。

单位犯前款罪的,对单位判处罚金,并对其直接负责的主管人员和其他直接责任人员,依照前款的规定处罚。

第一百七十七条之一[②] **【妨害信用卡管理罪】** 有下列情形之一,妨害信用卡

---

① a. 2000 年《关于单位定期存款开户证实书性质的批复》,第 565 页。

b. 2001 年《关于对居间贩卖假金融票证行为如何认定问题的意见》,第 565 页。

c. 2002 年《关于对贩卖假金融票证行为如何适用法律问题的复函》,第 565 页。

d. 2003 年《关于转发〈中国人民银行办公厅关于单位取款凭条性质认定问题的意见〉的通知》,第 565 页。

e. 2003 年《关于有关票据行为性质及票据效力问题的复函》,第 566 页。

f. 2006 年《关于伪造银行履约保函的行为是否构成伪造、变造金融票证罪的批复》,第 566 页。

g. 2007 年《关于对伪造、变造金融凭证罪法律适用问题的批复》,第 566 页。

h. 2008 年《关于银行进账单、支票存根联、支付系统专用凭证、转账贷方传票是否属于银行结算凭证的批复》,第 567 页。

i. 2009 年《关于银行现金缴款单和进账单是否属于银行结算凭证的批复》,第 567 页。

j. 2012 年《关于"12·24"票据诈骗案件有关法律问题的批复》,第 567 页。

k. 2013 年《关于网上银行电子回单是否属于金融票证的批复》,第 568 页。

l. 2018 年《关于办理妨害信用卡管理刑事案件具体应用法律若干问题的解释》第一条,第 588 页。

m. 2022 年《关于公安机关管辖的刑事案件立案追诉标准的规定(二)》第二十四条,第 400 页。

② a. 本条系根据《刑法修正案(五)》第一条的规定增加。

b. 2004 年《关于〈中华人民共和国刑法〉有关信用卡规定的解释》,第 216 页。

c. 2008 年《关于对以虚假的工作单位证明及收入证明骗领信用卡是否可以认定为妨害信用卡管理罪请示的批复》,第 568 页。

d. 2018 年《关于办理妨害信用卡管理刑事案件具体应用法律若干问题的解释》第二、三条,第 589 页。

e. 2021 年《关于办理电信网络诈骗等刑事案件适用法律若干问题的意见(二)》四,第 785 页。

f. 2022 年《关于"断卡"行动中有关法律适用问题的会议纪要》七至九,第 846、847 页。

g. 2022 年《关于公安机关管辖的刑事案件立案追诉标准的规定(二)》第二十五、二十六条,第 400、401 页。

管理的，处三年以下有期徒刑或者拘役，并处或者单处一万元以上十万元以下罚金；数量巨大或者有其他严重情节的，处三年以上十年以下有期徒刑，并处二万元以上二十万元以下罚金：

（一）明知是伪造的信用卡而持有、运输的，或者明知是伪造的空白信用卡而持有、运输，数量较大的；

（二）非法持有他人信用卡，数量较大的；

（三）使用虚假的身份证明骗领信用卡的；

（四）出售、购买、为他人提供伪造的信用卡或者以虚假的身份证明骗领的信用卡的。

【窃取、收买、非法提供信用卡信息罪】 窃取、收买或者非法提供他人信用卡信息资料的，依照前款规定处罚。

银行或者其他金融机构的工作人员利用职务上的便利，犯第二款罪的，从重处罚。

第一百七十八条[①] **【伪造、变造国家有价证券罪】** 伪造、变造国库券或者国家发行的其他有价证券，数额较大的，处三年以下有期徒刑或者拘役，并处或者单处二万元以上二十万元以下罚金；数额巨大的，处三年以上十年以下有期徒刑，并处五万元以上五十万元以下罚金；数额特别巨大的，处十年以上有期徒刑或者无期徒刑，并处五万元以上五十万元以下罚金或者没收财产。

【伪造、变造股票、公司、企业债券罪】 伪造、变造股票或者公司、企业债券，数额较大的，处三年以下有期徒刑或者拘役，并处或者单处一万元以上十万元以下罚金；数额巨大的，处三年以上十年以下有期徒刑，并处二万元以上二十万元以下罚金。

单位犯前两款罪的，对单位判处罚金，并对其直接负责的主管人员和其他直接责任人员，依照前两款的规定处罚。

第一百七十九条[②] **【擅自发行股票、公司、企业债券罪】** 未经国家有关主管部门批准，擅自发行股票或者公司、企业债券，数额巨大、后果严重或者有其他严重情节的，处五年以下有期徒刑或者拘役，并处或者单处非法募集资金金额百分之一以上百分之五以下罚金。

单位犯前款罪的，对单位判处罚金，并对其直接负责的主管人员和其他直接责任人员，处五年以下有期徒刑或者拘役。

---

① 2022 年《关于公安机关管辖的刑事案件立案追诉标准的规定（二）》第二十七、二十八条，第 401 页。

② a. 2008 年《关于整治非法证券活动有关问题的通知》，第 569 页。

b. 2022 年《关于审理非法集资刑事案件具体应用法律若干问题的解释》第十条，第 581 页。

c. 2022 年《关于公安机关管辖的刑事案件立案追诉标准的规定（二）》第二十九条，第 401 页。

第一百八十条[①] **【内幕交易、泄露内幕信息罪】** 证券、期货交易内幕信息的知情人员或者非法获取证券、期货交易内幕信息的人员,在涉及证券的发行,证券、期货交易或者其他对证券、期货交易价格有重大影响的信息尚未公开前,买入或者卖出该证券,或者从事与该内幕信息有关的期货交易,或者泄露该信息,或者明示、暗示他人从事上述交易活动,情节严重的,处五年以下有期徒刑或者拘役,并处或者单处违法所得一倍以上五倍以下罚金;情节特别严重的,处五年以上十年以下有期徒刑,并处违法所得一倍以上五倍以下罚金。

单位犯前款罪的,对单位判处罚金,并对其直接负责的主管人员和其他直接责任人员,处五年以下有期徒刑或者拘役。

内幕信息、知情人员的范围,依照法律、行政法规的规定确定。

【利用未公开信息交易罪】 证券交易所、期货交易所、证券公司、期货经纪公司、基金管理公司、商业银行、保险公司等金融机构的从业人员以及有关监管部门或者行业协会的工作人员,利用因职务便利获取的内幕信息以外的其他未公开的信息,违反规定,从事与该信息相关的证券、期货交易活动,或者明示、暗示他人从事相关交易活动,情节严重的,依照第一款的规定处罚。

---

① a. 本条原文为"(第一款)证券交易内幕信息的知情人员或者非法获取证券交易内幕信息的人员,在涉及证券的发行、交易或者其他对证券的价格有重大影响的信息尚未公开前,买入或者卖出该证券,或者泄露该信息,情节严重的,处五年以下有期徒刑或者拘役,并处或者单处违法所得一倍以上五倍以下罚金;情节特别严重的,处五年以上十年以下有期徒刑,并处违法所得一倍以上五倍以下罚金。(第二款)单位犯前款罪的,对单位判处罚金,并对其直接负责的主管人员和其他直接责任人员,处五年以下有期徒刑或者拘役。(第三款)内幕信息的范围,依照法律、行政法规的规定确定。(第四款)知情人员的范围,依照法律、行政法规的规定确定"。《刑法修正案》第四条将本条修改为"(第一款)证券、期货交易内幕信息的知情人员或者非法获取证券、期货交易内幕信息的人员,在涉及证券的发行,证券、期货交易或者其他对证券、期货交易价格有重大影响的信息尚未公开前,买入或者卖出该证券,或者从事与该内幕信息有关的期货交易,或者泄露该信息,情节严重的,处五年以下有期徒刑或者拘役,并处或者单处违法所得一倍以上五倍以下罚金;情节特别严重的,处五年以上十年以下有期徒刑,并处违法所得一倍以上五倍以下罚金。(第二款)单位犯前款罪的,对单位判处罚金,并对其直接负责的主管人员和其他直接责任人员,处五年以下有期徒刑或者拘役。(第三款)内幕信息、知情人员的范围,依照法律、行政法规的规定确定"。《刑法修正案(七)》第二条又将本条第一款修改为现规定。并增加规定了本条第四款。

b. 2010 年《关于转证监会〈关于韩×等人涉嫌利用未公开信息交易案有关问题的认定函〉的通知》,第 572 页。

c. 2012 年《关于办理内幕交易、泄露内幕信息刑事案件具体应用法律若干问题的解释》,第 570 页。

d. 最高法 2016 年指导性案例 24 号《马乐利用未公开信息交易案》,第 1167 页。

e. 最高法 2016 年指导性案例 61 号《马乐利用未公开信息交易案》,第 1153 页。

f. 2019 年《关于办理利用未公开信息交易刑事案件适用法律若干问题的解释》,第 572 页。

g. 最高检 2020 年指导性案例 65 号《王鹏等人利用未公开信息交易案》,第 1177 页。

h. 2022 年《关于公安机关管辖的刑事案件立案追诉标准的规定(二)》第三十、三十一条,第 401、402 页。

i. 最高检 2023 年指导性案例 188 号《桑某受贿、国有公司人员滥用职权、利用未公开信息交易案》,第 1196 页。

第一百八十一条[①] **【编造并传播证券、期货交易虚假信息罪】** 编造并且传播影响证券、期货交易的虚假信息，扰乱证券、期货交易市场，造成严重后果的，处五年以下有期徒刑或者拘役，并处或者单处一万元以上十万元以下罚金。

【诱骗投资者买卖证券、期货合约罪】 证券交易所、期货交易所、证券公司、期货经纪公司的从业人员，证券业协会、期货业协会或者证券期货监督管理部门的工作人员，故意提供虚假信息或者伪造、变造、销毁交易记录，诱骗投资者买卖证券、期货合约，造成严重后果的，处五年以下有期徒刑或者拘役，并处或者单处一万元以上十万元以下罚金；情节特别恶劣的，处五年以上十年以下有期徒刑，并处二万元以上二十万元以下罚金。

单位犯前两款罪的，对单位判处罚金，并对其直接负责的主管人员和其他直接责任人员，处五年以下有期徒刑或者拘役。

第一百八十二条[②] **【操纵证券、期货市场罪】** 有下列情形之一，操纵证券、期

---

① a. 本条系根据《刑法修正案》第五条的规定修改。原条文为"（第一款）编造并且传播影响证券交易的虚假信息，扰乱证券交易市场，造成严重后果的，处五年以下有期徒刑或者拘役，并处或者单处一万元以上十万元以下罚金。（第二款）证券交易所、证券公司的从业人员，证券业协会或者证券期货监督管理部门的工作人员，故意提供虚假信息或者伪造、变造、销毁交易记录，诱骗投资者买卖证券，造成严重后果的，处五年以下有期徒刑或者拘役，并处或者单处一万元以上十万元以下罚金；情节特别恶劣的，处五年以上十年以下有期徒刑，并处二万元以上二十万元以下罚金。（第三款）单位犯前两款罪的，对单位判处罚金，并对其直接负责的主管人员和其他直接责任人员，处五年以下有期徒刑或者拘役"。

b. 2000 年《关于维护互联网安全的决定》三·（四），第 195 页。

c. 2022 年《关于公安机关管辖的刑事案件立案追诉标准的规定（二）》第三十二、三十三条，第 402 页。

② a. 本条原文为"（第一款）有下列情形之一，操纵证券交易价格，获取不正当利益或者转嫁风险，情节严重的，处五年以下有期徒刑或者拘役，并处或者单处违法所得一倍以上五倍以下罚金：（一）单独或者合谋，集中资金优势、持股或者持仓优势或者利用信息优势联合或者连续买卖，操纵证券交易价格的；（二）与他人串通，以事先约定的时间、价格和方式相互进行证券交易，或者相互买卖并不持有的证券，影响证券交易价格或者证券交易量的；（三）以自己为交易对象，进行不转移证券所有权的自买自卖，影响证券交易价格或者证券交易量的；（四）以其他方法操纵证券交易价格的。（第二款）单位犯前款罪的，对单位判处罚金，并对其直接负责的主管人员和其他直接责任人员，处五年以下有期徒刑或者拘役"。《刑法修正案》第五条将本条修改为"（第一款）有下列情形之一，操纵证券、期货交易价格，获取不正当利益或者转嫁风险，情节严重的，处五年以下有期徒刑或者拘役，并处或者单处违法所得一倍以上五倍以下罚金：（一）单独或者合谋，集中资金优势、持股或者持仓优势或者利用信息优势联合或者连续买卖，操纵证券、期货交易价格的；（二）与他人串通，以事先约定的时间、价格和方式相互进行证券、期货交易，或者相互买卖并不持有的证券，影响证券、期货交易价格或者证券、期货交易量的；（三）以自己为交易对象，进行不转移证券所有权的自买自卖，或者以自己为交易对象，自买自卖期货合约，影响证券、期货交易价格或者证券、期货交易量的；（四）以其他方法操纵证券、期货交易价格的。（第二款）单位犯前款罪的，对单位判处罚金，并对其直接负责的主管人员和其他直接责任人员，处五年以下有期徒刑或者拘役"。《刑法修正案（六）》第十一条又将本条修改为"（第一款）有下列情形之一，操纵证券、期货市场，情节严重的，处五年以下有期徒刑或者拘役，并处或者单处罚金；情节特别严重的，处五年以上十年以下有期徒刑，并处罚金：（一）单独或者合谋，集中资金优势、持股或者持仓优势或者利用信息优势联合或者连续买卖，操纵证券、期货交易价格或者证券、期货交易量的；（二）与他人串通，以事先约定的时间、价格和方式相互进行证券、期货交易，影响证券、期货交易价格或者证券、期货交易量的；（三）在自己实际控制的账户之间进行证券交易，或者以自己为交易对象，自买自卖期货合约，影响证券、期货交易价格或者证券、期货交易量的；（四）以其他方法操纵证券、期货市场的。（第二款）单位犯前款罪的，对单位判处罚金，并对其直接负责的主管人员和其他直接责任人员，依照前款的规定处罚"。《刑法修正案（十一）》第十三条将本条第一款改为现规定。

b. 最高检 2018 年指导性案例 39 号《朱炜明操纵证券市场案》，第 1169 页。

c. 2019 年《关于办理操纵证券、期货市场刑事案件适用法律若干问题的解释》，第 574 页。

d. 2022 年《关于公安机关管辖的刑事案件立案追诉标准的规定（二）》第三十四条，第 403 页。

货市场,影响证券、期货交易价格或者证券、期货交易量,情节严重的,处五年以下有期徒刑或者拘役,并处或者单处罚金;情节特别严重的,处五年以上十年以下有期徒刑,并处罚金:

(一)单独或者合谋,集中资金优势、持股或者持仓优势或者利用信息优势联合或者连续买卖的;

(二)与他人串通,以事先约定的时间、价格和方式相互进行证券、期货交易的;

(三)在自己实际控制的帐户之间进行证券交易,或者以自己为交易对象,自买自卖期货合约的;

(四)不以成交为目的,频繁或者大量申报买入、卖出证券、期货合约并撤销申报的;

(五)利用虚假或者不确定的重大信息,诱导投资者进行证券、期货交易的;

(六)对证券、证券发行人、期货交易标的公开作出评价、预测或者投资建议,同时进行反向证券交易或者相关期货交易的;

(七)以其他方法操纵证券、期货市场的。

单位犯前款罪的,对单位判处罚金,并对其直接负责的主管人员和其他直接责任人员,依照前款的规定处罚。

第一百八十三条 【职务侵占罪】 保险公司的工作人员利用职务上的便利,故意编造未曾发生的保险事故进行虚假理赔,骗取保险金归自己所有的,依照本法第二百七十一条的规定定罪处罚。

【贪污罪】 国有保险公司工作人员和国有保险公司委派到非国有保险公司从事公务的人员有前款行为的,依照本法第三百八十二条、第三百八十三条的规定定罪处罚。

第一百八十四条 【非国家工作人员受贿罪】 银行或者其他金融机构的工作人员在金融业务活动中索取他人财物或者非法收受他人财物,为他人谋取利益的,或者违反国家规定,收受各种名义的回扣、手续费,归个人所有的,依照本法第一百六十三条的规定定罪处罚。

【受贿罪】 国有金融机构工作人员和国有金融机构委派到非国有金融机构从事公务的人员有前款行为的,依照本法第三百八十五条、第三百八十六条的规定定罪处罚。

第一百八十五条① **【挪用资金罪】** 商业银行、证券交易所、期货交易所、证券公司、期货经纪公司、保险公司或者其他金融机构的工作人员利用职务上的便利,挪用本单位或者客户资金的,依照本法第二百七十二条的规定定罪处罚。

---

① 本条系根据《刑法修正案》第七条的规定修改。原条文为“(第一款)银行或者其他金融机构的工作人员利用职务上的便利,挪用本单位或者客户资金的,依照本法第二百七十二条的规定定罪处罚。(第二款)国有金融机构工作人员和国有金融机构委派到非国有金融机构从事公务的人员有前款行为的,依照本法第三百八十四条的规定定罪处罚”。

【挪用公款罪】 国有商业银行、证券交易所、期货交易所、证券公司、期货经纪公司、保险公司或者其他国有金融机构的工作人员和国有商业银行、证券交易所、期货交易所、证券公司、期货经纪公司、保险公司或者其他国有金融机构委派到前款规定中的非国有机构从事公务的人员有前款行为的，依照本法第三百八十四条的规定定罪处罚。

第一百八十五条之一① **【背信运用受托财产罪】** 商业银行、证券交易所、期货交易所、证券公司、期货经纪公司、保险公司或者其他金融机构，违背受托义务，擅自运用客户资金或者其他委托、信托的财产，情节严重的，对单位判处罚金，并对其直接负责的主管人员和其他直接责任人员，处三年以下有期徒刑或者拘役，并处三万元以上三十万元以下罚金；情节特别严重的，处三年以上十年以下有期徒刑，并处五万元以上五十万元以下罚金。

【违法运用资金罪】 社会保障基金管理机构、住房公积金管理机构等公众资金管理机构，以及保险公司、保险资产管理公司、证券投资基金管理公司，违反国家规定运用资金的，对其直接负责的主管人员和其他直接责任人员，依照前款的规定处罚。

第一百八十六条② **【违法发放贷款罪】** 银行或者其他金融机构的工作人员违反国家规定发放贷款，数额巨大或者造成重大损失的，处五年以下有期徒刑或者拘役，并处一万元以上十万元以下罚金；数额特别巨大或者造成特别重大损失的，处五年以上有期徒刑，并处二万元以上二十万元以下罚金。

---

① a. 本条系根据《刑法修正案(六)》第十二条的规定增加。

b. 2022 年《关于公安机关管辖的刑事案件立案追诉标准的规定(二)》第三十五、三十六条，第 404 页。

② a. 本条第一款、第二款系根据《刑法修正案(六)》第十三条的规定修改。原条文为“(第一款)银行或者其他金融机构的工作人员违反法律、行政法规规定，向关系人发放信用贷款或者发放担保贷款的条件优于其他借款人同类贷款的条件，造成较大损失的，处五年以下有期徒刑或者拘役，并处一万元以上十万元以下罚金；造成重大损失的，处五年以上有期徒刑，并处二万元以上二十万元以下罚金。(第二款)银行或者其他金融机构的工作人员违反法律、行政法规规定，向关系人以外的其他人发放贷款，造成重大损失的，处五年以下有期徒刑或者拘役，并处一万元以上十万元以下罚金；造成特别重大损失的，处五年以上有期徒刑，并处二万元以上二十万元以下罚金”。

b. 2001 年《全国法院审理金融犯罪案件工作座谈会纪要》二·(二)·4，第 547 页。

c. 2001 年《关于以信用卡透支协议的形式进行借款可否视为贷款问题的批复》，第 591 页。

d. 2002 年《关于转发〈中国人民银行办公厅关于进出口押汇垫款认定事宜的复函〉的通知》，第 601 页。

e. 2006 年《关于对银行工作人员违规票据贴现行为如何适用法律问题的函》，第 592 页。

f. 2006 年《关于对中国银行×支行行长潘×等人行为如何适用法律问题的通知》，第 592 页。

g. 2007 年《关于对违法发放贷款案件中损失认定问题的批复》，第 577 页。

h. 2009 年《关于骗取贷款罪和违法发放贷款罪立案追诉标准问题的批复》，第 563 页。

i. 2009 年《关于针对骗取贷款、票据承兑、金融票证罪和违法发放贷款罪立案追诉标准的意见》，第 563 页。

j. 2010 年《关于对郭××涉嫌违法发放贷款犯罪性质认定的回复意见》，第 592 页。

k. 2011 年《关于对郭××涉嫌违法放贷犯罪性质认定请示的批复》，第 592 页。

l. 2022 年《关于公安机关管辖的刑事案件立案追诉标准的规定(二)》第三十七条，第 404 页。

银行或者其他金融机构的工作人员违反国家规定,向关系人[①]发放贷款的,依照前款的规定从重处罚。

单位犯前两款罪的,对单位判处罚金,并对其直接负责的主管人员和其他直接责任人员,依照前两款的规定处罚。

关系人的范围,依照《中华人民共和国商业银行法》和有关金融法规确定。

第一百八十七条[②]　**【吸收客户资金不入帐罪】**　银行或者其他金融机构的工作人员吸收客户资金不入帐,数额巨大或者造成重大损失的,处五年以下有期徒刑或者拘役,并处二万元以上二十万元以下罚金;数额特别巨大或者造成特别重大损失的,处五年以上有期徒刑,并处五万元以上五十万元以下罚金。

单位犯前款罪的,对单位判处罚金,并对其直接负责的主管人员和其他直接责任人员,依照前款的规定处罚。

第一百八十八条[③]　**【违规出具金融票证罪】**　银行或者其他金融机构的工作人员违反规定,为他人出具信用证或者其他保函、票据、存单、资信证明,情节严重的,处五年以下有期徒刑或者拘役;情节特别严重的,处五年以上有期徒刑。

单位犯前款罪的,对单位判处罚金,并对其直接负责的主管人员和其他直接责任人员,依照前款的规定处罚。

---

①　2015年《中华人民共和国商业银行法》第四十条第二款规定:"前款所称关系人是指:(一)商业银行的董事、监事、管理人员、信贷业务人员及其近亲属;(二)前项所列人员投资或者担任高级管理职务的公司、企业和其他经济组织。"

②　a. 本条第一款系根据《刑法修正案(六)》第十四条的规定修改。原条文为"银行或者其他金融机构的工作人员以牟利为目的,采取吸收客户资金不入账的方式,将资金用于非法拆借、发放贷款,造成重大损失的,处五年以下有期徒刑或者拘役,并处二万元以上二十万元以下罚金;造成特别重大损失的,处五年以上有期徒刑,并处五万元以上五十万元以下罚金"。

b. 2001年《全国法院审理金融犯罪案件工作座谈会纪要》二·(二)·3,第547页。

c. 2010年《对〈关于征求吸收客户资金不入账犯罪法律适用问题的函〉的回复意见》,第593页。

d. 2022年《关于公安机关管辖的刑事案件立案追诉标准的规定(二)》第三十八条,第404页。

③　a. 本条第一款系根据《刑法修正案(六)》第十五条的规定修改。原条文为"银行或者其他金融机构的工作人员违反规定,为他人出具信用证或者其他保函、票据、存单、资信证明,造成较大损失的,处五年以下有期徒刑或者拘役;造成重大损失的,处五年以上有期徒刑"。

b. 1999年《对公安部经济犯罪侦查局〈关于对银行非法出具金融票证和造成损失征求意见的函〉的复函》,第593页。

c. 2000年《关于银行内部机构的工作人员以本部门与他人合办的公司为受益人开具信用证是否属于"为他人出具信用证"问题的复函》,第577页。

d. 2000年《关于单位定期存款开户证实书性质的批复》,第565页。

e. 2002年《关于转发中国人民银行办公厅〈关于银行预付款保函认定事宜的复函〉的通知》,第593页。

f. 2003年《关于对涉嫌非法出具金融票证犯罪案件涉及的部分法律问题的批复》,第577页。

g. 2006年《关于伪造银行履约保函的行为是否构成伪造、变造金融票证罪的批复》,第566页。

h. 2009年《关于民间借贷合同加盖金融机构公章能否视为保函有关问题的批复》,第593页。

i. 2012年《关于"12·24"票据诈骗案件有关法律问题的批复》,第567页。

j. 2022年《关于公安机关管辖的刑事案件立案追诉标准的规定(二)》第三十九条,第405页。

k. 最高检2023年指导性案例190号《宋某某违规出具金融票证、违法发放贷款、非国家工作人员受贿案》,第1198页。

第一百八十九条[①] **【对违法票据承兑、付款、保证罪】** 银行或者其他金融机构的工作人员在票据业务中，对违反票据法规定的票据予以承兑、付款或者保证，造成重大损失的，处五年以下有期徒刑或者拘役；造成特别重大损失的，处五年以上有期徒刑。

单位犯前款罪的，对单位判处罚金，并对其直接负责的主管人员和其他直接责任人员，依照前款的规定处罚。

第一百九十条[②] **【逃汇罪】** 公司、企业或者其他单位，违反国家规定，擅自将外汇存放境外，或者将境内的外汇非法转移到境外，数额较大的，对单位判处逃汇数额百分之五以上百分之三十以下罚金，并对其直接负责的主管人员和其他直接责任人员处五年以下有期徒刑或者拘役；数额巨大或者有其他严重情节的，对单位判处逃汇数额百分之五以上百分之三十以下罚金，并对其直接负责的主管人员和其他直接责任人员处五年以上有期徒刑。

第一百九十条之一[③] **【骗购外汇罪】** 有下列情形之一，骗购外汇，数额较大的，处五年以下有期徒刑或者拘役，并处骗购外汇数额百分之五以上百分之三十以下罚金；数额巨大或者有其他严重情节的，处五年以上十年以下有期徒刑，并处骗购外汇数额百分之五以上百分之三十以下罚金；数额特别巨大或者有其他特别严重情节的，处十年以上有期徒刑或者无期徒刑，并处骗购外汇数额百分之五以上百分之三十以下罚金或者没收财产：

（一）使用伪造、变造的海关签发的报关单、进口证明、外汇管理部门核准件等凭证和单据的；

（二）重复使用海关签发的报关单、进口证明、外汇管理部门核准件等凭证和单据的；

（三）以其他方式骗购外汇的。

伪造、变造海关签发的报关单、进口证明、外汇管理部门核准件等凭证和单据，并用于骗购外汇的，依照前款的规定从重处罚。

---

① 2022年《关于公安机关管辖的刑事案件立案追诉标准的规定（二）》第四十条，第405页。

② a. 本条系根据《关于惩治骗购外汇、逃汇和非法买卖外汇犯罪的决定》第三条的规定修改。原条文为“国有公司、企业或者其他国有单位，违反国家规定，擅自将外汇存放境外，或者将境内的外汇非法转移到境外，情节严重的，对单位判处罚金，并对其直接负责的主管人员和其他直接责任人员，处五年以下有期徒刑或者拘役”。

b. 1998年《关于审理骗购外汇、非法买卖外汇刑事案件具体应用法律若干问题的解释》第一条，第595页。

c. 1999年《办理骗汇、逃汇犯罪案件联席会议纪要》三、四，第594页。

d. 1999年《关于认真贯彻执行〈全国人大常委会关于惩治骗购外汇、逃汇和非法买卖外汇犯罪的决定〉的通知》三，第596页。

e. 2022年《关于公安机关管辖的刑事案件立案追诉标准的规定（二）》第四十一条，第405页。

③ a. 本条系根据《关于惩治骗购外汇、逃汇和非法买卖外汇犯罪的决定》第一条的规定增加。该决定未指明本款内容在刑法典中的位置，编者根据其内容，将其放在此处，并将其序号暂编为“第一百九十条之一”。

b. 1998年《关于审理骗购外汇、非法买卖外汇刑事案件具体应用法律若干问题的解释》第五至八条，第596页。

c. 1999年《办理骗汇、逃汇犯罪案件联席会议纪要》三、四，第594页。

d. 2022年《关于公安机关管辖的刑事案件立案追诉标准的规定（二）》第四十二条，第405页。

明知用于骗购外汇而提供人民币资金的,以共犯论处。

单位犯前三款罪的,对单位依照第一款的规定判处罚金,并对其直接负责的主管人员和其他直接责任人员,处五年以下有期徒刑或者拘役;数额巨大或者有其他严重情节的,处五年以上十年以下有期徒刑;数额特别巨大或者有其他特别严重情节的,处十年以上有期徒刑或者无期徒刑。

第一百九十一条[①] **【洗钱罪】** 为掩饰、隐瞒毒品犯罪、黑社会性质的组织犯罪、恐怖活动犯罪、走私犯罪、贪污贿赂犯罪、破坏金融管理秩序犯罪、金融诈骗犯罪的所得及其产生的收益的来源和性质,有下列行为之一的,没收实施以上犯罪的所得及其产生的收益,处五年以下有期徒刑或者拘役,并处或者单处罚金;情节严重的,处五年以上十年以下有期徒刑,并处罚金:

(一)提供资金帐户的;

(二)将财产转换为现金、金融票据、有价证券的;

(三)通过转帐或者其他支付结算方式转移资金的;

(四)跨境转移资产的;

---

① a. 本条原文为"(第一款)明知是毒品犯罪、黑社会性质的组织犯罪、走私犯罪的违法所得及其产生的收益,为掩饰、隐瞒其来源和性质,有下列行为之一的,没收实施以上犯罪的违法所得及其产生的收益,处五年以下有期徒刑或者拘役,并处或者单处洗钱数额百分之五以上百分之二十以下罚金;情节严重的,处五年以上十年以下有期徒刑,并处洗钱数额百分之五以上百分之二十以下罚金:(一)提供资金账户的;(二)协助将财产转换为现金或者金融票据的;(三)通过转账或者其他结算方式协助资金转移的;(四)协助将资金汇往境外的;(五)以其他方法掩饰、隐瞒犯罪的违法所得及其收益的来源和性质的。(第二款)单位犯前款罪的,对单位判处罚金,并对其直接负责的主管人员和其他直接责任人员,处五年以下有期徒刑或者拘役"。《刑法修正案(三)》第七条将本条修改为"(第一款)明知是毒品犯罪、黑社会性质的组织犯罪、恐怖活动犯罪、走私犯罪的违法所得及其产生的收益,为掩饰、隐瞒其来源和性质,有下列行为之一的,没收实施以上犯罪的违法所得及其产生的收益,处五年以下有期徒刑或者拘役,并处或者单处洗钱数额百分之五以上百分之二十以下罚金;情节严重的,处五年以上十年以下有期徒刑,并处洗钱数额百分之五以上百分之二十以下罚金:(一)提供资金账户的;(二)协助将财产转换为现金或者金融票据的;(三)通过转账或者其他结算方式协助资金转移的;(四)协助将资金汇往境外的;(五)以其他方法掩饰、隐瞒犯罪的违法所得及其收益的来源和性质的。(第二款)单位犯前款罪的,对单位判处罚金,并对其直接负责的主管人员和其他直接责任人员,处五年以下有期徒刑或者拘役;情节严重的,处五年以上十年以下有期徒刑"。《刑法修正案(六)》第十六条将本条第一款修改为"明知是毒品犯罪、黑社会性质的组织犯罪、恐怖活动犯罪、走私犯罪、贪污贿赂犯罪、破坏金融管理秩序犯罪、金融诈骗犯罪的所得及其产生的收益,为掩饰、隐瞒其来源和性质,有下列行为之一的,没收实施以上犯罪的所得及其产生的收益,处五年以下有期徒刑或者拘役,并处或者单处洗钱数额百分之五以上百分之二十以下罚金;情节严重的,处五年以上十年以下有期徒刑,并处洗钱数额百分之五以上百分之二十以下罚金:(一)提供资金账户的;(二)协助将财产转换为现金、金融票据、有价证券的;(三)通过转账或者其他结算方式协助资金转移的;(四)协助将资金汇往境外的;(五)以其他方法掩饰、隐瞒犯罪所得及其收益的来源和性质的"。《刑法修正案(十一)》第十四条将本条修改为现规定。

b. 1998 年《关于审理骗购外汇、非法买卖外汇刑事案件具体应用法律若干问题的解释》第一条,第 595 页。

c. 2009 年《关于审理洗钱等刑事案件具体应用法律若干问题的解释》第一至四条,第 597、598 页。

d. 2019 年《打击非设关地成品油走私专题研讨会会议纪要》一,第 532 页。

e. 2020 年《关于办理洗钱刑事案件若干问题的意见》,第 598 页。

f. 2022 年《关于公安机关管辖的刑事案件立案追诉标准的规定(二)》第四十三条,第 405 页。

（五）以其他方法掩饰、隐瞒犯罪所得及其收益的来源和性质的。

单位犯前款罪的，对单位判处罚金，并对其直接负责的主管人员和其他直接责任人员，依照前款的规定处罚。

第五节 金融诈骗罪

第一百九十二条[①] **【集资诈骗罪】** 以非法占有为目的，使用诈骗方法非法集资，数额较大的，处三年以上七年以下有期徒刑，并处罚金；数额巨大或者有其他严重情节的，处七年以上有期徒刑或者无期徒刑，并处罚金或者没收财产。

单位犯前款罪的，对单位判处罚金，并对其直接负责的主管人员和其他直接责任人员，依照前款的规定处罚。

第一百九十三条[②] **【贷款诈骗罪】** 有下列情形之一，以非法占有为目的，诈骗银行或者其他金融机构的贷款，数额较大的，处五年以下有期徒刑或者拘役，并处二万元以上二十万元以下罚金；数额巨大或者有其他严重情节的，处五年以上十年以下有期徒刑，并处五万元以上五十万元以下罚金；数额特别巨大或者有其他特别严重情节的，处十年以上有期徒刑或者无期徒刑，并处五万元以上五十万元以下罚金或者没收财产：

（一）编造引进资金、项目等虚假理由的；

（二）使用虚假的经济合同的；

（三）使用虚假的证明文件的；

---

① a. 本条系根据《刑法修正案（十一）》第十五条的规定修改。原条文为“以非法占有为目的，使用诈骗方法非法集资，数额较大的，处五年以下有期徒刑或者拘役，并处二万元以上二十万元以下罚金；数额巨大或者有其他严重情节的，处五年以上十年以下有期徒刑，并处五万元以上五十万元以下罚金；数额特别巨大或者有其他特别严重情节的，处十年以上有期徒刑或者无期徒刑，并处五万元以上五十万元以下罚金或者没收财产”。

b. 2001 年《全国法院审理金融犯罪案件工作座谈会纪要》二·（一）、（三）、（五），第 546、549、551 页。

c. 2004 年《关于以投资林业为名向社会吸收资金行为定性的答复意见》，第 578 页。

d. 2008 年《关于整治非法证券活动有关问题的通知》二·（二），第 569 页。

e. 2017 年《关于办理涉互联网金融犯罪案件有关问题座谈会纪要》14 至 17、21 至 24、26、27，第 554～557 页。

f. 最高检 2018 年指导性案例 40 号《周辉集资诈骗案》，第 1169 页。

g. 2019 年《关于办理非法集资刑事案件若干问题的意见》二至四、六，第 584～586 页。

h. 2021 年《关于常见犯罪的量刑指导意见（试行）》四·（四），第 280 页。

i. 2022 年《关于审理非法集资刑事案件具体应用法律若干问题的解释》第七至九、十三、十四条，第 580～582 页。

j. 2022 年《关于公安机关管辖的刑事案件立案追诉标准的规定（二）》第四十四条，第 405 页。

k. 最高检 2023 年指导性案例 175 号《张业强等人非法集资案》，第 1194 页。

② a. 2001 年《全国法院审理金融犯罪案件工作座谈会纪要》二·（三）、（五），第 549、551 页。

b. 2002 年《关于转发〈中国人民银行办公厅关于进出口押汇垫款认定事宜的复函〉的通知》，第 601 页。

c. 2008 年《关于若干经济犯罪案件如何统计涉案总价值、挽回经济损失数额的批复》，第 538 页。

d. 2022 年《关于公安机关管辖的刑事案件立案追诉标准的规定（二）》第四十五条，第 405 页。

(四)使用虚假的产权证明作担保或者超出抵押物价值重复担保的;

(五)以其他方法诈骗贷款的。

第一百九十四条[①] **【票据诈骗罪】** 有下列情形之一,进行金融票据诈骗活动,数额较大的,处五年以下有期徒刑或者拘役,并处二万元以上二十万元以下罚金;数额巨大或者有其他严重情节的,处五年以上十年以下有期徒刑,并处五万元以上五十万元以下罚金;数额特别巨大或者有其他特别严重情节的,处十年以上有期徒刑或者无期徒刑,并处五万元以上五十万元以下罚金或者没收财产:

(一)明知是伪造、变造的汇票、本票、支票而使用的;

(二)明知是作废的汇票、本票、支票而使用的;

(三)冒用他人的汇票、本票、支票的;

(四)签发空头支票或者与其预留印鉴不符的支票,骗取财物的;

(五)汇票、本票的出票人签发无资金保证的汇票、本票或者在出票时作虚假记载,骗取财物的。

【金融凭证诈骗罪】 使用伪造、变造的委托收款凭证、汇款凭证、银行存单等其他银行结算凭证的,依照前款的规定处罚。

第一百九十五条[②] **【信用证诈骗罪】** 有下列情形之一,进行信用证诈骗活动的,处五年以下有期徒刑或者拘役,并处二万元以上二十万元以下罚金;数额巨大或者有其他严重情节的,处五年以上十年以下有期徒刑,并处五万元以上五十万元以下罚金;数额特别巨大或者有其他特别严重情节的,处十年以上有期徒刑或者无期徒刑,并处五万元以上五十万元以下罚金或者没收财产:

(一)使用伪造、变造的信用证或者附随的单据、文件的;

(二)使用作废的信用证的;

(三)骗取信用证的;

(四)以其他方法进行信用证诈骗活动的。

---

① a. 2000 年《关于单位定期存款开户证实书性质的批复》,第 565 页。

b. 2001 年《全国法院审理金融犯罪案件工作座谈会纪要》二·(一)、(三)、(五),第 546、549、551 页。

c. 2003 年《关于转发〈中国人民银行办公厅关于单位取款凭条性质认定问题的意见〉的通知》,第 565 页。

d. 2003 年《关于有关票据行为性质及票据效力问题的复函》,第 566 页。

e. 2008 年《关于银行进账单、支票存根联、支付系统专用凭证、转账贷方传票是否属于银行结算凭证的批复》,第 567 页。

f. 2008 年《关于若干经济犯罪案件如何统计涉案总价值、挽回经济损失数额的批复》,第 538 页。

g. 2009 年《关于银行现金缴款单和进账单是否属于银行结算凭证的批复》,第 567 页。

h. 2012 年《关于"12·24"票据诈骗案件有关法律问题的批复》,第 567 页。

i. 2013 年《关于网上银行电子回单是否属于金融票证的批复》,第 568 页。

j. 2022 年《关于公安机关管辖的刑事案件立案追诉标准的规定(二)》第四十六、四十七条,第 405 页。

② a. 2001 年《全国法院审理金融犯罪案件工作座谈会纪要》二·(一)、(三)、(五),第 546、549、551 页。

b. 2003 年《关于对涉嫌非法出具金融票证犯罪案件涉及的部分法律问题的批复》,第 577 页。

c. 2003 年《关于对信用证诈骗案件有关问题的复函》,第 601 页。

d. 2022 年《关于公安机关管辖的刑事案件立案追诉标准的规定(二)》第四十八条,第 405 页。

第一百九十六条① **【信用卡诈骗罪】** 有下列情形之一,进行信用卡诈骗活动,数额较大的,处五年以下有期徒刑或者拘役,并处二万元以上二十万元以下罚金;数额巨大或者有其他严重情节的,处五年以上十年以下有期徒刑,并处五万元以上五十万元以下罚金;数额特别巨大或者有其他特别严重情节的,处十年以上有期徒刑或者无期徒刑,并处五万元以上五十万元以下罚金或者没收财产:

(一)使用伪造的信用卡,或者使用以虚假的身份证明骗领的信用卡的;

(二)使用作废的信用卡的;

(三)冒用他人信用卡的;

(四)恶意透支的。

前款所称恶意透支,是指持卡人以非法占有为目的,超过规定限额或者规定期限透支,并且经发卡银行催收后仍不归还的行为。

【盗窃罪】 盗窃信用卡并使用的,依照本法第二百六十四条的规定定罪处罚。

第一百九十七条② **【有价证券诈骗罪】** 使用伪造、变造的国库券或者国家发行的其他有价证券,进行诈骗活动,数额较大的,处五年以下有期徒刑或者拘役,并处二万元以上二十万元以下罚金;数额巨大或者有其他严重情节的,处五年以上十年以下有期徒刑,并处五万元以上五十万元以下罚金;数额特别巨大或者有其他特别严重情节的,处十年以上有期徒刑或者无期徒刑,并处五万元以上五十万元以下罚金或者没收财产。

第一百九十八条③ **【保险诈骗罪】** 有下列情形之一,进行保险诈骗活动,数额

---

① a. 本条系根据《刑法修正案(五)》第一条的规定修改。原条文为"(第一款)有下列情形之一,进行信用卡诈骗活动,数额较大的,处五年以下有期徒刑或者拘役,并处二万元以上二十万元以下罚金;数额巨大或者有其他严重情节的,处五年以上十年以下有期徒刑,并处五万元以上五十万元以下罚金;数额特别巨大或者有其他特别严重情节的,处十年以上有期徒刑或者无期徒刑,并处五万元以上五十万元以下罚金或者没收财产:(一)使用伪造的信用卡的;(二)使用作废的信用卡的;(三)冒用他人信用卡的;(四)恶意透支的。(第二款)前款所称恶意透支,是指持卡人以非法占有为目的,超过规定限额或者规定期限透支,并且经发卡银行催收后仍不归还的行为"。

b. 2001 年《全国法院审理金融犯罪案件工作座谈会纪要》二·(三)、(五),第 549、551 页。

c. 2004 年《关于〈中华人民共和国刑法〉有关信用卡规定的解释》,第 216 页。

d. 2008 年《关于拾得他人信用卡并在自动柜员机(ATM 机)上使用的行为如何定性问题的批复》,第 602 页。

e. 2010 年《关于信用卡犯罪法律适用若干问题的复函》,第 602 页。

f. 2011 年《关于信用卡诈骗犯罪管辖有关问题的通知》,第 602 页。

g. 2017 年《关于被告人余××利用他人遗忘在 ATM 机内已输好密码的信用卡取款的行为如何定性请示一案的批复》,第 603 页。

h. 2018 年《关于办理妨害信用卡管理刑事案件具体应用法律若干问题的解释》第五至十三条,第 590、591 页。

i. 2021 年《关于常见犯罪的量刑指导意见(试行)》四·(五),第 280 页。

j. 2022 年《关于公安机关管辖的刑事案件立案追诉标准的规定(二)》第四十九条,第 406 页。

k. 最高检 2023 年指导性案例 177 号《孙旭东非法经营案》,第 1195 页。

② a. 2001 年《全国法院审理金融犯罪案件工作座谈会纪要》二·(三)、(五),第 549、551 页。

b. 2022 年《关于公安机关管辖的刑事案件立案追诉标准的规定(二)》第五十条,第 406 页。

③ a. 1998 年《关于保险诈骗未遂能否按犯罪处理问题的答复》,第 603 页。

b. 2001 年《全国法院审理金融犯罪案件工作座谈会纪要》二·(三)、(五),第 549、551 页。

c. 2020 年《关于依法办理"碰瓷"违法犯罪案件的指导意见》一、九、十,第 752、753 页。

d. 2022 年《关于公安机关管辖的刑事案件立案追诉标准的规定(二)》第五十一条,第 406 页。

较大的,处五年以下有期徒刑或者拘役,并处一万元以上十万元以下罚金;数额巨大或者有其他严重情节的,处五年以上十年以下有期徒刑,并处二万元以上二十万元以下罚金;数额特别巨大或者有其他特别严重情节的,处十年以上有期徒刑,并处二万元以上二十万元以下罚金或者没收财产:

(一)投保人故意虚构保险标的,骗取保险金的;

(二)投保人、被保险人或者受益人对发生的保险事故编造虚假的原因或者夸大损失的程度,骗取保险金的;

(三)投保人、被保险人或者受益人编造未曾发生的保险事故,骗取保险金的;

(四)投保人、被保险人故意造成财产损失的保险事故,骗取保险金的;

(五)投保人、受益人故意造成被保险人死亡、伤残或者疾病,骗取保险金的。

有前款第四项、第五项所列行为,同时构成其他犯罪的,依照数罪并罚的规定处罚。

单位犯第一款罪的,对单位判处罚金,并对其直接负责的主管人员和其他直接责任人员,处五年以下有期徒刑或者拘役;数额巨大或者有其他严重情节的,处五年以上十年以下有期徒刑;数额特别巨大或者有其他特别严重情节的,处十年以上有期徒刑。

保险事故的鉴定人、证明人、财产评估人故意提供虚假的证明文件,为他人诈骗提供条件的,以保险诈骗的共犯论处。

第一百九十九条① **【已废止】**

第二百条② **【单位犯罪的处罚】** 单位犯本节第一百九十四条、第一百九十五条规定之罪的,对单位判处罚金,并对其直接负责的主管人员和其他直接责任人员,处五年以下有期徒刑或者拘役,可以并处罚金;数额巨大或者有其他严重情节的,处五年以上十年以下有期徒刑,并处罚金;数额特别巨大或者有其他特别严重情节的,处十年以上有期徒刑或者无期徒刑,并处罚金。

---

① 本条原文为"犯本节第一百九十二条、第一百九十四条、第一百九十五条规定之罪的,数额特别巨大并且给国家和人民利益造成特别重大损失的,处无期徒刑或者死刑,并处没收财产"。《刑法修正案(八)》第三十条将本条修改为"犯本节第一百九十二条规定之罪的,数额特别巨大并且给国家和人民利益造成特别重大损失的,处无期徒刑或者死刑,并处没收财产"。《刑法修正案(九)》第十二条规定将本条删去。

② 本条原文为"单位犯本节第一百九十二条、第一百九十四条、第一百九十五条规定之罪的,对单位判处罚金,并对其直接负责的主管人员和其他直接责任人员,处五年以下有期徒刑或者拘役;数额巨大或者有其他严重情节的,处五年以上十年以下有期徒刑;数额特别巨大或者有其他特别严重情节的,处十年以上有期徒刑或者无期徒刑"。《刑法修正案(八)》第三十一条修改为"单位犯本节第一百九十二条、第一百九十四条、第一百九十五条规定之罪的,对单位判处罚金,并对其直接负责的主管人员和其他直接责任人员,处五年以下有期徒刑或者拘役,可以并处罚金;数额巨大或者有其他严重情节的,处五年以上十年以下有期徒刑,并处罚金;数额特别巨大或者有其他特别严重情节的,处十年以上有期徒刑或者无期徒刑,并处罚金"。《刑法修正案(十一)》第十六条将其修改为现规定。

第六节 危害税收征管罪

第二百零一条[①] **【逃税罪】** 纳税人采取欺骗、隐瞒手段进行虚假纳税申报或者不申报,逃避缴纳税款数额较大并且占应纳税额百分之十以上的,处三年以下有期徒刑或者拘役,并处罚金;数额巨大并且占应纳税额百分之三十以上的,处三年以上七年以下有期徒刑,并处罚金。

扣缴义务人采取前款所列手段,不缴或者少缴已扣、已收税款,数额较大的,依照前款的规定处罚。

对多次实施前两款行为,未经处理的,按照累计数额计算。

有第一款行为,经税务机关依法下达追缴通知后,补缴应纳税款,缴纳滞纳金,已受行政处罚的,不予追究刑事责任;但是,五年内因逃避缴纳税款受过刑事处罚或者被税务机关给予二次以上行政处罚的除外。

第二百零二条[②] **【抗税罪】** 以暴力、威胁方法拒不缴纳税款的,处三年以下有期徒刑或者拘役,并处拒缴税款一倍以上五倍以下罚金;情节严重的,处三年以上七年以下有期徒刑,并处拒缴税款一倍以上五倍以下罚金。

---

① a. 本条系根据《刑法修正案(七)》第三条的规定修改。原条文为"(第一款)纳税人采取伪造、变造、隐匿、擅自销毁账簿、记账凭证,在账簿上多列支出或者不列、少列收入,经税务机关通知申报而拒不申报或者进行虚假的纳税申报的手段,不缴或者少缴应纳税款,偷税数额占应纳税额的百分之十以上不满百分之三十并且偷税数额在一万元以上不满十万元的,或者因偷税被税务机关给予二次行政处罚又偷税的,处三年以下有期徒刑或者拘役,并处偷税数额一倍以上五倍以下罚金;偷税数额占应纳税额的百分之三十以上并且偷税数额在十万元以上的,处三年以上七年以下有期徒刑,并处偷税数额一倍以上五倍以下罚金。(第二款)扣缴义务人采取前款所列手段,不缴或者少缴已扣、已收税款,数额占应缴税额的百分之十以上并且数额在一万元以上的,依照前款的规定处罚。(第三款)对多次犯有前两款行为,未经处理的,按照累计数额计算"。

b. 1999 年《关于如何理解〈刑法〉第二百零一条规定的"应纳税额"问题的批复》,第 611 页。

c. 2001 年《关于对既涉嫌非法经营又涉嫌偷税的经济犯罪案件如何适用法律问题的意见函》,第 643 页。

d. 2003 年《关于挂靠单位和个人是否符合偷税犯罪主体特征请示的答复》,第 612 页。

e. 2003 年《关于对三种涉税行为法律适用问题意见的复函》,第 616 页。

f. 2003 年《关于对两种涉税违法行为适用法律问题的批复》,第 612 页。

g. 2004 年《关于兰州××房地产开发有限公司涉嫌偷税案有关法律问题的批复》,第 612 页。

h. 2004 年《公安机关办理危害税收征管刑事案件管辖若干问题的规定》一、八至十一,第 610、611 页。

i. 2005 年《关于偷逃契税能否定性为偷税问题的批复》,第 613 页。

j. 2006 年《关于应纳税总额是否包含海关等部门征收的其他税种问题的批复》,第 613 页。

k. 2007 年《关于对未依法办理税务登记的纳税人能否成为偷税犯罪主体问题的批复》,第 613 页。

l. 2007 年《关于地方政府擅自制定的税收优惠不能作为纳税人不缴少缴税款依据的批复》,第 614 页。

m. 2008 年《关于若干经济犯罪案件如何统计涉案总价值、挽回经济损失数额的批复》,第 538 页。

n. 2010 年《关于税收通用完税证和车辆购置税完税证是否属于发票和属于何种发票问题的回函》,第 615 页。

o. 2010 年《关于个人违法建房出售行为如何适用法律问题的答复》,第 996 页。

p. 2022 年《关于公安机关管辖的刑事案件立案追诉标准的规定(二)》第五十二条,第 406 页。

q. 2024 年《关于办理危害税收征管刑事案件适用法律若干问题的解释》第一至四、十九至二十一条,第 604、605、609 页。

② a. 2004 年《公安机关办理危害税收征管刑事案件管辖若干问题的规定》二、八至十一,第 610、611 页。

b. 2008 年《关于若干经济犯罪案件如何统计涉案总价值、挽回经济损失数额的批复》,第 538 页。

c. 2022 年《关于公安机关管辖的刑事案件立案追诉标准的规定(二)》第五十三条,第 406 页。

d. 2024 年《关于办理危害税收征管刑事案件适用法律若干问题的解释》第五、十九、二十一条,第 605、609 页。

第二百零三条① **【逃避追缴欠税罪】** 纳税人欠缴应纳税款,采取转移或者隐匿财产的手段,致使税务机关无法追缴欠缴的税款,数额在一万元以上不满十万元的,处三年以下有期徒刑或者拘役,并处或者单处欠缴税款一倍以上五倍以下罚金;数额在十万元以上的,处三年以上七年以下有期徒刑,并处欠缴税款一倍以上五倍以下罚金。

第二百零四条② **【骗取出口退税罪】** 以假报出口或者其他欺骗手段,骗取国家出口退税款,数额较大的,处五年以下有期徒刑或者拘役,并处骗取税款一倍以上五倍以下罚金;数额巨大或者有其他严重情节的,处五年以上十年以下有期徒刑,并处骗取税款一倍以上五倍以下罚金;数额特别巨大或者有其他特别严重情节的,处十年以上有期徒刑或者无期徒刑,并处骗取税款一倍以上五倍以下罚金或者没收财产。

【逃税罪】【骗取出口退税罪】 纳税人缴纳税款后,采取前款规定的欺骗方法,骗取所缴纳的税款的,依照本法第二百零一条的规定定罪处罚;骗取税款超过所缴纳的税款部分,依照前款的规定处罚。

第二百零五条③ **【虚开增值税专用发票、用于骗取出口退税、抵扣税款发票罪】**

---

① a. 2004 年《公安机关办理危害税收征管刑事案件管辖若干问题的规定》一、八至十一,第 610、611 页。
b. 2008 年《关于若干经济犯罪案件如何统计涉案总价值、挽回经济损失数额的批复》,第 538 页。
c. 2022 年《关于公安机关管辖的刑事案件立案追诉标准的规定(二)》第五十四条,第 406 页。
d. 2024 年《关于办理危害税收征管刑事案件适用法律若干问题的解释》第六、十九至二十一条,第 605、609 页。

② a. 1998 年《关于审理骗购外汇、非法买卖外汇刑事案件具体应用法律若干问题的解释》第一、五至八条,第 595、596 页。
b. 2004 年《公安机关办理危害税收征管刑事案件管辖若干问题的规定》三、八至十一,第 610、611 页。
c. 2008 年《关于若干经济犯罪案件如何统计涉案总价值、挽回经济损失数额的批复》,第 538 页。
d. 2022 年《关于公安机关管辖的刑事案件立案追诉标准的规定(二)》第五十五条,第 406 页。
e. 2024 年《关于办理危害税收征管刑事案件适用法律若干问题的解释》第七至九、十九至二十一条,第 605、606、609 页。

③ a. 根据《刑法修正案(八)》第三十二条的规定,删去了本条原第二款"有前款行为骗取国家税款,数额特别巨大,情节特别严重,给国家利益造成特别重大损失的,处无期徒刑或者死刑,并处没收财产"的规定。
b. 2001 年《关于对〈审计署关于咨询虚开增值税专用发票罪问题的函〉的复函》,第 615 页。
c. 2003 年《关于对三种涉税行为法律适用问题意见的复函》,第 616 页。
d. 2004 年《公安机关办理危害税收征管刑事案件管辖若干问题的规定》四、八至十一,第 610、611 页。
e. 2004 年《关于税务机关工作人员通过企业以"高开低征"的方法代开增值税专用发票的行为如何适用法律问题的答复》,第 616 页。
f. 2005 年《关于〈中华人民共和国刑法〉有关出口退税、抵扣税款的其他发票规定的解释》,第 216 页。
g. 2006 年《关于在侦办虚开可抵扣税款发票案中如何适用"国税函〔2002〕893 号"文件的批复》,第 617 页。
h. 2008 年《关于若干经济犯罪案件如何统计涉案总价值、挽回经济损失数额的批复》,第 538 页。
j. 2008 年《对〈关于征求对国税函〔2002〕893 号文件适用暨 × × 公司案定性问题意见的函〉的复函》,第 617 页。
k. 2008 年《〈关于征求对国税函〔2002〕893 号文件适用暨 × × 公司案定性问题意见的函〉的回复函》,第 618 页。
l. 2010 年《关于严厉打击发票违法犯罪活动的通知》,第 614 页。
m. 2010 年《关于税收通用完税证和车辆购置税完税证是否属于发票和属于何种发票问题的回函》,第 615 页。
n. 2015 年《〈关于如何认定以"挂靠"有关公司名义实施经营活动并让有关公司为自已虚开增值税专用发票行为的性质〉征求意见的复函》,第 618 页。
o. 2022 年《关于公安机关管辖的刑事案件立案追诉标准的规定(二)》第五十六条,第 407 页。
p. 2024 年《关于办理危害税收征管刑事案件适用法律若干问题的解释》第十、十一、十九至二十一条,第 606、607、609 页。

虚开增值税专用发票或者虚开用于骗取出口退税、抵扣税款的其他发票的，处三年以下有期徒刑或者拘役，并处二万元以上二十万元以下罚金；虚开的税款数额较大或者有其他严重情节的，处三年以上十年以下有期徒刑，并处五万元以上五十万元以下罚金；虚开的税款数额巨大或者有其他特别严重情节的，处十年以上有期徒刑或者无期徒刑，并处五万元以上五十万元以下罚金或者没收财产。

单位犯本条规定之罪的，对单位判处罚金，并对其直接负责的主管人员和其他直接责任人员，处三年以下有期徒刑或者拘役；虚开的税款数额较大或者有其他严重情节的，处三年以上十年以下有期徒刑；虚开的税款数额巨大或者有其他特别严重情节的，处十年以上有期徒刑或者无期徒刑。

虚开增值税专用发票或者虚开用于骗取出口退税、抵扣税款的其他发票，是指有为他人虚开、为自己虚开、让他人为自己虚开、介绍他人虚开行为之一的。

第二百零五条之一① **【虚开发票罪】** 虚开本法第二百零五条规定以外的其他发票，情节严重的，处二年以下有期徒刑、拘役或者管制，并处罚金；情节特别严重的，处二年以上七年以下有期徒刑，并处罚金。

单位犯前款罪的，对单位判处罚金，并对其直接负责的主管人员和其他直接责任人员，依照前款的规定处罚。

第二百零六条② **【伪造、出售伪造的增值税专用发票罪】** 伪造或者出售伪造的增值税专用发票的，处三年以下有期徒刑、拘役或者管制，并处二万元以上二十万元以下罚金；数量较大或者有其他严重情节的，处三年以上十年以下有期徒刑，并处五万元以上五十万元以下罚金；数量巨大或者有其他特别严重情节的，处十年以上有期徒刑或者无期徒刑，并处五万元以上五十万元以下罚金或者没收财产。

单位犯本条规定之罪的，对单位判处罚金，并对其直接负责的主管人员和其他直接责任人员，处三年以下有期徒刑、拘役或者管制；数量较大或者有其他严重情节的，处三年以上十年以下有期徒刑；数量巨大或者有其他特别严重情节的，处十年以上有期徒刑或者无期徒刑。

---

① a. 本条系根据《刑法修正案（八）》第三十三条的规定增加。

b. 2010 年《关于严厉打击发票违法犯罪活动的通知》，第 614 页。

c. 2024 年《关于办理危害税收征管刑事案件适用法律若干问题的解释》第十二、十三、十九至二十一条，第 607、609 页。

② a. 根据《刑法修正案（八）》第三十四条的规定，删去了本条原第二款“伪造并出售伪造的增值税专用发票，数量特别巨大，情节特别严重，严重破坏经济秩序的，处无期徒刑或者死刑，并处没收财产”的规定。

b. 2004 年《公安机关办理危害税收征管刑事案件管辖若干问题的规定》五、六、八至十一，第 611 页。

c. 2008 年《关于若干经济犯罪案件如何统计涉案总价值、挽回经济损失数额的批复》，第 538 页。

d. 2010 年《关于严厉打击发票违法犯罪活动的通知》，第 614 页。

e. 2024 年《关于办理危害税收征管刑事案件适用法律若干问题的解释》第十四、十九至二十一条，第 608、609 页。

第二百零七条[①] **【非法出售增值税专用发票罪】** 非法出售增值税专用发票的,处三年以下有期徒刑、拘役或者管制,并处二万元以上二十万元以下罚金;数量较大的,处三年以上十年以下有期徒刑,并处五万元以上五十万元以下罚金;数量巨大的,处十年以上有期徒刑或者无期徒刑,并处五万元以上五十万元以下罚金或者没收财产。

第二百零八条[②] **【非法购买增值税专用发票、购买伪造的增值税专用发票罪】** 非法购买增值税专用发票或者购买伪造的增值税专用发票的,处五年以下有期徒刑或者拘役,并处或者单处二万元以上二十万元以下罚金。

【虚开增值税专用发票罪】【出售伪造的增值税专用发票罪】【非法出售增值税专用发票罪】 非法购买增值税专用发票或者购买伪造的增值税专用发票又虚开或者出售的,分别依照本法第二百零五条、第二百零六条、第二百零七条的规定定罪处罚。

第二百零九条[③] **【非法制造、出售非法制造的用于骗取出口退税、抵扣税款发**

---

① a. 2004 年《公安机关办理危害税收征管刑事案件管辖若干问题的规定》七至十一,第 611 页。

b. 2008 年《关于若干经济犯罪案件如何统计涉案总价值、挽回经济损失数额的批复》,第 538 页。

c. 2010 年《关于严厉打击发票违法犯罪活动的通知》,第 614 页。

d. 2024 年《关于办理危害税收征管刑事案件适用法律若干问题的解释》第十五、十九至二十一条,第 608、609 页。

② a. 2004 年《公安机关办理危害税收征管刑事案件管辖若干问题的规定》六至十一,第 611 页。

b. 2008 年《关于若干经济犯罪案件如何统计涉案总价值、挽回经济损失数额的批复》,第 538 页。

c. 2010 年《关于严厉打击发票违法犯罪活动的通知》,第 614 页。

d. 2024 年《关于办理危害税收征管刑事案件适用法律若干问题的解释》第十六、十九至二十一条,第 608、609 页。

③ a. 1998 年《关于依法查处盗窃、抢劫机动车案件的规定》六,第 772 页。

b. 2004 年《关于对非法制造当场处罚罚款定额收据行为如何处理的意见的函》,第 619 页。

c. 2004 年《公安机关办理危害税收征管刑事案件管辖若干问题的规定》五至十一,第 611 页。

d. 2005 年《关于〈中华人民共和国刑法〉有关出口退税、抵扣税款的其他发票规定的解释》,第 216 页。

e. 2007 年《关于对非法出售过期普通发票行为定性问题的批复》,第 619 页。

f. 2008 年《关于若干经济犯罪案件如何统计涉案总价值、挽回经济损失数额的批复》,第 538 页。

g. 2010 年《关于交通工具意外伤害保险单认定问题的批复》,第 619 页。

h. 2010 年《关于××公司私自印制的客运车票是否属于假发票问题的批复》,第 619 页。

i. 2010 年《关于航空运输代理机构虚开、销售虚假航空行程单的行为如何定性问题的复函》,第 620 页。

j. 2010 年《关于严厉打击发票违法犯罪活动的通知》,第 614 页。

k. 2010 年《关于税收通用完税证和车辆购置税完税证是否属于发票和属于何种发票问题的回函》,第 615 页。

l. 2013 年《关于对江西省高速公路联网非专用收据定性问题的批复》,第 620 页。

m. 2024 年《关于办理危害税收征管刑事案件适用法律若干问题的解释》第十七、十九至二十一条,第 608、609 页。

n. 据了解,全国人大常委会法工委刑法室于 2005 年 1 月 13 日就公安部经侦局《关于对变造、出售变造普通发票行为的定性问题征求意见的函》电话答复:刑法第二百零九条第二款规定的“伪造、擅自制造,或者出售伪造、擅自制造的前款规定以外的其他发票”的行为,包括变造、出售变造的普通发票的行为。该解释因主体不适格而非有权解释,但对理解法条规定具有一定的参考价值,故收录于此。

票罪】 伪造、擅自制造或者出售伪造、擅自制造的可以用于骗取出口退税、抵扣税款的其他发票的，处三年以下有期徒刑、拘役或者管制，并处二万元以上二十万元以下罚金；数量巨大的，处三年以上七年以下有期徒刑，并处五万元以上五十万元以下罚金；数量特别巨大的，处七年以上有期徒刑，并处五万元以上五十万元以下罚金或者没收财产。

【非法制造、出售非法制造的发票罪】 伪造、擅自制造或者出售伪造、擅自制造的前款规定以外的其他发票的，处二年以下有期徒刑、拘役或者管制，并处或者单处一万元以上五万元以下罚金；情节严重的，处二年以上七年以下有期徒刑，并处五万元以上五十万元以下罚金。

【非法出售用于骗取出口退税、抵扣税款发票罪】 非法出售可以用于骗取出口退税、抵扣税款的其他发票的，依照第一款的规定处罚。

【非法出售发票罪】 非法出售第三款规定以外的其他发票的，依照第二款的规定处罚。

第二百一十条 【盗窃罪】 盗窃增值税专用发票或者可以用于骗取出口退税、抵扣税款的其他发票的，依照本法第二百六十四条的规定定罪处罚。

【诈骗罪】 使用欺骗手段骗取增值税专用发票或者可以用于骗取出口退税、抵扣税款的其他发票的，依照本法第二百六十六条的规定定罪处罚。

第二百一十条之一[①] **【持有伪造的发票罪】** 明知是伪造的发票而持有，数量较大的，处二年以下有期徒刑、拘役或者管制，并处罚金；数量巨大的，处二年以上七年以下有期徒刑，并处罚金。

单位犯前款罪的，对单位判处罚金，并对其直接负责的主管人员和其他直接责任人员，依照前款的规定处罚。

第二百一十一条 【单位犯罪的处罚】 单位犯本节第二百零一条、第二百零三条、第二百零四条、第二百零七条、第二百零八条、第二百零九条规定之罪的，对单位判处罚金，并对其直接负责的主管人员和其他直接责任人员，依照各该条的规定处罚。

第二百一十二条 【税款的追缴】 犯本节第二百零一条至第二百零五条规定之罪，被判处罚金、没收财产的，在执行前，应当先由税务机关追缴税款和所骗取的出口退税款。

---

① a. 本条系根据《刑法修正案（八）》第三十五条的规定增加。

b. 2010 年《关于严厉打击发票违法犯罪活动的通知》，第 614 页。

c. 2022 年《关于公安机关管辖的刑事案件立案追诉标准的规定（二）》第六十五条，第 408 页。

d. 2024 年《关于办理危害税收征管刑事案件适用法律若干问题的解释》第十八、十九至二十一条，第 609 页。

第七节　侵犯知识产权罪

第二百一十三条[①] **【假冒注册商标罪】** 未经注册商标所有人许可,在同一种商品、服务上使用与其注册商标相同的商标,情节严重的,处三年以下有期徒刑,并处或者单处罚金;情节特别严重的,处三年以上十年以下有期徒刑,并处罚金。

第二百一十四条[②] **【销售假冒注册商标的商品罪】** 销售明知是假冒注册商标的商品,违法所得数额较大或者有其他严重情节的,处三年以下有期徒刑,并处或者单处罚金;违法所得数额巨大或者有其他特别严重情节的,处三年以上十年以下有期徒刑,并处罚金。

---

① a. 本条系根据《刑法修正案(十一)》第十七条的规定修改。原条文为“未经注册商标所有人许可,在同一种商品上使用与其注册商标相同的商标,情节严重的,处三年以下有期徒刑或者拘役,并处或者单处罚金;情节特别严重的,处三年以上七年以下有期徒刑,并处罚金”。

b. 2002 年《关于重点商标是否等同于驰名商标问题的批复》,第 621 页。

c. 2004 年《关于办理侵犯知识产权刑事案件具体应用法律若干问题的解释》第一、八、十二、十三、十五、十六条,第 622、624、625 页。

d. 2009 年《关于集体商标是否属于我国刑法的保护范围问题的复函》,第 621 页。

e. 2010 年《关于办理非法生产、销售烟草专卖品等刑事案件具体应用法律若干问题的解释》第一、二、四至九条,第 491、492 页。

f. 2011 年《关于办理侵犯知识产权刑事案件适用法律若干问题的意见》五至七、十四至十六,第 630、632 页。

g. 2012 年《关于对假冒“四季沐歌”商标案件的批复》,第 621 页。

h. 最高法 2017 年指导性案例 87 号《郭明升、郭明锋、孙淑标假冒注册商标案》,第 1154 页。

i. 2020 年《关于办理侵犯知识产权刑事案件具体应用法律若干问题的解释(三)》第一、七至十条,第 626、628 页。

j. 最高检 2021 年指导性案例 101 号《姚常龙等五人假冒注册商标案》,第 1186 页。

k. 2023 年《人民检察院办理知识产权案件工作指引》第十六条,第 620 页。

② a. 本条系根据《刑法修正案(十一)》第十八条的规定修改。原条文为“销售明知是假冒注册商标的商品,销售金额数额较大的,处三年以下有期徒刑或者拘役,并处或者单处罚金;销售金额数额巨大的,处三年以上七年以下有期徒刑,并处罚金”。

b. 2003 年《关于办理假冒伪劣烟草制品等刑事案件适用法律问题座谈会纪要》二、四至六,第 489、490 页。

c. 2009 年《关于集体商标是否属于我国刑法的保护范围问题的复函》,第 621 页。

d. 2004 年《关于办理侵犯知识产权刑事案件具体应用法律若干问题的解释》第二、九、十二、十三、十五、十六条,第 622、624、625 页。

e. 2010 年《关于办理非法生产、销售烟草专卖品等刑事案件具体应用法律若干问题的解释》第一、二、四至九条,第 491、492 页。

f. 2011 年《关于办理侵犯知识产权刑事案件适用法律若干问题的意见》第八、十四至十六条,第 630、632 页。

g. 2020 年《关于办理侵犯知识产权刑事案件具体应用法律若干问题的解释(三)》第七至十条,第 628 页。

h. 最高检 2021 年指导性案例 99 号《广州卡门实业有限公司涉嫌销售假冒注册商标的商品立案监督案》,第 1185 页。

i. 2023 年《人民检察院办理知识产权案件工作指引》第十六条,第 620 页。

第二百一十五条[①] **【非法制造、销售非法制造的注册商标标识罪】** 伪造、擅自制造他人注册商标标识或者销售伪造、擅自制造的注册商标标识，情节严重的，处三年以下有期徒刑，并处或者单处罚金；情节特别严重的，处三年以上十年以下有期徒刑，并处罚金。

第二百一十六条[②] **【假冒专利罪】** 假冒他人专利，情节严重的，处三年以下有期徒刑或者拘役，并处或者单处罚金。

第二百一十七条[③] **【侵犯著作权罪】** 以营利为目的，有下列侵犯著作权或者与著作权有关的权利的情形之一，违法所得数额较大或者有其他严重情节的，处三年

---

① a. 本条系根据《刑法修正案（十一）》第十九条的规定修改。原条文为"伪造、擅自制造他人注册商标标识或者销售伪造、擅自制造的注册商标标识，情节严重的，处三年以下有期徒刑、拘役或者管制，并处或者单处罚金；情节特别严重的，处三年以上七年以下有期徒刑，并处罚金"。

b. 2009 年《关于集体商标是否属于我国刑法的保护范围问题的复函》，第 621 页。

c. 2004 年《关于办理侵犯知识产权刑事案件具体应用法律若干问题的解释》第三、十二、十五、十六条，第 622、624、625 页。

d. 2010 年《关于办理非法生产、销售烟草专卖品等刑事案件具体应用法律若干问题的解释》第一、二、四至九条，第 491、492 页。

e. 2011 年《关于办理侵犯知识产权刑事案件适用法律若干问题的意见》第九、十四至十六条，第 630、632 页。

f. 2023 年《人民检察院办理知识产权案件工作指引》第十六条，第 620 页。

② a. 2004 年《关于办理侵犯知识产权刑事案件具体应用法律若干问题的解释》第四、十、十二、十五、十六条，第 623 ~ 625 页。

b. 2020 年《关于办理侵犯知识产权刑事案件具体应用法律若干问题的解释（三）》第七至十条，第 628 页。

c. 2023 年《人民检察院办理知识产权案件工作指引》第十六条，第 620 页。

③ a. 本条系根据《刑法修正案（十一）》第二十条的规定修改。原条文为"以营利为目的，有下列侵犯著作权情形之一，违法所得数额较大或者有其他严重情节的，处三年以下有期徒刑或者拘役，并处或者单处罚金；违法所得数额巨大或者有其他特别严重情节的，处三年以上七年以下有期徒刑，并处罚金：（一）未经著作权人许可，复制发行其文字作品、音乐、电影、电视、录像作品、计算机软件及其他作品的；（二）出版他人享有专有出版权的图书的；（三）未经录音录像制作者许可，复制发行其制作的录音录像的；（四）制作、出售假冒他人署名的美术作品的"。

b. 1998 年《关于审理非法出版物刑事案件具体应用法律若干问题的解释》第二至五、十六、十七条，第 632 ~ 633、635 页。

c. 2000 年《关于维护互联网安全的决定》三·（三），第 195 页。

d. 2003 年《关于对侵犯著作权案件中尚未印制完成的侵权复制品如何计算非法经营数额问题的批复》，第 635 页。

e. 2004 年《关于办理侵犯知识产权刑事案件具体应用法律若干问题的解释》第五、十一、十二、十四至十六条，第 623 ~ 625 页。

f. 2005 年《关于办理侵犯著作权刑事案件中涉及录音录像制品有关问题的批复》，第 636 页。

g. 2007 年《关于办理侵犯知识产权刑事案件具体应用法律若干问题的解释（二）》，第 625 页。

h. 2008 年《关于公安机关管辖的刑事案件立案追诉标准的规定（一）》第二十六条，第 378 页。

i. 2011 年《关于办理侵犯知识产权刑事案件适用法律若干问题的意见》第十至十六条，第 631、632 页。

j. 2010 年《关于对"××视频"网站涉嫌侵犯著作权案如何适用法律问题的批复》，第 636 页。

k. 2012 年《关于制作、销售网络游戏外挂程序如何处理问题的研究意见》，第 1206 页。

l. 2020 年《关于办理侵犯知识产权刑事案件具体应用法律若干问题的解释（三）》第二、七至十条，第 627、628 页。

m. 2023 年《人民检察院办理知识产权案件工作指引》第十六条，第 620 页。

n. 最高检 2023 年指导性案例 193 号《梁永平、王正航等十五人侵犯著作权案》，第 1199 页。

o. 最高检 2023 年指导性案例 194 号《上海某公司、许林、陶伟侵犯著作权案》，第 1200 页。

以下有期徒刑,并处或者单处罚金;违法所得数额巨大或者有其他特别严重情节的,处三年以上十年以下有期徒刑,并处罚金:

(一)未经著作权人许可,复制发行、通过信息网络向公众传播其文字作品、音乐、美术、视听作品、计算机软件及法律、行政法规规定的其他作品的;

(二)出版他人享有专有出版权的图书的;

(三)未经录音录像制作者许可,复制发行、通过信息网络向公众传播其制作的录音录像的;

(四)未经表演者许可,复制发行录有其表演的录音录像制品,或者通过信息网络向公众传播其表演的;

(五)制作、出售假冒他人署名的美术作品的;

(六)未经著作权人或者与著作权有关的权利人许可,故意避开或者破坏权利人为其作品、录音录像制品等采取的保护著作权或者与著作权有关的权利的技术措施的。

第二百一十八条[①] **【销售侵权复制品罪】** 以营利为目的,销售明知是本法第二百一十七条规定的侵权复制品,违法所得数额巨大或者有其他严重情节的,处五年以下有期徒刑,并处或者单处罚金。

第二百一十九条[②] **【侵犯商业秘密罪】** 有下列侵犯商业秘密行为之一,情节严重的,处三年以下有期徒刑,并处或者单处罚金;情节特别严重的,处三年以上十年以下有期徒刑,并处罚金:

---

① a. 本条系根据《刑法修正案(十一)》第二十一条的规定修改。原条文为“以营利为目的,销售明知是本法第二百一十七条规定的侵权复制品,违法所得数额巨大的,处三年以下有期徒刑或者拘役,并处或者单处罚金”。

b. 1998 年《关于审理非法出版物刑事案件具体应用法律若干问题的解释》第四、五、十六、十七条,第 633、635 页。

c. 2004 年《关于办理侵犯知识产权刑事案件具体应用法律若干问题的解释》第六、十二、十四至十六条,第 623 ~ 625 页。

d. 2008 年《关于公安机关管辖的刑事案件立案追诉标准的规定(一)》第二十七条,第 378 页。

e. 2020 年《关于办理侵犯知识产权刑事案件具体应用法律若干问题的解释(三)》第七至十条,第 628 页。

f. 2023 年《人民检察院办理知识产权案件工作指引》第十六条,第 620 页。

② a. 本条系根据《刑法修正案(十一)》第二十二条的规定修改。原条文为“(第一款)有下列侵犯商业秘密行为之一,给商业秘密的权利人造成重大损失的,处三年以下有期徒刑或者拘役,并处或者单处罚金;造成特别严重后果的,处三年以上七年以下有期徒刑,并处罚金:(一)以盗窃、利诱、胁迫或者其他不正当手段获取权利人的商业秘密的;(二)披露、使用或者允许他人使用以前项手段获取的权利人的商业秘密的;(三)违反约定或者违反权利人有关保守商业秘密的要求,披露、使用或者允许他人使用其所掌握的商业秘密的。(第二款)明知或者应知前款所列行为,获取、使用或者披露他人的商业秘密的,以侵犯商业秘密论。(第三款)本条所称商业秘密,是指不为公众所知悉,能为权利人带来经济利益,具有实用性并经权利人采取保密措施的技术信息和经营信息。(第四款)本条所称权利人,是指商业秘密的所有人和经商业秘密所有人许可的商业秘密使用人”。

b. 2004 年《关于办理侵犯知识产权刑事案件具体应用法律若干问题的解释》第七、十二、十五、十六条,第 624、625 页。

c. 2020 年《关于办理侵犯知识产权刑事案件具体应用法律若干问题的解释(三)》第三至十条,第 627、628 页。

d. 2023 年《人民检察院办理知识产权案件工作指引》第十六条,第 620 页。

（一）以盗窃、贿赂、欺诈、胁迫、电子侵入或者其他不正当手段获取权利人的商业秘密的；

（二）披露、使用或者允许他人使用以前项手段获取的权利人的商业秘密的；

（三）违反保密义务或者违反权利人有关保守商业秘密的要求，披露、使用或者允许他人使用其所掌握的商业秘密的。

明知前款所列行为，获取、披露、使用或者允许他人使用该商业秘密的，以侵犯商业秘密论。

本条所称权利人，是指商业秘密的所有人和经商业秘密所有人许可的商业秘密使用人。

第二百一十九条之一① **【为境外窃取、刺探、收买、非法提供商业秘密罪】** 为境外的机构、组织、人员窃取、刺探、收买、非法提供商业秘密的，处五年以下有期徒刑，并处或者单处罚金；情节严重的，处五年以上有期徒刑，并处罚金。

第二百二十条② **【单位犯罪的处罚】** 单位犯本节第二百一十三条至第二百一十九条之一规定之罪的，对单位判处罚金，并对其直接负责的主管人员和其他直接责任人员，依照本节各该条的规定处罚。

第八节　扰乱市场秩序罪

第二百二十一条③ **【损害商业信誉、商品声誉罪】** 捏造并散布虚伪事实，损害他人的商业信誉、商品声誉，给他人造成重大损失或者有其他严重情节的，处二年以下有期徒刑或者拘役，并处或者单处罚金。

第二百二十二条④ **【虚假广告罪】** 广告主、广告经营者、广告发布者违反国家

---

① a. 本条系根据《刑法修正案（十一）》第二十三条的规定增加。

b. 2023 年《人民检察院办理知识产权案件工作指引》第十六条，第 620 页。

② 本条系根据《刑法修正案（十一）》第二十四条的规定修改。原条文为“单位犯本节第二百一十三条至第二百一十九条规定之罪的，对单位判处罚金，并对其直接负责的主管人员和其他直接责任人员，依照本节各该条的规定处罚”。

③ a. 2000 年《关于维护互联网安全的决定》三·（二），第 195 页。

b. 2013 年《关于办理利用信息网络实施诽谤等刑事案件适用法律若干问题的解释》第九条，第 733 页。

④ a. 1995 年《关于认真执行〈中华人民共和国广告法〉的通知》，第 637 页。

b. 2003 年《关于办理妨害预防、控制突发传染病疫情等灾害的刑事案件具体应用法律若干问题的解释》第五、十七条，第 348、349 页。

c. 2020 年《关于依法惩治妨害新型冠状病毒感染肺炎疫情防控违法犯罪的意见》二·（五）、（十），第 351、353 页。

d. 2022 年《关于办理危害食品安全刑事案件适用法律若干问题的解释》第十九、二十二、二十三条，第 505、506 页。

e. 2022 年《关于审理非法集资刑事案件具体应用法律若干问题的解释》第十二条，第 581 页。

f. 2022 年《关于办理危害药品安全刑事案件适用法律若干问题的解释》第十二条，第 497 页。

g. 2022 年《关于公安机关管辖的刑事案件立案追诉标准的规定（二）》第六十七条，第 408 页。

规定,利用广告对商品或者服务作虚假宣传,情节严重的,处二年以下有期徒刑或者拘役,并处或者单处罚金。

第二百二十三条[①] **【串通投标罪】** 投标人相互串通投标报价,损害招标人或者其他投标人利益,情节严重的,处三年以下有期徒刑或者拘役,并处或者单处罚金。

投标人与招标人串通投标,损害国家、集体、公民的合法利益的,依照前款的规定处罚。

第二百二十四条[②] **【合同诈骗罪】** 有下列情形之一,以非法占有为目的,在签订、履行合同过程中,骗取对方当事人财物,数额较大的,处三年以下有期徒刑或者拘役,并处或者单处罚金;数额巨大或者有其他严重情节的,处三年以上十年以下有期徒刑,并处罚金;数额特别巨大或者有其他特别严重情节的,处十年以上有期徒刑或者无期徒刑,并处罚金或者没收财产:

(一)以虚构的单位或者冒用他人名义签订合同的;

(二)以伪造、变造、作废的票据或者其他虚假的产权证明作担保的;

(三)没有实际履行能力,以先履行小额合同或者部分履行合同的方法,诱骗对方当事人继续签订和履行合同的;

(四)收受对方当事人给付的货物、货款、预付款或者担保财产后逃匿的;

(五)以其他方法骗取对方当事人财物的。

第二百二十四条之一[③] **【组织、领导传销活动罪】** 组织、领导以推销商品、提供服务等经营活动为名,要求参加者以缴纳费用或者购买商品、服务等方式获得加入资格,并按照一定顺序组成层级,直接或者间接以发展人员的数量作为计酬或者返利依据,引诱、胁迫参加者继续发展他人参加,骗取财物,扰乱经济社会秩序的传销活动的,处五年以下有期徒刑或者拘役,并处罚金;情节严重的,处五年以上有期徒刑,并处罚金。

---

① a. 最高检 2020 年指导性案例 90 号《许某某、包某某串通投标立案监督案》,第 1183 页。

b. 2022 年《关于公安机关管辖的刑事案件立案追诉标准的规定(二)》第六十八条,第 409 页。

② a. 2001 年《全国法院审理金融犯罪案件工作座谈会纪要》二·(三)·2,第 550 页。

b. 最高法 2016 年指导性案例 62 号《王新明合同诈骗案》,第 1154 页。

c. 2021 年《关于常见犯罪的量刑指导意见(试行)》四·(六),第 280 页。

d. 2022 年《关于公安机关管辖的刑事案件立案追诉标准的规定(二)》第六十九条,第 409 页。

③ a. 本条系根据《刑法修正案(七)》第四条的规定增加。

b. 2013 年《关于办理组织领导传销活动刑事案件适用法律若干问题的意见》,第 640 页。

c. 最高检 2018 年指导性案例 41 号《叶经生等组织、领导传销活动案》,第 1170 页。

d. 2022 年《关于公安机关管辖的刑事案件立案追诉标准的规定(二)》第七十条,第 409 页。

e. 2022 年《关于审理非法集资刑事案件具体应用法律若干问题的解释》第十三条,第 582 页。

第二百二十五条[①] **【非法经营罪】** 违反国家规定,有下列非法经营行为之一,

---

① a. 本条原文为“违反国家规定,有下列非法经营行为之一,扰乱市场秩序,情节严重的,处五年以下有期徒刑或者拘役,并处或者单处违法所得一倍以上五倍以下罚金;情节特别严重的,处五年以上有期徒刑,并处违法所得一倍以上五倍以下罚金或者没收财产:(一)未经许可经营法律、行政法规规定的专营、专卖物品或者其他限制买卖的物品的;(二)买卖进出口许可证、进出口原产地证明以及其他法律、行政法规规定的经营许可证或者批准文件的;(三)其他严重扰乱市场秩序的非法经营行为”。《刑法修正案》第八条增加规定“未经国家有关主管部门批准,非法经营证券、期货或者保险业务的”作为本条第(三)项,原第(三)项作为第(四)项。《刑法修正案(七)》第五条又将本条第(三)项修改为“未经国家有关主管部门批准,非法经营证券、期货、保险业务的,或者非法从事资金支付结算业务的”。

b. 1998 年《关于惩治骗购外汇、逃汇和非法买卖外汇犯罪的决定》四,第 194 页。

c. 1998 年《关于审理非法出版物刑事案件具体应用法律若干问题的解释》第十一至十八条,第 634、635 页。

d. 1998 年《关于审理骗购外汇、非法买卖外汇刑事案件具体应用法律若干问题的解释》第三至八条,第 595、596 页。

e. 1999 年《办理骗汇、逃汇犯罪案件联席会议纪要》二,第 594 页。

f. 2000 年《关于审理扰乱电信市场管理秩序案件具体应用法律若干问题的解释》第一至五、十条,第 642、643 页。

g. 2001 年《关于对既涉嫌非法经营又涉嫌偷税的经济犯罪案件如何适用法律问题的意见函》,第 643 页。

h. 2001 年《关于销售印有本·拉登头像的商品如何处理问题的答复》,第 643 页。

i. 2002 年《关于打击非法经营销售国内机票有关问题的批复》,第 644 页。

j. 2002 年《关于办理非法生产、销售、使用禁止在饲料和动物饮用水中使用的药品等刑事案件具体应用法律若干问题的解释》第一、二条,第 647 页。

k. 2002 年《关于非法经营国际或港澳台地区电信业务行为法律适用问题的批复》,第 644 页。

l. 2002 年《关于非法经营行为界定有关问题的复函》,第 644 页。

m. 2003 年《关于办理妨害预防、控制突发传染病疫情等灾害的刑事案件具体应用法律若干问题的解释》第六、十七条,第 348、349 页。

n. 2003 年《办理非法经营国际电信业务犯罪案件联席会议纪要》二、三,第 646 页。

o. 2003 年《关于办理假冒伪劣烟草制品等刑事案件适用法律问题座谈会纪要》三至六,第 489、490 页。

p. 2003 年《对非法倒卖陈化粮行为定性的意见》,第 645 页。

q. 2003 年《关于涂汉江非法从事金融业务行为性质认定的复函》,第 645 页。

r. 2003 年《关于涂××等人从事非法金融业务行为性质认定问题的批复》,第 645 页。

s. 2004 年《关于依法开展打击淫秽色情网站专项行动有关工作的通知》,第 1087 页。

t. 2005 年《关于办理赌博刑事案件具体应用法律若干问题的解释》第六条,第 910 页。

u. 2005 年《关于非法经营黄金案件移送起诉期间国务院出台〈国务院关于取消第二批行政审批项目和改变一批行政审批项目管理方式的决定〉如何适用法律问题的答复》,第 649 页。

v. 2006 年《关于对四川××、陕西××等公司代理转让未上市公司股权行为定性的批复》,第 649 页。

w. 2006 年《关于对新疆××公司使用配额许可证行为性质的批复》,第 650 页。

x. 2007 年《关于变相期货交易有关事宜的复函》,第 650 页。

y. 2008 年《关于整治非法证券活动有关问题的通知》二·(三),第 569 页。

z. 2008 年《关于被告人缪绿伟非法经营一案的批复》,第 651 页。

a+. 2008 年《关于刘××等人利用银行账户为他人转移资金行为定性问题的批复》,第 650 页。

b+. 2008 年《关于对艾××等人有关行为定性问题的批复》,第 651 页。

c+. 2008 年《关于对未经行政许可审批经营成品油批发业务是否构成非法经营罪的意见》,第 652 页。

d+. 2009 年《关于顾××等人有关行为性质认定意见的批复》,第 652 页。

e+. 2009 年《关于南京××公司从事非法票据贴现业务认定意见的批复》,第 653 页。

扰乱市场秩序,情节严重的,处五年以下有期徒刑或者拘役,并处或者单处违法所得

f+.2009年《关于对倒卖银行承兑汇票行为性质认定意见的批复》,第652页。

g+.2010年《关于对闻丽×等人有关行为定性问题的批复》,第653页。

h+.2010年《关于对徐×等人经营银行承兑汇票贴现业务定性问题的批复》,第653页。

i+.2010年《关于明确〈关于办理妨害信用卡管理刑事案件具体应用法律若干问题的解释〉溯及力的复函》,第653页。

j+.2010年《关于办理非法生产、销售烟草专卖品等刑事案件具体应用法律若干问题的解释》,第490页。

k+.2010年《关于个人违法建房出售行为如何适用法律问题的答复》,第996页。

l+.2011年《关于准确理解和适用刑法中"国家规定"的有关问题的通知》,第344页。

m+.2011年《关于被告人李明华非法经营请示一案的批复》,第654页。

n+.2012年《关于依法加强对涉嫌犯罪的非法生产经营烟花爆竹行为刑事责任追究的通知》一,第353页。

o+.2012年《关于经营彩票"优化"、"缩水"业务定性问题的研究意见》,第1206页。

p+.2012年《关于非法滥用、买卖复方曲马多片处理意见的通知》,第654页。

q+.2012年《关于被告人何伟光、张勇泉等非法经营案的批复》,第655页。

r+.2013年《关于买卖银行承兑汇票行为如何适用法律问题的答复意见》,第655页。

s+.2013年《关于进一步加强麻黄草管理严厉打击非法买卖麻黄草等违法犯罪活动的通知》三·(四),第1035页。

t+.2013年《关于办理利用信息网络实施诽谤等刑事案件适用法律若干问题的解释》第七条,第733页。

u+.2013年《关于非法经营罪中"违法所得"认定问题的研究意见》,第1206页。

v+.2014年《关于非法生产、销售、使用"伪基站"行为定性的研究意见》,第1207页。

w+.2014年《关于利用转账支票为他人套现行为性质认定的批复》,第655页。

x+.2014年《关于办理利用赌博机开设赌场案件适用法律若干问题的意见》四,第914页。

y+.2014年《关于依法办理非法生产、销售、使用"伪基站"设备案件的意见》,第446页。

z+.2015年《关于依法严厉打击非法电视网络接收设备违法犯罪活动的通知》,第656页。

a++.2015年《对〈关于具有药品经营资质的企业通过非法渠道从私人手中购进药品后销售的如何适用法律问题的请示〉的答复》,第494页。

b++.2017年《关于办理扰乱无线电通讯管理秩序等刑事案件适用法律若干问题的解释》第四条,第848页。

c++.2017年《关于办理涉互联网金融犯罪案件有关问题座谈会纪要》18、19、21至24、26、27,第555~557页。

d++.最高法2018年指导性案例97号《王力军非法经营再审改判无罪案》,第1155页。

e++.2018年《关于办理妨害信用卡管理刑事案件具体应用法律若干问题的解释》第十二条,第591页。

f++.2019年《关于办理非法从事资金支付结算业务、非法买卖外汇刑事案件适用法律若干问题的解释》,第656页。

g++.2019年《关于办理环境污染刑事案件有关问题座谈会纪要》5,第960页。

h++.2019年《关于办理非法放贷刑事案件若干问题的意见》,第658页。

i++.2019年《关于审理走私、非法经营、非法使用兴奋剂刑事案件适用法律若干问题的解释》第二、七、八条,第531页。

j++.2020年《关于依法惩治妨害新型冠状病毒感染肺炎疫情防控违法犯罪的意见》二·(四)、(九)、(十),第351~353页。

k++.2020年《办理跨境赌博犯罪案件若干问题的意见》四(五),第917页。

l++.2022年《关于办理危害食品安全刑事案件适用法律若干问题的解释》第十六至十八、二十二、二十三条,第505、506页。

m++.2022年《关于审理非法集资刑事案件具体应用法律若干问题的解释》第十一条,第581页。

n++.2022年《关于公安机关管辖的刑事案件立案追诉标准的规定(二)》第七十一条,第409页。

o++.最高检2023年指导性案例177号《孙旭东非法经营案》,第1195页。

p++.2023年《关于办理环境污染刑事案件适用法律若干问题的解释》第七条,第956页。

q++.2023年《关于审理破坏森林资源刑事案件适用法律若干问题的解释》第十条,第1008页。

一倍以上五倍以下罚金；情节特别严重的，处五年以上有期徒刑，并处违法所得一倍以上五倍以下罚金或者没收财产：

（一）未经许可经营法律、行政法规规定的专营、专卖物品或者其他限制买卖的物品的；

（二）买卖进出口许可证、进出口原产地证明以及其他法律、行政法规规定的经营许可证或者批准文件的；

（三）未经国家有关主管部门批准非法经营证券、期货、保险业务的，或者非法从事资金支付结算业务的；

（四）其他严重扰乱市场秩序的非法经营行为。

第二百二十六条[①] **【强迫交易罪】** 以暴力、威胁手段，实施下列行为之一，情节严重的，处三年以下有期徒刑或者拘役，并处或者单处罚金；情节特别严重的，处三年以上七年以下有期徒刑，并处罚金：

（一）强买强卖商品的；

（二）强迫他人提供或者接受服务的；

（三）强迫他人参与或者退出投标、拍卖的；

（四）强迫他人转让或者收购公司、企业的股份、债券或者其他资产的；

（五）强迫他人参与或者退出特定的经营活动的。

第二百二十七条[②] **【伪造、倒卖伪造的有价票证罪】** 伪造或者倒卖伪造的车票、船票、邮票或者其他有价票证，数额较大的，处二年以下有期徒刑、拘役或者管制，并处或者单处票证价额一倍以上五倍以下罚金；数额巨大的，处二年以上七年以下有期徒刑，并处票证价额一倍以上五倍以下罚金。

【倒卖车票、船票罪】 倒卖车票、船票，情节严重的，处三年以下有期徒刑、拘役或者管制，并处或者单处票证价额一倍以上五倍以下罚金。

---

① a.本条系根据《刑法修正案（八）》第三十六条的规定修改。原条文为“以暴力、威胁手段强买强卖商品、强迫他人提供服务或者强迫他人接受服务，情节严重的，处三年以下有期徒刑或者拘役，并处或者单处罚金”。

b.2005年《关于审理抢劫、抢夺刑事案件适用法律若干问题的意见》九·2，第757页。

c.2008年《关于公安机关管辖的刑事案件立案追诉标准的规定（一）》第二十八条，第378页。

d.2014年《关于强迫借贷行为适用法律问题的批复》，第660页。

e.2014年《关于强迫借贷行为如何适用法律问题的研究意见》，第1207页。

f.2018年《关于办理黑恶势力犯罪案件若干问题的指导意见》14至17、20，第883、884页。

g.2019年《关于办理恶势力刑事案件若干问题的意见》，第887页。

h.2019年《关于办理实施“软暴力”的刑事案件若干问题的意见》，第890页。

i.2019年《关于办理利用信息网络实施黑恶势力犯罪刑事案件若干问题的意见》5，第896页。

② a.1999年《关于审理倒卖车票刑事案件有关问题的解释》，第660页。

b.2000年《关于对变造、倒卖变造邮票行为如何适用法律问题的解释》，第661页。

c.2003年《关于非法制作、出售、使用IC电话卡行为如何适用法律问题的答复》，第661页。

d.2008年《关于公安机关管辖的刑事案件立案追诉标准的规定（一）》第二十九、三十条，第379页。

第二百二十八条[①] **【非法转让、倒卖土地使用权罪】** 以牟利为目的,违反土地管理法规,非法转让、倒卖土地使用权,情节严重的,处三年以下有期徒刑或者拘役,并处或者单处非法转让、倒卖土地使用权价额百分之五以上百分之二十以下罚金;情节特别严重的,处三年以上七年以下有期徒刑,并处非法转让、倒卖土地使用权价额百分之五以上百分之二十以下罚金。

第二百二十九条[②] **【提供虚假证明文件罪】** 承担资产评估、验资、验证、会计、审计、法律服务、保荐、安全评价、环境影响评价、环境监测等职责的中介组织的人员故意提供虚假证明文件,情节严重的,处五年以下有期徒刑或者拘役,并处罚金;有下列情形之一的,处五年以上十年以下有期徒刑,并处罚金:

(一)提供与证券发行相关的虚假的资产评估、会计、审计、法律服务、保荐等证明文件,情节特别严重的;

(二)提供与重大资产交易相关的虚假的资产评估、会计、审计等证明文件,情节特别严重的;

(三)在涉及公共安全的重大工程、项目中提供虚假的安全评价、环境影响评价等证明文件,致使公共财产、国家和人民利益遭受特别重大损失的。

有前款行为,同时索取他人财物或者非法收受他人财物构成犯罪的,依照处罚较重的规定定罪处罚。

【出具证明文件重大失实罪】 第一款规定的人员,严重不负责任,出具的证明文件有重大失实,造成严重后果的,处三年以下有期徒刑或者拘役,并处或者单处罚金。

---

① a. 2000 年《关于审理破坏土地资源刑事案件具体应用法律若干问题的解释》第一、二、八、九条,第995、996 页。

b. 2001 年《关于〈中华人民共和国刑法〉第二百二十八条、第三百四十二条、第四百一十条的解释》,第217 页。

c. 2008 年《关于对程××的行为是否涉嫌非法转让、倒卖土地使用权犯罪的批复》,第 661 页。

d. 2010 年《关于个人违法建房出售行为如何适用法律问题的答复》,第 996 页。

e. 2022 年《关于公安机关管辖的刑事案件立案追诉标准的规定(二)》第七十二条,第 412 页。

② a. 本条系根据《刑法修正案(十一)》第二十五条的规定修改。原条文为“(第一款)承担资产评估、验资、验证、会计、审计、法律服务等职责的中介组织的人员故意提供虚假证明文件,情节严重的,处五年以下有期徒刑或者拘役,并处罚金。(第二款)前款规定的人员,索取他人财物或者非法收受他人财物,犯前款罪的,处五年以上十年以下有期徒刑,并处罚金。(第三款)第一款规定的人员,严重不负责任,出具的证明文件有重大失实,造成严重后果的,处三年以下有期徒刑或者拘役,并处或者单处罚金”。

b. 2009 年《关于公证员出具公证书有重大失实行为如何适用法律问题的批复》,第 662 页。

c. 2015 年《关于地质工程勘测院和其他履行勘测职责的单位及其工作人员能否成为刑法第二百二十九条规定的有关犯罪主体的批复》,第 662 页。

d. 2018 年《关于办理妨害信用卡管理刑事案件具体应用法律若干问题的解释》第四条,第 589 页。

e. 2022 年《关于公安机关管辖的刑事案件立案追诉标准的规定(二)》第七十三、七十四条,第 412、413 页。

f. 2022 年《关于办理危害生产安全刑事案件适用法律若干问题的解释(二)》第六至九、十一条,第 483、484 页。

g. 2023 年《关于办理环境污染刑事案件适用法律若干问题的解释》第十条,第 957 页。

h. 2024 年《关于办理危害税收征管刑事案件适用法律若干问题的解释》第九条,第 606 页。

第二百三十条[①] **【逃避商检罪】** 违反进出口商品检验法的规定，逃避商品检验，将必须经商检机构检验的进口商品未报经检验而擅自销售、使用，或者将必须经商检机构检验的出口商品未报经检验合格而擅自出口，情节严重的，处三年以下有期徒刑或者拘役，并处或者单处罚金。

第二百三十一条 **【单位犯罪的处罚】** 单位犯本节第二百二十一条至第二百三十条规定之罪的，对单位判处罚金，并对其直接负责的主管人员和其他直接责任人员，依照本节各该条的规定处罚。

第四章　侵犯公民人身权利、民主权利罪

第二百三十二条[②] **【故意杀人罪】** 故意杀人的，处死刑、无期徒刑或者十年以上有期徒刑；情节较轻的，处三年以上十年以下有期徒刑。

第二百三十三条[③] **【过失致人死亡罪】** 过失致人死亡的，处三年以上七年以下有期徒刑；情节较轻的，处三年以下有期徒刑。本法另有规定的，依照规定。

---

① 2022年《关于公安机关管辖的刑事案件立案追诉标准的规定(二)》第七十五条，第413页。

② a. 1999年《全国法院维护农村稳定刑事审判工作座谈会纪要》二·(一)，第699页。

b. 2000年《关于审理交通肇事刑事案件具体应用法律若干问题的解释》第六条，第467页。

c. 2001年《关于抢劫过程中故意杀人案件如何定罪问题的批复》，第758页。

d. 2003年《关于办理妨害预防、控制突发传染病疫情等灾害的刑事案件具体应用法律若干问题的解释》第九、十七条，第348、349页。

e. 2009年《关于审理故意杀人、故意伤害案件正确适用死刑问题的指导意见》，第703页。

f. 2010年《在审理故意杀人、伤害及黑社会性质组织犯罪案件中切实贯彻宽严相济刑事政策》一、二，第708、709页。

g. 最高法2011年指导性案例4号《王志才故意杀人案》，第1151页。

h. 最高法2012年指导性案例12号《李飞故意杀人案》，第1152页。

i. 2012年《关于醉酒后在公共场所持刀连续捅刺致多人死伤行为如何定性问题研究意见》，第1207页。

j. 2014年《关于依法惩处涉医违法犯罪维护正常医疗秩序的意见》二·(一)，第712页。

k. 2015年《关于办理危害生产安全刑事案件适用法律若干问题的解释》第十条，第481页。

l. 2015年《关于依法办理家庭暴力犯罪案件的意见》，第663页。

m. 2017年《关于办理组织、利用邪教组织破坏法律实施等刑事案件适用法律若干问题的解释》第十一条，第907页。

n. 2019年《关于依法妥善审理高空抛物、坠物案件的意见》4至6，第434、435页。

o. 2020年《关于依法惩治袭警违法犯罪行为的指导意见》三、五、六，第828页。

p. 2020年《关于办理涉窨井盖相关刑事案件的指导意见》三、十二，第436、437页。

q. 2020年《关于依法严惩利用未成年人实施黑恶势力犯罪的意见》，第900页。

r. 2020年《关于依法办理"碰瓷"违法犯罪案件的指导意见》七、九、十，第752、753页。

s. 2020年《办理跨境赌博犯罪案件若干问题的意见》四·(四)，第917页。

t. 2023年《关于办理强奸、猥亵未成年人刑事案件适用法律若干问题的解释》第十条，第714页。

③ a. 2000年《关于审理交通肇事刑事案件具体应用法律若干问题的解释》第八条，第467页。

b. 2019年《关于依法妥善审理高空抛物、坠物案件的意见》7，第435页。

c. 2020年《关于办理涉窨井盖相关刑事案件的指导意见》三、十、十二，第436、437页。

d. 2020年《关于依法办理"碰瓷"违法犯罪案件的指导意见》七、十，第752、753页。

e. 2022年《关于军地共同加强部队训练场未爆弹药安全风险防控的意见》(十三)，第1095页。

第二百三十四条[①] **【故意伤害罪】** 故意伤害他人身体的,处三年以下有期徒刑、拘役或者管制。

犯前款罪,致人重伤的,处三年以上十年以下有期徒刑;致人死亡或者以特别残忍手段致人重伤造成严重残疾的,处十年以上有期徒刑、无期徒刑或者死刑。本法另有规定的,依照规定。

第二百三十四条之一[②] **【组织出卖人体器官罪】** 组织他人出卖人体器官的,处五年以下有期徒刑,并处罚金;情节严重的,处五年以上有期徒刑,并处罚金或者没收财产。

【故意伤害罪】【故意杀人罪】 未经本人同意摘取其器官,或者摘取不满十八周岁的人的器官,或者强迫、欺骗他人捐献器官的,依照本法第二百三十四条、第二百三十二条的规定定罪处罚。

---

① a. 1999 年《全国法院维护农村稳定刑事审判工作座谈会纪要》二·(一),第 699 页。

b. 2000 年《关于审理交通肇事刑事案件具体应用法律若干问题的解释》第六条,第 467 页。

c. 2003 年《关于办理妨害预防、控制突发传染病疫情等灾害的刑事案件具体应用法律若干问题的解释》第九、十七条,第 348、349 页。

d. 2005 年《关于审理抢劫、抢夺刑事案件适用法律若干问题的意见》九·5,第 757 页。

e. 2009 年《关于审理故意杀人、故意伤害案件正确适用死刑问题的指导意见》,第 703 页。

f. 2010 年《在审理故意杀人、伤害及黑社会性质组织犯罪案件中切实贯彻宽严相济刑事政策》一、二,第 708、709 页。

g. 2013 年《关于公安机关处置信访活动中违法犯罪行为适用法律的指导意见》三·1,第 851 页。

h. 2014 年《关于执行〈人体损伤程度鉴定标准〉有关问题的通知》,第 665 页。

i. 2014 年《人体损伤程度鉴定标准》,第 666 页。

j. 2014 年《关于依法惩处涉医违法犯罪维护正常医疗秩序的意见》二·(一),第 712 页。

k. 2015 年《关于依法办理家庭暴力犯罪案件的意见》,第 663 页。

l. 2017 年《关于办理组织、利用邪教组织破坏法律实施等刑事案件适用法律若干问题的解释》第十一条,第 907 页。

m. 2017 年《关于办理组织、强迫、引诱、容留、介绍卖淫刑事案件适用法律若干问题的解释》第十二条,第 1086 页。

n. 2019 年《关于办理恶势力刑事案件若干问题的意见》,第 887 页。

o. 2019 年《关于依法妥善审理高空抛物、坠物案件的意见》4 至 6,第 434、435 页。

p. 2019 年《关于依法严厉打击传播艾滋病病毒等违法犯罪行为的指导意见》二·(一)、(二),四·(三),第 426、428 页。

q. 2020 年《关于依法惩治袭警违法犯罪行为的指导意见》三、五、六,第 828 页。

r. 2020 年《关于依法惩治妨害新型冠状病毒感染肺炎疫情防控违法犯罪的意见》二·(二)、(十),第 350、353 页。

s. 2020 年《关于办理涉窨井盖相关刑事案件的指导意见》三、十二,第 436、437 页。

t. 2020 年《关于依法严惩利用未成年人实施黑恶势力犯罪的意见》,第 900 页。

u. 2020 年《关于依法办理"碰瓷"违法犯罪案件的指导意见》一、九、十,第 752、753 页。

v. 2020 年《办理跨境赌博犯罪案件若干问题的意见》四·(四),第 917 页。

w. 2021 年《关于常见犯罪的量刑指导意见(试行)》四·(七),第 281 页。

x. 2022 年《关于依法妥善办理轻伤害案件的指导意见》,第 695 页。

y. 最高检 2023 年指导性案例 178 号《王某等人故意伤害等犯罪二审抗诉案》,第 1195 页。

z. 2023 年《关于办理强奸、猥亵未成年人刑事案件适用法律若干问题的解释》第十条,第 714 页。

② 本条系根据《刑法修正案(八)》第三十七条的规定增加。

【盗窃、侮辱、故意毁坏尸体罪】 违背本人生前意愿摘取其尸体器官，或者本人生前未表示同意，违反国家规定，违背其近亲属意愿摘取其尸体器官的，依照本法第三百零二条的规定定罪处罚。

第二百三十五条[①] **【过失致人重伤罪】** 过失伤害他人致人重伤的，处三年以下有期徒刑或者拘役。本法另有规定的，依照规定。

第二百三十六条[②] **【强奸罪】** 以暴力、胁迫或者其他手段强奸妇女的，处三年以上十年以下有期徒刑。

奸淫不满十四周岁的幼女的，以强奸论，从重处罚。

强奸妇女、奸淫幼女，有下列情形之一的，处十年以上有期徒刑、无期徒刑或者死刑：

（一）强奸妇女、奸淫幼女情节恶劣的；

（二）强奸妇女、奸淫幼女多人的；

（三）在公共场所当众强奸妇女、奸淫幼女的；

（四）二人以上轮奸的；

（五）奸淫不满十周岁的幼女或者造成幼女伤害的；

（六）致使被害人重伤、死亡或者造成其他严重后果的。

第二百三十六条之一[③] **【负有照护职责人员性侵罪】** 对已满十四周岁不满十六周岁的未成年女性负有监护、收养、看护、教育、医疗等特殊职责的人员，与该未成年女性发生性关系的，处三年以下有期徒刑；情节恶劣的，处三年以上十年以下有期徒刑。

---

① a. 2019 年《关于依法妥善审理高空抛物、坠物案件的意见》7，第 435 页。

b. 2020 年《关于办理涉窨井盖相关刑事案件的指导意见》三、十、十二，第 436、437 页。

c. 2020 年《关于依法办理“碰瓷”违法犯罪案件的指导意见》七、十，第 752、753 页。

d. 2022 年《关于军地共同加强部队训练场未爆弹药安全风险防控的意见》（十三），第 1095 页。

② a. 本条系根据《刑法修正案（十一）》第二十六条的规定修改。原条文为“（第一款）以暴力、胁迫或者其他手段强奸妇女的，处三年以上十年以下有期徒刑。（第二款）奸淫不满十四周岁的幼女的，以强奸论，从重处罚。（第三款）强奸妇女、奸淫幼女，有下列情形之一的，处十年以上有期徒刑、无期徒刑或者死刑：（一）强奸妇女、奸淫幼女情节恶劣的；（二）强奸妇女、奸淫幼女多人的；（三）在公共场所当众强奸妇女的；（四）二人以上轮奸的；（五）致使被害人重伤、死亡或者造成其他严重后果的”。

b. 2006 年《关于审理未成年人刑事案件具体应用法律若干问题的解释》第六条，第 236 页。

c. 2020 年《关于依法严惩利用未成年人实施黑恶势力犯罪的意见》，第 900 页。

d. 2021 年《关于常见犯罪的量刑指导意见（试行）》四 ·（八），第 281 页。

e. 最高检 2023 年指导性案例 172 号《阻断性侵犯罪未成年被害人感染艾滋病风险综合司法保护案》，第 1193 页。

f. 2023 年《关于办理强奸、猥亵未成年人刑事案件适用法律若干问题的解释》第一至四、六、十一至十五条，第 713 ~ 715 页。

g. 2023 年《关于办理性侵害未成年人刑事案件的意见》，第 715 页。

h. 2023 年《全国法院毒品案件审判工作会议纪要》二 ·（三），第 1013 页。

③ a. 本条系根据《刑法修正案（十一）》第二十七条的规定增加。

b. 2023 年《关于办理强奸、猥亵未成年人刑事案件适用法律若干问题的解释》第五、十一、十三至十五条，第 714、715 页。

c. 2023 年《关于办理性侵害未成年人刑事案件的意见》，第 715 页。

有前款行为,同时又构成本法第二百三十六条规定之罪的,依照处罚较重的规定定罪处罚。

第二百三十七条[①] **【强制猥亵、侮辱罪】** 以暴力、胁迫或者其他方法强制猥亵他人或者侮辱妇女的,处五年以下有期徒刑或者拘役。

聚众或者在公共场所当众犯前款罪的,或者有其他恶劣情节的,处五年以上有期徒刑。

【猥亵儿童罪】 猥亵儿童的,处五年以下有期徒刑;有下列情形之一的,处五年以上有期徒刑:

(一)猥亵儿童多人或者多次的;

(二)聚众猥亵儿童的,或者在公共场所当众猥亵儿童,情节恶劣的;

(三)造成儿童伤害或者其他严重后果的;

(四)猥亵手段恶劣或者有其他恶劣情节的。

第二百三十八条[②] **【非法拘禁罪】** 非法拘禁他人或者以其他方法非法剥夺他人人身自由的,处三年以下有期徒刑、拘役、管制或者剥夺政治权利。具有殴打、侮辱情节的,从重处罚。

犯前款罪,致人重伤的,处三年以上十年以下有期徒刑;致人死亡的,处十年以上有期徒刑。使用暴力致人伤残、死亡的,依照本法第二百三十四条、第二百三十二条的规定定罪处罚。

为索取债务非法扣押、拘禁他人的,依照前两款的规定处罚。

国家机关工作人员利用职权犯前三款罪的,依照前三款的规定从重处罚。

---

① a. 本条原文为"(第一款)以暴力、胁迫或者其他方法强制猥亵妇女或者侮辱妇女的,处五年以下有期徒刑或者拘役。(第二款)聚众或者在公共场所当众犯前款罪的,处五年以上有期徒刑。(第三款)猥亵儿童的,依照前两款的规定从重处罚"。《刑法修正案(九)》第十三条修改为"(第一款)以暴力、胁迫或者其他方法强制猥亵他人或者侮辱妇女的,处五年以下有期徒刑或者拘役。(第二款)聚众或者在公共场所当众犯前款罪的,或者有其他恶劣情节的,处五年以上有期徒刑。(第三款)猥亵儿童的,依照前两款的规定从重处罚"。《刑法修正案(十一)》第二十八条将本条第三款修改为现规定。

b. 最高检 2014 年指导性案例 42 号《齐某强奸、猥亵儿童案》,第 1170 页。

c. 最高检 2014 年指导性案例 43 号《骆某猥亵儿童案》,第 1171 页。

d. 2023 年《关于办理强奸、猥亵未成年人刑事案件适用法律若干问题的解释》第七至十五条,第 714、715 页。

e. 2023 年《关于办理性侵害未成年人刑事案件的意见》,第 715 页。

f. 最高检 2024 年指导性案例 200 号《隋某某利用网络猥亵儿童,强奸,敲诈勒索制作、贩卖、传播淫秽物品牟利案》,第 1202 页。

② a. 2000 年《关于对为索取法律不予保护的债务非法拘禁他人行为如何定罪问题的解释》,第 720 页。

b. 2006 年《关于渎职侵权犯罪案件立案标准的规定》二·(一),第 1131 页。

c. 2014 年《关于依法惩处涉医违法犯罪维护正常医疗秩序的意见》二·(三),第 712 页。

d. 2018 年《关于办理黑恶势力犯罪案件若干问题的指导意见》14 至 16、18,第 883、884 页。

e. 2019 年《关于办理恶势力刑事案件若干问题的意见》,第 887 页。

f. 2019 年《关于办理实施"软暴力"的刑事案件若干问题的意见》,第 890 页。

g. 2020 年《关于依法惩治妨害新型冠状病毒感染肺炎疫情防控违法犯罪的意见》二·(二)、(十),第 350、353 页。

h. 2020 年《关于依法办理"碰瓷"违法犯罪案件的指导意见》八至十,第 752、753 页。

i. 2021 年《关于常见犯罪的量刑指导意见(试行)》四·(九),第 281 页。

第二百三十九条[①] **【绑架罪】** 以勒索财物为目的绑架他人的,或者绑架他人作为人质的,处十年以上有期徒刑或者无期徒刑,并处罚金或者没收财产;情节较轻的,处五年以上十年以下有期徒刑,并处罚金。

犯前款罪,杀害被绑架人的,或者故意伤害被绑架人,致人重伤、死亡的,处无期徒刑或者死刑,并处没收财产。

以勒索财物为目的偷盗婴幼儿的,依照前两款的规定处罚。

第二百四十条[②] **【拐卖妇女、儿童罪】** 拐卖妇女、儿童的,处五年以上十年以下有期徒刑,并处罚金;有下列情形之一的,处十年以上有期徒刑或者无期徒刑,并处罚金或者没收财产;情节特别严重的,处死刑,并处没收财产:

(一)拐卖妇女、儿童集团的首要分子;

(二)拐卖妇女、儿童三人以上的;

(三)奸淫被拐卖的妇女的;

(四)诱骗、强迫被拐卖的妇女卖淫或者将被拐卖的妇女卖给他人迫使其卖淫的;

(五)以出卖为目的,使用暴力、胁迫或者麻醉方法绑架妇女、儿童的;

(六)以出卖为目的,偷盗婴幼儿的;

(七)造成被拐卖的妇女、儿童或者其亲属重伤、死亡或者其他严重后果的;

(八)将妇女、儿童卖往境外的。

拐卖妇女、儿童是指以出卖为目的,有拐骗、绑架、收买、贩卖、接送、中转妇女、儿

---

① a. 本条原文为"(第一款)以勒索财物为目的绑架他人的,或者绑架他人作为人质的,处十年以上有期徒刑或者无期徒刑,并处罚金或者没收财产;致使被绑架人死亡或者杀害被绑架人的,处死刑,并处没收财产。(第二款)以勒索财物为目的偷到婴幼儿的,依照前款的规定处罚"。《刑法修正案(七)》第六条将本条修改为"(第一款)以勒索财物为目的绑架他人的,或者绑架他人作为人质的,处十年以上有期徒刑或者无期徒刑,并处罚金或者没收财产;情节较轻的,处五年以上十年以下有期徒刑,并处罚金。(第二款)犯前款罪,致使被绑架人死亡或者杀害被绑架人的,处死刑,并处没收财产。(第三款)以勒索财物为目的偷到婴幼儿的,依照前款的规定处罚"。《刑法修正案(九)》第十四条将本条第二款修改为"犯前款罪,杀害被绑架人的,或者故意伤害被绑架人,致人重伤、死亡的,处无期徒刑或者死刑,并处没收财产"。

b. 1995 年《关于对在绑架勒索犯罪过程中对同一受害人又有抢劫行为应如何定罪问题的答复》,第 720 页。

c. 2001 年《关于对在绑架过程中以暴力、胁迫等手段当场劫取被害人财物的行为如何适用法律问题的答复》,第 721 页。

d. 2002 年《关于已满十四周岁不满十六周岁的人承担刑事责任范围问题的答复意见》,第 221 页。

e. 2003 年《关于相对刑事责任年龄的人承担刑事责任范围有关问题的答复》,第 235 页。

f. 2005 年《关于审理抢劫、抢夺刑事案件适用法律若干问题的意见》九·3,第 757 页。

g. 2012 年《关于第三方受到勒索是否属于绑架罪构成要件问题的研究意见》,第 1208 页。

h. 2020 年《关于依法严惩利用未成年人实施黑恶势力犯罪的意见》,第 900 页。

② a. 1998 年《关于以出卖为目的的倒卖外国妇女的行为是否构成拐卖妇女罪的答复》,第 731 页。

b. 1999 年《全国法院维护农村稳定刑事审判工作座谈会纪要》二·(六),第 700 页。

c. 2000 年《关于打击拐卖妇女儿童犯罪有关问题的通知》四,第 723 页。

d. 2000 年《关于审理拐卖妇女案件适用法律有关问题的解释》,第 722 页。

e. 2000 年《关于打击拐卖妇女儿童犯罪适用法律和政策有关问题的意见》一、二、八,第 723、724、727 页。

f. 2002 年《关于已满十四周岁不满十六周岁的人承担刑事责任范围问题的答复意见》,第 221 页。

g. 2010 年《关于依法惩治拐卖妇女儿童犯罪的意见》,第 727 页。

h. 2017 年《关于审理拐卖妇女儿童犯罪案件具体应用法律若干问题的解释》第一至三、九条,第 731、732 页。

童的行为之一的。

第二百四十一条[①] **【收买被拐卖的妇女、儿童罪】** 收买被拐卖的妇女、儿童的,处三年以下有期徒刑、拘役或者管制。

【强奸罪】 收买被拐卖的妇女,强行与其发生性关系的,依照本法第二百三十六条的规定定罪处罚。

【非法拘禁罪】【故意伤害罪】【侮辱罪】 收买被拐卖的妇女、儿童,非法剥夺、限制其人身自由或者有伤害、侮辱等犯罪行为的,依照本法的有关规定定罪处罚。

收买被拐卖的妇女、儿童,并有第二款、第三款规定的犯罪行为的,依照数罪并罚的规定处罚。

【拐卖妇女、儿童罪】 收买被拐卖的妇女、儿童又出卖的,依照本法第二百四十条的规定定罪处罚。

收买被拐卖的妇女、儿童,对被买儿童没有虐待行为,不阻碍对其进行解救的,可以从轻处罚;按照被买妇女的意愿,不阻碍其返回原居住地的,可以从轻或者减轻处罚。

第二百四十二条[②] **【妨害公务罪】** 以暴力、威胁方法阻碍国家机关工作人员解救被收买的妇女、儿童的,依照本法第二百七十七条的规定定罪处罚。

【聚众阻碍解救被收买的妇女、儿童罪】 聚众阻碍国家机关工作人员解救被收买的妇女、儿童的首要分子,处五年以下有期徒刑或者拘役;其他参与者使用暴力、威胁方法的,依照前款的规定处罚。

第二百四十三条 **【诬告陷害罪】** 捏造事实诬告陷害他人,意图使他人受刑事追究,情节严重的,处三年以下有期徒刑、拘役或者管制;造成严重后果的,处三年以上十年以下有期徒刑。

国家机关工作人员犯前款罪的,从重处罚。

不是有意诬陷,而是错告,或者检举失实的,不适用前两款的规定。

第二百四十四条[③] **【强迫劳动罪】** 以暴力、威胁或者限制人身自由的方法强

---

① a. 本条第六款系根据《刑法修正案(九)》第十五条修改。原条文为"收买被拐卖的妇女、儿童,按照被买妇女的意愿,不阻碍其返回原居住地的,对被买儿童没有虐待行为,不阻碍对其进行解救的,可以不追究刑事责任"。

b. 2000 年《关于打击拐卖妇女儿童犯罪适用法律和政策有关问题的意见》一、三、八,第 723、725、727 页。

c. 2010 年《关于依法惩治拐卖妇女儿童犯罪的意见》,第 727 页。

d. 2017 年《关于审理拐卖妇女儿童犯罪案件具体应用法律若干问题的解释》第四至六、八、九条,第 732 页。

② a. 1986 年《关于坚决打击拐卖妇女儿童犯罪活动的通知》三,第 721 页。

b. 2000 年《关于打击拐卖妇女儿童犯罪适用法律和政策有关问题的意见》一、五,第 723、725 页。

c. 2017 年《关于审理拐卖妇女儿童犯罪案件具体应用法律若干问题的解释》第七、九条,第 732 页。

③ a. 本条系根据《刑法修正案(八)》第三十八条的规定修改。原条文为"用人单位违反劳动管理法规,以限制人身自由方法强迫职工劳动,情节严重的,对直接责任人员,处三年以下有期徒刑或者拘役,并处或者单处罚金"。

b. 2008 年《关于公安机关管辖的刑事案件立案追诉标准的规定(一)》第三十一条,第 379 页。

迫他人劳动的，处三年以下有期徒刑或者拘役，并处罚金；情节严重的，处三年以上十年以下有期徒刑，并处罚金。

明知他人实施前款行为，为其招募、运送人员或者有其他协助强迫他人劳动行为的，依照前款的规定处罚。

单位犯前两款罪的，对单位判处罚金，并对其直接负责的主管人员和其他直接责任人员，依照第一款的规定处罚。

第二百四十四条之一① **【雇用童工从事危重劳动罪】** 违反劳动管理法规，雇用未满十六周岁的未成年人从事超强度体力劳动的，或者从事高空、井下作业的，或者在爆炸性、易燃性、放射性、毒害性等危险环境下从事劳动，情节严重的，对直接责任人员，处三年以下有期徒刑或者拘役，并处罚金；情节特别严重的，处三年以上七年以下有期徒刑，并处罚金。

有前款行为，造成事故，又构成其他犯罪的，依照数罪并罚的规定处罚。

第二百四十五条② **【非法搜查罪】【非法侵入住宅罪】** 非法搜查他人身体、住宅，或者非法侵入他人住宅的，处三年以下有期徒刑或者拘役。

司法工作人员滥用职权，犯前款罪的，从重处罚。

第二百四十六条③ **【侮辱罪】【诽谤罪】** 以暴力或者其他方法公然侮辱他人或者捏造事实诽谤他人，情节严重的，处三年以下有期徒刑、拘役、管制或者剥夺政治权利。

前款罪，告诉的才处理，但是严重危害社会秩序和国家利益的除外。

通过信息网络实施第一款规定的行为，被害人向人民法院告诉，但提供证据确有

---

① a. 本条系根据《刑法修正案（四）》第四条的规定增加。

b. 2008 年《关于公安机关管辖的刑事案件立案追诉标准的规定（一）》第三十二条，第 379 页。

② a. 2006 年《关于渎职侵权犯罪案件立案标准的规定》二·（二），第 1131 页。

b. 2019 年《关于办理实施"软暴力"的刑事案件若干问题的意见》，第 890 页。

c. 2020 年《关于依法办理"碰瓷"违法犯罪案件的指导意见》八至十，第 752、753 页。

③ a. 本条第三款系根据《刑法修正案（九）》第十六条增加。

b. 1998 年《关于审理非法出版物刑事案件具体应用法律若干问题的解释》第六条，第 633 页。

c. 2000 年《关于维护互联网安全的决定》四·（一），第 195 页。

d. 2009 年《关于严格依法办理侮辱诽谤案件的通知》，第 737 页。

e. 2010 年《关于严格依法办理诽谤刑事案件有关问题的通知》，第 738 页。

f. 2013 年《关于办理利用信息网络实施诽谤等刑事案件适用法律若干问题的解释》第一至三条，第 732、733 页。

g. 2014 年《关于依法惩处涉医违法犯罪维护正常医疗秩序的意见》二·（四），第 712 页。

h. 2015 年《关于〈中华人民共和国刑法修正案（九）〉时间效力问题的解释》第四条，第 233 页。

i. 2020 年《关于依法惩治妨害新型冠状病毒感染肺炎疫情防控违法犯罪的意见》二·（二）、（十），第 350、353 页。

j. 最高检 2022 年指导性案例 137 号《郎某、何某诽谤案》，第 1187 页。

k. 最高检 2022 年指导性案例 138 号《岳某侮辱案》，第 1188 页。

l. 2023 年《关于依法惩治网络暴力违法犯罪的指导意见》2、3、7 至 13，第 734～735 页。

困难的,人民法院可以要求公安机关提供协助。

第二百四十七条[①] **【刑讯逼供罪】【暴力取证罪】** 司法工作人员对犯罪嫌疑人、被告人实行刑讯逼供或者使用暴力逼取证人证言的,处三年以下有期徒刑或者拘役。致人伤残、死亡的,依照本法第二百三十四条、第二百三十二条的规定定罪从重处罚。

第二百四十八条[②] **【虐待被监管人罪】** 监狱、拘留所、看守所等监管机构的监管人员对被监管人进行殴打或者体罚虐待,情节严重的,处三年以下有期徒刑或者拘役;情节特别严重的,处三年以上十年以下有期徒刑。致人伤残、死亡的,依照本法第二百三十四条、第二百三十二条的规定定罪从重处罚。

监管人员指使被监管人殴打或者体罚虐待其他被监管人的,依照前款的规定处罚。

第二百四十九条[③] **【煽动民族仇恨、民族歧视罪】** 煽动民族仇恨、民族歧视,情节严重的,处三年以下有期徒刑、拘役、管制或者剥夺政治权利;情节特别严重的,处三年以上十年以下有期徒刑。

第二百五十条[④] **【出版歧视、侮辱少数民族作品罪】** 在出版物中刊载歧视、侮辱少数民族的内容,情节恶劣,造成严重后果的,对直接责任人员,处三年以下有期徒刑、拘役或者管制。

第二百五十一条 **【非法剥夺公民宗教信仰自由罪】【侵犯少数民族风俗习惯罪】** 国家机关工作人员非法剥夺公民的宗教信仰自由和侵犯少数民族风俗习惯,情节严重的,处二年以下有期徒刑或者拘役。

第二百五十二条[⑤] **【侵犯通信自由罪】** 隐匿、毁弃或者非法开拆他人信件,侵犯公民通信自由权利,情节严重的,处一年以下有期徒刑或者拘役。

第二百五十三条[⑥] **【私自开拆、隐匿、毁弃邮件、电报罪】** 邮政工作人员私自开拆或者隐匿、毁弃邮件、电报的,处二年以下有期徒刑或者拘役。

【盗窃罪】 犯前款罪而窃取财物的,依照本法第二百六十四条的规定定罪从重处罚。

---

① a. 2012 年《关于刑法二百五十三条之一第二款有关内容理解问题的研究意见》,第 1208 页。
b. 2006 年《关于渎职侵权犯罪案件立案标准的规定》二·(三)、(四),第 1132 页。
c. 2013 年《关于公安机关处置信访活动中违法犯罪行为适用法律的指导意见》三·4,第 851 页。
d. 2016 年《关于办理电信网络诈骗等刑事案件适用法律若干问题的意见》三·(二),第 781 页。

② a. 2006 年《关于渎职侵权犯罪案件立案标准的规定》二·(五),第 1132 页。
b. 2015 年《关于强制隔离戒毒所工作人员能否成为虐待被监管人罪主体问题的批复》,第 739 页。

③ 2000 年《关于维护互联网安全的决定》二·(三),第 195 页。

④ 1998 年《关于审理非法出版物刑事案件具体应用法律若干问题的解释》第七条,第 633 页。

⑤ 2000 年《关于维护互联网安全的决定》四·(二),第 195 页。

⑥ 1983 年《关于加强查处破坏邮政通信案件工作的通知》二·(一),第 740 页。

第二百五十三条之一[①] **【侵犯公民个人信息罪】** 违反国家有关规定，向他人出售或者提供公民个人信息，情节严重的，处三年以下有期徒刑或者拘役，并处或者单处罚金；情节特别严重的，处三年以上七年以下有期徒刑，并处罚金。

违反国家有关规定，将在履行职责或者提供服务过程中获得的公民个人信息，出售或者提供给他人的，依照前款的规定从重处罚。

窃取或者以其他方法非法获取公民个人信息的，依照第一款的规定处罚。

单位犯前三款罪的，对单位判处罚金，并对其直接负责的主管人员和其他直接责任人员，依照各该款的规定处罚。

第二百五十四条[②] **【报复陷害罪】** 国家机关工作人员滥用职权、假公济私，对控告人、申诉人、批评人、举报人实行报复陷害的，处二年以下有期徒刑或者拘役；情节严重的，处二年以上七年以下有期徒刑。

第二百五十五条 **【打击报复会计、统计人员罪】** 公司、企业、事业单位、机关、团体的领导人，对依法履行职责、抵制违反会计法、统计法行为的会计、统计人员实行打击报复，情节恶劣的，处三年以下有期徒刑或者拘役。

第二百五十六条[③] **【破坏选举罪】** 在选举各级人民代表大会代表和国家机关领导人员时，以暴力、威胁、欺骗、贿赂、伪造选举文件、虚报选举票数等手段破坏选举或者妨害选民和代表自由行使选举权和被选举权，情节严重的，处三年以下有期徒刑、拘役或者剥夺政治权利。

第二百五十七条 **【暴力干涉婚姻自由罪】** 以暴力干涉他人婚姻自由的，处二年以下有期徒刑或者拘役。

犯前款罪，致使被害人死亡的，处二年以上七年以下有期徒刑。

---

① a. 本条系根据《刑法修正案（七）》第七条的规定增加。原条文为“（第一款）国家机关或者金融、电信、交通、教育、医疗等单位的工作人员，违反国家规定，将本单位在履行职责或者提供服务过程中获得的公民个人信息，出售或者非法提供给他人，情节严重的，处三年以下有期徒刑或者拘役，并处或者单处罚金。（第二款）窃取或者以其他方法非法获取上述信息，情节严重的，依照前款的规定处罚。（第三款）单位犯前两款罪的，对单位判处罚金，并对其直接负责的主管人员和其他直接责任人员，依照各该款的规定处罚”。《刑法修正案（九）》第十七条将本条修改为现规定。

b. 2013 年《关于依法惩处侵害公民个人信息犯罪活动的通知》，第 740 页。

c. 2017 年《关于办理侵犯公民个人信息刑事案件适用法律若干问题的解释》，第 741 页。

d. 2018 年《关于侵犯公民个人信息罪有关法律适用问题征求意见的复函》，第 743 页。

e. 2021 年《中华人民共和国个人信息保护法》第四、十三、十四、二十七条，第 207、208 页。

f. 2018 年《检察机关办理侵犯公民个人信息案件指引》，第 744 页。

g. 2021 年《关于办理电信网络诈骗等刑事案件适用法律若干问题的意见（二）》五，第 785 页。

h. 最高检 2022 年指导性案例 140 号《柯某侵犯公民个人信息案》，第 1190 页。

i. 最高法 2022 年指导性案例 192 号《李开祥侵犯公民个人信息刑事附带民事公益诉讼案》，第 1159 页。

j. 最高法 2022 年指导性案例 193 号《闻巍等侵犯公民个人信息案》，第 1159 页。

k. 最高法 2022 年指导性案例 194 号《熊昌恒等侵犯公民个人信息案》，第 1159 页。

l. 最高法 2022 年指导性案例 195 号《罗文君、瞿小珍侵犯公民个人信息刑事附带民事公益诉讼案》，第 1160 页。

m. 2023 年《关于依法惩治网络暴力违法犯罪的指导意见》4、8，第 734、735 页。

② 2006 年《关于渎职侵权犯罪案件立案标准的规定》二·（六），第 1132 页。

③ 2006 年《关于渎职侵权犯罪案件立案标准的规定》二·（七），第 1133 页。

第一款罪,告诉的才处理。

第二百五十八条[①] **【重婚罪】** 有配偶而重婚的,或者明知他人有配偶而与之结婚的,处二年以下有期徒刑或者拘役。

第二百五十九条 **【破坏军婚罪】** 明知是现役军人的配偶而与之同居或者结婚的,处三年以下有期徒刑或者拘役。

【强奸罪】 利用职权、从属关系,以胁迫手段奸淫现役军人的妻子的,依照本法第二百三十六条的规定定罪处罚。

第二百六十条[②] **【虐待罪】** 虐待家庭成员,情节恶劣的,处二年以下有期徒刑、拘役或者管制。

犯前款罪,致使被害人重伤、死亡的,处二年以上七年以下有期徒刑。

第一款罪,告诉的才处理,但被害人没有能力告诉,或者因受到强制、威吓无法告诉的除外。

第二百六十条之一[③] **【虐待被监护、看护人罪】** 对未成年人、老年人、患病的人、残疾人等负有监护、看护职责的人虐待被监护、看护的人,情节恶劣的,处三年以下有期徒刑或者拘役。

单位犯前款罪的,对单位判处罚金,并对其直接负责的主管人员和其他直接责任人员,依照前款的规定处罚。

有第一款行为,同时构成其他犯罪的,依照处罚较重的规定定罪处罚。

第二百六十一条[④] **【遗弃罪】** 对于年老、年幼、患病或者其他没有独立生活能力的人,负有扶养义务而拒绝扶养,情节恶劣的,处五年以下有期徒刑、拘役或者管制。

第二百六十二条[⑤] **【拐骗儿童罪】** 拐骗不满十四周岁的未成年人,脱离家庭或者监护人的,处五年以下有期徒刑或者拘役。

第二百六十二条之一[⑥] **【组织残疾人、儿童乞讨罪】** 以暴力、胁迫手段组织残疾人或者不满十四周岁的未成年人乞讨的,处三年以下有期徒刑或者拘役,并处罚

---

① a. 1989 年《关于重婚案件的被告人长期外逃法院能否中止审理和是否受追诉时效限制问题的电话答复》,第 750 页。

b. 1992 年《关于重婚案件中受骗的一方当事人能否作为被害人向法院提起诉讼问题的电话答复》,第 751 页。

② a. 本条第三款系根据《刑法修正案(九)》第十八条的规定修改。原条文为“第一款罪,告诉的才处理”。

b. 2015 年《关于依法办理家庭暴力犯罪案件的意见》,第 663 页。

c. 2015 年《关于〈中华人民共和国刑法修正案(九)〉时间效力问题的解释》第五条,第 233 页。

d. 最高检 2014 年指导性案例 44 号《于某虐待案》,第 1171 页。

③ a. 本条系根据《刑法修正案(九)》第十九条的规定增加。

b. 2019 年《关于审理走私、非法经营、非法使用兴奋剂刑事案件适用法律若干问题的解释》第三、七、八条,第 531 页。

④ 2015 年《关于依法办理家庭暴力犯罪案件的意见》,第 663 页。

⑤ a. 1999 年《全国法院维护农村稳定刑事审判工作座谈会纪要》二·(六),第 700 页。

b. 2000 年《关于打击拐卖妇女儿童犯罪有关问题的通知》六,第 723 页。

⑥ 本条系根据《刑法修正案(六)》第十七条的规定增加。

金;情节严重的,处三年以上七年以下有期徒刑,并处罚金。

第二百六十二条之二[①] **【组织未成年人进行违反治安管理活动罪】** 组织未成年人进行盗窃、诈骗、抢夺、敲诈勒索等违反治安管理活动的,处三年以下有期徒刑或者拘役,并处罚金;情节严重的,处三年以上七年以下有期徒刑,并处罚金。

第五章 侵犯财产罪

第二百六十三条[②] **【抢劫罪】** 以暴力、胁迫或者其他方法抢劫公私财物的,处三年以上十年以下有期徒刑,并处罚金;有下列情形之一的,处十年以上有期徒刑、无期徒刑或者死刑,并处罚金或者没收财产:

(一)入户抢劫的;

(二)在公共交通工具上抢劫的;

(三)抢劫银行或者其他金融机构的;

(四)多次抢劫或者抢劫数额巨大的;

(五)抢劫致人重伤、死亡的;

---

① a. 本条系根据《刑法修正案(七)》第八条的规定增加。

b. 最高检 2023 年指导性案例 173 号《惩治组织未成年人进行违反治安管理活动犯罪综合司法保护案》,第 1193 页。

② a. 1995 年《关于非法扣留他人车辆该如何定性处理的批复》,第 753 页。

b. 1995 年《关于对非法占有强迫他人卖血所得款物案件如何定性问题的意见函》,第 754 页。

c. 1995 年《关于对在绑架勒索犯罪过程中对同一受害人又有抢劫行为应如何定罪问题的答复》,第 720 页。

d. 2000 年《关于审理抢劫案件具体应用法律若干问题的解释》,第 758 页。

e. 2001 年《关于抢劫过程中故意杀人案件如何定罪问题的批复》,第 758 页。

f. 2003 年《关于办理妨害预防、控制突发传染病疫情等灾害的刑事案件具体应用法律若干问题的解释》第九、十七条,第 348、349 页。

g. 2005 年《关于审理抢劫、抢夺刑事案件适用法律若干问题的意见》,第 754 页。

h. 2006 年《关于审理未成年人刑事案件具体应用法律若干问题的解释》第七条,第 236 页。

i. 2012 年《关于持仿真玩具枪实施抢劫犯罪有关问题的研究意见》,第 1208 页。

j. 2014 年《关于强迫借贷行为适用法律问题的批复》,第 660 页。

k. 最高检 2014 年指导性案例 17 号《陈邓昌抢劫、盗窃,付志强盗窃案》,第 1165 页。

l. 2016 年《关于审理抢劫刑事案件适用法律若干问题的指导意见》,第 759 页。

m. 2018 年《关于办理黑恶势力犯罪案件若干问题的指导意见》20,第 884 页。

n. 2019 年《关于办理恶势力刑事案件若干问题的意见》,第 887 页。

o. 2019 年《关于办理"套路贷"刑事案件若干问题的意见》4,第 808 页。

p. 2019 年《关于依法严厉打击传播艾滋病病毒等违法犯罪行为的指导意见》二·(六),第 427 页。

q. 2020 年《关于依法严惩利用未成年人实施黑恶势力犯罪的意见》,第 900 页。

r. 2020 年《关于依法办理"碰瓷"违法犯罪案件的指导意见》三、九、十,第 752、753 页。

s. 2020 年《被盗财物价格认定规则》,第 766 页。

t. 2021 年《关于常见犯罪的量刑指导意见(试行)》四·(十),第 282 页。

u. 2021 年《关于审理掩饰、隐瞒犯罪所得、犯罪所得收益刑事案件适用法律若干问题的解释》第六条,第 928 页。

v. 2023 年《全国法院毒品案件审判工作会议纪要》二·(三)、(四),第 1013、1014 页。

(六)冒充军警人员抢劫的;

(七)持枪抢劫的;

(八)抢劫军用物资或者抢险、救灾、救济物资的。

第二百六十四条[①] **【盗窃罪】** 盗窃公私财物,数额较大的,或者多次盗窃、入户盗窃、携带凶器盗窃、扒窃的,处三年以下有期徒刑、拘役或者管制,并处或者单处罚金;数额巨大或者有其他严重情节的,处三年以上十年以下有期徒刑,并处罚金;数额特别巨大或者有其他特别严重情节的,处十年以上有期徒刑或者无期徒刑,并处罚

---

① a. 本条系根据《刑法修正案(八)》第三十九条的规定修改。原条文为"盗窃公私财物,数额较大或者多次盗窃的,处三年以下有期徒刑、拘役或者管制,并处或者单处罚金;数额巨大或者有其他严重情节的,处三年以上十年以下有期徒刑,并处罚金;数额特别巨大或者有其他特别严重情节的,处十年以上有期徒刑或者无期徒刑,并处罚金或者没收财产;有下列情形之一的,处无期徒刑或者死刑,并处没收财产:(一)盗窃金融机构,数额特别巨大的;(二)盗窃珍贵文物,情节严重的"。

b. 1991 年《关于 2 次盗窃同一辆汽车应如何认定盗窃数额的电话答复》,第 771 页。

c. 1998 年《关于依法查处盗窃、抢劫机动车案件的规定》四,第 772 页。

d. 1999 年《全国法院维护农村稳定刑事审判工作座谈会纪要》二·(二),第 699 页。

e. 2000 年《关于审理扰乱电信市场管理秩序案件具体应用法律若干问题的解释》第七、八、十条,第 642、643 页。

f. 2001 年《狱内刑事案件立案标准》第二条(十七)、第五条,第 369、371 页。

g. 2003 年《关于非法制作、出售、使用 IC 电话卡行为如何适用法律问题的答复》,第 661 页。

h. 2005 年《关于审理破坏公用电信设施刑事案件具体应用法律若干问题的解释》第三条,第 446 页。

i. 2005 年《关于〈中华人民共和国刑法〉有关文物的规定适用于具有科学价值的古脊椎动物化石、古人类化石的解释》,第 216 页。

j. 2006 年《关于审理未成年人刑事案件具体应用法律若干问题的解释》第九条,第 237 页。

k. 2007 年《关于办理盗窃油气、破坏油气设备等刑事案件具体应用法律若干问题的解释》第三条,第 438 页。

l. 2007 年《关于审理破坏电力设备刑事案件具体应用法律若干问题的解释》第三、四条,第 437 页。

m. 2010 年《关于在审理盗窃案件中有关适用法律问题的答复》,第 765 页。

n. 2013 年《关于办理盗窃刑事案件适用法律若干问题的解释》,第 762 页。

o. 2013 年《关于入户盗窃但未窃得财物应如何定性问题的研究意见》,第 1208 页。

p. 2013 年《关于盗窃互联网上网流量如何认定盗窃数额征求意见的复函》,第 775 页。

q. 2014 年《关于盗窃互联网上网流量如何认定盗窃数额的研究意见》,第 1208 页。

r. 最高检 2014 年指导性案例 17 号《陈邓昌抢劫、盗窃,付志强盗窃案》,第 1165 页。

s. 最高法 2014 年指导性案例 27 号《臧进泉等盗窃、诈骗案》,第 1153 页。

t. 2016 年《关于〈关于多次盗窃中"次"如何认定的法律适用请示〉的答复意见》,第 765 页。

u. 2016 年《关于办理妨害文物管理等刑事案件适用法律若干问题的解释》第二、八、十一至十七条,第 942 ~ 945 页。

v. 最高检 2017 年指导性案例 37 号《张四毛盗窃案》,第 1169 页。

w. 2018 年《关于办理盗窃油气、破坏油气设备等刑事案件适用法律若干问题的意见》二至四、六,第 439、440 页。

x. 2020 年《关于办理涉窨井盖相关刑事案件的指导意见》四、十二,第 436、437 页。

y. 2020 年《关于依法办理"碰瓷"违法犯罪案件的指导意见》四、九、十,第 752、753 页。

z. 2020 年《被盗财物价格认定规则》,第 766 页。

a+. 2021 年《关于常见犯罪的量刑指导意见(试行)》四·(十一),第 282 页。

b+. 2021 年《关于审理掩饰、隐瞒犯罪所得、犯罪所得收益刑事案件适用法律若干问题的解释》第六条,第 928 页。

c+. 2022 年《关于办理妨害文物管理等刑事案件若干问题的意见》二·(二)、三至五,第 946、947 页。

d+. 2022 年《关于军地共同加强部队训练场未爆弹药安全风险防控的意见》(十三),第 1095 页。

e+. 2023 年《关于审理破坏森林资源刑事案件适用法律若干问题的解释》第十一、十二、十四至十九条,第 1009、1010 页。

f+. 2023 年《全国法院毒品案件审判工作会议纪要》二·(四),第 1014 页。

g+. 2023 年《关于办理电信网络诈骗及其关联犯罪案件有关问题的解答》七,第 799 页。

h+. 2024 年《关于办理医保骗保刑事案件若干问题的指导意见》8,第 813 页。

i+. 最高检 2024 年指导性案例 201 号《姚某某等人网络诈骗案》,第 1202 页。

金或者没收财产。

第二百六十五条①　【盗窃罪】　以牟利为目的，盗接他人通信线路、复制他人电信码号或者明知是盗接、复制的电信设备、设施而使用的，依照本法第二百六十四条的规定定罪处罚。

第二百六十六条②　【诈骗罪】　诈骗公私财物，数额较大的，处三年以下有期

---

① a. 1991 年《关于盗用他人长话帐号案件如何定性问题的复函》，第 770 页。

b. 1995 年《关于打击盗用电话号码非法并机违法犯罪活动的通知》二，第 771 页。

② a. 1991 年《关于申付强诈骗案如何认定诈骗数额问题的电话答复》，第 775 页。

b. 1993 年《关于共同诈骗犯罪案件以哪个数额作为量刑标准问题的批复》，第 776 页。

c. 2000 年《关于维护互联网安全的决定》四·（三），第 195 页。

d. 2000 年《对〈关于对将已经仪器识别为不中奖的彩票出售的行为如何定性处理的请示〉的答复》，第 776 页。

e. 2000 年《关于受害人居住地公安机关可否对诈骗犯罪案件立案侦查问题的批复》，第 777 页。

f. 2000 年《关于审理扰乱电信市场管理秩序案件具体应用法律若干问题的解释》第九条，第 642 页。

g. 2001 年《狱内刑事案件立案标准》第二条（十八）、第五条，第 369、371 页。

h. 2002 年《关于对伪造学生证及贩卖、使用伪造学生证的行为如何处理问题的批复》，第 815 页。

i. 2003 年《关于办理妨害预防、控制突发传染病疫情等灾害的刑事案件具体应用法律若干问题的解释》第七、十七条，第 348、349 页。

j. 2003 年《关于对涉嫌非法出具金融票证犯罪案件涉及的部分法律问题的批复》，第 577 页。

k. 2005 年《关于办理赌博违法案件有关法律适用问题的电话答复》，第 777 页。

l. 2010 年《关于审理伪造货币等案件具体应用法律若干问题的解释（二）》第五条，第 560 页。

m. 2011 年《关于办理诈骗刑事案件具体应用法律若干问题的解释》，第 778 页。

n. 2014 年《关于〈中华人民共和国刑法〉第二百六十六条的解释》，第 218 页。

o. 最高法 2014 年指导性案例 27 号《臧进泉等盗窃、诈骗案》，第 1153 页。

p. 2016 年《关于办理电信网络诈骗等刑事案件适用法律若干问题的意见》二至四，第 779 ~ 782 页。

q. 2016 年《电信网络新型违法犯罪案件冻结资金返还若干规定》，第 801 页。

r. 2016 年《电信网络新型违法犯罪案件冻结资金返还若干规定实施细则》，第 804 页。

s. 最高检 2017 年指导性案例 38 号《董亮等四人诈骗案》，第 1169 页。

t. 2018 年《检察机关办理电信网络诈骗案件指引》，第 787 页。

u. 2018 年《关于办理黑恶势力犯罪案件若干问题的指导意见》20，第 884 页。

v. 2019 年《关于办理"套路贷"刑事案件若干问题的意见》，第 807 页。

w. 2019 年《关于依法严厉打击传播艾滋病病毒等违法犯罪行为的指导意见》二·（五），第 426 页。

x. 2019 年《关于依法惩治民族资产解冻类诈骗及相关犯罪的意见》，第 810 页。

y. 2020 年《关于依法惩治妨害新型冠状病毒感染肺炎疫情防控违法犯罪的意见》二·（五）、（十），第 351、353 页。

z. 最高检 2020 年指导性案例 67 号《张凯闵等 52 人电信网络诈骗案》，第 1178 页。

a+. 2020 年《关于依法办理"碰瓷"违法犯罪案件的指导意见》一、九、十，第 752、753 页。

b+. 2020 年《办理跨境赌博犯罪案件若干问题的意见》四·（一），第 917 页。

c+. 2020 年《被盗财物价格认定规则》，第 766 页。

d+. 2021 年《关于常见犯罪的量刑指导意见（试行）》四·（十二），第 282 页。

e+. 2021 年《关于审理掩饰、隐瞒犯罪所得、犯罪所得收益刑事案件适用法律若干问题的解释》第六条，第 928 页。

f+. 2021 年《关于办理电信网络诈骗等刑事案件适用法律若干问题的意见（二）》，一至三、十、十二至十七，第 784 ~ 787 页。

g+. 2021 年《关于依法惩治招摇撞骗等违法犯罪行为的指导意见》二至四，第 829 页。

h+. 2022 年《关于办理危害食品安全刑事案件适用法律若干问题的解释》第十九、二十二条，第 505、506 页。

i+. 2022 年《关于办理危害药品安全刑事案件适用法律若干问题的解释》第十三条，第 498 页。

j+. 2022 年《关于"断卡"行动中有关法律适用问题的会议纪要》五、六、九，第 846、847 页。

k+. 2023 年《关于办理电信网络诈骗及其关联犯罪案件有关问题的解答》六、八至十，第 798 ~ 800 页。

l+. 2024 年《关于办理医保骗保刑事案件若干问题的指导意见》，第 812 页。

徒刑、拘役或者管制,并处或者单处罚金;数额巨大或者有其他严重情节的,处三年以上十年以下有期徒刑,并处罚金;数额特别巨大或者有其他特别严重情节的,处十年以上有期徒刑或者无期徒刑,并处罚金或者没收财产。本法另有规定的,依照规定。

第二百六十七条[①] **【抢夺罪】** 抢夺公私财物,数额较大的,或者多次抢夺的,处三年以下有期徒刑、拘役或者管制,并处或者单处罚金;数额巨大或者有其他严重情节的,处三年以上十年以下有期徒刑,并处罚金;数额特别巨大或者有其他特别严重情节的,处十年以上有期徒刑或者无期徒刑,并处罚金或者没收财产。

【抢劫罪】 携带凶器抢夺的,依照本法第二百六十三条的规定定罪处罚。

第二百六十八条[②] **【聚众哄抢罪】** 聚众哄抢公私财物,数额较大或者有其他严重情节的,对首要分子和积极参加的,处三年以下有期徒刑、拘役或者管制,并处罚金;数额巨大或者有其他特别严重情节的,处三年以上十年以下有期徒刑,并处罚金。

第二百六十九条[③] **【抢劫罪】** 犯盗窃、诈骗、抢夺罪,为窝藏赃物、抗拒抓捕或者毁灭罪证而当场使用暴力或者以暴力相威胁的,依照本法第二百六十三条的规定定罪处罚。

---

① a. 本条第一款系根据《刑法修正案(九)》第二十条的规定修改。原条文为"抢夺公私财物,数额较大的,处三年以下有期徒刑、拘役或者管制,并处或者单处罚金;数额巨大或者有其他严重情节的,处三年以上十年以下有期徒刑,并处罚金;数额特别巨大或者有其他特别严重情节的,处十年以上有期徒刑或者无期徒刑,并处罚金或者没收财产"。

b. 1995 年《关于非法扣留他人车辆该如何定性处理的批复》,第 753 页。

c. 2000 年《关于审理抢劫案件具体应用法律若干问题的解释》第六条,第 758 页。

d. 2001 年《狱内刑事案件立案标准》第二条(十九)、第五条,第 369、371 页。

e. 2005 年《关于审理抢劫、抢夺刑事案件适用法律若干问题的意见》四,第 755 页。

f. 2013 年《关于办理抢夺刑事案件适用法律若干问题的解释》,第 815 页。

g. 2019 年《关于办理恶势力刑事案件若干问题的意见》,第 887 页。

h. 2020 年《关于依法办理"碰瓷"违法犯罪案件的指导意见》四、九、十,第 752、753 页。

i. 2020 年《被盗财物价格认定规则》,第 766 页。

j. 2021 年《关于常见犯罪的量刑指导意见(试行)》四·(十三),第 283 页。

k. 2021 年《关于审理掩饰、隐瞒犯罪所得、犯罪所得收益刑事案件适用法律若干问题的解释》第六条,第 928 页。

l. 2023 年《全国法院毒品案件审判工作会议纪要》二·(四),第 1014 页。

② a. 2020 年《关于依法惩治妨害新型冠状病毒感染肺炎疫情防控违法犯罪的意见》二·(五)、(十),第 351、353 页。

b. 2020 年《被盗财物价格认定规则》,第 766 页。

③ a. 2003 年《关于相对刑事责任年龄的人承担刑事责任范围有关问题的答复》二,第 236 页。

b. 2005 年《关于审理抢劫、抢夺刑事案件适用法律若干问题的意见》五,第 755 页。

c. 2006 年《关于审理未成年人刑事案件具体应用法律若干问题的解释》第十条,第 237 页。

第二百七十条[①] **【侵占罪】** 将代为保管的他人财物非法占为己有，数额较大，拒不退还的，处二年以下有期徒刑、拘役或者罚金；数额巨大或者有其他严重情节的，处二年以上五年以下有期徒刑，并处罚金。

将他人的遗忘物或者埋藏物非法占为己有，数额较大，拒不交出的，依照前款的规定处罚。

本条罪，告诉的才处理。

第二百七十一条[②] **【职务侵占罪】** 公司、企业或者其他单位的工作人员，利用职务上的便利，将本单位财物非法占为己有，数额较大的，处三年以下有期徒刑或者拘役，并处罚金；数额巨大的，处三年以上十年以下有期徒刑，并处罚金；数额特别巨大的，处十年以上有期徒刑或者无期徒刑，并处罚金。

【贪污罪】 国有公司、企业或者其他国有单位中从事公务的人员和国有公司、企业或者其他国有单位委派到非国有公司、企业以及其他单位从事公务的人员有前款行为的，依照本法第三百八十二条、第三百八十三条的规定定罪处罚。

---

① 2020 年《被盗财物价格认定规则》，第 766 页。

② a. 本条第一款系根据《刑法修正案（十一）》第二十九条的规定修改。原条文为“公司、企业或者其他单位的人员，利用职务上的便利，将本单位财物非法占为己有，数额较大的，处五年以下有期徒刑或者拘役；数额巨大的，处五年以上有期徒刑，可以并处没收财产”。

b. 1999 年《全国法院维护农村稳定刑事审判工作座谈会纪要》三·（三），第 701 页。

c. 1999 年《关于村民小组组长利用职务便利非法占有公共财物行为如何定性问题的批复》，第 817 页。

d. 2000 年《关于审理贪污、职务侵占案件如何认定共同犯罪几个问题的解释》，第 1108 页。

e. 2001 年《关于非国家工作人员涉嫌职务犯罪案件管辖问题的意见》，第 542 页。

f. 2001 年《关于在国有资本控股、参股的股份有限公司中从事管理工作的人员利用职务便利非法占有本公司财物如何定罪问题的批复》，第 817 页。

g. 2003 年《关于办理妨害预防、控制突发传染病疫情等灾害的刑事案件具体应用法律若干问题的解释》第十四、十七条，第 349 页。

h. 2004 年《关于宗教活动场所工作人员能否构成职务侵占或挪用资金犯罪主体的批复》，第 818 页。

i. 2005 年《关于对非法占有他人股权是否构成职务侵占罪问题的工作意见》，第 818 页。

j. 2005 年《对关于公司人员利用职务上的便利采取欺骗等手段非法占有股东股权的行为如何定性处理的批复的意见》，第 222 页。

k. 2007 年《关于对居民小组下设生产队认定问题的批复》，第 818 页。

l. 2008 年《关于对通过虚假验资骗取工商营业执照的“三无”企业能否成为职务侵占罪客体问题征求意见的复函》，第 819 页。

m. 2010 年《关于办理国家出资企业中职务犯罪案件具体应用法律若干问题的意见》一、五、六、八，第 542、544 页。

n. 2011 年《关于个人独资企业员工能否成为职务侵占罪主体问题的复函》，第 819 页。

o. 2012 年《关于范×涉嫌职务侵占案犯罪主体问题的批复》，第 819 页。

p. 2016 年《关于办理贪污贿赂刑事案件适用法律若干问题的解释》第十一、十六条，第 1105、1106 页。

q. 2020 年《关于依法惩治妨害新型冠状病毒感染肺炎疫情防控违法犯罪的意见》二·（七）、（十），第 352、353 页。

r. 2020 年《被盗财物价格认定规则》，第 766 页。

s. 2021 年《关于常见犯罪的量刑指导意见（试行）》四·（十四），第 283 页。

t. 2022 年《关于公安机关管辖的刑事案件立案追诉标准的规定（二）》第七十六条，第 413 页。

u. 最高检 2023 年指导性案例 190 号《宋某某违规出具金融票证、违法发放贷款、非国家工作人员受贿案》，第 1198 页。

第二百七十二条[①] **【挪用资金罪】** 公司、企业或者其他单位的工作人员,利用职务上的便利,挪用本单位资金归个人使用或者借贷给他人,数额较大、超过三个月未还的,或者虽未超过三个月,但数额较大、进行营利活动的,或者进行非法活动的,处三年以下有期徒刑或者拘役;挪用本单位资金数额巨大的,处三年以上七年以下有期徒刑;数额特别巨大的,处七年以上有期徒刑。

【挪用公款罪】 国有公司、企业或者其他国有单位中从事公务的人员和国有公司、企业或者其他国有单位委派到非国有公司、企业以及其他单位从事公务的人员有前款行为的,依照本法第三百八十四条的规定定罪处罚。

有第一款行为,在提起公诉前将挪用的资金退还的,可以从轻或者减轻处罚。其中,犯罪较轻的,可以减轻或者免除处罚。

---

① a. 本条系根据《刑法修正案(十一)》第三十条的规定修改。原条文为"(第一款)公司、企业或者其他单位的工作人员,利用职务上的便利,挪用本单位资金归个人使用或者借贷给他人,数额较大、超过三个月未还的,或者虽未超过三个月,但数额较大、进行营利活动的,或者进行非法活动的,处三年以下有期徒刑或者拘役;挪用本单位资金数额巨大的,或者数额较大不退还的,处三年以上十年以下有期徒刑。(第二款)国有公司、企业或者其他国有单位中从事公务的人员和国有公司、企业或者其他国有单位委派到非国有公司、企业以及其他单位从事公务的人员有前款行为的,依照本法第三百八十四条的规定定罪处罚"。

b. 2000 年《关于挪用尚未注册成立公司资金的行为适用法律问题的批复》,第 820 页。

c. 2000 年《关于如何理解刑法第二百七十二条规定的"挪用本单位资金归个人使用或者借贷给他人"问题的批复》,第 820 页。

d. 2000 年《关于对受委托管理、经营国有财产人员挪用国有资金行为如何定罪问题的批复》,第 820 页。

e. 2001 年《关于非国家工作人员涉嫌职务犯罪案件管辖问题的意见》,第 542 页。

f. 2001 年《关于村民小组组长以本组资金为他人担保贷款如何定性处理问题的批复》,第 821 页。

g. 2002 年《关于对挪用资金罪有关问题请示的答复》,第 821 页。

h. 2003 年《关于办理妨害预防、控制突发传染病疫情等灾害的刑事案件具体应用法律若干问题的解释》第十四条,第 349 页。

i. 2004 年《关于挪用退休职工社会养老金行为如何适用法律问题的复函》,第 822 页。

j. 据了解,全国人大常委会法工委刑法室于 2004 年 9 月 2 日就公安部经侦局《关于挪用资金归个人使用征求意见的函》电话答复:刑法第二百七十二条规定的挪用资金罪中的"归个人使用"与刑法第三百八十四条规定的挪用公款罪中的"归个人使用"的含义基本相同。1997 年修改刑法时,针对当时挪用资金中比较突出的情况,在规定"归个人使用时"的同时,进一步明确了"借贷给他人"属于挪用资金罪的一种表现形式。该解释因主体不适格而非有权解释,但对理解法条规定具有一定的参考价值,故收录于此。

k. 2004 年《关于对挪用资金罪中"归个人使用"有关问题的批复》,第 821 页。

l. 2004 年《关于宗教活动场所工作人员能否构成职务侵占或挪用资金犯罪主体的批复》,第 818 页。

m. 2007 年《关于对居民小组下设生产队认定问题的批复》,第 818 页。

n. 2010 年《关于办理国家出资企业中职务犯罪案件具体应用法律若干问题的意见》三、五、六、八,第 543、544 页。

o. 2012 年《关于村民小组是否属于刑法第二百七十二条规定的"其他单位"问题的研究意见》,第 1209 页。

p. 2012 年《关于范 × 涉嫌职务侵占案犯罪主体问题的批复》,第 819 页。

q. 2016 年《关于办理贪污贿赂刑事案件适用法律若干问题的解释》第十一条,第 1105 页。

r. 2020 年《关于依法惩治妨害新型冠状病毒感染肺炎疫情防控违法犯罪的意见》二·(七)、(十),第 352、353 页。

s. 2020 年《关于充分发挥检察职能服务保障"六稳""六保"的意见》3,第 421 页。

t. 2022 年《关于公安机关管辖的刑事案件立案追诉标准的规定(二)》第七十七条,第 413 页。

u. 最高检 2023 年指导性案例 190 号《宋某某违规出具金融票证、违法发放贷款、非国家工作人员受贿案》,第 1198 页。

第二百七十三条[①] **【挪用特定款物罪】** 挪用用于救灾、抢险、防汛、优抚、扶贫、移民、救济款物，情节严重，致使国家和人民群众利益遭受重大损害的，对直接责任人员，处三年以下有期徒刑或者拘役；情节特别严重的，处三年以上七年以下有期徒刑。

第二百七十四条[②] **【敲诈勒索罪】** 敲诈勒索公私财物，数额较大或者多次敲诈勒索的，处三年以下有期徒刑、拘役或者管制，并处或者单处罚金；数额巨大或者有其他严重情节的，处三年以上十年以下有期徒刑，并处罚金；数额特别巨大或者有其他特别严重情节的，处十年以上有期徒刑，并处罚金。

第二百七十五条[③] **【故意毁坏财物罪】** 故意毁坏公私财物，数额较大或者有其他严重情节的，处三年以下有期徒刑、拘役或者罚金；数额巨大或者有其他特别严重情节的，处三年以上七年以下有期徒刑。

第二百七十六条[④] **【破坏生产经营罪】** 由于泄愤报复或者其他个人目的，毁坏机器设备、残害耕畜或者以其他方法破坏生产经营的，处三年以下有期徒刑、拘役或者管制；情节严重的，处三年以上七年以下有期徒刑。

---

① a. 2003 年《关于办理妨害预防、控制突发传染病疫情等灾害的刑事案件具体应用法律若干问题的解释》第十四、十七条，第 349 页。

b. 2003 年《关于挪用失业保险基金和下岗职工基本生活保障资金的行为适用法律问题的批复》，第 1111 页。

c. 2003 年《关于挪用民族贸易和民族用品生产贷款利息补贴行为如何定性问题的复函》，第 822 页。

d. 2004 年《关于挪用退休职工社会养老金行为如何适用法律问题的复函》，第 822 页。

e. 2020 年《关于依法惩治妨害新型冠状病毒感染肺炎疫情防控违法犯罪的意见》二·（七）、（十），第 352、353 页。

f. 2020 年《被盗财物价格认定规则》，第 766 页。

② a. 本条系根据《刑法修正案（八）》第四十条的规定修改。原条文为“敲诈勒索公私财物，数额较大的，处三年以下有期徒刑、拘役或者管制；数额巨大或者有其他严重情节的，处三年以上十年以下有期徒刑”。

b. 1995 年《关于非法扣留他人车辆该如何定性处理的批复》，第 753 页。

c. 2000 年《关于维护互联网安全的决定》四·（三），第 195 页。

d. 2001 年《狱内刑事案件立案标准》第二条（二十）、第五条，第 369、371 页。

e. 2005 年《关于审理抢劫、抢夺刑事案件适用法律若干问题的意见》九·1，第 756 页。

f. 2013 年《关于办理敲诈勒索刑事案件适用法律若干问题的解释》，第 822 页。

g. 2013 年《关于办理利用信息网络实施诽谤等刑事案件适用法律若干问题的解释》第六条，第 733 页。

h. 2018 年《关于办理黑恶势力犯罪案件若干问题的指导意见》14 至 17、20，第 883、884 页。

i. 2019 年《关于办理恶势力刑事案件若干问题的意见》，第 887 页。

j. 2019 年《关于办理实施“软暴力”的刑事案件若干问题的意见》，第 890 页。

k. 2019 年《关于办理利用信息网络实施黑恶势力犯罪刑事案件若干问题的意见》6，第 896 页。

l. 2019 年《关于依法严厉打击传播艾滋病病毒等违法犯罪行为的指导意见》二·（四），第 426 页。

m. 2020 年《关于依法办理“碰瓷”违法犯罪案件的指导意见》二、九、十，第 752、753 页。

n. 2020 年《被盗财物价格认定规则》，第 766 页。

o. 2021 年《关于常见犯罪的量刑指导意见（试行）》四·（十五），第 283 页。

③ a. 2005 年《关于审理破坏公用电信设施刑事案件具体应用法律若干问题的解释》第三条，第 446 页。

b. 2008 年《关于公安机关管辖的刑事案件立案追诉标准的规定（一）》第三十三条，第 379 页。

c. 2014 年《关于依法惩处涉医违法犯罪维护正常医疗秩序的意见》二·（一），第 712 页。

d. 2019 年《关于办理恶势力刑事案件若干问题的意见》，第 887 页。

e. 2020 年《关于办理涉窨井盖相关刑事案件的指导意见》四、十二，第 436、437 页。

f. 2020 年《关于依法办理“碰瓷”违法犯罪案件的指导意见》五、九、十，第 752、753 页。

g. 2020 年《被盗财物价格认定规则》，第 766 页。

④ a. 2008 年《关于公安机关管辖的刑事案件立案追诉标准的规定（一）》第三十四条，第 379 页。

b. 2020 年《被盗财物价格认定规则》，第 766 页。

第二百七十六条之一[①] **【拒不支付劳动报酬罪】** 以转移财产、逃匿等方法逃避支付劳动者的劳动报酬或者有能力支付而不支付劳动者的劳动报酬,数额较大,经政府有关部门责令支付仍不支付的,处三年以下有期徒刑或者拘役,并处或者单处罚金;造成严重后果的,处三年以上七年以下有期徒刑,并处罚金。

单位犯前款罪的,对单位判处罚金,并对其直接负责的主管人员和其他直接责任人员,依照前款的规定处罚。

有前两款行为,尚未造成严重后果,在提起公诉前支付劳动者的劳动报酬,并依法承担相应赔偿责任的,可以减轻或者免除处罚。

第六章 妨害社会管理秩序罪

第一节 扰乱公共秩序罪

第二百七十七条[②] **【妨害公务罪】** 以暴力、威胁方法阻碍国家机关工作人员依法执行职务的,处三年以下有期徒刑、拘役、管制或者罚金。

以暴力、威胁方法阻碍全国人民代表大会和地方各级人民代表大会代表依法执行代表职务的,依照前款的规定处罚。

在自然灾害和突发事件中,以暴力、威胁方法阻碍红十字会工作人员依法履行职责的,依照第一款的规定处罚。

---

① a. 本条系根据《刑法修正案(八)》第四十一条的规定增加。

b. 2008年《关于公安机关管辖的刑事案件立案追诉标准的规定(一)》第三十四条之一,第380页。

c. 2012年《关于加强对拒不支付劳动报酬案件查处工作的通知》,第823页。

d. 2013年《关于审理拒不支付劳动报酬刑事案件适用法律若干问题的解释》,第824页。

e. 最高法2014年指导性案例28号《胡克金拒不支付劳动报酬案》,第1153页。

f. 2014年《关于加强涉嫌拒不支付劳动报酬犯罪案件查处衔接工作的通知》二,第826页。

g. 2020年《关于充分发挥检察职能服务保障"六稳""六保"的意见》3,第421页。

② a. 本条第五款原文为"暴力袭击正在依法执行职务的人民警察的,依照第一款的规定从重处罚",系根据《刑法修正案(九)》第二十一条的规定增加。《刑法修正案(十一)》第三十一条将其修改为现规定。

b. 1998年《关于依法查处盗窃、抢劫机动车案件的规定》一,第772页。

c. 2000年《关于以暴力、威胁方法阻碍事业编制人员依法执行行政执法职务是否可对侵害人以妨害公务罪论处的批复》,第826页。

d. 2003年《关于办理妨害预防、控制突发传染病疫情等灾害的刑事案件具体应用法律若干问题的解释》第八、十七条,第348、349页。

e. 2007年《关于依法严肃查处拒不执行判决、裁定和暴力抗拒法院执行犯罪行为有关问题的通知》二、三,第929页。

f. 2012年《关于审理破坏草原资源刑事案件应用法律若干问题的解释》第四条,第998页。

g. 2019年《关于依法惩治妨害公共交通工具安全驾驶违法犯罪行为的指导意见》一·(六),第434页。

h. 2019年《关于依法处理信访活动中违法犯罪行为的指导意见》一·(四)、(七)、(八),二,第856、857页。

i. 2020年《关于依法惩治袭警违法犯罪行为的指导意见》,第827页。

j. 2020年《关于依法惩治妨害新型冠状病毒感染肺炎疫情防控违法犯罪的意见》二·(一)、(十),第350、353页。

k. 2021年《关于常见犯罪的量刑指导意见(试行)》四·(十六),第284页。

故意阻碍国家安全机关、公安机关依法执行国家安全工作任务，未使用暴力、威胁方法，造成严重后果的，依照第一款的规定处罚。

【袭警罪】 暴力袭击正在依法执行职务的人民警察的，处三年以下有期徒刑、拘役或者管制；使用枪支、管制刀具，或者以驾驶机动车撞击等手段，严重危及其人身安全的，处三年以上七年以下有期徒刑。

第二百七十八条① **【煽动暴力抗拒法律实施罪】** 煽动群众暴力抗拒国家法律、行政法规实施的，处三年以下有期徒刑、拘役、管制或者剥夺政治权利；造成严重后果的，处三年以上七年以下有期徒刑。

第二百七十九条② **【招摇撞骗罪】** 冒充国家机关工作人员招摇撞骗的，处三年以下有期徒刑、拘役、管制或者剥夺政治权利；情节严重的，处三年以上十年以下有期徒刑。

冒充人民警察招摇撞骗的，依照前款的规定从重处罚。

第二百八十条③ **【伪造、变造、买卖国家机关公文、证件、印章罪】【盗窃、抢**

---

① a. 2012 年《关于审理破坏草原资源刑事案件应用法律若干问题的解释》第四条，第 998 页。

b. 2013 年《关于办理利用信息网络实施诽谤等刑事案件适用法律若干问题的解释》第九条，第 733 页。

② a. 2005 年《关于审理抢劫、抢夺刑事案件适用法律若干问题的意见》九·1，第 756 页。

b. 2011 年《关于办理诈骗刑事案件具体应用法律若干问题的解释》第八条，第 779 页。

c. 2021 年《关于依法惩治招摇撞骗等违法犯罪行为的指导意见》一、四、五，第 829 页。

③ a. 本条系根据《刑法修正案（九）》第二十二条的规定修改。原条文为"（第一款）伪造、变造、买卖或者盗窃、抢夺、毁灭国家机关的公文、证件、印章的，处三年以下有期徒刑、拘役、管制或者剥夺政治权利；情节严重的，处三年以上十年以下有期徒刑。（第二款）伪造公司、企业、事业单位、人民团体的印章的，处三年以下有期徒刑、拘役、管制或者剥夺政治权利。（第三款）伪造、变造居民身份证的，处三年以下有期徒刑、拘役、管制或者剥夺政治权利；情节严重的，处三年以上七年以下有期徒刑，并处罚金"。

b. 1998 年《关于惩治骗购外汇、逃汇和非法买卖外汇犯罪的决定》二，第 193 页。

c. 1998 年《关于审理骗购外汇、非法买卖外汇刑事案件具体应用法律若干问题的解释》第二条，第 595 页。

d. 1998 年《关于依法查处盗窃、抢劫机动车案件的规定》七，第 772 页。

e. 1999 年《关于买卖伪造的国家机关证件行为是否构成犯罪的问题的答复》，第 830 页。

f. 2000 年《关于盗窃空白因私护照有关问题的批复》，第 830 页。

g. 2001 年《关于办理伪造、贩卖伪造的高等院校学历、学位证明刑事案件如何适用法律问题的解释》，第 830 页。

h. 2002 年《关于对伪造学生证及贩卖、使用伪造学生证的行为如何处理问题的批复》，第 815 页。

i. 2002 年《关于买卖尚未加盖印章的空白〈边境证〉行为如何适用法律问题的答复》，第 1139 页。

j. 2003 年《关于伪造、变造、买卖政府设立的临时性机构的公文、证件、印章行为如何适用法律问题的答复》，第 831 页。

k. 2003 年《关于房产证是否属于"国家机关证件"问题的研究意见》，第 831 页。

l. 2007 年《关于办理与盗窃、抢劫、诈骗、抢夺机动车相关刑事案件具体应用法律若干问题的解释》第二条，第 774 页。

m. 2009 年《关于伪造、变造、买卖民用机动车号牌行为能否以伪造、变造、买卖国家机关证件罪定罪处罚问题的请示的答复》，第 831 页。

n. 2018 年《关于办理妨害信用卡管理刑事案件具体应用法律若干问题的解释》第四条，第 589 页。

o. 2010 年《关于税收通用完税证和车辆购置税完税证是否属于发票和属于何种发票问题的回函》，第 615 页。

p. 2016 年《关于〈关于伪造机动车登记证书如何适用法律的请示〉的答复意见》，第 833 页。

q. 2021 年《关于办理电信网络诈骗等刑事案件适用法律若干问题的意见（二）》六，第 785 页。

r. 2023 年《关于审理破坏森林资源刑事案件适用法律若干问题的解释》第十条，第 1008 页。

夺、毁灭国家机关公文、证件、印章罪】 伪造、变造、买卖或者盗窃、抢夺、毁灭国家机关的公文、证件、印章的,处三年以下有期徒刑、拘役、管制或者剥夺政治权利,并处罚金;情节严重的,处三年以上十年以下有期徒刑,并处罚金。

【伪造公司、企业、事业单位、人民团体印章罪】 伪造公司、企业、事业单位、人民团体的印章的,处三年以下有期徒刑、拘役、管制或者剥夺政治权利,并处罚金。

【伪造、变造、买卖身份证件罪】 伪造、变造、买卖居民身份证、护照、社会保障卡、驾驶证等依法可以用于证明身份的证件的,处三年以下有期徒刑、拘役、管制或者剥夺政治权利,并处罚金;情节严重的,处三年以上七年以下有期徒刑,并处罚金。

第二百八十条之一[①] **【使用虚假身份证件、盗用身份证件罪】** 在依照国家规定应当提供身份证明的活动中,使用伪造、变造的或者盗用他人的居民身份证、护照、社会保障卡、驾驶证等依法可以用于证明身份的证件,情节严重的,处拘役或者管制,并处或者单处罚金。

有前款行为,同时构成其他犯罪的,依照处罚较重的规定定罪处罚。

第二百八十条之二[②] **【冒名顶替罪】** 盗用、冒用他人身份,顶替他人取得的高等学历教育入学资格、公务员录用资格、就业安置待遇的,处三年以下有期徒刑、拘役或者管制,并处罚金。

组织、指使他人实施前款行为的,依照前款的规定从重处罚。

国家工作人员有前两款行为,又构成其他犯罪的,依照数罪并罚的规定处罚。

第二百八十一条[③] **【非法生产、买卖警用装备罪】** 非法生产、买卖人民警察制式服装、车辆号牌等专用标志、警械,情节严重的,处三年以下有期徒刑、拘役或者管制,并处或者单处罚金。

单位犯前款罪的,对单位判处罚金,并对其直接负责的主管人员和其他直接责任人员,依照前款的规定处罚。

第二百八十二条[④] **【非法获取国家秘密罪】** 以窃取、刺探、收买方法,非法获取国家秘密的,处三年以下有期徒刑、拘役、管制或者剥夺政治权利;情节严重的,处三年以上七年以下有期徒刑。

【非法持有国家绝密、机密文件、资料、物品罪】 非法持有属于国家绝密、机密的文件、资料或者其他物品,拒不说明来源与用途的,处三年以下有期徒刑、拘役或者管制。

---

① a. 本条系根据《刑法修正案(九)》第二十三条的规定增加。

b. 2021 年《关于办理电信网络诈骗等刑事案件适用法律若干问题的意见(二)》六,第 785 页。

② 本条系根据《刑法修正案(十一)》第三十二条的规定增加。

③ 2008 年《关于公安机关管辖的刑事案件立案追诉标准的规定(一)》第三十五条,第 380 页。

④ a. 2017 年《中华人民共和国反间谍法实施细则》第十七条,第 430 页。

b. 2019 年《关于办理组织考试作弊等刑事案件适用法律若干问题的解释》第九至十三条,第 835 页。

第二百八十三条[①] **【非法生产、销售专用间谍器材、窃听、窃照专用器材罪】** 非法生产、销售专用间谍器材或者窃听、窃照专用器材的，处三年以下有期徒刑、拘役或者管制，并处或者单处罚金；情节严重的，处三年以上七年以下有期徒刑，并处罚金。

单位犯前款罪的，对单位判处罚金，并对其直接负责的主管人员和其他直接责任人员，依照前款的规定处罚。

第二百八十四条[②] **【非法使用窃听、窃照专用器材罪】** 非法使用窃听、窃照专用器材，造成严重后果的，处二年以下有期徒刑、拘役或者管制。

第二百八十四条之一[③] **【组织考试作弊罪】** 在法律规定的国家考试中，组织作弊的，处三年以下有期徒刑或者拘役，并处或者单处罚金；情节严重的，处三年以上七年以下有期徒刑，并处罚金。

为他人实施前款犯罪提供作弊器材或者其他帮助的，依照前款的规定处罚。

【非法出售、提供试题、答案罪】 为实施考试作弊行为，向他人非法出售或者提供第一款规定的考试的试题、答案的，依照第一款的规定处罚。

【代替考试罪】 代替他人或者让他人代替自己参加第一款规定的考试的，处拘役或者管制，并处或者单处罚金。

第二百八十五条[④] **【非法侵入计算机信息系统罪】** 违反国家规定，侵入国家

---

① a. 本条系根据《刑法修正案（九）》第二十四条的规定修改。原条文为“非法生产、销售窃听、窃照等专用间谍器材的，处三年以下有期徒刑、拘役或者管制”。

b. 2014 年《关于依法办理非法生产、销售、使用“伪基站”设备案件的意见》，第 446 页。

c. 2014 年《禁止非法生产销售使用窃听窃照专用器材和“伪基站”设备的规定》第三、四条，第 832 页。

d. 2017 年《中华人民共和国反间谍法实施细则》第十八条，第 430 页。

e. 2019 年《关于办理组织考试作弊等刑事案件适用法律若干问题的解释》第十、十二、十三条，第 835 页。

② a. 2019 年《关于办理组织考试作弊等刑事案件适用法律若干问题的解释》第十、十二、十三条，第 835 页。

b. 最高检 2022 年指导性案例 139 号《钱某制作、贩卖、传播淫秽物品牟利案》，第 1189 页。

③ a. 本条系根据《刑法修正案（九）》第二十五条的规定增加。

b. 2015 年《关于〈中华人民共和国刑法修正案（九）〉时间效力问题的解释》第六条，第 233 页。

c. 2018 年《关于护士执业资格考试是否属于“法律规定的国家考试”问题的答复》，第 833 页。

d. 2019 年《关于对计算机技术与软件专业技术资格（水平）考试是否属于“法律规定的国家考试”征求意见的复函》，第 836 页。

e. 2019 年《关于办理组织考试作弊等刑事案件适用法律若干问题的解释》，第 834 页。

f. 2019 年《关于审理走私、非法经营、非法使用兴奋剂刑事案件适用法律若干问题的解释》第四、七、八条，第 531 页。

④ a. 本条第二款、第三款系根据《刑法修正案（七）》第九条的规定增加，本条第四款系根据《刑法修正案（九）》第二十六条的规定增加。

b. 2000 年《关于维护互联网安全的决定》一・（一），第 195 页。

c. 2007 年《关于审理危害军事通信刑事案件具体应用法律若干问题的解释》第六条，第 1095 页。

d. 2011 年《关于办理危害计算机信息系统安全刑事案件应用法律若干问题的解释》第一至三、八至十一条，第 837、839 页。

e. 2012 年《关于利用计算机窃取他人游戏币非法销售获利如何定性问题的研究意见》，第 1209 页。

f. 最高检 2017 年指导性案例 36 号《卫梦龙、龚旭、薛东东非法获取计算机信息系统数据案》，第 1168 页。

g. 最高检 2020 年指导性案例 68 号《叶源星、张剑秋提供侵入计算机信息系统程序、谭房妹非法获取计算机信息系统数据案》，第 1179 页。

h. 最高法 2020 年指导性案例 145 号《张竣杰等非法控制计算机信息系统案》，第 1157 页。

i. 最高检 2022 年指导性案例 139 号《钱某制作、贩卖、传播淫秽物品牟利案》，第 1189 页。

事务、国防建设、尖端科学技术领域的计算机信息系统的,处三年以下有期徒刑或者拘役。

【非法获取计算机信息系统数据、非法控制计算机信息系统罪】 违反国家规定,侵入前款规定以外的计算机信息系统或者采用其他技术手段,获取该计算机信息系统中存储、处理或者传输的数据,或者对该计算机信息系统实施非法控制,情节严重的,处三年以下有期徒刑或者拘役,并处或者单处罚金;情节特别严重的,处三年以上七年以下有期徒刑,并处罚金。

【提供侵入、非法控制计算机信息系统程序、工具罪】 提供专门用于侵入、非法控制计算机信息系统的程序、工具,或者明知他人实施侵入、非法控制计算机信息系统的违法犯罪行为而为其提供程序、工具,情节严重的,依照前款的规定处罚。

单位犯前三款罪的,对单位判处罚金,并对其直接负责的主管人员和其他直接责任人员,依照各该款的规定处罚。

第二百八十六条① **【破坏计算机信息系统罪】** 违反国家规定,对计算机信息系统功能进行删除、修改、增加、干扰,造成计算机信息系统不能正常运行,后果严重的,处五年以下有期徒刑或者拘役;后果特别严重的,处五年以上有期徒刑。

违反国家规定,对计算机信息系统中存储、处理或者传输的数据和应用程序进行删除、修改、增加的操作,后果严重的,依照前款的规定处罚。

故意制作、传播计算机病毒等破坏性程序,影响计算机系统正常运行,后果严重的,依照第一款的规定处罚。

单位犯前三款罪的,对单位判处罚金,并对其直接负责的主管人员和其他直接责任人员,依照第一款的规定处罚。

---

①　a. 本条第四款系根据《刑法修正案(九)》第二十七条的规定增加。

b. 1998 年《关于对破坏未联网的微型计算机信息系统是否适用〈刑法〉第 286 条的请示的批复》,第 836 页。

c. 2000 年《关于维护互联网安全的决定》一·(二)、(三),五,六,第 195、196 页。

d. 2011 年《关于办理危害计算机信息系统安全刑事案件应用法律若干问题的解释》第四至六、八至十一条,第 838、839 页。

e. 2012 年《关于对交警部门计算机信息系统中存储的交通违章信息进行删除行为如何定性的研究意见》,第 1209 页。

f. 最高检 2017 年指导性案例 33 号《李丙龙破坏计算机信息系统案》,第 1167 页。

g. 最高检 2017 年指导性案例 35 号《曾兴亮、王玉生破坏计算机信息系统案》,第 1167 页。

h. 最高法 2018 年指导性案例 102 号《付宣豪、黄子超破坏计算机信息系统案》,第 1155 页。

i. 最高法 2018 年指导性案例 103 号《徐强破坏计算机信息系统案》,第 1156 页。

j. 最高法 2018 年指导性案例 104 号《李森、何利民、张锋勃等人破坏计算机信息系统案》,第 1156 页。

k. 最高检 2020 年指导性案例 69 号《姚晓杰等 11 人破坏计算机信息系统案》,第 1180 页。

l. 2023 年《关于办理环境污染刑事案件适用法律若干问题的解释》第十一条,第 957 页。

第二百八十六条之一[①] **【拒不履行信息网络安全管理义务罪】** 网络服务提供者不履行法律、行政法规规定的信息网络安全管理义务，经监管部门责令采取改正措施而拒不改正，有下列情形之一的，处三年以下有期徒刑、拘役或者管制，并处或者单处罚金：

（一）致使违法信息大量传播的；

（二）致使用户信息泄露，造成严重后果的；

（三）致使刑事案件证据灭失，情节严重的；

（四）有其他严重情节的。

单位犯前款罪的，对单位判处罚金，并对其直接负责的主管人员和其他直接责任人员，依照前款的规定处罚。

有前两款行为，同时构成其他犯罪的，依照处罚较重的规定定罪处罚。

第二百八十七条 **【利用计算机实施的有关犯罪】** 利用计算机实施金融诈骗、盗窃、贪污、挪用公款、窃取国家秘密或者其他犯罪的，依照本法有关规定定罪处罚。

第二百八十七条之一[②] **【非法利用信息网络罪】** 利用信息网络实施下列行为之一，情节严重的，处三年以下有期徒刑或者拘役，并处或者单处罚金：

（一）设立用于实施诈骗、传授犯罪方法、制作或者销售违禁物品、管制物品等违法犯罪活动的网站、通讯群组的；

（二）发布有关制作或者销售毒品、枪支、淫秽物品等违禁物品、管制物品或者其他违法犯罪信息的；

（三）为实施诈骗等违法犯罪活动发布信息的。

单位犯前款罪的，对单位判处罚金，并对其直接负责的主管人员和其他直接责任人员，依照第一款的规定处罚。

有前两款行为，同时构成其他犯罪的，依照处罚较重的规定定罪处罚。

---

① a. 本条系根据《刑法修正案（九）》第二十八条的规定增加。

b. 2017 年《关于办理侵犯公民个人信息刑事案件适用法律若干问题的解释》第九条，第 743 页。

c. 2019 年《关于办理非法利用信息网络、帮助信息网络犯罪活动等刑事案件适用法律若干问题的解释》第一至六、十四至十八条，第 840 ~ 843 页。

d. 2020 年《关于依法惩治妨害新型冠状病毒感染肺炎疫情防控违法犯罪的意见》二·（六）、（十），第 351、353 页。

e. 2023 年《关于依法惩治网络暴力违法犯罪的指导意见》6、8，第 734、735 页。

② a. 本条系根据《刑法修正案（九）》第二十九条的规定增加。

b. 2016 年《关于审理毒品犯罪案件适用法律若干问题的解释》第十四条，第 1070 页。

c. 2017 年《关于办理侵犯公民个人信息刑事案件适用法律若干问题的解释》第八条，第 742 页。

d. 2017 年《关于办理组织、强迫、引诱、容留、介绍卖淫刑事案件适用法律若干问题的解释》第八条，第 1085 页。

e. 2019 年《关于办理组织考试作弊等刑事案件适用法律若干问题的解释》第十至十三条，第 835 页。

f. 2019 年《关于办理非法利用信息网络、帮助信息网络犯罪活动等刑事案件适用法律若干问题的解释》第七至十、十四至十八条，第 841 ~ 843 页。

g. 2019 年《关于依法严厉打击传播艾滋病病毒等违法犯罪行为的指导意见》二·（十一），第 427 页。

h. 2023 年《关于依法惩治网络暴力违法犯罪的指导意见》5、8，第 734、735 页。

第二百八十七条之二[①] **【帮助信息网络犯罪活动罪】** 明知他人利用信息网络实施犯罪,为其犯罪提供互联网接入、服务器托管、网络存储、通讯传输等技术支持,或者提供广告推广、支付结算等帮助,情节严重的,处三年以下有期徒刑或者拘役,并处或者单处罚金。

单位犯前款罪的,对单位判处罚金,并对其直接负责的主管人员和其他直接责任人员,依照第一款的规定处罚。

有前两款行为,同时构成其他犯罪的,依照处罚较重的规定定罪处罚。

第二百八十八条[②] **【扰乱无线电通讯管理秩序罪】** 违反国家规定,擅自设置、使用无线电台(站),或者擅自使用无线电频率,干扰无线电通讯秩序,情节严重的,处三年以下有期徒刑、拘役或者管制,并处或者单处罚金;情节特别严重的,处三年以上七年以下有期徒刑,并处罚金。

单位犯前款罪的,对单位判处罚金,并对其直接负责的主管人员和其他直接责任人员,依照前款的规定处罚。

第二百八十九条[③] **【故意伤害罪】【故意杀人罪】【抢劫罪】** 聚众"打砸抢",致人伤残、死亡的,依照本法第二百三十四条、第二百三十二条的规定定罪处罚。毁坏或者抢走公私财物的,除判令退赔外,对首要分子,依照本法第二百六十三条的规定定罪处罚。

第二百九十条[④] **【聚众扰乱社会秩序罪】** 聚众扰乱社会秩序,情节严重,致使

---

① a. 本条系根据《刑法修正案(九)》第二十九条的规定增加。

b. 2016 年《关于审理毒品犯罪案件适用法律若干问题的解释》第十四条,第 1070 页。

c. 2019 年《关于办理非法利用信息网络、帮助信息网络犯罪活动等刑事案件适用法律若干问题的解释》第十一至十八条,第 842、843 页。

d. 2020 年《关于深入推进"断卡"行动有关问题的会议纪要》,第 843 页。

e. 2021 年《关于办理电信网络诈骗等刑事案件适用法律若干问题的意见(二)》七至十,第 785 ~ 786 页。

f. 2022 年《关于"断卡"行动中有关法律适用问题的会议纪要》一至五、八、九,第 845 ~ 847 页。

g. 2023 年《关于办理电信网络诈骗及其关联犯罪案件有关问题的解答》一、二、四、六至十,第 795、797 ~ 800 页。

h. 最高检 2024 年指导性案例 203 号《李某某帮助信息网络犯罪活动案》,第 1202 页。

② a. 本条第一款系根据《刑法修正案(九)》第三十条的规定修改。原条文为"违反国家规定,擅自设置、使用无线电台(站),或者擅自占用频率,经责令停止使用后拒不停止使用,干扰无线电通讯正常进行,造成严重后果的,处三年以下有期徒刑、拘役或者管制,并处或者单处罚金"。

b. 2000 年《关于审理扰乱电信市场管理秩序案件具体应用法律若干问题的解释》第五条,第 642 页。

c. 2007 年《关于审理危害军事通信刑事案件具体应用法律若干问题的解释》第六条,第 1095 页。

d. 2017 年《关于办理扰乱无线电通讯管理秩序等刑事案件适用法律若干问题的解释》第一至三、五至八条,第 847 ~ 849 页。

e. 2019 年《关于办理组织考试作弊等刑事案件适用法律若干问题的解释》第十至十三条,第 835 页。

③ 2003 年《关于办理妨害预防、控制突发传染病疫情等灾害的刑事案件具体应用法律若干问题的解释》第九、十七条,第 348、349 页。

④ a. 本条第一款系根据《刑法修正案(九)》第三十一条的规定修改。原条文为"聚众扰乱社会秩序,情节严重,致使工作、生产、营业和教学、科研无法进行,造成严重损失的,对首要分子,处三年以上七年以下有期徒刑;对其他积极参加的,处三年以下有期徒刑、拘役、管制或者剥夺政治权利"。第三款、第四款系根据《刑法修正案(九)》第三十一条的规定增加。

b. 2013 年《关于公安机关处置信访活动中违法犯罪行为适用法律的指导意见》一·6,四·1、4,第 850、852 页。

c. 2014 年《关于依法惩处涉医违法犯罪维护正常医疗秩序的意见》二·(二),第 712 页。

d. 2019 年《关于依法处理信访活动中违法犯罪行为的指导意见》一·(一)、(二)、(七)、(八),二,第 855 ~ 857 页。

e. 2019 年《关于办理恶势力刑事案件若干问题的意见》,第 887 页。

工作、生产、营业和教学、科研、医疗无法进行,造成严重损失的,对首要分子,处三年以上七年以下有期徒刑;对其他积极参加的,处三年以下有期徒刑、拘役、管制或者剥夺政治权利。

【聚众冲击国家机关罪】 聚众冲击国家机关,致使国家机关工作无法进行,造成严重损失的,对首要分子,处五年以上十年以下有期徒刑;对其他积极参加的,处五年以下有期徒刑、拘役、管制或者剥夺政治权利。

【扰乱国家机关工作秩序罪】 多次扰乱国家机关工作秩序,经行政处罚后仍不改正,造成严重后果的,处三年以下有期徒刑、拘役或者管制。

【组织、资助他人非法聚集罪】 多次组织、资助他人非法聚集,扰乱社会秩序,情节严重的,依照前款的规定处罚。

第二百九十一条[①] **【聚众扰乱公共场所秩序、交通秩序罪】** 聚众扰乱车站、码头、民用航空站、商场、公园、影剧院、展览会、运动场或者其他公共场所秩序,聚众堵塞交通或者破坏交通秩序,抗拒、阻碍国家治安管理工作人员依法执行职务,情节严重的,对首要分子,处五年以下有期徒刑、拘役或者管制。

第二百九十一条之一[②] **【投放虚假危险物质罪】【编造、故意传播虚假恐怖信息罪】** 投放虚假的爆炸性、毒害性、放射性、传染病病原体等物质,或者编造爆炸威胁、生化威胁、放射威胁等恐怖信息,或者明知是编造的恐怖信息而故意传播,严重扰乱社会秩序的,处五年以下有期徒刑、拘役或者管制;造成严重后果的,处五年以上有期徒刑。

【编造、故意传播虚假信息罪】 编造虚假的险情、疫情、灾情、警情,在信息网络或者其他媒体上传播,或者明知是上述虚假信息,故意在信息网络或者其他媒体上传播,严重扰乱社会秩序的,处三年以下有期徒刑、拘役或者管制;造成严重后果的,处三年以上七年以下有期徒刑。

第二百九十一条之二[③] **【高空抛物罪】** 从建筑物或者其他高空抛掷物品,情

---

① a. 1995 年《关于非法扣留他人车辆该如何定性处理的批复》,第 753 页。

b. 2013 年《关于公安机关处置信访活动中违法犯罪行为适用法律的指导意见》四·2、3、6,第 852、853 页。

c. 2014 年《关于依法惩处涉医违法犯罪维护正常医疗秩序的意见》二·(二),第 712 页。

d. 2019 年《关于依法处理信访活动中违法犯罪行为的指导意见》一·(一)·3,二,第 856、857 页。

e. 2019 年《关于办理恶势力刑事案件若干问题的意见》,第 887 页。

② a. 本条第一款系根据《刑法修正案(三)》第八条的规定增加,第二款系根据《刑法修正案(九)》第三十二条的规定增加。

b. 2003 年《关于办理妨害预防、控制突发传染病疫情等灾害的刑事案件具体应用法律若干问题的解释》第十条、第十七条,第 348、349 页。

c. 2013 年《关于依法严厉打击编造、故意传播虚假恐怖信息威胁民航飞行安全犯罪活动的通知》二,第 858 页。

d. 2013 年《关于审理编造、故意传播虚假恐怖信息刑事案件适用法律若干问题的解释》,第 859 页。

e. 2013 年《关于办理利用信息网络实施诽谤等刑事案件适用法律若干问题的解释》第九条,第 733 页。

f. 最高检 2013 年指导性案例 9 号《李泽强编造、故意传播虚假恐怖信息案》,第 1163 页。

g. 最高检 2013 年指导性案例 10 号《卫学臣编造虚假恐怖信息案》,第 1163 页。

h. 最高检 2013 年指导性案例 11 号《袁才彦编造虚假恐怖信息案》,第 1163 页。

i. 2020 年《关于依法惩治妨害新型冠状病毒感染肺炎疫情防控违法犯罪的意见》二·(六)、(十),第 351、353 页。

③ 本条系根据《刑法修正案(十一)》第三十三条的规定增加。

节严重的,处一年以下有期徒刑、拘役或者管制,并处或者单处罚金。

有前款行为,同时构成其他犯罪的,依照处罚较重的规定定罪处罚。

第二百九十二条[①] **【聚众斗殴罪】** 聚众斗殴的,对首要分子和其他积极参加的,处三年以下有期徒刑、拘役或者管制;有下列情形之一的,对首要分子和其他积极参加的,处三年以上十年以下有期徒刑:

(一)多次聚众斗殴的;

(二)聚众斗殴人数多,规模大,社会影响恶劣的;

(三)在公共场所或者交通要道聚众斗殴,造成社会秩序严重混乱的;

(四)持械聚众斗殴的。

【故意伤害罪】【故意杀人罪】 聚众斗殴,致人重伤、死亡的,依照本法第二百三十四条、第二百三十二条的规定定罪处罚。

第二百九十三条[②] **【寻衅滋事罪】** 有下列寻衅滋事行为之一,破坏社会秩序

---

① a. 2004年《关于对参加聚众斗殴受重伤或者死亡的人及其家属提出的民事赔偿请求能否予以支持问题》,第860页。

b. 2008年《关于公安机关管辖的刑事案件立案追诉标准的规定(一)》第三十六条,第380页。

c. 最高检2010年指导性案例1号《施某某等17人聚众斗殴案》,第1161页。

d. 2019年《关于办理恶势力刑事案件若干问题的意见》,第887页。

e. 2021年《关于常见犯罪的量刑指导意见(试行)》四·(十七),第284页。

② a. 本条系根据《刑法修正案(八)》第四十二条的规定修改。原条文为"有下列寻衅滋事行为之一,破坏社会秩序的,处五年以下有期徒刑、拘役或者管制:(一)随意殴打他人,情节恶劣的;(二)追逐、拦截、辱骂他人,情节恶劣的;(三)强拿硬要或者任意损毁、占用公私财物,情节严重的;(四)在公共场所起哄闹事,造成公共场所秩序严重混乱的"。

b. 2003年《关于办理妨害预防、控制突发传染病疫情等灾害的刑事案件具体应用法律若干问题的解释》第十一、十七条,第349页。

c. 2005年《关于审理抢劫、抢夺刑事案件适用法律若干问题的意见》九·4,第757页。

d. 2006年《关于审理未成年人刑事案件具体应用法律若干问题的解释》第八条,第236页。

e. 2008年《关于公安机关管辖的刑事案件立案追诉标准的规定(一)》第三十七条,第380页。

f. 2013年《关于公安机关处置信访活动中违法犯罪行为适用法律的指导意见》四·10,第853页。

g. 2013年《关于办理寻衅滋事刑事案件适用法律若干问题的解释》,第860页。

h. 2013年《关于办理利用信息网络实施诽谤等刑事案件适用法律若干问题的解释》第五条,第733页。

i. 2014年《关于依法惩处涉医违法犯罪维护正常医疗秩序的意见》二·(一)、(二)、(四),第712页。

j. 2018年《关于办理黑恶势力犯罪案件若干问题的指导意见》14至17,第883页。

k. 2019年《关于依法惩治妨害公共交通工具安全驾驶违法犯罪行为的指导意见》一·(二),第433页。

l. 2019年《关于依法处理信访活动中违法犯罪行为的指导意见》一·(三)、(七)、(八),二,第856、857页。

m. 2019年《关于办理恶势力刑事案件若干问题的意见》,第887页。

n. 2019年《关于办理实施"软暴力"的刑事案件若干问题的意见》,第890页。

o. 2019年《关于办理利用信息网络实施黑恶势力犯罪刑事案件若干问题的意见》7,第896页。

p. 2019年《关于依法严厉打击传播艾滋病病毒等违法犯罪行为的指导意见》二·(三),第426页。

q. 2020年《关于依法惩治袭警违法犯罪行为的指导意见》六,第828页。

r. 2020年《关于依法惩治妨害新型冠状病毒感染肺炎疫情防控违法犯罪的意见》二·(二)、(六)、(十),第350、351、353页。

s. 2021年《关于常见犯罪的量刑指导意见(试行)》四·(十八),第284页。

t. 2022年《关于依法妥善办理轻伤害案件的指导意见》二·(八),第696页。

的,处五年以下有期徒刑、拘役或者管制:

(一)随意殴打他人,情节恶劣的;

(二)追逐、拦截、辱骂、恐吓他人,情节恶劣的;

(三)强拿硬要或者任意损毁、占用公私财物,情节严重的;

(四)在公共场所起哄闹事,造成公共场所秩序严重混乱的。

纠集他人多次实施前款行为,严重破坏社会秩序的,处五年以上十年以下有期徒刑,可以并处罚金。

第二百九十三条之一① **【催收非法债务罪】** 有下列情形之一,催收高利放贷等产生的非法债务,情节严重的,处三年以下有期徒刑、拘役或者管制,并处或者单处罚金:

(一)使用暴力、胁迫方法的;

(二)限制他人人身自由或者侵入他人住宅的;

(三)恐吓、跟踪、骚扰他人的。

第二百九十四条② **【组织、领导、参加黑社会性质组织罪】** 组织、领导黑社会

---

① 本条系根据《刑法修正案(十一)》第三十四条的规定增加。

② a. 本条系根据《刑法修正案(八)》第四十三条的规定修改。原条文为"(第一款)组织、领导和积极参加以暴力、威胁或者其他手段,有组织地进行违法犯罪活动,称霸一方,为非作恶,欺压、残害群众,严重破坏经济、社会生活秩序的黑社会性质的组织的,处三年以上十年以下有期徒刑;其他参加的,处三年以下有期徒刑、拘役、管制或者剥夺政治权利。(第二款)境外的黑社会组织的人员到中华人民共和国境内发展组织成员的,处三年以上十年以下有期徒刑。(第三款)犯前两款罪又有其他犯罪行为的,依照数罪并罚的规定处罚。(第四款)国家机关工作人员包庇黑社会性质的组织,或者纵容黑社会性质的组织进行违法犯罪活动的,处三年以下有期徒刑、拘役或者剥夺政治权利;情节严重的,处三年以上十年以下有期徒刑"。

b. 2000 年《关于审理黑社会性质组织犯罪的案件具体应用法律若干问题的解释》,第 862 页。

c. 2002 年《关于认真贯彻执行全国人大常委会〈关于刑法第二百九十四条第一款的解释〉和〈关于刑法第三百八十四条第一款的解释〉的通知》二,第 902 页。

d. 2002 年《关于〈中华人民共和国刑法〉第二百九十四条第一款的解释》,第 214 页。

e. 2009 年《关于办理黑社会性质组织犯罪案件座谈会纪要》,第 863 页。

f. 2010 年《在审理故意杀人、伤害及黑社会性质组织犯罪案件中切实贯彻宽严相济刑事政策》一、三,第 708、711 页。

g. 2012 年《关于办理黑社会性质组织犯罪案件若干问题的规定》,第 868 页。

h. 2015 年《全国部分法院审理黑社会性质组织犯罪案件工作座谈会纪要》,第 873 页。

i. 2018 年《关于办理黑恶势力犯罪案件若干问题的指导意见》3 至 13、20 至 22,第 880 ~ 884 页。

j. 2019 年《关于办理非法放贷刑事案件若干问题的意见》七,第 660 页。

k. 2019 年《关于办理实施"软暴力"的刑事案件若干问题的意见》,第 890 页。

l. 2019 年《关于办理黑恶势力刑事案件中财产处置若干问题的意见》,第 892 页。

m. 2019 年《关于办理利用信息网络实施黑恶势力犯罪刑事案件若干问题的意见》,第 896 页。

n. 2019 年《关于在扫黑除恶专项斗争中分工负责、互相配合、互相制约、严惩公职人员涉黑涉恶违法犯罪问题的通知》,第 898 页。

o. 2020 年《关于依法严惩利用未成年人实施黑恶势力犯罪的意见》,第 900 页。

p. 最高法 2020 年指导性案例 186 号《龚品文等组织、领导、参加黑社会性质组织案》,第 1158 页。

q. 最高法 2020 年指导性案例 187 号《吴强等敲诈勒索、抢劫、故意伤害案》,第 1158 页。

r. 最高法 2020 年指导性案例 188 号《史广振等组织、领导、参加黑社会性质组织案》,第 1158 页。

s. 2022 年《中华人民共和国反有组织犯罪法》,第 208 页。

性质的组织的,处七年以上有期徒刑,并处没收财产;积极参加的,处三年以上七年以下有期徒刑,可以并处罚金或者没收财产;其他参加的,处三年以下有期徒刑、拘役、管制或者剥夺政治权利,可以并处罚金。

【入境发展黑社会组织罪】 境外的黑社会组织的人员到中华人民共和国境内发展组织成员的,处三年以上十年以下有期徒刑。

【包庇、纵容黑社会性质组织罪】 国家机关工作人员包庇黑社会性质的组织,或者纵容黑社会性质的组织进行违法犯罪活动的,处五年以下有期徒刑;情节严重的,处五年以上有期徒刑。

犯前三款罪又有其他犯罪行为的,依照数罪并罚的规定处罚。

黑社会性质的组织应当同时具备以下特征:

(一)形成较稳定的犯罪组织,人数较多,有明确的组织者、领导者,骨干成员基本固定;

(二)有组织地通过违法犯罪活动或者其他手段获取经济利益,具有一定的经济实力,以支持该组织的活动;

(三)以暴力、威胁或者其他手段,有组织地多次进行违法犯罪活动,为非作恶,欺压、残害群众;

(四)通过实施违法犯罪活动,或者利用国家工作人员的包庇或者纵容,称霸一方,在一定区域或者行业内,形成非法控制或者重大影响,严重破坏经济、社会生活秩序。

第二百九十五条[①] **【传授犯罪方法罪】** 传授犯罪方法的,处五年以下有期徒刑、拘役或者管制;情节严重的,处五年以上十年以下有期徒刑;情节特别严重的,处十年以上有期徒刑或者无期徒刑。

第二百九十六条[②] **【非法集会、游行、示威罪】** 举行集会、游行、示威,未依照法律规定申请或者申请未获许可,或者未按照主管机关许可的起止时间、地点、路线进行,又拒不服从解散命令,严重破坏社会秩序的,对集会、游行、示威的负责人和直接责任人员,处五年以下有期徒刑、拘役、管制或者剥夺政治权利。

第二百九十七条[③] **【非法携带武器、管制刀具、爆炸物参加集会、游行、示威罪】** 违反法律规定,携带武器、管制刀具或者爆炸物参加集会、游行、示威的,处三年以下有期徒刑、拘役、管制或者剥夺政治权利。

---

① a. 本条系根据《刑法修正案(八)》第四十四条的规定修改。原条文为“传授犯罪方法的,处五年以下有期徒刑、拘役或者管制;情节严重的,处五年以上有期徒刑;情节特别严重的,处无期徒刑或者死刑”。

b. 2019 年《关于依法严厉打击传播艾滋病病毒等违法犯罪行为的指导意见》二·(七),第 427 页。

② 2008 年《关于公安机关管辖的刑事案件立案追诉标准的规定(一)》第三十八条,第 381 页。

③ 2008 年《关于公安机关管辖的刑事案件立案追诉标准的规定(一)》第三十九条,第 381 页。

第二百九十八条[①] **【破坏集会、游行、示威罪】** 扰乱、冲击或者以其他方法破坏依法举行的集会、游行、示威，造成公共秩序混乱的，处五年以下有期徒刑、拘役、管制或者剥夺政治权利。

第二百九十九条[②] **【侮辱国旗、国徽、国歌罪】** 在公共场合，故意以焚烧、毁损、涂划、玷污、践踏等方式侮辱中华人民共和国国旗、国徽的，处三年以下有期徒刑、拘役、管制或者剥夺政治权利。

在公共场合，故意篡改中华人民共和国国歌歌词、曲谱，以歪曲、贬损方式奏唱国歌，或者以其他方式侮辱国歌，情节严重的，依照前款的规定处罚。

第二百九十九条之一[③] **【侵害英雄烈士名誉、荣誉罪】** 侮辱、诽谤或者以其他方式侵害英雄烈士的名誉、荣誉，损害社会公共利益，情节严重的，处三年以下有期徒刑、拘役、管制或者剥夺政治权利。

第三百条[④] **【组织、利用会道门、邪教组织、利用迷信破坏法律实施罪】** 组织、利用会道门、邪教组织或者利用迷信破坏国家法律、行政法规实施的，处三年以上七年以下有期徒刑，并处罚金；情节特别严重的，处七年以上有期徒刑或者无期徒刑，并处罚金或者没收财产；情节较轻的，处三年以下有期徒刑、拘役、管制或者剥夺政治权利，并处或者单处罚金。

【组织、利用会道门、邪教组织、利用迷信致人重伤、死亡罪】 组织、利用会道门、邪教组织或者利用迷信蒙骗他人，致人重伤、死亡的，依照前款的规定处罚。

犯第一款罪又有奸淫妇女、诈骗财物等犯罪行为的，依照数罪并罚的规定处罚。

第三百零一条[⑤] **【聚众淫乱罪】** 聚众进行淫乱活动的，对首要分子或者多次参加的，处五年以下有期徒刑、拘役或者管制。

---

① 2008 年《关于公安机关管辖的刑事案件立案追诉标准的规定(一)》第四十条，第 381 页。

② 本条系根据《刑法修正案(十)》的规定修改。原条文为“在公众场合故意以焚烧、毁损、涂划、玷污、践踏等方式侮辱中华人民共和国国旗、国徽的，处三年以下有期徒刑、拘役、管制或者剥夺政治权利”。

③ a. 本条系根据《刑法修正案(十一)》第三十五条的规定增加。

b. 2022 年《关于依法惩治侵害英雄烈士名誉、荣誉违法犯罪的意见》，第 903 页。

c. 最高检 2022 年指导性案例 136 号《仇某侵害英雄烈士名誉、荣誉案》，第 1186 页。

④ a. 本条系根据《刑法修正案(九)》第三十三条的规定修改。原条文为“(第一款)组织和利用会道门、邪教组织或者利用迷信破坏国家法律、行政法规实施的，处三年以上七年以下有期徒刑；情节特别严重的，处七年以上有期徒刑。(第二款)组织和利用会道门、邪教组织或者利用迷信蒙骗他人，致人死亡的，依照前款的规定处罚。(第三款)组织和利用会道门、邪教组织或者利用迷信奸淫妇女、诈骗财物的，分别依照本法第二百三十六条、第二百六十六条的规定定罪处罚”。

b. 1999 年《关于贯彻全国人大常委会〈关于取缔邪教组织、防范和惩治邪教活动的决定〉和“两院”司法解释的通知》，第 904 页。

c. 1999 年《关于取缔邪教组织、防范和惩治邪教活动的决定》，第 194 页。

d. 2000 年《关于维护互联网安全的决定》二·(四)，第 195 页。

e. 2017 年《关于办理组织、利用邪教组织破坏法律实施等刑事案件适用法律若干问题的解释》，第 905 页。

⑤ 2008 年《关于公安机关管辖的刑事案件立案追诉标准的规定(一)》第四十一、四十二条，第 381 页。

【引诱未成年人聚众淫乱罪】 引诱未成年人参加聚众淫乱活动的,依照前款的规定从重处罚。

第三百零二条[①] **【盗窃、侮辱、故意毁坏尸体、尸骨、骨灰罪】** 盗窃、侮辱、故意毁坏尸体、尸骨、骨灰的,处三年以下有期徒刑、拘役或者管制。

第三百零三条[②] **【赌博罪】** 以营利为目的,聚众赌博或者以赌博为业的,处三年以下有期徒刑、拘役或者管制,并处罚金。

【开设赌场罪】 开设赌场的,处五年以下有期徒刑、拘役或者管制,并处罚金;情节严重的,处五年以上十年以下有期徒刑,并处罚金。

【组织参与国(境)外赌博罪】 组织中华人民共和国公民参与国(境)外赌博,数额巨大或者有其他严重情节的,依照前款的规定处罚。

第三百零四条[③] **【故意延误投递邮件罪】** 邮政工作人员严重不负责任,故意延误投递邮件,致使公共财产、国家和人民利益遭受重大损失的,处二年以下有期徒刑或者拘役。

第二节　妨害司法罪

第三百零五条 **【伪证罪】** 在刑事诉讼中,证人、鉴定人、记录人、翻译人对与

---

① 本条系根据《刑法修正案(九)》第三十四条的规定修改。原条文为“盗窃、侮辱尸体的,处三年以下有期徒刑、拘役或者管制”。

② a. 本条原文为“以营利为目的,聚众赌博、开设赌场或者以赌博为业的,处三年以下有期徒刑、拘役或者管制,并处罚金”。《刑法修正案(六)》第十八条修改为“(第一款)以营利为目的,聚众赌博或者以赌博为业的,处三年以下有期徒刑、拘役或者管制,并处罚金。(第二款)开设赌场的,处三年以下有期徒刑、拘役或者管制,并处罚金;情节严重的,处三年以上十年以下有期徒刑,并处罚金”。《刑法修正案(十一)》第三十六条将其修改为现规定。

b. 1995 年《关于对设置圈套诱骗他人参赌又向索还钱财的受骗者施以暴力或暴力威胁的行为应如何定罪问题的批复》,第 912 页。

c. 2005 年《关于开展集中打击赌博违法犯罪活动专项行动有关工作的通知》,第 908 页。

d. 2005 年《关于办理赌博刑事案件具体应用法律若干问题的解释》,第 909 页。

e. 2008 年《关于公安机关管辖的刑事案件立案追诉标准的规定(一)》第四十三、四十四条,第 381、382 页。

f. 2010 年《关于办理网络赌博犯罪案件适用法律若干问题的意见》一至三,第 910、911 页。

g. 2014 年《关于办理利用赌博机开设赌场案件适用法律若干问题的意见》,第 913 页。

h. 2014 年《对〈关于《关于办理赌博机开设赌场案件适用法律若干问题的意见》第七条是否适用于其他开设赌场案件请示〉的答复意见》,第 915 页。

i. 最高法 2018 年指导性案例 105 号《洪小强、洪礼沃、洪清泉、李志荣开设赌场案》,第 1156 页。

j. 最高法 2018 年指导性案例 106 号《谢检军、高垒、高尔樵、杨泽彬开设赌场案》,第 1156 页。

k. 2019 年《关于办理恶势力刑事案件若干问题的意见》,第 887 页。

l. 2020 年《办理跨境赌博犯罪案件若干问题的意见》,第 915 页。

m. 最高法 2020 年指导性案例 146 号《陈庆豪、陈淑娟、赵延海开设赌场案》,第 1157 页。

③ 2008 年《关于公安机关管辖的刑事案件立案追诉标准的规定(一)》第四十五条,第 382 页。

案件有重要关系的情节，故意作虚假证明、鉴定、记录、翻译，意图陷害他人或者隐匿罪证的，处三年以下有期徒刑或者拘役；情节严重的，处三年以上七年以下有期徒刑。

第三百零六条 【辩护人、诉讼代理人毁灭证据、伪造证据、妨害作证罪】 在刑事诉讼中，辩护人、诉讼代理人毁灭、伪造证据，帮助当事人毁灭、伪造证据，威胁、引诱证人违背事实改变证言或者作伪证的，处三年以下有期徒刑或者拘役；情节严重的，处三年以上七年以下有期徒刑。

辩护人、诉讼代理人提供、出示、引用的证人证言或者其他证据失实，不是有意伪造的，不属于伪造证据。

第三百零七条 【妨害作证罪】 以暴力、威胁、贿买等方法阻止证人作证或者指使他人作伪证的，处三年以下有期徒刑或者拘役；情节严重的，处三年以上七年以下有期徒刑。

【帮助毁灭、伪造证据罪】 帮助当事人毁灭、伪造证据，情节严重的，处三年以下有期徒刑或者拘役。

司法工作人员犯前两款罪的，从重处罚。

第三百零七条之一[①] **【虚假诉讼罪】** 以捏造的事实提起民事诉讼，妨害司法秩序或者严重侵害他人合法权益的，处三年以下有期徒刑、拘役或者管制，并处或者单处罚金；情节严重的，处三年以上七年以下有期徒刑，并处罚金。

单位犯前款罪的，对单位判处罚金，并对其直接负责的主管人员和其他直接责任人员，依照前款的规定处罚。

有第一款行为，非法占有他人财产或者逃避合法债务，又构成其他犯罪的，依照处罚较重的规定定罪从重处罚。

司法工作人员利用职权，与他人共同实施前三款行为的，从重处罚；同时构成其他犯罪的，依照处罚较重的规定定罪从重处罚。

---

① a. 本条系根据《刑法修正案（九）》第三十五条的规定增加。

b. 2015 年《关于〈中华人民共和国刑法修正案（九）〉时间效力问题的解释》第七条，第 233 页。

c. 2018 年《关于办理黑恶势力犯罪案件若干问题的指导意见》20，第 884 页。

d. 2018 年《关于办理虚假诉讼刑事案件适用法律若干问题的解释》，第 919 页。

e. 最高检 2019 年指导性案例 52 号《广州乙置业公司等骗取支付令执行虚假诉讼监督案》，第 1174 页。

f. 最高检 2019 年指导性案例 53 号《武汉乙投资公司等骗取调解书虚假诉讼监督案》，第 1175 页。

g. 最高检 2019 年指导性案例 54 号《陕西甲实业公司等公证执行虚假诉讼监督案》，第 1175 页。

h. 最高检 2019 年指导性案例 55 号《福建王某兴等人劳动仲裁执行虚假诉讼监督案》，第 1175 页。

i. 最高检 2019 年指导性案例 56 号《江西熊某等交通事故保险理赔虚假诉讼监督案》，第 1175 页。

j. 2020 年《关于依法办理"碰瓷"违法犯罪案件的指导意见》一、九、十，第 752、753 页。

k. 2021 年《关于进一步加强虚假诉讼犯罪惩治工作的意见》，第 921 页。

l. 2022 年《关于公安机关管辖的刑事案件立案追诉标准的规定（二）》第七十八条，第 413 页。

m. 最高检 2023 年指导性案例 192 号《周某某与项某某、李某某著作权权属、侵权纠纷等系列虚假诉讼监督案》，第 1199 页。

第三百零八条 【打击报复证人罪】 对证人进行打击报复的,处三年以下有期徒刑或者拘役;情节严重的,处三年以上七年以下有期徒刑。

第三百零八条之一[①] **【泄露不应公开的案件信息罪】** 司法工作人员、辩护人、诉讼代理人或者其他诉讼参与人,泄露依法不公开审理的案件中不应当公开的信息,造成信息公开传播或者其他严重后果的,处三年以下有期徒刑、拘役或者管制,并处或者单处罚金。

有前款行为,泄露国家秘密的,依照本法第三百九十八条的规定定罪处罚。

【披露、报道不应公开的案件信息罪】 公开披露、报道第一款规定的案件信息,情节严重的,依照第一款的规定处罚。

单位犯前款罪的,对单位判处罚金,并对其直接负责的主管人员和其他直接责任人员,依照第一款的规定处罚。

第三百零九条[②] **【扰乱法庭秩序罪】** 有下列扰乱法庭秩序情形之一的,处三年以下有期徒刑、拘役、管制或者罚金:

(一)聚众哄闹、冲击法庭的;

(二)殴打司法工作人员或者诉讼参与人的;

(三)侮辱、诽谤、威胁司法工作人员或者诉讼参与人,不听法庭制止,严重扰乱法庭秩序的;

(四)有毁坏法庭设施,抢夺、损毁诉讼文书、证据等扰乱法庭秩序行为,情节严重的。

第三百一十条[③] **【窝藏、包庇罪】** 明知是犯罪的人而为其提供隐藏处所、财物,帮助其逃匿或者作假证明包庇的,处三年以下有期徒刑、拘役或者管制;情节严重的,处三年以上十年以下有期徒刑。

犯前款罪,事前通谋的,以共同犯罪论处。

第三百一十一条[④] **【拒绝提供间谍犯罪、恐怖主义犯罪、极端主义犯罪证据罪】** 明知他人有间谍犯罪或者恐怖主义、极端主义犯罪行为,在司法机关向其调查有关情况、收集有关证据时,拒绝提供,情节严重的,处三年以下有期徒刑、拘役或者管制。

---

① 本条系根据《刑法修正案(九)》第三十六条的规定增加。

② 本条系根据《刑法修正案(九)》第三十七条的规定修改。原条文为"聚众哄闹、冲击法庭,或者殴打司法工作人员,严重扰乱法庭秩序的,处三年以下有期徒刑、拘役、管制或者罚金"。

③ a. 2017 年《关于办理组织、强迫、引诱、容留、介绍卖淫刑事案件适用法律若干问题的解释》第十四条,第 1086 页。

b. 2021 年《关于办理窝藏、包庇刑事案件适用法律若干问题的解释》,第 924 页。

④ a. 本条系根据《刑法修正案(九)》第三十八条的规定修改。原条文为"明知他人有间谍犯罪行为,在国家安全机关向其调查有关情况、收集有关证据时,拒绝提供,情节严重的,处三年以下有期徒刑、拘役或者管制"。

b. 2016 年《中华人民共和国反恐怖主义法》第三条,第 197 页。

c. 2021 年《关于办理窝藏、包庇刑事案件适用法律若干问题的解释》第三条,第 925 页。

第三百一十二条[①] **【掩饰、隐瞒犯罪所得、犯罪所得收益罪】** 明知是犯罪所得及其产生的收益而予以窝藏、转移、收购、代为销售或者以其他方法掩饰、隐瞒的，处三年以下有期徒刑、拘役或者管制，并处或者单处罚金；情节严重的，处三年以上七年以下有期徒刑，并处罚金。

单位犯前款罪的，对单位判处罚金，并对其直接负责的主管人员和其他直接责任人员，依照前款的规定处罚。

---

① a. 本条第一款系根据《刑法修正案（六）》第十九条的规定修改。原条文为“明知是犯罪所得的赃物而予以窝藏、转移、收购或者代为销售的，处三年以下有期徒刑、拘役或者管制，并处或者单处罚金”。本条第二款系根据《刑法修正案（七）》的规定增加。

b. 1998 年《关于依法查处盗窃、抢劫机动车案件的规定》二至五，第 772 页。

c. 2007 年《关于办理与盗窃、抢劫、诈骗、抢夺机动车相关刑事案件具体应用法律若干问题的解释》第一条，第 774 页。

d. 2007 年《关于办理盗窃油气、破坏油气设备等刑事案件具体应用法律若干问题的解释》第五条，第 438 页。

e. 2009 年《关于审理洗钱等刑事案件具体应用法律若干问题的解释》第一、三、四条，第 597、598 页。

f. 2011 年《关于办理危害计算机信息系统安全刑事案件应用法律若干问题的解释》第七条，第 839 页。

g. 2014 年《关于〈中华人民共和国刑法〉第三百四十一条、第三百一十二条的解释》，第 219 页。

h. 2014 年《关于〈最高人民法院、最高人民检察院关于办理与盗窃、抢劫、诈骗、抢夺机动车相关刑事案件具体应用法律若干问题的解释〉有关规定如何适用问题的答复》，第 775 页。

i. 2016 年《关于办理妨害文物管理等刑事案件适用法律若干问题的解释》第九、十一、十三至十六条，第 944、945 页。

j. 2016 年《关于办理电信网络诈骗等刑事案件适用法律若干问题的意见》三·（五），第 781 页。

k. 2018 年《关于办理盗窃油气、破坏油气设备等刑事案件适用法律若干问题的意见》五，第 440 页。

l. 2019 年《打击非设关地成品油走私专题研讨会会议纪要》一，第 532 页。

m. 2020 年《关于依法惩治妨害新型冠状病毒感染肺炎疫情防控违法犯罪的意见》二·（九）、（十），第 352、353 页。

n. 2020 年《关于办理涉窨井盖相关刑事案件的指导意见》七、十二，第 436、437 页。

o. 2020 年《依法惩治长江流域非法捕捞等违法犯罪的意见》二·（三）、（四）、（七），第 965、966 页。

p. 2020 年《办理跨境赌博犯罪案件若干问题的意见》四（五），第 917 页。

q. 2021 年《关于办理电信网络诈骗等刑事案件适用法律若干问题的意见（二）》十一，第 786 页。

r. 2021 年《关于常见犯罪的量刑指导意见（试行）》四·（十九），第 285 页。

s. 2021 年《关于审理掩饰、隐瞒犯罪所得、犯罪所得收益刑事案件适用法律若干问题的解释》，第 926 页。

t. 2022 年《关于办理危害药品安全刑事案件适用法律若干问题的解释》第十三条，第 498 页。

u. 2022 年《关于办理妨害文物管理等刑事案件若干问题的意见》二·（三）、三至五，第 946、947 页。

v. 2022 年《关于“断卡”行动中有关法律适用问题的会议纪要》五、九，第 846、847 页。

w. 2022 年《关于办理破坏野生动物资源刑事案件适用法律若干问题的解释》第九、十二至十八条，第 993、994 页。

x. 2022 年《关于军地共同加强部队训练场未爆弹药安全风险防控的意见》（十三），第 1095 页。

y. 2023 年《依法打击涉海砂违法犯罪座谈会纪要》，第 1001 页。

z. 2023 年《关于办理电信网络诈骗及其关联犯罪案件有关问题的解答》三至六、八至十，第 796 ~ 800 页。

a + . 2024 年《关于办理医保骗保刑事案件若干问题的指导意见》9，第 813 页。

第三百一十三条[①] **【拒不执行判决、裁定罪】** 对人民法院的判决、裁定有能力执行而拒不执行,情节严重的,处三年以下有期徒刑、拘役或者罚金;情节特别严重的,处三年以上七年以下有期徒刑,并处罚金。

单位犯前款罪的,对单位判处罚金,并对其直接负责的主管人员和其他直接责任人员,依照前款的规定处罚。

第三百一十四条 **【非法处置查封、扣押、冻结的财产罪】** 隐藏、转移、变卖、故意毁损已被司法机关查封、扣押、冻结的财产,情节严重的,处三年以下有期徒刑、拘役或者罚金。

第三百一十五条[②] **【破坏监管秩序罪】** 依法被关押的罪犯,有下列破坏监管秩序行为之一,情节严重的,处三年以下有期徒刑:

(一)殴打监管人员的;

(二)组织其他被监管人破坏监管秩序的;

(三)聚众闹事,扰乱正常监管秩序的;

(四)殴打、体罚或者指使他人殴打、体罚其他被监管人的。

第三百一十六条[③] **【脱逃罪】** 依法被关押的罪犯、被告人、犯罪嫌疑人脱逃的,处五年以下有期徒刑或者拘役。

【劫夺被押解人员罪】 劫夺押解途中的罪犯、被告人、犯罪嫌疑人的,处三年以上七年以下有期徒刑;情节严重的,处七年以上有期徒刑。

第三百一十七条[④] **【组织越狱罪】** 组织越狱的首要分子和积极参加的,处五年以上有期徒刑;其他参加的,处五年以下有期徒刑或者拘役。

【暴动越狱罪】【聚众持械劫狱罪】 暴动越狱或者聚众持械劫狱的首要分子和积极参加的,处十年以上有期徒刑或者无期徒刑;情节特别严重的,处死刑;其他参加的,处三年以上十年以下有期徒刑。

---

① a. 本条系根据《刑法修正案(九)》第三十九条的规定修改。原条文为“对人民法院的判决、裁定有能力执行而拒不执行,情节严重的,处三年以下有期徒刑、拘役或者罚金”。

b. 2000 年《关于拒不执行人民法院调解书的行为是否构成拒不执行判决、裁定罪的答复》,第 928 页。

c. 2002 年《关于〈中华人民共和国刑法〉第三百一十三条的解释》,第 215 页。

d. 2007 年《关于依法严肃查处拒不执行判决、裁定和暴力抗拒法院执行犯罪行为有关问题的通知》,第 929 页。

e. 2015 年《关于审理拒不执行判决、裁定刑事案件适用法律若干问题的解释》,第 930 页。

f. 最高法 2016 年指导性案例 71 号《毛建文拒不执行判决、裁定案》,第 1154 页。

g. 2018 年《关于拒不执行判决、裁定罪自诉案件受理工作有关问题的通知》,第 931 页。

② 2001 年《狱内刑事案件立案标准》第二条(二十三),第 369 页。

③ a. 1983 年《关于因错判在服刑期“脱逃”后确有犯罪其错判服刑期限可否与后判刑期折抵问题的电话答复》,第 268 页。

b. 1988 年《关于审理军人违反职责罪案件中几个具体问题的处理意见》五,第 1150 页。

c. 2001 年《狱内刑事案件立案标准》第二条(二十四),第 370 页。

④ 2001 年《狱内刑事案件立案标准》第二条(二十五)、(二十六),第 370 页。

第三节 妨害国(边)境管理罪

第三百一十八条[①] **【组织他人偷越国(边)境罪】** 组织他人偷越国(边)境的,处二年以上七年以下有期徒刑,并处罚金;有下列情形之一的,处七年以上有期徒刑或者无期徒刑,并处罚金或者没收财产:

(一)组织他人偷越国(边)境集团的首要分子;

(二)多次组织他人偷越国(边)境或者组织他人偷越国(边)境人数众多的;

(三)造成被组织人重伤、死亡的;

(四)剥夺或者限制被组织人人身自由的;

(五)以暴力、威胁方法抗拒检查的;

(六)违法所得数额巨大的;

(七)有其他特别严重情节的。

犯前款罪,对被组织人有杀害、伤害、强奸、拐卖等犯罪行为,或者对检查人员有杀害、伤害等犯罪行为的,依照数罪并罚的规定处罚。

第三百一十九条[②] **【骗取出境证件罪】** 以劳务输出、经贸往来或者其他名义,弄虚作假,骗取护照、签证等出境证件,为组织他人偷越国(边)境使用的,处三年以下有期徒刑,并处罚金;情节严重的,处三年以上十年以下有期徒刑,并处罚金。

单位犯前款罪的,对单位判处罚金,并对其直接负责的主管人员和其他直接责任人员,依照前款的规定处罚。

第三百二十条[③] **【提供伪造、变造的出入境证件罪】【出售出入境证件罪】** 为他人提供伪造、变造的护照、签证等出入境证件,或者出售护照、签证等出入境证件的,处五年以下有期徒刑,并处罚金;情节严重的,处五年以上有期徒刑,并处罚金。

---

① a. 1982 年《关于对非法越境去台人员的处理意见》三·(二),第 941 页。
b. 2000 年《关于妨害国(边)境管理犯罪案件立案标准及有关问题的通知》二,第 934 页。
c. 2012 年《关于办理妨害国(边)境管理刑事案件应用法律若干问题的解释》第一、七条,第 935、936 页。
d. 2022 年《关于依法惩治妨害国(边)境管理违法犯罪的意见》二 2、3、5 至 8、11,三至五,第 937、938 页。

② a. 2000 年《关于妨害国(边)境管理犯罪案件立案标准及有关问题的通知》一·(二),第 932 页。
b. 2001 年《对〈关于倒卖邀请函的行为如何处理的请示〉的答复》,第 940 页。
c. 2012 年《关于办理妨害国(边)境管理刑事案件应用法律若干问题的解释》第二条,第 935 页。
d. 2022 年《关于依法惩治妨害国(边)境管理违法犯罪的意见》二 6、三至五,第 937 ~ 939 页。

③ a. 2000 年《关于盗窃空白因私护照有关问题的批复》,第 830 页。
b. 2000 年《关于妨害国(边)境管理犯罪案件立案标准及有关问题的通知》一·(三)、(四),第 932、933 页。
c. 2002 年《关于买卖尚未加盖印章的空白〈边境证〉行为如何适用法律问题的答复》,第 1139 页。
d. 2012 年《关于办理妨害国(边)境管理刑事案件应用法律若干问题的解释》第三、七条,第 936 页。
e. 2022 年《关于依法惩治妨害国(边)境管理违法犯罪的意见》三至五,第 938、939 页。

第三百二十一条[①] **【运送他人偷越国(边)境罪】** 运送他人偷越国(边)境的,处五年以下有期徒刑、拘役或者管制,并处罚金;有下列情形之一的,处五年以上十年以下有期徒刑,并处罚金:

(一)多次实施运送行为或者运送人数众多的;

(二)所使用的船只、车辆等交通工具不具备必要的安全条件,足以造成严重后果的;

(三)违法所得数额巨大的;

(四)有其他特别严重情节的。

在运送他人偷越国(边)境中造成被运送人重伤、死亡,或者以暴力、威胁方法抗拒检查的,处七年以上有期徒刑,并处罚金。

犯前两款罪,对被运送人有杀害、伤害、强奸、拐卖等犯罪行为,或者对检查人员有杀害、伤害等犯罪行为的,依照数罪并罚的规定处罚。

第三百二十二条[②] **【偷越国(边)境罪】** 违反国(边)境管理法规,偷越国(边)境,情节严重的,处一年以下有期徒刑、拘役或者管制,并处罚金;为参加恐怖活动组织、接受恐怖活动培训或者实施恐怖活动,偷越国(边)境的,处一年以上三年以下有期徒刑,并处罚金。

第三百二十三条[③] **【破坏界碑、界桩罪】【破坏永久性测量标志罪】** 故意破坏国家边境的界碑、界桩或者永久性测量标志的,处三年以下有期徒刑或者拘役。

第四节　妨害文物管理罪

第三百二十四条[④] **【故意损毁文物罪】** 故意损毁国家保护的珍贵文物或者被确定为全国重点文物保护单位、省级文物保护单位的文物的,处三年以下有期徒刑或

---

① a. 2000 年《关于妨害国(边)境管理犯罪案件立案标准及有关问题的通知》一·(五),第 933 页。

b. 2012 年《关于办理妨害国(边)境管理刑事案件应用法律若干问题的解释》第四、七条,第 936 页。

c. 2022 年《关于依法惩治妨害国(边)境管理违法犯罪的意见》二 3 至 5、8、11、12,三至五,第 937、938 页。

② a. 本条系根据《刑法修正案(九)》第四十条的规定修改。原条文为"违反国(边)境管理法规,偷越国(边)境,情节严重的,处一年以下有期徒刑、拘役或者管制,并处罚金"。

b. 2000 年《关于妨害国(边)境管理犯罪案件立案标准及有关问题的通知》一·(六),第 933 页。

c. 2012 年《关于办理妨害国(边)境管理刑事案件应用法律若干问题的解释》第五条,第 936 页。

d. 2016 年《关于审理发生在我国管辖海域相关案件若干问题的规定(二)》第三、八条,第 225、226 页。

e. 2022 年《关于依法惩治妨害国(边)境管理违法犯罪的意见》二 9、10,三至五,第 938、939 页。

③ a. 2000 年《关于妨害国(边)境管理犯罪案件立案标准及有关问题的通知》一·(七)、(八),第 934 页。

b. 2022 年《关于依法惩治妨害国(边)境管理违法犯罪的意见》三至五,第 938、939 页。

④ a. 2005 年《关于〈中华人民共和国刑法〉有关文物的规定适用于具有科学价值的古脊椎动物化石、古人类化石的解释》,第 216 页。

b. 2008 年《关于公安机关管辖的刑事案件立案追诉标准的规定(一)》第四十六至四十八条,第 382 页。

c. 2016 年《关于办理妨害文物管理等刑事案件适用法律若干问题的解释》第三至五、十一、十三至十七条,第 942 ~ 945 页。

d. 最高法 2020 年指导性案例 147 号《张永明、毛伟明、张鹭故意损毁名胜古迹案》,第 1157 页。

e. 2021 年《服务保障黄河流域生态保护和高质量发展工作推进会会议纪要》11,第 965 页。

f. 2022 年《关于办理妨害文物管理等刑事案件若干问题的意见》二·(一)2、二·(二)、三至五,第 945 ~ 947 页。

者拘役,并处或者单处罚金;情节严重的,处三年以上十年以下有期徒刑,并处罚金。

【故意损毁名胜古迹罪】 故意损毁国家保护的名胜古迹,情节严重的,处五年以下有期徒刑或者拘役,并处或者单处罚金。

【过失损毁文物罪】 过失损毁国家保护的珍贵文物或者被确定为全国重点文物保护单位、省级文物保护单位的文物,造成严重后果的,处三年以下有期徒刑或者拘役。

第三百二十五条[①] **【非法向外国人出售、赠送珍贵文物罪】** 违反文物保护法规,将收藏的国家禁止出口的珍贵文物私自出售或者私自赠送给外国人的,处五年以下有期徒刑或者拘役,可以并处罚金。

单位犯前款罪的,对单位判处罚金,并对其直接负责的主管人员和其他直接责任人员,依照前款的规定处罚。

第三百二十六条[②] **【倒卖文物罪】** 以牟利为目的,倒卖国家禁止经营的文物,情节严重的,处五年以下有期徒刑或者拘役,并处罚金;情节特别严重的,处五年以上十年以下有期徒刑,并处罚金。

单位犯前款罪的,对单位判处罚金,并对其直接负责的主管人员和其他直接责任人员,依照前款的规定处罚。

第三百二十七条[③] **【非法出售、私赠文物藏品罪】** 违反文物保护法规,国有博物馆、图书馆等单位将国家保护的文物藏品出售或者私自送给非国有单位或者个人的,对单位判处罚金,并对其直接负责的主管人员和其他直接责任人员,处三年以下有期徒刑或者拘役。

第三百二十八条[④] **【盗掘古文化遗址、古墓葬罪】** 盗掘具有历史、艺术、科学

---

① 2005 年《关于〈中华人民共和国刑法〉有关文物的规定适用于具有科学价值的古脊椎动物化石、古人类化石的解释》,第 216 页。

② a. 2005 年《关于〈中华人民共和国刑法〉有关文物的规定适用于具有科学价值的古脊椎动物化石、古人类化石的解释》,第 216 页。

b. 2016 年《关于办理妨害文物管理等刑事案件适用法律若干问题的解释》第六、十一至十七条,第 943 ~ 945 页。

c. 2022 年《关于办理妨害文物管理等刑事案件若干问题的意见》二·(三)2、三至五,第 946、947 页。

③ a. 2005 年《关于〈中华人民共和国刑法〉有关文物的规定适用于具有科学价值的古脊椎动物化石、古人类化石的解释》,第 216 页。

b. 2016 年《关于办理妨害文物管理等刑事案件适用法律若干问题的解释》第七、十一、十三至十七条,第 943 ~ 945 页。

④ a. 本条第一款系根据《刑法修正案(八)》第四十五条的规定修改。原条文为"盗掘具有历史、艺术、科学价值的古文化遗址、古墓葬的,处三年以上十年以下有期徒刑,并处罚金;情节较轻的,处三年以下有期徒刑、拘役或者管制,并处罚金;有下列情形之一的,处十年以上有期徒刑、无期徒刑或者死刑,并处罚金或者没收财产:(一)盗掘确定为全国重点文物保护单位和省级文物保护单位的古文化遗址、古墓葬的;(二)盗掘古文化遗址、古墓葬集团的首要分子;(三)多次盗掘古文化遗址、古墓葬的;(四)盗掘古文化遗址、古墓葬,并盗窃珍贵文物或者造成珍贵文物严重破坏的"。

b. 2012 年《关于盗掘古文化遗址罪适用法律问题的研究意见》,第 1209 页。

c. 2016 年《关于办理妨害文物管理等刑事案件适用法律若干问题的解释》第八、十一、十三至十七条,第 943 ~ 945 页。

d. 2021 年《服务保障黄河流域生态保护和高质量发展工作推进会会议纪要》11,第 965 页。

e. 2022 年《关于办理妨害文物管理等刑事案件若干问题的意见》二·(一)、三至五,第 945、947 页。

价值的古文化遗址、古墓葬的,处三年以上十年以下有期徒刑,并处罚金;情节较轻的,处三年以下有期徒刑、拘役或者管制,并处罚金;有下列情形之一的,处十年以上有期徒刑或者无期徒刑,并处罚金或者没收财产:

(一)盗掘确定为全国重点文物保护单位和省级文物保护单位的古文化遗址、古墓葬的;

(二)盗掘古文化遗址、古墓葬集团的首要分子;

(三)多次盗掘古文化遗址、古墓葬的;

(四)盗掘古文化遗址、古墓葬,并盗窃珍贵文物或者造成珍贵文物严重破坏的。

【盗掘古人类化石、古脊椎动物化石罪】　盗掘国家保护的具有科学价值的古人类化石和古脊椎动物化石的,依照前款的规定处罚。

第三百二十九条　【抢夺、窃取国有档案罪】　抢夺、窃取国家所有的档案的,处五年以下有期徒刑或者拘役。

【擅自出卖、转让国有档案罪】　违反档案法的规定,擅自出卖、转让国家所有的档案,情节严重的,处三年以下有期徒刑或者拘役。

有前两款行为,同时又构成本法规定的其他犯罪的,依照处罚较重的规定定罪处罚。

第五节　危害公共卫生罪

第三百三十条[①] **【妨害传染病防治罪】**　违反传染病防治法的规定,有下列情形之一,引起甲类传染病以及依法确定采取甲类传染病预防、控制措施的传染病传播或者有传播严重危险的,处三年以下有期徒刑或者拘役;后果特别严重的,处三年以上七年以下有期徒刑:

(一)供水单位供应的饮用水不符合国家规定的卫生标准的;

(二)拒绝按照疾病预防控制机构提出的卫生要求,对传染病病原体污染的污水、污物、场所和物品进行消毒处理的;

(三)准许或者纵容传染病病人、病原携带者和疑似传染病病人从事国务院卫生行政部门规定禁止从事的易使该传染病扩散的工作的;

---

① a. 本条第一款系根据《刑法修正案(十一)》第三十七条的规定修改。原条文为“违反传染病防治法的规定,有下列情形之一,引起甲类传染病传播或者有传播严重危险的,处三年以下有期徒刑或者拘役;后果特别严重的,处三年以上七年以下有期徒刑:(一)供水单位供应的饮用水不符合国家规定的卫生标准的;(二)拒绝按照卫生防疫机构提出的卫生要求,对传染病病原体污染的污水、污物、粪便进行消毒处理的;(三)准许或者纵容传染病病人、病原携带者和疑似传染病病人从事国务院卫生行政部门规定禁止从事的易使该传染病扩散的工作的;(四)拒绝执行卫生防疫机构依照传染病防治法提出的预防、控制措施的”。

b. 2008 年《关于公安机关管辖的刑事案件立案追诉标准的规定(一)》第四十九条,第 382 页。

c. 2020 年《关于依法惩治妨害新型冠状病毒感染肺炎疫情防控违法犯罪的意见》二·(一)、(十),第 350、353 页。

（四）出售、运输疫区中被传染病病原体污染或者可能被传染病病原体污染的物品，未进行消毒处理的；

（五）拒绝执行县级以上人民政府、疾病预防控制机构依照传染病防治法提出的预防、控制措施的。

单位犯前款罪的，对单位判处罚金，并对其直接负责的主管人员和其他直接责任人员，依照前款的规定处罚。

甲类传染病的范围，依照《中华人民共和国传染病防治法》和国务院有关规定确定。

第三百三十一条[①] **【传染病菌种、毒种扩散罪】** 从事实验、保藏、携带、运输传染病菌种、毒种的人员，违反国务院卫生行政部门的有关规定，造成传染病菌种、毒种扩散，后果严重的，处三年以下有期徒刑或者拘役；后果特别严重的，处三年以上七年以下有期徒刑。

第三百三十二条[②] **【妨害国境卫生检疫罪】** 违反国境卫生检疫规定，引起检疫传染病传播或者有传播严重危险的，处三年以下有期徒刑或者拘役，并处或者单处罚金。

单位犯前款罪的，对单位判处罚金，并对其直接负责的主管人员和其他直接责任人员，依照前款的规定处罚。

第三百三十三条[③] **【非法组织卖血罪】【强迫卖血罪】** 非法组织他人出卖血液的，处五年以下有期徒刑，并处罚金；以暴力、威胁方法强迫他人出卖血液的，处五年以上十年以下有期徒刑，并处罚金。

【故意伤害罪】 有前款行为，对他人造成伤害的，依照本法第二百三十四条的规定定罪处罚。

第三百三十四条[④] **【非法采集、供应血液、制作、供应血液制品罪】** 非法采集、供应血液或者制作、供应血液制品，不符合国家规定的标准，足以危害人体健康的，处五年以下有期徒刑或者拘役，并处罚金；对人体健康造成严重危害的，处五年以上十年以下有期徒刑，并处罚金；造成特别严重后果的，处十年以上有期徒刑或者无期徒刑，并处罚金或者没收财产。

【采集、供应血液、制作、供应血液制品事故罪】 经国家主管部门批准采集、供

---

① a. 2008 年《关于公安机关管辖的刑事案件立案追诉标准的规定（一）》第五十条，第 383 页。

b. 2020 年《关于依法惩治妨害新型冠状病毒感染肺炎疫情防控违法犯罪的意见》二·（七）、（十），第 352、353 页。

② a. 2008 年《关于公安机关管辖的刑事案件立案追诉标准的规定（一）》第五十一条，第 383 页。

b. 2020 年《关于进一步加强国境卫生检疫工作依法惩治妨害国境卫生检疫违法犯罪的意见》，第 948 页。

③ 2008 年《关于公安机关管辖的刑事案件立案追诉标准的规定（一）》第五十二、五十三条，第 383 页。

④ a. 2008 年《关于公安机关管辖的刑事案件立案追诉标准的规定（一）》第五十四、五十五条，第 383、384 页。

b. 2008 年《关于办理非法采供血液等刑事案件具体应用法律若干问题的解释》，第 949 页。

c. 2019 年《关于依法严厉打击传播艾滋病病毒等违法犯罪行为的指导意见》二·（十），第 427 页。

应血液或者制作、供应血液制品的部门,不依照规定进行检测或者违背其他操作规定,造成危害他人身体健康后果的,对单位判处罚金,并对其直接负责的主管人员和其他直接责任人员,处五年以下有期徒刑或者拘役。

第三百三十四条之一[①] **【非法采集人类遗传资源、走私人类遗传资源材料罪】** 违反国家有关规定,非法采集我国人类遗传资源或者非法运送、邮寄、携带我国人类遗传资源材料出境,危害公众健康或者社会公共利益,情节严重的,处三年以下有期徒刑、拘役或者管制,并处或者单处罚金;情节特别严重的,处三年以上七年以下有期徒刑,并处罚金。

第三百三十五条[②] **【医疗事故罪】** 医务人员由于严重不负责任,造成就诊人死亡或者严重损害就诊人身体健康的,处三年以下有期徒刑或者拘役。

第三百三十六条[③] **【非法行医罪】** 未取得医生执业资格的人非法行医,情节严重的,处三年以下有期徒刑、拘役或者管制,并处或者单处罚金;严重损害就诊人身体健康的,处三年以上十年以下有期徒刑,并处罚金;造成就诊人死亡的,处十年以上有期徒刑,并处罚金。

【非法进行节育手术罪】 未取得医生执业资格的人擅自为他人进行节育复通手术、假节育手术、终止妊娠手术或者摘取宫内节育器,情节严重的,处三年以下有期徒刑、拘役或者管制,并处或者单处罚金;严重损害就诊人身体健康的,处三年以上十年以下有期徒刑,并处罚金;造成就诊人死亡的,处十年以上有期徒刑,并处罚金。

第三百三十六条之一[④] **【非法植入基因编辑、克隆胚胎罪】** 将基因编辑、克隆的人类胚胎植入人体或者动物体内,或者将基因编辑、克隆的动物胚胎植入人体内,情节严重的,处三年以下有期徒刑或者拘役,并处罚金;情节特别严重的,处三年以上七年以下有期徒刑,并处罚金。

---

① 本条系根据《刑法修正案(十一)》第三十八条的规定增加。

② 2008 年《关于公安机关管辖的刑事案件立案追诉标准的规定(一)》第五十六条,第 384 页。

③ a. 2001 年《关于非法行医罪犯罪主体条件征询意见函》,第 951 页。

b. 2002 年《关于正规医学专业学历毕业生试用期间的医疗活动是否属于非法行医的批复》,第 951 页。

c. 2002 年《关于见习医生出现医疗纠纷是否属于“非法行医罪”的答复》,第 952 页。

d. 2003 年《关于办理妨害预防、控制突发传染病疫情等灾害的刑事案件具体应用法律若干问题的解释》第十二、十七条,第 349 页。

e. 2004 年《关于对使用医疗器械开展理疗活动有关定性问题的批复》,第 952 页。

f. 2005 年《关于医疗事故争议中超范围行医性质认定问题的批复》,第 952 页。

g. 2007 年《关于非法行医有关问题的批复》,第 952 页。

h. 2008 年《关于公安机关管辖的刑事案件立案追诉标准的规定(一)》第五十七、五十八条,第 385 页。

i. 2014 年《关于非法行医被刑事处罚后再次非法行医适用法律问题的答复意见》,第 953 页。

j. 2016 年《关于审理非法行医刑事案件具体应用法律若干问题的解释》,第 953 页。

④ 本条系根据《刑法修正案(十一)》第三十九条的规定增加。

第三百三十七条[①] **【妨害动植物防疫、检疫罪】** 违反有关动植物防疫、检疫的国家规定,引起重大动植物疫情的,或者有引起重大动植物疫情危险,情节严重的,处三年以下有期徒刑或者拘役,并处或者单处罚金。

单位犯前款罪的,对单位判处罚金,并对其直接负责的主管人员和其他直接责任人员,依照前款的规定处罚。

第六节 破坏环境资源保护罪

第三百三十八条[②] **【污染环境罪】** 违反国家规定,排放、倾倒或者处置有放射性的废物、含传染病病原体的废物、有毒物质或者其他有害物质,严重污染环境的,处三年以下有期徒刑或者拘役,并处或者单处罚金;情节严重的,处三年以上七年以下有期徒刑,并处罚金;有下列情形之一的,处七年以上有期徒刑,并处罚金:

(一)在饮用水水源保护区、自然保护地核心保护区等依法确定的重点保护区域排放、倾倒、处置有放射性的废物、含传染病病原体的废物、有毒物质,情节特别严重的;

(二)向国家确定的重要江河、湖泊水域排放、倾倒、处置有放射性的废物、含传染病病原体的废物、有毒物质,情节特别严重的;

(三)致使大量永久基本农田基本功能丧失或者遭受永久性破坏的;

(四)致使多人重伤、严重疾病,或者致人严重残疾、死亡的。

有前款行为,同时构成其他犯罪的,依照处罚较重的规定定罪处罚。

---

① a. 本条第一款系根据《刑法修正案(七)》第十一条的规定修改。原条文为“违反进出境动植物检疫法的规定,逃避动植物检疫,引起重大动植物疫情的,处三年以下有期徒刑或者拘役,并处或者单处罚金”。

b. 2008 年《关于公安机关管辖的刑事案件立案追诉标准的规定(一)》第五十九条,第 385 页。

② a. 本条原条文为“违反国家规定,向土地、水体、大气排放、倾倒或者处置有放射性的废物、含传染病病原体的废物、有毒物质或者其他危险废物,造成重大环境污染事故,致使公私财产遭受重大损失或者人身伤亡的严重后果的,处三年以下有期徒刑或者拘役,并处或者单处罚金;后果特别严重的,处三年以上七年以下有期徒刑,并处罚金”。《刑法修正案(八)》第十六条修改为“违反国家规定,排放、倾倒或者处置有放射性的废物、含传染病病原体的废物、有毒物质或者其他有害物质,严重污染环境的,处三年以下有期徒刑或者拘役,并处或者单处罚金;后果特别严重的,处三年以上七年以下有期徒刑,并处罚金”。《刑法修正案(十一)》第四十条将其修改为现规定。

b. 2003 年《关于办理妨害预防、控制突发传染病疫情等灾害的刑事案件具体应用法律若干问题的解释》第十三、十七条,第 349 页。

c. 2019 年《关于办理环境污染刑事案件有关问题座谈会纪要》,第 958 页。

d. 2021 年《服务保障黄河流域生态保护和高质量发展工作推进会会议纪要》5、6,第 964 页。

e. 最高法 2022 年指导性案例 202 号《武汉卓航江海贸易有限公司、向阳等 12 人污染环境刑事附带民事公益诉讼案》,第 1160 页。

f. 最高法 2022 年指导性案例 203 号《左勇、徐鹤污染环境刑事附带民事公益诉讼案》,第 1160 页。

g. 2023 年《关于办理环境污染刑事案件适用法律若干问题的解释》,第 954 页。

h. 最高法 2023 年指导性案例 215 号《昆明闽某纸业有限责任公司等污染环境刑事附带民事公益诉讼案》,第 1161 页。

第三百三十九条[①] **【非法处置进口的固体废物罪】** 违反国家规定,将境外的固体废物进境倾倒、堆放、处置的,处五年以下有期徒刑或者拘役,并处罚金;造成重大环境污染事故,致使公私财产遭受重大损失或者严重危害人体健康的,处五年以上十年以下有期徒刑,并处罚金;后果特别严重的,处十年以上有期徒刑,并处罚金。

【擅自进口固体废物罪】 未经国务院有关主管部门许可,擅自进口固体废物用作原料,造成重大环境污染事故,致使公私财产遭受重大损失或者严重危害人体健康的,处五年以下有期徒刑或者拘役,并处罚金;后果特别严重的,处五年以上十年以下有期徒刑,并处罚金。

以原料利用为名,进口不能用作原料的固体废物、液态废物和气态废物的,依照本法第一百五十二条第二款、第三款的规定定罪处罚。

第三百四十条[②] **【非法捕捞水产品罪】** 违反保护水产资源法规,在禁渔区、禁渔期或者使用禁用的工具、方法捕捞水产品,情节严重的,处三年以下有期徒刑、拘役、管制或者罚金。

第三百四十一条[③] **【危害珍贵、濒危野生动物罪】** 非法猎捕、杀害国家重点保护

---

① a. 本条第三款系根据《刑法修正案(四)》第五条的规定修改。原条文为"以原料利用为名,进口不能用作原料的固体废物的,依照本法第一百五十五条的规定定罪处罚"。

b. 2008 年《关于公安机关管辖的刑事案件立案追诉标准的规定(一)》第六十一、六十二条,第 387 页。

d. 2023 年《关于办理环境污染刑事案件适用法律若干问题的解释》,第 954 页。

② a. 2008 年《关于公安机关管辖的刑事案件立案追诉标准的规定(一)》第六十三条,第 387 页。

b. 2016 年《关于审理发生在我国管辖海域相关案件若干问题的规定(一)》,第 224 页。

c. 2016 年《关于审理发生在我国管辖海域相关案件若干问题的规定(二)》第四、八条,第 225、226 页。

d. 2020 年《关于依法惩治非法野生动物交易犯罪的指导意见》,第 988 页。

e. 2020 年《依法惩治长江流域非法捕捞等违法犯罪的意见》二·(一)、(四)、(七),第 965、966 页。

f. 2021 年《检察机关办理长江流域非法捕捞案件有关法律政策问题的解答》,第 968 页。

g. 2021 年《贯彻实施〈长江保护法〉工作推进会会议纪要》2,第 974 页。

h. 2022 年《关于办理破坏野生动物资源刑事案件适用法律若干问题的解释》第三、九、十二至十九条,第 991、993 ~ 995 页。

i. 最高法 2023 年指导性案例 213 号《黄某辉、陈某等 8 人非法捕捞水产品刑事附带民事公益诉讼案》,第 1161 页。

③ a. 本条第三款系根据《刑法修正案(十一)》第四十一条的规定增加。

b. 2008 年《关于公安机关管辖的刑事案件立案追诉标准的规定(一)》第六十四至六十六条,第 388 页。

c. 2012 年《关于破坏野生动物资源刑事案件中涉及的 CITES 附录Ⅰ和附录Ⅱ所列陆生野生动物制品价值核定问题的通知》,第 974 页。

d. 2014 年《关于〈中华人民共和国刑法〉第三百四十一条、第三百一十二条的解释》,第 219 页。

e. 2016 年《关于收购、运输、出售部分人工驯养繁殖技术成熟的野生动物适用法律问题的复函》,第 987 页。

f. 2016 年《关于审理发生在我国管辖海域相关案件若干问题的规定(一)》,第 224 页。

g. 2016 年《关于猎捕野生动物禁用工具和方法有关问题的复函》,第 988 页。

h. 2016 年《关于审理发生在我国管辖海域相关案件若干问题的规定(二)》第五至八、十条,第 225 ~ 227 页。

i. 2020 年《关于依法惩治妨害新型冠状病毒感染肺炎疫情防控违法犯罪的意见》二·(九)、(十),第 352、353 页。

j. 2020 年《关于全面禁止非法野生动物交易、革除滥食野生动物陋习、切实保障人民群众生命健康安全的决定》一,第 206 页。

k. 2020 年《关于依法惩治非法野生动物交易犯罪的指导意见》,第 988 页。

l. 2020 年《依法惩治长江流域非法捕捞等违法犯罪的意见》二·(二)至(四)、(七),第 965、966 页。

m. 2021 年《关于刑法第三百四十一条第一款犯罪对象问题征求意见的复函》,第 990 页。

n. 2022 年《关于办理破坏野生动物资源刑事案件适用法律若干问题的解释》第四至八、十一至十九条,第 992 ~ 995 页。

的珍贵、濒危野生动物的,或者非法收购、运输、出售国家重点保护的珍贵、濒危野生动物及其制品的,处五年以下有期徒刑或者拘役,并处罚金;情节严重的,处五年以上十年以下有期徒刑,并处罚金;情节特别严重的,处十年以上有期徒刑,并处罚金或者没收财产。

【非法狩猎罪】 违反狩猎法规,在禁猎区、禁猎期或者使用禁用的工具、方法进行狩猎,破坏野生动物资源,情节严重的,处三年以下有期徒刑、拘役、管制或者罚金。

【非法猎捕、收购、运输、出售陆生野生动物罪】 违反野生动物保护管理法规,以食用为目的非法猎捕、收购、运输、出售第一款规定以外的在野外环境自然生长繁殖的陆生野生动物,情节严重的,依照前款的规定处罚。

第三百四十二条① **【非法占用农用地罪】** 违反土地管理法规,非法占用耕地、林地等农用地,改变被占用土地用途,数量较大,造成耕地、林地等农用地大量毁坏的,处五年以下有期徒刑或者拘役,并处或者单处罚金。

第三百四十二条之一② **【破坏自然保护地罪】** 违反自然保护地管理法规,在国家公园、国家级自然保护区进行开垦、开发活动或者修建建筑物,造成严重后果或者有其他恶劣情节的,处五年以下有期徒刑或者拘役,并处或者单处罚金。

有前款行为,同时构成其他犯罪的,依照处罚较重的规定定罪处罚。

第三百四十三条③ **【非法采矿罪】** 违反矿产资源法的规定,未取得采矿许可

---

① a. 本条系根据《刑法修正案(二)》的规定修改。原条文为“违反土地管理法规,非法占用耕地改作他用,数量较大,造成耕地大量毁坏的,处五年以下有期徒刑或者拘役,并处或者单处罚金”。

b. 2000 年《关于审理破坏土地资源刑事案件具体应用法律若干问题的解释》第三、八、九条,第 995、996 页。

c. 2001 年《关于〈中华人民共和国刑法〉第二百二十八条、第三百四十二条、第四百一十条的解释》,第 217 页。

d. 2008 年《关于公安机关管辖的刑事案件立案追诉标准的规定(一)》第六十七条,第 388 页。

e. 2010 年《关于个人违法建房出售行为如何适用法律问题的答复》,第 996 页。

f. 2012 年《关于审理破坏草原资源刑事案件应用法律若干问题的解释》第一、二、五条,第 997、998 页。

g. 2018 年《关于对〈“在禁牧区偷牧造成草场大量毁坏”行为性质的认定和法律适用问题的请示〉的答复》,第 998 页。

h. 最高检 2020 年指导性案例 60 号《刘强非法占用农用地案》,第 1176 页。

i. 2023 年《关于审理破坏森林资源刑事案件适用法律若干问题的解释》第一、九、十二至十九条,第 1006、1008 ~ 1010 页。

② 本条系根据《刑法修正案(十一)》第四十二条的规定增加。

③ a. 本条第一款系根据《刑法修正案(八)》第四十七条的规定修改。原条文为“违反矿产资源法的规定,未取得采矿许可证擅自采矿的,擅自进入国家规划矿区、对国民经济具有重要价值的矿区和他人矿区范围采矿的,擅自开采国家规定实行保护性开采的特定矿种,经责令停止开采后拒不停止开采,造成矿产资源破坏的,处三年以下有期徒刑、拘役或者管制,并处或者单处罚金;造成矿产资源严重破坏的,处三年以上七年以下有期徒刑,并处罚金”。

b. 2007 年《关于办理盗窃油气、破坏油气设备等刑事案件具体应用法律若干问题的解释》第六条,第 438 页。

c. 2011 年《关于进一步加强危害生产安全刑事案件审判工作的意见》,第 476 页。

d. 2016 年《关于办理非法采矿、破坏性采矿刑事案件适用法律若干问题的解释》,第 998 页。

e. 2021 年《贯彻实施〈长江保护法〉工作推进会会议纪要》1,第 974 页。

f. 2022 年《关于充分发挥环境资源审判职能作用依法惩处盗采矿产资源犯罪的意见》二,第 1004 页。

g. 2023 年《依法打击涉海砂违法犯罪座谈会纪要》,第 1001 页。

h. 最高法 2023 年指导性案例 212 号《刘某桂非法采矿刑事附带民事公益诉讼案》,第 1160 页。

证擅自采矿,擅自进入国家规划矿区、对国民经济具有重要价值的矿区和他人矿区范围采矿,或者擅自开采国家规定实行保护性开采的特定矿种,情节严重的,处三年以下有期徒刑、拘役或者管制,并处或者单处罚金;情节特别严重的,处三年以上七年以下有期徒刑,并处罚金。

【破坏性采矿罪】 违反矿产资源法的规定,采取破坏性的开采方法开采矿产资源,造成矿产资源严重破坏的,处五年以下有期徒刑或者拘役,并处罚金。

第三百四十四条[①] **【危害国家重点保护植物罪】** 违反国家规定,非法采伐、毁坏珍贵树木或者国家重点保护的其他植物的,或者非法收购、运输、加工、出售珍贵树木或者国家重点保护的其他植物及其制品的,处三年以下有期徒刑、拘役或者管制,并处罚金;情节严重的,处三年以上七年以下有期徒刑,并处罚金。

第三百四十四条之一[②] **【非法引进、释放、丢弃外来入侵物种罪】** 违反国家规定,非法引进、释放或者丢弃外来入侵物种,情节严重的,处三年以下有期徒刑或者拘役,并处或者单处罚金。

第三百四十五条[③] **【盗伐林木罪】** 盗伐森林或者其他林木,数量较大的,处三年以下有期徒刑、拘役或者管制,并处或者单处罚金;数量巨大的,处三年以上七年以下有期徒刑,并处罚金;数量特别巨大的,处七年以上有期徒刑,并处罚金。

【滥伐林木罪】 违反森林法的规定,滥伐森林或者其他林木,数量较大的,处三年以下有期徒刑、拘役或者管制,并处或者单处罚金;数量巨大的,处三年以上七年以下有期徒刑,并处罚金。

【非法收购、运输盗伐、滥伐林木罪】 非法收购、运输明知是盗伐、滥伐的林木,

---

① a. 本条系根据《刑法修正案(四)》第六条的规定修改。原条文为"违反森林法的规定,非法采伐、毁坏珍贵树木的,处三年以下有期徒刑、拘役或者管制,并处罚金;情节严重的,处三年以上七年以下有期徒刑,并处罚金"。

b. 2001 年《关于森林和陆生野生动物刑事案件管辖及立案标准》一·(四)、二·(四),第 976、977 页。

c. 2008 年《关于公安机关管辖的刑事案件立案追诉标准的规定(一)》第七十、七十一条,第 390 页。

d. 2020 年《关于适用〈中华人民共和国刑法〉第三百四十四条有关问题的批复》,第 1010 页。

e. 2022 年《关于进一步加强涉种子刑事审判工作的指导意见》五至七,第 507 页。

f. 2023 年《关于审理破坏森林资源刑事案件适用法律若干问题的解释》第二、九、十二至十九条,第 1006、1008～1010 页。

② 本条系根据《刑法修正案(十一)》第四十三条的规定增加。

③ a. 本条系根据《刑法修正案(四)》第七条的规定修改。原条文为"(第一款)盗伐森林或者其他林木,数量较大的,处三年以下有期徒刑、拘役或者管制,并处或者单处罚金;数量巨大的,处三年以上七年以下有期徒刑,并处罚金;数量特别巨大的,处七年以上有期徒刑,并处罚金。(第二款)违反森林法的规定,滥伐森林或者其他林木,数量较大的,处三年以下有期徒刑、拘役或者管制,并处或者单处罚金;数量巨大的,处三年以上七年以下有期徒刑,并处罚金。(第三款)以牟利为目的,在林区非法收购明知是盗伐、滥伐的林木,情节严重的,处三年以下有期徒刑、拘役或者管制,并处或者单处罚金;情节特别严重的,处三年以上七年以下有期徒刑,并处罚金。(第四款)盗伐、滥伐国家级自然保护区内的森林或者其他林木的,从重处罚"。

b. 2001 年《关于森林和陆生野生动物刑事案件管辖及立案标准》一、二,第 976 页。

c. 2007 年《关于对〈关于非法运输盗伐滥伐林木罪定罪量刑标准的请示〉的答复》,第 1011 页。

d. 2008 年《关于公安机关管辖的刑事案件立案追诉标准的规定(一)》第七十二至七十四条,第 390、391 页。

e. 2023 年《关于审理破坏森林资源刑事案件适用法律若干问题的解释》第三至九、十二至十九条,第 1007～1010 页。

情节严重的，处三年以下有期徒刑、拘役或者管制，并处或者单处罚金；情节特别严重的，处三年以上七年以下有期徒刑，并处罚金。

盗伐、滥伐国家级自然保护区内的森林或者其他林木的，从重处罚。

第三百四十六条 【单位犯罪的处罚】 单位犯本节第三百三十八条至第三百四十五条规定之罪的，对单位判处罚金，并对其直接负责的主管人员和其他直接责任人员，依照本节各该条的规定处罚。

第七节 走私、贩卖、运输、制造毒品罪

第三百四十七条[①] **【走私、贩卖、运输、制造毒品罪】** 走私、贩卖、运输、制造毒

---

① a. 1995 年《关于如何处理边民出境种植罂粟问题的答复》，第 1024 页。

b. 2001 年《狱内刑事案件立案标准》第二条(二十七)，第 370 页。

c. 2002 年《关于认定海洛因有关问题的批复》，第 1038 页。

d. 2002 年《关于非法制造贩卖安钠咖立案问题的答复》，第 1025 页。

e. 2006 年《关于审理若干新型毒品案件定罪量刑的指导意见》，第 1026 页。

f. 2007 年《办理毒品犯罪案件适用法律若干问题的意见》二、三、四，第 1027、1028 页。

g. 2009 年《关于被告人对不同种毒品实施同一犯罪行为是否按比例折算成一种毒品予以累加后量刑的答复》，第 1032 页。

h. 2009 年《关于在成品药中非法添加阿普唑仑和曲马多进行销售能否认定为制造贩卖毒品有关问题的批复》，第 1028 页。

i. 2010 年《关于贩卖、运输经过取汁的罂粟壳废渣是否构成贩卖、运输毒品罪的答复》，第 1032 页。

j. 2012 年《关于非法滥用、买卖复方曲马多片处理意见的通知》，第 654 页。

k. 2012 年《关于公安机关管辖的刑事案件立案追诉标准的规定(三)》第一、十三、十四条，第 415、420 页。

l. 2012 年《关于办理走私、非法买卖麻黄碱类复方制剂等刑事案件适用法律若干问题的意见》，第 1033 页。

m. 2013 年《关于进一步加强麻黄草管理严厉打击非法买卖麻黄草等违法犯罪活动的通知》三·(一)，第 1035 页。

n. 2014 年《关于公布麻醉药品和精神药品品种目录的通知》，第 1038 页。

o. 2014 年《关于规范毒品名称表述若干问题的意见》，第 1035 页。

p. 2015 年《关于将含可待因复方口服液体制剂列入第二类精神药品管理的公告》，第 1053 页。

q. 2015 年《非药用类麻醉药品和精神药品列管办法》，第 1053 页。

r. 2016 年《关于审理毒品犯罪案件适用法律若干问题的解释》第一至四、十二、十四条，第 1065、1066、1069、1070 页。

s. 2017 年《关于将卡芬太尼等四种芬太尼类物质列入非药用类麻醉药品和精神药品管制品种增补目录的公告》，第 1070 页。

t. 2017 年《关于将 N－甲基－N－(2－二甲氨基环己基)－3，4－二氯苯甲酰胺(U－47700)等四种物质列入非药用类麻醉药品和精神药品管制品种增补目录的公告》，第 1070 页。

u. 2017 年《关于同意将 N－苯乙基－4－哌啶酮、4－苯胺基－N－苯乙基哌啶、N－甲基－1－苯基－1－氯－2－丙胺、溴素、1－苯基－1－丙酮列入易制毒化学品品种目录的函》，第 1071 页。

v. 2017 年《关于将 N－苯乙基－4－哌啶酮、4－苯胺基－N－苯乙基哌啶、N－甲基－1－苯基－1－氯－2－丙胺、溴素、1－苯基－1－丙酮 5 种物质列入易制毒化学品管理的公告》，第 1071 页。

w. 2018 年《关于将 4－氯乙卡西酮等 32 种物质列入非药用类麻醉药品和精神药品管制品种增补目录的公告》，第 1072 页。

x. 2019 年《关于办理恶势力刑事案件若干问题的意见》，第 887 页。

y. 2019 年《关于〈非药用类麻醉药品和精神药品管制品种增补目录〉能否作为认定毒品依据的批复》，第 1076 页。

z. 2019 年《关于将芬太尼类物质列入〈非药用类麻醉药品和精神药品管制品种增补目录〉的公告》，第 1076 页。

a＋. 2019 年《关于将含羟考酮复方制剂等品种列入精神药品管理的公告》，第 1077 页。

品,无论数量多少,都应当追究刑事责任,予以刑事处罚。

走私、贩卖、运输、制造毒品,有下列情形之一的,处十五年有期徒刑、无期徒刑或者死刑,并处没收财产:

(一)走私、贩卖、运输、制造鸦片一千克以上、海洛因或者甲基苯丙胺五十克以上或者其他毒品数量大的;

(二)走私、贩卖、运输、制造毒品集团的首要分子;

(三)武装掩护走私、贩卖、运输、制造毒品的;

(四)以暴力抗拒检查、拘留、逮捕,情节严重的;

(五)参与有组织的国际贩毒活动的。

走私、贩卖、运输、制造鸦片二百克以上不满一千克、海洛因或者甲基苯丙胺十克以上不满五十克或者其他毒品数量较大的,处七年以上有期徒刑,并处罚金。

走私、贩卖、运输、制造鸦片不满二百克、海洛因或者甲基苯丙胺不满十克或者其他少量毒品的,处三年以下有期徒刑、拘役或者管制,并处罚金;情节严重的,处三年以上七年以下有期徒刑,并处罚金。

单位犯第二款、第三款、第四款罪的,对单位判处罚金,并对其直接负责的主管人员和其他直接责任人员,依照各该款的规定处罚。

利用、教唆未成年人走私、贩卖、运输、制造毒品,或者向未成年人出售毒品的,从重处罚。

对多次走私、贩卖、运输、制造毒品,未经处理的,毒品数量累计计算。

第三百四十八条[①] **【非法持有毒品罪】** 非法持有鸦片一千克以上、海洛因或者甲基苯丙胺五十克以上或者其他毒品数量大的,处七年以上有期徒刑或者无期徒刑,并处罚金;非法持有鸦片二百克以上不满一千克、海洛因或者甲基苯丙胺十克以

---

b+.2019年《关于防范非药用类麻醉药品和精神药品及制毒物品违法犯罪的通告》,第1077页。

c+.2021年《关于将合成大麻素类物质和氟胺酮等18种物质列入〈非药用类麻醉药品和精神药品管制品种增补目录〉的公告》,第1078页。

d+.2021年《关于同意将α-苯乙酰乙酸甲酯等6种物质列入易制毒化学品品种目录的函》,第1081页。

e+.2021年《关于将3-氧-2-苯基丁酸甲酯、3-氧-2-苯基丁酰胺、2-甲基-3-[3,4-(亚甲二氧基)苯基]缩水甘油酸、2-甲基-3-[3,4-(亚甲二氧基)苯基]缩水甘油酸甲酯、苯乙腈和γ-丁内酯6种物质列入易制毒化学品管理的公告》,第1081页。

f+.2021年《关于常见犯罪的量刑指导意见(试行)》四·(二十),第285页。

g+.最高检2022年指导性案例150号《王某贩卖、制造毒品案》,第1190页。

h+.最高检2022年指导性案例151号《马某某走私、贩卖毒品案》,第1191页。

i+.最高检2022年指导性案例153号《何某贩卖、制造毒品案》,第1192页。

j+.2023年《关于调整麻醉药品和精神药品目录的公告》,第1082、1083页。

k+.2023年《全国法院毒品案件审判工作会议纪要》,第1011页。

l+.2023年《关于调整麻醉药品和精神药品目录的公告》,第1082、1083页。

① a.2001年《狱内刑事案件立案标准》第二条(二十八)、第五条,第370、371页。

b.2007年《关于办理毒品犯罪案件适用法律若干问题的意见》二、三,第1027、1028页。

c.2012年《关于公安机关管辖的刑事案件立案追诉标准的规定(三)》第二条,第416页。

d.2016年《关于审理毒品犯罪案件适用法律若干问题的解释》第一、二、五条,第1065、1066页。

e.2021年《关于常见犯罪的量刑指导意见(试行)》四·(二十一),第286页。

f.2023年《全国法院毒品案件审判工作会议纪要》二至四、六、八至十三,第1012~1016、1020~1024页。

上不满五十克或者其他毒品数量较大的，处三年以下有期徒刑、拘役或者管制，并处罚金；情节严重的，处三年以上七年以下有期徒刑，并处罚金。

第三百四十九条[①]　**【包庇毒品犯罪分子罪】【窝藏、转移、隐瞒毒品、毒赃罪】**　包庇走私、贩卖、运输、制造毒品的犯罪分子的，为犯罪分子窝藏、转移、隐瞒毒品或者犯罪所得的财物的，处三年以下有期徒刑、拘役或者管制；情节严重的，处三年以上十年以下有期徒刑。

缉毒人员或者其他国家机关工作人员掩护、包庇走私、贩卖、运输、制造毒品的犯罪分子的，依照前款的规定从重处罚。

犯前两款罪，事先通谋的，以走私、贩卖、运输、制造毒品罪的共犯论处。

第三百五十条[②]　**【非法生产、买卖、运输制毒物品、走私制毒物品罪】**　违反国家规定，非法生产、买卖、运输醋酸酐、乙醚、三氯甲烷或者其他用于制造毒品的原料、配剂，或者携带上述物品进出境，情节较重的，处三年以下有期徒刑、拘役或者管制，并处罚金；情节严重的，处三年以上七年以下有期徒刑，并处罚金；情节特别严重的，处七年以上有期徒刑，并处罚金或者没收财产。

明知他人制造毒品而为其生产、买卖、运输前款规定的物品的，以制造毒品罪的共犯论处。

单位犯前两款罪的，对单位判处罚金，并对其直接负责的主管人员和其他直接责任人员，依照前两款的规定处罚。

第三百五十一条[③]　**【非法种植毒品原植物罪】**　非法种植罂粟、大麻等毒品原植物的，一律强制铲除。有下列情形之一的，处五年以下有期徒刑、拘役或者管制，并处罚金：

---

① a. 2009 年《关于审理洗钱等刑事案件具体应用法律若干问题的解释》第三、四条，第 598 页。
b. 2012 年《关于公安机关管辖的刑事案件立案追诉标准的规定(三)》第三、四条，第 417 页。
c. 2016 年《关于审理毒品犯罪案件适用法律若干问题的解释》第六条，第 1067 页。
d. 2023 年《全国法院毒品案件审判工作会议纪要》三、六、八至十三，第 1014、1020 ~ 1024 页。

② a. 本条第一款、第二款系根据《刑法修正案(九)》第四十一条的规定修改。原条文为“(第一款)违反国家规定，非法运输、携带醋酸酐、乙醚、三氯甲烷或者其他用于制造毒品的原料或者配剂进出境的，或者违反国家规定，在境内非法买卖上述物品的，处三年以下有期徒刑、拘役或者管制，并处罚金；数量大的，处三年以上十年以下有期徒刑，并处罚金。(第二款)明知他人制造毒品而为其提供前款规定的物品的，以制造毒品罪的共犯论处”。
b. 2006 年《关于汽车蓄电池标准液是否列入管制问题的答复》，第 1031 页。
c. 2007 年《关于无运输备案证明承运易制毒化学品如何适用法律问题的批复》，第 1031 页。
d. 2009 年《关于办理制毒物品犯罪案件适用法律若干问题的意见》，第 1029 页。
e. 2010 年《关于对已去除糖衣包装的新康泰克药品混合颗粒能否认定为制毒物品的意见》，第 1032 页。
f. 2012 年《关于公安机关管辖的刑事案件立案追诉标准的规定(三)》第五、六条，第 417、418 页。
g. 2013 年《关于进一步加强麻黄草管理严厉打击非法买卖麻黄草等违法犯罪活动的通知》三·(二)，第 1035 页。
h. 2016 年《关于审理毒品犯罪案件适用法律若干问题的解释》第七、八、十四条，第 1067、1068、1070 页。
i. 2023 年《全国法院毒品案件审判工作会议纪要》二·(三)、八至十三，第 1013、1021 ~ 1024 页。

③ a. 2012 年《关于公安机关管辖的刑事案件立案追诉标准的规定(三)》第七条，第 419 页。
b. 2016 年《关于审理毒品犯罪案件适用法律若干问题的解释》第九条，第 1068 页。
c. 2023 年《全国法院毒品案件审判工作会议纪要》二·(四)、八至十三，第 1014、1021 ~ 1024 页。

(一)种植罂粟五百株以上不满三千株或者其他毒品原植物数量较大的;

(二)经公安机关处理后又种植的;

(三)抗拒铲除的。

非法种植罂粟三千株以上或者其他毒品原植物数量大的,处五年以上有期徒刑,并处罚金或者没收财产。

非法种植罂粟或者其他毒品原植物,在收获前自动铲除的,可以免除处罚。

第三百五十二条[①] **【非法买卖、运输、携带、持有毒品原植物种子、幼苗罪】** 非法买卖、运输、携带、持有未经灭活的罂粟等毒品原植物种子或者幼苗,数量较大的,处三年以下有期徒刑、拘役或者管制,并处或者单处罚金。

第三百五十三条[②] **【引诱、教唆、欺骗他人吸毒罪】** 引诱、教唆、欺骗他人吸食、注射毒品的,处三年以下有期徒刑、拘役或者管制,并处罚金;情节严重的,处三年以上七年以下有期徒刑,并处罚金。

【强迫他人吸毒罪】 强迫他人吸食、注射毒品的,处三年以上十年以下有期徒刑,并处罚金。

引诱、教唆、欺骗或者强迫未成年人吸食、注射毒品的,从重处罚。

第三百五十四条[③] **【容留他人吸毒罪】** 容留他人吸食、注射毒品的,处三年以下有期徒刑、拘役或者管制,并处罚金。

第三百五十五条[④] **【非法提供麻醉药品、精神药品罪】** 依法从事生产、运输、管理、使用国家管制的麻醉药品、精神药品的人员,违反国家规定,向吸食、注射毒品的人提供国家规定管制的能够使人形成瘾癖的麻醉药品、精神药品的,处三年以下有期徒刑或者拘役,并处罚金;情节严重的,处三年以上七年以下有期徒刑,并处罚金。向走私、贩卖毒品的犯罪分子或者以牟利为目的,向吸食、注射毒品的人提供国家规定管制的能够使人形成瘾癖的麻醉药品、精神药品的,依照本法第三百四十七条的规定定罪处罚。

单位犯前款罪的,对单位判处罚金,并对其直接负责的主管人员和其他直接责任

---

① a. 2012 年《关于公安机关管辖的刑事案件立案追诉标准的规定(三)》第八条,第 419 页。
b. 2016 年《关于审理毒品犯罪案件适用法律若干问题的解释》第十、十四条,第 1068、1070 页。
c. 2023 年《全国法院毒品案件审判工作会议纪要》八至十三,第 1021 ~ 1024 页。

② a. 2012 年《关于公安机关管辖的刑事案件立案追诉标准的规定(三)》第九、十条,第 419 页。
b. 2016 年《关于审理毒品犯罪案件适用法律若干问题的解释》第十一、十四条,第 1069、1070 页。
c. 最高检 2022 年指导性案例 152 号《郭某某欺骗他人吸毒案》,第 1192 页。
d. 2023 年《全国法院毒品案件审判工作会议纪要》二·(四)、八至十三,第 1014、1021 ~ 1024 页。

③ a. 2012 年《关于公安机关管辖的刑事案件立案追诉标准的规定(三)》第十一条,第 419 页。
b. 2016 年《关于审理毒品犯罪案件适用法律若干问题的解释》第十二、十四条,第 1069、1070 页。
c. 2021 年《关于常见犯罪的量刑指导意见(试行)》四·(二十二),第 286 页。
d. 2023 年《全国法院毒品案件审判工作会议纪要》八至十三,第 1021 ~ 1024 页。

④ a. 2002 年《关于安定注射液是否属于刑法第三百五十五条规定的精神药品问题的答复》,第 1025 页。
b. 2009 年《关于在成品药中非法添加阿普唑仑和曲马多进行销售能否认定为制造贩卖毒品有关问题的批复》,第 1028 页。
c. 2012 年《关于公安机关管辖的刑事案件立案追诉标准的规定(三)》第十二条,第 420 页。
d. 2016 年《关于审理毒品犯罪案件适用法律若干问题的解释》第十三、十四条,第 1069、1070 页。
e. 2023 年《全国法院毒品案件审判工作会议纪要》二·(三)、八至十三,第 1013、1021 ~ 1024 页。

人员，依照前款的规定处罚。

第三百五十五条之一[①] **【妨害兴奋剂管理罪】** 引诱、教唆、欺骗运动员使用兴奋剂参加国内、国际重大体育竞赛，或者明知运动员参加上述竞赛而向其提供兴奋剂，情节严重的，处三年以下有期徒刑或者拘役，并处罚金。

组织、强迫运动员使用兴奋剂参加国内、国际重大体育竞赛的，依照前款的规定从重处罚。

第三百五十六条[②] **【毒品犯罪的再犯】** 因走私、贩卖、运输、制造、非法持有毒品罪被判过刑，又犯本节规定之罪的，从重处罚。

第三百五十七条[③] **【毒品的定义及数量计算】** 本法所称的毒品，是指鸦片、海洛因、甲基苯丙胺（冰毒）、吗啡、大麻、可卡因以及国家规定管制的其他能够使人形成瘾癖的麻醉药品和精神药品。

毒品的数量以查证属实的走私、贩卖、运输、制造、非法持有毒品的数量计算，不以纯度折算。

---

① 本条系根据《刑法修正案（十一）》第四十四条的规定增加。

② 2023 年《全国法院毒品案件审判工作会议纪要》九，第 1022 页。

③ a. 2002 年《关于认定海洛因有关问题的批复》，第 1038 页。

b. 2012 年《关于公安机关管辖的刑事案件立案追诉标准的规定（三）》第十三、十四条，第 420 页。

c. 2014 年《关于公布麻醉药品和精神药品品种目录的通知》，第 1038 页。

d. 2014 年《关于规范毒品名称表述若干问题的意见》，第 1035 页。

e. 2015 年《关于将含可待因复方口服液体制剂列入第二类精神药品管理的公告》，第 1053 页。

f. 2015 年《非药用类麻醉药品和精神药品列管办法》，第 1053 页。

g. 2017 年《关于将卡芬太尼等四种芬太尼类物质列入非药用类麻醉药品和精神药品管制品种增补目录的公告》，第 1070 页。

h. 2017 年《关于将 N－甲基－N－(2－二甲氨基环己基)－3,4－二氯苯甲酰胺（U－47700）等四种物质列入非药用类麻醉药品和精神药品管制品种增补目录的公告》，第 1070 页。

i. 2017 年《关于同意将 N－苯乙基－4－哌啶酮、4－苯胺基－N－苯乙基哌啶、N－甲基－1－苯基－1－氯－2－丙胺、溴素、1－苯基－1－丙酮列入易制毒化学品品种目录的函》，第 1071 页。

j. 2017 年《关于将 N－苯乙基－4－哌啶酮、4－苯胺基－N－苯乙基哌啶、N－甲基－1－苯基－1－氯－2－丙胺、溴素、1－苯基－1－丙酮 5 种物质列入易制毒化学品管理的公告》，第 1071 页。

k. 2018 年《关于将 4－氯乙卡西酮等 32 种物质列入非药用类麻醉药品和精神药品管制品种增补目录的公告》，第 1072 页。

l. 2019 年《关于〈非药用类麻醉药品和精神药品管制品种增补目录〉能否作为认定毒品依据的批复》，第 1076 页。

m. 2019 年《关于将芬太尼类物质列入〈非药用类麻醉药品和精神药品管制品种增补目录〉的公告》，第 1076 页。

n. 2019 年《关于将含羟考酮复方制剂等品种列入精神药品管理的公告》，第 1077 页。

o. 2019 年《关于防范非药用类麻醉药品和精神药品及制毒物品违法犯罪的通告》，第 1077 页。

p. 2021 年《关于将合成大麻素类物质和氟胺酮等 18 种物质列入〈非药用类麻醉药品和精神药品管制品种增补目录〉的公告》，第 1078 页。

q. 2021 年《关于同意将 α－苯乙酰乙酸甲酯等 6 种物质列入易制毒化学品品种目录的函》，第 1081 页。

r. 2021 年《关于将 3－氧－2－苯基丁酸甲酯、3－氧－2－苯基丁酰胺、2－甲基－3－［3,4－(亚甲二氧基)苯基］缩水甘油酸、2－甲基－3－［3,4－(亚甲二氧基)苯基］缩水甘油酸甲酯、苯乙腈和 γ－丁内酯 6 种物质列入易制毒化学品管理的公告》，第 1081 页。

s. 2023 年《关于调整麻醉药品和精神药品目录的公告》，第 1082、1083 页。

t. 2023 年《全国法院毒品案件审判工作会议纪要》三，第 1014 页。

u. 2023 年《关于调整麻醉药品和精神药品目录的公告》，第 1082、1083 页。

第八节 组织、强迫、引诱、容留、介绍卖淫罪

第三百五十八条① **【组织卖淫罪】【强迫卖淫罪】** 组织、强迫他人卖淫的,处五年以上十年以下有期徒刑,并处罚金;情节严重的,处十年以上有期徒刑或者无期徒刑,并处罚金或者没收财产。

组织、强迫未成年人卖淫的,依照前款的规定从重处罚。

犯前两款罪,并有杀害、伤害、强奸、绑架等犯罪行为的,依照数罪并罚的规定处罚。

【协助组织卖淫罪】 为组织卖淫的人招募、运送人员或者有其他协助组织他人卖淫行为的,处五年以下有期徒刑,并处罚金;情节严重的,处五年以上十年以下有期徒刑,并处罚金。

第三百五十九条② **【引诱、容留、介绍卖淫罪】** 引诱、容留、介绍他人卖淫的,处五年以下有期徒刑、拘役或者管制,并处罚金;情节严重的,处五年以上有期徒刑,并处罚金。

【引诱幼女卖淫罪】 引诱不满十四周岁的幼女卖淫的,处五年以上有期徒刑,并处罚金。

---

① a. 本条原文为"(第一款)组织他人卖淫或者强迫他人卖淫的,处五年以上十年以下有期徒刑,并处罚金;有下列情形之一的,处十年以上有期徒刑或者无期徒刑,并处罚金或者没收财产:(一)组织他人卖淫,情节严重的;(二)强迫不满十四周岁的幼女卖淫的;(三)强迫多人卖淫或者多次强迫他人卖淫的;(四)强奸后迫使卖淫的;(五)造成被强迫卖淫的人重伤、死亡或者其他严重后果的。(第二款)有前款所列情形之一,情节特别严重的,处无期徒刑或者死刑,并处没收财产。(第三款)协助组织他人卖淫的,处五年以下有期徒刑,并处罚金;情节严重的,处五年以上十年以下有期徒刑,并处罚金"。《刑法修正案(八)》第四十八条将本条第三款修改为"为组织卖淫的人招募、运送人员或者有其他协助组织他人卖淫行为的,处五年以下有期徒刑,并处罚金;情节严重的,处五年以上十年以下有期徒刑,并处罚金"。《刑法修正案(九)》第四十二条又将本条修改为"(第一款)组织、强迫他人卖淫的,处五年以上十年以下有期徒刑,并处罚金;情节严重的,处十年以上有期徒刑或者无期徒刑,并处罚金或者没收财产。(第二款)组织、强迫未成年人卖淫的,依照前款的规定从重处罚。(第三款)犯前两款罪,并有杀害、伤害、强奸、绑架等犯罪行为的,依照数罪并罚的规定处罚。(第四款)为组织卖淫的人招募、运送人员或者有其他协助组织他人卖淫行为的,处五年以下有期徒刑,并处罚金;情节严重的,处五年以上十年以下有期徒刑,并处罚金"。

b. 2001 年《关于对同性之间以钱财为媒介的性行为定性处理问题的批复》,第 1083 页。

c. 2003 年《关于以钱财为媒介尚未发生性行为或发生性行为尚未给付钱财如何定性问题的批复》,第 1083 页。

d. 2008 年《关于公安机关管辖的刑事案件立案追诉标准的规定(一)》第七十五至七十七条,第 391 页。

e. 2017 年《关于办理组织、强迫、引诱、容留、介绍卖淫刑事案件适用法律若干问题的解释》第一至七、十、十三、十四条,第 1084 ~ 1086 页。

f. 2019 年《关于办理恶势力刑事案件若干问题的意见》,第 887 页。

g. 2023 年《关于办理性侵害未成年人刑事案件的意见》第一、二、十七、十九、二十条,第 715、717、718 页。

② a. 2008 年《关于公安机关管辖的刑事案件立案追诉标准的规定(一)》第七十八、七十九条,第 391 页。

b. 2017 年《关于办理组织、强迫、引诱、容留、介绍卖淫刑事案件适用法律若干问题的解释》第八至十、十三、十四条,第 1085、1086 页。

c. 2019 年《关于依法严厉打击传播艾滋病病毒等违法犯罪行为的指导意见》二·(二),第 426 页。

d. 2021 年《关于常见犯罪的量刑指导意见(试行)》四·(二十三),第 286 页。

e. 2023 年《关于办理性侵害未成年人刑事案件的意见》第一、二、十七、十九、二十条,第 715、717、718 页。

第三百六十条[①] **【传播性病罪】** 明知自己患有梅毒、淋病等严重性病卖淫、嫖娼的，处五年以下有期徒刑、拘役或者管制，并处罚金。

第三百六十一条 **【特定行业单位人员犯组织、强迫、引诱、容留、介绍卖淫罪】** 旅馆业、饮食服务业、文化娱乐业、出租汽车业等单位的人员，利用本单位的条件，组织、强迫、引诱、容留、介绍他人卖淫的，依照本法第三百五十八条、第三百五十九条的规定定罪处罚。

前款所列单位的主要负责人，犯前款罪的，从重处罚。

第三百六十二条[②] **【特定行业单位人员犯包庇罪】** 旅馆业、饮食服务业、文化娱乐业、出租汽车业等单位的人员，在公安机关查处卖淫、嫖娼活动时，为违法犯罪分子通风报信，情节严重的，依照本法第三百一十条的规定定罪处罚。

第九节 制作、贩卖、传播淫秽物品罪

第三百六十三条[③] **【制作、复制、出版、贩卖、传播淫秽物品牟利罪】** 以牟利为目的，制作、复制、出版、贩卖、传播淫秽物品的，处三年以下有期徒刑、拘役或者管制，并处罚金；情节严重的，处三年以上十年以下有期徒刑，并处罚金；情节特别严重的，处十年以上有期徒刑或者无期徒刑，并处罚金或者没收财产。

---

① a. 根据《刑法修正案（九）》第四十三条的规定删去本条第二款。该款原文为“嫖宿不满十四周岁的幼女的，处五年以上有期徒刑，并处罚金”。

b. 2008 年《关于公安机关管辖的刑事案件立案追诉标准的规定（一）》第八十条，第 391 页。

c. 2017 年《关于办理组织、强迫、引诱、容留、介绍卖淫刑事案件适用法律若干问题的解释》第十一至十四条，第 1086 页。

d. 2019 年《关于依法严厉打击传播艾滋病病毒等违法犯罪行为的指导意见》二·（二），第 426 页。

② 2017 年《关于办理组织、强迫、引诱、容留、介绍卖淫刑事案件适用法律若干问题的解释》第十四条，第 1086 页。

③ a. 1998 年《关于审理非法出版物刑事案件具体应用法律若干问题的解释》第八、九、十六至十八条，第 633 ~ 635 页。

b. 2004 年《关于办理利用互联网、移动通讯终端、声讯台制作、复制、出版、贩卖、传播淫秽电子信息刑事案件具体应用法律若干问题的解释》第一、二、五、六条，第 1088、1089 页。

c. 2004 年《关于依法开展打击淫秽色情网站专项行动有关工作的通知》，第 1087 页。

d. 2008 年《关于公安机关管辖的刑事案件立案追诉标准的规定（一）》第八十二、八十三条，第 391、392 页。

e. 2010 年《关于办理利用互联网、移动通讯终端、声讯台制作、复制、出版、贩卖、传播淫秽电子信息刑事案件具体应用法律若干问题的解释（二）》第一、四、六至十二条，第 1090 ~ 1093 页。

f. 2012 年《关于在局域网内制作、复制、传播淫秽电子信息行为适用法律问题的研究意见》，第 1210 页。

g. 2012 年《关于淫秽视频个数如何认定的研究意见》，第 1210 页。

h. 2015 年《对北京市人民检察院〈关于利用移动存储介质复制、贩卖淫秽视频电子信息牟利如何适用法律问题的请示〉的答复意见》，第 1093 页。

i. 2017 年《关于利用网络云盘制作、复制、贩卖、传播淫秽电子信息牟利行为定罪量刑问题的批复》，第 1093 页。

j. 最高检 2022 年指导性案例 139 号《钱某制作、贩卖、传播淫秽物品牟利案》，第 1189 页。

【为他人提供书号出版淫秽书刊罪】 为他人提供书号,出版淫秽书刊的,处三年以下有期徒刑、拘役或者管制,并处或者单处罚金;明知他人用于出版淫秽书刊而提供书号的,依照前款的规定处罚。

第三百六十四条[①] **【传播淫秽物品罪】** 传播淫秽的书刊、影片、音像、图片或者其他淫秽物品,情节严重的,处二年以下有期徒刑、拘役或者管制。

【组织播放淫秽音像制品罪】 组织播放淫秽的电影、录像等音像制品的,处三年以下有期徒刑、拘役或者管制,并处罚金;情节严重的,处三年以上十年以下有期徒刑,并处罚金。

制作、复制淫秽的电影、录像等音像制品组织播放的,依照第二款的规定从重处罚。

向不满十八周岁的未成年人传播淫秽物品的,从重处罚。

第三百六十五条[②] **【组织淫秽表演罪】** 组织进行淫秽表演的,处三年以下有期徒刑、拘役或者管制,并处罚金;情节严重的,处三年以上十年以下有期徒刑,并处罚金。

第三百六十六条 【单位犯罪的处罚】 单位犯本节第三百六十三条、第三百六十四条、第三百六十五条规定之罪的,对单位判处罚金,并对其直接负责的主管人员和其他直接责任人员,依照各该条的规定处罚。

第三百六十七条[③] **【淫秽物品的界定】** 本法所称淫秽物品,是指具体描绘性行为或者露骨宣扬色情的诲淫性的书刊、影片、录像带、录音带、图片及其他淫秽物品。

有关人体生理、医学知识的科学著作不是淫秽物品。

包含有色情内容的有艺术价值的文学、艺术作品不视为淫秽物品。

第七章　危害国防利益罪

第三百六十八条 【阻碍军人执行职务罪】 以暴力、威胁方法阻碍军人依法执行职务的,处三年以下有期徒刑、拘役、管制或者罚金。

---

① a. 1998 年《关于携带、藏匿淫秽 VCD 是否属于传播淫秽物品问题的批复》,第 1087 页。

b. 1998 年《关于审理非法出版物刑事案件具体应用法律若干问题的解释》第十、十六、十八条,第 634、635 页。

c. 2004 年《关于办理利用互联网、移动通讯终端、声讯台制作、复制、出版、贩卖、传播淫秽电子信息刑事案件具体应用法律若干问题的解释》第三、六条,第 1089 页。

d. 2008 年《关于公安机关管辖的刑事案件立案追诉标准的规定(一)》第八十四、八十五条,第 392、393 页。

e. 2010 年《关于办理利用互联网、移动通讯终端、声讯台制作、复制、出版、贩卖、传播淫秽电子信息刑事案件具体应用法律若干问题的解释(二)》第二、三、五、八至十二条,第 1091 ~ 1093 页。

② a. 2008 年《关于公安机关管辖的刑事案件立案追诉标准的规定(一)》第八十六条,第 393 页。

b. 2023 年《关于办理强奸、猥亵未成年人刑事案件适用法律若干问题的解释》第九条,第 714 页。

③ 2004 年《关于办理利用互联网、移动通讯终端、声讯台制作、复制、出版、贩卖、传播淫秽电子信息刑事案件具体应用法律若干问题的解释》第九条,第 1090 页。

【阻碍军事行动罪】 故意阻碍武装部队军事行动,造成严重后果的,处五年以下有期徒刑或者拘役。

第三百六十九条① **【破坏武器装备、军事设施、军事通信罪】** 破坏武器装备、军事设施、军事通信的,处三年以下有期徒刑、拘役或者管制;破坏重要武器装备、军事设施、军事通信的,处三年以上十年以下有期徒刑;情节特别严重的,处十年以上有期徒刑、无期徒刑或者死刑。

【过失损坏武器装备、军事设施、军事通信罪】 过失犯前款罪,造成严重后果的,处三年以下有期徒刑或者拘役;造成特别严重后果的,处三年以上七年以下有期徒刑。

战时犯前两款罪的,从重处罚。

第三百七十条② **【故意提供不合格武器装备、军事设施罪】** 明知是不合格的武器装备、军事设施而提供给武装部队的,处五年以下有期徒刑或者拘役;情节严重的,处五年以上十年以下有期徒刑;情节特别严重的,处十年以上有期徒刑、无期徒刑或者死刑。

【过失提供不合格武器装备、军事设施罪】 过失犯前款罪,造成严重后果的,处三年以下有期徒刑或者拘役;造成特别严重后果的,处三年以上七年以下有期徒刑。

单位犯第一款罪的,对单位判处罚金,并对其直接负责的主管人员和其他直接责任人员,依照第一款的规定处罚。

第三百七十一条③ **【聚众冲击军事禁区罪】** 聚众冲击军事禁区,严重扰乱军事禁区秩序的,对首要分子,处五年以上十年以下有期徒刑;对其他积极参加的,处五年以下有期徒刑、拘役、管制或者剥夺政治权利。

【聚众扰乱军事管理区秩序罪】 聚众扰乱军事管理区秩序,情节严重,致使军事管理区工作无法进行,造成严重损失的,对首要分子,处三年以上七年以下有期徒刑;对其他积极参加的,处三年以下有期徒刑、拘役、管制或者剥夺政治权利。

第三百七十二条④ **【冒充军人招摇撞骗罪】** 冒充军人招摇撞骗的,处三年以下有期徒刑、拘役、管制或者剥夺政治权利;情节严重的,处三年以上十年以下有期徒刑。

---

① a. 本条系根据《刑法修正案(五)》第三条的规定修改。原条文为"破坏武器装备、军事设施、军事通信的,处三年以下有期徒刑、拘役或者管制;破坏重要武器装备、军事设施、军事通信的,处三年以上十年以下有期徒刑;情节特别严重的,处十年以上有期徒刑、无期徒刑或者死刑。战时从重处罚"。

b. 2007 年《关于审理危害军事通信刑事案件具体应用法律若干问题的解释》,第 1094 页。

c. 2022 年《关于军地共同加强部队训练场未爆弹药安全风险防控的意见》(十三),第 1095 页。

② 2008 年《关于公安机关管辖的刑事案件立案追诉标准的规定(一)》第八十七、八十八条,第 393 页。

③ a. 2008 年《关于公安机关管辖的刑事案件立案追诉标准的规定(一)》第八十九、九十条,第 393 页。

b. 2022 年《关于军地共同加强部队训练场未爆弹药安全风险防控的意见》(十三),第 1095 页。

④ 2021 年《关于依法惩治招摇撞骗等违法犯罪行为的指导意见》一、四、五,第 829 页。

第三百七十三条[①] **【煽动军人逃离部队罪】【雇用逃离部队军人罪】** 煽动军人逃离部队或者明知是逃离部队的军人而雇用,情节严重的,处三年以下有期徒刑、拘役或者管制。

第三百七十四条[②] **【接送不合格兵员罪】** 在征兵工作中徇私舞弊,接送不合格兵员,情节严重的,处三年以下有期徒刑或者拘役;造成特别严重后果的,处三年以上七年以下有期徒刑。

第三百七十五条[③] **【伪造、变造、买卖武装部队公文、证件、印章罪】【盗窃、抢夺武装部队公文、证件、印章罪】** 伪造、变造、买卖或者盗窃、抢夺武装部队公文、证件、印章的,处三年以下有期徒刑、拘役、管制或者剥夺政治权利;情节严重的,处三年以上十年以下有期徒刑。

【非法生产、买卖武装部队制式服装罪】 非法生产、买卖武装部队制式服装,情节严重的,处三年以下有期徒刑、拘役或者管制,并处或者单处罚金。

【伪造、盗窃、买卖、非法提供、非法使用武装部队专用标志罪】 伪造、盗窃、买卖或者非法提供、使用武装部队车辆号牌等专用标志,情节严重的,处三年以下有期徒刑、拘役或者管制,并处或者单处罚金;情节特别严重的,处三年以上七年以下有期徒刑,并处罚金。

单位犯第二款、第三款罪的,对单位判处罚金,并对其直接负责的主管人员和其他直接责任人员,依照各该款的规定处罚。

第三百七十六条[④] **【战时拒绝、逃避征召、军事训练罪】** 预备役人员战时拒绝、逃避征召或者军事训练,情节严重的,处三年以下有期徒刑或者拘役。

【战时拒绝、逃避服役罪】 公民战时拒绝、逃避服役,情节严重的,处二年以下有期徒刑或者拘役。

第三百七十七条 **【战时故意提供虚假敌情罪】** 战时故意向武装部队提供虚假敌情,造成严重后果的,处三年以上十年以下有期徒刑;造成特别严重后果的,处十

---

① 2008年《关于公安机关管辖的刑事案件立案追诉标准的规定(一)》第九十一、九十二条,第394页。

② 2008年《关于公安机关管辖的刑事案件立案追诉标准的规定(一)》第九十三条,第394页。

③ a.《刑法修正案(七)》第十二条规定修改了本条第二款、第三款,原条文为"(第二款)非法生产、买卖武装部队制式服装、车辆号牌等专用标志,情节严重的,处三年以下有期徒刑、拘役或者管制,并处或者单处罚金。(第三款)单位犯第二款罪的,对单位判处罚金,并对其直接负责的主管人员和其他直接责任人员,依照该款的规定处罚"。增加"伪造、盗窃、买卖或者非法提供、使用武装部队车辆号牌等专用标志,情节严重的,处三年以下有期徒刑、拘役或者管制,并处或者单处罚金;情节特别严重的,处三年以上七年以下有期徒刑,并处罚金"。作为本条第三款,原第三款作为本条第四款。

b. 2008年《关于公安机关管辖的刑事案件立案追诉标准的规定(一)》第九十四条、第九十四条之一,第394页。

c. 2011年《关于办理妨害武装部队制式服装、车辆号牌管理秩序等刑事案件具体应用法律若干问题的解释》,第1096页。

④ 2008年《关于公安机关管辖的刑事案件立案追诉标准的规定(一)》第九十五、九十六条,第395页。

年以上有期徒刑或者无期徒刑。

第三百七十八条 【战时造谣扰乱军心罪】 战时造谣惑众，扰乱军心的，处三年以下有期徒刑、拘役或者管制；情节严重的，处三年以上十年以下有期徒刑。

第三百七十九条[①] **【战时窝藏逃离部队军人罪】** 战时明知是逃离部队的军人而为其提供隐蔽处所、财物，情节严重的，处三年以下有期徒刑或者拘役。

第三百八十条[②] **【战时拒绝、故意延误军事订货罪】** 战时拒绝或者故意延误军事订货，情节严重的，对单位判处罚金，并对其直接负责的主管人员和其他直接责任人员，处五年以下有期徒刑或者拘役；造成严重后果的，处五年以上有期徒刑。

第三百八十一条[③] **【战时拒绝军事征收、征用罪】** 战时拒绝军事征收、征用，情节严重的，处三年以下有期徒刑或者拘役。

第八章 贪污贿赂罪

第三百八十二条[④] **【贪污罪】** 国家工作人员利用职务上的便利，侵吞、窃取、骗取或者以其他手段非法占有公共财物的，是贪污罪。

受国家机关、国有公司、企业、事业单位、人民团体委托管理、经营国有财产的人员，利用职务上的便利，侵吞、窃取、骗取或者以其他手段非法占有国有财物的，以贪污论。

---

① 2008 年《关于公安机关管辖的刑事案件立案追诉标准的规定(一)》第九十七条，第 395 页。

② 2008 年《关于公安机关管辖的刑事案件立案追诉标准的规定(一)》第九十八条，第 395 页。

③ a. 2008 年《关于公安机关管辖的刑事案件立案追诉标准的规定(一)》第九十九条，第 395 页。

b. 本条系根据 2009 年 8 月 27 日全国人民代表大会常务委员会《关于修改部分法律的决定》第二条的规定修改。原条文为"战时拒绝军事征用，情节严重的，处三年以下有期徒刑或者拘役"。

④ a. 1998 年《关于审理挪用公款案件具体应用法律若干问题的解释》第六条，第 1110 页。

b. 1999 年《关于人民检察院直接受理立案侦查案件立案标准的规定(试行)》一·(一)，第 355 页。

c. 2000 年《关于审理贪污、职务侵占案件如何认定共同犯罪几个问题的解释》第一、三条，第 1108、1109 页。

d. 2000 年《关于〈中华人民共和国刑法〉第九十三条第二款的解释》，第 217 页。

e. 2003 年《全国法院审理经济犯罪案件工作座谈会纪要》二，第 1099 页。

f. 2003 年《关于办理妨害预防、控制突发传染病疫情等灾害的刑事案件具体应用法律若干问题的解释》第十四、十七条，第 349 页。

g. 2004 年《关于国家机关、国有公司、企业委派到非国有公司、企业从事公务但尚未依照规定程序获取该单位职务的人员是否适用刑法第九十三条第二款问题的答复》，第 344 页。

h. 2004 年《关于对行为人通过伪造国家机关公文、证件担任国家工作人员职务并利用职务上的便利侵占本单位财物、收受贿赂、挪用本单位资金等行为如何适用法律问题的答复》，第 343 页。

i. 2010 年《关于办理国家出资企业中职务犯罪案件具体应用法律若干问题的意见》一、二、四至八，第 542 ~ 544 页。

j. 最高法 2012 年指导性案例 11 号《杨延虎等贪污案》，第 1152 页。

k. 2017 年《关于被告人林少钦受贿请示一案的答复》，第 1108 页。

l. 最高检 2023 年指导性案例 187 号《沈某某、郑某某贪污案》，第 1196 页。

m. 最高检 2023 年指导性案例 190 号《宋某某违规出具金融票证、违法发放贷款、非国家工作人员受贿案》，第 1198 页。

与前两款所列人员勾结,伙同贪污的,以共犯论处。

第三百八十三条[①] **【贪污罪的处罚】** 对犯贪污罪的,根据情节轻重,分别依照下列规定处罚:

(一)贪污数额较大或者有其他较重情节的,处三年以下有期徒刑或者拘役,并处罚金。

(二)贪污数额巨大或者有其他严重情节的,处三年以上十年以下有期徒刑,并处罚金或者没收财产。

(三)贪污数额特别巨大或者有其他特别严重情节的,处十年以上有期徒刑或者无期徒刑,并处罚金或者没收财产;数额特别巨大,并使国家和人民利益遭受特别重大损失的,处无期徒刑或者死刑,并处没收财产。

对多次贪污未经处理的,按照累计贪污数额处罚。

犯第一款罪,在提起公诉前如实供述自己罪行、真诚悔罪、积极退赃,避免、减少损害结果的发生,有第一项规定情形的,可以从轻、减轻或者免除处罚;有第二项、第三项规定情形的,可以从轻处罚。

犯第一款罪,有第三项规定情形被判处死刑缓期执行的,人民法院根据犯罪情节等情况可以同时决定在其死刑缓期执行二年期满依法减为无期徒刑后,终身监禁,不得减刑、假释。

---

① a. 本条系根据《刑法修正案(九)》第四十四条的规定修改。原条文为"(第一款)对犯贪污罪的,根据情节轻重,分别依照下列规定处罚:(一)个人贪污数额在十万元以上的,处十年以上有期徒刑或者无期徒刑,可以并处没收财产;情节特别严重的,处死刑,并处没收财产。(二)个人贪污数额在五万元以上不满十万元的,处五年以上有期徒刑,可以并处没收财产;情节特别严重的,处无期徒刑,并处没收财产。(三)个人贪污数额在五千元以上不满五万元的,处一年以上七年以下有期徒刑;情节严重的,处七年以上十年以下有期徒刑。个人贪污数额在五千元以上不满一万元,犯罪后有悔改表现、积极退赃的,可以减轻处罚或者免予刑事处罚,由其所在单位或者上级主管机关给予行政处分。(四)个人贪污数额不满五千元,情节较重的,处二年以下有期徒刑或者拘役;情节较轻的,由其所在单位或者上级主管机关酌情给予行政处分。(第二款)对多次贪污未经处理的,按照累计贪污数额处罚"。

b. 2009 年《关于办理职务犯罪案件认定自首、立功等量刑情节若干问题的意见》,第 304 页。

c. 2012 年《关于办理职务犯罪案件严格适用缓刑、免予刑事处罚若干问题的意见》,第 318 页。

d. 2015 年《关于〈中华人民共和国刑法修正案(九)〉时间效力问题的解释》第八条,第 233 页。

e. 2016 年《关于办理贪污贿赂刑事案件适用法律若干问题的解释》第一至四、十六、十八、十九条,第 1103、1104、1106 页。

f. 2017 年《关于贪污养老、医疗等社会保险基金能否适用〈最高人民法院　最高人民检察院关于办理贪污贿赂刑事案件适用法律若干问题的解释〉第一条第二款第一项规定的批复》,第 1107 页。

g. 2017 年《对〈关于界定"退耕还林补助款"性质的请示〉的答复》,第 1107 页。

h. 2019 年《关于办理减刑、假释案件具体应用法律的补充规定》,第 336 页。

i. 2020 年《关于依法惩治妨害新型冠状病毒感染肺炎疫情防控违法犯罪的意见》二·(七)、(十),第 352、353 页。

j. 2020 年《对〈关于贪污困难职工帮扶资金能否适用《最高人民法院、最高人民检察院关于办理贪污贿赂刑事案件适用法律若干问题的解释》的请示〉的答复》,第 1108 页。

第三百八十四条[①] **【挪用公款罪】** 国家工作人员利用职务上的便利,挪用公款归个人使用,进行非法活动的,或者挪用公款数额较大、进行营利活动的,或者挪用公款数额较大、超过三个月未还的,是挪用公款罪,处五年以下有期徒刑或者拘役;情节严重的,处五年以上有期徒刑。挪用公款数额巨大不退还的,处十年以上有期徒刑或者无期徒刑。

挪用用于救灾、抢险、防汛、优抚、扶贫、移民、救济款物归个人使用的,从重处罚。

第三百八十五条[②] **【受贿罪】** 国家工作人员利用职务上的便利,索取他人财

---

① a. 1997 年《关于挪用国库券如何定性问题的批复》,第 1110 页。

b. 1998 年《关于审理挪用公款案件具体应用法律若干问题的解释》,第 1109 页。

c. 1999 年《关于人民检察院直接受理立案侦查案件立案标准的规定(试行)》一·(二),第 355 页。

d. 2000 年《关于国家工作人员挪用非特定公物能否定罪的请示的批复》,第 1110 页。

e. 2000 年《关于〈中华人民共和国刑法〉第九十三条第二款的解释》,第 217 页。

f. 2002 年《关于认真贯彻执行全国人大常委会〈关于刑法第二百九十四条第一款的解释〉和〈关于刑法第三百八十四条第一款的解释〉的通知》二,第 902 页。

g. 2002 年《关于〈中华人民共和国刑法〉第三百八十四条第一款的解释》,第 214 页。

h. 2003 年《全国法院审理经济犯罪案件工作座谈会纪要》四,第 1100 页。

i. 2003 年《关于挪用公款犯罪如何计算追诉期限问题的批复》,第 1111 页。

j. 2003 年《关于办理妨害预防、控制突发传染病疫情等灾害的刑事案件具体应用法律若干问题的解释》第十四、十七条,第 349 页。

k. 2003 年《关于挪用失业保险基金和下岗职工基本生活保障资金的行为适用法律问题的批复》,第 1111 页。

l. 2004 年《关于挪用退休职工社会养老金行为如何适用法律问题的复函》,第 822 页。

m. 2004 年《关于国家机关、国有公司、企业委派到非国有公司、企业从事公务但尚未依照规定程序获取该单位职务的人员是否适用刑法第九十三条第二款问题的答复》,第 344 页。

n. 2004 年《关于对行为人通过伪造国家机关公文、证件担任国家工作人员职务并利用职务上的便利侵占本单位财物、收受贿赂、挪用本单位资金等行为如何适用法律问题的答复》,第 343 页。

o. 2009 年《关于办理职务犯罪案件认定自首、立功等量刑情节若干问题的意见》,第 304 页。

p. 2010 年《关于办理国家出资企业中职务犯罪案件具体应用法律若干问题的意见》三、六、八,第 543、544 页。

q. 2012 年《关于办理职务犯罪案件严格适用缓刑、免予刑事处罚若干问题的意见》,第 318 页。

r. 2016 年《关于办理贪污贿赂刑事案件适用法律若干问题的解释》第五、六条,第 1104 页。

s. 2017 年《关于被告人林少钦受贿请示一案的答复》,第 1108 页。

t. 2019 年《关于办理减刑、假释案件具体应用法律的补充规定》,第 336 页。

u. 2020 年《关于依法惩治妨害新型冠状病毒感染肺炎疫情防控违法犯罪的意见》二·(七)、(十),第 352、353 页。

v. 最高检 2023 年指导性案例 189 号《李某等人挪用公款案》,第 1197 页。

w. 最高检 2023 年指导性案例 190 号《宋某某违规出具金融票证、违法发放贷款、非国家工作人员受贿案》,第 1198 页。

② a. 1998 年《关于依法查处盗窃、抢劫机动车案件的规定》八,第 772 页。

b. 1999 年《关于人民检察院直接受理立案侦查案件立案标准的规定(试行)》一·(三),第 356 页。

c. 2000 年《关于国家工作人员利用职务上的便利为他人谋取利益离退休后收受财物行为如何处理问题的批复》,第 1112 页。

d. 2000 年《关于〈中华人民共和国刑法〉第九十三条第二款的解释》,第 217 页。

e. 2003 年《全国法院审理经济犯罪案件工作座谈会纪要》三·(三),第 1099 页。

物的,或者非法收受他人财物,为他人谋取利益的,是受贿罪。

国家工作人员在经济往来中,违反国家规定,收受各种名义的回扣、手续费,归个人所有的,以受贿论处。

第三百八十六条[①] **【受贿罪的处罚】** 对犯受贿罪的,根据受贿所得数额及情节,依照本法第三百八十三条的规定处罚。索贿的从重处罚。

第三百八十七条[②] **【单位受贿罪】** 国家机关、国有公司、企业、事业单位、人民

---

f. 2003 年《关于集体性质的乡镇卫生院院长利用职务之便收受他人财物的行为如何适用法律问题的答复》,第 1112 页。

g. 2003 年《关于佛教协会工作人员能否构成受贿罪或者公司、企业人员受贿罪主体问题的答复》,第 343 页。

h. 2004 年《关于国家机关、国有公司、企业委派到非国有公司、企业从事公务但尚未依照规定程序获取该单位职务的人员是否适用刑法第九十三条第二款问题的答复》,第 344 页。

i. 2004 年《关于对行为人通过伪造国家机关公文、证件担任国家工作人员职务并利用职务上的便利侵占本单位财物、收受贿赂、挪用本单位资金等行为如何适用法律问题的答复》,第 343 页。

j. 2005 年《关于办理赌博刑事案件具体应用法律若干问题的解释》第七条,第 910 页。

k. 2007 年《关于办理受贿刑事案件适用法律若干问题的意见》,第 1112 页。

l. 2008 年《关于办理商业贿赂刑事案件适用法律若干问题的意见》四至八、十、十一,第 1115、1116 页。

m. 2009 年《关于办理职务犯罪案件认定自首、立功等量刑情节若干问题的意见》,第 304 页。

n. 2010 年《关于办理国家出资企业中职务犯罪案件具体应用法律若干问题的意见》五、六、八,第 544 页。

o. 最高法 2011 年指导性案例 3 号《潘玉梅、陈宁受贿案》,第 1151 页。

p. 最高检 2014 年指导性案例 15 号《胡林贵等人生产、销售有毒、有害食品,行贿;骆梅等人销售伪劣产品;朱伟全等人生产、销售伪劣产品;黎达文等人受贿,食品监管渎职案》,第 1164 页。

q. 最高检 2014 年指导性案例 16 号《赛跃、韩成武受贿、食品监管渎职案》,第 1165 页。

r. 2016 年《关于办理贪污贿赂刑事案件适用法律若干问题的解释》第十二、十三、十六、十七条,第 1105、1106 页。

s. 2017 年《关于被告人林少钦受贿请示一案的答复》,第 1108 页。

t. 2020 年《办理跨境赌博犯罪案件若干问题的意见》四·(二),第 917 页。

u. 最高检 2023 年指导性案例 188 号《桑某受贿、国有公司人员滥用职权、利用未公开信息交易案》,第 1196 页。

v. 最高检 2023 年指导性案例 190 号《宋某某违规出具金融票证、违法发放贷款、非国家工作人员受贿案》,第 1198 页。

① a. 2012 年《关于共同受贿案件中受贿数额认定问题的研究意见》,第 1210 页。

b. 2012 年《关于办理职务犯罪案件严格适用缓刑、免予刑事处罚若干问题的意见》,第 318 页。

c. 2016 年《关于办理贪污贿赂刑事案件适用法律若干问题的解释》第一至四、十五至十九条,第 1103、1104、1106 页。

d. 2019 年《关于办理减刑、假释案件具体应用法律的补充规定》,第 336 页。

e. 2020 年《关于办理涉窨井盖相关刑事案件的指导意见》十一、十二,第 437 页。

② a. 本条第一款系根据《刑法修正案(十二)》第四条的规定修改。原条文为"国家机关、国有公司、企业、事业单位、人民团体,索取、非法收受他人财物,为他人谋取利益,情节严重的,对单位判处罚金,并对其直接负责的主管人员和其他直接责任人员,处五年以下有期徒刑或者拘役"。

b. 1999 年《关于人民检察院直接受理立案侦查案件立案标准的规定(试行)》一·(四),第 357 页。

c. 2006 年《关于国有单位的内设机构能否构成单位受贿罪主体问题的答复》,第 1116 页。

d. 2008 年《关于办理商业贿赂刑事案件适用法律若干问题的意见》第七、八、十条,第 1115、1116 页。

e. 2017 年《关于被告人林少钦受贿请示一案的答复》,第 1108 页。

f. 2019 年《关于办理减刑、假释案件具体应用法律的补充规定》,第 336 页。

团体,索取、非法收受他人财物,为他人谋取利益,情节严重的,对单位判处罚金,并对其直接负责的主管人员和其他直接责任人员,处三年以下有期徒刑或者拘役;情节特别严重的,处三年以上十年以下有期徒刑。

前款所列单位,在经济往来中,在帐外暗中收受各种名义的回扣、手续费的,以受贿论,依照前款的规定处罚。

第三百八十八条 【受贿罪】 国家工作人员利用本人职权或者地位形成的便利条件,通过其他国家工作人员职务上的行为,为请托人谋取不正当利益,索取请托人财物或者收受请托人财物的,以受贿论处。

第三百八十八条之一① **【利用影响力受贿罪】** 国家工作人员的近亲属或者其他与该国家工作人员关系密切的人,通过该国家工作人员职务上的行为,或者利用该国家工作人员职权或者地位形成的便利条件,通过其他国家工作人员职务上的行为,为请托人谋取不正当利益,索取请托人财物或者收受请托人财物,数额较大或者有其他较重情节的,处三年以下有期徒刑或者拘役,并处罚金;数额巨大或者有其他严重情节的,处三年以上七年以下有期徒刑,并处罚金;数额特别巨大或者有其他特别严重情节的,处七年以上有期徒刑,并处罚金或者没收财产。

离职的国家工作人员或者其近亲属以及其他与其关系密切的人,利用该离职的国家工作人员原职权或者地位形成的便利条件实施前款行为的,依照前款的规定定罪处罚。

第三百八十九条② **【行贿罪】** 为谋取不正当利益,给予国家工作人员以财物的,是行贿罪。

在经济往来中,违反国家规定,给予国家工作人员以财物,数额较大的,或者违反国家规定,给予国家工作人员以各种名义的回扣、手续费的,以行贿论处。

因被勒索给予国家工作人员以财物,没有获得不正当利益的,不是行贿。

---

① a. 本条系根据《刑法修正案(七)》第十三条的规定增加。

b. 2001 年《狱内刑事案件立案标准》第二条(二十九)、第五条,第 370、371 页。

c. 2004 年《关于国家机关、国有公司、企业委派到非国有公司、企业从事公务但尚未依照规定程序获取该单位职务的人员是否适用刑法第九十三条第二款问题的答复》,第 344 页。

d. 2016 年《关于办理贪污贿赂刑事案件适用法律若干问题的解释》第一至四、十、十二、十三、十五至十九条,第 1103、1104、1106 页。

e. 2017 年《关于被告人林少钦受贿请示一案的答复》,第 1108 页。

② a. 1999 年《关于在办理受贿犯罪大要案的同时要严肃查处严重行贿犯罪分子的通知》,第 1116 页。

b. 2004 年《关于国家机关、国有公司、企业委派到非国有公司、企业从事公务但尚未依照规定程序获取该单位职务的人员是否适用刑法第九十三条第二款问题的答复》,第 344 页。

c. 2008 年《关于办理商业贿赂刑事案件适用法律若干问题的意见》第七至十条,第 1115、1116 页。

d. 2013 年《关于办理行贿刑事案件具体应用法律若干问题的解释》第十二条,第 1119 页。

e. 最高检 2014 年指导性案例 15 号《胡林贵等人生产、销售有毒、有害食品,行贿;骆梅等人销售伪劣产品;朱伟全等人生产、销售伪劣产品;黎达文等人受贿,食品监管渎职案》,第 1164 页。

f. 2016 年《关于办理贪污贿赂刑事案件适用法律若干问题的解释》第十二条,第 1105 页。

g. 2017 年《关于被告人林少钦受贿请示一案的答复》,第 1108 页。

第三百九十条[①] **【行贿罪的处罚】** 对犯行贿罪的,处三年以下有期徒刑或者拘役,并处罚金;因行贿谋取不正当利益,情节严重的,或者使国家利益遭受重大损失的,处三年以上十年以下有期徒刑,并处罚金;情节特别严重的,或者使国家利益遭受特别重大损失的,处十年以上有期徒刑或者无期徒刑,并处罚金或者没收财产。

有下列情形之一的,从重处罚:

(一)多次行贿或者向多人行贿的;

(二)国家工作人员行贿的;

(三)在国家重点工程、重大项目中行贿的;

(四)为谋取职务、职级晋升、调整行贿的;

(五)对监察、行政执法、司法工作人员行贿的;

(六)在生态环境、财政金融、安全生产、食品药品、防灾救灾、社会保障、教育、医疗等领域行贿,实施违法犯罪活动的;

(七)将违法所得用于行贿的。

行贿人在被追诉前主动交待行贿行为的,可以从轻或者减轻处罚。其中,犯罪较轻的,对调查突破、侦破重大案件起关键作用的,或者有重大立功表现的,可以减轻或者免除处罚。

第三百九十条之一[②] **【对有影响力的人行贿罪】** 为谋取不正当利益,向国家工作人员的近亲属或者其他与该国家工作人员关系密切的人,或者向离职的国家工作人员或者其近亲属以及其他与其关系密切的人行贿的,处三年以下有期徒刑或者拘役,并处罚金;情节严重的,或者使国家利益遭受重大损失的,处三年以上七年以下有期徒刑,并处罚金;情节特别严重的,或者使国家利益遭受特别重大损失的,处七年

---

① a. 本条原文为"(第一款)对犯行贿罪的,处五年以下有期徒刑或者拘役;因行贿谋取不正当利益,情节严重的,或者使国家利益遭受重大损失的,处五年以上十年以下有期徒刑;情节特别严重的,处十年以上有期徒刑或者无期徒刑,可以并处没收财产。(第二款)行贿人在被追诉前主动交待行贿行为的,可以减轻处罚或者免除处罚"。《刑法修正案(九)》第四十五条将其修改为"(第一款)对犯行贿罪的,处五年以下有期徒刑或者拘役,并处罚金;因行贿谋取不正当利益,情节严重的,或者使国家利益遭受重大损失的,处五年以上十年以下有期徒刑,并处罚金;情节特别严重的,或者使国家利益遭受特别重大损失的,处十年以上有期徒刑或者无期徒刑,并处罚金或者没收财产。(第二款)行贿人在被追诉前主动交待行贿行为的,可以从轻或者减轻处罚。其中,犯罪较轻的,对侦破重大案件起关键作用的,或者有重大立功表现的,可以减轻或者免除处罚"。《刑法修正案(十二)》第五条将其修改为现规定。

b. 2013 年《关于办理行贿刑事案件具体应用法律若干问题的解释》,第 1117 页。

c. 2016 年《关于办理贪污贿赂刑事案件适用法律若干问题的解释》第七至九、十四、十八、十九条,第 1104 ~ 1106 页。

② a. 本条系根据《刑法修正案(九)》第四十六条的规定增加。

b. 2004 年《关于国家机关、国有公司、企业委派到非国有公司、企业从事公务但尚未依照规定程序获取该单位职务的人员是否适用刑法第九十三条第二款问题的答复》,第 344 页。

c. 2016 年《关于办理贪污贿赂刑事案件适用法律若干问题的解释》第七至十、十二、十四、十八、十九条,第 1104 ~ 1106 页。

d. 2017 年《关于被告人林少钦受贿请示一案的答复》,第 1108 页。

以上十年以下有期徒刑,并处罚金。

单位犯前款罪的,对单位判处罚金,并对其直接负责的主管人员和其他直接责任人员,处三年以下有期徒刑或者拘役,并处罚金。

第三百九十一条[①] **【对单位行贿罪】** 为谋取不正当利益,给予国家机关、国有公司、企业、事业单位、人民团体以财物的,或者在经济往来中,违反国家规定,给予各种名义的回扣、手续费的,处三年以下有期徒刑或者拘役,并处罚金;情节严重的,处三年以上七年以下有期徒刑,并处罚金。

单位犯前款罪的,对单位判处罚金,并对其直接负责的主管人员和其他直接责任人员,依照前款的规定处罚。

第三百九十二条[②] **【介绍贿赂罪】** 向国家工作人员介绍贿赂,情节严重的,处三年以下有期徒刑或者拘役,并处罚金。

介绍贿赂人在被追诉前主动交待介绍贿赂行为的,可以减轻处罚或者免除处罚。

第三百九十三条[③] **【单位行贿罪】** 单位为谋取不正当利益而行贿,或者违反

---

① a. 本条第一款原文为“为谋取不正当利益,给予国家机关、国有公司、企业、事业单位、人民团体以财物的,或者在经济往来中,违反国家规定,给予各种名义的回扣、手续费的,处三年以下有期徒刑或者拘役”。《刑法修正案(九)》第四十七条将其修改为“为谋取不正当利益,给予国家机关、国有公司、企业、事业单位、人民团体以财物的,或者在经济往来中,违反国家规定,给予各种名义的回扣、手续费的,处三年以下有期徒刑或者拘役,并处罚金”。《刑法修正案(十二)》第六条将其修改为现规定。

b. 1999 年《关于人民检察院直接受理立案侦查案件立案标准的规定(试行)》一·(六),第 357 页。

c. 2008 年《关于办理商业贿赂刑事案件适用法律若干问题的意见》第七至十条,第 1115、1116 页。

d. 2013 年《关于办理行贿刑事案件具体应用法律若干问题的解释》第十二条,第 1119 页。

e. 2017 年《关于被告人林少钦受贿请示一案的答复》,第 1108 页。

② a. 本条第一款系根据《刑法修正案(九)》第四十八条的规定修改。原条文为“向国家工作人员介绍贿赂,情节严重的,处三年以下有期徒刑或者拘役”。

b. 1999 年《关于人民检察院直接受理立案侦查案件立案标准的规定(试行)》一·(七),第 358 页。

c. 2004 年《关于国家机关、国有公司、企业委派到非国有公司、企业从事公务但尚未依照规定程序获取该单位职务的人员是否适用刑法第九十三条第二款问题的答复》,第 344 页。

d. 2017 年《关于被告人林少钦受贿请示一案的答复》,第 1108 页。

③ a. 本条原文为“单位为谋取不正当利益而行贿,或者违反国家规定,给予国家工作人员以回扣、手续费,情节严重的,对单位判处罚金,并对其直接负责的主管人员和其他直接责任人员,处五年以下有期徒刑或者拘役。因行贿取得的违法所得归个人所有的,依照本法第三百八十九条、第三百九十条的规定定罪处罚”。《刑法修正案(九)》第四十九条将其修改为“单位为谋取不正当利益而行贿,或者违反国家规定,给予国家工作人员以回扣、手续费,情节严重的,对单位判处罚金,并对其直接负责的主管人员和其他直接责任人员,处五年以下有期徒刑或者拘役,并处罚金。因行贿取得的违法所得归个人所有的,依照本法第三百八十九条、第三百九十条的规定定罪处罚”。《刑法修正案(十二)》第七条将其修改为现规定。

b. 1999 年《关于人民检察院直接受理立案侦查案件立案标准的规定(试行)》一·(八),第 358 页。

c. 2004 年《关于国家机关、国有公司、企业委派到非国有公司、企业从事公务但尚未依照规定程序获取该单位职务的人员是否适用刑法第九十三条第二款问题的答复》,第 344 页。

d. 2008 年《关于办理商业贿赂刑事案件适用法律若干问题的意见》第七至十条,第 1115、1116 页。

e. 2013 年《关于办理行贿刑事案件具体应用法律若干问题的解释》第十二条,第 1119 页。

f. 2017 年《关于被告人林少钦受贿请示一案的答复》,第 1108 页。

国家规定,给予国家工作人员以回扣、手续费,情节严重的,对单位判处罚金,并对其直接负责的主管人员和其他直接责任人员,处三年以下有期徒刑或者拘役,并处罚金;情节特别严重的,处三年以上十年以下有期徒刑,并处罚金。因行贿取得的违法所得归个人所有的,依照本法第三百八十九条、第三百九十条的规定定罪处罚。

第三百九十四条 【贪污罪】 国家工作人员在国内公务活动或者对外交往中接受礼物,依照国家规定应当交公而不交公,数额较大的,依照本法第三百八十二条、第三百八十三条的规定定罪处罚。

第三百九十五条①[1] 【巨额财产来源不明罪】 国家工作人员的财产、支出明显超过合法收入,差额巨大的,可以责令该国家工作人员说明来源,不能说明来源的,差额部分以非法所得论,处五年以下有期徒刑或者拘役;差额特别巨大的,处五年以上十年以下有期徒刑。财产的差额部分予以追缴。

【隐瞒境外存款罪】 国家工作人员在境外的存款,应当依照国家规定申报。数额较大、隐瞒不报的,处二年以下有期徒刑或者拘役;情节较轻的,由其所在单位或者上级主管机关酌情给予行政处分。

第三百九十六条[2] 【私分国有资产罪】 国家机关、国有公司、企业、事业单位、人民团体,违反国家规定,以单位名义将国有资产集体私分给个人,数额较大的,对其直接负责的主管人员和其他直接责任人员,处三年以下有期徒刑或者拘役,并处或者单处罚金;数额巨大的,处三年以上七年以下有期徒刑,并处罚金。

【私分罚没财物罪】 司法机关、行政执法机关违反国家规定,将应当上缴国家的罚没财物,以单位名义集体私分给个人的,依照前款的规定处罚。

---

① a. 本条第一款系根据《刑法修正案(七)》第十四条的规定修改。原条文为“国家工作人员的财产或者支出明显超过合法收入,差额巨大的,可以责令说明来源。本人不能说明其来源是合法的,差额部分以非法所得论,处五年以下有期徒刑或者拘役,财产的差额部分予以追缴”。

b. 1999 年《关于人民检察院直接受理立案侦查案件立案标准的规定(试行)》一·(九)、(十),第 358 页。

c. 2003 年《全国法院审理经济犯罪案件工作座谈会纪要》五,第 1102 页。

d. 2004 年《关于国家机关、国有公司、企业委派到非国有公司、企业从事公务但尚未依照规定程序获取该单位职务的人员是否适用刑法第九十三条第二款问题的答复》,第 344 页。

e. 2012 年《关于办理职务犯罪案件严格适用缓刑、免予刑事处罚若干问题的意见》,第 318 页。

f. 2017 年《关于被告人林少钦受贿请示一案的答复》,第 1108 页。

g. 2019 年《关于办理减刑、假释案件具体应用法律的补充规定》,第 336 页。

② a. 1999 年《关于人民检察院直接受理立案侦查案件立案标准的规定(试行)》一·(十一)、(十二),第 358 页。

b. 2010 年《关于办理国家出资企业中职务犯罪案件具体应用法律若干问题的意见》二、八,第 543、544 页。

c. 2012 年《关于办理职务犯罪案件严格适用缓刑、免予刑事处罚若干问题的意见》,第 318 页。

d. 2012 年《关于如何理解私分国有资产问题的研究意见》,第 1210 页。

e. 2017 年《关于被告人林少钦受贿请示一案的答复》,第 1108 页。

f. 2019 年《关于办理减刑、假释案件具体应用法律的补充规定》,第 336 页。

第九章 渎职罪

第三百九十七条① **【滥用职权罪】【玩忽职守罪】** 国家机关工作人员滥用职权或者玩忽职守，致使公共财产、国家和人民利益遭受重大损失的，处三年以下有期徒刑或者拘役；情节特别严重的，处三年以上七年以下有期徒刑。本法另有规定的，依照规定。

---

① a. 1998 年《关于惩治骗购外汇、逃汇和非法买卖外汇犯罪的决定》六，第 194 页。

b. 1998 年《关于依法查处盗窃、抢劫机动车案件的规定》九，第 772 页。

c. 2000 年《关于属工人编制的乡（镇）工商所所长能否依照刑法第 397 条的规定追究刑事责任问题的批复》，第 1136 页。

d. 2000 年《关于合同制民警能否成为玩忽职守罪主体问题的批复》，第 1136 页。

e. 2000 年《关于镇财政所所长是否适用国家机关工作人员的批复》，第 340 页。

f. 2002 年《关于买卖尚未加盖印章的空白〈边境证〉行为如何适用法律问题的答复》，第 1139 页。

g. 2002 年《关于企业事业单位的公安机构在机构改革过程中其工作人员能否构成渎职侵权犯罪主体问题的批复》，第 1137 页。

h. 2002 年《关于〈中华人民共和国刑法〉第九章渎职罪主体适用问题的解释》，第 215 页。

i. 2003 年《关于严格执行刑事诉讼法，切实纠防超期羁押的通知》五，第 1141 页。

j. 2003 年《关于办理非法制造、买卖、运输、储存毒鼠强等禁用剧毒化学品刑事案件具体应用法律若干问题的解释》第四条，第 459 页。

k. 2003 年《关于办理妨害预防、控制突发传染病疫情等灾害的刑事案件具体应用法律若干问题的解释》第十五、十七条，第 349 页。

l. 2003 年《关于对海事局工作人员如何使用法律问题的答复》，第 1137 页。

m. 2003 年《全国法院审理经济犯罪案件工作座谈会纪要》六，第 1102 页。

n. 2004 年《关于对滥用职权致使公共财产、国家和人民利益遭受重大损失如何认定问题的答复》，第 1136 页。

o. 2006 年《关于渎职侵权犯罪案件立案标准的规定》一·（一）、（二），第 1120、1121 页。

p. 2007 年《关于对林业主管部门工作人员在发放林木采伐许可证之外滥用职权玩忽职守致使森林遭受严重破坏的行为适用法律问题的批复》，第 1139 页。

q. 2007 年《关于办理与盗窃、抢劫、诈骗、抢夺机动车相关刑事案件具体应用法律若干问题的解释》第三条，第 774 页。

r. 2007 年《关于办理盗窃油气、破坏油气设备等刑事案件具体应用法律若干问题的解释》第七条，第 438 页。

s. 2009 年《关于办理职务犯罪案件认定自首、立功等量刑情节若干问题的意见》，第 304 页。

t. 2011 年《关于进一步加大力度，依法严惩危害食品安全及相关职务犯罪的通知》，第 499 页。

u. 2012 年《关于办理职务犯罪案件严格适用缓刑、免予刑事处罚若干问题的意见》，第 318 页。

v. 最高检 2012 年指导性案例 4 号《崔建国环境监管失职案》，第 1162 页。

w. 最高检 2012 年指导性案例 5 号《陈根明、林福娟、李德权滥用职权案》，第 1162 页。

x. 最高检 2012 年指导性案例 6 号《罗建华、罗镜添、朱炳灿、罗锦游滥用职权案》，第 1162 页。

y. 最高检 2012 年指导性案例 8 号《杨周武玩忽职守、徇私枉法、受贿案》，第 1163 页。

z. 2013 年《关于办理渎职刑事案件适用法律若干问题的解释（一）》，第 1134 页。

a +. 2015 年《关于办理危害生产安全刑事案件适用法律若干问题的解释》第十五、十六条，第 481、482 页。

b +. 2016 年《关于办理贪污贿赂刑事案件适用法律若干问题的解释》第十七条，第 1106 页。

c +. 2017 年《关于办理扰乱无线电通讯管理秩序等刑事案件适用法律若干问题的解释》第七条，第 849 页。

d +. 2019 年《关于审理走私、非法经营、非法使用兴奋剂刑事案件适用法律若干问题的解释》第六至八条，第 531 页。

e +. 2020 年《关于依法惩治妨害新型冠状病毒感染肺炎疫情防控违法犯罪的意见》二·（七）、（十），第 352、353 页。

f +. 2020 年《关于办理涉窨井盖相关刑事案件的指导意见》八、九、十二，第 436、437 页。

g +. 2022 年《关于办理破坏野生动物资源刑事案件适用法律若干问题的解释》第十、十二至十八条，第 993、994 页。

国家机关工作人员徇私舞弊,犯前款罪的,处五年以下有期徒刑或者拘役;情节特别严重的,处五年以上十年以下有期徒刑。本法另有规定的,依照规定。

第三百九十八条① **【故意泄露国家秘密罪】【过失泄露国家秘密罪】** 国家机关工作人员违反保守国家秘密法的规定,故意或者过失泄露国家秘密,情节严重的,处三年以下有期徒刑或者拘役;情节特别严重的,处三年以上七年以下有期徒刑。

非国家机关工作人员犯前款罪的,依照前款的规定酌情处罚。

第三百九十九条② **【徇私枉法罪】** 司法工作人员徇私枉法、徇情枉法,对明知是无罪的人而使他受追诉、对明知是有罪的人而故意包庇不使他受追诉,或者在刑事审判活动中故意违背事实和法律作枉法裁判的,处五年以下有期徒刑或者拘役;情节严重的,处五年以上十年以下有期徒刑;情节特别严重的,处十年以上有期徒刑。

【民事、行政枉法裁判罪】 在民事、行政审判活动中故意违背事实和法律作枉法裁判,情节严重的,处五年以下有期徒刑或者拘役;情节特别严重的,处五年以上十年以下有期徒刑。

【执行判决、裁定失职罪】【执行判决、裁定滥用职权罪】 在执行判决、裁定活动中,严重不负责任或者滥用职权,不依法采取诉讼保全措施、不履行法定执行职责,或者违法采取诉讼保全措施、强制执行措施,致使当事人或者其他人的利益遭受重大损失的,处五年以下有期徒刑或者拘役;致使当事人或者其他人的利益遭受特别重大损失的,处五年以上十年以下有期徒刑。

司法工作人员收受贿赂,有前三款行为的,同时又构成本法第三百八十五条规定之罪的,依照处罚较重的规定定罪处罚。

---

① a. 2001 年《关于审理为境外窃取、刺探、收买、非法提供国家秘密、情报案件具体应用法律若干问题的解释》第六条,第 429 页。

b. 2002 年《关于〈中华人民共和国刑法〉第九章渎职罪主体适用问题的解释》,第 215 页。

c. 2003 年《全国法院审理经济犯罪案件工作座谈会纪要》六,第 1102 页。

d. 2006 年《关于渎职侵权犯罪案件立案标准的规定》一·(三)、(四),第 1121、1122 页。

e. 2009 年《关于办理职务犯罪案件认定自首、立功等量刑情节若干问题的意见》,第 304 页。

f. 2012 年《关于办理职务犯罪案件严格适用缓刑、免予刑事处罚若干问题的意见》,第 318 页。

② a. 本条系根据《刑法修正案(四)》第八条的规定修改。原条文为"(第一款)司法工作人员徇私枉法、徇情枉法,对明知是无罪的人而使他受追诉、对明知是有罪的人而故意包庇不使他受追诉,或者在刑事审判活动中故意违背事实和法律作枉法裁判的,处五年以下有期徒刑或者拘役;情节严重的,处五年以上十年以下有期徒刑;情节特别严重的,处十年以上有期徒刑。(第二款)在民事、行政审判活动中故意违背事实和法律作枉法裁判,情节严重的,处五年以下有期徒刑或者拘役;情节特别严重的,处五年以上十年以下有期徒刑。(第三款)司法工作人员贪赃枉法,有前两款行为的,同时又构成本法第三百八十五条规定之罪的,依照处罚较重的规定定罪处罚"。

b. 2003 年《关于非司法工作人员是否可以构成徇私枉法罪共犯问题的答复》,第 1137 页。

c. 2003 年《关于认真贯彻执行〈中华人民共和国刑法修正案(四)〉和〈全国人大常委会关于《中华人民共和国刑法》第九章渎职罪主体适用问题的解释〉的通知》三,第 1120 页。

d. 2006 年《关于渎职侵权犯罪案件立案标准的规定》一·(五)至(八),第 1122、1123 页。

e. 2009 年《关于办理职务犯罪案件认定自首、立功等量刑情节若干问题的意见》,第 304 页。

f. 2012 年《关于办理职务犯罪案件严格适用缓刑、免予刑事处罚若干问题的意见》,第 318 页。

第三百九十九条之一[①] **【枉法仲裁罪】** 依法承担仲裁职责的人员，在仲裁活动中故意违背事实和法律作枉法裁决，情节严重的，处三年以下有期徒刑或者拘役；情节特别严重的，处三年以上七年以下有期徒刑。

第四百条[②] **【私放在押人员罪】** 司法工作人员私放在押的犯罪嫌疑人、被告人或者罪犯的，处五年以下有期徒刑或者拘役；情节严重的，处五年以上十年以下有期徒刑；情节特别严重的，处十年以上有期徒刑。

【失职致使在押人员脱逃罪】 司法工作人员由于严重不负责任，致使在押的犯罪嫌疑人、被告人或者罪犯脱逃，造成严重后果的，处三年以下有期徒刑或者拘役；造成特别严重后果的，处三年以上十年以下有期徒刑。

第四百零一条[③] **【徇私舞弊减刑、假释、暂予监外执行罪】** 司法工作人员徇私舞弊，对不符合减刑、假释、暂予监外执行条件的罪犯，予以减刑、假释或者暂予监外执行的，处三年以下有期徒刑或者拘役；情节严重的，处三年以上七年以下有期徒刑。

第四百零二条[④] **【徇私舞弊不移交刑事案件罪】** 行政执法人员徇私舞弊，对依法应当移交司法机关追究刑事责任的不移交，情节严重的，处三年以下有期徒刑或者拘役；造成严重后果的，处三年以上七年以下有期徒刑。

第四百零三条[⑤] **【滥用管理公司、证券职权罪】** 国家有关主管部门的国家机关工作人员，徇私舞弊，滥用职权，对不符合法律规定条件的公司设立、登记申请或者股票、债券发行、上市申请，予以批准或者登记，致使公共财产、国家和人民利益遭受重大损失的，处五年以下有期徒刑或者拘役。

---

① 本条系根据《刑法修正案(六)》第二十条的规定增加。

② a. 2001 年《关于工人等非监管机关在编监管人员私放在押人员行为和失职致使在押人员脱逃行为适用法律问题的解释》，第 1138 页。

b. 2006 年《关于渎职侵权犯罪案件立案标准的规定》一・(九)、(十)，第 1124 页。

c. 2009 年《关于办理职务犯罪案件认定自首、立功等量刑情节若干问题的意见》，第 304 页。

d. 2012 年《关于办理职务犯罪案件严格适用缓刑、免予刑事处罚若干问题的意见》，第 318 页。

③ a. 2006 年《关于渎职侵权犯罪案件立案标准的规定》一・(十一)，第 1124 页。

b. 2009 年《关于办理职务犯罪案件认定自首、立功等量刑情节若干问题的意见》，第 304 页。

c. 2012 年《关于办理职务犯罪案件严格适用缓刑、免予刑事处罚若干问题的意见》，第 318 页。

④ a. 2002 年《关于〈中华人民共和国刑法〉第九章渎职罪主体适用问题的解释》，第 215 页。

b. 2006 年《关于渎职侵权犯罪案件立案标准的规定》一・(十二)，第 1124 页。

c. 2009 年《关于办理职务犯罪案件认定自首、立功等量刑情节若干问题的意见》，第 304 页。

d. 2012 年《关于办理职务犯罪案件严格适用缓刑、免予刑事处罚若干问题的意见》，第 318 页。

e. 最高检 2012 年指导性案例 7 号《胡宝刚、郑伶徇私舞弊不移交刑事案件案》，第 1162 页。

⑤ a. 2002 年《关于〈中华人民共和国刑法〉第九章渎职罪主体适用问题的解释》，第 215 页。

b. 2003 年《全国法院审理经济犯罪案件工作座谈会纪要》六，第 1102 页。

c. 2006 年《关于渎职侵权犯罪案件立案标准的规定》一・(十三)，第 1125 页。

d. 2009 年《关于办理职务犯罪案件认定自首、立功等量刑情节若干问题的意见》，第 304 页。

e. 2012 年《关于办理职务犯罪案件严格适用缓刑、免予刑事处罚若干问题的意见》，第 318 页。

上级部门强令登记机关及其工作人员实施前款行为的,对其直接负责的主管人员,依照前款的规定处罚。

第四百零四条[①] **【徇私舞弊不征、少征税款罪】** 税务机关的工作人员徇私舞弊,不征或者少征应征税款,致使国家税收遭受重大损失的,处五年以下有期徒刑或者拘役;造成特别重大损失的,处五年以上有期徒刑。

第四百零五条[②] **【徇私舞弊发售发票、抵扣税款、出口退税罪】** 税务机关的工作人员违反法律、行政法规的规定,在办理发售发票、抵扣税款、出口退税工作中,徇私舞弊,致使国家利益遭受重大损失的,处五年以下有期徒刑或者拘役;致使国家利益遭受特别重大损失的,处五年以上有期徒刑。

【违法提供出口退税凭证罪】 其他国家机关工作人员违反国家规定,在提供出口货物报关单、出口收汇核销单等出口退税凭证的工作中,徇私舞弊,致使国家利益遭受重大损失的,依照前款的规定处罚。

第四百零六条[③] **【国家机关工作人员签订、履行合同失职被骗罪】** 国家机关工作人员在签订、履行合同过程中,因严重不负责任被诈骗,致使国家利益遭受重大损失的,处三年以下有期徒刑或者拘役;致使国家利益遭受特别重大损失的,处三年以上七年以下有期徒刑。

第四百零七条[④] **【违法发放林木采伐许可证罪】** 林业主管部门的工作人员违

---

① a. 2002 年《关于〈中华人民共和国刑法〉第九章渎职罪主体适用问题的解释》,第 215 页。

b. 2003 年《全国法院审理经济犯罪案件工作座谈会纪要》六,第 1102 页。

c. 2006 年《关于渎职侵权犯罪案件立案标准的规定》一·(十四),第 1125 页。

d. 2009 年《关于办理职务犯罪案件认定自首、立功等量刑情节若干问题的意见》,第 304 页。

e. 2012 年《关于办理职务犯罪案件严格适用缓刑、免予刑事处罚若干问题的意见》,第 318 页。

② a. 2002 年《关于〈中华人民共和国刑法〉第九章渎职罪主体适用问题的解释》,第 215 页。

b. 2003 年《全国法院审理经济犯罪案件工作座谈会纪要》六,第 1102 页。

c. 2006 年《关于渎职侵权犯罪案件立案标准的规定》一·(十五)、(十六),第 1125、1126 页。

d. 2009 年《关于办理职务犯罪案件认定自首、立功等量刑情节若干问题的意见》,第 304 页。

e. 2012 年《关于办理职务犯罪案件严格适用缓刑、免予刑事处罚若干问题的意见》,第 318 页。

f. 2012 年《关于违反经行政法规授权制定的规范一般纳税人资格的文件应否认定为"违反法律、行政法规的规定"问题的答复》,第 1138 页。

③ a. 2002 年《关于〈中华人民共和国刑法〉第九章渎职罪主体适用问题的解释》,第 215 页。

b. 2003 年《全国法院审理经济犯罪案件工作座谈会纪要》六,第 1102 页。

c. 2006 年《关于渎职侵权犯罪案件立案标准的规定》一·(十七),第 1126 页。

d. 2009 年《关于办理职务犯罪案件认定自首、立功等量刑情节若干问题的意见》,第 304 页。

e. 2012 年《关于办理职务犯罪案件严格适用缓刑、免予刑事处罚若干问题的意见》,第 318 页。

④ a. 2002 年《关于〈中华人民共和国刑法〉第九章渎职罪主体适用问题的解释》,第 215 页。

b. 2003 年《全国法院审理经济犯罪案件工作座谈会纪要》六,第 1102 页。

c. 2006 年《关于渎职侵权犯罪案件立案标准的规定》一·(十八),第 1126 页。

d. 2007 年《关于对林业主管部门工作人员在发放林木采伐许可证之外滥用职权玩忽职守致使森林遭受严重破坏的行为适用法律问题的批复》,第 1139 页。

e. 2009 年《关于办理职务犯罪案件认定自首、立功等量刑情节若干问题的意见》,第 304 页。

f. 2012 年《关于办理职务犯罪案件严格适用缓刑、免予刑事处罚若干问题的意见》,第 318 页。

反森林法的规定,超过批准的年采伐限额发放林木采伐许可证或者违反规定滥发林木采伐许可证,情节严重,致使森林遭受严重破坏的,处三年以下有期徒刑或者拘役。

第四百零八条[①] **【环境监管失职罪】** 负有环境保护监督管理职责的国家机关工作人员严重不负责任,导致发生重大环境污染事故,致使公私财产遭受重大损失或者造成人身伤亡的严重后果的,处三年以下有期徒刑或者拘役。

第四百零八条之一[②] **【食品、药品监管渎职罪】** 负有食品药品安全监督管理职责的国家机关工作人员,滥用职权或者玩忽职守,有下列情形之一,造成严重后果或者有其他严重情节的,处五年以下有期徒刑或者拘役;造成特别严重后果或者有其他特别严重情节的,处五年以上十年以下有期徒刑:

(一)瞒报、谎报食品安全事故、药品安全事件的;

(二)对发现的严重食品药品安全违法行为未按规定查处的;

(三)在药品和特殊食品审批审评过程中,对不符合条件的申请准予许可的;

(四)依法应当移交司法机关追究刑事责任不移交的;

(五)有其他滥用职权或者玩忽职守行为的。

徇私舞弊犯前款罪的,从重处罚。

---

① a. 2002 年《关于〈中华人民共和国刑法〉第九章渎职罪主体适用问题的解释》,第 215 页。

b. 2003 年《全国法院审理经济犯罪案件工作座谈会纪要》六,第 1102 页。

c. 2006 年《关于渎职侵权犯罪案件立案标准的规定》一·(十九),第 1127 页。

d. 2009 年《关于办理职务犯罪案件认定自首、立功等量刑情节若干问题的意见》,第 304 页。

e. 2012 年《关于办理职务犯罪案件严格适用缓刑、免予刑事处罚若干问题的意见》,第 318 页。

② a. 本条系根据《刑法修正案(八)》第四十五条的规定增加。原条文为"(第一款)负有食品安全监督管理职责的国家机关工作人员,滥用职权或者玩忽职守,导致发生重大食品安全事故或者造成其他严重后果的,处五年以下有期徒刑或者拘役;造成特别严重后果的,处五年以上十年以下有期徒刑。(第二款)徇私舞弊犯前款罪的,从重处罚"。《刑法修正案(十一)》第三十九条将其第一款修改为现规定。

b. 2002 年《关于〈中华人民共和国刑法〉第九章渎职罪主体适用问题的解释》,第 215 页。

c. 2003 年《全国法院审理经济犯罪案件工作座谈会纪要》六,第 1102 页。

d. 2009 年《关于办理职务犯罪案件认定自首、立功等量刑情节若干问题的意见》,第 304 页。

e. 2011 年《关于进一步加大力度,依法严惩危害食品安全及相关职务犯罪的通知》,第 499 页。

f. 2012 年《关于办理职务犯罪案件严格适用缓刑、免予刑事处罚若干问题的意见》,第 318 页。

g. 最高检 2014 年指导性案例 15 号《胡林贵等人生产、销售有毒、有害食品,行贿;骆梅等人销售伪劣产品;朱伟全等人生产、销售伪劣产品;黎达文等人受贿,食品监管渎职案》,第 1164 页。

h. 最高检 2014 年指导性案例 16 号《赛跃、韩成武受贿、食品监管渎职案》,第 1165 页。

i. 2022 年《关于办理危害食品安全刑事案件适用法律若干问题的解释》第二十、二十二条,第 505、506 页。

j. 2022 年《关于办理危害药品安全刑事案件适用法律若干问题的解释》第十四条,第 498 页。

第四百零九条[①] **【传染病防治失职罪】** 从事传染病防治的政府卫生行政部门的工作人员严重不负责任,导致传染病传播或者流行,情节严重的,处三年以下有期徒刑或者拘役。

第四百一十条[②] **【非法批准征收、征用、占用土地罪】【非法低价出让国有土地使用权罪】** 国家机关工作人员徇私舞弊,违反土地管理法规,滥用职权,非法批准征收、征用、占用土地,或者非法低价出让国有土地使用权,情节严重的,处三年以下有期徒刑或者拘役;致使国家或者集体利益遭受特别重大损失的,处三年以上七年以下有期徒刑。

第四百一十一条[③] **【放纵走私罪】** 海关工作人员徇私舞弊,放纵走私,情节严重的,处五年以下有期徒刑或者拘役;情节特别严重的,处五年以上有期徒刑。

---

① a. 2002 年《关于〈中华人民共和国刑法〉第九章渎职罪主体适用问题的解释》,第 215 页。

b. 2003 年《全国法院审理经济犯罪案件工作座谈会纪要》六,第 1102 页。

c. 2003 年《关于办理妨害预防、控制突发传染病疫情等灾害的刑事案件具体应用法律若干问题的解释》第十六、十七条,第 349 页。

d. 2006 年《关于渎职侵权犯罪案件立案标准的规定》一·(二十),第 1127 页。

e. 2009 年《关于办理职务犯罪案件认定自首、立功等量刑情节若干问题的意见》,第 304 页。

f. 2012 年《关于办理职务犯罪案件严格适用缓刑、免予刑事处罚若干问题的意见》,第 318 页。

g. 2020 年《关于依法惩治妨害新型冠状病毒感染肺炎疫情防控违法犯罪的意见》二·(七)、(十),第 352、353 页。

② a. 本条系根据 2009 年 8 月 27 日全国人民代表大会常务委员会《关于修改部分法律的决定》第二条进行修改。原条文为“国家机关工作人员徇私舞弊,违反土地管理法规,滥用职权,非法批准征用、占用土地,或者非法低价出让国有土地使用权,情节严重的,处三年以下有期徒刑或者拘役;致使国家或者集体利益遭受特别重大损失的,处三年以上七年以下有期徒刑”。

b. 2000 年《关于审理破坏土地资源刑事案件具体应用法律若干问题的解释》第四至九条,第 996 页。

c. 2001 年《关于〈中华人民共和国刑法〉第二百二十八条、第三百四十二条、第四百一十条的解释》,第 217 页。

d. 2002 年《关于〈中华人民共和国刑法〉第九章渎职罪主体适用问题的解释》,第 215 页。

e. 2003 年《全国法院审理经济犯罪案件工作座谈会纪要》六,第 1102 页。

f. 2006 年《关于渎职侵权犯罪案件立案标准的规定》一·(二十一)、(二十二),第 1127、1128 页。

g. 2009 年《关于办理职务犯罪案件认定自首、立功等量刑情节若干问题的意见》,第 304 页。

h. 2012 年《关于办理职务犯罪案件严格适用缓刑、免予刑事处罚若干问题的意见》,第 318 页。

i. 2012 年《关于审理破坏草原资源刑事案件应用法律若干问题的解释》第三条,第 997 页。

j. 2017 年《对贵州省人民检察院法律政策研究室〈关于对刑法第 410 条“违反土地管理法规”如何理解问题的请示〉的答复》,第 1139 页。

③ a. 2002 年《关于办理走私刑事案件适用法律若干问题的意见》十六,第 514 页。

b. 2002 年《关于〈中华人民共和国刑法〉第九章渎职罪主体适用问题的解释》,第 215 页。

c. 2003 年《全国法院审理经济犯罪案件工作座谈会纪要》六,第 1102 页。

d. 2006 年《关于渎职侵权犯罪案件立案标准的规定》一·(二十三),第 1128 页。

e. 2009 年《关于办理职务犯罪案件认定自首、立功等量刑情节若干问题的意见》,第 304 页。

f. 2012 年《关于办理职务犯罪案件严格适用缓刑、免予刑事处罚若干问题的意见》,第 318 页。

第四百一十二条[①] **【商检徇私舞弊罪】** 国家商检部门、商检机构的工作人员徇私舞弊,伪造检验结果的,处五年以下有期徒刑或者拘役;造成严重后果的,处五年以上十年以下有期徒刑。

【商检失职罪】 前款所列人员严重不负责任,对应当检验的物品不检验,或者延误检验出证、错误出证,致使国家利益遭受重大损失的,处三年以下有期徒刑或者拘役。

第四百一十三条[②] **【动植物检疫徇私舞弊罪】** 动植物检疫机关的检疫人员徇私舞弊,伪造检疫结果的,处五年以下有期徒刑或者拘役;造成严重后果的,处五年以上十年以下有期徒刑。

【动植物检疫失职罪】 前款所列人员严重不负责任,对应当检疫的检疫物不检疫,或者延误检疫出证、错误出证,致使国家利益遭受重大损失的,处三年以下有期徒刑或者拘役。

第四百一十四条[③] **【放纵制售伪劣商品犯罪行为罪】** 对生产、销售伪劣商品犯罪行为负有追究责任的国家机关工作人员,徇私舞弊,不履行法律规定的追究职责,情节严重的,处五年以下有期徒刑或者拘役。

第四百一十五条[④] **【办理偷越国(边)境人员出入境证件罪】【放行偷越国(边)境人员罪】** 负责办理护照、签证以及其他出入境证件的国家机关工作人员,对明知是企图偷越国(边)境的人员,予以办理出入境证件的,或者边防、海关等国家机关工作人员,对明知是偷越国(边)境的人员,予以放行的,处三年以下有期徒刑或者

---

① a. 2002 年《关于〈中华人民共和国刑法〉第九章渎职罪主体适用问题的解释》,第 215 页。
b. 2003 年《全国法院审理经济犯罪案件工作座谈会纪要》六,第 1102 页。
c. 2006 年《关于渎职侵权犯罪案件立案标准的规定》一·(二十四)、(二十五),第 1128、1129 页。
d. 2009 年《关于办理职务犯罪案件认定自首、立功等量刑情节若干问题的意见》,第 304 页。
e. 2012 年《关于办理职务犯罪案件严格适用缓刑、免予刑事处罚若干问题的意见》,第 318 页。

② a. 2002 年《关于〈中华人民共和国刑法〉第九章渎职罪主体适用问题的解释》,第 215 页。
b. 2003 年《全国法院审理经济犯罪案件工作座谈会纪要》六,第 1102 页。
c. 2006 年《关于渎职侵权犯罪案件立案标准的规定》一·(二十六)、(二十七),第 1129 页。
d. 2009 年《关于办理职务犯罪案件认定自首、立功等量刑情节若干问题的意见》,第 304 页。
e. 2012 年《关于办理职务犯罪案件严格适用缓刑、免予刑事处罚若干问题的意见》,第 318 页。

③ a. 2001 年《关于办理生产、销售伪劣商品刑事案件具体应用法律若干问题的解释》第八条,第 486 页。
b. 2002 年《关于〈中华人民共和国刑法〉第九章渎职罪主体适用问题的解释》,第 215 页。
c. 2006 年《关于渎职侵权犯罪案件立案标准的规定》一·(二十八),第 1129 页。
d. 2009 年《关于办理职务犯罪案件认定自首、立功等量刑情节若干问题的意见》,第 304 页。
e. 2011 年《关于进一步加大力度,依法严惩危害食品安全及相关职务犯罪的通知》,第 499 页。
f. 2012 年《关于办理职务犯罪案件严格适用缓刑、免予刑事处罚若干问题的意见》,第 318 页。

④ a. 2002 年《关于〈中华人民共和国刑法〉第九章渎职罪主体适用问题的解释》,第 215 页。
b. 2006 年《关于渎职侵权犯罪案件立案标准的规定》一·(二十九)、(三十),第 1130 页。
c. 2009 年《关于办理职务犯罪案件认定自首、立功等量刑情节若干问题的意见》,第 304 页。
d. 2012 年《关于办理职务犯罪案件严格适用缓刑、免予刑事处罚若干问题的意见》,第 318 页。

拘役;情节严重的,处三年以上七年以下有期徒刑。

第四百一十六条[①] **【不解救被拐卖、绑架妇女、儿童罪】** 对被拐卖、绑架的妇女、儿童负有解救职责的国家机关工作人员,接到被拐卖、绑架的妇女、儿童及其家属的解救要求或者接到其他人的举报,而对被拐卖、绑架的妇女、儿童不进行解救,造成严重后果的,处五年以下有期徒刑或者拘役。

【阻碍解救被拐卖、绑架妇女、儿童罪】 负有解救职责的国家机关工作人员利用职务阻碍解救的,处二年以上七年以下有期徒刑;情节较轻的,处二年以下有期徒刑或者拘役。

第四百一十七条[②] **【帮助犯罪分子逃避处罚罪】** 有查禁犯罪活动职责的国家机关工作人员,向犯罪分子通风报信、提供便利,帮助犯罪分子逃避处罚的,处三年以下有期徒刑或者拘役;情节严重的,处三年以上十年以下有期徒刑。

第四百一十八条[③] **【招收公务员、学生徇私舞弊罪】** 国家机关工作人员在招收公务员、学生工作中徇私舞弊,情节严重的,处三年以下有期徒刑或者拘役。

第四百一十九条[④] **【失职造成珍贵文物损毁、流失罪】** 国家机关工作人员严重不负责任,造成珍贵文物损毁或者流失,后果严重的,处三年以下有期徒刑或者拘役。

---

① a. 2002 年《关于〈中华人民共和国刑法〉第九章渎职罪主体适用问题的解释》,第 215 页。
b. 2006 年《关于渎职侵权犯罪案件立案标准的规定》一·(三十一)、(三十二),第 1130 页。
c. 2009 年《关于办理职务犯罪案件认定自首、立功等量刑情节若干问题的意见》,第 304 页。
d. 2012 年《关于办理职务犯罪案件严格适用缓刑、免予刑事处罚若干问题的意见》,第 318 页。

② a. 1998 年《关于依法查处盗窃、抢劫机动车案件的规定》十,第 773 页。
b. 2002 年《关于〈中华人民共和国刑法〉第九章渎职罪主体适用问题的解释》,第 215 页。
c. 2006 年《关于渎职侵权犯罪案件立案标准的规定》一·(三十三),第 1130 页。
d. 2009 年《关于办理职务犯罪案件认定自首、立功等量刑情节若干问题的意见》,第 304 页。
e. 2012 年《关于办理职务犯罪案件严格适用缓刑、免予刑事处罚若干问题的意见》,第 318 页。
f. 2017 年《关于办理扰乱无线电通讯管理秩序等刑事案件适用法律若干问题的解释》第七条,第 849 页。
g. 2022 年《关于办理破坏野生动物资源刑事案件适用法律若干问题的解释》第十、十二至十八条,第 993、994 页。

③ a. 2002 年《关于〈中华人民共和国刑法〉第九章渎职罪主体适用问题的解释》,第 215 页。
b. 2006 年《关于渎职侵权犯罪案件立案标准的规定》一·(三十四),第 1131 页。
c. 2009 年《关于办理职务犯罪案件认定自首、立功等量刑情节若干问题的意见》,第 304 页。
d. 2012 年《关于办理职务犯罪案件严格适用缓刑、免予刑事处罚若干问题的意见》,第 318 页。

④ a. 2002 年《关于〈中华人民共和国刑法〉第九章渎职罪主体适用问题的解释》,第 215 页。
b. 2003 年《全国法院审理经济犯罪案件工作座谈会纪要》六,第 1102 页。
c. 2006 年《关于渎职侵权犯罪案件立案标准的规定》一·(三十五),第 1131 页。
d. 2009 年《关于办理职务犯罪案件认定自首、立功等量刑情节若干问题的意见》,第 304 页。
e. 2012 年《关于办理职务犯罪案件严格适用缓刑、免予刑事处罚若干问题的意见》,第 318 页。
f. 2016 年《关于办理妨害文物管理等刑事案件适用法律若干问题的解释》第十、十三至十五条,第 944、945 页。

第十章 军人违反职责罪

第四百二十条 【军人违反职责罪的概念】 军人违反职责，危害国家军事利益，依照法律应当受刑罚处罚的行为，是军人违反职责罪。

第四百二十一条[①] **【战时违抗命令罪】** 战时违抗命令，对作战造成危害的，处三年以上十年以下有期徒刑；致使战斗、战役遭受重大损失的，处十年以上有期徒刑、无期徒刑或者死刑。

第四百二十二条[②] **【隐瞒、谎报军情罪】【拒传、假传军令罪】** 故意隐瞒、谎报军情或者拒传、假传军令，对作战造成危害的，处三年以上十年以下有期徒刑；致使战斗、战役遭受重大损失的，处十年以上有期徒刑、无期徒刑或者死刑。

第四百二十三条[③] **【投降罪】** 在战场上贪生怕死，自动放下武器投降敌人的，处三年以上十年以下有期徒刑；情节严重的，处十年以上有期徒刑或者无期徒刑。

投降后为敌人效劳的，处十年以上有期徒刑、无期徒刑或者死刑。

第四百二十四条[④] **【战时临阵脱逃罪】** 战时临阵脱逃的，处三年以下有期徒刑；情节严重的，处三年以上十年以下有期徒刑；致使战斗、战役遭受重大损失的，处十年以上有期徒刑、无期徒刑或者死刑。

第四百二十五条[⑤] **【擅离、玩忽军事职守罪】** 指挥人员和值班、值勤人员擅离职守或者玩忽职守，造成严重后果的，处三年以下有期徒刑或者拘役；造成特别严重后果的，处三年以上七年以下有期徒刑。

战时犯前款罪的，处五年以上有期徒刑。

第四百二十六条[⑥] **【阻碍执行军事职务罪】** 以暴力、威胁方法，阻碍指挥人员或者值班、值勤人员执行职务的，处五年以下有期徒刑或者拘役；情节严重的，处五年以上十年以下有期徒刑；情节特别严重的，处十年以上有期徒刑或者无期徒刑。战时从重处罚。

第四百二十七条[⑦] **【指使部属违反职责罪】** 滥用职权，指使部属进行违反职责的活动，造成严重后果的，处五年以下有期徒刑或者拘役；情节特别严重的，处五年

---

① 2013 年《军人违反职责罪案件立案标准的规定》第一条，第 1142 页。

② 2013 年《军人违反职责罪案件立案标准的规定》第二、三条，第 1142 页。

③ 2013 年《军人违反职责罪案件立案标准的规定》第四条，第 1142 页。

④ 2013 年《军人违反职责罪案件立案标准的规定》第五条，第 1142 页。

⑤ 2013 年《军人违反职责罪案件立案标准的规定》第六条，第 1142 页。

⑥ a. 本条系根据《刑法修正案（九）》第五十条的规定修改。原条文为“以暴力、威胁方法，阻碍指挥人员或者值班、值勤人员执行职务的，处五年以下有期徒刑或者拘役；情节严重的，处五年以上有期徒刑；致人重伤、死亡的，或者有其他特别严重情节的，处无期徒刑或者死刑。战时从重处罚”。

b. 2013 年《军人违反职责罪案件立案标准的规定》第七条，第 1143 页。

⑦ 2013 年《军人违反职责罪案件立案标准的规定》第八条，第 1143 页。

以上十年以下有期徒刑。

第四百二十八条[①] **【违令作战消极罪】** 指挥人员违抗命令,临阵畏缩,作战消极,造成严重后果的,处五年以下有期徒刑;致使战斗、战役遭受重大损失或者有其他特别严重情节的,处五年以上有期徒刑。

第四百二十九条[②] **【拒不救援友邻部队罪】** 在战场上明知友邻部队处境危急请求救援,能救援而不救援,致使友邻部队遭受重大损失的,对指挥人员,处五年以下有期徒刑。

第四百三十条[③] **【军人叛逃罪】** 在履行公务期间,擅离岗位,叛逃境外或者在境外叛逃,危害国家军事利益的,处五年以下有期徒刑或者拘役;情节严重的,处五年以上有期徒刑。

驾驶航空器、舰船叛逃的,或者有其他特别严重情节的,处十年以上有期徒刑、无期徒刑或者死刑。

第四百三十一条[④] **【非法获取军事秘密罪】** 以窃取、刺探、收买方法,非法获取军事秘密的,处五年以下有期徒刑;情节严重的,处五年以上十年以下有期徒刑;情节特别严重的,处十年以上有期徒刑。

【为境外窃取、刺探、收买、非法提供军事秘密罪】 为境外的机构、组织、人员窃取、刺探、收买、非法提供军事秘密的,处五年以上十年以下有期徒刑;情节严重的,处十年以上有期徒刑、无期徒刑或者死刑。

第四百三十二条[⑤] **【故意泄露军事秘密罪】【过失泄露军事秘密罪】** 违反保守国家秘密法规,故意或者过失泄露军事秘密,情节严重的,处五年以下有期徒刑或者拘役;情节特别严重的,处五年以上十年以下有期徒刑。

战时犯前款罪的,处五年以上十年以下有期徒刑;情节特别严重的,处十年以上有期徒刑或者无期徒刑。

第四百三十三条[⑥] **【战时造谣惑众罪】** 战时造谣惑众,动摇军心的,处三年以下有期徒刑;情节严重的,处三年以上十年以下有期徒刑;情节特别严重的,处十年以上有期徒刑或者无期徒刑。

---

① 2013 年《军人违反职责罪案件立案标准的规定》第九条,第 1143 页。

② 2013 年《军人违反职责罪案件立案标准的规定》第十条,第 1143 页。

③ 2013 年《军人违反职责罪案件立案标准的规定》第十一条,第 1144 页。

④ a. 本条第二款系根据《刑法修正案(十一)》第四十六条的规定修改。原条文为“为境外的机构、组织、人员窃取、刺探、收买、非法提供军事秘密的,处十年以上有期徒刑、无期徒刑或者死刑”。

b. 2013 年《军人违反职责罪案件立案标准的规定》第十二、十三条,第 1144、1145 页。

⑤ 2013 年《军人违反职责罪案件立案标准的规定》第十四、十五条,第 1145 页。

⑥ a. 本条系根据《刑法修正案(九)》第五十一条的规定修改。原条文为“(第一款)战时造谣惑众,动摇军心的,处三年以下有期徒刑;情节严重的,处三年以上十年以下有期徒刑。(第二款)勾结敌人造谣惑众,动摇军心的,处十年以上有期徒刑或者无期徒刑;情节特别严重的,可以判处死刑”。

b. 2013 年《军人违反职责罪案件立案标准的规定》第十六条,第 1145 页。

第四百三十四条[①] **【战时自伤罪】** 战时自伤身体，逃避军事义务的，处三年以下有期徒刑；情节严重的，处三年以上七年以下有期徒刑。

第四百三十五条[②] **【逃离部队罪】** 违反兵役法规，逃离部队，情节严重的，处三年以下有期徒刑或者拘役。

战时犯前款罪的，处三年以上七年以下有期徒刑。

第四百三十六条[③] **【武器装备肇事罪】** 违反武器装备使用规定，情节严重，因而发生责任事故，致人重伤、死亡或者造成其他严重后果的，处三年以下有期徒刑或者拘役；后果特别严重的，处三年以上七年下有期徒刑。

第四百三十七条[④] **【擅自改变武器装备编配用途罪】** 违反武器装备管理规定，擅自改变武器装备的编配用途，造成严重后果的，处三年以下有期徒刑或者拘役；造成特别严重后果的，处三年以上七年以下有期徒刑。

第四百三十八条[⑤] **【盗窃、抢夺武器装备、军用物资罪】** 盗窃、抢夺武器装备或者军用物资的，处五年以下有期徒刑或者拘役；情节严重的，处五年以上十年以下有期徒刑；情节特别严重的，处十年以上有期徒刑、无期徒刑或者死刑。

【盗窃、抢夺枪支、弹药、爆炸物罪】 盗窃、抢夺枪支、弹药、爆炸物的，依照本法第一百二十七条的规定处罚。

第四百三十九条[⑥] **【非法出卖、转让武器装备罪】** 非法出卖、转让军队武器装备的，处三年以上十年以下有期徒刑；出卖、转让大量武器装备或者有其他特别严重情节的，处十年以上有期徒刑、无期徒刑或者死刑。

第四百四十条[⑦] **【遗弃武器装备罪】** 违抗命令，遗弃武器装备的，处五年以下有期徒刑或者拘役；遗弃重要或者大量武器装备的，或者有其他严重情节的，处五年以上有期徒刑。

第四百四十一条[⑧] **【遗失武器装备罪】** 遗失武器装备，不及时报告或者有其他严重情节的，处三年以下有期徒刑或者拘役。

第四百四十二条[⑨] **【擅自出卖、转让军队房地产罪】** 违反规定，擅自出卖、转让军队房地产，情节严重的，对直接责任人员，处三年以下有期徒刑或者拘役；情节特别严重的，处三年以上十年以下有期徒刑。

---

① 2013 年《军人违反职责罪案件立案标准的规定》第十七条，第 1145 页。

② a. 2000 年《关于对军人非战时逃离部队的行为能否定罪处罚问题的批复》，第 1150 页。
b. 2013 年《军人违反职责罪案件立案标准的规定》第十八条，第 1145 页。

③ a. 1988 年《关于审理军人违反职责罪案件中几个具体问题的处理意见》一、四，第 1149、1150 页。
b. 2013 年《军人违反职责罪案件立案标准的规定》第十九条，第 1146 页。

④ 2013 年《军人违反职责罪案件立案标准的规定》第二十条，第 1146 页。

⑤ 2013 年《军人违反职责罪案件立案标准的规定》第二十一条，第 1146 页。

⑥ 2013 年《军人违反职责罪案件立案标准的规定》第二十二条，第 1146 页。

⑦ 2013 年《军人违反职责罪案件立案标准的规定》第二十三条，第 1147 页。

⑧ 2013 年《军人违反职责罪案件立案标准的规定》第二十四条，第 1147 页。

⑨ 2013 年《军人违反职责罪案件立案标准的规定》第二十五条，第 1147 页。

第四百四十三条[1] **【虐待部属罪】** 滥用职权,虐待部属,情节恶劣,致人重伤或者造成其他严重后果的,处五年以下有期徒刑或者拘役;致人死亡的,处五年以上有期徒刑。

第四百四十四条[2] **【遗弃伤病军人罪】** 在战场上故意遗弃伤病军人,情节恶劣的,对直接责任人员,处五年以下有期徒刑。

第四百四十五条[3] **【战时拒不救治伤病军人罪】** 战时在救护治疗职位上,有条件救治而拒不救治危重伤病军人的,处五年以下有期徒刑或者拘役;造成伤病军人重残、死亡或者有其他严重情节的,处五年以上十年以下有期徒刑。

第四百四十六条[4] **【战时残害居民、掠夺居民财物罪】** 战时在军事行动地区,残害无辜居民或者掠夺无辜居民财物的,处五年以下有期徒刑;情节严重的,处五年以上十年以下有期徒刑;情节特别严重的,处十年以上有期徒刑、无期徒刑或者死刑。

第四百四十七条[5] **【私放俘虏罪】** 私放俘虏的,处五年以下有期徒刑;私放重要俘虏、私放俘虏多人或者有其他严重情节的,处五年以上有期徒刑。

第四百四十八条[6] **【虐待俘虏罪】** 虐待俘虏,情节恶劣的,处三年以下有期徒刑。

第四百四十九条 **【战时缓刑】** 在战时,对被判处三年以下有期徒刑没有现实危险宣告缓刑的犯罪军人,允许其戴罪立功,确有立功表现时,可以撤销原判刑罚,不以犯罪论处。

第四百五十条[7] **【本章适用范围】** 本章适用于中国人民解放军的现役军官、文职干部、士兵及具有军籍的学员和中国人民武装警察部队的现役警官、文职干部、士兵及具有军籍的学员以及文职人员、执行军事任务的预备役人员和其他人员。

第四百五十一条 **【战时的界定】** 本章所称战时,是指国家宣布进入战争状态、部队受领作战任务或者遭敌突然袭击时。

部队执行戒严任务或者处置突发性暴力事件时,以战时论。

附　则

第四百五十二条 **【本法的施行日期及相关法律的废止与保留】** 本法自1997年10月1日起施行。

---

① 2013年《军人违反职责罪案件立案标准的规定》第二十六条,第1147页。

② 2013年《军人违反职责罪案件立案标准的规定》第二十七条,第1148页。

③ 2013年《军人违反职责罪案件立案标准的规定》第二十八条,第1148页。

④ 2013年《军人违反职责罪案件立案标准的规定》第二十九条,第1148页。

⑤ 2013年《军人违反职责罪案件立案标准的规定》第三十条,第1148页。

⑥ 2013年《军人违反职责罪案件立案标准的规定》第三十一条,第1148页。

⑦ 本条系根据《刑法修正案(十一)》第四十七条的规定修改。原条文为“本章适用于中国人民解放军的现役军官、文职干部、士兵及具有军籍的学员和中国人民武装警察部队的现役警官、文职干部、士兵及具有军籍的学员以及执行军事任务的预备役人员和其他人员”。

列于本法附件一的全国人民代表大会常务委员会制定的条例、补充规定和决定，已纳入本法或者已不适用，自本法施行之日起，予以废止。

列于本法附件二的全国人民代表大会常务委员会制定的补充规定和决定予以保留。其中，有关行政处罚和行政措施的规定继续有效；有关刑事责任的规定已纳入本法，自本法施行之日起，适用本法规定。

附件一

全国人民代表大会常务委员会制定的下列条例、补充规定和决定，已纳入本法或者已不适用，自本法施行之日起，予以废止：

1. 中华人民共和国惩治军人违反职责罪暂行条例
2. 关于严惩严重破坏经济的罪犯的决定
3. 关于严惩严重危害社会治安的犯罪分子的决定
4. 关于惩治走私罪的补充规定
5. 关于惩治贪污罪贿赂罪的补充规定
6. 关于惩治泄露国家秘密犯罪的补充规定
7. 关于惩治捕杀国家重点保护的珍贵、濒危野生动物犯罪的补充规定
8. 关于惩治侮辱中华人民共和国国旗国徽罪的决定
9. 关于惩治盗掘古文化遗址古墓葬犯罪的补充规定
10. 关于惩治劫持航空器犯罪分子的决定
11. 关于惩治假冒注册商标犯罪的补充规定
12. 关于惩治生产、销售伪劣商品犯罪的决定
13. 关于惩治侵犯著作权的犯罪的决定
14. 关于惩治违反公司法的犯罪的决定
15. 关于处理逃跑或者重新犯罪的劳改犯和劳教人员的决定

附件二

全国人民代表大会常务委员会制定的下列补充规定和决定予以保留，其中，有关行政处罚和行政措施的规定继续有效；有关刑事责任的规定已纳入本法，自本法施行之日起，适用本法规定。

1. 关于禁毒的决定
2. 关于惩治走私、制作、贩卖、传播淫秽物品的犯罪分子的决定
3. 关于严惩拐卖、绑架妇女、儿童的犯罪分子的决定
4. 关于严禁卖淫嫖娼的决定
5. 关于惩治偷税、抗税犯罪的补充规定
6. 关于严惩组织、运送他人偷越国(边)境犯罪的补充规定
7. 关于惩治破坏金融秩序犯罪的决定
8. 关于惩治虚开、伪造和非法出售增值税专用发票犯罪的决定

二、刑法修正案

中华人民共和国
刑法修正案

（1999年12月25日第九届全国人民代表大会常务委员会第十三次会议通过，1999年12月25日中华人民共和国主席令第27号公布，自公布之日起施行）

为了惩治破坏社会主义市场经济秩序的犯罪，保障社会主义现代化建设的顺利进行，对刑法作如下补充修改：

一、第一百六十二条后增加一条，作为第一百六十二条之一："隐匿或者故意销毁依法应当保存的会计凭证、会计账簿、财务会计报告，情节严重的，处五年以下有期徒刑或者拘役，并处或者单处二万元以上二十万元以下罚金。

"单位犯前款罪的，对单位判处罚金，并对其直接负责的主管人员和其他直接责任人员，依照前款的规定处罚。"

二、将刑法第一百六十八条修改为："国有公司、企业的工作人员，由于严重不负责任或者滥用职权，造成国有公司、企业破产或者严重损失，致使国家利益遭受重大损失的，处三年以下有期徒刑或者拘役；致使国家利益遭受特别重大损失的，处三年以上七年以下有期徒刑。

"国有事业单位的工作人员有前款行为，致使国家利益遭受重大损失的，依照前款的规定处罚。

"国有公司、企业、事业单位的工作人员，徇私舞弊，犯前两款罪的，依照第一款的规定从重处罚。"

三、将刑法第一百七十四条修改为："未经国家有关主管部门批准，擅自设立商业银行、证券交易所、期货交易所、证券公司、期货经纪公司、保险公司或者其他金融机构的，处三年以下有期徒刑或者拘役，并处或者单处二万元以上二十万元以下罚金；情节严重的，处三年以上十年以下有期徒刑，并处五万元以上五十万元以下罚金。

"伪造、变造、转让商业银行、证券交易所、期货交易所、证券公司、期货经纪公司、保险公司或者其他金融机构的经营许可证或者批准文件的，依照前款的规定处罚。

"单位犯前两款罪的，对单位判处罚金，并对其直接负责的主管人员和其他直接责任人员，依照第一款的规定处罚。"

四、将刑法第一百八十条修改为："证券、期货交易内幕信息的知情人员或者非法获取证券、期货交易内幕信息的人员，在涉及证券的发行，证券、期货交易或者其他对证券、期货交易价格有重大影响的信息尚未公开前，买入或者卖出该证券，或者从事与该内幕信息有关的期货交易，或者泄露该信息，情节严重的，处五年以下有期徒刑或者拘役，并处或者单处违法所得一倍以上五倍以下罚金；情节特别严重的，处五年以上十年以下有期徒刑，并处违法所得一倍以上五倍以下罚金。

“单位犯前款罪的，对单位判处罚金，并对其直接负责的主管人员和其他直接责任人员，处五年以下有期徒刑或者拘役。

“内幕信息、知情人员的范围，依照法律、行政法规的规定确定。”

五、将刑法第一百八十一条修改为：“编造并且传播影响证券、期货交易的虚假信息，扰乱证券、期货交易市场，造成严重后果的，处五年以下有期徒刑或者拘役，并处或者单处一万元以上十万元以下罚金。

“证券交易所、期货交易所、证券公司、期货经纪公司的从业人员，证券业协会、期货业协会或者证券期货监督管理部门的工作人员，故意提供虚假信息或者伪造、变造、销毁交易记录，诱骗投资者买卖证券、期货合约，造成严重后果的，处五年以下有期徒刑或者拘役，并处或者单处一万元以上十万元以下罚金；情节特别恶劣的，处五年以上十年以下有期徒刑，并处二万元以上二十万元以下罚金。

“单位犯前两款罪的，对单位判处罚金，并对其直接负责的主管人员和其他直接责任人员，处五年以下有期徒刑或者拘役。”

六、将刑法第一百八十二条修改为：“有下列情形之一，操纵证券、期货交易价格，获取不正当利益或者转嫁风险，情节严重的，处五年以下有期徒刑或者拘役，并处或者单处违法所得一倍以上五倍以下罚金：

“（一）单独或者合谋，集中资金优势、持股或者持仓优势或者利用信息优势联合或者连续买卖，操纵证券、期货交易价格的；

“（二）与他人串通，以事先约定的时间、价格和方式相互进行证券、期货交易，或者相互买卖并不持有的证券，影响证券、期货交易价格或者证券、期货交易量的；

“（三）以自己为交易对象，进行不转移证券所有权的自买自卖，或者以自己为交易对象，自买自卖期货合约，影响证券、期货交易价格或者证券、期货交易量的；

“（四）以其他方法操纵证券、期货交易价格的。

“单位犯前款罪的，对单位判处罚金，并对其直接负责的主管人员和其他直接责任人员，处五年以下有期徒刑或者拘役。”

七、将刑法第一百八十五条修改为：“商业银行、证券交易所、期货交易所、证券公司、期货经纪公司、保险公司或者其他金融机构的工作人员利用职务上的便利，挪用本单位或者客户资金的，依照本法第二百七十二条的规定定罪处罚。

“国有商业银行、证券交易所、期货交易所、证券公司、期货经纪公司、保险公司或者其他国有金融机构的工作人员和国有商业银行、证券交易所、期货交易所、证券公司、期货经纪公司、保险公司或者其他国有金融机构委派到前款规定中的非国有机构从事公务的人员有前款行为的，依照本法第三百八十四条的规定定罪处罚。”

八、刑法第二百二十五条增加一项，作为第三项“未经国家有关主管部门批准，非法经营证券、期货或者保险业务的”；原第三项改为第四项。

九、本修正案自公布之日起施行。

中华人民共和国
刑法修正案(二)

(2001年8月31日第九届全国人民代表大会常务委员会第二十三次会议通过，2001年8月31日中华人民共和国主席令第56号公布，自公布之日起施行)

为了惩治毁林开垦和乱占滥用林地的犯罪，切实保护森林资源，将刑法第三百四十二条修改为：

“违反土地管理法规，非法占用耕地、林地等农用地，改变被占用土地用途，数量较大，造成耕地、林地等农用地大量毁坏的，处五年以下有期徒刑或者拘役，并处或者单处罚金。”

本修正案自公布之日起施行。

中华人民共和国
刑法修正案(三)

(2001年12月29日第九届全国人民代表大会常务委员会第二十五次会议通过，2001年12月29日中华人民共和国主席令第64号公布，自公布之日起施行)

为了惩治恐怖活动犯罪，保障国家和人民生命、财产安全，维护社会秩序，对刑法作如下补充修改：

一、将刑法第一百一十四条修改为：“放火、决水、爆炸以及投放毒害性、放射性、传染病病原体等物质或者以其他危险方法危害公共安全，尚未造成严重后果的，处三年以上十年以下有期徒刑。”

二、将刑法第一百一十五条第一款修改为：“放火、决水、爆炸以及投放毒害性、放射性、传染病病原体等物质或者以其他危险方法致人重伤、死亡或者使公私财产遭受重大损失的，处十年以上有期徒刑、无期徒刑或者死刑。”

三、将刑法第一百二十条第一款修改为：“组织、领导恐怖活动组织的，处十年以上有期徒刑或者无期徒刑；积极参加的，处三年以上十年以下有期徒刑；其他参加的，处三年以下有期徒刑、拘役、管制或者剥夺政治权利。”

四、刑法第一百二十条后增加一条，作为第一百二十条之一：“资助恐怖活动组织或者实施恐怖活动的个人的，处五年以下有期徒刑、拘役、管制或者剥夺政治权利，并处罚金；情节严重的，处五年以上有期徒刑，并处罚金或者没收财产。

“单位犯前款罪的，对单位判处罚金，并对其直接负责的主管人员和其他直接责任人员，依照前款的规定处罚。”

五、将刑法第一百二十五条第二款修改为：“非法制造、买卖、运输、储存毒害性、放射性、传染病病原体等物质，危害公共安全的，依照前款的规定处罚。”

六、将刑法第一百二十七条修改为：“盗窃、抢夺枪支、弹药、爆炸物的，或者盗窃、抢夺毒害性、放射性、传染病病原体等物质，危害公共安全的，处三年以上十年以下有期徒刑；情节严重的，处十年以上有期徒刑、无期徒刑或者死刑。

“抢劫枪支、弹药、爆炸物的，或者抢劫毒害性、放射性、传染病病原体等物质，危害公共安全的,或者盗窃、抢夺国家机关、军警人员、民兵的枪支、弹药、爆炸物的,处十年以上有期徒刑、无期徒刑或者死刑。”

七、将刑法第一百九十一条修改为:“明知是毒品犯罪、黑社会性质的组织犯罪、恐怖活动犯罪、走私犯罪的违法所得及其产生的收益,为掩饰、隐瞒其来源和性质,有下列行为之一的,没收实施以上犯罪的违法所得及其产生的收益,处五年以下有期徒刑或者拘役,并处或者单处洗钱数额百分之五以上百分之二十以下罚金;情节严重的,处五年以上十年以下有期徒刑,并处洗钱数额百分之五以上百分之二十以下罚金:

“(一)提供资金账户的;

“(二)协助将财产转换为现金或者金融票据的;

“(三)通过转账或者其他结算方式协助资金转移的;

“(四)协助将资金汇往境外的;

“(五)以其他方法掩饰、隐瞒犯罪的违法所得及其收益的来源和性质的。

“单位犯前款罪的,对单位判处罚金,并对其直接负责的主管人员和其他直接责任人员,处五年以下有期徒刑或者拘役;情节严重的,处五年以上十年以下有期徒刑。”

八、刑法第二百九十一条后增加一条,作为第二百九十一条之一:“投放虚假的爆炸性、毒害性、放射性、传染病病原体等物质,或者编造爆炸威胁、生化威胁、放射威胁等恐怖信息,或者明知是编造的恐怖信息而故意传播,严重扰乱社会秩序的,处五年以下有期徒刑、拘役或者管制;造成严重后果的,处五年以上有期徒刑。”

九、本修正案自公布之日起施行。

中华人民共和国
刑法修正案(四)

(2002年12月28日第九届全国人民代表大会常务委员会第三十一次会议通过,2002年12月28日中华人民共和国主席令第83号公布,自公布之日起施行)

为了惩治破坏社会主义市场经济秩序、妨害社会管理秩序和国家机关工作人员的渎职犯罪行为,保障社会主义现代化建设的顺利进行,保障公民的人身安全,对刑法作如下修改和补充:

一、将刑法第一百四十五条修改为:“生产不符合保障人体健康的国家标准、行业标准的医疗器械、医用卫生材料,或者销售明知是不符合保障人体健康的国家标准、行业标准的医疗器械、医用卫生材料,足以严重危害人体健康的,处三年以下有期徒刑或者拘役,并处销售金额百分之五十以上二倍以下罚金;对人体健康造成严重危害的,处三年以上十年以下有期徒刑,并处销售金额百分之五十以上二倍以下罚金;后果特别严重的,处十年以上有期徒刑或者无期徒刑,并处销售金额百分之五十以上二倍以下罚金或者没收财产。”

二、在第一百五十二条中增加一款作为第二款:“逃避海关监管将境外固体废物、液态废物和气态废物运输进境,情节严重的,处五年以下有期徒刑,并处或者单处罚金;情节特别严重的,处五年以上有期徒刑,并处罚金。”

原第二款作为第三款,修改为:“单位犯前两款罪的,对单位判处罚金,并对其直接负责的主管人员和其他直接责任人员,依照前两款的规定处罚。”

三、将刑法第一百五十五条修改为:“下列行为,以走私罪论处,依照本节的有关规定处罚:

“(一)直接向走私人非法收购国家禁止进口物品的,或者直接向走私人非法收购走私进口的其他货物、物品,数额较大的;

“(二)在内海、领海、界河、界湖运输、收购、贩卖国家禁止进出口物品的,或者运输、收购、贩卖国家限制进出口货物、物品,数额较大,没有合法证明的。”

四、刑法第二百四十四条后增加一条,作为第二百四十四条之一:“违反劳动管理法规,雇用未满十六周岁的未成年人从事超强度体力劳动的,或者从事高空、井下作业的,或者在爆炸性、易燃性、放射性、毒害性等危险环境下从事劳动,情节严重的,对直接责任人员,处三年以下有期徒刑或者拘役,并处罚金;情节特别严重的,处三年以上七年以下有期徒刑,并处罚金。

“有前款行为,造成事故,又构成其他犯罪的,依照数罪并罚的规定处罚。”

五、将刑法第三百三十九条第三款修改为:“以原料利用为名,进口不能用作原料的固体废物、液态废物和气态废物的,依照本法第一百五十二条第二款、第三款的规定定罪处罚。”

六、将刑法第三百四十四条修改为:“违反国家规定,非法采伐、毁坏珍贵树木或者国家重点保护的其他植物的,或者非法收购、运输、加工、出售珍贵树木或者国家重点保护的其他植物及其制品的,处三年以下有期徒刑、拘役或者管制,并处罚金;情节严重的,处三年以上七年以下有期徒刑,并处罚金。”

七、将刑法第三百四十五条修改为:“盗伐森林或者其他林木,数量较大的,处三年以下有期徒刑、拘役或者管制,并处或者单处罚金;数量巨大的,处三年以上七年以下有期徒刑,并处罚金;数量特别巨大的,处七年以上有期徒刑,并处罚金。

“违反森林法的规定,滥伐森林或者其他林木,数量较大的,处三年以下有期徒刑、拘役或者管制,并处或者单处罚金;数量巨大的,处三年以上七年以下有期徒刑,并处罚金。

“非法收购、运输明知是盗伐、滥伐的林木,情节严重的,处三年以下有期徒刑、拘役或者管制,并处或者单处罚金;情节特别严重的,处三年以上七年以下有期徒刑,并处罚金。

“盗伐、滥伐国家级自然保护区内的森林或者其他林木的,从重处罚。”

八、将刑法第三百九十九条修改为:“司法工作人员徇私枉法、徇情枉法,对明知是无罪的人而使他受追诉、对明知是有罪的人而故意包庇不使他受追诉,或者在刑事审判活动中故意违背事实和法律作枉法裁判的,处五年以下有期徒刑或者拘役;情节严重的,处五年以上十年以下有期徒刑;情节特别严重的,处十年以上有期徒刑。

“在民事、行政审判活动中故意违背事实和法律作枉法裁判,情节严重的,处五年以下有期徒刑或者拘役;情节特别严重的,处五年以上十年以下有期徒刑。

“在执行判决、裁定活动中,严重不负责任或者滥用职权,不依法采取诉讼保全措施、不履行法定执行职责，或者违法采取诉讼保全措施、强制执行措施，致使当事人或者其他人的利益遭受重大损失的，处五年以下有期徒刑或者拘役；致使当事人或者其他人的利益遭受特别重大损失的，处五年以上十年以下有期徒刑。

“司法工作人员收受贿赂，有前三款行为的，同时又构成本法第三百八十五条规定之罪的，依照处罚较重的规定定罪处罚。”

九、本修正案自公布之日起施行。

中华人民共和国
刑法修正案(五)

(2005年2月28日第十届全国人民代表大会常务委员会第十四次会议通过，2005年2月28日中华人民共和国主席令第32号公布，自公布之日起施行)

一、在刑法第一百七十七条后增加一条，作为第一百七十七条之一：“有下列情形之一，妨害信用卡管理的，处三年以下有期徒刑或者拘役，并处或者单处一万元以上十万元以下罚金；数量巨大或者有其他严重情节的，处三年以上十年以下有期徒刑，并处二万元以上二十万元以下罚金：

“(一)明知是伪造的信用卡而持有、运输的，或者明知是伪造的空白信用卡而持有、运输，数量较大的；

“(二)非法持有他人信用卡，数量较大的；

“(三)使用虚假的身份证明骗领信用卡的；

“(四)出售、购买、为他人提供伪造的信用卡或者以虚假的身份证明骗领的信用卡的。

“窃取、收买或者非法提供他人信用卡信息资料的，依照前款规定处罚。

“银行或者其他金融机构的工作人员利用职务上的便利，犯第二款罪的，从重处罚。”

二、将刑法第一百九十六条修改为：“有下列情形之一，进行信用卡诈骗活动，数额较大的，处五年以下有期徒刑或者拘役，并处二万元以上二十万元以下罚金；数额巨大或者有其他严重情节的，处五年以上十年以下有期徒刑，并处五万元以上五十万元以下罚金；数额特别巨大或者有其他特别严重情节的，处十年以上有期徒刑或者无期徒刑，并处五万元以上五十万元以下罚金或者没收财产：

“(一)使用伪造的信用卡，或者使用以虚假的身份证明骗领的信用卡的；

“(二)使用作废的信用卡的；

“(三)冒用他人信用卡的；

“(四)恶意透支的。

“前款所称恶意透支，是指持卡人以非法占有为目的，超过规定限额或者规定期限透支，并且经发卡银行催收后仍不归还的行为。

“盗窃信用卡并使用的，依照本法第二百六十四条的规定定罪处罚。”

三、在刑法第三百六十九条中增加一款作为第二款，将该条修改为：“破坏武器装备、军事设施、军事通信的，处三年以下有期徒刑、拘役或者管制；破坏重要武器装备、军事设施、军事通信的，处三年以上十年以下有期徒刑；情节特别严重的，处十年以上有期徒刑、无期徒刑或者死刑。

“过失犯前款罪,造成严重后果的,处三年以下有期徒刑或者拘役;造成特别严重后果的,处三年以上七年以下有期徒刑。

“战时犯前两款罪的,从重处罚。”

四、本修正案自公布之日起施行。

中华人民共和国刑法修正案(六)

(2006年6月29日第十届全国人民代表大会常务委员会第二十二次会议通过,2006年6月29日中华人民共和国主席令第51号公布,自公布之日起施行)

一、将刑法第一百三十四条修改为:“在生产、作业中违反有关安全管理的规定,因而发生重大伤亡事故或者造成其他严重后果的,处三年以下有期徒刑或者拘役;情节特别恶劣的,处三年以上七年以下有期徒刑。

“强令他人违章冒险作业,因而发生重大伤亡事故或者造成其他严重后果的,处五年以下有期徒刑或者拘役;情节特别恶劣的,处五年以上有期徒刑。”

二、将刑法第一百三十五条修改为:“安全生产设施或者安全生产条件不符合国家规定,因而发生重大伤亡事故或者造成其他严重后果的,对直接负责的主管人员和其他直接责任人员,处三年以下有期徒刑或者拘役;情节特别恶劣的,处三年以上七年以下有期徒刑。”

三、在刑法第一百三十五条后增加一条,作为第一百三十五条之一:“举办大型群众性活动违反安全管理规定,因而发生重大伤亡事故或者造成其他严重后果的,对直接负责的主管人员和其他直接责任人员,处三年以下有期徒刑或者拘役;情节特别恶劣的,处三年以上七年以下有期徒刑。”

四、在刑法第一百三十九条后增加一条,作为第一百三十九条之一:“在安全事故发生后,负有报告职责的人员不报或者谎报事故情况,贻误事故抢救,情节严重的,处三年以下有期徒刑或者拘役;情节特别严重的,处三年以上七年以下有期徒刑。”

五、将刑法第一百六十一条修改为:“依法负有信息披露义务的公司、企业向股东和社会公众提供虚假的或者隐瞒重要事实的财务会计报告,或者对依法应当披露的其他重要信息不按照规定披露,严重损害股东或者其他人利益,或者有其他严重情节的,对其直接负责的主管人员和其他直接责任人员,处三年以下有期徒刑或者拘役,并处或者单处二万元以上二十万元以下罚金。”

六、在刑法第一百六十二条之一后增加一条,作为第一百六十二条之二:“公司、企业通过隐匿财产、承担虚构的债务或者以其他方法转移、处分财产,实施虚假破产,严重损害债权人或者其他人利益的,对其直接负责的主管人员和其他直接责任人员,处五年以下有期徒刑或者拘役,并处或者单处二万元以上二十万元以下罚金。”

七、将刑法第一百六十三条修改为:“公司、企业或者其他单位的工作人员利用职务上的便利,索取他人财物或者非法收受他人财物,为他人谋取利益,数额较大的，处五年以下有期徒刑或者拘役；数额巨大的，处五年以上有期徒刑，可以并处没收财产。

“公司、企业或者其他单位的工作人员在经济往来中，利用职务上的便利，违反国家规定，收受各种名义的回扣、手续费，归个人所有的，依照前款的规定处罚。

“国有公司、企业或者其他国有单位中从事公务的人员和国有公司、企业或者其他国有单位委派到非国有公司、企业以及其他单位从事公务的人员有前两款行为的，依照本法第三百八十五条、第三百八十六条的规定定罪处罚。”

八、将刑法第一百六十四条第一款修改为：“为谋取不正当利益，给予公司、企业或者其他单位的工作人员以财物，数额较大的，处三年以下有期徒刑或者拘役；数额巨大的，处三年以上十年以下有期徒刑，并处罚金。”

九、在刑法第一百六十九条后增加一条，作为第一百六十九条之一：“上市公司的董事、监事、高级管理人员违背对公司的忠实义务，利用职务便利，操纵上市公司从事下列行为之一，致使上市公司利益遭受重大损失的，处三年以下有期徒刑或者拘役，并处或者单处罚金；致使上市公司利益遭受特别重大损失的，处三年以上七年以下有期徒刑，并处罚金：

“（一）无偿向其他单位或者个人提供资金、商品、服务或者其他资产的；

“（二）以明显不公平的条件，提供或者接受资金、商品、服务或者其他资产的；

“（三）向明显不具有清偿能力的单位或者个人提供资金、商品、服务或者其他资产的；

“（四）为明显不具有清偿能力的单位或者个人提供担保，或者无正当理由为其他单位或者个人提供担保的；

“（五）无正当理由放弃债权、承担债务的；

“（六）采用其他方式损害上市公司利益的。

“上市公司的控股股东或者实际控制人，指使上市公司董事、监事、高级管理人员实施前款行为的，依照前款的规定处罚。

“犯前款罪的上市公司的控股股东或者实际控制人是单位的，对单位判处罚金，并对其直接负责的主管人员和其他直接责任人员，依照第一款的规定处罚。”

十、在刑法第一百七十五条后增加一条，作为第一百七十五条之一：“以欺骗手段取得银行或者其他金融机构贷款、票据承兑、信用证、保函等，给银行或者其他金融机构造成重大损失或者有其他严重情节的，处三年以下有期徒刑或者拘役，并处或者单处罚金；给银行或者其他金融机构造成特别重大损失或者有其他特别严重情节的，处三年以上七年以下有期徒刑，并处罚金。

“单位犯前款罪的，对单位判处罚金，并对其直接负责的主管人员和其他直接责任人员，依照前款的规定处罚。”

十一、将刑法第一百八十二条修改为：“有下列情形之一，操纵证券、期货市场，情节严重的，处五年以下有期徒刑或者拘役，并处或者单处罚金；情节特别严重的，处五年以上十年以下有期徒刑，并处罚金：

“（一）单独或者合谋，集中资金优势、持股或者持仓优势或者利用信息优势联合或者连续买卖，操纵证券、期货交易

价格或者证券、期货交易量的;

“(二)与他人串通,以事先约定的时间、价格和方式相互进行证券、期货交易,影响证券、期货交易价格或者证券、期货交易量的;

“(三)在自己实际控制的账户之间进行证券交易,或者以自己为交易对象,自买自卖期货合约,影响证券、期货交易价格或者证券、期货交易量的;

“(四)以其他方法操纵证券、期货市场的。

“单位犯前款罪的,对单位判处罚金,并对其直接负责的主管人员和其他直接责任人员,依照前款的规定处罚。”

十二、在刑法第一百八十五条后增加一条,作为第一百八十五条之一:“商业银行、证券交易所、期货交易所、证券公司、期货经纪公司、保险公司或者其他金融机构,违背受托义务,擅自运用客户资金或者其他委托、信托的财产,情节严重的,对单位判处罚金,并对其直接负责的主管人员和其他直接责任人员,处三年以下有期徒刑或者拘役,并处三万元以上三十万元以下罚金;情节特别严重的,处三年以上十年以下有期徒刑,并处五万元以上五十万元以下罚金。

“社会保障基金管理机构、住房公积金管理机构等公众资金管理机构,以及保险公司、保险资产管理公司、证券投资基金管理公司,违反国家规定运用资金的,对其直接负责的主管人员和其他直接责任人员,依照前款的规定处罚。”

十三、将刑法第一百八十六条第一款、第二款修改为:“银行或者其他金融机构的工作人员违反国家规定发放贷款,数额巨大或者造成重大损失的,处五年以下有期徒刑或者拘役,并处一万元以上十万元以下罚金;数额特别巨大或者造成特别重大损失的,处五年以上有期徒刑,并处二万元以上二十万元以下罚金。

“银行或者其他金融机构的工作人员违反国家规定,向关系人发放贷款的,依照前款的规定从重处罚。”

十四、将刑法第一百八十七条第一款修改为:“银行或者其他金融机构的工作人员吸收客户资金不入账,数额巨大或者造成重大损失的,处五年以下有期徒刑或者拘役,并处二万元以上二十万元以下罚金;数额特别巨大或者造成特别重大损失的,处五年以上有期徒刑,并处五万元以上五十万元以下罚金。”

十五、将刑法第一百八十八条第一款修改为:“银行或者其他金融机构的工作人员违反规定,为他人出具信用证或者其他保函、票据、存单、资信证明,情节严重的,处五年以下有期徒刑或者拘役;情节特别严重的,处五年以上有期徒刑。”

十六、将刑法第一百九十一条第一款修改为:“明知是毒品犯罪、黑社会性质的组织犯罪、恐怖活动犯罪、走私犯罪、贪污贿赂犯罪、破坏金融管理秩序犯罪、金融诈骗犯罪的所得及其产生的收益,为掩饰、隐瞒其来源和性质,有下列行为之一的,没收实施以上犯罪的所得及其产生的收益,处五年以下有期徒刑或者拘役,并处或者单处洗钱数额百分之五以上百分之二十以下罚金;情节严重的,处五年以上十年以下有期徒刑,并处洗钱数额百分之五以上百分之二十以下罚金:

“(一)提供资金账户的;

“(二)协助将财产转换为现金、金融票据、有价证券的;

“（三）通过转账或者其他结算方式协助资金转移的；

“（四）协助将资金汇往境外的；

“（五）以其他方法掩饰、隐瞒犯罪所得及其收益的来源和性质的。”

十七、在刑法第二百六十二条后增加一条，作为第二百六十二条之一：“以暴力、胁迫手段组织残疾人或者不满十四周岁的未成年人乞讨的，处三年以下有期徒刑或者拘役，并处罚金；情节严重的，处三年以上七年以下有期徒刑，并处罚金。”

十八、将刑法第三百零三条修改为：“以营利为目的，聚众赌博或者以赌博为业的，处三年以下有期徒刑、拘役或者管制，并处罚金。

“开设赌场的，处三年以下有期徒刑、拘役或者管制，并处罚金；情节严重的，处三年以上十年以下有期徒刑，并处罚金。”

十九、将刑法第三百一十二条修改为：“明知是犯罪所得及其产生的收益而予以窝藏、转移、收购、代为销售或者以其他方法掩饰、隐瞒的，处三年以下有期徒刑、拘役或者管制，并处或者单处罚金；情节严重的，处三年以上七年以下有期徒刑，并处罚金。”

二十、在刑法第三百九十九条后增加一条，作为第三百九十九条之一：“依法承担仲裁职责的人员，在仲裁活动中故意违背事实和法律作枉法裁决，情节严重的，处三年以下有期徒刑或者拘役；情节特别严重的，处三年以上七年以下有期徒刑。”

二十一、本修正案自公布之日起施行。

中华人民共和国
刑法修正案(七)

（2009年2月28日第十一届全国人民代表大会常务委员会第七次会议通过，2009年2月28日中华人民共和国主席令第10号公布，自公布之日起施行）

一、将刑法第一百五十一条第三款修改为：“走私珍稀植物及其制品等国家禁止进出口的其他货物、物品的，处五年以下有期徒刑或者拘役，并处或者单处罚金；情节严重的，处五年以上有期徒刑，并处罚金。”

二、将刑法第一百八十条第一款修改为：“证券、期货交易内幕信息的知情人员或者非法获取证券、期货交易内幕信息的人员，在涉及证券的发行，证券、期货交易或者其他对证券、期货交易价格有重大影响的信息尚未公开前，买入或者卖出该证券，或者从事与该内幕信息有关的期货交易，或者泄露该信息，或者明示、暗示他人从事上述交易活动，情节严重的，处五年以下有期徒刑或者拘役，并处或者单处违法所得一倍以上五倍以下罚金；情节特别严重的，处五年以上十年以下有期徒刑，并处违法所得一倍以上五倍以下罚金。”

增加一款作为第四款：“证券交易所、期货交易所、证券公司、期货经纪公司、基金管理公司、商业银行、保险公司等金融机构的从业人员以及有关监管部门或者行业协会的工作人员，利用因职务便利获取的内幕信息以外的其他未公开的信息,违反规定,从事与该信息相关的证券、期货交易活动,或者明示、暗示他人从事相关交易活动,情节严重的,依照第一款的规定处罚。”

三、将刑法第二百零一条修改为:“纳税人采取欺骗、隐瞒手段进行虚假纳税申报或者不申报,逃避缴纳税款数额较大并且占应纳税额百分之十以上的,处三年以下有期徒刑或者拘役,并处罚金;数额巨大并且占应纳税额百分之三十以上的,处三年以上七年以下有期徒刑,并处罚金。

“扣缴义务人采取前款所列手段,不缴或者少缴已扣、已收税款,数额较大的,依照前款的规定处罚。

“对多次实施前两款行为,未经处理的,按照累计数额计算。

“有第一款行为,经税务机关依法下达追缴通知后,补缴应纳税款,缴纳滞纳金,已受行政处罚的,不予追究刑事责任;但是,五年内因逃避缴纳税款受过刑事处罚或者被税务机关给予二次以上行政处罚的除外。”

四、在刑法第二百二十四条后增加一条,作为第二百二十四条之一:“组织、领导以推销商品、提供服务等经营活动为名,要求参加者以缴纳费用或者购买商品、服务等方式获得加入资格,并按照一定顺序组成层级,直接或者间接以发展人员的数量作为计酬或者返利依据,引诱、胁迫参加者继续发展他人参加,骗取财物,扰乱经济社会秩序的传销活动的,处五年以下有期徒刑或者拘役,并处罚金;情节严重的,处五年以上有期徒刑,并处罚金。”

五、将刑法第二百二十五条第三项修改为:“未经国家有关主管部门批准非法经营证券、期货、保险业务的,或者非法从事资金支付结算业务的。”

六、将刑法第二百三十九条修改为:“以勒索财物为目的绑架他人的,或者绑架他人作为人质的,处十年以上有期徒刑或者无期徒刑,并处罚金或者没收财产;情节较轻的,处五年以上十年以下有期徒刑,并处罚金。

“犯前款罪,致使被绑架人死亡或者杀害被绑架人的,处死刑,并处没收财产。

“以勒索财物为目的偷盗婴幼儿的,依照前两款的规定处罚。”

七、在刑法第二百五十三条后增加一条,作为第二百五十三条之一:“国家机关或者金融、电信、交通、教育、医疗等单位的工作人员,违反国家规定,将本单位在履行职责或者提供服务过程中获得的公民个人信息,出售或者非法提供给他人,情节严重的,处三年以下有期徒刑或者拘役,并处或者单处罚金。

“窃取或者以其他方法非法获取上述信息,情节严重的,依照前款的规定处罚。

“单位犯前两款罪的,对单位判处罚金,并对其直接负责的主管人员和其他直接责任人员,依照各该款的规定处罚。”

八、在刑法第二百六十二条之一后增加一条,作为第二百六十二条之二:“组织未成年人进行盗窃、诈骗、抢夺、敲诈勒索等违反治安管理活动的,处三年以下有期徒刑或者拘役,并处罚金;情节严重的,处三年以上七年以下有期徒刑,并处罚金。”

九、在刑法第二百八十五条中增加两款作为第二款、第三款:“违反国家规定,侵入前款规定以外的计算机信息系统或者采用其他技术手段，获取该计算机信息系统中存储、处理或者传输的数据，或者对该计算机信息系统实施非法控制，情节严重的，处三年以下有期徒刑或者拘役，并处或者单处罚金；情节特别严重的，处三年以上七年以下有期徒刑，并处罚金。

"提供专门用于侵入、非法控制计算机信息系统的程序、工具，或者明知他人实施侵入、非法控制计算机信息系统的违法犯罪行为而为其提供程序、工具，情节严重的，依照前款的规定处罚。"

十、在刑法第三百一十二条中增加一款作为第二款："单位犯前款罪的，对单位判处罚金，并对其直接负责的主管人员和其他直接责任人员，依照前款的规定处罚。"

十一、将刑法第三百三十七条第一款修改为："违反有关动植物防疫、检疫的国家规定，引起重大动植物疫情的，或者有引起重大动植物疫情危险，情节严重的，处三年以下有期徒刑或者拘役，并处或者单处罚金。"

十二、将刑法第三百七十五条第二款修改为："非法生产、买卖武装部队制式服装，情节严重的，处三年以下有期徒刑、拘役或者管制，并处或者单处罚金。"

增加一款作为第三款："伪造、盗窃、买卖或者非法提供、使用武装部队车辆号牌等专用标志，情节严重的，处三年以下有期徒刑、拘役或者管制，并处或者单处罚金；情节特别严重的，处三年以上七年以下有期徒刑，并处罚金。"

原第三款作为第四款，修改为："单位犯第二款、第三款罪的，对单位判处罚金，并对其直接负责的主管人员和其他直接责任人员，依照各该款的规定处罚。"

十三、在刑法第三百八十八条后增加一条作为第三百八十八条之一："国家工作人员的近亲属或者其他与该国家工作人员关系密切的人，通过该国家工作人员职务上的行为，或者利用该国家工作人员职权或者地位形成的便利条件，通过其他国家工作人员职务上的行为，为请托人谋取不正当利益，索取请托人财物或者收受请托人财物，数额较大或者有其他较重情节的，处三年以下有期徒刑或者拘役，并处罚金；数额巨大或者有其他严重情节的，处三年以上七年以下有期徒刑，并处罚金；数额特别巨大或者有其他特别严重情节的，处七年以上有期徒刑，并处罚金或者没收财产。

"离职的国家工作人员或者其近亲属以及其他与其关系密切的人，利用该离职的国家工作人员原职权或者地位形成的便利条件实施前款行为的，依照前款的规定定罪处罚。"

十四、将刑法第三百九十五条第一款修改为："国家工作人员的财产、支出明显超过合法收入，差额巨大的，可以责令该国家工作人员说明来源，不能说明来源的，差额部分以非法所得论，处五年以下有期徒刑或者拘役；差额特别巨大的，处五年以上十年以下有期徒刑。财产的差额部分予以追缴。"

十五、本修正案自公布之日起施行。

中华人民共和国 刑法修正案(八)

(2011年2月25日第十一届全国人民代表大会常务委员会第十九次会议通过，2011年2月25日中华人民共和国第41号主席令公布，自2011年5月1日起施行)

一、在刑法第十七条后增加一条，作为第十七条之一："已满七十五周岁的人故意犯罪的，可以从轻或者减轻处罚；过失犯罪的，应当从轻或者减轻处罚。"

二、在刑法第三十八条中增加一款作为第二款："判处管制，可以根据犯罪情况，同时禁止犯罪分子在执行期间从事特定活动，进入特定区域、场所，接触特定的人。"

原第二款作为第三款，修改为："对判处管制的犯罪分子，依法实行社区矫正。"

增加一款作为第四款："违反第二款规定的禁止令的，由公安机关依照《中华人民共和国治安管理处罚法》的规定处罚。"

三、在刑法第四十九条中增加一款作为第二款："审判的时候已满七十五周岁的人，不适用死刑，但以特别残忍手段致人死亡的除外。"

四、将刑法第五十条修改为："判处死刑缓期执行的，在死刑缓期执行期间，如果没有故意犯罪，二年期满以后，减为无期徒刑；如果确有重大立功表现，二年期满以后，减为二十五年有期徒刑；如果故意犯罪，查证属实的，由最高人民法院核准，执行死刑。

"对被判处死刑缓期执行的累犯以及因故意杀人、强奸、抢劫、绑架、放火、爆炸、投放危险物质或者有组织的暴力性犯罪被判处死刑缓期执行的犯罪分子，人民法院根据犯罪情节等情况可以同时决定对其限制减刑。"

五、将刑法第六十三条第一款修改为："犯罪分子具有本法规定的减轻处罚情节的，应当在法定刑以下判处刑罚；本法规定有数个量刑幅度的，应当在法定量刑幅度的下一个量刑幅度内判处刑罚。"

六、将刑法第六十五条第一款修改为："被判处有期徒刑以上刑罚的犯罪分子，刑罚执行完毕或者赦免以后，在五年以内再犯应当判处有期徒刑以上刑罚之罪的，是累犯，应当从重处罚，但是过失犯罪和不满十八周岁的人犯罪的除外。"

七、将刑法第六十六条修改为："危害国家安全犯罪、恐怖活动犯罪、黑社会性质的组织犯罪的犯罪分子，在刑罚执行完毕或者赦免以后，在任何时候再犯上述任一类罪的，都以累犯论处。"

八、在刑法第六十七条中增加一款作为第三款："犯罪嫌疑人虽不具有前两款规定的自首情节，但是如实供述自己罪行的，可以从轻处罚；因其如实供述自己罪行，避免特别严重后果发生的，可以减轻处罚。"

九、删去刑法第六十八条第二款。

十、将刑法第六十九条修改为："判决宣告以前一人犯数罪的，除判处死刑和无期徒刑的以外，应当在总和刑期以下、数刑中最高刑期以上，酌情决定执行的刑期，但是管制最高不能超过三年，拘役最高不能超过一年，有期徒刑总和刑期不满三十五年的，最高不能超过二十年，总和刑期在三十五年以上的，最高不能超过二十五年。

“数罪中有判处附加刑的，附加刑仍须执行，其中附加刑种类相同的，合并执行，种类不同的，分别执行。”

十一、将刑法第七十二条修改为：“对于被判处拘役、三年以下有期徒刑的犯罪分子，同时符合下列条件的，可以宣告缓刑，对其中不满十八周岁的人、怀孕的妇女和已满七十五周岁的人，应当宣告缓刑：

“（一）犯罪情节较轻；

“（二）有悔罪表现；

“（三）没有再犯罪的危险；

“（四）宣告缓刑对所居住社区没有重大不良影响。

“宣告缓刑，可以根据犯罪情况，同时禁止犯罪分子在缓刑考验期限内从事特定活动，进入特定区域、场所，接触特定的人。

“被宣告缓刑的犯罪分子，如果被判处附加刑，附加刑仍须执行。”

十二、将刑法第七十四条修改为：“对于累犯和犯罪集团的首要分子，不适用缓刑。”

十三、将刑法第七十六条修改为：“对宣告缓刑的犯罪分子，在缓刑考验期限内，依法实行社区矫正，如果没有本法第七十七条规定的情形，缓刑考验期满，原判的刑罚就不再执行，并公开予以宣告。”

十四、将刑法第七十七条第二款修改为：“被宣告缓刑的犯罪分子，在缓刑考验期限内，违反法律、行政法规或者国务院有关部门关于缓刑的监督管理规定，或者违反人民法院判决中的禁止令，情节严重的，应当撤销缓刑，执行原判刑罚。”

十五、将刑法第七十八条第二款修改为：“减刑以后实际执行的刑期不能少于下列期限：

“（一）判处管制、拘役、有期徒刑的，不能少于原判刑期的二分之一；

“（二）判处无期徒刑的，不能少于十三年；

“（三）人民法院依照本法第五十条第二款规定限制减刑的死刑缓期执行的犯罪分子，缓期执行期满后依法减为无期徒刑的，不能少于二十五年，缓期执行期满后依法减为二十五年有期徒刑的，不能少于二十年。”

十六、将刑法第八十一条修改为：“被判处有期徒刑的犯罪分子，执行原判刑期二分之一以上，被判处无期徒刑的犯罪分子，实际执行十三年以上，如果认真遵守监规，接受教育改造，确有悔改表现，没有再犯罪的危险的，可以假释。如果有特殊情况，经最高人民法院核准，可以不受上述执行刑期的限制。

“对累犯以及因故意杀人、强奸、抢劫、绑架、放火、爆炸、投放危险物质或者有组织的暴力性犯罪被判处十年以上有期徒刑、无期徒刑的犯罪分子，不得假释。

“对犯罪分子决定假释时，应当考虑其假释后对所居住社区的影响。”

十七、将刑法第八十五条修改为：“对假释的犯罪分子，在假释考验期限内，依法实行社区矫正，如果没有本法第八十六条规定的情形，假释考验期满，就认为原判刑罚已经执行完毕，并公开予以宣告。”

十八、将刑法第八十六条第三款修改为：“被假释的犯罪分子，在假释考验期限内,有违反法律、行政法规或者国务院有关部门关于假释的监督管理规定的行为,尚未构成新的犯罪的,应当依照法定程序撤销假释,收监执行未执行完毕的刑罚。”

十九、在刑法第一百条中增加一款作为第二款:“犯罪的时候不满十八周岁被判处五年有期徒刑以下刑罚的人,免除前款规定的报告义务。”

二十、将刑法第一百零七条修改为:“境内外机构、组织或者个人资助实施本章第一百零二条、第一百零三条、第一百零四条、第一百零五条规定之罪的,对直接责任人员,处五年以下有期徒刑、拘役、管制或者剥夺政治权利;情节严重的,处五年以上有期徒刑。”

二十一、将刑法第一百零九条修改为:“国家机关工作人员在履行公务期间,擅离岗位,叛逃境外或者在境外叛逃的,处五年以下有期徒刑、拘役、管制或者剥夺政治权利;情节严重的,处五年以上十年以下有期徒刑。

“掌握国家秘密的国家工作人员叛逃境外或者在境外叛逃的,依照前款的规定从重处罚。”

二十二、在刑法第一百三十三条后增加一条,作为第一百三十三条之一:“在道路上驾驶机动车追逐竞驶,情节恶劣的,或者在道路上醉酒驾驶机动车的,处拘役,并处罚金。

“有前款行为,同时构成其他犯罪的,依照处罚较重的规定定罪处罚。”

二十三、将刑法第一百四十一条第一款修改为:“生产、销售假药的,处三年以下有期徒刑或者拘役,并处罚金;对人体健康造成严重危害或者有其他严重情节的,处三年以上十年以下有期徒刑,并处罚金;致人死亡或者有其他特别严重情节的,处十年以上有期徒刑、无期徒刑或者死刑,并处罚金或者没收财产。”

二十四、将刑法第一百四十三条修改为:“生产、销售不符合食品安全标准的食品,足以造成严重食物中毒事故或者其他严重食源性疾病的,处三年以下有期徒刑或者拘役,并处罚金;对人体健康造成严重危害或者有其他严重情节的,处三年以上七年以下有期徒刑,并处罚金;后果特别严重的,处七年以上有期徒刑或者无期徒刑,并处罚金或者没收财产。”

二十五、将刑法第一百四十四条修改为:“在生产、销售的食品中掺入有毒、有害的非食品原料的,或者销售明知掺有有毒、有害的非食品原料的食品的,处五年以下有期徒刑,并处罚金;对人体健康造成严重危害或者有其他严重情节的,处五年以上十年以下有期徒刑,并处罚金;致人死亡或者有其他特别严重情节的,依照本法第一百四十一条的规定处罚。”

二十六、将刑法第一百五十一条修改为:“走私武器、弹药、核材料或者伪造的货币的,处七年以上有期徒刑,并处罚金或者没收财产;情节特别严重的,处无期徒刑或者死刑,并处没收财产;情节较轻的,处三年以上七年以下有期徒刑,并处罚金。

“走私国家禁止出口的文物、黄金、白银和其他贵重金属或者国家禁止进出口的珍贵动物及其制品的,处五年以上十年以下有期徒刑,并处罚金;情节特别严重的,处十年以上有期徒刑或者无期徒刑,并处没收财产;情节较轻的,处五年以下有期徒刑,并处罚金。

“走私珍稀植物及其制品等国家禁止进出口的其他货物、物品的,处五年以下有期徒刑或者拘役,并处或者单处罚金;情节严重的,处五年以上有期徒刑,并处罚金。

“单位犯本条规定之罪的,对单位判处罚金,并对其直接负责的主管人员和其他直接责任人员,依照本条各款的规定处罚。”

二十七、将刑法第一百五十三条第一款修改为:“走私本法第一百五十一条、第一百五十二条、第三百四十七条规定以外的货物、物品的,根据情节轻重,分别依照下列规定处罚:

“(一)走私货物、物品偷逃应缴税额较大或者一年内曾因走私被给予二次行政处罚后又走私的,处三年以下有期徒刑或者拘役,并处偷逃应缴税额一倍以上五倍以下罚金。

“(二)走私货物、物品偷逃应缴税额巨大或者有其他严重情节的,处三年以上十年以下有期徒刑,并处偷逃应缴税额一倍以上五倍以下罚金。

“(三)走私货物、物品偷逃应缴税额特别巨大或者有其他特别严重情节的,处十年以上有期徒刑或者无期徒刑,并处偷逃应缴税额一倍以上五倍以下罚金或者没收财产。”

二十八、将刑法第一百五十七条第一款修改为:“武装掩护走私的,依照本法第一百五十一条第一款的规定从重处罚。”

二十九、将刑法第一百六十四条修改为:“为谋取不正当利益,给予公司、企业或者其他单位的工作人员以财物,数额较大的,处三年以下有期徒刑或者拘役;数额巨大的,处三年以上十年以下有期徒刑,并处罚金。

“为谋取不正当商业利益,给予外国公职人员或者国际公共组织官员以财物的,依照前款的规定处罚。

“单位犯前两款罪的,对单位判处罚金,并对其直接负责的主管人员和其他直接责任人员,依照第一款的规定处罚。

“行贿人在被追诉前主动交待行贿行为的,可以减轻处罚或者免除处罚。”

三十、将刑法第一百九十九条修改为:“犯本节第一百九十二条规定之罪,数额特别巨大并且给国家和人民利益造成特别重大损失的,处无期徒刑或者死刑,并处没收财产。”

三十一、将刑法第二百条修改为:“单位犯本节第一百九十二条、第一百九十四条、第一百九十五条规定之罪的,对单位判处罚金,并对其直接负责的主管人员和其他直接责任人员,处五年以下有期徒刑或者拘役,可以并处罚金;数额巨大或者有其他严重情节的,处五年以上十年以下有期徒刑,并处罚金;数额特别巨大或者有其他特别严重情节的,处十年以上有期徒刑或者无期徒刑,并处罚金。”

三十二、删去刑法第二百零五条第二款。

三十三、在刑法第二百零五条后增加一条,作为第二百零五条之一:“虚开本法第二百零五条规定以外的其他发票,情节严重的,处二年以下有期徒刑、拘役或者管制,并处罚金;情节特别严重的,处二年以上七年以下有期徒刑,并处罚金。

“单位犯前款罪的,对单位判处罚金,并对其直接负责的主管人员和其他直接责任人员,依照前款的规定处罚。”

三十四、删去刑法第二百零六条第二款。

三十五、在刑法第二百一十条后增加一条,作为第二百一十条之一:“明知是伪造的发票而持有,数量较大的,处二年以下有期徒刑、拘役或者管制,并处罚金;数量巨大的,处二年以上七年以下有期徒刑,并处罚金。

“单位犯前款罪的,对单位判处罚金,并对其直接负责的主管人员和其他直接责任人员,依照前款的规定处罚。”

三十六、将刑法第二百二十六条修改为:“以暴力、威胁手段,实施下列行为之一,情节严重的,处三年以下有期徒刑或者拘役,并处或者单处罚金;情节特别严重的,处三年以上七年以下有期徒刑,并处罚金:

“(一)强买强卖商品的;

“(二)强迫他人提供或者接受服务的;

“(三)强迫他人参与或者退出投标、拍卖的;

“(四)强迫他人转让或者收购公司、企业的股份、债券或者其他资产的;

“(五)强迫他人参与或者退出特定的经营活动的。”

三十七、在刑法第二百三十四条后增加一条,作为第二百三十四条之一:“组织他人出卖人体器官的,处五年以下有期徒刑,并处罚金;情节严重的,处五年以上有期徒刑,并处罚金或者没收财产。

“未经本人同意摘取其器官,或者摘取不满十八周岁的人的器官,或者强迫、欺骗他人捐献器官的,依照本法第二百三十四条、第二百三十二条的规定定罪处罚。

“违背本人生前意愿摘取其尸体器官,或者本人生前未表示同意,违反国家规定,违背其近亲属意愿摘取其尸体器官的,依照本法第三百零二条的规定定罪处罚。”

三十八、将刑法第二百四十四条修改为:“以暴力、威胁或者限制人身自由的方法强迫他人劳动的,处三年以下有期徒刑或者拘役,并处罚金;情节严重的,处三年以上十年以下有期徒刑,并处罚金。

“明知他人实施前款行为,为其招募、运送人员或者有其他协助强迫他人劳动行为的,依照前款的规定处罚。

“单位犯前两款罪的,对单位判处罚金,并对其直接负责的主管人员和其他直接责任人员,依照第一款的规定处罚。”

三十九、将刑法第二百六十四条修改为:“盗窃公私财物,数额较大的,或者多次盗窃、入户盗窃、携带凶器盗窃、扒窃的,处三年以下有期徒刑、拘役或者管制,并处或者单处罚金;数额巨大或者有其他严重情节的,处三年以上十年以下有期徒刑,并处罚金;数额特别巨大或者有其他特别严重情节的,处十年以上有期徒刑或者无期徒刑,并处罚金或者没收财产。”

四十、将刑法第二百七十四条修改为:“敲诈勒索公私财物,数额较大或者多次敲诈勒索的,处三年以下有期徒刑、拘役或者管制,并处或者单处罚金;数额巨大或者有其他严重情节的,处三年以上十年以下有期徒刑,并处罚金;数额特别巨大或者有其他特别严重情节的,处十年以上有期徒刑,并处罚金。”

四十一、在刑法第二百七十六条后增加一条,作为第二百七十六条之一:“以转移财产、逃匿等方法逃避支付劳动者的劳动报酬或者有能力支付而不支付劳动者的劳动报酬,数额较大,经政府有关部门责令支付仍不支付的,处三年以下有期徒刑或者拘役,并处或者单处罚金;造成严重后果的,处三年以上七年以下有期徒刑,并处罚金。

“单位犯前款罪的，对单位判处罚金，并对其直接负责的主管人员和其他直接责任人员，依照前款的规定处罚。

“有前两款行为，尚未造成严重后果，在提起公诉前支付劳动者的劳动报酬，并依法承担相应赔偿责任的，可以减轻或者免除处罚。”

四十二、将刑法第二百九十三条修改为：“有下列寻衅滋事行为之一，破坏社会秩序的，处五年以下有期徒刑、拘役或者管制：

“（一）随意殴打他人，情节恶劣的；

“（二）追逐、拦截、辱骂、恐吓他人，情节恶劣的；

“（三）强拿硬要或者任意损毁、占用公私财物，情节严重的；

“（四）在公共场所起哄闹事，造成公共场所秩序严重混乱的。

“纠集他人多次实施前款行为，严重破坏社会秩序的，处五年以上十年以下有期徒刑，可以并处罚金。”

四十三、将刑法第二百九十四条修改为：“组织、领导黑社会性质的组织的，处七年以上有期徒刑，并处没收财产；积极参加的，处三年以上七年以下有期徒刑，可以并处罚金或者没收财产；其他参加的，处三年以下有期徒刑、拘役、管制或者剥夺政治权利，可以并处罚金。

“境外的黑社会组织的人员到中华人民共和国境内发展组织成员的，处三年以上十年以下有期徒刑。

“国家机关工作人员包庇黑社会性质的组织，或者纵容黑社会性质的组织进行违法犯罪活动的，处五年以下有期徒刑；情节严重的，处五年以上有期徒刑。

“犯前三款罪又有其他犯罪行为的，依照数罪并罚的规定处罚。

“黑社会性质的组织应当同时具备以下特征：

“（一）形成较稳定的犯罪组织，人数较多，有明确的组织者、领导者，骨干成员基本固定；

“（二）有组织地通过违法犯罪活动或者其他手段获取经济利益，具有一定的经济实力，以支持该组织的活动；

“（三）以暴力、威胁或者其他手段，有组织地多次进行违法犯罪活动，为非作恶，欺压、残害群众；

“（四）通过实施违法犯罪活动，或者利用国家工作人员的包庇或者纵容，称霸一方，在一定区域或者行业内，形成非法控制或者重大影响，严重破坏经济、社会生活秩序。”

四十四、将刑法第二百九十五条修改为：“传授犯罪方法的，处五年以下有期徒刑、拘役或者管制；情节严重的，处五年以上十年以下有期徒刑；情节特别严重的，处十年以上有期徒刑或者无期徒刑。”

四十五、将刑法第三百二十八条第一款修改为：“盗掘具有历史、艺术、科学价值的古文化遗址、古墓葬的，处三年以上十年以下有期徒刑，并处罚金；情节较轻的，处三年以下有期徒刑、拘役或者管制，并处罚金；有下列情形之一的，处十年以上有期徒刑或者无期徒刑，并处罚金或者没收财产：

“（一）盗掘确定为全国重点文物保护单位和省级文物保护单位的古文化遗址、古墓葬的；

“（二）盗掘古文化遗址、古墓葬集团的首要分子；

“（三）多次盗掘古文化遗址、古墓葬的；

“（四）盗掘古文化遗址、古墓葬，并

盗窃珍贵文物或者造成珍贵文物严重破坏的。”

四十六、将刑法第三百三十八条修改为:“违反国家规定,排放、倾倒或者处置有放射性的废物、含传染病病原体的废物、有毒物质或者其他有害物质,严重污染环境的,处三年以下有期徒刑或者拘役,并处或者单处罚金;后果特别严重的,处三年以上七年以下有期徒刑,并处罚金。”

四十七、将刑法第三百四十三条第一款修改为:“违反矿产资源法的规定,未取得采矿许可证擅自采矿,擅自进入国家规划矿区、对国民经济具有重要价值的矿区和他人矿区范围采矿,或者擅自开采国家规定实行保护性开采的特定矿种,情节严重的,处三年以下有期徒刑、拘役或者管制,并处或者单处罚金;情节特别严重的,处三年以上七年以下有期徒刑,并处罚金。”

四十八、将刑法第三百五十八条第三款修改为:“为组织卖淫的人招募、运送人员或者有其他协助组织他人卖淫行为的,处五年以下有期徒刑,并处罚金;情节严重的,处五年以上十年以下有期徒刑,并处罚金。”

四十九、在刑法第四百零八条后增加一条,作为第四百零八条之一:“负有食品安全监督管理职责的国家机关工作人员,滥用职权或者玩忽职守,导致发生重大食品安全事故或者造成其他严重后果的,处五年以下有期徒刑或者拘役;造成特别严重后果的,处五年以上十年以下有期徒刑。

“徇私舞弊犯前款罪的,从重处罚。”

五十、本修正案自2011年5月1日起施行。

中华人民共和国
刑法修正案(九)

(2015年8月29日第十二届全国人民代表大会常务委员会第十六次会议通过,2015年8月29日中华人民共和国第30号主席令公布,自2015年11月1日起施行)

一、在刑法第三十七条后增加一条,作为第三十七条之一:“因利用职业便利实施犯罪,或者实施违背职业要求的特定义务的犯罪被判处刑罚的,人民法院可以根据犯罪情况和预防再犯罪的需要,禁止其自刑罚执行完毕之日或者假释之日起从事相关职业,期限为三年至五年。

“被禁止从事相关职业的人违反人民法院依照前款规定作出的决定的,由公安机关依法给予处罚;情节严重的,依照本法第三百一十三条的规定定罪处罚。

“其他法律、行政法规对其从事相关职业另有禁止或者限制性规定的,从其规定。”

二、将刑法第五十条第一款修改为:“判处死刑缓期执行的,在死刑缓期执行期间,如果没有故意犯罪,二年期满以后,减为无期徒刑;如果确有重大立功表现,二年期满以后,减为二十五年有期徒刑;如果故意犯罪,情节恶劣的,报请最高人民法院核准后执行死刑;对于故意犯罪未执行死刑的,死刑缓期执行的期间重新计算,并报最高人民法院备案。”

三、将刑法第五十三条修改为:“罚

金在判决指定的期限内一次或者分期缴纳。期满不缴纳的，强制缴纳。对于不能全部缴纳罚金的，人民法院在任何时候发现被执行人有可以执行的财产，应当随时追缴。

“由于遭遇不能抗拒的灾祸等原因缴纳确实有困难的，经人民法院裁定，可以延期缴纳、酌情减少或者免除。”

四、在刑法第六十九条中增加一款作为第二款：“数罪中有判处有期徒刑和拘役的，执行有期徒刑。数罪中有判处有期徒刑和管制，或者拘役和管制的，有期徒刑、拘役执行完毕后，管制仍须执行。”

原第二款作为第三款。

五、将刑法第一百二十条修改为：“组织、领导恐怖活动组织的，处十年以上有期徒刑或者无期徒刑，并处没收财产；积极参加的，处三年以上十年以下有期徒刑，并处罚金；其他参加的，处三年以下有期徒刑、拘役、管制或者剥夺政治权利，可以并处罚金。

“犯前款罪并实施杀人、爆炸、绑架等犯罪的，依照数罪并罚的规定处罚。”

六、将刑法第一百二十条之一修改为：“资助恐怖活动组织、实施恐怖活动的个人的，或者资助恐怖活动培训的，处五年以下有期徒刑、拘役、管制或者剥夺政治权利，并处罚金；情节严重的，处五年以上有期徒刑，并处罚金或者没收财产。

“为恐怖活动组织、实施恐怖活动或者恐怖活动培训招募、运送人员的，依照前款的规定处罚。

“单位犯前两款罪的，对单位判处罚金，并对其直接负责的主管人员和其他直接责任人员，依照第一款的规定处罚。”

七、在刑法第一百二十条之一后增加五条，作为第一百二十条之二、第一百二十条之三、第一百二十条之四、第一百二十条之五、第一百二十条之六：

“第一百二十条之二　有下列情形之一的，处五年以下有期徒刑、拘役、管制或者剥夺政治权利，并处罚金；情节严重的，处五年以上有期徒刑，并处罚金或者没收财产：

“（一）为实施恐怖活动准备凶器、危险物品或者其他工具的；

“（二）组织恐怖活动培训或者积极参加恐怖活动培训的；

“（三）为实施恐怖活动与境外恐怖活动组织或者人员联络的；

“（四）为实施恐怖活动进行策划或者其他准备的。

“有前款行为，同时构成其他犯罪的，依照处罚较重的规定定罪处罚。”

“第一百二十条之三　以制作、散发宣扬恐怖主义、极端主义的图书、音频视频资料或者其他物品，或者通过讲授、发布信息等方式宣扬恐怖主义、极端主义的，或者煽动实施恐怖活动的，处五年以下有期徒刑、拘役、管制或者剥夺政治权利，并处罚金；情节严重的，处五年以上有期徒刑，并处罚金或者没收财产。

“第一百二十条之四　利用极端主义煽动、胁迫群众破坏国家法律确立的婚姻、司法、教育、社会管理等制度实施的，处三年以下有期徒刑、拘役或者管制，并处罚金；情节严重的，处三年以上七年以下有期徒刑，并处罚金；情节特别严重的，处七年以上有期徒刑，并处罚金或者没收财产。

“第一百二十条之五　以暴力、胁迫等方式强制他人在公共场所穿着、佩戴宣扬恐怖主义、极端主义服饰、标志的，处三年以下有期徒刑、拘役或者管制，并处罚金。

“第一百二十条之六　明知是宣扬恐怖主义、极端主义的图书、音频视频资料或者其他物品而非法持有,情节严重的,处三年以下有期徒刑、拘役或者管制,并处或者单处罚金。”

八、将刑法第一百三十三条之一修改为:“在道路上驾驶机动车,有下列情形之一的,处拘役,并处罚金:

“(一)追逐竞驶,情节恶劣的;

“(二)醉酒驾驶机动车的;

“(三)从事校车业务或者旅客运输,严重超过额定乘员载客,或者严重超过规定时速行驶的;

“(四)违反危险化学品安全管理规定运输危险化学品,危及公共安全的。

“机动车所有人、管理人对前款第三项、第四项行为负有直接责任的,依照前款的规定处罚。

“有前两款行为,同时构成其他犯罪的,依照处罚较重的规定定罪处罚。”

九、将刑法第一百五十一条第一款修改为:“走私武器、弹药、核材料或者伪造的货币的,处七年以上有期徒刑,并处罚金或者没收财产;情节特别严重的,处无期徒刑,并处没收财产;情节较轻的,处三年以上七年以下有期徒刑,并处罚金。”

十、将刑法第一百六十四条第一款修改为:“为谋取不正当利益,给予公司、企业或者其他单位的工作人员以财物,数额较大的,处三年以下有期徒刑或者拘役,并处罚金;数额巨大的,处三年以上十年以下有期徒刑,并处罚金。”

十一、将刑法第一百七十条修改为:“伪造货币的,处三年以上十年以下有期徒刑,并处罚金;有下列情形之一的,处十年以上有期徒刑或者无期徒刑,并处罚金或者没收财产:

“(一)伪造货币集团的首要分子;

“(二)伪造货币数额特别巨大的;

“(三)有其他特别严重情节的。”

十二、删去刑法第一百九十九条。

十三、将刑法第二百三十七条修改为:“以暴力、胁迫或者其他方法强制猥亵他人或者侮辱妇女的,处五年以下有期徒刑或者拘役。

“聚众或者在公共场所当众犯前款罪的,或者有其他恶劣情节的,处五年以上有期徒刑。

“猥亵儿童的,依照前两款的规定从重处罚。”

十四、将刑法第二百三十九条第二款修改为:“犯前款罪,杀害被绑架人的,或者故意伤害被绑架人,致人重伤、死亡的,处无期徒刑或者死刑,并处没收财产。”

十五、将刑法第二百四十一条第六款修改为:“收买被拐卖的妇女、儿童,对被买儿童没有虐待行为,不阻碍对其进行解救的,可以从轻处罚;按照被买妇女的意愿,不阻碍其返回原居住地的,可以从轻或者减轻处罚。”

十六、在刑法第二百四十六条中增加一款作为第三款:“通过信息网络实施第一款规定的行为,被害人向人民法院告诉,但提供证据确有困难的,人民法院可以要求公安机关提供协助。”

十七、将刑法第二百五十三条之一修改为:“违反国家有关规定,向他人出售或者提供公民个人信息,情节严重的,处三年以下有期徒刑或者拘役,并处或者单处罚金;情节特别严重的,处三年以上七年以下有期徒刑,并处罚金。

“违反国家有关规定,将在履行职责或者提供服务过程中获得的公民个人信息,出售或者提供给他人的,依照前款的规定从重处罚。

“窃取或者以其他方法非法获取公民个人信息的,依照第一款的规定处罚。

“单位犯前三款罪的,对单位判处罚金,并对其直接负责的主管人员和其他直接责任人员,依照各该款的规定处罚。”

十八、将刑法第二百六十条第三款修改为:“第一款罪,告诉的才处理,但被害人没有能力告诉,或者因受到强制、威吓无法告诉的除外。”

十九、在刑法第二百六十条后增加一条,作为第二百六十条之一:“对未成年人、老年人、患病的人、残疾人等负有监护、看护职责的人虐待被监护、看护的人,情节恶劣的,处三年以下有期徒刑或者拘役。

“单位犯前款罪的,对单位判处罚金,并对其直接负责的主管人员和其他直接责任人员,依照前款的规定处罚。

“有第一款行为,同时构成其他犯罪的,依照处罚较重的规定定罪处罚。”

二十、将刑法第二百六十七条第一款修改为:“抢夺公私财物,数额较大的,或者多次抢夺的,处三年以下有期徒刑、拘役或者管制,并处或者单处罚金;数额巨大或者有其他严重情节的,处三年以上十年以下有期徒刑,并处罚金;数额特别巨大或者有其他特别严重情节的,处十年以上有期徒刑或者无期徒刑,并处罚金或者没收财产。”

二十一、在刑法第二百七十七条中增加一款作为第五款:“暴力袭击正在依法执行职务的人民警察的,依照第一款的规定从重处罚。”

二十二、将刑法第二百八十条修改为:“伪造、变造、买卖或者盗窃、抢夺、毁灭国家机关的公文、证件、印章的,处三年以下有期徒刑、拘役、管制或者剥夺政治权利,并处罚金;情节严重的,处三年以上十年以下有期徒刑,并处罚金。

“伪造公司、企业、事业单位、人民团体的印章的,处三年以下有期徒刑、拘役、管制或者剥夺政治权利,并处罚金。

“伪造、变造、买卖居民身份证、护照、社会保障卡、驾驶证等依法可以用于证明身份的证件的,处三年以下有期徒刑、拘役、管制或者剥夺政治权利,并处罚金;情节严重的,处三年以上七年以下有期徒刑,并处罚金。”

二十三、在刑法第二百八十条后增加一条作为第二百八十条之一:“在依照国家规定应当提供身份证明的活动中,使用伪造、变造的或者盗用他人的居民身份证、护照、社会保障卡、驾驶证等依法可以用于证明身份的证件,情节严重的,处拘役或者管制,并处或者单处罚金。

“有前款行为,同时构成其他犯罪的,依照处罚较重的规定定罪处罚。”

二十四、将刑法第二百八十三条修改为:“非法生产、销售专用间谍器材或者窃听、窃照专用器材的,处三年以下有期徒刑、拘役或者管制,并处或者单处罚金;情节严重的,处三年以上七年以下有期徒刑,并处罚金。

“单位犯前款罪的,对单位判处罚金,并对其直接负责的主管人员和其他直接责任人员,依照前款的规定处罚。”

二十五、在刑法第二百八十四条后增加一条,作为第二百八十四条之一:“在法律规定的国家考试中,组织作弊的,处三年以下有期徒刑或者拘役,并处或者单处罚金;情节严重的,处三年以上七年以下有期徒刑,并处罚金。

“为他人实施前款犯罪提供作弊器材或者其他帮助的,依照前款的规定处罚。

“为实施考试作弊行为,向他人非法出售或者提供第一款规定的考试的试题、答案的,依照第一款的规定处罚。

“代替他人或者让他人代替自己参加第一款规定的考试的,处拘役或者管制,并处或者单处罚金。”

二十六、在刑法第二百八十五条中增加一款作为第四款:“单位犯前三款罪的,对单位判处罚金,并对其直接负责的主管人员和其他直接责任人员,依照各该款的规定处罚。”

二十七、在刑法第二百八十六条中增加一款作为第四款:“单位犯前三款罪的,对单位判处罚金,并对其直接负责的主管人员和其他直接责任人员,依照第一款的规定处罚。”

二十八、在刑法第二百八十六条后增加一条,作为第二百八十六条之一:“网络服务提供者不履行法律、行政法规规定的信息网络安全管理义务,经监管部门责令采取改正措施而拒不改正,有下列情形之一的,处三年以下有期徒刑、拘役或者管制,并处或者单处罚金:

“(一)致使违法信息大量传播的;

“(二)致使用户信息泄露,造成严重后果的;

“(三)致使刑事案件证据灭失,情节严重的;

“(四)有其他严重情节的。

“单位犯前款罪的,对单位判处罚金,并对其直接负责的主管人员和其他直接责任人员,依照前款的规定处罚。

“有前两款行为,同时构成其他犯罪的,依照处罚较重的规定定罪处罚。”

二十九、在刑法第二百八十七条后增加二条,作为第二百八十七条之一、第二百八十七条之二:

“第二百八十七条之一　利用信息网络实施下列行为之一,情节严重的,处三年以下有期徒刑或者拘役,并处或者单处罚金:

“(一)设立用于实施诈骗、传授犯罪方法、制作或者销售违禁物品、管制物品等违法犯罪活动的网站、通讯群组的;

“(二)发布有关制作或者销售毒品、枪支、淫秽物品等违禁物品、管制物品或者其他违法犯罪信息的;

“(三)为实施诈骗等违法犯罪活动发布信息的。

“单位犯前款罪的,对单位判处罚金,并对其直接负责的主管人员和其他直接责任人员,依照第一款的规定处罚。

“有前两款行为,同时构成其他犯罪的,依照处罚较重的规定定罪处罚。

“第二百八十七条之二　明知他人利用信息网络实施犯罪,为其犯罪提供互联网接入、服务器托管、网络存储、通讯传输等技术支持,或者提供广告推广、支付结算等帮助,情节严重的,处三年以下有期徒刑或者拘役,并处或者单处罚金。

“单位犯前款罪的,对单位判处罚金,并对其直接负责的主管人员和其他直接责任人员,依照第一款的规定处罚。

“有前两款行为,同时构成其他犯罪的,依照处罚较重的规定定罪处罚。”

三十、将刑法第二百八十八条第一款修改为:“违反国家规定,擅自设置、使用无线电台(站),或者擅自使用无线电频率,干扰无线电通讯秩序,情节严重的,处三年以下有期徒刑、拘役或者管制,并处或者单处罚金;情节特别严重的,处三年以上七年以下有期徒刑,并处罚金。”

三十一、将刑法第二百九十条第一款修改为:“聚众扰乱社会秩序,情节严重,致使工作、生产、营业和教学、科研、医疗无法进行,造成严重损失的,对首要分子,处三年以上七年以下有期徒刑;对其他积极参加的,处三年以下有期徒刑、拘役、管制或者剥夺政治权利。”

增加二款作为第三款、第四款:“多次扰乱国家机关工作秩序,经行政处罚后仍不改正,造成严重后果的,处三年以下有期徒刑、拘役或者管制。

“多次组织、资助他人非法聚集,扰乱社会秩序,情节严重的,依照前款的规定处罚。”

三十二、在刑法第二百九十一条之一中增加一款作为第二款:“编造虚假的险情、疫情、灾情、警情,在信息网络或者其他媒体上传播,或者明知是上述虚假信息,故意在信息网络或者其他媒体上传播,严重扰乱社会秩序的,处三年以下有期徒刑、拘役或者管制;造成严重后果的,处三年以上七年以下有期徒刑。”

三十三、将刑法第三百条修改为:“组织、利用会道门、邪教组织或者利用迷信破坏国家法律、行政法规实施的,处三年以上七年以下有期徒刑,并处罚金;情节特别严重的,处七年以上有期徒刑或者无期徒刑,并处罚金或者没收财产;情节较轻的,处三年以下有期徒刑、拘役、管制或者剥夺政治权利,并处或者单处罚金。

“组织、利用会道门、邪教组织或者利用迷信蒙骗他人,致人重伤、死亡的,依照前款的规定处罚。

“犯第一款罪又有奸淫妇女、诈骗财物等犯罪行为的,依照数罪并罚的规定处罚。”

三十四、将刑法第三百零二条修改为:“盗窃、侮辱、故意毁坏尸体、尸骨、骨灰的,处三年以下有期徒刑、拘役或者管制。”

三十五、在刑法第三百零七条后增加一条,作为第三百零七条之一:“以捏造的事实提起民事诉讼,妨害司法秩序或者严重侵害他人合法权益的,处三年以下有期徒刑、拘役或者管制,并处或者单处罚金;情节严重的,处三年以上七年以下有期徒刑,并处罚金。

“单位犯前款罪的,对单位判处罚金,并对其直接负责的主管人员和其他直接责任人员,依照前款的规定处罚。

“有第一款行为,非法占有他人财产或者逃避合法债务,又构成其他犯罪的,依照处罚较重的规定定罪从重处罚。

“司法工作人员利用职权,与他人共同实施前三款行为的,从重处罚;同时构成其他犯罪的,依照处罚较重的规定定罪从重处罚。”

三十六、在刑法第三百零八条后增加一条,作为第三百零八条之一:“司法工作人员、辩护人、诉讼代理人或者其他诉讼参与人,泄露依法不公开审理的案件中不应当公开的信息,造成信息公开传播或者其他严重后果的,处三年以下有期徒刑、拘役或者管制,并处或者单处罚金。

“有前款行为,泄露国家秘密的,依照本法第三百九十八条的规定定罪处罚。

“公开披露、报道第一款规定的案件信息,情节严重的,依照第一款的规定处罚。

“单位犯前款罪的,对单位判处罚金,并对其直接负责的主管人员和其他直接责任人员,依照第一款的规定处罚。”

三十七、将刑法第三百零九条修改为:“有下列扰乱法庭秩序情形之一的,处三年以下有期徒刑、拘役、管制或者罚金:

“(一)聚众哄闹、冲击法庭的;

“(二)殴打司法工作人员或者诉讼参与人的;

“(三)侮辱、诽谤、威胁司法工作人员或者诉讼参与人,不听法庭制止,严重扰乱法庭秩序的;

“(四)有毁坏法庭设施,抢夺、损毁诉讼文书、证据等扰乱法庭秩序行为,情节严重的。”

三十八、将刑法第三百一十一条修改为:“明知他人有间谍犯罪或者恐怖主义、极端主义犯罪行为,在司法机关向其调查有关情况、收集有关证据时,拒绝提供,情节严重的,处三年以下有期徒刑、拘役或者管制。”

三十九、将刑法第三百一十三条修改为:“对人民法院的判决、裁定有能力执行而拒不执行,情节严重的,处三年以下有期徒刑、拘役或者罚金;情节特别严重的,处三年以上七年以下有期徒刑,并处罚金。

“单位犯前款罪的,对单位判处罚金,并对其直接负责的主管人员和其他直接责任人员,依照前款的规定处罚。”

四十、将刑法第三百二十二条修改为:“违反国(边)境管理法规,偷越国(边)境,情节严重的,处一年以下有期徒刑、拘役或者管制,并处罚金;为参加恐怖活动组织、接受恐怖活动培训或者实施恐怖活动,偷越国(边)境的,处一年以上三年以下有期徒刑,并处罚金。”

四十一、将刑法第三百五十条第一款、第二款修改为:“违反国家规定,非法生产、买卖、运输醋酸酐、乙醚、三氯甲烷或者其他用于制造毒品的原料、配剂,或者携带上述物品进出境,情节较重的,处三年以下有期徒刑、拘役或者管制,并处罚金;情节严重的,处三年以上七年以下有期徒刑,并处罚金;情节特别严重的,处七年以上有期徒刑,并处罚金或者没收财产。

“明知他人制造毒品而为其生产、买卖、运输前款规定的物品的,以制造毒品罪的共犯论处。”

四十二、将刑法第三百五十八条修改为:“组织、强迫他人卖淫的,处五年以上十年以下有期徒刑,并处罚金;情节严重的,处十年以上有期徒刑或者无期徒刑,并处罚金或者没收财产。

“组织、强迫未成年人卖淫的,依照前款的规定从重处罚。

“犯前两款罪,并有杀害、伤害、强奸、绑架等犯罪行为的,依照数罪并罚的规定处罚。

“为组织卖淫的人招募、运送人员或者有其他协助组织他人卖淫行为的,处五年以下有期徒刑,并处罚金;情节严重的,处五年以上十年以下有期徒刑,并处罚金。”

四十三、删去刑法第三百六十条第二款。

四十四、将刑法第三百八十三条修改为:“对犯贪污罪的,根据情节轻重,分别依照下列规定处罚:

“(一)贪污数额较大或者有其他较重情节的,处三年以下有期徒刑或者拘役,并处罚金。

“(二)贪污数额巨大或者有其他严重情节的,处三年以上十年以下有期徒刑,并处罚金或者没收财产。

“（三）贪污数额特别巨大或者有其他特别严重情节的，处十年以上有期徒刑或者无期徒刑，并处罚金或者没收财产；数额特别巨大，并使国家和人民利益遭受特别重大损失的，处无期徒刑或者死刑，并处没收财产。

“对多次贪污未经处理的，按照累计贪污数额处罚。

“犯第一款罪，在提起公诉前如实供述自己罪行、真诚悔罪、积极退赃，避免、减少损害结果的发生，有第一项规定情形的，可以从轻、减轻或者免除处罚；有第二项、第三项规定情形的，可以从轻处罚。

“犯第一款罪，有第三项规定情形被判处死刑缓期执行的，人民法院根据犯罪情节等情况可以同时决定在其死刑缓期执行二年期满依法减为无期徒刑后，终身监禁，不得减刑、假释。”

四十五、将刑法第三百九十条修改为：“对犯行贿罪的，处五年以下有期徒刑或者拘役，并处罚金；因行贿谋取不正当利益，情节严重的，或者使国家利益遭受重大损失的，处五年以上十年以下有期徒刑，并处罚金；情节特别严重的，或者使国家利益遭受特别重大损失的，处十年以上有期徒刑或者无期徒刑，并处罚金或者没收财产。

“行贿人在被追诉前主动交待行贿行为的，可以从轻或者减轻处罚。其中，犯罪较轻的，对侦破重大案件起关键作用的，或者有重大立功表现的，可以减轻或者免除处罚。”

四十六、在刑法第三百九十条后增加一条，作为第三百九十条之一：“为谋取不正当利益，向国家工作人员的近亲属或者其他与该国家工作人员关系密切的人，或者向离职的国家工作人员或者其近亲属以及其他与其关系密切的人行贿的，处三年以下有期徒刑或者拘役，并处罚金；情节严重的，或者使国家利益遭受重大损失的，处三年以上七年以下有期徒刑，并处罚金；情节特别严重的，或者使国家利益遭受特别重大损失的，处七年以上十年以下有期徒刑，并处罚金。

“单位犯前款罪的，对单位判处罚金，并对其直接负责的主管人员和其他直接责任人员，处三年以下有期徒刑或者拘役，并处罚金。”

四十七、将刑法第三百九十一条第一款修改为：“为谋取不正当利益，给予国家机关、国有公司、企业、事业单位、人民团体以财物的，或者在经济往来中，违反国家规定，给予各种名义的回扣、手续费的，处三年以下有期徒刑或者拘役，并处罚金。”

四十八、将刑法第三百九十二条第一款修改为：“向国家工作人员介绍贿赂，情节严重的，处三年以下有期徒刑或者拘役，并处罚金。”

四十九、将刑法第三百九十三条修改为：“单位为谋取不正当利益而行贿，或者违反国家规定，给予国家工作人员以回扣、手续费，情节严重的，对单位判处罚金，并对其直接负责的主管人员和其他直接责任人员，处五年以下有期徒刑或者拘役，并处罚金。因行贿取得的违法所得归个人所有的，依照本法第三百八十九条、第三百九十条的规定定罪处罚。”

五十、将刑法第四百二十六条修改为：“以暴力、威胁方法，阻碍指挥人员或者值班、值勤人员执行职务的，处五年以下有期徒刑或者拘役；情节严重的，处五年以上十年以下有期徒刑；情节特别严重的，处十年以上有期徒刑或者无期徒刑。

战时从重处罚。”

五十一、将刑法第四百三十三条修改为:“战时造谣惑众,动摇军心的,处三年以下有期徒刑;情节严重的,处三年以上十年以下有期徒刑;情节特别严重的,处十年以上有期徒刑或者无期徒刑。”

五十二、本修正案自2015年11月1日起施行。

中华人民共和国
刑法修正案(十)

(2017年11月4日第十二届全国人民代表大会常务委员会第三十次会议通过,中华人民共和国第80号主席令公布,自公布之日起施行)

为了惩治侮辱国歌的犯罪行为,切实维护国歌奏唱、使用的严肃性和国家尊严,在刑法第二百九十九条中增加一款作为第二款,将该条修改为:

“在公共场合,故意以焚烧、毁损、涂划、玷污、践踏等方式侮辱中华人民共和国国旗、国徽的,处三年以下有期徒刑、拘役、管制或者剥夺政治权利。

“在公共场合,故意篡改中华人民共和国国歌歌词、曲谱,以歪曲、贬损方式奏唱国歌,或者以其他方式侮辱国歌,情节严重的,依照前款的规定处罚。”

本修正案自公布之日起施行。

中华人民共和国
刑法修正案(十一)

(2020年12月26日第十三届全国人民代表大会常务委员会第二十四次会议通过,中华人民共和国第66号主席令公布,自2021年3月1日起施行)

一、将刑法第十七条修改为:“已满十六周岁的人犯罪,应当负刑事责任。

“已满十四周岁不满十六周岁的人,犯故意杀人、故意伤害致人重伤或者死亡、强奸、抢劫、贩卖毒品、放火、爆炸、投放危险物质罪的,应当负刑事责任。

“已满十二周岁不满十四周岁的人,犯故意杀人、故意伤害罪,致人死亡或者以特别残忍手段致人重伤造成严重残疾,情节恶劣,经最高人民检察院核准追诉的,应当负刑事责任。

“对依照前三款规定追究刑事责任的不满十八周岁的人,应当从轻或者减轻处罚。

“因不满十六周岁不予刑事处罚的,责令其父母或者其他监护人加以管教;在必要的时候,依法进行专门矫治教育。”

二、在刑法第一百三十三条之一后增加一条,作为第一百三十三条之二:“对行驶中的公共交通工具的驾驶人员使用暴力或者抢控驾驶操纵装置,干扰公共交通工具正常行驶,危及公共安全的,处一年以下有期徒刑、拘役或者管制,并处或者单处罚金。

“前款规定的驾驶人员在行驶的公

共交通工具上擅离职守,与他人互殴或者殴打他人,危及公共安全的,依照前款的规定处罚。

“有前两款行为,同时构成其他犯罪的,依照处罚较重的规定定罪处罚。”

三、将刑法第一百三十四条第二款修改为:“强令他人违章冒险作业,或者明知存在重大事故隐患而不排除,仍冒险组织作业,因而发生重大伤亡事故或者造成其他严重后果的,处五年以下有期徒刑或者拘役;情节特别恶劣的,处五年以上有期徒刑。”

四、在刑法第一百三十四条后增加一条,作为第一百三十四条之一:“在生产、作业中违反有关安全管理的规定,有下列情形之一,具有发生重大伤亡事故或者其他严重后果的现实危险的,处一年以下有期徒刑、拘役或者管制:

“(一)关闭、破坏直接关系生产安全的监控、报警、防护、救生设备、设施,或者篡改、隐瞒、销毁其相关数据、信息的;

“(二)因存在重大事故隐患被依法责令停产停业、停止施工、停止使用有关设备、设施、场所或者立即采取排除危险的整改措施,而拒不执行的;

“(三)涉及安全生产的事项未经依法批准或者许可,擅自从事矿山开采、金属冶炼、建筑施工,以及危险物品生产、经营、储存等高度危险的生产作业活动的。”

五、将刑法第一百四十一条修改为:“生产、销售假药的,处三年以下有期徒刑或者拘役,并处罚金;对人体健康造成严重危害或者有其他严重情节的,处三年以上十年以下有期徒刑,并处罚金;致人死亡或者有其他特别严重情节的,处十年以上有期徒刑、无期徒刑或者死刑,并处罚金或者没收财产。

“药品使用单位的人员明知是假药而提供给他人使用的,依照前款的规定处罚。”

六、将刑法第一百四十二条修改为:“生产、销售劣药,对人体健康造成严重危害的,处三年以上十年以下有期徒刑,并处罚金;后果特别严重的,处十年以上有期徒刑或者无期徒刑,并处罚金或者没收财产。

“药品使用单位的人员明知是劣药而提供给他人使用的,依照前款的规定处罚。”

七、在刑法第一百四十二条后增加一条,作为第一百四十二条之一:“违反药品管理法规,有下列情形之一,足以严重危害人体健康的,处三年以下有期徒刑或者拘役,并处或者单处罚金;对人体健康造成严重危害或者有其他严重情节的,处三年以上七年以下有期徒刑,并处罚金:

“(一)生产、销售国务院药品监督管理部门禁止使用的药品的;

“(二)未取得药品相关批准证明文件生产、进口药品或者明知是上述药品而销售的;

“(三)药品申请注册中提供虚假的证明、数据、资料、样品或者采取其他欺骗手段的;

“(四)编造生产、检验记录的。

“有前款行为,同时又构成本法第一百四十一条、第一百四十二条规定之罪或者其他犯罪的,依照处罚较重的规定定罪处罚。”

八、将刑法第一百六十条修改为:“在招股说明书、认股书、公司、企业债券募集办法等发行文件中隐瞒重要事实或者编造重大虚假内容,发行股票或者公司、企业债券、存托凭证或者国务院依法认定的其他证券,数额巨大、后果严重或者有其他严重情节的,处五年以下有期徒刑或者拘役,并处或者单处罚金;数额特别巨大、后果特别严重或者有其他特别严重情节的,处五年以上有期徒刑,并处罚金。

"控股股东、实际控制人组织、指使实施前款行为的,处五年以下有期徒刑或者拘役,并处或者单处非法募集资金金额百分之二十以上一倍以下罚金;数额特别巨大、后果特别严重或者有其他特别严重情节的,处五年以上有期徒刑,并处非法募集资金金额百分之二十以上一倍以下罚金。

"单位犯前两款罪的,对单位判处非法募集资金金额百分之二十以上一倍以下罚金,并对其直接负责的主管人员和其他直接责任人员,依照第一款的规定处罚。"

九、将刑法第一百六十一条修改为:"依法负有信息披露义务的公司、企业向股东和社会公众提供虚假的或者隐瞒重要事实的财务会计报告,或者对依法应当披露的其他重要信息不按照规定披露,严重损害股东或者其他人利益,或者有其他严重情节的,对其直接负责的主管人员和其他直接责任人员,处五年以下有期徒刑或者拘役,并处或者单处罚金;情节特别严重的,处五年以上十年以下有期徒刑,并处罚金。

"前款规定的公司、企业的控股股东、实际控制人实施或者组织、指使实施前款行为的,或者隐瞒相关事项导致前款规定的情形发生的,依照前款的规定处罚。

"犯前款罪的控股股东、实际控制人是单位的,对单位判处罚金,并对其直接负责的主管人员和其他直接责任人员,依照第一款的规定处罚。"

十、将刑法第一百六十三条第一款修改为:"公司、企业或者其他单位的工作人员,利用职务上的便利,索取他人财物或者非法收受他人财物,为他人谋取利益,数额较大的,处三年以下有期徒刑或者拘役,并处罚金;数额巨大或者有其他严重情节的,处三年以上十年以下有期徒刑,并处罚金;数额特别巨大或者有其他特别严重情节的,处十年以上有期徒刑或者无期徒刑,并处罚金。"

十一、将刑法第一百七十五条之一第一款修改为:"以欺骗手段取得银行或者其他金融机构贷款、票据承兑、信用证、保函等,给银行或者其他金融机构造成重大损失的,处三年以下有期徒刑或者拘役,并处或者单处罚金;给银行或者其他金融机构造成特别重大损失或者有其他特别严重情节的,处三年以上七年以下有期徒刑,并处罚金。"

十二、将刑法第一百七十六条修改为:"非法吸收公众存款或者变相吸收公众存款,扰乱金融秩序的,处三年以下有期徒刑或者拘役,并处或者单处罚金;数额巨大或者有其他严重情节的,处三年以上十年以下有期徒刑,并处罚金;数额特别巨大或者有其他特别严重情节的,处十年以上有期徒刑,并处罚金。

"单位犯前款罪的,对单位判处罚金,并对其直接负责的主管人员和其他直接责任人员,依照前款的规定处罚。

"有前两款行为,在提起公诉前积极退赃退赔,减少损害结果发生的,可以从轻或者减轻处罚。"

十三、将刑法第一百八十二条第一款修改为:"有下列情形之一,操纵证券、期货市场,影响证券、期货交易价格或者证券、期货交易量,情节严重的,处五年以下有期徒刑或者拘役,并处或者单处罚金;情节特别严重的,处五年以上十年以下有期徒刑,并处罚金:

“(一)单独或者合谋,集中资金优势、持股或者持仓优势或者利用信息优势联合或者连续买卖的;

“(二)与他人串通,以事先约定的时间、价格和方式相互进行证券、期货交易的;

“(三)在自己实际控制的帐户之间进行证券交易,或者以自己为交易对象,自买自卖期货合约的;

“(四)不以成交为目的,频繁或者大量申报买入、卖出证券、期货合约并撤销申报的;

“(五)利用虚假或者不确定的重大信息,诱导投资者进行证券、期货交易的;

“(六)对证券、证券发行人、期货交易标的公开作出评价、预测或者投资建议,同时进行反向证券交易或者相关期货交易的;

“(七)以其他方法操纵证券、期货市场的。”

十四、将刑法第一百九十一条修改为:“为掩饰、隐瞒毒品犯罪、黑社会性质的组织犯罪、恐怖活动犯罪、走私犯罪、贪污贿赂犯罪、破坏金融管理秩序犯罪、金融诈骗犯罪的所得及其产生的收益的来源和性质,有下列行为之一的,没收实施以上犯罪的所得及其产生的收益,处五年以下有期徒刑或者拘役,并处或者单处罚金;情节严重的,处五年以上十年以下有期徒刑,并处罚金:

“(一)提供资金帐户的;

“(二)将财产转换为现金、金融票据、有价证券的;

“(三)通过转帐或者其他支付结算方式转移资金的;

“(四)跨境转移资产的;

“(五)以其他方法掩饰、隐瞒犯罪所得及其收益的来源和性质的。

“单位犯前款罪的,对单位判处罚金,并对其直接负责的主管人员和其他直接责任人员,依照前款的规定处罚。”

十五、将刑法第一百九十二条修改为:“以非法占有为目的,使用诈骗方法非法集资,数额较大的,处三年以上七年以下有期徒刑,并处罚金;数额巨大或者有其他严重情节的,处七年以上有期徒刑或者无期徒刑,并处罚金或者没收财产。

“单位犯前款罪的,对单位判处罚金,并对其直接负责的主管人员和其他直接责任人员,依照前款的规定处罚。”

十六、将刑法第二百条修改为:“单位犯本节第一百九十四条、第一百九十五条规定之罪的,对单位判处罚金,并对其直接负责的主管人员和其他直接责任人员,处五年以下有期徒刑或者拘役,可以并处罚金;数额巨大或者有其他严重情节的,处五年以上十年以下有期徒刑,并处罚金;数额特别巨大或者有其他特别严重情节的,处十年以上有期徒刑或者无期徒刑,并处罚金。”

十七、将刑法第二百一十三条修改为:“未经注册商标所有人许可,在同一种商品、服务上使用与其注册商标相同的商标,情节严重的,处三年以下有期徒刑,并处或者单处罚金;情节特别严重的,处三年以上十年以下有期徒刑,并处罚金。”

十八、将刑法第二百一十四条修改为:“销售明知是假冒注册商标的商品,违法所得数额较大或者有其他严重情节的,处三年以下有期徒刑,并处或者单处罚金;违法所得数额巨大或者有其他特别严重情节的,处三年以上十年以下有期徒刑,并处罚金。”

十九、将刑法第二百一十五条修改为:“伪造、擅自制造他人注册商标标识或者销售伪造、擅自制造的注册商标标识,情节严重的,处三年以下有期徒刑,并处或者单处罚金;情节特别严重的,处三年以上十年以下有期徒刑,并处罚金。”

二十、将刑法第二百一十七条修改为:“以营利为目的,有下列侵犯著作权或者与著作权有关的权利的情形之一,违法所得数额较大或者有其他严重情节的,处三年以下有期徒刑,并处或者单处罚金;违法所得数额巨大或者有其他特别严重情节的,处三年以上十年以下有期徒刑,并处罚金:

“(一)未经著作权人许可,复制发行、通过信息网络向公众传播其文字作品、音乐、美术、视听作品、计算机软件及法律、行政法规规定的其他作品的;

“(二)出版他人享有专有出版权的图书的;

“(三)未经录音录像制作者许可,复制发行、通过信息网络向公众传播其制作的录音录像的;

“(四)未经表演者许可,复制发行录有其表演的录音录像制品,或者通过信息网络向公众传播其表演的;

“(五)制作、出售假冒他人署名的美术作品的;

“(六)未经著作权人或者与著作权有关的权利人许可,故意避开或者破坏权利人为其作品、录音录像制品等采取的保护著作权或者与著作权有关的权利的技术措施的。”

二十一、将刑法第二百一十八条修改为:“以营利为目的,销售明知是本法第二百一十七条规定的侵权复制品,违法所得数额巨大或者有其他严重情节的,处五年以下有期徒刑,并处或者单处罚金。”

二十二、将刑法第二百一十九条修改为:“有下列侵犯商业秘密行为之一,情节严重的,处三年以下有期徒刑,并处或者单处罚金;情节特别严重的,处三年以上十年以下有期徒刑,并处罚金:

“(一)以盗窃、贿赂、欺诈、胁迫、电子侵入或者其他不正当手段获取权利人的商业秘密的;

“(二)披露、使用或者允许他人使用以前项手段获取的权利人的商业秘密的;

“(三)违反保密义务或者违反权利人有关保守商业秘密的要求,披露、使用或者允许他人使用其所掌握的商业秘密的。

“明知前款所列行为,获取、披露、使用或者允许他人使用该商业秘密的,以侵犯商业秘密论。

“本条所称权利人,是指商业秘密的所有人和经商业秘密所有人许可的商业秘密使用人。”

二十三、在刑法第二百一十九条后增加一条,作为第二百一十九条之一:“为境外的机构、组织、人员窃取、刺探、收买、非法提供商业秘密的,处五年以下有期徒刑,并处或者单处罚金;情节严重的,处五年以上有期徒刑,并处罚金。”

二十四、将刑法第二百二十条修改为:“单位犯本节第二百一十三条至第二百一十九条之一规定之罪的,对单位判处罚金,并对其直接负责的主管人员和其他直接责任人员,依照本节各该条的规定处罚。”

二十五、将刑法第二百二十九条修改为："承担资产评估、验资、验证、会计、审计、法律服务、保荐、安全评价、环境影响评价、环境监测等职责的中介组织的人员故意提供虚假证明文件，情节严重的，处五年以下有期徒刑或者拘役，并处罚金；有下列情形之一的，处五年以上十年以下有期徒刑，并处罚金：

"（一）提供与证券发行相关的虚假的资产评估、会计、审计、法律服务、保荐等证明文件，情节特别严重的；

"（二）提供与重大资产交易相关的虚假的资产评估、会计、审计等证明文件，情节特别严重的；

"（三）在涉及公共安全的重大工程、项目中提供虚假的安全评价、环境影响评价等证明文件，致使公共财产、国家和人民利益遭受特别重大损失的。

"有前款行为，同时索取他人财物或者非法收受他人财物构成犯罪的，依照处罚较重的规定定罪处罚。

"第一款规定的人员，严重不负责任，出具的证明文件有重大失实，造成严重后果的，处三年以下有期徒刑或者拘役，并处或者单处罚金。"

二十六、将刑法第二百三十六条修改为："以暴力、胁迫或者其他手段强奸妇女的，处三年以上十年以下有期徒刑。

"奸淫不满十四周岁的幼女的，以强奸论，从重处罚。

"强奸妇女、奸淫幼女，有下列情形之一的，处十年以上有期徒刑、无期徒刑或者死刑：

"（一）强奸妇女、奸淫幼女情节恶劣的；

"（二）强奸妇女、奸淫幼女多人的；

"（三）在公共场所当众强奸妇女、奸淫幼女的；

"（四）二人以上轮奸的；

"（五）奸淫不满十周岁的幼女或者造成幼女伤害的；

"（六）致使被害人重伤、死亡或者造成其他严重后果的。"

二十七、在刑法第二百三十六条后增加一条，作为第二百三十六条之一："对已满十四周岁不满十六周岁的未成年女性负有监护、收养、看护、教育、医疗等特殊职责的人员，与该未成年女性发生性关系的，处三年以下有期徒刑；情节恶劣的，处三年以上十年以下有期徒刑。

"有前款行为，同时又构成本法第二百三十六条规定之罪的，依照处罚较重的规定定罪处罚。"

二十八、将刑法第二百三十七条第三款修改为："猥亵儿童的，处五年以下有期徒刑；有下列情形之一的，处五年以上有期徒刑：

"（一）猥亵儿童多人或者多次的；

"（二）聚众猥亵儿童的，或者在公共场所当众猥亵儿童，情节恶劣的；

"（三）造成儿童伤害或者其他严重后果的；

"（四）猥亵手段恶劣或者有其他恶劣情节的。"

二十九、将刑法第二百七十一条第一款修改为："公司、企业或者其他单位的工作人员，利用职务上的便利，将本单位财物非法占为己有，数额较大的，处三年以下有期徒刑或者拘役，并处罚金；数额巨大的，处三年以上十年以下有期徒刑，并处罚金；数额特别巨大的，处十年以上有期徒刑或者无期徒刑，并处罚金。"

三十、将刑法第二百七十二条修改为："公司、企业或者其他单位的工作人员,利用职务上的便利,挪用本单位资金归个人使用或者借贷给他人,数额较大、超过三个月未还的,或者虽未超过三个月,但数额较大、进行营利活动的,或者进行非法活动的,处三年以下有期徒刑或者拘役;挪用本单位资金数额巨大的,处三年以上七年以下有期徒刑;数额特别巨大的,处七年以上有期徒刑。

"国有公司、企业或者其他国有单位中从事公务的人员和国有公司、企业或者其他国有单位委派到非国有公司、企业以及其他单位从事公务的人员有前款行为的,依照本法第三百八十四条的规定定罪处罚。

"有第一款行为,在提起公诉前将挪用的资金退还的,可以从轻或者减轻处罚。其中,犯罪较轻的,可以减轻或者免除处罚。"

三十一、将刑法第二百七十七条第五款修改为:"暴力袭击正在依法执行职务的人民警察的,处三年以下有期徒刑、拘役或者管制;使用枪支、管制刀具,或者以驾驶机动车撞击等手段,严重危及其人身安全的,处三年以上七年以下有期徒刑。"

三十二、在刑法第二百八十条之一后增加一条,作为第二百八十条之二:"盗用、冒用他人身份,顶替他人取得的高等学历教育入学资格、公务员录用资格、就业安置待遇的,处三年以下有期徒刑、拘役或者管制,并处罚金。

"组织、指使他人实施前款行为的,依照前款的规定从重处罚。

"国家工作人员有前两款行为,又构成其他犯罪的,依照数罪并罚的规定处罚。"

三十三、在刑法第二百九十一条之一后增加一条,作为第二百九十一条之二:"从建筑物或者其他高空抛掷物品,情节严重的,处一年以下有期徒刑、拘役或者管制,并处或者单处罚金。

"有前款行为,同时构成其他犯罪的,依照处罚较重的规定定罪处罚。"

三十四、在刑法第二百九十三条后增加一条,作为第二百九十三条之一:"有下列情形之一,催收高利放贷等产生的非法债务,情节严重的,处三年以下有期徒刑、拘役或者管制,并处或者单处罚金:

"(一)使用暴力、胁迫方法的;

"(二)限制他人人身自由或者侵入他人住宅的;

"(三)恐吓、跟踪、骚扰他人的。"

三十五、在刑法第二百九十九条后增加一条,作为第二百九十九条之一:"侮辱、诽谤或者以其他方式侵害英雄烈士的名誉、荣誉,损害社会公共利益,情节严重的,处三年以下有期徒刑、拘役、管制或者剥夺政治权利。"

三十六、将刑法第三百零三条修改为:"以营利为目的,聚众赌博或者以赌博为业的,处三年以下有期徒刑、拘役或者管制,并处罚金。

"开设赌场的,处五年以下有期徒刑、拘役或者管制,并处罚金;情节严重的,处五年以上十年以下有期徒刑,并处罚金。

"组织中华人民共和国公民参与国(境)外赌博,数额巨大或者有其他严重情节的,依照前款的规定处罚。"

三十七、将刑法第三百三十条第一款修改为:"违反传染病防治法的规定,有下列情形之一,引起甲类传染病以及依法确定采取甲类传染病预防、控制措施的传染病传播或者有传播严重危险的,处三年以下有期徒刑或者拘役;后果特别严重的，处三年以上七年以下有期徒刑：

“（一）供水单位供应的饮用水不符合国家规定的卫生标准的；

“（二）拒绝按照疾病预防控制机构提出的卫生要求，对传染病病原体污染的污水、污物、场所和物品进行消毒处理的；

“（三）准许或者纵容传染病病人、病原携带者和疑似传染病病人从事国务院卫生行政部门规定禁止从事的易使该传染病扩散的工作的；

“（四）出售、运输疫区中被传染病病原体污染或者可能被传染病病原体污染的物品，未进行消毒处理的；

“（五）拒绝执行县级以上人民政府、疾病预防控制机构依照传染病防治法提出的预防、控制措施的。”

三十八、在刑法第三百三十四条后增加一条，作为第三百三十四条之一：“违反国家有关规定，非法采集我国人类遗传资源或者非法运送、邮寄、携带我国人类遗传资源材料出境，危害公众健康或者社会公共利益，情节严重的，处三年以下有期徒刑、拘役或者管制，并处或者单处罚金；情节特别严重的，处三年以上七年以下有期徒刑，并处罚金。”

三十九、在刑法第三百三十六条后增加一条，作为第三百三十六条之一：“将基因编辑、克隆的人类胚胎植入人体或者动物体内，或者将基因编辑、克隆的动物胚胎植入人体内，情节严重的，处三年以下有期徒刑或者拘役，并处罚金；情节特别严重的，处三年以上七年以下有期徒刑，并处罚金。”

四十、将刑法第三百三十八条修改为：“违反国家规定，排放、倾倒或者处置有放射性的废物、含传染病病原体的废物、有毒物质或者其他有害物质，严重污染环境的，处三年以下有期徒刑或者拘役，并处或者单处罚金；情节严重的，处三年以上七年以下有期徒刑，并处罚金；有下列情形之一的，处七年以上有期徒刑，并处罚金：

“（一）在饮用水水源保护区、自然保护地核心保护区等依法确定的重点保护区域排放、倾倒、处置有放射性的废物、含传染病病原体的废物、有毒物质，情节特别严重的；

“（二）向国家确定的重要江河、湖泊水域排放、倾倒、处置有放射性的废物、含传染病病原体的废物、有毒物质，情节特别严重的；

“（三）致使大量永久基本农田基本功能丧失或者遭受永久性破坏的；

“（四）致使多人重伤、严重疾病，或者致人严重残疾、死亡的。

“有前款行为，同时构成其他犯罪的，依照处罚较重的规定定罪处罚。”

四十一、在刑法第三百四十一条中增加一款作为第三款：“违反野生动物保护管理法规，以食用为目的非法猎捕、收购、运输、出售第一款规定以外的在野外环境自然生长繁殖的陆生野生动物，情节严重的，依照前款的规定处罚。”

四十二、在刑法第三百四十二条后增加一条，作为第三百四十二条之一：“违反自然保护地管理法规，在国家公园、国家级自然保护区进行开垦、开发活动或者修建建筑物，造成严重后果或者有其他恶劣情节的，处五年以下有期徒刑或者拘役，并处或者单处罚金。

“有前款行为，同时构成其他犯罪的，依照处罚较重的规定定罪处罚。”

四十三、在刑法第三百四十四条后增加一条，作为第三百四十四条之一：“违反国家规定,非法引进、释放或者丢弃外来入侵物种,情节严重的,处三年以下有期徒刑或者拘役,并处或者单处罚金。”

四十四、在刑法第三百五十五条后增加一条,作为第三百五十五条之一:“引诱、教唆、欺骗运动员使用兴奋剂参加国内、国际重大体育竞赛,或者明知运动员参加上述竞赛而向其提供兴奋剂,情节严重的,处三年以下有期徒刑或者拘役,并处罚金。

“组织、强迫运动员使用兴奋剂参加国内、国际重大体育竞赛的,依照前款的规定从重处罚。”

四十五、将刑法第四百零八条之一第一款修改为:“负有食品药品安全监督管理职责的国家机关工作人员,滥用职权或者玩忽职守,有下列情形之一,造成严重后果或者有其他严重情节的,处五年以下有期徒刑或者拘役;造成特别严重后果或者有其他特别严重情节的,处五年以上十年以下有期徒刑:

“(一)瞒报、谎报食品安全事故、药品安全事件的;

“(二)对发现的严重食品药品安全违法行为未按规定查处的;

“(三)在药品和特殊食品审批审评过程中,对不符合条件的申请准予许可的;

“(四)依法应当移交司法机关追究刑事责任不移交的;

“(五)有其他滥用职权或者玩忽职守行为的。”

四十六、将刑法第四百三十一条第二款修改为:“为境外的机构、组织、人员窃取、刺探、收买、非法提供军事秘密的,处五年以上十年以下有期徒刑;情节严重的,处十年以上有期徒刑、无期徒刑或者死刑。”

四十七、将刑法第四百五十条修改为:“本章适用于中国人民解放军的现役军官、文职干部、士兵及具有军籍的学员和中国人民武装警察部队的现役警官、文职干部、士兵及具有军籍的学员以及文职人员、执行军事任务的预备役人员和其他人员。”

四十八、本修正案自2021年3月1日起施行。

中华人民共和国
刑法修正案(十二)

(2023年12月29日第十四届全国人民代表大会常务委员会第七次会议通过,2023年12月29日中华人民共和国第18号主席令公布,自2024年3月1日起施行)

一、在刑法第一百六十五条中增加一款作为第二款,将该条修改为:“国有公司、企业的董事、监事、高级管理人员,利用职务便利,自己经营或者为他人经营与其所任职公司、企业同类的营业,获取非法利益,数额巨大的,处三年以下有期徒刑或者拘役,并处或者单处罚金;数额特别巨大的,处三年以上七年以下有期徒刑,并处罚金。

“其他公司、企业的董事、监事、高级管理人员违反法律、行政法规规定,实施前款行为,致使公司、企业利益遭受重大损失的,依照前款的规定处罚。”

二、在刑法第一百六十六条中增加一款作为第二款,将该条修改为:“国有公司、企业、事业单位的工作人员,利用职务便利,有下列情形之一,致使国家利益遭受重大损失的,处三年以下有期徒刑或者拘役,并处或者单处罚金;致使国家利益遭受特别重大损失的,处三年以上七年以下有期徒刑,并处罚金:

“(一)将本单位的盈利业务交由自己的亲友进行经营的;

“(二)以明显高于市场的价格从自己的亲友经营管理的单位采购商品、接受服务或者以明显低于市场的价格向自己的亲友经营管理的单位销售商品、提供服务的;

“(三)从自己的亲友经营管理的单位采购、接受不合格商品、服务的。

“其他公司、企业的工作人员违反法律、行政法规规定,实施前款行为,致使公司、企业利益遭受重大损失的,依照前款的规定处罚。”

三、在刑法第一百六十九条中增加一款作为第二款,将该条修改为:“国有公司、企业或者其上级主管部门直接负责的主管人员,徇私舞弊,将国有资产低价折股或者低价出售,致使国家利益遭受重大损失的,处三年以下有期徒刑或者拘役;致使国家利益遭受特别重大损失的,处三年以上七年以下有期徒刑。

“其他公司、企业直接负责的主管人员,徇私舞弊,将公司、企业资产低价折股或者低价出售,致使公司、企业利益遭受重大损失的,依照前款的规定处罚。”

四、将刑法第三百八十七条第一款修改为:“国家机关、国有公司、企业、事业单位、人民团体,索取、非法收受他人财物,为他人谋取利益,情节严重的,对单位判处罚金,并对其直接负责的主管人员和其他直接责任人员,处三年以下有期徒刑或者拘役;情节特别严重的,处三年以上十年以下有期徒刑。”

五、将刑法第三百九十条修改为:“对犯行贿罪的,处三年以下有期徒刑或者拘役,并处罚金;因行贿谋取不正当利益,情节严重的,或者使国家利益遭受重大损失的,处三年以上十年以下有期徒刑,并处罚金;情节特别严重的,或者使国家利益遭受特别重大损失的,处十年以上有期徒刑或者无期徒刑,并处罚金或者没收财产。

“有下列情形之一的,从重处罚:

“(一)多次行贿或者向多人行贿的;

“(二)国家工作人员行贿的;

“(三)在国家重点工程、重大项目中行贿的;

“(四)为谋取职务、职级晋升、调整行贿的;

“(五)对监察、行政执法、司法工作人员行贿的;

“(六)在生态环境、财政金融、安全生产、食品药品、防灾救灾、社会保障、教育、医疗等领域行贿,实施违法犯罪活动的;

“(七)将违法所得用于行贿的。

“行贿人在被追诉前主动交待行贿行为的,可以从轻或者减轻处罚。其中,犯罪较轻的,对调查突破、侦破重大案件起关键作用的,或者有重大立功表现的,可以减轻或者免除处罚。”

六、将刑法第三百九十一条第一款修改为:“为谋取不正当利益,给予国家机关、国有公司、企业、事业单位、人民团体以财物的,或者在经济往来中,违反国家规定,给予各种名义的回扣、手续费的,处三年以下有期徒刑或者拘役,并处罚金;情节严重的,处三年以上七年以下有期徒刑,并处罚金。”

七、将刑法第三百九十三条修改为:

“单位为谋取不正当利益而行贿,或者违反国家规定,给予国家工作人员以回扣、手续费,情节严重的,对单位判处罚金,并对其直接负责的主管人员和其他直接责任人员,处三年以下有期徒刑或者拘役,并处罚金;情节特别严重的,处三年以上十年以下有期徒刑,并处罚金。因行贿取得的违法所得归个人所有的,依照本法第三百八十九条、第三百九十条的规定定罪处罚。”

八、本修正案自 2024 年 3 月 1 日起施行。

三、单行刑法与其他法律

全国人民代表大会常务委员会关于惩治骗购外汇、逃汇和非法买卖外汇犯罪的决定

（1998年12月29日第九届全国人民代表大会常务委员会第六次会议通过，1998年12月29日中华人民共和国主席令第14号发布，自公布之日起施行）

为了惩治骗购外汇、逃汇和非法买卖外汇的犯罪行为，维护国家外汇管理秩序，对刑法作如下补充修改：

一、有下列情形之一，骗购外汇，数额较大的，处五年以下有期徒刑或者拘役，并处骗购外汇数额百分之五以上百分之三十以下罚金；数额巨大或者有其他严重情节的，处五年以上十年以下有期徒刑，并处骗购外汇数额百分之五以上百分之三十以下罚金；数额特别巨大或者有其他特别严重情节的，处十年以上有期徒刑或者无期徒刑，并处骗购外汇数额百分之五以上百分之三十以下罚金或者没收财产：

（一）使用伪造、变造的海关签发的报关单、进口证明、外汇管理部门核准件等凭证和单据的；

（二）重复使用海关签发的报关单、进口证明、外汇管理部门核准件等凭证和单据的；

（三）以其他方式骗购外汇的。

伪造、变造海关签发的报关单、进口证明、外汇管理部门核准件等凭证和单据，并用于骗购外汇的，依照前款的规定从重处罚。

明知用于骗购外汇而提供人民币资金的，以共犯论处。

单位犯前三款罪的，对单位依照第一款的规定判处罚金，并对其直接负责的主管人员和其他直接责任人员，处五年以下有期徒刑或者拘役；数额巨大或者有其他严重情节的，处五年以上十年以下有期徒刑；数额特别巨大或者有其他特别严重情节的，处十年以上有期徒刑或者无期徒刑。

二、买卖伪造、变造的海关签发的报关单、进口证明、外汇管理部门核准件等凭证和单据或者国家机关的其他公文、证件、印章的，依照刑法第二百八十条的规定定罪处罚。

三、将刑法第一百九十条修改为：公司、企业或者其他单位，违反国家规定，擅自将外汇存放境外，或者将境内的外汇非法转移到境外，数额较大的，对单位判处逃汇数额百分之五以上百分之三十以下罚金，并对其直接负责的主管人员和其他直接责任人员处五年以下有期徒刑或者拘役；数额巨大或者有其他严重情节的，对单位判处逃汇数额百分之五以上百分之三十以下罚金，并对其直接负责的主管人员和其他直接责任人员处五年以上有期徒刑。

四、在国家规定的交易场所以外非法买卖外汇,扰乱市场秩序,情节严重的,依照刑法第二百二十五条的规定定罪处罚。

单位犯前款罪的,依照刑法第二百三十一条的规定处罚。

五、海关、外汇管理部门以及金融机构、从事对外贸易经营活动的公司、企业或者其他单位的工作人员与骗购外汇或者逃汇的行为人通谋,为其提供购买外汇的有关凭证或者其他便利的,或者明知是伪造、变造的凭证和单据而售汇、付汇的,以共犯论,依照本决定从重处罚。

六、海关、外汇管理部门的工作人员严重不负责任,造成大量外汇被骗购或者逃汇,致使国家利益遭受重大损失的,依照刑法第三百九十七条的规定定罪处罚。

七、金融机构、从事对外贸易经营活动的公司、企业的工作人员严重不负责任,造成大量外汇被骗购或者逃汇,致使国家利益遭受重大损失的,依照刑法第一百六十七条的规定定罪处罚。

八、犯本决定规定之罪,依法被追缴、没收的财物和罚金,一律上缴国库。

九、本决定自公布之日起施行。

全国人民代表大会常务委员会关于取缔邪教组织、防范和惩治邪教活动的决定

(1999年10月30日第九届全国人民代表大会常务委员会第十二次会议通过)

为了维护社会稳定,保护人民利益,保障改革开放和社会主义现代化建设的顺利进行,必须取缔邪教组织、防范和惩治邪教活动。根据宪法和有关法律,特作如下决定:

一、坚决依法取缔邪教组织,严厉惩治邪教组织的各种犯罪活动。邪教组织冒用宗教、气功或者其他名义,采用各种手段扰乱社会秩序,危害人民群众生命财产安全和经济发展,必须依法取缔,坚决惩治。人民法院、人民检察院和公安、国家安全、司法行政机关要各司其职,共同做好这项工作。对组织和利用邪教组织破坏国家法律、行政法规实施,聚众闹事,扰乱社会秩序,以迷信邪说蒙骗他人,致人死亡,或者奸淫妇女、诈骗财物等犯罪活动,依法予以严惩。

二、坚持教育与惩罚相结合,团结、教育绝大多数被蒙骗的群众,依法严惩极少数犯罪分子。在依法处理邪教组织的工作中,要把不明真相参与邪教活动的人同组织和利用邪教组织进行非法活动、蓄意破坏社会稳定的犯罪分子区别开来。对受蒙骗的群众不予追究。对构成犯罪的组织者、策划者、指挥者和骨干分子,坚决依法追究刑事责任;对于自首或者有立功表现的,可以依法从轻、减轻或者免除处罚。

三、在全体公民中深入持久地开展宪法和法律的宣传教育,普及科学文化知识。依法取缔邪教组织,惩治邪教活动,有利于保护正常的宗教活动和公民的宗教信仰自由。要使广大人民群众充分认识邪教组织严重危害人类、危害社会的实质,自觉反对和抵制邪教组织的影响,进一步增强法制观念,遵守国家法律。

四、防范和惩治邪教活动,要动员和组织全社会的力量,进行综合治理。各级人民政府和司法机关应当认真落实责任

制，把严防邪教组织的滋生和蔓延，防范和惩治邪教活动作为一项重要任务长期坚持下去，维护社会稳定。

全国人民代表大会常务委员会关于维护互联网安全的决定

（2000年12月28日第九届全国人民代表大会常务委员会第十九次会议通过 根据2009年8月27日第十一届全国人民代表大会常务委员会第十次会议《关于修改部分法律的决定》修正）

……为了兴利除弊，促进我国互联网的健康发展，维护国家安全和社会公共利益，保护个人、法人和其他组织的合法权益，特作如下决定：

一、为了保障互联网的运行安全，对有下列行为之一，构成犯罪的，依照刑法有关规定追究刑事责任：

（一）侵入国家事务、国防建设、尖端科学技术领域的计算机信息系统；

（二）故意制作、传播计算机病毒等破坏性程序，攻击计算机系统及通信网络，致使计算机系统及通信网络遭受损害；

（三）违反国家规定，擅自中断计算机网络或者通信服务，造成计算机网络或者通信系统不能正常运行。

二、为了维护国家安全和社会稳定，对有下列行为之一，构成犯罪的，依照刑法有关规定追究刑事责任：

（一）利用互联网造谣、诽谤或者发表、传播其他有害信息，煽动颠覆国家政权、推翻社会主义制度，或者煽动分裂国家、破坏国家统一；

（二）通过互联网窃取、泄露国家秘密、情报或者军事秘密；

（三）利用互联网煽动民族仇恨、民族歧视，破坏民族团结；

（四）利用互联网组织邪教组织、联络邪教组织成员，破坏国家法律、行政法规实施。

三、为了维护社会主义市场经济秩序和社会管理秩序，对有下列行为之一，构成犯罪的，依照刑法有关规定追究刑事责任：

（一）利用互联网销售伪劣产品或者对商品、服务作虚假宣传；

（二）利用互联网损坏他人商业信誉和商品声誉；

（三）利用互联网侵犯他人知识产权；

（四）利用互联网编造并传播影响证券、期货交易或者其他扰乱金融秩序的虚假信息；

（五）在互联网上建立淫秽网站、网页，提供淫秽站点链接服务，或者传播淫秽书刊、影片、音像、图片。

四、为了保护个人、法人和其他组织的人身、财产等合法权利，对有下列行为之一，构成犯罪的，依照刑法有关规定追究刑事责任：

（一）利用互联网侮辱他人或者捏造事实诽谤他人；

（二）非法截获、篡改、删除他人电子邮件或者其他数据资料，侵犯公民通信自由和通信秘密；

（三）利用互联网进行盗窃、诈骗、敲诈勒索。

五、利用互联网实施本决定第一条、第二条、第三条、第四条所列行为以外的其他行为，构成犯罪的，依照刑法有关规定追究刑事责任。

六、利用互联网实施违法行为,违反社会治安管理,尚不构成犯罪的,由公安机关依照《治安管理处罚法》予以处罚;违反其他法律、行政法规,尚不构成犯罪的,由有关行政管理部门依法给予行政处罚;对直接负责的主管人员和其他直接责任人员,依法给予行政处分或者纪律处分。

利用互联网侵犯他人合法权益,构成民事侵权的,依法承担民事责任。

七、各级人民政府及有关部门要采取积极措施,在促进互联网的应用和网络技术的普及过程中,重视和支持对网络安全技术的研究和开发,增强网络的安全防护能力。有关主管部门要加强对互联网的运行安全和信息安全的宣传教育,依法实施有效的监督管理,防范和制止利用互联网进行的各种违法活动,为互联网的健康发展创造良好的社会环境。从事互联网业务的单位要依法开展活动,发现互联网上出现违法犯罪行为和有害信息时,要采取措施,停止传输有害信息,并及时向有关机关报告。任何单位和个人在利用互联网时,都要遵纪守法,抵制各种违法犯罪行为和有害信息。人民法院、人民检察院、公安机关、国家安全机关要各司其职,密切配合,依法严厉打击利用互联网实施的各种犯罪活动。要动员全社会的力量,依靠全社会的共同努力,保障互联网的运行安全与信息安全,促进社会主义精神文明和物质文明建设。

全国人民代表大会常务委员会关于修改部分法律的决定

(2009年8月27日第十一届全国人民代表大会常务委员会第十次会议通过,自公布之日起施行)

第十一届全国人民代表大会常务委员会第十次会议决定:

二、对下列法律和法律解释中关于“征用”的规定作出修改

(一)将下列法律和法律解释中的“征用”修改为“征收、征用”

12.《中华人民共和国刑法》第三百八十一条、第四百一十条

13.全国人民代表大会常务委员会关于《中华人民共和国刑法》第九十三条第二款的解释

14.全国人民代表大会常务委员会关于《中华人民共和国刑法》第二百二十八条、第三百四十二条、第四百一十条的解释

三、对下列法律中关于刑事责任的规定作出修改(略)

四、对下列法律和有关法律问题的决定中关于治安管理处罚的规定作出修改(略)

五、对下列法律中引用其他法律名称或者条文不对应的规定作出修改(略)

本决定自公布之日起施行。

全国人民代表大会常务委员会关于特赦部分服刑罪犯的决定

(2015年8月29日第十二届全国人民代表大会常务委员会第十六次会议通过)

第十二届全国人民代表大会常务委员会第十六次会议讨论了全国人民代表大会常务委员会委员长会议关于提请审议《全国人民代表大会常务委员会关于特赦部分服刑罪犯的决定(草案)》的议案,为纪念中国人民抗日战争暨世界反法西斯战争胜利70周年,体现依法治国理念和人道主义精神,根据宪法,决定对依据2015年1月1日前人民法院作出的生效判决正在服刑,释放后不具有现实社会危险性的下列罪犯实行特赦:

一、参加过中国人民抗日战争、中国人民解放战争的;

二、中华人民共和国成立以后,参加过保卫国家主权、安全和领土完整对外作战的,但犯贪污受贿犯罪,故意杀人、强奸、抢劫、绑架、放火、爆炸、投放危险物质或者有组织的暴力性犯罪,黑社会性质的组织犯罪,危害国家安全犯罪,恐怖活动犯罪的,有组织犯罪的主犯以及累犯除外;

三、年满七十五周岁、身体严重残疾且生活不能自理的;

四、犯罪的时候不满十八周岁,被判处三年以下有期徒刑或者剩余刑期在一年以下的,但犯故意杀人、强奸等严重暴力性犯罪,恐怖活动犯罪,贩卖毒品犯罪的除外。

对本决定施行之日符合上述条件的服刑罪犯,经人民法院依法作出裁定后,予以释放。

本决定自2015年8月29日起施行。

中华人民共和国反恐怖主义法

(2015年12月27日第十二届全国人民代表大会常务委员会第十八次会议通过 根据2018年4月27日第十三届全国人民代表大会常务委员会第二次会议《关于修改〈中华人民共和国国境卫生检疫法〉等六部法律的决定》修正)

第三条 本法所称恐怖主义,是指通过暴力、破坏、恐吓等手段,制造社会恐慌、危害公共安全、侵犯人身财产,或者胁迫国家机关、国际组织,以实现其政治、意识形态等目的的主张和行为。

本法所称恐怖活动,是指恐怖主义性质的下列行为:

(一)组织、策划、准备实施、实施造成或者意图造成人员伤亡、重大财产损失、公共设施损坏、社会秩序混乱等严重社会危害的活动的;

(二)宣扬恐怖主义,煽动实施恐怖活动,或者非法持有宣扬恐怖主义的物品,强制他人在公共场所穿戴宣扬恐怖主义的服饰、标志的;

(三)组织、领导、参加恐怖活动组织的;

(四)为恐怖活动组织、恐怖活动人员、实施恐怖活动或者恐怖活动培训提供信息、资金、物资、劳务、技术、场所等支

持、协助、便利的;

(五)其他恐怖活动。

本法所称恐怖活动组织,是指三人以上为实施恐怖活动而组成的犯罪组织。

本法所称恐怖活动人员,是指实施恐怖活动的人和恐怖活动组织的成员。

本法所称恐怖事件,是指正在发生或者已经发生的造成或者可能造成重大社会危害的恐怖活动。

第十一条 对在中华人民共和国领域外对中华人民共和国国家、公民或者机构实施的恐怖活动犯罪,或者实施的中华人民共和国缔结、参加的国际条约所规定的恐怖活动犯罪,中华人民共和国行使刑事管辖权,依法追究刑事责任。

中华人民共和国国际刑事司法协助法

(2018年10月26日第十三届全国人民代表大会常务委员会第六次会议通过)

第三十八条 (第二款)在押人员在外国被羁押的期限,应当折抵其在中华人民共和国被判处的刑期。

第六十四条 (第三款)被判刑人回国服刑前被羁押的,羁押一日折抵转换后的刑期一日。

全国人民代表大会常务委员会关于在中华人民共和国成立七十周年之际对部分服刑罪犯予以特赦的决定

(2019年6月29日第十三届全国人民代表大会常务委员会第十一次会议通过)

第十三届全国人民代表大会常务委员会第十一次会议审议了全国人民代表大会常务委员会委员长会议关于提请审议《全国人民代表大会常务委员会关于在中华人民共和国成立七十周年之际对部分服刑罪犯予以特赦的决定(草案)》的议案,为庆祝中华人民共和国成立70周年,体现依法治国理念和人道主义精神,根据宪法,决定对依据2019年1月1日前人民法院作出的生效判决正在服刑的下列罪犯实行特赦:

一、参加过中国人民抗日战争、中国人民解放战争的;

二、中华人民共和国成立以后,参加过保卫国家主权、安全和领土完整对外作战的;

三、中华人民共和国成立以后,为国家重大工程建设做过较大贡献并获得省部级以上"劳动模范""先进工作者""五一劳动奖章"等荣誉称号的;

四、曾系现役军人并获得个人一等功以上奖励的;

五、因防卫过当或者避险过当,被判处三年以下有期徒刑或者剩余刑期在一年以下的;

六、年满七十五周岁、身体严重残疾且生活不能自理的；

七、犯罪的时候不满十八周岁，被判处三年以下有期徒刑或者剩余刑期在一年以下的；

八、丧偶且有未成年子女或者有身体严重残疾、生活不能自理的子女，确需本人抚养的女性，被判处三年以下有期徒刑或者剩余刑期在一年以下的；

九、被裁定假释已执行五分之一以上假释考验期的，或者被判处管制的。

上述九类对象中，具有以下情形之一的，不得特赦：

（一）第二、三、四、七、八、九类对象中系贪污受贿犯罪，军人违反职责犯罪，故意杀人、强奸、抢劫、绑架、放火、爆炸、投放危险物质或者有组织的暴力性犯罪，黑社会性质的组织犯罪，贩卖毒品犯罪，危害国家安全犯罪，恐怖活动犯罪的罪犯，其他有组织犯罪的主犯，累犯的；

（二）第二、三、四、九类对象中剩余刑期在十年以上的和仍处于无期徒刑、死刑缓期执行期间的；

（三）曾经被特赦又因犯罪被判处刑罚的；

（四）不认罪悔改的；

（五）经评估具有现实社会危险性的。

对本决定施行之日符合上述条件的服刑罪犯，经人民法院依法作出裁定后，予以释放。

本决定自2019年6月29日起施行。

中华人民共和国社区矫正法

（2019年12月28日第十三届全国人民代表大会常务委员会第十五次会议通过，自2020年7月1日起施行）

第一章　总　　则

第一条　为了推进和规范社区矫正工作，保障刑事判决、刑事裁定和暂予监外执行决定的正确执行，提高教育矫正质量，促进社区矫正对象顺利融入社会，预防和减少犯罪，根据宪法，制定本法。

第二条　对被判处管制、宣告缓刑、假释和暂予监外执行的罪犯，依法实行社区矫正。

对社区矫正对象的监督管理、教育帮扶等活动，适用本法。

第三条　社区矫正工作坚持监督管理与教育帮扶相结合，专门机关与社会力量相结合，采取分类管理、个别化矫正，有针对性地消除社区矫正对象可能重新犯罪的因素，帮助其成为守法公民。

第四条　社区矫正对象应当依法接受社区矫正，服从监督管理。

社区矫正工作应当依法进行，尊重和保障人权。社区矫正对象依法享有的人身权利、财产权利和其他权利不受侵犯，在就业、就学和享受社会保障等方面不受歧视。

第五条　国家支持社区矫正机构提高信息化水平，运用现代信息技术开展监督管理和教育帮扶。社区矫正工作相关部门之间依法进行信息共享。

第六条 各级人民政府应当将社区矫正经费列入本级政府预算。

居民委员会、村民委员会和其他社会组织依法协助社区矫正机构开展工作所需的经费应当按照规定列入社区矫正机构本级政府预算。

第七条 对在社区矫正工作中做出突出贡献的组织、个人,按照国家有关规定给予表彰、奖励。

第二章 机构、人员和职责

第八条 国务院司法行政部门主管全国的社区矫正工作。县级以上地方人民政府司法行政部门主管本行政区域内的社区矫正工作。

人民法院、人民检察院、公安机关和其他有关部门依照各自职责,依法做好社区矫正工作。人民检察院依法对社区矫正工作实行法律监督。

地方人民政府根据需要设立社区矫正委员会,负责统筹协调和指导本行政区域内的社区矫正工作。

第九条 县级以上地方人民政府根据需要设置社区矫正机构,负责社区矫正工作的具体实施。社区矫正机构的设置和撤销,由县级以上地方人民政府司法行政部门提出意见,按照规定的权限和程序审批。

司法所根据社区矫正机构的委托,承担社区矫正相关工作。

第十条 社区矫正机构应当配备具有法律等专业知识的专门国家工作人员(以下称社区矫正机构工作人员),履行监督管理、教育帮扶等执法职责。

第十一条 社区矫正机构根据需要,组织具有法律、教育、心理、社会工作等专业知识或者实践经验的社会工作者开展社区矫正相关工作。

第十二条 居民委员会、村民委员会依法协助社区矫正机构做好社区矫正工作。

社区矫正对象的监护人、家庭成员,所在单位或者就读学校应当协助社区矫正机构做好社区矫正工作。

第十三条 国家鼓励、支持企业事业单位、社会组织、志愿者等社会力量依法参与社区矫正工作。

第十四条 社区矫正机构工作人员应当严格遵守宪法和法律,忠于职守,严守纪律,清正廉洁。

第十五条 社区矫正机构工作人员和其他参与社区矫正工作的人员依法开展社区矫正工作,受法律保护。

第十六条 国家推进高素质的社区矫正工作队伍建设。社区矫正机构应当加强对社区矫正工作人员的管理、监督、培训和职业保障,不断提高社区矫正工作的规范化、专业化水平。

第三章 决定和接收

第十七条 社区矫正决定机关判处管制、宣告缓刑、裁定假释、决定或者批准暂予监外执行时应当确定社区矫正执行地。

社区矫正执行地为社区矫正对象的居住地。社区矫正对象在多个地方居住的,可以确定经常居住地为执行地。

社区矫正对象的居住地、经常居住地无法确定或者不适宜执行社区矫正的,社区矫正决定机关应当根据有利于社区矫正对象接受矫正、更好地融入社会的原则,确定执行地。

本法所称社区矫正决定机关,是指依法判处管制、宣告缓刑、裁定假释、决定暂予监外执行的人民法院和依法批准暂予监外执行的监狱管理机关、公安机关。

第十八条　社区矫正决定机关根据需要，可以委托社区矫正机构或者有关社会组织对被告人或者罪犯的社会危险性和对所居住社区的影响，进行调查评估，提出意见，供决定社区矫正时参考。居民委员会、村民委员会等组织应当提供必要的协助。

第十九条　社区矫正决定机关判处管制、宣告缓刑、裁定假释、决定或者批准暂予监外执行，应当按照刑法、刑事诉讼法等法律规定的条件和程序进行。

社区矫正决定机关应当对社区矫正对象进行教育，告知其在社区矫正期间应当遵守的规定以及违反规定的法律后果，责令其按时报到。

第二十条　社区矫正决定机关应当自判决、裁定或者决定生效之日起五日内通知执行地社区矫正机构，并在十日内送达有关法律文书，同时抄送人民检察院和执行地公安机关。社区矫正决定地与执行地不在同一地方的，由执行地社区矫正机构将法律文书转送所在地的人民检察院、公安机关。

第二十一条　人民法院判处管制、宣告缓刑、裁定假释的社区矫正对象，应当自判决、裁定生效之日起十日内到执行地社区矫正机构报到。

人民法院决定暂予监外执行的社区矫正对象，由看守所或者执行取保候审、监视居住的公安机关自收到决定之日起十日内将社区矫正对象移送社区矫正机构。

监狱管理机关、公安机关批准暂予监外执行的社区矫正对象，由监狱或者看守所自收到批准决定之日起十日内将社区矫正对象移送社区矫正机构。

第二十二条　社区矫正机构应当依法接收社区矫正对象，核对法律文书、核实身份、办理接收登记、建立档案，并宣告社区矫正对象的犯罪事实、执行社区矫正的期限以及应当遵守的规定。

第四章　监督管理

第二十三条　社区矫正对象在社区矫正期间应当遵守法律、行政法规，履行判决、裁定、暂予监外执行决定等法律文书确定的义务，遵守国务院司法行政部门关于报告、会客、外出、迁居、保外就医等监督管理规定，服从社区矫正机构的管理。

第二十四条　社区矫正机构应当根据裁判内容和社区矫正对象的性别、年龄、心理特点、健康状况、犯罪原因、犯罪类型、犯罪情节、悔罪表现等情况，制定有针对性的矫正方案，实现分类管理、个别化矫正。矫正方案应当根据社区矫正对象的表现等情况相应调整。

第二十五条　社区矫正机构应当根据社区矫正对象的情况，为其确定矫正小组，负责落实相应的矫正方案。

根据需要，矫正小组可以由司法所、居民委员会、村民委员会的人员，社区矫正对象的监护人、家庭成员，所在单位或者就读学校的人员以及社会工作者、志愿者等组成。社区矫正对象为女性的，矫正小组中应有女性成员。

第二十六条　社区矫正机构应当了解掌握社区矫正对象的活动情况和行为表现。社区矫正机构可以通过通信联络、信息化核查、实地查访等方式核实有关情况，有关单位和个人应当予以配合。

社区矫正机构开展实地查访等工作

时,应当保护社区矫正对象的身份信息和个人隐私。

第二十七条 社区矫正对象离开所居住的市、县或者迁居,应当报经社区矫正机构批准。社区矫正机构对于有正当理由的,应当批准;对于因正常工作和生活需要经常性跨市、县活动的,可以根据情况,简化批准程序和方式。

因社区矫正对象迁居等原因需要变更执行地的,社区矫正机构应当按照有关规定作出变更决定。社区矫正机构作出变更决定后,应当通知社区矫正决定机关和变更后的社区矫正机构,并将有关法律文书抄送变更后的社区矫正机构。变更后的社区矫正机构应当将法律文书转送所在地的人民检察院、公安机关。

第二十八条 社区矫正机构根据社区矫正对象的表现,依照有关规定对其实施考核奖惩。社区矫正对象认罪悔罪、遵守法律法规、服从监督管理、接受教育表现突出的,应当给予表扬。社区矫正对象违反法律法规或者监督管理规定的,应当视情节依法给予训诫、警告、提请公安机关予以治安管理处罚,或者依法提请撤销缓刑、撤销假释、对暂予监外执行的收监执行。

对社区矫正对象的考核结果,可以作为认定其是否确有悔改表现或者是否严重违反监督管理规定的依据。

第二十九条 社区矫正对象有下列情形之一的,经县级司法行政部门负责人批准,可以使用电子定位装置,加强监督管理:

(一)违反人民法院禁止令的;

(二)无正当理由,未经批准离开所居住的市、县的;

(三)拒不按照规定报告自己的活动情况,被给予警告的;

(四)违反监督管理规定,被给予治安管理处罚的;

(五)拟提请撤销缓刑、假释或者暂予监外执行收监执行的。

前款规定的使用电子定位装置的期限不得超过三个月。对于不需要继续使用的,应当及时解除;对于期限届满后,经评估仍有必要继续使用的,经过批准,期限可以延长,每次不得超过三个月。

社区矫正机构对通过电子定位装置获得的信息应当严格保密,有关信息只能用于社区矫正工作,不得用于其他用途。

第三十条 社区矫正对象失去联系的,社区矫正机构应当立即组织查找,公安机关等有关单位和人员应当予以配合协助。查找到社区矫正对象后,应当区别情形依法作出处理。

第三十一条 社区矫正机构发现社区矫正对象正在实施违反监督管理规定的行为或者违反人民法院禁止令等违法行为的,应当立即制止;制止无效的,应当立即通知公安机关到场处置。

第三十二条 社区矫正对象有被依法决定拘留、强制隔离戒毒、采取刑事强制措施等限制人身自由情形的,有关机关应当及时通知社区矫正机构。

第三十三条 社区矫正对象符合刑法规定的减刑条件的,社区矫正机构应当向社区矫正执行地的中级以上人民法院提出减刑建议,并将减刑建议书抄送同级人民检察院。

人民法院应当在收到社区矫正机构的减刑建议书后三十日内作出裁定,并将裁定书送达社区矫正机构,同时抄送人民检察院、公安机关。

第三十四条 开展社区矫正工作,应当保障社区矫正对象的合法权益。社区矫正的措施和方法应当避免对社区矫正对象的正常工作和生活造成不必要的影响;非依法律规定,不得限制或者变相限制社区矫正对象的人身自由。

社区矫正对象认为其合法权益受到侵害的,有权向人民检察院或者有关机关申诉、控告和检举。受理机关应当及时办理,并将办理结果告知申诉人、控告人和检举人。

第五章 教育帮扶

第三十五条 县级以上地方人民政府及其有关部门应当通过多种形式为教育帮扶社区矫正对象提供必要的场所和条件,组织动员社会力量参与教育帮扶工作。

有关人民团体应当依法协助社区矫正机构做好教育帮扶工作。

第三十六条 社区矫正机构根据需要,对社区矫正对象进行法治、道德等教育,增强其法治观念,提高其道德素质和悔罪意识。

对社区矫正对象的教育应当根据其个体特征、日常表现等实际情况,充分考虑其工作和生活情况,因人施教。

第三十七条 社区矫正机构可以协调有关部门和单位,依法对就业困难的社区矫正对象开展职业技能培训、就业指导,帮助社区矫正对象中的在校学生完成学业。

第三十八条 居民委员会、村民委员会可以引导志愿者和社区群众,利用社区资源,采取多种形式,对有特殊困难的社区矫正对象进行必要的教育帮扶。

第三十九条 社区矫正对象的监护人、家庭成员,所在单位或者就读学校应当协助社区矫正机构做好对社区矫正对象的教育。

第四十条 社区矫正机构可以通过公开择优购买社区矫正社会工作服务或者其他社会服务,为社区矫正对象在教育、心理辅导、职业技能培训、社会关系改善等方面提供必要的帮扶。

社区矫正机构也可以通过项目委托社会组织等方式开展上述帮扶活动。国家鼓励有经验和资源的社会组织跨地区开展帮扶交流和示范活动。

第四十一条 国家鼓励企业事业单位、社会组织为社区矫正对象提供就业岗位和职业技能培训。招用符合条件的社区矫正对象的企业,按照规定享受国家优惠政策。

第四十二条 社区矫正机构可以根据社区矫正对象的个人特长,组织其参加公益活动,修复社会关系,培养社会责任感。

第四十三条 社区矫正对象可以按照国家有关规定申请社会救助、参加社会保险、获得法律援助,社区矫正机构应当给予必要的协助。

第六章 解除和终止

第四十四条 社区矫正对象矫正期满或者被赦免的,社区矫正机构应当向社区矫正对象发放解除社区矫正证明书,并通知社区矫正决定机关、所在地的人民检察院、公安机关。

第四十五条 社区矫正对象被裁定撤销缓刑、假释,被决定收监执行,或者社区矫正对象死亡的,社区矫正终止。

第四十六条 社区矫正对象具有刑法规定的撤销缓刑、假释情形的,应当由人民法院撤销缓刑、假释。

对于在考验期限内犯新罪或者发现判决宣告以前还有其他罪没有判决的，应当由审理该案件的人民法院撤销缓刑、假释，并书面通知原审人民法院和执行地社区矫正机构。

对于有第二款规定以外的其他需要撤销缓刑、假释情形的，社区矫正机构应当向原审人民法院或者执行地人民法院提出撤销缓刑、假释建议，并将建议书抄送人民检察院。社区矫正机构提出撤销缓刑、假释建议时，应当说明理由，并提供有关证据材料。

第四十七条　被提请撤销缓刑、假释的社区矫正对象可能逃跑或者可能发生社会危险的，社区矫正机构可以在提出撤销缓刑、假释建议的同时，提请人民法院决定对其予以逮捕。

人民法院应当在四十八小时内作出是否逮捕的决定。决定逮捕的，由公安机关执行。逮捕后的羁押期限不得超过三十日。

第四十八条　人民法院应当在收到社区矫正机构撤销缓刑、假释建议书后三十日内作出裁定，将裁定书送达社区矫正机构和公安机关，并抄送人民检察院。

人民法院拟撤销缓刑、假释的，应当听取社区矫正对象的申辩及其委托的律师的意见。

人民法院裁定撤销缓刑、假释的，公安机关应当及时将社区矫正对象送交监狱或者看守所执行。执行以前被逮捕的，羁押一日折抵刑期一日。

人民法院裁定不予撤销缓刑、假释的，对被逮捕的社区矫正对象，公安机关应当立即予以释放。

第四十九条　暂予监外执行的社区矫正对象具有刑事诉讼法规定的应当予以收监情形的，社区矫正机构应当向执行地或者原社区矫正决定机关提出收监执行建议，并将建议书抄送人民检察院。

社区矫正决定机关应当在收到建议书后三十日内作出决定，将决定书送达社区矫正机构和公安机关，并抄送人民检察院。

人民法院、公安机关对暂予监外执行的社区矫正对象决定收监执行的，由公安机关立即将社区矫正对象送交监狱或者看守所收监执行。

监狱管理机关对暂予监外执行的社区矫正对象决定收监执行的，监狱应当立即将社区矫正对象收监执行。

第五十条　被裁定撤销缓刑、假释和被决定收监执行的社区矫正对象逃跑的，由公安机关追捕，社区矫正机构、有关单位和个人予以协助。

第五十一条　社区矫正对象在社区矫正期间死亡的，其监护人、家庭成员应当及时向社区矫正机构报告。社区矫正机构应当及时通知社区矫正决定机关、所在地的人民检察院、公安机关。

第七章　未成年人社区矫正特别规定

第五十二条　社区矫正机构应当根据未成年社区矫正对象的年龄、心理特点、发育需要、成长经历、犯罪原因、家庭监护教育条件等情况，采取针对性的矫正措施。

社区矫正机构为未成年社区矫正对象确定矫正小组，应当吸收熟悉未成年人身心特点的人员参加。

对未成年人的社区矫正，应当与成年人分别进行。

第五十三条　未成年社区矫正对象的监护人应当履行监护责任，承担抚养、管教等义务。

监护人怠于履行监护职责的,社区矫正机构应当督促、教育其履行监护责任。监护人拒不履行监护职责的,通知有关部门依法作出处理。

第五十四条 社区矫正机构工作人员和其他依法参与社区矫正工作的人员对履行职责过程中获得的未成年人身份信息应当予以保密。

除司法机关办案需要或者有关单位根据国家规定查询外,未成年社区矫正对象的档案信息不得提供给任何单位或者个人。依法进行查询的单位,应当对获得的信息予以保密。

第五十五条 对未完成义务教育的未成年社区矫正对象,社区矫正机构应当通知并配合教育部门为其完成义务教育提供条件。未成年社区矫正对象的监护人应当依法保证其按时入学接受并完成义务教育。

年满十六周岁的社区矫正对象有就业意愿的,社区矫正机构可以协调有关部门和单位为其提供职业技能培训,给予就业指导和帮助。

第五十六条 共产主义青年团、妇女联合会、未成年人保护组织应当依法协助社区矫正机构做好未成年人社区矫正工作。

国家鼓励其他未成年人相关社会组织参与未成年人社区矫正工作,依法给予政策支持。

第五十七条 未成年社区矫正对象在复学、升学、就业等方面依法享有与其他未成年人同等的权利,任何单位和个人不得歧视。有歧视行为的,应当由教育、人力资源和社会保障等部门依法作出处理。

第五十八条 未成年社区矫正对象在社区矫正期间年满十八周岁的,继续按照未成年人社区矫正有关规定执行。

第八章 法律责任

第五十九条 社区矫正对象在社区矫正期间有违反监督管理规定行为的,由公安机关依照《中华人民共和国治安管理处罚法》的规定给予处罚;具有撤销缓刑、假释或者暂予监外执行收监情形的,应当依法作出处理。

第六十条 社区矫正对象殴打、威胁、侮辱、骚扰、报复社区矫正机构工作人员和其他依法参与社区矫正工作的人员及其近亲属,构成犯罪的,依法追究刑事责任;尚不构成犯罪的,由公安机关依法给予治安管理处罚。

第六十一条 社区矫正机构工作人员和其他国家工作人员有下列行为之一的,应当给予处分;构成犯罪的,依法追究刑事责任:

(一)利用职务或者工作便利索取、收受贿赂的;

(二)不履行法定职责的;

(三)体罚、虐待社区矫正对象,或者违反法律规定限制或者变相限制社区矫正对象的人身自由的;

(四)泄露社区矫正工作秘密或者其他依法应当保密的信息的;

(五)对依法申诉、控告或者检举的社区矫正对象进行打击报复的;

(六)有其他违纪违法行为的。

第六十二条 人民检察院发现社区矫正工作违反法律规定的,应当依法提出纠正意见、检察建议。有关单位应当将采纳纠正意见、检察建议的情况书面回复人民检察院,没有采纳的应当说明理由。

第九章 附 则

第六十三条 本法自2020年7月1日起施行。

全国人民代表大会常务委员会关于全面禁止非法野生动物交易、革除滥食野生动物陋习、切实保障人民群众生命健康安全的决定

(2020年2月24日第十三届全国人民代表大会常务委员会第十六次会议通过)

为了全面禁止和惩治非法野生动物交易行为,革除滥食野生动物的陋习,维护生物安全和生态安全,有效防范重大公共卫生风险,切实保障人民群众生命健康安全,加强生态文明建设,促进人与自然和谐共生,全国人民代表大会常务委员会作出如下决定:

一、凡《中华人民共和国野生动物保护法》和其他有关法律禁止猎捕、交易、运输、食用野生动物的,必须严格禁止。

对违反前款规定的行为,在现行法律规定基础上加重处罚。

二、全面禁止食用国家保护的"有重要生态、科学、社会价值的陆生野生动物"以及其他陆生野生动物,包括人工繁育、人工饲养的陆生野生动物。

全面禁止以食用为目的的猎捕、交易、运输在野外环境自然生长繁殖的陆生野生动物。

对违反前两款规定的行为,参照适用现行法律有关规定处罚。

三、列入畜禽遗传资源目录的动物,属于家畜家禽,适用《中华人民共和国畜牧法》的规定。

国务院畜牧兽医行政主管部门依法制定并公布畜禽遗传资源目录。

四、因科研、药用、展示等特殊情况,需要对野生动物进行非食用性利用的,应当按照国家有关规定实行严格审批和检疫检验。

国务院及其有关主管部门应当及时制定、完善野生动物非食用性利用的审批和检疫检验等规定,并严格执行。

五、各级人民政府和人民团体、社会组织、学校、新闻媒体等社会各方面,都应当积极开展生态环境保护和公共卫生安全的宣传教育和引导,全社会成员要自觉增强生态保护和公共卫生安全意识,移风易俗,革除滥食野生动物陋习,养成科学健康文明的生活方式。

六、各级人民政府及其有关部门应当健全执法管理体制,明确执法责任主体,落实执法管理责任,加强协调配合,加大监督检查和责任追究力度,严格查处违反本决定和有关法律法规的行为;对违法经营场所和违法经营者,依法予以取缔或者查封、关闭。

七、国务院及其有关部门和省、自治区、直辖市应当依据本决定和有关法律,制定、调整相关名录和配套规定。

国务院和地方人民政府应当采取必要措施,为本决定的实施提供相应保障。有关地方人民政府应当支持、指导、帮助受影响的农户调整、转变生产经营活动,根据实际情况给予一定补偿。

八、本决定自公布之日起施行。

中华人民共和国
行政处罚法

（1996年3月17日第八届全国人民代表大会第四次会议通过，根据2009年8月27日第十一届全国人民代表大会常务委员会第十次会议《关于修改部分法律的决定》第一次修正，根据2017年9月1日第十二届全国人民代表大会常务委员会第二十九次会议《关于修改〈中华人民共和国法官法〉等八部法律的决定》第二次修正，2021年1月22日第十三届全国人民代表大会常务委员会第二十五次会议修订，自2021年7月15日起施行）

第三十五条 违法行为构成犯罪，人民法院判处拘役或者有期徒刑时，行政机关已经给予当事人行政拘留的，应当依法折抵相应刑期。

违法行为构成犯罪，人民法院判处罚金时，行政机关已经给予当事人罚款的，应当折抵相应罚金；行政机关尚未给予当事人罚款的，不再给予罚款。

中华人民共和国
个人信息保护法

（2021年8月20日第十三届全国人民代表大会常务委员会第三十次会议通过，自2021年11月1日起施行）

第四条 个人信息是以电子或者其他方式记录的与已识别或者可识别的自然人有关的各种信息，不包括匿名化处理后的信息。

个人信息的处理包括个人信息的收集、存储、使用、加工、传输、提供、公开、删除等。

第十三条 符合下列情形之一的，个人信息处理者方可处理个人信息：

（一）取得个人的同意；

（二）为订立、履行个人作为一方当事人的合同所必需，或者按照依法制定的劳动规章制度和依法签订的集体合同实施人力资源管理所必需；

（三）为履行法定职责或者法定义务所必需；

（四）为应对突发公共卫生事件，或者紧急情况下为保护自然人的生命健康和财产安全所必需；

（五）为公共利益实施新闻报道、舆论监督等行为，在合理的范围内处理个人信息；

（六）依照本法规定在合理的范围内处理个人自行公开或者其他已经合法公开的个人信息；

（七）法律、行政法规规定的其他情形。

依照本法其他有关规定，处理个人信

息应当取得个人同意,但是有前款第二项至第七项规定情形的,不需取得个人同意。

第十四条 基于个人同意处理个人信息的,该同意应当由个人在充分知情的前提下自愿、明确作出。法律、行政法规规定处理个人信息应当取得个人单独同意或者书面同意的,从其规定。

个人信息的处理目的、处理方式和处理的个人信息种类发生变更的,应当重新取得个人同意。

第二十七条 个人信息处理者可以在合理的范围内处理个人自行公开或者其他已经合法公开的个人信息;个人明确拒绝的除外。个人信息处理者处理已公开的个人信息,对个人权益有重大影响的,应当依照本法规定取得个人同意。

中华人民共和国反有组织犯罪法

(第十三届全国人民代表大会常务委员会第三十二次会议2021年12月24日通过,2021年12月24日公布,自2022年5月1日起施行)

第二条 本法所称有组织犯罪,是指《中华人民共和国刑法》第二百九十四条规定的组织、领导、参加黑社会性质组织犯罪,以及黑社会性质组织、恶势力组织实施的犯罪。

本法所称恶势力组织,是指经常纠集在一起,以暴力、威胁或者其他手段,在一定区域或者行业领域内多次实施违法犯罪活动,为非作恶,欺压群众,扰乱社会秩序、经济秩序,造成较为恶劣的社会影响,但尚未形成黑社会性质组织的犯罪组织。

第十九条 对因组织、领导黑社会性质组织被判处刑罚的人员,设区的市级以上公安机关可以决定其自刑罚执行完毕之日起,按照国家有关规定向公安机关报告个人财产及日常活动。报告期限不超过五年。

第二十条 曾被判处刑罚的黑社会性质组织的组织者、领导者或者恶势力组织的首要分子开办企业或者在企业中担任高级管理人员的,相关行业主管部门应当依法审查,对其经营活动加强监督管理。

第二十二条 办理有组织犯罪案件,应当以事实为根据,以法律为准绳,坚持宽严相济。

对有组织犯罪的组织者、领导者和骨干成员,应当严格掌握取保候审、不起诉、缓刑、减刑、假释和暂予监外执行的适用条件,充分适用剥夺政治权利、没收财产、罚金等刑罚。

有组织犯罪的犯罪嫌疑人、被告人自愿如实供述自己的罪行,承认指控的犯罪事实,愿意接受处罚的,可以依法从宽处理。

第二十三条 利用网络实施的犯罪,符合本法第二条规定的,应当认定为有组织犯罪。

为谋取非法利益或者形成非法影响,有组织地进行滋扰、纠缠、哄闹、聚众造势等,对他人形成心理强制,足以限制人身自由、危及人身财产安全,影响正常社会秩序、经济秩序的,可以认定为有组织犯罪的犯罪手段。

第二十六条 公安机关核查有组织

犯罪线索，可以按照国家有关规定采取调查措施。公安机关向有关单位和个人收集、调取相关信息和材料的，有关单位和个人应当如实提供。

第二十七条 公安机关核查有组织犯罪线索，经县级以上公安机关负责人批准，可以查询嫌疑人员的存款、汇款、债券、股票、基金份额等财产信息。

公安机关核查黑社会性质组织犯罪线索，发现涉案财产有灭失、转移的紧急风险的，经设区的市级以上公安机关负责人批准，可以对有关涉案财产采取紧急止付或者临时冻结、临时扣押的紧急措施，期限不得超过四十八小时。期限届满或者适用紧急措施的情形消失的，应当立即解除紧急措施。

第二十八条 公安机关核查有组织犯罪线索，发现犯罪事实或者犯罪嫌疑人的，应当依照《中华人民共和国刑事诉讼法》的规定立案侦查。

第二十九条 公安机关办理有组织犯罪案件，可以依照《中华人民共和国出境入境管理法》的规定，决定对犯罪嫌疑人采取限制出境措施，通知移民管理机构执行。

第三十条 对有组织犯罪案件的犯罪嫌疑人、被告人，根据办理案件和维护监管秩序的需要，可以采取异地羁押、分别羁押或者单独羁押等措施。采取异地羁押措施的，应当依法通知犯罪嫌疑人、被告人的家属和辩护人。

第三十一条 公安机关在立案后，根据侦查犯罪的需要，依照《中华人民共和国刑事诉讼法》的规定，可以采取技术侦查措施、实施控制下交付或者由有关人员隐匿身份进行侦查。

第三十二条 犯罪嫌疑人、被告人检举、揭发重大犯罪的其他共同犯罪人或者提供侦破重大案件的重要线索或者证据，同案处理可能导致其本人或者近亲属有人身危险的，可以分案处理。

第三十三条 犯罪嫌疑人、被告人积极配合有组织犯罪案件的侦查、起诉、审判等工作，有下列情形之一的，可以依法从宽处罚，但对有组织犯罪的组织者、领导者应当严格适用：

（一）为查明犯罪组织的组织结构及其组织者、领导者、首要分子的地位、作用提供重要线索或者证据的；

（二）为查明犯罪组织实施的重大犯罪提供重要线索或者证据的；

（三）为查处国家工作人员涉有组织犯罪提供重要线索或者证据的；

（四）协助追缴、没收尚未掌握的赃款赃物的；

（五）其他为查办有组织犯罪案件提供重要线索或者证据的情形。

对参加有组织犯罪组织的犯罪嫌疑人、被告人不起诉或者免予刑事处罚的，可以根据案件的不同情况，依法予以训诫、责令具结悔过、赔礼道歉、赔偿损失，或者由主管部门予以行政处罚或者处分。

第三十四条 对黑社会性质组织的组织者、领导者，应当依法并处没收财产。对其他组织成员，根据其在犯罪组织中的地位、作用以及所参与违法犯罪活动的次数、性质、违法所得数额、造成的损失等，可以依法并处罚金或者没收财产。

第三十五条 对有组织犯罪的罪犯，执行机关应当依法从严管理。

黑社会性质组织的组织者、领导者或者恶势力组织的首要分子被判处十年以上有期徒刑、无期徒刑、死刑缓期二年执行的，应当跨省、自治区、直辖市异地执行刑罚。

第三十六条 对被判处十年以上有期徒刑、无期徒刑、死刑缓期二年执行的黑社会性质组织的组织者、领导者或者恶势力组织的首要分子减刑的,执行机关应当依法提出减刑建议,报经省、自治区、直辖市监狱管理机关复核后,提请人民法院裁定。

对黑社会性质组织的组织者、领导者或者恶势力组织的首要分子假释的,适用前款规定的程序。

第三十七条 人民法院审理黑社会性质组织犯罪罪犯的减刑、假释案件,应当通知人民检察院、执行机关参加审理,并通知被报请减刑、假释的罪犯参加,听取其意见。

第三十八条 执行机关提出减刑、假释建议以及人民法院审理减刑、假释案件,应当充分考虑罪犯履行生效裁判中财产性判项、配合处置涉案财产等情况。

第三十九条 办理有组织犯罪案件中发现的可用以证明犯罪嫌疑人、被告人有罪或者无罪的各种财物、文件,应当依法查封、扣押。

公安机关、人民检察院、人民法院可以依照《中华人民共和国刑事诉讼法》的规定查询、冻结犯罪嫌疑人、被告人的存款、汇款、债券、股票、基金份额等财产。有关单位和个人应当配合。

第四十条 公安机关、人民检察院、人民法院根据办理有组织犯罪案件的需要,可以全面调查涉嫌有组织犯罪的组织及其成员的财产状况。

第四十一条 查封、扣押、冻结、处置涉案财物,应当严格依照法定条件和程序进行,依法保护公民和组织的合法财产权益,严格区分违法所得与合法财产、本人财产与其家属的财产,减少对企业正常经营活动的不利影响。不得查封、扣押、冻结与案件无关的财物。经查明确实与案件无关的财物,应当在三日以内解除查封、扣押、冻结,予以退还。对被害人的合法财产,应当及时返还。

查封、扣押、冻结涉案财物,应当为犯罪嫌疑人、被告人及其扶养的家属保留必需的生活费用和物品。

第四十二条 公安机关可以向反洗钱行政主管部门查询与有组织犯罪相关的信息数据,提请协查与有组织犯罪相关的可疑交易活动,反洗钱行政主管部门应当予以配合并及时回复。

第四十三条 对下列财产,经县级以上公安机关、人民检察院或者人民法院主要负责人批准,可以依法先行出售、变现或者变卖、拍卖,所得价款由扣押、冻结机关保管,并及时告知犯罪嫌疑人、被告人或者其近亲属:

(一)易损毁、灭失、变质等不宜长期保存的物品;

(二)有效期即将届满的汇票、本票、支票等;

(三)债券、股票、基金份额等财产,经权利人申请,出售不损害国家利益、被害人利益,不影响诉讼正常进行的。

第四十四条 公安机关、人民检察院应当对涉案财产审查甄别。在移送审查起诉、提起公诉时,应当对涉案财产提出处理意见。

在审理有组织犯罪案件过程中,应当对与涉案财产的性质、权属有关的事实、证据进行法庭调查、辩论。人民法院应当依法作出判决,对涉案财产作出处理。

第四十五条 有组织犯罪组织及其成员违法所得的一切财物及其孳息、收益，违禁品和供犯罪所用的本人财物，应当依法予以追缴、没收或者责令退赔。

依法应当追缴、没收的涉案财产无法找到、灭失或者与其他合法财产混合且不可分割的，可以追缴、没收其他等值财产或者混合财产中的等值部分。

被告人实施黑社会性质组织犯罪的定罪量刑事实已经查清，有证据证明其在犯罪期间获得的财产高度可能属于黑社会性质组织犯罪的违法所得及其孳息、收益，被告人不能说明财产合法来源的，应当依法予以追缴、没收。

第四十六条 涉案财产符合下列情形之一的，应当依法予以追缴、没收：

（一）为支持或者资助有组织犯罪活动而提供给有组织犯罪组织及其成员的财产；

（二）有组织犯罪组织成员的家庭财产中实际用于支持有组织犯罪活动的部分；

（三）利用有组织犯罪组织及其成员的违法犯罪活动获得的财产及其孳息、收益。

第四十七条 黑社会性质组织犯罪案件的犯罪嫌疑人、被告人逃匿，在通缉一年后不能到案，或者犯罪嫌疑人、被告人死亡，依照《中华人民共和国刑法》规定应当追缴其违法所得及其他涉案财产的，依照《中华人民共和国刑事诉讼法》有关犯罪嫌疑人、被告人逃匿、死亡案件违法所得的没收程序的规定办理。

第四十八条 监察机关、公安机关、人民检察院发现与有组织犯罪相关的洗钱以及掩饰、隐瞒犯罪所得、犯罪所得收益等犯罪的，应当依法查处。

第四十九条 利害关系人对查封、扣押、冻结、处置涉案财物提出异议的，公安机关、人民检察院、人民法院应当及时予以核实，听取其意见，依法作出处理。

公安机关、人民检察院、人民法院对涉案财物作出处理后，利害关系人对处理不服的，可以提出申诉或者控告。

第五十条 国家工作人员有下列行为的，应当全面调查，依法作出处理：

（一）组织、领导、参加有组织犯罪活动的；

（二）为有组织犯罪组织及其犯罪活动提供帮助的；

（三）包庇有组织犯罪组织、纵容有组织犯罪活动的；

（四）在查办有组织犯罪案件工作中失职渎职的；

（五）利用职权或者职务上的影响干预反有组织犯罪工作的；

（六）其他涉有组织犯罪的违法犯罪行为。

国家工作人员组织、领导、参加有组织犯罪的，应当依法从重处罚。

第六十一条 因举报、控告和制止有组织犯罪活动，在有组织犯罪案件中作证，本人或者其近亲属的人身安全面临危险的，公安机关、人民检察院、人民法院应当按照有关规定，采取下列一项或者多项保护措施：

（一）不公开真实姓名、住址和工作单位等个人信息；

（二）采取不暴露外貌、真实声音等出庭作证措施；

（三）禁止特定的人接触被保护人员；

（四）对人身和住宅采取专门性保护措施；

（五）变更被保护人员的身份，重新安排住所和工作单位；

(六)其他必要的保护措施。

第六十二条 采取本法第六十一条第三项、第四项规定的保护措施,由公安机关执行。根据本法第六十一条第五项规定,变更被保护人员身份的,由国务院公安部门批准和组织实施。

公安机关、人民检察院、人民法院依法采取保护措施,有关单位和个人应当配合。

第六十三条 实施有组织犯罪的人员配合侦查、起诉、审判等工作,对侦破案件或者查明案件事实起到重要作用的,可以参照证人保护的规定执行。

第六十四条 对办理有组织犯罪案件的执法、司法工作人员及其近亲属,可以采取人身保护、禁止特定的人接触等保护措施。

第六十五条 对因履行反有组织犯罪工作职责或者协助、配合有关部门开展反有组织犯罪工作导致伤残或者死亡的人员,按照国家有关规定给予相应的待遇。

第六十七条 发展未成年人参加黑社会性质组织、境外的黑社会组织,教唆、诱骗未成年人实施有组织犯罪,或者实施有组织犯罪侵害未成年人合法权益的,依法从重追究刑事责任。

第六十八条 对有组织犯罪的罪犯,人民法院可以依照《中华人民共和国刑法》有关从业禁止的规定,禁止其从事相关职业,并通报相关行业主管部门。

中华人民共和国反间谍法

(2014年11月1日第十二届全国人民代表大会常务委员会第十一次会议通过,2023年4月26日第十四届全国人民代表大会常务委员会第二次会议修订,自2023年7月1日起施行)

第四条 本法所称间谍行为,是指下列行为:

(一)间谍组织及其代理人实施或者指使、资助他人实施,或者境内外机构、组织、个人与其相勾结实施的危害中华人民共和国国家安全的活动;

(二)参加间谍组织或者接受间谍组织及其代理人的任务,或者投靠间谍组织及其代理人;

(三)间谍组织及其代理人以外的其他境外机构、组织、个人实施或者指使、资助他人实施,或者境内机构、组织、个人与其相勾结实施的窃取、刺探、收买、非法提供国家秘密、情报以及其他关系国家安全和利益的文件、数据、资料、物品,或者策动、引诱、胁迫、收买国家工作人员叛变的活动;

(四)间谍组织及其代理人实施或者指使、资助他人实施,或者境内外机构、组织、个人与其相勾结实施针对国家机关、涉密单位或者关键信息基础设施等的网络攻击、侵入、干扰、控制、破坏等活动;

(五)为敌人指示攻击目标;

(六)进行其他间谍活动。

间谍组织及其代理人在中华人民共和国领域内,或者利用中华人民共和国的公民、组织或者其他条件，从事针对第三国的间谍活动，危害中华人民共和国国家安全的，适用本法。

第五十五条 实施间谍行为，有自首或者立功表现的，可以从轻、减轻或者免除处罚；有重大立功表现的，给予奖励。

在境外受胁迫或者受诱骗参加间谍组织、敌对组织，从事危害中华人民共和国国家安全的活动，及时向中华人民共和国驻外机构如实说明情况，或者入境后直接或者通过所在单位及时向国家安全机关如实说明情况，并有悔改表现的，可以不予追究。

四、立法解释

全国人民代表大会常务委员会关于《中华人民共和国刑法》第三百八十四条第一款的解释

（2002年4月28日第九届全国人民代表大会常务委员会第二十七次会议通过）

全国人民代表大会常务委员会讨论了刑法第三百八十四条第一款规定的国家工作人员利用职务上的便利，挪用公款“归个人使用”的含义问题，解释如下：

有下列情形之一的，属于挪用公款“归个人使用”：

（一）将公款供本人、亲友或者其他自然人使用的；

（二）以个人名义将公款供其他单位使用的；

（三）个人决定以单位名义将公款供其他单位使用，谋取个人利益的。

现予公告。

全国人民代表大会常务委员会关于《中华人民共和国刑法》第二百九十四条第一款的解释

（2002年4月28日第九届全国人民代表大会常务委员会第二十七次会议通过）

全国人民代表大会常务委员会讨论了刑法第二百九十四条第一款规定的“黑社会性质的组织”的含义问题，解释如下：

刑法第二百九十四条第一款规定的“黑社会性质的组织”应当同时具备以下特征：

（一）形成较稳定的犯罪组织，人数较多，有明确的组织者、领导者，骨干成员基本固定；

（二）有组织地通过违法犯罪活动或者其他手段获取经济利益，具有一定的经济实力，以支持该组织的活动；

（三）以暴力、威胁或者其他手段，有组织地多次进行违法犯罪活动，为非作恶，欺压、残害群众；

（四）通过实施违法犯罪活动，或者利用国家工作人员的包庇或者纵容，称霸一方，在一定区域或者行业内，形成非法控制或者重大影响，严重破坏经济、社会生活秩序。

现予公告。

全国人民代表大会常务委员会关于《中华人民共和国刑法》第三百一十三条的解释

(2002年8月29日第九届全国人民代表大会常务委员会第二十九次会议通过)

全国人民代表大会常务委员会讨论了刑法第三百一十三条规定的“对人民法院的判决、裁定有能力执行而拒不执行，情节严重”的含义问题，解释如下：

刑法第三百一十三条规定的“人民法院的判决、裁定”，是指人民法院依法作出的具有执行内容并已发生法律效力的判决、裁定。人民法院为依法执行支付令、生效的调解书、仲裁裁决、公证债权文书等所作的裁定属于该条规定的裁定。

下列情形属于刑法第三百一十三条规定的“有能力执行而拒不执行，情节严重”的情形：

(一)被执行人隐藏、转移、故意毁损财产或者无偿转让财产、以明显不合理的低价转让财产，致使判决、裁定无法执行的；

(二)担保人或者被执行人隐藏、转移、故意毁损或者转让已向人民法院提供担保的财产，致使判决、裁定无法执行的；

(三)协助执行义务人接到人民法院协助执行通知书后，拒不协助执行，致使判决、裁定无法执行的；

(四)被执行人、担保人、协助执行义务人与国家机关工作人员通谋，利用国家机关工作人员的职权妨害执行，致使判决、裁定无法执行的；

(五)其他有能力执行而拒不执行，情节严重的情形。

国家机关工作人员有上述第四项行为的，以拒不执行判决、裁定罪的共犯追究刑事责任。国家机关工作人员收受贿赂或者滥用职权，有上述第四项行为的，同时又构成刑法第三百八十五条、第三百九十七条规定之罪的，依照处罚较重的规定定罪处罚。

现予公告。

全国人民代表大会常务委员会关于《中华人民共和国刑法》第九章渎职罪主体适用问题的解释

(2002年12月28日第九届全国人民代表大会常务委员会第三十一次会议通过)

全国人大常委会根据司法实践中遇到的情况，讨论了刑法第九章渎职罪主体的适用问题，解释如下：

在依照法律、法规规定行使国家行政管理职权的组织中从事公务的人员，或者在受国家机关委托代表国家机关行使职权的组织中从事公务的人员，或者虽未列入国家机关人员编制但在国家机关中从事公务的人员，在代表国家机关行使职权时，有渎职行为，构成犯罪的，依照刑法关于渎职罪的规定追究刑事责任。

现予公告。

全国人民代表大会常务委员会关于《中华人民共和国刑法》有关信用卡规定的解释

(2004年12月29日第十届全国人民代表大会常务委员会第十三次会议通过)

全国人民代表大会常务委员会根据司法实践中遇到的情况,讨论了刑法规定的“信用卡”的含义问题,解释如下:

刑法规定的“信用卡”,是指由商业银行或者其他金融机构发行的具有消费支付、信用贷款、转账结算、存取现金等全部功能或者部分功能的电子支付卡。

现予公告。

全国人民代表大会常务委员会关于《中华人民共和国刑法》有关出口退税、抵扣税款的其他发票规定的解释

(2005年12月29日第十届全国人民代表大会常务委员会第十九次会议通过)

全国人民代表大会常务委员会根据司法实践中遇到的情况,讨论了刑法规定的“出口退税、抵扣税款的其他发票”的含义问题,解释如下:

刑法规定的“出口退税、抵扣税款的其他发票”,是指除增值税专用发票以外的,具有出口退税、抵扣税款功能的收付款凭证或者完税凭证。

现予公告。

全国人民代表大会常务委员会关于《中华人民共和国刑法》有关文物的规定适用于具有科学价值的古脊椎动物化石、古人类化石的解释

(2005年12月29日第十届全国人民代表大会常务委员会第十九次会议通过)

全国人民代表大会常务委员会根据司法实践中遇到的情况,讨论了关于走私、盗窃、损毁、倒卖或者非法转让具有科学价值的古脊椎动物化石、古人类化石的行为适用刑法有关规定的问题,解释如下:

刑法有关文物的规定,适用于具有科学价值的古脊椎动物化石、古人类化石。

现予公告。

全国人民代表大会常务委员会关于《中华人民共和国刑法》第九十三条第二款的解释

(2000年4月29日第九届全国人民代表大会常务委员会第十五次会议通过 根据2009年8月27日中华人民共和国主席令第十八号第十一届全国人民代表大会常务委员会第十次会议《关于修改部分法律的决定》修正)

全国人民代表大会常务委员会讨论了村民委员会等村基层组织人员在从事哪些工作时属于刑法第九十三条第二款规定的“其他依照法律从事公务的人员”,解释如下:

村民委员会等村基层组织人员协助人民政府从事下列行政管理工作,属于刑法第九十三条第二款规定的“其他依照法律从事公务的人员”:

(一)救灾、抢险、防汛、优抚、扶贫、移民、救济款物的管理;

(二)社会捐助公益事业款物的管理;

(三)国有土地的经营和管理;

(四)土地征收、征用补偿费用的管理;

(五)代征、代缴税款;

(六)有关计划生育、户籍、征兵工作;

(七)协助人民政府从事的其他行政管理工作。

村民委员会等村基层组织人员从事前款规定的公务,利用职务上的便利,非法占有公共财物、挪用公款、索取他人财物或者非法收受他人财物,构成犯罪的,适用刑法第三百八十二条和第三百八十三条贪污罪、第三百八十四条挪用公款罪、第三百八十五条和第三百八十六条受贿罪的规定。

现予公告。

全国人民代表大会常务委员会关于《中华人民共和国刑法》第二百二十八条、第三百四十二条、第四百一十条的解释

(2001年8月31日第九届全国人民代表大会常务委员会第二十三次会议通过 根据2009年8月27日中华人民共和国主席令第十八号第十一届全国人民代表大会常务委员会第十次会议《关于修改部分法律的决定》修正)

全国人民代表大会常务委员会讨论了刑法第二百二十八条、第三百四十二条、第四百一十条规定的“违反土地管理法规”和第四百一十条规定的“非法批准征收、征用、占用土地”的含义问题,解释如下:

刑法第二百二十八条、第三百四十二条、第四百一十条规定的“违反土地管理法规”,是指违反土地管理法、森林法、草原法等法律以及有关行政法规中关于土地管理的规定。

刑法第四百一十条规定的“非法批准征收、征用、占用土地”,是指非法批准

征收、征用、占用耕地、林地等农用地以及其他土地。

现予公告。

全国人民代表大会常务委员会关于《中华人民共和国刑法》第三十条的解释

(2014年4月24日第十二届全国人民代表大会常务委员会第八次会议通过)

全国人民代表大会常务委员会根据司法实践中遇到的情况,讨论了刑法第三十条的含义及公司、企业、事业单位、机关、团体等单位实施刑法规定的危害社会的行为,法律未规定追究单位的刑事责任的,如何适用刑法有关规定的问题,解释如下:

公司、企业、事业单位、机关、团体等单位实施刑法规定的危害社会的行为,刑法分则和其他法律未规定追究单位的刑事责任的,对组织、策划、实施该危害社会行为的人依法追究刑事责任。

现予公告。

全国人民代表大会常务委员会关于《中华人民共和国刑法》第一百五十八条、第一百五十九条的解释

(2014年4月24日第十二届全国人民代表大会常务委员会第八次会议通过)

全国人民代表大会常务委员会讨论了公司法修改后刑法第一百五十八条、第一百五十九条对实行注册资本实缴登记制、认缴登记制的公司的适用范围问题,解释如下:

刑法第一百五十八条、第一百五十九条的规定,只适用于依法实行注册资本实缴登记制的公司。

现予公告。

全国人民代表大会常务委员会关于《中华人民共和国刑法》第二百六十六条的解释

(2014年4月24日第十二届全国人民代表大会常务委员会第八次会议通过)

全国人民代表大会常务委员会根据司法实践中遇到的情况,讨论了刑法第二百六十六条的含义及骗取养老、医疗、工伤、失业、生育等社会保险金或者其他社会保障待遇的行为如何适用刑法有关规定的问题,解释如下:

以欺诈、伪造证明材料或者其他手段骗取养老、医疗、工伤、失业、生育等社会保险金或者其他社会保障待遇的，属于刑法第二百六十六条规定的诈骗公私财物的行为。

现予公告。

全国人民代表大会常务委员会关于《中华人民共和国刑法》第三百四十一条、第三百一十二条的解释

（2014年4月24日第十二届全国人民代表大会常务委员会第八次会议通过）

全国人民代表大会常务委员会根据司法实践中遇到的情况，讨论了刑法第三百四十一条第一款规定的非法收购国家重点保护的珍贵、濒危野生动物及其制品的含义和收购刑法第三百四十一条第二款规定的非法狩猎的野生动物如何适用刑法有关规定的问题，解释如下：

知道或者应当知道是国家重点保护的珍贵、濒危野生动物及其制品，为食用或者其他目的而非法购买的，属于刑法第三百四十一条第一款规定的非法收购国家重点保护的珍贵、濒危野生动物及其制品的行为。

知道或者应当知道是刑法第三百四十一条第二款规定的非法狩猎的野生动物而购买的，属于刑法第三百一十二条第一款规定的明知是犯罪所得而收购的行为。

现予公告。

五、全国人大常委会法工委的解释性意见

全国人大常委会法制工作委员会、最高人民法院、最高人民检察院、公安部、司法部、民政部关于正在服刑的罪犯和被羁押的人的选举权问题的联合通知

（1984 年 3 月 24 日，
法工委联字〔84〕1 号）

各省、自治区、直辖市高级法院、检察院，公安、司法、民政厅（局）：

全国县、乡两级人民代表大会代表的选举工作，正在逐步展开。在当前严厉打击严重危害社会治安的刑事犯罪活动的情况下，对于过去已判刑，但没有附加剥夺政治权利的严重刑事罪犯和被羁押正在受侦查、起诉、审判的人是否准许行使选举权问题，有些地方提出一些问题和意见，经研究后，现做如下通知，望遵照执行：

一、1983 年 3 月全国人大常委会通过的《关于县级以下人民代表大会代表直接选举的若干规定》，对于已被判刑的罪犯和被羁押正在受侦查、起诉、审判的人的选举权问题已经作了规定。这一规定是根据宪法关于公民的选举权、被选举权的规定的原则确定的，是适当的，在这次县、乡直接选举工作中，仍应贯彻执行。

二、对这次严厉打击严重危害社会治安的刑事犯罪活动中因反革命案或者严重破坏社会秩序案被羁押正在侦查、起诉、审判的人，应当依照法律规定经人民检察院或者人民法院决定，在被羁押期间停止行使选举权利；其他未经人民检察院或者人民法院决定停止行使选举权利的，应准予行使选举权利。

三、对正在服刑的反革命罪犯和被判处死刑、无期徒刑的其他罪犯，凡是没有附加剥夺政治权利的，应当由人民法院依照审判监督程序，判处附加剥夺政治权利；被判处有期徒刑（包括原判死缓、无期徒刑后减为有期徒刑的）、现正在服刑的故意杀人、强奸、放火、爆炸、投毒、抢劫、流氓、盗窃（重大）等严重破坏社会秩序的罪犯，凡是需要剥夺选举权利的，也可由人民法院依照审判监督程序，判处附加剥夺政治权利。如果原来是第一审生效的案件，应当由上一级人民法院提审；如果原来是第二审生效的案件，应当由第二审人民法院再审。根据刑事诉讼法第一百五十条的规定，依照上述程序所做的判决、裁定，是终审的判决、裁定，不得上诉。

四、今后对于反革命罪犯和判处死刑、无期徒刑的其他罪犯，各级人民法院在审判时，应当依照刑法第五十二条、第五十三条的规定，一律同时判处附加剥夺政治权利；对于严重破坏社会秩序的罪

犯,需要剥夺政治权利的,也应依照刑法第五十二条的规定,同时判处附加剥夺政治权利。

五、对准予行使选举权利的被羁押的人和正在服刑的罪犯,经选举委员会和执行羁押、监禁的机关共同决定,可以在原户口所在地参加选举,也可以在劳改场所参加选举;可以在流动票箱投票,也可以委托有选举权的亲属或者其他选民代为投票。

全国人民代表大会常务委员会法制工作委员会关于对“隐匿、销毁会计凭证、会计账簿、财务会计报告构成犯罪的主体范围”问题的答复意见

(2002年1月14日,
法工委复字〔2002〕3号)

审计署:

你署2001年11月22日来函(审函〔2001〕126号)收悉,经研究,现答复如下:

根据全国人大常委会1999年12月25日刑法修正案第一条的规定,任何单位和个人在办理会计事务时对依法应当保存的会计凭证、会计账簿、财务会计报告,进行隐匿、销毁,情节严重的,构成犯罪,应当依法追究其刑事责任。

根据刑事诉讼法第十八条关于刑事案件侦查管辖的规定,除法律规定的特定案件由人民检察院立案侦查以外,其他刑事案件的侦查应由公安机关进行。隐匿、销毁会计凭证、会计账簿、财务会计报告,构成犯罪的,应当由公安机关立案侦查。

全国人民代表大会常务委员会法制工作委员会关于已满十四周岁不满十六周岁的人承担刑事责任范围问题的答复意见

(2002年7月24日,
法工委复字〔2002〕12号)

最高人民检察院:

关于你单位4月8日来函收悉,经研究,现答复如下:

刑法第十七条第二款规定的八种犯罪,是指具体犯罪行为而不是具体罪名。对于刑法第十七条中规定的“犯故意杀人、故意伤害致人重伤或者死亡”,是指只要故意实施了杀人、伤害行为并且造成了致人重伤、死亡后果的,都应负刑事责任。而不是指只有犯故意杀人罪、故意伤害罪的,才负刑事责任,绑架撕票的,不负刑事责任。对司法实践中出现的已满十四周岁不满十六周岁的人绑架人质后杀害被绑架人、拐卖妇女、儿童而故意造成被拐卖妇女、儿童重伤或死亡的行为,依据刑法是应当追究其刑事责任的。

全国人民代表大会常务委员会法制工作委员会对关于公司人员利用职务上的便利采取欺骗等手段非法占有股东股权的行为如何定性处理的批复的意见

(2005年12月1日,法工委发函〔2005〕105号)

最高人民检察院:

你院法律政策研究室2005年8月26日来函收悉。经研究,答复如下:根据刑法第九十二条的规定,股份属于财产。采用各种非法手段侵吞,占有他人依法享有的股份,构成犯罪的,适用刑法有关非法侵犯他人财产的犯罪规定。

全国人民代表大会常务委员会法制工作委员会对刑法追诉时效制度有关规定如何理解适用的答复意见

(2014年7月17日,法工办发〔2014〕277号)

最高人民检察院办公厅:

你厅对刑法追诉时效制度有关规定如何理解适用征求意见的函(稿件办字〔2014〕107号)收悉。经研究,答复如下:

一、关于1979年刑法第七十七条规定的"采取强制措施"如何理解的问题

1979年刑法第七十七条规定,在人民法院、人民检察院、公安机关采取强制措施以后,逃避侦查或者审判的,不受追诉时效的限制。该条规定的"采取强制措施"包括已经批准对犯罪嫌疑人采取强制措施,但因犯罪嫌疑人逃匿,致使强制措施不能执行的情况。

二、关于1997年刑法生效前的案件,被害人家属于刑法生效后提出控告,公安机关应当立案而不立案,是否适用刑法第八十八条第二款的规定

1997年刑法修订后的刑法第十二条第一款规定:中华人民共和国成立以后本法施行以前的行为,如果当时的法律不认为是犯罪的,适用当时的法律;如果当时的法律认为是犯罪的,依照本法总则第四章第八节的规定应当追诉的,按照当时的法律追究刑事责任,但是如果本法不认为是犯罪或者处刑较轻的,适用本法。根据上述规定,对1997年前发生的行为,被害人及其家属在1997年后刑法规定的时效内提出控告的,应当适用刑法第八十八条第二款的规定,不受追诉时效的限制。

六、司法解释

上编　总则部分

(一)综　　合

最高人民法院
关于认真学习宣传贯彻修订的
《中华人民共和国刑法》的通知

(1997年3月25日,法发〔1997〕3号)

各省、自治区、直辖市高级人民法院,解放军军事法院:

……为正确贯彻执行修订后的刑法,特作如下通知:

一、各级人民法院要认真组织广大审判人员学习修订后的刑法。……

二、各级人民法院要结合当地实际情况,与有关部门配合,广泛、深入地开展修订的刑法的宣传活动。……

三、修订的刑法实施后,各级人民法院必须坚决贯彻执行。对于修订后的刑法实施前发生的行为,10月1日实施后尚未处理或者正在处理的案件,依照修订的刑法第十二条的规定办理;对于修订的刑法实施前,人民法院已审结的案件,实施后人民法院按照审判监督程序重新审理的,适用原审结时的有关法律规定。

四、修订的刑法实施前,人民法院审判刑事案件仍然应当依照现行刑法和人大常委会修改、补充刑法的有关决定、补充规定及最高人民法院的有关司法解释,并应遵守刑事诉讼法有关程序和期限的规定。

五、修订的刑法实施后,对已明令废止的全国人大常委会有关决定和补充规定,最高人民法院原作出的有关司法解释不再适用。但是如果修订的刑法有关条文实质内容没有变化的,人民法院在刑事审判工作中,在没有新的司法解释前,可参照执行。其他对于与修订的刑法规定相抵触的司法解释,不再适用。

六、各级人民法院……

特此通知。

最高人民法院
关于在裁判文书中如何表述
修正前后刑法条文的批复

(2012年2月20日最高人民法院审判委员会第1542次会议通过,2012年5月15日公布,自2012年6月1日起施行,法释〔2012〕7号)

各省、自治区、直辖市高级人民法院,解放军军事法院,新疆维吾尔自治区高级人民

法院生产建设兵团分院:

近来,一些法院就在裁判文书中引用修正前后刑法条文如何具体表述问题请示我院。经研究,批复如下:

一、根据案件情况,裁判文书引用1997年3月14日第八届全国人民代表大会第五次会议修订的刑法条文,应当根据具体情况分别表述:

(一)有关刑法条文在修订的刑法施行后未经修正,或者经过修正,但引用的是现行有效条文,表述为"《中华人民共和国刑法》第××条"。

(二)有关刑法条文经过修正,引用修正前的条文,表述为"1997年修订的《中华人民共和国刑法》第××条"。

(三)有关刑法条文经两次以上修正,引用经修正、且为最后一次修正前的条文,表述为"经××××年《中华人民共和国刑法修正案(×)》修正的《中华人民共和国刑法》第××条"。

二、根据案件情况,裁判文书引用1997年3月14日第八届全国人民代表大会第五次会议修订前的刑法条文,应当表述为"1979年《中华人民共和国刑法》第××条"。

三、根据案件情况,裁判文书引用有关单行刑法条文,应当直接引用相应该条例、补充规定或者决定的具体条款。

四、《最高人民法院关于在裁判文书中如何引用修订前、后刑法名称的通知》(法〔1997〕192号)、《最高人民法院关于在裁判文书中如何引用刑法修正案的批复》(法释〔2007〕7号)不再适用。

(二)刑法的任务、基本原则和适用范围

最高人民法院关于审理发生在我国管辖海域相关案件若干问题的规定(一)

(2015年12月28日最高人民法院审判委员会第1674次会议通过,2016年8月1日印发,自2016年8月2日起施行,法释〔2016〕16号)

第一条 本规定所称我国管辖海域,是指中华人民共和国内水、领海、毗连区、专属经济区、大陆架,以及中华人民共和国管辖的其他海域。

第二条 中国公民或组织在我国与有关国家缔结的协定确定的共同管理的渔区或公海从事捕捞等作业的,适用本规定。

第三条 中国公民或者外国人在我国管辖海域实施非法猎捕、杀害珍贵濒危野生动物或者非法捕捞水产品等犯罪的,依照我国刑法追究刑事责任。

第七条 本规定施行后尚未审结的案件,适用本规定;本规定施行前已经终审,当事人申请再审或者按照审判监督程序决定再审的案件,不适用本规定。

最高人民法院
关于审理发生在我国管辖海域相关案件若干问题的规定(二)

(2016年5月9日最高人民法院审判委员会第1682次会议通过,2016年8月1日印发,自2016年8月2日起施行,法释〔2016〕17号)

为正确审理发生在我国管辖海域相关案件,维护当事人合法权益,根据《中华人民共和国刑法》《中华人民共和国渔业法》《中华人民共和国民事诉讼法》《中华人民共和国刑事诉讼法》《中华人民共和国行政诉讼法》,结合审判实际,制定本规定。

第一条 当事人因船舶碰撞、海洋污染等事故受到损害,请求侵权人赔偿渔船、渔具、渔货损失以及收入损失的,人民法院应予支持。

当事人违反渔业法第二十三条,未取得捕捞许可证从事海上捕捞作业,依照前款规定主张收入损失的,人民法院不予支持。

第二条 人民法院在审判执行工作中,发现违法行为,需要有关单位对其依法处理的,应及时向相关单位提出司法建议,必要时可以抄送该单位的上级机关或者主管部门。违法行为涉嫌犯罪的,依法移送刑事侦查部门处理。

第三条 违反我国国(边)境管理法规,非法进入我国领海,具有下列情形之一的,应当认定为刑法第三百二十二条规定的"情节严重":

(一)经驱赶拒不离开的;

(二)被驱离后又非法进入我国领海的;

(三)因非法进入我国领海被行政处罚或者被刑事处罚后,一年内又非法进入我国领海的;

(四)非法进入我国领海从事捕捞水产品等活动,尚不构成非法捕捞水产品等犯罪的;

(五)其他情节严重的情形。

第四条 违反保护水产资源法规,在海洋水域,在禁渔区、禁渔期或者使用禁用的工具、方法捕捞水产品,具有下列情形之一的,应当认定为刑法第三百四十条规定的"情节严重":

(一)非法捕捞水产品一万公斤以上或者价值十万元以上的;

(二)非法捕捞有重要经济价值的水生动物苗种、怀卵亲体二千公斤以上或者价值二万元以上的;

(三)在水产种质资源保护区内捕捞水产品二千公斤以上或者价值二万元以上的;

(四)在禁渔区内使用禁用的工具或者方法捕捞的;

(五)在禁渔期内使用禁用的工具或者方法捕捞的;

(六)在公海使用禁用渔具从事捕捞作业,造成严重影响的;

(七)其他情节严重的情形。

第五条 非法采捕珊瑚、砗磲或者其他珍贵、濒危水生野生动物,具有下列情形之一的,应当认定为刑法第三百四十一条第一款规定的"情节严重":

(一)价值在五十万元以上的;

(二)非法获利二十万元以上的;

（三）造成海域生态环境严重破坏的；

（四）造成严重国际影响的；

（五）其他情节严重的情形。

实施前款规定的行为，具有下列情形之一的，应当认定为刑法第三百四十一条第一款规定的“情节特别严重”：

（一）价值或者非法获利达到本条第一款规定标准五倍以上的；

（二）价值或者非法获利达到本条第一款规定的标准，造成海域生态环境严重破坏的；

（三）造成海域生态环境特别严重破坏的；

（四）造成特别严重国际影响的；

（五）其他情节特别严重的情形。

第六条 非法收购、运输、出售珊瑚、砗磲或者其他珍贵、濒危水生野生动物及其制品，具有下列情形之一的，应当认定为刑法第三百四十一条第一款规定的“情节严重”：

（一）价值在五十万元以上的；

（二）非法获利在二十万元以上的；

（三）具有其他严重情节的。

非法收购、运输、出售珊瑚、砗磲或者其他珍贵、濒危水生野生动物及其制品，具有下列情形之一的，应当认定为刑法第三百四十一条第一款规定的“情节特别严重”：

（一）价值在二百五十万元以上的；

（二）非法获利在一百万元以上的；

（三）具有其他特别严重情节的。

第七条 对案件涉及的珍贵、濒危水生野生动物的种属难以确定的，由司法鉴定机构出具鉴定意见，或者由国务院渔业行政主管部门指定的机构出具报告。

珍贵、濒危水生野生动物或者其制品的价值，依照国务院渔业行政主管部门的规定核定。核定价值低于实际交易价格的，以实际交易价格认定。

本解释所称珊瑚、砗磲，是指列入《国家重点保护野生动物名录》中国家一、二级保护的，以及列入《濒危野生动植物种国际贸易公约》附录一、附录二中的珊瑚、砗磲的所有种，包括活体和死体。

第八条 实施破坏海洋资源犯罪行为，同时构成非法捕捞罪、非法猎捕、杀害珍贵、濒危野生动物罪、组织他人偷越国（边）境罪、偷越国（边）境罪等犯罪的，依照处罚较重的规定定罪处罚。

有破坏海洋资源犯罪行为，又实施走私、妨害公务等犯罪的，依照数罪并罚的规定处理。

第九条 行政机关在行政诉讼中提交的于中华人民共和国领域外形成的，符合我国相关法律规定的证据，可以作为人民法院认定案件事实的依据。

下列证据不得作为定案依据：

（一）调查人员不具有所在国法律规定的调查权；

（二）证据调查过程不符合所在国法律规定，或者违反我国法律、法规的禁止性规定；

（三）证据不完整，或保管过程存在瑕疵，不能排除篡改可能的；

（四）提供的证据为复制件、复制品，无法与原件核对，且所在国执法部门亦未提供证明复制件、复制品与原件一致的公函；

（五）未履行中华人民共和国与该国订立的有关条约中规定的证明手续，或者未经所在国公证机关证明，并经中华人民共和国驻该国使领馆认证；

（六）不符合证据真实性、合法性、关

联性的其他情形。

第十条 行政相对人未依法取得捕捞许可证擅自进行捕捞,行政机关认为该行为构成渔业法第四十一条规定的"情节严重"情形的,人民法院应当从以下方面综合审查,并作出认定:

(一)是否未依法取得渔业船舶检验证书或渔业船舶登记证书;

(二)是否故意遮挡、涂改船名、船籍港;

(三)是否标写伪造、变造的渔业船舶船名、船籍港,或者使用伪造、变造的渔业船舶证书;

(四)是否标写其他合法渔业船舶的船名、船籍港或者使用其他渔业船舶证书;

(五)是否非法安装挖捕珊瑚等国家重点保护水生野生动物设施;

(六)是否使用相关法律、法规、规章禁用的方法实施捕捞;

(七)是否非法捕捞水产品、非法捕捞有重要经济价值的水生动物苗种、怀卵亲体或者在水产种质资源保护区内捕捞水产品,数量或价值较大;

(八)是否于禁渔区、禁渔期实施捕捞;

(九)是否存在其他严重违法捕捞行为的情形。

第十一条 行政机关对停靠在渔港,无船名、船籍港和船舶证书的船舶,采取禁止离港、指定地点停放等强制措施,行政相对人以行政机关超越法定职权为由提起诉讼的,人民法院不予支持。

第十二条 无船名、无船籍港、无渔业船舶证书的船舶从事非法捕捞,行政机关经审慎调查,在无相反证据的情况下,将现场负责人或者实际负责人认定为违法行为人的,人民法院应予支持。

第十三条 行政机关有证据证明行政相对人采取将装载物品倒入海中等故意毁灭证据的行为,但行政相对人予以否认的,人民法院可以根据行政相对人的行为给行政机关举证造成困难的实际情况,适当降低行政机关的证明标准或者决定由行政相对人承担相反事实的证明责任。

第十四条 外国公民、无国籍人、外国组织,认为我国海洋、公安、海关、渔业行政主管部门及其所属的渔政监督管理机构等执法部门在行政执法过程中侵害其合法权益的,可以依据行政诉讼法等相关法律规定提起行政诉讼。

第十五条 本规定施行后尚未审结的一审、二审案件,适用本规定;本规定施行前已经终审,当事人申请再审或者按照审判监督程序决定再审的案件,不适用本规定。

第十六条 本规定自2016年8月2日起施行。

最高人民法院
关于适用刑法时间效力
规定若干问题的解释

(1997年9月25日最高人民法院审判委员会第937次会议通过,自1997年10月1日起施行,法释〔1997〕5号)

为正确适用刑法,现就人民法院1997年10月1日以后审理的刑事案件,具体适用修订前的刑法或者修订后的刑法的有关问题规定如下:

第一条 对于行为人1997年9月30日以前实施的犯罪行为,在人民检察院、公安机关、国家安全机关立案侦查或者在人民法院受理案件以后,行为人逃避侦查或者审判,超过追诉期限或者被害人在追诉期限内提出控告,人民法院、人民检察院、公安机关应当立案而不予立案,超过追诉期限的,是否追究行为人的刑事责任,适用修订前的刑法第七十七条的规定。

第二条 犯罪分子1997年9月30日以前犯罪,不具有法定减轻处罚情节,但是根据案件的具体情况需要在法定刑以下判处刑罚的,适用修订前的刑法第五十九条第二款的规定。

第三条 前罪判处的刑罚已经执行完毕或者赦免,在1997年9月30日以前又犯应当判处有期徒刑以上刑罚之罪,是否构成累犯,适用修订前的刑法第六十一条的规定;1997年10月1日以后又犯应当判处有期徒刑以上刑罚之罪的,是否构成累犯,适用刑法第六十五条的规定。

第四条 1997年9月30日以前被采取强制措施的犯罪嫌疑人、被告人或者1997年9月30日以前犯罪,1997年10月1日以后仍在服刑的罪犯,如实供述司法机关还未掌握的本人其他罪行的,适用刑法第六十七条第二款的规定。

第五条 1997年9月30日以前犯罪的犯罪分子,有揭发他人犯罪行为,或者提供重要线索,从而得以侦破其他案件等立功表现的,适用刑法第六十八条的规定。

第六条 1997年9月30日以前犯罪被宣告缓刑的犯罪分子,在1997年10月1日以后的缓刑考验期间又犯新罪、被发现漏罪或者违反法律、行政法规或者国务院公安部门有关缓刑的监督管理规定,情节严重的,适用刑法第七十七条的规定,撤销缓刑。

第七条 1997年9月30日以前犯罪,1997年10月1日以后仍在服刑的犯罪分子,因特殊情况,需要不受执行刑期限制假释的,适用刑法第八十一条第一款的规定,报经最高人民法院核准。

第八条 1997年9月30日以前犯罪,1997年10月1日以后仍在服刑的累犯以及因杀人、爆炸、抢劫、强奸、绑架等暴力性犯罪被判处十年以上有期徒刑、无期徒刑的犯罪分子,适用修订前的刑法第七十三条的规定,可以假释。

第九条 1997年9月30日以前被假释的犯罪分子,在1997年10月1日以后的假释考验期内,又犯新罪、被发现漏罪或者违反法律、行政法规或者国务院公安部门有关假释的监督管理规定的,适用刑法第八十六条的规定,撤销假释。

第十条 按照审判监督程序重新审判的案件,适用行为时的法律。

最高人民检察院
关于检察工作中具体适用
修订刑法第十二条
若干问题的通知

(1997年9月24日最高人民检察院
第八届检察委员会第74次会议通过,
自1997年10月6日起施行,
高检发释字〔1997〕4号)

地方各级人民检察院,各级军事检察院:

根据修订刑法第十二条的规定,现

对发生在1997年9月30日以前，1997年10月1日后尚未处理或者正在处理的行为如何适用法律的若干问题通知如下：

一、如果当时的法律（包括1979年刑法，中华人民共和国惩治军人违反职责罪暂行条例，全国人大常委会关于刑事法律的决定、补充规定，民事、经济、行政法律中“依照”、“比照”刑法有关条款追究刑事责任的法律条文，下同）、司法解释认为是犯罪，修订刑法不认为是犯罪的，依法不再追究刑事责任。已经立案、侦查的，撤销案件；已批准逮捕的，撤销批准逮捕决定，并建议公安机关撤销案件；审查起诉的，作出不起诉决定；已经起诉的，建议人民法院退回案件，予以撤销；已经抗诉的，撤回抗诉。

二、如果当时的法律、司法解释认为是犯罪，修订刑法也认为是犯罪的，按从旧兼从轻的原则依法追究刑事责任：

1. 罪名、构成要件、情节以及法定刑没有变化的，适用当时的法律追究刑事责任。

2. 罪名、构成要件、情节以及法定刑已经变化的，根据从轻原则，确定适用当时的法律或者修订刑法追究刑事责任。

三、如果当时的法律不认为是犯罪，修订刑法认为是犯罪的，适用当时的法律；但行为连续或者继续到1997年10月1日以后的，对10月1日以后构成犯罪的行为适用修订刑法追究刑事责任。

最高人民法院
关于适用刑法第十二条
几个问题的解释

（1997年12月23日最高人民法院审判委员会第952次会议通过，自1998年1月13日起施行，法释〔1997〕12号）

修订后的《中华人民共和国刑法》1997年10月1日施行以来，一些地方法院就刑法第十二条适用中的几个具体问题向我院请示。现解释如下：

第一条 刑法第十二条规定的“处刑较轻”，是指刑法对某种犯罪规定的刑罚即法定刑比修订前刑法轻。法定刑较轻是指法定最高刑较轻；如果法定最高刑相同，则指法定最低刑较轻。

第二条 如果刑法规定的某一犯罪只有一个法定刑幅度，法定最高刑或者最低刑是指该法定刑幅度的最高刑或者最低刑；如果刑法规定的某一犯罪有两个以上的法定刑幅度，法定最高刑或者最低刑是指具体犯罪行为应当适用的法定刑幅度的最高刑或者最低刑。

第三条 1997年10月1日以后审理1997年9月30日以前发生的刑事案件，如果刑法规定的定罪处刑标准、法定刑与修订前刑法相同的，应当适用修订前的刑法。

最高人民检察院关于对跨越修订刑法施行日期的继续犯罪、连续犯罪以及其他同种数罪应如何具体适用刑法问题的批复

(1998年11月24日最高人民检察院第九届检察委员会第20次会议通过,1998年12月2日发布,高检发释字〔1998〕6号)

四川省人民检察院:

你院川检发研(1998)10号《关于对连续犯罪、继续犯罪如何具体适用刑法第十二条的有关问题的请示》收悉,经研究,批复如下:

对于开始于1997年9月30日以前,继续或者连续到1997年10月1日以后的行为,以及在1997年10月1日前后分别实施的同种类数罪,如果原刑法和修订刑法都认为是犯罪并且应当追诉,按照下列原则决定如何适用法律:

一、对于开始于1997年9月30日以前,继续到1997年10月1日以后终了的继续犯罪,应当适用修订刑法一并进行追诉。

二、对于开始于1997年9月30日以前,连续到1997年10月1日以后的连续犯罪,或者在1997年10月1日前后分别实施同种类数罪,其中罪名、构成要件、情节以及法定刑均没有变化的,应当适用修订刑法,一并进行追诉;罪名、构成要件、情节以及法定刑已经变化的,也应当适用修订刑法,一并进行追诉,但是修订刑法比原刑法所规定的构成要件和情节较为严格,或者法定刑较重的,在提起公诉时应当提出酌情从轻处理意见。

此复。

最高人民法院、最高人民检察院关于适用刑事司法解释时间效力问题的规定

(2001年9月18日最高人民法院审判委员会第1193次会议、2001年6月18日最高人民检察院第九届检察委员会第90次会议通过,2001年12月7日最高人民检察院公布,自2001年12月17日起施行,高检发释字〔2001〕5号)

为正确适用司法解释办理案件,现对适用刑事司法解释时间效力问题提出如下意见:

一、司法解释是最高人民法院对审判工作中具体应用法律问题和最高人民检察院对检察工作中具体应用法律问题所作的具有法律效力的解释,自发布或者规定之日起施行,效力适用于法律的施行期间。

二、对于司法解释实施前发生的行为,行为时没有相关司法解释,司法解释施行后尚未处理或者正在处理的案件,依照司法解释的规定办理。

三、对于新的司法解释实施前发生的行为,行为时已有相关司法解释,依照行为时的司法解释办理,但适用新的司法解释对犯罪嫌疑人、被告人有利的,适用新

的司法解释。

四、对于在司法解释施行前已办结的案件,按照当时的法律和司法解释,认定事实和适用法律没有错误的,不再变动。

最高人民法院
关于九七刑法实施后发生的非法买卖枪支案件,审理时新的司法解释尚未作出,是否可以参照1995年9月20日的最高人民法院《关于办理非法制造、买卖、运输非军用枪支、弹药刑事案件适用法律问题的解释》的规定审理案件请示的复函

(2003年7月29日)

原审被告人侯磊非法买卖枪支的行为发生在修订后的《刑法》实施以后,而该案审理时《最高人民法院关于审理非法制造、买卖、运输枪支、弹药、爆炸物等刑事案件具体应用法律若干问题的解释》尚未颁布,因此,依照我院法发〔1997〕3号《关于认真学习宣传贯彻修订的〈中华人民共和国刑法〉的通知》的精神,该案应参照1995年9月20日最高人民法院法发〔1995〕20号《关于办理非法制造、买卖、运输非军用枪支、弹药刑事案件适用法律问题的解释》的规定办理。

最高人民法院
关于《中华人民共和国刑法修正案(八)》时间效力问题的解释

(2011年4月20日最高人民法院审判委员会第1519次会议通过,2011年4月25日公布,自2011年5月1日起施行,法释〔2011〕9号)

为正确适用《中华人民共和国刑法修正案(八)》,根据刑法有关规定,现就人民法院2011年5月1日以后审理的刑事案件,具体适用刑法的有关问题规定如下:

第一条 对于2011年4月30日以前犯罪,依法应当判处管制或者宣告缓刑的,人民法院根据犯罪情况,认为确有必要同时禁止犯罪分子在管制期间或者缓刑考验期内从事特定活动,进入特定区域、场所,接触特定人的,适用修正后刑法第三十八条第二款或者第七十二条第二款的规定。

犯罪分子在管制期间或者缓刑考验期内,违反人民法院判决中的禁止令的,适用修正后刑法第三十八条第四款或者第七十七条第二款的规定。

第二条 2011年4月30日以前犯罪,判处死刑缓期执行的,适用修正前刑法第五十条的规定。

被告人具有累犯情节,或者所犯之罪是故意杀人、强奸、抢劫、绑架、放火、爆炸、投放危险物质或者有组织的暴力性犯罪,罪行极其严重,根据修正前刑法判处

死刑缓期执行不能体现罪刑相适应原则，而根据修正后刑法判处死刑缓期执行同时决定限制减刑可以罚当其罪的，适用修正后刑法第五十条第二款的规定。

第三条 被判处有期徒刑以上刑罚，刑罚执行完毕或者赦免以后，在2011年4月30日以前再犯应当判处有期徒刑以上刑罚之罪的，是否构成累犯，适用修正前刑法第六十五条的规定；但是，前罪实施时不满十八周岁的，是否构成累犯，适用修正后刑法第六十五条的规定。

曾犯危害国家安全犯罪，刑罚执行完毕或者赦免以后，在2011年4月30日以前再犯危害国家安全犯罪的，是否构成累犯，适用修正前刑法第六十六条的规定。

曾被判处有期徒刑以上刑罚，或者曾犯危害国家安全犯罪、恐怖活动犯罪、黑社会性质的组织犯罪，在2011年5月1日以后再犯罪的，是否构成累犯，适用修正后刑法第六十五条、第六十六条的规定。

第四条 2011年4月30日以前犯罪，虽不具有自首情节，但是如实供述自己罪行的，适用修正后刑法第六十七条第三款的规定。

第五条 2011年4月30日以前犯罪，犯罪后自首又有重大立功表现的，适用修正前刑法第六十八条第二款的规定。

第六条 2011年4月30日以前一人犯数罪，应当数罪并罚的，适用修正前刑法第六十九条的规定；2011年4月30日前后一人犯数罪，其中一罪发生在2011年5月1日以后的，适用修正后刑法第六十九条的规定。

第七条 2011年4月30日以前犯罪，被判处无期徒刑的罪犯，减刑以后或者假释前实际执行的刑期，适用修正前刑法第七十八条第二款、第八十一条第一款的规定。

第八条 2011年4月30日以前犯罪，因具有累犯情节或者系故意杀人、强奸、抢劫、绑架、放火、爆炸、投放危险物质或者有组织的暴力性犯罪并被判处十年以上有期徒刑、无期徒刑的犯罪分子，2011年5月1日以后仍在服刑的，能否假释，适用修正前刑法第八十一条第二款的规定；2011年4月30日以前犯罪，因其他暴力性犯罪被判处十年以上有期徒刑、无期徒刑的犯罪分子，2011年5月1日以后仍在服刑的，能否假释，适用修正后刑法第八十一条第二款、第三款的规定。

最高人民法院
关于《中华人民共和国刑法修正案(九)》时间效力问题的解释

(2015年10月19日最高人民法院审判委员会第1664次会议通过，2015年10月29日公布，自2015年11月1日起施行，法释〔2015〕19号)

为正确适用《中华人民共和国刑法修正案(九)》，根据《中华人民共和国刑法》第十二条规定，现就人民法院2015年11月1日以后审理的刑事案件，具体适用修正前后刑法的有关问题规定如下：

第一条 对于2015年10月31日以前因利用职业便利实施犯罪，或者实施违背职业要求的特定义务的犯罪的，不适用修正后刑法第三十七条之一第一款的规定。其他法律、行政法规另有规定的，从其规定。

第二条 对于被判处死刑缓期执行的犯罪分子,在死刑缓期执行期间,且在2015年10月31日以前故意犯罪的,适用修正后刑法第五十条第一款的规定。

第三条 对于2015年10月31日以前一人犯数罪,数罪中有判处有期徒刑和拘役,有期徒刑和管制,或者拘役和管制,予以数罪并罚的,适用修正后刑法第六十九条第二款的规定。

第四条 对于2015年10月31日以前通过信息网络实施的刑法第二百四十六条第一款规定的侮辱、诽谤行为,被害人向人民法院告诉,但提供证据确有困难的,适用修正后刑法第二百四十六条第三款的规定。

第五条 对于2015年10月31日以前实施的刑法第二百六十条第一款规定的虐待行为,被害人没有能力告诉,或者因受到强制、威吓无法告诉的,适用修正后刑法第二百六十条第三款的规定。

第六条 对于2015年10月31日以前组织考试作弊,为他人组织考试作弊提供作弊器材或者其他帮助,以及非法向他人出售或者提供考试试题、答案,根据修正前刑法应当以非法获取国家秘密罪,非法生产、销售间谍专用器材罪或者故意泄露国家秘密罪等追究刑事责任的,适用修正前刑法的有关规定。但是,根据修正后刑法第二百八十四条之一的规定处刑较轻的,适用修正后刑法的有关规定。

第七条 对于2015年10月31日以前以捏造的事实提起民事诉讼,妨害司法秩序或者严重侵害他人合法权益,根据修正前刑法应当以伪造公司、企业、事业单位、人民团体印章罪或者妨害作证罪等追究刑事责任的,适用修正前刑法的有关规定。但是,根据修正后刑法第三百零七条之一的规定处刑较轻的,适用修正后刑法的有关规定。

实施第一款行为,非法占有他人财产或者逃避合法债务,根据修正前刑法应当以诈骗罪、职务侵占罪或者贪污罪等追究刑事责任的,适用修正前刑法的有关规定。

第八条 对于2015年10月31日以前实施贪污、受贿行为,罪行极其严重,根据修正前刑法判处死刑缓期执行不能体现罪刑相适应原则,而根据修正后刑法判处死刑缓期执行同时决定在其死刑缓期执行二年期满依法减为无期徒刑后,终身监禁,不得减刑、假释可以罚当其罪的,适用修正后刑法第三百八十三条第四款的规定。根据修正前刑法判处死刑缓期执行足以罚当其罪的,不适用修正后刑法第三百八十三条第四款的规定。

第九条 本解释自2015年11月1日起施行。

最高人民法院、最高人民检察院、公安部、司法部关于适用《中华人民共和国刑法修正案(十一)》有关问题的通知

(2021年5月20日,法发〔2021〕16号)

各省、自治区、直辖市高级人民法院、人民检察院、公安厅(局)、司法厅(局),解放军军事法院、军事检察院,新疆维吾尔自

治区高级人民法院生产建设兵团分院、新疆生产建设兵团人民检察院、公安局、司法局:

为正确适用《中华人民共和国刑法修正案(十一)》(以下简称《刑法修正案(十一)》),根据《中华人民共和国刑法》第十二条等规定,现将有关问题通知如下:

一、《刑法修正案(十一)》生效后,下列司法解释、规范性文件中,与《刑法修正案(十一)》不一致的内容,不再适用;与《刑法修正案(十一)》不相冲突的内容,在新的司法解释颁行前,继续有效:

(一)《最高人民法院、最高人民检察院、公安部关于依法惩治妨害公共交通工具安全驾驶违法犯罪行为的指导意见》(公通字〔2019〕1号);

(二)《最高人民法院关于依法妥善审理高空抛物、坠物案件的意见》(法发〔2019〕25号);

(三)《最高人民法院、最高人民检察院、公安部、司法部关于办理黑恶势力犯罪案件若干问题的指导意见》(法发〔2018〕1号);

(四)《最高人民法院、最高人民检察院关于办理赌博刑事案件具体应用法律若干问题的解释》(法释〔2005〕3号);

(五)《最高人民法院、最高人民检察院、公安部关于依法惩治袭警违法犯罪行为的指导意见》(公通字〔2019〕32号);

(六)其他与《刑法修正案(十一)》不完全一致的司法解释、规范性文件。

二、2021年2月28日以前发生的行为,2021年3月1日以后尚未处理或者正在处理的,依照《中华人民共和国刑法》第十二条和相关司法解释办理。

办理前款规定的案件,适用经《刑法修正案(十一)》修正的《中华人民共和国刑法》规定的,依照《最高人民法院、最高人民检察院关于执行〈中华人民共和国刑法〉确定罪名的补充规定(七)》(法释〔2021〕2号)确定罪名。

三、修正前刑法规定的主刑较重但未规定附加刑,修正后刑法规定的主刑较轻但规定并处附加刑的,应当适用修正后刑法的有关规定,在判处主刑时并处附加刑,但应当妥当把握主刑、附加刑的幅度,确保体现从旧兼从轻的原则。

四、本通知自2021年5月20日起施行。执行过程中遇到的问题,请及时分别报告最高人民法院、最高人民检察院、公安部、司法部。

(三)犯　罪

公安部法制司关于如何确定无户籍登记的犯罪嫌疑人年龄的答复

(1997年11月24日,公法〔1997〕125号)

广东省公安厅:

你厅《关于无户籍登记的犯罪嫌疑人该如何确定其年龄的请示》(广公发传〔1997〕82号)收悉,经研究,现答复如下:

鉴于黄某的年龄在户籍资料中没有任何记载,户口登记机关无法提供准确的依据。因此,公安机关应进行司法鉴定,以确定诸如黄某等无户籍登记的犯罪嫌疑人的实际年龄。

根据目前的技术水平,还无法对犯罪嫌疑人的年龄作出精确的鉴定,对25岁以内青少年的年龄鉴定结论误差范围通常在±2岁以内,只能反映犯罪嫌疑人的年龄段(如14岁以上18岁以下)。从保护青少年的合法权益和“教育、感化、挽救”的刑事政策出发,在实际认定时,应将鉴定反映的该犯罪嫌疑人年龄段的下限即可能的最低年龄视为犯罪嫌疑人的年龄。

最高人民检察院关于“骨龄鉴定”能否作为确定刑事责任年龄证据使用的批复

(2000年2月21日,
高检发研字〔2000〕6号)

宁夏回族自治区人民检察院:

你院《关于“骨龄鉴定”能否作为证据使用的请示》收悉,经研究批复如下:

犯罪嫌疑人不讲真实姓名、住址,年龄不明的,可以委托进行骨龄鉴定或其他科学鉴定,经审查,鉴定结论能够准确确定犯罪嫌疑人实施犯罪行为时的年龄的,可以作为判断犯罪嫌疑人年龄的证据使用。如果鉴定结论不能准确确定犯罪嫌疑人实施犯罪行为时的年龄,而且鉴定结论又表明犯罪嫌疑人年龄在刑法规定的应负刑事责任年龄上下的,应当依法慎重处理。

此复。

最高人民检察院关于已满十四周岁不满十六周岁的人承担刑事责任范围问题的复函

(2002年8月9日,
高检发研字〔2002〕17号)

四川省人民检察院:

你院关于已满十四周岁不满十六周岁的人承担刑事责任范围问题的请示(川检发研〔2001〕13号)收悉。我们就此问题询问了全国人民代表大会常务委员会法制工作委员会,现将全国人民代表大会常务委员会法制工作委员会的答复意见[①]转发你院,请遵照执行。

此复。

最高人民检察院法律政策研究室关于相对刑事责任年龄的人承担刑事责任范围有关问题的答复

(2003年4月18日,
高检发研字〔2003〕13号)

四川省人民检察院研究室:

你院关于相对刑事责任年龄的人承

① 该答复意见内容请见《全国人民代表大会常务委员会法制工作委员会〈关于已满十四周岁不满十六周岁的人承担刑事责任范围问题的答复意见〉》。

担刑事责任范围问题的请示(川检发办〔2002〕47号)收悉。经研究,答复如下:

一、相对刑事责任年龄的人实施了刑法第十七条第二款规定的行为,应当追究刑事责任的,其罪名应当根据所触犯的刑法分则具体条文认定。对于绑架后杀害被绑架人的,其罪名应认定为绑架罪。

二、相对刑事责任年龄的人实施了刑法第二百六十九条规定的行为的,应当依照刑法第二百六十三条的规定,以抢劫罪追究刑事责任。[①] 但对情节显著轻微,危害不大的,可根据刑法第十三条的规定,不予追究刑事责任。

此复。

最高人民法院
关于审理未成年人刑事案件
具体应用法律若干问题的解释

(2005年12月12日最高人民法院审判委员会第1373次会议通过,2006年1月11日公布,自2006年1月23日起施行,法释〔2006〕1号)

为正确审理未成年人刑事案件,贯彻"教育为主,惩罚为辅"的原则,根据刑法等有关法律的规定,现就审理未成年人刑事案件具体应用法律的若干问题解释如下:

第一条　本解释所称未成年人刑事案件,是指被告人实施被指控的犯罪时已满十四周岁不满十八周岁的案件。

第二条　刑法第十七条规定的"周岁",按照公历的年、月、日计算,从周岁生日的第二天起算。

第三条　审理未成年人刑事案件,应当查明被告人实施被指控的犯罪时的年龄。裁判文书中应当写明被告人出生的年、月、日。

第四条　对于没有充分证据证明被告人实施被指控的犯罪时已经达到法定刑事责任年龄且确实无法查明的,应当推定其没有达到相应法定刑事责任年龄。

相关证据足以证明被告人实施被指控的犯罪时已经达到法定刑事责任年龄,但是无法准确查明被告人具体出生日期的,应当认定其达到相应法定刑事责任年龄。

第五条　已满十四周岁不满十六周岁的人实施刑法第十七条第二款规定以外的行为,如果同时触犯了刑法第十七条第二款规定的,应当依照刑法第十七条第二款的规定确定罪名,定罪处罚。

第六条　已满十四周岁不满十六周岁的人偶尔与幼女发生性行为,情节轻微、未造成严重后果的,不认为是犯罪。

第七条　已满十四周岁不满十六周岁的人使用轻微暴力或者威胁,强行索要其他未成年人随身携带的生活、学习用品或者钱财数量不大,且未造成被害人轻微伤以上或者不敢正常到校学习、生活等危害后果的,不认为是犯罪。

已满十六周岁不满十八周岁的人具有前款规定情形的,一般也不认为是犯罪。

第八条　已满十六周岁不满十八周岁的人出于以大欺小、以强凌弱或者寻求

① 该规定与最高法2006年《关于审理未成年人刑事案件具体应用法律若干问题的解释》第十条的规定不一致。

精神刺激,随意殴打其他未成年人、多次对其他未成年人强拿硬要或者任意损毁公私财物,扰乱学校及其他公共场所秩序,情节严重的,以寻衅滋事罪定罪处罚。

第九条 已满十六周岁不满十八周岁的人实施盗窃行为未超过三次,盗窃数额虽已达到"数额较大"标准,但案发后能如实供述全部盗窃事实并积极退赃,且具有下列情形之一的,可以认定为"情节显著轻微危害不大",不认为是犯罪:

(一)系又聋又哑的人或者盲人;

(二)在共同盗窃中起次要或者辅助作用,或者被胁迫;

(三)具有其他轻微情节的。

已满十六周岁不满十八周岁的人盗窃未遂或者中止的,可不认为是犯罪。

已满十六周岁不满十八周岁的人盗窃自己家庭或者近亲属财物,或者盗窃其他亲属财物但其他亲属要求不予追究的,可不按犯罪处理。

第十条 已满十四周岁不满十六周岁的人盗窃、诈骗、抢夺他人财物,为窝藏赃物、抗拒抓捕或者毁灭罪证,当场使用暴力,故意伤害致人重伤或者死亡,或者故意杀人的,应当分别以故意伤害罪或者故意杀人罪定罪处罚。

已满十六周岁不满十八周岁的人犯盗窃、诈骗、抢夺罪,为窝藏赃物、抗拒抓捕或者毁灭罪证而当场使用暴力或者以暴力相威胁的,应当依照刑法第二百六十九条的规定定罪处罚;情节轻微的,可不以抢劫罪定罪处罚。

第十一条 对未成年罪犯适用刑罚,应当充分考虑是否有利于未成年罪犯的教育和矫正。

对未成年罪犯量刑应当依照刑法第六十一条的规定,并充分考虑未成年人实施犯罪行为的动机和目的、犯罪时的年龄、是否初次犯罪、犯罪后的悔罪表现、个人成长经历和一贯表现等因素。对符合管制、缓刑、单处罚金或者免予刑事处罚适用条件的未成年罪犯,应当依法适用管制、缓刑、单处罚金或者免予刑事处罚。

第十二条 行为人在达到法定刑事责任年龄前后均实施了犯罪行为,只能依法追究其达到法定刑事责任年龄后实施的犯罪行为的刑事责任。

行为人在年满十八周岁前后实施了不同种犯罪行为,对其年满十八周岁以前实施的犯罪应当依法从轻或者减轻处罚。行为人在年满十八周岁前后实施了同种犯罪行为,在量刑时应当考虑对年满十八周岁以前实施的犯罪,适当给予从轻或者减轻处罚。

第十三条 未成年人犯罪只有罪行极其严重的,才可以适用无期徒刑。对已满十四周岁不满十六周岁的人犯罪一般不判处无期徒刑。

第十四条 除刑法规定"应当"附加剥夺政治权利外,对未成年罪犯一般不判处附加剥夺政治权利。

如果对未成年罪犯判处附加剥夺政治权利的,应当依法从轻判处。

对实施被指控犯罪时未成年、审判时已成年的罪犯判处附加剥夺政治权利,适用前款的规定。

第十五条 对未成年罪犯实施刑法规定的"并处"没收财产或者罚金的犯罪,应当依法判处相应的财产刑;对未成年罪犯实施刑法规定的"可以并处"没收财产或者罚金的犯罪,一般不判处财产刑。

对未成年罪犯判处罚金刑时,应当依法从轻或者减轻判处,并根据犯罪情节,综合考虑其缴纳罚金的能力,确定罚金数额。但罚金的最低数额不得少于五百元人民币。

对被判处罚金刑的未成年罪犯,其监护人或者其他人自愿代为垫付罚金的,人民法院应当允许。

第十六条 对未成年罪犯符合刑法第七十二条第一款规定的,可以宣告缓刑。如果同时具有下列情形之一,对其适用缓刑确实不致再危害社会的,应当宣告缓刑:

(一)初次犯罪;

(二)积极退赃或赔偿被害人经济损失;

(三)具备监护、帮教条件。

第十七条 未成年罪犯根据其所犯罪行,可能被判处拘役、三年以下有期徒刑,如果悔罪表现好,并具有下列情形之一的,应当依照刑法第三十七条的规定免予刑事处罚:

(一)系又聋又哑的人或者盲人;

(二)防卫过当或者避险过当;

(三)犯罪预备、中止或者未遂;

(四)共同犯罪中从犯、胁从犯;

(五)犯罪后自首或者有立功表现;

(六)其他犯罪情节轻微不需要判处刑罚的。

第十八条 对未成年罪犯的减刑、假释,在掌握标准上可以比照成年罪犯依法适度放宽。

未成年罪犯能认罪服法,遵守监规,积极参加学习、劳动的,即可视为"确有悔改表现"予以减刑,其减刑的幅度可以适当放宽,间隔的时间可以相应缩短。符合刑法第八十一条第一款规定的,可以假释。

未成年罪犯在服刑期间已经成年的,对其减刑、假释可以适用上述规定。

第十九条 刑事附带民事案件的未成年被告人有个人财产的,应当由本人承担民事赔偿责任,不足部分由监护人予以赔偿,但单位担任监护人的除外。

被告人对被害人物质损失的赔偿情况,可以作为量刑情节予以考虑。

第二十条 本解释自公布之日起施行。《最高人民法院关于办理未成年人刑事案件适用法律的若干问题的解释》(法发〔1995〕9号)自本解释公布之日起不再执行。

最高人民检察院
关于对涉嫌盗窃的不满16周岁
未成年人采取刑事拘留强制
措施是否违法问题的批复

(2011年1月10日最高人民检察院第十一届检察委员会第54次会议通过,自2011年1月25日起施行)

北京市人民检察院:

你院京检字(2010)1107号《关于对涉嫌盗窃的不满16周岁未成年人采取刑事拘留强制措施是否违法的请示》收悉。经研究,批复如下:

根据刑法、刑事诉讼法、未成年人保护法等有关法律规定,对于实施犯罪时未满16周岁的未成年人,且未犯刑法第十七条第二款规定之罪的,公安机关查明犯罪嫌疑人实施犯罪时年龄确系未满16周岁依法不负刑事责任后仍予以刑事拘留的，检察机关应当及时提出纠正意见。

此复。

人民检察院办理未成年人刑事案件的规定

（2002 年 3 月 25 日最高人民检察院第九届检察委员会第 105 次会议通过，2006 年 12 月 28 日最高人民检察院第十届检察委员会第 68 次会议第一次修订，2013 年 12 月 19 日最高人民检察院第十二届检察委员会第 14 次会议第二次修订，2013 年 12 月 27 日印发，高检发研字〔2013〕7 号）

第二十六条 对于犯罪情节轻微，具有下列情形之一，依照刑法规定不需要判处刑罚或者免除刑罚的未成年犯罪嫌疑人，一般应当依法作出不起诉决定：

（一）被胁迫参与犯罪的；

（二）犯罪预备、中止、未遂的；

（三）在共同犯罪中起次要或者辅助作用的；

（四）系又聋又哑的人或者盲人的；

（五）因防卫过当或者紧急避险过当构成犯罪的；

（六）有自首或者立功表现的；

（七）其他依照刑法规定不需要判处刑罚或者免除刑罚的情形。

第二十七条 对于未成年人实施的轻伤害案件、初次犯罪、过失犯罪、犯罪未遂的案件以及被诱骗或者被教唆实施的犯罪案件等，情节轻微，犯罪嫌疑人确有悔罪表现，当事人双方自愿就民事赔偿达成协议并切实履行或者经被害人同意并提供有效担保，符合刑法第三十七条规定的，人民检察院可以依照刑事诉讼法第一百七十三条第二款的规定作出不起诉决定，并可以根据案件的不同情况，予以训诫或者责令具结悔过、赔礼道歉、赔偿损失，或者由主管部门予以行政处罚。

第二十九条 对于犯罪时已满十四周岁不满十八周岁的未成年人，同时符合下列条件的，人民检察院可以作出附条件不起诉决定：

（一）涉嫌刑法分则第四章、第五章、第六章规定的犯罪；

（二）根据具体犯罪事实、情节，可能被判处一年有期徒刑以下刑罚；

（三）犯罪事实清楚，证据确实、充分，符合起诉条件；

（四）具有悔罪表现。

第四十六条 被附条件不起诉的未成年犯罪嫌疑人，在考验期内有下列情形之一的，人民检察院应当撤销附条件不起诉的决定，提起公诉：

（一）实施新的犯罪的；

（二）发现决定附条件不起诉以前还有其他犯罪需要追诉的；

（三）违反治安管理规定，造成严重后果，或者多次违反治安管理规定的；

（四）违反考察机关有关附条件不起诉的监督管理规定，造成严重后果，或者多次违反考察机关有关附条件不起诉的监督管理规定的。

第五十九条 对于具有下列情形之一，依法可能判处拘役、三年以下有期徒刑，有悔罪表现，宣告缓刑对所居住社区没有重大不良影响，具备有效监护条件或者社会帮教措施、适用缓刑确实不致再危害社会的未成年被告人，人民检察院应当建议人民法院适用缓刑：

(一)犯罪情节较轻,未造成严重后果的;

(二)主观恶性不大的初犯或者胁从犯、从犯;

(三)被害人同意和解或者被害人有明显过错的;

(四)其他可以适用缓刑的情节。

建议宣告缓刑,可以根据犯罪情况,同时建议禁止未成年被告人在缓刑考验期限内从事特定活动,进入特定区域、场所,接触特定的人。

人民检察院提出对未成年被告人适用缓刑建议的,应当将未成年被告人能够获得有效监护、帮教的书面材料于判决前移送人民法院。

第八十条 实施犯罪行为的年龄,一律按公历的年、月、日计算。从周岁生日的第二天起,为已满××周岁。

第八十三条 本规定自发布之日起施行,最高人民检察院 2007 年 1 月 9 日发布的《人民检察院办理未成年人刑事案件的规定》同时废止。

最高人民检察院
未成年人刑事检察
工作指引(试行)

(2017 年 3 月 2 日,
高检发未检〔2017〕1 号)

第七十一条 对于达成和解协议的未成年人刑事案件,人民检察院可以作出不批准逮捕的决定;已经逮捕的,应当进行羁押必要性审查,对于不需要继续羁押的,及时建议公安机关释放或者自行变更强制措施。

符合法律规定条件的,人民检察院可以决定不起诉或者附条件不起诉;依法提起公诉的,人民检察院应当向人民法院提出从轻、减轻或者免除处罚的量刑建议。

对案件审查终结前,和解协议未能全部履行完毕,且需要依法提起公诉的,人民检察院应当在量刑建议中向人民法院说明情况,将刑事和解协议及已履行部分的证明材料随案移送人民法院。

因客观原因无法履行和解协议或者加害方有和解意愿,但因客观原因无法达成和解协议的,可以参照上述规定执行。

第一百五十二条 人民检察院审查未成年人刑事案件,应当注重对未成年人年龄证据的审查,重点审查是否已满十四、十六、十八周岁。

对于未成年人年龄证据,一般应当以公安机关加盖公章、附有未成年人照片的户籍证明为准。当户籍证明与其他证据存在矛盾时,应当遵循以下原则:

(一)可以调取医院的分娩记录、出生证明、户口簿、户籍登记底卡、居民身份证、临时居住证、护照、入境证明、港澳居民来往内地通行证、台湾居民来往大陆通行证、中华人民共和国旅行证、学籍卡、计生台帐、防疫证、(家)族谱等证明文件,收集接生人员、邻居、同学等其他无利害关系人的证言,综合审查判断,排除合理怀疑,采纳各证据共同证实的相对一致的年龄。

(二)犯罪嫌疑人不讲真实姓名、住址,年龄不明的,可以委托进行骨龄鉴定或者其他科学鉴定。经审查,鉴定意见能够准确确定犯罪嫌疑人实施犯罪行为时的年龄的,可以作为判断犯罪嫌疑人年龄的证据参考。若鉴定意见不能准确确定犯罪嫌疑人实施犯罪行为时的年龄，而且显示犯罪嫌疑人年龄在法定应负刑事责任年龄上下，但无法查清真实年龄的，应当作出有利于犯罪嫌疑人的认定。

第一百七十六条 对于犯罪情节轻微，具有下列情形之一，依照刑法规定不需要判处刑罚或者免除刑罚的未成年犯罪嫌疑人，一般应当依法作出不起诉决定：

（一）被胁迫参与犯罪的；

（二）犯罪预备、中止、未遂的；

（三）在共同犯罪中起次要或者辅助作用的；

（四）系又聋又哑的人或者盲人的；

（五）因防卫过当或者紧急避险过当构成犯罪的；

（六）有自首或者立功表现的；

（七）其他依照刑法规定不需要判处刑罚或者免除刑罚的情形。

对于未成年人轻伤害、初次犯罪、过失犯罪、犯罪未遂以及被诱骗或者被教唆实施犯罪等，情节轻微，确有悔罪表现，当事人双方自愿就民事赔偿达成协议并切实履行，或者经被害人同意并提供有效担保，符合刑法第三十七条规定的，人民检察院可以依照刑事诉讼法第一百七十三条第二款的规定作出不起诉决定，并根据案件的不同情况，予以训诫或者责令具结悔过、赔礼道歉、赔偿损失，或者由主管部门予以行政处罚。

第一百八十一条 对于符合以下条件的案件，人民检察院可以作出附条件不起诉的决定：

（一）犯罪嫌疑人实施犯罪行为时系未成年人的；

（二）涉嫌刑法分则第四章、第五章、第六章规定的犯罪的；

（三）可能被判处一年有期徒刑以下刑罚的；

（四）犯罪事实清楚，证据确实、充分，符合起诉条件的；

（五）犯罪嫌疑人具有悔罪表现的。

人民检察院可以参照《最高人民法院关于常见犯罪的量刑指导意见》并综合考虑全案情况和量刑情节，衡量是否"可能判处一年有期徒刑以下刑罚"。

具有下列情形之一的，一般认为具有悔罪表现：

（一）犯罪嫌疑人认罪认罚的；

（二）向被害人赔礼道歉、积极退赃、尽力减少或者赔偿损失的；

（三）取得被害人谅解的；

（四）具有自首或者立功表现的；

（五）犯罪中止的；

（六）其他具有悔罪表现的情形。

对于符合附条件不起诉条件，实施犯罪行为时未满十八周岁，但诉讼时已成年的犯罪嫌疑人，人民检察院可以作出附条件不起诉决定。

第二百一十四条 对于具有下列情形之一，依法可能判处拘役、三年以下有期徒刑，有悔罪表现，宣告缓刑对所居住社区没有重大不良影响，具备有效监护条件或者社会帮教措施，适用缓刑确实不致再危害社会的未成年被告人，人民检察院应当建议人民法院适用缓刑：

（一）犯罪情节较轻，未造成严重后果的；

（二）主观恶性不大的初犯或者胁从犯、从犯；

（三）被害人同意和解或者被害人有明显过错的；

（四）其他可以适用缓刑的情形。

人民检察院提出对未成年被告人适用缓刑建议的,应当将未成年被告人能够获得有效监护、帮教的书面材料于判决前移送人民法院。

第二百一十五条 人民检察院根据未成年被告人的犯罪原因、犯罪性质、犯罪手段、犯罪后的认罪悔罪表现、个人一贯表现等情况,充分考虑与未成年被告人所犯罪行的关联程度,可以有针对性地建议人民法院判处未成年被告人在管制执行期间、缓刑考验期限内适用禁止令:

(一)禁止从事以下一项或者几项活动:

1. 因无监护人监管或监护人监管不力,经常夜不归宿的,禁止在未经社区矫正机构批准的情况下在外留宿过夜;

2. 因沉迷暴力、色情等网络游戏诱发犯罪的,禁止接触网络游戏;

3. 附带民事赔偿义务未履行完毕,违法所得未追缴、退赔到位,或者罚金尚未足额缴纳的,禁止进行高消费活动。高消费的标准可根据当地居民人均收入和支出水平确定;

4. 其他确有必要禁止从事的活动。

(二)禁止进入以下一类或者几类区域、场所:

1. 因出入未成年人不宜进入的场所导致犯罪的,禁止进入夜总会、歌舞厅、酒吧、迪厅、营业性网吧、游戏机房、溜冰场等场所;

2. 经常以大欺小、以强凌弱进行寻衅滋事,在学校周边实施违法犯罪行为的,禁止进入中小学校区、幼儿园园区及周边地区。确因本人就学、居住等原因的除外;

3. 其他确有必要禁止进入的区域、场所。

(三)禁止接触以下一类或者几类人员:

1. 因受同案犯不良影响导致犯罪的,禁止除正常工作、学习外接触同案犯;

2. 为保护特定人员,禁止在未经对方同意的情况下接触被害人、证人、控告人、举报人及其近亲属;

3. 禁止接触其他可能遭受其侵害、滋扰的人或者可能诱发其再次危害社会的人。

建议适用禁止令,应当把握好禁止令的针对性、可行性和预防性,并向未成年被告人及其法定代理人阐明适用禁止令的理由,督促法定代理人协助司法机关加强监管,促进未成年被告人接受矫治和回归社会。

最高人民法院、最高人民检察院、公安部、国家安全部、司法部关于人民警察执行职务中实行正当防卫的具体规定

[1983年9月14日,
〔83〕公发(研)109号]

《中华人民共和国刑法》第十七条关于对不法侵害采取正当防卫行为的规定,适用于全体公民。鉴于人民警察是武装性质的国家治安行政力量,在打击和制止犯罪、维护社会治安、保护公共利益和公民合法权益、保卫国家政权和社会主义现代化建设方面,负有特定责任,现对人民警察执行职务中实行正当防卫问题,作如下具体规定。

一、遇有下列情形之一,人民警察必须采取正当防卫行为,使正在进行不法侵害行为的人丧失侵害能力或者中止侵害行为:

(一)暴力劫持或控制飞机、船舰、火

车、电车、汽车等交通工具,危害公共安全时;

(二)驾驶交通工具蓄意危害公共安全时;

(三)正在实施纵火、爆炸、凶杀、抢劫以及其他严重危害公共安全、人身安全和财产安全的行为时;

(四)人民警察保卫的特定对象、目标受到暴力侵袭或者有受到暴力侵袭的紧迫危险时;

(五)执行收容、拘留、逮捕、审讯、押解人犯和追捕逃犯,遇有以暴力抗拒、抢夺武器、行凶等非常情况时;

(六)聚众劫狱或看守所、拘役所、拘留所、监狱和劳改、劳教场所的被监管人员暴动、行凶、抢夺武器时;

(七)人民警察遇到暴力侵袭,或佩带的枪支、警械被抢夺时。

二、人民警察执行职务中实行正当防卫,可以按照1980年7月5日国务院批准的《人民警察使用武器和警械的规定》(该规定已废止,现行为1996年制定的《人民警察使用警械和武器条例》),使用警械直至开枪射击。

三、遇有下列情形之一时,应当停止防卫行为:

(一)不法侵害行为已经结束;

(二)不法侵害行为确已自动中止;

(三)不法侵害人已经被制服,或者已经丧失侵害能力。

四、人民警察在必须实行正当防卫行为的时候,放弃职守,致使公共财产、国家和人民利益遭受严重损失的,依法追究刑事责任;后果轻微的,由主管部门酌情给予行政处分。

五、人民警察采取的正当防卫行为,不负刑事责任。

防卫超过必要限度造成不应有的危害的,应当负刑事责任,但是应当酌情减轻或者免除处罚。

六、人民警察在使用武器或其他警械实施防卫时,必须注意避免伤害其他人。

七、本规定也适用于国家审判机关、检察机关、公安机关、国家安全机关和司法行政机关其他依法执行职务的人员。

最高人民法院、最高人民检察院、公安部关于依法适用正当防卫制度的指导意见

(2020年8月28日印发,法发〔2020〕31号)

为依法准确适用正当防卫制度,维护公民的正当防卫权利,鼓励见义勇为,弘扬社会正气,把社会主义核心价值观融入刑事司法工作,根据《中华人民共和国刑法》和《中华人民共和国刑事诉讼法》的有关规定,结合工作实际,制定本意见。

一、总体要求

1. 把握立法精神,严格公正办案。正当防卫是法律赋予公民的权利。要准确理解和把握正当防卫的法律规定和立法精神,对于符合正当防卫成立条件的,坚决依法认定。要切实防止"谁能闹谁有理""谁死伤谁有理"的错误做法,坚决捍卫"法不能向不法让步"的法治精神。

2. 立足具体案情,依法准确认定。要立足防卫人防卫时的具体情境,综合考虑案件发生的整体经过,结合一般人在类似

情境下的可能反应,依法准确把握防卫的时间、限度等条件。要充分考虑防卫人面临不法侵害时的紧迫状态和紧张心理,防止在事后以正常情况下冷静理性、客观精确的标准去评判防卫人。

3. 坚持法理情统一,维护公平正义。认定是否构成正当防卫、是否防卫过当以及对防卫过当裁量刑罚时,要注重查明前因后果,分清是非曲直,确保案件处理于法有据、于理应当、于情相容,符合人民群众的公平正义观念,实现法律效果与社会效果的有机统一。

4. 准确把握界限,防止不当认定。对于以防卫为名行不法侵害之实的违法犯罪行为,要坚决避免认定为正当防卫或者防卫过当。对于虽具有防卫性质,但防卫行为明显超过必要限度造成重大损害的,应当依法认定为防卫过当。

二、正当防卫的具体适用

5. 准确把握正当防卫的起因条件。正当防卫的前提是存在不法侵害。不法侵害既包括侵犯生命、健康权利的行为,也包括侵犯人身自由、公私财产等权利的行为;既包括犯罪行为,也包括违法行为。不应将不法侵害不当限缩为暴力侵害或者犯罪行为。对于非法限制他人人身自由、非法侵入他人住宅等不法侵害,可以实行防卫。不法侵害既包括针对本人的不法侵害,也包括危害国家、公共利益或者针对他人的不法侵害。对于正在进行的拉拽方向盘、殴打司机等妨害安全驾驶、危害公共安全的违法犯罪行为,可以实行防卫。成年人对于未成年人正在实施的针对其他未成年人的不法侵害,应当劝阻、制止;劝阻、制止无效的,可以实行防卫。

6. 准确把握正当防卫的时间条件。正当防卫必须是针对正在进行的不法侵害。对于不法侵害已经形成现实、紧迫危险的,应当认定为不法侵害已经开始;对于不法侵害虽然暂时中断或者被暂时制止,但不法侵害人仍有继续实施侵害的现实可能性的,应当认定为不法侵害仍在进行;在财产犯罪中,不法侵害人虽已取得财物,但通过追赶、阻击等措施能够追回财物的,可以视为不法侵害仍在进行;对于不法侵害人确已失去侵害能力或者确已放弃侵害的,应当认定为不法侵害已经结束。对于不法侵害是否已经开始或者结束,应当立足防卫人在防卫时所处情境,按照社会公众的一般认知,依法作出合乎情理的判断,不能苛求防卫人。对于防卫人因为恐慌、紧张等心理,对不法侵害是否已经开始或者结束产生错误认识的,应当根据主客观相统一原则,依法作出妥当处理。

7. 准确把握正当防卫的对象条件。正当防卫必须针对不法侵害人进行。对于多人共同实施不法侵害的,既可以针对直接实施不法侵害的人进行防卫,也可以针对在现场共同实施不法侵害的人进行防卫。明知侵害人是无刑事责任能力人或者限制刑事责任能力人的,应当尽量使用其他方式避免或者制止侵害;没有其他方式可以避免、制止不法侵害,或者不法侵害严重危及人身安全的,可以进行反击。

8. 准确把握正当防卫的意图条件。正当防卫必须是为了使国家、公共利益、本人或者他人的人身、财产和其他权利免受不法侵害。对于故意以语言、行为等挑动对方侵害自己再予以反击的防卫挑拨,不应认定为防卫行为。

9. 准确界分防卫行为与相互斗殴。防卫行为与相互斗殴具有外观上的相似性，准确区分两者要坚持主客观相统一原则，通过综合考量案发起因、对冲突升级是否有过错、是否使用或者准备使用凶器、是否采用明显不相当的暴力、是否纠集他人参与打斗等客观情节，准确判断行为人的主观意图和行为性质。

因琐事发生争执，双方均不能保持克制而引发打斗，对于有过错的一方先动手且手段明显过激，或者一方先动手，在对方努力避免冲突的情况下仍继续侵害的，还击一方的行为一般应当认定为防卫行为。

双方因琐事发生冲突，冲突结束后，一方又实施不法侵害，对方还击，包括使用工具还击的，一般应当认定为防卫行为。不能仅因行为人事先进行防卫准备，就影响对其防卫意图的认定。

10. 防止将滥用防卫权的行为认定为防卫行为。对于显著轻微的不法侵害，行为人在可以辨识的情况下，直接使用足以致人重伤或者死亡的方式进行制止的，不应认定为防卫行为。不法侵害系因行为人的重大过错引发，行为人在可以使用其他手段避免侵害的情况下，仍故意使用足以致人重伤或者死亡的方式还击的，不应认定为防卫行为。

三、防卫过当的具体适用

11. 准确把握防卫过当的认定条件。根据刑法第二十条第二款的规定，认定防卫过当应当同时具备“明显超过必要限度”和“造成重大损害”两个条件，缺一不可。

12. 准确认定“明显超过必要限度”。防卫是否“明显超过必要限度”，应当综合不法侵害的性质、手段、强度、危害程度和防卫的时机、手段、强度、损害后果等情节，考虑双方力量对比，立足防卫人防卫时所处情境，结合社会公众的一般认知作出判断。在判断不法侵害的危害程度时，不仅要考虑已经造成的损害，还要考虑造成进一步损害的紧迫危险性和现实可能性。不应当苛求防卫人必须采取与不法侵害基本相当的反击方式和强度。通过综合考量，对于防卫行为与不法侵害相差悬殊、明显过激的，应当认定防卫明显超过必要限度。

13. 准确认定“造成重大损害”。“造成重大损害”是指造成不法侵害人重伤、死亡。造成轻伤及以下损害的，不属于重大损害。防卫行为虽然明显超过必要限度但没有造成重大损害的，不应认定为防卫过当。

14. 准确把握防卫过当的刑罚裁量。防卫过当应当负刑事责任，但是应当减轻或者免除处罚。要综合考虑案件情况，特别是不法侵害人的过错程度、不法侵害的严重程度以及防卫人面对不法侵害的恐慌、紧张等心理，确保刑罚裁量适当、公正。对于因侵害人实施严重贬损他人人格尊严、严重违反伦理道德的不法侵害，或者多次、长期实施不法侵害所引发的防卫过当行为，在量刑时应当充分考虑，以确保案件处理既经得起法律检验，又符合社会公平正义观念。

四、特殊防卫的具体适用

15. 准确理解和把握“行凶”。根据刑法第二十条第三款的规定，下列行为应当认定为“行凶”：(1)使用致命性凶器，严重危及他人人身安全的；(2)未使用凶器或者未使用致命性凶器，但是根据不法侵害的人数、打击部位和力度等情况，确已严重危及他人人身安全的。虽然尚未造成实际损害，但已对人身安全造成严重、紧迫危险的，可以认定为“行凶”。

16. 准确理解和把握“杀人、抢劫、强奸、绑架”。刑法第二十条第三款规定的

"杀人、抢劫、强奸、绑架",是指具体犯罪行为而不是具体罪名。在实施不法侵害过程中存在杀人、抢劫、强奸、绑架等严重危及人身安全的暴力犯罪行为的,如以暴力手段抢劫枪支、弹药、爆炸物或者以绑架手段拐卖妇女、儿童的,可以实行特殊防卫。有关行为没有严重危及人身安全的,应当适用一般防卫的法律规定。

17. 准确理解和把握"其他严重危及人身安全的暴力犯罪"。刑法第二十条第三款规定的"其他严重危及人身安全的暴力犯罪",应当是与杀人、抢劫、强奸、绑架行为相当,并具有致人重伤或者死亡的紧迫危险和现实可能的暴力犯罪。

18. 准确把握一般防卫与特殊防卫的关系。对于不符合特殊防卫起因条件的防卫行为,致不法侵害人伤亡的,如果没有明显超过必要限度,也应当认定为正当防卫,不负刑事责任。

五、工作要求(略)

最高人民法院、最高人民检察院、公安部关于当前办理集团犯罪案件中具体应用法律的若干问题的解答

(1984年6月15日,〔84〕法研字第9号)

一、怎样办理团伙犯罪的案件?

办理团伙犯罪的重大案件,应当在党的方针政策指导下,依照刑法和《全国人民代表大会常务委员会关于严惩严重危害社会治安的犯罪分子的决定》的有关规定执行。鉴于在刑法和全国人大常委会的有关决定中,只有共同犯罪和犯罪集团的规定,在法律文书中,应当统一使用法律规定的提法。即:

办理团伙犯罪案件,凡其中符合刑事犯罪集团基本特征的,应按犯罪集团处理;不符合犯罪集团基本特征的,就按一般共同犯罪处理,并根据其共同犯罪的事实和情节,该重判的重判,该轻判的轻判。

对犯罪团伙既要坚决打击,又必须打准。不要把三人以上共同犯罪,但罪行较轻、危害较小的案件当作犯罪团伙,进而当作"犯罪集团"来严厉打击。

二、在办案实践中怎样认定刑事犯罪集团?

刑事犯罪集团一般应具备下列基本特征:(1)人数较多(三人以上),重要成员固定或基本固定。(2)经常纠集一起进行一种或数种严重的刑事犯罪活动。(3)有明显的首要分子。有的首要分子是在纠集过程中形成的,有的首要分子在纠集开始时就是组织者和领导者。(4)有预谋地实施犯罪活动。(5)不论作案次数多少,对社会造成的危害或其具有的危险性都很严重。

刑事犯罪集团的首要分子,是指在该集团中起组织、策划、指挥作用的犯罪分子(见刑法第二十三条、第八十六条)。首要分子可以是一名,也可以不止一名。首要分子应对该集团经过预谋、有共同故意的全部罪行负责。集团的其他成员,应按其地位和作用,分别对其参与实施的具体罪行负责。如果某个成员实施了该集团共同故意犯罪范围以外的其他犯罪,则应由他个人负责。

对单一的犯罪集团,应按其所犯的罪定性;对一个犯罪集团犯多种罪的,应按

其主罪定性；犯罪集团成员或一般共同犯罪的共犯，犯数罪的，分别按数罪并罚的原则处罚。

三、为什么对共同犯罪的案件必须坚持全案审判？

办理共同犯罪案件特别是集团犯罪案件，除对其中已逃跑的成员可以另案处理外，一定要把全案的事实查清，然后对应当追究刑事责任的同案人，全案起诉，全案判处。切不要全案事实还没有查清，就急于杀掉首要分子或主犯，或者把案件拆散，分开处理。这样做，不仅可能造成定罪不准，量刑失当，而且会造成死无对证，很容易漏掉同案成员的罪行，甚至漏掉罪犯，难以做到依法"从重从快，一网打尽"。

四、办理犯罪集团和一般共同犯罪中的重大案件，怎样执行党的政策，做到区别对待？

办理上述两类案件，应根据犯罪分子在犯罪活动中的地位、作用及危害大小，依照党的政策和刑法、全国人大常委会有关决定的规定，实行区别对待。

对犯罪集团的首要分子和其他主犯，一般共同犯罪中的重大案件的主犯，应依法从重严惩，其中罪行特别严重、不杀不足以平民愤的，应依法判处死刑。

上述两类案件的从犯，应根据其不同的犯罪情节，比照主犯依法从轻、减轻或者免除刑罚。对于胁从犯，应比照从犯依法减轻处罚或免除处罚。犯罪情节轻微，不需要追究刑事责任的，可以免予起诉或由公安部门作其他处理。

对于同犯罪集团成员有一般来往，而无犯罪行为的人，不要株连。

五、有些犯罪分子参加几起共同犯罪活动，应如何办理这些案件？

对这类案件，应分案判处，不能凑合成一案处理。某罪犯主要参加那个案件的共同犯罪活动，就列入那个案件去处理（在该犯参加的其他案件中可注明该犯已另案处理）。

最高人民法院研究室关于企业犯罪后被合并应当如何追究刑事责任问题的答复

（1998年11月18日）

人民检察院起诉时该犯罪企业已被合并到一个新企业的，仍应依法追究原犯罪企业及其直接负责的主管人员和其他直接人员的刑事责任。人民法院审判时，对被告单位应列原犯罪企业名称，但注明已被并入新的企业，对被告单位所判处的罚金数额以其并入新的企业的财产及收益为限。

最高人民法院关于审理单位犯罪案件具体应用法律有关问题的解释

（1999年6月18日最高人民法院审判委员会第1069次会议通过，1999年6月25日公布，自1999年7月3日起施行，法释〔1999〕14号）

为依法惩治单位犯罪活动，根据刑法的有关规定，现对审理单位犯罪案件具体应用法律的有关问题解释如下：

第一条 刑法第三十条规定的“公司、企业、事业单位”，既包括国有、集体所有的公司、企业、事业单位，也包括依法设立的合资经营、合作经营企业和具有法人资格的独资、私营等公司、企业、事业单位。

第二条 个人为进行违法犯罪活动而设立的公司、企业、事业单位实施犯罪的，或者公司、企业、事业单位设立后，以实施犯罪为主要活动的，不以单位犯罪论处。

第三条 盗用单位名义实施犯罪，违法所得由实施犯罪的个人私分的，依照刑法有关自然人犯罪的规定定罪处罚。

最高人民法院
关于审理单位犯罪案件
对其直接负责的主管人员
和其他直接责任人员是否
区分主犯、从犯问题的批复

(2000年9月28日最高人民法院审判委员会第1132次会议通过，2000年9月30日公布，自2000年10月10日起施行，法释〔2000〕31号)

湖北省高级人民法院：

你院鄂高法〔1999〕374号《关于单位犯信用证诈骗罪案件中对其“直接负责的主管人员”和“其他直接责任人员”是否划分主从犯问题的请示》收悉。经研究，答复如下：

在审理单位故意犯罪案件时，对其直接负责的主管人员和其他直接责任人员，可不区分主犯、从犯，按照其在单位犯罪中所起的作用判处刑罚。

此复。

最高人民检察院
关于涉嫌犯罪单位被撤销、注销、
吊销营业执照或者宣告破产的
应如何进行追诉问题的批复

(2002年7月4日最高人民检察院第九届检察委员会第111次会议通过，自2002年7月15日起施行，高检发释字〔2002〕4号)

四川省人民检察院：

你院《关于对已注销的单位原犯罪行为是否应当追诉的请示》(川检发研〔2001〕25号)收悉。经研究，批复如下：

涉嫌犯罪的单位被撤销、注销、吊销营业执照或者宣告破产的，应当根据刑法关于单位犯罪的相关规定，对实施犯罪行为的该单位直接负责的主管人员和其他直接责任人员追究刑事责任，对该单位不再追诉。

此复。

最高人民法院研究室
关于外国公司、企业、事业单位
在我国领域内犯罪如何适用
法律问题的答复

（2003 年 10 月 15 日）

符合我国法人资格条件的外国公司、企业、事业单位，在我国领域内实施危害社会的行为，符合我国《刑法》构成犯罪的，应当依照我国《刑法》关于单位犯罪的规定追究刑事责任。

个人为在我国领域内进行违法犯罪活动而设立的外国公司、企业、事业单位实施犯罪的，或者外国公司、企业、事业单位设立后在我国领域内以实施违法犯罪为主要活动的，不以单位犯罪论处。

公安部
关于村民委员会可否
构成单位犯罪主体问题的批复

（2007 年 3 月 1 日，公复字〔2007〕1 号）

内蒙古自治区公安厅：

你厅《关于村支书、村主任以村委会的名义实施犯罪可否构成单位犯罪的请示》（内公字〔2006〕164 号）收悉。现批复如下：

根据《刑法》第三十条的规定，单位犯罪主体包括公司、企业、事业单位、机关、团体。按照《村民委员会组织法》第二条的规定，村民委员会是村民自我管理、自我教育、自我服务的基层群众性自治组织，不属于《刑法》第三十条列举的范围。因此，对以村民委员会名义实施犯罪的，不应以单位犯罪论，可以依法追究直接负责的主管人员和其他直接责任人员的刑事责任。

最高人民法院
关于行政机关工作人员执行职务
致人伤亡构成犯罪的赔偿诉讼
程序问题的批复

（2002 年 8 月 5 日由最高人民法院审判委员会第 1236 次会议通过，2002 年 8 月 23 日印发，自 2002 年 8 月 30 日起施行）

山东省高级人民法院：

你院鲁高法函〔1998〕132 号《关于对行政机关工作人员执行职务时致人伤、亡，法院以刑事附带民事判决赔偿损失后，受害人或其亲属能否再提起行政赔偿诉讼的请示》收悉。经研究，答复如下：

一、行政机关工作人员在执行职务中致人伤、亡已构成犯罪，受害人或其亲属提起刑事附带民事赔偿诉讼的，人民法院对民事赔偿诉讼请求不予受理。但应当告知其可以依据《中华人民共和国国家赔偿法》的有关规定向人民法院提起行政赔偿诉讼。

二、本批复公布以前发生的此类案件，人民法院已作刑事附带民事赔偿处理，受害人或其亲属再提起行政赔偿诉讼的，人民法院不予受理。

最高人民法院
关于依法审理和执行被风险处置证券公司相关案件的通知

(2009 年 5 月 26 日,法发〔2009〕35 号)

五、证券公司进入破产程序后,人民法院作出的刑事附带民事赔偿或者涉及追缴赃款赃物的判决应当中止执行,由相关权利人在破产程序中以申报债权等方式行使权利;刑事判决中罚金、没收财产等处罚,应当在破产程序债权人获得全额清偿后的剩余财产中执行。

(四)刑　罚

最高人民法院、
最高人民检察院、教育部
关于落实从业禁止制度的意见

(自 2022 年 11 月 15 日起施行)

为贯彻落实学校、幼儿园等教育机构、校外培训机构教职员工违法犯罪记录查询制度,严格执行犯罪人员从业禁止制度,净化校园环境,切实保护未成年人,根据《中华人民共和国刑法》(以下简称《刑法》)、《中华人民共和国未成年人保护法》(以下简称《未成年人保护法》)、《中华人民共和国教师法》(以下简称《教师法》)等法律规定,提出如下意见:

一、依照《刑法》第三十七条之一的规定,教职员工利用职业便利实施犯罪,或者实施违背职业要求的特定义务的犯罪被判处刑罚的,人民法院可以根据犯罪情况和预防再犯罪的需要,禁止其在一定期限内从事相关职业。其他法律、行政法规对其从事相关职业另有禁止或者限制性规定的,从其规定。

《未成年人保护法》、《教师法》属于前款规定的法律,《教师资格条例》属于前款规定的行政法规。

二、依照《未成年人保护法》第六十二条的规定,实施性侵害、虐待、拐卖、暴力伤害等违法犯罪的人员,禁止从事密切接触未成年人的工作。

依照《教师法》第十四条、《教师资格条例》第十八条规定,受到剥夺政治权利或者故意犯罪受到有期徒刑以上刑罚的,不能取得教师资格;已经取得教师资格的,丧失教师资格,且不能重新取得教师资格。

三、教职员工实施性侵害、虐待、拐卖、暴力伤害等犯罪的,人民法院应当依照《未成年人保护法》第六十二条的规定,判决禁止其从事密切接触未成年人的工作。

教职员工实施前款规定以外的其他犯罪,人民法院可以根据犯罪情况和预防再犯罪的需要,依照《刑法》第三十七条之一第一款的规定,判决禁止其自刑罚执行完毕之日或者假释之日起从事相关职业,期限为三年至五年;或者依照《刑法》第三十八条第二款、第七十二条第二款的规定,对其适用禁止令。

四、对有必要禁止教职员工从事相关职业或者适用禁止令的,人民检察院在提起公诉时，应当提出相应建议。

五、教职员工犯罪的刑事案件，判决生效后，人民法院应当在三十日内将裁判文书送达被告人单位所在地的教育行政部门；必要时，教育行政部门应当将裁判文书转送有关主管部门。

因涉及未成年人隐私等原因，不宜送达裁判文书的，可以送达载明被告人的自然情况、罪名及刑期的相关证明材料。

六、教职员工犯罪，人民法院作出的判决生效后，所在单位、教育行政部门或者有关主管部门可以依照《未成年人保护法》、《教师法》、《教师资格条例》等法律法规给予相应处理、处分和处罚。

符合丧失教师资格或者撤销教师资格情形的，教育行政部门应当及时收缴其教师资格证书。

七、人民检察院应当对从业禁止和禁止令执行落实情况进行监督。

八、人民法院、人民检察院发现有关单位未履行犯罪记录查询制度、从业禁止制度的，应当向该单位提出建议。

九、本意见所称教职员工，是指在学校、幼儿园等教育机构工作的教师、教育教学辅助人员、行政人员、勤杂人员、安保人员，以及校外培训机构的相关工作人员。

学校、幼儿园等教育机构、校外培训机构的举办者、实际控制人犯罪，参照本意见执行。

十、本意见自2022年11月15日起施行。

最高人民法院、最高人民检察院、公安部、司法部关于对判处管制、宣告缓刑的犯罪分子适用禁止令有关问题的规定（试行）

（2011年4月28日发布，自2011年5月1日起施行）

为正确适用《中华人民共和国刑法修正案（八）》，确保管制和缓刑的执行效果，根据刑法和刑事诉讼法的有关规定，现就判处管制、宣告缓刑的犯罪分子适用禁止令的有关问题规定如下：

第一条 对判处管制、宣告缓刑的犯罪分子，人民法院根据犯罪情况，认为从促进犯罪分子教育矫正、有效维护社会秩序的需要出发，确有必要禁止其在管制执行期间、缓刑考验期限内从事特定活动，进入特定区域、场所，接触特定人的，可以根据刑法第三十八条第二款、第七十二条第二款的规定，同时宣告禁止令。

第二条 人民法院宣告禁止令，应当根据犯罪分子的犯罪原因、犯罪性质、犯罪手段、犯罪后的悔罪表现、个人一贯表现等情况，充分考虑与犯罪分子所犯罪行的关联程度，有针对性地决定禁止其在管制执行期间、缓刑考验期限内“从事特定活动，进入特定区域、场所，接触特定的人”的一项或者几项内容。

第三条 人民法院可以根据犯罪情况，禁止判处管制、宣告缓刑的犯罪分子在管制执行期间、缓刑考验期限内从事以

下一项或者几项活动:

(一)个人为进行违法犯罪活动而设立公司、企业、事业单位或者在设立公司、企业、事业单位后以实施犯罪为主要活动的,禁止设立公司、企业、事业单位;

(二)实施证券犯罪、贷款犯罪、票据犯罪、信用卡犯罪等金融犯罪的,禁止从事证券交易、申领贷款、使用票据或者申领、使用信用卡等金融活动;

(三)利用从事特定生产经营活动实施犯罪的,禁止从事相关生产经营活动;

(四)附带民事赔偿义务未履行完毕,违法所得未追缴、退赔到位,或者罚金尚未足额缴纳的,禁止从事高消费活动;

(五)其他确有必要禁止从事的活动。

第四条　人民法院可以根据犯罪情况,禁止判处管制、宣告缓刑的犯罪分子在管制执行期间、缓刑考验期限内进入以下一类或者几类区域、场所:

(一)禁止进入夜总会、酒吧、迪厅、网吧等娱乐场所;

(二)未经执行机关批准,禁止进入举办大型群众性活动的场所;

(三)禁止进入中小学校区、幼儿园园区及周边地区,确因本人就学、居住等原因,经执行机关批准的除外;

(四)其他确有必要禁止进入的区域、场所。

第五条　人民法院可以根据犯罪情况,禁止判处管制、宣告缓刑的犯罪分子在管制执行期间、缓刑考验期限内接触以下一类或者几类人员:

(一)未经对方同意,禁止接触被害人及其法定代理人、近亲属;

(二)未经对方同意,禁止接触证人及其法定代理人、近亲属;

(三)未经对方同意,禁止接触控告人、批评人、举报人及其法定代理人、近亲属;

(四)禁止接触同案犯;

(五)禁止接触其他可能遭受其侵害、滋扰的人或者可能诱发其再次危害社会的人。

第六条　禁止令的期限,既可以与管制执行、缓刑考验的期限相同,也可以短于管制执行、缓刑考验的期限,但判处管制的,禁止令的期限不得少于三个月,宣告缓刑的,禁止令的期限不得少于二个月。

判处管制的犯罪分子在判决执行以前先行羁押以致管制执行的期限少于三个月的,禁止令的期限不受前款规定的最短期限的限制。

禁止令的执行期限,从管制、缓刑执行之日起计算。

第七条　人民检察院在提起公诉时,对可能判处管制、宣告缓刑的被告人可以提出宣告禁止令的建议。当事人、辩护人、诉讼代理人可以就应否对被告人宣告禁止令提出意见,并说明理由。

公安机关在移送审查起诉时,可以根据犯罪嫌疑人涉嫌犯罪的情况,就应否宣告禁止令及宣告何种禁止令,向人民检察院提出意见。

第八条　人民法院对判处管制、宣告缓刑的被告人宣告禁止令的,应当在裁判文书主文部分单独作为一项予以宣告。

第九条　禁止令由司法行政机关指导管理的社区矫正机构负责执行。

第十条　人民检察院对社区矫正机构执行禁止令的活动实行监督。发现有违反法律规定的情况,应当通知社区矫正机构纠正。

第十一条　判处管制的犯罪分子违反禁止令,或者被宣告缓刑的犯罪分子违反禁止令尚不属情节严重的,由负责执行禁止令的社区矫正机构所在地的公安机关依照《中华人民共和国治安管理处罚法》第六十条的规定处罚。

第十二条 被宣告缓刑的犯罪分子违反禁止令,情节严重的,应当撤销缓刑,执行原判刑罚。原作出缓刑裁判的人民法院应当自收到当地社区矫正机构提出的撤销缓刑建议书之日起一个月内依法作出裁定。人民法院撤销缓刑的裁定一经作出,立即生效。

违反禁止令,具有下列情形之一的,应当认定为“情节严重”:

(一)三次以上违反禁止令的;

(二)因违反禁止令被治安管理处罚后,再次违反禁止令的;

(三)违反禁止令,发生较为严重危害后果的;

(四)其他情节严重的情形。

第十三条 被宣告禁止令的犯罪分子被依法减刑时,禁止令的期限可以相应缩短,由人民法院在减刑裁定中确定新的禁止令期限。

最高人民法院、最高人民检察院、公安部、司法部 中华人民共和国社区矫正法实施办法

(2020年6月23日印发,自2020年7月1日起施行,司法通〔2020〕59号)

第一条 为了推进和规范社区矫正工作,根据《中华人民共和国刑法》《中华人民共和国刑事诉讼法》《中华人民共和国社区矫正法》等有关法律规定,制定本办法。

第二条 社区矫正工作坚持党的绝对领导,实行党委政府统一领导、司法行政机关组织实施、相关部门密切配合、社会力量广泛参与、检察机关法律监督的领导体制和工作机制。

第三条 地方人民政府根据需要设立社区矫正委员会,负责统筹协调和指导本行政区域内的社区矫正工作。

司法行政机关向社区矫正委员会报告社区矫正工作开展情况,提请社区矫正委员会协调解决社区矫正工作中的问题。

第四条 司法行政机关依法履行以下职责:

(一)主管本行政区域内社区矫正工作;

(二)对本行政区域内设置和撤销社区矫正机构提出意见;

(三)拟定社区矫正工作发展规划和管理制度,监督检查社区矫正法律法规和政策的执行情况;

(四)推动社会力量参与社区矫正工作;

(五)指导支持社区矫正机构提高信息化水平;

(六)对在社区矫正工作中作出突出贡献的组织、个人,按照国家有关规定给予表彰、奖励;

(七)协调推进高素质社区矫正工作队伍建设;

(八)其他依法应当履行的职责。

第五条 人民法院依法履行以下职责:

(一)拟判处管制、宣告缓刑、决定暂予监外执行的,可以委托社区矫正机构或

者有关社会组织对被告人或者罪犯的社会危险性和对所居住社区的影响,进行调查评估,提出意见,供决定社区矫正时参考;

(二)对执行机关报请假释的,审查执行机关移送的罪犯假释后对所居住社区影响的调查评估意见;

(三)核实并确定社区矫正执行地;

(四)对被告人或者罪犯依法判处管制、宣告缓刑、裁定假释、决定暂予监外执行;

(五)对社区矫正对象进行教育,及时通知并送达法律文书;

(六)对符合撤销缓刑、撤销假释或者暂予监外执行收监执行条件的社区矫正对象,作出判决、裁定和决定;

(七)对社区矫正机构提请逮捕的,及时作出是否逮捕的决定;

(八)根据社区矫正机构提出的减刑建议作出裁定;

(九)其他依法应当履行的职责。

第六条 人民检察院依法履行以下职责:

(一)对社区矫正决定机关、社区矫正机构或者有关社会组织的调查评估活动实行法律监督;

(二)对社区矫正决定机关判处管制、宣告缓刑、裁定假释、决定或者批准暂予监外执行活动实行法律监督;

(三)对社区矫正法律文书及社区矫正对象交付执行活动实行法律监督;

(四)对监督管理、教育帮扶社区矫正对象的活动实行法律监督;

(五)对变更刑事执行、解除矫正和终止矫正的活动实行法律监督;

(六)受理申诉、控告和举报,维护社区矫正对象的合法权益;

(七)按照刑事诉讼法的规定,在对社区矫正实行法律监督中发现司法工作人员相关职务犯罪,可以立案侦查直接受理的案件;

(八)其他依法应当履行的职责。

第七条 公安机关依法履行以下职责:

(一)对看守所留所服刑罪犯拟暂予监外执行的,可以委托开展调查评估;

(二)对看守所留所服刑罪犯拟暂予监外执行的,核实并确定社区矫正执行地;对符合暂予监外执行条件的,批准暂予监外执行;对符合收监执行条件的,作出收监执行的决定;

(三)对看守所留所服刑罪犯批准暂予监外执行的,进行教育,及时通知并送达法律文书;依法将社区矫正对象交付执行;

(四)对社区矫正对象予以治安管理处罚;到场处置经社区矫正机构制止无效,正在实施违反监督管理规定或者违反人民法院禁止令等违法行为的社区矫正对象;协助社区矫正机构处置突发事件;

(五)协助社区矫正机构查找失去联系的社区矫正对象;执行人民法院作出的逮捕决定;被裁定撤销缓刑、撤销假释和被决定收监执行的社区矫正对象逃跑的,予以追捕;

(六)对裁定撤销缓刑、撤销假释,或者对人民法院、公安机关决定暂予监外执行收监的社区矫正对象,送交看守所或者监狱执行;

(七)执行限制社区矫正对象出境的措施;

(八)其他依法应当履行的职责。

第八条 监狱管理机关以及监狱依法履行以下职责:

(一)对监狱关押罪犯拟提请假释

的,应当委托进行调查评估;对监狱关押罪犯拟暂予监外执行的,可以委托进行调查评估;

(二)对监狱关押罪犯拟暂予监外执行的,依法核实并确定社区矫正执行地;对符合暂予监外执行条件的,监狱管理机关作出暂予监外执行决定;

(三)对监狱关押罪犯批准暂予监外执行的,进行教育,及时通知并送达法律文书;依法将社区矫正对象交付执行;

(四)监狱管理机关对暂予监外执行罪犯决定收监执行的,原服刑或者接收其档案的监狱应当立即将罪犯收监执行;

(五)其他依法应当履行的职责。

第九条 社区矫正机构是县级以上地方人民政府根据需要设置的,负责社区矫正工作具体实施的执行机关。社区矫正机构依法履行以下职责:

(一)接受委托进行调查评估,提出评估意见;

(二)接收社区矫正对象,核对法律文书、核实身份、办理接收登记,建立档案;

(三)组织入矫和解矫宣告,办理入矫和解矫手续;

(四)建立矫正小组、组织矫正小组开展工作,制定和落实矫正方案;

(五)对社区矫正对象进行监督管理,实施考核奖惩,审批会客、外出、变更执行地等事项,了解掌握社区矫正对象的活动情况和行为表现,组织查找失去联系的社区矫正对象,查找后依情形作出处理;

(六)提出治安管理处罚建议,提出减刑、撤销缓刑、撤销假释、收监执行等变更刑事执行建议,依法提请逮捕;

(七)对社区矫正对象进行教育帮扶,开展法治道德等教育,协调有关方面开展职业技能培训、就业指导,组织公益活动等事项;

(八)向有关机关通报社区矫正对象情况,送达法律文书;

(九)对社区矫正工作人员开展管理、监督、培训,落实职业保障;

(十)其他依法应当履行的职责。

设置和撤销社区矫正机构,由县级以上地方人民政府司法行政部门提出意见,按照规定的权限和程序审批。社区矫正日常工作由县级社区矫正机构具体承担;未设置县级社区矫正机构的,由上一级社区矫正机构具体承担。省、市两级社区矫正机构主要负责监督指导、跨区域执法的组织协调、与同级社区矫正决定机关对接的案件办理工作。

第十条 司法所根据社区矫正机构的委托,承担社区矫正相关工作。

第十一条 社区矫正机构依法加强信息化建设,运用现代信息技术开展监督管理和教育帮扶。

社区矫正工作相关部门之间依法进行信息共享,人民法院、人民检察院、公安机关、司法行政机关依法建立完善社区矫正信息交换平台,实现业务协同、互联互通,运用现代信息技术及时准确传输交换有关法律文书,根据需要实时查询社区矫正对象交付接收、监督管理、教育帮扶、脱离监管、被治安管理处罚、被采取强制措施、变更刑事执行、办理再犯罪案件等情况,共享社区矫正工作动态信息,提高社区矫正信息化水平。

第十二条 对拟适用社区矫正的,社区矫正决定机关应当核实社区矫正对象的居住地。社区矫正对象在多个地方居住的,可以确定经常居住地为执行地。没有居住地,居住地、经常居住地无法确定或者不适宜执行社区矫正的,应当根据有利于社区矫正对象接受矫正、更好地融入社会的原则,确定社区矫正执行地。被确定为执行地的社区矫正机构应当及时接收。

社区矫正对象的居住地是指其实际居住的县(市、区)。社区矫正对象的经常居住地是指其经常居住的,有固定住所、固定生活来源的县(市、区)。

社区矫正对象应如实提供其居住、户籍等情况,并提供必要的证明材料。

第十三条 社区矫正决定机关对拟适用社区矫正的被告人、罪犯,需要调查其社会危险性和对所居住社区影响的,可以委托拟确定为执行地的社区矫正机构或者有关社会组织进行调查评估。社区矫正机构或者有关社会组织收到委托文书后应当及时通知执行地县级人民检察院。

第十四条 社区矫正机构、有关社会组织接受委托后,应当对被告人或者罪犯的居所情况、家庭和社会关系、犯罪行为的后果和影响、居住地村(居)民委员会和被害人意见、拟禁止的事项、社会危险性、对所居住社区的影响等情况进行调查了解,形成调查评估意见,与相关材料一起提交委托机关。调查评估时,相关单位、部门、村(居)民委员会等组织、个人应当依法为调查评估提供必要的协助。

社区矫正机构、有关社会组织应当自收到调查评估委托函及所附材料之日起十个工作日内完成调查评估,提交评估意见。对于适用刑事案件速裁程序的,应当在五个工作日内完成调查评估,提交评估意见。评估意见同时抄送执行地县级人民检察院。需要延长调查评估时限的,社区矫正机构、有关社会组织应当与委托机关协商,并在协商确定的期限内完成调查评估。因被告人或者罪犯的姓名、居住地不真实、身份不明等原因,社区矫正机构、有关社会组织无法进行调查评估的,应当及时向委托机关说明情况。社区矫正决定机关对调查评估意见的采信情况,应当在相关法律文书中说明。

对调查评估意见以及调查中涉及的国家秘密、商业秘密、个人隐私等信息,应当保密,不得泄露。

第十五条 社区矫正决定机关应当对社区矫正对象进行教育,书面告知其到执行地县级社区矫正机构报到的时间期限以及逾期报到或者未报到的后果,责令其按时报到。

第十六条 社区矫正决定机关应当自判决、裁定或者决定生效之日起五日内通知执行地县级社区矫正机构,并在十日内将判决书、裁定书、决定书、执行通知书等法律文书送达执行地县级社区矫正机构,同时抄送人民检察院。收到法律文书后,社区矫正机构应当在五日内送达回执。

社区矫正对象前来报到时,执行地县级社区矫正机构未收到法律文书或者法律文书不齐全,应当先记录在案,为其办理登记接收手续,并通知社区矫正决定机关在五日内送达或者补齐法律文书。

第十七条 被判处管制、宣告缓刑、裁定假释的社区矫正对象到执行地县级社区矫正机构报到时,社区矫正机构应当核对法律文书、核实身份,办理登记接收手续。对社区矫正对象存在因行动不便、自行报到确有困难等特殊情况的,社区矫正机构可以派员到其居住地等场所办理登记接收手续。

暂予监外执行的社区矫正对象,由公安机关、监狱或者看守所依法移送至执行地县级社区矫正机构,办理交付接收手续。罪犯原服刑地与居住地不在同一省、自治区、直辖市,需要回居住地暂予监外执行的,原服刑地的省级以上监狱管理机关或者设区的市一级以上公安机关应当书面通知罪犯居住地的监狱管理机关、公安机关,由其指定一所监狱、看守所接收社区矫正对象档案,负责办理其收监、刑满释放等手续。对看守所留所服刑罪犯暂予监外执行,原服刑地与居住地在同一省、自治区、直辖市的,可以不移交档案。

第十八条　执行地县级社区矫正机构接收社区矫正对象后,应当建立社区矫正档案,包括以下内容:

(一)适用社区矫正的法律文书;

(二)接收、监管审批、奖惩、收监执行、解除矫正、终止矫正等有关社区矫正执行活动的法律文书;

(三)进行社区矫正的工作记录;

(四)社区矫正对象接受社区矫正的其他相关材料。

接受委托对社区矫正对象进行日常管理的司法所应当建立工作档案。

第十九条　执行地县级社区矫正机构、受委托的司法所应当为社区矫正对象确定矫正小组,与矫正小组签订矫正责任书,明确矫正小组成员的责任和义务,负责落实矫正方案。

矫正小组主要开展下列工作:

(一)按照矫正方案,开展个案矫正工作;

(二)督促社区矫正对象遵纪守法,遵守社区矫正规定;

(三)参与对社区矫正对象的考核评议和教育活动;

(四)对社区矫正对象走访谈话,了解其思想、工作和生活情况,及时向社区矫正机构或者司法所报告;

(五)协助对社区矫正对象进行监督管理和教育帮扶;

(六)协助社区矫正机构或者司法所开展其他工作。

第二十条　执行地县级社区矫正机构接收社区矫正对象后,应当组织或者委托司法所组织入矫宣告。

入矫宣告包括以下内容:

(一)判决书、裁定书、决定书、执行通知书等有关法律文书的主要内容;

(二)社区矫正期限;

(三)社区矫正对象应当遵守的规定、被剥夺或者限制行使的权利、被禁止的事项以及违反规定的法律后果;

(四)社区矫正对象依法享有的权利;

(五)矫正小组人员组成及职责;

(六)其他有关事项。

宣告由社区矫正机构或者司法所的工作人员主持,矫正小组成员及其他相关人员到场,按照规定程序进行。宣告后,社区矫正对象应当在书面材料上签字,确认已经了解所宣告的内容。

第二十一条　社区矫正机构应当根据社区矫正对象被判处管制、宣告缓刑、假释和暂予监外执行的不同裁判内容和犯罪类型、矫正阶段、再犯罪风险等情况,进行综合评估,划分不同类别,实施分类管理。

社区矫正机构应当把社区矫正对象的考核结果和奖惩情况作为分类管理的依据。

社区矫正机构对不同类别的社区矫正对象,在矫正措施和方法上应当有所区别,有针对性地开展监督管理和教育帮扶工作。

第二十二条　执行地县级社区矫正

机构、受委托的司法所要根据社区矫正对象的性别、年龄、心理特点、健康状况、犯罪原因、悔罪表现等具体情况,制定矫正方案,有针对性地消除社区矫正对象可能重新犯罪的因素,帮助其成为守法公民。

矫正方案应当包括社区矫正对象基本情况、对社区矫正对象的综合评估结果、对社区矫正对象的心理状态和其他特殊情况的分析、拟采取的监督管理、教育帮扶措施等内容。

矫正方案应当根据分类管理的要求、实施效果以及社区矫正对象的表现等情况,相应调整。

第二十三条　执行地县级社区矫正机构、受委托的司法所应当根据社区矫正对象的个人生活、工作及所处社区的实际情况,有针对性地采取通信联络、信息化核查、实地查访等措施,了解掌握社区矫正对象的活动情况和行为表现。

第二十四条　社区矫正对象应当按照有关规定和社区矫正机构的要求,定期报告遵纪守法、接受监督管理、参加教育学习、公益活动和社会活动等情况。发生居所变化、工作变动、家庭重大变故以及接触对其矫正可能产生不利影响人员等情况时,应当及时报告。被宣告禁止令的社区矫正对象应当定期报告遵守禁止令的情况。

暂予监外执行的社区矫正对象应当每个月报告本人身体情况。保外就医的,应当到省级人民政府指定的医院检查,每三个月向执行地县级社区矫正机构、受委托的司法所提交病情复查情况。执行地县级社区矫正机构根据社区矫正对象的病情及保证人等情况,可以调整报告身体情况和提交复查情况的期限。延长一个月至三个月以下的,报上一级社区矫正机构批准;延长三个月以上的,层报省级社区矫正机构批准。批准延长的,执行地县级社区矫正机构应当及时通报同级人民检察院。

社区矫正机构根据工作需要,可以协调对暂予监外执行的社区矫正对象进行病情诊断、妊娠检查或者生活不能自理的鉴别。

第二十五条　未经执行地县级社区矫正机构批准,社区矫正对象不得接触其犯罪案件中的被害人、控告人、举报人,不得接触同案犯等可能诱发其再犯罪的人。

第二十六条　社区矫正对象未经批准不得离开所居住市、县。确有正当理由需要离开的,应当经执行地县级社区矫正机构或者受委托的司法所批准。

社区矫正对象外出的正当理由是指就医、就学、参与诉讼、处理家庭或者工作重要事务等。

前款规定的市是指直辖市的城市市区、设区的市的城市市区和县级市的辖区。在设区的同一市内跨区活动的,不属于离开所居住的市、县。

第二十七条　社区矫正对象确需离开所居住的市、县的,一般应当提前三日提交书面申请,并如实提供诊断证明、单位证明、入学证明、法律文书等材料。

申请外出时间在七日内的,经执行地县级社区矫正机构委托,可以由司法所批准,并报执行地县级社区矫正机构备案;超过七日的,由执行地县级社区矫正机构批准。执行地县级社区矫正机构每次批准外出的时间不超过三十日。

因特殊情况确需外出超过三十日的,或者两个月内外出时间累计超过三十日的,应报上一级社区矫正机构审批。上一级社区矫正机构批准社区矫正对象外出的，执行地县级社区矫正机构应当及时通报同级人民检察院。

第二十八条 在社区矫正对象外出期间，执行地县级社区矫正机构、受委托的司法所应当通过电话通讯、实时视频等方式实施监督管理。

执行地县级社区矫正机构根据需要，可以协商外出目的地社区矫正机构协助监督管理，并要求社区矫正对象在到达和离开时向当地社区矫正机构报告，接受监督管理。外出目的地社区矫正机构在社区矫正对象报告后，可以通过电话通讯、实地查访等方式协助监督管理。

社区矫正对象应在外出期限届满前返回居住地，并向执行地县级社区矫正机构或者司法所报告，办理手续。因特殊原因无法按期返回的，应及时向社区矫正机构或者司法所报告情况。发现社区矫正对象违反外出管理规定的，社区矫正机构应当责令其立即返回，并视情节依法予以处理。

第二十九条 社区矫正对象确因正常工作和生活需要经常性跨市、县活动的，应当由本人提出书面申请，写明理由、经常性去往市县名称、时间、频次等，同时提供相应证明，由执行地县级社区矫正机构批准，批准一次的有效期为六个月。在批准的期限内，社区矫正对象到批准市、县活动的，可以通过电话、微信等方式报告活动情况。到期后，社区矫正对象仍需要经常性跨市、县活动的，应当重新提出申请。

第三十条 社区矫正对象因工作、居所变化等原因需要变更执行地的，一般应当提前一个月提出书面申请，并提供相应证明材料，由受委托的司法所签署意见后报执行地县级社区矫正机构审批。

执行地县级社区矫正机构收到申请后，应当在五日内书面征求新执行地县级社区矫正机构的意见。新执行地县级社区矫正机构接到征求意见函后，应当在五日内核实有关情况，作出是否同意接收的意见并书面回复。执行地县级社区矫正机构根据回复意见，作出决定。执行地县级社区矫正机构对新执行地县级社区矫正机构的回复意见有异议的，可以报上一级社区矫正机构协调解决。

经审核，执行地县级社区矫正机构不同意变更执行地的，应在决定作出之日起五日内告知社区矫正对象。同意变更执行地的，应对社区矫正对象进行教育，书面告知其到新执行地县级社区矫正机构报到的时间期限以及逾期报到或者未报到的后果，责令其按时报到。

第三十一条 同意变更执行地的，原执行地县级社区矫正机构应当在作出决定之日起五日内，将有关法律文书和档案材料移交新执行地县级社区矫正机构，并将有关法律文书抄送社区矫正决定机关和原执行地县级人民检察院、公安机关。新执行地县级社区矫正机构收到法律文书和档案材料后，在五日内送达回执，并将有关法律文书抄送所在地县级人民检察院、公安机关。

同意变更执行地的，社区矫正对象应当自收到变更执行地决定之日起七日内，到新执行地县级社区矫正机构报到。新执行地县级社区矫正机构应当核实身份、办理登记接收手续。发现社区矫正对象未按规定时间报到的，新执行地县级社区矫正机构应当立即通知原执行地县级社区矫正机构，由原执行地县级社区矫正机构组织查找。未及时办理交付接收，造成社区矫正对象脱管漏管的，原执行地社区矫正机构会同新执行地社区矫正机构妥善处置。

对公安机关、监狱管理机关批准暂予监外执行的社区矫正对象变更执行地的,公安机关、监狱管理机关在收到社区矫正机构送达的法律文书后,应与新执行地同级公安机关、监狱管理机关办理交接。新执行地的公安机关、监狱管理机关应指定一所看守所、监狱接收社区矫正对象档案,负责办理其收监、刑满释放等手续。看守所、监狱在接收档案之日起五日内,应当将有关情况通报新执行地县级社区矫正机构。对公安机关批准暂予监外执行的社区矫正对象在同一省、自治区、直辖市变更执行地的,可以不移交档案。

第三十二条　社区矫正机构应当根据有关法律法规、部门规章和其他规范性文件,建立内容全面、程序合理、易于操作的社区矫正对象考核奖惩制度。

社区矫正机构、受委托的司法所应当根据社区矫正对象认罪悔罪、遵守有关规定、服从监督管理、接受教育等情况,定期对其考核。对于符合表扬条件、具备训诫、警告情形的社区矫正对象,经执行地县级社区矫正机构决定,可以给予其相应奖励或者处罚,作出书面决定。对于涉嫌违反治安管理行为的社区矫正对象,执行地县级社区矫正机构可以向同级公安机关提出建议。社区矫正机构奖励或者处罚的书面决定应当抄送人民检察院。

社区矫正对象的考核结果与奖惩应当书面通知其本人,定期公示,记入档案,做到准确及时、公开公平。社区矫正对象对考核奖惩提出异议的,执行地县级社区矫正机构应当及时处理,并将处理结果告知社区矫正对象。社区矫正对象对处理结果仍有异议的,可以向人民检察院提出。

第三十三条　社区矫正对象认罪悔罪、遵守法律法规、服从监督管理、接受教育表现突出的,应当给予表扬。

社区矫正对象接受社区矫正六个月以上并且同时符合下列条件的,执行地县级社区矫正机构可以给予表扬:

(一)服从人民法院判决,认罪悔罪;

(二)遵守法律法规;

(三)遵守关于报告、会客、外出、迁居等规定,服从社区矫正机构的管理;

(四)积极参加教育学习等活动,接受教育矫正的。

社区矫正对象接受社区矫正期间,有见义勇为、抢险救灾等突出表现,或者帮助他人、服务社会等突出事迹的,执行地县级社区矫正机构可以给予表扬。对于符合法定减刑条件的,由执行地县级社区矫正机构依照本办法第四十二条的规定,提出减刑建议。

第三十四条　社区矫正对象具有下列情形之一的,执行地县级社区矫正机构应当给予训诫:

(一)不按规定时间报到或者接受社区矫正期间脱离监管,未超过十日的;

(二)违反关于报告、会客、外出、迁居等规定,情节轻微的;

(三)不按规定参加教育学习等活动,经教育仍不改正的;

(四)其他违反监督管理规定,情节轻微的。

第三十五条　社区矫正对象具有下列情形之一的,执行地县级社区矫正机构应当给予警告:

(一)违反人民法院禁止令,情节轻

微的；

（二）不按规定时间报到或者接受社区矫正期间脱离监管，超过十日的；

（三）违反关于报告、会客、外出、迁居等规定，情节较重的；

（四）保外就医的社区矫正对象无正当理由不按时提交病情复查情况，经教育仍不改正的；

（五）受到社区矫正机构两次训诫，仍不改正的；

（六）其他违反监督管理规定，情节较重的。

第三十六条 社区矫正对象违反监督管理规定或者人民法院禁止令，依法应予治安管理处罚的，执行地县级社区矫正机构应当及时提请同级公安机关依法给予处罚，并向执行地同级人民检察院抄送治安管理处罚建议书副本，及时通知处理结果。

第三十七条 电子定位装置是指运用卫星等定位技术，能对社区矫正对象进行定位等监管，并具有防拆、防爆、防水等性能的专门的电子设备，如电子定位腕带等，但不包括手机等设备。

对社区矫正对象采取电子定位装置进行监督管理的，应当告知社区矫正对象监管的期限、要求以及违反监管规定的后果。

第三十八条 发现社区矫正对象失去联系的，社区矫正机构应当立即组织查找，可以采取通信联络、信息化核查、实地查访等方式查找，查找时要做好记录，固定证据。查找不到的，社区矫正机构应当及时通知公安机关，公安机关应当协助查找。社区矫正机构应当及时将组织查找的情况通报人民检察院。

查找到社区矫正对象后，社区矫正机构应当根据其脱离监管的情形，给予相应处置。虽能查找到社区矫正对象下落但其拒绝接受监督管理的，社区矫正机构应当视情节依法提请公安机关予以治安管理处罚，或者依法提请撤销缓刑、撤销假释、对暂予监外执行的收监执行。

第三十九条 社区矫正机构根据执行禁止令的需要，可以协调有关的部门、单位、场所、个人协助配合执行禁止令。

对禁止令确定需经批准才能进入的特定区域或者场所，社区矫正对象确需进入的，应当经执行地县级社区矫正机构批准，并通知原审人民法院和执行地县级人民检察院。

第四十条 发现社区矫正对象有违反监督管理规定或者人民法院禁止令等违法情形的，执行地县级社区矫正机构应当调查核实情况，收集有关证据材料，提出处理意见。

社区矫正机构发现社区矫正对象有撤销缓刑、撤销假释或者暂予监外执行收监执行的法定情形的，应当组织开展调查取证工作，依法向社区矫正决定机关提出撤销缓刑、撤销假释或者暂予监外执行收监执行建议，并将建议书抄送同级人民检察院。

第四十一条 社区矫正对象被依法决定行政拘留、司法拘留、强制隔离戒毒等或者因涉嫌犯新罪、发现判决宣告前还有其他罪没有判决被采取强制措施的，决定机关应当自作出决定之日起三日内将有关情况通知执行地县级社区矫正机构和执行地县级人民检察院。

第四十二条 社区矫正对象符合法定减刑条件的，由执行地县级社区矫正机构提出减刑建议书并附相关证据材料，报经地（市）社区矫正机构审核同意后，由地(市)社区矫正机构提请执行地的中级人民法院裁定。

依法应由高级人民法院裁定的减刑案件,由执行地县级社区矫正机构提出减刑建议书并附相关证据材料,逐级上报省级社区矫正机构审核同意后,由省级社区矫正机构提请执行地的高级人民法院裁定。

人民法院应当自收到减刑建议书和相关证据材料之日起三十日内依法裁定。

社区矫正机构减刑建议书和人民法院减刑裁定书副本,应当同时抄送社区矫正执行地同级人民检察院、公安机关及罪犯原服刑或者接收其档案的监狱。

第四十三条 社区矫正机构、受委托的司法所应当充分利用地方人民政府及其有关部门提供的教育帮扶场所和有关条件,按照因人施教的原则,有针对性地对社区矫正对象开展教育矫正活动。

社区矫正机构、司法所应当根据社区矫正对象的矫正阶段、犯罪类型、现实表现等实际情况,对其实施分类教育;应当结合社区矫正对象的个体特征、日常表现等具体情况,进行个别教育。

社区矫正机构、司法所根据需要可以采用集中教育、网上培训、实地参观等多种形式开展集体教育;组织社区矫正对象参加法治、道德等方面的教育活动;根据社区矫正对象的心理健康状况,对其开展心理健康教育、实施心理辅导。

社区矫正机构、司法所可以通过公开择优购买服务或者委托社会组织执行项目等方式,对社区矫正对象开展教育活动。

第四十四条 执行地县级社区矫正机构、受委托的司法所按照符合社会公共利益的原则,可以根据社区矫正对象的劳动能力、健康状况等情况,组织社区矫正对象参加公益活动。

第四十五条 执行地县级社区矫正机构、受委托的司法所依法协调有关部门和单位,根据职责分工,对遇到暂时生活困难的社区矫正对象提供临时救助;对就业困难的社区矫正对象提供职业技能培训和就业指导;帮助符合条件的社区矫正对象落实社会保障措施;协助在就学、法律援助等方面遇到困难的社区矫正对象解决问题。

第四十六条 社区矫正对象在缓刑考验期内,有下列情形之一的,由执行地同级社区矫正机构提出撤销缓刑建议:

(一)违反禁止令,情节严重的;

(二)无正当理由不按规定时间报到或者接受社区矫正期间脱离监管,超过一个月的;

(三)因违反监督管理规定受到治安管理处罚,仍不改正的;

(四)受到社区矫正机构两次警告,仍不改正的;

(五)其他违反有关法律、行政法规和监督管理规定,情节严重的情形。

社区矫正机构一般向原审人民法院提出撤销缓刑建议。如果原审人民法院与执行地同级社区矫正机构不在同一省、自治区、直辖市的,可以向执行地人民法院提出建议,执行地人民法院作出裁定的,裁定书同时抄送原审人民法院。

社区矫正机构撤销缓刑建议书和人民法院的裁定书副本同时抄送社区矫正执行地同级人民检察院。

第四十七条 社区矫正对象在假释考验期内,有下列情形之一的,由执行地同级社区矫正机构提出撤销假释建议:

(一)无正当理由不按规定时间报到或者接受社区矫正期间脱离监管,超过一个月的;

（二）受到社区矫正机构两次警告，仍不改正的；

（三）其他违反有关法律、行政法规和监督管理规定，尚未构成新的犯罪的。

社区矫正机构一般向原审人民法院提出撤销假释建议。如果原审人民法院与执行地同级社区矫正机构不在同一省、自治区、直辖市的，可以向执行地人民法院提出建议，执行地人民法院作出裁定的，裁定书同时抄送原审人民法院。

社区矫正机构撤销假释的建议书和人民法院的裁定书副本同时抄送社区矫正执行地同级人民检察院、公安机关、罪犯原服刑或者接收其档案的监狱。

第四十八条 被提请撤销缓刑、撤销假释的社区矫正对象具备下列情形之一的，社区矫正机构在提出撤销缓刑、撤销假释建议书的同时，提请人民法院决定对其予以逮捕：

（一）可能逃跑的；

（二）具有危害国家安全、公共安全、社会秩序或者他人人身安全现实危险的；

（三）可能对被害人、举报人、控告人或者社区矫正机构工作人员等实施报复行为的；

（四）可能实施新的犯罪的。

社区矫正机构提请人民法院决定逮捕社区矫正对象时，应当提供相应证据，移送人民法院审查决定。

社区矫正机构提请逮捕、人民法院作出是否逮捕决定的法律文书，应当同时抄送执行地县级人民检察院。

第四十九条 暂予监外执行的社区矫正对象有下列情形之一的，由执行地县级社区矫正机构提出收监执行建议：

（一）不符合暂予监外执行条件的；

（二）未经社区矫正机构批准擅自离开居住的市、县，经警告拒不改正，或者拒不报告行踪，脱离监管的；

（三）因违反监督管理规定受到治安管理处罚，仍不改正的；

（四）受到社区矫正机构两次警告的；

（五）保外就医期间不按规定提交病情复查情况，经警告拒不改正的；

（六）暂予监外执行的情形消失后，刑期未满的；

（七）保证人丧失保证条件或者因不履行义务被取消保证人资格，不能在规定期限内提出新的保证人的；

（八）其他违反有关法律、行政法规和监督管理规定，情节严重的情形。

社区矫正机构一般向执行地社区矫正决定机关提出收监执行建议。如果原社区矫正决定机关与执行地县级社区矫正机构在同一省、自治区、直辖市的，可以向原社区矫正决定机关提出建议。

社区矫正机构的收监执行建议书和决定机关的决定书，应当同时抄送执行地县级人民检察院。

第五十条 人民法院裁定撤销缓刑、撤销假释或者决定暂予监外执行收监执行的，由执行地县级公安机关本着就近、便利、安全的原则，送交社区矫正对象执行地所属的省、自治区、直辖市管辖范围内的看守所或者监狱执行刑罚。

公安机关决定暂予监外执行收监执行的，由执行地县级公安机关送交存放或者接收罪犯档案的看守所收监执行。

监狱管理机关决定暂予监外执行收监执行的，由存放或者接收罪犯档案的监狱收监执行。

第五十一条 撤销缓刑、撤销假释的裁定和收监执行的决定生效后，社区矫正对象下落不明的，应当认定为在逃。

被裁定撤销缓刑、撤销假释和被决定收监执行的社区矫正对象在逃的,由执行地县级公安机关负责追捕。撤销缓刑、撤销假释裁定书和对暂予监外执行罪犯收监执行决定书,可以作为公安机关追逃依据。

第五十二条 社区矫正机构应当建立突发事件处置机制,发现社区矫正对象非正常死亡、涉嫌实施犯罪、参与群体性事件的,应当立即与公安机关等有关部门协调联动、妥善处置,并将有关情况及时报告上一级社区矫正机构,同时通报执行地人民检察院。

第五十三条 社区矫正对象矫正期限届满,且在社区矫正期间没有应当撤销缓刑、撤销假释或者暂予监外执行收监执行情形的,社区矫正机构依法办理解除矫正手续。

社区矫正对象一般应当在社区矫正期满三十日前,作出个人总结,执行地县级社区矫正机构应当根据其在接受社区矫正期间的表现等情况作出书面鉴定,与安置帮教工作部门做好衔接工作。

执行地县级社区矫正机构应当向社区矫正对象发放解除社区矫正证明书,并书面通知社区矫正决定机关,同时抄送执行地县级人民检察院和公安机关。

公安机关、监狱管理机关决定暂予监外执行的社区矫正对象刑期届满的,由看守所、监狱依法为其办理刑满释放手续。

社区矫正对象被赦免的,社区矫正机构应当向社区矫正对象发放解除社区矫正证明书,依法办理解除矫正手续。

第五十四条 社区矫正对象矫正期满,执行地县级社区矫正机构或者受委托的司法所可以组织解除矫正宣告。

解矫宣告包括以下内容:

(一)宣读对社区矫正对象的鉴定意见;

(二)宣布社区矫正期限届满,依法解除社区矫正;

(三)对判处管制的,宣布执行期满,解除管制;对宣告缓刑的,宣布缓刑考验期满,原判刑罚不再执行;对裁定假释的,宣布考验期满,原判刑罚执行完毕。

宣告由社区矫正机构或者司法所工作人员主持,矫正小组成员及其他相关人员到场,按照规定程序进行。

第五十五条 社区矫正机构、受委托的司法所应当根据未成年社区矫正对象的年龄、心理特点、发育需要、成长经历、犯罪原因、家庭监护教育条件等情况,制定适应未成年人特点的矫正方案,采取有益于其身心健康发展、融入正常社会生活的矫正措施。

社区矫正机构、司法所对未成年社区矫正对象的相关信息应当保密。对未成年社区矫正对象的考核奖惩和宣告不公开进行。对未成年社区矫正对象进行宣告或者处罚时,应通知其监护人到场。

社区矫正机构、司法所应当选任熟悉未成年人身心特点,具有法律、教育、心理等专业知识的人员负责未成年人社区矫正工作,并通过加强培训、管理,提高专业化水平。

第五十六条 社区矫正工作人员的人身安全和职业尊严受法律保护。

对任何干涉社区矫正工作人员执法的行为,社区矫正工作人员有权拒绝,并按照规定如实记录和报告。对于侵犯社区矫正工作人员权利的行为,社区矫正工作人员有权提出控告。

社区矫正工作人员因依法履行职责遭受不实举报、诬告陷害、侮辱诽谤,致使名誉受到损害的,有关部门或者个人应当及时澄清事实,消除不良影响,并依法追究相关单位或者个人的责任。

对社区矫正工作人员追究法律责任,应当根据其行为的危害程度、造成的后果、以及责任大小予以确定,实事求是,过罚相当。社区矫正工作人员依法履职的,不能仅因社区矫正对象再犯罪而追究其法律责任。

第五十七条 有关单位对人民检察院的书面纠正意见在规定的期限内没有回复纠正情况的,人民检察院应当督促回复。经督促被监督单位仍不回复或者没有正当理由不纠正的,人民检察院应当向上一级人民检察院报告。

有关单位对人民检察院的检察建议在规定的期限内经督促无正当理由不予整改或者整改不到位的,检察机关可以将相关情况报告上级人民检察院,通报被建议单位的上级机关、行政主管部门或者行业自律组织等,必要时可以报告同级党委、人大,通报同级政府、纪检监察机关。

第五十八条 本办法所称"以上""内",包括本数;"以下""超过"不包括本数。

第五十九条 本办法自2020年7月1日起施行。最高人民法院、最高人民检察院、公安部、司法部2012年1月10日印发的《社区矫正实施办法》(司发通〔2012〕12号)同时废止。

公安部
关于对被判处拘役的
罪犯在执行期间回家问题的批复

(2001年1月31日,公复字〔2001〕2号)

北京市公安局:

你局《关于加拿大籍罪犯秦典华在拘役期间回家问题的请示》(京公法字〔2001〕24号)收悉。现批复如下:

《刑法》第四十三条第二款规定:"在执行期间,被判处拘役的犯罪分子每月可以回家一天至两天。"根据上述规定,是否准许被判处拘役的罪犯回家,应当根据其在服刑期间表现以及准许其回家是否会影响剩余刑期的继续执行等情况综合考虑,由负责执行的拘役所、看守所提出建议,报其所属的县级以上公安机关决定。被判处拘役的外国籍罪犯提出回家申请的,由地市级以上公安机关决定,并由决定机关将有关情况报上级公安机关备案。对于准许回家的,应当发给回家证明,告知其应当按时返回监管场所和不按时返回将要承担的法律责任,并将准许回家的决定送同级人民检察院。被判处拘役的罪犯在决定机关辖区内有固定住处的,可允许其回固定住处,没有固定住处的,可在决定机关为其指定的居所每月与其家人团聚一天至两天。拘役所、看守所根据被判处拘役的罪犯在服刑及回家期间表现,认为不宜继续准许其回家的,应当提出建议,报原决定机关决定。对于被判处拘役的罪犯在回家期间逃跑的,应当按照《刑法》第三百一十六条的规定以脱逃罪追究其刑事责任。

最高人民法院
关于人民法院
办理接收在台湾地区服刑的
大陆居民回大陆服刑案件的规定

(2015 年 6 月 2 日最高人民法院审判委员会第 1653 次会议通过,2016 年 4 月 27 日公布,自 2016 年 5 月 1 日起施行,法释〔2016〕11 号)

为落实《海峡两岸共同打击犯罪及司法互助协议》,保障接收在台湾地区服刑的大陆居民回大陆服刑工作顺利进行,根据《中华人民共和国刑法》《中华人民共和国刑事诉讼法》等有关法律,制定本规定。

第一条 人民法院办理接收在台湾地区服刑的大陆居民(以下简称被判刑人)回大陆服刑案件(以下简称接收被判刑人案件),应当遵循一个中国原则,遵守国家法律的基本原则,秉持人道和互惠原则,不得违反社会公共利益。

第二条 接收被判刑人案件由最高人民法院指定的中级人民法院管辖。

第三条 申请机关向人民法院申请接收被判刑人回大陆服刑,应当同时提交以下材料:

(一)申请机关制作的接收被判刑人申请书,其中应当载明:

1. 台湾地区法院认定的被判刑人实施的犯罪行为及判决依据的具体条文内容;

2. 该行为在大陆依据刑法也构成犯罪、相应的刑法条文、罪名及该行为未进入大陆刑事诉讼程序的说明;

3. 建议转换的具体刑罚;

4. 其他需要说明的事项。

(二)被判刑人系大陆居民的身份证明;

(三)台湾地区法院对被判刑人定罪处刑的裁判文书、生效证明和执行文书;

(四)被判刑人或其法定代理人申请或者同意回大陆服刑的书面意见,且法定代理人与被判刑人的意思表示一致;

(五)被判刑人或其法定代理人所作的关于被判刑人在台湾地区接受公正审判的权利已获得保障的书面声明;

(六)两岸有关业务主管部门均同意被判刑人回大陆服刑的书面意见;

(七)台湾地区业务主管部门出具的有关刑罚执行情况的说明,包括被判刑人交付执行前的羁押期、已服刑期、剩余刑期,被判刑人服刑期间的表现、退赃退赔情况,被判刑人的健康状况、疾病与治疗情况;

(八)根据案件具体情况需要提交的其他材料。

申请机关提交材料齐全的,人民法院应当在七日内立案。提交材料不全的,应当通知申请机关在十五日内补送,至迟不能超过两个月;逾期未补送的,不予立案,并于七日内书面告知申请机关。

第四条 人民法院应当组成合议庭审理接收被判刑人案件。

第五条 人民法院应当在立案后一个月内就是否准予接收被判刑人作出裁定,情况复杂、特殊的,可以延长一个月。

人民法院裁定准予接收的,应当依据台湾地区法院判决认定的事实并参考其所定罪名，根据刑法就相同或者最相似犯罪行为规定的法定刑，按照下列原则对台湾地区法院确定的无期徒刑或者有期徒刑予以转换：

（一）原判处刑罚未超过刑法规定的最高刑，包括原判处刑罚低于刑法规定的最低刑的，以原判处刑罚作为转换后的刑罚；

（二）原判处刑罚超过刑法规定的最高刑的，以刑法规定的最高刑作为转换后的刑罚；

（三）转换后的刑罚不附加适用剥夺政治权利。

前款所称的最高刑，如台湾地区法院认定的事实依据刑法应当认定为一个犯罪的，是指刑法对该犯罪规定的最高刑；如应当认定为多个犯罪的，是指刑法对数罪并罚规定的最高刑。

对人民法院立案前，台湾地区有关业务主管部门对被判刑人在服刑期间作出的减轻刑罚决定，人民法院应当一并予以转换，并就最终应当执行的刑罚作出裁定。

第六条 被判刑人被接收回大陆服刑前被实际羁押的期间，应当以一日折抵转换后的刑期一日。

第七条 被判刑人被接收回大陆前已在台湾地区被假释或保外就医的，或者被判刑人或其法定代理人在申请或者同意回大陆服刑的书面意见中同时申请暂予监外执行的，人民法院应当根据刑法、刑事诉讼法的规定一并审查，并作出是否假释或者暂予监外执行的决定。

第八条 人民法院作出裁定后，应当在七日内送达申请机关。裁定一经送达，立即生效。

第九条 被判刑人回大陆服刑后，有关减刑、假释、暂予监外执行、赦免等事项，适用刑法、刑事诉讼法及相关司法解释的规定。

第十条 被判刑人回大陆服刑后，对其在台湾地区已被判处刑罚的行为，人民法院不再审理。

第十一条 本规定自2016年5月1日起施行。

最高人民法院、公安部关于在押未决犯保外就医期间是否折抵刑期问题的联合批复

［1964年5月3日，(64)法研字第38号(64)公发字第284号］

湖南省高级人民法院：

你院法办研［63］字第121号关于在押未决犯保外就医期间是否折抵刑期问题的请示已收阅。经我们研究后认为，根据《中华人民共和国劳动改造条例》第六十条第二项的规定，对于在押的未决犯（罪大恶极的除外），因病势严重需要保外就医的，经报请送押机关批准，可以保外就医，但应通知居住地人民公安机关加以监督。未决犯在保外就医期间，可以折抵刑期。

此复。

最高人民法院研究室关于因错判在服刑期“脱逃”后确有犯罪其错判服刑期限可否与后判刑期折抵问题的电话答复

(1983年8月31日)

湖北省高级人民法院:

你院1983年8月12日鄂法研字(83)第19号《对因错判在服刑期“脱逃”后确有犯罪其错判服刑期限可否与后判刑期折抵的请示》已收悉。我们同意你院报告中所提出的意见,即:对被错判徒刑的在服刑期间“脱逃”的行为,可不以脱逃论罪判刑;但在脱逃期间犯罪的,应依法定罪判刑;对被错判已服刑的日期与后来犯罪所判处的刑期不宜折抵,可在量刑时酌情考虑从轻或减轻处罚。

最高人民法院关于统一行使死刑案件核准权有关问题的决定

(2006年12月13日最高人民法院审判委员会第1409次会议通过,2006年12月28日公布,自2007年1月1日起施行,法释〔2006〕12号)

第十届全国人民代表大会常务委员会第二十四次会议通过了《关于修改〈中华人民共和国人民法院组织法〉的决定》,将人民法院组织法原第十三条修改为第十二条:“死刑除依法由最高人民法院判决的以外,应当报请最高人民法院核准。”修改人民法院组织法的决定自2007年1月1日起施行。根据修改后的人民法院组织法第十二条的规定,现就有关问题决定如下:

(一)自2007年1月1日起,最高人民法院根据全国人民代表大会常务委员会有关决定和人民法院组织法原第十三条的规定发布的关于授权高级人民法院和解放军军事法院核准部分死刑案件的通知(见附件),一律予以废止。

(二)自2007年1月1日起,死刑除依法由最高人民法院判决的以外,各高级人民法院和解放军军事法院依法判决和裁定的,应当报请最高人民法院核准。

(三)2006年12月31日以前,各高级人民法院和解放军军事法院已经核准的死刑立即执行的判决、裁定,依法仍由各高级人民法院、解放军军事法院院长签发执行死刑的命令。

附:

最高人民法院发布的下列关于授权高级人民法院核准部分死刑案件自本通知施行之日起予以废止:

一、《最高人民法院关于对几类现行犯授权高级人民法院核准死刑的若干具体规定的通知》(发布日期:1980年3月18日)

二、《最高人民法院关于执行全国人民代表大会常务委员会〈关于死刑案件核准问题的决定〉的几项通知》(发布日期:1981年6月11日)

三、《最高人民法院关于授权高级人民法院核准部分死刑案件的通知》(发布

日期:1983 年 9 月 7 日)

四、《最高人民法院关于授权云南省高级人民法院核准部分毒品犯罪死刑案件的通知》(发布日期:1991 年 6 月 6 日)

五、《最高人民法院关于授权广东省高级人民法院核准部分毒品犯罪死刑案件的通知》(发布日期:1993 年 8 月 18 日)

六、《最高人民法院关于授权广西壮族自治区、四川省、甘肃省高级人民法院核准部分毒品犯罪死刑案件的通知》(发布日期:1996 年 3 月 19 日)

七、《最高人民法院关于授权贵州省高级人民法院核准部分毒品犯罪死刑案件的通知》(发布日期:1997 年 6 月 23 日)

八、《最高人民法院关于授权高级人民法院和解放军军事法院核准部分死刑案件的通知》(发布日期:1997 年 9 月 26 日)

最高人民法院、最高人民检察院、公安部、司法部关于进一步严格依法办案确保办理死刑案件质量的意见

(2007 年 3 月 9 日,法发〔2007〕11 号)

二、办理死刑案件应当遵循的原则要求

(一)坚持惩罚犯罪与保障人权相结合

3. 我国目前正处于全面建设小康社会、加快推进社会主义现代化建设的重要战略机遇期,同时又是人民内部矛盾凸显、刑事犯罪高发、对敌斗争复杂的时期,维护社会和谐稳定的任务相当繁重,必须继续坚持“严打”方针,正确运用死刑这一刑罚手段同严重刑事犯罪作斗争,有效遏制犯罪活动猖獗和蔓延势头。同时,要全面落实“国家尊重和保障人权”宪法原则,切实保障犯罪嫌疑人、被告人的合法权益。坚持依法惩罚犯罪和依法保障人权并重,坚持罪刑法定、罪刑相适应、适用刑法人人平等和审判公开、程序法定等基本原则,真正做到有罪依法惩处,无罪不受刑事追究。

(二)坚持保留死刑,严格控制和慎重适用死刑

4.“保留死刑,严格控制死刑”是我国的基本死刑政策。实践证明,这一政策是完全正确的,必须继续贯彻执行。要完整、准确地理解和执行“严打”方针,依法严厉打击严重刑事犯罪,对极少数罪行极其严重的犯罪分子,坚决依法判处死刑。我国现在还不能废除死刑,但应逐步减少适用,凡是可杀可不杀的,一律不杀。办理死刑案件,必须根据构建社会主义和谐社会和维护社会稳定的要求,严谨审慎,既要保证根据证据正确认定案件事实,杜绝冤错案件的发生,又要保证定罪准确,量刑适当,做到少杀、慎杀。

(三)坚持程序公正与实体公正并重,保障犯罪嫌疑人、被告人的合法权利

5. 人民法院、人民检察院和公安机关进行刑事诉讼,既要保证案件实体处理的正确性,也要保证刑事诉讼程序本身的正当性和合法性。在侦查、起诉、审判等各个阶段,必须始终坚持依法进行诉讼,坚决克服重实体、轻程序,重打击、轻保护的错误观念,尊重犯罪嫌疑人、被告人的诉

讼地位,切实保障犯罪嫌疑人、被告人充分行使辩护权等诉讼权利,避免因剥夺或者限制犯罪嫌疑人、被告人的合法权利而导致冤错案件的发生。

(四)坚持证据裁判原则,重证据、不轻信口供

6.办理死刑案件,要坚持重证据、不轻信口供的原则。只有被告人供述,没有其他证据的,不能认定被告人有罪;没有被告人供述,其他证据确实充分的,可以认定被告人有罪。对刑讯逼供取得的犯罪嫌疑人供述、被告人供述和以暴力、威胁等非法方法收集的被害人陈述、证人证言,不能作为定案的根据。对被告人作出有罪判决的案件,必须严格按照刑事诉讼法第一百六十二条的规定,做到"事实清楚,证据确实、充分"。证据不足,不能认定被告人有罪的,应当作出证据不足、指控的犯罪不能成立的无罪判决。

(五)坚持宽严相济的刑事政策

7.对死刑案件适用刑罚时,既要防止重罪轻判,也要防止轻罪重判,做到罪刑相当,罚当其罪,重罪重判,轻罪轻判,无罪不罚。对罪行极其严重的被告人必须依法惩处,严厉打击;对具有法律规定"应当"从轻、减轻或者免除处罚情节的被告人,依法从宽处理;对具有法律规定"可以"从轻、减轻或者免除处罚情节的被告人,如果没有其他特殊情节,原则上依法从宽处理;对具有酌定从宽处罚情节的也依法予以考虑。

最高人民法院
关于进一步加强刑事审判
工作的决定

(2007年8月28日,法发〔2007〕28号)

……

六、严格控制和慎重适用死刑

43.必须高度重视死刑案件的审判。死刑是剥夺犯罪分子生命的最严厉的刑罚。必须严格执行法律,准确惩治犯罪,慎重适用死刑,统一死刑适用标准,确保死刑案件审判质量,维护社会稳定,促进社会和谐。

44.坚持死刑只适用于罪行极其严重的犯罪分子。正确处理严格控制和慎重适用死刑与依法严厉惩罚严重刑事犯罪的关系。充分考虑维护社会稳定的实际需要,充分考虑社会和公众的接受程度,对那些罪行极其严重,性质极其恶劣,社会危害极大,罪证确实充分,必须依法判处死刑立即执行的,坚决依法判处死刑立即执行。

45.贯彻执行"保留死刑,严格控制死刑"的刑事政策。对于具有法定从轻、减轻情节的,依法从轻或者减轻处罚,一般不判处死刑立即执行。对于因婚姻家庭、邻里纠纷等民间矛盾激化引发的案件,因被害方的过错行为引起的案件,案发后真诚悔罪积极赔偿被害人经济损失的案件等具有酌定从轻情节的,应慎用死刑立即执行。注重发挥死缓制度既能够依法严惩犯罪又能够有效减少死刑执行的作用,凡是判处死刑可不立即执行的,一律判处

死刑缓期二年执行。

最高人民法院研究室关于如何理解“审判的时候怀孕的妇女不适用死刑”问题的电话答复

（1991年3月18日）

广东省高级人民法院：

你院(1990)粤法刑一文字第16号《关于如何理解“审判的时候怀孕的妇女不适用死刑”问题的请示》已收悉。经研究，现答复如下：

在羁押期间已是孕妇的被告人，无论其怀孕是否属于违反国家计划生育政策，也不论其是否自然流产或者经人工流产以及流产后移送起诉或审判期间的长短，仍应执行我院(83)法研字第18号《关于人民法院审判严重刑事犯罪案件中具体应用法律的若干问题的答复》中对第三个问题的答复：“对于这类案件，应当按照刑法第四十四条和刑事诉讼法第一百五十四条的规定办理，即：人民法院对‘审判的时候怀孕的妇女，不适用死刑’。如果人民法院在审判时发现，在羁押受审时已是孕妇的，仍应依照上述法律规定，不适用死刑。”

最高人民法院关于对怀孕妇女在羁押期间自然流产审判时是否可以适用死刑问题的批复

（1998年8月4日最高人民法院审判委员会第1010次会议通过，1998年8月7日颁布，自1998年8月13日起施行，法释〔1998〕18号）

河北省高级人民法院：

你院冀高法(1998)40号《关于审判时对怀孕妇女在公安预审羁押期间自然流产，是否适用死刑的请示》收悉。经研究，答复如下：

怀孕妇女因涉嫌犯罪在羁押期间自然流产后，又因同一事实被起诉、交付审判的，应当视为“审判的时候怀孕的妇女”，依法不适用死刑。

此复。

最高人民法院关于适用财产刑若干问题的规定

（2000年11月15日最高人民法院审判委员会第1139次会议通过，2000年12月13日公布，自2000年12月19日起施行，法释〔2000〕45号）

为正确理解和执行刑法有关财产刑

的规定,现就适用财产刑的若干问题规定如下:

第一条 刑法规定"并处"没收财产或者罚金的犯罪,人民法院在对犯罪分子判处主刑的同时,必须依法判处相应的财产刑;刑法规定"可以并处"没收财产或者罚金的犯罪,人民法院应当根据案件具体情况及犯罪分子的财产状况,决定是否适用财产刑。

第二条 人民法院应当根据犯罪情节,如违法所得数额、造成损失的大小等,并综合考虑犯罪分子缴纳罚金的能力,依法判处罚金。刑法没有明确规定罚金数额标准的,罚金的最低数额不能少于一千元。

对未成年人犯罪应当从轻或者减轻判处罚金,但罚金的最低数额不能少于五百元。

第三条 依法对犯罪分子所犯数罪分别判处罚金的,应当实行并罚,将所判处的罚金数额相加,执行总和数额。

一人犯数罪依法同时并处罚金和没收财产的,应当合并执行;但并处没收全部财产的,只执行没收财产刑。

第四条 犯罪情节较轻,适用单处罚金不致再危害社会并具有下列情形之一的,可以依法单处罚金:

(一)偶犯或者初犯;

(二)自首或者有立功表现的;

(三)犯罪时不满十八周岁的;

(四)犯罪预备、中止或者未遂的;

(五)被胁迫参加犯罪的;

(六)全部退赃并有悔罪表现的;

(七)其他可以依法单处罚金的情形。

第五条 刑法第五十三条规定的"判决指定的期限"应当在判决书中予以确定;"判决指定的期限"应为从判决发生法律效力第二日起最长不超过三个月。

第六条 刑法第五十三条规定的"由于遭遇不能抗拒的灾祸缴纳确实有困难的",主要是指因遭受火灾、水灾、地震等灾祸而丧失财产;罪犯因重病、伤残等而丧失劳动能力,或者需要罪犯抚养的近亲属患有重病,需支付巨额医药费等,确实没有财产可供执行的情形。

具有刑法第五十三条规定"可以酌情减少或者免除"事由的,由罪犯本人、亲属或者犯罪单位向负责执行的人民法院提出书面申请,并提供相应的证明材料。人民法院审查以后,根据实际情况,裁定减少或者免除应当缴纳的罚金数额。

第七条 刑法第六十条规定的"没收财产以前犯罪分子所负的正当债务",是指犯罪分子在判决生效前所负他人的合法债务。

第八条 罚金刑的数额应当以人民币为计算单位。

第九条 人民法院认为依法应当判处被告人财产刑的,可以在案件审理过程中,决定扣押或者冻结被告人的财产。

第十条 财产刑由第一审人民法院执行。

犯罪分子的财产在异地的,第一审人民法院可以委托财产所在地人民法院代为执行。

第十一条 自判决指定的期限届满第二日起,人民法院对于没有法定减免事由不缴纳罚金的,应当强制其缴纳。

对于隐藏、转移、变卖、损毁已被扣押、冻结财产情节严重的,依照刑法第三百一十四条的规定追究刑事责任。

最高人民法院关于刑事裁判涉财产部分执行的若干规定

(2014年9月1日最高人民法院审判委员会第1625次会议通过,2014年10月30日公布,自2014年11月6日起施行,法释〔2014〕13号)

为进一步规范刑事裁判涉财产部分的执行,维护当事人合法权益,根据《中华人民共和国刑法》《中华人民共和国刑事诉讼法》等法律规定,结合人民法院执行工作实际,制定本规定。

第一条 本规定所称刑事裁判涉财产部分的执行,是指发生法律效力的刑事裁判主文确定的下列事项的执行:

(一)罚金、没收财产;

(二)责令退赔;

(三)处置随案移送的赃款赃物;

(四)没收随案移送的供犯罪所用本人财物;

(五)其他应当由人民法院执行的相关事项。

刑事附带民事裁判的执行,适用民事执行的有关规定。

第二条 刑事裁判涉财产部分,由第一审人民法院执行。第一审人民法院可以委托财产所在地的同级人民法院执行。

第三条 人民法院办理刑事裁判涉财产部分执行案件的期限为六个月。有特殊情况需要延长的,经本院院长批准,可以延长。

第四条 人民法院刑事审判中可能判处被告人财产刑、责令退赔的,刑事审判部门应当依法对被告人的财产状况进行调查;发现可能隐匿、转移财产的,应当及时查封、扣押、冻结其相应财产。

第五条 刑事审判或者执行中,对于侦查机关已经采取的查封、扣押、冻结,人民法院应当在期限届满前及时续行查封、扣押、冻结。人民法院续行查封、扣押、冻结的顺位与侦查机关查封、扣押、冻结的顺位相同。

对侦查机关查封、扣押、冻结的财产,人民法院执行中可以直接裁定处置,无需侦查机关出具解除手续,但裁定中应当指明侦查机关查封、扣押、冻结的事实。

第六条 刑事裁判涉财产部分的裁判内容,应当明确、具体。涉案财物或者被害人人数较多,不宜在判决主文中详细列明的,可以概括叙明并另附清单。

判处没收部分财产的,应当明确没收的具体财物或者金额。

判处追缴或者责令退赔的,应当明确追缴或者退赔的金额或财物的名称、数量等相关情况。

第七条 由人民法院执行机构负责执行的刑事裁判涉财产部分,刑事审判部门应当及时移送立案部门审查立案。

移送立案应当提交生效裁判文书及其附件和其他相关材料,并填写《移送执行表》。《移送执行表》应当载明以下内容:

(一)被执行人、被害人的基本信息;

(二)已查明的财产状况或者财产线索;

(三)随案移送的财产和已经处置财产的情况;

(四)查封、扣押、冻结财产的情况;

(五)移送执行的时间;

(六)其他需要说明的情况。

人民法院立案部门经审查,认为属于移送范围且移送材料齐全的,应当在七日内立案,并移送执行机构。

第八条　人民法院可以向刑罚执行机关、社区矫正机构等有关单位调查被执行人的财产状况,并可以根据不同情形要求有关单位协助采取查封、扣押、冻结、划拨等执行措施。

第九条　判处没收财产的,应当执行刑事裁判生效时被执行人合法所有的财产。

执行没收财产或罚金刑,应当参照被扶养人住所地政府公布的上年度当地居民最低生活费标准,保留被执行人及其所扶养家属的生活必需费用。

第十条　对赃款赃物及其收益,人民法院应当一并追缴。

被执行人将赃款赃物投资或者置业,对因此形成的财产及其收益,人民法院应予追缴。

被执行人将赃款赃物与其他合法财产共同投资或者置业,对因此形成的财产中与赃款赃物对应的份额及其收益,人民法院应予追缴。

对于被害人的损失,应当按照刑事裁判认定的实际损失予以发还或者赔偿。

第十一条　被执行人将刑事裁判认定为赃款赃物的涉案财物用于清偿债务、转让或者设置其他权利负担,具有下列情形之一的,人民法院应予追缴:

(一)第三人明知是涉案财物而接受的;

(二)第三人无偿或者以明显低于市场的价格取得涉案财物的;

(三)第三人通过非法债务清偿或者违法犯罪活动取得涉案财物的;

(四)第三人通过其他恶意方式取得涉案财物的。

第三人善意取得涉案财物的,执行程序中不予追缴。作为原所有人的被害人对该涉案财物主张权利的,人民法院应当告知其通过诉讼程序处理。

第十二条　被执行财产需要变价的,人民法院执行机构应当依法采取拍卖、变卖等变价措施。

涉案财物最后一次拍卖未能成交,需要上缴国库的,人民法院应当通知有关财政机关以该次拍卖保留价予以接收;有关财政机关要求继续变价的,可以进行无保留价拍卖。需要退赔被害人的,以该次拍卖保留价以物退赔;被害人不同意以物退赔的,可以进行无保留价拍卖。

第十三条　被执行人在执行中同时承担刑事责任、民事责任,其财产不足以支付的,按照下列顺序执行:

(一)人身损害赔偿中的医疗费用;

(二)退赔被害人的损失;

(三)其他民事债务;

(四)罚金;

(五)没收财产。

债权人对执行标的依法享有优先受偿权,其主张优先受偿的,人民法院应当在前款第(一)项规定的医疗费用受偿后,予以支持。

第十四条　执行过程中,当事人、利害关系人认为执行行为违反法律规定,或者案外人对执行标的主张足以阻止执行的实体权利,向执行法院提出书面异议的,执行法院应当依照民事诉讼法第二百二十五条的规定处理。

人民法院审查案外人异议、复议,应当公开听证。

第十五条　执行过程中,案外人或被害人认为刑事裁判中对涉案财物是否属于赃款赃物认定错误或者应予认定而未认定，向执行法院提出书面异议，可以通过裁定补正的，执行机构应当将异议材料移送刑事审判部门处理；无法通过裁定补正的，应当告知异议人通过审判监督程序处理。

第十六条 人民法院办理刑事裁判涉财产部分执行案件，刑法、刑事诉讼法及有关司法解释没有相应规定的，参照适用民事执行的有关规定。

第十七条 最高人民法院此前发布的司法解释与本规定不一致的，以本规定为准。

最高人民法院研究室关于剥夺政治权利期间是否可以获准出国定居的电话答复

（1987年12月1日）

公安部出入境管理局：

你局来电话询问关于某人被判徒刑六年，剥夺政治权利二年，现刑满出狱，正在执行剥夺政治权利二年期间，申请出国定居，可否批准的问题。经研究，我们的意见是：依照《中华人民共和国公民出境入境管理法》第八条的规定，被判处刑罚正在服刑的，不批准出境。剥夺政治权利虽属附加刑，仍是我国刑法规定的一种刑罚。该人虽已服完主刑，现对他开始执行附加刑，即执行剥夺政治权利二年的刑罚。因此，该人仍在服刑。请你们依照上述法律规定办理。

最高人民法院关于对故意伤害、盗窃等严重破坏社会秩序的犯罪分子能否附加剥夺政治权利问题的批复

（1997年12月23日最高人民法院审判委员会第952次会议通过，自1998年1月13日起施行，法释〔1997〕11号）

福建省高级人民法院：

你院《关于对故意伤害、盗窃（重大）等犯罪分子被判处有期徒刑的，能否附加剥夺政治权利的请示》收悉。经研究，答复如下：

根据刑法第五十六条规定，对于故意杀人、强奸、放火、爆炸、投毒、抢劫等严重破坏社会秩序的犯罪分子，可以附加剥夺政治权利。对故意伤害、盗窃等其他严重破坏社会秩序的犯罪，犯罪分子主观恶性较深、犯罪情节恶劣、罪行严重的，也可以依法附加剥夺政治权利。

此复。

最高人民法院关于在执行附加刑剥夺政治权利期间犯新罪应如何处理的批复

（2009年3月30日最高人民法院审判委员会第1465次会议通过，2009年5月25日公布，自2009年6月10日起施行，法释〔2009〕10号）

上海市高级人民法院：

你院《关于被告人在执行附加刑剥夺政治权利期间重新犯罪适用法律问题的请示》(沪高法〔2008〕24号)收悉。经研究,批复如下:

一、对判处有期徒刑并处剥夺政治权利的罪犯,主刑已执行完毕,在执行附加刑剥夺政治权利期间又犯新罪,如果所犯新罪无须附加剥夺政治权利的,依照刑法第七十一条的规定数罪并罚。

二、前罪尚未执行完毕的附加刑剥夺政治权利的刑期从新罪的主刑有期徒刑执行之日起停止计算,并依照刑法第五十八条规定从新罪的主刑有期徒刑执行完毕之日或者假释之日起继续计算;附加刑剥夺政治权利的效力施用于新罪的主刑执行期间。

三、对判处有期徒刑的罪犯,主刑已执行完毕,在执行附加刑剥夺政治权利期间又犯新罪,如果所犯新罪也剥夺政治权利的,依照刑法第五十五条、第五十七条、第七十一条的规定并罚。

(五)刑罚的具体运用

最高人民法院、最高人民检察院关于常见犯罪的量刑指导意见(试行)

(2021年6月16日印发,自2021年7月1日起施行,法发〔2021〕21号)

为进一步规范量刑活动,落实宽严相济刑事政策和认罪认罚从宽制度,增强量刑公开性,实现量刑公正,根据刑法、刑事诉讼法和有关司法解释等规定,结合司法实践,制定本指导意见。

一、量刑的指导原则

(一)量刑应当以事实为根据,以法律为准绳,根据犯罪的事实、性质、情节和对于社会的危害程度,决定判处的刑罚。

(二)量刑既要考虑被告人所犯罪行的轻重,又要考虑被告人应负刑事责任的大小,做到罪责刑相适应,实现惩罚和预防犯罪的目的。

(三)量刑应当贯彻宽严相济的刑事政策,做到该宽则宽,当严则严,宽严相济,罚当其罪,确保裁判政治效果、法律效果和社会效果的统一。

(四)量刑要客观、全面把握不同时期不同地区的经济社会发展和治安形势的变化,确保刑法任务的实现;对于同一地区同一时期案情相似的案件,所判处的刑罚应当基本均衡。

二、量刑的基本方法

量刑时,应当以定性分析为主,定量分析为辅,依次确定量刑起点、基准刑和宣告刑。

(一)量刑步骤

1. 根据基本犯罪构成事实在相应的法定刑幅度内确定量刑起点。

2. 根据其他影响犯罪构成的犯罪数额、犯罪次数、犯罪后果等犯罪事实,在量刑起点的基础上增加刑罚量确定基准刑。

3. 根据量刑情节调节基准刑,并综合考虑全案情况,依法确定宣告刑。

(二)调节基准刑的方法

1. 具有单个量刑情节的,根据量刑情节的调节比例直接调节基准刑。

2. 具有多个量刑情节的,一般根据各

个量刑情节的调节比例,采用同向相加、逆向相减的方法调节基准刑;具有未成年人犯罪、老年人犯罪、限制行为能力的精神病人犯罪、又聋又哑的人或者盲人犯罪,防卫过当、避险过当、犯罪预备、犯罪未遂、犯罪中止,从犯、胁从犯和教唆犯等量刑情节的,先适用该量刑情节对基准刑进行调节,在此基础上,再适用其他量刑情节进行调节。

3. 被告人犯数罪,同时具有适用于个罪的立功、累犯等量刑情节的,先适用该量刑情节调节个罪的基准刑,确定个罪所应判处的刑罚,再依法实行数罪并罚,决定执行的刑罚。

(三)确定宣告刑的方法

1. 量刑情节对基准刑的调节结果在法定刑幅度内,且罪责刑相适应的,可以直接确定为宣告刑;具有应当减轻处罚情节的,应当依法在法定最低刑以下确定宣告刑。

2. 量刑情节对基准刑的调节结果在法定最低刑以下,具有法定减轻处罚情节,且罪责刑相适应的,可以直接确定为宣告刑;只有从轻处罚情节的,可以依法确定法定最低刑为宣告刑;但是根据案件的特殊情况,经最高人民法院核准,也可以在法定刑以下判处刑罚。

3. 量刑情节对基准刑的调节结果在法定最高刑以上的,可以依法确定法定最高刑为宣告刑。

4. 综合考虑全案情况,独任审判员或合议庭可以在20%的幅度内对调节结果进行调整,确定宣告刑。当调节后的结果仍不符合罪责刑相适应原则的,应当提交审判委员会讨论,依法确定宣告刑。

5. 综合全案犯罪事实和量刑情节,依法应当判处无期徒刑以上刑罚、拘役、管制或者单处附加刑、缓刑、免予刑事处罚的,应当依法适用。

(四)判处罚金刑,应当以犯罪情节为根据,并综合考虑被告人缴纳罚金的能力,依法决定罚金数额。

(五)适用缓刑,应当综合考虑被告人的犯罪情节、悔罪表现、再犯罪的危险以及宣告缓刑对所居住社区的影响,依法作出决定。

三、常见量刑情节的适用

量刑时应当充分考虑各种法定和酌定量刑情节,根据案件的全部犯罪事实以及量刑情节的不同情形,依法确定量刑情节的适用及其调节比例。对黑恶势力犯罪、严重暴力犯罪、毒品犯罪、性侵未成年人犯罪等危害严重的犯罪,在确定从宽的幅度时,应当从严掌握;对犯罪情节较轻的犯罪,应当充分体现从宽。具体确定各个量刑情节的调节比例时,应当综合平衡调节幅度与实际增减刑罚量的关系,确保罪责刑相适应。

(一)对于未成年人犯罪,综合考虑未成年人对犯罪的认知能力、实施犯罪行为的动机和目的、犯罪时的年龄、是否初犯、偶犯、悔罪表现、个人成长经历和一贯表现等情况,应当予以从宽处罚。

1. 已满十二周岁不满十六周岁的未成年人犯罪,减少基准刑的30%－60%;

2. 已满十六周岁不满十八周岁的未成年人犯罪,减少基准刑的10%－50%。

(二)对于已满七十五周岁的老年人故意犯罪,综合考虑犯罪的性质、情节、后果等情况,可以减少基准刑的40%以下;过失犯罪的,减少基准刑的20%－50%。

(三)对于又聋又哑的人或者盲人犯罪,综合考虑犯罪性质、情节、后果以及聋哑人或者盲人犯罪时的控制能力等情况,可以减少基准刑的50%以下;犯罪较轻的,可以减少基准刑的50%以上或者依法免除处罚。

(四)对于未遂犯,综合考虑犯罪行为的实行程度、造成损害的大小、犯罪未得逞的原因等情况,可以比照既遂犯减少基准刑的50%以下。

(五)对于从犯,综合考虑其在共同犯罪中的地位、作用等情况,应当予以从宽处罚,减少基准刑的20%－50%;犯罪较轻的,减少基准刑的50%以上或者依法免除处罚。

(六)对于自首情节,综合考虑自首的动机、时间、方式、罪行轻重、如实供述罪行的程度以及悔罪表现等情况,可以减少基准刑的40%以下;犯罪较轻的,可以减少基准刑的40%以上或者依法免除处罚。恶意利用自首规避法律制裁等不足以从宽处罚的除外。

(七)对于坦白情节,综合考虑如实供述罪行的阶段、程度、罪行轻重以及悔罪表现等情况,确定从宽的幅度。

1. 如实供述自己罪行的,可以减少基准刑的20%以下;

2. 如实供述司法机关尚未掌握的同种较重罪行的,可以减少基准刑的10%－30%;

3. 因如实供述自己罪行,避免特别严重后果发生的,可以减少基准刑的30%－50%。

(八)对于当庭自愿认罪的,根据犯罪的性质、罪行的轻重、认罪程度以及悔罪表现等情况,可以减少基准刑的10%以下。依法认定自首、坦白的除外。

(九)对于立功情节,综合考虑立功的大小、次数、内容、来源、效果以及罪行轻重等情况,确定从宽的幅度。

1. 一般立功的,可以减少基准刑的20%以下;

2. 重大立功的,可以减少基准刑的20%－50%;犯罪较轻的,减少基准刑的50%以上或者依法免除处罚。

(十)对于退赃、退赔的,综合考虑犯罪性质,退赃、退赔行为对损害结果所能弥补的程度,退赃、退赔的数额及主动程度等情况,可以减少基准刑的30%以下;对抢劫等严重危害社会治安犯罪的,应当从严掌握。

(十一)对于积极赔偿被害人经济损失并取得谅解的,综合考虑犯罪性质、赔偿数额、赔偿能力以及认罪悔罪表现等情况,可以减少基准刑的40%以下;积极赔偿但没有取得谅解的,可以减少基准刑的30%以下;尽管没有赔偿,但取得谅解的,可以减少基准刑的20%以下。对抢劫、强奸等严重危害社会治安犯罪的,应当从严掌握。

(十二)对于当事人根据刑事诉讼法第二百八十八条达成刑事和解协议的,综合考虑犯罪性质、赔偿数额、赔礼道歉以及真诚悔罪等情况,可以减少基准刑的50%以下;犯罪较轻的,可以减少基准刑的50%以上或者依法免除处罚。

(十三)对于被告人在羁押期间表现好的,可以减少基准刑的10%以下。

(十四)对于被告人认罪认罚的,综合考虑犯罪的性质、罪行的轻重、认罪认罚的阶段、程度、价值、悔罪表现等情况,可以减少基准刑的30%以下;具有自首、重大坦白、退赃退赔、赔偿谅解、刑事和解等情节的,可以减少基准刑的60%以下,犯罪较轻的,可以减少基准刑的60%以上或者依法免除处罚。认罪认罚与自首、坦白、当庭自愿认罪、退赃退赔、赔偿谅解、刑事和解、羁押期间表现好等量刑情节不作重复评价。

（十五）对于累犯，综合考虑前后罪的性质、刑罚执行完毕或赦免以后至再犯罪时间的长短以及前后罪罪行轻重等情况，应当增加基准刑的10% －40%，一般不少于3个月。

（十六）对于有前科的，综合考虑前科的性质、时间间隔长短、次数、处罚轻重等情况，可以增加基准刑的10%以下。前科犯罪为过失犯罪和未成年人犯罪的除外。

（十七）对于犯罪对象为未成年人、老年人、残疾人、孕妇等弱势人员的，综合考虑犯罪的性质、犯罪的严重程度等情况，可以增加基准刑的20%以下。

（十八）对于在重大自然灾害、预防、控制突发传染病疫情等灾害期间故意犯罪的，根据案件的具体情况，可以增加基准刑的20%以下。

四、常见犯罪的量刑

（一）交通肇事罪

1. 构成交通肇事罪的，根据下列情形在相应的幅度内确定量刑起点：

（1）致人重伤、死亡或者使公私财产遭受重大损失的，在二年以下有期徒刑、拘役幅度内确定量刑起点。

（2）交通运输肇事后逃逸或者有其他特别恶劣情节的，在三年至五年有期徒刑幅度内确定量刑起点。

（3）因逃逸致一人死亡的，在七年至十年有期徒刑幅度内确定量刑起点。

2. 在量刑起点的基础上，根据事故责任、致人重伤、死亡的人数或者财产损失的数额以及逃逸等其他影响犯罪构成的犯罪事实增加刑罚量，确定基准刑。

3. 构成交通肇事罪的，综合考虑事故责任、危害后果、赔偿谅解等犯罪事实、量刑情节，以及被告人的主观恶性、人身危险性、认罪悔罪表现等因素，决定缓刑的适用。

（二）危险驾驶罪

1. 构成危险驾驶罪的，依法在一个月至六个月拘役幅度内确定宣告刑。

2. 构成危险驾驶罪的，根据危险驾驶行为、实际损害后果等犯罪情节，综合考虑被告人缴纳罚金的能力，决定罚金数额。

3. 构成危险驾驶罪的，综合考虑危险驾驶行为、危害后果等犯罪事实、量刑情节，以及被告人主观恶性、人身危险性、认罪悔罪表现等因素，决定缓刑的适用。

（三）非法吸收公众存款罪

1. 构成非法吸收公众存款罪的，根据下列情形在相应的幅度内确定量刑起点：

（1）犯罪情节一般的，在一年以下有期徒刑、拘役幅度内确定量刑起点。

（2）达到数额巨大起点或者有其他严重情节的，在三年至四年有期徒刑幅度内确定量刑起点。

（3）达到数额特别巨大起点或者有其他特别严重情节的，在十年至十二年有期徒刑幅度内确定量刑起点。

2. 在量刑起点的基础上，根据非法吸收存款数额等其他影响犯罪构成的犯罪事实增加刑罚量，确定基准刑。

3. 对于在提起公诉前积极退赃退赔，减少损害结果发生的，可以减少基准刑的40%以下；犯罪较轻的，可以减少基准刑的40%以上或者依法免除处罚。

4. 构成非法吸收公众存款罪的，根据非法吸收公众存款数额、存款人人数、给存款人造成的直接经济损失数额等犯罪情节,综合考虑被告人缴纳罚金的能力,决定罚金数额。

5. 构成非法吸收公众存款罪的,综合考虑非法吸收存款数额、存款人人数、给存款人造成的直接经济损失数额、清退资金数额等犯罪事实、量刑情节,以及被告人主观恶性、人身危险性、认罪悔罪表现等因素,决定缓刑的适用。

(四)集资诈骗罪

1. 构成集资诈骗罪的,根据下列情形在相应的幅度内确定量刑起点:

(1)达到数额较大起点的,在三年至四年有期徒刑幅度内确定量刑起点。

(2)达到数额巨大起点或者有其他严重情节的,在七年至九年有期徒刑幅度内确定量刑起点。依法应当判处无期徒刑的除外。

2. 在量刑起点的基础上,根据集资诈骗数额等其他影响犯罪构成的犯罪事实增加刑罚量,确定基准刑。

3. 构成集资诈骗罪的,根据犯罪数额、危害后果等犯罪情节,综合考虑被告人缴纳罚金的能力,决定罚金数额。

4. 构成集资诈骗罪的,综合考虑犯罪数额、诈骗对象、危害后果、退赃退赔等犯罪事实、量刑情节,以及被告人主观恶性、人身危险性、认罪悔罪表现等因素,决定缓刑的适用。

(五)信用卡诈骗罪

1. 构成信用卡诈骗罪的,根据下列情形在相应的幅度内确定量刑起点:

(1)达到数额较大起点的,在二年以下有期徒刑、拘役幅度内确定量刑起点。

(2)达到数额巨大起点或者有其他严重情节的,在五年至六年有期徒刑幅度内确定量刑起点。

(3)达到数额特别巨大起点或者有其他特别严重情节的,在十年至十二年有期徒刑幅度内确定量刑起点。依法应当判处无期徒刑的除外。

2. 在量刑起点的基础上,根据信用卡诈骗数额等其他影响犯罪构成的犯罪事实增加刑罚量,确定基准刑。

3. 构成信用卡诈骗罪的,根据诈骗手段、犯罪数额、危害后果等犯罪情节,综合考虑被告人缴纳罚金的能力,决定罚金数额。

4. 构成信用卡诈骗罪的,综合考虑诈骗手段、犯罪数额、危害后果、退赃退赔等犯罪事实、量刑情节,以及被告人主观恶性、人身危险性、认罪悔罪表现等因素,决定缓刑的适用。

(六)合同诈骗罪

1. 构成合同诈骗罪的,根据下列情形在相应的幅度内确定量刑起点:

(1)达到数额较大起点的,在一年以下有期徒刑、拘役幅度内确定量刑起点。

(2)达到数额巨大起点或者有其他严重情节的,在三年至四年有期徒刑幅度内确定量刑起点。

(3)达到数额特别巨大起点或者有其他特别严重情节的,在十年至十二年有期徒刑幅度内确定量刑起点。依法应当判处无期徒刑的除外。

2. 在量刑起点的基础上,根据合同诈骗数额等其他影响犯罪构成的犯罪事实增加刑罚量,确定基准刑。

3. 构成合同诈骗罪的,根据诈骗手段、犯罪数额、损失数额、危害后果等犯罪情节,综合考虑被告人缴纳罚金的能力,决定罚金数额。

4. 构成合同诈骗罪的,综合考虑诈骗手段、犯罪数额、危害后果、退赃退赔等犯罪事实、量刑情节,以及被告人主观恶性、人身危险性、认罪悔罪表现等因素,决定缓刑的适用。

(七)故意伤害罪

1. 构成故意伤害罪的,根据下列情形在相应的幅度内确定量刑起点:

(1)故意伤害致一人轻伤的,在二年以下有期徒刑、拘役幅度内确定量刑起点。

(2)故意伤害致一人重伤的,在三年至五年有期徒刑幅度内确定量刑起点。

(3)以特别残忍手段故意伤害致一人重伤,造成六级严重残疾的,在十年至十三年有期徒刑幅度内确定量刑起点。依法应当判处无期徒刑以上刑罚的除外。

2. 在量刑起点的基础上,根据伤害后果、伤残等级、手段残忍程度等其他影响犯罪构成的犯罪事实增加刑罚量,确定基准刑。

故意伤害致人轻伤的,伤残程度可以在确定量刑起点时考虑,或者作为调节基准刑的量刑情节。

3. 构成故意伤害罪的,综合考虑故意伤害的起因、手段、危害后果、赔偿谅解等犯罪事实、量刑情节,以及被告人的主观恶性、人身危险性、认罪悔罪表现等因素,决定缓刑的适用。

(八)强奸罪

1. 构成强奸罪的,根据下列情形在相应的幅度内确定量刑起点:

(1)强奸妇女一人的,在三年至六年有期徒刑幅度内确定量刑起点。

奸淫幼女一人的,在四年至七年有期徒刑幅度内确定量刑起点。

(2)有下列情形之一的,在十年至十三年有期徒刑幅度内确定量刑起点:强奸妇女、奸淫幼女情节恶劣的;强奸妇女、奸淫幼女三人的;在公共场所当众强奸妇女、奸淫幼女的;二人以上轮奸妇女的;奸淫不满十周岁的幼女或者造成幼女伤害的;强奸致被害人重伤或者造成其他严重后果的。依法应当判处无期徒刑以上刑罚的除外。

2. 在量刑起点的基础上,根据强奸妇女、奸淫幼女情节恶劣程度、强奸人数、致人伤害后果等其他影响犯罪构成的犯罪事实增加刑罚量,确定基准刑。

强奸多人多次的,以强奸人数作为增加刑罚量的事实,强奸次数作为调节基准刑的量刑情节。

3. 构成强奸罪的,综合考虑强奸的手段、危害后果等犯罪事实、量刑情节,以及被告人的主观恶性、人身危险性、认罪悔罪表现等因素,从严把握缓刑的适用。

(九)非法拘禁罪

1. 构成非法拘禁罪的,根据下列情形在相应的幅度内确定量刑起点:

(1)犯罪情节一般的,在一年以下有期徒刑、拘役幅度内确定量刑起点。

(2)致一人重伤的,在三年至五年有期徒刑幅度内确定量刑起点。

(3)致一人死亡的,在十年至十三年有期徒刑幅度内确定量刑起点。

2. 在量刑起点的基础上,根据非法拘禁人数、拘禁时间、致人伤亡后果等其他影响犯罪构成的犯罪事实增加刑罚量,确定基准刑。

非法拘禁多人多次的,以非法拘禁人数作为增加刑罚量的事实,非法拘禁次数作为调节基准刑的量刑情节。

3. 有下列情节之一的,增加基准刑的10% –20%:

(1)具有殴打、侮辱情节的;

(2)国家机关工作人员利用职权非法扣押、拘禁他人的。

4. 构成非法拘禁罪的,综合考虑非法拘禁的起因、时间、危害后果等犯罪事实、量刑情节,以及被告人的主观恶性、人身危险性、认罪悔罪表现等因素,决定缓刑的适用。

(十)抢劫罪

1. 构成抢劫罪的,根据下列情形在相应的幅度内确定量刑起点:

(1)抢劫一次的,在三年至六年有期徒刑幅度内确定量刑起点。

(2)有下列情形之一的,在十年至十三年有期徒刑幅度内确定量刑起点:入户抢劫的;在公共交通工具上抢劫的;抢劫银行或者其他金融机构的;抢劫三次或者抢劫数额达到数额巨大起点的;抢劫致一人重伤的;冒充军警人员抢劫的;持枪抢劫的;抢劫军用物资或者抢险、救灾、救济物资的。依法应当判处无期徒刑以上刑罚的除外。

2. 在量刑起点的基础上,根据抢劫情节严重程度、抢劫数额、次数、致人伤害后果等其他影响犯罪构成的犯罪事实增加刑罚量,确定基准刑。

3. 构成抢劫罪的,根据抢劫的数额、次数、手段、危害后果等犯罪情节,综合考虑被告人缴纳罚金的能力,决定罚金数额。

4. 构成抢劫罪的,综合考虑抢劫的起因、手段、危害后果等犯罪事实、量刑情节,以及被告人的主观恶性、人身危险性、认罪悔罪表现等因素,从严把握缓刑的适用。

(十一)盗窃罪

1. 构成盗窃罪的,根据下列情形在相应的幅度内确定量刑起点:

(1)达到数额较大起点的,二年内三次盗窃的,入户盗窃的,携带凶器盗窃的,或者扒窃的,在一年以下有期徒刑、拘役幅度内确定量刑起点。

(2)达到数额巨大起点或者有其他严重情节的,在三年至四年有期徒刑幅度内确定量刑起点。

(3)达到数额特别巨大起点或者有其他特别严重情节的,在十年至十二年有期徒刑幅度内确定量刑起点。依法应当判处无期徒刑的除外。

2. 在量刑起点的基础上,根据盗窃数额、次数、手段等其他影响犯罪构成的犯罪事实增加刑罚量,确定基准刑。

多次盗窃,数额达到较大以上的,以盗窃数额确定量刑起点,盗窃次数可以作为调节基准刑的量刑情节;数额未达到较大的,以盗窃次数确定量刑起点,超过三次的次数作为增加刑罚量的事实。

3. 构成盗窃罪的,根据盗窃的数额、次数、手段、危害后果等犯罪情节,综合考虑被告人缴纳罚金的能力,在一千元以上盗窃数额二倍以下决定罚金数额;没有盗窃数额或者盗窃数额无法计算的,在一千元以上十万元以下判处罚金。

4. 构成盗窃罪的,综合考虑盗窃的起因、数额、次数、手段、退赃退赔等犯罪事实、量刑情节,以及被告人的主观恶性、人身危险性、认罪悔罪表现等因素,决定缓刑的适用。

(十二)诈骗罪

1. 构成诈骗罪的,根据下列情形在相应的幅度内确定量刑起点:

(1)达到数额较大起点的,在一年以下有期徒刑、拘役幅度内确定量刑起点。

(2)达到数额巨大起点或者有其他严重情节的,在三年至四年有期徒刑幅度内确定量刑起点。

(3)达到数额特别巨大起点或者有

其他特别严重情节的,在十年至十二年有期徒刑幅度内确定量刑起点。依法应当判处无期徒刑的除外。

2. 在量刑起点的基础上,根据诈骗数额等其他影响犯罪构成的犯罪事实增加刑罚量,确定基准刑。

3. 构成诈骗罪的,根据诈骗的数额、手段、危害后果等犯罪情节,综合考虑被告人缴纳罚金的能力,决定罚金数额。

4. 构成诈骗罪的,综合考虑诈骗的起因、手段、数额、危害后果、退赃退赔等犯罪事实、量刑情节,以及被告人的主观恶性、人身危险性、认罪悔罪表现等因素,决定缓刑的适用。对实施电信网络诈骗的,从严把握缓刑的适用。

(十三)抢夺罪

1. 构成抢夺罪的,根据下列情形在相应的幅度内确定量刑起点:

(1)达到数额较大起点或者二年内三次抢夺的,在一年以下有期徒刑、拘役幅度内确定量刑起点。

(2)达到数额巨大起点或者有其他严重情节的,在三年至五年有期徒刑幅度内确定量刑起点。

(3)达到数额特别巨大起点或者有其他特别严重情节的,在十年至十二年有期徒刑幅度内确定量刑起点。依法应当判处无期徒刑的除外。

2. 在量刑起点的基础上,根据抢夺数额、次数等其他影响犯罪构成的犯罪事实增加刑罚量,确定基准刑。

多次抢夺,数额达到较大以上的,以抢夺数额确定量刑起点,抢夺次数可以作为调节基准刑的量刑情节;数额未达到较大的,以抢夺次数确定量刑起点,超过三次的次数作为增加刑罚量的事实。

3. 构成抢夺罪的,根据抢夺的数额、次数、手段、危害后果等犯罪情节,综合考虑被告人缴纳罚金的能力,决定罚金数额。

4. 构成抢夺罪的,综合考虑抢夺的起因、数额、手段、次数、危害后果、退赃退赔等犯罪事实、量刑情节,以及被告人的主观恶性、人身危险性、认罪悔罪表现等因素,决定缓刑的适用。

(十四)职务侵占罪

1. 构成职务侵占罪的,根据下列情形在相应的幅度内确定量刑起点:

(1)达到数额较大起点的,在一年以下有期徒刑、拘役幅度内确定量刑起点。

(2)达到数额巨大起点的,在三年至四年有期徒刑幅度内确定量刑起点。

(3)达到数额特别巨大起点的,在十年至十一年有期徒刑幅度内确定量刑起点。依法应当判处无期徒刑的除外。

2. 在量刑起点的基础上,根据职务侵占数额等其他影响犯罪构成的犯罪事实增加刑罚量,确定基准刑。

3. 构成职务侵占罪的,根据职务侵占的数额、危害后果等犯罪情节,综合考虑被告人缴纳罚金的能力,决定罚金数额。

4. 构成职务侵占罪的,综合考虑职务侵占的数额、手段、危害后果、退赃退赔等犯罪事实、量刑情节,以及被告人的主观恶性、人身危险性、认罪悔罪表现等因素,决定缓刑的适用。

(十五)敲诈勒索罪

1. 构成敲诈勒索罪的,根据下列情形在相应的幅度内确定量刑起点:

(1)达到数额较大起点的,或者二年内三次敲诈勒索的,在一年以下有期徒刑、拘役幅度内确定量刑起点。

(2)达到数额巨大起点或者有其他严重情节的,在三年至五年有期徒刑幅度内确定量刑起点。

(3)达到数额特别巨大起点或者有其他特别严重情节的,在十年至十二年有期徒刑幅度内确定量刑起点。

2. 在量刑起点的基础上,根据敲诈勒索数额、次数、犯罪情节严重程度等其他影响犯罪构成的犯罪事实增加刑罚量,确定基准刑。

多次敲诈勒索,数额达到较大以上的,以敲诈勒索数额确定量刑起点,敲诈勒索次数可以作为调节基准刑的量刑情节;数额未达到较大的,以敲诈勒索次数确定量刑起点,超过三次的次数作为增加刑罚量的事实。

3. 构成敲诈勒索罪的,根据敲诈勒索的数额、手段、次数、危害后果等犯罪情节,综合考虑被告人缴纳罚金的能力,在二千元以上敲诈勒索数额的二倍以下决定罚金数额;被告人没有获得财物的,在二千元以上十万元以下判处罚金。

4. 构成敲诈勒索罪的,综合考虑敲诈勒索的手段、数额、次数、危害后果、退赃退赔等犯罪事实、量刑情节,以及被告人的主观恶性、人身危险性、认罪悔罪表现等因素,决定缓刑的适用。

(十六)妨害公务罪

1. 构成妨害公务罪的,在二年以下有期徒刑、拘役幅度内确定量刑起点。

2. 在量刑起点的基础上,根据妨害公务造成的后果、犯罪情节严重程度等其他影响犯罪构成的犯罪事实增加刑罚量,确定基准刑。

3. 构成妨害公务罪,依法单处罚金的,根据妨害公务的手段、危害后果、造成的人身伤害以及财物毁损情况等犯罪情节,综合考虑被告人缴纳罚金的能力,决定罚金数额。

4. 构成妨害公务罪的,综合考虑妨害公务的手段、造成的人身伤害、财物的毁损及社会影响等犯罪事实、量刑情节,以及被告人的主观恶性、人身危险性、认罪悔罪表现等因素,决定缓刑的适用。

(十七)聚众斗殴罪

1. 构成聚众斗殴罪的,根据下列情形在相应的幅度内确定量刑起点:

(1)犯罪情节一般的,在二年以下有期徒刑、拘役幅度内确定量刑起点。

(2)有下列情形之一的,在三年至五年有期徒刑幅度内确定量刑起点:聚众斗殴三次的;聚众斗殴人数多,规模大,社会影响恶劣的;在公共场所或者交通要道聚众斗殴,造成社会秩序严重混乱的;持械聚众斗殴的。

2. 在量刑起点的基础上,根据聚众斗殴人数、次数、手段严重程度等其他影响犯罪构成的犯罪事实增加刑罚量,确定基准刑。

3. 构成聚众斗殴罪的,综合考虑聚众斗殴的手段、危害后果等犯罪事实、量刑情节,以及被告人的主观恶性、人身危险性、认罪悔罪表现等因素,决定缓刑的适用。

(十八)寻衅滋事罪

1. 构成寻衅滋事罪的,根据下列情形在相应的幅度内确定量刑起点:

(1)寻衅滋事一次的,在三年以下有期徒刑、拘役幅度内确定量刑起点。

(2)纠集他人三次寻衅滋事(每次都构成犯罪),严重破坏社会秩序的,在五年至七年有期徒刑幅度内确定量刑起点。

2. 在量刑起点的基础上,根据寻衅滋事次数、伤害后果、强拿硬要他人财物或任意损毁、占用公私财物数额等其他影响犯罪构成的犯罪事实增加刑罚量,确定基准刑。

3. 构成寻衅滋事罪，判处五年以上十年以下有期徒刑，并处罚金的，根据寻衅滋事的次数、危害后果、对社会秩序的破坏程度等犯罪情节，综合考虑被告人缴纳罚金的能力，决定罚金数额。

4. 构成寻衅滋事罪的，综合考虑寻衅滋事的具体行为、危害后果、对社会秩序的破坏程度等犯罪事实、量刑情节，以及被告人的主观恶性、人身危险性、认罪悔罪表现等因素，决定缓刑的适用。

（十九）掩饰、隐瞒犯罪所得、犯罪所得收益罪

1. 构成掩饰、隐瞒犯罪所得、犯罪所得收益罪的，根据下列情形在相应的幅度内确定量刑起点：

（1）犯罪情节一般的，在一年以下有期徒刑、拘役幅度内确定量刑起点。

（2）情节严重的，在三年至四年有期徒刑幅度内确定量刑起点。

2. 在量刑起点的基础上，根据犯罪数额等其他影响犯罪构成的犯罪事实增加刑罚量，确定基准刑。

3. 构成掩饰、隐瞒犯罪所得、犯罪所得收益罪的，根据掩饰、隐瞒犯罪所得及其收益的数额、犯罪对象、危害后果等犯罪情节，综合考虑被告人缴纳罚金的能力，决定罚金数额。

4. 构成掩饰、隐瞒犯罪所得、犯罪所得收益罪的，综合考虑掩饰、隐瞒犯罪所得及其收益的数额、危害后果、上游犯罪的危害程度等犯罪事实、量刑情节，以及被告人的主观恶性、人身危险性、认罪悔罪表现等因素，决定缓刑的适用。

（二十）走私、贩卖、运输、制造毒品罪

1. 构成走私、贩卖、运输、制造毒品罪的，根据下列情形在相应的幅度内确定量刑起点：

（1）走私、贩卖、运输、制造鸦片一千克，海洛因、甲基苯丙胺五十克或者其它毒品数量达到数量大起点的，量刑起点为十五年有期徒刑。依法应当判处无期徒刑以上刑罚的除外。

（2）走私、贩卖、运输、制造鸦片二百克，海洛因、甲基苯丙胺十克或者其它毒品数量达到数量较大起点的，在七年至八年有期徒刑幅度内确定量刑起点。

（3）走私、贩卖、运输、制造鸦片不满二百克，海洛因、甲基苯丙胺不满十克或者其他少量毒品的，可以在三年以下有期徒刑、拘役幅度内确定量刑起点；情节严重的，在三年至四年有期徒刑幅度内确定量刑起点。

2. 在量刑起点的基础上，根据毒品犯罪次数、人次、毒品数量等其他影响犯罪构成的犯罪事实增加刑罚量，确定基准刑。

3. 有下列情节之一的，增加基准刑的10%－30%：

（1）利用、教唆未成年人走私、贩卖、运输、制造毒品的；

（2）向未成年人出售毒品的；

（3）毒品再犯。

4. 有下列情节之一的，可以减少基准刑的30%以下：

（1）受雇运输毒品的；

（2）毒品含量明显偏低的；

（3）存在数量引诱情形的。

5. 构成走私、贩卖、运输、制造毒品罪的，根据走私、贩卖、运输、制造毒品的种类、数量、危害后果等犯罪情节，综合考虑被告人缴纳罚金的能力，决定罚金数额。

6. 构成走私、贩卖、运输、制造毒品罪的，综合考虑走私、贩卖、运输、制造毒品的种类、数量、危害后果等犯罪事实、量刑

情节,以及被告人的主观恶性、人身危险性、认罪悔罪表现等因素,从严把握缓刑的适用。

(二十一)非法持有毒品罪

1. 构成非法持有毒品罪的,根据下列情形在相应的幅度内确定量刑起点:

(1)非法持有鸦片一千克以上、海洛因或者甲基苯丙胺五十克以上或者其他毒品数量大的,在七年至九年有期徒刑幅度内确定量刑起点。依法应当判处无期徒刑的除外。

(2)非法持有毒品情节严重的,在三年至四年有期徒刑幅度内确定量刑起点。

(3)非法持有鸦片二百克、海洛因或者甲基苯丙胺十克或者其他毒品数量较大的,在一年以下有期徒刑、拘役幅度内确定量刑起点。

2. 在量刑起点的基础上,根据毒品数量等其他影响犯罪构成的犯罪事实增加刑罚量,确定基准刑。

3. 构成非法持有毒品罪的,根据非法持有毒品的种类、数量等犯罪情节,综合考虑被告人缴纳罚金的能力,决定罚金数额。

4. 构成非法持有毒品罪的,综合考虑非法持有毒品的种类、数量等犯罪事实、量刑情节,以及被告人主观恶性、人身危险性、认罪悔罪表现等因素,从严把握缓刑的适用。

(二十二)容留他人吸毒罪

1. 构成容留他人吸毒罪的,在一年以下有期徒刑、拘役幅度内确定量刑起点。

2. 在量刑起点的基础上,根据容留他人吸毒的人数、次数等其他影响犯罪构成的犯罪事实增加刑罚量,确定基准刑。

3. 构成容留他人吸毒罪的,根据容留他人吸毒的人数、次数、违法所得数额、危害后果等犯罪情节,综合考虑被告人缴纳罚金的能力,决定罚金数额。

4. 构成容留他人吸毒罪的,综合考虑容留他人吸毒的人数、次数、危害后果等犯罪事实、量刑情节,以及被告人主观恶性、人身危险性、认罪悔罪表现等因素,决定缓刑的适用。

(二十三)引诱、容留、介绍卖淫罪

1. 构成引诱、容留、介绍卖淫罪的,根据下列情形在相应的幅度内确定量刑起点:

(1)情节一般的,在二年以下有期徒刑、拘役幅度内确定量刑起点。

(2)情节严重的,在五年至七年有期徒刑幅度内确定量刑起点。

2. 在量刑起点的基础上,根据引诱、容留、介绍卖淫的人数等其他影响犯罪构成的犯罪事实增加刑罚量,确定基准刑。

3. 旅馆业、饮食服务业、文化娱乐业、出租汽车业等单位的主要负责人,利用本单位的条件,引诱、容留、介绍他人卖淫的,增加基准刑的10% - 20%。

4. 构成引诱、容留、介绍卖淫罪的,根据引诱、容留、介绍卖淫的人数、次数、违法所得数额、危害后果等犯罪情节,综合考虑被告人缴纳罚金的能力,决定罚金数额。

5. 构成引诱、容留、介绍卖淫罪的,综合考虑引诱、容留、介绍卖淫的人数、次数、危害后果等犯罪事实、量刑情节,以及被告人主观恶性、人身危险性、认罪悔罪表现等因素,决定缓刑的适用。

五、附则

(一)本指导意见规范上列二十三种犯罪判处有期徒刑的案件。其他判处有期徒刑的案件,可以参照量刑的指导原则、基本方法和常见量刑情节的适用规范量刑。

(二)各省、自治区、直辖市高级人民法院、人民检察院应当结合当地实际,共同制定实施细则。

（三）本指导意见自2021年7月1日起实施。最高人民法院2017年3月9日《关于实施修订后的〈关于常见犯罪的量刑指导意见〉的通知》（法发〔2017〕7号）同时废止。

最高人民检察院
关于在检察工作中贯彻宽严相济刑事司法政策的若干意见

（2006年12月28日最高人民检察院第十届检察委员会第68次会议通过，2007年1月15日印发实施，高检发研字〔2007〕2号）

为了在检察工作中全面贯彻宽严相济的刑事司法政策，更好地为构建社会主义和谐社会服务，根据刑法、刑事诉讼法及有关规定，结合检察工作实际，提出以下意见。

一、检察机关贯彻宽严相济刑事司法政策的指导思想和原则

1. 检察机关贯彻宽严相济的刑事司法政策，必须坚持以邓小平理论、"三个代表"重要思想和科学发展观为指导，牢固树立社会主义法治理念和正确的稳定观，把促进社会和谐作为检验检察工作的重要标准，充分履行法律监督职能，有效地遏制、预防和减少犯罪，最大限度地增加和谐因素，最大限度地减少不和谐因素，为构建社会主义和谐社会提供有力的司法保障。

2. 宽严相济是我们党和国家的重要刑事司法政策，是检察机关正确执行国家法律的重要指针。检察机关贯彻宽严相济的刑事司法政策，就是要根据社会治安形势和犯罪分子的不同情况，在依法履行法律监督职能中实行区别对待，注重宽与严的有机统一，该严则严，当宽则宽，宽严互补，宽严有度，对严重犯罪依法从严打击，对轻微犯罪依法从宽处理，对严重犯罪中的从宽情节和轻微犯罪中的从严情节也要依法分别予以宽严体现，对犯罪的实体处理和适用诉讼程序都要体现宽严相济的精神。

3. 检察机关要按照构建社会主义和谐社会的要求，认识和把握宽严相济刑事司法政策在新的形势下对检察工作的重要指导意义，在对严重犯罪依法严厉打击的同时，对犯罪分子依法能争取的尽量争取，能挽救的尽量挽救，能从宽处理的尽量从宽处理，最大限度地化消极因素为积极因素，为构建社会主义和谐社会服务。

4. 检察机关贯彻宽严相济的刑事司法政策应当坚持以下原则：

——全面把握。宽严相济刑事司法政策中的宽与严是一个有机统一的整体，二者相辅相成，必须全面理解，全面把握，全面落实。既要防止只讲严而忽视宽，又要防止只讲宽而忽视严，防止一个倾向掩盖另一个倾向。

——区别对待。宽严相济刑事司法政策的核心是区别对待。应当综合考虑犯罪的社会危害性（包括犯罪侵害的客体、情节、手段、后果等）、犯罪人的主观恶性（包括犯罪时的主观方面、犯罪后的态度、平时表现等）以及案件的社会影响，根据不同时期、不同地区犯罪与社会治安的形势，具体情况具体分析，依法予以从宽或者从严处理。

——严格依法。贯彻宽严相济的刑事司法政策,必须坚持罪刑法定、罪刑相适应、法律面前人人平等原则,实现政策指导与严格执法的有机统一,宽要有节,严要有度,宽和严都必须严格依照法律,在法律范围内进行,做到宽严合法,于法有据。

——注重效果。贯彻宽严相济的刑事司法政策,应当做到惩治犯罪与保障人权的有机统一,法律效果与社会效果的有机统一,保护犯罪嫌疑人、被告人的合法权利与保护被害人的合法权益的有机统一,特殊预防与一般预防的有机统一,执法办案与化解矛盾的有机统一,以有利于维护稳定,化解矛盾,减少对抗,促进和谐。

二、在履行法律监督职能中全面贯彻宽严相济刑事司法政策

5. 依法严厉打击严重危害社会治安的犯罪和严重破坏市场经济秩序等犯罪。(略)

6. 依法严肃查处贪污贿赂、渎职侵权等国家工作人员职务犯罪。(略)

7. 严格把握“有逮捕必要”的逮捕条件,慎重适用逮捕措施。(略)

8. 正确把握起诉和不起诉条件,依法适用不起诉。在审查起诉工作中,严格依法掌握起诉条件,充分考虑起诉的必要性,可诉可不诉的不诉。对于初犯、从犯、预备犯、中止犯、防卫过当、避险过当、未成年人犯罪、老年人犯罪以及亲友、邻里、同学同事等纠纷引发的案件,符合不起诉条件的,可以依法适用不起诉,并可以根据案件的不同情况,对被不起诉人予以训诫或者责令具结悔过、赔礼道歉、赔偿损失。确需提起公诉的,可以依法向人民法院提出从宽处理、适用缓刑等量刑方面的意见。

9. 突出立案监督的重点。(略)

10. 在抗诉工作中正确贯彻宽严相济的刑事司法政策。(略)

11. 对未成年人犯罪案件依法从宽处理。办理未成年人犯罪案件,应当坚持“教育、感化、挽救”的方针和“教育为主、惩罚为辅”的原则。要对未成年犯罪嫌疑人的情况进行调查,了解未成年人的性格特点、家庭情况、社会交往、成长经历以及有无帮教条件等情况,除主观恶性大、社会危害严重的以外,根据案件具体情况,可捕可不捕的不捕,可诉可不诉的不诉。对确需提起公诉的未成年被告人,应当根据情况依法向人民法院提出从宽处理、适用缓刑等量刑方面的意见。

12. 对因人民内部矛盾引发的轻微刑事案件依法从宽处理。对因亲友、邻里及同学同事之间纠纷引发的轻微刑事案件,要本着“冤家宜解不宜结”的精神,着重从化解矛盾、解决纠纷的角度正确处理。对于轻微刑事案件中犯罪嫌疑人认罪悔过、赔礼道歉、积极赔偿损失并得到被害人谅解或者双方达成和解并切实履行,社会危害性不大的,可以依法不予逮捕或者不起诉。确需提起公诉的,可以依法向人民法院提出从宽处理的意见。对属于被害人可以提起自诉的轻微刑事案件,由公安机关立案侦查并提请批捕、移送起诉的,人民检察院可以促使双方当事人在民事赔偿和精神抚慰方面和解,及时化解矛盾,依法从宽处理。

13. 对轻微犯罪中的初犯、偶犯依法从宽处理。对于初次实施轻微犯罪、主观恶性小的犯罪嫌疑人,特别是对因生活无着偶然发生的盗窃等轻微犯罪,犯罪嫌疑人人身危险性不大的，一般可以不予逮捕；符合法定条件的，可以依法不起诉。确需提起公诉的，可以依法向人民法院提出从宽处理的意见。

14. 正确处理群体性事件中的犯罪案件。处理群体性事件中的犯罪案件，应当坚持惩治少数，争取、团结、教育大多数的原则。对极少数插手群体性事件，策划、组织、指挥闹事的严重犯罪分子以及进行打砸抢等犯罪活动的首要分子或者骨干分子，要依法严厉打击。对一般参与者，要慎重适用强制措施和提起公诉；确需提起公诉的，可以依法向人民法院提出从宽处理的意见。

三、建立健全贯彻宽严相济刑事司法政策的检察工作机制和办案方式（略）

四、转变观念，加强指导，保障正确贯彻落实宽严相济刑事司法政策（略）

最高人民法院
关于贯彻宽严相济
刑事政策的若干意见

（2010年2月8日印发，
法发〔2010〕9号）

宽严相济刑事政策是我国的基本刑事政策，贯穿于刑事立法、刑事司法和刑罚执行的全过程，是惩办与宽大相结合政策在新时期的继承、发展和完善，是司法机关惩罚犯罪，预防犯罪，保护人民，保障人权，正确实施国家法律的指南。为了在刑事审判工作中切实贯彻执行这一政策，特制定本意见。

一、贯彻宽严相济刑事政策的总体要求

1. 贯彻宽严相济刑事政策，要根据犯罪的具体情况，实行区别对待，做到该宽则宽，当严则严，宽严相济，罚当其罪，打击和孤立极少数，教育、感化和挽救大多数，最大限度地减少社会对立面，促进社会和谐稳定，维护国家长治久安。

2. 要正确把握宽与严的关系，切实做到宽严并用。既要注意克服重刑主义思想影响，防止片面从严，也要避免受轻刑化思想影响，一味从宽。

3. 贯彻宽严相济刑事政策，必须坚持严格依法办案，切实贯彻落实罪刑法定原则、罪刑相适应原则和法律面前人人平等原则，依照法律规定准确定罪量刑。从宽和从严都必须依照法律规定进行，做到宽严有据，罚当其罪。

4. 要根据经济社会的发展和治安形势的变化，尤其要根据犯罪情况的变化，在法律规定的范围内，适时调整从宽和从严的对象、范围和力度。要全面、客观把握不同时期不同地区的经济社会状况和社会治安形势，充分考虑人民群众的安全感以及惩治犯罪的实际需要，注重从严打击严重危害国家安全、社会治安和人民群众利益的犯罪。对于犯罪性质尚不严重，情节较轻和社会危害性较小的犯罪，以及被告人认罪、悔罪，从宽处罚更有利于社会和谐稳定的，依法可以从宽处理。

5. 贯彻宽严相济刑事政策，必须严格依法进行，维护法律的统一和权威，确保良好的法律效果。同时，必须充分考虑案件的处理是否有利于赢得广大人民群众的支持和社会稳定，是否有利于瓦解犯罪，化解矛盾，是否有利于罪犯的教育改造和回归社会，是否有利于减少社会对抗,促进社会和谐,争取更好的社会效果。要注意在裁判文书中充分说明裁判理由,尤其是从宽或从严的理由,促使被告人认罪服法,注重教育群众,实现案件裁判法律效果和社会效果的有机统一。

二、准确把握和正确适用依法从“严”的政策要求

6. 宽严相济刑事政策中的从“严”,主要是指对于罪行十分严重、社会危害性极大,依法应当判处重刑或死刑的,要坚决地判处重刑或死刑;对于社会危害大或者具有法定、酌定从重处罚情节,以及主观恶性深、人身危险性大的被告人,要依法从严惩处。在审判活动中通过体现依法从“严”的政策要求,有效震慑犯罪分子和社会不稳定分子,达到有效遏制犯罪、预防犯罪的目的。

7. 贯彻宽严相济刑事政策,必须毫不动摇地坚持依法严惩严重刑事犯罪的方针。对于危害国家安全犯罪、恐怖组织犯罪、邪教组织犯罪、黑社会性质组织犯罪、恶势力犯罪、故意危害公共安全犯罪等严重危害国家政权稳固和社会治安的犯罪,故意杀人、故意伤害致人死亡、强奸、绑架、拐卖妇女儿童、抢劫、重大抢夺、重大盗窃等严重暴力犯罪和严重影响人民群众安全感的犯罪,走私、贩卖、运输、制造毒品等毒害人民健康的犯罪,要作为严惩的重点,依法从重处罚。尤其对于极端仇视国家和社会,以不特定人为侵害对象,所犯罪行特别严重的犯罪分子,该重判的要坚决依法重判,该判处死刑的要坚决依法判处死刑。

8. 对于国家工作人员贪污贿赂、滥用职权、失职渎职的严重犯罪,黑恶势力犯罪、重大安全责任事故、制售伪劣食品药品所涉及的国家工作人员职务犯罪,发生在社会保障、征地拆迁、灾后重建、企业改制、医疗、教育、就业等领域严重损害群众利益、社会影响恶劣、群众反映强烈的国家工作人员职务犯罪,发生在经济社会建设重点领域、重点行业的严重商业贿赂犯罪等,要依法从严惩处。

对于国家工作人员职务犯罪和商业贿赂犯罪中性质恶劣、情节严重、涉案范围广、影响面大的,或者案发后隐瞒犯罪事实、毁灭证据、订立攻守同盟、负案潜逃等拒不认罪悔罪的,要坚决依法从严惩处。

对于被告人犯罪所得数额不大,但对国家财产和人民群众利益造成重大损失、社会影响极其恶劣的职务犯罪和商业贿赂犯罪案件,也应依法从严惩处。

要严格掌握职务犯罪法定减轻处罚情节的认定标准与减轻处罚的幅度,严格控制依法减轻处罚后判处三年以下有期徒刑适用缓刑的范围,切实规范职务犯罪缓刑、免予刑事处罚的适用。

9. 当前和今后一段时期,对于集资诈骗、贷款诈骗、制贩假币以及扰乱、操纵证券、期货市场等严重危害金融秩序的犯罪,生产、销售假药、劣药、有毒有害食品等严重危害食品药品安全的犯罪,走私等严重侵害国家经济利益的犯罪,造成严重后果的重大安全责任事故犯罪,重大环境污染、非法采矿、盗伐林木等各种严重破坏环境资源的犯罪等,要依法从严惩处,维护国家的经济秩序,保护广大人民群众的生命健康安全。

10. 严惩严重刑事犯罪,必须充分考虑被告人的主观恶性和人身危险性。对于事先精心预谋、策划犯罪的被告人,具有惯犯、职业犯等情节的被告人,或者因故意犯罪受过刑事处罚、在缓刑、假释考验期内又犯罪的被告人,要依法严惩,以实现刑罚特殊预防的功能。

11. 要依法从严惩处累犯和毒品再犯。凡是依法构成累犯和毒品再犯的,即使犯罪情节较轻,也要体现从严惩处的精神。尤其是对于前罪为暴力犯罪或被判处重刑的累犯,更要依法从严惩处。

12. 要注重综合运用多种刑罚手段,特别是要重视依法适用财产刑,有效惩治犯罪。对于法律规定有附加财产刑的,要依法适用。对于侵财型和贪利型犯罪,更要注重通过依法适用财产刑使犯罪分子受到经济上的惩罚,剥夺其重新犯罪的能力和条件。要切实加大财产刑的执行力度,确保刑罚的严厉性和惩罚功能得以实现。被告人非法占有、处置被害人财产不能退赃的,在决定刑罚时,应作为重要情节予以考虑,体现从严处罚的精神。

13. 对于刑事案件被告人,要严格依法追究刑事责任,切实做到不枉不纵。要在确保司法公正的前提下,努力提高司法效率。特别是对于那些严重危害社会治安,引起社会关注的刑事案件,要在确保案件质量的前提下,抓紧审理,及时宣判。

三、准确把握和正确适用依法从"宽"的政策要求

14. 宽严相济刑事政策中的从"宽",主要是指对于情节较轻、社会危害性较小的犯罪,或者罪行虽然严重,但具有法定、酌定从宽处罚情节,以及主观恶性相对较小、人身危险性不大的被告人,可以依法从轻、减轻或者免除处罚;对于具有一定社会危害性,但情节显著轻微危害不大的行为,不作为犯罪处理;对于依法可不监禁的,尽量适用缓刑或者判处管制、单处罚金等非监禁刑。

15. 被告人的行为已经构成犯罪,但犯罪情节轻微,或者未成年人、在校学生实施的较轻犯罪,或者被告人具有犯罪预备、犯罪中止、从犯、胁从犯、防卫过当、避险过当等情节,依法不需要判处刑罚的,可以免予刑事处罚。对免予刑事处罚的,应当根据刑法第三十七条规定,做好善后、帮教工作或者交由有关部门进行处理,争取更好的社会效果。

16. 对于所犯罪行不重、主观恶性不深、人身危险性较小、有悔改表现、不致再危害社会的犯罪分子,要依法从宽处理。对于其中具备条件的,应当依法适用缓刑或者管制、单处罚金等非监禁刑。同时配合做好社区矫正,加强教育、感化、帮教、挽救工作。

17. 对于自首的被告人,除了罪行极其严重、主观恶性极深、人身危险性极大,或者恶意地利用自首规避法律制裁者以外,一般均应当依法从宽处罚。

对于亲属以不同形式送被告人归案或协助司法机关抓获被告人而认定为自首的,原则上都应当依法从宽处罚;有的虽然不能认定为自首,但考虑到被告人亲属支持司法机关工作,促使被告人到案、认罪、悔罪,在决定对被告人具体处罚时,也应当予以充分考虑。

18. 对于被告人检举揭发他人犯罪构成立功的,一般均应当依法从宽处罚。对于犯罪情节不是十分恶劣,犯罪后果不是十分严重的被告人立功的,从宽处罚的幅度应当更大。

19. 对于较轻犯罪的初犯、偶犯,应当综合考虑其犯罪的动机、手段、情节、后果和犯罪时的主观状态,酌情予以从宽处罚。对于犯罪情节轻微的初犯、偶犯,可以免予刑事处罚;依法应当予以刑事处罚的,也应当尽量适用缓刑或者判处管制、单处罚金等非监禁刑。

20. 对于未成年人犯罪,在具体考虑其实施犯罪的动机和目的、犯罪性质、情节和社会危害程度的同时,还要充分考虑其是否属于初犯,归案后是否悔罪,以及个人成长经历和一贯表现等因素,坚持“教育为主、惩罚为辅”的原则和“教育、感化、挽救”的方针进行处理。对于偶尔盗窃、抢夺、诈骗,数额刚达到较大的标准,案发后能如实交代并积极退赃的,可以认定为情节显著轻微,不作为犯罪处理。对于罪行较轻的,可以依法适当多适用缓刑或者判处管制、单处罚金等非监禁刑;依法可免予刑事处罚的,应当免予刑事处罚。对于犯罪情节严重的未成年人,也应当依照刑法第十七条第三款的规定予以从轻或者减轻处罚。对于已满十四周岁不满十六周岁的未成年犯罪人,一般不判处无期徒刑。

21. 对于老年人犯罪,要充分考虑其犯罪的动机、目的、情节、后果以及悔罪表现等,并结合其人身危险性和再犯可能性,酌情予以从宽处罚。

22. 对于因恋爱、婚姻、家庭、邻里纠纷等民间矛盾激化引发的犯罪,因劳动纠纷、管理失当等原因引发、犯罪动机不属恶劣的犯罪,因被害方过错或者基于义愤引发的或者具有防卫因素的突发性犯罪,应酌情从宽处罚。

23. 被告人案发后对被害人积极进行赔偿,并认罪、悔罪的,依法可以作为酌定量刑情节予以考虑。因婚姻家庭等民间纠纷激化引发的犯罪,被害人及其家属对被告人表示谅解的,应当作为酌定量刑情节予以考虑。犯罪情节轻微,取得被害人谅解的,可以依法从宽处理,不需判处刑罚的,可以免予刑事处罚。

24. 对于刑事被告人,如果采取取保候审、监视居住等非羁押性强制措施足以防止发生社会危险性,且不影响刑事诉讼正常进行的,一般可不采取羁押措施。对人民检察院提起公诉而被告人未被采取逮捕措施的,除存在被告人逃跑、串供、重新犯罪等具有人身危险性或者可能影响刑事诉讼正常进行的情形外,人民法院一般可不决定逮捕被告人。

四、准确把握和正确适用宽严“相济”的政策要求

25. 宽严相济刑事政策中的“相济”,主要是指在对各类犯罪依法处罚时,要善于综合运用宽和严两种手段,对不同的犯罪和犯罪分子区别对待,做到严中有宽、宽以济严;宽中有严、严以济宽。

26. 在对严重刑事犯罪依法从严惩处的同时,对被告人具有自首、立功、从犯等法定或酌定从宽处罚情节的,还要注意宽以济严,根据犯罪的具体情况,依法应当或可以从宽的,都应当在量刑上予以充分考虑。

27. 在对较轻刑事犯罪依法从轻处罚的同时,要注意严以济宽,充分考虑被告人是否具有屡教不改、严重滋扰社会、群众反映强烈等酌定从严处罚的情况,对于不从严不足以有效惩戒者,也应当在量刑上有所体现,做到济之以严,使犯罪分子受到应有处罚,切实增强改造效果。

28. 对于被告人同时具有法定、酌定从严和法定、酌定从宽处罚情节的案件,要在全面考察犯罪的事实、性质、情节和对社会危害程度的基础上,结合被告人的主观恶性、人身危险性、社会治安状况等因素,综合作出分析判断,总体从严,或者总体从宽。

29. 要准确理解和严格执行“保留死

刑,严格控制和慎重适用死刑”的政策。对于罪行极其严重的犯罪分子,论罪应当判处死刑的,要坚决依法判处死刑。要依法严格控制死刑的适用,统一死刑案件的裁判标准,确保死刑只适用于极少数罪行极其严重的犯罪分子。拟判处死刑的具体案件定罪或者量刑的证据必须确实、充分,得出唯一结论。对于罪行极其严重,但只要是依法可不立即执行的,就不应当判处死刑立即执行。

30. 对于恐怖组织犯罪、邪教组织犯罪、黑社会性质组织犯罪和进行走私、诈骗、贩毒等犯罪活动的犯罪集团,在处理时要分别情况,区别对待:对犯罪组织或集团中的为首组织、指挥、策划者和骨干分子,要依法从严惩处,该判处重刑或死刑的要坚决判处重刑或死刑;对受欺骗、胁迫参加犯罪组织、犯罪集团或只是一般参加者,在犯罪中起次要、辅助作用的从犯,依法应当从轻或减轻处罚,符合缓刑条件的,可以适用缓刑。

对于群体性事件中发生的杀人、放火、抢劫、伤害等犯罪案件,要注意重点打击其中的组织、指挥、策划者和直接实施犯罪行为的积极参与者;对因被煽动、欺骗、裹胁而参加,情节较轻,经教育确有悔改表现的,应当依法从宽处理。

31. 对于一般共同犯罪案件,应当充分考虑各被告人在共同犯罪中的地位和作用,以及在主观恶性和人身危险性方面的不同,根据事实和证据能分清主从犯的,都应当认定主从犯。有多名主犯的,应在主犯中进一步区分出罪行最为严重者。对于多名被告人共同致死一名被害人的案件,要进一步分清各被告人的作用,准确确定各被告人的罪责,以做到区别对待;不能以分不清主次为由,简单地一律判处重刑。

32. 对于过失犯罪,如安全责任事故犯罪等,主要应当根据犯罪造成危害后果的严重程度、被告人主观罪过的大小以及被告人案发后的表现等,综合掌握处罚的宽严尺度。对于过失犯罪后积极抢救、挽回损失或者有效防止损失进一步扩大的,要依法从宽。对于造成的危害后果虽然不是特别严重,但情节特别恶劣或案发后故意隐瞒案情,甚至逃逸,给及时查明事故原因和迅速组织抢救造成贻误的,则要依法从重处罚。

33. 在共同犯罪案件中,对于主犯或首要分子检举、揭发同案地位、作用较次犯罪分子构成立功的,从轻或者减轻处罚应当从严掌握,如果从轻处罚可能导致全案量刑失衡的,一般不予从轻处罚;如果检举、揭发的是其他犯罪案件中罪行同样严重的犯罪分子,或者协助抓获的是同案中的其他主犯、首要分子的,原则上应予依法从轻或者减轻处罚。对于从犯或犯罪集团中的一般成员立功,特别是协助抓获主犯、首要分子的,应当充分体现政策,依法从轻、减轻或者免除处罚。

34. 对于危害国家安全犯罪、故意危害公共安全犯罪、严重暴力犯罪、涉众型经济犯罪等严重犯罪;恐怖组织犯罪、邪教组织犯罪、黑恶势力犯罪等有组织犯罪的领导者、组织者和骨干分子;毒品犯罪再犯的严重犯罪者;确有执行能力而拒不依法积极主动缴付财产执行财产刑或确有履行能力而不积极主动履行附带民事赔偿责任的,在依法减刑、假释时,应当从严掌握。对累犯减刑时,应当从严掌握。拒不交代真实身份或对减刑、假释材料弄虚作假,不符合减刑、假释条件的,不得减刑、假释。

对于因犯故意杀人、爆炸、抢劫、强奸、绑架等暴力犯罪,致人死亡或严重残疾而被判处死刑缓期二年执行或无期徒刑的罪犯,要严格控制减刑的频度和每次减刑的幅度,要保证其相对较长的实际服刑期限,维护公平正义,确保改造效果。

对于未成年犯、老年犯、残疾罪犯、过失犯、中止犯、胁从犯、积极主动缴付财产执行财产刑或履行民事赔偿责任的罪犯、因防卫过当或避险过当而判处徒刑的罪犯以及其他主观恶性不深、人身危险性不大的罪犯,在依法减刑、假释时,应当根据悔改表现予以从宽掌握。对认罪服法,遵守监规,积极参加学习、劳动,确有悔改表现的,依法予以减刑,减刑的幅度可以适当放宽,间隔的时间可以相应缩短。符合刑法第八十一条第一款规定的假释条件的,应当依法多适用假释。

五、完善贯彻宽严相济刑事政策的工作机制

35.要注意总结审判经验,积极稳妥地推进量刑规范化工作。要规范法官的自由裁量权,逐步把量刑纳入法庭审理程序,增强量刑的公开性和透明度,充分实现量刑的公正和均衡,不断提高审理刑事案件的质量和效率。

36.最高人民法院将继续通过总结审判经验,制发典型案例,加强审判指导,并制定关于案例指导制度的规范性文件,推进对贯彻宽严相济刑事政策案例指导制度的不断健全和完善。

37.要积极探索人民法庭受理轻微刑事案件的工作机制,充分发挥人民法庭便民、利民和受案、审理快捷的优势,进一步促进轻微刑事案件及时审判,确保法律效果和社会效果的有机统一。

38.要充分发挥刑事简易程序节约司法资源、提高审判效率、促进司法公正的功能,进一步强化简易程序的适用。对于被告人对被指控的基本犯罪事实无异议,并自愿认罪的第一审公诉案件,要依法进一步强化普通程序简化审的适用力度,以保障符合条件的案件都能得到及时高效的审理。

39.要建立健全符合未成年人特点的刑事案件审理机制,寓教于审,惩教结合,通过科学、人性化的审理方式,更好地实现"教育、感化、挽救"的目的,促使未成年犯罪人早日回归社会。要积极推动有利于未成年犯罪人改造和管理的各项制度建设。对公安部门针对未成年人在缓刑、假释期间违法犯罪情况报送的拟撤销未成年犯罪人的缓刑或假释的报告,要及时审查,并在法定期限内及时做出决定,以真正形成合力,共同做好未成年人犯罪的惩戒和预防工作。

40.对于刑事自诉案件,要尽可能多做化解矛盾的调解工作,促进双方自行和解。对于经过司法机关做工作,被告人认罪悔过,愿意赔偿被害人损失,取得被害人谅解,从而达成和解协议的,可以由自诉人撤回起诉,或者对被告人依法从轻或免予刑事处罚。对于可公诉、也可自诉的刑事案件,检察机关提起公诉的,人民法院应当依法进行审理,依法定罪处罚。对民间纠纷引发的轻伤害等轻微刑事案件,诉至法院后当事人自行和解的,应当予以准许并记录在案。人民法院也可以在不违反法律规定的前提下,对此类案件尝试做一些促进和解的工作。

41.要尽可能把握一切有利于附带民事诉讼调解结案的积极因素,多做促进当事人双方和解的辨法析理工作,以更好地落实宽严相济刑事政策,努力做到案结事了。要充分发挥被告人、被害人所在单位、社区基层组织、辩护人、诉讼代理人和近亲属在附带民事诉讼调解工作中的积极作用,协调各方共同做好促进调解工作,尽可能通过调解达成民事赔偿协议并以此取得被害人及其家属对被告人的谅解,化解矛盾,促进社会和谐。

42. 对于因受到犯罪行为侵害、无法及时获得有效赔偿、存在特殊生活困难的被害人及其亲属,由有关方面给予适当的资金救助,有利于化解矛盾纠纷,促进社会和谐稳定。各地法院要结合当地实际,在党委、政府的统筹协调和具体指导下,落实好、执行好刑事被害人救助制度,确保此项工作顺利开展,取得实效。

43. 对减刑、假释案件,要采取开庭审理与书面审理相结合的方式。对于职务犯罪案件,尤其是原为县处级以上领导干部罪犯的减刑、假释案件,要一律开庭审理。对于故意杀人、抢劫、故意伤害等严重危害社会治安的暴力犯罪分子,有组织犯罪案件中的首要分子和其他主犯以及其他重大、有影响案件罪犯的减刑、假释,原则上也要开庭审理。书面审理的案件,拟裁定减刑、假释的,要在羁押场所公示拟减刑、假释人员名单,接受其他在押罪犯的广泛监督。

44. 要完善对刑事审判人员贯彻宽严相济刑事政策的监督机制,防止宽严失当、枉法裁判、以权谋私。要改进审判考核考评指标体系,完善错案认定标准和错案责任追究制度,完善法官考核机制。要切实改变单纯以改判率、发回重审率的高低来衡量刑事审判工作质量和法官业绩的做法。要探索建立既能体现审判规律、符合法官职业特点,又能准确反映法官综合素质和司法能力的考评体制,对法官审理刑事案件质量,落实宽严相济刑事政策,实现刑事审判法律效果和社会效果有机统一进行全面、科学的考核。

45. 各级人民法院要加强与公安机关、国家安全机关、人民检察院、司法行政机关等部门的联系和协调,建立经常性的工作协调机制,共同研究贯彻宽严相济刑事政策的工作措施,及时解决工作中出现的具体问题。要根据“分工负责、相互配合、相互制约”的法律原则,加强与公安机关、人民检察院的工作联系,既各司其职,又进一步形成合力,不断提高司法公信,维护司法权威。要在律师辩护代理、法律援助、监狱提请减刑假释、开展社区矫正等方面加强与司法行政机关的沟通和协调,促进宽严相济刑事政策的有效实施。

最高人民法院
关于充分发挥刑事审判
职能作用深入推进社会
矛盾化解的若干意见

(2010年12月31日,
法发〔2010〕63号)

7. 区别对待不同性质的犯罪,做到该宽则宽,当严则严,宽严相济,罚当其罪。对严重刑事犯罪依法严厉惩处的同时,对具有法定或酌定从宽处罚情节的被告人,依法在量刑时予以考虑,最大限度地分化、瓦解犯罪分子,最大限度地减少社会对立面。对较轻刑事犯罪依法从轻处罚的同时,充分考虑被告人是否具有屡教不改、严重滋扰社会、群众反映强烈等酌定从严处罚的情况,在量刑上有所体现,使犯罪分子受到应有处罚。

对因生产生活、邻里纠纷、婚姻家庭等民间矛盾激化引发,事出有因、针对特定对象,对社会治安秩序没有重大影响的犯罪,要着眼于和谐稳定,下大力气做好矛盾化解工作。被害人及其亲属对被告人表示谅解的,应作为酌定从轻情节,量刑时充分考虑。

12. 妥善处理附带民事赔偿与量刑的关系。被告人案发后对被害人积极赔偿,并认罪、悔罪的,依法可以作为酌定量刑情节予以考虑,对轻微刑事案件的被告人,应当考虑适用非监禁刑。被告人认罪、悔罪、赔礼道歉、积极赔偿,取得被害人谅解的,依法可以从宽处理。对于严重危害社会治安、人民群众反映强烈、依法应当从严惩处的犯罪,不能仅以经济赔偿作为决定从轻处罚的条件。

20. 依法正确把握非监禁刑适用的对象。对于犯罪性质恶劣、罪行严重、主观恶性深、人身危险性大,或者具有法定、酌定从重处罚情节,以及依法大幅度减轻处罚后的被告人,一般不适用非监禁刑。对于依法减轻处罚后判处三年有期徒刑以下刑罚的职务犯罪案件,严格控制缓刑适用。

最高人民法院、最高人民检察院、公安部、国家安全部、司法部关于适用认罪认罚从宽制度的指导意见

(2019年10月11日)

适用认罪认罚从宽制度,对准确及时惩罚犯罪、强化人权司法保障、推动刑事案件繁简分流、节约司法资源、化解社会矛盾、推动国家治理体系和治理能力现代化,具有重要意义。为贯彻落实修改后刑事诉讼法,确保认罪认罚从宽制度正确有效实施,根据法律和有关规定,结合司法工作实际,制定本意见。

一、基本原则(略)

二、适用范围和适用条件(略)

三、认罪认罚后“从宽”的把握

8. “从宽”的理解。从宽处理既包括实体上从宽处罚,也包括程序上从简处理。“可以从宽”,是指一般应当体现法律规定和政策精神,予以从宽处理。但可以从宽不是一律从宽,对犯罪性质和危害后果特别严重、犯罪手段特别残忍、社会影响特别恶劣的犯罪嫌疑人、被告人,认罪认罚不足以从轻处罚的,依法不予从宽处罚。

办理认罪认罚案件,应当依照刑法、刑事诉讼法的基本原则,根据犯罪的事实、性质、情节和对社会的危害程度,结合法定、酌定的量刑情节,综合考虑认罪认罚的具体情况,依法决定是否从宽、如何从宽。对于减轻、免除处罚,应当于法有据;不具备减轻处罚情节的,应当在法定

幅度以内提出从轻处罚的量刑建议和量刑;对其中犯罪情节轻微不需要判处刑罚的,可以依法作出不起诉决定或者判决免予刑事处罚。

9. 从宽幅度的把握。办理认罪认罚案件,应当区别认罪认罚的不同诉讼阶段、对查明案件事实的价值和意义、是否确有悔罪表现,以及罪行严重程度等,综合考量确定从宽的限度和幅度。在刑罚评价上,主动认罪优于被动认罪,早认罪优于晚认罪,彻底认罪优于不彻底认罪,稳定认罪优于不稳定认罪。

认罪认罚的从宽幅度一般应当大于仅有坦白,或者虽认罪但不认罚的从宽幅度。对犯罪嫌疑人、被告人具有自首、坦白情节,同时认罪认罚的,应当在法定刑幅度内给予相对更大的从宽幅度。认罪认罚与自首、坦白不作重复评价。

对罪行较轻、人身危险性较小的,特别是初犯、偶犯,从宽幅度可以大一些;罪行较重、人身危险性较大的,以及累犯、再犯,从宽幅度应当从严把握。

四、犯罪嫌疑人、被告人辩护权保障(略)

五、被害方权益保障

18. 被害方异议的处理。被害人及其诉讼代理人不同意对认罪认罚的犯罪嫌疑人、被告人从宽处理的,不影响认罪认罚从宽制度的适用。犯罪嫌疑人、被告人认罪认罚,但没有退赃退赔、赔偿损失,未能与被害方达成调解或者和解协议的,从宽时应当予以酌减。犯罪嫌疑人、被告人自愿认罪并且愿意积极赔偿损失,但由于被害方赔偿请求明显不合理,未能达成调解或者和解协议的,一般不影响对犯罪嫌疑人、被告人从宽处理。

六、强制措施的适用(略)

七、侦查机关的职责(略)

八、审查起诉阶段人民检察院的职责(略)

九、社会调查评估(略)

十、审判程序和人民法院的职责(略)

十一、认罪认罚的反悔和撤回(略)

十二、未成年人认罪认罚案件的办理(略)

十三、附则

59. 国家安全机关、军队保卫部门、中国海警局、监狱办理刑事案件,适用本意见的有关规定。

60. 本指导意见由会签单位协商解释,自发布之日起施行。

最高人民检察院
人民检察院办理认罪认罚案件
开展量刑建议工作的指导意见

(2021年11月15日最高人民检察院第十三届检察委员会第七十八次会议通过,2021年12月3日印发)

……

第十一条　人民检察院应当按照有关量刑指导意见规定的量刑基本方法,依次确定量刑起点、基准刑和拟宣告刑,提出量刑建议。对新类型、不常见犯罪案件,可以参照相关量刑规范和相似案件的判决提出量刑建议。

第十二条　提出确定刑量刑建议应当明确主刑适用刑种、刑期和是否适用缓刑。

建议判处拘役的,一般应当提出确定刑量刑建议。

建议判处附加刑的,应当提出附加刑的类型。

建议判处罚金刑的,应当以犯罪情节为根据,综合考虑犯罪嫌疑人缴纳罚金的能力提出确定的数额。

建议适用缓刑的,应当明确提出。

第十三条 除有减轻处罚情节外,幅度刑量刑建议应当在法定量刑幅度内提出,不得兼跨两种以上主刑。

建议判处有期徒刑的,一般应当提出相对明确的量刑幅度。建议判处六个月以上不满一年有期徒刑的,幅度一般不超过二个月;建议判处一年以上不满三年有期徒刑的,幅度一般不超过六个月;建议判处三年以上不满十年有期徒刑的,幅度一般不超过一年;建议判处十年以上有期徒刑的,幅度一般不超过二年。

建议判处管制的,幅度一般不超过三个月。

第十四条 人民检察院提出量刑建议应当区别认罪认罚的不同诉讼阶段、对查明案件事实的价值和意义、是否确有悔罪表现,以及罪行严重程度等,综合考量确定从宽的限度和幅度。在从宽幅度上,主动认罪认罚优于被动认罪认罚,早认罪认罚优于晚认罪认罚,彻底认罪认罚优于不彻底认罪认罚,稳定认罪认罚优于不稳定认罪认罚。

认罪认罚的从宽幅度一般应当大于仅有坦白,或者虽认罪但不认罚的从宽幅度。对犯罪嫌疑人具有自首、坦白情节,同时认罪认罚的,应当在法定刑幅度内给予相对更大的从宽幅度。

第十五条 犯罪嫌疑人虽然认罪认罚,但所犯罪行具有下列情形之一的,提出量刑建议应当从严把握从宽幅度或者依法不予从宽:

(一)危害国家安全犯罪、恐怖活动犯罪、黑社会性质组织犯罪的首要分子、主犯;

(二)犯罪性质和危害后果特别严重、犯罪手段特别残忍、社会影响特别恶劣的;

(三)虽然罪行较轻但具有累犯、惯犯等恶劣情节的;

(四)性侵等严重侵害未成年人的;

(五)其他应当从严把握从宽幅度或者不宜从宽的情形。

第十六条 犯罪嫌疑人既有从重又有从轻、减轻处罚情节,应当全面考虑各情节的调节幅度,综合分析提出量刑建议,不能仅根据某一情节一律从轻或者从重。

犯罪嫌疑人具有减轻处罚情节的,应当在法定刑以下提出量刑建议,有数个量刑幅度的,应当在法定量刑幅度的下一个量刑幅度内提出量刑建议。

第十七条 犯罪嫌疑人犯数罪,同时具有立功、累犯等量刑情节的,先适用该量刑情节调节个罪基准刑,分别提出量刑建议,再依法提出数罪并罚后决定执行的刑罚的量刑建议。人民检察院提出量刑建议时应当分别列明个罪量刑建议和数罪并罚后决定执行的刑罚的量刑建议。

第十八条 对于共同犯罪案件,人民检察院应当根据各犯罪嫌疑人在共同犯罪中的地位、作用以及应当承担的刑事责任分别提出量刑建议。提出量刑建议时应当注意各犯罪嫌疑人之间的量刑平衡。

第十九条 人民检察院可以根据案件实际情况,充分考虑提起公诉后可能出现的退赃退赔、刑事和解、修复损害等量刑情节变化,提出满足相应条件情况下的量刑建议。

第二十条 人民检察院可以借助量刑智能辅助系统分析案件、计算量刑,在参考相关结论的基础上,结合案件具体情况,依法提出量刑建议。

最高人民法院研究室关于如何理解"在法定刑以下判处刑罚"问题的答复

(2012年5月30日,法研〔2012〕67号)

广东省高级人民法院:

你院粤高法〔2012〕120号《关于对具有减轻处罚情节的案件在法定刑以下判处刑罚问题的请示》收悉。经研究,答复如下:

刑法第六十三条第一款规定的"在法定刑以下判处刑罚",是指在法定量刑幅度的最低刑以下判处刑罚。刑法分则中规定的"处十年以上有期徒刑、无期徒刑或者死刑",是一个量刑幅度,而不是"十年以上有期徒刑"、"无期徒刑"和"死刑"三个量刑幅度。

此复。

最高人民法院关于被告人亲属主动为被告人退缴赃款应如何处理的批复

〔1987年8月26日,法(研)复〔1987〕32号〕

广东省高级人民法院:

你院(1986)粤法刑经文字第42号《关于被告人亲属主动为被告人退缴赃款法院应如何处理的请示报告》收悉。经研究,答复如下:

一、被告人是成年人,其违法所得都由自己挥霍,无法追缴的,应责令被告人退赔,其家属没有代为退赔的义务。被告人在家庭共同财产中有其个人应有部分的,只能在其个人应有部分的范围内,责令被告人退赔。

二、如果被告人的违法所得有一部分用于家庭日常生活,对这部分违法所得,被告人和家属均有退赔的义务。

三、如果被告人对责令其本人退赔的违法所得已无实际上的退赔能力,但其亲属应被告人的请求,或者主动提出并征得被告人的同意,自愿代被告人退赔部分或者全部违法所得的,法院也可考虑具体情况,收下其亲属自愿代被告人退赔的款项,并视为被告人主动退赔的款项。

四、属于以上三种情况,已作了退赔的,均可视为被告人退赃较好,可以酌情从宽处罚。

五、如果被告人的罪行应当判处死刑,并必须执行,属于以上第一、二两种情况的,法院可以接收退赔的款项;属于以上第三种情况的,其亲属自愿代为退赔的款项,法院不应接收。

公安部
关于公安机关在办理刑事案件中可否查封冻结不动产或投资权益问题的批复

(2001年10月22日,公复字〔2001〕17号)

广东省公安厅:

你厅《关于我省深圳市公安局在办理一特大诈骗案件中对涉案资产依法进行查封、冻结问题的请示》[粤公(请)字[2001]40号]收悉。经征求最高人民法院、最高人民检察院意见,现批复如下:

根据《中华人民共和国刑事诉讼法》第一百一十四条和最高人民法院、最高人民检察院、公安部、司法部、国家安全部、全国人大常委会法制工作委员会《关于刑事诉讼法实施中若干问题的规定》第四十八条的规定,公安机关在办理刑事案件中有权依法查封、冻结犯罪嫌疑人以违法所得购买的不动产、获取的投资权益或股权。但由于投资权益或股权具有一定的风险性,对其采取冻结等侦查措施应严格依照法定的适用条件和程序,慎重使用。

公安部
关于对伪造机动车发动机号、车架号、合格证、车辆档案和交易发票的车辆如何处理的答复

(2001年12月15日,公法〔2001〕286号)

如果查实标的物车辆是占有人盗抢的或者明知是赃车而购买的,应将车辆无偿追缴,并及时退还失主;对确实找不到失主的,应当上缴国库。是否"明知",可根据《关于依法查处盗窃、抢劫机动车案件的规定》(公通字[1998]31号)第17条的规定认定。就请示的案件来讲,由于标的物车辆车架号、发动机号及相关手续均系伪造,如果售车人王洪不能到案或根本没有此人,将无法查实车辆的合法所有人。所以,在一定期限内仍不能查获王洪的情况,可将此车追缴,上缴国库。如日后破案并查到合法所有人,可再返还所有人。

最高人民法院
关于适用刑法第六十四条有关问题的批复

(2013年10月21日,法〔2013〕229号)

河南省高级人民法院:

你院关于刑法第六十四条法律适用问题的请示收悉。经研究,批复如下:

根据刑法第六十四条和《最高人民法院关于适用〈中华人民共和国刑事诉讼法〉的解释》第一百三十八条、第一百三十九条的规定,被告人非法占有、处置被害人财产的,应当依法予以追缴或者责令退赔。据此,追缴或者责令退赔的具体内容,应当在判决主文中写明;其中,判决前已经发还被害人的财产,应当注明。被害人提起附带民事诉讼,或者另行提起民事诉讼请求返还被非法占有、处置的财产的,人民法院不予受理。

此复。

最高人民法院研究室关于适用刑法第六十五条第一款有关问题的答复

(2013年6月19日,法研〔2013〕84号)

北京市高级人民法院:

你院《关于适用刑法第六十五条第一款有关问题的请示》(京高法[2013]19号)收悉。经研究,答复如下:

行为人在十八周岁前后实施数罪或者数个行为,如果其已满十八周岁以后的犯罪为故意犯罪且被判处或者明显应当被判处有期徒刑以上刑罚,在刑罚执行完毕或者赦免后五年内,又故意再犯应当判处有期徒刑以上刑罚之罪的,应当认定为累犯。

最高人民检察院关于认定累犯如何确定刑罚执行完毕以后“五年以内”起始日期的批复

(2018年12月25日最高人民检察院第十三届检察委员会第12次会议通过,2018年12月28日公布,自2018年12月30日起施行)

北京市人民检察院:

你院《关于认定累犯如何确定刑罚执行完毕以后五年以内起始日期的请示》收悉。经研究,批复如下:

刑法第六十五条第一款规定的“刑罚执行完毕”,是指刑罚执行到期应予释放之日。认定累犯,确定刑罚执行完毕以后“五年以内”的起始日期,应当从刑满释放之日起计算。

此复。

最高人民法院、最高人民检察院关于缓刑犯在考验期满后五年内再犯应当判处有期徒刑以上刑罚之罪应否认定为累犯问题的批复

(2019年11月19日最高人民法院审判委员会第1783次会议、2019年9月12日最高人民检察院第十三届检察委员会第24次会议通过,2020年1月17日公布,自2020年1月20日起施行,高检发释字〔2020〕1号)

各省、自治区、直辖市高级人民法院、人民检察院,解放军军事法院、军事检察院,新疆维吾尔自治区高级人民法院生产建设兵团分院、新疆生产建设兵团人民检察院:

近来,部分省、自治区、直辖市高级人民法院、人民检察院请示缓刑犯在考验期满后五年内再犯应当判处有期徒刑以上刑罚之罪应否认定为累犯的问题。经研究,批复如下:

被判处有期徒刑宣告缓刑的犯罪分子,在缓刑考验期满后五年内再犯应当判处有期徒刑以上刑罚之罪的,因前罪判处的有期徒刑并未执行,不具备刑法第六十五条规定的“刑罚执行完毕”的要件,故不应认定为累犯,但可作为对新罪确定刑罚的酌定从重情节予以考虑。

此复。

最高人民法院关于处理自首和立功具体应用法律若干问题的解释

(1998年4月6日最高人民法院审判委员会第972次会议通过,自1998年5月9日起施行,法释〔1998〕8号)

为正确认定自首和立功,对具有自首或者立功表现的犯罪分子依法适用刑罚,现就具体应用法律的若干问题解释如下:

第一条　根据刑法第六十七条第一款的规定,犯罪以后自动投案,如实供述自己的罪行的,是自首。

(一)自动投案,是指犯罪事实或者犯罪嫌疑人未被司法机关发觉,或者虽被发觉,但犯罪嫌疑人尚未受到讯问、未被采取强制措施时,主动、直接向公安机关、人民检察院或者人民法院投案。

犯罪嫌疑人向其所在单位、城乡基层组织或者其他有关负责人员投案的;犯罪嫌疑人因病、伤或者为了减轻犯罪后果,委托他人先代为投案,或者先以信电投案的;罪行尚未被司法机关发觉,仅因形迹可疑,被有关组织或者司法机关盘问、教育后,主动交代自己的罪行的;犯罪后逃跑,在被通缉、追捕过程中,主动投案的;经查实确已准备去投案,或者正在投案途中,被公安机关捕获的,应当视为自动投案。

并非出于犯罪嫌疑人主动,而是经亲友规劝、陪同投案的;公安机关通知犯罪嫌疑人的亲友,或者亲友主动报案后,将犯罪

嫌疑人送去投案的,也应当视为自动投案。

犯罪嫌疑人自动投案后又逃跑的,不能认定为自首。

(二)如实供述自己的罪行,是指犯罪嫌疑人自动投案后,如实交代自己的主要犯罪事实。

犯有数罪的犯罪嫌疑人仅如实供述所犯数罪中部分犯罪的,只对如实供述部分犯罪的行为,认定为自首。

共同犯罪案件中的犯罪嫌疑人,除如实供述自己的罪行,还应当供述所知的同案犯,主犯则应当供述所知其他同案犯的共同犯罪事实,才能认定为自首。

犯罪嫌疑人自动投案并如实供述自己的罪行后又翻供的,不能认定为自首;但在一审判决前又能如实供述的,应当认定为自首。

第二条 根据刑法第六十七条第二款的规定,被采取强制措施的犯罪嫌疑人、被告人和已宣判的罪犯,如实供述司法机关尚未掌握的罪行,与司法机关已掌握的或者判决确定的罪行属不同种罪行的,以自首论。

第三条 根据刑法第六十七条第一款的规定,对于自首的犯罪分子,可以从轻或者减轻处罚;对于犯罪较轻的,可以免除处罚。具体确定从轻、减轻还是免除处罚,应当根据犯罪轻重,并考虑自首的具体情节。

第四条 被采取强制措施的犯罪嫌疑人、被告人和已宣判的罪犯,如实供述司法机关尚未掌握的罪行,与司法机关已掌握的或者判决确定的罪行属同种罪行的,可以酌情从轻处罚;如实供述的同种罪行较重的,一般应当从轻处罚。

第五条 根据刑法第六十八条第一款的规定,犯罪分子到案后有检举、揭发他人犯罪行为,包括共同犯罪案件中的犯罪分子揭发同案犯共同犯罪以外的其他犯罪,经查证属实;提供侦破其他案件的重要线索,经查证属实;阻止他人犯罪活动;协助司法机关抓捕其他犯罪嫌疑人(包括同案犯);具有其他有利于国家和社会的突出表现的,应当认定为有立功表现。

第六条 共同犯罪案件的犯罪分子到案后,揭发同案犯共同犯罪事实的,可以酌情予以从轻处罚。

第七条 根据刑法第六十八条第一款的规定,犯罪分子有检举、揭发他人重大犯罪行为,经查证属实;提供侦破其他重大案件的重要线索,经查证属实;阻止他人重大犯罪活动;协助司法机关抓捕其他重大犯罪嫌疑人(包括同案犯);对国家和社会有其他重大贡献等表现的,应当认定为有重大立功表现。

前款所称"重大犯罪"、"重大案件"、"重大犯罪嫌疑人"的标准,一般是指犯罪嫌疑人、被告人可能被判处无期徒刑以上刑罚或者案件在本省、自治区、直辖市或者全国范围内有较大影响等情形。

最高人民法院
关于被告人对行为性质的辩解
是否影响自首成立问题的批复

(2004年3月23日最高人民法院审判委员会第1312次会议通过,2004年3月26日公布,自2004年4月1日起施行,法释〔2004〕2号)

广西壮族自治区高级人民法院:

你院2003年6月10日《关于被告人对事实性质的辩解是否影响投案自首的成立的请示》收悉。经研究,答复如下:

根据刑法第六十七条第一款和最高人民法院《关于处理自首和立功具体应用法律若干问题的解释》第一条的规定,犯罪以后自动投案,如实供述自己的罪行的,是自首。被告人对行为性质的辩解不影响自首的成立。

此复。

最高人民法院、最高人民检察院关于办理职务犯罪案件认定自首、立功等量刑情节若干问题的意见

(2009年3月12日,法发〔2009〕13号)

为依法惩处贪污贿赂、渎职等职务犯罪,根据刑法和相关司法解释的规定,结合办案工作实际,现就办理职务犯罪案件有关自首、立功等量刑情节的认定和处理问题,提出如下意见:

一、关于自首的认定和处理

根据刑法第六十七条第一款的规定,成立自首需同时具备自动投案和如实供述自己的罪行两个要件。犯罪事实或者犯罪分子未被办案机关掌握,或者虽被掌握,但犯罪分子尚未受到调查谈话、讯问,或者未被宣布采取调查措施或者强制措施时,向办案机关投案的,是自动投案。在此期间如实交代自己的主要犯罪事实的,应当认定为自首。

犯罪分子向所在单位等办案机关以外的单位、组织或者有关负责人员投案的,应当视为自动投案。

没有自动投案,在办案机关调查谈话、讯问、采取调查措施或者强制措施期间,犯罪分子如实交代办案机关掌握的线索所针对的事实的,不能认定为自首。

没有自动投案,但具有以下情形之一的,以自首论:(1)犯罪分子如实交代办案机关未掌握的罪行,与办案机关已掌握的罪行属不同种罪行的;(2)办案机关所掌握线索针对的犯罪事实不成立,在此范围外犯罪分子交代同种罪行的。

单位犯罪案件中,单位集体决定或者单位负责人决定而自动投案,如实交代单位犯罪事实的,或者单位直接负责的主管人员自动投案,如实交代单位犯罪事实的,应当认定为单位自首。单位自首的,直接负责的主管人员和直接责任人员未自动投案,但如实交代自己知道的犯罪事实的,可以视为自首;拒不交代自己知道的犯罪事实或者逃避法律追究的,不应当认定为自首。单位没有自首,直接责任人员自动投案并如实交代自己知道的犯罪事实的,对该直接责任人员应当认定为自首。

对于具有自首情节的犯罪分子,办案机关移送案件时应当予以说明并移交相关证据材料。

对于具有自首情节的犯罪分子,应当根据犯罪的事实、性质、情节和对于社会的危害程度,结合自动投案的动机、阶段、客观环境,交代犯罪事实的完整性、稳定性以及悔罪表现等具体情节,依法决定是否从轻、减轻或者免除处罚以及从轻、减轻处罚的幅度。

二、关于立功的认定和处理

立功必须是犯罪分子本人实施的行为。为使犯罪分子得到从轻处理,犯罪分

子的亲友直接向有关机关揭发他人犯罪行为，提供侦破其他案件的重要线索，或者协助司法机关抓捕其他犯罪嫌疑人的，不应当认定为犯罪分子的立功表现。

据以立功的他人罪行材料应当指明具体犯罪事实；据以立功的线索或者协助行为对于侦破案件或者抓捕犯罪嫌疑人要有实际作用。犯罪分子揭发他人犯罪行为时没有指明具体犯罪事实的；揭发的犯罪事实与查实的犯罪事实不具有关联性的；提供的线索或者协助行为对于其他案件的侦破或者其他犯罪嫌疑人的抓捕不具有实际作用的，不能认定为立功表现。

犯罪分子揭发他人犯罪行为，提供侦破其他案件重要线索的，必须经查证属实，才能认定为立功。审查是否构成立功，不仅要审查办案机关的说明材料，还要审查有关事实和证据以及与案件定性处罚相关的法律文书，如立案决定书、逮捕决定书、侦查终结报告、起诉意见书、起诉书或者判决书等。

据以立功的线索、材料来源有下列情形之一的，不能认定为立功：(1)本人通过非法手段或者非法途径获取的；(2)本人因原担任的查禁犯罪等职务获取的；(3)他人违反监管规定向犯罪分子提供的；(4)负有查禁犯罪活动职责的国家机关工作人员或者其他国家工作人员利用职务便利提供的。

犯罪分子检举、揭发的他人犯罪，提供侦破其他案件的重要线索，阻止他人的犯罪活动，或者协助司法机关抓捕的其他犯罪嫌疑人，犯罪嫌疑人、被告人依法可能被判处无期徒刑以上刑罚的，应当认定为有重大立功表现。其中，可能被判处无期徒刑以上刑罚，是指根据犯罪行为的事实、情节可能判处无期徒刑以上刑罚。案件已经判决的，以实际判处的刑罚为准。但是，根据犯罪行为的事实、情节应当判处无期徒刑以上刑罚，因被判刑人有法定情节经依法从轻、减轻处罚后判处有期徒刑的，应当认定为重大立功。

对于具有立功情节的犯罪分子，应当根据犯罪的事实、性质、情节和对于社会的危害程度，结合立功表现所起作用的大小、所破获案件的罪行轻重、所抓获犯罪嫌疑人可能判处的法定刑以及立功的时机等具体情节，依法决定是否从轻、减轻或者免除处罚以及从轻、减轻处罚的幅度。

三、关于如实交代犯罪事实的认定和处理

犯罪分子依法不成立自首，但如实交代犯罪事实，有下列情形之一的，可以酌情从轻处罚：(1)办案机关掌握部分犯罪事实，犯罪分子交代了同种其他犯罪事实的；(2)办案机关掌握的证据不充分，犯罪分子如实交代有助于收集定案证据的。

犯罪分子如实交代犯罪事实，有下列情形之一的，一般应当从轻处罚：(1)办案机关仅掌握小部分犯罪事实，犯罪分子交代了大部分未被掌握的同种犯罪事实的；(2)如实交代对于定案证据的收集有重要作用的。

四、关于赃款赃物追缴等情形的处理

贪污案件中赃款赃物全部或者大部分追缴的，一般应当考虑从轻处罚。

受贿案件中赃款赃物全部或者大部分追缴的，视具体情况可以酌定从轻处罚。

犯罪分子及其亲友主动退赃或者在办案机关追缴赃款赃物过程中积极配合的，在量刑时应当与办案机关查办案件过程中依职权追缴赃款赃物的有所区别。

职务犯罪案件立案后,犯罪分子及其亲友自行挽回的经济损失,司法机关或者犯罪分子所在单位及其上级主管部门挽回的经济损失,或者因客观原因减少的经济损失,不予扣减,但可以作为酌情从轻处罚的情节。

最高人民法院
关于处理自首和立功若干
具体问题的意见

(2010年12月22日印发,
法发〔2010〕60号)

为规范司法实践中对自首和立功制度的运用,更好地贯彻落实宽严相济刑事政策,根据刑法、刑事诉讼法和《最高人民法院关于处理自首和立功具体应用法律若干问题的解释》(以下简称《解释》)等规定,对自首和立功若干具体问题提出如下处理意见:

一、关于"自动投案"的具体认定

《解释》第一条第(一)项规定七种应当视为自动投案的情形,体现了犯罪嫌疑人投案的主动性和自愿性。根据《解释》第一条第(一)项的规定,犯罪嫌疑人具有以下情形之一的,也应当视为自动投案:1. 犯罪后主动报案,虽未表明自己是作案人,但没有逃离现场,在司法机关询问时交代自己罪行的;2. 明知他人报案而在现场等待,抓捕时无拒捕行为,供认犯罪事实的;3. 在司法机关未确定犯罪嫌疑人,尚在一般性排查询问时主动交代自己罪行的;4. 因特定违法行为被采取劳动教养、行政拘留、司法拘留、强制隔离戒毒等行政、司法强制措施期间,主动向执行机关交代尚未被掌握的犯罪行为的;5. 其他符合立法本意,应当视为自动投案的情形。

罪行未被有关部门、司法机关发觉,仅因形迹可疑被盘问、教育后,主动交代了犯罪事实的,应当视为自动投案,但有关部门、司法机关在其身上、随身携带的物品、驾乘的交通工具等处发现与犯罪有关的物品的,不能认定为自动投案。

交通肇事后保护现场、抢救伤者,并向公安机关报告的,应认定为自动投案,构成自首的,因上述行为同时系犯罪嫌疑人的法定义务,对其是否从宽、从宽幅度要适当从严掌握。交通肇事逃逸后自动投案,如实供述自己罪行的,应认定为自首,但应依法以较重法定刑为基准,视情决定对其是否从宽处罚以及从宽处罚的幅度。

犯罪嫌疑人被亲友采用捆绑等手段送到司法机关,或者在亲友带领侦查人员前来抓捕时无拒捕行为,并如实供认犯罪事实的,虽然不能认定为自动投案,但可以参照法律对自首的有关规定酌情从轻处罚。

二、关于"如实供述自己的罪行"的具体认定

《解释》第一条第(二)项规定如实供述自己的罪行,除供述自己的主要犯罪事实外,还应包括姓名、年龄、职业、住址、前科等情况。犯罪嫌疑人供述的身份等情况与真实情况虽有差别,但不影响定罪量刑的,应认定为如实供述自己的罪行。犯罪嫌疑人自动投案后隐瞒自己的真实身份等情况,影响对其定罪量刑的,不能认定为如实供述自己的罪行。

犯罪嫌疑人多次实施同种罪行的,应当综合考虑已交代的犯罪事实与未交代的犯罪事实的危害程度,决定是否认定为如实供述主要犯罪事实。虽然投案后没有交代全部犯罪事实,但如实交代的犯罪情节重于未交代的犯罪情节,或者如实交代的犯罪数额多于未交代的犯罪数额,一般应认定为如实供述自己的主要犯罪事实。无法区分已交代的与未交代的犯罪情节的严重程度,或者已交代的犯罪数额与未交代的犯罪数额相当,一般不认定为如实供述自己的主要犯罪事实。

犯罪嫌疑人自动投案时虽然没有交代自己的主要犯罪事实,但在司法机关掌握其主要犯罪事实之前主动交代的,应认定为如实供述自己的罪行。

三、关于"司法机关还未掌握的本人其他罪行"和"不同种罪行"的具体认定

犯罪嫌疑人、被告人在被采取强制措施期间,向司法机关主动如实供述本人的其他罪行,该罪行能否认定为司法机关已掌握,应根据不同情形区别对待。如果该罪行已被通缉,一般应以该司法机关是否在通缉令发布范围内作出判断,不在通缉令发布范围内的,应认定为还未掌握,在通缉令发布范围内的,应视为已掌握;如果该罪行已录入全国公安信息网络在逃人员信息数据库,应视为已掌握。如果该罪行未被通缉,也未录入全国公安信息网络在逃人员信息数据库,应以该司法机关是否已实际掌握该罪行为标准。

犯罪嫌疑人、被告人在被采取强制措施期间如实供述本人其他罪行,该罪行与司法机关已掌握的罪行属同种罪行还是不同种罪行,一般应以罪名区分。虽然如实供述的其他罪行的罪名与司法机关已掌握犯罪的罪名不同,但如实供述的其他犯罪与司法机关已掌握的犯罪属选择性罪名或者在法律、事实上密切关联,如因受贿被采取强制措施后,又交代因受贿为他人谋取利益行为,构成滥用职权罪的,应认定为同种罪行。

四、关于立功线索来源的具体认定

犯罪分子通过贿买、暴力、胁迫等非法手段,或者被羁押后与律师、亲友会见过程中违反监管规定,获取他人犯罪线索并"检举揭发"的,不能认定为有立功表现。

犯罪分子将本人以往查办犯罪职务活动中掌握的,或者从负有查办犯罪、监管职责的国家工作人员处获取的他人犯罪线索予以检举揭发的,不能认定为有立功表现。

犯罪分子亲友为使犯罪分子"立功",向司法机关提供他人犯罪线索、协助抓捕犯罪嫌疑人的,不能认定为犯罪分子有立功表现。

五、关于"协助抓捕其他犯罪嫌疑人"的具体认定

犯罪分子具有下列行为之一,使司法机关抓获其他犯罪嫌疑人的,属于《解释》第五条规定的"协助司法机关抓捕其他犯罪嫌疑人":1. 按照司法机关的安排,以打电话、发信息等方式将其他犯罪嫌疑人(包括同案犯)约至指定地点的;2. 按照司法机关的安排,当场指认、辨认其他犯罪嫌疑人(包括同案犯)的;3. 带领侦查人员抓获其他犯罪嫌疑人(包括同案犯)的;4. 提供司法机关尚未掌握的其他案件犯罪嫌疑人的联络方式、藏匿地址的,等等。

犯罪分子提供同案犯姓名、住址、体貌特征等基本情况,或者提供犯罪前、犯罪中掌握、使用的同案犯联络方式、藏匿地址，司法机关据此抓捕同案犯的，不能认定为协助司法机关抓捕同案犯。

六、关于立功线索的查证程序和具体认定

被告人在一、二审审理期间检举揭发他人犯罪行为或者提供侦破其他案件的重要线索，人民法院经审查认为该线索内容具体、指向明确的，应及时移交有关人民检察院或者公安机关依法处理。

侦查机关出具材料，表明在三个月内还不能查证并抓获被检举揭发的人，或者不能查实的，人民法院审理案件可不再等待查证结果。

被告人检举揭发他人犯罪行为或者提供侦破其他案件的重要线索经查证不属实，又重复提供同一线索，且没有提出新的证据材料的，可以不再查证。

根据被告人检举揭发破获的他人犯罪案件，如果已有审判结果，应当依据判决确认的事实认定是否查证属实；如果被检举揭发的他人犯罪案件尚未进入审判程序，可以依据侦查机关提供的书面查证情况认定是否查证属实。检举揭发的线索经查确有犯罪发生，或者确定了犯罪嫌疑人，可能构成重大立功，只是未能将犯罪嫌疑人抓获归案的，对可能判处死刑的被告人一般要留有余地，对其他被告人原则上应酌情从轻处罚。

被告人检举揭发或者协助抓获的人的行为构成犯罪，但因法定事由不追究刑事责任、不起诉、终止审理的，不影响对被告人立功表现的认定；被告人检举揭发或者协助抓获的人的行为应判处无期徒刑以上刑罚，但因具有法定、酌定从宽情节，宣告刑为有期徒刑或者更轻刑罚的，不影响对被告人重大立功表现的认定。

七、关于自首、立功证据材料的审查

人民法院审查的自首证据材料，应当包括被告人投案经过、有罪供述以及能够证明其投案情况的其他材料。投案经过的内容一般应包括被告人投案时间、地点、方式等。证据材料应加盖接受被告人投案的单位的印章，并有接受人员签名。

人民法院审查的立功证据材料，一般应包括被告人检举揭发材料及证明其来源的材料、司法机关的调查核实材料、被检举揭发人的供述等。被检举揭发案件已立案、侦破，被检举揭发人被采取强制措施、公诉或者审判的，还应审查相关的法律文书。证据材料应加盖接收被告人检举揭发材料的单位的印章，并有接收人员签名。

人民法院经审查认为证明被告人自首、立功的材料不规范、不全面的，应当由检察机关、侦查机关予以完善或者提供补充材料。

上述证据材料在被告人被指控的犯罪一、二审审理时已形成的，应当经庭审质证。

八、关于对自首、立功的被告人的处罚

对具有自首、立功情节的被告人是否从宽处罚、从宽处罚的幅度，应当考虑其犯罪事实、犯罪性质、犯罪情节、危害后果、社会影响、被告人的主观恶性和人身危险性等。自首的还应考虑投案的主动性、供述的及时性和稳定性等。立功的还应考虑检举揭发罪行的轻重、被检举揭发的人可能或者已经被判处的刑罚、提供的线索对侦破案件或者协助抓捕其他犯罪嫌疑人所起作用的大小等。

具有自首或者立功情节的,一般应依法从轻、减轻处罚;犯罪情节较轻的,可以免除处罚。类似情况下,对具有自首情节的被告人的从宽幅度要适当宽于具有立功情节的被告人。

虽然具有自首或者立功情节,但犯罪情节特别恶劣、犯罪后果特别严重、被告人主观恶性深、人身危险性大,或者在犯罪前即为规避法律、逃避处罚而准备自首、立功的,可以不从宽处罚。

对于被告人具有自首、立功情节,同时又有累犯、毒品再犯等法定从重处罚情节的,既要考虑自首、立功的具体情节,又要考虑被告人的主观恶性、人身危险性等因素,综合分析判断,确定从宽或者从严处罚。累犯的前罪为非暴力犯罪的,一般可以从宽处罚,前罪为暴力犯罪或者前、后罪为同类犯罪的,可以不从宽处罚。

在共同犯罪案件中,对具有自首、立功情节的被告人的处罚,应注意共同犯罪人以及首要分子、主犯、从犯之间的量刑平衡。犯罪集团的首要分子、共同犯罪的主犯检举揭发或者协助司法机关抓捕同案地位、作用较次的犯罪分子的,从宽处罚与否应当从严掌握,如果从轻处罚可能导致全案量刑失衡的,一般不从轻处罚;如果检举揭发或者协助司法机关抓捕的是其他案件中罪行同样严重的犯罪分子,一般应依法从宽处罚。对于犯罪集团的一般成员、共同犯罪的从犯立功的,特别是协助抓捕首要分子、主犯的,应当充分体现政策,依法从宽处罚。

最高人民法院研究室
关于自动投案法律适用问题的答复

(2013年1月20日,法研〔2013〕10号)

江苏省高级人民法院:

你院《关于自动投案法律适用问题的请示报告》收悉。经研究,答复如下:

对于行为人原不具备自动投案情节,在被取保候审期间逃跑后主动归案的情形,不能认定为自动投案。

中央纪委办公厅
纪检监察机关处理
主动投案问题的规定(试行)

(2019年7月11日印发,
中纪办发〔2019〕11号)

第一条 为规范纪检监察机关在监督检查、审查调查中对主动投案的认定和处理,根据《中国共产党纪律处分条例》《中国共产党纪律检查机关监督执纪工作规则》等党内法规和《中华人民共和国监察法》等法律法规,结合工作实际,制定本规定。

第二条 本规定所称主动投案,是指:

(一)党员、监察对象的涉嫌违纪或者职务违法、职务犯罪问题,未被纪检监察机关掌握,或者虽被掌握,但尚未受到

纪检监察机关的审查调查谈话、讯问或者尚未被采取留置措施时,主动向纪检监察机关投案;

(二)涉案人员的涉嫌行贿犯罪或者共同职务违法、职务犯罪问题,未被纪检监察机关掌握,或者虽被掌握,但尚未受到纪检监察机关的询问、审查调查谈话、讯问或者尚未被采取留置措施时,主动向纪检监察机关投案。

第三条 本规定中的主动投案既包括涉嫌违纪或者职务违法人员向纪检监察机关投案的情形,也包括《中华人民共和国监察法》第三十一条规定的涉嫌职务犯罪人员向监察机关自动投案的情形。

第四条 有关人员主动向其所在党组织、单位或者有关负责人员投案,向有关巡视巡察机构投案,以及向公安机关、人民检察院、人民法院投案,视为主动投案。

第五条 有关人员具有以下情形之一的,应当视为主动投案:

(一)在初步核实阶段,尚未受到纪检监察机关谈话时主动投案的;

(二)在纪检监察机关谈话函询过程中,主动交代纪检监察机关未掌握的涉嫌违纪或者职务违法、职务犯罪问题的;

(三)因伤病等客观原因无法前往投案,先委托他人代为表达主动投案意愿,或者以书信、网络、电话、传真等方式表达主动投案意愿,后本人到纪检监察机关接受处理的;

(四)涉嫌严重职务违法或者职务犯罪潜逃后又主动投案,包括在被通缉、抓捕过程中主动投案的;

(五)经查实确已准备去投案,或者正在投案途中,被有关机关抓获的;

(六)虽非完全出于本人主动,但经他人规劝、陪同投案的;

(七)其他应当视为主动投案的情形。

第六条 涉嫌职务违法、职务犯罪的单位集体研究决定或者单位负责人决定而主动投案,或者单位直接负责的主管人员主动投案的,应当认定该单位主动投案。

单位主动投案的案件,需要追究相关人员责任的,参与集体研究并同意投案的人员、决定投案的单位负责人以及投案的单位直接负责的主管人员均应当认定为主动投案。

单位没有主动投案,直接责任人员主动投案的,该直接责任人员应当认定为个人主动投案。

第七条 纪检监察机关对有关人员进行初核谈话、审查调查谈话、讯问期间,或者采取留置措施后,有关人员主动交代纪检监察机关未掌握的本人涉嫌违纪或者职务违法、职务犯罪问题的,不认定为主动投案,但可以依规依纪依法从轻或者减轻处理。

主动投案后又有潜逃等逃避审查调查行为的,不认定为主动投案。

第八条 纪检监察机关的信访举报、监督检查、审查调查等部门,根据职责分工接待主动投案人员。纪检监察机关领导班子成员、巡视巡察机构也可以接待直接向其主动投案的人员。

第九条 有关人员向纪检监察机关信访举报、监督检查、审查调查等部门主动投案的,上述部门应当立即安排两名以上工作人员接待,核实其身份信息,简要了解拟交代的问题、投案事由等,做好简要记录,并向本纪检监察机关相关负责人报告。

有关人员向巡视巡察机构主动投案的,有关巡视巡察机构按照前款的规定接待,向巡视巡察工作领导小组报告后通知有关纪检监察机关。

有关人员向纪检监察机关以外的组织、单位或者有关负责人员主动投案,有关组织、单位或者有关负责人员与纪检监察机关信访举报部门联系的,信访举报部门按照第一款的规定接待,报本纪检监察机关相关负责人批准,及时通知相关部门后将主动投案人接管带回。

第十条 信访举报部门接待主动投案人后,认为其交代的问题属于本纪检监察机关管辖的,报本纪检监察机关相关负人批准后,通知相关部门将主动投案人接管。信访举报部门认为主动投案人交代的问题不属于本纪检监察机关管辖的,按照下列情形办理:

(一)属于上级纪检监察机关管辖的,报本纪检监察机关主要负责人批准后,逐级向上级纪检监察机关信访举报部门报告,根据上级纪检监察机关的意见办理;

(二)属于下级纪检监察机关管辖的,应当报本纪检监察机关相关负责人审批后,及时通知下级纪检监察机关信访举报部门在二十四小时内将主动投案人接管,如认为由本机关管辖更为适宜的,报主要负责人批准后,可以通知本机关相关部门将主动投案人接管;

(三)属于其他纪检监察机关管辖的,应当报本纪检监察机关相关负责人审批后,及时通知相关纪检监察机关信访举报部门在二十四小时内将主动投案人接管。信访举报部门认为主动投案人交代的问题不属于纪检监察机关管辖的,应当及时通知有管辖权的机关将主动投案人接管。相关纪检监察机关或者其他机关将主动投案人接管之前,由接待的纪检监察机关保障主动投案人的安全。

第十一条 相关监督检查、审查调查部门根据职责分工安排人员与主动投案人开展谈话的,应当由两名以上工作人员在具备安全保障条件的场所进行,并形成谈话笔录。如有必要,可以由主动投案人另行写出书面说明。谈话过程原则上应当全程同步录音录像。

纪检监察机关领导班子成员接待主动投案人的,由该领导班子成员带领相关部门工作人员见面接谈后,将该主动投案人交由相关部门按前款规定的程序办理。

第十二条 接谈部门综合分析主动投案人涉嫌违纪或者职务违法、职务犯罪的性质、数额、情节及其身体精神状况、串供、逃跑、安全风险等因素,按照以下情形提出处置建议并履行相应的审批程序:

(一)主动投案人交代的涉嫌违纪问题情节轻微,不需要给予纪律处分或者可能给予轻处分的,对其进行批评教育后由其自行离开;

(二)主动投案人交代的涉嫌违纪或者职务违法、职务犯罪问题需要进一步核实,但情节较轻,主动投案人离开后不至于发生逃跑、自杀、串供或者伪造、隐匿、毁灭证据等情形的,安排"走读式"谈话;

(三)主动投案人交代的涉嫌违纪或者职务违法、职务犯罪问题严重,存在安全等风险不适宜离开的,应当采取留置措施;

(四)主动投案人还涉嫌其他机关管辖的违法犯罪的,可以协调有关机关对其采取强制措施。

第十三条　纪检监察机关应当制定快速采取留置措施的工作预案,需要尽快对主动投案人依法采取留置措施的,承办部门应当立即办理立案、留置相关手续。

情况紧急的,可以先以电话、内网邮件、传真等方式报批后采取留置措施,并在三个工作日内补办相关正式书面手续。

立案、留置须报中央批准的,应当在与主动投案人谈话的同时,以书面形式正式报批。

第十四条　本规定适用于各级纪检监察机关和纪检监察机构。

第十五条　本规定自印发之日起施行。

最高人民法院
关于两罪均应判处死刑而有重大立功表现的能否对两罪从宽处罚的答复

(1990年6月20日)

广东省高级人民法院:

根据最高人民法院、最高人民检察院、公安部《关于当前处理自首和有关问题具体应用法律的解答》第4个问题的精神,苏有立功表现,应体现政策,如果只改判苏抢劫一罪死缓,没有实际意义,同意你们第二种意见,对苏两罪均改判死缓。

最高人民法院研究室
关于带领被害方抓捕同案犯能否认定为有立功表现的复函

(2010年1月,法研〔2010〕2号)

最高人民检察院法律政策研究室:

你室征求意见函收悉。经研究,同意你室答复意见,即共同犯罪嫌疑人带领被害方抓捕同案犯的行为,在同案犯被抓捕并被扭送司法机关的情况下,可以认定为有立功表现。

最高人民法院研究室
关于对再审改判前因犯新罪被加刑的罪犯再审时如何确定执行的刑罚问题的电话答复

(1989年5月24日)

湖北省高级人民法院:

你院鄂法研(1988)33号《关于对再审改判前因犯新罪被加刑的罪犯再审时应如何确定执行的刑罚问题的请示报告》收悉。经研究,答复如下:

原则上同意你院意见,即对于再审改判前因犯新罪被加刑的罪犯,在对其前罪再审时,应当将罪犯犯新罪时的判决中关于前罪与新罪并罚的内容撤销,并把经再审改判后的前罪没有执行完的刑罚和新罪已判处的刑罚,按照刑法第六十六条的规定依法数罪并罚。关于原前罪与新罪并罚的判决由哪个法院撤销，应视具体情况确定：如果再审法院是对新罪作出判决的法院的上级法院，或者是对新罪作出判决的同一法院，可以由再审法院撤销；否则，应由对新罪作出判决的法院撤销。对于前罪经再审改判为无罪或者免予刑事处分的，其已执行的刑期可以折抵新罪的刑期。执行本答复中遇有新的情况或问题，请及时报告我们。

最高人民法院研究室
关于罪犯在服刑期间又犯罪
被服刑地法院以数罪并罚论处的
现前罪改判应当由哪一个法院
决定执行刑罚问题的电话答复

（1991 年 6 月 18 日）

福建省高级人民法院：

你院〔1991〕闽法刑二字第 79 号《关于罪犯在服刑期间又犯罪被服刑地法院以数罪并罚论处的，现前罪改判应当由哪一个法院决定执行刑罚问题的请示》收悉。经研究，答复如下：

这类问题，我们曾于 1989 年答复过湖北省高级人民法院，答复意见是：对于再审改判前因犯新罪被加刑的罪犯，在对其前罪再审时，应当将罪犯犯后罪时判决中关于前罪与后罪并罚的内容撤销，并把经再审改判后的前罪没有执行完的刑罚和后罪已判处的刑罚，按照刑法第六十六条的规定实行数罪并罚。关于原前罪与后罪并罚的判决由哪个法院撤销，应当视具体情况确定：如果再审法院是对后罪作出判决的法院的上级法院，或者是对后罪作出判决的同一法院，可以由再审法院撤销，否则，应当由对后罪作出判决的法院撤销。

请你们按照上述意见办理。

最高人民法院
关于判决宣告后又发现
被判刑的犯罪分子的同种漏罪
是否实行数罪并罚问题的批复

（1993 年 4 月 16 日，
法复〔1993〕1 号）

江西省高级人民法院：

你院赣高法（1992）39 号《关于判决宣告后又发现被判刑的犯罪分子的同种漏罪是否按数罪并罚处理的请示》收悉。经研究，答复如下：

人民法院的判决宣告并已发生法律效力以后，刑罚还没有执行完毕以前，发现被判刑的犯罪分子在判决宣告以前还有其他罪没有判决的，不论新发现的罪与原判决的罪是否属于同种罪，都应当依照刑法第六十五条的规定实行数罪并罚。但如果在第一审人民法院的判决宣告以后，被告人提出上诉或者人民检察院提出抗诉，判决尚未发生法律效力的，第二审人民法院在审理期间，发现原审被告人在第一审判决宣告以前还有同种漏罪没有判决的，第二审人民法院应当依照刑事诉讼法第一百三十六条第（三）项的规定，裁定撤销原判，发回原审人民法院重新审判,第一审人民法院重新审判时,不适用刑法关于数罪并罚的规定。

最高人民法院研究室关于罪犯在刑罚执行期间的发明创造能否按照重大立功表现作为对其漏罪审判时的量刑情节问题的答复

(2011 年 6 月 14 日,法研〔2011〕79 号)

青海省高级人民法院:

你院(2010)青刑终字第 62 号《关于被告人在刑罚执行期间的发明创造能否按照重大立功表现作为对其漏罪审判时的量刑情节问题的请示》收悉。经研究,答复如下:

罪犯在服刑期间的发明创造构成立功或者重大立功的,可以作为依法减刑的条件予以考虑,但不能作为追诉漏罪的法定量刑情节考虑。

此复。

最高人民法院研究室关于罪犯在保外就医期间又犯罪,事隔一段时间后被抓获,对前罪的余刑,应当如何计算的请示的答复

(1993 年 1 月 28 日)

北京市高级人民法院:

你院京高法(1992)244 号《关于罪犯在保外就医期间又犯罪,事隔一段时间后被抓获,对前罪的余刑,应当如何计算的请示》收悉。经研究,我们认为:罪犯在保外就医期间又犯罪,应当依照刑法第六十六条的规定,对前罪没有执行完的刑罚和后罪判处的刑罚,按刑法第六十四条规定,决定执行的刑罚,对于前罪余刑的计算应从新罪判决确定之日计算。

最高人民法院关于罪犯因漏罪、新罪数罪并罚时原减刑裁定应如何处理的意见①

(2012 年 1 月 18 日,法〔2012〕44 号)

各省、自治区、直辖市高级人民法院,解放军军事法院,新疆维吾尔自治区高级人民法院生产建设兵团分院:

近期,我院接到一些地方高级人民法院关于判决宣告以后,刑罚执行完毕以前,罪犯因漏罪或者又犯新罪数罪并罚时,原减刑裁定应如何处理的请示。为统一法律适用,经研究,提出如下意见:

罪犯被裁定减刑后,因被发现漏罪或者又犯新罪而依法进行数罪并罚时,经减刑裁定减去的刑期不计入已经执行的刑期。

在此后对因漏罪数罪并罚的罪犯依

---

① 该意见的内容因已为 2017 年 1 月 1 日施行的最高法《关于办理减刑、假释案件具体应用法律的规定》第三十三、三十四条的规定吸收,而实际上不再适用,所以在《刑法》第七十八条之下的脚注中不再注释。

法减刑,决定减刑的频次、幅度时,应当对其原经减刑裁定减去的刑期酌予考虑。

全国人大常委会法制工作委员会关于对被告人在罚金刑执行完毕前又犯新罪的罚金应否与未执行完毕的罚金适用数罪并罚问题的答复意见

(2017年11月26日,
法工办复〔2017〕2号)

最高人民检察院办公厅:

你厅《关于对被告人在罚金刑执行完毕前又犯新罪的罚金应否与未执行完毕的罚金适用数罪并罚问题征求意见的函》(高检办字〔2017〕281号)收悉。经研究,答复如下:

刑法第七十一条中的"刑罚执行完毕以前"应是指主刑执行完毕以前。如果被告人主刑已执行完毕,只是罚金尚未执行完毕的,根据刑法第五十三条的规定,人民法院在任何时候发现有可以执行的财产,应当随时追缴。因此,被告人前罪主刑已执行完毕,罚金尚未执行完毕的,应当由人民法院继续执行尚未执行完毕的罚金,不必与新罪判处的罚金数罪并罚。

特此函复。

最高人民法院关于缓刑问题的复函

(1953年12月26日)

中央人民政府人民革命军事委员会总政治部保卫部:

你部关于缓刑问题的材料,已经收到,我们除同意你部意见的部分外,提出以下几点意见以供参考。

(一)缓刑的适用范围问题:缓刑适用于对社会危害性不大,处刑较轻并因其他具体情况以暂不执行为宜的被告,即于判决罪刑时同时宣告缓刑若干时期,对这种被告不予关押,也不予管制(但可在判决确定后,将判决书送其所在机关或基层行政单位,以便了解其在缓刑期中的表现,予以教育)。如在缓刑期内,没有犯新罪,对他所判徒刑就根本不执行了;若在缓刑期间又犯新罪,法院应将原被宣告缓刑的徒刑与其所犯新罪合并考量,决定一个刑期来执行。

(二)上述缓刑与延期执行是有区别的。延期执行是因有某些特定情况之一时(如被判刑的被告为妇女而正在怀孕),暂不执行,而在这种原因消失时仍必须执行(参考苏俄刑事诉讼法第四、五、六条)。上述缓刑是与用于反革命犯的"判处死刑、缓期二年、强迫劳动、以观后效"的缓期执行,也不相同的。后者在缓期二年中,必须将罪犯监禁,并根据其在强迫劳动中的表现,来决定执行原判,或于缓期执行之期届满时予以减刑改判。按照惩治贪污条例草案的说明,用于贪污罪犯的死刑、无期徒刑和有期徒刑的缓刑,与上列第一点所述对社会危害性不大的一般案件的缓刑也不同。贪污犯的缓刑与反革命犯的缓期执行相类似,但对贪污犯有期徒刑的缓刑,可以酌情在缓刑期内不予监禁。而在管制中加以考察,根据其在缓刑期间的表现,决定执行原判或于缓刑期满时予以减刑改判。一般的管制期满即可解除管制,如在管制期间,坚持错误,不肯悔罪,管制机关认为需要延长管制或应执行徒刑时,得提出意见,送请各该级人民法院审查决定(又查苏俄刑法第二十八条附注二对军事时期军职人员的延缓判决执行有所规定,上可参考)。

(三)缓刑期间,应否从刑期中扣除的问题:上列第一点所述对社会危害性不大的案件的缓刑,在缓刑期内并不关押,亦不管制,根本不发生扣除问题。按照你部来函附件所述,在部队中被宣告缓刑的罪犯,其生活待遇系按照对于军队犯人的规定执行,其政治待遇也被剥夺。这样所经历的缓刑时间,可从刑期中扣除。如在缓刑期间并未像关押那样限制其行动自由,而仍分配工作,便可不予扣除。

(四)缓刑期间的长短有无限制的问题:现在尚无统一规定。上列第一点所述对社会危害性不大的案件的缓刑,其缓刑期间不宜过短,对判处徒刑不满一年者,其缓刑期间,不应短于一年,对判处徒刑一年以上者,其缓刑期间也不应短于宣告的徒刑期间。因为这种被告既不关押,也不管制,在缓刑期间,如不犯新罪,便根本不执行原判之刑,故其缓刑期间,不宜过短。

最高人民检察院法律政策研究室关于对数罪并罚决定执行刑期为三年以下有期徒刑的犯罪分子能否适用缓刑问题的复函

(1998年9月17日,
高检发研字〔1998〕16号)

山东省人民检察院研究室:

你院鲁检发研字(1998)第10号《关于对数罪并罚决定执行刑期三年以下的犯罪分子能否适用缓刑的请示》收悉,经研究,答复如下:

根据刑法第七十二条的规定,可以适用缓刑范围的对象是被处拘役、三年以下有期徒刑的犯罪分子;条件是根据犯罪分子的犯罪情节和悔罪表现,适用缓刑确实不致再危害社会。对于判决宣告以前犯数罪的犯罪分子,只要判决执行的刑罚为拘役、三年以下有期徒刑,且符合根据犯罪分子的犯罪情节和悔罪表现,适用缓刑确实不致再危害社会的案件,依法可以适用缓刑。

最高人民法院、最高人民检察院、公安部、劳动人事部关于被判处管制、剥夺政治权利和宣告缓刑、假释的犯罪分子能否外出经商等问题的通知

［1986年11月8日，
〔86〕高检会(三)字第2号］

近年来，不少地方对被判处管制、剥夺政治权利和宣告缓刑、假释的犯罪分子在监督改造或考察期间，能否外出经商，能否搞承包或从事其他个体劳动，能否担任国营企事业或乡镇企业的领导职务等问题，屡有请示。对此，现特作如下通知：

一、对被判处管制、剥夺政治权利和宣告缓刑、假释的犯罪分子，公安机关和有关单位要依法对其实行经常性的监督改造或考察。被管制、假释的犯罪分子，不能外出经商；被剥夺政治权利和宣告缓刑的犯罪分子，按现行规定，属于允许经商范围之内的，如外出经商，需事先经公安机关允许。

二、犯罪分子在被管制、剥夺政治权利、缓刑、假释期间，若原所在单位确有特殊情况不能安排工作的，在不影响对其实行监督考察的情况下，经工商管理部门批准，可以在常住户口所在地自谋生计；家在农村的，亦可就地从事或承包一些农副业生产。

三、犯罪分子在被管制、剥夺政治权利、缓刑、假释期间，不能担任国营或集体企事业单位的领导职务。

最高人民检察院关于被判处管制、剥夺政治权利和宣告缓刑、假释的犯罪分子能否担任中外合资、合作经营企业领导职务问题的答复

(1991年9月25日，
高检发研字〔1991〕4号)

四川省人民检察院：

你院川检研(1991)18号《关于犯罪分子在被管制、剥夺政治权利、缓刑、假释期间能否担任中外合资经营企业经理、副经理的请示》收悉。经研究，并征求有关部门意见，现答复如下：

最高人民法院、最高人民检察院、公安部、劳动人事部［86］高检会(三)字第2号《关于被判处管制、剥夺政治权利和宣告缓刑、假释的犯罪分子能否外出经商等问题的通知》第三条所规定的不能担任领导职务的原则，可适用于中外合资、中外合作企业(包括我方与港、澳、台客商合资、合作企业)。

此复。

最高人民法院关于撤销缓刑时罪犯在宣告缓刑前羁押的时间能否折抵刑期问题的批复

(2002年4月8日最高人民法院审判委员会第1220次会议通过,2002年4月10日公布,自2002年4月18日起施行,法释〔2002〕11号)

各省、自治区、直辖市高级人民法院,解放军军事法院,新疆维吾尔自治区高级人民法院生产建设兵团分院:

最近,有的法院反映,关于在撤销缓刑时罪犯在宣告缓刑前羁押的时间能否折抵刑期的问题不明确。经研究,批复如下:

根据刑法第七十七条的规定,对被宣告缓刑的犯罪分子撤销缓刑执行原判刑罚的,对其在宣告缓刑前羁押的时间应当折抵刑期。

最高人民法院、最高人民检察院关于办理职务犯罪案件严格适用缓刑、免予刑事处罚若干问题的意见

(2012年8月8日印发,法发〔2012〕17号)

为进一步规范贪污贿赂、渎职等职务犯罪案件缓刑、免予刑事处罚的适用,确保办理职务犯罪案件的法律效果和社会效果,根据刑法有关规定并结合司法工作实际,就职务犯罪案件缓刑、免予刑事处罚的具体适用问题,提出以下意见:

一、严格掌握职务犯罪案件缓刑、免予刑事处罚的适用。职务犯罪案件的刑罚适用直接关系反腐败工作的实际效果。人民法院、人民检察院要深刻认识职务犯罪的严重社会危害性,正确贯彻宽严相济刑事政策,充分发挥刑罚的惩治和预防功能。要在全面把握犯罪事实和量刑情节的基础上严格依照刑法规定的条件适用缓刑、免予刑事处罚,既要考虑从宽情节,又要考虑从严情节;既要做到刑罚与犯罪相当,又要做到刑罚执行方式与犯罪相当,切实避免缓刑、免予刑事处罚不当适用造成的消极影响。

二、具有下列情形之一的职务犯罪分子,一般不适用缓刑或者免予刑事处罚:

(一)不如实供述罪行的;

(二)不予退缴赃款赃物或者将赃款

赃物用于非法活动的；

（三）属于共同犯罪中情节严重的主犯的；

（四）犯有数个职务犯罪依法实行并罚或者以一罪处理的；

（五）曾因职务违纪违法行为受过行政处分的；

（六）犯罪涉及的财物属于救灾、抢险、防汛、优抚、扶贫、移民、救济、防疫等特定款物的；

（七）受贿犯罪中具有索贿情节的；

（八）渎职犯罪中徇私舞弊情节或者滥用职权情节恶劣的；

（九）其他不应适用缓刑、免予刑事处罚的情形。

三、不具有本意见第二条规定的情形，全部退缴赃款赃物，依法判处三年有期徒刑以下刑罚，符合刑法规定的缓刑适用条件的贪污、受贿犯罪分子，可以适用缓刑；符合刑法第三百八十三条第一款第（三）项的规定，依法不需要判处刑罚的，可以免予刑事处罚。

不具有本意见第二条所列情形，挪用公款进行营利活动或者超过三个月未还构成犯罪，一审宣判前已将公款归还，依法判处三年有期徒刑以下刑罚，符合刑法规定的缓刑适用条件的，可以适用缓刑；在案发前已归还，情节轻微，不需要判处刑罚的，可以免予刑事处罚。

四、人民法院审理职务犯罪案件时应当注意听取检察机关、被告人、辩护人提出的量刑意见，分析影响性案件案发前后的社会反映，必要时可以征求案件查办等机关的意见。对于情节恶劣、社会反映强烈的职务犯罪案件，不得适用缓刑、免予刑事处罚。

五、对于具有本意见第二条规定的情形之一，但根据全案事实和量刑情节，检察机关认为确有必要适用缓刑或者免予刑事处罚并据此提出量刑建议的，应经检察委员会讨论决定；审理法院认为确有必要适用缓刑或者免予刑事处罚的，应经审判委员会讨论决定。

最高人民法院、最高人民检察院、公安部、司法部关于对因犯罪在大陆受审的台湾居民依法适用缓刑实行社区矫正有关问题的意见

（2016年7月26日印发，自2017年1月1日起施行，法发〔2016〕33号）

为维护因犯罪在大陆受审的台湾居民的合法权益，保障缓刑的依法适用和执行，根据《中华人民共和国刑法》、《中华人民共和国刑事诉讼法》和《社区矫正实施办法》等有关规定，结合工作实际，制定本意见。

第一条　对因犯罪被判处拘役、三年以下有期徒刑的台湾居民，如果其犯罪情节较轻、有悔罪表现、没有再犯罪的危险且宣告缓刑对所居住社区没有重大不良影响的，人民法院可以宣告缓刑，对其中不满十八周岁的人、怀孕的妇女和已满七十五周岁的人，应当宣告缓刑。

第二条　人民检察院建议对被告人宣告缓刑的，应当说明依据和理由。

被告人及其法定代理人、辩护人提出

宣告缓刑的请求,应当说明理由,必要时需提交经过台湾地区公证机关公证的被告人在台湾地区无犯罪记录证明等相关材料。

第三条　公安机关、人民检察院、人民法院需要委托司法行政机关调查评估宣告缓刑对社区影响的,可以委托犯罪嫌疑人、被告人在大陆居住地的县级司法行政机关,也可以委托适合协助社区矫正的下列单位或者人员所在地的县级司法行政机关:

(一)犯罪嫌疑人、被告人在大陆的工作单位或者就读学校;

(二)台湾同胞投资企业协会、台湾同胞投资企业;

(三)其他愿意且有能力协助社区矫正的单位或者人员。

已经建立涉台社区矫正专门机构的地方,可以委托该机构所在地的县级司法行政机关调查评估。

根据前两款规定仍无法确定接受委托的调查评估机关的,可以委托办理案件的公安机关、人民检察院、人民法院所在地的县级司法行政机关。

第四条　司法行政机关收到委托后,一般应当在十个工作日内向委托机关提交调查评估报告;对提交调查评估报告的时间另有规定的,从其规定。

司法行政机关开展调查评估,可以请当地台湾同胞投资企业协会、台湾同胞投资企业以及犯罪嫌疑人、被告人在大陆的监护人、亲友等协助提供有关材料。

第五条　人民法院对被告人宣告缓刑时,应当核实其居住地或者本意见第三条规定的有关单位、人员所在地,书面告知被告人应当自判决、裁定生效后十日内到社区矫正执行地的县级司法行政机关报到,以及逾期报到的法律后果。

缓刑判决、裁定生效后,人民法院应当在十日内将判决书、裁定书、执行通知书等法律文书送达社区矫正执行地的县级司法行政机关,同时抄送该地县级人民检察院和公安机关。

第六条　对被告人宣告缓刑的,人民法院应当及时作出不准出境决定书,同时依照有关规定办理边控手续。

实施边控的期限为缓刑考验期限。

第七条　对缓刑犯的社区矫正,由其在大陆居住地的司法行政机关负责指导管理、组织实施;在大陆没有居住地的,由本意见第三条规定的有关司法行政机关负责。

第八条　为缓刑犯确定的社区矫正小组可以吸收下列人员参与:

(一)当地台湾同胞投资企业协会、台湾同胞投资企业的代表;

(二)在大陆居住或者工作的台湾同胞;

(三)缓刑犯在大陆的亲友;

(四)其他愿意且有能力参与社区矫正工作的人员。

第九条　根据社区矫正需要,司法行政机关可以会同相关部门,协调台湾同胞投资企业协会、台湾同胞投资企业等,为缓刑犯提供工作岗位、技能培训等帮助。

第十条　对于符合条件的缓刑犯,可以依据《海峡两岸共同打击犯罪及司法互助协议》,移交台湾地区执行。

第十一条　对因犯罪在大陆受审、执行刑罚的台湾居民判处管制、裁定假释、决定或者批准暂予监外执行,实行社区矫正的,可以参照适用本意见的有关规定。

第十二条 本意见自2017年1月1日起施行。

最高人民法院研究室关于对原判有期徒刑再审、被改判为死刑缓期执行或者无期徒刑的罪犯减刑时，对其原服刑期能否折抵减刑后的刑期问题的答复

（2005年12月5日，法研〔2005〕182号）

山西省高级人民法院：

在（2005）晋刑二请字第1号《关于有期徒刑犯服刑期间被再审改判为死缓或者无期，对其减刑应如何掌握的问题的请示》收悉，经研究答复如下：

根据刑法第五十一条第八十条的规定，原被判有期徒刑的罪犯经再审被改判为死刑缓期执行或者无期徒刑后，在执行该刑罚过程中，根据其悔改或者立功表现被减为有期徒刑的，其刑期从死刑缓期执行期满之日起或者裁定减刑之日起计算，对原有期徒刑判决执行前先行羁押的日期，不能计算在改判的死刑缓期执行或者无期徒刑减为有期徒刑后的刑期之内，对原有期徒刑判决执行后的服刑日期，计算在改判的死刑缓期执行或者无期徒刑减为有期徒刑的刑期之内。

中共中央政法委关于严格规范减刑、假释、暂予监外执行切实防止司法腐败的意见

（2014年1月21日印发，中政委〔2014〕5号文）

为严格规范减刑、假释、暂予监外执行，切实防止徇私舞弊、权钱交易等腐败行为，坚决杜绝社会反映强烈的“有权人”、“有钱人”被判刑后减刑快、假释及暂予监外执行比例高、实际服刑时间偏短等现象，确保司法公正，提高司法公信力，根据法律规定和刑事政策精神，结合实际，现提出如下意见。

一、从严把握减刑、假释、暂予监外执行的实体条件

1. 对职务犯罪、破坏金融管理秩序和金融诈骗犯罪、组织（领导、参加、包庇、纵容）黑社会性质组织犯罪等罪犯（以下简称三类罪犯）减刑、假释，必须从严把握法律规定的“确有悔改表现”、“立功表现”、“重大立功表现”的标准。

对三类罪犯“确有悔改表现”的认定，不仅应当考察其是否认罪悔罪，认真遵守法律法规及监规、接受教育改造，积极参加思想、文化、职业技术教育，积极参加劳动、努力完成劳动任务，而且应当考察其是否通过主动退赃、积极协助追缴境外赃款赃物、主动赔偿损失等方式，积极消除犯罪行为所产生的社会影响。对服

刑期间利用个人影响力和社会关系等不正当手段企图获得减刑、假释机会的,不认定其“确有悔改表现”。

对三类罪犯拟按法律规定的“在生产、科研中进行技术革新,成绩突出”或者“对国家和社会有其他贡献”认定为“立功表现”的,该技术革新或者其他贡献必须是该罪犯在服刑期间独立完成,并经省级主管部门确认。

对三类罪犯拟按法律规定的“有发明创造或者重大技术革新”认定为“重大立功表现”的,该发明创造或者重大技术革新必须是该罪犯在服刑期间独立完成并经国家主管部门确认的发明专利,且不包括实用新型专利和外观设计专利;拟按法律规定的“对国家和社会有其他重大贡献”认定为“重大立功表现”的,该重大贡献必须是该罪犯在服刑期间独立完成并经国家主管部门确认的劳动成果。

2. 对三类罪犯与其他罪犯的计分考核应当平等、平衡。在三类罪犯计分考核项目和标准的设计上,不仅应当考虑对其他罪犯教育改造的普遍性要求,而且应当考虑对三类罪犯教育改造的特殊性要求,防止三类罪犯在考核中比其他罪犯容易得分。进一步限制、规范三类罪犯的加分项目,严格控制加分总量。对利用个人影响力和社会关系、提供虚假证明材料、贿赂等不正当手段企图获得加分的,不但不能加分,还要扣分。司法部应当根据上述要求,抓紧修改罪犯的计分考核办法。

3. 对依法可以减刑的三类罪犯,必须从严把握减刑的起始时间、间隔时间和幅度。被判处十年以下有期徒刑的,执行二年以上方可减刑,一次减刑不超过一年有期徒刑,两次减刑之间应当间隔一年以上。被判处十年以上有期徒刑的,执行二年以上方可减刑,一次减刑不超过一年有期徒刑,两次减刑之间应当间隔一年六个月以上。被判处无期徒刑的,执行三年以上方可减刑,可以减为二十年以上二十二年以下有期徒刑;减为有期徒刑后,一次减刑不超过一年有期徒刑,两次减刑之间应当间隔二年以上。死刑缓期执行罪犯减为无期徒刑后,执行三年以上方可减刑,可以减为二十五年有期徒刑;减为有期徒刑后,一次减刑不超过一年有期徒刑,两次减刑之间应当间隔二年以上。

确有阻止或检举他人重大犯罪活动、舍己救人、发明创造或者重大技术革新、在抗御自然灾害或者排除重大事故中表现突出等重大立功表现的,可以不受上述减刑起始时间和间隔时间的限制。

4. 对三类罪犯适用保外就医,必须从严把握严重疾病范围和条件。虽然患有高血压、糖尿病、心脏病等疾病,但经诊断在短期内不致危及生命的,或者不积极配合刑罚执行机关安排的治疗的,或者适用保外就医可能有社会危险性的,或者自伤自残的,一律不得保外就医。

5. 从 2014 年 1 月开始,以省、自治区、直辖市和新疆生产建设兵团为单位,各地职务犯罪罪犯减刑、假释、暂予监外执行的比例,不得明显高于其他罪犯的相应比例。中央政法相关单位应当积极指导和督促本系统落实相关比例要求。

二、完善减刑、假释、暂予监外执行的程序规定

6. 对三类罪犯的计分考核、行政奖励、立功表现等信息,应当在罪犯服刑场所及时公开;拟提请减刑、假释的,一律提前予以公示。拟提请暂予监外执行的,除病情严重必须立即保外就医的，应当提前予以公示。减刑、假释裁定书及暂予监外执行决定书，一律上网公开。

7. 对三类罪犯中因重大立功而提请减刑、假释的案件，原县处级以上职务犯罪罪犯的减刑、假释案件，组织（领导、包庇、纵容）黑社会性质组织罪犯的减刑、假释案件，原判死刑缓期执行、无期徒刑的破坏金融管理秩序和金融诈骗犯罪罪犯的减刑、假释案件，一律开庭审理。

8. 健全检察机关对减刑、假释、暂予监外执行的同步监督制度。刑罚执行机关在决定提请减刑、假释、暂予监外执行前，审判机关在作出暂予监外执行决定前，应当征求检察机关意见。审判机关开庭审理减刑、假释案件，检察机关应当派员出庭并发表检察意见。刑罚执行机关、审判机关对检察机关提出的不同意见未予采纳的，应当予以回复或者在裁定书、决定书中说明理由。检察机关可以向有关单位和人员调查核实情况、调阅复制案卷材料、重新组织对病残罪犯的诊断鉴别，并依法作出处理。

9. 推进刑罚执行机关、审判机关、检察机关减刑、假释网上协同办案平台建设，对执法办案和考核奖惩中的重要事项、重点环节，实行网上录入、信息共享、"全程留痕"，从制度和技术上确保监督到位。

10. 对原厅局级以上职务犯罪罪犯减刑、假释、暂予监外执行的，裁定、决定或者批准后十日内，由省级政法机关向相应中央政法机关逐案报请备案审查。对原县处级职务犯罪罪犯减刑、假释、暂予监外执行的，裁定、决定或者批准后十日内，由地市级政法机关向相应省级政法机关逐案报请备案审查（省级政法机关裁定、决定或者批准的除外）。中央和省级政法机关对报请备案审查的减刑、假释、暂予监外执行案件，应当认真审查，发现问题的，立即责令下级政法机关依法纠正。

三、强化减刑、假释、暂予监外执行各个环节的责任

11. 对减刑、假释、暂予监外执行各个环节的承办人、批准人等执法司法人员，实行"谁承办谁负责、谁主管谁负责、谁签字谁负责"制度，执法司法人员在职责范围内对执法办案质量终身负责。其中，执法司法人员因故意或者重大过失造成减刑、假释、暂予监外执行案件在认定事实或者适用法律上确有错误的，由该直接责任人员承担责任；经主管人员批准或者许可的，由该主管人员和有关直接责任人员承担责任；减刑、假释、暂予监外执行多个环节共同造成案件在认定事实或者适用法律上确有错误的，根据具体违法或过错情况分别追究责任；有关单位、部门集体讨论决定的减刑、假释、暂予监外执行案件确有错误的，由各相关单位、部门负责人承担责任。

12. 审判机关应当建立专门审理减刑、假释、暂予监外执行案件的审判庭。检察机关应当加强派驻监管场所检察室建设，明确派驻检察室人员配备标准，落实同步监督。刑罚执行机关应当充实机构人员，为实现减刑、假释、暂予监外执行逐人逐案依法常态化办理提供保障。

四、从严惩处减刑、假释、暂予监外执行中的腐败行为

13. 检察机关对减刑、假释、暂予监外执行中有关执法司法人员涉嫌违法犯罪的举报、控告和相关线索，应当依法严查，并根据情况,向有关单位提出纠正违法或者不当的建议,或者建议更换办案人,并对涉嫌违法犯罪的,建议依纪予以纪律处分或者依法追究刑事责任。

14. 对执法司法人员在减刑、假释、暂予监外执行中捏造事实、伪造材料、收受财物或者接受吃请的,一律清除出执法司法队伍;徇私舞弊、权钱交易、失职渎职构成犯罪的,一律依法从重追究刑事责任,且原则上不适用缓刑或者免予刑事处罚。

15. 对非执法司法单位和个人,为罪犯减刑、假释、暂予监外执行出具虚假病情诊断证明等材料,违法违规提供便利条件的,或者在罪犯减刑、假释、暂予监外执行中搞权钱交易的,执法司法机关应当建议主管部门依法依纪追究责任,并有针对性地加强管理、堵塞漏洞;对构成犯罪的,依法追究刑事责任。

16. 对任何单位和个人干预减刑、假释、暂予监外执行,或者施加压力要求执法司法人员违法违规办理减刑、假释、暂予监外执行的,执法司法机关及其工作人员应当坚决抵制,并向其上级机关报告。有关机关应当依法严肃追究有关单位和个人的违纪违法责任。

17. 最高人民法院、最高人民检察院、公安部、国家安全部、司法部根据本意见,对相关司法解释、部门规章或者规范性文件相应作出修改,并建立健全相关监督检查制度,确保本意见切实得到执行。

最高人民法院关于减刑、假释案件审理程序的规定

(2014年4月10日最高人民法院审判委员会第1611次会议通过,2014年4月23日公布,自2014年6月1日起施行,法释〔2014〕5号)

为进一步规范减刑、假释案件的审理程序,确保减刑、假释案件审理的合法、公正,根据《中华人民共和国刑法》《中华人民共和国刑事诉讼法》有关规定,结合减刑、假释案件审理工作实际,制定本规定。

第一条 对减刑、假释案件,应当按照下列情形分别处理:

(一)对被判处死刑缓期执行的罪犯的减刑,由罪犯服刑地的高级人民法院在收到同级监狱管理机关审核同意的减刑建议书后一个月内作出裁定;

(二)对被判处无期徒刑的罪犯的减刑、假释,由罪犯服刑地的高级人民法院在收到同级监狱管理机关审核同意的减刑、假释建议书后一个月内作出裁定,案情复杂或者情况特殊的,可以延长一个月;

(三)对被判处有期徒刑和被减为有期徒刑的罪犯的减刑、假释,由罪犯服刑地的中级人民法院在收到执行机关提出的减刑、假释建议书后一个月内作出裁定,案情复杂或者情况特殊的,可以延长

一个月；

（四）对被判处拘役、管制的罪犯的减刑，由罪犯服刑地中级人民法院在收到同级执行机关审核同意的减刑、假释建议书后一个月内作出裁定。

对暂予监外执行罪犯的减刑，应当根据情况，分别适用前款的有关规定。

第二条 人民法院受理减刑、假释案件，应当审查执行机关移送的下列材料：

（一）减刑或者假释建议书；

（二）终审法院裁判文书、执行通知书、历次减刑裁定书的复印件；

（三）罪犯确有悔改或者立功、重大立功表现的具体事实的书面证明材料；

（四）罪犯评审鉴定表、奖惩审批表等；

（五）其他根据案件审理需要应予移送的材料。

报请假释的，应当附有社区矫正机构或者基层组织关于罪犯假释后对所居住社区影响的调查评估报告。

人民检察院对报请减刑、假释案件提出检察意见的，执行机关应当一并移送受理减刑、假释案件的人民法院。

经审查，材料齐备的，应当立案；材料不齐的，应当通知执行机关在三日内补送，逾期未补送的，不予立案。

第三条 人民法院审理减刑、假释案件，应当在立案后五日内将执行机关报请减刑、假释的建议书等材料依法向社会公示。

公示内容应当包括罪犯的个人情况、原判认定的罪名和刑期、罪犯历次减刑情况、执行机关的建议及依据。

公示应当写明公示期限和提出意见的方式。公示期限为五日。

第四条 人民法院审理减刑、假释案件，应当依法由审判员或者由审判员和人民陪审员组成合议庭进行。

第五条 人民法院审理减刑、假释案件，除应当审查罪犯在执行期间的一贯表现外，还应当综合考虑犯罪的具体情节、原判刑罚情况、财产刑执行情况、附带民事裁判履行情况、罪犯退赃退赔等情况。

人民法院审理假释案件，除应当审查第一款所列情形外，还应当综合考虑罪犯的年龄、身体状况、性格特征、假释后生活来源以及监管条件等影响再犯罪的因素。

执行机关以罪犯有立功表现或重大立功表现为由提出减刑的，应当审查立功或重大立功表现是否属实。涉及发明创造、技术革新或者其他贡献的，应当审查该成果是否系罪犯在执行期间独立完成，并经有关主管机关确认。

第六条 人民法院审理减刑、假释案件，可以采取开庭审理或者书面审理的方式。但下列减刑、假释案件，应当开庭审理：

（一）因罪犯有重大立功表现报请减刑的；

（二）报请减刑的起始时间、间隔时间或者减刑幅度不符合司法解释一般规定的；

（三）公示期间收到不同意见的；

（四）人民检察院有异议的；

（五）被报请减刑、假释罪犯系职务犯罪罪犯，组织（领导、参加、包庇、纵容）黑社会性质组织犯罪罪犯，破坏金融管理秩序和金融诈骗犯罪罪犯及其他在社会上有重大影响或社会关注度高的；

（六）人民法院认为其他应当开庭审理的。

第七条 人民法院开庭审理减刑、假释案件,应当通知人民检察院、执行机关及被报请减刑、假释罪犯参加庭审。

人民法院根据需要,可以通知证明罪犯确有悔改表现或者立功、重大立功表现的证人,公示期间提出不同意见的人,以及鉴定人、翻译人员等其他人员参加庭审。

第八条 开庭审理应当在罪犯刑罚执行场所或者人民法院确定的场所进行。有条件的人民法院可以采取视频开庭的方式进行。

在社区执行刑罚的罪犯因重大立功被报请减刑的,可以在罪犯服刑地或者居住地开庭审理。

第九条 人民法院对于决定开庭审理的减刑、假释案件,应当在开庭三日前将开庭的时间、地点通知人民检察院、执行机关、被报请减刑、假释罪犯和有必要参加庭审的其他人员,并于开庭三日前进行公告。

第十条 减刑、假释案件的开庭审理由审判长主持,应当按照以下程序进行:

(一)审判长宣布开庭,核实被报请减刑、假释罪犯的基本情况;

(二)审判长宣布合议庭组成人员、检察人员、执行机关代表及其他庭审参加人;

(三)执行机关代表宣读减刑、假释建议书,并说明主要理由;

(四)检察人员发表检察意见;

(五)法庭对被报请减刑、假释罪犯确有悔改表现或立功表现、重大立功表现的事实以及其他影响减刑、假释的情况进行调查核实;

(六)被报请减刑、假释罪犯作最后陈述;

(七)审判长对庭审情况进行总结并宣布休庭评议。

第十一条 庭审过程中,合议庭人员对报请理由有疑问的,可以向被报请减刑、假释罪犯、证人、执行机关代表、检察人员提问。

庭审过程中,检察人员对报请理由有疑问的,在经审判长许可后,可以出示证据,申请证人到庭,向被报请减刑、假释罪犯及证人提问并发表意见。被报请减刑、假释罪犯对报请理由有疑问的,在经审判长许可后,可以出示证据,申请证人到庭,向证人提问并发表意见。

第十二条 庭审过程中,合议庭对证据有疑问需要进行调查核实,或者检察人员、执行机关代表提出申请的,可以宣布休庭。

第十三条 人民法院开庭审理减刑、假释案件,能够当庭宣判的应当当庭宣判;不能当庭宣判的,可以择期宣判。

第十四条 人民法院书面审理减刑、假释案件,可以就被报请减刑、假释罪犯是否符合减刑、假释条件进行调查核实或听取有关方面意见。

第十五条 人民法院书面审理减刑案件,可以提讯被报请减刑罪犯;书面审理假释案件,应当提讯被报请假释罪犯。

第十六条 人民法院审理减刑、假释案件,应当按照下列情形分别处理:

(一)被报请减刑、假释罪犯符合法律规定的减刑、假释条件的,作出予以减刑、假释的裁定;

(二)被报请减刑的罪犯符合法律规定的减刑条件,但执行机关报请的减刑幅度不适当的,对减刑幅度作出相应调整后作出予以减刑的裁定；

（三）被报请减刑、假释罪犯不符合法律规定的减刑、假释条件的，作出不予减刑、假释的裁定。

在人民法院作出减刑、假释裁定前，执行机关书面申请撤回减刑、假释建议的，是否准许，由人民法院决定。

第十七条 减刑、假释裁定书应当写明罪犯原判和历次减刑情况，确有悔改表现或者立功、重大立功表现的事实和理由，以及减刑、假释的法律依据。

裁定减刑的，应当注明刑期的起止时间；裁定假释的，应当注明假释考验期的起止时间。

裁定调整减刑幅度或者不予减刑、假释的，应当在裁定书中说明理由。

第十八条 人民法院作出减刑、假释裁定后，应当在七日内送达报请减刑、假释的执行机关、同级人民检察院以及罪犯本人。作出假释裁定的，还应当送达社区矫正机构或者基层组织。

第十九条 减刑、假释裁定书应当通过互联网依法向社会公布。

第二十条 人民检察院认为人民法院减刑、假释裁定不当，在法定期限内提出书面纠正意见的，人民法院应当在收到纠正意见后另行组成合议庭审理，并在一个月内作出裁定。

第二十一条 人民法院发现本院已经生效的减刑、假释裁定确有错误的，应当依法重新组成合议庭进行审理并作出裁定；上级人民法院发现下级人民法院已经生效的减刑、假释裁定确有错误的，应当指令下级人民法院另行组成合议庭审理，也可以自行依法组成合议庭进行审理并作出裁定。

第二十二条 最高人民法院以前发布的司法解释和规范性文件，与本规定不一致的，以本规定为准。

最高人民法院
关于办理减刑、假释案件
具体应用法律的规定

（2016年9月19日最高人民法院审判委员会第1693次会议通过，自2017年1月1日起施行，法释〔2016〕23号）

为确保依法公正办理减刑、假释案件，依据《中华人民共和国刑法》《中华人民共和国刑事诉讼法》《中华人民共和国监狱法》和其他法律规定，结合司法实践，制定本规定。

第一条 减刑、假释是激励罪犯改造的刑罚制度，减刑、假释的适用应当贯彻宽严相济刑事政策，最大限度地发挥刑罚的功能，实现刑罚的目的。

第二条 对于罪犯符合刑法第七十八条第一款规定“可以减刑”条件的案件，在办理时应当综合考察罪犯犯罪的性质和具体情节、社会危害程度、原判刑罚及生效裁判中财产性判项的履行情况、交付执行后的一贯表现等因素。

第三条 “确有悔改表现”是指同时具备以下条件：

（一）认罪悔罪；

（二）遵守法律法规及监规，接受教育改造；

（三）积极参加思想、文化、职业技术

教育;

(四)积极参加劳动,努力完成劳动任务。

对职务犯罪、破坏金融管理秩序和金融诈骗犯罪、组织(领导、参加、包庇、纵容)黑社会性质组织犯罪等罪犯,不积极退赃、协助追缴赃款赃物、赔偿损失,或者服刑期间利用个人影响力和社会关系等不正当手段意图获得减刑、假释的,不认定其"确有悔改表现"。

罪犯在刑罚执行期间的申诉权利应当依法保护,对其正当申诉不能不加分析地认为是不认罪悔罪。

第四条 具有下列情形之一的,可以认定为有"立功表现":

(一)阻止他人实施犯罪活动的;

(二)检举、揭发监狱内外犯罪活动,或者提供重要的破案线索,经查证属实的;

(三)协助司法机关抓捕其他犯罪嫌疑人的;

(四)在生产、科研中进行技术革新,成绩突出的;

(五)在抗御自然灾害或者排除重大事故中,表现积极的;

(六)对国家和社会有其他较大贡献的。

第(四)项、第(六)项中的技术革新或者其他较大贡献应当由罪犯在刑罚执行期间独立或者为主完成,并经省级主管部门确认。

第五条 具有下列情形之一的,应当认定为有"重大立功表现":

(一)阻止他人实施重大犯罪活动的;

(二)检举监狱内外重大犯罪活动,经查证属实的;

(三)协助司法机关抓捕其他重大犯罪嫌疑人的;

(四)有发明创造或者重大技术革新的;

(五)在日常生产、生活中舍己救人的;

(六)在抗御自然灾害或者排除重大事故中,有突出表现的;

(七)对国家和社会有其他重大贡献的。

第(四)项中的发明创造或者重大技术革新应当是罪犯在刑罚执行期间独立或者为主完成并经国家主管部门确认的发明专利,且不包括实用新型专利和外观设计专利;第(七)项中的其他重大贡献应当由罪犯在刑罚执行期间独立或者为主完成,并经国家主管部门确认。

第六条 被判处有期徒刑的罪犯减刑起始时间为:不满五年有期徒刑的,应当执行一年以上方可减刑;五年以上不满十年有期徒刑的,应当执行一年六个月以上方可减刑;十年以上有期徒刑的,应当执行二年以上方可减刑。有期徒刑减刑的起始时间自判决执行之日起计算。

确有悔改表现或者有立功表现的,一次减刑不超过九个月有期徒刑;确有悔改表现并有立功表现的,一次减刑不超过一年有期徒刑;有重大立功表现的,一次减刑不超过一年六个月有期徒刑;确有悔改表现并有重大立功表现的,一次减刑不超过二年有期徒刑。

被判处不满十年有期徒刑的罪犯,两次减刑间隔时间不得少于一年;被判处十年以上有期徒刑的罪犯,两次减刑间隔时间不得少于一年六个月。减刑间隔时间不得低于上次减刑减去的刑期。

罪犯有重大立功表现的，可以不受上述减刑起始时间和间隔时间的限制。

第七条 对符合减刑条件的职务犯罪罪犯，破坏金融管理秩序和金融诈骗犯罪罪犯，组织、领导、参加、包庇、纵容黑社会性质组织犯罪罪犯，危害国家安全犯罪罪犯，恐怖活动犯罪罪犯，毒品犯罪集团的首要分子及毒品再犯，累犯，确有履行能力而不履行或者不全部履行生效裁判中财产性判项的罪犯，被判处十年以下有期徒刑的，执行二年以上方可减刑，减刑幅度应当比照本规定第六条从严掌握，一次减刑不超过一年有期徒刑，两次减刑之间应当间隔一年以上。

对被判处十年以上有期徒刑的前款罪犯，以及因故意杀人、强奸、抢劫、绑架、放火、爆炸、投放危险物质或者有组织的暴力性犯罪被判处十年以上有期徒刑的罪犯，数罪并罚且其中两罪以上被判处十年以上有期徒刑的罪犯，执行二年以上方可减刑，减刑幅度应当比照本规定第六条从严掌握，一次减刑不超过一年有期徒刑，两次减刑之间应当间隔一年六个月以上。

罪犯有重大立功表现的，可以不受上述减刑起始时间和间隔时间的限制。

第八条 被判处无期徒刑的罪犯在刑罚执行期间，符合减刑条件的，执行二年以上，可以减刑。减刑幅度为：确有悔改表现或者有立功表现的，可以减为二十二年有期徒刑；确有悔改表现并有立功表现的，可以减为二十一年以上二十二年以下有期徒刑；有重大立功表现的，可以减为二十年以上二十一年以下有期徒刑；确有悔改表现并有重大立功表现的，可以减为十九年以上二十年以下有期徒刑。无期徒刑罪犯减为有期徒刑后再减刑时，减刑幅度依照本规定第六条的规定执行。两次减刑间隔时间不得少于二年。

罪犯有重大立功表现的，可以不受上述减刑起始时间和间隔时间的限制。

第九条 对被判处无期徒刑的职务犯罪罪犯，破坏金融管理秩序和金融诈骗犯罪罪犯，组织、领导、参加、包庇、纵容黑社会性质组织犯罪罪犯，危害国家安全犯罪罪犯，恐怖活动犯罪罪犯，毒品犯罪集团的首要分子及毒品再犯，累犯以及因故意杀人、强奸、抢劫、绑架、放火、爆炸、投放危险物质或者有组织的暴力性犯罪的罪犯，确有履行能力而不履行或者不全部履行生效裁判中财产性判项的罪犯，数罪并罚被判处无期徒刑的罪犯，符合减刑条件的，执行三年以上方可减刑，减刑幅度应当比照本规定第八条从严掌握，减刑后的刑期最低不得少于二十年有期徒刑；减为有期徒刑后再减刑时，减刑幅度比照本规定第六条从严掌握，一次不超过一年有期徒刑，两次减刑之间应当间隔二年以上。

罪犯有重大立功表现的，可以不受上述减刑起始时间和间隔时间的限制。

第十条 被判处死刑缓期执行的罪犯减为无期徒刑后，符合减刑条件的，执行三年以上方可减刑。减刑幅度为：确有悔改表现或者有立功表现的，可以减为二十五年有期徒刑；确有悔改表现并有立功表现的，可以减为二十四年以上二十五年以下有期徒刑；有重大立功表现的，可以减为二十三年以上二十四年以下有期徒刑；确有悔改表现并有重大立功表现的，可以减为二十二年以上二十三年以下有期徒刑。

被判处死刑缓期执行的罪犯减为有期徒刑后再减刑时,比照本规定第八条的规定办理。

第十一条 对被判处死刑缓期执行的职务犯罪罪犯,破坏金融管理秩序和金融诈骗犯罪罪犯,组织、领导、参加、包庇、纵容黑社会性质组织犯罪罪犯,危害国家安全犯罪罪犯,恐怖活动犯罪罪犯,毒品犯罪集团的首要分子及毒品再犯,累犯以及因故意杀人、强奸、抢劫、绑架、放火、爆炸、投放危险物质或者有组织的暴力性犯罪的罪犯,确有履行能力而不履行或者不全部履行生效裁判中财产性判项的罪犯,数罪并罚被判处死刑缓期执行的罪犯,减为无期徒刑后,符合减刑条件的,执行三年以上方可减刑,一般减为二十五年有期徒刑,有立功表现或者重大立功表现的,可以比照本规定第十条减为二十三年以上二十五年以下有期徒刑;减为有期徒刑后再减刑时,减刑幅度比照本规定第六条从严掌握,一次不超过一年有期徒刑,两次减刑之间应当间隔二年以上。

第十二条 被判处死刑缓期执行的罪犯经过一次或者几次减刑后,其实际执行的刑期不得少于十五年,死刑缓期执行期间不包括在内。

死刑缓期执行罪犯在缓期执行期间不服从监管、抗拒改造,尚未构成犯罪的,在减为无期徒刑后再减刑时应当适当从严。

第十三条 被限制减刑的死刑缓期执行罪犯,减为无期徒刑后,符合减刑条件的,执行五年以上方可减刑。减刑间隔时间和减刑幅度依照本规定第十一条的规定执行。

第十四条 被限制减刑的死刑缓期执行罪犯,减为有期徒刑后再减刑时,一次减刑不超过六个月有期徒刑,两次减刑间隔时间不得少于二年。有重大立功表现的,间隔时间可以适当缩短,但一次减刑不超过一年有期徒刑。

第十五条 对被判处终身监禁的罪犯,在死刑缓期执行期满依法减为无期徒刑的裁定中,应当明确终身监禁,不得再减刑或者假释。

第十六条 被判处管制、拘役的罪犯,以及判决生效后剩余刑期不满二年有期徒刑的罪犯,符合减刑条件的,可以酌情减刑,减刑起始时间可以适当缩短,但实际执行的刑期不得少于原判刑期的二分之一。

第十七条 被判处有期徒刑罪犯减刑时,对附加剥夺政治权利的期限可以酌减。酌减后剥夺政治权利的期限,不得少于一年。

被判处死刑缓期执行、无期徒刑的罪犯减为有期徒刑时,应当将附加剥夺政治权利的期限减为七年以上十年以下,经过一次或者几次减刑后,最终剥夺政治权利的期限不得少于三年。

第十八条 被判处拘役或者三年以下有期徒刑,并宣告缓刑的罪犯,一般不适用减刑。

前款规定的罪犯在缓刑考验期内有重大立功表现的,可以参照刑法第七十八条的规定予以减刑,同时应当依法缩减其缓刑考验期。缩减后,拘役的缓刑考验期限不得少于二个月,有期徒刑的缓刑考验期限不得少于一年。

第十九条 对在报请减刑前的服刑期间不满十八周岁,且所犯罪行不属于刑法第八十一条第二款规定情形的罪犯，认罪悔罪，遵守法律法规及监规，积极参加学习、劳动，应当视为确有悔改表现。

对上述罪犯减刑时，减刑幅度可以适当放宽，或者减刑起始时间、间隔时间可以适当缩短，但放宽的幅度和缩短的时间不得超过本规定中相应幅度、时间的三分之一。

第二十条　老年罪犯、患严重疾病罪犯或者身体残疾罪犯减刑时，应当主要考察其认罪悔罪的实际表现。

对基本丧失劳动能力，生活难以自理的上述罪犯减刑时，减刑幅度可以适当放宽，或者减刑起始时间、间隔时间可以适当缩短，但放宽的幅度和缩短的时间不得超过本规定中相应幅度、时间的三分之一。

第二十一条　被判处有期徒刑、无期徒刑的罪犯在刑罚执行期间又故意犯罪，新罪被判处有期徒刑的，自新罪判决确定之日起三年内不予减刑；新罪被判处无期徒刑的，自新罪判决确定之日起四年内不予减刑。

罪犯在死刑缓期执行期间又故意犯罪，未被执行死刑的，死刑缓期执行的期间重新计算，减为无期徒刑后，五年内不予减刑。

被判处死刑缓期执行罪犯减刑后，在刑罚执行期间又故意犯罪的，依照第一款规定处理。

第二十二条　办理假释案件，认定"没有再犯罪的危险"，除符合刑法第八十一条规定的情形外，还应当根据犯罪的具体情节、原判刑罚情况，在刑罚执行中的一贯表现，罪犯的年龄、身体状况、性格特征，假释后生活来源以及监管条件等因素综合考虑。

第二十三条　被判处有期徒刑的罪犯假释时，执行原判刑期二分之一的时间，应当从判决执行之日起计算，判决执行以前先行羁押的，羁押一日折抵刑期一日。

被判处无期徒刑的罪犯假释时，刑法中关于实际执行刑期不得少于十三年的时间，应当从判决生效之日起计算。判决生效以前先行羁押的时间不予折抵。

被判处死刑缓期执行的罪犯减为无期徒刑或者有期徒刑后，实际执行十五年以上，方可假释，该实际执行时间应当从死刑缓期执行期满之日起计算。死刑缓期执行期间不包括在内，判决确定以前先行羁押的时间不予折抵。

第二十四条　刑法第八十一条第一款规定的"特殊情况"，是指有国家政治、国防、外交等方面特殊需要的情况。

第二十五条　对累犯以及因故意杀人、强奸、抢劫、绑架、放火、爆炸、投放危险物质或者有组织的暴力性犯罪被判处十年以上有期徒刑、无期徒刑的罪犯，不得假释。

因前款情形和犯罪被判处死刑缓期执行的罪犯，被减为无期徒刑、有期徒刑后，也不得假释。

第二十六条　对下列罪犯适用假释时可以依法从宽掌握：

（一）过失犯罪的罪犯、中止犯罪的罪犯、被胁迫参加犯罪的罪犯；

（二）因防卫过当或者紧急避险过当而被判处有期徒刑以上刑罚的罪犯；

（三）犯罪时未满十八周岁的罪犯；

（四）基本丧失劳动能力、生活难以自理，假释后生活确有着落的老年罪犯、

患严重疾病罪犯或者身体残疾罪犯;

(五)服刑期间改造表现特别突出的罪犯;

(六)具有其他可以从宽假释情形的罪犯。

罪犯既符合法定减刑条件,又符合法定假释条件的,可以优先适用假释。

第二十七条 对于生效裁判中有财产性判项,罪犯确有履行能力而不履行或者不全部履行的,不予假释。

第二十八条 罪犯减刑后又假释的,间隔时间不得少于一年;对一次减去一年以上有期徒刑后,决定假释的,间隔时间不得少于一年六个月。

罪犯减刑后余刑不足二年,决定假释的,可以适当缩短间隔时间。

第二十九条 罪犯在假释考验期内违反法律、行政法规或者国务院有关部门关于假释的监督管理规定的,作出假释裁定的人民法院,应当在收到报请机关或者检察机关撤销假释建议书后及时审查,作出是否撤销假释的裁定,并送达报请机关,同时抄送人民检察院、公安机关和原刑罚执行机关。

罪犯在逃的,撤销假释裁定书可以作为对罪犯进行追捕的依据。

第三十条 依照刑法第八十六条规定被撤销假释的罪犯,一般不得再假释。但依照该条第二款被撤销假释的罪犯,如果罪犯对漏罪曾作如实供述但原判未予认定,或者漏罪系其自首,符合假释条件的,可以再假释。

被撤销假释的罪犯,收监后符合减刑条件的,可以减刑,但减刑起始时间自收监之日起计算。

第三十一条 年满八十周岁、身患疾病或者生活难以自理、没有再犯罪危险的罪犯,既符合减刑条件,又符合假释条件的,优先适用假释;不符合假释条件的,参照本规定第二十条有关的规定从宽处理。

第三十二条 人民法院按照审判监督程序重新审理的案件,裁定维持原判决、裁定的,原减刑、假释裁定继续有效。

再审裁判改变原判决、裁定的,原减刑、假释裁定自动失效,执行机关应当及时报请有管辖权的人民法院重新作出是否减刑、假释的裁定。重新作出减刑裁定时,不受本规定有关减刑起始时间、间隔时间和减刑幅度的限制。重新裁定时应综合考虑各方面因素,减刑幅度不得超过原裁定减去的刑期总和。

再审改判为死刑缓期执行或者无期徒刑的,在新判决减为有期徒刑之时,原判决已经实际执行的刑期一并扣减。

再审裁判宣告无罪的,原减刑、假释裁定自动失效。

第三十三条 罪犯被裁定减刑后,刑罚执行期间因故意犯罪而数罪并罚时,经减刑裁定减去的刑期不计入已经执行的刑期。原判死刑缓期执行减为无期徒刑、有期徒刑,或者无期徒刑减为有期徒刑的裁定继续有效。

第三十四条 罪犯被裁定减刑后,刑罚执行期间因发现漏罪而数罪并罚的,原减刑裁定自动失效。如漏罪系罪犯主动交代的,对其原减去的刑期,由执行机关报请有管辖权的人民法院重新作出减刑裁定,予以确认;如漏罪系有关机关发现或者他人检举揭发的,由执行机关报请有管辖权的人民法院,在原减刑裁定减去的刑期总和之内,酌情重新裁定。

第三十五条 被判处死刑缓期执行

的罪犯,在死刑缓期执行期内被发现漏罪,依据刑法第七十条规定数罪并罚,决定执行死刑缓期执行的,死刑缓期执行期间自新判决确定之日起计算,已经执行的死刑缓期执行期间计入新判决的死刑缓期执行期间内,但漏罪被判处死刑缓期执行的除外。

第三十六条 被判处死刑缓期执行的罪犯,在死刑缓期执行期满后被发现漏罪,依据刑法第七十条规定数罪并罚,决定执行死刑缓期执行的,交付执行时对罪犯实际执行无期徒刑,死缓考验期不再执行,但漏罪被判处死刑缓期执行的除外。

在无期徒刑减为有期徒刑时,前罪死刑缓期执行减为无期徒刑之日起至新判决生效之日止已经实际执行的刑期,应当计算在减刑裁定决定执行的刑期以内。

原减刑裁定减去的刑期依照本规定第三十四条处理。

第三十七条 被判处无期徒刑的罪犯在减为有期徒刑后因发现漏罪,依据刑法第七十条规定数罪并罚,决定执行无期徒刑的,前罪无期徒刑生效之日起至新判决生效之日止已经实际执行的刑期,应当在新判决的无期徒刑减为有期徒刑时,在减刑裁定决定执行的刑期内扣减。

无期徒刑罪犯减为有期徒刑后因发现漏罪判处三年有期徒刑以下刑罚,数罪并罚决定执行无期徒刑的,在新判决生效后执行一年以上,符合减刑条件的,可以减为有期徒刑,减刑幅度依照本规定第八条、第九条的规定执行。

原减刑裁定减去的刑期依照本规定第三十四条处理。

第三十八条 人民法院作出的刑事判决、裁定发生法律效力后,在依照刑事诉讼法第二百五十三条、第二百五十四条的规定将罪犯交付执行刑罚时,如果生效裁判中有财产性判项,人民法院应当将反映财产性判项执行、履行情况的有关材料一并随案移送刑罚执行机关。罪犯在服刑期间本人履行或者其亲属代为履行生效裁判中财产性判项的,应当及时向刑罚执行机关报告。刑罚执行机关报请减刑时应随案移送以上材料。

人民法院办理减刑、假释案件时,可以向原一审人民法院核实罪犯履行财产性判项的情况。原一审人民法院应当出具相关证明。

刑罚执行期间,负责办理减刑、假释案件的人民法院可以协助原一审人民法院执行生效裁判中的财产性判项。

第三十九条 本规定所称“老年罪犯”,是指报请减刑、假释时年满六十五周岁的罪犯。

本规定所称“患严重疾病罪犯”,是指因患有重病,久治不愈,而不能正常生活、学习、劳动的罪犯。

本规定所称“身体残疾罪犯”,是指因身体有肢体或者器官残缺、功能不全或者丧失功能,而基本丧失生活、学习、劳动能力的罪犯,但是罪犯犯罪后自伤致残的除外。

对刑罚执行机关提供的证明罪犯患有严重疾病或者有身体残疾的证明文件,人民法院应当审查,必要时可以委托有关单位重新诊断、鉴定。

第四十条 本规定所称“判决执行之日”,是指罪犯实际送交刑罚执行机关之日。

本规定所称“减刑间隔时间”,是指前一次减刑裁定送达之日起至本次减刑报请之日止的期间。

第四十一条 本规定所称“财产性判项”是指判决罪犯承担的附带民事赔偿义务判项,以及追缴、责令退赔、罚金、没收财产等判项。

第四十二条 本规定自2017年1月1日起施行。以前发布的司法解释与本规定不一致的,以本规定为准。

最高人民法院、最高人民检察院、公安部、司法部关于加强减刑、假释案件实质化审理的意见

(2021年12月1日,法发〔2021〕31号)

减刑、假释制度是我国刑罚执行制度的重要组成部分。依照我国法律规定,减刑、假释案件由刑罚执行机关提出建议书,报请人民法院审理裁定,人民检察院依法进行监督。为严格规范减刑、假释工作,确保案件审理公平、公正,现就加强减刑、假释案件实质化审理提出如下意见。

一、准确把握减刑、假释案件实质化审理的基本要求

1.坚持全面依法审查。审理减刑、假释案件应当全面审查刑罚执行机关报送的材料,既要注重审查罪犯交付执行后的一贯表现,同时也要注重审查罪犯犯罪的性质、具体情节、社会危害程度、原判刑罚及生效裁判中财产性判项的履行情况等,依法作出公平、公正的裁定,切实防止将考核分数作为减刑、假释的唯一依据。

2.坚持主客观改造表现并重。审理减刑、假释案件既要注重审查罪犯劳动改造、监管改造等客观方面的表现,也要注重审查罪犯思想改造等主观方面的表现,综合判断罪犯是否确有悔改表现。

3.坚持严格审查证据材料。审理减刑、假释案件应当充分发挥审判职能作用,坚持以审判为中心,严格审查各项证据材料。认定罪犯是否符合减刑、假释法定条件,应当有相应证据予以证明;对于没有证据证实或者证据不确实、不充分的,不得裁定减刑、假释。

4.坚持区别对待。审理减刑、假释案件应当切实贯彻宽严相济刑事政策,具体案件具体分析,区分不同情形,依法作出裁定,最大限度地发挥刑罚的功能,实现刑罚的目的。

二、严格审查减刑、假释案件的实体条件

5.严格审查罪犯服刑期间改造表现的考核材料。对于罪犯的计分考核材料,应当认真审查考核分数的来源及其合理性等,如果存在考核分数与考核期不对应、加扣分与奖惩不对应、奖惩缺少相应事实和依据等情况,应当要求刑罚执行机关在规定期限内作出说明或者补充。对于在规定期限内不能作出合理解释的考核材料,不作为认定罪犯确有悔改表现的依据。

对于罪犯的认罪悔罪书、自我鉴定等自书材料,要结合罪犯的文化程度认真进行审查,对于无特殊原因非本人书写或者自书材料内容虚假的,不认定罪犯确有悔改表现。

对于罪犯存在违反监规纪律行为的,应当根据行为性质、情节等具体情况,综

合分析判断罪犯的改造表现。罪犯服刑期间因违反监规纪律被处以警告、记过或者禁闭处罚的，可以根据案件具体情况，认定罪犯是否确有悔改表现。

6. 严格审查罪犯立功、重大立功的证据材料，准确把握认定条件。对于检举、揭发监狱内外犯罪活动，或者提供重要破案线索的，应当注重审查线索的来源。对于揭发线索来源存疑的，应当进一步核查，如果查明线索系通过贿买、暴力、威胁或者违反监规等非法手段获取的，不认定罪犯具有立功或者重大立功表现。

对于技术革新、发明创造，应当注重审查罪犯是否具备该技术革新、发明创造的专业能力和条件，对于罪犯明显不具备相应专业能力及条件、不能说明技术革新或者发明创造原理及过程的，不认定罪犯具有立功或者重大立功表现。

对于阻止他人实施犯罪活动，协助司法机关抓捕其他犯罪嫌疑人，在日常生产、生活中舍己救人，在抗御自然灾害或者排除重大事故中有积极或者突出表现的，除应当审查有关部门出具的证明材料外，还应当注重审查能够证明上述行为的其他证据材料，对于罪犯明显不具备实施上述行为能力和条件的，不认定罪犯具有立功或者重大立功表现。

严格把握“较大贡献”或者“重大贡献”的认定条件。该“较大贡献”或者“重大贡献”，是指对国家、社会具有积极影响，而非仅对个别人员、单位有贡献和帮助。对于罪犯在警示教育活动中现身说法的，不认定罪犯具有立功或者重大立功表现。

7. 严格审查罪犯履行财产性判项的能力。罪犯未履行或者未全部履行财产性判项，具有下列情形之一的，不认定罪犯确有悔改表现：

(1)拒不交代赃款、赃物去向；

(2)隐瞒、藏匿、转移财产；

(3)有可供履行的财产拒不履行。

对于前款罪犯，无特殊原因狱内消费明显超出规定额度标准的，一般不认定罪犯确有悔改表现。

8. 严格审查反映罪犯是否有再犯罪危险的材料。对于报请假释的罪犯，应当认真审查刑罚执行机关提供的反映罪犯服刑期间现实表现和生理、心理状况的材料，并认真审查司法行政机关或者有关社会组织出具的罪犯假释后对所居住社区影响的材料，同时结合罪犯犯罪的性质、具体情节、社会危害程度、原判刑罚及生效裁判中财产性判项的履行情况等，综合判断罪犯假释后是否具有再犯罪危险性。

9. 严格审查罪犯身份信息、患有严重疾病或者身体有残疾的证据材料。对于上述证据材料有疑问的，可以委托有关单位重新调查、诊断、鉴定。对原判适用《中华人民共和国刑事诉讼法》第一百六十条第二款规定判处刑罚的罪犯，在刑罚执行期间不真心悔罪，仍不讲真实姓名、住址，且无法调查核实清楚的，除具有重大立功表现等特殊情形外，一律不予减刑、假释。

10. 严格把握罪犯减刑后的实际服刑刑期。正确理解法律和司法解释规定的最低服刑期限，严格控制减刑起始时间、间隔时间及减刑幅度，并根据罪犯前期减刑情况和效果，对其后续减刑予以总体掌握。死刑缓期执行、无期徒刑罪犯减为有期徒刑后再减刑时，在减刑间隔时间及减刑幅度上,应当从严把握。

三、切实强化减刑、假释案件办理程序机制

11. 充分发挥庭审功能。人民法院开庭审理减刑、假释案件,应当围绕罪犯实际服刑表现、财产性判项执行履行情况等,认真进行法庭调查。人民检察院应当派员出庭履行职务,并充分发表意见。人民法院对于有疑问的证据材料,要重点进行核查,必要时可以要求有关机关或者罪犯本人作出说明,有效发挥庭审在查明事实、公正裁判中的作用。

12. 健全证人出庭作证制度。人民法院审理减刑、假释案件,应当通知罪犯的管教干警、同监室罪犯、公示期间提出异议的人员以及其他了解情况的人员出庭作证。开庭审理前,刑罚执行机关应当提供前述证人名单,人民法院根据需要从名单中确定相应数量的证人出庭作证。证人到庭后,应当对其进行详细询问,全面了解被报请减刑、假释罪犯的改造表现等情况。

13. 有效行使庭外调查核实权。人民法院、人民检察院对于刑罚执行机关提供的罪犯确有悔改表现、立功表现等证据材料存有疑问的,根据案件具体情况,可以采取讯问罪犯、询问证人、调取相关材料、与监所人民警察座谈、听取派驻监所检察人员意见等方式,在庭外对相关证据材料进行调查核实。

14. 强化审判组织的职能作用。人民法院审理减刑、假释案件,合议庭成员应当对罪犯是否符合减刑或者假释条件、减刑幅度是否适当、财产性判项是否执行履行等情况,充分发表意见。对于重大、疑难、复杂的减刑、假释案件,合议庭必要时可以提请院长决定提交审判委员会讨论,但提请前应当先经专业法官会议研究。

15. 完善财产性判项执行衔接机制。人民法院刑事审判部门作出具有财产性判项内容的刑事裁判后,应当及时按照规定移送负责执行的部门执行。刑罚执行机关对罪犯报请减刑、假释时,可以向负责执行财产性判项的人民法院调取罪犯财产性判项执行情况的有关材料,负责执行的人民法院应当予以配合。刑罚执行机关提交的关于罪犯财产性判项执行情况的材料,可以作为人民法院认定罪犯财产性判项执行情况和判断罪犯是否具有履行能力的依据。

16. 提高信息化运用水平。(略)

四、大力加强减刑、假释案件监督指导及工作保障(略)

最高人民法院
关于办理减刑、假释案件
具体应用法律的补充规定

(2019年3月25日最高人民法院审判委员会第1763次会议通过,2019年4月24日公布,自2019年6月1日起施行,法释〔2019〕6号)

为准确把握宽严相济刑事政策,严格执行《最高人民法院关于办理减刑、假释案件具体应用法律的规定》,现对《中华人民共和国刑法修正案(九)》施行后,依照刑法分则第八章贪污贿赂罪判处刑罚

的原具有国家工作人员身份的罪犯的减刑、假释补充规定如下：

第一条 对拒不认罪悔罪的，或者确有履行能力而不履行或者不全部履行生效裁判中财产性判项的，不予假释，一般不予减刑。

第二条 被判处十年以上有期徒刑，符合减刑条件的，执行三年以上方可减刑；被判处不满十年有期徒刑，符合减刑条件的，执行二年以上方可减刑。

确有悔改表现或者有立功表现的，一次减刑不超过六个月有期徒刑；确有悔改表现并有立功表现的，一次减刑不超过九个月有期徒刑；有重大立功表现的，一次减刑不超过一年有期徒刑。

被判处十年以上有期徒刑的，两次减刑之间应当间隔二年以上；被判处不满十年有期徒刑的，两次减刑之间应当间隔一年六个月以上。

第三条 被判处无期徒刑，符合减刑条件的，执行四年以上方可减刑。

确有悔改表现或者有立功表现的，可以减为二十三年有期徒刑；确有悔改表现并有立功表现的，可以减为二十二年以上二十三年以下有期徒刑；有重大立功表现的，可以减为二十一年以上二十二年以下有期徒刑。

无期徒刑减为有期徒刑后再减刑时，减刑幅度比照本规定第二条的规定执行。两次减刑之间应当间隔二年以上。

第四条 被判处死刑缓期执行的，减为无期徒刑后，符合减刑条件的，执行四年以上方可减刑。

确有悔改表现或者有立功表现的，可以减为二十五年有期徒刑；确有悔改表现并有立功表现的，可以减为二十四年六个月以上二十五年以下有期徒刑；有重大立功表现的，可以减为二十四年以上二十四年六个月以下有期徒刑。

减为有期徒刑后再减刑时，减刑幅度比照本规定第二条的规定执行。两次减刑之间应当间隔二年以上。

第五条 罪犯有重大立功表现的，减刑时可以不受上述起始时间和间隔时间的限制。

第六条 对本规定所指贪污贿赂罪犯适用假释时，应当从严掌握。

第七条 本规定自2019年6月1日起施行。此前发布的司法解释与本规定不一致的，以本规定为准。

最高人民检察院监所检察厅关于对江苏省人民检察院监所检察处《关于如何理解和确定刑法第八十六条第三款“未执行完毕的刑罚”的请示》的答复意见

（1999年6月9日，
〔1999〕高检监发第29号）

江苏省人民检察院监所检察处：

你处《关于如何理解和确定刑法第八十六条第三款“未执行完毕的刑罚”的请示》收悉。我厅经研究并征求最高人民法院有关部门的意见，认为罪犯陈健被撤销假释后，应根据刑法第八十六条第三款的规定，收监执行从假释之日起未执行完毕的刑期。

最高人民法院研究室关于假释时间效力法律适用问题的答复

(2011 年 7 月 15 日,法研〔2011〕97 号)

安徽省高级人民法院:

你院(2011)皖刑他字第 10 号《关于假释时间效力法律适用问题的请示》收悉。经研究,答复如下:

一、根据刑法第十二条的规定应当以行为实施时,而不是审判时,作为新旧法选择适用的判断基础。故《最高人民法院关于适用刑法时间效力规定若干问题的解释》第八条规定的“1997 年 9 月 30 日以前犯罪,1997 年 10 月 1 日以后仍在服刑的累犯以及因杀人、爆炸、抢劫、强奸、绑架等暴力性犯罪被判处十年以上有期徒刑、无期徒刑的犯罪分子”,包括 1997 年 9 月 30 日以前犯罪,已被羁押尚未判决的犯罪分子。

二、经《中华人民共和国刑法修正案(八)》修正前刑法第八十一条第二款规定的“暴力性犯罪”,不仅包括杀人、爆炸、抢劫、强奸、绑架五种,也包括故意伤害等其他暴力性犯罪。

此复。

最高人民法院、最高人民检察院关于不再追诉去台人员在中华人民共和国成立前的犯罪行为的公告

(1988 年 3 月 14 日)

台湾同胞来祖国大陆探亲旅游的日益增多。这对于促进海峡两岸的“三通”和实现祖国和平统一大业将起到积极的作用。为此,对去台人员中在中华人民共和国成立前在大陆犯有罪行的,根据《中华人民共和国刑法》第七十六条关于对犯罪追诉时效的规定的精神,决定对其当时所犯罪行不再追诉。

来祖国大陆的台湾同胞应遵守国家的法律,其探亲、旅游、贸易、投资等正当活动,均受法律保护。

最高人民法院、最高人民检察院关于不再追诉去台人员在中华人民共和国成立后当地人民政权建立前的犯罪行为的公告

[1989 年 9 月 7 日,
〔89〕高检会(研)字第 12 号]

最高人民法院、最高人民检察院 1988 年 3 月 14 日《关于不再追诉去台人员在中华人民共和国成立前的犯罪行为的公告》发布以后,引起各方面的积极反响。为了进一步发展祖国大陆与台湾地

区的经济、文化交流和人员往来,促进祖国和平统一大业,现根据《中华人民共和国刑法》的规定,再次公告如下:

一、对去台人员在中华人民共和国成立后、犯罪地地方人民政权建立前所犯罪行,不再追诉。

二、去台人员在中华人民共和国成立后、犯罪地地方人民政权建立前犯有罪行,并连续或继续到当地人民政权建立后的,追诉期限从犯罪行为终了之日起计算。凡符合《中华人民共和国刑法》第七十六条规定的,不再追诉。其中法定最高刑为无期徒刑、死刑的,经过二十年,不再追诉。如果认为必须追诉的,由最高人民检察院核准。

三、对于去台湾以外其他地区和国家的人员在中华人民共和国成立前,或者在中华人民共和国成立后、犯罪地地方人民政权建立前所犯的罪行,分别按照最高人民法院、最高人民检察院《关于不再追诉去台人员在中华人民共和国成立前的犯罪行为的公告》精神和本公告第一条、第二条的规定办理。

最高人民检察院
关于办理核准追诉案件
若干问题的规定

(2012年8月21日最高人民检察院第十一届检察委员会第七十七次会议通过,2012年8月21日印发实施,高检发侦监字〔2012〕21号)

第五条 报请核准追诉的案件应当同时符合下列条件:

(一)有证据证明存在犯罪事实,且犯罪事实是犯罪嫌疑人实施的;

(二)涉嫌犯罪的行为应当适用的法定量刑幅度的最高刑为无期徒刑或者死刑的;

(三)涉嫌犯罪的性质、情节和后果特别严重,虽然已过二十年追诉期限,但社会危害性和影响依然存在,不追诉会严重影响社会稳定或者产生其他严重后果,而必须追诉的;

(四)犯罪嫌疑人能够及时到案接受追诉的。

公安部
关于刑事追诉期限有关问题的批复

(2000年10月25日,公复字〔2000〕11号)

陕西省公安厅:

你厅《关于刑事追诉期限有关问题的请示》(陕公法发〔2000〕29号)收悉。现批复如下:

根据从旧兼从轻原则,对1997年9月30日以前实施的犯罪行为,追诉期限问题应当适用1979年第七十七条的规定,即在人民法院、人民检察院、公安机关采取强制措施以后逃避侦查或者审判的,不受追诉期限的限制。

最高人民法院研究室关于如何理解和适用1997年刑法第十二条第一款有关时效问题征求意见的复函

(2019年6月4日,法研〔2019〕52号)

1997年刑法施行以前实施的犯罪行为,1997年刑法施行以后仍在追诉时效期限内,具有“在人民检察院、公安机关、国家安全机关立案侦查或者在人民法院受理案件以后,逃避侦查或者审判”或者“被害人在追诉期限内提出控告,人民法院、人民检察院、公安机关应当立案而不予立案”情形的,适用1997年刑法第八十八条的规定,不受追诉期限的限制。1997年刑法施行以前实施的犯罪行为,1997年刑法施行时已超过追诉期限的,是否追究行为人的刑事责任,应当适用1979年刑法第七十七条的规定。

(六)其他规定

最高人民检察院对《关于中国证监会主体认定的请示》的答复函

(2000年4月30日,高检发法字〔2000〕7号)

北京市人民检察院:

你院京检字(2000)41号《关于中国证监会主体认定的请示》收悉,经我院发函向中央机构编制委员会办公室查询核定,中央机构编制委员会办公室已作出正式复函,答复如下:

“中国证券监督管理委员会为国务院直属事业单位,是全国证券期货市场的主管部门。其主要职责是统一管理证券期货市场,按规定对证券期货监管机构实行垂直领导,所以,它是具有行政职责的事业单位。据此,北京证券监督管理委员会干部应视同为国家机关工作人员。”请你们按中编办答复意见办。

此复。

最高人民检察院关于镇财政所所长是否适用国家机关工作人员的批复

(2000年5月4日,高检发研字〔2000〕9号)

上海市人民检察院:

你院沪检发(2000)30号文收悉。经研究,批复如下:

对于属行政执法事业单位的镇财政所中按国家机关在编干部管理的工作人员,在履行政府行政公务活动中,滥用职权或玩忽职守构成犯罪的,应以国家机关工作人员论。

最高人民检察院关于贯彻执行《全国人民代表大会常务委员会关于〈中华人民共和国刑法〉第九十三条第二款的解释》的通知

（2000 年 6 月 5 日，高检发研字〔2000〕12 号）

各省、自治区、直辖市人民检察院，军事检察院，新疆生产建设兵团人民检察院：

第九届全国人民代表大会常务委员会第十五次会议于 2000 年 4 月 25 日通过了《全国人民代表大会常务委员会关于〈中华人民共和国刑法〉第九十三条第二款的解释》（以下简称《解释》）。为认真贯彻执行《解释》，现就有关工作通知如下：

一、各级检察机关要认真学习《解释》和刑法的有关规定，深刻领会《解释》的精神，充分认识检察机关依法查处村民委员会等村基层组织人员贪污、受贿、挪用公款犯罪案件对于维护农村社会稳定、惩治腐败、保障农村经济发展的重要意义。

二、根据《解释》，检察机关对村民委员会等村基层组织人员协助人民政府从事《解释》所规定的行政管理工作中发生的利用职务上的便利，非法占有公共财物，挪用公款，索取他人财物或者非法收受他人财物，构成犯罪的案件，应直接受理，分别适用刑法第三百八十二条、第三百八十三条、第三百八十四条和第三百八十五条、第三百八十六条的规定，以涉嫌贪污罪、挪用公款罪、受贿罪立案侦查。

三、各级检察机关在依法查处村民委员会等村基层组织人员贪污、受贿、挪用公款犯罪案件过程中，要根据《解释》和其他有关法律的规定，严格把握界限，准确认定村民委员会等村基层组织人员的职务活动是否属于协助人民政府从事《解释》所规定的行政管理工作，并正确把握刑法第三百八十二条、第三百八十三条贪污罪、第三百八十四条挪用公款罪和第三百八十五条、第三百八十六条受贿罪的构成要件。对村民委员会等村基层组织人员从事属于村民自治范围的经营、管理活动不能适用《解释》的规定。

四、各级检察机关在依法查处村民委员会等村基层组织人员涉嫌贪污、受贿、挪用公款犯罪案件过程中，要注意维护农村社会的稳定，注重办案的法律效果与社会效果的统一。对疑难、复杂、社会影响大的案件，下级检察机关要及时向上级检察机关请示。上级检察机关要认真及时研究，加强指导，以准确适用法律，保证办案质量。

五、各省级检察院对执行《解释》和本通知过程中遇到的新情况、新问题，要及时报告最高人民检察院。

最高人民检察院
关于《全国人民代表大会常务委员会关于〈中华人民共和国刑法〉第九十三条第二款的解释》的时间效力的批复

(2000年6月29日，
高检发研字〔2000〕15号)

天津市人民检察院：

你院“关于《全国人民代表大会常务委员会关于〈中华人民共和国刑法〉第九十三条第二款的解释》的实施时间问题的请示”收悉。经研究，批复如下：

《全国人民代表大会常务委员会关于〈中华人民共和国刑法〉第九十三条第二款的解释》是对刑法第九十三条第二款关于“其他依照法律从事公务的人员”规定的进一步明确，并不是对刑法的修改。因此，该《解释》的效力适用于修订刑法的施行日期，其溯及力适用修订刑法第十二条的规定。

最高人民法院研究室
关于国家工作人员在农村合作基金会兼职从事管理工作如何认定身份问题的答复①

(2000年6月29日)

国家工作人员自行到农村合作基金会兼职从事管理工作的，因其兼职工作与国家工作人员身份无关，应认定为农村合作基金会一般从业人员；国家机关、国有公司、企业、事业单位委派到农村合作基金会兼职从事管理工作的人员，以国家工作人员论。

最高人民检察院
对《关于中国保险监督管理委员会主体认定的请示》的答复

(2000年10月8日)

对于中国保险监督管理委员会可参照对国家机关的办法进行管理。据此，中国保险监督管理委员会干部应视同国家机关工作人员。

此复。

① 由于农村合作基金已被国务院取消，故该答复实际已不适用。

最高人民检察院法律政策研究室关于佛教协会工作人员能否构成受贿罪或者公司、企业人员受贿罪主体问题的答复

(2003年1月13日，高检发研字〔2003〕2号)

浙江省人民检察院研究室：

你室《关于佛教协会工作人员能否构成受贿罪或公司、企业人员受贿罪主体的请示》(检研请〔2002〕9号)收悉。经研究,答复如下：

佛教协会属于社会团体,其工作人员除符合刑法第九十三条第二款的规定属于受委托从事公务的人员外,既不属于国家工作人员,也不属于公司、企业人员。根据刑法的规定,对非受委托从事公务的佛教协会的工作人员利用职务之便收受他人财物,为他人谋取利益的行为,不能按受贿罪或者公司、企业人员受贿罪①追究刑事责任。

最高人民法院研究室关于对行为人通过伪造国家机关公文、证件担任国家工作人员职务并利用职务上的便利侵占本单位财物、收受贿赂、挪用本单位资金等行为如何适用法律问题的答复

(2004年3月30日,法研〔2004〕38号)

北京市高级人民法院：

你院〔2004〕15号《关于通过伪造国家机关公文、证件担任国家工作人员职务后利用职务便利侵占本单位财物、收受贿赂、挪用本单位资金的行为如何定性的请示》收悉。经研究,答复如下：

行为人通过伪造国家机关公文、证件担任国家工作人员职务以后,又利用职务上的便利实施侵占本单位财物、收受贿赂、挪用本单位资金等行为,构成犯罪的,应当分别以伪造国家机关公文、证件罪和相应的贪污罪、受贿罪、挪用公款罪等追究刑事责任,实行数罪并罚。

---

① 根据该答复的精神及《刑法》第一百六十三条的规定,佛教协会的工作人员除属于受委托从事公务的人员外,属于《刑法》第一百六十三条的"其他单位工作人员",即可成为非国家工作人员受贿罪的主体。

最高人民检察院法律政策研究室关于国家机关、国有公司、企业委派到非国有公司、企业从事公务但尚未依照规定程序获取该单位职务的人员是否适用刑法第九十三条第二款问题的答复

(2004年11月3日，
高检发研字〔2004〕17号)

重庆市人民检察院法律政策研究室：

你院《关于受委派的国家工作人员未按法定程序取得非国有公司职务是否适用刑法第九十三条第二款以国家工作人员论的请示》[渝检(研)〔2003〕6号]收悉。经研究，答复如下：对于国家机关、国有公司、企业委派到非国有公司、企业从事公务但尚未依照规定程序获取该单位职务的人员，涉嫌职务犯罪的，可以依照刑法第九十三条第二款关于"国家机关、国有公司、企业委派到非国有公司、企业、事业单位、社会团体从事公务的人员"，"以国家工作人员论"的规定追究刑事责任。

此复。

最高人民法院关于准确理解和适用刑法中"国家规定"的有关问题的通知

(2011年4月8日，法发〔2011〕155号)

全国地方各级人民法院、各级军事法院、各铁路运输中级法院和基层法院，新疆生产建设兵团各级法院：

日前，国务院法制办就国务院办公厅文件的有关规定是否可以认定为刑法中的"国家规定"予以统一、规范。为切实做好相关刑事案件审判工作，准确把握刑法有关条文规定的"违反国家规定"的认定标准，依法惩治犯罪，统一法律适用，现就有关问题通知如下：

一、根据刑法第九十六的规定，刑法中的"国家规定"是指，全国人民代表大会及其常务委员会制定的法律和决定，国务院制定的行政法规、规定的行政措施、发布的决定和命令。其中，"国务院规定的行政措施"应当由国务院决定，通常以行政法规或者国务院制发文件的形式加以规定。以国务院办公厅名义制发的文件，符合以下条件的，亦应视为刑法中的"国家规定"：(1)有明确的法律依据或者同相关行政法规不相抵触；(2)经国务院常务会议讨论通过或者经国务院批准；(3)在国务院公报上公开发布。

二、各级人民法院在刑事审判工作中，对有关案件所涉及的"违反国家规定"的认定，要依照相关法律、行政法规及司法解释的规定准确把握。对于规定不明确的，要按照本通知的要求审慎认定。对于违反地方性法规、部门规章的行为，不得认定为"违反国家规定"。对被告人的行为是否"违反国家规定"存在争议的，应当作为法律适用问题，逐级向最高人民法院请示。

三、各级人民法院审理非法经营犯罪案件，要依法严格把握刑法第二百二十五条第(四)的适用范围。对被告人的行为是否属于刑法第二百二十五条第(四)规定的"其它严重扰乱市场秩序的非法经

营行为”,有关司法解释未作明确规定的,应当作为法律适用问题,逐级向最高人民法院请示。

下编 分则部分

(一)综 合

最高人民法院关于执行《中华人民共和国刑法》确定罪名的规定

(1997年12月9日最高人民法院审判委员会第951次会议通过,自1997年12月16日起施行,法释〔1997〕9号)

(略)

最高人民检察院关于适用刑法分则规定的犯罪的罪名的意见

(最高人民检察院检察委员会第八届第81次会议通过,1997年12月25日颁布实施,高检发释字〔1997〕3号)

(略)

最高人民法院、最高人民检察院关于执行《中华人民共和国刑法》确定罪名的补充规定

(最高人民法院审判委员会第1193次会议、最高人民检察院第九届检察委员会第100次会议通过,自2002年3月26日起施行,法释〔2002〕7号)

(略)

最高人民法院、最高人民检察院关于执行《中华人民共和国刑法》确定罪名的补充规定(二)

(2003年5月13日最高人民法院审判委员会第1283次会议、2003年5月13日最高人民检察院第十届检察委员会第7次会议通过,自2003年8月21日起施行,法释〔2003〕12号)

(略)

最高人民法院、最高人民检察院关于执行《中华人民共和国刑法》确定罪名的补充规定(三)

(2007年8月27日最高人民法院审判委员会第1436次会议、2007年9月7日最高人民检察院第十届检察委员会第82次会议通过,2007年10月25日公布,自2007年11月6日起施行,法释〔2007〕16号)

(略)

最高人民法院、最高人民检察院关于执行《中华人民共和国刑法》确定罪名的补充规定(四)

(2009年9月21日最高人民法院审判委员会第1474次会议、2009年9月28日最高人民检察院第十一届检察委员会第20次会议通过,2009年10月14日公布,自2009年10月16日起施行,法释〔2009〕13号)

(略)

最高人民法院、最高人民检察院关于执行《中华人民共和国刑法》确定罪名的补充规定(五)

(2011年4月21日最高人民法院审判委员会第1520次会议、2011年4月13日最高人民检察院第十一届检察委员会第60次会议通过,2011年4月27日公布,自2011年5月1日起施行,法释〔2011〕10号)

(略)

最高人民法院、最高人民检察院关于执行《中华人民共和国刑法》确定罪名的补充规定(六)

(2015年10月19日最高人民法院审判委员会第1664次会议、2015年10月21日最高人民检察院第十二届检察委员会第42次会议通过,自2015年11月1日起实施,法释〔2015〕20号)

(略)

最高人民法院、最高人民检察院关于执行《中华人民共和国刑法》确定罪名的补充规定(七)

(2021年2月22日最高人民法院审判委员会第1832次会议、2021年2月26日最高人民检察院第十三届检察委员会第六十三次会议通过,自2021年3月1日起施行,法释〔2021〕2号)

(略)

最高人民法院、最高人民检察院关于执行《中华人民共和国刑法》确定罪名的补充规定(八)

(2024年1月17日最高人民法院审判委员会第1912次会议、2024年1月3日最高人民检察院第十四届检察委员会第二十次会议通过,2024年1月30日公布,自2024年3月1日起施行,法释〔2024〕3号)

(略)

最高人民法院、最高人民检察院关于办理妨害预防、控制突发传染病疫情等灾害的刑事案件具体应用法律若干问题的解释

(2003年5月13日最高人民法院审判委员会第1269次会议、2003年5月13日最高人民检察院第十届检察委员会第3次会议通过,自2003年5月15日起施行,法释〔2003〕8号)

为依法惩治妨害预防、控制突发传染病疫情等灾害的犯罪活动,保障预防、控制突发传染病疫情等灾害工作的顺利进行,切实维护人民群众的身体健康和生命安全,根据《中华人民共和国刑法》等有关法律规定,现就办理相关刑事案件具体应用法律的若干问题解释如下:

第一条 故意传播突发传染病病原体,危害公共安全的,依照刑法第一百一十四条、第一百一十五条第一款的规定,按照以危险方法危害公共安全罪定罪处罚。

患有突发传染病或者疑似突发传染病而拒绝接受检疫、强制隔离或者治疗,过失造成传染病传播,情节严重,危害公共安全的,依照刑法第一百一十五条第二款的规定,按照过失以危险方法危害公共安全罪定罪处罚。

第二条 在预防、控制突发传染病疫情等灾害期间,生产、销售伪劣的防治、防护产品、物资,或者生产、销售用于防治传

染病的假药、劣药,构成犯罪的,分别依照刑法第一百四十条、第一百四十一条、第一百四十二条的规定,以生产、销售伪劣产品罪,生产、销售假药罪或者生产、销售劣药罪定罪,依法从重处罚。

第三条 在预防、控制突发传染病疫情等灾害期间,生产用于防治传染病的不符合保障人体健康的国家标准、行业标准的医疗器械、医用卫生材料,或者销售明知是用于防治传染病的不符合保障人体健康的国家标准、行业标准的医疗器械、医用卫生材料,不具有防护、救治功能,足以严重危害人体健康的,依照刑法第一百四十五条的规定,以生产、销售不符合标准的医用器材罪定罪,依法从重处罚。

医疗机构或者个人,知道或者应当知道系前款规定的不符合保障人体健康的国家标准、行业标准的医疗器械、医用卫生材料而购买并有偿使用的,以销售不符合标准的医用器材罪定罪,依法从重处罚。

第四条 国有公司、企业、事业单位的工作人员,在预防、控制突发传染病疫情等灾害的工作中,由于严重不负责任或者滥用职权,造成国有公司、企业破产或者严重损失,致使国家利益遭受重大损失的,依照刑法第一百六十八条的规定,以国有公司、企业、事业单位人员失职罪或者国有公司、企业、事业单位人员滥用职权罪定罪处罚。

第五条 广告主、广告经营者、广告发布者违反国家规定,假借预防、控制突发传染病疫情等灾害的名义,利用广告对所推销的商品或者服务作虚假宣传,致使多人上当受骗,违法所得数额较大或者有其他严重情节的,依照刑法第二百二十二条的规定,以虚假广告罪定罪处罚。

第六条 违反国家在预防、控制突发传染病疫情等灾害期间有关市场经营、价格管理等规定,哄抬物价、牟取暴利,严重扰乱市场秩序,违法所得数额较大或者有其他严重情节的,依照刑法第二百二十五条第(四)项的规定,以非法经营罪定罪,依法从重处罚。

第七条 在预防、控制突发传染病疫情等灾害期间,假借研制、生产或者销售用于预防、控制突发传染病疫情等灾害用品的名义,诈骗公私财物数额较大的,依照刑法有关诈骗罪的规定定罪,依法从重处罚。

第八条 以暴力、威胁方法阻碍国家机关工作人员、红十字会工作人员依法履行为防治突发传染病疫情等灾害而采取的防疫、检疫、强制隔离、隔离治疗等预防、控制措施的,依照刑法第二百七十七条第一款、第三款的规定,以妨害公务罪定罪处罚。

第九条 在预防、控制突发传染病疫情等灾害期间,聚众"打砸抢",致人伤残、死亡的,依照刑法第二百八十九条、第二百三十四条、第二百三十二条的规定,以故意伤害罪或者故意杀人罪定罪,依法从重处罚。对毁坏或者抢走公私财物的首要分子,依照刑法第二百八十九条、第二百六十三条的规定,以抢劫罪定罪,依法从重处罚。

第十条 编造与突发传染病疫情等灾害有关的恐怖信息,或者明知是编造的此类恐怖信息而故意传播,严重扰乱社会秩序的,依照刑法第二百九十一条之一的规定,以编造、故意传播虚假恐怖信息罪定罪处罚。

利用突发传染病疫情等灾害,制造、传播谣言,煽动分裂国家、破坏国家统一,或者煽动颠覆国家政权、推翻社会主义制度的，依照刑法第一百零三条第二款、第一百零五条第二款的规定，以煽动分裂国家罪或者煽动颠覆国家政权罪定罪处罚。

第十一条 在预防、控制突发传染病疫情等灾害期间，强拿硬要或者任意损毁、占用公私财物情节严重，或者在公共场所起哄闹事，造成公共场所秩序严重混乱的，依照刑法第二百九十三条的规定，以寻衅滋事罪定罪，依法从重处罚。

第十二条 未取得医师执业资格非法行医，具有造成突发传染病病人、病原携带者、疑似突发传染病病人贻误诊治或者造成交叉感染等严重情节的，依照刑法第三百三十六条第一款的规定，以非法行医罪定罪，依法从重处罚。

第十三条 违反传染病防治法等国家有关规定，向土地、水体、大气排放、倾倒或者处置含传染病病原体的废物、有毒物质或者其他危险废物，造成突发传染病传播等重大环境污染事故，致使公私财产遭受重大损失或者人身伤亡的严重后果的，依照刑法第三百三十八条的规定，以重大环境污染事故罪定罪处罚。

第十四条 贪污、侵占用于预防、控制突发传染病疫情等灾害的款物或者挪用归个人使用，构成犯罪的，分别依照刑法第三百八十二条、第三百八十三条、第二百七十一条、第三百八十四条、第二百七十二条的规定，以贪污罪、侵占罪、挪用公款罪、挪用资金罪定罪，依法从重处罚。

挪用用于预防、控制突发传染病疫情等灾害的救灾、优抚、救济等款物，构成犯罪的，对直接责任人员，依照刑法第二百七十三条的规定，以挪用特定款物罪定罪处罚。

第十五条 在预防、控制突发传染病疫情等灾害的工作中，负有组织、协调、指挥、灾害调查、控制、医疗救治、信息传递、交通运输、物资保障等职责的国家机关工作人员，滥用职权或者玩忽职守，致使公共财产、国家和人民利益遭受重大损失的，依照刑法第三百九十七条的规定，以滥用职权罪或者玩忽职守罪定罪处罚。

第十六条 在预防、控制突发传染病疫情等灾害期间，从事传染病防治的政府卫生行政部门的工作人员，或者在受政府卫生行政部门委托代表政府卫生行政部门行使职权的组织中从事公务的人员，或者虽未列入政府卫生行政部门人员编制但在政府卫生行政部门从事公务的人员，在代表政府卫生行政部门行使职权时，严重不负责任，导致传染病传播或者流行，情节严重的，依照刑法第四百零九条的规定，以传染病防治失职罪定罪处罚。

在国家对突发传染病疫情等灾害采取预防、控制措施后，具有下列情形之一的，属于刑法第四百零九条规定的“情节严重”：

（一）对发生突发传染病疫情等灾害的地区或者突发传染病病人、病原携带者、疑似突发传染病病人，未按照预防、控制突发传染病疫情等灾害工作规范的要求做好防疫、检疫、隔离、防护、救治等工作，或者采取的预防、控制措施不当，造成传染范围扩大或者疫情、灾情加重的；

（二）隐瞒、缓报、谎报或者授意、指使、强令他人隐瞒、缓报、谎报疫情、灾情，造成传染范围扩大或者疫情、灾情加重的；

（三）拒不执行突发传染病疫情等灾害应急处理指挥机构的决定、命令，造成传染范围扩大或者疫情、灾情加重的；

（四）具有其他严重情节的。

第十七条 人民法院、人民检察院办理有关妨害预防、控制突发传染病疫情等灾害的刑事案件,对于有自首、立功等悔罪表现的,依法从轻、减轻、免除处罚或者依法作出不起诉决定。

第十八条 本解释所称“突发传染病疫情等灾害”,是指突然发生,造成或者可能造成社会公众健康严重损害的重大传染病疫情、群体性不明原因疾病以及其他严重影响公众健康的灾害。

最高人民法院、最高人民检察院、公安部、司法部关于依法惩治妨害新型冠状病毒感染肺炎疫情防控违法犯罪的意见

(2020年2月6日印发,
法发〔2020〕7号)

为依法惩治妨害新型冠状病毒感染肺炎疫情防控违法犯罪行为,保障人民群众生命安全和身体健康,保障社会安定有序,保障疫情防控工作顺利开展,根据有关法律、司法解释的规定,制定本意见。

一、提高政治站位,充分认识疫情防控时期维护社会大局稳定的重大意义(略)

二、准确适用法律,依法严惩妨害疫情防控的各类违法犯罪

(一)依法严惩抗拒疫情防控措施犯罪。故意传播新型冠状病毒感染肺炎病原体,具有下列情形之一,危害公共安全的,依照刑法第一百一十四条、第一百一十五条第一款的规定,以以危险方法危害公共安全罪定罪处罚:

1. 已经确诊的新型冠状病毒感染肺炎病人、病原携带者,拒绝隔离治疗或者隔离期未满擅自脱离隔离治疗,并进入公共场所或者公共交通工具的;

2. 新型冠状病毒感染肺炎疑似病人拒绝隔离治疗或者隔离期未满擅自脱离隔离治疗,并进入公共场所或者公共交通工具,造成新型冠状病毒传播的。

其他拒绝执行卫生防疫机构依照传染病防治法提出的防控措施,引起新型冠状病毒传播或者有传播严重危险的,依照刑法第三百三十条的规定,以妨害传染病防治罪定罪处罚。

以暴力、威胁方法阻碍国家机关工作人员(含在依照法律、法规规定行使国家有关疫情防控行政管理职权的组织中从事公务的人员,在受国家机关委托代表国家机关行使疫情防控职权的组织中从事公务的人员,虽未列入国家机关人员编制但在国家机关中从事疫情防控公务的人员)依法履行为防控疫情而采取的防疫、检疫、强制隔离、隔离治疗等措施的,依照刑法第二百七十七条第一款、第三款的规定,以妨害公务罪定罪处罚。暴力袭击正在依法执行职务的人民警察的,以妨害公务罪定罪,从重处罚。

(二)依法严惩暴力伤医犯罪。在疫情防控期间,故意伤害医务人员造成轻伤以上的严重后果,或者对医务人员实施撕扯防护装备、吐口水等行为,致使医务人员感染新型冠状病毒的,依照刑法第二百三十四条的规定,以故意伤害罪定罪处罚。

随意殴打医务人员,情节恶劣的,依照刑法第二百九十三条的规定,以寻衅滋事罪定罪处罚。

采取暴力或者其他方法公然侮辱、恐

吓医务人员，符合刑法第二百四十六条、第二百九十三条规定的，以侮辱罪或者寻衅滋事罪定罪处罚。

以不准离开工作场所等方式非法限制医务人员人身自由，符合刑法第二百三十八条规定的，以非法拘禁罪定罪处罚。

（三）依法严惩制假售假犯罪。在疫情防控期间，生产、销售伪劣的防治、防护产品、物资，或者生产、销售用于防治新型冠状病毒感染肺炎的假药、劣药，符合刑法第一百四十条、第一百四十一条、第一百四十二条规定的，以生产、销售伪劣产品罪，生产、销售假药罪或者生产、销售劣药罪定罪处罚。

在疫情防控期间，生产不符合保障人体健康的国家标准、行业标准的医用口罩、护目镜、防护服等医用器材，或者销售明知是不符合标准的医用器材，足以严重危害人体健康的，依照刑法第一百四十五条的规定，以生产、销售不符合标准的医用器材罪定罪处罚。

（四）依法严惩哄抬物价犯罪。在疫情防控期间，违反国家有关市场经营、价格管理等规定，囤积居奇，哄抬疫情防控急需的口罩、护目镜、防护服、消毒液等防护用品、药品或者其他涉及民生的物品价格，牟取暴利，违法所得数额较大或者有其他严重情节，严重扰乱市场秩序的，依照刑法第二百二十五条第四项的规定，以非法经营罪定罪处罚。

（五）依法严惩诈骗、聚众哄抢犯罪。在疫情防控期间，假借研制、生产或者销售用于疫情防控的物品的名义骗取公私财物，或者捏造事实骗取公众捐赠款物，数额较大的，依照刑法第二百六十六条的规定，以诈骗罪定罪处罚。

在疫情防控期间，违反国家规定，假借疫情防控的名义，利用广告对所推销的商品或者服务作虚假宣传，致使多人上当受骗，违法所得数额较大或者有其他严重情节的，依照刑法第二百二十二条的规定，以虚假广告罪定罪处罚。

在疫情防控期间，聚众哄抢公私财物特别是疫情防控和保障物资，数额较大或者有其他严重情节的，对首要分子和积极参加者，依照刑法第二百六十八条的规定，以聚众哄抢罪定罪处罚。

（六）依法严惩造谣传谣犯罪。编造虚假的疫情信息，在信息网络或者其他媒体上传播，或者明知是虚假疫情信息，故意在信息网络或者其他媒体上传播，严重扰乱社会秩序的，依照刑法第二百九十一条之一第二款的规定，以编造、故意传播虚假信息罪定罪处罚。

编造虚假信息，或者明知是编造的虚假信息，在信息网络上散布，或者组织、指使人员在信息网络上散布，起哄闹事，造成公共秩序严重混乱的，依照刑法第二百九十三条第一款第四项的规定，以寻衅滋事罪定罪处罚。

利用新型冠状病毒感染肺炎疫情，制造、传播谣言，煽动分裂国家、破坏国家统一，或者煽动颠覆国家政权、推翻社会主义制度的，依照刑法第一百零三条第二款、第一百零五条第二款的规定，以煽动分裂国家罪或者煽动颠覆国家政权罪定罪处罚。

网络服务提供者不履行法律、行政法规规定的信息网络安全管理义务，经监管部门责令采取改正措施而拒不改正，致使虚假疫情信息或者其他违法信息大量传播的，依照刑法第二百八十六条之一的规定,以拒不履行信息网络安全管理义务罪定罪处罚。

对虚假疫情信息案件,要依法、精准、恰当处置。对恶意编造虚假疫情信息,制造社会恐慌,挑动社会情绪,扰乱公共秩序,特别是恶意攻击党和政府,借机煽动颠覆国家政权、推翻社会主义制度的,要依法严惩。对于因轻信而传播虚假信息,危害不大的,不以犯罪论处。

(七)依法严惩疫情防控失职渎职、贪污挪用犯罪。在疫情防控工作中,负有组织、协调、指挥、灾害调查、控制、医疗救治、信息传递、交通运输、物资保障等职责的国家机关工作人员,滥用职权或者玩忽职守,致使公共财产、国家和人民利益遭受重大损失的,依照刑法第三百九十七条的规定,以滥用职权罪或者玩忽职守罪定罪处罚。

卫生行政部门的工作人员严重不负责任,不履行或者不认真履行防治监管职责,导致新型冠状病毒感染肺炎传播或者流行,情节严重的,依照刑法第四百零九条的规定,以传染病防治失职罪定罪处罚。

从事实验、保藏、携带、运输传染病菌种、毒种的人员,违反国务院卫生行政部门的有关规定,造成新型冠状病毒毒种扩散,后果严重的,依照刑法第三百三十一条的规定,以传染病毒种扩散罪定罪处罚。

国家工作人员,受委托管理国有财产的人员,公司、企业或者其他单位的人员,利用职务便利,侵吞、截留或者以其他手段非法占有用于防控新型冠状病毒感染肺炎的款物,或者挪用上述款物归个人使用,符合刑法第三百八十二条、第三百八十三条、第二百七十一条、第三百八十四条、第二百七十二条规定的,以贪污罪、职务侵占罪、挪用公款罪、挪用资金罪定罪处罚。挪用用于防控新型冠状病毒感染肺炎的救灾、优抚、救济等款物,符合刑法第二百七十三条规定的,对直接责任人员,以挪用特定款物罪定罪处罚。

(八)依法严惩破坏交通设施犯罪。在疫情防控期间,破坏轨道、桥梁、隧道、公路、机场、航道、灯塔、标志或者进行其他破坏活动,足以使火车、汽车、电车、船只、航空器发生倾覆、毁坏危险的,依照刑法第一百一十七条、第一百一十九条第一款的规定,以破坏交通设施罪定罪处罚。

办理破坏交通设施案件,要区分具体情况,依法审慎处理。对于为了防止疫情蔓延,未经批准擅自封路阻碍交通,未造成严重后果的,一般不以犯罪论处,由主管部门予以纠正。

(九)依法严惩破坏野生动物资源犯罪。非法猎捕、杀害国家重点保护的珍贵、濒危野生动物的,或者非法收购、运输、出售国家重点保护的珍贵、濒危野生动物及其制品的,依照刑法第三百四十一条第一款的规定,以非法猎捕、杀害珍贵、濒危野生动物罪或者非法收购、运输、出售珍贵、濒危野生动物、珍贵、濒危野生动物制品罪定罪处罚。

违反狩猎法规,在禁猎区、禁猎期或者使用禁用的工具、方法进行狩猎,破坏野生动物资源,情节严重的,依照刑法第三百四十一条第二款的规定,以非法狩猎罪定罪处罚。

违反国家规定,非法经营非国家重点

保护野生动物及其制品(包括开办交易场所、进行网络销售、加工食品出售等),扰乱市场秩序,情节严重的,依照刑法第二百二十五条第四项的规定,以非法经营罪定罪处罚。

知道或者应当知道是国家重点保护的珍贵、濒危野生动物及其制品,为食用或者其他目的而非法购买,符合刑法第三百四十一条第一款规定的,以非法收购珍贵、濒危野生动物、珍贵、濒危野生动物制品罪定罪处罚。

知道或者应当知道是非法狩猎的野生动物而购买,符合刑法第三百一十二条规定的,以掩饰、隐瞒犯罪所得罪定罪处罚。

(十)依法严惩妨害疫情防控的违法行为。实施上述(一)至(九)规定的行为,不构成犯罪的,由公安机关根据治安管理处罚法有关虚构事实扰乱公共秩序,扰乱单位秩序、公共场所秩序、寻衅滋事,拒不执行紧急状态下的决定、命令,阻碍执行职务,冲闯警戒带、警戒区,殴打他人,故意伤害,侮辱他人,诈骗,在铁路沿线非法挖掘坑穴、采石取沙,盗窃、损毁路面公共设施,损毁铁路设施设备,故意损毁财物、哄抢公私财物等规定,予以治安管理处罚,或者由有关部门予以其他行政处罚。

对于在疫情防控期间实施有关违法犯罪的,要作为从重情节予以考量,依法体现从严的政策要求,有力惩治震慑违法犯罪,维护法律权威,维护社会秩序,维护人民群众生命安全和身体健康。

三、健全完善工作机制,保障办案效果和安全(略)

最高人民法院、最高人民检察院、公安部、国家安全监管总局关于依法加强对涉嫌犯罪的非法生产经营烟花爆竹行为刑事责任追究的通知

(2012年9月6日发,
安监总管三〔2012〕116号)

各省、自治区、直辖市高级人民法院、人民检察院、公安厅(局)、安全生产监督管理局,新疆维吾尔自治区高级人民法院生产建设兵团分院,新疆生产建设兵团人民检察院、公安局、安全生产监督管理局:

近年来,一些地区非法生产、经营烟花爆竹问题十分突出,由此引发的事故时有发生,给人民群众生命财产安全造成严重危害。为依法严惩非法生产、经营烟花爆竹违法犯罪行为,现就依法加强对涉嫌犯罪的非法生产、经营烟花爆竹行为刑事责任追究有关要求通知如下:

一、非法生产、经营烟花爆竹及相关行为涉及非法制造、买卖、运输、邮寄、储存黑火药、烟火药,构成非法制造、买卖、运输、邮寄、储存爆炸物罪的,应当依照刑法第一百二十五条的规定定罪处罚;非法生产、经营烟花爆竹及相关行为涉及生产、销售伪劣产品或不符合安全标准产品,构成生产、销售伪劣产品罪或生产、销售不符合安全标准产品罪的,应当依照刑法第一百四十条、第一百四十六条的规定定罪处罚;非法生产、经营烟花爆竹及相关行为构成非法经营罪的,应当依照刑法

第二百二十五条的规定定罪处罚。上述非法生产经营烟花爆竹行为的定罪量刑和立案追诉标准,分别按照《最高人民法院关于审理非法制造、买卖、运输枪支、弹药、爆炸物等刑事案件具体应用法律若干问题的解释》(法释〔2009〕18 号)、《最高人民法院最高人民检察院关于办理生产、销售伪劣商品刑事案件具体应用法律若干问题的解释》(法释〔2001〕10 号)、《最高人民检察院、公安部关于公安机关管辖的刑事案件立案追诉标准的规定(一)》(公通字〔2008〕36 号)、《最高人民检察院、公安部关于公安机关管辖的刑事案件立案追诉标准的规定(二)》(公通字〔2010〕23 号)等有关规定执行。

二、各相关行政执法部门在查处非法生产、经营烟花爆竹行为过程中,发现涉嫌犯罪,依法需要追究刑事责任的,应当依照《行政执法机关移送涉嫌犯罪案件的规定》(国务院令第 310 号)向公安机关移送,并配合公安机关做好立案侦查工作。公安机关应当依法对相关行政执法部门移送的涉嫌犯罪案件进行审查,认为有犯罪事实,需要追究刑事责任的,应当依法立案,并书面通知移送案件的部门;认为不需要追究刑事责任的,应当说明理由,并书面通知移送案件的部门。公安机关在治安管理工作中,发现非法生产、经营烟花爆竹行为涉嫌犯罪的,应当依法立案侦查。

三、检察机关对于公安机关提请批准逮捕、移送审查起诉的上述涉嫌犯罪的案件,对符合逮捕和提起公诉法定条件的,要依法予以批捕、起诉;要加强对移送、立案案件的监督,对应当移送而不移送、应当立案而不立案的,要及时监督。人民法院对于起诉到法院的上述涉嫌犯罪的案件,要按照宽严相济的政策,依法从快审判,对同时构成多项犯罪或屡次违法犯罪的,要从重处罚;上级人民法院要加强对下级人民法院审判工作的指导,保障依法及时审判。要坚持“以事实为根据,以法律为准绳”的原则,严把案件的事实关、证据关、程序关和适用法律关,切实做到事实清楚,证据确凿,定性准确,量刑适当。人民法院、人民检察院、公安机关、安全生产监督管理部门要积极沟通、相互配合,充分发挥联动机制功能,加大对相关犯罪案件查处、审判情况的宣传,充分发挥刑事审判和处罚的震慑作用,教育群众自觉抵制、检举揭发相关违法犯罪活动。

最高人民检察院关于人民检察院直接受理立案侦查案件立案标准的规定(试行)[①]

(1999 年 8 月 6 日最高人民检察院第九届检察委员会第 41 次会议通过,1999 年 9 月 16 日发布施行,高检发研字〔1999〕10 号)

根据《中华人民共和国刑法》、《中华人民共和国刑事诉讼法》和其他法律的

① 因最高人民检察院 2006 年《关于渎职侵权犯罪案件立案标准的规定》对最高人民检察院 1999 年《关于人民检察院直接受理立案侦查案件立案标准的规定(试行)》中“二、渎职犯罪案件”和“三、国家机关工作人员利用职权实施的侵犯公民人身权利、民主权利犯罪案件”中所有的犯罪重新规定了立案标准,所以该规定中关于该两类犯罪的立案标准实际上已不适用。

有关规定，对人民检察院直接受理立案侦查案件的立案标准规定如下：

一、贪污贿赂犯罪案件

（一）贪污案（第382条，第383条，第183条第2款，第271条第2款，第394条）

贪污罪是指国家工作人员利用职务上的便利，侵吞、窃取、骗取或者以其他手段非法占有公共财物的行为。

“利用职务上的便利”是指利用职务上主管、管理、经手公共财物的权力及方便条件。

受国家机关、国有公司、企业、事业单位、人民团体委托管理、经营国有财产的人员，利用职务上的便利，侵吞、窃取、骗取或者以其他手段非法占有国有财物的，以贪污罪追究其刑事责任。

“受委托管理、经营国有财产”是指因承包、租赁、聘用等而管理、经营国有财产。

国有保险公司的工作人员和国有保险公司委派到非国有保险公司从事公务的人员利用职务上的便利，故意编造未曾发生的保险事故进行虚假理赔，骗取保险金归自己所有的，以贪污罪追究刑事责任。

国有公司、企业或者其他国有单位中从事公务的人员和国有公司、企业或者其他国有单位委派到非国有公司、企业以及其他非国有单位从事公务的人员，利用职务上的便利，将本单位财物非法占为己有的，以贪污罪追究刑事责任。

国家工作人员在国内公务活动或者对外交往中接受礼物，依照国家规定应当交公而不交公，数额较大的，以贪污罪追究刑事责任。

涉嫌下列情形之一的，应予立案：①

1. 个人贪污数额在5千元以上的；

2. 个人贪污数额不满5千元，但具有贪污救灾、抢险、防汛、防疫、优抚、扶贫、移民、救济款物及募捐款物、赃款赃物、罚没款物、暂扣款物，以及贪污手段恶劣、毁灭证据、转移赃物等情节的。

（二）挪用公款案（第384条，第185条第2款，第272条第2款）

挪用公款罪是指国家工作人员利用职务上的便利，挪用公款归个人使用，进行非法活动的，或者挪用公款数额较大、进行营利活动的，或者挪用公款数额较大、超过三个月未还的行为。

国有金融机构工作人员和国有金融机构委派到非国有金融机构从事公务的人员，利用职务上的便利，挪用本单位或者客户资金的，以挪用公款罪追究刑事责任。

国有公司、企业或者其他国有单位中从事公务的人员和国有公司、企业或者其他国有单位委派到非国有公司、企业以及其他单位从事公务的人员，利用职务上的便利，挪用本单位资金归个人使用或者借贷给他人，数额较大，超过三个月未还的，或者虽未超过三个月，但数额较大，进行营利活动的，或者进行非法活动的，以挪用公款罪追究刑事责任。

---

① 因最高人民法院、最高人民检察院2016年4月18日的《关于办理贪污贿赂刑事案件适用法律若干问题的解释》第一至三条已有明确规定，所以最高人民检察院1999年9月16日的《关于人民检察院直接受理立案侦查案件立案追诉标准的规定（试行）》一·（一）中有关贪污罪立案标准的规定实际上已不适用，故在《刑法》第三百八十三条之下的脚注中不再注释。

涉嫌下列情形之一的,应予立案:[①]

1. 挪用公款归个人使用,数额在5千元至1万元以上,进行非法活动的;

2. 挪用公款数额在1万元至3万元以上,归个人进行营利活动的;

3. 挪用公款归个人使用,数额在1万元至3万元以上,超过3个月未还的。

各省级人民检察院可以根据本地实际情况,在上述数额幅度内,确定本地区执行的具体数额标准,并报最高人民检察院备案。

"挪用公款归个人使用",既包括挪用者本人使用,也包括给他人使用。

多次挪用公款不还的,挪用公款数额累计计算;多次挪用公款并以后次挪用的公款归还前次挪用的公款,挪用公款数额以案发时未还的数额认定。

挪用公款给其他个人使用的案件,使用人与挪用人共谋,指使或者参与策划取得挪用款的,对使用人以挪用公款罪的共犯追究刑事责任。

(三)受贿案(第385条,第386条,第388条,第163条第3款,第184条第2款)

受贿罪是指国家工作人员利用职务上的便利,索取他人财物的,或者非法收受他人财物,为他人谋取利益的行为。

"利用职务上的便利",是指利用本人职务范围内的权力,即自己职务上主管、负责或者承办某项公共事务的职权及其所形成的便利条件。

索取他人财物的,不论是否"为他人谋取利益",均可构成受贿罪。非法收受他人财物的,必须同时具备"为他人谋取利益"的条件,才能构成受贿罪。但是为他人谋取的利益是否正当,为他人谋取的利益是否实现,不影响受贿罪的认定。

国家工作人员在经济往来中,违反国家规定,收受各种名义的回扣、手续费,归个人所有的,以受贿罪追究刑事责任。

国有公司、企业中从事公务的人员和国有公司、企业委派到非国有公司、企业从事公务的人员利用职务上的便利,索取他人财物或者非法收受他人财物,为他人谋取利益,或者在经济往来中,违反国家规定,收受各种名义的回扣、手续费,归个人所有的,以受贿罪追究刑事责任。

国有金融机构工作人员和国有金融机构委派到非国有金融机构从事公务的人员在金融业务活动中索取他人财物或者非法收受他人财物,为他人谋取利益的,或者违反国家规定,收受各种名义的回扣、手续费归个人所有的,以受贿罪追究刑事责任。

国家工作人员利用本人职权或者地位形成的便利条件,通过其他国家工作人员职务上的行为,为请托人谋取不正当利益,索取请托人财物或者收受请托人财物的,以受贿罪追究刑事责任。

涉嫌下列情形之一的,应予立案[②]:

---

① 因最高人民法院、最高人民检察院2016年4月18日的《关于办理贪污贿赂刑事案件适用法律若干问题的解释》第五、六条已有明确规定,所以最高人民检察院1999年9月16日的《关于人民检察院直接受理立案侦查案件立案追诉标准的规定(试行)》一·(二)中有关挪用公款罪立案标准的规定实际上已不适用,故在《刑法》第三百八十四条之下的脚注中不再注释。

② 因最高人民法院、最高人民检察院2016年4月18日的《关于办理贪污贿赂刑事案件适用法律若干问题的解释》第一至三条已有明确规定,所以最高人民检察院1999年9月16日的《关于人民检察院直接受理立案侦查案件立案追诉标准的规定(试行)》一·(三)中有关受贿罪立案标准的规定实际上已不适用,故在《刑法》第三百八十五条之下的脚注中不再注释。

1. 个人受贿数额在5千元以上的；

2. 个人受贿数额不满5千元，但具有下列情形之一的：

(1)因受贿行为而使国家或者社会利益遭受重大损失的；

(2)故意刁难、要挟有关单位、个人，造成恶劣影响的；

(3)强行索取财物的。

(四)单位受贿案(第387条)

单位受贿罪是指国家机关、国有公司、企业、事业单位、人民团体，索取、非法收受他人财物，为他人谋取利益，情节严重的行为。

索取他人财物或者非法收受他人财物，必须同时具备为他人谋取利益的条件，且是情节严重的行为，才能构成单位受贿罪。

国家机关、国有公司、企业、事业单位、人民团体，在经济往来中，在账外暗中收受各种名义的回扣、手续费的，以单位受贿罪追究刑事责任。

涉嫌下列情形之一的，应予立案：

1. 单位受贿数额在10万元以上的；

2. 单位受贿数额不满10万元，但具有下列情形之一的：

(1)故意刁难、要挟有关单位、个人，造成恶劣影响的；

(2)强行索取财物的；

(3)致使国家或者社会利益遭受重大损失的。

(五)行贿案[①](第389条、第390条)

行贿罪是指为谋取不正当利益，给予国家工作人员以财物的行为。

在经济往来中，违反国家规定，给予国家工作人员以财物，数额较大的，或者违反国家规定，给予国家工作人员以各种名义的回扣、手续费的，以行贿罪追究刑事责任。

涉嫌下列情形之一的，应予立案：

1. 行贿数额在1万元以上的；

2. 行贿数额不满1万元，但具有下列情形之一的：

(1)为谋取非法利益而行贿的；

(2)向3人以上行贿的；

(3)向党政领导、司法工作人员、行政执法人员行贿的；

(4)致使国家或者社会利益遭受重大损失的。

因被勒索给予国家工作人员以财物，已获得不正当利益的，以行贿罪追究刑事责任。

(六)对单位行贿案(第391条)

对单位行贿罪是指为谋取不正当利益，给予国家机关、国有公司、企业、事业单位、人民团体以财物，或者在经济往来中，违反国家规定，给予上述单位各种名义的回扣、手续费的行为。

涉嫌下列情形之一的，应予立案：

1. 个人行贿数额在10万元以上、单位行贿数额在20万元以上的；

2. 个人行贿数额不满10万元、单位行贿数额在10万元以上不满20万元，但具有下列情形之一的：

(1)为谋取非法利益而行贿的；

(2)向3个以上单位行贿的；

(3)向党政机关、司法机关、行政执

---

① 因最高人民法院、最高人民检察院2016年4月18日的《关于办理贪污贿赂刑事案件适用法律若干问题的解释》第七至九条已有明确规定，所以最高人民检察院1999年9月16日的《关于人民检察院直接受理立案侦查案件立案追诉标准的规定(试行)》一·(五)中有关行贿罪立案标准的规定实际上已不适用，故在《刑法》第三百八十九条之下的脚注中不再注释。

法机关行贿的;

(4)致使国家或者社会利益遭受重大损失的。

(七)介绍贿赂案(第392条)

介绍贿赂罪是指向国家工作人员介绍贿赂,情节严重的行为。

“介绍贿赂”是指在行贿人与受贿人之间沟通关系、撮合条件,使贿赂行为得以实现的行为。

涉嫌下列情形之一的,应予立案:

1.介绍个人向国家工作人员行贿,数额在2万元以上的;介绍单位向国家工作人员行贿,数额在20万元以上的;

2.介绍贿赂数额不满上述标准,但具有下列情形之一的:

(1)为使行贿人获取非法利益而介绍贿赂的;

(2)3次以上或者为3人以上介绍贿赂的;

(3)向党政领导、司法工作人员、行政执法人员介绍贿赂的;

(4)致使国家或者社会利益遭受重大损失的。

(八)单位行贿案(第393条)

单位行贿罪是指公司、企业、事业单位、机关、团体为谋取不正当利益而行贿,或者违反国家规定,给予国家工作人员以回扣、手续费,情节严重的行为。

涉嫌下列情形之一的,应予立案:

1.单位行贿数额在20万元以上的;

2.单位为谋取不正当利益而行贿,数额在10万元以上不满20万元,但具有下列情形之一的:

(1)为谋取非法利益而行贿的;

(2)向3人以上行贿的;

(3)向党政领导、司法工作人员、行政执法人员行贿的;

(4)致使国家或者社会利益遭受重大损失的。

因行贿取得的违法所得归个人所有的,依照本规定关于个人行贿的规定立案,追究其刑事责任。

(九)巨额财产来源不明案(第395条第1款)

巨额财产来源不明罪是指国家工作人员的财产或者支出明显超出合法收入,差额巨大,而本人又不能说明其来源是合法的行为。

涉嫌巨额财产来源不明,数额在30万元以上的,应予立案。

(十)隐瞒境外存款案(第395条第2款)

隐瞒境外存款罪是指国家工作人员违反国家规定,故意隐瞒不报在境外的存款,数额较大的行为。

涉嫌隐瞒境外存款,折合人民币数额在30万元以上的,应予立案。

(十一)私分国有资产案(第396条第1款)

私分国有资产罪是指国家机关、国有公司、企业、事业单位、人民团体,违反国家规定,以单位名义将国有资产集体私分给个人,数额较大的行为。

涉嫌私分国有资产,累计数额在10万元以上的,应予立案。

(十二)私分罚没财物案(第396条第2款)

私分罚没财物罪是指司法机关、行政执法机关违反国家规定,将应当上缴国家的罚没财物,以单位名义集体私分给个人的行为。

涉嫌私分罚没财物,累计数额在10万元以上,应予立案。

二、渎职犯罪案件

(一)滥用职权案(第397条)

滥用职权罪是指国家机关工作人员超越职权,违法决定、处理其无权决定、处理的事项,或者违反规定处理公务,致使公共财产、国家和人民利益遭受重大损失的行为。

涉嫌下列情形之一的,应予立案:

1. 造成死亡1人以上,或者重伤2人以上,或者轻伤5人以上的;

2. 造成直接经济损失20万元以上的;

3. 造成有关公司、企业等单位停产、严重亏损、破产的;

4. 严重损害国家声誉,或者造成恶劣社会影响的;

5. 其他致使公共财产、国家和人民利益遭受重大损失的情形;

6. 徇私舞弊,具有上述情形之一的。

(二)玩忽职守案(第397条)

玩忽职守罪是指国家机关工作人员严重不负责任,不履行或者不认真履行职责,致使公共财产、国家和人民利益遭受重大损失的行为。

涉嫌下列情形之一的,应予以立案:

1. 造成死亡1人以上,或者重伤3人以上,或者轻伤10人以上的;

2. 造成直接经济损失30万元以上的,或者直接经济损失不满30万元,但间接经济损失超过100万元的;

3. 徇私舞弊,造成直接经济损失20万元以上的;

4. 造成有关公司、企业等单位停产、严重亏损、破产的;

5. 严重损害国家声誉,或者造成恶劣社会影响的;

6. 海关、外汇管理部门的工作人员严重不负责任,造成巨额外汇被骗或者逃汇的;

7. 其他致使公共财产、国家和人民利益遭受重大损失的情形;

8. 徇私舞弊,具有上述情形之一的。

(三)故意泄露国家秘密案(第398条)

故意泄露国家秘密罪是指国家机关工作人员或者非国家机关工作人员违反保守国家秘密法,故意使国家秘密被不应知悉者知悉,或者故意使国家秘密超出了限定的接触范围,情节严重的行为。

国家机关工作人员涉嫌故意泄露国家秘密行为,具有下列情形之一的,应予立案:

1. 泄露绝密级或机密级国家秘密的;

2. 泄露秘密级国家秘密3项以上的;

3. 向公众散布、传播国家秘密的;

4. 泄露国家秘密已造成严重危害后果的;

5. 利用职权指使或者强迫他人违反国家保守秘密法的规定泄露国家秘密的;

6. 以牟取私利为目的泄露国家秘密的;

7. 其他情节严重的情形。

非国家机关工作人员涉嫌故意泄露国家秘密犯罪行为的立案标准参照上述标准执行。

(四)过失泄露国家秘密案(第398条)

过失泄露国家秘密罪是指国家机关工作人员或者非国家机关工作人员违反保守国家秘密法,过失泄露国家秘密,或者遗失秘密文件,致使国家秘密被不应知悉者知悉或者超出了限定的接触范围,情节严重的行为。

国家机关工作人员涉嫌过失泄露国

家秘密行为,具有下列情形之一的,应予立案:

1. 泄露绝密级国家秘密的;

2. 泄露机密级国家秘密 3 项以上的;

3. 泄露秘密级国家秘密 3 项以上,造成严重危害后果的;

4. 泄露国家秘密或者遗失秘密文件不如实提供有关情况的;

5. 其他情节严重的情形。

非国家机关工作人员涉嫌过失泄露国家秘密犯罪行为的立案标准参照上述标准执行。

(五)枉法追诉、裁判案(第 399 条)

枉法追诉、裁判罪是指司法工作人员徇私枉法、徇情枉法,对明知是无罪的人而使他受追诉、对明知是有罪的人而故意包庇不使他受追诉,或者在刑事审判活动中故意违背事实和法律作枉法裁判的行为。

涉嫌下列情形之一的,应予立案:

1. 对明知是无罪的人,采取伪造、隐匿、毁灭证据或者其他隐瞒事实、违背法律的手段,以追究刑事责任为目的进行立案、侦查(含采取强制措施)、起诉、审判的;

2. 对明知是有罪的人,即对明知有犯罪事实需要追究刑事责任的人,采取伪造、隐匿、毁灭证据或者其他隐瞒事实、违背法律的手段,故意包庇使其不受立案、侦查(含采取强制措施)、起诉、审判的;

3. 在立案后,故意违背事实和法律,应该采取强制措施而不采取强制措施,或者虽然采取强制措施,但无正当理由中断侦查或者超过法定期限不采取任何措施,实际放任不管,以及违法撤销、变更强制措施,致使犯罪嫌疑人、被告人实际脱离司法机关侦控的;

4. 在刑事审判活动中故意违背事实和法律,作出枉法判决、裁定,即有罪判无罪、无罪判有罪,或者重罪轻判、轻罪重判的;

5. 其他枉法追诉、不追诉、枉法裁判行为。

(六)民事、行政枉法裁判案(第 399 条)

民事、行政枉法裁判罪是指审判人员在民事、行政审判活动中,故意违背事实和法律作枉法裁判,情节严重的行为。

涉嫌下列情形之一的,应予立案:

1. 枉法裁判,致使公民财产损失或者法人或者其他组织财产损失重大的;

2. 枉法裁判,引起当事人及其亲属自杀、伤残、精神失常的;

3. 伪造有关材料、证据,制造假案枉法裁判的;

4. 串通当事人制造伪证,毁灭证据或者篡改庭审笔录而枉法裁判的;

5. 其他情节严重的情形。

(七)私放在押人员案(第 400 条第 1 款)

私放在押人员罪是指司法工作人员私放在押(包括在羁押场所和押解途中)的犯罪嫌疑人、被告人或者罪犯的行为。

涉嫌下列情形之一的,应予立案:

1. 私自将在押的犯罪嫌疑人、被告人、罪犯放走,或者授意、指使、强迫他人将在押的犯罪嫌疑人、被告人、罪犯放走的;

2. 伪造、变造有关法律文书,以使在押的犯罪嫌疑人、被告人、罪犯脱逃的;

3. 为在押的犯罪嫌疑人、被告人、罪犯通风报信、提供条件,帮助其脱逃的;

4. 其他私放在押的犯罪嫌疑人、被告

人、罪犯的行为。

(八)失职致使在押人员脱逃案(第400条第2款)

失职致使在押人员脱逃罪是指司法工作人员由于严重不负责任,不履行或者不认真履行职责,致使在押的犯罪嫌疑人、被告人、罪犯脱逃,造成严重后果的行为。

涉嫌下列情形之一的,应予立案:

1. 致使依法可能判处或者已经判处10年以上有期徒刑、无期徒刑、死刑的犯罪嫌疑人、被告人、罪犯脱逃的;

2. 3次以上致使犯罪嫌疑人、被告人、罪犯脱逃,或者一次致使3名以上犯罪嫌疑人、被告人、罪犯脱逃的;

3. 犯罪嫌疑人、被告人、罪犯脱逃以后,打击报复控告人、检举人、被害人、证人和司法工作人员等,或者继续犯罪,危害社会的;

4. 其他致使在押的犯罪嫌疑人、被告人、罪犯脱逃,造成严重后果的行为。

(九)徇私舞弊减刑、假释、暂予监外执行案(第401条)

徇私舞弊减刑、假释、暂予监外执行罪是指司法工作人员徇私舞弊,对不符合减刑、假释、暂予监外执行条件的罪犯予以减刑、假释、暂予监外执行的行为。

涉嫌下列情形之一的,应予立案:

1. 刑罚执行机关的工作人员对不符合减刑、假释、暂予监外执行条件的罪犯,捏造事实,伪造材料,违法报请减刑、假释、暂予监外执行的;

2. 人民法院和监狱管理机关以及公安机关的工作人员为徇私情、私利,对不符合减刑、假释、暂予监外执行条件的罪犯的减刑、假释、暂予监外执行申请,违法裁定、决定减刑、假释、暂予监外执行的;

3. 不具有报请、裁定或决定减刑、假释、暂予监外执行权的司法工作人员利用职务上的便利,徇私情、私利,伪造有关材料,导致不符合减刑、假释、暂予监外执行条件的罪犯被减刑、假释、暂予监外执行的;

4. 其他违法减刑、假释、暂予监外执行的行为。

(十)徇私舞弊不移交刑事案件案(第402条)

徇私舞弊不移交刑事案件罪是指行政执法人员,徇私情、私利,伪造材料,隐瞒情况,弄虚作假,对依法应当移交司法机关追究刑事责任的刑事案件,不移交司法机关处理,情节严重的行为。

涉嫌下列情形之一的,应予立案:

1. 对依法可能判处3年以上有期徒刑、无期徒刑、死刑的犯罪案件不移交的;

2. 3次以上不移交犯罪案件,或者一次不移交犯罪案件涉及3名以上犯罪嫌疑人的;

3. 司法机关发现并提出意见后,无正当理由仍然不予移交的;

4. 以罚代刑,放纵犯罪嫌疑人,致使犯罪嫌疑人继续进行违法犯罪活动的;

5. 行政执法部门主管领导阻止移交的;

6. 隐瞒、毁灭证据,伪造材料,改变刑事案件性质的;

7. 直接负责的主管人员和其他直接责任人员为牟取本单位私利而不移交刑事案件,情节严重的;

8. 其他情节严重的情形。

(十一)滥用管理公司、证券职权案(第403条)

滥用管理公司、证券职权罪是指工商行政管理、人民银行、证券管理等国家有关主管部门的工作人员徇私舞弊,滥用职权,对不符合法律规定条件的公司设立、登记申请或者股票、债券发行、上市申请予以批准或者登记,致使公共财产、国家和人民利益遭受重大损失的行为,以及上级部门、当地政府强令登记机关及其工作人员实施上述行为的行为。

涉嫌下列情形之一的,应予立案:

1. 工商管理部门的工作人员对不符合法律规定条件的公司设立、登记申请,违法予以批准、登记,严重扰乱市场秩序的;

2. 金融证券管理机构工作人员对不符合法律规定条件的股票、债券发行、上市申请,违法予以批准,严重损害公众利益,或者严重扰乱金融秩序的;

3. 工商管理部门、金融证券管理机构的工作人员对不符合法律规定条件的公司设立、登记申请或者股票、债券发行、上市申请违法予以批准或者登记,致使犯罪行为得逞的;

4. 上级部门强令登记机关及其工作人员实施徇私舞弊,滥用职权,对不符合法律规定条件的公司设立、登记申请或者股票、债券发行、上市申请予以批准或者登记,致使公共财产、国家或者人民利益遭受重大损失的;

5. 其他致使公共财产、国家和人民利益遭受重大损失的情形。

(十二)徇私舞弊不征、少征税款案(第404条)

徇私舞弊不征、少征税款罪是指税务机关工作人员徇私舞弊,不征、少征应征税款,致使国家税收遭受重大损失的行为。

涉嫌下列情形之一的,应予立案:

1. 为徇私情、私利,违反规定,对应当征收的税款擅自决定停征、减征或者免征,或者伪造材料,隐瞒情况,弄虚作假,不征、少征应征税款,致使国家税收损失累计达10万元以上的;

2. 徇私舞弊不征、少征应征税款不满10万元,但具有索取或者收受贿赂或者其他恶劣情节的。

(十三)徇私舞弊发售发票、抵扣税款、出口退税案(第405条第1款)

徇私舞弊发售发票、抵扣税款、出口退税罪是指税务机关工作人员违反法律、行政法规的规定,在办理发售发票、抵扣税款、出口退税工作中徇私舞弊,致使国家利益遭受重大损失的行为。

涉嫌下列情形之一的,应予立案:

1. 为徇私情、私利,违反法律、行政法规的规定,伪造材料,隐瞒情况,弄虚作假,对不应发售的发票予以发售,对不应抵扣的税款予以抵扣,对不应给予出口退税的给予退税,或者擅自决定发售不应发售的发票、抵扣不应抵扣的税款、给予出口退税,致使国家税收损失累计达10万元以上的;

2. 徇私舞弊,致使国家税收损失累计不满10万元,但具有索取、收受贿赂或者其他恶劣情节的。

(十四)违法提供出口退税凭证案(第405条第2款)

违法提供出口退税凭证罪是指海关、商检、外汇管理等国家机关工作人员违反国家规定,在提供出口货物报关单、出口收汇核销单等出口退税凭证的工作中徇私舞弊,致使国家利益遭受重大损失的行为。

涉嫌下列情形之一的,应予立案:

1. 为徇私情、私利,违反国家规定,伪造材料,隐瞒情况,弄虚作假,提供不真实的出口货物报关单、出口收汇核销单等出口退税凭证，致使国家税收损失累计达10万元以上的；

2. 徇私舞弊，致使国家税收损失累计不满10万元，但具有索取、收受贿赂或者其他恶劣情节的。

（十五）国家机关工作人员签订、履行合同失职被骗案（第406条）

国家机关工作人员签订、履行合同失职被骗罪是指国家机关工作人员在签订、履行合同过程中，因严重不负责任，不履行或者不认真履行职责被诈骗，致使国家利益遭受重大损失的行为。

涉嫌下列情形之一的，应予立案：

1. 造成直接经济损失30万元以上的；

2. 其他致使国家利益遭受重大损失的情形。

（十六）违法发放林木采伐许可证案（第407条）

违法发放林木采伐许可证罪是指林业主管部门的工作人员违反森林法的规定，超过批准的年采伐限额发放林木采伐许可证或者违反规定滥发林木采伐许可证，情节严重，致使森林遭受严重破坏的行为。

涉嫌下列情形之一的，应予立案：

1. 发放林木采伐许可证允许采伐数量累计超过批准的年采伐限额，导致林木被伐数量超过10立方米的；

2. 滥发林木采伐许可证，导致林木被滥伐20立方米以上的；

3. 滥发林木采伐许可证，导致珍贵树木被滥伐的；

4. 批准采伐国家禁止采伐的林木，情节恶劣的；

5. 其他情节严重，致使森林遭受严重破坏的情形。

（十七）环境监管失职案（第408条）

环境监管失职罪是指负有环境保护监督管理职责的国家机关工作人员严重不负责任，不履行或不认真履行环境保护监管职责导致发生重大环境污染事故，致使公私财产遭受重大损失或者造成人身伤亡的严重后果的行为。

涉嫌下列情形之一的，应予立案：

1. 造成直接经济损失30万元以上的；

2. 造成人员死亡1人以上，或者重伤3人以上，或者轻伤10人以上的；

3. 使一定区域内的居民的身心健康受到严重危害的；

4. 其他致使公私财产遭受重大损失或者造成人身伤亡严重后果的情形。

（十八）传染病防治失职案（第409条）

传染病防治失职罪是指从事传染病防治的政府卫生行政部门的工作人员严重不负责任，不履行或者不认真履行传染病防治监管职责导致传染病传播或者流行，情节严重的行为。

涉嫌下列情形之一的，应予立案：

1. 导致甲类传染病传播的；

2. 导致乙类、丙类传染病流行的；

3. 因传染病传播或者流行，造成人员死亡或者残疾的；

4. 因传染病传播或者流行，严重影响正常的生产、生活秩序的；

5. 其他情节严重的情形。

（十九）非法批准征用、占用土地案（第410条）

非法批准征用、占用土地罪是指国家机关工作人员徇私舞弊，违反土地管理法规，滥用职权，非法批准征用、占用土地，情节严重的行为。

涉嫌下列情形之一的,应予立案:

1. 一次性非法批准征用、占用基本农田0.67公顷(10亩)以上,或者其他耕地2公顷(30亩)以上,或者其他土地3.33公顷(50亩)以上的;

2. 十二个月内非法批准征用、占用土地累计达到上述标准的;

3. 非法批准征用、占用土地数量虽未达到上述标准,但接近上述标准且导致被非法批准征用、占用的土地或者植被遭到严重破坏,或者造成有关单位、个人直接经济损失20万元以上的;

4. 非法批准征用、占用土地,影响群众生产、生活,引起纠纷,造成恶劣影响或者其他严重后果的。

(二十)非法低价出让国有土地使用权案(第410条)

非法低价出让国有土地使用权罪是指国家机关工作人员徇私舞弊,违反土地管理法规,滥用职权,非法低价出让国有土地使用权,情节严重的行为。

涉嫌下列情形之一的,应予立案:

1. 非法低价(包括无偿)出让国有土地使用权2公顷(30亩)以上,并且价格低于规定的最低价格的60%的;

2. 非法低价出让国有土地使用权的数量虽未达到上述标准,但造成国有土地资产流失价值20万元以上或者植被遭到严重破坏的;

3. 非法低价出让国有土地使用权,影响群众生产、生活,引起纠纷,造成恶劣影响或者其他严重后果的。

(二十一)放纵走私案(第411条)

放纵走私罪是指海关工作人员徇私舞弊,放纵走私,情节严重的行为。

涉嫌下列情形之一的,应予立案:

1. 放纵走私犯罪的;

2. 因放纵走私致使国家应收税额损失累计达10万元以上的;

3. 3次以上放纵走私行为或者一次放纵3起以上走私行为的;

4. 因收受贿赂而放纵走私的。

(二十二)商检徇私舞弊案(第412条第1款)

商检徇私舞弊罪是指国家商检部门、商检机构的工作人员徇私舞弊,伪造检验结果的行为。

国家商检部门、商检机构的工作人员涉嫌在商品检验过程中,为徇私情、私利,对报检的商品采取伪造、变造的手段对商检的单证、印章、标志、封识、质量认证标志等作虚假的证明或者出具不真实的结论,包括将送检的合格商品检验为不合格,或者将不合格检验为合格等行为的,应予立案。

(二十三)商检失职案(第412条第2款)

商检失职罪是国家商检部门、商检机构的工作人员严重不负责任,对应当检验的物品不检验,或者延误检验出证、错误出证,致使国家利益遭受重大损失的行为。

涉嫌下列情形之一的,应予立案:

1. 因不检验或者延误检验出证、错误出证,致使依法进出口商品不能进口或者出口,导致合同、订单被取消,或者外商向我方索赔或影响我方向外商索赔,直接经济损失达30万元以上的;

2. 因不检验或者延误检验出证、错误出证,致使不合格商品进口或者出口,严重损害国家和人民利益的;

3. 3次以上不检验或者延误检验出证、错误出证,严重影响国家对外经贸关系或者国家声誉的。

（二十四）动植物检疫徇私舞弊案（第413条第1款）

动植物检疫徇私舞弊罪是指国家检验检疫部门及检验检疫机构中从事动植物检疫工作的人员徇私舞弊，伪造检疫结果的行为。

国家检验检疫部门及检验检疫机构中从事动植物检疫工作的人员涉嫌在动植物检疫过程中，为徇私情、私利，采取伪造、变造的手段对检疫的单证、印章、标志、封识等作虚假的证明或出具不真实的结论，包括将合格检为不合格，或者将不合格检为合格等行为的，应予立案。

（二十五）动植物检疫失职案（第413条第2款）

动植物检疫失职罪是指国家检验检疫部门及检验检疫机构中从事动植物检疫工作的人员严重不负责任，对应当检疫的检疫物不检疫，或者延误检疫出证、错误出证，致使国家利益遭受重大损失的行为。

涉嫌下列情形之一的，应予立案：

1. 因不检疫或者延误检疫出证、错误出证，致使依法进出口的动植物不能进口或者出口，导致合同、订单被取消，或者外商向我方索赔或影响我方向外商索赔，直接经济损失达30万元以上的；

2. 因不检疫或者延误检疫出证、错误出证，导致重大疫情发生、传播或者流行的；

3. 因不检疫或者延误检疫出证、错误出证，导致疫情发生，造成人员死亡或者残疾的；

4. 3次以上不检疫或者延误检疫出证、错误出证，严重影响国家对外经贸关系和国家声誉的。

（二十六）放纵制售伪劣商品犯罪行为案（第414条）

放纵制售伪劣商品犯罪行为罪是指对生产、销售伪劣商品犯罪行为负有追究责任的国家工商行政管理、质量技术监督等机关工作人员徇私舞弊，不履行法律规定的追究职责，情节严重的行为。

涉嫌下列情形之一的，应予立案：

1. 放纵制售假药、有毒、有害食品犯罪行为的；

2. 放纵依法可能判处3年有期徒刑以上刑罚的生产、销售伪劣商品犯罪行为的；

3. 对生产、销售伪劣商品犯罪行为不履行追究职责，致使生产、销售伪劣商品犯罪行为得以继续的；

4. 对生产、销售伪劣商品犯罪行为不履行追究职责，致使国家和人民利益遭受重大损失或者造成恶劣影响的；

5. 3次以上不履行追究职责，或者对3个以上有生产、销售伪劣商品犯罪行为的单位或者个人不履行追究职责的。

（二十七）办理偷越国（边）境人员出入境证件案（第415条）

办理偷越国（边）境人员出入境证件罪是指负责办理护照、签证以及其他出入境证件的国家机关工作人员对明知是企图偷越国（边）境的人员，予以办理出入境证件的行为。

负责办理护照、签证以及其他出入境证件的国家机关工作人员涉嫌在办理护照、签证以及其他出入境证件的过程中，对明知是企图偷越国（边）境的人员而予以办理出入境证件的，应予立案。

（二十八）放行偷越国（边）境人员案（第415条）

放行偷越国（边）境人员罪是指边

防、海关等国家机关工作人员对明知是偷越国(边)境的人员予以放行的行为。

边防、海关等国家机关工作人员涉嫌在履行职务过程中,对明知是偷越国(边)境的人员而予以放行的,应予立案。

(二十九)不解救被拐卖、绑架妇女、儿童案(第416条第1款)

不解救被拐卖、绑架妇女、儿童罪是指对被拐卖、绑架的妇女、儿童负有解救职责的公安、司法等国家机关工作人员接到被拐卖、绑架的妇女、儿童及其家属的解救要求或者接到其他人的举报,而对被拐卖、绑架的妇女、儿童不进行解救,造成严重后果的行为。

涉嫌下列情形之一的,应予立案:

1. 因不进行解救,导致被拐卖、绑架的妇女、儿童及其亲属伤残、死亡、精神失常的;

2. 因不进行解救,导致被拐卖、绑架的妇女、儿童被转移、隐匿、转卖,不能及时解救的;

3. 3次以上或者对3名以上被拐卖、绑架的妇女、儿童不进行解救的;

4. 对被拐卖、绑架的妇女、儿童不进行解救,造成恶劣社会影响的。

(三十)阻碍解救被拐卖、绑架妇女、儿童案(第416条第2款)

阻碍解救被拐卖、绑架妇女、儿童罪是指对被拐卖、绑架的妇女、儿童负有解救职责的公安、司法等国家机关工作人员利用职务阻碍解救被拐卖、绑架的妇女、儿童的行为。

涉嫌下列情形之一的,应予立案:

1. 利用职权,禁止、阻止或者妨碍有关部门、人员解救被拐卖、绑架的妇女、儿童的;

2. 利用职务上的便利,向拐卖、绑架者或者收买者通风报信,妨碍解救工作正常进行的;

3. 其他利用职务阻碍解救被拐卖、绑架的妇女、儿童的行为。

(三十一)帮助犯罪分子逃避处罚案(第417条)

帮助犯罪分子逃避处罚罪是指有查禁犯罪活动职责的司法及公安、国家安全、海关、税务等国家机关的工作人员向犯罪分子通风报信、提供便利,帮助犯罪分子逃避处罚的行为。

涉嫌下列情形之一的,应予立案:

1. 为使犯罪分子逃避处罚,向犯罪分子及其亲属泄露有关部门查禁犯罪活动的部署、人员、措施、时间、地点等情况的;

2. 为使犯罪分子逃避处罚,向犯罪分子及其亲属提供交通工具、通讯设备、隐藏处所等便利条件的;

3. 为使犯罪分子逃避处罚,向犯罪分子及其亲属泄露案情,帮助、指示其隐匿、毁灭、伪造证据及串供、翻供的;

4. 其他向犯罪分子通风报信、提供便利,帮助犯罪分子逃避处罚的行为。

(三十二)招收公务员、学生徇私舞弊案(第418条)

招收公务员、学生徇私舞弊罪是指国家机关工作人员在招收公务员、省级以上教育行政部门组织招收的学生工作中徇私舞弊,情节严重的行为。

涉嫌下列情形之一的,应予立案:

1. 徇私情、私利,利用职务便利,伪造、变造人事、户口档案、考试成绩等,弄虚作假招收公务员、学生的;

2. 徇私情、私利,3次以上招收或者一次招收3名以上不合格的公务员、学生的;

3. 因招收不合格的公务员、学生,导

致被排挤的合格人员或者其亲属精神失常或者自杀的;

4. 因徇私舞弊招收公务员、学生,导致该项招收工作重新进行的;

5. 招收不合格的公务员、学生,造成恶劣社会影响的。

(三十三)失职造成珍贵文物损毁、流失案(第419条)

失职造成珍贵文物损毁、流失罪是指国家机关工作人员严重不负责任,造成珍贵文物损毁或者流失,后果严重的行为。

涉嫌下列情形之一的,应予立案:

1. 导致国家一、二、三级文物损毁或者流失的;

2. 导致全国重点文物保护单位或者省级文物保护单位损毁的;

3. 其他后果严重的情形。

三、国家机关工作人员利用职权实施的侵犯公民人身权利、民主权利犯罪案件

(一)国家机关工作人员利用职权实施的非法拘禁案(第238条)

非法拘禁罪是指以拘禁或者其他强制方法非法剥夺他人人身自由的行为。

国家机关工作人员涉嫌利用职权非法拘禁,具有下列情形之一的,应予立案:

1. 非法拘禁持续时间超过24小时的;

2. 3次以上非法拘禁他人,或者一次非法拘禁3人以上的;

3. 非法拘禁他人,并实施捆绑、殴打、侮辱等行为的;

4. 非法拘禁,致人伤残、死亡、精神失常的;

5. 为索取债务非法扣押、拘禁他人,具有上述情形之一的;

6. 司法工作人员对明知是无辜的人而非法拘禁的。

(二)国家机关工作人员利用职权实施的非法搜查案(第245条)

非法搜查罪是指非法搜查他人身体、住宅的行为。

国家机关工作人员涉嫌利用职权非法搜查,具有下列情形之一的,应予立案:

1. 非法搜查他人身体、住宅,手段恶劣的;

2. 非法搜查引起被搜查人精神失常、自杀或者造成财物严重损坏的;

3. 司法工作人员对明知是与涉嫌犯罪无关的人身、场所非法搜查的;

4. 3次以上或者对3人(户)以上进行非法搜查的。

(三)刑讯逼供案(第247条)

刑讯逼供罪是指司法工作人员对犯罪嫌疑人、被告人使用肉刑或者变相肉刑逼取口供的行为。

涉嫌下列情形之一的,应予立案:

1. 手段残忍、影响恶劣的;

2. 致人自杀或者精神失常的;

3. 造成冤、假、错案的;

4. 3次以上或者对3人以上进行刑讯逼供的;

5. 授意、指使、强迫他人刑讯逼供的。

(四)暴力取证案(第247条)

暴力取证罪是指司法工作人员以暴力逼取证人证言、被害人陈述的行为。

涉嫌下列情形之一的,应予立案:

1. 手段残忍、影响恶劣的;

2. 致人自杀或者精神失常的;

3. 造成冤、假、错案的;

4. 3次以上或者对3人以上进行暴力取证的;

5. 授意、指使、强迫他人暴力取证的。

(五)虐待被监管人案(第248条)

虐待被监管人罪是指监狱、拘留所、

看守所、拘役所、劳教所等监管机构的监管人员对被监管人进行殴打或者体罚虐待,情节严重的行为。

涉嫌下列情形之一的,应予立案:

1. 造成被监管人轻伤的;

2. 致使被监管人自杀、精神失常或其他严重后果的;

3. 对被监管人 3 人以上或 3 次以上实施殴打、体罚虐待的;

4. 手段残忍、影响恶劣的;

5. 指使被监管人殴打、体罚虐待其他被监管人,具有上述情形之一的。

(六)报复陷害案(第 254 条)

报复陷害罪是指国家机关工作人员滥用职权、假公济私,对控告人、申诉人、批评人、举报人实行打击报复、陷害的行为。

涉嫌下列情形之一的,应予立案:

1. 致使被害人的人身权利、民主权利或者其他合法权利受到严重损害的;

2. 致人精神失常或者自杀的;

3. 手段恶劣、后果严重的。

(七)国家机关工作人员利用职权实施的破坏选举案(第 256 条)

破坏选举罪是指在选举各级人民代表大会代表和国家机关领导人员时,以暴力、威胁、欺骗、贿赂、伪造选举文件、虚报选举票数或者编造选举结果等手段破坏选举或者妨害选民和代表自由行使选举权和被选举权,情节严重的行为。

国家机关工作人员涉嫌利用职权破坏选举,具有下列情形之一的,应予立案:

1. 以暴力、威胁、欺骗、贿赂等手段,妨害选民、各级人民代表大会代表自由行使选举权和被选举权,致使选举无法正常进行或者选举结果不真实的;

2. 以暴力破坏选举场所或者选举设备,致使选举无法正常进行的;

3. 伪造选举文件,虚报选举票数,产生不真实的选举结果或者强行宣布合法选举无效、非法选举有效的;

4. 聚众冲击选举场所或者故意扰乱选举会场秩序,使选举工作无法进行的。

四、附则

(一)本规定中每个罪案名称后所注明的法律条款系《中华人民共和国刑法》的有关条款。

(二)本规定中有关犯罪数额"不满",是指接近该数额且已达到该数额的百分之八十以上。

(三)本规定中的"直接经济损失",是指与行为有直接因果关系而造成的财产损毁、减少的实际价值。"间接经济损失",是指由直接经济损失引起和牵连的其他损失,包括失去的在正常情况下可能获得的利益和为恢复正常的管理活动或者挽回所造成的损失所支付的各种开支、费用等。

(四)本规定中有关挪用公款罪案中的"非法活动",既包括犯罪活动,也包括其他违法活动。

(五)本规定中有关贿赂罪案中的"谋取不正当利益",是指谋取违反法律、法规、国家政策和国务院各部门规章规定的利益,以及谋取违反法律、法规、国家政策和国务院各部门规章规定的帮助或者方便条件。

(六)本规定中有关私分国有资产罪案中的"国有资产",是指国家依法取得和认定的,或者国家以各种形式对企业投资和投资收益、国家向行政事业单位拨款等形成的资产。

(七)本规定自公布之日起施行。本

规定发布前有关人民检察院直接受理立案侦查案件的立案标准，与本规定有重复或者不一致的，适用本规定。

司法部
狱内刑事案件立案标准

（2001年3月2日司法部部长办公会议通过，2001年3月9日发布，自发布之日起施行）

第一条 为了及时打击狱内在押罪犯的又犯罪活动，确保监狱的安全稳定，根据中华人民共和国《刑法》、《刑事诉讼法》、《监狱法》的有关规定，针对狱内又犯罪活动的特点，制定本标准。

第二条 监狱发现罪犯有下列犯罪情形的，应当立案侦查：

（一）煽动分裂国家、破坏国家统一的（煽动分裂国家案）。

（二）以造谣、诽谤或其他方式煽动颠覆国家政权、推翻社会主义制度的（煽动颠覆国家政权案）。

（三）故意放火破坏监狱监管设施、生产设施、生活设施，危害监狱安全的（放火案）。

（四）爆炸破坏监狱监管设施、生产设施、生活设施，危害监狱安全的（爆炸案）。

（五）投毒破坏生活设施，危害监狱安全的（投毒案）。

（六）非法制作、储存或藏匿枪支的（非法制造、储存枪支案）。

（七）以各种手段窃取枪支、弹药、爆炸物的（盗窃枪支、弹药、爆炸物案）。

（八）抢夺枪支、弹药、爆炸物的（抢夺枪支、弹药、爆炸物案）。

（九）故意非法剥夺他人生命的（故意杀人案）。

（十）过失致人死亡的（过失致人死亡案）。

（十一）故意伤害他人身体的（故意伤害案）。

（十二）过失伤害他人致人重伤的（过失致人重伤案）。

（十三）以暴力、胁迫或者其他手段强奸妇女的（强奸案）。

（十四）奸淫不满14周岁幼女的（奸淫幼女案）。

（十五）以暴力、胁迫或者其他方法强制猥亵妇女或者侮辱妇女的（强制猥亵、侮辱妇女案）。

（十六）煽动民族分裂、民族歧视，情节严重的（煽动民族仇恨、民族歧视案）。

（十七）盗窃公私财物，数额在500元至2000元以上的；盗窃数额不足500元至2000元，但一年内盗窃三次以上的（盗窃案）。

（十八）诈骗公私财物，数额在500元至2000元以上的（诈骗案）。

（十九）抢夺公私财物，数额在500元至2000元以上的（抢夺案）。

（二十）敲诈勒索他人财物，数额在500元至2000元以上的（敲诈勒索案）。

（二十一）由于泄愤报复或者其他个人目的，毁坏机器设备、残害耕畜或者以其他方法破坏生产经营的（破坏生产经营案）。

（二十二）聚众斗殴，情节严重的。聚众斗殴，致人重伤、死亡的，依照故意伤害罪、故意杀人罪论处（聚众斗殴案）。

（二十三）有下列破坏监管秩序行为

之一,情节严重的:①殴打监管人员的;②组织其他被监管人员破坏监管秩序的;③聚众闹事,扰乱正常监管秩序的;④殴打、体罚或者指使他人殴打、体罚其他被监管人的(破坏监管秩序案)。

(二十四)狱内在押罪犯以各种方式逃离监狱警戒区域的(脱逃案)。

(二十五)罪犯使用各种暴力手段,聚众逃跑的(暴动越狱案)。

(二十六)罪犯组织、策划、指挥其他罪犯集体逃跑的,或者积极参加集体逃跑的(组织越狱案)。

(二十七)罪犯在服刑期间明知是毒品而非法销售或者以贩卖为目的而非法收买毒品的(贩卖毒品案)。

(二十八)非法持有鸦片200克以上、海洛因或者甲基苯丙胺10克以上或者其他毒品数量较大的(非法持有毒品案)。

(二十九)为牟取不正当利益,向监狱警察赠送财物,价值人民币2000元以上的(行贿案)。

(三十)以语言、文字、动作或者其它手段,向他人传授实施犯罪的具体经验、技能的(传授犯罪方法案)。

(三十一)其他需要立案侦查的案件。

第三条 情节、后果严重的下列案件,列为重大案件:

(一)组织从事危害国家安全活动的犯罪集团,情节严重的。

(二)放火、决水、爆炸、投毒或以其他危险方法危害监狱安全,造成人员伤亡或者直接经济损失5000元至30000元的。

(三)非法制造、储存枪支、弹药、爆炸物的。

(四)故意杀人致死或致重伤的。

(五)故意伤害他人致死的。

(六)强奸妇女既遂,或者奸淫幼女的。

(七)以挟持人质等暴力手段脱逃,造成人员重伤的。

(八)煽动民族仇恨、民族歧视,情节特别严重的。

(九)盗窃、诈骗、抢夺、敲诈勒索,数额在5000元至30000元的。

(十)十人以上聚众斗殴或者聚众斗殴致三名以上罪犯重伤的。

(十一)破坏监管秩序,情节恶劣、后果严重的。

(十二)罪犯三人以上集体脱逃的。

(十三)尚未减刑的死缓犯、无期徒刑犯脱逃的;剩余执行刑期15年以上的罪犯脱逃的;其他被列为重要案犯的罪犯脱逃的。

(十四)暴动越狱的。

(十五)贩卖鸦片200克以上不满1000克、海洛因或者甲基苯丙胺10克以上不满50克或者其他毒品数量较大的。

(十六)非法持有鸦片1000克以上、海洛因或甲基苯丙胺50克以上或者其他毒品数量较大的。

(十七)省、自治区、直辖市司法厅(局)认为需要列为重大案件的。

第四条 情节恶劣、后果特别严重的下列案件,列为特别重大案件:

(一)组织从事危害国家安全活动的犯罪集团,或进行其他危害国家安全的犯罪活动,影响恶劣,情节特别严重的。

(二)案件中一次杀死二名以上罪犯,或者重伤四名以上罪犯,或者杀害监狱警察、武装警察、工人及其家属的。

(三)暴动越狱,造成死亡一人以上,

或者重伤三人以上的,或者影响恶劣的。

(四)盗窃、抢夺、抢劫枪支弹药的。

(五)放火、爆炸、投毒,致死二人以上或者造成直接经济损失30000元以上的。

(六)盗窃、诈骗、抢夺、敲诈勒索、故意毁坏公私财物,数额在30000元以上的。

(七)强奸妇女,致人重伤、死亡或者其他严重后果的,或者轮奸妇女的。

(八)挟持人质,造成人质死亡的。

(九)贩卖鸦片1000克以上、海洛因或者甲基苯丙胺50克以上或者其它毒品数量大的。

(十)司法部认为需要列为特别重大案件的。

第五条 本规定中的公私财物价值数额、直接经济损失数额以及毒品数量,可在规定的数额、数量幅度内,执行本省(自治区、直辖市)高级人民法院确定的标准。

第六条 本标准由司法部解释。

第七条 本标准自发布之日起施行。司法部于1987年发布的《司法部关于狱内案件立案标准的规定(试行)》同日废止。

最高人民检察院、公安部关于公安机关管辖的刑事案件立案追诉标准的规定(一)

(最高人民检察院、公安部2008年6月25日印发,公通字〔2008〕36号;根据最高人民检察院、公安部2017年4月27日印发的公通字〔2017〕12号《关于公安机关管辖的刑事案件立案追诉标准的规定(一)的补充规定》修订)

一、危害公共安全案

第一条 [失火案(刑法第一百一十五条第二款)]过失引起火灾,涉嫌下列情形之一的,应予立案追诉:

(一)造成死亡一人以上,或者重伤三人以上的;

(二)造成公共财产或者他人财产直接经济损失五十万元以上的;

(三)造成十户以上家庭的房屋以及其他基本生活资料烧毁的;

(四)造成森林火灾,过火有林地面积二公顷以上,或者过火疏林地、灌木林地、未成林地、苗圃地面积四公顷以上的;

(五)其他造成严重后果的情形。

本条和本规定第十五条规定的"有林地"、"疏林地"、"灌木林地"、"未成林地"、"苗圃地",按照国家林业主管部门的有关规定确定。

第二条 [非法制造、买卖、运输、储存危险物质案(刑法第一百二十五条第二款)]非法制造、买卖、运输、储存毒害

性、放射性、传染病病原体等物质,危害公共安全,涉嫌下列情形之一的,应予立案追诉:

(一)造成人员重伤或者死亡的;

(二)造成直接经济损失十万元以上的;

(三)非法制造、买卖、运输、储存毒鼠强、氟乙酰胺、氟乙酰钠、毒鼠硅、甘氟原粉、原液、制剂五十克以上,或者饵料二千克以上的;

(四)造成急性中毒、放射性疾病或者造成传染病流行、暴发的;

(五)造成严重环境污染的;

(六)造成毒害性、放射性、传染病病原体等危险物质丢失、被盗、被抢或者被他人利用进行违法犯罪活动的;

(七)其他危害公共安全的情形。

第三条 [违规制造、销售枪支案(刑法第一百二十六条)]依法被指定、确定的枪支制造企业、销售企业,违反枪支管理规定,以非法销售为目的,超过限额或者不按照规定的品种制造、配售枪支,或者以非法销售为目的,制造无号、重号、假号的枪支,或者非法销售枪支或者在境内销售为出口制造的枪支,涉嫌下列情形之一的,应予立案追诉:

(一)违规制造枪支五支以上的;

(二)违规销售枪支二支以上的;

(三)虽未达到上述数量标准,但具有造成严重后果等其他恶劣情节的。

本条和本规定第四条、第七条规定的“枪支”,包括枪支散件。成套枪支散件,以相应数量的枪支计;非成套枪支散件,以每三十件为一成套枪支散件计。

第四条 [非法持有、私藏枪支、弹药案(刑法第一百二十八条第一款)]违反枪支管理规定,非法持有、私藏枪支、弹药,涉嫌下列情形之一的,应予立案追诉:

(一)非法持有、私藏军用枪支一支以上的;

(二)非法持有、私藏以火药为动力发射枪弹的非军用枪支一支以上,或者以压缩气体等为动力的其他非军用枪支二支以上的;

(三)非法持有、私藏军用子弹二十发以上、气枪铅弹一千发以上或者其他非军用子弹二百发以上的;

(四)非法持有、私藏手榴弹、炸弹、地雷、手雷等具有杀伤性弹药一枚以上的;

(五)非法持有、私藏的弹药造成人员伤亡、财产损失的。

本条规定的“非法持有”,是指不符合配备、配置枪支、弹药条件的人员,擅自持有枪支、弹药的行为;“私藏”,是指依法配备、配置枪支、弹药的人员,在配备、配置枪支、弹药的条件消除后,私自藏匿所配备、配置的枪支、弹药且拒不交出的行为。

第五条 [非法出租、出借枪支案(刑法第一百二十八条第二、三、四款)]依法配备公务用枪的人员或单位,非法将枪支出租、出借给未取得公务用枪配备资格的人员或单位,或者将公务用枪用作借债质押物的,应予立案追诉。

依法配备公务用枪的人员或单位,非法将枪支出租、出借给具有公务用枪配备资格的人员或单位,以及依法配置民用枪支的人员或单位,非法出租、出借民用枪支,涉嫌下列情形之一的,应予立案追诉:

(一)造成人员轻伤以上伤亡事故的;

(二)造成枪支丢失、被盗、被抢的;

(三)枪支被他人利用进行违法犯罪活动的;

(四)其他造成严重后果的情形。

第六条 ［丢失枪支不报案（刑法第一百二十九条）］依法配备公务用枪的人员，丢失枪支不及时报告，涉嫌下列情形之一的，应予立案追诉：

（一）丢失的枪支被他人使用造成人员轻伤以上伤亡事故的；

（二）丢失的枪支被他人利用进行违法犯罪活动的；

（三）其他造成严重后果的情形。

第七条 ［非法携带枪支、弹药、管制刀具、危险物品危及公共安全案（刑法第一百三十条）］非法携带枪支、弹药、管制刀具或者爆炸性、易燃性、放射性、毒害性、腐蚀性物品，进入公共场所或者公共交通工具，危及公共安全，涉嫌下列情形之一的，应予立案追诉：

（一）携带枪支一支以上或者手榴弹、炸弹、地雷、手雷等具有杀伤性弹药一枚以上的；

（二）携带爆炸装置一套以上的；

（三）携带炸药、发射药、黑火药五百克以上或者烟火药一千克以上、雷管二十枚以上或者导火索、导爆索二十米以上，或者虽未达到上述数量标准，但拒不交出的；

（四）携带的弹药、爆炸物在公共场所或者公共交通工具上发生爆炸或者燃烧，尚未造成严重后果的；

（五）携带管制刀具二十把以上，或者虽未达到上述数量标准，但拒不交出，或者用来进行违法活动尚未构成其他犯罪的；

（六）携带的爆炸性、易燃性、放射性、毒害性、腐蚀性物品在公共场所或者公共交通工具上发生泄漏、遗洒，尚未造成严重后果的；

（七）其他情节严重的情形。

第八条[①] **［重大责任事故案（刑法第一百三十四条第一款）］**在生产、作业中违反有关安全管理的规定，涉嫌下列情形之一的，应予立案追诉：

（一）造成死亡一人以上，或者重伤三人以上的；

（二）造成直接经济损失五十万元以上的；

（三）发生矿山生产安全事故，造成直接经济损失一百万元以上的；

（四）其他造成严重后果的情形。

第九条 ［强令违章冒险作业案（刑法第一百三十四条第二款）］强令他人违章冒险作业，涉嫌下列情形之一的，应予立案追诉：

（一）造成死亡一人以上，或者重伤三人以上的；

（二）造成直接经济损失五十万元以上的；

（三）发生矿山生产安全事故，造成直接经济损失一百万元以上的；

（四）其他造成严重后果的情形。

第十条 ［重大劳动安全事故案（刑法第一百三十五条）］安全生产设施或者安全生产条件不符合国家规定，涉嫌下列情形之一的，应予立案追诉：

（一）造成死亡一人以上，或者重伤三人以上的；

（二）造成直接经济损失五十万元以上的；

---

① 因最高人民检察院、公安部2008年6月25日的《关于公安机关管辖的刑事案件立案追诉标准的规定（一）》第八至十五条的规定与最高人民法院、最高人民检察院2015年12月16日的《关于办理危害生产安全刑事案件适用法律若干问题的解释》第六条的规定不一致，而实际上不能适用，所以在《刑法》第一百三十四至一百三十九条之下的脚注中不再注释。

(三)发生矿山生产安全事故,造成直接经济损失一百万元以上的;

(四)其他造成严重后果的情形。

第十一条 [大型群众性活动重大安全事故案(刑法第一百三十五条之一)]举办大型群众性活动违反安全管理规定,涉嫌下列情形之一的,应予立案追诉:

(一)造成死亡一人以上,或者重伤三人以上的;

(二)造成直接经济损失五十万元以上的;

(三)其他造成严重后果的情形。

第十二条 [危险物品肇事案(刑法第一百三十六条)]违反爆炸性、易燃性、放射性、毒害性、腐蚀性物品的管理规定,在生产、储存、运输、使用中发生重大事故,涉嫌下列情形之一的,应予立案追诉:

(一)造成死亡一人以上,或者重伤三人以上的;

(二)造成直接经济损失五十万元以上的;

(三)其他造成严重后果的情形。

第十三条 [工程重大安全事故案(刑法第一百三十七条)]建设单位、设计单位、施工单位、工程监理单位违反国家规定,降低工程质量标准,涉嫌下列情形之一的,应予立案追诉:

(一)造成死亡一人以上,或者重伤三人以上的;

(二)造成直接经济损失五十万元以上的;

(三)其他造成严重后果的情形。

第十四条 [教育设施重大安全事故案(刑法第一百三十八条)]明知校舍或者教育教学设施有危险,而不采取措施或者不及时报告,涉嫌下列情形之一的,应予立案追诉:

(一)造成死亡一人以上、重伤三人以上或者轻伤十人以上的;

(二)其他致使发生重大伤亡事故的情形。

第十五条 [消防责任事故案(刑法第一百三十九条)]违反消防管理法规,经消防监督机构通知采取改正措施而拒绝执行,涉嫌下列情形之一的,应予立案追诉:

(一)造成死亡一人以上,或者重伤三人以上的;

(二)造成直接经济损失五十万元以上的;

(三)造成森林火灾,过火有林地面积二公顷以上,或者过火疏林地、灌木林地、未成林地、苗圃地面积四公顷以上的;

(四)其他造成严重后果的情形。

第十五条之一 [不报、谎报安全事故案(刑法第一百三十九条之一)]在安全事故发生后,负有报告职责的人员不报或者谎报事故情况,贻误事故抢救,涉嫌下列情形之一的,应予立案追诉:

(一)导致事故后果扩大,增加死亡一人以上,或者增加重伤三人以上,或者增加直接经济损失一百万元以上的;

(二)实施下列行为之一,致使不能及时有效开展事故抢救的:

1. 决定不报、迟报、谎报事故情况或者指使、串通有关人员不报、迟报、谎报事故情况的;

2. 在事故抢救期间擅离职守或者逃匿的;

3. 伪造、破坏事故现场,或者转移、藏匿、毁灭遇难人员尸体,或者转移、藏匿受伤人员的;

4. 毁灭、伪造、隐匿与事故有关的图

纸、记录、计算机数据等资料以及其他证据的；

（三）其他不报、谎报安全事故情节严重的情形。

本条规定的"负有报告职责的人员"，是指负有组织、指挥或者管理职责的负责人、管理人员、实际控制人、投资人，以及其他负有报告职责的人员。

二、破坏社会主义市场经济秩序案

第十六条 ［生产、销售伪劣产品案（刑法第一百四十条）］生产者、销售者在产品中掺杂、掺假，以假充真，以次充好或者以不合格产品冒充合格产品，涉嫌下列情形之一的，应予立案追诉：

（一）伪劣产品销售金额五万元以上的；

（二）伪劣产品尚未销售，货值金额十五万元以上的；

（三）伪劣产品销售金额不满五万元，但将已销售金额乘以三倍后，与尚未销售的伪劣产品货值金额合计十五万元以上的。

本条规定的"掺杂、掺假"，是指在产品中掺入杂质或者异物，致使产品质量不符合国家法律、法规或者产品明示质量标准规定的质量要求，降低、失去应有使用性能的行为；"以假充真"，是指以不具有某种使用性能的产品冒充具有该种使用性能的产品的行为；"以次充好"，是指以低等级、低档次产品冒充高等级、高档次产品，或者以残次、废旧零配件组合、拼装后冒充正品或者新产品的行为；"不合格产品"，是指不符合《中华人民共和国产品质量法》第二十六条第二款规定的质量要求的产品。

对本条规定的上述行为难以确定的，应当委托法律、行政法规规定的产品质量检验机构进行鉴定。本条规定的"销售金额"，是指生产者、销售者出售伪劣产品后所得和应得的全部违法收入；"货值金额"，以违法生产、销售的伪劣产品的标价计算；没有标价的，按照同类合格产品的市场中间价格计算。货值金额难以确定的，按照《扣押、追缴、没收物品估价管理办法》的规定，委托估价机构进行确定。

第十七条 ［生产、销售假药案（刑法第一百四十一条）］生产、销售假药的，应予立案追诉。但销售少量根据民间传统配方私自加工的药品，或者销售少量未经批准进口的国外、境外药品，没有造成他人伤害后果或者延误诊治，情节显著轻微危害不大的除外。

以生产、销售假药为目的，具有下列情形之一的，属于本条规定的"生产"：

（一）合成、精制、提取、储存、加工炮制药品原料的；

（二）将药品原料、辅料、包装材料制成成品过程中，进行配料、混合、制剂、储存、包装的；

（三）印制包装材料、标签、说明书的。

医疗机构、医疗机构工作人员明知是假药而有偿提供给他人使用，或者为出售而购买、储存的，属于本条规定的"销售"。

本条规定的"假药"，是指依照《中华人民共和国药品管理法》的规定属于假药和按假药处理的药品、非药品。是否属于假药难以确定的，可以根据地市级以上药品监督管理部门出具的认定意见等相关材料进行认定。必要时，可以委托省级以上药品监督管理部门设置或者确定的药品检验机构进行检验。

第十八条　[生产、销售劣药案(刑法第一百四十二条)]生产(包括配制)、销售劣药,涉嫌下列情形之一的,应予立案追诉:

(一)造成人员轻伤、重伤或者死亡的;

(二)其他对人体健康造成严重危害的情形。

本条规定的"劣药",是指依照《中华人民共和国药品管理法》的规定,药品成份的含量不符合国家药品标准的药品和按劣药论处的药品。

第十九条　[生产、销售不符合安全标准的食品案(刑法第一百四十三条)]生产、销售不符合食品安全标准的食品,涉嫌下列情形之一的,应予立案追诉:

(一)食品含有严重超出标准限量的致病性微生物、农药残留、兽药残留、重金属、污染物质以及其他危害人体健康的物质的;

(二)属于病死、死因不明或者检验检疫不合格的畜、禽、兽、水产动物及其肉类、肉类制品的;

(三)属于国家为防控疾病等特殊需要明令禁止生产、销售的食品的;

(四)婴幼儿食品中生长发育所需营养成分严重不符合食品安全标准的;

(五)其他足以造成严重食物中毒事故或者严重食源性疾病的情形。

在食品加工、销售、运输、贮存等过程中,违反食品安全标准,超限量或者超范围滥用食品添加剂,足以造成严重食物中毒事故或者其他严重食源性疾病的,应予立案追诉。

在食用农产品种植、养殖、销售、运输、贮存等过程中,违反食品安全标准,超限量或者超范围滥用添加剂、农药、兽药等,足以造成严重食物中毒事故或者其他严重食源性疾病的,应予立案追诉。

第二十条　[生产、销售有毒、有害食品案(刑法第一百四十四条)]在生产、销售的食品中掺入有毒、有害的非食品原料的,或者销售明知掺有有毒、有害的非食品原料的食品的,应予立案追诉。

在食品加工、销售、运输、贮存等过程中,掺入有毒、有害的非食品原料,或者使用有毒、有害的非食品原料加工食品的,应予立案追诉。

在食用农产品种植、养殖、销售、运输、贮存等过程中,使用禁用农药、兽药等禁用物质或者其他有毒、有害物质的,应予立案追诉。

在保健食品或者其他食品中非法添加国家禁用药物等有毒、有害物质的,应予立案追诉。

下列物质应当认定为本条规定的"有毒、有害的非食品原料":

(一)法律、法规禁止在食品生产经营活动中添加、使用的物质;

(二)国务院有关部门公布的《食品中可能违法添加的非食用物质名单》《保健食品中可能非法添加的物质名单》中所列物质;

(三)国务院有关部门公告禁止使用的农药、兽药以及其他有毒、有害物质;

(四)其他危害人体健康的物质。

第二十一条　[生产、销售不符合标准的医用器材案(刑法第一百四十五条)]生产不符合保障人体健康的国家标准、行业标准的医疗器械、医用卫生材料,或者销售明知是不符合保障人体健康的国家标准、行业标准的医疗器械、医用卫生材料,涉嫌下列情形之一的,应予立案追诉：

（一）进入人体的医疗器械的材料中含有超过标准的有毒有害物质的；

（二）进入人体的医疗器械的有效性指标不符合标准要求，导致治疗、替代、调节、补偿功能部分或者全部丧失，可能造成贻误诊治或者人体严重损伤的；

（三）用于诊断、监护、治疗的有源医疗器械的安全指标不符合强制性标准要求，可能对人体构成伤害或者潜在危害的；

（四）用于诊断、监护、治疗的有源医疗器械的主要性能指标不合格，可能造成贻误诊治或者人体严重损伤的；

（五）未经批准，擅自增加功能或者适用范围，可能造成贻误诊治或者人体严重损伤的；

（六）其他足以严重危害人体健康或者对人体健康造成严重危害的情形。

医疗机构或者个人知道或者应当知道是不符合保障人体健康的国家标准、行业标准的医疗器械、医用卫生材料而购买并有偿使用的，视为本条规定的“销售”。

第二十二条 ［生产、销售不符合安全标准的产品案（刑法第一百四十六条）］生产不符合保障人身、财产安全的国家标准、行业标准的电器、压力容器、易燃易爆产品或者其他不符合保障人身、财产安全的国家标准、行业标准的产品，或者销售明知是以上不符合保障人身、财产安全的国家标准、行业标准的产品，涉嫌下列情形之一的，应予立案追诉：

（一）造成人员重伤或者死亡的；

（二）造成直接经济损失十万元以上的；

（三）其他造成严重后果的情形。

第二十三条 ［生产、销售伪劣农药、兽药、化肥、种子案（刑法第一百四十七条）］生产假农药、假兽药、假化肥，销售明知是假的或者失去使用效能的农药、兽药、化肥、种子，或者生产者、销售者以不合格的农药、兽药、化肥、种子冒充合格的农药、兽药、化肥、种子，涉嫌下列情形之一的，应予立案追诉：

（一）使生产遭受损失二万元以上的；

（二）其他使生产遭受较大损失的情形。

第二十四条 ［生产、销售不符合卫生标准的化妆品案（刑法第一百四十八条）］生产不符合卫生标准的化妆品，或者销售明知是不符合卫生标准的化妆品，涉嫌下列情形之一的，应予立案追诉：

（一）造成他人容貌毁损或者皮肤严重损伤的；

（二）造成他人器官组织损伤导致严重功能障碍的；

（三）致使他人精神失常或者自杀、自残造成重伤、死亡的；

（四）其他造成严重后果的情形。

第二十五条 ［走私淫秽物品案（刑法第一百五十二条第一款）］以牟利或者传播为目的，走私淫秽的影片、录像带、录音带、图片、书刊或者其他通过文字、声音、形象等形式表现淫秽内容的影碟、音碟、电子出版物等物品，涉嫌下列情形之一的，应予立案追诉：

（一）走私淫秽录像带、影碟五十盘（张）以上的；

（二）走私淫秽录音带、音碟一百盘（张）以上的；

（三）走私淫秽扑克、书刊、画册一百副（册）以上的；

（四）走私淫秽照片、图片五百张以上的；

(五)走私其他淫秽物品相当于上述数量的;

(六)走私淫秽物品数量虽未达到本条第(一)项至第(四)项规定标准,但分别达到其中两项以上标准的百分之五十以上的。

第二十六条 [侵犯著作权案(刑法第二百一十七条)]以营利为目的,未经著作权人许可,复制发行其文字作品、音乐、电影、电视、录像作品、计算机软件及其他作品,或者出版他人享有专有出版权的图书,或者未经录音录像制作者许可,复制发行其制作的录音录像,或者制作、出售假冒他人署名的美术作品,涉嫌下列情形之一的,应予立案追诉:

(一)违法所得数额三万元以上的;

(二)非法经营数额五万元以上的;

(三)未经著作权人许可,复制发行其文字作品、音乐、电影、电视、录像作品、计算机软件及其他作品,复制品数量合计五百张(份)以上的;

(四)未经录音录像制作者许可,复制发行其制作的录音录像制品,复制品数量合计五百张(份)以上的;

(五)其他情节严重的情形。

以刊登收费广告等方式直接或者间接收取费用的情形,属于本条规定的"以营利为目的"。

本条规定的"未经著作权人许可",是指没有得到著作权人授权或者伪造、涂改著作权人授权许可文件或者超出授权许可范围的情形。

本条规定的"复制发行",包括复制、发行或者既复制又发行的行为。

通过信息网络向公众传播他人文字作品、音乐、电影、电视、录像作品、计算机软件及其他作品,或者通过信息网络传播他人制作的录音录像制品的行为,应当视为本条规定的"复制发行"。

侵权产品的持有人通过广告、征订等方式推销侵权产品的,属于本条规定的"发行"。

本条规定的"非法经营数额",是指行为人在实施侵犯知识产权行为过程中,制造、储存、运输、销售侵权产品的价值。已销售的侵权产品的价值,按照实际销售的价格计算。制造、储存、运输和未销售的侵权产品的价值,按照标价或者已经查清的侵权产品的实际销售平均价格计算。侵权产品没有标价或者无法查清其实际销售价格的,按照被侵权产品的市场中间价格计算。

第二十七条 [销售侵权复制品案(刑法第二百一十八条)]以营利为目的,销售明知是刑法第二百一十七条规定的侵权复制品,涉嫌下列情形之一的,应予立案追诉:

(一)违法所得数额十万元以上的;

(二)违法所得数额虽未达到上述数额标准,但尚未销售的侵权复制品货值金额达到三十万元以上的。

第二十八条 [强迫交易案(刑法第二百二十六条)]以暴力、威胁手段强买强卖商品,强迫他人提供服务或者接受服务,涉嫌下列情形之一的,应予立案追诉:

(一)造成被害人轻微伤的;

(二)造成直接经济损失二千元以上的;

(三)强迫交易三次以上或者强迫三人以上交易的;

(四)强迫交易数额一万元以上,或者违法所得数额二千元以上的;

(五)强迫他人购买伪劣商品数额五千元以上,或者违法所得数额一千元以上的；

（六）其他情节严重的情形。

以暴力、威胁手段强迫他人参与或者退出投标、拍卖，强迫他人转让或者收购公司、企业的股份、债券或者其他资产，强迫他人参与或者退出特定的经营活动，具有多次实施、手段恶劣、造成严重后果或者恶劣社会影响等情形之一的，应予立案追诉。

第二十九条　［伪造、倒卖伪造的有价票证案（刑法第二百二十七条第一款）］伪造或者倒卖伪造的车票、船票、邮票或者其他有价票证，涉嫌下列情形之一的，应予立案追诉：

（一）车票、船票票面数额累计二千元以上，或者数量累计五十张以上的；

（二）邮票票面数额累计五千元以上，或者数量累计一千枚以上的；

（三）其他有价票证价额累计五千元以上，或者数量累计一百张以上的；

（四）非法获利累计一千元以上的；

（五）其他数额较大的情形。

第三十条　［倒卖车票、船票案（刑法第二百二十七条第二款）］倒卖车票、船票或者倒卖车票坐席、卧铺签字号以及订购车票、船票凭证，涉嫌下列情形之一的，应予立案追诉：

（一）票面数额累计五千元以上的；

（二）非法获利累计二千元以上的；

（三）其他情节严重的情形。

三、侵犯公民人身权利、民主权利案

第三十一条　［强迫劳动案（刑法第二百四十四条）］以暴力、威胁或者限制人身自由的方法强迫他人劳动的，应予立案追诉。

明知他人以暴力、威胁或者限制人身自由的方法强迫他人劳动，为其招募、运送人员或者有其他协助强迫他人劳动行为的，应予立案追诉。

第三十二条　［雇用童工从事危重劳动案（刑法第二百四十四条之一）］违反劳动管理法规，雇用未满十六周岁的未成年人从事国家规定的第四级体力劳动强度的劳动，或者从事高空、井下作业，或者在爆炸性、易燃性、放射性、毒害性等危险环境下从事劳动，涉嫌下列情形之一的，应予立案追诉：

（一）造成未满十六周岁的未成年人伤亡或者对其身体健康造成严重危害的；

（二）雇用未满十六周岁的未成年人三人以上的；

（三）以强迫、欺骗等手段雇用未满十六周岁的未成年人从事危重劳动的；

（四）其他情节严重的情形。

四、侵犯财产案

第三十三条　［故意毁坏财物案（刑法第二百七十五条）］故意毁坏公私财物，涉嫌下列情形之一的，应予立案追诉：

（一）造成公私财物损失五千元以上的；

（二）毁坏公私财物三次以上的；

（三）纠集三人以上公然毁坏公私财物的；

（四）其他情节严重的情形。

第三十四条　［破坏生产经营案（刑法第二百七十六条）］由于泄愤报复或者其他个人目的，毁坏机器设备、残害耕畜或者以其他方法破坏生产经营，涉嫌下列情形之一的，应予立案追诉：

（一）造成公私财物损失五千元以上的；

(二)破坏生产经营三次以上的;

(三)纠集三人以上公然破坏生产经营的;

(四)其他破坏生产经营应予追究刑事责任的情形。

第三十四条之一 [拒不支付劳动报酬案(刑法第二百七十六条之一)]以转移财产、逃匿等方法逃避支付劳动者的劳动报酬或者有能力支付而不支付劳动者的劳动报酬,经政府有关部门责令支付仍不支付,涉嫌下列情形之一的,应予立案追诉:

(一)拒不支付一名劳动者三个月以上的劳动报酬且数额在五千元至二万元以上的;

(二)拒不支付十名以上劳动者的劳动报酬且数额累计在三万元至十万元以上的。

不支付劳动者的劳动报酬,尚未造成严重后果,在刑事立案前支付劳动者的劳动报酬,并依法承担相应赔偿责任的,可以不予立案追诉。

五、妨害社会管理秩序案

第三十五条 [非法生产、买卖警用装备案(刑法第二百八十一条)]非法生产、买卖人民警察制式服装、车辆号牌等专用标志、警械,涉嫌下列情形之一的,应予立案追诉:

(一)成套制式服装三十套以上,或者非成套制式服装一百件以上的;

(二)手铐、脚镣、警用抓捕网、警用催泪喷射器、警灯、警报器单种或者合计十件以上的;

(三)警棍五十根以上的;

(四)警衔、警号、胸章、臂章、帽徽等警用标志单种或者合计一百件以上的;

(五)警车号牌、省级以上公安机关专段民用车辆号牌一副以上;或者其他公安机关专段民用车辆号牌三副以上的;

(六)非法经营数额五千元以上,或者非法获利一千元以上的;

(七)被他人利用进行违法犯罪活动的;

(八)其他情节严重的情形。

第三十六条 [聚众斗殴案(刑法第二百九十二条第一款)]组织、策划、指挥或者积极参加聚众斗殴的,应予立案追诉。

第三十七条 [寻衅滋事案(刑法第二百九十三条)]随意殴打他人,破坏社会秩序,涉嫌下列情形之一的,应予立案追诉:

(一)致一人以上轻伤或者二人以上轻微伤的;

(二)引起他人精神失常、自杀等严重后果的;

(三)多次随意殴打他人的;

(四)持凶器随意殴打他人的;

(五)随意殴打精神病人、残疾人、流浪乞讨人员、老年人、孕妇、未成年人,造成恶劣社会影响的;

(六)在公共场所随意殴打他人,造成公共场所秩序严重混乱的;

(七)其他情节恶劣的情形。

追逐、拦截、辱骂、恐吓他人,破坏社会秩序,涉嫌下列情形之一的,应予立案追诉:

(一)多次追逐、拦截、辱骂、恐吓他人,造成恶劣社会影响的;

(二)持凶器追逐、拦截、辱骂、恐吓他人的;

(三)追逐、拦截、辱骂、恐吓精神病人、残疾人、流浪乞讨人员、老年人、孕妇、

未成年人,造成恶劣社会影响的;

(四)引起他人精神失常、自杀等严重后果的;

(五)严重影响他人的工作、生活、生产、经营的;

(六)其他情节恶劣的情形。

强拿硬要或者任意损毁、占用公私财物,破坏社会秩序,涉嫌下列情形之一的,应予立案追诉:

(一)强拿硬要公私财物价值一千元以上,或者任意损毁、占用公私财物价值二千元以上的;

(二)多次强拿硬要或者任意损毁、占用公私财物,造成恶劣社会影响的;

(三)强拿硬要或者任意损毁、占用精神病人、残疾人、流浪乞讨人员、老年人、孕妇、未成年人的财物,造成恶劣社会影响的;

(四)引起他人精神失常、自杀等严重后果的;

(五)严重影响他人的工作、生活、生产、经营的;

(六)其他情节严重的情形。

在车站、码头、机场、医院、商场、公园、影剧院、展览会、运动场或者其他公共场所起哄闹事,应当根据公共场所的性质、公共活动的重要程度、公共场所的人数、起哄闹事的时间、公共场所受影响的范围与程度等因素,综合判断是否造成公共场所秩序严重混乱。

第三十八条　[非法集会、游行、示威案(刑法第二百九十六条)]举行集会、游行、示威,未依照法律规定申请或者申请未获许可,或者未按照主管机关许可的起止时间、地点、路线进行,又拒不服从解散命令,严重破坏社会秩序的,应予立案追诉。

第三十九条　[非法携带武器、管制刀具、爆炸物参加集会、游行、示威案(刑法第二百九十七条)]违反法律规定,携带武器、管制刀具或者爆炸物参加集会、游行、示威的,应予立案追诉。

第四十条　[破坏集会、游行、示威案(刑法第二百九十八条)]扰乱、冲击或者以其他方法破坏依法举行的集会、游行、示威,造成公共秩序混乱的,应予立案追诉。

第四十一条　[聚众淫乱案(刑法第三百零一条第一款)]组织、策划、指挥三人以上进行聚众淫乱活动或者参加聚众淫乱活动三次以上的,应予立案追诉。

第四十二条　[引诱未成年人聚众淫乱案(刑法第三百零一条第二款)]引诱未成年人参加聚众淫乱活动的,应予立案追诉。

第四十三条　[赌博案(刑法第三百零三条第一款)]以营利为目的,聚众赌博,涉嫌下列情形之一的,应予立案追诉:

(一)组织三人以上赌博,抽头渔利数额累计五千元以上的;

(二)组织三人以上赌博,赌资数额累计五万元以上的;

(三)组织三人以上赌博,参赌人数累计二十人以上的;

(四)组织中华人民共和国公民十人以上赴境外赌博,从中收取回扣、介绍费的;

(五)其他聚众赌博应予追究刑事责任的情形。

以营利为目的,以赌博为业的,应予立案追诉。

赌博犯罪中用作赌注的款物、换取筹码的款物和通过赌博赢取的款物属于赌资。通过计算机网络实施赌博犯罪的,赌资数额可以按照在计算机网络上投注或者赢取的点数乘以每一点实际代表的金额认定。

第四十四条 [开设赌场案(刑法第三百零三条第二款)] 开设赌场的,应予立案追诉。

在计算机网络上建立赌博网站,或者为赌博网站担任代理,接受投注的,属于本条规定的"开设赌场"。

第四十五条 [故意延误投递邮件案(刑法第三百零四条)] 邮政工作人员严重不负责任,故意延误投递邮件,涉嫌下列情形之一的,应予立案追诉:

(一)造成直接经济损失二万元以上的;

(二)延误高校录取通知书或者其他重要邮件投递,致使他人失去高校录取资格或者造成其他无法挽回的重大损失的;

(三)严重损害国家声誉或者造成恶劣社会影响的;

(四)其他致使公共财产、国家和人民利益遭受重大损失的情形。

第四十六条 [故意损毁文物案(刑法第三百二十四条第一款)] 故意损毁国家保护的珍贵文物或者被确定为全国重点文物保护单位、省级文物保护单位的文物的,应予立案追诉。

第四十七条 [故意损毁名胜古迹案(刑法第三百二十四条第二款)] 故意损毁国家保护的名胜古迹,涉嫌下列情形之一的,应予立案追诉:①

(一)造成国家保护的名胜古迹严重损毁的;

(二)损毁国家保护的名胜古迹三次以上或者三处以上,尚未造成严重毁损后果的;

(三)损毁手段特别恶劣的;

(四)其他情节严重的情形。

第四十八条 [过失损毁文物案(刑法第三百二十四条第三款)] 过失损毁国家保护的珍贵文物或者被确定为全国重点文物保护单位、省级文物保护单位的文物,涉嫌下列情形之一的,应予立案追诉:

(一)造成珍贵文物严重损毁的;

(二)造成被确定为全国重点文物保护单位、省级文物保护单位的文物严重损毁的;

(三)造成珍贵文物损毁三件以上的;

(四)其他造成严重后果的情形。

第四十九条 [妨害传染病防治案(刑法第三百三十条)] 违反传染病防治法的规定,引起甲类或者按照甲类管理的传染病传播或者有传播严重危险,涉嫌下列情形之一的,应予立案追诉:

(一)供水单位供应的饮用水不符合国家规定的卫生标准的;

(二)拒绝按照疾病预防控制机构提出的卫生要求,对传染病病原体污染的污水、污物、粪便进行消毒处理的;

(三)准许或者纵容传染病病人、病原携带者和疑似传染病病人从事国务院卫生行政部门规定禁止从事的易使该传染病扩散的工作的;

(四)拒绝执行疾病预防控制机构依照传染病防治法提出的预防、控制措施的。

本条和本规定第五十条规定的"甲类传染病",是指鼠疫、霍乱;"按甲类管理的传染病",是指乙类传染病中传染性

---

① 该条对故意损毁名胜古迹罪的立案标准与2016年最高人民法院、最高人民检察院《关于办理妨害文物管理等刑事案件适用法律若干问题的解释》第四条的规定不同。

非典型肺炎、炭疽中的肺炭疽、人感染高致病性禽流感以及国务院卫生行政部门根据需要报经国务院批准公布实施的其他需要按甲类管理的乙类传染病和突发原因不明的传染病。

第五十条 ［传染病菌种、毒种扩散案(刑法第三百三十一条)］从事实验、保藏、携带、运输传染病菌种、毒种的人员，违反国务院卫生行政部门的有关规定，造成传染病菌种、毒种扩散，涉嫌下列情形之一的，应予立案追诉：

(一)导致甲类和按甲类管理的传染病传播的；

(二)导致乙类、丙类传染病流行、暴发的；

(三)造成人员重伤或者死亡的；

(四)严重影响正常的生产、生活秩序的；

(五)其他造成严重后果的情形。

第五十一条 ［妨害国境卫生检疫案(刑法第三百三十二条)］违反国境卫生检疫规定，引起检疫传染病传播或者有传播严重危险的，应予立案追诉。

本条规定的“检疫传染病”，是指鼠疫、霍乱、黄热病以及国务院确定和公布的其他传染病。

第五十二条 ［非法组织卖血案(刑法第三百三十三条第一款)］非法组织他人出卖血液，涉嫌下列情形之一的，应予立案追诉：

(一)组织卖血三人次以上的；

(二)组织卖血非法获利累计二千元以上的；

(三)组织未成年人卖血的；

(四)被组织卖血的人的血液含有艾滋病病毒、乙型肝炎病毒、丙型肝炎病毒、梅毒螺旋体等病原微生物的；

(五)其他非法组织卖血应予追究刑事责任的情形。

第五十三条 ［强迫卖血案(刑法第三百三十三条第一款)］以暴力、威胁方法强迫他人出卖血液的，应予立案追诉。

第五十四条 ［非法采集、供应血液、制作、供应血液制品案(刑法第三百三十四条第一款)］非法采集、供应血液或者制作、供应血液制品，涉嫌下列情形之一的，应予立案追诉：

(一)采集、供应的血液含有艾滋病病毒、乙型肝炎病毒、丙型肝炎病毒、梅毒螺旋体等病原微生物的；

(二)制作、供应的血液制品含有艾滋病病毒、乙型肝炎病毒、丙型肝炎病毒、梅毒螺旋体等病原微生物，或者将含有上述病原微生物的血液用于制作血液制品的；

(三)使用不符合国家规定的药品、诊断试剂、卫生器材，或者重复使用一次性采血器材采集血液，造成传染病传播危险的；

(四)违反规定对献血者、供血浆者超量、频繁采集血液、血浆，足以危害人体健康的；

(五)其他不符合国家有关采集、供应血液或者制作、供应血液制品的规定，足以危害人体健康或者对人体健康造成严重危害的情形。

未经国家主管部门批准或者超过批准的业务范围，采集、供应血液或者制作、供应血液制品的，属于本条规定的“非法采集、供应血液或者制作、供应血液制品”。

本条和本规定第五十二条、第五十三条、第五十五条规定的“血液”，是指全血、成分血和特殊血液成分。

本条和本规定第五十五条规定的“血液制品”,是指各种人血浆蛋白制品。

第五十五条 [采集、供应血液、制作、供应血液制品事故案(刑法第三百三十四条第二款)]经国家主管部门批准采集、供应血液或者制作、供应血液制品的部门,不依照规定进行检测或者违背其他操作规定,涉嫌下列情形之一的,应予立案追诉:

(一)造成献血者、供血浆者、受血者感染艾滋病病毒、乙型肝炎病毒、丙型肝炎病毒、梅毒螺旋体或者其他经血液传播的病原微生物的;

(二)造成献血者、供血浆者、受血者重度贫血、造血功能障碍或者其他器官组织损伤导致功能障碍等身体严重危害的;

(三)其他造成危害他人身体健康后果的情形。

经国家主管部门批准的采供血机构和血液制品生产经营单位,属于本条规定的“经国家主管部门批准采集、供应血液或者制作、供应血液制品的部门”。采供血机构包括血液中心、中心血站、中心血库、脐带血造血干细胞库和国家卫生行政主管部门根据医学发展需要批准、设置的其他类型血库、单采血浆站。

具有下列情形之一的,属于本条规定的“不依照规定进行检测或者违背其他操作规定”:

(一)血站未用两个企业生产的试剂对艾滋病病毒抗体、乙型肝炎病毒表面抗原、丙型肝炎病毒抗体、梅毒抗体进行两次检测的;

(二)单采血浆站不依照规定对艾滋病病毒抗体、乙型肝炎病毒表面抗原、丙型肝炎病毒抗体、梅毒抗体进行检测的;

(三)血液制品生产企业在投料生产前未用主管部门批准和检定合格的试剂进行复检的;

(四)血站、单采血浆站和血液制品生产企业使用的诊断试剂没有生产单位名称、生产批准文号或者经检定不合格的;

(五)采供血机构在采集检验标本、采集血液和成分血分离时,使用没有生产单位名称、生产批准文号或者超过有效期的一次性注射器等采血器材的;

(六)不依照国家规定的标准和要求包装、储存、运输血液、原料血浆的;

(七)对国家规定检测项目结果呈阳性的血液未及时按照规定予以清除的;

(八)不具备相应资格的医务人员进行采血、检验操作的;

(九)对献血者、供血浆者超量、频繁采集血液、血浆的;

(十)采供血机构采集血液、血浆前,未对献血者或者供血浆者进行身份识别,采集冒名顶替者、健康检查不合格者血液、血浆的;

(十一)血站擅自采集原料血浆,单采血浆站擅自采集临床用血或者向医疗机构供应原料血浆的;

(十二)重复使用一次性采血器材的;

(十三)其他不依照规定进行检测或者违背操作规定的。

第五十六条 [医疗事故案(刑法第三百三十五条)]医务人员由于严重不负责任,造成就诊人死亡或者严重损害就诊人身体健康的,应予立案追诉。

具有下列情形之一的,属于本条规定的“严重不负责任”:

(一)擅离职守的;

(二)无正当理由拒绝对危急就诊人

实行必要的医疗救治的；

（三）未经批准擅自开展试验性治疗的；

（四）严重违反查对、复核制度的；

（五）使用未经批准使用的药品、消毒药剂、医疗器械的；

（六）严重违反国家法律法规及有明确规定的诊疗技术规范、常规的；

（七）其他严重不负责任的情形。

本条规定的“严重损害就诊人身体健康”，是指造成就诊人严重残疾、重伤、感染艾滋病、病毒性肝炎等难以治愈的疾病或者其他严重损害就诊人身体健康的后果。

第五十七条　［非法行医案（刑法第三百三十六条第一款）］未取得医生执业资格的人非法行医，涉嫌下列情形之一的，应予立案追诉：

（一）造成就诊人轻度残疾、器官组织损伤导致一般功能障碍，或者中度以上残疾、器官组织损伤导致严重功能障碍，或者死亡的；

（二）造成甲类传染病传播、流行或者有传播、流行危险的；

（三）使用假药、劣药或不符合国家规定标准的卫生材料、医疗器械，足以严重危害人体健康的；

（四）非法行医被卫生行政部门行政处罚两次以后，再次非法行医的；

（五）其他情节严重的情形。

具有下列情形之一的，属于本条规定的“未取得医生执业资格的人非法行医”：

（一）未取得或者以非法手段取得医师资格从事医疗活动的；

（二）个人未取得《医疗机构执业许可证》开办医疗机构的；

（三）被依法吊销医师执业证书期间从事医疗活动的；

（四）未取得乡村医生执业证书，从事乡村医疗活动的；

（五）家庭接生员实施家庭接生以外的医疗行为的。

本条规定的“轻度残疾、器官组织损伤导致一般功能障碍”、“中度以上残疾、器官组织损伤导致严重功能障碍”，参照卫生部《医疗事故分级标准（试行）》认定。

第五十八条　［非法进行节育手术案（刑法第三百三十六条第二款）］未取得医生执业资格的人擅自为他人进行节育复通手术、假节育手术、终止妊娠手术或者摘取宫内节育器，涉嫌下列情形之一的，应予立案追诉：

（一）造成就诊人轻伤、重伤、死亡或者感染艾滋病、病毒性肝炎等难以治愈的疾病的；

（二）非法进行节育复通手术、假节育手术、终止妊娠手术或者摘取宫内节育器五人次以上的；

（三）致使他人超计划生育的；

（四）非法进行选择性别的终止妊娠手术的；

（五）非法获利累计五千元以上的；

（六）其他情节严重的情形。

第五十九条　［妨害动植物防疫、检疫案（刑法第三百三十七条）］违反有关动植物防疫、检疫的国家规定，引起重大动植物疫情的，应予立案追诉。

违反有关动植物防疫、检疫的国家规定，有引起重大动植物疫情危险，涉嫌下列情形之一的，应予立案追诉：

（一）非法处置疫区内易感动物或者其产品，货值金额五万元以上的；

（二）非法处置因动植物防疫、检疫

需要被依法处理的动植物或者其产品,货值金额二万元以上的;

(三)非法调运、生产、经营感染重大植物检疫性有害生物的林木种子、苗木等繁殖材料或者森林植物产品的;

(四)输入《中华人民共和国进出境动植物检疫法》规定的禁止进境物逃避检疫,或者对特许进境的禁止进境物未有效控制与处置,导致其逃逸、扩散的;

(五)进境动植物及其产品检出有引起重大动植物疫情危险的动物疫病或者植物有害生物后,非法处置导致进境动植物及其产品流失的;

(六)一年内携带或者寄递《中华人民共和国禁止携带、邮寄进境的动植物及其产品名录》所列物品进境逃避检疫两次以上,或者窃取、抢夺、损毁、抛洒动植物检疫机关截留的《中华人民共和国禁止携带、邮寄进境的动植物及其产品名录》所列物品的;

(七)其他情节严重的情形。

本条规定的"重大动植物疫情",按照国家行政主管部门的有关规定认定。

第六十条 [污染环境案(刑法第三百三十八条)]违反国家规定,排放、倾倒或者处置有放射性的废物、含传染病病原体的废物、有毒物质或者其他有害物质,涉嫌下列情形之一的,应予立案追诉:

(一)在饮用水水源一级保护区、自然保护区核心区排放、倾倒、处置有放射性的废物、含传染病病原体的废物、有毒物质的;

(二)非法排放、倾倒、处置危险废物三吨以上的;

(三)排放、倾倒、处置含铅、汞、镉、铬、砷、铊、锑的污染物,超过国家或者地方污染物排放标准三倍以上的;

(四)排放、倾倒、处置含镍、铜、锌、银、钒、锰、钴的污染物,超过国家或者地方污染物排放标准十倍以上的;

(五)通过暗管、渗井、渗坑、裂隙、溶洞、灌注等逃避监管的方式排放、倾倒、处置有放射性的废物、含传染病病原体的废物、有毒物质的;

(六)二年内曾因违反国家规定,排放、倾倒、处置有放射性的废物、含传染病病原体的废物、有毒物质受过两次以上行政处罚,又实施前列行为的;

(七)重点排污单位篡改、伪造自动监测数据或者干扰自动监测设施,排放化学需氧量、氨氮、二氧化硫、氮氧化物等污染物的;

(八)违法减少防治污染设施运行支出一百万元以上的;

(九)违法所得或者致使公私财产损失三十万元以上的;

(十)造成生态环境严重损害的;

(十一)致使乡镇以上集中式饮用水水源取水中断十二小时以上的;

(十二)致使基本农田、防护林地、特种用途林地五亩以上,其他农用地十亩以上,其他土地二十亩以上基本功能丧失或者遭受永久性破坏的;

(十三)致使森林或者其他林木死亡五十立方米以上,或者幼树死亡二千五百株以上的;

(十四)致使疏散、转移群众五千人以上的;

(十五)致使三十人以上中毒的;

(十六)致使三人以上轻伤、轻度残疾或者器官组织损伤导致一般功能障碍的;

(十七)致使一人以上重伤、中度残疾或者器官组织损伤导致严重功能障碍的；

（十八）其他严重污染环境的情形。

本条规定的“有毒物质”，包括列入国家危险废物名录或者根据国家规定的危险废物鉴别标准和鉴别方法认定的具有危险特性的废物，《关于持久性有机污染物的斯德哥尔摩公约》附件所列物质，含重金属的污染物，以及其他具有毒性可能污染环境的物质。

本条规定的“非法处置危险废物”，包括无危险废物经营许可证，以营利为目的，从危险废物中提取物质作为原材料或者燃料，并具有超标排放污染物、非法倾倒污染物或者其他违法造成环境污染情形的行为。

本条规定的“重点排污单位”，是指设区的市级以上人民政府环境保护主管部门依法确定的应当安装、使用污染物排放自动监测设备的重点监控企业及其他单位。

本条规定的“公私财产损失”，包括直接造成财产损毁、减少的实际价值，为防止污染扩大、消除污染而采取必要合理措施所产生的费用，以及处置突发环境事件的应急监测费用。

本条规定的“生态环境损害”，包括生态环境修复费用，生态环境修复期间服务功能的损失和生态环境功能永久性损害造成的损失，以及其他必要合理费用。

本条规定的“无危险废物经营许可证”，是指未取得危险废物经营许可证，或者超出危险废物经营许可证的经营范围。

第六十一条 ［非法处置进口的固体废物案（刑法第三百三十九条第一款）］违反国家规定，将境外的固体废物进境倾倒、堆放、处置的，应予立案追诉。

第六十二条 ［擅自进口固体废物案（刑法第三百三十九条第二款）］未经国务院有关主管部门许可，擅自进口固体废物用作原料，造成重大环境污染事故，涉嫌下列情形之一的，应予立案追诉：

（一）致使公私财产损失三十万元以上的；

（二）致使基本农田、防护林地、特种用途林地五亩以上，其他农用地十亩以上，其他土地二十亩以上基本功能丧失或者遭受永久性破坏的；

（三）致使森林或者其他林木死亡五十立方米以上，或者幼树死亡二千五百株以上的；

（四）致使一人以上死亡、三人以上重伤、十人以上轻伤，或者一人以上重伤并且五人以上轻伤的；

（五）致使传染病发生、流行或者人员中毒达到《国家突发公共卫生事件应急预案》中突发公共卫生事件分级Ⅲ级以上情形，严重危害人体健康的；

（六）其他致使公私财产遭受重大损失或者严重危害人体健康的情形。

第六十三条 ［非法捕捞水产品案（刑法第三百四十条）］违反保护水产资源法规，在禁渔区、禁渔期或者使用禁用的工具、方法捕捞水产品，涉嫌下列情形之一的，应予立案追诉：

（一）在内陆水域非法捕捞水产品五百公斤以上或者价值五千元以上，或者在海洋水域非法捕捞水产品二千公斤以上或者价值二万元以上的；

（二）非法捕捞有重要经济价值的水生动物苗种、怀卵亲体或者在水产种质资源保护区内捕捞水产品，在内陆水域五十公斤以上或者价值五百元以上，或者在海洋水域二百公斤以上或者价值二千元以

上的;

(三)在禁渔区内使用禁用的工具或者禁用的方法捕捞的;

(四)在禁渔期内使用禁用的工具或者禁用的方法捕捞的;

(五)在公海使用禁用渔具从事捕捞作业,造成严重影响的;

(六)其他情节严重的情形。

第六十四条 [非法猎捕、杀害珍贵、濒危野生动物案(刑法第三百四十一条第一款)] 非法猎捕、杀害国家重点保护的珍贵、濒危野生动物的,应予立案追诉。

本条和本规定第六十五条规定的“珍贵、濒危野生动物”,包括列入《国家重点保护野生动物名录》的国家一、二级保护野生动物、列入《濒危野生动植物种国际贸易公约》附录一、附录二的野生动物以及驯养繁殖的上述物种。

第六十五条 [非法收购、运输、出售珍贵、濒危野生动物、珍贵、濒危野生动物制品案(刑法第三百四十一条第一款)] 非法收购、运输、出售国家重点保护的珍贵、濒危野生动物及其制品的,应予立案追诉。

本条规定的“收购”,包括以营利、自用等为目的的购买行为;“运输”,包括采用携带、邮寄、利用他人、使用交通工具等方法进行运送的行为;“出售”,包括出卖和以营利为目的的加工利用行为。

第六十六条 [非法狩猎案(刑法第三百四十一条第二款)] 违反狩猎法规,在禁猎区、禁猎期或者使用禁用的工具、方法进行狩猎,破坏野生动物资源,涉嫌下列情形之一的,应予立案追诉:

(一)非法狩猎野生动物二十只以上的;

(二)在禁猎区内使用禁用的工具或者禁用的方法狩猎的;

(三)在禁猎期内使用禁用的工具或者禁用的方法狩猎的;

(四)其他情节严重的情形。

第六十七条 [非法占用农用地案(刑法第三百四十二条)] 违反土地管理法规,非法占用耕地、林地等农用地,改变被占用土地用途,造成耕地、林地等农用地大量毁坏,涉嫌下列情形之一的,应予立案追诉:

(一)非法占用基本农田五亩以上或者基本农田以外的耕地十亩以上的;

(二)非法占用防护林地或者特种用途林地数量单种或者合计五亩以上的;

(三)非法占用其他林地数量十亩以上的;

(四)非法占用本款第(二)项、第(三)项规定的林地,其中一项数量达到相应规定的数量标准的百分之五十以上,且两项数量合计达到该项规定的数量标准的;

(五)非法占用其他农用地数量较大的情形。

违反土地管理法规,非法占用耕地建窑、建坟、建房、挖沙、采石、采矿、取土、堆放固体废弃物或者进行其他非农业建设,造成耕地种植条件严重毁坏或者严重污染,被毁坏耕地数量达到以上规定的,属于本条规定的“造成耕地大量毁坏”。

违反土地管理法规,非法占用林地,改变被占用林地用途,在非法占用的林地上实施建窑、建坟、建房、挖沙、采石、采矿、取土、种植农作物、堆放或者排泄废弃物等行为或者进行其他非林业生产、建设,造成林地的原有植被或者林业种植条件严重毁坏或者严重污染,被毁坏林地数量达到以上规定的，属于本条规定的“造成林地大量毁坏”。

第六十八条 ［非法采矿案（刑法第三百四十三条第一款）］违反矿产资源法的规定，未取得采矿许可证擅自采矿，或者擅自进入国家规划矿区、对国民经济具有重要价值的矿区和他人矿区范围采矿，或者擅自开采国家规定实行保护性开采的特定矿种，涉嫌下列情形之一的，应予立案追诉：

（一）开采的矿产品价值或者造成矿产资源破坏的价值在十万元至三十万元以上的；

（二）在国家规划矿区、对国民经济具有重要价值的矿区采矿，开采国家规定实行保护性开采的特定矿种，或者在禁采区、禁采期内采矿，开采的矿产品价值或者造成矿产资源破坏的价值在五万元至十五万元以上的；

（三）二年内曾因非法采矿受过两次以上行政处罚，又实施非法采矿行为的；

（四）造成生态环境严重损害的；

（五）其他情节严重的情形。

在河道管理范围内采砂，依据相关规定应当办理河道采砂许可证而未取得河道采砂许可证，或者应当办理河道采砂许可证和采矿许可证，既未取得河道采砂许可证又未取得采矿许可证，具有本条第一款规定的情形之一，或者严重影响河势稳定危害防洪安全的，应予立案追诉。

采挖海砂，未取得海砂开采海域使用权证且未取得采矿许可证，具有本条第一款规定的情形之一，或者造成海岸线严重破坏的，应予立案追诉。

具有下列情形之一的，属于本条规定的“未取得采矿许可证”：

（一）无许可证的；

（二）许可证被注销、吊销、撤销的；

（三）超越许可证规定的矿区范围或者开采范围的；

（四）超出许可证规定的矿种的（共生、伴生矿种除外）；

（五）其他未取得许可证的情形。

多次非法采矿构成犯罪，依法应当追诉的，或者二年内多次非法采矿未经处理的，价值数额累计计算。

非法开采的矿产品价值，根据销赃数额认定；无销赃数额，销赃数额难以查证，或者根据销赃数额认定明显不合理的，根据矿产品价格和数量认定。

矿产品价值难以确定的，依据价格认证机构，省级以上人民政府国土资源、水行政、海洋等主管部门，或者国务院水行政主管部门在国家确定的重要江河、湖泊设立的流域管理机构出具的报告，结合其他证据作出认定。

第六十九条[①] **［破坏性采矿案（刑法第三百四十三条第二款）］**违反矿产资源法的规定，采取破坏性的开采方法开采矿产资源，造成矿产资源严重破坏，价值数额在三十万元至五十万元以上的，应予立案追诉。

本条规定的“采取破坏性的开采方法开采矿产资源”，是指行为人违反地质矿产主管部门审查批准的矿产资源开发利用方案开采矿产资源，并造成矿产资源严重破坏的行为。

---

① 因最高人民检察院、公安部2008年6月25日的《关于公安机关管辖的刑事案件立案追诉标准的规定（一）》第六十九条的规定与最高人民法院、最高人民检察院2016年12月1日的《关于办理非法采矿、破坏性采矿刑事案件适用法律若干问题的解释》第六条的规定不一致，而实际上不能适用，所以在《刑法》第三百四十一条之下的脚注中不再注释。

破坏性的开采方法以及造成矿产资源严重破坏的价值数额,由省级以上地质矿产主管部门出具鉴定结论,经查证属实后予以认定。

第七十条 [非法采伐、毁坏国家重点保护植物案(刑法第三百四十四条)] 违反国家规定,非法采伐、毁坏珍贵树木或者国家重点保护的其他植物的,应予立案追诉。

本条和本规定第七十一条规定的"珍贵树木或者国家重点保护的其他植物",包括由省级以上林业主管部门或者其他部门确定的具有重大历史纪念意义、科学研究价值或者年代久远的古树名木,国家禁止、限制出口的珍贵树木以及列入《国家重点保护野生植物名录》的树木或者其他植物。

第七十一条 [非法收购、运输、加工、出售国家重点保护植物、国家重点保护植物制品案(刑法第三百四十四条)] 违反国家规定,非法收购、运输、加工、出售珍贵树木或者国家重点保护的其他植物及其制品的,应予立案追诉。

第七十二条 [盗伐林木案(刑法第三百四十五条第一款)] 盗伐森林或者其他林木,涉嫌下列情形之一的,应予立案追诉:

(一)盗伐二至五立方米以上的;

(二)盗伐幼树一百至二百株以上的。

以非法占有为目的,具有下列情形之一的,属于本条规定的"盗伐森林或者其他林木":

(一)擅自砍伐国家、集体、他人所有或者他人承包经营管理的森林或者其他林木的;

(二)擅自砍伐本单位或者本人承包经营管理的森林或者其他林木的;

(三)在林木采伐许可证规定的地点以外采伐国家、集体、他人所有或者他人承包经营管理的森林或者其他林木的。

本条和本规定第七十三条、第七十四条规定的林木数量以立木蓄积计算,计算方法为:原木材积除以该树种的出材率;"幼树",是指胸径五厘米以下的树木。

第七十三条 [滥伐林木案(刑法第三百四十五条第二款)] 违反森林法的规定,滥伐森林或者其他林木,涉嫌下列情形之一的,应予立案追诉:

(一)滥伐十至二十立方米以上的;

(二)滥伐幼树五百至一千株以上的。

违反森林法的规定,具有下列情形之一的,属于本条规定的"滥伐森林或者其他林木":

(一)未经林业行政主管部门及法律规定的其他主管部门批准并核发林木采伐许可证,或者虽持有林木采伐许可证,但违反林木采伐许可证规定的时间、数量、树种或者方式,任意采伐本单位所有或者本人所有的森林或者其他林木的;

(二)超过林木采伐许可证规定的数量采伐他人所有的森林或者其他林木的。

违反森林法的规定,在林木采伐许可证规定的地点以外,采伐本单位或者本人所有的森林或者其他林木的,除农村居民采伐自留地和房前屋后个人所有的零星林木以外,属于本条第二款第(一)项"未经林业行政主管部门及法律规定的其他主管部门批准并核发林木采伐许可证"规定的情形。

林木权属争议一方在林木权属确权之前,擅自砍伐森林或者其他林木的,属于本条规定的"滥伐森林或者其他林木"。

滥伐林木的数量,应在伐区调查设计允许的误差额以上计算。

第七十四条 [非法收购、运输盗伐、滥伐的林木案(刑法第三百四十五条第三款)]非法收购、运输明知是盗伐、滥伐的林木,涉嫌下列情形之一的,应予立案追诉:

(一)非法收购、运输盗伐、滥伐的林木二十立方米以上或者幼树一千株以上的;

(二)其他情节严重的情形。

本条规定的"非法收购"的"明知",是指知道或者应当知道。具有下列情形之一的,可以视为应当知道,但是有证据证明确属被蒙骗的除外:

(一)在非法的木材交易场所或者销售单位收购木材的;

(二)收购以明显低于市场价格出售的木材的;

(三)收购违反规定出售的木材的。

第七十五条 [组织卖淫案(刑法第三百五十八条第一款)]以招募、雇佣、强迫、引诱、容留等手段,组织他人卖淫的,应予立案追诉。

第七十六条 [强迫卖淫案(刑法第三百五十八条第一款)]以暴力、胁迫等手段强迫他人卖淫的,应予立案追诉。

第七十七条 [协助组织卖淫案(刑法第三百五十八条第四款)]在组织卖淫的犯罪活动中,帮助招募、运送、培训人员三人以上,或者充当保镖、打手、管账人等,起帮助作用的,应予立案追诉。

第七十八条[1] **[引诱、容留、介绍卖淫案(刑法第三百五十九条第一款)]**引诱、容留、介绍他人卖淫,涉嫌下列情形之一的,应予立案追诉:

(一)引诱、容留、介绍二人次以上卖淫的;

(二)引诱、容留、介绍已满十四周岁未满十八周岁的未成年人卖淫的;

(三)被引诱、容留、介绍卖淫的人患有艾滋病或者患有梅毒、淋病等严重性病的;

(四)其他引诱、容留、介绍卖淫应予追究刑事责任的情形。

第七十九条 [引诱幼女卖淫案(刑法第三百五十九条第二款)]引诱不满十四周岁的幼女卖淫的,应予立案追诉。

第八十条 [传播性病案(刑法第三百六十条第一款)]明知自己患有梅毒、淋病等严重性病卖淫、嫖娼的,应予立案追诉。

具有下列情形之一的,可以认定为本条规定的"明知":

(一)有证据证明曾到医疗机构就医,被诊断为患有严重性病的;

(二)根据本人的知识和经验,能够知道自己患有严重性病的;

(三)通过其他方法能够证明是"明知"的。

第八十一条 [嫖宿幼女罪(刑法第三百六十条第二款)](已废止)[2]

第八十二条 [制作、复制、出版、贩卖、传播淫秽物品牟利案(刑法第三百六十三条第一款、第二款)]以牟利为目的,

---

① 该条规定与最高人民法院、最高人民检察院2017年《关于办理组织、强迫、引诱、容留、介绍卖淫刑事案件适用法律若干问题的解释》第八条的规定不一致,应以后者为准。

② 因《刑法修正案(九)》删除了刑法第三百六十条第二款关于嫖宿幼女罪的规定,因此最高人民检察院、公安部2017年4月27日发布的《〈关于公安机关管辖的刑事案件立案追诉标准的规定(一)〉的补充规定》第十三条规定将该条关于嫖宿幼女罪的立案标准删除。

制作、复制、出版、贩卖、传播淫秽物品,涉嫌下列情形之一的,应予立案追诉:

(一)制作、复制、出版淫秽影碟、软件、录像带五十至一百张(盒)以上,淫秽音碟、录音带一百至二百张(盒)以上,淫秽扑克、书刊、画册一百至二百副(册)以上,淫秽照片、画片五百至一千张以上的;

(二)贩卖淫秽影碟、软件、录像带一百至二百张(盒)以上,淫秽音碟、录音带二百至四百张(盒)以上,淫秽扑克、书刊、画册二百至四百副(册)以上,淫秽照片、画片一千至二千张以上的;

(三)向他人传播淫秽物品达二百至五百人次以上,或者组织播放淫秽影、像达十至二十场次以上的;

(四)制作、复制、出版、贩卖、传播淫秽物品,获利五千至一万元以上的。

以牟利为目的,利用互联网、移动通讯终端制作、复制、出版、贩卖、传播淫秽电子信息,涉嫌下列情形之一的,应予立案追诉:

(一)制作、复制、出版、贩卖、传播淫秽电影、表演、动画等视频文件二十个以上的;

(二)制作、复制、出版、贩卖、传播淫秽音频文件一百个以上的;

(三)制作、复制、出版、贩卖、传播淫秽电子刊物、图片、文章、短信息等二百件以上的;

(四)制作、复制、出版、贩卖、传播的淫秽电子信息,实际被点击数达到一万次以上的;

(五)以会员制方式出版、贩卖、传播淫秽电子信息,注册会员达二百人以上的;

(六)利用淫秽电子信息收取广告费、会员注册费或者其他费用,违法所得一万元以上的;

(七)数量或者数额虽未达到本款第(一)项至第(六)项规定标准,但分别达到其中两项以上标准的百分之五十以上的;

(八)造成严重后果的。

利用聊天室、论坛、即时通信软件、电子邮件等方式,实施本条第二款规定行为的,应予立案追诉。

以牟利为目的,通过声讯台传播淫秽语音信息,涉嫌下列情形之一的,应予立案追诉:

(一)向一百人次以上传播的;

(二)违法所得一万元以上的;

(三)造成严重后果的。

明知他人用于出版淫秽书刊而提供书号、刊号的,应予立案追诉。

第八十三条　[为他人提供书号出版淫秽书刊案(刑法第三百六十三条第二款)]为他人提供书号、刊号出版淫秽书刊,或者为他人提供版号出版淫秽音像制品的,应予立案追诉。

第八十四条　[传播淫秽物品案(刑法第三百六十四条第一款)]传播淫秽的书刊、影片、音像、图片或者其他淫秽物品,涉嫌下列情形之一的,应予立案追诉:

(一)向他人传播三百至六百人次以上的;

(二)造成恶劣社会影响的。

不以牟利为目的,利用互联网、移动通讯终端传播淫秽电子信息,涉嫌下列情形之一的,应予立案追诉:

(一)数量达到本规定第八十二条第二款第(一)项至第(五)项规定标准二倍以上的;

(二)数量分别达到本规定第八十二条第二款第(一)项至第(五)项两项以上

标准的；

（三）造成严重后果的。

利用聊天室、论坛、即时通信软件、电子邮件等方式，实施本条第二款规定行为的，应予立案追诉。

第八十五条 ［组织播放淫秽音像制品案（刑法第三百六十四条第二款）］ 组织播放淫秽的电影、录像等音像制品，涉嫌下列情形之一的，应予立案追诉：

（一）组织播放十五至三十场次以上的；

（二）造成恶劣社会影响的。

第八十六条 ［组织淫秽表演案（刑法第三百六十五条）］ 以策划、招募、强迫、雇用、引诱、提供场地、提供资金等手段，组织进行淫秽表演，涉嫌下列情形之一的，应予立案追诉：

（一）组织表演者进行裸体表演的；

（二）组织表演者利用性器官进行诲淫性表演的；

（三）组织表演者半裸体或者变相裸体表演并通过语言、动作具体描绘性行为的；

（四）其他组织进行淫秽表演应予追究刑事责任的情形。

六、危害国防利益案

第八十七条 ［故意提供不合格武器装备、军事设施案（刑法第三百七十条第一款）］ 明知是不合格的武器装备、军事设施而提供给武装部队，涉嫌下列情形之一的，应予立案追诉：

（一）造成人员轻伤以上的；

（二）造成直接经济损失十万元以上的；

（三）提供不合格的枪支三支以上、子弹一百发以上、雷管五百枚以上、炸药五千克以上或者其他重要武器装备、军事设施的；

（四）影响作战、演习、抢险救灾等重大任务完成的；

（五）发生在战时的；

（六）其他故意提供不合格武器装备、军事设施应予追究刑事责任的情形。

第八十八条 ［过失提供不合格武器装备、军事设施案（刑法第三百七十条第二款）］ 过失提供不合格武器装备、军事设施给武装部队，涉嫌下列情形之一的，应予立案追诉：

（一）造成死亡一人以上或者重伤三人以上的；

（二）造成直接经济损失三十万元以上的；

（三）严重影响作战、演习、抢险救灾等重大任务完成的；

（四）其他造成严重后果的情形。

第八十九条 ［聚众冲击军事禁区案（刑法第三百七十一条第一款）］ 组织、策划、指挥聚众冲击军事禁区或者积极参加聚众冲击军事禁区，严重扰乱军事禁区秩序，涉嫌下列情形之一的，应予立案追诉：

（一）冲击三次以上或者一次冲击持续时间较长的；

（二）持械或者采取暴力手段冲击的；

（三）冲击重要军事禁区的；

（四）发生在战时的；

（五）其他严重扰乱军事禁区秩序应予追究刑事责任的情形。

第九十条 ［聚众扰乱军事管理区秩序案（刑法第三百七十一条第二款）］ 组织、策划、指挥聚众扰乱军事管理区秩序或者积极参加聚众扰乱军事管理区秩

序,致使军事管理区工作无法进行,造成严重损失,涉嫌下列情形之一的,应予立案追诉:

(一)造成人员轻伤以上的;

(二)扰乱三次以上或者一次扰乱时间较长的;

(三)造成直接经济损失五万元以上的;

(四)持械或者采取暴力手段的;

(五)扰乱重要军事管理区秩序的;

(六)发生在战时的;

(七)其他聚众扰乱军事管理区秩序应予追究刑事责任的情形。

第九十一条 [煽动军人逃离部队案(刑法第三百七十三条)]煽动军人逃离部队,涉嫌下列情形之一的,应予立案追诉:

(一)煽动三人以上逃离部队的;

(二)煽动指挥人员、值班执勤人员或者其他负有重要职责人员逃离部队的;

(三)影响重要军事任务完成的;

(四)发生在战时的;

(五)其他情节严重的情形。

第九十二条 [雇用逃离部队军人案(刑法第三百七十三条)]明知是逃离部队的军人而雇用,涉嫌下列情形之一的,应于立案追诉:

(一)雇用一人六个月以上的;

(二)雇用三人以上的;

(三)明知是逃离部队的指挥人员、值班执勤人员或者其他负有重要职责人员而雇用的;

(四)阻碍部队将被雇用军人带回的;

(五)其他情节严重的情形。

第九十三条 [接送不合格兵员案(刑法第三百七十四条)]在征兵工作中徇私舞弊,接送不合格兵员,涉嫌下列情形之一的,应予立案追诉:

(一)接送不合格特种条件兵员一名以上或者普通兵员三名以上的;

(二)发生在战时的;

(三)造成严重后果的;

(四)其他情节严重的情形。

第九十四条 [非法生产、买卖武装部队制式服装案(刑法第三百七十五条第二款)]非法生产、买卖武装部队制式服装,涉嫌下列情形之一的,应予立案追诉:

(一)非法生产、买卖成套制式服装三十套以上,或者非成套制式服装一百件以上的;

(二)非法生产、买卖帽徽、领花、臂章等标志服饰合计一百件(副)以上的;

(三)非法经营数额二万元以上的;

(四)违法所得数额五千元以上的;

(五)其他情节严重的情形。

买卖仿制的现行装备的武装部队制式服装,情节严重的,应予立案追诉。

第九十四条之一 [伪造、盗窃、买卖、非法提供、非法使用武装部队专用标志案(刑法第三百七十五条第三款)]伪造、盗窃、买卖或者非法提供、使用武装部队车辆号牌等专用标志,涉嫌下列情形之一的,应予立案追诉:

(一)伪造、盗窃、买卖或者非法提供、使用武装部队军以上领导机关车辆号牌一副以上或者其他车辆号牌三副以上的;

(二)非法提供、使用军以上领导机关车辆号牌之外的其他车辆号牌累计六个月以上的;

(三)伪造、盗窃、买卖或者非法提供、使用军徽、军旗、军种符号或者其他军用标志合计一百件(副)以上的;

（四）造成严重后果或者恶劣影响的。

盗窃、买卖、提供、使用伪造、变造的武装部队车辆号牌等专用标志，情节严重的，应予立案追诉。

第九十五条 ［战时拒绝、逃避征召、军事训练案（刑法第三百七十六条第一款）］预备役人员战时拒绝、逃避征召或者军事训练，涉嫌下列情形之一的，应予立案追诉：

（一）无正当理由经教育仍拒绝、逃避征召或者军事训练的；

（二）以暴力、威胁、欺骗等手段，或者采取自伤、自残等方式拒绝、逃避征召或者军事训练的；

（三）联络、煽动他人共同拒绝、逃避征召或者军事训练的；

（四）其他情节严重的情形。

第九十六条 ［战时拒绝、逃避服役案（刑法第三百七十六条第二款）］公民战时拒绝、逃避服役，涉嫌下列情形之一的，应予立案追诉：

（一）无正当理由经教育仍拒绝、逃避服役的；

（二）以暴力、威胁、欺骗等手段，或者采取自伤、自残等方式拒绝、逃避服役的；

（三）联络、煽动他人共同拒绝、逃避服役的；

（四）其他情节严重的情形。

第九十七条 ［战时窝藏逃离部队军人案（刑法第三百七十九条）］战时明知是逃离部队的军人而为其提供隐蔽处所、财物，涉嫌下列情形之一的，应予立案追诉：

（一）窝藏三人次以上的；

（二）明知是指挥人员、值班执勤人员或者其他负有重要职责人员而窝藏的；

（三）有关部门查找时拒不交出的；

（四）其他情节严重的情形。

第九十八条 ［战时拒绝、故意延误军事订货案（刑法第三百八十条）］战时拒绝或者故意延误军事订货，涉嫌下列情形之一的，应予立案追诉：

（一）拒绝或者故意延误军事订货三次以上的；

（二）联络、煽动他人共同拒绝或者故意延误军事订货的；

（三）拒绝或者故意延误重要军事订货，影响重要军事任务完成的；

（四）其他情节严重的情形。

第九十九条 ［战时拒绝军事征收、征用案（刑法第三百八十一条）］战时拒绝军事征收、征用，涉嫌下列情形之一的，应予立案追诉：

（一）无正当理由拒绝军事征收、征用三次以上的；

（二）采取暴力、威胁、欺骗等手段拒绝军事征收、征用的；

（三）联络、煽动他人共同拒绝军事征收、征用的；

（四）拒绝重要军事征收、征用，影响重要军事任务完成的；

（五）其他情节严重的情形。

附 则

第一百条 本规定中的立案追诉标准，除法律、司法解释另有规定的以外，适用于相关的单位犯罪。

第一百零一条 本规定中的“以上”，包括本数。

第一百零二条 本规定自印发之日起施行。

最高人民检察院、公安部关于公安机关管辖的刑事案件立案追诉标准的规定(二)

(2022年4月6日公布,自2022年5月15日起施行)

第一条 [帮助恐怖活动案(刑法第一百二十条之一第一款)]资助恐怖活动组织、实施恐怖活动的个人的,或者资助恐怖活动培训的,应予立案追诉。

第二条 [走私假币案(刑法第一百五十一条第一款)]走私伪造的货币,涉嫌下列情形之一的,应予立案追诉:

(一)总面额在二千元以上或者币量在二百张(枚)以上的;

(二)总面额在一千元以上或者币量在一百张(枚)以上,二年内因走私假币受过行政处罚,又走私假币的;

(三)其他走私假币应予追究刑事责任的情形。

第三条 [虚报注册资本案(刑法第一百五十八条)]申请公司登记使用虚假证明文件或者采取其他欺诈手段虚报注册资本,欺骗公司登记主管部门,取得公司登记,涉嫌下列情形之一的,应予立案追诉:

(一)法定注册资本最低限额在六百万元以下,虚报数额占其应缴出资数额百分之六十以上的;

(二)法定注册资本最低限额超过六百万元,虚报数额占其应缴出资数额百分之三十以上的;

(三)造成投资者或者其他债权人直接经济损失累计数额在五十万元以上的;

(四)虽未达到上述数额标准,但具有下列情形之一的:

1. 二年内因虚报注册资本受过二次以上行政处罚,又虚报注册资本的;

2. 向公司登记主管人员行贿的;

3. 为进行违法活动而注册的。

(五)其他后果严重或者有其他严重情节的情形。

本条只适用于依法实行注册资本实缴登记制的公司。

第四条 [虚假出资、抽逃出资案(刑法第一百五十九条)]公司发起人、股东违反公司法的规定未交付货币、实物或者未转移财产权,虚假出资,或者在公司成立后又抽逃其出资,涉嫌下列情形之一的,应予立案追诉:

(一)法定注册资本最低限额在六百万元以下,虚假出资、抽逃出资数额占其应缴出资数额百分之六十以上的;

(二)法定注册资本最低限额超过六百万元,虚假出资、抽逃出资数额占其应缴出资数额百分之三十以上的;

(三)造成公司、股东、债权人的直接经济损失累计数额在五十万元以上的;

(四)虽未达到上述数额标准,但具有下列情形之一的:

1. 致使公司资不抵债或者无法正常经营的;

2. 公司发起人、股东合谋虚假出资、抽逃出资的;

3. 二年内因虚假出资、抽逃出资受过二次以上行政处罚,又虚假出资、抽逃出资的;

4. 利用虚假出资、抽逃出资所得资金进行违法活动的。

(五)其他后果严重或者有其他严重

情节的情形。

本条只适用于依法实行注册资本实缴登记制的公司。

第五条　［欺诈发行证券案（刑法第一百六十条）］在招股说明书、认股书、公司、企业债券募集办法等发行文件中隐瞒重要事实或者编造重大虚假内容，发行股票或者公司、企业债券、存托凭证或者国务院依法认定的其他证券，涉嫌下列情形之一的，应予立案追诉：

（一）非法募集资金金额在一千万元以上的；

（二）虚增或者虚减资产达到当期资产总额百分之三十以上的；

（三）虚增或者虚减营业收入达到当期营业收入总额百分之三十以上的；

（四）虚增或者虚减利润达到当期利润总额百分之三十以上的；

（五）隐瞒或者编造的重大诉讼、仲裁、担保、关联交易或者其他重大事项所涉及的数额或者连续十二个月的累计数额达到最近一期披露的净资产百分之五十以上的；

（六）造成投资者直接经济损失数额累计在一百万元以上的；

（七）为欺诈发行证券而伪造、变造国家机关公文、有效证明文件或者相关凭证、单据的；

（八）为欺诈发行证券向负有金融监督管理职责的单位或者人员行贿的；

（九）募集的资金全部或者主要用于违法犯罪活动的；

（十）其他后果严重或者有其他严重情节的情形。

第六条　［违规披露、不披露重要信息案（刑法第一百六十一条）］依法负有信息披露义务的公司、企业向股东和社会公众提供虚假的或者隐瞒重要事实的财务会计报告，或者对依法应当披露的其他重要信息不按照规定披露，涉嫌下列情形之一的，应予立案追诉：

（一）造成股东、债权人或者其他人直接经济损失数额累计在一百万元以上的；

（二）虚增或者虚减资产达到当期披露的资产总额百分之三十以上的；

（三）虚增或者虚减营业收入达到当期披露的营业收入总额百分之三十以上的；

（四）虚增或者虚减利润达到当期披露的利润总额百分之三十以上的；

（五）未按照规定披露的重大诉讼、仲裁、担保、关联交易或者其他重大事项所涉及的数额或者连续十二个月的累计数额达到最近一期披露的净资产百分之五十以上的；

（六）致使不符合发行条件的公司、企业骗取发行核准或者注册并且上市交易的；

（七）致使公司、企业发行的股票或者公司、企业债券、存托凭证或者国务院依法认定的其他证券被终止上市交易的；

（八）在公司财务会计报告中将亏损披露为盈利，或者将盈利披露为亏损的；

（九）多次提供虚假的或者隐瞒重要事实的财务会计报告，或者多次对依法应当披露的其他重要信息不按照规定披露的；

（十）其他严重损害股东、债权人或者其他人利益，或者有其他严重情节的情形。

第七条　［妨害清算案（刑法第一百六十二条）］公司、企业进行清算时，隐匿财产，对资产负债表或者财产清单作虚伪记载或者在未清偿债务前分配公司、企业财产，涉嫌下列情形之一的，应予立案追诉：

(一)隐匿财产价值在五十万元以上的；

(二)对资产负债表或者财产清单作虚伪记载涉及金额在五十万元以上的；

(三)在未清偿债务前分配公司、企业财产价值在五十万元以上的；

(四)造成债权人或者其他人直接经济损失数额累计在十万元以上的；

(五)虽未达到上述数额标准,但应清偿的职工的工资、社会保险费用和法定补偿金得不到及时清偿,造成恶劣社会影响的；

(六)其他严重损害债权人或者其他人利益的情形。

第八条 [隐匿、故意销毁会计凭证、会计帐簿、财务会计报告案(刑法第一百六十二条之一)]隐匿或者故意销毁依法应当保存的会计凭证、会计帐簿、财务会计报告,涉嫌下列情形之一的,应予立案追诉：

(一)隐匿、故意销毁的会计凭证、会计帐簿、财务会计报告涉及金额在五十万元以上的；

(二)依法应当向监察机关、司法机关、行政机关、有关主管部门等提供而隐匿、故意销毁或者拒不交出会计凭证、会计帐簿、财务会计报告的；

(三)其他情节严重的情形。

第九条 [虚假破产案(刑法第一百六十二条之二)]公司、企业通过隐匿财产、承担虚构的债务或者以其他方法转移、处分财产,实施虚假破产,涉嫌下列情形之一的,应予立案追诉：

(一)隐匿财产价值在五十万元以上的；

(二)承担虚构的债务涉及金额在五十万元以上的；

(三)以其他方法转移、处分财产价值在五十万元以上的；

(四)造成债权人或者其他人直接经济损失数额累计在十万元以上的；

(五)虽未达到上述数额标准,但应清偿的职工的工资、社会保险费用和法定补偿金得不到及时清偿,造成恶劣社会影响的；

(六)其他严重损害债权人或者其他人利益的情形。

第十条 [非国家工作人员受贿案(刑法第一百六十三条)]公司、企业或者其他单位的工作人员利用职务上的便利,索取他人财物或者非法收受他人财物,为他人谋取利益,或者在经济往来中,利用职务上的便利,违反国家规定,收受各种名义的回扣、手续费,归个人所有,数额在三万元以上的,应予立案追诉。

第十一条 [对非国家工作人员行贿案(刑法第一百六十四条第一款)]为谋取不正当利益,给予公司、企业或者其他单位的工作人员以财物,个人行贿数额在三万元以上的,单位行贿数额在二十万元以上的,应予立案追诉。

第十二条 [对外国公职人员、国际公共组织官员行贿案(刑法第一百六十四条第二款)]为谋取不正当商业利益,给予外国公职人员或者国际公共组织官员以财物,个人行贿数额在三万元以上的,单位行贿数额在二十万元以上的,应予立案追诉。

第十三条 [背信损害上市公司利益案(刑法第一百六十九条之一)]上市公司的董事、监事、高级管理人员违背对公司的忠实义务,利用职务便利,操纵上市公司从事损害上市公司利益的行为,以及上市公司的控股股东或者实际控制人,指使上市公司董事、监事、高级管理人员实施损害上市公司利益的行为，涉嫌下列情形之一的，应予立案追诉：

（一）无偿向其他单位或者个人提供资金、商品、服务或者其他资产，致使上市公司直接经济损失数额在一百五十万元以上的；

（二）以明显不公平的条件，提供或者接受资金、商品、服务或者其他资产，致使上市公司直接经济损失数额在一百五十万元以上的；

（三）向明显不具有清偿能力的单位或者个人提供资金、商品、服务或者其他资产，致使上市公司直接经济损失数额在一百五十万元以上的；

（四）为明显不具有清偿能力的单位或者个人提供担保，或者无正当理由为其他单位或者个人提供担保，致使上市公司直接经济损失数额在一百五十万元以上的；

（五）无正当理由放弃债权、承担债务，致使上市公司直接经济损失数额在一百五十万元以上的；

（六）致使公司、企业发行的股票或者公司、企业债券、存托凭证或者国务院依法认定的其他证券被终止上市交易的；

（七）其他致使上市公司利益遭受重大损失的情形。

第十四条　［伪造货币案（刑法第一百七十条）］伪造货币，涉嫌下列情形之一的，应予立案追诉：

（一）总面额在二千元以上或者币量在二百张（枚）以上的；

（二）总面额在一千元以上或者币量在一百张（枚）以上，二年内因伪造货币受过行政处罚，又伪造货币的；

（三）制造货币版样或者为他人伪造货币提供版样的；

（四）其他伪造货币应予追究刑事责任的情形。

第十五条　［出售、购买、运输假币案（刑法第一百七十一条第一款）］出售、购买伪造的货币或者明知是伪造的货币而运输，涉嫌下列情形之一的，应予立案追诉：

（一）总面额在四千元以上或者币量在四百张（枚）以上的；

（二）总面额在二千元以上或者币量在二百张（枚）以上，二年内因出售、购买、运输假币受过行政处罚，又出售、购买、运输假币的；

（三）其他出售、购买、运输假币应予追究刑事责任的情形。

在出售假币时被抓获的，除现场查获的假币应认定为出售假币的数额外，现场之外在行为人住所或者其他藏匿地查获的假币，也应认定为出售假币的数额。

第十六条　［金融工作人员购买假币、以假币换取货币案（刑法第一百七十一条第二款）］银行或者其他金融机构的工作人员购买伪造的货币或者利用职务上的便利，以伪造的货币换取货币，总面额在二千元以上或者币量在二百张（枚）以上的，应予立案追诉。

第十七条　［持有、使用假币案（刑法第一百七十二条）］明知是伪造的货币而持有、使用，涉嫌下列情形之一的，应予立案追诉：

（一）总面额在四千元以上或者币量在四百张（枚）以上的；

（二）总面额在二千元以上或者币量在二百张（枚）以上，二年内因持有、使用假币受过行政处罚，又持有、使用假币的；

（三）其他持有、使用假币应予追究

刑事责任的情形。

第十八条　[变造货币案(刑法第一百七十三条)]变造货币,涉嫌下列情形之一的,应予立案追诉:

(一)总面额在二千元以上或者币量在二百张(枚)以上的;

(二)总面额在一千元以上或者币量在一百张(枚)以上,二年内因变造货币受过行政处罚,又变造货币的;

(三)其他变造货币应予追究刑事责任的情形。

第十九条　[擅自设立金融机构案(刑法第一百七十四条第一款)]未经国家有关主管部门批准,擅自设立金融机构,涉嫌下列情形之一的,应予立案追诉:

(一)擅自设立商业银行、证券交易所、期货交易所、证券公司、期货公司、保险公司或者其他金融机构的;

(二)擅自设立金融机构筹备组织的。

第二十条　[伪造、变造、转让金融机构经营许可证、批准文件案(刑法第一百七十四条第二款)]伪造、变造、转让商业银行、证券交易所、期货交易所、证券公司、期货公司、保险公司或者其他金融机构的经营许可证或者批准文件的,应予立案追诉。

第二十一条　[高利转贷案(刑法第一百七十五条)]以转贷牟利为目的,套取金融机构信贷资金高利转贷他人,违法所得数额在五十万元以上的,应予立案追诉。

第二十二条　[骗取贷款、票据承兑、金融票证案(刑法第一百七十五条之一)]以欺骗手段取得银行或者其他金融机构贷款、票据承兑、信用证、保函等,给银行或者其他金融机构造成直接经济损失数额在五十万元以上的,应予立案追诉。

第二十三条　[非法吸收公众存款案(刑法第一百七十六条)]非法吸收公众存款或者变相吸收公众存款,扰乱金融秩序,涉嫌下列情形之一的,应予立案追诉:

(一)非法吸收或者变相吸收公众存款数额在一百万元以上的;

(二)非法吸收或者变相吸收公众存款对象一百五十人以上的;

(三)非法吸收或者变相吸收公众存款,给集资参与人造成直接经济损失数额在五十万元以上的;

非法吸收或者变相吸收公众存款数额在五十万元以上或者给集资参与人造成直接经济损失数额在二十五万元以上,同时涉嫌下列情形之一的,应予立案追诉:

(一)因非法集资受过刑事追究的;

(二)二年内因非法集资受过行政处罚的;

(三)造成恶劣社会影响或者其他严重后果的。

第二十四条　[伪造、变造金融票证案(刑法第一百七十七条)]伪造、变造金融票证,涉嫌下列情形之一的,应予立案追诉:

(一)伪造、变造汇票、本票、支票,或者伪造、变造委托收款凭证、汇款凭证、银行存单等其他银行结算凭证,或者伪造、变造信用证或者附随的单据、文件,总面额在一万元以上或者数量在十张以上的;

(二)伪造信用卡一张以上,或者伪造空白信用卡十张以上的。

第二十五条　[妨害信用卡管理案(刑法第一百七十七条之一第一款)]妨

害信用卡管理,涉嫌下列情形之一的,应予立案追诉:

(一)明知是伪造的信用卡而持有、运输的;

(二)明知是伪造的空白信用卡而持有、运输,数量累计在十张以上的;

(三)非法持有他人信用卡,数量累计在五张以上的;

(四)使用虚假的身份证明骗领信用卡的;

(五)出售、购买、为他人提供伪造的信用卡或者以虚假的身份证明骗领的信用卡的。

违背他人意愿,使用其居民身份证、军官证、士兵证、港澳居民往来内地通行证、台湾居民来往大陆通行证、护照等身份证明申领信用卡的,或者使用伪造、变造的身份证明申领信用卡的,应当认定为"使用虚假的身份证明骗领信用卡"。

第二十六条 [窃取、收买、非法提供信用卡信息案(刑法第一百七十七条之一第二款)] 窃取、收买或者非法提供他人信用卡信息资料,足以伪造可进行交易的信用卡,或者足以使他人以信用卡持卡人名义进行交易,涉及信用卡一张以上的,应予立案追诉。

第二十七条 [伪造、变造国家有价证券案(刑法第一百七十八条第一款)] 伪造、变造国库券或者国家发行的其他有价证券,总面额在二千元以上的,应予立案追诉。

第二十八条 [伪造、变造股票、公司、企业债券案(刑法第一百七十八条第二款)] 伪造、变造股票或者公司、企业债券,总面额在三万元以上的,应予立案追诉。

第二十九条 [擅自发行股票、公司、企业债券案(刑法第一百七十九条)] 未经国家有关主管部门批准或者注册,擅自发行股票或者公司、企业债券,涉嫌下列情形之一的,应予立案追诉:

(一)非法募集资金金额在一百万元以上的;

(二)造成投资者直接经济损失数额累计在五十万元以上的;

(三)募集的资金全部或者主要用于违法犯罪活动的;

(四)其他后果严重或者有其他严重情节的情形。

本条规定的"擅自发行股票或者公司、企业债券",是指向社会不特定对象发行、以转让股权等方式变相发行股票或者公司、企业债券,或者向特定对象发行、变相发行股票或者公司、企业债券累计超过二百人的行为。

第三十条 [内幕交易、泄露内幕信息案(刑法第一百八十条第一款)] 证券、期货交易内幕信息的知情人员、单位或者非法获取证券、期货交易内幕信息的人员、单位,在涉及证券的发行,证券、期货交易或者其他对证券、期货交易价格有重大影响的信息尚未公开前,买入或者卖出该证券,或者从事与该内幕信息有关的期货交易,或者泄露该信息,或者明示、暗示他人从事上述交易活动,涉嫌下列情形之一的,应予立案追诉:

(一)获利或者避免损失数额在五十万元以上的;

(二)证券交易成交额在二百万元以上的;

(三)期货交易占用保证金数额在一百万元以上的;

(四)二年内三次以上实施内幕交易、泄露内幕信息行为的;

(五)明示、暗示三人以上从事与内幕信息相关的证券、期货交易活动的;

(六)具有其他严重情节的。

内幕交易获利或者避免损失数额在二十五万元以上,或者证券交易成交额在一百万元以上,或者期货交易占用保证金数额在五十万元以上,同时涉嫌下列情形之一的,应予立案追诉:

(一)证券法规定的证券交易内幕信息的知情人实施或者与他人共同实施内幕交易行为的;

(二)以出售或者变相出售内幕信息等方式,明示、暗示他人从事与该内幕信息相关的交易活动的;

(三)因证券、期货犯罪行为受过刑事追究的;

(四)二年内因证券、期货违法行为受过行政处罚的;

(五)造成其他严重后果的。

第三十一条 [利用未公开信息交易案(刑法第一百八十条第四款)]证券交易所、期货交易所、证券公司、期货公司、基金管理公司、商业银行、保险公司等金融机构的从业人员以及有关监管部门或者行业协会的工作人员,利用因职务便利获取的内幕信息以外的其他未公开的信息,违反规定,从事与该信息相关的证券、期货交易活动,或者明示、暗示他人从事相关交易活动,涉嫌下列情形之一的,应予立案追诉:

(一)获利或者避免损失数额在一百万元以上的;

(二)二年内三次以上利用未公开信息交易的;

(三)明示、暗示三人以上从事相关交易活动的;

(四)具有其他严重情节的。

利用未公开信息交易,获利或者避免损失数额在五十万元以上,或者证券交易成交额在五百万元以上,或者期货交易占用保证金数额在一百万元以上,同时涉嫌下列情形之一的,应予立案追诉:

(一)以出售或者变相出售未公开信息等方式,明示、暗示他人从事相关交易活动的;

(二)因证券、期货犯罪行为受过刑事追究的;

(三)二年内因证券、期货违法行为受过行政处罚的;

(四)造成其他严重后果的。

第三十二条 [编造并传播证券、期货交易虚假信息案(刑法第一百八十一条第一款)]编造并且传播影响证券、期货交易的虚假信息,扰乱证券、期货交易市场,涉嫌下列情形之一的,应予立案追诉:

(一)获利或者避免损失数额在五万元以上的;

(二)造成投资者直接经济损失数额在五十万元以上的;

(三)虽未达到上述数额标准,但多次编造并且传播影响证券、期货交易的虚假信息的;

(四)致使交易价格或者交易量异常波动的;

(五)造成其他严重后果的。

第三十三条 [诱骗投资者买卖证券、期货合约案(刑法第一百八十一条第二款)]证券交易所、期货交易所、证券公司、期货公司的从业人员,证券业协会、期货业协会或者证券期货监督管理部门的工作人员,故意提供虚假信息或者伪造、变造、销毁交易记录,诱骗投资者买卖证券、期货合约,涉嫌下列情形之一的,应予立案追诉：

（一）获利或者避免损失数额在五万元以上的；

（二）造成投资者直接经济损失数额在五十万元以上的；

（三）虽未达到上述数额标准，但多次诱骗投资者买卖证券、期货合约的；

（四）致使交易价格或者交易量异常波动的；

（五）造成其他严重后果的。

第三十四条 ［操纵证券、期货市场案（刑法第一百八十二条）］操纵证券、期货市场，影响证券、期货交易价格或者证券、期货交易量，涉嫌下列情形之一的，应予立案追诉：

（一）持有或者实际控制证券的流通股份数量达到该证券的实际流通股份总量百分之十以上，实施刑法第一百八十二条第一款第一项操纵证券市场行为，连续十个交易日的累计成交量达到同期该证券总成交量百分之二十以上的；

（二）实施刑法第一百八十二条第一款第二项、第三项操纵证券市场行为，连续十个交易日的累计成交量达到同期该证券总成交量百分之二十以上的；

（三）利用虚假或者不确定的重大信息，诱导投资者进行证券交易，行为人进行相关证券交易的成交额在一千万元以上的；

（四）对证券、证券发行人公开作出评价、预测或者投资建议，同时进行反向证券交易，证券交易成交额在一千万元以上的；

（五）通过策划、实施资产收购或者重组、投资新业务、股权转让、上市公司收购等虚假重大事项，误导投资者作出投资决策，并进行相关交易或者谋取相关利益，证券交易成交额在一千万元以上的；

（六）通过控制发行人、上市公司信息的生成或者控制信息披露的内容、时点、节奏，误导投资者作出投资决策，并进行相关交易或者谋取相关利益，证券交易成交额在一千万元以上的；

（七）实施刑法第一百八十二条第一款第一项操纵期货市场行为，实际控制的账户合并持仓连续十个交易日的最高值超过期货交易所限仓标准的二倍，累计成交量达到同期该期货合约总成交量百分之二十以上，且期货交易占用保证金数额在五百万元以上的；

（八）通过囤积现货，影响特定期货品种市场行情，并进行相关期货交易，实际控制的账户合并持仓连续十个交易日的最高值超过期货交易所限仓标准的二倍，累计成交量达到同期该期货合约总成交量百分之二十以上，且期货交易占用保证金数额在五百万元以上的；

（九）实施刑法第一百八十二条第一款第二项、第三项操纵期货市场行为，实际控制的账户连续十个交易日的累计成交量达到同期该期货合约总成交量百分之二十以上，且期货交易占用保证金数额在五百万元以上的；

（十）利用虚假或者不确定的重大信息，诱导投资者进行期货交易，行为人进行相关期货交易，实际控制的账户连续十个交易日的累计成交量达到同期该期货合约总成交量百分之二十以上，且期货交易占用保证金数额在五百万元以上的；

（十一）对期货交易标的公开作出评价、预测或者投资建议，同时进行相关期货交易，实际控制的账户连续十个交易日的累计成交量达到同期该期货合约总成交量的百分之二十以上，且期货交易占用保证金数额在五百万元以上的；

(十二)不以成交为目的，频繁或者大量申报买入、卖出证券、期货合约并撤销申报，当日累计撤回申报量达到同期该证券、期货合约总申报量百分之五十以上，且证券撤回申报额在一千万元以上、撤回申报的期货合约占用保证金数额在五百万元以上的；

(十三)实施操纵证券、期货市场行为，获利或者避免损失数额在一百万元以上的。

操纵证券、期货市场，影响证券、期货交易价格或者证券、期货交易量，获利或者避免损失数额在五十万元以上，同时涉嫌下列情形之一的，应予立案追诉：

(一)发行人、上市公司及其董事、监事、高级管理人员、控股股东或者实际控制人实施操纵证券、期货市场行为的；

(二)收购人、重大资产重组的交易对方及其董事、监事、高级管理人员、控股股东或者实际控制人实施操纵证券、期货市场行为的；

(三)行为人明知操纵证券、期货市场行为被有关部门调查，仍继续实施的；

(四)因操纵证券、期货市场行为受过刑事追究的；

(五)二年内因操纵证券、期货市场行为受过行政处罚的；

(六)在市场出现重大异常波动等特定时段操纵证券、期货市场的；

(七)造成其他严重后果的。

对于在全国中小企业股份转让系统中实施操纵证券市场行为，社会危害性大，严重破坏公平公正的市场秩序的，比照本条的规定执行，但本条第一款第一项和第二项除外。

第三十五条　[背信运用受托财产案(刑法第一百八十五条之一第一款)]商业银行、证券交易所、期货交易所、证券公司、期货公司、保险公司或者其他金融机构，违背受托义务，擅自运用客户资金或者其他委托、信托的财产，涉嫌下列情形之一的，应予立案追诉：

(一)擅自运用客户资金或者其他委托、信托的财产数额在三十万元以上的；

(二)虽未达到上述数额标准，但多次擅自运用客户资金或者其他委托、信托的财产，或者擅自运用多个客户资金或者其他委托、信托的财产的；

(三)其他情节严重的情形。

第三十六条　[违法运用资金案(刑法第一百八十五条之一第二款)]社会保障基金管理机构、住房公积金管理机构等公众资金管理机构，以及保险公司、保险资产管理公司、证券投资基金管理公司，违反国家规定运用资金，涉嫌下列情形之一的，应予立案追诉：

(一)违反国家规定运用资金数额在三十万元以上的；

(二)虽未达到上述数额标准，但多次违反国家规定运用资金的；

(三)其他情节严重的情形。

第三十七条　[违法发放贷款案(刑法第一百八十六条)]银行或者其他金融机构及其工作人员违反国家规定发放贷款，涉嫌下列情形之一的，应予立案追诉：

(一)违法发放贷款，数额在二百万元以上的；

(二)违法发放贷款，造成直接经济损失数额在五十万元以上的。

第三十八条　[吸收客户资金不入账案(刑法第一百八十七条)]银行或者其他金融机构及其工作人员吸收客户资金不入账，涉嫌下列情形之一的，应予立案追诉：

（一）吸收客户资金不入账，数额在二百万元以上的；

（二）吸收客户资金不入账，造成直接经济损失数额在五十万元以上的。

第三十九条 ［违规出具金融票证案（刑法第一百八十八条）］银行或者其他金融机构及其工作人员违反规定，为他人出具信用证或者其他保函、票据、存单、资信证明，涉嫌下列情形之一的，应予立案追诉：

（一）违反规定为他人出具信用证或者其他保函、票据、存单、资信证明，数额在二百万元以上的；

（二）违反规定为他人出具信用证或者其他保函、票据、存单、资信证明，造成直接经济损失数额在五十万元以上的；

（三）多次违规出具信用证或者其他保函、票据、存单、资信证明的；

（四）接受贿赂违规出具信用证或者其他保函、票据、存单、资信证明的；

（五）其他情节严重的情形。

第四十条 ［对违法票据承兑、付款、保证案（刑法第一百八十九条）］银行或者其他金融机构及其工作人员在票据业务中，对违反票据法规定的票据予以承兑、付款或者保证，造成直接经济损失数额在五十万元以上的，应予立案追诉。

第四十一条 ［逃汇案（刑法第一百九十条）］公司、企业或者其他单位，违反国家规定，擅自将外汇存放境外，或者将境内的外汇非法转移到境外，单笔在二百万美元以上或者累计数额在五百万美元以上的，应予立案追诉。

第四十二条 ［骗购外汇案《全国人民代表大会常务委员会关于惩治骗购外汇、逃汇和非法买卖外汇犯罪的决定》（第一条）］骗购外汇，数额在五十万美元以上的，应予立案追诉。

第四十三条 ［洗钱案（刑法第一百九十一条）］为掩饰、隐瞒毒品犯罪、黑社会性质的组织犯罪、恐怖活动犯罪、走私犯罪、贪污贿赂犯罪、破坏金融管理秩序犯罪、金融诈骗犯罪的所得及其产生的收益的来源和性质，涉嫌下列情形之一的，应予立案追诉：

（一）提供资金账户的；

（二）将财产转换为现金、金融票据、有价证券的；

（三）通过转账或者其他支付结算方式转移资金的；

（四）跨境转移资产的；

（五）以其他方法掩饰、隐瞒犯罪所得及其收益的来源和性质的。

第四十四条 ［集资诈骗案（刑法第一百九十二条）］以非法占有为目的，使用诈骗方法非法集资，数额在十万元以上的，应予立案追诉。

第四十五条 ［贷款诈骗案（刑法第一百九十三条）］以非法占有为目的，诈骗银行或者其他金融机构的贷款，数额在五万元以上的，应予立案追诉。

第四十六条 ［票据诈骗案（刑法第一百九十四条第一款）］进行金融票据诈骗活动，数额在五万元以上的，应予立案追诉。

第四十七条 ［金融凭证诈骗案（刑法第一百九十四条第二款）］使用伪造、变造的委托收款凭证、汇款凭证、银行存单等其他银行结算凭证进行诈骗活动，数额在五万元以上的，应予立案追诉。

第四十八条 ［信用证诈骗案（刑法第一百九十五条）］进行信用证诈骗活动，涉嫌下列情形之一的，应予立案追诉：

(一)使用伪造、变造的信用证或者附随的单据、文件的;

(二)使用作废的信用证的;

(三)骗取信用证的;

(四)以其他方法进行信用证诈骗活动的。

第四十九条 [信用卡诈骗案(刑法第一百九十六条)]进行信用卡诈骗活动,涉嫌下列情形之一的,应予立案追诉:

(一)使用伪造的信用卡、以虚假的身份证明骗领的信用卡、作废的信用卡或者冒用他人信用卡,进行诈骗活动,数额在五千元以上的;

(二)恶意透支,数额在五万元以上的。

本条规定的"恶意透支",是指持卡人以非法占有为目的,超过规定限额或者规定期限透支,经发卡银行两次有效催收后超过三个月仍不归还的。

恶意透支的数额,是指公安机关刑事立案时尚未归还的实际透支的本金数额,不包括利息、复利、滞纳金、手续费等发卡银行收取的费用。归还或者支付的数额,应当认定为归还实际透支的本金。

恶意透支,数额在五万元以上不满五十万元的,在提起公诉前全部归还或者具有其他情节轻微情形的,可以不起诉。但是,因信用卡诈骗受过二次以上处罚的除外。

第五十条 [有价证券诈骗案(刑法第一百九十七条)]使用伪造、变造的国库券或者国家发行的其他有价证券进行诈骗活动,数额在五万元以上的,应予立案追诉。

第五十一条 [保险诈骗案(刑法第一百九十八条)]进行保险诈骗活动,数额在五万元以上的,应予立案追诉。

第五十二条 [逃税案(刑法第二百零一条)]逃避缴纳税款,涉嫌下列情形之一的,应予立案追诉:

(一)纳税人采取欺骗、隐瞒手段进行虚假纳税申报或者不申报,逃避缴纳税款,数额在十万元以上并且占各税种应纳税总额百分之十以上,经税务机关依法下达追缴通知后,不补缴应纳税款、不缴纳滞纳金或者不接受行政处罚的;

(二)纳税人五年内因逃避缴纳税款受过刑事处罚或者被税务机关给予二次以上行政处罚,又逃避缴纳税款,数额在十万元以上并且占各税种应纳税总额百分之十以上的;

(三)扣缴义务人采取欺骗、隐瞒手段,不缴或者少缴已扣、已收税款,数额在十万元以上的。

纳税人在公安机关立案后再补缴应纳税款、缴纳滞纳金或者接受行政处罚的,不影响刑事责任的追究。

第五十三条 [抗税案(刑法第二百零二条)]以暴力、威胁方法拒不缴纳税款,涉嫌下列情形之一的,应予立案追诉:

(一)造成税务工作人员轻微伤以上的;

(二)以给税务工作人员及其亲友的生命、健康、财产等造成损害为威胁,抗拒缴纳税款的;

(三)聚众抗拒缴纳税款的;

(四)以其他暴力、威胁方法拒不缴纳税款的。

第五十四条 [逃避追缴欠税案(刑法第二百零三条)]纳税人欠缴应纳税款,采取转移或者隐匿财产的手段,致使税务机关无法追缴欠缴的税款,数额在一万元以上的,应予立案追诉。

第五十五条 [骗取出口退税案(刑

法第二百零四条）］以假报出口或者其他欺骗手段，骗取国家出口退税款，数额在十万元以上的，应予立案追诉。

第五十六条 ［虚开增值税专用发票、用于骗取出口退税、抵扣税款发票案（刑法第二百零五条）］虚开增值税专用发票或者虚开用于骗取出口退税、抵扣税款的其他发票，虚开的税款数额在十万元以上或者造成国家税款损失数额在五万元以上的，应予立案追诉。

第五十七条 ［虚开发票案（刑法第二百零五条之一）］虚开刑法第二百零五条规定以外的其他发票，涉嫌下列情形之一的，应予立案追诉：

（一）虚开发票金额累计在五十万元以上的；

（二）虚开发票一百份以上且票面金额在三十万元以上的；

（三）五年内因虚开发票受过刑事处罚或者二次以上行政处罚，又虚开发票，数额达到第一、二项标准百分之六十以上的。

第五十八条 ［伪造、出售伪造的增值税专用发票案（刑法第二百零六条）］伪造或者出售伪造的增值税专用发票，涉嫌下列情形之一的，应予立案追诉：

（一）票面税额累计在十万元以上的；

（二）伪造或者出售伪造的增值税专用发票十份以上且票面税额在六万元以上的；

（三）非法获利数额在一万元以上的。

第五十九条 ［非法出售增值税专用发票案（刑法第二百零七条）］非法出售增值税专用发票，涉嫌下列情形之一的，应予立案追诉：

（一）票面税额累计在十万元以上的；

（二）非法出售增值税专用发票十份以上且票面税额在六万元以上的；

（三）非法获利数额在一万元以上的。

第六十条 ［非法购买增值税专用发票、购买伪造的增值税专用发票案（刑法第二百零八条第一款）］非法购买增值税专用发票或者购买伪造的增值税专用发票，涉嫌下列情形之一的，应予立案追诉：

（一）非法购买增值税专用发票或者购买伪造的增值税专用发票二十份以上且票面税额在十万元以上的；

（二）票面税额累计在二十万元以上的。

第六十一条 ［非法制造、出售非法制造的用于骗取出口退税、抵扣税款发票案（刑法第二百零九条第一款）］伪造、擅自制造或者出售伪造、擅自制造的用于骗取出口退税、抵扣税款的其他发票，涉嫌下列情形之一的，应予立案追诉：

（一）票面可以退税、抵扣税额累计在十万元以上的；

（二）伪造、擅自制造或者出售伪造、擅自制造的发票十份以上且票面可以退税、抵扣税额在六万元以上的；

（三）非法获利数额在一万元以上的。

第六十二条 ［非法制造、出售非法制造的发票案（刑法第二百零九条第二款）］伪造、擅自制造或者出售伪造、擅自制造的不具有骗取出口退税、抵扣税款功能的其他发票，涉嫌下列情形之一的，应予立案追诉：

（一）伪造、擅自制造或者出售伪造、

擅自制造的不具有骗取出口退税、抵扣税款功能的其他发票一百份以上且票面金额累计在三十万元以上的;

(二)票面金额累计在五十万元以上的;

(三)非法获利数额在一万元以上的。

第六十三条 [非法出售用于骗取出口退税、抵扣税款发票案(刑法第二百零九条第三款)]非法出售可以用于骗取出口退税、抵扣税款的其他发票,涉嫌下列情形之一的,应予立案追诉:

(一)票面可以退税、抵扣税额累计在十万元以上的;

(二)非法出售用于骗取出口退税、抵扣税款的其他发票十份以上且票面可以退税、抵扣税额在六万元以上的;

(三)非法获利数额在一万元以上的。

第六十四条 [非法出售发票案(刑法第二百零九条第四款)]非法出售增值税专用发票、用于骗取出口退税、抵扣税款的其他发票以外的发票,涉嫌下列情形之一的,应予立案追诉:

(一)非法出售增值税专用发票、用于骗取出口退说、抵扣税款的其他发票以外的发票一百份以上且票面金额累计在三十万元以上的;

(二)票面金额累计在五十万元以上的;

(三)非法获利数额在一万元以上的。

第六十五条 [持有伪造的发票案(刑法第二百一十条之一)]明知是伪造的发票而持有,涉嫌下列情形之一的,应予立案追诉:

(一)持有伪造的增值税专用发票或者可以用于骗取出口退税、抵扣税款的其他发票五十份以上且票面税额累计在二十五万元以上的;

(二)持有伪造的增值税专用发票或者可以用于骗取出口退税、抵扣税款的其他发票票面税额累计在五十万元以上的;

(三)持有伪造的第一项规定以外的其他发票一百份以上且票面金额在五十万元以上的;

(四)持有伪造的第一项规定以外的其他发票票面金额累计在一百万元以上的。

第六十六条 [损害商业信誉、商品声誉案(刑法第二百二十一条)]捏造并散布虚伪事实,损害他人的商业信誉、商品声誉,涉嫌下列情形之一的,应予立案追诉:

(一)给他人造成直接经济损失数额在五十万元以上的;

(二)虽未达到上述数额标准,但造成公司、企业等单位停业、停产六个月以上,或者破产的;

(三)其他给他人造成重大损失或者有其他严重情节的情形。

第六十七条 [虚假广告案(刑法第二百二十二条)]广告主、广告经营者、广告发布者违反国家规定,利用广告对商品或者服务作虚假宣传,涉嫌下列情形之一的,应予立案追诉:

(一)违法所得数额在十万元以上的;

(二)假借预防、控制突发事件、传染病防治的名义,利用广告作虚假宣传,致使多人上当受骗,违法所得数额在三万元以上的;

(三)利用广告对食品、药品作虚假宣传,违法所得数额在三万元以上的;

(四)虽未达到上述数额标准,但二

年内因利用广告作虚假宣传受过二次以上行政处罚,又利用广告作虚假宣传的;

(五)造成严重危害后果或者恶劣社会影响的;

(六)其他情节严重的情形。

第六十八条 [串通投标案(刑法第二百二十三条)]投标人相互串通投标报价,或者投标人与招标人串通投标,涉嫌下列情形之一的,应予立案追诉:

(一)损害招标人、投标人或者国家、集体、公民的合法利益,造成直接经济损失数额在五十万元以上的;

(二)违法所得数额在二十万元以上的;

(三)中标项目金额在四百万元以上的;

(四)采取威胁、欺骗或者贿赂等非法手段的;

(五)虽未达到上述数额标准,但二年内因串通投标受过二次以上行政处罚,又串通投标的;

(六)其他情节严重的情形。

第六十九条 [合同诈骗案(刑法第二百二十四条)]以非法占有为目的,在签订、履行合同过程中,骗取对方当事人财物,数额在二万元以上的,应予立案追诉。

第七十条 [组织、领导传销活动案(刑法第二百二十四条之一)]组织、领导以推销商品、提供服务等经营活动为名,要求参加者以缴纳费用或者购买商品、服务等方式获得加入资格,并按照一定顺序组成层级,直接或者间接以发展人员的数量作为计酬或者返利依据,引诱、胁迫参加者继续发展他人参加,骗取财物,扰乱经济社会秩序的传销活动,涉嫌组织、领导的传销活动人员在三十人以上且层级在三级以上的,对组织者、领导者,应予立案追诉。

下列人员可以认定为传销活动的组织者、领导者:

(一)在传销活动中起发起、策划、操纵作用的人员;

(二)在传销活动中承担管理、协调等职责的人员;

(三)在传销活动中承担宣传、培训等职责的人员;

(四)因组织、领导传销活动受过刑事追究,或者一年内因组织、领导传销活动受过行政处罚,又直接或者间接发展参与传销活动人员在十五人以上且层级在三级以上的人员;

(五)其他对传销活动的实施、传销组织的建立、扩大等起关键作用的人员。

第七十一条 [非法经营案(刑法第二百二十五条)]违反国家规定,进行非法经营活动,扰乱市场秩序,涉嫌下列情形之一的,应予立案追诉:

(一)违反国家烟草专卖管理法律法规,未经烟草专卖行政主管部门许可,无烟草专卖生产企业许可证、烟草专卖批发企业许可证、特种烟草专卖经营企业许可证、烟草专卖零售许可证等许可证明,非法经营烟草专卖品,具有下列情形之一的:

1. 非法经营数额在五万元以上,或者违法所得数额在二万元以上的;

2. 非法经营卷烟二十万支以上的;

3. 三年内因非法经营烟草专卖品受过二次以上行政处罚,又非法经营烟草专卖品且数额在三万元以上的。

(二)未经国家有关主管部门批准,非法经营证券、期货、保险业务,或者非法从事资金支付结算业务,具有下列情形之

一的:

1. 非法经营证券、期货、保险业务,数额在一百万元以上,或者违法所得数额在十万元以上的;

2. 非法从事资金支付结算业务,数额在五百万元以上,或者违法所得数额在十万元以上的;

3. 非法从事资金支付结算业务,数额在二百五十万元以上不满五百万元,或者违法所得数额在五万元以上不满十万元,且具有下列情形之一的:

(1)因非法从事资金支付结算业务犯罪行为受过刑事追究的;

(2)二年内因非法从事资金支付结算业务违法行为受过行政处罚的;

(3)拒不交代涉案资金去向或者拒不配合追缴工作,致使赃款无法追缴的;

(4)造成其他严重后果的。

4. 使用销售点终端机具(POS机)等方法,以虚构交易、虚开价格、现金退货等方式向信用卡持卡人直接支付现金,数额在一百万元以上的,或者造成金融机构资金二十万元以上逾期未还的,或者造成金融机构经济损失十万元以上的。

(三)实施倒买倒卖外汇或者变相买卖外汇等非法买卖外汇行为,扰乱金融市场秩序,具有下列情形之一的:

1. 非法经营数额在五百万元以上的,或者违法所得数额在十万元以上的;

2. 非法经营数额在二百五十万元以上,或者违法所得数额在五万元以上,且具有下列情形之一的:

(1)因非法买卖外汇犯罪行为受过刑事追究的;

(2)二年内因非法买卖外汇违法行为受过行政处罚的;

(3)拒不交代涉案资金去向或者拒不配合追缴工作,致使赃款无法追缴的;

(4)造成其他严重后果的。

3. 公司、企业或者其他单位违反有关外贸代理业务的规定,采用非法手段,或者明知是伪造、变造的凭证、商业单据,为他人向外汇指定银行骗购外汇,数额在五百万美元以上或者违法所得数额在五十万元以上的;

4. 居间介绍骗购外汇,数额在一百万美元以上或者违法所得数额在十万元以上的。

(四)出版、印刷、复制、发行严重危害社会秩序和扰乱市场秩序的非法出版物,具有下列情形之一的:

1. 个人非法经营数额在五万元以上的,单位非法经营数额在十五万元以上的;

2. 个人违法所得数额在二万元以上的,单位违法所得数额在五万元以上的;

3. 个人非法经营报纸五千份或者期刊五千本或者图书二千册或者音像制品、电子出版物五百张(盒)以上的,单位非法经营报纸一万五千份或者期刊一万五千本或者图书五千册或者音像制品、电子出版物一千五百张(盒)以上的;

4. 虽未达到上述数额标准,但具有下列情形之一的:

(1)二年内因出版、印刷、复制、发行非法出版物受过二次以上行政处罚,又出版、印刷、复制、发行非法出版物的;

(2)因出版、印刷、复制、发行非法出版物造成恶劣社会影响或者其他严重后果的。

(五)非法从事出版物的出版、印刷、复制、发行业务,严重扰乱市场秩序,具有下列情形之一的:

1. 个人非法经营数额在十五万元以

上的，单位非法经营数额在五十万元以上的；

2. 个人违法所得数额在五万元以上的，单位违法所得数额在十五万元以上的；

3. 个人非法经营报纸一万五千份或者期刊一万五千本或者图书五千册或者音像制品、电子出版物一千五百张（盒）以上的，单位非法经营报纸五万份或者期刊五万本或者图书一万五千册或者音像制品、电子出版物五千张（盒）以上的；

4. 虽未达到上述数额标准，二年内因非法从事出版物的出版、印刷、复制、发行业务受过二次以上行政处罚，又非法从事出版物的出版、印刷、复制、发行业务的。

（六）采取租用国际专线、私设转接设备或者其他方法，擅自经营国际电信业务或者涉港澳台电信业务进行营利活动，扰乱电信市场管理秩序，具有下列情形之一的：

1. 经营去话业务数额在一百万元以上的；

2. 经营来话业务造成电信资费损失数额在一百万元以上的；

3. 虽未达到上述数额标准，但具有下列情形之一的：

（1）二年内因非法经营国际电信业务或者涉港澳台电信业务行为受过二次以上行政处罚，又非法经营国际电信业务或者涉港澳台电信业务的；

（2）因非法经营国际电信业务或者涉港澳台电信业务行为造成其他严重后果的。

（七）以营利为目的，通过信息网络有偿提供删除信息服务，或者明知是虚假信息，通过信息网络有偿提供发布信息等服务，扰乱市场秩序，具有下列情形之一的：

1. 个人非法经营数额在五万元以上，或者违法所得数额在二万元以上的；

2. 单位非法经营数额在十五万元以上，或者违法所得数额在五万元以上的。

（八）非法生产、销售“黑广播”、“伪基站”、无线电干扰器等无线电设备，具有下列情形之一的：

1. 非法生产、销售无线电设备三套以上的；

2. 非法经营数额在五万元以上的；

3. 虽未达到上述数额标准，但二年内因非法生产、销售无线电设备受过二次以上行政处罚，又非法生产、销售无线电设备的。

（九）以提供给他人开设赌场为目的，违反国家规定，非法生产、销售具有退币、退分、退钢珠等赌博功能的电子游戏设施设备或者其专用软件，具有下列情形之一的：

1. 个人非法经营数额在五万元以上，或者违法所得数额在一万元以上的；

2. 单位非法经营数额在五十万元以上，或者违法所得数额在十万元以上的；

3. 虽未达到上述数额标准，但二年内因非法生产、销售赌博机行为受过二次以上行政处罚，又进行同种非法经营行为的；

4. 其他情节严重的情形。

（十）实施下列危害食品安全行为，非法经营数额在十万元以上，或者违法所得数额在五万元以上的：

1. 以提供给他人生产、销售食品为目的，违反国家规定，生产、销售国家禁止用于食品生产、销售的非食品原料的；

2. 以提供给他人生产、销售食用农产品为目的，违反国家规定，生产、销售国家禁用农药、食品动物中禁止使用的药品及其他化合物等有毒、有害的非食品原料，或者生产、销售添加上述有毒、有害的非食品原料的农药、兽药、饲料、饲料添加剂、饲料原料的；

3. 违反国家规定，私设生猪屠宰厂(场)，从事生猪屠宰、销售等经营活动的。

(十一)未经监管部门批准，或者超越经营范围，以营利为目的，以超过百分之三十六的实际年利率经常性地向社会不特定对象发放贷款，具有下列情形之一的：

1. 个人非法放贷数额累计在二百万元以上的，单位非法放贷数额累计在一千万元以上的；

2. 个人违法所得数额累计在八十万元以上的，单位违法所得数额累计在四百万元以上的；

3. 个人非法放贷对象累计在五十人以上的，单位非法放贷对象累计在一百五十人以上的；

4. 造成借款人或者其近亲属自杀、死亡或者精神失常等严重后果的。

5. 虽未达到上述数额标准，但具有下列情形之一的：

(1)二年内因实施非法放贷行为受过二次以上行政处罚的；

(2)以超过百分之七十二的实际年利率实施非法放贷行为十次以上的。

黑恶势力非法放贷的，按照第1、2、3项规定的相应数额、数量标准的百分之五十确定。同时具有第5项规定情形的，按照相应数额、数量标准的百分之四十确定。

(十二)从事其他非法经营活动，具有下列情形之一的：

1. 个人非法经营数额在五万元以上，或者违法所得数额在一万元以上的；

2. 单位非法经营数额在五十万元以上，或者违法所得数额在十万元以上的；

3. 虽未达到上述数额标准，但二年内因非法经营行为受过二次以上行政处罚，又从事同种非法经营行为的；

4. 其他情节严重的情形。

法律、司法解释对非法经营罪的立案追诉标准另有规定的，依照其规定。

第七十二条 ［非法转让、倒卖土地使用权案(刑法第二百二十八条)］以牟利为目的，违反土地管理法规，非法转让、倒卖土地使用权，涉嫌下列情形之一的，应予立案追诉：

(一)非法转让、倒卖永久基本农田五亩以上的；

(二)非法转让、倒卖永久基本农田以外的耕地十亩以上的；

(三)非法转让、倒卖其他土地二十亩以上的；

(四)违法所得数额在五十万元以上的；

(五)虽未达到上述数额标准，但因非法转让、倒卖土地使用权受过行政处罚，又非法转让、倒卖土地的；

(六)其他情节严重的情形。

第七十三条 ［提供虚假证明文件案(刑法第二百二十九条第一款)］承担资产评估、验资、验证、会计、审计、法律服务、保荐、安全评价、环境影响评价、环境监测等职责的中介组织的人员故意提供虚假证明文件，涉嫌下列情形之一的，应予立案追诉：

(一)给国家、公众或者其他投资者造成直接经济损失数额在五十万元以上的；

（二）违法所得数额在十万元以上的；

（三）虚假证明文件虚构数额在一百万元以上且占实际数额百分之三十以上的；

（四）虽未达到上述数额标准，但二年内因提供虚假证明文件受过二次以上行政处罚，又提供虚假证明文件的；

（五）其他情节严重的情形。

第七十四条 ［出具证明文件重大失实案（刑法第二百二十九条第三款）］承担资产评估、验资、验证、会计、审计、法律服务、保荐、安全评价、环境影响评价、环境监测等职责的中介组织的人员严重不负责任，出具的证明文件有重大失实，涉嫌下列情形之一的，应予立案追诉：

（一）给国家、公众或者其他投资者造成直接经济损失数额在一百万元以上的；

（二）其他造成严重后果的情形。

第七十五条 ［逃避商检案（刑法第二百三十条）］违反进出口商品检验法的规定，逃避商品检验，将必须经商检机构检验的进口商品未报经检验而擅自销售、使用，或者将必须经商检机构检验的出口商品未报经检验合格而擅自出口，涉嫌下列情形之一的，应予立案追诉：

（一）给国家、单位或者个人造成直接经济损失数额在五十万元以上的；

（二）逃避商检的进出口货物货值金额在三百万元以上的；

（三）导致病疫流行、灾害事故的；

（四）多次逃避商检的；

（五）引起国际经济贸易纠纷，严重影响国家对外贸易关系，或者严重损害国家声誉的；

（六）其他情节严重的情形。

第七十六条 ［职务侵占案（刑法第二百七十一条第一款）］公司、企业或者其他单位的人员，利用职务上的便利，将本单位财物非法占为己有，数额在三万元以上的，应予立案追诉。

第七十七条 ［挪用资金案（刑法第二百七十二条第一款）］公司、企业或者其他单位的工作人员，利用职务上的便利，挪用本单位资金归个人使用或者借贷给他人，涉嫌下列情形之一的，应予立案追诉：

（一）挪用本单位资金数额在五万元以上，超过三个月未还的；

（二）挪用本单位资金数额在五万元以上，进行营利活动的；

（三）挪用本单位资金数额在三万元以上，进行非法活动的。

具有下列情形之一的，属于本条规定的“归个人使用”：

（一）将本单位资金供本人、亲友或者其他自然人使用的；

（二）以个人名义将本单位资金供其他单位使用的；

（三）个人决定以单位名义将本单位资金供其他单位使用，谋取个人利益的。

第七十八条 ［虚假诉讼案（刑法第三百零七条之一）］单独或者与他人恶意串通，以捏造的事实提起民事诉讼，涉嫌下列情形之一的，应予立案追诉：

（一）致使人民法院基于捏造的事实采取财产保全或者行为保全措施的；

（二）致使人民法院开庭审理，干扰正常司法活动的；

（三）致使人民法院基于捏造的事实作出裁判文书、制作财产分配方案，或者立案执行基于捏造的事实作出的仲裁裁决、公证债权文书的；

(四)多次以捏造的事实提起民事诉讼的;

(五)因以捏造的事实提起民事诉讼被采取民事诉讼强制措施或者受过刑事追究的;

(六)其他妨害司法秩序或者严重侵害他人合法权益的情形。

附　　则

第七十九条　本规定中的"货币"是指在境内外正在流通的以下货币:

(一)人民币(含普通纪念币、贵金属纪念币)、港元、澳门元、新台币;

(二)其他国家及地区的法定货币。

贵金属纪念币的面额以中国人民银行授权中国金币总公司的初始发售价格为准。

第八十条　本规定中的"多次",是指三次以上。

第八十一条　本规定中的"虽未达到上述数额标准",是指接近上述数额标准且已达到该数额的百分之八十以上的。

第八十二条　对于预备犯、未遂犯、中止犯,需要追究刑事责任的,应予立案追诉。

第八十三条　本规定中的立案追诉标准,除法律、司法解释、本规定中另有规定的以外,适用于相应的单位犯罪。

第八十四条　本规定中的"以上",包括本数。

第八十五条　本规定自2022年5月15日施行。《最高人民检察院、公安部关于公安机关管辖的刑事案件立案追诉标准的规定(二)》(公通字〔2010〕23号)和《最高人民检察院、公安部关于公安机关管辖的刑事案件立案追诉标准的规定(二)的补充规定》(公通字〔2011〕47号)同时废止。

最高人民法院
关于在经济犯罪审判中参照适用
《最高人民检察院、公安部
关于公安机关管辖的刑事案件立案
追诉标准的规定(二)》的通知

(2010年6月21日印发,
法发〔2010〕22号)

全国地方各级人民法院、各级军事法院、各铁路运输中级法院和基层法院,新疆生产建设兵团各级法院:

今年5月18日,最高人民检察院、公安部印发了《最高人民检察院、公安部关于公安机关管辖的刑事案件立案追诉标准的规定(二)》(以下简称《标准二》)。《标准二》规定了公安机关经济犯罪侦查部门管辖的86种刑事案件的立案追诉标准。为切实做好经济犯罪审判工作,及时、准确打击经济犯罪,有效维护市场经济秩序,现就人民法院在审理经济犯罪案件中参照适用《标准二》的有关问题通知如下:

一、最高人民法院对相关经济犯罪的定罪量刑标准没有规定的,人民法院在审理经济犯罪案件时,可以参照适用《标准二》的规定。

二、各级人民法院在参照适用《标准二》的过程中,如认为《标准二》的有关规定不能适应案件审理需要的,要结合案件具体情况和本地实际,依法审慎稳妥处理好案件的法律适用和政策把握,争取更好

的社会效果。

三、最高人民法院将在进一步总结审判经验的基础上，对审判实践中亟需的相关经济犯罪定罪量刑标准作出具体规定。在此之前，拟通过有关工作会议、司法文件、公布典型案例等方式，对人民法院经济犯罪案件审判工作加强指导，以不断提高经济犯罪案件审判水平，更好地服务经济社会发展和依法惩处经济犯罪工作的需要。

特此通知。

最高人民检察院、公安部关于公安机关管辖的刑事案件立案追诉标准的规定(三)

(2012年5月16日印发)

第一条 [走私、贩卖、运输、制造毒品案(刑法第三百四十七条)]走私、贩卖、运输、制造毒品，无论数量多少，都应予立案追诉。

本条规定的“走私”是指明知是毒品而非法将其运输、携带、寄递进出国(边)境的行为。直接向走私人非法收购走私进口的毒品，或者在内海、领海、界河、界湖运输、收购、贩卖毒品的，以走私毒品罪立案追诉。

本条规定的“贩卖”是指明知是毒品而非法销售或者以贩卖为目的而非法收买的行为。

有证据证明行为人以牟利为目的，为他人代购仅用于吸食、注射的毒品，对代购者以贩卖毒品罪立案追诉。不以牟利为目的，为他人代购仅用于吸食、注射的毒品，毒品数量达到本规定第二条规定的数量标准的，对托购者和代购者以非法持有毒品罪立案追诉。明知他人实施毒品犯罪而为其居间介绍、代购代卖的，无论是否牟利，都应以相关毒品犯罪的共犯立案追诉。

本条规定的“运输”是指明知是毒品而采用携带、寄递、托运、利用他人或者使用交通工具等方法非法运送毒品的行为。

本条规定的“制造”是指非法利用毒品原植物直接提炼或者用化学方法加工、配制毒品，或者以改变毒品成分和效用为目的，用混合等物理方法加工、配制毒品的行为。为了便于隐蔽运输、销售、使用、欺骗购买者，或者为了增重，对毒品掺杂使假，添加或者去除其他非毒品物质，不属于制造毒品的行为。

为了制造毒品而采用生产、加工、提炼等方法非法制造易制毒化学品的，以制造毒品罪(预备)立案追诉。购进制造毒品的设备和原材料，开始着手制造毒品，尚未制造出毒品或者半成品的，以制造毒品罪(未遂)立案追诉。明知他人制造毒品而为其生产、加工、提炼、提供醋酸酐、乙醚、三氯甲烷等制毒物品的，以制造毒品罪的共犯立案追诉。

走私、贩卖、运输毒品主观故意中的“明知”，是指行为人知道或者应当知道所实施的是走私、贩卖、运输毒品行为。具有下列情形之一，结合行为人的供述和其他证据综合审查判断，可以认定其“应当知道”，但有证据证明确属被蒙骗的除外：

(一)执法人员在口岸、机场、车站、港口、邮局和其他检查站点检查时，要求行为人申报携带、运输、寄递的物品和其他疑似毒品物，并告知其法律责任，而行

为人未如实申报,在其携带、运输、寄递的物品中查获毒品的;

(二)以伪报、藏匿、伪装等蒙蔽手段逃避海关、边防等检查,在其携带、运输、寄递的物品中查获毒品的;

(三)执法人员检查时,有逃跑、丢弃携带物品或者逃避、抗拒检查等行为,在其携带、藏匿或者丢弃的物品中查获毒品的;

(四)体内或者贴身隐秘处藏匿毒品的;

(五)为获取不同寻常的高额或者不等值的报酬为他人携带、运输、寄递、收取物品,从中查获毒品的;

(六)采用高度隐蔽的方式携带、运输物品,从中查获毒品的;

(七)采用高度隐蔽的方式交接物品,明显违背合法物品惯常交接方式,从中查获毒品的;

(八)行程路线故意绕开检查站点,在其携带、运输的物品中查获毒品的;

(九)以虚假身份、地址或者其他虚假方式办理托运、寄递手续,在托运、寄递的物品中查获毒品的;

(十)有其他证据足以证明行为人应当知道的。

制造毒品主观故意中的“明知”,是指行为人知道或者应当知道所实施的是制造毒品行为。有下列情形之一,结合行为人的供述和其他证据综合审查判断,可以认定其“应当知道”,但有证据证明确属被蒙骗的除外:

(一)购置了专门用于制造毒品的设备、工具、制毒物品或者配制方案的;

(二)为获取不同寻常的高额或者不等值的报酬为他人制造物品,经检验是毒品的;

(三)在偏远、隐蔽场所制造,或者采取对制造设备进行伪装等方式制造物品,经检验是毒品的;

(四)制造人员在执法人员检查时,有逃跑、抗拒检查等行为,在现场查获制造出的物品,经检验是毒品的;

(五)有其他证据足以证明行为人应当知道的。

走私、贩卖、运输、制造毒品罪是选择性罪名,对同一宗毒品实施了两种以上犯罪行为,并有相应确凿证据的,应当按照所实施的犯罪行为的性质并列适用罪名,毒品数量不重复计算。对同一宗毒品可能实施了两种以上犯罪行为,但相应证据只能认定其中一种或者几种行为,认定其他行为的证据不够确实充分的,只按照依法能够认定的行为的性质适用罪名。对不同宗毒品分别实施了不同种犯罪行为的,应对不同行为并列适用罪名,累计计算毒品数量。

第二条① **[非法持有毒品案(刑法第三百四十八条)]**明知是毒品而非法持有,涉嫌下列情形之一的,应予立案追诉:

(一)鸦片二百克以上、海洛因、可卡因或者甲基苯丙胺十克以上;

(二)二亚甲基双氧安非他明(MDMA)等苯丙胺类毒品(甲基苯丙胺除外)、吗啡二十克以上;

(三)度冷丁(杜冷丁)五十克以上(针剂 100mg/支规格的五百支以上,50mg/支规格的一千支以上;片剂 25mg/片规格的二千片以上,50mg/片规格的一

① 该条第一款第(一)至(十一)项关于非法持有毒品罪入罪数量标准的规定,与最高法 2016 年《关于审理毒品犯罪案件适用法律若干问题的解释》第二条的规定不一致。

千片以上）；

（四）盐酸二氢埃托啡二毫克以上（针剂或者片剂20mg/支、片规格的一百支、片以上）；

（五）氯胺酮、美沙酮二百克以上；

（六）三唑仑、安眠酮十千克以上；

（七）咖啡因五十千克以上；

（八）氯氮卓、艾司唑仑、地西泮、溴西泮一百千克以上；

（九）大麻油一千克以上，大麻脂二千克以上，大麻叶及大麻烟三十千克以上；

（十）罂粟壳五十千克以上；

（十一）上述毒品以外的其他毒品数量较大的。

非法持有两种以上毒品，每种毒品均没有达到本条第一款规定的数量标准，但按前款规定的立案追诉数量比例折算成海洛因后累计相加达到十克以上的，应予立案追诉。

本条规定的"非法持有"，是指违反国家法律和国家主管部门的规定，占有、携带、藏有或者以其他方式持有毒品。

非法持有毒品主观故意中的"明知"，依照本规定第一条第八款的有关规定予以认定。

第三条　［包庇毒品犯罪分子案（刑法第三百四十九条）］包庇走私、贩卖、运输、制造毒品的犯罪分子，涉嫌下列情形之一的，应予立案追诉：

（一）作虚假证明，帮助掩盖罪行的；

（二）帮助隐藏、转移或者毁灭证据的；

（三）帮助取得虚假身份或者身份证件的；

（四）以其他方式包庇犯罪分子的。

实施前款规定的行为，事先通谋的，以走私、贩卖、运输、制造毒品罪的共犯立案追诉。

第四条　［窝藏、转移、隐瞒毒品、毒赃案（刑法第三百四十九条）］为走私、贩卖、运输、制造毒品的犯罪分子窝藏、转移、隐瞒毒品或者犯罪所得的财物的，应予立案追诉。

实施前款规定的行为，事先通谋的，以走私、贩卖、运输、制造毒品罪的共犯立案追诉。

第五条[①]　**［走私制毒物品案（刑法第三百五十条）］**违反国家规定，非法运输、携带制毒物品进出国（边）境，涉嫌下列情形之一的，应予立案追诉：

（一）1－苯基－2－丙酮五千克以上；

（二）麻黄碱、伪麻黄碱及其盐类和单方制剂五千克以上，麻黄浸膏、麻黄浸膏粉一百千克以上；

（三）3,4－亚甲基二氧苯基－2－丙酮、去甲麻黄素（去甲麻黄碱）、甲基麻黄素（甲基麻黄碱）、羟亚胺及其盐类十千克以上；

（四）胡椒醛、黄樟素、黄樟油、异黄樟素、麦角酸、麦角胺、麦角新碱、苯乙酸二十千克以上；

（五）N－乙酰邻氨基苯酸、邻氨基苯甲酸、哌啶一百五十千克以上；

（六）醋酸酐、三氯甲烷二百千克以上；

（七）乙醚、甲苯、丙酮、甲基乙基酮、高锰酸钾、硫酸、盐酸四百千克以上；

---

① 该条第一款第（一）至（八）项关于走私制毒物品罪入罪数量标准的规定，与最高法2016年《关于审理毒品犯罪案件适用法律若干问题的解释》第七条的规定不一致。

(八)其他用于制造毒品的原料或者配剂相当数量的。

非法运输、携带两种以上制毒物品进出国(边)境,每种制毒物品均没有达到本条第一款规定的数量标准,但按前款规定的立案追诉数量比例折算成一种制毒物品后累计相加达到上述数量标准的,应予立案追诉。

为了走私制毒物品而采用生产、加工、提炼等方法非法制造易制毒化学品的,以走私制毒物品罪(预备)立案追诉。

实施走私制毒物品行为,有下列情形之一,且查获了易制毒化学品,结合行为人的供述和其他证据综合审查判断,可以认定其"明知"是制毒物品而走私或者非法买卖,但有证据证明确属被蒙骗的除外:

(一)改变产品形状、包装或者使用虚假标签、商标等产品标志的;

(二)以藏匿、夹带、伪装或者其他隐蔽方式运输、携带易制毒化学品逃避检查的;

(三)抗拒检查或者在检查时丢弃货物逃跑的;

(四)以伪报、藏匿、伪装等蒙蔽手段逃避海关、边防等检查的;

(五)选择不设海关或者边防检查站的路段绕行出入境的;

(六)以虚假身份、地址或者其他虚假方式办理托运、寄递手续的;

(七)以其他方法隐瞒真相,逃避对易制毒化学品依法监管的。

明知他人实施走私制毒物品犯罪,而为其运输、储存、代理进出口或者以其他方式提供便利的,以走私制毒物品罪的共犯立案追诉。

第六条[①] **[非法买卖制毒物品案(刑法第三百五十条)]**违反国家规定,在境内非法买卖制毒物品,数量达到本规定第五条第一款规定情形之一的,应予立案追诉。

非法买卖两种以上制毒物品,每种制毒物品均没有达到本条第一款规定的数量标准,但按前款规定的立案追诉数量比例折算成一种制毒物品后累计相加达到上述数量标准的,应予立案追诉。

违反国家规定,实施下列行为之一的,认定为本条规定的非法买卖制毒物品行为:

(一)未经许可或者备案,擅自购买、销售易制毒化学品的;

(二)超出许可证明或者备案证明的品种、数量范围购买、销售易制毒化学品的;

(三)使用他人的或者伪造、变造、失效的许可证明或者备案证明购买、销售易制毒化学品的;

(四)经营单位违反规定,向无购买许可证明、备案证明的单位、个人销售易制毒化学品的,或者明知购买者使用他人的或者伪造、变造、失效的许可证明或者备案证明,向其销售易制毒化学品的;

(五)以其他方式非法买卖易制毒化学品的。易制毒化学品生产、经营、使用单位或者个人未办理许可证明或者备案证明,购买、销售易制毒化学品,如果有证据证明确实用于合法生产、生活需要,依法能够办理只是未及时办理许可证明或者备案证明,且未造成严重社会危害的,

---

① 该条第一款援引第五条第一款第(一)至(八)项关于走私制毒物品罪入罪数量标准的规定,与最高法 2016 年《关于审理毒品犯罪案件适用法律若干问题的解释》第七条的规定不一致。

可不以非法买卖制毒物品罪立案追诉。

为了非法买卖制毒物品而采用生产、加工、提炼等方法非法制造易制毒化学品的，以非法买卖制毒物品罪（预备）立案追诉。

非法买卖制毒物品主观故意中的“明知”，依照本规定第五条第四款的有关规定予以认定。

明知他人实施非法买卖制毒物品犯罪，而为其运输、储存、代理进出口或者以其他方式提供便利的，以非法买卖制毒物品罪的共犯立案追诉。

第七条 ［非法种植毒品原植物案（刑法第三百五十一条）］非法种植罂粟、大麻等毒品原植物，涉嫌下列情形之一的，应予立案追诉：

（一）非法种植罂粟五百株以上的；

（二）非法种植大麻五千株以上的；

（三）非法种植其他毒品原植物数量较大的；

（四）非法种植罂粟二百平方米以上、大麻二千平方米以上或者其他毒品原植物面积较大，尚未出苗的；

（五）经公安机关处理后又种植的；

（六）抗拒铲除的。

本条所规定的“种植”，是指播种、育苗、移栽、插苗、施肥、灌溉、割取津液或者收取种子等行为。非法种植毒品原植物的株数一般应以实际查获的数量为准。因种植面积较大，难以逐株清点数目的，可以抽样测算每平方米平均株数后按实际种植面积测算出种植总株数。

非法种植罂粟或者其他毒品原植物，在收获前自动铲除的，可以不予立案追诉。

第八条 ［非法买卖、运输、携带、持有毒品原植物种子、幼苗案（刑法第三百五十二条）］非法买卖、运输、携带、持有未经灭活的罂粟等毒品原植物种子或者幼苗，涉嫌下列情形之一的，应予立案追诉：

（一）罂粟种子五十克以上、罂粟幼苗五千株以上；

（二）大麻种子五十千克以上、大麻幼苗五万株以上；

（三）其他毒品原植物种子、幼苗数量较大的。

第九条 ［引诱、教唆、欺骗他人吸毒案（刑法第三百五十三条）］引诱、教唆、欺骗他人吸食、注射毒品的，应予立案追诉。

第十条 ［强迫他人吸毒案（刑法第三百五十三条）］违背他人意志，以暴力、胁迫或者其他强制手段，迫使他人吸食、注射毒品的，应予立案追诉。

第十一条[①] **［容留他人吸毒案（刑法第三百五十四条）］**提供场所，容留他人吸食、注射毒品，涉嫌下列情形之一的，应予立案追诉：

（一）容留他人吸食、注射毒品两次以上的；

（二）一次容留三人以上吸食、注射毒品的；

（三）因容留他人吸食、注射毒品被行政处罚，又容留他人吸食、注射毒品的；

（四）容留未成年人吸食、注射毒品的；

（五）以牟利为目的容留他人吸食、注射毒品的；

（六）容留他人吸食、注射毒品造成

---

① 该条关于容留他人吸毒罪入罪数量标准的规定，与最高法 2016 年《关于审理毒品犯罪案件适用法律若干问题的解释》第十二条的规定不一致。

严重后果或者其他情节严重的。

第十二条[1] **[非法提供麻醉药品、精神药品案(刑法第三百五十五条)]**依法从事生产、运输、管理、使用国家管制的麻醉药品、精神药品的个人或者单位,违反国家规定,向吸食、注射毒品的人员提供国家规定管制的能够使人形成瘾癖的麻醉药品、精神药品,涉嫌下列情形之一的,应予立案追诉:

(一)非法提供鸦片二十克以上、吗啡二克以上、度冷丁(杜冷丁)五克以上(针剂100mg/支规格的五十支以上,50mg/支规格的一百支以上;片剂25mg/片规格的二百片以上,50mg/片规格的一百片以上)、盐酸二氢埃托啡零点二毫克以上(针剂或者片剂20mg/支、片规格的十支、片以上)、氯胺酮、美沙酮二十克以上、三唑仑、安眠酮一千克以上、咖啡因五千克以上、氯氮卓、艾司唑仑、地西泮、溴西泮十千克以上,以及其他麻醉药品和精神药品数量较大的;

(二)虽未达到上述数量标准,但非法提供麻醉药品、精神药品两次以上,数量累计达到前项规定的数量标准百分之八十以上的;

(三)因非法提供麻醉药品、精神药品被行政处罚,又非法提供麻醉药品、精神药品的;

(四)向吸食、注射毒品的未成年人提供麻醉药品、精神药品的;

(五)造成严重后果或者其他情节严重的。

依法从事生产、运输、管理、使用国家管制的麻醉药品、精神药品的人员或者单位,违反国家规定,向走私、贩卖毒品的犯罪分子提供国家规定管制的能够使人形成瘾癖的麻醉药品、精神药品的,或者以牟利为目的,向吸食、注射毒品的人提供国家规定管制的能够使人形成瘾癖的麻醉药品、精神药品的,以走私、贩卖毒品罪立案追诉。

第十三条 本规定中的毒品是指鸦片、海洛因、甲基苯丙胺(冰毒)、吗啡、大麻、可卡因以及国家规定管制的其他能够使人形成瘾癖的麻醉药品和精神药品。具体品种以国家食品药品监督管理局、公安部、卫生部发布的《麻醉药品品种目录》《精神药品品种目录》为依据。

本规定中的"制毒物品"是指刑法第三百五十条第一款规定的醋酸酐、乙醚、三氯甲烷或者其他用于制造毒品的原料或者配剂,具体品种范围按照国家关于易制毒化学品管理的规定确定。

第十四条 本规定中未明确立案追诉标准的毒品,有条件折算为海洛因的,参照有关麻醉药品和精神药品折算标准进行折算。

第十五条 本规定中的立案追诉标准,除法律、司法解释另有规定的以外,适用于相关的单位犯罪。

第十六条 本规定中的"以上",包括本数。

第十七条 本规定自印发之日起施行。

---

① 该条关于非法提供麻醉药品、精神药品罪入罪数量标准的规定,与最高法2016年《关于审理毒品犯罪案件适用法律若干问题的解释》第十三条的规定不一致。

最高人民检察院关于充分发挥检察职能服务保障“六稳”“六保”的意见

（2020年7月21日第十三届最高人民检察院党组第119次会议通过，2020年7月22日印发）

为贯彻落实党中央关于做好“六稳”工作、落实“六保”任务的重大决策部署，主动服务统筹推进疫情防控和经济社会发展工作，克服新冠肺炎疫情带来的不利影响，促进恢复正常经济社会秩序，现就充分发挥检察职能，服务保障“六稳”“六保”提出如下意见：

1. 依法惩治妨害社会生产生活秩序的相关犯罪。落实在疫情防控常态化条件下加快恢复生产生活秩序的要求，依法惩治破坏复工复产和经济社会发展等刑事犯罪，为“六稳”“六保”营造稳定的社会环境。一是对妨害复工复产、损害企业合法权益的犯罪，依法从严从快追诉，最大程度帮助企业挽回损失。突出惩治欺行霸市、强买强卖、恶意阻工、破坏交通等扰乱复工复产秩序的犯罪，以及利用提供虚假就业、兼职信息，虚假订立公司企业合同，虚假提供中小企业贷款等手段实施的诈骗犯罪。二是结合疫情防控常态化要求，把握好司法政策与法律标准，依法及时处理妨害传染病防治和国境卫生检疫，非法捕杀、交易野生动物，制售伪劣防治防护产品物资、假药劣药以及不符合标准医用器材等犯罪。依法严惩以暴力、威胁方法侵犯医务人员安全、扰乱医疗秩序的犯罪行为，对主观恶性大、社会影响恶劣的行为人，坚决从严追诉，从重提出量刑建议。三是针对近年来特别是疫情期间网络犯罪数量大幅上升，加大对电信网络诈骗、网络传销、侵犯个人信息、网络“黄赌毒”等各类违法犯罪行为惩治力度，积极配合公安、工信等部门坚决整治网络黑灰产业链，强化源头治理，营造清朗网络空间。四是充分考虑经济下行和疫情影响等因素，对“职业放贷人”采取非法手段催收高利放贷债务及其他法律不予保护的债务，不法分子通过虚增借贷金额、恶意制造违约、肆意认定违约、毁匿还款证据等方式制造“套路贷”等违法犯罪行为，从严追诉，加大打击力度。

……

3. 依法保护企业正常生产经营活动。深刻认识“六稳”“六保”最重要的是稳就业、保就业，关键在于保企业，努力落实让企业“活下来”“留得住”“经营得好”的目标。一是加大力度惩治各类侵犯企业财产、损害企业利益的犯罪。依法严格追诉职务侵占、非国家工作人员受贿和挪用资金犯罪，根据犯罪数额和情节，综合考虑犯罪行为对民营企业经营发展、商业信誉、内部治理、外部环境的影响程度，精准提出量刑建议。对提起公诉前退还挪用资金或者具有其他情节轻微情形的，可以依法不起诉；对数额特别巨大拒不退还或者具有其他情节特别严重情形的，依法从严追诉。二是依法慎重处理贷款类犯罪案件。在办理骗取贷款等犯罪案件时，充分考虑企业“融资难”“融资贵”的实际情况，注意从借款人采取的欺骗手段是否属于明显虚构事实或者隐瞒真相，是否与银行工作人员合谋、受其指使，是否非法影响银行放贷决策、危及信贷资金安全,是否造成重大损失等方面,合理判断其行为危害性,不苛求企业等借款人。对于借款人因生产经营需要,在贷款过程中虽有违规行为,但未造成实际损失的,一般不作为犯罪处理。对于借款人采取欺骗手段获取贷款,虽给银行造成损失,但证据不足以认定借款人有非法占有目的的,不能以贷款诈骗罪定性处理。三是依法慎重处理拒不支付劳动报酬犯罪案件。充分考虑企业生产经营实际,注意把握企业因资金周转困难拖欠劳动报酬与恶意欠薪的界限,灵活采取检察建议、督促履行、协调追欠追赃垫付等形式,既有效维护劳动者权益,又保障企业生产经营。对恶意欠薪涉嫌犯罪,但在提起公诉前支付劳动报酬,并依法承担相应赔偿责任的,可以依法不起诉。四是严格把握涉企业生产经营、创新创业的新类型案件的法律政策界限。对于企业创新产品与现有国家标准难以对应的,应当深入调查,进行实质性评估,加强请示报告,准确认定产品属性和质量,防止简单化"对号入座",以生产、销售伪劣产品定罪处罚。

4. 加大知识产权司法保护力度。充分认识知识产权保护在疫情防控常态化条件下对企业生存发展、创新创业的重要意义,坚决惩治侵犯知识产权犯罪。一是依法着力保护与疫情防控相关的诊断检测技术、抗病毒药物、医用呼吸防护产品、环境消毒与废物处理、疫苗研制等领域的知识产权。二是对涉及高新技术、关键核心技术,以及网络侵权、链条式产业化有组织侵权等严重侵权假冒犯罪开展重点打击,对以侵犯知识产权为业或者侵犯知识产权犯罪链条中的生产制造者,以及具有多次、恶意侵权等情形的行为人,依法从严追诉并提出限制缓刑适用或者适用禁止令、职业禁止的量刑建议。推进侵犯知识产权刑事案件权利人诉讼权利告知试点,提升案件办理透明度。三是强化对商业秘密的保护。加大对采用盗窃、利诱、欺诈、胁迫、电子侵入或者其他不正当手段侵犯商业秘密犯罪的打击力度,综合权利人因被侵权遭受的销售利润损失、商业秘密的合理许可使用费等因素,正确认定权利人损失数额和侵权人违法所得。四是依法妥善办理科研人员涉嫌职务犯罪案件,为激发科技创新活力营造宽松有序的环境。对科研经费管理使用中的问题,坚持以科研经费政策为遵循,严格区分罪与非罪界限,不以形式违规简单依数额作犯罪评价。

5. 依法惩治破坏金融管理秩序犯罪。深刻认识"稳金融"在"六稳""六保"中的重要支撑和促进作用,依法惩治金融犯罪,切实维护金融安全。一是加大对证券期货领域金融犯罪的惩治力度。依法"全链条"从严追诉欺诈发行股票、债券,违规披露、不披露重要信息和提供虚假证明文件等扰乱资本市场秩序、侵害投资者利益的犯罪行为,既追究惩治具体实施造假的公司、企业,又追究惩治组织、指使造假的控股股东、实际控制人,同时还要追究惩治帮助造假的中介组织,全面落实对资本市场违法犯罪"零容忍"的要求。二是依法从严惩治严重扰乱金融秩序犯罪。严惩不法分子借互联网金融名义实施的非法吸收公众存款、集资诈骗等犯罪,从严追诉组织者、领导者。按照依法追缴、应追尽追、鼓励退赔、统一返还等原则,持续推进非法集资涉案财物追缴处置工作,配合有关部门最大限度追赃挽损,最大限度减少集资参与人的实际损失。三是加大惩治洗钱犯罪的力度。切实转变“重上游犯罪，轻洗钱犯罪”的做法，办理上游犯罪案件时要同步审查是否涉嫌洗钱犯罪，上游犯罪共犯以及掩饰、隐瞒犯罪所得、非法经营地下钱庄等行为同时构成洗钱罪的，择一重罪依法从严追诉。

6. 依法维护有利于对外开放的法治化营商环境。充分认识“稳外贸”“稳外资”“稳投资”对稳定宏观经济、扩大对外开放的重大意义，有效维护相关领域的市场秩序。一是围绕自贸试验区、海南自由贸易港、粤港澳大湾区建设等重大战略，依法惩治侵害外国投资者和外商投资企业合法权益，以及扰乱投资秩序、妨害项目推进的各类犯罪，保障外商投资法顺利施行，营造安全、透明的投资环境。二是聚焦当前对外贸易、外商投资领域的新形势，依法惩治利用外贸合同诈骗，虚开出口退税、抵扣税款发票，骗取出口退税以及对外贸易经营活动中的走私、逃汇骗汇等犯罪，促进稳住外贸基本盘，保障外贸产业链、供应链、资金流畅通运转。三是依法慎重处理企业涉税案件。注意把握一般涉税违法行为与以骗取国家税款为目的的涉税犯罪的界限，对于有实际生产经营活动的企业为虚增业绩、融资、贷款等非骗税目的且没有造成税款损失的虚开增值税专用发票行为，不以虚开增值税专用发票罪定性处理，依法作出不起诉决定的，移送税务机关给予行政处罚。

7. 努力为决战决胜脱贫攻坚提供司法保障。深刻认识打赢精准脱贫攻坚战对保障民生底线、全面建成小康社会的重大意义，充分发挥检察职能，助力脱贫攻坚。一是突出对重点领域和弱势群体的司法保护。依法严惩贪污侵占、截留挪用扶贫惠农、救灾救济资金等侵害群众切身利益的腐败犯罪。加强扶贫领域涉案财物依法快速返还工作，审查起诉时及时审查认定权属关系，符合快速返还条件的，依法作出决定并于五日内将涉案财物返还给被侵害的个人或单位。二是突出对困难群体的司法救助。对故意杀人、故意伤害、绑架、抢劫、强奸等严重暴力犯罪造成被害人重伤、死亡的，或者被害人家庭因案致贫、因案返贫的，结合具体案情及时、主动给予司法救助，并积极协调有关部门落实多元救助措施，保障困难当事人的基本生活。三是突出对未成年人的司法保护。持续推进“一号检察建议”落实，加大对侵害农村留守儿童、困境儿童等犯罪打击力度。对拉拢、诱迫未成年人参与有组织犯罪的，一律依法从严追诉、从重提出量刑建议。联合各方力量开展有针对性的帮扶救助，监督推动贫困地区将“控辍保学”、关爱重点儿童群体等相关政策落到实处。

8. 积极促进基层依法治理。深刻认识基层有效运转对统筹推进疫情防控和经济社会发展工作的重要意义，发挥检察监督职能，为基层运转提供法治保障。一是依法严惩“蝇贪”“蚁贪”。对发生在基层、影响恶劣的贪污贿赂犯罪尤其是吃拿卡要型索贿犯罪，坚决依法从严追诉。深入开展扫黑除恶专项斗争，严惩“村霸”和宗族恶势力，维护基层政权的稳固。加强对基层执法司法活动的法律监督，从严“破网打伞”，依法查办司法工作人员利用职权实施的侵害公民权利、损害司法公正的犯罪。二是深入推进行政争议实质性化解。聚焦保护企业权益、保障基本民生等重点领域，对诉求合法合理、有化解可能的行政申诉案件,通过促进和解、公开听证、司法救助、释法说理等方式实质性化解行政争议,促进基层依法行政,提高公共服务能力。

9. 落实"少捕""少押""慎诉"的司法理念。适应新时期犯罪形势变化,在保持对少数严重暴力犯罪和恶性犯罪从严打击绝不放过的同时,对认罪认罚、轻刑犯罪充分适用依法从宽的刑事政策,促进社会综合治理。一是坚持依法能不捕的不捕。审查批捕环节,注重将犯罪嫌疑人认罪认罚积极复工复产、开展生产自救、努力保就业岗位作为审查判断有无社会危险性的重要考量因素。二是积极探索总结非羁押性强制措施适用经验。推动完善取保候审制度,进一步探索使用电子手铐、赔偿保证金等措施,积极推广适用电子监控措施执行监视居住。认真履行羁押必要性审查职责,减少不必要的羁押。三是坚持依法能不诉的不诉。依法行使不起诉裁量权,逐步扩大酌定不起诉在认罪认罚案件中的适用,鼓励和促使更多的犯罪嫌疑人、被告人认罪服法,化解社会矛盾,减少社会对抗,提升司法效率,确保办案效果。四是综合运用刑事追诉和行政处罚、经济处罚措施。依法作出酌定不起诉决定的,要根据案件情况,对被不起诉人予以训诫或者责令具结悔过、赔礼道歉、赔偿损失。需要给予行政处罚的,提出检察意见移送有关主管机关处理,防止不起诉后一放了之。

10. 依法合理采取更加灵活务实的司法措施。立足当前经济社会发展需求,充分考虑涉案企业经营发展,在办案中依法采取更加灵活务实、及时高效的司法措施。一是慎重适用涉财产强制性措施。对涉嫌犯罪但仍在正常生产经营的各类企业,原则上不采取查封、扣押、冻结措施。对确需查封、扣押、冻结涉案财物的,应当严格区分合法财产与非法财产、股东个人财产与企业法人财产、犯罪嫌疑人个人财产与家庭成员财产,不得超权限、超范围、超数额、超时限查封、扣押、冻结财产。对于相关部门违法采取查封、扣押、冻结等措施的,要依法提出纠正意见。二是优化刑罚执行环节司法措施。扩大涉企服刑人员假释的适用,对于同时符合减刑和假释条件的,依法建议适用假释。会同司法行政机关研究具体措施,为接受社区矫正的民营企业人员从事相关生产经营活动提供必要便利,简化批准流程。三是妥善采取公益诉讼案件司法措施。加强检察机关与有关部门沟通协调,在检察建议及诉讼请求中,慎重采取关停涉案企业等影响企业生存和正常生产经营的措施,帮助协调解决涉案企业异地安置、补偿等实际困难。完善公益诉讼与生态环境损害赔偿等制度的衔接机制,向相关企业主张生态修复费用及惩罚性赔偿时,探索通过分期支付、替代性修复等方法促使其接受惩罚、守法经营、健康发展。

11. 加大对涉民营企业各类案件的法律监督力度。紧盯重点环节和重点领域,强化检察监督,维护、促进司法公正。一是加强立案监督,着重纠正涉及民营企业案件不应当立而立和应立不立等突出问题。坚决防止和纠正以刑事案件名义插手民事纠纷、经济纠纷等各类违法行为,重点监督纠正以非法立案为利害关系人追款讨债,干预法院正在审理或者已经裁判的经济纠纷,将合同纠纷立为诈骗、民事侵权立为职务侵占、行业拆借立为挪用资金、买卖纠纷立为强迫交易、正常经营行为立为非法经营等问题。二是加大清理涉民营企业刑事诉讼“挂案”力度。对既不依法推进诉讼程序,又不及时依法撤销案件的“挂案”,摸清底数,消化存量,杜绝增量,精准监督,推动建立长效机制,维护企业和当事人合法权益。三是加强涉企行政非诉执行监督。强化对行政非诉执行活动受理、审查、裁定和执行环节的监督,防止企业因不当强制执行措施陷入生产经营困境。四是加强控告申诉案件办理答复工作。做实做细群众来信件件有回复和信访积案清理工作,对涉及民营企业的控告申诉案件进行集中清理和统一管理,做到逐案交办、逐案督办,件件有回音,事事有着落。健全检察环节涉产权冤错案件有效防范和常态化纠正机制,做到应纠尽纠。

公安部、中央综治办、民政部、建设部、国家税务总局、国家工商行政管理总局关于进一步加强和改进出租屋管理工作有关问题的通知

(2004年11月12日,
公通字〔2004〕83号)

为进一步加强和改进出租房屋管理工作,维护社会治安秩序,促进房屋租赁业的健康发展,现就有关问题通知如下:

三、依法加强对出租房屋的管理。各部门要加大工作力度,规范房屋租赁活动。对房主违反出租房屋管理规定的行为,按照下列规定严肃查处:

(五)明知承租人违反爆炸、剧毒、易燃、放射性等危险物品管理规定,利用出租房屋生产、销售、储存、使用危险物品,不及时制止、报告,尚未造成严重后果的,由公安部门依照《租赁房屋治安管理规定》第九条第(三)项的规定予以处罚;构成犯罪的,依照《中华人民共和国刑法》第一百三十六条的规定追究刑事责任。

(六)明知是赃物而窝藏的,由公安部门依照《中华人民共和国治安管理处罚条例》第二十四条第(一)项的规定予以处罚;构成犯罪的,依照《中华人民共和国刑法》第三百一十二条的规定追究刑事责任。

(十)介绍或者容留卖淫的,由公安部门依照《中华人民共和国治安管理处罚条例》第三十条的规定予以处罚;构成犯罪的,依照《中华人民共和国刑法》第三百五十九条的规定追究刑事责任。

(十一)为他人进行赌博活动提供出租房屋的,由公安部门依照《中华人民共和国治安管理处罚条例》第三十二条第(一)项的规定予以处罚;构成犯罪的,依照《中华人民共和国刑法》第三百零三条的规定追究刑事责任。

(十二)为他人制作、贩卖淫秽图书、光盘或者其他淫秽物品提供出租房屋的,由公安部门依照《中华人民共和国治安管理处罚条例》第三十二条第(二)项的规定予以处罚;构成犯罪的,依照《中华人民共和国刑法》第三百六十三条的规定追究刑事责任。

(十三)明知是有犯罪行为的人而为其提供出租房屋,帮助其逃避或者为其作假证明的,由公安部门依照《中华人民共和国刑法》第三百一十条的规定追究刑事责任。

最高人民法院、最高人民检察院、公安部、司法部关于依法严厉打击传播艾滋病病毒等违法犯罪行为的指导意见

(2019 年 5 月 19 日,公通字〔2019〕23 号)

近期,个别地方发生假冒或者利用艾滋病病毒感染者或者病人身份、以谎称含有或者含有艾滋病病毒的血液为工具实施违法犯罪的案件。为依法严厉打击,有效震慑此类违法犯罪行为,维护社会治安,根据有关法律法规,制定本指导意见。

一、依法严厉打击(略)

二、准确认定行为性质

(一)故意伤害罪。明知自己感染艾滋病病毒或者患有艾滋病而卖淫、嫖娼或者故意不采取防范措施与他人发生性关系,致人感染艾滋病病毒的,依照刑法第二百三十四条第二款的规定,以故意伤害罪定罪处罚。

故意采取针刺等方法,致人感染艾滋病病毒的,依照刑法第二百三十四条第二款的规定,以故意伤害罪定罪处罚;未致人感染艾滋病病毒,但造成他人身体轻伤以上伤害的,依照刑法第二百三十四条的规定,以故意伤害罪定罪处罚。

明知他人感染艾滋病病毒或者患有艾滋病而隐瞒情况,介绍与其他人发生性关系,致人感染艾滋病病毒的,以故意伤害罪的共犯论处。

告知对方自己感染艾滋病病毒或者患有艾滋病,或者对方明知他人感染艾滋病病毒或者患有艾滋病,双方仍自愿发生性关系的,不作为犯罪处理。

(二)传播性病罪。明知自己感染艾滋病病毒或者患有艾滋病而卖淫、嫖娼,未致人感染艾滋病病毒的,依照刑法第三百六十条的规定,以传播性病罪定罪,并从重处罚。

明知他人感染艾滋病病毒或者患有艾滋病,介绍其卖淫,同时构成介绍卖淫罪、故意伤害罪的,依照处罚较重的规定定罪处罚。

(三)寻衅滋事罪。假冒或者利用艾滋病病毒感染者或者病人身份,以谎称含有或者含有艾滋病病毒的血液为工具,追逐、拦截、恐吓他人,情节恶劣,破坏社会秩序的,依照刑法第二百九十三条第一款第二项的规定,以寻衅滋事罪定罪处罚。

编造致人感染艾滋病病毒等虚假信息,或者明知是编造的虚假信息,在信息网络上散布,或者组织、指使人员在信息网络上散布,起哄闹事,造成公共秩序严重混乱的,依照刑法第二百九十三条第一款第四项的规定,以寻衅滋事罪定罪处罚。

对前款中"明知"的认定,应当结合行为人的主观认知、行为表现、案件的具体情节等综合分析,准确认定。对无确实、充分的证据证明主观明知的,不得以犯罪论处。

(四)敲诈勒索罪。假冒或者利用艾滋病病毒感染者或者病人身份,以谎称含有或者含有艾滋病病毒的血液为工具,敲诈勒索公私财物数额较大或者多次敲诈勒索的,依照刑法第二百七十四条的规定,以敲诈勒索罪定罪处罚。

(五)诈骗罪。出售谎称含有艾滋病

病毒的血液,骗取他人财物,数额较大的,依照刑法第二百六十六条的规定,以诈骗罪定罪处罚。

(六)抢劫罪。假冒或者利用艾滋病病毒感染者或者病人身份,以谎称含有或者含有艾滋病病毒的血液为工具,以暴力、胁迫或者其他方法抢劫公私财物的,依照刑法第二百六十三条的规定,以抢劫罪定罪处罚。

(七)传授犯罪方法罪。通过语言、文字、动作或者其他方式传授能够致人感染艾滋病病毒的具体方法的,依照刑法第二百九十五条的规定,以传授犯罪方法罪定罪处罚。

(八)以危险方法危害公共安全罪。采用危险方法,意图使不特定多数人感染艾滋病病毒,危害公共安全,尚未造成严重后果的,依照刑法第一百一十四条的规定,以以危险方法危害公共安全罪定罪处罚;致人重伤、死亡或者使公私财产遭受重大损失的,依照刑法第一百一十五条的规定定罪处罚。

(九)非法买卖危险物质罪。非法买卖含有艾滋病病毒的血液,危害公共安全的,依照刑法第一百二十五条第二款的规定,以非法买卖危险物质罪定罪处罚。

(十)非法采集、供应血液罪。非法采集、供应血液,含有艾滋病病毒的,依照刑法第三百三十四条第一款的规定,以非法采集、供应血液罪定罪处罚。

(十一)非法利用信息网络罪。设立网站、通讯群组,用于销售谎称含有或者含有艾滋病病毒的血液等违法犯罪活动,情节严重的,依照刑法第二百八十七条之一的规定,以非法利用信息网络罪定罪处罚。

(十二)治安管理处罚或者其他行政处罚。实施本条第一项至第十一项规定的行为,不构成犯罪,依法不起诉或者免予刑事处罚的,依法予以治安管理处罚或者其他行政处罚。

三、依法收集证据查明案件事实

公安机关要依法、及时,全面收集固定证据,确保证据真实性、合法性。突出以下取证重点:

(一)查明违法犯罪嫌疑人明知自己感染艾滋病病毒或者患有艾滋病的情况。通过调查违法犯罪嫌疑人背景、患病状况、含有艾滋病病毒的血液来源等,查明其明知自己感染艾滋病病毒或者患有艾滋病的情况。特别要调取违法犯罪嫌疑人被医院或者其他医疗机构诊断感染艾滋病病毒或者患有艾滋病的有关证据,询问被害人获取违法犯罪嫌疑人事后告知其患病情况的陈述,收集违法犯罪嫌疑人亲属、朋友有关患病、就医等方面的证人证言等。

(二)查明发生性关系的情况。鉴于发生性行为情况比较隐蔽,办案中应当加大收集取证力度。对发生性行为后即报案报警的,应当及时提取痕迹物证。对发生性行为距报案报警时间较长的,应当多方收集证据,形成证据链,例如及时讯问犯罪嫌疑人、询问被害人、被害人家属等人,查明犯罪嫌疑人、被害人进出案发场所的时间、持续时长,查明犯罪嫌疑人、被害人联系情况,事后犯罪嫌疑人向他人炫耀情况等。

(三)查明非法采集供应血液情况,及时讯问犯罪嫌疑人获取对非法采集供应血液过程、使用器械工具的供述。收集工商登记营业执照等书证,查明犯罪嫌疑人未经国家主管部门批准或者超过批准的业务范围采集供应血液的情况。及时对非法采集供应的血液进行艾滋病病毒抗体检测,查明是否含有艾滋病病毒。询问被害人获取其使用非法供应血液的时间、地点、经过等陈述。调查非法采集供应血液过程的中间介绍人、血液供应者以及其他参与人员,查明是否参与共同犯罪。

(四)收集提取电子数据。勘验检查与违法犯罪嫌疑人发布信息有关的信息网络平台、网络存储设备、社交网络等,及时收集固定违法犯罪嫌疑人在信息网络发布炫耀传播艾滋病、出售谎称含有或者含有艾滋病病毒的血液、传授传播艾滋病病毒的犯罪方法、向被害人发送嘲讽威胁等信息等。

(五)查明危害结果。及时收集被害人事后就医、诊断证明、病历等情况,对其进行艾滋病病毒抗体检测,查明其是否已经感染艾滋病病毒,及时询问被害人,及时鉴定其伤害情况,查明其财产损失情况等。收集固定编造、传播的虚假信息在信息网络上被转发、评论,报道,造成公共秩序严重混乱的相关证据。

四、健全完善工作机制

(一)依法及时立案侦查。(略)

(二)注重办案安全。(略)

(三)强化沟通协调。人民法院、人民检察院、公安机关、司法行政机关要加强沟通协调,确保案件顺利起诉、审判、送监执行。有确实、充分的证据证明致人感染艾滋病病毒的,应当认定为刑法第九十五条第三项"其他对于人身健康有重大伤害"规定的"重伤",无需另行证明艾滋病病毒的具体危害。监管场所应当及时依法收押违法犯罪的艾滋病病毒感染者或者病人,并根据艾滋病防治工作需要,确定专门监管场所或者在监管场所(医疗机构)内划定专门区域,对其进行管理、治疗,并定期健康检查,及时掌握其病情变化情况。

(四)加强宣传教育。(略)

五、依法保护艾滋病病毒感染者和病人的合法权益(略)

(二)危害国家安全罪

最高人民法院关于审理为境外窃取、刺探、收买、非法提供国家秘密、情报案件具体应用法律若干问题的解释

(2000年11月20日最高人民法院审判委员会第1142次会议通过,2001年1月17日公布,自2001年1月22日起施行,法释〔2001〕4号)

为依法惩治为境外的机构、组织、人员窃取、刺探、收买、非法提供国家秘密、情报犯罪活动,维护国家安全和利益,根据刑法有关规定,现就审理这类案件具体应用法律的若干问题解释如下:

第一条 刑法第一百一十一条规定的"国家秘密",是指《中华人民共和国保守国家秘密法》第二条、第八条[①]以及《中华人民共和国保守国家秘密法实施办

---

① 该"第八条"系2010年修订后的《保守国家秘密法》第九条。

法》第四条[①]确定的事项。

刑法第一百一十一条规定的"情报",是指关系国家安全和利益、尚未公开或者依照有关规定不应公开的事项。

对为境外机构、组织、人员窃取、刺探、收买、非法提供国家秘密之外的情报的行为,以为境外窃取、刺探、收买、非法提供情报罪定罪处罚。

第二条 为境外窃取、刺探、收买、非法提供国家秘密或者情报,具有下列情形之一的,属于"情节特别严重",处十年以上有期徒刑、无期徒刑,可以并处没收财产:

(一)为境外窃取、刺探、收买、非法提供绝密级国家秘密的;

(二)为境外窃取、刺探、收买、非法提供三项以上机密级国家秘密的;

(三)为境外窃取、刺探、收买、非法提供国家秘密或者情报,对国家安全和利益造成其他特别严重损害的。

实施前款行为,对国家和人民危害特别严重、情节特别恶劣的,可以判处死刑,并处没收财产。

第三条 为境外窃取、刺探、收买、非法提供国家秘密或者情报,具有下列情形之一的,处五年以上十年以下有期徒刑,可以并处没收财产:

(一)为境外窃取、刺探、收买、非法提供机密级国家秘密的;

(二)为境外窃取、刺探、收买、非法提供三项以上秘密级国家秘密的;

(三)为境外窃取、刺探、收买、非法提供国家秘密或者情报,对国家安全和利益造成其他严重损害的。

第四条 为境外窃取、刺探、收买、非法提供秘密级国家秘密或者情报,属于"情节较轻",处五年以下有期徒刑、拘役、管制或者剥夺政治权利,可以并处没收财产。

第五条 行为人知道或者应当知道没有标明密级的事项关系国家安全和利益,而为境外窃取、刺探、收买、非法提供的,依照刑法第一百一十一条的规定以为境外窃取、刺探、收买、非法提供国家秘密罪定罪处罚。

第六条 通过互联网将国家秘密或者情报非法发送给境外的机构、组织、个人的,依照刑法第一百一十一条的规定定罪处罚;将国家秘密通过互联网予以发布,情节严重的,依照刑法第三百九十八条的规定定罪处罚。

第七条 审理为境外窃取、刺探、收买、非法提供国家秘密案件,需要对有关事项是否属于国家秘密以及属于何种密级进行鉴定的,由国家保密工作部门或者省、自治区、直辖市保密工作部门鉴定。

最高人民法院、国家保密局关于执行《关于审理为境外窃取、刺探、收买、非法提供国家秘密、情报案件具体应用法律若干问题的解释》有关问题的通知

(2001年8月22日,〔2001〕117号)

各省、自治区、直辖市高级人民法院,解放

① 《中华人民共和国保守国家秘密法实施办法》已为2014年颁行的《中华人民共和国保守国家秘密法实施条例》第四十五条宣布废止,其第四条的内容在《中华人民共和国保守国家秘密法实施条例》无相应规定。

军军事法院,新疆维吾尔自治区高级人民法院生产建设兵团分院;各省、自治区、直辖市保密局:

为正确执行最高人民法院法释〔2001〕4号《关于审理为境外窃取、刺探、收买、非法提供国家秘密、情报案件具体应用法律若干问题的解释》,审理好涉及情报的刑事案件,现就有关情报的鉴定问题通知如下:

人民法院审理为境外窃取、刺探、收买、非法提供情报案件,需要对有关事项是否属于情报进行鉴定的,由国家保密工作部门或者省、自治区、直辖市保密工作部门鉴定。

中华人民共和国反间谍法实施细则

(2017年11月22日公布,自公布之日起施行,中华人民共和国国务院令第692号)

第三条 《反间谍法》所称"境外机构、组织"包括境外机构、组织在中华人民共和国境内设立的分支(代表)机构和分支组织;所称"境外个人"包括居住在中华人民共和国境内不具有中华人民共和国国籍的人。

第四条 《反间谍法》所称"间谍组织代理人",是指受间谍组织或者其成员的指使、委托、资助,进行或者授意、指使他人进行危害中华人民共和国国家安全活动的人。

间谍组织和间谍组织代理人由国务院国家安全主管部门确认。

第十七条 《反间谍法》第二十四条所称"非法持有属于国家秘密的文件、资料和其他物品"是指:

(一)不应知悉某项国家秘密的人员携带、存放属于该项国家秘密的文件、资料和其他物品的;

(二)可以知悉某项国家秘密的人员,未经办理手续,私自携带、留存属于该项国家秘密的文件、资料和其他物品的。

第十八条 《反间谍法》第二十五条所称"专用间谍器材",是指进行间谍活动特殊需要的下列器材:

(一)暗藏式窃听、窃照器材;

(二)突发式收发报机、一次性密码本、密写工具;

(三)用于获取情报的电子监听、截收器材;

(四)其他专用间谍器材。

专用间谍器材的确认,由国务院国家安全主管部门负责。

(三)危害公共安全罪

最高人民法院关于充分发挥审判职能作用切实维护公共安全的若干意见

(2015年9月16日发布,法发〔2015〕12号)

为充分发挥人民法院职能作用,切实维护公共安全,保障人民群众合法权益,营造和谐稳定的社会环境,提出以下意见。

一、提高思想认识，切实增强维护公共安全的责任感和使命感(略)

二、依法严惩严重刑事犯罪，有效维护社会稳定

3.依法严惩暴力恐怖犯罪活动。暴力恐怖犯罪严重危害广大人民群众的生命财产安全，严重危害社会和谐稳定。对暴力恐怖犯罪活动，要坚持严打方针不动摇，对首要分子、骨干成员、罪行重大者，该判处重刑乃至死刑的应当依法判处；要立足打早打小打苗头，对已经构成犯罪的一律依法追究刑事责任，对因被及时发现、采取预防措施而没有造成实际损害的暴恐分子，只要符合犯罪构成条件的，该依法重判的也要依法重判；要注意区别对待，对自动投案、检举揭发，特别是主动交代、协助抓捕幕后指使的，要体现政策依法从宽处理。要通过依法裁判，树立法治威严，坚决打掉暴恐分子的嚣张气焰，有效维护人民权益和社会安宁。

4.依法严惩严重危害社会治安犯罪。依法严惩故意杀人、故意伤害、抢劫、绑架、爆炸等严重暴力犯罪，严惩盗窃、抢夺、诈骗等多发侵财性犯罪，切实增强人民群众安全感。依法严惩黑恶势力犯罪，坚决打掉其赖以生存、坐大的保护伞和经济基础，有效维护社会秩序。依法惩治组织、利用邪教破坏国家法律实施，进行杀人、强奸、诈骗的犯罪，努力消除邪教危害。依法严惩拐卖妇女、儿童和性侵儿童犯罪，加大对收买被拐卖的妇女、儿童犯罪的惩治力度，强化对妇女、儿童的司法保护。依法严惩毒品犯罪以及因吸毒诱发的故意杀人、故意伤害、抢劫、盗窃、以危险方法危害公共安全等次生犯罪，坚决遏制毒品蔓延势头。

5.强化涉众型犯罪案件的审判工作。针对社会公众实施的非法吸收公众存款、集资诈骗、电信诈骗、操纵证券、期货市场及组织、领导传销等涉众型犯罪，影响面广、危害性大、关注度高，要精心组织好相关案件的审判工作。要加大对此类犯罪的惩治力度，对犯罪数额特别巨大、犯罪情节特别恶劣、危害后果特别严重的，依法判处重刑。要高度重视犯罪分子的违法所得追缴和涉案财物的依法处置工作，最大限度维护人民群众的合法权益，稳定社会秩序。要强化司法公开力度，及时披露有关信息，回应社会关切。

三、依法惩治危害安全生产犯罪，促进安全生产形势根本好转

6.加大对危害安全生产犯罪的惩治力度。坚持发展是第一要务，安全是第一保障。针对近年来非法、违法生产，忽视生产安全的现象十分突出，造成群死群伤的重特大生产安全责任事故屡有发生的严峻形势，充分发挥刑罚的惩罚和预防功能，加大对各类危害安全生产犯罪的惩治力度，用严肃、严格、严厉的责任追究和法律惩罚，推动安全生产责任制的有效落实，促进安全生产形势根本好转，确保人民生命财产安全。

7.准确把握打击重点。结合当前形势并针对犯罪原因，既要重点惩治发生在危险化学品、民爆器材、烟花爆竹、电梯、煤矿、非煤矿山、油气运送管道、建筑施工、消防、粉尘涉爆等重点行业领域企业，以及港口、码头、人员密集场所等重点部位的危害安全生产犯罪，更要从严惩治发生在这些犯罪背后的国家机关工作人员贪污贿赂和渎职犯罪。既要依法追究直接造成损害的从事生产、作业的责任人员,更要依法从严惩治对生产、作业负有组织、指挥或者管理职责的负责人、管理人、实际控制人、投资人。既要加大对各类安全生产犯罪的惩治力度,更要从严惩治因安全生产条件不符合国家规定被处罚而又违规生产,关闭或者故意破坏安全警示设备,事故发生后不积极抢救人员或者毁灭、伪造、隐藏影响事故调查证据,通过行贿非法获取相关生产经营资质等情节的危害安全生产的犯罪。

8. 依法妥善审理与重大责任事故有关的赔偿案件。(略)

四、做好涉民生案件审判工作,切实保障人民群众合法权益

9. 妥善审理涉农案件。依法严惩针对农村留守老人、妇女、儿童实施的抢劫、盗窃、强奸、猥亵、拐卖等犯罪,确保农村社会秩序稳定和农民生命财产安全。依法严惩向农村地区贩卖毒品犯罪,坚决遏制毒品向农村地区蔓延的势头。依法严惩生产、销售伪劣农药、化肥、种子以及其他农用物资等坑农、害农犯罪,保证农业生产顺利进行。依法审理、执行好涉及"三农"的民事、行政案件,切实维护农民合法权益。

10. 依法惩治危害食品药品安全犯罪。食品药品安全形势不容乐观,重大、恶性食品药品安全犯罪案件时有发生,党中央高度关注,人民群众反映强烈。要以"零容忍"的态度,坚持最严厉的处罚、最严肃的问责,依法严惩生产、销售有毒、有害食品、不符合卫生标准的食品,以及生产、销售假药、劣药等犯罪。要充分认识此类犯罪的严重社会危害,严格缓刑、免刑等非监禁刑的适用。要采取有效措施依法追缴违法犯罪所得,充分适用财产刑,坚决让犯罪分子在经济上无利可图、得不偿失。要依法适用禁止令,有效防范犯罪分子再次危害社会。

11. 强化生态环境司法保护。保护生态环境,建设美丽中国,事关广大人民群众的生命健康,事关中华民族的永续发展,是实现中华民族伟大复兴中国梦的重要内容。全面加强环境资源审判工作,扎实推进生态环境建设,回应民众关切,增进人民福祉。依法惩治污染环境、乱砍滥伐、非法猎杀野生动物、乱采滥挖矿产等破坏环境资源犯罪。依法公正审理环境侵权案件,落实全面赔偿规定,探索建立环境修复、惩罚性赔偿等制度,依法严肃追究违法者的法律责任。充分保障环境公益诉讼原告诉权,及时受理、依法审理环境公益诉讼案件;会同检察机关积极稳妥地开展检察机关提起公益诉讼的试点工作,有效维护国家利益和社会公共利益。

12. 从严惩治危害民生的职务犯罪。对于制售伪劣食品药品、破坏环境资源所涉及的国家工作人员渎职犯罪,发生在社会保障、征地拆迁、灾后重建、企业改制、医疗、教育、就业等领域严重损害群众利益、社会影响恶劣、群众反映强烈的国家工作人员贪污贿赂犯罪、渎职犯罪,发生在事关民生和公共安全的重点领域、重点行业的严重商业贿赂犯罪等,要依法从严惩处。

五、依法惩治信息网络犯罪,维护社会秩序

13. 依法惩治利用网络实施的各类犯罪。网络空间是现实社会的延伸,网络秩序是公共秩序的有机组成部分。要针对近年来利用信息网络实施的各类违法犯罪活动日益突出,危害十分严重的实际,坚决依法打击网上造谣、传谣行为,惩治利用网络实施的盗窃、诈骗、敲诈勒索、寻衅滋事、贩卖毒品、传播淫秽信息等犯罪，切实维护网络秩序，净化网络空间，决不允许网络成为法外之地。

14. 依法惩治网络攻击破坏犯罪。信息时代，网络已深度融入经济社会的各个方面，网络安全已成为公共安全的重要组成部分，与广大人民群众的信息安全、财产安全乃至人身安全密切相关。要依法打击非法侵入、破坏计算机信息系统以及制作、销售、使用“伪基站”设备等犯罪活动，从严惩治针对基础信息网络、重要行业和领域的重要信息系统、军事网络、重要政务网络、用户数量众多的商业网络的攻击破坏活动，从严惩治利用攻击破坏非法获取国家秘密、商业秘密、公民个人信息等犯罪活动。

六、积极参与社会治安综合治理，促进健全公共安全体系（略）

最高人民法院、最高人民检察院、公安部关于依法惩治妨害公共交通工具安全驾驶违法犯罪行为的指导意见

（2019 年 1 月 8 日）

各省、自治区、直辖市高级人民法院、人民检察院、公安厅（局），新疆维吾尔自治区高级人民法院生产建设兵团分院，新疆生产建设兵团人民检察院、公安局：

近期，一些地方接连发生在公共交通工具上妨害安全驾驶的行为。有的乘客仅因琐事纷争，对正在驾驶公共交通工具的驾驶人员实施暴力干扰行为，造成重大人员伤亡、财产损失，严重危害公共安全，社会反响强烈。为依法惩治妨害公共交通工具安全驾驶违法犯罪行为，维护公共交通安全秩序，保护人民群众生命财产安全，根据有关法律规定，制定本意见。

一、准确认定行为性质，依法从严惩处妨害安全驾驶犯罪

（一）乘客在公共交通工具行驶过程中，抢夺方向盘、变速杆等操纵装置，殴打、拉拽驾驶人员，或者有其他妨害安全驾驶行为，危害公共安全，尚未造成严重后果的，依照刑法第一百一十四条的规定，以以危险方法危害公共安全罪定罪处罚；致人重伤、死亡或者使公私财产遭受重大损失的，依照刑法第一百一十五条第一款的规定，以以危险方法危害公共安全罪定罪处罚。

实施前款规定的行为，具有以下情形之一的，从重处罚：

1. 在夜间行驶或者恶劣天气条件下行驶的公共交通工具上实施的；

2. 在临水、临崖、急弯、陡坡、高速公路、高架道路、桥隧路段及其他易发生危险的路段实施的；

3. 在人员、车辆密集路段实施的；

4. 在实际载客 10 人以上或者时速 60 公里以上的公共交通工具上实施的；

5. 经他人劝告、阻拦后仍然继续实施的；

6. 持械袭击驾驶人员的；

7. 其他严重妨害安全驾驶的行为。

实施上述行为，即使尚未造成严重后果，一般也不得适用缓刑。

（二）乘客在公共交通工具行驶过程

中,随意殴打其他乘客,追逐、辱骂他人,或者起哄闹事,妨害公共交通工具运营秩序,符合刑法第二百九十三条规定的,以寻衅滋事罪定罪处罚;妨害公共交通工具安全行驶,危害公共安全的,依照刑法第一百一十四条、第一百一十五条第一款的规定,以以危险方法危害公共安全罪定罪处罚。

(三)驾驶人员在公共交通工具行驶过程中,与乘客发生纷争后违规操作或者擅离职守,与乘客厮打、互殴,危害公共安全,尚未造成严重后果的,依照刑法第一百一十四条的规定,以以危险方法危害公共安全罪定罪处罚;致人重伤、死亡或者使公私财产遭受重大损失的,依照刑法第一百一十五条第一款的规定,以以危险方法危害公共安全罪定罪处罚。

(四)对正在进行的妨害安全驾驶的违法犯罪行为,乘客等人员有权采取措施予以制止。制止行为造成违法犯罪行为人损害,符合法定条件的,应当认定为正当防卫。

(五)正在驾驶公共交通工具的驾驶人员遭到妨害安全驾驶行为侵害时,为避免公共交通工具倾覆或者人员伤亡等危害后果发生,采取紧急制动或者躲避措施,造成公共交通工具、交通设施损坏或者人身损害,符合法定条件的,应当认定为紧急避险。

(六)以暴力、威胁方法阻碍国家机关工作人员依法处置妨害安全驾驶违法犯罪行为、维护公共交通秩序的,依照刑法第二百七十七条的规定,以妨害公务罪定罪处罚;暴力袭击正在依法执行职务的人民警察的,从重处罚。

(七)本意见所称公共交通工具,是指公共汽车、公路客运车,大、中型出租车等车辆。

二、加强协作配合,有效维护公共交通安全秩序(略)

三、强化宣传警示教育,提升公众交通安全意识(略)

最高人民法院
关于依法妥善审理高空抛物、坠物案件的意见

(2019年10月21日公布施行,
法发〔2019〕25号)

近年来,高空抛物、坠物事件不断发生,严重危害公共安全,侵害人民群众合法权益,影响社会和谐稳定。为充分发挥司法审判的惩罚、规范和预防功能,依法妥善审理高空抛物、坠物案件,切实维护人民群众“头顶上的安全”,保障人民安居乐业,维护社会公平正义,依据《中华人民共和国刑法》《中华人民共和国侵权责任法》等相关法律,提出如下意见。

一、加强源头治理,监督支持依法行政,有效预防和惩治高空抛物、坠物行为(略)

二、依法惩处构成犯罪的高空抛物、坠物行为,切实维护人民群众生命财产安全

4. 充分认识高空抛物、坠物行为的社会危害性。高空抛物、坠物行为损害人民群众人身、财产安全,极易造成人身伤亡和财产损失,引发社会矛盾纠纷。人民法院要高度重视高空抛物、坠物行为的现实危害,深刻认识运用刑罚手段惩治情节和后果严重的高空抛物、坠物

行为的必要性和重要性，依法惩治此类犯罪行为，有效防范、坚决遏制此类行为发生。

5. 准确认定高空抛物犯罪。对于高空抛物行为，应当根据行为人的动机、抛物场所、抛掷物的情况以及造成的后果等因素，全面考量行为的社会危害程度，准确判断行为性质，正确适用罪名，准确裁量刑罚。

故意从高空抛弃物品，尚未造成严重后果，但足以危害公共安全的，依照刑法第一百一十四条规定的以危险方法危害公共安全罪定罪处罚；致人重伤、死亡或者使公私财产遭受重大损失的，依照刑法第一百一十五条第一款的规定处罚。为伤害、杀害特定人员实施上述行为的，依照故意伤害罪、故意杀人罪定罪处罚。

6. 依法从重惩治高空抛物犯罪。具有下列情形之一的，应当从重处罚，一般不得适用缓刑：(1)多次实施的；(2)经劝阻仍继续实施的；(3)受过刑事处罚或者行政处罚后又实施的；(4)在人员密集场所实施的；(5)其他情节严重的情形。

7. 准确认定高空坠物犯罪。过失导致物品从高空坠落，致人死亡、重伤，符合刑法第二百三十三条、第二百三十五条规定的，依照过失致人死亡罪、过失致人重伤罪定罪处罚。在生产、作业中违反有关安全管理规定，从高空坠落物品，发生重大伤亡事故或者造成其他严重后果的，依照刑法第一百三十四条第一款的规定，以重大责任事故罪定罪处罚。

三、坚持司法为民、公正司法，依法妥善审理高空抛物、坠物民事案件（略）

四、注重多元化解，坚持多措并举，不断完善预防和调处高空抛物、坠物纠纷的工作机制（略）

最高人民法院、最高人民检察院、公安部关于办理涉窨井盖相关刑事案件的指导意见

（2020年3月16日）

近年来，因盗窃、破坏窨井盖等行为导致人员伤亡事故多发，严重危害公共安全和人民群众生命财产安全，社会反映强烈。要充分认识此类行为的社会危害性、运用刑罚手段依法惩治的必要性，完善刑事责任追究机制，维护人民群众“脚底下的安全”，推动窨井盖问题的综合治理。为依法惩治涉窨井盖相关犯罪，切实维护公共安全和人民群众合法权益，提升办案质效，根据《中华人民共和国刑法》等法律规定，提出以下意见。

一、盗窃、破坏正在使用中的社会机动车通行道路上的窨井盖，足以使汽车、电车发生倾覆、毁坏危险，尚未造成严重后果的，依照刑法第一百一十七条的规定，以破坏交通设施罪定罪处罚；造成严重后果的，依照刑法第一百一十九条第一款的规定处罚。

过失造成严重后果的，依照刑法第一百一十九条第二款的规定，以过失损坏交通设施罪定罪处罚。

二、盗窃、破坏人员密集往来的非机动车道、人行道以及车站、码头、公园、广场、学校、商业中心、厂区、社区、院落等生产生活、人员聚集场所的窨井盖，足以危害公共安全，尚未造成严重后果的，依照

刑法第一百一十四条的规定,以以危险方法危害公共安全罪定罪处罚;致人重伤、死亡或者使公私财产遭受重大损失的,依照刑法第一百一十五条第一款的规定处罚。

过失致人重伤、死亡或者使公私财产遭受重大损失的,依照刑法第一百一十五条第二款的规定,以过失以危险方法危害公共安全罪定罪处罚。

三、对于本意见第一条、第二条规定以外的其他场所的窨井盖,明知会造成人员伤亡后果而实施盗窃、破坏行为,致人受伤或者死亡的,依照刑法第二百三十四条、第二百三十二条的规定,分别以故意伤害罪、故意杀人罪定罪处罚。

过失致人重伤或者死亡的,依照刑法第二百三十五条、第二百三十三条的规定,分别以过失致人重伤罪、过失致人死亡罪定罪处罚。

四、盗窃本意见第一条、第二条规定以外的其他场所的窨井盖,且不属于本意见第三条规定的情形,数额较大,或者多次盗窃的,依照刑法第二百六十四条的规定,以盗窃罪定罪处罚。

故意毁坏本意见第一条、第二条规定以外的其他场所的窨井盖,且不属于本意见第三条规定的情形,数额较大或者有其他严重情节的,依照刑法第二百七十五条的规定,以故意毁坏财物罪定罪处罚。

五、在生产、作业中违反有关安全管理的规定,擅自移动窨井盖或者未做好安全防护措施等,发生重大伤亡事故或者造成其他严重后果的,依照刑法第一百三十四条第一款的规定,以重大责任事故罪定罪处罚。

窨井盖建设、设计、施工、工程监理单位违反国家规定,降低工程质量标准,造成重大安全事故的,依照刑法第一百三十七条的规定,以工程重大安全事故罪定罪处罚。

六、生产不符合保障人身、财产安全的国家标准、行业标准的窨井盖,或者销售明知是不符合保障人身、财产安全的国家标准、行业标准的窨井盖,造成严重后果的,依照刑法第一百四十六条的规定,以生产、销售不符合安全标准的产品罪定罪处罚。

七、知道或者应当知道是盗窃所得的窨井盖及其产生的收益而予以窝藏、转移、收购、代为销售或者以其他方法掩饰、隐瞒的,依照刑法第三百一十二条和《最高人民法院关于审理掩饰、隐瞒犯罪所得、犯罪所得收益刑事案件适用法律若干问题的解释》的规定,以掩饰、隐瞒犯罪所得、犯罪所得收益罪定罪处罚。

八、在窨井盖采购、施工、验收、使用、检查过程中负有决定、管理、监督等职责的国家机关工作人员玩忽职守或者滥用职权,致使公共财产、国家和人民利益遭受重大损失的,依照刑法第三百九十七条的规定,分别以玩忽职守罪、滥用职权罪定罪处罚。

九、在依照法律、法规规定行使窨井盖行政管理职权的公司、企业、事业单位中从事公务的人员以及在受国家机关委托代表国家机关行使窨井盖行政管理职权的组织中从事公务的人员,玩忽职守或者滥用职权,致使公共财产、国家和人民利益遭受重大损失的,依照刑法第三百九十七条和《全国人民代表大会常务委员会关于〈中华人民共和国刑法〉第九章渎职罪主体适用问题的解释》的规定,分别以玩忽职守罪、滥用职权罪定罪处罚。

十、对窨井盖负有管理职责的其他公

司、企业、事业单位的工作人员，严重不负责任，导致人员坠井等事故，致人重伤或者死亡，符合刑法第二百三十五条、第二百三十三条规定的，分别以过失致人重伤罪、过失致人死亡罪定罪处罚。

十一、国家机关工作人员利用职务上的便利，收受他人财物，为他人谋取与窨井盖相关利益，同时构成受贿罪和刑法分则第九章规定的渎职犯罪的，除刑法另有规定外，以受贿罪和渎职犯罪数罪并罚。

十二、本意见所称的“窨井盖”，包括城市、城乡结合部和乡村等地的窨井盖以及其他井盖。

最高人民法院
关于审理破坏电力设备刑事案件
具体应用法律若干问题的解释

（2007年8月13日最高人民法院审判委员会第1435次会议通过，2007年8月15日公布，自2007年8月21日起施行，法释〔2007〕15号）

为维护公共安全，依法惩治破坏电力设备等犯罪活动，根据刑法有关规定，现就审理这类刑事案件具体应用法律的若干问题解释如下：

第一条　破坏电力设备，具有下列情形之一的，属于刑法第一百一十九条第一款规定的“造成严重后果”，以破坏电力设备罪判处十年以上有期徒刑、无期徒刑或者死刑：

（一）造成一人以上死亡、三人以上重伤或者十人以上轻伤的；

（二）造成一万以上用户电力供应中断六小时以上，致使生产、生活受到严重影响的；

（三）造成直接经济损失一百万元以上的；

（四）造成其他危害公共安全严重后果的。

第二条　过失损坏电力设备，造成本解释第一条规定的严重后果的，依照刑法第一百一十九条第二款的规定，以过失损坏电力设备罪判处三年以上七年以下有期徒刑；情节较轻的，处三年以下有期徒刑或者拘役。

第三条　盗窃电力设备，危害公共安全，但不构成盗窃罪的，以破坏电力设备罪定罪处罚；同时构成盗窃罪和破坏电力设备罪的，依照刑法处罚较重的规定定罪处罚。

盗窃电力设备，没有危及公共安全，但应当追究刑事责任的，可以根据案件的不同情况，按照盗窃罪等犯罪处理。

第四条　本解释所称电力设备，是指处于运行、应急等使用中的电力设备；已经通电使用，只是由于枯水季节或电力不足等原因暂停使用的电力设备；已经交付使用但尚未通电的电力设备。不包括尚未安装完毕，或者已经安装完毕但尚未交付使用的电力设备。

本解释中直接经济损失的计算范围，包括电量损失金额，被毁损设备材料的购置、更换、修复费用，以及因停电给用户造成的直接经济损失等。

最高人民法院、最高人民检察院关于办理盗窃油气、破坏油气设备等刑事案件具体应用法律若干问题的解释

(2006年11月20日最高人民法院审判委员会第1406次会议、2006年12月11日最高人民检察院第十届检察委员会第66次会议通过,2007年1月15日公布,自2007年1月19日起施行,法释〔2007〕3号)

为维护油气的生产、运输安全,依法惩治盗窃油气、破坏油气设备等犯罪,根据刑法有关规定,现就办理这类刑事案件具体应用法律的若干问题解释如下:

第一条　在实施盗窃油气等行为过程中,采用切割、打孔、撬砸、拆卸、开关等手段破坏正在使用的油气设备的,属于刑法第一百一十八条规定的"破坏燃气或者其他易燃易爆设备"的行为;危害公共安全,尚未造成严重后果的,依照刑法第一百一十八条的规定定罪处罚。

第二条　实施本解释第一条规定的行为,具有下列情形之一的,属于刑法第一百一十九条第一款规定的"造成严重后果",依照刑法第一百一十九条第一款的规定定罪处罚:

(一)造成一人以上死亡、三人以上重伤或者十人以上轻伤的;

(二)造成井喷或者重大环境污染事故的;

(三)造成直接经济损失数额在五十万元以上的;

(四)造成其他严重后果的。

第三条　盗窃油气或者正在使用的油气设备,构成犯罪,但未危害公共安全的,依照刑法第二百六十四条的规定,以盗窃罪定罪处罚。

盗窃油气,数额巨大但尚未运离现场的,以盗窃未遂定罪处罚。

为他人盗窃油气而偷开油气井、油气管道等油气设备阀门排放油气或者提供其他帮助的,以盗窃罪的共犯定罪处罚。

第四条　盗窃油气同时构成盗窃罪和破坏易燃易爆设备罪的,依照刑法处罚较重的规定定罪处罚。

第五条　明知是盗窃犯罪所得的油气或者油气设备,而予以窝藏、转移、收购、加工、代为销售或者以其他方法掩饰、隐瞒的,依照刑法第三百一十二条的规定定罪处罚。

实施前款规定的犯罪行为,事前通谋的,以盗窃犯罪的共犯定罪处罚。

第六条　违反矿产资源法的规定,非法开采或者破坏性开采石油、天然气资源的,依照刑法第三百四十三条以及《最高人民法院关于审理非法采矿、破坏性采矿刑事案件具体应用法律若干问题的解释》①的规定追究刑事责任。

第七条　国家机关工作人员滥用职权或者玩忽职守,实施下列行为之一,致使公共财产、国家和人民利益遭受重大损失的,依照刑法第三百九十七条的规定,以滥用职权罪或者玩忽职守罪定罪处罚:

---

①　该解释已废止,今后应适用最高法、最高检2016年《关于办理非法采矿、破坏性采矿刑事案件适用法律若干问题的解释》的规定。

（一）超越职权范围，批准发放石油、天然气勘查、开采、加工、经营等许可证的；

（二）违反国家规定，给不符合法定条件的单位、个人发放石油、天然气勘查、开采、加工、经营等许可证的；

（三）违反《石油天然气管道保护条例》等国家规定，在油气设备安全保护范围内批准建设项目的；

（四）对发现或者经举报查实的未经依法批准、许可擅自从事石油、天然气勘查、开采、加工、经营等违法活动不予查封、取缔的。

第八条 本解释所称的“油气”，是指石油、天然气。其中，石油包括原油、成品油；天然气包括煤层气。

本解释所称“油气设备”，是指用于石油、天然气生产、储存、运输等易燃易爆设备。

最高人民法院、最高人民检察院、公安部关于办理盗窃油气、破坏油气设备等刑事案件适用法律若干问题的意见

（2018年9月28日，法〔2018〕18号）

为依法惩治盗窃油气、破坏油气设备等犯罪，维护公共安全、能源安全和生态安全，根据《中华人民共和国刑法》、《中华人民共和国刑事诉讼法》和《最高人民法院、最高人民检察院关于办理盗窃油气、破坏油气设备等刑事案件具体应用法律若干问题的解释》等法律、司法解释的规定，结合工作实际，制定本意见。

一、关于危害公共安全的认定

在实施盗窃油气等行为过程中，破坏正在使用的油气设备，具有下列情形之一的，应当认定为刑法第一百一十八条规定的“危害公共安全”：

（一）采用切割、打孔、撬砸、拆卸手段的，但是明显未危害公共安全的除外；

（二）采用开、关等手段，足以引发火灾、爆炸等危险的。

二、关于盗窃油气未遂的刑事责任

着手实施盗窃油气行为，由于意志以外的原因未得逞，具有下列情形之一的，以盗窃罪（未遂）追究刑事责任：

（一）以数额巨大的油气为盗窃目标的；

（二）已将油气装入包装物或者运输工具，达到“数额较大”标准三倍以上的；

（三）携带盗油卡子、手摇钻、电钻、电焊枪等切割、打孔、撬砸、拆卸工具的；

（四）其他情节严重的情形。

三、关于共犯的认定

在共同盗窃油气、破坏油气设备等犯罪中，实际控制、为主出资或者组织、策划、纠集、雇佣、指使他人参与犯罪的，应当依法认定为主犯；对于其他人员，在共同犯罪中起主要作用的，也应当依法认定为主犯。

在输油输气管道投入使用前擅自安装阀门，在管道投入使用后将该阀门提供给他人盗窃油气的，以盗窃罪、破坏易燃易爆设备罪等有关犯罪的共同犯罪论处。

四、关于内外勾结盗窃油气行为的处理

行为人与油气企业人员勾结共同盗

窃油气,没有利用油气企业人员职务便利,仅仅是利用其易于接近油气设备、熟悉环境等方便条件的,以盗窃罪的共同犯罪论处。

实施上述行为,同时构成破坏易燃易爆设备罪的,依照处罚较重的规定定罪处罚。

五、关于窝藏、转移、收购、加工、代为销售被盗油气行为的处理

明知是犯罪所得的油气而予以窝藏、转移、收购、加工、代为销售或者以其他方式掩饰、隐瞒,符合刑法第三百一十二条规定的,以掩饰、隐瞒犯罪所得罪追究刑事责任。

"明知"的认定,应当结合行为人的认知能力、所得报酬、运输工具、运输路线、收购价格、收购形式、加工方式、销售地点、仓储条件等因素综合考虑。

实施第一款规定的犯罪行为,事前通谋的,以盗窃罪、破坏易燃易爆设备罪等有关犯罪的共同犯罪论处。

六、关于直接经济损失的认定

《最高人民法院、最高人民检察院关于办理盗窃油气、破坏油气设备等刑事案件具体应用法律若干问题的解释》第二条第三项规定的"直接经济损失"包括因实施盗窃油气等行为直接造成的油气损失以及采取抢修堵漏等措施所产生的费用。

对于直接经济损失数额,综合油气企业提供的证据材料、犯罪嫌疑人、被告人及其辩护人所提辩解、辩护意见等认定;难以确定的,依据价格认证机构出具的报告,结合其他证据认定。

油气企业提供的证据材料,应当有工作人员签名和企业公章。

七、关于专门性问题的认定

对于油气的质量、标准等专门性问题,综合油气企业提供的证据材料、犯罪嫌疑人、被告人及其辩护人所提辩解、辩护意见等认定;难以确定的,依据司法鉴定机构出具的鉴定意见或者国务院公安部门指定的机构出具的报告,结合其他证据认定。

油气企业提供的证据材料,应当有工作人员签名和企业公章。

最高人民法院、最高人民检察院、公安部、司法部关于办理恐怖活动和极端主义犯罪案件适用法律若干问题的意见[①]

(2018年3月16日印发,
高检会〔2018〕1号)

为了依法惩治恐怖活动和极端主义犯罪,维护国家安全、社会稳定,保障人民群众生命财产安全,根据《中华人民共和国刑法》《中华人民共和国刑事诉讼法》《中华人民共和国反恐怖主义法》等法律规定,结合司法实践,制定本意见。

一、准确认定犯罪

(一)具有下列情形之一的,应当认

① 最高人民检察院在印发《关于办理恐怖活动和极端主义犯罪案件适用法律若干问题的意见》的通知中规定:"本意见印发后,2014年9月9日《最高人民法院、最高人民检察院、公安部关于办理暴力恐怖和宗教极端刑事案件适用法律若干问题的意见》(公通字〔2014〕34号)同时废止。之前制定的规范文件与本意见不一致的,以本意见为准。"

定为刑法第一百二十条规定的“组织、领导恐怖活动组织”，以组织、领导恐怖组织罪定罪处罚：

1. 发起、建立恐怖活动组织的；

2. 恐怖活动组织成立后，对组织及其日常运行负责决策、指挥、管理的；

3. 恐怖活动组织成立后，组织、策划、指挥该组织成员进行恐怖活动的；

4. 其他组织、领导恐怖活动组织的情形。

具有下列情形之一的，应当认定为刑法第一百二十条规定的“积极参加”，以参加恐怖组织罪定罪处罚：

1. 纠集他人共同参加恐怖活动组织的；

2. 多次参加恐怖活动组织的；

3. 曾因参加恐怖活动组织、实施恐怖活动被追究刑事责任或者二年内受过行政处罚，又参加恐怖活动组织的；

4. 在恐怖活动组织中实施恐怖活动且作用突出的；

5. 在恐怖活动组织中积极协助组织、领导者实施组织、领导行为的；

6. 其他积极参加恐怖活动组织的情形。

参加恐怖活动组织，但不具有前两款规定情形的，应当认定为刑法第一百二十条规定的“其他参加”，以参加恐怖组织罪定罪处罚。

犯刑法第一百二十条规定的犯罪，又实施杀人、放火、爆炸、绑架、抢劫等犯罪的，依照数罪并罚的规定定罪处罚。

（二）具有下列情形之一的，依照刑法第一百二十条之一的规定，以帮助恐怖活动罪定罪处罚：

1. 以募捐、变卖房产、转移资金等方式为恐怖活动组织、实施恐怖活动的个人、恐怖活动培训筹集、提供经费，或者提供器材、设备、交通工具、武器装备等物资，或者提供其他物质便利的；

2. 以宣传、招收、介绍、输送等方式为恐怖活动组织、实施恐怖活动、恐怖活动培训招募人员的；

3. 以帮助非法出入境，或者为非法出入境提供中介服务、中转运送、停留住宿、伪造身份证明材料等便利，或者充当向导、帮助探查偷越国（边）境路线等方式，为恐怖活动组织、实施恐怖活动、恐怖活动培训运送人员的；

4. 其他资助恐怖活动组织、实施恐怖活动的个人、恐怖活动培训，或者为恐怖活动组织、实施恐怖活动、恐怖活动培训招募、运送人员的情形。

实施恐怖活动的个人，包括已经实施恐怖活动的个人，也包括准备实施、正在实施恐怖活动的个人。包括在我国领域内实施恐怖活动的个人，也包括在我国领域外实施恐怖活动的个人。包括我国公民，也包括外国公民和无国籍人。

帮助恐怖活动罪的主观故意，应当根据案件具体情况，结合行为人的具体行为、认知能力、一贯表现和职业等综合认定。

明知是恐怖活动犯罪所得及其产生的收益，为掩饰、隐瞒其来源和性质，而提供资金账户，协助将财产转换为现金、金融票据、有价证券，通过转账或者其他结算方式协助资金转移，协助将资金汇往境外的，以洗钱罪定罪处罚。事先通谋的，以相关恐怖活动犯罪的共同犯罪论处。

（三）具有下列情形之一的，依照刑法第一百二十条之二的规定，以准备实施恐怖活动罪定罪处罚：

1. 为实施恐怖活动制造、购买、储存、

运输凶器,易燃易爆、易制爆品,腐蚀性、放射性、传染性、毒害性物品等危险物品,或者其他工具的;

2. 以当面传授、开办培训班、组建训练营、开办论坛、组织收听收看音频视频资料等方式,或者利用网站、网页、论坛、博客、微博客、网盘、即时通信、通讯群组、聊天室等网络平台、网络应用服务组织恐怖活动培训的,或者积极参加恐怖活动心理体能培训,传授、学习犯罪技能方法或者进行恐怖活动训练的;

3. 为实施恐怖活动,通过拨打电话、发送短信、电子邮件等方式,或者利用网站、网页、论坛、博客、微博客、网盘、即时通信、通讯群组、聊天室等网络平台、网络应用服务与境外恐怖活动组织、人员联络的;

4. 为实施恐怖活动出入境或者组织、策划、煽动、拉拢他人出入境的;

5. 为实施恐怖活动进行策划或者其他准备的情形。

(四)实施下列行为之一,宣扬恐怖主义、极端主义或者煽动实施恐怖活动的,依照刑法第一百二十条之三的规定,以宣扬恐怖主义、极端主义、煽动实施恐怖活动罪定罪处罚:

1. 编写、出版、印刷、复制、发行、散发、播放载有宣扬恐怖主义、极端主义内容的图书、报刊、文稿、图片或者音频视频资料的;

2. 设计、生产、制作、销售、租赁、运输、托运、寄递、散发、展示带有宣扬恐怖主义、极端主义内容的标识、标志、服饰、旗帜、徽章、器物、纪念品等物品的;

3. 利用网站、网页、论坛、博客、微博客、网盘、即时通信、通讯群组、聊天室等网络平台、网络应用服务等登载、张贴、复制、发送、播放、演示载有恐怖主义、极端主义内容的图书、报刊、文稿、图片或者音频视频资料的;

4. 网站、网页、论坛、博客、微博客、网盘、即时通信、通讯群组,聊天室等网络平台、网络应用服务的建立、开办、经营、管理者,明知他人利用网络平台、网络应用服务散布、宣扬恐怖主义、极端主义内容,经相关行政主管部门处罚后仍允许或者放任他人发布的;

5. 利用教经、讲经、解经、学经、婚礼、葬礼、纪念、聚会和文体活动等宣扬恐怖主义、极端主义、煽动实施恐怖活动的;

6. 其他宣扬恐怖主义、极端主义、煽动实施恐怖活动的行为。

(五)利用极端主义,实施下列行为之一的,依照刑法第一百二十条之四的规定,以利用极端主义破坏法律实施罪定罪处罚:

1. 煽动、胁迫群众以宗教仪式取代结婚、离婚登记,或者干涉婚姻自由的;

2. 煽动、胁迫群众破坏国家法律确立的司法制度实施的;

3. 煽动、胁迫群众干涉未成年人接受义务教育,或者破坏学校教育制度、国家教育考试制度等国家法律规定的教育制度的;

4. 煽动、胁迫群众抵制人民政府依法管理,或者阻碍国家机关工作人员依法执行职务的;

5. 煽动、胁迫群众损毁居民身份证、居民户口簿等国家法定证件以及人民币的;

6. 煽动、胁迫群众驱赶其他民族、有其他信仰的人员离开居住地,或者干涉他人生活和生产经营的;

7. 其他煽动、胁迫群众破坏国家法律

制度实施的行为。

（六）具有下列情形之一的，依照刑法第一百二十条之五的规定，以强制穿戴宣扬恐怖主义、极端主义服饰、标志罪定罪处罚：

1. 以暴力、胁迫等方式强制他人在公共场所穿着、佩戴宣扬恐怖主义、极端主义服饰的；

2. 以暴力、胁迫等方式强制他人在公共场所穿着、佩戴含有恐怖主义、极端主义的文字、符号、图形、口号、徽章的服饰、标志的；

3. 其他强制他人穿戴宣扬恐怖主义、极端主义服饰、标志的情形。

（七）明知是载有宣扬恐怖主义、极端主义内容的图书、报刊、文稿、图片、音频视频资料、服饰、标志或者其他物品而非法持有，达到下列数量标准之一的，依照刑法第一百二十条之六的规定，以非法持有宣扬恐怖主义、极端主义物品罪定罪处罚：

1. 图书、刊物二十册以上，或者电子图书、刊物五册以上的；

2. 报纸一百份（张）以上，或者电子报纸二十份（张）以上的；

3. 文稿、图片一百篇（张）以上，或者电子文稿、图片十篇（张）以上，或者电子文档五十万字符以上的；

4. 录音带、录像带等音像制品二十个以上，或者电子音频视频资料五个以上，或者电子音频视频资料二十分钟以上的；

5. 服饰、标志二十件以上的。

非法持有宣扬恐怖主义、极端主义的物品，虽未达到前款规定的数量标准，但具有多次持有，持有多类物品，造成严重后果或者恶劣社会影响，曾因实施恐怖活动、极端主义违法犯罪被追究刑事责任或者二年内受过行政处罚等情形之一的，也可以定罪处罚。

多次非法持有宣扬恐怖主义、极端主义的物品，未经处理的，数量应当累计计算。非法持有宣扬恐怖主义、极端主义的物品，涉及不同种类或者形式的，可以根据本条规定的不同数量标准的相应比例折算后累计计算。

非法持有宣扬恐怖主义、极端主义物品罪主观故意中的“明知”，应当根据案件具体情况，以行为人实施的客观行为为基础，结合其一贯表现，具体行为、程度、手段、事后态度，以及年龄、认知和受教育程度、所从事的职业等综合审查判断。

具有下列情形之一，行为人不能做出合理解释的，可以认定其“明知”，但有证据证明确属被蒙骗的除外：

1. 曾因实施恐怖活动、极端主义违法犯罪被追究刑事责任，或者二年内受过行政处罚，或者被责令改正后又实施的；

2. 在执法人员检查时，有逃跑、丢弃携带物品或者逃避、抗拒检查等行为，在其携带、藏匿或者丢弃的物品中查获宣扬恐怖主义、极端主义的物品的；

3. 采用伪装、隐匿、暗语、手势、代号等隐蔽方式制作、散发、持有宣扬恐怖主义、极端主义的物品的；

4. 以虚假身份、地址或者其他虚假方式办理托运、寄递手续，在托运、寄递的物品中查获宣扬恐怖主义、极端主义的物品的；

5. 有其他证据足以证明行为人应当知道的情形。

（八）犯刑法第一百二十条规定的犯罪，同时构成刑法第一百二十条之一至之六规定的犯罪的，依照处罚较重的规定定罪处罚。

犯刑法第一百二十条之一至之六规定的犯罪,同时构成其他犯罪的,依照处罚较重的规定定罪处罚。

(九)恐怖主义,极端主义,恐怖活动,恐怖活动组织,根据《中华人民共和国反恐怖主义法》等法律法规认定。

二、正确适用程序

(一)组织、领导、参加恐怖组织罪,帮助恐怖活动罪,准备实施恐怖活动罪,宣扬恐怖主义、煽动实施恐怖活动罪,强制穿戴宣扬恐怖主义服饰、标志罪,非法持有宣扬恐怖主义物品罪的第一审刑事案件由中级人民法院管辖;宣扬极端主义罪,利用极端主义破坏法律实施罪,强制穿戴宣扬极端主义服饰、标志罪,非法持有宣扬极端主义物品罪的第一审刑事案件由基层人民法院管辖。高级人民法院可以根据级别管辖的规定,结合本地区社会治安状况、案件数量等情况,决定实行相对集中管辖,指定辖区内特定的中级人民法院集中审理恐怖活动和极端主义犯罪第一审刑事案件,或者指定辖区内特定的基层人民法院集中审理极端主义犯罪第一审刑事案件,并将指定法院名单报最高人民法院备案。

(二)国家反恐怖主义工作领导机构对恐怖活动组织和恐怖活动人员作出认定并予以公告的,人民法院可以在办案中根据公告直接认定。国家反恐怖主义工作领导机构没有公告的,人民法院应当严格依照《中华人民共和国反恐怖主义法》有关恐怖活动组织和恐怖活动人员的定义认定,必要时,可以商地市级以上公安机关出具意见作为参考。

(三)宣扬恐怖主义、极端主义的图书、音频视频资料,服饰、标志或者其他物品的认定,应当根据《中华人民共和国反恐怖主义法》有关恐怖主义、极端主义的规定,从其记载的内容、外观特征等分析判断。公安机关应当对涉案物品全面审查并逐一标注或者摘录,提出审读意见,与扣押、移交物品清单及涉案物品原件一并移送人民检察院审查。人民检察院、人民法院可以结合在案证据、案件情况、办案经验等综合审查判断。

(四)恐怖活动和极端主义犯罪案件初查过程中收集提取的电子数据,以及通过网络在线提取的电子数据,可以作为证据使用。对于原始存储介质位于境外或者远程计算机信息系统上的恐怖活动和极端主义犯罪电子数据,可以通过网络在线提取。必要时,可以对远程计算机信息系统进行网络远程勘验。立案后,经设区的市一级以上公安机关负责人批准,可以采取技术侦查措施。对于恐怖活动和极端主义犯罪电子数据量大或者提取时间长等需要冻结的,经县级以上公安机关负责人或者检察长批准,可以进行冻结。对于电子数据涉及的专门性问题难以确定的,由具备资格的司法鉴定机构出具鉴定意见,或者由公安部指定的机构出具报告。

三、完善工作机制

(一)人民法院、人民检察院和公安机关办理恐怖活动和极端主义犯罪案件,应当互相配合,互相制约,确保法律有效执行。对于主要犯罪事实、关键证据和法律适用等可能产生分歧或者重大、疑难、复杂的恐怖活动和极端主义犯罪案件,公安机关商请听取有管辖权的人民检察院意见和建议的,人民检察院可以提出意见和建议。

(二)恐怖活动和极端主义犯罪案件一般由犯罪地公安机关管辖,犯罪嫌疑人居住地公安机关管辖更为适宜的,也可以由犯罪嫌疑人居住地公安机关管辖。移送案件应当一案一卷,将案件卷宗、提取物证和扣押物品等全部随案移交。移送案件的公安机关应当指派专人配合接收案件的公安机关开展后续案件办理工作。

（三）人民法院、人民检察院和公安机关办理恐怖活动和极端主义犯罪案件,应当坚持对涉案人员区别对待,实行教育转化。对被教唆、胁迫、引诱参与恐怖活动、极端主义活动,或者参与恐怖活动、极端主义活动情节轻微,尚不构成犯罪的人员,公安机关应当组织有关部门、村民委员会、居民委员会、所在单位、就读学校、家庭和监护人对其进行帮教。对被判处有期徒刑以上刑罚的恐怖活动罪犯和极端主义罪犯,服刑地的中级人民法院应当根据其社会危险性评估结果和安置教育建议,在其刑满释放前作出是否安置教育的决定。人民检察院依法对安置教育进行监督,对于实施安置教育过程中存在违法行为的,应当及时提出纠正意见或者检察建议。

最高人民法院
关于审理破坏公用电信设施刑事案件具体应用法律若干问题的解释

（2004年8月26日最高人民法院审判委员会第1322次会议通过,2004年12月30日公布,自2005年1月11日起施行,法释〔2004〕21号）

为维护公用电信设施的安全和通讯管理秩序,依法惩治破坏公用电信设施犯罪活动,根据刑法有关规定,现就审理这类刑事案件具体应用法律的若干问题解释如下:

第一条 采用截断通信线路、损毁通信设备或者删除、修改、增加电信网计算机信息系统中存储、处理或者传输的数据和应用程序等手段,故意破坏正在使用的公用电信设施,具有下列情形之一的,属于刑法第一百二十四条规定的“危害公共安全”,依照刑法第一百二十四条第一款规定,以破坏公用电信设施罪处三年以上七年以下有期徒刑:

（一）造成火警、匪警、医疗急救、交通事故报警、救灾、抢险、防汛等通信中断或者严重障碍,并因此贻误救助、救治、救灾、抢险等,致使人员死亡一人、重伤三人以上或者造成财产损失三十万元以上的;

（二）造成二千以上不满一万用户通信中断一小时以上,或者一万以上用户通信中断不满一小时的;

（三）在一个本地网范围内,网间通信全阻、关口局至某一局向全部中断或网间某一业务全部中断不满二小时或者直接影响范围不满五万(用户×小时)的;

（四）造成网间通信严重障碍,一日内累计二小时以上不满十二小时的;

（五）其他危害公共安全的情形。

第二条 实施本解释第一条规定的行为,具有下列情形之一的,属于刑法第一百二十四条第一款规定的“严重后果”,以破坏公用电信设施罪处七年以上有期徒刑:

（一）造成火警、匪警、医疗急救、交通

事故报警、救灾、抢险、防汛等通信中断或者严重障碍,并因此贻误救助、救治、救灾、抢险等,致使人员死亡二人以上、重伤六人以上或者造成财产损失六十万元以上的;

(二)造成一万以上用户通信中断一小时以上的;

(三)在一个本地网范围内,网间通信全阻、关口局至某一局向全部中断或网间某一业务全部中断二小时以上或者直接影响范围五万(用户×小时)以上的;

(四)造成网间通信严重障碍,一日内累计十二小时以上的;

(五)造成其他严重后果的。

第三条 故意破坏正在使用的公用电信设施尚未危害公共安全,或者故意毁坏尚未投入使用的公用电信设施,造成财物损失,构成犯罪的,依照刑法第二百七十五条规定,以故意毁坏财物罪定罪处罚。

盗窃公用电信设施价值数额不大,但是构成危害公共安全犯罪的,依照刑法第一百二十四条的规定定罪处罚;盗窃公用电信设施同时构成盗窃罪和破坏公用电信设施罪的,依照处罚较重的规定定罪处罚。

第四条 指使、组织、教唆他人实施本解释规定的故意犯罪行为的,按照共犯定罪处罚。

第五条 本解释中规定的公用电信设施的范围、用户数、通信中断和严重障碍的标准和时间长度,依据国家电信行业主管部门的有关规定确定。

最高人民法院、最高人民检察院、公安部、国家安全部关于依法办理非法生产、销售、使用“伪基站”设备案件的意见

(2014年3月14日发布,
公通字〔2014〕13号)

各省、自治区、直辖市高级人民法院,人民检察院,公安厅、局,国家安全厅、局,新疆维吾尔自治区高级人民法院生产建设兵团分院,新疆生产建设兵团人民检察院、公安局、国家安全局:

近年来,各地非法生产、销售、使用“伪基站”设备违法犯罪活动日益猖獗,有的借以非法获取公民个人信息,有的非法经营广告业务,或者发送虚假广告,甚至实施诈骗等犯罪活动。“伪基站”设备是未取得电信设备进网许可和无线电发射设备型号核准的非法无线电通信设备,具有搜取手机用户信息,强行向不特定用户手机发送短信息等功能,使用过程中会非法占用公众移动通信频率,局部阻断公众移动通信网络信号。非法生产、销售、使用“伪基站”设备,不仅破坏正常电信秩序,影响电信运营商正常经营活动,危害公共安全,扰乱市场秩序,而且严重影响用户手机使用,损害公民财产权益,侵犯公民隐私,社会危害性严重。为依法办理非法生产、销售、使用“伪基站”设备案件,保障国家正常电信秩序,维护市场经济秩序,保护公民合法权益,根据有关法

律规定,制定本意见。

一、准确认定行为性质

(一)非法生产、销售"伪基站"设备,具有以下情形之一的,依照《刑法》第二百二十五条的规定,以非法经营罪追究刑事责任:①

1. 个人非法生产、销售"伪基站"设备三套以上,或者非法经营数额五万元以上,或者违法所得数额二万元以上的;

2. 单位非法生产、销售"伪基站"设备十套以上,或者非法经营数额十五万元以上,或者违法所得数额五万元以上的;

3. 虽未达到上述数额标准,但两年内曾因非法生产、销售"伪基站"设备受过两次以上行政处罚,又非法生产、销售"伪基站"设备的。

实施前款规定的行为,数量、数额达到前款规定的数量、数额五倍以上的,应当认定为《刑法》第二百二十五条规定的"情节特别严重"。

非法生产、销售"伪基站"设备,经鉴定为专用间谍器材的,依照《刑法》第二百八十三条的规定,以非法生产、销售间谍专用器材罪追究刑事责任;同时构成非法经营罪的,以非法经营罪追究刑事责任。

(二)非法使用"伪基站"设备干扰公用电信网络信号,危害公共安全的,依照《刑法》第一百二十四条第一款的规定,以破坏公用电信设施罪追究刑事责任;同时构成虚假广告罪、非法获取公民个人信息罪、破坏计算机信息系统罪、扰乱无线电通讯管理秩序罪的,依照处罚较重的规定追究刑事责任。

除法律、司法解释另有规定外,利用"伪基站"设备实施诈骗等其他犯罪行为,同时构成破坏公用电信设施罪的,依照处罚较重的规定追究刑事责任。

(三)明知他人实施非法生产、销售"伪基站"设备,或者非法使用"伪基站"设备干扰公用电信网络信号等犯罪,为其提供资金、场所、技术、设备等帮助的,以共同犯罪论处。

(四)对于非法使用"伪基站"设备扰乱公共秩序,侵犯他人人身权利、财产权利,情节较轻,尚不构成犯罪,但构成违反治安管理行为的,依法予以治安管理处罚。

二、严格贯彻宽严相济刑事政策

对犯罪嫌疑人、被告人的处理,应当结合其主观恶性大小、行为危害程度以及在案件中所起的作用等因素,切实做到区别对待。对组织指挥、实施非法生产、销售、使用"伪基站"设备的首要分子、积极参加的犯罪分子,以及曾因非法生产、销售、使用"伪基站"设备受到行政处罚或者刑事处罚,又实施非法生产、销售、使用"伪基站"设备的犯罪分子,应当作为打击重点依法予以严惩;对具有自首、立功、从犯等法定情节的犯罪分子,可以依法从宽处理。对情节显著轻微、危害不大的,依法不作为犯罪处理。

三、合理确定管辖

(一)案件一般由犯罪地公安机关管辖,犯罪嫌疑人居住地公安机关管辖更为适宜的,也可以由犯罪嫌疑人居住地公安机关管辖。对案件管辖有争议的,可以由共同的上级公安机关指定管辖;情况特殊的,上级公安机关可以指定其他公安机关管辖。

---

① 由于最高法、最高检 2017 年《关于办理扰乱无线电通讯管理秩序等刑事案件适用法律若干问题的解释》第四条对生产、销售"伪基站"构成非法经营罪定罪量刑标准做了新的规定,因此今后该意见关于生产、销售"伪基站"构成非法经营罪定罪量刑标准的规定应不再适用。

(二)上级公安机关指定下级公安机关立案侦查的案件,需要逮捕犯罪嫌疑人的,由侦查该案件的公安机关提请同级人民检察院审查批准,人民检察院应当依法作出批准逮捕或者不批准逮捕的决定;需要移送审查起诉的,由侦查该案件的公安机关移送同级人民检察院审查起诉。

(三)人民检察院对于审查起诉的案件,按照《刑事诉讼法》的管辖规定,认为应当由上级人民检察院或者同级其他人民检察院起诉的,将案件移送有管辖权的人民检察院,或者报上级检察机关指定管辖。

(四)符合最高人民法院、最高人民检察院、公安部、国家安全部、司法部、全国人大法工委《关于实施刑事诉讼法若干问题的规定》有关并案处理规定的,人民法院、人民检察院、公安机关可以在职责范围内并案处理。

四、加强协作配合(略)

最高人民法院
关于审理破坏广播电视设施等
刑事案件具体应用
法律若干问题的解释

(2011年5月23日最高人民法院审判委员会第1523次会议通过,
2011年6月7日公布,
自2011年6月13日起施行)

为依法惩治破坏广播电视设施等犯罪活动,维护广播电视设施运行安全,根据刑法有关规定,现就审理这类刑事案件具体应用法律的若干问题解释如下:

第一条　采取拆卸、毁坏设备,剪割缆线,删除、修改、增加广播电视设备系统中存储、处理、传输的数据和应用程序,非法占用频率等手段,破坏正在使用的广播电视设施,具有下列情形之一的,依照刑法第一百二十四条第一款的规定,以破坏广播电视设施罪处三年以上七年以下有期徒刑:

(一)造成救灾、抢险、防汛和灾害预警等重大公共信息无法发布的;

(二)造成县级、地市(设区的市)级广播电视台中直接关系节目播出的设施无法使用,信号无法播出的;

(三)造成省级以上广播电视传输网内的设施无法使用,地市(设区的市)级广播电视传输网内的设施无法使用三小时以上,县级广播电视传输网内的设施无法使用十二小时以上,信号无法传输的;

(四)其他危害公共安全的情形。

第二条　实施本解释第一条规定的行为,具有下列情形之一的,应当认定为刑法第一百二十四条第一款规定的“造成严重后果”,以破坏广播电视设施罪处七年以上有期徒刑:

(一)造成救灾、抢险、防汛和灾害预警等重大公共信息无法发布,因此贻误排除险情或者疏导群众,致使一人以上死亡、三人以上重伤或者财产损失五十万元以上,或者引起严重社会恐慌、社会秩序混乱的;

(二)造成省级以上广播电视台中直接关系节目播出的设施无法使用,信号无法播出的;

(三)造成省级以上广播电视传输网内的设施无法使用三小时以上,地市(设区的市)级广播电视传输网内的设施无

法使用十二小时以上,县级广播电视传输网内的设施无法使用四十八小时以上,信号无法传输的;

(四)造成其他严重后果的。

第三条 过失损坏正在使用的广播电视设施,造成本解释第二条规定的严重后果的,依照刑法第一百二十四条第二款的规定,以过失损坏广播电视设施罪处三年以上七年以下有期徒刑;情节较轻的,处三年以下有期徒刑或者拘役。

过失损坏广播电视设施构成犯罪,但能主动向有关部门报告,积极赔偿损失或者修复被损坏设施的,可以酌情从宽处罚。

第四条 建设、施工单位的管理人员、施工人员,在建设、施工过程中,违反广播电视设施保护规定,故意或者过失损毁正在使用的广播电视设施,构成犯罪的,以破坏广播电视设施罪或者过失损坏广播电视设施罪定罪处罚。其定罪量刑标准适用本解释第一至三条的规定。

第五条 盗窃正在使用的广播电视设施,尚未构成盗窃罪,但具有本解释第一条、第二条规定情形的,以破坏广播电视设施罪定罪处罚;同时构成盗窃罪和破坏广播电视设施罪的,依照处罚较重的规定定罪处罚。

第六条 破坏正在使用的广播电视设施未危及公共安全,或者故意毁坏尚未投入使用的广播电视设施,造成财物损失数额较大或者有其他严重情节的,以故意毁坏财物罪定罪处罚。

第七条 实施破坏广播电视设施犯罪,并利用广播电视设施实施煽动分裂国家、煽动颠覆国家政权、煽动民族仇恨、民族歧视或者宣扬邪教等行为,同时构成其他犯罪的,依照处罚较重的规定定罪处罚。

第八条 本解释所称广播电视台中直接关系节目播出的设施、广播电视传输网内的设施,参照国家广播电视行政主管部门和其他相关部门的有关规定确定。

最高人民法院、最高人民检察院、工业和信息化部、公安部公用电信设施损坏经济损失计算方法

(2014年8月28日,工信部联电管〔2014〕372号)

第一条 为保障公用电信设施安全稳定运行,规范公用电信设施损坏经济损失计算,制定本方法。

第二条 中华人民共和国境内由于盗窃、破坏等因素造成公用电信设施损坏所带来的经济损失,根据本方法计算。

第三条 本方法中公用电信设施主要包括:

(一)通信线路类:包括光(电)缆、电力电缆等;交接箱、分(配)线盒等;管道、槽道、人井(手孔);电杆、拉线、吊线、挂钩等支撑加固和保护装置;标石、标志标牌、井盖等附属配套设施。

(二)通信设备类:包括基站、中继站、微波站、直放站、室内分布系统、无线局域网(WLAN)系统、有线接入设备、公用电话终端等。

(三)其他配套设备类:包括通信铁塔、收发信天(馈)线;公用电话亭;用于

维系通信设备正常运转的通信机房、空调、蓄电池、开关电源、不间断电源(UPS)、太阳能电池板、油机、变压器、接地铜排、消防设备、安防设备、动力环境设备等附属配套设施。

(四)电信主管部门认定的其他电信设施。

第四条 公用电信设施损坏经济损失,主要包括公用电信设施修复损失、阻断通信业务损失和阻断通信其他损失。

公用电信设施修复损失,是指公用电信设施损坏后临时抢修、正式恢复所需各种修复费用总和,包括人工费、机具使用费、仪表使用费、调遣费、赔补费、更换设施设备费用等。

阻断通信业务损失,是指公用电信设施损坏造成通信中断所带来的业务损失的总和,包括干线光传送网阻断通信损失、城域/本地光传送网阻断通信损失和接入网阻断通信损失。

阻断通信其他损失,是指公用电信设施损坏造成通信中断所带来的除通信业务损失以外的其他损失的总和,包括基础电信企业依法向电信用户支付的赔偿费用等损失。

第五条 公用电信设施修复损失计算

公用电信设施损坏后临时抢修、正式修复所需费用按照《关于发布(通信建设工程概算、预算编制办法及相关定额)的通知》(工信部规〔2008〕75号)核实确定。

公用电信设施损坏后通过设置应急通信设备、使用备份设备或迂回路由等方式临时抢修产生的费用,可由当地通信管理局确定。

第六条 阻断通信业务损失计算

阻断通信业务损失=阻断通信时间×单位时间通信业务价值。

阻断通信时间,是指自该类业务通信阻断发生时始,至该类业务修复后经测试验证后通信可用时止的时间长度。

单位时间通信业务价值,是指阻断通信时间段前三十天对应时段内的平均业务量与业务单价的乘积。

各类业务单价可在该类业务标价和套餐折合最低价之间取值,具体由当地通信管理局根据当地实际情况确定。

(一)干线光传送网阻断通信损失

干线光传送网,按照阻断通信的使用带宽进行计算,即:

干线光传送网阻断通信损失=阻断通信时间(分钟)×前三十天对应时段内平均使用带宽(Mbps)×单位带宽价格(元/Mbps/分钟)。

单位带宽价格按基础电信企业向当地通信管理局资费备案的互联网100Mbps专线接入(当地静态路由接入方式)价格的百分之一计算。

(二)城域/本地光传送网阻断通信损失

城域/本地光传送网阻断通信损失参照干线光传送网阻断通信损失计算。

(三)接入网阻断通信损失

接入网可明确区分不同业务类型,应分别计算该网络内不同业务实际阻断通信时间内的损失,并将不同业务类型损失进行叠加。

接入网阻断通信损失包括固定和移动语音业务损失、固定数据业务损失、移动数据业务损失、固定和移动专线出租电路损失、短信业务损失和增值电信业务损失。

固定和移动语音业务损失包括国际长途、国内长途和本地通话三类业务损失，每类业务损失计算公式为：固定和移动语音业务损失 = 前三十天对应时段内平均通话时长（分钟）× 单价（元/分钟）。

固定数据业务损失计算公式为：固定数据业务损失 = 阻断通信时间（分钟）× 月均固定数据业务资费/当月分钟数（元/分钟）。

移动数据业务损失计算公式为：移动数据业务损失 = 前三十天对应时段内平均数据流量（MB/秒）× 阻断时长（秒）× 单价（元/MB）。

固定和移动专线出租电路损失根据基础电信企业和党、政、军机关、事业单位、企业等签订的专线电路租用合同相关条款进行计算。

短信业务损失计算公式为：短信业务阻断损失 = 前三十天对应时段内平均短信量（条）× 单价（元/条）。

增值电信业务损失可由当地通信管理局确定。

第七条 专用电信设施损坏经济损失计算可参照本方法执行。

第八条 各省、自治区、直辖市通信管理局可根据本规定，结合具体情况制定适合本行政区域内的公用电信设施损坏经济损失计算方法。

第九条 本方法由工业和信息化部负责解释。

第十条 本规定自印发之日起实施。

最高人民法院
关于审理非法制造、买卖、运输枪支、弹药、爆炸物等刑事案件具体应用法律若干问题的解释

（2001 年 5 月 10 日最高人民法院审判委员会第 1174 次会议通过，根据 2009 年 11 月 9 日最高人民法院审判委员会第 1476 次会议通过的《最高人民法院关于修改〈最高人民法院关于审理非法制造、买卖、运输枪支、弹药、爆炸物等刑事案件具体应用法律若干问题的解释〉的决定》修正，该决定自 2010 年 1 月 1 日起施行）

为依法严惩非法制造、买卖、运输枪支、弹药、爆炸物等犯罪活动，根据刑法有关规定，现就审理这类案件具体应用法律的若干问题解释如下：

第一条 个人或者单位非法制造、买卖、运输、邮寄、储存枪支、弹药、爆炸物，具有下列情形之一的，依照刑法第一百二十五条第一款的规定，以非法制造、买卖、运输、邮寄、储存枪支、弹药、爆炸物罪定罪处罚：

（一）非法制造、买卖、运输、邮寄、储存军用枪支一支以上的；

（二）非法制造、买卖、运输、邮寄、储存以火药为动力发射枪弹的非军用枪支一支以上或者以压缩气体等为动力的其他非军用枪支二支以上的；

（三）非法制造、买卖、运输、邮寄、储存军用子弹十发以上、气枪铅弹五百发以上或者其他非军用子弹一百发以上的；

(四)非法制造、买卖、运输、邮寄、储存手榴弹一枚以上的;

(五)非法制造、买卖、运输、邮寄、储存爆炸装置的;

(六)非法制造、买卖、运输、邮寄、储存炸药、发射药、黑火药一千克以上或者烟火药三千克以上、雷管三十枚以上或者导火索、导爆索三十米以上的;

(七)具有生产爆炸物品资格的单位不按照规定的品种制造,或者具有销售、使用爆炸物品资格的单位超过限额买卖炸药、发射药、黑火药十千克以上或者烟火药三十千克以上、雷管三百枚以上或者导火索、导爆索三百米以上的;

(八)多次非法制造、买卖、运输、邮寄、储存弹药、爆炸物的;

(九)虽未达到上述最低数量标准,但具有造成严重后果等其他恶劣情节的。

介绍买卖枪支、弹药、爆炸物的,以买卖枪支、弹药、爆炸物罪的共犯论处。

第二条 非法制造、买卖、运输、邮寄、储存枪支、弹药、爆炸物,具有下列情形之一的,属于刑法第一百二十五条第一款规定的"情节严重":

(一)非法制造、买卖、运输、邮寄、储存枪支、弹药、爆炸物的数量达到本解释第一条第(一)、(二)、(三)、(六)、(七)项规定的最低数量标准五倍以上的;

(二)非法制造、买卖、运输、邮寄、储存手榴弹三枚以上的;

(三)非法制造、买卖、运输、邮寄、储存爆炸装置,危害严重的;

(四)达到本解释第一条规定的最低数量标准,并具有造成严重后果等其他恶劣情节的。

第三条 依法被指定或者确定的枪支制造、销售企业,实施刑法第一百二十六条规定的行为,具有下列情形之一的,以违规制造、销售枪支罪定罪处罚:

(一)违规制造枪支五支以上的;

(二)违规销售枪支二支以上的;

(三)虽未达到上述最低数量标准,但具有造成严重后果等其他恶劣情节的。

具有下列情形之一的,属于刑法第一百二十六条规定的"情节严重":

(一)违规制造枪支二十支以上的;

(二)违规销售枪支十支以上的;

(三)达到本条第一款规定的最低数量标准,并具有造成严重后果等其他恶劣情节的。

具有下列情形之一的,属于刑法第一百二十六条规定的"情节特别严重":

(一)违规制造枪支五十支以上的;

(二)违规销售枪支三十支以上的;

(三)达到本条第二款规定的最低数量标准,并具有造成严重后果等其他恶劣情节的。

第四条 盗窃、抢夺枪支、弹药、爆炸物,具有下列情形之一的,依照刑法第一百二十七条第一款的规定,以盗窃、抢夺枪支、弹药、爆炸物罪定罪处罚:

(一)盗窃、抢夺以火药为动力的发射枪弹非军用枪支一支以上或者以压缩气体等为动力的其他非军用枪支二支以上的;

(二)盗窃、抢夺军用子弹十发以上、气枪铅弹五百发以上或者其他非军用子弹一百发以上的;

(三)盗窃、抢夺爆炸装置的;

(四)盗窃、抢夺炸药、发射药、黑火药一千克以上或者烟火药三千克以上、雷管三十枚以上或者导火索、导爆索三十米以上的;

(五)虽未达到上述最低数量标准,

但具有造成严重后果等其他恶劣情节的。

具有下列情形之一的，属于刑法第一百二十七条第一款规定的“情节严重”：

（一）盗窃、抢夺枪支、弹药、爆炸物的数量达到本条第一款规定的最低数量标准五倍以上的；

（二）盗窃、抢夺军用枪支的；

（三）盗窃、抢夺手榴弹的；

（四）盗窃、抢夺爆炸装置，危害严重的；

（五）达到本条第一款规定的最低数量标准，并具有造成严重后果等其他恶劣情节的。

第五条　具有下列情形之一的，依照刑法第一百二十八条第一款的规定，以非法持有、私藏枪支、弹药罪定罪处罚：

（一）非法持有、私藏军用枪支一支的；

（二）非法持有、私藏以火药为动力发射枪弹的非军用枪支一支或者以压缩气体等为动力的其他非军用枪支二支以上的；

（三）非法持有、私藏军用子弹二十发以上，气枪铅弹一千发以上或者其他非军用子弹二百发以上的；

（四）非法持有、私藏手榴弹一枚以上的；

（五）非法持有、私藏的弹药造成人员伤亡、财产损失的。

具有下列情形之一的，属于刑法第一百二十八条第一款规定的“情节严重”：

（一）非法持有、私藏军用枪支二支以上的；

（二）非法持有、私藏以火药为动力发射枪弹的非军用枪支二支以上或者以压缩气体等为动力的其他非军用枪支五支以上的；

（三）非法持有、私藏军用子弹一百发以上，气枪铅弹五千发以上或者其他非军用子弹一千发以上的；

（四）非法持有、私藏手榴弹三枚以上的；

（五）达到本条第一款规定的最低数量标准，并具有造成严重后果等其他恶劣情节的。

第六条　非法携带枪支、弹药、爆炸物进入公共场所或者公共交通工具，危及公共安全，具有下列情形之一的，属于刑法第一百三十条规定的“情节严重”：

（一）携带枪支或者手榴弹的；

（二）携带爆炸装置的；

（三）携带炸药、发射药、黑火药五百克以上或者烟火药一千克以上、雷管二十枚以上或者导火索、导爆索二十米以上的；

（四）携带的弹药、爆炸物在公共场所或者公共交通工具上发生爆炸或者燃烧，尚未造成严重后果的；

（五）具有其他严重情节的。

行为人非法携带本条第一款第（三）项规定的爆炸物进入公共场所或者公共交通工具，虽未达到上述数量标准，但拒不交出的，依照刑法第一百三十条的规定定罪处罚；携带的数量达到最低数量标准，能够主动、全部交出的，可不以犯罪论处。

第七条　非法制造、买卖、运输、邮寄、储存、盗窃、抢夺、持有、私藏、携带成套枪支散件的，以相应数量的枪支计；非成套枪支散件以每三十件为一成套枪支散件计。

第八条　刑法第一百二十五条第一款规定的“非法储存”，是指明知是他人非法制造、买卖、运输、邮寄的枪支、弹药而为其存放的行为,或者非法存放爆炸物的行为。

刑法第一百二十八条第一款规定的“非法持有”,是指不符合配备、配置枪支、弹药条件的人员,违反枪支管理法律、法规的规定,擅自持有枪支、弹药的行为。

刑法第一百二十八条第一款规定的“私藏”,是指依法配备、配置枪支、弹药的人员,在配备、配置枪支、弹药的条件消除后,违反枪支管理法律、法规的规定,私自藏匿所配备、配置的枪支、弹药且拒不交出的行为。

第九条 因筑路、建房、打井、整修宅基地和土地等正常生产、生活需要,以及因从事合法的生产经营活动而非法制造、买卖、运输、邮寄、储存爆炸物,数量达到本解释第一条规定标准,没有造成严重社会危害,并确有悔改表现的,可依法从轻处罚;情节轻微的,可以免除处罚。

具有前款情形,数量虽达到本解释第二条规定标准的,也可以不认定为刑法第一百二十五条第一款规定的“情节严重”。

在公共场所、居民区等人员集中区域非法制造、买卖、运输、邮寄、储存爆炸物,或者因非法制造、买卖、运输、邮寄、储存爆炸物三年内受到两次以上行政处罚又实施上述行为,数量达到本解释规定标准的,不适用前两款量刑的规定。

第十条 实施非法制造、买卖、运输、邮寄、储存、盗窃、抢夺、持有、私藏其他弹药、爆炸物品等行为,参照本解释有关条文规定的定罪量刑标准处罚。

公安部
关于加强爆炸案件和爆炸物品丢失被盗案件倒查责任追究工作的通知

(2000年5月9日,
公明发〔2000〕1186号)

各省、自治区、直辖市公安厅、局,新疆生产建设兵团公安局:

……为严厉打击涉爆犯罪,进一步落实爆炸物品安全管理责任,现就有关工作通知如下:

一、充分认识严格进行倒查责任追究的重要作用,进一步加大倒查责任追究力度。(略)

二、明确职责,落实责任,严格规范倒查与责任追究工作。(略)

三、充分运用法律武器,依法从严追究涉案责任人员的责任。在依法严惩作案犯罪分子的同时,要根据倒查结果区别不同情况,依法从严追究涉案责任人员的责任。对故意向作案犯罪分子提供爆炸物品的,依照《刑法》有关规定,以共同犯罪论处;对非法制造、买卖、运输、储存爆炸物品的,依照《刑法》第125条的规定,追究责任人的刑事责任,属于单位犯罪的,一并追究单位主管负责人的刑事责任;对因安全管理制度不落实、仓储设施不符合安全要求、守卫看护人员擅离职守等导致爆炸物品被私拿、私藏或丢失、被盗,或者非法转借、转送等被犯罪分子获取作案的,依照《刑法》第136条的规定,追究责任人的刑事责任;凡有上述行为尚不够刑事处罚的,按照《民用爆炸物品管理条例》和《治安管理处罚条例》等有关规定予以行政处罚,并建议涉案责任单位给予主管负责人和直接责任人相应的行政处分。对因监管、收缴工作失职或乱审批、乱发证导致爆炸物品被犯罪分子获取制造重大爆炸案件的,依照《刑法》第397条的规定,移送检察机关追究责任民警和有关领导的刑事责任,尚不够刑事处罚的,依照《人民警察法》等有关规定给予直至撤职、开除的行政处分或予以辞退;对检查和督促整改隐患不力导致发生爆炸物品丢失被盗的,依照《人民警察法》等有关规定,给予责任民警和有关领导行政处分。

四、举一反三,认真检查整治涉案责任单位和案发地爆炸物品安全管理工作,及时堵塞管理漏洞。(略)

公安部
关于对彩弹枪
按照枪支进行管理的通知

(2002年6月7日,公治〔2002〕82号)

各省、自治区、直辖市公安厅、局,新疆生产建设兵团公安局:

彩弹枪射击运动,是一项利用彩弹枪进行对抗射击的娱乐活动。目前彩弹枪正逐步向小口径化方向发展,所发射的彩弹也由软质向硬质转化,且初速越来越快,威力越来越大,近距离射击可对人体构成伤害。为加强对彩弹枪的管理,特通知如下:

彩弹枪的结构符合《中华人民共和国枪支管理法》第四十六条有关枪支定义规定的要件,且其发射彩弹时枪口动能平均值达到93焦耳,已超过国家军用标准规定的对人体致伤动能的标准(78焦耳)。各地要按照《中华人民共和国枪支管理法》的有关规定对彩弹枪进行管理,以维护社会治安秩序,保障公共安全。

最高人民检察院法律政策研究室
关于非法制造、买卖、运输、
储存以火药为动力发射弹药的
大口径武器的行为如何适用
法律问题的答复

(2004年11月3日,
〔2004〕高检研发第18号)

河北省人民检察院法律政策研究室:

你室《关于私自制造大口径以火药为动力发射弹药的武器应如何认定的请示》收悉。经研究,答复如下:对于非法制造、买卖、运输、储存以火药为动力发射弹药的大口径武器的行为,应当依照刑法第一百二十五条第一款的规定,以非法制造、买卖、运输、储存枪支罪追究刑事责任。

公安部
关于涉弩违法犯罪行为的处理及性能鉴定问题的批复

(2006年5月25日,公复字〔2006〕2号)

天津市公安局:

你局《关于对弩的法律适用及性能鉴定问题的请示》(津公法指〔2006〕14号)收悉。现批复如下:

一、弩是一种具有一定杀伤能力的运动器材,但其结构和性能不符合《中华人民共和国枪支管理法》对枪支的定义,不属于枪支范畴。因此,不能按照《最高人民法院关于审理非法制造、买卖、运输枪支、弹药、爆炸物等刑事案件具体应用法律若干问题的解释》(法释〔2001〕15号)追究刑事责任,仍应按照《公安部、国家工商行政管理局关于加强弩管理的通知》(公治〔1999〕1646号)的规定,对非法制造、销售、运输、持有弩的登记收缴,消除社会治安隐患。

二、对弩的鉴定工作,不能参照公安部《公安机关涉案枪支弹药性能鉴定工作规定》(公通字〔2001〕68号)进行。鉴于目前社会上非法制造、销售、运输、持有的弩均为制式产品,不存在非制式弩的情况,因此不需要进行技术鉴定。

公安部
关于对以气体等为动力发射金属弹丸或者其他物质的仿真枪认定问题的批复

(2006年10月11日,公复字〔2006〕5号)

天津市公安局:

你局《关于将以气体为动力发射金属弹丸仿真枪纳入制式枪支管理的请示》(津公治〔2006〕382号)收悉。现批复如下:

依据《中华人民共和国枪支管理法》第四十六条的规定,利用气瓶、弹簧、电机等形成压缩气体为动力、发射金属弹丸或者其他物质并具有杀伤力的“仿真枪”,具备制式气枪的本质特征,应认定为枪支,并按气枪进行管制处理。对非法制造、买卖、运输、储存、邮寄、持有、携带和走私此类枪支的,应当依照《中华人民共和国枪支管理法》、《中华人民共和国刑法》、《中华人民共和国治安管理处罚法》的有关规定。追究当事人的法律责任。对不具有杀伤力但符合仿真枪认定规定的,应认定为仿真枪;对非法制造、销售此类仿真枪的,应当依照《中华人民共和国枪支管理法》的有关规定,予以处罚。

公安部
仿真枪认定标准

（2008年2月19日）

一、凡符合以下条件之一的，可以认定为仿真枪：

1、符合《中华人民共和国枪支管理法》规定的枪支构成要件，所发射金属弹丸或其他物质的枪口比动能小于1.8焦耳/平方厘米（不含本数）、大于0.16焦耳/平方厘米（不含本数）的；

2、具备枪支外形特征，并且具有与制式枪支材质和功能相似的枪管、枪机、机匣或者击发等机构之一的；

3、外形、颜色与制式枪支相同或者近似，并且外形长度尺寸介于相应制式枪支全枪长度尺寸的二分之一与一倍之间的。

二、枪口比动能的计算，按照《枪支致伤力的法庭科学鉴定判据》规定的计算方法执行。

三、术语解释

1.制式枪支：国内制造的制式枪支是指已完成定型试验，并且经军队或国家有关主管部门批准投入装备、使用（含外贸出口）的各类枪支。国外制造的制式枪支是指制造商已完成定型试验，并且装备、使用或投入市场销售的各类枪支。

2.全枪长：是指从枪管口部至枪托或枪机框（适用于无枪托的枪支）底部的长度。

公安部
关于仿真枪认定标准有关问题的批复

（2011年1月8日，公复字〔2011〕1号）

北京市公安局：

你局《关于仿真枪认定标准有关问题的请示》（京公治字〔2010〕）收悉。现批复如下：

一、关于仿真枪与制式枪支的比例问题

公安部《仿真枪认定标准》第一条第三项规定的“外形长度尺寸介于相应制式枪支全枪长度尺寸的二分之一与一倍之间”，其中的“一倍”是指比相应制式枪支全枪长度尺寸长出一倍；其中的二分之一与一倍均不包含本数。

二、关于仿真枪仿制式枪支年代问题

鉴于转轮手枪等一些手动、半自动枪械均属于第一次世界大战以前就已问世的产品。因此，制式枪支的概念不能以第一次世界大战来划定，仍应当按照《仿真枪认定标准》的有关规定执行。但绳枪、燧发枪等古代前装枪不属于制式枪支的范畴。

公安部
关于对空包弹
管理有关问题的批复

(2011年9月22日,公复字〔2011〕3号)

北京市公安局:

你局《关于将空包弹纳入治安管理的请示》(京公治字〔2011〕235号)收悉。现批复如下:

空包弹是一种能够被枪支击发的无弹头特种枪弹。鉴于空包弹易被犯罪分子改制成枪弹,并且发射时其枪口冲击波在一定距离内,仍能够对人员造成伤害。因此,应当依据《中华人民共和国枪支管理法》将空包弹纳入枪支弹药管理范畴。其中,对中国人民解放军、武装警察部队需要配备使用的各类空包弹,纳入军队、武警部队装备枪支弹药管理范畴予以管理;对公务用枪配备单位需要使用的各类空包弹,纳入公务用枪管理范畴予以管理;对民用枪支配置、影视制作等单位需要配置使用的各类空包弹,纳入民用枪支弹药管理范畴予以管理。

对于射钉弹、发令弹的口径与制式枪支口径相同的,应当作为民用枪支弹药进行管理;口径与制式枪支口径不同的,对制造企业应当作为民用爆炸物品使用单位进行管理,其销售、购买应当实行实名登记管理。

最高人民法院、最高人民检察院
关于办理非法制造、买卖、
运输、储存毒鼠强等
禁用剧毒化学品刑事案件
具体应用法律若干问题的解释

(2003年8月29日最高人民法院审判委员会第1287次会议、2003年2月13日最高人民检察院第九届检察委员会第119次会议通过,2003年9月4日公布,自2003年10月1日起施行,法释〔2003〕14号)

为依法惩治非法制造、买卖、运输、储存毒鼠强等禁用剧毒化学品的犯罪活动,维护公共安全,根据刑法有关规定,现就办理这类刑事案件具体应用法律的若干问题解释如下:

第一条 非法制造、买卖、运输、储存毒鼠强等禁用剧毒化学品,危害公共安全,具有下列情形之一的,依照刑法第一百二十五条的规定,以非法制造、买卖、运输、储存危险物质罪,处三年以上十年以下有期徒刑:

(一)非法制造、买卖、运输、储存原粉、原液、原药制剂50克以上,或者饵料2千克以上的;

(二)在非法制造、买卖、运输、储存过程中致人重伤、死亡或者造成公私财产损失10万元以上的。

第二条 非法制造、买卖、运输、储存毒鼠强等禁用剧毒化学品,具有下列情形之一的,属于刑法第一百二十五条规定的

“情节严重”，处十年以上有期徒刑、无期徒刑或者死刑：

（一）非法制造、买卖、运输、储存原粉、原液、制剂500克以上，或者饵料20千克以上的；

（二）在非法制造、买卖、运输、储存过程中致3人以上重伤、死亡，或者造成公私财产损失20万元以上的；

（三）非法制造、买卖、运输、储存原粉、原药、制剂50克以上不满500克，或者饵料2千克以上不满20千克，并具有其他严重情节的。

第三条　单位非法制造、买卖、运输、储存毒鼠强等禁用剧毒化学品的，依照本解释第一条、第二条规定的定罪量刑标准执行。

第四条　对非法制造、买卖、运输、储存毒鼠强等禁用剧毒化学品行为负有查处职责的国家机关工作人员，滥用职权或者玩忽职守，致使公共财产、国家和人民利益遭受重大损失的，依照刑法第三百九十七条的规定，以滥用职权罪或者玩忽职守罪追究刑事责任。

第五条　本解释施行以前，确因生产、生活需要而非法制造、买卖、运输、储存毒鼠强等禁用剧毒化学品饵料自用，没有造成严重社会危害的，可以依照刑法第十三条的规定，不作为犯罪处理。

本解释施行以后，确因生产、生活需要而非法制造、买卖、运输、储存毒鼠强等禁用剧毒化学品饵料自用，构成犯罪，但没有造成严重社会危害，经教育确有悔改表现的，可以依法从轻、减轻或者免除处罚。

第六条　本解释所称“毒鼠强等禁用剧毒化学品”，是指国家明令禁止的毒鼠强、氟乙酰胺、氟乙酸钠、毒鼠硅、甘氟。

公安部关于枪支主要零部件管理有关问题的批复

（2014年3月6日，公治〔2014〕110号）

江苏省公安厅：

你厅《关于民用枪支主要零部件和散件界定问题的请示》（苏公通〔2013〕399号）收悉。现批复如下：

枪支主要零部件是指组成枪支的主要零件和部件，其中，枪支主要零件是指对枪支性能具有较大影响而且不可拆分的单个制件，如枪管、击针、扳机等；枪支部件是指由若干枪支零件组成具有一定功能的集合体，如击发机构部件、枪机部件等。《最高人民法院关于审理非法制造、买卖、运输枪支、弹药、爆炸物等刑事案件具体应用法律若干问题的解释》（法释〔2009〕18号）中的枪支散件和《公安机关涉案枪支弹药性能鉴定工作规定》（公通字〔2010〕67号）中的枪支专用散件等同于枪支主要零件。

枪支主要零部件的生产加工应当委托具有枪支制造资质的企业进行。对枪支主要零部件的鉴定工作，应当按照《公安机关涉案枪支弹药性能鉴定工作规定》进行，对国外生产的枪支或者自制枪支的主要零部件，可以采取判别是否具有枪支零部件主要性能特征的方式进行鉴定。

最高人民法院、最高人民检察院关于涉以压缩气体为动力的枪支、气枪铅弹刑事案件定罪量刑问题的批复

(2018年1月25日最高人民法院审判委员会第1732次会议、2018年3月2日最高人民检察院第十二届检察委员会第74次会议通过,2018年3月8日公布,自2018年3月30日起施行,法释〔2018〕8号)

各省、自治区、直辖市高级人民法院、人民检察院,解放军军事法院、军事检察院,新疆维吾尔自治区高级人民法院生产建设兵团分院、新疆生产建设兵团人民检察院:

近来,部分高级人民法院、省级人民检察院就如何对非法制造、买卖、运输、邮寄、储存、持有、私藏、走私以压缩气体为动力的枪支、气枪铅弹(用铅、铅合金或者其他金属加工的气枪弹)行为定罪量刑的问题提出请示。经研究,批复如下:

一、对于非法制造、买卖、运输、邮寄、储存、持有、私藏、走私以压缩气体为动力且枪口比动能较低的枪支的行为,在决定是否追究刑事责任以及如何裁量刑罚时,不仅应当考虑涉案枪支的数量,而且应当充分考虑涉案枪支的外观、材质、发射物、购买场所和渠道、价格、用途、致伤力大小、是否易于通过改制提升致伤力,以及行为人的主观认知、动机目的、一贯表现、违法所得、是否规避调查等情节,综合评估社会危害性,坚持主客观相统一,确保罪责刑相适应。

二、对于非法制造、买卖、运输、邮寄、储存、持有、私藏、走私气枪铅弹的行为,在决定是否追究刑事责任以及如何裁量刑罚时,应当综合考虑气枪铅弹的数量、用途以及行为人的动机目的、一贯表现、违法所得、是否规避调查等情节,综合评估社会危害性,确保罪责刑相适应。

此复。

最高人民法院、最高人民检察院、公安部、工业和信息化部、住房和城乡建设部、交通运输部、应急管理部、国家铁路局、中国民用航空局、国家邮政局关于依法惩治涉枪支、弹药、爆炸物、易燃易爆危险物品犯罪的意见

(2021年12月28日印发,自2021年12月31日起施行,法发〔2021〕35号)

为依法惩治涉枪支、弹药、爆炸物、易燃易爆危险物品犯罪,维护公共安全,保护人民群众生命财产安全,根据《中华人民共和国刑法》《中华人民共和国刑事诉讼法》《中华人民共和国安全生产法》《行政执法机关移送涉嫌犯罪案件的规定》等法律、行政法规和相关司法解释的规定,结合工作实际,制定本意见。

一、总体要求(略)

二、正确认定犯罪

4. 非法制造、买卖、运输、邮寄、储存、

盗窃、抢夺、抢劫、持有、私藏、走私枪支、弹药、爆炸物,并利用该枪支、弹药、爆炸物实施故意杀人、故意伤害、抢劫、绑架等犯罪的,依照数罪并罚的规定处罚。

5. 违反危险化学品安全管理规定,未经依法批准或者许可擅自从事易燃易爆危险物品道路运输活动,或者实施其他违反危险化学品安全管理规定通过道路运输易燃易爆危险物品的行为,危及公共安全的,依照刑法第一百三十三条之一第一款第四项的规定,以危险驾驶罪定罪处罚。

在易燃易爆危险物品生产、经营、储存等高度危险的生产作业活动中违反有关安全管理的规定,有下列情形之一,具有发生重大伤亡事故或者其他严重后果的现实危险的,依照刑法第一百三十四条之一第三项的规定,以危险作业罪定罪处罚:

(1)委托无资质企业或者个人储存易燃易爆危险物品的;

(2)在储存的普通货物中夹带易燃易爆危险物品的;

(3)将易燃易爆危险物品谎报或者匿报为普通货物申报、储存的;

(4)其他涉及安全生产的事项未经依法批准或者许可,擅自从事易燃易爆危险物品生产、经营、储存等活动的情形。

实施前两款行为,同时构成刑法第一百三十条规定之罪等其他犯罪的,依照处罚较重的规定定罪处罚;导致发生重大伤亡事故或者其他严重后果,符合刑法第一百三十四条、第一百三十五条、第一百三十六条等规定的,依照各该条的规定定罪从重处罚。

6. 在易燃易爆危险物品生产、储存、运输、使用中违反有关安全管理的规定,实施本意见第 5 条前两款规定以外的其他行为,导致发生重大事故,造成严重后果,符合刑法第一百三十六条等规定的,以危险物品肇事罪等罪名定罪处罚。

7. 实施刑法第一百三十六条规定等行为,向负有安全生产监督管理职责的部门不报、谎报或者迟报相关情况的,从重处罚;同时构成刑法第一百三十九条之一规定之罪的,依照数罪并罚的规定处罚。

8. 在水路、铁路、航空易燃易爆危险物品运输生产作业活动中违反有关安全管理的规定,有下列情形之一,明知存在重大事故隐患而不排除,足以危害公共安全的,依照刑法第一百一十四条的规定,以以危险方法危害公共安全罪定罪处罚;致人重伤、死亡或者使公私财产遭受重大损失的,依照刑法第一百一十五条第一款的规定处罚:

(1)未经依法批准或者许可,擅自从事易燃易爆危险物品运输的;

(2)委托无资质企业或者个人承运易燃易爆危险物品的;

(3)在托运的普通货物中夹带易燃易爆危险物品的;

(4)将易燃易爆危险物品谎报或者匿报为普通货物托运的;

(5)其他在水路、铁路、航空易燃易爆危险物品运输活动中违反有关安全管理规定的情形。

非法携带易燃易爆危险物品进入水路、铁路、航空公共交通工具或者有关公共场所,危及公共安全,情节严重的,依照刑法第一百三十条的规定,以非法携带危险物品危及公共安全罪定罪处罚。

9. 通过邮件、快件夹带易燃易爆危险物品,或者将易燃易爆危险物品谎报为普通物品交寄,符合本意见第 5 条至第 8 条规定的,依照各该条的规定定罪处罚。

三、准确把握刑事政策

10. 对于非法制造、买卖、运输、邮寄、储存、持有、私藏、走私枪支、弹药,以及非法制造、买卖、运输、邮寄、储存爆炸物的行为,应当依照刑法和《最高人民法院关于审理非法制造、买卖、运输枪支、弹药、爆炸物等刑事案件具体应用法律若干问题的解释》《最高人民法院、最高人民检察院关于办理走私刑事案件适用法律若干问题的解释》等规定,从严追究刑事责任。

11. 对于非法制造、买卖、运输、邮寄、储存、持有、私藏、走私以压缩气体为动力且枪口比动能较低的枪支以及气枪铅弹的行为,应当依照刑法和《最高人民法院、最高人民检察院关于涉以压缩气体为动力的枪支、气枪铅弹刑事案件定罪量刑问题的批复》的规定,综合考虑案件情节,综合评估社会危害性,坚持主客观相统一,决定是否追究刑事责任以及如何裁量刑罚,确保罪责刑相适应。

12. 利用信息网络非法买卖枪支、弹药、爆炸物、易燃易爆危险物品,或者利用寄递渠道非法运输枪支、弹药、爆炸物、易燃易爆危险物品,依法构成犯罪的,从严追究刑事责任。

13. 确因正常生产、生活需要,以及因从事合法的生产经营活动而非法生产、储存、使用、经营、运输易燃易爆危险物品,依法构成犯罪,没有造成严重社会危害,并确有悔改表现的,可以从轻处罚。

14. 将非法枪支、弹药、爆炸物主动上交公安机关,或者将未经依法批准或者许可生产、储存、使用、经营、运输的易燃易爆危险物品主动上交行政执法机关处置的,可以从轻处罚;未造成实际危害后果,犯罪情节轻微不需要判处刑罚的,可以依法不起诉或者免予刑事处罚;成立自首的,可以依法从轻、减轻或者免除处罚。

有揭发他人涉枪支、弹药、爆炸物、易燃易爆危险物品犯罪行为,查证属实的,或者提供重要线索,从而得以侦破其他涉枪支、弹药、爆炸物、易燃易爆危险物品案件等立功表现的,可以依法从轻或者减轻处罚;有重大立功表现的,可以依法减轻或者免除处罚。

四、加强行政执法与刑事司法衔接

15. 有关行政执法机关在查处违法行为过程中发现涉嫌枪支、弹药、爆炸物、易燃易爆危险物品犯罪的,应当立即指定2名或者2名以上行政执法人员组成专案组专门负责,核实情况后提出移送涉嫌犯罪案件的书面报告,报本机关正职负责人或者主持工作的负责人审批。

有关行政执法机关正职负责人或者主持工作的负责人应当自接到报告之日起3日内作出批准移送或者不批准移送的决定。决定批准移送的,应当在24小时内向同级公安机关移送,并将案件移送书抄送同级人民检察院;决定不批准移送的,应当将不予批准的理由记录在案。

16. 有关行政执法机关向公安机关移送涉嫌枪支、弹药、爆炸物、易燃易爆危险物品犯罪案件,应当附下列材料:

(1)涉嫌犯罪案件移送书,载明移送案件的行政执法机关名称、涉嫌犯罪的罪名、案件主办人和联系电话,并应当附移送材料清单和回执,加盖公章;

(2)涉嫌犯罪案件情况的调查报告,载明案件来源、查获枪支、弹药、爆炸物、易燃易爆危险物品情况、犯罪嫌疑人基本情况、涉嫌犯罪的主要事实、证据和法律依据、处理建议等;

(3)涉案物品清单,载明涉案枪支、弹药、爆炸物、易燃易爆危险物品的具体类别和名称、数量、特征、存放地点等,并附采取行政强制措施、现场笔录等表明涉案枪支、弹药、爆炸物、易燃易爆危险物品来源的材料;

(4)有关检验报告或者鉴定意见,并附鉴定机构和鉴定人资质证明;没有资质证明的,应当附其他证明文件;

(5)现场照片、询问笔录、视听资料、电子数据、责令整改通知书等其他与案件有关的证据材料。

有关行政执法机关对违法行为已经作出行政处罚决定的,还应当附行政处罚决定书及执行情况说明。

17. 公安机关对有关行政执法机关移送的涉嫌枪支、弹药、爆炸物、易燃易爆危险物品犯罪案件,应当在案件移送书的回执上签字或者出具接受案件回执,并依照有关规定及时进行审查处理。不得以材料不全为由不接受移送案件。

18. 人民检察院应当依照《行政执法机关移送涉嫌犯罪案件的规定》《最高人民检察院关于推进行政执法与刑事司法衔接工作的规定》《安全生产行政执法与刑事司法衔接工作办法》等规定,对有关行政执法机关移送涉嫌枪支、弹药、爆炸物、易燃易爆危险物品犯罪案件,以及公安机关的立案活动,依法进行法律监督。

有关行政执法机关对公安机关的不予立案决定有异议的,可以建议人民检察院进行立案监督。

19. 公安机关、有关行政执法机关在办理涉枪支、弹药、爆炸物、易燃易爆危险物品违法犯罪案件过程中,发现公职人员有贪污贿赂、失职渎职或者利用职权侵犯公民人身权利和民主权利等违法行为,涉嫌构成职务犯罪的,应当依法及时移送监察机关或者人民检察院处理。

20. 有关行政执法机关在行政执法和查办涉枪支、弹药、爆炸物、易燃易爆危险物品案件过程中收集的物证、书证、视听资料、电子数据以及对事故进行调查形成的报告,在刑事诉讼中可以作为证据使用。

21. 有关行政执法机关对应当向公安机关移送的涉嫌枪支、弹药、爆炸物、易燃易爆危险物品犯罪案件,不得以行政处罚代替案件移送。

有关行政执法机关向公安机关移送涉嫌枪支、弹药、爆炸物、易燃易爆危险物品犯罪案件的,已经作出的警告、责令停产停业、暂扣或者吊销许可证、暂扣或者吊销执照的行政处罚决定,不停止执行。

22. 人民法院对涉枪支、弹药、爆炸物、易燃易爆危险物品犯罪案件被告人判处罚金、有期徒刑或者拘役的,有关行政执法机关已经依法给予的罚款、行政拘留,应当依法折抵相应罚金或者刑期。有关行政执法机关尚未给予罚款的,不再给予罚款。

对于人民检察院依法决定不起诉或者人民法院依法免予刑事处罚的案件,需要给予行政处罚的,由有关行政执法机关依法给予行政处罚。

五、其他问题

23. 本意见所称易燃易爆危险物品,是指具有爆炸、易燃性质的危险化学品、危险货物等,具体范围依照相关法律、行政法规、部门规章和国家标准确定。依照有关规定属于爆炸物的除外。

24. 本意见所称有关行政执法机关,包括民用爆炸物品行业主管部门、燃气管理部门、交通运输主管部门、应急管理部门、铁路监管部门、民用航空主管部门和邮政管理部门等。

25. 本意见自2021年12月31日起施行。

最高人民检察院
关于将公务用枪用作借债质押的行为如何适用法律问题的批复

(最高人民检察院第九届检察委员会第15次会议通过,自1998年11月3日起施行,高检发释字〔1998〕4号)

重庆市人民检察院:

你院渝检(研)〔1998〕8号《关于将公务用枪用作借债抵押的行为是否构成犯罪及适用法律的请示》收悉。经研究,批复如下:

依法配备公务用枪的人员,违反法律规定,将公务用枪用作借债质押物,使枪支处于非依法持枪人的控制、使用之下,严重危害公共安全,是刑法第一百二十八条第二款所规定的非法出借枪支行为的一种形式,应以非法出借枪支罪追究刑事责任;对接受枪支质押的人员,构成犯罪的,根据刑法第一百二十八条第一款的规定,应以非法持有枪支罪追究其刑事责任。

公安部
关于对少数民族人员佩带刀具乘坐火车如何处理问题的批复

(2001年4月28日,公复字〔2001〕6号)

四川省公安厅:

你厅《关于少数民族人员佩带刀具乘坐火车如何处理的请示》(川公明发〔2001〕323号)收悉。现批复如下:

根据国务院批准、公安部发布的《对部分刀具实行管制的暂行规定》[〔83〕公发(治)31号]的规定,管制刀具是指匕首、三棱刀(包括机械加工用的三棱刮刀)、带有自锁装置的弹簧刀(跳刀)以及其他相类似的单刃、双刃、三棱尖刀。任何人不得非法制造、销售、携带和私自保存管制刀具。少数民族人员只能在民族自治地区佩带、销售和使用藏刀、腰刀、靴刀等民族刀具;在非民族自治地区,只要少数民族人员所携带的刀具属于管制刀具范围,公安机关就应当严格按照相应规定予以管理。凡公安工作中涉及的此类有关少数民族的政策、法律规定,各级公安机关应当积极采取多种形式广泛宣传,特别是要加大在车站等人员稠密的公共场所及公共交通工具上的宣传力度。

少数民族人员违反《铁路法》和《铁路运输安全保护条例》携带管制刀具进

入车站、乘坐火车的，由公安机关依法予以没收，但在本少数民族自治地区携带具有特殊纪念意义或者比较珍贵的民族刀具进入车站的，可以由携带人交其亲友带回或者交由车站派出所暂时保存并出具相应手续，携带人返回时领回；对不服从管理，构成违反治安管理行为的，依法予以治安处罚；构成犯罪的，依法追究其刑事责任。

公安部
关于将陶瓷类刀具纳入管制刀具管理问题的批复

（2010年4月7日，公复字〔2010〕1号）

北京市公安局：

你局《关于将陶瓷类刀具纳入管制刀具管理范围的请示》（京公治字〔2010〕282号）收悉。现批复如下：

陶瓷类刀具具有超高硬度、超高耐磨、刃口锋利等特点，其技术特性已达到或超过了部分金属刀具的性能，对符合《管制刀具认定标准》（公通字〔2007〕2号）规定的刀具类型、刀刃长度和刀尖角度等条件的陶瓷类刀具，应当作为管制刀具管理。

最高人民法院研究室
关于遇害者不明的水上交通肇事案件应如何适用法律问题的电话答复

（1992年10月30日）

四川省高级人民法院：

你院川高法研〔1992〕15号《关于遇害者下落不明的水上交通肇事案件应如何适用法律的请示》收悉。经研究，同意你院的倾向性意见，即在水上交通肇事案件中，如有遇害者下落不明的，不能推定其已经死亡，而应根据被告人的行为造成被害人下落不明的案件事实，依照刑法定罪处刑，民事诉讼应另行提起，并经过宣告失踪人死亡程序后，根据法律和事实处理赔偿等民事纠纷。

附：

四川省高级人民法院
关于遇害者下落不明的水上交通肇事案件应如何适用法律的请示

（川高法研〔1992〕15号）

最高人民法院：

最近，泸州市中级人民法院就遇害者下落不明的水上交通肇事案件如何适用法律的问题，请示我院答复。我们在讨论中，提出了两种意见：第一种意见认为，根据刑法第一百一十三条规定，交通肇事必须是造成重伤、死亡和公私财产重大损失的，才能定罪处刑，因此对水上交通肇事遇害者下落不明的,可以根据案件发生的具体情况,判断遇害者不可能生存的,可直接认定遇害者已经死亡,对被告人以交通肇事定罪判刑,并可同时提起附带民事诉讼。第二种意见认为,刑事判决认定死亡只能是实际发生的死亡结果,对水上交通肇事案件的遇害者下落不明的,不能推定其已经死亡,只能根据被告人的行为造成受害人下落不明的这一事实,以交通肇事定罪处刑,民事诉讼应另行提起,并经过宣告死亡程序后处理赔偿等民事权益纠纷。我们倾向于第二种意见。

最高人民法院
关于审理交通肇事刑事案件具体应用法律若干问题的解释

(2000年11月10日最高人民法院审判委员会第1136次会议通过,2000年11月15日公布,自2000年11月21日起施行,法释〔2000〕33号)

为依法惩处交通肇事犯罪活动,根据刑法有关规定,现将审理交通肇事刑事案件具体应用法律的若干问题解释如下:

第一条 从事交通运输人员或者非交通运输人员,违反交通运输管理法规发生重大交通事故,在分清事故责任的基础上,对于构成犯罪的,依照刑法第一百三十三条的规定定罪处罚。

第二条 交通肇事具有下列情形之一的,处三年以下有期徒刑或者拘役:

(一)死亡一人或者重伤三人以上,负事故全部或者主要责任的;

(二)死亡三人以上,负事故同等责任的;

(三)造成公共财产或者他人财产直接损失,负事故全部或者主要责任,无能力赔偿数额在三十万元以上的。

交通肇事致一人以上重伤,负事故全部或者主要责任,并具有下列情形之一的,以交通肇事罪定罪处罚:

(一)酒后、吸食毒品后驾驶机动车辆的;

(二)无驾驶资格驾驶机动车辆的;

(三)明知是安全装置不全或者安全机件失灵的机动车辆而驾驶的;

(四)明知是无牌证或者已报废的机动车辆而驾驶的;

(五)严重超载驾驶的;

(六)为逃避法律追究逃离事故现场的。

第三条 "交通运输肇事后逃逸",是指行为人具有本解释第二条第一款规定和第二款第(一)至(五)项规定的情形之一,在发生交通事故后,为逃避法律追究而逃跑的行为。

第四条 交通肇事具有下列情形之一的,属于"有其他特别恶劣情节",处三年以上七年以下有期徒刑:

(一)死亡二人以上或者重伤五人以上,负事故全部或者主要责任的;

(二)死亡六人以上,负事故同等责任的;

(三)造成公共财产或者他人财产直接损失,负事故全部或者主要责任,无能力赔偿数额在六十万元以上的。

第五条 "因逃逸致人死亡",是指行为人在交通肇事后为逃避法律追究而逃跑,致使被害人因得不到救助而死亡的情形。

交通肇事后,单位主管人员、机动车辆所有人、承包人或者乘车人指使肇事人逃逸,致使被害人因得不到救助而死亡的,以交通肇事罪的共犯论处。

第六条 行为人在交通肇事后为逃避法律追究,将被害人带离事故现场后隐藏或者遗弃,致使被害人无法得到救助而死亡或者严重残疾的,应当分别依照刑法第二百三十二条、第二百三十四条第二款的规定,以故意杀人罪或者故意伤害罪定罪处罚。

第七条 单位主管人员、机动车辆所有人或者机动车辆承包人指使、强令他人违章驾驶造成重大交通事故,具有本解释第二条规定情形之一的,以交通肇事罪定罪处罚。

第八条 在实行公共交通管理的范围内发生重大交通事故的,依照刑法第一百三十三条和本解释的有关规定办理。

在公共交通管理的范围外,驾驶机动车辆或者使用其他交通工具致人伤亡或者致使公共财产或者他人财产遭受重大损失,构成犯罪的,分别依照刑法第一百三十四条、第一百三十五条、第二百三十三条等规定定罪处罚。

第九条 各省、自治区、直辖市高级人民法院可以根据本地实际情况,在三十万元至六十万元、六十万元至一百万元的幅度内,确定本地区执行本解释第二条第一款第(三)项、第四条第(三)项的起点数额标准,并报最高人民法院备案。

最高人民法院研究室关于纵容他人醉酒驾驶造成重大交通事故定性问题的复函

法研〔2011〕29号

最高人民检察院法律政策研究室:

贵室《关于纵容他人醉酒驾驶造成重大交通事故能否构成交通肇事罪征求意见的函》(高检研函字〔2011〕5号)收悉。经研究并征求我院各刑事审判庭意见,我室认为,对“纵容他人在道路上醉酒驾驶机动车造成重大交通事故”的,不宜以交通肇事罪追究刑事责任。主要考虑:将机动车交由醉酒者驾驶与指使、强令他人违章驾驶相比,行为人的主观故意明显不同,以交通肇事罪追究将机动车交由醉酒者驾驶的人的刑事责任,不符合共同犯罪原理,当事人之间对危害后果不存在共同罪过。

最高人民法院研究室关于交通肇事刑事案件附带民事赔偿范围问题的答复

(2014年2月24日,
法研〔2014〕30号)

湖北省高级人民法院:

你院鄂高法[2013]280号《关于交通肇事刑事案件附带民事赔偿范围的请示》收悉,经研究,答复如下:

根据刑事诉讼法第九十九条、第一百零一条和《最高人民法院关于适用〈中华人民共和国刑事诉讼法〉的解释》第一百五十五条的规定,交通肇事刑事案件的附带民事诉讼当事人未能就民事赔偿问题达成调解、和解协议的,无论附带民事诉讼被告人是否投保机动车第三者强制责任保险,均可将死亡赔偿金、残疾赔偿金纳入判决赔偿的范围。

最高人民法院关于醉酒驾车犯罪法律适用问题的意见

(2009 年 9 月 11 日印发,法发〔2009〕47 号)

为依法严肃处理醉酒驾车犯罪案件,统一法律适用标准,充分发挥刑罚惩治和预防犯罪的功能,有效遏制酒后和醉酒驾车犯罪的多发、高发态势,切实维护广大人民群众的生命健康安全,有必要对醉酒驾车犯罪法律适用问题作出统一规范。

一、准确适用法律,依法严惩醉酒驾车犯罪

刑法规定,醉酒的人犯罪,应对负刑事责任。行为人明知酒后驾车违法、醉酒驾车会危害公共安全,却无视法律醉酒驾车,特别是在肇事后继续驾车冲撞,造成重大伤亡,说明行为人主观上对持续发生的危害结果持放任态度,具有危害公共安全的故意。对此类醉酒驾车造成重大伤亡的,应依法以以危险方法危害公共安全罪定罪。

2009 年 9 月 8 日公布的两起醉酒驾车犯罪案件中,被告人黎景全和被告人孙伟铭都是在严重醉酒状态下驾车肇事,连续冲撞,造成重大伤亡。其中,黎景全驾车肇事后,不顾伤者及劝阻他的众多村民的安危,继续驾车行驶,致 2 人死亡,1 人轻伤;孙伟铭长期无证驾驶,多次违反交通法规,在醉酒驾车与其他车辆追尾后,为逃逸继续驾车超限速行驶,先后与 4 辆正常行驶的轿车相撞,造成 4 人死亡、1 人重伤。被告人黎景全和被告人孙伟铭在醉酒驾车发生交通事故后,继续驾车冲撞行驶,其主观上对他人伤亡的危害结果明显持放任态度,具有危害公共安全的故意。二被告人的行为均已构成以危险方法危害公共安全罪。

二、贯彻宽严相济刑事政策,适当裁量刑罚

根据刑法第一百一十五条第一款的规定,醉酒驾车,放任危害结果发生,造成重大伤亡事故,构成以危险方法危害公共安全罪的,应处以十年以上有期徒刑、无期徒刑或者死刑。具体决定对被告人的刑罚时,要综合考虑此类犯罪的性质、被告人的犯罪情节、危害后果及其主观恶性、人身危险性。一般情况下,醉酒驾车构成本罪的,行为人在主观上并不希望、也不追求危害结果的发生,属于间接故意犯罪,行为的主观恶性与以制造事端为目的而恶意驾车撞人并造成重大伤亡后果的直接故意犯罪有所不同,因此,在决定刑罚时,也应当有所区别。此外,醉酒状态下驾车,行为人的辨认和控制能力实际有所减弱,量刑时也应酌情考虑。

被告人黎景全和被告人孙伟铭醉酒驾车犯罪案件,依法没有适用死刑,而是分别判处无期徒刑,主要考虑到二被告人均系间接故意犯罪,与直接故意犯罪相比,主观恶性不是很深,人身危险性不是很大;犯罪时驾驶车辆的控制能力有所减弱;归案后认罪、悔罪态度较好,积极赔偿被害方的经济损失,一定程度上获得了被害方的谅解。广东省高级人民法院和四川省高级人民法院的终审裁判对二被告人的量刑是适当的。

三、统一法律适用,充分发挥司法审判职能作用

为依法严肃处理醉酒驾车犯罪案件,遏制酒后和醉酒驾车对公共安全造成的严重危害,警示、教育潜在违规驾驶人员,今后,对醉酒驾车,放任危害结果的发生,造成重大伤亡的,一律按照本意见规定,并参照附发的典型案例,依法以以危险方法危害公共安全罪定罪量刑。

为维护生效裁判的既判力,稳定社会关系,对于此前已经处理过的将特定情形的醉酒驾车认定为交通肇事罪的案件,应维持终审裁判,不再变动。

本意见执行中有何情况和问题,请及时层报最高人民法院。

公安部
关于公安机关办理醉酒驾驶机动车犯罪案件的指导意见

(2011年9月19日印发,
公交管〔2011〕190号)

各省、自治区、直辖市公安厅、局,新疆生产建设兵团公安局:

2011年5月1日《刑法修正案(八)》实施以来,各地公安机关依法查处了一批醉酒驾驶机动车犯罪案件,取得了良好法律效果和社会效果。为保证《刑法修正案(八)》的正确实施,进一步规范公安机关办理醉酒驾驶机动车犯罪的执法活动,依照刑法及有关修正案、刑事诉讼法及公安机关办理刑事案件程序规定等规定,现就公安机关办理醉酒驾驶机动车犯罪案件提出以下指导意见:

一、进一步规范现场调查

1. 严格血样提取条件。交通民警要严格按照《交通警察道路执勤执法工作规范》的要求检查酒后驾驶机动车行为,检查中发现机动车驾驶人有酒后驾驶机动车嫌疑的,立即进行呼气酒精测试,对涉嫌醉酒驾驶机动车、当事人对呼气酒精测试结果有异议,或者拒绝配合呼气酒精测试等方法测试以及涉嫌饮酒后、醉酒驾驶机动车发生交通事故的,应当立即提取血样检验血液酒精含量。

2. 及时固定犯罪证据。对查获醉酒驾驶机动车嫌疑人的经过、呼气酒精测试和提取血样过程应当及时制作现场调查记录;有条件的,还应当通过拍照或者录音、录像等方式记录;现场有见证人的,应当及时收集证人证言。发现当事人涉嫌饮酒后或者醉酒驾驶机动车的,依法扣留机动车驾驶证,对当事人驾驶的机动车,需要作为证据的,可以依法扣押。

3. 完善醒酒约束措施。当事人在醉酒状态下,应当先采取保护性约束措施,并进行人身安全检查,由2名以上交通民警或者1名交通民警带领2名以上交通协管员将当事人带至醒酒约束场所,约束至酒醒。对行为举止失控的当事人,可以使用约束带或者警绳,但不得使用手铐、脚镣等警械。醒酒约束场所应当配备醒酒设施和安全防护设施。约束过程中,要加强监护,确认当事人酒醒后,要立即解除约束,并进行询问。

4. 改进执勤检查方式。交通民警在道路上检查酒后驾驶机动车时,应当采取有效措施科学组织疏导交通,根据车流量合理控制拦车数量。车流量较大时,应当采取减少检查车辆数量或者暂时停止拦截等方式,确保现场安全有序。要求驾驶人接受呼气酒精测试时,应当使用规范用语,严格按照工作规程操作,每测试一人更换一次新的吹嘴。当事人违反测试要求的,应当当场重新测试。

二、进一步规范办案期限

5. 规范血样提取送检。交通民警对当事人血样提取过程应当全程监控,保证收集证据合法、有效。提取的血样要当场登记封装,并立即送县级以上公安机关检验鉴定机构或者经公安机关认可的其他具备资格的检验鉴定机构进行血液酒精含量检验。因特殊原因不能立即送检的,应当按照规范低温保存,经上级公安机关交通管理部门负责人批准,可以在 3 日内送检。

6. 提高检验鉴定效率。要加快血液酒精检验鉴定机构建设,加强检验鉴定技术人员的培养。市、县公安机关尚未建立检验鉴定机构的,要尽快建立具有血液酒精检验职能的检验鉴定机构,并建立 24 小时值班制度。要切实提高血液酒精检验鉴定效率,对送检的血样,检验鉴定机构应当在 3 日内出具检验报告。当事人对检验结果有异议的,应当告知其在接到检验报告后 3 日内提出重新检验申请。

7. 严格办案时限。要建立醉酒驾驶机动车案件快侦快办工作制度,加强内部办案协作,严格办案时限要求。为提高办案效率,对现场发现的饮酒后或者醉酒驾驶机动车的嫌疑人,尚未立刑事案件的,可以口头传唤其到指定地点接受调查;有条件的,对当事人可以现场调查询问;对犯罪嫌疑人采取强制措施的,应当及时进行讯问。对案件事实清楚、证据确实充分的,应当在查获犯罪嫌疑人之日起 7 日内侦查终结案件并移送人民检察院审查起诉;情况特殊的,经县级公安机关负责人批准,可以适当延长办案时限。

三、进一步规范立案侦查

8. 从严掌握立案标准。经检验驾驶人血液酒精含量达到醉酒驾驶机动车标准的,一律以涉嫌危险驾驶罪立案侦查;未达到醉酒驾驶机动车标准的,按照道路交通安全法有关规定给予行政处罚。当事人被查获后,为逃避法律追究,在呼气酒精测试或者提取血样前又饮酒,经检验其血液酒精含量达到醉酒驾驶机动车标准的,应当立案侦查。当事人经呼气酒精测试达到醉酒驾驶机动车标准,在提取血样前脱逃的,应当以呼气酒精含量为依据立案侦查。

9. 全面客观收集证据。对已经立案的醉酒驾驶机动车案件,应当全面、客观地收集、调取犯罪证据材料,并严格审查、核实。要及时检查、核实车辆和人员基本情况及机动车驾驶人违法犯罪信息,详细记录现场查获醉酒驾驶机动车的过程、人员车辆基本特征以及现场采取呼气酒精测试、实施强制措施、提取血样、口头传唤、固定证据等情况。讯问犯罪嫌疑人时,应当对犯罪嫌疑人是否有罪以及情节轻重等情况作重点讯问,并听取无罪辩解。要及时收集能够证明犯罪嫌疑人是否醉酒驾驶机动车的证人证言、视听资料等其他证据材料。

10. 规范强制措施适用。要根据案件实际情况,对涉嫌醉酒驾驶机动车的犯罪嫌疑人依法合理适用拘传、取保候审、监视居住、拘留等强制措施,确保办案工作顺利进行。对犯罪嫌疑人企图自杀或者逃跑、在逃的,或者不讲真实姓名、住址,身份不明的,以及确需对犯罪嫌疑人实施羁押的,可以依法采取拘留措施。拘留期限内未能查清犯罪事实的,应当依法办理取保候审或者监视居住手续。发现不应当追究犯罪嫌疑人刑事责任或者强制措施期限届满的,应当及时解除强制措施。

11. 做好办案衔接。案件侦查终结后,对醉酒驾驶机动车犯罪事实清楚,证据确实、充分的,应当在案件移送人民检察院审查起诉前,依法吊销犯罪嫌疑人的机动车驾驶证。对其他道路交通违法行为应当依法给予行政处罚。案件移送审查起诉后,要及时了解掌握案件起诉和判决情况,收到法院的判决书或者有关的司法建议函后,应当及时归档。对检察机关决定不起诉或者法院判决无罪但醉酒驾驶机动车事实清楚,证据确实、充分的,应当依法给予行政处罚。

12. 加强执法办案管理。要进一步明确办案要求,细化呼气酒精测试、血样提取和保管、立案撤案、强制措施适用、物品扣押等重点环节的办案标准和办案流程。要严格落实案件审核制度,进一步规范案件审核范围、审核内容和审核标准,对与案件质量有关的事项必须经法制员和法制部门审核把关,确保案件质量。要提高办案工作信息化水平,大力推行网上办案,严格办案信息网上录入的标准和时限,逐步实现案件受理、立案、侦查、制作法律文书、法制审核、审批等全过程网上运行,加强网上监控和考核,杜绝“人情案”、“关系案”。

四、进一步规范安全防护措施

13. 配备执法装备。交通民警在道路上检查酒后驾驶机动车时,必须配齐呼气酒精含量检测仪、约束带、警绳、摄像机、照相机、执法记录仪、反光指挥棒、停车示意牌等装备。执勤车辆还应配备灭火器材、急救包等急救装备,根据需要可以配备简易破拆工具、拦车破胎器、测速仪等装备。

14. 完善查处程序。交通民警在道路上检查酒后驾驶机动车时,应当根据道路条件和交通状况,合理选择安全、不妨碍车辆通行的地点进行,检查工作要由 2 名以上交通民警进行。要保证民警人身安全,明确民警检查动作和查处规程,落实安全防护措施,防止发生民警受伤害案件。

最高人民法院、最高人民检察院、公安部、司法部关于办理醉酒危险驾驶刑事案件的意见

(2023 年 12 月 13 日印发,自 2023 年 12 月 28 日起施行,高检发办字〔2023〕187 号)

为维护人民群众生命财产安全和道路交通安全,依法惩治醉酒危险驾驶(以下简称醉驾)违法犯罪,根据刑法、刑事诉讼法等有关规定,结合执法司法实践,制定本意见。

一、总 体 要 求

第一条 人民法院、人民检察院、公安机关办理醉驾案件,应当坚持分工负责,互相配合,互相制约,坚持正确适用法律,坚持证据裁判原则,严格执法,公正司法,提高办案效率,实现政治效果、法律效果和社会效果的有机统一。人民检察院

依法对醉驾案件办理活动实行法律监督。

第二条 人民法院、人民检察院、公安机关办理醉驾案件,应当全面准确贯彻宽严相济刑事政策,根据案件的具体情节,实行区别对待,做到该宽则宽,当严则严,罚当其罪。

第三条 人民法院、人民检察院、公安机关和司法行政机关应当坚持惩治与预防相结合,采取多种方式强化综合治理、诉源治理,从源头上预防和减少酒后驾驶行为发生。

二、立案与侦查

第四条 在道路上驾驶机动车,经呼气酒精含量检测,显示血液酒精含量达到80毫克/100毫升以上的,公安机关应当依照刑事诉讼法和本意见的规定决定是否立案。对情节显著轻微、危害不大,不认为是犯罪的,不予立案。

公安机关应当及时提取犯罪嫌疑人血液样本送检。认定犯罪嫌疑人是否醉酒,主要以血液酒精含量鉴定意见作为依据。

犯罪嫌疑人经呼气酒精含量检测,显示血液酒精含量达到80毫克/100毫升以上,在提取血液样本前脱逃或者找人顶替的,可以以呼气酒精含量检测结果作为认定其醉酒的依据。

犯罪嫌疑人在公安机关依法检查时或者发生道路交通事故后,为逃避法律追究,在呼气酒精含量检测或者提取血液样本前故意饮酒的,可以以查获后血液酒精含量鉴定意见作为认定其醉酒的依据。

第五条 醉驾案件中"道路""机动车"的认定适用道路交通安全法有关"道路""机动车"的规定。

对机关、企事业单位、厂矿、校园、居民小区等单位管辖范围内的路段是否认定为"道路",应当以其是否具有"公共性",是否"允许社会机动车通行"作为判断标准。只允许单位内部机动车、特定来访机动车通行的,可以不认定为"道路"。

第六条 对醉驾犯罪嫌疑人、被告人,根据案件具体情况,可以依法予以拘留或者取保候审。具有下列情形之一的,一般予以取保候审:

(一)因本人受伤需要救治的;

(二)患有严重疾病,不适宜羁押的;

(三)系怀孕或者正在哺乳自己婴儿的妇女;

(四)系生活不能自理的人的唯一扶养人;

(五)其他需要取保候审的情形。

对符合取保候审条件,但犯罪嫌疑人、被告人不能提出保证人,也不交纳保证金的,可以监视居住。对违反取保候审、监视居住规定的犯罪嫌疑人、被告人,情节严重的,可以予以逮捕。

第七条 办理醉驾案件,应当收集以下证据:

(一)证明犯罪嫌疑人情况的证据材料,主要包括人口信息查询记录或者户籍证明等身份证明;驾驶证、驾驶人信息查询记录;犯罪前科记录、曾因饮酒后驾驶机动车被查获或者行政处罚记录、本次交通违法行政处罚决定书等;

(二)证明醉酒检测鉴定情况的证据材料,主要包括呼气酒精含量检测结果、呼气酒精含量检测仪标定证书、血液样本提取笔录、鉴定委托书或者鉴定机构接收检材登记材料、血液酒精含量鉴定意见、鉴定意见通知书等;

(三)证明机动车情况的证据材料,主要包括机动车行驶证、机动车信息查询记录、机动车照片等；

（四）证明现场执法情况的照片，主要包括现场检查机动车、呼气酒精含量检测、提取与封装血液样本等环节的照片，并应当保存相关环节的录音录像资料；

（五）犯罪嫌疑人供述和辩解。

根据案件具体情况，还应当收集以下证据：

（一）犯罪嫌疑人是否饮酒、驾驶机动车有争议的，应当收集同车人员、现场目击证人或者共同饮酒人员等证人证言、饮酒场所及行驶路段监控记录等；

（二）道路属性有争议的，应当收集相关管理人员、业主等知情人员证言、管理单位或者有关部门出具的证明等；

（三）发生交通事故的，应当收集交通事故认定书、事故路段监控记录、人体损伤程度等鉴定意见、被害人陈述等；

（四）可能构成自首的，应当收集犯罪嫌疑人到案经过等材料；

（五）其他确有必要收集的证据材料。

第八条 对犯罪嫌疑人血液样本提取、封装、保管、送检、鉴定等程序，按照公安部、司法部有关道路交通安全违法行为处理程序、鉴定规则等规定执行。

公安机关提取、封装血液样本过程应当全程录音录像。血液样本提取、封装应当做好标记和编号，由提取人、封装人、犯罪嫌疑人在血液样本提取笔录上签字。犯罪嫌疑人拒绝签字的，应当注明。提取的血液样本应当及时送往鉴定机构进行血液酒精含量鉴定。因特殊原因不能及时送检的，应当按照有关规范和技术标准保管检材并在五个工作日内送检。

鉴定机构应当对血液样品制备和仪器检测过程进行录音录像。鉴定机构应当在收到送检血液样本后三个工作日内，按照有关规范和技术标准进行鉴定并出具血液酒精含量鉴定意见，通知或者送交委托单位。

血液酒精含量鉴定意见作为证据使用的，办案单位应当自收到血液酒精含量鉴定意见之日起五个工作日内，书面通知犯罪嫌疑人、被告人、被害人或者其法定代理人。

第九条 具有下列情形之一，经补正或者作出合理解释的，血液酒精含量鉴定意见可以作为定案的依据；不能补正或者作出合理解释的，应当予以排除：

（一）血液样本提取、封装、保管不规范的；

（二）未按规定的时间和程序送检、出具鉴定意见的；

（三）鉴定过程未按规定同步录音录像的；

（四）存在其他瑕疵或者不规范的取证行为的。

三、刑 事 追 究

第十条 醉驾具有下列情形之一，尚不构成其他犯罪的，从重处理：

（一）造成交通事故且负事故全部或者主要责任的；

（二）造成交通事故后逃逸的；

（三）未取得机动车驾驶证驾驶汽车的；

（四）严重超员、超载、超速驾驶的；

（五）服用国家规定管制的精神药品或者麻醉药品后驾驶的；

（六）驾驶机动车从事客运活动且载有乘客的；

（七）驾驶机动车从事校车业务且载有师生的；

(八)在高速公路上驾驶的;

(九)驾驶重型载货汽车的;

(十)运输危险化学品、危险货物的;

(十一)逃避、阻碍公安机关依法检查的;

(十二)实施威胁、打击报复、引诱、贿买证人、鉴定人等人员或者毁灭、伪造证据等妨害司法行为的;

(十三)二年内曾因饮酒后驾驶机动车被查获或者受过行政处罚的;

(十四)五年内曾因危险驾驶行为被判决有罪或者作相对不起诉的;

(十五)其他需要从重处理的情形。

第十一条 醉驾具有下列情形之一的,从宽处理:

(一)自首、坦白、立功的;

(二)自愿认罪认罚的;

(三)造成交通事故,赔偿损失或者取得谅解的;

(四)其他需要从宽处理的情形。

第十二条 醉驾具有下列情形之一,且不具有本意见第十条规定情形的,可以认定为情节显著轻微、危害不大,依照刑法第十三条、刑事诉讼法第十六条的规定处理:

(一)血液酒精含量不满 150 毫克/100 毫升的;

(二)出于急救伤病人员等紧急情况驾驶机动车,且不构成紧急避险的;

(三)在居民小区、停车场等场所因挪车、停车入位等短距离驾驶机动车的;

(四)由他人驾驶至居民小区、停车场等场所短距离接替驾驶停放机动车的,或者为了交由他人驾驶,自居民小区、停车场等场所短距离驶出的;

(五)其他情节显著轻微的情形。

醉酒后出于急救伤病人员等紧急情况,不得已驾驶机动车,构成紧急避险的,依照刑法第二十一条的规定处理。

第十三条 对公安机关移送审查起诉的醉驾案件,人民检察院综合考虑犯罪嫌疑人驾驶的动机和目的、醉酒程度、机动车类型、道路情况、行驶时间、速度、距离以及认罪悔罪表现等因素,认为属于犯罪情节轻微的,依照刑法第三十七条、刑事诉讼法第一百七十七条第二款的规定处理。

第十四条 对符合刑法第七十二条规定的醉驾被告人,依法宣告缓刑。具有下列情形之一的,一般不适用缓刑:

(一)造成交通事故致他人轻微伤或者轻伤,且负事故全部或者主要责任的;

(二)造成交通事故且负事故全部或者主要责任,未赔偿损失的;

(三)造成交通事故后逃逸的;

(四)未取得机动车驾驶证驾驶汽车的;

(五)血液酒精含量超过 180 毫克/100 毫升的;

(六)服用国家规定管制的精神药品或者麻醉药品后驾驶的;

(七)采取暴力手段抗拒公安机关依法检查,或者实施妨害司法行为的;

(八)五年内曾因饮酒后驾驶机动车被查获或者受过行政处罚的;

(九)曾因危险驾驶行为被判决有罪或者作相对不起诉的;

(十)其他情节恶劣的情形。

第十五条 对被告人判处罚金,应当根据醉驾行为、实际损害后果等犯罪情节,综合考虑被告人缴纳罚金的能力,确定与主刑相适应的罚金数额。起刑点一般不应低于道路交通安全法规定的饮酒后驾驶机动车相应情形的罚款数额;每增加一个月拘役,增加一千元至五千元罚金。

第十六条 醉驾同时构成交通肇事罪、过失以危险方法危害公共安全罪、以危险方法危害公共安全罪等其他犯罪的，依照处罚较重的规定定罪，依法从严追究刑事责任。

醉酒驾驶机动车，以暴力、威胁方法阻碍公安机关依法检查，又构成妨害公务罪、袭警罪等其他犯罪的，依照数罪并罚的规定处罚。

第十七条 犯罪嫌疑人醉驾被现场查获后，经允许离开，再经公安机关通知到案或者主动到案，不认定为自动投案；造成交通事故后保护现场、抢救伤者，向公安机关报告并配合调查的，应当认定为自动投案。

第十八条 根据本意见第十二条第一款、第十三条、第十四条处理的案件，可以将犯罪嫌疑人、被告人自愿接受安全驾驶教育、从事交通志愿服务、社区公益服务等情况作为作出相关处理的考量因素。

第十九条 对犯罪嫌疑人、被告人决定不起诉或者免予刑事处罚的，可以根据案件的不同情况，予以训诫或者责令具结悔过、赔礼道歉、赔偿损失，需要给予行政处罚、处分的，移送有关主管机关处理。

第二十条 醉驾属于严重的饮酒后驾驶机动车行为。血液酒精含量达到80毫克/100毫升以上，公安机关应当在决定不予立案、撤销案件或者移送审查起诉前，给予行为人吊销机动车驾驶证行政处罚。根据本意见第十二条第一款处理的案件，公安机关还应当按照道路交通安全法规定的饮酒后驾驶机动车相应情形，给予行为人罚款、行政拘留的行政处罚。

人民法院、人民检察院依据本意见第十二条第一款、第十三条处理的案件，对被不起诉人、被告人需要予以行政处罚的，应当提出检察意见或者司法建议，移送公安机关依照前款规定处理。公安机关应当将处理情况通报人民法院、人民检察院。

四、快速办理

第二十一条 人民法院、人民检察院、公安机关和司法行政机关应当加强协作配合，在遵循法定程序、保障当事人权利的前提下，因地制宜建立健全醉驾案件快速办理机制，简化办案流程，缩短办案期限，实现醉驾案件优质高效办理。

第二十二条 符合下列条件的醉驾案件，一般应当适用快速办理机制：

（一）现场查获，未造成交通事故的；

（二）事实清楚，证据确实、充分，法律适用没有争议的；

（三）犯罪嫌疑人、被告人自愿认罪认罚的；

（四）不具有刑事诉讼法第二百二十三条规定情形的。

第二十三条 适用快速办理机制办理的醉驾案件，人民法院、人民检察院、公安机关一般应当在立案侦查之日起三十日内完成侦查、起诉、审判工作。

第二十四条 在侦查或者审查起诉阶段采取取保候审措施的，案件移送至审查起诉或者审判阶段时，取保候审期限尚未届满且符合取保候审条件的，受案机关可以不再重新作出取保候审决定，由公安机关继续执行原取保候审措施。

第二十五条 对醉驾被告人拟提出缓刑量刑建议或者宣告缓刑的，一般可以不进行调查评估。确有必要的，应当及时委托社区矫正机构或者有关社会组织进行调查评估。受委托方应当及时向委托机关提供调查评估结果。

第二十六条　适用简易程序、速裁程序的醉驾案件,人民法院、人民检察院、公安机关和司法行政机关可以采取合并式、要素式、表格式等方式简化文书。

具备条件的地区,可以通过一体化的网上办案平台流转、送达电子卷宗、法律文书等,实现案件线上办理。

五、综合治理(略)

六、附　　则

第三十条　本意见自2023年12月28日起施行。《最高人民法院　最高人民检察院　公安部关于办理醉酒驾驶机动车刑事案件适用法律若干问题的意见》(法发〔2013〕15号)同时废止。

公安部
严重超员、严重超速危险驾驶刑事案件立案标准(试行)

(2015年11月20日)

第一条　在道路上驾驶机动车从事校车业务或者公路客运、旅游客运、包车客运,有下列严重超过额定乘员载客情形之一的,可以立案侦查:

(一)驾驶大型载客汽车,载客超过额定乘员50%以上或者超过额定乘员15人以上的;

(二)驾驶中型载客汽车,载客超过额定乘员80%以上或者超过额定乘员10人以上的;

(三)驾驶小型、微型载客汽车,载客超过额定乘员100%以上或者超过额定乘员7人以上的。

第二条　在道路上驾驶机动车从事校车业务或者公路客运、旅游客运、包车客运,有下列严重超过规定时速行驶情形之一的,可以立案侦查:

(一)在高速公路、城市快速路上行驶,超过规定时速50%以上,且行驶时速达到90公里以上;

(二)在高速公路、城市快速路以外的道路上行驶,超过规定时速100%以上,且行驶时速达到60公里以上的;

(三)通过铁路道口、急弯路、窄路、窄桥或者在冰雪、泥泞的道路上行驶,或者掉头、转弯、下陡坡,以及遇雾、雨、雪、沙尘、冰雹等低能见度气象条件时,超过规定时速50%以上,且行驶时速达到30公里以上的;

(四)通过傍山险路、连续下坡、连续急弯等事故易发路段,超过规定时速50%以上,且行驶时速达到30公里以上的。

第三条　机动车所有人、管理人强迫、指使机动车驾驶人实施本标准第一条、第二条所列行为或者有其他负有直接责任情形的,可以立案侦查。

最高人民法院
关于进一步加强危害生产安全刑事案件审判工作的意见

(2011年12月30日公布,
法发〔2011〕20号)

为依法惩治危害生产安全犯罪,促进

全国安全生产形势持续稳定好转，保护人民群众生命财产安全，现就进一步加强危害生产安全刑事案件审判工作，制定如下意见。

一、高度重视危害生产安全刑事案件审判工作（略）

二、危害生产安全刑事案件审判工作的原则（略）

三、正确确定责任

6. 审理危害生产安全刑事案件，政府或相关职能部门依法对事故原因、损失大小、责任划分作出的调查认定，经庭审质证后，结合其他证据，可作为责任认定的依据。

7. 认定相关人员是否违反有关安全管理规定，应当根据相关法律、行政法规，参照地方性法规、规章及国家标准、行业标准，必要时可参考公认的惯例和生产经营单位制定的安全生产规章制度、操作规程。

8. 多个原因行为导致生产安全事故发生的，在区分直接原因与间接原因的同时，应当根据原因行为在引发事故中所具作用的大小，分清主要原因与次要原因，确认主要责任和次要责任，合理确定罪责。

一般情况下，对生产、作业负有组织、指挥或者管理职责的负责人、管理人员、实际控制人、投资人，违反有关安全生产管理规定，对重大生产安全事故的发生起决定性、关键性作用的，应当承担主要责任。

对于直接从事生产、作业的人员违反安全管理规定，发生重大生产安全事故的，要综合考虑行为人的从业资格、从业时间、接受安全生产教育培训情况、现场条件、是否受到他人强令作业、生产经营单位执行安全生产规章制度的情况等因素认定责任，不能将直接责任简单等同于主要责任。

对于负有安全生产管理、监督职责的工作人员，应根据其岗位职责、履职依据、履职时间等，综合考察工作职责、监管条件、履职能力、履职情况等，合理确定罪责。

四、准确适用法律

9. 严格把握危害生产安全犯罪与以其他危险方法危害公共安全罪的界限，不应将生产经营中违章违规的故意不加区别地视为对危害后果发生的故意。

10. 以行贿方式逃避安全生产监督管理，或者非法、违法生产、作业，导致发生重大生产安全事故，构成数罪的，依照数罪并罚的规定处罚。

违反安全生产管理规定，非法采矿、破坏性采矿或排放、倾倒、处置有害物质严重污染环境，造成重大伤亡事故或者其他严重后果，同时构成危害生产安全犯罪和破坏环境资源保护犯罪的，依照数罪并罚的规定处罚。

11. 安全事故发生后，负有报告职责的国家工作人员不报或者谎报事故情况，贻误事故抢救，情节严重，构成不报、谎报安全事故罪，同时构成职务犯罪或其他危害生产安全犯罪的，依照数罪并罚的规定处罚。

12. 非矿山生产安全事故中，认定“直接负责的主管人员和其他直接责任人员”、“负有报告职责的人员”的主体资格，认定构成“重大伤亡事故或者其他严重后果”、“情节特别恶劣”，不报、谎报事故情况，贻误事故抢救，“情节严重”、“情节特别严重”等，可参照最高人民法院、最高人民检察院《关于办理危害矿山生产安全刑事案件具体应用法律若干问题的解释》的相关规定。①

五、准确把握宽严相济刑事政策

13. 审理危害生产安全刑事案件,应综合考虑生产安全事故所造成的伤亡人数、经济损失、环境污染、社会影响、事故原因与被告人职责的关联程度、被告人主观过错大小、事故发生后被告人的施救表现、履行赔偿责任情况等,正确适用刑罚,确保裁判法律效果和社会效果相统一。

14. 造成《关于办理危害矿山生产安全刑事案件具体应用法律若干问题的解释》第四条规定的"重大伤亡事故或者其他严重后果",同时具有下列情形之一的,也可以认定为刑法第一百三十四条、第一百三十五条规定的"情节特别恶劣":

(一)非法、违法生产的;

(二)无基本劳动安全设施或未向生产、作业人员提供必要的劳动防护用品,生产、作业人员劳动安全无保障的;

(三)曾因安全生产设施或者安全生产条件不符合国家规定,被监督管理部门处罚或责令改正,一年内再次违规生产致使发生重大生产安全事故的;

(四)关闭、故意破坏必要安全警示设备的;

(五)已发现事故隐患,未采取有效措施,导致发生重大事故的;

(六)事故发生后不积极抢救人员,或者毁灭、伪造、隐藏影响事故调查的证据,或者转移财产逃避责任的;

(七)其他特别恶劣的情节。

15. 相关犯罪中,具有以下情形之一的,依法从重处罚:

(一)国家工作人员违反规定投资入股生产经营企业,构成危害生产安全犯罪的;

(二)贪污贿赂行为与事故发生存在关联性的;

(三)国家工作人员的职务犯罪与事故存在直接因果关系的;

(四)以行贿方式逃避安全生产监督管理,或者非法、违法生产、作业的;

(五)生产安全事故发生后,负有报告职责的国家工作人员不报或者谎报事故情况,贻误事故抢救,尚未构成不报、谎报安全事故罪的;

(六)事故发生后,采取转移、藏匿、毁灭遇难人员尸体,或者毁灭、伪造、隐藏影响事故调查的证据,或者转移财产,逃避责任的;

(七)曾因安全生产设施或者安全生产条件不符合国家规定,被监督管理部门处罚或责令改正,一年内再次违规生产致使发生重大生产安全事故的。

16. 对于事故发生后,积极施救,努力挽回事故损失,有效避免损失扩大;积极配合调查,赔偿受害人损失的,可依法从宽处罚。

六、依法正确适用缓刑和减刑、假释

17. 对于危害后果较轻,在责任事故中不负主要责任,符合法律有关缓刑适用条件的,可以依法适用缓刑,但应注意根据案件具体情况,区别对待,严格控制,避免适用不当造成的负面影响。

18. 对于具有下列情形的被告人,原则上不适用缓刑:

(一)具有本意见第 14 条、第 15 条所规定的情形的;

(二)数罪并罚的。

① 该解释已为 2015 年《关于办理危害生产安全刑事案件适用法律若干问题的解释》第十七条宣布废止,今后对上述相关问题的认定,应依照《关于办理危害生产安全刑事案件适用法律若干问题的解释》的相关规定。

19. 宣告缓刑,可以根据犯罪情况,同时禁止犯罪分子在缓刑考验期限内从事与安全生产有关的特定活动。

20. 办理与危害生产安全犯罪相关的减刑、假释案件,要严格执行刑法、刑事诉讼法和有关司法解释规定。是否决定减刑、假释,既要看罪犯服刑期间的悔改表现,还要充分考虑原判认定的犯罪事实、性质、情节、社会危害程度等情况。

七、加强组织领导,注意协调配合(略)

最高人民法院、最高人民检察院关于办理危害生产安全刑事案件适用法律若干问题的解释

(2015年11月9日最高人民法院审判委员会第1665次会议、2015年12月9日最高人民检察院第十二届检察委员会第44次会议通过,2015年12月16日公布,自2015年12月16日起施行,法释〔2015〕22号)

为依法惩治危害生产安全犯罪,根据刑法有关规定,现就办理此类刑事案件适用法律的若干问题解释如下:

第一条　刑法第一百三十四条第一款规定的犯罪主体,包括对生产、作业负有组织、指挥或者管理职责的负责人、管理人员、实际控制人、投资人等人员,以及直接从事生产、作业的人员。

第二条　刑法第一百三十四条第二款规定的犯罪主体,包括对生产、作业负有组织、指挥或者管理职责的负责人、管理人员、实际控制人、投资人等人员。

第三条　刑法第一百三十五条规定的"直接负责的主管人员和其他直接责任人员",是指对安全生产设施或者安全生产条件不符合国家规定负有直接责任的生产经营单位负责人、管理人员、实际控制人、投资人,以及其他对安全生产设施或者安全生产条件负有管理、维护职责的人员。

第四条　刑法第一百三十九条之一规定的"负有报告职责的人员",是指负有组织、指挥或者管理职责的负责人、管理人员、实际控制人、投资人,以及其他负有报告职责的人员。

第五条　明知存在事故隐患、继续作业存在危险,仍然违反有关安全管理的规定,实施下列行为之一的,应当认定为刑法第一百三十四条第二款规定的"强令他人违章冒险作业":

(一)利用组织、指挥、管理职权,强制他人违章作业的;

(二)采取威逼、胁迫、恐吓等手段,强制他人违章作业的;

(三)故意掩盖事故隐患,组织他人违章作业的;

(四)其他强令他人违章作业的行为。

第六条　实施刑法第一百三十二条、第一百三十四条第一款、第一百三十五条、第一百三十五条之一、第一百三十六条、第一百三十九条规定的行为,因而发生安全事故,具有下列情形之一的,应当认定为"造成严重后果"或者"发生重大伤亡事故或者造成其他严重后果",对相关责任人员,处三年以下有期徒刑或者拘役:

(一)造成死亡一人以上,或者重伤三人以上的;

(二)造成直接经济损失一百万元以上的;

(三)其他造成严重后果或者重大安全事故的情形。

实施刑法第一百三十四条第二款规定的行为,因而发生安全事故,具有本条第一款规定情形的,应当认定为"发生重大伤亡事故或者造成其他严重后果",对相关责任人员,处五年以下有期徒刑或者拘役。

实施刑法第一百三十七条规定的行为,因而发生安全事故,具有本条第一款规定情形的,应当认定为"造成重大安全事故",对直接责任人员,处五年以下有期徒刑或者拘役,并处罚金。

实施刑法第一百三十八条规定的行为,因而发生安全事故,具有本条第一款第一项规定情形的,应当认定为"发生重大伤亡事故",对直接责任人员,处三年以下有期徒刑或者拘役。

第七条 实施刑法第一百三十二条、第一百三十四条第一款、第一百三十五条、第一百三十五条之一、第一百三十六条、第一百三十九条规定的行为,因而发生安全事故,具有下列情形之一的,对相关责任人员,处三年以上七年以下有期徒刑:

(一)造成死亡三人以上或者重伤十人以上,负事故主要责任的;

(二)造成直接经济损失五百万元以上,负事故主要责任的;

(三)其他造成特别严重后果、情节特别恶劣或者后果特别严重的情形。

实施刑法第一百三十四条第二款规定的行为,因而发生安全事故,具有本条第一款规定情形的,对相关责任人员,处五年以上有期徒刑。

实施刑法第一百三十七条规定的行为,因而发生安全事故,具有本条第一款规定情形的,对直接责任人员,处五年以上十年以下有期徒刑,并处罚金。

实施刑法第一百三十八条规定的行为,因而发生安全事故,具有下列情形之一的,对直接责任人员,处三年以上七年以下有期徒刑:

(一)造成死亡三人以上或者重伤十人以上,负事故主要责任的;

(二)具有本解释第六条第一款第一项规定情形,同时造成直接经济损失五百万元以上并负事故主要责任的,或者同时造成恶劣社会影响的。

第八条 在安全事故发生后,负有报告职责的人员不报或者谎报事故情况,贻误事故抢救,具有下列情形之一的,应当认定为刑法第一百三十九条之一规定的"情节严重":

(一)导致事故后果扩大,增加死亡一人以上,或者增加重伤三人以上,或者增加直接经济损失一百万元以上的;

(二)实施下列行为之一,致使不能及时有效开展事故抢救的:

1. 决定不报、迟报、谎报事故情况或者指使、串通有关人员不报、迟报、谎报事故情况的;

2. 在事故抢救期间擅离职守或者逃匿的;

3. 伪造、破坏事故现场,或者转移、藏匿、毁灭遇难人员尸体,或者转移、藏匿受伤人员的;

4. 毁灭、伪造、隐匿与事故有关的图纸、记录、计算机数据等资料以及其他证据的;

(三)其他情节严重的情形。

具有下列情形之一的,应当认定为刑

法第一百三十九条之一规定的“情节特别严重”：

（一）导致事故后果扩大，增加死亡三人以上，或者增加重伤十人以上，或者增加直接经济损失五百万元以上的；

（二）采用暴力、胁迫、命令等方式阻止他人报告事故情况，导致事故后果扩大的；

（三）其他情节特别严重的情形。

第九条 在安全事故发生后，与负有报告职责的人员串通，不报或者谎报事故情况，贻误事故抢救，情节严重的，依照刑法第一百三十九条之一的规定，以共犯论处。

第十条 在安全事故发生后，直接负责的主管人员和其他直接责任人员故意阻挠开展抢救，导致人员死亡或者重伤，或者为了逃避法律追究，对被害人进行隐藏、遗弃，致使被害人因无法得到救助而死亡或者重度残疾的，分别依照刑法第二百三十二条、第二百三十四条的规定，以故意杀人罪或者故意伤害罪定罪处罚。

第十一条 生产不符合保障人身、财产安全的国家标准、行业标准的安全设备，或者明知安全设备不符合保障人身、财产安全的国家标准、行业标准而进行销售，致使发生安全事故，造成严重后果的，依照刑法第一百四十六条的规定，以生产、销售不符合安全标准的产品罪定罪处罚。

第十二条 实施刑法第一百三十二条、第一百三十四条至第一百三十九条之一规定的犯罪行为，具有下列情形之一的，从重处罚：

（一）未依法取得安全许可证件或者安全许可证件过期、被暂扣、吊销、注销后从事生产经营活动的；

（二）关闭、破坏必要的安全监控和报警设备的；

（三）已经发现事故隐患，经有关部门或者个人提出后，仍不采取措施的；

（四）一年内曾因危害生产安全违法犯罪活动受过行政处罚或者刑事处罚的；

（五）采取弄虚作假、行贿等手段，故意逃避、阻挠负有安全监督管理职责的部门实施监督检查的；

（六）安全事故发生后转移财产意图逃避承担责任的；

（七）其他从重处罚的情形。

实施前款第五项规定的行为，同时构成刑法第三百八十九条规定的犯罪的，依照数罪并罚的规定处罚。

第十三条 实施刑法第一百三十二条、第一百三十四条至第一百三十九条之一规定的犯罪行为，在安全事故发生后积极组织、参与事故抢救，或者积极配合调查、主动赔偿损失的，可以酌情从轻处罚。

第十四条 国家工作人员违反规定投资入股生产经营，构成本解释规定的有关犯罪的，或者国家工作人员的贪污、受贿犯罪行为与安全事故发生存在关联性的，从重处罚；同时构成贪污、受贿犯罪和危害生产安全犯罪的，依照数罪并罚的规定处罚。

第十五条 国家机关工作人员在履行安全监督管理职责时滥用职权、玩忽职守，致使公共财产、国家和人民利益遭受重大损失的，或者徇私舞弊，对发现的刑事案件依法应当移交司法机关追究刑事责任而不移交，情节严重的，分别依照刑法第三百九十七条、第四百零二条的规定，以滥用职权罪、玩忽职守罪或者徇私舞弊不移交刑事案件罪定罪处罚。

公司、企业、事业单位的工作人员在

依法或者受委托行使安全监督管理职责时滥用职权或者玩忽职守,构成犯罪的,应当依照《全国人民代表大会常务委员会关于〈中华人民共和国刑法〉第九章渎职罪主体适用问题的解释》的规定,适用渎职罪的规定追究刑事责任。

第十六条 对于实施危害生产安全犯罪适用缓刑的犯罪分子,可以根据犯罪情况,禁止其在缓刑考验期限内从事与安全生产相关联的特定活动;对于被判处刑罚的犯罪分子,可以根据犯罪情况和预防再犯罪的需要,禁止其自刑罚执行完毕之日或者假释之日起三年至五年内从事与安全生产相关的职业。

第十七条 本解释自2015年12月16日起施行。本解释施行后,《最高人民法院、最高人民检察院关于办理危害矿山生产安全刑事案件具体应用法律若干问题的解释》(法释〔2007〕5号)同时废止。最高人民法院、最高人民检察院此前发布的司法解释和规范性文件与本解释不一致的,以本解释为准。

最高人民法院、最高人民检察院关于办理危害生产安全刑事案件适用法律若干问题的解释(二)

(2022年9月19日最高人民法院审判委员会第1875次会议、2022年10月25日最高人民检察院第十三届检察委员会第一百零六次会议通过,自2022年12月19日起施行,法释〔2022〕19号)

为依法惩治危害生产安全犯罪,维护公共安全,保护人民群众生命安全和公私财产安全,根据《中华人民共和国刑法》、《中华人民共和国刑事诉讼法》和《中华人民共和国安全生产法》等规定,现就办理危害生产安全刑事案件适用法律的若干问题解释如下:

第一条 明知存在事故隐患,继续作业存在危险,仍然违反有关安全管理的规定,有下列情形之一的,属于刑法第一百三十四条第二款规定的"强令他人违章冒险作业":

(一)以威逼、胁迫、恐吓等手段,强制他人违章作业的;

(二)利用组织、指挥、管理职权,强制他人违章作业的;

(三)其他强令他人违章冒险作业的情形。

明知存在重大事故隐患,仍然违反有关安全管理的规定,不排除或者故意掩盖重大事故隐患,组织他人作业的,属于刑法第一百三十四条第二款规定的"冒险组织作业"。

第二条 刑法第一百三十四条之一规定的犯罪主体,包括对生产、作业负有组织、指挥或者管理职责的负责人、管理人员、实际控制人、投资人等人员,以及直接从事生产、作业的人员。

第三条 因存在重大事故隐患被依法责令停产停业、停止施工、停止使用有关设备、设施、场所或者立即采取排除危险的整改措施,有下列情形之一的,属于刑法第一百三十四条之一第二项规定的"拒不执行":

(一)无正当理由故意不执行各级人民政府或者负有安全生产监督管理职责的部门依法作出的上述行政决定、命令的;

（二）虚构重大事故隐患已经排除的事实，规避、干扰执行各级人民政府或者负有安全生产监督管理职责的部门依法作出的上述行政决定、命令的；

（三）以行贿等不正当手段，规避、干扰执行各级人民政府或者负有安全生产监督管理职责的部门依法作出的上述行政决定、命令的。

有前款第三项行为，同时构成刑法第三百八十九条行贿罪、第三百九十三条单位行贿罪等犯罪的，依照数罪并罚的规定处罚。

认定是否属于“拒不执行”，应当综合考虑行政决定、命令是否具有法律、行政法规等依据，行政决定、命令的内容和期限要求是否明确、合理，行为人是否具有按照要求执行的能力等因素进行判断。

第四条 刑法第一百三十四条第二款和第一百三十四条之一第二项规定的“重大事故隐患”，依照法律、行政法规、部门规章、强制性标准以及有关行政规范性文件进行认定。

刑法第一百三十四条之一第三项规定的“危险物品”，依照安全生产法第一百一十七条①的规定确定。

对于是否属于“重大事故隐患”或者“危险物品”难以确定的，可以依据司法鉴定机构出具的鉴定意见、地市级以上负有安全生产监督管理职责的部门或者其指定的机构出具的意见，结合其他证据综合审查，依法作出认定。

第五条 在生产、作业中违反有关安全管理的规定，有刑法第一百三十四条之一规定情形之一，因而发生重大伤亡事故或者造成其他严重后果，构成刑法第一百三十四条、第一百三十五条至第一百三十九条等规定的重大责任事故罪、重大劳动安全事故罪、危险物品肇事罪、工程重大安全事故罪等犯罪的，依照该规定定罪处罚。

第六条 承担安全评价职责的中介组织的人员提供的证明文件有下列情形之一的，属于刑法第二百二十九条第一款规定的“虚假证明文件”：

（一）故意伪造的；

（二）在周边环境、主要建（构）筑物、工艺、装置、设备设施等重要内容上弄虚作假，导致与评价期间实际情况不符，影响评价结论的；

（三）隐瞒生产经营单位重大事故隐患及整改落实情况、主要灾害等级等情况，影响评价结论的；

（四）伪造、篡改生产经营单位相关信息、数据、技术报告或者结论等内容，影响评价结论的；

（五）故意采用存疑的第三方证明材料、监测检验报告，影响评价结论的；

（六）有其他弄虚作假行为，影响评价结论的情形。

生产经营单位提供虚假材料、影响评价结论，承担安全评价职责的中介组织的人员对评价结论与实际情况不符无主观故意的，不属于刑法第二百二十九条第一款规定的“故意提供虚假证明文件”。

有本条第二款情形，承担安全评价职责的中介组织的人员严重不负责任，导致出具的证明文件有重大失实，造成严重后果的，依照刑法第二百二十九条第三款的规定追究刑事责任。

第七条 承担安全评价职责的中介

---

① 2021年修订的《安全生产法》第一百一十七条规定：危险物品，是指易燃易爆物品、危险化学品、放射性物品等能够危及人身安全和财产安全的物品。

组织的人员故意提供虚假证明文件,有下列情形之一的,属于刑法第二百二十九条第一款规定的“情节严重”:

(一)造成死亡一人以上或者重伤三人以上安全事故的;

(二)造成直接经济损失五十万元以上安全事故的;

(三)违法所得数额十万元以上的;

(四)两年内因故意提供虚假证明文件受过两次以上行政处罚,又故意提供虚假证明文件的;

(五)其他情节严重的情形。

在涉及公共安全的重大工程、项目中提供虚假的安全评价文件,有下列情形之一的,属于刑法第二百二十九条第一款第三项规定的“致使公共财产、国家和人民利益遭受特别重大损失”:

(一)造成死亡三人以上或者重伤十人以上安全事故的;

(二)造成直接经济损失五百万元以上安全事故的;

(三)其他致使公共财产、国家和人民利益遭受特别重大损失的情形。

承担安全评价职责的中介组织的人员有刑法第二百二十九条第一款行为,在裁量刑罚时,应当考虑其行为手段、主观过错程度、对安全事故的发生所起作用大小及其获利情况、一贯表现等因素,综合评估社会危害性,依法裁量刑罚,确保罪责刑相适应。

第八条 承担安全评价职责的中介组织的人员,严重不负责任,出具的证明文件有重大失实,有下列情形之一的,属于刑法第二百二十九条第三款规定的“造成严重后果”:

(一)造成死亡一人以上或者重伤三人以上安全事故的;

(二)造成直接经济损失一百万元以上安全事故的;

(三)其他造成严重后果的情形。

第九条 承担安全评价职责的中介组织犯刑法第二百二十九条规定之罪的,对该中介组织判处罚金,并对其直接负责的主管人员和其他直接责任人员,依照本解释第七条、第八条的规定处罚。

第十条 有刑法第一百三十四条之一行为,积极配合公安机关或者负有安全生产监督管理职责的部门采取措施排除事故隐患,确有悔改表现,认罪认罚的,可以依法从宽处罚;犯罪情节轻微不需要判处刑罚的,可以不起诉或者免予刑事处罚;情节显著轻微危害不大的,不作为犯罪处理。

第十一条 有本解释规定的行为,被不起诉或者免予刑事处罚,需要给予行政处罚、政务处分或者其他处分的,依法移送有关主管机关处理。

第十二条 本解释自2022年12月19日起施行。最高人民法院、最高人民检察院此前发布的司法解释与本解释不一致的,以本解释为准。

最高人民法院研究室关于被告人阮某重大劳动安全事故案有关法律适用问题的答复

(2009年12月25日,法研〔2009〕228号)

陕西省高级人民法院:

你院陕高法〔2009〕288号《关于被告人阮某重大劳动安全事故案有关法律

适用问题的请示》收悉。经研究,答复如下:用人单位违反职业病防治法的规定,职业病危害预防设施不符合国家规定,因而发生重大伤亡事故或者造成其他严重后果的,对直接负责的主管人员和其他直接责任人员,可以依照刑法第一百三十五条的规定,以重大劳动安全事故罪定罪处罚。

此复。

(四)破坏社会主义市场经济秩序罪

生产、销售伪劣商品罪

最高人民法院、最高人民检察院关于办理生产、销售伪劣商品刑事案件具体应用法律若干问题的解释

(2001年4月5日最高人民法院审判委员会第1168次会议、2001年3月30日最高人民检察院第九届检察委员会第84次会议通过,2001年4月9日公布,自2001年4月10日起施行,法释〔2001〕10号)

为依法惩治生产、销售伪劣商品犯罪活动,根据刑法有关规定,现就办理这类案件具体应用法律的若干问题解释如下:

第一条 刑法第一百四十条规定的在产品中"掺杂、掺假",是指在产品中掺入杂质或者异物,致使产品质量不符合国家法律、法规或者产品明示质量标准规定的质量要求,降低、失去应有使用性能的行为。

刑法第一百四十条规定的"以假充真",是指以不具有某种使用性能的产品冒充具有该种使用性能的产品的行为。

刑法第一百四十条规定的"以次充好",是指以低等级、低档次产品冒充高等级、高档次产品,或者以残次、废旧零配件组合、拼装后冒充正品或者新产品的行为。

刑法第一百四十条规定的"不合格产品",是指不符合《中华人民共和国产品质量法》第二十六条第二款规定的质量要求的产品。

对本条规定的上述行为难以确定的,应当委托法律、行政法规规定的产品质量检验机构进行鉴定。

第二条 刑法第一百四十条、第一百四十九条规定的"销售金额",是指生产者、销售者出售伪劣产品后所得和应得的全部违法收入。

伪劣产品尚未销售,货值金额达到刑法第一百四十条规定的销售金额三倍以上的,以生产、销售伪劣产品罪(未遂)定罪处罚。

货值金额以违法生产、销售的伪劣产品的标价计算;没有标价的,按照同类合格产品的市场中间价格计算。货值金额难以确定的,按照国家计划委员会、最高人民法院、最高人民检察院、公安部1997年4月22日联合发布的《扣押、追缴、没收物品估价管理办法》的规定,委托指定的估价机构确定。

多次实施生产、销售伪劣产品行为,未经处理的,伪劣产品的销售金额或者货值金额累计计算。

第三条 经省级以上药品监督管理

部门设置或者确定的药品检验机构鉴定,生产、销售的假药具有下列情形之一的,应认定为刑法第一百四十一条规定的“足以严重危害人体健康”:

(一)含有超标准的有毒有害物质的;

(二)不含所标明的有效成分,可能贻误诊治的;

(三)所标明的适应症或者功能主治超出规定范围,可能造成贻误诊治的;

(四)缺乏所标明的急救必需的有效成分的。

生产、销售的假药被使用后,造成轻伤、重伤或者其他严重后果的,应认定为“对人体健康造成严重危害”。

生产、销售的假药被使用后,致人严重残疾、三人以上重伤、十人以上轻伤或者造成其他特别严重后果的,应认定为“对人体健康造成特别严重危害”。

第四条 经省级以上卫生行政部门确定的机构鉴定,食品中含有可能导致严重食物中毒事故或者其他严重食源性疾患的超标准的有害细菌或者其他污染物的,应认定为刑法第一百四十三条规定的“足以造成严重食物中毒事故或者其他严重食源性疾患”。

生产、销售不符合卫生标准的食品被食用后,造成轻伤、重伤或者其他严重后果的,应认定为“对人体健康造成严重危害”。

生产、销售不符合卫生标准的食品被食用后,致人死亡、严重残疾、三人以上重伤、十人以上轻伤或者造成其他特别严重后果的,应认定为“后果特别严重”。

第五条 生产、销售的有毒、有害食品被食用后,造成轻伤、重伤或者其他严重后果的,应认定为刑法第一百四十四条规定的“对人体健康造成严重危害”。

生产、销售的有毒、有害食品被食用后,致人严重残疾、三人以上重伤、十人以上轻伤或者造成其他特别严重后果的,应认定为“对人体健康造成特别严重危害”。

第六条 生产、销售不符合标准的医疗器械、医用卫生材料,致人轻伤或者其他严重后果的,应认定为刑法第一百四十五条规定的“对人体健康造成严重危害”。

生产、销售不符合标准的医疗器械、医用卫生材料,造成感染病毒性肝炎等难以治愈的疾病、一人以上重伤、三人以上轻伤或者其他严重后果的,应认定为“后果特别严重”。

生产、销售不符合标准的医疗器械、医用卫生材料,致人死亡、严重残疾、感染艾滋病、三人以上重伤、十人以上轻伤或者造成其他特别严重后果的,应认定为“情节特别恶劣”。

医疗机构或者个人,知道或者应当知道是不符合保障人体健康的国家标准、行业标准的医疗器械、医用卫生材料而购买、使用,对人体健康造成严重危害的,以销售不符合标准的医用器材罪定罪处罚。

没有国家标准、行业标准的医疗器械,注册产品标准可视为“保障人体健康的行业标准”。

第七条 刑法第一百四十七条规定的生产、销售伪劣农药、兽药、化肥、种子罪中“使生产遭受较大损失”,一般以二万元为起点;“重大损失”,一般以十万元为起点;“特别重大损失”,一般以五十万元为起点。

第八条 国家机关工作人员徇私舞

弊,对生产、销售伪劣商品犯罪不履行法律规定的查处职责,具有下列情形之一的,属于刑法第四百一十四条规定的“情节严重”:

(一)放纵生产、销售假药或者有毒、有害食品犯罪行为的;

(二)放纵依法可能判处二年有期徒刑以上刑罚的生产、销售伪劣商品犯罪行为的;

(三)对三个以上有生产、销售伪劣商品犯罪行为的单位或者个人不履行追究职责的;

(四)致使国家和人民利益遭受重大损失或者造成恶劣影响的。

第九条 知道或者应当知道他人实施生产、销售伪劣商品犯罪,而为其提供贷款、资金、账号、发票、证明、许可证件,或者提供生产、经营场所或者运输、仓储、保管、邮寄等便利条件,或者提供制假生产技术的,以生产、销售伪劣商品犯罪的共犯论处。

第十条 实施生产、销售伪劣商品犯罪,同时构成侵犯知识产权、非法经营等其他犯罪的,依照处罚较重的规定定罪处罚。

第十一条 实施刑法第一百四十条至第一百四十八条规定的犯罪,又以暴力、威胁方法抗拒查处,构成其他犯罪的,依照数罪并罚的规定处罚。

第十二条 国家机关工作人员参与生产、销售伪劣商品犯罪的,从重处罚。

最高人民法院
关于审理生产、销售伪劣商品
刑事案件有关鉴定问题的通知

(2001年5月21日,法〔2001〕70号)

各省、自治区、直辖市高级人民法院,解放军军事法院,新疆维吾尔自治区高级人民法院生产建设兵团分院:

自全国开展整顿和规范市场经济秩序工作以来,各地人民法院陆续受理了一批生产、销售伪劣产品、假冒商标和非法经营等严重破坏社会主义市场经济秩序的犯罪案件。此类案件中涉及的生产、销售的产品,有的纯属伪劣产品,有的则只是侵犯知识产权的产品。由于涉案产品是否“以假充真”、“以次充好”、“以不合格产品冒充合格产品”,直接影响到对被告人的定罪及处刑,为准确适用刑法和《最高人民法院、最高人民检察院关于办理生产、销售伪劣商品刑事案件具体应用法律若干问题的解释》(以下简称《解释》),严惩假冒伪劣商品犯罪,不放纵和轻纵犯罪分子,现就审理生产、销售伪劣商品、假冒商标和非法经营等严重破坏社会主义市场经济秩序的犯罪案件中可能涉及的假冒伪劣商品的有关鉴定问题通知如下:

一、对于提起公诉的生产、销售伪劣产品、假冒商标、非法经营等严重破坏社会主义市场经济秩序的犯罪案件,所涉生产、销售的产品是否属于“以假充真”、“以次充好”、“以不合格产品冒充合格产品”难以确定的,应当根据《解释》第一条

第五款的规定,由公诉机关委托法律、行政法规规定的产品质量检验机构进行鉴定。

二、根据《解释》第三条和第四条的规定,人民法院受理的生产、销售假药犯罪案件和生产、销售不符合卫生标准的食品犯罪案件,均需有“省级以上药品监督管理部门设置或者确定的药品检验机构”和“省级以上卫生行政部门确定的机构”出具的鉴定结论。

三、经鉴定确系伪劣商品,被告人的行为既构成生产、销售伪劣产品罪,又构成生产、销售假药罪或者生产、销售不符合卫生标准的食品罪,或者同时构成侵犯知识产权、非法经营等其他犯罪的,根据刑法第一百四十九条第二款和《解释》第十条的规定,应当依照处罚较重的规定定罪处罚。

最高人民法院、最高人民检察院、公安部、国家烟草专卖局关于办理假冒伪劣烟草制品等刑事案件适用法律问题座谈会纪要

(2003年12月23日)

生产、销售假冒伪劣烟草制品等犯罪行为严重破坏国家烟草专卖制度,扰乱社会主义市场经济秩序,侵害消费者合法权益。2001年以来,公安部、国家烟草专卖局联合开展了卷烟打假专项行动,取得了显著成效。同时,在查处生产、销售假冒伪劣烟草制品等犯罪案件过程中也遇到了一些适用法律方面的问题。为此,最高人民法院、最高人民检察院、公安部、国家烟草专卖局于2003年8月4日至6日在昆明召开了办理假冒伪劣烟草制品等刑事案件适用法律问题座谈会。最高人民法院、最高人民检察院、公安部、国家烟草专卖局以及部分省、自治区、直辖市法院、检察院、公安厅(局)、烟草专卖局等单位的有关人员参加了会议。全国人大常委会工委刑法室应邀派员参加了会议。与会人员在总结办案经验的基础上,根据法律和司法解释的有关规定,就办理假冒伪劣烟草制品等刑事案件中一些带有普遍性的具体适用法律问题进行了广泛讨论并形成了共识。纪要如下:

一、关于生产、销售伪劣烟草制品行为适用法律问题

(一)关于生产伪劣烟草制品尚未销售或者尚未完全销售行为定罪量刑问题

根据刑法第一百四十条的规定,生产、销售伪劣烟草制品,销售金额在五万元以上的,构成生产、销售伪劣产品罪。

根据《最高人民法院、最高人民检察院关于办理生产、销售伪劣商品刑事案件具体应用法律若干问题的解释》的有关规定,销售金额是指生产者、销售者出售伪劣烟草制品后所得和应得的全部违法收入。伪劣烟草制品尚未销售,货值金额达到刑法第一百四十条规定的销售金额三倍(十五万元)以上的,以生产、销售伪劣产品罪(未遂)定罪处罚。货值金额以违法生产、销售的伪劣产品的标价计算;没有标价的,按照同类合格产品的市场中间价格计算。货值金额难以确定的,按照国家计划委员会、最高人民法院、最高人民检察院、公安部1997年4月22日联合发布的《扣押、追缴、没收物品估价管理

办法》的规定,委托指定的估价机构确定。

伪劣烟草制品尚未销售,货值金额分别达到十五万元以上不满二十万元、二十万元以上不满五十万元、五十万元以上不满二百万元、二百万元以上的,分别依照刑法第一百四十条规定的各量刑档次定罪处罚。

伪劣烟草制品的销售金额不满五万元,但与尚未销售的伪劣烟草制品的货值金额合计达到十五万元以上的,以生产、销售伪劣产品罪(未遂)定罪处罚。

生产伪劣烟草制品尚未销售,无法计算货值金额,有下列情形之一的,以生产、销售伪劣产品罪(未遂)定罪处罚:

1. 生产伪劣烟用烟丝数量在1000公斤以上的;

2. 生产伪劣烟用烟叶数量在1500公斤以上的。

(二)关于非法生产、拼装、销售烟草专用机械行为定罪处罚问题

非法生产、拼装、销售烟草专用机械行为,依照刑法第一百四十条的规定,以生产、销售伪劣产品罪追究刑事责任。

二、关于销售明知是假冒烟用注册商标的烟草制品行为中的"明知"问题

根据刑法第二百一十四条的规定,销售明知是假冒烟用注册商标的烟草制品,销售金额较大的,构成销售假冒注册商标的商品罪。

"明知",是指知道或应当知道。有下列情形之一的,可以认定为"明知":

1. 以明显低于市场价格进货的;

2. 以明显低于市场价格销售的;

3. 销售假冒烟用注册商标的烟草制品被发现后转移、销毁物证或者提供虚假证明、虚假情况的;

4. 其他可以认定为明知的情形。

三、关于非法经营烟草制品行为适用法律问题①

未经烟草专卖行政主管部门许可,无生产许可证、批发许可证、零售许可证,而生产、批发、零售烟草制品,具有下列情形之一的,依照刑法第二百二十五条的规定定罪处罚:

1. 个人非法经营数额在五万元以上的,或者违法所得数额在一万元以上的;

2. 单位非法经营数额在五十万元以上的,或者违法所得数额在十万元以上的;

3. 曾因非法经营烟草制品行为受过二次以上行政处罚又非法经营的,非法经营数额在二万元以上的。

四、关于共犯问题

知道或者应当知道他人实施本《纪要》第一条至第三条规定的犯罪行为,仍实施下列行为之一的,应认定为共犯,依法追究刑事责任:

1. 直接参与生产、销售假冒伪劣烟草制品或者销售假冒烟用注册商标的烟草制品或者直接参与非法经营烟草制品并在其中起主要作用的;

2. 提供房屋、场地、设备、车辆、贷款、资金、账号、发票、证明、技术等设施和条件,用于帮助生产、销售、储存、运输假冒伪劣烟草制品、非法经营烟草制品的;

3. 运输假冒伪劣烟草制品的。

上述人员中有检举他人犯罪经查证属实,或者提供重要线索,有立功表现的,

---

① 最高法、最高检2009年《关于办理非法生产、销售烟草专卖品等刑事案件具体应用法律若干问题的解释》第三条对非法经营烟草专卖品构成非法经营罪的定罪量刑标准作了新的规定,因而该纪要第三条关于非法经营烟草制品构成非法经营罪的定罪量刑标准应不再适用。

可以从轻或减轻处罚;有重大立功表现的,可以减轻或者免除处罚。

五、国家机关工作人员参与实施本《纪要》第一条至第三条规定的犯罪行为的处罚问题

根据《最高人民法院、最高人民检察院关于办理生产、销售伪劣商品刑事案件具体应用法律若干问题的解释》的规定,国家机关工作人员参与实施本《纪要》第一条至第三条规定的犯罪行为的,从重处罚。

六、关于一罪与数罪问题

行为人的犯罪行为同时构成生产、销售伪劣产品罪、销售假冒注册商标的商品罪、非法经营罪等罪的,依照处罚较重的规定定罪处罚。

七、关于窝藏、转移非法制售的烟草制品行为的定罪处罚问题

明知是非法制售的烟草制品而予以窝藏、转移的,依照刑法第三百一十二条的规定,以窝藏、转移赃物罪定罪处罚。

八、关于以暴力、威胁方法阻碍烟草专卖执法人员依法执行职务行为的定罪处罚问题

以暴力、威胁方法阻碍烟草专卖执法人员依法执行职务的,依照刑法第二百七十七条的规定,以妨害公务罪定罪处罚。

九、关于煽动群众暴力抗拒烟草专卖法律实施行为的定罪处罚问题

煽动群众暴力抗拒烟草专卖法律实施的,依照刑法第二百七十八条的规定,以煽动暴力抗拒法律实施罪定罪处罚。

十、关于鉴定问题

假冒伪劣烟草制品的鉴定工作,由国家烟草专卖行政主管部门授权的省级以上烟草产品质量监督检验机构,按照国家烟草专卖局制定的假冒伪劣卷烟鉴别检验管理办法和假冒伪劣卷烟鉴别检验规程等有关规定进行。[1]

假冒伪劣烟草专用机械的鉴定由国家质量监督部门,或其委托的国家烟草质量监督检验中心,根据烟草行业的有关技术标准进行。

十一、关于烟草制品、卷烟的范围

本纪要所称烟草制品指卷烟、雪茄烟、烟丝、复烤烟叶、烟叶、卷烟纸、滤嘴棒、烟用丝束。

本纪要所称卷烟包括散支烟和成品烟。

最高人民法院、最高人民检察院关于办理非法生产、销售烟草专卖品等刑事案件具体应用法律若干问题的解释

(2009年12月28日最高人民法院审判委员会第1481次会议、2010年2月4日最高人民检察院第十一届检察委员会第29次会议通过,2010年3月2日公布,自2010年3月26日起施行)

为维护社会主义市场经济秩序,依法惩治非法生产、销售烟草专卖品等犯罪,根据刑法有关规定,现就办理这类刑事案

① 最高法、最高检2009年《关于办理非法生产、销售烟草专卖品等刑事案件具体应用法律若干问题的解释》第七条规定:“办理非法生产、销售烟草专卖品等刑事案件,需要对伪劣烟草专卖品鉴定的,应当委托国务院产品质量监督管理部门和省、自治区、直辖市人民政府产品质量监督管理部门指定的烟草质量检测机构进行。”

件具体应用法律的若干问题解释如下：

第一条 生产、销售伪劣卷烟、雪茄烟等烟草专卖品，销售金额在五万元以上的，依照刑法第一百四十条的规定，以生产、销售伪劣产品罪定罪处罚。

未经卷烟、雪茄烟等烟草专卖品注册商标所有人许可，在卷烟、雪茄烟等烟草专卖品上使用与其注册商标相同的商标，情节严重的，依照刑法第二百一十三条的规定，以假冒注册商标罪定罪处罚。

销售明知是假冒他人注册商标的卷烟、雪茄烟等烟草专卖品，销售金额较大的，依照刑法第二百一十四条的规定，以销售假冒注册商标的商品罪定罪处罚。

伪造、擅自制造他人卷烟、雪茄烟注册商标标识或者销售伪造、擅自制造的卷烟、雪茄烟注册商标标识，情节严重的，依照刑法第二百一十五条的规定，以非法制造、销售非法制造的注册商标标识罪定罪处罚。

违反国家烟草专卖管理法律法规，未经烟草专卖行政主管部门许可，无烟草专卖生产企业许可证、烟草专卖批发企业许可证、特种烟草专卖经营企业许可证、烟草专卖零售许可证等许可证明，非法经营烟草专卖品，情节严重的，依照刑法第二百二十五条的规定，以非法经营罪定罪处罚。

第二条 伪劣卷烟、雪茄烟等烟草专卖品尚未销售，货值金额达到刑法第一百四十条规定的销售金额定罪起点数额标准的三倍以上的，或者销售金额未达到五万元，但与未销售货值金额合计达到十五万元以上的，以生产、销售伪劣产品罪（未遂）定罪处罚。

销售金额和未销售货值金额分别达到不同的法定刑幅度或者均达到同一法定刑幅度的，在处罚较重的法定刑幅度内酌情从重处罚。

查获的未销售的伪劣卷烟、雪茄烟，能够查清销售价格的，按照实际销售价格计算。无法查清实际销售价格，有品牌的，按照该品牌卷烟、雪茄烟的查获地省级烟草专卖行政主管部门出具的零售价格计算；无品牌的，按照查获地省级烟草专卖行政主管部门出具的上年度卷烟平均零售价格计算。

第三条 非法经营烟草专卖品，具有下列情形之一的，应当认定为刑法第二百二十五条规定的“情节严重”：

（一）非法经营数额在五万元以上的，或者违法所得数额在二万元以上的；

（二）非法经营卷烟二十万支以上的；

（三）曾因非法经营烟草专卖品三年内受过二次以上行政处罚，又非法经营烟草专卖品且数额在三万元以上的。

具有下列情形之一的，应当认定为刑法第二百二十五条规定的“情节特别严重”：

（一）非法经营数额在二十五万元以上，或者违法所得数额在十万元以上的；

（二）非法经营卷烟一百万支以上的。

第四条 非法经营烟草专卖品，能够查清销售或者购买价格的，按照其销售或者购买的价格计算非法经营数额。无法查清销售或者购买价格的，按照下列方法计算非法经营数额：

（一）查获的卷烟、雪茄烟的价格，有品牌的，按照该品牌卷烟、雪茄烟的查获地省级烟草专卖行政主管部门出具的零售价格计算；无品牌的，按照查获地省级烟草专卖行政主管部门出具的上年度卷

烟平均零售价格计算;

(二)查获的复烤烟叶、烟叶的价格按照查获地省级烟草专卖行政主管部门出具的上年度烤烟调拨平均基准价格计算;

(三)烟丝的价格按照第(二)项规定价格计算标准的一点五倍计算;

(四)卷烟辅料的价格,有品牌的,按照该品牌辅料的查获地省级烟草专卖行政主管部门出具的价格计算;无品牌的,按照查获地省级烟草专卖行政主管部门出具的上年度烟草行业生产卷烟所需该类卷烟辅料的平均价格计算;

(五)非法生产、销售、购买烟草专用机械的价格按照国务院烟草专卖行政主管部门下发的全国烟草专用机械产品指导价格目录进行计算;目录中没有该烟草专用机械的,按照省级以上烟草专卖行政主管部门出具的目录中同类烟草专用机械的平均价格计算。

第五条 行为人实施非法生产、销售烟草专卖品犯罪,同时构成生产、销售伪劣产品罪、侵犯知识产权犯罪、非法经营罪的,依照处罚较重的规定定罪处罚。

第六条 明知他人实施本解释第一条所列犯罪,而为其提供贷款、资金、账号、发票、证明、许可证件,或者提供生产、经营场所、设备、运输、仓储、保管、邮寄、代理进出口等便利条件,或者提供生产技术、卷烟配方的,应当按照共犯追究刑事责任。

第七条 办理非法生产、销售烟草专卖品等刑事案件,需要对伪劣烟草专卖品鉴定的,应当委托国务院产品质量监督管理部门和省、自治区、直辖市人民政府产品质量监督管理部门指定的烟草质量检测机构进行。

第八条 以暴力、威胁方法阻碍烟草专卖执法人员依法执行职务,构成犯罪的,以妨害公务罪追究刑事责任。

煽动群众暴力抗拒烟草专卖法律实施,构成犯罪的,以煽动暴力抗拒法律实施罪追究刑事责任。

第九条 本解释所称"烟草专卖品",是指卷烟、雪茄烟、烟丝、复烤烟叶、烟叶、卷烟纸、滤嘴棒、烟用丝束、烟草专用机械。

本解释所称"卷烟辅料",是指卷烟纸、滤嘴棒、烟用丝束。

本解释所称"烟草专用机械",是指由国务院烟草专卖行政主管部门烟草专用机械名录所公布的,在卷烟、雪茄烟、烟丝、复烤烟叶、烟叶、卷烟纸、滤嘴棒、烟用丝束的生产加工过程中,能够完成一项或者多项特定加工工序,可以独立操作的机械设备。

本解释所称"同类烟草专用机械",是指在卷烟、雪茄烟、烟丝、复烤烟叶、烟叶、卷烟纸、滤嘴棒、烟用丝束的生产加工过程中,能够完成相同加工工序的机械设备。

第十条 以前发布的有关规定与本解释不一致的,以本解释为准。

最高人民检察院
关于废止《最高人民检察院关于办理非法经营食盐刑事案件具体应用法律若干问题的解释》的决定

(2020年2月19日最高人民检察院第十三届检察委员会第33次会议通过,2020年3月27日公布,自2020年4月1日起施行)

为适应盐业体制改革,保证国家法律统一正确适用,根据《食盐专营办法》(国务院令696号)的规定,结合检察工作实际,最高人民检察院决定废止《最高人民检察院关于办理非法经营食盐刑事案件具体应用法律若干问题的解释》(高检发释字〔2002〕6号)。

该解释废止后,对以非碘盐充当碘盐或者以工业用盐等非食盐充当食盐等危害食盐安全的行为,人民检察院可以依据《最高人民法院、最高人民检察院关于办理生产、销售伪劣商品刑事案件具体应用法律若干问题的解释》(法释〔2001〕10号)、《最高人民法院、最高人民检察院关于办理危害食品安全刑事案件适用法律若干问题的解释》(法释〔2013〕12号)① 的规定,分别不同情况,以生产、销售伪劣产品罪,或者生产、销售不符合安全标准的食品罪,或者生产、销售有毒、有害食品罪追究刑事责任。

最高人民法院
关于依法惩处生产、销售伪劣食品、药品等严重破坏市场经济秩序犯罪的通知

(2004年6月21日,法〔2004〕118号)

各省、自治区、直辖市高级人民法院,解放军军事法院,新疆维吾尔自治区高级人民法院生产建设兵团分院:

……及时审理好生产、销售伪劣食品、药品等犯罪案件,依法惩处严重破坏市场经济秩序的犯罪分子,是人民法院当前一项重要的审判工作。为此,特通知如下:

一、提高认识,把审理生产、销售伪劣食品、药品等破坏市场经济秩序犯罪案件的工作切实抓紧抓好(略)

二、突出重点,依法惩处严重破坏社会主义市场经济秩序的犯罪分子

各级法院要坚定不移地贯彻依法从严惩处的方针,对严重破坏社会主义市场经济秩序的犯罪分子严格依照刑法的规定定罪判刑。当前,要重点打击生产销售有毒有害食品以及不符合卫生标准的食品的犯罪;生产销售假药、劣药以及不符合卫生标准的医用器械犯罪;生产销售伪劣农药、兽药、化肥、种子的犯罪;生产销售不符合安全标准的产品以及其他伪劣产品的犯罪;强迫卖血、非法组织卖血和

① 该解释已为2021年最高法、最高检发布的《关于办理危害食品安全刑事案件适用法律若干问题的解释》(法释〔2021〕24号)所取代。

非法采集、制作、供应血液及血液制品犯罪;假冒注册商标、销售侵权复制品以及伪造、擅自制造他人注册商标标识等侵犯知识产权犯罪。对起诉到法院的走私、偷税、抗税、骗税、合同诈骗、金融诈骗、非法传销和变相传销等严重破坏市场经济秩序的犯罪分子,要继续依法从严惩处。各地法院要根据实际确定打击重点,注重实效。要把犯罪数额巨大、情节恶劣、危害严重、群众反映强烈,给国家和人民利益造成重大损失的案件,特别是有国家工作人员参与或者包庇纵容的案件,作为大案要案,抓紧及时审理,依法从严判处。依法应当重判的,要坚决重判。在依法适用主刑的同时,必须充分适用财产刑。法律规定应当并处罚金或者没收财产的,要坚决判处罚金或者没收财产;法律规定可以并处罚金或者没收财产的,一般也要判处罚金或者没收财产。对犯罪分子违法所得的财物要依法追缴或者责令退赔;对其用于犯罪的本人财物要依法予以没收。

三、依法妥善处理涉及众多受害人的案件

对于涉及大量受害群众的案件,在审理过程中一定要注意严格依法办事,妥善慎重处理;做好群众工作,确保社会稳定。被害人对涉嫌生产销售伪劣商品和侵犯知识产权等犯罪案件,直接向人民法院起诉的,人民法院应当依法立案并审理;如果属于严重危害社会秩序和国家利益或者受害群众较多的,应当依靠当地党委并与有关部门及时协调,依法通过公诉案件审理程序处理。要重视刑事附带民事诉讼的审理。注意最大限度依法挽回受害人和受害单位的损失。被告人和被告单位积极、主动赔偿受害人和受害单位损失的,可以酌情、适当从轻处罚。

四、通过审判活动积极参与市场经济秩序的综合治理(略)

最高人民检察院法律政策研究室对《关于具有药品经营资质的企业通过非法渠道从私人手中购进药品后销售的如何适用法律问题的请示》的答复

(2015年10月26日,
高检研〔2015〕19号)

北京市人民检察院法律政策研究室:

你院《关于具有药品经营资质的企业通过非法渠道从私人手中购进药品后销售的如何适用法律问题的请示》(京检字〔2015〕76号)收悉。经研究,答复如下:

司法机关应当根据《中华人民共和国药品管理法》的有关规定,对具有药品经营资质的企业通过非法渠道从私人手中购销的药品的性质进行认定,区分不同情况,分别定性处理:一是对于经认定属于假药、劣药,且达到“两高”《关于办理危害药品安全刑事案件适用法律若干问题的解释》(以下称《药品解释》)规定的销售假药罪、销售劣药罪的定罪量刑标准的,应当以销售假药罪、销售劣药罪依法追究刑事责任。二是对于经认定属于劣药,但尚未达到《药品解释》规定的销售劣药罪的定罪量刑标准的,可以依据刑法第一百四十九条、第一百四十条的规定,以销售伪劣产品罪追究刑事责任。三是对于无法认定属于假药、劣药的，可以由药品监督管理部门依照《中华人民共和国药品管理法》的规定给予行政处罚，不宜以非法经营罪追究刑事责任。

最高人民法院、最高人民检察院关于办理危害药品安全刑事案件适用法律若干问题的解释

（2022年2月28日最高人民法院审判委员会第1865次会议、2022年2月25日最高人民检察院第十三届检察委员会第九十二次会议通过，2022年3月3日公布，自2022年3月6日起施行）

为依法惩治危害药品安全犯罪，保障人民群众生命健康，维护药品管理秩序，根据《中华人民共和国刑法》、《中华人民共和国刑事诉讼法》及《中华人民共和国药品管理法》等有关规定，现就办理此类刑事案件适用法律的若干问题解释如下：

第一条 生产、销售、提供假药，具有下列情形之一的，应当酌情从重处罚：

（一）涉案药品以孕产妇、儿童或者危重病人为主要使用对象的；

（二）涉案药品属于麻醉药品、精神药品、医疗用毒性药品、放射性药品、生物制品，或者以药品类易制毒化学品冒充其他药品的；

（三）涉案药品属于注射剂药品、急救药品的；

（四）涉案药品系用于应对自然灾害、事故灾难、公共卫生事件、社会安全事件等突发事件的；

（五）药品使用单位及其工作人员生产、销售假药的；

（六）其他应当酌情从重处罚的情形。

第二条 生产、销售、提供假药，具有下列情形之一的，应当认定为刑法第一百四十一条规定的“对人体健康造成严重危害”：

（一）造成轻伤或者重伤的；

（二）造成轻度残疾或者中度残疾的；

（三）造成器官组织损伤导致一般功能障碍或者严重功能障碍的；

（四）其他对人体健康造成严重危害的情形。

第三条 生产、销售、提供假药，具有下列情形之一的，应当认定为刑法第一百四十一条规定的“其他严重情节”：

（一）引发较大突发公共卫生事件的；

（二）生产、销售、提供假药的金额二十万元以上不满五十万元的；

（三）生产、销售、提供假药的金额十万元以上不满二十万元，并具有本解释第一条规定情形之一的；

（四）根据生产、销售、提供的时间、数量、假药种类、对人体健康危害程度等，应当认定为情节严重的。

第四条 生产、销售、提供假药，具有下列情形之一的，应当认定为刑法第一百四十一条规定的“其他特别严重情节”：

（一）致人重度残疾以上的；

（二）造成三人以上重伤、中度残疾或者器官组织损伤导致严重功能障碍的；

（三）造成五人以上轻度残疾或者器官组织损伤导致一般功能障碍的；

（四）造成十人以上轻伤的；

(五)引发重大、特别重大突发公共卫生事件的;

(六)生产、销售、提供假药的金额五十万元以上的;

(七)生产、销售、提供假药的金额二十万元以上不满五十万元,并具有本解释第一条规定情形之一的;

(八)根据生产、销售、提供的时间、数量、假药种类、对人体健康危害程度等,应当认定为情节特别严重的。

第五条 生产、销售、提供劣药,具有本解释第一条规定情形之一的,应当酌情从重处罚。

生产、销售、提供劣药,具有本解释第二条规定情形之一的,应当认定为刑法第一百四十二条规定的"对人体健康造成严重危害"。

生产、销售、提供劣药,致人死亡,或者具有本解释第四条第一项至第五项规定情形之一的,应当认定为刑法第一百四十二条规定的"后果特别严重"。

第六条 以生产、销售、提供假药、劣药为目的,合成、精制、提取、储存、加工炮制药品原料,或者在将药品原料、辅料、包装材料制成成品过程中,进行配料、混合、制剂、储存、包装的,应当认定为刑法第一百四十一条、第一百四十二条规定的"生产"。

药品使用单位及其工作人员明知是假药、劣药而有偿提供给他人使用的,应当认定为刑法第一百四十一条、第一百四十二条规定的"销售";无偿提供给他人使用的,应当认定为刑法第一百四十一条、第一百四十二条规定的"提供"。

第七条 实施妨害药品管理的行为,具有下列情形之一的,应当认定为刑法第一百四十二条之一规定的"足以严重危害人体健康":

(一)生产、销售国务院药品监督管理部门禁止使用的药品,综合生产、销售的时间、数量、禁止使用原因等情节,认为具有严重危害人体健康的现实危险的;

(二)未取得药品相关批准证明文件生产药品或者明知是上述药品而销售,涉案药品属于本解释第一条第一项至第三项规定情形的;

(三)未取得药品相关批准证明文件生产药品或者明知是上述药品而销售,涉案药品的适应症、功能主治或者成分不明的;

(四)未取得药品相关批准证明文件生产药品或者明知是上述药品而销售,涉案药品没有国家药品标准,且无核准的药品质量标准,但检出化学药成分的;

(五)未取得药品相关批准证明文件进口药品或者明知是上述药品而销售,涉案药品在境外也未合法上市的;

(六)在药物非临床研究或者药物临床试验过程中故意使用虚假试验用药品,或者瞒报与药物临床试验用药品相关的严重不良事件的;

(七)故意损毁原始药物非临床研究数据或者药物临床试验数据,或者编造受试动物信息、受试者信息、主要试验过程记录、研究数据、检测数据等药物非临床研究数据或者药物临床试验数据,影响药品的安全性、有效性和质量可控性的;

(八)编造生产、检验记录,影响药品的安全性、有效性和质量可控性的;

(九)其他足以严重危害人体健康的情形。

对于涉案药品是否在境外合法上市,应当根据境外药品监督管理部门或者权利人的证明等证据,结合犯罪嫌疑人、被告人及其辩护人提供的证据材料综合审查,依法作出认定。

对于“足以严重危害人体健康”难以确定的,根据地市级以上药品监督管理部门出具的认定意见,结合其他证据作出认定。

第八条 实施妨害药品管理的行为,具有本解释第二条规定情形之一的,应当认定为刑法第一百四十二条之一规定的“对人体健康造成严重危害”。

实施妨害药品管理的行为,足以严重危害人体健康,并具有下列情形之一的,应当认定为刑法第一百四十二条之一规定的“有其他严重情节”:

(一)生产、销售国务院药品监督管理部门禁止使用的药品,生产、销售的金额五十万元以上的;

(二)未取得药品相关批准证明文件生产、进口药品或者明知是上述药品而销售,生产、销售的金额五十万元以上的;

(三)药品申请注册中提供虚假的证明、数据、资料、样品或者采取其他欺骗手段,造成严重后果的;

(四)编造生产、检验记录,造成严重后果的;

(五)造成恶劣社会影响或者具有其他严重情节的情形。

实施刑法第一百四十二条之一规定的行为,同时又构成生产、销售、提供假药罪、生产、销售、提供劣药罪或者其他犯罪的,依照处罚较重的规定定罪处罚。

第九条 明知他人实施危害药品安全犯罪,而有下列情形之一的,以共同犯罪论处:

(一)提供资金、贷款、账号、发票、证明、许可证件的;

(二)提供生产、经营场所、设备或者运输、储存、保管、邮寄、销售渠道等便利条件的;

(三)提供生产技术或者原料、辅料、包装材料、标签、说明书的;

(四)提供虚假药物非临床研究报告、药物临床试验报告及相关材料的;

(五)提供广告宣传的;

(六)提供其他帮助的。

第十条 办理生产、销售、提供假药、生产、销售、提供劣药、妨害药品管理等刑事案件,应当结合行为人的从业经历、认知能力、药品质量、进货渠道和价格、销售渠道和价格以及生产、销售方式等事实综合判断认定行为人的主观故意。具有下列情形之一的,可以认定行为人有实施相关犯罪的主观故意,但有证据证明确实不具有故意的除外:

(一)药品价格明显异于市场价格的;

(二)向不具有资质的生产者、销售者购买药品,且不能提供合法有效的来历证明的;

(三)逃避、抗拒监督检查的;

(四)转移、隐匿、销毁涉案药品、进销货记录的;

(五)曾因实施危害药品安全违法犯罪行为受过处罚,又实施同类行为的;

(六)其他足以认定行为人主观故意的情形。

第十一条 以提供给他人生产、销售、提供药品为目的,违反国家规定,生产、销售不符合药用要求的原料、辅料,符合刑法第一百四十条规定的,以生产、销售伪劣产品罪从重处罚;同时构成其他犯罪的,依照处罚较重的规定定罪处罚。

第十二条 广告主、广告经营者、广告发布者违反国家规定,利用广告对药品作虚假宣传,情节严重的,依照刑法第二百二十二条的规定,以虚假广告罪定罪处罚。

第十三条 明知系利用医保骗保购买的药品而非法收购、销售,金额五万元以上的,应当依照刑法第三百一十二条的规定,以掩饰、隐瞒犯罪所得罪定罪处罚;指使、教唆、授意他人利用医保骗保购买药品,进而非法收购、销售,符合刑法第二百六十六条规定的,以诈骗罪定罪处罚。

对于利用医保骗保购买药品的行为人是否追究刑事责任,应当综合骗取医保基金的数额、手段、认罪悔罪态度等案件具体情节,依法妥当决定。利用医保骗保购买药品的行为人是否被追究刑事责任,不影响对非法收购、销售有关药品的行为人定罪处罚。

对于第一款规定的主观明知,应当根据药品标志、收购渠道、价格、规模及药品追溯信息等综合认定。

第十四条 负有药品安全监督管理职责的国家机关工作人员,滥用职权或者玩忽职守,构成药品监管渎职罪,同时构成商检徇私舞弊罪、商检失职罪等其他渎职犯罪的,依照处罚较重的规定定罪处罚。

负有药品安全监督管理职责的国家机关工作人员滥用职权或者玩忽职守,不构成药品监管渎职罪,但构成前款规定的其他渎职犯罪的,依照该其他犯罪定罪处罚。

负有药品安全监督管理职责的国家机关工作人员与他人共谋,利用其职务便利帮助他人实施危害药品安全犯罪行为,同时构成渎职犯罪和危害药品安全犯罪共犯的,依照处罚较重的规定定罪从重处罚。

第十五条 对于犯生产、销售、提供假药罪、生产、销售、提供劣药罪、妨害药品管理罪的,应当结合被告人的犯罪数额、违法所得,综合考虑被告人缴纳罚金的能力,依法判处罚金。罚金一般应当在生产、销售、提供的药品金额二倍以上;共同犯罪的,对各共同犯罪人合计判处的罚金一般应当在生产、销售、提供的药品金额二倍以上。

第十六条 对于犯生产、销售、提供假药罪、生产、销售、提供劣药罪、妨害药品管理罪的,应当依照刑法规定的条件,严格缓刑、免予刑事处罚的适用。对于被判处刑罚的,可以根据犯罪情况和预防再犯罪的需要,依法宣告职业禁止或者禁止令。《中华人民共和国药品管理法》等法律、行政法规另有规定的,从其规定。

对于被不起诉或者免予刑事处罚的行为人,需要给予行政处罚、政务处分或者其他处分的,依法移送有关主管机关处理。

第十七条 单位犯生产、销售、提供假药罪、生产、销售、提供劣药罪、妨害药品管理罪的,对单位判处罚金,并对直接负责的主管人员和其他直接责任人员,依照本解释规定的自然人犯罪的定罪量刑标准处罚。

单位犯罪的,对被告单位及其直接负责的主管人员、其他直接责任人员合计判处的罚金一般应当在生产、销售、提供的药品金额二倍以上。

第十八条 根据民间传统配方私自加工药品或者销售上述药品,数量不大,且未造成他人伤害后果或者延误诊治的,或者不以营利为目的实施带有自救、互助性质的生产、进口、销售药品的行为,不应当认定为犯罪。

对于是否属于民间传统配方难以确定的，根据地市级以上药品监督管理部门或者有关部门出具的认定意见，结合其他证据作出认定。

第十九条　刑法第一百四十一条、第一百四十二条规定的“假药”“劣药”，依照《中华人民共和国药品管理法》的规定认定。

对于《中华人民共和国药品管理法》第九十八条第二款第二项、第四项及第三款第三项至第六项规定的假药、劣药，能够根据现场查获的原料、包装，结合犯罪嫌疑人、被告人供述等证据材料作出判断的，可以由地市级以上药品监督管理部门出具认定意见。对于依据《中华人民共和国药品管理法》第九十八条第二款、第三款的其他规定认定假药、劣药，或者是否属于第九十八条第二款第二项、第三款第六项规定的假药、劣药存在争议的，应当由省级以上药品监督管理部门设置或者确定的药品检验机构进行检验，出具质量检验结论。司法机关根据认定意见、检验结论，结合其他证据作出认定。

第二十条　对于生产、提供药品的金额，以药品的货值金额计算；销售药品的金额，以所得和可得的全部违法收入计算。

第二十一条　本解释自2022年3月6日起施行。本解释公布施行后，《最高人民法院、最高人民检察院关于办理危害药品安全刑事案件适用法律若干问题的解释》（法释〔2014〕14号）、《最高人民法院、最高人民检察院关于办理药品、医疗器械注册申请材料造假刑事案件适用法律若干问题的解释》（法释〔2017〕15号）同时废止。

最高人民法院
关于进一步加大力度，依法严惩危害食品安全及相关职务犯罪的通知

（2011年5月27日新华网发布[①]）

各级人民法院要准确适用法律，依法严惩犯罪分子。《刑法修正案（八）》对危害食品安全及相关职务犯罪作了修改完善，各级人民法院要认真研究疑难案件的法律适用问题，准确适用罪名。被告人实施危害食品安全的行为同时构成危害食品安全犯罪和生产、销售伪劣产品、侵犯知识产权、非法经营等犯罪的，依照处罚较重的规定定罪处罚。要综合考虑犯罪分子的主观恶性、犯罪手段、犯罪数额、危害后果、恶劣影响等因素，依法准确裁量刑罚。对于致人死亡或者有其他特别严重情节，罪当判处死刑的，要坚决依法判处死刑。要加大财产刑的判处力度，用足、用好罚金、没收财产等刑罚手段，剥夺犯罪分子再次犯罪的能力。要从严把握对危害食品安全的犯罪分子及相关职务犯罪分子适用缓免刑的条件。对依法必须适用缓刑的犯罪分子，可以同时宣告禁止令，禁止其在缓刑考验期内从事与食品生产、销售等有关的活动。

要从严惩处涉及食品安全的职务犯罪。对于包庇、纵容危害食品安全违法犯

① 由于没有找到该通知的原文，而其中的内容又比较重要，因此节录了专门发布国家法律法规的官方网站新华网上发布的通知的部分内容。

罪活动的腐败分子,以及在食品安全监管和查处危害食品安全违法犯罪活动中收受贿赂、玩忽职守、滥用职权、徇私枉法、不履行法定职责的国家工作人员,构成犯罪的,应当依法从重处罚。2011 年 4 月 30 日以前实施食品安全监管渎职行为,依法构成滥用职权罪、玩忽职守罪或其他渎职犯罪,在 5 月 1 日以后审理的,适用修正前刑法的规定定罪处罚。5 月 1 日以后实施食品安全监管渎职行为,未导致发生重大食品安全事故或者造成其他严重后果,不构成食品监管渎职罪,但符合其他渎职犯罪构成要件的,依照刑法相关规定对其定罪处罚。

上级人民法院要加强审判指导,确保审判效果良好。对于社会影响大,关注度高的案件,必要时要挂牌督办,确保案件正确适用法律,准确定罪量刑。对在同一条生产销售链上的犯罪分子,既要严格依据法律规定对其量刑,又要在法律规定的幅度内体现严惩源头犯罪的精神。

最高人民法院、最高人民检察院、公安部关于依法严惩“地沟油”犯罪活动的通知

(2012 年 1 月 9 日,公通字〔2012〕1 号)

各省、自治区、直辖市高级人民法院、人民检察院、公安厅(局),解放军军事法院、军事检察院,新疆维吾尔自治区高级人民法院生产建设兵团分院,新疆生产建设兵团人民检察院、公安局:

为依法严惩“地沟油”犯罪活动,切实保障人民群众的生命健康安全,根据刑法和有关司法解释的规定,现就有关事项通知如下:

一、依法严惩“地沟油”犯罪,切实维护人民群众食品安全

“地沟油”犯罪,是指用餐厨垃圾、废弃油脂、各类肉及肉制品加工废弃物等非食品原料,生产、加工“食用油”,以及明知是利用“地沟油”生产、加工的油脂而作为食用油销售的行为。“地沟油”犯罪严重危害人民群众身体健康和生命安全,严重影响国家形象,损害党和政府的公信力。各级公安机关、检察机关、人民法院要认真贯彻《刑法修正案(八)》对危害食品安全犯罪从严打击的精神,依法严惩“地沟油”犯罪,坚决打击“地沟油”进入食用领域的各种犯罪行为,坚决保护人民群众切身利益。对于涉及多地区的“地沟油”犯罪案件,各地公安机关、检察机关、人民法院要在案件管辖、调查取证等方面通力合作,形成打击合力,切实维护人民群众食品安全。

二、准确理解法律规定,严格区分犯罪界限

(一)对于利用“地沟油”生产“食用油”的,依照刑法第 144 条生产有毒、有害食品罪的规定追究刑事责任。

(二)明知是利用“地沟油”生产的“食用油”而予以销售的,依照刑法第 144 条销售有毒、有害食品罪的规定追究刑事责任。认定是否“明知”,应当结合犯罪嫌疑人、被告人的认知能力,犯罪嫌疑人、被告人及其同案人的供述和辩解,证人证言,产品质量,进货渠道及进货价格、销售渠道及销售价格等主、客观因素予以综合判断。

(三)对于利用“地沟油”生产的“食

用油”，已经销售出去没有实物，但是有证据证明系已被查实生产、销售有毒、有害食品犯罪事实的上线提供的，依照刑法第144条销售有毒、有害食品罪的规定追究刑事责任。

（四）虽无法查明“食用油”是否系利用“地沟油”生产、加工，但犯罪嫌疑人、被告人明知该“食用油”来源可疑而予以销售的，应分别情形处理：经鉴定，检出有毒、有害成分的，依照刑法第144条销售有毒、有害食品罪的规定追究刑事责任；属于不符合安全标准的食品的，依照刑法第143条销售不符合安全标准的食品罪追究刑事责任；属于以假充真、以次充好、以不合格产品冒充合格产品或者假冒注册商标，构成犯罪的，依照刑法第140条销售伪劣产品罪或者第213条假冒注册商标罪、第214条销售假冒注册商标的商品罪追究刑事责任。

（五）知道或应当知道他人实施以上第（一）、（二）、（三）款犯罪行为，而为其掏捞、加工、贩运“地沟油”，或者提供贷款、资金、账号、发票、证明、许可证件，或者提供技术、生产、经营场所、运输、仓储、保管等便利条件的，依照本条第（一）、（二）、（三）款犯罪的共犯论处。

（六）对违反有关规定，掏捞、加工、贩运“地沟油”，没有证据证明用于生产“食用油”的，交由行政部门处理。

（七）对于国家工作人员在食用油安全监管和查处“地沟油”违法犯罪活动中滥用职权、玩忽职守、徇私枉法，构成犯罪的，依照刑法有关规定追究刑事责任。

三、准确把握宽严相济刑事政策在食品安全领域的适用

在对“地沟油”犯罪定罪量刑时，要充分考虑犯罪数额、犯罪分子主观恶性及其犯罪手段、犯罪行为对人民群众生命安全和身体健康的危害、对市场经济秩序的破坏程度、恶劣影响等。对于具有累犯、前科、共同犯罪的主犯、集团犯罪的首要分子等情节，以及犯罪数额巨大、情节恶劣、危害严重，群众反映强烈，给国家和人民利益造成重大损失的犯罪分子，依法严惩，罪当判处死刑的，要坚决依法判处死刑。对在同一条生产销售链上的犯罪分子，要在法定刑幅度内体现严惩源头犯罪的精神，确保生产环节与销售环节量刑的整体平衡。对于明知是“地沟油”而非法销售的公司、企业，要依法从严追究有关单位和直接责任人员的责任。对于具有自首、立功、从犯等法定情节的犯罪分子，可以依法从宽处理。要严格把握适用缓刑、免予刑事处罚的条件。对依法必须适用缓刑的，一般同时宣告禁止令，禁止其在缓刑考验期内从事与食品生产、销售等有关的活动。

各地执行情况，请及时上报。

最高人民法院、最高人民检察院关于办理危害食品安全刑事案件适用法律若干问题的解释

(2021年12月13日最高人民法院审判委员会第1856次会议、2021年12月29日最高人民检察院第十三届检察委员会第八十四次会议通过,2021年12月30日公布,自2022年1月1日起施行,法释〔2021〕24号)

为依法惩治危害食品安全犯罪,保障人民群众身体健康、生命安全,根据《中华人民共和国刑法》《中华人民共和国刑事诉讼法》的有关规定,对办理此类刑事案件适用法律的若干问题解释如下:

第一条　生产、销售不符合食品安全标准的食品,具有下列情形之一的,应当认定为刑法第一百四十三条规定的"足以造成严重食物中毒事故或者其他严重食源性疾病":

(一)含有严重超出标准限量的致病性微生物、农药残留、兽药残留、生物毒素、重金属等污染物质以及其他严重危害人体健康的物质的;

(二)属于病死、死因不明或者检验检疫不合格的畜、禽、兽、水产动物肉类及其制品的;

(三)属于国家为防控疾病等特殊需要明令禁止生产、销售的;

(四)特殊医学用途配方食品、专供婴幼儿的主辅食品营养成分严重不符合食品安全标准的;

(五)其他足以造成严重食物中毒事故或者严重食源性疾病的情形。

第二条　生产、销售不符合食品安全标准的食品,具有下列情形之一的,应当认定为刑法第一百四十三条规定的"对人体健康造成严重危害":

(一)造成轻伤以上伤害的;

(二)造成轻度残疾或者中度残疾的;

(三)造成器官组织损伤导致一般功能障碍或者严重功能障碍的;

(四)造成十人以上严重食物中毒或者其他严重食源性疾病的;

(五)其他对人体健康造成严重危害的情形。

第三条　生产、销售不符合食品安全标准的食品,具有下列情形之一的,应当认定为刑法第一百四十三条规定的"其他严重情节":

(一)生产、销售金额二十万元以上的;

(二)生产、销售金额十万元以上不满二十万元,不符合食品安全标准的食品数量较大或者生产、销售持续时间六个月以上的;

(三)生产、销售金额十万元以上不满二十万元,属于特殊医学用途配方食品、专供婴幼儿的主辅食品的;

(四)生产、销售金额十万元以上不满二十万元,且在中小学校园、托幼机构、养老机构及周边面向未成年人、老年人销售的;

(五)生产、销售金额十万元以上不满二十万元,曾因危害食品安全犯罪受过刑事处罚或者二年内因危害食品安全违法行为受过行政处罚的;

(六)其他情节严重的情形。

第四条　生产、销售不符合食品安全

标准的食品，具有下列情形之一的，应当认定为刑法第一百四十三条规定的“后果特别严重”：

（一）致人死亡的；

（二）造成重度残疾以上的；

（三）造成三人以上重伤、中度残疾或者器官组织损伤导致严重功能障碍的；

（四）造成十人以上轻伤、五人以上轻度残疾或者器官组织损伤导致一般功能障碍的；

（五）造成三十人以上严重食物中毒或者其他严重食源性疾病的；

（六）其他特别严重的后果。

第五条 在食品生产、销售、运输、贮存等过程中，违反食品安全标准，超限量或者超范围滥用食品添加剂，足以造成严重食物中毒事故或者其他严重食源性疾病的，依照刑法第一百四十三条的规定以生产、销售不符合安全标准的食品罪定罪处罚。

在食用农产品种植、养殖、销售、运输、贮存等过程中，违反食品安全标准，超限量或者超范围滥用添加剂、农药、兽药等，足以造成严重食物中毒事故或者其他严重食源性疾病的，适用前款的规定定罪处罚。

第六条 生产、销售有毒、有害食品，具有本解释第二条规定情形之一的，应当认定为刑法第一百四十四条规定的“对人体健康造成严重危害”。

第七条 生产、销售有毒、有害食品，具有下列情形之一的，应当认定为刑法第一百四十四条规定的“其他严重情节”：

（一）生产、销售金额二十万元以上不满五十万元的；

（二）生产、销售金额十万元以上不满二十万元，有毒、有害食品数量较大或者生产、销售持续时间六个月以上的；

（三）生产、销售金额十万元以上不满二十万元，属于特殊医学用途配方食品、专供婴幼儿的主辅食品的；

（四）生产、销售金额十万元以上不满二十万元，且在中小学校园、托幼机构、养老机构及周边面向未成年人、老年人销售的；

（五）生产、销售金额十万元以上不满二十万元，曾因危害食品安全犯罪受过刑事处罚或者二年内因危害食品安全违法行为受过行政处罚的；

（六）有毒、有害的非食品原料毒害性强或者含量高的；

（七）其他情节严重的情形。

第八条 生产、销售有毒、有害食品，生产、销售金额五十万元以上，或者具有本解释第四条第二项至第六项规定的情形之一的，应当认定为刑法第一百四十四条规定的“其他特别严重情节”。

第九条 下列物质应当认定为刑法第一百四十四条规定的“有毒、有害的非食品原料”：

（一）因危害人体健康，被法律、法规禁止在食品生产经营活动中添加、使用的物质；

（二）因危害人体健康，被国务院有关部门列入《食品中可能违法添加的非食用物质名单》、《保健食品中可能非法添加的物质名单》和国务院有关部门公告的禁用农药、《食品动物中禁止使用的药品及其他化合物清单》等名单上的物质；

（三）其他有毒、有害的物质。

第十条 刑法第一百四十四条规定的“明知”，应当综合行为人的认知能力、食品质量、进货或者销售的渠道及价格等主、客观因素进行认定。

具有下列情形之一的,可以认定为刑法第一百四十四条规定的“明知”,但存在相反证据并经查证属实的除外:

(一)长期从事相关食品、食用农产品生产、种植、养殖、销售、运输、贮存行业,不依法履行保障食品安全义务的;

(二)没有合法有效的购货凭证,且不能提供或者拒不提供销售的相关食品来源的;

(三)以明显低于市场价格进货或者销售且无合理原因的;

(四)在有关部门发出禁令或者食品安全预警的情况下继续销售的;

(五)因实施危害食品安全行为受过行政处罚或者刑事处罚,又实施同种行为的;

(六)其他足以认定行为人明知的情形。

第十一条 在食品生产、销售、运输、贮存等过程中,掺入有毒、有害的非食品原料,或者使用有毒、有害的非食品原料生产食品的,依照刑法第一百四十四条的规定以生产、销售有毒、有害食品罪定罪处罚。

在食用农产品种植、养殖、销售、运输、贮存等过程中,使用禁用农药、食品动物中禁止使用的药品及其他化合物等有毒、有害的非食品原料,适用前款的规定定罪处罚。

在保健食品或者其他食品中非法添加国家禁用药物等有毒、有害的非食品原料的,适用第一款的规定定罪处罚。

第十二条 在食品生产、销售、运输、贮存等过程中,使用不符合食品安全标准的食品包装材料、容器、洗涤剂、消毒剂,或者用于食品生产经营的工具、设备等,造成食品被污染,符合刑法第一百四十三条、第一百四十四条规定的,以生产、销售不符合安全标准的食品罪或者生产、销售有毒、有害食品罪定罪处罚。

第十三条 生产、销售不符合食品安全标准的食品,有毒、有害食品,符合刑法第一百四十三条、第一百四十四条规定的,以生产、销售不符合安全标准的食品罪或者生产、销售有毒、有害食品罪定罪处罚。同时构成其他犯罪的,依照处罚较重的规定定罪处罚。

生产、销售不符合食品安全标准的食品,无证据证明足以造成严重食物中毒事故或者其他严重食源性疾病,不构成生产、销售不符合安全标准的食品罪,但构成生产、销售伪劣产品罪,妨害动植物防疫、检疫罪等其他犯罪的,依照该其他犯罪定罪处罚。

第十四条 明知他人生产、销售不符合食品安全标准的食品,有毒、有害食品,具有下列情形之一的,以生产、销售不符合安全标准的食品罪或者生产、销售有毒、有害食品罪的共犯论处:

(一)提供资金、贷款、账号、发票、证明、许可证件的;

(二)提供生产、经营场所或者运输、贮存、保管、邮寄、销售渠道等便利条件的;

(三)提供生产技术或者食品原料、食品添加剂、食品相关产品或者有毒、有害的非食品原料的;

(四)提供广告宣传的;

(五)提供其他帮助行为的。

第十五条 生产、销售不符合食品安全标准的食品添加剂,用于食品的包装材料、容器、洗涤剂、消毒剂,或者用于食品生产经营的工具、设备等,符合刑法第一百四十条规定的,以生产、销售伪劣产品罪定罪处罚。

生产、销售用超过保质期的食品原料、超过保质期的食品、回收食品作为原料的食品,或者以更改生产日期、保质期、改换包装等方式销售超过保质期的食品、回收食品,适用前款的规定定罪处罚。

实施前两款行为,同时构成生产、销售不符合安全标准的食品罪,生产、销售不符合安全标准的产品罪等其他犯罪的,依照处罚较重的规定定罪处罚。

第十六条 以提供给他人生产、销售食品为目的,违反国家规定,生产、销售国家禁止用于食品生产、销售的非食品原料,情节严重的,依照刑法第二百二十五条的规定以非法经营罪定罪处罚。

以提供给他人生产、销售食用农产品为目的,违反国家规定,生产、销售国家禁用农药、食品动物中禁止使用的药品及其他化合物等有毒、有害的非食品原料,或者生产、销售添加上述有毒、有害的非食品原料的农药、兽药、饲料、饲料添加剂、饲料原料,情节严重的,依照前款的规定定罪处罚。

第十七条 违反国家规定,私设生猪屠宰厂(场),从事生猪屠宰、销售等经营活动,情节严重的,依照刑法第二百二十五条的规定以非法经营罪定罪处罚。

在畜禽屠宰相关环节,对畜禽使用食品动物中禁止使用的药品及其他化合物等有毒、有害的非食品原料,依照刑法第一百四十四条的规定以生产、销售有毒、有害食品罪定罪处罚;对畜禽注水或者注入其他物质,足以造成严重食物中毒事故或者其他严重食源性疾病的,依照刑法第一百四十三条的规定以生产、销售不符合安全标准的食品罪定罪处罚;虽不足以造成严重食物中毒事故或者其他严重食源性疾病,但符合刑法第一百四十条规定的,以生产、销售伪劣产品罪定罪处罚。

第十八条 实施本解释规定的非法经营行为,非法经营数额在十万元以上,或者违法所得数额在五万元以上的,应当认定为刑法第二百二十五条规定的"情节严重";非法经营数额在五十万元以上,或者违法所得数额在二十五万元以上的,应当认定为刑法第二百二十五条规定的"情节特别严重"。

实施本解释规定的非法经营行为,同时构成生产、销售伪劣产品罪,生产、销售不符合安全标准的食品罪,生产、销售有毒、有害食品罪,生产、销售伪劣农药、兽药罪等其他犯罪的,依照处罚较重的规定定罪处罚。

第十九条 违反国家规定,利用广告对保健食品或者其他食品作虚假宣传,符合刑法第二百二十二条规定的,以虚假广告罪定罪处罚;以非法占有为目的,利用销售保健食品或者其他食品诈骗财物,符合刑法第二百六十六条规定的,以诈骗罪定罪处罚。同时构成生产、销售伪劣产品罪等其他犯罪的,依照处罚较重的规定定罪处罚。

第二十条 负有食品安全监督管理职责的国家机关工作人员,滥用职权或者玩忽职守,构成食品监管渎职罪,同时构成徇私舞弊不移交刑事案件罪、商检徇私舞弊罪、动植物检疫徇私舞弊罪、放纵制售伪劣商品犯罪行为罪等其他渎职犯罪的,依照处罚较重的规定定罪处罚。

负有食品安全监督管理职责的国家机关工作人员滥用职权或者玩忽职守,不构成食品监管渎职罪,但构成前款规定的其他渎职犯罪的,依照该其他犯罪定罪处罚。

负有食品安全监督管理职责的国家机关工作人员与他人共谋,利用其职务行为帮助他人实施危害食品安全犯罪行为,同时构成渎职犯罪和危害食品安全犯罪共犯的,依照处罚较重的规定定罪从重处罚。

第二十一条　犯生产、销售不符合安全标准的食品罪,生产、销售有毒、有害食品罪,一般应当依法判处生产、销售金额二倍以上的罚金。

共同犯罪的,对各共同犯罪人合计判处的罚金一般应当在生产、销售金额的二倍以上。

第二十二条　对实施本解释规定之犯罪的犯罪分子,应当依照刑法规定的条件,严格适用缓刑、免予刑事处罚。对于依法适用缓刑的,可以根据犯罪情况,同时宣告禁止令。

对于被不起诉或者免予刑事处罚的行为人,需要给予行政处罚、政务处分或者其他处分的,依法移送有关主管机关处理。

第二十三条　单位实施本解释规定的犯罪的,对单位判处罚金,并对直接负责的主管人员和其他直接责任人员,依照本解释规定的定罪量刑标准处罚。

第二十四条　"足以造成严重食物中毒事故或者其他严重食源性疾病""有毒、有害的非食品原料"等专门性问题难以确定的,司法机关可以依据鉴定意见、检验报告、地市级以上相关行政主管部门组织出具的书面意见,结合其他证据作出认定。必要时,专门性问题由省级以上相关行政主管部门组织出具书面意见。

第二十五条　本解释所称"二年内",以第一次违法行为受到行政处罚的生效之日与又实施相应行为之日的时间间隔计算确定。

第二十六条　本解释自2022年1月1日起施行。本解释公布实施后,《最高人民法院、最高人民检察院关于办理危害食品安全刑事案件适用法律若干问题的解释》(法释〔2013〕12号)同时废止;之前发布的司法解释与本解释不一致的,以本解释为准。

最高人民法院
关于进一步加强涉种子刑事审判工作的指导意见

(2022年3月2日,法〔2022〕66号)

为深入贯彻落实中央关于种业振兴决策部署,依法惩治涉种子犯罪,全面净化种业市场,维护国家种源安全,加快种业振兴,根据有关法律规定,制定本意见。

一、切实提高政治站位,深刻认识进一步加强涉种子刑事审判工作的重要意义。(略)

二、充分发挥刑事审判职能作用,坚持依法从严惩处的基本要求。(略)

三、准确适用法律,依法严惩种子制假售假犯罪。对销售明知是假的或者失去使用效能的种子,或者生产者、销售者以不合格的种子冒充合格的种子,使生产遭受较大损失的,依照刑法第一百四十七条的规定以生产、销售伪劣种子罪定罪处罚。

对实施生产、销售伪劣种子行为,因无法认定使生产遭受较大损失等原因,不构成生产、销售伪劣种子罪,但是销售金额在五万元以上的,依照刑法第一百四十条的规定以生产、销售伪劣产品罪定罪处罚。同时构成假冒注册商标罪等其他犯罪的,依照处罚较重的规定定罪处罚。

四、立足现有罪名,依法严惩种子套牌侵权相关犯罪。假冒品种权以及未经许可或者超出委托规模生产、繁殖授权品种种子对外销售等种子套牌侵权行为,经常伴随假冒注册商标、侵犯商业秘密等其他犯罪行为。审理此类案件时要把握这一特点,立足刑法现有规定,通过依法适用与种子套牌侵权密切相关的假冒注册商标罪,销售假冒注册商标的商品罪,非法制造、销售非法制造的注册商标标识罪,侵犯商业秘密罪,为境外窃取、刺探、收买、非法提供商业秘密罪等罪名,实现对种子套牌侵权行为的依法惩处。同时,应当将种子套牌侵权行为作为从重处罚情节,加大对此类犯罪的惩处力度。

五、保护种质资源,依法严惩破坏种质资源犯罪。非法采集或者采伐天然种质资源,符合刑法第三百四十四条规定的,以危害国家重点保护植物罪定罪处罚。

在种质资源库、种质资源保护区或者种质资源保护地实施上述行为的,应当酌情从重处罚。

六、贯彻落实宽严相济的刑事政策,确保裁判效果。实施涉种子犯罪,具有下列情形之一的,应当酌情从重处罚:针对稻、小麦、玉米、棉花、大豆等主要农作物种子实施的,曾因涉种子犯罪受过刑事处罚的,二年内曾因涉种子违法行为受过行政处罚的,其他应当酌情从重处罚的情形。

对受雇佣或者受委托参与种子生产、繁殖的,要综合考虑社会危害程度、在共同犯罪中的地位作用、认罪悔罪表现等情节,准确适用刑罚。犯罪情节轻微的,可以依法免予刑事处罚;情节显著轻微危害不大的,不以犯罪论处。

七、依法解决鉴定难问题,准确认定伪劣种子。对是否属于假的、失去使用效能的或者不合格的种子,或者使生产遭受的损失难以确定的,可以依据具有法定资质的种子质量检验机构出具的鉴定意见、检验报告,农业农村、林业和草原主管部门出具的书面意见,农业农村主管部门所属的种子管理机构组织出具的田间现场鉴定书等,结合其他证据作出认定。

八、坚持多措并举,健全完善工作机制。(略)

走　私　罪

林业部
关于核准部分濒危野生动物为国家重点保护野生动物的通知

(1993年4月14日,
林护通字〔1993〕48号)

我国是《濒危野生动植物种国际贸易公约》(以下简称《公约》)成员国。为加强对濒危野生动植物种的进出口管理,履行相应的国际义务,使国内野生动物的保护管理工作与世界濒危物种保护相衔接,根据《中华人民共和国野生动物保护法》第四十条和《中华人民共和国陆生野生动物保护实施条例》第二十四条的规定,现决定将《公约》附录一和附录二所列非原产我国的所有野生动物(如犀牛、食蟹猴、袋鼠、鸵鸟、非洲象、斑马等),分别核准为国家一级和国家二级保护野生动物。对这些野生动物及其产品(包括任何可辨认部分或其衍生物)的管理,同原产我国的国家一级和国家二级保护野生动物一样,按照国家现行法律、法规和规章的规定实施管理;对违反有关规定的,同样依法查处。

特此通知。

国家林业局关于发布破坏野生动物资源刑事案中涉及走私的象牙及其制品价值标准的通知

(2001年6月13日,林濒发〔2001〕234号)

各省、自治区、直辖市林业(农林)厅(局):

亚洲象是国家一级保护野生动物,非洲象被依法核准为国家一级保护野生动物,国家禁止亚洲象和非洲象象牙及其制品的收购、运输、出售和进出口活动。近几年来,各地、各部门严格按照《濒危野生动植物种国际贸易公约》和我国野生动物保护法规的规定,严厉打击非法收购、运输、出售走私象牙及其制品违法犯罪活动,查获了大量非法收购、运输、出售和走私象牙及其制品案件。为确保各部门依法查处上述刑事案件,依据《林业部财政部国家物价局关于发布〈陆生野生动物资源保护管理费收费办法〉的通知》(林护字〔1992〕72号)、《林业部关于在野生动物案件中如何确定国家重点保护野生动物及其产品价值标准的通知》(林策通字〔1996〕8号)、《国家林业局公安部关于印发森林和陆生野生动物刑事案件管辖及立案标准的通知》(林安发〔2001〕156号)和《最高人民法院关于审理破坏野生动物资源刑事案件具体应用法律若干问题的解释》(法释〔2000〕37号)的有关规定,现将破坏野生动物资源刑事案件中涉及走私的象牙及其制品的价值标准规定如下:

一根未加工象牙的价值为25万元;由整根象牙雕刻而成的一件象牙制品,应视为一根象牙,其价值为25万元;由一根象牙切割成数段象牙块或者雕刻成数件象牙制品的,这些象牙块或者象牙制品总合,也应视为一根象牙,其价值为25万元;对于无法确定是否属一根象牙切割或者雕刻成的象牙块或象牙制品,应根据其重量来核定,单价为41667元/千克。按上述价值标准核定的象牙及其制品价格低于实际销售价的按实际销售价格执行。

凡过去的有关规定与本通知不一致的,按本通知执行。

国家林业局关于发布破坏野生动物资源刑事案件中涉及犀牛角价值标准的通知

(2002年5月18日,林护发〔2002〕130号)

各省、自治区、直辖市林业厅(局):

多年来,各地各部门在严厉打击涉及犀牛角的非法贸易活动中,查获了大量非法出售、收购、运输、走私的犀牛角。为确保各执法部门依法查处上述刑事案件,我局依据《林业部、财政部、国家物价局关于发布〈陆生野生动物资源保护管理费收费办法〉的通知》(林护字〔1992〕72号)、《林业部关于在野生动物案件中如何确定国家重点保护野生动物及其产品价值标准的通知》(林策通字〔1996〕8号)、《国家林业局、公安部关于印发森林和陆生野生动物刑事案件管辖及立案标准的通知》(林安发〔2001〕156号)、《最高人民法院关于审理破坏野生动物资源刑事案件具体应用法律若干问题的解释》(法释〔2000〕37号)的有关规定,将破坏野生动物资源刑事案件中涉及犀牛角的价值标准确定为:每千克犀牛角的价值为25万元,实际交易价高于上述价值的按实际交易价执行。

特此通知。

二〇〇二年五月十八日

公安部关于如何理解走私罪中"直接负责的主管人员"和"直接责任人员"的答复

(1994年3月3日,公法〔1994〕27号)

辽宁省公安厅:

你厅《关于执行全国人大常委会〈关于惩治走私罪的补充规定〉第五条中几个问题的请示》收悉。经商最高人民法院研究室同意,现答复如下:

所谓"直接负责的主管人员",是指在企业事业单位、机关、团体中,对本单位实施走私犯罪起决定作用的、负有组织、决策、指挥责任的领导人员。单位的领导人如果没有参与单位走私的组织、决策、指挥,或者仅是一般参与,并不是起决定作用的,则不应对单位的走私犯罪负刑事责任。

所谓"直接责任人员",是指直接实施本单位走私犯罪行为或者虽对本单位走私犯罪负有部分组织责任,但对本单位走私犯罪行为不起决定作用,只是具体执行、积极参与的该单位的部门负责人或者一般工作人员。

对涉及两个或两个以上企事业单位、机关、团体联合走私的,认定"直接负责的主管人员"和"直接责任人员",按上述原则办理。

最高人民检察院关于擅自销售进料加工保税货物的行为法律适用问题的解释

(2000年9月29日最高人民检察院第九届检察委员会第70次会议通过,2000年10月16日最高人民检察院公布施行,高检发释字〔2000〕3号)

为依法办理走私犯罪案件,根据海关法等法律的有关规定,对擅自销售进料加工保税货物的行为法律适用问题解释如下:

保税货物是指经海关批准未办理纳税手续进境,在境内储存、加工、装配后复运出境的货物。经海关批准进口的进料加工的货物属于保税货物。未经海关许可并且未补缴应缴税额,擅自将批准进口的进料加工的原材料、零件、制成品、设备等保税货物,在境内销售牟利,偷逃应缴税额在五万元①以上的,依照刑法第一百五十四条、第一百五十三条的规定,以走私普通货物、物品罪追究刑事责任。

最高人民法院、最高人民检察院、海关总署关于办理走私刑事案件适用法律若干问题的意见

(2002年7月8日,
法〔2002〕139号)

为研究解决近年来公安、司法机关在办理走私刑事案件中遇到的新情况、新问题,最高人民法院、最高人民检察院、海关总署共同开展了调查研究,根据修订后的刑法及有关司法解释的规定,在总结侦查、批捕、起诉、审判工作经验的基础上,就办理走私刑事案件的程序、证据以及法律适用等问题提出如下意见:

一、关于走私犯罪案件的管辖问题

根据刑事诉讼法的规定,走私犯罪案件由犯罪地的走私犯罪侦查机关立案侦查。走私犯罪案件复杂,环节多,其犯罪地可能涉及多个犯罪行为发生地,包括货物、物品的进口(境)地、出口(境)地、报关地、核销地等。如果发生刑法第一百五十四条、第一百五十五条规定的走私犯罪行为的,走私货物、物品的销售地、运输地、收购地和贩卖地均属于犯罪行为的发生地。对有多个走私犯罪行为发生地的,由最初受理的走私犯罪侦查机关或者由主要犯罪地的走私犯罪侦查机关管辖。对管辖有争议的,由共同的上级走私犯罪侦查机关指定管辖。

对发生在海(水)上的走私犯罪案件由该辖区的走私犯罪侦查机关管辖,但对走私船舶有跨辖区连续追缉情形的,由缉获走私船舶的走私犯罪侦查机关管辖。

人民检察院受理走私犯罪侦查机关提请批准逮捕、移送审查起诉的走私犯罪案件,人民法院审理人民检察院提起公诉的走私犯罪案件,按照《最高人民法院、最高人民检察院、公安部、司法部、海关总署关于走私犯罪侦查机关办理走私犯罪案件适用刑事诉讼程序若干问题的通知》(署侦〔1998〕742号)的有关规定执行。

二、关于电子数据证据的收集、保全问题

走私犯罪侦查机关对于能够证明走私犯罪案件真实情况的电子邮件、电子合同、电子账册、单位内部的电子信息资料等电子数据应当作为刑事证据予以收集、保全。

侦查人员应当对提取、复制电子数据的过程制作有关文字说明,记明案由、对象、内容,提取、复制的时间、地点,电子数据的规格、类别、文件格式等,并由提取、复制电子数据的制作人、电子数据的持有人和能够证明提取、复制过程的见证人签名或者盖章,附所提取、复制的电子数据

---

① 由于最高法、最高检2014年《关于办理走私刑事案件适用法律若干问题的解释》第十六条已对走私普通货物、物品罪的个人入罪标准规定为偷逃应缴税额10万元,所以此处的“5万元”应按照“10万元”掌握。

一并随案移送。

电子数据的持有人不在案或者拒绝签字的,侦查人员应当记明情况;有条件的可将提取、复制有关电子数据的过程拍照或者录像。

三、关于办理走私普通货物、物品刑事案件偷逃应缴税额的核定问题

在办理走私普通货物、物品刑事案件中,对走私行为人涉嫌偷逃应缴税额的核定,应当由走私犯罪案件管辖地的海关出具《涉嫌走私的货物、物品偷逃税款海关核定证明书》(以下简称《核定证明书》)。海关出具的《核定证明书》,经走私犯罪侦查机关、人民检察院、人民法院审查确认,可以作为办案的依据和定罪量刑的证据。

走私犯罪侦查机关、人民检察院和人民法院对《核定证明书》提出异议或者因核定偷逃税额的事实发生变化,认为需要补充核定或者重新核定的,可以要求原出具《核定证明书》的海关补充核定或者重新核定。

走私犯罪嫌疑人、被告人或者辩护人对《核定证明书》有异议,向走私犯罪侦查机关、人民检察院或者人民法院提出重新核定申请的,经走私犯罪侦查机关、人民检察院或者人民法院同意,可以重新核定。

重新核定应当另行指派专人进行。

四、关于走私犯罪嫌疑人的逮捕条件

对走私犯罪嫌疑人提请逮捕和审查批准逮捕,应当依照刑事诉讼法第六十条规定的逮捕条件来办理。一般按照下列标准掌握:

(一)有证据证明有走私犯罪事实

1. 有证据证明发生了走私犯罪事实

有证据证明发生了走私犯罪事实,须同时满足下列两项条件:

(1)有证据证明发生了违反国家法律、法规,逃避海关监管的行为;

(2)查扣的或者有证据证明的走私货物、物品的数量、价值或者偷逃税额达到刑法及相关司法解释规定的起刑点。

2. 有证据证明走私犯罪事实系犯罪嫌疑人实施的

有下列情形之一,可认为走私犯罪事实系犯罪嫌疑人实施的:

(1)现场查获犯罪嫌疑人实施走私犯罪的;

(2)视听资料显示犯罪嫌疑人实施走私犯罪的;

(3)犯罪嫌疑人供认的;

(4)有证人证言指证的;

(5)有同案的犯罪嫌疑人供述的;

(6)其他证据能够证明犯罪嫌疑人实施走私犯罪的。

3. 证明犯罪嫌疑人实施走私犯罪行为的证据已经查证属实的

符合下列证据规格要求之一,属于证明犯罪嫌疑人实施走私犯罪行为的证据已经查证属实的:

(1)现场查获犯罪嫌疑人实施犯罪,有现场勘查笔录、留置盘问记录、海关扣留查问笔录或者海关查验(检查)记录等证据证实的;

(2)犯罪嫌疑人的供述有其他证据能够印证的;

(3)证人证言能够相互印证的;

(4)证人证言或者同案犯供述能够与其他证据相互印证的;

(5)证明犯罪嫌疑人实施走私犯罪的其他证据已经查证属实的。

(二)可能判处有期刑以上的刑罚

是指根据刑法第一百五十一条、第一

百五十二条、第一百五十三条、第三百四十七条、第三百五十条规定和《最高人民法院关于审理走私刑事案件具体应用法律若干问题的解释》等有关司法解释的规定,结合已查明的走私犯罪事实,对走私犯罪嫌疑人可能判处有期徒刑以上的刑罚。

(三)采取取保候审、监视居住等方法,尚不足以防止发生社会危险性而有逮捕必要的

主要是指:走私犯罪嫌疑人可能逃跑、自杀、串供、干扰证人作证以及伪造、毁灭证据等妨碍刑事诉讼活动的正常进行的,或者存在行凶报复、继续作案可能的。

五、关于走私犯罪嫌疑人、被告人主观故意认定问题

行为人明知自己的行为违反国家法律法规,逃避海关监管,偷逃进出境货物、物品的应缴税额,或者逃避国家有关进出境的禁止性管理,并且希望或者放任危害结果发生的,应该定为具有走私的主观故意。

走私主观故意中的"明知"是指行为人知道或者应当知道所从事的行为是走私行为。具有下列情形之一的,可以认定为"明知",但有证据证明确属被蒙骗的除外:

(一)逃避海关监管,运输、携带、邮寄国家禁止进出境的货物、物品的;

(二)用特制的设备或者运输工具走私货物、物品的;

(三)未经海关同意,在非设关的码头、海(河)岸、陆路边境等地点,运输(泊载)、收购或者贩卖非法进出境货物、物品的;

(四)提供虚假的合同、发票、证明等商业单位委托他人办理通关手续的;

(五)以明显低于货物正常进(出)口的应缴税额委托他人代理进(出)口业务的;

(六)曾因同一种走私行为受过刑事处罚或者行政处罚的;

(七)其他有证据证明的情形。

六、关于行为人对其走私的具体对象不明确的案件的处理问题

走私犯罪嫌疑人主观上具有走私犯罪故意,但对其走私的具体对象不明确的,不影响走私犯罪构成,应当根据实际的走私对象定罪处罚。但是,确有证据证明行为人因受蒙骗而对走私对象发生认识错误的,可以从轻处罚。

七、关于走私珍贵动物制品行为的处罚问题

走私珍贵动物制品的,应当根据刑法第一百五十一条第二、四、五款和《最高人民法院关于审理走私刑事案件具体应用法律若干问题的解释》(以下简称《解释》)第四条的有关规定予以处罚,但同时具有下列情形,情节较轻的,一般不以犯罪论处:

(一)珍贵动物制品购买地允许交易;

(二)入境人员为留作纪念或者作为礼品而携带珍贵动物制品进境,不具有牟利目的的。

同时具有上述两种情形,达到《解释》第四条第三款规定的量刑标准的,一般处5年以下有期徒刑,并处罚金;达到《解释》第四条第四款规定的量刑标准的,一般处5年以上有期徒刑,并处罚金。

八、关于走私旧汽车、切割车等货物、物品的行为的定罪问题

走私刑法第一百五十一条、第一百五十二条、第三百四十七条、第三百五十条规定的货物、物品以外的,已被国家明令

禁止进出口的货物、物品,例如旧汽车、切割车、侵犯知识产权的货物、来自疫区的动植物及其产品等,应当依照刑法第一百五十三条的规定,以走私普通货物、物品罪追究刑事责任。

九、关于利用购买的加工贸易登记手册、特定减免税批文等涉税单证进口货物行为的定性处理问题

加工贸易登记手册、特定减免税批文等涉税单证是海关根据国家法律法规以及有关政策性规定,给予特定企业用于保税货物经营管理和减免税优惠待遇的凭证。利用购买的加工贸易登记手册、特定减免税批文等涉税单证进口货物,实质是将一般贸易货物伪报为加工贸易保税货物或者特定减免税货物进口,以达到偷逃应缴税款的目的,应当适用刑法第一百五十三条以走私普通货物、物品罪定罪处罚。如果行为人与走私分子通谋出售上述涉税单证,或者在出卖批文后又以提供印章、向海关伪报保税货物、特定减免税货物等方式帮助买方办理进口通关手续的,对卖方依照刑法第一百五十六条以走私罪共犯定罪处罚。买卖上述涉税单证情节严重尚未进口货物的,依照刑法第二百八十条的规定定罪处罚。

十、关于在加工贸易活动中骗取海关核销行为的认定问题

在加工贸易经营活动中,以假出口、假结转或者利用虚假单证等方式骗取海关核销,致使保税货物、物品脱离海关监管,造成国家税款流失,情节严重的,依照刑法第一百五十三条的规定,以走私普通货物、物品罪追究刑事责任。但有证据证明因不可抗力原因导致保税货物脱离海关监管,经营人无法办理正常手续而骗取海关核销的,不认定为走私犯罪。

十一、关于伪报价格走私犯罪案件中实际成交价格的认定问题

走私犯罪案件中的伪报价格行为,是指犯罪嫌疑人、被告人在进出口货物、物品时,向海关申报进口或者出口的货物、物品的价格低于或者高于进出口货物的实际成交价格。

对实际成交价格的认定,在无法提取真、伪两套合同、发票等单证的情况下,可以根据犯罪嫌疑人、被告人的付汇渠道、资金流向、会计账册、境内外收发货人的真实交易方式,以及其他能够证明进出口货物实际成交价格的证据材料综合认定。

十二、关于出售走私货物已缴纳的增值税应否从走私偷逃应缴税额中扣除的问题

走私犯罪嫌疑人为出售走私货物而开具增值税专用发票并缴纳增值税,是其走私行为既遂后在流通领域获取违法所得的一种手段,属于非法开具增值税专用发票。对走私犯罪嫌疑人因出售走私货物而实际缴纳走私货物增值税的,在核定走私货物偷逃应缴税额时,不应当将其已缴纳的增值税额从其走私偷逃应缴税额中扣除。

十三、关于刑法第一百五十四条规定的“销售牟利”的理解问题

刑法第一百五十四条第(一)、(二)项规定的“销售牟利”,是指行为人主观上为了牟取非法利益而擅自销售海关监管的保税货物、特定减免税货物。该种行为是否构成犯罪,应当根据偷逃的应缴税额是否达到刑法第一百五十三条及相关司法解释规定的数额标准予以认定。实际获利与否或者获利多少并不影响其定罪。

十四、关于海上走私犯罪案件如何追究运输人的刑事责任问题

对刑法第一百五十五条第(二)项规定的实施海上走私犯罪行为的运输人、收购人或者贩卖人应当追究刑事责任。对运输人,一般追究运输工具的负责人或者主要责任人的刑事责任,但对于事先通谋的、集资走私的或者使用特殊的走私运输工具从事走私犯罪活动的,可以追究其他参与人员的刑事责任。

十五、关于刑法第一百五十六条规定的"与走私罪犯通谋"的理解问题

通谋是指犯罪行为人之间事先或者事中形成的共同的走私故意。下列情形可以认定为通谋:

(一)对明知他人从事走私活动而同意为其提供贷款、资金、账号、发票、证明、海关单证,提供运输、保管、邮寄或者其他方便的;

(二)多次为同一走私犯罪分子的走私行为提供前项帮助的。

十六、关于放纵走私罪的认定问题

依照刑法第四百一十一条的规定,负有特定监管义务的海关工作人员徇私舞弊,利用职权,放任、纵容走私犯罪行为,情节严重的,构成放纵走私罪。放纵走私行为,一般是消极的不作为。如果海关工作人员与走私分子通谋,在放纵走私过程中以积极的行为配合走私分子逃避海关监管或者在放纵走私之后分得赃款的,应以共同走私犯罪追究刑事责任。

海关工作人员收受贿赂又放纵走私的,应以受贿罪和放纵走私罪数罪并罚。

十七、关于单位走私犯罪案件诉讼代表人的确定及其相关问题

单位走私犯罪案件的诉讼代表人,应当是单位的法定代表人或者主要负责人。单位的法定代表人或者主要负责人被依法追究刑事责任或者因其他原因无法参与刑事诉讼的,人民检察院应当另行确定被告单位的其他负责人作为诉讼代表人参加诉讼。

接到出庭通知的被告单位的诉讼代表人应当出庭应诉。拒不出庭的,人民法院在必要的时候,可以拘传到庭。

对直接负责的主管人员和其他直接责任人员均无法归案的单位走私犯罪案件,只要单位走私犯罪的事实清楚、证据确实充分,且能够确定诉讼代表人代表单位参与刑事诉讼活动的,可以先行追究该单位的刑事责任。

被告单位没有合适人选作为诉讼代表人出庭的,因不具备追究该单位刑事责任的诉讼条件,可按照单位犯罪的条款先行追究单位犯罪中直接负责的主管人员或者其他直接责任人员的刑事责任。人民法院在对单位犯罪中直接负责的主管人员或者直接责任人员进行判决时,对于扣押、冻结的走私货物、物品、违法所得以及属于犯罪单位所有的走私犯罪工具,应当一并判决予以追缴、没收。

十八、关于单位走私犯罪及其直接负责的主管人员和直接责任人员的认定问题

具备下列特征的,可以认定为单位走私犯罪:

(1)以单位的名义实施走私犯罪,即由单位集体研究决定,或者由单位的负责人或者被授权的其他人员决定、同意;

(2)为单位谋取不正当利益或者违法所得大部分归单位所有。

依照《最高人民法院关于审理单位犯罪案件具体应用法律有关问题的解释》第二条的规定,个人为进行违法犯罪活动而设立的公司、企业、事业单位实施犯罪的,或者个人设立公司、企业、事业单位后,以实施犯罪为主要活动的,不以单位犯罪论处。单位是否以实施犯罪为主要活动,应根据单位实施走私行为的次数、频度、持续时间、单位进行合法经营的状况等因素综合考虑认定。

根据单位人员在单位走私犯罪活动中所发挥的不同作用,对其直接负责的主管人员和其他直接责任人员,可以确定为一个或者数人。对于受单位领导指派而积极参与实施走私犯罪行为的人员,如果其行为在走私犯罪的主要环节起重要作用的,可以认定为单位犯罪的直接责任人员。

十九、关于单位走私犯罪后发生分立、合并或者其他资产重组情形以及单位被依法注销、宣告破产等情况下,如何追究刑事责任的问题

单位走私犯罪后,单位发生分立、合并或者其他资产重组等情况的,只要承受该单位权利义务的单位存在,应当追究单位走私犯罪的刑事责任。走私单位发生分立、合并或者其他资产重组后,原单位名称发生更改的,仍以原单位(名称)作为被告单位。承受原单位权利义务的单位法定代表人或负责人为诉讼代表人。

单位走私犯罪后,发生分立、合并或者其他资产重组情形,以及被依法注销、宣告破产等情况的,无论承受该单位权利义务的单位是否存在,均应追究原单位直接负责的主管人员和其他直接责任人员的刑事责任。

人民法院对原走私单位判处罚金的,应当将承受原单位权利义务的单位作为被执行人。罚金超出新单位所承受的财产的,可在执行中予以减除。

二十、关于单位与个人共同走私普通货物、物品案件的处理问题

单位和个人(不包括单位直接负责的主管人员和其他直接责任人员)共同走私的,单位和个人均应对共同走私所偷逃应缴税额负责。

对单位和个人共同走私偷逃应缴税额为5万元以上不满25万元[①]的,应当根据其在案件中所起的作用,区分不同情况做出处理。单位起主要作用的,对单位和个人均不追究刑事责任,由海关予以行政处理;个人起主要作用的,对个人依照刑法有关规定追究刑事责任,对单位由海关予以行政处理。无法认定单位或个人起主要作用的,对个人和单位分别按个人犯罪和单位犯罪的标准处理。

单位和个人共同走私偷逃应缴税额超过25万元且能区分主、从犯的,应当按照刑法关于主、从犯的有关规定,对从犯从轻、减轻处罚或者免除处罚。

二十一、关于单位走私犯罪案件自首的认定问题

在办理单位走私犯罪案件中,对单位集体决定自首的,或者单位直接负责的主管人员自首的,应当认定单位自首。认定单位自首后,如实交代主要犯罪事实的单位负责的其他主管人员和其他直接责任人员,可视为自首,但对拒不交代主要犯罪事实或逃避法律追究的人员,不以自首论。

---

① 由于最高法、最高检2014年《关于办理走私刑事案件适用法律若干问题的解释》第十六条、第二十四条已分别对走私普通货物、物品罪的个人和单位入罪标准规定为偷逃应缴税额10万元、20万元,所以此处的“5万元以上不满25万元”应按照“10万元以上不满20万元”掌握。

二十二、关于共同走私犯罪案件如何判处罚金刑问题

审理共同走私犯罪案件时,对各共同犯罪人判处罚金的总额应掌握在共同走私行为偷逃应缴税额的一倍以上五倍以下。

二十三、关于走私货物、物品、走私违法所得以及走私犯罪工具的处理问题

在办理走私犯罪案件过程中,对发现的走私货物、物品、走私违法所得以及属于走私犯罪分子所有的犯罪工具,走私犯罪侦查机关应当及时追缴,依法予以查扣、冻结。在移送审查起诉时应当将扣押物品文件清单、冻结存款证明文件等材料随案移送,对于扣押的危险品或者鲜活、易腐、易失效、易贬值等不宜长期保存的货物、物品,已经依法先行变卖、拍卖的,应当随案移送变卖、拍卖物品清单以及原物的照片或者录像资料;人民检察院在提起公诉时应当将上述扣押物品文件清单、冻结存款证明和变卖、拍卖物品清单一并移送;人民法院在判决走私罪案件时,应当对随案清单、证明文件中载明的款、物审查确认并依法判决予以追缴、没收;海关根据人民法院的判决和海关法的有关规定予以处理,上缴中央国库。

二十四、关于走私货物、物品无法扣押或者不便扣押情况下走私违所得的追缴问题

在办理走私普通货物、物品犯罪案件中,对于走私货物、物品因流入国内市场或者投入使用,致使走私货物、物品无法扣押或者不便扣押的,应当按照走私货物、物品的进出口完税价格认定违法所得予以追缴;走私货物、物品实际销售价格高于进出口完税价格的,应当按照实际销售价格认定违法所得予以追缴。

最高人民法院关于审理走私犯罪案件适用法律有关问题的通知

(2011年4月26日印发,自2011年5月1日起施行,法〔2011〕163号)

各省、自治区、直辖市高级人民法院,解放军军事法院,新疆维吾尔自治区高级人民法院生产建设兵团分院:

《中华人民共和国刑法修正案(八)》(以下简称《刑法修正案(八)》)将于2011年5月1日起施行。《刑法修正案(八)》对走私犯罪作了较大修改。为切实做好走私犯罪审判工作,现就审理走私犯罪案件适用法律的有关问题通知如下:

一、《刑法修正案(八)》取消了走私普通货物、物品罪定罪量刑的数额标准,《刑法修正案(八)》施行后,新的司法解释出台前,各地人民法院在审理走私普通货物、物品犯罪案件时,可参照适用修正前的刑法及《最高人民法院关于审理走私刑事案件具体应用法律若干问题的解释》(法释〔2000〕30号)规定的数额标准。①

二、对于一年内曾因走私被给予二次行政处罚后又走私需要追究刑事责任的,

① 最高法2000年《关于审理走私刑事案件具体应用法律若干问题的解释》已为最高法、最高检2014年《关于办理走私刑事案件适用法律若干问题的解释》第二十五条规定宣布废止,今后走私普通货物、物品罪的数额标准应按照该解释的规定执行。

具体的定罪量刑标准可由各地人民法院结合案件具体情况和本地实际确定。各地人民法院要依法审慎稳妥把握好案件的法律适用和政策适用,争取社会效果和法律效果的统一。

三、各地人民法院在审理走私犯罪案件中遇到的新情况新问题,请及时层报最高人民法院。

特此通知。

最高人民法院、最高人民检察院关于办理走私刑事案件适用法律若干问题的解释

(2014年2月24日最高人民法院审判委员会第1608次会议、2014年6月13日由最高人民检察院第十二届检察委员会第23次会议通过,2014年8月12日公布,自2014年9月10日起施行,法释〔2014〕10号)

为依法惩治走私犯罪活动,根据刑法有关规定,现就办理走私刑事案件适用法律的若干问题解释如下:

第一条 走私武器、弹药,具有下列情形之一的,可以认定为刑法第一百五十一条第一款规定的"情节较轻":

(一)走私以压缩气体等非火药为动力发射枪弹的枪支二支以上不满五支的;

(二)走私气枪铅弹五百发以上不满二千五百发,或者其他子弹十发以上不满五十发的;

(三)未达到上述数量标准,但属于犯罪集团的首要分子,使用特种车辆从事走私活动,或者走私的武器、弹药被用于实施犯罪等情形的;

(四)走私各种口径在六十毫米以下常规炮弹、手榴弹或者枪榴弹等分别或者合计不满五枚的。

具有下列情形之一的,依照刑法第一百五十一条第一款的规定处七年以上有期徒刑,并处罚金或者没收财产:

(一)走私以火药为动力发射枪弹的枪支一支,或者以压缩气体等非火药为动力发射枪弹的枪支五支以上不满十支的;

(二)走私第一款第二项规定的弹药,数量在该项规定的最高数量以上不满最高数量五倍的;

(三)走私各种口径在六十毫米以下常规炮弹、手榴弹或者枪榴弹等分别或者合计达到五枚以上不满十枚,或者各种口径超过六十毫米以上常规炮弹合计不满五枚的;

(四)达到第一款第一、二、四项规定的数量标准,且属于犯罪集团的首要分子,使用特种车辆从事走私活动,或者走私的武器、弹药被用于实施犯罪等情形的。

具有下列情形之一的,应当认定为刑法第一百五十一条第一款规定的"情节特别严重":

(一)走私第二款第一项规定的枪支,数量超过该项规定的数量标准的;

(二)走私第一款第二项规定的弹药,数量在该项规定的最高数量标准五倍以上的;

(三)走私第二款第三项规定的弹药,数量超过该项规定的数量标准,或者走私具有巨大杀伤力的非常规炮弹一枚以上的;

(四)达到第二款第一项至第三项规定的数量标准,且属于犯罪集团的首要分子,使用特种车辆从事走私活动,或者走私的武器、弹药被用于实施犯罪等情

形的。

走私其他武器、弹药,构成犯罪的,参照本条各款规定的标准处罚。

第二条　刑法第一百五十一条第一款规定的"武器、弹药"的种类,参照《中华人民共和国进口税则》及《中华人民共和国禁止进出境物品表》的有关规定确定。

第三条　走私枪支散件,构成犯罪的,依照刑法第一百五十一条第一款的规定,以走私武器罪定罪处罚。成套枪支散件以相应数量的枪支计,非成套枪支散件以每三十件为一套枪支散件计。

第四条　走私各种弹药的弹头、弹壳,构成犯罪的,依照刑法第一百五十一条第一款的规定,以走私弹药罪定罪处罚。具体的定罪量刑标准,按照本解释第一条规定的数量标准的五倍执行。

走私报废或者无法组装并使用的各种弹药的弹头、弹壳,构成犯罪的,依照刑法第一百五十三条的规定,以走私普通货物、物品罪定罪处罚;属于废物的,依照刑法第一百五十二条第二款的规定,以走私废物罪定罪处罚。

弹头、弹壳是否属于前款规定的"报废或者无法组装并使用"或者"废物",由国家有关技术部门进行鉴定。

第五条　走私国家禁止或者限制进出口的仿真枪、管制刀具,构成犯罪的,依照刑法第一百五十一条第三款的规定,以走私国家禁止进出口的货物、物品罪定罪处罚。具体的定罪量刑标准,适用本解释第十一条第一款第六、七项和第二款的规定。

走私的仿真枪经鉴定为枪支,构成犯罪的,依照刑法第一百五十一条第一款的规定,以走私武器罪定罪处罚。不以牟利或者从事违法犯罪活动为目的,且无其他严重情节的,可以依法从轻处罚;情节轻微不需要判处刑罚的,可以免予刑事处罚。

第六条　走私伪造的货币,数额在二千元以上不满二万元,或者数量在二百张(枚)以上不满二千张(枚)的,可以认定为刑法第一百五十一条第一款规定的"情节较轻"。

具有下列情形之一的,依照刑法第一百五十一条第一款的规定处七年以上有期徒刑,并处罚金或者没收财产:

(一)走私数额在二万元以上不满二十万元,或者数量在二千张(枚)以上不满二万张(枚)的;

(二)走私数额或者数量达到第一款规定的标准,且具有走私的伪造货币流入市场等情节的。

具有下列情形之一的,应当认定为刑法第一百五十一条第一款规定的"情节特别严重":

(一)走私数额在二十万元以上,或者数量在二万张(枚)以上的;

(二)走私数额或者数量达到第二款第一项规定的标准,且属于犯罪集团的首要分子,使用特种车辆从事走私活动,或者走私的伪造货币流入市场等情形的。

第七条　刑法第一百五十一条第一款规定的"货币",包括正在流通的人民币和境外货币。伪造的境外货币数额,折合成人民币计算。

第八条[①]　走私国家禁止出口的三

① 根据最高法、最高检2015年《关于办理妨害文物管理等刑事案件适用法律若干问题的解释》第十八条的规定,今后关于走私文物罪的定罪量刑标准按照该解释第一条等规定执行。

级文物二件以下的，可以认定为刑法第一百五十一条第二款规定的“情节较轻”。

具有下列情形之一的，依照刑法第一百五十一条第二款的规定处五年以上十年以下有期徒刑，并处罚金：

（一）走私国家禁止出口的二级文物不满三件，或者三级文物三件以上不满九件的；

（二）走私国家禁止出口的三级文物不满三件，且具有造成文物严重毁损或者无法追回等情节的。

具有下列情形之一的，应当认定为刑法第一百五十一条第二款规定的“情节特别严重”：

（一）走私国家禁止出口的一级文物一件以上，或者二级文物三件以上，或者三级文物九件以上的；

（二）走私国家禁止出口的文物达到第二款第一项规定的数量标准，且属于犯罪集团的首要分子，使用特种车辆从事走私活动，或者造成文物严重毁损、无法追回等情形的。

第九条 走私国家一、二级保护动物未达到本解释附表中（一）规定的数量标准，或者走私珍贵动物制品数额不满二十万元的，可以认定为刑法第一百五十一条第二款规定的“情节较轻”。

具有下列情形之一的，依照刑法第一百五十一条第二款的规定处五年以上十年以下有期徒刑，并处罚金：

（一）走私国家一、二级保护动物达到本解释附表中（一）规定的数量标准的；

（二）走私珍贵动物制品数额在二十万元以上不满一百万元的；

（三）走私国家一、二级保护动物未达到本解释附表中（一）规定的数量标准，但具有造成该珍贵动物死亡或者无法追回等情节的。

具有下列情形之一的，应当认定为刑法第一百五十一条第二款规定的“情节特别严重”：

（一）走私国家一、二级保护动物达到本解释附表中（二）规定的数量标准的；

（二）走私珍贵动物制品数额在一百万元以上的；

（三）走私国家一、二级保护动物达到本解释附表中（一）规定的数量标准，且属于犯罪集团的首要分子，使用特种车辆从事走私活动，或者造成该珍贵动物死亡、无法追回等情形的。

不以牟利为目的，为留作纪念而走私珍贵动物制品进境，数额不满十万元的，可以免予刑事处罚；情节显著轻微的，不作为犯罪处理。

第十条 刑法第一百五十一条第二款规定的“珍贵动物”，包括列入《国家重点保护野生动物名录》中的国家一、二级保护野生动物，《濒危野生动植物种国际贸易公约》附录Ⅰ、附录Ⅱ中的野生动物，以及驯养繁殖的上述动物。

走私本解释附表中未规定的珍贵动物的，参照附表中规定的同属或者同科动物的数量标准执行。

走私本解释附表中未规定珍贵动物的制品的，按照《最高人民法院、最高人民检察院、国家林业局、公安部、海关总署关于破坏野生动物资源刑事案件中涉及的 CITES 附录Ⅰ和附录Ⅱ所列陆生野生动物制品价值核定问题的通知》（林濒发〔2012〕239 号）的有关规定核定价值。

第十一条 走私国家禁止进出口的货物、物品，具有下列情形之一的，依照刑

法第一百五十一条第三款的规定处五年以下有期徒刑或者拘役,并处或者单处罚金:

(一)走私国家一级保护野生植物五株以上不满二十五株,国家二级保护野生植物十株以上不满五十株,或者珍稀植物、珍稀植物制品数额在二十万元以上不满一百万元的;

(二)走私重点保护古生物化石或者未命名的古生物化石不满十件,或者一般保护古生物化石十件以上不满五十件的;

(三)走私禁止进出口的有毒物质一吨以上不满五吨,或者数额在二万元以上不满十万元的;

(四)走私来自境外疫区的动植物及其产品五吨以上不满二十五吨,或者数额在五万元以上不满二十五万元的;

(五)走私木炭、硅砂等妨害环境、资源保护的货物、物品十吨以上不满五十吨,或者数额在十万元以上不满五十万元的;

(六)走私旧机动车、切割车、旧机电产品或者其他禁止进出口的货物、物品二十吨以上不满一百吨,或者数额在二十万元以上不满一百万元的;

(七)数量或者数额未达到本款第一项至第六项规定的标准,但属于犯罪集团的首要分子,使用特种车辆从事走私活动,造成环境严重污染,或者引起甲类传染病传播、重大动植物疫情等情形的。

具有下列情形之一的,应当认定为刑法第一百五十一条第三款规定的"情节严重":

(一)走私数量或者数额超过前款第一项至第六项规定的标准的;

(二)达到前款第一项至第六项规定的标准,且属于犯罪集团的首要分子,使用特种车辆从事走私活动,造成环境严重污染,或者引起甲类传染病传播、重大动植物疫情等情形的。

第十二条 刑法第一百五十一条第三款规定的"珍稀植物",包括列入《国家重点保护野生植物名录》《国家重点保护野生药材物种名录》《国家珍贵树种名录》中的国家一、二级保护野生植物、国家重点保护的野生药材、珍贵树木,《濒危野生动植物种国际贸易公约》附录Ⅰ、附录Ⅱ中的野生植物,以及人工培育的上述植物。

本解释规定的"古生物化石",按照《古生物化石保护条例》的规定予以认定。走私具有科学价值的古脊椎动物化石、古人类化石,构成犯罪的,依照刑法第一百五十一条第二款的规定,以走私文物罪定罪处罚。

第十三条 以牟利或者传播为目的,走私淫秽物品,达到下列数量之一的,可以认定为刑法第一百五十二条第一款规定的"情节较轻":

(一)走私淫秽录像带、影碟五十盘(张)以上不满一百盘(张)的;

(二)走私淫秽录音带、音碟一百盘(张)以上不满二百盘(张)的;

(三)走私淫秽扑克、书刊、画册一百副(册)以上不满二百副(册)的;

(四)走私淫秽照片、画片五百张以上不满一千张的;

(五)走私其他淫秽物品相当于上述数量的。

走私淫秽物品在前款规定的最高数量以上不满最高数量五倍的,依照刑法第一百五十二条第一款的规定处三年以上十年以下有期徒刑,并处罚金。

走私淫秽物品在第一款规定的最高

数量五倍以上，或者在第一款规定的最高数量以上不满五倍，但属于犯罪集团的首要分子，使用特种车辆从事走私活动等情形的，应当认定为刑法第一百五十二条第一款规定的“情节严重”。

第十四条 走私国家禁止进口的废物或者国家限制进口的可用作原料的废物，具有下列情形之一的，应当认定为刑法第一百五十二条第二款规定的“情节严重”：

（一）走私国家禁止进口的危险性固体废物、液态废物分别或者合计达到一吨以上不满五吨的；

（二）走私国家禁止进口的非危险性固体废物、液态废物分别或者合计达到五吨以上不满二十五吨的；

（三）走私国家限制进口的可用作原料的固体废物、液态废物分别或者合计达到二十吨以上不满一百吨的；

（四）未达到上述数量标准，但属于犯罪集团的首要分子，使用特种车辆从事走私活动，或者造成环境严重污染等情形的。

具有下列情形之一的，应当认定为刑法第一百五十二条第二款规定的“情节特别严重”：

（一）走私数量超过前款规定的标准的；

（二）达到前款规定的标准，且属于犯罪集团的首要分子，使用特种车辆从事走私活动，或者造成环境严重污染等情形的；

（三）未达到前款规定的标准，但造成环境严重污染且后果特别严重的。

走私置于容器中的气态废物，构成犯罪的，参照前两款规定的标准处罚。

第十五条 国家限制进口的可用作原料的废物的具体种类，参照国家有关部门的规定确定。

第十六条 走私普通货物、物品，偷逃应缴税额在十万元以上不满五十万元的，应当认定为刑法第一百五十三条第一款规定的“偷逃应缴税额较大”；偷逃应缴税额在五十万元以上不满二百五十万元的，应当认定为“偷逃应缴税额巨大”；偷逃应缴税额在二百五十万元以上的，应当认定为“偷逃应缴税额特别巨大”。

走私普通货物、物品，具有下列情形之一，偷逃应缴税额在三十万元以上不满五十万元的，应当认定为刑法第一百五十三条第一款规定的“其他严重情节”；偷逃应缴税额在一百五十万元以上不满二百五十万元的，应当认定为“其他特别严重情节”：

（一）犯罪集团的首要分子；

（二）使用特种车辆从事走私活动的；

（三）为实施走私犯罪，向国家机关工作人员行贿的；

（四）教唆、利用未成年人、孕妇等特殊人群走私的；

（五）聚众阻挠缉私的。

第十七条 刑法第一百五十三条第一款规定的“一年内曾因走私被给予二次行政处罚后又走私”中的“一年内”，以因走私第一次受到行政处罚的生效之日与“又走私”行为实施之日的时间间隔计算确定；“被给予二次行政处罚”的走私行为，包括走私普通货物、物品以及其他货物、物品；“又走私”行为仅指走私普通货物、物品。

第十八条 刑法第一百五十三条规定的“应缴税额”，包括进出口货物、物品应当缴纳的进出口关税和进口环节海关代征税的税额。应缴税额以走私行为实施时的税则、税率、汇率和完税价格计算；

多次走私的,以每次走私行为实施时的税则、税率、汇率和完税价格逐票计算;走私行为实施时间不能确定的,以案发时的税则、税率、汇率和完税价格计算。

刑法第一百五十三条第三款规定的"多次走私未经处理",包括未经行政处理和刑事处理。

第十九条 刑法第一百五十四条规定的"保税货物",是指经海关批准,未办理纳税手续进境,在境内储存、加工、装配后应予复运出境的货物,包括通过加工贸易、补偿贸易等方式进口的货物,以及在保税仓库、保税工厂、保税区或者免税商店内等储存、加工、寄售的货物。

第二十条 直接向走私人非法收购走私进口的货物、物品,在内海、领海、界河、界湖运输、收购、贩卖国家禁止进出口的物品,或者没有合法证明,在内海、领海、界河、界湖运输、收购、贩卖国家限制进出口的货物、物品,构成犯罪的,应当按照走私货物、物品的种类,分别依照刑法第一百五十一条、第一百五十二条、第一百五十三条、第三百四十七条、第三百五十条的规定定罪处罚。

刑法第一百五十五条第二项规定的"内海",包括内河的入海口水域。

第二十一条 未经许可进出口国家限制进出口的货物、物品,构成犯罪的,应当依照刑法第一百五十一条、第一百五十二条的规定,以走私国家禁止进出口的货物、物品罪等罪名定罪处罚;偷逃应缴税额,同时又构成走私普通货物、物品罪的,依照处罚较重的规定定罪处罚。

取得许可,但超过许可数量进出口国家限制进出口的货物、物品,构成犯罪的,依照刑法第一百五十三条的规定,以走私普通货物、物品罪定罪处罚。

租用、借用或者使用购买的他人许可证,进出口国家限制进出口的货物、物品的,适用本条第一款的规定定罪处罚。

第二十二条 在走私的货物、物品中藏匿刑法第一百五十一条、第一百五十二条、第三百四十七条、第三百五十条规定的货物、物品,构成犯罪的,以实际走私的货物、物品定罪处罚;构成数罪的,实行数罪并罚。

第二十三条 实施走私犯罪,具有下列情形之一的,应当认定为犯罪既遂:

(一)在海关监管现场被查获的;

(二)以虚假申报方式走私,申报行为实施完毕的;

(三)以保税货物或者特定减税、免税进口的货物、物品为对象走私,在境内销售的,或者申请核销行为实施完毕的。

第二十四条 单位犯刑法第一百五十一条、第一百五十二条规定之罪,依照本解释规定的标准定罪处罚。

单位犯走私普通货物、物品罪,偷逃应缴税额在二十万元以上不满一百万元的,应当依照刑法第一百五十三条第二款的规定,对单位判处罚金,并对其直接负责的主管人员和其他直接责任人员,处三年以下有期徒刑或者拘役;偷逃应缴税额在一百万元以上不满五百万元的,应当认定为"情节严重";偷逃应缴税额在五百万元以上的,应当认定为"情节特别严重"。

第二十五条 本解释发布实施后,《最高人民法院关于审理走私刑事案件具体应用法律若干问题的解释》(法释〔2000〕30号)、《最高人民法院关于审理走私刑事案件具体应用法律若干问题的解释(二)》(法释〔2006〕9号)同时废止。之前发布的司法解释与本解释不一致的,以本解释为准。

《最高人民法院、最高人民检察院关于办理走私刑事案件适用法律若干问题的解释》附表

中文名	拉丁文名	级别	(一)	(二)
蜂猴	Nycticebus spp.	I	3	4
熊猴	Macaca assamensis	I	2	3
台湾猴	Macaca cyclopis	I	1	2
豚尾猴	Macaca nemestrina	I	2	3
叶猴(所有种)	Presbytis spp.	I	1	2
金丝猴(所有种)	Rhinopithecus spp.	I		1
长臂猿(所有种)	Hylobates spp.	I	1	2
马来熊	Helarctos malayanus	I	2	3
大熊猫	Ailuropoda melanoleuca	I		1
紫貂	Martes zibellina	I	3	4
貂熊	Gulo gulo	I	2	3
熊狸	Arctictis binturong	I	1	2
云豹	Neofelis nebulosa	I		1
豹	Panthera pardus	I		1
雪豹	Panthera uncia	I		1
虎	Panthera tigris	I		1
亚洲象	Elephas maximus	I		1
蒙古野驴	Equus hemionus	I	2	3
西藏野驴	Equus kiang	I	3	5
野马	Equus przewalskii	I		1
野骆驼	Camelus ferus(=bactrianum)	I	1	2
鼷鹿	Tragulus javanicus	I	2	3
黑麂	Muntiacus crinifrons	I	1	2
白唇鹿	Cervus albirostris	I	1	2
坡鹿	Cervus eldi	I	1	2
梅花鹿	Cervus nippon	I	2	3
豚鹿	Cervus porcinus	I	2	3

续表

中文名	拉丁文名	级别	(一)	(二)
麋鹿	Elaphurus davidianus	I	1	2
野牛	Bos gaurus	I	1	2
野牦牛	Bos mutus(= grunniens)	I	2	3
普氏原羚	Procapra przewalskii	I	1	2
藏羚	Pantholops hodgsoni	I	2	3
高鼻羚羊	Saiga tatarica	I		1
扭角羚	Budorcas taxicolor	I	1	2
台湾鬣羚	Capricornis crispus	I	2	3
赤斑羚	Naemorhedus cranbrooki	I	2	4
塔尔羊	Hemitragus jemlahicus	I	2	4
北山羊	Capra ibex	I	2	4
河狸	Castor fiber	I	1	2
短尾信天翁	Diomedea albatrus	I	2	4
白腹军舰鸟	Fregata andrewsi	I	2	4
白鹳	Ciconia ciconia	I	2	4
黑鹳	Ciconia nigra	I	2	4
朱环	Nipponia nippon	I		1
中华沙秋鸭	Mergus squamatus	I	2	3
金雕	Aquila chrysaetos	I	2	4
白肩雕	Aquila heliaca	I	2	4
玉带海雕	Haliaeetus leucoryphus	I	2	4
白尾海雕	Haliaeetus albcilla	I	2	3
虎头海雕	Haliaeetus pelagicus	I	2	4
拟兀鹫	Pseudogyps bengalensis	I	2	4
胡兀鹫	Gypaetus barbatus	I	2	4
细嘴松鸡	Tetrao parvirostris	I	3	5
斑尾榛鸡	Tetrastes sewerzowi	I	3	5
雉鹑	Tetraophasis obscurus	I	3	5

续表

中文名	拉丁文名	级别	(一)	(二)
四川山鹧鸪	Arborophila rufipectus	I	3	5
海南山鹧鸪	Arborophila ardens	I	3	5
黑头角雉	Tragopan melanocephalus	I	2	3
红胸角雉	Tragopan satyra	I	2	4
灰腹角雉	Tragopan blythii	I	2	3
黄腹角雉	Tragopan caboti	I	2	3
虹雉(所有种)	Lophophorus spp.	I	2	4
褐马鸡	Crossoptilon mantchuricum	I	2	3
蓝鹇	Lophura swinhoii	I	2	3
黑颈长尾雉	Syrmaticus humiae	I	2	4
白颈长尾雉	Syrmaticus ewllioti	I	2	4
黑长尾雉	Syrmaticus mikado	I	2	4
孔雀雉	Polyplectron bicalcaratum	I	2	3
绿孔雀	Pavo muticus	I	2	3
黑颈鹤	Grus nigricollis	I	2	3
白头鹤	Grus monacha	I	2	3
丹顶鹤	Grus japonensis	I	2	3
白鹤	Grus leucogeranus	I	2	3
赤颈鹤	Grus antigone	I	1	2
鸨(所有种)	Otis spp.	I	4	6
遗鸥	Larus relictus	I	2	4
四爪陆龟	Testudo horsfieldi	I	4	8
蜥鳄	Shinisaurus crocodilurus	I	2	4
巨蜥	Varanus salvator	I	2	4
蟒	Python molurus	I	2	4
扬子鳄	Alligator sinensis	I	1	2
中华蛩蠊	Galloisiana sinensis	I	3	6
金斑喙凤蝶	Teinopalpus aureus	I	3	6

续表

中文名	拉丁文名	级别	(一)	(二)
短尾猴	Macaca arctoides	Ⅱ	6	10
猕猴	Macaca mulatta	Ⅱ	6	10
藏酋猴	Macaca thibetana	Ⅱ	6	10
穿山甲	Manis pentadactyla	Ⅱ	8	16
豺	Cuon alpinus	Ⅱ	4	6
黑熊	Selenarctos thibetanus	Ⅱ	3	5
棕熊(包括马熊)	Ursus arctos(U. a. pruinosus)	Ⅱ	3	5
小熊猫	Ailurus fulgens	Ⅱ	3	5
石貂	Martes foina	Ⅱ	4	10
黄喉貂	Martes flavigula	Ⅱ	4	10
斑林狸	Pronodon pardicolor	Ⅱ	4	8
大灵猫	Viverra zibetha	Ⅱ	3	5
小灵猫	Viverricula indica	Ⅱ	4	8
草原斑猫	Felis lybica(= silvestris)	Ⅱ	4	8
荒漠猫	Felis bieti	Ⅱ	4	10
丛林猫	Felis chaus	Ⅱ	4	8
猞猁	Felis lynx	Ⅱ	2	3
兔狲	Felis manul	Ⅱ	3	5
金猫	Felis temmincki	Ⅱ	4	8
渔猫	Felis viverrinus	Ⅱ	4	8
麝(所有种)	Moschus spp.	Ⅱ	3	5
河麂	Hydropotes inermis	Ⅱ	4	8
马鹿(含白臀鹿)	Cervus elaphus(C. e. macneilli)	Ⅱ	4	6
水鹿	Cervus unicolor	Ⅱ	3	5
驼鹿	Alces alces	Ⅱ	3	5
黄羊	Procapra gutturosa	Ⅱ	8	15
藏原羚	Procapra picticaudata	Ⅱ	4	8
鹅喉羚	Gazella subgutturosa	Ⅱ	4	8

续表

中文名	拉丁文名	级别	（一）	（二）
鬣羚	Capricornis sumatraensis	Ⅱ	3	4
斑羚	Naemorhedus goral	Ⅱ	4	8
岩羊	Pseudois nayaur	Ⅱ	4	8
盘羊	Ovis ammon	Ⅱ	3	5
海南兔	Lepus peguensis hainanus	Ⅱ	6	10
雪兔	Lepus timidus	Ⅱ	6	10
塔里木兔	Lepus yarkandensis	Ⅱ	20	40
巨松鼠	Ratufa bicolor	Ⅱ	6	10
角䴙䴘	Podiceps auritus	Ⅱ	6	10
赤颈䴙䴘	Podiceps grisegena	Ⅱ	6	8
鹈鹕(所有种)	Pelecanus spp.	Ⅱ	4	8
鲣鸟(所有种)	Sula spp.	Ⅱ	6	10
海鸬鹚	Phalacrocorax pelagicus	Ⅱ	4	8
黑颈鸬鹚	Phalacrocorax niger	Ⅱ	4	8
黄嘴白鹭	Egretta eulophotes	Ⅱ	6	10
岩鹭	Egretta sacra	Ⅱ	6	20
海南虎斑鳽	Gorsachius magnificus	Ⅱ	6	10
小苇鳽	Ixbrychus minutus	Ⅱ	6	10
彩鹳	Ibis leucocephalus	Ⅱ	3	4
白鹮	Threskiornis aethiopicus	Ⅱ	4	8
黑鹮	Pseudibis papillosa	Ⅱ	4	8
彩鹮	Plegadis falcinellus	Ⅱ	4	8
白琵鹭	Platalea leucorodia	Ⅱ	4	8
黑脸琵鹭	Platalea ninor	Ⅱ	4	8
红胸黑雁	Branta ruficollis	Ⅱ	4	8
白额雁	Anser albifrons	Ⅱ	6	10
天鹅(所有种)	Cygnus spp.	Ⅱ	6	10
鸳鸯	Aix galericulata	Ⅱ	6	10

续表

中文名	拉丁文名	级别	(一)	(二)
其他鹰类	(Accipitridae)	Ⅱ	4	8
隼科(所有种)	Falconidae	Ⅱ	6	10
黑琴鸡	Lyrurus tetrix	Ⅱ	4	8
柳雷鸟	Lagopus lagopus	Ⅱ	4	8
岩雷鸟	Lagopus mutus	Ⅱ	6	10
镰翅鸡	Falcipennis falcipennis	Ⅱ	3	4
花尾榛鸡	Tetrastes bonasia	Ⅱ	10	20
雪鸡(所有种)	Tetraogallus spp.	Ⅱ	10	20
血雉	Ithaginis cruentus	Ⅱ	4	6
红腹角雉	Tragopan temminckii	Ⅱ	4	6
藏马鸡	Crossoptilon crossoptilon	Ⅱ	4	6
蓝马鸡	Crossoptilon aurtum	Ⅱ	4	10
黑鹇	Lophura leucomelana	Ⅱ	6	8
白鹇	Lophura nycthemera	Ⅱ	6	10
原鸡	Gallus gallus	Ⅱ	6	8
勺鸡	Pucrasia macrolopha	Ⅱ	6	8
白冠长尾雉	Syrmaticus reevesii	Ⅱ	4	6
锦鸡(所有种)	Chrysolophus spp.	Ⅱ	4	8
灰鹤	Grus grus	Ⅱ	4	8
沙丘鹤	Grus canadensis	Ⅱ	4	8
白枕鹤	Grus vipio	Ⅱ	4	8
蓑羽鹤	Anthropoides virgo	Ⅱ	6	10
长脚秧鸡	Crex crex	Ⅱ	6	10
姬田鸡	Porzana parva	Ⅱ	6	10
棕背田鸡	Porzana bicolor	Ⅱ	6	10
花田鸡	Coturnicops noveboracensis	Ⅱ	6	10
铜翅水雉	Metopidius indicus	Ⅱ	6	10
小杓鹬	Numenius borealis	Ⅱ	8	15

续表

中文名	拉丁文名	级别	（一）	（二）
小青脚鹬	Tringa guttifer	Ⅱ	6	10
灰燕行	Glareola lactea	Ⅱ	6	10
小鸥	Larus minutus	Ⅱ	6	10
黑浮鸥	Chlidonias niger	Ⅱ	6	10
黄嘴河燕鸥	Sterna aurantia	Ⅱ	6	10
黑嘴端凤头燕鸥	Thalasseus zimmermanni	Ⅱ	4	8
黑腹沙鸡	Pterocles orientalis	Ⅱ	4	8
绿鸠(所有种)	Treron spp.	Ⅱ	6	8
黑颏果鸠	Ptilinopus leclancheri	Ⅱ	6	10
皇鸠(所有种)	Ducula spp.	Ⅱ	6	10
斑尾林鸽	Columba palumbus	Ⅱ	6	10
鹃鸠(所有种)	Macropygia spp.	Ⅱ	6	10
鹦鹉科(所有种)	Psittacidae.	Ⅱ	6	10
鸦鹃(所有种)	Centropus spp.	Ⅱ	6	10
鸮形目(所有种)	Strigiformes	Ⅱ	6	10
灰喉针尾雨燕	Hirundapus cochinchinensis	Ⅱ	6	10
凤头雨燕	Hemiprocne longipennis	Ⅱ	6	10
橙胸咬鹃	Harpactes oreskios	Ⅱ	6	10
蓝耳翠鸟	Alcedo meninting	Ⅱ	6	10
鹳嘴翠鸟	Pelargopsis capensis	Ⅱ	6	10
黑胸蜂虎	Merops leschenaulti	Ⅱ	6	10
绿喉蜂虎	Merops orientalis	Ⅱ	6	10
犀鸟科(所有种)	Bucertidae	Ⅱ	4	8
白腹黑啄木鸟	Dryocopus javensis	Ⅱ	6	10
阔嘴鸟科(所有种)	Eurylaimidae	Ⅱ	6	10
八色鸫科(所有种)	Pittidae	Ⅱ	6	10
凹甲陆龟	Manouria impressa	Ⅱ	6	10
大壁虎	Gekko gecko	Ⅱ	10	20

续表

中文名	拉丁文名	级别	(一)	(二)
虎纹蛙	Rana tigrina	Ⅱ	100	200
伟铗	Atlasjapyx atlas	Ⅱ	6	10
尖板曦箭蜓	Heliogomphus retroflexus	Ⅱ	6	10
宽纹北箭蜓	Ophiogomphus spinicorne	Ⅱ	6	10
中华缺翅虫	Zorotypus sinensis	Ⅱ	6	10
墨脱缺翅虫	Zorotypus medoensis	Ⅱ	6	10
拉步甲	Carabus(Coptolabrus) lafossei	Ⅱ	6	10
硕步甲	Carabus(Apotopterus) davidi	Ⅱ	6	10
彩臂金龟(所有种)	Cheirotonus spp.	Ⅱ	6	10
叉犀金龟	Allomyrina davidis	Ⅱ	6	10
双尾褐凤蝶	Bhutanitis mansfieldi	Ⅱ	6	10
三尾褐凤蝶	Bhutanitis thaidina dongchuanensis	Ⅱ	6	10
中华虎凤蝶	Luehdorfia chinensis huashanensis	Ⅱ	6	10
阿波罗绢蝶	Parnassius apollo	Ⅱ	6	10

最高人民法院
关于审理走私、非法经营、非法使用兴奋剂刑事案件适用法律若干问题的解释

(2019年11月12日最高人民法院审判委员会第1781次会议通过,2019年11月18日公布,自2020年1月1日起施行,法释〔2019〕16号)

为依法惩治走私、非法经营、非法使用兴奋剂犯罪,维护体育竞赛的公平竞争,保护体育运动参加者的身心健康,根据《中华人民共和国刑法》《中华人民共和国刑事诉讼法》的规定,制定本解释。

第一条 运动员、运动员辅助人员走私兴奋剂目录所列物质,或者其他人员以在体育竞赛中非法使用为目的的走私兴奋剂目录所列物质,涉案物质属于国家禁止进出口的货物、物品,具有下列情形之一的,应当依照刑法第一百五十一条第三款的规定,以走私国家禁止进出口的货物、物品罪定罪处罚:

(一)一年内曾因走私被给予二次以上行政处罚后又走私的;

(二)用于或者准备用于未成年人运

动员、残疾人运动员的；

（三）用于或者准备用于国内、国际重大体育竞赛的；

（四）其他造成严重恶劣社会影响的情形。

实施前款规定的行为，涉案物质不属于国家禁止进出口的货物、物品，但偷逃应缴税额一万元以上或者一年内曾因走私被给予二次以上行政处罚后又走私的，应当依照刑法第一百五十三条的规定，以走私普通货物、物品罪定罪处罚。

对于本条第一款、第二款规定以外的走私兴奋剂目录所列物质行为，适用《最高人民法院、最高人民检察院关于办理走私刑事案件适用法律若干问题的解释》（法释〔2014〕10号）规定的定罪量刑标准。

第二条 违反国家规定，未经许可经营兴奋剂目录所列物质，涉案物质属于法律、行政法规规定的限制买卖的物品，扰乱市场秩序，情节严重的，应当依照刑法第二百二十五条的规定，以非法经营罪定罪处罚。

第三条 对未成年人、残疾人负有监护、看护职责的人组织未成年人、残疾人在体育运动中非法使用兴奋剂，具有下列情形之一的，应当认定为刑法第二百六十条之一规定的“情节恶劣”，以虐待被监护、看护人罪定罪处罚：

（一）强迫未成年人、残疾人使用的；

（二）引诱、欺骗未成年人、残疾人长期使用的；

（三）其他严重损害未成年人、残疾人身心健康的情形。

第四条 在普通高等学校招生、公务员录用等法律规定的国家考试涉及的体育、体能测试等体育运动中，组织考生非法使用兴奋剂的，应当依照刑法第二百八十四条之一的规定，以组织考试作弊罪定罪处罚。

明知他人实施前款犯罪而为其提供兴奋剂的，依照前款的规定定罪处罚。

第五条 生产、销售含有兴奋剂目录所列物质的食品，符合刑法第一百四十三条、第一百四十四条规定的，以生产、销售不符合安全标准的食品罪、生产、销售有毒、有害食品罪定罪处罚。

第六条 国家机关工作人员在行使反兴奋剂管理职权时滥用职权或者玩忽职守，造成严重兴奋剂违规事件，严重损害国家声誉或者造成恶劣社会影响，符合刑法第三百九十七条规定的，以滥用职权罪、玩忽职守罪定罪处罚。

依法或者受委托行使反兴奋剂管理职权的单位的工作人员，在行使反兴奋剂管理职权时滥用职权或者玩忽职守的，依照前款规定定罪处罚。

第七条 实施本解释规定的行为，涉案物质属于毒品、制毒物品等，构成有关犯罪的，依照相应犯罪定罪处罚。

第八条 对于是否属于本解释规定的“兴奋剂”“兴奋剂目录所列物质”“体育运动”“国内、国际重大体育竞赛”等专门性问题，应当依据《中华人民共和国体育法》《反兴奋剂条例》等法律法规，结合国务院体育主管部门出具的认定意见等证据材料作出认定。

第九条 本解释自2020年1月1日起施行。

最高人民法院、最高人民检察院、海关总署打击非设关地成品油走私专题研讨会会议纪要

(2019年10月24日发布,署缉发〔2019〕210号)

近一时期,我国东南沿海、西南陆路边境等非设关地成品油走私活动猖獗,严重破坏国家进出境监管秩序,给社会公共安全和环境保护带来重大隐患。2019年3月27日,最高人民法院、最高人民检察院、海关总署在江苏省南京市召开打击非设关地成品油走私专题研讨会,最高人民法院刑五庭、最高人民检察院第四检察厅、海关总署缉私局及部分地方人民法院、人民检察院和海关缉私部门有关同志参加会议。会议分析了当前非设关地成品油走私的严峻形势,总结交流了办理非设关地成品油走私刑事案件的经验,研究探讨了办案中的疑难问题,对人民法院、人民检察院、海关缉私部门依法严厉打击非设关地成品油走私犯罪、正确适用法律办理案件达成共识。现纪要如下:

一、关于定罪处罚

走私成品油,构成犯罪的,依照刑法第一百五十三条的规定,以走私普通货物罪定罪处罚。

对不构成走私共犯的收购人,直接向走私人购买走私的成品油,数额较大的,依照刑法第一百五十五条第(一)项的规定,以走私罪论处;向非直接走私人购买走私的成品油的,根据其主观故意,分别依照刑法第一百九十一条规定的洗钱罪或者第三百一十二条规定的掩饰、隐瞒犯罪所得、犯罪所得收益罪定罪处罚。

在办理非设关地走私成品油刑事案件中,发现行为人在销售的成品油中掺杂、掺假,以假充真,以次充好或者以不合格油品冒充合格油品,构成犯罪的,依照刑法第一百四十条的规定,对该行为以生产、销售伪劣产品罪定罪处罚。

行为人与他人事先通谋或者明知他人从事走私成品油犯罪活动,而在我国专属经济区或者公海向其贩卖、过驳成品油的,应当按照走私犯罪的共犯追究刑事责任。

明知他人从事走私成品油犯罪活动而为其提供资金、贷款、账号、发票、证明、许可文件,或者提供运输、仓储等其他便利条件的,应当按照走私犯罪的共犯追究刑事责任。

对成品油走私共同犯罪或者犯罪集团中的主要出资者、组织者,应当认定为主犯;对受雇用的联络员、船长等管理人员,可以认定为从犯,如其在走私犯罪中起重要作用的,应当认定为主犯;对其他参与人员,如船员、司机、“黑引水”、盯梢望风人员等,不以其职业、身份判断是否追究刑事责任,应当按照其在走私活动中的实际地位、作用、涉案金额、参与次数等确定是否追究刑事责任。

对在非设关地走私成品油的犯罪嫌疑人、被告人,人民检察院、人民法院应当依法严格把握不起诉、缓刑适用条件。

二、关于主观故意的认定

行为人没有合法证明,逃避监管,在非设关地运输、贩卖、收购、接卸成品油,有下列情形之一的,综合其他在案证据,可以认定具有走私犯罪故意,但有证据证

明确属被蒙骗或者有其他相反证据的除外:

(一)使用"三无"船舶、虚假船名船舶、非法改装的船舶,或者使用虚假号牌车辆、非法改装、伪装的车辆的;

(二)虚假记录船舶航海日志、轮机日志,进出港未申报或者进行虚假申报的;

(三)故意关闭或者删除船载 AIS 系统、GPS 及其他导航系统存储数据,销毁手机存储数据,或者销毁成品油交易、运输单证的;

(四)在明显不合理的隐蔽时间、偏僻地点过驳成品油的;

(五)使用无实名登记或者无法定位的手机卡、卫星电话卡等通讯工具的;

(六)使用暗号、信物进行联络、接头的;

(七)交易价格明显低于同类商品国内合规市场同期价格水平且无法作出合理解释的;

(八)使用控制的他人名下银行账户收付成品油交易款项的;

(九)逃避、抗拒执法机关检查,或者事前制定逃避执法机关检查预案的;

(十)其他可以认定具有走私犯罪故意情形的。

三、关于犯罪数额的认定

非设关地成品油走私活动属于非法的贸易活动,计核非设关地成品油走私刑事案件的偷逃应缴税额,一律按照成品油的普通税率核定,不适用最惠国税率或者暂定税率。

查获部分走私成品油的,可以按照被查获的走私成品油标准核定应缴税额;全案没有查获成品油的,可以结合其他在案证据综合认定走私成品油的种类和数量,核定应缴税额。

办理非设关地成品油走私犯罪案件,除主要犯罪嫌疑人以外,对集团犯罪、共同犯罪中的其他犯罪嫌疑人,无法准确核定其参与走私的具体偷逃应缴税额的,可以结合在案相关证据,根据其参与走私的涉案金额、次数或者在走私活动中的地位、作用等情节决定是否追究刑事责任。

四、关于证据的收集

办理非设关地成品油走私犯罪案件,应当注意收集、提取以下证据:

(一)反映涉案地点的位置、环境,涉案船舶、车辆、油品的特征、数量、属性等的证据;

(二)涉案船舶的航次航图、航海日志、GPS、AIS 轨迹、卫星电话及其通话记录;

(三)涉案人员的手机号码及其通话记录、手机短信、微信聊天记录,涉案人员通过微信、支付宝、银行卡等方式收付款的资金交易记录;

(四)成品油取样、计量过程的照片、视听资料;

(五)跟踪守候、监控拍摄的照片、视听资料;

(六)其他应当收集、提取的证据。

依照法律规定采取技术侦查措施收集的物证、书证、视听资料、电子数据等证据材料对定罪量刑有重大影响的,应当随案移送,并移送批准采取技术侦查措施的法律文书和侦查办案部门对证据内容的说明材料。对视听资料中涉及的绰号、暗语、俗语、方言等,侦查机关应当结合犯罪嫌疑人的供述、证人证言等证据说明其内容。

确因客观条件的限制无法逐一收集船员、司机、收购人等人员证言的,可结合已收集的言词证据和物证、书证、视听资料、电子数据等证据,综合认定犯罪事实。

五、关于涉案货物、财产及运输工具的处置

对查封、扣押的涉案成品油及易贬值、不易保管的涉案船舶、车辆,权利人明确的,经其本人书面同意或者申请,依法履行审批程序,并固定证据和留存样本后,可以依法先行变卖、拍卖,变卖、拍卖所得价款暂予保存,待诉讼终结后一并依法处理。

有证据证明依法应当追缴、没收的涉案财产被他人善意取得或者与其他合法财产混合且不可分割的,应当追缴、没收其他等值财产。

侦查机关查封、扣押的财物经审查后应当返还的,应当通知原主认领。无人认领的,应当公告通知,公告满三个月无人认领的,依法拍卖、变卖后所得价款上缴国库;上缴国库后有人认领,经查证属实的,应当申请退库予以返还。

对用于运输走私成品油的船舶、车辆,按照以下原则处置:

(一)对"三无"船舶、无法提供有效证书的船舶、车辆,依法予以没收、收缴或者移交主管机关依法处置;

(二)对走私犯罪分子自有的船舶、车辆或者假挂靠、长期不作登记、虚假登记等实为走私分子所有的船舶、车辆,作为犯罪工具依法没收;

(三)对所有人明知他人实施走私犯罪而出租、出借的船舶、车辆,依法予以没收。

具有下列情形之一的,可以认定船舶、车辆出租人、出借人明知他人实施违法犯罪,但有证据证明确属被蒙骗或者有其他相反证据的除外:

(一)出租人、出借人未经有关部门批准,擅自将船舶、车辆改装为可装载油料用的船舶、车辆,或者进行伪装的;

(二)出租人、出借人默许实际承租人将船舶、车辆改装为可装载油料用船舶、车辆,或者进行伪装的;

(三)因出租、出借船舶、车辆用于走私受过行政处罚,又出租、出借给同一走私人或者同一走私团伙使用的;

(四)出租人、出借人拒不提供真实的实际承运人信息,或者提供虚假的实际承运人信息的;

(五)其他可以认定明知的情形。

六、关于办案协作(略)

七、其他问题

本纪要中的成品油是指汽油、煤油、柴油以及其他具有相同用途的乙醇汽油和生物柴油等替代燃料(包括添加染色剂的"红油""白油""蓝油"等)。

办理非设关地走私白糖、冻品等刑事案件的相关问题,可以参照本纪要的精神依法处理。

最高人民检察院第四检察厅关于办理涉走私平行进口车刑事案件有关问题的指导意见

(2021年6月11日印发,
高检四厅〔2021〕13号)

近来,部分地方反映,在办理低报价格走私平行进口车刑事案件过程中,对于主观故意的认定和法律适用等问题存在分歧。为准确把握罪与非罪的界限,规范执法行为,统一执法标准,根据有关法律

法规,经共同研究,提出以下指导意见:

一、关于进口平行车低报价格走私行为的认定

1. 行为人在进口平行进口车过程中,应当依法如实向海关申报进口货物的成交价格,并按照海关的规定提供有关确定完税价格等所需的材料。行为人违反海关法律法规,逃避海关监管,故意以低于成交价格的价格向海关申报,偷逃应缴税款,数额达到入罪标准的,以走私普通货物罪追究刑事责任。

二、关于完税价格的认定

2. 办案机关应当查明进口车商向境外卖方实付、应付的各种费用,准确认定进口车辆的完税价格。

3. 完税价格应包括进口货物的成交价格、货物运抵中华人民共和国境内输入地点起卸前的运输及其相关费用、保险费。进口货物的完税价格,由海关以该货物的成交价格为基础,根据《中华人民共和国海关审定进出口货物完税价格办法》审查确定。

行为人在进口平行进口车过程中,为完成交易,向境外卖方支付的加价款(俗称贸款、帽款、冒款),应计入完税价格。

4. 行为人在交易过程中支付了自有资金、获得了货物的所有权,并承担了货物的风险和收益,其在交易中的地位应认定为卖方,不属于法律意义上的中间人或代理人。进口车商向其支付的费用不属于购货佣金,应计入完税价格。

5. 对于进口车商支付给中间人、代理人的佣金,是否计入完税价格,应以该中间人或代理人在交易中承担的实际地位和作用作为判断标准,而不能简单地以合同标示的名称作为唯一判断标准。具体可以从以下几方面综合考察:

(一)购车款项的实际支出;

(二)货物交付前灭失、毁损的风险承担;

(三)不支付该笔费用是否能够完成交易。

三、关于低报价格主观故意的认定

6. 行为人在进口平行进口车过程中,有下列行为之一的,可以认定为故意低报价格:

(一)伪造货物交易合同,或采取分签合同、篡改合同价格、支付方式条款等方式低报价格的;

(二)通过第三方支付货款,或利用"地下钱庄"等非法方式支付货款,或利用预付款、后期余款付款等方式,隐瞒加价款的;

(三)综合记账单、差额款支付记录、通讯聊天记录等客观性证据,可以认定行为人隐瞒实际成交价格的;

(四)综合犯罪嫌疑人供述、证人证言等证据材料,可以认定行为人故意低报价格的。

7. 行为人在进口平行进口车过程中低报价格,有下列情形之一的,可以认定具有走私的主观故意,但有其他相反证据的除外:

(一)曾因低报价格等违规进口平行进口车行为受过行政、刑事处罚的;

(二)曾从事平行进口车业务,因当地其他相同经营模式的平行进口车商低报价格走私被查处而转移到其他地方继续从事平行进口车业务的;

(三)曾具有海关相关行业从业经历,或具有国际贸易、海关、报关等专门知识的;

(四)其他可以认定具有走私犯罪故意的情形。

8. 对于平行进口车商向海关申报货物成交价格时,既有高于实际成交价格申报情况,又有低于实际成交价格申报情况的,认定其是否具有走私犯罪的主观故意,应结合在案其他证据综合认定。

行为人在进口平行进口车过程中,在报关单中虽未如实填写成交价格,而是以“车窗纸价 + 运费、保险”向海关申报但在随附单据中列明了货物进口的各项实际费用的,不宜直接认定为低报价格走私行为而追究刑事责任。

四、关于宽严相济刑事政策的把握

9. 处理涉平行进口车走私案件,要充分体现宽严相济刑事政策,贯彻落实《最高人民检察院关于充分发挥检察职能服务保障“六稳”“六保”的意见》,适用认罪认罚从宽制度,以实现三个效果的有机统一。

最高人民法院、最高人民检察院、海关总署、公安部、中国海警局关于打击粤港澳海上跨境走私犯罪适用法律若干问题的指导意见

(2021 年 12 月 14 日,
署缉发〔2021〕141 号)

近一时期来,粤港澳海上跨境走私冻品等犯罪频发,严重破坏海关监管秩序和正常贸易秩序。走私冻品存在疫情传播风险,严重危害公共卫生安全和食品安全。走私犯罪分子为实施犯罪或逃避追缉,采取暴力抗拒执法,驾驶改装船舶高速行驶冲撞等方式,严重威胁海上正常航行安全。为严厉打击粤港澳海上跨境走私,现就当前比较突出的法律适用问题提出以下指导意见:

一、非设关地走私进口未取得国家检验检疫准入证书的冻品,应认定为国家禁止进口的货物,构成犯罪的,按走私国家禁止进出口的货物罪定罪处罚。其中,对走私来自境外疫区的冻品,依据《最高人民法院、最高人民检察院关于办理走私刑事案件适用法律若干问题的解释》(法释〔2014〕10 号,以下简称《解释》)第十一条第一款第四项和第二款规定定罪处罚。对走私来自境外非疫区的冻品,或者无法查明是否来自境外疫区的冻品,依据《解释》第十一条第一款第六项和第二款规定定罪处罚。

二、走私犯罪分子在实施走私犯罪或者逃避追缉过程中,实施碰撞、挤别、抛撒障碍物、超高速行驶、强光照射驾驶人员等危险行为,危害公共安全的,以走私罪和以危险方法危害公共安全罪数罪并罚。以暴力、威胁方法抗拒缉私执法,以走私罪和袭警罪或者妨害公务罪数罪并罚。武装掩护走私的,依照刑法第一百五十一条第一款规定从重处罚。

三、犯罪嫌疑人真实姓名、住址无法查清的,按其绰号或者自报的姓名、住址认定,并在法律文书中注明。

犯罪嫌疑人的国籍、身份,根据其入境时的有效证件认定;拥有两国以上护照的,以其入境时所持的护照认定其国籍。

犯罪嫌疑人国籍不明的,可以通过出入境管理部门协助查明,或者以有关国家驻华使、领馆出具的证明认定;确实无法查明国籍的,以无国籍人员对待。

四、对用于运输走私冻品等货物的船舶、车辆,按照以下原则处置:

(一)对“三无”船舶,无法提供有效

证书的船舶、车辆,依法予以没收、收缴或者移交主管机关依法处置;

(二)对走私犯罪分子自有的船舶、车辆或者假挂靠、长期不作登记、虚假登记等实为走私分子所有的船舶、车辆,作为犯罪工具依法没收;

(三)对所有人明知或者应当知道他人实施走私冻品等犯罪而出租、出借的船舶、车辆,依法予以没收。

具有下列情形之一的,可以认定船舶、车辆出租人、出借人明知或者应当知道他人实施违法犯罪,但有证据证明确属被蒙骗或者有其他相反证据的除外:

(一)出租人、出借人未经有关部门批准,擅自将船舶改装为可运载冻品等货物用的船舶,或者进行伪装的;

(二)出租人、出借人默许实际承运人将船舶改装为可运载冻品等货物用船舶,或者进行伪装的;

(三)因出租、出借船舶、车辆用于走私受过行政处罚,又出租、出借给同一走私人或者同一走私团伙使用的;

(四)出租人、出借人拒不提供真实的实际承运人信息,或者提供虚假的实际承运人信息的;

(五)其他可以认定明知或者应当知道的情形。

是否属于"三无"船舶,按照《"三无"船舶联合认定办法》(署缉发〔2021〕88号印发)规定认定。

五、对查封、扣押的未取得国家检验检疫准入证书的冻品,走私犯罪事实已基本查清的,在做好拍照、录像、称量、勘验、检查等证据固定工作和保留样本后,依照《罚没走私冻品处置办法(试行)》(署缉发〔2015〕289号印发)和《海关总署　财政部关于查获走私冻品由地方归口处置的通知》(署财函〔2019〕300号)规定,先行移交有关部门作无害化处理。

六、办理粤港澳海上以外其他地区非设关地走私刑事案件,可以参照本意见的精神依法处理。

最高人民法院、最高人民检察院、海关总署
关于办理利用海南离岛旅客免税购物政策走私刑事案件有关问题的指导意见

(2022年8月25日　法[2022]192号)

海南离岛旅客免税购物政策(以下简称离岛免税政策)是中央支持海南自贸港建设的一项特殊优惠政策。组织利用他人离岛免税购物资格和额度分散购买离岛免税商品后在国内市场销售牟利,是离岛免税政策实施过程中出现的新型走私方式。当前,利用离岛免税政策走私免税商品的犯罪频发,影响"一线放开、二线管住"贸易自由便利制度的稳步推进,直接损害海南自由贸易港的健康发展。为准确把握打击范围,统一执法、司法标准,有效遏制此类走私犯罪,保障离岛免税政策有序稳定运行,根据有关法律法规,经共同研究,提出以下指导意见。

一、关于利用离岛免税政策走私行为的认定

违反海关监管规定,组织利用他人离岛免税购物资格和额度分散购买免税商品后再次销售牟利的,系伪报贸易性质的走私行为,构成犯罪的,依照刑法第一百

五十三条的规定,以走私普通货物罪定罪处罚。

旅客违反海关监管规定,以转售牟利为目的,利用自身免税额度购买免税商品后销售的,系走私行为,构成犯罪的,依照刑法第一百五十三条的规定,以走私普通货物罪定罪处罚。案发后主动退缴违法所得,情节显著轻微的,可不作为犯罪处理。

明知他人利用离岛免税政策走私免税商品仍直接向其收购,数额较大的,依照刑法第一百五十五条第(一)项的规定,以走私罪论处,但对于普通消费者利用离岛免税政策委托他人代购商品自用的,不作为犯罪处理。

二、准确把握宽严相济刑事政策

对于利用离岛免税政策走私行为,应在查明偷逃应缴税额的基础上,综合考虑行为人在走私活动中的实际地位、作用、参与次数、涉案金额、获利情况等,确定是否追究刑事责任及罪责大小。

对于走私离岛免税商品共同犯罪,应从犯意发起、实行行为的分工与完成、获利分配等方面综合考虑,区分主从犯。对于组织、策划、指挥者、为主出资者、主要获利者,应认定为主犯。对于为获取少量报酬或者仅领取工资,听从雇主指挥、安排实施特定环节行为的参与者,一般可以认定为从犯,依法从轻、减轻或者免除处罚。减轻、免除处罚的,可根据情节适当减轻或者免除罚金刑。

实施走私离岛免税商品犯罪,认罪认罚,主动退缴违法所得、预缴罚金的,一般应当从宽处理。

公安部办公厅
关于若干经济犯罪案件如何统计涉案总价值、挽回经济损失数额的批复

(2008年11月5日,公经〔2008〕214号)

云南省公安厅警令部:

《云南省公安厅警令部关于经济犯罪案件如何统计涉案金额、挽回经济损失数等有关问题的请示》(云公警令〔2008〕22号)收悉。经研究,批复如下:

一、虚报注册资本案按照虚报数额统计涉案总价值;虚假出资、抽逃出资案按照虚假或抽逃的出资数额统计涉案总价值。

二、贷款诈骗案按照诈骗的贷款数额统计涉案总价值。

三、走私假币案、伪造货币案、出售、购买、运输假币案、金融工作人员购买假币、以假币换取货币案、持有、使用假币案、变造货币案,按照已经查证属实的伪造、变造的货币的面值统计涉案总价值。

伪造、变造的外国货币以及香港、澳门、台湾地区货币的面值,按照立案时国家外汇管理机关公布的外汇牌价折算成人民币后统计。

四、危害税收征管案按照以下方法统计涉案总价值:

(一)偷税案按照偷税数额统计涉案总价值。

(二)抗税案按照拒缴税款额统计涉案总价值。

（三）逃避追缴欠税案按照欠缴税款额统计涉案总价值。

（四）骗取出口退税案按照骗取税款额统计涉案总价值。

（五）虚开增值税专用发票、用于骗取出口退税、抵扣税款发票案按照价税合计额统计涉案总价值。

（六）伪造、出售伪造的增值税专用发票案、非法出售增值税专用发票案、非法购买增值税专用发票、购买伪造的增值税专用发票案，发票已经填开或打印金额的，按照价税合计额统计涉案总价值；发票未填开或打印金额的，不统计涉案总价值。

（七）非法制造、出售非法制造的用于骗取出口退税、抵扣税款发票案、非法出售用于骗取出口退税、抵扣税款发票案，发票已经填开或打印、印刷金额的，按照票面金额统计涉案总价值；票面既有价款额又有税款额的，按照价税合计额统计涉案总价值；发票未填开或打印、印刷金额的，不统计涉案总价值。

（八）非法制造、出售非法制造的发票案、非法出售发票案，发票已经填开或打印、印刷金额的，按照票面金额统计涉案总价值；发票未填开或打印、印刷金额的，不统计涉案总价值。

五、挽回经济损失额按照实际追缴的赃款以及赃物折价统计。

妨害对公司、企业的管理秩序罪

最高人民检察院、公安部关于严格依法办理虚报注册资本和虚假出资抽逃出资刑事案件的通知

（2014年5月20日，公经〔2014〕247号）

各省、自治区、直辖市人民检察院，公安厅、局，新疆生产建设兵团人民检察院、公安局：

2013年12月28日，第十二届全国人民代表大会常务委员会第六次会议通过了关于修改《中华人民共和国公司法》的决定，自2014年3月1日起施行。2014年4月24日，第十二届全国人民代表大会常务委员会第八次会议通过了《全国人大常委会关于刑法第一百五十八条、第一百五十九条的解释》。为了正确执行新修改的公司法和全国人大常委会立法解释，现就严格依法办理虚报注册资本和虚假出资、抽逃出资刑事案件的有关要求通知如下：

一、充分认识公司法修改对案件办理工作的影响。新修改的公司法主要涉及三个方面：一是将注册资本实缴登记制改为认缴登记制，除对公司注册资本实缴有另行规定的以外，取消了公司法定出资期限的规定，采取公司股东（发起人）自主约定认缴出资额、出资方式、出资期限等并记载于公司章程的规定。二是放宽注

册资本登记条件,除对公司注册资本最低限额有另行规定的以外,取消了公司最低注册资本限制、公司设立时股东(发起人)的首次出资比例以及货币出资比例限制。三是简化登记事项和登记文件,有限责任公司股东认缴出资额、公司实收资本不再作为登记事项,公司登记时不需要提交验资报告。全国人大常委会立法解释规定:“刑法第一百五十八条、第一百五十九条的规定,只适用于依法实行注册资本实缴登记制的公司。”新修改的公司法和上述立法解释,必将对公安机关、检察机关办理虚报注册资本和虚假出资、抽逃出资刑事案件产生重大影响。各级公安机关、检察机关要充分认识新修改的公司法和全国人大常委会立法解释的重要意义,深刻领会其精神实质,力争在案件办理工作中准确适用,并及时了解掌握本地区虚报注册资本和虚假出资、抽逃出资案件新情况、新问题以及其他相关犯罪态势,进一步提高办理虚报注册资本和虚假出资、抽逃出资刑事案件的能力和水平。

二、严格把握罪与非罪的界限。根据新修改的公司法和全国人大常委会立法解释,自2014年3月1日起,除依法实行注册资本实缴登记制的公司[参见《国务院关于印发注册资本登记制度改革方案的通知》(国发〔2014〕7号)]以外,对申请公司登记的单位和个人不得以虚报注册资本罪追究刑事责任;对公司股东、发起人不得以虚假出资、抽逃出资罪追究刑事责任。对依法实行注册资本实缴登记制的公司涉嫌虚报注册资本和虚假出资、抽逃出资犯罪的,各级公安机关、检察机关依照刑法和《立案追诉标准(二)》的相关规定追究刑事责任时,应当认真研究行为性质和危害后果,确保执法办案的法律效果和社会效果。

三、依法妥善处理跨时限案件。各级公安机关、检察机关对发生在2014年3月1日以前尚未处理或者正在处理的虚报注册资本和虚假出资、抽逃出资刑事案件,应当按照刑法第十二条规定的精神处理:除依法实行注册资本实缴登记制的公司以外,依照新修改的公司法不再符合犯罪构成要件的案件,公安机关已经立案侦查的,应当撤销案件;检察机关已经批准逮捕的,应当撤销批准逮捕决定,并监督公安机关撤销案件;检察机关审查起诉的,应当作出不起诉决定;检察机关已经起诉的,应当撤回起诉并作出不起诉决定;检察机关已经抗诉的,应当撤回抗诉。

四、进一步加强工作联系和沟通。(略)

公安部经济犯罪侦查局关于如何认定湖北××股份有限责任公司涉嫌提供虚假财会报告罪的批复

(2002年5月9日,公经〔2002〕549号)

湖北省公安厅经侦总队:

一、关于直接经济损失的认定。如湖北××股份有限公司(现湖北生态农业股份有限公司)涉嫌提供虚假财会报告是中国证监会和公安机关对该公司进行调查的主要原因,则“涉嫌提供虚假财会报告”应认定为该公司股票下跌的直接原因，由此引起的该公司股票两次连续3天的下跌应计算为股东的经济损失。经济损失数额应包括该公司股票市值两次连续3天缩水的总额，即所有股东的整体损失。

二、对该公司股票临时停牌的认定。今年1月21日、22日，该公司因“重大事项”未公告，其股票被上海证券交易所临时停牌。如果“重大事项”的主要内容是该公司涉嫌提供虚假财会报告，该公司股票被临时停牌符合最高人民检察院、公安部《关于经济犯罪案件追诉标准的规定》第五条规定的情形。

公安部经济犯罪侦查局关于认定烟台××电子信息产业股份有限公司涉嫌提供虚假财会报告罪犯罪结果的批复

(2002年6月13日，公经〔2002〕697号)

山东省公安厅经侦总队：

烟台××电子信息产业股份有限公司因提供虚假财会报告被中国证监会调查后，该公司在2001年9月8日发布的风险提示报告、2002年4月17日及19日发布的较大会计差错报告，是导致该股在2001年9月8日、10日及2002年4月17日至22日连续数日股票大幅下跌的直接原因，在此期间该股市值缩小数额应计算为提供虚假财会报告给股东造成的经济损失，应认定为犯罪结果。

公安部经济犯罪侦查局关于对隐匿销毁会计资料罪有关问题请示的答复

(2002年12月24日，公经〔2002〕1605号)

山东省公安厅经侦总队：

你总队《关于对荣钦光张家峰隐匿、销毁会计资料案有关问题的请示》(鲁公经〔2002〕770号)收悉。经研究，现答复如下，供参考：

一、根据2002年全国人大法制工作委员会对国家审计署有关请示的答复(［2002］3号)：隐匿、销毁会计凭证、会计账簿、财务会计报告，涉嫌犯罪的，应当由公安机关立案侦查。

二、根据《会计法》、《审计法》、《海关法》、《公司法》、《企业法》、《行政法》、《刑事诉讼法》等有关法律法规的规定，下列单位(人员)在执行公务中有权要求会计机构或会计人员提供会计资料：1. 依法实施监督检查的财政、审计、税务、人民银行、证券监管、保险监管、监察、党的纪律检查机关等监督检查机关(部门)；2. 办理相关刑事案件的公安、司法机关；3. 上级主管部门、人民政府及其授权机构；4. 股东(大)会、董事会、监事会、职能监督部门或单位领导人、会计主管人员等；5. 法律法规规定的其他部门。

最高人民检察院法律政策研究室关于在房屋拆迁过程中利用职务便利索取贿赂如何定性的批复

(2003年5月14日)

国有资本控股的上海杨房拆迁综合服务有限公司受建设单位委托对政府决策改造的地块进行拆迁,是依据法律规定进行市场运作的企业行为而非受政府委托的管理职能行为。犯罪人沈某作为国有资本控股公司的一般工作人员,既不属于在国有公司中从事公务的人员,也不是受委托在非国有公司中从事公务的人员。其利用在房屋拆迁过程中的职务便利索取贿赂,应依法认定为公司、企业人员受贿罪。

最高人民检察院研究室关于非国家工作人员涉嫌职务犯罪案件管辖问题的意见

(2001年4月10日)

公安部经济犯罪侦查局:

你局《关于征求对案件管辖权问题意见的函》(公经〔2001〕248号)收悉。经研究,提出以下意见,供参考:

鉴于职务犯罪案件的特殊性,对于非国家工作人员涉嫌职务犯罪案件的侦查管辖问题,原则上以犯罪嫌疑人工作单位所在地的公安机关管辖为宜,如果由犯罪行为实施地或者犯罪嫌疑人居住地的公安机关管辖更为适宜的,也可以由犯罪行为实施地或者犯罪嫌疑人居住地的公安机关管辖。

最高人民法院、最高人民检察院关于办理国家出资企业中职务犯罪案件具体应用法律若干问题的意见

(2010年11月26日印发,法发〔2010〕49号)

随着企业改制的不断推进,人民法院、人民检察院在办理国家出资企业中的贪污、受贿等职务犯罪案件时遇到了一些新情况、新问题。这些新情况、新问题具有一定的特殊性和复杂性,需要结合企业改制的特定历史条件,依法妥善地进行处理。现根据刑法规定和相关政策精神,就办理此类刑事案件具体应用法律的若干问题,提出以下意见:

一、关于国家出资企业工作人员在改制过程中隐匿公司、企业财产归个人持股的改制后公司、企业所有的行为的处理

国家工作人员或者受国家机关、国有公司、企业、事业单位、人民团体委托管理、经营国有财产的人员利用职务上的便利,在国家出资企业改制过程中故意通过低估资产、隐瞒债权、虚设债务、虚构产权交易等方式隐匿公司、企业财产,转为本人持有股份的改制后公司、企业所有,应当依法追究刑事责任的,依照刑法第三百八十二条、第三百八十三条的规定,以贪污罪定罪处罚。贪污数额一般应当以所隐匿财产全额计算;改制后公司、企业仍有国有股份的,按股份比例扣除归于国有的部分。

所隐匿财产在改制过程中已为行为人实际控制,或者国家出资企业改制已经完成的,以犯罪既遂处理。

第一款规定以外的人员实施该款行为的,依照刑法第二百七十一条的规定,以职务侵占罪定罪处罚;第一款规定以外的人员与第一款规定的人员共同实施该款行为的,以贪污罪的共犯论处。

在企业改制过程中未采取低估资产、隐瞒债权、虚设债务、虚构产权交易等方式故意隐匿公司、企业财产的,一般不应当认定为贪污;造成国有资产重大损失,依法构成刑法第一百六十八条或者第一百六十九条规定的犯罪的,依照该规定定罪处罚。

二、关于国有公司、企业在改制过程中隐匿公司、企业财产归职工集体持股的改制后公司、企业所有的行为的处理

国有公司、企业违反国家规定,在改制过程中隐匿公司、企业财产,转为职工集体持股的改制后公司、企业所有的,对其直接负责的主管人员和其他直接责任人员,依照刑法第三百九十六条第一款的规定,以私分国有资产罪定罪处罚。

改制后的公司、企业中只有改制前公司、企业的管理人员或者少数职工持股,改制前公司、企业的多数职工未持股的,依照本意见第一条的规定,以贪污罪定罪处罚。

三、关于国家出资企业工作人员使用改制公司、企业的资金担保个人贷款,用于购买改制公司、企业股份的行为的处理

国家出资企业的工作人员在公司、企业改制过程中为购买公司、企业股份,利用职务上的便利,将公司、企业的资金或者金融凭证、有价证券等用于个人贷款担保的,依照刑法第二百七十二条或者第三百八十四条的规定,以挪用资金罪或者挪用公款罪定罪处罚。

行为人在改制前的国家出资企业持有股份的,不影响挪用数额的认定,但量刑时应当酌情考虑。

经有关主管部门批准或者按照有关政策规定,国家出资企业的工作人员为购买改制公司、企业股份实施前款行为的,可以视具体情况不作为犯罪处理。

四、关于国家工作人员在企业改制过程中的渎职行为的处理

国家出资企业中的国家工作人员在公司、企业改制或者国有资产处置过程中严重不负责任或者滥用职权,致使国家利益遭受重大损失的,依照刑法第一百六十八条的规定,以国有公司、企业人员失职罪或者国有公司、企业人员滥用职权罪定罪处罚。

国家出资企业中的国家工作人员在公司、企业改制或者国有资产处置过程中徇私舞弊,将国有资产低价折股或者低价出售给其本人未持有股份的公司、企业或者其他个人,致使国家利益遭受重大损失的,依照刑法第一百六十九条的规定,以徇私舞弊低价折股、出售国有资产罪定罪处罚。

国家出资企业中的国家工作人员在公司、企业改制或者国有资产处置过程中徇私舞弊,将国有资产低价折股或者低价出售给特定关系人持有股份或者本人实际控制的公司、企业,致使国家利益遭受重大损失的,依照刑法第三百八十二条、第三百八十三条的规定,以贪污罪定罪处罚。贪污数额以国有资产的损失数额计算。

国家出资企业中的国家工作人员因实施第一款、第二款行为收受贿赂,同时又构成刑法第三百八十五条规定之罪的,依照处罚较重的规定定罪处罚。[①]

五、关于改制前后主体身份发生变化的犯罪的处理

国家工作人员在国家出资企业改制前利用职务上的便利实施犯罪,在其不再具有国家工作人员身份后又实施同种行为,依法构成不同犯罪的,应当分别定罪,实行数罪并罚。

国家工作人员利用职务上的便利,在国家出资企业改制过程中隐匿公司、企业财产,在其不再具有国家工作人员身份后将所隐匿财产据为己有的,依照刑法第三百八十二条、第三百八十三条的规定,以贪污罪定罪处罚。

国家工作人员在国家出资企业改制过程中利用职务上的便利为请托人谋取利益,事先约定在其不再具有国家工作人员身份后收受请托人财物,或者在身份变化前后连续收受请托人财物的,依照刑法第三百八十五条、第三百八十六条的规定,以受贿罪定罪处罚。

六、关于国家出资企业中国家工作人员的认定

经国家机关、国有公司、企业、事业单位提名、推荐、任命、批准等,在国有控股、参股公司及其他分支机构中从事公务的人员,应当认定为国家工作人员。具体的任命机构和程序,不影响国家工作人员的认定。

经国家出资企业中负有管理、监督国有资产职责的组织批准或者研究决定,代表其在国有控股、参股公司及其分支机构中从事组织、领导、监督、经营、管理工作的人员,应当认定为国家工作人员。

国家出资企业中的国家工作人员,在国家出资企业中持有个人股份或者同时接受非国有股东委托的,不影响其国家工作人员身份的认定。

七、关于国家出资企业的界定

本意见所称"国家出资企业",包括国家出资的国有独资公司、国有独资企业,以及国有资本控股公司、国有资本参股公司。

是否属于国家出资企业不清楚的,应遵循"谁投资、谁拥有产权"的原则进行界定。企业注册登记中的资金来源与实际出资不符的,应根据实际出资情况确定企业的性质。企业实际出资情况不清楚的,可以综合工商注册、分配形式、经营管理等因素确定企业的性质。

八、关于宽严相济刑事政策的具体贯彻

办理国家出资企业中的职务犯罪案件时,要综合考虑历史条件、企业发展、职工就业、社会稳定等因素,注意具体情况具体分析,严格把握犯罪与一般违规行为的区分界限。对于主观恶意明显、社会危害严重、群众反映强烈的严重犯罪,要坚决依法从严惩处;对于特定历史条件下、为了顺利完成企业改制而实施的违反国家政策法律规定的行为,行为人无主观恶意或者主观恶意不明显,情节较轻,危害不大的,可以不作为犯罪处理。

对于国家出资企业中的职务犯罪,要加大经济上的惩罚力度,充分重视财产刑

① 最高法、最高检2016年《关于办理贪污贿赂刑事案件适用法律若干问题的解释》第十七条规定:"国家工作人员利用职务上的便利,收受他人财物,为他人谋取利益,同时构成受贿罪和刑法分则第三章第三节、第九章规定的渎职犯罪的,除刑法另有规定外,以受贿罪和渎职犯罪数罪并罚。"因此,《关于办理国家出资企业中职务犯罪案件具体应用法律若干问题的意见》中"国家出资企业中国家工作人员因实施第一、二款行为收受贿赂,同时又构成刑法第三百八十五条之罪的,依照处罚较重的规定定罪处罚"的规定今后不应再适用。

的适用和执行,最大限度地挽回国家和人民利益遭受的损失。不能退赃的,在决定刑罚时,应当作为重要情节予以考虑。

最高人民法院
关于如何认定国有控股、
参股股份有限公司中的
国有公司、企业人员的解释

(2005年7月31日最高人民法院审判委员会第1359次会议通过,2005年8月1日发布,自2005年8月11日起施行,法释〔2005〕10号)

为准确认定刑法分则第三章第三节中的国有公司、企业人员,现对国有控股、参股的股份有限公司中的国有公司、企业人员解释如下:

国有公司、企业委派到国有控股、参股公司从事公务的人员,以国有公司、企业人员论。

最高人民检察院
关于中国农业发展银行
及其分支机构的工作人员
法律适用问题的答复

(2002年9月23日,高检研发〔2002〕第16号)

湖北省人民检察院研究室:

你院关于中国农业发展银行工作人员法律适用问题的请示(鄂检文〔2001〕50号)收悉。经研究,答复如下:

中国农业发展银行及其分支机构的工作人员严重不负责任或者滥用职权,构成犯罪的,应当依照刑法第一百六十八条的规定追究刑事责任。

公安部经济犯罪侦查局
关于能否对章××进行立案
侦查的批复

(2002年4月9日,公经〔2002〕446号)

江苏省公安厅经侦总队:

你总队《关于能否对章××进行立案侦查的请示》(苏公经〔2002〕71号)收悉。经研究,批复如下:

国有企业人员失职罪的追诉标准,应按失职行为造成的直接经济损失计算,案发后司法机关追回的赃款和犯罪嫌疑人主动退回的赃款数额,只是量刑情节,不影响定罪。如果按照上述标准计算,符合追诉标准的,应予立案侦查。

最高人民法院刑事审判第二庭
关于国有公司人员滥用职权犯罪
追溯期限等问题的答复

(2005年1月13日)

公安部经济犯罪侦查局:

你局公经〔2004〕1914号《关于对一

案件法律适用问题征求意见的函》收悉。经研究,答复如下:

一、对于本案行为人的行为应适用1999年12月25日《中华人民共和国刑法修正案(二)》的规定,以国有公司人员失职罪或滥用职权罪追究其刑事责任。

二、国有公司人员滥用职权或失职罪的追诉期限应从损失结果发生之日起计算。就本案而言,追诉期限应以法律意义上的损失发生为标准,即以人民法院民事终审判决之日起计算。

此复。

破坏金融管理秩序罪与金融诈骗罪

全国法院审理金融犯罪案件工作座谈会纪要

(2001年1月21日)

为进一步加强人民法院对金融犯罪案件的审判工作,正确理解和适用刑法对金融犯罪的有关规定,更加准确有力地依法打击各种金融犯罪,最高人民法院于2000年9月20日至22日在湖南省长沙市召开了全国法院审理金融犯罪案件工作座谈会。各省、自治区、直辖市高级人民法院和解放军军事法院主管刑事审判工作的副院长、刑事审判庭庭长以及中国人民银行的代表参加了座谈会。最高人民法院副院长刘家琛在座谈会上作了重要讲话。

座谈会总结交流了全国法院审理金融犯罪案件工作的情况和经验,研究讨论了刑法修订以来审理金融犯罪案件中遇到的有关具体适用法律的若干问题,对当前和今后一个时期人民法院审理金融犯罪案件工作提出了明确的要求和意见。纪要如下:

一、座谈会认为,金融是现代经济的核心。(略)

二、座谈会重点研究讨论了人民法院审理金融犯罪案件中遇到的一些有关适用法律问题。与会同志认为,对于修订后的刑法实施过程中遇到的具体适用法律问题,在最高法院相应的新的司法解释出台前,原有司法解释与现行刑法不相冲突的仍然可以参照执行。对于法律和司法解释没有具体规定或规定不够明确,司法实践中又亟待解决的一些问题,与会同志结合审判实践进行了深入的探讨,并形成了一致意见:

(一)关于单位犯罪问题

根据刑法和《最高人民法院关于审理单位犯罪案件具体应用法律有关问题的解释》的规定,以单位名义实施犯罪,违法所得归单位所有的,是单位犯罪。

1. 单位的分支机构或者内设机构、部门实施犯罪行为的处理。以单位的分支机构或者内设机构、部门的名义实施犯罪,违法所得亦归分支机构或者内设机构、部门所有的,应认定为单位犯罪。不能因为单位的分支机构或者内设机构、部门没有可供执行罚金的财产,就不将其认定为单位犯罪,而按照个人犯罪处理。

2. 单位犯罪直接负责的主管人员和其他直接责任人员的认定。直接负责的主管人员,是在单位实施的犯罪中起决定、批准、授意、纵容、指挥等作用的人员,一般是单位的主管负责人,包括法定代表人。其他直接责任人员,是在单位犯罪中具体实施犯罪并起较大作用的人员,既可以是单位的经营管理人员,也可以是单位的职工,包括聘任、雇用的人员。应当注意的是,在单位犯罪中,对于受单位领导指派或奉命而参与实施了一定犯罪行为的人员,一般不宜作为直接责任人员追究刑事责任。对单位犯罪中的直接负责的主管人员和其他直接责任人员,应根据其在单位犯罪中的地位、作用和犯罪情节,分别处以相应的刑罚,主管人员与直接责任人员,在个案中,不是当然的主、从犯关系,有的案件,主管人员与直接责任人员在实施犯罪行为的主从关系不明显的,可不分主、从犯。但具体案件可以分清主、从犯,且不分清主、从犯,在同一法定刑档次、幅度内量刑无法做到罪刑相适应的,应当分清主、从犯,依法处罚。

3.对未作为单位犯罪起诉的单位犯罪案件的处理。对于应当认定为单位犯罪的案件,检察机关只作为自然人犯罪案件起诉的,人民法院应及时与检察机关协商,建议检察机关对犯罪单位补充起诉。如检察机关不补充起诉的,人民法院仍应依法审理,对被起诉的自然人根据指控的犯罪事实、证据及庭审查明的事实,依法按单位犯罪中的直接负责的主管人员或者其他直接责任人员追究刑事责任,并应引用刑罚分则关于单位犯罪追究直接负责的主管人员和其他直接责任人员刑事责任的有关条款。

4.单位共同犯罪的处理。两个以上单位以共同故意实施的犯罪,应根据各单位在共同犯罪中的地位、作用大小,确定犯罪单位的主、从犯。

(二)关于破坏金融管理秩序罪

1.非金融机构非法从事金融活动案件的处理

1998年7月13日,国务院发布了《非法金融机构和非法金融业务活动取缔办法》。1998年8月11日,国务院办公厅转发了中国人民银行整顿乱集资、乱批设金融机构和乱办金融业务实施方案,对整顿金融"三乱"工作的政策措施等问题作出了规定。各地根据整顿金融"三乱"工作实施方案的规定,对于未经中国人民银行批准,但是根据地方政府或有关部门文件设立并从事或变相从事金融业务的各类基金会、互助会、储金会等机构和组织,由各地人民政府和各有关部门限期进行清理整顿。超过实施方案规定期限继续从事非法金融业务活动的,依法予以取缔;情节严重、构成犯罪的,依法追究刑事责任。因此,上述非法从事金融活动的机构和组织只要在实施方案规定期限之前停止非法金融业务活动的,对有关单位和责任人员,不应以擅自设立金融机构罪处理;对其以前从事的非法金融活动,一般也不作犯罪处理;这些机构和组织的人员利用职务实施的个人犯罪,如贪污罪、职务侵占罪、挪用公款罪、挪用资金罪等,应当根据具体案情分别依法定罪处罚。

2.关于假币犯罪

假币犯罪的认定。假币犯罪是一种严重破坏金融管理秩序的犯罪。只要有证据证明行为人实施了出售、购买、运输、使用假币行为,且数额较大,就构成犯罪。伪造货币的,只要实施了伪造行为,不论是否完成全部印制工序,即构成伪造货币罪;对于尚未制造出成品,无法计算伪造、销售假币面额的,或者制造、销售用于伪造货币的版样的,不认定犯罪数额,依据犯罪情节决定刑罚。明知是伪造的货币而持有,数额较大,根据现有证据不能认定行为人是为了进行其他假币犯罪的,以持有假币罪定罪处罚;如果有证据证明其持有的假币已构成其他假币犯罪的,应当以其他假币犯罪定罪处罚。

假币犯罪罪名的确定。假币犯罪案件中犯罪分子实施数个相关行为的,在确定罪名时应把握以下原则:(1)对同一宗假币实施了法律规定为选择性罪名的行为,应根据行为人所实施的数个行为,按相关罪名刑法规定的排列顺序并列确定罪名,数额不累计计算,不实行数罪并罚。(2)对不同宗假币实施法律规定选择性罪名的行为,并列确定罪名,数额按全部假币面额累计计算,不实行数罪并罚。(3)对同一宗假币实施了刑法没有规定为选择性罪名的数个犯罪行为,择一重罪从重处罚。如伪造货币或者购买假币后使用的,以伪造货币罪或购买假币罪定罪,从重处罚。(4)对不同宗假币实施了刑法没有规定为选择性罪名的数个犯罪行为,分别定罪,数罪并罚。

出售假币被查获部分的处理。在出售假币时被抓获的,除现场查获的假币应认定为出售假币的犯罪数额外,现场之外在行为人住所或者其他藏匿地查获的假币,亦应认定为出售假币的犯罪数额。但有证据证实后者是行为人有实施其他假币犯罪的除外。

制造或者出售伪造的台币行为的处理。对于伪造台币的,应当以伪造货币罪定罪处罚;出售伪造的台币的,应当以出售假币罪定罪处罚。

3. 用账外客户资金非法拆借、发放贷款行为的认定和处罚

银行或者其他金融机构及其工作人员以牟利为目的,采取吸收客户资金不入账的方式,将客户资金用于非法拆借、发放贷款,造成重大损失的,构成用账外客户资金非法拆借、发放贷款罪。以牟利为目的,是指金融机构及其工作人员为本单位或者个人牟利,不具有这种目的,不构成该罪。这里的“牟利”,一般是指谋取用账外客户资金非法拆借、发放贷款所产生的非法收益,如利息、差价等。对于用款人为取得贷款而支付的回扣、手续费等,应根据具体情况分别处理:银行或者其他金融机构用账外客户资金非法拆借、发放贷款,收取的回扣、手续费等,应认定为“牟利”;银行或者其他金融机构的工作人员利用职务上的便利,用账外客户资金非法拆借、发放贷款,收取回扣、手续费等,数额较小的,以“牟利”论处;银行或者其他金融机构的工作人员将用款人支付给单位的回扣、手续费秘密占为己有,数额较大的,以贪污罪定罪处罚;银行或者其他金融机构的工作人员利用职务便利,用账外客户资金非法拆借、发放贷款,索取用款人的财物,或者非法收受其他财物,或者收取回扣、手续费等,数额较大的,以受贿罪定罪处罚。吸收客户资金不入账,是指不记入金融机构的法定存款账目,以逃避国家金融监管,至于是否记入法定账目以外设立的账目,不影响该罪成立。

审理银行或者其他金融机构及其工作人员用账外客户资金非法拆借、发放贷款案件,要注意将用账外客户资金非法拆借、发放贷款行为与挪用公款罪和挪用资金罪区别开来。对于利用职务上便利,挪用已经记入金融机构法定存款账户的客户资金归个人使用的,或者吸收客户资金不入账,却给客户开具银行存单,客户也认为将款已存入银行,该款却被行为人以个人名义借贷给他人的,均应认定为挪用公款罪或者挪用资金罪。

4. 破坏金融管理秩序相关犯罪数额和情节的认定

最高人民法院先后颁行了《关于审理伪造货币等案件具体应用法律若干问题的解释》、《关于审理走私刑事案件具体应用法律若干问题的解释》,对伪造货币,走私、出售、购买、运输假币等犯罪的定罪处刑标准以及相关适用法律问题作出了明确规定。为正确执行刑法,在其他有关的司法解释出台之前,对假币犯罪以外的破坏金融管理秩序犯罪的数额和情节,可参照以下标准掌握:

关于非法吸收公众存款罪。非法吸收或者变相吸收公众存款的,要从非法吸收公众存款的数额、范围以及给存款人造成的损失等方面来判定扰乱金融秩序造成危害的程度。根据司法实践,具有下列情形之一的,可以按非法吸收公众存款罪定罪处罚:(1)个人非法吸收或者变相吸收公众存款二十万元以上的,单位非法吸收或者变相吸收公众存款一百万元以上的;(2)个人非法吸收或者变相吸收公众存款三十户以上的,单位非法吸收或者变相吸收公众存款一百五十户以上的;(3)个人非法吸收或者变相吸收公众存款给存款人造成损失十万元以上的,单位非法吸收或者变相吸收公众存款给存款人造成损失五十万元以上的,或者造成其他严重后果的。个人非法吸收或者变相吸收公众存款一百万元以上,单位非法吸收或者变相吸收公众存款五百万元以上的,可以认定为"数额巨大"。

关于违法向关系人发放贷款罪。银行或者其他金融机构工作人员违反法律、行政法规规定,向关系人发放信用贷款或者发放担保贷款的条件优于其他借款人同类贷款条件,造成十至三十万元以上损失的,可以认定为"造成较大损失";造成五十至一百万元以上损失的,可以认定为"造成重大损失"。

关于违法发放贷款罪。银行或者其他金融机构工作人员违反法律、行政法规规定,向关系人以外的其他人发放贷款,造成五十至一百万元以上损失的,可以认定为"造成重大损失";造成三百至五百万元以上损失的,可以认定为"造成特别重大损失"。

关于用账外客户资金非法拆借、发放贷款罪。对于银行或者其他金融机构工作人员以牟利为目的,采取吸收客户资金不入账的方式,将资金用于非法拆借、发放贷款,造成五十至一百万元以上损失的,可以认定为"造成重大损失";造成三百至五百万元以上损失的,可以认定为"造成特别重大损失"。

对于单位实施违法发放贷款和用账外客户资金非法拆借、发放贷款造成损失构成犯罪的数额标准,可按个人实施上述犯罪的数额标准二至四倍掌握。

由于各地经济发展不平衡,各省、自治区、直辖市高级人民法院可参照上述数额标准或幅度,根据本地的具体情况,确定在本地区掌握的具体标准。

(三)关于金融诈骗罪

1. 金融诈骗罪中非法占有目的的认定。

金融诈骗犯罪都是以非法占有为目的的犯罪。在司法实践中,认定是否具有非法占有为目的,应当坚持主客观相一致的原则,既要避免单纯根据损失结果客观归罪,也不能仅凭被告人自己的供述,而应当根据案件具体情况具体分析。根据司法实践,对于行为人通过诈骗的方法非法获取资金,造成数额较大资金不能归还,并具有下列情形之一的,可以认定为具有非法占有的目的:(1)明知没有归还能力而大量骗取资金的;(2)非法获取资金后逃跑的;(3)肆意挥霍骗取资金的;(4)使用骗取的资金进行违法犯罪活动的;(5)抽逃、转移资金、隐匿财产,以逃避返还资金的;(6)隐匿、销毁账目,或者搞假破产、假倒闭,以逃避返还资金的;(7)其他非法占有资金、拒不返还的行为。但是,在处理具体案件的时候,对于有证据证明行为人不具有非法占有目的的,不能单纯以财产不能归还就按金融诈骗罪处罚。

2. 贷款诈骗罪的认定和处理。贷款诈骗犯罪是目前案发较多的金融诈骗犯罪之一。审理贷款诈骗犯罪案件,应当注意以下两个问题:

一是单位不能构成贷款诈骗罪。根据刑法第三十条和第一百九十三条的规定,单位不构成贷款诈骗罪。对于单位实施的贷款诈骗行为,不能以贷款诈骗罪定罪处罚,也不能以贷款诈骗罪追究直接负责的主管人员和其他直接责任人员的刑事责任。但是,在司法实践中,对于单位十分明显地以非法占有为目的,利用签订、履行借款合同诈骗银行或其他金融机构贷款,符合刑法第二百二十四条规定的合同诈骗罪构成要件的,应当以合同诈骗罪定罪处罚。

二是要严格区分贷款诈骗与贷款纠纷的界限。对于合法取得贷款后,没有按规定的用途使用贷款,到期没有归还贷款的,不能以贷款诈骗罪定罪处罚;对于确有证据证明行为人不具有非法占有的目的,因不具备贷款的条件而采取了欺骗手段获取贷款,案发时有能力履行还贷义务,或者案发时不能归还贷款是因为意志以外的原因,如因经营不善、被骗、市场风险等,不应以贷款诈骗罪定罪处罚。

3. 集资诈骗罪的认定和处理。集资诈骗罪和欺诈发行股票、债券罪、非法吸收公众存款罪在客观上均表现为向社会公众非法募集资金。区别的关键在于行为人是否具有非法占有的目的。对于以非法占有为目的而非法集资,或者在非法集资过程中产生了非法占有他人资金的故意,均构成集资诈骗罪。但是,在处理具体案件时要注意以下两点:一是不能仅凭较大数额的非法集资款不能返还的结果,推定行为人具有非法占有的目的;二是行为人将大部分资金用于投资或生产经营活动,而将少量资金用于个人消费或挥霍的,不应仅以此便认定具有非法占有的目的。

4. 金融诈骗犯罪定罪量刑的数额标准和犯罪数额的计算。金融诈骗的数额不仅是定罪的重要标准,也是量刑的主要依据。在没有新的司法解释之前,可参照1996年《最高人民法院关于审理诈骗案件具体应用法律的若干问题的解释》[①]的规定执行。在具体认定金融诈骗犯罪的数额时,应当以行为人实际骗取的数额计算。对于行为人实施金融诈骗活动而支付的中介费、手续费、回扣等,或者用于行贿、赠与等费用,均应计入金融诈骗的犯罪数额。但应当将案发前已归还的数额扣除。

(四)死刑的适用

刑法对危害特别严重的金融诈骗犯

---

① 该解释已为最高法2013年《关于废止1980年1月1日至1997年6月30日期间发布的部分司法解释和司法解释性文件(第九批)的决定》废止。

罪规定了死刑。人民法院应当运用这一法律武器，有力地打击金融诈骗犯罪。对于罪行极其严重、依法该判死刑的犯罪分子，一定要坚决判处死刑。但需要强调的是，金融诈骗犯罪的数额特别巨大不是判处死刑的唯一标准，只有诈骗“数额特别巨大并且给国家和人民利益造成特别重大损失”的犯罪分子，才能依法选择适用死刑。对于犯罪数额特别巨大，但追缴、退赔后，挽回了损失或者损失不大的，一般不应当判处死刑立即执行；对具有法定从轻、减轻处罚情节的，一般不应当判处死刑。

（五）财产刑的适用

金融犯罪是图利型犯罪，惩罚和预防此类犯罪，应当注重同时从经济上制裁犯罪分子。刑法对金融犯罪都规定了财产刑，人民法院应当严格依法判处。罚金的数额，应当根据被告人的犯罪情节，在法律规定的数额幅度内确定。对于具有从轻、减轻或者免除处罚情节的被告人，对于本应并处的罚金刑原则上也应当从轻、减轻或者免除。

单位金融犯罪中直接负责的主管人员和其他直接责任人员，是否适用罚金刑，应当根据刑法的具体规定。刑法分则条文规定有罚金刑，并规定对单位犯罪中直接负责的主管人员和其他直接责任人员依照自然人犯罪条款处罚的，应当判处罚金刑，但是对直接负责的主管人员和其他直接责任人员判处罚金的数额，应当低于对单位判处罚金的数额；刑法分则条文明确规定对单位犯罪中直接负责的主管人员和其他直接责任人员只判处自由刑的，不能附加判处罚金刑。

最高人民检察院
关于办理涉互联网金融犯罪
案件有关问题座谈会纪要

（2017年6月2日，高检诉〔2017〕14号）

互联网金融是金融与互联网相互融合形成的新型金融业务模式。发展互联网金融，对加快实施创新驱动发展战略、推进供给侧结构性改革、促进经济转型升级具有积极作用。但是，在互联网金融快速发展过程中，部分机构、业态偏离了正确方向，有些甚至打着“金融创新”的幌子进行非法集资、金融诈骗等违法犯罪活动，严重扰乱了金融管理秩序，侵害了人民群众合法权益。2016年4月，国务院部署开展了互联网金融风险专项整治工作，集中整治违法违规行为，防范和化解互联网金融风险。各级检察机关积极参与专项整治工作，依法办理进入检察环节的涉互联网金融犯罪案件。针对办案中遇到的新情况、新问题，高检院公诉厅先后在昆明、上海、福州召开座谈会，对办理涉互联网金融犯罪案件中遇到的有关行为性质、法律适用、证据审查、追诉范围等问题进行了深入研究。纪要如下：

一、办理涉互联网金融犯罪案件的基本要求

促进和保障互联网金融规范健康发展，是检察机关服务经济社会发展的重要内容。各地检察机关公诉部门应当充分认识防范和化解互联网金融风险的重要性、紧迫性和复杂性，立足检察职能，积极参与互联网金融风险专项整治工作,有效预防、依法惩治涉互联网金融犯罪,切实维护人民群众合法权益,维护国家金融安全。

1. 准确认识互联网金融的本质。互联网金融的本质仍然是金融,其潜在的风险与传统金融没有区别,甚至还可能因互联网的作用而被放大。要依据现有的金融管理法律规定,依法准确判断各类金融活动、金融业态的法律性质,准确界定金融创新和金融违法犯罪的界限。在办理涉互联网金融犯罪案件时,判断是否符合"违反国家规定""未经有关国家主管部门批准"等要件时,应当以现行刑事法律和金融管理法律法规为依据。对各种类型互联网金融活动,要深入剖析行为实质并据此判断其性质,从而准确区分罪与非罪、此罪与彼罪、罪轻与罪重、打击与保护的界限,不能机械地被所谓"互联网金融创新"表象所迷惑。

2. 妥善把握刑事追诉的范围和边界。涉互联网金融犯罪案件涉案人员众多,要按照区别对待的原则分类处理,综合运用刑事追诉和非刑事手段处置和化解风险,打击少数、教育挽救大多数。要坚持主客观相统一的原则,根据犯罪嫌疑人在犯罪活动中的地位作用、涉案数额、危害结果、主观过错等主客观情节,综合判断责任轻重及刑事追诉的必要性,做到罪责适应、罚当其罪。对犯罪情节严重、主观恶性大、在犯罪中起主要作用的人员,特别是核心管理层人员和骨干人员,依法从严打击;对犯罪情节相对较轻、主观恶性较小、在犯罪中起次要作用的人员依法从宽处理。

3. 注重案件统筹协调推进。涉互联网金融犯罪跨区域特征明显,各地检察机关公诉部门要按照"统一办案协调、统一案件指挥、统一资产处置、分别侦查诉讼、分别落实维稳"(下称"三统两分")的要求分别处理好辖区内案件,加强横向、纵向联系,在上级检察机关特别是省级检察院的指导下统一协调推进办案工作,确保辖区内案件处理结果相对平衡统一。跨区县案件由地市级检察院统筹协调,跨地市案件由省级检察院统一协调,跨省案件由高检院公诉厅统一协调。各级检察机关公诉部门要加强与公安机关、地方金融办等相关单位以及检察机关内部侦监、控申等部门的联系,建立健全案件信息通报机制,及时掌握重大案件的立案、侦查、批捕、信访等情况,适时开展提前介入侦查等工作,并及时上报上级检察院。省级检察院公诉部门要发挥工作主动性,主动掌握社会影响大的案件情况,研究制定工作方案,统筹协调解决办案中遇到的问题,重大、疑难、复杂问题要及时向高检院报告。

4. 坚持司法办案"三个效果"有机统一。涉互联网金融犯罪影响广泛,社会各界特别是投资人群体十分关注案件处理。各级检察机关公诉部门要从有利于全案依法妥善处置的角度出发,切实做好提前介入侦查引导取证、审查起诉、出庭公诉等各个阶段的工作,依法妥善处理重大敏感问题,不能机械司法、就案办案。同时,要把办案工作与保障投资人合法权益紧密结合起来,同步做好释法说理、风险防控、追赃挽损、维护稳定等工作,努力实现司法办案的法律效果、社会效果、政治效果有机统一。

二、准确界定涉互联网金融行为法律性质

5. 互联网金融涉及 P2P 网络借贷、股权众筹、第三方支付、互联网保险以及通过互联网开展资产管理及跨界从事金融业务等多个金融领域，行为方式多样，所涉法律关系复杂。违法犯罪行为隐蔽性、迷惑性强，波及面广，社会影响大，要根据犯罪行为的实质特征和社会危害，准确界定行为的法律性质和刑法适用的罪名。

（一）非法吸收公众存款行为的认定

6. 涉互联网金融活动在未经有关部门依法批准的情形下，公开宣传并向不特定公众吸收资金，承诺在一定期限内还本付息的，应当依法追究刑事责任。其中，应重点审查互联网金融活动相关主体是否存在归集资金、沉淀资金、致使投资人资金存在被挪用、侵占等重大风险等情形。

7. 互联网金融的本质是金融，判断其是否属于"未经有关部门依法批准"，即行为是否具有非法性的主要法律依据是《商业银行法》、《非法金融机构和非法金融业务活动取缔办法》（国务院令第247号）等现行有效的金融管理法律规定。

8. 对以下网络借贷领域的非法吸收公众资金的行为，应当以非法吸收公众存款罪分别追究相关行为主体的刑事责任：

（1）中介机构以提供信息中介服务为名，实际从事直接或间接归集资金、甚至自融或变相自融等行为，应当依法追究中介机构的刑事责任。特别要注意识别变相自融行为，如中介机构通过拆分融资项目期限、实行债权转让等方式为自己吸收资金的，应当认定为非法吸收公众存款。

（2）中介机构与借款人存在以下情形之一的，应当依法追究刑事责任：①中介机构与借款人合谋或者明知借款人存在违规情形，仍为其非法吸收公众存款提供服务的；中介机构与借款人合谋，采取向出借人提供信用担保、通过电子渠道以外的物理场所开展借贷业务等违规方式向社会公众吸收资金的。②双方合谋通过拆分融资项目期限、实行债权转让等方式为借款人吸收资金的。在对中介机构、借款人进行追诉时，应根据各自在非法集资中的地位、作用确定其刑事责任。中介机构虽然没有直接吸收资金，但是通过大肆组织借款人开展非法集资并从中收取费用数额巨大、情节严重的，可以认定为主犯。

（3）借款人故意隐瞒事实，违反规定，以自己名义或借用他人名义利用多个网络借贷平台发布借款信息，借款总额超过规定的最高限额，或将吸收资金用于明确禁止的投资股票、场外配资、期货合约等高风险行业，造成重大损失和社会影响的，应当依法追究借款人的刑事责任。对于借款人将借款主要用于正常的生产经营活动，能够及时清退所吸收资金，不作为犯罪处理。

9. 在非法吸收公众存款罪中，原则上认定主观故意并不要求以明知法律的禁止性规定为要件。特别是具备一定涉金融活动相关从业经历、专业背景或在犯罪活动中担任一定管理职务的犯罪嫌疑人，应当知晓相关金融法律管理规定，如果有证据证明其实际从事的行为应当批准而未经批准，行为在客观上具有非法性，原则上就可以认定其具有非法吸收公众存款的主观故意。在证明犯罪嫌疑人的主观故意时，可以收集运用犯罪嫌疑人的任职情况、职业经历、专业背景、培训经历、此前任职单位或者其本人因从事同类行为受到处罚情况等证据，证明犯罪嫌疑人提出的"不知道相关行为被法律所禁止，故不具有非法吸收公众存款的主观故意”等辩解不能成立。除此之外,还可以收集运用以下证据进一步印证犯罪嫌疑人知道或应当知道其所从事行为具有非法性,比如犯罪嫌疑人故意规避法律以逃避监管的相关证据:自己或要求下属与投资人签订虚假的亲友关系确认书,频繁更换宣传用语逃避监管,实际推介内容与宣传用语、实际经营状况不一致,刻意向投资人夸大公司兑付能力,在培训课程中传授或接受规避法律的方法,等等。

10. 对于无相关职业经历、专业背景,且从业时间短暂,在单位犯罪中层级较低,纯属执行单位领导指令的犯罪嫌疑人提出辩解的,如确实无其他证据证明其具有主观故意的,可以不作为犯罪处理。另外,实践中还存在犯罪嫌疑人提出因信赖行政主管部门出具的相关意见而陷入错误认识的辩解。如果上述辩解确有证据证明,不应作为犯罪处理,但应当对行政主管部门出具的相关意见及其出具过程进行查证,如存在以下情形之一,仍应认定犯罪嫌疑人具有非法吸收公众存款的主观故意:(1)行政主管部门出具意见所涉及的行为与犯罪嫌疑人实际从事的行为不一致的;(2)行政主管部门出具的意见未对是否存在非法吸收公众存款问题进行合法性审查,仅对其他合法性问题进行审查的;(3)犯罪嫌疑人在行政主管部门出具意见时故意隐瞒事实、弄虚作假的;(4)犯罪嫌疑人与出具意见的行政主管部门的工作人员存在利益输送行为的;(5)犯罪嫌疑人存在其他影响和干扰行政主管部门出具意见公正性的情形的。对于犯罪嫌疑人提出因信赖专家学者、律师等专业人士、主流新闻媒体宣传或有关行政主管部门工作人员的个人意见而陷入错误认识的辩解,不能作为犯罪嫌疑人判断自身行为合法性的根据和排除主观故意的理由。

11. 负责或从事吸收资金行为的犯罪嫌疑人非法吸收公众存款金额,根据其实际参与吸收的全部金额认定。但以下金额不应计入该犯罪嫌疑人的吸收金额:(1)犯罪嫌疑人自身及其近亲属所投资的资金金额;(2)记录在犯罪嫌疑人名下,但其未实际参与吸收且未从中收取任何形式好处的资金。吸收金额经过司法会计鉴定的,可以将前述不计入部分直接扣除。但是,前述两项所涉金额仍应计入相对应的上一级负责人及所在单位的吸收金额。

12. 投资人在每期投资结束后,利用投资账户中的资金(包括每期投资结束后归还的本金、利息)进行反复投资的金额应当累计计算,但对反复投资的数额应当作出说明。对负责或从事行政管理、财务会计、技术服务等辅助工作的犯罪嫌疑人,应当按照其参与的犯罪事实,结合其在犯罪中的地位和作用,依法确定刑事责任范围。

13. 确定犯罪嫌疑人的吸收金额时,应当重点审查、运用以下证据:(1)涉案主体自身的服务器或第三方服务器上存储的交易记录等电子数据;(2)会计账簿和会计凭证;(3)银行账户交易记录、POS机支付记录;(4)资金收付凭证、书面合同等书证。仅凭投资人报案数据不能认定吸收金额。

(二)集资诈骗行为的认定

14. 以非法占有为目的,使用诈骗方法非法集资,是集资诈骗罪的本质特征。是否具有非法占有目的,是区分非法吸收公众存款罪和集资诈骗罪的关键要件,对此要重点围绕融资项目真实性、资金去向、归还能力等事实进行综合判断。犯罪嫌疑人存在以下情形之一的,原则上可以认定具有非法占有目的:(1)大部分资金未用于生产经营活动,或名义上投入生产经营但又通过各种方式抽逃转移资金的;(2)资金使用成本过高,生产经营活动的盈利能力不具有支付全部本息的现实可能性的;(3)对资金使用的决策极度不负责任或肆意挥霍造成资金缺口较大的;(4)归还本息主要通过借新还旧来实现的;(5)其他依照有关司法解释可以认定为非法占有目的的情形。

15. 对于共同犯罪或单位犯罪案件中,不同层级的犯罪嫌疑人之间存在犯罪目的发生转化或者犯罪目的明显不同的,应当根据犯罪嫌疑人的犯罪目的分别认定。

(1)注意区分犯罪目的发生转变的时间节点。犯罪嫌疑人在初始阶段仅具有非法吸收公众存款的故意,不具有非法占有目的,但在发生经营失败、资金链断裂等问题后,明知没有归还能力仍然继续吸收公众存款的,这一时间节点之后的行为应当认定为集资诈骗罪,此前的行为应当认定为非法吸收公众存款罪。

(2)注意区分犯罪嫌疑人的犯罪目的的差异。在共同犯罪或单位犯罪中,犯罪嫌疑人由于层级、职责分工、获取收益方式、对全部犯罪事实的知情程度等不同,其犯罪目的也存在不同。在非法集资犯罪中,有的犯罪嫌疑人具有非法占有的目的,有的则不具有非法占有目的,对此,应当分别认定为集资诈骗罪和非法吸收公众存款罪。

16. 证明主观上是否具有非法占有目的,可以重点收集、运用以下客观证据:(1)与实施集资诈骗整体行为模式相关的证据:投资合同、宣传资料、培训内容等;(2)与资金使用相关的证据:资金往来记录、会计账簿和会计凭证、资金使用成本(包括利息和佣金等)、资金决策使用过程、资金主要用途、财产转移情况等;(3)与归还能力相关的证据:吸收资金所投资项目内容、投资实际经营情况、盈利能力、归还本息资金的主要来源、负债情况、是否存在虚构业绩等虚假宣传行为等;(4)其他涉及欺诈等方面的证据:虚构融资项目进行宣传、隐瞒资金实际用途、隐匿销毁账簿,等等。司法会计鉴定机构对相关数据进行鉴定时,办案部门可以根据查证犯罪事实的需要提出重点鉴定的项目,保证司法会计鉴定意见与待证的构成要件事实之间的关联性。

17. 集资诈骗的数额,应当以犯罪嫌疑人实际骗取的金额计算。犯罪嫌疑人为吸收公众资金制造还本付息的假象,在诈骗的同时对部分投资人还本付息的,集资诈骗的金额以案发时实际未兑付的金额计算。案发后,犯罪嫌疑人主动退还集资款项的,不能从集资诈骗的金额中扣除,但可以作为量刑情节考虑。

(三)非法经营资金支付结算行为的认定

18. 支付结算业务(也称支付业务)是商业银行或者支付机构在收付款人之间提供的货币资金转移服务。非银行机构从事支付结算业务,应当经中国人民银行批准取得《支付业务许可证》,成为支付机构。未取得支付业务许可从事该业务的行为,违反《非法金融机构和非法金融业务活动取缔办法》第四条第一款第(三)、(四)项的规定,破坏了支付结算业务许可制度,危害支付市场秩序和安全,情节严重的,适用刑法第二百二十五条第(三)项,以非法经营罪追究刑事责任。

具体情形:(1)未取得支付业务许可经营基于客户支付账户的网络支付业务。无证网络支付机构为客户非法开立支付账户,客户先把资金支付到该支付账户,再由无证机构根据订单信息从支付账户平台将资金结算到收款人银行账户。(2)未取得支付业务许可经营多用途预付卡业务。无证发卡机构非法发行可跨地区、跨行业、跨法人使用的多用途预付卡,聚集大量的预付卡销售资金,并根据客户订单信息向商户划转结算资金。

19. 在具体办案时,要深入剖析相关行为是否具备资金支付结算的实质特征,准确区分支付工具的正常商业流转与提供支付结算服务、区分单用途预付卡与多用途预付卡业务,充分考虑具体行为与"地下钱庄"等同类犯罪在社会危害方面的相当性以及刑事处罚的必要性,严格把握入罪和出罪标准。

三、依法认定单位犯罪及其责任人员

20. 涉互联网金融犯罪案件多以单位形式组织实施,所涉单位数量众多、层级复杂,其中还包括大量分支机构和关联单位,集团化特征明显。有的涉互联网金融犯罪案件中分支机构遍布全国,既有具备法人资格的,又有不具备法人资格的;既有受总公司直接领导的,又有受总公司的下属单位领导的。公安机关在立案时做法不一,有的对单位立案,有的不对单位立案,有的被立案的单位不具有独立法人资格,有的仅对最上层的单位立案而不对分支机构立案。对此,检察机关公诉部门在审查起诉时,应当从能够全面揭示犯罪行为基本特征、全面覆盖犯罪活动、准确界定区分各层级人员的地位作用、有利于有力指控犯罪、有利于追缴违法所得等方面依法具体把握,确定是否以单位犯罪追究。

21. 涉互联网金融犯罪所涉罪名中,刑法规定应当追究单位刑事责任的,对同时具备以下情形且具有独立法人资格的单位,可以以单位犯罪追究:(1)犯罪活动经单位决策实施;(2)单位的员工主要按照单位的决策实施具体犯罪活动;(3)违法所得归单位所有,经单位决策使用,收益亦归单位所有。但是,单位设立后专门从事违法犯罪活动的,应当以自然人犯罪追究刑事责任。

22. 对参与涉互联网金融犯罪,但不具有独立法人资格的分支机构,是否追究其刑事责任,可以区分两种情形处理:(1)全部或部分违法所得归分支机构所有并支配,分支机构作为单位犯罪主体追究刑事责任;(2)违法所得完全归分支机构上级单位所有并支配的,不能对分支机构作为单位犯罪主体追究刑事责任,而是应当对分支机构的上级单位(符合单位犯罪主体资格)追究刑事责任。

23. 分支机构认定为单位犯罪主体的,该分支机构相关涉案人员应当作为该分支机构的"直接负责的主管人员"或者"其他直接责任人员"追究刑事责任。仅将分支机构的上级单位认定为单位犯罪主体的,该分支机构相关涉案人员可以作为该上级单位的"其他直接责任人员"追究刑事责任。

24. 对符合追诉条件的分支机构(包括具有独立法人资格的和不具有独立法人资格)及其所属单位,公安机关均没有作为犯罪嫌疑单位移送审查起诉,仅将其所属单位的上级单位作为犯罪嫌疑单位移送审查起诉的,对相关分支机构涉案人员可以区分以下情形处理:(1)有证据证明被立案的上级单位(比如总公司)在业务、财务、人事等方面对下属单位及其分支机构进行实际控制,下属单位及其分支机构涉案人员可以作为被移送审查起诉的上级单位的“其他直接责任人员”追究刑事责任。在证明实际控制关系时,应当收集、运用公司决策、管理、考核等相关文件,OA 系统等电子数据,资金往来记录等证据。对不同地区同一单位的分支机构涉案人员起诉时,证明实际控制关系的证据体系、证明标准应基本一致。(2)现有证据无法证明被立案的上级单位与下属单位及其分支机构之间存在实际控制关系的,对符合单位犯罪构成要件的下属单位或分支机构应当补充起诉,下属单位及其分支机构已不具备补充起诉条件的,可以将下属单位及其分支机构的涉案犯罪嫌疑人直接起诉。

四、综合运用定罪量刑情节

25. 办理跨区域涉互联网金融犯罪案件时,在追诉标准、追诉范围以及量刑建议等方面应当注意统一平衡。对于同一单位在多个地区分别设立分支机构的,在同一省(自治区、直辖市)范围内应当保持基本一致。分支机构所涉犯罪嫌疑人与上级单位主要犯罪嫌疑人之间应当保持适度平衡,防止出现责任轻重“倒挂”的现象。

26. 单位犯罪中,直接负责的主管人员和其他直接责任人员在涉互联网金融犯罪案件中的地位、作用存在明显差别的,可以区分主犯和从犯。对起组织领导作用的总公司的直接负责的主管人员和发挥主要作用的其他直接责任人员,可以认定为全案的主犯,其他人员可以认定为从犯。

27. 最大限度减少投资人的实际损失是办理涉互联网金融犯罪案件特别是非法集资案件的重要工作。在决定是否起诉、提出量刑建议时,要重视对是否具有认罪认罚、主动退赃退赔等情节的考察。分支机构涉案人员积极配合调查、主动退还违法所得、真诚认罪悔罪的,应当依法提出从轻、减轻处罚的量刑建议。其中,对情节轻微、可以免予刑事处罚的,或者情节显著轻微、危害不大、不认为是犯罪的,应当依法作出不起诉决定。对被不起诉人需要给予行政处罚或者没收违法所得的,应当向行政主管部门提出检察意见。

五、证据的收集、审查与运用

28. 涉互联网金融犯罪案件证据种类复杂、数量庞大、且分散于各地,收集、审查、运用证据的难度大。各地检察机关公诉部门要紧紧围绕证据的真实性、合法性、关联性,引导公安机关依法全面收集固定证据,加强证据的审查、运用,确保案件事实经得起法律的检验。

29. 对于重大、疑难、复杂涉互联网金融犯罪案件,检察机关公诉部门要依法提前介入侦查,围绕指控犯罪的需要积极引导公安机关全面收集固定证据,必要时与公安机关共同会商,提出完善侦查思路、侦查提纲的意见建议。加强对侦查取证合法性的监督,对应当依法排除的非法证据坚决予以排除,对应当补正或作出合理解释的及时提出意见。

30. 电子数据在涉互联网金融犯罪案件的证据体系中地位重要,对于指控证实相关犯罪事实具有重要作用。随着互联网技术的不断发展,电子数据的形式、载体出现了许多新的变化,对电子数据的勘验、提取、审查等提出了更高要求,处理不当会对电子数据的真实性、合法性造成不可逆转的损害。检察机关公诉部门要严格执行《最高人民法院、最高人民检察院、公安部关于办理刑事案件收集提取和审查判断电子数据问题的若干规定》(法发〔2016〕22号),加强对电子数据收集、提取程序和技术标准的审查,确保电子数据的真实性、合法性。对云存储电子数据等新类型电子数据进行提取、审查时,要高度重视程序合法性、数据完整性等问题,必要时主动征求相关领域专家意见,在提取前会同公安机关、云存储服务提供商制定科学合法的提取方案,确保万无一失。

31. 落实"三统两分"要求,健全证据交换共享机制,协调推进跨区域案件办理。对涉及主案犯罪嫌疑人的证据,一般由主案侦办地办案机构负责收集,其他地区提供协助。其他地区办案机构需要主案侦办地提供证据材料的,应当向主案侦办地办案机构提出证据需求,由主案侦办地办案机构收集并依法移送。无法移送证据原件的,应当在移送复制件的同时,按照相关规定作出说明。各地检察机关公诉部门之间要加强协作,加强与公安机关的协调,督促本地公安机关与其他地区公安机关做好证据交换共享相关工作。案件进入审查起诉阶段后,检察机关公诉部门可以根据案件需要,直接向其他地区检察机关调取证据,其他地区检察机关公诉部门应积极协助。此外,各地检察机关在办理案件过程中发现对其他地区案件办理有重要作用的证据,应当及时采取措施并通知相应检察机关,做好依法移送工作。

六、投资人合法权益的保护(略)

最高人民法院
关于审理伪造货币等案件
具体应用法律若干问题的解释

(2000年4月20日最高人民法院审判委员会第1110次会议通过,2000年4月20日发布,自2000年9月14日起施行,法释〔2000〕26号)

为依法惩治伪造货币,出售、购买、运输假币等犯罪活动,根据刑法的有关规定,现就审理这类案件具体应用法律的若干问题解释如下:

第一条 伪造货币的总面额在二千元以上不满三万元或者币量在二百张(枚)以上不足三千张(枚)的,依照刑法第一百七十条的规定,处三年以上十年以下有期徒刑,并处五万元以上五十万元以下罚金。

伪造货币的总面额在三万元以上的,属于"伪造货币数额特别巨大"。

行为人制造货币版样或者与他人事前通谋,为他人伪造货币提供版样的,依照刑法第一百七十条的规定定罪处罚。

第二条 行为人购买假币后使用,构成犯罪的,依照刑法第一百七十一条的规定,以购买假币罪定罪,从重处罚。

行为人出售、运输假币构成犯罪,同时有使用假币行为的,依照刑法第一百七十一条、第一百七十二条的规定,实行数罪并罚。

第三条 出售、购买假币或者明知是假币而运输,总面额在四千元以上不满五万元的,属于"数额较大";总面额在五万元以上不满二十万元的,属于"数额巨大";总面额在二十万元以上的,属于"数额特别巨大",依照刑法第一百七十一条第一款的规定定罪处罚。

第四条　银行或者其他金融机构的工作人员购买假币或者利用职务上的便利,以假币换取货币,总面额在四千元以上不满五万元或者币量在四百张(枚)以上不足五千张(枚)的,处三年以上十年以下有期徒刑,并处二万元以上二十万元以下罚金;总面额在五万元以上或者币量在五千张(枚)以上或者有其他严重情节的,处十年以上有期徒刑或者无期徒刑,并处二万元以上二十万元以下罚金或者没收财产;总面额不满人民币四千元或者币量不足四百张(枚)或者具有其他情节较轻情形的,处三年以下有期徒刑或者拘役,并处或者单处一万元以上十万元以下罚金。

第五条　明知是假币而持有、使用,总面额在四千元以上不满五万元的,属于"数额较大";总面额在五万元以上不满二十万元的,属于"数额巨大";总面额在二十万元以上的,属于"数额特别巨大",依照刑法第一百七十二条的规定定罪处罚。

第六条　变造货币的总面额在二千元以上不满三万元的,属于"数额较大";总面额在三万元以上的,属于"数额巨大",依照刑法第一百七十三条的规定定罪处罚。

第七条　本解释所称"货币"是指可在国内市场流通或者兑换的人民币和境外货币。

货币面额应当以人民币计算,其他币种以案发时国家外汇管理机关公布的外汇牌价折算成人民币。

最高人民法院、最高人民检察院、公安部关于严厉打击假币犯罪活动的通知

(2009年9月15日印发,公通字〔2009〕45号)

一、统一思想,提高认识。(略)

二、密切配合,强化合力。(略)

三、严格依法,从严惩处。各地公安司法机关办理假币犯罪案件要始终坚持依法严惩的原则,坚决杜绝以罚代刑、以拘代刑、重罪轻判、降格处理,充分发挥刑罚的震慑力。公安机关对于涉嫌假币犯罪的,必须依法立案,认真查证;对有证据证明有犯罪事实,可能判处徒刑以上刑罚的犯罪嫌疑人,要尽快提请批准逮捕并抓紧侦办,及时移送审查起诉。检察机关对于公安机关提请批准逮捕、移送审查起诉的假币犯罪案件,符合批捕、起诉条件的,要依法尽快予以批捕、起诉。共同犯罪案件中虽然有同案犯在逃,但对于有证据证明有犯罪事实的已抓获的犯罪嫌疑人,要依法批捕、起诉;对于确实需要补充侦查的案件,要制作具体、详细的补充侦查提纲。人民法院对于假币犯罪要依法从严惩处,对于假币犯罪累犯、惯犯、涉案假币数额巨大或者全部流入社会的犯罪分子,要坚决重判;对于伪造货币集团的首要分子、骨干分子,伪造货币数额特别巨大或有其他特别严重情节,罪行极其严重的犯罪分子,应当判处死刑的,要坚决依法判

处死刑。上级法院要加强对下级法院审判工作的指导,保障依法及时正确审判假币犯罪案件。

四、强化宣传,营造声势。(略)

最高人民法院关于审理伪造货币等案件具体应用法律若干问题的解释(二)

(2010年10月11日最高人民法院审判委员会1498次会议通过,2010年10月20日公布,自2010年11月3日起施行)

为依法惩治伪造货币、变造货币等犯罪活动,根据刑法有关规定和近一个时期的司法实践,就审理此类刑事案件具体应用法律的若干问题解释如下:

第一条 仿照真货币的图案、形状、色彩等特征非法制造假币,冒充真币的行为,应当认定为刑法第一百七十条规定的"伪造货币"。

对真货币采用剪贴、挖补、揭层、涂改、移位、重印等方法加工处理,改变真币形态、价值的行为,应当认定为刑法第一百七十三条规定的"变造货币"。

第二条 同时采用伪造和变造手段,制造真伪拼凑货币的行为,依照刑法第一百七十条的规定,以伪造货币罪定罪处罚。

第三条 以正在流通的境外货币为对象的假币犯罪,依照刑法第一百七十条至第一百七十三条的规定定罪处罚。

假境外货币犯罪的数额,按照案发当日中国外汇交易中心或者中国人民银行授权机构公布的人民币对该货币的中间价折合成人民币计算。中国外汇交易中心或者中国人民银行授权机构未公布汇率中间价的境外货币,按照案发当日境内银行人民币对该货币的中间价折算成人民币,或者该货币在境内银行、国际外汇市场对美元汇率,与人民币对美元汇率中间价进行套算。

第四条 以中国人民银行发行的普通纪念币和贵金属纪念币为对象的假币犯罪,依照刑法第一百七十条至第一百七十三条的规定定罪处罚。

假普通纪念币犯罪的数额,以面额计算;假贵金属纪念币犯罪的数额,以贵金属纪念币的初始发售价格计算。

第五条 以使用为目的,伪造停止流通的货币,或者使用伪造的停止流通的货币的,依照刑法第二百六十六条的规定,以诈骗罪定罪处罚。

第六条 此前发布的司法解释与本解释不一致的,以本解释为准。

公安部经济犯罪侦查局关于制造、销售用于伪造货币的版样的行为如何定性问题的批复

(2003年6月19日,公经〔2003〕660号)

广东省公安厅经侦总队:

你总队《关于对买卖假币胶片行为定性问题的请示》(广公(经)字[2003]439号)收悉。经研究并征询最高人民检察院、最高人民法院有关部门的意见,现批复如下:

根据《最高人民法院关于审理伪造货币等案件具体应用法律若干问题的解释》(法释[2000]26号)以及《全国法院审理金融犯罪案件工作座谈会纪要》的有关规定,对制造、销售用于伪造货币的版样的行为以伪造货币罪定罪处罚。

公安部经济犯罪侦查局关于伪造缅甸货币行为定性问题的批复

(2004年3月31日,公经〔2004〕493号)

云南省公安厅经侦总队:

你总队《关于我省公安机关查获一起伪造假缅币案件适用法律有关问题的请示》(云公传发[2004]30号)收悉。经研究并商最高人民法院刑二庭、最高人民检察院侦查监督厅和国家外汇管理局综合司同意,现批复如下:

鉴于缅甸货币在中缅边境地区可以与人民币兑换,伪造缅甸货币的行为应以伪造货币罪定罪处罚。

公安部经济犯罪侦查局关于对制贩假贵金属纪念币行为性质认定问题的批复

(2007年11月2日,公经〔2007〕2548号)

根据《中华人民共和国人民币管理条例》规定,贵金属纪念币是人民币的有机组成部分,是国家法定货币,制贩假贵金属纪念币的行为,应以《中华人民共和国刑法》第一百七十条条、第一百七十一条等规定的伪造货币罪,出售、购买、运输假货币罪等罪定罪处罚,其犯罪数额认定应以中国人民银行授权中国金币总公司初始发售价格为依据标准。

公安部经济犯罪侦查局关于对贩卖伪造的澳大利亚法定贵金属纪念币有关问题的批复

(2009年6月15日,
公经金融〔2009〕184号)

北京市公安局经侦处:

(一)澳大利亚法定货币(含贵金属纪念币)的官方造币厂只有澳大利亚皇家造币厂和澳大利亚珀斯造币厂,两造币厂均未生产过“五牛图”纯金纪念币。

(二)所谓“五牛图”纯金纪念币不是澳大利亚法定货币。澳大利亚金币控股有限公司(在澳名称为澳大利亚金币总公司)是在澳注册的私人公司,并不具有生产和发行澳大利亚法定货币资格。

(三)按照中国人民银行和海关总署《关于对进口黄金及其制品加强管理的通知》(银发[1998]363号)、《关于重申对进口金银及其制品加强管理的有关规定的通知》(银发[1989]244号)有关规定,国外金银纪念币进口须经中国人民银行审批,按照国务院有关取消第二批行政审批项目的决定,从2003年3月21日起,人民银行已停止审批白银进口(含银铸币),进口白银海关按照有关规定办理。目前,金质纪念币的进口仍须经中国人民银行审批。

(四)对北京××投资顾问有限公司仿制澳大利亚金币控股有限公司的商标、包装销售"五牛图"纯金纪念币的行为,有侵权的嫌疑,而澳大利亚金币控股有限公司本身也有混淆视听的行为,其如何处理,请你处依据已掌握的证据,征求有关部门意见后,予以处理。

公安部经济犯罪侦查局关于马党权变造货币案中变造货币数额认定问题的批复

(2003年11月12日,公经〔2003〕1329号)

江西省公安厅经侦总队:

你总队《关于马党权变造货币一案有关司法解释的请示》(赣公传发[2003]569号)收悉。经研究,现批复如下:

犯罪嫌疑人以货币为基本材料,采用挖补、撕揭、拼凑等方法,改变货币的外在形态,变造货币的数额应以实际变造出的货币的票面数额计算,包括被因挖补、撕揭而改变了外在形态的货币,但已灭失的货币除外。

最高人民法院研究室关于对外国残损、变形硬币进行加工修复是否属于"变造货币"征求意见的复函

(2012年6月,法研〔2012〕57号)

公安部经济犯罪侦查局:

贵部办公厅《关于对外国残损、变形硬币进行加工修复是否属于"变造货币"征求意见的函》(公经[2012]131号)收悉。经研究,提出如下意见:

对从废旧金属、洋垃圾中分拣的外国残损、变形硬币进行加工修复行为所涉情形较为复杂,应当区分情况处理:对其中内芯、外圈分离的硬币进行重新拼装,加工修复的,可以认定为"变造货币";对分拣出的外国硬币进行清洗、挑选,或者对扭曲变形的外国硬币进行敲打、压平,不应认定为"变造货币"。

公安部经济犯罪侦查局关于小额贷款公司是否属于金融机构的批复

(2011年8月17日,公经金融〔2011〕94号)

山西省公安厅经侦总队:

……因此,从现行金融法律规定来看,小额贷款公司属于非持牌的工商企

业,目前不宜界定为金融机构。

最高人民法院
关于新民间借贷司法解释适用
范围问题的批复

(2020年12月29日,自2021年1月1日起施行,法释〔2020〕27号)

广东省高级人民法院:

你院《关于新民间借贷司法解释有关法律适用问题的请示》(粤高法〔2020〕108号)收悉。经研究,批复如下:

一、关于适用范围问题。经征求金融监管部门意见,由地方金融监管部门监管的小额贷款公司、融资担保公司、区域性股权市场、典当行、融资租赁公司、商业保理公司、地方资产管理公司等七类地方金融组织,属于经金融监管部门批准设立的金融机构,其因从事相关金融业务引发的纠纷,不适用新民间借贷司法解释。

最高人民法院刑事审判第二庭
关于针对骗取贷款、票据承兑、
金融票证罪和违法发放贷款罪立案
追诉标准的意见

(2009年6月24日)

公安部经济犯罪侦查局:

贵局《关于针对骗取贷款、票据承兑、金融票证罪和违法发放贷款罪立案追诉标准的有关问题征求意见的函》收悉。经研究,提出如下意见:

……根据《贷款通则》第三十四条的规定,不良贷款是指呆账贷款、呆滞贷款、逾期贷款。《贷款分类指导原则》(试行)第三条规定,贷分为正常、关注、次级、可疑和损失五类,后三类合称为不良贷款。因此,不良贷款根据不同的标准划分为不同级别,各个级别的风险程序也有差别,不宜一概以金融机构出具"形成不良贷款"的结论来认定"造成重大损失"。例如达到"次级"的贷款,虽然借款人的还款能力出现明显问题,依靠其正常经营收入已无法保证足额偿还本息,但若有他人为之提供担保的,银行仍然可以通过民事诉讼实现债权。因此,"不良贷款"不等于"经济损失",亦不能将"形成不良贷款数额"等同于"重大经济损失数额"。

公安部经侦局
关于骗取贷款罪和违法发放
贷款罪立案追诉标准问题的批复

(2009年11月30日)

辽宁、重庆、陕西省、直辖市公安厅、局经侦总队:

……关于请示中涉及的骗取贷款、票据承兑、金融票证案和违法发放贷款案的立案追诉标准问题,经研究并征求最高人民检察院公诉厅、最高人民法院刑事审判第二庭意见,现批复如下:

一、关于"数额巨大"的认定问题(略)

二、关于给银行或者其他金融机构“造成重大损失”的认定问题

……

如果银行或者其他金融机构仅仅出具“形成不良贷款数额”的结论,不宜认定为“重大经济损失数额”。根据目前国有独资银行、股份制商业银行实行的贷款五级分类制,商业贷款分为正常、关注、次级、可疑、损失五类,其中后三类称为不良贷款,不良贷款尽管“不良”但并不一定形成了既成的损失,因此“不良贷款”不等于“经济损失”,也不能将“形成不良贷款数额”等同于“重大经济损失数额”。

三、关于骗取贷款具有“其他严重情节”的认定问题

骗取贷款是否具有“其他严重情节”,应当是其社会危害性与《立案追诉标准(二)》中已列明的各具体情节大体相当的情节,可根据此原则,结合案件具体情况分析,依法办理。例如,多次以欺骗手段取得银行或者其他金融机构贷款的行为,反映了行为人主观恶性程度,因此这种情形属于有“其他严重情节”。通过向银行等金融机构工作人员行贿骗取贷款、票据承兑、金融票证的行为,如果行贿行为不单独构成犯罪,可以认定为骗取贷款等行为的“其他严重情节”;如果行贿行为是独立成罪的,则不应再作为其他行为的情节来认定。通过持续“借新还旧”以及民间借贷方式偿还贷款的行为,不能简单认定为“其他严重情节”。

最高人民法院
关于被告人陈岩
骗取贷款请示一案的批复

(2011年7月20日,
〔2011〕刑他字第53号)

广东省高级人民法院:

你院粤高法〔2011〕第111号《关于被告人陈岩骗取贷款一案的请示》收悉。经研究,答复如下:

1. 骗取贷款罪,虽不要求行为人具有非法占有目的,但应以危害金融安全为要件。被告人陈岩虽然采用欺骗手段从银行获取贷款的数额特别巨大,但其提供了足额真实抵押,未给银行造成损失,不会危及金融安全。因此,陈岩的行为不属于刑法第一百七十五条之一规定的“有其他严重情节”,不构成犯罪。

2. 关于如何正确理解和执行最高人民检察院、公安部《关于公安机关管辖的刑事案件立案追诉标准的规定(二)》的相关规定,请按照最高人民法院法发〔2010〕22号《关于在经济犯罪审判中参照适用〈最高人民检察院、公安部关于公安机关管辖的刑事案件立案追诉标准的规定(二)〉的通知》的要求执行。

此复。

而不宜对此再掌握不同的追诉标准。

公安部经济犯罪侦查局关于单位定期存款开户证实书性质的批复

（2000 年 12 月 19 日，公经〔2000〕1329 号）

江苏省公安厅经侦总队：

你总队《关于"单位存款开户证实书"是否属于银行结算凭证的请示》（苏公经侦[2000]426 号）收悉。经商中国人民银行有关部门，现批复如下：

"单位定期存款开户证实书"是接受存款的金融机构向存款单位开具的人民币定期存款权利凭证，其性质上是一种金融凭证，它与存单同样起到存款证明作用，只是不能作为质押的权利凭证。

最高人民检察院法律政策研究室关于对居间贩卖假金融票证行为如何认定问题的意见

（2001 年 12 月 27 日答复，高检研发〔2002〕号）

对居间贩卖假金融票证的行为，首先应当考虑该行为是否构成伪造、变造金融票证或者金融诈骗犯罪的共犯；如果不能认定共同犯罪，也不构成其他犯罪，而只能以非法经营罪追究刑事责任的，应当依照《最高人民检察院、公安部关于经济犯罪案件追诉标准的规定》有关非法经营罪的规定办理，而不宜对此再掌握不同的追诉标准。

最高人民法院研究室关于对贩卖假金融票证行为如何适用法律问题的复函

（2002 年 2 月 21 日，法研〔2002〕21 号）

公安部经济犯罪侦查局：

你局公经[2001]1317 号《关于对居间贩卖假金融票证行为如何认定的函》收悉。经研究，提出以下意见供参考：

明知是伪造、变造的金融票证而贩卖，或者明知他人实施金融诈骗行为而为其提供伪造、变造的金融票证的，以伪造、变造金融票证罪或者金融诈骗犯罪的共犯论处。

公安部经济犯罪侦查局关于转发《中国人民银行办公厅关于单位取款凭条性质认定问题的意见》的通知

（2003 年 5 月 29 日，公经〔2003〕575 号）

安徽省公安厅经侦处：

请参阅你处今年 4 月 9 日《关于单位取款凭条是否属于金融凭证的请示》。现将《中国人民银行办公厅关于单位取款凭条性质认定问题的意见》（银办函[2003]192 号）转去，请收阅。

附件：

中国人民银行办公厅关于单位取款凭条性质认定问题的意见

(2003年5月21日,银办〔2003〕192号)

公安部办公厅：

你部经济犯罪侦查局《关于征求对单位取款凭条性质认定意见的函》(公经〔2003〕428号)收悉。现提出如下意见：

根据《支付结算法》(银发〔1997〕393号)的有关规定,银行结算凭证是办理支付结算的工具,是银行、单位和个人凭以记载财务的会计凭证,是记载经济业务和明确经济责任的一种书面证明。单位取款凭条,是存款人开户银行根据存款人委托,从其账户中将款项支付给指定收款人的一种书面证明,应属银行结算凭证。

中国人民银行办公厅关于有关票据行为性质及票据效力问题的复函

(2003年9月11日,银办函〔2003〕469)

公安部办公厅：

一、在来函所述的案件中,甲行行长先在票据上加盖私刻印章,事后又补盖了真章。对此,我们认为,甲行行长加盖私刻印章的行为属于伪造票据签章的行为。《中华人民共和国票据法》第十四条规定:"票据上有伪造、变造的签章的,不影响票据上其他真实签章的效力",因此,即使票据上有伪造、变造的签章,只要票据的制作、签发和承兑真实有效,该票据仍属有效,而不是伪造的票据。

二、甲行行长事后补盖真章的行为属于对以前票据行为的追认,属于有效的票据行为。

公安部经济犯罪侦查局关于伪造银行履约保函的行为是否构成伪造、变造金融票证罪的批复

(2006年12月1日,公经〔2006〕2769号)

银行履约保函是保函的一种,属于《刑法》第一百八十八条所列的金融票证的范畴。但只有在经济活动中具有给付货币和资金清算作用,并表明银行与客户之间已受理或已办结相关支付结算业务的凭据,才能认定为银行结算凭证。因此,《刑法》第一百七十七条"伪造、变造金融票证罪"规定的金融票证种类中并未包括银行履约保函。

公安部经济犯罪侦查局关于对伪造、变造金融凭证罪法律适用问题的批复

(2007年8月22日,公经〔2007〕1900号)

一、《刑法》意义上的伪造、变造金融票证行为,其核心是对金融票证的物理性

状进行改变。本案中犯罪嫌疑人先将资金存入××信用社取得存单,再假称存单丢失,通过办理存单挂失手续将存款提现的方法取得已挂失的存单,犯罪嫌疑人的行为不属于《刑法》规定的伪造、变造金融票证的范畴。

二、银行质押凭证止付通知书不属于《刑法》第一百七十七条中的金融票证。

公安部经济犯罪侦查局关于银行进账单、支票存根联、支付系统专用凭证、转账贷方传票是否属于银行结算凭证的批复

(2008年7月22日,
公经金融〔2008〕116号)

广东省公安厅经济犯罪侦查局:

你局《关于银行进账单、支票存根联、支付系统专用凭证、转账贷方传票是否属于银行结算凭证的请示》(广公(经)字[2008]878号)收悉。经研究,并征求人民银行意见,银行进账单、支付系统专用凭证、转账贷方传票属于银行结算凭证,而支票存根联是出票人自行留存、用于核对账务的内部凭证,不属于银行结算凭证。

公安部经济犯罪侦查局关于银行现金缴款单和进账单是否属于银行结算凭证的批复

(2009年3月31日,
公经金融〔2009〕96号)

河南省公安厅经侦总队:

你总队《关于对银行现金缴款单和进账单性质认定的请示》(豫公经[2009]7号)收悉。经研究,并根据中国人民银行前期就此问题的相关复函,银行现金缴款单、进账单均属于《刑法》第一百七十七条所指的银行结算凭证。

公安部经济犯罪侦查局关于"12·24"票据诈骗案件有关法律问题的批复

(2012年10月31日,
公经金融〔2012〕182号)

贵州市公安厅经侦总队:

一、涉案的PROMISSORY NOTE(英译为本票)及附随英文确认书系商业本票,不属于《刑法》第一百七十七条、第一百九十四条关于本票的范畴。根据我国《票据法》第七十三条第二款"本票是指银行本票"之规定,该商业本票不符合我国票据法对本票的概念,也不属于《刑法》第一百七十七条、第一百九十四条关

于本票的范畴。

二、涉案的商业承兑汇票(不可撤销)保证函、不可撤销的还款担保函属于银行履约保函的一种。根据我局2006年12月1日《关于伪造银行履约保函的行为是否构成伪造、变造金融票证罪的批复》(公经〔2006〕2769号),银行履约保函是保函的一种,属于《刑法》第一百八十八条所列的金融票证的范畴。但只有在经济活动中具有给付货币和资金清算作用,并表明银行与客户之间已受理或已办结相关支付结算业务的凭证,才能认定为银行结算凭证。因此《刑法》第一百七十七条"伪造、变造金融票证罪"规定的金融票证种类并未包括银行履约保函。

公安部经济犯罪侦查局关于网上银行电子回单是否属于金融票证的批复

(2013年7月30日,
公经金融〔2013〕69号)

山东省公安经侦总队:

根据《支付结算办法》(银发〔1997〕393号,以下简称《办法》)的规定,凭证是办理支付结算的工具,是办理支付结算和现金收付的重要依据,未按《办法》规定填写的结算凭证,银行有权不予受理。因而,结算凭证一般可理解为银行在办理支付结算活动中所使用的,据以执行客户支付指令、办理资金划转的凭证。根据《电子支付指引(第一号)》(中国人民银行公告〔2005〕3号)第五条、第十九条和《办法》第一百七十四条的规定,电子支付指令质与纸质支付凭证具有同等效力,而网上银行电子回单(包括纸质形式)可理解为银行对电子支付指令进行确认后,向客户提供的用以证明银行受理了相关业务的单证,并非办理支付结算业务和资金划转的依据,也不能证明有关的货币给付或资金清算已经完成。综上,网上银行电子回单(包括纸质形式)不属于结算凭证,也不属于金融票证。

公安部经济犯罪侦查局关于对以虚假的工作单位证明及收入证明骗领信用卡是否可以认定为妨害信用卡管理罪请示的批复

(2008年7月1日,
公经金融〔2008〕107号)

山东省公安厅经侦总队:

你总队《关于以虚假的工作单位证明及收入证明骗领信用卡是否可以认定为妨害信用卡管理罪的请示》(鲁公经〔2008〕335号)收悉。经研究,并征求人民银行意见,以虚假的工作单位证明及收入证明骗领信用卡不能认定为妨害信用卡管理罪。

追究刑事责任。未构成犯罪的,依照《证券法》和有关法律的规定给予行政处罚。

最高人民法院、最高人民检察院、公安部、中国证券监督管理委员会关于整治非法证券活动有关问题的通知

(2008年1月2日公布,
自2008年1月2日起施行,
证监发〔2008〕1号)

二、明确法律政策界限,依法打击非法证券活动

(一)关于公司及其股东向社会公众擅自转让股票行为的性质认定。《证券法》第十条第三款规定:"非公开发行证券,不得采用广告、公开劝诱和变相公开方式。"国办发99号文规定:"严禁任何公司股东自行或委托他人以公开方式向社会公众转让股票。向特定对象转让股票,未依法报经证监会核准的,转让后,公司股东累计不得超过200人。"公司、公司股东违反上述规定,擅自向社会公众转让股票,应当追究其擅自发行股票的责任。公司与其股东合谋,实施上述行为的,公司与其股东共同承担责任。

(二)关于擅自发行证券的责任追究。未经依法核准,擅自发行证券,涉嫌犯罪的,依照《刑法》第一百七十九条之规定,以擅自发行股票、公司、企业债券罪追究刑事责任。未经依法核准,以发行证券为幌子,实施非法证券活动,涉嫌犯罪的,依照《刑法》第一百七十六条、第一百九十二条等规定,以非法吸收公众存款罪、集资诈骗罪等罪名追究刑事责任。未构成犯罪的,依照《证券法》和有关法律的规定给予行政处罚。

(三)关于非法经营证券业务的责任追究。任何单位和个人经营证券业务,必须经证监会批准。未经批准的,属于非法经营证券业务,应予以取缔;涉嫌犯罪的,依照《刑法》第二百二十五条之规定,以非法经营罪追究刑事责任。对于中介机构非法代理买卖非上市公司股票,涉嫌犯罪的,应当依照《刑法》第二百二十五条之规定,以非法经营罪追究刑事责任;所代理的非上市公司涉嫌擅自发行股票,构成犯罪的,应当依照《刑法》第一百七十九条之规定,以擅自发行股票罪追究刑事责任。非上市公司和中介机构共谋擅自发行股票,构成犯罪的,以擅自发行股票罪的共犯论处。未构成犯罪的,依照《证券法》和有关法律的规定给予行政处罚。

(四)关于非法证券活动性质的认定。非法证券活动是否涉嫌犯罪,由公安机关、司法机关认定。公安机关、司法机关认为需要有关行政主管机关进行性质认定的,行政主管机关应当出具认定意见。对因案情复杂、意见分歧,需要进行协调的,协调小组应当根据办案部门的要求,组织有关单位进行研究解决。

(五)关于修订后的《证券法》与修订前的《证券法》中针对擅自发行股票和非法经营证券业务规定的衔接。修订后的《证券法》与修订前的《证券法》针对擅自发行股票和非法经营证券业务的规定是一致的,是相互衔接的,因此在修订后的《证券法》实施之前发生的擅自发行股票和非法经营证券业务行为,也应予以追究。

最高人民法院、最高人民检察院关于办理内幕交易、泄露内幕信息刑事案件具体应用法律若干问题的解释

(2011 年 10 月 31 日最高人民法院审判委员会第 1529 次会议、2012 年 2 月 27 日最高人民检察院第十一届检察委员会第 72 次会议通过,自 2012 年 6 月 1 日起施行)

为维护证券、期货市场管理秩序,依法惩治证券、期货犯罪,根据刑法有关规定,现就办理内幕交易、泄露内幕信息刑事案件具体应用法律的若干问题解释如下:

第一条 下列人员应当认定为刑法第一百八十条第一款规定的"证券、期货交易内幕信息的知情人员":

(一)证券法第七十四条规定的人员①;

(二)期货交易管理条例第八十五条第十二项规定的人员②。

第二条 具有下列行为的人员应当认定为刑法第一百八十条第一款规定的"非法获取证券、期货交易内幕信息的人员":

(一)利用窃取、骗取、套取、窃听、利诱、刺探或者私下交易等手段获取内幕信息的;

(二)内幕信息知情人员的近亲属或者其他与内幕信息知情人员关系密切的人员,在内幕信息敏感期内,从事或者明示、暗示他人从事,或者泄露内幕信息导致他人从事与该内幕信息有关的证券、期货交易,相关交易行为明显异常,且无正当理由或者正当信息来源的;

(三)在内幕信息敏感期内,与内幕信息知情人员联络、接触,从事或者明示、暗示他人从事,或者泄露内幕信息导致他人从事与该内幕信息有关的证券、期货交易,相关交易行为明显异常,且无正当理由或者正当信息来源的。

第三条 本解释第二条第二项、第三项规定的"相关交易行为明显异常",要综合以下情形,从时间吻合程度、交易背离程度和利益关联程度等方面予以认定:

(一)开户、销户、激活资金账户或者指定交易(托管)、撤销指定交易(转托管)的时间与该内幕信息形成、变化、公开时间基本一致的;

(二)资金变化与该内幕信息形成、

---

① 2019 年修订的《中华人民共和国证券法》第五十一条规定,证券交易内幕信息的知情人包括:(一)发行人及其董事、监事、高级管理人员;(二)持有公司百分之五以上股份的股东及其董事、监事、高级管理人员,公司的实际控制人及其董事、监事、高级管理人员;(三)发行人控股或者实际控制的公司及其董事、监事、高级管理人员;(四)由于所任公司职务或者因与公司业务往来可以获取公司有关内幕信息的人员;(五)上市公司收购人或者重大资产交易方及其控股股东、实际控制人、董事、监事和高级管理人员;(六)因职务、工作可以获取内幕信息的证券交易场所、证券公司、证券登记结算机构、证券服务机构的有关人员;(七)因职责、工作可以获取内幕信息的证券监督管理机构工作人员;(八)因法定职责对证券的发行、交易或者对上市公司及其收购、重大资产交易进行管理可以获取内幕信息的有关主管部门、监管机构的工作人员;(九)国务院证券监督管理机构规定的可以获取内幕信息的其他人员。

② 2017 年修订的《期货交易管理条例》第八十一条第十二项规定,内幕信息的知情人员,是指由于其管理地位、监督地位或者职业地位,或者作为雇员、专业顾问履行职务,能够接触或者获得内幕信息的人员,包括:期货交易所的管理人员以及其他由于任职可获取内幕信息的从业人员,国务院期货监督管理机构和其他有关部门的工作人员以及国务院期货监督管理机构规定的其他人员。

变化、公开时间基本一致的；

（三）买入或者卖出与内幕信息有关的证券、期货合约时间与内幕信息的形成、变化和公开时间基本一致的；

（四）买入或者卖出与内幕信息有关的证券、期货合约时间与获悉内幕信息的时间基本一致的；

（五）买入或者卖出证券、期货合约行为明显与平时交易习惯不同的；

（六）买入或者卖出证券、期货合约行为，或者集中持有证券、期货合约行为与该证券、期货公开信息反映的基本面明显背离的；

（七）账户交易资金进出与该内幕信息知情人员或者非法获取人员有关联或者利害关系的；

（八）其他交易行为明显异常情形。

第四条 具有下列情形之一的，不属于刑法第一百八十条第一款规定的从事与内幕信息有关的证券、期货交易：

（一）持有或者通过协议、其他安排与他人共同持有上市公司百分之五以上股份的自然人、法人或者其他组织收购该上市公司股份的；

（二）按照事先订立的书面合同、指令、计划从事相关证券、期货交易的；

（三）依据已被他人披露的信息而交易的；

（四）交易具有其他正当理由或者正当信息来源的。

第五条 本解释所称“内幕信息敏感期”是指内幕信息自形成至公开的期间。

证券法第六十七条第二款所列“重大事件”的发生时间，第七十五条规定的“计划”、“方案”以及期货交易管理条例第八十五条第十一项规定的“政策”、“决定”等的形成时间，应当认定为内幕信息的形成之时。

影响内幕信息形成的动议、筹划、决策或者执行人员，其动议、筹划、决策或者执行初始时间，应当认定为内幕信息的形成之时。

内幕信息的公开，是指内幕信息在国务院证券、期货监督管理机构指定的报刊、网站等媒体披露。

第六条 在内幕信息敏感期内从事或者明示、暗示他人从事或者泄露内幕信息导致他人从事与该内幕信息有关的证券、期货交易，具有下列情形之一的，应当认定为刑法第一百八十条第一款规定的“情节严重”：

（一）证券交易成交额在五十万元以上的；

（二）期货交易占用保证金数额在三十万元以上的；

（三）获利或者避免损失数额在十五万元以上的；

（四）三次以上的；

（五）具有其他严重情节的。

第七条 在内幕信息敏感期内从事或者明示、暗示他人从事或者泄露内幕信息导致他人从事与该内幕信息有关的证券、期货交易，具有下列情形之一的，应当认定为刑法第一百八十条第一款规定的“情节特别严重”：

（一）证券交易成交额在二百五十万元以上的；

（二）期货交易占用保证金数额在一百五十万元以上的；

（三）获利或者避免损失数额在七十五万元以上的；

（四）具有其他特别严重情节的。

第八条 二次以上实施内幕交易或者泄露内幕信息行为，未经行政处理或者刑事处理的,应当对相关交易数额依法累计计算。

第九条 同一案件中,成交额、占用保证金额、获利或者避免损失额分别构成情节严重、情节特别严重的,按照处罚较重的数额定罪处罚。

构成共同犯罪的,按照共同犯罪行为人的成交总额、占用保证金总额、获利或者避免损失总额定罪处罚,但判处各被告人罚金的总额应掌握在获利或者避免损失总额的一倍以上五倍以下。

第十条 刑法第一百八十条第一款规定的"违法所得",是指通过内幕交易行为所获利益或者避免的损失。

内幕信息的泄露人员或者内幕交易的明示、暗示人员未实际从事内幕交易的,其罚金数额按照因泄露而获悉内幕信息人员或者被明示、暗示人员从事内幕交易的违法所得计算。

第十一条 单位实施刑法第一百八十条第一款规定的行为,具有本解释第六条规定情形之一的,按照刑法第一百八十条第二款的规定定罪处罚。

公安部经济犯罪侦查局关于转证监会《关于韩×等人涉嫌利用未公开信息交易案有关问题的认定函》的通知

(2010年8月31日,公证券〔2010〕86号)

本案涉及的"未公开信息",是指韩×担任××基金管理有限公司××证券投资基金(以下简称××基金)经理期间,因管理该基金而掌握的有关投资决策、交易等方面的重要信息,包括××基金投资股票的名称、数量、价格、盈利预期以及投资(买卖)时点等。

本案有关证券交易账户利用"未公开信息"所进行的股票交易与××基金投资的关联性,是指涉案账户和××基金在股票交易品种及交易时机上的关联,即涉案账户先于或同步于××基金买入或卖出同一只股票。

最高人民法院、最高人民检察院关于办理利用未公开信息交易刑事案件适用法律若干问题的解释

(2018年9月10日最高人民法院审判委员会第1748次会议、2018年11月30日最高人民检察院第十三届检察委员会第10次会议通过,自2019年7月1日起施行,法释〔2019〕10号)

为依法惩治证券、期货犯罪,维护证券、期货市场管理秩序,促进证券、期货市场稳定健康发展,保护投资者合法权益,根据《中华人民共和国刑法》《中华人民共和国刑事诉讼法》的规定,现就办理利用未公开信息交易刑事案件适用法律的若干问题解释如下:

第一条 刑法第一百八十条第四款规定的"内幕信息以外的其他未公开的信息",包括下列信息:

(一)证券、期货的投资决策、交易执行信息;

(二)证券持仓数量及变化、资金数量及变化、交易动向信息;

（三）其他可能影响证券、期货交易活动的信息。

第二条 内幕信息以外的其他未公开的信息难以认定的，司法机关可以在有关行政主（监）管部门的认定意见的基础上，根据案件事实和法律规定作出认定。

第三条 刑法第一百八十条第四款规定的“违反规定”，是指违反法律、行政法规、部门规章、全国性行业规范有关证券、期货未公开信息保护的规定，以及行为人所在的金融机构有关信息保密、禁止交易、禁止利益输送等规定。

第四条 刑法第一百八十条第四款规定的行为人“明示、暗示他人从事相关交易活动”，应当综合以下方面进行认定：

（一）行为人具有获取未公开信息的职务便利；

（二）行为人获取未公开信息的初始时间与他人从事相关交易活动的初始时间具有关联性；

（三）行为人与他人之间具有亲友关系、利益关联、交易终端关联等关联关系；

（四）他人从事相关交易的证券、期货品种、交易时间与未公开信息所涉证券、期货品种、交易时间等方面基本一致；

（五）他人从事的相关交易活动明显不具有符合交易习惯、专业判断等正当理由；

（六）行为人对明示、暗示他人从事相关交易活动没有合理解释。

第五条 利用未公开信息交易，具有下列情形之一的，应当认定为刑法第一百八十条第四款规定的“情节严重”：

（一）违法所得数额在一百万元以上的；

（二）二年内三次以上利用未公开信息交易的；

（三）明示、暗示三人以上从事相关交易活动的。

第六条 利用未公开信息交易，违法所得数额在五十万元以上，或者证券交易成交额在五百万元以上，或者期货交易占用保证金数额在一百万元以上，具有下列情形之一的，应当认定为刑法第一百八十条第四款规定的“情节严重”：

（一）以出售或者变相出售未公开信息等方式，明示、暗示他人从事相关交易活动的；

（二）因证券、期货犯罪行为受过刑事追究的；

（三）二年内因证券、期货违法行为受过行政处罚的；

（四）造成恶劣社会影响或者其他严重后果的。

第七条 刑法第一百八十条第四款规定的“依照第一款的规定处罚”，包括该条第一款关于“情节特别严重”的规定。

利用未公开信息交易，违法所得数额在一千万元以上的，应当认定为“情节特别严重”。

违法所得数额在五百万元以上，或者证券交易成交额在五千万元以上，或者期货交易占用保证金数额在一千万元以上，具有本解释第六条规定的四种情形之一的，应当认定为“情节特别严重”。

第八条 二次以上利用未公开信息交易，依法应予行政处理或者刑事处理而未经处理的，相关交易数额或者违法所得数额累计计算。

第九条 本解释所称“违法所得”，是指行为人利用未公开信息从事与该信息相关的证券、期货交易活动所获利益或者避免的损失。

行为人明示、暗示他人利用未公开信息从事相关交易活动,被明示、暗示人员从事相关交易活动所获利益或者避免的损失,应当认定为"违法所得"。

第十条 行为人未实际从事与未公开信息相关的证券、期货交易活动的,其罚金数额按照被明示、暗示人员从事相关交易活动的违法所得计算。

第十一条 符合本解释第五条、第六条规定的标准,行为人如实供述犯罪事实,认罪悔罪,并积极配合调查,退缴违法所得的,可以从轻处罚;其中犯罪情节轻微的,可以依法不起诉或者免予刑事处罚。

符合刑事诉讼法规定的认罪认罚从宽适用范围和条件的,依照刑事诉讼法的规定处理。

第十二条 本解释自2019年7月1日起施行。

最高人民法院、最高人民检察院关于办理操纵证券、期货市场刑事案件适用法律若干问题的解释

(2018年9月3日最高人民法院审判委员会第1747次会议、2018年12月12日最高人民检察院第十三届检察委员会第11次会议通过,自2019年7月1日起施行,法释〔2019〕9号)

为依法惩治证券、期货犯罪,维护证券、期货市场管理秩序,促进证券、期货市场稳定健康发展,保护投资者合法权益,根据《中华人民共和国刑法》《中华人民共和国刑事诉讼法》的规定,现就办理操纵证券、期货市场刑事案件适用法律的若干问题解释如下:

第一条 行为人具有下列情形之一的,可以认定为刑法第一百八十二条第一款第四项规定的"以其他方法操纵证券、期货市场":

(一)利用虚假或者不确定的重大信息,诱导投资者作出投资决策,影响证券、期货交易价格或者证券、期货交易量,并进行相关交易或者谋取相关利益的;

(二)通过对证券及其发行人、上市公司、期货交易标的公开作出评价、预测或者投资建议,误导投资者作出投资决策,影响证券、期货交易价格或者证券、期货交易量,并进行与其评价、预测、投资建议方向相反的证券交易或者相关期货交易的;

(三)通过策划、实施资产收购或者重组、投资新业务、股权转让、上市公司收购等虚假重大事项,误导投资者作出投资决策,影响证券交易价格或者证券交易量,并进行相关交易或者谋取相关利益的;

(四)通过控制发行人、上市公司信息的生成或者控制信息披露的内容、时点、节奏,误导投资者作出投资决策,影响证券交易价格或者证券交易量,并进行相关交易或者谋取相关利益的;

(五)不以成交为目的,频繁申报、撤单或者大额申报、撤单,误导投资者作出投资决策,影响证券、期货交易价格或者证券、期货交易量,并进行与申报相反的交易或者谋取相关利益的;

(六)通过囤积现货,影响特定期货品种市场行情,并进行相关期货交易的;

(七)以其他方法操纵证券、期货市

场的。

第二条 操纵证券、期货市场，具有下列情形之一的，应当认定为刑法第一百八十二条第一款规定的“情节严重”：

（一）持有或者实际控制证券的流通股份数量达到该证券的实际流通股份总量百分之十以上，实施刑法第一百八十二条第一款第一项操纵证券市场行为，连续十个交易日的累计成交量达到同期该证券总成交量百分之二十以上的；

（二）实施刑法第一百八十二条第一款第二项、第三项操纵证券市场行为，连续十个交易日的累计成交量达到同期该证券总成交量百分之二十以上的；

（三）实施本解释第一条第一项至第四项操纵证券市场行为，证券交易成交额在一千万元以上的；

（四）实施刑法第一百八十二条第一款第一项及本解释第一条第六项操纵期货市场行为，实际控制的账户合并持仓连续十个交易日的最高值超过期货交易所限仓标准的二倍，累计成交量达到同期该期货合约总成交量百分之二十以上，且期货交易占用保证金数额在五百万元以上的；

（五）实施刑法第一百八十二条第一款第二项、第三项及本解释第一条第一项、第二项操纵期货市场行为，实际控制的账户连续十个交易日的累计成交量达到同期该期货合约总成交量百分之二十以上，且期货交易占用保证金数额在五百万元以上的；

（六）实施本解释第一条第五项操纵证券、期货市场行为，当日累计撤回申报量达到同期该证券、期货合约总申报量百分之五十以上，且证券撤回申报额在一千万元以上、撤回申报的期货合约占用保证金数额在五百万元以上的；

（七）实施操纵证券、期货市场行为，违法所得数额在一百万元以上的。

第三条 操纵证券、期货市场，违法所得数额在五十万元以上，具有下列情形之一的，应当认定为刑法第一百八十二条第一款规定的“情节严重”：

（一）发行人、上市公司及其董事、监事、高级管理人员、控股股东或者实际控制人实施操纵证券、期货市场行为的；

（二）收购人、重大资产重组的交易对方及其董事、监事、高级管理人员、控股股东或者实际控制人实施操纵证券、期货市场行为的；

（三）行为人明知操纵证券、期货市场行为被有关部门调查，仍继续实施的；

（四）因操纵证券、期货市场行为受过刑事追究的；

（五）二年内因操纵证券、期货市场行为受过行政处罚的；

（六）在市场出现重大异常波动等特定时段操纵证券、期货市场的；

（七）造成恶劣社会影响或者其他严重后果的。

第四条 具有下列情形之一的，应当认定为刑法第一百八十二条第一款规定的“情节特别严重”：

（一）持有或者实际控制证券的流通股份数量达到该证券的实际流通股份总量百分之十以上，实施刑法第一百八十二条第一款第一项操纵证券市场行为，连续十个交易日的累计成交量达到同期该证券总成交量百分之五十以上的；

（二）实施刑法第一百八十二条第一款第二项、第三项操纵证券市场行为，连续十个交易日的累计成交量达到同期该证券总成交量百分之五十以上的；

(三)实施本解释第一条第一项至第四项操纵证券市场行为,证券交易成交额在五千万元以上的;

(四)实施刑法第一百八十二条第一款第一项及本解释第一条第六项操纵期货市场行为,实际控制的账户合并持仓连续十个交易日的最高值超过期货交易所限仓标准的五倍,累计成交量达到同期该期货合约总成交量百分之五十以上,且期货交易占用保证金数额在二千五百万元以上的;

(五)实施刑法第一百八十二条第一款第二项、第三项及本解释第一条第一项、第二项操纵期货市场行为,实际控制的账户连续十个交易日的累计成交量达到同期该期货合约总成交量百分之五十以上,且期货交易占用保证金数额在二千五百万元以上的;

(六)实施操纵证券、期货市场行为,违法所得数额在一千万元以上的。

实施操纵证券、期货市场行为,违法所得数额在五百万元以上,并具有本解释第三条规定的七种情形之一的,应当认定为"情节特别严重"。

第五条 下列账户应当认定为刑法第一百八十二条中规定的"自己实际控制的账户":

(一)行为人以自己名义开户并使用的实名账户;

(二)行为人向账户转入或者从账户转出资金,并承担实际损益的他人账户;

(三)行为人通过第一项、第二项以外的方式管理、支配或者使用的他人账户;

(四)行为人通过投资关系、协议等方式对账户内资产行使交易决策权的他人账户;

(五)其他有证据证明行为人具有交易决策权的账户。

有证据证明行为人对前款第一项至第三项账户内资产没有交易决策权的除外。

第六条 二次以上实施操纵证券、期货市场行为,依法应予行政处理或者刑事处理而未经处理的,相关交易数额或者违法所得数额累计计算。

第七条 符合本解释第二条、第三条规定的标准,行为人如实供述犯罪事实,认罪悔罪,并积极配合调查,退缴违法所得的,可以从轻处罚;其中犯罪情节轻微的,可以依法不起诉或者免予刑事处罚。

符合刑事诉讼法规定的认罪认罚从宽适用范围和条件的,依照刑事诉讼法的规定处理。

第八条 单位实施刑法第一百八十二条第一款行为的,依照本解释规定的定罪量刑标准,对其直接负责的主管人员和其他直接责任人员定罪处罚,并对单位判处罚金。

第九条 本解释所称"违法所得",是指通过操纵证券、期货市场所获利益或者避免的损失。

本解释所称"连续十个交易日",是指证券、期货市场开市交易的连续十个交易日,并非指行为人连续交易的十个交易日。

第十条 对于在全国中小企业股份转让系统中实施操纵证券市场行为,社会危害性大,严重破坏公平公正的市场秩序的,比照本解释的规定执行,但本解释第二条第一项、第二项和第四条第一项、第二项除外。

第十一条 本解释自 2019 年 7 月 1 日起施行。

公安部经济犯罪侦查局关于对违法发放贷款案件中损失认定问题的批复

（2007年7月27日，公经〔2007〕1458号）

福建省公安厅经侦总队：

你总队《关于违法发放贷款案件中损失认定问题的请示》（闽公经［2007］157号）已收悉。经研究，现批复如下：

在案件侦办过程中，如有证据证明犯罪嫌疑人实施了违法、违规发放贷款的行为，只要发生贷款已无法收回的情况且达到追诉标准的，就应视为《刑法》第一百八十六条所规定的造成损失。案中提及的未到期贷款及其利息，如确定不能追回，应视为犯罪损失。

最高人民法院刑事审判第一庭关于银行内部机构的工作人员以本部门与他人合办的公司为受益人开具信用证是否属于“为他人出具信用证”问题的复函

（2000年6月27日）

公安部经济犯罪侦查局：

你局公经［2000］481号《关于认定非法出具金融票证行为的函》收悉。经研究，答复如下：

刑法第188条非法出具金融票证罪规定的“为他人出具信用证”中的“他人”，是指银行或者其他金融机构以外的个人或者单位。银行内部机构的工作人员以本部门与他人合办的公司为受益人，违反规定开具信用证，属于为他人非法出具信用证。

公安部关于对涉嫌非法出具金融票证犯罪案件涉及的部分法律问题的批复

（2003年1月27日，公经〔2003〕88号）

四川省公安厅：

你厅《关于“4·20”案等案件涉及的部分法律问题的请示》（公厅经发［2002］97号）收悉。现批复如下：

一、关于损失的认定问题

对于借款人有下列情形之一，其借款不能归还的，应认定为损失：

（一）法院宣布借款人破产，已清算完毕的；

（二）借款人被依法撤销、关闭、解散，并终止法人资格的；

（三）借款人虽未被依法终止法人资格，但生产经营活动已停止，借款人已名存实亡的；

（四）借款人的经营活动虽未停止，但公司、企业已亏损严重，资不抵债的；

（五）其他应认定为损失的情形。

关于损失的认定时间，应分为定罪损失和量刑损失两种情形来考虑：定罪损失是立案损失、成罪损失，应以公安机关立案时为标准；量刑损失是法院审理案件时的实际损失,以确定最终量刑幅度。

二、关于用资人行为的定性问题

在金融机构及其工作人员非法出具金融票证等破坏金融管理秩序犯罪活动中,用资人的行为能否被认定为金融诈骗犯罪,首先应当考察其主观上是否有非法占有的故意。对此,可参照最高人民法院2001年1月21日印发的《全国法院审理金融犯罪案件工作座谈会纪要》(法[2001]8号)中的有关内容,即对于行为人通过诈骗的方法非法获取资金,造成数额较大资金不能归还,并具有下列情形之一的,可以认定为具有非法占有的目的:

(一)明知没有归还能力而大量骗取资金的;

(二)非法获取资金后逃跑的;

(三)肆意挥霍骗取资金的;

(四)使用骗取的资金进行违法犯罪活动的;

(五)抽逃、转移资金、隐匿财产,以逃避返还资金的;

(六)隐匿、销毁账目,或者拒不说明资金去向,或者搞假破产、假倒闭,以逃避返还资金的;

(七)其他非法占有资金、拒不返还的行为。

最高人民法院研究室关于认定非法吸收公众存款罪主体问题的复函

(2001年9月10日,法研〔2001〕71号)

公安部经济犯罪侦查局:

你局公经〔2001〕630号《关于认定非法吸收公众存款罪犯罪主体资格的函》收悉。经研究,提出以下意见供参考:

金融机构及其工作人员不能构成非法吸收公众存款罪的犯罪主体。对于银行或者其他金融机构及其工作人员以牟利为目的,采用吸收客户资金不入账并将资金用于非法拆借、发放贷款,构成犯罪的,依照刑法有关规定定罪处罚。

最高人民法院刑事审判第二庭关于以投资林业为名向社会吸收资金行为定性的答复意见

(2004年9月4日)

在现有的刑事立法框架内,在刑事司法上将非法集资视同为变相吸存,以非法吸收公众存款罪定罪处罚,是必要的,也是可行的。国务院《非法金融机构和非法金融业务活动取缔办法》以及中国人民银行《关于取缔非法金融机构和非法金融业务活动中有关问题的通知》中,对非法吸存、变相吸存、非法集资的规定,除了具体手法有所不同,三者并无实质性分别。刑法未对非法集资专门规定罪名,在以往的司法实践中,以非法占有为目的的非法吸存是以集资诈骗罪处罚的。对于不具有非法占有目的的非法集资行为也有按非法吸收公众存款罪定罪处罚的先例。但是,对于此类以投资某些项目为名向社会公众非法吸收资金案件的违法性把握上应当慎重,除未经国家金融主管部门批准外,只有所涉及的项目及经营方式也违反了行政审批的有关规定,才作为犯罪论处。

对于此类行为，如主观上存在非法占有目的，客观上实施了诈骗行为，则应以集资诈骗罪定罪处罚。

最高人民法院
关于审理非法集资刑事案件
具体应用法律若干问题的解释

（2010年11月22日最高人民法院审判委员会第1502次会议通过，根据2021年12月30日最高人民法院审判委员会第1860次会议通过的《最高人民法院关于修改〈最高人民法院关于审理非法集资刑事案件具体应用法律若干问题的解释〉的决定》修正，该修正自2022年3月1日起施行）

为依法惩治非法吸收公众存款、集资诈骗等非法集资犯罪活动，根据《中华人民共和国刑法》的规定，现就审理此类刑事案件具体应用法律的若干问题解释如下：

第一条 违反国家金融管理法律规定，向社会公众（包括单位和个人）吸收资金的行为，同时具备下列四个条件的，除刑法另有规定的以外，应当认定为刑法第一百七十六条规定的“非法吸收公众存款或者变相吸收公众存款”：

（一）未经有关部门依法许可或者借用合法经营的形式吸收资金；

（二）通过网络、媒体、推介会、传单、手机信息等途径向社会公开宣传；

（三）承诺在一定期限内以货币、实物、股权等方式还本付息或者给付回报；

（四）向社会公众即社会不特定对象吸收资金。

未向社会公开宣传，在亲友或者单位内部针对特定对象吸收资金的，不属于非法吸收或者变相吸收公众存款。

第二条 实施下列行为之一，符合本解释第一条第一款规定的条件的，应当依照刑法第一百七十六条的规定，以非法吸收公众存款罪定罪处罚：

（一）不具有房产销售的真实内容或者不以房产销售为主要目的，以返本销售、售后包租、约定回购、销售房产份额等方式非法吸收资金的；

（二）以转让林权并代为管护等方式非法吸收资金的；

（三）以代种植（养殖）、租种植（养殖）、联合种植（养殖）等方式非法吸收资金的；

（四）不具有销售商品、提供服务的真实内容或者不以销售商品、提供服务为主要目的，以商品回购、寄存代售等方式非法吸收资金的；

（五）不具有发行股票、债券的真实内容，以虚假转让股权、发售虚构债券等方式非法吸收资金的；

（六）不具有募集基金的真实内容，以假借境外基金、发售虚构基金等方式非法吸收资金的；

（七）不具有销售保险的真实内容，以假冒保险公司、伪造保险单据等方式非法吸收资金的；

（八）以网络借贷、投资入股、虚拟币交易等方式非法吸收资金的；

（九）以委托理财、融资租赁等方式非法吸收资金的；

（十）以提供“养老服务”、投资“养老项目”、销售“老年产品”等方式非法吸收资金的；

(十一)利用民间"会""社"等组织非法吸收资金的;

(十二)其他非法吸收资金的行为。

第三条 非法吸收或者变相吸收公众存款,具有下列情形之一的,应当依法追究刑事责任:

(一)非法吸收或者变相吸收公众存款数额在100万元以上的;

(二)非法吸收或者变相吸收公众存款对象150人以上的;

(三)非法吸收或者变相吸收公众存款,给存款人造成直接经济损失数额在50万元以上的。

非法吸收或者变相吸收公众存款数额在50万元以上或者给存款人造成直接经济损失数额在25万元以上,同时具有下列情节之一的,应当依法追究刑事责任:

(一)曾因非法集资受过刑事追究的;

(二)二年内曾因非法集资受过行政处罚的;

(三)造成恶劣社会影响或者其他严重后果的。

第四条 非法吸收或者变相吸收公众存款,具有下列情形之一的,应当认定为刑法第一百七十六条规定的"数额巨大或者有其他严重情节":

(一)非法吸收或者变相吸收公众存款数额在500万元以上的;

(二)非法吸收或者变相吸收公众存款对象500人以上的;

(三)非法吸收或者变相吸收公众存款,给存款人造成直接经济损失数额在250万元以上的。

非法吸收或者变相吸收公众存款数额在250万元以上或者给存款人造成直接经济损失数额在150万元以上,同时具有本解释第三条第二款第三项情节的,应当认定为"其他严重情节"。

第五条 非法吸收或者变相吸收公众存款,具有下列情形之一的,应当认定为刑法第一百七十六条规定的"数额特别巨大或者有其他特别严重情节":

(一)非法吸收或者变相吸收公众存款数额在5000万元以上的;

(二)非法吸收或者变相吸收公众存款对象5000人以上的;

(三)非法吸收或者变相吸收公众存款,给存款人造成直接经济损失数额在2500万元以上的。

非法吸收或者变相吸收公众存款数额在2500万元以上或者给存款人造成直接经济损失数额在1500万元以上,同时具有本解释第三条第二款第三项情节的,应当认定为"其他特别严重情节"。

第六条 非法吸收或者变相吸收公众存款的数额,以行为人所吸收的资金全额计算。在提起公诉前积极退赃退赔,减少损害结果发生的,可以从轻或者减轻处罚;在提起公诉后退赃退赔的,可以作为量刑情节酌情考虑。

非法吸收或者变相吸收公众存款,主要用于正常的生产经营活动,能够在提起公诉前清退所吸收资金,可以免予刑事处罚;情节显著轻微危害不大的,不作为犯罪处理。

对依法不需要追究刑事责任或者免予刑事处罚的,应当依法将案件移送有关行政机关。

第七条 以非法占有为目的,使用诈骗方法实施本解释第二条规定所列行为的,应当依照刑法第一百九十二条的规定,以集资诈骗罪定罪处罚。

使用诈骗方法非法集资，具有下列情形之一的，可以认定为“以非法占有为目的”：

（一）集资后不用于生产经营活动或者用于生产经营活动与筹集资金规模明显不成比例，致使集资款不能返还的；

（二）肆意挥霍集资款，致使集资款不能返还的；

（三）携带集资款逃匿的；

（四）将集资款用于违法犯罪活动的；

（五）抽逃、转移资金、隐匿财产，逃避返还资金的；

（六）隐匿、销毁账目，或者搞假破产、假倒闭，逃避返还资金的；

（七）拒不交代资金去向，逃避返还资金的；

（八）其他可以认定非法占有目的的情形。

集资诈骗罪中的非法占有目的，应当区分情形进行具体认定。行为人部分非法集资行为具有非法占有目的的，对该部分非法集资行为所涉集资款以集资诈骗罪定罪处罚；非法集资共同犯罪中部分行为人具有非法占有目的，其他行为人没有非法占有集资款的共同故意和行为的，对具有非法占有目的的行为人以集资诈骗罪定罪处罚。

第八条　集资诈骗数额在 10 万元以上的，应当认定为“数额较大”；数额在 100 万元以上的，应当认定为“数额巨大”。

集资诈骗数额在 50 万元以上，同时具有本解释第三条第二款第三项情节的，应当认定为刑法第一百九十二条规定的“其他严重情节”。

集资诈骗的数额以行为人实际骗取的数额计算，在案发前已归还的数额应予扣除。行为人为实施集资诈骗活动而支付的广告费、中介费、手续费、回扣，或者用于行贿、赠与等费用，不予扣除。行为人为实施集资诈骗活动而支付的利息，除本金未归还可予折抵本金以外，应当计入诈骗数额。

第九条　犯非法吸收公众存款罪，判处三年以下有期徒刑或者拘役，并处或者单处罚金的，处五万元以上一百万元以下罚金；判处三年以上十年以下有期徒刑的，并处十万元以上五百万元以下罚金；判处十年以上有期徒刑的，并处五十万元以上罚金。

犯集资诈骗罪，判处三年以上七年以下有期徒刑的，并处十万元以上五百万元以下罚金；判处七年以上有期徒刑或者无期徒刑的，并处五十万元以上罚金或者没收财产。

第十条　未经国家有关主管部门批准，向社会不特定对象发行、以转让股权等方式变相发行股票或者公司、企业债券，或者向特定对象发行、变相发行股票或者公司、企业债券累计超过 200 人的，应当认定为刑法第一百七十九条规定的“擅自发行股票或者公司、企业债券”。构成犯罪的，以擅自发行股票、公司、企业债券罪定罪处罚。

第十一条　违反国家规定，未经依法核准擅自发行基金份额募集基金，情节严重的，依照刑法第二百二十五条的规定，以非法经营罪定罪处罚。

第十二条　广告经营者、广告发布者违反国家规定，利用广告为非法集资活动相关的商品或者服务作虚假宣传，具有下列情形之一的，依照刑法第二百二十二条的规定，以虚假广告罪定罪处罚：

（一）违法所得数额在 10 万元以上的；

(二)造成严重危害后果或者恶劣社会影响的;

(三)二年内利用广告作虚假宣传,受过行政处罚二次以上的;

(四)其他情节严重的情形。

明知他人从事欺诈发行证券,非法吸收公众存款,擅自发行股票、公司、企业债券,集资诈骗或者组织、领导传销活动等集资犯罪活动,为其提供广告等宣传的,以相关犯罪的共犯论处。

第十三条 通过传销手段向社会公众非法吸收资金,构成非法吸收公众存款罪或者集资诈骗罪,同时又构成组织、领导传销活动罪的,依照处罚较重的规定定罪处罚。

第十四条 单位实施非法吸收公众存款、集资诈骗犯罪的,依照本解释规定的相应自然人犯罪的定罪量刑标准,对单位判处罚金,并对其直接负责的主管人员和其他直接责任人员定罪处罚。

第十五条 此前发布的司法解释与本解释不一致的,以本解释为准。

最高人民法院
关于非法集资刑事案件
性质认定问题的通知

(2011年8月18日印发,
自2011年8月18日起施行,
法〔2011〕262号)

各省、自治区、直辖市高级人民法院,解放军军事法院,新疆维吾尔自治区高级人民法院生产建设兵团分院:

为依法、准确、及时审理非法集资刑事案件,现就非法集资性质认定的有关问题通知如下:

一、行政部门对于非法集资的性质认定,不是非法集资案件进入刑事程序的必经程序。行政部门未对非法集资作出性质认定的,不影响非法集资刑事案件的审判。

二、人民法院应当依照刑法和《最高人民法院关于审理非法集资刑事案件具体应用法律若干问题的解释》等有关规定认定案件事实的性质,并认定相关行为是否构成犯罪。

三、对于案情复杂、性质认定疑难的案件,人民法院可以在有关部门关于是否符合行业技术标准的行政认定意见的基础上,根据案件事实和法律规定作出性质认定。

四、非法集资刑事案件的审判工作涉及领域广、专业性强,人民法院在审理此类案件当中要注意加强与有关行政主(监)管部门以及公安机关、人民检察院的配合。审判工作中遇到重大问题难以解决的,请及时报告最高人民法院。

最高人民法院、最高人民检察院、
公安部
关于办理非法集资刑事案件
适用法律若干问题的意见

(2014年3月25日)

各省、自治区、直辖市高级人民法院,人民检察院,公安厅、局,解放军军事法院、军事检察院,新疆维吾尔自治区高级人民法院生产建设兵团分院,新疆生产建设兵团人民检察院、公安局:

为解决近年来公安机关、人民检察院、人民法院在办理非法集资刑事案件中遇到的问题，依法惩治非法吸收公众存款、集资诈骗等犯罪，根据刑法、刑事诉讼法的规定，结合司法实践，现就办理非法集资刑事案件适用法律问题提出以下意见：

一、关于行政认定的问题

行政部门对于非法集资的性质认定，不是非法集资刑事案件进入刑事诉讼程序的必经程序。行政部门未对非法集资作出性质认定的，不影响非法集资刑事案件的侦查、起诉和审判。

公安机关、人民检察院、人民法院应当依法认定案件事实的性质，对于案情复杂、性质认定疑难的案件，可参考有关部门的认定意见，根据案件事实和法律规定作出性质认定。

二、关于"向社会公开宣传"的认定问题

《最高人民法院关于审理非法集资刑事案件具体应用法律若干问题的解释》第一条第一款第二项中的"向社会公开宣传"，包括以各种途径向社会公众传播吸收资金的信息，以及明知吸收资金的信息向社会公众扩散而予以放任等情形。

三、关于"社会公众"的认定问题

下列情形不属于《最高人民法院关于审理非法集资刑事案件具体应用法律若干问题的解释》第一条第二款规定的"针对特定对象吸收资金"的行为，应当认定为向社会公众吸收资金：

（一）在向亲友或者单位内部人员吸收资金的过程中，明知亲友或者单位内部人员向不特定对象吸收资金而予以放任的；

（二）以吸收资金为目的，将社会人员吸收为单位内部人员，并向其吸收资金的。

四、关于共同犯罪的处理问题

为他人向社会公众非法吸收资金提供帮助，从中收取代理费、好处费、返点费、佣金、提成等费用，构成非法集资共同犯罪的，应当依法追究刑事责任。能够及时退缴上述费用的，可依法从轻处罚；其中情节轻微的，可以免除处罚；情节显著轻微、危害不大的，不作为犯罪处理。

五、关于涉案财物的追缴和处置问题

向社会公众非法吸收的资金属于违法所得。以吸收的资金向集资参与人支付的利息、分红等回报，以及向帮助吸收资金人员支付的代理费、好处费、返点费、佣金、提成等费用，应当依法追缴。集资参与人本金尚未归还的，所支付的回报可予折抵本金。

将非法吸收的资金及其转换财物用于清偿债务或者转让给他人，有下列情形之一的，应当依法追缴：

（一）他人明知是上述资金及财物而收取的；

（二）他人无偿取得上述资金及财物的；

（三）他人以明显低于市场的价格取得上述资金及财物的；

（四）他人取得上述资金及财物系源于非法债务或者违法犯罪活动的；

（五）其他依法应当追缴的情形。

查封、扣押、冻结的易贬值及保管、养护成本较高的涉案财物，可以在诉讼终结前依照有关规定变卖、拍卖。所得价款由查封、扣押、冻结机关予以保管，待诉讼终结后一并处置。

查封、扣押、冻结的涉案财物，一般应在诉讼终结后，返还集资参与人。涉案财物不足全部返还的，按照集资参与人的集资额比例返还。

六、关于证据的收集问题

办理非法集资刑事案件中,确因客观条件的限制无法逐一收集集资参与人的言词证据的,可结合已收集的集资参与人的言词证据和依法收集并查证属实的书面合同、银行账户交易记录、会计凭证及会计账簿、资金收付凭证、审计报告、互联网电子数据等证据,综合认定非法集资对象人数和吸收资金数额等犯罪事实。

七、关于涉及民事案件的处理问题

对于公安机关、人民检察院、人民法院正在侦查、起诉、审理的非法集资刑事案件,有关单位或者个人就同一事实向人民法院提起民事诉讼或者申请执行涉案财物的,人民法院应当不予受理,并将有关材料移送公安机关或者检察机关。

人民法院在审理民事案件或者执行过程中,发现有非法集资犯罪嫌疑的,应当裁定驳回起诉或者中止执行,并及时将有关材料移送公安机关或者检察机关。

公安机关、人民检察院、人民法院在侦查、起诉、审理非法集资刑事案件中,发现与人民法院正在审理的民事案件属同一事实,或者被申请执行的财物属于涉案财物的,应当及时通报相关人民法院。人民法院经审查认为确属涉嫌犯罪的,依照前款规定处理。

八、关于跨区域案件的处理问题

跨区域非法集资刑事案件,在查清犯罪事实的基础上,可以由不同地区的公安机关、人民检察院、人民法院分别处理。

对于分别处理的跨区域非法集资刑事案件,应当按照统一制定的方案处置涉案财物。

国家机关工作人员违反规定处置涉案财物,构成渎职等犯罪的,应当依法追究刑事责任。

最高人民法院、最高人民检察院、公安部
关于办理非法集资刑事案件
若干问题的意见

(2019年1月30日,高检会〔2019〕2号)

为依法惩治非法吸收公众存款、集资诈骗等非法集资犯罪活动,维护国家金融管理秩序,保护公民、法人和其他组织合法权益,根据刑法、刑事诉讼法等法律规定,结合司法实践,现就办理非法吸收公众存款、集资诈骗等非法集资刑事案件有关问题提出以下意见:

一、关于非法集资的“非法性”认定依据问题

人民法院、人民检察院、公安机关认定非法集资的“非法性”,应当以国家金融管理法律法规作为依据。对于国家金融管理法律法规仅作原则性规定的,可以根据法律规定的精神并参考中国人民银行、中国银行保险监督管理委员会、中国证券监督管理委员会等行政主管部门依照国家金融管理法律法规制定的部门规章或者国家有关金融管理的规定、办法、实施细则等规范性文件的规定予以认定。

二、关于单位犯罪的认定问题

单位实施非法集资犯罪活动,全部或者大部分违法所得归单位所有的,应当认定为单位犯罪。

个人为进行非法集资犯罪活动而设立的单位实施犯罪的,或者单位设立后,以实施非法集资犯罪活动为主要活动的,

不以单位犯罪论处，对单位中组织、策划、实施非法集资犯罪活动的人员应当以自然人犯罪依法追究刑事责任。

判断单位是否以实施非法集资犯罪活动为主要活动，应当根据单位实施非法集资的次数、频度、持续时间、资金规模、资金流向、投入人力物力情况、单位进行正当经营的状况以及犯罪活动的影响、后果等因素综合考虑认定。

三、关于涉案下属单位的处理问题

办理非法集资刑事案件中，人民法院、人民检察院、公安机关应当全面查清涉案单位，包括上级单位(总公司、母公司)和下属单位(分公司、子公司)的主体资格、层级、关系、地位、作用、资金流向等，区分情况依法作出处理。

上级单位已被认定为单位犯罪，下属单位实施非法集资犯罪活动，且全部或者大部分违法所得归下属单位所有的，对该下属单位也应当认定为单位犯罪。上级单位和下属单位构成共同犯罪的，应当根据犯罪单位的地位、作用，确定犯罪单位的刑事责任。

上级单位已被认定为单位犯罪，下属单位实施非法集资犯罪活动，但全部或者大部分违法所得归上级单位所有的，对下属单位不单独认定为单位犯罪。下属单位中涉嫌犯罪的人员，可以作为上级单位的其他直接责任人员依法追究刑事责任。

上级单位未被认定为单位犯罪，下属单位被认定为单位犯罪的，对上级单位中组织、策划、实施非法集资犯罪的人员，一般可以与下属单位按照自然人与单位共同犯罪处理。

上级单位与下属单位均未被认定为单位犯罪的，一般以上级单位与下属单位中承担组织、领导、管理、协调职责的主管人员和发挥主要作用的人员作为主犯，以其他积极参加非法集资犯罪的人员作为从犯，按照自然人共同犯罪处理。

四、关于主观故意的认定问题

认定犯罪嫌疑人、被告人是否具有非法吸收公众存款的犯罪故意，应当依据犯罪嫌疑人、被告人的任职情况、职业经历、专业背景、培训经历、本人因同类行为受到行政处罚或者刑事追究情况以及吸收资金方式、宣传推广、合同资料、业务流程等证据，结合其供述，进行综合分析判断。

犯罪嫌疑人、被告人使用诈骗方法非法集资，符合《最高人民法院关于审理非法集资刑事案件具体应用法律若干问题的解释》第四条规定的，可以认定为集资诈骗罪中“以非法占有为目的”。

办案机关在办理非法集资刑事案件中，应当根据案件具体情况注意收集运用涉及犯罪嫌疑人、被告人的以下证据：是否使用虚假身份信息对外开展业务；是否虚假订立合同、协议；是否虚假宣传，明显超出经营范围或者夸大经营、投资、服务项目及盈利能力；是否吸收资金后隐匿、销毁合同、协议、账目；是否传授或者接受规避法律、逃避监管的方法，等等。

五、关于犯罪数额的认定问题

非法吸收或者变相吸收公众存款构成犯罪，具有下列情形之一的，向亲友或者单位内部人员吸收的资金应当与向不特定对象吸收的资金一并计入犯罪数额：

(一)在向亲友或者单位内部人员吸收资金的过程中，明知亲友或者单位内部人员向不特定对象吸收资金而予以放任的；

(二)以吸收资金为目的,将社会人员吸收为单位内部人员,并向其吸收资金的;

(三)向社会公开宣传,同时向不特定对象、亲友或者单位内部人员吸收资金的。

非法吸收或者变相吸收公众存款的数额,以行为人所吸收的资金全额计算。集资参与人收回本金或者获得回报后又重复投资的数额不予扣除,但可以作为量刑情节酌情考虑。

六、关于宽严相济刑事政策把握问题

办理非法集资刑事案件,应当贯彻宽严相济刑事政策,依法合理把握追究刑事责任的范围,综合运用刑事手段和行政手段处置和化解风险,做到惩处少数、教育挽救大多数。要根据行为人的客观行为、主观恶性、犯罪情节及其地位、作用、层级、职务等情况,综合判断行为人的责任轻重和刑事追究的必要性,按照区别对待原则分类处理涉案人员,做到罚当其罪、罪责刑相适应。

重点惩处非法集资犯罪活动的组织者、领导者和管理人员,包括单位犯罪中的上级单位(总公司、母公司)的核心层、管理层和骨干人员,下属单位(分公司、子公司)的管理层和骨干人员,以及其他发挥主要作用的人员。

对于涉案人员积极配合调查、主动退赃退赔、真诚认罪悔罪的,可以依法从轻处罚;其中情节轻微的,可以免除处罚;情节显著轻微、危害不大的,不作为犯罪处理。

七、关于管辖问题

跨区域非法集资刑事案件按照《国务院关于进一步做好防范和处置非法集资工作的意见》(国发〔2015〕59号)确定的工作原则办理。如果合并侦查、诉讼更为适宜的,可以合并办理。

办理跨区域非法集资刑事案件,如果多个公安机关都有权立案侦查的,一般由主要犯罪地公安机关作为案件主办地,对主要犯罪嫌疑人立案侦查和移送审查起诉;由其他犯罪地公安机关作为案件分办地根据案件具体情况,对本地区犯罪嫌疑人立案侦查和移送审查起诉。

管辖不明或者有争议的,按照有利于查清犯罪事实、有利于诉讼的原则,由其共同的上级公安机关协调确定或者指定有关公安机关作为案件主办地立案侦查。需要提请批准逮捕、移送审查起诉、提起公诉的,由分别立案侦查的公安机关所在地的人民检察院、人民法院受理。

对于重大、疑难、复杂的跨区域非法集资刑事案件,公安机关应当在协调确定或者指定案件主办地立案侦查的同时,通报同级人民检察院、人民法院。人民检察院、人民法院参照前款规定,确定主要犯罪地作为案件主办地,其他犯罪地作为案件分办地,由所在地的人民检察院、人民法院负责起诉、审判。

本条规定的"主要犯罪地",包括非法集资活动的主要组织、策划、实施地,集资行为人的注册地、主要营业地、主要办事机构所在地,集资参与人的主要所在地等。

八、关于办案工作机制问题

案件主办地和其他涉案地办案机关应当密切沟通协调,协同推进侦查、起诉、审判、资产处置工作,配合有关部门最大限度追赃挽损。

案件主办地办案机关应当统一负责主要犯罪嫌疑人、被告人涉嫌非法集资全部犯罪事实的立案侦查、起诉、审判，防止遗漏犯罪事实；并应就全案处理政策、追诉主要犯罪嫌疑人、被告人的证据要求及诉讼时限、追赃挽损、资产处置等工作要求，向其他涉案地办案机关进行通报。其他涉案地办案机关应当对本地区犯罪嫌疑人、被告人涉嫌非法集资的犯罪事实及时立案侦查、起诉、审判，积极协助主办地处置涉案资产。

案件主办地和其他涉案地办案机关应当建立和完善证据交换共享机制。对涉及主要犯罪嫌疑人、被告人的证据，一般由案件主办地办案机关负责收集，其他涉案地提供协助。案件主办地办案机关应当及时通报接收涉及主要犯罪嫌疑人、被告人的证据材料的程序及要求。其他涉案地办案机关需要案件主办地提供证据材料的，应当向案件主办地办案机关提出证据需求，由案件主办地收集并依法移送。无法移送证据原件的，应当在移送复制件的同时，按照相关规定作出说明。

九、关于涉案财物追缴处置问题

办理跨区域非法集资刑事案件，案件主办地办案机关应当及时归集涉案财物，为统一资产处置做好基础性工作。其他涉案地办案机关应当及时查明涉案财物，明确其来源、去向、用途、流转情况，依法办理查封、扣押、冻结手续，并制作详细清单，对扣押款项应当设立明细账，在扣押后立即存入办案机关唯一合规账户，并将有关情况提供案件主办地办案机关。

人民法院、人民检察院、公安机关应当严格依照刑事诉讼法和相关司法解释的规定，依法移送、审查、处理查封、扣押、冻结的涉案财物。对审判时尚未追缴到案或者尚未足额退赔的违法所得，人民法院应当判决继续追缴或者责令退赔，并由人民法院负责执行，处置非法集资职能部门、人民检察院、公安机关等应当予以配合。

人民法院对涉案财物依法作出判决后，有关地方和部门应当在处置非法集资职能部门统筹协调下，切实履行协作义务，综合运用多种手段，做好涉案财物清运、财产变现、资金归集、资金清退等工作，确保最大限度减少实际损失。

根据有关规定，查封、扣押、冻结的涉案财物，一般应在诉讼终结后返还集资参与人。涉案财物不足全部返还的，按照集资参与人的集资额比例返还。退赔集资参与人的损失一般优先于其他民事债务以及罚金、没收财产的执行。

十、关于集资参与人权利保障问题

集资参与人，是指向非法集资活动投入资金的单位和个人，为非法集资活动提供帮助并获取经济利益的单位和个人除外。

人民法院、人民检察院、公安机关应当通过及时公布案件进展、涉案资产处置情况等方式，依法保障集资参与人的合法权利。集资参与人可以推选代表人向人民法院提出相关意见和建议；推选不出代表人的，人民法院可以指定代表人。人民法院可以视案件情况决定集资参与人代表人参加或者旁听庭审，对集资参与人提起附带民事诉讼等请求不予受理。

十一、关于行政执法与刑事司法衔接问题

处置非法集资职能部门或者有关行政主管部门,在调查非法集资行为或者行政执法过程中,认为案情重大、疑难、复杂的,可以商请公安机关就追诉标准、证据固定等问题提出咨询或者参考意见;发现非法集资行为涉嫌犯罪的,应当按照《行政执法机关移送涉嫌犯罪案件的规定》等规定,履行相关手续,在规定的期限内将案件移送公安机关。

人民法院、人民检察院、公安机关在办理非法集资刑事案件过程中,可商请处置非法集资职能部门或者有关行政主管部门指派专业人员配合开展工作,协助查阅、复制有关专业资料,就案件涉及的专业问题出具认定意见。涉及需要行政处理的事项,应当及时移交处置非法集资职能部门或者有关行政主管部门依法处理。

十二、关于国家工作人员相关法律责任问题

国家工作人员具有下列行为之一,构成犯罪的,应当依法追究刑事责任:

(一)明知单位和个人所申请机构或者业务涉嫌非法集资,仍为其办理行政许可或者注册手续的;

(二)明知所主管、监管的单位有涉嫌非法集资行为,未依法及时处理或者移送处置非法集资职能部门的;

(三)查处非法集资过程中滥用职权、玩忽职守、徇私舞弊的;

(四)徇私舞弊不向司法机关移交非法集资刑事案件的;

(五)其他通过职务行为或者利用职务影响,支持、帮助、纵容非法集资的。

最高人民法院、最高人民检察院关于办理妨害信用卡管理刑事案件具体应用法律若干问题的解释

(2009年10月12日最高人民法院审判委员会第1475次会议、2009年11月12日最高人民检察院第十一届检察委员会第二十二次会议通过,根据2018年7月30日最高人民法院审判委员会第1745次会议、2018年10月19日最高人民检察院第十三届检察委员会第七次会议通过的《最高人民法院、最高人民检察院关于修改〈关于办理妨害信用卡管理刑事案件具体应用法律若干问题的解释〉的决定》修正,自2018年12月1日起施行)

为依法惩治妨害信用卡管理犯罪活动,维护信用卡管理秩序和持卡人合法权益,根据《中华人民共和国刑法》规定,现就办理这类刑事案件具体应用法律的若干问题解释如下:

第一条 复制他人信用卡、将他人信用卡信息资料写入磁条介质、芯片或者以其他方法伪造信用卡一张以上的,应当认定为刑法第一百七十七条第一款第四项规定的"伪造信用卡",以伪造金融票证罪定罪处罚。

伪造空白信用卡十张以上的,应当认定为刑法第一百七十七条第一款第四项规定的"伪造信用卡",以伪造金融票证罪定罪处罚。

伪造信用卡,有下列情形之一的,应当认定为刑法第一百七十七条规定的

"情节严重"：

（一）伪造信用卡五张以上不满二十五张的；

（二）伪造的信用卡内存款余额、透支额度单独或者合计数额在二十万元以上不满一百万元的；

（三）伪造空白信用卡五十张以上不满二百五十张的；

（四）其他情节严重的情形。

伪造信用卡，有下列情形之一的，应当认定为刑法第一百七十七条规定的"情节特别严重"：

（一）伪造信用卡二十五张以上的；

（二）伪造的信用卡内存款余额、透支额度单独或者合计数额在一百万元以上的；

（三）伪造空白信用卡二百五十张以上的；

（四）其他情节特别严重的情形。

本条所称"信用卡内存款余额、透支额度"，以信用卡被伪造后发卡行记录的最高存款余额、可透支额度计算。

第二条 明知是伪造的空白信用卡而持有、运输十张以上不满一百张的，应当认定为刑法第一百七十七条之一第一款第一项规定的"数量较大"；非法持有他人信用卡五张以上不满五十张的，应当认定为刑法第一百七十七条之一第一款第二项规定的"数量较大"。

有下列情形之一的，应当认定为刑法第一百七十七条之一第一款规定的"数量巨大"：

（一）明知是伪造的信用卡而持有、运输十张以上的；

（二）明知是伪造的空白信用卡而持有、运输一百张以上的；

（三）非法持有他人信用卡五十张以上的；

（四）使用虚假的身份证明骗领信用卡十张以上的；

（五）出售、购买、为他人提供伪造的信用卡或者以虚假的身份证明骗领的信用卡十张以上的。

违背他人意愿，使用其居民身份证、军官证、士兵证、港澳居民往来内地通行证、台湾居民来往大陆通行证、护照等身份证明申领信用卡的，或者使用伪造、变造的身份证明申领信用卡的，应当认定为刑法第一百七十七条之一第一款第三项规定的"使用虚假的身份证明骗领信用卡"。

第三条 窃取、收买、非法提供他人信用卡信息资料，足以伪造可进行交易的信用卡，或者足以使他人以信用卡持卡人名义进行交易，涉及信用卡一张以上不满五张的，依照刑法第一百七十七条之一第二款的规定，以窃取、收买、非法提供信用卡信息罪定罪处罚；涉及信用卡五张以上的，应当认定为刑法第一百七十七条之一第一款规定的"数量巨大"。

第四条 为信用卡申请人制作、提供虚假的财产状况、收入、职务等资信证明材料，涉及伪造、变造、买卖国家机关公文、证件、印章，或者涉及伪造公司、企业、事业单位、人民团体印章，应当追究刑事责任的，依照刑法第二百八十条的规定，分别以伪造、变造、买卖国家机关公文、证件、印章罪和伪造公司、企业、事业单位、人民团体印章罪定罪处罚。

承担资产评估、验资、验证、会计、审计、法律服务等职责的中介组织或其人员，为信用卡申请人提供虚假的财产状况、收入、职务等资信证明材料，应当追究刑事责任的，依照刑法第二百二十九条的规定，分别以提供虚假证明文件罪和出具证明文件重大失实罪定罪处罚。

第五条 使用伪造的信用卡、以虚假的身份证明骗领的信用卡、作废的信用卡或者冒用他人信用卡,进行信用卡诈骗活动,数额在五千元以上不满五万元的,应当认定为刑法第一百九十六条规定的"数额较大";数额在五万元以上不满五十万元的,应当认定为刑法第一百九十六条规定的"数额巨大";数额在五十万元以上的,应当认定为刑法第一百九十六条规定的"数额特别巨大"。

刑法第一百九十六条第一款第三项所称"冒用他人信用卡",包括以下情形:

(一)拾得他人信用卡并使用的;

(二)骗取他人信用卡并使用的;

(三)窃取、收买、骗取或者以其他非法方式获取他人信用卡信息资料,并通过互联网、通讯终端等使用的;

(四)其他冒用他人信用卡的情形。

第六条 持卡人以非法占有为目的,超过规定限额或者规定期限透支,经发卡银行两次有效催收后超过三个月仍不归还的,应当认定为刑法第一百九十六条规定的"恶意透支"。

对于是否以非法占有为目的,应当综合持卡人信用记录、还款能力和意愿、申领和透支信用卡的状况、透支资金的用途、透支后的表现、未按规定还款的原因等情节作出判断。不得单纯依据持卡人未按规定还款的事实认定非法占有目的。

具有以下情形之一的,应当认定为刑法第一百九十六条第二款规定的"以非法占有为目的",但有证据证明持卡人确实不具有非法占有目的的除外:

(一)明知没有还款能力而大量透支,无法归还的;

(二)使用虚假资信证明申领信用卡后透支,无法归还的;

(三)透支后通过逃匿、改变联系方式等手段,逃避银行催收的;

(四)抽逃、转移资金,隐匿财产,逃避还款的;

(五)使用透支的资金进行犯罪活动的;

(六)其他非法占有资金,拒不归还的情形。

第七条 催收同时符合下列条件的,应当认定为本解释第六条规定的"有效催收":

(一)在透支超过规定限额或者规定期限后进行;

(二)催收应当采用能够确认持卡人收悉的方式,但持卡人故意逃避催收的除外;

(三)两次催收至少间隔三十日;

(四)符合催收的有关规定或者约定。

对于是否属于有效催收,应当根据发卡银行提供的电话录音、信息送达记录、信函送达回执、电子邮件送达记录、持卡人或者其家属签字以及其他催收原始证据材料作出判断。

发卡银行提供的相关证据材料,应当有银行工作人员签名和银行公章。

第八条 恶意透支,数额在五万元以上不满五十万元的,应当认定为刑法第一百九十六条规定的"数额较大";数额在五十万元以上不满五百万元的,应当认定为刑法第一百九十六条规定的"数额巨大";数额在五百万元以上的,应当认定为刑法第一百九十六条规定的"数额特别巨大"。

第九条 恶意透支的数额,是指公安机关刑事立案时尚未归还的实际透支的本金数额,不包括利息、复利、滞纳金、手续费等发卡银行收取的费用。归还或者支付的数额,应当认定为归还实际透支的本金。

检察机关在审查起诉、提起公诉时,应当根据发卡银行提供的交易明细、分类账单(透支账单、还款账单)等证据材料,结合犯罪嫌疑人、被告人及其辩护人所提辩解、辩护意见及相关证据材料,审查认定恶意透支的数额;恶意透支的数额难以确定的,应当依据司法会计、审计报告,结合其他证据材料审查认定。人民法院在审判过程中,应当在对上述证据材料查证属实的基础上,对恶意透支的数额作出认定。

发卡银行提供的相关证据材料,应当有银行工作人员签名和银行公章。

第十条 恶意透支数额较大,在提起公诉前全部归还或者具有其他情节轻微情形的,可以不起诉;在一审判决前全部归还或者具有其他情节轻微情形的,可以免予刑事处罚。但是,曾因信用卡诈骗受过两次以上处罚的除外。

第十一条 发卡银行违规以信用卡透支形式变相发放贷款,持卡人未按规定归还的,不适用刑法第一百九十六条"恶意透支"的规定。构成其他犯罪的,以其他犯罪论处。

第十二条 违反国家规定,使用销售点终端机具(POS 机)等方法,以虚构交易、虚开价格、现金退货等方式向信用卡持卡人直接支付现金,情节严重的,应当依据刑法第二百二十五条的规定,以非法经营罪定罪处罚。

实施前款行为①,数额在一百万元以上的,或者造成金融机构资金二十万元以上逾期未还的,或者造成金融机构经济损失十万元以上的,应当认定为刑法第二百二十五条规定的"情节严重";数额在五百万元以上的,或者造成金融机构资金一百万元以上逾期未还的,或者造成金融机构经济损失五十万元以上的,应当认定为刑法第二百二十五条规定的"情节特别严重"。

持卡人以非法占有为目的,采用上述方式恶意透支,应当追究刑事责任的,依照刑法第一百九十六条的规定,以信用卡诈骗罪定罪处罚。

第十三条 单位实施本解释规定的行为,适用本解释规定的相应自然人犯罪的定罪量刑标准。

公安部经济犯罪侦查局关于以信用卡透支协议的形式进行借款可否视为贷款问题的批复

(2001 年 9 月 7 日,公经〔2001〕1021 号)

山东省公安厅经侦总队:

你总队《关于在办理刘安才等人非法吸收公众存款、违法发放贷款案过程中遇到的几个问题的请示》(鲁公经〔2001〕301 号)收悉,根据中国人民银行条法司 1998 年 6 月 8 日就此类问题函复最高人民检察院刑事检察厅的意见,现答复如下:

根据中国人民银行《信用卡业务管理办法》的规定,信用卡只能在规定的限额内透支。信用卡超限额透支的金额,属于贷款性质。若该行为造成了重大损失,符合违法发放贷款罪的构成要件,则构成违法发放贷款罪。

此复。

---

① 2019 年最高人民法院、最高人民检察院印发的《关于办理非法从事资金支付结算业务、非法买卖外汇刑事案件适用法律若干问题的解释》第三条、第四条对包括信用卡套现在内的"非法从事资金支付结算业务"规定了"情节严重""情节特别严重"的标准。因而《关于办理妨害信用卡管理刑事案件具体应用法律若干问题的解释》第十二条对信用卡套现规定的"情节严重""情节特别严重"的标准是否应被前者取代,值得研究。

最高人民法院刑事审判第二庭关于对银行工作人员违规票据贴现行为如何适用法律问题的函

(2006年7月5日,〔2006〕刑二函字42号)

根据我国法律规定,票据贴现属于贷款的一种类型。违规票据贴现行为是否构成违法发放贷款罪,应当根据案件事实和刑法规定总和加以认定。

公安部经济犯罪侦查局关于对中国银行×支行行长潘×等人行为如何适用法律问题的通知

(2006年8月1日,公经〔2006〕1655号)

中国银行股份有限公司×支行行长潘×,在没有取得银行承兑汇票的情况下,违反法律、法规规定,制作贴现凭证,办理贴现业务,致使所贴现的资金无法追回,造成重大损失。依据中国人民银行颁布的《贷款通则》,票据贴现应属贷款种类之一,潘×违反有关规定办理票据贴现业务,实则为发放贷款行为……涉嫌违法发放贷款罪。

最高人民检察院侦查监督厅关于对郭××涉嫌违法发放贷款犯罪性质认定的回复意见

(2010年9月9日,〔2010〕高检侦监函32号)

银监会制定的《流动资金贷款管理暂行办法》和《个人贷款管理暂行办法》是对《中华人民共和国商业银行法》有关规定的细化,可以作为认定案件性质的依据。

公安部经济犯罪侦查局关于对郭××涉嫌违法放贷犯罪性质认定请示的批复

(2011年1月4日,公经金融〔2011〕4号)

根据2004年7月16日银监会发布的《商业银行授信工作尽职指引》第十五条、第十六条、第二十七条、第二十八条、第二十九条、第五十一条的规定,我们认为,郭××作为原中国银行工作人员,在审查××化工有限公司贷款过程中,未按规定履行对该公司的贷款资料和担保单位的担保能力进行全面核实和实地审核的尽职调查义务即发放贷款,致使××化工有限公司利用虚假的贷款资料和伪造的担保合同取得贷款,并给银行造成巨额损失，其行为违反了国家有关规定，涉嫌违法发放贷款犯罪。

最高人民检察院法律政策研究室对《关于征求吸收客户资金不入账犯罪法律适用问题的函》的回复意见

（2010年12月13日，
稿件研函字〔2010〕74号）

保险费属于刑法第一百八十七条规定的客户资金，保险公司及其工作人员收到保险费不入账，数额巨大或者造成重大损失的，应按吸收客户资金不入账罪追究刑事责任。

最高人民检察院审查批捕厅对公安部经济犯罪侦查局《关于对银行非法出具金融票证和造成损失征求意见的函》的复函

（1999年10月10日）

同意你局关于"承诺书"具有担保性质应视为"保函"的意见。根据《商业银行法》第三条第十项的规定，工商银行可提供担保。《刑法》第一百八十八条规定的犯罪必须是银行工作人员违反"规定"的行为，因为乌某某的身份是工商银行分理处主任，其行为违反了当地工商银行关于担保的哪些"规定"，贵局告当地公安机关就此问题向当地工商银行查证。

公安部经济犯罪侦查局关于转发中国人民银行办公厅《关于银行预付款保函认定事宜的复函》的通知

（2002年6月24日，公经〔2002〕745号）

预付款保函是银行保函的一种形式，属于刑法意义上的金融票证。

公安部经济犯罪侦查局关于民间借贷合同加盖金融机构公章能否视为保函有关问题的批复

（2009年11月4日，
公经金融〔2009〕295号）

银行保函是指银行应委托人的申请而向受益人开立的有担保性质的书面承诺文件，一旦委托人未按其与受益人签订的合同的约定偿还债务或者履行约定义务时，由银行按照与委托人签订的《保函委托书》履行担保责任。而本案中，犯罪嫌疑人杨××违反规定，利用其担任中国建设银行郑州市××支行行长便利，私自在河南××纸业股份有限公司向辛××个人借款1360万元的民间借贷合同上加盖本行印章，由于单纯公章印章本身不具有保函的形式要件，不能视为保函。同时，对杨××的行为应按照主客观相统一的原则,查明其是否存在职务犯罪等情况。

最高人民法院、最高人民检察院、公安部办理骗汇、逃汇犯罪案件联席会议纪要

(1999 年 3 月 16 日)

……会议纪要如下:

一、各级公安机关……

二、全国人大常委会《关于惩治骗购外汇、逃汇和非法买卖外汇犯罪的决定》(以下简称《决定》)公布施行后发生的犯罪行为,应当依照《决定》办理;对于《决定》公布施行前发生的公布后尚未处理或者正在处理的行为,依照修订后的刑法第十二条第一款规定的原则办理。

最高人民法院 1998 年 8 月 28 日发布的《关于审理骗购外汇、非法买卖外汇刑事案件具体应用法律若干问题的解释》(以下简称《解释》),是对具体应用修订后的刑法有关问题的司法解释,适用于依照修订后的刑法判处的案件。各执法部门对于《解释》应当准确理解,严格执行。

《解释》第四条规定:"公司、企业或者其他单位,违反有关外贸代理业务的规定,采用非法手段,或者明知是伪造、变造的凭证、商业单据,为他人向外汇指定银行骗购外汇,数额在五百万美元以上或者违法所得五十万元人民币以上的,按照刑法第二百二十五条第(三)项的规定定罪处罚;居间介绍骗购外汇一百万美元以上或者违法所得十万元人民币以上的,按照刑法第二百二十五条第(三)项的规定定罪处罚。"上述所称"采用非法手段",是指有国家批准的进出口经营权的外贸代理企业在经营代理进口业务时,不按国家经济主管部门有关规定履行职责,放任被代理方自带客户、自带货源、自带汇票、自行报关,在不见进口产品、不见供货货主、不见外商的情况下代理进口业务,或者采取法律、行政法规和部门规章禁止的其他手段代理进口业务。

认定《解释》第四条所称的"明知",要结合案件的具体情节予以综合考虑,不能仅仅因为行为人不供述就不予认定。报关行为先于签订外贸代理协议的,或者委托方提供的购汇凭证明显与真实凭证、商业单据不符的,应当认定为明知。

《解释》第四条所称"居间介绍骗购外汇",是指收取他人人民币、以虚假购汇凭证委托外贸公司、企业骗购外汇,获取非法收益的行为。

三、公安机关侦查骗汇、逃汇犯罪案件中涉及人民检察院管辖的贪污贿赂、渎职犯罪案件的,应当将贪污贿赂、渎职犯罪案件材料移送有管辖权的人民检察院审查。对管辖交叉的案件,可以分别立案,共同工作。如果涉嫌主罪属于公安机关管辖,由公安机关为主侦查,人民检察院予以配合;如果涉嫌主罪属于人民检察院管辖,由人民检察院为主侦查,公安机关予以配合。双方意见有较大分歧的,要协商解决,并及时向当地党委、政法委和上级主管机关请示。

四、公安机关侦查骗汇、逃汇犯罪案件,要及时全面收集和固定犯罪证据,抓紧缉捕犯罪分子。人民检察院和人民法院对正在办理的骗汇、逃汇犯罪案件,只要基本犯罪事实清楚,基本证据确实、充分,应当及时依法起诉、审判。主犯在逃或者骗

购外汇所需人民币资金的来源无法彻底查清，但证明在案的其他犯罪嫌疑人实施犯罪的基本证据确实充分的，为在法定时限内结案，可以对在案的其他犯罪嫌疑人先行处理。对于已收集到外汇指定银行汇出凭证和境外收汇银行收款凭证等证据，能够证明所骗购外汇确已汇至港澳台地区或国外的，应视为骗购外汇既遂。

五、坚持“惩办与宽大相结合”的政策。对骗购外汇共同犯罪的主犯，或者参与伪造、变造购汇凭证的骗汇人员，以及与骗购外汇的犯罪分子相勾结的国家工作人员，要从严惩处。对具有自首、立功或者其他法定从轻、减轻情节的，依法从轻、减轻处理。

六、各地在办理骗汇、逃汇犯罪案件中遇到的有关问题以及侦查、起诉、审判的信息要及时向各自上级主管机关报告。上级机关要加强对案件的督办、检查和指导协调工作。

最高人民法院
关于审理骗购外汇、非法买卖外汇刑事案件具体应用法律若干问题的解释

（1998年8月28日最高人民法院审判委员会第1018次会议通过，1998年8月28日公布，自1998年9月1日起施行，法释〔1998〕20号）

为依法惩处骗购外汇、非法买卖外汇的犯罪行为，根据刑法的有关规定，现对审理骗购外汇、非法买卖外汇案件具体应用法律的若干问题解释如下：

第一条　以进行走私、逃汇、洗钱、骗税等犯罪活动为目的，使用虚假、无效的凭证、商业单据或者采取其他手段向外汇指定银行骗购外汇的，应当分别按照刑法分则第三章第二节、第一百九十条、第一百九十一条和第二百零四条等规定定罪处罚。

非国有公司、企业或者其他单位，与国有公司、企业或者其他国有单位勾结逃汇的，以逃汇罪的共犯处罚。

第二条　伪造、变造、买卖海关签发的报关单、进口证明、外汇管理机关的核准件等凭证或者购买伪造、变造的上述凭证的，按照刑法第二百八十条第一款的规定定罪处罚。

第三条①　在外汇指定银行和中国外汇交易中心及其分中心以外买卖外汇，扰乱金融市场秩序，具有下列情形之一的，按照刑法第二百二十五条第（三）项的规定定罪处罚：

（一）非法买卖外汇二十万美元以上的；

（二）违法所得五万元人民币以上的。

第四条②　公司、企业或者其他单位，违反有关外贸代理业务的规定，采用非法手段，或者明知是伪造、变造的凭证、商业单据，为他人向外汇指定银行骗购外汇，数额在五百万美元以上或者违法所得五十万元人民币以上的，按照刑法第二百

① 最高人民法院、最高人民检察院2019年1月31日印发的《关于办理非法从事资金支付结算业务、非法买卖外汇刑事案件适用法律若干问题的解释》对非法买卖外汇构成非法经营罪的定罪量刑数额标准作了新的规定，故该条规定的数额标准今后不再适用。

② 最高人民法院、最高人民检察院2019年1月31日印发的《关于办理非法从事资金支付结算业务、非法买卖外汇刑事案件适用法律若干问题的解释》对非法买卖外汇构成非法经营罪的定罪量刑数额标准作了新的规定，故该条规定的数额标准今后不再适用。

二十五条第(三)项的规定定罪处罚。

居间介绍骗购外汇一百万美元以上或者违法所得十万元人民币以上的,按照刑法第二百二十五条第(三)项的规定定罪处罚。

第五条 海关、银行、外汇管理机关工作人员与骗购外汇的行为人通谋,为其提供购买外汇的有关凭证,或者明知是伪造、变造的凭证和商业单据而出售外汇,构成犯罪的,按照刑法的有关规定从重处罚。

第六条 实施本解释规定的行为,同时触犯二个以上罪名的,择一重罪从重处罚。

第七条 根据刑法第六十四条规定,骗购外汇、非法买卖外汇的,其违法所得予以追缴,用于骗购外汇、非法买卖外汇的资金予以没收,上缴国库。

第八条 骗购、非法买卖不同币种的外汇的,以案发时国家外汇管理机关制定的统一折算率折合后依照本解释处罚。

最高人民检察院
关于认真贯彻执行《全国人民代表大会常务委员会关于惩治骗购外汇、逃汇和非法买卖外汇犯罪的决定》的通知

(1999年1月21日,高检会〔1999〕3号)

各省、自治区、直辖市人民检察院,军事检察院:

《全国人民代表大会常务委员会关于惩治骗购外汇、逃汇和非法买卖外汇犯罪的决定》(以下简称《决定》)已由第九届全国人民代表大会常务委员会第六次会议于1998年12月29日通过,并于同日公布施行。为保证《决定》的正确贯彻实施,依法严惩骗购外汇、逃汇和非法买卖外汇的犯罪活动,特通知如下:

……

二、切实履行检察职责,严格依照《决定》加强对骗购外汇、逃汇和非法买卖外汇犯罪活动的打击力度。《决定》新增设了骗汇罪,扩大了逃汇罪的犯罪主体范围,对于其他破坏外汇管理秩序的犯罪行为如何定罪处罚作了进一步明确。各级人民检察院要严格依照《决定》的规定,做好各项检察工作。要重视对单位骗汇、逃汇和非法买卖外汇犯罪的检察工作,注意追究单位直接负责的主管人员和其他直接责任人员的刑事责任。要与公安机关、人民法院密切配合,积极参加打击骗汇犯罪专项斗争,坚持对重大骗汇、逃汇和非法买卖外汇案件的侦查适时介入,快批捕、快起诉,配合人民法院快审判。要督促和协助公安机关加大追逃力度,尽快缉拿逃犯。对全国重点骗汇大案,只要基本犯罪事实清楚,基本证据确实充分,就应当及时提起公诉。要依法运用刑事诉讼法赋予的立案监督、侦查监督、审判监督手段,监督有关部门严格执法,坚决纠正和防止有案不立、有罪不究、以罚代刑、久侦不结、重罪轻判的现象。对于海关、外汇管理部门的工作人员严重不负责任,造成大量外汇被骗购或者逃汇,致使国家利益遭受重大损失的,要依法坚决查办。

三、对于《决定》公布施行后发生的犯罪行为,应当依照《决定》办理;对于《决定》公布施行前发生的行为,按照刑

法第十二条规定的原则办理。

……

最高人民法院
关于审理洗钱等刑事案件
具体应用法律若干问题的解释

（2009年9月21日最高人民法院
审判委员会第1474次会议通过，
2009年11月4日公布，
自2009年11月11日起施行，
法释〔2009〕15号）

为依法惩治洗钱，掩饰、隐瞒犯罪所得、犯罪所得收益，资助恐怖活动等犯罪活动，根据刑法有关规定，现就审理此类刑事案件具体应用法律的若干问题解释如下：

第一条　刑法第一百九十一条、第三百一十二条规定的“明知”，应当结合被告人的认知能力，接触他人犯罪所得及其收益的情况，犯罪所得及其收益的种类、数额，犯罪所得及其收益的转换、转移方式以及被告人的供述等主、客观因素进行认定。

具有下列情形之一的，可以认定被告人明知系犯罪所得及其收益，但有证据证明确实不知道的除外：

（一）知道他人从事犯罪活动，协助转换或者转移财物的；

（二）没有正当理由，通过非法途径协助转换或者转移财物的；

（三）没有正当理由，以明显低于市场的价格收购财物的；

（四）没有正当理由，协助转换或者转移财物，收取明显高于市场的“手续费”的；

（五）没有正当理由，协助他人将巨额现金散存于多个银行账户或者在不同银行账户之间频繁划转的；

（六）协助近亲属或者其他关系密切的人转换或者转移与其职业或者财产状况明显不符的财物的；

（七）其他可以认定行为人明知的情形。

被告人将刑法第一百九十一条规定的某一上游犯罪的犯罪所得及其收益误认为刑法第一百九十一条规定的上游犯罪范围内的其他犯罪所得及其收益的，不影响刑法第一百九十一条规定的“明知”的认定。

第二条　具有下列情形之一的，可以认定为刑法第一百九十一条第一款第（五）项规定的“以其他方法掩饰、隐瞒犯罪所得及其收益的来源和性质”：

（一）通过典当、租赁、买卖、投资等方式，协助转移、转换犯罪所得及其收益的；

（二）通过与商场、饭店、娱乐场所等现金密集型场所的经营收入相混合的方式，协助转移、转换犯罪所得及其收益的；

（三）通过虚构交易、虚设债权债务、虚假担保、虚报收入等方式，协助将犯罪所得及其收益转换为“合法”财物的；

（四）通过买卖彩票、奖券等方式，协助转换犯罪所得及其收益的；

（五）通过赌博方式，协助将犯罪所得及其收益转换为赌博收益的；

（六）协助将犯罪所得及其收益携带、运输或者邮寄出入境的；

（七）通过前述规定以外的方式协助转移、转换犯罪所得及其收益的。

第三条 明知是犯罪所得及其产生的收益而予以掩饰、隐瞒,构成刑法第三百一十二条规定的犯罪,同时又构成刑法第一百九十一条或者第三百四十九条规定的犯罪的,依照处罚较重的规定定罪处罚。

第四条 刑法第一百九十一条、第三百一十二条、第三百四十九条规定的犯罪,应当以上游犯罪事实成立为认定前提。上游犯罪尚未依法裁判,但查证属实的,不影响刑法第一百九十一条、第三百一十二条、第三百四十九条规定的犯罪的审判。

上游犯罪事实可以确认,因行为人死亡等原因依法不予追究刑事责任的,不影响刑法第一百九十一条、第三百一十二条、第三百四十九条规定的犯罪的认定。

上游犯罪事实可以确认,依法以其他罪名定罪处罚的,不影响刑法第一百九十一条、第三百一十二条、第三百四十九条规定的犯罪的认定。

本条所称"上游犯罪",是指产生刑法第一百九十一条、第三百一十二条、第三百四十九条规定的犯罪所得及其收益的各种犯罪行为。

第五条 刑法第一百二十条之一规定的"资助",是指为恐怖活动组织或者实施恐怖活动的个人筹集、提供经费、物资或者提供场所以及其他物质便利的行为。

刑法第一百二十条之一规定的"实施恐怖活动的个人",包括预谋实施、准备实施和实际实施恐怖活动的个人。

最高人民法院、
最高人民检察院、
公安部
关于办理洗钱刑事案件若干问题的意见

(2020年11月6日印发,
法发〔2020〕41号)

为依法惩治洗钱犯罪活动,维护金融管理秩序和国家经济金融安全,根据刑法、刑事诉讼法及有关司法解释等规定,现就办理洗钱刑事案件若干问题提出如下意见。

一、办理洗钱刑事案件的总体要求(略)

二、依法准确认定洗钱犯罪

4. 刑法第一百九十一条规定的洗钱罪与刑法第三百一十二条规定的掩饰、隐瞒犯罪所得、犯罪所得收益罪是刑法特别规定与一般规定的关系。掩饰、隐瞒犯罪所得、犯罪所得收益罪包含传统的窝藏犯罪和普通的洗钱犯罪,洗钱罪是针对毒品犯罪、黑社会性质的组织犯罪、恐怖活动犯罪、走私犯罪、贪污贿赂犯罪、破坏金融管理秩序犯罪、金融诈骗犯罪等严重犯罪而为其洗钱的行为所作的特别规定。同时符合刑法第一百九十一条和第三百一十二条规定的,优先适用第一百九十一条特别规定。

5. 刑法第一百九十一条规定的"黑社会性质的组织犯罪所得及其产生的收益",是指黑社会性质组织及其成员实施

的各种犯罪所得及其产生的收益，包括黑社会性质组织的形成、发展过程中，该组织及组织成员通过违法犯罪活动或其他不正当手段聚敛的全部财物、财产性权益及其孳息、收益。

6. 主观上认识到是刑法第一百九十一条规定的上游犯罪的所得及其产生的收益，并实施该条第一款规定的洗钱行为的，可以认定其具有掩饰、隐瞒犯罪所得及其收益的来源和性质的目的，但有证据证明不是为掩饰、隐瞒犯罪所得及其收益的来源和性质的除外。

7. 刑法第一百九十一条规定的洗钱罪，应当以上游犯罪事实成立为认定前提。上游犯罪是否既遂，不影响洗钱罪的认定。上游犯罪尚未依法裁判，但查证属实的，不影响洗钱罪的认定。

上游犯罪事实经查证属实，因行为人死亡、未达到刑事责任年龄等原因依法不予追究刑事责任的，不影响洗钱罪的认定。

8. 主观上认识到是刑法第一百九十一条规定的上游犯罪的所得及其产生的收益，包括知道或者应当知道。其中："知道"是指根据犯罪嫌疑人、被告人的供述、证人证言等证据，可以直接证明犯罪嫌疑人、被告人知悉、了解其所掩饰、隐瞒的是刑法第一百九十一条规定的上游犯罪的所得及其产生的收益；"应当知道"是指结合查证的主、客观证据，可以证明犯罪嫌疑人、被告人知悉、了解其所掩饰、隐瞒的是刑法第一百九十一条规定的上游犯罪的所得及其产生的收益。

认定主观认知，应当结合犯罪嫌疑人、被告人的身份背景、职业经历、认知能力及其所接触、接收的信息，与上游犯罪嫌疑人、被告人的亲属关系、上下级关系、交往情况、了解程度、信任程度，接触、接收他人犯罪所得及其收益的情况，犯罪所得及其收益的种类、数额，犯罪所得及其收益的转换、转移方式，交易行为、资金账户的异常情况，以及犯罪嫌疑人、被告人的供述及证人证言等主、客观因素，进行综合分析判断。对于犯罪嫌疑人、被告人的供述和辩解，要结合全案证据进行审查判断。

9. 主观上认识到是刑法第一百九十一条规定的上游犯罪的所得及其产生的收益，是指对上游犯罪客观事实的认识，而非对行为性质的认识。将某一上游犯罪的所得及其产生的收益认为是该条规定的其他上游犯罪的所得及其产生的收益的，不影响主观认知的认定。

10. 实施刑法第一百九十一条规定的洗钱行为，构成洗钱罪的同时，又构成刑法第三百四十九条规定的窝藏、转移、隐瞒毒赃罪，刑法第一百二十条之一规定的帮助恐怖活动罪，或者刑法第二百二十五条规定的非法经营罪的，依照处罚较重的规定定罪处罚。法律和司法解释另有规定的除外。

具有刑法第一百九十一条规定的上游犯罪的犯罪事实，又具有为其他不是同一事实的上游犯罪洗钱的犯罪事实的，分别以上游犯罪、洗钱罪定罪处罚，依法实行数罪并罚。

三、依法从严惩处洗钱犯罪

11. 行为人主观上认识到是刑法第一百九十一条规定的七类上游犯罪的所得及其产生的收益，并实施该条第一款规定的洗钱行为，从而掩饰、隐瞒犯罪所得及其收益的来源和性质，构成犯罪的，应依法以洗钱罪定罪处罚。

12. 洗钱数额在十万元以上的，或者洗钱数额在五万元以上，且具有下列情形之一的,可以认定为"情节严重":(1)多次实施洗钱行为的;(2)曾因洗钱行为受过刑事追究的;(3)拒不交代涉案资金去向或者拒不配合追缴工作,致使赃款无法追缴的;(4)造成重大损失或者其他严重后果的。

二次以上实施洗钱犯罪行为,依法应予刑事处理而未经处理的,洗钱数额累计计算。

13. 地下钱庄实施洗钱犯罪的,或者金融机构及其从业人员实施洗钱犯罪的,可以依法从重处罚。

14. 单位实施洗钱犯罪行为的,与自然人犯罪的定罪量刑标准相同,对单位判处罚金,并依法对其直接负责的主管人员和其他直接责任人员定罪处罚。

15. 要依法用足用好财产刑,从经济上最大限度制裁洗钱犯罪分子。对洗钱犯罪判处罚金,应当根据被告人的犯罪情节,在法律规定的数额幅度内决定罚金数额,充分体现从重处罚的政策精神。对于自然人洗钱犯罪"情节严重"的,一般可并处洗钱数额百分之十以上百分之二十以下罚金。对单位犯罪,一般可判处洗钱数额百分之十以上罚金。

16. 对于行为人如实供述犯罪事实,认罪悔罪,并如实交代涉案资金去向,积极配合调查和追缴工作,符合刑事诉讼法规定的认罪认罚从宽适用范围和条件的,可以依法从宽处理。

17. 要从严掌握洗钱犯罪的缓刑适用。适用缓刑,应当综合考虑犯罪情节、悔罪表现、再犯罪的危险以及宣告缓刑对所居住社区的影响,依法作出决定。对于地下钱庄犯罪分子,以洗钱为业,多次实施洗钱行为,或者拒不交代涉案资金去向的,一般不适用缓刑。

四、强化洗钱刑事案件证据的收集、审查和运用

23. 人民法院、人民检察院、公安机关办理洗钱刑事案件,应当依法查询、查封、扣押、冻结全部涉案财产。对于依法查封、扣押、冻结的涉案财产,应当全面收集、审查证明其来源、性质、用途、权属及价值大小等有关证据。

对于涉及洗钱犯罪及其上游犯罪的违法所得及其产生的收益,应当依法追缴、没收。依法应当追缴、没收的财产无法找到、价值灭失或者与其他合法财产混合且不可分割的,可以追缴、没收洗钱犯罪行为人的其他等值财产。人民法院可以依法判决责令行为人以其他等值财产在违法所得范围内退赔。

对于依法查封、扣押、冻结的涉案财产,有证据证明确属被害人合法财产,或者确与行为人及其犯罪活动无关的,应予返还。

五、合力预防和惩治洗钱犯罪

26. 人民法院、人民检察院、公安机关要加强洗钱刑事案件的国际合作,完善刑事司法协助、引渡、警务合作制度机制和工作程序,强化打击跨国(境)洗钱犯罪,提升惩治跨国(境)洗钱犯罪效能。要规范跨国(境)刑事案件证据收集、移交、审查工作,依照国际条约或者互惠原则,提请证据材料所在地司法机关收集,或通过国际警务合作、国际刑警组织渠道收集的境外证据材料,公安机关应对其来源、提取人、提取时间或者提供人、提供时间以及保管移交的过程等作出说明;对其他来自境外的证据材料,应当对其来源、提供人、提供时间以及提取人、提取时间进行审查。能够证明案件事实的,可以作为证据使用。

公安部经济犯罪侦查局关于转发《中国人民银行办公厅关于进出口押汇垫款认定事宜的复函》的通知

（2002年6月24日，
公经〔2002〕751号）

河南省公安厅经侦总队：

现将《中国人民银行办公厅关于进出口押汇垫款认定事宜的复函》（银办函［2002］377号）转去，请查收。

附：

《中国人民银行办公厅关于进出口押汇垫款认定事宜的复函》

（银办函［2002］377号）

公安部办公厅：

你厅《关于请协助认定押汇垫款能否视为贷款性质的函》（公经［2002］576号）收悉。现函复如下：

进、出口押汇属于贸易融资业务。进口押汇是银行根据客户要求在进口结算业务中给予客户资金融通的业务活动。出口押汇是银行凭出口商提供的出口单据向出口商融通资金的业务活动。押汇垫款是贸易项下融资的一种方式，其性质应属于贷款。

最高人民法院关于对信用证诈骗案件有关问题的复函

（2003年11月19日，
法函〔2003〕60号）

中国银行业监督管理委员会、公安部：

一、在办理信用证诈骗案件中，是否必须查明虚假议付单据、文件来源和议付款项的最终流向，不能一概而论，应当视案件的证据情况决定。对属于认定行为人主观上“是否明知”以及“是否具有非法占有目的”必不可少的证据的，则应当查清。

二、关于委托境外执法部门协助提供的证人证言可否作为证据使用的问题。根据刑事诉讼法第十七条的规定，依照刑事司法协助的内容委托境外执法机构询问证人的情况可以作为证据使用。但如果境外执法部门所取得的证言上加盖有“不得作呈堂证供”的印章，应当经过适当形式的转换后使用。

最高人民检察院关于拾得他人信用卡并在自动柜员机(ATM 机)上使用的行为如何定性问题的批复

(2008 年 2 月 19 日最高人民检察院第十届检察委员会第九十二次会议通过,2008 年 4 月 18 日公布,自 2008 年 5 月 7 日起施行,高检发释字〔2008〕1 号)

浙江省人民检察院:

你院《关于拾得他人信用卡并在 ATM 机上使用的行为应如何定性的请示》(浙检研〔2007〕227 号)收悉。经研究,批复如下:

拾得他人信用卡并在自动柜员机(ATM 机)上使用的行为,属于刑法第一百九十六条第一款第(三)项规定的"冒用他人信用卡"的情形,构成犯罪的,以信用卡诈骗罪追究刑事责任。

最高人民法院研究室关于信用卡犯罪法律适用若干问题的复函

(2010 年 7 月 5 日,法研〔2010〕105 号)

公安部经济犯罪侦查局:

你局公经金融〔2010〕110 号《关于公安机关办理信用卡犯罪案件法律适用若干问题征求意见的函》收悉。经研究,提出以下意见供参考:

一、对于一人持有多张信用卡进行恶意透支,每张信用卡透支数额均未达到 1 万元的立案追诉标准的,原则上可以累计数额进行追诉。但考虑到一人办多张信用卡的情况复杂,如累计透支数额不大的,应分别不同情况慎重处理。

二、发卡银行的"催收"应有电话录音、持卡人或其家属签字等证据证明。"两次催收"一般应分别采用电话、信函、上门等两种以上催收形式。

三、若持卡人在透支大额款项后,仅向发卡行偿还远低于最低还款额的欠款,具有非法占有目的的,可以认定为"恶意透支";行为人确实不具有非法占有目的的,不能认定为"恶意透支"。

四、非法套现犯罪的证据规格,仍应遵循刑事诉讼法规定的证据确实、充分的证明标准。原则上应向各持卡人询问并制作笔录。如因持卡人数量众多、下落不明等客观原因导致无法取证,且其他证据已能确实、充分地证明使用信用卡非法套现的犯罪事实及套现数额的,则可以不向所有持卡人询问并制作笔录。

最高人民法院、最高人民检察院、公安部关于信用卡诈骗犯罪管辖有关问题的通知

(2011 年 8 月 8 日,公通字〔2011〕29 号)

各省、自治区、直辖市高级人民法院,人民检察院,公安厅、局,新疆维吾尔自治区高级人民法院生产建设兵团分院、新疆生产

建设兵团人民检察院、公安局：

近年来，信用卡诈骗流窜作案逐年增多，受害人在甲地申领的信用卡，被犯罪嫌疑人在乙地盗取了信用卡信息，并在丙地被提现或消费。犯罪嫌疑人企图通过空间的转换逃避刑事打击。为及时有效打击此类犯罪，现就有关案件管辖问题通知如下：

对以窃取、收买等手段非法获取他人信用卡信息资料后在异地使用的信用卡诈骗犯罪案件，持卡人信用卡申领地的公安机关、人民检察院、人民法院可以依法立案侦查、起诉、审判。

最高人民法院
关于被告人余××利用他人遗忘在ATM机内已输好密码的信用卡取款的行为如何定性请示一案的批复

（[2017]最高法刑他3371号）

福建省高级人民法院：

你院《关于被告人余××利用他人遗忘在ATM机内已输好密码的信用卡取款的行为如何定性的请示报告》收悉。经研究，批复如下：

被告人余××利用他人遗忘在ATM机内已输好密码的信用卡取款的行为倾向于认定为信用卡诈骗罪。

最高人民检察院法律政策研究室
关于保险诈骗未遂能否按犯罪处理问题的答复

（1998年11月27日，
高检研发〔1998〕第20号）

河南省人民检察院：

你院《关于保险诈骗未遂能否按犯罪处理的请示》（豫检捕〔1998〕11号）收悉。经研究，并经高检院领导同意，答复如下：

行为人已经着手实施保险诈骗行为，但由于意志以外的原因未能获得保险赔偿的，是诈骗未遂，情节严重的，应依法追究刑事责任。

此复。

公安部经济犯罪侦查局
关于对一起保险诈骗案件有关问题的批复

（2009年9月14日，
公经金融〔2009〕248号）

河南省公安厅经侦总队：

你总队《关于保险诈骗（未遂）的“情节严重”标准如何认定问题的请示》（豫公经[2009]26号）收悉，经认真研究后，现批复如下：

1998年11月27日最高人民检察院

《关于保险诈骗未遂能否按犯罪处理问题的答复》中指出:“行为人已经着手实施保险诈骗行为,但由于其意志以外的原因未能获得保险赔偿的,是诈骗未遂,情节严重的,应依法追究刑事责任。”但目前对“情节严重”尚无具体司法解释。本案中,张某隐瞒其妻子已患癌症的事实,向中国人寿保险开封分公司和中国太平人寿保险开封分公司共投保 43 万元,并在其妻死亡后申请理赔,其行为已涉嫌保险诈骗罪,根据最高人民检察院、公安部《关于经济犯罪案件追诉标准的规定》第 48 条规定,应予追诉。

危害税收征管罪

最高人民法院、最高人民检察院关于办理危害税收征管刑事案件适用法律若干问题的解释

(2024 年 1 月 8 日最高人民法院审判委员会第 1911 次会议、2024 年 2 月 22 日最高人民检察院第十四届检察委员会第二十五次会议通过,2024 年 3 月 15 日公布,自 2024 年 3 月 20 日起施行,法释〔2024〕4 号)

为依法惩治危害税收征管犯罪,根据《中华人民共和国刑法》《中华人民共和国刑事诉讼法》的有关规定,现就办理此类刑事案件适用法律的若干问题解释如下:

第一条 纳税人进行虚假纳税申报,具有下列情形之一的,应当认定为刑法第二百零一条第一款规定的“欺骗、隐瞒手段”:

(一)伪造、变造、转移、隐匿、擅自销毁账簿、记账凭证或者其他涉税资料的;

(二)以签订“阴阳合同”等形式隐匿或者以他人名义分解收入、财产的;

(三)虚列支出、虚抵进项税额或者虚报专项附加扣除的;

(四)提供虚假材料,骗取税收优惠的;

(五)编造虚假计税依据的;

(六)为不缴、少缴税款而采取的其他欺骗、隐瞒手段。

具有下列情形之一的,应当认定为刑法第二百零一条第一款规定的“不申报”:

(一)依法在登记机关办理设立登记的纳税人,发生应税行为而不申报纳税的;

(二)依法不需要在登记机关办理设立登记或者未依法办理设立登记的纳税人,发生应税行为,经税务机关依法通知其申报而不申报纳税的;

(三)其他明知应当依法申报纳税而不申报纳税的。

扣缴义务人采取第一、二款所列手段,不缴或者少缴已扣、已收税款,数额较大的,依照刑法第二百零一条第一款的规定定罪处罚。扣缴义务人承诺为纳税人代付税款,在其向纳税人支付税后所得时,应当认定扣缴义务人“已扣、已收税款”。

第二条 纳税人逃避缴纳税款十万元以上、五十万元以上的,应当分别认定为刑法第二百零一条第一款规定的“数额较大”“数额巨大”。

扣缴义务人不缴或者少缴已扣、已收

税款“数额较大”“数额巨大”的认定标准,依照前款规定。

第三条 纳税人有刑法第二百零一条第一款规定的逃避缴纳税款行为,在公安机关立案前,经税务机关依法下达追缴通知后,在规定的期限或者批准延缓、分期缴纳的期限内足额补缴应纳税款,缴纳滞纳金,并全部履行税务机关作出的行政处罚决定的,不予追究刑事责任。但是,五年内因逃避缴纳税款受过刑事处罚或者被税务机关给予二次以上行政处罚的除外。

纳税人有逃避缴纳税款行为,税务机关没有依法下达追缴通知的,依法不予追究刑事责任。

第四条 刑法第二百零一条第一款规定的“逃避缴纳税款数额”,是指在确定的纳税期间,不缴或者少缴税务机关负责征收的各税种税款的总额。

刑法第二百零一条第一款规定的“应纳税额”,是指应税行为发生年度内依照税收法律、行政法规规定应当缴纳的税额,不包括海关代征的增值税、关税等及纳税人依法预缴的税额。

刑法第二百零一条第一款规定的“逃避缴纳税款数额占应纳税额的百分比”,是指行为人在一个纳税年度中的各税种逃税总额与该纳税年度应纳税总额的比例;不按纳税年度确定纳税期的,按照最后一次逃税行为发生之日前一年中各税种逃税总额与该年应纳税总额的比例确定。纳税义务存续期间不足一个纳税年度的,按照各税种逃税总额与实际发生纳税义务期间应纳税总额的比例确定。

逃税行为跨越若干个纳税年度,只要其中一个纳税年度的逃税数额及百分比达到刑法第二百零一条第一款规定的标准,即构成逃税罪。各纳税年度的逃税数额应当累计计算,逃税额占应纳税额百分比应当按照各逃税年度百分比的最高值确定。

刑法第二百零一条第三款规定的“未经处理”,包括未经行政处理和刑事处理。

第五条 以暴力、威胁方法拒不缴纳税款,具有下列情形之一的,应当认定为刑法第二百零二条规定的“情节严重”:

(一)聚众抗税的首要分子;

(二)故意伤害致人轻伤的;

(三)其他情节严重的情形。

实施抗税行为致人重伤、死亡,符合刑法第二百三十四条或者第二百三十二条规定的,以故意伤害罪或者故意杀人罪定罪处罚。

第六条 纳税人欠缴应纳税款,为逃避税务机关追缴,具有下列情形之一的,应当认定为刑法第二百零三条规定的“采取转移或者隐匿财产的手段”:

(一)放弃到期债权的;

(二)无偿转让财产的;

(三)以明显不合理的价格进行交易的;

(四)隐匿财产的;

(五)不履行税收义务并脱离税务机关监管的;

(六)以其他手段转移或者隐匿财产的。

第七条 具有下列情形之一的,应当认定为刑法第二百零四条第一款规定的“假报出口或者其他欺骗手段”:

(一)使用虚开、非法购买或者以其他非法手段取得的增值税专用发票或者其他可以用于出口退税的发票申报出口退税的;

(二)将未负税或者免税的出口业务申报为已税的出口业务的;

(三)冒用他人出口业务申报出口退税的;

(四)虽有出口,但虚构应退税出口业务的品名、数量、单价等要素,以虚增出口退税额申报出口退税的;

(五)伪造、签订虚假的销售合同,或者以伪造、变造等非法手段取得出口报关单、运输单据等出口业务相关单据、凭证,虚构出口事实申报出口退税的;

(六)在货物出口后,又转入境内或者将境外同种货物转入境内循环进出口并申报出口退税的;

(七)虚报出口产品的功能、用途等,将不享受退税政策的产品申报为退税产品的;

(八)以其他欺骗手段骗取出口退税款的。

第八条 骗取国家出口退税款数额十万元以上、五十万元以上、五百万元以上的,应当分别认定为刑法第二百零四条第一款规定的"数额较大""数额巨大""数额特别巨大"。

具有下列情形之一的,应当认定为刑法第二百零四条第一款规定的"其他严重情节":

(一)两年内实施虚假申报出口退税行为三次以上,且骗取国家税款三十万元以上的;

(二)五年内因骗取国家出口退税受过刑事处罚或者二次以上行政处罚,又实施骗取国家出口退税行为,数额在三十万元以上的;

(三)致使国家税款被骗取三十万元以上并且在提起公诉前无法追回的;

(四)其他情节严重的情形。

具有下列情形之一的,应当认定为刑法第二百零四条第一款规定的"其他特别严重情节":

(一)两年内实施虚假申报出口退税行为五次以上,或者以骗取出口退税为主要业务,且骗取国家税款三百万元以上的;

(二)五年内因骗取国家出口退税受过刑事处罚或者二次以上行政处罚,又实施骗取国家出口退税行为,数额在三百万元以上的;

(三)致使国家税款被骗取三百万元以上并且在提起公诉前无法追回的;

(四)其他情节特别严重的情形。

第九条 实施骗取国家出口退税行为,没有实际取得出口退税款的,可以比照既遂犯从轻或者减轻处罚。

从事货物运输代理、报关、会计、税务、外贸综合服务等中介组织及其人员违反国家有关进出口经营规定,为他人提供虚假证明文件,致使他人骗取国家出口退税款,情节严重的,依照刑法第二百二十九条的规定追究刑事责任。

第十条 具有下列情形之一的,应当认定为刑法第二百零五条第一款规定的"虚开增值税专用发票或者虚开用于骗取出口退税、抵扣税款的其他发票":

(一)没有实际业务,开具增值税专用发票、用于骗取出口退税、抵扣税款的其他发票的;

(二)有实际应抵扣业务,但开具超过实际应抵扣业务对应税款的增值税专用发票、用于骗取出口退税、抵扣税款的其他发票的;

(三)对依法不能抵扣税款的业务,通过虚构交易主体开具增值税专用发票、用于骗取出口退税、抵扣税款的其他发票的；

（四）非法篡改增值税专用发票或者用于骗取出口退税、抵扣税款的其他发票相关电子信息的；

（五）违反规定以其他手段虚开的。

为虚增业绩、融资、贷款等不以骗抵税款为目的，没有因抵扣造成税款被骗损失的，不以本罪论处，构成其他犯罪的，依法以其他犯罪追究刑事责任。

第十一条 虚开增值税专用发票、用于骗取出口退税、抵扣税款的其他发票，税款数额在十万元以上的，应当依照刑法第二百零五条的规定定罪处罚；虚开税款数额在五十万元以上、五百万元以上的，应当分别认定为刑法第二百零五条第一款规定的“数额较大”“数额巨大”。

具有下列情形之一的，应当认定为刑法第二百零五条第一款规定的“其他严重情节”：

（一）在提起公诉前，无法追回的税款数额达到三十万元以上的；

（二）五年内因虚开发票受过刑事处罚或者二次以上行政处罚，又虚开增值税专用发票或者虚开用于骗取出口退税、抵扣税款的其他发票，虚开税款数额在三十万元以上的；

（三）其他情节严重的情形。

具有下列情形之一的，应当认定为刑法第二百零五条第一款规定的“其他特别严重情节”：

（一）在提起公诉前，无法追回的税款数额达到三百万元以上的；

（二）五年内因虚开发票受过刑事处罚或者二次以上行政处罚，又虚开增值税专用发票或者虚开用于骗取出口退税、抵扣税款的其他发票，虚开税款数额在三百万元以上的；

（三）其他情节特别严重的情形。

以同一购销业务名义，既虚开进项增值税专用发票、用于骗取出口退税、抵扣税款的其他发票，又虚开销项的，以其中较大的数额计算。

以伪造的增值税专用发票进行虚开，达到本条规定标准的，应当以虚开增值税专用发票罪追究刑事责任。

第十二条 具有下列情形之一的，应当认定为刑法第二百零五条之一第一款规定的“虚开刑法第二百零五条规定以外的其他发票”：

（一）没有实际业务而为他人、为自己、让他人为自己、介绍他人开具发票的；

（二）有实际业务，但为他人、为自己、让他人为自己、介绍他人开具与实际业务的货物品名、服务名称、货物数量、金额等不符的发票的；

（三）非法篡改发票相关电子信息的；

（四）违反规定以其他手段虚开的。

第十三条 具有下列情形之一的，应当认定为刑法第二百零五条之一第一款规定的“情节严重”：

（一）虚开发票票面金额五十万元以上的；

（二）虚开发票一百份以上且票面金额三十万元以上的；

（三）五年内因虚开发票受过刑事处罚或者二次以上行政处罚，又虚开发票，票面金额达到第一、二项规定的标准60%以上的。

具有下列情形之一的，应当认定为刑法第二百零五条之一第一款规定的“情节特别严重”：

（一）虚开发票票面金额二百五十万元以上的；

(二)虚开发票五百份以上且票面金额一百五十万元以上的;

(三)五年内因虚开发票受过刑事处罚或者二次以上行政处罚,又虚开发票,票面金额达到第一、二项规定的标准60%以上的。

以伪造的发票进行虚开,达到本条第一款规定的标准的,应当以虚开发票罪追究刑事责任。

第十四条 伪造或者出售伪造的增值税专用发票,具有下列情形之一的,应当依照刑法第二百零六条的规定定罪处罚:

(一)票面税额十万元以上的;

(二)伪造或者出售伪造的增值税专用发票十份以上且票面税额六万元以上的;

(三)违法所得一万元以上的。

伪造或者出售伪造的增值税专用发票票面税额五十万元以上的,或者五十份以上且票面税额三十万元以上的,应当认定为刑法第二百零六条第一款规定的"数量较大"。

五年内因伪造或者出售伪造的增值税专用发票受过刑事处罚或者二次以上行政处罚,又实施伪造或者出售伪造的增值税专用发票行为,票面税额达到本条第二款规定的标准60%以上的,或者违法所得五万元以上的,应当认定为刑法第二百零六条第一款规定的"其他严重情节"。

伪造或者出售伪造的增值税专用发票票面税额五百万元以上的,或者五百份以上且票面税额三百万元以上的,应当认定为刑法第二百零六条第一款规定的"数量巨大"。

五年内因伪造或者出售伪造的增值税专用发票受过刑事处罚或者二次以上行政处罚,又实施伪造或者出售伪造的增值税专用发票行为,票面税额达到本条第四款规定的标准60%以上的,或者违法所得五十万元以上的,应当认定为刑法第二百零六条第一款规定的"其他特别严重情节"。

伪造并出售同一增值税专用发票的,以伪造、出售伪造的增值税专用发票罪论处,数量不重复计算。

变造增值税专用发票的,按照伪造增值税专用发票论处。

第十五条 非法出售增值税专用发票的,依照本解释第十四条的定罪量刑标准定罪处罚。

第十六条 非法购买增值税专用发票或者购买伪造的增值税专用发票票面税额二十万元以上的,或者二十份以上且票面税额十万元以上的,应当依照刑法第二百零八条第一款的规定定罪处罚。

非法购买真、伪两种增值税专用发票的,数额累计计算,不实行数罪并罚。

购买伪造的增值税专用发票又出售的,以出售伪造的增值税专用发票罪定罪处罚;非法购买增值税专用发票用于骗取抵扣税款或者骗取出口退税款,同时构成非法购买增值税专用发票罪与虚开增值税专用发票罪、骗取出口退税罪的,依照处罚较重的规定定罪处罚。

第十七条 伪造、擅自制造或者出售伪造、擅自制造的用于骗取出口退税、抵扣税款的其他发票,具有下列情形之一的,应当依照刑法第二百零九条第一款的规定定罪处罚:

(一)票面可以退税、抵扣税额十万元以上的;

(二)伪造、擅自制造或者出售伪造、

擅自制造的发票十份以上且票面可以退税、抵扣税额六万元以上的；

（三）违法所得一万元以上的。

伪造、擅自制造或者出售伪造、擅自制造的可以用于骗取出口退税、抵扣税款的其他发票票面可以退税、抵扣税额五十万元以上的，或者五十份以上且票面可以退税、抵扣税额三十万元以上的，应当认定为刑法第二百零九条第一款规定的"数量巨大"；伪造、擅自制造或者出售伪造、擅自制造的可以用于骗取出口退税、抵扣税款的其他发票票面可以退税、抵扣税额五百万元以上的，或者五百份以上且票面可以退税、抵扣税额三百万元以上的，应当认定为刑法第二百零九条第一款规定的"数量特别巨大"。

伪造、擅自制造或者出售伪造、擅自制造刑法第二百零九条第二款规定的发票，具有下列情形之一的，应当依照该款的规定定罪处罚：

（一）票面金额五十万元以上的；

（二）伪造、擅自制造或者出售伪造、擅自制造发票一百份以上且票面金额三十万元以上的；

（三）违法所得一万元以上的。

伪造、擅自制造或者出售伪造、擅自制造刑法第二百零九条第二款规定的发票，具有下列情形之一的，应当认定为"情节严重"：

（一）票面金额二百五十万元以上的；

（二）伪造、擅自制造或者出售伪造、擅自制造发票五百份以上且票面金额一百五十万元以上的；

（三）违法所得五万元以上的。

非法出售用于骗取出口退税、抵扣税款的其他发票的，定罪量刑标准依照本条第一、二款的规定执行。

非法出售增值税专用发票、用于骗取出口退税、抵扣税款的其他发票以外的发票的，定罪量刑标准依照本条第三、四款的规定执行。

第十八条 具有下列情形之一的，应当认定为刑法第二百一十条之一第一款规定的"数量较大"：

（一）持有伪造的增值税专用发票或者可以用于骗取出口退税、抵扣税款的其他发票票面税额五十万元以上的；或者五十份以上且票面税额二十五万元以上的；

（二）持有伪造的前项规定以外的其他发票票面金额一百万元以上的，或者一百份以上且票面金额五十万元以上的。

持有的伪造发票数量、票面税额或者票面金额达到前款规定的标准五倍以上的，应当认定为刑法第二百一十条之一第一款规定的"数量巨大"。

第十九条 明知他人实施危害税收征管犯罪而仍为其提供账号、资信证明或者其他帮助的，以相应犯罪的共犯论处。

第二十条 单位实施危害税收征管犯罪的定罪量刑标准，依照本解释规定的标准执行。

第二十一条 实施危害税收征管犯罪，造成国家税款损失，行为人补缴税款、挽回税收损失，有效合规整改的，可以从宽处罚；犯罪情节轻微不需要判处刑罚的，可以不起诉或者免予刑事处罚；情节显著轻微危害不大的，不作为犯罪处理。

对于实施本解释规定的相关行为被不起诉或者免予刑事处罚，需要给予行政处罚、政务处分或者其他处分的，依法移送有关主管机关处理。有关主管机关应当将处理结果及时通知人民检察院、人民法院。

第二十二条 本解释自2024年3月20日起施行。《最高人民法院关于适用〈全国人民代表大会常务委员会关于惩治虚开、伪造和非法出售增值税专用发票犯罪的决定〉的若干问题的解释》(法发〔1996〕30号)、《最高人民法院关于审理骗取出口退税刑事案件具体应用法律若干问题的解释》(法释〔2002〕30号)、《最高人民法院关于审理偷税、抗税刑事案件具体应用法律若干问题的解释》(法释〔2002〕33号)同时废止;最高人民法院、最高人民检察院以前发布的司法解释与本解释不一致的,以本解释为准。

公安部
公安机关办理危害税收征管刑事案件管辖若干问题的规定

(2004年2月19日,
公通字〔2004〕12号)

为进一步规范危害税收征管刑事案件的管辖问题,根据《中华人民共和国刑法》、《中华人民共和国刑事诉讼法》和《公安机关办理刑事案件程序规定》等有关法律和规章的规定,结合公安机关的办案实际和危害税收征管刑事案件的特点,制定本规定。

一、偷税案、逃避追缴欠税案(刑法第201条、第203条)

纳税人未根据法律、行政法规规定应当向税务机关办理税务登记的,由税务登记机关所在地县级以上公安机关管辖。如果由纳税义务发生地公安机关管辖更为适宜的,可以由纳税义务发生地县级以上公安机关管辖;纳税人未根据法律、行政法规规定不需要向税务机关办理税务登记的,由纳税义务发生地或其他法定纳税地县级以上公安机关管辖。

扣缴义务人偷税案适用前款规定。

二、抗税案(刑法第202条)

由抗税行为发生地县级以上公安机关管辖。

三、骗取出口退税案(刑法第204条第1款)

由骗取出口退税地县级以上公安机关管辖,其他涉案地公安机关予以配合。

四、虚开增值税专用发票、用于骗取出口退税、抵扣税款发票案(刑法第205条)

为他人虚开案件,由开票企业税务登记机关所在地县级以上公安机关管辖;为自己虚开案件、让他人为自己虚开案件,由受票企业税务登记机关所在地县级以上公安机关管辖;介绍他人虚开案件,可以与为他人虚开案件、让他人为自己虚开案件并案处理。

对于自然人实施的前款规定的虚开案件,由虚开地县级以上公安机关管辖。如果几个公安机关都有权管辖的,由最初受理的公安机关管辖;必要时,可以由主要犯罪地县级以上公安机关管辖。

对为他人虚开、为自己虚开、让他人为自己虚开、介绍他人虚开等几种情况交织在一起,且几个公安机关都有权管辖的,由最初受理的公安机关管辖;必要时,由票源集中地或虚开行为集中企业的税务登记机关所在地县级以上公安机关管辖。

五、伪造增值税专用发票案、非法制造用于骗取出口退税、抵扣税款发票案、非法制造发票案(刑法第206条、第209条第1款、第2款)

由伪造地、非法制造地县级以上公安机关管辖。

六、出售伪造的增值税专用发票案、购买伪造的增值税专用发票案、出售非法制造的用于骗取出口退税、抵扣税款发票案、出售非法制造的发票案(刑法第206条、第208条第1款、第209条第1款、第2款)

由出售地、购买地县级以上公安机关管辖;在办理本条规定的案件过程中,发现伪造地、非法制造地的,由最初受理的公安机关管辖,伪造地、非法制造地公安机关予以配合;如果由伪造地、非法制造地公安机关管辖更为适宜的,可以将案件移交伪造地、非法制造地县级以上公安机关管辖。

七、非法出售增值税专用发票案、非法购买增值税专用发票案、非法出售用于骗取出口退税、抵扣税款发票案、非法出售发票案(刑法第207条、208条第1款、第209条第3款、第4款)

由出售地、购买地县级以上公安机关管辖。如果由最初受理的公安机关管辖更为适宜的,由最初受理的公安机关管辖;必要时,可以将案件移交票源集中地县级以上公安机关管辖。

八、对于本规定第一条至第七条规定的案件,如果由犯罪嫌疑人居住地公安机关管辖更为适宜的,由犯罪嫌疑人居住地县级以上公安机关管辖。

九、对于本规定第一条至第七条规定的案件,凡是属于重大涉外犯罪、重大集团犯罪和下级公安机关侦破有困难的严重刑事案件,由地(市)级以上公安机关管辖。

十、对管辖不明确或者几个公安机关都有权管辖的案件,可以由有关公安机关协商确定管辖。对管辖有争议或者情况特殊的案件,可以由共同的上级公安机关指定管辖。

十一、上级公安机关可以指定下级公安机关立案侦查管辖不明确或者需要改变管辖的案件。下级公安机关认为案情重大、复杂,需要由上级公安机关侦查的案件,可以请求移送上级公安机关侦查。

公安部
关于如何理解《刑法》
第二百零一条规定的“应纳
税额”问题的批复

(1999年11月23日,
公复字〔1999〕4号)

河北省公安厅:

你厅《关于青县磷肥厂涉嫌偷税案有关问题的请示》(冀公刑〔1999〕函字240号)收悉。现就如何理解《刑法》第二百零一条规定的“应纳税额”问题批复如下:

《刑法》第二百零一条规定的“应纳税额”是指某一法定纳税期限或者税务机关依法核定的纳税期间内应纳税额的

总和。偷税行为涉及两个以上税种的,只要其中一个税种的偷税数额、比例达到法定标准的,即构成偷税罪,其他税种的偷税数额累计计算。

公安部经济犯罪侦查局关于挂靠单位和个人是否符合偷税犯罪主体特征请示的答复

(2003 年 7 月 22 日,公经〔2003〕819 号)

广东省公安厅经侦总队:

你总队《关于挂靠单位和个人是否符合偷税犯罪主体特征的请示》收悉。我局认真研究认为,所附案例不具有针对性,经与你总队沟通,决定现就承包、挂靠两种经营形式纳税人认定的原则性问题答复如下:

虽然税法没有明确规定挂靠和承包两种经营形式的纳税主体,但是,税法的立法精神与原则以及其他有关规定已对该两种经营形式的纳税主体做了原则性的规定。……

公安部经济犯罪侦查局关于对两种涉税违法行为适用法律问题的批复

(2003 年 12 月 5 日,公经〔2003〕1449 号)

广东省公安厅经侦总队:

你总队广公(经)字[2003]1188 号《关于持有非法制造的发票行为如何适用法律的请示》和广公(经)字[2003]1191 号《关于使用伪造擅自制造的普通发票如何适用法律的请示》收悉。经研究并征求最高人民法院研究室意见,现批复如下:

1. 行为人没有实施其他违法犯罪行为,仅仅持有非法制造的发票的行为,不宜按照犯罪处理。

2. 行为人使用非法制造的发票的行为,应视具体情况而定:如果行为人不知道是非法制造的发票,主观上也没有偷逃税款的目的,即使客观上使用了该发票,也不宜按照犯罪处理;如果行为人明知是非法制造的发票而使用,且偷逃税款达到了法定数额、比例要求,根据刑法第二百零一条和最高人民法院《关于审理偷税抗税刑事案件具体应用法律若干问题的解释》第二条的规定,应当以偷税罪追究刑事责任。

公安部经济犯罪侦查局关于兰州××房地产开发有限公司涉嫌偷税案有关法律问题的批复

(2004 年 8 月 8 日,公经〔2004〕1244 号)

甘肃省公安厅经侦总队:

根据《外商投资企业和外国企业所得税法实施细则》第二十一条的规定,企业发生与生产、经营有关的合理的借款利息,应当提供借款利息的证明文件,经当地税务机关审核同意后,准予在计算应纳税所得额时扣除。合理的借款利息,是指按不高于一般商业贷款利率计算的利息。

对于合法的集资所发生的利息，如属股权性集资，应作为资本的利息，不得在所得税前扣除；如属借贷性集资，原则上可按有关限定条件和程序报经当地主管税务主管机关审核同意后在所得税前扣除。

兰州××房地产开发有限公司以销售“一平方米产权”方式进行的筹集资金活动，已被中国人民银行甘肃省分行认定为非法集资。因此，该种集资发生的利息支出属于非法经营活动而发生的损失，不符合税前扣除的合法性原则，不得在税前扣除。

公安部经济犯罪侦查局关于偷逃契税能否定性为偷税问题的批复

（2005年6月21日，公经〔2005〕1040号）

吉林省公安厅经侦总队：

你总队《关于偷逃契税能否定性为偷税犯罪的请示》（吉公经侦［2005］12号）收悉。经研究，并征求国家税务总局的意见，批复如下：

纳税人采取《刑法》第二百零一条所列举的手段，不缴或少缴契税，达到偷税罪追诉标准的，应以涉嫌偷税罪定罪论处。

公安部经济犯罪侦查局关于应纳税总额是否包含海关等部门征收的其他税种问题的批复

（2006年8月21日，公经〔2006〕1829号）

《刑法》第201条所规定的应纳税款及应纳税额不包含海关关税及海关代征增值税。《最高人民法院关于审理偷税抗税刑事案件具体应用法律若干问题的解释》第1条、第3条中“应纳税总额”不包含《刑法》第153条规定的“偷逃应缴税额”部分在内。

公安部关于对未依法办理税务登记的纳税人能否成为偷税犯罪主体问题的批复

（2007年5月23日，公复字〔2007〕3号）

甘肃省公安厅：

你厅《关于无证经营的行为能否构成偷税主体的请示》（甘公（法）发［2007］17号）收悉。现批复如下：

根据《中华人民共和国税收管理法》第四条、第三十七条的规定，未按照规定办理税务登记的从事生产、经营的纳税人以及临时从事经营的纳税人，可以构成偷税罪的犯罪主体。其行为触犯《中华人民共和国刑法》第二百零一条规定的，公安机关应当以偷税罪立案侦查,依法追究刑事责任。

2002年1月23日公安部《关于无证经营的行为人能否成为偷税主体问题的批复》(公复字[2002]1号)不再适用。

公安部经济犯罪侦查局关于地方政府擅自制定的税收优惠不能作为纳税人不缴少缴税款依据的批复

(2007年7月2日,公经〔2007〕1459号)

根据《中华人民共和国税收征收管理法》第三十三条的规定,“减税、免税的申请须经法律、行政法规规定的减税、免税审查批准机关审批。地方各级人民政府、各级人民政府主管部门、单位和个人违反法律、行政法规规定,擅自作出的减税、免税决定无效,税务机关不得执行,并向上级税务机关报告”。因此,黑龙江省佳木斯市东风区政府于2003年10月以“常务会议纪要”的方式作出的给予黑龙江××路桥建筑有限责任公司2003年至2005年定额征税1000万元的税收优惠规定无效,对征纳双方不具有约束力,不能作为纳税人不按国家税收法律、法规缴纳税款的依据。因此如果其行为触犯《刑法》第二百零一条规定的,公安机关应当以涉嫌偷税罪追究其刑事责任。

最高人民法院、最高人民检察院、公安部关于严厉打击发票违法犯罪活动的通知

(2010年6月1日,公通字〔2010〕28号)

各省、自治区、直辖市高级人民法院,人民检察院,公安厅、局,新疆维吾尔自治区高级人民法院生产建设兵团分院,新疆生产建设兵团人民检察院、公安局:

近年来……现就有关要求通知如下:

一、充分认识打击发票违法犯罪的重要性。(略)

二、加强协作配合,形成打击合力。……

发票犯罪案件由犯罪地的公安机关管辖。发票犯罪案件中的犯罪地,包括伪造地、非法制造地、出售地、购买地,也包括运输假发票的途经地。几个公安机关都有管辖权的,由最初受理的公安机关管辖。必要时,可以由主要犯罪地的公安机关管辖。如果由犯罪嫌疑人居住地的公安机关管辖更为适宜的,可以由犯罪嫌疑人居住地的公安机关管辖。发票犯罪案件中的犯罪嫌疑人居住地,包括犯罪嫌疑人经常居住地、户籍所在地,也包括其临时居住地。对管辖有争议或者情况特殊的,可以由共同的上级公安机关指定管辖。如需人民检察院、人民法院指定管辖的,公安机关要及时提出相关建议。经审查需要指定管辖的,人民检察院、人民法院要依法指定管辖。普通发票的真伪鉴定,参照国家税务总局《关于普通发票真

伪鉴定问题的通知》(国税函[2008]948号)的规定执行。

三、充分运用法律武器,依法从严打击。(略)

四、强化宣传力度,营造舆论声势。(略)

最高人民法院研究室关于税收通用完税证和车辆购置税完税证是否属于发票和属于何种发票问题的回函

(2010年8月17日,法研〔2010〕140号)

公安部经济犯罪侦查局:

贵局公经财税[2010]102号《关于对两种完税征是否属于发票及属于何种发票问题征求意见的函》收悉。经研究,提供以下意见供参考:

完税证是税务机关或代征机关在收取税金时给纳税人开具的纳税证明,是证明纳税人缴纳税款情况的凭证。发票是指单位和个人在购销商品、提供或接受服务以及从事其他经营活动过程中,提供给对方的收付款的书面证明,是财务收支的法定凭证,是会计核算的原始依据。完税证与发票性质有所不同,完税证一般不能被认定为发票。

根据《全国人民代表大会常务委员会关于〈中华人民共和国刑法〉有关出口退税、抵扣税款的其他发票规定的解释》,如果完税证具有出口退税、抵扣税款功能,则属于刑法中规定的出口退税、抵扣税款的其他发票。据此,税收通用完税证和车辆购置税完税证在具有出口退税、抵扣税款功能时,属于刑法中规定的出口退税、抵扣税款的其他发票;否则,不属于一般意义上的发票。

对伪造税务机关征税专用章,非法制造税收通用完税证和车辆购置税完税证对外出售的,视情可以伪造国家机关印章罪论处;对非法购买上述两种伪造的完税证,逃避缴纳税款的,视情可以逃税罪论处。

最高人民法院关于对《审计署关于咨询虚开增值税专用发票罪问题的函》的复函

(2001年10月17日,法函〔2001〕66号)

国家审计署:

你署审函〔2001〕75号《审计署关于咨询虚开增值税专用发票罪问题的函》收悉。经研究,现提出以下意见供参考:

地方税务机关实施"高开低征"或者"开大征小"等违规开具增值税专用发票的行为,不属于刑法第二百零五条规定的虚开增值税专用发票的犯罪行为,造成国家税款重大损失的,对有关主管部门的国家机关工作人员,应当根据刑法有关渎职罪的规定追究刑事责任。

此复。

最高人民法院
关于湖北汽车商场虚开增值税专用发票一案的批复

(2002年4月16日,刑他字〔2001〕36号)

经向全国人大常委会法工委和国家税务总局等有关部门征求意见,并召集部分刑法专家进行论证,最高人民法院审判委员会讨论形成一致意见,本案被告单位和被告人虽然实施了虚开增值税专用发票的行为,但主观上不具有偷骗税款的目的,客观上亦未实际造成国家税收损失,其行为不符合刑法规定的虚开增值税专用发票罪的犯罪构成,不构成犯罪。

最高人民法院研究室
关于对三种涉税行为法律适用问题意见的复函

(2003年11月20日,法研〔2003〕15号)

行为人购买非法制造的用于抵扣税款的其他发票又虚开的行为,根据刑法第二百零五条的规定,构成犯罪的,以虚开用于抵扣税款发票罪追究刑事责任。

行为人使用非法制造的发票的行为,应当具体情形具体分析。如果行为人不知道是非法制造的发票,主观上也没有偷逃税款的目的,即使客观上使用了该发票,也不宜按照犯罪处理。如果行为人明知是非法制造的发票而使用,且偷逃税款达到了法定数额、比例要求,根据刑法第二百零一条和我院《关于审理偷税抗税刑事案件具体应用法律若干问题的解释》第二条的规定,应当以偷税罪追究刑事责任。

公安部经济犯罪侦查局
关于对购买非法制造的用于抵扣税款的其他发票又虚开的行为适用法律问题的批复

(2003年12月5日,公经〔2003〕1448号)

行为人购买非法制造的用于抵扣税款的其他发票又虚开的行为,根据刑法第二百零五条的规定,构成犯罪的,以虚开用于抵扣税款发票罪追究刑事责任。因此,犯罪嫌疑人彭大达购买非法制造的运输业发票后又虚开的行为,已经构成犯罪,应以虚开用于抵扣税款发票罪追究其刑事责任。

最高人民检察院法律政策研究室
关于税务机关工作人员通过企业以“高开低征”的方法代开增值税专用发票的行为如何适用法律问题的答复

(2004年3月17日,
高检研发〔2004〕6号)

江苏省人民检察院法律政策研究室:

你室《关于税务机关通过企业代开

增值税专用发票以“高开低征”的方法吸引税源的行为是否构成犯罪的请示》(苏检研请字〔2003〕第4号)收悉。经研究,答复如下:

税务机关及其工作人员将不具备条件的小规模纳税人虚报为一般纳税人,并让其采用“高开低征”的方法为他人代开增值税专用发票的行为,属于虚开增值税专用发票。对于造成国家税款损失,构成犯罪的,应当依照刑法第二百零五条的规定追究刑事责任。

此复。

公安部经济犯罪侦查局关于在侦办虚开可抵扣税款发票案中如何适用“国税函〔2002〕893号”文件的批复

(2006年12月31日,公经〔2006〕3070号)

湖北省公安厅经侦总队:

……国家税务总局《关于废旧物资回收经营企业增值税问题的批复》(国税函[2002]893号),属于税务部门在行政管理方面的规范性文件。其内容与《刑法》和最高人民法院上述司法解释的规定不一致的,依照《刑法》和相关司法解释的规定办理。

最高人民法院刑事审判第二庭对《关于征求对国税函〔2002〕893号文件适用暨××公司案定性问题意见的函》的复函

(2008年10月17日,〔2008〕刑二函字第92号)

关于国税函[2002]893号文件的法律效力问题,同意你局意见,即符合国税函[2002]893号文件的行为不宜以虚开犯罪处理。

该案能否适用国税函[2002]893号文件,关键在于××公司是否属于实际从事废旧物资经营的单位。如果能够证实××公司确系没有实际经营业务的开票公司,则其不符合国税函[2002]893号文件规定的实质主体要件,不适用国税函[2002]893号文件。其行为构成犯罪的,依照刑法及相关司法解释的有关规定处理。

附:

国家税务总局《关于废旧物资回收经营业务有关税收问题的批复》

(国税函〔2002〕893号)

废旧物资收购人员(非本单位人员)在社会上收购废旧物资,直接运送到购货方(生产厂家),废旧物资经营单位根据上述双方实际发生的业务,向废旧物资收购人员开具废旧物资收购凭证,在财务上作购进处理,同时向购货方开具增值税专用发票或普通发票,在财务上作销售处理,将购货方支付的购货款以现金方式转付给废旧物资收购人员。鉴于此种经营方式是由目前废旧物资行业的经营特点决定的,且废旧物资经营单位在开具增值税专用发票时确实收取了同等金额的货款,并确有同等数量的货物销售,因此,废旧物资经营单位开具增值税专用发票的行为不违背有关税收规定,不应定性为虚开。

最高人民检察院公诉厅《关于征求对国税函〔2002〕893 号文件适用暨××公司案定性问题意见的函》的回复函

(2008 年 11 月 7 日)

废旧物资回收经营行业符合国税函〔2002〕893 号文件规定经营方式的应按该文处理,但不符合该文的情形是否认定为虚开,不可一概而论,应根据具体情况依法处理。建议公安机关核实××公司是否存在实际经营业务,如果确系“开票公司”,××公司为甲钢厂的开票行为倾向认定为虚开。

最高人民法院研究室《关于如何认定以“挂靠”有关公司名义实施经营活动并让有关公司为自己虚开增值税专用发票行为的性质》征求意见的复函

(2015 年 6 月 10 日,
法研〔2015〕58 号)

公安部经济犯罪侦查局:

贵局《关于如何认定以“挂靠”有关公司名义实施经营活动并让有关公司为自己虚开增值税专用发票行为的性质的函》(公经财税〔2015〕40 号)收悉,经研究,现提出如下意见:

一、挂靠方以挂靠形式向受票方实际销售货物,被挂靠方向受票方开具增值税专用发票的,不属于刑法第二百零五条规定的“虚开增值税专用发票”。

二、行为人利用他人的名义从事经营活动,并以他人名义开具增值税专用发票的,即便行为人与该他人之间不存在挂靠关系,但如行为人进行了实际的经营活动,主观上并无骗取抵扣税款的故意,客观上也未造成国家增值税款损失的,不宜认定为刑法第二百零五条规定的“虚开增值税专用发票”;符合逃税罪等其他犯罪构成条件的,可以其他犯罪论处。

公安部法制局关于对非法制造当场处罚罚款定额收据行为如何处理的意见的函

(2004年10月21日,公法〔2004〕195号)

根据《中华人民共和国发票管理办法》第三条规定,发票是指在购销商品、提供或者接受服务以及从事其他经营活动中,开具、收取的收付款凭证。当场处罚罚款收据是行政执法机关按照《行政处罚法》的规定,实施行政处罚需要当场收缴罚款而使用的罚款票据,不属于发票。对于非法印制当场处罚罚款收据的,不能以非法制造发票罪追究刑事责任。上述行为构成其他犯罪的,应当根据所触犯的罪名追究刑事责任;不构成犯罪的,交由有关主管行政机关依法处理。

公安部经济犯罪侦查局关于对非法出售过期普通发票行为定性问题的批复

(2007年10月8日,公经〔2007〕2290号)

非法出售过期普通发票,属于《中华人民共和国发票管理办法》第三十八条规定的"私自倒卖发票"的行为。非法出售过期普通发票,达到刑事追诉标准的,公安机关应当按照《中华人民共和国刑法》第二百零九条第四款的规定,依法追究刑事责任。

公安部经济犯罪侦查局关于交通工具意外伤害保险单认定问题的批复

(2010年2月9日,公经财税〔2010〕31号)

保险行业开具发票方式是在提供保单之外另行开具单独的保险业发票。交通工具意外伤害保险单,虽然包含了缴纳保费的内容,但就其印制监制、主要用途和管理方式而言,仍然是作为保险单使用,不宜认定为发票。

公安部经济犯罪侦查局关于××公司私自印制的客运车票是否属于假发票问题的批复

(2010年3月18日,公经财税〔2010〕55号)

××运输有限责任公司私自印刷的客运车票,不具备全国统一发票的发票监制章、发票代码等发票基本要素,不属于发票范畴,不能认定为假发票。

最高人民法院刑事审判第二庭关于航空运输代理机构虚开、销售虚假航空行程单的行为如何定性问题的复函

(2010 年 6 月 21 日，〔2010〕刑二函字第 82 号)

公安部经济犯罪侦查局：

航空票务代理机构购买非法印制的空白航空行程单并出售的，或者购买非法印刷的空白航空行程单后，为他人虚开并收取手续费的，其行为符合刑法第二百零九条第二款的规定，构成犯罪的，可按照出售非法制造的发票罪追究相关机构和人员的刑事责任。

航空票务代理机构的主管人员或直接责任人员与他人相互勾结，为他人利用虚开的航空行程单贪污、侵占等犯罪行为提供帮助的，以相应犯罪的共犯论处。

航空票务代理机构购买非法印制的空白航空行程单后，在非法印制的航空行程单上按真实票价额填开后出具给乘机者的，或者应乘机者的要求，在非法印制的航空行程单上填开虚增的票价额好出具给乘机者的，属于适用不符合规定的发票的行为，可由税务机关予以行政处罚。

公安部经济犯罪侦查局关于对江西省高速公路联网非专用收据定性问题的批复

(2013 年 5 月 28 日，公经财税〔2013〕43 号)

伪造的财政性专用收据不具备发票监制章、发票代码、发票号码等发票基本要素，不属于假发票。

侵犯知识产权罪

人民检察院办理知识产权案件工作指引

(2023 年 4 月 25 日)

第十六条　人民检察院办理知识产权刑事案件，应当坚持宽严相济刑事政策，该严则严，当宽则宽。

犯罪嫌疑人、被告人自愿认罪，通过退赃退赔、赔偿损失、赔礼道歉等方式表示真诚悔罪，且愿意接受处罚的，可以依法提出从宽处罚的量刑建议。有赔偿能力而不赔偿损失的，不能适用认罪认罚从宽制度。

人民检察院办理知识产权刑事案件，应当听取被害人及其诉讼代理人的意见，依法积极促进犯罪嫌疑人、被告人与被害人达成谅解。犯罪嫌疑人、被告人自愿对

权利人作出合理赔偿的,可以作为从宽处罚的考量因素。

公安部经济犯罪侦查局关于重点商标是否等同于驰名商标问题的批复

(2002年1月21日,公经〔2002〕108号)

江苏省公安厅经侦总队:

你队苏公经[2001]669号《关于认定"邦迪"注册商标有关性质的请示》收悉。经商请国家工商总局商标局,现批复如下:

驰名商标并不等同于重点商标。驰名商标是由国家工商总局商标局依据法律而认定的商标;重点商标是由国家工商总局商标局根据工作需要,对一些有较高知名度且遭受跨省(市、区)严重侵权而确定的予以特别保护的商标。

最高人民法院刑事审判第二庭关于集体商标是否属于我国刑法的保护范围问题的复函

(2009年4月10日,刑二函字〔2009〕第28号)

公安部经济犯罪侦查局:

贵局公经知产〔2009〕29号《关于就一起涉嫌假冒注册商标案征求意见的函》收悉。经研究,答复如下:

一、我国《商标法》第三条规定:"经商标局核准注册的商标为注册商标,包括商品商标、服务商标和集体商标、证明商标;商标注册人享有商标专用权,受法律保护。"因此,刑法第二百一十三条至二百一十五条所规定的"注册商标"应当涵盖"集体商标"。

二、商标标识中注明了自己的注册商标的同时,又使用了他人注册为集体商标的地理名称,可以认定为刑法规定的"相同的商标"。根据贵局提供的材料,山西省清徐县溢美源醋业有限公司在其生产的食用醋的商标上用大号字体在显著位置上清晰地标明"镇江香(陈)醋",说明其已经使用了与江苏省镇江市醋业协会所注册的"镇江香(陈)醋"集体商标相同的商标。而且,山西省清徐县溢美源醋业有限公司还在其商标标识上注明了江苏省镇江市丹阳市某香醋厂的厂名厂址和QS标志,也说明其实施假冒注册"镇江香(陈)醋"集体商标的行为。

综上,山西省清徐县溢美源醋业有限公司的行为涉嫌触犯刑法第二百一十三条至二百一十五条的规定。

以上意见,供参考。

公安部经济犯罪侦查局关于对假冒"四季沐歌"商标案件的批复

(2012年7月2日,公经知产〔2012〕164号)

在办理侵犯商标权刑事案件中,对于犯罪嫌疑人所使用的商标是否与注册商标相同等问题,行政主管部门的认定意见不是刑事认定的必经程序。公安司法机关可依照《刑法》《商标法》等法律、法规和司法解释的规定,并综合具体案件事实和各方面证据进行认定。必要时,公安司法机关可以就相关专业性问题咨询有关主管部门意见。对于确实需要进行鉴定的事项,应当委托国家认可的有鉴定资质的鉴定机构进行鉴定。

关于刘×一案,根据你总队上报的材料,犯罪嫌疑人所使用的商标虽然与有关注册商标在字形、字体上存在差别,其中两个文字还有作其他理解的可能,但是,以相关公众的一般注意力为标准,其与有关注册商标在视觉上基本无差别,且足以对公众产生误导。因此,犯罪嫌疑人所使用的商标可以认定为与有关注册商标相同的商标。

最高人民法院、最高人民检察院关于办理侵犯知识产权刑事案件具体应用法律若干问题的解释

(2004年11月2日最高人民法院审判委员会第1331次会议、2004年11月11日最高人民检察院第十届检察委员会第28次会议通过,2004年12月8日公布,自2004年12月22日起施行)

为依法惩治侵犯知识产权犯罪活动,维护社会主义市场经济秩序,根据刑法有关规定,现就办理侵犯知识产权刑事案件具体应用法律的若干问题解释如下:

第一条 未经注册商标所有人许可,在同一种商品上使用与其注册商标相同的商标,具有下列情形之一的,属于刑法第二百一十三条规定的"情节严重",应当以假冒注册商标罪判处三年以下有期徒刑或者拘役,并处或者单处罚金:

(一)非法经营数额在五万元以上或者违法所得数额在三万元以上的;

(二)假冒两种以上注册商标,非法经营数额在三万元以上或者违法所得数额在二万元以上的;

(三)其他情节严重的情形。

具有下列情形之一的,属于刑法第二百一十三条规定的"情节特别严重",应当以假冒注册商标罪判处三年以上七年以下有期徒刑,并处罚金:

(一)非法经营数额在二十五万元以上或者违法所得数额在十五万元以上的;

(二)假冒两种以上注册商标,非法经营数额在十五万元以上或者违法所得数额在十万元以上的;

(三)其他情节特别严重的情形。

第二条 销售明知是假冒注册商标的商品,销售金额在五万元以上的,属于刑法第二百一十四条规定的"数额较大",应当以销售假冒注册商标的商品罪判处三年以下有期徒刑或者拘役,并处或者单处罚金。

销售金额在二十五万元以上的,属于刑法第二百一十四条规定的"数额巨大",应当以销售假冒注册商标的商品罪判处三年以上七年以下有期徒刑,并处罚金。

第三条 伪造、擅自制造他人注册商标标识或者销售伪造、擅自制造的注册商标标识,具有下列情形之一的,属于刑法第二百一十五条规定的"情节严重",应当以非法制造、销售非法制造的注册商标

标识罪判处三年以下有期徒刑、拘役或者管制,并处或者单处罚金:

(一)伪造、擅自制造或者销售伪造、擅自制造的注册商标标识数量在二万件以上,或者非法经营数额在五万元以上,或者违法所得数额在三万元以上的;

(二)伪造、擅自制造或者销售伪造、擅自制造两种以上注册商标标识数量在一万件以上,或者非法经营数额在三万元以上,或者违法所得数额在二万元以上的;

(三)其他情节严重的情形。

具有下列情形之一的,属于刑法第二百一十五条规定的"情节特别严重",应当以非法制造、销售非法制造的注册商标标识罪判处三年以上七年以下有期徒刑,并处罚金:

(一)伪造、擅自制造或者销售伪造、擅自制造的注册商标标识数量在十万件以上,或者非法经营数额在二十五万元以上,或者违法所得数额在十五万元以上的;

(二)伪造、擅自制造或者销售伪造、擅自制造两种以上注册商标标识数量在五万件以上,或者非法经营数额在十五万元以上,或者违法所得数额在十万元以上的;

(三)其他情节特别严重的情形。

第四条 假冒他人专利,具有下列情形之一的,属于刑法第二百一十六条规定的"情节严重",应当以假冒专利罪判处三年以下有期徒刑或者拘役,并处或者单处罚金:

(一)非法经营数额在二十万元以上或者违法所得数额在十万元以上的;

(二)给专利权人造成直接经济损失五十万元以上的;

(三)假冒两项以上他人专利,非法经营数额在十万元以上或者违法所得数额在五万元以上的;

(四)其他情节严重的情形。

第五条 以营利为目的,实施刑法第二百一十七条所列侵犯著作权行为之一,违法所得数额在三万元以上的,属于"违法所得数额较大";具有下列情形之一的,属于"有其他严重情节",应当以侵犯著作权罪判处三年以下有期徒刑或者拘役,并处或者单处罚金:

(一)非法经营数额在五万元以上的;

(二)未经著作权人许可,复制发行其文字作品、音乐、电影、电视、录像作品、计算机软件及其他作品,复制品数量合计在一千张(份)以上的;

(三)其他严重情节的情形。

以营利为目的,实施刑法第二百一十七条所列侵犯著作权行为之一,违法所得数额在十五万元以上的,属于"违法所得数额巨大";具有下列情形之一的,属于"有其他特别严重情节",应当以侵犯著作权罪判处三年以上七年以下有期徒刑,并处罚金:

(一)非法经营数额在二十五万元以上的;

(二)未经著作权人许可,复制发行其文字作品、音乐、电影、电视、录像作品、计算机软件及其他作品,复制品数量合计在五千张(份)以上的;

(三)其他特别严重情节的情形。

第六条 以营利为目的,实施刑法第二百一十八条规定的行为,违法所得数额在十万元以上的,属于"违法所得数额巨大",应当以销售侵权复制品罪判处三年以下有期徒刑或者拘役,并处或者单处罚金。

第七条　实施刑法第二百一十九条规定的行为之一,给商业秘密的权利人造成损失数额在五十万元以上的,属于"给权利人造成重大损失",应当以侵犯商业秘密罪判处三年以下有期徒刑或者拘役,并处或者单处罚金。

给商业秘密的权利人造成损失数额在二百五十万元以上的,属于刑法第二百一十九条规定的"造成特别严重后果",应当以侵犯商业秘密罪判处三年以上七年以下有期徒刑,并处罚金。

第八条　刑法第二百一十三条规定的"相同的商标",是指与被假冒的注册商标完全相同,或者与被假冒的注册商标在视觉上基本无差别、足以对公众产生误导的商标。

刑法第二百一十三条规定的"使用",是指将注册商标或者假冒的注册商标用于商品、商品包装或者容器以及产品说明书、商品交易文书,或者将注册商标或者假冒的注册商标用于广告宣传、展览以及其他商业活动等行为。

第九条　刑法第二百一十四条规定的"销售金额",是指销售假冒注册商标的商品后所得和应得的全部违法收入。

具有下列情形之一的,应当认定为属于刑法第二百一十四条规定的"明知":

(一)知道自己销售的商品上的注册商标被涂改、调换或者覆盖的;

(二)因销售假冒注册商标的商品受到过行政处罚或者承担过民事责任,又销售同一种假冒注册商标的商品的;

(三)伪造、涂改商标注册人授权文件或者知道该文件被伪造、涂改的;

(四)其他知道或者应当知道是假冒注册商标的商品的情形。

第十条　实施下列行为之一的,属于刑法第二百一十六条规定的"假冒他人专利"的行为:

(一)未经许可,在其制造或者销售的产品、产品的包装上标注他人专利号的;

(二)未经许可,在广告或者其他宣传材料中使用他人的专利号,使人将所涉及的技术误认为是他人专利技术的;

(三)未经许可,在合同中使用他人的专利号,使人将合同涉及的技术误认为是他人专利技术的;

(四)伪造或者变造他人的专利证书、专利文件或者专利申请文件的。

第十一条　以刊登收费广告等方式直接或者间接收取费用的情形,属于刑法第二百一十七条规定的"以营利为目的"。

刑法第二百一十七条规定的"未经著作权人许可",是指没有得到著作权人授权或者伪造、涂改著作权人授权许可文件或者超出授权许可范围的情形。

通过信息网络向公众传播他人文字作品、音乐、电影、电视、录像作品、计算机软件及其他作品的行为,应当视为刑法第二百一十七条规定的"复制发行"。

第十二条　本解释所称"非法经营数额",是指行为人在实施侵犯知识产权行为过程中,制造、储存、运输、销售侵权产品的价值。已销售的侵权产品的价值,按照实际销售的价格计算。制造、储存、运输和未销售的侵权产品的价值,按照标价或者已经查清的侵权产品的实际销售平均价格计算。侵权产品没有标价或者无法查清其实际销售价格的,按照被侵权产品的市场中间价格计算。

多次实施侵犯知识产权行为,未经行政处理或者刑事处罚的,非法经营数额、违法所得数额或者销售金额累计计算。

本解释第三条所规定的"件",是指标有完整商标图样的一份标识。

第十三条 实施刑法第二百一十三条规定的假冒注册商标犯罪,又销售该假冒注册商标的商品,构成犯罪的,应当依照刑法第二百一十三条的规定,以假冒注册商标罪定罪处罚。

实施刑法第二百一十三条规定的假冒注册商标犯罪,又销售明知是他人的假冒注册商标的商品,构成犯罪的,应当实行数罪并罚。

第十四条 实施刑法第二百一十七条规定的侵犯著作权犯罪,又销售该侵权复制品,构成犯罪的,应当依照刑法第二百一十七条的规定,以侵犯著作权罪定罪处罚。

实施刑法第二百一十七条规定的侵犯著作权犯罪,又销售明知是他人的侵权复制品,构成犯罪的,应当实行数罪并罚。

第十五条 单位实施刑法第二百一十三条至第二百一十九条规定的行为,按照本解释规定的相应个人犯罪的定罪量刑标准的三倍定罪量刑。

第十六条 明知他人实施侵犯知识产权犯罪,而为其提供贷款、资金、账号、发票、证明、许可证件,或者提供生产、经营场所或运输、储存、代理进出口等便利条件、帮助的,以侵犯知识产权犯罪的共犯论处。

第十七条 以前发布的有关侵犯知识产权犯罪的司法解释,与本解释相抵触的,自本解释施行后不再适用。

最高人民法院、最高人民检察院关于办理侵犯知识产权刑事案件具体应用法律若干问题的解释(二)

(2007年4月4日最高人民法院审判委员会第1422次会议、最高人民检察院第十届检察委员会第75次会议通过,2007年4月5日公布,自公布之日起施行,法释〔2007〕6号)

为维护社会主义市场经济秩序,依法惩治侵犯知识产权犯罪活动,根据刑法、刑事诉讼法有关规定,现就办理侵犯知识产权刑事案件具体应用法律的若干问题解释如下:

第一条 以营利为目的,未经著作权人许可,复制发行其文字作品、音乐、电影、电视、录像作品、计算机软件及其他作品,复制品数量合计在五百张(份)以上的,属于刑法第二百一十七条规定的"有其他严重情节";复制品数量在二千五百张(份)以上的,属于刑法第二百一十七条规定的"有其他特别严重情节"。

第二条 刑法第二百一十七条侵犯著作权罪中的"复制发行",包括复制、发行或者既复制又发行的行为。

侵权产品的持有人通过广告、征订等方式推销侵权产品的,属于刑法第二百一十七条规定的"发行"。

非法出版、复制、发行他人作品,侵犯著作权构成犯罪的,按照侵犯著作权罪定罪处罚。

第三条 侵犯知识产权犯罪,符合刑法规定的缓刑条件的,依法适用缓刑。有

下列情形之一的,一般不适用缓刑:

(一)因侵犯知识产权被刑事处罚或者行政处罚后,再次侵犯知识产权构成犯罪的;

(二)不具有悔罪表现的;

(三)拒不交出违法所得的;

(四)其他不宜适用缓刑的情形。

第四条 对于侵犯知识产权犯罪的,人民法院应当综合考虑犯罪的违法所得、非法经营数额、给权利人造成的损失、社会危害性等情节,依法判处罚金。罚金数额一般在违法所得的一倍以上五倍以下,或者按照非法经营数额的50%以上一倍以下确定。

第五条 被害人有证据证明的侵犯知识产权刑事案件,直接向人民法院起诉的,人民法院应当依法受理;严重危害社会秩序和国家利益的侵犯知识产权刑事案件,由人民检察院依法提起公诉。

第六条 单位实施刑法第二百一十三条至第二百一十九条规定的行为,按照《最高人民法院、最高人民检察院关于办理侵犯知识产权刑事案件具体应用法律若干问题的解释》和本解释规定的相应个人犯罪的定罪量刑标准定罪处罚。

第七条 以前发布的司法解释与本解释不一致的,以本解释为准。

最高人民法院、最高人民检察院关于办理侵犯知识产权刑事案件具体应用法律若干问题的解释(三)

(2020年8月31日最高人民法院审判委员会第1811次会议、2020年8月21日最高人民检察院第十三届检察委员会第48次会议通过,自2020年9月14日起施行,法释〔2020〕10号)

为依法惩治侵犯知识产权犯罪,维护社会主义市场经济秩序,根据《中华人民共和国刑法》《中华人民共和国刑事诉讼法》等有关规定,现就办理侵犯知识产权刑事案件具体应用法律的若干问题解释如下:

第一条 具有下列情形之一的,可以认定为刑法第二百一十三条规定的"与其注册商标相同的商标":

(一)改变注册商标的字体、字母大小写或者文字横竖排列,与注册商标之间基本无差别的;

(二)改变注册商标的文字、字母、数字等之间的间距,与注册商标之间基本无差别的;

(三)改变注册商标颜色,不影响体现注册商标显著特征的;

(四)在注册商标上仅增加商品通用名称、型号等缺乏显著特征要素,不影响体现注册商标显著特征的;

(五)与立体注册商标的三维标志及平面要素基本无差别的;

(六)其他与注册商标基本无差别、

足以对公众产生误导的商标。

第二条 在刑法第二百一十七条规定的作品、录音制品上以通常方式署名的自然人、法人或者非法人组织,应当推定为著作权人或者录音制作者,且该作品、录音制品上存在着相应权利,但有相反证明的除外。

在涉案作品、录音制品种类众多且权利人分散的案件中,有证据证明涉案复制品系非法出版、复制发行,且出版者、复制发行者不能提供获得著作权人、录音制作者许可的相关证据材料的,可以认定为刑法第二百一十七条规定的"未经著作权人许可""未经录音制作者许可"。但是,有证据证明权利人放弃权利、涉案作品的著作权或者录音制品的有关权利不受我国著作权法保护、权利保护期限已经届满的除外。

第三条 采取非法复制、未经授权或者超越授权使用计算机信息系统等方式窃取商业秘密的,应当认定为刑法第二百一十九条第一款第一项规定的"盗窃"。

以贿赂、欺诈、电子侵入等方式获取权利人的商业秘密的,应当认定为刑法第二百一十九条第一款第一项规定的"其他不正当手段"。

第四条 实施刑法第二百一十九条规定的行为,具有下列情形之一的,应当认定为"给商业秘密的权利人造成重大损失":

(一)给商业秘密的权利人造成损失数额或者因侵犯商业秘密违法所得数额在三十万元以上的;

(二)直接导致商业秘密的权利人因重大经营困难而破产、倒闭的;

(三)造成商业秘密的权利人其他重大损失的。

给商业秘密的权利人造成损失数额或者因侵犯商业秘密违法所得数额在二百五十万元以上的,应当认定为刑法第二百一十九条规定的"造成特别严重后果"。

第五条 实施刑法第二百一十九条规定的行为造成的损失数额或者违法所得数额,可以按照下列方式认定:

(一)以不正当手段获取权利人的商业秘密,尚未披露、使用或者允许他人使用的,损失数额可以根据该项商业秘密的合理许可使用费确定;

(二)以不正当手段获取权利人的商业秘密后,披露、使用或者允许他人使用的,损失数额可以根据权利人因被侵权造成销售利润的损失确定,但该损失数额低于商业秘密合理许可使用费的,根据合理许可使用费确定;

(三)违反约定、权利人有关保守商业秘密的要求,披露、使用或者允许他人使用其所掌握的商业秘密的,损失数额可以根据权利人因被侵权造成销售利润的损失确定;

(四)明知商业秘密是不正当手段获取或者是违反约定、权利人有关保守商业秘密的要求披露、使用、允许使用,仍获取、使用或者披露的,损失数额可以根据权利人因被侵权造成销售利润的损失确定;

(五)因侵犯商业秘密行为导致商业秘密已为公众所知悉或者灭失的,损失数额可以根据该项商业秘密的商业价值确定。商业秘密的商业价值,可以根据该项商业秘密的研究开发成本、实施该项商业秘密的收益综合确定;

(六)因披露或者允许他人使用商业秘密而获得的财物或者其他财产性利益,应当认定为违法所得。

前款第二项、第三项、第四项规定的权利人因被侵权造成销售利润的损失,可以根据权利人因被侵权造成销售量减少的总数乘以权利人每件产品的合理利润确定;销售量减少的总数无法确定的,可以根据侵权产品销售量乘以权利人每件产品的合理利润确定;权利人因被侵权造成销售量减少的总数和每件产品的合理利润均无法确定的,可以根据侵权产品销售量乘以每件侵权产品的合理利润确定。商业秘密系用于服务等其他经营活动的,损失数额可以根据权利人因被侵权而减少的合理利润确定。

商业秘密的权利人为减轻对商业运营、商业计划的损失或者重新恢复计算机信息系统安全、其他系统安全而支出的补救费用,应当计入给商业秘密的权利人造成的损失。

第六条 在刑事诉讼程序中,当事人、辩护人、诉讼代理人或者案外人书面申请对有关商业秘密或者其他需要保密的商业信息的证据、材料采取保密措施的,应当根据案件情况采取组织诉讼参与人签署保密承诺书等必要的保密措施。

违反前款有关保密措施的要求或者法律法规规定的保密义务的,依法承担相应责任。擅自披露、使用或者允许他人使用在刑事诉讼程序中接触、获取的商业秘密,符合刑法第二百一十九条规定的,依法追究刑事责任。

第七条 除特殊情况外,假冒注册商标的商品、非法制造的注册商标标识、侵犯著作权的复制品、主要用于制造假冒注册商标的商品、注册商标标识或者侵权复制品的材料和工具,应当依法予以没收和销毁。

上述物品需要作为民事、行政案件的证据使用的,经权利人申请,可以在民事、行政案件终结后或者采取取样、拍照等方式对证据固定后予以销毁。

第八条 具有下列情形之一的,可以酌情从重处罚,一般不适用缓刑:

(一)主要以侵犯知识产权为业的;

(二)因侵犯知识产权被行政处罚后再次侵犯知识产权构成犯罪的;

(三)在重大自然灾害、事故灾难、公共卫生事件期间,假冒抢险救灾、防疫物资等商品的注册商标的;

(四)拒不交出违法所得的。

第九条 具有下列情形之一的,可以酌情从轻处罚:

(一)认罪认罚的;

(二)取得权利人谅解的;

(三)具有悔罪表现的;

(四)以不正当手段获取权利人的商业秘密后尚未披露、使用或者允许他人使用的。

第十条 对于侵犯知识产权犯罪的,应当综合考虑犯罪违法所得数额、非法经营数额、给权利人造成的损失数额、侵权假冒物品数量及社会危害性等情节,依法判处罚金。

罚金数额一般在违法所得数额的一倍以上五倍以下确定。违法所得数额无法查清的,罚金数额一般按照非法经营数额的百分之五十以上一倍以下确定。违法所得数额和非法经营数额均无法查清,判处三年以下有期徒刑、拘役、管制或者单处罚金的,一般在三万元以上一百万元以下确定罚金数额;判处三年以上有期徒刑的,一般在十五万元以上五百万元以下确定罚金数额。

第十一条 本解释发布施行后,之前发布的司法解释和规范性文件与本解释不一致的,以本解释为准。

第十二条 本解释自 2020 年 9 月 14 日起施行。

最高人民法院、最高人民检察院、公安部关于办理侵犯知识产权刑事案件适用法律若干问题的意见

（2011年1月10日印发，法发〔2011〕3号）

为解决近年来公安机关、人民检察院、人民法院在办理侵犯知识产权刑事案件中遇到的新情况、新问题，依法惩治侵犯知识产权犯罪活动，维护社会主义市场经济秩序，根据刑法、刑事诉讼法及有关司法解释的规定，结合侦查、起诉、审判实践，制定本意见。

一、关于侵犯知识产权犯罪案件的管辖问题

侵犯知识产权犯罪案件由犯罪地公安机关立案侦查。必要时，可以由犯罪嫌疑人居住地公安机关立案侦查。侵犯知识产权犯罪案件的犯罪地，包括侵权产品制造地、储存地、运输地、销售地，传播侵权作品、销售侵权产品的网站服务器所在地、网络接入地、网站建立者或者管理者所在地，侵权作品上传者所在地，权利人受到实际侵害的犯罪结果发生地。对有多个侵犯知识产权犯罪地的，由最初受理的公安机关或者主要犯罪地公安机关管辖。多个侵犯知识产权犯罪地的公安机关对管辖有争议的，由共同的上级公安机关指定管辖，需要提请批准逮捕、移送审查起诉、提起公诉的，由该公安机关所在地的同级人民检察院、人民法院受理。

对于不同犯罪嫌疑人、犯罪团伙跨地区实施的涉及同一批侵权产品的制造、储存、运输、销售等侵犯知识产权犯罪行为，符合并案处理要求的，有关公安机关可以一并立案侦查，需要提请批准逮捕、移送审查起诉、提起公诉的，由该公安机关所在地的同级人民检察院、人民法院受理。

二、关于办理侵犯知识产权刑事案件中行政执法部门收集、调取证据的效力问题

行政执法部门依法收集、调取、制作的物证、书证、视听资料、检验报告、鉴定结论、勘验笔录、现场笔录，经公安机关、人民检察院审查，人民法院庭审质证确认，可以作为刑事证据使用。

行政执法部门制作的证人证言、当事人陈述等调查笔录，公安机关认为有必要作为刑事证据使用的，应当依法重新收集、制作。

三、关于办理侵犯知识产权刑事案件的抽样取证问题和委托鉴定问题

公安机关在办理侵犯知识产权刑事案件时，可以根据工作需要抽样取证，或者商请同级行政执法部门、有关检验机构协助抽样取证。法律、法规对抽样机构或者抽样方法有规定的，应当委托规定的机构并按照规定方法抽取样品。

公安机关、人民检察院、人民法院在办理侵犯知识产权刑事案件时，对于需要鉴定的事项，应当委托国家认可的有鉴定资质的鉴定机构进行鉴定。

公安机关、人民检察院、人民法院应当对鉴定结论进行审查，听取权利人、犯罪嫌疑人、被告人对鉴定结论的意见，可以要求鉴定机构作出相应说明。

四、关于侵犯知识产权犯罪自诉案件的证据收集问题

人民法院依法受理侵犯知识产权刑

事自诉案件,对于当事人因客观原因不能取得的证据,在提起自诉时能够提供有关线索,申请人民法院调取的,人民法院应当依法调取。

五、关于刑法第二百一十三条规定的“同一种商品”的认定问题

名称相同的商品以及名称不同但指同一事物的商品,可以认定为“同一种商品”。“名称”是指国家工商行政管理总局商标局在商标注册工作中对商品使用的名称,通常即《商标注册用商品和服务国际分类》中规定的商品名称。“名称不同但指同一事物的商品”是指在功能、用途、主要原料、消费对象、销售渠道等方面相同或者基本相同,相关公众一般认为是同一种事物的商品。

认定“同一种商品”,应当在权利人注册商标核定使用的商品和行为人实际生产销售的商品之间进行比较。

六、关于刑法第二百一十三条规定的“与其注册商标相同的商标”的认定问题

具有下列情形之一,可以认定为“与其注册商标相同的商标”:

(一)改变注册商标的字体、字母大小写或者文字横竖排列,与注册商标之间仅有细微差别的;

(二)改变注册商标的文字、字母、数字等之间的间距,不影响体现注册商标显著特征的;

(三)改变注册商标颜色的;

(四)其他与注册商标在视觉上基本无差别、足以对公众产生误导的商标。

七、关于尚未附着或者尚未全部附着假冒注册商标标识的侵权产品价值是否计入非法经营数额的问题

在计算制造、储存、运输和未销售的假冒注册商标侵权产品价值时,对于已经制作完成但尚未附着(含加贴)或者尚未全部附着(含加贴)假冒注册商标标识的产品,如果有确实、充分证据证明该产品将假冒他人注册商标,其价值计入非法经营数额。

八、关于销售假冒注册商标的商品犯罪案件中尚未销售或者部分销售情形的定罪量刑问题

销售明知是假冒注册商标的商品,具有下列情形之一的,依照刑法第二百一十四条的规定,以销售假冒注册商标的商品罪(未遂)定罪处罚:

(一)假冒注册商标的商品尚未销售,货值金额在十五万元以上的;

(二)假冒注册商标的商品部分销售,已销售金额不满五万元,但与尚未销售的假冒注册商标的商品的货值金额合计在十五万元以上的。

假冒注册商标的商品尚未销售,货值金额分别达到十五万元以上不满二十五万元、二十五万元以上的,分别依照刑法第二百一十四条规定的各法定刑幅度定罪处罚。

销售金额和未销售货值金额分别达到不同的法定刑幅度或者均达到同一法定刑幅度的,在处罚较重的法定刑或者同一法定刑幅度内酌情从重处罚。

九、关于销售他人非法制造的注册商标标识犯罪案件中尚未销售或者部分销售情形的定罪问题

销售他人伪造、擅自制造的注册商标标识,具有下列情形之一的,依照刑法第二百一十五条的规定,以销售非法制造的注册商标标识罪(未遂)定罪处罚:

(一)尚未销售他人伪造、擅自制造的注册商标标识数量在六万件以上的;

(二)尚未销售他人伪造、擅自制造

的两种以上注册商标标识数量在三万件以上的；

（三）部分销售他人伪造、擅自制造的注册商标标识，已销售标识数量不满二万件，但与尚未销售标识数量合计在六万件以上的；

（四）部分销售他人伪造、擅自制造的两种以上注册商标标识，已销售标识数量不满一万件，但与尚未销售标识数量合计在三万件以上的。

十、关于侵犯著作权犯罪案件“以营利为目的”的认定问题

除销售外，具有下列情形之一的，可以认定为“以营利为目的”：

（一）以在他人作品中刊登收费广告、捆绑第三方作品等方式直接或者间接收取费用的；

（二）通过信息网络传播他人作品，或者利用他人上传的侵权作品，在网站或者网页上提供刊登收费广告服务，直接或者间接收取费用的；

（三）以会员制方式通过信息网络传播他人作品，收取会员注册费或者其他费用的；

（四）其他利用他人作品牟利的情形。

十一、关于侵犯著作权犯罪案件“未经著作权人许可”的认定问题

“未经著作权人许可”一般应当依据著作权人或者其授权的代理人、著作权集体管理组织、国家著作权行政管理部门指定的著作权认证机构出具的涉案作品版权认证文书，或者证明出版者、复制发行者伪造、涂改授权许可文件或者超出授权许可范围的证据，结合其他证据综合予以认定。

在涉案作品种类众多且权利人分散的案件中，上述证据确实难以一一取得，但有证据证明涉案复制品系非法出版、复制发行的，且出版者、复制发行者不能提供获得著作权人许可的相关证明材料的，可以认定为“未经著作权人许可”。但是，有证据证明权利人放弃权利、涉案作品的著作权不受我国著作权法保护，或者著作权保护期限已经届满的除外。

十二、关于刑法第二百一十七条规定的“发行”的认定及相关问题

“发行”，包括总发行、批发、零售、通过信息网络传播以及出租、展销等活动。

非法出版、复制、发行他人作品，侵犯著作权构成犯罪的，按照侵犯著作权罪定罪处罚，不认定为非法经营罪等其他犯罪。

十三、关于通过信息网络传播侵权作品行为的定罪处罚标准问题

以营利为目的，未经著作权人许可，通过信息网络向公众传播他人文字作品、音乐、电影、电视、美术、摄影、录像作品、录音录像制品、计算机软件及其他作品，具有下列情形之一的，属于刑法第二百一十七条规定的“其他严重情节”：

（一）非法经营数额在五万元以上的；

（二）传播他人作品的数量合计在五百件（部）以上的；

（三）传播他人作品的实际被点击数达到五万次以上的；

（四）以会员制方式传播他人作品，注册会员达到一千人以上的；

（五）数额或者数量虽未达到第（一）项至第（四）项规定标准，但分别达到其中两项以上标准一半以上的；

（六）其他严重情节的情形。

实施前款规定的行为，数额或者数量

达到前款第(一)项至第(五)项规定标准五倍以上的,属于刑法第二百一十七条规定的“其他特别严重情节”。

十四、关于多次实施侵犯知识产权行为累计计算数额问题

依照《最高人民法院、最高人民检察院关于办理侵犯知识产权刑事案件具体应用法律若干问题的解释》第十二条第二款的规定,多次实施侵犯知识产权行为,未经行政处理或者刑事处罚的,非法经营数额、违法所得数额或者销售金额累计计算。

二年内多次实施侵犯知识产权违法行为,未经行政处理,累计数额构成犯罪的,应当依法定罪处罚。实施侵犯知识产权犯罪行为的追诉期限,适用刑法的有关规定,不受前述二年的限制。

十五、关于为他人实施侵犯知识产权犯罪提供原材料、机械设备等行为的定性问题

明知他人实施侵犯知识产权犯罪,而为其提供生产、制造侵权产品的主要原材料、辅助材料、半成品、包装材料、机械设备、标签标识、生产技术、配方等帮助,或者提供互联网接入、服务器托管、网络存储空间、通讯传输通道、代收费、费用结算等服务的,以侵犯知识产权犯罪的共犯论处。

十六、关于侵犯知识产权犯罪竞合的处理问题

行为人实施侵犯知识产权犯罪,同时构成生产、销售伪劣商品犯罪的,依照侵犯知识产权犯罪与生产、销售伪劣商品犯罪中处罚较重的规定定罪处罚。

最高人民法院
关于审理非法出版物刑事案件具体应用法律若干问题的解释

(1998 年 12 月 11 日最高人民法院审判委员会第 1032 次会议通过,1998 年 12 月 17 日公布,自 1998 年 12 月 23 日起施行,法释〔1998〕30 号)

为依法惩治非法出版物犯罪活动,根据刑法的有关规定,现对审理非法出版物刑事案件具体应用法律的若干问题解释如下:

第一条 明知出版物中载有煽动分裂国家、破坏国家统一或者煽动颠覆国家政权、推翻社会主义制度的内容,而予以出版、印刷、复制、发行、传播的,依照刑法第一百零三条第二款或者第一百零五条第二款的规定,以煽动分裂国家罪或者煽动颠覆国家政权罪定罪处罚。

第二条 以营利为目的,实施刑法第二百一十七条所列侵犯著作权行为之一,个人违法所得数额在五万元以上,单位违法所得数额在二十万元以上的,属于“违法所得数额较大”;具有下列情形之一的,属于“有其他严重情节”:

(一)因侵犯著作权曾经两次以上被追究行政责任或者民事责任,两年内又实施刑法第二百一十七条所列侵犯著作权行为之一的;

(二)个人非法经营数额在二十万元以上,单位非法经营数额在一百万元以上的;

（三）造成其他严重后果的。

以营利为目的，实施刑法第二百一十七条所列侵犯著作权行为之一，个人违法所得数额在二十万元以上，单位违法所得数额在一百万元以上的，属于“违法所得数额巨大”；具有下列情形之一的，属于“有其他特别严重情节”：

（一）个人非法经营数额在一百万元以上，单位非法经营数额在五百万元以上的；

（二）造成其他特别严重后果的。

第三条 刑法第二百一十七条第（一）项中规定的“复制发行”，是指行为人以营利为目的，未经著作权人许可而实施的复制、发行或者既复制又发行其文字作品、音乐、电影、电视、录像作品、计算机软件及其他作品的行为。

第四条 以营利为目的，实施刑法第二百一十八条规定的行为，个人违法所得数额在十万元以上，单位违法所得数额在五十万元以上的，依照刑法第二百一十八条的规定，以销售侵权复制品罪定罪处罚。

第五条 实施刑法第二百一十七条规定的侵犯著作权行为，又销售该侵权复制品，违法所得数额巨大的，只定侵犯著作权罪，不实行数罪并罚。

实施刑法第二百一十七条规定的侵犯著作权的犯罪行为，又明知是他人的侵权复制品而予以销售，构成犯罪的，应当实行数罪并罚。

第六条 在出版物中公然侮辱他人或者捏造事实诽谤他人，情节严重的，依照刑法第二百四十六条的规定，分别以侮辱罪或者诽谤罪定罪处罚。

第七条 出版刊载歧视、侮辱少数民族内容的作品，情节恶劣，造成严重后果的，依照刑法第二百五十条的规定，以出版歧视、侮辱少数民族作品罪定罪处罚。

第八条 以牟利为目的，实施刑法第三百六十三条第一款规定的行为，具有下列情形之一的，以制作、复制、出版、贩卖、传播淫秽物品牟利罪定罪处罚：

（一）制作、复制、出版淫秽影碟、软件、录像带五十至一百张（盒）以上，淫秽音碟、录音带一百至二百张（盒）以上，淫秽扑克、书刊、画册一百至二百幅（册）以上，淫秽照片、画片五百至一千张以上的；

（二）贩卖淫秽影碟、软件、录像带一百至二百张（盒）以上，淫秽音碟、录音带二百至四百张（盒）以上，淫秽扑克、书刊、画册二百至四百幅（册）以上，淫秽照片、画片一千至二千张以上的；

（三）向他人传播淫秽物品达二百至五百人次以上，或者组织播放淫秽影、像达十至二十场次以上的；

（四）制作、复制、出版、贩卖、传播淫秽物品，获利五千至一万元以上的。

以牟利为目的，实施刑法第三百六十三条第一款规定的行为，具有下列情形之一的，应当认定为制作、复制、出版、贩卖、传播淫秽物品牟利罪“情节严重”：

（一）制作、复制、出版淫秽影碟、软件、录像带二百五十至五百张（盒）以上，淫秽音碟、录音带五百至一千张（盒）以上，淫秽扑克、书刊、画册五百至一千幅（册）以上，淫秽照片、画片二千五百至五千张以上的；

（二）贩卖淫秽影碟、软件、录像带五百至一千张（盒）以上，淫秽音碟、录音带一千至二千张（盒）以上，淫秽扑克、书刊、画册一千至二千幅（册）以上，淫秽照片、画片五千至一万张以上的；

(三)向他人传播淫秽物品达一千至二千人次以上,或者组织播放淫秽影、像达五十至一百场次以上的;

(四)制作、复制、出版、贩卖、传播淫秽物品,获利三万至五万元以上的。

以牟利为目的,实施刑法第三百六十三条第一款规定的行为,其数量(数额)达到前款规定的数量(数额)五倍以上的,应当认定为制作、复制、出版、贩卖、传播淫秽物品牟利罪"情节特别严重"。

第九条 为他人提供书号、刊号,出版淫秽书刊的,依照刑法第三百六十三条第二款的规定,以为他人提供书号出版淫秽书刊罪定罪处罚。

为他人提供版号,出版淫秽音像制品的,依照前款规定定罪处罚。

明知他人用于出版淫秽书刊而提供书号、刊号的,依照刑法第三百六十三条第一款的规定,以出版淫秽物品牟利罪定罪处罚。

第十条 向他人传播淫秽的书刊、影片、音像、图片等出版物达三百至六百人次以上或者造成恶劣社会影响的,属于"情节严重",依照刑法第三百六十四条第一款的规定,以传播淫秽物品罪定罪处罚。

组织播放淫秽的电影、录像等音像制品达十五至三十场次以上或者造成恶劣社会影响的,依照刑法第三百六十四条第二款的规定,以组织播放淫秽音像制品罪定罪处罚。

第十一条 违反国家规定,出版、印刷、复制、发行本解释第一条至第十条规定以外的其他严重危害社会秩序和扰乱市场秩序的非法出版物,情节严重的,依照刑法第二百二十五条第(三)项的规定,以非法经营罪定罪处罚。

第十二条 个人实施本解释第十一条规定的行为,具有下列情形之一的,属于非法经营行为"情节严重":

(一)经营数额在五万元至十万元以上的;

(二)违法所得数额在二万元至三万元以上的;

(三)经营报纸五千份或者期刊五千本或者图书二千册或者音像制品、电子出版物五百张(盒)以上的。

具有下列情形之一的,属于非法经营行为"情节特别严重":

(一)经营数额在十五万元至三十万元以上的;

(二)违法所得数额在五万元至十万元以上的;

(三)经营报纸一万五千份或者期刊一万五千本或者图书五千册或者音像制品、电子出版物一千五百张(盒)以上的。

第十三条 单位实施本解释第十一条规定的行为,具有下列情形之一的,属于非法经营行为"情节严重":

(一)经营数额在十五万元至三十万元以上的;

(二)违法所得数额在五万元至十万元以上的;

(三)经营报纸一万五千份或者期刊一万五千本或者图书五千册或者音像制品、电子出版物一千五百张(盒)以上的。

具有下列情形之一的,属于非法经营行为"情节特别严重":

(一)经营数额在五十万元至一百万元以上的;

(二)违法所得数额在十五万元至三十万元以上的;

(三)经营报纸五万份或者期刊五万

本或者图书一万五千册或者音像制品、电子出版物五千张(盒)以上的。

第十四条　实施本解释第十一条规定的行为,经营数额、违法所得数额或者经营数量接近非法经营行为"情节严重"、"情节特别严重"的数额、数量起点标准,并具有下列情形之一的,可以认定为非法经营行为"情节严重"、"情节特别严重":

(一)两年内因出版、印刷、复制、发行非法出版物受过行政处罚两次以上的;

(二)因出版、印刷、复制、发行非法出版物造成恶劣社会影响或者其他严重后果的。

第十五条　非法从事出版物的出版、印刷、复制、发行业务,严重扰乱市场秩序,情节特别严重,构成犯罪的,可以依照刑法第二百二十五条第(三)项的规定,以非法经营罪定罪处罚。

第十六条　出版单位与他人事前通谋,向其出售、出租或者以其他形式转让该出版单位的名称、书号、刊号、版号,他人实施本解释第二条、第四条、第八条、第九条、第十条、第十一条规定的行为,构成犯罪的,对该出版单位应当以共犯论处。

第十七条　本解释所称"经营数额",是指以非法出版物的定价数额乘以行为人经营的非法出版物数量所得的数额。

本解释所称"违法所得数额",是指获利数额。

非法出版物没有定价或者以境外货币定价的,其单价数额应当按照行为人实际出售的价格认定。

第十八条　各省、自治区、直辖市高级人民法院可以根据本地的情况和社会治安状况,在本解释第八条、第十条、第十二条、第十三条规定的有关数额、数量标准的幅度内,确定本地执行的具体标准,并报最高人民法院备案。

公安部
关于对侵犯著作权案件中
尚未印制完成的侵权复制品如何
计算非法经营数额问题的批复

(2003年6月20日)

辽宁省公安厅:

你厅《关于侵犯著作权案件中的半成品书籍如何计算非法经营数额的请示》(辽公传发〔2003〕257号)收悉。现批复如下:

根据《最高人民法院关于审理非法出版物刑事案件具体应用法律若干问题的解释》(法释〔1998〕30号)第17条的规定,侵犯著作权案件,应以非法出版物的定价数额乘以行为人经营的非法出版物数量所得的数额计算其经营数额。因此,对于行为人尚未印制完成侵权复制品的,应当以侵权复制品的定价数额乘以承印数量所得的数额计算其经营数额。但由于上述行为属于犯罪未遂,对于需要追究刑事责任的,公安机关应当在起诉意见书中予以说明。

最高人民法院、最高人民检察院关于办理侵犯著作权刑事案件中涉及录音录像制品有关问题的批复

(2005年9月26日最高人民法院审判委员会第1365次会议、2005年9月23日最高人民检察院第十届检察委员会第39次会议通过,2005年10月18日生效,法释〔2005〕12号)

各省、自治区、直辖市高级人民法院、人民检察院,解放军军事法院、军事检察院,新疆维吾尔自治区高级人民法院生产建设兵团分院、新疆生产建设兵团人民检察院:

《最高人民法院、最高人民检察院关于办理侵犯知识产权刑事案件具体应用法律若干问题的解释》发布以后,部分高级人民法院、省级人民检察院就关于办理侵犯著作权刑事案件中涉及录音录像制品的有关问题提出请示。经研究,批复如下:

以营利为目的,未经录音录像制作者许可,复制发行其制作的录音录像制品的行为,复制品的数量标准分别适用《最高人民法院、最高人民检察院关于办理侵犯知识产权刑事案件具体应用法律若干问题的解释》第五条第一款第(二)项、第二款第(二)项的规定。①

未经录音录像制作者许可,通过信息网络传播其制作的录音录像制品的行为,应当视为刑法第二百一十七条第(三)项规定的"复制发行"。

此复。

公安部经济犯罪侦查局关于对"××视频"网站涉嫌侵犯著作权案如何适用法律问题的批复

(2010年11月2日,公经〔2010〕663号)

一、根据最高人民法院、最高人民检察院《关于办理侵犯知识产权刑事案件具体应用法律若干问题的解释(二)》(法释[2007]6号)、《关于办理侵犯著作权刑事案件中涉及录音录像制品有关问题的批复》(法释[2005]12号)等有关规定,以营利为目的,未经著作权人许可,通过信息网络向公众提供他人影视作品下载或在线观看,侵权影视作品数量合计在500份以上的,以侵犯著作权罪定罪处罚。其中,包含1部及以上电影,或1集及以上电视剧的1个视频文件为1份。

二、根据最高人民法院、最高人民检察院《关于办理侵犯知识产权刑事案件具体应用法律若干问题的解释》(法释[2004]19号)等有关规定,通过信息网络向公众提供侵权影视作品下载或在线观看,以刊登收费广告等方式直接或间接收取的费用,应当计入违法所得数额、非法

---

① 由于最高法、最高检2007年《关于办理侵犯知识产权刑事案件具体应用法律若干问题的解释(二)》第1条对侵犯著作权罪的定罪量刑标准做了新的规定,根据该解释第七条"以前发布的司法解释与本解释不一致的,以本解释为准"的规定,最高法、最高检2004年《关于办理侵犯知识产权刑事案件具体应用法律若干问题的解释》第五条第一款第(二)项、第二款第(二)项的规定今后不再适用。

经营数额等犯罪数额。

有关广告在侵权影视作品及非侵权作品中均有刊登的，或者刊登广告的网页上同时提供侵权影视作品和其他非侵权作品的，应当根据广告刊登方式、刊登位置、收费方式等因素合理确定其犯罪数额。无法查清的，可以参照有关广告费用乘以广告在侵权影视作品中播放、显示的次数占全部广告播放、显示次数的比例所得之积计算；或者参照有关广告费用乘以侵权影视作品的实际被点击次数占有关作品、网页实际被点击总次数的比例所得之积计算。上述方法均无法计算的，对于以播放影视作品为主的视频网站，可以参照有关广告费用乘以侵权影视作品占网站所有影视作品的比例所得之积计算。［在该批复作出前，公安部经济犯罪侦查局以《关于就网上影视复制品数量计算等问题征求意见的函》（公经知产［2010］86号）向最高人民法院刑事审判第二庭征求意见，该庭作出《关于〈关于就网上影视复制品数量计算等问题征求意见的函〉的复函》（［2010］刑二函字第115号）表示“我庭无不同意见。”］

公安部经济犯罪侦查局关于对侵犯商业秘密案件如何计算权利人损失问题的批复

（2013年9月11日，
公经知产〔2013〕268号）

江苏省公安厅经侦总队：

对于侵犯技术信息的商业秘密刑事案件，行为人已将权利人商业秘密用于生产侵权产品的，在计算权利人损失数额时，可以参照商业秘密、专利民事司法解释中规定的损害赔偿额的计算方法进行。侵犯商业秘密的产品系另一产品的零部件时，应当根据该侵犯商业秘密的产品本身的价值及其在实现整个成品利润中的作用等因素合理确定权利人的损失数额。

扰乱市场秩序罪

最高人民检察院关于认真执行《中华人民共和国广告法》的通知

（1995年1月28日，
高检发研字〔1995〕第1号）

各省、自治区、直辖市人民检察院，军事检察院：

第八届全国人民代表大会常务委员会第十次会议通过的《中华人民共和国广告法》（以下简称《广告法》），将于2月1日起施行。为保证该法的正确贯彻实施，特通知如下：

二、各级人民检察院要切实履行职责，加强对《广告法》中所规定的犯罪案件的检察工作，以保护消费者的合法权益。要严肃查处利用广告对商品或者服务作虚假宣传，构成犯罪的案件；发布广告违反《广告法》第七条第二款规定，构成犯罪的案件；伪造、变造或者转让广告审查决定文件，情节严重构成犯罪的案件。各级人民检察院要充分发挥法律监督职能,对广告监督管理机关和广告审查机关的工作人员在广告监督和审查中玩忽职守、滥用职权、徇私舞弊、情节严重构成犯罪的,一经发现,要及时立案,依法追究刑事责任。

三、各级人民检察院在办理违反《广告法》的刑事案件中,要注意根据案件情况,分清广告主、广告经营者和广告发布者各自的责任。对广告经营者或广告发布者明知广告主的行为是违反《广告法》的犯罪行为,而仍予经营或发布广告的,应当以共犯追究刑事责任。法人(单位)实施违反《广告法》的行为构成犯罪的,在追究法人(单位)刑事责任的同时,对其直接负责的主管人员和其他直接责任人员要依法追究刑事责任。

最高人民法院
关于在审理经济纠纷案件中涉及经济犯罪嫌疑若干问题的规定

(1998年4月9日由最高人民法院审判委员会第974次会议通过,根据2020年12月23日最高人民法院审判委员会第1823次会议通过的《最高人民法院关于修改〈最高人民法院关于在民事审判工作中适用《中华人民共和国工会法》若干问题的解释〉等二十七件民事类司法解释的决定》修正)

根据《中华人民共和国民法典》《中华人民共和国刑法》《中华人民共和国民事诉讼法》《中华人民共和国刑事诉讼法》等有关规定,对审理经济纠纷案件中涉及经济犯罪嫌疑问题作以下规定:

第一条 同一自然人、法人或非法人组织因不同的法律事实,分别涉及经济纠纷和经济犯罪嫌疑的,经济纠纷案件和经济犯罪嫌疑案件应当分开审理。

第二条 单位直接负责的主管人员和其他直接责任人员,以为单位骗取财物为目的,采取欺骗手段对外签订经济合同,骗取的财物被该单位占有、使用或处分构成犯罪的,除依法追究有关人员的刑事责任,责令该单位返还骗取的财物外,如给被害人造成经济损失的,单位应当承担赔偿责任。

第三条 单位直接负责的主管人员和其他直接责任人员,以该单位的名义对外签订经济合同,将取得的财物部分或全部占为己有构成犯罪的,除依法追究行为人的刑事责任外,该单位对行为人因签订、履行该经济合同造成的后果,依法应当承担民事责任。

第四条 个人借用单位的业务介绍信、合同专用章或者盖有公章的空白合同书,以出借单位名义签订经济合同,骗取财物归个人占有、使用、处分或者进行其他犯罪活动,给对方造成经济损失构成犯罪的,除依法追究借用人的刑事责任外,出借业务介绍信、合同专用章或者盖有公章的空白合同书的单位,依法应当承担赔偿责任。但是,有证据证明被害人明知签订合同对方当事人是借用行为,仍与之签订合同的除外。

第五条 行为人盗窃、盗用单位的公章、业务介绍信、盖有公章的空白合同书,或者私刻单位的公章签订经济合同,骗取财物归个人占有、使用、处分或者进行其他犯罪活动构成犯罪的,单位对行为人该犯罪行为所造成的经济损失不承担民事责任。

行为人私刻单位公章或者擅自使用单位公章、业务介绍信、盖有公章的空白合同书以签订经济合同的方法进行的犯罪行为，单位有明显过错，且该过错行为与被害人的经济损失之间具有因果关系的，单位对该犯罪行为所造成的经济损失，依法应当承担赔偿责任。

第六条　企业承包、租赁经营合同期满后，企业按规定办理了企业法定代表人的变更登记，而企业法人未采取有效措施收回其公章、业务介绍信、盖有公章的空白合同书，或者没有及时采取措施通知相对人，致原企业承包人、租赁人得以用原承包、租赁企业的名义签订经济合同，骗取财物占为己有构成犯罪的，该企业对被害人的经济损失，依法应当承担赔偿责任。但是，原承包人、承租人利用擅自保留的公章、业务介绍信、盖有公章的空白合同书以原承包、租赁企业的名义签订经济合同，骗取财物占为己有构成犯罪的，企业一般不承担民事责任。

单位聘用的人员被解聘后，或者受单位委托保管公章的人员被解除委托后，单位未及时收回其公章，行为人擅自利用保留的原单位公章签订经济合同，骗取财物占为己有构成犯罪，如给被害人造成经济损失的，单位应当承担赔偿责任。

第七条　单位直接负责的主管人员和其他直接责任人员，将单位进行走私或其他犯罪活动所得财物以签订经济合同的方法予以销售，买方明知或者应当知道的，如因此造成经济损失，其损失由买方自负。但是，如果买方不知该经济合同的标的物是犯罪行为所得财物而购买的，卖方对买方所造成的经济损失应当承担民事责任。

第八条　根据《中华人民共和国刑事诉讼法》第一百零一条第一款的规定，被害人或其法定代理人、近亲属对本规定第二条因单位犯罪行为造成经济损失的，对第四条、第五条第一款、第六条应当承担刑事责任的被告人未能返还财物而遭受经济损失提起附带民事诉讼的，受理刑事案件的人民法院应当依法一并审理。被害人或其法定代理人、近亲属因被害人遭受经济损失也有权对单位另行提起民事诉讼。若被害人或其法定代理人、近亲属另行提起民事诉讼的，有管辖权的人民法院应当依法受理。

第九条　被害人请求保护其民事权利的诉讼时效在公安机关、检察机关查处经济犯罪嫌疑期间中断。如果公安机关决定撤销涉嫌经济犯罪案件或者检察机关决定不起诉的，诉讼时效从撤销案件或决定不起诉之次日起重新计算。

第十条　人民法院在审理经济纠纷案件中，发现与本案有牵连，但与本案不是同一法律关系的经济犯罪嫌疑线索、材料，应将犯罪嫌疑线索、材料移送有关公安机关或检察机关查处，经济纠纷案件继续审理。

第十一条　人民法院作为经济纠纷受理的案件，经审理认为不属经济纠纷案件而有经济犯罪嫌疑的，应当裁定驳回起诉，将有关材料移送公安机关或检察机关。

第十二条　人民法院已立案审理的经济纠纷案件，公安机关或检察机关认为有经济犯罪嫌疑，并说明理由附有关材料函告受理该案的人民法院的，有关人民法院应当认真审查。经过审查，认为确有经济犯罪嫌疑的，应当将案件移送公安机关或检察机关，并书面通知当事人，退还案件受理费；如认为确属经济纠纷案件的，应当依法继续审理,并将结果函告有关公安机关或检察机关。

最高人民法院、最高人民检察院、公安部关于办理组织领导传销活动刑事案件适用法律若干问题的意见

(2013年11月14日,
公通字〔2013〕37号)

各省、自治区、直辖市高级人民法院,人民检察院,公安厅、局,解放军军事法院、军事检察院,新疆维吾尔自治区高级人民法院生产建设兵团分院,新疆生产建设兵团人民检察院、公安局:

为解决近年来公安机关、人民检察院、人民法院在办理组织、领导传销活动刑事案件中遇到的问题,依法惩治组织、领导传销活动犯罪,根据刑法、刑事诉讼法的规定,结合司法实践,现就办理组织、领导传销活动刑事案件适用法律问题提出以下意见:

一、关于传销组织层级及人数的认定问题

以推销商品、提供服务等经营活动为名,要求参加者以缴纳费用或者购买商品、服务等方式获得加入资格,并按照一定顺序组成层级,直接或者间接以发展人员的数量作为计酬或者返利依据,引诱、胁迫参加者继续发展他人参加,骗取财物,扰乱经济社会秩序的传销组织,其组织内部参与传销活动人员在三十人以上且层级在三级以上的,应当对组织者、领导者追究刑事责任。

组织、领导多个传销组织,单个或者多个组织中的层级已达三级以上的,可将在各个组织中发展的人数合并计算。

组织者、领导者形式上脱离原传销组织后,继续从原传销组织获取报酬或者返利的,原传销组织在其脱离后发展人员的层级数和人数,应当计算为其发展的层级数和人数。

办理组织、领导传销活动刑事案件中,确因客观条件的限制无法逐一收集参与传销活动人员的言词证据的,可以结合依法收集并查证属实的缴纳、支付费用及计酬、返利记录,视听资料,传销人员关系图,银行账户交易记录,互联网电子数据,鉴定意见等证据,综合认定参与传销的人数、层级数等犯罪事实。

二、关于传销活动有关人员的认定和处理问题

下列人员可以认定为传销活动的组织者、领导者:

(一)在传销活动中起发起、策划、操纵作用的人员;

(二)在传销活动中承担管理、协调等职责的人员;

(三)在传销活动中承担宣传、培训等职责的人员;

(四)曾因组织、领导传销活动受过刑事处罚,或者一年以内因组织、领导传销活动受过行政处罚,又直接或者间接发展参与传销活动人员在十五人以上且层级在三级以上的人员;

(五)其他对传销活动的实施、传销组织的建立、扩大等起关键作用的人员。

以单位名义实施组织、领导传销活动

犯罪的，对于受单位指派，仅从事劳务性工作的人员，一般不予追究刑事责任。

三、关于“骗取财物”的认定问题

传销活动的组织者、领导者采取编造、歪曲国家政策，虚构、夸大经营、投资、服务项目及盈利前景，掩饰计酬、返利真实来源或者其他欺诈手段，实施刑法第二百二十四条之一规定的行为，从参与传销活动人员缴纳的费用或者购买商品、服务的费用中非法获利的，应当认定为骗取财物。参与传销活动人员是否认为被骗，不影响骗取财物的认定。

四、关于“情节严重”的认定问题

对符合本意见第一条第一款规定的传销组织的组织者、领导者，具有下列情形之一的，应当认定为刑法第二百二十四条之一规定的“情节严重”：

（一）组织、领导的参与传销活动人员累计达一百二十人以上的；

（二）直接或者间接收取参与传销活动人员缴纳的传销资金数额累计达二百五十万元以上的；

（三）曾因组织、领导传销活动受过刑事处罚，或者一年以内因组织、领导传销活动受过行政处罚，又直接或者间接发展参与传销活动人员累计达六十人以上的；

（四）造成参与传销活动人员精神失常、自杀等严重后果的；

（五）造成其他严重后果或者恶劣社会影响的。

五、关于“团队计酬”行为的处理问题

传销活动的组织者或者领导者通过发展人员，要求传销活动的被发展人员发展其他人员加入，形成上下线关系，并以下线的销售业绩为依据计算和给付上线报酬，牟取非法利益的，是“团队计酬”式传销活动。

以销售商品为目的、以销售业绩为计酬依据的单纯的“团队计酬”式传销活动，不作为犯罪处理。形式上采取“团队计酬”方式，但实质上属于“以发展人员的数量作为计酬或者返利依据”的传销活动，应当依照刑法第二百二十四条之一的规定，以组织、领导传销活动罪定罪处罚。

六、关于罪名的适用问题

以非法占有为目的，组织、领导传销活动，同时构成组织、领导传销活动罪和集资诈骗罪的，依照处罚较重的规定定罪处罚。

犯组织、领导传销活动罪，并实施故意伤害、非法拘禁、敲诈勒索、妨害公务、聚众扰乱社会秩序、聚众冲击国家机关、聚众扰乱公共场所秩序、交通秩序等行为，构成犯罪的，依照数罪并罚的规定处罚。

七、其他问题

本意见所称“以上”、“以内”，包括本数。

本意见所称“层级”和“级”，系指组织者、领导者与参与传销活动人员之间的上下线关系层次，而非组织者、领导者在传销组织中的身份等级。

对传销组织内部人数和层级数的计算，以及对组织者、领导者直接或者间接发展参与传销活动人员人数和层级数的计算，包括组织者、领导者本人及其本层级在内。

最高人民法院
关于审理扰乱电信市场管理秩序案件具体应用法律若干问题的解释

(2000年4月28日最高人民法院审判委员会第1113次会议通过,2000年5月12日最高人民法院公布,自2000年5月24日起施行,法释〔2000〕12号)

为依法惩处扰乱电信市场管理秩序的犯罪活动,根据刑法的有关规定,现就审理这类案件具体应用法律的若干问题解释如下:

第一条 违反国家规定,采取租用国际专线、私设转接设备或者其他方法,擅自经营国际电信业务或者涉港澳台电信业务进行营利活动,扰乱电信市场管理秩序,情节严重的,依照刑法第二百二十五条第(四)项的规定,以非法经营罪定罪处罚。

第二条 实施本解释第一条规定的行为,具有下列情形之一的,属于非法经营行为"情节严重":

(一)经营去话业务数额在一百万元以上的;

(二)经营来话业务造成电信资费损失数额在一百万元以上的。

具有下列情形之一的,属于非法经营行为"情节特别严重":

(一)经营去话业务数额在五百万元以上的;

(二)经营来话业务造成电信资费损失数额在五百万元以上的。

第三条 实施本解释第一条规定的行为,经营数额或者造成电信资费损失数额接近非法经营行为"情节严重"、"情节特别严重"的数额起点标准,并具有下列情形之一的,可以分别认定为非法经营行为"情节严重"、"情节特别严重":

(一)两年内因非法经营国际电信业务或者涉港澳台电信业务行为受过行政处罚两次以上的;

(二)因非法经营国际电信业务或者涉港澳台电信业务行为造成其他严重后果的。

第四条 单位实施本解释第一条规定的行为构成犯罪的,对单位判处罚金,并对其直接负责的主管人员和其他直接责任人员,依照本解释第二条、第三条的规定处罚。

第五条 违反国家规定,擅自设置、使用无线电台(站),或者擅自占用频率,非法经营国际电信业务或者涉港澳台电信业务进行营利活动,同时构成非法经营罪和刑法第二百八十八条规定的扰乱无线电通讯管理秩序罪的,依照处罚较重的规定定罪处罚。

第六条 国有电信企业的工作人员,由于严重不负责任或者滥用职权,造成国有电信企业破产或者严重损失,致使国家利益遭受重大损失的,依照刑法第一百六十八条的规定定罪处罚。

第七条 将电信卡非法充值后使用,造成电信资费损失数额较大的,依照刑法第二百六十四条的规定,以盗窃罪定罪处罚。

第八条 盗用他人公共信息网络上网账号、密码上网,造成他人电信资费损失数额较大的,依照刑法第二百六十四条的规定,以盗窃罪定罪处罚。

第九条 以虚假、冒用的身份证件办理入网手续并使用移动电话，造成电信资费损失数额较大的，依照刑法第二百六十六条的规定，以诈骗罪定罪处罚。

第十条 本解释所称"经营去话业务数额"，是指以行为人非法经营国际电信业务或者涉港澳台电信业务的总时长（分钟数）乘以行为人每分钟收取的用户使用费所得的数额。

本解释所称"电信资费损失数额"，是指以行为人非法经营国际电信业务或者涉港澳台电信业务的总时长（分钟数）乘以在合法电信业务中我国应当得到的每分钟国际结算价格所得的数额。

公安部办公厅关于销售印有本·拉登头像的商品如何处理问题的答复

（2001年12月31日，公办〔2001〕162号）

新疆维吾尔自治区公安厅：

你厅《关于对批发和销售印有"本·拉登"头像图案的食品及其他小商品如何进行处理的请示》（新公办［2001］162号）收悉。现答复如下：

一、根据国务院《出版管理条例》、《音像制品管理条例》、《印刷业管理条例》等行政法规的规定，任何出版物、音像制品或其他物品不得含有渲染暴力或者法律、行政法规禁止的其他内容。对于制作、销售印有本·拉登头像的出版物、音像制品、食品及其他物品的行为，依法应由工商行政管理、新闻出版等主管部门查处。公安机关一经发现销售印有本·拉登头像的出版物、音像制品、食品及其他物品的情况，应当及时通知有关主管部门，并报告当地党委、政府，建议责成有关主管部门依法严肃查处，避免影响当地社会政治稳定和治安稳定。

二、根据《刑法》第225条和《最高人民法院关于审理非法出版物刑事案件具体应用法律若干问题的解释》（法释［1998］30号）的规定，个人或单位违反国家规定，出版、印刷、复制、发行印有本·拉登头像的音像制品、电子出版物500或1500张（盒）以上的，或者经营数额在5万元或15万元以上的，公安机关可以涉嫌非法经营罪立案侦查。

三、公安机关对出版、销售印有本·拉登头像的出版物、音像制品的行为以涉嫌非法经营罪立案查处的，应当事先与人民检察院、人民法院进行沟通，必要时提请当地政法委协调。

最高人民法院研究室关于对既涉嫌非法经营又涉嫌偷税的经济犯罪案件如何适用法律问题的意见函

（2001年3月14日，法研〔2001〕24号）

公安部经侦局：

你局公经〔2000〕1277号《关于对既涉嫌非法经营又涉嫌偷税的经济犯罪案件如何适用法律的函》收悉，经研究，提出如下意见：

行为人在实施非法经营犯罪过程中，又涉嫌偷税构成犯罪的，应以处罚较重的犯罪依法追究刑事责任,不实行数罪。建议对《批复(稿)》作相应修改。

最高人民检察院关于非法经营国际或港澳台地区电信业务行为法律适用问题的批复

(2002年1月8日最高人民检察院第九届检察委员会第102次会议通过,2002年2月6日发布,自2002年2月11日起施行,高检发释字〔2002〕1号)

福建省人民检察院:

你院《关于如何适用刑法第二百二十五条第(四)项规定的请示》(闽检〔2000〕65号)收悉。经研究,批复如下:

违反《中华人民共和国电信条例》规定,采取租用电信国际专线、私设转接设备或者其他方法,擅自经营国际或者香港特别行政区、澳门特别行政区和台湾地区电信业务进行营利活动,扰乱电信市场管理秩序,情节严重的,应当依照《刑法》第二百二十五条第(四)项的规定,以非法经营罪追究刑事责任。

公安部经济犯罪侦查局关于打击非法经营销售国内机票有关问题的批复

(2002年8月9日,公经〔2002〕928号)

北京市公安局经侦处:

你处经侦办字[2002]167号《我处在执行"关于坚决打击暗扣销售和非法经营销售国内机票行为规范航空运输市场秩序的通知"中几个问题的请示》收悉。经商民航总局运输司,现答复如下:

一、《关于坚决打击暗扣销售和非法经营销售国内机票行为规范航空运输市场秩序的通知》(民航财发[2002]101号)中的"国内机票"、"民航国内航班机票"是指"国内航空公司的国内航线机票"。

二、根据1993年8月3日经国务院批准发布施行的《民用航空运输销售代理业管理规定》(民航总局第37号令)第三十三条的规定,非法代理销售国内航空公司国际航线机票属于非法经营行为,情节严重的,应当根据刑法第二百二十五条的规定,以非法经营罪立案侦查。

三、非法经营销售国内航线机票和国际航线机票应予追诉的标准,应当根据2001年4月18日最高人民检察院、公安部《关于经济犯罪案件追诉标准的规定》第七十条第五款的规定执行。

最高人民检察院法律政策研究室关于非法经营行为界定有关问题的复函

(2002年10月25日)

文化部文化市场司:

你部《关于非法经营界定有关问题的函》(文市函〔2002〕1449号)收悉。经研究,提出以下意见,供参考:

一、关于经营违法音像制品行为的处理问题。对于经营违法音像制品行为，构成犯罪的，应当根据案件的具体情况，分别依照最高人民法院《关于审理非法出版物刑事案件具体应用法律若干问题的解释》和最高人民检察院、公安部《关于经济犯罪案件追诉标准的规定》等相关规定办理。

二、关于非法经营行为的界定问题，同意你部的意见，即只要行为人明知是违法音像制品而进行经营即属于非法经营行为，其是否具有音像制品合法经营资格并不影响非法经营行为的认定；非法经营行为包括一系列环节，经营者购进违法音像制品并存放于仓库等场所的行为属于经营行为的中间环节，对此也可以认定为是非法经营行为。

最高检侦查监督厅
对非法倒卖陈化粮行为定性的意见

（2003 年 1 月 13 日，
〔2003〕高检侦监发第 4 号）

犯罪嫌疑人刘××、向××违反国家规定，非法倒卖陈化粮，违法所得数额巨大，其行为符合刑法第二百二十五条的规定，应以非法经营罪追究刑事责任。

最高法刑事审判第二庭
关于涂汉江非法从事金融业务
行为性质认定的复函

（2003 年 1 月 13 日，刑二字〔2003〕号）

涂汉江向他人非法发放高息贷款的行为，属于从事非法金融活动。根据国务院《非法金融机构和非法金融业务活动取缔办法》第 22 条的规定，“设立非法金融机构或者从事非法金融业务活动，构成犯罪的，依法追究刑事责任”，涂汉江的行为属于《中华人民共和国刑法》第 225 条第（四）项所列的“其他严重扰乱市场秩序的非法经营行为”。

公安部
关于涂××等人从事非法金融业务
行为性质认定问题的批复

（2003 年 4 月 8 日，公经〔2003〕385 号）

涂××等人或假借中国农业银行武汉市××支行及未经批准成立的武汉市××区工商联互助基金会之名，或用武汉市××贸易有限责任公司或个人的名义，以武汉市××贸易有限责任公司或个人资金，向他人非法发放高息贷款的行为，属于从事非法金融业务活动。1998 年 6

月国务院发布施行的《非法金融机构和非法金融业务活动取缔办法》第二十二条规定:“设立非法金融或者从事非法金融业务活动,构成犯罪的,依法追究刑事责任。”涂××等人从事非法金融业务活动,数额巨大,其行为属于刑法第二百二十五条第(四)项所规定的“其他严重扰乱市场秩序的非法经营行为”,应以涉嫌非法经营罪立案侦查。

最高人民法院、最高人民检察院、公安部
办理非法经营国际电信业务犯罪案件联席会议纪要

(2003年4月22日,
公通字〔2002〕29号)

……为准确、统一适用法律,保障专项行动的深入开展,依法查处非法经营国际电信业务的犯罪活动,2002年11月20日,最高人民法院、最高人民检察院、公安部、信息产业部等部门在北京召开联席会议,共同研究打击非法经营国际电信业务犯罪工作中的法律适用问题,对有些问题取得了一致认识。会议纪要如下:

一、各级公安机关……

二、《解释》第一条规定:“违反国家规定,采取租用国际专线、私设转接设备或者其他方法,擅自经营国际电信业务或者涉港澳台电信业务进行营利活动,扰乱电信市场管理秩序,情节严重的,依照刑法第二百二十五条第(四)项的规定,以非法经营罪定罪处罚。”对于未取得国际电信业务(含涉港澳台电信业务,下同)经营许可证而经营,或被终止国际电信业务经营资格后继续经营,应认定为“擅自经营国际电信业务或者涉港澳台电信业务”;情节严重的,应按上述规定以非法经营罪追究刑事责任。

《解释》第一条所称“其他方法”,是指在边境地区私自架设跨境通信线路;利用互联网跨境传送IP话音并设立转接设备,将国际话务转接至我境内公用电话网或转接至其他国家或地区;在境内以租用、托管、代维等方式设立转接平台;私自设置国际通信出入口等方法。

三、获得国际电信业务经营许可的经营者(含涉港澳台电信业务经营者)明知他人非法从事国际电信业务,仍违反国家规定,采取出租、合作、授权等手段,为他人提供经营和技术条件,利用现有设备或另设国际话务转接设备并从中营利,情节严重的,应以非法经营罪的共犯追究刑事责任。

四、公安机关侦查非法经营国际电信业务犯罪案件,要及时全面收集和固定犯罪证据,抓紧缉捕犯罪嫌疑人。人民检察院、人民法院对正在办理的非法经营国际电信业务犯罪案件,只要基本犯罪事实清楚,基本证据确实、充分,应当依法及时起诉、审判。主犯在逃,但在案的其他犯罪嫌疑人、被告人实施犯罪的基本证据确实充分的,可以依法先行处理。

五、坚持“惩办与宽大相结合”的刑事政策。对非法经营国际电信业务共同犯罪的主犯,以及与犯罪分子相勾结的国家工作人员,应依法从严惩处。对具有自

首、立功或者其他法定从轻、减轻情节的，应依法从轻、减轻处理。

六、……

最高人民法院、最高人民检察院关于办理非法生产、销售、使用禁止在饲料和动物饮用水中使用的药品等刑事案件具体应用法律若干问题的解释

（最高人民法院审判委员会第1237次会议、最高人民检察院第九届检察委员会第109次会议通过，2002年8月16日公布，自2002年8月23日起施行，法释〔2002〕26号）

为依法惩治非法生产、销售、使用盐酸克仑特罗（Clenbuterol Hydrochloride，俗称“瘦肉精”）等禁止在饲料和动物饮用水中使用的药品等犯罪活动，维护社会主义市场经济秩序，保护公民身体健康，根据刑法有关规定，现就办理这类刑事案件具体应用法律的若干问题解释如下：

第一条 未取得药品生产、经营许可证件和批准文号，非法生产、销售盐酸克仑特罗等禁止在饲料和动物饮用水中使用的药品，扰乱药品市场秩序，情节严重的，依照刑法第二百二十五条第（一）项的规定，以非法经营罪追究刑事责任。

第二条 在生产、销售的饲料中添加盐酸克仑特罗等禁止在饲料和动物饮用水中使用的药品，或者销售明知是添加有该类药品的饲料，情节严重的，依照刑法第二百二十五条第（四）项的规定，以非法经营罪追究刑事责任。

第三条 使用盐酸克仑特罗等禁止在饲料和动物饮用水中使用的药品或者含有该类药品的饲料养殖供人食用的动物，或者销售明知是使用该类药品或者含有该类药品的饲料养殖的供人食用的动物的，依照刑法第一百四十四条的规定，以生产、销售有毒、有害食品罪追究刑事责任。

第四条 明知是使用盐酸克仑特罗等禁止在饲料和动物饮用水中使用的药品或者含有该类药品的饲料养殖的供人食用的动物，而提供屠宰等加工服务，或者销售其制品的，依照刑法第一百四十四条的规定，以生产、销售有毒、有害食品罪追究刑事责任。

第五条 实施本解释规定的行为，同时触犯刑法规定的两种以上犯罪的，依照处罚较重的规定追究刑事责任。

第六条 禁止在饲料和动物饮用水中使用的药品，依照国家有关部门公告的禁止在饲料和动物饮用水中使用的药物品种目录确定。

附：

农业部、卫生部、国家药品监督管理局公告的《禁止在饲料和动物饮用水中使用的药物品种目录》

一、肾上腺素受体激动剂

1. 盐酸克仑特罗（Clenbuterol Hydrochloride）：中华人民共和国药典（以下简称药典）2000年二部P605。β2肾上腺素受体激动药。

2. 沙丁胺醇（Salbutamol）：药典2000

年二部P316。β2肾上腺素受体激动药。

3. 硫酸沙丁胺醇(Salbutamol Sulfate):药典2000年二部P870。β2肾上腺素受体激动药。

4. 莱克多巴胺(Ractopamine):一种β兴奋剂,美国食品和药物管理局(FDA)已批准,中国未批准。

5. 盐酸多巴胺(Dopamine Hydrochloride):药典2000年二部P591。多巴胺受体激动药。

6. 西巴特罗(Cimaterol):美国氰胺公司开发的产品,一种β兴奋剂,FDA未批准。

7. 硫酸特布他林(Terbutaline Sulfate):药典2000年二部P890。β2肾上腺受体激动药。

二、性激素

8. 己烯雌酚(Diethylstibestrol):药典2000年二部P42。雌激素类药。

9. 雌二醇(Estradiol):药典2000年二部P1005。雌激素类药。

10. 戊酸雌二醇(Estradiol Valcrate):药典2000年二部P124。雌激素类药。

11. 苯甲酸雌二醇(Estradiol Benzoate):药典2000年二部P369。雌激素类药。中华人民共和国兽药典(以下简称兽药典)2000年版一部P109。雌激素类药。用于发情不明显动物的催情及胎衣滞留、死胎的排除。

12. 氯烯雌醚(Chlorotrianisene):药典2000年二部P919。

13. 炔诺醇(Ethinylestradiol):药典2000年二部P422。

14. 炔诺醚(Quinestrol):药典2000年二部P424。

15. 醋酸氯地孕酮(Chlormadinone-acetate):药典2000年二部P1037。

16. 左炔诺孕酮(Levonorgestrel):药典2000年二部P107。

17. 炔诺酮(Norethisterone):药典2000年二部P420。

18. 绒毛膜促性腺激素(绒促性素)(Chorionic Conadotro-phin):药典2000年二部P534。促性腺激素药。兽药典2000年版一部P146。激素类药。用于性功能障碍、习惯性流产及卵巢囊肿等。

19. 促卵泡生长激素(尿促性素主要含卵泡刺激FSHT和黄体生成素LH)(Menotropins):药典2000年二部P321。促性腺激素类药。

三、蛋白同化激素

20. 碘化酪蛋白(Iodinated Casein):蛋白同化激素类,为甲状腺素的前驱物质,具有类似甲状腺素的生理作用。

21. 苯丙酸诺龙及苯丙酸诺龙注射液(Nandrolone Phenylpro-pionate):药典2000年二部P365。

四、精神药品

22. (盐酸)氯丙嗪(Chlorpromazine Hydrochloride):药典2000年二部P676。抗精神病药。兽药典2000年版一部P177。镇静药。用于强化麻醉以及使动物安静等。

23. 盐酸异丙嗪(Promethazine Hydrochloride):药典2000年二部P602。抗组胺药。兽药典2000年版一部P164。抗组胺药。用于变态反应性疾病,如荨麻疹、血清病等。

24. 安定(地西泮)(Diazepam):药典2000年二部P214。抗焦虑药、抗惊厥药。兽药典2000年版一部P61。镇静药、抗惊厥药。

25. 苯巴比妥(Phenobarbital):药典2000年二部P362。镇静催眠药、抗惊厥药。兽药典2000年版一部P103。巴比妥类药。缓解脑炎、破伤风、士的宁中毒所致的惊厥。

26. 苯巴比妥钠(Phenobarbital Sodium):兽药典2000年版一部P105。巴比妥类药。缓解脑炎、破伤风、上的宁中毒所致的惊厥。

27. 巴比妥(Barbital):兽药典2000年版一部P27。中枢抑制和增强解热镇痛。

28. 异戊巴比妥(Amobarbital):药典2000年二部P252。催眠药、抗惊厥药。

29. 异戊巴比妥钠(Amobarbital Sodium):兽药典2000年版一部P82。巴比妥类药。用于小动物的镇静、抗惊厥和麻醉。

30. 利血平(Reserpine):药典2000年二部P304。抗高血压药。

31. 艾司唑仑(Estazolam)。

32. 甲丙氨脂(Mcprobamate)。

33. 咪达唑仑(Midazolam)。

34. 硝西泮(Nitrazepam)。

35. 奥沙西泮(Oxazcpam)。

36. 匹莫林(Pemoline)。

37. 三唑仑(Triazolam)。

38. 唑吡旦(Zolpidem)。

39. 其他国家管制的精神药品。

五、各种抗生素滤渣

40. 抗生素滤渣:该类物质是抗生素类产品生产过程中产生的工业三废,因含有微量抗生素成分,在饲料和饲养过程中使用后对动物有一定的促生长作用。但对养殖业的危害很大,一是容易引起耐药性,二是由于未做安全性试验,存在各种安全隐患。

最高人民法院研究室关于非法经营黄金案件移送起诉期间国务院出台《国务院关于取消第二批行政审批项目和改变一批行政审批项目管理方式的决定》如何适用法律问题的答复

(2005年5月19日,法研〔2005〕80号)

国务院[2003]5号文件发布后,个人收购、销售黄金的行为,不构成非法经营罪。对于该文件发布前个人收购、销售黄金的行为,应按照《中华人民共和国刑法》第十二条的规定处理。

公安部经济犯罪侦查局关于对四川××、陕西××等公司代理转让未上市公司股权行为定性的批复

(2006年8月15日,公经〔2006〕1789)

四川××公司南充分公司、陕西××公司及南充、德阳分公司代理未上市公司股票向不特定社会公众转让的行为,属于证券法规定的证券业务。根据证券法第一百七十九条的规定,未经中国证监会批准,其行为构成非法经营证券业务。如其非法经营数额达到刑事追诉标准,则涉嫌构成刑法第二百二十五条规定的非法经营罪。

公安部经济犯罪侦查局关于对新疆××公司使用配额许可证行为性质的批复

(2006年9月22日,公经〔2006〕2115号)

新疆自治区公安厅经侦处:

你处2006年6月6日《关于请求对新疆××公司使用配额许可证行为作出认定的请示》(新公五[2006]103号)收悉,经研究并征求商务部主管部门意见,答复如下:

2004年4月26日,新疆××国际经贸股份有限公司(以下简称新疆××公司)与山西省大同市××煤焦化有限责任公司签订了出口10000吨焦炭的供货协议,之后新疆××公司又与××国际贸易股份有限公司签订了合作出口协议书及此后为履行上述两协议而进行的有关商品交易行为和通关、外汇收汇核销等手续,符合国家有关法律法规的规定,也是我国对外贸易企业从事出口经营的惯常做法,即不构成倒卖或变相倒卖出口配额许可证的行为。

中国证券监督管理委员会办公厅关于变相期货交易有关事宜的复函

(2007年7月25日,证监办函〔2007〕150号)

公安部办公厅:

2007年4月15日开始实施的《期货交易管理条例》(以下简称条例)第八十九条对变相期货交易进行了明确规定:

任何机构或者市场为买方和卖方提供交易平台,以集中报价、统一撮合方式进行不因买方和卖方的不同而变化、条款标准化的合约(或者合同)买卖行为,同时采用以下交易机制或者具备以下交易机制特征之一的,为变相期货交易:(一)以自身的资产或者信誉,承担买方的卖方、卖方的买方职责,保证参与集中交易的所有买方和卖方履行合约(或者合同)的交收责任;(二)每天根据合约(或者合同)当日的成交结果,按照一定标准计算买方和卖方的盈亏情况,据此为买方和卖方完成盈亏、税费等资金划转手续,并以低于合约(或者合同)标的额20%的比例向买方和卖方收取资金,用于结算和保证履约。

凡是具备上述特征,又未经我会批准的交易行为,均为变相期货交易。目前,经国务院同意并由我会批准的可以开展期货交易的场所只有上海期货交易所、郑州商品交易所、大连商品交易所和中国金融期货交易所。

公安部经济犯罪侦查局关于刘××等人利用银行账户为他人转移资金行为定性问题的批复

(2008年9月1日,公经〔2008〕164号)

江西省公安厅:

你厅《关于刘××等人利用银行账户为他人转移资金行为定性问题的请

示》(赣公文[2008]29号)收悉。经商中国银行业监督管理委员会,现批复如下:

根据国务院1998年7月13日发布实施的《非法金融机构和非法金融业务活动取缔办法》第四条规定,刘××等犯罪嫌疑人未经国务院银行业监督管理机构及其派出机构批准,以营利为目的,大量使用虚假身份或冒用他人身份,注册成立无经营地址、无从业人员、无经营活动的“三无公司”,在银行开立单位基本账户并开通网上银行业务,在没有真实交易的情况下接受性质不明的巨额资金,获取大量非法利益,该行为属于非法办理结算业务。刘××等犯罪嫌疑人的行为应认定为从事非法金融活动,并依法追究刑事责任。

公安部经济犯罪侦查局关于对艾××等人有关行为定性问题的批复

(2008年11月24日,
公经反洗钱〔2008〕585号)

江苏省公安厅经侦总队:

你总队《关于协调外汇管理部门对艾××等人非法买卖外汇行为进行认定的请示》(苏公经[2008]368号)收悉,经商国家外汇管理局,现批复如下:

根据《外汇管理条例》(国务院令第532号)第四十五条规定,艾××等人将委托人的外汇资金假借外商投资的名义汇入境内,骗取银行结汇后,按照委托人要求支付给指定的境内收款人,并依据汇入外汇资金数量向委托人收取报酬的行为,属于非法买卖外汇违法犯罪行为,应依法追究刑事责任。

最高人民法院关于被告人缪绿伟非法经营一案的批复①

[2008年11月28日,
(2008)刑他字第86号]

江苏省高级人民法院:

你院(2008)苏刑二他字第0013号《关于缪绿伟非法经营一案的请示》收悉。经研究,答复如下:

《盐业管理条例》第二十条虽然规定盐的批发业务由各级盐业公司统一经营,但并无相应法律责任的规定。1995年国家计委、国家经贸委下发的《关于改进工业盐供销和价格管理办法的通知》明确取消了工业盐准运证和准运章制度,工业盐已不再属于国家限制买卖的物品。因此,被告人缪绿伟经营工业盐的行为不构成非法经营犯罪。

① 根据最高人民法院2016年《关于“最高人民法院公开各类司法依据文件”的答复》中的说明,这类属于具体个案的请示答复,其法律拘束力仅限于个案本身,而不具有普遍的法律效力,在其他案件中法官不能将上述答复直接作为裁判依据。

最高法刑事审判第二庭关于对未经行政许可审批经营成品油批发业务是否构成非法经营罪的意见

[2008年12月1日，(2008)刑二函字第108号]

珠海××石油化工公司在未取得合法有效的《成品油批发经营批准证书》的情况下,进行成品油批发经营业务,属于违反国家规定,未经许可经营法律、行政法规规定限制买卖的物品的行为。对于扰乱市场秩序,情节严重的,可以非法经营罪追究刑事责任。

公安部经济犯罪侦查局关于顾××等人有关行为性质认定意见的批复

(2009年4月13日，公经反洗钱〔2009〕188号)

上海市公安局经侦总队:

犯罪嫌疑人顾××等人为获取非法利益,注册成立空壳公司并在银行开立基本账户,在无任何实际贸易背景的情况下,专门从事为他人提供支票套现服务并收取手续费,非法获利数额巨大,其行为严重扰乱正常的金融管理秩序,根据《非法金融机构和非法金融业务活动取缔办法》(国务院令第247号)第四条第四项的规定,顾××等犯罪嫌疑人的行为可以认定为其他非法金融业务活动。

公安部经济犯罪侦查局关于对倒卖银行承兑汇票行为性质认定意见的批复

(2009年9月18日，公经金融〔2009〕253号)

河北、安徽省公安厅经侦总队:

你们《关于对赵某某个人买卖银行承兑汇票的行为如何定性的请示》(冀公(经)[2009]408号)、《关于李某等人倒卖银行承兑汇票行为定性问题的请示》(皖公经侦[2009]255号)收悉,经我局认真研究,并征求中国银行业监督管理委员会意见,现批复如下:

此类与他人串通注册成立空壳公司,伪造贸易合同,虚构贸易背景,从银行开出多份银行承兑汇票转手倒卖,及从他人手中购买银行承兑汇票进行倒卖,从中获利的行为,数额巨大,严重扰乱正常的票据管理秩序,可以认定为刑法修正案(七)第五条规定的“非法从事资金支付结算业务”的活动。

公安部经济犯罪侦查局关于南京××公司从事非法票据贴现业务认定意见的批复

(2009年11月27日,公经金融〔2009〕315号)

犯罪嫌疑人王××等人注册成立多家空壳公司,并雇人寻找需要贴现票据的企业,通过伪造购销合同和增值税发票等,以上述空壳公司的名义通过银行为企业进行票据贴现,收取手续费的行为,数额巨大,严重扰乱正常的票据管理秩序,可以认定为刑法修正案(七)第五条规定的"非法从事资金支付结算业务"的活动。

公安部经济犯罪侦查局关于对闻丽×等人有关行为定性问题的批复

(2010年3月8日,公经反洗钱〔2010〕84号)

犯罪嫌疑人闻丽×等人按照新加坡"××快速汇款公司"(以下简称"××公司")授意,在境内私设××公司办事处,由××公司在新加坡收取客户新加坡元,后指示闻丽×等人按照约定汇率在境内将相应人民币汇入客户指定的账户(或现金交付)。根据《中华人民共和国外汇管理条例》(国务院第532号令)第四十五条规定及相关证据,闻丽×等人的行为属于非法买卖外汇行为。

最高人民法院研究室关于明确《关于办理妨害信用卡管理刑事案件具体应用法律若干问题的解释》溯及力问题的复函

(2010年4月16日,法研〔2010〕70号)

公安部经济犯罪侦查局:

你局公经金融〔2010〕49号《关于明确〈关于办理妨害信用卡管理刑事案件具体应用法律若干问题的解释〉溯及力问题的函》收悉,经研究,提出以下意见供参考:对1997年刑法施行后、《2009年两高关于办理妨害信用卡刑事案件具体应用法律若干问题的解释》施行前发生的利用信用卡非法套现行为,如未超过法定追诉时效,社会危害重大的,可以依法追究。

公安部经济犯罪侦查局关于对徐×等人经营银行承兑汇票贴现业务定性问题的批复

(2010年7月6日,公经金融〔2010〕135号)

对此类多次虚构贸易背景,从事倒卖银行承兑汇票活动,从中获利的行为,数额巨大,严重扰乱正常的票据管理秩序,可以认定为刑法修正案(七)第五条规定的"非法从事资金支付结算业务"的活动。

最高人民法院关于被告人李明华非法经营请示一案的批复①

[2011年5月6日,(2011)刑他字第21号]

江苏省高级人民法院:

你院(2010)苏刑二他字第0065号《关于被告人李明华非法经营一案的请示》收悉。经研究,答复如下:

被告人李明华持有烟草专卖零售许可证,但多次实施批发业务,而且从非指定烟草专卖部门进货的行为,属于超范围和地域经营的情形,不宜按照非法经营罪处理,应由相关主管部门进行处理。

公安部禁毒局关于非法滥用、买卖复方曲马多片处理意见的通知

(2012年6月26日,公禁毒传发〔2012〕188号)

《关于复方曲马多片滥用、非法买卖如何进行处理的请示》(新公禁毒〔2012〕252号)收悉。经认真研究,现将处理意见通知如下:

2007年10月11日国家食品药品监督管理局、公安部、卫生部联合公布的《麻醉药品和精神药品品种目录》(2007年版)没有将复方曲马多片列为二类精神药品,仅将曲马多片及可能存在的盐和单方制剂列入管制。因此,目前尚不能将复方曲马多片按精神药品管理,也不宜将非法买卖复方曲马多片按照贩卖毒品罪或者非法提供麻醉药品、精神药品罪立案追诉;对非法滥用复方曲马多片的行为,也不宜按照吸毒行为处理。但是,如果个人非法买卖复方曲马多片,非法经营数额在五万元以上,或者违法所得数额在一万元以上的;或者单位非法经营数额在五十万元以上,或者违法所得数额在十万元以上的;或者虽未达到上述数额标准,两年内因同样非法经营行为受过两次以上行政处罚,又进行同样非法经营行为的,则可以按照《最高人民检察院、公安部关于公安机关管辖的刑事案件立案追诉标准的规定(二)》第七十九条"非法经营案"立案追诉。对于个人设置的门诊部、诊所等医疗机构非法买卖复方曲马多片尚达不到刑事立案追诉标准的,但是在购进药品环节、开具处方等环节存在违规问题的,建议你总队可将此案通报本地卫生行政、药监部门,由相关部门依法按照《药品管理法》、《执业医师法》、《药品管理法实施条例》、《医疗机构管理办法》等相关法律规定依法予以行政处罚。

---

① 根据最高人民法院2016年《关于"最高人民法院公开各类司法依据文件"的答复》中的说明,这类属于具体个案的请示答复,其法律拘束力仅限于个案本身,而不具有普遍的法律效力,在其他案件中法官不能将上述答复直接作为裁判依据。

最高人民法院
关于被告人何伟光、张勇泉等
非法经营案的批复[①]

［2012年2月26日，
(2012)刑他字第136号］

广东省高级人民法院：

你院(2011)粤高法刑二他字第16号《关于被告人何伟光、张勇泉等以发放高利贷为业的行为是否构成非法经营罪的请示》收悉，我院研究认为，被告人何伟光、张勇泉等人高利放贷的行为具有一定的社会危害性，但此类行为是否属于刑法第二百二十五条规定的“其他严重扰乱市场秩序的非法经营行为”，相关立法解释和司法解释尚无明确规定，故对何伟光、张勇泉等人的行为不宜以非法经营罪定罪处罚。

最高人民检察院法律政策研究室
关于买卖银行承兑汇票行为如何
适用法律问题的答复意见

(2013年10月9日，
高检函字〔2013〕58号)

福建省人民检察院法律政策研究室：

你院《关于买卖银行承兑汇票行为如何适用法律问题的请示》(闽检〔2013〕25号)收悉。经研究认为，根据票据行为的无因性以及票据法关于汇票可背书转让的规定，汇票买卖行为不同于支付结算行为，将二者等同可能会造成司法实践的混乱。实践中，买卖银行承兑汇票的情况比较复杂，对于单纯买卖银行承兑汇票的行为不宜以非法经营罪追究刑事责任。

请示所涉及的案件，建议根据案件的具体情况依法处理。

公安部经济犯罪侦查局
关于利用转账支票为他人套现
行为性质认定的批复

(2014年4月9日，公经〔2014〕172号)

行为人在无真实贸易背景的情况下，为牟取不法利益，利用空壳公司账户等手段协助他人套取巨额现金的行为，违反了《人民币银行结算账户管理办法》(中国人民银行令［2013］第5号)第三十九条的规定，属于《中华人民共和国现金管理暂行条例》第二十一条第五项和第八项规定的“用转账凭证套取现金”、“利用账户替其他单位和个人套取现金”的违规情形，扰乱了市场秩序，具有明显的社会危害性，其行为构成非法从事资金支付结算业务。

① 根据最高人民法院2016年《关于“最高人民法院公开各类司法依据文件”的答复》中的说明，这类属于具体个案的请示答复，其法律拘束力仅限于个案本身，而不具有普遍的法律效力，在其他案件中法官不能将上述答复直接作为裁判依据。

最高人民法院、最高人民检察院、公安部、国家新闻出版广电总局关于依法严厉打击非法电视网络接收设备违法犯罪活动的通知

(2015年9月18日,
新广电发〔2015〕229号)

一、充分认识当前严厉打击非法电视网络接收设备违法犯罪活动的重要意义(略)

二、正确把握法律政策界限,依法严厉打击非法电视网络接收设备违法犯罪活动

各级公安、检察、审判机关和新闻出版广电行政主管部门要高度重视查办非法电视网络接收设备违法犯罪案件,正确把握法律政策界限,严格执行法律法规的有关规定,坚决依法严厉打击非法电视网络接收设备违法犯罪活动。非法电视网络接收设备主要包括三类:"电视棒"等网络共享设备;非法互联网电视接收设备,包括但不限于内置含有非法电视、非法广播等非法内容的定向接收软件或硬件模块的机顶盒、电视机、投影仪、显示器;用于收看非法电视、收听非法广播的网络软件、移动互联网客户端软件和互联网电视客户端软件。根据刑法和司法解释的规定,违反国家规定,从事生产、销售非法电视网络接收设备(含软件),以及为非法广播电视接收软件提供下载服务、为非法广播电视节目频道接收提供链接服务等营利性活动,扰乱市场秩序,个人非法经营数额在5万元以上或违法所得数额在1万元以上,单位非法经营数额在50万元以上或违法所得数额在10万元以上,按照非法经营罪追究刑事责任。对于利用生产、销售、安装非法电视网络接收设备传播淫秽色情节目、实施危害国家安全等行为的,根据其行为的性质,依法追究刑事责任。对非法电视网络接收设备犯罪行为,涉及数个罪名的,按照相关原则,择一重罪处罚或数罪并罚。在追究犯罪分子刑事责任的同时,还要依法追缴违法所得,没收其犯罪所用的本人财物。对于实施上述行为尚不构成犯罪的,由新闻出版广电等相关行政主管部门依法给予行政处罚;构成违反治安管理行为的,依法给予治安管理处罚。

三、加强协作配合,切实增强打击非法电视网络接收设备违法犯罪活动的工作合力(略)

最高人民法院、最高人民检察院关于办理非法从事资金支付结算业务、非法买卖外汇刑事案件适用法律若干问题的解释

(2018年9月17日最高人民法院审判委员会第1749次会议、2018年12月12日最高人民检察院第十三届检察委员会第11次会议通过,2019年1月31日印发,自2019年2月1日起施行,法释〔2019〕1号)

为依法惩治非法从事资金支付结算业务、非法买卖外汇犯罪活动,维护金融

市场秩序，根据《中华人民共和国刑法》《中华人民共和国刑事诉讼法》的规定，现就办理非法从事资金支付结算业务、非法买卖外汇刑事案件适用法律的若干问题解释如下：

第一条 违反国家规定，具有下列情形之一的，属于刑法第二百二十五条第三项规定的“非法从事资金支付结算业务”：

（一）使用受理终端或者网络支付接口等方法，以虚构交易、虚开价格、交易退款等非法方式向指定付款方支付货币资金的；

（二）非法为他人提供单位银行结算账户套现或者单位银行结算账户转个人账户服务的；

（三）非法为他人提供支票套现服务的；

（四）其他非法从事资金支付结算业务的情形。

第二条 违反国家规定，实施倒买倒卖外汇或者变相买卖外汇等非法买卖外汇行为，扰乱金融市场秩序，情节严重的，依照刑法第二百二十五条第四项的规定，以非法经营罪定罪处罚。

第三条 非法从事资金支付结算业务或者非法买卖外汇，具有下列情形之一的，应当认定为非法经营行为“情节严重”：

（一）非法经营数额在五百万元以上的；

（二）违法所得数额在十万元以上的。

非法经营数额在二百五十万元以上，或者违法所得数额在五万元以上，且具有下列情形之一的，可以认定为非法经营行为“情节严重”：

（一）曾因非法从事资金支付结算业务或者非法买卖外汇犯罪行为受过刑事追究的；

（二）二年内因非法从事资金支付结算业务或者非法买卖外汇违法行为受过行政处罚的；

（三）拒不交代涉案资金去向或者拒不配合追缴工作，致使赃款无法追缴的；

（四）造成其他严重后果的。

第四条 非法从事资金支付结算业务或者非法买卖外汇，具有下列情形之一的，应当认定为非法经营行为“情节特别严重”：

（一）非法经营数额在二千五百万元以上的；

（二）违法所得数额在五十万元以上的。

非法经营数额在一千二百五十万元以上，或者违法所得数额在二十五万元以上，且具有本解释第三条第二款规定的四种情形之一的，可以认定为非法经营行为“情节特别严重”。

第五条 非法从事资金支付结算业务或者非法买卖外汇，构成非法经营罪，同时又构成刑法第一百二十条之一规定的帮助恐怖活动罪或者第一百九十一条规定的洗钱罪的，依照处罚较重的规定定罪处罚。

第六条 二次以上非法从事资金支付结算业务或者非法买卖外汇，依法应予行政处理或者刑事处理而未经处理的，非法经营数额或者违法所得数额累计计算。

同一案件中，非法经营数额、违法所得数额分别构成情节严重、情节特别严重的，按照处罚较重的数额定罪处罚。

第七条 非法从事资金支付结算业务或者非法买卖外汇违法所得数额难以确定的，按非法经营数额的千分之一认定违法所得数额，依法并处或者单处违法所得一倍以上五倍以下罚金。

第八条 符合本解释第三条规定的标准,行为人如实供述犯罪事实,认罪悔罪,并积极配合调查,退缴违法所得的,可以从轻处罚;其中犯罪情节轻微的,可以依法不起诉或者免予刑事处罚。

符合刑事诉讼法规定的认罪认罚从宽适用范围和条件的,依照刑事诉讼法的规定处理。

第九条 单位实施本解释第一条、第二条规定的非法从事资金支付结算业务、非法买卖外汇行为,依照本解释规定的定罪量刑标准,对单位判处罚金,并对其直接负责的主管人员和其他直接责任人员定罪处罚。

第十条 非法从事资金支付结算业务、非法买卖外汇刑事案件中的犯罪地,包括犯罪嫌疑人、被告人用于犯罪活动的账户开立地、资金接收地、资金过渡账户开立地、资金账户操作地,以及资金交易对手资金交付和汇出地等。

第十一条 涉及外汇的犯罪数额,按照案发当日中国外汇交易中心或者中国人民银行授权机构公布的人民币对该货币的中间价折合成人民币计算。中国外汇交易中心或者中国人民银行授权机构未公布汇率中间价的境外货币,按照案发当日境内银行人民币对该货币的中间价折算成人民币,或者该货币在境内银行、国际外汇市场对美元汇率,与人民币对美元汇率中间价进行套算。

第十二条 本解释自2019年2月1日起施行。《最高人民法院关于审理骗购外汇、非法买卖外汇刑事案件具体应用法律若干问题的解释》(法释〔1998〕20号)与本解释不一致的,以本解释为准。

最高人民法院、最高人民检察院、公安部、司法部关于办理非法放贷刑事案件若干问题的意见

(2019年7月23日公布,自2019年10月21日起施行)

为依法惩治非法放贷犯罪活动,切实维护国家金融市场秩序与社会和谐稳定,有效防范因非法放贷诱发涉黑涉恶以及其他违法犯罪活动,保护公民、法人和其他组织合法权益,根据刑法、刑事诉讼法及有关司法解释、规范性文件的规定,现对办理非法放贷刑事案件若干问题提出如下意见:

一、违反国家规定,未经监管部门批准,或者超越经营范围,以营利为目的,经常性地向社会不特定对象发放贷款,扰乱金融市场秩序,情节严重的,依照刑法第二百二十五条第(四)项的规定,以非法经营罪定罪处罚。

前款规定中的"经常性地向社会不特定对象发放贷款",是指2年内向不特定多人(包括单位和个人)以借款或其他名义出借资金10次以上。

贷款到期后延长还款期限的,发放贷款次数按照1次计算。

二、以超过36%的实际年利率实施符合本意见第一条规定的非法放贷行为,具有下列情形之一的,属于刑法第二百二十五条规定的"情节严重",但单次非法放贷行为实际年利率未超过36%的,定

罪量刑时不得计入：

（一）个人非法放贷数额累计在 200 万元以上的，单位非法放贷数额累计在 1000 万元以上的；

（二）个人违法所得数额累计在 80 万元以上的，单位违法所得数额累计在 400 万元以上的；

（三）个人非法放贷对象累计在 50 人以上的，单位非法放贷对象累计在 150 人以上的；

（四）造成借款人或者其近亲属自杀、死亡或者精神失常等严重后果的。

具有下列情形之一的，属于刑法第二百二十五条规定的“情节特别严重”：

（一）个人非法放贷数额累计在 1000 万元以上的，单位非法放贷数额累计在 5000 万元以上的；

（二）个人违法所得数额累计在 400 万元以上的，单位违法所得数额累计在 2000 万元以上的；

（三）个人非法放贷对象累计在 250 人以上的，单位非法放贷对象累计在 750 人以上的；

（四）造成多名借款人或者其近亲属自杀、死亡或者精神失常等特别严重后果的。

三、非法放贷数额、违法所得数额、非法放贷对象数量接近本意见第二条规定的“情节严重”“情节特别严重”的数额、数量起点标准，并具有下列情形之一的，可以分别认定为“情节严重”“情节特别严重”：

（一）2 年内因实施非法放贷行为受过行政处罚 2 次以上的；

（二）以超过 72% 的实际年利率实施非法放贷行为 10 次以上的。

前款规定中的“接近”，一般应当掌握在相应数额、数量标准的 80% 以上。

四、仅向亲友、单位内部人员等特定对象出借资金，不得适用本意见第一条的规定定罪处罚。但具有下列情形之一的，定罪量刑时应当与向不特定对象非法放贷的行为一并处理：

（一）通过亲友、单位内部人员等特定对象向不特定对象发放贷款的；

（二）以发放贷款为目的，将社会人员吸收为单位内部人员，并向其发放贷款的；

（三）向社会公开宣传，同时向不特定多人和亲友、单位内部人员等特定对象发放贷款的。

五、非法放贷数额应当以实际出借给借款人的本金金额认定。非法放贷行为人以介绍费、咨询费、管理费、逾期利息、违约金等名义和以从本金中预先扣除等方式收取利息的，相关数额在计算实际年利率时均应计入。

非法放贷行为人实际收取的除本金之外的全部财物，均应计入违法所得。

非法放贷行为未经处理的，非法放贷次数和数额、违法所得数额、非法放贷对象数量等应当累计计算。

六、为从事非法放贷活动，实施擅自设立金融机构、套取金融机构资金高利转贷、骗取贷款、非法吸收公众存款等行为，构成犯罪的，应当择一重罪处罚。

为强行索要因非法放贷而产生的债务，实施故意杀人、故意伤害、非法拘禁、故意毁坏财物、寻衅滋事等行为，构成犯罪的，应当数罪并罚。

纠集、指使、雇佣他人采用滋扰、纠缠、哄闹、聚众造势等手段强行索要债务，尚不单独构成犯罪，但实施非法放贷行为已构成非法经营罪的，应当按照非法经营罪的规定酌情从重处罚。

以上规定的情形，刑法、司法解释另

有规定的除外。

七、有组织地非法放贷,同时又有其他违法犯罪活动,符合黑社会性质组织或者恶势力、恶势力犯罪集团认定标准的,应当分别按照黑社会性质组织或者恶势力、恶势力犯罪集团侦查、起诉、审判。

黑恶势力非法放贷的,据以认定"情节严重""情节特别严重"的非法放贷数额、违法所得数额、非法放贷对象数量起点标准,可以分别按照本意见第二条规定中相应数额、数量标准的50%确定;同时具有本意见第三条第一款规定情形的,可以分别按照相应数额、数量标准的40%确定。

八、本意见自2019年10月21日起施行。对于本意见施行前发生的非法放贷行为,依照最高人民法院《关于准确理解和适用刑法中"国家规定"的有关问题的通知》(法发〔2011〕155号)的规定办理。

最高人民检察院
关于强迫借贷行为适用
法律问题的批复

(2014年4月11日最高人民检察院第十二届检察委员会第19次会议通过,2014年4月17日公布,自公布之日起施行)

广东省人民检察院:

你院《关于强迫借贷案件法律适用的请示》(粤检发研字〔2014〕9号)收悉。经研究,批复如下:

以暴力、胁迫手段强迫他人借贷,属于刑法第二百二十六条第二项规定的"强迫他人提供或者接受服务",情节严重的,以强迫交易罪追究刑事责任;同时构成故意伤害罪等其他犯罪的,依照处罚较重的规定定罪处罚。以非法占有为目的,以借贷为名采用暴力、胁迫手段获取他人财物,符合刑法第二百六十三条或者第二百七十四条规定的,以抢劫罪或者敲诈勒索罪追究刑事责任。

此复。

最高人民法院
关于审理倒卖车票刑事案件
有关问题的解释

(1999年9月2日最高人民法院审判委员会第1074次会议通过,1999年9月6日公布,自1999年9月14日起施行,法释〔1999〕17号)

为依法惩处倒卖车票的犯罪活动,根据刑法的有关规定,现就审理倒卖车票刑事案件的有关问题解释如下:

第一条 高价、变相加价倒卖车票或者倒卖坐席、卧铺签字号及订购车票凭证,票面数额在五千元以上,或者非法获利数额在二千元以上的,构成刑法第二百二十七条第二款规定的"倒卖车票情节严重"。

第二条 对于铁路职工倒卖车票或者与其他人员勾结倒卖车票;组织倒卖车票的首要分子;曾因倒卖车票受过治安处罚两次以上或者被劳动教养一次以上,两年内又倒卖车票,构成倒卖车票罪的,依法从重处罚。

最高人民法院
关于对变造、倒卖变造邮票行为
如何适用法律问题的解释

（2000年11月15日最高人民法院审判委员会第1139次会议通过，2000年12月5日公布，自2000年12月9日起施行，法释〔2000〕41号）

为了正确适用刑法，现对审理变造、倒卖变造邮票案件如何适用法律问题解释如下：

对变造或者倒卖变造的邮票数额较大的，应当依照刑法第二百二十七条第一款的规定定罪处罚。

最高人民检察院法律政策研究室
关于非法制作、出售、
使用IC电话卡行为如何适用
法律问题的答复

（2003年4月2日，高检研发〔2003〕10号）

辽宁省人民检察院研究室：

你院《关于非法制作、出售IC电话卡的行为如何认定的请示》（辽检发研字〔2002〕8号）收悉。经研究，答复如下：

非法制作或者出售非法制作的IC电话卡，数额较大的，应当依照刑法第二百二十七条第一款的规定，以伪造、倒卖伪造的有价票证罪追究刑事责任，犯罪数额可以根据销售数额认定；明知是非法制作的IC电话卡而使用或者购买并使用，造成电信资费损失数额较大的，应当依照刑法第二百六十四条的规定，以盗窃罪追究刑事责任。

此复。

公安部经济犯罪侦查局
关于对程××的行为是否涉嫌
非法转让、倒卖土地使用权
犯罪的批复

（2008年1月25日，公经法〔2008〕29号）

程××的行为是否涉嫌非法转让、倒卖土地使用权，关键是看甲公司和乙公司于2000年2月1日签订的合同性质。从合同约定的权利义务关系以及合同的实际履行情况来看，所谓的“买断”指的不是该土地的土地使用权，而是对该地块的开发经营收益权，即双方通过合作开发、销售房产取得收益。从该块国有土地转移过程来看，是经人民政府批准将原划拨给××集团的土地使用权收回后出让给乙公司，而非出让给甲公司后再转让给乙公司。因此，该合同的性质不是土地使用权买卖性质。

最高人民检察院关于公证员出具公证书有重大失实行为如何适用法律问题的批复

(2009年1月6日最高人民检察院第十一届检察委员会第7次会议通过,自2009年1月15日起施行,高检发释字〔2009〕1号)

甘肃省人民检察院:

你院《关于公证员出具证明文件重大失实是否构成犯罪的请示》(甘检发研〔2008〕17号)收悉。经研究,批复如下:

《中华人民共和国公证法》施行以后,公证员在履行公证职责过程中,严重不负责任,出具的公证书有重大失实,造成严重后果的,依照刑法第二百二十九条第三款的规定,以出具证明文件重大失实罪追究刑事责任。

此复。

最高人民检察院关于地质工程勘测院和其他履行勘测职责的单位及其工作人员能否成为刑法第二百二十九条规定的有关犯罪主体的批复

(2015年8月19日最高人民检察院第十二届检察委员会第39次会议通过,2015年10月27日公布,自2015年11月12日起施行,高检发释字〔2015〕4号)

重庆市人民检察院:

你院渝检(研)〔2015〕8号《关于地质工程勘测院能否成为刑法第二百二十九条的有关犯罪主体的请示》收悉。经研究,批复如下:

地质工程勘测院和其他履行勘测职责的单位及其工作人员在履行勘察、勘查、测绘职责过程中,故意提供虚假工程地质勘察报告等证明文件,情节严重的,依照刑法第二百二十九条第一款和第二百三十一条的规定,以提供虚假证明文件罪追究刑事责任;地质工程勘测院和其他履行勘测职责的单位及其工作人员在履行勘察、勘查、测绘职责过程中,严重不负责任,出具的工程地质勘察报告等证明文件有重大失实,造成严重后果的,依照刑法第二百二十九条第三款和第二百三十一条的规定,以出具证明文件重大失实罪追究刑事责任。

此复。

(五)侵犯公民人身权利、民主权利罪

最高人民法院、最高人民检察院、公安部、司法部关于依法办理家庭暴力犯罪案件的意见

(2015年3月2日印发)

发生在家庭成员之间,以及具有监护、扶养、寄养、同居等关系的共同生活人员之间的家庭暴力犯罪,严重侵害公民人身权利,破坏家庭关系,影响社会和谐稳定。人民法院、人民检察院、公安机关、司法行政机关应当严格履行职责,充分运用法律,积极预防和有效惩治各种家庭暴力犯罪,切实保障人权,维护社会秩序。为此,根据刑法、刑事诉讼法、婚姻法、未成年人保护法、老年人权益保障法、妇女权益保障法等法律,结合司法实践经验,制定本意见。

一、基本原则

1. 依法及时、有效干预。……

2. 保护被害人安全和隐私。……

3. 尊重被害人意愿。办理家庭暴力犯罪案件,既要严格依法进行,也要尊重被害人的意愿。在立案、采取刑事强制措施、提起公诉、判处刑罚、减刑、假释时,应当充分听取被害人意见,在法律规定的范围内作出合情、合理的处理。对法律规定可以调解、和解的案件,应当在当事人双方自愿的基础上进行调解、和解。

4. 对未成年人、老年人、残疾人、孕妇、哺乳期妇女、重病患者特殊保护。……

二、案件受理(略)

三、定罪处罚

16. 依法准确定罪处罚。对故意杀人、故意伤害、强奸、猥亵儿童、非法拘禁、侮辱、暴力干涉婚姻自由、虐待、遗弃等侵害公民人身权利的家庭暴力犯罪,应当根据犯罪的事实、犯罪的性质、情节和对社会的危害程度,严格依照刑法的有关规定判处。对于同一行为同时触犯多个罪名的,依照处罚较重的规定定罪处罚。

17. 依法惩处虐待犯罪。采取殴打、冻饿、强迫过度劳动、限制人身自由、恐吓、侮辱、谩骂等手段,对家庭成员的身体和精神进行摧残、折磨,是实践中较为多发的虐待性质的家庭暴力。根据司法实践,具有虐待持续时间较长、次数较多;虐待手段残忍;虐待造成被害人轻微伤或者患较严重疾病;对未成年人、老年人、残疾人、孕妇、哺乳期妇女、重病患者实施较为严重的虐待行为等情形,属于刑法第二百六十条第一款规定的虐待"情节恶劣",应当依法以虐待罪定罪处罚。

准确区分虐待犯罪致人重伤、死亡与故意伤害、故意杀人犯罪致人重伤、死亡的界限,要根据被告人的主观故意、所实施的暴力手段与方式、是否立即或者直接造成被害人伤亡后果等进行综合判断。对于被告人主观上不具有侵害被害人健康或者剥夺被害人生命的故意,而是出于追求被害人肉体和精神上的痛苦,长期或者多次实施虐待行为,逐渐造成被害人身体损害,过失导致被害人重伤或者死亡的;或者因虐待致使被害人不堪忍受而自

残、自杀,导致重伤或者死亡的,属于刑法第二百六十条第二款规定的虐待"致使被害人重伤、死亡",应当以虐待罪定罪处罚。对于被告人虽然实施家庭暴力呈现出经常性、持续性、反复性的特点,但其主观上具有希望或者放任被害人重伤或者死亡的故意,持凶器实施暴力,暴力手段残忍,暴力程度较强,直接或者立即造成被害人重伤或者死亡的,应当以故意伤害罪或者故意杀人罪定罪处罚。

依法惩处遗弃犯罪。负有扶养义务且有扶养能力的人,拒绝扶养年幼、年老、患病或者其他没有独立生活能力的家庭成员,是危害严重的遗弃性质的家庭暴力。根据司法实践,具有对被害人长期不予照顾、不提供生活来源;驱赶、逼迫被害人离家,致使被害人流离失所或者生存困难;遗弃患严重疾病或者生活不能自理的被害人;遗弃致使被害人身体严重损害或者造成其他严重后果等情形,属于刑法第二百六十一条规定的遗弃"情节恶劣",应当依法以遗弃罪定罪处罚。

准确区分遗弃罪与故意杀人罪的界限,要根据被告人的主观故意、所实施行为的时间与地点、是否立即造成被害人死亡,以及被害人对被告人的依赖程度等进行综合判断。对于只是为了逃避扶养义务,并不希望或者放任被害人死亡,将生活不能自理的被害人弃置在福利院、医院、派出所等单位或者广场、车站等行人较多的场所,希望被害人得到他人救助的,一般以遗弃罪定罪处罚。对于希望或者放任被害人死亡,不履行必要的扶养义务,致使被害人因缺乏生活照料而死亡,或者将生活不能自理的被害人带至荒山野岭等人迹罕至的场所扔弃,使被害人难以得到他人救助的,应当以故意杀人罪定罪处罚。

18. 切实贯彻宽严相济刑事政策。对于实施家庭暴力构成犯罪的,应当根据罪刑法定、罪刑相适应原则,兼顾维护家庭稳定、尊重被害人意愿等因素综合考虑,宽严并用,区别对待。根据司法实践,对于实施家庭暴力手段残忍或者造成严重后果;出于恶意侵占财产等卑劣动机实施家庭暴力;因酗酒、吸毒、赌博等恶习而长期或者多次实施家庭暴力;曾因实施家庭暴力受到刑事处罚、行政处罚;或者具有其他恶劣情形的,可以酌情从重处罚。对于实施家庭暴力犯罪情节较轻,或者被告人真诚悔罪,获得被害人谅解,从轻处罚有利于被扶养人的,可以酌情从轻处罚;对于情节轻微不需要判处刑罚的,人民检察院可以不起诉,人民法院可以判处免予刑事处罚。

对于实施家庭暴力情节显著轻微危害不大不构成犯罪的,应当撤销案件、不起诉,或者宣告无罪。

人民法院、人民检察院、公安机关应当充分运用训诫,责令施暴人保证不再实施家庭暴力,或者向被害人赔礼道歉、赔偿损失等非刑罚处罚措施,加强对施暴人的教育与惩戒。

19. 准确认定对家庭暴力的正当防卫。为了使本人或者他人的人身权利免受不法侵害,对正在进行的家庭暴力采取制止行为,只要符合刑法规定的条件,就应当依法认定为正当防卫,不负刑事责任。防卫行为造成施暴人重伤、死亡,且明显超过必要限度,属于防卫过当,应当负刑事责任,但是应当减轻或者免除处罚。

认定防卫行为是否"明显超过必要限度",应当以足以制止并使防卫人免受家庭暴力不法侵害的需要为标准，根据施暴人正在实施家庭暴力的严重程度、手段的残忍程度，防卫人所处的环境、面临的危险程度、采取的制止暴力的手段、造成施暴人重大损害的程度，以及既往家庭暴力的严重程度等进行综合判断。

20.充分考虑案件中的防卫因素和过错责任。对于长期遭受家庭暴力后，在激愤、恐惧状态下为了防止再次遭受家庭暴力，或者为了摆脱家庭暴力而故意杀害、伤害施暴人，被告人的行为具有防卫因素，施暴人在案件起因上具有明显过错或者直接责任的，可以酌情从宽处罚。对于因遭受严重家庭暴力，身体、精神受到重大损害而故意杀害施暴人；或者因不堪忍受长期家庭暴力而故意杀害施暴人，犯罪情节不是特别恶劣，手段不是特别残忍的，可以认定为刑法第二百三十二条规定的故意杀人“情节较轻”。在服刑期间确有悔改表现的，可以根据其家庭情况，依法放宽减刑的幅度，缩短减刑的起始时间与间隔时间；符合假释条件的，应当假释。被杀害施暴人的近亲属表示谅解的，在量刑、减刑、假释时应当予以充分考虑。

四、其他措施

21.充分运用禁止令措施。人民法院对实施家庭暴力构成犯罪被判处管制或者宣告缓刑的犯罪分子，为了确保被害人及其子女和特定亲属的人身安全，可以依照刑法第三十八条第二款、第七十二条第二款的规定，同时禁止犯罪分子再次实施家庭暴力，侵扰被害人的生活、工作、学习，进行酗酒、赌博等活动；经被害人申请且有必要的，禁止接近被害人及其未成年子女。

22.告知申请撤销施暴人的监护资格。（略）

23.充分运用人身安全保护措施。人民法院为了保护被害人的人身安全，避免其再次受到家庭暴力的侵害，可以根据申请，依照民事诉讼法等法律的相关规定，作出禁止施暴人再次实施家庭暴力、禁止接近被害人、迁出被害人的住所等内容的裁定。对于施暴人违反裁定的行为，如对被害人进行威胁、恐吓、殴打、伤害、杀害，或者未经被害人同意拒不迁出住所的，人民法院可以根据情节轻重予以罚款、拘留；构成犯罪的，应当依法追究刑事责任。

24.充分运用社区矫正措施。社区矫正机构对因实施家庭暴力构成犯罪被判处管制、宣告缓刑、假释或者暂予监外执行的犯罪分子，应当依法开展家庭暴力行为矫治，通过制定有针对性的监管、教育和帮助措施，矫正犯罪分子的施暴心理和行为恶习。

25.加强反家庭暴力宣传教育。（略）

最高人民法院
关于执行《人体损伤程度鉴定标准》有关问题的通知

（2014年1月2日发布施行，
法〔2014〕3号）

各省、自治区、直辖市高级人民法院，解放军军事法院，新疆维吾尔自治区高级人民法院生产建设兵团分院：

《最高人民法院、最高人民检察院、公安部、国家安全部、司法部关于发布〈人体损伤程度鉴定标准〉的公告》已于

2013年8月30日发布,《人体损伤程度鉴定标准》(以下简称《损伤标准》)自2014年1月1日起施行。《人体重伤鉴定标准》(司发〔1990〕070号)、《人体轻伤鉴定标准(试行)》(法(司)发〔1990〕6号)和《人体轻微伤的鉴定》(GA/T 146—1996)同时废止。为正确适用《损伤标准》,做好涉人体损伤案件审判工作,现就执行《损伤标准》有关问题通知如下:

一、致人损伤的行为发生在2014年1月1日之前,尚未审判或者正在审判的案件,需要进行损伤程度鉴定的,适用原鉴定标准。但按照《损伤标准》不构成损伤或者损伤程度较轻的,适用《损伤标准》。

二、致人损伤的行为发生在2014年1月1日之后,需要进行损伤程度鉴定的,适用《损伤标准》。

三、2014年1月1日前已发生法律效力的判决、裁定,按照当时的法律和司法解释,认定事实和适用法律没有错误的,不再变动。当事人及其法定代理人、近亲属以《损伤程度》的相关规定发生变更为由申请再审的,人民法院不予受理。

四、对于正在审理案件需要进行损伤程度鉴定的,司法技术部门应做好前期技术审核工作,在对外委托时应明确向鉴定机构提出适用标准。

五、各级人民法院应认真组织开展《损伤标准》学习培训,在执行过程中发现问题,应及时报告请示最高人民法院。

特此通知。

最高人民法院
2014年1月2日

最高人民法院、最高人民检察院、公安部、国家安全部、司法部人体损伤程度鉴定标准

(2013年8月30日发布,
2014年1月1日起施行)

为进一步加强人身损伤程度鉴定标准化、规范化工作,现将《人体损伤程度鉴定标准》发布,自2014年1月1日起施行。《人体重伤鉴定标准》(司发〔1990〕070号)、《人体轻伤鉴定标准(试行)》(法(司)发〔1990〕6号)和《人体轻微伤的鉴定》(GA/T 146—1996)同时废止。

1　范围

本标准规定了人体损伤程度鉴定的原则、方法、内容和等级划分。

本标准适用于《中华人民共和国刑法》及其他法律、法规所涉及的人体损伤程度鉴定。

2　规范性引用文件

下列文件对于本文件的应用是必不可少的。本标准引用文件的最新版本适用于本标准。

GB 18667 道路交通事故受伤人员伤残评定

GB/T 16180 劳动能力鉴定——职工工伤与职业病致残等级

GB/T 26341—2010 残疾人残疾分类和分级

3　术语和定义

3.1　重伤

使人肢体残废、毁人容貌、丧失听觉、

丧失视觉、丧失其他器官功能或者其他对于人身健康有重大伤害的损伤,包括重伤一级和重伤二级。

3.2 轻伤

使人肢体或者容貌损害,听觉、视觉或者其他器官功能部分障碍或者其他对于人身健康有中度伤害的损伤,包括轻伤一级和轻伤二级。

3.3 轻微伤

各种致伤因素所致的原发性损伤,造成组织器官结构轻微损害或者轻微功能障碍。

4 总则

4.1 鉴定原则

4.1.1 遵循实事求是的原则,坚持以致伤因素对人体直接造成的原发性损伤及由损伤引起的并发症或者后遗症为依据,全面分析,综合鉴定。

4.1.2 对于以原发性损伤及其并发症作为鉴定依据的,鉴定时应以损伤当时伤情为主,损伤的后果为辅,综合鉴定。

4.1.3 对于以容貌损害或者组织器官功能障碍作为鉴定依据的,鉴定时应以损伤的后果为主,损伤当时伤情为辅,综合鉴定。

4.2 鉴定时机

4.2.1 以原发性损伤为主要鉴定依据的,伤后即可进行鉴定;以损伤所致的并发症为主要鉴定依据的,在伤情稳定后进行鉴定。

4.2.2 以容貌损害或者组织器官功能障碍为主要鉴定依据的,在损伤90日后进行鉴定;在特殊情况下可以根据原发性损伤及其并发症出具鉴定意见,但须对有可能出现的后遗症加以说明,必要时应进行复检并予以补充鉴定。

4.2.3 疑难、复杂的损伤,在临床治疗终结或者伤情稳定后进行鉴定。

4.3 伤病关系处理原则

4.3.1 损伤为主要作用的,既往伤/病为次要或者轻微作用的,应依据本标准相应条款进行鉴定。

4.3.2 损伤与既往伤/病共同作用的,即二者作用相当的,应依据本标准相应条款适度降低损伤程度等级,即等级为重伤一级和重伤二级的,可视具体情况鉴定为轻伤一级或者轻伤二级,等级为轻伤一级和轻伤二级的,均鉴定为轻微伤。

4.3.3 既往伤/病为主要作用的,即损伤为次要或者轻微作用的,不宜进行损伤程度鉴定,只说明因果关系。

5 损伤程度分级

5.1 颅脑、脊髓损伤

5.1.1 重伤一级

a)植物生存状态。

b)四肢瘫(三肢以上肌力3级以下)。

c)偏瘫、截瘫(肌力2级以下),伴大便、小便失禁。

d)非肢体瘫的运动障碍(重度)。

e)重度智能减退或者器质性精神障碍,生活完全不能自理。

5.1.2 重伤二级

a)头皮缺损面积累计75.0cm^2以上。

b)开放性颅骨骨折伴硬脑膜破裂。

c)颅骨凹陷性或者粉碎性骨折,出现脑受压症状和体征,须手术治疗。

d)颅底骨折,伴脑脊液漏持续4周以上。

e)颅底骨折,伴面神经或者听神经损伤引起相应神经功能障碍。

f)外伤性蛛网膜下腔出血,伴神经系统症状和体征。

g)脑挫(裂)伤,伴神经系统症状和

体征。

h)颅内出血,伴脑受压症状和体征。

i)外伤性脑梗死,伴神经系统症状和体征。

j)外伤性脑脓肿。

k)外伤性脑动脉瘤,须手术治疗。

l)外伤性迟发性癫痫。

m)外伤性脑积水,须手术治疗。

n)外伤性颈动脉海绵窦瘘。

o)外伤性下丘脑综合征。

p)外伤性尿崩症。

q)单肢瘫(肌力3级以下)。

r)脊髓损伤致重度肛门失禁或者重度排尿障碍。

5.1.3 轻伤一级

a)头皮创口或者瘢痕长度累计20.0cm以上。

b)头皮撕脱伤面积累计50.0cm^2以上;头皮缺损面积累计24.0cm^2以上。

c)颅骨凹陷性或者粉碎性骨折。

d)颅底骨折伴脑脊液漏。

e)脑挫(裂)伤;颅内出血;慢性颅内血肿;外伤性硬脑膜下积液。

f)外伤性脑积水;外伤性颅内动脉瘤;外伤性脑梗死;外伤性颅内低压综合征。

g)脊髓损伤致排便或者排尿功能障碍(轻度)。

h)脊髓挫裂伤。

5.1.4 轻伤二级

a)头皮创口或者瘢痕长度累计8.0cm以上。

b)头皮撕脱伤面积累计20.0cm^2以上;头皮缺损面积累计10.0cm^2以上。

c)帽状腱膜下血肿范围50.0cm^2以上。

d)颅骨骨折。

e)外伤性蛛网膜下腔出血。

f)脑神经损伤引起相应神经功能障碍。

5.1.5 轻微伤

a)头部外伤后伴有神经症状。

b)头皮擦伤面积5.0cm^2以上;头皮挫伤;头皮下血肿。

c)头皮创口或者瘢痕。

5.2 面部、耳廓损伤

5.2.1 重伤一级

a)容貌毁损(重度)。

5.2.2 重伤二级

a)面部条状瘢痕(50%以上位于中心区),单条长度10.0cm以上,或者两条以上长度累计15.0cm以上。

b)面部块状瘢痕(50%以上位于中心区),单块面积6.0cm^2以上,或者两块以上面积累计10.0cm^2以上。

c)面部片状细小瘢痕或者显著色素异常,面积累计达面部30%。

d)一侧眼球萎缩或者缺失。

e)眼睑缺失相当于一侧上眼睑1/2以上。

f)一侧眼睑重度外翻或者双侧眼睑中度外翻。

g)一侧上睑下垂完全覆盖瞳孔。

h)一侧眼眶骨折致眼球内陷0.5cm以上。

i)一侧鼻泪管和内眦韧带断裂。

j)鼻部离断或者缺损30%以上。

k)耳廓离断、缺损或者挛缩畸形累计相当于一侧耳廓面积50%以上。

l)口唇离断或者缺损致牙齿外露3枚以上。

m)舌体离断或者缺损达舌系带。

n)牙齿脱落或者牙折共7枚以上。

o)损伤致张口困难Ⅲ度。

p)面神经损伤致一侧面肌大部分瘫痪,遗留眼睑闭合不全和口角歪斜。

q)容貌毁损(轻度)。

5.2.3 轻伤一级

a)面部单个创口或者瘢痕长度6.0cm以上;多个创口或者瘢痕长度累计10.0cm以上。

b)面部块状瘢痕,单块面积4.0cm^{2}以上;多块面积累计7.0cm^{2}以上。

c)面部片状细小瘢痕或者明显色素异常,面积累计30.0cm^{2}以上。

d)眼睑缺失相当于一侧上眼睑1/4以上。

e)一侧眼睑中度外翻;双侧眼睑轻度外翻。

f)一侧上眼睑下垂覆盖瞳孔超过1/2。

g)两处以上不同眶壁骨折;一侧眶壁骨折致眼球内陷0.2cm以上。

h)双侧泪器损伤伴溢泪。

i)一侧鼻泪管断裂;一侧内眦韧带断裂。

j)耳廓离断、缺损或者挛缩畸形累计相当于一侧耳廓面积30%以上。

k)鼻部离断或者缺损15%以上。

l)口唇离断或者缺损致牙齿外露1枚以上。

m)牙齿脱落或者牙折共4枚以上。

n)损伤致张口困难Ⅱ度。

o)腮腺总导管完全断裂。

p)面神经损伤致一侧面肌部分瘫痪,遗留眼睑闭合不全或者口角歪斜。

5.2.4 轻伤二级

a)面部单个创口或者瘢痕长度4.5cm以上;多个创口或者瘢痕长度累计6.0cm以上。

b)面颊穿透创,皮肤创口或者瘢痕长度1.0cm以上。

c)口唇全层裂创,皮肤创口或者瘢痕长度1.0cm以上。

d)面部块状瘢痕,单块面积3.0cm^{2}以上或多块面积累计5.0cm^{2}以上。

e)面部片状细小瘢痕或者色素异常,面积累计8.0cm^{2}以上。

f)眶壁骨折(单纯眶内壁骨折除外)。

g)眼睑缺损。

h)一侧眼睑轻度外翻。

i)一侧上眼睑下垂覆盖瞳孔。

j)一侧眼睑闭合不全。

k)一侧泪器损伤伴溢泪。

l)耳廓创口或者瘢痕长度累计6.0cm以上。

m)耳廓离断、缺损或者挛缩畸形累计相当于一侧耳廓面积15%以上。

n)鼻尖或者一侧鼻翼缺损。

o)鼻骨粉碎性骨折;双侧鼻骨骨折;鼻骨骨折合并上颌骨额突骨折;鼻骨骨折合并鼻中隔骨折;双侧上颌骨额突骨折。

p)舌缺损。

q)牙齿脱落或者牙折2枚以上。

r)腮腺、颌下腺或者舌下腺实质性损伤。

s)损伤致张口困难Ⅰ度。

t)颌骨骨折(牙槽突骨折及一侧上颌骨额突骨折除外)。

u)颧骨骨折。

5.2.5 轻微伤

a)面部软组织创。

b)面部损伤留有瘢痕或者色素改变。

c)面部皮肤擦伤,面积2.0cm^{2}以上;面部软组织挫伤;面部划伤4.0cm以上。

d)眶内壁骨折。

e)眼部挫伤;眼部外伤后影响外观。

f)耳廓创。

g)鼻骨骨折;鼻出血。

h)上颌骨额突骨折。

i)口腔粘膜破损;舌损伤。

j)牙齿脱落或者缺损;牙槽突骨折;牙齿松动2枚以上或者Ⅲ度松动1枚以上。

5.3 听器听力损伤

5.3.1 重伤一级

a)双耳听力障碍(≥91dB HL)。

5.3.2 重伤二级

a)一耳听力障碍(≥91dB HL)。

b)一耳听力障碍(≥81dB HL),另一耳听力障碍(≥41dB HL)。

c)一耳听力障碍(≥81dB HL),伴同侧前庭平衡功能障碍。

d)双耳听力障碍(≥61dB HL)。

e)双侧前庭平衡功能丧失,睁眼行走困难,不能并足站立。

5.3.3 轻伤一级

a)双耳听力障碍(≥41dB HL)。

b)双耳外耳道闭锁。

5.3.4 轻伤二级

a)外伤性鼓膜穿孔6周不能自行愈合。

b)听骨骨折或者脱位;听骨链固定。

c)一耳听力障碍(≥41dB HL)。

d)一侧前庭平衡功能障碍,伴同侧听力减退。

e)一耳外耳道横截面1/2以上狭窄。

5.3.5 轻微伤

a)外伤性鼓膜穿孔。

b)鼓室积血。

c)外伤后听力减退。

5.4 视器视力损伤

5.4.1 重伤一级

a)一眼眼球萎缩或者缺失,另一眼盲目3级。

b)一眼视野完全缺损,另一眼视野半径20°以下(视野有效值32%以下)。

c)双眼盲目4级。

5.4.2 重伤二级

a)一眼盲目3级。

b)一眼重度视力损害,另一眼中度视力损害。

c)一眼视野半径10°以下(视野有效值16%以下)。

d)双眼偏盲;双眼残留视野半径30°以下(视野有效值48%以下)。

5.4.3 轻伤一级

a)外伤性青光眼,经治疗难以控制眼压。

b)一眼虹膜完全缺损。

c)一眼重度视力损害;双眼中度视力损害。

d)一眼视野半径30°以下(视野有效值48%以下);双眼视野半径50°以下(视野有效值80%以下)。

5.4.4 轻伤二级

a)眼球穿通伤或者眼球破裂伤;前房出血须手术治疗;房角后退;虹膜根部离断或者虹膜缺损超过1个象限;睫状体脱离;晶状体脱位;玻璃体积血;外伤性视网膜脱离;外伤性视网膜出血;外伤性黄斑裂孔;外伤性脉络膜脱离。

b)角膜斑翳或者血管翳;外伤性白内障;外伤性低眼压;外伤性青光眼。

c)瞳孔括约肌损伤致瞳孔显著变形或者瞳孔散大(直径0.6cm以上)。

d)斜视;复视。

e)睑球粘连。

f)一眼矫正视力减退至0.5以下(或者较伤前视力下降0.3以上);双眼矫正视力减退至0.7以下(或者较伤前视力下

降0.2以上）；原单眼中度以上视力损害者，伤后视力降低一个级别。

g）一眼视野半径50°以下（视野有效值80%以下）。

5.4.5　轻微伤

a）眼球损伤影响视力。

5.5　颈部损伤

5.5.1　重伤一级

a）颈部大血管破裂。

b）咽喉部广泛毁损，呼吸完全依赖气管套管或者造口。

c）咽或者食管广泛毁损，进食完全依赖胃管或者造口。

5.5.2　重伤二级

a）甲状旁腺功能低下（重度）。

b）甲状腺功能低下，药物依赖。

c）咽部、咽后区、喉或者气管穿孔。

d）咽喉或者颈部气管损伤，遗留呼吸困难（3级）。

e）咽或者食管损伤，遗留吞咽功能障碍（只能进流食）。

f）喉损伤遗留发声障碍（重度）。

g）颈内动脉血栓形成，血管腔狭窄（50%以上）。

h）颈总动脉血栓形成，血管腔狭窄（25%以上）。

i）颈前三角区增生瘢痕，面积累计30.0cm²以上。

5.5.3　轻伤一级

a）颈前部单个创口或者瘢痕长度10.0cm以上；多个创口或者瘢痕长度累计16.0cm以上。

b）颈前三角区瘢痕，单块面积10.0cm²以上；多块面积累计12.0cm²以上。

c）咽喉部损伤遗留发声或者构音障碍。

d）咽或者食管损伤，遗留吞咽功能障碍（只能进半流食）。

e）颈总动脉血栓形成；颈内动脉血栓形成；颈外动脉血栓形成；椎动脉血栓形成。

5.5.4　轻伤二级

a）颈前部单个创口或者瘢痕长度5.0cm以上；多个创口或者瘢痕长度累计8.0cm以上。

b）颈前部瘢痕，单块面积4.0cm²以上，或者两块以上面积累计6.0cm²以上。

c）甲状腺挫裂伤。

d）咽喉软骨骨折。

e）喉或者气管损伤。

f）舌骨骨折。

g）膈神经损伤。

h）颈部损伤出现窒息征象。

5.5.5　轻微伤

a）颈部创口或者瘢痕长度1.0cm以上。

b）颈部擦伤面积4.0cm²以上。

c）颈部挫伤面积2.0cm²以上。

d）颈部划伤长度5.0cm以上。

5.6　胸部损伤

5.6.1　重伤一级

a）心脏损伤，遗留心功能不全（心功能Ⅳ级）。

b）肺损伤致一侧全肺切除或者双肺三肺叶切除。

5.6.2　重伤二级

a）心脏损伤，遗留心功能不全（心功能Ⅲ级）。

b）心脏破裂；心包破裂。

c）女性双侧乳房损伤，完全丧失哺乳功能；女性一侧乳房大部分缺失。

d）纵隔血肿或者气肿，须手术治疗。

e）气管或者支气管破裂，须手术治疗。

f)肺破裂,须手术治疗。

g)血胸、气胸或者血气胸,伴一侧肺萎陷70%以上,或者双侧肺萎陷均在50%以上。

h)食管穿孔或者全层破裂,须手术治疗。

i)脓胸或者肺脓肿;乳糜胸;支气管胸膜瘘;食管胸膜瘘;食管支气管瘘。

j)胸腔大血管破裂。

k)膈肌破裂。

5.6.3 轻伤一级

a)心脏挫伤致心包积血。

b)女性一侧乳房损伤,丧失哺乳功能。

c)肋骨骨折6处以上。

d)纵隔血肿;纵隔气肿。

e)血胸、气胸或者血气胸,伴一侧肺萎陷30%以上,或者双侧肺萎陷均在20%以上。

f)食管挫裂伤。

5.6.4 轻伤二级

a)女性一侧乳房部分缺失或者乳腺导管损伤。

b)肋骨骨折2处以上。

c)胸骨骨折;锁骨骨折;肩胛骨骨折。

d)胸锁关节脱位;肩锁关节脱位。

e)胸部损伤,致皮下气肿1周不能自行吸收。

f)胸腔积血;胸腔积气。

g)胸壁穿透创。

h)胸部挤压出现窒息征象。

5.6.5 轻微伤

a)肋骨骨折;肋软骨骨折。

b)女性乳房擦挫伤。

5.7 腹部损伤

5.7.1 重伤一级

a)肝功能损害(重度)。

b)胃肠道损伤致消化吸收功能严重障碍,依赖肠外营养。

c)肾功能不全(尿毒症期)。

5.7.2 重伤二级

a)腹腔大血管破裂。

b)胃、肠、胆囊或者胆道全层破裂,须手术治疗。

c)肝、脾、胰或者肾破裂,须手术治疗。

d)输尿管损伤致尿外渗,须手术治疗。

e)腹部损伤致肠瘘或者尿瘘。

f)腹部损伤引起弥漫性腹膜炎或者感染性休克。

g)肾周血肿或者肾包膜下血肿,须手术治疗。

h)肾功能不全(失代偿期)。

i)肾损伤致肾性高血压。

j)外伤性肾积水;外伤性肾动脉瘤;外伤性肾动静脉瘘。

k)腹腔积血或者腹膜后血肿,须手术治疗。

5.7.3 轻伤一级

a)胃、肠、胆囊或者胆道非全层破裂。

b)肝包膜破裂;肝脏实质内血肿直径2.0cm以上。

c)脾包膜破裂;脾实质内血肿直径2.0cm以上。

d)胰腺包膜破裂。

e)肾功能不全(代偿期)。

5.7.4 轻伤二级

a)胃、肠、胆囊或者胆道挫伤。

b)肝包膜下或者实质内出血。

c)脾包膜下或者实质内出血。

d)胰腺挫伤。

e)肾包膜下或者实质内出血。

f)肝功能损害(轻度)。

g)急性肾功能障碍(可恢复)。

h)腹腔积血或者腹膜后血肿。

i)腹壁穿透创。

5.7.5 轻微伤

a)外伤性血尿。

5.8 盆部及会阴损伤

5.8.1 重伤一级

a)阴茎及睾丸全部缺失。

b)子宫及卵巢全部缺失。

5.8.2 重伤二级

a)骨盆骨折畸形愈合,致双下肢相对长度相差5.0cm以上。

b)骨盆不稳定性骨折,须手术治疗。

c)直肠破裂,须手术治疗。

d)肛管损伤致大便失禁或者肛管重度狭窄,须手术治疗。

e)膀胱破裂,须手术治疗。

f)后尿道破裂,须手术治疗。

g)尿道损伤致重度狭窄。

h)损伤致早产或者死胎;损伤致胎盘早期剥离或者流产,合并轻度休克。

i)子宫破裂,须手术治疗。

j)卵巢或者输卵管破裂,须手术治疗。

k)阴道重度狭窄。

l)幼女阴道Ⅱ度撕裂伤。

m)女性会阴或者阴道Ⅲ度撕裂伤。

n)龟头缺失达冠状沟。

o)阴囊皮肤撕脱伤面积占阴囊皮肤面积50%以上。

p)双侧睾丸损伤,丧失生育能力。

q)双侧附睾或者输精管损伤,丧失生育能力。

r)直肠阴道瘘;膀胱阴道瘘;直肠膀胱瘘。

s)重度排尿障碍。

5.8.3 轻伤一级

a)骨盆2处以上骨折;骨盆骨折畸形愈合;髋臼骨折。

b)前尿道破裂,须手术治疗。

c)输尿管狭窄。

d)一侧卵巢缺失或者萎缩。

e)阴道轻度狭窄。

f)龟头缺失1/2以上。

g)阴囊皮肤撕脱伤面积占阴囊皮肤面积30%以上。

h)一侧睾丸或者附睾缺失;一侧睾丸或者附睾萎缩。

5.8.4 轻伤二级

a)骨盆骨折。

b)直肠或者肛管挫裂伤。

c)一侧输尿管挫裂伤;膀胱挫裂伤;尿道挫裂伤。

d)子宫挫裂伤;一侧卵巢或者输卵管挫裂伤。

e)阴道撕裂伤。

f)女性外阴皮肤创口或者瘢痕长度累计4.0cm以上。

g)龟头部分缺损。

h)阴茎撕脱伤;阴茎皮肤创口或者瘢痕长度2.0cm以上;阴茎海绵体出血并形成硬结。

i)阴囊壁贯通创;阴囊皮肤创口或者瘢痕长度累计4.0cm以上;阴囊内积血,2周内未完全吸收。

j)一侧睾丸破裂、血肿、脱位或者扭转。

k)一侧输精管破裂。

l)轻度肛门失禁或者轻度肛门狭窄。

m)轻度排尿障碍。

n)外伤性难免流产;外伤性胎盘早剥。

5.8.5 轻微伤

a)会阴部软组织挫伤。

b)会阴创;阴囊创;阴茎创。

c)阴囊皮肤挫伤。

d)睾丸或者阴茎挫伤。

e)外伤性先兆流产。

5.9 脊柱四肢损伤

5.9.1 重伤一级

a)二肢以上离断或者缺失(上肢腕关节以上、下肢踝关节以上)。

b)二肢六大关节功能完全丧失。

5.9.2 重伤二级

a)四肢任一大关节强直畸形或者功能丧失50%以上。

b)臂丛神经干性或者束性损伤,遗留肌瘫(肌力3级以下)。

c)正中神经肘部以上损伤,遗留肌瘫(肌力3级以下)。

d)桡神经肘部以上损伤,遗留肌瘫(肌力3级以下)。

e)尺神经肘部以上损伤,遗留肌瘫(肌力3级以下)。

f)骶丛神经或者坐骨神经损伤,遗留肌瘫(肌力3级以下)。

g)股骨干骨折缩短5.0cm以上、成角畸形30°以上或者严重旋转畸形。

h)胫腓骨骨折缩短5.0cm以上、成角畸形30°以上或者严重旋转畸形。

i)膝关节挛缩畸形屈曲30°以上。

j)一侧膝关节交叉韧带完全断裂遗留旋转不稳。

k)股骨颈骨折或者髋关节脱位,致股骨头坏死。

l)四肢长骨骨折不愈合或者假关节形成;四肢长骨骨折并发慢性骨髓炎。

m)一足离断或者缺失50%以上;足跟离断或者缺失50%以上。

n)一足的第一趾和其余任何二趾离断或者缺失;一足除第一趾外,离断或者缺失4趾。

o)两足5个以上足趾离断或者缺失。

p)一足第一趾及其相连的跖骨离断或者缺失。

q)一足除第一趾外,任何三趾及其相连的跖骨离断或者缺失。

5.9.3 轻伤一级

a)四肢任一大关节功能丧失25%以上。

b)一节椎体压缩骨折超过1/3以上;二节以上椎体骨折;三处以上横突、棘突或者椎弓骨折。

c)膝关节韧带断裂伴半月板破裂。

d)四肢长骨骨折畸形愈合。

e)四肢长骨粉碎性骨折或者两处以上骨折。

f)四肢长骨骨折累及关节面。

g)股骨颈骨折未见股骨头坏死,已行假体置换。

h)骺板断裂。

i)一足离断或者缺失10%以上;足跟离断或者缺失20%以上。

j)一足的第一趾离断或者缺失;一足除第一趾外的任何二趾离断或者缺失。

k)三个以上足趾离断或者缺失。

l)除第一趾外任何一趾及其相连的跖骨离断或者缺失。

m)肢体皮肤创口或者瘢痕长度累计45.0cm以上。

5.9.4 轻伤二级

a)四肢任一大关节功能丧失10%以上。

b)四肢重要神经损伤。

c)四肢重要血管破裂。

d)椎骨骨折或者脊椎脱位(尾椎脱位不影响功能的除外);外伤性椎间盘突出。

e)肢体大关节韧带断裂;半月板破裂。

f)四肢长骨骨折;髌骨骨折。

g)骨骺分离。

h)损伤致肢体大关节脱位。

i)第一趾缺失超过趾间关节;除第一趾外,任何二趾缺失超过趾间关节;一趾缺失。

j)两节趾骨骨折;一节趾骨骨折合并一跖骨骨折。

k)两跖骨骨折或者一跖骨完全骨折;距骨、跟骨、骰骨、楔骨或者足舟骨骨折;跖跗关节脱位。

l)肢体皮肤一处创口或者瘢痕长度10.0cm以上;两处以上创口或者瘢痕长度累计15.0cm以上。

5.9.5 轻微伤

a)肢体一处创口或者瘢痕长度1.0cm以上;两处以上创口或者瘢痕长度累计1.5cm以上;刺创深达肌层。

b)肢体关节、肌腱或者韧带损伤。

c)骨挫伤。

d)足骨骨折。

e)外伤致趾甲脱落,甲床暴露;甲床出血。

f)尾椎脱位。

5.10 手损伤

5.10.1 重伤一级

a)双手离断、缺失或者功能完全丧失。

5.10.2 重伤二级

a)手功能丧失累计达一手功能36%。

b)一手拇指挛缩畸形不能对指和握物。

c)一手除拇指外,其余任何三指挛缩畸形,不能对指和握物。

d)一手拇指离断或者缺失超过指间关节。

e)一手示指和中指全部离断或者缺失。

f)一手除拇指外的任何三指离断或者缺失均超过近侧指间关节。

5.10.3 轻伤一级

a)手功能丧失累计达一手功能16%。

b)一手拇指离断或者缺失未超过指间关节。

c)一手除拇指外的示指和中指离断或者缺失均超过远侧指间关节。

d)一手除拇指外的环指和小指离断或者缺失均超过近侧指间关节。

5.10.4 轻伤二级

a)手功能丧失累计达一手功能4%。

b)除拇指外的一个指节离断或者缺失。

c)两节指骨线性骨折或者一节指骨粉碎性骨折(不含第2至5指末节)。

d)舟骨骨折、月骨脱位或者掌骨完全性骨折。

5.10.5 轻微伤

a)手擦伤面积10.0cm^2以上或者挫伤面积6.0cm^2以上。

b)手一处创口或者瘢痕长度1.0cm以上;两处以上创口或者瘢痕长度累计1.5cm以上;刺伤深达肌层。

c)手关节或者肌腱损伤。

d)腕骨、掌骨或者指骨骨折。

e)外伤致指甲脱落,甲床暴露;甲床出血。

5.11 体表损伤

5.11.1 重伤二级

a)挫伤面积累计达体表面积30%。

b)创口或者瘢痕长度累计200.0cm以上。

5.11.2 轻伤一级

a)挫伤面积累计达体表面积10%。

b)创口或者瘢痕长度累计40.0cm以上。

c)撕脱伤面积100.0cm^2以上。

d)皮肤缺损30.0cm^2以上。

5.11.3 轻伤二级

a)挫伤面积达体表面积6%。

b)单个创口或者瘢痕长度10.0cm以上;多个创口或者瘢痕长度累计15.0cm以上。

c)撕脱伤面积50.0cm^2以上。

d)皮肤缺损6.0cm^2以上。

5.11.4 轻微伤

a)擦伤面积20.0cm^2以上或者挫伤面积15.0cm^2以上。

b)一处创口或者瘢痕长度1.0cm以上;两处以上创口或者瘢痕长度累计1.5cm以上;刺创深达肌层。

c)咬伤致皮肤破损。

5.12 其他损伤

5.12.1 重伤一级

a)深Ⅱ°以上烧烫伤面积达体表面积70%或者Ⅲ°面积达30%。

5.12.2 重伤二级

a)Ⅱ°以上烧烫伤面积达体表面积30%或者Ⅲ°面积达10%;面积低于上述程度但合并吸入有毒气体中毒或者严重呼吸道烧烫伤。

b)枪弹创,创道长度累计180.0cm。

c)各种损伤引起脑水肿(脑肿胀),脑疝形成。

d)各种损伤引起休克(中度)。

e)挤压综合征(Ⅱ级)。

f)损伤引起脂肪栓塞综合征(完全型)。

g)各种损伤致急性呼吸窘迫综合征(重度)。

h)电击伤(Ⅱ°)。

i)溺水(中度)。

j)脑内异物存留;心脏异物存留。

k)器质性阴茎勃起障碍(重度)。

5.12.3 轻伤一级

a)Ⅱ°以上烧烫伤面积达体表面积20%或者Ⅲ°面积达5%。

b)损伤引起脂肪栓塞综合征(不完全型)。

c)器质性阴茎勃起障碍(中度)。

5.12.4 轻伤二级

a)Ⅱ°以上烧烫伤面积达体表面积5%或者Ⅲ°面积达0.5%。

b)呼吸道烧伤。

c)挤压综合征(Ⅰ级)。

d)电击伤(Ⅰ°)。

e)溺水(轻度)。

f)各种损伤引起休克(轻度)。

g)呼吸功能障碍,出现窒息征象。

h)面部异物存留;眶内异物存留;鼻窦异物存留。

i)胸腔内异物存留;腹腔内异物存留;盆腔内异物存留。

j)深部组织内异物存留。

k)骨折内固定物损坏需要手术更换或者修复。

l)各种置入式假体装置损坏需要手术更换或者修复。

m)器质性阴茎勃起障碍(轻度)。

5.12.5 轻微伤

a)身体各部位骨皮质的砍(刺)痕;轻微撕脱性骨折,无功能障碍。

b)面部Ⅰ°烧烫伤面积10.0cm^2以上;浅Ⅱ°烧烫伤。

c) 颈部Ⅰ°烧烫伤面积15.0cm^2以上;浅Ⅱ°烧烫伤面积2.0cm^2以上。

d) 体表Ⅰ°烧烫伤面积20.0cm^2以上;浅Ⅱ°烧烫伤面积4.0cm^2以上;深Ⅱ°烧烫伤。

6 附则

6.1 伤后因其他原因死亡的个体,其生前损伤比照本标准相关条款综合鉴定。

6.2 未列入本标准中的物理性、化学性和生物性等致伤因素造成的人体损伤,比照本标准中的相应条款综合鉴定。

6.3 本标准所称的损伤是指各种致伤因素所引起的人体组织器官结构破坏或者功能障碍。反应性精神病、癔症等,均为内源性疾病,不宜鉴定损伤程度。

6.4 本标准未作具体规定的损伤,可以遵循损伤程度等级划分原则,比照本标准相近条款进行损伤程度鉴定。

6.5 盲管创、贯通创,其创道长度可视为皮肤创口长度,并参照皮肤创口长度相应条款鉴定损伤程度。

6.6 牙折包括冠折、根折和根冠折,冠折须暴露髓腔。

6.7 骨皮质的砍(刺)痕或者轻微撕脱性骨折(无功能障碍)的,不构成本标准所指的轻伤。

6.8 本标准所称大血管是指胸主动脉、主动脉弓分支、肺动脉、肺静脉、上腔静脉和下腔静脉,腹主动脉、髂总动脉、髂外动脉、髂外静脉。

6.9 本标准四肢大关节是指肩、肘、腕、髋、膝、踝等六大关节。

6.10 本标准四肢重要神经是指臂丛及其分支神经(包括正中神经、尺神经、桡神经和肌皮神经等)和腰骶丛及其分支神经(包括坐骨神经、腓总神经、腓浅神经和胫神经等)。

6.11 本标准四肢重要血管是指与四肢重要神经伴行的同名动、静脉。

6.12 本标准幼女或者儿童是指年龄不满14周岁的个体。

6.13 本标准所称的假体是指植入体内替代组织器官功能的装置,如颅骨修补材料、人工晶体、义眼座、固定义齿(种植牙)、阴茎假体、人工关节、起搏器、支架等,但可摘式义眼、义齿等除外。

6.14 移植器官损伤参照相应条款综合鉴定。

6.15 本标准所称组织器官包括再植或者再造成活的。

6.16 组织器官缺失是指损伤当时完全离体或者仅有少量皮肤和皮下组织相连,或者因损伤经手术切除的。器官离断(包括牙齿脱落),经再植、再造手术成功的,按损伤当时情形鉴定损伤程度。

6.17 对于两个部位以上同类损伤可以累加,比照相关部位数值规定高的条款进行评定。

6.18 本标准所涉及的体表损伤数值,0~6岁按50%计算,7~10岁按60%计算,11~14岁按80%计算。

6.19 本标准中出现的数字均含本数。

附录A(规范性附录)

损伤程度等级划分原则

A.1 重伤一级

各种致伤因素所致的原发性损伤或者由原发性损伤引起的并发症,严重危及生命;遗留肢体严重残废或者重度容貌毁损;严重丧失听觉、视觉或者其他重要器官功能。

A.2 重伤二级

各种致伤因素所致的原发性损伤或者由原发性损伤引起的并发症,危及生命;遗留肢体残废或者轻度容貌毁损;丧失听觉、视觉或者其他重要器官功能。

A.3 轻伤一级

各种致伤因素所致的原发性损伤或者由原发性损伤引起的并发症,未危及生命;遗留组织器官结构、功能中度损害或者明显影响容貌。

A.4 轻伤二级

各种致伤因素所致的原发性损伤或者由原发性损伤引起的并发症,未危及生命;遗留组织器官结构、功能轻度损害或者影响容貌。

A.5 轻微伤

各种致伤因素所致的原发性损伤,造成组织器官结构轻微损害或者轻微功能障碍。

A.6 等级限度

重伤二级是重伤的下限,与重伤一级相衔接,重伤一级的上限是致人死亡;轻伤二级是轻伤的下限,与轻伤一级相衔接,轻伤一级的上限与重伤二级相衔接;轻微伤的上限与轻伤二级相衔接,未达轻微伤标准的,不鉴定为轻微伤。

附录B(规范性附录)

功能损害判定基准和使用说明

B.1 颅脑损伤

B.1.1 智能(IQ)减退

极重度智能减退:IQ低于25;语言功能丧失;生活完全不能自理。

重度智能减退:IQ 25~39之间;语言功能严重受损,不能进行有效的语言交流;生活大部分不能自理。

中度智能减退:IQ 40~54之间;能掌握日常生活用语,但词汇贫乏,对周围环境辨别能力差,只能以简单的方式与人交往;生活部分不能自理,能做简单劳动。

轻度智能减退:IQ 55~69之间;无明显语言障碍,对周围环境有较好的辨别能力,能比较恰当的与人交往;生活能自理,能做一般非技术性工作。

边缘智能状态:IQ 70~84之间;抽象思维能力或者思维广度、深度机敏性显示不良;不能完成高级复杂的脑力劳动。

B.1.2 器质性精神障碍

有明确的颅脑损伤伴不同程度的意识障碍病史,并且精神障碍发生和病程与颅脑损伤相关。症状表现为:意识障碍;遗忘综合征;痴呆;器质性人格改变;精神病性症状;神经症样症状;现实检验能力或者社会功能减退。

B.1.3 生活自理能力

生活自理能力主要包括以下五项:

(1)进食。

(2)翻身。

(3)大、小便。

(4)穿衣、洗漱。

(5)自主行动。

生活完全不能自理:是指上述五项均需依赖护理者。

生活大部分不能自理:是指上述五项中三项以上需依赖护理者。

生活部分不能自理:是指上述五项中一项以上需依赖护理者。

B.1.4 肌瘫(肌力)

0级:肌肉完全瘫痪,毫无收缩。

1级:可看到或者触及肌肉轻微收缩,但不能产生动作。

2级:肌肉在不受重力影响下,可进行运动,即肢体能在床面上移动,但不能抬高。

3级:在和地心引力相反的方向中尚能完成其动作,但不能对抗外加的阻力。

4级:能对抗一定的阻力,但较正常人为低。

5级:正常肌力。

B.1.5 非肢体瘫的运动障碍

非肢体瘫的运动障碍包括肌张力增高,共济失调,不自主运动或者震颤等。根据其对生活自理影响的程度划分为轻、中、重三度。

重度:不能自行进食,大小便,洗漱,翻身和穿衣,需要他人护理。

中度:上述动作困难,但在他人帮助下可以完成。

轻度:完成上述动作虽有一些困难,但基本可以自理。

B.1.6 外伤性迟发性癫痫应具备的条件

(1)确证的头部外伤史。

(2)头部外伤90日后仍被证实有癫痫的临床表现。

(3)脑电图检查(包括常规清醒脑电图检查、睡眠脑电图检查或者较长时间连续同步录像脑电图检查等)显示异常脑电图。

(4)影像学检查确证颅脑器质性损伤。

B.1.7 肛门失禁

重度:大便不能控制;肛门括约肌收缩力很弱或者丧失;肛门括约肌收缩反射很弱或者消失;直肠内压测定,肛门注水法$<20cmH_2O$。

轻度:稀便不能控制;肛门括约肌收缩力较弱;肛门括约肌收缩反射较弱;直肠内压测定,肛门注水法$20\sim30cmH_2O$。

B.1.8 排尿障碍

重度:出现真性重度尿失禁或者尿潴留残余尿≥50mL。

轻度:出现真性轻度尿失禁或者尿潴留残余尿<50mL。

B.2 头面部损伤

B.2.1 眼睑外翻

重度外翻:睑结膜严重外翻,穹隆部消失。

中度外翻:睑结膜和睑板结膜外翻。

轻度外翻:睑结膜与眼球分离,泪点脱离泪阜。

B.2.2 容貌毁损

重度:面部瘢痕畸形,并有以下六项中四项者。(1)眉毛缺失;(2)双睑外翻或者缺失;(3)外耳缺失;(4)鼻缺失;(5)上、下唇外翻或者小口畸形;(6)颈颏粘连。

中度:具有以下六项中三项者。(1)眉毛部分缺失;(2)眼睑外翻或者部分缺失;(3)耳廓部分缺失;(4)鼻翼部分缺失;(5)唇外翻或者小口畸形;(6)颈部瘢痕畸形。

轻度:含中度畸形六项中二项者。

B.2.3 面部及中心区

面部的范围是指前额发际下,两耳屏前与下颌下缘之间的区域,包括额部、眶部、鼻部、口唇部、颏部、颧部、颊部、腮腺咬肌部。

面部中心区:以眉弓水平线为上横

线,以下唇唇红缘中点处作水平线为下横线,以双侧外眦处作两条垂直线,上述四条线围绕的中央部分为中心区。

B.2.4　面瘫(面神经麻痹)

本标准涉及的面瘫主要是指外周性(核下性)面神经损伤所致。

完全性面瘫:是指面神经5个分支(颞支、颧支、颊支、下颌缘支和颈支)支配的全部颜面肌肉瘫痪,表现为:额纹消失,不能皱眉;眼睑不能充分闭合,鼻唇沟变浅;口角下垂,不能示齿,鼓腮,吹口哨,饮食时汤水流逸。

不完全性面瘫:是指面神经颧支、下颌支或者颞支和颊支损伤出现部分上述症状和体征。

B.2.5　张口困难分级

张口困难Ⅰ度:大张口时,只能垂直置入示指和中指。

张口困难Ⅱ度:大张口时,只能垂直置入示指。

张口困难Ⅲ度:大张口时,上、下切牙间距小于示指之横径。

B.3　听器听力损伤

听力损失计算应按照世界卫生组织推荐的听力减退分级的频率范围,取0.5kHz、1kHz、2kHz、4kHz四个频率气导听阈级的平均值。如所得均值不是整数,则小数点后之尾数采用四舍五入法进为整数。

纯音听阈级测试时,如某一频率纯音气导最大声输出仍无反应时,以最大声输出值作为该频率听阈级。

听觉诱发电位测试时,若最大输出声强仍引不出反应波形的,以最大输出声强为反应阈值。在听阈评估时,听力学单位一律使用听力级(dB HL)。一般情况下,受试者听觉诱发电位反应阈要比其行为听阈高10~20 dB(该差值又称"校正值"),即受试者的行为听阈等于其听觉诱发电位反应阈减去"校正值"。听觉诱发电位检测实验室应建立自己的"校正值",如果没有自己的"校正值",则取平均值(15 dB)作为"较正值"。

纯音气导听阈级应考虑年龄因素,按照《纯音气导阈的年龄修正值》(GB 7582—87)听阈级偏差的中值(50%)进行修正,其中4000Hz的修正值参考2000Hz的数值。

表B.1　纯音气导阈值的年龄修正值(GB 7582—87)

年龄	男			女		
	500Hz	1000Hz	2000Hz	500Hz	1000Hz	2000Hz
30	1	1	1	1	1	1
40	2	2	3	2	2	3
50	4	4	7	4	4	6
60	6	7	12	6	7	11
70	10	11	19	10	11	16

B.4　视觉器官损伤

B.4.1　盲及视力损害分级

表 B.2　盲及视力损害分级标准(2003 年,WH°)

分类	远视力低于	远视力等于或优于
轻度或无视力损害		0.3
中度视力损害(视力损害 1 级)	0.3	0.1
重度视力损害(视力损害 2 级)	0.1	0.05
盲(盲目 3 级)	0.05	0.02
盲(盲目 4 级)	0.02	光感
盲(盲目 5 级)	无光感	

B.4.2　视野缺损

视野有效值计算公式:

$$实测视野有效值(\%)=\frac{8条子午线实测视野值}{500}$$

表 B.3　视野有效值与视野半径的换算

视野有效值(%)	视野度数(半径)
8	5°
16	10°
24	15°
32	20°
40	25°
48	30°
56	35°
64	40°
72	45°
80	50°
88	55°
96	60°

B.5 颈部损伤

B.5.1 甲状腺功能低下

重度:临床症状严重;T3、T4 或者 FT3、FT4 低于正常值,TSH > 50μU/L。

中度:临床症状较重;T3、T4 或者 FT3、FT4 正常,TSH > 50μU/L。

轻度:临床症状较轻;T3、T4 或者 FT3、FT4 正常,TSH,轻度增高但 < 50μU/L。

B.5.2 甲状旁腺功能低下(以下分级需结合临床症状分析)

重度:空腹血钙 < 6mg/dL。

中度:空腹血钙 6 ~ 7mg/dL。

轻度:空腹血钙 7.1 ~ 8mg/dL。

B.5.3 发声功能障碍

重度:声哑、不能出声。

轻度:发音过弱、声嘶、低调、粗糙、带鼻音。

B.5.4 构音障碍

严重构音障碍:表现为发音不分明,语不成句,难以听懂,甚至完全不能说话。

轻度构音障碍:表现为发音不准,吐字不清,语调速度、节律等异常,鼻音过重。

B.6 胸部损伤

B.6.1 心功能分级

Ⅰ级:体力活动不受限,日常活动不引起过度的乏力、呼吸困难或者心悸。即心功能代偿期。

Ⅱ级:体力活动轻度受限,休息时无症状,日常活动即可引起乏力、心悸、呼吸困难或者心绞痛。亦称Ⅰ度或者轻度心衰。

Ⅲ级:体力活动明显受限,休息时无症状,轻于日常的活动即可引起上述症状。亦称Ⅱ度或者中度心衰。

Ⅳ级:不能从事任何体力活动,休息时亦有充血性心衰或心绞痛症状,任何体力活动后加重。亦称Ⅲ度或者重度心衰。

B.6.2 呼吸困难

1 级:与同年龄健康者在平地一同步行无气短,但登山或者上楼时呈气短。

2 级:平路步行 1000m 无气短,但不能与同龄健康者保持同样速度,平路快步行走呈现气短,登山或者上楼时气短明显。

3 级:平路步行 100m 即有气短。

4 级:稍活动(如穿衣、谈话)即气短。

B.6.3 窒息征象

临床表现为面、颈、上胸部皮肤出现针尖大小的出血点,以面部与眼眶部为明显;球睑结膜下出现出血斑点。

B.7 腹部损伤

B.7.1 肝功能损害

表 B.4 肝功能损害分度

程度	血清清蛋白	血清总胆红素	腹水	脑症	凝血酶原时间
重度	< 2.5g/dL	> 3.0mg/dL	顽固性	明显	明显延长(较对照组 > 9 秒)
中度	2.5 ~ 3.0g/dL	2.0 ~ 3.0mg/dL	无或者少量,治疗后消失	无或者轻度	延长(较对照组 > 6 秒)
轻度	3.1 ~ 3.5g/dL	1.5 ~ 2.0mg/dL	无	无	稍延长(较对照组 > 3 秒)

B. 7. 2 肾功能不全

表 B. 5 肾功能不全分期

分期	内生肌酐清除率	血尿素氮浓度	血肌酐浓度	临床症状
代偿期	降至正常的50% 50～70mL/min	正常	正常	通常无明显临床症状
失代偿期	25～49mL/min		>177μm°l/L(2mg/dL) 但 <450μm°l/L(5mg/dL)	无明显临床症状，可有轻度贫血；夜尿、多尿
尿毒症期	<25mL/min	>21.4mm°l/L (60mg/dL)	450～707μm°l/L (5～8mg/dL)	常伴有酸中毒和严重尿毒症临床症状

B. 7. 3 会阴及阴道撕裂

Ⅰ度：会阴部粘膜、阴唇系带、前庭粘膜、阴道粘膜等处有撕裂，但未累及肌层及筋膜。

Ⅱ度：撕裂伤累及盆底肌肉筋膜，但未累及肛门括约肌。

Ⅲ度：肛门括约肌全部或者部分撕裂，甚至直肠前壁亦被撕裂。

B. 8 其他损伤

B. 8. 1 烧烫伤分度

表 B. 6 烧伤深度分度

程度		损伤组织	烧伤部位特点	愈后情况
Ⅰ度		表皮	皮肤红肿，有热、痛感，无水疱，干燥，局部温度稍有增高	不留瘢痕
Ⅱ度	浅Ⅱ度	真皮浅层	剧痛，表皮有大而薄的水疱，疱底有组织充血和明显水肿；组织坏死仅限于皮肤的真皮层，局部温度明显增高	不留瘢痕
	深Ⅱ度	真皮深层	痛，损伤已达真皮深层，水疱较小，表皮和真皮层大部分凝固和坏死。将已分离的表皮揭去，可见基底微湿，色泽苍白上有红出血点，局部温度较低	可留下瘢痕
Ⅲ度		全层皮肤或者皮下组织、肌肉、骨骼	不痛，皮肤全层坏死，干燥如皮革样，不起水疱，蜡白或者焦黄，炭化，知觉丧失，脂肪层的大静脉全部坏死，局部温度低，发凉	需自体皮肤移植，有瘢痕或者畸形

B.8.2 电击伤

Ⅰ度:全身症状轻微,只有轻度心悸。触电肢体麻木,全身无力,如极短时间内脱离电源,稍休息可恢复正常。

Ⅱ度:触电肢体麻木,面色苍白,心跳、呼吸增快,甚至昏厥、意识丧失,但瞳孔不散大。对光反射存在。

Ⅲ度:呼吸浅而弱、不规则,甚至呼吸骤停。心律不齐,有室颤或者心搏骤停。

B.8.3 溺水

重度:落水后3~4分钟,神志昏迷,呼吸不规则,上腹部膨胀,心音减弱或者心跳、呼吸停止。淹溺到死亡的时间一般为5~6分钟。

中度:落水后1~2分钟,神志模糊,呼吸不规则或者表浅,血压下降,心跳减慢,反射减弱。

轻度:刚落水片刻,神志清,血压升高,心率、呼吸增快。

B.8.4 挤压综合征

系人体肌肉丰富的四肢与躯干部位因长时间受压(例如暴力挤压)或者其他原因造成局部循环障碍,结果引起肌肉缺血性坏死,出现肢体明显肿胀、肌红蛋白尿及高血钾等为特征的急性肾功能衰竭。

Ⅰ级:肌红蛋白尿试验阳性,肌酸磷酸激酶(CPK)增高,而无肾衰等周身反应者。

Ⅱ级:肌红蛋白尿试验阳性,肌酸磷酸激酶(CPK)明显升高,血肌酐和尿素氮增高,少尿,有明显血浆渗入组织间隙,致有效血容量丢失,出现低血压者。

Ⅲ级:肌红蛋白尿试验阳性,肌酸磷酸激酶(CPK)显著升高,少尿或者尿闭,休克,代谢性酸中毒以及高血钾者。

B.8.5 急性呼吸窘迫综合征

急性呼吸窘迫综合征(ARDS)须具备以下条件:

(1)有发病的高危因素。

(2)急性起病,呼吸频率数和/或呼吸窘迫。

(3)低氧血症,Pa°2/Fi°2≤200mmHg。

(4)胸部X线检查两肺浸润影。

(5)肺毛细血管楔压(PCWP)≤18mmHg,或者临床上除外心源性肺水肿。

凡符合以上5项可诊断为ARDS。

表B.7 急性呼吸窘迫综合征分度

程度	临床分级				血气分析分级
	呼吸频率	临床表现	X线示	吸空气	吸纯氧15分钟后
轻度	>35次/分	无发绀	无异常或者纹理增多,边缘模糊	氧分压<8.0kPa 二氧化碳分压<4.7kPa	氧分压<46.7kPa Qs/Qt>10%
中度	>40次/分	发绀,肺部有异常体征	斑片状阴影或者呈磨玻璃样改变,可见支气管气相	氧分压<6.7kPa 二氧化碳分压<5.3kPa	氧分压<20.0kPa Qs/Qt>20%

续表

程度	临床分级			血气分析分级	
	呼吸频率	临床表现	X线示	吸空气	吸纯氧15分钟后
重度	呼吸极度窘迫	发绀进行性加重,肺广泛湿罗音或者实变	双肺大部分密度普遍增高,支气管气相明显	氧分压<5.3kPa(40mmHg) 二氧化碳分压>6.0kPa	氧分压<13.3kPa Qs/Qt>30%

B.8.6　脂肪栓塞综合征

不完全型(或者称部分症候群型):伤者骨折后出现胸部疼痛,咳呛震痛,胸闷气急,痰中带血,神疲身软,面色无华,皮肤出现瘀血点,上肢无力伸举,脉多细涩。实验室检查有明显低氧血症,预后一般良好。

完全型(或者称典型症候群型):伤者创伤骨折后出现神志恍惚,严重呼吸困难,口唇紫绀,胸闷欲绝,脉细涩。本型初起表现为呼吸和心动过速、高热等非特异症状。此后出现呼吸窘迫、神志不清以至昏迷等神经系统症状,在眼结膜及肩、胸皮下可见散在瘀血点,实验室检查可见血色素降低,血小板减少,血沉增快以及出现低氧血症。肺部X线检查可见多变的进行性的肺部斑片状阴影改变和右心扩大。

B.8.7　休克分度

表B.8　休克分度

程度	血压(收缩压)kPa	脉搏(次/分)	全身状况
轻度	12~13.3(90~100mmHg)	90~100	尚好
中度	10~12(75~90mmHg)	110~130	抑制、苍白、皮肤冷
重度	<10(<75mmHg)	120~160	明显抑制
垂危	0		呼吸障碍、意识模糊

B.8.8　器质性阴茎勃起障碍

重度:阴茎无勃起反应,阴茎硬度及周径均无改变。

中度:阴茎勃起时最大硬度>0,<40%,每次勃起持续时间<10分钟。

轻度:阴茎勃起时最大硬度≥40%,<60%,每次勃起持续时间<10分钟。

附录C(资料性附录)

人体损伤程度鉴定常用技术

C.1　视力障碍检查

视力记录可采用小数记录或者5分记录两种方式。视力(指远距视力)经用镜片(包括接触镜,针孔镜等),纠正达到正常视力范围(0.8以上)或者接近正常视力范围(0.4~0.8)的都不属视力障碍范围。

中心视力好而视野缩小,以注视点为中心,视野半径小于10度而大于5度者为盲目3级,如半径小于5度者为盲目4级。

周边视野检查:视野缩小系指因损伤致眼球注视前方而不转动所能看到的空间范围缩窄,以致难以从事正常工作、学习或者其它活动。

对视野检查要求,视标颜色:白色,视标大小:5mm,检查距离330mm,视野背景亮度:31.5asb。

周边视野缩小,鉴定以实测得八条子午线视野值的总和计算平均值,即有效视野值。

视力障碍检查具体方法参考《视觉功能障碍法医鉴定指南》(SF/ZJD 0103004)。

C.2 听力障碍检查

听力障碍检查应符合《听力障碍的法医学评定》(GA/T 914)。

C.3 前庭平衡功能检查

本标准所指的前庭平衡功能丧失及前庭平衡功能减退,是指外力作用颅脑或者耳部,造成前庭系统的损伤。伤后出现前庭平衡功能障碍的临床表现,自发性前庭体征检查法和诱发性前庭功能检查法等有阳性发现(如眼震电图/眼震视图、静、动态平衡仪、前庭诱发电位等检查),结合听力检查和神经系统检查,以及影像学检查综合判定,确定前庭平衡功能是丧失,或者减退。

C.4 阴茎勃起功能检测

阴茎勃起功能检测应满足阴茎勃起障碍法医学鉴定的基本要求,具体方法参考《男子性功能障碍法医学鉴定规范》(SF/ZJD 0103002)。

C.5 体表面积计算

九分估算法:成人体表面积视为100%,将总体表面积划分为11个9%等面积区域,即头(面)颈部占一个9%,双上肢占二个9%,躯干前后及会阴部占三个9%,臀部及双下肢占五个9%+1%。

表C.1 体表面积的九分估算法

部位	面积,%	按九分法面积,%
头	6	(1×9)=9
颈	3	
前躯	13	(3×9)=27
后躯	13	
会阴	1	
双上臂	7	(2×9)=18
双前臂	6	
双手	5	

续表

部位	面积,%	按九分法面积,%
臀	5	(5×9+1)=46
双大腿	21	
双小腿	13	
双足	7	
全身合计	100	(11×9+1)=100

注:12岁以下儿童体表面积:头颈部=9+(12-年龄),双下肢=46-(12-年龄)

手掌法:受检者五指并拢,一掌面相当其自身体表面积的1%。

公式计算法:S(平方米)=0.0061×身长(cm)+0.0128×体重(kg)-0.1529

C.6 肢体关节功能丧失程度评价

肢体关节功能评价使用说明(适用于四肢大关节功能评定):

1. 各关节功能丧失程度等于相应关节所有轴位(如腕关节有两个轴位)和所有方位(如腕关节有四个方位)功能丧失值的之和再除以相应关节活动的方位数之和。例如:腕关节掌屈40度,背屈30度,桡屈15度,尺屈20度。查表得相应功能丧失值分别为30%、40%、60%和60%,求得腕关节功能丧失程度为47.5%。如果掌屈伴肌力下降(肌力3级),查表得相应功能丧失值分别为65%、40%、60%和60%。求得腕关节功能丧失程度为56.25%。

2. 当关节活动受限于某一方位时,其同一轴位的另一方位功能丧失值以100%计。如腕关节掌屈和背屈轴位上的活动限制在掌屈10度与40度之间,则背屈功能丧失值以100%计,而掌屈以40度计,查表得功能丧失值为30%,背屈功能以100%计,则腕关节功能丧失程度为65%。

3. 对疑有关节病变(如退行性变)并影响关节功能时,伤侧关节功能丧失值应与对侧进行比较,即同时用查表法分别求出伤侧和对侧关节功能丧失值,并用伤侧关节功能丧失值减去对侧关节功能丧失值即为伤侧关节功能实际丧失值。

4. 由于本标准对于关节功能的评定已经考虑到肌力减退对于关节功能的影响,故在测量关节运动活动度时,应以关节被动活动度为准。

C.6.1 肩关节功能丧失程度评定

表 C.2 肩关节功能丧失程度(%)

	关节运动活动度	肌力				
		≤M1	M2	M3	M4	M5
前屈	≥171	100	75	50	25	0
	151~170	100	77	55	32	10
	131~150	100	80	60	40	20
	111~130	100	82	65	47	30
	91~110	100	85	70	55	40
	71~90	100	87	75	62	50
	51~70	100	90	80	70	60
	31~50	100	92	85	77	70
	≤30	100	95	90	85	80
后伸	≥41	100	75	50	25	0
	31~40	100	80	60	40	20
	21~30	100	85	70	55	40
	11~20	100	90	80	70	60
	≤10	100	95	90	85	80
外展	≥171	100	75	50	25	0
	151~170	100	77	55	32	10
	131~150	100	80	60	40	20
	111~130	100	82	65	47	30
	91~110	100	85	70	55	40
	71~90	100	87	75	62	50
	51~70	100	90	80	70	60
	31~50	100	92	85	77	70
	≤30	100	95	90	85	80

续表

	关节运动活动度	肌力				
		≤M1	M2	M3	M4	M5
内收	≥41	100	75	50	25	0
	31～40	100	80	60	40	20
	21～30	100	85	70	55	40
	11～20	100	90	80	70	60
	≤10	100	95	90	85	80
内旋	≥81	100	75	50	25	0
	71～80	100	77	55	32	10
	61～70	100	80	60	40	20
	51～60	100	82	65	47	30
	41～50	100	85	70	55	40
	31～40	100	87	75	62	50
	21～30	100	90	80	70	60
	11～20	100	92	85	77	70
	≤10	100	95	90	85	80
外旋	≥81	100	75	50	25	0
	71～80	100	77	55	32	10
	61～70	100	80	60	40	20
	51～60	100	82	65	47	30
	41～50	100	85	70	55	40
	31～40	100	87	75	62	50
	21～30	100	90	80	70	60
	11～20	100	92	85	77	70
	≤10	100	95	90	85	80

C.6.2　肘关节功能丧失程度评定

表 C.3　肘关节功能丧失程度(%)

	关节运动活动度	肌力				
		≤M1	M2	M3	M4	M5
屈曲	≥41	100	75	50	25	0
	36~40	100	77	55	32	10
	31~35	100	80	60	40	20
	26~30	100	82	65	47	30
	21~25	100	85	70	55	40
	16~20	100	87	75	62	50
	11~15	100	90	80	70	60
	6~10	100	92	85	77	70
	≤5	100	95	90	85	80
伸展	81~90	100	75	50	25	0
	71~80	100	77	55	32	10
	61~70	100	80	60	40	20
	51~60	100	82	65	47	30
	41~50	100	85	70	55	40
	31~40	100	87	75	62	50
	21~30	100	90	80	70	60
	11~20	100	92	85	77	70
	≤10	100	95	90	85	80

注:为方便肘关节功能计算,此处规定肘关节以屈曲90度为中立位0度。

C.6.3 腕关节功能丧失程度评定

表 C.4 腕关节功能丧失程度(%)

	关节运动活动度	肌力				
		≤M1	M2	M3	M4	M5
掌屈	≥61	100	75	50	25	0
	51~60	100	77	55	32	10
	41~50	100	80	60	40	20
	31~40	100	82	65	47	30
	26~30	100	85	70	55	40
	21~25	100	87	75	62	50
	16~20	100	90	80	70	60
	11~15	100	92	85	77	70
	≤10	100	95	90	85	80
背屈	≥61	100	75	50	25	0
	51~60	100	77	55	32	10
	41~50	100	80	60	40	20
	31~40	100	82	65	47	30
	26~30	100	85	70	55	40
	21~25	100	87	75	62	50
	16~20	100	90	80	70	60
	11~15	100	92	85	77	70
	≤10	100	95	90	85	80
桡屈	≥21	100	75	50	25	0
	16~20	100	80	60	40	20
	11~15	100	85	70	55	40
	6~10	100	90	80	70	60
	≤5	100	95	90	85	80

续表

	关节运动活动度	肌力				
		≤M1	M2	M3	M4	M5
尺屈	≥41	100	75	50	25	0
	31～40	100	80	60	40	20
	21～30	100	85	70	55	40
	11～20	100	90	80	70	60
	≤10	100	95	90	85	80

C. 6. 4　髋关节功能丧失程度评定

表 C. 5　髋关节功能丧失程度(%)

	关节运动活动度	肌力				
		≤M1	M2	M3	M4	M5
前屈	≥121	100	75	50	25	0
	106～120	100	77	55	32	10
	91～105	100	80	60	40	20
	76～90	100	82	65	47	30
	61～75	100	85	70	55	40
	46～60	100	87	75	62	50
	31～45	100	90	80	70	60
	16～30	100	92	85	77	70
	≤15	100	95	90	85	80
后伸	≥11	100	75	50	25	0
	6～10	100	85	70	55	20
	1～5	100	90	80	70	50
	0	100	95	90	85	80

续表

	关节运动活动度	肌力				
		≤M1	M2	M3	M4	M5
外展	≥41	100	75	50	25	0
	31～40	100	80	60	40	20
	21～30	100	85	70	55	40
	11～20	100	90	80	70	60
	≤10	100	95	90	85	80
内收	≥16	100	75	50	25	0
	11～15	100	80	60	40	20
	6～10	100	85	70	55	40
	1～5	100	90	80	70	60
	0	100	95	90	85	80
外旋	≥41	100	75	50	25	0
	31～40	100	80	60	40	20
	21～30	100	85	70	55	40
	11～20	100	90	80	70	60
	≤10	100	95	90	85	80
内旋	≥41	100	75	50	25	0
	31～40	100	80	60	40	20
	21～30	100	85	70	55	40
	11～20	100	90	80	70	60
	≤10	100	95	90	85	80

注：表中前屈指屈膝位前屈。

C.6.5 膝关节功能丧失程度评定

表 C.6 膝关节功能丧失程度(%)

	关节运动活动度	肌力				
		≤M1	M2	M3	M4	M5
屈曲	≥130	100	75	50	25	0
	116~129	100	77	55	32	10
	101~115	100	80	60	40	20
	86~100	100	82	65	47	30
	71~85	100	85	70	55	40
	61~70	100	87	75	62	50
	46~60	100	90	80	70	60
	31~45	100	92	85	77	70
	≤30	100	95	90	85	80
伸展	≤-5	100	75	50	25	0
	-6~-10	100	77	55	32	10
	-11~-20	100	80	60	40	20
	-21~-25	100	82	65	47	30
	-26~-30	100	85	70	55	40
	-31~-35	100	87	75	62	50
	-36~-40	100	90	80	70	60
	-41~-45	100	92	85	77	70
	≥46	100	95	90	85	80

注:表中负值表示膝关节伸展时到达功能位(直立位)所差的度数。

使用说明:考虑到膝关节同一轴位屈伸活动相互重叠,膝关节功能丧失程度的计算方法与其他关节略有不同,即根据关节屈曲与伸展运动活动度查表得出相应功能丧失程度,再求和即为膝关节功能丧失程度。当二者之和大于100%时,以100%计算。

C.6.6 踝关节功能丧失程度评定

表 C.7 踝关节功能丧失程度(%)

	关节运动活动度	肌力				
		≤M1	M2	M3	M4	M5
背屈	≥16	100	75	50	25	0
	11～15	100	80	60	40	20
	6～10	100	85	70	55	40
	1～5	100	90	80	70	60
	0	100	95	90	85	80
跖屈	≥41	100	75	50	25	0
	31～40	100	80	60	40	20
	21～30	100	85	70	55	40
	11～20	100	90	80	70	60
	≤10	100	95	90	85	80

C.7 手功能计算

C.7.1 手缺失和丧失功能的计算

一手拇指占一手功能的36%,其中末节和近节指节各占18%;食指、中指各占一手功能的18%,其中末节指节占8%,中节指节占7%,近节指节占3%;无名指和小指各占一手功能的9%,其中末节指节占4%,中节指节占3%,近节指节占2%。一手掌占一手功能的10%,其中第一掌骨占4%,第二、第三掌骨各占2%,第四、第五掌骨各占1%。本标准中,双手缺失或丧失功能的程度是按前面方法累加计算的结果。

C.7.2 手感觉丧失功能的计算

手感觉丧失功能是指因事故损伤所致手的掌侧感觉功能的丧失。手感觉丧失功能的计算按相应手功能丧失程度的50%计算。

最高人民检察院、公安部关于依法妥善办理轻伤害案件的指导意见

(2022年12月22日发布,高检发办字〔2022〕167号)

为全面贯彻习近平法治思想,践行以人民为中心的发展理念,落实宽严相济刑事政策,提升轻伤害案件办案质效,有效化解社会矛盾,促进社会和谐稳定,实现

办案政治效果、法律效果和社会效果的统一,根据《中华人民共和国刑法》《中华人民共和国刑事诉讼法》等有关规定,制定本意见。

一、基本要求(略)

二、依法全面调查取证、审查案件

(四)坚持全面调查取证。公安机关应当注重加强现场调查走访,及时、全面、规范收集、固定证据。建立以物证、勘验笔录、检查笔录、视听资料等客观性较强的证据为核心的证据体系,避免过于依赖言词证据定案。对适用刑事和解和认罪认罚从宽的案件,也应当全面调查取证,查明事实。

(五)坚持全面审查案件。人民检察院应当注重对案发背景、案发起因、当事人的关系、案发时当事人的行为、伤害手段、部位、后果、当事人事后态度等方面进行全面审查,综合运用鉴定意见、有专门知识的人的意见等,准确认定事实,辨明是非曲直。

(六)对鉴定意见进行实质性审查。人民检察院、公安机关要注重审查检材与其他证据是否相互印证,文书形式、鉴定人资质、检验程序是否规范合法,鉴定依据、方法是否准确,损伤是否因既往伤病所致,是否及时就医,以及论证分析是否科学严谨,鉴定意见是否明确等。需要对鉴定意见等技术性证据材料进行专门审查的,可以按照有关规定送交检察、侦查技术人员或者其他有专门知识的人进行审查并出具审查意见。

对同一鉴定事项存在两份以上结论不同的鉴定意见或者当事人对鉴定结论有不同意见时,人民检察院、公安机关要注意对分歧点进行重点审查分析,听取当事人、鉴定人、有专门知识的人的意见,开展相关调查取证,综合全案证据决定是否采信。必要时,可以依法进行补充鉴定或者重新鉴定。

(七)准确区分罪与非罪。对被害人出现伤害后果的,人民检察院、公安机关判断犯罪嫌疑人是否构成故意伤害罪时,应当在全面审查案件事实、证据的基础上,根据双方的主观方面和客观行为准确认定,避免"唯结果论""谁受伤谁有理"。如果犯罪嫌疑人只是与被害人发生轻微推搡、拉扯的,或者为摆脱被害人拉扯或者控制而实施甩手、后退等应急、防御行为的,不宜认定为刑法意义上的故意伤害行为。

(八)准确区分寻衅滋事罪与故意伤害罪。对出现被害人轻伤后果的案件,人民检察院、公安机关要全面分析案件性质,查明案件发生起因、犯罪嫌疑人的动机、是否有涉黑涉恶或者其他严重情节等,依法准确定性,不能简单化办案,一概机械认定为故意伤害罪。犯罪嫌疑人无事生非、借故生非,随意殴打他人的,属于"寻衅滋事",构成犯罪的,应当以寻衅滋事罪依法从严惩处。

(九)准确区分正当防卫与互殴型故意伤害。人民检察院、公安机关要坚持主客观相统一的原则,综合考察案发起因、对冲突升级是否有过错、是否使用或者准备使用凶器、是否采用明显不相当的暴力、是否纠集他人参与打斗等客观情节,准确判断犯罪嫌疑人的主观意图和行为性质。因琐事发生争执,双方均不能保持克制而引发打斗,对于过错的一方先动手且手段明显过激,或者一方先动手,在对方努力避免冲突的情况下仍继续侵害,还击一方造成对方伤害的,一般应当认定为正当防卫。故意挑拨对方实施不法侵害,借机伤害对方的，一般不认定为正当防卫。

（十）准确认定共同犯罪。二人以上对同一被害人共同故意实施伤害行为，无论是否能够证明伤害结果具体由哪一犯罪嫌疑人的行为造成的，均应当按照共同犯罪认定处理，并根据各犯罪嫌疑人在共同犯罪中的地位、作用、情节等追究刑事责任。

犯罪嫌疑人对被害人实施伤害时，对虽然在场但并无伤害故意和伤害行为的人员，不能认定为共同犯罪。

对虽然有一定参与但犯罪情节轻微，依照刑法规定不需要判处刑罚或者免除刑罚的，可以依法作出不起诉处理。对情节显著轻微、危害不大，不认为是犯罪的，应当撤销案件，或者作出不起诉处理。

三、积极促进矛盾化解

（十一）充分适用刑事和解制度。对于轻伤害案件，符合刑事和解条件的，人民检察院、公安机关可以建议当事人进行和解，并告知相应的权利义务，必要时可以提供法律咨询，积极促进当事人自愿和解。

当事人双方达成和解并已实际履行的，应当依法从宽处理，符合不起诉条件的，应当作出不起诉决定。被害人事后反悔要求追究犯罪嫌疑人刑事责任或者不同意对犯罪嫌疑人从宽处理的，人民检察院、公安机关应当调查了解原因，认为被害人理由正当的，应当依法保障被害人的合法权益；对和解系自愿、合法的，应当维持已作出的从宽处理决定。

人民检察院、公安机关开展刑事和解工作的相关证据和材料，应当随案移送。

（十二）充分适用认罪认罚从宽制度。人民检察院、公安机关应当向犯罪嫌疑人、被害人告知认罪认罚从宽制度，通过释明认罪认罚从宽制度的法律规定，鼓励犯罪嫌疑人认罪认罚、赔偿损失、赔礼道歉，促成当事人矛盾化解，并依法予以从宽处理。

（十三）积极开展国家司法救助。人民检察院、公安机关对于符合国家司法救助条件的被害人，应当及时开展国家司法救助，在解决被害人因该案遭受损伤而面临的生活急迫困难的同时，促进矛盾化解。

（十四）充分发挥矛盾纠纷多元化解工作机制作用。对符合刑事和解条件的，人民检察院、公安机关要充分利用检调、公调对接机制，依托调解组织、社会组织、基层组织、当事人所在单位及同事、亲友、律师等单位、个人，促进矛盾化解、纠纷解决。

（十五）注重通过不起诉释法说理修复社会关系。人民检察院宣布不起诉决定，一般应当在人民检察院的宣告室等场所进行。根据案件的具体情况，也可以到当事人所在村、社区、单位等场所宣布，并邀请社区、单位有关人员参加。宣布不起诉决定时，应当就案件事实、法律责任、不起诉依据、理由等释法说理。

对于犯罪嫌疑人系未成年人的刑事案件，应当以不公开方式宣布不起诉决定，并结合案件具体情况对未成年犯罪嫌疑人予以训诫和教育。

四、规范落实少捕慎诉慎押刑事司法政策

（十六）依法准确把握逮捕标准。轻伤害案件中，犯罪嫌疑人具有认罪认罚，且没有其他犯罪嫌疑；与被害人已达成和解协议并履行赔偿义务；系未成年人或者在校学生，本人确有悔罪表现等情形，人民检察院、公安机关经审查认为犯罪嫌疑人不具有社会危险性的,公安机关可以不再提请批准逮捕,人民检察院可以作出不批捕的决定。

犯罪嫌疑人因其伤害行为致使当事人双方矛盾进一步激化,可能实施新的犯罪或者具有其他严重社会危险性情形的,人民检察院可以依法批准逮捕。

(十七)依法准确适用不起诉。对于犯罪事实清楚,证据确实、充分,犯罪嫌疑人具有本意见第十六条第一款规定情形之一,依照刑法规定不需要判处刑罚或者免除刑罚的,可以依法作出不起诉决定。

对犯罪嫌疑人自愿认罪认罚,愿意积极赔偿,并提供了担保,但因被害人赔偿请求明显不合理,未能达成和解谅解的,一般不影响对符合条件的犯罪嫌疑人依法作出不起诉决定。

(十八)落实不起诉后非刑罚责任。人民检察院决定不起诉的轻伤害案件,可以根据案件的不同情况,对被不起诉人予以训诫或者责令具结悔过、赔礼道歉、赔偿损失。被不起诉人在不起诉前已被刑事拘留、逮捕的,或者当事人双方已经和解并承担了民事赔偿责任的,人民检察院作出不起诉决定后,一般不再提出行政拘留的检察意见。

(十九)依法开展羁押必要性审查。对于已经批准逮捕的犯罪嫌疑人,如果犯罪嫌疑人认罪认罚,当事人达成刑事和解,没有继续羁押必要的,人民检察院应当依法释放、变更强制措施或者建议公安机关、人民法院释放、变更强制措施。

(二十)对情节恶劣的轻伤害案件依法从严处理。对于虽然属于轻伤害案件,但犯罪嫌疑人涉黑涉恶的,雇凶伤害他人的,在被采取强制措施或者刑罚执行期间伤害他人的,犯罪动机、手段恶劣的,伤害多人的,多次伤害他人的,伤害未成年人、老年人、孕妇、残疾人及医护人员等特定职业人员的,以及具有累犯等其他恶劣情节的,应当依法从严惩处。

五、健全完善工作机制(略)

六、附则

(二十三)本意见所称轻伤害案件,是指根据《中华人民共和国刑法》第二百三十四条第一款的规定,故意伤害他人身体,致人损伤程度达到《人体损伤程度鉴定标准》轻伤标准的案件。

(二十四)本意见自发布之日起施行。

全国法院维护农村稳定刑事审判工作座谈会纪要

(1999年10月27日发布,
法〔1999〕217号)

为了贯彻党的十五届三中全会作出的《中共中央关于农业和农村工作若干重大问题的决定》(以下简称《决定》),落实1999年8月最高人民法院在上海召开的全国高级法院院长座谈会(以下简称"上海会议")关于推进人民法院改革、切实把人民法院的工作重点放在基层的精神,进一步探索和开拓刑事审判为农村稳定和农业发展服务的工作思路,最高人民法院于1999年9月8日至10日在山东省济南市召开了全国法院维护农村稳定刑事审判工作座谈会。……现纪要如下:

一、会议认为……

二、会议在认真学习《决定》和"上海

会议”文件的基础上,结合执行刑法、刑事诉讼法的审判实践,对审理农村中犯罪案件、农民犯罪案件中的一些重要问题进行了研究、讨论。一致认为,对于故意杀人、故意伤害、抢劫、强奸、绑架等严重危害农村社会治安的暴力犯罪以及带有黑社会性质的团伙犯罪,一定要继续坚持从重从快严厉打击的方针。要根据当地社会治安的特点,将经常性“严打”和集中打击、专项斗争结合起来,始终保持“严打”的高压态势,有效地遏制严重刑事犯罪活动蔓延的势头,尽一切努力维护好农村社会治安的稳定。同时,对正确适用法律,处理好农村常见多发案件,全面、正确掌握党的刑事政策,取得了一致意见:

(一)关于故意杀人、故意伤害案件

要准确把握故意杀人犯罪适用死刑的标准。对故意杀人犯罪是否判处死刑,不仅要看是否造成了被害人死亡结果,还要综合考虑案件的全部情况。对于因婚姻家庭、邻里纠纷等民间矛盾激化引发的故意杀人犯罪,适用死刑一定要十分慎重,应当与发生在社会上的严重危害社会治安的其他故意杀人犯罪案件有所区别。对于被害人一方有明显过错或对矛盾激化负有直接责任,或者被告人有法定从轻处罚情节的,一般不应判处死刑立即执行。

要注意严格区分故意杀人罪与故意伤害罪的界限。在直接故意杀人与间接故意杀人案件中,犯罪人的主观恶性程度是不同的,在处刑上也应有所区别。间接故意杀人与故意伤害致人死亡,虽然都造成了死亡的后果,但行为人故意的性质和内容是截然不同的。不注意区分犯罪的性质和故意的内容,只要有死亡后果就判处死刑的做法是错误的,这在今后的工作中,应当予以纠正。对于故意伤害致人死亡,手段特别残忍,情节特别恶劣的,才可以判处死刑。

要准确把握故意伤害致人重伤造成“严重残疾”的标准。参照1996年国家技术监督局颁布的《职工工伤与职业病致残程度鉴定标准》(以下简称“工伤标准”),刑法第二百三十四条第二款规定的“严重残疾”是指下列情形之一:被害人身体器官大部缺损、器官明显畸形、身体器官有中等功能障碍、造成严重并发症等。残疾程度可以分为一般残疾(十至七级)、严重残疾(六至三级)、特别严重残疾(二至一级),六级以上视为“严重残疾”。在有关司法解释出台前,可统一参照“工伤标准”确定残疾等级。实践中,并不是只要达到“严重残疾”就判处死刑,还要根据伤害致人“严重残疾”的具体情况,综合考虑犯罪情节和危害后果来决定刑罚。故意伤害致人重伤造成严重残疾,只有犯罪手段特别残忍,后果特别严重的,才能考虑适用死刑(包括死刑,缓期二年执行)。

(二)关于盗窃案件

要重点打击的是:盗窃农业生产资料和承包经营的山林、果林、鱼塘产品等严重影响和破坏农村经济发展的犯罪;盗窃农民生活资料,严重影响农民生活和社会稳定的犯罪;结伙盗窃、盗窃集团和盗、运、销一条龙的犯罪;盗窃铁路、油田、重点工程物资的犯罪等。

对盗窃集团的首要分子、盗窃惯犯、累犯,盗窃活动造成特别严重后果的,要依法从严惩处。对于盗窃牛、马、骡、拖拉机等生产经营工具或者生产资料的,应当依法从重处罚。对盗窃犯罪的初犯、未成年犯,或者确因生活困难而实施盗窃犯罪,或积极退赃、赔偿损失的,应当注意体现政策,酌情从轻处罚。其中,具备判处管制、单处罚金或者宣告缓刑条件的,应区分不同情况尽可能适用管制、罚金或者缓刑。

最高人民法院《关于审理盗窃案件具体应用法律若干问题的解释》第四条中“入户盗窃”的“户”,是指家庭及其成员与外界相对隔离的生活场所,包括封闭的院落、为家庭生活租用的房屋、牧民的帐篷以及渔民作为家庭生活场所的渔船等。集生活、经营于一体的处所,在经营时间内一般不视为“户”。

(三)关于农村恶势力犯罪案件

修订后的刑法将原“流氓罪”分解为若干罪名,分别规定了相应的刑罚,更有利于打击此类犯罪,也便于实践中操作。对实施多种原刑法规定的“流氓”行为,构成犯罪的,应按照修订后刑法的罪名分别定罪量刑,按数罪并罚原则处理。对于团伙成员相对固定,以暴力、威胁手段称霸一方,欺压百姓,采取收取“保护费”、代人强行收债、违规强行承包等手段,公然与政府对抗的,应按照黑社会性质组织犯罪处理;其中,又有故意杀人、故意伤害等犯罪行为的,按数罪并罚的规定处罚。

(四)关于破坏农业生产坑农害农案件

对于起诉到法院的坑农害农案件,要及时依法处理。对犯罪分子判处刑罚时,要注意尽最大可能挽回农民群众的损失。被告人积极赔偿损失的,可以考虑适当从轻处罚。被害人提起刑事自诉的,要分别不同情况处理:受害群众较多的,应依靠当地党委,并与有关政法部门协调,尽量通过公诉程序处理;被害人直接向法院起诉并符合自诉案件立案规定的,应当立案并依法审理。对于生产、销售伪劣农药、兽药、化肥、种子罪所造成的损失数额标准,在最高法院作出司法解释前,各高级法院可结合本地具体情况制定参照执行的标准。

(五)关于村民群体械斗案件

处理此类案件要十分注意政策界限。案件经审理并提出处理意见后,要征求当地党委和有关部门的意见。既要严格依法办事,又要做好耐心细致的解释工作,把处理案件与根治械斗发生的原因结合起来,防止发生意外和出现新的矛盾冲突。

要查清事实,分清责任,正确适用刑罚。处理的重点应是械斗的组织者、策划者和实施犯罪的骨干分子。一般来说,械斗的组织者和策划者,应对组织、策划的犯罪承担全部责任;直接实施犯罪行为的,应对其实施的犯罪行为负责。要注意缩小打击面,扩大教育面。对积极参与犯罪的从犯,应当依法从轻或者减轻处罚。其中符合缓刑条件的,应当适用缓刑;对被煽动、欺骗、裹挟而参与械斗,情节较轻,经教育确有悔改表现的,可不按犯罪处理。

要注意做好被害人的工作。对因参与械斗而受伤的被害人,也应指出其行为的违法性质;对因受害造成生产、生活上困难的,要协助有关部门解决好,努力依法做好善后工作,消除对立情绪,根除伺机再度报复的潜在隐患。

(六)关于拐卖妇女、儿童犯罪案件

要从严惩处拐卖妇女、儿童犯罪团伙的首要分子和以拐卖妇女、儿童为常业的“人贩子”。

要严格把握此类案件罪与非罪的界限。对于买卖至亲的案件,要区别对待:

以贩卖牟利为目的"收养"子女的,应以拐卖儿童罪处理;对那些迫于生活困难、受重男轻女思想影响而出卖亲生子女或收养子女的,可不作为犯罪处理;对于出卖子女确属情节恶劣的,可按遗弃罪处罚;对于那些确属介绍婚姻,且被介绍的男女双方相互了解对方的基本情况,或者确属介绍收养,并经被收养人父母同意的,尽管介绍的人数较多,从中收取财物较多,也不应作犯罪处理。

三、会议在认真分析了农村中犯罪、农民犯罪的原因和特点的基础上,结合我国农村基层组织的作用和现状,对处理农村中犯罪案件和农民犯罪案件应当把握的政策界限进行了研究,对正确处理以下问题取得了一致意见:

(一)关于正确处理干群关系矛盾引发的刑事案件问题

开庭审理此类案件,一般要深入发案地,认真查清事实,了解案件发生的真实原因,分清双方责任,合情、合理、合法地予以处理。

对利用手中掌握的权力欺压百姓、胡作非为,严重损害群众和集体利益,构成犯罪的,要依法严惩;对只是因工作方法简单粗暴构成犯罪的,要做好工作,取得群众谅解后,酌情予以处理。

对抗拒基层组织正常管理,纯属打击报复农村干部的犯罪分子,一定要依法严惩;对事出有因而构成犯罪的农民被告人,则要体现从宽政策。群体事件中,处罚的应只是构成犯罪的极少数为首者和组织者;对于其他一般参与的群众,要以教育为主,不作犯罪处理。

要充分依靠当地党委和政府,充分征求有关部门对此类案件判决的意见。对当地政府强烈要求判处死刑的案件,要了解有关背景。对于依法应当判处死刑的,不能因为担心被告方人多势众会闹事而不判处死刑;相反,对不应当判处死刑的,也不能因为被害方闹事就判处死刑。要依靠党政部门努力做好法制宣传教育工作,在未做好群众思想工作的情况下,不要急于下判。

(二)关于对农民被告人依法判处缓刑、管制、免予刑事处罚问题

对农民被告人适用刑罚,既要严格遵循罪刑相适应的原则,又要充分考虑到农民犯罪主体的特殊性。要依靠当地党委做好相关部门的工作,依法适当地多适用非监禁刑罚。对于已经构成犯罪,但不需要判处刑罚的,或者法律规定有管制刑的,应当依法免予刑事处罚或判处管制刑。对于罪行较轻且认罪态度好,符合宣告缓刑条件的,应当依法适用缓刑。

要努力配合有关部门落实非监禁刑的监管措施。在监管措施落实问题上可以探索多种有效的方式,如在城市应加强与适用缓刑的犯罪人原籍的政府和基层组织联系落实帮教措施;在农村应通过基层组织和被告人亲属、家属、好友做好帮教工作等。

(三)关于村委会和村党支部成员利用职务便利侵吞集体财产犯罪的定性问题

为了保证案件的及时审理,在没有司法解释规定之前,对于已起诉到法院的这类案件,原则上以职务侵占罪定罪处罚。

(四)关于财产刑问题

凡法律规定并处罚金或者没收财产的,均应当依法并处,被告人的执行能力不能作为是否判处财产刑的依据。确实无法执行或不能执行的,可以依法执行终

结或者减免。对法律规定主刑有死刑、无期徒刑和有期徒刑,同时并处没收财产或罚金的,如决定判处死刑,只能并处没收财产;判处无期徒刑的,可以并处没收财产,也可以并处罚金;判处有期徒刑的,只能并处罚金。

对于法律规定有罚金刑的犯罪,罚金的具体数额应根据犯罪的情节确定。刑法和司法解释有明确规定的,按规定判处;没有规定的,各地可依照法律规定的原则和具体情况,在总结审判经验的基础上统一规定参照执行的数额标准。

对自由刑与罚金刑均可选择适用的案件,如盗窃罪,在决定刑罚时,既要避免以罚金刑代替自由刑,又要克服机械执法只判处自由刑的倾向。对于可执行财产刑且罪行又不严重的初犯、偶犯、从犯等,可单处罚金刑。对于应当并处罚金刑的犯罪,如被告人能积极缴纳罚金,认罪态度较好,且判处的罚金数量较大,自由刑可适当从轻,或考虑宣告缓刑。这符合罪刑相适应原则,因为罚金刑也是刑罚。

被告人犯数罪的,应避免判处罚金刑的同时,判处没收部分财产。对于判处没收全部财产,同时判处罚金刑的,应决定执行没收全部财产,不再执行罚金刑。

(五)关于刑事附带民事诉讼问题

人民法院审理附带民事诉讼案件的受案范围,应只限于被害人因人身权利受到犯罪行为侵犯和财物被犯罪行为损毁而遭受的物质损失,不包括因犯罪分子非法占有、处置被害人财产而使其遭受的物质损失。对因犯罪分子非法占有、处置被害人财产而使其遭受的物质损失,应当根据刑法第六十四条的规定处理,即应通过追缴赃款赃物、责令退赔的途径解决。如赃款赃物尚在的,应一律追缴;已被用掉、毁坏或挥霍的,应责令退赔。无法退赃的,在决定刑罚时,应作为酌定从重处罚的情节予以考虑。

关于附带民事诉讼的赔偿范围,在没有司法解释规定之前,应注意把握以下原则:一是要充分运用现有法律规定,在法律许可的范围内最大限度地补偿被害人因被告人的犯罪行为而遭受的物质损失。物质损失应包括已造成的损失,也包括将来必然遭受的损失。二是赔偿只限于犯罪行为直接造成的物质损失,不包括精神损失和间接造成的物质损失。三是要适当考虑被告人的赔偿能力。被告人的赔偿能力包括现在的赔偿能力和将来的赔偿能力,对未成年被告人还应考虑到其监护人的赔偿能力,以避免数额过大的空判引起的负面效应,被告人的民事赔偿情况可作为量刑的酌定情节。四是要切实维护被害人的合法权益。附带民事原告人提出起诉的,对于没有构成犯罪的共同致害人,也要追究其民事赔偿责任。未成年致害人由其法定代理人或者监护人承担赔偿责任。但是,在逃的同案犯不应列为附带民事诉讼的被告人。关于赔偿责任的分担:共同致害人应当承担连带赔偿责任;在学校等单位内部发生犯罪造成受害人损失,在管理上有过错责任的学校等单位有赔偿责任,但不承担连带赔偿责任;交通肇事犯罪的车辆所有人(单位)在犯罪分子无赔偿能力的情况下,承担代为赔偿或者垫付的责任。

(六)关于刑事自诉案件问题

要把好自诉案件的立案关。有的地方为了便于具体操作,制定了具体立案标准,也有的地方实行“立案听证”,让合议庭听取有关方面的意见,审查证据材料,决定是否立案。这些做法可以进一步总结,效果好的,可逐步推广。

要注重指导和协助双方当事人自行取证举证。由于广大农民群众法律水平尚不高,个人取证有相当难度,一般情况下很难达到法律规定的证据要求。如果因证据不足而简单、轻率地决定对自诉案件不予受理,就有可能使矛盾激化,引发新的刑事案件。因此,对于当事人所举证据不充分的,在指导自诉人取证的基础上,对于确有困难的,人民法院应当依法调查取证。

要正确适用调解。调解应查清事实、分清责任,在双方自愿的基础上依法进行,不能强迫调解,更不能违法调解。

要正确适用强制措施和刑罚。自诉案件经审查初步认定构成犯罪且较为严重的,对有可能逃避刑事责任和民事责任的被告人,要依法及时采取强制措施。对可能判处管制、拘役或者独立适用附加刑或者能及时到案,不致发生社会危险的被告人,不应当决定逮捕。在处刑上,对自诉案件被告人更应当注意尽量依法多适用非监禁刑罚。

最高人民法院
关于审理故意杀人、故意伤害案件正确适用死刑问题的指导意见

(2009年8月3日)

一、关于故意杀人、故意伤害犯罪死刑适用的基本要求

故意杀人、故意伤害(指致人死亡或者以特别残忍的手段致人重伤造成严重残疾的)犯罪是非法剥夺他人生命和健康权利的严重犯罪。对罪行极其严重的故意杀人、故意伤害犯罪分子依法适用死刑,是贯彻执行"保留死刑,严格控制和慎重适用死刑"刑事政策的重要方面。

"保留死刑,严格控制和慎重适用死刑"是我国一贯的刑事政策,必须保证这一重要刑事政策适用的连续性和稳定性;要以最严格的标准和最审慎的态度,确保死刑只适用于极少数罪行极其严重的犯罪分子,保证更有力、更准确地依法惩治严重刑事犯罪。

要更加注重贯彻宽严相济的基本刑事政策。注意区分案件的不同情况,区别对待,做到当严则严,该宽则宽,宽严相济,罚当其罪。对于犯罪动机特别卑劣、犯罪情节特别恶劣、犯罪后果特别严重等严重危害社会治安和影响人民群众安全感的故意杀人、故意伤害案件,要依法从严惩处。对因婚姻家庭、邻里纠纷等民间矛盾引发的案件,要慎重适用死刑。

要严格依法量刑,注重办案效果。对故意杀人、故意伤害犯罪案件是否适用死刑,要严格依照法律规定,坚持罪刑法定、罪刑相适应等刑法基本原则,综合考虑案件的性质,犯罪的起因、动机、目的、手段等情节,犯罪的后果,被告人的主观恶性和人身危险性等因素,全面分析影响量刑的轻、重情节,根据被告人的罪责,并考虑涉案当地的社会治安状况和犯罪行为对人民群众安全感的影响,严格依法适用,确保死刑裁判法律效果和社会效果的有机统一。

二、关于故意杀人罪的死刑适用

对于故意杀人犯罪案件是否适用死刑,要综合分析,区别对待,依法慎重

决定。

一是要注意区分案件性质。对下列严重危害社会治安和严重影响人民群众安全感的犯罪,应当体现从严惩处的原则,依法判处被告人重刑直至死刑立即执行。如:暴力恐怖犯罪、黑社会性质组织犯罪、恶势力犯罪以及其他严重暴力犯罪中故意杀人的首要分子;雇凶杀人的;冒充军警、执法人员杀人的,等等。但是,对于其中具有法定从轻处罚情节的,也要注意依法从宽处罚。

对于因婚姻家庭、邻里纠纷以及山林、水流、田地纠纷等民间矛盾激化引发的故意杀人案件,在适用死刑时要特别慎重。如:被害人一方有明显过错或者对矛盾激化负有直接责任的;被告人有法定从轻处罚情节的;被告人积极赔偿被害人经济损失、真诚悔罪的;被害方谅解的,等等,除犯罪情节特别恶劣、犯罪后果特别严重、人身危险性极大的被告人外,一般可考虑不判处死刑立即执行。

二是要注重区分犯罪情节。对于犯罪情节特别恶劣,又无从轻处罚情节的被告人,可以依法判处死刑立即执行。如:暴力抗法而杀害执法人员的;以特别残忍的手段杀人的;持枪杀人的;实施其他犯罪后杀人灭口的;杀人后为掩盖罪行或者出于其他卑劣动机分尸、碎尸、焚尸灭迹的,等等。

三是要注重区分犯罪后果。故意杀人罪的直接后果主要是致人死亡,但也要考虑对社会治安的影响等其他后果。对于被害人有明显过错,或者有其他从轻情节可以对被告人从宽处罚的,即使造成了死亡的后果,一般也可不判处死刑立即执行。故意杀人未遂的,一般不判处被告人死刑。对于防卫过当致人死亡的,应当减轻或者免除处罚。虽不构成防卫过当,但带有防卫性质的故意杀人,即使造成了被害人死亡的结果,也不判处被告人死刑。

四是注重区分被告人的主观恶性及人身危险性。要从被告人的犯罪动机、犯罪预谋、犯罪过程中的具体情节以及被害人的过错等方面综合判断被告人的主观恶性。在直接故意杀人与间接故意杀人案件中,被告人的主观恶性程度是不同的,在处刑上也应有所区别。

对于犯罪动机卑劣而预谋杀人的,或者性情残暴动辄肆意杀人的被告人,可以依法判处死刑立即执行。对于坦白主要犯罪事实并对定案证据的收集有重要作用的;犯罪后自动归案但尚不构成自首的;被告人亲属协助司法机关抓获被告人后,被告人对自己的罪行供认不讳的;被告人及其亲属积极赔偿被害方经济损失并取得被害方谅解的;刚满 18 周岁或已满 70 周岁以上的人犯罪且情节不是特别恶劣的,等等,一般可不判处死刑立即执行。

要从被告人有无前科及平时表现、犯罪后的悔罪情况等方面综合判断被告人的人身危险性。对于累犯中前罪系暴力犯罪,或者曾因暴力犯罪被判重刑后又犯故意杀人罪的;杀人后毫无悔罪表现的,等等,如果没有法定从轻处罚情节,一般可依法判处死刑立即执行。对于犯罪后积极抢救被害人、减轻危害后果或者防止危害后果扩大的;虽具有累犯等法定从重处罚情节,但前罪较轻,或者同时具有自首等法定、酌定从轻情节,经综合考虑不是必须判处死刑立即执行的,等等,一般可不判处被告人死刑立即执行。

三、关于故意伤害罪的死刑适用

相对于故意杀人犯罪而言,故意伤害

犯罪的社会危害性和被告人的主观恶性程度不同，适用死刑应当比故意杀人犯罪更加慎重，标准更加严格。只有对于犯罪后果特别严重、手段特别残忍、情节特别恶劣的被告人，才可以适用死刑立即执行。

对故意伤害致人死亡的被告人决定是否适用死刑立即执行时，要将严重危害社会治安的案件与民间纠纷引发的案件有所区别；将手段特别残忍、情节特别恶劣的与手段、情节一般的有所区别；将预谋犯罪与激情犯罪有所区别，等等。

对于下列故意伤害致人死亡的被告人，如果没有从轻情节，可以适用死刑立即执行。如：暴力恐怖犯罪、黑社会性质组织犯罪、恶势力犯罪以及其他严重暴力犯罪中故意伤害他人的首要分子；起组织、策划作用或者为主实施伤害行为罪行最严重的主犯；聚众“打砸抢”伤害致人死亡的首要分子；动机卑劣而预谋伤害致人死亡的，等等。

对于故意伤害致人死亡的被告人，如果具有下列情形，一般不判处死刑立即执行。如：因婚姻家庭、邻里纠纷以及山林、水流、田地纠纷等民间矛盾激化引发的；被害人有过错，或者对引发案件负有直接责任的；犯罪手段、情节一般的；被告人犯罪后积极救治被害人，或者积极赔偿被害方经济损失并真诚悔罪的；被告人作案时刚满18周岁或已满70周岁以上，且情节不是特别恶劣的；其他经综合考虑所有量刑情节可不判处死刑立即执行的，等等。

以特别残忍手段致人重伤造成严重残疾的故意伤害案件，适用死刑时应当更加严格把握，并不是只要达到“严重残疾”的程度就必须判处被告人死刑。要根据致人“严重残疾”的具体情况，综合考虑犯罪情节和“严重残疾”的程度等情况，慎重决定。

故意伤害案件中“严重残疾”的标准，在有关司法解释出台前，可参照1996年国家技术监督局颁布的《职工工伤与职业病致残程度鉴定标准》确定残疾等级。即“严重残疾”是指下列情形之一：被害人身体器官大部缺损、器官明显畸形、身体器官有中等功能障碍、造成严重并发症等。残疾程度可以分为一般残疾（十至七级）、严重残疾（六至三级）、特别严重残疾（二至一级），六级以上为“严重残疾”。

对于以特别残忍手段造成被害人重伤致特别严重残疾的被告人，可以适用死刑立即执行。但对于那些使用硫酸等化学物质严重毁容，或者采取砍掉手脚等极其残忍手段致使被害人承受极度肉体、精神痛苦的，虽未达到特别严重残疾的程度，但犯罪情节特别恶劣，造成被害人四级以上严重残疾程度的，也可以适用死刑立即执行。

四、关于故意杀人、故意伤害共同犯罪的死刑适用

对于故意杀人、故意伤害共同犯罪案件的死刑适用，要充分考虑各被告人在共同犯罪中的地位和作用、犯罪后果、被告人的主观恶性和人身危险性等情况，正确认定各被告人的罪责并适用刑罚。一案中有多名主犯的，要在主犯中区分出罪责最为严重者和较为严重者。

对于共同致一人死亡，依法应当判处被告人死刑立即执行的，原则上只判处一名被告人死刑立即执行。罪行极其严重的主犯因有立功、自首等法定从轻处罚情节而依法不判处死刑立即执行的，也不能对罪行相对较轻的主犯判处死刑立即执行。

对于被告人地位、作用相当,罪责相对分散,或者罪责确实难以分清的,一般不判处被告人死刑立即执行。确需判处被告人死刑立即执行的,要充分考虑被告人在主观恶性和人身危险性等方面的不同,审慎决定。

对于家庭成员共同犯罪案件,适用死刑要特别慎重,应尽量避免判处同一家庭两名以上成员死刑立即执行。

对于有同案犯在逃的案件,要分清罪责,慎重决定对在案的被告人判处死刑立即执行。

雇凶犯罪作为一种共同犯罪,其社会危害性比一般共同犯罪更大,应当依法从严惩处。雇凶者作为犯罪的“造意者”,其对案件的发生负有直接和更主要的责任,只有依法严惩雇凶者,才能有效遏制犯罪。但在具体量刑时,也要根据案件的不同情况,区别对待。

对于雇凶者与受雇者共同直接实施故意杀人、故意伤害犯罪行为的,应认定雇凶者为罪行最严重的主犯;雇凶者没有直接实施故意杀人、故意伤害犯罪行为,但参与了共同犯罪的策划,实施了具体组织、指挥行为的,对雇凶者也应认定为罪行最严重的主犯;雇凶者只是笼统提出犯意,没有实施具体组织、指挥行为,积极实施犯罪行为的受雇者可认定为罪行最严重的主犯;雇凶者雇佣未成年人实施故意杀人、故意伤害犯罪的,雇凶者为罪行最严重的主犯;对于多名受雇者地位、作用相当,责任相对分散,或者责任难以分清的,雇凶者应对全案负责,应认定雇凶者为罪行最严重的主犯。

受雇者明显超出雇凶者授意范围,实施故意杀人、故意伤害犯罪,因行为过限,造成更严重危害后果的,应当以实际实施的行为承担刑事责任。

对于雇凶杀人、伤害只致一人死亡的案件,一般不宜同时判处雇凶者与受雇者死刑立即执行。对于案情特别重大,后果特别严重,确需判处两名以上被告人死刑立即执行的,要严格区分多名受雇者的地位、作用,根据其罪责和犯罪情节,一般可对雇凶者和其中罪行最严重的受雇者判处死刑立即执行。

五、关于被告人有自首、立功情节的死刑适用

自首和立功是刑法明确规定的、司法实践中适用较多的两种法定从轻或减轻处罚情节。对于具备这两种情节之一的,一般都应依法从轻处罚。对于具有自首、立功情节,同时又有累犯、前科等法定、酌定从重处罚情节的,要综合分析从重因素和从轻因素哪方面更突出一些,依法体现宽严相济的基本刑事政策。

对于被告人未自首,但被告人亲属协助抓获被告人,或者提供被告人犯罪的主要证据对定案起到重要作用等情况的,应作为酌定从宽情节,予以充分考虑。

对于具有犯罪后果特别严重、犯罪动机特别卑劣或者被告人为规避法律而自首等情形的,对被告人是否从轻处罚,要从严掌握。

对于罪该判处死刑的被告人具有立功表现的,是否从轻处罚,应当以该立功是否足以抵罪为标准。被告人确有重大立功表现的,一般应当考虑从轻处罚;被告人有一般立功表现,经综合考虑足以从轻的,也可以考虑对被告人从轻处罚;被告人亲属为使被告人得到从轻处罚,检举、揭发他人犯罪或者协助司法机关抓捕其他犯罪嫌疑人的,虽不能视为被告人立功,也可以作为酌定从宽情节考虑。对于黑社会性质组织犯罪的首要分子、犯罪集团的首要分子等,犯罪主体的特殊性决定了其有可能掌握他人较多的犯罪线索,即使其检举揭发与其犯罪有关联的人或事构成重大立功的,从轻处罚也要从严掌握。如果被告人罪行极其严重,只有一般立功表现,经综合考虑不足以从轻的,可不予从轻处罚。

六、正确把握民事赔偿与死刑适用的关系

对于因婚姻家庭、邻里纠纷等民间矛盾激化引发、侵害对象特定的故意杀人、故意伤害案件,如果被告人积极履行赔偿义务,获得被害方的谅解或者没有强烈社会反响的,可以依法从宽判处。对于那些严重危害社会治安的故意杀人、故意伤害案件,被告人积极赔偿,得到被害方谅解的,依法从宽判处应当特别慎重。

要特别重视对故意杀人、故意伤害死刑案件的民事调解工作。一、二审法院要进一步加大调解力度,尽可能地促使当事人在一审达成调解协议。一审调解不成的,二审法院仍然要做更多更细致的工作,将调解工作贯穿案件审理始终,避免因民事部分没有妥善处理而影响量刑、出现上访闹访。对于依法可以不判处被告人死刑的案件,要最大限度地促成双方当事人达成赔偿协议,取得被害方谅解。对于具有法定从轻情节,被害人有明显过错等依法不应当判处被告人死刑的案件,也不能因为被害方不接受赔偿或达不成调解协议而判处被告人死刑。对于因具有赔偿好等情节而不判处死刑的,裁判文书中应注意从被告人积极认罪、真诚悔罪、获得被害方谅解等角度充分阐释裁判理由,争取更好的社会效果。

要注意依法保护被害方的合法权益。被告人的犯罪行为造成被害人经济损失的,要依法判决被告人承担民事赔偿责任,不能因为判处被告人死刑而该赔的不赔。对于那些因被告人没有赔偿能力而得不到赔偿的,要通过国家救助制度,解决被害方因被告人的犯罪行为造成的暂时的生活、医疗困难,安抚被害人及其亲属,促进社会和谐。

七、正确对待被害方的诉求

要正确对待和慎重处理被害方反映强烈的案件。有的案件,无论一、二审法院是否判处被告人死刑,都可能会有当事人及其亲属对裁判结果不满,并通过上访闹访等各种途径给法院施加压力,严重影响社会和谐稳定。各级法院对此要引起高度重视,着力化解矛盾,避免因工作上的失误造成当事人自伤自残的后果,甚至引发群体性事件。

被害方对犯罪的社会危害性体会最深刻、感受最具体,这种感受、体会也是犯罪社会危害性的重要反映。但是,由于被害方与案件有利害关系,他们表达的诉求和意愿往往带有一定的感情色彩和情绪化的因素。对被害方的意愿既要充分地理解、尊重和考虑,又不能简单地把被害方的意愿等同于民意,要注意区分情况,慎重处理。对于被害方合法合理的诉求,要依法保护;对于超出法律规定的要求,要注意做好说服解释工作,尤其是对于依法不应当判处死刑的,不能因为被害方反应激烈就判处死刑。要注意工作方法和策略,着力化解矛盾,引导被害方采取理性合法的形式表达诉求,以维护法律权威,确保社会稳定。

要充分依靠当地党委和政府,认真做好当事人及其亲属的工作,妥善处理上访事件。在严格依法独立公正办案的同时,要把案件处理与解决纠纷、化解矛盾结合起来。对于因判处死刑或者不判处死刑,或者因民事部分处理不当而引发的缠讼、上访和群体性事件,要依靠党委,争取政府和有关部门的支持,耐心细致地做好教育、疏导、制止工作,最大程度地实现"案结事了",最大程度地实现法律效果和社会效果的有机统一。

最高人民法院刑三庭在审理故意杀人、伤害及黑社会性质组织犯罪案件中切实贯彻宽严相济刑事政策

(2010 年 4 月 14 日)

2010 年 2 月 8 日印发的《最高人民法院关于贯彻宽严相济刑事政策的若干意见》(以下简称《意见》),对于有效打击犯罪,增强人民群众安全感,减少社会对立面,促进社会和谐稳定,维护国家长治久安具有重要意义,是人民法院刑事审判工作的重要指南。现结合审判实践,就故意杀人、伤害及黑社会性质组织犯罪案件审判中如何贯彻《意见》的精神作简要阐释。

一、在三类案件中贯彻宽严相济刑事政策的总体要求

在故意杀人、伤害及黑社会性质组织犯罪案件的审判中贯彻宽严相济刑事政策,要落实《意见》第 1 条规定:根据犯罪的具体情况,实行区别对待,做到该宽则宽,当严则严,宽严相济,罚当其罪。落实这个总体要求,要注意把握以下几点:

1. 正确把握宽与严的对象。故意杀人和故意伤害犯罪的发案率高,社会危害大,是各级法院刑事审判工作的重点。黑社会性质组织犯罪在我国自二十世纪八十年代末出现以来,长时间保持快速发展势头,严厉打击黑社会性质组织犯罪,是法院刑事审判在当前乃至今后相当长一段时期内的重要任务。因此,对这三类犯罪总体上应坚持从严惩处的方针。但是在具体案件的处理上,也要分别案件的性质、情节和行为人的主观恶性、人身危险性等情况,把握宽严的范围。在确定从宽与从严的对象时,还应当注意审时度势,对经济社会的发展和治安形势的变化作出准确判断,为构建社会主义和谐社会的目标服务。

2. 坚持严格依法办案。三类案件的审判中,无论是从宽还是从严,都必须严格依照法律规定进行,做到宽严有据,罚当其罪,不能为追求打击效果,突破法律界限。比如在黑社会性质组织犯罪的审理中,黑社会性质组织的认定必须符合法律和立法解释规定的标准,既不能降格处理,也不能拔高认定。

3. 注重法律效果与社会效果的统一。严格依法办案,确保良好法律效果的同时,还应当充分考虑案件的处理是否有利于赢得人民群众的支持和社会稳定,是否有利于瓦解犯罪,化解矛盾,是否有利于罪犯的教育改造和回归社会,是否有利于减少社会对抗,促进社会和谐,争取更好的社会效果。比如在刑罚执行过程中,对于故意杀人、伤害犯罪及黑社会性质组织犯罪的领导者、组织者和骨干成员就应当从严掌握减刑、假释的适用,其他主观恶

性不深、人身危险性不大的罪犯则可以从宽把握。

二、故意杀人、伤害案件审判中宽严相济的把握

1.注意区分两类不同性质的案件。故意杀人、故意伤害侵犯的是人的生命和身体健康,社会危害大,直接影响到人民群众的安全感,《意见》第7条将故意杀人、故意伤害致人死亡犯罪作为严惩的重点是十分必要的。但是,实践中的故意杀人、伤害案件复杂多样,处理时要注意分别案件的不同性质,做到区别对待。

实践中,故意杀人、伤害案件从性质上通常可分为两类:一类是严重危害社会治安、严重影响人民群众安全感的案件,如极端仇视国家和社会,以不特定人为行凶对象的;一类是因婚姻家庭、邻里纠纷等民间矛盾激化引发的案件。对于前者应当作为严惩的重点,依法判处被告人重刑直至判处死刑。对于后者处理时应注意体现从严的精神,在判处重刑尤其是适用死刑时应特别慎重,除犯罪情节特别恶劣、犯罪后果特别严重、人身危险性极大的被告人外,一般不应当判处死刑。对于被害人在起因上存在过错,或者是被告人案发后积极赔偿,真诚悔罪,取得被害人或其家属谅解的,应依法从宽处罚,对同时有法定从轻、减轻处罚情节的,应考虑在无期徒刑以下裁量刑罚。同时应重视此类案件中的附带民事调解工作,努力化解双方矛盾,实现积极的"案结事了",增进社会和谐,达成法律效果与社会效果的有机统一。《意见》第23条是对此审判经验的总结。

此外,实践中一些致人死亡的犯罪是故意杀人还是故意伤害往往难以区分,在认定时除从作案工具、打击的部位、力度等方面进行判断外,也要注意考虑犯罪的起因等因素。对于民间纠纷引发的案件,如果难以区分是故意杀人还是故意伤害时,一般可考虑定故意伤害罪。

2.充分考虑各种犯罪情节。犯罪情节包括犯罪的动机、手段、对象、场所及造成的后果等,不同的犯罪情节反映不同的社会危害性。犯罪情节多属酌定量刑情节,法律往往未作明确的规定,但犯罪情节是适用刑罚的基础,是具体案件决定从严或从宽处罚的基本依据,需要在案件审理中进行仔细甄别,以准确判断犯罪的社会危害性。有的案件犯罪动机特别卑劣,比如为了铲除政治对手而雇凶杀人的,也有一些人犯罪是出于义愤,甚至是"大义灭亲"、"为民除害"的动机杀人。有的案件犯罪手段特别残忍,比如采取放火、泼硫酸等方法把人活活烧死的故意杀人行为。犯罪后果也可以分为一般、严重和特别严重几档。在实际中一般认为故意杀人、故意伤害一人死亡的为后果严重,致二人以上死亡的为犯罪后果特别严重。特定的犯罪对象和场所也反映社会危害性的不同,如针对妇女、儿童等弱势群体或在公共场所实施的杀人、伤害,就具有较大的社会危害性。以上犯罪动机卑劣,或者犯罪手段残忍,或者犯罪后果严重,或者针对妇女、儿童等弱势群体作案等情节恶劣的,又无其他法定或酌定从轻情节应当依法从重判处。如果犯罪情节一般,被告人真诚悔罪,或有立功、自首等法定从轻情节的,一般应考虑从宽处罚。

实践中,故意杀人、伤害案件的被告人既有法定或酌定的从宽情节,又有法定或酌定从严情节的情形比较常见,此时,就应当根据《意见》第28条,在全面考察犯罪的事实、性质、情节和对社会危害程度的基础上,结合被告人的主观恶性、人身危险性、社会治安状况等因素,综合作出分析判断。

3. 充分考虑主观恶性和人身危险性。《意见》第10条、第16条明确了被告人的主观恶性和人身危险性是从严和从宽的重要依据,在适用刑罚时必须充分考虑。主观恶性是被告人对自己行为及社会危害性所抱的心理态度,在一定程度上反映了被告人的改造可能性。一般来说,经过精心策划的、有长时间计划的杀人、伤害,显示被告人的主观恶性深;激情犯罪,临时起意的犯罪,因被害人的过错行为引发的犯罪,显示的主观恶性较小。对主观恶性深的被告人要从严惩处,主观恶性较小的被告人则可考虑适用较轻的刑罚。

人身危险性即再犯可能性,可从被告人有无前科、平时表现及悔罪情况等方面综合判断。人身危险性大的被告人,要依法从重处罚。如累犯中前罪系暴力犯罪,或者曾因暴力犯罪被判重刑后又犯故意杀人、故意伤害致人死亡的;平时横行乡里,寻衅滋事杀人、伤害致人死亡的,应依法从重判处。人身危险性小的被告人,应依法体现从宽精神。如被告人平时表现较好,激情犯罪,系初犯、偶犯的;被告人杀人或伤人后有抢救被害人行为的,在量刑时应该酌情予以从宽处罚。

未成年人及老年人的故意杀人、伤害犯罪与一般人犯罪相比,主观恶性和人身危险性等方面有一定特殊性,在处理时应当依据《意见》的第20条、第21条考虑从宽。对犯故意杀人、伤害罪的未成年人,要坚持"教育为主,惩罚为辅"的原则和"教育、感化、挽救"的方针进行处罚。对于情节较轻、后果不重的伤害案件,可以依法适用缓刑、或者判处管制、单处罚金等非监禁刑。对于情节严重的未成年人,也应当从轻或减轻处罚。对于已满十四周岁不满十六周岁的未成年人,一般不判处无期徒刑。对于七十周岁以上的老年人犯故意杀人、伤害罪的,由于其已没有再犯罪的可能,在综合考虑其犯罪情节和主观恶性、人身危险性的基础上,一般也应酌情从宽处罚。

4. 严格控制和慎重适用死刑。故意杀人和故意伤害犯罪在判处死刑的案件中所占比例最高,审判中要按照《意见》第29条的规定,准确理解和严格执行"保留死刑,严格控制和慎重适用死刑"的死刑政策,坚持统一的死刑适用标准,确保死刑只适用于极少数罪行极其严重的犯罪分子;坚持严格的证据标准,确保把每一起判处死刑的案件都办成铁案。对于罪行极其严重,但只要有法定、酌定从轻情节,依法可不立即执行的,就不应当判处死刑立即执行。

对于自首的故意杀人、故意伤害致人死亡的被告人,除犯罪情节特别恶劣,犯罪后果特别严重的,一般不应考虑判处死刑立即执行。对亲属送被告人归案或协助抓获被告人的,也应视为自首,原则上应当从宽处罚。对具有立功表现的故意杀人、故意伤害致死的被告人,一般也应当体现从宽,可考虑不判处死刑立即执行。但如果犯罪情节特别恶劣,犯罪后果特别严重的,即使有立功情节,也可以不予从轻处罚。

共同犯罪中,多名被告人共同致死一名被害人的,原则上只判处一人死刑。处理时,根据案件的事实和证据能分清主从犯的,都应当认定主从犯;有多名主犯的,应当在主犯中进一步区分出罪行最为严重者和较为严重者,不能以分不清主次为由,简单地一律判处死刑。

三、黑社会性质组织犯罪案件审判中宽严相济的把握

1. 准确认定黑社会性质组织。黑社会性质组织犯罪由于其严重的社会危害性,在打击处理上不能等其坐大后进行,要坚持“严打”的方针,坚持“打早打小”的策略。但黑社会性质组织的认定,必须严格依照刑法和《全国人民代表大会常务委员会关于〈中华人民共和国刑法〉第二百九十四条第一款的解释》的规定,从组织特征、经济特征、行为特征和非法控制特征四个方面进行分析。认定黑社会性质组织犯罪四个特征必须同时具备。当然,实践中许多黑社会性质组织并不是四个特征都很明显,在具体认定时,应根据立法本意,认真审查、分析黑社会性质组织四个特征相互间的内在联系,准确评价涉案犯罪组织所造成的社会危害。既要防止将已具备黑社会性质组织四个特征的案件“降格”处理,也不能因为强调严厉打击将不具备四个特征的犯罪团伙“拔高”认定为黑社会性质组织。在黑社会性质组织犯罪的审判中贯彻宽严相济刑事政策,要始终坚持严格依法办案,坚持法定标准,这是《意见》的基本要求。

2. 区别对待黑社会性质组织的不同成员。《意见》第30条明确了黑社会性质组织中不同成员的处理原则:分别情况,区别对待。对于组织者、领导者应依法从严惩处,其承担责任的犯罪不限于自己组织、策划、指挥和实施的犯罪,而应对组织所犯的全部罪行承担责任。实践中,一些黑社会性质组织的组织者、领导者,只是以其直接实施的犯罪起诉、审判,实际上是轻纵了他们的罪行。要在区分组织犯罪和组织成员犯罪的基础上,合理划定组织者、领导者的责任范围,做到不枉不纵。同时,还要注意责任范围和责任程度的区别,不能简单认为组织者、领导者就是具体犯罪中责任最重的主犯。对于组织成员实施的黑社会性质组织犯罪,组织者、领导者只是事后知晓,甚至根本不知晓,其就只应负有一般的责任,直接实施的成员无疑应负最重的责任。

对于积极参加者,应根据其在具体犯罪中的地位、作用,确定其应承担的刑事责任。确属黑社会性质组织骨干成员的,应依法从严处罚。对犯罪情节较轻的其他参加人员以及初犯、偶犯、未成年犯,则要依法从轻、减轻处罚。对于参加黑社会性质的组织,没有实施其他违法犯罪活动的,或者受蒙蔽、胁迫参加黑社会性质的组织,情节轻微的,则可以不作为犯罪处理。

此外,在处理黑社会性质组织成员间的检举、揭发问题上,既要考虑线索本身的价值,也要考虑检举、揭发者在黑社会性质组织犯罪中的地位、作用,防止出现全案量刑失衡的现象。组织者、领导者检举揭发与该黑社会性质组织及其违法犯罪活动有关联的其他犯罪线索,即使依法构成立功或者重大立功,在考虑是否从轻量刑时也应从严予以掌握。积极参加者、其他参加者配合司法机关查办案件,有提供线索、帮助收集证据或者其他协助行为,并对侦破黑社会性质组织犯罪案件起到一定作用的,即使依法不能认定立功,一般也应酌情对其从轻处罚。

最高人民法院、最高人民检察院、公安部、司法部、国家卫生和计划生育委员会关于依法惩处涉医违法犯罪维护正常医疗秩序的意见

(2014 年 4 月 22 日，
法发〔2014〕5 号)

为依法惩处涉医违法犯罪，维护正常医疗秩序，构建和谐医患关系，根据《中华人民共和国刑法》《中华人民共和国治安管理处罚法》等法律法规，结合工作实践，制定本意见。

一、充分认识依法惩处涉医违法犯罪维护正常医疗秩序的重要性(略)

二、严格依法惩处涉医违法犯罪

对涉医违法犯罪行为，要依法严肃追究、坚决打击。公安机关要加大对暴力杀医、伤医、扰乱医疗秩序等违法犯罪活动的查处力度，接到报警后应当及时出警、快速处置，需要追究刑事责任的，及时立案侦查，全面、客观地收集、调取证据，确保侦查质量。人民检察院应当及时依法批捕、起诉，对于重大涉医犯罪案件要加强法律监督，必要时可以对收集证据、适用法律提出意见。人民法院应当加快审理进度，在全面查明案件事实的基础上依法准确定罪量刑，对于犯罪手段残忍、主观恶性深、人身危险性大的被告人或者社会影响恶劣的涉医犯罪行为，要依法从严惩处。

(一)在医疗机构内殴打医务人员或者故意伤害医务人员身体、故意损毁公私财物，尚未造成严重后果的，分别依照治安管理处罚法第四十三条、第四十九条的规定处罚；故意杀害医务人员，或者故意伤害医务人员造成轻伤以上严重后果，或者随意殴打医务人员情节恶劣、任意损毁公私财物情节严重，构成故意杀人罪、故意伤害罪、故意毁坏财物罪、寻衅滋事罪的，依照刑法的有关规定定罪处罚。

(二)在医疗机构私设灵堂、摆放花圈、焚烧纸钱、悬挂横幅、堵塞大门或者以其他方式扰乱医疗秩序，尚未造成严重损失，经劝说、警告无效的，要依法驱散，对拒不服从的人员要依法带离现场，依照治安管理处罚法第二十三条的规定处罚；聚众实施的，对首要分子和其他积极参加者依法予以治安处罚；造成严重损失或者扰乱其他公共秩序情节严重，构成寻衅滋事罪、聚众扰乱社会秩序罪、聚众扰乱公共场所秩序、交通秩序罪的，依照刑法的有关规定定罪处罚。

在医疗机构的病房、抢救室、重症监护室等场所及医疗机构的公共开放区域违规停放尸体，影响医疗秩序，经劝说、警告无效的，依照治安管理处罚法第六十五条的规定处罚；严重扰乱医疗秩序或者其他公共秩序，构成犯罪的，依照前款的规定定罪处罚。

(三)以不准离开工作场所等方式非法限制医务人员人身自由的，依照治安管理处罚法第四十条的规定处罚；构成非法拘禁罪的，依照刑法的有关规定定罪处罚。

(四)公然侮辱、恐吓医务人员的，依照治安管理处罚法第四十二条的规定处罚；采取暴力或者其他方法公然侮辱、恐吓医务人员情节严重(恶劣)，构成侮辱罪、寻衅滋事罪的，依照刑法的有关规定

定罪处罚。

（五）非法携带枪支、弹药、管制器具或者爆炸性、放射性、毒害性、腐蚀性物品进入医疗机构的，依照治安管理处罚法第三十条、第三十二条的规定处罚；危及公共安全情节严重，构成非法携带枪支、弹药、管制刀具、危险物品危及公共安全罪的，依照刑法的有关规定定罪处罚。

（六）对于故意扩大事态，教唆他人实施针对医疗机构或者医务人员的违法犯罪行为，或者以受他人委托处理医疗纠纷为名实施敲诈勒索、寻衅滋事等行为的，依照治安管理处罚法和刑法的有关规定从严惩处。

三、积极预防和妥善处理医疗纠纷（略）

四、建立健全协调配合工作机制（略）

最高人民法院、最高人民检察院关于办理强奸、猥亵未成年人刑事案件适用法律若干问题的解释

（2023年1月3日最高人民法院审判委员会第1878次会议、2023年3月2日最高人民检察院第十三届检察委员会第一百一十四次会议通过，2023年5月24日公布，自2023年6月1日起施行，法释〔2023〕3号）

为依法惩处强奸、猥亵未成年人犯罪，保护未成年人合法权益，根据《中华人民共和国刑法》等法律规定，现就办理此类刑事案件适用法律的若干问题解释如下：

第一条 奸淫幼女的，依照刑法第二百三十六条第二款的规定从重处罚。具有下列情形之一的，应当适用较重的从重处罚幅度：

（一）负有特殊职责的人员实施奸淫的；

（二）采用暴力、胁迫等手段实施奸淫的；

（三）侵入住宅或者学生集体宿舍实施奸淫的；

（四）对农村留守女童、严重残疾或者精神发育迟滞的被害人实施奸淫的；

（五）利用其他未成年人诱骗、介绍、胁迫被害人的；

（六）曾因强奸、猥亵犯罪被判处刑罚的。

强奸已满十四周岁的未成年女性，具有前款第一项、第三项至第六项规定的情形之一，或者致使被害人轻伤、患梅毒、淋病等严重性病的，依照刑法第二百三十六条第一款的规定定罪，从重处罚。

第二条 强奸已满十四周岁的未成年女性或者奸淫幼女，具有下列情形之一的，应当认定为刑法第二百三十六条第三款第一项规定的“强奸妇女、奸淫幼女情节恶劣”：

（一）负有特殊职责的人员多次实施强奸、奸淫的；

（二）有严重摧残、凌辱行为的；

（三）非法拘禁或者利用毒品诱骗、控制被害人的；

（四）多次利用其他未成年人诱骗、介绍、胁迫被害人的；

（五）长期实施强奸、奸淫的；

（六）奸淫精神发育迟滞的被害人致使怀孕的；

（七）对强奸、奸淫过程或者被害人

身体隐私部位制作视频、照片等影像资料,以此胁迫对被害人实施强奸、奸淫,或者致使影像资料向多人传播,暴露被害人身份的;

(八)其他情节恶劣的情形。

第三条　奸淫幼女,具有下列情形之一的,应当认定为刑法第二百三十六条第三款第五项规定的"造成幼女伤害":

(一)致使幼女轻伤的;

(二)致使幼女患梅毒、淋病等严重性病的;

(三)对幼女身心健康造成其他伤害的情形。

第四条　强奸已满十四周岁的未成年女性或者奸淫幼女,致使其感染艾滋病病毒的,应当认定为刑法第二百三十六第三款第六项规定的"致使被害人重伤"。

第五条　对已满十四周岁不满十六周岁的未成年女性负有特殊职责的人员,与该未成年女性发生性关系,具有下列情形之一的,应当认定为刑法第二百三十六条之一规定的"情节恶劣":

(一)长期发生性关系的;

(二)与多名被害人发生性关系的;

(三)致使被害人感染艾滋病病毒或者患梅毒、淋病等严重性病的;

(四)对发生性关系的过程或者被害人身体隐私部位制作视频、照片等影像资料,致使影像资料向多人传播,暴露被害人身份的;

(五)其他情节恶劣的情形。

第六条　对已满十四周岁的未成年女性负有特殊职责的人员,利用优势地位或者被害人孤立无援的境地,迫使被害人与其发生性关系的,依照刑法第二百三十六条的规定,以强奸罪定罪处罚。

第七条　猥亵儿童,具有下列情形之一的,应当认定为刑法第二百三十七条第三款第三项规定的"造成儿童伤害或者其他严重后果":

(一)致使儿童轻伤以上的;

(二)致使儿童自残、自杀的;

(三)对儿童身心健康造成其他伤害或者严重后果的情形。

第八条　猥亵儿童,具有下列情形之一的,应当认定为刑法第二百三十七条第三款第四项规定的"猥亵手段恶劣或者有其他恶劣情节":

(一)以生殖器侵入肛门、口腔或者以生殖器以外的身体部位、物品侵入被害人生殖器、肛门等方式实施猥亵的;

(二)有严重摧残、凌辱行为的;

(三)对猥亵过程或者被害人身体隐私部位制作视频、照片等影像资料,以此胁迫对被害人实施猥亵,或者致使影像资料向多人传播,暴露被害人身份的;

(四)采取其他恶劣手段实施猥亵或者有其他恶劣情节的情形。

第九条　胁迫、诱骗未成年人通过网络视频聊天或者发送视频、照片等方式,暴露身体隐私部位或者实施淫秽行为,符合刑法第二百三十七条规定的,以强制猥亵罪或者猥亵儿童罪定罪处罚。

胁迫、诱骗未成年人通过网络直播方式实施前款行为,同时符合刑法第二百三十七条、第三百六十五条的规定,构成强制猥亵罪、猥亵儿童罪、组织淫秽表演罪的,依照处罚较重的规定定罪处罚。

第十条　实施猥亵未成年人犯罪,造成被害人轻伤以上后果,同时符合刑法第二百三十四条或者第二百三十二条的规定,构成故意伤害罪、故意杀人罪的,依照处罚较重的规定定罪处罚。

第十一条 强奸、猥亵未成年人的成年被告人认罪认罚的，是否从宽处罚及从宽幅度应当从严把握。

第十二条 对强奸未成年人的成年被告人判处刑罚时，一般不适用缓刑。

对于判处刑罚同时宣告缓刑的，可以根据犯罪情况，同时宣告禁止令，禁止犯罪分子在缓刑考验期限内从事与未成年人有关的工作、活动，禁止其进入中小学校、幼儿园及其他未成年人集中的场所。确因本人就学、居住等原因，经执行机关批准的除外。

第十三条 对于利用职业便利实施强奸、猥亵未成年人等犯罪的，人民法院应当依法适用从业禁止。

第十四条 对未成年人实施强奸、猥亵等犯罪造成人身损害的，应当赔偿医疗费、护理费、交通费、营养费、住院伙食补助费等为治疗和康复支付的合理费用，以及因误工减少的收入。

根据鉴定意见、医疗诊断书等证明需要对未成年人进行精神心理治疗和康复，所需的相关费用，应当认定为前款规定的合理费用。

第十五条 本解释规定的“负有特殊职责的人员”，是指对未成年人负有监护、收养、看护、教育、医疗等职责的人员，包括与未成年人具有共同生活关系且事实上负有照顾、保护等职责的人员。

第十六条 本解释自2023年6月1日起施行。

最高人民法院、最高人民检察院、公安部、司法部关于办理性侵害未成年人刑事案件的意见

（2023年5月24日公布，自2023年6月1日起施行）

为深入贯彻习近平法治思想，依法惩治性侵害未成年人犯罪，规范办理性侵害未成年人刑事案件，加强未成年人司法保护，根据《中华人民共和国刑法》《中华人民共和国刑事诉讼法》《中华人民共和国未成年人保护法》等相关法律规定，结合司法实际，制定本意见。

一、总　　则

第一条 本意见所称性侵害未成年人犯罪，包括《中华人民共和国刑法》第二百三十六条、第二百三十六条之一、第二百三十七条、第三百五十八条、第三百五十九条规定的针对未成年人实施的强奸罪，负有照护职责人员性侵罪，强制猥亵、侮辱罪，猥亵儿童罪，组织卖淫罪，强迫卖淫罪，协助组织卖淫罪，引诱、容留、介绍卖淫罪，引诱幼女卖淫罪等。

第二条 办理性侵害未成年人刑事案件，应当坚持以下原则：

（一）依法从严惩处性侵害未成年人犯罪；

（二）坚持最有利于未成年人原则，充分考虑未成年人身心发育尚未成熟、易受伤害等特点，切实保障未成年人的合法权益；

(三)坚持双向保护原则,对于未成年人实施性侵害未成年人犯罪的,在依法保护未成年被害人的合法权益时,也要依法保护未成年犯罪嫌疑人、未成年被告人的合法权益。

第三条 人民法院、人民检察院、公安机关应当确定专门机构或者指定熟悉未成年人身心特点的专门人员,负责办理性侵害未成年人刑事案件。未成年被害人系女性的,应当有女性工作人员参与。

法律援助机构应当指派熟悉未成年人身心特点的律师为未成年人提供法律援助。

第四条 人民法院、人民检察院在办理性侵害未成年人刑事案件中发现社会治理漏洞的,依法提出司法建议、检察建议。

人民检察院依法对涉及性侵害未成年人的诉讼活动等进行监督,发现违法情形的,应当及时提出监督意见。发现未成年人合法权益受到侵犯,涉及公共利益的,应当依法提起公益诉讼。

二、案件办理

第五条 公安机关接到未成年人被性侵害的报案、控告、举报,应当及时受理,迅速审查。符合刑事立案条件的,应当立即立案侦查,重大、疑难、复杂案件立案审查期限原则上不超过七日。具有下列情形之一,公安机关应当在受理后直接立案侦查:

(一)精神发育明显迟滞的未成年人或者不满十四周岁的未成年人怀孕、妊娠终止或者分娩的;

(二)未成年人的生殖器官或者隐私部位遭受明显非正常损伤的;

(三)未成年人被组织、强迫、引诱、容留、介绍卖淫的;

(四)其他有证据证明性侵害未成年人犯罪发生的。

第六条 公安机关发现可能有未成年人被性侵害或者接报相关线索的,无论案件是否属于本单位管辖,都应当及时采取制止侵害行为、保护被害人、保护现场等紧急措施。必要时,应当通报有关部门对被害人予以临时安置、救助。

第七条 公安机关受理案件后,经过审查,认为有犯罪事实需要追究刑事责任,但因犯罪地、犯罪嫌疑人无法确定,管辖权不明的,受理案件的公安机关应当先立案侦查,经过侦查明确管辖后,及时将案件及证据材料移送有管辖权的公安机关。

第八条 人民检察院、公安机关办理性侵害未成年人刑事案件,应当坚持分工负责、互相配合、互相制约,加强侦查监督与协作配合,健全完善信息双向共享机制,形成合力。在侦查过程中,公安机关可以商请人民检察院就案件定性、证据收集、法律适用、未成年人保护要求等提出意见建议。

第九条 人民检察院认为公安机关应当立案侦查而不立案侦查的,或者被害人及其法定代理人、对未成年人负有特殊职责的人员据此向人民检察院提出异议,经审查其诉求合理的,人民检察院应当要求公安机关说明不立案的理由。人民检察院认为不立案理由不成立的,应当通知公安机关立案,公安机关接到通知后应当立案。

第十条 对性侵害未成年人的成年犯罪嫌疑人、被告人,应当依法从严把握适用非羁押强制措施,依法追诉,从严惩处。

第十一条 公安机关办理性侵害未

成年人刑事案件，在提请批准逮捕、移送起诉时，案卷材料中应当包含证明案件来源与案发过程的有关材料和犯罪嫌疑人归案（抓获）情况的说明等。

第十二条 人民法院、人民检察院办理性侵害未成年人案件，应当及时告知未成年被害人及其法定代理人或者近亲属有权委托诉讼代理人，并告知其有权依法申请法律援助。

第十三条 人民法院、人民检察院、公安机关办理性侵害未成年人刑事案件，除有碍案件办理的情形外，应当将案件进展情况、案件处理结果及时告知未成年被害人及其法定代理人，并对有关情况予以说明。

第十四条 人民法院确定性侵害未成年人刑事案件开庭日期后，应当将开庭的时间、地点通知未成年被害人及其法定代理人。

第十五条 人民法院开庭审理性侵害未成年人刑事案件，未成年被害人、证人一般不出庭作证。确有必要出庭的，应当根据案件情况采取不暴露外貌、真实声音等保护措施，或者采取视频等方式播放询问未成年人的录音录像，播放视频亦应当采取技术处理等保护措施。

被告人及其辩护人当庭发问的方式或者内容不当，可能对未成年被害人、证人造成身心伤害的，审判长应当及时制止。未成年被害人、证人在庭审中出现恐慌、紧张、激动、抗拒等影响庭审正常进行的情形的，审判长应当宣布休庭，并采取相应的情绪安抚疏导措施，评估未成年被害人、证人继续出庭作证的必要性。

第十六条 办理性侵害未成年人刑事案件，对于涉及未成年人的身份信息及可能推断出身份信息的资料和涉及性侵害的细节等内容，审判人员、检察人员、侦查人员、律师及参与诉讼、知晓案情的相关人员应当保密。

对外公开的诉讼文书，不得披露未成年人身份信息及可能推断出身份信息的其他资料，对性侵害的事实必须以适当方式叙述。

办案人员到未成年人及其亲属所在学校、单位、住所调查取证的，应当避免驾驶警车、穿着制服或者采取其他可能暴露未成年人身份、影响未成年人名誉、隐私的方式。

第十七条 知道或者应当知道对方是不满十四周岁的幼女，而实施奸淫等性侵害行为的，应当认定行为人“明知”对方是幼女。

对不满十二周岁的被害人实施奸淫等性侵害行为的，应当认定行为人“明知”对方是幼女。

对已满十二周岁不满十四周岁的被害人，从其身体发育状况、言谈举止、衣着特征、生活作息规律等观察可能是幼女，而实施奸淫等性侵害行为的，应当认定行为人“明知”对方是幼女。

第十八条 在校园、游泳馆、儿童游乐场、学生集体宿舍等公共场所对未成年人实施强奸、猥亵犯罪，只要有其他多人在场，不论在场人员是否实际看到，均可以依照刑法第二百三十六条第三款、第二百三十七条的规定，认定为在公共场所“当众”强奸、猥亵。

第十九条 外国人在中华人民共和国领域内实施强奸、猥亵未成年人等犯罪的，在依法判处刑罚时，可以附加适用驱逐出境。对于尚不构成犯罪但构成违反治安管理行为的，或者有性侵害未成年人犯罪记录不适宜在境内继续停留居留的，公安机关可以依法适用限期出境或者驱逐出境。

第二十条　对性侵害未成年人的成年犯罪分子严格把握减刑、假释、暂予监外执行的适用条件。纳入社区矫正的，应当严管严控。

三、证据收集与审查判断

第二十一条　公安机关办理性侵害未成年人刑事案件，应当依照法定程序，及时、全面收集固定证据。对与犯罪有关的场所、物品、人身等及时进行勘验、检查，提取与案件有关的痕迹、物证、生物样本；及时调取与案件有关的住宿、通行、银行交易记录等书证，现场监控录像等视听资料，手机短信、即时通讯记录、社交软件记录、手机支付记录、音视频、网盘资料等电子数据。视听资料、电子数据等证据因保管不善灭失的，应当向原始数据存储单位重新调取，或者提交专业机构进行技术性恢复、修复。

第二十二条　未成年被害人陈述、未成年证人证言中提到其他犯罪线索，属于公安机关管辖的，公安机关应当及时调查核实；属于其他机关管辖的，应当移送有管辖权的机关。

具有密切接触未成年人便利条件的人员涉嫌性侵害未成年人犯罪的，公安机关应当注意摸排犯罪嫌疑人可能接触到的其他未成年人，以便全面查清犯罪事实。

对于发生在犯罪嫌疑人住所周边或者相同、类似场所且犯罪手法雷同的性侵害案件，符合并案条件的，应当及时并案侦查，防止遗漏犯罪事实。

第二十三条　询问未成年被害人，应当选择"一站式"取证场所、未成年人住所或者其他让未成年人心理上感到安全的场所进行，并通知法定代理人到场。法定代理人不能到场或者不宜到场的，应当通知其他合适成年人到场，并将相关情况记录在案。

询问未成年被害人，应当采取和缓的方式，以未成年人能够理解和接受的语言进行。坚持一次询问原则，尽可能避免多次反复询问，造成次生伤害。确有必要再次询问的，应当针对确有疑问需要核实的内容进行。

询问女性未成年被害人应当由女性工作人员进行。

第二十四条　询问未成年被害人应当进行同步录音录像。录音录像应当全程不间断进行，不得选择性录制，不得剪接、删改。录音录像声音、图像应当清晰稳定，被询问人面部应当清楚可辨，能够真实反映未成年被害人回答询问的状态。录音录像应当随案移送。

第二十五条　询问未成年被害人应当问明与性侵害犯罪有关的事实及情节，包括被害人的年龄等身份信息、与犯罪嫌疑人、被告人交往情况、侵害方式、时间、地点、次数、后果等。

询问尽量让被害人自由陈述，不得诱导，并将提问和未成年被害人的回答记录清楚。记录应当保持未成年人的语言特点，不得随意加工或者归纳。

第二十六条　未成年被害人陈述和犯罪嫌疑人、被告人供述中具有特殊性、非亲历不可知的细节，包括身体特征、行为特征和环境特征等，办案机关应当及时通过人身检查、现场勘查等调查取证方法固定证据。

第二十七条　能够证实未成年被害

人和犯罪嫌疑人、被告人相识交往、矛盾纠纷及其异常表现、特殊癖好等情况,对完善证据链条、查清全部案情具有证明作用的证据,应当全面收集。

第二十八条 能够证实未成年人被性侵害后心理状况或者行为表现的证据,应当全面收集。未成年被害人出现心理创伤、精神抑郁或者自杀、自残等伤害后果的,应当及时检查、鉴定。

第二十九条 认定性侵害未成年人犯罪,应当坚持事实清楚,证据确实、充分,排除合理怀疑的证明标准。对案件事实的认定要立足证据,结合经验常识,考虑性侵害案件的特殊性和未成年人的身心特点,准确理解和把握证明标准。

第三十条 对未成年被害人陈述,应当着重审查陈述形成的时间、背景,被害人年龄、认知、记忆和表达能力,生理和精神状态是否影响陈述的自愿性、完整性,陈述与其他证据之间能否相互印证,有无矛盾。

低龄未成年人对被侵害细节前后陈述存在不一致的,应当考虑其身心特点,综合判断其陈述的主要事实是否客观、真实。

未成年被害人陈述了与犯罪嫌疑人、被告人或者性侵害事实相关的非亲历不可知的细节,并且可以排除指证、诱证、诬告、陷害可能的,一般应当采信。

未成年被害人询问笔录记载的内容与询问同步录音录像记载的内容不一致的,应当结合同步录音录像记载准确客观认定。

对未成年证人证言的审查判断,依照本条前四款规定进行。

第三十一条 对十四周岁以上未成年被害人真实意志的判断,不以其明确表示反对或者同意为唯一证据,应当结合未成年被害人的年龄、身体状况、被侵害前后表现以及双方关系、案发环境、案发过程等进行综合判断。

四、未成年被害人保护与救助

第三十二条 人民法院、人民检察院、公安机关办理性侵害未成年人刑事案件,应当根据未成年被害人的实际需要及当地情况,协调有关部门为未成年被害人提供心理疏导、临时照料、医疗救治、转学安置、经济帮扶等救助保护措施。

第三十三条 犯罪嫌疑人到案后,办案人员应当第一时间了解其有无艾滋病,发现犯罪嫌疑人患有艾滋病的,在征得未成年被害人监护人同意后,应当及时配合或者会同有关部门对未成年被害人采取阻断治疗等保护措施。

第三十四条 人民法院、人民检察院、公安机关办理性侵害未成年人刑事案件,发现未成年人的父母或者其他监护人不依法履行监护职责或者侵犯未成年人合法权益的,应当予以训诫,并书面督促其依法履行监护职责。必要时,可以责令未成年人父母或者其他监护人接受家庭教育指导。

第三十五条 未成年人受到监护人性侵害,其他具有监护资格的人员、民政部门等有关单位和组织向人民法院提出申请,要求撤销监护人资格,另行指定监护人的,人民法院依法予以支持。

有关个人和组织未及时向人民法院申请撤销监护人资格的,人民检察院可以依法督促、支持其提起诉讼。

第三十六条 对未成年人因被性侵害而造成人身损害,不能及时获得有效赔偿,生活困难的,人民法院、人民检察院、公安机关可会同有关部门,优先考虑予以救助。

五、其　　他

第三十七条　人民法院、人民检察院、公安机关、司法行政机关应当积极推动侵害未成年人案件强制报告制度落实。未履行报告义务造成严重后果的,应当依照《中华人民共和国未成年人保护法》等法律法规追究责任。

第三十八条　人民法院、人民检察院、公安机关、司法行政机关应当推动密切接触未成年人相关行业依法建立完善准入查询性侵害违法犯罪信息制度,建立性侵害违法犯罪人员信息库,协助密切接触未成年人单位开展信息查询工作。

第三十九条　办案机关应当建立完善性侵害未成年人案件"一站式"办案救助机制,通过设立专门场所、配置专用设备、完善工作流程和引入专业社会力量等方式,尽可能一次性完成询问、人身检查、生物样本采集、侦查辨认等取证工作,同步开展救助保护工作。

六、附　　则

第四十条　本意见自2023年6月1日起施行。本意见施行后,《最高人民法院　最高人民检察院　公安部　司法部关于依法惩治性侵害未成年人犯罪的意见》(法发〔2013〕12号)同时废止。

最高人民法院
关于对为索取法律不予保护的
债务非法拘禁他人行为如何
定罪问题的解释

(2000年6月30日最高人民法院审判委员会第1121次会议通过,2000年7月13日公布,自2000年7月19日起施行,法释〔2000〕19号)

为了正确适用刑法,现就为索取高利贷、赌债等法律不予保护的债务,非法拘禁他人行为如何定罪问题解释如下:

行为人为索取高利贷、赌债等法律不予保护的债务,非法扣押、拘禁他人的,依照刑法第二百三十八条的规定定罪处罚。

最高人民法院研究室
关于对在绑架勒索犯罪过程中
对同一受害人又有抢劫行为
应如何定罪问题的答复

(1995年5月30日)

江西省高级人民法院:

你院赣高法〔1995〕54号《关于在绑架勒索犯罪过程中又有抢劫行为是否数罪并罚的请示》收悉。经研究,答复如下:行为人在绑架勒索犯罪过程中,又抢劫同一人被害人财物的,应以绑架勒索罪定罪,从重处罚;同时又抢劫他人财物的,应分别以绑架勒索罪、抢劫罪定罪,实行数罪并罚。

此复。

最高人民法院关于对在绑架过程中以暴力、胁迫等手段当场劫取被害人财物的行为如何适用法律问题的答复

(2001年11月8日,法函〔2001〕68号)

福建省高级人民法院:

你院闽高法〔2001〕128号《关于在绑架过程中实施暴力或以暴力相威胁当场劫取被害人财物的行为如何适用法律问题的请示》收悉。经研究,答复如下:

行为人在绑架过程中,又以暴力、胁迫等手段当场劫取被害人财物,构成犯罪的,择一重罪处罚。根据我国刑法理论通说,典型的绑架罪分为勒索型绑架、人质型绑架和偷盗婴儿。就勒索型绑架而言,行为人为勒索财物而利用暴力、胁迫等方法限制被害人人身自由后,又临时起意乘机劫取被害人随身财物,在这种情形下,其行为符合抢劫罪的全部要件,应在绑架罪和抢劫罪中择一重罪处罚。

最高人民法院、最高人民检察院、公安部、民政部、司法部、全国妇联关于坚决打击拐卖妇女儿童犯罪活动的通知

(1986年11月27日,〔1986〕公发38号)

各省、自治区、直辖市高级人民法院、人民检察院、公安、民政、司法厅(局)、妇女联合会:

……

为了尽快地把拐卖妇女、儿童犯罪活动的势头压下去,确保社会治安的稳定好转,必须采取有效措施,继续严厉打击拐卖妇女、儿童的犯罪分子,制止其继续蔓延。为此,提出如下意见:

一、进一步统一思想,提高认识。(略)

二、加强领导,明确分工,各负其责,协同作战。(略)

三、坚决打击拐卖妇女、儿童的犯罪分子。在拐卖人口犯罪活动比较突出的地区,要把打击拐卖人口的犯罪分子作为“严打”斗争的重要内容。按照1983年中央办公厅转发的公安部和全国妇联两党组《关于坚决打击拐卖妇女、儿童犯罪活动的报告》(中办发〔1983〕14号文件)精神和1984年最高人民法院、最高人民检察院、公安部《关于当前办理拐卖人口案件中具体应用法律的若干问题的解答》的有关规定,对构成拐卖人口罪的,不管是直接拐卖、间接拐卖,是一道贩子,还是二道、三道贩子,都要坚决打击。对其中

的惯犯、累犯、犯罪集团的主犯,对用劫持、绑架等手段拐卖妇女、儿童,摧残、虐待被拐卖妇女、儿童的犯罪分子,必须依法从重从快惩处。

要注意区分罪与非罪的界限。把在青年男女双方自愿基础上介绍婚姻,收受部分钱物的牵线人,与拐卖妇女的犯罪分子严格加以区别。

必须强调,对阻挠解救被害妇女、儿童工作,围攻、殴打前来解救的工作人员或亲属的,经教育无效,要依照治安管理处罚条例有关规定给予处罚;情节严重,构成妨害公务罪或者故意伤害罪的,依法追究刑事责任。

四、在拐卖妇女、儿童犯罪活动比较突出的重点地区,要有针对性地开展法制宣传教育。(略)

关于打击拐卖妇女、儿童犯罪活动的办案经费问题,要向当地人民政府报告,请地方财政部门予以解决。

最高人民法院
关于审理拐卖妇女案件
适用法律有关问题的解释

(1999年12月23日最高人民法院审判委员会第1094次会议通过,2000年1月3日公布,自2000年1月25日施行,法释〔2000〕1号)

为依法惩治拐卖妇女的犯罪行为,根据刑法和刑事诉讼法的有关规定,现就审理拐卖妇女案件具体适用法律的有关问题解释如下:

第一条 刑法第二百四十条规定的拐卖妇女罪中的“妇女”,既包括具有中国国籍的妇女,也包括具有外国国籍和无国籍的妇女。被拐卖的外国妇女没有身份证明的,不影响对犯罪分子的定罪处罚。

第二条 外国人或者无国籍人拐卖外国妇女到我国境内被查获的,应当根据刑法第六条的规定,适用我国刑法定罪处罚。

第三条 对于外国籍被告人身份无法查明或者其国籍国拒绝提供有关身份证明,人民检察院根据刑事诉讼法第一百二十八条第二款的规定起诉的案件,人民法院应当依法受理。

最高人民法院、最高人民检察院、公安部、民政部、司法部、全国妇联
关于打击拐卖妇女儿童
犯罪有关问题的通知

(2000年3月20日)

各省、自治区、直辖市高级人民法院,人民检察院,公安厅、局,民政厅、局,司法厅、局,妇联:

……为搞好这次“打拐”专项斗争,依法惩处拐卖妇女、儿童的犯罪分子,解救被拐卖的妇女、儿童,现就有关问题通知如下:

一、切实提高对开展“打拐”专项斗争重要性的认识,加强组织领导和协作配合。(略)

二、大力敦促犯罪分子投案自首,坦

白交代罪行，揭发犯罪，争取从宽处理。(略)

三、深入开展法制宣传教育，广泛发动群众参与“打拐”专项斗争，防止发生阻碍解救事件。(略)

四、正确适用法律，依法严厉打击拐卖妇女、儿童的犯罪活动。

这次“打拐”专项斗争的重点是打击拐卖妇女、儿童的人贩子。凡是拐卖妇女、儿童的，不论是哪个环节，只要是以出卖为目的，有拐骗、绑架、收买、贩卖、接送、中转、窝藏妇女、儿童的行为之一的，不论拐卖人数多少，是否获利，均应以拐卖妇女、儿童罪追究刑事责任。对收买被拐卖的妇女、儿童的，以及阻碍解救被拐卖妇女、儿童构成犯罪的，也要依法惩处。出卖亲生子女的，由公安机关依法没收非法所得，并处以罚款；以营利为目的，出卖不满十四周岁子女，情节恶劣的，借收养名义拐卖儿童的，以及出卖捡拾的儿童的，均应以拐卖儿童罪追究刑事责任。出卖十四周岁以上女性亲属或者其他不满十四周岁亲属的，以拐卖妇女、儿童罪追究刑事责任。

办案中，要正确区分罪与非罪、此罪与彼罪的界限，特别是拐卖妇女罪与介绍婚姻收取钱物行为、拐卖儿童罪与收养中介行为、拐卖儿童罪与拐骗儿童罪，以及绑架儿童罪与拐卖儿童罪的界限，防止扩大打击面或者放纵犯罪。

五、各级政法机关和有关部门应当密切配合，形成合力，共同打好“打拐”专项斗争。

……

拐入地、拐出地或中转地公安机关立案侦查的拐卖妇女、儿童案件，应当向同级人民检察院提请批准逮捕、移送审查起诉。对于有多次倒卖情形的拐卖妇女、儿童案件，无论行为人是第几道贩子，只要其犯罪行为已经查证属实的，就应当及时起诉、审判。对于其他犯罪线索，公安机关应当组织力量继续进行侦查。对同案犯在逃的，已抓获的犯罪嫌疑人、被告人的犯罪事实已经查清，并有确实、充分证据的，应当及时起诉、审判。一人犯数罪的，对其中主要罪行或某一罪行事实清楚，证据确实、充分，而其他罪行一时难以查清的，可先对其已查清的主要罪行或某一罪行作出处理。

六、切实做好解救和善后安置工作，保护被拐卖妇女、儿童的合法权益。……对被解救回的未成年人，其父母及其他监护人应当接收并认真履行抚养义务。拒绝接收，拒不履行抚养义务，构成犯罪的，以遗弃罪追究刑事责任。

七、进一步开展综合治理，预防拐卖妇女、儿童犯罪发生。(略)

公安部
关于打击拐卖妇女儿童犯罪适用法律和政策有关问题的意见

(2000年3月24日，
公通字〔2000〕25号)

一、关于立案、管辖问题

(一)对发现的拐卖妇女、儿童案件，拐出地(即妇女、儿童被拐骗地)、拐入地或者中转地公安机关应当立案管辖。两个以上公安机关都有管辖权的，由最先立案的公安机关侦查。必要时，可以由主要犯罪地或者主要犯罪嫌疑人居住地公安机关管辖。有关公安机关不得相互推诿。对管辖有争议的案件,应报请争议双方共同的上一级公安机关指定管辖。

铁路、交通、民航公安机关按照《公安机关办理刑事案件程序规定》第 20 条的规定立案侦查拐卖妇女、儿童案件。在运输途中查获的拐卖妇女、儿童案件,可以直接移送拐出地公安机关处理。

(二)对于公民报案、控告、举报的与拐卖妇女、儿童有关的犯罪嫌疑人、犯罪线索或者材料,扭送的犯罪嫌疑人,或者犯罪嫌疑人自首的,公安机关都应当接受。对于接受的案件或者发现的犯罪线索,应当迅速进行审查。对于需要采取解救被拐卖的妇女、儿童等紧急措施的,应当先采取紧急措施。

(三)经过审查,认为有犯罪事实,需要追究刑事责任的,应当区别情况,作出如下处理:

1. 属于本公安机关管辖的案件,应当及时立案侦查。

2. 属于其他公安机关管辖的案件,应当在二十四小时内移送有管辖权的公安机关办理。

3. 不属于公安机关管辖的案件,如属于人民检察院管辖的不解救被拐卖、绑架妇女、儿童案和阻碍解救被拐卖、绑架妇女、儿童案等,属于人民法院管辖的重婚案等,应当及时将案件材料和有关证据送交有管辖权的人民检察院、人民法院,并告知报案人、控告人、举报人到人民检察院、人民法院报案、控告、举报或者起诉。

二、关于拐卖妇女、儿童犯罪

(一)要正确认定拐卖妇女、儿童罪。凡是拐卖妇女、儿童的,不论是哪个环节,只要是以出卖为目的,有拐骗、绑架、收买、贩卖、接送、中转妇女、儿童的行为之一的,均以拐卖妇女、儿童罪立案侦查。

(二)在办理拐卖妇女、儿童案件中,不论拐卖人数多少,是否获利,只要实施拐卖妇女、儿童行为的,均应当以拐卖妇女、儿童罪立案侦查。

(三)明知是拐卖妇女、儿童的犯罪分子而事先通谋,为其拐卖行为提供资助或者其他便利条件的,应当以拐卖妇女、儿童罪的共犯立案侦查。

(四)对拐卖过程中奸淫被拐卖妇女的;诱骗、强迫被拐卖的妇女卖淫或者将被拐卖的妇女卖给他人迫使其卖淫的;以出卖为目的使用暴力、胁迫、麻醉等方法绑架妇女、儿童的;以出卖为目的,偷盗婴幼儿的;造成被拐卖的妇女、儿童或者其亲属重伤、死亡或者其他严重后果的,均以拐卖妇女、儿童罪立案侦查。

(五)教唆他人实施拐卖妇女、儿童犯罪的,以拐卖妇女、儿童罪的共犯立案侦查。向他人传授拐卖妇女、儿童的犯罪方法的,以传授犯罪方法罪立案侦查。明知是拐卖妇女、儿童的犯罪分子,而在其实施犯罪后为其提供隐藏处所、财物,帮助其逃匿或者作假证明包庇的,以窝藏、包庇罪立案侦查。

(六)出卖亲生子女的,由公安机关依法没收非法所得,并处以罚款;以营利为目的,出卖不满十四周岁子女,情节恶劣的,以拐卖儿童罪立案侦查。

(七)出卖十四周岁以上女性亲属或者其他不满十四周岁亲属的,以拐卖妇女、儿童罪立案侦查。

(八)借收养名义拐卖儿童的,出卖捡拾的儿童的,均以拐卖儿童罪立案侦查。

(九)以勒索财物为目的,偷盗婴幼

儿的,以绑架罪立案侦查。

(十)犯组织他人偷越国(边)境罪,对被组织的妇女、儿童有拐卖犯罪行为的,以组织他人偷越国(边)境罪和拐卖妇女、儿童罪立案侦查。

(十一)非以出卖为目的,拐骗不满十四周岁的未成年人脱离家庭或者监护人的,以拐骗儿童罪立案侦查。

(十二)教唆被拐卖、拐骗、收买的未成年人实施盗窃、诈骗等犯罪行为的,应当以盗窃罪、诈骗罪等犯罪的共犯立案侦查。

办案中,要正确区分罪与非罪、罪与罪的界限,特别是拐卖妇女罪与介绍婚姻收取钱物行为、拐卖儿童罪与收养中介行为、拐卖儿童罪与拐骗儿童罪,以及绑架儿童罪与拐卖儿童罪的界限,防止扩大打击面或者放纵犯罪。

三、关于收买被拐卖的妇女、儿童犯罪

(一)收买被拐卖的妇女、儿童的,以收买被拐卖的妇女、儿童罪立案侦查。

(二)收买被拐卖的妇女、儿童,并有下列犯罪行为的,同时以收买被拐卖的妇女、儿童罪和下列罪名立案侦查:

1.违背被拐卖妇女的意志,强行与其发生性关系的,以强奸罪立案侦查。

2.明知收买的妇女是精神病患者(间歇性精神病患者在发病期间)或者痴呆者(程度严重的)而与其发生性关系的,以强奸罪立案侦查。

3.与收买的不满十四周岁的幼女发生性关系的,不论被害人是否同意,均以奸淫幼女罪立案侦查。

4.非法剥夺、限制被拐卖的妇女、儿童人身自由的,或者对其实施伤害、侮辱、猥亵等犯罪行为的,以非法拘禁罪,或者伤害罪、侮辱罪、强制猥亵妇女罪、猥亵儿童罪等犯罪立案侦查。

5.明知被拐卖的妇女是现役军人的妻子而与之同居或者结婚的,以破坏军婚罪立案侦查。

(三)收买被拐卖的妇女、儿童后又出卖的,以拐卖妇女、儿童罪立案侦查。

(四)凡是帮助买主实施强奸、伤害、非法拘禁被拐卖的妇女、儿童等犯罪行为的,应当分别以强奸罪、伤害罪、非法拘禁罪等犯罪的共犯立案侦查。

(五)收买被拐卖的妇女、儿童,按照被买妇女的意愿,不阻碍其返回原居住地的,对被买儿童没有虐待行为,不阻碍对其进行解救的,可以不追究刑事责任。

四、关于自首和立功

(一)要采取多种形式,广泛宣传刑法关于自首、立功等从宽处理的刑事政策。各地可选择一些因主动投案自首或者有立功表现而给予从轻、减轻、免除处罚的典型案件,公开宣传报道,敦促在逃的犯罪分子尽快投案自首,坦白交待罪行,检举、揭发他人的犯罪行为,提供破案线索,争取立功表现。

(二)要做好对犯罪分子家属、亲友的政策宣传工作,动员他们规劝、陪同有拐卖妇女、儿童犯罪行为的亲友投案自首,或者将犯罪嫌疑人送往司法机关投案。对窝藏、包庇犯罪分子、阻碍解救、妨害公务,构成犯罪的,要依法追究刑事责任。

(三)对于投案自首、坦白交待罪行、有立功表现的犯罪嫌疑人,公安机关在移送人民检察院审查起诉时应当依法提出从轻、减轻、免除处罚的意见。

五、关于解救工作

(一)解救妇女、儿童工作由拐入地

公安机关负责。对于拐出地公安机关主动派工作组到拐入地进行解救的,也要以拐入地公安机关为主开展工作。对解救的被拐卖妇女,由其户口所在地公安机关负责接回;对解救的被拐卖儿童,由其父母或者其他监护人户口所在地公安机关负责接回。拐出地、拐入地、中转地公安机关应当积极协作配合,坚决杜绝地方保护主义。

(二)要充分依靠当地党委、政府的支持,做好对基层干部和群众的法制宣传和说服教育工作,注意方式、方法,慎用警械、武器,避免激化矛盾,防止出现围攻执法人员、聚众阻碍解救等突发事件。

以暴力、威胁方法阻碍国家机关工作人员解救被收买的妇女、儿童的,以妨害公务罪立案侦查。对聚众阻碍国家机关工作人员解救被收买的妇女、儿童的首要分子,以聚众阻碍解救被收买的妇女、儿童罪立案侦查。其他使用暴力、威胁方法的参与者,以妨害公务罪立案侦查。阻碍解救被收买的妇女、儿童,没有使用暴力、威胁方法的,依照《中华人民共和国治安管理处罚条例》的有关规定处罚。

(三)对于被拐卖的未成年女性、现役军人配偶、受到买主摧残虐待的、被强迫卖淫或从事其他色情服务的妇女,以及本人要求解救的妇女,要立即解救。

对于自愿继续留在现住地生活的成年女性,应当尊重本人意愿,愿在现住地结婚且符合法定结婚条件的,应当依法办理结婚登记手续。被拐卖妇女与买主所生子女的抚养问题,可由双方协商解决或者由人民法院裁决。

(四)对于遭受摧残虐待的、被强迫乞讨或从事违法犯罪活动的,以及本人要求解救的被拐卖儿童,应当立即解救。

对于被解救的儿童,暂时无法查明其父母或者其他监护人的,依法交由民政部门收容抚养。

对于被解救的儿童,如买主对该儿童既没有虐待行为又不阻碍解救,其父母又自愿送养,双方符合收养和送养条件的,可依法办理收养手续。

(五)任何个人或者组织不得向被拐卖的妇女、儿童及其家属索要收买妇女、儿童的费用和生活费用;已经索取的,应当予以返还。

(六)被解救的妇女、儿童户口所在地公安机关应当协助民政等有关部门妥善安置其生产和生活。

六、关于不解救或者阻碍解救被拐卖的妇女、儿童等渎职犯罪(略)

七、关于严格执法、文明办案

(三)对犯罪分子违法所得的一切财物及其产生的孳息,应当依法追缴。对依法扣押的犯罪工具及犯罪嫌疑人的财物及其孳息,应当妥为保管,不得挪用、毁损和自行处理。对作为证据使用的实物,应当随案移送;对不宜移送的,应当将其清单、照片或者其他证明文件随案移送,待人民法院作出生效判决后,由扣押的公安机关按照人民法院的通知,上缴国库或者返还受害人。

(四)认真做好办案协作工作。需要异地公安机关协助调查、执行强制措施的,要及时向有关地区公安机关提出协作请求。接受请求的公安机关应当及时予以协作配合,并尽快回复。对不履行办案协作职责造成严重后果的,对直接负责的主管人员和其他直接责任人员,应当给予行政处分;构成犯罪的,依法追究刑事责任。对在逃的拐卖妇女、儿童的犯罪分子,有关公安机关应密切配合,及时通缉,追捕归案。

八、关于办理涉外案件

（一）外国人或者无国籍人拐卖外国妇女、儿童到我国境内被查获的，应当适用我国刑法，以拐卖妇女、儿童罪立案侦查。

（二）拐卖妇女犯罪中的“妇女”，既包括具有中国国籍的妇女，也包括具有外国国籍和无国籍的妇女。被拐卖的外国妇女没有身份证明的，不影响对犯罪分子的立案侦查。

（三）对外国人依法作出取保候审、监视居住决定或者执行拘留、逮捕后，由有关省、自治区、直辖市公安厅、局在规定的期限内，将外国人的有关情况、涉嫌犯罪的主要事实、已采取的强制措施及其法律依据，通知该外国人所属国家的驻华使、领馆，同时报告公安部。

（四）对于外国籍犯罪嫌疑人身份无法查明或者其国籍国拒绝提供有关身份证明的，也可以按其自报的姓名依法提请人民检察院批准逮捕、移送审查起诉。

（五）对非法入出我国国境、非法居留的外国人，应当依照《中华人民共和国外国人入境出境管理法》及其实施细则进行处罚；情节严重，构成犯罪的，依法追究刑事责任。

九、关于法制宣传工作（略）

最高人民法院、最高人民检察院、公安部、司法部关于依法惩治拐卖妇女儿童犯罪的意见

（2010年3月15日印发）

二、管辖

4. 拐卖妇女、儿童犯罪案件依法由犯罪地的司法机关管辖。拐卖妇女、儿童犯罪的犯罪地包括拐出地、中转地、拐入地以及拐卖活动的途经地。如果由犯罪嫌疑人、被告人居住地的司法机关管辖更为适宜的，可以由犯罪嫌疑人、被告人居住地的司法机关管辖。

5. 几个地区的司法机关都有权管辖的，一般由最先受理的司法机关管辖。犯罪嫌疑人、被告人或者被拐卖的妇女、儿童人数较多，涉及多个犯罪地的，可以移送主要犯罪地或者主要犯罪嫌疑人、被告人居住地的司法机关管辖。

6. 相对固定的多名犯罪嫌疑人、被告人分别在拐出地、中转地、拐入地实施某一环节的犯罪行为，犯罪所跨地域较广，全案集中管辖有困难的，可以由拐出地、中转地、拐入地的司法机关对不同犯罪分子分别实施的拐出、中转和拐入犯罪行为分别管辖。

7. 对管辖权发生争议的，争议各方应当本着有利于迅速查清犯罪事实，及时解救被拐卖的妇女、儿童，以及便于起诉、审判的原则，在法定期间内尽快协商解决；协商不成的，报请共同的上级机关确定

管辖。

正在侦查中的案件发生管辖权争议的,在上级机关作出管辖决定前,受案机关不得停止侦查工作。

三、立案

8. 具有下列情形之一,经审查,符合管辖规定的,公安机关应当立即以刑事案件立案,迅速开展侦查工作:

(1)接到拐卖妇女、儿童的报案、控告、举报的;

(2)接到儿童失踪或者已满十四周岁不满十八周岁的妇女失踪报案的;

(3)接到已满十八周岁的妇女失踪,可能被拐卖的报案的;

(4)发现流浪、乞讨的儿童可能系被拐卖的;

(5)发现有收买被拐卖妇女、儿童行为,依法应当追究刑事责任的;

(6)表明可能有拐卖妇女、儿童犯罪事实发生的其他情形的。

9. 公安机关在工作中发现犯罪嫌疑人或者被拐卖的妇女、儿童,不论案件是否属于自己管辖,都应当首先采取紧急措施。经审查,属于自己管辖的,依法立案侦查;不属于自己管辖的,及时移送有管辖权的公安机关处理。

10. 人民检察院要加强对拐卖妇女、儿童犯罪案件的立案监督,确保有案必立、有案必查。

四、证据

11. 公安机关应当依照法定程序,全面收集能够证实犯罪嫌疑人有罪或者无罪、犯罪情节轻重的各种证据。

要特别重视收集、固定买卖妇女、儿童犯罪行为交易环节中钱款的存取证明、犯罪嫌疑人的通话清单、乘坐交通工具往来有关地方的票证、被拐卖儿童的 DNA 鉴定结论、有关监控录像、电子信息等客观性证据。

取证工作应当及时,防止时过境迁,难以弥补。

12. 公安机关应当高度重视并进一步加强 DNA 数据库的建设和完善。对失踪儿童的父母,或者疑似被拐卖的儿童,应当及时采集血样进行检验,通过全国 DNA 数据库,为查获犯罪,帮助被拐卖的儿童及时回归家庭提供科学依据。

13. 拐卖妇女、儿童犯罪所涉地区的办案单位应当加强协作配合。需要到异地调查取证的,相关司法机关应当密切配合;需要进一步补充查证的,应当积极支持。

五、定性

14. 犯罪嫌疑人、被告人参与拐卖妇女、儿童犯罪活动的多个环节,只有部分环节的犯罪事实查证清楚、证据确实、充分的,可以对该环节的犯罪事实依法予以认定。

15. 以出卖为目的强抢儿童,或者捡拾儿童后予以出卖,符合刑法第二百四十条第二款规定的,应当以拐卖儿童罪论处。

以抚养为目的偷盗婴幼儿或者拐骗儿童,之后予以出卖的,以拐卖儿童罪论处。

16. 以非法获利为目的,出卖亲生子女的,应当以拐卖妇女、儿童罪论处。

17. 要严格区分借送养之名出卖亲生子女与民间送养行为的界限。区分的关键在于行为人是否具有非法获利的目的。应当通过审查将子女"送"人的背景和原因、有无收取钱财及收取钱财的多少、对方是否具有抚养目的及有无抚养能力等事实,综合判断行为人是否具有非法获利的目的。

具有下列情形之一的,可以认定属于出卖亲生子女,应当以拐卖妇女、儿童罪论处:

(1)将生育作为非法获利手段,生育后即出卖子女的;

(2)明知对方不具有抚养目的,或者根本不考虑对方是否具有抚养目的,为收取钱财将子女"送"给他人的;

(3)为收取明显不属于"营养费"、"感谢费"的巨额钱财将子女"送"给他人的;

(4)其他足以反映行为人具有非法获利目的的"送养"行为的。

不是出于非法获利目的,而是迫于生活困难,或者受重男轻女思想影响,私自将没有独立生活能力的子女送给他人抚养,包括收取少量"营养费"、"感谢费"的,属于民间送养行为,不能以拐卖妇女、儿童罪论处。对私自送养导致子女身心健康受到严重损害,或者具有其他恶劣情节,符合遗弃罪特征的,可以遗弃罪论处;情节显著轻微危害不大的,可由公安机关依法予以行政处罚。

18. 将妇女拐卖给有关场所,致使被拐卖的妇女被迫卖淫或者从事其他色情服务的,以拐卖妇女罪论处。

有关场所的经营管理人员事前与拐卖妇女的犯罪人通谋的,对该经营管理人员以拐卖妇女罪的共犯论处;同时构成拐卖妇女罪和组织卖淫罪的,择一重罪论处。

19. 医疗机构、社会福利机构等单位的工作人员以非法获利为目的,将所诊疗、护理、抚养的儿童贩卖给他人的,以拐卖儿童罪论处。

20. 明知是被拐卖的妇女、儿童而收买,具有下列情形之一的,以收买被拐卖的妇女、儿童罪论处;同时构成其他犯罪的,依照数罪并罚的规定处罚:

(1)收买被拐卖的妇女后,违背被收买妇女的意愿,阻碍其返回原居住地的;

(2)阻碍对被收买妇女、儿童进行解救的;

(3)非法剥夺、限制被收买妇女、儿童的人身自由,情节严重,或者对被收买妇女、儿童有强奸、伤害、侮辱、虐待等行为的;

(4)所收买的妇女、儿童被解救后又再次收买,或者收买多名被拐卖的妇女、儿童的;

(5)组织、诱骗、强迫被收买的妇女、儿童从事乞讨、苦役,或者盗窃、传销、卖淫等违法犯罪活动的;

(6)造成被收买妇女、儿童或者其亲属重伤、死亡以及其他严重后果的;

(7)具有其他严重情节的。

被追诉前主动向公安机关报案或者向有关单位反映,愿意让被收买妇女返回原居住地,或者将被收买儿童送回其家庭,或者将被收买妇女、儿童交给公安、民政、妇联等机关、组织,没有其他严重情节的,可以不追究刑事责任。

六、共同犯罪

21. 明知他人拐卖妇女、儿童,仍然向其提供被拐卖妇女、儿童的健康证明、出生证明或者其他帮助的,以拐卖妇女、儿童罪的共犯论处。

明知他人收买被拐卖的妇女、儿童,仍然向其提供被收买妇女、儿童的户籍证明、出生证明或者其他帮助的,以收买被拐卖的妇女、儿童罪的共犯论处,但是,收买人未被追究刑事责任的除外。

认定是否"明知",应当根据证人证

言、犯罪嫌疑人、被告人及其同案人供述和辩解,结合提供帮助的人次,以及是否明显违反相关规章制度、工作流程等,予以综合判断。

22. 明知他人系拐卖儿童的“人贩子”,仍然利用从事诊疗、福利救助等工作的便利或者了解被拐卖方情况的条件,居间介绍的,以拐卖儿童罪的共犯论处。

23. 对于拐卖妇女、儿童犯罪的共犯,应当根据各被告人在共同犯罪中的分工、地位、作用,参与拐卖的人数、次数,以及分赃数额等,准确区分主从犯。

对于组织、领导、指挥拐卖妇女、儿童的某一个或者某几个犯罪环节,或者积极参与实施拐骗、绑架、收买、贩卖、接送、中转妇女、儿童等犯罪行为,起主要作用的,应当认定为主犯。

对于仅提供被拐卖妇女、儿童信息或者相关证明文件,或者进行居间介绍,起辅助或者次要作用,没有获利或者获利较少的,一般可认定为从犯。

对于各被告人在共同犯罪中的地位、作用区别不明显的,可以不区分主从犯。

七、一罪与数罪

24. 拐卖妇女、儿童,又奸淫被拐卖的妇女、儿童,或者诱骗、强迫被拐卖的妇女、儿童卖淫的,以拐卖妇女、儿童罪处罚。

25. 拐卖妇女、儿童,又对被拐卖的妇女、儿童实施故意杀害、伤害、猥亵、侮辱等行为,构成其他犯罪的,依照数罪并罚的规定处罚。

26. 拐卖妇女、儿童或者收买被拐卖的妇女、儿童,又组织、教唆被拐卖、收买的妇女、儿童进行犯罪的,以拐卖妇女、儿童罪或者收买被拐卖的妇女、儿童罪与其所组织、教唆的罪数罪并罚。

27. 拐卖妇女、儿童或者收买被拐卖的妇女、儿童,又组织、教唆被拐卖、收买的未成年妇女、儿童进行盗窃、诈骗、抢夺、敲诈勒索等违反治安管理活动的,以拐卖妇女、儿童罪或者收买被拐卖的妇女、儿童罪与组织未成年人进行违反治安管理活动罪数罪并罚。

八、刑罚适用

28. 对于拐卖妇女、儿童犯罪集团的首要分子,情节严重的主犯,累犯,偷盗婴幼儿、强抢儿童情节严重,将妇女、儿童卖往境外情节严重,拐卖妇女、儿童多人多次、造成伤亡后果,或者具有其他严重情节的,依法从重处罚;情节特别严重的,依法判处死刑。

拐卖妇女、儿童,并对被拐卖的妇女、儿童实施故意杀害、伤害、猥亵、侮辱等行为,数罪并罚决定执行的刑罚应当依法体现从严。

29. 对于拐卖妇女、儿童的犯罪分子,应当注重依法适用财产刑,并切实加大执行力度,以强化刑罚的特殊预防与一般预防效果。

30. 犯收买被拐卖的妇女、儿童罪,对被收买妇女、儿童实施违法犯罪活动或者将其作为牟利工具的,处罚时应当依法体现从严。

收买被拐卖的妇女、儿童,对被收买妇女、儿童没有实施摧残、虐待行为或者与其已形成稳定的婚姻家庭关系,但仍应依法追究刑事责任的,一般应当从轻处罚;符合缓刑条件的,可以依法适用缓刑。

收买被拐卖的妇女、儿童,犯罪情节轻微的,可以依法免予刑事处罚。

31. 多名家庭成员或者亲友共同参与出卖亲生子女,或者“买人为妻”、“买人为子”构成收买被拐卖的妇女、儿童罪的,一般应当在综合考察犯意提起、各行为人在犯罪中所起作用等情节的基础上,依法追究其中罪责较重者的刑事责任。对于其他情节显著轻微危害不大,不认为是犯罪的,依法不追究刑事责任;必要时可以由公安机关予以行政处罚。

32. 具有从犯、自首、立功等法定从宽处罚情节的,依法从轻、减轻或者免除处罚。

对被拐卖的妇女、儿童没有实施摧残、虐待等违法犯罪行为,或者能够协助解救被拐卖的妇女、儿童,或者具有其他酌定从宽处罚情节的,可以依法酌情从轻处罚。

33. 同时具有从严和从宽处罚情节的,要在综合考察拐卖妇女、儿童的手段、拐卖妇女、儿童或者收买被拐卖妇女、儿童的人次、危害后果以及被告人主观恶性、人身危险性等因素的基础上,结合当地此类犯罪发案情况和社会治安状况,决定对被告人总体从严或者从宽处罚。

最高人民检察院法律政策研究室关于以出卖为目的的倒卖外国妇女的行为是否构成拐卖妇女罪的答复

(1998年12月24日,高检研发〔1998〕21号)

吉林省人民检察院研究室:

你院吉检发研字(1998)4号《关于以出卖为目的的倒卖外国妇女的行为是否构成拐卖妇女罪的请示》收悉。经研究,现答复如下:

刑法第二百四十条明确规定:“拐卖妇女、儿童是指以出卖为目的,有拐骗、绑架、收买、贩卖、接送、中转妇女、儿童的行为之一的。”其中作为“收买”对象的妇女、儿童并不要求必须是“被拐骗、绑架的妇女、儿童”。因此,以出卖为目的,收买、贩卖外国妇女,从中牟取非法利益的,应以拐卖妇女罪追究刑事责任。但确属为他人介绍婚姻收取介绍费,而非以出卖为目的的,不能追究刑事责任。

此复。

最高人民法院关于审理拐卖妇女儿童犯罪案件具体应用法律若干问题的解释

(2016年11月14日最高人民法院审判委员会第1699次会议通过,2016年12月21日印发,自2017年1月1日起施行,法释〔2016〕28号)

为依法惩治拐卖妇女、儿童犯罪,切实保障妇女、儿童的合法权益,维护家庭和谐与社会稳定,根据刑法有关规定,结合司法实践,现就审理此类案件具体应用法律的若干问题解释如下:

第一条 对婴幼儿采取欺骗、利诱等手段使其脱离监护人或者看护人的,视为刑法第二百四十条第一款第(六)项规定的“偷盗婴幼儿”。

第二条 医疗机构、社会福利机构等单位的工作人员以非法获利为目的,将所诊疗、护理、抚养的儿童出卖给他人的,以拐卖儿童罪论处。

第三条 以介绍婚姻为名,采取非法扣押身份证件、限制人身自由等方式,或者利用妇女人地生疏、语言不通、孤立无援等境况,违背妇女意志,将其出卖给他人的,应当以拐卖妇女罪追究刑事责任。

以介绍婚姻为名,与被介绍妇女串通骗取他人钱财,数额较大的,应当以诈骗罪追究刑事责任。

第四条 在国家机关工作人员排查来历不明儿童或者进行解救时,将所收买的儿童藏匿、转移或者实施其他妨碍解救行为,经说服教育仍不配合的,属于刑法第二百四十一条第六款规定的"阻碍对其进行解救"。

第五条 收买被拐卖的妇女,业已形成稳定的婚姻家庭关系,解救时被买妇女自愿继续留在当地共同生活的,可以视为"按照被买妇女的意愿,不阻碍其返回原居住地"。

第六条 收买被拐卖的妇女、儿童后又组织、强迫卖淫或者组织乞讨、进行违反治安管理活动等构成其他犯罪的,依照数罪并罚的规定处罚。

第七条 收买被拐卖的妇女、儿童,又以暴力、威胁方法阻碍国家机关工作人员解救被收买的妇女、儿童,或者聚众阻碍国家机关工作人员解救被收买的妇女、儿童,构成妨害公务罪、聚众阻碍解救被收买的妇女、儿童罪的,依照数罪并罚的规定处罚。

第八条 出于结婚目的收买被拐卖的妇女,或者出于抚养目的收买被拐卖的儿童,涉及多名家庭成员、亲友参与的,对其中起主要作用的人员应当依法追究刑事责任。

第九条 刑法第二百四十条、第二百四十一条规定的儿童,是指不满十四周岁的人。其中,不满一周岁的为婴儿,一周岁以上不满六周岁的为幼儿。

第十条 本解释自2017年1月1日起施行。

最高人民法院、最高人民检察院关于办理利用信息网络实施诽谤等刑事案件适用法律若干问题的解释

(2013年9月5日最高人民法院审判委员会第1589次会议、2013年9月2日最高人民检察院第十二届检察委员会第9次会议通过,2013年9月6日公布,自2013年9月10日起施行,法释〔2013〕21号)

为保护公民、法人和其他组织的合法权益,维护社会秩序,根据《中华人民共和国刑法》《全国人民代表大会常务委员会关于维护互联网安全的决定》等规定,对办理利用信息网络实施诽谤、寻衅滋事、敲诈勒索、非法经营等刑事案件适用法律的若干问题解释如下:

第一条 具有下列情形之一的,应当认定为刑法第二百四十六条第一款规定的"捏造事实诽谤他人":

(一)捏造损害他人名誉的事实,在信息网络上散布,或者组织、指使人员在信息网络上散布的;

(二)将信息网络上涉及他人的原始

信息内容篡改为损害他人名誉的事实,在信息网络上散布,或者组织、指使人员在信息网络上散布的;

明知是捏造的损害他人名誉的事实,在信息网络上散布,情节恶劣的,以"捏造事实诽谤他人"论。

第二条 利用信息网络诽谤他人,具有下列情形之一的,应当认定为刑法第二百四十六条第一款规定的"情节严重":

(一)同一诽谤信息实际被点击、浏览次数达到五千次以上,或者被转发次数达到五百次以上的;

(二)造成被害人或者其近亲属精神失常、自残、自杀等严重后果的;

(三)二年内曾因诽谤受过行政处罚,又诽谤他人的;

(四)其他情节严重的情形。

第三条 利用信息网络诽谤他人,具有下列情形之一的,应当认定为刑法第二百四十六条第二款规定的"严重危害社会秩序和国家利益":

(一)引发群体性事件的;

(二)引发公共秩序混乱的;

(三)引发民族、宗教冲突的;

(四)诽谤多人,造成恶劣社会影响的;

(五)损害国家形象,严重危害国家利益的;

(六)造成恶劣国际影响的;

(七)其他严重危害社会秩序和国家利益的情形。

第四条 一年内多次实施利用信息网络诽谤他人行为未经处理,诽谤信息实际被点击、浏览、转发次数累计计算构成犯罪的,应当依法定罪处罚。

第五条 利用信息网络辱骂、恐吓他人,情节恶劣,破坏社会秩序的,依照刑法第二百九十三条第一款第(二)项的规定,以寻衅滋事罪定罪处罚。

编造虚假信息,或者明知是编造的虚假信息,在信息网络上散布,或者组织、指使人员在信息网络上散布,起哄闹事,造成公共秩序严重混乱的,依照刑法第二百九十三条第一款第(四)项的规定,以寻衅滋事罪定罪处罚。

第六条 以在信息网络上发布、删除等方式处理网络信息为由,威胁、要挟他人,索取公私财物,数额较大,或者多次实施上述行为的,依照刑法第二百七十四条的规定,以敲诈勒索罪定罪处罚。

第七条 违反国家规定,以营利为目的,通过信息网络有偿提供删除信息服务,或者明知是虚假信息,通过信息网络有偿提供发布信息等服务,扰乱市场秩序,具有下列情形之一的,属于非法经营行为"情节严重",依照刑法第二百二十五条第(四)项的规定,以非法经营罪定罪处罚:

(一)个人非法经营数额在五万元以上,或者违法所得数额在二万元以上的;

(二)单位非法经营数额在十五万元以上,或者违法所得数额在五万元以上的。

实施前款规定的行为,数额达到前款规定的数额五倍以上的,应当认定为刑法第二百二十五条规定的"情节特别严重"。

第八条 明知他人利用信息网络实施诽谤、寻衅滋事、敲诈勒索、非法经营等犯罪,为其提供资金、场所、技术支持等帮助的,以共同犯罪论处。

第九条 利用信息网络实施诽谤、寻衅滋事、敲诈勒索、非法经营犯罪,同时又构成刑法第二百二十一条规定的损害商业信誉、商品声誉罪,第二百七十八条规定的煽动暴力抗拒法律实施罪,第二百九十一条之一规定的编造、故意传播虚假恐怖信息罪等犯罪的,依照处罚较重的规定定罪处罚。

第十条 本解释所称信息网络,包括以计算机、电视机、固定电话机、移动电话机等电子设备为终端的计算机互联网、广播电视网、固定通信网、移动通信网等信息网络,以及向公众开放的局域网络。

最高人民法院、最高人民检察院、公安部关于依法惩治网络暴力违法犯罪的指导意见

(2023年9月20日,法发〔2023〕14号)

为依法惩治网络暴力违法犯罪活动,有效维护公民人格权益和网络秩序,根据刑法、刑事诉讼法、民法典、民事诉讼法、个人信息保护法、治安管理处罚法及《最高人民法院、最高人民检察院关于办理利用信息网络实施诽谤等刑事案件适用法律若干问题的解释》等法律、司法解释规定,结合执法司法实践,制定本意见。

一、充分认识网络暴力的社会危害,依法维护公民权益和网络秩序

1. 在信息网络上针对个人肆意发布谩骂侮辱、造谣诽谤、侵犯隐私等信息的网络暴力行为,贬损他人人格,损害他人名誉,有的造成了他人“社会性死亡”甚至精神失常、自杀等严重后果;扰乱网络秩序,破坏网络生态,致使网络空间戾气横行,严重影响社会公众安全感。与传统违法犯罪不同,网络暴力往往针对素不相识的陌生人实施,受害人在确认侵害人、收集证据等方面存在现实困难,维权成本极高。人民法院、人民检察院、公安机关要充分认识网络暴力的社会危害,坚持严惩立场,依法能动履职,为受害人提供有效法律救济,维护公民合法权益,维护公众安全感,维护网络秩序。

二、准确适用法律,依法严惩网络暴力违法犯罪

2. 依法惩治网络诽谤行为。在信息网络上制造、散布谣言,贬损他人人格、损害他人名誉,情节严重,符合刑法第二百四十六条规定的,以诽谤罪定罪处罚。

3. 依法惩治网络侮辱行为。在信息网络上采取肆意谩骂、恶意诋毁、披露隐私等方式,公然侮辱他人,情节严重,符合刑法第二百四十六条规定的,以侮辱罪定罪处罚。

4. 依法惩治侵犯公民个人信息行为。组织“人肉搜索”,违法收集并向不特定多数人发布公民个人信息,情节严重,符合刑法第二百五十三条之一规定的,以侵犯公民个人信息罪定罪处罚;依照刑法和司法解释规定,同时构成其他犯罪的,依照处罚较重的规定定罪处罚。

5. 依法惩治借网络暴力事件实施的恶意营销炒作行为。基于蹭炒热度、推广引流等目的,利用互联网用户公众账号等推送、传播有关网络暴力违法犯罪的信息,符合刑法第二百八十七条之一规定的,以非法利用信息网络罪定罪处罚;依照刑法和司法解释规定,同时构成其他犯罪的,依照处罚较重的规定定罪处罚。

6. 依法惩治拒不履行信息网络安全管理义务行为。网络服务提供者对于所

发现的有关网络暴力违法犯罪的信息不依法履行信息网络安全管理义务,经监管部门责令采取改正措施而拒不改正,致使违法信息大量传播或者有其他严重情节,符合刑法第二百八十六条之一规定的,以拒不履行信息网络安全管理义务罪定罪处罚;依照刑法和司法解释规定,同时构成其他犯罪的,依照处罚较重的规定定罪处罚。

7. 依法惩治网络暴力违法行为。实施网络侮辱、诽谤等网络暴力行为,尚不构成犯罪,符合治安管理处罚法等规定的,依法予以行政处罚。

8. 依法严惩网络暴力违法犯罪。对网络暴力违法犯罪,应当体现从严惩治精神,让人民群众充分感受到公平正义。坚持严格执法司法,对于网络暴力违法犯罪,依法严肃追究,切实矫正"法不责众"的错误倾向。要重点打击恶意发起者、组织者、恶意推波助澜者以及屡教不改者。实施网络暴力违法犯罪,具有下列情形之一的,依法从重处罚:

(1)针对未成年人、残疾人实施的;

(2)组织"水军"、"打手"或者其他人员实施的;

(3)编造"涉性"话题侵害他人人格尊严的;

(4)利用"深度合成"等生成式人工智能技术发布违法信息的;

(5)网络服务提供者发起、组织的。

9. 依法支持民事维权。针对他人实施网络暴力行为,侵犯他人名誉权、隐私权等人格权,受害人请求行为人承担民事责任的,人民法院依法予以支持。

10. 准确把握违法犯罪行为的认定标准。通过信息网络检举、揭发他人犯罪或者违法违纪行为,只要不是故意捏造事实或者明知是捏造的事实而故意散布的,不应当认定为诽谤违法犯罪。针对他人言行发表评论、提出批评,即使观点有所偏颇、言论有些偏激,只要不是肆意谩骂、恶意诋毁的,不应当认定为侮辱违法犯罪。

三、畅通诉讼程序,及时提供有效法律救济

11. 落实公安机关协助取证的法律规定。根据刑法第二百四十六条第三款的规定,对于被害人就网络侮辱、诽谤提起自诉的案件,人民法院经审查认为被害人提供证据确有困难的,可以要求公安机关提供协助。公安机关应当根据人民法院要求和案件具体情况,及时查明行为主体,收集相关侮辱、诽谤信息传播扩散情况及造成的影响等证据材料。网络服务提供者应当依法为公安机关取证提供必要的技术支持和协助。经公安机关协助取证,达到自诉案件受理条件的,人民法院应当决定立案;无法收集相关证据材料的,公安机关应当书面向人民法院说明情况。

12. 准确把握侮辱罪、诽谤罪的公诉条件。根据刑法第二百四十六条第二款的规定,实施侮辱、诽谤犯罪,严重危害社会秩序和国家利益的,应当依法提起公诉。对于网络侮辱、诽谤是否严重危害社会秩序,应当综合侵害对象、动机目的、行为方式、信息传播范围、危害后果等因素作出判定。

实施网络侮辱、诽谤行为,具有下列情形之一的,应当认定为刑法第二百四十六条第二款规定的"严重危害社会秩序":

(1)造成被害人或者其近亲属精神失常、自杀等严重后果,社会影响恶劣的;

(2)随意以普通公众为侵害对象,相关信息在网络上大范围传播,引发大量低俗、恶意评论,严重破坏网络秩序,社会影响恶劣的;

(3)侮辱、诽谤多人或者多次散布侮辱、诽谤信息,社会影响恶劣的;

(4)组织、指使人员在多个网络平台大量散布侮辱、诽谤信息,社会影响恶劣的;

(5)其他严重危害社会秩序的情形。

13. 依法适用侮辱、诽谤刑事案件的公诉程序。对于严重危害社会秩序的网络侮辱、诽谤行为,公安机关应当依法及时立案。被害人同时向人民法院提起自诉的,人民法院可以请自诉人撤回自诉或者裁定不予受理;已经受理的,应当裁定终止审理,并将相关材料移送公安机关,原自诉人可以作为被害人参与诉讼。对于网络侮辱、诽谤行为,被害人在公安机关立案前提起自诉,人民法院经审查认为有关行为严重危害社会秩序的,应当将案件移送公安机关。

对于网络侮辱、诽谤行为,被害人或者其近亲属向公安机关报案,公安机关经审查认为已构成犯罪但不符合公诉条件的,可以告知报案人向人民法院提起自诉。

14. 加强立案监督工作。人民检察院依照有关法律和司法解释的规定,对网络暴力犯罪案件加强立案监督工作。

上级公安机关应当加强对下级公安机关网络暴力案件立案工作的业务指导和内部监督。

15. 依法适用人格权侵害禁令制度。权利人有证据证明行为人正在实施或者即将实施侵害其人格权的违法行为,不及时制止将使其合法权益受到难以弥补的损害,依据民法典第九百九十七条向人民法院申请采取责令行为人停止有关行为的措施的,人民法院可以根据案件具体情况依法作出人格权侵害禁令。

16. 依法提起公益诉讼。网络暴力行为损害社会公共利益的,人民检察院可以依法向人民法院提起公益诉讼。

网络服务提供者对于所发现的网络暴力信息不依法履行信息网络安全管理义务,致使违法信息大量传播或者有其他严重情节,损害社会公共利益的,人民检察院可以依法向人民法院提起公益诉讼。

人民检察院办理网络暴力治理领域公益诉讼案件,可以依法要求网络服务提供者提供必要的技术支持和协助。

四、落实工作要求,促进强化综合治理

17. 有效保障受害人权益。办理网络暴力案件,应当及时告知受害人及其法定代理人或者近亲属有权委托诉讼代理人,并告知其有权依法申请法律援助。针对相关网络暴力信息传播范围广、社会危害大、影响消除难的现实情况,要依法及时向社会发布案件进展信息,澄清事实真相,有效消除不良影响。依法适用认罪认罚从宽制度,促使被告人认罪认罚,真诚悔罪,通过媒体公开道歉等方式,实现对受害人人格权的有效保护。对于被判处刑罚的被告人,可以依法宣告职业禁止或者禁止令。

……

公安部
关于严格依法办理侮辱诽谤案件的通知

（2009年4月3日）

各省、自治区、直辖市公安厅、局，新疆生产建设兵团公安局：

……现就有关问题通知如下：

一、切实提高对严格依法办理侮辱、诽谤案件重要意义的认识。（略）

二、准确把握侮辱、诽谤公诉案件的管辖范围及基本要件。根据《刑法》第二百四十六条的规定，侮辱、诽谤案件一般属于自诉案件，应当由公民个人自行向人民法院提起诉讼，只有在侮辱、诽谤行为“严重危害社会秩序和国家利益”时，公安机关才能按照公诉程序立案侦查。公安机关在依照公诉程序办理侮辱、诽谤刑事案件时，必须准确把握犯罪构成要件。对于不具备“严重危害社会秩序和国家利益”这一基本要件的，公安机关不得作为公诉案件管辖。对于具有下列情形之一的侮辱、诽谤行为，应当认定为“严重危害社会秩序和国家利益”，以侮辱罪、诽谤罪立案侦查，作为公诉案件办理：（一）因侮辱、诽谤行为导致群体性事件，严重影响社会秩序的；（二）因侮辱、诽谤外交使节、来访的外国国家元首、政府首脑等人员，造成恶劣国际影响的；（三）因侮辱、诽谤行为给国家利益造成严重危害的其他情形。公安机关在接到公民对侮辱、诽谤行为的报案、控告或者举报后，首先要认真审查，判明是否属于公安机关管辖。对于符合上述情形，但通过公诉可能对国家利益和国家形象造成更大损害的，可以通过其他方式予以处理。对于经过审查认为不属于上述情形但涉嫌犯罪的侮辱、诽谤案件，公安机关应当问明情况，制作笔录，并将案件材料移交有管辖权的人民法院，同时向当事人说明此类案件依照法律规定属于自诉案件，不属公安机关管辖，告知其到人民法院自行提起诉讼。公安机关在立案前的审查过程中，不得对有关人员和财产采取强制性措施。对于不构成犯罪但违反《治安管理处罚法》的，要通过治安调解，最大限度地化解矛盾和纠纷；对于调解不成的，应依法给予治安管理处罚。公安机关在办理侮辱、诽谤案件时，要深入细致，辨法析理，努力争取让违法犯罪行为人和被侵害人心悦诚服地接受处理结果，化消极因素为积极因素，取得法律效果和社会效果的统一。

三、切实加强对办理侮辱、诽谤案件的执法监督。对于侮辱、诽谤案件，公安机关经过审查，认为具有严重危害社会秩序和国家利益的情形，需要追究刑事责任的，应当报经上一级公安机关同意后立案侦查；立案后需要采取强制措施的，应当在采取强制措施前报经上一级公安机关同意。对于可能引起较大社会影响的侮辱、诽谤治安案件，在作出行政拘留处罚决定前，应当报经上一级公安机关同意。对于不按照规定报告上级公安机关，或者不服从上级公安机关命令，违反规定对应当自诉的和不构成犯罪的侮辱、诽谤案件立案侦查的，要严肃追究有关责任人员和主管人员的相应责任。

四、高度重视办理侮辱、诽谤案件的舆论引导。（略）

最高人民检察院
关于严格依法办理诽谤刑事
案件有关问题的通知

(2010年10月23日,
高检发侦监字〔2010〕18号)

各省、自治区、直辖市人民检察院,军事检察院,新疆生产建设兵团人民检察院:

近年来,……。为深入推进社会矛盾化解、社会管理创新、公正廉洁执法三项重点工作,切实维护公民的民主权利和人身权益,确保依法准确办理诽谤刑事案件,现就有关问题通知如下:

一、要准确把握诽谤案件罪与非罪的界限

随着我国经济社会和民主法制建设的发展,人民群众民主意识、监督意识、维权意识不断增强,特别是网络媒体的日益普及与发展,公众表达意见的渠道更加广泛,人们通过一定形式和渠道对涉及公共利益的事项进行议论更加快捷,其中包括对一些领导干部的公开评论、批评、指责。在这些现象之中,绝大多数属于行使言论自由权利、民主权利、进行舆论监督,个别的可能涉嫌侵犯他人名誉权。这就需要检察机关在办案中认真研究和正确区分正当批评与侵犯名誉权、批评失实与恶意捏造事实进行诽谤之间的法律界限,依法、审慎地作出处理决定。对于公安机关提请批捕、移送审查起诉的诽谤案件,检察机关要全面审查案件事实、证据,严格依照法定条件区分罪与非罪的界限,特别是不能把群众对个别领导干部工作能力、工作作风、工作效果的批评、指责乃至过激言论认定为诽谤犯罪,依法保护公民的言论自由和批评建议权。

二、要严格区分诽谤案件自诉与公诉的界限

根据刑法第246条第2款的规定,诽谤犯罪案件原则上属于告诉才处理的自诉案件,只有严重危害社会秩序和国家利益的情形,才属于公诉案件。人民检察院对于公安机关提请批捕或者移送审查起诉的诽谤案件,不仅要审查是否涉嫌诽谤犯罪,更要严格审查是否属于可以公诉的情形。经审查认为涉嫌犯罪的诽谤行为没有严重危害社会秩序或者国家利益,依法应当适用自诉程序的,对于提请批准逮捕的案件,应当退回公安机关或者依法作出不批准逮捕的决定,并向公安机关说明理由;对于移送审查起诉的案件,应当退回公安机关,并向公安机关说明理由。

三、建立批捕、起诉诽谤犯罪案件报上一级人民检察院审批的制度

为严格依法办理诽谤刑事案件,确保办案质量和效果,从本通知下发之日起,今后一段时间内,实行批捕、起诉诽谤犯罪案件报上一级人民检察院审批制度。地方各级人民检察院对公安机关提请批捕的诽谤犯罪案件,经审查认为不构成犯罪,或者不属于公诉案件,或者没有逮捕必要的,应当依法作出不批准逮捕的决定,或者退回公安机关。认为涉嫌诽谤犯罪且属于公诉情形并有逮捕必要,拟作出批准逮捕决定的,应当在审查逮捕期限届满三日前,将《审查逮捕案件意见书》连同相关证据材料报上一级人民检察院审批。上一级人民检察院应当及时审查,并在审查逮捕期限内作出同意或者不同意批准逮捕的批复。办理案件的人民检察院根据上一级人民检察院的批复，依法作出批准逮捕或者不批准逮捕的决定，或者退回公安机关。对于公安机关移送审查起诉的诽谤犯罪案件，办案的人民检察院经审查认为符合起诉条件，拟决定提起公诉的，应当在审查起诉期限届满十日前，将请示报告及相关证据材料报上一级人民检察院审批，并根据上一级人民检察院的批复，依法作出提起公诉或者不起诉的决定，或者退回公安机关。

四、要严格落实协调案件的报告制度

有关部门对诽谤案件进行协调时，检察人员要本着对党和人民负责、对案件事实和证据负责、对法律负责的精神，坚持原则，依据事实、证据和法律发表意见。意见不被采纳的，要及时向上一级人民检察院报告。明知案件不符合批捕、起诉条件而不提出意见或者经协调后不及时向上级人民检察院报告，错误批捕、起诉的，要按照“谁决定谁负责，谁办案谁负责”的原则，严肃追究有关人员的执法过错责任。

最高人民检察院关于强制隔离戒毒所工作人员能否成为虐待被监管人罪主体问题的批复

（2015年1月29日最高人民检察院第十二届检察委员会第34次会议通过，2015年2月15日公布施行，高检发释字〔2015〕2号）

河北省人民检察院：

你院冀检呈字〔2014〕46号《关于强制隔离戒毒所工作人员能否成为刑法第二百四十八条虐待被监管人罪主体的请示》收悉。经研究，批复如下：

根据有关法律规定，强制隔离戒毒所是对符合特定条件的吸毒成瘾人员限制人身自由，进行强制隔离戒毒的监管机构，其履行监管职责的工作人员属于刑法第二百四十八条规定的监管人员。

对于强制隔离戒毒所监管人员殴打或者体罚虐待戒毒人员，或者指使戒毒人员殴打、体罚虐待其他戒毒人员，情节严重的，应当适用刑法第二百四十八条的规定，以虐待被监管人罪追究刑事责任；造成戒毒人员伤残、死亡后果的，应当依照刑法第二百三十四条、第二百三十二条的规定，以故意伤害罪、故意杀人罪从重处罚。

此复。

最高人民法院、最高人民检察院、公安部、邮电部关于加强查处破坏邮政通信案件工作的通知

（1983年11月17日，邮政联字〔1983〕934号）

各省、市、自治区高级人民法院、人民检察院、公安厅（局）、邮电管理局：

……特作如下通知：

一、关于案件的报告和处理问题

凡邮电工作人员利用职务之便有下列违法犯罪行为的，均应及时报告上级邮电保

卫部门;其中已构成犯罪,依法应当追究刑事责任的,同时报告当地人民检察机关:

(一)私拆、隐匿、毁弃邮件、电报,或者从邮件中窃取现金、外币、票证、物品、各种业务合同,以及隐匿、毁弃用户报刊数量较多的;

(二)贪污、冒领用户汇兑款、报刊款和贪污汇兑资金、邮电营收款的。

凡邮电局、所被盗窃,邮件、现金被抢劫,收寄或利用邮运工具夹运走私物品、易燃易爆等禁寄物品因而造成严重后果的案件,应及时报告上级邮电保卫部门,并同时报告当地公安机关。

对于破坏邮政通信的案件应当抓紧破案。一般案件,邮电保卫部门应在公安或检察机关的指导下及时追查破案。没有保卫组织的单位,由本单位领导负责组织力量追查,必要时上级邮电部门参加指导。属于公安或检察机关立案侦查的案件,邮电部门要积极配合。跨省(市、区)的案件,以发案所在地为主,由有关省(市、区)邮电部门协同公安或检察机关破案。

邮电工作人员破坏邮政通信的案件,情节恶劣、后果严重、已经构成犯罪的,由司法机关依法追究刑事责任,从严惩处;情节显著轻微、危害不大,不需要追究刑事责任的,由邮电主管部门予以行政处分,或者由公安机关依照《治安管理处罚条例》有关条款予以处罚。对于包庇纵容犯罪的有关人员,必须严肃处理;属于触犯《刑法》的,要依法追究刑事责任。

二、关于查处破坏邮政通信案件工作中需要注意的几个问题

(一)私拆、隐匿、毁弃邮件、电报等破坏邮政通信的案件,是违法犯罪行为。因此,对这种案件的定性、处理或量刑,必须重视对邮政通信的破坏所造成的社会危害后果,不能仅以数量多少来处理。

(二)邮电工作人员利用职务上的便利,从邮件中窃取财物,情节恶劣、后果严重的,应依照《刑法》第一百九十一条第二款的规定从重处罚。

(三)邮电工作人员由于玩忽职守,致使公共财产、国家和人民利益遭受重大损失的,应依照《刑法》第一百八十七条的规定予以处罚。

(四)应由犯罪分子退赔的财物,必须限期退赔。其中属于用户的,由邮电部门负责归还用户,并将归还的收据作为证据入卷存档;除此之外,按照有关规定上缴国库。

最高人民法院、最高人民检察院、公安部关于依法惩处侵害公民个人信息犯罪活动的通知

(2013年4月23日发布,
公通字〔2013〕12号)

各省、自治区、直辖市高级人民法院,人民检察院,公安厅、局,新疆维吾尔自治区高级人民法院生产建设兵团分院,新疆生产建设兵团人民检察院、公安局:

一、切实提高认识,坚决打击侵害公民个人信息犯罪活动。(略)

二、正确适用法律,实现法律效果与社会效果的有机统一。侵害公民个人信息犯罪是新型犯罪,各级公安机关、人民检察院、人民法院要从切实保护公民个人信息安全和维护社会和谐稳定的高度,借鉴以往的成功判例,综合考虑出售、非法

提供或非法获取个人信息的次数、数量、手段和牟利数额、造成的损害后果等因素,依法加大打击力度,确保取得良好的法律效果和社会效果。出售、非法提供公民个人信息罪的犯罪主体,除国家机关或金融、电信、交通、教育、医疗单位的工作人员之外,还包括在履行职责或者提供服务过程中获得公民个人信息的商业、房地产业等服务业中其他企事业单位的工作人员。公民个人信息包括公民的姓名、年龄、有效证件号码、婚姻状况、工作单位、学历、履历、家庭住址、电话号码等能够识别公民个人身份或者涉及公民个人隐私的信息、数据资料。对于在履行职责或者提供服务过程中,将获得的公民个人信息出售或者非法提供给他人,被他人用以实施犯罪,造成受害人人身伤害或者死亡,或者造成重大经济损失、恶劣社会影响的,或者出售、非法提供公民个人信息数量较大,或者违法所得数额较大的,均应当依法以出售、非法提供公民个人信息罪追究刑事责任。对于窃取或者以购买等方法非法获取公民个人信息数量较大,或者违法所得数额较大,或者造成其他严重后果的,应当依法以非法获取公民个人信息罪追究刑事责任。对使用非法获取的个人信息,实施其他犯罪行为,构成数罪的,应当依法予以并罚。单位实施侵害公民个人信息犯罪的,应当追究直接负责的主管人员和其他直接责任人员的刑事责任。要依法加大对财产刑的适用力度,剥夺犯罪分子非法获利和再次犯罪的资本。

三、加强协作配合,确保执法司法及时高效。(略)

四、推进综合治理。(略)

最高人民法院、最高人民检察院关于办理侵犯公民个人信息刑事案件适用法律若干问题的解释

(2017年3月20日最高人民法院审判委员会第1712次会议、2017年4月26日最高人民检察院第十二届检察委员会第63次会议通过,2017年5月8日印发,自2017年6月1日起施行,法释〔2017〕10号)

为依法惩治侵犯公民个人信息犯罪活动,保护公民个人信息安全和合法权益,根据《中华人民共和国刑法》《中华人民共和国刑事诉讼法》的有关规定,现就办理此类刑事案件适用法律的若干问题解释如下:

第一条 刑法第二百五十三条之一规定的“公民个人信息”,是指以电子或者其他方式记录的能够单独或者与其他信息结合识别特定自然人身份或者反映特定自然人活动情况的各种信息,包括姓名、身份证件号码、通信通讯联系方式、住址、账号密码、财产状况、行踪轨迹等。

第二条 违反法律、行政法规、部门规章有关公民个人信息保护的规定的,应当认定为刑法第二百五十三条之一规定的“违反国家有关规定”。

第三条 向特定人提供公民个人信息,以及通过信息网络或者其他途径发布公民个人信息的,应当认定为刑法第二百五十三条之一规定的“提供公民个人信息”。

未经被收集者同意,将合法收集的公

民个人信息向他人提供的,属于刑法第二百五十三条之一规定的“提供公民个人信息”,但是经过处理无法识别特定个人且不能复原的除外。

第四条 违反国家有关规定,通过购买、收受、交换等方式获取公民个人信息,或者在履行职责、提供服务过程中收集公民个人信息的,属于刑法第二百五十三条之一第三款规定的“以其他方法非法获取公民个人信息”。

第五条 非法获取、出售或者提供公民个人信息,具有下列情形之一的,应当认定为刑法第二百五十三条之一规定的“情节严重”:

(一)出售或者提供行踪轨迹信息,被他人用于犯罪的;

(二)知道或者应当知道他人利用公民个人信息实施犯罪,向其出售或者提供的;

(三)非法获取、出售或者提供行踪轨迹信息、通信内容、征信信息、财产信息五十条以上的;

(四)非法获取、出售或者提供住宿信息、通信记录、健康生理信息、交易信息等其他可能影响人身、财产安全的公民个人信息五百条以上的;

(五)非法获取、出售或者提供第三项、第四项规定以外的公民个人信息五千条以上的;

(六)数量未达到第三项至第五项规定标准,但是按相应比例合计达到有关数量标准的;

(七)违法所得五千元以上的;

(八)将在履行职责或者提供服务过程中获得的公民个人信息出售或者提供给他人,数量或者数额达到第三项至第七项规定标准一半以上的;

(九)曾因侵犯公民个人信息受过刑事处罚或者二年内受过行政处罚,又非法获取、出售或者提供公民个人信息的;

(十)其他情节严重的情形。

实施前款规定的行为,具有下列情形之一的,应当认定为刑法第二百五十三条之一第一款规定的“情节特别严重”:

(一)造成被害人死亡、重伤、精神失常或者被绑架等严重后果的;

(二)造成重大经济损失或者恶劣社会影响的;

(三)数量或者数额达到前款第三项至第八项规定标准十倍以上的;

(四)其他情节特别严重的情形。

第六条 为合法经营活动而非法购买、收受本解释第五条第一款第三项、第四项规定以外的公民个人信息,具有下列情形之一的,应当认定为刑法第二百五十三条之一规定的“情节严重”:

(一)利用非法购买、收受的公民个人信息获利五万元以上的;

(二)曾因侵犯公民个人信息受过刑事处罚或者二年内受过行政处罚,又非法购买、收受公民个人信息的;

(三)其他情节严重的情形。

实施前款规定的行为,将购买、收受的公民个人信息非法出售或者提供的,定罪量刑标准适用本解释第五条的规定。

第七条 单位犯刑法第二百五十三条之一规定之罪的,依照本解释规定的相应自然人犯罪的定罪量刑标准,对直接负责的主管人员和其他直接责任人员定罪处罚,并对单位判处罚金。

第八条 设立用于实施非法获取、出售或者提供公民个人信息违法犯罪活动的网站、通讯群组,情节严重的,应当依照刑法第二百八十七条之一的规定,以非法利用信息网络罪定罪处罚；同时构成侵犯公民个人信息罪的，依照侵犯公民个人信息罪定罪处罚。

第九条 网络服务提供者拒不履行法律、行政法规规定的信息网络安全管理义务，经监管部门责令采取改正措施而拒不改正，致使用户的公民个人信息泄露，造成严重后果的，应当依照刑法第二百八十六条之一的规定，以拒不履行信息网络安全管理义务罪定罪处罚。

第十条 实施侵犯公民个人信息犯罪，不属于“情节特别严重”，行为人系初犯，全部退赃，并确有悔罪表现的，可以认定为情节轻微，不起诉或者免予刑事处罚；确有必要判处刑罚的，应当从宽处罚。

第十一条 非法获取公民个人信息后又出售或者提供的，公民个人信息的条数不重复计算。

向不同单位或者个人分别出售、提供同一公民个人信息的，公民个人信息的条数累计计算。

对批量公民个人信息的条数，根据查获的数量直接认定，但是有证据证明信息不真实或者重复的除外。

第十二条 对于侵犯公民个人信息犯罪，应当综合考虑犯罪的危害程度、犯罪的违法所得数额以及被告人的前科情况、认罪悔罪态度等，依法判处罚金。罚金数额一般在违法所得的一倍以上五倍以下。

第十三条 本解释自2017年6月1日起施行。

最高人民法院研究室
关于侵犯公民个人信息罪有关
法律适用问题征求意见的复函

（法研〔2018〕11号）

最高人民检察院法律政策研究室：

贵室《关于侵犯公民个人信息罪有关法律适用问题的征求意见函》（高检研函字〔2018〕1号）收悉。经研究，原则赞同刑法第二百五十三条之一规定的“公民个人信息”，既包括中国公民的个人信息，也包括外国公民和其他无国籍人的个人信息。主要考虑：

（1）从刑法用语看，刑法第二百五十三条之一规定的是“公民个人信息”，并未限定为“中华人民共和国公民的个人信息”，因此不应将此处的“公民个人信息”限制为中国公民的个人信息。

（2）从立法精神看，外国人、无国籍人的信息应当同中国公民的信息一样受到刑法的平等保护。

（3）从司法实践看，将外籍人、无国籍人个人信息排除在刑法保护之外，会放纵犯罪。特别是在侵犯公民个人信息犯罪案件所涉及的个人信息既有中国公民的个人信息，也有外国公民、无国籍人的个人信息时，只处罚涉及中国公民个人信息的部分，既不合理，也难操作。

最高人民检察院
检察机关办理侵犯公民
个人信息案件指引

(2018 年 8 月 24 日最高人民检察院第十三届检察委员会第五次会议通过，2018 年 11 月 9 日公布，高检发侦监字〔2018〕13 号)

根据《中华人民共和国刑法》第二百五十三条之一的规定,侵犯公民个人信息罪是指违反国家有关规定,向他人出售、提供公民个人信息,或者通过窃取等方法非法获取公民个人信息,情节严重的行为。结合《最高人民法院、最高人民检察院关于办理侵犯公民个人信息刑事案件适用法律若干问题的解释》(法释〔2017〕10 号)(以下简称《解释》),办理侵犯公民个人信息案件,应当特别注意以下问题:一是对"公民个人信息"的审查认定;二是对"违反国家有关规定"的审查认定;三是对"非法获取"的审查认定;四是对"情节严重"和"情节特别严重"的审查认定;五是对关联犯罪的审查认定。

一、审查证据的基本要求

(一)审查逮捕

1. 有证据证明发生了侵犯公民个人信息犯罪事实

(1)证明侵犯公民个人信息案件发生

主要证据包括:报案登记、受案登记、立案决定书、破案经过、证人证言、被害人陈述、犯罪嫌疑人供述和辩解以及证人、被害人提供的短信、微信或 QQ 截图等电子数据。

(2)证明被侵犯对象系公民个人信息

主要证据包括:扣押物品清单、勘验检查笔录、电子数据、司法鉴定意见及公民信息查询结果说明、被害人陈述、被害人提供的原始信息资料和对比资料等。

2. 有证据证明侵犯公民个人信息行为是犯罪嫌疑人实施的

(1)证明违反国家有关规定的证据:犯罪嫌疑人关于所从事的职业的供述、其所在公司的工商注册资料、公司出具的犯罪嫌疑人职责范围说明、劳动合同、保密协议及公司领导、同事关于犯罪嫌疑人职责范围的证言等。

(2)证明出售、提供行为的证据:远程勘验笔录及 QQ、微信等即时通讯工具聊天记录、论坛、贴吧、电子邮件、手机短信记录等电子数据,证明犯罪嫌疑人通过上述途径向他人出售、提供、交换公民个人信息的情况。公民个人信息贩卖者、提供者、担保交易人及购买者、收受者的证言或供述,相关银行账户明细、第三方支付平台账户明细,证明出售公民个人信息违法所得情况。此外,如果犯罪嫌疑人系通过信息网络发布方式提供公民个人信息,证明该行为的证据还包括远程勘验笔录、扣押笔录、扣押物品清单、对手机、电脑存储介质、云盘、FTP 等的司法鉴定意见等。

(3)证明犯罪嫌疑人或公民个人信息购买者、收受者控制涉案信息的证据:搜查笔录、扣押笔录、扣押物品清单,对手机、电脑存储介质等的司法鉴定意见等,证实储存有公民个人信息的电脑、手机、U 盘或者移动硬盘、云盘、FTP 等介质与犯罪嫌疑人或公民个人信息购买者、收受者的关系。犯罪嫌疑人供述、辨认笔录及证人证言等,证实犯罪嫌疑人或公民个人信息购买者、收受者所有或实际控制、使用涉案存储介质。

(4)证明涉案公民个人信息真实性的证据:被害人陈述、被害人提供的原始信息资料、公安机关或相关单位出具的涉案公民个人信息与权威数据库内信息同一性的比对说明。针对批量的涉案公民个人信息的真实性问题,根据《解释》精神,可以根据查获的数量直接认定,但有证据证明信息不真实或重复的除外。

(5)证明违反国家规定,通过窃取、购买、收受、交换等方式非法获取公民个人信息的证据:主要证据与上述以出售、提供方式侵犯公民个人信息行为的证据基本相同。针对窃取的方式如通过技术手段非法获取公民个人信息的行为,需证明犯罪嫌疑人实施上述行为,除被害人陈述、犯罪嫌疑人供述和辩解外,还包括侦查机关从被害公司数据库中发现入侵电脑IP地址情况、从犯罪嫌疑人电脑中提取的侵入被害公司数据的痕迹等现场勘验检查笔录,以及涉案程序(木马)的司法鉴定意见等。

3. 有证据证明犯罪嫌疑人具有侵犯公民个人信息的主观故意

(1)证明犯罪嫌疑人明知没有获取、提供公民个人信息的法律依据或资格,主要证据包括:犯罪嫌疑人的身份证明、犯罪嫌疑人关于所从事职业的供述、其所在公司的工商资料和营业范围、公司关于犯罪嫌疑人的职责范围说明、公司主要负责人的证人证言等。

(2)证明犯罪嫌疑人积极实施窃取、出售、提供、购买、交换、收受公民个人信息的行为,主要证据除了证人证言、犯罪嫌疑人供述和辩解外,还包括远程勘验笔录、手机短信记录、即时通讯工具聊天记录、电子数据司法鉴定意见、银行账户明细、第三方支付平台账户明细等。

4. 有证据证明"情节严重"或"情节特别严重"

(1)公民个人信息购买者或收受者的证言或供述。

(2)公民个人信息购买、收受公司工作人员利用公民个人信息进行电话或短信推销、商务调查等经营性活动后出具的证言或供述。

(3)公民个人信息购买者或者收受者利用所获信息从事违法犯罪活动后出具的证言或供述。

(4)远程勘验笔录、电子数据司法鉴定意见书、最高人民检察院或公安部指定的机构对电子数据涉及的专门性问题出具的报告、公民个人信息资料等。证明犯罪嫌疑人通过即时通讯工具、电子邮箱、论坛、贴吧、手机等向他人出售、提供、购买、交换、收受公民个人信息的情况。

(5)银行账户明细、第三方支付平台账户明细。

(6)死亡证明、伤情鉴定意见、医院诊断记录、经济损失鉴定意见、相关案件起诉书、判决书等。

(二)审查起诉

除审查逮捕阶段证据审查基本要求之外,对侵犯公民个人信息案件的审查起诉工作还应坚持"犯罪事实清楚,证据确实、充分"的标准,保证定罪量刑的事实都有证据证明;据以定案的证据均经法定程序查证属实;综合全案证据,对所认定的事实已排除合理怀疑。

1. 有确实充分的证据证明发生了侵犯公民个人信息犯罪事实。该证据与审查逮捕的证据类型相同。

2. 有确实充分的证据证明侵犯公民个人信息行为是犯罪嫌疑人实施的。

(1)对于证明犯罪行为是犯罪嫌疑人实施的证据审查,需要结合《解释》精神,准确把握对"违反国家有关规定""出售、提供行为""窃取或以其他方法"的认定。

(2)对证明违反国家有关规定的证据审查,需要明确国家有关规定的具体内容,违反法律、行政法规、部门规章有关公民个人信息保护规定的,应当认定为刑法第二百五十三条之一规定的"违反国家有关规定"。

(3)对证明出售、提供行为的证据审查,应当明确"出售、提供"包括在履职或提供服务的过程中将合法持有的公民个人信息出售或者提供给他人的行为;向特定人提供、通过信息网络或者其他途径发布公民个人信息、未经被收集者同意,将合法收集的公民个人信息(经过处理无法识别特定个人且不能复原的除外)向他人提供的,均属于刑法第二百五十三条之一规定的"提供公民个人信息"。应当全面审查犯罪嫌疑人所出售提供公民个人信息的来源、途经与去向,对相关供述、物证、书证、证人证言、被害人陈述、电子数据等证据种类进行综合审查,针对使用信息网络进行犯罪活动的,需要结合专业知识,根据证明该行为的远程勘验笔录、扣押笔录、扣押物品清单、电子存储介质、网络存储介质等的司法鉴定意见进行审查。

(4)对证明通过窃取或以其他非法方法获取公民个人信息等方式非法获取公民个人信息的证据审查,应当明确"以其他方法获取公民个人信息"包括购买、收受、交换等方式获取公民个人信息,或者在履行职责、提供服务过程中收集公民个人信息的行为。

针对窃取行为,如通过信息网络窃取公民个人信息,则应当结合犯罪嫌疑人供述、证人证言、被害人陈述,着重审查证明犯罪嫌疑人侵入信息网络、数据库时的IP地址、MAC地址、侵入工具、侵入痕迹等内容的现场勘验检查笔录以及涉案程序(木马)的司法鉴定意见等。

针对购买、收受、交换行为,应当全面审查购买、收受、交换公民个人信息的来源、途经、去向,结合犯罪嫌疑人供述和辩解、辨认笔录、证人证言等证据,对搜查笔录、扣押笔录、扣押物品清单、涉案电子存储介质等司法鉴定意见进行审查,明确上述证据同犯罪嫌疑人或公民个人信息购买、收受、交换者之间的关系。

针对履行职责、提供服务过程中收集公民个人信息的行为,应当审查证明犯罪嫌疑人所从事职业及其所负职责的证据,结合法律、行政法规、部门规章等国家有关公民个人信息保护的规定,明确犯罪嫌疑人的行为属于违反国家有关规定,以其他方法非法获取公民个人信息的行为。

(5)对证明涉案公民个人信息真实性证据的审查,应当着重审查被害人陈述、被害人提供的原始信息资料、公安机关或其他相关单位出具的涉案公民个人信息与权威数据库内信息同一性的对比说明。对批量的涉案公民个人信息的真实性问题,根据《解释》精神,可以根据查获的数量直接认定,但有证据证明信息不真实或重复的除外。

3. 有确实充分的证据证明犯罪嫌疑人具有侵犯公民个人信息的主观故意。

(1)对证明犯罪嫌疑人主观故意的

证据审查,应当综合审查犯罪嫌疑人的身份证明、犯罪嫌疑人关于所从事职业的供述、其所在公司的工商资料和营业范围、公司关于犯罪嫌疑人的职责范围说明、公司主要负责人的证人证言等,结合国家公民个人信息保护的相关规定,夯实犯罪嫌疑人在实施犯罪时的主观明知。

(2)对证明犯罪嫌疑人积极实施窃取或者以其他方法非法获取公民个人信息行为的证据审查,应当结合犯罪嫌疑人供述、证人证言,着重审查远程勘验笔录、手机短信记录、即时通讯工具聊天记录、电子数据司法鉴定意见、银行账户明细、第三方支付平台账户明细等,明确犯罪嫌疑人在实施犯罪时的积极作为。

4. 有确实充分的证据证明"情节严重"或"情节特别严重"。该证据与审查逮捕的证据类型相同。

二、需要特别注意的问题

在侵犯公民个人信息案件审查逮捕、审查起诉中,要根据相关法律、司法解释等规定,结合在案证据,重点注意以下问题:

(一)对"公民个人信息"的审查认定

根据《解释》的规定,公民个人信息是指以电子或者其他方式记录的能够单独或者与其他信息结合识别特定自然人身份或者反映特定自然人活动情况的各种信息,包括姓名、身份证件号码、通信通讯联系方式、住址、账号密码、财产状况、行踪轨迹等。经过处理无法识别特定自然人且不能复原的信息,虽然也可能反映自然人活动情况,但与特定自然人无直接关联,不属于公民个人信息的范畴。

对于企业工商登记等信息中所包含的手机、电话号码等信息,应当明确该号码的用途。对由公司购买、使用的手机、电话号码等信息,不属于个人信息的范畴,从而严格区分"手机、电话号码等由公司购买,归公司使用"与"公司经办人在工商登记等活动中登记个人电话、手机号码"两种不同情形。

(二)对"违反国家有关规定"的审查认定

《中华人民共和国刑法修正案(九)》将原第二百五十三条之一的"违反国家规定"修改为"违反国家有关规定",后者的范围明显更广。根据刑法第九十六条的规定,"国家规定"仅限于全国人大及其常委会制定的法律和决定,国务院制定的行政法规、规定的行政措施、发布的决定和命令。而"国家有关规定"还包括部门规章,这些规定散见于金融、电信、交通、教育、医疗、统计、邮政等领域的法律、行政法规或部门规章中。

(三)对"非法获取"的审查认定

在窃取或者以其他方法非法获取公民个人信息的行为中,需要着重把握"其他方法"的范围问题。"其他方法",是指"窃取"以外,与窃取行为具有同等危害性的方法,其中,购买是最常见的非法获取手段。侵犯公民个人信息犯罪作为电信网络诈骗的上游犯罪,诈骗分子往往先通过网络向他人购买公民个人信息,然后自己直接用于诈骗或转发给其他同伙用于诈骗,诈骗分子购买公民个人信息的行为属于非法获取行为,其同伙接收公民个人信息的行为明显也属于非法获取行为。同时,一些房产中介、物业管理公司、保险公司、担保公司的业务员往往与同行通过QQ、微信群互相交换各自掌握的客户信息,这种交换行为也属于非法获取行为。此外,行为人在履行职责、提供服务过程中,违反国家有关规定,未经他人同意收集公民个人信息,或者收集与提供的服务无关的公民个人信息的,也属于非法获取公民个人信息的行为。

(四)对"情节严重"和"情节特别严重"的审查认定

1.关于"情节严重"的具体认定标准,根据《解释》第五条第一款的规定,主要涉及五个方面:

(1)信息类型和数量。①行踪轨迹信息、通信内容、征信信息、财产信息,此类信息与公民人身、财产安全直接相关,数量标准为五十条以上,且仅限于上述四类信息,不允许扩大范围。对于财产信息,既包括银行、第三方支付平台、证券期货等金融服务账户的身份认证信息(一组确认用户操作权限的数据,包括账号、口令、密码、数字证书等),也包括存款、房产、车辆等财产状况信息。②住宿信息、通信记录、健康生理信息、交易信息等可能影响公民人身、财产安全的信息,数量标准为五百条以上,此类信息也与人身、财产安全直接相关,但重要程度要弱于行踪轨迹信息、通信内容、征信信息、财产信息。对"其他可能影响人身、财产安全的公民个人信息"的把握,应当确保所适用的公民个人信息涉及人身、财产安全,且与"住宿信息、通信记录、健康生理信息、交易信息"在重要程度上具有相当性。③除上述两类信息以外的其他公民个人信息,数量标准为五千条以上。

(2)违法所得数额。对于违法所得,可直接以犯罪嫌疑人出售公民个人信息的收入予以认定,不必扣减其购买信息的犯罪成本。同时,在审查认定违法所得数额过程中,应当以查获的银行交易记录、第三方支付平台交易记录、聊天记录、犯罪嫌疑人供述、证人证言综合予以认定,对于犯罪嫌疑人无法说明合法来源的用于专门实施侵犯公民个人信息犯罪的银行账户或第三方支付平台账户内资金收入,可综合全案证据认定为违法所得。

(3)信息用途。公民个人信息被他人用于违法犯罪活动的,不要求他人的行为必须构成犯罪,只要行为人明知他人非法获取公民个人信息用于违法犯罪活动即可。

(4)主体身份。如果行为人系将在履行职责或者提供服务过程中获得的公民个人信息出售或者提供给他人的,涉案信息数量、违法所得数额只要达到一般主体的一半,即可认为"情节严重"。

(5)主观恶性。曾因侵犯公民个人信息受过刑事处罚或者二年内受过行政处罚,又非法获取、出售或者提供公民个人信息的,即可认为"情节严重"。

2.关于"情节特别严重"的认定标准,根据《解释》,主要分为两类:一是信息数量、违法所得数额标准。二是信息用途引发的严重后果,其中造成人身伤亡、经济损失、恶劣社会影响等后果,需要审查认定侵犯公民个人信息的行为与严重后果间存在因果关系。

对于涉案公民个人信息数量的认定,根据《解释》第十一条,非法获取公民个人信息后又出售或者提供的,公民个人信息的条数不重复计算;向不同单位或者个人分别出售、提供同一公民个人信息的,公民个人信息的条数累计计算;对批量出售、提供公民个人信息的条数,根据查获的数量直接认定,但是有证据证明信息不真实或者重复的除外。在实践中,如犯罪嫌疑人多次获取同一条公民个人信息,一般认定为一条,不重复累计;但获取的该公民个人信息内容发生了变化的除外。

对于涉案公民个人信息的数量、社会危害性等因素的审查，应当结合刑法第二百五十三条和《解释》的规定进行综合审查。涉案公民个人信息数量极少，但造成被害人死亡等严重后果的，应审查犯罪嫌疑人行为与该后果之间的因果关系，符合条件的，可以认定为实施《解释》第五条第一款第十项“其他情节严重的情形”的行为，造成被害人死亡等严重后果，从而认定为“情节特别严重”。如涉案公民个人信息数量较多，但犯罪嫌疑人仅仅获取而未向他人出售或提供，则可以在认定相关犯罪事实的基础上，审查该行为是否符合《解释》第五条第一款第三、四、五、六、九项及第二款第三项的情形，符合条件的，可以分别认定为“情节严重”“情节特别严重”。

此外，针对为合法经营活动而购买、收受公民个人信息的行为，在适用《解释》第六条的定罪量刑标准时须满足三个条件：一是为了合法经营活动，对此可以综合全案证据认定，但主要应当由犯罪嫌疑人一方提供相关证据；二是限于普通公民个人信息，即不包括可能影响人身、财产安全的敏感信息；三是信息没有再流出扩散，即行为方式限于购买、收受。如果将购买、收受的公民个人信息非法出售或者提供的，定罪量刑标准应当适用《解释》第五条的规定。

（五）对关联犯罪的审查认定

对于侵犯公民个人信息犯罪与电信网络诈骗犯罪相交织的案件，应严格按照《最高人民法院、最高人民检察院、公安部关于办理电信网络诈骗等刑事案件适用法律若干问题的意见》（法发〔2016〕32号）的规定进行审查认定，即通过认真审查非法获取、出售、提供公民个人信息的犯罪嫌疑人对电信网络诈骗犯罪的参与程度，结合能够证实其认知能力的学历文化、聊天记录、通话频率、获取固定报酬还是参与电信网络诈骗犯罪分成等证据，分析判断其是否属于诈骗共同犯罪、是否应该数罪并罚。

根据《解释》第八条的规定，设立用于实施出售、提供或者非法获取公民个人信息违法犯罪活动的网站、通讯群组，情节严重的，应当依照刑法第二百八十七条之一的规定，以非法利用信息网络罪定罪；同时构成侵犯公民个人信息罪的，应当认定为侵犯公民个人信息罪。

对于违反国家有关规定，采用技术手段非法侵入合法存储公民个人信息的单位数据库窃取公民个人信息的行为，也符合刑法第二百八十五条第二款非法获取计算机信息系统数据罪的客观特征，同时触犯侵犯公民个人信息罪和非法获取计算机信息系统数据罪的，应择一重罪论处。

此外，针对公安民警在履行职责过程中，违反国家有关规定，查询、提供公民个人信息的情形，应当认定为“违反国家有关规定，将在履行职责或者提供服务过程中以其他方法非法获取或提供公民个人信息”。但同时，应当审查犯罪嫌疑人除该行为之外有无其他行为侵害其他法益，从而对可能存在的其他犯罪予以准确认定。

三、社会危险性及羁押必要性审查

（一）审查逮捕

1. 犯罪动机：一是出售牟利；二是用于经营活动；三是用于违法犯罪活动。犯罪动机表明犯罪嫌疑人主观恶性，也能证明犯罪嫌疑人是否可能实施新的犯罪。

2. 犯罪情节。犯罪嫌疑人的行为直

接反映其人身危险性。具有下列情节的侵犯公民个人信息犯罪,能够证实犯罪嫌疑人主观恶性和人身危险性较大,实施新的犯罪的可能性也较大,可以认为具有较大的社会危险性:一是犯罪持续时间较长、多次实施侵犯公民个人信息犯罪的;二是被侵犯的公民个人信息数量或违法所得巨大的;三是利用公民个人信息进行违法犯罪活动的;四是犯罪手段行为本身具有违法性或者破坏性,即犯罪手段恶劣的,如骗取、窃取公民个人信息,采取胁迫、植入木马程序侵入他人计算机系统等方式非法获取信息。

犯罪嫌疑人实施侵犯公民个人信息犯罪,不属于"情节特别严重",系初犯,全部退赃,并确有悔罪表现的,可以认定社会危险性较小,没有逮捕必要。

(二)审查起诉

在审查起诉阶段,要结合侦查阶段取得的事实证据,进一步引导侦查机关加大捕后侦查力度,及时审查新证据。在羁押期限届满前对全案进行综合审查,对于未达到逮捕证明标准的,撤销原逮捕决定。

经羁押必要性审查,发现犯罪嫌疑人具有下列情形之一的,应当向办案机关提出释放或者变更强制措施的建议:

1. 案件证据发生重大变化,没有证据证明有犯罪事实或者犯罪行为系犯罪嫌疑人、被告人所为的。

2. 案件事实或者情节发生变化,犯罪嫌疑人、被告人可能被判处拘役、管制、独立适用附加刑、免予刑事处罚或者判决无罪的。

3. 继续羁押犯罪嫌疑人、被告人,羁押期限将超过依法可能判处的刑期的。

4. 案件事实基本查清,证据已经收集固定,符合取保候审或者监视居住条件的。

经羁押必要性审查,发现犯罪嫌疑人、被告人具有下列情形之一,且具有悔罪表现,不予羁押不致发生社会危险性的,可以向办案机关提出释放或者变更强制措施的建议:

1. 预备犯或者中止犯;共同犯罪中的从犯或者胁从犯。

2. 主观恶性较小的初犯。

3. 系未成年人或者年满七十五周岁的人。

4. 与被害方依法自愿达成和解协议,且已经履行或者提供担保的。

5. 患有严重疾病、生活不能自理的。

6. 系怀孕或者正在哺乳自己婴儿的妇女。

7. 系生活不能自理的人的唯一扶养人。

8. 可能被判处一年以下有期徒刑或者宣告缓刑的。

9. 其他不需要继续羁押犯罪嫌疑人、被告人的情形。

最高人民法院研究室关于重婚案件的被告人长期外逃法院能否中止审理和是否受追诉时效限制问题的电话答复

(1989年8月16日)

陕西省高级人民法院:

你院陕高法研[1989]35号《关于重婚案件的被告人长期外逃法院能否中止

审理和是否受追诉时效限制问题的请示》收悉。经研究，答复如下：

同意你院意见，即胡应亭诉焦有枝、赵炳信重婚一案，在人民法院对焦有枝采取取保候审的强制措施后，焦有枝潜逃并和赵炳信一直在外流窜，下落不明的情况下，可参照最高人民法院法（研）复［1988］29号《关于刑事案件取保候审的被告人在法院审理期间潜逃应宣告中止审理的批复》的规定，中止审理，俟被告人追捕归案后，再恢复审理。关于追诉时效问题，根据刑法第七十七条的规定，对焦有枝追究刑事责任不受追诉期限的限制。对于赵炳信，只要他同焦有枝的非法婚姻关系不解除，他们的重婚犯罪行为就处于一种继续状态，根据刑法第七十八条的规定，人民法院随时都可以对他追究刑事责任。此外，如果公安机关已对赵炳信发布了通缉令，也可以根据刑法第七十七条的规定，对他追究刑事责任，不受追诉期限的限制。

最高人民法院研究室关于重婚案件中受骗的一方当事人能否作为被害人向法院提起诉讼问题的电话答复

（1992年11月7日）

广东省高级人民法院：

你院《关于重婚案件中受骗的一方当事人能否作为被害人向法院提起诉讼问题的请示》收阅。经研究，答复如下：

基本同意你院的第二种意见，即：重婚案件中的被害人，既包括重婚者在原合法婚姻关系中的配偶，也包括后来受欺骗而与重婚者结婚的人。鉴于受骗一方当事人在主观上不具有重婚的故意，因此，根据你院《请示》中介绍的案情，陈若容可以作为本案的被害人。根据最高人民法院、最高人民检察院1983年7月26日《关于重婚案件管辖问题的通知》中关于“由被害人提出控告的重婚案件……由人民法院直接受理”的规定，陈若容可以作为自诉人，直接向人民法院提起诉讼。

（六）侵犯财产罪

最高人民法院、最高人民检察院、公安部关于依法办理“碰瓷”违法犯罪案件的指导意见

（2020年9月22日印发，
公通字〔2020〕12号）

各省、自治区、直辖市高级人民法院、人民检察院、公安厅（局），新疆维吾尔自治区高级人民法院生产建设兵团分院，新疆生产建设兵团人民检察院、公安局：

近年来，“碰瓷”现象时有发生。所谓“碰瓷”，是指行为人通过故意制造或者编造其被害假象，采取诈骗、敲诈勒索等方式非法索取财物的行为。实践中，一些不法分子有的通过“设局”制造或者捏造他人对其人身、财产造成损害来实施；

有的通过自伤、造成同伙受伤或者利用自身原有损伤,诬告系被害人所致来实施;有的故意制造交通事故,利用被害人违反道路通行规定或者酒后驾驶、无证驾驶、机动车手续不全等违法违规行为,通过被害人害怕被查处的心理来实施;有的在"碰瓷"行为被识破后,直接对被害人实施抢劫、抢夺、故意伤害等违法犯罪活动等。此类违法犯罪行为性质恶劣,危害后果严重,败坏社会风气,且易滋生黑恶势力,人民群众反响强烈。为依法惩治"碰瓷"违法犯罪活动,保障人民群众合法权益,维护社会秩序,根据刑法、刑事诉讼法、治安管理处罚法等法律的规定,制定本意见。

一、实施"碰瓷",虚构事实、隐瞒真相,骗取赔偿,符合刑法第二百六十六条规定的,以诈骗罪定罪处罚;骗取保险金,符合刑法第一百九十八条规定的,以保险诈骗罪定罪处罚。

实施"碰瓷",捏造人身、财产权益受到侵害的事实,虚构民事纠纷,提起民事诉讼,符合刑法第三百零七条之一规定的,以虚假诉讼罪定罪处罚;同时构成其他犯罪的,依照处罚较重的规定定罪从重处罚。

二、实施"碰瓷",具有下列行为之一,敲诈勒索他人财物,符合刑法第二百七十四条规定的,以敲诈勒索罪定罪处罚:

1. 实施撕扯、推搡等轻微暴力或者围困、阻拦、跟踪、贴靠、滋扰、纠缠、哄闹、聚众造势、扣留财物等软暴力行为的;

2. 故意制造交通事故,进而利用被害人违反道路通行规定或者其他违法违规行为相要挟的;

3. 以揭露现场掌握的当事人隐私相要挟的;

4. 扬言对被害人及其近亲属人身、财产实施侵害的。

三、实施"碰瓷",当场使用暴力、胁迫或者其他方法,当场劫取他人财物,符合刑法第二百六十三条规定的,以抢劫罪定罪处罚。

四、实施"碰瓷",采取转移注意力、趁人不备等方式,窃取、夺取他人财物,符合刑法第二百六十四条、第二百六十七条规定的,分别以盗窃罪、抢夺罪定罪处罚。

五、实施"碰瓷",故意造成他人财物毁坏,符合刑法第二百七十五条规定的,以故意毁坏财物罪定罪处罚。

六、实施"碰瓷",驾驶机动车对其他机动车进行追逐、冲撞、挤别、拦截或者突然加减速、急刹车等可能影响交通安全的行为,因而发生重大事故,致人重伤、死亡或者使公私财物遭受重大损失,符合刑法第一百三十三条规定的,以交通肇事罪定罪处罚。

七、为实施"碰瓷"而故意杀害、伤害他人或者过失致人重伤、死亡,符合刑法第二百三十二条、第二百三十四条、第二百三十三条、第二百三十五条规定的,分别以故意杀人罪、故意伤害罪、过失致人死亡罪、过失致人重伤罪定罪处罚。

八、实施"碰瓷",为索取财物,采取非法拘禁等方法非法剥夺他人人身自由或者非法搜查他人身体,符合刑法第二百三十八条、第二百四十五条规定的,分别以非法拘禁罪、非法搜查罪定罪处罚。

九、共同故意实施"碰瓷"犯罪,起主要作用的,应当认定为主犯,对其参与或者组织、指挥的全部犯罪承担刑事责任;起次要或者辅助作用的,应当认定为从犯,依法予以从轻、减轻处罚或者免除处罚。

三人以上为共同故意实施“碰瓷”犯罪而组成的较为固定的犯罪组织，应当认定为犯罪集团。对首要分子应当按照集团所犯全部罪行处罚。

符合黑恶势力认定标准的，应当按照黑社会性质组织、恶势力或者恶势力犯罪集团侦查、起诉、审判。

十、对实施“碰瓷”，尚不构成犯罪，但构成违反治安管理行为的，依法给予治安管理处罚。

各级人民法院、人民检察院和公安机关要严格依法办案，加强协作配合，对“碰瓷”违法犯罪行为予以快速处理、准确定性、依法严惩。一要依法及时开展调查处置、批捕、起诉、审判工作。公安机关接到报案、控告、举报后应当立即赶到现场，及时制止违法犯罪，妥善保护案发现场，控制行为人。对于符合立案条件的及时开展立案侦查，全面收集证据，调取案发现场监控视频，收集在场证人证言，核查涉案人员、车辆信息等，并及时串并案进行侦查。人民检察院对于公安机关提请批准逮捕、移送审查起诉的“碰瓷”案件，符合逮捕、起诉条件的，应当依法尽快予以批捕、起诉。对于“碰瓷”案件，人民法院应当依法及时审判，构成犯罪的，严格依法追究犯罪分子刑事责任。二要加强协作配合。公安机关、人民检察院要加强沟通协调，解决案件定性、管辖、证据标准等问题，确保案件顺利办理。对于疑难复杂案件，公安机关可以听取人民检察院意见。对于确需补充侦查的，人民检察院要制作明确、详细的补充侦查提纲，公安机关应当及时补充证据。人民法院要加强审判力量，严格依法公正审判。三要严格贯彻宽严相济的刑事政策，落实认罪认罚从宽制度。要综合考虑主观恶性大小、行为的手段、方式、危害后果以及在案件中所起作用等因素，切实做到区别对待。对于“碰瓷”犯罪集团的首要分子、积极参加的犯罪分子以及屡教不改的犯罪分子，应当作为打击重点依法予以严惩。对犯罪性质和危害后果特别严重、社会影响特别恶劣的犯罪分子，虽具有酌定从宽情节但不足以从宽处罚的，依法不予从宽处罚。具有自首、立功、坦白、认罪认罚等情节的，依法从宽处理。同时，应当准确把握法律尺度，注意区分“碰瓷”违法犯罪同普通民事纠纷、行政违法的界限，既防止出现“降格处理”，也要防止打击面过大等问题。四要强化宣传教育。人民法院、人民检察院、公安机关在依法惩处此类犯罪的过程中，要加大法制宣传教育力度，在依法办案的同时，视情通过新闻媒体、微信公众号、微博等形式，向社会公众揭露“碰瓷”违法犯罪的手段和方式，引导人民群众加强自我保护意识，遇到此类情形，应当及时报警，依法维护自身合法权益。要适时公开曝光一批典型案例，通过对案件解读，有效震慑违法犯罪分子，在全社会营造良好法治环境。

各地各相关部门要认真贯彻执行。执行中遇有问题，请及时上报各自上级机关。

公安部法制司
关于非法扣留他人车辆该如何
定性处理的批复

（1995 年 3 月 6 日，公法〔1995〕24 号）

浙江省公安厅法制处：

你们《关于非法扣留他人车辆该如何定性处理的请示》(浙公法[1995]5号)及《关于浙公明发[1995]132号请示的补充情况》收悉。经研究,答复如下:

为了维护社会主义经济秩序,对经济纠纷的当事人非法扣留与经济纠纷无关的第三者所有的机动车辆的行为,公安机关应当依法惩处,坚决制止;对行为人分别不同情况予以处罚,所扣车辆应当无条件返还给所有人或使用人。

一、对于正在行驶的车辆无理拦截或者强行登车实施扣押,情节轻微,尚不够刑事处罚的,按照《治安管理处罚条例》第二十七条第四项的规定予以处罚;经公安机关责令继续实施扣押的,按照《刑法》第一百五十九条破坏交通秩序罪追究刑事责任。

二、采取欺骗手段,乘人不备扣押他人车辆,情节轻微,尚不够刑事处罚的,按照《治安管理处罚条例》第二十四条第五项的规定予以处罚。经公安机关责令拒不返还所扣车辆的,按照《刑法》第一百五十一条、第一百五十二条抢夺罪追究刑事责任。

三、以暴力、胁迫方法扣押他人车辆的,按照《刑法》第一百五十条抢劫罪追究刑事责任。

四、非法扣押他人车辆并进行敲诈勒索的,按照《刑法》第一百五十四条敲诈勒索罪追究刑事责任。

除上述处罚外,对被扣车辆造成损毁的,由非法扣留者负责赔偿。

此类案件接到报案,公安机关的治安部门、刑侦部门、交通管理部门或者巡逻警察都应当及时受理,然后根据案件情况,移交主管部门管辖。以上所列情形,经公安机关责令,能及时返还车辆,赔偿损失的,可以根据情节从轻、减轻或免除处罚。

最高人民法院研究室关于对非法占有强迫他人卖血所得款物案件如何定性问题的意见函

(1995年10月23日)

最高人民检察院研究室:

你室送来的《关于征求对非法占有强迫他人卖血所得款物案件定性意见的函》已收悉。经研究,我们认为,被告人以非法占有为目的,强迫被害人卖血后占有卖血所得款物的行为,构成抢劫罪;其间实施的非法剥夺被害人人身自由的行为,应作为抢劫罪从重处罚的情节予以考虑。

以上意见,仅供参考。

最高人民法院关于审理抢劫、抢夺刑事案件适用法律若干问题的意见

(2005年6月8日,法发〔2005〕8号)

抢劫、抢夺是多发性的侵犯财产犯罪。1997年刑法修订后,为了更好地指导审判工作,最高人民法院先后发布了《关于审理抢劫案件具体应用法律若干问题的解释》(以下简称《抢劫解释》)和

《关于审理抢夺刑事案件具体应用法律若干问题的解释》(以下简称《抢夺解释》)。但是,抢劫、抢夺犯罪案件的情况比较复杂,各地法院在审判过程中仍然遇到了不少新情况、新问题。为准确、统一适用法律,现对审理抢劫、抢夺犯罪案件中较为突出的几个法律适用问题,提出意见如下:

一、关于"入户抢劫"的认定

根据《抢劫解释》第一条规定,认定"入户抢劫"时,应当注意以下三个问题:一是"户"的范围。"户"在这里是指住所,其特征表现为供他人家庭生活和与外界相对隔离两个方面,前者为功能特征,后者为场所特征。一般情况下,集体宿舍、旅店宾馆、临时搭建工棚等不应认定为"户",但在特定情况下,如果确实具有上述两个特征的,也可以认定为"户"。二是"入户"目的的非法性。进入他人住所须以实施抢劫等犯罪为目的。抢劫行为虽然发生在户内,但行为人不以实施抢劫等犯罪为目的进入他人住所,而是在户内临时起意实施抢劫的,不属于"入户抢劫"。三是暴力或者暴力胁迫行为必须发生在户内。入户实施盗窃被发现,行为人为窝藏赃物、抗拒抓捕或者毁灭罪证而当场使用暴力或者以暴力相威胁的,如果暴力或者暴力胁迫行为发生在户内,可以认定为"入户抢劫";如果发生在户外,不能认定为"入户抢劫"。

二、关于"在公共交通工具上抢劫"的认定

公共交通工具承载的旅客具有不特定多数人的特点。根据《抢劫解释》第二条规定,"在公共交通工具上抢劫"主要是指在从事旅客运输的各种公共汽车、大中型出租车、火车、船只、飞机等正在运营中的机动公共交通工具上对旅客、司售、乘务人员实施的抢劫。在未运营中的大中型公共交通工具上针对司售、乘务人员抢劫的,或者在小型出租车上抢劫的,不属于"在公共交通工具上抢劫"。

三、关于"多次抢劫"的认定

刑法第二百六十三条第(四)项中的"多次抢劫"是指抢劫三次以上。

对于"多次"的认定,应以行为人实施的每一次抢劫行为均已构成犯罪为前提,综合考虑犯罪故意的产生、犯罪行为实施的时间、地点等因素,客观分析、认定。对于行为人基于一个犯意实施犯罪的,如在同一地点同时对在场的多人实施抢劫的;或基于同一犯意在同一地点实施连续抢劫犯罪的,如在同一地点连续地对途经此地的多人进行抢劫的;或在一次犯罪中对一栋居民楼房中的几户居民连续实施入户抢劫的,一般应认定为一次犯罪。

四、关于"携带凶器抢夺"的认定

《抢劫解释》第六条规定,"携带凶器抢夺",是指行为人随身携带枪支、爆炸物、管制刀具等国家禁止个人携带的器械进行抢夺或者为了实施犯罪而携带其他器械进行抢夺的行为。行为人随身携带国家禁止个人携带的器械以外的其他器械抢夺,但有证据证明该器械确实不是为了实施犯罪准备的,不以抢劫罪定罪;行为人将随身携带凶器有意加以显示、能为被害人察觉到的,直接适用刑法第二百六十三条的规定定罪处罚;行为人携带凶器抢夺后,在逃跑过程中为窝藏赃物、抗拒抓捕或者毁灭罪证而当场使用暴力或者以暴力相威胁的,适用刑法第二百六十七条第二款的规定定罪处罚。

五、关于转化抢劫的认定

行为人实施盗窃、诈骗、抢夺行为,未

达到"数额较大",为窝藏赃物、抗拒抓捕或者毁灭罪证当场使用暴力或者以暴力相威胁,情节较轻、危害不大的,一般不以犯罪论处;但具有下列情节之一的,可依照刑法第二百六十九条的规定,以抢劫罪定罪处罚:

(1)盗窃、诈骗、抢夺接近"数额较大"标准的;

(2)入户或在公共交通工具上盗窃、诈骗、抢夺后在户外或交通工具外实施上述行为的;

(3)使用暴力致人轻微伤以上后果的;

(4)使用凶器或以凶器相威胁的;

(5)具有其他严重情节的。

六、关于抢劫犯罪数额的计算

抢劫信用卡后使用、消费的,其实际使用、消费的数额为抢劫数额;抢劫信用卡后未实际使用、消费的,不计数额,根据情节轻重量刑。所抢信用卡数额巨大,但未实际使用、消费或者实际使用、消费的数额未达到巨大标准的,不适用"抢劫数额巨大"的法定刑。

为抢劫其他财物,劫取机动车辆当作犯罪工具或者逃跑工具使用的,被劫取机动车辆的价值计入抢劫数额;为实施抢劫以外的其他犯罪劫取机动车辆的,以抢劫罪和实施的其他犯罪实行数罪并罚。

抢劫存折、机动车辆的数额计算,参照执行《关于审理盗窃案件具体应用法律若干问题的解释》的相关规定。①

七、关于抢劫特定财物行为的定性

以毒品、假币、淫秽物品等违禁品为对象,实施抢劫的,以抢劫罪定罪;抢劫的违禁品数量作为量刑情节予以考虑。抢劫违禁品后又以违禁品实施其他犯罪的,应以抢劫罪与具体实施的其他犯罪实行数罪并罚。

抢劫赌资、犯罪所得的赃款赃物的,以抢劫罪定罪,但行为人仅以其所输赌资或所赢赌债为抢劫对象,一般不以抢劫罪定罪处罚。构成其他犯罪的,依照刑法的相关规定处罚。

为个人使用,以暴力、胁迫等手段取得家庭成员或近亲属财产的,一般不以抢劫罪定罪处罚,构成其他犯罪的,依照刑法的相关规定处理;教唆或者伙同他人采取暴力、胁迫等手段劫取家庭成员或近亲属财产的,可以抢劫罪定罪处罚。

八、关于抢劫罪数的认定

行为人实施伤害、强奸等犯罪行为,在被害人未失去知觉,利用被害人不能反抗、不敢反抗的处境,临时起意劫取他人财物的,应以此前所实施的具体犯罪与抢劫罪实行数罪并罚;在被害人失去知觉或者没有发觉的情形下,以及实施故意杀人犯罪行为之后,临时起意拿走他人财物的,应以此前所实施的具体犯罪与盗窃罪实行数罪并罚。

九、关于抢劫罪与相似犯罪的界限

1. 冒充正在执行公务的人民警察、联防人员,以抓卖淫嫖娼、赌博等违法行为为名非法占有财物的行为定性

行为人冒充正在执行公务的人民警察"抓赌"、"抓嫖",没收赌资或者罚款的行为,构成犯罪的,以招摇撞骗罪从重处罚;在实施上述行为中使用暴力或者暴力威胁的,以抢劫罪定罪处罚。行为人冒充治安联防队员"抓赌"、"抓嫖"、没收赌资

---

① 最高法1997年《关于审理盗窃案件具体应用法律若干问题的解释》已为最高法、最高检2013年《关于办理盗窃刑事案件适用法律若干问题的解释》第十五条宣布废止,今后对该问题应参照2013年的解释有关规定掌握。

或者罚款的行为,构成犯罪的,以敲诈勒索罪定罪处罚;在实施上述行为中使用暴力或者暴力威胁的,以抢劫罪定罪处罚。

2. 以暴力、胁迫手段索取超出正常交易价钱、费用的钱财的行为定性

从事正常商品买卖、交易或者劳动服务的人,以暴力、胁迫手段迫使他人交出与合理价钱、费用相差不大钱物,情节严重的,以强迫交易罪定罪处罚;以非法占有为目的,以买卖、交易、服务为幌子采用暴力、胁迫手段迫使他人交出与合理价钱、费用相差悬殊的钱物的,以抢劫罪定罪处刑。在具体认定时,既要考虑超出合理价钱、费用的绝对数额,还要考虑超出合理价钱、费用的比例,加以综合判断。

3. 抢劫罪与绑架罪的界限

绑架罪是侵害他人人身自由权利的犯罪,其与抢劫罪的区别在于:第一,主观方面不尽相同。抢劫罪中,行为人一般出于非法占有他人财物的故意实施抢劫行为,绑架罪中,行为人既可能为勒索他人财物而实施绑架行为,也可能出于其他非经济目的实施绑架行为。第二,行为手段不尽相同。抢劫罪表现为行为人劫取财物一般应在同一时间、同一地点,具有"当场性";绑架罪表现为行为人以杀害、伤害等方式向被绑架人的亲属或其他人或单位发出威胁,索取赎金或提出其他非法要求,劫取财物一般不具有"当场性"。

绑架过程中又当场劫取被害人随身携带财物的,同时触犯绑架罪和抢劫罪两罪名,应择一重罪定罪处罚。

4. 抢劫罪与寻衅滋事罪的界限

寻衅滋事罪是严重扰乱社会秩序的犯罪,行为人实施寻衅滋事的行为时,客观上也可能表现为强拿硬要公私财物的特征。这种强拿硬要的行为与抢劫罪的区别在于:前者行为人主观上还具有逞强好胜和通过强拿硬要来填补其精神空虚等目的,后者行为人一般只具有非法占有他人财物的目的;前者行为人客观上一般不以严重侵犯他人人身权利的方法强拿硬要财物,而后者行为人则以暴力、胁迫等方式作为劫取他人财物的手段。司法实践中,对于未成年人使用或威胁使用轻微暴力强抢少量财物的行为,一般不宜以抢劫罪定罪处罚。其行为符合寻衅滋事罪特征的,可以寻衅滋事罪定罪处罚。

5. 抢劫罪与故意伤害罪的界限

行为人为索取债务,使用暴力、暴力威胁等手段的,一般不以抢劫罪定罪处罚。构成故意伤害等其他犯罪的,依照刑法第二百三十四条等规定处罚。

十、抢劫罪的既遂、未遂的认定

抢劫罪侵犯的是复杂客体,既侵犯财产权利又侵犯人身权利,具备劫取财物或者造成他人轻伤以上后果两者之一的,均属抢劫既遂;既未劫取财物,又未造成他人人身伤害后果的,属抢劫未遂。据此,刑法第二百六十三条规定的八种处罚情节中除"抢劫致人重伤、死亡的"这一结果加重情节之外,其余七种处罚情节同样存在既遂、未遂问题,其中属抢劫未遂的,应当根据刑法关于加重情节的法定刑规定,结合未遂犯的处理原则量刑。

十一、驾驶机动车、非机动车夺取他人财物行为的定性

对于驾驶机动车、非机动车(以下简称驾驶车辆)夺取他人财物的,一般以抢夺罪从重处罚。但具有下列情形之一,应当以抢劫罪定罪处罚:

(1)驾驶车辆,逼挤、撞击或强行逼倒他人以排除他人反抗,乘机夺取财物的;

(2)驾驶车辆强抢财物时,因被害人

不放手而采取强拉硬拽方法劫取财物的;

(3)行为人明知其驾驶车辆强行夺取他人财物的手段会造成他人伤亡的后果,仍然强行夺取并放任造成财物持有人轻伤以上后果的。

最高人民法院关于审理抢劫案件具体应用法律若干问题的解释

(2000年11月17日最高人民法院审判委员会第1141次会议通过,2000年11月22日公布,自2000年11月28日起施行,法释〔2000〕35号)

为依法惩处抢劫犯罪活动,根据刑法的有关规定,现就审理抢劫案件具体应用法律的若干问题解释如下:

第一条 刑法第二百六十三条第(一)项规定的“入户抢劫”,是指为实施抢劫行为而进入他人生活的与外界相对隔离的住所,包括封闭的院落、牧民的帐篷、渔民作为家庭生活场所的渔船、为生活租用的房屋等进行抢劫的行为。

对于入户盗窃,因被发现而当场使用暴力或者以暴力相威胁的行为,应当认定为入户抢劫。

第二条 刑法第二百六十三条第(二)项规定的“在公共交通工具上抢劫”,既包括在从事旅客运输的各种公共汽车,大、中型出租车,火车,船只,飞机等正在运营中的机动公共交通工具上对旅客、司售、乘务人员实施的抢劫,也包括对运行途中的机动公共交通工具加以拦截后,对公共交通工具上的人员实施的抢劫。

第三条 刑法第二百六十三条第(三)项规定的“抢劫银行或者其他金融机构”,是指抢劫银行或者其他金融机构的经营资金、有价证券和客户的资金等。

抢劫正在使用中的银行或者其他金融机构的运钞车的,视为“抢劫银行或者其他金融机构”。

第四条 刑法第二百六十三条第(四)项规定的“抢劫数额巨大”的认定标准,参照各地确定的盗窃罪数额巨大的认定标准执行。

第五条 刑法第二百六十三条第(七)项规定的“持枪抢劫”,是指行为人使用枪支或者向被害人显示持有、佩带的枪支进行抢劫的行为。“枪支”的概念和范围,适用《中华人民共和国枪支管理法》的规定。

第六条 刑法第二百六十七条第二款规定的“携带凶器抢夺”,是指行为人随身携带枪支、爆炸物、管制刀具等国家禁止个人携带的器械进行抢夺或者为了实施犯罪而携带其他器械进行抢夺的行为。

最高人民法院关于抢劫过程中故意杀人案件如何定罪问题的批复

(2001年5月22日最高人民法院审判委员会第1176次会议通过,2001年5月23日公布,自2001年5月26日起施行,法释〔2001〕16号)

上海市高级人民法院:

你院沪高法(2000)117号《关于抢劫过程中故意杀人案件定性问题的请示》收悉。经研究,答复如下:

行为人为劫取财物而预谋故意杀人,或者在劫取财物过程中,为制服被害人反抗而故意杀人的,以抢劫罪定罪处罚。

行为人实施抢劫后,为灭口而故意杀人的,以抢劫罪和故意杀人罪定罪,实行数罪并罚。

此复。

最高人民法院
关于审理抢劫刑事案件适用法律若干问题的指导意见

(2016年1月6日印发施行,
法发〔2016〕2号)

抢劫犯罪是多发性的侵犯财产和侵犯公民人身权利的犯罪。1997年刑法修订后,最高人民法院先后发布了《关于审理抢劫案件具体应用法律若干问题的解释》(以下简称《抢劫解释》)和《关于审理抢劫、抢夺刑事案件适用法律问题的意见》(以下简称《两抢意见》),对抢劫案件的法律适用作出了规范,发挥了重要的指导作用。

但是,抢劫犯罪案件的情况越来越复杂,各级法院在审判过程中不断遇到新情况、新问题。为统一适用法律,根据刑法和司法解释的规定,结合近年来人民法院审理抢劫案件的经验,现对审理抢劫犯罪案件中较为突出的几个法律适用问题和刑事政策把握问题提出如下指导意见:

一、关于审理抢劫刑事案件的基本要求

坚持贯彻宽严相济刑事政策。对于多次结伙抢劫,针对农村留守妇女、儿童及老人等弱势群体实施抢劫,在抢劫中实施强奸等暴力犯罪的,要在法律规定的量刑幅度内从重判处。

对于罪行严重或者具有累犯情节的抢劫犯罪分子,减刑、假释时应当从严掌握,严格控制减刑的幅度和频度。对因家庭成员就医等特定原因初次实施抢劫,主观恶性和犯罪情节相对较轻的,要与多次抢劫以及为了挥霍、赌博、吸毒等实施抢劫的案件在量刑上有所区分。对于犯罪情节较轻,或者具有法定、酌定从轻、减轻处罚情节的,坚持依法从宽处理。

确保案件审判质量。审理抢劫刑事案件,要严格遵守证据裁判原则,确保事实清楚,证据确实、充分。特别是对因抢劫可能判处死刑的案件,更要切实贯彻执行刑事诉讼法及相关司法解释、司法文件,严格依法审查判断和运用证据,坚决防止冤错案件的发生。

对抢劫刑事案件适用死刑,应当坚持"保留死刑,严格控制和慎重适用死刑"的刑事政策,以最严格的标准和最审慎的态度,确保死刑只适用于极少数罪行极其严重的犯罪分子。对被判处死刑缓期二年执行的抢劫犯罪分子,根据犯罪情节等情况,可以同时决定对其限制减刑。

二、关于抢劫犯罪部分加重处罚情节的认定

1.认定"入户抢劫",要注重审查行为人"入户"的目的,将"入户抢劫"与"在户内抢劫"区别开来。以侵害户内人员的人身、财产为目的,入户后实施抢劫,包括入户实施盗窃、诈骗等犯罪而转化为抢劫的,应当认定为“入户抢劫”。因访友办事等原因经户内人员允许入户后,临时起意实施抢劫,或者临时起意实施盗窃、诈骗等犯罪而转化为抢劫的,不应认定为“入户抢劫”。

对于部分时间从事经营、部分时间用于生活起居的场所,行为人在非营业时间强行入内抢劫或者以购物等为名骗开房门入内抢劫的,应认定为“入户抢劫”。对于部分用于经营、部分用于生活且之间有明确隔离的场所,行为人进入生活场所实施抢劫的,应认定为“入户抢劫”;如场所之间没有明确隔离,行为人在营业时间入内实施抢劫的,不认定为“入户抢劫”,但在非营业时间入内实施抢劫的,应认定为“入户抢劫”。

2.“公共交通工具”,包括从事旅客运输的各种公共汽车,大、中型出租车,火车,地铁,轻轨,轮船,飞机等,不含小型出租车。对于虽不具有商业营运执照,但实际从事旅客运输的大、中型交通工具,可认定为“公共交通工具”。接送职工的单位班车、接送师生的校车等大、中型交通工具,视为“公共交通工具”。

“在公共交通工具上抢劫”,既包括在处于运营状态的公共交通工具上对旅客及司售、乘务人员实施抢劫,也包括拦截运营途中的公共交通工具对旅客及司售、乘务人员实施抢劫,但不包括在未运营的公共交通工具上针对司售、乘务人员实施抢劫。以暴力、胁迫或者麻醉等手段对公共交通工具上的特定人员实施抢劫的,一般应认定为“在公共交通工具上抢劫”。

3.认定“抢劫数额巨大”,参照各地认定盗窃罪数额巨大的标准执行。抢劫数额以实际抢劫到的财物数额为依据。对以数额巨大的财物为明确目标,由于意志以外的原因,未能抢到财物或实际抢得的财物数额不大的,应同时认定“抢劫数额巨大”和犯罪未遂的情节,根据刑法有关规定,结合未遂犯的处理原则量刑。

根据《两抢意见》第六条第一款规定,抢劫信用卡后使用、消费的,以行为人实际使用、消费的数额为抢劫数额。由于行为人意志以外的原因无法实际使用、消费的部分,虽不计入抢劫数额,但应作为量刑情节考虑。通过银行转账或者电子支付、手机银行等支付平台获取抢劫财物的,以行为人实际获取的财物为抢劫数额。

4.认定“冒充军警人员抢劫”,要注重对行为人是否穿着军警制服、携带枪支、是否出示军警证件等情节进行综合审查,判断是否足以使他人误以为是军警人员。对于行为人仅穿着类似军警的服装或仅以言语宣称系军警人员但未携带枪支、也未出示军警证件而实施抢劫的,要结合抢劫地点、时间、暴力或威胁的具体情形,依照常人判断标准,确定是否认定为“冒充军警人员抢劫”。

军警人员利用自身的真实身份实施抢劫的,不认定为“冒充军警人员抢劫”,应依法从重处罚。

三、关于转化型抢劫犯罪的认定

根据刑法第二百六十九条的规定,“犯盗窃、诈骗、抢夺罪,为窝藏赃物、抗拒抓捕或者毁灭罪证而当场使用暴力或者以暴力相威胁的”,依照抢劫罪定罪处罚。“犯盗窃、诈骗、抢夺罪”,主要是指行为人已经着手实施盗窃、诈骗、抢夺行为,一般不考察盗窃、诈骗、抢夺行为是否既遂。但是所涉财物数额明显低于“数额较大”的标准,又不具有《两抢意见》第五条所列五种情节之一的,不构成抢劫罪。“当场”是指在盗窃、诈骗、抢夺的现场以及行为人刚离开现场即被他人发现并抓捕的情形。

对于以摆脱的方式逃脱抓捕,暴力强度较小,未造成轻伤以上后果的,可不认定为“使用暴力”,不以抢劫罪论处。

入户或者在公共交通工具上盗窃、诈骗、抢夺后,为了窝藏赃物、抗拒抓捕或者毁灭罪证,在户内或者公共交通工具上当场使用暴力或者以暴力相威胁的,构成“入户抢劫”或者“在公共交通工具上抢劫”。

两人以上共同实施盗窃、诈骗、抢夺犯罪,其中部分行为人为窝藏赃物、抗拒抓捕或者毁灭罪证而当场使用暴力或者以暴力相威胁的,对于其余行为人是否以抢劫罪共犯论处,主要看其对实施暴力或者以暴力相威胁的行为人是否形成共同犯意、提供帮助。基于一定意思联络,对实施暴力或者以暴力相威胁的行为人提供帮助或实际成为帮凶的,可以抢劫共犯论处。

四、具有法定八种加重处罚情节的刑罚适用

1. 根据刑法第二百六十三条的规定,具有“抢劫致人重伤、死亡”等八种法定加重处罚情节的,处十年以上有期徒刑、无期徒刑或者死刑,并处罚金或者没收财产。应当根据抢劫的次数及数额、抢劫对人身的损害、对社会治安的危害等情况,结合被告人的主观恶性及人身危险程度,并根据量刑规范化的有关规定,确定具体的刑罚。判处无期徒刑以上刑罚的,一般应并处没收财产。

2. 具有下列情形之一的,可以判处无期徒刑以上刑罚:

(1)抢劫致三人以上重伤,或者致人重伤造成严重残疾的;

(2)在抢劫过程中故意杀害他人,或者故意伤害他人,致人死亡的;

(3)具有除“抢劫致人重伤、死亡”外的两种以上加重处罚情节,或者抢劫次数特别多、抢劫数额特别巨大的。

3. 为劫取财物而预谋故意杀人,或者在劫取财物过程中为制服被害人反抗、抗拒抓捕而杀害被害人,且被告人无法定从宽处罚情节的,可依法判处死刑立即执行。对具有自首、立功等法定从轻处罚情节的,判处死刑立即执行应当慎重。

对于采取故意杀人以外的其他手段实施抢劫并致人死亡的案件,要从犯罪的动机、预谋、实行行为等方面分析被告人主观恶性的大小,并从有无前科及平时表现、认罪悔罪情况等方面判断被告人的人身危险程度,不能不加区别,仅以出现被害人死亡的后果,一律判处死刑立即执行。

4. 抢劫致人重伤案件适用死刑,应当更加慎重、更加严格,除非具有采取极其残忍的手段造成被害人严重残疾等特别恶劣的情节或者造成特别严重后果的,一般不判处死刑立即执行。

5. 具有刑法第二百六十三条规定的“抢劫致人重伤、死亡”以外其他七种加重处罚情节,且犯罪情节特别恶劣、危害后果特别严重的,可依法判处死刑立即执行。认定“情节特别恶劣、危害后果特别严重”,应当从严掌握,适用死刑必须非常慎重、非常严格。

五、抢劫共同犯罪的刑罚适用

1. 审理抢劫共同犯罪案件,应当充分考虑共同犯罪的情节及后果、共同犯罪人在抢劫中的作用以及被告人的主观恶性、人身危险性等情节,做到准确认定主从犯,分清罪责,以责定刑,罚当其罪。一案中有两名以上主犯的,要从犯罪提意、预谋、准备、行为实施、赃物处理等方面区分出罪责最大者和较大者;有两名以上从犯的,要在从犯中区分出罪责相对更轻者和较轻者。对从犯的处罚,要根据案件的具体事实、从犯的罪责,确定从轻还是减轻处罚。对具有自首、立功或者未成年人且初次抢劫等情节的从犯,可以依法免除处罚。

2. 对于共同抢劫致一人死亡的案件,依法应当判处死刑的,除犯罪手段特别残忍、情节及后果特别严重、社会影响特别恶劣、严重危害社会治安的外,一般只对共同抢劫犯罪中作用最突出、罪行最严重的那名主犯判处死刑立即执行。罪行最严重的主犯如因系未成年人而不适用死刑,或者因具有自首、立功等法定从宽处罚情节而不判处死刑立即执行的,不能不加区别地对其他主犯判处死刑立即执行。

3. 在抢劫共同犯罪案件中,有同案犯在逃的,应当根据现有证据尽量分清在押犯与在逃犯的罪责,对在押犯应按其罪责处刑。罪责确实难以分清,或者不排除在押犯的罪责可能轻于在逃犯的,对在押犯适用刑罚应当留有余地,判处死刑立即执行要格外慎重。

六、累犯等情节的适用

根据刑法第六十五条第一款的规定,对累犯应当从重处罚。抢劫犯罪被告人具有累犯情节的,适用刑罚时要综合考虑犯罪的情节和后果,所犯前后罪的性质、间隔时间及判刑轻重等情况,决定从重处罚的力度。对于前罪系抢劫等严重暴力犯罪的累犯,应当依法加大从重处罚的力度。

对于虽不构成累犯,但具有抢劫犯罪前科的,一般不适用减轻处罚和缓刑。对于可能判处死刑的罪犯具有累犯情节的也应慎重,不能只要是累犯就一律判处死刑立即执行;被告人同时具有累犯和法定从宽处罚情节的,判处死刑立即执行应当综合考虑,从严掌握。

七、关于抢劫案件附带民事赔偿的处理原则

要妥善处理抢劫案件附带民事赔偿工作。审理抢劫刑事案件,一般情况下人民法院不主动开展附带民事调解工作。但是,对于犯罪情节不是特别恶劣或者被害方生活、医疗陷入困境,被告人与被害方自行达成民事赔偿和解协议的,民事赔偿情况可作为评价被告人悔罪态度的依据之一,在量刑上酌情予以考虑。

最高人民法院、最高人民检察院关于办理盗窃刑事案件适用法律若干问题的解释

(2013年3月8日最高人民法院审判委员会第1571次会议、2013年3月18日最高人民检察院第十二届检察委员会第1次会议通过,2013年4月2日公布,自2013年4月4日起施行,法释〔2013〕8号)

为依法惩治盗窃犯罪活动,保护公私财产,根据《中华人民共和国刑法》、《中华人民共和国刑事诉讼法》的有关规定,现就办理盗窃刑事案件适用法律的若干

问题解释如下：

第一条　盗窃公私财物价值一千元至三千元以上、三万元至十万元以上、三十万元至五十万元以上的，应当分别认定为刑法第二百六十四条规定的“数额较大”、“数额巨大”、“数额特别巨大”。

各省、自治区、直辖市高级人民法院、人民检察院可以根据本地区经济发展状况，并考虑社会治安状况，在前款规定的数额幅度内，确定本地区执行的具体数额标准，报最高人民法院、最高人民检察院批准。

在跨地区运行的公共交通工具上盗窃，盗窃地点无法查证的，盗窃数额是否达到“数额较大”、“数额巨大”、“数额特别巨大”，应当根据受理案件所在地省、自治区、直辖市高级人民法院、人民检察院确定的有关数额标准认定。

盗窃毒品等违禁品，应当按照盗窃罪处理的，根据情节轻重量刑。

第二条　盗窃公私财物，具有下列情形之一的，“数额较大”的标准可以按照前条规定标准的百分之五十确定：

（一）曾因盗窃受过刑事处罚的；

（二）一年内曾因盗窃受过行政处罚的；

（三）组织、控制未成年人盗窃的；

（四）自然灾害、事故灾害、社会安全事件等突发事件期间，在事件发生地盗窃的；

（五）盗窃残疾人、孤寡老人、丧失劳动能力人的财物的；

（六）在医院盗窃病人或者其亲友财物的；

（七）盗窃救灾、抢险、防汛、优抚、扶贫、移民、救济款物的；

（八）因盗窃造成严重后果的。

第三条　二年内盗窃三次以上的，应当认定为“多次盗窃”。

非法进入供他人家庭生活，与外界相对隔离的住所盗窃的，应当认定为“入户盗窃”。

携带枪支、爆炸物、管制刀具等国家禁止个人携带的器械盗窃，或者为了实施违法犯罪携带其他足以危害他人人身安全的器械盗窃的，应当认定为“携带凶器盗窃”。

在公共场所或者公共交通工具上盗窃他人随身携带的财物的，应当认定为“扒窃”。

第四条　盗窃的数额，按照下列方法认定：

（一）被盗财物有有效价格证明的，根据有效价格证明认定；无有效价格证明，或者根据价格证明认定盗窃数额明显不合理的，应当按照有关规定委托估价机构估价；

（二）盗窃外币的，按照盗窃时中国外汇交易中心或者中国人民银行授权机构公布的人民币对该货币的中间价折合成人民币计算；中国外汇交易中心或者中国人民银行授权机构未公布汇率中间价的外币，按照盗窃时境内银行人民币对该货币的中间价折算成人民币，或者该货币在境内银行、国际外汇市场对美元汇率，与人民币对美元汇率中间价进行套算；

（三）盗窃电力、燃气、自来水等财物，盗窃数量能够查实的，按照查实的数量计算盗窃数额；盗窃数量无法查实的，以盗窃前六个月月均正常用量减去盗窃后计量仪表显示的月均用量推算盗窃数额；盗窃前正常使用不足六个月的，按照正常使用期间的月均用量减去盗窃后计量仪表显示的月均用量推算盗窃数额；

(四)明知是盗接他人通信线路、复制他人电信码号的电信设备、设施而使用的,按照合法用户为其支付的费用认定盗窃数额;无法直接确认的,以合法用户的电信设备、设施被盗接、复制后的月缴费额减去被盗接、复制前六个月的月均电话费推算盗窃数额;合法用户使用电信设备、设施不足六个月的,按照实际使用的月均电话费推算盗窃数额;

(五)盗接他人通信线路、复制他人电信码号出售的,按照销赃数额认定盗窃数额。

盗窃行为给失主造成的损失大于盗窃数额的,损失数额可以作为量刑情节考虑。

第五条　盗窃有价支付凭证、有价证券、有价票证的,按照下列方法认定盗窃数额:

(一)盗窃不记名、不挂失的有价支付凭证、有价证券、有价票证的,应当按票面数额和盗窃时应得的孳息、奖金或者奖品等可得收益一并计算盗窃数额;

(二)盗窃记名的有价支付凭证、有价证券、有价票证,已经兑现的,按照兑现部分的财物价值计算盗窃数额;没有兑现,但失主无法通过挂失、补领、补办手续等方式避免损失的,按照给失主造成的实际损失计算盗窃数额。

第六条　盗窃公私财物,具有本解释第二条第三项至第八项规定情形之一,或者入户盗窃、携带凶器盗窃,数额达到本解释第一条规定的"数额巨大"、"数额特别巨大"百分之五十的,可以分别认定为刑法第二百六十四条规定的"其他严重情节"或者"其他特别严重情节"。

第七条　盗窃公私财物数额较大,行为人认罪、悔罪,退赃、退赔,且具有下列情形之一,情节轻微的,可以不起诉或者免予刑事处罚;必要时,由有关部门予以行政处罚:

(一)具有法定从宽处罚情节的;

(二)没有参与分赃或者获赃较少且不是主犯的;

(三)被害人谅解的;

(四)其他情节轻微、危害不大的。

第八条　偷拿家庭成员或者近亲属的财物,获得谅解的,一般可不认为是犯罪;追究刑事责任的,应当酌情从宽。

第九条[①]　盗窃国有馆藏一般文物、三级文物、二级以上文物的,应当分别认定为刑法第二百六十四条规定的"数额较大"、"数额巨大"、"数额特别巨大"。

盗窃多件不同等级国有馆藏文物的,三件同级文物可以视为一件高一级文物。

盗窃民间收藏的文物的,根据本解释第四条第一款第一项的规定认定盗窃数额。

第十条　偷开他人机动车的,按照下列规定处理:

(一)偷开机动车,导致车辆丢失的,以盗窃罪定罪处罚;

(二)为盗窃其他财物,偷开机动车作为犯罪工具使用后非法占有车辆,或者将车辆遗弃导致丢失的,被盗车辆的价值计入盗窃数额;

(三)为实施其他犯罪,偷开机动车作为犯罪工具使用后非法占有车辆,或者将车辆遗弃导致丢失的,以盗窃罪和其他犯罪数罪并罚;将车辆送回未造成丢失的,按照其所实施的其他犯罪从重处罚。

---

① 该条的规定与最高法、最高检2015年《关于办理妨害文物管理等刑事案件适用法律若干问题的解释》第二、十三条不一致,故应该以后者为准。

第十一条 盗窃公私财物并造成财物损毁的,按照下列规定处理:

(一)采用破坏性手段盗窃公私财物,造成其他财物损毁的,以盗窃罪从重处罚;同时构成盗窃罪和其他犯罪的,择一重罪从重处罚;

(二)实施盗窃犯罪后,为掩盖罪行或者报复等,故意毁坏其他财物构成犯罪的,以盗窃罪和构成的其他犯罪数罪并罚;

(三)盗窃行为未构成犯罪,但损毁财物构成其他犯罪的,以其他犯罪定罪处罚。

第十二条 盗窃未遂,具有下列情形之一的,应当依法追究刑事责任:

(一)以数额巨大的财物为盗窃目标的;

(二)以珍贵文物为盗窃目标的;

(三)其他情节严重的情形。

盗窃既有既遂,又有未遂,分别达到不同量刑幅度的,依照处罚较重的规定处罚;达到同一量刑幅度的,以盗窃罪既遂处罚。

第十三条 单位组织、指使盗窃,符合刑法第二百六十四条及本解释有关规定的,以盗窃罪追究组织者、指使者、直接实施者的刑事责任。

第十四条 因犯盗窃罪,依法判处罚金刑的,应当在一千元以上盗窃数额的二倍以下判处罚金;没有盗窃数额或者盗窃数额无法计算的,应当在一千元以上十万元以下判处罚金。

第十五条 本解释发布实施后,《最高人民法院关于审理盗窃案件具体应用法律若干问题的解释》(法释〔1998〕4号)同时废止;之前发布的司法解释和规范性文件与本解释不一致的,以本解释为准。

最高人民法院研究室关于在审理盗窃案件中有关适用法律问题的答复

(2010年3月15日发布,法研〔2010〕48号)

青海省高级人民法院:

你院青刑再字[2009]7号《关于在审理盗窃案件中有关适用法律问题的请示报告》收悉。经研究,同意你院审判委员会的第二种意见,即可按审判监督程序审理,加重原审被告人刑罚。理由如下:

1. 判决生效后追回的被盗物品与原判认定的被盗物品属于同一次盗窃行为所得,原审判决却仅涉及部分被盗物品,故可以认定事实不清、适用法律不当为由启动审判监督程序。

2. 本案属于检察院提出抗诉的案件,加重刑罚不受上诉不加刑的限制。

最高人民检察院法律政策研究室关于《关于多次盗窃中“次”如何认定的法律适用请示》的答复意见

(2016年3月18日)

多次盗窃中“次”的判断,可以参照2005年最高人民法院《关于审理抢劫、抢夺刑事案件适用法律若干问题的意见》

中多次抢劫的规定认定。但多次盗窃与多次抢劫必定有所不同,实践中应结合具体案件的具体情况,从主观方面考量行为人是基于一个盗窃的故意,还是多个盗窃的故意;同时,更需要结合客观方面的行为方式,实施行为的条件,以及行为所造成的后果等来综合判断。

国家发展改革委价格认证中心被盗财物价格认定规则

(自2021年1月1日起施行,发改价认办〔2020〕97号)

第一条 为规范被盗财物价格认定工作,统一操作方法和标准,保证价格认定结论客观、公正、合理,保障司法活动的顺利进行,维护社会公共利益和当事人合法权益,根据国家有关法律法规和规范性文件,结合工作实际,制定本规则。

第二条 各级价格认定机构对被盗财物进行价格认定,适用本规则。国家法律、法规另有规定的,从其规定。

第三条 本规则所称被盗财物价格认定,是指价格认定机构对公安机关、人民检察院、人民法院(以下简称“提出机关”)办理的涉嫌盗窃罪案件中无被盗财物有效价格证明或者根据价格证明认定盗窃数额明显不合理时,进行价格确认的行为。

第四条 价格认定机构应当要求提出机关提供必要、完整、准确的价格认定委托书、协助书和价格认定必需的相关材料。提出机关对上述文书、材料的真实性、合法性负责。

价格认定委托书、协助书上应当载明价格认定机构名称,价格认定目的,被盗财物名称、数量、规格型号、真伪质量检测证明,价格内涵(被盗财物所处不同环节、区域及其他特定情况的价格限定),价格认定基准日,提出机关名称、联系人、联系方式,提供材料名称和份数,其他需要说明的事项等内容。如,农产品的价格内涵包括生长周期(芽、花、果等)、生命周期(种、芽、苗、初果、盛果、衰老、死亡等)、流通环节(产品收购、储运、批发、零售等)等环节的价格;工业品的价格内涵包括生产过程(在产品、产成品等)、流通过程(出厂、储运、总经销、分销、批发、零售)、回收过程等环节的价格。

第五条 被盗财物具有下列情形之一的,可以按照灭失状况进行价格认定:

(一)实物因挥霍、丢弃、隐匿、毁坏、发回等原因导致提出机关无法提供的;

(二)查验日或者勘验日实物状况和基准日相比发生重大变化,无法确定基准日实物状况的;

(三)无法确定基准日实物状况的其他情形。

第六条 被盗财物灭失的,除本规则第四条的规定外,还应当要求提出机关在价格认定委托书、协助书中明确被盗财物具体购置时间(启用时间)、购置价格;在基准日的实物状况,包括新旧程度、使用情况(使用强度、使用环境、是否正常使用)、维护保养情况、鲜活程度等;成分、含量、保质期限、质量等级、是否符合产品质量标准等影响价格的因素并提供相关材料。

第七条 有下列情形之一的,价格认定机构可以不予受理:

(一)被盗财物为人民币、外币、有价

支付凭证、有价证券、有价票证以及其他提出机关可以直接确认价格的财物;

(二)被盗财物为国有馆藏文物,珍贵、濒危动物及其制品,珍稀植物及其制品,毒品,淫秽物品,枪支、弹药、管制刀具、核材料等不以价格数额作为定罪量刑标准的物品;

(三)被盗财物已经灭失,且不能通过文字、照片等材料全面准确反映其名称、数量、规格型号、真伪质量、实物状况等影响价格重要因素的。

第八条 价格认定人员应当根据价格认定委托书、协助书内容进行实物查验或者勘验。

(一)被盗财物为工业品的,应当对品名、规格型号、制造厂家、出厂日期、购置日期、技术指标、质量等级、保质期限、外形尺寸、数量(重量)等进行查验或者勘验,并确认其基准日的状态;应当根据磨损程度、损坏程度、维护保养状况、物理形状变化、操控性能、配置状况、功能适用状况等因素,确定成新率;

(二)被盗财物为农产品的,属于种植产品,应当对立地条件、栽培面积、品种、生长势、生长周期具体时段、生长发育阶段、正常产量、品质、成品率等进行查验或者勘验;属于养殖产品,应当对种类、品系、养殖条件、面积、规模、用途、出栏率、产品周期、生长时间、生长发育阶段、主产品和副产品正常产量、仔畜死亡率等进行查验或者勘验;

(三)被盗财物为书画、文物、珠宝玉石等需要进行真伪、质量等检测的,应当结合提出机关提供的真伪、质量检测证明,对作者、创作年代、作品质量、历史价值、规格尺寸、品相以及品牌、重量、材质、颜色、净度等级、工艺水平和配件等进行查验或者勘验;

(四)进行查验或者勘验时,应当注意区别查验日或者勘验日与价格认定基准日时实物状况可能存在的差异。

第九条 被盗财物已经灭失,无法进行实物查验或者勘验时,对于该财物属于某设备(设施)的组成部分的,可对设备(设施)剩余部分进行查验或者勘验,结合查验或者勘验情况确定被盗财物状况。

第十条 遇有下列情形之一的,应当及时告知提出机关,由其修改价格认定委托书、协助书、补充材料或者对相关情况予以书面确认。必要时,可以按照相关规定中止或者终止价格认定。

(一)查验或者勘验的实物与提出机关提供材料不符的;

(二)被盗财物已经灭失,以及查验或者勘验日实物状态与价格认定基准日相比发生重大变化,提出机关不能确定价格认定基准日实物状态的;

(三)提出机关应当提供真实有效的质量、技术、真伪等检测报告或者鉴定意见而未提供的;

(四)提出机关提供的材料不完整,不能达到价格认定基本要求的。

第十一条 被盗财物价格认定一般采取市场法、成本法、专家咨询法等方法。

根据价格认定目的、被盗财物类别、状态、价格内涵、可以采集的数据和信息资料情况等因素,选择一种或者几种价格认定方法。采用多种认定方法时,应当综合考虑不同方法的测算思路和参数来源,分析每种方法对应结果的合理性,最终确定价格认定结论。

第十二条 具备充分发育的交易市场,能够搜集相关交易实例和正常价格信息的,应当优先选用市场法。

在价格认定过程中,应当选择可以修正调整的、相同或者近似的实例作为参照;相关因素调整时,单项因素修正一般不应超过20%,综合修正一般不应超过30%。

第十三条 具备可以采用的成本资料,能够取得被盗财物重置价格和实体性、功能性、经济性贬值或者成新率等指标的,可以采用成本法。

查验或者勘验确定的成新率与通过年限测算的成新率有差异时,应当综合分析确定成新率。接近经济使用年限上限,或者虽然超过经济使用年限但尚能正常使用的,成新率应当结合实际情况确定。

第十四条 被盗财物属性特殊、专业性强,难以采用市场法和成本法进行价格认定时,可以采用专家咨询法。

在运用市场法和成本法过程中咨询有关专家的,不属于专家咨询法。

第十五条 被盗财物价格认定一般按照市场价值标准,根据价格认定委托书、协助书内容和调查掌握的资料情况进行测算:

(一)生产领域的产品,产成品按照出厂价计算;在产品按完工程度比照产品的出厂价格折算;自制生产资料按照生产企业的合理生产成本测算;

(二)流通领域的商品,按照价格认定委托书、协助书载明的价格内涵,按照相同或者近似的同类商品的中等价格测算。其中:

1. 专供外销商品,国内无销售的,按照离岸价测算;

2. 进口商品,国内市场可以采集到同类物品相应价格的,按照该价格计算;无法采集国内市场价格但是可以采集到国外市场相应价格的,按照国外价格考虑基准日汇率及各项进口税费测算;国内外均无法采集同类物品相应价格的,可以通过比较质量、功能、性能和品牌等因素综合推算。

(三)农产品,根据价格认定委托书、协助书载明的价格内涵,按照同类同等级产品的中等价格测算;

(四)珠宝玉石和贵金属制品,根据工艺、品质、品牌等,按照与其相当的经销商店或者专业市场的中等价格测算;无销售的,可以采用成本法或者专家咨询法测算,不考虑新旧因素;

(五)民间收藏的文物,按照国有文物商店、文物市场的中等价格或者文物拍卖企业的拍卖价格,结合专家咨询意见测算;

(六)邮票、纪念币等收藏品、纪念品,按照市场销售价格测算;无销售的,根据原始销售金额、发行数量、发行年代、品相和近似的收藏品、纪念品市场行情,结合专家咨询意见测算;

(七)特殊用途的专用物品,根据相关机构、部门、行业协会或者专家提供的同类物品价格进行测算;

(八)残次品,有使用价值的,比照合格品价格折算;废品或者不具备原有使用价值但是可以回收利用的物品,可以按照废弃资源和废旧材料回收加工业的收购价格测算;既无残值又无使用价值、无法回收利用的,认定其价格为零;

(九)达到国家强制报废标准的被盗财物,按照规定的报废价格计算。

(十)被盗财物是伪劣商品或者侵犯知识产权商品时,按照其实际价值认定。

第十六条 抢劫罪、抢夺罪、诈骗罪、聚众哄抢公私财物罪、侵占罪、职务侵占罪、挪用特定款物罪、敲诈勒索罪等侵犯财产罪案件涉案财物价格认定,可以参照本规则执行。

第十七条 本规则由国家发展改革委价格认证中心负责解释。

第十八条 本规则自2021年1月1日起执行,《被盗财物价格认定规则(试行)》(发改价证办〔2014〕235号)同时废止。

公安部、最高人民法院、最高人民检察院、司法部关于办理流窜犯罪案件中一些问题的意见的通知

(1989年12月13日,〔89〕公发27号)

各省、自治区、直辖市公安厅、局,高级人民法院,人民检察院,司法厅、局:

流窜犯罪是当前严重危害社会治安的一个突出问题,必须依法予以严厉打击。流窜犯罪具有易地作案,骚扰面广,社会危害大等特点。这类案件,一般抓获难、查证更难,往往给侦查、批捕、起诉、审判工作带来诸多困难。为了及时有效地惩处流窜犯罪分子,现对办理流窜犯罪案件中的一些具体问题,提出以下意见:

一、关于流窜犯的认定

流窜犯是指跨市、县管辖范围作案的犯罪分子。

凡构成犯罪且符合下列条件之一的,属于流窜犯罪分子:

1. 跨市、县管辖范围连续作案的;

2. 在居住地作案后,逃跑到外省、市、县继续作案的。

有下列情形之一的,不视为流窜犯罪分子:

1. 确属到外市、县旅游、经商、做工等,在当地偶尔犯罪的;

2. 在其居住地与外市、县的交界处边沿结合部进行犯罪的。

二、关于流窜犯罪团伙案件的认定和处理

凡三人以上经常纠结在一起进行流窜犯罪活动的,为流窜犯罪团伙。对流窜犯罪团伙案件,只要符合犯罪集团基本特征的按犯罪集团处理,不符合犯罪集团特征的按共同犯罪处理。对于只抓获了流窜犯罪团伙的一部分案犯,短期内不能将全部案犯抓获归案的案件,可根据已查清的犯罪事实、证据,分清罪责,对已抓获的该逮捕、起诉、判刑的案犯,要先行批捕、起诉、审判。对在逃的案犯,待抓获后再依法另行处理。

三、关于流窜犯罪案件的定案处理

1. 对流窜犯罪事实和证据材料,公安机关要认真调查核实,对其主要犯罪事实应做到证据充分、确凿。在人民检察院批捕、起诉,人民法院审判以及律师辩护过程中,均应考虑到流窜犯罪分子易地作案,查证十分困难的实际情况,只要基本事实清楚和基本证据确凿,应及时批捕、起诉、审判。对抓获的案犯,如有个别犯罪事实一时难以查清的,可暂不认定,就已经查证核实的事实,依法及时作出处理。对于共同犯罪案件,原则上应一案处理。如果有的同案犯在短期内不能追捕归案的,可对已抓获的案犯就已查清的犯罪事实依法处理,不能久拖不决。

2. 涉及刑事责任年龄界限的案件,必须查清核实被告人的出生年月日。经调

查，确实无法查清的，可先按被告人交代的年龄收审、批捕，但是需要定罪量刑的，必须查证清楚。

3. 流窜犯因盗窃或扒窃被抓获后，赃款赃物虽未查获，但其供述的事实、情节与被害人的陈述（包括报案登记）、同案人的供述相一致的，或者其供述与被害人的陈述（包括报案登记）和其他间接证据相一致的，应予认定。

4. 被查获的流窜犯供述的盗窃或扒窃事实、情节与缴获的赃款赃物、同案人的供述相一致，或者被告人的供述与缴获的赃款赃物和其他间接证据相一致，如果找不到被害人和报案登记的，也应予以认定。

5. 流窜犯在盗窃或扒窃时被当场抓获，除缴获当次作案的赃款赃物外，还从其身上或其临时落脚点搜获的其他数额较大的款物，被告人否认系作案所得，但不能说明其合法来源的，只要这些款物在名称、品种、特征、数量等方面均与被害人的陈述或报案登记、同案人的供述相吻合，亦应认定为赃款赃物。

6. 流窜犯作案虽未被当场抓获，但同案人的供述，被害人的陈述、其他间接证据能相互吻合，确能证实其作案的时间、地点、情节、手段、次数和作案所得的赃款赃物数额的，也应予以认定。

7. 对于需要判处死刑的罪犯，在查证核实时，应当特别慎重，务必把事实和证据搞清、搞准、搞扎实。

四、关于认定流窜犯罪赃款赃物的数额起点

在办理流窜盗窃或者扒窃案件时，既要看其作案所得的数额，又应看其作案的手段、情节及社会危害程度。对那些抓获时作案所得的款物数额虽略低于当地非流窜犯罪的同类案件的数额标准，但情节恶劣、构成犯罪的，也要依法定罪判刑；对多次作案，属惯犯、累犯的，亦应依法从重惩处。

五、关于流窜犯罪案件的管辖范围

根据《刑事诉讼法》有关规定，对罪该逮捕、判刑的流窜犯罪分子，原则上由抓获地处理。流出地和其他犯罪地公安机关应负责向抓获地公安机关提供有关违法犯罪证据材料。在逃劳改犯、劳教人员流窜多处进行犯罪被抓获后，可由主罪地公安、司法机关处理，处理后原则上仍送回原劳改、劳教单位执行。抓获的在逃未决犯、通缉案犯，已批准逮捕、刑事拘留和收容审查潜逃的案犯，除重新犯罪罪行特别严重者由抓获地处理外，原则上由原办案单位公安机关提回处理。案件管辖不明的，由最先发现的公安机关或上级指定的公安机关办理。

最高人民法院研究室
关于盗用他人长话帐号案件
如何定性问题的复函

（1991年9月14日）

公安部法制司：

你司8月16日函询我们对盗用他人长话帐号行为的定性意见。经研究，我们认为，这类案件一般来说符合盗窃罪的特征。但是，由于这类案件情况比较复杂，是否都追究刑事责任，还要具体案件具体分析。

以上意见，供参考。

最高人民法院
关于2次盗窃同一辆汽车应如何
认定盗窃数额的电话答复

（1991年11月16日）

广东省高级人民法院：

姚志辉、冯建辉伙同他人2次盗窃的是同一辆汽车，应以1辆汽车的价值14万元认定盗窃数额。第一次盗窃行为，在处刑时可作为从重处罚的情节来考虑。

最高人民法院、最高人民检察院、公安部、邮电部、国家工商行政管理局
关于打击盗用电话号码非法
并机违法犯罪活动的通知

（1995年10月27日，
邮部联〔1995〕732号）

各省、自治区、直辖市高级人民法院、人民检察院、公安厅（局）、邮电管理局、工商行政管理局：

……为此，特作如下通知：

一、加强组织领导。（略）

二、加大打击力度。各级邮电保卫部门和有关业务部门要认真对待用户的申告，对被盗码并机的，要立案调查。重大案件由公安机关立案侦查，邮电保卫部门要积极配合进行查处。要把盗用电话号码，复制、倒卖移动电话伪机的违法犯罪活动作为打击的重点。要奖励举报和破案有功人员，以扩大线索，鼓励破案。

对于盗用移动电话码号非法并机的违法犯罪分子，应充分考虑其造成的危害后果，依法严厉查处。对于个人自我并用移动电话机的，由邮电部门按有关规定予以处理。对于非法盗用长途电话账号、码号偷打电话、偷接他人电话线路并机使用的，要依据1992年12月11日最高人民法院、最高人民检察院《关于办理盗窃案件具体应用法律的若干问题的解释》中“盗用他人长途电话帐号、码号造成损失，盗窃他人非法所得，数额较大的应当以盗窃罪定罪处罚”的规定，依法惩处。对于盗用他人移动电话码号，非法复制、倒卖、使用的，要依据1995年9月13日最高人民法院法复（1995）6号《关于对非法复制移动电话码号案件如何定性问题的批复》中“对非法复制窃取的移动电话码号的行为，应当以盗窃罪从重处罚”，“对明知是他人非法复制的移动电话而倒卖的，应当以销赃罪追究刑事责任”，以及“对明知是非法复制的移动电话而使用，给他人造成损失的，应当以盗窃罪追究刑事责任”的规定，依法惩处。对于破案收缴的移动电话伪机和作案工具等，由司法机关依法处理；收缴的罚没款上缴国库；追赔用户损失的电话费由邮电部门退还用户；赔偿的入网费、月租费等交邮电部门。

三、加强法制宣传。（略）

四、强化防范措施。（略）

五、严格行业管理。（略）

最高人民法院、最高人民检察院、公安部、国家工商行政管理局关于依法查处盗窃、抢劫机动车案件的规定

(1998年5月8日,公通字〔1998〕31号)

为依法严厉打击盗窃、抢劫机动车犯罪活动,堵塞盗窃、抢劫机动车犯罪分子的销赃渠道,保护国家、集体财产和公民的合法财产,根据《中华人民共和国刑法》(以下简称《刑法》)、《中华人民共和国刑事诉讼法》(以下简称《刑事诉讼法》)和其他有关法律、法规的规定,制定本规定。

一、司法机关依法查处盗窃、抢劫机动车案件,任何单位和个人都应当予以协助。以暴力、威胁方法阻碍司法工作人员依法办案的,依照《刑法》第二百七十七条第一款的规定处罚。

二、明知是盗窃、抢劫所得机动车而予以窝藏、转移、收购或者代为销售的,依照《刑法》第三百一十二条的规定处罚。

对明知是盗窃、抢劫所得机动车而予以拆解、改装、拼装、典当、倒卖的,视为窝藏、转移、收购或者代为销售,依照《刑法》第三百一十二条的规定处罚。

三、国家指定的车辆交易市场、机动车经营企业(含典当、拍卖行)以及从事机动车修理、零部件销售企业的主管人员或者其他直接责任人员,明知是盗窃、抢劫的机动车而予以窝藏、转移、拆解、改装、拼装、收购或者代为销售的,依照《刑法》第三百一十二条的规定处罚。单位组织实施上述行为的,由工商行政管理机关予以处罚。

四、本规定第二条和第三条中的行为人事先与盗窃、抢劫机动车辆的犯罪分子通谋的,分别以盗窃、抢劫罪的共犯论处。

五、机动车交易必须在国家指定的交易市场或合法经营企业进行,其交易凭证经工商行政管理机关验证盖章后办理登记或过户手续,私下交易机动车辆属于违法行为,由工商行政管理机关依法处理。

明知是赃车而购买,以收购赃物罪定罪处罚。单位的主管人员或者其他直接责任人员明知是赃车购买的,以收购赃物罪定罪处罚。

明知是赃车而介绍买卖的,以收购、销售赃物罪的共犯论处。

六、非法出售机动车有关发票的,或者伪造、擅自制造或者出售伪造、擅自制造的机动车有关发票的,依照《刑法》第二百零九条的规定处罚。

七、伪造、变造、买卖机动车牌证及机动车入户、过户、验证的有关证明文件的,依照《刑法》第二百八十条第一款的规定处罚。

八、公安、工商行政管理人员利用职务上的便利,索取或者非法收受他人财物,为赃车入户、过户、验证构成犯罪的,依照《刑法》第三百八十五条、第三百八十六条的规定处罚。

九、公安、工商行政管理人员或者其他国家机关工作人员滥用职权或者玩忽职守、徇私舞弊,致使赃车入户、过户、验证的,给予行政处分;致使公共财产、国家和人民利益遭受重大损失的,依照《刑

法》第三百九十七条的规定处罚。

十、公安人员对盗窃、抢劫的机动车辆,非法提供机动车牌证或者为其取得机动车牌证提供便利,帮助犯罪分子逃避处罚的,依照《刑法》第四百一十七条规定处罚。

十一、对犯罪分子盗窃、抢劫所得的机动车辆及其变卖价款,应当依照《刑法》第六十四条的规定予以追缴。

十二、对明知是赃车而购买的,应将车辆无偿追缴;对违反国家规定购买车辆,经查证是赃车的,公安机关可以根据《刑事诉讼法》第一百一十条和第一百一十四条规定进行追缴和扣押。对不明知是赃车而购买的,结案后予以退还买主。

十三、对购买赃车后使用非法提供的入户、过户手续或者使用伪造、变造的入户、过户手续为赃车入户、过户的,应当吊销牌证,并将车辆无偿追缴;已将入户、过户车辆变卖的,追缴变卖所得并责令赔偿经济损失。

十四、对直接从犯罪分子处追缴的被盗窃、抢劫的机动车辆,经检验鉴定,查证属实后,可依法先行返还失主,移送案件时附清单、照片及其他证据。在返还失主前,按照赃物管理规定管理,任何单位和个人都不得挪用、损毁或者自行处理。

十五、盗窃、抢劫机动车案件,由案件发生地公安机关立案侦查,赃车流入地公安机关应当予以配合。跨地区系列盗窃、抢劫机动车案件,由最初受理的公安机关立案侦查;必要时,可由主要犯罪地公安机关立案侦查,或者由上级公安机关指定立案侦查。

十六、各地公安机关扣押或者协助管辖单位追回的被盗窃、抢劫的机动车应当移送管辖单位依法处理,不得以任何理由扣留或者索取费用。拖延不交的,给予单位领导行政处分。

十七、本规定所称的“明知”,是指知道或者应当知道。有下列情形之一的,可视为应当知道,但有证据证明确属被蒙骗的除外:

(一)在非法的机动车交易场所和销售单位购买的;

(二)机动车证件手续不全或者明显违反规定的;

(三)机动车发动机号或者车架号有更改痕迹,没有合法证明的;

(四)以明显低于市场价格购买机动车的。

十八、本规定自公布之日起执行。对侵占、抢夺、诈骗机动车案件的查处参照本规定的原则办理。本规定公布后尚未办结的案件,适用本规定。

最高人民法院、最高人民检察院关于办理与盗窃、抢劫、诈骗、抢夺机动车相关刑事案件具体应用法律若干问题的解释

(2006年12月25日最高人民法院审判委员会第1411次会议、2007年2月14日最高人民检察院第十届检察委员会第71次会议通过,2007年5月9日公布,自2007年5月11日起施行,法释〔2007〕11号)

为依法惩治与盗窃、抢劫、诈骗、抢夺机动车相关的犯罪活动,根据刑法、刑事

诉讼法等有关法律的规定,现对办理这类案件具体应用法律的若干问题解释如下:

第一条 明知是盗窃、抢劫、诈骗、抢夺的机动车,实施下列行为之一的,依照刑法第三百一十二条的规定,以掩饰、隐瞒犯罪所得、犯罪所得收益罪定罪,处三年以下有期徒刑、拘役或者管制,并处或者单处罚金:

(一)买卖、介绍买卖、典当、拍卖、抵押或者用其抵债的;

(二)拆解、拼装或者组装的;

(三)修改发动机号、车辆识别代号的;

(四)更改车身颜色或者车辆外形的;

(五)提供或者出售机动车来历凭证、整车合格证、号牌以及有关机动车的其他证明和凭证的;

(六)提供或者出售伪造、变造的机动车来历凭证、整车合格证、号牌以及有关机动车的其他证明和凭证的。

实施第一款规定的行为涉及盗窃、抢劫、诈骗、抢夺的机动车五辆以上或者价值总额达到五十万元以上的,属于刑法第三百一十二条规定的"情节严重",处三年以上七年以下有期徒刑,并处罚金。

第二条 伪造、变造、买卖机动车行驶证、登记证书,累计三本以上的,依照刑法第二百八十条第一款的规定,以伪造、变造、买卖国家机关证件罪定罪,处三年以下有期徒刑、拘役、管制或者剥夺政治权利。

伪造、变造、买卖机动车行驶证、登记证书,累计达到第一款规定数量标准五倍以上的,属于刑法第二百八十条第一款规定中的"情节严重",处三年以上十年以下有期徒刑。

第三条 国家机关工作人员滥用职权,有下列情形之一,致使盗窃、抢劫、诈骗、抢夺的机动车被办理登记手续,数量达到三辆以上或者价值总额达到三十万元以上的,依照刑法第三百九十七条第一款的规定,以滥用职权罪定罪,处三年以下有期徒刑或者拘役:

(一)明知是登记手续不全或者不符合规定的机动车而办理登记手续的;

(二)指使他人为明知是登记手续不全或者不符合规定的机动车办理登记手续的;

(三)违规或者指使他人违规更改、调换车辆档案的;

(四)其他滥用职权的行为。

国家机关工作人员疏于审查或者审查不严,致使盗窃、抢劫、诈骗、抢夺的机动车被办理登记手续,数量达到五辆以上或者价值总额达到五十万元以上的,依照刑法第三百九十七条第一款的规定,以玩忽职守罪定罪,处三年以下有期徒刑或者拘役。

国家机关工作人员实施前两款规定的行为,致使盗窃、抢劫、诈骗、抢夺的机动车被办理登记手续,分别达到前两款规定数量、数额标准五倍以上的,或者明知是盗窃、抢劫、诈骗、抢夺的机动车而办理登记手续的,属于刑法第三百九十七条第一款规定的"情节特别严重",处三年以上七年以下有期徒刑。

国家机关工作人员徇私舞弊,实施上述行为,构成犯罪的,依照刑法第三百九十七条第二款的规定定罪处罚。

第四条 实施本解释第一条、第二条、第三条第一款或者第三款规定的行为,事前与盗窃、抢劫、诈骗、抢夺机动车的犯罪分子通谋的,以盗窃罪、抢劫罪、诈骗罪、抢夺罪的共犯论处。

第五条 对跨地区实施的涉及同一机动车的盗窃、抢劫、诈骗、抢夺以及掩饰、隐瞒犯罪所得、犯罪所得收益行为,有关公安机关可以依照法律和有关规定一并立案侦查,需要提请批准逮捕、移送审查起诉、提起公诉的,由该公安机关所在地的同级人民检察院、人民法院受理。

第六条 行为人实施本解释第一条、第三条第三款规定的行为,涉及的机动车有下列情形之一的,应当认定行为人主观上属于上述条款所称“明知”:

(一)没有合法有效的来历凭证;

(二)发动机号、车辆识别代号有明显更改痕迹,没有合法证明的。

最高人民法院研究室
关于盗窃互联网上网流量如何
认定盗窃数额征求意见的复函

(法研〔2013〕155 号)

最高人民检察院法律政策研究室:

贵室《关于通信公司员工违规开通流量包后私自销售犯罪数额认定问题的征求意见函》(高检研函字〔2013〕72 号)收悉。经研究,我室认为,可以按照销赃数额认定盗窃数额。

最高人民法院研究室
关于《最高人民法院、最高人民检察院关于办理与盗窃、抢劫、诈骗、抢夺机动车相关刑事案件具体应用法律若干问题的解释》有关规定如何适用问题的答复

(2014 年 7 月 29 日,法研〔2014〕98 号)

云南省高级人民法院:

你院《关于两高〈关于办理与盗窃、抢劫、诈骗、抢夺机动车相关刑事案件具体应用法律若干问题的解释〉适用问题的请示》(云高法〔2013〕213 号)收悉。经研究,答复如下:

根据罪责刑相适应刑法基本原则,《最高人民法院、最高人民检察院关于办理与盗窃、抢劫、诈骗、抢夺机动车相关刑事案件具体应用法律若干问题的解释》第一条第二款中规定的“机动车五辆以上”,应当是指机动车数量在五辆以上,且价值总额接近五十万元。

此复。

最高人民法院研究室
关于申付强诈骗案如何认定
诈骗数额问题的电话答复

(1991 年 4 月 23 日)

河南省高级人民法院:

你院豫法(研)请〔1991〕15 号《关于

申付强诈骗案如何认定诈骗数额的请示》收悉。经研究,答复如下:

同意你院的倾向性意见。即在具体认定诈骗犯罪数额时,应把案发前已被追回的被骗款额扣除,按最后实际诈骗所得数额计算。但在处罚时,对于这种情况应当作为从重情节予以考虑。

最高人民法院研究室关于共同诈骗犯罪案件以哪个数额作为量刑标准问题的批复

(1993年5月17日)

广东省高人民法院:

经研究,原则上同意你院的倾向性意见,即:诈骗犯罪定罪处刑的数额应是行为人实施诈骗行为已骗到手的公私财物的数额。在共同诈骗犯罪案件中,对诈骗集团的首要分子应以集团实施诈骗犯罪已骗取的公、私财物的总数额作为定罪量刑的标准;对其他共同犯罪中的主犯、从犯,应以其参与共同诈骗犯罪已骗取的公、私财物的数额作为定罪量刑的标准,同时,参考其在共同诈骗犯罪活动中的地位、作用及参与诈骗尚未骗到手的数额和分赃数额等情节依法处罚。

公安部法制局对《关于对将已经仪器识别为不中奖的彩票出售的行为如何定性处理的请示》的答复

(2000年5月23日,公法〔2000〕83号)

广西壮族自治区公安厅法制处:

你处《关于对将已经仪器识别为不中奖的彩票出售的行为如何定性处理的请示》(桂公明发〔2000〕357号)收悉,经研究,并征求最高人民法院、最高人民检察院的意见,现答复如下:

行为人采用欺骗方法使发行彩票的工作人员回收已被识别为不中奖的彩票,数额较大的,应当依照刑法第二百六十六条的规定,以诈骗罪追究刑事责任;行为人与发行彩票的工作人员共谋,发行彩票的工作人员明知是已被识别为不中奖的彩票而回收并向社会公众出售,且数额较大的,对行为人和发行彩票的工作人员,应当以共同犯罪依照刑法第二百六十六条的规定追究刑事责任;尚不构成犯罪的,依照《治安管理处罚条例》第二十三条的有关规定予以处罚。

公安部关于受害人居住地公安机关可否对诈骗犯罪案件立案侦查问题的批复

（2000年10月16日，
公复字〔2000〕10号）

广西壮族自治区公安厅：

你厅《关于被骗受害人居住地的公安机关可否对诈骗犯罪案件立案侦查的请示》（桂公请〔2000〕77号）收悉。现批复如下：

《公安机关办理刑事案件程序规定》第十五条规定："刑事案件由犯罪地的公安机关管辖。如果由犯罪嫌疑人居住地的公安机关管辖更为适宜的，可以由犯罪嫌疑人居住地的公安机关管辖。"根据《中华人民共和国刑法》第六条第三款的规定，犯罪地包括犯罪行为地和犯罪结果地。根据上述规定，犯罪行为地、犯罪结果地以及犯罪嫌疑人居住地的公安机关可以依法对属于公安机关管辖的刑事案件立案侦查。诈骗犯罪案件的犯罪结果地是指犯罪嫌疑人实际取得财产地。因此，除诈骗行为地、犯罪嫌疑人实际取得财产的结果发生地和犯罪嫌疑人居住地外，其他地方公安机关不能对诈骗犯罪案件立案侦查，但对于公民扭送、报案、控告、举报或者犯罪嫌疑人自首的，都应当立即受理，经审查认为有犯罪事实的，移送有管辖权的公安机关处理。

公安部法制局关于办理赌博违法案件有关法律适用问题的电话答复

（2005年9月5日）

河北、云南省公安厅法制处：

近日，你们就办理赌博违法案件中的赌资认定及《公安部关于办理赌博违法案件适用法律若干问题的通知》（以下简称《通知》）的适用效力问题相继请示我局。经研究，现综合电话答复如下：

一、行为人诱使他人参与赌博，约定由行为人本人直接参赌，他人与其共同承担输赢责任，在行为人故意输给其他参赌人后，要求被诱骗人承担还款责任，骗取钱款数额巨大的，应以诈骗罪追究行为人的刑事责任。

二、赌博违法活动中既有赌资又有欠条的，"打欠条"属于《通知》第六条规定的"事先约定事后交割"方式，欠条所载金额经调查属实后可以认定为赌资。

三、对于《通知》施行前发生的行为，行为时没有相关的适用法律的规定，《通知》施行后尚未处理或者正在处理的案件，依照《通知》的规定办理；对于《通知》施行前发生的行为，行为时已有相关的适用法律的规定，依照行为时的规定办理，但适用《通知》对违法行为人有利的，适用《通知》；对于在《通知》施行前已办结的案件，按照当时的法律和适用法律的规定，认定事实和适用法律没有错误的，不再变动。

最高人民法院、最高人民检察院关于办理诈骗刑事案件具体应用法律若干问题的解释

(2011年2月21日最高人民法院审判委员会第1512次会议、2010年11月24日最高人民检察院第十一届检察委员会第49次会议通过,2011年3月1日公布,自2011年4月8日起施行,法释〔2011〕7号)

为依法惩治诈骗犯罪活动,保护公私财产所有权,根据刑法、刑事诉讼法有关规定,结合司法实践的需要,现就办理诈骗刑事案件具体应用法律的若干问题解释如下:

第一条 诈骗公私财物价值三千元至一万元以上、三万元至十万元以上、五十万元以上的,应当分别认定为刑法第二百六十六条规定的"数额较大"、"数额巨大"、"数额特别巨大"。

各省、自治区、直辖市高级人民法院、人民检察院可以结合本地区经济社会发展状况,在前款规定的数额幅度内,共同研究确定本地区执行的具体数额标准,报最高人民法院、最高人民检察院备案。

第二条 诈骗公私财物达到本解释第一条规定的数额标准,具有下列情形之一的,可以依照刑法第二百六十六条的规定酌情从严惩处:

(一)通过发送短信、拨打电话或者利用互联网、广播电视、报刊杂志等发布虚假信息,对不特定多数人实施诈骗的;

(二)诈骗救灾、抢险、防汛、优抚、扶贫、移民、救济、医疗款物的;

(三)以赈灾募捐名义实施诈骗的;

(四)诈骗残疾人、老年人或者丧失劳动能力人的财物的;

(五)造成被害人自杀、精神失常或者其他严重后果的。

诈骗数额接近本解释第一条规定的"数额巨大"、"数额特别巨大"的标准,并具有前款规定的情形之一或者属于诈骗集团首要分子的,应当分别认定为刑法第二百六十六条规定的"其他严重情节"、"其他特别严重情节"。

第三条 诈骗公私财物虽已达到本解释第一条规定的"数额较大"的标准,但具有下列情形之一,且行为人认罪、悔罪的,可以根据刑法第三十七条、刑事诉讼法第一百四十二条的规定不起诉或者免予刑事处罚:

(一)具有法定从宽处罚情节的;

(二)一审宣判前全部退赃、退赔的;

(三)没有参与分赃或者获赃较少且不是主犯的;

(四)被害人谅解的;

(五)其他情节轻微、危害不大的。

第四条 诈骗近亲属的财物,近亲属谅解的,一般可不按犯罪处理。

诈骗近亲属的财物,确有追究刑事责任必要的,具体处理也应酌情从宽。

第五条 诈骗未遂,以数额巨大的财物为诈骗目标的,或者具有其他严重情节的,应当定罪处罚。

利用发送短信、拨打电话、互联网等电信技术手段对不特定多数人实施诈骗,诈骗数额难以查证,但具有下列情形之一的,应当认定为刑法第二百六十六条规定的"其他严重情节",以诈骗罪(未遂)定

罪处罚：

（一）发送诈骗信息五千条以上的；

（二）拨打诈骗电话五百人次以上的；

（三）诈骗手段恶劣、危害严重的。

实施前款规定行为，数量达到前款第（一）、（二）项规定标准十倍以上的，或者诈骗手段特别恶劣、危害特别严重的，应当认定为刑法第二百六十六条规定的“其他特别严重情节”，以诈骗罪（未遂）定罪处罚。

第六条　诈骗既有既遂，又有未遂，分别达到不同量刑幅度的，依照处罚较重的规定处罚；达到同一量刑幅度的，以诈骗罪既遂处罚。

第七条　明知他人实施诈骗犯罪，为其提供信用卡、手机卡、通讯工具、通讯传输通道、网络技术支持、费用结算等帮助的，以共同犯罪论处。

第八条　冒充国家机关工作人员进行诈骗，同时构成诈骗罪和招摇撞骗罪的，依照处罚较重的规定定罪处罚。

第九条　案发后查封、扣押、冻结在案的诈骗财物及其孳息，权属明确的，应当发还被害人；权属不明确的，可按被骗款物占查封、扣押、冻结在案的财物及其孳息总额的比例发还被害人，但已获退赔的应予扣除。

第十条　行为人已将诈骗财物用于清偿债务或者转让给他人，具有下列情形之一的，应当依法追缴：

（一）对方明知是诈骗财物而收取的；

（二）对方无偿取得诈骗财物的；

（三）对方以明显低于市场的价格取得诈骗财物的；

（四）对方取得诈骗财物系源于非法债务或者违法犯罪活动的。

他人善意取得诈骗财物的，不予追缴。

第十一条　以前发布的司法解释与本解释不一致的，以本解释为准。

最高人民法院、最高人民检察院、公安部
关于办理电信网络诈骗等刑事案件适用法律若干问题的意见

（法发〔2016〕32号，
2016年12月20日实施）

为依法惩治电信网络诈骗等犯罪活动，保护公民、法人和其他组织的合法权益，维护社会秩序，根据《中华人民共和国刑法》《中华人民共和国刑事诉讼法》等法律和有关司法解释的规定，结合工作实际，制定本意见。

一、总体要求（略）

二、依法严惩电信网络诈骗犯罪

（一）根据《最高人民法院、最高人民检察院关于办理诈骗刑事案件具体应用法律若干问题的解释》第一条的规定，利用电信网络技术手段实施诈骗，诈骗公私财物价值三千元以上、三万元以上、五十万元以上的，应当分别认定为刑法第二百六十六条规定的“数额较大”“数额巨大”“数额特别巨大”。

二年内多次实施电信网络诈骗未经处理，诈骗数额累计计算构成犯罪的，应当依法定罪处罚。

（二）实施电信网络诈骗犯罪，达到相应数额标准，具有下列情形之一的，酌

情从重处罚:

1. 造成被害人或其近亲属自杀、死亡或者精神失常等严重后果的;

2. 冒充司法机关等国家机关工作人员实施诈骗的;

3. 组织、指挥电信网络诈骗犯罪团伙的;

4. 在境外实施电信网络诈骗的;

5. 曾因电信网络诈骗犯罪受过刑事处罚或者二年内曾因电信网络诈骗受过行政处罚的;

6. 诈骗残疾人、老年人、未成年人、在校学生、丧失劳动能力人的财物,或者诈骗重病患者及其亲属财物的;

7. 诈骗救灾、抢险、防汛、优抚、扶贫、移民、救济、医疗等款物的;

8. 以赈灾、募捐等社会公益、慈善名义实施诈骗的;

9. 利用电话追呼系统等技术手段严重干扰公安机关等部门工作的;

10. 利用"钓鱼网站"链接、"木马"程序链接、网络渗透等隐蔽技术手段实施诈骗的。

(三)实施电信网络诈骗犯罪,诈骗数额接近"数额巨大""数额特别巨大"的标准,具有前述第(二)项规定的情形之一的,应当分别认定为刑法第二百六十六条规定的"其他严重情节""其他特别严重情节"。

上述规定的"接近",一般应掌握在相应数额标准的百分之八十以上。

(四)实施电信网络诈骗犯罪,犯罪嫌疑人、被告人实际骗得财物的,以诈骗罪(既遂)定罪处罚。诈骗数额难以查证,但具有下列情形之一的,应当认定为刑法第二百六十六条规定的"其他严重情节",以诈骗罪(未遂)定罪处罚:

1. 发送诈骗信息五千条以上的,或者拨打诈骗电话五百人次以上的;

2. 在互联网上发布诈骗信息,页面浏览量累计五千次以上的。

具有上述情形,数量达到相应标准十倍以上的,应当认定为刑法第二百六十六条规定的"其他特别严重情节",以诈骗罪(未遂)定罪处罚。

上述"拨打诈骗电话",包括拨出诈骗电话和接听被害人回拨电话。反复拨打、接听同一电话号码,以及反复向同一被害人发送诈骗信息的,拨打、接听电话次数、发送信息条数累计计算。

因犯罪嫌疑人、被告人故意隐匿、毁灭证据等原因,致拨打电话次数、发送信息条数的证据难以收集的,可以根据经查证属实的日拨打人次数、日发送信息条数,结合犯罪嫌疑人、被告人实施犯罪的时间、犯罪嫌疑人、被告人的供述等相关证据,综合予以认定。

(五)电信网络诈骗既有既遂,又有未遂,分别达到不同量刑幅度的,依照处罚较重的规定处罚;达到同一量刑幅度的,以诈骗罪既遂处罚。

(六)对实施电信网络诈骗犯罪的被告人裁量刑罚,在确定量刑起点、基准刑时,一般应就高选择。确定宣告刑时,应当综合全案事实情节,准确把握从重、从轻量刑情节的调节幅度,保证罪责刑相适应。

(七)对实施电信网络诈骗犯罪的被告人,应当严格控制适用缓刑的范围,严格掌握适用缓刑的条件。

(八)对实施电信网络诈骗犯罪的被告人,应当更加注重依法适用财产刑,加大经济上的惩罚力度,最大限度剥夺被告人再犯的能力。

三、全面惩处关联犯罪

(一)在实施电信网络诈骗活动中,非法使用"伪基站""黑广播",干扰无线电通讯秩序,符合刑法第二百八十八条规定的,以扰乱无线电通讯管理秩序罪追究刑事责任。同时构成诈骗罪的,依照处罚较重的规定定罪处罚。

(二)违反国家有关规定,向他人出售或者提供公民个人信息,窃取或者以其他方法非法获取公民个人信息,符合刑法第二百五十三条之一规定的,以侵犯公民个人信息罪追究刑事责任。

使用非法获取的公民个人信息,实施电信网络诈骗犯罪行为,构成数罪的,应当依法予以并罚。

(三)冒充国家机关工作人员实施电信网络诈骗犯罪,同时构成诈骗罪和招摇撞骗罪的,依照处罚较重的规定定罪处罚。

(四)非法持有他人信用卡,没有证据证明从事电信网络诈骗犯罪活动,符合刑法第一百七十七条之一第一款第(二)项规定的,以妨害信用卡管理罪追究刑事责任。

(五)明知是电信网络诈骗犯罪所得及其产生的收益,以下列方式之一予以转账、套现、取现的,依照刑法第三百一十二条第一款的规定,以掩饰、隐瞒犯罪所得、犯罪所得收益罪追究刑事责任。但有证据证明确实不知道的除外:

1. 通过使用销售点终端机具(POS机)刷卡套现等非法途径,协助转换或者转移财物的;

2. 帮助他人将巨额现金散存于多个银行账户,或在不同银行账户之间频繁划转的;

3. 多次使用或者使用多个非本人身份证明开设的信用卡、资金支付结算账户或者多次采用遮蔽摄像头、伪装等异常手段,帮助他人转账、套现、取现的;

4. 为他人提供非本人身份证明开设的信用卡、资金支付结算账户后,又帮助他人转账、套现、取现的;

5. 以明显异于市场的价格,通过手机充值、交易游戏点卡等方式套现的。

实施上述行为,事前通谋的,以共同犯罪论处。

实施上述行为,电信网络诈骗犯罪嫌疑人尚未到案或案件尚未依法裁判,但现有证据足以证明该犯罪行为确实存在的,不影响掩饰、隐瞒犯罪所得、犯罪所得收益罪的认定。

实施上述行为,同时构成其他犯罪的,依照处罚较重的规定定罪处罚。法律和司法解释另有规定的除外。

(六)网络服务提供者不履行法律、行政法规规定的信息网络安全管理义务,经监管部门责令采取改正措施而拒不改正,致使诈骗信息大量传播,或者用户信息泄露造成严重后果的,依照刑法第二百八十六条之一的规定,以拒不履行信息网络安全管理义务罪追究刑事责任。同时构成诈骗罪的,依照处罚较重的规定定罪处罚。

(七)实施刑法第二百八十七条之一、第二百八十七条之二规定之行为,构成非法利用信息网络罪、帮助信息网络犯罪活动罪,同时构成诈骗罪的,依照处罚较重的规定定罪处罚。

(八)金融机构、网络服务提供者、电信业务经营者等在经营活动中,违反国家有关规定,被电信网络诈骗犯罪分子利用,使他人遭受财产损失的,依法承担相应责任。构成犯罪的,依法追究刑事责任。

四、准确认定共同犯罪与主观故意

(一)三人以上为实施电信网络诈骗犯罪而组成的较为固定的犯罪组织,应依法认定为诈骗犯罪集团。对组织、领导犯罪集团的首要分子,按照集团所犯的全部罪行处罚。对犯罪集团中组织、指挥、策划者和骨干分子依法从严惩处。

对犯罪集团中起次要、辅助作用的从犯,特别是在规定期限内投案自首、积极协助抓获主犯、积极协助追赃的,依法从轻或减轻处罚。

对犯罪集团首要分子以外的主犯,应当按照其所参与的或者组织、指挥的全部犯罪处罚。全部犯罪包括能够查明具体诈骗数额的事实和能够查明发送诈骗信息条数、拨打诈骗电话人次数、诈骗信息网页浏览次数的事实。

(二)多人共同实施电信网络诈骗,犯罪嫌疑人、被告人应对其参与期间该诈骗团伙实施的全部诈骗行为承担责任。在其所参与的犯罪环节中起主要作用的,可以认定为主犯;起次要作用的,可以认定为从犯。

上述规定的"参与期间",从犯罪嫌疑人、被告人着手实施诈骗行为开始起算。

(三)明知他人实施电信网络诈骗犯罪,具有下列情形之一的,以共同犯罪论处,但法律和司法解释另有规定的除外:

1. 提供信用卡、资金支付结算账户、手机卡、通讯工具的;

2. 非法获取、出售、提供公民个人信息的;

3. 制作、销售、提供"木马"程序和"钓鱼软件"等恶意程序的;

4. 提供"伪基站"设备或相关服务的;

5. 提供互联网接入、服务器托管、网络存储、通讯传输等技术支持,或者提供支付结算等帮助的;

6. 在提供改号软件、通话线路等技术服务时,发现主叫号码被修改为国内党政机关、司法机关、公共服务部门号码,或者境外用户改为境内号码,仍提供服务的;

7. 提供资金、场所、交通、生活保障等帮助的;

8. 帮助转移诈骗犯罪所得及其产生的收益,套现、取现的。

上述规定的"明知他人实施电信网络诈骗犯罪",应当结合被告人的认知能力,既往经历,行为次数和手段,与他人关系,获利情况,是否曾因电信网络诈骗受过处罚,是否故意规避调查等主客观因素进行综合分析认定。

(四)负责招募他人实施电信网络诈骗犯罪活动,或者制作、提供诈骗方案、术语清单、语音包、信息等的,以诈骗共同犯罪论处。

(五)部分犯罪嫌疑人在逃,但不影响对已到案共同犯罪嫌疑人、被告人的犯罪事实认定的,可以依法先行追究已到案共同犯罪嫌疑人、被告人的刑事责任。

五、依法确定案件管辖

(一)电信网络诈骗犯罪案件一般由犯罪地公安机关立案侦查,如果由犯罪嫌疑人居住地公安机关立案侦查更为适宜的,可以由犯罪嫌疑人居住地公安机关立案侦查。犯罪地包括犯罪行为发生地和犯罪结果发生地。

"犯罪行为发生地"包括用于电信网络诈骗犯罪的网站服务器所在地,网站建立者、管理者所在地,被侵害的计算机信息系统或其管理者所在地,犯罪嫌疑人、被害人使用的计算机信息系统所在地,诈骗电话、短信息、电子邮件等的拨打地、发送地、到达地、接受地,以及诈骗行为持续发生的实施地、预备地、开始地、途经地、结束地。

"犯罪结果发生地"包括被害人被骗时所在地,以及诈骗所得财物的实际取得地、藏匿地、转移地、使用地、销售地等。

(二)电信网络诈骗最初发现地公安机关侦办的案件,诈骗数额当时未达到"数额较大"标准,但后续累计达到"数额较大"标准,可由最初发现地公安机关立案侦查。

(三)具有下列情形之一的,有关公安机关可以在其职责范围内并案侦查:

1. 一人犯数罪的;

2. 共同犯罪的;

3. 共同犯罪的犯罪嫌疑人还实施其他犯罪的;

4. 多个犯罪嫌疑人实施的犯罪存在直接关联,并案处理有利于查明案件事实的。

(四)对因网络交易、技术支持、资金支付结算等关系形成多层级链条、跨区域的电信网络诈骗等犯罪案件,可由共同上级公安机关按照有利于查清犯罪事实、有利于诉讼的原则,指定有关公安机关立案侦查。

(五)多个公安机关都有权立案侦查的电信网络诈骗等犯罪案件,由最初受理的公安机关或者主要犯罪地公安机关立案侦查。有争议的,按照有利于查清犯罪事实、有利于诉讼的原则,协商解决。经协商无法达成一致的,由共同上级公安机关指定有关公安机关立案侦查。

(六)在境外实施的电信网络诈骗等犯罪案件,可由公安部按照有利于查清犯罪事实、有利于诉讼的原则,指定有关公安机关立案侦查。

(七)公安机关立案、并案侦查,或因有争议,由共同上级公安机关指定立案侦查的案件,需要提请批准逮捕、移送审查起诉、提起公诉的,由该公安机关所在地的人民检察院、人民法院受理。

对重大疑难复杂案件和境外案件,公安机关应在指定立案侦查前,向同级人民检察院、人民法院通报。

(八)已确定管辖的电信诈骗共同犯罪案件,在逃的犯罪嫌疑人归案后,一般由原管辖的公安机关、人民检察院、人民法院管辖。

六、证据的收集和审查判断

(一)办理电信网络诈骗案件,确因被害人人数众多等客观条件的限制,无法逐一收集被害人陈述的,可以结合已收集的被害人陈述,以及经查证属实的银行账户交易记录、第三方支付结算账户交易记录、通话记录、电子数据等证据,综合认定被害人人数及诈骗资金数额等犯罪事实。

(二)公安机关采取技术侦查措施收集的案件证明材料,作为证据使用的,应当随案移送批准采取技术侦查措施的法律文书和所收集的证据材料,并对其来源等作出书面说明。

(三)依照国际条约、刑事司法协助、互助协议或平等互助原则,请求证据材料所在地司法机关收集,或通过国际警务合作机制、国际刑警组织启动合作取证程序收集的境外证据材料,经查证属实,可以作为定案的依据。公安机关应对其来源、提取人、提取时间或者提供人、提供时间以及保管移交的过程等作出说明。

对其他来自境外的证据材料,应当对其来源、提供人、提供时间以及提取人、提取时间进行审查。能够证明案件事实且符合刑事诉讼法规定的,可以作为证据使用。

七、涉案财物的处理

(一)公安机关侦办电信网络诈骗案件,应当随案移送涉案赃款赃物,并附清单。人民检察院提起公诉时,应一并移交受理案件的人民法院,同时就涉案赃款赃物的处理提出意见。

(二)涉案银行账户或者涉案第三方支付账户内的款项,对权属明确的被害人的合法财产,应当及时返还。确因客观原因无法查实全部被害人,但有证据证明该账户系用于电信网络诈骗犯罪,且被告人无法说明款项合法来源的,根据刑法第六十四条的规定,应认定为违法所得,予以追缴。

(三)被告人已将诈骗财物用于清偿债务或者转让给他人,具有下列情形之一的,应当依法追缴:

1. 对方明知是诈骗财物而收取的;

2. 对方无偿取得诈骗财物的;

3. 对方以明显低于市场的价格取得诈骗财物的;

4. 对方取得诈骗财物系源于非法债务或者违法犯罪活动的。

他人善意取得诈骗财物的,不予追缴。

最高人民法院、最高人民检察院、公安部关于办理电信网络诈骗等刑事案件适用法律若干问题的意见(二)

(2021年6月17日,法发〔2021〕22号)

为进一步依法严厉惩治电信网络诈骗犯罪,对其上下游关联犯罪实行全链条、全方位打击,根据《中华人民共和国刑法》《中华人民共和国刑事诉讼法》等法律和有关司法解释的规定,针对司法实践中出现的新的突出问题,结合工作实际,制定本意见。

一、电信网络诈骗犯罪地,除《最高人民法院、最高人民检察院、公安部关于办理电信网络诈骗等刑事案件适用法律若干问题的意见》规定的犯罪行为发生地和结果发生地外,还包括:

(一)用于犯罪活动的手机卡、流量卡、物联网卡的开立地、销售地、转移地、藏匿地;

(二)用于犯罪活动的信用卡的开立地、销售地、转移地、藏匿地、使用地以及资金交易对手资金交付和汇出地;

(三)用于犯罪活动的银行账户、非银行支付账户的开立地、销售地、使用地以及资金交易对手资金交付和汇出地;

(四)用于犯罪活动的即时通讯信息、广告推广信息的发送地、接受地、到达地;

(五)用于犯罪活动的“猫池”(Modem Pool)、GOIP设备、多卡宝等硬件设备的销售地、入网地、藏匿地;

(六)用于犯罪活动的互联网账号的销售地、登录地。

二、为电信网络诈骗犯罪提供作案工具、技术支持等帮助以及掩饰、隐瞒犯罪所得及其产生的收益,由此形成多层级犯罪链条的,或者利用同一网站、通讯群组、资金账户、作案窝点实施电信网络诈骗犯罪的,应当认定为多个犯罪嫌疑人、被告人实施的犯罪存在关联,人民法院、人民检察院、公安机关可以在其职责范围内并案处理。

三、有证据证实行为人参加境外诈骗犯罪集团或犯罪团伙，在境外针对境内居民实施电信网络诈骗犯罪行为，诈骗数额难以查证，但一年内出境赴境外诈骗犯罪窝点累计时间30日以上或多次出境赴境外诈骗犯罪窝点的，应当认定为刑法第二百六十六条规定的"其他严重情节"，以诈骗罪依法追究刑事责任。有证据证明其出境从事正当活动的除外。

四、无正当理由持有他人的单位结算卡的，属于刑法第一百七十七条之一第一款第(二)项规定的"非法持有他人信用卡"。

五、非法获取、出售、提供具有信息发布、即时通讯、支付结算等功能的互联网账号密码、个人生物识别信息，符合刑法第二百五十三条之一规定的，以侵犯公民个人信息罪追究刑事责任。

对批量前述互联网账号密码、个人生物识别信息的条数，根据查获的数量直接认定，但有证据证明信息不真实或者重复的除外。

六、在网上注册办理手机卡、信用卡、银行账户、非银行支付账户时，为通过网上认证，使用他人身份证件信息并替换他人身份证件相片，属于伪造身份证件行为，符合刑法第二百八十条第三款规定的，以伪造身份证件罪追究刑事责任。

使用伪造、变造的身份证件或者盗用他人身份证件办理手机卡、信用卡、银行账户、非银行支付账户，符合刑法第二百八十条之一第一款规定的，以使用虚假身份证件、盗用身份证件罪追究刑事责任。

实施上述两款行为，同时构成其他犯罪的，依照处罚较重的规定定罪处罚。法律和司法解释另有规定的除外。

七、为他人利用信息网络实施犯罪而实施下列行为，可以认定为刑法第二百八十七条之二规定的"帮助"行为：

(一)收购、出售、出租信用卡、银行账户、非银行支付账户、具有支付结算功能的互联网账号密码、网络支付接口、网上银行数字证书的；

(二)收购、出售、出租他人手机卡、流量卡、物联网卡的。

八、认定刑法第二百八十七条之二规定的行为人明知他人利用信息网络实施犯罪，应当根据行为人收购、出售、出租前述第七条规定的信用卡、银行账户、非银行支付账户、具有支付结算功能的互联网账号密码、网络支付接口、网上银行数字证书，或者他人手机卡、流量卡、物联网卡等的次数、张数、个数，并结合行为人的认知能力、既往经历、交易对象、与实施信息网络犯罪的行为人的关系、提供技术支持或者帮助的时间和方式、获利情况以及行为人的供述等主客观因素，予以综合认定。

收购、出售、出租单位银行结算账户、非银行支付机构单位支付账户，或者电信、银行、网络支付等行业从业人员利用履行职责或提供服务便利，非法开办并出售、出租他人手机卡、信用卡、银行账户、非银行支付账户等的，可以认定为《最高人民法院、最高人民检察院关于办理非法利用信息网络、帮助信息网络犯罪活动等刑事案件适用法律若干问题的解释》第十一条第(七)项规定的"其他足以认定行为人明知的情形"。但有相反证据的除外。

九、明知他人利用信息网络实施犯罪，为其犯罪提供下列帮助之一的，可以认定为《最高人民法院、最高人民检察院关于办理非法利用信息网络、帮助信息网

络犯罪活动等刑事案件适用法律若干问题的解释》第十二条第一款第(七)项规定的“其他情节严重的情形”:

(一)收购、出售、出租信用卡、银行账户、非银行支付账户、具有支付结算功能的互联网账号密码、网络支付接口、网上银行数字证书5张(个)以上的;

(二)收购、出售、出租他人手机卡、流量卡、物联网卡20张以上的。

十、电商平台预付卡、虚拟货币、手机充值卡、游戏点卡、游戏装备等经销商,在公安机关调查案件过程中,被明确告知其交易对象涉嫌电信网络诈骗犯罪,仍与其继续交易,符合刑法第二百八十七条之二规定的,以帮助信息网络犯罪活动罪追究刑事责任。同时构成其他犯罪的,依照处罚较重的规定定罪处罚。

十一、明知是电信网络诈骗犯罪所得及其产生的收益,以下列方式之一予以转账、套现、取现,符合刑法第三百一十二条第一款规定的,以掩饰、隐瞒犯罪所得、犯罪所得收益罪追究刑事责任。但有证据证明确实不知道的除外。

(一)多次使用或者使用多个非本人身份证明开设的收款码、网络支付接口等,帮助他人转账、套现、取现的;

(二)以明显异于市场的价格,通过电商平台预付卡、虚拟货币、手机充值卡、游戏点卡、游戏装备等转换财物、套现的;

(三)协助转换或者转移财物,收取明显高于市场的“手续费”的。

实施上述行为,事前通谋的,以共同犯罪论处;同时构成其他犯罪的,依照处罚较重的规定定罪处罚。法律和司法解释另有规定的除外。

十二、为他人实施电信网络诈骗犯罪提供技术支持、广告推广、支付结算等帮助,或者窝藏、转移、收购、代为销售及以其他方法掩饰、隐瞒电信网络诈骗犯罪所得及其产生的收益,诈骗犯罪行为可以确认,但实施诈骗的行为人尚未到案,可以依法先行追究已到案的上述犯罪嫌疑人、被告人的刑事责任。

十三、办案地公安机关可以通过公安机关信息化系统调取异地公安机关依法制作、收集的刑事案件受案登记表、立案决定书、被害人陈述等证据材料。调取时不得少于两名侦查人员,并应记载调取的时间、使用的信息化系统名称等相关信息,调取人签名并加盖办案地公安机关印章。经审核证明真实的,可以作为证据使用。

十四、通过国(区)际警务合作收集或者境外警方移交的境外证据材料,确因客观条件限制,境外警方未提供相关证据的发现、收集、保管、移交情况等材料的,公安机关应当对上述证据材料的来源、移交过程以及种类、数量、特征等作出书面说明,由两名以上侦查人员签名并加盖公安机关印章。经审核能够证明案件事实的,可以作为证据使用。

十五、对境外司法机关抓获并羁押的电信网络诈骗犯罪嫌疑人,在境内接受审判的,境外的羁押期限可以折抵刑期。

十六、办理电信网络诈骗犯罪案件,应当充分贯彻宽严相济刑事政策。在侦查、审查起诉、审判过程中,应当全面收集证据、准确甄别犯罪嫌疑人、被告人在共同犯罪中的层级地位及作用大小,结合其认罪态度和悔罪表现,区别对待,宽严并用,科学量刑,确保罚当其罪。

对于电信网络诈骗犯罪集团、犯罪团伙的组织者、策划者、指挥者和骨干分子,以及利用未成年人、在校学生、老年人、残疾人实施电信网络诈骗的,依法从严惩处。

对于电信网络诈骗犯罪集团、犯罪团伙中的从犯,特别是其中参与时间相对较短、诈骗数额相对较低或者从事辅助性工作并领取少量报酬,以及初犯、偶犯、未成年人、在校学生等,应当综合考虑其在共同犯罪中的地位作用、社会危害程度、主观恶性、人身危险性、认罪悔罪表现等情节,可以依法从轻、减轻处罚。犯罪情节轻微的,可以依法不起诉或者免予刑事处罚;情节显著轻微危害不大的,不以犯罪论处。

十七、查扣的涉案账户内资金,应当优先返还被害人,如不足以全额返还的,应当按照比例返还。

最高人民检察院
检察机关办理电信网络诈骗案件指引

(2018年8月24日最高人民检察院第十三届检察委员会第5次会议通过,2018年11月9日印发,高检发侦监字〔2018〕12号)

电信网络诈骗犯罪,是指以非法占有为目的,利用电话、短信、互联网等电信网络技术手段,虚构事实,设置骗局,实施远程、非接触式诈骗,骗取公私财物的犯罪行为。根据《中华人民共和国刑法》第二百六十六条、《最高人民法院、最高人民检察院关于办理诈骗刑事案件具体应用法律若干问题的解释》(法释〔2011〕7号)(以下简称《解释》)、《最高人民法院、最高人民检察院、公安部关于办理电信网络诈骗等刑事案件适用法律若干问题的意见》(法发〔2016〕32号)(以下简称《意见》),办理电信网络诈骗案件除了要把握普通诈骗案件的基本要求外,还要特别注意以下问题:一是电信网络诈骗犯罪的界定;二是犯罪形态的审查;三是诈骗数额及发送信息、拨打电话次数的认定;四是共同犯罪及主从犯责任的认定;五是关联犯罪事前通谋的审查;六是电子数据的审查;七是境外证据的审查。

一、审查证据的基本要求

(一)审查逮捕

1. 有证据证明发生了电信网络诈骗犯罪事实

(1)证明电信网络诈骗案件发生

证据主要包括:报案登记、受案登记、受案笔录、立案决定书、破案经过、证人证言、被害人陈述、犯罪嫌疑人供述和辩解、被害人银行开户申请、开户明细单、银行转账凭证、银行账户交易记录、银行汇款单、网银转账记录、第三方支付结算交易记录、手机转账信息等证据。跨国电信网络诈骗还可能需要有国外有关部门出具的与案件有关的书面材料。

(2)证明电信网络诈骗行为的危害结果

①证明诈骗数额达到追诉标准的证据:证人证言、被害人陈述、犯罪嫌疑人供述和辩解、银行转账凭证、汇款凭证、转账信息、银行卡、银行账户交易记录、第三方支付结算交易记录以及其他与电信网络诈骗关联的账户交易记录、犯罪嫌疑人提成记录、诈骗账目记录等证据以及其它有关证据。

②证明发送信息条数、拨打电话次数以及页面浏览量达到追诉标准的证据:QQ、微信、skype等即时通讯工具聊天记

录、CDR电话清单、短信记录、电话录音、电子邮件、远程勘验笔录、电子数据鉴定意见、网页浏览次数统计、网页浏览次数鉴定意见、改号软件、语音软件的登录情况及数据、拨打电话记录内部资料以及其他有关证据。

2. 有证据证明诈骗行为是犯罪嫌疑人实施的

(1)言词证据:证人证言、被害人陈述、犯罪嫌疑人供述和辩解等,注意审查犯罪嫌疑人供述的行为方式与被害人陈述的被骗方式、交付财物过程或者其他证据是否一致。对于团伙作案的,要重视对同案犯罪嫌疑人供述和辩解的审查,梳理各个同案犯罪嫌疑人的指证是否相互印证。

(2)有关资金链条的证据:银行转账凭证、交易流水、第三方支付交易记录以及其他关联账户交易记录、现场查扣的书证、与犯罪关联的银行卡及申请资料等,从中审查相关银行卡信息与被害人存款、转移赃款等账号有无关联,资金交付支配占有过程;犯罪嫌疑人的短信以及QQ、微信、skype等即时通讯工具聊天记录,审查与犯罪有关的信息,是否出现过与本案资金流转有关的银行卡账号、资金流水等信息。要注意审查被害人转账、汇款账号、资金流向等是否有相应证据印证赃款由犯罪嫌疑人取得。对诈骗集团租用或交叉使用账户的,要结合相关言词证据及书证、物证、勘验笔录等分析认定。

(3)有关信息链条的证据:侦查机关远程勘验笔录,远程提取证据笔录,CDR电话清单、查获的手机IMEI串号、语音网关设备、路由设备、交换设备、手持终端等。要注意审查诈骗窝点物理IP地址是否与所使用电话CDR数据清单中记录的主叫IP地址或IP地址所使用的线路(包括此线路的账号、用户名称、对接服务器、语音网关、手持终端等设备的IP配置)一致,电话CDR数据清单中是否存在被害人的相关信息资料,改号电话显示号码、呼叫时间、电话、IP地址是否与被害人陈述及其它在案证据印证。在电信网络诈骗窝点查获的手机IMEI串号以及其他电子作案工具,是否与被害人所接到的诈骗电话显示的信息来源一致。

(4)其他证据:跨境电信网络诈骗犯罪案件犯罪嫌疑人出入境记录、户籍证明材料、在境外使用的网络设备及虚拟网络身份的网络信息,证明犯罪嫌疑人出入境情况及身份情况。诈骗窝点的纸质和电子账目报表,审查时间、金额等细节是否与被害人陈述相互印证。犯罪过程中记载被害人身份、诈骗数额、时间等信息的流转单,审查相关信息是否与被害人陈述、银行转账记录等相互印证。犯罪嫌疑人之间的聊天记录、诈骗脚本、内部分工、培训资料、监控视频等证据,审查犯罪的具体手法、过程。购买作案工具和资源(手机卡、银行卡、POS机、服务器、木马病毒、改号软件、公民个人信息等)的资金流水、电子数据等证据。

3. 有证据证明犯罪嫌疑人具有诈骗的主观故意

(1)证明犯罪嫌疑人主观故意的证据:犯罪嫌疑人的供述和辩解、证人证言、同案犯指证;诈骗脚本、诈骗信息内容、工作日记、分工手册、犯罪嫌疑人的具体职责、地位、参与实施诈骗行为的时间等;赃款的账册、分赃的记录、诈骗账目记录、提成记录、工作环境、工作形式等;短信、QQ、微信、skype等即时通讯工具聊天记录等,审查其中是否出现有关诈骗的内容以及诈骗专门用的黑话、暗语等。

(2)证明提供帮助者的主观故意的证据:提供帮助犯罪嫌疑人供述和辩解、电信网络诈骗犯罪嫌疑人的指证、证人证言;双方短信以及QQ、微信、skype等即时通讯工具聊天记录等信息材料;犯罪嫌疑人的履历、前科记录、行政处罚记录、双方资金往来的凭证、犯罪嫌疑人提供帮助、协助的收益数额、取款时的监控视频、收入记录、处罚判决情况等。

(二)审查起诉

除审查逮捕阶段证据审查基本要求之外,对电信网络诈骗案件的审查起诉工作还应坚持"犯罪事实清楚,证据确实、充分"的标准,保证定罪量刑的事实都有证据证明;据以定案的证据均经法定程序查证属实;综合全案证据,对所认定的事实均已排除合理怀疑。

1. 有确实充分的证据证明发生了电信网络诈骗犯罪事实

(1)证明电信网络诈骗事实发生。除审查逮捕要求的证据类型之外,跨国电信网络诈骗还需要有出入境记录、飞机铁路等交通工具出行记录,必要时需国外有关部门出具的与案件有关的书面证据材料,包括原件、翻译件、使领馆认证文件等。

(2)证明电信网络诈骗行为的危害结果

①证明诈骗数额达到追诉标准的证据:能查清诈骗事实的相关证人证言、被害人陈述、犯罪嫌疑人供述和辩解、银行账户交易明细、交易凭证、第三方支付结算交易记录以及其他与电信网络诈骗关联的账户交易记录、犯罪嫌疑人的诈骗账目记录以及其它有关证据。

需要特别注意"犯罪数额接近提档"的情形。当诈骗数额接近"数额巨大""数额特别巨大"的标准(一般掌握在80%以上,即达到2.4万元、40万元),根据《解释》和《意见》的规定,具有《意见》第二条第二款"酌情从重处罚"十种情形之一的,应当分别认定为刑法第二百六十六条规定的"其他严重情节""其他特别严重情节",提高一档量刑。

②证明发送信息条数、拨打电话次数以及页面浏览量达到追诉标准的证据类型与审查逮捕的证据类型相同。

2. 有确实充分的证据证明诈骗行为是犯罪嫌疑人实施的

(1)有关资金链条的证据。重点审查被害人的银行交易记录和犯罪嫌疑人持有的银行卡及账号的交易记录,用于查明被害人遭受的财产损失及犯罪嫌疑人诈骗的犯罪数额;重点审查犯罪嫌疑人的短信,以及QQ、微信、skype等即时通讯工具聊天记录,用于查明是否出现涉案银行卡账号、资金流转等犯罪信息,赃款是否由犯罪嫌疑人取得。此外,对诈骗团伙或犯罪集团租用或交叉使用多层级账户洗钱的,要结合资金存取流转的书证、监控录像、辨认笔录、证人证言、被害人陈述、犯罪嫌疑人供述和辩解等证据分析认定。

(2)有关人员链条的证据。电信网络诈骗多为共同犯罪,在审查刑事责任年龄、刑事责任能力方面的证据基础上,应重点审查犯罪嫌疑人供述和辩解、手机通信记录等,通过自供和互证,以及与其他证据之间的相互印证,查明各自的分工和作用,以区分主、从犯。对于分工明确、有明显首要分子、较为固定的组织结构的三人以上固定的犯罪组织,应当认定为犯罪集团。

言词证据及有关信息链条的证据与审查逮捕的证据类型相同。

3. 有确实充分的证据证明犯罪嫌疑人具有诈骗的主观故意

证明犯罪嫌疑人及提供帮助者主观故意的证据类型同审查逮捕证据类型相同。需要注意的是,由于犯罪嫌疑人各自分工不同,其供述和辩解也呈现不同的证明力。一般而言,专门行骗人对于单起事实的细节记忆相对粗略,只能供述诈骗的手段和方式;专业取款人对于取款的具体细目记忆也粗略,只能供述大概经过和情况,重点审查犯罪手段的同类性、共同犯罪人之间的关系及各自分工和作用。

二、需要特别注意的问题

在电信网络诈骗案件审查逮捕、审查起诉中,要根据相关法律、司法解释等规定,结合在案证据,重点注意以下问题:

(一)电信网络诈骗犯罪的界定

1. 此罪彼罪

在一些案件中,尤其是利用网络钓鱼、木马链接实施犯罪的案件中,既存在虚构事实、隐瞒真相的诈骗行为,又可能存在秘密窃取的行为,关键要审查犯罪嫌疑人取得财物是否基于被害人对财物的主动处分意识。如果行为人通过秘密窃取的行为获取他人财物,则应认定构成盗窃罪;如果窃取或者骗取的是他人信用卡资料,并通过互联网、通讯终端等使用的,根据《最高人民法院、最高人民检察院关于办理妨害信用卡管理刑事案件具体应用法律若干问题的解释》(法释〔2009〕19号),则可能构成信用卡诈骗罪;如果通过电信网络技术向不特定多数人发送诈骗信息后又转入接触式诈骗,或者为实现诈骗目的,线上线下并行同时进行接触式和非接触式诈骗,应当按照诈骗取财行为的本质定性,虽然使用电信网络技术但被害人基于接触被骗的,应当认定普通诈骗;如果出现电信网络诈骗和合同诈骗、保险诈骗等特殊诈骗罪名的竞合,应依据刑法有关规定定罪量刑。

2. 追诉标准低于普通诈骗犯罪且无地域差别

追诉标准直接决定了法律适用问题甚至罪与非罪的认定。《意见》规定,利用电信网络技术手段实施诈骗,诈骗公私财物价值三千元以上的,认定为刑法第二百六十六条规定的“数额较大”。而《解释》规定,诈骗公私财物价值三千元至一万元以上的,认定为刑法第二百六十六条规定的“数额较大”。因此,电信网络诈骗的追诉标准要低于普通诈骗的追诉标准,且全国统一无地域差别,即犯罪数额达到三千元以上、三万元以上、五十万元以上的,应当分别认定为刑法第二百六十六条规定的“数额较大”“数额巨大”“数额特别巨大”。

(二)犯罪形态的审查

1. 可以查证诈骗数额的未遂

电信网络诈骗应以被害人失去对被骗钱款的实际控制为既遂认定标准。一般情形下,诈骗款项转出后即时到账构成既遂。但随着银行自助设备、第三方支付平台陆续推出“延时到账”“撤销转账”等功能,被害人通过自助设备、第三方支付平台向犯罪嫌疑人指定账户转账,可在规定时间内撤销转账,资金并未实时转出。此种情形下被害人并未对被骗款项完全失去控制,而犯罪嫌疑人亦未取得实际控制,应当认定为未遂。

2. 无法查证诈骗数额的未遂

根据《意见》规定,对于诈骗数额难以查证的,犯罪嫌疑人发送诈骗信息五千条以上,或者拨打诈骗电话五百人次以上,或者在互联网上发布诈骗信息的页面浏览量累计五千次以上,可以认定为诈骗罪中"其他严重情节",以诈骗罪(未遂)定罪处罚。具有上述情形,数量达到相应标准十倍以上的,应当认定为刑法第二百六十六条规定的"其他特别严重情节",以诈骗罪(未遂)定罪处罚。

(三)诈骗数额及发送信息、拨打电话次数的认定

1. 诈骗数额的认定

(1)根据犯罪集团诈骗账目登记表、犯罪嫌疑人提成表等书证,结合证人证言、犯罪嫌疑人供述和辩解等言词证据,认定犯罪嫌疑人的诈骗数额。

(2)根据经查证属实的银行账户交易记录、第三方支付结算账户交易记录、通话记录、电子数据等证据,结合已收集的被害人陈述,认定被害人人数及诈骗资金数额。

(3)对于确因客观原因无法查实全部被害人,尽管有证据证明该账户系用于电信网络诈骗犯罪,且犯罪嫌疑人无法说明款项合法来源的,也不能简单将账户内的款项全部推定为"犯罪数额"。要根据在案其他证据,认定犯罪集团是否有其他收入来源,"违法所得"有无其他可能性。如果证据足以证实"违法所得"的排他性,则可以将"违法所得"均认定为犯罪数额。

(4)犯罪嫌疑人为实施犯罪购买作案工具、伪装道具、租用场地、交通工具甚至雇佣他人等诈骗成本不能从诈骗数额中扣除。对通过向被害人交付一定货币,进而骗取其信任并实施诈骗的,由于货币具有流通性和经济价值,该部分货币可以从诈骗数额中扣除。

2. 发送信息、拨打电话次数的认定

(1)拨打电话包括拨出诈骗电话和接听被害人回拨电话。反复拨打、接听同一电话号码,以及反复向同一被害人发送诈骗信息的,拨打、接听电话次数、发送信息条数累计计算。

(2)被害人是否接听、接收到诈骗电话、信息不影响次数、条数计算。

(3)通过语音包发送的诈骗录音或通过网络等工具辅助拨出的电话,应当认定为拨打电话。

(4)发送信息条数、拨打电话次数的证据难以收集的,可以根据经查证属实的日发送信息条数、日拨打人次数,结合犯罪嫌疑人实施犯罪的时间、犯罪嫌疑人的供述等相关证据予以认定。

(5)发送信息条数和拨打电话次数在法律及司法解释未明确的情况下不宜换算累加。

(四)共同犯罪及主从犯责任的认定

1. 对于三人以上为实施电信网络诈骗而组成的较为固定的犯罪组织,应当依法认定为犯罪集团。对于犯罪集团的首要分子,按照集团所犯全部犯罪处罚,并且对犯罪集团中组织、指挥、策划者和骨干分子依法从严惩处。

2. 对于其余主犯,按照其所参与或者组织、指挥的全部犯罪处罚。多人共同实施电信网络诈骗,犯罪嫌疑人、被告人应对其参与期间该诈骗团伙实施的全部诈骗行为承担责任。

3. 对于部分被招募发送信息、拨打电话的犯罪嫌疑人,应当对其参与期间整个诈骗团伙的诈骗行为承担刑事责任,但可以考虑参与时间较短、诈骗数额较低、发送信息、拨打电话较少,认定为从犯,从宽处理。

4. 对于专门取款人,由于其可在短时间内将被骗款项异地转移,对诈骗既遂起到了至关重要的作用,也大大增加了侦查和追赃难度,因此应按其在共同犯罪中的具体作用进行认定,不宜一律认定为从犯。

(五)关联犯罪事前通谋的审查

根据《意见》规定,明知是电信网络诈骗犯罪所得及其产生的收益,通过使用销售点终端机具(POS 机)刷卡套现等非法途径,协助转换或者转移财物等五种方式转账、套现、取现的,需要与直接实施电信网络诈骗犯罪嫌疑人事前通谋的才以共同犯罪论处。因此,应当重点审查帮助转换或者转移财物行为人是否在诈骗犯罪既遂之前与实施诈骗犯罪嫌疑人共谋或者虽无共谋但明知他人实施犯罪而提供帮助。对于帮助者明知的内容和程度,并不要求其明知被帮助者实施诈骗行为的具体细节,其只要认识到对方实施诈骗犯罪行为即可。审查时,要根据犯罪嫌疑人的认知能力、既往经历、行为次数和手段、与他人关系、获利情况、是否曾因电信网络诈骗受过处罚以及是否故意规避调查等主客观因素分析认定。

(六)电子数据的审查

1. 电子数据真实性的审查

(1)是否移送原始存储介质;在原始存储介质无法封存、不便移动时,有无说明原因,并注明收集、提取过程及原始存储介质的存放地点或者电子数据的来源等情况。

(2)电子数据是否具有数字签名、数字证书等特殊标识。

(3)电子数据的收集、提取过程是否可以重现。

(4)电子数据如有增加、删除、修改等情形的,是否附有说明。

(5)电子数据的完整性是否可以保证。

2. 电子数据合法性的审查

(1)收集、提取电子数据是否由二名以上侦查人员进行,取证方法是否符合相关技术标准。

(2)收集、提取电子数据,是否附有笔录、清单,并经侦查人员、电子数据持有人(提供人)、见证人签名或者盖章;没有持有人(提供人)签名或者盖章的,是否注明原因;对电子数据的类别、文件格式等是否注明清楚。

(3)是否依照有关规定由符合条件的人员担任见证人,是否对相关活动进行录像。

(4)电子数据检查是否将电子数据存储介质通过写保护设备接入到检查设备;有条件的,是否制作电子数据备份,并对备份进行检查;无法制作备份且无法使用写保护设备的,是否附有录像。

(5)通过技术侦查措施,利用远程计算机信息系统进行网络远程勘验收集到电子数据,作为证据使用的,是否随案移送批准采取技术侦查措施的法律文书和所收集的证据材料,是否对其来源等作出书面说明。

(6)对电子数据作出鉴定意见的鉴定机构是否具有司法鉴定资质。

3. 电子数据的采信

(1)经过公安机关补正或者作出合理解释可以采信的电子数据:未以封存状态移送的;笔录或者清单上没有侦查人员、电子数据持有人(提供人)、见证人签名或者盖章的;对电子数据的名称、类别、格式等注明不清的;有其他瑕疵的。

(2)不能采信的电子数据:电子数据

系篡改、伪造或者无法确定真伪的；电子数据有增加、删除、修改等情形，影响电子数据真实性的；其他无法保证电子数据真实性的情形。

（七）境外证据的审查

1. 证据来源合法性的审查

境外证据的来源包括：外交文件（国际条约、互助协议）；司法协助（刑事司法协助、平等互助原则）；警务合作（国际警务合作机制、国际刑警组织）。

由于上述来源方式均需要有法定的程序和条件，对境外证据的审查要注意：证据来源是否是通过上述途径收集，审查报批、审批手续是否完备，程序是否合法；证据材料移交过程是否合法，手续是否齐全，确保境外证据的来源合法性。

2. 证据转换的规范性审查

对于不符合我国证据种类和收集程序要求的境外证据，侦查机关要重新进行转换和固定，才能作为证据使用。注重审查：

（1）境外交接证据过程的连续性，是否有交接文书，交接文书是否包含接收证据。

（2）接收移交、开箱、登记时是否全程录像，确保交接过程的真实性，交接物品的完整性。

（3）境外证据按照我国证据收集程序重新进行固定的，依据相关规定进行，注意证据转换过程的连续性和真实性的审查。

（4）公安机关是否对境外证据来源、提取人、提取时间或者提供人、提供时间以及保管移交的过程等作出说明，有无对电子数据完整性等专门性问题的鉴定意见等。

（5）无法确认证据来源、证据真实性、收集程序违法无法补正等境外证据应予排除。

3. 其他来源的境外证据的审查通过其他渠道收集的境外证据材料，作为证据使用的，应注重对其来源、提供人、提供时间以及提取人、提取时间进行审查。能够证明案件事实且符合刑事诉讼法规定的，可以作为证据使用。

三、社会危险性及羁押必要性审查

（一）审查逮捕

符合下列情形之一的，可以结合案件具体情况考虑认定犯罪嫌疑人具有社会危险性，有羁押必要：

1.《最高人民检察院、公安部关于逮捕社会危险性条件若干问题的规定（试行）》（高检会〔2015〕9号）规定的具有社会危险性情节的。

2. 犯罪嫌疑人是诈骗团伙的首要分子或者主犯。对于首要分子，要重点审查其在电信网络诈骗集团中是否起到组织、策划、指挥作用。对于其他主犯，要重点审查其是否是犯意的发起者、犯罪的组织者、策划者、指挥者、主要责任者，是否参与了犯罪的全过程或关键环节以及在犯罪中所起的作用：诈骗团伙的具体管理者、组织者、招募者、电脑操盘人员、对诈骗成员进行培训的人员以及制作、提供诈骗方案、术语清单、语音包、信息的人员可以认定为主犯；取款组、供卡组、公民个人信息提供组等负责人，对维持诈骗团伙运转起着重要作用的，可以认定为主犯；对于其他实行犯是否属于主犯，主要通过其参加时段实施共同犯罪活动的程度、具体罪行的大小、对造成危害后果的作用等来认定。

3. 有证据证明犯罪嫌疑人实施诈骗行为，犯罪嫌疑人拒不供认或者作虚假供述的。

4. 有证据显示犯罪嫌疑人参与诈骗且既遂数额巨大、被害人众多,诈骗数额等需进一步核实的。

5. 有证据证明犯罪嫌疑人参与诈骗的时间长,应当明知诈骗团伙其他同案犯犯罪事实的,但犯罪嫌疑人拒绝指证或虚假指证的。

6. 其他具有社会危险性或羁押必要的情形。

在犯罪嫌疑人罪行较轻的前提下,根据犯罪嫌疑人在犯罪团伙中的地位、作用、参与时间、工作内容、认罪态度、悔罪表现等情节,结合案件整体情况,依据主客观相一致原则综合判断犯罪嫌疑人的社会危险性或者羁押必要性。在犯罪嫌疑人真诚认罪悔罪,如实供述且供述稳定的情况下,有下列情形的可以考虑社会危险性较小:

1. 预备犯、中止犯。

2. 直接参与诈骗的数额未达巨大,有自首、立功表现的。

3. 直接参与诈骗的数额未达巨大,参与时间短的发送信息、拨打电话人员。

4. 涉案数额未达巨大,受雇负责饮食、住宿等辅助工作人员。

5. 直接参与诈骗的数额未达巨大,积极退赃的从犯。

6. 被胁迫参加电信网络诈骗团伙,没有造成严重影响和后果的。

7. 其他社会危险性较小的情形。

需要注意的是,对犯罪嫌疑人社会危险性的把握,要根据案件社会影响、造成危害后果、打击力度的需要等多方面综合判断和考虑。

(二) 审查起诉

在审查起诉阶段,要结合侦查阶段取得的事实证据,进一步引导侦查机关加大捕后侦查力度,及时审查新证据。在羁押期限届满前对全案进行综合审查,对于未达到逮捕证明标准的,撤销原逮捕决定。

经羁押必要性审查,发现犯罪嫌疑人具有下列情形之一的,应当向办案机关提出释放或者变更强制措施的建议:

1. 案件证据发生重大变化,没有证据证明有犯罪事实或者犯罪行为系犯罪嫌疑人、被告人所为的。

2. 案件事实或者情节发生变化,犯罪嫌疑人、被告人可能被判处拘役、管制、独立适用附加刑、免予刑事处罚或者判决无罪的。

3. 继续羁押犯罪嫌疑人、被告人,羁押期限将超过依法可能判处的刑期的。

4. 案件事实基本查清,证据已经收集固定,符合取保候审或者监视居住条件的。

经羁押必要性审查,发现犯罪嫌疑人、被告人具有下列情形之一,且具有悔罪表现,不予羁押不致发生社会危险性的,可以向办案机关提出释放或者变更强制措施的建议:

1. 预备犯或者中止犯;共同犯罪中的从犯或者胁从犯。

2. 主观恶性较小的初犯。

3. 系未成年人或者年满七十五周岁的人。

4. 与被害方依法自愿达成和解协议,且已经履行或者提供担保的。

5. 患有严重疾病、生活不能自理的。

6. 系怀孕或者正在哺乳自己婴儿的妇女。

7. 系生活不能自理的人的唯一扶养人。

8. 可能被判处一年以下有期徒刑或

者宣告缓刑的。

9. 其他不需要继续羁押犯罪嫌疑人、被告人的情形。

最高人民检察院第四检察厅关于办理电信网络诈骗及其关联犯罪案件有关问题的解答

（2023年7月26日发布，
高检四厅[2003]3号）

近年来，电信网络诈骗及其关联犯罪持续高发，严重影响人民群众的安全感。检察机关认真落实习近平总书记重要指示精神，按照党中央的决策部署，充分发挥检察职能，坚持依法全链条从严惩治，会同相关部门严密刑事法网，加大联合挂牌督办和公开曝光力度，始终保持对电信网络诈骗及其关联犯罪从严打击的力度，坚决遏制此类犯罪多发高发。与此同时，随着犯罪手段不断更新，犯罪对抗不断升级，电信网络诈骗及其关联犯罪案件办理出现许多新问题，涉及法律适用、证据审查、政策把握等方面，各地认识和把握不尽一致。为进一步统一认识、明确标准，以高质效办案提升打击治理的效果，近日，最高人民检察院第四检察厅组织人员进行研究，就各地重点关注的10个问题形成了如下解答意见，供办案时参考。

一、关于准确把握帮助信息网络犯罪活动罪（以下简称“帮信罪”）案件的管辖

根据《关于办理信息网络犯罪案件适用刑事诉讼程序若干问题的意见》（法发〔2022〕23号）第2条第3款之规定，犯罪嫌疑人为信息网络犯罪提供帮助的，其犯罪地、居住地或者被帮助对象（如诈骗犯罪嫌疑人）的犯罪地公安机关均可以立案侦查。也就是说，关于帮信罪案件，常见的管辖连接点包括帮信犯罪的犯罪地、犯罪嫌疑人居住地以及“上游”犯罪的犯罪地等。

在办理帮信罪案件尤其是涉“两卡”类相关案件时，往往存在犯罪嫌疑人出售、出租的银行卡用于诈骗犯罪后，被不同地区的公安机关立案侦查，由此引起管辖争议。对此，根据《意见》第3条规定，有多个犯罪地的信息网络犯罪案件，由最初受理的公安机关或者主要犯罪地公安机关立案侦查。有争议的，按照有利于查清犯罪事实、有利于诉讼的原则，协商解决；经协商无法达成一致的，由共同上级公安机关指定有关公安机关立案侦查。

检察机关在审查逮捕阶段发现犯罪嫌疑人另被异地公安机关立案侦查的（如异地公安机关已针对犯罪嫌疑人出售的部分银行卡立案侦查），应当建议公安机关自行协商侦查管辖问题。如在审查起诉时发现上述情况，应当按照有利于查清犯罪事实、有利于诉讼的原则，与相关检察机关协商解决。经协商无法达成一致的，由共同上级检察机关指定管辖。

二、关于准确认定帮信罪的主观明知

根据刑法第二百八十七条之二规定，帮信罪在主观上需“明知他人利用信息网络实施犯罪”，“两高一部”《关于办理非法利用信息网络、帮助信息网络犯罪活动等刑事案件适用法律若干问题的解释》第十一条、“两高一部”《关于办理电信网络诈骗等刑事案件适用法律若干问题的意见（二）》第八条分别规定了可以认定帮信罪“主观明知”的具体情形。

《关于"断卡"行动中有关法律适用问题的会议纪要》进一步明确涉"两卡"类帮信罪案件主观明知认定需要注意审查的内容。

实践中,应按照上述规定要求,围绕案件具体事实,坚持主客观相一致原则,根据提供技术支持或帮助的对象、次数、类型、行为方式、犯罪工具、非法获利等情况,结合行为人的认知能力、职业身份、既往经历、与信息网络犯罪行为人的关系及其供述和辩解等综合认定。根据刑法规定,帮信罪的明知内容并没有限定被帮助行为的类型,行为人认识到他人利用信息网络实施严重危害社会的行为即可,不需要知悉具体行为类型,即使对行为类型认识有误的(如将传销犯罪误认为诈骗犯罪),也不影响明知的认定。

要注重对行为人供述、辩解的审查,结合行为特征和行为时的具体场景,审查分析其供述的真实性和辩解的合理性,注重发现其中的异常点和矛盾点。如,对于行为人提出的"银行卡被赌客用于结算赌资"的辩解,不宜过于严格区分赌博是违法行为还是犯罪行为,而应将赌博行为作整体评价,既包括开设赌场、聚众赌博等犯罪,也包括一般赌博违法行为。结合在案证据,能够证明行为人明知银行卡用途具有非法性的,依法可以认定行为人具有帮信罪的主观明知。又如,对于行为人提出的"为了申办贷款而将银行卡提供给他人刷流水"的辩解,可结合分析行为人是否具有办理贷款的现实需求、是否具有申请办理的实际行为、是否具有跨地域流动、使用即时通讯工具销毁通讯记录等异常行为表现、是否为办理贷款支出合理费用等方面,综合认定其是否具有帮信罪的主观明知。

需要注意的是,对于行为人提出的合理辩解,如,行为人辩解因家庭、亲属等信赖关系偶尔出借银行卡,且没有获取或获取少量费用的,应结合在案其他证据,慎重认定主观明知。

三、关于准确认定掩饰、隐瞒犯罪所得、犯罪所得收益罪(以下简称"掩隐罪")的主观明知

根据掩隐罪的犯罪构成,行为人主观上必须明知系犯罪所得及其产生的收益,才构成本罪。在办理掩隐罪案件时,判断行为人的主观明知,应当结合其认知能力,接触他人犯罪所得及其收益的场景,犯罪所得及其收益的种类、数额、转换、转移方式,以及本人的供述等综合认定。

以涉"两卡"类掩隐罪案件为例,可重点从几个方面审查行为人及其行为的异常性,进而判断行为人主观是否明知。(1)既往经历的异常性,包括曾经因此类行为受过行政处罚、刑事处罚等。(2)聊天记录的异常性,包括聊天记录里显示有"跑分""冻结""洗钱"等内容及相关"暗语黑话",以及专门传授如何躲避侦查、避免账户被冻结手段等内容。(3)资金的异常性,包括短时间内大量资金快进快出、分散转入集中转出、集中转入分散转出、大额资金取现返存或转存、利用卡内资金短期频繁购买重金属、交易虚拟货币等。(4)行为的异常性,包括跨省赶赴窝点、在宾馆房间或移动车辆、偏僻郊区转账、删除聊天软件或使用即时通讯工具销毁通讯记录、作案过程中账户被限制交易或冻结、收到支付结算机构的风险警示后仍然解冻或办理新卡等。(5)获利的异常性,包括按照转账流水金额比例或是按照天数付款、获利金额明显偏高、通过虚构交易等方式收取报酬、由上家承担交通费、住宿费、餐饮费用等。行为人及其行为明显异常,不能作出合理解释的,依法可以认定其具有掩隐罪的主观明知。

四、关于准确区分帮信罪与掩隐罪

帮信罪与掩隐罪不论在主观方面还是客观方面都存在不同。关于两罪的主观方面,可参照上述"问题二"和"问题三"解答要点予以判断。需要指出的是,如前文所述,帮信罪明知是一种概括的明知,主观上并不要求知道所帮助的违法犯罪行为的具体类型。掩隐罪虽然在主观上要求明知掩饰、隐瞒的资金系犯罪所得及其收益,但是这种明知也是一种概括的明知,即只要知道掩饰、隐瞒资金系犯罪行为所得即可,不要求确切知道是何种犯罪所得。

关于两罪的客观方面,根据刑法第二百八十七条之二的规定,帮信罪帮助的是"他人利用信息网络实施的犯罪",在电信网络诈骗案件中,其所帮助的既可能是诈骗罪,也可能是关联犯罪如掩隐罪等。但不论帮助的是诈骗罪还是掩隐罪等,其帮助行为均系在所帮助犯罪实施终了之前,即所帮助犯罪既遂前实施。而掩隐罪中的掩饰、隐瞒行为,则只能是在"上游"犯罪既遂后予以实施。如,行为人为诈骗犯罪仅提供银行卡的,其提供银行卡行为发生在诈骗既遂之前,即被害人按照犯罪分子的指令将钱款打入该银行卡之前的,应按照帮信罪认定。又如,行为人仅提供银行卡且该行为发生在诈骗既遂之后,银行卡作为二级、三级卡被用来层层转账的,这一行为实际为后续的掩饰、隐瞒犯罪提供帮助,此时虽然"上游"诈骗犯罪已经既遂,由于其所帮助的掩饰、隐瞒行为未实施完毕,仍应按照帮信罪认定。

五、关于对出售、出租银行卡后又提供转账"刷脸"等行为的认定

当前,随着打击工作的逐步深入和金融机构风控的不断加强,为了规避金融机构风控措施、降低犯罪成本和减少风险,行为人在出售、出租本人银行卡时,多被犯罪分子要求到场配合转账或者提供"刷脸"等验证服务,这已逐步成为当前涉"两卡"类犯罪案件的主要形态。

在这类案件中,行为人多是被犯罪分子带到指定地点(实践中多为宾馆房间、移动车辆、偏僻郊区等)进行"跑分"洗钱,或是被要求利用自己银行卡频繁转账、在多个银行账户之间频繁划账、将巨额资金散存于多个账户、利用"POS"机刷卡套现、将汇入银行卡内的资金取现等,对于行为人通过上述非法途径或者异常方式协助转账,如没有其他正当理由,依法可以认定其明知系犯罪所得及产生的收益。

当前,金融机构反洗钱措施逐步加强,当银行账户出现资金频繁划转、流水数额激增等可疑交易特征时,往往需要通过"刷脸"等方式对实际持卡人是否系卡主本人进行二次验证。对于行为人所提供的"刷脸"等验证行为(实践中还包括手机验证码验证、接听银行核验电话等),有的是作为支付密码输入方式之一,属于典型的转账行为;有的是作为转账之前登录银行卡账户的验证方式之一,这一行为与随即发生的转账行为密切关联。实践中应将上述行为作为一个整体,统一评价为掩饰、隐瞒行为,依法以掩隐罪认定。

从各地反映情况看,当前,办案机关对这一行为认定争议的主要焦点在于掩饰、隐瞒犯罪所得及其产生的收益的数额认定和量刑建议上。对于掩隐罪的数额认定,应以实际查实的犯罪所得数额为限,对于未查明的不明流水资金不宜作为犯罪数额认定,但应当作为酌定量刑情节考虑。同时,根据“两高一部”《关于办理信息网络犯罪案件适用刑事诉讼程序若干问题的意见》第21条规定,对于涉案人数特别众多的信息网络犯罪案件,确因客观条件限制无法收集证据逐一证明、逐人核实涉案账户的资金来源,但根据银行账户、非银行支付账户等交易记录和其他证据材料,足以认定有关账户主要用于接收、流转涉案资金的,可以按照该账户接收的资金数额认定犯罪数额,但犯罪嫌疑人、被告人能够作出合理解释的除外。案外人提出异议的,应当依法审查。对于量刑建议,坚持实质判断和综合判断原则,防止“唯数额论”。要综合行为的性质、情节、后果以及对上游犯罪的作用等因素,全面把握社会危害性,依法妥当提出量刑建议。对组织、招募、介绍多人参与上述犯罪,或长期、多次参与上述犯罪的人员,应当依法从严惩处。对于仅协助、配合组织者转移赃款的“卡农”,在整个犯罪过程中起次要和辅助作用的,依法可以认定为从犯。特别是在其掩饰、隐瞒犯罪所得及产生的收益数额达到情节严重,综合主观恶性、参与次数、违法所得等其他情节,判处行为人三年以上有期徒刑明显畸重的,可根据其从犯的地位作用,依法提出减轻处罚的量刑建议,确保罪责刑相适应。

六、关于准确区分帮信罪等关联犯罪与诈骗罪共犯的界限

由于电信网络诈骗犯罪链条较长,行为人之间沟通联络相对松散,对于诈骗罪共犯认定标准往往不好把握,实践中容易出现本应认定为诈骗罪共犯,却以帮信罪、掩隐罪等量刑更轻的罪名处理的情形,导致重罪轻诉、罪责刑不相适应。对于上述两类行为区分,可重点从两个方面把握。一方面,审查行为人对所帮助犯罪行为的认知程度。如,在帮信罪案件中,如前文所述,行为人对所帮助犯罪行为只是概括的认识,对具体犯罪类型及犯罪形态并不知悉。而在诈骗罪共犯的场合,行为人对所共同配合实施的行为(包括行为的内容、方式等)存在相对明确的认识。另一方面,审查双方意思联络和行为联系的紧密程度。如,在帮信罪案件中,行为人与被帮助的犯罪分子之间联系是相对松散、不固定的。帮信罪的行为与所帮助的诈骗行为之间并没有形成相互作用、相互促进的紧密联系。而在诈骗罪共犯案件中,这种联络是相对紧密、固定的,联络内容也是相对具体的,往往体现为事前通谋或事中勾连,或者至少是“心照不宣”。双方行为之间更加紧密,形成一个相互配合、相互作用的整体。

司法实践中,符合下列情形之一的,依法可以认定为诈骗罪共犯。一是对于行为人与诈骗犯罪分子事前通谋或事中勾连的,应以诈骗罪共犯论处。前者如在成立诈骗犯罪集团或从事具体诈骗行为之前,双方已有共同预谋、策划、分工的;后者如行为人中途参与到诈骗犯罪集团中,根据分工安排,从事诈骗活动的。在这类情形中,行为人对犯罪分子及其实施的诈骗犯罪有明确认知,且这种认知往往是在其与诈骗犯罪分子联络时就已产生。二是对于行为人既非诈骗团伙成员,也未与诈骗分子有直接的事前或事中联系,但是在较长时间内相对稳定地帮助诈骗团伙实施特定行为(如转移资金、提供个人信息、引流推广等),形成较为稳定协作关系的,已经成为整个诈骗链条上的固定环节。在这类情形中,行为人对诈骗犯罪行为"心知肚明"。综合全案证据,依法可认定其明知他人实施电信网络诈骗犯罪,以诈骗罪共犯论处。三是对于向诈骗集团提供特定支持帮助的黑产团伙,如为诈骗集团开发专门用于犯罪工具、程序的团伙,其中的组织者、领导者和骨干分子一般与诈骗分子联系紧密,对其所帮助的行为有着相对明确的认识,且实际发挥作用较大,根据在案证据,对于团伙中的这类人员依法可以诈骗罪共犯论处。

七、关于"黑吃黑"行为的认定

"黑吃黑"又称为"掐卡",在涉"两卡"类犯罪案件中时有发生。具体指行为人出售、出租银行卡后,又另起犯意,通过直接转账或取现、挂失取现、更改密码等方式将流入银行卡内资金据为己有的行为。对于"黑吃黑"的行为,应当根据刑法规定,综合判断财产占有关系、取财手段、主观故意,按照主客观相一致原则予以认定。

行为人出租、出售自己银行卡给他人使用后,其虽然仍是"名义持卡人",但实质已将银行卡的占有、使用权让渡给实际使用人,银行卡实际使用人已经成为卡内资金的占有人,行为人另起犯意,通过挂失补卡、更改密码等方式,在用卡人不知情的情况下截留卡内资金的行为,系行为人将用卡人对卡内资金的占有转为自己占有,符合盗窃罪的犯罪构成。同时,财产犯罪并不限定相关财物的性质必须是他人合法占有,即使是赃款赃物,根据《最高人民法院关于审理掩饰、隐瞒犯罪所得、犯罪所得收益刑事案件适用法律若干问题的解释》第六条之规定,可以作为盗窃罪的对象,以盗窃罪定罪处罚。行为人在出售、出租银行卡后,另起犯意截留卡内资金,系两个独立的犯罪行为,同时构成帮信罪和盗窃罪的,应数罪并罚。

八、关于加强行刑衔接

对电信网络诈骗及其关联犯罪应坚持依法治理、系统治理、综合治理,对行为人犯罪情节轻微,依照刑法规定不需要判处刑罚或者免除刑罚的,检察机关在依法作出不起诉决定的同时,应当及时将案件移送公安机关或有关主管部门,提出对被不起诉人作出行政处罚的检察意见。2022 年 12 月施行的《反电信网络诈骗法》第三十八条、第四十二条、第四十四条分别对实施电信网络诈骗活动及为其提供支持帮助的违法行为,设置了相应的行政处罚。办案中,检察机关要加强与公安机关和有关主管部门的沟通,加强行刑衔接。同时,对于公安机关移送的案件,要将行为人是否受过行政处罚或刑事处罚作为案件审查的重要内容。对于行为人曾因实施电信网络诈骗及其关联行为,如帮信、掩隐、侵犯公民个人信息行为等,受过行政处罚或刑事处罚,又实施相关行为的,应当依法予以追诉,一般不作不起诉处理。

九、关于分类分层处理

对于涉案人数众多的电信网络诈骗及其关联犯罪案件,在坚持依法从严打击的同时,要突出打击重点,分类分层处理,区分犯罪链条上不同环节行为的性质,准确认定不同层级人员的刑事责任,做到罪责刑相适应。

分类分层处理原则上应当先分类后分层。分类处理,主要是指对于犯罪链条上不同环节的犯罪行为,坚持全链条审查,区分此罪与彼罪的界限,准确认定行为的性质。实践中,不同环节的行为人往往实施不同的犯罪行为,行为人之间相互配合,共同推动诈骗行为的最终完成。这其中,行为人往往涉嫌诈骗罪、帮信罪、掩隐罪、非法利用信息网络罪、侵犯公民个人信息罪等犯罪,办案中要准确区分,精准适用。

分层处理,主要是指对于诈骗及其关联犯罪集团中的行为人,要区分其在犯罪集团中的层级,综合考量地位作用,准确认定刑事责任。对于诈骗集团中的人员(集团中人员共同实施诈骗犯罪,均构成诈骗罪),可按照"首要分子—组织者、领导者—骨干分子——般参与者"的主线,由重到轻分别确定各层级犯罪分子的刑事责任。对于公司化运作的诈骗集团,内部人员往往设置总监、经理、组长等职务头衔。这些职务头衔可以作为分层处理的重要参考,但不宜简单以此作为划定层级范围的唯一标准。对于同一层级内的犯罪分子,可根据其参与时间、犯罪金额、获利情况、一贯表现、认罪认罚、退赃退赔等情况,综合认定其所应承担的刑事责任。同时,需要指出的是,电信网络诈骗是侵财类犯罪,一般来说,诈骗数额是反映犯罪行为社会危害性的重要标准。但也应当看到,随着诈骗犯罪迭代升级,电信网络诈骗更多体现为团队实施,往往很难将一笔诈骗金额确定到某个特定个人身上。因此,要在考虑诈骗金额的基础上,结合行为人的地位作用,确定其所应承担的刑事责任。

对于关联犯罪团伙中的人员,在分类定性的基础上,牵头联络组织各关联犯罪团伙实施犯罪的人员,应当对各团伙的全部罪行负责;各关联犯罪团伙的组织者和骨干分子,应当对其组织指挥或者积极参与的团伙内部的罪行负责;其他人员应当对其实际参与的罪行负责。

十、关于准确把握宽严相济刑事政策

针对电信网络诈骗犯罪持续多发高发的态势,全国打击治理电信网络新型违法犯罪工作电视电话会议强调,要进一步加大打击力度,坚决打掉犯罪分子的嚣张气焰,确保此类犯罪多发高发态势得到有效遏制。办理此类案件,要认真贯彻落实习近平总书记重要指示和党中央决策部署,始终做到当严则严、该宽则宽、宽严相济、罚当其罪,确保案件办理政治效果、法律效果和社会效果的统一。

一是坚持突出重点,当严则严。对于以下几类人员,依法从严处理,具体包括:(1)累犯、惯犯;(2)诈骗犯罪集团的首要分子、组织者、领导者、幕后"金主"以及骨干分子;(3)为诈骗犯罪提供技术支持、帮助的网络黑产团伙的组织者、领导者及骨干分子;(4)组织未成年人、在校学生、老年人等特殊群体从事电信网络诈骗及其关联犯罪的人员;(5)电信、银行、互联网等行业从业人员利用履行职责或提供服务便利,严重违反内部规定,实施相关犯罪的人员。对于涉嫌犯罪的人员要准确认定行为性质,特别是对于那些可能涉嫌构成诈骗罪共犯的人员,加强全案证据审查,防止就低认定为帮信罪、掩隐罪等关联犯罪。同时,依法全面提出自由刑、罚金刑、职业禁止、禁止令等建议,从严控制相对不起诉适用。

二是区分对象作用,该宽则宽。(1)对于多数层级较低,主要根据上级指令从事犯罪行为,参与时间短、涉案金额小、违法所得少的一般"业务员",综合认定其社会危险性,依法可以从宽处理。(2)对于涉罪未成年人,要贯彻最大限度保护原则,从实体和程序上把“教育、感化、挽救”方针贯穿始终。依法适用未成年人刑事诉讼程序，将未成年与成年犯罪嫌疑人分案处理，用好附条件不起诉，并对符合条件的依法封存其犯罪记录，引导、教育、帮助涉罪未成年人改过自新。但是，对于个别人身危险性大、行为性质恶劣的未成年人，特别是成为组织者、领导者的，符合法定条件的，要依法批捕起诉，做到宽容不纵容。(3)对于涉罪在校学生(包括刚毕业学生)，坚持以教育、挽救、惩戒、警示为主，对于其中的初犯且在犯罪集团内部充当“工具人”角色的学生，综合考虑其犯罪性质危害、认罪悔罪和一贯表现等，依法从宽处理，同时主动加强检校对接与社会联动，压实家庭教育责任。但是，对于其中的犯罪组织者，领导者，由“工具人”转化为“骨干分子”的，参与时间较长、涉案金额较高、主观恶性较大的，以及曾因参与同类违法犯罪活动受过行政处罚、刑事处罚又实施犯罪的在校学生，依法从严追诉。

三是无论从严还是从宽，都要同步加强追赃挽损工作。要把行为人退赃退赔的情况作为判断其是否真诚悔罪、自愿认罚的重要标准。在各个诉讼环节把认罪认罚制度与追赃挽损工作相结合，最大限度挽回被害人损失。对于行为人虽认罪认罚，但不积极退赃退赔的，是否从宽处罚以及从宽幅度应当从严把握。需要注意的是，不宜将退赃退赔数额作为从宽的唯一依据，而要根据行为人犯罪情节、在共同犯罪中的地位作用、违法所得数额以及其个人实际退赔意愿、能力等因素，综合考量把握。

中国银监会、公安部
电信网络新型违法犯罪案件冻结
资金返还若干规定

(2016年8月4日，银监发〔2016〕41号)

第一条 为维护公民、法人和其他组织的财产权益，减少电信网络新型违法犯罪案件被害人的财产损失，确保依法、及时、便捷返还冻结资金，根据《中华人民共和国刑法》、《中华人民共和国刑事诉讼法》、《中华人民共和国银行业监督管理法》、《中华人民共和国商业银行法》等法律、行政法规，制定本规定。

第二条 本规定所称电信网络新型违法犯罪案件，是指不法分子利用电信、互联网等技术，通过发送短信、拨打电话、植入木马等手段，诱骗(盗取)被害人资金汇(存)入其控制的银行账户，实施的违法犯罪案件。

本规定所称冻结资金，是指公安机关依照法律规定对特定银行账户实施冻结措施，并由银行业金融机构协助执行的资金。

本规定所称被害人，包括自然人、法人和其他组织。

第三条 公安机关应当依照法律、行政法规和本规定的职责、范围、条件和程序，坚持客观、公正、便民的原则，实施涉案冻结资金返还工作。

银行业金融机构应当依照有关法律、行政法规和本规定，协助公安机关实施涉案冻结资金返还工作。

第四条 公安机关负责查清被害人资金流向,及时通知被害人,并作出资金返还决定,实施返还。

银行业监督管理机构负责督促、检查辖区内银行业金融机构协助查询、冻结、返还工作,并就执行中的问题与公安机关进行协调。

银行业金融机构依法协助公安机关查清被害人资金流向,将所涉资金返还至公安机关指定的被害人账户。

第五条 被害人在办理被骗(盗)资金返还过程中,应当提供真实有效的信息,配合公安机关和银行业金融机构开展相应的工作。

被害人应当由本人办理冻结资金返还手续。本人不能办理的,可以委托代理人办理;公安机关应当核实委托关系的真实性。

被害人委托代理人办理冻结资金返还手续的,应当出具合法的委托手续。

第六条 对电信网络新型违法犯罪案件,公安机关冻结涉案资金后,应当主动告知被害人。

被害人向冻结公安机关或者受理案件地公安机关提出冻结涉案资金返还请求的,应当填写《电信网络新型违法犯罪涉案资金返还申请表》(附件1)。

冻结公安机关应当对被害人的申请进行审核,经查明冻结资金确属被害人的合法财产,权属明确无争议的,制作《电信网络新型违法犯罪涉案资金流向表》和《呈请返还资金报告书》(附件2),由设区的市一级以上公安机关批准并出具《电信网络新型违法犯罪冻结资金返还决定书》(附件3)。

受理案件地公安机关与冻结公安机关不是同一机关的,受理案件地公安机关应当及时向冻结公安机关移交受、立案法律手续、询问笔录、被骗盗银行卡账户证明、身份信息证明、《电信网络新型违法犯罪涉案资金返还申请表》等相关材料,冻结公安机关按照前款规定进行审核决定。

冻结资金应当返还至被害人原汇出银行账户,如原银行账户无法接受返还,也可以向被害人提供的其他银行账户返还。

第七条 冻结公安机关对依法冻结的涉案资金,应当以转账时间戳(银行电子系统记载的时间点)为标记,核查各级转账资金走向,一一对应还原资金流向,制作《电信网络新型违法犯罪案件涉案资金流向表》。

第八条 冻结资金以溯源返还为原则,由公安机关区分不同情况按以下方式返还:

(一)冻结账户内仅有单笔汇(存)款记录,可直接溯源被害人的,直接返还被害人;

(二)冻结账户内有多笔汇(存)款记录,按照时间戳记载可以直接溯源被害人的,直接返还被害人;

(三)冻结账户内有多笔汇(存)款记录,按照时间戳记载无法直接溯源被害人的,按照被害人被骗(盗)金额占冻结在案资金总额的比例返还(返还计算公式见附件4)。

按比例返还的,公安机关应当发出公告,公告期为30日,公告期间内被害人、其他利害关系人可就返还冻结提出异议,公安机关依法进行审核。

冻结账户返还后剩余资金在原冻结期内继续冻结;公安机关根据办案需要可以在冻结期满前依法办理续冻手续。如查清新的被害人，公安机关可以按照本规定启动新的返还程序。

第九条 被害人以现金通过自动柜员机或者柜台存入涉案账户内的，涉案账户交易明细账中的存款记录与被害人笔录核对相符的，可以依照本规定第八条的规定，予以返还。

第十条 公安机关办理资金返还工作时，应当制作《电信网络新型违法犯罪冻结资金协助返还通知书》（附件5），由两名以上公安机关办案人员持本人有效人民警察证和《电信网络新型违法犯罪冻结资金协助返还通知书》前往冻结银行办理返还工作。

第十一条 立案地涉及多地，对资金返还存在争议的，应当由共同上级公安机关确定一个公安机关负责返还工作。

第十二条 银行业金融机构办理返还时，应当对办案人员的人民警察证和《电信网络新型违法犯罪冻结资金协助返还通知书》进行审查。对于提供的材料不完备的，有权要求办案公安机关补正。

银行业金融机构应当及时协助公安机关办理返还。能够现场办理完毕的，应当现场办理；现场无法办理完毕的，应当在3个工作日内办理完毕。银行业金融机构应当将回执反馈公安机关。

银行业金融机构应当留存《电信网络新型违法犯罪冻结资金协助返还通知书》原件、人民警察证复印件，并妥善保管留存，不得挪作他用。

第十三条 银行业金融机构应当指定专门机构和人员，承办电信网络新型违法犯罪涉案资金返还工作。

第十四条 公安机关违法办理资金返还，造成当事人合法权益损失的，依法承担法律责任。

第十五条 中国银监会和公安部应当加强对新型电信网络违法犯罪冻结资金返还工作的指导和监督。

银行业金融机构违反协助公安机关资金返还义务的，按照《银行业金融机构协助人民检察院公安机关国家安全机关查询冻结工作规定》第二十八条的规定，追究相应机构和人员的责任。

第十六条 本规定由中国银监会和公安部共同解释。执行中遇有具体应用问题，可以向银监会法律部门和公安部刑事侦查局报告。

第十七条 本规定自发布之日起施行。

附件：1. 电信网络新型违法犯罪案件冻结资金返还申请表（略）
2. 呈请返还资金报告书（略）
3. 电信网络新型违法犯罪冻结资金返还决定书（略）
4. 电信网络新型违法犯罪冻结资金协助返还通知书（略）
5. 资金返还比例计算方法

资金返还比例计算方法

冻结公安机关逐笔核对时间戳，按所拦截的资金来源区分被害人资金份额。若冻结账户为A账户；冻结账户的上级账户为B账户，B账户内有多笔资金来源；B账户的上级账户为C账户，C账户内的资金可明确追溯单一被害人资金。

$$\text{C账户应分配的资金}=\frac{\text{特定时间戳C账户汇入B账户的资金额}}{\text{特定时间戳B账户内资金余额}}\times\text{特定时间戳B账户资金汇入A账户的冻结资金额}$$

C账户可分配资金若不能明确对应至单一被害人资金的,应参照前述所列公式,将C账户可分配资金视作公式中的“冻结账户金额”向上一级账户溯源分配,依此类推。

举例说明:

2016年3月事主王某被电信网络诈骗100万元,事主账号为62226001400****2209,被犯罪嫌疑人通过逐层转账的方式转至下级账号。

出账:于3月16日13时20分10秒被网银转到账号62226009100****4840金额100万。

出账:于13时21分05秒分别网银转账到62128802000****5406金额50万元,账号62170017000****9449金额50万元。

出账:62128802000****5406金额50万元又分别于13时21分56秒转到62220213060****5495账号金额20万元和62170017000****5431账号金额30万元。

进账:与此同时62170017000****5431账号于13时22分18秒又收到账号62148302****1469网银转来金额15万元。

出账:62170017000****5431账号又于13时23分50秒分别通过网银转账转至62178663000****7604账号金额10万,转至62258801****0272账号金额35万元。

出账:62258801****0272账号于13时25分01秒转至另一账号18万元后。

冻结:62258801****0272账号于13时25分30秒该账号被我公安机关冻结,共冻结金额17万元。

通过以上案例,对照公式,其中13时25分30秒62258801****0272账号为特定时间戳A,13时23分50秒62170017000****5431账号为特定时间戳B,13时21分56秒62128802000****5406账号为特定时间戳C,事主王某应返还钱款计算公式为:$\frac{30}{45}\times 17=11.33$万元。

中国银监会办公厅、公安部办公厅电信网络新型违法犯罪案件冻结资金返还若干规定实施细则

(2016年12月2日,
银监办发〔2016〕170号)

第一条　根据《电信网络新型违法犯罪案件冻结资金返还若干规定》(以下简称《返还规定》)制定本实施细则(以下简称《实施细则》)。

第二条　《返还规定》目前仅适用于我国公安机关立案侦办的电信网络犯罪案件。外国通过有关国际条约、协议、规定的联系途径、外交途径,提出刑事司法协助请求的,由银监会和公安部批准后,可参照此规定执行。

第三条　《返还规定》第二条第二款所称的冻结资金不包括止付资金。

第四条　《返还规定》第五条第一款中的“真实有效的信息”,是指受害人应当提供本人有效身份证件、接受资金返还银行卡(卡状态为正常)原件及复印件,并在复印件上注明“此复印件由本人提供,经核对,与原件无误,此件只做冻结资金返还使用”。

第五条 被害人委托代理人办理资金返还手续时,委托代理人需提供本人有效身份证件、被害人有效证件以及被害人签名或盖章的授权委托书。

被害人为无民事行为能力或者限制民事行为能力的,由其监护人办理资金返还;被害人死亡的,由其继承人办理资金返还。被害人的监护人或继承人需提供相应证明文件。

第六条 《返还规定》第五条中的"公安机关"是指受理案件地公安机关。

第七条 受理地公安机关应当制作返还资金询问笔录,笔录中应详细记明被害人接收资金返还的银行账户、银行有无赔偿垫付等内容。告知被返还人应当承担的法律责任,对返还错误的款项应及时退回,如故意伪造证据材料或拒不归还的,将依法追究其法律责任。

第八条 《返还规定》第六条第一款中的"应当主动告知被害人",是指受理案件地公安机关应当口头或书面告知被害人,告知应当包括以下内容:

(一)涉案资金的冻结情况;

(二)已冻结资金是否属于被害人,需公安机关进一步查证;

(三)资金返还工作一般在立案3个月后启动。

第九条 被害人原则上只能向受理案件地公安机关提出申请。《返还规定》第六条第二款中的"冻结公安机关或者受理案件地公安机关"是指"冻结公安机关和受理案件地公安机关为同一公安机关"情形。

第十条 《电信网络新型违法犯罪案件冻结资金返还申请表》应当一人一表、一卡(账户)一表,对多个申请人涉及一个账户或一个申请人涉及多个账户需要办理资金返还的,应当分别填表。

第十一条 《电信网络新型违法犯罪案件冻结资金返还申请表》中"返还银行账户"栏应当填写户名、账号、开户网点、所属银行。立案单位一栏中加盖的公章应与立案决定书的公章一致。冻结单位一栏中加盖的公章应与冻结通知书的公章一致。"冻结金额"栏应当填写返还金额。

第十二条 受理案件地公安机关与冻结公安机关不是同一机关的,由受理案件地公安机关负责核查各级转账资金流向,并负责制作《电信网络新型违法犯罪涉案资金流向表》(附件1)。

第十三条 《电信网络新型违法犯罪冻结资金返还决定书》应一式两份,一份由冻结地公安机关留存,一份交办理返还工作的银行。

第十四条 《呈请返还资金报告书》中"返还银行账号"栏应当填写户名、账号、开户网点、所属银行。"返还金额"栏金额应当用大写汉字填写(精确到分)。"审核意见"栏签字由冻结公安机关负责人审批并加盖单位公章;"领导批示"栏由设区的市一级以上公安机关负责人审批,并加盖公章。

第十五条 《返还规定》第六条第四款中的"移交",是指受理案件地公安机关派2名民警持本人有效人民警察证,携带相关材料赴冻结地公安机关移交。移交证据材料时,除《返还规定》第六条第四款规定的材料外,还需出具冻结资金返还工作协作函(附件2)和涉案账户的交易流水明细(加盖公章)。冻结地公安机关收到材料后,应当填写回执交受理地公安机关。

第十六条 《返还规定》第六条第五

款中的“如原银行账户无法接受返还”时,原则上应返还至本人的其他银行账户,如确需返还至非本人银行账户,需要由本人出具书面申请,详细说明原因、其与返还账户持有人的关系以及自愿要求返还至该账户的声明,并签字确认。

第十七条 按比例返还的,应当制作《按比例返还资金流向参照表》(附件3)。冻结公安机关通过其官方网站、微信公众号、官方微博、主流电视、广播、报纸等多种方式发出公告。已明确被害人的,冻结公安机关应当以电话、书面等形式通知所有被害人,并做好记录。

公告期间内被害人、其他利害关系人可就返还被冻结资金提出异议并提供相关证明材料,公安机关应当予以受理,制作书面记录并出具回执。公安机关应当对材料进行审核并作出异议是否成立的决定,同时通知被害人、其他利害关系人。异议成立的,公安机关应当中止冻结资金返还,重新确定返还比例。异议不成立或者公告期内被害人、其他利害关系人未提出异议的,公安机关应当按照原确定的比例返还被冻结资金。

第十八条 冻结资金返还的金额以冻结账户的实际到账金额为准。资金返还产生的手续费从返还金额中扣除。

第十九条 办理资金返还后账户仍有余额的,冻结地公安机关应当在冻结期满前办理续冻手续。

第二十条 被害人以现金通过自动柜员机或者柜台存入涉案账户内的,在返还资金时受理案件地公安机关除向冻结公安机关提供账户交易明细中的存款记录与被害人笔录外,还应当提供银行柜台、ATM柜员机存(汇)款监控录像、存(汇)款底单等材料。

第二十一条 《返还规定》第十条中“公安机关”是指冻结公安机关。

第二十二条 办理冻结资金返还时,由两名以上冻结公安机关办案人员持本人有效人民警察证、《电信网络新型违法犯罪冻结资金返还决定书》原件和《电信网络新型违法犯罪冻结资金协助返还通知书》原件前往冻结银行办理返还工作,商业银行对相关手续材料内容进行形式审查,并可留存《电信网络新型违法犯罪冻结资金返还决定书》复印件。冻结公安机关在办理冻结资金返还时,应同时告知所在地省级反诈骗中心。

第二十三条 《电信网络新型违法犯罪冻结资金协助返还通知书》中“类型”栏一般填写“银行存款”;“所在机构”、“户名或权利人”、“被冻结账号”栏均应填写被冻结账户的信息;“返还接受账号”栏应填写户名、账号、开户网点及所属银行;加盖公章应与原冻结通知书一致。

第二十四条 银行业金融机构应当指定各省的专门分支机构和人员,负责资金返还的办理工作(另件下发)。《返还规定》第十条中“冻结银行”指冻结账户的归属行在冻结地公安机关所在的省一级分支机构。如该银行在冻结地尚未设立分支机构的,冻结公安机关可就近选择该行公安机关所在地其他省一级分支机构办理。

第二十五条 冻结银行受理资金返还时,可以向冻结公安机关所在地的省级反诈骗中心(附件4)电话核实办案民警身份,并按照第二十二条、第二十三条规定,审核冻结公安机关提供的材料。身份有疑问或材料不齐全的,冻结银行有权拒绝办理资金返还工作。

第二十六条 资金返还时，冻结银行发现该冻结账户还有被其他司法部门冻结的，可暂停资金返还工作。协商一致同意并出具加盖司法部门公章函件后，方可启动资金返还工作。

第二十七条 银行业金融机构仅承担审核司法手续齐全性、完备性和核实民警身份的责任，不承担因执行公安机关返还通知书而产生的责任。

第二十八条 各级公安机关和银行业金融机构要认真贯彻落实《返还规定》，切实做好涉案冻结资金返还工作。银监会、公安部将对相关工作进行监督检查，对于不落实《返还规定》造成不良影响的，严肃追究责任，并进行通报。

第二十九条 本《实施细则》自印发之日起施行。

最高人民法院、最高人民检察院、公安部、司法部关于办理“套路贷”刑事案件若干问题的意见

（2019 年 4 月 9 日印发）

为持续深入开展扫黑除恶专项斗争，准确甄别和依法严厉惩处“套路贷”违法犯罪分子，根据刑法、刑事诉讼法、有关司法解释以及最高人民法院、最高人民检察院、公安部、司法部《关于办理黑恶势力犯罪案件若干问题的指导意见》等规范性文件的规定，现对办理“套路贷”刑事案件若干问题提出如下意见：

一、准确把握“套路贷”与民间借贷的区别

1.“套路贷”，是对以非法占有为目的，假借民间借贷之名，诱使或迫使被害人签订“借贷”或变相“借贷”“抵押”“担保”等相关协议，通过虚增借贷金额、恶意制造违约、肆意认定违约、毁匿还款证据等方式形成虚假债权债务，并借助诉讼、仲裁、公证或者采用暴力、威胁以及其他手段非法占有被害人财物的相关违法犯罪活动的概括性称谓。

2.“套路贷”与平等主体之间基于意思自治而形成的民事借贷关系存在本质区别，民间借贷的出借人是为了到期按照协议约定的内容收回本金并获取利息，不具有非法占有他人财物的目的，也不会在签订、履行借贷协议过程中实施虚增借贷金额、制造虚假给付痕迹、恶意制造违约、肆意认定违约、毁匿还款证据等行为。

司法实践中，应当注意非法讨债引发的案件与“套路贷”案件的区别，犯罪嫌疑人、被告人不具有非法占有目的，也未使用“套路”与借款人形成虚假债权债务，不应视为“套路贷”。因使用暴力、威胁以及其他手段强行索债构成犯罪的，应当根据具体案件事实定罪处罚。

3. 实践中，“套路贷”的常见犯罪手法和步骤包括但不限于以下情形：

（1）制造民间借贷假象。犯罪嫌疑人、被告人往往以“小额贷款公司”“投资公司”“咨询公司”“担保公司”“网络借贷平台”等名义对外宣传，以低息、无抵押、无担保、快速放款等为诱饵吸引被害人借款，继而以“保证金”“行规”等虚假理由诱使被害人基于错误认识签订金额虚高的“借贷”协议或相关协议。有的犯罪嫌疑人、被告人还会以被害人先前借贷违约

等理由,迫使对方签订金额虚高的“借贷”协议或相关协议。

(2)制造资金走账流水等虚假给付事实。犯罪嫌疑人、被告人按照虚高的“借贷”协议金额将资金转入被害人账户,制造已将全部借款交付被害人的银行流水痕迹,随后便采取各种手段将其中全部或者部分资金收回,被害人实际上并未取得或者完全取得“借贷”协议、银行流水上显示的钱款。

(3)故意制造违约或者肆意认定违约。犯罪嫌疑人、被告人往往会以设置违约陷阱、制造还款障碍等方式,故意造成被害人违约,或者通过肆意认定违约,强行要求被害人偿还虚假债务。

(4)恶意垒高借款金额。当被害人无力偿还时,有的犯罪嫌疑人、被告人会安排其所属公司或者指定的关联公司、关联人员为被害人偿还“借款”,继而与被害人签订金额更大的虚高“借贷”协议或相关协议,通过这种“转单平账”“以贷还贷”的方式不断垒高“债务”。

(5)软硬兼施“索债”。在被害人未偿还虚高“借款”的情况下,犯罪嫌疑人、被告人借助诉讼、仲裁、公证或者采用暴力、威胁以及其他手段向被害人或者被害人的特定关系人索取“债务”。

二、依法严惩“套路贷”犯罪

4. 实施“套路贷”过程中,未采用明显的暴力或者威胁手段,其行为特征从整体上表现为以非法占有为目的,通过虚构事实、隐瞒真相骗取被害人财物的,一般以诈骗罪定罪处罚;对于在实施“套路贷”过程中多种手段并用,构成诈骗、敲诈勒索、非法拘禁、虚假诉讼、寻衅滋事、强迫交易、抢劫、绑架等多种犯罪的,应当根据具体案件事实,区分不同情况,依照刑法及有关司法解释的规定数罪并罚或者择一重处。

5. 多人共同实施“套路贷”犯罪,犯罪嫌疑人、被告人在所参与的犯罪中起主要作用的,应当认定为主犯,对其参与或组织、指挥的全部犯罪承担刑事责任;起次要或辅助作用的,应当认定为从犯。

明知他人实施“套路贷”犯罪,具有以下情形之一的,以相关犯罪的共犯论处,但刑法和司法解释等另有规定的除外:

(1)组织发送“贷款”信息、广告,吸引、介绍被害人“借款”的;

(2)提供资金、场所、银行卡、账号、交通工具等帮助的;

(3)出售、提供、帮助获取公民个人信息的;

(4)协助制造走账记录等虚假给付事实的;

(5)协助办理公证的;

(6)协助以虚假事实提起诉讼或者仲裁的;

(7)协助套现、取现、办理动产或不动产过户等,转移犯罪所得及其产生的收益的;

(8)其他符合共同犯罪规定的情形。

上述规定中的“明知他人实施‘套路贷’犯罪”,应当结合行为人的认知能力、既往经历、行为次数和手段、与同案人、被害人的关系、获利情况、是否曾因“套路贷”受过处罚、是否故意规避查处等主客观因素综合分析认定。

6. 在认定“套路贷”犯罪数额时,应当与民间借贷相区别,从整体上予以否定性评价,“虚高债务”和以“利息”“保证金”“中介费”“服务费”“违约金”等名目被犯罪嫌疑人、被告人非法占有的财物,均应计入犯罪数额。

犯罪嫌疑人、被告人实际给付被害人的本金数额,不计入犯罪数额。

已经着手实施“套路贷”,但因意志以外原因未得逞的,可以根据相关罪名所涉及的刑法、司法解释规定,按照已着手非法占有的财物数额认定犯罪未遂。既有既遂,又有未遂,犯罪既遂部分与未遂部分分别对应不同法定刑幅度的,应当先决定对未遂部分是否减轻处罚,确定未遂部分对应的法定刑幅度,再与既遂部分对应的法定刑幅度进行比较,选择处罚较重的法定刑幅度,并酌情从重处罚;二者在同一量刑幅度的,以犯罪既遂酌情从重处罚。

7. 犯罪嫌疑人、被告人实施“套路贷”违法所得的一切财物,应当予以追缴或者责令退赔;对被害人的合法财产,应当及时返还。有证据证明是犯罪嫌疑人、被告人为实施“套路贷”而交付给被害人的本金,赔偿被害人损失后如有剩余,应依法予以没收。

犯罪嫌疑人、被告人已将违法所得的财物用于清偿债务、转让或者设置其他权利负担,具有下列情形之一的,应当依法追缴:

(1)第三人明知是违法所得财物而接受的;

(2)第三人无偿取得或者以明显低于市场的价格取得违法所得财物的;

(3)第三人通过非法债务清偿或者违法犯罪活动取得违法所得财物的;

(4)其他应当依法追缴的情形。

8. 以老年人、未成年人、在校学生、丧失劳动能力的人为对象实施“套路贷”,或者因实施“套路贷”造成被害人或其特定关系人自杀、死亡、精神失常、为偿还“债务”而实施犯罪活动的,除刑法、司法解释另有规定的外,应当酌情从重处罚。

在坚持依法从严惩处的同时,对于认罪认罚、积极退赃、真诚悔罪或者具有其他法定、酌定从轻处罚情节的被告人,可以依法从宽处罚。

9. 对于“套路贷”犯罪分子,应当根据其所触犯的具体罪名,依法加大财产刑适用力度。符合刑法第三十七条之一规定的,可以依法禁止从事相关职业。

10. 三人以上为实施“套路贷”而组成的较为固定的犯罪组织,应当认定为犯罪集团。对首要分子应按照集团所犯全部罪行处罚。

符合黑恶势力认定标准的,应当按照黑社会性质组织、恶势力或者恶势力犯罪集团侦查、起诉、审判。

三、依法确定“套路贷”刑事案件管辖

11. “套路贷”犯罪案件一般由犯罪地公安机关侦查,如果由犯罪嫌疑人居住地公安机关立案侦查更为适宜的,可以由犯罪嫌疑人居住地公安机关立案侦查。犯罪地包括犯罪行为发生地和犯罪结果发生地。

“犯罪行为发生地”包括为实施“套路贷”所设立的公司所在地、“借贷”协议或相关协议签订地、非法讨债行为实施地、为实施“套路贷”而进行诉讼、仲裁、公证的受案法院、仲裁委员会、公证机构所在地,以及“套路贷”行为的预备地、开始地、途经地、结束地等。

“犯罪结果发生地”包括违法所得财物的支付地、实际取得地、藏匿地、转移地、使用地、销售地等。

除犯罪地、犯罪嫌疑人居住地外,其他地方公安机关对于公民扭送、报案、控告、举报或者犯罪嫌疑人自首的“套路贷”犯罪案件,都应当立即受理,经审查认为有犯罪事实的,移送有管辖权的公安机关处理。

黑恶势力实施的“套路贷”犯罪案件,由侦办黑社会性质组织、恶势力或者恶势力犯罪集团案件的公安机关进行侦查。

12. 具有下列情形之一的,有关公安机关可以在其职责范围内并案侦查:

(1)一人犯数罪的;

(2)共同犯罪的;

(3)共同犯罪的犯罪嫌疑人还实施其他犯罪的;

(4)多个犯罪嫌疑人实施的犯罪存在直接关联,并案处理有利于查明案件事实的。

13. 本意见自2019年4月9日起施行。

最高人民法院、最高人民检察院、公安部关于依法惩治民族资产解冻类诈骗及相关犯罪的意见

(2019年8月8日,公通字[2019]25号)

各省自治区,直辖市高级人民法院、人民检察院、公安厅(局),新维吾尔自治区高级人民法院生产建设兵团分院,新疆生产建设兵团人民检察院,公安局:

为依法惩治民族资产解冻类骗局及相关犯罪(以下简称“民族资产解冻类犯罪”)保障人民群众财产权益,维护社会大局稳定,根据《中华人民共和国刑法》、《中华人民共和国刑事诉讼法》等法律和有关司法解释的规定。结合工作实际,制定本意见。

一、深刻认识依法严厉打击民族资产解冻类犯罪的重要意义

二十世纪八十年代初,一批不法分子以所谓的“民族资产”需要解冻,交纳一定启动费用便可获得巨额报酬为名,开始实施此类犯罪活动。近年来,借助便捷高效的现代通信,金融工具,此类犯罪活动日益猖獗,犯罪分子利用人民群众对党和政府的信任,假借国家大政方针和社会热点,编造所谓民族大业、精准扶贫,“一带一路”、军民融合、慈善帮扶等各种“民族资产解冻”类虚假项目,伪造国家机关公文、证件、印章,以小投入就能获得大回报为诱饵实施犯罪。犯罪团伙通过微信等层层发展下线、裂变式传播,受骗人数众多,涉案金额巨大,严重损害党和政府形象,严重侵害人民群众财产权益,严重危害社会稳定,亟需严厉打击。

二、依法打击民族资产解冻类犯罪代理人

民族资产解冻类犯罪代理人是指受民族资产解冻类犯罪幕后组织操纵者指使,负责推广虚假项目,发展、管理会员,收取钱财的不同层级的管理人员。

民族资产解冻类犯罪的骨干代理人有以下情形之一的,可以认定为具有诈骗的主观故意,构成诈骗的依照刑法第二百六十六条规定定罪处罚,但有相反证据的除外:

1. 曾因民族资产解冻类违法犯罪受过刑事处罚、行政处罚的;

2. 截留款项从中牟利挪作他用的;

3. 对抗调查,故意销毁证据,或者教唆他人对抗调查、故意销毁证据的;

4. 参与民族资产解冻类项目六个月以上,没有成功兑现仍继续发展、管理会员的;

5. 知道或者应当知道有关人员身份或者项目虚假,仍积极参与的其他情形。

对于发展下线多或者屡教不改的骨干代理人,要坚决打击处理,依法追究刑事责任。对一般代理人应当体现宽严相济的刑事政策,以教育训诫为主。

三、全链条打击民族资产解冻类犯罪

在严厉打击民族资产解冻类犯罪幕后组织操纵者和骨干代理人的同时,要对侵犯公民个人信息,伪造、变造、买卖国家机关公文、证件、印章,非法买卖武装部队制式服装,掩饰、隐瞒所得、犯罪所得收益等关联违法犯罪实施全链条打击。

符合电信网络诈骗特征的民族资产解冻类刑事案件,参照适用《最高人民法院,最高人民检察院、公安部关于办理电信网络诈骗等刑事案件适用法律若干问题的意见》。犯罪嫌疑人、被告人在实施诈骗、招摇撞骗等民族资产解冻类犯罪活动中,同时构成侵犯公民个人信息罪,聚众扰乱社会秩序、公共场所秩序罪,妨害公务罪,组织、资助非法聚集罪,传授犯罪方法罪的,数罪并罚;同时构成伪造国家机关公文、证件、印章罪,非法利用信息网络罪的,依照处罚较重的规定定罪处罚,法律和司法解释另有规定的除外。

与民族资产解冻类犯罪幕后组织操纵者事前通谋的,或者明知他人实施民族资产解冻类犯罪而提供帮助、资助的,以共同犯罪论处。是否明知应当结合犯罪嫌疑人、被告人的认知能力、既往经历、行为次数和手段、获利情况,以及是否曾因参与民族资产解冻类犯罪受过处罚,是否故意规避调查等主客观因素综合认定。

四、依法收集固定和审查判断证据

办理民族资产解冻类刑事案件,要按照《中华人民共和国刑事诉讼法》和《最高人民法院、最高人民检察院、公安部关于办理刑事案件收集提取和审查判断电子数据若干问题的规定》《最高人民法院、最高人民检察院、公安部关于办理网络犯罪案件适用刑事诉讼程序若干问题的意见》等法律、司法解释、指导性文件的规定,全面、及时收集与案件有关的证据。要及时扣押电子设备,恢复、提取电子数据,并全面收集、固定能够证明组织架构、管理体系、话术剧本、资金流向等方面的证据。

涉案人员众多、资金数额巨大,通过银行账户交易记录、第三方支付结算账户交易记录、电子数据、通话记录等证据能够综合认定参与人数和犯罪所得数额的,可以对参与人员进行抽样取证。明显系伪造的公文、证件、印章,由公安机关出具情况说明或者由有关单位提供证明,可不再进行司法鉴定。

五、健全完善工作机制

人民法院、人民检察院、公安机关应当各司其职,各负其责,相互配合,相互监督,共同提高案件办理的质量与效率,确保政治效果、法律效果与社会效果相统一。各部门要统一思想认识进一步加强涉案地域协调和部门配合,努力形成依法严惩民族资产解冻类犯罪的整体合力。要强化退赃挽损,注重适用财产刑,摧毁民族资产解冻类犯罪分子的经济基础。

民族资产解冻类刑事案件一般由骨干代理人居住地公安机关管辖,其他涉案地公安机关予以配合,由幕后组织操纵者居住地或者犯罪行为发生地、结果发生地公安机关管辖更为适宜的,可以由该地公安机关管辖。多个公安机关都有权管辖的,由最初受理的公安机关管辖,必要时,可以由主要犯罪地的公安机关管辖。管辖不明或者有争议的,由共同的上级公安机关指定管辖。

各地落实情况和执行中遇到的问题,要分别层报最高人民法院,最高人民检察院、公安部。

最高人民法院、最高人民检察院、公安部关于办理医保骗保刑事案件若干问题的指导意见

(2024 年 2 月 28 日)

为依法惩治医保骗保犯罪,维护医疗保障基金安全,维护人民群众合法权益,根据《中华人民共和国刑法》、《中华人民共和国刑事诉讼法》等有关规定,现就办理医保骗保刑事案件若干问题提出如下意见。

一、全面把握总体要求(略)

二、准确认定医保骗保犯罪

4. 本意见所指医保骗保刑事案件,是指采取欺骗手段,骗取医疗保障基金的犯罪案件。

医疗保障基金包括基本医疗保险(含生育保险)基金、医疗救助基金、职工大额医疗费用补助、公务员医疗补助、居民大病保险资金等。

5. 定点医药机构(医疗机构、药品经营单位)以非法占有为目的,实施下列行为之一,骗取医疗保障基金支出的,对组织、策划、实施人员,依照刑法第二百六十六条的规定,以诈骗罪定罪处罚;同时构成其他犯罪的,依照处罚较重的规定定罪处罚:

(1)诱导、协助他人冒名或者虚假就医、购药,提供虚假证明材料,或者串通他人虚开费用单据;

(2)伪造、变造、隐匿、涂改、销毁医学文书、医学证明、会计凭证、电子信息、检测报告等有关资料;

(3)虚构医药服务项目、虚开医疗服务费用;

(4)分解住院、挂床住院;

(5)重复收费、超标准收费、分解项目收费;

(6)串换药品、医用耗材、诊疗项目和服务设施;

(7)将不属于医疗保障基金支付范围的医药费用纳入医疗保障基金结算;

(8)其他骗取医疗保障基金支出的行为。

定点医药机构通过实施前款规定行为骗取的医疗保障基金应当予以追缴。

定点医药机构的国家工作人员,利用职务便利,实施第一款规定的行为,骗取医疗保障基金,依照刑法第三百八十二条、第三百八十三条的规定,以贪污罪定罪处罚。

6. 行为人以非法占有为目的,实施下列行为之一,骗取医疗保障基金支出的,依照刑法第二百六十六条的规定,以诈骗罪定罪处罚;同时构成其他犯罪的,依照处罚较重的规定定罪处罚:

(1)伪造、变造、隐匿、涂改、销毁医学文书、医学证明、会计凭证、电子信息、检测报告等有关资料;

(2)使用他人医疗保障凭证冒名就医、购药;

(3)虚构医药服务项目、虚开医疗服务费用;

(4)重复享受医疗保障待遇;

(5)利用享受医疗保障待遇的机会转卖药品、医用耗材等,接受返还现金、实物或者获得其他非法利益;

(6)其他骗取医疗保障基金支出的行为。

参保人员个人账户按照有关规定为他人支付在定点医疗机构就医发生的由个人负担的医疗费用,以及在定点零售药店购买药品、医疗器械、医用耗材发生的由个人负担的费用,不属于前款第(2)项规定的冒名就医、购药。

7. 医疗保障行政部门及经办机构工作人员利用职务便利,骗取医疗保障基金支出的,依照刑法第三百八十二条、第三百八十三条的规定,以贪污罪定罪处罚。

8. 以骗取医疗保障基金为目的,购买他人医疗保障凭证(社会保障卡等)并使用,同时构成买卖身份证件罪、使用虚假身份证件罪、诈骗罪的,以处罚较重的规定定罪处罚。

盗窃他人医疗保障凭证(社会保障卡等),并盗刷个人医保账户资金,依照刑法第二百六十四条的规定,以盗窃罪定罪处罚。

9. 明知系利用医保骗保购买的药品而非法收购、销售的,依照刑法第三百一十二条和相关司法解释的规定,以掩饰、隐瞒犯罪所得罪定罪处罚;指使、教唆、授意他人利用医保骗保购买药品,进而非法收购、销售,依照刑法第二百六十六条的规定,以诈骗罪定罪处罚。

利用医保骗保购买药品的行为人是否被追究刑事责任,不影响对非法收购、销售有关药品的行为人定罪处罚。

对第一款规定的主观明知,应当根据药品标志、收购渠道、价格、规模及药品追溯信息等综合认定。具有下列情形之一的,可以认定行为人具有主观明知,但行为人能够说明药品合法来源或作出合理解释的除外:

(1)药品价格明显异于市场价格的;

(2)曾因实施非法收购、销售利用医保骗保购买的药品,受过刑事或行政处罚的;

(3)以非法收购、销售基本医疗保险药品为业的;

(4)长期或多次向不特定交易对象收购、销售基本医疗保险药品的;

(5)利用互联网、邮寄等非接触式渠道多次收购、销售基本医疗保险药品的;

(6)其他足以认定行为人主观明知的。

三、依法惩处医保骗保犯罪

10. 依法从严惩处医保骗保犯罪,重点打击幕后组织者、职业骗保人等,对其中具有退赃退赔、认罪认罚等从宽情节的,也要从严把握从宽幅度。

具有下列情形之一的,可以从重处罚:

(1)组织、指挥犯罪团伙骗取医疗保障基金的;

(2)曾因医保骗保犯罪受过刑事追究的;

(3)拒不退赃退赔或者转移财产的;

(4)造成其他严重后果或恶劣社会影响的。

11. 办理医保骗保刑事案件,要同步审查洗钱、侵犯公民个人信息等其他犯罪线索,实现全链条依法惩治。要结合常态化开展扫黑除恶斗争,发现、识别医保骗保团伙中可能存在的黑恶势力,深挖医保骗保犯罪背后的腐败和“保护伞”,并坚决依法严惩。

12. 对实施医保骗保的行为人是否追

究刑事责任,应当综合骗取医疗保障基金的数额、手段、认罪悔罪、退赃退赔等案件具体情节,依法决定。

对于涉案人员众多的,要根据犯罪的事实、犯罪的性质、情节和对于社会的危害程度,以及在共同犯罪中的地位、作用、具体实施的行为区别对待、区别处理。对涉案不深的初犯、偶犯从轻处罚,对认罪认罚的医务人员、患者可以从宽处罚,其中,犯罪情节轻微的,可以依法不起诉或者免除处罚;情节显著轻微、危害不大的,不作为犯罪处理。

13. 依法正确适用缓刑,要综合考虑犯罪情节、悔罪表现、再犯罪的危险以及宣告缓刑对所居住社区的影响,依法作出决定。对犯罪集团的首要分子、职业骗保人、曾因医保骗保犯罪受过刑事追究,毁灭、伪造、隐藏证据,拒不退赃退赔或者转移财产逃避责任的,一般不适用缓刑。对宣告缓刑的犯罪分子,根据犯罪情况,可以同时禁止其在缓刑考验期限内从事与医疗保障基金有关的特定活动。

14. 依法用足用好财产刑,加大罚金、没收财产力度,提高医保骗保犯罪成本,从经济上严厉制裁犯罪分子。要综合考虑犯罪数额、退赃退赔、认罪认罚等情节决定罚金数额。

四、切实加强证据的收集、审查和判断

15. 医保骗保刑事案件链条长、隐蔽深、取证难,公安机关要加强调查取证工作,围绕医保骗保犯罪事实和量刑情节收集固定证据,尤其注重收集和固定处方、病历等原始证据材料及证明实施伪造骗取事实的核心证据材料,深入查明犯罪事实,依法移送起诉。对重大、疑难、复杂和社会影响大、关注度高的案件,必要时可以听取人民检察院的意见。

16. 人民检察院要依法履行法律监督职责,强化以证据为核心的指控体系构建,加强对医保骗保刑事案件的提前介入、证据审查、立案监督等工作,积极引导公安机关开展侦查活动,完善证据体系。

17. 人民法院要强化医保骗保刑事案件证据的审查、判断,综合运用证据,围绕与定罪量刑有关的事实情节进行审查、认定,确保案件事实清楚,证据确实、充分。认为需要补充证据的,应当依法建议人民检察院补充侦查。

18. 医疗保障行政部门在监督检查和调查中收集的物证、书证、视听资料、电子数据等证据材料,经法庭查证属实,且收集程序符合有关法律、行政法规规定的,可以作为定案的根据。

19. 办理医保骗保刑事案件,确因证人人数众多等客观条件限制,无法逐一收集证人证言的,可以结合已收集的证人证言,以及经查证属实的银行账户交易记录、第三方支付结算凭证、账户交易记录、审计报告、医保信息系统数据、电子数据等证据,综合认定诈骗数额等犯罪事实。

20. 公安机关、人民检察院、人民法院对依法查封、扣押、冻结的涉案财产,应当全面收集、审查证明其来源、性质、用途、权属及价值大小等有关证据,根据查明的事实依法处理。经查明确实与案件无关的,应予返还。

公安机关、人民检察院应当对涉案财产审查甄别。在移送起诉、提起公诉时,应当对涉案财产提出处理意见。

21. 对行为人实施医保骗保犯罪所得一切财物,应当依法追缴或者责令退赔。确有证据证明存在依法应当追缴的财产,但无法查明去向,或者价值灭失,或者与其他合法财产混合且不可分割的，可以追缴等值财产或者混合财产中的等值部分。等值财产的追缴数额限于依法查明应当追缴违法所得数额，对已经追缴或者退赔的部分应予扣除。

对于证明前款各种情形的证据，应当及时调取。

22. 公安机关、人民检察院、人民法院要把追赃挽损贯穿办理案件全过程和各环节，全力追赃挽损，做到应追尽追。人民法院在执行涉案财物过程中，公安机关、人民检察院及有关职能部门应当配合，切实履行协作义务，综合运用多种手段，做好涉案财物清运、财产变现、资金归集和财产返还等工作，最大程度减少医疗保障基金损失，最大限度维护人民群众利益。

五、建立健全协同配合机制（略）

公安部
关于对伪造学生证及贩卖、使用伪造学生证的行为如何处理问题的批复

（2002年6月26日，
公刑〔2002〕1046号）

铁道部公安局：

你局《关于对伪造、贩卖、使用假学生证的行为如何认定处罚的请示》（公法〔2002〕4号）收悉。现批复如下：

一、对伪造高等院校印章制作学生证的行为，应当依照《中华人民共和国刑法》第280条第2款的规定，以伪造事业单位印章罪立案侦查。

二、对明知是伪造高等院校印章制作的学生证而贩卖的，应当以伪造事业单位印章罪的共犯立案侦查；对贩卖伪造的学生证，尚不够刑事处罚的，应当就其明知是伪造的学生证而购买的行为，依照《中华人民共和国治安管理处罚条例》第24条第（一）项的规定，以明知是赃物而购买处罚。

三、对使用伪造的学生证购买半价火车票，数额较大的，应当依照《中华人民共和国刑法》第266条的规定，以诈骗罪立案侦查；尚不够刑事处罚的，应当依照《中华人民共和国治安管理处罚条例》第23条第（一）项的规定以诈骗定性处罚。

最高人民法院、最高人民检察院
关于办理抢夺刑事案件适用法律若干问题的解释

（2013年9月30日最高人民法院审判委员会第1592次会议、2013年10月22日最高人民检察院第十二届检察委员会第12次会议通过，
2013年11月11日公布，
自2013年11月18日起施行，
法释〔2013〕25号）

为依法惩治抢夺犯罪，保护公私财产，根据《中华人民共和国刑法》的有关规定，现就办理此类刑事案件适用法律的若干问题解释如下：

第一条　抢夺公私财物价值一千元至三千元以上、三万元至八万元以上、二

十万元至四十万元以上的,应当分别认定为刑法第二百六十七条规定的“数额较大”“数额巨大”“数额特别巨大”。

各省、自治区、直辖市高级人民法院、人民检察院可以根据本地区经济发展状况,并考虑社会治安状况,在前款规定的数额幅度内,确定本地区执行的具体数额标准,报最高人民法院、最高人民检察院批准。

第二条 抢夺公私财物,具有下列情形之一的,“数额较大”的标准按照前条规定标准的百分之五十确定:

(一)曾因抢劫、抢夺或者聚众哄抢受过刑事处罚的;

(二)一年内曾因抢夺或者哄抢受过行政处罚的;

(三)一年内抢夺三次以上的;

(四)驾驶机动车、非机动车抢夺的;

(五)组织、控制未成年人抢夺的;

(六)抢夺老年人、未成年人、孕妇、携带婴幼儿的人、残疾人、丧失劳动能力人的财物的;

(七)在医院抢夺病人或者其亲友财物的;

(八)抢夺救灾、抢险、防汛、优抚、扶贫、移民、救济款物的;

(九)自然灾害、事故灾害、社会安全事件等突发事件期间,在事件发生地抢夺的;

(十)导致他人轻伤或者精神失常等严重后果的。

第三条 抢夺公私财物,具有下列情形之一的,应当认定为刑法第二百六十七条规定的“其他严重情节”:

(一)导致他人重伤的;

(二)导致他人自杀的;

(三)具有本解释第二条第三项至第十项规定的情形之一,数额达到本解释第一条规定的“数额巨大”百分之五十的。

第四条 抢夺公私财物,具有下列情形之一的,应当认定为刑法第二百六十七条规定的“其他特别严重情节”:

(一)导致他人死亡的;

(二)具有本解释第二条第三项至第十项规定的情形之一,数额达到本解释第一条规定的“数额特别巨大”百分之五十的。

第五条 抢夺公私财物数额较大,但未造成他人轻伤以上伤害,行为人系初犯,认罪、悔罪,退赃、退赔,且具有下列情形之一的,可以认定为犯罪情节轻微,不起诉或者免予刑事处罚;必要时,由有关部门依法予以行政处罚:

(一)具有法定从宽处罚情节的;

(二)没有参与分赃或者获赃较少,且不是主犯的;

(三)被害人谅解的;

(四)其他情节轻微、危害不大的。

第六条 驾驶机动车、非机动车夺取他人财物,具有下列情形之一的,应当以抢劫罪定罪处罚:

(一)夺取他人财物时因被害人不放手而强行夺取的;

(二)驾驶车辆逼挤、撞击或者强行逼倒他人夺取财物的;

(三)明知会致人伤亡仍然强行夺取并放任造成财物持有人轻伤以上后果的。

第七条 本解释公布施行后,《最高人民法院关于审理抢夺刑事案件具体应用法律若干问题的解释》(法释〔2002〕18号)同时废止;之前发布的司法解释和规范性文件与本解释不一致的,以本解释为准。

最高人民法院
关于村民小组组长利用职务便利非法占有公共财物行为如何定性问题的批复

(1999年6月18日最高人民法院审判委员会第1069次会议通过,1999年6月25日公布,自1999年7月3日起施行,法释〔1999〕12号)

四川省高级人民法院:

你院川高法(1998)224号《关于村民小组组长利用职务便利侵吞公共财物如何定性的问题的请示》收悉。经研究,答复如下:

对村民小组组长利用职务上的便利,将村民小组集体财产非法占为己有,数额较大的行为,应当依照刑法第二百七十一条第一款的规定,以职务侵占罪定罪处罚。

此复。

最高人民法院
关于在国有资本控股、参股的股份有限公司中从事管理工作的人员利用职务便利非法占有本公司财物如何定罪问题的批复

(2001年5月22日最高人民法院审判委员会第1176次会议通过,2001年5月23日公布,自2001年5月26日起施行,法释〔2001〕17号)

重庆市高级人民法院:

你院渝高法明传(2000)38号《关于在股份有限公司中从事管理工作的人员侵占本公司财物如何定性的请示》收悉。经研究,答复如下:

在国有资本控股、参股的股份有限公司中从事管理工作的人员,除受国家机关、国有公司、企业、事业单位委派从事公务的以外,不属于国家工作人员。对其利用职务上的便利,将本单位财物非法占为己有,数额较大的,应当依照刑法第二百七十一条第一款的规定,以职务侵占罪定罪处罚。

此复。

公安部经济犯罪侦查局关于宗教活动场所工作人员能否构成职务侵占或挪用资金犯罪主体的批复

(2004 年 4 月 30 日,公经〔2004〕643 号)

山西省公安厅经侦总队:

你总队晋公经〔2004〕034 号《关于净贤能否构成职务侵占罪或挪用资金罪主体的请示》收悉。经研究,并征求国家宗教事务局意见,批复如下:

根据《宗教活动场所管理条例》(国务院令第 145 号令)等有关规定,宗教活动场所属于刑法第 271 条和第 272 条所规定的“其他单位”的范围。宗教活动场所的财产属于公共财产或信教公民共有财产,受法律保护,任何组织和个人不得侵占、哄抢、私分和非法处分宗教团体、宗教活动场所的合法财产。宗教活动场所的管理人员利用职务之便,侵占或挪用宗教活动场所公共财产的,可以构成职务侵占罪或挪用资金罪。

公安部经济犯罪侦查局关于对非法占有他人股权是否构成职务侵占罪问题的工作意见

(2005 年 6 月 24 日)

近年来,许多地方公安机关就公司股东之间或者被委托人采用非法手段侵占股权,是否涉嫌职务侵占罪问题请示我局。对此问题,我局多次召开座谈会并分别征求了高检、高法及人大法工委刑法室等有关部门的意见。近日,最高人民法院刑事审判第二庭书面答复我局:对于公司股东之间或者被委托人利用职务便利,非法占有公司股东股权的行为,如果能够认定行为人主观上具有非法占有他人财物的目的,则可对其利用职务便利,非法占有公司管理中的股东股权的行为以职务侵占罪论处。

公安部经济犯罪侦查局关于对居民小组下设生产队认定问题的批复

(2007 年 4 月 29 日,公经〔2007〕938 号)

福建省公安厅经侦总队:

根据罪刑法定原则,不宜将《最高人民法院关于村民小组组长利用职务便利非法占有公共财物行为如何定性问题的批复》(1999 年 6 月 25 日)类推适用于“居民小组”以及其下设的生产队。在法律、法规以及司法解释没有明确规定的情况下,不宜将“居民小组”以及其下设的生产队认定为刑法意义上的“其他单位”。

公安部经济犯罪侦查局关于范×涉嫌职务侵占案犯罪主体问题的批复

（2012年10月26日，公经〔2012〕898号）

天津市公安局经侦总队：

范×利用其担任业主委员会主任的职务，将小区警卫室用房对外出租后所得租金占为己有，属于职务侵占犯罪行为。

最高人民法院研究室关于对通过虚假验资骗取工商营业执照的“三无”企业能否成为职务侵占罪客体问题征求意见的复函

（2008年6月17日，法研〔2008〕79号）

公安部经济犯罪侦查局：

根据1999年7月3日施行的《最高人民法院关于审理单位犯罪案件具体应用法律若干问题的解释》第一条的规定，私营、独资等公司、企业、事业单位只有具有法人资格才属于我国刑法中所指单位，其财产权才能成为职务侵占罪的客体。也就是说，是否具有法人资格是私营、独资等公司、企业、事业单位成为我国刑法中“单位”的关键。行为人通过虚假验资骗取工商营业执照成立的企业，即便为“三无”企业，只要具有法人资格，并且不是为进行违法犯罪活动而设立的公司、企业、事业单位，或公司、企业、事业单位设立后，不是以实施犯罪为主要活动的，能够成为《刑法》第271条第1款规定的“公司、企业或者其他单位”。这些单位中的人员，利用职务上的便利，将单位财物非法占为己有，数额较大的，构成职务侵占罪。

最高人民法院研究室关于个人独资企业员工能否成为职务侵占罪主体问题的复函

（2011年2月15日，法研〔2011〕20号）

公安部经济犯罪侦查局：

刑法第二百七十一条第一款规定中的“单位”，包括“个人独资企业”。主要理由是：刑法第三十条规定的单位犯罪的“单位”与刑法第二百七十一条职务侵占罪的单位概念不尽一致，前者是指作为犯罪主体应当追究刑事责任的“单位”，后者是指财产被侵害需要刑法保护的“单位”，责任追究针对的是该“单位”中的个人。有关司法解释之所以规定，不具有法人资格的独资企业不能成为单位犯罪的主体，主要是考虑此类企业因无独立财产、个人与企业行为的界限难以区分；不具备独立承担刑事责任的能力。刑法第二百七十一条第一款立法的目的基于保护单位财产，惩处单位内工作人员利用职务便利，侵占单位财产的行为，因此该款规定的“单位”应当也包括独资企业。

最高人民法院
关于对受委托管理、经营国有财产人员挪用国有资金行为如何定罪问题的批复

(2000年2月13日最高人民法院审判委员会第1099次会议通过,2000年2月16日公布,自2000年2月24日起施行,法释〔2000〕5号)

江苏省高级人民法院:

你院苏高法(1999)94号《关于受委托管理、经营国有财产的人员能否作为挪用公款罪主体问题的请示》收悉。经研究,答复如下:

对于受国家机关、国有公司、企业、事业单位、人民团体委托,管理、经营国有财产的非国家工作人员,利用职务上的便利,挪用国有资金归个人使用构成犯罪的,应当依照刑法第二百七十二条第一款的规定定罪处罚。

最高人民法院
关于如何理解刑法第二百七十二条规定的"挪用本单位资金归个人使用或者借贷给他人"问题的批复

(2000年6月30日最高人民法院审判委员会第1121次会议通过,2000年7月20日公布,自2000年7月27日起施行,法释〔2000〕22号)

新疆维吾尔自治区高级人民法院:

你院新高法(1998)193号《关于对刑法第二百七十二条"挪用本单位资金归个人使用或者借贷给他人"的规定应如何理解的请示》收悉。经研究,答复如下:

公司、企业或者其他单位的非国家工作人员,利用职务上的便利,挪用本单位资金归本人或者其他自然人使用,或者挪用人以个人名义将所挪用的资金借给其他自然人和单位,构成犯罪的,应当依照刑法第二百七十二条第一款的规定定罪处罚。

此复。

最高人民检察院
关于挪用尚未注册成立公司资金的行为适用法律问题的批复

(2000年10月9日,高检发研字〔2000〕19号)

江苏省人民检察院:

你院苏检发研字(1999)第8号《关于挪用尚未注册成立的公司资金能否构成挪用资金罪的请示》收悉。经研究,批复如下:

筹建公司的工作人员在公司登记注册前,利用职务上的便利,挪用准备设立的公司在银行开设的临时账户上的资金,归个人使用或者借贷给他人,数额较大、超过三个月未还的,或者虽未超过三个月,但数额较大、进行营利活动的,或者进行非法活动的,应当根据刑法第二百七十二条的规定,追究刑事责任。

公安部关于村民小组组长以本组资金为他人担保贷款如何定性处理问题的批复

（2001 年 4 月 26 日，公法〔2001〕83 号）

陕西省公安厅：

你厅《关于村民小组组长以组上资金为他人担保贷款造成集体资金严重损失如何定性问题的请示》收悉。现批复如下：

村民小组组长利用职务上的便利，擅自将村民小组的集体财产为他人担保贷款，并以集体财产承担担保责任的，属于挪用本单位资金归个人使用的行为。构成犯罪的，应当依照刑法第二百七十二条第一款的规定，以挪用资金罪追究行为人的刑事责任。

公安部经济犯罪侦查局关于对挪用资金罪有关问题请示的答复

（2002 年 12 月 24 日，公经〔2002〕1604 号）

山东省公安厅经侦总队：

你总队《关于对刑法第 272 条“挪用本单位资金”的规定应如何理解的请示》（鲁公经［2002］713 号）收悉。经研究，现答复如下：

对于在经济往来中所涉及的暂收、预收、暂存其他单位或个人的款项、物品，或者对方支付的货款、交付的货物等，如接收人已以单位名义履行接收手续的，所接收的财、物应视为该单位资产。

公安部经济犯罪侦查局关于对挪用资金罪中“归个人使用”有关问题的批复

（2004 年 9 月 8 日，公经〔2004〕1455 号）

湖北省公安厅经侦总队：

你总队《关于对贺平等人行为是否涉嫌挪用单位资金罪进行认定的请示》（厅经侦［2004］67 号）收悉。经研究并征求全国人大法工委刑法室的意见，现答复如下：

《中华人民共和国刑法》第二百七十二条规定的挪用资金罪中的“归个人使用”与《中华人民共和国刑法》第三百八十四条规定的挪用公款罪中的“归个人使用”的含义基本相同。在理解时，可以参照 2002 年 4 月 28 日第九届全国人民代表大会常务委员会第二十七次会议通过的全国人大常委会关于《中华人民共和国刑法》第三百八十四条第一款的解释。

最高人民法院研究室关于挪用民族贸易和民族用品生产贷款利息补贴行为如何定性问题的复函

(2003 年 2 月 24 日,法研〔2003〕16 号)

公安部经济犯罪侦查局:

你局公经〔2002〕1176 号《关于征求对“贷款优惠息”性质认定意见的函》收悉。经研究,提出如下意见供参考:

中国人民银行给予中国农业银行发放民族贸易和民族用品生产贷款的利息补贴,不属于刑法第二百七十三条规定的特定款物。

最高人民法院研究室关于挪用退休职工社会养老金行为如何适用法律问题的复函

(2004 年 7 月 9 日,法研〔2004〕102 号)

公安部经济犯罪侦查局:

你局公经〔2004〕916 号《关于挪用退休职工社会养老保险金是否属于挪用特定款物罪事》收悉。经研究,提供如下意见供参考:

退休职工养老保险金不属于我国刑法中的救灾、抢险、防汛、优抚、扶贫、移民、救济等特定款物的任何一种。因此,对于挪用退休职工养老保险金的行为,构成犯罪时,不能以挪用特定款物罪追究刑事责任,而应当按照行为人身份的不同,分别以挪用资金罪或者挪用公款罪追究刑事责任。

最高人民法院、最高人民检察院关于办理敲诈勒索刑事案件适用法律若干问题的解释

(2013 年 4 月 15 日最高人民法院审判委员会第 1575 次会议、2013 年 4 月 1 日最高人民检察院第十二届检察委员会第 2 次会议通过,2013 年 4 月 23 日公布,自 2013 年 4 月 27 日起施行,法释〔2013〕10 号)

为依法惩治敲诈勒索犯罪,保护公私财产权利,根据《中华人民共和国刑法》、《中华人民共和国刑事诉讼法》的有关规定,现就办理敲诈勒索刑事案件适用法律的若干问题解释如下:

第一条 敲诈勒索公私财物价值二千元至五千元以上、三万元至十万元以上、三十万元至五十万元以上的,应当分别认定为刑法第二百七十四条规定的“数额较大”、“数额巨大”、“数额特别巨大”。

各省、自治区、直辖市高级人民法院、人民检察院可以根据本地区经济发展状况和社会治安状况,在前款规定的数额幅

度内，共同研究确定本地区执行的具体数额标准，报最高人民法院、最高人民检察院批准。

第二条 敲诈勒索公私财物，具有下列情形之一的，“数额较大”的标准可以按照本解释第一条规定标准的百分之五十确定：

（一）曾因敲诈勒索受过刑事处罚的；

（二）一年内曾因敲诈勒索受过行政处罚的；

（三）对未成年人、残疾人、老年人或者丧失劳动能力人敲诈勒索的；

（四）以将要实施放火、爆炸等危害公共安全犯罪或者故意杀人、绑架等严重侵犯公民人身权利犯罪相威胁敲诈勒索的；

（五）以黑恶势力名义敲诈勒索的；

（六）利用或者冒充国家机关工作人员、军人、新闻工作者等特殊身份敲诈勒索的；

（七）造成其他严重后果的。

第三条 二年内敲诈勒索三次以上的，应当认定为刑法第二百七十四条规定的“多次敲诈勒索”。

第四条 敲诈勒索公私财物，具有本解释第二条第三项至第七项规定的情形之一，数额达到本解释第一条规定的“数额巨大”、“数额特别巨大”百分之八十的，可以分别认定为刑法第二百七十四条规定的“其他严重情节”、“其他特别严重情节”。

第五条 敲诈勒索数额较大，行为人认罪、悔罪，退赃、退赔，并具有下列情形之一的，可以认定为犯罪情节轻微，不起诉或者免予刑事处罚，由有关部门依法予以行政处罚：

（一）具有法定从宽处罚情节的；

（二）没有参与分赃或者获赃较少且不是主犯的；

（三）被害人谅解的；

（四）其他情节轻微、危害不大的。

第六条 敲诈勒索近亲属的财物，获得谅解的，一般不认为是犯罪；认定为犯罪的，应当酌情从宽处理。

被害人对敲诈勒索的发生存在过错的，根据被害人过错程度和案件其他情况，可以对行为人酌情从宽处理；情节显著轻微危害不大的，不认为是犯罪。

第七条 明知他人实施敲诈勒索犯罪，为其提供信用卡、手机卡、通讯工具、通讯传输通道、网络技术支持等帮助的，以共同犯罪论处。

第八条 对犯敲诈勒索罪的被告人，应当在二千元以上、敲诈勒索数额的二倍以下判处罚金；被告人没有获得财物的，应当在二千元以上十万元以下判处罚金。

第九条 本解释公布施行后，《最高人民法院关于敲诈勒索罪数额认定标准问题的规定》（法释〔2000〕11 号）同时废止；此前发布的司法解释与本解释不一致的，以本解释为准。

最高人民法院、最高人民检察院、人力资源和社会保障部、公安部关于加强对拒不支付劳动报酬案件查处工作的通知

（2012 年 1 月 14 日，
人社部发〔2012〕3 号）

各省、自治区、直辖市高级人民法院、人民

检察院、人力资源社会保障厅(局)、公安厅(局),新疆维吾尔自治区高级人民法院生产建设兵团分院,新疆生产建设兵团人民检察院、人力资源社会保障局、公安局:

……

二、切实履行职责,依法查处拒不支付劳动报酬违法犯罪案件

……

人力资源社会保障部门要依法对用人单位遵守劳动保障法律、法规和规章的情况进行监督检查,通过各种检查方式监督用人单位劳动报酬支付情况,依法受理拖欠劳动报酬的举报、投诉。经调查,对违法事实清楚、证据确凿的,应当依法及时责令用人单位向劳动者支付劳动报酬。行为人逃匿的,人力资源社会保障部门可以在行为人住所地、办公地点、生产经营场所或者建筑施工项目所在地张贴责令支付的文书,或者采取将责令支付的文书送交其单位管理人员及近亲属等适当方式。对涉嫌犯罪的案件,应按照《行政执法机关移送涉嫌犯罪案件的规定》的要求,核实案情向本部门负责人报告并经同意后制作《涉嫌犯罪案件移送书》,在规定期限内将案件向同级公安机关移送,并抄送同级人民检察院备案。

……

最高人民法院
关于审理拒不支付劳动报酬刑事案件适用法律若干问题的解释

(2013年1月14日最高人民法院审判委员会第1567次会议通过,2013年1月16日公布,自2013年1月23日起施行,法释〔2013〕3号)

为依法惩治拒不支付劳动报酬犯罪,维护劳动者的合法权益,根据《中华人民共和国刑法》有关规定,现就办理此类刑事案件适用法律的若干问题解释如下:

第一条 劳动者依照《中华人民共和国劳动法》和《中华人民共和国劳动合同法》等法律的规定应得的劳动报酬,包括工资、奖金、津贴、补贴、延长工作时间的工资报酬及特殊情况下支付的工资等,应当认定为刑法第二百七十六条之一第一款规定的"劳动者的劳动报酬"。

第二条 以逃避支付劳动者的劳动报酬为目的,具有下列情形之一的,应当认定为刑法第二百七十六条之一第一款规定的"以转移财产、逃匿等方法逃避支付劳动者的劳动报酬":

(一)隐匿财产、恶意清偿、虚构债务、虚假破产、虚假倒闭或者以其他方法转移、处分财产的;

(二)逃跑、藏匿的;

(三)隐匿、销毁或者篡改账目、职工名册、工资支付记录、考勤记录等与劳动报酬相关的材料的;

（四）以其他方法逃避支付劳动报酬的。

第三条 具有下列情形之一的，应当认定为刑法第二百七十六条之一第一款规定的“数额较大”：

（一）拒不支付一名劳动者三个月以上的劳动报酬且数额在五千元至二万元以上的；

（二）拒不支付十名以上劳动者的劳动报酬且数额累计在三万元至十万元以上的。

各省、自治区、直辖市高级人民法院可以根据本地区经济社会发展状况，在前款规定的数额幅度内，研究确定本地区执行的具体数额标准，报最高人民法院备案。

第四条 经人力资源社会保障部门或者政府其他有关部门依法以限期整改指令书、行政处理决定书等文书责令支付劳动者的劳动报酬后，在指定的期限内仍不支付的，应当认定为刑法第二百七十六条之一第一款规定的“经政府有关部门责令支付仍不支付”，但有证据证明行为人有正当理由未知悉责令支付或者未及时支付劳动报酬的除外。

行为人逃匿，无法将责令支付文书送交其本人、同住成年家属或者所在单位负责收件的人的，如果有关部门已通过在行为人的住所地、生产经营场所等地张贴责令支付文书等方式责令支付，并采用拍照、录像等方式记录的，应当视为“经政府有关部门责令支付”。

第五条 拒不支付劳动者的劳动报酬，符合本解释第三条的规定，并具有下列情形之一的，应当认定为刑法第二百七十六条之一第一款规定的“造成严重后果”：

（一）造成劳动者或者其被赡养人、被扶养人、被抚养人的基本生活受到严重影响、重大疾病无法及时医治或者失学的；

（二）对要求支付劳动报酬的劳动者使用暴力或者进行暴力威胁的；

（三）造成其他严重后果的。

第六条 拒不支付劳动者的劳动报酬，尚未造成严重后果，在刑事立案前支付劳动者的劳动报酬，并依法承担相应赔偿责任的，可以认定为情节显著轻微危害不大，不认为是犯罪；在提起公诉前支付劳动者的劳动报酬，并依法承担相应赔偿责任的，可以减轻或者免除刑事处罚；在一审宣判前支付劳动者的劳动报酬，并依法承担相应赔偿责任的，可以从轻处罚。

对于免除刑事处罚的，可以根据案件的不同情况，予以训诫、责令具结悔过或者赔礼道歉。

拒不支付劳动者的劳动报酬，造成严重后果，但在宣判前支付劳动者的劳动报酬，并依法承担相应赔偿责任的，可以酌情从宽处罚。

第七条 不具备用工主体资格的单位或者个人，违法用工且拒不支付劳动者的劳动报酬，数额较大，经政府有关部门责令支付仍不支付的，应当依照刑法第二百七十六条之一的规定，以拒不支付劳动报酬罪追究刑事责任。

第八条 用人单位的实际控制人实施拒不支付劳动报酬行为，构成犯罪的，应当依照刑法第二百七十六条之一的规定追究刑事责任。

第九条 单位拒不支付劳动报酬，构成犯罪的，依照本解释规定的相应个人犯罪的定罪量刑标准，对直接负责的主管人员和其他直接责任人员定罪处罚，并对单位判处罚金。

最高人民法院、最高人民检察院、人力资源社会保障部、公安部关于加强涉嫌拒不支付劳动报酬犯罪案件查处衔接工作的通知

(2014年12月23日印发,
人社部发〔2014〕100号)

一、切实加强涉嫌拒不支付劳动报酬违法犯罪案件查处工作

(二)行为人拖欠劳动者劳动报酬后,人力资源社会保障部门通过书面、电话、短信等能够确认其收悉的方式,通知其在指定的时间内到指定的地点配合解决问题,但其在指定的时间内未到指定的地点配合解决问题或明确表示拒不支付劳动报酬的,视为刑法第二百七十六条之一第一款规定的"以逃匿方法逃避支付劳动者的劳动报酬"。但是,行为人有证据证明因自然灾害、突发重大疾病等非人力所能抗拒的原因造成其无法在指定的时间内到指定的地点配合解决问题的除外。

(三)企业将工程或业务分包、转包给不具备用工主体资格的单位或个人,该单位或个人违法招用劳动者不支付劳动报酬的,人力资源社会保障部门应向具备用工主体资格的企业下达限期整改指令书或行政处罚决定书,责令该企业限期支付劳动者劳动报酬。对于该企业有充足证据证明已向不具备用工主体资格的单位或个人支付了劳动者全部的劳动报酬,该单位或个人仍未向劳动者支付的,应向不具备用工主体资格的单位或个人下达限期整改指令书或行政处理决定书,并要求企业监督该单位或个人向劳动者发放到位。

(四)经人力资源社会保障部门调查核实,行为人拖欠劳动者劳动报酬事实清楚、证据确凿、数额较大的,应及时下达责令支付文书。对于行为人逃匿,无法将责令支付文书送交其同住成年家属或所在单位负责收件人的,人力资源社会保障部门可以在行为人住所地、办公地、生产经营场所、建筑施工项目所在地等地张贴责令支付文书,并采用拍照、录像等方式予以记录,相关影像资料应当纳入案卷。

二、切实规范涉嫌拒不支付劳动报酬犯罪案件移送工作(略)

三、切实完善劳动保障监察行政执法与刑事司法衔接机制(略)

(七)妨害社会管理秩序罪

扰乱公共秩序罪

最高人民检察院关于以暴力、威胁方法阻碍事业编制人员依法执行行政执法职务是否可对侵害人以妨害公务罪论处的批复

(2000年3月21日最高人民检察院第九届检察委员会第58次会议通过,2000年4月24日公布,自2000年4月24日起施行,高检发释字〔2000〕2号)

重庆市人民检察院:

你院《关于以暴力、威胁方法阻碍事业编制人员行政执法活动是否可以对侵

害人适用妨害公务罪的请示》收悉。经研究,批复如下:

对于以暴力、威胁方法阻碍国有事业单位人员依照法律、行政法规的规定执行行政执法职务的,或者以暴力、威胁方法阻碍国家机关中受委托从事行政执法活动的事业编制人员执行行政执法职务的,可以对侵害人以妨害公务罪追究刑事责任。

此复。

最高人民法院、最高人民检察院、公安部关于依法惩治袭警违法犯罪行为的指导意见

(2020年1月10日)

人民警察代表国家行使执法权,肩负着打击违法犯罪、维护社会稳定、维持司法秩序、执行生效裁判等重要职责。在依法履职过程中,人民警察遭受违法犯罪分子暴力侵害、打击报复的事件时有发生,一些犯罪分子气焰嚣张、手段残忍,甚至出现预谋性、聚众性袭警案件,不仅危害民警人身安全,更严重损害国家法律权威、破坏国家正常管理秩序。为切实维护国家法律尊严,维护民警执法权威,保障民警人身安全,依法惩治袭警违法犯罪行为,根据有关法律法规,经最高人民法院、最高人民检察院、公安部共同研究决定,制定本意见。

一、对正在依法执行职务的民警实施下列行为的,属于刑法第二百七十七条第五款规定的"暴力袭击正在依法执行职务的人民警察",应当以妨害公务罪定罪从重处罚:

1. 实施撕咬、踢打、抱摔、投掷等,对民警人身进行攻击的;

2. 实施打砸、毁坏、抢夺民警正在使用的警用车辆、警械等警用装备,对民警人身进行攻击的;

对正在依法执行职务的民警虽未实施暴力袭击,但以实施暴力相威胁,符合刑法第二百七十七条第一款规定的,以妨害公务罪定罪处罚。

醉酒的人实施袭警犯罪行为,应当负刑事责任。

教唆、煽动他人实施袭警犯罪行为或者为他人实施袭警犯罪行为提供工具、帮助的,以共同犯罪论处。

对袭警情节轻微或者辱骂民警,尚不构成犯罪,但构成违反治安管理行为的,应当依法从重给予治安管理处罚。

二、实施暴力袭警行为,具有下列情形之一的,在第一条规定的基础上酌情从重处罚:

1. 使用凶器或者危险物品袭警、驾驶机动车袭警的;

2. 造成民警轻微伤或者警用装备严重毁损的;

3. 妨害民警依法执行职务,造成他人伤亡、公私财产损失或者造成犯罪嫌疑人脱逃、毁灭证据等严重后果的;

4. 造成多人围观、交通堵塞等恶劣社会影响的;

5. 纠集多人袭警或者袭击民警二人以上的;

6. 曾因袭警受过处罚,再次袭警的;

7. 实施其他严重袭警行为的。

实施上述行为,构成犯罪的,一般不得适用缓刑。

三、驾车冲撞、碾轧、拖拽、剐蹭民警,或者挤别、碰撞正在执行职务的警用车辆,危害公共安全或者民警生命、健康安全,符合刑法第一百一十四条、第一百一十五条、第二百三十二条、第二百三十四条规定的,应当以以危险方法危害公共安全罪、故意杀人罪或者故意伤害罪定罪,酌情从重处罚。

暴力袭警,致使民警重伤、死亡,符合刑法第二百三十四条、第二百三十二条规定的,应当以故意伤害罪、故意杀人罪定罪,酌情从重处罚。

四、抢劫、抢夺民警枪支,符合刑法第一百二十七条第二款规定的,应当以抢劫枪支罪、抢夺枪支罪定罪。

五、民警在非工作时间,依照《中华人民共和国人民警察法》等法律履行职责的,应当视为执行职务。

六、在民警非执行职务期间,因其职务行为对其实施暴力袭击、拦截、恐吓等行为,符合刑法第二百三十四条、第二百三十二条、第二百九十三条等规定的,应当以故意伤害罪、故意杀人罪、寻衅滋事罪等定罪,并根据袭警的具体情节酌情从重处罚。

各级人民法院、人民检察院和公安机关要加强协作配合,对袭警违法犯罪行为快速处理、准确定性、依法严惩。一要依法及时开展调查处置、批捕、起诉、审判工作。民警对于袭警违法犯罪行为应当依法予以制止,并根据现场条件,妥善保护案发现场,控制犯罪嫌疑人。负责侦查办理袭警案件的民警应当全面收集、提取证据,特别是注意收集民警现场执法记录仪和周边监控等视听资料、在场人员证人证言等证据,查清案件事实。对造成民警或者他人受伤、财产损失的,依法进行鉴定。在处置过程中,民警依法依规使用武器、警械或者采取其他必要措施制止袭警行为,受法律保护。人民检察院对于公安机关提请批准逮捕、移送审查起诉的袭警案件,应当从严掌握无逮捕必要性、犯罪情节轻微等不捕不诉情形,慎重作出不批捕、不起诉决定,对于符合逮捕、起诉条件的,应当依法尽快予以批捕、起诉。对于袭警行为构成犯罪的,人民法院应当依法及时审判,严格依法追究犯罪分子刑事责任。二要依法适用从重处罚。暴力袭警是刑法第二百七十七条规定的从重处罚情形。人民法院、人民检察院和公安机关在办理此类案件时,要准确认识袭警行为对于国家法律秩序的严重危害,不能将袭警行为等同于一般的故意伤害行为,不能仅以造成民警身体伤害作为构成犯罪的标准,要综合考虑袭警行为的手段、方式以及对执行职务的影响程度等因素,准确认定犯罪性质,从严追究刑事责任。对袭警违法犯罪行为,依法不适用刑事和解和治安调解。对于构成犯罪,但具有初犯、偶犯、给予民事赔偿并取得被害人谅解等情节的,在酌情从宽时,应当从严把握从宽幅度。对犯罪性质和危害后果特别严重、犯罪手段特别残忍、社会影响特别恶劣的犯罪分子,虽具有上述酌定从宽情节但不足以从轻处罚的,依法不予从宽处罚。三要加强规范执法和法制宣传教育。人民警察要严格按照法律规定的程序和标准正确履职,特别是要规范现场执法,以法为据、以理服人,妥善化解矛盾,谨慎使用强制措施和武器警械。人民法院、人民检察院、公安机关在依法办案的同时,要加大法制宣传教育力度,对于社会影响大、舆论关注度高的重大案件,视情通过新闻媒体、微信、微博等多种形式,向社会通报案件进展情况，澄清事实真相，并结合案情释法说理，说明袭警行为的危害性。要适时公开曝光一批典型案例，向社会揭露袭警行为的违法性和严重危害性，教育人民群众遵纪守法，在全社会树立“敬畏法律、尊重执法者”的良好法治环境。

各地各相关部门在执行中遇有问题，请及时上报各自上级机关。

最高人民法院　最高人民检察院　公安部　关于依法惩治招摇撞骗等违法犯罪行为的指导意见

（2021年12月16日，公通字〔2021〕21号）

各省、自治区、直辖市高级人民法院、人民检察院、公安厅（局），新疆维吾尔自治区高级人民法院生产建设兵团分院，新疆生产建设兵团人民检察院、公安局：

近年来，一些不法分子冒充国家机关工作人员、军人，以及冒充党和国家领导人或者其他领导干部的亲友、身边工作人员，实施招摇撞骗等违法犯罪，严重损害国家机关、军队的权威和形象，扰乱公共秩序，侵犯公民合法权益，造成恶劣社会影响。为了进一步加大惩治此类违法犯罪力度，根据有关法律规定，制定本意见。

一、冒充国家机关工作人员、军人，骗取财物、荣誉、地位、待遇、感情等，符合刑法第二百七十九条、第三百七十二条规定的，分别以招摇撞骗罪、冒充军人招摇撞骗罪定罪处罚；严重损害国家机关、军队形象和威信，或者造成其他严重后果的，应当认定为刑法第二百七十九条、第三百七十二条规定的“情节严重”。

二、冒充党和国家领导人或者其他领导干部的亲属、身边工作人员，骗取公私财物，符合刑法第二百六十六条规定的，以诈骗罪定罪处罚；诈骗数额接近“数额巨大”“数额特别巨大”的标准，并且严重损害国家机关、军队形象和威信或者诈骗手段恶劣、造成其他严重后果的，应当分别认定为刑法第二百六十六条规定的“其他严重情节”“其他特别严重情节”。

三、伪造党和国家领导人或者其他领导干部的题词、书法、绘画或者合影照片、音频、视频等，骗取公私财物，符合刑法第二百六十六条规定的，以诈骗罪定罪处罚。

四、冒充国家机关工作人员或者军人招摇撞骗，同时构成非法吸收公众存款罪、集资诈骗罪、合同诈骗罪、组织、领导传销活动罪、诈骗罪的，依照处罚较重的规定定罪处罚。

五、对下列情形之一的，应当分别认定为刑法第二百七十九条、第三百七十二条规定的“冒充国家机关工作人员”“冒充军人”：

1. 冒充国家机关中真实存在或者虚构的工作人员、军人的；

2. 冒充虚构的国家机关中的工作人员、军人，易让他人信以为真的；

3. 身为国家机关工作人员、军人冒充其他国家机关工作人员、军人的；

4. 以骗取非法利益为目的，制造假象，诱使他人误以为系国家机关工作人员、军人的。

六、实施招摇撞骗，尚不构成犯罪，但构成违反治安管理行为的，依法给予治安管理处罚。

七、查办相关案件过程中，发现有关国家机关工作人员、军人存在失职渎职、行贿受贿等情况的，应当依法移送有关部门处理。

最高人民检察院研究室关于买卖伪造的国家机关证件行为是否构成犯罪的问题的答复

(1999年6月21日)

对于买卖伪造的国家机关证件的行为,依法应当追究责任的,可适用刑法第二百八十条第一款的规定,以买卖国家机关证件罪追究刑事责任。

公安部关于盗窃空白因私护照有关问题的批复

(2000年5月16日,公境出〔2000〕881号)

辽宁省公安厅出入境管理处:

你处《关于准确认定盗窃空白护照性质及罪名的请示》(辽公境外〔2000〕178号)收悉。经研究,批复如下:

一、李博日韦、万明亮等人所盗取的空白护照属于出入境证件。护照不同于一般的身份证件,它是公民国际旅行的身份证件和国籍证明。在我国,公民因私护照的设计、研制、印刷统一由公安部出入境管理局负责。护照上设计了多项防伪措施,每本护照(包括空白护照)都有一个统一编号,空白护照是签发护照的重要构成因素,对空白护照的发放、使用有严格的管理程序。空白护照丢失,与已签发的护照一样,也由公安部出入境管理局宣布作废,空白护照是作为出入境证件加以管理的。因此,空白护照既是国家机关的证件,也是出入境证件。

二、李博日韦、万明亮等人所盗护照不同于一般商品,在认定其盗窃情节时,不能简单依照护照本身的研制、印刷费用计算盗窃数额,而应依照所盗护照的本数计算。一次盗窃2000本护照,在建国以来是第一次,所造成的影响极其恶劣。应当认定为“情节严重”,不是一般的盗窃,而应按照刑法第280条规定处理。

三、李博日韦、万明亮等人将盗窃的护照出售,其出售护照的行为也妨害国(边)境管理秩序,触犯刑法第320条,涉嫌构成出售出入境证件罪。

上述意见请商当地人民检察院。

最高人民法院、最高人民检察院关于办理伪造、贩卖伪造的高等院校学历、学位证明刑事案件如何适用法律问题的解释

(2001年6月21日最高人民法院审判委员会第1181次会议、2001年7月2日最高人民检察院第九届检察委员会第91次会议通过,2001年7月3日公布,自2001年7月5日起施行,法释〔2001〕22号)

为依法惩处伪造、贩卖伪造的高等院校学历、学位证明的犯罪活动,现就办理这类案件适用法律的有关问题解释如下:

对于伪造高等院校印章制作学历、学位证明的行为，应当依照刑法第二百八十条第二款的规定，以伪造事业单位印章罪定罪处罚。

明知是伪造高等院校印章制作的学历、学位证明而贩卖的，以伪造事业单位印章罪的共犯论处。

最高人民检察院研究室关于伪造、变造、买卖政府设立的临时性机构的公文、证件、印章行为如何适用法律问题的答复

（2003年6月3日）

伪造、变造、买卖各级人民政府设立的行使行政管理权的临时性机构的公文、证件、印章行为，构成犯罪的，应当依照刑法第二百八十条第一款的规定，以伪造、变造、买卖国家机关公文、证件、印章罪追究刑事责任。

公安部经济犯罪侦查局关于房产证是否属于“国家机关证件”问题的研究意见

（2003年6月26日）

我们在办理妨碍对公司、企业管理秩序犯罪案件过程中经常遇到犯罪嫌疑人“涂改房产证明”，用以达到公司、企业注册登记、验资等目的的情形，对于此种情形是否涉嫌构成“伪造、变造、买卖国家机关公文、证件、印章罪”的问题，存在分歧意见：一种意见认为，房产证属于政府房地产管理部门填发的房产证明，应该属于国家机关证件；另一种意见认为，房产证仅是房产权属证明，不属于国家机关证件。我们同意第一种意见，最高人民检察院侦查监督厅也同意此意见。

最高人民法院研究室关于伪造、变造、买卖民用机动车号牌行为能否以伪造、变造、买卖国家机关证件罪定罪处罚问题的请示的答复

（2009年1月1日，法研〔2009〕第68号）

广东省高级人民法院：

你院粤高法〔2009〕108号《关于伪造、变造、买卖民用机动车号牌行为能否以伪造、变造、买卖国家机关证件罪定罪处罚问题的请示》收悉。经研究，答复如下：

同意你院审委会讨论中的多数人意见，伪造、变造、买卖民用机动车号牌行为不能以伪造、变造、买卖国家机关证件罪定罪处罚。你院所请示问题的关键在于能否将机动车号牌认定为国家机关证件，从当前我国刑法的规定看，不能将机动车号牌认定为国家机关证件。

中华人民共和国国家工商行政管理总局、中华人民共和国公安部、中华人民共和国国家质量监督检验检疫总局禁止非法生产销售使用窃听窃照专用器材和"伪基站"设备的规定

(2014 年 12 月 23 日公布,
自 2015 年 1 月 23 日起施行)

第三条 本规定所称窃听专用器材,是指以伪装或者隐蔽方式使用,经公安机关依法进行技术检测后作出认定性结论,有以下情形之一的:

(一)具有无线发射、接收语音信号功能的发射、接收器材;

(二)微型语音信号拾取或者录制设备;

(三)能够获取无线通信信息的电子接收器材;

(四)利用搭接、感应等方式获取通讯线路信息的器材;

(五)利用固体传声、光纤、微波、激光、红外线等技术获取语音信息的器材;

(六)可遥控语音接收器件或者电子设备中的语音接收功能,获取相关语音信息,且无明显提示的器材(含软件);

(七)其他具有窃听功能的器材。

第四条 本规定所称窃照专用器材,是指以伪装或者隐蔽方式使用,经公安机关依法进行技术检测后作出认定性结论,有以下情形之一的:

(一)具有无线发射功能的照相、摄像器材;

(二)微型针孔式摄像装置以及使用微型针孔式摄像装置的照相、摄像器材;

(三)取消正常取景器和回放显示器的微小相机和摄像机;

(四)利用搭接、感应等方式获取图像信息的器材;

(五)可遥控照相、摄像器件或者电子设备中的照相、摄像功能,获取相关图像信息,且无明显提示的器材(含软件);

(六)其他具有窃照功能的器材。

第五条 本规定所称"伪基站"设备,是指未取得电信设备进网许可和无线电发射设备型号核准,具有搜取手机用户信息,强行向不特定用户手机发送短信息等功能,使用过程中会非法占用公众移动通信频率,局部阻断公众移动通信网络信号,经公安机关依法认定的非法无线电通信设备。

第六条 公安机关、工商行政管理部门和质量技术监督部门按照职责分工,依法查处非法生产、销售、使用窃听窃照专用器材和"伪基站"设备行为。其他有关部门依法查处与非法生产、销售、使用窃听窃照专用器材和"伪基站"设备有关的行为。

法律、法规对查处非法生产、销售、使用窃听窃照专用器材和"伪基站"设备另有规定的,依照其规定。

第七条 公安机关负责对窃听窃照专用器材、"伪基站"设备的认定工作。

质量技术监督部门、工商行政管理部门在执法检查中,发现涉嫌非法生产、销售窃听窃照专用器材、"伪基站"设备的,应当及时将有关器材、设备送当地公安机关认定,公安机关应当在 7 日内出具认定结论。工商行政管理部门、质量技术监督

部门应当依据公安机关出具的认定结论，对不构成犯罪的非法生产、销售窃听窃照专用器材和“伪基站”设备行为以及为非法销售窃听窃照专用器材和“伪基站”设备提供广告设计制作、代理、发布的行为依法予以处理。

第十三条 质量技术监督部门、工商行政管理部门对两年内因非法生产、销售窃听窃照专用器材、“伪基站”设备受过两次以上行政处罚，又涉嫌非法生产、销售的，直接移送公安机关。

第十五条 在查处涉嫌非法生产、销售、使用窃听窃照专用器材和“伪基站”设备的违法犯罪行为时，对以暴力、威胁等方法阻碍国家机关工作人员执行公务的，由公安机关依法予以查处；构成犯罪的，依法追究刑事责任。

最高人民法院研究室关于护士执业资格考试是否属于“法律规定的国家考试”问题的答复

（法研〔2018〕109号）

陕西省高级人民法院：

你院［2017］陕刑他178号《关于被告人××、××组织考试作弊一案的请示》收悉。经研究，答复如下：

一、刑法第二百八十四条之一规定的“法律规定的国家考试”，是指全国人大及其常委会制定的法律中规定的国家考试。目前，护士执业资格考试的设定依据是护士条例。护士条例属于国务院制定的行政法规，不属于法律。护士执业资格考试不属于“法律规定的国家考试”。对于在护士执业资格考试中组织作弊，非法出售、提供考题、答案等扰乱考试秩序的行为，符合非法获取国家秘密罪、非法生产、销售窃听、窃照专用器材罪、非法使用窃听、窃照专用器材罪、非法利用信息网络罪、扰乱无线电通讯管理秩序罪等犯罪要件的，依照相关犯罪追究刑事责任。

最高人民检察院法律政策研究室关于《关于伪造机动车登记证书如何适用法律的请示》的答复意见

（2016年3月18日）

一、2007年两高《关于办理盗窃、抢劫、诈骗、抢夺机动车相关刑事案件具体应用法律若干问题的解释》第二条关于伪造、变造、买卖机动车行驶证、登记证书行为的定罪量刑标准，主要适用于与盗窃、抢劫、诈骗、抢夺机动车相关的刑事案件。

二、2007年两高《关于办理盗窃、抢劫、诈骗、抢夺机动车相关刑事案件具体应用法律若干问题的解释》规定情形以外的刑法第280条入罪标准应当根据案件具体情况处理，注意把握行政处罚与刑事处罚的衔接，注意把握行为的社会危害性。

三、对于刑法第280条入罪标准问题，我们将进一步研究，适时通过司法解释予以明确。

最高人民法院、最高人民检察院关于办理组织考试作弊等刑事案件适用法律若干问题的解释

(2019年4月8日最高人民法院审判委员会第1765次会议、2019年6月28日最高人民检察院第十三届检察委员会第20次会议通过,2019年9月2日公布,自2019年9月4日起施行,法释〔2019〕13号)

为依法惩治组织考试作弊、非法出售、提供试题、答案、代替考试等犯罪,维护考试公平与秩序,根据《中华人民共和国刑法》《中华人民共和国刑事诉讼法》的规定,现就办理此类刑事案件适用法律的若干问题解释如下:

第一条　刑法第二百八十四条之一规定的"法律规定的国家考试",仅限于全国人民代表大会及其常务委员会制定的法律所规定的考试。

根据有关法律规定,下列考试属于"法律规定的国家考试":

(一)普通高等学校招生考试、研究生招生考试、高等教育自学考试、成人高等学校招生考试等国家教育考试;

(二)中央和地方公务员录用考试;

(三)国家统一法律职业资格考试、国家教师资格考试、注册会计师全国统一考试、会计专业技术资格考试、资产评估师资格考试、医师资格考试、执业药师职业资格考试、注册建筑师考试、建造师执业资格考试等专业技术资格考试;

(四)其他依照法律由中央或者地方主管部门以及行业组织的国家考试。

前款规定的考试涉及的特殊类型招生、特殊技能测试、面试等考试,属于"法律规定的国家考试"。

第二条　在法律规定的国家考试中,组织作弊,具有下列情形之一的,应当认定为刑法第二百八十四条之一第一款规定的"情节严重":

(一)在普通高等学校招生考试、研究生招生考试、公务员录用考试中组织考试作弊的;

(二)导致考试推迟、取消或者启用备用试题的;

(三)考试工作人员组织考试作弊的;

(四)组织考生跨省、自治区、直辖市作弊的;

(五)多次组织考试作弊的;

(六)组织三十人次以上作弊的;

(七)提供作弊器材五十件以上的;

(八)违法所得三十万元以上的;

(九)其他情节严重的情形。

第三条　具有避开或者突破考场防范作弊的安全管理措施,获取、记录、传递、接收、存储考试试题、答案等功能的程序、工具,以及专门设计用于作弊的程序、工具,应当认定为刑法第二百八十四条之一第二款规定的"作弊器材"。

对于是否属于刑法第二百八十四条之一第二款规定的"作弊器材"难以确定的,依据省级以上公安机关或者考试主管部门出具的报告,结合其他证据作出认定;涉及专用间谍器材、窃听、窃照专用器材、"伪基站"等器材的,依照相关规定作出认定。

第四条　组织考试作弊,在考试开

始之前被查获，但已经非法获取考试试题、答案或者具有其他严重扰乱考试秩序情形的，应当认定为组织考试作弊罪既遂。

第五条 为实施考试作弊行为，非法出售或者提供法律规定的国家考试的试题、答案，具有下列情形之一的，应当认定为刑法第二百八十四条之一第三款规定的“情节严重”：

（一）非法出售或者提供普通高等学校招生考试、研究生招生考试、公务员录用考试的试题、答案的；

（二）导致考试推迟、取消或者启用备用试题的；

（三）考试工作人员非法出售或者提供试题、答案的；

（四）多次非法出售或者提供试题、答案的；

（五）向三十人次以上非法出售或者提供试题、答案的；

（六）违法所得三十万元以上的；

（七）其他情节严重的情形。

第六条 为实施考试作弊行为，向他人非法出售或者提供法律规定的国家考试的试题、答案，试题不完整或者答案与标准答案不完全一致的，不影响非法出售、提供试题、答案罪的认定。

第七条 代替他人或者让他人代替自己参加法律规定的国家考试的，应当依照刑法第二百八十四条之一第四款的规定，以代替考试罪定罪处罚。

对于行为人犯罪情节较轻，确有悔罪表现，综合考虑行为人替考情况以及考试类型等因素，认为符合缓刑适用条件的，可以宣告缓刑；犯罪情节轻微的，可以不起诉或者免予刑事处罚；情节显著轻微危害不大的，不以犯罪论处。

第八条 单位实施组织考试作弊、非法出售、提供试题、答案等行为的，依照本解释规定的相应定罪量刑标准，追究组织者、策划者、实施者的刑事责任。

第九条 以窃取、刺探、收买方法非法获取法律规定的国家考试的试题、答案，又组织考试作弊或者非法出售、提供试题、答案，分别符合刑法第二百八十二条和刑法第二百八十四条之一规定的，以非法获取国家秘密罪和组织考试作弊罪或者非法出售、提供试题、答案罪数罪并罚。

第十条 在法律规定的国家考试以外的其他考试中，组织作弊，为他人组织作弊提供作弊器材或者其他帮助，或者非法出售、提供试题、答案，符合非法获取国家秘密罪、非法生产、销售窃听、窃照专用器材罪、非法使用窃听、窃照专用器材罪、非法利用信息网络罪、扰乱无线电通讯管理秩序罪等犯罪构成要件的，依法追究刑事责任。

第十一条 设立用于实施考试作弊的网站、通讯群组或者发布有关考试作弊的信息，情节严重的，应当依照刑法第二百八十七条之一的规定，以非法利用信息网络罪定罪处罚；同时构成组织考试作弊罪、非法出售、提供试题、答案罪、非法获取国家秘密罪等其他犯罪的，依照处罚较重的规定定罪处罚。

第十二条 对于实施本解释规定的犯罪被判处刑罚的，可以根据犯罪情况和预防再犯罪的需要，依法宣告职业禁止；被判处管制、宣告缓刑的，可以根据犯罪情况，依法宣告禁止令。

第十三条 对于实施本解释规定的行为构成犯罪的，应当综合考虑犯罪的危害程度、违法所得数额以及被告人的前科情况、认罪悔罪态度等,依法判处罚金。

第十四条 本解释自2019年9月4日起施行。

最高人民法院研究室关于对计算机技术与软件专业技术资格(水平)考试是否属于“法律规定的国家考试”征求意见的复函

(法研〔2019〕140号)

公安部十一局:

贵局《关于商请对有关考试性质予以认定的函》(公网安〔2019〕2173号)收悉。经研究认为,计算机技术与软件专业技术资格(水平)考试系依据部门规章《计算机技术与软件专业技术资格(水平)考试暂行规定》(国人部发〔2003〕)39号的规定举办,根据《最高人民法院、最高人民检察院关于办理组织考试作弊等刑事案件适用法律若干问题的解释》(法释〔2019〕13号)第一条第一款“刑法第二百八十四条之一规定的‘法律规定的国家考试’,仅限于全国人民代表大会及其常务委员会制定的法律所规定的考试”的规定,不属于刑法第二百八十四条之一规定的“法律规定的国家考试”。

公安部关于对破坏未联网的微型计算机信息系统是否适用《刑法》第286条的请示的批复

(1998年11月25日,公复字〔1998〕7号)

吉林省公安厅:

你厅《关于“破坏未联网计算机财务系统程序和数据的行为是否适用〈刑法〉第286条故意破坏计算机信息系统数据应有程序罪”的请示》收悉,现批复如下:

《刑法》第286条中的“违反国家规定”是指包括《中华人民共和国计算机信息系统安全保护条例》(以下简称《条例》)在内的有关行政法规、部门规章的规定。①《条例》第5条第2款规定的“未联网的微型计算机的安全保护办法,另行规定”,主要是考虑到未联入网络的单台微型计算机系统所处环境和使用情况比较复杂,且基本无安全功能,需针对这些特点另外制定相应的安全管理措施。然而,未联网的计算机信息系统也属计算机信息系统,《条例》第2、3、7条的安全保护原则、规定,对未联网的微型计算机系统完全适用。因此破坏未联网的微型计算机信息系统适用《刑法》第286条。

① 此规定与《刑法》第九十六条的规定相冲突。

最高人民法院、最高人民检察院关于办理危害计算机信息系统安全刑事案件应用法律若干问题的解释

(2011年6月20日最高人民法院审判委员会第1524次会议、2011年7月11日最高人民检察院第十一届检察委员会第63次会议通过,2011年8月1日公布,自2011年9月1日起施行,法释〔2011〕19号)

为依法惩治危害计算机信息系统安全的犯罪活动,根据《中华人民共和国刑法》、《全国人民代表大会常务委员会关于维护互联网安全的决定》的规定,现就办理这类刑事案件应用法律的若干问题解释如下:

第一条 非法获取计算机信息系统数据或者非法控制计算机信息系统,具有下列情形之一的,应当认定为刑法第二百八十五条第二款规定的"情节严重":

(一)获取支付结算、证券交易、期货交易等网络金融服务的身份认证信息十组以上的;

(二)获取第(一)项以外的身份认证信息五百组以上的;

(三)非法控制计算机信息系统二十台以上的;

(四)违法所得五千元以上或者造成经济损失一万元以上的;

(五)其他情节严重的情形。

实施前款规定行为,具有下列情形之一的,应当认定为刑法第二百八十五条第二款规定的"情节特别严重":

(一)数量或者数额达到前款第(一)项至第(四)项规定标准五倍以上的;

(二)其他情节特别严重的情形。

明知是他人非法控制的计算机信息系统,而对该计算机信息系统的控制权加以利用的,依照前两款的规定定罪处罚。

第二条 具有下列情形之一的程序、工具,应当认定为刑法第二百八十五条第三款规定的"专门用于侵入、非法控制计算机信息系统的程序、工具":

(一)具有避开或者突破计算机信息系统安全保护措施,未经授权或者超越授权获取计算机信息系统数据的功能的;

(二)具有避开或者突破计算机信息系统安全保护措施,未经授权或者超越授权对计算机信息系统实施控制的功能的;

(三)其他专门设计用于侵入、非法控制计算机信息系统、非法获取计算机信息系统数据的程序、工具。

第三条 提供侵入、非法控制计算机信息系统的程序、工具,具有下列情形之一的,应当认定为刑法第二百八十五条第三款规定的"情节严重":

(一)提供能够用于非法获取支付结算、证券交易、期货交易等网络金融服务身份认证信息的专门性程序、工具五人次以上的;

(二)提供第(一)项以外的专门用于侵入、非法控制计算机信息系统的程序、工具二十人次以上的;

(三)明知他人实施非法获取支付结算、证券交易、期货交易等网络金融服务身份认证信息的违法犯罪行为而为其提供程序、工具五人次以上的;

(四)明知他人实施第(三)项以外的

侵入、非法控制计算机信息系统的违法犯罪行为而为其提供程序、工具二十人次以上的;

(五)违法所得五千元以上或者造成经济损失一万元以上的;

(六)其他情节严重的情形。

实施前款规定行为,具有下列情形之一的,应当认定为提供侵入、非法控制计算机信息系统的程序、工具"情节特别严重":

(一)数量或者数额达到前款第(一)项至第(五)项规定标准五倍以上的;

(二)其他情节特别严重的情形。

第四条 破坏计算机信息系统功能、数据或者应用程序,具有下列情形之一的,应当认定为刑法第二百八十六条第一款和第二款规定的"后果严重":

(一)造成十台以上计算机信息系统的主要软件或者硬件不能正常运行的;

(二)对二十台以上计算机信息系统中存储、处理或者传输的数据进行删除、修改、增加操作的;

(三)违法所得五千元以上或者造成经济损失一万元以上的;

(四)造成为一百台以上计算机信息系统提供域名解析、身份认证、计费等基础服务或者为一万以上用户提供服务的计算机信息系统不能正常运行累计一小时以上的;

(五)造成其他严重后果的。

实施前款规定行为,具有下列情形之一的,应当认定为破坏计算机信息系统"后果特别严重":

(一)数量或者数额达到前款第(一)项至第(三)项规定标准五倍以上的;

(二)造成为五百台以上计算机信息系统提供域名解析、身份认证、计费等基础服务或者为五万以上用户提供服务的计算机信息系统不能正常运行累计一小时以上的;

(三)破坏国家机关或者金融、电信、交通、教育、医疗、能源等领域提供公共服务的计算机信息系统的功能、数据或者应用程序,致使生产、生活受到严重影响或者造成恶劣社会影响的;

(四)造成其他特别严重后果的。

第五条 具有下列情形之一的程序,应当认定为刑法第二百八十六条第三款规定的"计算机病毒等破坏性程序":

(一)能够通过网络、存储介质、文件等媒介,将自身的部分、全部或者变种进行复制、传播,并破坏计算机系统功能、数据或者应用程序的;

(二)能够在预先设定条件下自动触发,并破坏计算机系统功能、数据或者应用程序的;

(三)其他专门设计用于破坏计算机系统功能、数据或者应用程序的程序。

第六条 故意制作、传播计算机病毒等破坏性程序,影响计算机系统正常运行,具有下列情形之一的,应当认定为刑法第二百八十六条第三款规定的"后果严重":

(一)制作、提供、传输第五条第(一)项规定的程序,导致该程序通过网络、存储介质、文件等媒介传播的;

(二)造成二十台以上计算机系统被植入第五条第(二)、(三)项规定的程序的;

(三)提供计算机病毒等破坏性程序十人次以上的;

(四)违法所得五千元以上或者造成经济损失一万元以上的;

(五)造成其他严重后果的。

实施前款规定行为，具有下列情形之一的，应当认定为破坏计算机信息系统“后果特别严重”：

（一）制作、提供、传输第五条第（一）项规定的程序，导致该程序通过网络、存储介质、文件等媒介传播，致使生产、生活受到严重影响或者造成恶劣社会影响的；

（二）数量或者数额达到前款第（二）项至第（四）项规定标准五倍以上的；

（三）造成其他特别严重后果的。

第七条　明知是非法获取计算机信息系统数据犯罪所获取的数据、非法控制计算机信息系统犯罪所获取的计算机信息系统控制权，而予以转移、收购、代为销售或者以其他方法掩饰、隐瞒，违法所得五千元以上的，应当依照刑法第三百一十二条第一款的规定，以掩饰、隐瞒犯罪所得罪定罪处罚。

实施前款规定行为，违法所得五万元以上的，应当认定为刑法第三百一十二条第一款规定的“情节严重”。

单位实施第一款规定行为的，定罪量刑标准依照第一款、第二款的规定执行。

第八条　以单位名义或者单位形式实施危害计算机信息系统安全犯罪，达到本解释规定的定罪量刑标准的，应当依照刑法第二百八十五条、第二百八十六条的规定追究直接负责的主管人员和其他直接责任人员的刑事责任。

第九条　明知他人实施刑法第二百八十五条、第二百八十六条规定的行为，具有下列情形之一的，应当认定为共同犯罪，依照刑法第二百八十五条、第二百八十六条的规定处罚：

（一）为其提供用于破坏计算机信息系统功能、数据或者应用程序的程序、工具，违法所得五千元以上或者提供十人次以上的；

（二）为其提供互联网接入、服务器托管、网络存储空间、通讯传输通道、费用结算、交易服务、广告服务、技术培训、技术支持等帮助，违法所得五千元以上的；

（三）通过委托推广软件、投放广告等方式向其提供资金五千元以上的。

实施前款规定行为，数量或者数额达到前款规定标准五倍以上的，应当认定为刑法第二百八十五条、第二百八十六条规定的“情节特别严重”或者“后果特别严重”。

第十条　对于是否属于刑法第二百八十五条、第二百八十六条规定的“国家事务、国防建设、尖端科学技术领域的计算机信息系统”、“专门用于侵入、非法控制计算机信息系统的程序、工具”、“计算机病毒等破坏性程序”难以确定的，应当委托省级以上负责计算机信息系统安全保护管理工作的部门检验。司法机关根据检验结论，并结合案件具体情况认定。

第十一条　本解释所称“计算机信息系统”和“计算机系统”，是指具备自动处理数据功能的系统，包括计算机、网络设备、通信设备、自动化控制设备等。

本解释所称“身份认证信息”，是指用于确认用户在计算机信息系统上操作权限的数据，包括账号、口令、密码、数字证书等。

本解释所称“经济损失”，包括危害计算机信息系统犯罪行为给用户直接造成的经济损失，以及用户为恢复数据、功能而支出的必要费用。

最高人民法院、最高人民检察院关于办理非法利用信息网络、帮助信息网络犯罪活动等刑事案件适用法律若干问题的解释

(2019年6月3日最高人民法院审判委员会第1771次会议、2019年9月4日最高人民检察院第十三届检察委员会第23次会议通过,2019年10月21日公布,自2019年11月1日起施行,法释〔2019〕15号)

为依法惩治拒不履行信息网络安全管理义务、非法利用信息网络、帮助信息网络犯罪活动等犯罪,维护正常网络秩序,根据《中华人民共和国刑法》《中华人民共和国刑事诉讼法》的规定,现就办理此类刑事案件适用法律的若干问题解释如下:

第一条 提供下列服务的单位和个人,应当认定为刑法第二百八十六条之一第一款规定的“网络服务提供者”:

(一)网络接入、域名注册解析等信息网络接入、计算、存储、传输服务;

(二)信息发布、搜索引擎、即时通讯、网络支付、网络预约、网络购物、网络游戏、网络直播、网站建设、安全防护、广告推广、应用商店等信息网络应用服务;

(三)利用信息网络提供的电子政务、通信、能源、交通、水利、金融、教育、医疗等公共服务。

第二条 刑法第二百八十六条之一第一款规定的“监管部门责令采取改正措施”,是指网信、电信、公安等依照法律、行政法规的规定承担信息网络安全监管职责的部门,以责令整改通知书或者其他文书形式,责令网络服务提供者采取改正措施。

认定“经监管部门责令采取改正措施而拒不改正”,应当综合考虑监管部门责令改正是否具有法律、行政法规依据,改正措施及期限要求是否明确、合理,网络服务提供者是否具有按照要求采取改正措施的能力等因素进行判断。

第三条 拒不履行信息网络安全管理义务,具有下列情形之一的,应当认定为刑法第二百八十六条之一第一款第一项规定的“致使违法信息大量传播”:

(一)致使传播违法视频文件二百个以上的;

(二)致使传播违法视频文件以外的其他违法信息二千个以上的;

(三)致使传播违法信息,数量虽未达到第一项、第二项规定标准,但是按相应比例折算合计达到有关数量标准的;

(四)致使向二千个以上用户账号传播违法信息的;

(五)致使利用群组成员账号数累计三千以上的通讯群组或者关注人员账号数累计三万以上的社交网络传播违法信息的;

(六)致使违法信息实际被点击数达到五万以上的;

(七)其他致使违法信息大量传播的情形。

第四条 拒不履行信息网络安全管理义务,致使用户信息泄露,具有下列情形之一的,应当认定为刑法第二百八十六条之一第一款第二项规定的“造成严重后果”:

（一）致使泄露行踪轨迹信息、通信内容、征信信息、财产信息五百条以上的；

（二）致使泄露住宿信息、通信记录、健康生理信息、交易信息等其他可能影响人身、财产安全的用户信息五千条以上的；

（三）致使泄露第一项、第二项规定以外的用户信息五万条以上的；

（四）数量虽未达到第一项至第三项规定标准，但是按相应比例折算合计达到有关数量标准的；

（五）造成他人死亡、重伤、精神失常或者被绑架等严重后果的；

（六）造成重大经济损失的；

（七）严重扰乱社会秩序的；

（八）造成其他严重后果的。

第五条 拒不履行信息网络安全管理义务，致使影响定罪量刑的刑事案件证据灭失，具有下列情形之一的，应当认定为刑法第二百八十六条之一第一款第三项规定的“情节严重”：

（一）造成危害国家安全犯罪、恐怖活动犯罪、黑社会性质组织犯罪、贪污贿赂犯罪案件的证据灭失的；

（二）造成可能判处五年有期徒刑以上刑罚犯罪案件的证据灭失的；

（三）多次造成刑事案件证据灭失的；

（四）致使刑事诉讼程序受到严重影响的；

（五）其他情节严重的情形。

第六条 拒不履行信息网络安全管理义务，具有下列情形之一的，应当认定为刑法第二百八十六条之一第一款第四项规定的“有其他严重情节”：

（一）对绝大多数用户日志未留存或者未落实真实身份信息认证义务的；

（二）二年内经多次责令改正拒不改正的；

（三）致使信息网络服务被主要用于违法犯罪的；

（四）致使信息网络服务、网络设施被用于实施网络攻击，严重影响生产、生活的；

（五）致使信息网络服务被用于实施危害国家安全犯罪、恐怖活动犯罪、黑社会性质组织犯罪、贪污贿赂犯罪或者其他重大犯罪的；

（六）致使国家机关或者通信、能源、交通、水利、金融、教育、医疗等领域提供公共服务的信息网络受到破坏，严重影响生产、生活的；

（七）其他严重违反信息网络安全管理义务的情形。

第七条 刑法第二百八十七条之一规定的“违法犯罪”，包括犯罪行为和属于刑法分则规定的行为类型但尚未构成犯罪的违法行为。

第八条 以实施违法犯罪活动为目的而设立或者设立后主要用于实施违法犯罪活动的网站、通讯群组，应当认定为刑法第二百八十七条之一第一款第一项规定的“用于实施诈骗、传授犯罪方法、制作或者销售违禁物品、管制物品等违法犯罪活动的网站、通讯群组”。

第九条 利用信息网络提供信息的链接、截屏、二维码、访问账号密码及其他指引访问服务的，应当认定为刑法第二百八十七条之一第一款第二项、第三项规定的“发布信息”。

第十条 非法利用信息网络，具有下列情形之一的，应当认定为刑法第二百八十七条之一第一款规定的“情节严重”：

（一）假冒国家机关、金融机构名义，

设立用于实施违法犯罪活动的网站的；

(二)设立用于实施违法犯罪活动的网站,数量达到三个以上或者注册账号数累计达到二千以上的；

(三)设立用于实施违法犯罪活动的通讯群组,数量达到五个以上或者群组成员账号数累计达到一千以上的；

(四)发布有关违法犯罪的信息或者为实施违法犯罪活动发布信息,具有下列情形之一的：

1. 在网站上发布有关信息一百条以上的；

2. 向二千个以上用户账号发送有关信息的；

3. 向群组成员数累计达到三千以上的通讯群组发送有关信息的；

4. 利用关注人员账号数累计达到三万以上的社交网络传播有关信息的；

(五)违法所得一万元以上的；

(六)二年内曾因非法利用信息网络、帮助信息网络犯罪活动、危害计算机信息系统安全受过行政处罚,又非法利用信息网络的；

(七)其他情节严重的情形。

第十一条　为他人实施犯罪提供技术支持或者帮助,具有下列情形之一的,可以认定行为人明知他人利用信息网络实施犯罪,但是有相反证据的除外：

(一)经监管部门告知后仍然实施有关行为的；

(二)接到举报后不履行法定管理职责的；

(三)交易价格或者方式明显异常的；

(四)提供专门用于违法犯罪的程序、工具或者其他技术支持、帮助的；

(五)频繁采用隐蔽上网、加密通信、销毁数据等措施或者使用虚假身份,逃避监管或者规避调查的；

(六)为他人逃避监管或者规避调查提供技术支持、帮助的；

(七)其他足以认定行为人明知的情形。

第十二条　明知他人利用信息网络实施犯罪,为其犯罪提供帮助,具有下列情形之一的,应当认定为刑法第二百八十七条之二第一款规定的“情节严重”：

(一)为三个以上对象提供帮助的；

(二)支付结算金额二十万元以上的；

(三)以投放广告等方式提供资金五万元以上的；

(四)违法所得一万元以上的；

(五)二年内曾因非法利用信息网络、帮助信息网络犯罪活动、危害计算机信息系统安全受过行政处罚,又帮助信息网络犯罪活动的；

(六)被帮助对象实施的犯罪造成严重后果的；

(七)其他情节严重的情形。

实施前款规定的行为,确因客观条件限制无法查证被帮助对象是否达到犯罪的程度,但相关数额总计达到前款第二项至第四项规定标准五倍以上,或者造成特别严重后果的,应当以帮助信息网络犯罪活动罪追究行为人的刑事责任。

第十三条　被帮助对象实施的犯罪行为可以确认,但尚未到案、尚未依法裁判或者因未达到刑事责任年龄等原因依法未予追究刑事责任的,不影响帮助信息网络犯罪活动罪的认定。

第十四条　单位实施本解释规定的犯罪的,依照本解释规定的相应自然人犯罪的定罪量刑标准,对直接负责的主管人员和其他直接责任人员定罪处罚，并对单位判处罚金。

第十五条　综合考虑社会危害程度、认罪悔罪态度等情节，认为犯罪情节轻微的，可以不起诉或者免予刑事处罚；情节显著轻微危害不大的，不以犯罪论处。

第十六条　多次拒不履行信息网络安全管理义务、非法利用信息网络、帮助信息网络犯罪活动构成犯罪，依法应当追诉的，或者二年内多次实施前述行为未经处理的，数量或者数额累计计算。

第十七条　对于实施本解释规定的犯罪被判处刑罚的，可以根据犯罪情况和预防再犯罪的需要，依法宣告职业禁止；被判处管制、宣告缓刑的，可以根据犯罪情况，依法宣告禁止令。

第十八条　对于实施本解释规定的犯罪的，应当综合考虑犯罪的危害程度、违法所得数额以及被告人的前科情况、认罪悔罪态度等，依法判处罚金。

第十九条　本解释自2019年11月1日起施行。

最高人民法院刑事审判第三庭、最高人民检察院第四检察厅、公安部刑事侦查局关于深入推进“断卡”行动有关问题的会议纪要

（2020年12月21日，
高检四厅〔2020〕12号）

各省、自治区、直辖市高级人民法院刑事审判部门、人民检察院刑事检察部门、公安厅（局）刑侦局、刑侦（警）总队、新疆维吾尔自治区高级人民法院生产建设兵团分院刑事审判门、新疆生产建设兵团人民检察院刑事检察部门、新疆生产建设兵团公安局刑侦总队：

国务院打击治理电信网络新型违法犯罪工作部际联席会议办公室（以下简称“国务院联席办”）部署开展“断卡”行动以来，最高人民法院、最高人民检察院、公安部高度重视、积极参加、加强协作，各地人民法院、人民检察院和公安机关勇于担当、协作配合，采取各种有力措施，积极推动“断卡”行动依法深入开展。从前期工作情况看，“断卡”行动总体顺利，取得初步成效，但实践中也发现一些问题，需要加以明确、统一认识，以更好推进“断卡”行动顺利健康开展。为此，2020年12月11日，最高人民法院刑事审判第三庭、最高人民检察院第四检察厅和公安部刑事侦查局召开会议，就“断卡”行动中刑事政策、协作配合、法律适用等问题进行深入研究，形成工作共识。会议纪要如下：

一、提高政治站位，强化组织领导。（略）

二、密切沟通协作，形成工作合力。（略）

三、准确把握政策，依法精准打击。人民法院、人民检察院和公安机关要认真贯彻宽严相济刑事政策、坚持打击与治理、惩治与预防、教育相结合，重点打击专门从事非法收购、贩卖电话卡、信用卡（以下简称“两卡”）活动的犯罪团伙以及与之内外勾结的电信、银行等行业从业人员。对于初犯、偶犯、未成年人、在校学生、老年人等，要以教育、挽救、惩戒、警示为主，善于综合运用行政处罚、信用惩戒

和刑事打击手段。情节显著轻微危害不大的,不以犯罪论处;到案后主动认罪认罚,积极退赃退赔的,可以依法不起诉或者免予刑事处罚。

四、全面收集证据,综合审查判断主观故意。要高度重视犯罪嫌疑人主观故意方面证据的收集、审查和认定,依法准确适用帮助信息网络犯罪活动罪相关法律条款。要准确把握《最高人民法院、最高人民检察院关于办理非法利用信息网络、帮助信息网络犯罪活动等刑事案件适用法律若干问题的解释》(法释〔2019〕15号,以下简称《解释》)第十一条之规定。实践中,对于多次出租、出售信用卡或者出租、出售多张信用卡的,结合其认知能力、既往经历、生活环境、交易对象等情况,可以认定行为人明知他人利用信息网络实施犯罪。对于犯罪嫌疑人提出的主观明知方面的辩解,要高度重视、认真查证、综合认定。对于出租、出售信用卡达不到多次、多张的,认定构成犯罪要特别慎重。

五、坚持主客观相统一,准确认定犯罪情节。对于涉"两卡"案件,要全面收集主客观证据,加强对"两卡"交易细节、流向用途和造成后果的查证。对于明知他人利用信息网络实施犯罪向三个以上的个人(团伙)出租、出售电话卡、信用卡,被帮助对象实施的诈骗行为均达到犯罪程度的;或者出租、出售的信用卡被用于实施电信网络诈骗,达到犯罪程度,该信用卡内流水金额超过三十万元的;或者利用被出租、出售的电话卡、信用卡实施的电信网络诈骗犯罪,造成被害人及其近亲属死亡、重伤、精神失常的,按照符合《解释》第十二条规定的"情节严重"处理。

六、注重法治宣传,促进综合治理。(略)

最高人民法院刑事审判第三庭、最高人民检察院第四检察厅、公安部刑事侦查局关于"断卡"行动中有关法律适用问题的会议纪要

(2022年3月22日)

各省、自治区、直辖市高级人民法院刑事审判庭、人民检察院刑事检察部、公安厅(局)刑侦局、刑侦(警)总队,新疆维吾尔自治区高级人民法院生产建设兵团分院刑事审判庭、新疆生产建设兵团人民检察院刑事检察部、新疆生产建设兵团公安局刑侦总队:

在国务院打击治理电信网络新型违法犯罪工作部际联席会议办公室的统一部署下,各级人民法院、人民检察院和公安机关认真落实习近平总书记重要指示批示精神,加强协作配合,积极履职作为,"断卡"行动深入推进,打击整治成效日益明显,有力遏制了电信网络诈骗犯罪持续高发的势头。2021年6月,最高人民法院、最高人民检察院、公安部联合发布《关于办理电信网络诈骗等刑事案件适用法律若干问题的意见(二)》(以下简称"《意见(二)》"),进一步解决了实践中的部分难点重点问题,为打击治理专项工作提供了有力法律保障。

当前,涉"两卡"(即手机卡、信用卡)犯罪形势依旧复杂严峻,犯罪类型多样且不断发展,需要进一步统一认识,明确依据,更好实现打击治理的目的。为此,

2021年11月26日和2022年1月7日，最高人民法院刑事审判第三庭、最高人民检察院第四检察厅和公安部刑事侦查局先后召开联席会议，就当前“断卡”行动中各地反映的突出法律适用问题进行研究，就相关问题形成共识。现将会议纪要下发，供各地在办案中参考。

一、关于帮助信息网络犯罪活动罪中“明知他人利用信息网络实施犯罪”的理解适用。认定行为人是否“明知”他人利用信息网络实施犯罪，应当坚持主客观相一致原则，即要结合行为人的认知能力、既往经历、交易对象、与信息网络犯罪行为人的关系、提供技术支持或者帮助的时间和方式、获利情况、出租、出售“两卡”的次数、张数、个数，以及行为人的供述等主客观因素，同时注重听取行为人的辩解并根据其辩解合理与否，予以综合认定。司法办案中既要防止片面倚重行为人的供述认定明知；也要避免简单客观归罪，仅以行为人有出售“两卡”行为就直接认定明知。特别是对于交易双方存在亲友关系等信赖基础，一方确系偶尔向另一方出租、出售“两卡”的，要根据在案事实证据，审慎认定“明知”。

在办案过程中，可着重审查行为人是否具有以下特征及表现，综合全案证据，对其构成“明知”与否作出判断：(1)跨省或多人结伙批量办理、收购、贩卖“两卡”的；(2)出租、出售“两卡”后，收到公安机关、银行业金融机构、非银行支付机构、电信服务提供者等相关单位部门的口头或书面通知，告知其所出租、出售的“两卡”涉嫌诈骗、洗钱等违法犯罪，行为人未采取补救措施，反而继续出租、出售的；(3)出租、出售的“两卡”因涉嫌诈骗、洗钱等违法犯罪被冻结，又帮助解冻，或者注销旧卡、办理新卡，继续出租、出售的；(4)出租、出售的具有支付结算功能的网络账号因涉嫌诈骗、洗钱等违法犯罪被查封，又帮助解封，继续提供给他人使用的；(5)频繁使用隐蔽上网、加密通信、销毁数据等措施或者使用虚假身份，逃避监管或者规避调查的；(6)事先串通设计应对调查的话术口径的；(7)曾因非法交易“两卡”受过处罚或者信用惩戒、训诫谈话，又收购、出售、出租“两卡”的等。

二、关于《最高人民法院、最高人民检察院关于办理非法利用信息网络、帮助信息网络犯罪活动等刑事案件适用法律若干问题的解释》（以下简称“《解释》”）第十二条第一款第（一）项的理解适用。该项所规定的“为三个以上对象提供帮助”，应理解为分别为三个以上行为人或团伙组织提供帮助，且被帮助的行为人或团伙组织实施的行为均达到犯罪程度。为同一对象提供三次以上帮助的，不宜理解为“为三个以上对象提供帮助”。

三、关于《解释》第十二条第一款第（四）项的理解适用。该项所规定“违法所得一万元”中的“违法所得”，应理解为行为人为他人实施信息网络犯罪提供帮助，由此所获得的所有违法款项或非法收入。行为人收卡等“成本”费用无须专门扣除。

四、关于《关于深入推进“断卡”行动有关问题的会议纪要》（以下简称“《2020年会议纪要》”）中列举的符合《解释》第十二条规定的情节严重情形的理解适用。《2020年会议纪要》第五条规定，出租、出售的信用卡被用于实施电信网络诈骗，达到犯罪程度，该信用卡内流水金额超过三十万元的，按照符合《解释》第十二条规定的“情节严重”处理。在适用时应把握单向流入涉案信用卡中的资金超过三十万元,且其中至少三千元经查证系涉诈骗资金。行为人能够说明资金合法来源和性质的,应当予以扣除。以上述情形认定行为"情节严重"的,要注重审查行为人的主观明知程度、出租、出售信用卡的张数、次数、非法获利的数额以及造成的其他严重后果,综合考虑与《解释》第十二条第一款其他项适用的相当性。

行为人出租、出售的信用卡被用于接收电信网络诈骗资金,但行为人未实施代为转账、套现、取现等行为,或者未实施为配合他人转账、套现、取现而提供刷脸等验证服务的,不宜认定为《解释》第十二条第一款第(二)项规定的"支付结算"行为。

五、关于正确区分帮助信息网络犯罪活动罪、掩饰、隐瞒犯罪所得、犯罪所得收益罪与诈骗罪的界限。在办理涉"两卡"犯罪案件中,存在准确界定前述三个罪名之间界限的问题。应当根据行为人的主观明知内容和实施的具体犯罪行为,确定其行为性质。以信用卡为例:(1)明知他人实施电信网络诈骗犯罪,参加诈骗团伙或者与诈骗团伙之间形成较为稳定的配合关系,长期为他人提供信用卡或者转账取现的,可以诈骗罪论处。(2)行为人向他人出租、出售信用卡后,在明知是犯罪所得及其收益的情况下,又代为转账、套现、取现等,或者为配合他人转账、套现、取现而提供刷脸等验证服务的,可以掩饰、隐瞒犯罪所得、犯罪所得收益罪论处。(3)明知他人利用信息网络实施犯罪,仅向他人出租、出售信用卡,未实施其他行为,达到情节严重标准的,可以帮助信息网络犯罪活动罪论处。

在司法实践中,应当具体案情具体分析,结合主客观证据,重视行为人的辩解理由,确保准确定性。

六、关于《意见(二)》第三条的理解适用。为严厉打击跨境电信网络诈骗团伙犯罪,该条规定,有证据证实行为人参加境外诈骗犯罪集团或犯罪团伙,在境外针对境内居民实施电信网络诈骗犯罪行为,诈骗数额难以查证,但一年内出境赴境外诈骗犯罪窝点累计时间30日以上或多次出境赴境外诈骗犯罪窝点的,以诈骗罪依法追究刑事责任。在司法适用时,要注意把握以下三个要求:(1)有证据证明行为人参加了境外电信网络诈骗犯罪集团或犯罪团伙,且在境外针对境内居民实施了具体的诈骗犯罪行为;(2)行为人一年内出境赴境外诈骗犯罪窝点累计30日以上,应当从行为人实际加入境外诈骗犯罪窝点的日期开始计算时间;(3)诈骗数额难以查证,是指基于客观困难,确实无法查清行为人实施诈骗的具体数额。在办案中,应当首先全力查证具体诈骗数额;在诈骗数额难以查清的情况下,根据《最高人民法院、最高人民检察院关于办理诈骗刑事案件具体应用法律若干问题的解释》和《最高人民法院、最高人民检察院、公安部关于办理电信网络诈骗等刑事案件适用法律若干问题的意见》的规定,还应当查证发送诈骗信息条数和拨打诈骗电话次数,如二者均无法查明,才适用该条规定。

七、关于收购、出售、出租信用卡的行为,可否以窃取、收买、非法提供信用卡信息罪追究刑事责任的问题。《刑法修正案(五)》设立了窃取、收买、非法提供信用卡信息罪,主要考虑是:利用信用卡信息资料复制磁条卡的问题在当时比较突出,严重危害持卡人的财产安全和国家金融安全，故设立本罪，相关司法解释将本罪入罪门槛规定为1张（套）信用卡。其中的“信用卡信息资料”，是指用于伪造信用卡的电子数据等基础信息，如有关发卡行代码、持卡人账户、密码等内容的加密电子数据。在“断卡”行动破获的此类案件中，行为人非法交易信用卡的主要目的在于直接使用信用卡，而非利用其中的信息资料伪造信用卡。故当前办理“断卡”行动中的此类案件，一般不以窃取、收买、非法提供信用卡信息罪追究刑事责任。

八、关于收购、出售、出租信用卡“四件套”行为的处理。行为人收购、出售、出租信用卡“四件套”（一般包括信用卡、身份信息、U盾、网银），数量较大的，可能同时构成帮助信息网络犯罪活动罪、妨害信用卡管理罪等。“断卡”行动中破获的此类案件，行为人收购、出售、出租的信用卡“四件套”，主要流向电信网络诈骗犯罪团伙或人员手中，用于非法接收、转移诈骗资金，一般以帮助信息网络犯罪活动罪论处。对于涉案信用卡“四件套”数量巨大，同时符合妨害信用卡管理罪构成要件的，择一重罪论处。

九、关于重大电信网络诈骗及其关联犯罪案件的管辖。对于涉案人数超过80人，以及在境外实施的电信网络诈骗及其关联犯罪案件，公安部根据工作需要指定异地管辖的，指定管辖前应当商最高人民检察院和最高人民法院。

各级人民法院、人民检察院、公安机关要充分认识到当前持续深入推进“断卡行动的重要意义，始终坚持依法从严惩处和全面惩处的方针，坚决严惩跨境电信网络诈骗犯罪集团和人员、贩卖“两卡”团伙头目和骨干、职业“卡商”、行业“内鬼”等。同时，还应当注重宽以济严，对于初犯、偶犯、未成年人、在校学生，特别是其中被胁迫或蒙骗出售本人名下“两卡”，违法所得、涉案数额较少且认罪认罚的，以教育、挽救为主，落实“少捕慎诉慎押”的刑事司法政策，可以依法从宽处理，确保社会效果良好。

各省级人民法院、人民检察院、公安机关要尽快传达并转发本会议纪要，不断提高办案能力，依法准确办理涉“两卡”犯罪案件，确保“断卡”行动深入健康开展。在司法实践中如遇有重大疑难问题，应及时对口上报。

最高人民法院、最高人民检察院关于办理扰乱无线电通讯管理秩序等刑事案件适用法律若干问题的解释

（2017年4月17日最高人民法院审判委员会第1715次会议、2017年5月25日最高人民检察院第十二届检察委员会第64次会议通过，自2017年7月1日起施行，法释〔2017〕11号）

为依法惩治扰乱无线电通讯管理秩序犯罪，根据《中华人民共和国刑法》《中华人民共和国刑事诉讼法》的有关规定，现就办理此类刑事案件适用法律的若干问题解释如下：

第一条　具有下列情形之一的，应当认定为刑法第二百八十八条第一款规定的“擅自设置、使用无线电台（站），或者擅自使用无线电频率，干扰无线电通讯秩序”：

(一)未经批准设置无线电广播电台(以下简称“黑广播”),非法使用广播电视专用频段的频率的;

(二)未经批准设置通信基站(以下简称“伪基站”),强行向不特定用户发送信息,非法使用公众移动通信频率的;

(三)未经批准使用卫星无线电频率的;

(四)非法设置、使用无线电干扰器的;

(五)其他擅自设置、使用无线电台(站),或者擅自使用无线电频率,干扰无线电通讯秩序的情形。

第二条 违反国家规定,擅自设置、使用无线电台(站),或者擅自使用无线电频率,干扰无线电通讯秩序,具有下列情形之一的,应当认定为刑法第二百八十八条第一款规定的“情节严重”:

(一)影响航天器、航空器、铁路机车、船舶专用无线电导航、遇险救助和安全通信等涉及公共安全的无线电频率正常使用的;

(二)自然灾害、事故灾难、公共卫生事件、社会安全事件等突发事件期间,在事件发生地使用“黑广播”“伪基站”的;

(三)举办国家或者省级重大活动期间,在活动场所及周边使用“黑广播”“伪基站”的;

(四)同时使用三个以上“黑广播”“伪基站”的;

(五)“黑广播”的实测发射功率五百瓦以上,或者覆盖范围十公里以上的;

(六)使用“伪基站”发送诈骗、赌博、招嫖、木马病毒、钓鱼网站链接等违法犯罪信息,数量在五千条以上,或者销毁发送数量等记录的;

(七)雇佣、指使未成年人、残疾人等特定人员使用“伪基站”的;

(八)违法所得三万元以上的;

(九)曾因扰乱无线电通讯管理秩序受过刑事处罚,或者二年内曾因扰乱无线电通讯管理秩序受过行政处罚,又实施刑法第二百八十八条规定的行为的;

(十)其他情节严重的情形。

第三条 违反国家规定,擅自设置、使用无线电台(站),或者擅自使用无线电频率,干扰无线电通讯秩序,具有下列情形之一的,应当认定为刑法第二百八十八条第一款规定的“情节特别严重”:

(一)影响航天器、航空器、铁路机车、船舶专用无线电导航、遇险救助和安全通信等涉及公共安全的无线电频率正常使用,危及公共安全的;

(二)造成公共秩序混乱等严重后果的;

(三)自然灾害、事故灾难、公共卫生事件和社会安全事件等突发事件期间,在事件发生地使用“黑广播”“伪基站”,造成严重影响的;

(四)对国家或者省级重大活动造成严重影响的;

(五)同时使用十个以上“黑广播”“伪基站”的;

(六)“黑广播”的实测发射功率三千瓦以上,或者覆盖范围二十公里以上的;

(七)违法所得十五万元以上的;

(八)其他情节特别严重的情形。

第四条 非法生产、销售“黑广播”“伪基站”、无线电干扰器等无线电设备,具有下列情形之一的,应当认定为刑法第二百二十五条规定的“情节严重”:

(一)非法生产、销售无线电设备三套以上的;

(二)非法经营数额五万元以上的;

（三）其他情节严重的情形。

实施前款规定的行为，数量或者数额达到前款第一项、第二项规定标准五倍以上，或者具有其他情节特别严重的情形的，应当认定为刑法第二百二十五条规定的“情节特别严重”。

在非法生产、销售无线电设备窝点查扣的零件，以组装完成的套数以及能够组装的套数认定；无法组装为成套设备的，每三套广播信号调制器（激励器）认定为一套“黑广播”设备，每三块主板认定为一套“伪基站”设备。

第五条 单位犯本解释规定之罪的，对单位判处罚金，并对直接负责的主管人员和其他直接责任人员，依照本解释规定的自然人犯罪的定罪量刑标准定罪处罚。

第六条 擅自设置、使用无线电台（站），或者擅自使用无线电频率，同时构成其他犯罪的，按照处罚较重的规定定罪处罚。

明知他人实施诈骗等犯罪，使用“黑广播”“伪基站”等无线电设备为其发送信息或者提供其他帮助，同时构成其他犯罪的，按照处罚较重的规定定罪处罚。

第七条 负有无线电监督管理职责的国家机关工作人员滥用职权或者玩忽职守，致使公共财产、国家和人民利益遭受重大损失的，应当依照刑法第三百九十七条的规定，以滥用职权罪或者玩忽职守罪追究刑事责任。

有查禁扰乱无线电管理秩序犯罪活动职责的国家机关工作人员，向犯罪分子通风报信、提供便利，帮助犯罪分子逃避处罚的，应当依照刑法第四百一十七条的规定，以帮助犯罪分子逃避处罚罪追究刑事责任；事先通谋的，以共同犯罪论处。

第八条 为合法经营活动，使用“黑广播”“伪基站”或者实施其他扰乱无线电通讯管理秩序的行为，构成扰乱无线电通讯管理秩序罪，但不属于“情节特别严重”，行为人系初犯，并确有悔罪表现的，可以认定为情节轻微，不起诉或者免予刑事处罚；确有必要判处刑罚的，应当从宽处罚。

第九条 对案件所涉的有关专门性问题难以确定的，依据司法鉴定机构出具的鉴定意见，或者下列机构出具的报告，结合其他证据作出认定：

（一）省级以上无线电管理机构、省级无线电管理机构依法设立的派出机构、地市级以上广播电视主管部门就是否系“伪基站”“黑广播”出具的报告；

（二）省级以上广播电视主管部门及其指定的检测机构就“黑广播”功率、覆盖范围出具的报告；

（三）省级以上航空、铁路、船舶等主管部门就是否干扰导航、通信等出具的报告。

对移动终端用户受影响的情况，可以依据相关通信运营商出具的证明，结合被告人供述、终端用户证言等证据作出认定。

第十条 本解释自 2017 年 7 月 1 日起施行。

公安部
关于公安机关处置信访活动中违法犯罪行为适用法律的指导意见

(2013年7月19日,公通字〔2013〕25号)

为保护信访人的合法权益,维护正常的信访秩序和社会秩序,依法处置信访活动中的违法犯罪行为,根据《刑法》、《治安管理处罚法》、《集会游行示威法》、《人民警察法》和《信访条例》等法律法规,制定本指导意见。

一、对扰乱信访工作秩序违法犯罪行为的处理

1. 违反《信访条例》第十六条、第十八条规定,越级走访,或者多人就同一信访事项到信访接待场所走访,拒不按照《信访条例》第十八条第二款的规定推选代表,经有关国家机关工作人员劝阻、批评和教育无效的,依据《信访条例》第四十七条第二款规定,公安机关予以警告、训诫或者制止;符合《治安管理处罚法》第二十三条第一款第一项、第二款规定的,以扰乱单位秩序、聚众扰乱单位秩序依法予以治安管理处罚。

2. 违反《信访条例》第十四条、第十五条、第三十四条和第三十五条规定,拒不通过法定途径提出投诉请求,不依照法定程序请求信访事项复查、复核,或者信访诉求已经依法解决,仍然以同一事实和理由提出投诉请求,在信访接待场所多次缠访,经有关国家机关工作人员劝阻、批评和教育无效的,依据《信访条例》第四十七条第二款规定,公安机关予以警告、训诫或者制止;符合《治安管理处罚法》第二十三条第一款第一项规定的,以扰乱单位秩序依法予以治安管理处罚。

3. 在信访接待场所滞留、滋事,或者将年老、年幼、体弱、患有严重疾病、肢体残疾等生活不能自理的人弃留在信访接待场所,经有关国家机关工作人员劝阻、批评和教育无效的,依据《信访条例》第四十七条第二款规定,公安机关予以警告、训诫或者制止;符合《治安管理处罚法》第二十三条第一款第一项规定的,以扰乱单位秩序依法予以治安管理处罚。

4. 在信访接待场所摆放花圈、骨灰盒、遗像、祭品,焚烧冥币,或者停放尸体,不听有关国家机关工作人员劝阻、批评和教育,扰乱信访工作秩序,符合《治安管理处罚法》第二十三条第一款第一项、第六十五条第二项规定的,以扰乱单位秩序、违法停放尸体依法予以治安管理处罚。

5. 煽动、串联、胁迫、诱使他人采取过激方式表达诉求,扰乱信访工作秩序,符合《治安管理处罚法》第二十三条第一款第一项、第二款规定的,以扰乱单位秩序、聚众扰乱单位秩序依法予以治安管理处罚。

6. 聚众扰乱信访工作秩序,情节严重,符合《刑法》第二百九十条第一款规定的,对首要分子和其他积极参加者以聚众扰乱社会秩序罪追究刑事责任。

二、对危害公共安全违法犯罪行为的处理

1. 为制造社会影响、发泄不满情绪、实现个人诉求,驾驶机动车在公共场所任意冲闯,危害公共安全,符合《刑法》第一百一十四条、第一百一十五条第一款规定的，以以危险方法危害公共安全罪追究刑事责任。

2. 以递交信访材料、反映问题等为由，非法拦截、强登、扒乘机动车或者其他交通工具，或者乘坐交通工具时抛撒信访材料，影响交通工具正常行驶，符合《治安管理处罚法》第二十三条第一款第四项规定的，以妨碍交通工具正常行驶依法予以治安管理处罚。

3. 在信访接待场所、其他国家机关或者公共场所、公共交通工具上非法携带枪支、弹药、弓弩、匕首等管制器具，或者爆炸性、毒害性、放射性、腐蚀性等危险物质的，应当及时制止，收缴枪支、弹药、管制器具、危险物质；符合《治安管理处罚法》第三十二条、第三十条规定的，以非法携带枪支、弹药、管制器具、非法携带危险物质依法予以治安管理处罚；情节严重，符合《刑法》第一百三十条规定的，以非法携带枪支、弹药、管制刀具、危险物品危及公共安全罪追究刑事责任。

4. 采取放火、爆炸或者以其他危险方法自伤、自残、自杀，危害公共安全，符合《刑法》第一百一十四条和第一百一十五条第一款规定的，以放火罪、爆炸罪、以危险方法危害公共安全罪追究刑事责任。

三、对侵犯人身权利、财产权利违法犯罪行为的处理

1. 殴打他人或者故意伤害他人身体，符合《治安管理处罚法》第四十三条规定的，以殴打他人、故意伤害依法予以治安管理处罚；符合《刑法》第二百三十四条规定的，以故意伤害罪追究刑事责任。明知患有艾滋病或者其他严重传染疾病，故意以撕咬、抓挠等方式伤害他人，符合《刑法》第二百三十四条规定的，以故意伤害罪追究刑事责任。

2. 采取口头、书面等方式公然侮辱、诽谤他人，符合《治安管理处罚法》第四十二条第二项规定的，以侮辱、诽谤依法予以治安管理处罚；侮辱、诽谤情节严重，被害人要求公安机关立案侦查的，应当严格执行《公安部关于严格依法办理侮辱诽谤案件的通知》的规定，除严重危害社会秩序和国家利益的由公安机关立案侦查外，应当将有关案件材料移送人民法院，同时告知被害人自行向人民法院起诉。

3. 写恐吓信或者以其他方法威胁他人人身安全，或者多次发送侮辱、恐吓或者其他信息，干扰他人正常生活，符合《治安管理处罚法》第四十二条第一项、第五项规定的，以威胁人身安全、发送信息干扰正常生活依法予以治安管理处罚。

4. 偷窥、偷拍、窃听、散布他人隐私，符合《治安管理处罚法》第四十二条第六项规定的，以侵犯隐私依法予以治安管理处罚；情节严重，符合《刑法》第二百五十三条之一第二款规定的，以非法获取公民个人信息罪追究刑事责任。

5. 捏造、歪曲事实诬告陷害他人，企图使他人受到刑事追究或者受到治安管理处罚，符合《治安管理处罚法》第四十二条第三项规定的，以诬告陷害依法予以治安管理处罚；符合《刑法》第二百四十三条规定的，以诬告陷害罪追究刑事责任。

6. 在信访接待场所或者其他公共场所故意裸露身体，情节恶劣，符合《治安管理处罚法》第四十四条规定的，以在公共场所故意裸露身体予以治安管理处罚。

7. 故意损毁公私财物，符合《治安管理处罚法》第四十九条规定的，以故意损毁财物依法予以治安管理处罚；符合《刑法》第二百七十五条规定的,以故意毁坏财物罪追究刑事责任。

8. 以制造社会影响、采取极端闹访行为、持续缠访闹访等威胁、要挟手段,敲诈勒索,符合《治安管理处罚法》第四十九条规定的,以敲诈勒索依法予以治安管理处罚;符合《刑法》第二百七十四条规定的,以敲诈勒索罪追究刑事责任。

9. 以帮助信访为名骗取他人公私财物,符合《治安管理处罚法》第四十九条规定的,以诈骗依法予以治安管理处罚;符合《刑法》第二百六十六条规定的,以诈骗罪追究刑事责任。

四、对妨害社会管理秩序违法犯罪行为的处理

1. 在国家机关办公场所周围实施静坐,张贴、散发材料,呼喊口号,打横幅,穿着状衣、出示状纸,扬言自伤、自残、自杀等行为或者非法聚集,经有关国家机关工作人员劝阻、批评和教育无效的,依据《信访条例》第四十七条第二款规定,公安机关予以警告、训诫或者制止,收缴相关材料和横幅、状纸、状衣等物品;符合《治安管理处罚法》第二十三条第一款第一项、第二款规定的,以扰乱单位秩序、聚众扰乱单位秩序依法予以治安管理处罚;符合《刑法》第二百九十条第一款规定的,对非法聚集的首要分子和其他积极参加者以聚众扰乱社会秩序罪追究刑事责任;聚集多人围堵、冲击国家机关,扰乱国家机关正常秩序,符合《刑法》第二百九十条第二款规定的,对首要分子和其他积极参加者以聚众冲击国家机关罪追究刑事责任。

2. 在车站、码头、商场、公园、广场等公共场所张贴、散发材料,呼喊口号,打横幅,穿着状衣、出示状纸,或者非法聚集,以及在举办文化、体育等大型群众性活动或者国内、国际重大会议期间,在场馆周围、活动区域或者场内实施前述行为,经劝阻、批评和教育无效的,依据《信访条例》第四十七条第二款规定,公安机关予以警告、训诫或者制止,收缴相关材料和横幅、状纸、状衣等物品;符合《治安管理处罚法》第二十三条第一款第二项、第二款或者第二十四条第一款第一项、第三项、第五项规定的,以扰乱公共场所秩序、聚众扰乱公共场所秩序或者强行进入大型活动场所内、在大型活动场所内展示侮辱性物品、向大型活动场所内投掷杂物依法予以治安管理处罚;聚众扰乱公共场所秩序,抗拒、阻碍国家治安管理工作人员依法执行职务,情节严重,符合《刑法》第二百九十一条规定的,对首要分子以聚众扰乱公共场所秩序罪追究刑事责任。

3. 在信访接待场所、其他国家机关门前或者交通通道上堵塞、阻断交通或者非法聚集,影响交通工具正常行驶,符合《治安管理处罚法》第二十三条第一款第四项、第二款规定的,以妨碍交通工具正常行驶、聚众妨碍交通工具正常行驶依法予以治安管理处罚;符合《刑法》第二百九十一条规定的,对首要分子以聚众扰乱交通秩序罪追究刑事责任。

4. 在外国使领馆区、国际组织驻华机构所在地实施静坐,张贴、散发材料,呼喊口号,打横幅,穿着状衣、出示状纸等行为或者非法聚集的,应当立即制止,根据《人民警察法》第八条规定,迅速带离现场,并收缴相关材料和横幅、状纸、状衣等物品;符合《治安管理处罚法》第二十三条第一款第一项、第二款规定的,以扰乱公共场所秩序、聚众扰乱公共场所秩序依法予以治安管理处罚；符合《刑法》第二百九十条第一款规定的，对首要分子和其他积极参加者以聚众扰乱社会秩序罪追究刑事责任。

5. 煽动、策划非法集会、游行、示威，不听劝阻，符合《治安管理处罚法》第五十五条规定的，以煽动、策划非法集会、游行、示威依法予以治安管理处罚；举行集会、游行、示威活动未经主管机关许可，未按照主管机关许可的目的、方式、标语、口号、起止时间、地点、路线进行，或者在进行中出现危害公共安全、破坏社会秩序情形的，根据《集会游行示威法》第二十七条规定予以制止、命令解散；不听制止，拒不解散的，依法强行驱散、强行带离现场或者立即予以拘留；符合《集会游行示威法》第二十八条规定的，对其负责人和直接责任人员依法予以警告或者拘留；拒不服从解散命令，符合《刑法》第二百九十六条规定的，对负责人和直接责任人员，以非法集会、游行、示威罪追究刑事责任。集会游行示威过程中实施其他违法犯罪行为的，依法追究法律责任。

6. 实施跳河、跳楼、跳桥，攀爬建筑物、铁塔、烟囱、树木，或者其他自伤、自残、自杀行为，制造社会影响的，应当积极组织解救；符合《治安管理处罚法》第二十三条第一款第一项、第二项规定的，以扰乱单位秩序、扰乱公共场所秩序依法予以治安管理处罚；符合《刑法》第二百九十条第一款规定的，对首要分子和其他积极参加者以聚众扰乱社会秩序罪追究刑事责任；符合《刑法》第二百九十一条规定的，对首要分子以聚众扰乱公共场所秩序罪追究刑事责任。

7. 乘坐公共交通工具拒不按照规定购票，或者采取其他方式无理取闹，符合《治安管理处罚法》第二十三条第一款第三项规定的，以扰乱公共交通工具上的秩序依法予以治安管理处罚。

8. 散布谣言，谎报险情、疫情、警情，投放虚假的爆炸性、毒害性、放射性、腐蚀性物质或者传染病病原体等危险物质，扬言实施放火、爆炸、投放危险物质，制造社会影响、扰乱公共秩序，符合《治安管理处罚法》第二十五条规定的，以虚构事实扰乱公共秩序、投放虚假危险物质扰乱公共秩序、扬言实施放火、爆炸、投放危险物质扰乱公共秩序依法予以治安管理处罚；符合《刑法》第二百九十一条之一规定的，以投放虚假危险物质罪、编造、故意传播虚假恐怖信息罪追究刑事责任。

9. 阻碍国家机关工作人员依法执行职务，强行冲闯公安机关设置的警戒带、警戒区，或者阻碍执行紧急任务的消防车、救护车、工程抢险车、警车等车辆通行，符合《治安管理处罚法》第五十条第一款第二项、第三项、第四项规定的，以阻碍执行职务、阻碍特种车辆通行、冲闯警戒带、警戒区依法予以治安管理处罚；阻碍人民警察依法执行职务的，从重处罚；使用暴力、威胁方法阻碍国家机关工作人员依法执行职务，符合《刑法》第二百七十七条规定的，以妨害公务罪追究刑事责任。

10. 任意损毁、占用信访接待场所、国家机关或者他人财物，符合《治安管理处罚法》第二十六条第三项规定的，以寻衅滋事依法予以治安管理处罚；符合《刑法》第二百九十三条规定的，以寻衅滋事罪追究刑事责任。

11. 煽动群众暴力抗拒国家法律、行政法规实施，符合《刑法》第二百七十八条规定的,以煽动暴力抗拒法律实施罪追究刑事责任。

五、对利用计算机信息网络实施违法犯罪行为的处理

通过网站、论坛、博客、微博、微信等制作、复制、传播有关信访事项的虚假消息,煽动、组织、策划非法聚集、游行、示威活动,编造险情、疫情、警情,扬言实施爆炸、放火、投放危险物质或者自伤、自残、自杀等,符合《计算机信息网络国际联网安全保护管理办法》第二十条规定的,依法予以警告、罚款或者其他处罚;符合《治安管理处罚法》、《刑法》有关规定的,依法追究法律责任。在收集、固定证据后,要依法及时删除网上有害信息。

对在信访活动中或者以信访为名,实施本指导意见所列以外其他违法犯罪行为的,依照有关法律、法规的规定予以处置。教唆、胁迫、诱骗他人实施相关违法犯罪行为的,按照其教唆、胁迫、诱骗的行为处罚。

各地公安机关在处置上述信访活动中违法犯罪行为时,要把握好以下三点要求:

(一)坚持法制,讲究政策,保护合法,制止非法。畅通信访渠道,维护信访人的合法权益,不得限制合法信访活动,不得以组织学习、培训等方式非法剥夺、限制信访人的人身自由。对于初次实施违法行为、情节轻微的,以批评教育为主,依法予以警告、训诫或者制止;对于经警告、训诫、制止后,继续或者再次实施违法行为,严重危害社会治安秩序、威胁公共安全的,根据《人民警察法》第八条规定,可以强行带离现场、依法予以拘留或者采取法律规定的其他措施,防止造成更大危害;构成违反治安管理行为的,依法予以治安管理处罚;构成犯罪的,依法追究刑事责任。对组织聚众闹事、实施极端闹访等行为的,要依法从严惩处,切实增强依法处置的威慑力和效果。

(二)强化证据意识,依照法定程序及时收集、固定相关证据。针对不同类型违法犯罪活动特点,全面收集违法犯罪嫌疑人的询问(讯问)笔录、现场目击证人证言、参与处置的有关国家机关工作人员的证言、现场笔录、民警出具的到案经过、记载违法行为的视听资料、扣押、收缴的管制刀具、危险物品及其他物品、鉴定材料等证据。对违法行为警告、训诫或者制止的,要同时收集、固定违法证据;对多次实施违法行为的,要注重每次违法行为证据的收集、固定和积累。要规范训诫书的制作和使用,训诫书应当载明违法行为事实,并加盖公安机关印章。

(三)明确管辖责任,加强协作配合。在处置信访活动中违法犯罪行为时,要严格执行《公安机关办理行政案件程序规定》和《公安机关办理刑事案件程序规定》的规定,由违法犯罪行为地公安机关管辖。由居住地公安机关管辖更为适宜的,可以由居住地公安机关管辖;行为地公安机关将案件移交居住地公安机关管辖的,应当与居住地公安机关协商,并配合开展调查取证等工作。各级公安机关要积极配合有关部门、单位,认真区分信访人的合理诉求和不合法表达方式,因情施策、各负其责、互相配合、依法处置,坚持慎用警力、慎用强制措施、慎用武器警械,避免激化矛盾、形成对立,力争把问题化解在初始阶段和萌芽状态。

最高人民法院、最高人民检察院、公安部关于依法处理信访活动中违法犯罪行为的指导意见

(2019 年 2 月 28 日，
公通字〔2019〕7 号)

各省、自治区、直辖市高级人民法院、人民检察院、公安厅(局)，解放军军事法院、军事检察院，新疆维吾尔自治区高级人民法院生产建设兵团分院，新疆生产建设兵团人民检察院、公安局：

人民群众既依法享有通过信访途径反映诉求的权利，也应当按照相关法律规定进行信访活动，但有的信访人员不到设立或者指定的信访接待场所走访、不向有权处理的机关反映诉求、集体访不依法推选代表，有的在走访过程中实施抛撒、张贴传单、打横幅、喊口号、穿状衣等行为，有的借信访为名实施聚集滋事行为，有的多次进京信访滋事扰乱公共秩序，还有的甚至实施殴打他人、损毁公私财物、聚众阻塞交通、冲击国家机关、暴力袭警等违法犯罪行为，严重干扰正常信访秩序，扰乱社会公共秩序，影响其他信访人员合法反映诉求，特别是非法进京信访滋事行为更是对法律尊严和国家形象造成严重损害。为进一步维护社会治安秩序，引导信访人员合法维权，切实把信访维权纳入法治化轨道，增强全民依法、逐级、有序信访的理念，依法保障信访人的合法权益，依照《中华人民共和国刑法》《中华人民共和国刑事诉讼法》《中华人民共和国治安管理处罚法》《最高人民法院、最高人民检察院关于办理寻衅滋事刑事案件适用法律若干问题的解释》(法释〔2013〕18 号)、《最高人民法院、最高人民检察院关于办理利用信息网络实施诽谤等刑事案件适用法律若干问题的解释》(法释〔2013〕21 号)等法律法规和司法解释，制定本指导意见。

一、依法打击违法犯罪行为，明确法律底线

(一)扰乱公共秩序。在信访活动中或者以信访为名，实施下列行为的，依照刑法有关规定定罪处罚：

1. 在各级党委、人大、政协、行政、监察、审判、检察、军事机关，厂矿、商场等企业单位，学校、医院、报社、电视台、科研院所等事业单位，工会、妇联等社会团体单位，机场、车站、码头等重要交通场站，或者在上述场所周边的其他公共场所，聚众实施统一着装、佩戴统一标识、静坐滞留、张贴散发材料、喊口号、打横幅、穿状衣等行为，或者实施跳楼、服毒等自杀、自伤行为以及扬言实施自杀、自伤行为，情节严重，致使工作、生产、营业和教学、科研、医疗活动无法进行，造成严重损失的，依照刑法第二百九十条第一款的规定，对首要分子和其他积极参加者，以聚众扰乱社会秩序罪定罪处罚；

2. 在各级党委、人大、政协、行政、监察、审判、检察、军事机关，聚众实施强行冲闯、围堵大门通道，围攻、辱骂工作人员，强占办公场所，投掷石块杂物等冲击国家机关行为，致使国家机关工作无法进行，造成严重损失的，依照刑法第二百九十条第二款的规定，对首要分子和其他积极参加者，以聚众冲击国家机关罪定罪处罚；

3. 聚众扰乱车站、码头、民用航空站、商场、公园、影剧院、展览会、运动场及周边公共场所或者其他公共场所秩序,聚众堵塞交通或者破坏交通秩序,抗拒、阻碍国家治安管理工作人员依法执行职务,情节严重的,依照刑法第二百九十一条的规定,对首要分子,以聚众扰乱公共场所秩序、交通秩序罪定罪处罚;

4. 个人多次扰乱国家机关的工作秩序,经行政处罚后仍不改正,造成严重后果的,依照刑法第二百九十条第三款的规定,以扰乱国家机关工作秩序罪定罪处罚。

(二)组织、资助非法聚集。多次组织、资助他人到各级党委、人大、政协、行政、监察、审判、检察、军事机关,厂矿、商场等企业单位,学校、医院、报社、电视台、科研院所等事业单位,工会、妇联等社会团体单位,机场、车站、码头等重要交通场站,或者到上述场所周边的其他公共场所,非法聚集,扰乱社会秩序,情节严重的,依照刑法第二百九十条第四款的规定,以组织、资助非法聚集罪定罪处罚。

(三)寻衅滋事。在信访活动中或者以信访为名,为制造影响或者发泄不满,实施下列行为之一的,依照刑法第二百九十三条的规定,以寻衅滋事罪定罪处罚:

1. 在各级党委、人大、政协、行政、监察、审判、检察、军事机关,厂矿、商场等企业单位,学校、医院、报社、电视台、科研院所等事业单位,工会、妇联等社会团体单位,机场、车站、码头等重要交通场站,或者在上述场所周边的其他公共场所,实施自杀、自伤、打横幅、撒传单、拦车辆、统一着装、佩戴统一标识等行为,起哄闹事,造成公共场所秩序严重混乱的;

2. 追逐、拦截、辱骂、恐吓、随意殴打他人,情节恶劣的,或者强拿硬要、任意损毁、占用公私财物,情节严重的;

3. 编造虚假信息,或者明知是编造的虚假信息,在信息网络上散布,或者组织、指使人员在信息网络上散布,起哄闹事,造成公共秩序严重混乱的。实施寻衅滋事行为,同时符合寻衅滋事罪、故意杀人罪、故意伤害罪、故意毁坏财物罪、敲诈勒索罪、抢夺罪、抢劫罪等犯罪的构成要件的,依照处罚较重的犯罪定罪处罚。

(四)阻碍执行职务。在信访活动中或者以信访为名,以暴力、威胁方法阻碍国家机关工作人员依法执行职务的,依照刑法第二百七十七条的规定,以妨害公务罪定罪处罚;暴力袭击正在依法执行职务的人民警察的,依法从重处罚。

(五)非法携带枪支、弹药、管制刀具、危险物品。非法携带枪支、弹药、管制刀具或者爆炸性、易燃性、放射性、毒害性、腐蚀性物品进入公共场所或者公共交通工具,危及公共安全,情节严重的,依照刑法第一百三十条的规定,以非法携带枪支、弹药、管制刀具、危险物品危及公共安全罪定罪处罚。

(六)信息网络有关行为。设立网站、通讯群组,用于在信访活动中或者以信访为名实施违法犯罪活动,情节严重的,依照刑法第二百八十七条之一的规定,以非法利用信息网络罪定罪处罚;明知他人利用信息网络在信访活动中或者以信访为名实施犯罪行为,为其提供技术支持或者其他帮助,情节严重的,依照刑法第二百八十七条之二的规定,以帮助信息网络犯罪活动罪定罪处罚;网络服务提供者不履行法律、行政法规规定的信息网络安全管理义务,经监管部门责令采取改正措施而拒不改正,情节严重的,依照刑法第二百八十六条之一的规定，以拒不履行信息网络安全管理义务罪定罪处罚。

（七）共同违法犯罪。在信访活动中或者以信访为名，煽动、教唆、组织、策划、指挥他人实施违法犯罪行为的，应当按照其在共同违法犯罪中所起的作用以及违法犯罪情节予以处罚。

（八）在特定场所实施犯罪行为。对在天安门广场、中南海地区、党和国家领导人住地、国家重大活动举办场馆、中央国家机关所在地、中央军委大楼、中央主要新闻单位办公场所、外国驻华使领馆、国宾下榻处等非信访场所实施本条第一项至第五项规定的行为，在认定“造成严重损失”“情节严重”“造成严重后果”“造成公共场所秩序严重混乱”“情节恶劣”等入罪情节时，要将上述场所作为重要考虑因素；构成相关犯罪的，从重处罚。

（九）治安管理处罚或者其他行政处罚。实施本条第一项至第六项规定的行为，不构成犯罪、依法不起诉或者免予刑事处罚的，依法予以治安管理处罚或者其他行政处罚；在本条第八项所列场所实施违反治安管理行为的，从重处罚，依法可以行政拘留的，依法予以行政拘留。

二、坚持宽严相济，教育帮助绝大多数

办理此类案件，应当坚持宽严相济，惩治与教育相结合，依法打击极少数，教育帮助绝大多数。对煽动、教唆、组织、策划、指挥实施和积极参与非法聚集，与其他利益诉求群体串联“抱团”实施相关违法犯罪行为，实施殴打国家机关工作人员、打砸公私财物等暴力犯罪行为，利用信息网络制造、传播、主动向境外提供相关虚假信息、企图以外压内，多次到本指导意见第一条第八项所列场所表达诉求，以及专门利用国家重大活动和全国“两会”“七一”“十一”等重要时间节点进京在非信访场所表达诉求、滋事扰序，向地方政府施压的人员，要作为打击重点。对有正当信访事由且初次实施违法行为、情节轻微，或者被引诱、胁迫参与，经劝阻、训诫或者制止，立即停止实施的，可以依法不予处罚。对一般参与、情节较轻，行为人认识到违法犯罪行为危害性，确有悔过表现，明确表示依法信访，或者具有自首、立功表现的，可以依法从轻、减轻或者免予处罚。对自愿如实供述自己的罪行，承认指控的犯罪事实，愿意接受处罚的，可以依法从宽处理。对实施违法犯罪行为而依法不予行政处罚、不负刑事责任的精神病人，应当及时通报居住地公安机关，责令其家属或者监护人严加看管和送医治疗，必要时依法强制医疗。

三、强化协作配合，严格依法规范执法办案

公安机关、人民检察院、人民法院既要加强内部协作，也要加强相互之间以及与相关部门的沟通配合，通过多种方式引导群众依法维权。

（一）明确职责。对越级走访，多人就同一信访事项到信访接待场所走访但拒不按照规定推选集体访代表，拒不通过法定途径提出投诉请求，不依照法定程序申请信访事项复查、复核，或者信访诉求已经依法解决，仍然以同一事实和理由提出投诉请求，在信访接待场所多次缠访，在信访接待场所滞留、滋事，或者将年老、年幼、体弱、患有严重疾病、肢体残疾等生活不能自理的人弃留在信访接待场所等情形，由相关国家机关工作人员进行劝阻、批评或者教育。经劝阻、批评和教育无效的，对堵门、堵路、拦车、长时间滞留、采取过激行为的,公安机关应当依法予以警告、训诫或者制止,依法采取处置措施;构成违反治安管理行为或者犯罪的,依法追究法律责任。

(二)明确案件管辖。此类案件,由违法犯罪地公安机关管辖,由居住地公安机关管辖更为适宜的,可以由居住地公安机关管辖。违法犯罪地在北京市,且在本指导意见第一条第八项所列场所的,由北京市公安机关管辖;违法犯罪地在北京市其他地区,由居住地公安机关管辖更为适宜的,可以由居住地公安机关管辖。对管辖权发生争议的,报请共同的上级公安机关指定管辖。移送、指定居住地公安机关管辖的案件,需要提请批准逮捕、移送审查起诉、提起公诉的,由该公安机关所在地的人民检察院、人民法院受理。

(三)做好证据移交。对需要将案件移送居住地公安机关的,违法犯罪地公安机关应当及时移交执法视音频资料,扣押、收缴的物证书证,违法犯罪嫌疑人供述,查获嫌疑人的登记记录和依法开具的训诫书等合法有效证据。执法视音频资料应当能够全面不间断展示违法犯罪实施情况,现场扣押、收缴相关传单、标语、横幅等物品时应当标明物品来源,登记记录中应当对查获嫌疑人的时间、地点等内容进行详实、准确记载。不移交证明现场违法犯罪事实的主要证据的,居住地公安机关可以不接受移送的案件,同时报告上一级公安机关。

四、加强宣传教育,引导信访人合法维权(略)

五、依法维护信访人的合法权益,协助推动解决合理诉求(略)

最高人民检察院
关于依法严厉打击编造、故意传播虚假恐怖信息威胁民航飞行安全犯罪活动的通知

(2013年5月31日,
高检发侦监字〔2013〕5号)

各省、自治区、直辖市人民检察院,军事检察院,新疆生产建设兵团人民检察院:

近期,我国接连发生多起编造虚假恐怖信息威胁民航飞行安全的犯罪案件,造成了多架次航班备降、返航或延迟起飞,严重影响了民航运输正常秩序,对人民群众生命财产安全造成严重威胁。各级检察机关要充分发挥职能作用,坚决依法从重从快严厉打击此类犯罪,维护民航运营秩序,保障民航飞行安全,保护人民群众生命财产安全。现就有关问题通知如下:

一、充分发挥检察职能作用,坚决严厉打击编造、故意传播虚假恐怖信息威胁民航飞行安全犯罪。(略)

二、准确把握犯罪构成要件,确保从重打击。根据刑法第291条之一的有关规定,编造虚假恐怖信息并向特定对象散布,严重扰乱社会秩序的,即构成编造虚假恐怖信息罪。编造虚假恐怖信息以后向不特定对象散布,严重扰乱社会秩序的,构成编造、故意传播虚假恐怖信息罪。对于编造、故意传播虚假恐怖信息,引起公众恐慌,或者致使航班无法正常起降,破坏民航正常运输秩序的,应当认定为“严重扰乱社会秩序”。工作中,要准确

把握犯罪构成要件,依法引导取证,加强法律监督,防止打击不力。

三、加强舆论宣传和引导工作。(略)

最高人民法院
关于审理编造、故意传播
虚假恐怖信息刑事案件适用
法律若干问题的解释

(2013年9月16日最高人民法院审判委员会第1591次会议通过,2013年9月18日公布,自2013年9月30日起施行,法释〔2013〕24号)

为依法惩治编造、故意传播虚假恐怖信息犯罪活动,维护社会秩序,维护人民群众生命、财产安全,根据刑法有关规定,现对审理此类案件具体适用法律的若干问题解释如下:

第一条　编造恐怖信息,传播或者放任传播,严重扰乱社会秩序的,依照刑法第二百九十一条之一的规定,应认定为编造虚假恐怖信息罪。

明知是他人编造的恐怖信息而故意传播,严重扰乱社会秩序的,依照刑法第二百九十一条之一的规定,应认定为故意传播虚假恐怖信息罪。

第二条　编造、故意传播虚假恐怖信息,具有下列情形之一的,应当认定为刑法第二百九十一条之一的“严重扰乱社会秩序”:

(一)致使机场、车站、码头、商场、影剧院、运动场馆等人员密集场所秩序混乱,或者采取紧急疏散措施的;

(二)影响航空器、列车、船舶等大型客运交通工具正常运行的;

(三)致使国家机关、学校、医院、厂矿企业等单位的工作、生产、经营、教学、科研等活动中断的;

(四)造成行政村或者社区居民生活秩序严重混乱的;

(五)致使公安、武警、消防、卫生检疫等职能部门采取紧急应对措施的;

(六)其他严重扰乱社会秩序的。

第三条　编造、故意传播虚假恐怖信息,严重扰乱社会秩序,具有下列情形之一的,应当依照刑法第二百九十一条之一的规定,在五年以下有期徒刑范围内酌情从重处罚:

(一)致使航班备降或返航;或者致使列车、船舶等大型客运交通工具中断运行的;

(二)多次编造、故意传播虚假恐怖信息的;

(三)造成直接经济损失20万元以上的;

(四)造成乡镇、街道区域范围居民生活秩序严重混乱的;

(五)具有其他酌情从重处罚情节的。

第四条　编造、故意传播虚假恐怖信息,严重扰乱社会秩序,具有下列情形之一的,应当认定为刑法第二百九十一条之一的“造成严重后果”,处五年以上有期徒刑:

(一)造成3人以上轻伤或者1人以上重伤的;

(二)造成直接经济损失50万元以上的;

(三)造成县级以上区域范围居民生

活秩序严重混乱的;

(四)妨碍国家重大活动进行的;

(五)造成其他严重后果的。

第五条 编造、故意传播虚假恐怖信息,严重扰乱社会秩序,同时又构成其他犯罪的,择一重罪处罚。

第六条 本解释所称的“虚假恐怖信息”是指编造、故意传播以发生爆炸威胁、生化威胁、放射威胁、劫持航空器威胁、重大灾情、重大疫情等严重威胁公共安全的事件为内容,可能引起社会恐慌或者公共安全危机的不真实信息。

最高人民法院研究室关于对参加聚众斗殴受重伤或者死亡的人及其家属提出的民事赔偿请求能否予以支持问题

(2004年11月11日,法研〔2004〕179号)

江苏省高级人民法院:

你院苏高法〔2004〕296号《关于对聚众斗殴案件中受伤或死亡的当事人及其家属提出的民事赔偿请求能否予以支持问题的请示》收悉。经研究,答复如下:

根据《刑法》第二百九十二条第一款的规定,聚众斗殴的参加者,无论是否首要分子,均明知自己的行为有可能产生伤害他人以及自己被他人的行为伤害的后果,其仍然参加聚众斗殴的,应当自行承担相应的刑事和民事责任。根据《刑法》第二百九十二条第二款的规定,对于参加聚众斗殴,造成他人重伤或者死亡的,行为性质发生变化,应认定为故意伤害罪或者故意杀人罪。聚众斗殴中受重伤或者死亡的人,既是故意伤害罪或者故意杀人罪的受害人,又是聚众斗殴犯罪的行为人。对于参加聚众斗殴受重伤或者死亡的人或其家属提出的民事赔偿请求,依法应予支持,并适用混合过错责任原则。

最高人民法院、最高人民检察院关于办理寻衅滋事刑事案件适用法律若干问题的解释

(2013年5月27日最高人民法院审判委员会第1579次会议、2013年4月28日最高人民检察院第十二届检察委员会第5次会议通过,2013年7月15日公布,自2013年7月22日起施行,法释〔2013〕18号)

为依法惩治寻衅滋事犯罪,维护社会秩序,根据《中华人民共和国刑法》的有关规定,现就办理寻衅滋事刑事案件适用法律的若干问题解释如下:

第一条 行为人为寻求刺激、发泄情绪、逞强耍横等,无事生非,实施刑法第二百九十三条规定的行为的,应当认定为“寻衅滋事”。

行为人因日常生活中的偶发矛盾纠纷,借故生非,实施刑法第二百九十三条规定的行为的,应当认定为“寻衅滋事”,但矛盾系由被害人故意引发或者被害人对矛盾激化负有主要责任的除外。

行为人因婚恋、家庭、邻里、债务等纠纷,实施殴打、辱骂、恐吓他人或者损毁、占用他人财物等行为的,一般不认定为

"寻衅滋事",但经有关部门批评制止或者处理处罚后,继续实施前列行为,破坏社会秩序的除外。

第二条　随意殴打他人,破坏社会秩序,具有下列情形之一的,应当认定为刑法第二百九十三条第一款第一项规定的"情节恶劣":

(一)致一人以上轻伤或者二人以上轻微伤的;

(二)引起他人精神失常、自杀等严重后果的;

(三)多次随意殴打他人的;

(四)持凶器随意殴打他人的;

(五)随意殴打精神病人、残疾人、流浪乞讨人员、老年人、孕妇、未成年人,造成恶劣社会影响的;

(六)在公共场所随意殴打他人,造成公共场所秩序严重混乱的;

(七)其他情节恶劣的情形。

第三条　追逐、拦截、辱骂、恐吓他人,破坏社会秩序,具有下列情形之一的,应当认定为刑法第二百九十三条第一款第二项规定的"情节恶劣":

(一)多次追逐、拦截、辱骂、恐吓他人,造成恶劣社会影响的;

(二)持凶器追逐、拦截、辱骂、恐吓他人的;

(三)追逐、拦截、辱骂、恐吓精神病人、残疾人、流浪乞讨人员、老年人、孕妇、未成年人,造成恶劣社会影响的;

(四)引起他人精神失常、自杀等严重后果的;

(五)严重影响他人的工作、生活、生产、经营的;

(六)其他情节恶劣的情形。

第四条　强拿硬要或者任意损毁、占用公私财物,破坏社会秩序,具有下列情形之一的,应当认定为刑法第二百九十三条第一款第三项规定的"情节严重":

(一)强拿硬要公私财物价值一千元以上,或者任意损毁、占用公私财物价值二千元以上的;

(二)多次强拿硬要或者任意损毁、占用公私财物,造成恶劣社会影响的;

(三)强拿硬要或者任意损毁、占用精神病人、残疾人、流浪乞讨人员、老年人、孕妇、未成年人的财物,造成恶劣社会影响的;

(四)引起他人精神失常、自杀等严重后果的;

(五)严重影响他人的工作、生活、生产、经营的;

(六)其他情节严重的情形。

第五条　在车站、码头、机场、医院、商场、公园、影剧院、展览会、运动场或者其他公共场所起哄闹事,应当根据公共场所的性质、公共活动的重要程度、公共场所的人数、起哄闹事的时间、公共场所受影响的范围与程度等因素,综合判断是否"造成公共场所秩序严重混乱"。

第六条　纠集他人三次以上实施寻衅滋事犯罪,未经处理的,应当依照刑法第二百九十三条第二款的规定处罚。

第七条　实施寻衅滋事行为,同时符合寻衅滋事罪和故意杀人罪、故意伤害罪、故意毁坏财物罪、敲诈勒索罪、抢夺罪、抢劫罪等罪的构成要件的,依照处罚较重的犯罪定罪处罚。

第八条　行为人认罪、悔罪,积极赔偿被害人损失或者取得被害人谅解的,可以从轻处罚;犯罪情节轻微的,可以不起诉或者免予刑事处罚。

最高人民法院
关于审理黑社会性质组织犯罪的案件具体应用法律若干问题的解释

（2000年12月4日最高人民法院审判委员会第1148次会议通过，2000年12月5日公布，自2000年12月10日起施行，法释〔2000〕42号）

为依法惩治黑社会性质组织的犯罪活动，根据刑法有关规定，现就审理黑社会性质组织的犯罪案件具体应用法律的若干问题解释如下：

第一条　刑法第二百九十四条规定的“黑社会性质的组织”，一般应具备以下特征：

（一）组织结构比较紧密，人数较多，有比较明确的组织者、领导者，骨干成员基本固定，有较为严格的组织纪律；

（二）通过违法犯罪活动或者其他手段获取经济利益，具有一定的经济实力；

（三）通过贿赂、威胁等手段，引诱、逼迫国家工作人员参加黑社会性质组织活动，或者为其提供非法保护；

（四）在一定区域或者行业范围内，以暴力、威胁、滋扰等手段，大肆进行敲诈勒索、欺行霸市、聚众斗殴、寻衅滋事、故意伤害等违法犯罪活动，严重破坏经济、社会生活秩序。

第二条　刑法第二百九十四条第二款规定的“发展组织成员”，是指将境内、外人员吸收为该黑社会组织成员的行为。对黑社会组织成员进行内部调整等行为，可视为“发展组织成员”。

港、澳、台黑社会组织到内地发展组织成员的，适用刑法第二百九十四条第二款的规定定罪处罚。

第三条　组织、领导、参加黑社会性质的组织又有其他犯罪行为的，根据刑法第二百九十四条第三款的规定，依照数罪并罚的规定处罚；对于黑社会性质组织的组织者、领导者，应当按照其所组织、领导的黑社会性质组织所犯的全部罪行处罚；对于黑社会性质组织的参加者，应当按照其所参与的犯罪处罚。

对于参加黑社会性质的组织，没有实施其他违法犯罪活动的，或者受蒙蔽、胁迫参加黑社会性质的组织，情节轻微的，可以不作为犯罪处理。

第四条　国家机关工作人员组织、领导、参加黑社会性质组织的，从重处罚。

第五条　刑法第二百九十四条第四款规定的“包庇”，是指国家机关工作人员为使黑社会性质组织及其成员逃避查禁，而通风报信，隐匿、毁灭、伪造证据，阻止他人作证、检举揭发，指使他人作伪证，帮助逃匿，或者阻挠其他国家机关工作人员依法查禁等行为。

刑法第二百九十四条第四款规定的“纵容”，是指国家机关工作人员不依法履行职责，放纵黑社会性质组织进行违法犯罪活动的行为。

第六条　国家机关工作人员包庇、纵容黑社会性质的组织，有下列情形之一的，属于刑法第二百九十四条第四款规定的“情节严重”：

（一）包庇、纵容黑社会性质组织跨境实施违法犯罪活动的；

（二）包庇、纵容境外黑社会组织在

境内实施违法犯罪活动的；

（三）多次实施包庇、纵容行为的；

（四）致使某一区域或者行业的经济、社会生活秩序遭受黑社会性质组织特别严重破坏的；

（五）致使黑社会性质组织的组织者、领导者逃匿，或者致使对黑社会性质组织的查禁工作严重受阻的；

（六）具有其他严重情节的。

第七条 对黑社会性质组织和组织、领导、参加黑社会性质组织的犯罪分子聚敛的财物及其收益，以及用于犯罪的工具等，应当依法追缴、没收。

最高人民法院、最高人民检察院、公安部办理黑社会性质组织犯罪案件座谈会纪要

（2009年12月9日印发，自2009年12月9日起施行，法〔2009〕382号）

为正确理解和适用刑法、立法解释、司法解释关于黑社会性质组织犯罪的有关规定，依法及时、准确、有力地惩治黑社会性质组织犯罪，最高人民法院、最高人民检察院、公安部于2009年7月15日在北京召开了办理黑社会性质组织犯罪案件座谈会。会议总结了各级人民法院、人民检察院和公安机关办理黑社会性质组织犯罪案件所取得的经验，分析了当前依法严惩黑社会性质组织犯罪面临的严峻形势，研究了办理黑社会性质组织犯罪案件遇到的适用法律问题，就人民法院、人民检察院和公安机关正确适用法律，严厉打击黑社会性质组织犯罪形成了具体意见。会议纪要如下：

一

与会同志一致认为，自2006年初全国开展打黑除恶专项斗争以来，各级人民法院、人民检察院和公安机关依法履行各自职责，密切配合，惩处了一批黑社会性质组织犯罪分子，遏制了黑社会性质组织犯罪高发的势头，为维护社会稳定，构建社会主义和谐社会做出了重要贡献。但是，在我国，黑社会性质组织犯罪仍处于活跃期，犯罪的破坏性不断加大，犯罪分子逃避法律制裁的行为方式不断变换，向政治领域的渗透日益明显，对人民群众的生命、财产安全，对经济、社会生活秩序和基层政权建设都构成了严重威胁。因此，严厉打击黑社会性质组织犯罪，遏制并最大限度地减少黑社会性质组织犯罪案件的发生，是当前乃至今后相当长一个时期政法机关的重要任务。为此，各级人民法院、人民检察院和公安机关必须坚持做好以下几方面工作：

首先，要切实提高对打击黑社会性质组织犯罪重要性的认识。依法严惩黑社会性质组织犯罪，不仅是保障民生、维护稳定的迫切需要，而且事关政权安危，容不得丝毫懈怠。各级人民法院、人民检察院和公安机关要充分认识这项工作的重要性、紧迫性、复杂性、艰巨性和长期性，在思想上始终与党中央的决策保持高度一致，坚决克服麻痹、松懈情绪，把依法打击黑社会性质组织犯罪，实现社会治安的持续稳定作为一项重要任务常抓不懈。

其次，要严格坚持法定标准，切实贯彻落实宽严相济的刑事政策。各级人民

法院、人民检察院和公安机关要严格依照刑法、刑事诉讼法及有关法律解释的规定办理案件,确保认定的事实清楚,据以定案的证据确实、充分,黑社会性质组织的认定准确无误。既要防止将已构成黑社会性质组织犯罪的案件“降格”处理,也不能因为强调严厉打击而将不构成此类犯罪的共同犯罪案件“拔高”认定。要严格贯彻落实宽严相济的刑事政策,对黑社会性质组织的组织者、领导者及其他骨干成员要依法从严惩处;对犯罪情节较轻的其他参加人员以及初犯、偶犯、未成年犯,要依法从轻、减轻处罚,以分化、瓦解犯罪分子,减少社会对抗、促进社会和谐,取得法律效果和社会效果的统一。

第三,要充分发挥各自的职能作用,密切配合,相互支持,有效形成打击合力。各级人民法院、人民检察院和公安机关要积极总结和交流工作经验,不断统一执法思想,共同加强长效机制建设。为了及时、有效地打击黑社会性质组织犯罪,公安机关在办案中要紧紧围绕法律规定的黑社会性质组织的“四个特征”,严格按照刑事诉讼法及有关规定全面收集、固定证据,严禁刑讯逼供、滥用强制措施和超期羁押,对重要犯罪嫌疑人的审讯以及重要取证活动要全程录音、录像。人民检察院不仅要把好批捕、起诉关,还要加强对看守所监管活动的检查监督,防止串供、翻供、订立攻守同盟、搞假立功等情况的发生。人民法院要严格审查事实、证据,不断强化程序意识,全面提高审判工作质量和效率。

第四,要严惩“保护伞”,采取多种措施深入推进打黑除恶工作。黑社会性质组织之所以能在一些地方坐大成势,与个别国家工作人员的包庇、纵容有着直接关系。各级人民法院、人民检察院和公安机关要把查处“保护伞”与办理涉黑案件有机结合起来,与反腐败工作紧密地结合起来,与纪检、监察部门做好衔接配合,加大打击力度,确保实现“除恶务尽”的目标。打击黑社会性质组织犯罪是一项复杂的系统工程,各级人民法院、人民检察院和公安机关在办理好案件的同时,还要通过积极参与社会治安综合治理、加强法制宣传、广泛发动群众等多种手段,从源头上有效防控此类犯罪。

二

会议认为,自 1997 年刑法增设黑社会性质组织犯罪的规定以来,全国人大常委会、最高人民法院分别作出了《关于〈中华人民共和国刑法〉第二百九十四条第一款的解释》(以下简称《立法解释》)、《关于审理黑社会性质组织犯罪的案件具体应用法律若干问题的解释》(以下简称《司法解释》),对于指导司法实践发挥了重要作用。但由于黑社会性质组织犯罪的构成要件和所涉及的法律关系较为复杂,在办案过程中对法律规定的理解还不尽相同。为了进一步统一司法标准,会议就实践中争议较大的问题进行了深入研讨,并取得了一致意见:

(一)关于黑社会性质组织的认定

黑社会性质组织必须同时具备《立法解释》中规定的“组织特征”、“经济特征”、“行为特征”和“危害性特征”。由于实践中许多黑社会性质组织并非这“四个特征”都很明显,因此,在具体认定时,应根据立法本意,认真审查、分析黑社会性质组织“四个特征”相互间的内在联系,准确评价涉案犯罪组织所造成的社会危害,确保不枉不纵。

1. 关于组织特征。黑社会性质组织不仅有明确的组织者、领导者，骨干成员基本固定，而且组织结构较为稳定，并有比较明确的层级和职责分工。

当前，一些黑社会性质组织为了增强隐蔽性，往往采取各种手段制造“人员频繁更替、组织结构松散”的假象。因此，在办案时，要特别注意审查组织者、领导者，以及对组织运行、活动起着突出作用的积极参加者等骨干成员是否基本固定、联系是否紧密，不要被其组织形式的表象所左右。

关于组织者、领导者、积极参加者和其他参加者的认定。组织者、领导者，是指黑社会性质组织的发起者、创建者，或者在组织中实际处于领导地位，对整个组织及其运行、活动起着决策、指挥、协调、管理作用的犯罪分子，既包括通过一定形式产生的有明确职务、称谓的组织者、领导者，也包括在黑社会性质组织中被公认的事实上的组织者、领导者；积极参加者，是指接受黑社会性质组织的领导和管理，多次积极参与黑社会性质组织的违法犯罪活动，或者积极参与较严重的黑社会性质组织的犯罪活动且作用突出，以及其他在组织中起重要作用的犯罪分子，如具体主管黑社会性质组织的财务、人员管理等事项的犯罪分子；其他参加者，是指除上述组织成员之外，其他接受黑社会性质组织的领导和管理的犯罪分子。根据《司法解释》第三条第二款的规定，对于参加黑社会性质的组织，没有实施其他违法犯罪活动的，或者受蒙蔽、胁迫参加黑社会性质的组织，情节轻微的，可以不作为犯罪处理。

关于黑社会性质组织成员的主观明知问题。在认定黑社会性质组织的成员时，并不要求其主观上认为自己参加的是黑社会性质组织，只要其知道或者应当知道该组织具有一定规模，且是以实施违法犯罪为主要活动的，即可认定。

对于黑社会性质组织存在时间、成员人数及组织纪律等问题的把握。黑社会性质组织一般在短时间内难以形成，而且成员人数较多，但鉴于普通犯罪集团、“恶势力”团伙向黑社会性质组织发展是一个渐进的过程，没有明显的性质转变的节点，故对黑社会性质组织存在时间、成员人数问题不宜作出“一刀切”的规定。对于那些已存在一定时间，且成员人数较多的犯罪组织，在定性时要根据其是否已具备一定的经济实力，是否已在一定区域或行业内形成非法控制或重大影响等情况综合分析判断。此外，在通常情况下，黑社会性质组织为了维护自身的安全和稳定，一般会有一些约定俗成的纪律、规约，有些甚至还有明确的规定。因此，具有一定的组织纪律、活动规约，也是认定黑社会性质组织特征时的重要参考依据。

2. 关于经济特征。一定的经济实力是黑社会性质组织坐大成势，称霸一方的基础。由于不同地区的经济发展水平、不同行业的利润空间均存在很大差异，加之黑社会性质组织存在、发展的时间也各有不同，因此，在办案时不能一般性地要求黑社会性质组织所具有的经济实力必须达到特定规模或特定数额。此外，黑社会性质组织的敛财方式也具有多样性。实践中，黑社会性质组织不仅会通过实施赌博、敲诈、贩毒等违法犯罪活动攫取经济利益，而且还往往会通过开办公司、企业等方式“以商养黑”、“以黑护商”。因此，无论其财产是通过非法手段聚敛，还是通过合法的方式获取，只要将其中部分或全部用于违法犯罪活动或者维系犯罪组织的生存、发展即可。

“用于违法犯罪活动或者维系犯罪组织的生存、发展”,一般是指购买作案工具、提供作案经费,为受伤、死亡的组织成员提供医疗费、丧葬费,为组织成员及其家属提供工资、奖励、福利、生活费用,为组织寻求非法保护以及其他与实施有组织的违法犯罪活动有关的费用支出等。

3. 关于行为特征。暴力性、胁迫性和有组织性是黑社会性质组织行为方式的主要特征,但有时也会采取一些“其他手段”。

根据司法实践经验,《立法解释》中规定的“其他手段”主要包括:以暴力、威胁为基础,在利用组织势力和影响已对他人形成心理强制或威慑的情况下,进行所谓的“谈判”、“协商”、“调解”;滋扰、哄闹、聚众等其他干扰、破坏正常经济、社会生活秩序的非暴力手段。

“黑社会性质组织实施的违法犯罪活动”主要包括以下情形:由组织者、领导者直接组织、策划、指挥、参与实施的违法犯罪活动;由组织成员以组织名义实施,并得到组织者、领导者认可或者默许的违法犯罪活动;多名组织成员为逞强争霸、插手纠纷、报复他人、替人行凶、非法敛财而共同实施,并得到组织者、领导者认可或者默许的违法犯罪活动;组织成员为组织争夺势力范围、排除竞争对手、确立强势地位、谋取经济利益、维护非法权威或者按照组织的纪律、惯例、共同遵守的约定而实施的违法犯罪活动;由黑社会性质组织实施的其他违法犯罪活动。

会议认为,在办案时还应准确理解《立法解释》中关于“多次进行违法犯罪活动”的规定。黑社会性质组织实施犯罪活动过程中,往往伴随着大量的违法活动,对此均应作为黑社会性质组织的违法犯罪事实予以认定。但如果仅实施了违法活动,而没有实施犯罪活动的,则不能认定为黑社会性质组织。此外,“多次进行违法犯罪活动”只是认定黑社会性质组织的必要条件之一,最终能否认定为黑社会性质组织,还要结合危害性特征来加以判断。即使有些案件中的违法犯罪活动已符合“多次”的标准,但根据其性质和严重程度,尚不足以形成非法控制或者重大影响的,也不能认定为黑社会性质组织。

4. 关于危害性特征。称霸一方,在一定区域或者行业内,形成非法控制或者重大影响,从而严重破坏经济、社会生活秩序,是黑社会性质组织的本质特征,也是黑社会性质组织区别于一般犯罪集团的关键所在。

对于“一定区域”的理解和把握。区域的大小具有相对性,且黑社会性质组织非法控制和影响的对象并不是区域本身,而是在一定区域中生活的人,以及该区域内的经济、社会生活秩序。因此,不能简单地要求“一定区域”必须达到某一特定的空间范围,而应当根据具体案情,并结合黑社会性质组织对经济、社会生活秩序的危害程度加以综合分析判断。

对于“一定行业”的理解和把握。黑社会性质组织所控制和影响的行业,既包括合法行业,也包括黄、赌、毒等非法行业。这些行业一般涉及生产、流通、交换、消费等一个或多个市场环节。

通过实施违法犯罪活动,或者利用国家工作人员的包庇、纵容,称霸一方,并具有以下情形之一的,可认定为“在一定区域或者行业内,形成非法控制或者重大影响,严重破坏经济、社会生活秩序”:对在一定区域内生活或者在一定行业内从事生产、经营的群众形成心理强制、威慑，致使合法利益受损的群众不敢举报、控告的；对一定行业的生产、经营形成垄断，或者对涉及一定行业的准入、经营、竞争等经济活动形成重要影响的；插手民间纠纷、经济纠纷，在相关区域或者行业内造成严重影响的；干扰、破坏他人正常生产、经营、生活，并在相关区域或者行业内造成严重影响的；干扰、破坏公司、企业、事业单位及社会团体的正常生产、经营、工作秩序，在相关区域、行业内造成严重影响，或者致使其不能正常生产、经营、工作的；多次干扰、破坏国家机关、行业管理部门以及村委会、居委会等基层群众自治组织的工作秩序，或者致使上述单位、组织的职能不能正常行使的；利用组织的势力、影响，使组织成员获取政治地位，或者在党政机关、基层群众自治组织中担任一定职务的；其他形成非法控制或者重大影响，严重破坏经济、社会生活秩序的情形。

（二）关于办理黑社会性质组织犯罪案件的其他问题

1. 关于包庇、纵容黑社会性质组织罪主观要件的认定。本罪主观方面要求必须是出于故意，过失不能构成本罪。会议认为，只要行为人知道或者应当知道是从事违法犯罪活动的组织，仍对该组织及其成员予以包庇，或者纵容其实施违法犯罪活动，即可认定本罪。至于行为人是否明知该组织系黑社会性质组织，不影响本罪的成立。

2. 关于黑社会性质组织成员的刑事责任。对黑社会性质组织的组织者、领导者，应根据法律规定和本纪要中关于“黑社会性质组织实施的违法犯罪活动”的规定，按照该组织所犯的全部罪行承担刑事责任。组织者、领导者对于具体犯罪所承担的刑事责任，应当根据其在该起犯罪中的具体地位、作用来确定。对黑社会性质组织中的积极参加者和其他参加者，应按照其所参与的犯罪，根据其在具体犯罪中的地位和作用，依照罪责刑相适应的原则，确定应承担的刑事责任。

3. 关于涉黑犯罪财物及其收益的认定和处置。在办案时，要依法运用查封、扣押、冻结、追缴、没收等手段，彻底摧毁黑社会性质组织的经济基础，防止其死灰复燃。对于涉黑犯罪财物及其收益以及犯罪工具，均应按照刑法第六十四条和《司法解释》第七条的规定予以追缴、没收。黑社会性质组织及其成员通过犯罪活动聚敛的财物及其收益，是指在黑社会性质组织的形成、发展过程中，该组织及组织成员通过违法犯罪活动或其他不正当手段聚敛的全部财物、财产性权益及其孳息、收益。在办案工作中，应认真审查涉案财产的来源、性质，对被告人及其他单位、个人的合法财产应依法予以保护。

4. 关于认定黑社会性质组织犯罪的证据要求。办理涉黑案件同样应当坚持案件“事实清楚，证据确实、充分”的法定证明标准。但应当注意的是，“事实清楚”是指能够对定罪量刑产生影响的事实必须清楚，而不是指整个案件的所有事实和情节都要一一查证属实；“证据确实、充分”是指能够据以定罪量刑的证据确实、充分，而不是指案件中所涉全部问题的证据都要达到确实、充分的程度。对此，一定要准确理解和把握，不要纠缠那些不影响定罪量刑的枝节问题。比如，在可以认定某犯罪组织已将所获经济利益部分用于组织活动的情况下，即使此部分款项的具体数额难以全部查实，也不影响定案。

5. 关于黑社会性质组织成员的立功问题。积极参加者、其他参加者配合司法机关查办案件,有提供线索、帮助收集证据或者其他协助行为,并对侦破黑社会性质组织犯罪案件起到一定作用的,即使依法不能认定立功,一般也应酌情对其从轻处罚。组织者、领导者检举揭发与该黑社会性质组织及其违法犯罪活动有关联的其他犯罪线索,即使依法构成立功或者重大立功,在量刑时也应从严掌握。

6. 关于对"恶势力"团伙的认定和处理。"恶势力"是黑社会性质组织的雏形,有的最终发展成为了黑社会性质组织。因此,及时严惩"恶势力"团伙犯罪,是遏制黑社会性质组织滋生,防止违法犯罪活动造成更大社会危害的有效途径。

会议认为,"恶势力"是指经常纠集在一起,以暴力、威胁或其他手段,在一定区域或者行业内多次实施违法犯罪活动,为非作恶,扰乱经济、社会生活秩序,造成较为恶劣的社会影响,但尚未形成黑社会性质组织的犯罪团伙。"恶势力"一般为三人以上,纠集者、骨干成员相对固定,违法犯罪活动一般表现为敲诈勒索、强迫交易、欺行霸市、聚众斗殴、寻衅滋事、非法拘禁、故意伤害、抢劫、抢夺或者黄、赌、毒等。各级人民法院、人民检察院和公安机关在办案时应根据本纪要的精神,结合组织化程度的高低、经济实力的强弱、有无追求和实现对社会的非法控制等特征,对黑社会性质组织与"恶势力"团伙加以正确区分。同时,还要本着实事求是的态度,正确理解和把握"打早打小"方针。在准确查明"恶势力"团伙具体违法犯罪事实的基础上,构成什么罪,就按什么罪处理,并充分运用刑法总则关于共同犯罪的规定,依法惩处。对符合犯罪集团特征的,要按照犯罪集团处理,以切实加大对"恶势力"团伙依法惩处的力度。

7. 关于视听资料的收集、使用。公安机关在侦查时要特别重视对涉黑犯罪视听资料的收集。对于那些能够证明涉案犯罪组织具备黑社会性质组织的"四个特征"及其实施的具体违法犯罪活动的录音、录像资料,要及时提取、固定、移送。通过特殊侦查措施获取的视听资料,在移送审查起诉时,公安机关对证据的来源、提取经过应予说明。

8. 庭审时应注意的有关问题。为确保庭审效果,人民法院在开庭审理涉黑案件之前,应认真做好庭审预案。法庭调查时,除必须传唤共同被告人同时到庭质证外,对各被告人应当分别询问,防止被告人当庭串供或者不敢如实供述、作证。对于诉讼参与人、旁听人员破坏法庭秩序、干扰法庭审理的,法庭应按照刑事诉讼法及有关司法解释的规定及时作出处理。构成犯罪的,应当依法追究刑事责任。

最高人民法院、最高人民检察院、公安部、司法部关于办理黑社会性质组织犯罪案件若干问题的规定

(最高人民法院、最高人民检察院、公安部、司法部2012年9月11日印发,自2012年9月11日起施行,公通字〔2012〕45号)

为依法严厉打击黑社会性质组织犯罪,按照宽严相济的刑事政策和"打早打

小、除恶务尽”的工作方针，根据《中华人民共和国刑法》、《中华人民共和国刑事诉讼法》和其他有关规定，现就办理黑社会性质组织犯罪案件有关问题，制定本规定。

一、管辖

第一条 公安机关侦查黑社会性质组织犯罪案件时，对黑社会性质组织及其成员在多个地方实施的犯罪，以及其他与黑社会性质组织犯罪有关的犯罪，可以依照法律和有关规定一并立案侦查。对案件管辖有争议的，由共同的上级公安机关指定管辖。

并案侦查的黑社会性质组织犯罪案件，由侦查该案的公安机关所在地同级人民检察院一并审查批准逮捕、受理移送审查起诉，由符合审判级别管辖要求的人民法院审判。

第二条 公安机关、人民检察院、人民法院根据案件情况和需要，可以依法对黑社会性质组织犯罪案件提级管辖或者指定管辖。

提级管辖或者指定管辖的黑社会性质组织犯罪案件，由侦查该案的公安机关所在地同级人民检察院审查批准逮捕、受理移送审查起诉，由同级或者符合审判级别管辖要求的人民法院审判。

第三条 人民检察院对于公安机关提请批准逮捕、移送审查起诉的黑社会性质组织犯罪案件，人民法院对于已进入审判程序的黑社会性质组织犯罪案件，被告人及其辩护人提出管辖异议，或者办案单位发现没有管辖权的，受案人民检察院、人民法院经审查，可以依法报请与有管辖权的人民检察院、人民法院共同的上级人民检察院、人民法院指定管辖，不再自行移交。对于在审查批准逮捕阶段，上级检察机关已经指定管辖的案件，审查起诉工作由同一人民检察院受理。

第四条 公安机关侦查黑社会性质组织犯罪案件过程中，发现人民检察院管辖的贪污贿赂、渎职侵权犯罪案件线索的，应当及时移送人民检察院。人民检察院对于公安机关移送的案件线索应当及时依法进行调查或者立案侦查。人民检察院与公安机关应当相互及时通报案件进展情况。

二、立案

第五条 公安机关对涉嫌黑社会性质组织犯罪的线索，应当及时进行审查。审查过程中，可以采取询问、查询、勘验、检查、鉴定、辨认、调取证据材料等必要的调查活动，但不得采取强制措施，不得查封、扣押、冻结财产。

立案前的审查阶段获取的证据材料经查证属实的，可以作为证据使用。

公安机关因侦查黑社会性质组织犯罪的需要，根据国家有关规定，经过严格的批准手续，对一些重大犯罪线索立案后可以采取技术侦查等秘密侦查措施。

第六条 公安机关经过审查，认为有黑社会性质组织犯罪事实需要追究刑事责任，且属于自己管辖的，经县级以上公安机关负责人批准，予以立案，同时报上级公安机关备案。

三、强制措施和羁押

第七条 对于组织、领导、积极参加黑社会性质组织的犯罪嫌疑人、被告人，不得取保候审；但是患有严重疾病、生活不能自理，怀孕或者是正在哺乳自己婴儿的妇女，采取取保候审不致发生社会危险性的除外。

第八条 对于黑社会性质组织犯罪案件的犯罪嫌疑人、被告人，看守所应当严格管理,防止发生串供、通风报信等行为。

对于黑社会性质组织犯罪案件的犯罪嫌疑人、被告人,可以异地羁押。

对于同一黑社会性质组织犯罪案件的犯罪嫌疑人、被告人,应当分别羁押,在看守所的室外活动应当分开进行。

对于组织、领导黑社会性质组织的犯罪嫌疑人、被告人,有条件的地方应当单独羁押。

四、证人保护

第九条 公安机关、人民检察院和人民法院应当采取必要措施,保障证人及其近亲属的安全。证人的人身和财产受到侵害时,可以视情给予一定的经济补偿。

第十条 在侦查、起诉、审判过程中,对于因作证行为可能导致本人或者近亲属的人身、财产安全受到严重危害的证人,分别经地市级以上公安机关主要负责人、人民检察院检察长、人民法院院长批准,应当对其身份采取保密措施。

第十一条 对于秘密证人,侦查人员、检察人员和审判人员在制作笔录或者文书时,应当以代号代替其真实姓名,不得记录证人住址、单位、身份证号及其他足以识别其身份的信息。证人签名以按指纹代替。

侦查人员、检察人员和审判人员记载秘密证人真实姓名和身份信息的笔录或者文书,以及证人代号与真实姓名对照表,应当单独立卷,交办案单位档案部门封存。

第十二条 法庭审理时不得公开秘密证人的真实姓名和身份信息。用于公开质证的秘密证人的声音、影像,应当进行变声、变像等技术处理。

秘密证人出庭作证,人民法院可以采取限制询问、遮蔽容貌、改变声音或者使用音频、视频传送装置等保护性措施。

经辩护律师申请:法庭可以要求公安机关、人民检察院对使用秘密证人的理由、审批程序出具说明。

第十三条 对报案人、控告人、举报人、鉴定人、被害人的保护,参照本规定第九条至第十二条的规定执行。

五、特殊情况的处理

第十四条 参加黑社会性质组织的犯罪嫌疑人、被告人,自动投案,如实供述自己的罪行,或者在被采取强制措施期间如实供述司法机关还未掌握的本人其他罪行的,应当认定为自首。

参加黑社会性质组织的犯罪嫌疑人、被告人,积极配合侦查、起诉、审判工作,检举、揭发黑社会性质组织其他成员与自己共同犯罪以外的其他罪行,经查证属实的,应当认定为有立功表现。在查明黑社会性质组织的组织结构和组织者、领导者的地位作用,追缴、没收赃款赃物,打击"保护伞"方面提供重要线索,经查证属实的,可以酌情从宽处理。

第十五条 对于有本规定第十四条所列情形之一的,公安机关应当根据犯罪嫌疑人的认罪态度以及在侦查工作中的表现,经县级以上公安机关主要负责人批准,提出从宽处理的建议并说明理由。

人民检察院应当根据已经查明的事实、证据和有关法律规定,在充分考虑全案情况和公安机关建议的基础上依法作出起诉或者不起诉决定,或者起诉后向人民法院提出依法从轻、减轻或者免除刑事处罚的建议。

人民法院应当根据已经查明的事实、证据和有关法律规定,在充分考虑全案情况、公安机关和人民检察院建议和被告人、辩护人辩护意见的基础上,依法作出判决。

对参加黑社会性质组织的犯罪嫌疑人、被告人不起诉或者免予刑事处罚的,应当予以训诫或者责令具结悔过并保证不再从事违法犯罪活动。

第十六条 对于有本规定第十四条第二款情形的犯罪嫌疑人、被告人,可以参照第九条至第十二条的规定,采取必要的保密和保护措施。

六、涉案财产的控制和处理

第十七条 根据黑社会性质组织犯罪案件的诉讼需要,公安机关、人民检察院、人民法院可以依法查询、查封、扣押、冻结与案件有关的下列财产:

(一)黑社会性质组织的财产;

(二)犯罪嫌疑人、被告人个人所有的财产;

(三)犯罪嫌疑人、被告人实际控制的财产;

(四)犯罪嫌疑人、被告人出资购买的财产;

(五)犯罪嫌疑人、被告人转移至他人的财产;

(六)其他与黑社会性质组织及其违法犯罪活动有关的财产。

对于本条第一款的财产,有证据证明与黑社会性质组织及其违法犯罪活动无关的,应当依法立即解除查封、扣押、冻结措施。

第十八条 查封、扣押、冻结财产的,应当一并扣押证明财产所有权或者相关权益的法律文件和文书。

在侦查、起诉、审判过程中,查询、查封、扣押、冻结财产需要其他部门配合或者执行的,应当分别经县级以上公安机关负责人、人民检察院检察长、人民法院院长批准,通知有关部门配合或者执行。

查封、扣押、冻结已登记的不动产、特定动产及其他财产,应当通知有关登记机关,在查封、扣押、冻结期间禁止被查封、扣押、冻结的财产流转,不得办理被查封、扣押、冻结财产权属变更、抵押等手续;必要时可以提取有关产权证照。

第十九条 对于不宜查封、扣押、冻结的经营性财产,公安机关、人民检察院、人民法院可以申请当地政府指定有关部门或者委托有关机构代管。

第二十条 对于黑社会性质组织形成、发展过程中,组织及其成员通过违法犯罪活动或者其他不正当手段聚敛的财产及其孳息、收益,以及用于违法犯罪的工具和其他财物,应当依法追缴、没收。

对于其他个人或者单位利用黑社会性质组织及其成员的违法犯罪活动获得的财产及其孳息、收益,应当依法追缴、没收。

对于明知是黑社会性质组织而予以资助、支持的,依法没收资助、支持的财产。

对于被害人的合法财产及其孳息,应当依法及时返还或者责令退赔。

第二十一条 依法应当追缴、没收的财产无法找到、被他人善意取得、价值灭失或者与其他合法财产混合且不可分割的,可以追缴、没收其他等值财产。

对黑社会性质组织及其成员聚敛的财产及其孳息、收益的数额,办案单位可以委托专门机构评估;确实无法准确计算的,可以根据有关法律规定及查明的事实、证据合理估算。

七、律师辩护代理

第二十二条 公安机关、人民检察院、人民法院应当依法保障律师在办理黑社会性质组织犯罪案件辩护代理工作中的执业权利,保证律师依法履行职责。

公安机关、人民检察院、人民法院应当加强与司法行政机关的沟通和协作,及时协调解决律师辩护代理工作中的问题;发现律师有违法违规行为的,应当及时通报司法行政机关,由司法行政机关依法处理。

第二十三条　律师接受委托参加黑社会性质组织犯罪案件辩护代理工作的,应当严格依法履行职责,依法行使执业权利,恪守律师职业道德和执业纪律。

第二十四条　司法行政机关应当建立对律师办理黑社会性质组织犯罪案件辩护代理工作的指导、监督机制,加强对敏感、重大的黑社会性质组织犯罪案件律师辩护代理工作的业务指导;指导律师事务所建立健全律师办理黑社会性质组织犯罪案件辩护代理工作的登记、报告、保密、集体讨论、档案管理等制度;及时查处律师从事黑社会性质组织犯罪案件辩护代理活动中的违法违规行为。

八、刑罚执行

第二十五条　对于组织、领导、参加黑社会性质组织的罪犯,执行机关应当采取严格的监管措施。

第二十六条　对于判处十年以上有期徒刑、无期徒刑,以及判处死刑缓期二年执行减为有期徒刑、无期徒刑的黑社会性质组织的组织者、领导者,应当跨省、自治区、直辖市异地执行刑罚。

对于被判处十年以下有期徒刑的黑社会性质组织的组织者、领导者,以及黑社会性质组织的积极参加者,可以跨省、自治区、直辖市或者在本省、自治区、直辖市内异地执行刑罚。

第二十七条　对组织、领导和积极参加黑社会性质组织的罪犯减刑的,执行机关应当依法提出减刑建议,报经省、自治区、直辖市监狱管理机关审核后,提请人民法院裁定。监狱管理机关审核时应当向同级人民检察院、公安机关通报情况。

对被判处不满十年有期徒刑的组织、领导和积极参加黑社会性质组织的罪犯假释的,依照前款规定处理。

对因犯组织、领导黑社会性质组织罪被判处十年以上有期徒刑、无期徒刑的罪犯,不得假释。

第二十八条　对于组织、领导和积极参加黑社会性质组织的罪犯,有下列情形之一,确实需要暂予监外执行的,应当依照法律规定的条件和程序严格审批;

(一)确有严重疾病而监狱不具备医治条件,必须保外就医,且适用保外就医不致危害社会的;

(二)怀孕或者正在哺乳自己婴儿的妇女;

(三)因年老、残疾完全丧失生活自理能力,适用暂予监外执行不致危害社会的。

暂予监外执行的审批机关在作出审批决定前,应当向同级人民察院、公安机关通报情况。

第二十九条　办理境外黑社会组织成员入境发展组织成员犯罪案件,参照本规定执行。

第三十条　本规定自印发之日起施行。

全国部分法院审理黑社会性质组织犯罪案件工作座谈会纪要

（2015年10月13日印发，
法〔2015〕291号）

为深入贯彻党的十八大和十八届三中、四中全会以及习近平总书记系列重要讲话精神，认真落实全国继续推进打黑除恶专项斗争电视电话会议和《中央政法委员会关于继续推进打黑除恶专项斗争的意见》的总体部署，进一步加强黑社会性质组织犯罪案件的审判工作，最高人民法院于2015年9月17日在广西壮族自治区北海市组织召开了全国部分法院审理黑社会性质组织犯罪案件工作座谈会。全国20个省、自治区、直辖市高级人民法院和部分中级人民法院、基层人民法院的主管副院长、刑事审判庭负责同志参加了此次会议。

会议传达、学习了中央关于不断深化打黑除恶专项斗争的有关文件、领导讲话和周强院长对会议所作的重要批示，最高人民法院副院长南英同志作了重要讲话。会议就如何加强打黑除恶审判工作进行了经验交流，并对当前审判工作中存在的新情况、新问题进行了全面、系统地归纳整理，对如何进一步明确和统一司法标准进行了深入研讨。会议认为，2009年印发的《最高人民法院、最高人民检察院、公安部办理黑社会性质组织犯罪案件座谈会纪要》（以下简称2009年《座谈会纪要》）对于指导审判实践发挥了重要作用。由于黑社会性质组织犯罪始终处于不断发展变化之中，且刑法、刑事诉讼法的相关规定均有修改，因此，对于一些实践中反映较为突出，但2009年《座谈会纪要》未作规定或者有关规定尚需进一步细化和完善的问题，确有必要及时加以研究解决。经过与会代表的认真研究，会议就人民法院审理黑社会性质组织犯罪案件时遇到的部分政策把握及具体应用法律问题形成了共识。同时，与会代表也一致认为，本次会议所取得的成果是对2009年《座谈会纪要》的继承与发展，原有内容审判时仍应遵照执行；内容有所补充的，审判时应结合执行。纪要如下。

一、准确把握形势、任务，坚定不移地在法治轨道上深入推进打黑除恶专项斗争

（一）毫不动摇地贯彻依法严惩方针

会议认为，受国内国际多种因素影响，我国黑社会性质组织犯罪活跃、多发的基本态势在短期内不会改变。此类犯罪组织化程度较高，又与各种社会治安问题相互交织，破坏力成倍增加，严重威胁人民群众的生命、财产安全。而且，黑社会性质组织还具有极强的向经济领域、政治领域渗透的能力，严重侵蚀维系社会和谐稳定的根基。各级人民法院必须切实增强政治意识、大局意识、忧患意识和责任意识，进一步提高思想认识，充分发挥审判职能作用，继续深入推进打黑除恶专项斗争，在严格把握黑社会性质组织认定标准的基础上始终保持对于此类犯罪的严惩高压态势。对于黑社会性质组织犯罪分子要依法加大资格刑、财产刑的适用力度，有效运用刑法中关于禁止令的规定，严格把握减刑、假释适用条件，全方位、全过程地体现从严惩处的精神。

(二)认真贯彻落实宽严相济刑事政策

审理黑社会性质组织犯罪案件应当认真贯彻落实宽严相济刑事政策。要依照法律规定,根据具体的犯罪事实、情节以及人身危险性、主观恶性、认罪悔罪态度等因素充分体现刑罚的个别化。同时要防止片面强调从宽或者从严,切实做到区别对待,宽严有据,罚当其罪。对于黑社会性质组织的组织者、领导者、骨干成员及其"保护伞",要依法从严惩处。根据所犯具体罪行的严重程度,依法应当判处重刑的要坚决判处重刑。确属罪行极其严重,依法应当判处死刑的,也必须坚决判处。对于不属于骨干成员的积极参加者以及一般参加者,确有自首、立功等法定情节的,要依法从轻、减轻或免除处罚;具有初犯、偶犯等酌定情节的,要依法酌情从宽处理。对于一般参加者,虽然参与实施了少量的违法犯罪活动,但系未成年人或是只起次要、辅助作用的,应当依法从宽处理。符合缓刑条件的,可以适用缓刑。

(三)正确把握"打早打小"与"打准打实"的关系

"打早打小",是指各级政法机关必须依照法律规定对有可能发展成为黑社会性质组织的犯罪集团、"恶势力"团伙及早打击,绝不能允许其坐大成势,而不应被理解为对尚处于低级形态的犯罪组织可以不加区分地一律按照黑社会性质组织处理。"打准打实",就是要求审判时应当本着实事求是的态度,在准确查明事实的基础上,构成什么罪,就按什么罪判处刑罚。对于不符合黑社会性质组织认定标准的,应当根据案件事实依照刑法中的相关条款处理,从而把法律规定落到实处。由于黑社会性质组织的形成、发展一般都会经历一个从小到大、由"恶"到"黑"的渐进过程,因此,"打早打小"不仅是政法机关依法惩治黑恶势力犯罪的一贯方针,而且是将黑社会性质组织及时消灭于雏形或萌芽状态,防止其社会危害进一步扩大的有效手段。而"打准打实"既是刑事审判维护公平正义的必然要求,也是确保打黑除恶工作实现预期目标的基本前提。只有打得准,才能有效摧毁黑社会性质组织;只有打得实,才能最大限度地体现惩治力度。"打早打小"和"打准打实"是分别从惩治策略、审判原则的角度对打黑除恶工作提出的要求,各级人民法院对于二者关系的理解不能简单化、片面化,要严格坚持依法办案原则,准确认定黑社会性质组织,既不能"降格",也不能"拔高",切实防止以"打早打小"替代"打准打实"。

(四)依法加大惩处"保护伞"的力度

个别国家机关工作人员的包庇、纵容,不仅会对黑社会性质组织的滋生、蔓延起到推波助澜的作用,而且会使此类犯罪的社会危害进一步加大。各级人民法院应当充分认识"保护伞"的严重危害,将依法惩处"保护伞"作为深化打黑除恶工作的重点环节和深入开展反腐败斗争的重要内容,正确运用刑法的有关规定,有效加大对于"保护伞"的惩处力度。同时,各级人民法院还应当全面发挥职能作用,对于审判工作中发现的涉及"保护伞"的线索,应当及时转往有关部门查处,确保实现"除恶务尽"的目标。

(五)严格依照法律履行审判职能(略)

二、关于黑社会性质组织的认定

(一)认定组织特征的问题

黑社会性质组织存续时间的起点,可

以根据涉案犯罪组织举行成立仪式或者进行类似活动的时间来认定。没有前述活动的，可以根据足以反映其初步形成核心利益或强势地位的重大事件发生时间进行审查判断。没有明显标志性事件的，也可以根据涉案犯罪组织为维护、扩大组织势力、实力、影响、经济基础或按照组织惯例、纪律、活动规约而首次实施有组织的犯罪活动的时间进行审查判断。存在、发展时间明显过短、犯罪活动尚不突出的，一般不应认定为黑社会性质组织。

黑社会性质组织应当具有一定规模，人数较多，组织成员一般在 10 人以上。其中，既包括已有充分证据证明但尚未归案的组织成员，也包括虽有参加黑社会性质组织的行为但因尚未达到刑事责任年龄或因其他法定情形而未被起诉，或者根据具体情节不作为犯罪处理的组织成员。

黑社会性质组织应有明确的组织者、领导者，骨干成员基本固定，并有比较明确的层级和职责分工，一般有三种类型的组织成员，即：组织者、领导者与积极参加者、一般参加者（也即“其他参加者”）。骨干成员，是指直接听命于组织者、领导者，并多次指挥或积极参与实施有组织的违法犯罪活动或者其他长时间在犯罪组织中起重要作用的犯罪分子，属于积极参加者的一部分。

对于黑社会性质组织的组织纪律、活动规约，应当结合制定、形成相关纪律、规约的目的与意图来进行审查判断。凡是为了增强实施违法犯罪活动的组织性、隐蔽性而制定或者自发形成，并用以明确组织内部人员管理、职责分工、行为规范、利益分配、行动准则等事项的成文或不成文的规定、约定，均可认定为黑社会性质组织的组织纪律、活动规约。

对于参加黑社会性质组织，没有实施其他违法犯罪活动，或者受蒙蔽、威胁参加黑社会性质组织，情节轻微的，可以不作为犯罪处理。对于参加黑社会性质组织后仅参与少量情节轻微的违法活动的，也可以不作为犯罪处理。

以下人员不属于黑社会性质组织的成员：1. 主观上没有加入社会性质组织的意愿，受雇到黑社会性质组织开办的公司、企业、社团工作，未参与或者仅参与少量黑社会性质组织的违法犯罪活动的人员；2. 因临时被纠集、雇佣或受蒙蔽为黑社会性质组织实施违法犯罪活动或者提供帮助、支持、服务的人员；3. 为维护或扩大自身利益而临时雇佣、收买、利用黑社会性质组织实施违法犯罪活动的人员。上述人员构成其他犯罪的，按照具体犯罪处理。

对于被起诉的组织成员主要为未成年人的案件，定性时应当结合“四个特征”审慎把握。

（二）认定经济特征的问题

“一定的经济实力”，是指黑社会性质组织在形成、发展过程中获取的，足以支持该组织运行、发展以及实施违法犯罪活动的经济利益。包括：1. 有组织地通过违法犯罪活动或其他不正当手段聚敛的资产；2. 有组织地通过合法的生产、经营活动获取的资产；3. 组织成员以及其他单位、个人资助黑社会性质组织的资产。通过上述方式获取的经济利益，即使是由部分组织成员个人掌控，也应计入黑社会性质组织的“经济实力”。

各高级人民法院可以根据本地区的实际情况，对黑社会性质组织所应具有的“经济实力”在 20～50 万元幅度内，自行划定一般掌握的最低数额标准。

是否将所获经济利益全部或部分用于违法犯罪活动或者维系犯罪组织的生存、发展,是认定经济特征的重要依据。无论获利后的分配与使用形式如何变化,只要在客观上能够起到豢养组织成员、维护组织稳定、壮大组织势力的作用即可认定。

(三)认定行为特征的问题

涉案犯罪组织仅触犯少量具体罪名的,是否应认定为黑社会性质组织要结合组织特征、经济特征和非法控制特征(危害性特征)综合判断,严格把握。

黑社会性质组织实施的违法犯罪活动包括非暴力性的违法犯罪活动,但暴力或以暴力相威胁始终是黑社会性质组织实施违法犯罪活动的基本手段,并随时可能付诸实施。因此,在黑社会性质组织所实施的违法犯罪活动中,一般应有一部分能够较明显地体现出暴力或以暴力相威胁的基本特征。否则,定性时应当特别慎重。

属于2009年《座谈会纪要》规定的五种情形之一的,一般应当认定为黑社会性质组织实施的违法犯罪活动,但确与维护和扩大组织势力、实力、影响、经济基础无任何关联,亦不是按照组织惯例、纪律、活动规约而实施,则应作为组织成员个人的违法犯罪活动处理。

组织者、领导者明知组织成员曾多次实施起因、性质类似的违法犯罪活动,但并未明确予以禁止的,如果该类行为对扩大组织影响起到一定作用,可以视为是按照组织惯例实施的违法犯罪活动。

(四)认定非法控制特征(危害性特征)的问题

黑社会性质组织所控制和影响的"一定区域",应当具备一定空间范围,并承载一定的社会功能。既包括一定数量的自然人共同居住、生活的区域,如乡镇、街道、较大的村庄等,也包括承载一定生产、经营或社会公共服务功能的区域,如矿山、工地、市场、车站、码头等。对此,应当结合一定地域范围内的人口数量、流量、经济规模等因素综合评判。如果涉案犯罪组织的控制和影响仅存在于一座酒店、一处娱乐会所等空间范围有限的场所或者人口数量、流量、经济规模较小的其他区域,则一般不能视为是对"一定区域"的控制和影响。

黑社会性质组织所控制和影响的"一定行业",是指在一定区域内存在的同类生产、经营活动。黑社会性质组织通过多次有组织地实施违法犯罪活动,对黄、赌、毒等非法行业形成非法控制或重大影响的,同样符合非法控制特征(危害性特征)的要求。

2009年《座谈会纪要》明确了可以认定为"在一定区域或者行业内,形成非法控制或者重大影响,严重破坏经济、社会生活秩序"的八种情形,适用时应当注意以下问题:第1种情形中的"致使合法利益受损的群众不敢举报、控告的",是指致使多名合法利益遭受犯罪或者严重违法活动侵害的群众不敢通过正当途径维护权益;第2种情形中的"形成垄断",是指可以操控、左右、决定与一定行业相关的准入、退出、经营、竞争等经济活动。"形成重要影响",是指对与一定行业相关的准入、退出、经营、竞争等经济活动具有较大的干预和影响能力,或者具有在该行业内占有较大市场份额、通过违法犯罪活动或以其他不正当手段在该行业内敛财数额巨大(最低数额标准由各高院根据本地情况在20~50万元的幅度内自行划定)、给该行业内从事生产、经营活动的其他单位、组织、个人造成直接经济损失100万元以上等情节之一;第3、4、5种情形中的"造成严重影响",是指具有致人重伤或致多人轻伤、通过违法犯罪活动或以其他不正当手段敛财数额巨大(数额标准同上)、造成直接经济损失100万元以上、多次引发群体性事件或引发大规模群体性事件等情节之一;第6种情形中的"多次干扰、破坏国家机关、行业管理部门以及村委会、居委会等基层群众自治组织的工作秩序",包括以拉拢、收买、威胁等手段多次得到国家机关工作人员包庇或纵容,或者多次对前述单位、组织中正常履行职务的工作人员进行打击、报复的情形;第7种情形中的"获取政治地位",是指当选各级人大代表、政协委员。"担任一定职务",是指在各级党政机关及其职能部门、基层群众自治组织中担任具有组织、领导、监督、管理职权的职务。

根据实践经验,在黑社会性质组织犯罪案件中,2009年《座谈会纪要》规定的八种情形一般不会单独存在,往往是两种以上的情形同时并存、相互交织,从而严重破坏经济、社会生活秩序。审判时,应当充分认识这一特点,准确认定该特征。

"四个特征"中其他构成要素均已具备,仅在成员人数、经济实力规模方面未达到本纪要提出的一般性要求,但已较为接近,且在非法控制特征(危害性特征)方面同时具有2009年《座谈会纪要》相关规定中的多种情形,其中至少有一种情形已明显超出认定标准的,也可以认定为黑社会性质组织。

三、关于刑事责任和刑罚适用

(一)已退出或者新接任的组织者、领导者的刑事责任问题

对于在黑社会性质组织形成、发展过程中已经退出的组织者、领导者,或者在加入黑社会性质组织之后逐步发展成为组织者、领导者的犯罪分子,应对其本人参与及其实际担任组织者、领导者期间该组织所犯的全部罪行承担刑事责任。

(二)量刑情节的运用问题

黑社会性质组织的成员虽不具有自首情节,但到案后能够如实供述自己罪行,并具有以下情形之一的,一般应当适用《刑法》第六十七条第三款的规定予以从轻处罚:1.如实交代大部分尚未被掌握的同种犯罪事实;2.如实交代尚未被掌握的较重的同种犯罪事实;3.如实交代犯罪事实,并对收集定案证据、查明案件事实有重要作用的。

积极参加者、一般参加者配合司法机关查办案件,有提供线索、帮助收集证据或者其他协助行为,并在侦破黑社会性质组织犯罪案件、认定黑社会性质组织及其主要成员、追缴黑社会性质组织违法所得、查处"保护伞"等方面起到较大作用的,即使依法不能认定立功,一般也应酌情对其从轻处罚。

组织者、领导者、骨干成员以及"保护伞"协助抓获同案中其他重要的组织成员,或者骨干成员能够检举揭发其他犯罪案件中罪行同样严重的犯罪分子,原则上依法应予从轻或者减轻处罚。组织者、领导者检举揭发与该黑社会性质组织及其违法犯罪活动有关联的其他犯罪线索,如果在是否认定立功的问题上存在事实、证据或法律适用方面的争议,应当严格把握。依法应认定为立功或者重大立功的,在决定是否从宽处罚、如何从宽处罚时,应当根据罪责刑相一致原则从严掌握。可能导致全案量刑明显失衡的,不予从宽

处罚。

审理黑社会性质组织犯罪案件,应当通过判处和执行民事赔偿以及积极开展司法救助来最大限度地弥补被害人及其亲属的损失。被害人及其亲属确有特殊困难,需要接受被认定为黑社会性质组织成员的被告人赔偿并因此表示谅解的,量刑时应当特别慎重。不仅应当查明谅解是否确属真实意思表示以及赔偿款项与黑社会性质组织违法所得有无关联,而且在决定是否从宽处罚、如何从宽处罚时,也应当从严掌握。可能导致全案量刑明显失衡的,不予从宽处罚。

(三)附加剥夺政治权利的适用问题

对于黑社会性质组织的组织者、领导者,可以适用《刑法》第五十六条第一款的规定附加剥夺政治权利。对于因犯参加黑社会性质组织罪被判处5年以上有期徒刑的积极参加者,也可以适用该规定附加剥夺政治权利。

(四)财产刑的适用问题

对于黑社会性质组织的组织者、领导者,依法应当并处没收财产。黑社会性质组织敛财数额特别巨大,但因犯罪分子转移、隐匿、毁灭证据或者拒不交代涉案财产来源、性质,导致违法所得以及其他应当追缴的财产难以准确查清和追缴的,对于组织者、领导者以及为该组织转移、隐匿资产的积极参加者可以并处没收个人全部财产。

对于确属骨干成员的积极参加者一般应当并处罚金或者没收财产。对于其他积极参加者和一般参加者,应当根据所参与实施违法犯罪活动的次数、性质、地位、作用、违法所得数额以及造成损失的数额等情节,依法决定财产刑的适用。

四、关于审判程序和证据审查

(一)分案审理问题

为便宜诉讼,提高审判效率,防止因法庭审理过于拖延而损害当事人的合法权益,对于被告人人数众多,合并审理难以保证庭审质量和庭审效率的黑社会性质组织犯罪案件,可分案进行审理。分案应当遵循有利于案件顺利审判、有利于查明案件事实、有利于公正定罪量刑的基本原则,确保有效质证、事实统一、准确定罪、均衡量刑。对于被作为组织者、领导者、积极参加者起诉的被告人,以及黑社会性质组织重大犯罪的共同作案人,分案审理影响庭审调查的,一般不宜分案审理。

(二)证明标准和证据运用问题

办理黑社会性质组织犯罪案件应当坚持"事实清楚,证据确实、充分"的法定证明标准。黑社会性质组织犯罪案件侦查取证难度大,"四个特征"往往难以通过实物证据来加以证明。审判时,应当严格依照刑事诉讼法及有关司法解释的规定对相关证据进行审查与认定。在确保被告人供述、证人证言、被害人陈述等言词证据取证合法、内容真实,且综合全案证据,已排除合理怀疑的情况下,同样可以认定案件事实。

(三)法庭举证、质证问题

审理黑社会性质组织犯罪案件时,合议庭应当按照刑事诉讼法及有关司法解释的规定有效引导控辩双方举证、质证。不得因为案件事实复杂、证据繁多,而不当限制控辩双方就证据问题进行交叉询问、相互辩论的权利。庭审时,应当根据案件事实繁简、被告人认罪态度等采取适当的举证、质证方式,突出重点;对黑社会性质组织的"四个特征"应单独举证、质证。为减少重复举证、质证,提高审判效率,庭审中可以先就认定具体违法犯罪事实的证据进行举证、质证。对认定黑社会性质组织行为特征的证据进行举证、质证时,之前已经宣读、出示过的证据,可以在归纳、概括之后简要征询控辩双方意见。对于认定组织特征、经济特征、非法控制特征(危害性特征)的证据,举证、质证时一般不宜采取前述方式。

(四)对出庭证人、鉴定人、被害人的保护问题

人民法院受理黑社会性质组织犯罪案件后,应当及时了解在侦查、审查起诉阶段有无对证人、鉴定人、被害人采取保护措施的情况,确保相关保护措施在审判阶段能够紧密衔接。开庭审理时,证人、鉴定人、被害人因出庭作证,本人或其近亲属的人身安全面临危险的,应当采取不暴露外貌、真实声音等出庭作证措施。必要时,可以进行物理隔离,以音频、视频传送的方式作证,并对声音、图像进行技术处理。有必要禁止特定人员接触证人、鉴定人、被害人及其近亲属的,以及需要对证人、鉴定人、被害人及其近亲属的人身和住宅采取专门性保护措施的,应当及时与检察机关、公安机关协调,确保保护措施及时执行到位。依法决定不公开证人、鉴定人、被害人真实姓名、住址和工作单位等个人信息的,应当在开庭前核实其身份。证人、鉴定人签署的如实作证保证书应当列入审判副卷,不得对外公开。

五、关于黑社会性质组织犯罪案件审判工作相关问题

(一)涉案财产的处置问题

审理黑社会性质组织犯罪案件时,对于依法查封、冻结、扣押的涉案财产,应当全面审查证明财产来源、性质、用途、权属及价值大小的有关证据,调查财产的权属情况以及是否属于违法所得或者依法应当追缴的其他财物。属于下列情形的,依法应当予以追缴、没收:1.黑社会性质组织形成、发展过程中,该组织及其组织成员通过违法犯罪活动或其他不正当手段聚敛的财产及其孳息、收益,以及合法获取的财产中实际用于支持该组织存在、发展和实施违法犯罪活动的部分;2.其他单位、个人为支持黑社会性质组织存在、发展以及实施违法犯罪活动而资助或提供的财产;3.组织成员通过个人实施的违法犯罪活动所聚敛的财产及其孳息、收益,以及供个人犯罪所用的本人财物;4.黑社会性质组织及其组织成员个人非法持有的违禁品;5.依法应当追缴的其他涉案财物。

(二)发挥庭审功能问题

黑社会性质组织犯罪案件开庭前,应当按照重大案件的审判要求做好从物质保障到人员配备等各方面的庭审准备,并制定详细的庭审预案和庭审提纲。同时,还要充分发挥庭前会议了解情况、听取意见的应有作用,提前了解控辩双方的主要意见,及时解决可能影响庭审顺利进行的程序性问题。对于庭前会议中出示的证据材料,控辩双方无异议的,庭审举证、质证时可以简化。庭审过程中,合议庭应当针对争议焦点和关键的事实、证据问题,有效引导控辩双方进行法庭调查与法庭辩论。庭审时,还应当全程录音录像,相关音视频资料应当存卷备查。

最高人民法院、最高人民检察院、公安部、司法部关于办理黑恶势力犯罪案件若干问题的指导意见

(2018年1月16日印发,法发〔2018〕1号)

为贯彻落实《中共中央、国务院关于开展扫黑除恶专项斗争的通知》精神,统一执法思想,提高执法效能,依法、准确、有力惩处黑恶势力犯罪,严厉打击"村霸"、宗族恶势力、"保护伞"以及"软暴力"等犯罪,根据《刑法》、《刑事诉讼法》及有关司法解释等规定,针对实践中遇到的新情况、新问题,现就办理黑恶势力犯罪案件若干问题制定如下指导意见:

一、总体要求

1. 各级人民法院、人民检察院、公安机关和司法行政机关应充分发挥职能作用,密切配合,相互支持,相互制约,形成打击合力,加强预防惩治黑恶势力犯罪长效机制建设。正确运用法律规定加大对黑恶势力违法犯罪以及"保护伞"惩处力度,在侦查、起诉、审判、执行各阶段体现依法从严惩处精神,严格掌握取保候审,严格掌握不起诉,严格掌握缓刑、减刑、假释,严格掌握保外就医适用条件,充分运用《刑法》总则关于共同犯罪和犯罪集团的规定加大惩处力度,充分利用资格刑、财产刑降低再犯可能性。对黑恶势力犯罪,注意串并研判、深挖彻查,防止就案办案,依法加快办理。坚持依法办案、坚持法定标准、坚持以审判为中心,加强法律监督,强化程序意识和证据意识,正确把握"打早打小"与"打准打实"的关系,贯彻落实宽严相济刑事政策,切实做到宽严有据,罚当其罪,实现政治效果、法律效果和社会效果的统一。

2. 各级人民法院、人民检察院、公安机关和司法行政机关应聚焦黑恶势力犯罪突出的重点地区、重点行业和重点领域,重点打击威胁政治安全特别是政权安全、制度安全以及向政治领域渗透的黑恶势力;把持基层政权、操纵破坏基层换届选举、垄断农村资源、侵吞集体资产的黑恶势力;利用家族、宗族势力横行乡里、称霸一方、欺压残害百姓的村霸乡霸等黑恶势力;在征地、租地、拆迁、工程项目建设等过程中煽动闹事的黑恶势力;在建筑工程、交通运输、矿产资源、渔业捕捞等行业、领域,强揽工程、恶意竞标、非法占地、滥开滥采的黑恶势力;在商贸集市、批发市场、车站码头、旅游景区等场所欺行霸市、强买强卖、收保护费的市霸、行霸等黑恶势力;操纵、经营"黄赌毒"等违法犯罪活动的黑恶势力;非法高利放贷、暴力讨债的黑恶势力;插手民间纠纷,充当"地下执法队"的黑恶势力;组织或雇佣网络"水军"在网上威胁、恐吓、侮辱、诽谤、滋扰的黑恶势力;境外黑社会入境发展渗透以及跨国跨境的黑恶势力。同时,坚决深挖黑恶势力"保护伞"。

二、依法认定和惩处黑社会性质组织犯罪

3. 黑社会性质组织应同时具备《刑法》第二百九十四条第五款中规定的"组织特征""经济特征""行为特征"和"危害性特征"。由于实践中许多黑社会性质组织并非这"四个特征"都很明显,在具

体认定时，应根据立法本意，认真审查、分析黑社会性质组织“四个特征”相互间的内在联系，准确评价涉案犯罪组织所造成的社会危害，做到不枉不纵。

4. 发起、创建黑社会性质组织，或者对黑社会性质组织进行合并、分立、重组的行为，应当认定为“组织黑社会性质组织”；实际对整个组织的发展、运行、活动进行决策、指挥、协调、管理的行为，应当认定为“领导黑社会性质组织”。黑社会性质组织的组织者、领导者，既包括通过一定形式产生的有明确职务、称谓的组织者、领导者，也包括在黑社会性质组织中被公认的事实上的组织者、领导者。

5. 知道或者应当知道是以实施违法犯罪为基本活动内容的组织，仍加入并接受其领导和管理的行为，应当认定为“参加黑社会性质组织”。没有加入黑社会性质组织的意愿，受雇到黑社会性质组织开办的公司、企业、社团工作，未参与黑社会性质组织违法犯罪活动的，不应认定为“参加黑社会性质组织”。

参加黑社会性质组织并具有以下情形之一的，一般应当认定为“积极参加黑社会性质组织”：多次积极参与黑社会性质组织的违法犯罪活动，或者积极参与较严重的黑社会性质组织的犯罪活动且作用突出，以及其他在组织中起重要作用的情形，如具体主管黑社会性质组织的财务、人员管理等事项。

6. 组织形成后，在一定时期内持续存在，应当认定为“形成较稳定的犯罪组织”。

黑社会性质组织一般在短时间内难以形成，而且成员人数较多，但鉴于“恶势力”团伙和犯罪集团向黑社会性质组织发展是一个渐进的过程，没有明显的性质转变的节点，故对黑社会性质组织存在时间、成员人数问题不宜作出“一刀切”的规定。

黑社会性质组织未举行成立仪式或者进行类似活动的，成立时间可以按照足以反映其初步形成非法影响的标志性事件的发生时间认定。没有明显标志性事件的，可以按照本意见中关于黑社会牲质组织违法犯罪活动认定范围的规定，将组织者、领导者与其他组织成员首次共同实施该组织犯罪活动的时间认定为该组织的形成时间。该组织者、领导者因未到案或者因死亡等法定情形未被起诉的，不影响认定。

黑社会性质组织成员既包括已有充分证据证明但尚未归案的组织成员，也包括虽有参加黑社会性质组织的行为但因尚未达到刑事责任年龄或因其他法定情形而未被起诉，或者根据具体情节不作为犯罪处理的组织成员。

7. 在组织的形成、发展过程中通过以下方式获取经济利益的，应当认定为“有组织地通过违法犯罪活动或者其他手段获取经济利益”：

(1)有组织地通过违法犯罪活动或其他不正当手段聚敛；

(2)有组织地以投资、控股、参股、合伙等方式通过合法的生产、经营活动获取；

(3)由组织成员提供或者通过其他单位、组织、个人资助取得。

8. 通过上述方式获得一定数量的经济利益，应当认定为“具有一定的经济实力”，同时也包括调动一定规模的经济资源用以支持该组织活动的能力。通过上述方式获取的经济利益，即使是由部分组织成员个人掌控，也应计入黑社会性质组织的“经济实力”。组织成员主动将个人或者家庭资产中的一部分用于支持该组织活动,其个人或者家庭资产可全部计入“一定的经济实力”,但数额明显较小或者仅提供动产、不动产使用权的除外。

由于不同地区的经济发展水平、不同行业的利润空间均存在很大差异,加之黑社会性质组织存在、发展的时间也各有不同,在办案时不能一般性地要求黑社会性质组织所具有的经济实力必须达到特定规模或特定数额。

9. 黑社会性质组织实施的违法犯罪活动包括非暴力性的违法犯罪活动,但暴力或以暴力相威胁始终是黑社会性质组织实施违法犯罪活动的基本手段,并随时可能付诸实施。暴力、威胁色彩虽不明显,但实际是以组织的势力、影响和犯罪能力为依托,以暴力、威胁的现实可能性为基础,足以使他人产生恐惧、恐慌进而形成心理强制或者足以影响、限制人身自由、危及人身财产安全或者影响正常生产、工作、生活的手段,属于《刑法》第二百九十四条第五款第(三)项中的“其他手段”,包括但不限于所谓的“谈判”“协商”“调解”以及滋扰、纠缠、哄闹、聚众造势等手段。

10. 为确立、维护、扩大组织的势力、影响、利益或者按照纪律规约、组织惯例多次实施违法犯罪活动,侵犯不特定多人的人身权利、民主权利、财产权利,破坏经济秩序、社会秩序,应当认定为“有组织地多次进行违法犯罪活动,为非作恶,欺压、残害群众”。

符合以下情形之一的,应当认定为是黑社会性质组织实施的违法犯罪活动:

(1)为该组织争夺势力范围、打击竞争对手、形成强势地位、谋取经济利益、树立非法权威、扩大非法影响、寻求非法保护、增强犯罪能力等实施的;

(2)按照该组织的纪律规约、组织惯例实施的;

(3)组织者、领导者直接组织、策划、指挥、参与实施的;

(4)由组织成员以组织名义实施,并得到组织者、领导者认可或者默许的;

(5)多名组织成员为逞强争霸、插手纠纷、报复他人、替人行凶、非法敛财而共同实施,并得到组织者、领导者认可或者默许的;

(6)其他应当认定为黑社会性质组织实施的。

11. 鉴于黑社会性质组织非法控制和影响的“一定区域”的大小具有相对性,不能简单地要求“一定区域”必须达到某一特定的空间范围,而应当根据具体案情,并结合黑社会性质组织对经济、社会生活秩序的危害程度加以综合分析判断。

通过实施违法犯罪活动,或者利用国家工作人员的包庇或者不依法履行职责,放纵黑社会性质组织进行违法犯罪活动的行为,称霸一方,并具有以下情形之一的,可认定为“在一定区域或者行业内,形成非法控制或者重大影响,严重破坏经济、社会生活秩序”:

(1)致使在一定区域内生活或者在一定行业内从事生产、经营的多名群众的合法利益遭受犯罪或者严重违法活动侵害后,不敢通过正当途径举报、控告的;

(2)对一定行业的生产、经营形成垄断,或者对涉及一定行业的准入、经营、竞争等经济活动形成重要影响的;

(3)插手民间纠纷、经济纠纷,在相关区域或者行业内造成严重影响的;

(4)干扰、破坏他人正常生产、经营、

生活,并在相关区域或者行业内造成严重影响的;

(5)干扰、破坏公司、企业、事业单位及社会团体的正常生产、经营、工作秩序,在相关区域、行业内造成严重影响,或者致使其不能正常生产、经营、工作的;

(6)多次干扰、破坏党和国家机关、行业管理部门以及村委会、居委会等基层群众自治组织的工作秩序,或者致使上述单位、组织的职能不能正常行使的;

(7)利用组织的势力、影响,帮助组织成员或者他人获取政治地位,或者在党政机关、基层群众自治组织中担任一定职务的;

(8)其他形成非法控制或者重大影响,严重破坏经济、社会生活秩序的情形。

12. 对于组织者、领导者和因犯参加黑社会性质组织罪被判处五年以上有期徒刑的积极参加者,可根据《刑法》第五十六条第一款的规定适用附加剥夺政治权利。对于符合《刑法》第三十七条之一规定的组织成员,应当依法禁止其从事相关职业。符合《刑法》第六十六条规定的组织成员,应当认定为累犯,依法从重处罚。

对于因有组织的暴力性犯罪被判处死刑缓期执行的黑社会性质组织犯罪分子,可以根据《刑法》第五十条第二款的规定同时决定对其限制减刑。对于因有组织的暴力性犯罪被判处十年以上有期徒刑、无期徒刑的黑社会性质组织犯罪分子,应当根据《刑法》第八十一条第二款规定,不得假释。

13. 对于组织者、领导者一般应当并处没收个人全部财产。对于确属骨干成员或者为该组织转移、隐匿资产的积极参加者,可以并处没收个人全部财产。对于其他组织成员,应当根据所参与实施违法犯罪活动的次数、性质、地位、作用、违法所得数额以及造成损失的数额等情节,依法决定财产刑的适用。

三、依法惩处恶势力犯罪

14. 具有下列情形的组织,应当认定为"恶势力":经常纠集在一起,以暴力、威胁或者其他手段,在一定区域或者行业内多次实施违法犯罪活动,为非作恶,欺压百姓,扰乱经济、社会生活秩序,造成较为恶劣的社会影响,但尚未形成黑社会性质组织的违法犯罪组织。恶势力一般为三人以上,纠集者相对固定,违法犯罪活动主要为强迫交易、故意伤害、非法拘禁、敲诈勒索、故意毁坏财物、聚众斗殴、寻衅滋事等,同时还可能伴随实施开设赌场、组织卖淫、强迫卖淫、贩卖毒品、运输毒品、制造毒品、抢劫、抢夺、聚众扰乱社会秩序、聚众扰乱公共场所秩序、交通秩序以及聚众"打砸抢"等。

在相关法律文书中的犯罪事实认定部分,可使用"恶势力"等表述加以描述。

15. 恶势力犯罪集团是符合犯罪集团法定条件的恶势力犯罪组织,其特征表现为:有三名以上的组织成员,有明显的首要分子,重要成员较为固定,组织成员经常纠集在一起,共同故意实施三次以上恶势力惯常实施的犯罪活动或者其他犯罪活动。

16. 公安机关、人民检察院、人民法院在办理恶势力犯罪案件时,应当依照上述规定,区别于普通刑事案件,充分运用《刑法》总则关于共同犯罪和犯罪集团的规定,依法从严惩处。

四、依法惩处利用"软暴力"实施的犯罪

17. 黑恶势力为谋取不法利益或者形

成非法影响,有组织地采用滋扰、纠缠、哄闹、聚众造势等手段侵犯人身权利、财产权利,破坏经济秩序、社会秩序,构成犯罪的,应当分别依照《刑法》相关规定处理:

(1)有组织地采用滋扰、纠缠、哄闹、聚众造势等手段扰乱正常的工作、生活秩序,使他人产生心理恐惧或者形成心理强制,分别属于《刑法》第二百九十三条第一款第(二)项规定的"恐吓"、《刑法》第二百二十六规定的"威胁",同时符合其他犯罪构成条件的,应分别以寻衅滋事罪、强迫交易罪定罪处罚。

《关于办理寻衅滋事刑事案件适用法律若干问题的解释》第二条至第四条中的"多次"一般应当理解为二年内实施寻衅滋事行为三次以上。二年内多次实施不同种类寻衅滋事行为的,应当追究刑事责任。

(2)以非法占有为目的强行索取公私财物,有组织地采用滋扰、纠缠、哄闹、聚众造势等手段扰乱正常的工作、生活秩序,同时符合《刑法》第二百七十四条规定的其他犯罪构成条件的,应当以敲诈勒索罪定罪处罚。同时由多人实施或者以统一着装、显露纹身、特殊标识以及其他明示或者暗示方式,足以使对方感知相关行为的有组织性的,应当认定为《关于办理敲诈勒索刑事案件适用法律若干问题的解释》第二条第(五)项规定的"以黑恶势力名义敲诈勒索"。

采用上述手段,同时又构成其他犯罪的,应当依法按照处罚较重的规定定罪处罚。

雇佣、指使他人有组织地采用上述手段强迫交易、敲诈勒索,构成强迫交易罪、敲诈勒索罪的,对雇佣者、指使者,一般应当以共同犯罪中的主犯论处。为强索不受法律保护的债务或者因其他非法目的,雇佣、指使他人有组织地采用上述手段寻衅滋事,构成寻衅滋事罪的,对雇佣者、指使者,一般应当以共同犯罪中的主犯论处;为追讨合法债务或者因婚恋、家庭、邻里纠纷等民间矛盾而雇佣、指使,没有造成严重后果的,一般不作为犯罪处理,但经有关部门批评制止或者处理处罚后仍继续实施的除外。

18. 黑恶势力有组织地多次短时间非法拘禁他人的,应当认定为《刑法》第二百三十八条规定的"以其他方法非法剥夺他人人身自由"。非法拘禁他人三次以上、每次持续时间在四小时以上,或者非法拘禁他人累计时间在十二小时以上的,应以非法拘禁罪定罪处罚。

五、依法打击非法放贷讨债的犯罪活动

19. 在民间借贷活动中,如有擅自设立金融机构、非法吸收公众存款、骗取贷款、套取金融机构资金发放高利贷以及为强索债务而实施故意杀人、故意伤害、非法拘禁、故意毁坏财物等行为的,应当按照具体犯罪侦查、起诉、审判。依法符合数罪并罚条件的,应当并罚。

20. 对于以非法占有为目的,假借民间借贷之名,通过"虚增债务""签订虚假借款协议""制造资金走账流水""肆意认定违约""转单平账""虚假诉讼"等手段非法占有他人财产,或者使用暴力、威胁手段强立债权、强行索债的,应当根据案件具体事实,以诈骗、强迫交易、敲诈勒索、抢劫、虚假诉讼等罪名侦查、起诉、审判。对于非法占有的被害人实际所得借款以外的虚高"债务"和以"保证金""中介费""服务费"等各种名目扣除或收取的额外费用,均应计入违法所得。对于名义上为被害人所得、但在案证据能够证明实际上却为犯罪嫌疑人、被告人实施后续犯罪所使用的“借款”，应予以没收。

21. 对采用讨债公司、“地下执法队”等各种形式有组织地进行上述活动，符合黑社会性质组织、犯罪集团认定标准的，应当按照组织、领导、参加黑社会性质组织罪或者犯罪集团侦查、起诉、审判。

六、依法严惩“保护伞”

22.《刑法》第二百九十四条第三款中规定的“包庇”行为，不要求相关国家机关工作人员利用职务便利。利用职务便利包庇黑社会性质组织的，酌情从重处罚。包庇、纵容黑社会性质组织，事先有通谋的，以具体犯罪的共犯论处。

23. 公安机关、人民检察院、人民法院对办理黑恶势力犯罪案件中发现的涉嫌包庇、纵容黑社会性质组织犯罪、收受贿赂、渎职侵权等违法违纪线索，应当及时移送有关主管部门和其他相关部门，坚决依法严惩充当黑恶势力“保护伞”的职务犯罪。

24. 依法严惩农村“两委”等人员在涉农惠农补贴申领与发放、农村基础设施建设、征地拆迁补偿、救灾扶贫优抚、生态环境保护等过程中，利用职权恃强凌弱、吃拿卡要、侵吞挪用国家专项资金的犯罪，以及放纵、包庇“村霸”和宗族恶势力，致使其坐大成患；或者收受贿赂、徇私舞弊，为“村霸”和宗族恶势力充当“保护伞”的犯罪。

25. 公安机关在侦办黑恶势力犯罪案件中，应当注意及时深挖其背后的腐败问题，对于涉嫌特别重大贿赂犯罪案件的犯罪嫌疑人，及时会同有关机关，执行《刑事诉讼法》第三十七条的相关规定，辩护律师在侦查期间会见在押犯罪嫌疑人的，应当经相关侦查机关许可。

七、依法处置涉案财产

26. 公安机关、人民检察院、人民法院根据黑社会性质组织犯罪案件的诉讼需要，应当依法查询、查封、扣押、冻结全部涉案财产。公安机关侦查期间，要会同工商、税务、国土、住建、审计、人民银行等部门全面调查涉黑组织及其成员的财产状况。

对于不宜查封、扣押、冻结的经营性资产，可以申请当地政府指定有关部门或者委托有关机构代管或者托管。

对黑社会性质组织及其成员聚敛的财产及其孳息、收益的数额，办案单位可以委托专门机构评估；确实无法准确计算的，可以根据有关法律规定及查明的事实、证据合理估算。

27. 对于依法查封、冻结、扣押的黑社会性质组织涉案财产，应当全面收集、审查证明其来源、性质、用途、权属及价值大小的有关证据。符合下列情形之一的，应当依法追缴、没收：

(1)组织及其成员通过违法犯罪活动或其他不正当手段聚敛的财产及其孳息、收益；

(2)组织成员通过个人实施违法犯罪活动聚敛的财产及其孳息、收益；

(3)其他单位、组织、个人为支持该组织活动资助或主动提供的财产；

(4)通过合法的生产、经营活动获取的财产或者组织成员个人、家庭合法资产中，实际用于支持该组织活动的部分；

(5)组织成员非法持有的违禁品以及供犯罪所用的本人财物；

(6)其他单位、组织、个人利用黑社会性质组织及其成员的违法犯罪活动获取的财产及其孳息、收益；

(7)其他应当追缴、没收的财产。

28. 违法所得已用于清偿债务或者转让给他人,具有下列情形之一的,应当依法追缴:

(1)对方明知是通过违法犯罪活动或者其他不正当手段聚敛的财产及其孳息、收益的;

(2)对方无偿或者以明显低于市场价格取得的;

(3)对方是因非法债务或者违法犯罪活动而取得的;

(4)通过其他方式恶意取得的。

29. 依法应当追缴、没收的财产无法找到、被他人善意取得、价值灭失或者与其他合法财产混合且不可分割的,可以追缴、没收其他等值财产。

30. 黑社会性质组织犯罪嫌疑人、被告人逃匿,在通缉一年后不能到案,或者犯罪嫌疑人、被告人死亡的,应当依照法定程序没收其违法所得。

31. 对于依法查封、扣押、冻结的涉案财产,有证据证明确属被害人合法财产,或者确与黑社会性质组织及其违法犯罪活动无关的,应予以返还。

八、其他

32. 司法行政机关应当加强对律师办理黑社会性质组织犯罪案件辩护代理工作的指导监督,指导律师事务所建立健全律师办理黑社会性组织犯罪的请示报告、集体研究和检查督导制度。办案机关应当依法保障律师各项诉讼权利,为律师履行辩护代理职责提供便利,防止因妨碍辩护律师依法履行职责,对案件办理带来影响。

对黑恶势力犯罪案件开庭审理时,人民法院应当通知对辩护律师所属事务所具有监督管理权限的司法行政机关派员旁听。

对于律师违反会见规定的;以串联组团,联署签名、发表公开信,组织网上聚集、声援等方式或者借个案研讨之名,制造舆论压力,攻击、诋毁司法机关和司法制度,干扰诉讼活动正常进行的;煽动、教唆和组织当事人或者其他人员到司法机关或者其他国家机关静坐、举牌、打横幅、喊口号等,扰乱公共秩序、危害公共安全的;违反规定披露、散布不公开审理案件的信息、材料,或者本人、其他律师在办案过程中获悉的有关案件重要信息、证据材料的,司法行政机关应当依照有关规定予以处罚,构成犯罪的,依法追究刑事责任。对于律师辩护、代理活动中的违法违规行为,相关办案机关要注意收集固定证据,提出司法建议。

33. 监狱应当从严管理组织、领导、参加黑社会性质组织的罪犯,严格罪犯会见、减刑、假释、暂予监外执行等执法活动。对于判处十年以上有期徒刑、无期徒刑,判处死刑缓期二年执行减为有期徒刑、无期徒刑的黑社会性质组织的组织者、领导者,实行跨省、自治区、直辖市异地关押。积极开展黑恶势力犯罪线索排查,教育引导服刑人员检举揭发。社区矫正机构对拟适用社区矫正的黑恶势力犯罪案件的犯罪嫌疑人、被告人,应当认真开展调查评估,为准确适用非监禁刑提供参考。社区矫正机构对组织、领导、参加黑社会性质组织的社区服刑人员要严格监管教育。公安机关、人民检察院、人民法院、司法行政机关要加强协调联动,完善应急处置工作机制,妥善处理社区服刑人员脱管漏管和重新违法犯罪等情形。

34. 办理黑恶势力犯罪案件,要依法

建立完善重大疑难案件会商、案件通报等工作机制，进一步加强政法机关之间的配合，形成打击合力；对群众关注度高、社会影响力大的黑恶势力犯罪案件，依法采取挂牌督办、上提一级、异地管辖、指定管辖以及现场联合督导等措施，确保案件质量。根据办理黑恶势力犯罪案件的实际情况，及时汇总问题，归纳经验，适时出台有关证据标准，切实保障有力打击。

35. 公安机关、人民检察院、人民法院办理黑社会性质组织犯罪案件，应当按照《刑事诉讼法》《关于办理黑社会性质组织犯罪案件若干问题的规定》《公安机关办理刑事案件证人保护工作规定》的有关规定，对证人、报案人、控告人、举报人、鉴定人、被害人采取保护措施。

犯罪嫌疑人、被告人积极配合侦查、起诉、审判工作，在查明黑社会性质组织的组织结构和组织者、领导者的地位作用，组织实施的重大犯罪事实，追缴、没收赃款赃物，打击"保护伞"等方面提供重要线索和证据，经查证属实的，可以根据案件具体情况，依法从轻、减轻或者免除处罚，并对其参照证人保护的有关规定采取保护措施。前述规定，对于确属组织者、领导者的犯罪嫌疑人、被告人应当严格掌握。

对于确有重大立功或者对于认定重大犯罪事实或追缴、没收涉黑财产具有重要作用的组织成员，确有必要通过分案审理予以保护的，公安机关可以与人民检察院、人民法院在充分沟通的基础上作出另案处理的决定。

对于办理黑社会性质组织犯罪案件的政法干警及其近亲属，需要采取保护措施的，可以参照《刑事诉讼法》等关于证人保护的有关规定，采取禁止特定的人员接触、对人身和住宅予以专门性保护等必要的措施，以确保办理案件的司法工作人员及其近亲属的人身安全。

36. 本意见颁布实施后，最高人民法院、最高人民检察院、公安部、司法部联合发布或者单独制定的其他相关规范性文件，内容如与本意见中有关规定不一致的，应当按照本意见执行。

最高人民法院、最高人民检察院、公安部、司法部关于办理恶势力刑事案件若干问题的意见

（2019 年 4 月 9 日印发）

为认真贯彻落实中央开展扫黑除恶专项斗争的部署要求，正确理解和适用最高人民法院、最高人民检察院、公安部、司法部《关于办理黑恶势力犯罪案件若干问题的指导意见》（法发〔2018〕1 号，以下简称《指导意见》），根据刑法、刑事诉讼法及有关司法解释、规范性文件的规定，现对办理恶势力刑事案件若干问题提出如下意见：

一、办理恶势力刑事案件的总体要求（略）

二、恶势力、恶势力犯罪集团的认定标准

4. 恶势力，是指经常纠集在一起，以暴力、威胁或者其他手段，在一定区域或者行业内多次实施违法犯罪活动，为非作恶，欺压百姓，扰乱经济、社会生活秩序，

造成较为恶劣的社会影响,但尚未形成黑社会性质组织的违法犯罪组织。

5. 单纯为牟取不法经济利益而实施的“黄、赌、毒、盗、抢、骗”等违法犯罪活动,不具有为非作恶、欺压百姓特征的,或者因本人及近亲属的婚恋纠纷、家庭纠纷、邻里纠纷、劳动纠纷、合法债务纠纷而引发以及其他确属事出有因的违法犯罪活动,不应作为恶势力案件处理。

6. 恶势力一般为3人以上,纠集者相对固定。纠集者,是指在恶势力实施的违法犯罪活动中起组织、策划、指挥作用的违法犯罪分子。成员较为固定且符合恶势力其他认定条件,但多次实施违法犯罪活动是由不同的成员组织、策划、指挥,也可以认定为恶势力,有前述行为的成员均可以认定为纠集者。

恶势力的其他成员,是指知道或应当知道与他人经常纠集在一起是为了共同实施违法犯罪,仍按照纠集者的组织、策划、指挥参与违法犯罪活动的违法犯罪分子,包括已有充分证据证明但尚未归案的人员,以及因法定情形不予追究法律责任,或者因参与实施恶势力违法犯罪活动已受到行政或刑事处罚的人员。仅因临时雇佣或被雇佣、利用或被利用以及受蒙蔽参与少量恶势力违法犯罪活动的,一般不应认定为恶势力成员。

7. “经常纠集在一起,以暴力、威胁或者其他手段,在一定区域或者行业内多次实施违法犯罪活动”,是指犯罪嫌疑人、被告人于2年之内,以暴力、威胁或者其他手段,在一定区域或者行业内多次实施违法犯罪活动,且包括纠集者在内,至少应有2名相同的成员多次参与实施违法犯罪活动。对于“纠集在一起”时间明显较短,实施违法犯罪活动刚刚达到“多次”标准,且尚不足以造成较为恶劣影响的,一般不应认定为恶势力。

8. 恶势力实施的违法犯罪活动,主要为强迫交易、故意伤害、非法拘禁、敲诈勒索、故意毁坏财物、聚众斗殴、寻衅滋事,但也包括具有为非作恶、欺压百姓特征,主要以暴力、威胁为手段的其他违法犯罪活动。

恶势力还可能伴随实施开设赌场、组织卖淫、强迫卖淫、贩卖毒品、运输毒品、制造毒品、抢劫、抢夺、聚众扰乱社会秩序、聚众扰乱公共场所秩序、交通秩序以及聚众“打砸抢”等违法犯罪活动,但仅有前述伴随实施的违法犯罪活动,且不能认定具有为非作恶、欺压百姓特征的,一般不应认定为恶势力。

9. 办理恶势力刑事案件,“多次实施违法犯罪活动”至少应包括1次犯罪活动。对于反复实施强迫交易、非法拘禁、敲诈勒索、寻衅滋事等单一性质的违法行为,单次情节、数额尚不构成犯罪,但按照刑法或者有关司法解释、规范性文件的规定累加后应作为犯罪处理的,在认定是否属于“多次实施违法犯罪活动”时,可将已用于累加的违法行为计为1次犯罪活动,其他违法行为单独计算违法活动的次数。

已被处理或者已作为民间纠纷调处,后经查证确属恶势力违法犯罪活动的,均可以作为认定恶势力的事实依据,但不符合法定情形的,不得重新追究法律责任。

10. 认定“扰乱经济、社会生活秩序,造成较为恶劣的社会影响”,应当结合侵害对象及其数量、违法犯罪次数、手段、规模、人身损害后果、经济损失数额、违法所得数额、引起社会秩序混乱的程度以及对人民群众安全感的影响程度等因素综合把握。

11. 恶势力犯罪集团,是指符合恶势力全部认定条件,同时又符合犯罪集团法定条件的犯罪组织。

恶势力犯罪集团的首要分子,是指在恶势力犯罪集团中起组织、策划、指挥作用的犯罪分子。恶势力犯罪集团的其他成员,是指知道或者应当知道是为共同实施犯罪而组成的较为固定的犯罪组织,仍接受首要分子领导、管理、指挥,并参与该组织犯罪活动的犯罪分子。

恶势力犯罪集团应当有组织地实施多次犯罪活动,同时还可能伴随实施违法活动。恶势力犯罪集团所实施的违法犯罪活动,参照《指导意见》第十条第二款的规定认定。

12. 全部成员或者首要分子、纠集者以及其他重要成员均为未成年人、老年人、残疾人的,认定恶势力、恶势力犯罪集团时应当特别慎重。

三、正确运用宽严相济刑事政策的有关要求

13. 对于恶势力的纠集者、恶势力犯罪集团的首要分子、重要成员以及恶势力、恶势力犯罪集团共同犯罪中罪责严重的主犯,要正确运用法律规定加大惩处力度,对依法应当判处重刑或死刑的,坚决判处重刑或死刑。同时要严格掌握取保候审,严格掌握不起诉,严格掌握缓刑、减刑、假释,严格掌握保外就医适用条件,充分利用资格刑、财产刑等法律手段全方位从严惩处。对于符合刑法第三十七条之一规定的,可以依法禁止其从事相关职业。

对于恶势力、恶势力犯罪集团的其他成员,在共同犯罪中罪责相对较小、人身危险性、主观恶性相对不大的,具有自首、立功、坦白、初犯等法定或酌定从宽处罚情节,可以依法从轻、减轻或免除处罚。认罪认罚或者仅参与实施少量的犯罪活动且只起次要、辅助作用,符合缓刑条件的,可以适用缓刑。

14. 恶势力犯罪集团的首要分子检举揭发与该犯罪集团及其违法犯罪活动有关联的其他犯罪线索,如果在认定立功的问题上存在事实、证据或法律适用方面的争议,应当严格把握。依法应认定为立功或者重大立功的,在决定是否从宽处罚、如何从宽处罚时,应当根据罪责刑相一致原则从严掌握。可能导致全案量刑明显失衡的,不予从宽处罚。

恶势力犯罪集团的其他成员如果能够配合司法机关查办案件,有提供线索、帮助收集证据或者其他协助行为,并在侦破恶势力犯罪集团案件、查处"保护伞"等方面起到较大作用的,即使依法不能认定立功,一般也应酌情对其从轻处罚。

15. 犯罪嫌疑人、被告人同时具有法定、酌定从严和法定、酌定从宽处罚情节的,量刑时要根据所犯具体罪行的严重程度,结合被告人在恶势力、恶势力犯罪集团中的地位、作用、主观恶性、人身危险性等因素整体把握。对于恶势力的纠集者、恶势力犯罪集团的首要分子、重要成员,量刑时要体现总体从严。对于在共同犯罪中罪责相对较小、人身危险性、主观恶性相对不大,且能够真诚认罪悔罪的其他成员,量刑时要体现总体从宽。

16. 恶势力刑事案件的犯罪嫌疑人、被告人自愿如实供述自己的罪行,承认指控的犯罪事实,愿意接受处罚的,可以依法从宽处理,并适用认罪认罚从宽制度。对于犯罪性质恶劣、犯罪手段残忍、社会危害严重的犯罪嫌疑人、被告人,虽然认罪认罚,但不足以从轻处罚的,不适用该制度。

四、办理恶势力刑事案件的其他问题

17. 人民法院、人民检察院、公安机关经审查认为案件符合恶势力认定标准的，应当在起诉意见书、起诉书、判决书、裁定书等法律文书中的案件事实部分明确表述，列明恶势力的纠集者、其他成员、违法犯罪事实以及据以认定的证据；符合恶势力犯罪集团认定标准的，应当在上述法律文书中明确定性，列明首要分子、其他成员、违法犯罪事实以及据以认定的证据，并引用刑法总则关于犯罪集团的相关规定。被告人及其辩护人对恶势力定性提出辩解和辩护意见，人民法院可以在裁判文书中予以评析回应。

恶势力刑事案件的起诉意见书、起诉书、判决书、裁定书等法律文书，可以在案件事实部分先概述恶势力、恶势力犯罪集团的概括事实，再分述具体的恶势力违法犯罪事实。

18. 对于公安机关未在起诉意见书中明确认定，人民检察院在审查起诉期间发现构成恶势力或者恶势力犯罪集团，且相关违法犯罪事实已经查清，证据确实、充分，依法应追究刑事责任的，应当作出起诉决定，根据查明的事实向人民法院提起公诉，并在起诉书中明确认定为恶势力或者恶势力犯罪集团。人民检察院认为恶势力相关违法犯罪事实不清、证据不足，或者存在遗漏恶势力违法犯罪事实、遗漏同案犯罪嫌疑人等情形需要补充侦查的，应当提出具体的书面意见，连同案卷材料一并退回公安机关补充侦查；人民检察院也可以自行侦查，必要时可以要求公安机关提供协助。

对于人民检察院未在起诉书中明确认定，人民法院在审判期间发现构成恶势力或恶势力犯罪集团的，可以建议人民检察院补充或者变更起诉；人民检察院不同意或者在七日内未回复意见的，人民法院不应主动认定，可仅就起诉指控的犯罪事实依照相关规定作出判决、裁定。

审理被告人或者被告人的法定代理人、辩护人、近亲属上诉的案件时，一审判决认定黑社会性质组织有误的，二审法院应当纠正，符合恶势力、恶势力犯罪集团认定标准，应当作出相应认定；一审判决认定恶势力或恶势力犯罪集团有误的，应当纠正，但不得升格认定；一审判决未认定恶势力或恶势力犯罪集团的，不得增加认定。

19. 公安机关、人民检察院、人民法院应当分别以起诉意见书、起诉书、裁判文书所明确的恶势力、恶势力犯罪集团，作为相关数据的统计依据。

20. 本意见自2019年4月9日起施行。

最高人民法院、最高人民检察院、公安部、司法部关于办理实施“软暴力”的刑事案件若干问题的意见

(2019年4月9日印发)

为深入贯彻落实中央关于开展扫黑除恶专项斗争的决策部署，正确理解和适用最高人民法院、最高人民检察院、公安部、司法部《关于办理黑恶势力犯罪案件若干问题的指导意见》(法发〔2018〕1号，以下简称《指导意见》)关于对依法惩处采用“软暴力”实施犯罪的规定，依法办

理相关犯罪案件，根据《刑法》《刑事诉讼法》及有关司法解释、规范性文件，提出如下意见：

一、"软暴力"是指行为人为谋取不法利益或形成非法影响，对他人或者在有关场所进行滋扰、纠缠、哄闹、聚众造势等，足以使他人产生恐惧、恐慌进而形成心理强制，或者足以影响、限制人身自由、危及人身财产安全，影响正常生活、工作、生产、经营的违法犯罪手段。

二、"软暴力"违法犯罪手段通常的表现形式有：

（一）侵犯人身权利、民主权利、财产权利的手段，包括但不限于跟踪贴靠、扬言传播疾病、揭发隐私、恶意举报、诬告陷害、破坏、霸占财物等；

（二）扰乱正常生活、工作、生产、经营秩序的手段，包括但不限于非法侵入他人住宅、破坏生活设施、设置生活障碍、贴报喷字、拉挂横幅、燃放鞭炮、播放哀乐、摆放花圈、泼洒污物、断水断电、堵门阻工，以及通过驱赶从业人员、派驻人员据守等方式直接或间接地控制厂房、办公区、经营场所等；

（三）扰乱社会秩序的手段，包括但不限于摆场架势示威、聚众哄闹滋扰、拦路闹事等；

（四）其他符合本意见第一条规定的"软暴力"手段。

通过信息网络或者通讯工具实施，符合本意见第一条规定的违法犯罪手段，应当认定为"软暴力"。

三、行为人实施"软暴力"，具有下列情形之一，可以认定为足以使他人产生恐惧、恐慌进而形成心理强制或者足以影响、限制人身自由、危及人身财产安全或者影响正常生活、工作、生产、经营：

（一）黑恶势力实施的；

（二）以黑恶势力名义实施的；

（三）曾因组织、领导、参加黑社会性质组织、恶势力犯罪集团、恶势力以及因强迫交易、非法拘禁、敲诈勒索、聚众斗殴、寻衅滋事等犯罪受过刑事处罚后又实施的；

（四）携带凶器实施的；

（五）有组织地实施的或者足以使他人认为暴力、威胁具有现实可能性的；

（六）其他足以使他人产生恐惧、恐慌进而形成心理强制或者足以影响、限制人身自由、危及人身财产安全或者影响正常生活、工作、生产、经营的情形。

由多人实施的，编造或明示暴力违法犯罪经历进行恐吓的，或者以自报组织、头目名号、统一着装、显露纹身、特殊标识以及其他明示、暗示方式，足以使他人感知相关行为的有组织性的，应当认定为"以黑恶势力名义实施"。

由多人实施的，只要有部分行为人符合本条第一款第（一）项至第（四）项所列情形的，该项即成立。

虽然具体实施"软暴力"的行为人不符合本条第一款第（一）项、第（三）项所列情形，但雇佣者、指使者或者纠集者符合的，该项成立。

四、"软暴力"手段属于《刑法》第二百九十四条第五款第（三）项"黑社会性质组织行为特征"以及《指导意见》第14条"恶势力"概念中的"其他手段"。

五、采用"软暴力"手段，使他人产生心理恐惧或者形成心理强制，分别属于《刑法》第二百二十六条规定的"威胁"、《刑法》第二百九十三条第一款第（二）项规定的"恐吓"，同时符合其他犯罪构成要件的，应当分别以强迫交易罪、寻衅滋事罪定罪处罚。

《关于办理寻衅滋事刑事案件适用法律若干问题的解释》第二条至第四条中的“多次”一般应当理解为二年内实施寻衅滋事行为三次以上。三次以上寻衅滋事行为既包括同一类别的行为,也包括不同类别的行为;既包括未受行政处罚的行为,也包括已受行政处罚的行为。

六、有组织地多次短时间非法拘禁他人的,应当认定为《刑法》第二百三十八条规定的“以其他方法非法剥夺他人人身自由”。非法拘禁他人三次以上、每次持续时间在四小时以上,或者非法拘禁他人累计时间在十二小时以上的,应当以非法拘禁罪定罪处罚。

七、以“软暴力”手段非法进入或者滞留他人住宅的,应当认定为《刑法》第二百四十五条规定的“非法侵入他人住宅”,同时符合其他犯罪构成要件的,应当以非法侵入住宅罪定罪处罚。

八、以非法占有为目的,采用“软暴力”手段强行索取公私财物,同时符合《刑法》第二百七十四条规定的其他犯罪构成要件的,应当以敲诈勒索罪定罪处罚。

《关于办理敲诈勒索刑事案件适用法律若干问题的解释》第三条中“二年内敲诈勒索三次以上”,包括已受行政处罚的行为。

九、采用“软暴力”手段,同时构成两种以上犯罪的,依法按照处罚较重的犯罪定罪处罚,法律另有规定的除外。

十、根据本意见第五条、第八条规定,对已受行政处罚的行为追究刑事责任的,行为人先前所受的行政拘留处罚应当折抵刑期,罚款应当抵扣罚金。

十一、雇佣、指使他人采用“软暴力”手段强迫交易、敲诈勒索,构成强迫交易罪、敲诈勒索罪的,对雇佣者、指使者,一般应当以共同犯罪中的主犯论处。

为强索不受法律保护的债务或者因其他非法目的,雇佣、指使他人采用“软暴力”手段非法剥夺他人人身自由构成非法拘禁罪,或者非法侵入他人住宅、寻衅滋事,构成非法侵入住宅罪、寻衅滋事罪的,对雇佣者、指使者,一般应当以共同犯罪中的主犯论处;因本人及近亲属合法债务、婚恋、家庭、邻里纠纷等民间矛盾而雇佣、指使,没有造成严重后果的,一般不作为犯罪处理,但经有关部门批评制止或者处理处罚后仍继续实施的除外。

十二、本意见自2019年4月9日起施行。

最高人民法院、最高人民检察院、公安部、司法部关于办理黑恶势力刑事案件中财产处置若干问题的意见

(2019年4月9日,高检发〔2019〕6号)

为认真贯彻中央关于开展扫黑除恶专项斗争的重大决策部署,彻底铲除黑恶势力犯罪的经济基础,根据刑法、刑事诉讼法及最高人民法院、最高人民检察院、公安部、司法部《关于办理黑恶势力犯罪案件若干问题的指导意见》(法发〔2018〕1号)等规定,现对办理黑恶势力刑事案件中财产处置若干问题提出如下意见:

一、总体工作要求

1. 公安机关、人民检察院、人民法院

在办理黑恶势力犯罪案件时，在查明黑恶势力组织违法犯罪事实并对黑恶势力成员依法定罪量刑的同时，要全面调查黑恶势力组织及其成员的财产状况，依法对涉案财产采取查询、查封、扣押、冻结等措施，并根据查明的情况，依法作出处理。

前款所称处理既包括对涉案财产中犯罪分子违法所得、违禁品、供犯罪所用的本人财物以及其他等值财产等依法追缴、没收，也包括对被害人的合法财产等依法返还。

2. 对涉案财产采取措施，应当严格依照法定条件和程序进行。严禁在立案之前查封、扣押、冻结财物。凡查封、扣押、冻结的财物，都应当及时进行审查，防止因程序违法、工作瑕疵等影响案件审理以及涉案财产处置。

3. 对涉案财产采取措施，应当为犯罪嫌疑人、被告人及其所扶养的亲属保留必需的生活费用和物品。

根据案件具体情况，在保证诉讼活动正常进行的同时，可以允许有关人员继续合理使用有关涉案财产，并采取必要的保值保管措施，以减少案件办理对正常办公和合法生产经营的影响。

4. 要彻底摧毁黑社会性质组织的经济基础，防止其死灰复燃。对于组织者、领导者一般应当并处没收个人全部财产。对于确属骨干成员或者为该组织转移、隐匿资产的积极参加者，可以并处没收个人全部财产。对于其他组织成员，应当根据所参与实施违法犯罪活动的次数、性质、地位、作用、违法所得数额以及造成损失的数额等情节，依法决定财产刑的适用。

5. 要深挖细查并依法打击黑恶势力组织进行的洗钱以及掩饰、隐瞒犯罪所得、犯罪所得收益等转变涉案财产性质的关联犯罪。

二、依法采取措施全面收集证据

6. 公安机关侦查期间，要根据《公安机关办理刑事案件适用查封、冻结措施相关规定》（公通字〔2013〕30 号）等有关规定，会同有关部门全面调查黑恶势力及其成员的财产状况，并可以根据诉讼需要，先行依法对下列财产采取查询、查封、扣押、冻结等措施：

（1）黑恶势力组织的财产；

（2）犯罪嫌疑人个人所有的财产；

（3）犯罪嫌疑人实际控制的财产；

（4）犯罪嫌疑人出资购买的财产；

（5）犯罪嫌疑人转移至他人名下的财产；

（6）犯罪嫌疑人涉嫌洗钱以及掩饰、隐瞒犯罪所得、犯罪所得收益等犯罪涉及的财产；

（7）其他与黑恶势力组织及其违法犯罪活动有关的财产。

7. 查封、扣押、冻结已登记的不动产、特定动产及其他财产，应当通知有关登记机关，在查封、扣押、冻结期间禁止被查封、扣押、冻结的财产流转，不得办理被查封、扣押、冻结财产权属变更、抵押等手续。必要时可以提取有关产权证照。

8. 公安机关对于采取措施的涉案财产，应当全面收集证明其来源、性质、用途、权属及价值的有关证据，审查判断是否应当依法追缴、没收。

证明涉案财产来源、性质、用途、权属及价值的有关证据一般包括：

（1）犯罪嫌疑人、被告人关于财产来源、性质、用途、权属、价值的供述；

（2）被害人、证人关于财产来源、性质、用途、权属、价值的陈述、证言；

（3）财产购买凭证、银行往来凭据、

资金注入凭据、权属证明等书证;

(4)财产价格鉴定、评估意见;

(5)可以证明财产来源、性质、用途、权属、价值的其他证据。

9. 公安机关对应当依法追缴、没收的财产中黑恶势力组织及其成员聚敛的财产及其孳息、收益的数额,可以委托专门机构评估;确实无法准确计算的,可以根据有关法律规定及查明的事实、证据合理估算。

人民检察院、人民法院对于公安机关委托评估、估算的数额有不同意见的,可以重新委托评估、估算。

10. 人民检察院、人民法院根据案件诉讼的需要,可以依法采取上述相关措施。

三、准确处置涉案财产

11. 公安机关、人民检察院应当加强对在案财产审查甄别。在移送审查起诉、提起公诉时,一般应当对采取措施的涉案财产提出处理意见建议,并将采取措施的涉案财产及其清单随案移送。

人民检察院经审查,除对随案移送的涉案财产提出处理意见外,还需要对继续追缴的尚未被足额查封、扣押的其他违法所得提出处理意见建议。

涉案财产不宜随案移送的,应当按照相关法律、司法解释的规定,提供相应的清单、照片、录像、封存手续、存放地点说明、鉴定、评估意见、变价处理凭证等材料。

12. 对于不宜查封、扣押、冻结的经营性财产,公安机关、人民检察院、人民法院可以申请当地政府指定有关部门或者委托有关机构代管或者托管。

对易损毁、灭失、变质等不宜长期保存的物品,易贬值的汽车、船艇等物品,或者市场价格波动大的债券、股票、基金等财产,有效期即将届满的汇票、本票、支票等,经权利人同意或者申请,并经县级以上公安机关、人民检察院或者人民法院主要负责人批准,可以依法出售、变现或者先行变卖、拍卖,所得价款由扣押、冻结机关保管,并及时告知当事人或者其近亲属。

13. 人民检察院在法庭审理时应当对证明黑恶势力犯罪涉案财产情况进行举证质证,对于既能证明具体个罪又能证明经济特征的涉案财产情况相关证据在具体个罪中出示后,在经济特征中可以简要说明,不再重复出示。

14. 人民法院作出的判决,除应当对随案移送的涉案财产作出处理外,还应当在判决书中写明需要继续追缴尚未被足额查封、扣押的其他违法所得;对随案移送财产进行处理时,应当列明相关财产的具体名称、数量、金额、处置情况等。涉案财产或者有关当事人人数较多,不宜在判决书正文中详细列明的,可以概括叙述并另附清单。

15. 涉案财产符合下列情形之一的,应当依法追缴、没收:

(1)黑恶势力组织及其成员通过违法犯罪活动或者其他不正当手段聚敛的财产及其孳息、收益;

(2)黑恶势力组织成员通过个人实施违法犯罪活动聚敛的财产及其孳息、收益;

(3)其他单位、组织、个人为支持该黑恶势力组织活动资助或者主动提供的财产;

(4)黑恶势力组织及其成员通过合法的生产、经营活动获取的财产或者组织成员个人、家庭合法财产中,实际用于支持该组织活动的部分；

(5)黑恶势力组织成员非法持有的违禁品以及供犯罪所用的本人财物；

(6)其他单位、组织、个人利用黑恶势力组织及其成员违法犯罪活动获取的财产及其孳息、收益；

(7)其他应当追缴、没收的财产。

16. 应当追缴、没收的财产已用于清偿债务或者转让、或者设置其他权利负担，具有下列情形之一的，应当依法追缴：

(1)第三人明知是违法犯罪所得而接受的；

(2)第三人无偿或者以明显低于市场的价格取得涉案财物的；

(3)第三人通过非法债务清偿或者违法犯罪活动取得涉案财物的；

(4)第三人通过其他方式恶意取得涉案财物的。

17. 涉案财产符合下列情形之一的，应当依法返还：

(1)有证据证明确属被害人合法财产；

(2)有证据证明确与黑恶势力及其违法犯罪活动无关。

18. 有关违法犯罪事实查证属实后，对于有证据证明权属明确且无争议的被害人、善意第三人或者其他人员合法财产及其孳息，凡返还不损害其他利害关系人的利益，不影响案件正常办理的，应当在登记、拍照或者录像后，依法及时返还。

四、依法追缴、没收其他等值财产

19. 有证据证明依法应当追缴、没收的涉案财产无法找到、被他人善意取得、价值灭失或者与其他合法财产混合且不可分割的，可以追缴、没收其他等值财产。

对于证明前款各种情形的证据，公安机关或者人民检察院应当及时调取。

20. 本意见第 19 条所称“财产无法找到”，是指有证据证明存在依法应当追缴、没收的财产，但无法查证财产去向、下落的。被告人有不同意见的，应当出示相关证据。

21. 追缴、没收的其他等值财产的数额，应当与无法直接追缴、没收的具体财产的数额相对应。

五、其他

22. 本意见所称孳息，包括天然孳息和法定孳息。

本意见所称收益，包括但不限于以下情形：

(1)聚敛、获取的财产直接产生的收益，如使用聚敛、获取的财产购买彩票中奖所得收益等；

(2)聚敛、获取的财产用于违法犯罪活动产生的收益，如使用聚敛、获取的财产赌博赢利所得收益、非法放贷所得收益、购买并贩卖毒品所得收益等；

(3)聚敛、获取的财产投资、置业形成的财产及其收益；

(4)聚敛、获取的财产和其他合法财产共同投资或者置业形成的财产中，与聚敛、获取的财产对应的份额及其收益；

(5)应当认定为收益的其他情形。

23. 本意见未规定的黑恶势力刑事案件财产处置工作其他事宜，根据相关法律法规、司法解释等规定办理。

24. 本意见自 2019 年 4 月 9 日起施行。

最高人民法院、最高人民检察院、公安部、司法部关于办理利用信息网络实施黑恶势力犯罪刑事案件若干问题的意见

(2019 年 7 月 23 日公布,自 2019 年 10 月 21 日起施行)

为认真贯彻中央关于开展扫黑除恶专项斗争的部署要求,正确理解和适用最高人民法院、最高人民检察院、公安部、司法部《关于办理黑恶势力犯罪案件若干问题的指导意见》(法发〔2018〕1 号,以下简称《指导意见》),根据刑法、刑事诉讼法、网络安全法及有关司法解释、规范性文件的规定,现对办理利用信息网络实施黑恶势力犯罪案件若干问题提出以下意见:

一、总体要求(略)

二、依法严惩利用信息网络实施的黑恶势力犯罪

4. 对通过发布、删除负面或虚假信息,发送侮辱性信息、图片,以及利用信息、电话骚扰等方式,威胁、要挟、恐吓、滋扰他人,实施黑恶势力违法犯罪的,应当准确认定,依法严惩。

5. 利用信息网络威胁他人,强迫交易,情节严重的,依照刑法第二百二十六条的规定,以强迫交易罪定罪处罚。

6. 利用信息网络威胁、要挟他人,索取公私财物,数额较大,或者多次实施上述行为的,依照刑法第二百七十四条的规定,以敲诈勒索罪定罪处罚。

7. 利用信息网络辱骂、恐吓他人,情节恶劣,破坏社会秩序的,依照刑法第二百九十三条第一款第二项的规定,以寻衅滋事罪定罪处罚。

编造虚假信息,或者明知是编造的虚假信息,在信息网络上散布,或者组织、指使人员在信息网络上散布,起哄闹事,造成公共秩序严重混乱的,依照刑法第二百九十三条第一款第四项的规定,以寻衅滋事罪定罪处罚。

8. 侦办利用信息网络实施的强迫交易、敲诈勒索等非法敛财类案件,确因被害人人数众多等客观条件的限制,无法逐一收集被害人陈述的,可以结合已收集的被害人陈述,以及经查证属实的银行账户交易记录、第三方支付结算账户交易记录、通话记录、电子数据等证据,综合认定被害人人数以及涉案资金数额等。

三、准确认定利用信息网络实施犯罪的黑恶势力

9. 利用信息网络实施违法犯罪活动,符合刑法、《指导意见》以及最高人民法院、最高人民检察院、公安部、司法部《关于办理恶势力刑事案件若干问题的意见》等规定的恶势力、恶势力犯罪集团、黑社会性质组织特征和认定标准的,应当依法认定为恶势力、恶势力犯罪集团、黑社会性质组织。

认定利用信息网络实施违法犯罪活动的黑社会性质组织时,应当依照刑法第二百九十四条第五款规定的“四个特征”进行综合审查判断,分析“四个特征”相互间的内在联系,根据在网络空间和现实

社会中实施违法犯罪活动对公民人身、财产、民主权利和经济、社会生活秩序所造成的危害,准确评价,依法予以认定。

10.认定利用信息网络实施违法犯罪的黑恶势力组织特征,要从违法犯罪的起因、日的,以及组织、策划、指挥、参与人员是否相对固定,组织形成后是否持续进行犯罪活动、是否有明确的职责分工、行为规范、利益分配机制等方面综合判断。利用信息网络实施违法犯罪的黑恶势力组织成员之间一般通过即时通讯工具、通讯群组、电子邮件、网盘等信息网络方式联络,对部分组织成员通过信息网络方式联络实施黑恶势力违法犯罪活动,即使相互未见面、彼此不熟识,不影响对组织特征的认定。

11.利用信息网络有组织地通过实施违法犯罪活动或者其他手段获取一定数量的经济利益,用于违法犯罪活动或者支持该组织生存、发展的,应当认定为符合刑法第二百九十四条第五款第二项规定的黑社会性质组织经济特征。

12.通过线上线下相结合的方式,有组织地多次利用信息网络实施违法犯罪活动,侵犯不特定多人的人身权利、民主权利、财产权利,破坏经济秩序、社会秩序的,应当认定为符合刑法第二百九十四条第五款第三项规定的黑社会性质组织行为特征。单纯通过线上方式实施的违法犯罪活动,且不具有为非作恶、欺压残害群众特征的,一般不应作为黑社会性质组织行为特征的认定依据。

13.对利用信息网络实施黑恶势力犯罪非法控制和影响的"一定区域或者行业",应当结合危害行为发生地或者危害行业的相对集中程度,以及犯罪嫌疑人、被告人在网络空间和现实社会中的控制和影响程度综合判断。虽然危害行为发生地、危害的行业比较分散,但涉案犯罪组织利用信息网络多次实施强迫交易、寻衅滋事、敲诈勒索等违法犯罪活动,在网络空间和现实社会造成重大影响,严重破坏经济、社会生活秩序的,应当认定为"在一定区域或者行业内,形成非法控制或者重大影响"。

四、利用信息网络实施黑恶势力犯罪案件管辖

14.利用信息网络实施的黑恶势力犯罪案件管辖依照《关于办理黑社会性质组织犯罪案件若干问题的规定》和《关于办理网络犯罪案件适用刑事诉讼程序若干问题的意见》的有关规定确定,坚持以犯罪地管辖为主、被告人居住地管辖为辅的原则。

15.公安机关可以依法对利用信息网络实施的黑恶势力犯罪相关案件并案侦查或者指定下级公安机关管辖,并案侦查或者由上级公安机关指定管辖的公安机关应当全面调查收集能够证明黑恶势力犯罪事实的证据,各涉案地公安机关应当积极配合。并案侦查或者由上级公安机关指定管辖的案件,需要提请批准逮捕、移送审查起诉、提起公诉的,由立案侦查的公安机关所在地的人民检察院、人民法院受理。

16.人民检察院对于公安机关提请批准逮捕、移送审查起诉的利用信息网络实施的黑恶势力犯罪案件,人民法院对于已进入审判程序的利用信息网络实施的黑恶势力犯罪案件,被告人及其辩护人提出的管辖异议成立,或者办案单位发现没有管辖权的,受案人民检察院、人民法院经审查,可以依法报请与有管辖权的人民检察院、人民法院共同的上级人民检察院、人民法院指定管辖,不再自行移交。对于在审查批准逮捕阶段,上级检察机关已经指定管辖的案件,审查起诉工作由同一人民检察院受理。人民检察院、人民法院认为应当分案起诉、审理的,可以依法分案处理。

17. 公安机关指定下级公安机关办理利用信息网络实施的黑恶势力犯罪案件的,应当同时抄送同级人民检察院、人民法院。人民检察院认为需要依法指定审判管辖的,应当协商同级人民法院办理指定管辖有关事宜。

18. 本意见自 2019 年 10 月 21 日起施行。

国家监察委员会、最高人民法院、最高人民检察院、公安部、司法部关于在扫黑除恶专项斗争中分工负责、互相配合、互相制约、严惩公职人员涉黑涉恶违法犯罪问题的通知

(2019 年 10 月 20 日)

为认真贯彻党中央关于开展扫黑除恶专项斗争的重大决策部署,全面落实习近平总书记关于扫黑除恶与反腐败结合起来,与基层"拍蝇"结合起来的重要批示指示精神,进一步规范和加强各级监察机关、人民法院、人民检察院、公安机关、司法行政机关在惩治公职人员涉黑涉恶违法犯罪中的协作配合,推动扫黑除恶专项斗争取得更大成效,根据刑法、刑事诉讼法、监察法及最高人民法院、最高人民检察院、公安部、司法部《关于办理黑恶势力犯罪若干问题的指导意见》的规定,现就有关问题通知如下:

一、总体要求(略)

二、严格查办公职人员涉黑涉恶违法犯罪案件(略)

三、准确适用法律

6. 国家机关工作人员包庇黑社会性质的组织,或者纵容黑社会性质的组织进行违法犯罪活动的,以包庇、纵容黑社会性质组织罪定罪处罚。

国家机关工作人员既组织、领导、参加黑社会性质组织,又对该组织进行包庇、纵容的,应当以组织、领导、参加黑社会性质组织罪从重处罚。

国家机关工作人员包庇、纵容黑社会性质组织,该包庇、纵容行为同时还构成包庇罪、伪证罪、妨害作证罪、徇私枉法罪、滥用职权罪、帮助犯罪分子逃避处罚罪、徇私舞弊不移交刑事案件罪,以及徇私舞弊减刑、假释、暂予监外执行罪等其他犯罪的,应当择一重罪处罚。

7. 非国家机关工作人员与国家机关工作人员共同包庇、纵容黑社会性质组织,且不属于该组织成员的,以包庇、纵容黑社会性质组织罪的共犯论处。非国家机关工作人员的行为同时还构成其他犯罪,应当择一重罪处罚。

8. 公职人员利用职权或职务便利实施包庇、纵容黑恶势力、伪证、妨害作证,帮助毁灭、伪造证据,以及窝藏、包庇等犯罪行为的,应酌情从重处罚。事先有通谋而实施支持帮助、包庇纵容等保护行为

的，以具体犯罪的共犯论处。

四、形成打击公职人员涉黑涉恶违法犯罪的监督制约、配合衔接机制

9. 监察机关、公安机关、人民检察院、人民法院在查处、办理公职人员涉黑涉恶违法犯罪案件过程中，应当分工负责，互相配合，互相制约，通过对办理的黑恶势力犯罪案件逐案筛查、循线深挖等方法，保证准确有效地执行法律，彻查公职人员涉黑涉恶违法犯罪。

10. 监察机关、公安机关、人民检察院、人民法院要建立完善查处公职人员涉黑涉恶违法犯罪重大疑难案件研判分析、案件通报等工作机制，进一步加强监察机关、政法机关之间的配合，共同研究和解决案件查处、办理过程中遇到的疑难问题，相互及时通报案件进展情况，进一步增强工作整体性、协同性。

11. 监察机关、公安机关、人民检察院、人民法院、司法行政机关要建立公职人员涉黑涉恶违法犯罪线索移送制度，对工作中收到、发现的不属于本单位管辖的公职人员涉黑涉恶违法犯罪线索，应当及时移送有管辖权的单位处置。

移送公职人员涉黑涉恶违法犯罪线索，按照以下规定执行：

（1）公安机关、人民检察院、人民法院、司法行政机关在工作中发现公职人员涉黑涉恶违法犯罪中的涉嫌贪污贿赂、失职渎职等职务违法和职务犯罪等应由监察机关管辖的问题线索，应当移送监察机关。

（2）监察机关在信访举报、监督检查、审查调查等工作中发现公职人员涉黑涉恶违法犯罪线索的，应当将其中涉嫌包庇、纵容黑社会性质组织犯罪等由公安机关管辖的案件线索移送公安机关处理。

（3）监察机关、公安机关、人民检察院、人民法院、司法行政机关在工作中发现司法工作人员涉嫌利用职权实施的侵犯公民权利、损害司法公正案件线索的，根据有关规定，经沟通后协商确定管辖机关。

12. 监察机关、公安机关、人民检察院接到移送的公职人员涉黑涉恶违法犯罪线索，应当按各自职责及时处置、核查，依法依规作出处理，并做好沟通反馈工作；必要时，可以与相关线索或案件并案处理。

对于重大疑难复杂的公职人员涉黑涉恶违法犯罪案件，监察机关、公安机关、人民检察院可以同步立案、同步查处，根据案件办理需要，相互移送相关证据，加强沟通配合，做到协同推进。

13. 公职人员涉黑涉恶违法犯罪案件中，既涉嫌贪污贿赂、失职渎职等严重职务违法或职务犯罪，又涉嫌公安机关、人民检察院管辖的违法犯罪的，一般应当以监察机关为主调查，公安机关、人民检察院予以协助。监察机关和公安机关、人民检察院分别立案调查（侦查）的，由监察机关协调调查和侦查工作。犯罪行为仅涉及公安机关、人民检察院管辖的，由有关机关依法按照管辖职能进行侦查。

14. 公安机关、人民检察院、人民法院对公职人员涉黑涉恶违法犯罪移送审查起诉、提起公诉、作出裁判，必要时听取监察机关的意见。

15. 公职人员涉黑涉恶违法犯罪案件开庭审理时，人民法院应当通知监察机关派员旁听，也可以通知涉罪公职人员所在单位、部门、行业以及案件涉及的单位、部门、行业等派员旁听。

最高人民法院、最高人民检察院、公安部、司法部关于依法严惩利用未成年人实施黑恶势力犯罪的意见

(2020年3月23日印发,
高检发〔2020〕4号)

扫黑除恶专项斗争开展以来,各级人民法院、人民检察院、公安机关和司法行政机关坚决贯彻落实中央部署,严格依法办理涉黑涉恶案件,取得了显著成效。近期,不少地方在办理黑恶势力犯罪案件时,发现一些未成年人被胁迫、利诱参与、实施黑恶势力犯罪,严重损害了未成年人健康成长,严重危害社会和谐稳定。为保护未成年人合法权益,依法从严惩治胁迫、教唆、引诱、欺骗等利用未成年人实施黑恶势力犯罪的行为,根据有关法律规定,制定本意见。

一、突出打击重点,依法严惩利用未成年人实施黑恶势力犯罪的行为

(一)黑社会性质组织、恶势力犯罪集团、恶势力,实施下列行为之一的,应当认定为"利用未成年人实施黑恶势力犯罪":

1. 胁迫、教唆未成年人参加黑社会性质组织、恶势力犯罪集团、恶势力,或者实施黑恶势力违法犯罪活动的;

2. 拉拢、引诱、欺骗未成年人参加黑社会性质组织、恶势力犯罪集团、恶势力,或者实施黑恶势力违法犯罪活动的;

3. 招募、吸收、介绍未成年人参加黑社会性质组织、恶势力犯罪集团、恶势力,或者实施黑恶势力违法犯罪活动的;

4. 雇用未成年人实施黑恶势力违法犯罪活动的;

5. 其他利用未成年人实施黑恶势力犯罪的情形。

黑社会性质组织、恶势力犯罪集团、恶势力,根据刑法和《最高人民法院、最高人民检察院、公安部、司法部关于办理黑恶势力犯罪案件若干问题的指导意见》《最高人民法院、最高人民检察院、公安部、司法部关于办理恶势力刑事案件若干问题的意见》等法律、司法解释性质文件的规定认定。

(二)利用未成年人实施黑恶势力犯罪,具有下列情形之一的,应当从重处罚:

1. 组织、指挥未成年人实施故意杀人、故意伤害致人重伤或者死亡、强奸、绑架、抢劫等严重暴力犯罪的;

2. 向未成年人传授实施黑恶势力犯罪的方法、技能、经验的;

3. 利用未达到刑事责任年龄的未成年人实施黑恶势力犯罪的;

4. 为逃避法律追究,让未成年人自首、做虚假供述顶罪的;

5. 利用留守儿童、在校学生实施犯罪的;

6. 利用多人或者多次利用未成年人实施犯罪的;

7. 针对未成年人实施违法犯罪的;

8. 对未成年人负有监护、教育、照料等特殊职责的人员利用未成年人实施黑恶势力违法犯罪活动的;

9. 其他利用未成年人违法犯罪应当从重处罚的情形。

(三)黑社会性质组织、恶势力犯罪集团利用未成年人实施犯罪的,对犯罪集

团首要分子，按照集团所犯的全部罪行，从重处罚。对犯罪集团的骨干成员，按照其组织、指挥的犯罪，从重处罚。

恶势力利用未成年人实施犯罪的，对起组织、策划、指挥作用的纠集者，恶势力共同犯罪中罪责严重的主犯，从重处罚。

黑社会性质组织、恶势力犯罪集团、恶势力成员直接利用未成年人实施黑恶势力犯罪的，从重处罚。

（四）有胁迫、教唆、引诱等利用未成年人参加黑社会性质组织、恶势力犯罪集团、恶势力，或者实施黑恶势力犯罪的行为，虽然未成年人并没有加入黑社会性质组织、恶势力犯罪集团、恶势力，或者没有实际参与实施黑恶势力违法犯罪活动，对黑社会性质组织、恶势力犯罪集团、恶势力的首要分子、骨干成员、纠集者、主犯和直接利用的成员，即便有自首、立功、坦白等从轻减轻情节的，一般也不予从轻或者减轻处罚。

（五）被黑社会性质组织、恶势力犯罪集团、恶势力利用，偶尔参与黑恶势力犯罪活动的未成年人，按其所实施的具体犯罪行为定性，一般不认定为黑恶势力犯罪组织成员。

二、严格依法办案，形成打击合力

（一）人民法院、人民检察院、公安机关和司法行政机关要加强协作配合，对利用未成年人实施黑恶势力犯罪的，在侦查、起诉、审判、执行各阶段，要全面体现依法从严惩处精神，及时查明利用未成年人的犯罪事实，避免纠缠细枝末节。要加强对下指导，对利用未成年人实施黑恶势力犯罪的重特大案件，可以单独或者联合挂牌督办。对于重大疑难复杂和社会影响较大的案件，办案部门应当及时层报上级人民法院、人民检察院、公安机关和司法行政机关。

（二）公安机关要注意发现涉黑涉恶案件中利用未成年人犯罪的线索，落实以审判为中心的刑事诉讼制度改革要求，强化程序意识和证据意识，依法收集、固定和运用证据，并可以就案件性质、收集证据和适用法律等听取人民检察院意见建议。从严掌握取保候审、监视居住的适用，对利用未成年人实施黑恶势力犯罪的首要分子、骨干成员、纠集者、主犯和直接利用的成员，应当依法提请人民检察院批准逮捕。

（三）人民检察院要加强对利用未成年人实施黑恶势力犯罪案件的立案监督，发现应当立案而不立案的，应当要求公安机关说明理由，认为理由不能成立的，应当依法通知公安机关立案。对于利用未成年人实施黑恶势力犯罪的案件，人民检察院可以对案件性质、收集证据和适用法律等提出意见建议。对于符合逮捕条件的依法坚决批准逮捕，符合起诉条件的依法坚决起诉。不批准逮捕要求公安机关补充侦查、审查起诉阶段退回补充侦查的，应当分别制作详细的补充侦查提纲，写明需要补充侦查的事项、理由、侦查方向、需要补充收集的证据及其证明作用等，送交公安机关开展相关侦查补证活动。

（四）办理利用未成年人实施黑恶势力犯罪案件要将依法严惩与认罪认罚从宽有机结合起来。对利用未成年人实施黑恶势力犯罪的，人民检察院要考虑其利用未成年人的情节，向人民法院提出从严处罚的量刑建议。对于虽然认罪，但利用未成年人实施黑恶势力犯罪，犯罪性质恶劣、犯罪手段残忍、严重损害未成年人身心健康,不足以从宽处罚的,在提出量刑建议时要依法从严从重。对被黑恶势力利用实施犯罪的未成年人,自愿如实认罪、真诚悔罪,愿意接受处罚的,应当依法提出从宽处理的量刑建议。

(五)人民法院要对利用未成年人实施黑恶势力犯罪案件及时审判,从严处罚。严格掌握缓刑、减刑、假释的适用,严格掌握暂予监外执行的适用条件。依法运用财产刑、资格刑,最大限度铲除黑恶势力"经济基础"。对于符合刑法第三十七条之一规定的,应当依法禁止其从事相关职业。

三、积极参与社会治理,实现标本兼治(略)

最高人民检察院关于认真贯彻执行全国人大常委会《关于刑法第二百九十四条第一款的解释》和《关于刑法第三百八十四条第一款的解释》的通知

(2002年5月13日,高检发研字〔2002〕11号)

各省、自治区、直辖市人民检察院,军事检察院,新疆生产建设兵团人民检察院:

第九届全国人民代表大会常务委员会第二十七次会议于2002年4月28日通过了《全国人民代表大会常务委员会关于〈中华人民共和国刑法〉第二百九十四条第一款的解释》和《全国人民代表大会常务委员会关于〈中华人民共和国刑法〉第三百八十四条第一款的解释》(以下统称《解释》)。为保证《解释》的正确贯彻执行,特通知如下:

一、本次全国人大常委会审议通过的有关刑法的两个法律解释……

二、要正确适用法律,积极发挥检察职能作用。各级人民检察院在办理相关案件的过程中,要充分运用刑法和立法解释的有关规定,依法开展立案侦查和批捕、起诉工作,严格按照《解释》加强对黑社会性质组织和挪用公款犯罪的打击力度,积极发挥检察机关的职能作用。根据《解释》的规定,黑社会性质组织是否有国家工作人员充当"保护伞",即是否要有国家工作人员参与犯罪或者为犯罪活动提供非法保护,不影响黑社会性质组织的认定,对于同时具备《解释》规定的黑社会性质组织四个特征的案件,应依法予以严惩,以体现"打早打小"的立法精神。同时,对于确有"保护伞"的案件,也要坚决一查到底,绝不姑息。对于国家工作人员利用职务上的便利,实施《解释》规定的挪用公款"归个人使用"的三种情形之一的,无论使用公款的是个人还是单位以及单位的性质如何,均应认定为挪用公款归个人使用,构成犯罪的,应依法严肃查处。

三、要注意区分罪与非罪界限,切实提高办案质量。(略)

四、要坚持打防并举,综合治理。(略)

五、要加强领导,进一步加大工作指导的力度。(略)

最高人民法院、最高人民检察院、公安部关于依法惩治侵害英雄烈士名誉、荣誉违法犯罪的意见

（2022年1月11日，
公通字〔2022〕5号）

为依法惩治侵害英雄烈士名誉、荣誉违法犯罪活动，维护社会公共利益，传承和弘扬英雄烈士精神、爱国主义精神，培育和践行社会主义核心价值观，根据《中华人民共和国刑法》《中华人民共和国刑事诉讼法》《中华人民共和国英雄烈士保护法》等法律和相关司法解释的规定，制定本意见。

一、关于英雄烈士的概念和范围

根据英雄烈士保护法第二条的规定，刑法第二百九十九条之一规定的"英雄烈士"，主要是指近代以来，为了争取民族独立和人民解放，实现国家富强和人民幸福，促进世界和平和人类进步而毕生奋斗、英勇献身的英雄烈士。

司法适用中，对英雄烈士的认定，应当重点注意把握以下几点：

（一）英雄烈士的时代范围主要为"近代以来"，重点是中国共产党、人民军队和中华人民共和国历史上的英雄烈士。英雄烈士既包括个人，也包括群体；既包括有名英雄烈士，也包括无名英雄烈士。

（二）对经依法评定为烈士的，应当认定为刑法第二百九十九条之一规定的"英雄烈士"；已牺牲、去世，尚未评定为烈士，但其事迹和精神为我国社会普遍公认的英雄模范人物或者群体，可以认定为"英雄烈士"。

（三）英雄烈士是指已经牺牲、去世的英雄烈士。对侮辱、诽谤或者以其他方式侵害健在的英雄模范人物或者群体名誉、荣誉，构成犯罪的，适用刑法有关侮辱、诽谤罪等规定追究刑事责任，符合适用公诉程序条件的，由公安机关依法立案侦查，人民检察院依法提起公诉。但是，被侵害英雄烈士群体中既有已经牺牲的烈士，也有健在的英雄模范人物的，可以统一适用侵害英雄烈士名誉、荣誉罪。

二、关于侵害英雄烈士名誉、荣誉罪入罪标准

根据刑法第二百九十九条之一的规定，侮辱、诽谤或者以其他方式侵害英雄烈士的名誉、荣誉，损害社会公共利益，情节严重的，构成侵害英雄烈士名誉、荣誉罪。

司法实践中，对侵害英雄烈士名誉、荣誉的行为是否达到"情节严重"，应当结合行为方式，涉及英雄烈士的人数，相关信息的数量、传播方式、传播范围、传播持续时间，相关信息实际被点击、浏览、转发次数，引发的社会影响、危害后果以及行为人前科情况等综合判断。根据案件具体情况，必要时，可以参照适用《最高人民法院、最高人民检察院关于办理利用信息网络实施诽谤等刑事案件适用法律若干问题的解释》（法释〔2013〕21号）的规定。

侵害英雄烈士名誉、荣誉，达到入罪标准，但行为人认罪悔罪，综合考虑案件具体情节，认为犯罪情节轻微的，可以不起诉或者免予刑事处罚；情节显著轻微危害不大的，不以犯罪论处；构成违反治安管理行为的，由公安机关依法给予治安管

理处罚。

三、关于办案工作要求

(一)坚决依法惩治。(略)

(二)坚持宽严相济。对侵害英雄烈士名誉、荣誉的,要区分案件具体情况,落实宽严相济刑事政策,突出惩治重点,重在教育挽救,避免打击扩大化、简单化,确保实现政治效果、法律效果和社会效果的有机统一。对利用抹黑英雄烈士恶意攻击我国基本社会制度、损害社会公共利益,特别是与境外势力勾连实施恶意攻击,以及长期、多次实施侵害行为的,要依法予以严惩。对没有主观恶意,仅因模糊认识、好奇等原因而发帖、评论的,或者行为人系在校学生、未成年人的,要以教育转化为主,切实做到教育大多数、打击极少数。

(三)严格规范办案。(略)

最高人民法院
关于贯彻全国人大常委会
《关于取缔邪教组织、防范和惩治邪教活动的决定》和“两院”司法解释的通知

(1999年11月5日,
法发〔1999〕29号)

各省、自治区、直辖市高级人民法院,解放军军事法院,新疆维吾尔自治区高级人民法院生产建设兵团分院:

……现就人民法院学习贯彻《决定》和《解释》,依法审理组织和利用邪教组织犯罪案件特别是“法轮功”邪教组织犯罪案件通知如下:

一、认真学习宣传贯彻《决定》和《解释》,进一步明确审判工作指导思想和任务。(略)

二、依法审理组织和利用邪教组织犯罪案件,明确打击重点。各级人民法院要认真贯彻执行《决定》,按照《解释》的规定要求,严格依法办案,正确适用法律,坚决依法打击“法轮功”等邪教组织的犯罪活动。对于组织和利用邪教组织聚众围攻、冲击国家机关、企事业单位,扰乱国家机关、企事业单位的工作、生产、经营、教学和科研等秩序;非法举行集会、游行、示威,煽动、欺骗、组织其成员或者其他人聚众围攻、冲击、强占、哄闹公共场所及宗教活动场所,扰乱社会秩序;出版、印刷、复制、发行宣扬邪教内容的出版物、印制邪教组织标识的,坚决依照刑法第三百条第一款的规定,以组织、利用邪教组织破坏法律实施罪定罪处罚。对于组织和利用邪教组织制造、散布迷信邪说,蒙骗其成员或者其他人实施绝食、自残、自虐等行为,或者阻止病人进行正常治疗,致人死亡的,坚决依照刑法第三百条第二款的规定,以组织、利用邪教组织致人死亡罪定罪处罚,对造成特别严重后果的,依法从重处罚。对于邪教组织以各种欺骗手段敛取钱财的,依照刑法第三百条第三款和第二百六十六条的规定,以诈骗罪定罪处罚。对于邪教组织和组织、利用邪教组织破坏法律实施的犯罪分子,以各种手段非法聚敛的财物,用于犯罪的工具、宣传品的,应当依法追缴、没收。

三、正确运用法律和政策,严格区分不同性质的矛盾。各级人民法院在审判工作中必须坚持教育与惩罚相结合,团结教育大多数被蒙骗的群众,坚决依法严惩

极少数犯罪分子。在依法惩治构成犯罪的组织者、策划者、指挥者和积极参加者的同时,要注意团结大多数,教育大多数,解脱大多数。要把不明真相参与邪教活动的人同组织和利用邪教组织进行非法活动、蓄意破坏社会稳定的犯罪分子区别开来;要把一般“法轮功”练习者同极少数违法犯罪活动的策划者、组织者区别开来;要把正常的宗教信仰、合法的宗教活动同“法轮功”等邪教组织的活动区别开来。重点打击组织和利用邪教组织进行犯罪活动的组织、策划、指挥者和屡教不改的骨干分子。对有自首、立功表现的,可以依法从轻、减轻或者免除处罚;对于受蒙蔽、胁迫参加邪教组织并已退出和不再参加邪教组织活动的人员,不作为犯罪处理。

四、加强对学习宣传贯彻《决定》工作的领导,保证审理组织和利用邪教组织犯罪案件工作顺利进行。(略)

最高人民法院、最高人民检察院关于办理组织、利用邪教组织破坏法律实施等刑事案件适用法律若干问题的解释

(2017年1月4日最高人民法院审判委员会第1706次会议、2016年12月8日最高人民检察院第十二届检察委员会第58次会议通过,自2017年2月1日起施行,法释〔2017〕3号)

为依法惩治组织、利用邪教组织破坏法律实施等犯罪活动,根据《中华人民共和国刑法》《中华人民共和国刑事诉讼法》有关规定,现就办理此类刑事案件适用法律的若干问题解释如下:

第一条 冒用宗教、气功或者以其他名义建立,神化、鼓吹首要分子,利用制造、散布迷信邪说等手段蛊惑、蒙骗他人,发展、控制成员,危害社会的非法组织,应当认定为刑法第三百条规定的“邪教组织”。

第二条 组织、利用邪教组织,破坏国家法律、行政法规实施,具有下列情形之一的,应当依照刑法第三百条第一款的规定,处三年以上七年以下有期徒刑,并处罚金:

(一)建立邪教组织,或者邪教组织被取缔后又恢复、另行建立邪教组织的;

(二)聚众包围、冲击、强占、哄闹国家机关、企业事业单位或者公共场所、宗教活动场所,扰乱社会秩序的;

(三)非法举行集会、游行、示威,扰乱社会秩序的;

(四)使用暴力、胁迫或者以其他方法强迫他人加入或者阻止他人退出邪教组织的;

(五)组织、煽动、蒙骗成员或者他人不履行法定义务的;

(六)使用“伪基站”“黑广播”等无线电台(站)或者无线电频率宣扬邪教的;

(七)曾因从事邪教活动被追究刑事责任或者二年内受过行政处罚,又从事邪教活动的;

(八)发展邪教组织成员五十人以上的;

(九)敛取钱财或者造成经济损失一百万元以上的;

(十)以货币为载体宣扬邪教,数量在五百张(枚)以上的;

(十一)制作、传播邪教宣传品,达到下列数量标准之一的:

1. 传单、喷图、图片、标语、报纸一千份(张)以上的;

2. 书籍、刊物二百五十册以上的;

3. 录音带、录像带等音像制品二百五十盒(张)以上的;

4. 标识、标志物二百五十件以上的;

5. 光盘、U盘、储存卡、移动硬盘等移动存储介质一百个以上的;

6. 横幅、条幅五十条(个)以上的。

(十二)利用通讯信息网络宣扬邪教,具有下列情形之一的:

1. 制作、传播宣扬邪教的电子图片、文章二百张(篇)以上,电子书籍、刊物、音视频五十册(个)以上,或者电子文档五百万字符以上、电子音视频二百五十分钟以上的;

2. 编发信息、拨打电话一千条(次)以上的;

3. 利用在线人数累计达到一千以上的聊天室,或者利用群组成员、关注人员等账号数累计一千以上的通讯群组、微信、微博等社交网络宣扬邪教的;

4. 邪教信息实际被点击、浏览数达到五千次以上的。

(十三)其他情节严重的情形。

第三条 组织、利用邪教组织,破坏国家法律、行政法规实施,具有下列情形之一的,应当认定为刑法第三百条第一款规定的"情节特别严重",处七年以上有期徒刑或者无期徒刑,并处罚金或者没收财产:

(一)实施本解释第二条第一项至第七项规定的行为,社会危害特别严重的;

(二)实施本解释第二条第八项至第十二项规定的行为,数量或者数额达到第二条规定相应标准五倍以上的;

(三)其他情节特别严重的情形。

第四条 组织、利用邪教组织,破坏国家法律、行政法规实施,具有下列情形之一的,应当认定为刑法第三百条第一款规定的"情节较轻",处三年以下有期徒刑、拘役、管制或者剥夺政治权利,并处或者单处罚金:

(一)实施本解释第二条第一项至第七项规定的行为,社会危害较轻的;

(二)实施本解释第二条第八项至第十二项规定的行为,数量或者数额达到相应标准五分之一以上的;

(三)其他情节较轻的情形。

第五条 为了传播而持有、携带,或者传播过程中被当场查获,邪教宣传品数量达到本解释第二条至第四条规定的有关标准的,按照下列情形分别处理:

(一)邪教宣传品是行为人制作的,以犯罪既遂处理;

(二)邪教宣传品不是行为人制作,尚未传播的,以犯罪预备处理;

(三)邪教宣传品不是行为人制作,传播过程中被查获的,以犯罪未遂处理;

(四)邪教宣传品不是行为人制作,部分已经传播出去的,以犯罪既遂处理,对于没有传播的部分,可以在量刑时酌情考虑。

第六条 多次制作、传播邪教宣传品或者利用通讯信息网络宣扬邪教,未经处理的,数量或者数额累计计算。

制作、传播邪教宣传品,或者利用通讯信息网络宣扬邪教,涉及不同种类或者形式的,可以根据本解释规定的不同数量标准的相应比例折算后累计计算。

第七条 组织、利用邪教组织,制造、散布迷信邪说,蒙骗成员或者他人绝食、自虐等，或者蒙骗病人不接受正常治疗，致人重伤、死亡的，应当认定为刑法第三百条第二款规定的组织、利用邪教组织“蒙骗他人，致人重伤、死亡”。

组织、利用邪教组织蒙骗他人，致一人以上死亡或者三人以上重伤的，处三年以上七年以下有期徒刑，并处罚金。

组织、利用邪教组织蒙骗他人，具有下列情形之一的，处七年以上有期徒刑或者无期徒刑，并处罚金或者没收财产：

（一）造成三人以上死亡的；

（二）造成九人以上重伤的；

（三）其他情节特别严重的情形。

组织、利用邪教组织蒙骗他人，致人重伤的，处三年以下有期徒刑、拘役、管制或者剥夺政治权利，并处或者单处罚金。

第八条　实施本解释第二条至第五条规定的行为，具有下列情形之一的，从重处罚：

（一）与境外机构、组织、人员勾结，从事邪教活动的；

（二）跨省、自治区、直辖市建立邪教组织机构、发展成员或者组织邪教活动的；

（三）在重要公共场所、监管场所或者国家重大节日、重大活动期间聚集滋事，公开进行邪教活动的；

（四）邪教组织被取缔后，或者被认定为邪教组织后，仍然聚集滋事，公开进行邪教活动的；

（五）国家工作人员从事邪教活动的；

（六）向未成年人宣扬邪教的；

（七）在学校或者其他教育培训机构宣扬邪教的。

第九条　组织、利用邪教组织破坏国家法律、行政法规实施，符合本解释第四条规定情形，但行为人能够真诚悔罪，明确表示退出邪教组织、不再从事邪教活动的，可以不起诉或者免予刑事处罚。其中，行为人系受蒙蔽、胁迫参加邪教组织的，可以不作为犯罪处理。

组织、利用邪教组织破坏国家法律、行政法规实施，行为人在一审判决前能够真诚悔罪，明确表示退出邪教组织、不再从事邪教活动的，分别依照下列规定处理：

（一）符合本解释第二条规定情形的，可以认定为刑法第三百条第一款规定的“情节较轻”；

（二）符合本解释第三条规定情形的，可以不认定为刑法第三百条第一款规定的“情节特别严重”，处三年以上七年以下有期徒刑，并处罚金。

第十条　组织、利用邪教组织破坏国家法律、行政法规实施过程中，又有煽动分裂国家、煽动颠覆国家政权或者侮辱、诽谤他人等犯罪行为的，依照数罪并罚的规定定罪处罚。

第十一条　组织、利用邪教组织，制造、散布迷信邪说，组织、策划、煽动、胁迫、教唆、帮助其成员或者他人实施自杀、自伤的，依照刑法第二百三十二条、第二百三十四条的规定，以故意杀人罪或者故意伤害罪定罪处罚。

第十二条　邪教组织人员以自焚、自爆或者其他危险方法危害公共安全的，依照刑法第一百一十四条、第一百一十五条的规定，以放火罪、爆炸罪、以危险方法危害公共安全罪等定罪处罚。

第十三条　明知他人组织、利用邪教组织实施犯罪，而为其提供经费、场地、技术、工具、食宿、接送等便利条件或者帮助的，以共同犯罪论处。

第十四条 对于犯组织、利用邪教组织破坏法律实施罪、组织、利用邪教组织致人重伤、死亡罪,严重破坏社会秩序的犯罪分子,根据刑法第五十六条的规定,可以附加剥夺政治权利。

第十五条 对涉案物品是否属于邪教宣传品难以确定的,可以委托地市级以上公安机关出具认定意见。

第十六条 本解释自2017年2月1日起施行。《最高人民法院、最高人民检察院关于办理组织和利用邪教组织犯罪案件具体应用法律若干问题的解释》(法释〔1999〕18号),《最高人民法院、最高人民检察院关于办理组织和利用邪教组织犯罪案件具体应用法律若干问题的解释(二)》(法释〔2001〕19号),以及《最高人民法院、最高人民检察院关于办理组织和利用邪教组织犯罪案件具体应用法律若干问题的解答》(法发〔2002〕7号)同时废止。

最高人民法院、最高人民检察院、公安部关于开展集中打击赌博违法犯罪活动专项行动有关工作的通知

(2005年1月10日公布实施,公通字〔2005〕2号)

各省、自治区、直辖市高级人民法院,人民检察院,公安厅、局,新疆维吾尔自治区高级人民法院生产建设兵团分院,新疆生产建设兵团人民检察院,公安局:

……现就有关要求通知如下:

一、提高思想认识,切实增强开展集中打击赌博违法犯罪活动的政治责任感和工作紧迫感(略)

二、突出打击重点,严格依照法律规定打击赌博违法犯罪活动

各级公安机关、人民检察院、人民法院要充分认识此类违法犯罪活动的特点,充分发挥职能作用,依法打击进行赌博违法犯罪活动的不法分子。要通过专项行动打掉一批赌博团伙、窝点,铲除封堵一批赌博网站,查破一批赌博大案要案,严惩一批赌博违法犯罪分子。其中,重点惩处赌博犯罪集团和网络赌博的组织者、六合彩和赌球赌马等赌博活动的组织者以及参与赌博犯罪活动的党政领导干部、国家公务员和企事业单位负责人。

在专项行动中,要按照刑法和有关司法解释的规定,严格依法办案,准确认定赌博犯罪行为,保证办案质量。对以营利为目的聚众赌博、开设赌场的,无论其是否参与赌博,均应以赌博罪追究刑事责任;对以营利为目的以赌博为业的,无论其是否实际营利,也应以赌博罪追究刑事责任。对通过在中国领域内设立办事处、代表处或者散发广告等形式,招揽、组织中国公民赴境外赌博,构成犯罪的,以赌博罪定罪处罚。对具有教唆他人赌博、组织未成年人聚众赌博或者开设赌场吸引未成年人参与赌博以及国家工作人员犯赌博罪等情形的,应当依法从严处理。对实施贪污、挪用公款、职务侵占、挪用单位资金、挪用特定款物、受贿等犯罪,并将犯罪所得的款物用于赌博的,分别依照刑法有关规定从重处罚;同时构成赌博罪的,应依照刑法规定实行数罪并罚。要充分

运用没收财产、罚金等财产刑，以及追缴违法所得、没收用于赌博的本人财物和犯罪工具等措施，从经济上制裁犯罪分子，铲除赌博犯罪行为的经济基础。要坚持惩办与宽大相结合的刑事政策，区别对待，宽严相济，最大限度地分化瓦解犯罪分子。对主动投案自首或者有检举、揭发赌博违法犯罪活动等立功表现的，可依法从宽处罚。

要严格区分赌博违法犯罪活动与群众正常文娱活动的界限，对不以营利为目的，进行带有少量财物输赢的娱乐活动，以及提供棋牌室等娱乐场所并只收取固定的场所和服务费用的经营行为等，不得以赌博论处。对参赌且赌资较大的，可由公安机关依法给予治安处罚；符合劳动教养条件的，依法给予劳动教养；违反党纪政纪的，由主管机关予以纪律处分。要严格依法办案，对构成犯罪的，决不姑息手软，严禁以罚代刑，降格处理；对不构成犯罪或者不应当给予行政处理的，不得打击、处理，不得以禁赌为名干扰群众的正常文娱活动。

三、加强协调配合，形成打击合力(略)

四、广泛宣传发动，推动专项行动深入开展(略)

最高人民法院、最高人民检察院关于办理赌博刑事案件具体应用法律若干问题的解释

(2005年4月26日最高人民法院审判委员会第1349次会议通过，2005年5月8日由最高人民检察院第十届检察委员会第34次会议通过，2005年5月1日公布，自2005年5月13日起施行，法释〔2005〕3号)

为依法惩治赌博犯罪活动，根据刑法的有关规定，现就办理赌博刑事案件具体应用法律的若干问题解释如下：

第一条 以营利为目的，有下列情形之一的，属于刑法第三百零三条规定的“聚众赌博”：

(一)组织3人以上赌博，抽头渔利数额累计达到5000元以上的；

(二)组织3人以上赌博，赌资数额累计达到5万元以上的；

(三)组织3人以上赌博，参赌人数累计达到20人以上的；

(四)组织中华人民共和国公民10人以上赴境外赌博，从中收取回扣、介绍费的。

第二条 以营利为目的，在计算机网络上建立赌博网站，或者为赌博网站担任代理，接受投注的，属于刑法第三百零三条规定的“开设赌场”。

第三条 中华人民共和国公民在我国领域外周边地区聚众赌博、开设赌场，

以吸引中华人民共和国公民为主要客源,构成赌博罪的,可以依照刑法规定追究刑事责任。

第四条 明知他人实施赌博犯罪活动,而为其提供资金、计算机网络、通讯、费用结算等直接帮助的,以赌博罪的共犯论处。

第五条 实施赌博犯罪,有下列情形之一的,依照刑法第三百零三条的规定从重处罚:

(一)具有国家工作人员身份的;

(二)组织国家工作人员赴境外赌博的;

(三)组织未成年人参与赌博,或者开设赌场吸引未成年人参与赌博的。

第六条 未经国家批准擅自发行、销售彩票,构成犯罪的,依照刑法第二百二十五条第(四)项的规定,以非法经营罪定罪处罚。

第七条 通过赌博或者为国家工作人员赌博提供资金的形式实施行贿、受贿行为,构成犯罪的,依照刑法关于贿赂犯罪的规定定罪处罚。

第八条 赌博犯罪中用作赌注的款物、换取筹码的款物和通过赌博赢取的款物属于赌资。通过计算机网络实施赌博犯罪的,赌资数额可以按照在计算机网络上投注或者赢取的点数乘以每一点实际代表的金额认定。

赌资应当依法予以追缴;赌博用具、赌博违法所得以及赌博犯罪分子所有的专门用于赌博的资金、交通工具、通讯工具等,应当依法予以没收。

第九条 不以营利为目的,进行带有少量财物输赢的娱乐活动,以及提供棋牌室等娱乐场所只收取正常的场所和服务费用的经营行为等,不以赌博论处。

最高人民法院、最高人民检察院、公安部关于办理网络赌博犯罪案件适用法律若干问题的意见

(2010年8月31日印发,公通字〔2010〕40号)

各省、自治区、直辖市高级人民法院、人民检察院、公安厅、局,新疆维吾尔自治区高级人民法院生产建设兵团分院、新疆生产建设兵团人民检察院、公安局:

为依法惩治网络赌博犯罪活动,根据《中华人民共和国刑法》、《中华人民共和国刑事诉讼法》和《最高人民法院、最高人民检察院关于办理赌博刑事案件具体应用法律若干问题的解释》等有关规定,结合司法实践,现就办理网络赌博犯罪案件适用法律的若干问题,提出如下意见:

一、关于网上开设赌场犯罪的定罪量刑标准

利用互联网、移动通讯终端等传输赌博视频、数据,组织赌博活动,具有下列情形之一的,属于刑法第三百零三条第二款规定的“开设赌场”行为:

(一)建立赌博网站并接受投注的;

(二)建立赌博网站并提供给他人组织赌博的;

(三)为赌博网站担任代理并接受投注的;

(四)参与赌博网站利润分成的。

实施前款规定的行为,具有下列情形之一的,应当认定为刑法第三百零三条第

二款规定的“情节严重”：

（一）抽头渔利数额累计达到3万元以上的；

（二）赌资数额累计达到30万元以上的；

（三）参赌人数累计达到120人以上的；

（四）建立赌博网站后通过提供给他人组织赌博，违法所得数额在3万元以上的；

（五）参与赌博网站利润分成，违法所得数额在3万元以上的；

（六）为赌博网站招募下级代理，由下级代理接受投注的；

（七）招揽未成年人参与网络赌博的；

（八）其他情节严重的情形。

二、关于网上开设赌场共同犯罪的认定和处罚

明知是赌博网站，而为其提供下列服务或者帮助的，属于开设赌场罪的共同犯罪，依照刑法第三百零三条第二款的规定处罚：

（一）为赌博网站提供互联网接入、服务器托管、网络存储空间、通讯传输通道、投放广告、发展会员、软件开发、技术支持等服务，收取服务费数额在2万元以上的；

（二）为赌博网站提供资金支付结算服务，收取服务费数额在1万元以上或者帮助收取赌资20万元以上的；

（三）为10个以上赌博网站投放与网址、赔率等信息有关的广告或者为赌博网站投放广告累计100条以上的。

实施前款规定的行为，数量或者数额达到前款规定标准5倍以上的，应当认定为刑法第三百零三条第二款规定的“情节严重”。

实施本条第一款规定的行为，具有下列情形之一的，应当认定行为人“明知”，但是有证据证明确实不知道的除外：

（一）收到行政主管机关书面等方式的告知后，仍然实施上述行为的；

（二）为赌博网站提供互联网接入、服务器托管、网络存储空间、通讯传输通道、投放广告、软件开发、技术支持、资金支付结算等服务，收取服务费明显异常的；

（三）在执法人员调查时，通过销毁、修改数据、账本等方式故意规避调查或者向犯罪嫌疑人通风报信的；

（四）其他有证据证明行为人明知的。

如果有开设赌场的犯罪嫌疑人尚未到案，但是不影响对已到案共同犯罪嫌疑人、被告人的犯罪事实认定的，可以依法对已到案者定罪处罚。

三、关于网络赌博犯罪的参赌人数、赌资数额和网站代理的认定

赌博网站的会员账号数可以认定为参赌人数，如果查实一个账号多人使用或者多个账号一人使用的，应当按照实际使用的人数计算参赌人数。

赌资数额可以按照在网络上投注或者赢取的点数乘以每一点实际代表的金额认定。

对于将资金直接或间接兑换为虚拟货币、游戏道具等虚拟物品，并用其作为筹码投注的，赌资数额按照购买该虚拟物品所需资金数额或者实际支付资金数额认定。

对于开设赌场犯罪中用于接收、流转

赌资的银行账户内的资金，犯罪嫌疑人、被告人不能说明合法来源的，可以认定为赌资。向该银行账户转入、转出资金的银行账户数量可以认定为参赌人数。如果查实一个账户多人使用或多个账户一人使用的，应当按照实际使用的人数计算参赌人数。

有证据证明犯罪嫌疑人在赌博网站上的账号设置有下级账号的，应当认定其为赌博网站的代理。

四、关于网络赌博犯罪案件的管辖

网络赌博犯罪案件的地域管辖，应当坚持以犯罪地管辖为主、被告人居住地管辖为辅的原则。

“犯罪地”包括赌博网站服务器所在地、网络接入地，赌博网站建立者、管理者所在地，以及赌博网站代理人、参赌人实施网络赌博行为地等。

公安机关对侦办跨区域网络赌博犯罪案件的管辖权有争议的，应本着有利于查清犯罪事实、有利于诉讼的原则，认真协商解决。经协商无法达成一致的，报共同的上级公安机关指定管辖。对即将侦查终结的跨省(自治区、直辖市)重大网络赌博案件，必要时可由公安部商最高人民法院和最高人民检察院指定管辖。

为保证及时结案，避免超期羁押，人民检察院对于公安机关提请审查逮捕、移送审查起诉的案件，人民法院对于已进入审判程序的案件，犯罪嫌疑人、被告人及其辩护人提出管辖异议或者办案单位发现没有管辖权的，受案人民检察院、人民法院经审查可以依法报请上级人民检察院、人民法院指定管辖，不再自行移送有管辖权的人民检察院、人民法院。

五、关于电子证据的收集与保全

侦查机关对于能够证明赌博犯罪案件真实情况的网站页面、上网记录、电子邮件、电子合同、电子交易记录、电子账册等电子数据，应当作为刑事证据予以提取、复制、固定。

侦查人员应当对提取、复制、固定电子数据的过程制作相关文字说明，记录案由、对象、内容以及提取、复制、固定的时间、地点、方法，电子数据的规格、类别、文件格式等，并由提取、复制、固定电子数据的制作人、电子数据的持有人签名或者盖章，附所提取、复制、固定的电子数据一并随案移送。

对于电子数据存储在境外的计算机上的，或者侦查机关从赌博网站提取电子数据时犯罪嫌疑人未到案的，或者电子数据的持有人无法签字或者拒绝签字的，应当由能够证明提取、复制、固定过程的见证人签名或者盖章，记明有关情况。必要时，可对提取、复制、固定有关电子数据的过程拍照或者录像。

最高人民法院关于对设置圈套诱骗他人参赌又向索还钱财的受骗者施以暴力或暴力威胁的行为应如何定罪问题的批复

(1995年11月6日，法复〔1995〕8号)

贵州省高级人民法院：

你院“关于设置圈套诱骗他人参赌，

当参赌者要求退还所输钱财时,设赌者以暴力相威胁,甚至将参赌者打伤、杀伤并将钱财带走的行为如何定性”的请示收悉。经研究,答复如下:行为人设置圈套诱骗他人参赌获取钱财,属赌博行为,构成犯罪的,应当以赌博罪定罪处罚。参赌者识破骗局要求退还所输钱财,设赌者又使用暴力或者以暴力相威胁,拒绝退还的,应以赌博罪从重处罚;致参赌者伤害或者死亡的,应以赌博罪和故意伤害罪或者故意杀人罪,依法实行数罪并罚。

此复。

最高人民法院、最高人民检察院、公安部关于办理利用赌博机开设赌场案件适用法律若干问题的意见

(2014年3月26日)

各省、自治区、直辖市高级人民法院,人民检察院,公安厅、局,解放军军事法院、军事检察院,新疆维吾尔自治区高级人民法院生产建设兵团分院,新疆生产建设兵团人民检察院、公安局:

为依法惩治利用具有赌博功能的电子游戏设施设备开设赌场的犯罪活动,根据《中华人民共和国刑法》、《最高人民法院、最高人民检察院关于办理赌博刑事案件具体应用法律若干问题的解释》等有关规定,结合司法实践,现就办理此类案件适用法律问题提出如下意见:

一、关于利用赌博机组织赌博的性质认定

设置具有退币、退分、退钢珠等赌博功能的电子游戏设施设备,并以现金、有价证券等贵重款物作为奖品,或者以回购奖品方式给予他人现金、有价证券等贵重款物(以下简称设置赌博机)组织赌博活动的,应当认定为刑法第三百零三条第二款规定的“开设赌场”行为。

二、关于利用赌博机开设赌场的定罪处罚标准

设置赌博机组织赌博活动,具有下列情形之一的,应当按照刑法第三百零三条第二款规定的开设赌场罪定罪处罚:

(一)设置赌博机10台以上的;

(二)设置赌博机2台以上,容留未成年人赌博的;

(三)在中小学校附近设置赌博机2台以上的;

(四)违法所得累计达到5000元以上的;

(五)赌资数额累计达到5万元以上的;

(六)参赌人数累计达到20人以上的;

(七)因设置赌博机被行政处罚后,两年内再设置赌博机5台以上的;

(八)因赌博、开设赌场犯罪被刑事处罚后,五年内再设置赌博机5台以上的;

(九)其他应当追究刑事责任的情形。

设置赌博机组织赌博活动,具有下列情形之一的,应当认定为刑法第三百零三条第二款规定的“情节严重”:

(一)数量或者数额达到第二条第一款第一项至第六项规定标准六倍以上的;

(二)因设置赌博机被行政处罚后,两年内再设置赌博机30台以上的;

(三)因赌博、开设赌场犯罪被刑事处

罚后,五年内再设置赌博机30台以上的;

(四)其他情节严重的情形。

可同时供多人使用的赌博机,台数按照能够独立供一人进行赌博活动的操作基本单元的数量认定。

在两个以上地点设置赌博机,赌博机的数量、违法所得、赌资数额、参赌人数等均合并计算。

三、关于共犯的认定

明知他人利用赌博机开设赌场,具有下列情形之一的,以开设赌场罪的共犯论处:

(一)提供赌博机、资金、场地、技术支持、资金结算服务的;

(二)受雇参与赌场经营管理并分成的;

(三)为开设赌场者组织客源,收取回扣、手续费的;

(四)参与赌场管理并领取高额固定工资的;

(五)提供其他直接帮助的。

四、关于生产、销售赌博机的定罪量刑标准

以提供给他人开设赌场为目的,违反国家规定,非法生产、销售具有退币、退分、退钢珠等赌博功能的电子游戏设施设备或者其专用软件,情节严重的,依照刑法第二百二十五条的规定,以非法经营罪定罪处罚。

实施前款规定的行为,具有下列情形之一的,属于非法经营行为"情节严重":

(一)个人非法经营数额在五万元以上,或者违法所得数额在一万元以上的;

(二)单位非法经营数额在五十万元以上,或者违法所得数额在十万元以上的;

(三)虽未达到上述数额标准,但两年内因非法生产、销售赌博机行为受过二次以上行政处罚,又进行同种非法经营行为的;

(四)其他情节严重的情形。

具有下列情形之一的,属于非法经营行为"情节特别严重":

(一)个人非法经营数额在二十五万元以上,或者违法所得数额在五万元以上的;

(二)单位非法经营数额在二百五十万元以上,或者违法所得数额在五十万元以上的。

五、关于赌资的认定

本意见所称赌资包括:

(一)当场查获的用于赌博的款物;

(二)代币、有价证券、赌博积分等实际代表的金额;

(三)在赌博机上投注或赢取的点数实际代表的金额。

六、关于赌博机的认定

对于涉案的赌博机,公安机关应当采取拍照、摄像等方式及时固定证据,并予以认定。对于是否属于赌博机难以确定的,司法机关可以委托地市级以上公安机关出具检验报告。司法机关根据检验报告,并结合案件具体情况作出认定。必要时,人民法院可以依法通知检验人员出庭作出说明。

七、关于宽严相济刑事政策的把握

办理利用赌博机开设赌场的案件,应当贯彻宽严相济刑事政策,重点打击赌场的出资者、经营者。对受雇佣为赌场从事接送参赌人员、望风看场、发牌坐庄、兑换筹码等活动的人员,除参与赌场利润分成或者领取高额固定工资的以外,一般不追究刑事责任,可由公安机关依法给予治安管理处罚。对设置游戏机,单次换取少量奖品的娱乐活动,不以违法犯罪论处。

八、关于国家机关工作人员渎职犯罪的处理

负有查禁赌博活动职责的国家机关工作人员,徇私枉法,包庇、放纵开设赌场违法犯罪活动,或者为违法犯罪分子通风报信、提供便利、帮助犯罪分子逃避处罚,构成犯罪的,依法追究刑事责任。

国家机关工作人员参与利用赌博机开设赌场犯罪的,从重处罚。

最高人民检察院法律政策研究室对《关于〈关于办理赌博机开设赌场案件适用法律若干问题的意见〉第七条是否适用于其他开设赌场案件请示》的答复意见

(2014 年 12 月 22 日)

办理利用赌博机开设赌场以往的其他开设赌场案件,应当参照适用"两高"、公安部《关于办理赌博机开设赌场案件适用法律若干问题的意见》(公通字[2014]17 号)第七条"关于宽严相济刑事政策的把握"的有关规定。

最高人民法院、最高人民检察院、公安部办理跨境赌博犯罪案件若干问题的意见

(2020 年 10 月 16 日,公通字〔2020〕14 号)

为依法惩治跨境赌博等犯罪活动,维护我国经济安全、社会稳定,根据《中华人民共和国刑法》《中华人民共和国刑事诉讼法》和《最高人民法院、最高人民检察院关于办理赌博刑事案件具体应用法律若干问题的解释》等有关规定,结合司法实践,制定本意见。

一、总体要求

近年来,境外赌场和网络赌博集团对我国公民招赌吸赌问题日益突出,跨境赌博违法犯罪活动日益猖獗,严重妨碍社会管理秩序,引发多种犯罪,严重危害我国经济安全和社会稳定。与此同时,互联网领域黑灰产业助推传统赌博和跨境赌博犯罪向互联网迁移,跨境网络赌博违法犯罪活动呈高发态势,严重威胁人民群众人身财产安全和社会公共安全。人民法院、人民检察院、公安机关要针对跨境赌博犯罪特点,充分发挥职能作用,贯彻宽严相济刑事政策,准确认定赌博犯罪行为,严格依法办案,依法从严从快惩处,坚决有效遏制跨境赌博犯罪活动,努力实现政治效果、法律效果、社会效果的高度统一。

二、关于跨境赌博犯罪的认定

(一)以营利为目的,有下列情形之

一的,属于刑法第三百零三条第二款规定的“开设赌场”:

1. 境外赌场经营人、实际控制人、投资人,组织、招揽中华人民共和国公民赴境外赌博的;

2. 境外赌场管理人员,组织、招揽中华人民共和国公民赴境外赌博的;

3. 受境外赌场指派、雇佣,组织、招揽中华人民共和国公民赴境外赌博,或者组织、招揽中华人民共和国公民赴境外赌博,从赌场获取费用、其他利益的;

4. 在境外赌场包租赌厅、赌台,组织、招揽中华人民共和国公民赴境外赌博的;

5. 其他在境外以提供赌博场所、提供赌资、设定赌博方式等,组织、招揽中华人民共和国公民赴境外赌博的。

在境外赌场通过开设账户、洗码等方式,为中华人民共和国公民赴境外赌博提供资金担保服务的,以“开设赌场”论处。

(二)以营利为目的,利用信息网络、通讯终端等传输赌博视频、数据,组织中华人民共和国公民跨境赌博活动,有下列情形之一的,属于刑法第三百零三条第二款规定的“开设赌场”:

1. 建立赌博网站、应用程序并接受投注的;

2. 建立赌博网站、应用程序并提供给他人组织赌博的;

3. 购买或者租用赌博网站、应用程序,组织他人赌博的;

4. 参与赌博网站、应用程序利润分成的;

5. 担任赌博网站、应用程序代理并接受投注的;

6. 其他利用信息网络、通讯终端等传输赌博视频、数据,组织跨境赌博活动的。

(三)组织、招揽中华人民共和国公民赴境外赌博,从参赌人员中获取费用或者其他利益的,属于刑法第三百零三条第一款规定的“聚众赌博”。

(四)跨境开设赌场犯罪定罪处罚的数量或者数额标准,参照适用《关于办理赌博刑事案件具体应用法律若干问题的解释》《关于办理利用赌博机开设赌场案件适用法律若干问题的意见》和《关于办理网络赌博犯罪案件适用法律若干问题的意见》的有关规定。

三、关于跨境赌博共同犯罪的认定

(一)三人以上为实施开设赌场犯罪而组成的较为固定的犯罪组织,应当依法认定为赌博犯罪集团。对组织、领导犯罪集团的首要分子,按照集团所犯的全部罪行处罚。对犯罪集团中组织、指挥、策划者和骨干分子,应当依法从严惩处。

(二)明知他人实施开设赌场犯罪,为其提供场地、技术支持、资金、资金结算等服务的,以开设赌场罪的共犯论处。

(三)明知是赌博网站、应用程序,有下列情形之一的,以开设赌场罪的共犯论处:

1. 为赌博网站、应用程序提供软件开发、技术支持、互联网接入、服务器托管、网络存储空间、通讯传输通道、广告投放、会员发展、资金支付结算等服务的;

2. 为赌博网站、应用程序担任代理并发展玩家、会员、下线的。

为同一赌博网站、应用程序担任代理,既无上下级关系,又无犯意联络的,不构成共同犯罪。

(四)对受雇佣为赌场从事接送参赌人员、望风看场、发牌坐庄、兑换筹码、发送宣传广告等活动的人员及赌博网站、应用程序中与组织赌博活动无直接关联的一般工作人员，除参与赌场、赌博网站、应用程序利润分成或者领取高额固定工资的外，可以不追究刑事责任，由公安机关依法给予治安管理处罚。

四、关于跨境赌博关联犯罪的认定

（一）使用专门工具、设备或者其他手段诱使他人参赌，人为控制赌局输赢，构成犯罪的，依照刑法关于诈骗犯罪的规定定罪处罚。

网上开设赌场，人为控制赌局输赢，或者无法实现提现，构成犯罪的，依照刑法关于诈骗犯罪的规定定罪处罚。部分参赌者赢利、提现不影响诈骗犯罪的认定。

（二）通过开设赌场或者为国家工作人员参与赌博提供资金的形式实施行贿、受贿行为，构成犯罪的，依照刑法关于贿赂犯罪的规定定罪处罚。同时构成赌博犯罪的，应当依法与贿赂犯罪数罪并罚。

（三）实施跨境赌博犯罪，同时构成组织他人偷越国（边）境、运送他人偷越国（边）境、偷越国（边）境罪等罪的，应当依法数罪并罚。

（四）实施赌博犯罪，为强行索要赌债，实施故意杀人、故意伤害、非法拘禁、故意毁坏财物、寻衅滋事等行为，构成犯罪的，应当依法数罪并罚。

（五）为赌博犯罪提供资金、信用卡、资金结算等服务，构成赌博犯罪共犯，同时构成非法经营罪、妨害信用卡管理罪、窃取、收买、非法提供信用卡信息罪、掩饰、隐瞒犯罪所得、犯罪收益罪等罪的，依照处罚较重的规定定罪处罚。

为网络赌博犯罪提供互联网接入、服务器托管、网络存储、通讯传输等技术支持，或者提供广告推广、支付结算等帮助，构成赌博犯罪共犯，同时构成非法利用信息网络罪、帮助信息网络犯罪活动罪等罪的，依照处罚较重的规定定罪处罚。

为实施赌博犯罪，非法获取公民个人信息，或者向实施赌博犯罪者出售、提供公民个人信息，构成赌博犯罪共犯，同时构成侵犯公民个人信息罪的，依照处罚较重的规定定罪处罚。

五、关于跨境赌博犯罪赌资数额的认定及处理

赌博犯罪中用作赌注的款物、换取筹码的款物和通过赌博赢取的款物属于赌资。

通过网络实施开设赌场犯罪的，赌资数额可以依照开设赌场行为人在其实际控制账户内的投注金额，结合其他证据认定；如无法统计，可以按照查证属实的参赌人员实际参赌的资金额认定。

对于将资金直接或者间接兑换为虚拟货币、游戏道具等虚拟物品，并用其作为筹码投注的，赌资数额按照购买该虚拟物品所需资金数额或者实际支付资金数额认定。

对于开设赌场犯罪中主要用于接收、流转赌资的银行账户内的资金，犯罪嫌疑人、被告人不能说明合法来源的，可以认定为赌资。

公安机关、人民检察院已查封、扣押、冻结的赌资、赌博用具等涉案财物及孳息，应当制作清单。人民法院对随案移送的涉案财物，依法予以处理。赌资应当依法予以追缴。赌博违法所得、赌博用具以及赌博犯罪分子所有的专门用于赌博的财物等,应当依法予以追缴、没收。

六、关于跨境赌博犯罪案件的管辖

(一)跨境赌博犯罪案件一般由犯罪地公安机关立案侦查,由犯罪嫌疑人居住地公安机关立案侦查更为适宜的,可以由犯罪嫌疑人居住地公安机关立案侦查。犯罪地包括犯罪行为发生地和犯罪结果发生地。

跨境网络赌博犯罪地包括用于实施赌博犯罪行为的网络服务使用的服务器所在地,网络服务提供者所在地,犯罪嫌疑人、参赌人员使用的网络信息系统所在地,犯罪嫌疑人为网络赌博犯罪提供帮助的犯罪地等。

(二)多个公安机关都有权立案侦查的跨境赌博犯罪案件,由最初受理的公安机关或者主要犯罪地公安机关立案侦查。有争议的,应当按照有利于查清犯罪事实、有利于诉讼的原则,协商解决。经协商无法达成一致的,由共同上级公安机关指定有关公安机关立案侦查。

在境外实施的跨境赌博犯罪案件,由公安部商最高人民检察院和最高人民法院指定管辖。

(三)具有下列情形之一的,有关公安机关可以在其职责范围内并案侦查:

1. 一人犯数罪的;

2. 共同犯罪的;

3. 共同犯罪的犯罪嫌疑人实施其他犯罪的;

4. 多个犯罪嫌疑人实施的犯罪存在直接关联,并案处理有利于查明案件事实的。

(四)部分犯罪嫌疑人在逃,但不影响对已到案共同犯罪嫌疑人、被告人的犯罪事实认定的,可以依法先行追究已到案共同犯罪嫌疑人、被告人的刑事责任。

已确定管辖的跨境赌博共同犯罪案件,在逃的犯罪嫌疑人、被告人归案后,一般由原管辖的公安机关、人民检察院、人民法院管辖。

七、关于跨境赌博犯罪案件证据的收集和审查判断

(一)公安机关、人民检察院、人民法院在办理跨境赌博犯罪案件中应当注意对电子证据的收集、审查判断。公安机关应当遵守法定程序,遵循有关技术标准,全面、客观、及时收集、提取电子证据;人民检察院、人民法院应当围绕真实性、合法性、关联性审查判断电子证据。

公安机关、人民检察院、人民法院收集、提取、固定、移送、展示、审查、判断电子证据应当严格依照《最高人民法院、最高人民检察院、公安部关于办理刑事案件收集提取和审查判断电子数据若干问题的规定》《最高人民法院、最高人民检察院、公安部关于办理网络犯罪案件适用刑事诉讼程序若干问题的意见》的规定进行。

(二)公安机关采取技术侦查措施收集的证据材料,能够证明案件事实的,应当随案移送,并移送批准采取技术侦查措施的法律文书。

(三)依照国际条约、刑事司法协助、互助协议或者平等互助原则,请求证据材料所在地司法机关收集,或者通过国际警务合作机制、国际刑警组织启动合作取证程序收集的境外证据材料,公安机关应当对其来源、提取人、提取时间或者提供人、提供时间以及保管移交的过程等作出说明。

当事人及其辩护人、诉讼代理人提供

的来自境外的证据材料,该证据材料应当经所在国公证机关证明,所在国中央外交主管机关或者其授权机关认证,并经我国驻该国使、领馆认证。未经证明、认证的,不能作为证据使用。

来自境外的证据材料,能够证明案件事实且符合刑事诉讼法及相关规定的,经查证属实,可以作为定案的根据。

八、关于跨境赌博犯罪案件宽严相济刑事政策的运用

人民法院、人民检察院、公安机关要深刻认识跨境赌博犯罪的严重社会危害性,正确贯彻宽严相济刑事政策,运用认罪认罚从宽制度,充分发挥刑罚的惩治和预防功能。对实施跨境赌博犯罪活动的被告人,应当在全面把握犯罪事实和量刑情节的基础上,依法从严惩处,并注重适用财产刑和追缴、没收等财产处置手段,最大限度剥夺被告人再犯的能力。

(一)实施跨境赌博犯罪,有下列情形之一的,酌情从重处罚:

1. 具有国家工作人员身份的;

2. 组织国家工作人员赴境外赌博的;

3. 组织、胁迫、引诱、教唆、容留未成年人参与赌博的;

4. 组织、招揽、雇佣未成年人参与实施跨境赌博犯罪的;

5. 采用限制人身自由等手段强迫他人赌博或者结算赌资,尚不构成其他犯罪的;

6. 因赌博活动致 1 人以上死亡、重伤或者 3 人以上轻伤,或者引发其他严重后果,尚不构成其他犯罪的;

7. 组织、招揽中华人民共和国公民赴境外多个国家、地区赌博的;

8. 因赌博、开设赌场曾被追究刑事责任或者二年内曾被行政处罚的。

(二)对于具有赌资数额大、共同犯罪的主犯、曾因赌博犯罪行为被追究刑事责任、悔罪表现不好等情形的犯罪嫌疑人、被告人,一般不适用不起诉、免予刑事处罚、缓刑。

(三)对实施赌博犯罪的被告人,应当加大财产刑的适用。对被告人并处罚金时,应当根据其在赌博犯罪中的地位作用、赌资、违法所得数额等情节决定罚金数额。

(四)犯罪嫌疑人、被告人提供重要证据,对侦破、查明重大跨境赌博犯罪案件起关键作用,经查证属实的,可以根据案件具体情况,依法从宽处理。

妨害司法罪

最高人民法院、最高人民检察院关于办理虚假诉讼刑事案件适用法律若干问题的解释

(2018 年 1 月 25 日最高人民法院审判委员会第 1732 次会议、2018 年 6 月 13 日最高人民检察院第十三届检察委员会第 2 次会议通过,自 2018 年 10 月 1 日起施行,法释〔2018〕17 号)

为依法惩治虚假诉讼犯罪活动,维护司法秩序,保护公民、法人和其他组织合法权益,根据《中华人民共和国刑法》《中华人民共和国刑事诉讼法》《中华人民共和国民事诉讼法》等法律规定,现就办理此类刑事案件适用法律的若干问题解释

如下:

第一条 采取伪造证据、虚假陈述等手段,实施下列行为之一,捏造民事法律关系,虚构民事纠纷,向人民法院提起民事诉讼的,应当认定为刑法第三百零七条之一第一款规定的"以捏造的事实提起民事诉讼":

(一)与夫妻一方恶意串通,捏造夫妻共同债务的;

(二)与他人恶意串通,捏造债权债务关系和以物抵债协议的;

(三)与公司、企业的法定代表人、董事、监事、经理或者其他管理人员恶意串通,捏造公司、企业债务或者担保义务的;

(四)捏造知识产权侵权关系或者不正当竞争关系的;

(五)在破产案件审理过程中申报捏造的债权的;

(六)与被执行人恶意串通,捏造债权或者对查封、扣押、冻结财产的优先权、担保物权的;

(七)单方或者与他人恶意串通,捏造身份、合同、侵权、继承等民事法律关系的其他行为。

隐瞒债务已经全部清偿的事实,向人民法院提起民事诉讼,要求他人履行债务的,以"以捏造的事实提起民事诉讼"论。

向人民法院申请执行基于捏造的事实作出的仲裁裁决、公证债权文书,或者在民事执行过程中以捏造的事实对执行标的提出异议、申请参与执行财产分配的,属于刑法第三百零七条之一第一款规定的"以捏造的事实提起民事诉讼"。

第二条 以捏造的事实提起民事诉讼,有下列情形之一的,应当认定为刑法第三百零七条之一第一款规定的"妨害司法秩序或者严重侵害他人合法权益":

(一)致使人民法院基于捏造的事实采取财产保全或者行为保全措施的;

(二)致使人民法院开庭审理,干扰正常司法活动的;

(三)致使人民法院基于捏造的事实作出裁判文书、制作财产分配方案,或者立案执行基于捏造的事实作出的仲裁裁决、公证债权文书的;

(四)多次以捏造的事实提起民事诉讼的;

(五)曾因以捏造的事实提起民事诉讼被采取民事诉讼强制措施或者受过刑事追究的;

(六)其他妨害司法秩序或者严重侵害他人合法权益的情形。

第三条 以捏造的事实提起民事诉讼,有下列情形之一的,应当认定为刑法第三百零七条之一第一款规定的"情节严重":

(一)有本解释第二条第一项情形,造成他人经济损失一百万元以上的;

(二)有本解释第二条第二项至第四项情形之一,严重干扰正常司法活动或者严重损害司法公信力的;

(三)致使义务人自动履行生效裁判文书确定的财产给付义务或者人民法院强制执行财产权益,数额达到一百万元以上的;

(四)致使他人债权无法实现,数额达到一百万元以上的;

(五)非法占有他人财产,数额达到十万元以上的;

(六)致使他人因为不执行人民法院基于捏造的事实作出的判决、裁定,被采取刑事拘留、逮捕措施或者受到刑事追究的;

(七)其他情节严重的情形。

第四条　实施刑法第三百零七条之一第一款行为，非法占有他人财产或者逃避合法债务，又构成诈骗罪，职务侵占罪，拒不执行判决、裁定罪，贪污罪等犯罪的，依照处罚较重的规定定罪从重处罚。

第五条　司法工作人员利用职权，与他人共同实施刑法第三百零七条之一前三款行为的，从重处罚；同时构成滥用职权罪，民事枉法裁判罪，执行判决、裁定滥用职权罪等犯罪的，依照处罚较重的规定定罪从重处罚。

第六条　诉讼代理人、证人、鉴定人等诉讼参与人与他人通谋，代理提起虚假民事诉讼、故意作虚假证言或者出具虚假鉴定意见，共同实施刑法第三百零七条之一前三款行为的，依照共同犯罪的规定定罪处罚；同时构成妨害作证罪，帮助毁灭、伪造证据罪等犯罪的，依照处罚较重的规定定罪从重处罚。

第七条　采取伪造证据等手段篡改案件事实，骗取人民法院裁判文书，构成犯罪的，依照刑法第二百八十条、第三百零七条等规定追究刑事责任。

第八条　单位实施刑法第三百零七条之一第一款行为的，依照本解释规定的定罪量刑标准，对其直接负责的主管人员和其他直接责任人员定罪处罚，并对单位判处罚金。

第九条　实施刑法第三百零七条之一第一款行为，未达到情节严重的标准，行为人系初犯，在民事诉讼过程中自愿具结悔过，接受人民法院处理决定，积极退赃、退赔的，可以认定为犯罪情节轻微，不起诉或者免予刑事处罚；确有必要判处刑罚的，可以从宽处罚。

司法工作人员利用职权，与他人共同实施刑法第三百零七条之一第一款行为的，对司法工作人员不适用本条第一款规定。

第十条　虚假诉讼刑事案件由虚假民事诉讼案件的受理法院所在地或者执行法院所在地人民法院管辖。有刑法第三百零七条之一第四款情形的，上级人民法院可以指定下级人民法院将案件移送其他人民法院审判。

第十一条　本解释所称裁判文书，是指人民法院依照民事诉讼法、企业破产法等民事法律作出的判决、裁定、调解书、支付令等文书。

第十二条　本解释自2018年10月1日起施行。

最高人民法院、最高人民检察院、公安部、司法部关于进一步加强虚假诉讼犯罪惩治工作的意见

（2021年3月4日公布，自2021年3月10日起施行，法发〔2021〕10号）

第二条　本意见所称虚假诉讼犯罪，是指行为人单独或者与他人恶意串通，采取伪造证据、虚假陈述等手段，捏造民事案件基本事实，虚构民事纠纷，向人民法院提起民事诉讼，妨害司法秩序或者严重侵害他人合法权益，依照法律应当受刑罚处罚的行为。

第四条　实施《最高人民法院、最高人民检察院关于办理虚假诉讼刑事案件适用法律若干问题的解释》第一条第一款、第二款规定的捏造事实行为，并有下列情形之一的，应当认定为刑法第三百零

七条之一第一款规定的“以捏造的事实提起民事诉讼”:

(一)提出民事起诉的;

(二)向人民法院申请宣告失踪、宣告死亡,申请认定公民无民事行为能力、限制民事行为能力,申请认定财产无主,申请确认调解协议,申请实现担保物权,申请支付令,申请公示催告的;

(三)在民事诉讼过程中增加独立的诉讼请求、提出反诉,有独立请求权的第三人提出与本案有关的诉讼请求的;

(四)在破产案件审理过程中申报债权的;

(五)案外人申请民事再审的;

(六)向人民法院申请执行仲裁裁决、公证债权文书的;

(七)案外人在民事执行过程中对执行标的提出异议,债权人在民事执行过程中申请参与执行财产分配的;

(八)以其他手段捏造民事案件基本事实,虚构民事纠纷,提起民事诉讼的。

第九条 虚假诉讼刑事案件由相关虚假民事诉讼案件的受理法院所在地或者执行法院所在地人民法院管辖。有刑法第三百零七条之一第四款情形的,上级人民法院可以指定下级人民法院将案件移送其他人民法院审判。

前款所称相关虚假民事诉讼案件的受理法院,包括该民事案件的一审、二审和再审法院。

虚假诉讼刑事案件的级别管辖,根据刑事诉讼法的规定确定。

第十条 人民法院、人民检察院向公安机关移送涉嫌虚假诉讼犯罪案件,应当附下列材料:

(一)案件移送函,载明移送案件的人民法院或者人民检察院名称、民事案件当事人名称和案由、所处民事诉讼阶段、民事案件办理人及联系电话等。案件移送函应当附移送材料清单和回执,经人民法院或者人民检察院负责人批准后,加盖人民法院或者人民检察院公章;

(二)移送线索的情况说明,载明案件来源、当事人信息、涉嫌虚假诉讼犯罪的事实、法律依据等,并附相关证据材料;

(三)与民事案件有关的诉讼材料,包括起诉书、答辩状、庭审笔录、调查笔录、谈话笔录等。

人民法院、人民检察院应当指定专门职能部门负责涉嫌虚假诉讼犯罪案件的移送。

人民法院将涉嫌虚假诉讼犯罪案件移送公安机关的,同时将有关情况通报同级人民检察院。

第十一条 人民法院、人民检察院认定民事诉讼当事人和其他诉讼参与人的行为涉嫌虚假诉讼犯罪,除民事诉讼当事人、其他诉讼参与人或者案外人的陈述、证言外,一般还应有物证、书证或者其他证人证言等证据相印证。

第十二条 人民法院、人民检察院将涉嫌虚假诉讼犯罪案件有关材料移送公安机关的,接受案件的公安机关应当出具接受案件的回执或者在案件移送函所附回执上签收。

公安机关收到有关材料后,分别作出以下处理:

(一)认为移送的案件材料不全的,应当在收到有关材料之日起三日内通知移送的人民法院或者人民检察院在三日内补正。不得以材料不全为由不接受移送案件;

(二)认为有犯罪事实,需要追究刑事责任的,应当在收到有关材料之日起三

十日内决定是否立案,并通知移送的人民法院或者人民检察院;

(三)认为有犯罪事实,但是不属于自己管辖的,应当立即报经县级以上公安机关负责人批准,在二十四小时内移送有管辖权的机关处理,并告知移送的人民法院或者人民检察院。对于必须采取紧急措施的,应当先采取紧急措施,然后办理手续,移送主管机关;

(四)认为没有犯罪事实,或者犯罪情节显著轻微不需要追究刑事责任的,或者具有其他依法不追究刑事责任情形的,经县级以上公安机关负责人批准,不予立案,并应当说明理由,制作不予立案通知书在三日内送达移送的人民法院或者人民检察院,退回有关材料。

第十三条 人民检察院依法对公安机关的刑事立案实行监督。

人民法院对公安机关的不予立案决定有异议的,可以建议人民检察院进行立案监督。

第十四条 人民法院向公安机关移送涉嫌虚假诉讼犯罪案件,民事案件必须以相关刑事案件的审理结果为依据的,应当依照民事诉讼法第一百五十条第一款第五项的规定裁定中止诉讼。刑事案件的审理结果不影响民事诉讼程序正常进行的,民事案件应当继续审理。

第十五条 刑事案件裁判认定民事诉讼当事人的行为构成虚假诉讼犯罪,相关民事案件尚在审理或者执行过程中的,作出刑事裁判的人民法院应当及时函告审理或者执行该民事案件的人民法院。

人民法院对于与虚假诉讼刑事案件的裁判存在冲突的已经发生法律效力的民事判决、裁定、调解书,应当及时依法启动审判监督程序予以纠正。

第十六条 公安机关依法自行立案侦办虚假诉讼刑事案件的,应当在立案后三日内将立案决定书等法律文书和相关材料复印件抄送对相关民事案件正在审理、执行或者作出生效裁判文书的人民法院并说明立案理由,同时通报办理民事案件人民法院的同级人民检察院。对相关民事案件正在审理、执行或者作出生效裁判文书的人民法院应当依法审查,依照相关规定做出处理,并在收到材料之日起三十日内将处理意见书面通报公安机关。

公安机关在办理刑事案件过程中,发现犯罪嫌疑人还涉嫌实施虚假诉讼犯罪的,可以一并处理。需要逮捕犯罪嫌疑人的,由侦查该案件的公安机关提请同级人民检察院审查批准;需要提起公诉的,由侦查该案件的公安机关移送同级人民检察院审查决定。

第十七条 有管辖权的公安机关接受民事诉讼当事人、诉讼代理人和其他诉讼参与人、利害关系人、其他自然人、法人和非法人组织的报案、控告、举报或者在履行职责过程中发现存在虚假诉讼犯罪嫌疑的,可以开展调查核实工作。经县级以上公安机关负责人批准,公安机关可以依照有关规定拷贝电子卷或者查阅、复制、摘录人民法院的民事诉讼卷宗,人民法院予以配合。

公安机关在办理刑事案件过程中,发现犯罪嫌疑人还涉嫌实施虚假诉讼犯罪的,适用前款规定。

第十八条 人民检察院发现已经发生法律效力的判决、裁定、调解书系民事诉讼当事人通过虚假诉讼获得的,应当依照民事诉讼法第二百零八条第一款、第二款等法律和相关司法解释的规定,向人民法院提出再审检察建议或者抗诉。

第十九条 人民法院对人民检察院依照本意见第十八条的规定提出再审检察建议或者抗诉的民事案件,应当依照民事诉讼法等法律和相关司法解释的规定处理。按照审判监督程序决定再审、需要中止执行的,裁定中止原判决、裁定、调解书的执行。

第二十条 人民检察院办理民事诉讼监督案件过程中,发现存在虚假诉讼犯罪嫌疑的,可以向民事诉讼当事人或者案外人调查核实有关情况。有关单位和个人无正当理由拒不配合调查核实、妨害民事诉讼的,人民检察院可以建议有关人民法院依照民事诉讼法第一百一十一条第一款第五项等规定处理。

人民检察院针对存在虚假诉讼犯罪嫌疑的民事诉讼监督案件依照有关规定调阅人民法院的民事诉讼卷宗的,人民法院予以配合。通过拷贝电子卷、查阅、复制、摘录等方式能够满足办案需要的,可以不调阅诉讼卷宗。

人民检察院发现民事诉讼监督案件存在虚假诉讼犯罪嫌疑的,可以听取人民法院原承办人的意见。

第二十一条 对于存在虚假诉讼犯罪嫌疑的民事案件,人民法院可以依职权调查收集证据。

当事人自认的事实与人民法院、人民检察院依职权调查并经审理查明的事实不符的,人民法院不予确认。

第二十二条 对于故意制造、参与虚假诉讼犯罪活动的民事诉讼当事人和其他诉讼参与人,人民法院应当加大罚款、拘留等对妨害民事诉讼的强制措施的适用力度。

民事诉讼当事人、其他诉讼参与人实施虚假诉讼,人民法院向公安机关移送案件有关材料前,可以依照民事诉讼法的规定先行予以罚款、拘留。

对虚假诉讼刑事案件被告人判处罚金、有期徒刑或者拘役的,人民法院已经依照民事诉讼法的规定给予的罚款、拘留,应当依法折抵相应罚金或者刑期。

第二十三条 人民检察院可以建议人民法院依照民事诉讼法的规定,对故意制造、参与虚假诉讼的民事诉讼当事人和其他诉讼参与人采取罚款、拘留等强制措施。

第二十四条 司法工作人员利用职权参与虚假诉讼的,应当依照法律法规从严处理;构成犯罪的,依法从严追究刑事责任。

最高人民法院、最高人民检察院关于办理窝藏、包庇刑事案件适用法律若干问题的解释

(2020 年 3 月 2 日最高人民法院审判委员会第 1794 次会议、2020 年 12 月 28 日最高人民检察院第十三届检察委员会第五十八次会议通过,2021 年 8 月 9 日公布,自 2021 年 8 月 11 日起施行,法释〔2021〕16 号)

为依法惩治窝藏、包庇犯罪,根据《中华人民共和国刑法》《中华人民共和国刑事诉讼法》的有关规定,结合司法工作实际,现就办理窝藏、包庇刑事案件适用法律的若干问题解释如下:

第一条 明知是犯罪的人,为帮助其逃匿,实施下列行为之一的,应当依照刑

法第三百一十条第一款的规定，以窝藏罪定罪处罚：

（一）为犯罪的人提供房屋或者其他可以用于隐藏的处所的；

（二）为犯罪的人提供车辆、船只、航空器等交通工具，或者提供手机等通讯工具的；

（三）为犯罪的人提供金钱的；

（四）其他为犯罪的人提供隐藏处所、财物，帮助其逃匿的情形。

保证人在犯罪的人取保候审期间，协助其逃匿，或者明知犯罪的人的藏匿地点、联系方式，但拒绝向司法机关提供的，应当依照刑法第三百一十条第一款的规定，对保证人以窝藏罪定罪处罚。

虽然为犯罪的人提供隐藏处所、财物，但不是出于帮助犯罪的人逃匿的目的，不以窝藏罪定罪处罚；对未履行法定报告义务的行为人，依法移送有关主管机关给予行政处罚。

第二条 明知是犯罪的人，为帮助其逃避刑事追究，或者帮助其获得从宽处罚，实施下列行为之一的，应当依照刑法第三百一十条第一款的规定，以包庇罪定罪处罚：

（一）故意顶替犯罪的人欺骗司法机关的；

（二）故意向司法机关作虚假陈述或者提供虚假证明，以证明犯罪的人没有实施犯罪行为，或者犯罪的人所实施行为不构成犯罪的；

（三）故意向司法机关提供虚假证明，以证明犯罪的人具有法定从轻、减轻、免除处罚情节的；

（四）其他作假证明包庇的行为。

第三条 明知他人有间谍犯罪或者恐怖主义、极端主义犯罪行为，在司法机关向其调查有关情况、收集有关证据时，拒绝提供，情节严重的，依照刑法第三百一十一条的规定，以拒绝提供间谍犯罪、恐怖主义犯罪、极端主义犯罪证据罪定罪处罚；作假证明包庇的，依照刑法第三百一十条的规定，以包庇罪从重处罚。

第四条 窝藏、包庇犯罪的人，具有下列情形之一的，应当认定为刑法第三百一十条第一款规定的“情节严重”：

（一）被窝藏、包庇的人可能被判处无期徒刑以上刑罚的；

（二）被窝藏、包庇的人犯危害国家安全犯罪、恐怖主义或者极端主义犯罪，或者系黑社会性质组织犯罪的组织者、领导者，且可能被判处十年有期徒刑以上刑罚的；

（三）被窝藏、包庇的人系犯罪集团的首要分子，且可能被判处十年有期徒刑以上刑罚的；

（四）被窝藏、包庇的人在被窝藏、包庇期间再次实施故意犯罪，且新罪可能被判处五年有期徒刑以上刑罚的；

（五）多次窝藏、包庇犯罪的人，或者窝藏、包庇多名犯罪的人的；

（六）其他情节严重的情形。

前款所称“可能被判处”刑罚，是指根据被窝藏、包庇的人所犯罪行，在不考虑自首、立功、认罪认罚等从宽处罚情节时应当依法判处的刑罚。

第五条 认定刑法第三百一十条第一款规定的“明知”，应当根据案件的客观事实，结合行为人的认知能力，接触被窝藏、包庇的犯罪人的情况，以及行为人和犯罪人的供述等主、客观因素进行认定。

行为人将犯罪的人所犯之罪误认为其他犯罪的,不影响刑法第三百一十条第一款规定的“明知”的认定。

行为人虽然实施了提供隐藏处所、财物等行为,但现有证据不能证明行为人知道犯罪的人实施了犯罪行为的,不能认定为刑法第三百一十条第一款规定的“明知”。

第六条 认定窝藏、包庇罪,以被窝藏、包庇的人的行为构成犯罪为前提。

被窝藏、包庇的人实施的犯罪事实清楚,证据确实、充分,但尚未到案、尚未依法裁判或者因不具有刑事责任能力依法未予追究刑事责任的,不影响窝藏、包庇罪的认定。但是,被窝藏、包庇的人归案后被宣告无罪的,应当依照法定程序宣告窝藏、包庇行为人无罪。

第七条 为帮助同一个犯罪的人逃避刑事处罚,实施窝藏、包庇行为,又实施洗钱行为,或者掩饰、隐瞒犯罪所得及其收益行为,或者帮助毁灭证据行为,或者伪证行为的,依照处罚较重的犯罪定罪,并从重处罚,不实行数罪并罚。

第八条 共同犯罪人之间互相实施的窝藏、包庇行为,不以窝藏、包庇罪定罪处罚,但对共同犯罪以外的犯罪人实施窝藏、包庇行为的,以所犯共同犯罪和窝藏、包庇罪并罚。

第九条 本解释自2021年8月11日起施行。

最高人民法院
关于审理掩饰、隐瞒犯罪所得、犯罪所得收益刑事案件适用法律若干问题的解释

[2015年5月11日最高人民法院审判委员会第1651次会议通过,2015年5月29日公布,自2015年6月1日起施行,法释〔2015〕11号;经2021年4月7日最高人民法院审判委员会第1835次会议通过、自2021年4月15日起施行《最高人民法院关于修改〈关于审理掩饰、隐瞒犯罪所得、犯罪所得收益刑事案件适用法律若干问题的解释〉的决定》(法释〔2021〕8号)修改]

为依法惩治掩饰、隐瞒犯罪所得、犯罪所得收益犯罪活动,根据刑法有关规定,结合人民法院刑事审判工作实际,现就审理此类案件具体适用法律的若干问题解释如下:

第一条 明知是犯罪所得及其产生的收益而予以窝藏、转移、收购、代为销售或者以其他方法掩饰、隐瞒,具有下列情形之一的,应当依照刑法第三百一十二条第一款的规定,以掩饰、隐瞒犯罪所得、犯罪所得收益罪定罪处罚:

(一)掩饰、隐瞒犯罪所得及其产生的收益价值三千元至一万元以上的[2021年《最高人民法院关于修改〈关于审理掩饰、隐瞒犯罪所得、犯罪所得收益刑事案件适用法律若干问题的解释〉的决定》(法释〔2021〕8号)规定,本项不再适用];

（二）一年内曾因掩饰、隐瞒犯罪所得及其产生的收益行为受过行政处罚，又实施掩饰、隐瞒犯罪所得及其产生的收益行为的；

（三）掩饰、隐瞒的犯罪所得系电力设备、交通设施、广播电视设施、公用电信设施、军事设施或者救灾、抢险、防汛、优抚、扶贫、移民、救济款物的；

（四）掩饰、隐瞒行为致使上游犯罪无法及时查处，并造成公私财物损失无法挽回的；

（五）实施其他掩饰、隐瞒犯罪所得及其产生的收益行为，妨害司法机关对上游犯罪进行追究的。

各省、自治区、直辖市高级人民法院可以根据本地区经济社会发展状况，并考虑社会治安状况，在本条第一款第（一）项规定的数额幅度内，确定本地执行的具体数额标准，报最高人民法院备案［2021年《最高人民法院关于修改〈关于审理掩饰、隐瞒犯罪所得、犯罪所得收益刑事案件适用法律若干问题的解释〉的决定》（法释〔2021〕8号）规定，本款不再适用，同时规定：“人民法院审理掩饰、隐瞒犯罪所得、犯罪所得收益刑事案件，应综合考虑上游犯罪的性质、掩饰、隐瞒犯罪所得及其收益的情节、后果及社会危害程度等，依法定罪处罚”］。

司法解释对掩饰、隐瞒涉及计算机信息系统数据、计算机信息系统控制权的犯罪所得及其产生的收益行为构成犯罪已有规定的，审理此类案件依照该规定。

依照全国人民代表大会常务委员会《关于〈中华人民共和国刑法〉第三百四十一条、第三百一十二条的解释》，明知是非法狩猎的野生动物而收购，数量达到五十只以上的，以掩饰、隐瞒犯罪所得罪定罪处罚。

第二条 掩饰、隐瞒犯罪所得及其产生的收益行为符合本解释第一条的规定，认罪、悔罪并退赃、退赔，且具有下列情形之一的，可以认定为犯罪情节轻微，免予刑事处罚：

（一）具有法定从宽处罚情节的；

（二）为近亲属掩饰、隐瞒犯罪所得及其产生的收益，且系初犯、偶犯的；

（三）有其他情节轻微情形的。

行为人为自用而掩饰、隐瞒犯罪所得，财物价值刚达到本解释第一条第一款第（一）项规定的标准，认罪、悔罪并退赃、退赔的，一般可不认为是犯罪；依法追究刑事责任的，应当酌情从宽［2021年《最高人民法院关于修改〈关于审理掩饰、隐瞒犯罪所得、犯罪所得收益刑事案件适用法律若干问题的解释〉的决定》（法释〔2021〕8号）规定，本款不再适用］。

第三条 掩饰、隐瞒犯罪所得及其产生的收益，具有下列情形之一的，应当认定为刑法第三百一十二条第一款规定的“情节严重”：

（一）掩饰、隐瞒犯罪所得及其产生的收益价值总额达到十万元以上的；

（二）掩饰、隐瞒犯罪所得及其产生的收益十次以上，或者三次以上且价值总额达到五万元以上的；

（三）掩饰、隐瞒的犯罪所得系电力设备、交通设施、广播电视设施、公用电信设施、军事设施或者救灾、抢险、防汛、优抚、扶贫、移民、救济款物，价值总额达到五万元以上的；

（四）掩饰、隐瞒行为致使上游犯罪无法及时查处，并造成公私财物重大损失无法挽回或其他严重后果的；

(五)实施其他掩饰、隐瞒犯罪所得及其产生的收益行为,严重妨害司法机关对上游犯罪予以追究的。

司法解释对掩饰、隐瞒涉及机动车、计算机信息系统数据、计算机信息系统控制权的犯罪所得及其产生的收益行为认定“情节严重”已有规定的,审理此类案件依照该规定。

第四条 掩饰、隐瞒犯罪所得及其产生的收益的数额,应当以实施掩饰、隐瞒行为时为准。收购或者代为销售财物的价格高于其实际价值的,以收购或者代为销售的价格计算。

多次实施掩饰、隐瞒犯罪所得及其产生的收益行为,未经行政处罚,依法应当追诉的,犯罪所得、犯罪所得收益的数额应当累计计算。

第五条 事前与盗窃、抢劫、诈骗、抢夺等犯罪分子通谋,掩饰、隐瞒犯罪所得及其产生的收益的,以盗窃、抢劫、诈骗、抢夺等犯罪的共犯论处。

第六条 对犯罪所得及其产生的收益实施盗窃、抢劫、诈骗、抢夺等行为,构成犯罪的,分别以盗窃罪、抢劫罪、诈骗罪、抢夺罪等定罪处罚。

第七条 明知是犯罪所得及其产生的收益而予以掩饰、隐瞒,构成刑法第三百一十二条规定的犯罪,同时构成其他犯罪的,依照处罚较重的规定定罪处罚。

第八条 认定掩饰、隐瞒犯罪所得、犯罪所得收益罪,以上游犯罪事实成立为前提。上游犯罪尚未依法裁判,但查证属实的,不影响掩饰、隐瞒犯罪所得、犯罪所得收益罪的认定。

上游犯罪事实经查证属实,但因行为人未达到刑事责任年龄等原因依法不予追究刑事责任的,不影响掩饰、隐瞒犯罪所得、犯罪所得收益罪的认定。

第九条 盗用单位名义实施掩饰、隐瞒犯罪所得及其产生的收益行为,违法所得由行为人私分的,依照刑法和司法解释有关自然人犯罪的规定定罪处罚。

第十条 通过犯罪直接得到的赃款、赃物,应当认定为刑法第三百一十二条规定的“犯罪所得”。上游犯罪的行为人对犯罪所得进行处理后得到的孳息、租金等,应当认定为刑法第三百一十二条规定的“犯罪所得产生的收益”。

明知是犯罪所得及其产生的收益而采取窝藏、转移、收购、代为销售以外的方法,如居间介绍买卖,收受,持有,使用,加工,提供资金账户,协助将财物转换为现金、金融票据、有价证券,协助将资金转移、汇往境外等,应当认定为刑法第三百一十二条规定的“其他方法”。

第十一条 掩饰、隐瞒犯罪所得、犯罪所得收益罪是选择性罪名,审理此类案件,应当根据具体犯罪行为及其指向的对象,确定适用的罪名。

最高人民法院研究室关于拒不执行人民法院调解书的行为是否构成拒不执行判决、裁定罪的答复

(2000年12月14日,法研〔2000〕117号)

河南省高级人民法院:

你院《关于刑法第三百一十三条规定的拒不执行判决、裁定罪是否包括人民法院制作生效的调解书的请示》收悉。经研究,答复如下:刑法第三百一十三条

规定的“判决、裁定”，不包括人民法院的调解书。对于行为人拒不执行人民法院调解书的行为，不能依照刑法第三百一十三条的规定定罪处罚。

此复。

最高人民法院、最高人民检察院、公安部关于依法严肃查处拒不执行判决、裁定和暴力抗拒法院执行犯罪行为有关问题的通知

（2007年8月30日，法发〔2007〕29号）

一、对下列拒不执行判决、裁定的行为，依照刑法第三百一十三条的规定，以拒不执行判决、裁定罪论处。

（一）被执行人隐藏、转移、故意毁损财产或者无偿转让财产、以明显不合理的低价转让财产，致使判决、裁定无法执行的；

（二）担保人或者被执行人隐藏、转移、故意毁损或者转让已向人民法院提供担保的财产，致使判决、裁定无法执行的；

（三）协助执行义务人接到人民法院协助执行通知书后，拒不协助执行，致使判决、裁定无法执行的；

（四）被执行人、担保人、协助执行义务人与国家机关工作人员通谋，利用国家机关工作人员的职权妨害执行，致使判决、裁定无法执行的；

（五）其他有能力执行而拒不执行，情节严重的情形。

二、对下列暴力抗拒执行的行为，依照刑法第二百七十七条的规定，以妨害公务罪论处。[①]

（一）聚众哄闹、冲击执行现场，围困、扣押、殴打执行人员，致使执行工作无法进行的；

（二）毁损、抢夺执行案件材料、执行公务车辆和其他执行器械、执行人员服装以及执行公务证件，造成严重后果的；

（三）其他以暴力、威胁方法妨害或者抗拒执行，致使执行工作无法进行的。

三、负有执行人民法院判决、裁定义务的单位直接负责的主管人员和其他直接责任人员，为了本单位的利益实施本《通知》第一条、第二条所列行为之一的，对该主管人员和其他直接责任人员，依照刑法第三百一十三条和第二百七十七条的规定，分别以拒不执行判决、裁定罪和妨害公务罪论处。

四、国家机关工作人员有本《通知》第一条第四项行为的，以拒不执行判决、裁定罪的共犯追究刑事责任。

国家机关工作人员收受贿赂或者滥用职权，有本《通知》第一条第四项行为的，同时又构成刑法第三百八十五条、第三百九十七条规定罪的，依照处罚较重的规定定罪处罚。

……

十一、公安司法人员在办理拒不执行判决、裁定和妨害公务案件中，消极履行法定职责，造成严重后果的，应当依法依纪追究直接责任人责任直至追究刑事责任。

---

① 该条对第（一）、（二）、（三）项的行为规定为妨害公务罪，而最高法2020年《关于审理拒不执行判决、裁定刑事案件适用法律若干问题的解释》第二条对上述行为规定为拒不执行判决、裁定罪，应以后者为准。

十二、本通知自印发之日起执行,执行中遇到的情况和问题,请分别报告最高人民法院、最高人民检察院、公安部。

最高人民法院
关于审理拒不执行判决、裁定刑事案件适用法律若干问题的解释

(2015年7月6日由最高人民法院审判委员会第1657次会议通过,根据2020年12月23日最高人民法院审判委员会第1823次会议通过的《最高人民法院关于修改〈最高人民法院关于人民法院扣押铁路运输货物若干问题的规定〉等十八件执行类司法解释的决定》修正,自2021年1月1日起施行)

为依法惩治拒不执行判决、裁定犯罪,确保人民法院判决、裁定依法执行,切实维护当事人合法权益,根据《中华人民共和国刑法》《中华人民共和国刑事诉讼法》《中华人民共和国民事诉讼法》等法律规定,就审理拒不执行判决、裁定刑事案件适用法律若干问题,解释如下:

第一条 被执行人、协助执行义务人、担保人等负有执行义务的人对人民法院的判决、裁定有能力执行而拒不执行,情节严重的,应当依照刑法第三百一十三条的规定,以拒不执行判决、裁定罪处罚。

第二条 负有执行义务的人有能力执行而实施下列行为之一的,应当认定为全国人民代表大会常务委员会关于刑法第三百一十三条的解释中规定的"其他有能力执行而拒不执行,情节严重的情形":

(一)具有拒绝报告或者虚假报告财产情况、违反人民法院限制高消费及有关消费令等拒不执行行为,经采取罚款或者拘留等强制措施后仍拒不执行的;

(二)伪造、毁灭有关被执行人履行能力的重要证据,以暴力、威胁、贿买方法阻止他人作证或者指使、贿买、胁迫他人作伪证,妨碍人民法院查明被执行人财产情况,致使判决、裁定无法执行的;

(三)拒不交付法律文书指定交付的财物、票证或者拒不迁出房屋、退出土地,致使判决、裁定无法执行的;

(四)与他人串通,通过虚假诉讼、虚假仲裁、虚假和解等方式妨害执行,致使判决、裁定无法执行的;

(五)以暴力、威胁方法阻碍执行人员进入执行现场或者聚众哄闹、冲击执行现场,致使执行工作无法进行的;

(六)对执行人员进行侮辱、围攻、扣押、殴打,致使执行工作无法进行的;

(七)毁损、抢夺执行案件材料、执行公务车辆和其他执行器械、执行人员服装以及执行公务证件,致使执行工作无法进行的;

(八)拒不执行法院判决、裁定,致使债权人遭受重大损失的。

第三条 申请执行人有证据证明同时具有下列情形,人民法院认为符合刑事诉讼法第二百一十条第三项规定的,以自诉案件立案审理:

(一)负有执行义务的人拒不执行判决、裁定,侵犯了申请执行人的人身、财产权利,应当依法追究刑事责任的;

（二）申请执行人曾经提出控告，而公安机关或者人民检察院对负有执行义务的人不予追究刑事责任的。

第四条 本解释第三条规定的自诉案件，依照刑事诉讼法第二百一十二条的规定，自诉人在宣告判决前，可以同被告人自行和解或者撤回自诉。

第五条 拒不执行判决、裁定刑事案件，一般由执行法院所在地人民法院管辖。

第六条 拒不执行判决、裁定的被告人在一审宣告判决前，履行全部或部分执行义务的，可以酌情从宽处罚。

第七条 拒不执行支付赡养费、扶养费、抚育费、抚恤金、医疗费用、劳动报酬等判决、裁定的，可以酌情从重处罚。

第八条 本解释自发布之日起施行。此前发布的司法解释和规范性文件与本解释不一致的，以本解释为准。

最高人民法院
关于拒不执行判决、
裁定罪自诉案件受理工作
有关问题的通知

（2018年5月30日印发，法〔2018〕147号）

各省、自治区、直辖市高级人民法院，解放军军事法院，新疆维吾尔自治区高级人民法院生产建设兵团分院：

近期，部分高级人民法院向我院请示，申请执行人以负有执行义务的人涉嫌拒不执行判决、裁定罪向公安机关提出控告，公安机关不接受控告材料或者接受控告材料后不予书面答复的；人民法院向公安机关移送拒不执行判决、裁定罪线索，公安机关不予书面答复或者明确答复不予立案，或者人民检察院决定不起诉的，如何处理？鉴于部分高级人民法院所请示问题具有普遍性，经研究，根据相关法律和司法解释，特通知如下：

一、申请执行人向公安机关控告负有执行义务的人涉嫌拒不执行判决、裁定罪，公安机关不予接受控告材料或者在接受控告材料后60日内不予书面答复，申请执行人有证据证明该拒不执行判决、裁定行为侵犯了其人身、财产权利，应当依法追究刑事责任的，人民法院可以以自诉案件立案审理。

二、人民法院向公安机关移送拒不执行判决、裁定罪线索，公安机关决定不予立案或者在接受案件线索后60日内不予书面答复，或者人民检察院决定不起诉的，人民法院可以向申请执行人释明；申请执行人有证据证明负有执行义务的人拒不执行判决、裁定侵犯了其人身、财产权利，应当依法追究刑事责任的，人民法院可以以自诉案件立案审理。

三、公安机关接受申请执行人的控告材料或者人民法院移送的拒不执行判决、裁定罪线索，经过60日之后又决定立案的，对于申请执行人的自诉，人民法院未受理的，裁定不予受理；已经受理的，可以向自诉人释明让其撤回起诉或者裁定终止审理。此后再出现公安机关或者人民检察院不予追究情形的，申请执行人可以依法重新提起自诉。

妨害国(边)境管理罪

公安部
关于妨害国(边)境管理犯罪案件立案标准及有关问题的通知

(2000年3月31日,公通字〔2000〕30号)

各省、自治区、直辖市公安厅、局,新疆生产建设兵团公安局:

为贯彻执行《中华人民共和国刑法》、《中华人民共和国刑事诉讼法》、《公安机关办理刑事案件程序规定》和《公安部关于印发〈公安部刑事案件管辖分工规定〉的通知》(公通字[1998]80号),现将妨害国(边)境管理犯罪案件立案标准及办理妨害国(边)境管理犯罪案件的有关问题通知如下:

一、立案标准

(一)组织他人偷越国(边)境案

1.组织他人偷越国(边)境的,应当立案侦查。

2.组织他人偷越国(边)境,具有下列情形之一的,应当立为重大案件:

(1)一次组织20~49人偷越国(边)境的;

(2)组织他人偷越国(边)境3~4次的;

(3)造成被组织人重伤1~2人的;

(4)剥夺或者限制被组织人人身自由的;

(5)以暴力、威胁方法抗拒检查的;

(6)违法所得人民币5~20万元的;

(7)有其他严重情节的。

3.组织他人偷越国(边)境,具有下列情形之一的,应当立为特别重大案件:

(1)一次组织50人以上偷越国(边)境的;

(2)组织他人偷越国(边)境5次以上的;

(3)造成被组织人重伤3人以上或者死亡1人以上的;

(4)违法所得20万元以上的;

(5)有其他特别严重情节的。

(二)骗取出境证件案

1.以劳务输出、经贸往来或者其他名义弄虚作假,骗取护照、通行证、旅行证、海员证、签证(注)等出境证件(以下简称出境证件),为他人偷越国(边)境使用的,应当立案侦查。

2.骗取出境证件,具有下列情形之一的,应当立为重大案件:

(1)骗取出境证件5~19本(份、个)的;

(2)为违法犯罪分子骗取出境证件的;

(3)违法所得10~20万元的;

(4)有其他严重情节的。

3.骗取出境证件,具有下列情形之一的,应当立为特别重大案件:

(1)骗取出境证件20本(份、个)以上的;

(2)违法所得20万元以上的;

(3)有其他特别严重情节的。

(三)提供伪造、变造的出入境证件案

1.为他人提供伪造、变造的护照、通行证、旅行证、海员证、签证(注)等出入境证件(以下简称出入境证件)的,应当立案侦查。

2.为他人提供伪造、变造的出入境证

件,具有下列情形之一的,应当立为重大案件:

(1)为他人提供伪造、变造的出入境证件5~19本(份、个)的;

(2)为违法犯罪分子提供伪造、变造的出入境证件的;

(3)违法所得10~20万元的;

(4)有其他严重情节的。

3. 为他人提供伪造、变造的出入境证件,具有下列情形之一的,应当立为特别重大案件:

(1)为他人提供伪造、变造的出入境证件20本(份、个)以上的;

(2)违法所得20万元以上的;

(3)有其他特别严重情节的。

(四)出售出入境证件案

1. 出售出入境证件的,应当立案侦查。

2. 出售出入境证件,具有下列情形之一的,应当立为重大案件:

(1)出售出入境证件5~19本(份、个)的;

(2)给违法犯罪分子出售出入境证件的;

(3)违法所得10~20万元的;

(4)有其他严重情节的。

3. 出售出入境证件,具有下列情形之一的,应当立为特别重大案件:

(1)出售出入境证件20本(份、个)以上的;

(2)违法所得20万元以上的;

(3)有其他特别严重情节的。

(五)运送他人偷越国(边)境案

1. 运送他人偷越国(边)境的,应当立案侦查。

2. 运送他人偷越国(边)境,具有下列情形之一的,应当立为重大案件:

(1)一次运送20~49人偷越国(边)境的;

(2)运送他人偷越国(边)境3~4次的;

(3)使用简陋、破旧、报废、通气状况很差的船只或者车辆等不具备必要安全条件的交通工具运送他人偷越国(边)境,足以造成严重后果的;

(4)违法所得5~20万元的;

(5)造成被运送人重伤1~2人的;

(6)以暴力、威胁方法抗拒检查的;

(7)有其他严重情节的。

3. 运送他人偷越国(边)境,具有下列情形之一的,应当立为特别重大案件:

(1)一次运送50人以上偷越国(边)境的;

(2)运送他人偷越国(边)境5次以上的;

(3)造成被运送人重伤3人以上或者死亡1人以上的;

(4)违法所得20万元以上的;

(5)有其他特别严重情节的。

(六)偷越国(边)境案

1. 偷越国(边)境,具有下列情形之一的,应当立案侦查:

(1)偷越国(边)境3次以上、屡教不改的;

(2)实施违法行为后偷越国(边)境的;

(3)在偷越国(边)境时对执法人员施以暴力、威胁手段的;

(4)造成重大涉外事件和恶劣影响的;

(5)有其他严重情节的。

2. 偷越国(边)境,具有下列情形之一的,应当立为重大案件:

(1)为逃避刑罚偷越国(边)境的;

(2)以走私、贩毒等犯罪为目的偷越

国(边)境的;

(3)有其他特别严重情节的。

(七)破坏界碑、界桩案

1. 采取盗取、毁坏、拆除、掩埋、移动等手段破坏国家边境的界碑、界桩的,应当立案侦查。

2. 破坏3个以上界碑、界桩的,或者造成严重后果的,应当立为重大案件。

(八)破坏永久性测量标志案

1. 采取盗取、拆毁、损坏、改变、移动、掩埋等手段破坏永久性测量标志,使其失去原有作用的,应当立案侦查。

2. 破坏3个以上永久性测量标志的,或者造成永久性测量标志严重损毁等严重后果的,应当立为重大案件。

在组织,运送他人偷越国(边)境中,对被组织人、被运送人有杀害、伤害、强奸、拐卖等犯罪行为,或者对检查人员有杀害、伤害等犯罪行为的,应当分别依照杀人、伤害、强奸、拐卖等案件一并立案侦查。

违法所得外币的,应当按当时汇率折合为人民币,单独或者合计计算违法所得数额。

以上规定中的"以上",均包括本数在内。

二、案件管辖分工

(一)《刑法》规定的组织他人偷越国(边)境案、运送他人偷越国(边)境案、偷越国(边)境案和破坏界碑、界桩案由公安机关边防部门管辖。边境管理区和沿海地区(限于地、市行政辖区)以外发生的上述案件由刑事侦查部门管辖。刑事侦查部门管辖骗取出境证件案、提供伪造、变造的出入境证件案、出售出入境证件案和破坏永久性测量标志案。

(二)县(市)级公安机关边防大队、刑事侦查部门在所属公安机关的领导下,按管辖分工具体承办发生在本管辖区域内的妨害国(边)境管理犯罪案件;地(市)级以上公安机关边防支队、刑事侦查部门及海警支队负责侦查重大涉外妨害国(边)境管理犯罪案件、重大集团犯罪案件和下级单位侦查有困难的犯罪案件,其中,省级以上公安机关边防部门、刑事侦查部门主要负责协调、组织、指挥侦查跨区域妨害国(边)境管理犯罪案件。

(三)办理案件的单位要及时将妨害国(边)境管理人员情况通报其户籍所在地县(市)公安边防大队,妨害国(边)境管理人员的户口在边境管理区和沿海地区以外的,办案单位要通报其户籍所在地县(市)公安局。

三、办案协作

(一)公安机关的其他部门在边境管理区和沿海地区发现边、防部门管辖的妨害国(边)境管理犯罪案件线索或接到公民报案、举报、控告的,应当先接受,然后及时移送所在地公安机关边防部门办理;边防部门发现在边境管理区和沿海地区以外发生的妨害国(边)境管理犯罪案件线索或接到公民对这类案件的报案、举报、控告的,也应先接受,然后及时移送所在地公安机关刑事侦查部门。

(二)主办单位已依法立案侦查的,协作单位要从大局出发,无条件地予以配合;通报的犯罪线索经查证符合立案条件的,要依法立案侦查,并及时将结果反馈提供线索一方。

(三)侦查跨省、自治区、直辖市(以下简称省、区、市)妨害国(边)境管理犯罪案件,要从有利于查清全案、深挖组织者、扩大战果出发,由省、区、市公安机关边防部门或刑事侦查部门进行协调,特别重大的妨害国(边)境管理犯罪案件,应在公安部边防管理局和刑事侦查局组织、协调下进行侦查。

四、案件处理

（一）对妨害国（边）境管理行为，构成犯罪、需要追究刑事责任的，要依法立案侦查，移送人民检察院审查起诉。

（二）对妨害国（边）境管理行为，尚不构成犯罪的，按照全国人大常委会《关于严惩组织、运送他人偷越国（边）境犯罪的补充规定》、《中华人民共和国出境入境边防检查条例》等法律、行政法规处理。

（三）对办理妨害国（边）境管理犯罪案件的罚没款，要依法一律上缴国库。财政部门核拨用于办理妨害国（边）境管理犯罪案件的办案补助经费，要专款专用。

各地接到本通知后，请认真贯彻执行，执行中的问题，请及时报部。

最高人民法院、最高人民检察院关于办理妨害国（边）境管理刑事案件应用法律若干问题的解释

（2012年8月20日最高人民法院审判委员会第1553次会议、2012年11月19日最高人民检察院第十一届检察委员会第82次会议通过，2012年12月12日公布，自2012年12月20日起施行，法释〔2012〕17号）

为依法惩处妨害国（边）境管理犯罪活动，维护国（边）境管理秩序，根据《中华人民共和国刑法》《中华人民共和国刑事诉讼法》的有关规定，现就办理这类案件应用法律的若干问题解释如下：

第一条 领导、策划、指挥他人偷越国（边）境或者在首要分子指挥下，实施拉拢、引诱、介绍他人偷越国（边）境等行为的，应当认定为刑法第三百一十八条规定的“组织他人偷越国（边）境”。

组织他人偷越国（边）境人数在十人以上的，应当认定为刑法第三百一十八条第一款第（二）项规定的“人数众多”；违法所得数额在二十万元以上的，应当认定为刑法第三百一十八条第一款第（六）项规定的“违法所得数额巨大”。

以组织他人偷越国（边）境为目的，招募、拉拢、引诱、介绍、培训偷越国（边）境人员，策划、安排偷越国（边）境行为，在他人偷越国（边）境之前或者偷越国（边）境过程中被查获的，应当以组织他人偷越国（边）境罪（未遂）论处；具有刑法第三百一十八条第一款规定的情形之一的，应当在相应的法定刑幅度基础上，结合未遂犯的处罚原则量刑。

第二条 为组织他人偷越国（边）境，编造出境事由、身份信息或者相关的境外关系证明的，应当认定为刑法第三百一十九条第一款规定的“弄虚作假”。

刑法第三百一十九条第一款规定的“出境证件”，包括护照或者代替护照使用的国际旅行证件，中华人民共和国海员证，中华人民共和国出入境通行证，中华人民共和国旅行证，中国公民往来香港、澳门、台湾地区证件，边境地区出入境通行证，签证、签注，出国（境）证明、名单，以及其他出境时需要查验的资料。

具有下列情形之一的，应当认定为刑法第三百一十九条第一款规定的“情节严重”：

(一)骗取出境证件五份以上的;

(二)非法收取费用三十万元以上的;

(三)明知是国家规定的不准出境的人员而为其骗取出境证件的;

(四)其他情节严重的情形。

第三条 刑法第三百二十条规定的“出入境证件”,包括本解释第二条第二款所列的证件以及其他入境时需要查验的资料。

具有下列情形之一的,应当认定为刑法第三百二十条规定的“情节严重”:

(一)为他人提供伪造、变造的出入境证件或者出售出入境证件五份以上的;

(二)非法收取费用三十万元以上的;

(三)明知是国家规定的不准出入境的人员而为其提供伪造、变造的出入境证件或者向其出售出入境证件的;

(四)其他情节严重的情形。

第四条 运送他人偷越国(边)境人数在十人以上的,应当认定为刑法第三百二十一条第一款第(一)项规定的“人数众多”;违法所得数额在二十万元以上的,应当认定为刑法第三百二十一条第一款第(三)项规定的“违法所得数额巨大”。

第五条 偷越国(边)境,具有下列情形之一的,应当认定为刑法第三百二十二条规定的“情节严重”:

(一)在境外实施损害国家利益行为的;

(二)偷越国(边)境三次以上或者三人以上结伙偷越国(边)境的;

(三)拉拢、引诱他人一起偷越国(边)境的;

(四)勾结境外组织、人员偷越国(边)境的;

(五)因偷越国(边)境被行政处罚后一年内又偷越国(边)境的;

(六)其他情节严重的情形。

第六条 具有下列情形之一的,应当认定为刑法第六章第三节规定的“偷越国(边)境”行为:

(一)没有出入境证件出入国(边)境或者逃避接受边防检查的;

(二)使用伪造、变造、无效的出入境证件出入国(边)境的;

(三)使用他人出入境证件出入国(边)境的;

(四)使用以虚假的出入境事由、隐瞒真实身份、冒用他人身份证件等方式骗取的出入境证件出入国(边)境的;

(五)采用其他方式非法出入国(边)境的。

第七条 以单位名义或者单位形式组织他人偷越国(边)境、为他人提供伪造、变造的出入境证件或者运送他人偷越国(边)境的,应当依照刑法第三百一十八条、第三百二十条、第三百二十一条的规定追究直接负责的主管人员和其他直接责任人员的刑事责任。

第八条 实施组织他人偷越国(边)境犯罪,同时构成骗取出境证件罪、提供伪造、变造的出入境证件罪、出售出入境证件罪、运送他人偷越国(边)境罪的,依照处罚较重的规定定罪处罚。

第九条 对跨地区实施的不同妨害国(边)境管理犯罪,符合并案处理要求,有关地方公安机关依照法律和相关规定一并立案侦查,需要提请批准逮捕、移送审查起诉、提起公诉的,由该公安机关所在地的同级人民检察院、人民法院依法受理。

第十条 本解释发布实施后,《最高人民法院关于审理组织、运送他人偷越国(边)境等刑事案件适用法律若干问题的解释》(法释〔2002〕3号)不再适用。

最高人民法院、最高人民检察院、公安部、国家移民管理局关于依法惩治妨害国(边)境管理违法犯罪的意见

(2022年6月29日)

为依法惩治妨害国(边)境管理违法犯罪活动,切实维护国(边)境管理秩序,根据《中华人民共和国刑法》《中华人民共和国刑事诉讼法》《中华人民共和国出境入境管理法》《最高人民法院、最高人民检察院关于办理妨害国(边)境管理刑事案件应用法律若干问题的解释》(法释〔2012〕17号,以下简称《解释》)等有关规定,结合执法、司法实践,制定本意见。

一、总体要求(略)

二、关于妨害国(边)境管理犯罪的认定

2. 具有下列情形之一的,应当认定为刑法第三百一十八条规定的"组织他人偷越国(边)境"行为:

(1)组织他人通过虚构事实、隐瞒真相等方式掩盖非法出入境目的,骗取出入境边防检查机关核准出入境的;

(2)组织依法限定在我国边境地区停留、活动的人员,违反国(边)境管理法规,非法进入我国非边境地区的。

对于前述行为,在决定是否追究刑事责任以及如何裁量刑罚时,应当综合考虑组织者前科情况、行为手段、组织人数和次数、违法所得数额及被组织人员偷越国(边)境的目的等情节,依法妥当处理。

3. 事前与组织、运送他人偷越国(边)境的犯罪分子通谋,在偷越国(边)境人员出境前或者入境后,提供接驳、容留、藏匿等帮助的,以组织他人偷越国(边)境罪或者运送他人偷越国(边)境罪的共同犯罪论处。

4. 明知是偷越国(边)境人员,分段运送其前往国(边)境的,应当认定为刑法第三百二十一条规定的"运送他人偷越国(边)境",以运送他人偷越国(边)境罪定罪处罚。但是,在决定是否追究刑事责任以及如何裁量刑罚时,应当充分考虑行为人在运送他人偷越国(边)境过程中所起作用等情节,依法妥当处理。

5.《解释》第一条第二款、第四条规定的"人数",以实际组织、运送的人数计算;未到案人员经查证属实的,应当计算在内。

6. 明知他人实施骗取出境证件犯罪,提供虚假证明、邀请函件以及面签培训等帮助的,以骗取出境证件罪的共同犯罪论处;符合刑法第三百一十八条规定的,以组织他人偷越国(边)境罪定罪处罚。

7. 事前与组织他人偷越国(边)境的犯罪分子通谋,为其提供虚假证明、邀请函件以及面签培训等帮助,骗取入境签证等入境证件,为组织他人偷越国(边)境使用的,以组织他人偷越国(边)境罪的共同犯罪论处。

8. 对于偷越国(边)境的次数,按照非法出境、入境的次数分别计算。但是,

对于非法越境后及时返回,或者非法出境后又入境投案自首的,一般应当计算为一次。

9. 偷越国(边)境人员相互配合,共同偷越国(边)境的,属于《解释》第五条第二项规定的"结伙"。偷越国(边)境人员在组织者、运送者安排下偶然同行的,不属于"结伙"。

在认定偷越国(边)境"结伙"的人数时,不满十六周岁的人不计算在内。

10. 偷越国(边)境,具有下列情形之一的,属于《解释》第五条第六项规定的"其他情节严重的情形":

(1)犯罪后为逃避刑事追究偷越国(边)境的;

(2)破坏边境物理隔离设施后,偷越国(边)境的;

(3)以实施电信网络诈骗、开设赌场等犯罪为目的,偷越国(边)境的;

(4)曾因妨害国(边)境管理犯罪被判处刑罚,刑罚执行完毕后二年内又偷越国(边)境的。

实施偷越国(边)境犯罪,又实施妨害公务、袭警、妨害传染病防治等行为,并符合有关犯罪构成的,应当数罪并罚。

11. 徒步带领他人通过隐蔽路线逃避边防检查偷越国(边)境的,属于运送他人偷越国(边)境。领导、策划、指挥他人偷越国(边)境,并实施徒步带领行为的,以组织他人偷越国(边)境罪论处。

徒步带领偷越国(边)境的人数较少,行为人系初犯,确有悔罪表现,综合考虑行为动机、一贯表现、违法所得、实际作用等情节,认为对国(边)境管理秩序妨害程度明显较轻的,可以认定为犯罪情节轻微,依法不起诉或者免予刑事处罚;情节显著轻微危害不大的,不作为犯罪处理。

12. 对于刑法第三百二十一条第一款规定的"多次实施运送行为",累计运送人数一般应当接近十人。

三、关于妨害国(边)境管理刑事案件的管辖

13. 妨害国(边)境管理刑事案件由犯罪地的公安机关立案侦查。如果由犯罪嫌疑人居住地的公安机关立案侦查更为适宜的,可以由犯罪嫌疑人居住地的公安机关立案侦查。

妨害国(边)境管理犯罪的犯罪地包括妨害国(边)境管理犯罪行为的预备地、过境地、查获地等与犯罪活动有关的地点。

14. 对于有多个犯罪地的妨害国(边)境管理刑事案件,由最初受理的公安机关或者主要犯罪地的公安机关立案侦查。有争议的,按照有利于查清犯罪事实、有利于诉讼的原则,由共同上级公安机关指定有关公安机关立案侦查。

15. 具有下列情形之一的,有关公安机关可以在其职责范围内并案侦查:

(1)一人犯数罪的;

(2)共同犯罪的;

(3)共同犯罪的犯罪嫌疑人、被告人还实施其他犯罪的;

(4)多个犯罪嫌疑人、被告人实施的犯罪存在关联,并案处理有利于查明案件事实的。

四、关于证据的收集与审查

16. 对于妨害国(边)境管理案件所涉主观明知的认定,应当结合行为实施的过程、方式、被查获时的情形和环境,行为人的认知能力、既往经历、与同案人的关系、非法获利等,审查相关辩解是否明显违背常理,综合分析判断。

在组织他人偷越国(边)境、运送他人偷越国(边)境等案件中,具有下列情形之一的,可以认定行为人主观明知,但行为人作出合理解释或者有相反证据证明的除外:

(1)使用遮蔽、伪装、改装等隐蔽方式接送、容留偷越国(边)境人员的;

(2)与其他妨害国(边)境管理行为人使用同一通讯群组、暗语等进行联络的;

(3)采取绕关避卡等方式躲避边境检查,或者出境前、入境后途经边境地区的时间、路线等明显违反常理的;

(4)接受执法检查时故意提供虚假的身份、事由、地点、联系方式等信息的;

(5)支付、收取或者约定的报酬明显不合理的;

(6)遇到执法检查时企图逃跑,阻碍、抗拒执法检查,或者毁灭证据的;

(7)其他足以认定行为人明知的情形。

17. 对于不通晓我国通用语言文字的嫌疑人、被告人、证人及其他相关人员,人民法院、人民检察院、公安机关、移民管理机构应当依法为其提供翻译。

翻译人员在案件办理规定时限内无法到场的,办案机关可以通过视频连线方式进行翻译,并对翻译过程进行全程不间断录音录像,不得选择性录制,不得剪接、删改。

翻译人员应当在翻译文件上签名。

18. 根据国际条约规定或者通过刑事司法协助和警务合作等渠道收集的境外证据材料,能够证明案件事实且符合刑事诉讼法规定的,可以作为证据使用,但提供人或者我国与有关国家签订的双边条约对材料的使用范围有明确限制的除外。

办案机关应当移送境外执法机构对所收集证据的来源、提取人、提取时间或者提供人、提供时间以及保管移交的过程等相关说明材料;确因客观条件限制,境外执法机构未提供相关说明材料的,办案机关应当说明原因,并对所收集证据的有关事项作出书面说明。

19. 采取技术侦查措施收集的材料,作为证据使用的,应当随案移送,并附采取技术侦查措施的法律文书、证据清单和有关情况说明。

20. 办理案件中发现的可用以证明犯罪嫌疑人、被告人有罪或者无罪的各种财物,应当严格依照法定条件和程序进行查封、扣押、冻结。不得查封、扣押、冻结与案件无关的财物。凡查封、扣押、冻结的财物,都要及时进行审查。经查明确实与案件无关的,应当在三日以内予以解除、退还,并通知有关当事人。

查封、扣押、冻结涉案财物及其孳息,应当制作清单,妥善保管,随案移送。待人民法院作出生效判决后,依法作出处理。

公安机关、人民检察院应当对涉案财物审查甄别。在移送审查起诉、提起公诉时,应当对涉案财物提出处理意见。人民法院对随案移送的涉案财物,应当依法作出判决。

五、关于宽严相济刑事政策的把握

21. 办理妨害国(边)境管理刑事案件,应当综合考虑行为人的犯罪动机、行为方式、目的以及造成的危害后果等因素,全面把握犯罪事实和量刑情节,依法惩治。做好行政执法与刑事司法的衔接,对涉嫌妨害国(边)境管理犯罪的案件,要及时移送立案侦查,不得以行政处罚代替刑事追究。

对于实施相关行为被不起诉或者免予刑事处罚的行为人,依法应当给予行政处罚、政务处分或者其他处分的,依法移送有关主管机关处理。

22. 突出妨害国(边)境管理刑事案件的打击重点,从严惩处组织他人偷越国(边)境犯罪,坚持全链条、全环节、全流程对妨害国(边)境管理的产业链进行刑事惩治。对于为组织他人偷越国(边)境实施骗取出入境证件,提供伪造、变造的出入境证件,出售出入境证件,或者运送偷越国(边)境等行为,形成利益链条的,要坚决依法惩治,深挖犯罪源头,斩断利益链条,不断挤压此类犯罪滋生蔓延空间。

对于运送他人偷越国(边)境犯罪,要综合考虑运送人数、违法所得、前科情况等依法定罪处罚,重点惩治以此为业、屡罚屡犯、获利巨大和其他具有重大社会危害的情形。

对于偷越国(边)境犯罪,要综合考虑偷越动机、行为手段、前科情况等依法定罪处罚,重点惩治越境实施犯罪、屡罚屡犯和其他具有重大社会危害的情形。

23. 对于妨害国(边)境管理犯罪团伙、犯罪集团,应当重点惩治首要分子、主犯和积极参加者。对受雇佣或者被利用从事信息登记、材料递交等辅助性工作人员,未直接实施妨害国(边)境管理行为的,一般不追究刑事责任,可以由公安机关、移民管理机构依法作出行政处罚或者其他处理。

24. 对于妨害国(边)境管理犯罪所涉及的在偷越国(边)境之后的相关行为,要区分情况作出处理。对于组织、运送他人偷越国(边)境,进而在他人偷越国(边)境之后组织实施犯罪的,要作为惩治重点,符合数罪并罚规定的,应当数罪并罚。

对于为非法用工而组织、运送他人偷越国(边)境,或者明知是偷越国(边)境的犯罪分子而招募用工的,在决定是否追究刑事责任以及如何裁量刑罚时,应当综合考虑越境人数、违法所得、前科情况、造成影响或者后果等情节,恰当评估社会危害性,依法妥当处理。其中,单位实施上述行为,对组织者、策划者、实施者依法追究刑事责任的,定罪量刑应作综合考量,适当体现区别,确保罪责刑相适应。

25. 对以牟利为目的实施妨害国(边)境管理犯罪,要注重适用财产刑和追缴犯罪所得、没收作案工具等处置手段,加大财产刑的执行力度,最大限度剥夺其重新犯罪的能力和条件。

26. 犯罪嫌疑人、被告人提供重要证据或者重大线索,对侦破、查明重大妨害国(边)境管理刑事案件起关键作用,经查证属实的,可以依法从宽处理。

公安部法制局
对《关于倒卖邀请函的行为如何处理的请示》的答复

(2001年2月1日,公法〔2001〕021号)

新疆维吾尔自治区公安厅法制处:

你处《关于倒卖邀请函的行为如何处理的请示》(新公法[2000]59号)收悉。经研究答复如下:

办理出入境证件所需的邀请函不属

于出入境证件。对仅仅是为他人联系提供办理出入境证件所需邀请函并获得报酬的行为，如果该邀请函真实有效、当事人之间没有欺诈行为，不应依据《中华人民共和国出境入境管理法实施细则》第二十二条第一款第二项规定按招摇撞骗行为予以处罚；也不应将该行为认定为组织、运送他人偷越国（边）境的行为以刑事或行政处罚。

对以联系提供办理出入境证件所需的邀请函为名，编造情况，提供假证明，骗取出入境证件以及从事诈骗、组织他人偷越国（边）境等违法犯罪活动的，应依法予以查处。

最高人民法院、最高人民检察院、公安部关于对非法越境去台人员的处理意见

［1982年6月30日，〔82〕公发（研）90号］

各省、市、自治区高级人民法院、人民检察院、公安厅（局）：

近年来，从祖国大陆尤其是沿海一些省份非法越境去台湾（包括澎湖、金门、马祖等岛屿）的人员有所增多。自中央宣布关于台湾回归祖国、实现和平统一的九条方针以来，非法越境去台的人员出现了一些新的复杂情况，有些地方的公、检、法机关在处理这个问题上认识不尽一致，口径也不统一。这种状况，既不利于正确贯彻中央对台工作的九条方针，也不利于保障边境安全，打击特务、反革命和其他刑事犯罪分子的破坏活动。为此特提出如下意见：

一、要配合宣传部门向广大群众和干部特别是广东、福建、浙江等沿海地区的群众和干部，正确地宣传中央关于对台工作的方针政策。（略）

二、大陆公民确有正当理由，需要经由香港或某个外国辗转去台的，必须按照我们公民因私出境的规定，向所在地公安机关申请办理签证手续，在办妥签证手续后，才可以准许出境。

三、凡在未经办理签证手续，擅自非法越境去台、澎、金、马、敌占岛屿的，应当区别不同情况，分别处理：

（一）进行反革命活动的，应按刑法分则第一章反革命罪有关条文定罪惩处。如策动、勾引、收买国家工作人员、现役军人、人民警察、民兵逃台的，应定为策动投敌叛变罪；为台湾当局窃取、刺探、提供情报的，供给武器军火的，参加特务组织或者接受敌人派遣任务的，应定为特务或资敌罪；进行反革命宣传，煽动他人一起逃台的，或在逃台后公开发表反共反人民言论的，应定为反革命宣传煽动罪。

（二）非法越境逃台，情节严重的，或者以营利为目的，组织、运送他人越境逃台的，应当根据刑法第一百七十六条、第一百七十七条的规定惩处。如果尚有走私、贩毒等其他犯罪行为的，应根据刑法的规定数罪并罚。

（三）国家工作人员、现役军人、人民警察、民兵或者共产党员非法越境去台的，应当依法从重惩处。

（四）普通公民纯属好逸恶劳，羡慕资本主义生活方式或出于探亲、访友等目

的而非法偷渡去台的,一般可不追究刑事责任,但应酌情给予必要的批评教育,训诫或者责令具结悔过。

以上意见,请你们研究执行。

妨害文物管理罪

最高人民法院、最高人民检察院关于办理妨害文物[①]管理等刑事案件适用法律若干问题的解释

(2015 年 10 月 12 日最高人民法院审判委员会第 1663 次会议、2015 年 11 月 18 日最高人民检察院第十二届检察委员会第 43 次会议通过,2015 年 12 月 30 日公布,自 2016 年 1 月 1 日起施行,法释〔2015〕23 号)

第一条 刑法第一百五十一条规定的"国家禁止出口的文物",依照《中华人民共和国文物保护法》规定的"国家禁止出境的文物"的范围认定。

走私国家禁止出口的二级文物的,应当依照刑法第一百五十一条第二款的规定,以走私文物罪处五年以上十年以下有期徒刑,并处罚金;走私国家禁止出口的一级文物的,应当认定为刑法第一百五十一条第二款规定的"情节特别严重";走私国家禁止出口的三级文物的,应当认定为刑法第一百五十一条第二款规定的"情节较轻"。

走私国家禁止出口的文物,无法确定文物等级,或者按照文物等级定罪量刑明显过轻或者过重的,可以按照走私的文物价值定罪量刑。走私的文物价值在二十万元以上不满一百万元的,应当依照刑法第一百五十一条第二款的规定,以走私文物罪处五年以上十年以下有期徒刑,并处罚金;文物价值在一百万元以上的,应当认定为刑法第一百五十一条第二款规定的"情节特别严重";文物价值在五万元以上不满二十万元的,应当认定为刑法第一百五十一条第二款规定的"情节较轻"。

第二条 盗窃一般文物、三级文物、二级以上文物的,应当分别认定为刑法第二百六十四条规定的"数额较大""数额巨大""数额特别巨大"。

盗窃文物,无法确定文物等级,或者按照文物等级定罪量刑明显过轻或者过重的,按照盗窃的文物价值定罪量刑。

第三条 全国重点文物保护单位、省级文物保护单位的本体,应当认定为刑法第三百二十四条第一款规定的"被确定为全国重点文物保护单位、省级文物保护单位的文物"。

故意损毁国家保护的珍贵文物或者被确定为全国重点文物保护单位、省级文物保护单位的文物,具有下列情形之一

---

① 《文物保护法》第 2 条规定:在中华人民共和国境内,下列文物受国家保护:(一)具有历史、艺术、科学价值的古文化遗址、古墓葬、古建筑、石窟寺和石刻、壁画;(二)与重大历史事件、革命运动或者著名人物有关的以及具有重要纪念意义、教育意义或者史料价值的近代现代重要史迹、实物、代表性建筑;(三)历史上各时代珍贵的艺术品、工艺美术品;(四)历史上各时代重要的文献资料以及具有历史、艺术、科学价值的手稿和图书资料等;(五)反映历史上各时代、各民族社会制度、社会生产、社会生活的代表性实物。文物认定的标准和办法由国务院文物行政部门制定,并报国务院批准。具有科学价值的古脊椎动物化石和古人类化石同文物一样受国家保护。

的,应当认定为刑法第三百二十四条第一款规定的"情节严重":

(一)造成五件以上三级文物损毁的;

(二)造成二级以上文物损毁的;

(三)致使全国重点文物保护单位、省级文物保护单位的本体严重损毁或者灭失的;

(四)多次损毁或者损毁多处全国重点文物保护单位、省级文物保护单位的本体的;

(五)其他情节严重的情形。

实施前款规定的行为,拒不执行国家行政主管部门作出的停止侵害文物的行政决定或者命令的,酌情从重处罚。

第四条 风景名胜区的核心景区以及未被确定为全国重点文物保护单位、省级文物保护单位的古文化遗址、古墓葬、古建筑、石窟寺、石刻、壁画、近代现代重要史迹和代表性建筑等不可移动文物的本体,应当认定为刑法第三百二十四条第二款规定的"国家保护的名胜古迹"。

故意损毁国家保护的名胜古迹,具有下列情形之一的,应当认定为刑法第三百二十四条第二款规定的"情节严重":

(一)致使名胜古迹严重损毁或者灭失的;

(二)多次损毁或者损毁多处名胜古迹的;

(三)其他情节严重的情形。

实施前款规定的行为,拒不执行国家行政主管部门作出的停止侵害文物的行政决定或者命令的,酌情从重处罚。

故意损毁风景名胜区内被确定为全国重点文物保护单位、省级文物保护单位的文物的,依照刑法第三百二十四条第一款和本解释第三条的规定定罪量刑。

第五条 过失损毁国家保护的珍贵文物或者被确定为全国重点文物保护单位、省级文物保护单位的文物,具有本解释第三条第二款第一项至第三项规定情形之一的,应当认定为刑法第三百二十四条第三款规定的"造成严重后果"。

第六条 出售或者为出售而收购、运输、储存《中华人民共和国文物保护法》规定的"国家禁止买卖的文物"的,应当认定为刑法第三百二十六条规定的"倒卖国家禁止经营的文物"。

倒卖国家禁止经营的文物,具有下列情形之一的,应当认定为刑法第三百二十六条规定的"情节严重":

(一)倒卖三级文物的;

(二)交易数额在五万元以上的;

(三)其他情节严重的情形。

实施前款规定的行为,具有下列情形之一的,应当认定为刑法第三百二十六条规定的"情节特别严重":

(一)倒卖二级以上文物的;

(二)倒卖三级文物五件以上的;

(三)交易数额在二十五万元以上的;

(四)其他情节特别严重的情形。

第七条 国有博物馆、图书馆以及其他国有单位,违反文物保护法规,将收藏或者管理的国家保护的文物藏品出售或者私自送给非国有单位或者个人的,依照刑法第三百二十七条的规定,以非法出售、私赠文物藏品罪追究刑事责任。

第八条 刑法第三百二十八条第一款规定的"古文化遗址、古墓葬"包括水下古文化遗址、古墓葬。"古文化遗址、古墓葬"不以公布为不可移动文物的古文化遗址、古墓葬为限。

实施盗掘行为,已损害古文化遗址、

古墓葬的历史、艺术、科学价值的,应当认定为盗掘古文化遗址、古墓葬罪既遂。

采用破坏性手段盗窃古文化遗址、古墓葬以外的古建筑、石窟寺、石刻、壁画、近代现代重要史迹和代表性建筑等其他不可移动文物的,依照刑法第二百六十四条的规定,以盗窃罪追究刑事责任。

第九条 明知是盗窃文物、盗掘古文化遗址、古墓葬等犯罪所获取的三级以上文物,而予以窝藏、转移、收购、加工、代为销售或者以其他方法掩饰、隐瞒的,依照刑法第三百一十二条的规定,以掩饰、隐瞒犯罪所得罪追究刑事责任。

实施前款规定的行为,事先通谋的,以共同犯罪论处。

第十条 国家机关工作人员严重不负责任,造成珍贵文物损毁或者流失,具有下列情形之一的,应当认定为刑法第四百一十九条规定的"后果严重":

(一)导致二级以上文物或者五件以上三级文物损毁或者流失的;

(二)导致全国重点文物保护单位、省级文物保护单位的本体严重损毁或者灭失的;

(三)其他后果严重的情形。

第十一条 单位实施走私文物、倒卖文物等行为,构成犯罪的,依照本解释规定的相应自然人犯罪的定罪量刑标准,对直接负责的主管人员和其他直接责任人员定罪处罚,并对单位判处罚金。

公司、企业、事业单位、机关、团体等单位实施盗窃文物,故意损毁文物、名胜古迹,过失损毁文物,盗掘古文化遗址、古墓葬等行为的,依照本解释规定的相应定罪量刑标准,追究组织者、策划者、实施者的刑事责任。

第十二条 针对不可移动文物整体实施走私、盗窃、倒卖等行为的,根据所属不可移动文物的等级,依照本解释第一条、第二条、第六条的规定定罪量刑:

(一)尚未被确定为文物保护单位的不可移动文物,适用一般文物的定罪量刑标准;

(二)市、县级文物保护单位,适用三级文物的定罪量刑标准;

(三)全国重点文物保护单位、省级文物保护单位,适用二级以上文物的定罪量刑标准。

针对不可移动文物中的建筑构件、壁画、雕塑、石刻等实施走私、盗窃、倒卖等行为的,根据建筑构件、壁画、雕塑、石刻等文物本身的等级或者价值,依照本解释第一条、第二条、第六条的规定定罪量刑。建筑构件、壁画、雕塑、石刻等所属不可移动文物的等级,应当作为量刑情节予以考虑。

第十三条 案件涉及不同等级的文物的,按照高级别文物的量刑幅度量刑;有多件同级文物的,五件同级文物视为一件高一级文物,但是价值明显不相当的除外。

第十四条 依照文物价值定罪量刑的,根据涉案文物的有效价格证明认定文物价值;无有效价格证明,或者根据价格证明认定明显不合理的,根据销赃数额认定,或者结合本解释第十五条规定的鉴定意见、报告认定。

第十五条 在行为人实施有关行为前,文物行政部门已对涉案文物及其等级作出认定的,可以直接对有关案件事实作出认定。

对案件涉及的有关文物鉴定、价值认定等专门性问题难以确定的,由司法鉴定机构出具鉴定意见,或者由国务院文物行政部门指定的机构出具报告。其中,对于文物价值,也可以由有关价格认证机构作出价格认证并出具报告。

第十六条 实施本解释第一条、第二条、第六条至第九条规定的行为,虽已达到应当追究刑事责任的标准,但行为人系初犯,积极退回或者协助追回文物,未造成文物损毁,并确有悔罪表现的,可以认定为犯罪情节轻微,不起诉或者免予刑事处罚。

实施本解释第三条至第五条规定的行为,虽已达到应当追究刑事责任的标准,但行为人系初犯,积极赔偿损失,并确有悔罪表现的,可以认定为犯罪情节轻微,不起诉或者免予刑事处罚。

第十七条 走私、盗窃、损毁、倒卖、盗掘或者非法转让具有科学价值的古脊椎动物化石、古人类化石的,依照刑法和本解释的有关规定定罪量刑。

第十八条 本解释自2016年1月1日起施行。本解释公布施行后,《最高人民法院、最高人民检察院关于办理盗窃、盗掘、非法经营和走私文物的案件具体应用法律的若干问题的解释》[法(研)发〔1987〕32号]同时废止;之前发布的司法解释与本解释不一致的,以本解释为准。

最高人民法院、最高人民检察院、公安部、国家文物局关于办理妨害文物管理等刑事案件若干问题的意见

(2022年8月16日,公通字〔2022〕18号)

各省、自治区、直辖市高级人民法院、人民检察院、公安厅(局)、文物局(文化和旅游厅/局),新疆维吾尔自治区高级人民法院生产建设兵团分院,新疆生产建设兵团人民检察院、公安局、文物局:

为依法惩治文物犯罪,加强对文物的保护,根据《中华人民共和国刑法》《中华人民共和国刑事诉讼法》《中华人民共和国文物保护法》和《最高人民法院、最高人民检察院关于办理妨害文物管理等刑事案件适用法律若干问题的解释》(法释〔2015〕23号,以下简称《文物犯罪解释》)等有关规定,结合司法实践,制定本意见。

一、总体要求(略)

二、依法惩处文物犯罪

(一)准确认定盗掘行为

1. 针对古建筑、石窟寺等不可移动文物中包含的古文化遗址、古墓葬部分实施盗掘,符合刑法第三百二十八条规定的,以盗掘古文化遗址、古墓葬罪追究刑事责任。

盗掘对象是否属于古文化遗址、古墓葬,应当按照《文物犯罪解释》第八条、第十五条的规定作出认定。

2. 以盗掘为目的,在古文化遗址、古墓葬表层进行钻探、爆破、挖掘等作业,因意志以外的原因,尚未损害古文化遗址、古墓葬的历史、艺术、科学价值的,属于盗掘古文化遗址、古墓葬未遂,应当区分情况分别处理:

(1)以被确定为全国重点文物保护单位、省级文物保护单位的古文化遗址、古墓葬为盗掘目标的,应当追究刑事责任;

(2)以被确定为市、县级文物保护单位的古文化遗址、古墓葬为盗掘目标的,

对盗掘团伙的纠集者、积极参加者,应当追究刑事责任;

(3)以其他古文化遗址、古墓葬为盗掘目标的,对情节严重者,依法追究刑事责任。

实施前款规定的行为,同时构成刑法第三百二十四条第一款、第二款规定的故意损毁文物罪、故意损毁名胜古迹罪的,依照处罚较重的规定定罪处罚。

3. 刑法第三百二十八条第一款第三项规定的“多次盗掘”是指盗掘三次以上。对于行为人基于同一或者概括犯意,在同一古文化遗址、古墓葬本体周边一定范围内实施连续盗掘,已损害古文化遗址、古墓葬的历史、艺术、科学价值的,一般应认定为一次盗掘。

(二)准确认定盗窃行为

采用破坏性手段盗窃古建筑、石窟寺、石刻、壁画、近现代重要史迹和代表性建筑等不可移动文物未遂,具有下列情形之一的,应当依法追究刑事责任:

1. 针对全国重点文物保护单位、省级文物保护单位中的建筑构件、壁画、雕塑、石刻等实施盗窃,损害文物本体历史、艺术、科学价值,情节严重的;

2. 以被确定为市、县级以上文物保护单位整体为盗窃目标的;

3. 造成市、县级以上文物保护单位的不可移动文物本体损毁的;

4. 针对不可移动文物中的建筑构件、壁画、雕塑、石刻等实施盗窃,所涉部分具有等同于三级以上文物历史、艺术、科学价值的;

5. 其他情节严重的情形。

实施前款规定的行为,同时构成刑法第三百二十四条第一款、第二款规定的故意损毁文物罪、故意损毁名胜古迹罪的,依照处罚较重的规定定罪处罚。

(三)准确认定掩饰、隐瞒与倒卖行为

1. 明知是盗窃文物、盗掘古文化遗址、古墓葬等犯罪所获取的文物,而予以窝藏、转移、收购、加工、代为销售或者以其他方法掩饰、隐瞒的,符合《文物犯罪解释》第九条规定的,以刑法第三百一十二条规定的掩饰、隐瞒犯罪所得罪追究刑事责任。

对是否“明知”,应当结合行为人的认知能力、既往经历、行为次数和手段,与实施盗掘、盗窃、倒卖文物等犯罪行为人的关系,获利情况,是否故意规避调查,涉案文物外观形态、价格等主、客观因素进行综合审查判断。具有下列情形之一,行为人不能做出合理解释的,可以认定其“明知”,但有相反证据的除外:

(1)采用黑话、暗语等方式进行联络交易的;

(2)通过伪装、隐匿文物等方式逃避检查,或者以暴力等方式抗拒检查的;

(3)曾因实施盗掘、盗窃、走私、倒卖文物等犯罪被追究刑事责任,或者二年内受过行政处罚的;

(4)有其他证据足以证明行为人应当知道的情形。

2. 出售或者为出售而收购、运输、储存《中华人民共和国文物保护法》第五十一条规定的“国家禁止买卖的文物”,可以结合行为人的从业经历、认知能力、违法犯罪记录、供述情况,交易的价格、次数、件数、场所,文物的来源、外观形态等综合审查判断,认定其行为系刑法第三百二十六条规定的“以牟利为目的”，但文物来源符合《中华人民共和国文物保护法》第五十条规定的除外。

三、涉案文物的认定和鉴定评估

对案件涉及的文物等级、类别、价值等专门性问题，如是否属于古文化遗址、古墓葬、古建筑、石窟寺、石刻、壁画、近代现代重要史迹和代表性建筑等不可移动文物，是否具有历史、艺术、科学价值，是否属于各级文物保护单位，是否属于珍贵文物，以及有关行为对文物造成的损毁程度和对文物价值造成的影响等，案发前文物行政部门已作认定的，可以直接对有关案件事实作出认定；案发前未作认定的，可以结合国务院文物行政部门指定的机构出具的《涉案文物鉴定评估报告》作出认定，必要时，办案机关可以依法提请文物行政部门对有关问题作出说明。《涉案文物鉴定评估报告》应当依照《涉案文物鉴定评估管理办法》（文物博发〔2018〕4号）规定的程序和格式文本出具。

四、文物犯罪案件管辖

文物犯罪案件一般由犯罪地的公安机关管辖，包括文物犯罪的预谋地、工具准备地、勘探地、盗掘地、盗窃地、途经地、交易地、倒卖信息发布地、出口（境）地、涉案不可移动文物的所在地、涉案文物的实际取得地、藏匿地、转移地、加工地、储存地、销售地等。多个公安机关都有权立案侦查的文物犯罪案件，由主要犯罪地公安机关立案侦查。

具有下列情形之一的，有关公安机关可以在其职责范围内并案处理：

（1）一人犯数罪的；

（2）共同犯罪的；

（3）共同犯罪的犯罪嫌疑人还实施其他犯罪的；

（4）三人以上时分时合，交叉结伙作案的；

（5）多个犯罪嫌疑人实施的盗掘、盗窃、倒卖、掩饰、隐瞒、走私等犯罪存在直接关联，或者形成多层级犯罪链条，并案处理有利于查明案件事实的。

五、宽严相济刑事政策的应用

（一）要着眼出资、勘探、盗掘、盗窃、倒卖、收赃、走私等整个文物犯罪网络开展打击，深挖幕后金主，斩断文物犯罪链条，对虽未具体参与实施有关犯罪实行行为，但作为幕后纠集、组织、指挥、筹划、出资、教唆者，在共同犯罪中起主要作用的，可以依法认定为主犯。

（二）对曾因文物违法犯罪而受过行政处罚或者被追究刑事责任、多次实施文物违法犯罪行为、以及国家工作人员实施本意见规定相关犯罪行为的，可以酌情从重处罚。

（三）正确运用自首、立功、认罪认罚从宽等制度，充分发挥刑罚的惩治和预防功能。对积极退回或协助追回文物，协助抓捕重大文物犯罪嫌疑人，以及提供重要线索，对侦破、查明其他重大文物犯罪案件起关键作用的，依法从宽处理。

（四）人民法院、人民检察院、公安机关应当加强与文物行政等部门的沟通协调，强化行刑衔接，对不构成犯罪的案件，依据有关规定及时移交。公安机关依法扣押的国家禁止经营的文物，经审查与案件无关的，应当交由文物行政等有关部门依法予以处理。文物行政等部门在查办案件中，发现涉嫌构成犯罪的案件，依据有关规定及时向公安机关移送。

危害公共卫生罪

最高人民法院、最高人民检察院、公安部、司法部、海关总署关于进一步加强国境卫生检疫工作依法惩治妨害国境卫生检疫违法犯罪的意见

(2020年3月13日印发)

为进一步加强国境卫生检疫工作,依法惩治妨害国境卫生检疫违法犯罪行为,维护公共卫生安全,保障人民群众生命安全和身体健康,根据有关法律、司法解释的规定,制定本意见。

一、充分认识国境卫生检疫对于维护公共卫生安全的重要意义(略)

二、依法惩治妨害国境卫生检疫的违法犯罪行为

为加强国境卫生检疫工作,防止传染病传入传出国境,保护人民群众健康安全,刑法、国境卫生检疫法对妨害国境卫生检疫违法犯罪行为及其处罚作出规定。人民法院、人民检察院、公安机关、海关在办理妨害国境卫生检疫案件时,应当准确理解和严格适用刑法、国境卫生检疫法等有关规定,依法惩治相关违法犯罪行为。

(一)进一步加强国境卫生检疫行政执法。海关要在各口岸加强国境卫生检疫工作宣传,引导出入境人员以及接受检疫监管的单位和人员严格遵守国境卫生检疫法等法律法规的规定,配合和接受海关国境卫生检疫。同时,要加大国境卫生检疫行政执法力度,对于违反国境卫生检疫法及其实施细则,尚不构成犯罪的行为,依法给予行政处罚。

(二)依法惩治妨害国境卫生检疫犯罪。根据刑法第三百三十二条规定,违反国境卫生检疫规定,实施下列行为之一的,属于妨害国境卫生检疫行为:

1. 检疫传染病染疫人或者染疫嫌疑人拒绝执行海关依照国境卫生检疫法等法律法规提出的健康申报、体温监测、医学巡查、流行病学调查、医学排查、采样等卫生检疫措施,或者隔离、留验、就地诊验、转诊等卫生处理措施的;

2. 检疫传染病染疫人或者染疫嫌疑人采取不如实填报健康申明卡等方式隐瞒疫情,或者伪造、涂改检疫单、证等方式伪造情节的;

3. 知道或者应当知道实施审批管理的微生物、人体组织、生物制品、血液及其制品等特殊物品可能造成检疫传染病传播,未经审批仍逃避检疫,携运、寄递出入境的;

4. 出入境交通工具上发现有检疫传染病染疫人或者染疫嫌疑人,交通工具负责人拒绝接受卫生检疫或者拒不接受卫生处理的;

5. 来自检疫传染病流行国家、地区的出入境交通工具上出现非意外伤害死亡且死因不明的人员,交通工具负责人故意隐瞒情况的;

6. 其他拒绝执行海关依照国境卫生检疫法等法律法规提出的检疫措施的。

实施上述行为,引起鼠疫、霍乱、黄热病以及新冠肺炎等国务院确定和公布的其他检疫传染病传播或者有传播严重危险的,依照刑法第三百三十二条的规定,以妨害国境卫生检疫罪定罪处罚。

对于单位实施妨害国境卫生检疫行为,引起鼠疫、霍乱、黄热病以及新冠肺炎等国务院确定和公布的其他检疫传染病传播或者有传播严重危险的,应当对单位判处罚金,并对其直接负责的主管人员和其他直接责任人员定罪处罚。

三、健全完善工作机制,保障依法科学有序防控(略)

最高人民法院、最高人民检察院关于办理非法采供血液等刑事案件具体应用法律若干问题的解释

(2008年2月18日最高人民法院审判委员会第1444次会议、2008年5月8日最高人民检察院第十一届检察委员会第1次会议通过,2008年9月22日公布,自2008年9月23日起施行,法释〔2008〕12号)

为保障公民的身体健康和生命安全,依法惩处非法采供血液等犯罪,根据刑法有关规定,现对办理此类刑事案件具体应用法律的若干问题解释如下:

第一条 对未经国家主管部门批准或者超过批准的业务范围,采集、供应血液或者制作、供应血液制品的,应认定为刑法第三百三十四条第一款规定的“非法采集、供应血液或者制作、供应血液制品”。

第二条 对非法采集、供应血液或者制作、供应血液制品,具有下列情形之一的,应认定为刑法第三百三十四条第一款规定的“不符合国家规定的标准,足以危害人体健康”,处五年以下有期徒刑或者拘役,并处罚金:

(一)采集、供应的血液含有艾滋病病毒、乙型肝炎病毒、丙型肝炎病毒、梅毒螺旋体等病原微生物的;

(二)制作、供应的血液制品含有艾滋病病毒、乙型肝炎病毒、丙型肝炎病毒、梅毒螺旋体等病原微生物,或者将含有上述病原微生物的血液用于制作血液制品的;

(三)使用不符合国家规定的药品、诊断试剂、卫生器材,或者重复使用一次性采血器材采集血液,造成传染病传播危险的;

(四)违反规定对献血者、供血浆者超量、频繁采集血液、血浆,足以危害人体健康的;

(五)其他不符合国家有关采集、供应血液或者制作、供应血液制品的规定标准,足以危害人体健康的。

第三条 对非法采集、供应血液或者制作、供应血液制品,具有下列情形之一的,应认定为刑法第三百三十四条第一款规定的“对人体健康造成严重危害”,处五年以上十年以下有期徒刑,并处罚金:

(一)造成献血者、供血浆者、受血者感染乙型肝炎病毒、丙型肝炎病毒、梅毒螺旋体或者其他经血液传播的病原微生物的;

(二)造成献血者、供血浆者、受血者重度贫血、造血功能障碍或者其他器官组织损伤导致功能障碍等身体严重危害的;

(三)对人体健康造成其他严重危害的。

第四条 对非法采集、供应血液或者制作、供应血液制品,具有下列情形之一

的,应认定为刑法第三百三十四条第一款规定的“造成特别严重后果”,处十年以上有期徒刑或者无期徒刑,并处罚金或者没收财产:

(一)因血液传播疾病导致人员死亡或者感染艾滋病病毒的;

(二)造成五人以上感染乙型肝炎病毒、丙型肝炎病毒、梅毒螺旋体或者其他经血液传播的病原微生物的;

(三)造成五人以上重度贫血、造血功能障碍或者其他器官组织损伤导致功能障碍等身体严重危害的;

(四)造成其他特别严重后果的。

第五条 对经国家主管部门批准采集、供应血液或者制作、供应血液制品的部门,具有下列情形之一的,应认定为刑法第三百三十四条第二款规定的“不依照规定进行检测或者违背其他操作规定”:

(一)血站未用两个企业生产的试剂对艾滋病病毒抗体、乙型肝炎病毒表面抗原、丙型肝炎病毒抗体、梅毒抗体进行两次检测的;

(二)单采血浆站不依照规定对艾滋病病毒抗体、乙型肝炎病毒表面抗原、丙型肝炎病毒抗体、梅毒抗体进行检测的;

(三)血液制品生产企业在投料生产前未用主管部门批准和检定合格的试剂进行复检的;

(四)血站、单采血浆站和血液制品生产企业使用的诊断试剂没有生产单位名称、生产批准文号或者经检定不合格的;

(五)采供血机构在采集检验标本、采集血液和成分血分离时,使用没有生产单位名称、生产批准文号或者超过有效期的一次性注射器等采血器材的;

(六)不依照国家规定的标准和要求包装、储存、运输血液、原料血浆的;

(七)对国家规定检测项目结果呈阳性的血液未及时按照规定予以清除的;

(八)不具备相应资格的医务人员进行采血、检验操作的;

(九)对献血者、供血浆者超量、频繁采集血液、血浆的;

(十)采供血机构采集血液、血浆前,未对献血者或供血浆者进行身份识别,采集冒名顶替者、健康检查不合格者血液、血浆的;

(十一)血站擅自采集原料血浆,单采血浆站擅自采集临床用血或者向医疗机构供应原料血浆的;

(十二)重复使用一次性采血器材的;

(十三)其他不依照规定进行检测或者违背操作规定的。

第六条 对经国家主管部门批准采集、供应血液或者制作、供应血液制品的部门,不依照规定进行检测或者违背其他操作规定,具有下列情形之一的,应认定为刑法第三百三十四条第二款规定的“造成危害他人身体健康后果”,对单位判处罚金,并对其直接负责的主管人员和其他直接责任人员,处五年以下有期徒刑或者拘役:

(一)造成献血者、供血浆者、受血者感染艾滋病病毒、乙型肝炎病毒、丙型肝炎病毒、梅毒螺旋体或者其他经血液传播的病原微生物的;

(二)造成献血者、供血浆者、受血者重度贫血、造血功能障碍或者其他器官组织损伤导致功能障碍等身体严重危害的;

(三)造成其他危害他人身体健康后果的。

第七条 经国家主管部门批准的采供血机构和血液制品生产经营单位,应认定为刑法第三百三十四条第二款规定的“经国家主管部门批准采集、供应血液或者制作、供应血液制品的部门”。

第八条 本解释所称“血液”,是指全血、成分血和特殊血液成分。

本解释所称“血液制品”,是指各种人血浆蛋白制品。

本解释所称“采供血机构”,包括血液中心、中心血站、中心血库、脐带血造血干细胞库和国家卫生行政主管部门根据医学发展需要批准、设置的其他类型血库、单采血浆站。

最高人民法院关于非法行医罪犯罪主体条件征询意见函

(2001 年 4 月 29 日,法函〔2001〕23 号)

中华人民共和国卫生部:

非法行医罪是一种严重危害社会医疗卫生秩序,危害群众身体健康和生命安全的犯罪行为,应当依法严惩。但是,由于在审判实践中对刑法规定该罪主体条件的医务专业术语如何理解有争议,影响对该类案件依法进行处理。

《中华人民共和国刑法》第三百三十六条第一款规定:“未取得医生执业资格的人非法行医,情节严重的,处三年以下有期徒刑拘役或者管制,并处或者单处罚金;严重损害就诊人身体健康的,处三年以上十年以下有期徒刑,并处罚金;造成就诊人死亡的,处十年以上有期徒刑,并处罚金。”前述法律规定中,是否取得“医生执业资格”是非法行医罪的主体条件。审判实践中的疑问是:(1)医生资格和医生执业资格是不是同一概念?如果不是同一概念,二者的内涵是什么?(2)1997年10月1日《中华人民共和国刑法》施行以后至1999年5月1日《中华人民共和国执业医师法》施行以前,对“未取得医生执业资格的人”应当如何理解?是否包括具有医生资格,并被医院或者其他卫生单位聘为医生,但在未被批准行医的场所行医的人?为了正确适用法律,以及依法惩处非法行医犯罪行为,特征求你部对上述问题的意见,请将你们的意见以及相关的依据函告我院。

卫生部办公厅关于正规医学专业学历毕业生试用期间的医疗活动是否属于非法行医的批复

(2002 年 5 月 29 日,卫办医发〔2002〕58 号)

河北省卫生厅:

你厅《关于国家正规毕业生见习期间发生医疗纠纷是否为非法行医的请示》(冀卫医字〔2002〕43 号)收悉。经研究,现批复如下:

取得省级以上教育行政部门认可的医学院校医学专业学历的毕业生在医疗机构内试用,可以在上级医师的指导下从事相应的医疗活动,不属于非法行医。

全国人大常委会法制工作委员会关于见习医生出现医疗纠纷是否属于"非法行医罪"的答复

(2002年6月21日)

根据执业医师法的规定,高等学校医学专业本科毕业的人,应当在执业医师指导下在医疗单位试用一年,才能参加国家统一考试取得执业医师资格。因此,医科大学本科毕业,分配到医院担任见习医生,在试用期内从事相应的医疗活动,不属于非法行医。

卫生部关于对使用医疗器械开展理疗活动有关定性问题的批复

(2004年11月11日,卫医发〔2004〕373号)

北京市卫生局:

你局《关于使用医疗器械开展"免费理疗"活动定性问题的请示》(京卫法字〔2004〕32号)收悉。经研究,批复如下:

根据《医疗机构管理条例实施细则》第八十八条规定,"理疗"属于诊疗活动。根据《医疗机构管理条例》第二十四条规定,任何单位和个人未取得《医疗机构执业许可证》不得开展诊疗活动,否则为非法行医。

卫生部关于医疗事故争议中超范围行医性质认定问题的批复

(2005年2月22日,卫医发〔2005〕63号)

上海市卫生局:

你局《关于医疗事故争议中超范围行医的性质认定问题的请示》(沪卫医政〔2004〕218号)收悉。经研究,现批复如下:

该医疗机构是经你局核准登记的全民、综合性医疗机构,其执业登记所核准的一级诊疗科目中有"外科",但二级诊疗科目中没有"脑外科"。根据《医疗机构管理条例》(以下简称"条例")及有关规定,其开展脑外科手术的行为是属于诊疗活动超过登记范围,不属于"非法行医"。因此,应根据"条例"第四十七条进行处理,由此引发的医疗事故争议应按《医疗事故处理条例》处理。

卫生部关于非法行医有关问题的批复

(2007年6月7日,卫政法发〔2007〕185号)

甘肃省卫生厅:

你厅《关于非法行医有关问题的请示》(甘卫法监函〔2007〕15号)收悉。经研究,现批复如下:

已取得《医师资格证书》，并具备申请执业医师注册条件的医师，非本人原因导致未获得《医师执业证书》前，在其受聘的医疗预防保健机构和工作时间内的执业活动不属于非法行医。

最高人民检察院法律政策研究室关于非法行医被刑事处罚后再次非法行医适用法律问题的答复意见

（2014年2月13日，高检研〔2014〕2号）

湖北省人民检察院法律政策研究室：

你室《关于非法行医被科刑后再次非法行医构罪问题的请示》（鄂检研〔2013〕20号）收悉，经研究，答复如下：

行为人因非法行医被刑事处罚以后，又非法行医的，属于《最高人民法院关于审理非法行医刑事案件具体应用法律若干问题的解释》第二条第（五）项、《最高人民检察院公安部关于公安机关管辖的刑事案件立案追诉标准的规定（一）》第五十七条第一款第（五）项规定的“其他情节严重”的情形，应予追究刑事责任。请示所涉及案件，建议根据具体情况依法处理。

最高人民法院关于审理非法行医刑事案件具体应用法律若干问题的解释

（2008年4月28日最高人民法院审判委员会第1446次会议通过，根据2016年12月12日最高人民法院审判委员会第1703次会议通过的《最高人民法院关于修改〈关于审理非法行医刑事案件具体应用法律若干问题的解释〉的决定》修正，2016年12月16日发布，自2016年12月20日起施行，法释〔2016〕27号）

为依法惩处非法行医犯罪，保障公民身体健康和生命安全，根据刑法的有关规定，现对审理非法行医刑事案件具体应用法律的若干问题解释如下：

第一条 具有下列情形之一的，应认定为刑法第三百三十六条第一款规定的“未取得医生执业资格的人非法行医”：

（一）未取得或者以非法手段取得医师资格从事医疗活动的；

（二）被依法吊销医师执业证书期间从事医疗活动的；

（三）未取得乡村医生执业证书，从事乡村医疗活动的；

（四）家庭接生员实施家庭接生以外的医疗行为的。

第二条 具有下列情形之一的，应认定为刑法第三百三十六条第一款规定的“情节严重”：

（一）造成就诊人轻度残疾、器官组

织损伤导致一般功能障碍的;

(二)造成甲类传染病传播、流行或者有传播、流行危险的;

(三)使用假药、劣药或不符合国家规定标准的卫生材料、医疗器械,足以严重危害人体健康的;

(四)非法行医被卫生行政部门行政处罚两次以后,再次非法行医的;

(五)其他情节严重的情形。

第三条　具有下列情形之一的,应认定为刑法第三百三十六条第一款规定的“严重损害就诊人身体健康”:

(一)造成就诊人中度以上残疾、器官组织损伤导致严重功能障碍的;

(二)造成三名以上就诊人轻度残疾、器官组织损伤导致一般功能障碍的。

第四条　非法行医行为系造成就诊人死亡的直接、主要原因的,应认定为刑法第三百三十六条第一款规定的“造成就诊人死亡”。

非法行医行为并非造成就诊人死亡的直接、主要原因的,可不认定为刑法第三百三十六条第一款规定的“造成就诊人死亡”。但是,根据案件情况,可以认定为刑法第三百三十六条第一款规定的“情节严重”。

第五条　实施非法行医犯罪,同时构成生产、销售假药罪,生产、销售劣药罪,诈骗罪等其他犯罪的,依照刑法处罚较重的规定定罪处罚。

第六条　本解释所称“医疗活动”“医疗行为”,参照《医疗机构管理条例实施细则》中的“诊疗活动”“医疗美容”认定。

本解释所称“轻度残疾、器官组织损伤导致一般功能障碍”“中度以上残疾、器官组织损伤导致严重功能障碍”,参照《医疗事故分级标准(试行)》认定。

破坏环境资源保护罪

最高人民法院、最高人民检察院关于办理环境污染刑事案件适用法律若干问题的解释

(2023年3月27日最高人民法院审判委员会第1882次会议、2023年7月27日最高人民检察院第十四届检察委员会第十次会议通过,2023年8月8日公布,自2023年8月15日起施行,法释〔2023〕7号)

为依法惩治环境污染犯罪,根据《中华人民共和国刑法》、《中华人民共和国刑事诉讼法》、《中华人民共和国环境保护法》等法律的有关规定,现就办理此类刑事案件适用法律的若干问题解释如下:

第一条　实施刑法第三百三十八条规定的行为,具有下列情形之一的,应当认定为“严重污染环境”:

(一)在饮用水水源保护区、自然保护地核心保护区等依法确定的重点保护区域排放、倾倒、处置有放射性的废物、含传染病病原体的废物、有毒物质的;

(二)非法排放、倾倒、处置危险废物三吨以上的;

(三)排放、倾倒、处置含铅、汞、镉、铬、砷、铊、锑的污染物,超过国家或者地方污染物排放标准三倍以上的;

(四)排放、倾倒、处置含镍、铜、锌、

银、钒、锰、钴的污染物,超过国家或者地方污染物排放标准十倍以上的;

(五)通过暗管、渗井、渗坑、裂隙、溶洞、灌注、非紧急情况下开启大气应急排放通道等逃避监管的方式排放、倾倒、处置有放射性的废物、含传染病病原体的废物、有毒物质的;

(六)二年内曾因在重污染天气预警期间,违反国家规定,超标排放二氧化硫、氮氧化物等实行排放总量控制的大气污染物受过二次以上行政处罚,又实施此类行为的;

(七)重点排污单位、实行排污许可重点管理的单位篡改、伪造自动监测数据或者干扰自动监测设施,排放化学需氧量、氨氮、二氧化硫、氮氧化物等污染物的;

(八)二年内曾因违反国家规定,排放、倾倒、处置有放射性的废物、含传染病病原体的废物、有毒物质受过二次以上行政处罚,又实施此类行为的;

(九)违法所得或者致使公私财产损失三十万元以上的;

(十)致使乡镇集中式饮用水水源取水中断十二小时以上的;

(十一)其他严重污染环境的情形。

第二条 实施刑法第三百三十八条规定的行为,具有下列情形之一的,应当认定为“情节严重”:

(一)在饮用水水源保护区、自然保护地核心保护区等依法确定的重点保护区域排放、倾倒、处置有放射性的废物、含传染病病原体的废物、有毒物质,造成相关区域的生态功能退化或者野生生物资源严重破坏的;

(二)向国家确定的重要江河、湖泊水域排放、倾倒、处置有放射性的废物、含传染病病原体的废物、有毒物质,造成相关水域的生态功能退化或者水生生物资源严重破坏的;

(三)非法排放、倾倒、处置危险废物一百吨以上的;

(四)违法所得或者致使公私财产损失一百万元以上的;

(五)致使县级城区集中式饮用水水源取水中断十二小时以上的;

(六)致使永久基本农田、公益林地十亩以上,其他农用地二十亩以上,其他土地五十亩以上基本功能丧失或者遭受永久性破坏的;

(七)致使森林或者其他林木死亡五十立方米以上,或者幼树死亡二千五百株以上的;

(八)致使疏散、转移群众五千人以上的;

(九)致使三十人以上中毒的;

(十)致使一人以上重伤、严重疾病或者三人以上轻伤的;

(十一)其他情节严重的情形。

第三条 实施刑法第三百三十八条规定的行为,具有下列情形之一的,应当处七年以上有期徒刑,并处罚金:

(一)在饮用水水源保护区、自然保护地核心保护区等依法确定的重点保护区域排放、倾倒、处置有放射性的废物、含传染病病原体的废物、有毒物质,具有下列情形之一的:

1. 致使设区的市级城区集中式饮用水水源取水中断十二小时以上的;

2. 造成自然保护地主要保护的生态系统严重退化,或者主要保护的自然景观损毁的;

3. 造成国家重点保护的野生动植物资源或者国家重点保护物种栖息地、生长

环境严重破坏的;

4. 其他情节特别严重的情形。

(二)向国家确定的重要江河、湖泊水域排放、倾倒、处置有放射性的废物、含传染病病原体的废物、有毒物质,具有下列情形之一的:

1. 造成国家确定的重要江河、湖泊水域生态系统严重退化的;

2. 造成国家重点保护的野生动植物资源严重破坏的;

3. 其他情节特别严重的情形。

(三)致使永久基本农田五十亩以上基本功能丧失或者遭受永久性破坏的;

(四)致使三人以上重伤、严重疾病,或者一人以上严重残疾、死亡的。

第四条 实施刑法第三百三十九条第一款规定的行为,具有下列情形之一的,应当认定为"致使公私财产遭受重大损失或者严重危害人体健康":

(一)致使公私财产损失一百万元以上的;

(二)具有本解释第二条第五项至第十项规定情形之一的;

(三)其他致使公私财产遭受重大损失或者严重危害人体健康的情形。

第五条 实施刑法第三百三十八条、第三百三十九条规定的犯罪行为,具有下列情形之一的,应当从重处罚:

(一)阻挠环境监督检查或者突发环境事件调查,尚不构成妨害公务等犯罪的;

(二)在医院、学校、居民区等人口集中地区及其附近,违反国家规定排放、倾倒、处置有放射性的废物、含传染病病原体的废物、有毒物质或者其他有害物质的;

(三)在突发环境事件处置期间或者被责令限期整改期间,违反国家规定排放、倾倒、处置有放射性的废物、含传染病病原体的废物、有毒物质或者其他有害物质的;

(四)具有危险废物经营许可证的企业违反国家规定排放、倾倒、处置有放射性的废物、含传染病病原体的废物、有毒物质或者其他有害物质的;

(五)实行排污许可重点管理的企业事业单位和其他生产经营者未依法取得排污许可证,排放、倾倒、处置有放射性的废物、含传染病病原体的废物、有毒物质或者其他有害物质的。

第六条 实施刑法第三百三十八条规定的行为,行为人认罪认罚,积极修复生态环境,有效合规整改的,可以从宽处罚;犯罪情节轻微的,可以不起诉或者免予刑事处罚;情节显著轻微危害不大的,不作为犯罪处理。

第七条 无危险废物经营许可证从事收集、贮存、利用、处置危险废物经营活动,严重污染环境的,按照污染环境罪定罪处罚;同时构成非法经营罪的,依照处罚较重的规定定罪处罚。

实施前款规定的行为,不具有超标排放污染物、非法倾倒污染物或者其他违法造成环境污染的情形的,可以认定为非法经营情节显著轻微危害不大,不认为是犯罪;构成生产、销售伪劣产品等其他犯罪的,以其他犯罪论处。

第八条 明知他人无危险废物经营许可证,向其提供或者委托其收集、贮存、利用、处置危险废物,严重污染环境的,以共同犯罪论处。

第九条 违反国家规定,排放、倾倒、处置含有毒害性、放射性、传染病病原体等物质的污染物,同时构成污染环境罪、非法处置进口的固体废物罪、投放危险物质罪等犯罪的，依照处罚较重的规定定罪处罚。

第十条 承担环境影响评价、环境监测、温室气体排放检验检测、排放报告编制或者核查等职责的中介组织的人员故意提供虚假证明文件，具有下列情形之一的，应当认定为刑法第二百二十九条第一款规定的“情节严重”：

（一）违法所得三十万元以上的；

（二）二年内曾因提供虚假证明文件受过二次以上行政处罚，又提供虚假证明文件的；

（三）其他情节严重的情形。

实施前款规定的行为，在涉及公共安全的重大工程、项目中提供虚假的环境影响评价等证明文件，致使公共财产、国家和人民利益遭受特别重大损失的，应当依照刑法第二百二十九条第一款的规定，处五年以上十年以下有期徒刑，并处罚金。

实施前两款规定的行为，同时索取他人财物或者非法收受他人财物构成犯罪的，依照处罚较重的规定定罪处罚。

第十一条 违反国家规定，针对环境质量监测系统实施下列行为，或者强令、指使、授意他人实施下列行为，后果严重的，应当依照刑法第二百八十六条的规定，以破坏计算机信息系统罪定罪处罚：

（一）修改系统参数或者系统中存储、处理、传输的监测数据的；

（二）干扰系统采样，致使监测数据因系统不能正常运行而严重失真的；

（三）其他破坏环境质量监测系统的行为。

重点排污单位、实行排污许可重点管理的单位篡改、伪造自动监测数据或者干扰自动监测设施，排放化学需氧量、氨氮、二氧化硫、氮氧化物等污染物，同时构成污染环境罪和破坏计算机信息系统罪的，依照处罚较重的规定定罪处罚。

从事环境监测设施维护、运营的人员实施或者参与实施篡改、伪造自动监测数据、干扰自动监测设施、破坏环境质量监测系统等行为的，依法从重处罚。

第十二条 对于实施本解释规定的相关行为被不起诉或者免予刑事处罚的行为人，需要给予行政处罚、政务处分或者其他处分的，依法移送有关主管机关处理。有关主管机关应当将处理结果及时通知人民检察院、人民法院。

第十三条 单位实施本解释规定的犯罪的，依照本解释规定的定罪量刑标准，对直接负责的主管人员和其他直接责任人员定罪处罚，并对单位判处罚金。

第十四条 环境保护主管部门及其所属监测机构在行政执法过程中收集的监测数据，在刑事诉讼中可以作为证据使用。

公安机关单独或者会同环境保护主管部门，提取污染物样品进行检测获取的数据，在刑事诉讼中可以作为证据使用。

第十五条 对国家危险废物名录所列的废物，可以依据涉案物质的来源、产生过程、被告人供述、证人证言以及经批准或者备案的环境影响评价文件、排污许可证、排污登记表等证据，结合环境保护主管部门、公安机关等出具的书面意见作出认定。

对于危险废物的数量，依据案件事实，综合被告人供述，涉案企业的生产工艺、物耗、能耗情况，以及经批准或者备案的环境影响评价文件等证据作出认定。

第十六条 对案件所涉的环境污染专门性问题难以确定的，依据鉴定机构出具的鉴定意见,或者国务院环境保护主管部门、公安部门指定的机构出具的报告,结合其他证据作出认定。

第十七条 下列物质应当认定为刑法第三百三十八条规定的“有毒物质”:

(一)危险废物,是指列入国家危险废物名录,或者根据国家规定的危险废物鉴别标准和鉴别方法认定的,具有危险特性的固体废物;

(二)《关于持久性有机污染物的斯德哥尔摩公约》附件所列物质;

(三)重金属含量超过国家或者地方污染物排放标准的污染物;

(四)其他具有毒性,可能污染环境的物质。

第十八条 无危险废物经营许可证,以营利为目的,从危险废物中提取物质作为原材料或者燃料,并具有超标排放污染物、非法倾倒污染物或者其他违法造成环境污染的情形的行为,应当认定为“非法处置危险废物”。

第十九条 本解释所称“二年内”,以第一次违法行为受到行政处罚的生效之日与又实施相应行为之日的时间间隔计算确定。

本解释所称“重点排污单位”,是指设区的市级以上人民政府环境保护主管部门依法确定的应当安装、使用污染物排放自动监测设备的重点监控企业及其他单位。

本解释所称“违法所得”,是指实施刑法第二百二十九条、第三百三十八条、第三百三十九条规定的行为所得和可得的全部违法收入。

本解释所称“公私财产损失”,包括实施刑法第三百三十八条、第三百三十九条规定的行为直接造成财产损毁、减少的实际价值,为防止污染扩大、消除污染而采取必要合理措施所产生的费用,以及处置突发环境事件的应急监测费用。

本解释所称“无危险废物经营许可证”,是指未取得危险废物经营许可证,或者超出危险废物经营许可证的经营范围。

第二十条 本解释自2023年8月15日起施行。本解释施行后,《最高人民法院、最高人民检察院关于办理环境污染刑事案件适用法律若干问题的解释》(法释〔2016〕29号)同时废止;之前发布的司法解释与本解释不一致的,以本解释为准。

最高人民法院、最高人民检察院、公安部、司法部、生态环境部关于办理环境污染刑事案件有关问题座谈会纪要

(2019年2月20日)

……

2018年12月,最高人民法院、最高人民检察院、公安部、司法部、生态环境部在北京联合召开座谈会。会议交流了当前办理环境污染刑事案件的工作情况,分析了遇到的突出困难和问题,研究了解决措施。会议对办理环境污染刑事案件中的有关问题形成了统一认识。纪要如下:

一(略)

二

会议要求,各部门要正确理解和准确

适用刑法和《最高人民法院、最高人民检察院关于办理环境污染刑事案件适用法律若干问题的解释》(法释〔2016〕29号,以下称《环境解释》,该解释已为2023年的《关于办理环境污染刑事案件适用法律若干问题的解释》取代)的规定,坚持最严格的环保司法制度、最严密的环保法治理念,统一执法司法尺度,加大对环境污染犯罪的惩治力度。

1. 关于单位犯罪的认定

会议针对一些地方存在追究自然人犯罪多,追究单位犯罪少,单位犯罪认定难的情况和问题进行了讨论。会议认为,办理环境污染犯罪案件,认定单位犯罪时,应当依法合理把握追究刑事责任的范围,贯彻宽严相济刑事政策,重点打击出资者、经营者和主要获利者,既要防止不当缩小追究刑事责任的人员范围,又要防止打击面过大。

为了单位利益,实施环境污染行为,并具有下列情形之一的,应当认定为单位犯罪:(1)经单位决策机构按照决策程序决定的;(2)经单位实际控制人、主要负责人或者授权的分管负责人决定、同意的;(3)单位实际控制人、主要负责人或者授权的分管负责人得知单位成员个人实施环境污染犯罪行为,并未加以制止或者及时采取措施,而是予以追认、纵容或者默许的;(4)使用单位营业执照、合同书、公章、印鉴等对外开展活动,并调用单位车辆、船舶、生产设备、原辅材料等实施环境污染犯罪行为的。

单位犯罪中的"直接负责的主管人员",一般是指对单位犯罪起决定、批准、组织、策划、指挥、授意、纵容等作用的主管人员,包括单位实际控制人、主要负责人或者授权的分管负责人、高级管理人员等;"其他直接责任人员",一般是指在直接负责的主管人员的指挥、授意下积极参与实施单位犯罪或者对具体实施单位犯罪起较大作用的人员。

对于应当认定为单位犯罪的环境污染犯罪案件,公安机关未作为单位犯罪移送审查起诉的,人民检察院应当退回公安机关补充侦查。对于应当认定为单位犯罪的环境污染犯罪案件,人民检察院只作为自然人犯罪起诉的,人民法院应当建议人民检察院对犯罪单位补充起诉。

2. 关于犯罪未遂的认定

会议针对当前办理环境污染犯罪案件中,能否认定污染环境罪(未遂)的问题进行了讨论。会议认为,当前环境执法工作形势比较严峻,一些行为人拒不配合执法检查、接受检查时弄虚作假、故意逃避法律追究的情形时有发生,因此对于行为人已经着手实施非法排放、倾倒、处置有毒有害污染物的行为,由于有关部门查处或者其他意志以外的原因未得逞的情形,可以污染环境罪(未遂)追究刑事责任。

3. 关于主观过错的认定

会议针对当前办理环境污染犯罪案件中,如何准确认定犯罪嫌疑人、被告人主观过错的问题进行了讨论。会议认为,判断犯罪嫌疑人、被告人是否具有环境污染犯罪的故意,应当依据犯罪嫌疑人、被告人的任职情况、职业经历、专业背景、培训经历、本人因同类行为受到行政处罚或者刑事追究情况以及污染物种类、污染方式、资金流向等证据,结合其供述,进行综合分析判断。

实践中,具有下列情形之一,犯罪嫌疑人、被告人不能作出合理解释的,可以认定其故意实施环境污染犯罪,但有证据证明确系不知情的除外:(1)企业没有依法通过环境影响评价,或者未依法取得排污许可证,排放污染物,或者已经通过环境影响评价并且防治污染设施验收合格后,擅自更改工艺流程、原辅材料,导致产生新的污染物质的;(2)不使用验收合格的防治污染设施或者不按规范要求使用的;(3)防治污染设施发生故障,发现后不及时排除,继续生产放任污染物排放的;(4)生态环境部门责令限制生产、停产整治或者予以行政处罚后,继续生产放任污染物排放的;(5)将危险废物委托第三方处置,没有尽到查验经营许可的义务,或者委托处置费用明显低于市场价格或者处置成本的;(6)通过暗管、渗井、渗坑、裂隙、溶洞、灌注等逃避监管的方式排放污染物的;(7)通过篡改、伪造监测数据的方式排放污染物的;(8)其他足以认定的情形。

4. 关于生态环境损害标准的认定

会议针对如何适用《环境解释》第一条、第三条规定的"造成生态环境严重损害的""造成生态环境特别严重损害的"定罪量刑标准进行了讨论。会议指出,生态环境损害赔偿制度是生态文明制度体系的重要组成部分。党中央、国务院高度重视生态环境损害赔偿工作,党的十八届三中全会明确提出对造成生态环境损害的责任者严格实行赔偿制度。2015 年,中央办公厅、国务院办公厅印发《生态环境损害赔偿制度改革试点方案》(中办发〔2015〕57 号),在吉林等 7 个省市部署开展改革试点,取得明显成效。2017 年,中央办公厅、国务院办公厅印发《生态环境损害赔偿制度改革方案》(中办发〔2017〕68 号),在全国范围内试行生态环境损害赔偿制度。

会议指出,《环境解释》将造成生态环境损害规定为污染环境罪的定罪量刑标准之一,是为了与生态环境损害赔偿制度实现衔接配套,考虑到该制度尚在试行过程中,《环境解释》作了较原则的规定。司法实践中,一些省市结合本地区工作实际制定了具体标准。会议认为,在生态环境损害赔偿制度试行阶段,全国各省(自治区、直辖市)可以结合本地实际情况,因地制宜,因时制宜,根据案件具体情况准确认定"造成生态环境严重损害"和"造成生态环境特别严重损害"。

5. 关于非法经营罪的适用

会议针对如何把握非法经营罪与污染环境罪的关系以及如何具体适用非法经营罪的问题进行了讨论。会议强调,要高度重视非法经营危险废物案件的办理,坚持全链条、全环节、全流程对非法排放、倾倒、处置、经营危险废物的产业链进行刑事打击,查清犯罪网络,深挖犯罪源头,斩断利益链条,不断挤压和铲除此类犯罪滋生蔓延的空间。

会议认为,准确理解和适用《环境解释》第六条的规定应当注意把握两个原则:一要坚持实质判断原则,对行为人非法经营危险废物行为的社会危害性作实质性判断。比如,一些单位或者个人虽未依法取得危险废物经营许可证,但其收集、贮存、利用、处置危险废物经营活动,没有超标排放污染物、非法倾倒污染物或者其他违法造成环境污染情形的,则不宜以非法经营罪论处。二要坚持综合判断原则,对行为人非法经营危险废物行为根据其在犯罪链条中的地位、作用综合判断其社会危害性。比如,有证据证明单位或者个人的无证经营危险废物行为属于危险废物非法经营产业链的一部分,并且已经形成了分工负责、利益均沾、相对固定的犯罪链条，如果行为人或者与其联系紧密的上游或者下游环节具有排放、倾倒、处置危险废物违法造成环境污染的情形，且交易价格明显异常的，对行为人可以根据案件具体情况在污染环境罪和非法经营罪中，择一重罪处断。

6. 关于投放危险物质罪的适用

会议强调，目前我国一些地方环境违法犯罪活动高发多发，刑事处罚威慑力不强的问题仍然突出，现阶段在办理环境污染犯罪案件时必须坚决贯彻落实中央领导同志关于重典治理污染的指示精神，把刑法和《环境解释》的规定用足用好，形成对环境污染违法犯罪的强大震慑。

会议认为，司法实践中对环境污染行为适用投放危险物质罪追究刑事责任时，应当重点审查判断行为人的主观恶性、污染行为恶劣程度、污染物的毒害性危险性、污染持续时间、污染结果是否可逆、是否对公共安全造成现实、具体、明确的危险或者危害等各方面因素。对于行为人明知其排放、倾倒、处置的污染物含有毒害性、放射性、传染病病原体等危险物质，仍实施环境污染行为放任其危害公共安全，造成重大人员伤亡、重大公私财产损失等严重后果，以污染环境罪论处明显不足以罚当其罪的，可以按投放危险物质罪定罪量刑。实践中，此类情形主要是向饮用水水源保护区，饮用水供水单位取水口和出水口，南水北调水库、干渠、涵洞等配套工程，重要渔业水体以及自然保护区核心区等特殊保护区域，排放、倾倒、处置毒害性极强的污染物，危害公共安全并造成严重后果的情形。

7. 关于涉大气污染环境犯罪的处理

会议针对涉大气污染环境犯罪的打击处理问题进行了讨论。会议强调，打赢蓝天保卫战是打好污染防治攻坚战的重中之重。各级人民法院、人民检察院、公安机关、生态环境部门要认真分析研究全国人大常委会大气污染防治法执法检查发现的问题和提出的建议，不断加大对涉大气污染环境犯罪的打击力度，毫不动摇地以法律武器治理污染，用法治力量保卫蓝天，推动解决人民群众关注的突出大气环境问题。

会议认为，司法实践中打击涉大气污染环境犯罪，要抓住关键问题，紧盯薄弱环节，突出打击重点。对重污染天气预警期间，违反国家规定，超标排放二氧化硫、氮氧化物，受过行政处罚后又实施上述行为或者具有其他严重情节的，可以适用《环境解释》第一条第十八项规定的“其他严重污染环境的情形”追究刑事责任。

8. 关于非法排放、倾倒、处置行为的认定

会议针对如何准确认定环境污染犯罪中非法排放、倾倒、处置行为进行了讨论。会议认为，司法实践中认定非法排放、倾倒、处置行为时，应当根据《固体废物污染环境防治法》和《环境解释》的有关规定精神，从其行为方式是否违反国家规定或者行业操作规范、污染物是否与外环境接触、是否造成环境污染的危险或者危害等方面进行综合分析判断。对名为运输、贮存、利用，实为排放、倾倒、处置的行为应当认定为非法排放、倾倒、处置行为，可以依法追究刑事责任。比如，未采取相应防范措施将没有利用价值的危险废物长期贮存、搁置，放任危险废物或者其有毒有害成分大量扬散、流失、泄漏、挥发，污染环境的。

9. 关于有害物质的认定

会议针对如何准确认定刑法第三百

三十八条规定的“其他有害物质”的问题进行了讨论。会议认为,办理非法排放、倾倒、处置其他有害物质的案件,应当坚持主客观相一致原则,从行为人的主观恶性、污染行为恶劣程度、有害物质危险性毒害性等方面进行综合分析判断,准确认定其行为的社会危害性。实践中,常见的有害物质主要有:工业危险废物以外的其他工业固体废物;未经处理的生活垃圾;有害大气污染物、受控消耗臭氧层物质和有害水污染物;在利用和处置过程中必然产生有毒有害物质的其他物质;国务院生态环境保护主管部门会同国务院卫生主管部门公布的有毒有害污染物名录中的有关物质等。

10. 关于从重处罚情形的认定

会议强调,要坚决贯彻党中央推动长江经济带发展的重大决策,为长江经济带共抓大保护、不搞大开发提供有力的司法保障。实践中,对于发生在长江经济带十一省(直辖市)的下列环境污染犯罪行为,可以从重处罚:(1)跨省(直辖市)排放、倾倒、处置有放射性的废物、含传染病病原体的废物、有毒物质或者其他有害物质的;(2)向国家确定的重要江河、湖泊或者其他跨省(直辖市)江河、湖泊排放、倾倒、处置有放射性的废物、含传染病病原体的废物、有毒物质或者其他有害物质的。

11. 关于严格适用不起诉、缓刑、免予刑事处罚

会议针对当前办理环境污染犯罪案件中如何严格适用不起诉、缓刑、免予刑事处罚的问题进行了讨论。会议强调,环境污染犯罪案件的刑罚适用直接关系加强生态环境保护打好污染防治攻坚战的实际效果。各级人民法院、人民检察院要深刻认识环境污染犯罪的严重社会危害性,正确贯彻宽严相济刑事政策,充分发挥刑罚的惩治和预防功能。要在全面把握犯罪事实和量刑情节的基础上严格依照刑法和刑事诉讼法规定的条件适用不起诉、缓刑、免予刑事处罚,既要考虑从宽情节,又要考虑从严情节;既要做到刑罚与犯罪相当,又要做到刑罚执行方式与犯罪相当,切实避免不起诉、缓刑、免予刑事处罚不当适用造成的消极影响。

会议认为,具有下列情形之一的,一般不适用不起诉、缓刑或者免予刑事处罚:(1)不如实供述罪行的;(2)属于共同犯罪中情节严重的主犯的;(3)犯有数个环境污染犯罪依法实行并罚或者以一罪处理的;(4)曾因环境污染违法犯罪行为受过行政处罚或者刑事处罚的;(5)其他不宜适用不起诉、缓刑、免予刑事处罚的情形。

会议要求,人民法院审理环境污染犯罪案件拟适用缓刑或者免予刑事处罚的,应当分析案发前后的社会影响和反映,注意听取控辩双方提出的意见。对于情节恶劣、社会反映强烈的环境污染犯罪,不得适用缓刑、免予刑事处罚。人民法院对判处缓刑的被告人,一般应当同时宣告禁止令,禁止其在缓刑考验期内从事与排污或者处置危险废物有关的经营活动。生态环境部门根据禁止令,对上述人员担任实际控制人、主要负责人或者高级管理人员的单位,依法不得发放排污许可证或者危险废物经营许可证。

三

会议要求,各部门要认真执行《环境解释》和原环境保护部、公安部、最高人民检察院《环境保护行政执法与刑事司法衔接工作办法》(环环监〔2017〕17号)

的有关规定,进一步理顺部门职责,畅通衔接渠道,建立健全环境行政执法与刑事司法衔接的长效工作机制。

12. 关于管辖的问题

会议针对环境污染犯罪案件的管辖问题进行了讨论。会议认为,实践中一些环境污染犯罪案件属于典型的跨区域刑事案件,容易存在管辖不明或者有争议的情况,各级人民法院、人民检察院、公安机关要加强沟通协调,共同研究解决。

会议提出,跨区域环境污染犯罪案件由犯罪地的公安机关管辖。如果由犯罪嫌疑人居住地的公安机关管辖更为适宜的,可以由犯罪嫌疑人居住地的公安机关管辖。犯罪地包括环境污染行为发生地和结果发生地。"环境污染行为发生地"包括环境污染行为的实施地以及预备地、开始地、途经地、结束地以及排放、倾倒污染物的车船停靠地、始发地、途经地、到达地等地点;环境污染行为有连续、持续或者继续状态的,相关地方都属于环境污染行为发生地。"环境污染结果发生地"包括污染物排放地、倾倒地、堆放地、污染发生地等。

多个公安机关都有权立案侦查的,由最初受理的或者主要犯罪地的公安机关立案侦查,管辖有争议的,按照有利于查清犯罪事实、有利于诉讼的原则,由共同的上级公安机关协调确定的公安机关立案侦查,需要提请批准逮捕、移送审查起诉、提起公诉的,由该公安机关所在地的人民检察院、人民法院受理。

13. 关于危险废物的认定

会议针对危险废物如何认定以及是否需要鉴定的问题进行了讨论。会议认为,根据《环境解释》的规定精神,对于列入《国家危险废物名录》的,如果来源和相应特征明确,司法人员根据自身专业技术知识和工作经验认定难度不大的,司法机关可以依据名录直接认定。对于来源和相应特征不明确的,由生态环境部门、公安机关等出具书面意见,司法机关可以依据涉案物质的来源、产生过程、被告人供述、证人证言以及经批准或者备案的环境影响评价文件等证据,结合上述书面意见作出是否属于危险废物的认定。对于需要生态环境部门、公安机关等出具书面认定意见的,区分下列情况分别处理:(1)对已确认固体废物产生单位,且产废单位环评文件中明确为危险废物的,根据产废单位建设项目环评文件和审批、验收意见、案件笔录等材料,可对照《国家危险废物名录》等出具认定意见。(2)对已确认固体废物产生单位,但产废单位环评文件中未明确为危险废物的,应进一步分析废物产生工艺,对照判断其是否列入《国家危险废物名录》。列入名录的可以直接出具认定意见;未列入名录的,应根据原辅材料、产生工艺等进一步分析其是否具有危险特性,不可能具有危险特性的,不属于危险废物;可能具有危险特性的,抽取典型样品进行检测,并根据典型样品检测指标浓度,对照《危险废物鉴别标准》(GB 5085.1-7)出具认定意见。(3)对固体废物产生单位无法确定的,应抽取典型样品进行检测,根据典型样品检测指标浓度,对照《危险废物鉴别标准》(GB 5085.1-7)出具认定意见。对确需进一步委托有相关资质的检测鉴定机构进行检测鉴定的,生态环境部门或者公安机关按照有关规定开展检测鉴定工作。

14. 关于鉴定的问题

会议指出,针对当前办理环境污染犯罪案件中存在的司法鉴定有关问题,司法部将会同生态环境部,加快准入一批诉讼急需、社会关注的环境损害司法鉴定机构,加快对环境损害司法鉴定相关技术规范和标准的制定、修改和认定工作,规范鉴定程序,指导各地司法行政机关会同价格主管部门制定出台环境损害司法鉴定收费标准,加强与办案机关的沟通衔接,更好地满足办案机关需求。

会议要求,司法部应当根据《关于严格准入严格监管提高司法鉴定质量和公信力的意见》(司发〔2017〕11号)的要求,会同生态环境部加强对环境损害司法鉴定机构的事中事后监管,加强司法鉴定社会信用体系建设,建立黑名单制度,完善退出机制,及时向社会公开违法违规的环境损害司法鉴定机构和鉴定人行政处罚、行业惩戒等监管信息,对弄虚作假造成环境损害鉴定评估结论严重失实或者违规收取高额费用、情节严重的,依法撤销登记。鼓励有关单位或者个人向司法部、生态环境部举报环境损害司法鉴定机构的违法违规行为。

会议认为,根据《环境解释》的规定精神,对涉及案件定罪量刑的核心或者关键专门性问题难以确定的,由司法鉴定机构出具鉴定意见。实践中,这类核心或者关键专门性问题主要是案件具体适用的定罪量刑标准涉及的专门性问题,比如公私财产损失数额、超过排放标准倍数、污染物性质判断等。对案件的其他非核心或者关键专门性问题,或者可鉴定也可不鉴定的专门性问题,一般不委托鉴定。比如,适用《环境解释》第一条第二项"非法排放、倾倒、处置危险废物三吨以上"的规定对当事人追究刑事责任的,除可能适用公私财产损失第二档定罪量刑标准的以外,则不应再对公私财产损失数额或者超过排放标准倍数进行鉴定。涉及案件定罪量刑的核心或者关键专门性问题难以鉴定或者鉴定费用明显过高的,司法机关可以结合案件其他证据,并参考生态环境部门意见、专家意见等作出认定。

15. 关于监测数据的证据资格问题

会议针对实践中地方生态环境部门及其所属监测机构委托第三方监测机构出具报告的证据资格问题进行了讨论。会议认为,地方生态环境部门及其所属监测机构委托第三方监测机构出具的监测报告,地方生态环境部门及其所属监测机构在行政执法过程中予以采用的,其实质属于《环境解释》第十二条规定的"环境保护主管部门及其所属监测机构在行政执法过程中收集的监测数据",在刑事诉讼中可以作为证据使用。

最高人民法院
服务保障黄河流域生态保护和高质量发展工作推进会会议纪要

(2021年11月24日,
法〔2021〕305号)

5. 依法严惩水污染犯罪。对于发生在黄河流域九省(自治区)的环境污染犯罪行为,存在直接向黄河干流、重要支流及骨干水库库区排放、倾倒、处置有放射性的废物、含传染病病原体的废物、有毒物质或者其他有害物质等情形的,应当作为从重处罚的考虑因素。

6. 依法加大罚金刑适用力度。罚金数额的确定,应当充分考虑污染环境犯罪行为造成的实际损失、环境危害后果、被污染环境修复的可能性和难度、污染情节恶劣程度、污染环境造成的社会影响等因素。对于未发生实际危害后果的,应当考虑行为人的主观恶性、污染行为的恶劣程度、潜在危害等因素。

11. 依法严惩妨害文物管理犯罪。加大对损毁文物,损毁名胜古迹,盗掘古文化遗址、古墓葬,盗掘古人类化石、古脊椎动物化石等刑事案件的审判力度,严厉惩治破坏黄河流域人文遗迹、自然遗迹的犯罪。对于情节恶劣、社会反映强烈的犯罪行为,依法不得适用缓刑、免予刑事处罚。

最高人民法院、最高人民检察院、公安部、农业农村部依法惩治长江流域非法捕捞等违法犯罪的意见

(2020年12月17日,公通字〔2020〕17号)

为依法惩治长江流域非法捕捞等危害水生生物资源的各类违法犯罪,保障长江流域禁捕工作顺利实施,加强长江流域水生生物资源保护,推进水域生态保护修复,促进生态文明建设,根据有关法律、司法解释的规定,制定本意见。

一、提高政治站位,充分认识长江流域禁捕的重大意义(略)

二、准确适用法律,依法严惩非法捕捞等危害水生生物资源的各类违法犯罪

(一)依法严惩非法捕捞犯罪。违反保护水产资源法规,在长江流域重点水域非法捕捞水产品,具有下列情形之一的,依照刑法第三百四十条的规定,以非法捕捞水产品罪定罪处罚:

1. 非法捕捞水产品五百公斤以上或者一万元以上的;

2. 非法捕捞具有重要经济价值的水生动物苗种、怀卵亲体或者在水产种质资源保护区内捕捞水产品五十公斤以上或者一千元以上的;

3. 在禁捕区域使用电鱼、毒鱼、炸鱼等严重破坏渔业资源的禁用方法捕捞的;

4. 在禁捕区域使用农业农村部规定的禁用工具捕捞的;

5. 其他情节严重的情形。

(二)依法严惩危害珍贵、濒危水生野生动物资源犯罪。在长江流域重点水域非法猎捕、杀害中华鲟、长江鲟、长江江豚或者其他国家重点保护的珍贵、濒危水生野生动物,价值二万元以上不满二十万元的,应当依照刑法第三百四十一条的规定,以非法猎捕、杀害珍贵、濒危野生动物罪,处五年以下有期徒刑或者拘役,并处罚金;价值二十万元以上不满二百万元的,应当认定为"情节严重",处五年以上十年以下有期徒刑,并处罚金;价值二百万元以上的,应当认定为"情节特别严重",处十年以上有期徒刑,并处罚金或者没收财产。

(三)依法严惩非法渔获物交易犯罪。明知是在长江流域重点水域非法捕捞犯罪所得的水产品而收购、贩卖,价值一万元以上的,应当依照刑法第三百一十二条的规定,以掩饰、隐瞒犯罪所得罪定罪处罚。

非法收购、运输、出售在长江流域重点水域非法猎捕、杀害的中华鲟、长江鲟、长江江豚或者其他国家重点保护的珍贵、濒危水生野生动物及其制品,价值二万元

以上不满二十万元的,应当依照刑法第三百四十一条的规定,以非法收购、运输、出售珍贵、濒危野生动物、珍贵、濒危野生动物制品罪,处五年以下有期徒刑或者拘役,并处罚金;价值二十万元以上不满二百万元的,应当认定为"情节严重",处五年以上十年以下有期徒刑,并处罚金;价值二百万元以上的,应当认定为"情节特别严重",处十年以上有期徒刑,并处罚金或者没收财产。

(四)依法严惩危害水生生物资源的单位犯罪。水产品交易公司、餐饮公司等单位实施本意见规定的行为,构成单位犯罪的,依照本意见规定的定罪量刑标准,对直接负责的主管人员和其他直接责任人员定罪处罚,并对单位判处罚金。

(五)依法严惩危害水生生物资源的渎职犯罪。对长江流域重点水域水生生物资源保护负有监督管理、行政执法职责的国家机关工作人员,滥用职权或者玩忽职守,致使公共财产、国家和人民利益遭受重大损失的,应当依照刑法第三百九十七条的规定,以滥用职权罪或者玩忽职守罪定罪处罚。

负有查禁破坏水生生物资源犯罪活动职责的国家机关工作人员,向犯罪分子通风报信、提供便利,帮助犯罪分子逃避处罚的,应当依照刑法第四百一十七条的规定,以帮助犯罪分子逃避处罚罪定罪处罚。

(六)依法严惩危害水生生物资源的违法行为。实施上述行为,不构成犯罪的,由农业农村(渔政)部门等依据《渔业法》等法律法规予以行政处罚;构成违反治安管理行为的,由公安机关依法给予治安管理处罚。

(七)贯彻落实宽严相济刑事政策。多次实施本意见规定的行为构成犯罪,依法应当追诉的,或者二年内二次以上实施本意见规定的行为未经处理的,数量数额累计计算。

实施本意见规定的犯罪,具有下列情形之一的,从重处罚:(1)暴力抗拒、阻碍国家机关工作人员依法履行职务,尚未构成妨害公务罪的;(2)二年内曾因实施本意见规定的行为受过处罚的;(3)对长江生物资源或水域生态造成严重损害的;(4)具有造成重大社会影响等恶劣情节的。具有上述情形的,一般不适用不起诉、缓刑、免予刑事处罚。

非法捕捞水产品,根据渔获物的数量、价值和捕捞方法、工具等情节,认为对水生生物资源危害明显较轻的,可以认定为犯罪情节轻微,依法不起诉或者免予刑事处罚,但是曾因破坏水产资源受过处罚的除外。

非法猎捕、收购、运输、出售珍贵、濒危水生野生动物,尚未造成动物死亡,综合考虑行为手段、主观罪过、犯罪动机、获利数额、涉案水生生物的濒危程度、数量价值以及行为人的认罪悔罪态度、修复生态环境情况等情节,认为适用本意见规定的定罪量刑标准明显过重的,可以结合具体案件的实际情况依法作出妥当处理,确保罪责刑相适应。

三、健全完善工作机制,保障相关案件的办案效果

(一)做好退捕转产工作。(略)

(二)加强禁捕行政执法工作。(略)

(三)全面收集涉案证据材料。对于农业农村(渔政)部门等行政机关在行政执法和查办案件过程中收集的物证、书证、视听资料、电子数据等证据材料,在刑事诉讼或者公益诉讼中可以作为证据使用。农业农村(渔政)部门等行政机关和公安机关要依法及时、全面收集与案件相关的各类证据,并依法进行录音录像,为案件的依法处理奠定事实根基。对于涉案船只、捕捞工具、渔获物等,应当在采取拍照、录音录像、称重、提取样品等方式固定证据后,依法妥善保管;公安机关保管有困难的,可以委托农业农村(渔政)部门保管;对于需要放生的渔获物,可以在固定证据后先行放生;对于已死亡且不宜长期保存的渔获物,可以由农业农村(渔政)部门采取捐赠捐献用于科研、公益事业或者销毁等方式处理。

(四)准确认定相关专门性问题。对于长江流域重点水域禁捕范围(禁捕区域和时间),依据农业农村部关于长江流域重点水域禁捕范围和时间的有关通告确定。涉案渔获物系国家重点保护的珍贵、濒危水生野生动物的,动物及其制品的价值可以根据国务院野生动物保护主管部门综合考虑野生动物的生态、科学、社会价值制定的评估标准和方法核算。其他渔获物的价值,根据销赃数额认定;无销赃数额、销赃数额难以查证或者根据销赃数额认定明显偏低的,根据市场价格核算;仍无法认定的,由农业农村(渔政)部门认定或者由有关价格认证机构作出认证并出具报告。对于涉案的禁捕区域、禁捕时间、禁用方法、禁用工具、渔获物品种以及对水生生物资源的危害程度等专门性问题,由农业农村(渔政)部门于二个工作日以内出具认定意见;难以确定的,由司法鉴定机构出具鉴定意见,或者由农业农村部指定的机构出具报告。

(五)正确认定案件事实。要全面审查与定罪量刑有关的证据,确保据以定案的证据均经法定程序查证属实,确保综合全案证据,对所认定的事实排除合理怀疑。既要审查犯罪嫌疑人、被告人的供述和辩解,更要重视对相关物证、书证、证人证言、视听资料、电子数据等其他证据的审查判断。对于携带相关工具但是否实施电鱼、毒鱼、炸鱼等非法捕捞作业,是否进入禁捕水域范围以及非法捕捞渔获物种类、数量等事实难以直接认定的,可以根据现场执法音视频记录、案发现场周边视频监控、证人证言等证据材料,结合犯罪嫌疑人、被告人的供述和辩解等,综合作出认定。

(六)强化工作配合。人民法院、人民检察院、公安机关、农业农村(渔政)部门要依法履行法定职责,分工负责,互相配合,互相制约,确保案件顺利移送、侦查、起诉、审判。对于阻挠执法、暴力抗法的,公安机关要依法及时处置,确保执法安全。犯罪嫌疑人、被告人自愿如实供述自己的罪行,承认指控的犯罪事实,愿意接受处罚的,可以依法从宽处理;对于犯罪情节轻微,依法不需要判处刑罚或者免除刑罚的,人民检察院可以作出不起诉决定。对于实施危害水生生物资源的行为,致使社会公共利益受到侵害的,人民检察院可以依法提起民事公益诉讼。对于人民检察院作出不起诉决定、人民法院作出无罪判决或者免予刑事处罚,需要行政处罚的案件,由农业农村(渔政)部门等依法给予行政处罚。

(七)加强宣传教育。(略)

最高人民检察院
检察机关办理长江流域非法捕捞案件有关法律政策问题的解答

(2021年2月24日，
高检办发〔2021〕1号)

为贯彻落实习近平总书记关于“共抓大保护、不搞大开发”重要指示精神，服务保障党中央、国务院关于长江“十年禁渔”重大决策部署，确保各级检察机关正确理解和准确适用刑法、长江保护法、渔业法，以及《最高人民法院、最高人民检察院、公安部、农业农村部依法惩治长江流域非法捕捞等违法犯罪的意见》(以下简称《意见》)等规定，现就办理长江流域非法捕捞案件有关法律政策问题，作如下解答。

一、办理长江流域非法捕捞案件，如何准确把握“长江流域重点水域”禁捕范围？

答：根据《意见》规定，办理涉长江流域重点水域的非法捕捞等危害水生生物资源的各类违法犯罪案件应当适用《意见》。司法实践中，检察机关要依照《农业农村部关于长江流域重点水域禁捕范围和时间的通告》(农业农村部通告〔2019〕4号)和《农业农村部关于设立长江口禁捕管理区的通告》(农业农村部通告〔2020〕3号)，准确把握“长江流域重点水域”禁捕范围。禁捕范围包括五类区域：

(一)长江流域水生生物保护区。包括《农业部关于公布率先全面禁捕长江流域水生生物保护区名录的通告》(农业部通告〔2017〕6号)公布的长江上游珍稀特有鱼类国家级自然保护区等332个自然保护区和水产种质资源保护区，以及今后长江流域范围内新建立的以水生生物为主要保护对象的自然保护区和水产种质资源保护区。

(二)长江干流和重要支流。包括青海省曲麻莱县以下至长江河口(东经122°、北纬31°36′30″、北纬30°54′之间的区域)的长江干流江段，岷江、沱江、赤水河、嘉陵江、乌江、汉江等重要通江河流在甘肃省、陕西省、云南省、贵州省、四川省、重庆市、湖北省境内的干流江段，大渡河在青海省和四川省境内的干流河段，以及各省确定的其他重要支流。

(三)长江口禁捕管理区。长江口禁捕管理区范围为东经122°15′、北纬31°41′36″、北纬30°54′形成的框型区线，向西以水陆交界线为界。

(四)大型通江湖泊。相关省级渔业行政主管部门划定的鄱阳湖、洞庭湖等大型通江湖泊除水生生物自然保护区和水产种质资源保护区以外的禁捕天然水域。

(五)其他重点水域。相关省级渔业行政主管部门划定的与长江干流、重要支流、大型通江湖泊连通的其他禁捕天然水域。

对于涉案的禁捕区域，检察机关可以根据《意见》规定，结合案件具体情况，商请农业农村(渔政)部门出具认定意见。

二、办理长江流域非法捕捞案件，如何准确把握非法捕捞水产品罪的入罪标准？

答：根据刑法第三百四十条的规定，非法捕捞水产品罪是指违反保护水产资源法规，在禁渔区、禁渔期或者使用禁用的工具、方法捕捞水产品，情节严重的行为。《意见》明确了在长江流域重点水域非法捕捞水产品，构成非法捕捞水产品罪的入罪标准：1. 非法捕捞水产品五百公斤以上或者价值一万元以上的；2. 非法捕捞具有重要经济价值的水生动物苗种、怀卵亲体或者在水产种质资源保护区内捕捞水产品五十公斤以上或者价值一千元以上的；3. 在禁捕区域使用电鱼、毒鱼、炸鱼等严重破坏渔业资源的禁用方法捕捞的；4. 在禁捕区域使用农业农村部规定的禁用工具捕捞的；5. 其他情节严重的情形。

司法实践中，检察机关要依照刑法和《意见》相关规定，根据案件具体情况，从行为人犯罪动机、主观故意、所使用的方法、工具、涉案水生生物的珍贵、濒危程度、案发后修复生态环境情况等方面，综合判断其行为的社会危害性。既要用足用好法律规定，总体体现依法从严惩治的政策导向，又要准确把握司法办案尺度，切实避免“一刀切”简单司法、机械办案。

要注意防止“唯数量论”与“唯结果论”的做法。对于刚达到《意见》规定的数量或价值标准，行为人积极配合调查并接受且具有本解答规定的从宽处罚情形之一的，可以不追究刑事责任；需要给予行政处罚的，移送有关主管部门进行行政处罚。

三、办理长江流域非法捕捞案件，如何准确认定“电鱼、毒鱼、炸鱼等严重破坏渔业资源的禁用方法”和“农业农村部规定的禁用工具”？

答：根据《意见》规定，“在禁捕区域使用电鱼、毒鱼、炸鱼等严重破坏渔业资源的禁用方法捕捞”和“在禁捕区域使用农业农村部规定的禁用工具捕捞”，是构成非法捕捞水产品罪的两项入罪追诉标准。

在认定“禁用方法”时，要注意审查具体方法对渔业资源的严重危害程度。对于在禁捕区域使用电鱼、毒鱼、炸鱼方法的，一般应当以非法捕捞水产品罪追究刑事责任。对于确属情节轻微、对渔业资源危害不大，依法不需要判处刑罚或者可以免除刑罚的，可以依法作出不起诉决定。对于电鱼、毒鱼、炸鱼以外的其他严重破坏渔业资源的禁用方法，注意从两个方面来把握：一是具有破坏渔业资源正常生长繁殖的现实危害或危险性；二是与电鱼、毒鱼、炸鱼方法的社会危害程度大致相当。对于虽使用禁用方法但尚未严重破坏渔业资源的行为，检察机关在依法作出不起诉决定的同时，应当依照长江保护法、渔业法等相关规定，移送有关主管部门给予行政处罚。

在认定“禁用工具”时，应当适用农业农村部出台的标准。办案中可参照《农业部关于长江干流禁止使用单船拖网等十四种渔具的通告（试行）》（农业部通告〔2017〕2 号）的规定，将单船拖网、双船拖网、多船拖网、多桩有翼单囊张网、双锚框架张网、拦河撑架敷网、岸敷箕状敷网、岸敷撑架敷网、拦截插网陷阱、拦截箔筌陷阱、导陷插网陷阱、导陷箔荃陷阱、拖曳齿耙耙刺、定置延绳滚钩耙刺等十四种渔具，认定为“农业农村部规定的禁用工具”。农业农村部没有相应标准的，对相关工具不应认定为非法捕捞水产品罪中的“禁用工具”。前述认定不影响对相应行为的行政处罚。

四、办理长江流域非法捕捞案件，如何准确认定行为人的主观故意？

答：在认定行为人是否具有非法捕捞水产品犯罪的主观故意时，应当依据其生活背景、职业经历、捕捞方法、捕捞工具、渔获物去向、获利资金流向,以及本人有无因同类行为受到行政处罚或者刑事追究情况等方面的证据,进行综合分析判断。

在办理非法捕捞水产品的案件中,认定主观故意原则上不要求行为人对有关禁渔区、禁渔期或者禁用的工具、方法等法律规定具有明确的认知,只要其认识到行为可能违法、被禁止即可。对于行为人作出合理解释,或者有证据证明其确系对禁捕区域、禁捕时间、禁用方法或者禁用工具不知情的,依法可不作为犯罪处理,但应当做好宣传教育工作,移送有关主管部门予以行政处罚。

五、办理长江流域非法捕捞案件,如何贯彻宽严相济刑事政策?

答:检察机关办理非法捕捞水产品案件,应当贯彻宽严相济刑事政策,准确判断行为人的责任轻重和刑事追究的必要性,综合运用刑事、行政、经济手段惩治违法犯罪,做到惩处少数、教育挽救大多数,实现罪责刑相适应。对于不同性质案件的处理,要体现区别对待的原则:一方面,要从严惩处有组织的、经常性的或者形成产业链的危害水生生物资源犯罪;另一方面,对个人偶尔实施的不具有生产性、经营性的非法捕捞行为要慎用刑罚,危害严重构成犯罪的,在处罚时应与前一类犯罪案件有所区别。

除《意见》规定的从重处罚情形外,对具有下列情形之一的,一般可以认定为非法捕捞水产品罪的从严处罚情形,并依法提出从严的量刑建议:1. 在繁育期非法捕捞的;2. 纠集多条船只或者使用大型设施设备非法捕捞的;3. 以非法捕捞为业的;4. 与黑恶势力犯罪相交织的;5. 其他严重破坏渔业资源或者生态环境的情形。

对具有下列情形之一的,一般可以认定为非法捕捞水产品罪的从宽处罚情形,并依法提出从宽的量刑建议:1. 不以生产、经营为目的,使用小型网具、钓具等对渔业资源和生态环境危害较轻的工具、方法非法捕捞的;2. 自愿认罪认罚的;3. 具有积极承诺及履行生态环境修复义务等悔罪表现的;4. 其他对渔业资源、生态环境损害较轻的情形。如果行为人主观恶性不大,并综合捕捞方法、工具、渔获物的数量、价值等情节,认为对水生生物资源危害明显较轻的,可以认定为犯罪情节轻微,依法作出不起诉决定。

六、办理长江流域非法捕捞案件,如何准确把握非法捕捞水产品罪与其他关联犯罪的界限?

答:《意见》要求全力摧毁危害长江流域水生生物资源的“捕、运、销”地下产业链,并明确了关联犯罪的定罪量刑标准。司法实践中,检察机关要注意从以下几个方面把握非法捕捞水产品罪与关联犯罪的界限,推动形成“水上不捕、市场不卖、餐厅不做、群众不吃”的良好氛围。

一是注意把握非法捕捞水产品罪与掩饰、隐瞒犯罪所得、犯罪所得收益罪的界限。两罪是上下游犯罪的关系,后罪的成立要求上游行为达到犯罪的程度。基于处罚平衡的考虑,为避免罪刑倒挂现象,对于明知是在长江流域重点水域非法捕捞犯罪所得的水产品而予以窝藏、转移、收购、代为销售或者以其他方法掩饰、隐瞒,价值一万元以上的,一般应依照刑法第三百一十二条的规定以掩饰、隐瞒犯罪所得、犯罪所得收益罪,提出处三年以下有期徒刑、拘役或者管制,并处或者单处罚金的量刑建议。

二是注意把握非法捕捞水产品罪与非法猎捕、杀害珍贵、濒危野生动物罪的界限。前罪的保护对象是“水产品”,包括一般的水生动物与珍贵、濒危的水生动物,后罪的保护对象是“国家重点保护的珍贵、濒危野生动物”。行为人基于同一主观故意,实施同一非法捕捞行为,但捕捞对象同时涉及一般水生动物与珍贵、濒危水生动物的,应区分以下情况处理:第一种情况,同一行为同时构成两罪,应当从一重罪论处,对涉案一般水生生物的数量或价值作为量刑情节考虑,以非法猎捕、杀害珍贵、濒危野生动物罪定性并酌情从重处理;第二种情况,同一行为不能分别构成两罪,但涉案水生生物的数量或价值按相应比例折算后合计达到非法捕捞水产品罪入罪标准的,应以非法捕捞水产品罪定性处理;第三种情况,同一行为构成非法捕捞水产品罪,但尚不构成非法猎捕、杀害珍贵、濒危野生动物罪的,对涉案珍贵、濒危水生动物的数量或价值按相应比例折算后,一并以非法捕捞水产品罪定性处理;第四种情况,同一行为构成非法猎捕、杀害珍贵、濒危野生动物罪,但尚不构成非法捕捞水产品罪的,对涉案一般水生生物的数量或价值作为量刑情节考虑,以非法猎捕、杀害珍贵、濒危野生动物罪定性并酌情从重处理。

三是注意把握非法捕捞水产品罪与非法收购、运输、出售珍贵、濒危野生动物、珍贵、濒危野生动物制品罪的界限。根据刑法和《意见》的规定,非法收购、运输、出售在长江流域重点水域非法猎捕、杀害的中华鲟、长江鲟、长江江豚或者其他国家重点保护的珍贵、濒危水生野生动物及其制品,达到相应价值标准的,以非法收购、运输、出售珍贵、濒危野生动物、珍贵、濒危野生动物制品罪定罪处罚。同时,根据全国人大常委会《关于〈中华人民共和国刑法〉第三百四十一条、第三百一十二条的解释》,知道或者应当知道是国家重点保护的珍贵、濒危野生动物及其制品,为食用或者其他目的而非法购买,符合刑法第三百四十一条第一款规定的,以非法收购珍贵、濒危野生动物、珍贵、濒危野生动物制品罪定罪处罚。

四是注意认定非法捕捞水产品犯罪的其他关联犯罪。制造、销售禁用渔具,情节严重,符合刑法第一百四十条或者第一百四十六条规定的,以生产、销售伪劣产品罪或者生产、销售不符合安全标准的产品罪定罪处罚。明知是长江流域非法捕捞渔获物而利用信息网络设立用于收购、出售的网站、通讯群组,或者发布相关犯罪信息,情节严重,符合刑法第二百八十七条之一规定的,以非法利用信息网络罪定罪处罚。

五是注意认定非法捕捞水产品犯罪的共同犯罪。事前通谋,按照分工分别实施非法捕捞、运输、销售等行为的,以共同犯罪论处。明知他人从事非法捕捞,仍为其提供工具、运输、加工、销售等帮助的,以共同犯罪论处。

七、办理长江流域非法捕捞案件,检察机关如何落实在办案中监督、在监督中办案的要求?

答:各级检察机关要深刻认识到法律监督与诉讼办案职能一体两面的特性,重点做好以下工作:

一是加强“行刑衔接”。要健全与行政执法机关、公安机关执法司法信息共享、案情通报、案件移送制度,推动实现行政执法与刑事司法的无缝对接、双向衔接。发现农业农村(渔政)、市场监管等行政执法机关对应当移送的涉嫌非法捕捞犯罪案件不移送的,应当提出意见,建议其移送。相关行政执法机关仍不移送的,应当将有关情况书面告知公安机关,并监督公安机关及时立案侦查。对于行政执法机关移送的案件,检察机关依法作出不起诉决定的,应当将决定不起诉案件处理结果及时书面告知相应行政执法机关。对被不起诉人需要给予行政处罚的,应当提出检察意见,移送有关行政机关处理。要加强跟踪监督,督促行政执法机关及时将处理结果通知检察机关。

二是加强立案监督。要注重监督实效,切实防止和纠正有案不立和违法立案的情况。对应当立案而不立案,或者明显不构成犯罪的案件公安机关立案的,应当要求公安机关书面说明不立案或者立案的理由。认为公安机关不立案或者立案的理由不成立的,经检察长或者检察委员会决定,应当通知公安机关立案或者撤销案件。

三是加强引导取证和侦查监督。经公安机关商请或者检察机关认为确有必要时,可以派员介入重大、疑难、复杂案件的侦查活动。结合非法捕捞及有关关联犯罪的特点,引导侦查机关收集、完善和固定证据。特别是在"捕、运、销"形成链条的共同犯罪案件中,注意引导侦查机关全面收集各环节实施犯罪的证据,查明犯罪团伙各成员的地位、作用,准确判断共同犯罪故意。对公安机关侦查活动中的违法行为,及时提出纠正意见。

四是加强审判监督。强化审判监督意识,进一步明确认罪认罚从宽的具体标准,统一司法尺度,减少量刑分歧。重点加强对涉长江流域重点水域非法捕捞案件诉判不一、量刑畸轻畸重、判处缓免刑不当的监督。对符合法定抗诉情形的,要依法进行抗诉。

五是加强执行监督。完善执行监督机制,确保刑罚(包括财产刑)以及刑事附带民事公益诉讼裁判执行到位。加强对司法工作人员履职的监督,对于司法办案中存在滥用职权、玩忽职守、徇私枉法等行为,构成犯罪的,依法立案侦查。

八、办理长江流域非法捕捞案件,检察机关如何贯彻恢复性司法理念?

答:检察机关要顺应公共利益代表的时代需求,不断增强系统思维,在办案中贯彻恢复性司法理念。实践中,重点做好以下工作:

一是坚持"专业化法律监督+恢复性司法实践+社会化综合治理"的生态检察模式。总结推广长江流域生态保护和环境治理的检察经验,统筹兼顾长江流域不同环境要素的修复,积极探索适用增殖放流、劳务代偿、替代履行等生态修复方式,将生态环境修复义务承诺及履行情况作为量刑情节,对积极主动修复生态环境的被告人依法从宽处罚,实现惩治犯罪和修复生态相统一,促进长江水生生物资源恢复。对于渔获物符合放生条件的,改进取证方式,及时委托专业救护,防止渔获物因办案被"保护性伤害"。

二是充分发挥"河(湖)长+检察长"制度作用。总结推广"河(湖)长+检察长"机制建设的经验做法,推动将禁捕退捕工作纳入地方政府绩效考核和河长制、湖长制等目标任务考核体系。建立定期通报和约谈制度,防止工作推进不力、责任落实不到位。建立健全涉渔案件、事件应急处置快速反应体系,提高协同协作质量效率。统一上下游、左右岸执法司法标准和尺度。

三是积极消除违法信息的负面影响。针对办案中发现电商平台、短视频、直播平台等放任用户发布涉渔禁限售商品或者服务,教唆、引诱非法捕捞行为,传授制作、使用禁用工具的方法或者涉渔虚假广告等违法信息的,应当建议主管部门责令相关责任主体,在删除、屏蔽、下架违法信息或者商品的基础上,通过发布声明、公开道歉、现身说法、公益广告等方式消除影响,修复受损的正常网络秩序。

九、检察机关如何通过民事公益诉讼,服务保障长江流域禁捕工作?

答:《意见》提出,对于实施危害水生生物资源的行为,致使社会公共利益受到侵害的,检察机关可以依法提起民事公益诉讼。实践中,重点做好以下工作:

一是优先提起刑事附带民事公益诉讼。在依法追究刑事责任的同时,一并诉请人民法院责令被告承担修复生态环境、赔偿损失、停止侵害、排除妨碍、消除危险、赔礼道歉等民事责任。

二是必要时单独提起民事公益诉讼。单独提起民事公益诉讼更有利于及时有效实现"捕、运、销"全链条整治和生态功能修复的,或者已承担刑事责任仍需承担生态环境损害赔偿责任,检察机关履行诉前公告程序过程中,相关刑事案件已依法审理的,可以另行提起民事公益诉讼。

三是加强民事公益诉讼与生态环境损害赔偿诉讼的衔接。检察机关应当坚持民事公益诉讼后位性、补充性的定位,履职中发现因非法捕捞造成长江流域生态受损情况,可以与损害赔偿权利人进行沟通,告知其依法及时提起生态环境损害赔偿诉讼。检察机关可以对生态环境损害赔偿磋商和诉讼提供法律支持。赔偿权利人在合理期限内不提起诉讼的,检察机关可以依法提起民事公益诉讼。

检察机关可以根据《关于推进生态环境损害赔偿制度改革若干具体问题的意见》的规定,商请有关行政机关提供证据材料和技术方面的支持。在对同一损害生态环境行为同时提起生态环境损害赔偿诉讼和民事公益诉讼的情况下,应当加强与生态环境损害赔偿诉讼原告的协调,推动案件依法妥善处理。

十、检察机关如何运用检察建议服务保障长江流域禁捕工作,推动长江流域治理?

答:检察建议在服务保障长江流域禁捕工作,推动长江流域生态保护方面具有积极作用。实践中,重点做好以下工作:

一是发现负有禁捕、退捕转产、渔民安置等职责的行政主管部门不依法及时履行职责,导致非法捕捞屡禁不止,或者在禁捕工作中矫枉过正损害渔民和有关单位、组织的合法权益,或者未依据相关规定开展退捕转产工作,致使渔民得不到妥善安置,转产转业未予落实的,可以向有关行政主管部门提出社会治理检察建议。

二是发现运输企业、水产品交易市场、餐饮企业等有关单位和组织,因工作程序存在疏漏、监督管理不严格、检查验收制度不健全、执行不到位等问题,导致发生运输、买卖非法捕捞的水产品等违法犯罪行为,或者存在违法犯罪隐患的,可以向有关单位和组织提出社会治理检察建议。

三是发现在禁捕退捕工作中渔民因

退捕安置、转产转业产生矛盾纠纷,可能导致发生群体性事件或者恶性案件,需要督促有关部门完善风险预警防范措施,加强调解疏导工作的,可以向有关部门提出社会治理检察建议。

四是发现对生态保护负有监督管理职责的部门违法行使职权或者不作为,致使长江流域生态环境或者水生生物资源遭受严重破坏,损害国家利益和社会公共利益,符合法律规定的公益诉讼条件的,应当向有关部门提出公益诉讼诉前检察建议。

最高人民法院
贯彻实施《长江保护法》工作
推进会会议纪要

(2021年11月24日,法〔2021〕304号)

1. 严格贯彻实施《长江保护法》第二十八条规定,审理非法采砂案件既要考虑采砂行为造成的涉案砂石资源破坏的数量、种类、品质和被破坏程度,也要考量采砂行为对水底生物栖息地生态环境危害程度、堤防安全、航道畅通和通航安全的危害程度等因素,依法认定相应的刑事责任和民事责任。

2. 严格贯彻实施《长江保护法》第五十三条规定,依法审理长江流域重点水域非法捕捞案件,准确把握入罪条件;构成犯罪的,应按照《最高人民法院、最高人民检察院、公安部、农业农村部关于依法惩治长江流域非法捕捞等违法犯罪的意见》的要求,将长江流域重点水域涉案水生生物的濒危程度、数量价值,以及行为人的认罪悔罪态度作为量刑情节,对积极主动修复生态环境的行为人可以依法从轻或减轻处罚。

最高人民法院、最高人民检察院、国家林业局、公安部、海关总署关于破坏野生动物资源刑事案件中涉及的CITES附录Ⅰ和附录Ⅱ所列陆生野生动物制品价值核定问题的通知

(2012年9月17日发布,林濒发〔2012〕239号)

各省、自治区、直辖市高级人民法院、人民检察院、林业厅(局)、公安厅(局),解放军军事法院,解放军军事检察院,新疆维吾尔自治区高级人民法院生产建设兵团分院,新疆生产建设兵团人民检察院、林业局、公安局,海关总署广东分署,各直属海关:

我国是《濒危野生动植物种国际贸易公约》(CITES)缔约国,非原产我国的CITES附录Ⅰ和附录Ⅱ所列陆生野生动物已依法被分别核准为国家一级、二级保护野生动物。近年来,各地严格按照CITES和我国野生动物保护法律法规的规定,查获了大量非法收购、运输、出售和走私CITES附录Ⅰ、附录Ⅱ所列陆生野生动物及其制品案件。为确保依法办理上述案件,依据《陆生野生动物保护实施条例》第二十四条、《最高人民法院关于审理走私刑事案件具体应用法律若干问题的解释》(法释〔2000〕30号)第四条,以及《最高人民法院关于审理破坏野生动物资源刑事案件具体应用法律若干问题的解释》(法释

〔2000〕37 号)第十条和第十一条的有关规定,结合《林业部关于在野生动物案件中如何确定国家重点保护野生动物及其产品价值标准的通知》(林策通字〔1996〕8 号),现将破坏野生动物资源案件中涉及的 CITES 附录Ⅰ和附录Ⅱ所列陆生野生动物制品的价值标准规定如下:

一、CITES 附录Ⅰ、附录Ⅱ所列陆生野生动物制品的价值,参照与其同属的国家重点保护陆生野生动物的同类制品价值标准核定;没有与其同属的国家重点保护陆生野生动物的,参照与其同科的国家重点保护陆生野生动物的同类制品价值标准核定;没有与其同科的国家重点保护陆生野生动物的,参照与其同目的国家重点保护陆生野生动物的同类制品价值标准核定;没有与其同目的国家重点保护陆生野生动物的,参照与其同纲或者同门的国家重点保护陆生野生动物的同类制品价值标准核定。

二、同属、同科、同目、同纲或者同门中,如果存在多种不同保护级别的国家重点保护陆生野生动物的,应当参照该分类单元中相同保护级别的国家重点保护陆生野生动物的同类制品价值标准核定;如果存在多种相同保护级别的国家重点保护陆生野生动物的,应当参照该分类单元中价值标准最低的国家重点保护陆生野生动物的同类制品价值标准核定;如果 CITES 附录Ⅰ和附录Ⅱ所列陆生野生动物所处分类单元有多种国家重点保护陆生野生动物,但保护级别不同的,应当参照该分类单元中价值标准最低的国家重点保护陆生野生动物的同类制品价值标准核定;如果仅有一种国家重点保护陆生野生动物的,应当参照该种国家重点保护陆生野生动物的同类制品价值标准核定。

三、同一案件中缴获的同一动物个体的不同部分的价值总和,不得超过该种动物个体的价值。

四、核定价值低于非法贸易实际交易价格的,以非法贸易实际交易价格认定。

五、犀牛角、象牙等野生动物制品的价值,继续依照《国家林业局关于发布破坏野生动物资源刑事案中涉及走私的象牙及其制品价值标准的通知》(林濒发〔2001〕234 号),以及《国家林业局关于发布破坏野生动物资源刑事案件中涉及犀牛角价值标准的通知》(林护发〔2002〕130 号)的规定核定。

人民法院、人民检察院、公安、海关等办案单位可以依据上述价值标准,核定破坏野生动物资源刑事案件中涉及的 CITES 附录Ⅰ和附录Ⅱ所列陆生野生动物制品的价值。核定有困难的,县级以上林业主管部门、国家濒危物种进出口管理机构或其指定的鉴定单位应该协助。

特此通知。

国家林业局、公安部关于森林和陆生野生动物刑事案件管辖及立案标准

(2001 年 5 月 9 日发布,
林安发〔2001〕156 号)

根据《中华人民共和国刑法》《中华人民共和国刑事诉讼法》《公安机关办理刑事案件程序规定》及其他有关规定,现将森林和陆生野生动物刑事案件管辖及

立案标准规定如下：

一、森林公安机关管辖在其辖区内发生的刑法规定的下列森林和陆生野生动物刑事案件

(一)盗伐林木案件(第三百四十五条第一款)；

(二)滥伐林木案件(第三百四十五条第二款)；

(三)非法收购盗伐、滥伐的林木案件(第三百四十五条第三款)；

(四)非法采伐、毁坏珍贵树木案件(第三百四十四条)；

(五)走私珍稀植物、珍稀植物制品案件(第一百五十一条第三款)；

(六)放火案件中,故意放火烧毁森林或者其他林木的案件(第一百一十四条、第一百一十五条第一款)；

(七)失火案件中,过失烧毁森林或者其他林木的案件(第一百一十五条第二款)；

(八)聚众哄抢案件中,哄抢林木的案件(第二百六十八条)；

(九)破坏生产经营案件中,故意毁坏用于造林、育林、护林和木材生产的机械设备或者以其他方法破坏林业生产经营的案件(第二百七十六条)；

(十)非法猎捕、杀害珍贵、濒危陆生野生动物案件(第三百四十一条第一款)；

(十一)非法收购、运输、出售珍贵、濒危陆生野生动物、珍贵、濒危陆生野生动物制品案件(第三百四十一条第一款)；

(十二)非法狩猎案件(第三百四十一条第二款)；

(十三)走私珍贵陆生野生动物、珍贵陆生野生动物制品案件(第一百五十一条第二款)；

(十四)非法经营案件中,买卖《允许进口证明书》、《允许出口证明书》、《允许再出口证明书》、进出口原产地证明及国家机关批准的其他关于林业和陆生野生动物的经营许可证明文件的案件(第二百二十五条第二项)；

(十五)伪造、变造、买卖国家机关公文、证件案件中,伪造、变造、买卖林木和陆生野生动物允许进出口证明书、进出口原产地证明、狩猎证、特许猎捕证、驯养繁殖许可证、林木采伐许可证、木材运输证明、森林、林木、林地权属证书、征用或者占用林地审核同意书、育林基金等缴费收据以及由国家机关批准的其他关于林业和陆生野生动物公文、证件的案件(第二百八十条第一、二款)；

(十六)盗窃案件中,盗窃国家、集体、他人所有并已经伐倒的树木、偷砍他人房前屋后、自留地种植的零星树木、以谋取经济利益为目的非法实施采种、采脂、挖笋、掘根、剥树皮等以及盗窃国家重点保护陆生野生动物或其制品的案件(第二百六十四条)；

(十七)抢劫案件中,抢劫国家重点保护陆生野生动物或其制品的案件(第二百六十三条)；

(十八)抢夺案件中,抢夺国家重点保护陆生野生动物或其制品的案件(第二百六十七条)；

(十九)窝藏、转移、收购、销售赃物案件中,涉及被盗伐滥伐的木材、国家重点保护陆生野生动物或其制品的案件(第三百一十二条)；

未建立森林公安机关的地方,上述案件由地方公安机关负责查处。

二、森林和陆生野生动物刑事案件的立案标准

(一)盗伐林木案

盗伐森林或者其他林木,立案起点为

2立方米至5立方米或者幼树100株至200株;盗伐林木20立方米至50立方米或者幼树1000株至2000株,为重大案件立案起点;盗伐林木100立方米至200立方米或者幼树5000株至10000株,为特别重大案件立案起点。

（二）滥伐林木案

滥伐森林或者其他林木,立案起点为10立方米至20立方米或者幼树500株至1000株;滥伐林木50立方米以上或者幼树2500株以上,为重大案件;滥伐林木100立方米以上或者幼树5000株以上,为特别重大案件。

（三）非法收购盗伐、滥伐的林木案

以牟利为目的,在林区非法收购明知是盗伐、滥伐的林木在20立方米或者幼树1000株以上的,以及非法收购盗伐、滥伐的珍贵树木2立方米以上或者5株以上的应当立案;非法收购林木100立方米或者幼树5000株以上的,以及非法收购盗伐、滥伐的珍贵树木5立方米以上或者10株以上的为重大案件;非法收购林木200立方米或者幼树1000株以上的,以及非法收购盗伐、滥伐的珍贵树木10立方米以上或者20株以上的为特别重大案件。

（四）非法采伐、毁坏珍贵树木案

非法采伐、毁坏珍贵树木的应当立案;采伐珍贵树木2株、2立方米以上或者毁坏珍贵树木致死3株以上的,为重大案件;采伐珍贵树木10株、10立方米以上或者毁坏珍贵树木致死15株以上的,为特别重大案件。

（五）走私珍稀植物、珍稀植物制品案

走私国家禁止进出口的珍稀植物、珍稀植物制品的应当立案;走私珍稀植物2株以上、珍稀植物制品价值在2万元以上的,为重大案件;走私珍稀植物10株以上、珍稀植物制品价值在10万元以上的,为特别重大案件。

（六）放火案

凡故意放火造成森林或者其他林木火灾的都应当立案;过火有林地面积2公顷以上为重大案件;过火有林地面积10公顷以上,或者致人重伤、死亡的,为特别重大案件。

（七）失火案

失火造成森林火灾,过火有林地面积2公顷以上,或者致人重伤、死亡的应当立案;过火有林地面积为10公顷以上,或者致人死亡、重伤5人以上的为重大案件;过火有林地面积为50公顷以上,或者死亡2人以上的,为特别重大案件。

（八）非法猎捕、杀害国家重点保护珍贵、濒危陆生野生动物案

凡非法猎捕、杀害国家重点保护的珍贵、濒危陆生野生动物的应当立案,重大案件、特别重大案件的立案标准详见附表。

（九）非法收购、运输、出售珍贵、濒危陆生野生动物、珍贵、濒危陆生野生动物制品案非法收购、运输、出售国家重点保护的珍贵、濒危陆生野生动物的应当立案,重大案件、特别重大案件的立案标准见附表。

非法收购、运输、出售国家重点保护的珍贵、濒危陆生野生动物制品的,应当立案;制品价值在10万元以上或者非法获利5万元以上的,为重大案件;制品价值在20万元以上或非法获利10万元以上的,为特别重大案件。

（十）非法狩猎案

违反狩猎法规,在禁猎区、禁猎期或

者使用禁用的工具、方法狩猎,具有下列情形之一的,应予立案:

1. 非法狩猎陆生野生动物 20 只以上的;

2. 在禁猎区或者禁猎期使用禁用的工具、方法狩猎的;

3. 具有其他严重破坏野生动物资源情节的。

违反狩猎法规,在禁猎区、禁猎期或者使用禁用的工具、方法狩猎,非法狩猎陆生野生动物 50 只以上的为重大案件;非法狩猎陆生野生动物 100 只以上或者具有其他恶劣情节的,为特别重大案件。

(十一)走私珍贵动物、珍贵动物制品案

走私国家重点保护和《濒危野生动植物种国际贸易公约》附录一、附录二的陆生野生动物及其制品的应当立案;走私国家重点保护的陆生野生动物重大案件和特别重大案件按附表的标准执行。

走私国家重点保护和《濒危野生动植物种国际贸易公约》附录一、附录二的陆生野生动物制品价值 10 万元以上的,应当立为重大案件;走私国家重点保护和《濒危野生动植物种国际贸易公约》附录一、附录二的陆生野生动物制品价值 20 万元以上的,应当立为特别重大案件。

(十二)盗窃、抢夺、抢劫案、窝藏、转移、收购、销售赃物案、破坏生产经营案、聚众哄抢案、非法经营案、伪造变造买卖国家机关公文、证件案,执行相应的立案标准。

三、其他规定

(一)林区与非林区的划分,执行各省、自治区、直辖市人民政府的规定。

(二)林木的数量,以立木蓄积计算。

(三)对于一年内多次盗伐、滥伐少量林木未经处罚的,累计其盗伐林木、滥伐林木的数量。

(四)被盗伐、滥伐林木的价值,有国家规定价格的,按国家规定价格计算;没有国家规定价格的,按主管部门规定的价格计算;没有国家或者主管部门规定价格的,按市场价格计算;进入流通领域的,按实际销售价格计算;实际销售价格低于国家或者主管部门规定价格的,按国家或者主管部门规定的价格计算;实际销售价格低于市场价格,又没有国家或者主管部门规定价格的,按市场价格计算,不能按低价销赃的价格计算。

(五)非法猎捕、杀害、收购、运输、出售、走私《濒危野生动植物种国际贸易公约》附录一、附录二所列陆生野生动物的,其立案标准参照附表中同属或者同科的国家一、二级保护野生动物的立案标准执行。

(六)珍贵、濒危陆生野生动物制品的价值,依照国家野生动物行政主管部门的规定核定;核定价值低于实际交易价格的,以实际交易价格认定。

(七)单位作案的,执行本规定的立案标准。

(八)本规定中所指的“以上”,均包括本数在内。

(九)各省、自治区、直辖市公安厅、局和林业主管部门可根据本地的实际情况,在本规定的幅度内确定本地区盗伐林木案、滥伐林木案和非法狩猎案的立案起点及重大、特别重大案件的起点。

(十)盗伐、滥伐竹林或者其他竹子的立案标准,由各省、自治区、直辖市公安厅、局和林业主管部门根据竹子的经济价值参照盗伐、滥伐林木案的立案标准确定。

（十一）本规定自发布之日起执行。1986年8月20日发布的《林业部、公安部关于森林案件管辖范围及森林刑事案件立案标准的暂行规定》和1994年5月25日发布的《林业部、公安部关于陆生野生动物刑事案件的管辖及其立案标准的规定》同时废止。

附表：

走私、非法猎捕、杀害、收购、运输、出售珍贵、濒危陆生野生动物重大案件、特别重大案件立案标准

中文名	拉丁文名	级别	重大案件	特别重大案件
蜂猴	Nycticebus spp.	I	3	4
熊猴	Macaca assamensis	I	2	3
台湾猴	Macaca cyclopis	I	1	2
豚尾猴	Macaca nemestrina	I	2	3
叶猴(所有种)	Prebytis spp.	I	1	2
金丝猴(所有种)	Rhinopithecus spp.	I		1
长臂猿(所有种)	Hylobates spp.	I	1	2
马来熊	Helarctos malayanus	I	2	3
大熊猫	Ailuropoda melanoleuca	I		1
紫貂	Murtes zibellina	I	3	4
貂熊	Gulo gulo	I	2	3
熊狸	Arcticlis binturong	I	1	2
云豹	Neofelis nebulosa	I		1
豹	Panthera pardus	I		1
雪豹	Panthera uncia	I		1
虎	Panthera tigris	I		1
亚洲象	Elephas maximus	I		1
蒙古野驴	Equus hemionus	I	2	3
西藏野驴	Equus kiang	I	3	5

续表

中文名	拉丁文名	级别	重大案件	特别重大案件
野马	Equus przewalskii	I		1
野骆驼	Camelus ferus（ =bactrianus）	I	1	2
鼷鹿	Tragulus javanicus	I	2	3
黑麂	Muntiacus crinifrons	I	1	2
白唇鹿	Cervus albirostris	I	1	2
坡鹿	Cervus eldi	I	1	2
梅花鹿	Cervus nippon	I	2	3
豚鹿	Cervus porcinus	I	2	3
麋鹿	Elaphurus davidianus	I	1	2
野牛	Bos gaurus	I	1	2
野牦牛	Bos mutus（ =grunniens）	I	2	3
普氏原羚	Procapra przewalskii	I	1	2
藏羚	Pantholops hodgsoni	I	2	3
高鼻羚羊	Saiga tatarica	I		1
扭角羚	Budorcas taxicolor	I	1	2
台湾鬣羚	Capricornis crispus	I	2	3
赤斑羚	Naemorhedus cranbrooki	I	2	4
塔尔羊	Hemitragus jemlahicus	I	2	4
北山羊	Capraibex	I	2	4
河狸	Castorfiber	I	1	2
短尾信天翁	Diomedea albatrus	I	2	4
白腹军舰鸟	Fregata andrewsi	I	2	4
白鹳	Ciconia ciconia	I	2	4
黑鹳	Ciconia nigra	I	2	4
朱鹮	Nipponia nippon	I		1

续表

中文名	拉丁文名	级别	重大案件	特别重大案件
中华沙秋鸭	Mergus squamatus	I	2	3
金雕	Aquila chrysaelos	I	2	4
白肩雕	Aquila heliaca	I	2	4
玉带海雕	Haliaeetus leucoryphus	I	2	4
白尾海雕	Haliaeetus albcilla	I	2	3
虎头海雕	Haliaeetus pelagicus	I	2	4
拟兀鹫	Pseudogyps bengalensis	I	2	4
胡兀鹫	Gypaetus barbatus	I	2	4
细嘴松鸡	Tetrao parvirostris	I	3	5
斑尾榛鸡	Tetrastes sewerzowi	I	3	5
雉鹑	Tetraophasis obscurus	I	3	5
四川山鹧鸪	Arborophila rufipectus	I	3	5
海南山鹧鸪	Arborophila ardens	I	3	5
黑头角雉	Tragopan melanocephalus	I	2	3
红胸角雉	Tragopan satyra	I	2	4
灰腹角雉	Tragopan blythii	I	2	3
黄腹角雉	Tragopan caboti	I	2	3
虹雉(所有种)	Lophophorus spp.	I	2	4
褐马鸡	Crossoptilon mantchuricum	I	2	3
蓝鹇	Lophura swinhoii	I	2	3
黑颈长尾雉	Syrmaticus humiae	I	2	4
白颈长尾雉	Syrmaticus ewllioti	I	2	4
黑长尾雉	Syrmaticus mikado	I	2	4
孔雀雉	Polyplectrom bicalcarrtum	I	2	3
绿孔雀	Pavo muticus	I	2	3

续表

中文名	拉丁文名	级别	重大案件	特别重大案件
黑颈鹤	Grus nigricollis	Ⅰ	2	3
白头鹤	Grus monacha	Ⅰ	2	3
丹顶鹤	Grus japonensis	Ⅰ	2	3
白鹤	Grus leucogeranus	Ⅰ	2	3
赤颈鹤	Grus antigone	Ⅰ	1	2
鸨(所有种)	Otis spp.	Ⅰ	4	6
遗鸥	Larus relicius	Ⅰ	2	4
四爪陆龟	Testudo horsfieldi	Ⅰ	4	8
鳄蜥	Shinisaurus crocodilurus	Ⅰ	2	4
巨蜥	Varanus salvator	Ⅰ	2	4
蟒	Python molurus	Ⅰ	2	4
扬子鳄	Alligator sinensis	Ⅰ	1	2
中华蛩蠊	Galloisianx sinensis	Ⅰ	3	6
金斑喙凤蝶	Teinopalpus aureus	Ⅰ	3	6
短尾猴	Macaca arctoides	Ⅱ	6	10
猕猴	Macaca mulatta	Ⅱ	6	10
藏酋猴	Macaca thibetana	Ⅱ	6	10
穿山甲	Manis pentadactyla	Ⅱ	8	16
豺	Cuon alpinus	Ⅱ	4	6
黑熊	Selenarctos thibetanus	Ⅱ	3	5
棕熊	Ursus arctos（U. a. pruinosus）	Ⅱ	3	5
小熊猫	Ailurus fulgens	Ⅱ	3	5
石貂	Martes foina	Ⅱ	4	10
黄喉貂	Martes flavigula	Ⅱ	4	10
斑林狸	Prionodon pardicolor	Ⅱ	4	8

续表

中文名	拉丁文名	级别	重大案件	特别重大案件
大灵猫	Viverra zibetha	Ⅱ	3	5
小灵猫	Viverricula indica	Ⅱ	4	8
草原斑猫	Felis lybica（ = silvestris）	Ⅱ	4	8
荒漠猫	Felis bieti	Ⅱ	4	10
丛林猫	Felis chaus	Ⅱ	4	8
猞猁	Felis lynx	Ⅱ	2	3
兔狲	Felis manul	Ⅱ	3	5
金猫	Felis temmincki	Ⅱ	4	8
渔猫	Felis viverrinus	Ⅱ	4	8
麝(所有种)	Moschus spp.	Ⅱ	3	5
河麂	Hydropotes inermis	Ⅱ	4	8
马鹿(含白臀鹿)	Cervus elaphus（C. e. macneilli）	Ⅱ	4	6
水鹿	Cervus unicolor	Ⅱ	3	5
驼鹿	Alces alces	Ⅱ	3	5
黄羊	Procapra gutturosa	Ⅱ	8	15
藏原羚	Procapra picticaudata	Ⅱ	4	8
鹅喉羚	Gazella subgutturosa	Ⅱ	4	8
鬣羚	Capricornis sumatraensis	Ⅱ	3	4
斑羚	Naemorhedus goral	Ⅱ	4	8
岩羊	Pseudois nayaur	Ⅱ	4	8
盘羊	Ovis anmon	Ⅱ	3	5
海南兔	Lepus peguensis hainanus	Ⅱ	6	10
雪兔	Lepus timidus	Ⅱ	6	10
塔里木兔	Lepus yarkandensis	Ⅱ	20	40
巨松鼠	Ratufa bicolor	Ⅱ	6	10

续表

中文名	拉丁文名	级别	重大案件	特别重大案件
角䴙䴘	Podiceps auritus	Ⅱ	6	10
赤颈䴙䴘	Podiceps grisegena	Ⅱ	6	8
鹈鹕(所有种)	Pelecanus spp.	Ⅱ	4	8
鲣鸟(所有种)	Sula spp.	Ⅱ	6	10
海鸬鹚	Phalacrocorax pelagicus	Ⅱ	4	8
黑颈鸬鹚	Phalacrocorax niger	Ⅱ	4	8
黄嘴白鹭	Egretta eulophotes	Ⅱ	6	10
岩鹭	Egretta sacra	Ⅱ	6	20
海南虎斑鳽	Gorsachius magnificus	Ⅱ	6	10
小苇鳽	Ixbrychusminutus	Ⅱ	6	10
彩鹳	Ibis leucocephalus	Ⅱ	3	4
白鹮	Threskiornis aethiopicus	Ⅱ	4	8
黑鹮	Pseudibis papillosa	Ⅱ	4	8
彩鹮	Pseudibis falcinellus	Ⅱ	4	8
白琵鹭	Platalea leucorodia	Ⅱ	4	8
黑脸琵鹭	Platalea ninor	Ⅱ	4	8
红胸黑雁	Branta ruficollis	Ⅱ	4	8
白额雁	Anser albifrons	Ⅱ	6	10
天鹅(所有种)	Cygnus spp.	Ⅱ	6	10
鸳鸯	Aix galericulata	Ⅱ	6	10
其他鹰类	(Accipitridae)	Ⅱ	4	8
隼类(所有种)	Falconidae	Ⅱ	6	10
黑琴鸡	Lyrurus tetrix	Ⅱ	4	8
柳雷鸟	Lagopus lagopus	Ⅱ	4	8
岩雷鸟	Lagopus mutus	Ⅱ	6	10

续表

中文名	拉丁文名	级别	重大案件	特别重大案件
镰翅鸡	Falcipennis falcipennis	Ⅱ	3	4
花尾榛鸡	Tetrastes bonasia	Ⅱ	10	20
雪鸡(所有种)	Tetraoallus spp.	Ⅱ	10	20
血雉	Ithaginis cruentus	Ⅱ	4	6
红腹角雉	Tragopan teminckii	Ⅱ	4	6
藏马鸡	Crossoptilon crossoptilon	Ⅱ	4	6
蓝马鸡	Crossoptilon auritum	Ⅱ	4	10
黑鹇	Lophura leucomelana	Ⅱ	6	8
白鹇	Lophura nycthemera	Ⅱ	6	10
原鸡	Gallus gallus	Ⅱ	6	8
勺鸡	Pucrasia macrolopha	Ⅱ	6	8
白冠长尾雉	Syrmaticus reevesii	Ⅱ	4	6
锦鸡(所有种)	Chrysolsphus spp.	Ⅱ	4	8
灰鹤	Grus grus	Ⅱ	4	8
沙丘鹤	Grus canadensis	Ⅱ	4	8
白枕鹤	Grus vipio	Ⅱ	4	8
蓑羽鹤	Anthropoides virgo	Ⅱ	6	10
长脚秧鸡	Crex crex	Ⅱ	6	10
姬田鸡	Porzana parva	Ⅱ	6	10
棕背田鸡	Porzana bicolor	Ⅱ	6	10
花田鸡	Coturnicops noveboracensis	Ⅱ	6	10
铜翅水雉	Metopidius indicus	Ⅱ	6	10
水杓鹬	Numenius borealis	Ⅱ	8	15
小青脚鹬	Tringa guttifer	Ⅱ	6	10
灰燕	Glareola lactea	Ⅱ	6	10

续表

中文名	拉丁文名	级别	重大案件	特别重大案件
小鸥	Larus minutus	Ⅱ	6	10
黑浮鸥	Chlidonias niger	Ⅱ	6	10
黄嘴河燕鸥	Sterna aurantia	Ⅱ	6	10
黑嘴端凤头燕鸥	Thalasseus zimmermanni	Ⅱ	4	8
黑腹沙鸡	Petrocles orientalis	Ⅱ	4	8
绿鸠(所有种)	Treron spp.	Ⅱ	6	8
黑颏果鸠	Ptilinopus leclancheri	Ⅱ	6	10
皇鸠(所有种)	Ducula spp.	Ⅱ	6	10
斑尾林鸽	Columba palumbus	Ⅱ	6	10
鹃鸠(所有种)	Macropygia spp.	Ⅱ	6	10
鹦鹉科(所有种)	Psittacidae.	Ⅱ	6	10
鸦鹃(所有种)	Centropus spp.	Ⅱ	6	10
鸮形目(所有种)	STRIGIFORMES	Ⅱ	6	10
灰喉针尾雨燕	Hirundapus cochinchinensis	Ⅱ	6	10
凤头雨燕	Hemiprocne longipennis	Ⅱ	6	10
橙胸咬鹃	Harpactes oreskios	Ⅱ	6	10
蓝耳翠鸟	Alcedomeninting	Ⅱ	6	10
鹳嘴翠鸟	Pelargopsis capensis	Ⅱ	6	10
黑胸蜂虎	Merops leschenaulti	Ⅱ	6	10
绿喉蜂虎	Merops orientalis	Ⅱ	6	10
犀鸟科(所有种)	Bucerotidae	Ⅱ	4	8
白腹黑啄木鸟	Dryocopus javensis	Ⅱ	6	10
阔嘴鸟科(所有鸟)	Eurylaimidae	Ⅱ	6	10
八色鸫科(所有种)	Pittidae	Ⅱ	6	10
凹甲陆龟	Manouria impressa	Ⅱ	6	10

续表

中文名	拉丁文名	级别	重大案件	特别重大案件
大壁虎	Gekko gecko	Ⅱ	10	20
虎纹蛙	Rana tigrina	Ⅱ	100	200
伟铗八	Atlasjapyx atlas	Ⅱ	6	10
尖板曦箭蜓	Heliogomphus retroflexus	Ⅱ	6	10
宽纹北箭蜓	Ophiogomphus spinicorne	Ⅱ	6	10
中华缺翅虫	Zorotypus sinensis	Ⅱ	6	10
墨脱缺翅虫	Zorotypus medoensis	Ⅱ	6	10
拉步甲	Carabus (Coptolabrus) lafossei	Ⅱ	6	10
硕步甲	Carabus (Apotopterus) davidi	Ⅱ	6	10
彩臂金龟(所有种)	Cheirotonus spp.	Ⅱ	6	10
叉犀金龟	Allomyrina davidis	Ⅱ	6	10
双尾褐凤蝶	Bhutanitis mansfieldi	Ⅱ	6	10
三尾褐凤蝶	Bhutanitis thaidina dongchuanensis	Ⅱ	6	10
中华虎凤蝶	Luehdorfia chinensis huashanensis	Ⅱ	6	10
阿波罗绢蝶	Parnassius apollo	Ⅱ	6	10

最高人民法院研究室关于收购、运输、出售部分人工驯养繁殖技术成熟的野生动物适用法律问题的复函

(2016年3月2日,法研〔2016〕23号)

国家林业局森林公安局:

贵局《关于商请对非法收购、运输、出售部分人工驯养繁殖的珍贵濒危野生动物适用法律问题予以答复的函》(林公刑便字〔2015〕49号)收悉。经研究并征求我院相关业务庭意见,我室认为:

我院《关于被告人郑喜和非法收购珍贵、濒危野生动物、珍贵、濒危野生动物制品罪请示一案的批复》(〔2011〕刑他字第86号,以下简称《批复》)是根据贵局《关于发布商业性经营利用驯养繁殖技术成熟的梅花鹿等54种陆生野生动物名单的通知》(林护发〔2003〕121号,以下简称《通知》)的精神作出的。虽然《通知》

于2012年被废止,但从实践看,《批复》的内容仍符合当前野生动物保护与资源利用实际,即:由于驯养繁殖技术的成熟,对有的珍贵、濒危野生动物的驯养繁殖、商业利用在某些地区已成规模,有关野生动物的数量极大增加,收购、运输、出售这些人工驯养繁殖的野生动物实际已无社会危害性。

来函建议对我院2000年《关于审理破坏野生动物资源刑事案件具体应用法律若干问题的解释》进行修改,提高收购、运输、出售有关人工驯养繁殖的野生动物的定罪量刑标准。此一思路虽能将一些行为出罪,但不能完全解决问题。如将运输人工驯养繁殖梅花鹿行为的入罪标准规定为20只以上后,还会有相当数量的案件符合定罪乃至判处重刑的条件。按此思路修订解释、对相关案件作出判决后,恐仍难保障案件处理的法律与社会效果。

鉴此,我室认为,彻底解决当前困境的办法,或者是尽快启动国家重点保护野生动物名录的修订工作,将一些实际已不再处于濒危状态的动物从名录中及时调整出去,同时将有的已处于濒危状态的动物增列进来;或者是在修订后司法解释中明确,对某些经人工驯养繁殖、数量已大大增多的野生动物,附表所列的定罪量刑数量标准,仅适用于真正意义上的野生动物,而不包括驯养繁殖的。

以上意见供参考。

国家林业局
关于猎捕野生动物禁用工具和方法
有关问题的复函[①]

(2016年9月12日,
林策发〔2016〕127号)

根据《野生动物保护法》和《陆生野生动物保护实施条例》的有关规定,凡是没有针对特定的野生动物物种并且在实施中不是人为控制的狩猎工具,均是非人为直接操作并危害人畜安全的狩猎装置,包括但不限于粘网、电网、猎夹、铁夹等在各地称谓不同的工具;以放火、围网、哄赶等方法对某一类或者某群野生动物进行围堵,可能导致该种群在特定时期或者区域毁灭性消失的,均属于歼灭性围猎。

最高人民法院、最高人民检察院、
公安部、司法部
关于依法惩治非法野生动物
交易犯罪的指导意见

(2020年12月18日印发,
公通字〔2020〕19号)

为依法惩治非法野生动物交易犯罪,革除滥食野生动物的陋习,有效防范重大

① 此系国家林业局给云南省林业厅关于非法狩猎方法的请示的复函。

公共卫生风险，切实保障人民群众生命健康安全，根据有关法律、司法解释的规定，结合侦查、起诉、审判实践，制定本意见。

一、依法严厉打击非法猎捕、杀害野生动物的犯罪行为，从源头上防控非法野生动物交易。

非法猎捕、杀害国家重点保护的珍贵、濒危野生动物，符合刑法第三百四十一条第一款规定的，以非法猎捕、杀害珍贵、濒危野生动物罪定罪处罚。

违反狩猎法规，在禁猎区、禁猎期或者使用禁用的工具、方法进行狩猎，破坏野生动物资源，情节严重，符合刑法第三百四十一条第二款规定的，以非法狩猎罪定罪处罚。

违反保护水产资源法规，在禁渔区、禁渔期或者使用禁用的工具、方法捕捞水产品，情节严重，符合刑法第三百四十条规定的，以非法捕捞水产品罪定罪处罚。

二、依法严厉打击非法收购、运输、出售、进出口野生动物及其制品的犯罪行为，切断非法野生动物交易的利益链条。

非法收购、运输、出售国家重点保护的珍贵、濒危野生动物及其制品，符合刑法第三百四十一条第一款规定的，以非法收购、运输、出售珍贵、濒危野生动物、珍贵、濒危野生动物制品罪定罪处罚。

走私国家禁止进出口的珍贵动物及其制品，符合刑法第一百五十一条第二款规定的，以走私珍贵动物、珍贵动物制品罪定罪处罚。

三、依法严厉打击以食用或者其他目的的非法购买野生动物的犯罪行为，坚决革除滥食野生动物的陋习。

知道或者应当知道是国家重点保护的珍贵、濒危野生动物及其制品，为食用或者其他目的而非法购买，符合刑法第三百四十一条第一款规定的，以非法收购珍贵、濒危野生动物、珍贵、濒危野生动物制品罪定罪处罚。

四、二次以上实施本意见第一条至第三条规定的行为构成犯罪，依法应当追诉的，或者二年内二次以上实施本意见第一条至第三条规定的行为未经处理的，数量、数额累计计算。

五、明知他人实施非法野生动物交易行为，有下列情形之一的，以共同犯罪论处：

（一）提供贷款、资金、账号、车辆、设备、技术、许可证件的；

（二）提供生产、经营场所或者运输、仓储、保管、快递、邮寄、网络信息交互等便利条件或者其他服务的；

（三）提供广告宣传等帮助行为的。

六、对涉案野生动物及其制品价值，可以根据国务院野生动物保护主管部门制定的价值评估标准和方法核算。对野生动物制品，根据实际情况予以核算，但核算总额不能超过该种野生动物的整体价值。具有特殊利用价值或者导致动物死亡的主要部分，核算方法不明确的，其价值标准最高可以按照该种动物整体价值标准的80%予以折算，其他部分价值标准最高可以按整体价值标准的20%予以折算，但是按照上述方法核算的价值明显不当的，应当根据实际情况妥当予以核算。核算价值低于实际交易价格的，以实际交易价格认定。

根据前款规定难以确定涉案野生动物及其制品价值的，依据下列机构出具的报告，结合其他证据作出认定：

（一）价格认证机构出具的报告；

（二）国务院野生动物保护主管部门、国家濒危物种进出口管理机构、海关总署等指定的机构出具的报告；

(三)地、市级以上人民政府野生动物保护主管部门、国家濒危物种进出口管理机构的派出机构、直属海关等出具的报告。

七、对野生动物及其制品种属类别,非法捕捞、狩猎的工具、方法,以及对野生动物资源的损害程度、食用涉案野生动物对人体健康的危害程度等专门性问题,可以由野生动物保护主管部门、侦查机关或者有专门知识的人依据现场勘验、检查笔录等出具认定意见。难以确定的,依据司法鉴定机构出具的鉴定意见,或者本意见第六条第二款所列机构出具的报告,结合其他证据作出认定。

八、办理非法野生动物交易案件中,行政执法部门依法收集的物证、书证、视听资料、电子数据等证据材料,在刑事诉讼中可以作为证据使用。

对不易保管的涉案野生动物及其制品,在做好拍摄、提取检材或者制作足以反映原物形态特征或者内容的照片、录像等取证工作后,可以移交野生动物保护主管部门及其指定的机构依法处置。对存在或者可能存在疫病的野生动物及其制品,应立即通知野生动物保护主管部门依法处置。

九、实施本意见规定的行为,在认定是否构成犯罪以及裁量刑罚时,应当考虑涉案动物是否系人工繁育、物种的濒危程度、野外存活状况、人工繁育情况、是否列入国务院野生动物保护主管部门制定的人工繁育国家重点保护野生动物名录,以及行为手段、对野生动物资源的损害程度、食用涉案野生动物对人体健康的危害程度等情节,综合评估社会危害性,确保罪责刑相适应。相关定罪量刑标准明显不适宜的,可以根据案件的事实、情节和社会危害程度,依法作出妥当处理。

十、本意见自下发之日起施行。

最高人民法院研究室关于刑法第三百四十一条第一款犯罪对象问题征求意见的复函

(法研〔2021〕16号)

最高人民检察院法律政策研究室:

贵室《关于非法收购、运输、出售珍贵、濒危野生动物罪犯罪对象研究意见的征求意见函》(高检研函字〔2021〕2号)收悉。经研究,倾向赞同贵室意见,即刑法第三百四十一条第一款规定的"野生动物"指珍贵、濒危野生动物的整体,包括活体与死体;"野生动物制品"指动物的部分、衍生物以及经人为处置、加工形成的产品等。

最高人民法院、最高人民检察院关于办理破坏野生动物资源刑事案件适用法律若干问题的解释

(2021年12月13日最高人民法院审判委员会第1856次会议、2022年2月9日最高人民检察院第十三届检察委员会第八十九次会议通过,2022年4月6日公布,自2022年4月9日起施行,法释〔2022〕12号)

为依法惩治破坏野生动物资源犯罪,保护生态环境,维护生物多样性和生态平衡,根据《中华人民共和国刑法》《中华人

民共和国刑事诉讼法》《中华人民共和国野生动物保护法》等法律的有关规定，现就办理此类刑事案件适用法律的若干问题解释如下：

第一条 具有下列情形之一的，应当认定为刑法第一百五十一条第二款规定的走私国家禁止进出口的珍贵动物及其制品：

（一）未经批准擅自进出口列入经国家濒危物种进出口管理机构公布的《濒危野生动植物种国际贸易公约》附录一、附录二的野生动物及其制品；

（二）未经批准擅自出口列入《国家重点保护野生动物名录》的野生动物及其制品。

第二条 走私国家禁止进出口的珍贵动物及其制品，价值二十万元以上不满二百万元的，应当依照刑法第一百五十一条第二款的规定，以走私珍贵动物、珍贵动物制品罪处五年以上十年以下有期徒刑，并处罚金；价值二百万元以上的，应当认定为“情节特别严重”，处十年以上有期徒刑或者无期徒刑，并处没收财产；价值二万元以上不满二十万元的，应当认定为“情节较轻”，处五年以下有期徒刑，并处罚金。

实施前款规定的行为，具有下列情形之一的，从重处罚：

（一）属于犯罪集团的首要分子的；

（二）为逃避监管，使用特种交通工具实施的；

（三）二年内曾因破坏野生动物资源受过行政处罚的。

实施第一款规定的行为，不具有第二款规定的情形，且未造成动物死亡或者动物、动物制品无法追回，行为人全部退赃退赔，确有悔罪表现的，按照下列规定处理：

（一）珍贵动物及其制品价值二百万元以上的，可以处五年以上十年以下有期徒刑，并处罚金；

（二）珍贵动物及其制品价值二十万元以上不满二百万元的，可以认定为“情节较轻”，处五年以下有期徒刑，并处罚金；

（三）珍贵动物及其制品价值二万元以上不满二十万元的，可以认定为犯罪情节轻微，不起诉或者免予刑事处罚；情节显著轻微危害不大的，不作为犯罪处理。

第三条 在内陆水域，违反保护水产资源法规，在禁渔区、禁渔期或者使用禁用的工具、方法捕捞水产品，具有下列情形之一的，应当认定为刑法第三百四十条规定的“情节严重”，以非法捕捞水产品罪定罪处罚：

（一）非法捕捞水产品五百公斤以上或者价值一万元以上的；

（二）非法捕捞有重要经济价值的水生动物苗种、怀卵亲体或者在水产种质资源保护区内捕捞水产品五十公斤以上或者价值一千元以上的；

（三）在禁渔区使用电鱼、毒鱼、炸鱼等严重破坏渔业资源的禁用方法或者禁用工具捕捞的；

（四）在禁渔期使用电鱼、毒鱼、炸鱼等严重破坏渔业资源的禁用方法或者禁用工具捕捞的；

（五）其他情节严重的情形。

实施前款规定的行为，具有下列情形之一的，从重处罚：

（一）暴力抗拒、阻碍国家机关工作人员依法履行职务，尚未构成妨害公务罪、袭警罪的；

（二）二年内曾因破坏野生动物资源

受过行政处罚的;

(三)对水生生物资源或者水域生态造成严重损害的;

(四)纠集多条船只非法捕捞的;

(五)以非法捕捞为业的。

实施第一款规定的行为,根据渔获物的数量、价值和捕捞方法、工具等,认为对水生生物资源危害明显较轻的,综合考虑行为人自愿接受行政处罚、积极修复生态环境等情节,可以认定为犯罪情节轻微,不起诉或者免予刑事处罚;情节显著轻微危害不大的,不作为犯罪处理。

第四条　刑法第三百四十一条第一款规定的"国家重点保护的珍贵、濒危野生动物"包括:

(一)列入《国家重点保护野生动物名录》的野生动物;

(二)经国务院野生动物保护主管部门核准按照国家重点保护的野生动物管理的野生动物。

第五条　刑法第三百四十一条第一款规定的"收购"包括以营利、自用等为目的的购买行为;"运输"包括采用携带、邮寄、利用他人、使用交通工具等方法进行运送的行为;"出售"包括出卖和以营利为目的的加工利用行为。

刑法第三百四十一条第三款规定的"收购""运输""出售",是指以食用为目的,实施前款规定的相应行为。

第六条　非法猎捕、杀害国家重点保护的珍贵、濒危野生动物,或者非法收购、运输、出售国家重点保护的珍贵、濒危野生动物及其制品,价值二万元以上不满二十万元的,应当依照刑法第三百四十一条第一款的规定,以危害珍贵、濒危野生动物罪处五年以下有期徒刑或者拘役,并处罚金;价值二十万元以上不满二百万元的,应当认定为"情节严重",处五年以上十年以下有期徒刑,并处罚金;价值二百万元以上的,应当认定为"情节特别严重",处十年以上有期徒刑,并处罚金或者没收财产。

实施前款规定的行为,具有下列情形之一的,从重处罚:

(一)属于犯罪集团的首要分子的;

(二)为逃避监管,使用特种交通工具实施的;

(三)严重影响野生动物科研工作的;

(四)二年内曾因破坏野生动物资源受过行政处罚的。

实施第一款规定的行为,不具有第二款规定的情形,且未造成动物死亡或者动物、动物制品无法追回,行为人全部退赃退赔,确有悔罪表现的,按照下列规定处理:

(一)珍贵、濒危野生动物及其制品价值二百万元以上的,可以认定为"情节严重",处五年以上十年以下有期徒刑,并处罚金;

(二)珍贵、濒危野生动物及其制品价值二十万元以上不满二百万元的,可以处五年以下有期徒刑或者拘役,并处罚金;

(三)珍贵、濒危野生动物及其制品价值二万元以上不满二十万元的,可以认定为犯罪情节轻微,不起诉或者免予刑事处罚;情节显著轻微危害不大的,不作为犯罪处理。

第七条　违反狩猎法规,在禁猎区、禁猎期或者使用禁用的工具、方法进行狩猎,破坏野生动物资源,具有下列情形之一的,应当认定为刑法第三百四十一条第二款规定的"情节严重",以非法狩猎罪定罪处罚:

（一）非法猎捕野生动物价值一万元以上的；

（二）在禁猎区使用禁用的工具或者方法狩猎的；

（三）在禁猎期使用禁用的工具或者方法狩猎的；

（四）其他情节严重的情形。

实施前款规定的行为，具有下列情形之一的，从重处罚：

（一）暴力抗拒、阻碍国家机关工作人员依法履行职务，尚未构成妨害公务罪、袭警罪的；

（二）对野生动物资源或者栖息地生态造成严重损害的；

（三）二年内曾因破坏野生动物资源受过行政处罚的。

实施第一款规定的行为，根据猎获物的数量、价值和狩猎方法、工具等，认为对野生动物资源危害明显较轻的，综合考虑猎捕的动机、目的、行为人自愿接受行政处罚、积极修复生态环境等情节，可以认定为犯罪情节轻微，不起诉或者免予刑事处罚；情节显著轻微危害不大的，不作为犯罪处理。

第八条 违反野生动物保护管理法规，以食用为目的，非法猎捕、收购、运输、出售刑法第三百四十一条第一款规定以外的在野外环境自然生长繁殖的陆生野生动物，具有下列情形之一的，应当认定为刑法第三百四十一条第三款规定的“情节严重”，以非法猎捕、收购、运输、出售陆生野生动物罪定罪处罚：

（一）非法猎捕、收购、运输、出售有重要生态、科学、社会价值的陆生野生动物或者地方重点保护陆生野生动物价值一万元以上的；

（二）非法猎捕、收购、运输、出售第一项规定以外的其他陆生野生动物价值五万元以上的；

（三）其他情节严重的情形。

实施前款规定的行为，同时构成非法狩猎罪的，应当依照刑法第三百四十一条第二款的规定，以非法猎捕陆生野生动物罪定罪处罚。

第九条 明知是非法捕捞犯罪所得的水产品、非法狩猎犯罪所得的猎获物而收购、贩卖或者以其他方法掩饰、隐瞒，符合刑法第三百一十二条规定的，以掩饰、隐瞒犯罪所得罪定罪处罚。

第十条 负有野生动物保护和进出口监督管理职责的国家机关工作人员，滥用职权或者玩忽职守，致使公共财产、国家和人民利益遭受重大损失的，应当依照刑法第三百九十七条的规定，以滥用职权罪或者玩忽职守罪追究刑事责任。

负有查禁破坏野生动物资源犯罪活动职责的国家机关工作人员，向犯罪分子通风报信、提供便利，帮助犯罪分子逃避处罚的，应当依照刑法第四百一十七条的规定，以帮助犯罪分子逃避处罚罪追究刑事责任。

第十一条 对于“以食用为目的”，应当综合涉案动物及其制品的特征，被查获的地点，加工、包装情况，以及可以证明来源、用途的标识、证明等证据作出认定。

实施本解释规定的相关行为，具有下列情形之一的，可以认定为“以食用为目的”：

（一）将相关野生动物及其制品在餐饮单位、饮食摊点、超市等场所作为食品销售或者运往上述场所的；

（二）通过包装、说明书、广告等介绍相关野生动物及其制品的食用价值或者方法的；

(三)其他足以认定以食用为目的的情形。

第十二条　二次以上实施本解释规定的行为构成犯罪,依法应当追诉的,或者二年内实施本解释规定的行为未经处理的,数量、数额累计计算。

第十三条　实施本解释规定的相关行为,在认定是否构成犯罪以及裁量刑罚时,应当考虑涉案动物是否系人工繁育、物种的濒危程度、野外存活状况、人工繁育情况、是否列入人工繁育国家重点保护野生动物名录,行为手段、对野生动物资源的损害程度,以及对野生动物及其制品的认知程度等情节,综合评估社会危害性,准确认定是否构成犯罪,妥当裁量刑罚,确保罪责刑相适应;根据本解释的规定定罪量刑明显过重的,可以根据案件的事实、情节和社会危害程度,依法作出妥当处理。

涉案动物系人工繁育,具有下列情形之一的,对所涉案件一般不作为犯罪处理;需要追究刑事责任的,应当依法从宽处理:

(一)列入人工繁育国家重点保护野生动物名录的;

(二)人工繁育技术成熟、已成规模,作为宠物买卖、运输的。

第十四条　对于实施本解释规定的相关行为被不起诉或者免予刑事处罚的行为人,依法应当给予行政处罚、政务处分或者其他处分的,依法移送有关主管机关处理。

第十五条　对于涉案动物及其制品的价值,应当根据下列方法确定:

(一)对于国家禁止进出口的珍贵动物及其制品、国家重点保护的珍贵、濒危野生动物及其制品的价值,根据国务院野生动物保护主管部门制定的评估标准和方法核算;

(二)对于有重要生态、科学、社会价值的陆生野生动物、地方重点保护野生动物、其他野生动物及其制品的价值,根据销赃数额认定;无销赃数额、销赃数额难以查证或者根据销赃数额认定明显偏低的,根据市场价格核算,必要时,也可以参照相关评估标准和方法核算。

第十六条　根据本解释第十五条规定难以确定涉案动物及其制品价值的,依据司法鉴定机构出具的鉴定意见,或者下列机构出具的报告,结合其他证据作出认定:

(一)价格认证机构出具的报告;

(二)国务院野生动物保护主管部门、国家濒危物种进出口管理机构或者海关总署等指定的机构出具的报告;

(三)地、市级以上人民政府野生动物保护主管部门、国家濒危物种进出口管理机构的派出机构或者直属海关等出具的报告。

第十七条　对于涉案动物的种属类别、是否系人工繁育,非法捕捞、狩猎的工具、方法,以及对野生动物资源的损害程度等专门性问题,可以由野生动物保护主管部门、侦查机关依据现场勘验、检查笔录等出具认定意见;难以确定的,依据司法鉴定机构出具的鉴定意见、本解释第十六条所列机构出具的报告,被告人及其辩护人提供的证据材料,结合其他证据材料综合审查,依法作出认定。

第十八条　餐饮公司、渔业公司等单位实施破坏野生动物资源犯罪的,依照本解释规定的相应自然人犯罪的定罪量刑标准,对直接负责的主管人员和其他直接责任人员定罪处罚,并对单位判处罚金。

第十九条　在海洋水域，非法捕捞水产品，非法采捕珊瑚、砗磲或者其他珍贵、濒危水生野生动物，或者非法收购、运输、出售珊瑚、砗磲或者其他珍贵、濒危水生野生动物及其制品的，定罪量刑标准适用《最高人民法院关于审理发生在我国管辖海域相关案件若干问题的规定（二）》（法释〔2016〕17号）的相关规定。

第二十条　本解释自2022年4月9日起施行。本解释公布施行后，《最高人民法院关于审理破坏野生动物资源刑事案件具体应用法律若干问题的解释》（法释〔2000〕37号）同时废止；之前发布的司法解释与本解释不一致的，以本解释为准。

最高人民法院
关于审理破坏土地资源刑事案件
具体应用法律若干问题的解释

（2000年6月16日最高人民法院审判委员会第1119次会议通过，2000年6月19日公布，自2000年6月22日起施行，法释〔2000〕14号）

为依法惩处破坏土地资源犯罪活动，根据刑法的有关规定，现就审理这类案件具体应用法律的若干问题解释如下：

第一条　以牟利为目的，违反土地管理法规，非法转让、倒卖土地使用权，具有下列情形之一的，属于非法转让、倒卖土地使用权“情节严重”，依照刑法第二百二十八条的规定，以非法转让、倒卖土地使用权罪定罪处罚：

（一）非法转让、倒卖基本农田五亩以上的；

（二）非法转让、倒卖基本农田以外的耕地十亩以上的；

（三）非法转让、倒卖其他土地二十亩以上的；

（四）非法获利五十万元以上的；

（五）非法转让、倒卖土地接近上述数量标准并具有其他恶劣情节的，如曾因非法转让、倒卖土地使用权受过行政处罚或者造成严重后果等。

第二条　实施第一条规定的行为，具有下列情形之一的，属于非法转让、倒卖土地使用权“情节特别严重”：

（一）非法转让、倒卖基本农田十亩以上的；

（二）非法转让、倒卖基本农田以外的耕地二十亩以上的；

（三）非法转让、倒卖其他土地四十亩以上的；

（四）非法获利一百万元以上的；

（五）非法转让、倒卖土地接近上述数量标准并具有其他恶劣情节，如造成严重后果等。

第三条　违反土地管理法规，非法占用耕地改作他用，数量较大，造成耕地大量毁坏的，依照刑法第三百四十二条的规定，以非法占用耕地罪定罪处罚：

（一）非法占用耕地“数量较大”，是指非法占用基本农田五亩以上或者非法占用基本农田以外的耕地十亩以上。

（二）非法占用耕地“造成耕地大量毁坏”，是指行为人非法占用耕地建窑、建坟、建房、挖沙、采石、采矿、取土、堆放固体废弃物或者进行其他非农业建设，造成基本农田五亩以上或者基本农田以外的耕地十亩以上种植条件严重毁坏或者严重污染。

第四条　国家机关工作人员徇私舞弊,违反土地管理法规,滥用职权,非法批准征用、占用土地,具有下列情形之一的,属于非法批准征用、占用土地"情节严重",依照刑法第四百一十条的规定,以非法批准征用、占用土地罪定罪处罚:

(一)非法批准征用、占用基本农田十亩以上的;

(二)非法批准征用、占用基本农田以外的耕地三十亩以上的;

(三)非法批准征用、占用其他土地五十亩以上的;

(四)虽未达到上述数量标准,但非法批准征用、占用土地造成直接经济损失三十万元以上;造成耕地大量毁坏等恶劣情节的。

第五条　实施第四条规定的行为,具有下列情形之一的,属于非法批准征用、占用土地"致使国家或者集体利益遭受特别重大损失":

(一)非法批准征用、占用基本农田二十亩以上的;

(二)非法批准征用、占用基本农田以外的耕地六十亩以上的;

(三)非法批准征用、占用其他土地一百亩以上的;

(四)非法批准征用、占用土地,造成基本农田五亩以上,其他耕地十亩以上严重毁坏的;

(五)非法批准征用、占用土地造成直接经济损失五十万元以上等恶劣情节的。

第六条　国家机关工作人员徇私舞弊,违反土地管理法规,非法低价出让国有土地使用权,具有下列情形之一的,属于"情节严重",依照刑法第四百一十条的规定,以非法低价出让国有土地使用权罪定罪处罚:

(一)出让国有土地使用权面积在三十亩以上,并且出让价额低于国家规定的最低价额标准的百分之六十的;

(二)造成国有土地资产流失价额在三十万元以上的。

第七条　实施第六条规定的行为,具有下列情形之一的,属于非法低价出让国有土地使用权,"致使国家和集体利益遭受特别重大损失":

(一)非法低价出让国有土地使用权面积在六十亩以上,并且出让价额低于国家规定的最低价额标准的百分之四十的;

(二)造成国有土地资产流失价额在五十万元以上的。

第八条　单位犯非法转让、倒卖土地使用权罪、非法占有耕地罪的定罪量刑标准,依照本解释第一条、第二条、第三条的规定执行。

第九条　多次实施本解释规定的行为依法应当追诉的,或者一年内多次实施本解释规定的行为未经处理的,按照累计的数量、数额处罚。

最高人民法院
关于个人违法建房出售行为
如何适用法律问题的答复

(2010年11月1日,法〔2010〕395号)

贵州省高级人民法院:

你院《关于个人违法建房出售行为如何适用法律的请示》(〔2010〕黔高法研

请字第2号)收悉。经研究,并征求相关部门意见,答复如下:

一、你院请示的在农村宅基地、责任田上违法建房出售如何处理的问题,涉及面广,法律、政策性强。据了解,有关部门正在研究制定政策意见和处理办法,在相关文件出台前,不宜以犯罪追究有关人员的刑事责任。

二、从来函反映的情况看,此类案件在你省部分地区发案较多。案件处理更应当十分慎重。要积极争取在党委统一领导下,有效协调有关方面,切实做好案件处理的善后工作,确保法律效果与社会效果的有机统一。

三、办理案件中,发现负有监管职责的国家机关工作人员有渎职、受贿等涉嫌违法犯罪的,要依法移交相关部门处理;发现有关部门在履行监管职责方面存在问题的,要结合案件处理,提出司法建议,促进完善社会管理。

此复。

最高人民法院
关于审理破坏草原资源刑事案件
应用法律若干问题的解释

(2012年10月22日最高人民法院审判委员会第1558次会议通过,2012年11月2日公布,自2012年11月22日起施行,法释〔2012〕15号)

为依法惩处破坏草原资源犯罪活动,依照《中华人民共和国刑法》的有关规定,现就审理此类刑事案件应用法律的若干问题解释如下:

第一条 违反草原法等土地管理法规,非法占用草原,改变被占用草原用途,数量较大,造成草原大量毁坏的,依照刑法第三百四十二条的规定,以非法占用农用地罪定罪处罚。

第二条 非法占用草原,改变被占用草原用途,数量在二十亩以上的,或者曾因非法占用草原受过行政处罚,在三年内又非法占用草原,改变被占用草原用途,数量在十亩以上的,应当认定为刑法第三百四十二条规定的“数量较大”。

非法占用草原,改变被占用草原用途,数量较大,具有下列情形之一的,应当认定为刑法第三百四十二条规定的“造成耕地、林地等农用地大量毁坏”:

(一)开垦草原种植粮食作物、经济作物、林木的;

(二)在草原上建窑、建房、修路、挖砂、采石、采矿、取土、剥取草皮的;

(三)在草原上堆放或者排放废弃物,造成草原的原有植被严重毁坏或者严重污染的;

(四)违反草原保护、建设、利用规划种植牧草和饲料作物,造成草原沙化或者水土严重流失的;

(五)其他造成草原严重毁坏的情形。

第三条 国家机关工作人员徇私舞弊,违反草原法等土地管理法规,具有下列情形之一的,应当认定为刑法第四百一十条规定的“情节严重”:

(一)非法批准征收、征用、占用草原四十亩以上的;

(二)非法批准征收、征用、占用草原,造成二十亩以上草原被毁坏的;

(三)非法批准征收、征用、占用草原,造成直接经济损失三十万元以上,或者具有其他恶劣情节的。

具有下列情形之一,应当认定为刑法第四百一十条规定的“致使国家或者集体利益遭受特别重大损失”:

(一)非法批准征收、征用、占用草原八十亩以上的;

(二)非法批准征收、征用、占用草原,造成四十亩以上草原被毁坏的;

(三)非法批准征收、征用、占用草原,造成直接经济损失六十万元以上,或者具有其他特别恶劣情节的。

第四条 以暴力、威胁方法阻碍草原监督检查人员依法执行职务,构成犯罪的,依照刑法第二百七十七条的规定,以妨害公务罪追究刑事责任。

煽动群众暴力抗拒草原法律、行政法规实施,构成犯罪的,依照刑法第二百七十八条的规定,以煽动暴力抗拒法律实施罪追究刑事责任。

第五条 单位实施刑法第三百四十二条规定的行为,对单位判处罚金,并对其直接负责的主管人员和其他直接责任人员,依照本解释规定的定罪量刑标准定罪处罚。

第六条 多次实施破坏草原资源的违法犯罪行为,未经处理,应当依法追究刑事责任的,按照累计的数量、数额定罪处罚。

第七条 本解释所称“草原”,是指天然草原和人工草地,天然草原包括草地、草山和草坡,人工草地包括改良草地和退耕还草地,不包括城镇草地。

最高人民检察院法律政策研究室关于对《“在禁牧区偷牧造成草场大量毁坏”行为性质的认定和法律适用问题的请示》的答复

(2018年9月29日,高检研〔2018〕18号)

甘肃省人民检察院法律政策研究室:

你室《关于“在禁牧区偷牧造成草场大量毁坏”行为性质的认定和法律适用问题的请示》收悉。经研究,答复如下:

依据《中华人民共和国刑法》第三百四十二条和《最高人民法院关于审理破坏草原资源刑事案件应用法律若干问题的解释》的规定,在禁牧区偷牧造成草场大量毁坏的行为,不构成非法占用农用地罪。目前,应根据现行法律法规的规定,由草原行政主管部门依法对在禁牧区偷牧行为给予行政处罚。

最高人民法院、最高人民检察院关于办理非法采矿、破坏性采矿刑事案件适用法律若干问题的解释

(2016年9月26日最高人民法院审判委员会第1694次会议、2016年11月4日最高人民检察院第十二届检察委员会第57次会议通过,2016年11月28日发布,自2016年12月1日起施行,法释〔2016〕25号)

为依法惩处非法采矿、破坏性采矿犯

罪活动，根据《中华人民共和国刑法》《中华人民共和国刑事诉讼法》的有关规定，现就办理此类刑事案件适用法律的若干问题解释如下：

第一条　违反《中华人民共和国矿产资源法》《中华人民共和国水法》等法律、行政法规有关矿产资源开发、利用、保护和管理的规定的，应当认定为刑法第三百四十三条规定的"违反矿产资源法的规定"。

第二条　具有下列情形之一的，应当认定为刑法第三百四十三条第一款规定的"未取得采矿许可证"：

（一）无许可证的；

（二）许可证被注销、吊销、撤销的；

（三）超越许可证规定的矿区范围或者开采范围的；

（四）超出许可证规定的矿种的（共生、伴生矿种除外）；

（五）其他未取得许可证的情形。

第三条　实施非法采矿行为，具有下列情形之一的，应当认定为刑法第三百四十三条第一款规定的"情节严重"：

（一）开采的矿产品价值或者造成矿产资源破坏的价值在十万元至三十万元以上的；

（二）在国家规划矿区、对国民经济具有重要价值的矿区采矿，开采国家规定实行保护性开采的特定矿种，或者在禁采区、禁采期内采矿，开采的矿产品价值或者造成矿产资源破坏的价值在五万元至十五万元以上的；

（三）二年内曾因非法采矿受过两次以上行政处罚，又实施非法采矿行为的；

（四）造成生态环境严重损害的；

（五）其他情节严重的情形。

实施非法采矿行为，具有下列情形之一的，应当认定为刑法第三百四十三条第一款规定的"情节特别严重"：

（一）数额达到前款第一项、第二项规定标准五倍以上的；

（二）造成生态环境特别严重损害的；

（三）其他情节特别严重的情形。

第四条　在河道管理范围内采砂，具有下列情形之一，符合刑法第三百四十三条第一款和本解释第二条、第三条规定的，以非法采矿罪定罪处罚：

（一）依据相关规定应当办理河道采砂许可证，未取得河道采砂许可证的；

（二）依据相关规定应当办理河道采砂许可证和采矿许可证，既未取得河道采砂许可证，又未取得采矿许可证的。

实施前款规定行为，虽不具有本解释第三条第一款规定的情形，但严重影响河势稳定，危害防洪安全的，应当认定为刑法第三百四十三条第一款规定的"情节严重"。

第五条　未取得海砂开采海域使用权证，且未取得采矿许可证，采挖海砂，符合刑法第三百四十三条第一款和本解释第二条、第三条规定的，以非法采矿罪定罪处罚。

实施前款规定行为，虽不具有本解释第三条第一款规定的情形，但造成海岸线严重破坏的，应当认定为刑法第三百四十三条第一款规定的"情节严重"。

第六条　造成矿产资源破坏的价值在五十万元至一百万元以上，或者造成国家规划矿区、对国民经济具有重要价值的矿区和国家规定实行保护性开采的特定矿种资源破坏的价值在二十五万元至五十万元以上的，应当认定为刑法第三百四十三条第二款规定的"造成矿产资源严重破坏”。

第七条 明知是犯罪所得的矿产品及其产生的收益,而予以窝藏、转移、收购、代为销售或者以其他方法掩饰、隐瞒的,依照刑法第三百一十二条的规定,以掩饰、隐瞒犯罪所得、犯罪所得收益罪定罪处罚。

实施前款规定的犯罪行为,事前通谋的,以共同犯罪论处。

第八条 多次非法采矿、破坏性采矿构成犯罪,依法应当追诉的,或者二年内多次非法采矿、破坏性采矿未经处理的,价值数额累计计算。

第九条 单位犯刑法第三百四十三条规定之罪的,依照本解释规定的相应自然人犯罪的定罪量刑标准,对直接负责的主管人员和其他直接责任人员定罪处罚,并对单位判处罚金。

第十条 实施非法采矿犯罪,不属于“情节特别严重”,或者实施破坏性采矿犯罪,行为人系初犯,全部退赃退赔,积极修复环境,并确有悔改表现的,可以认定为犯罪情节轻微,不起诉或者免予刑事处罚。

第十一条 对受雇佣为非法采矿、破坏性采矿犯罪提供劳务的人员,除参与利润分成或者领取高额固定工资的以外,一般不以犯罪论处,但曾因非法采矿、破坏性采矿受过处罚的除外。

第十二条 对非法采矿、破坏性采矿犯罪的违法所得及其收益,应当依法追缴或者责令退赔。

对用于非法采矿、破坏性采矿犯罪的专门工具和供犯罪所用的本人财物,应当依法没收。

第十三条 非法开采的矿产品价值,根据销赃数额认定;无销赃数额,销赃数额难以查证,或者根据销赃数额认定明显不合理的,根据矿产品价格和数量认定。

矿产品价值难以确定的,依据下列机构出具的报告,结合其他证据作出认定:

(一)价格认证机构出具的报告;

(二)省级以上人民政府国土资源、水行政、海洋等主管部门出具的报告;

(三)国务院水行政主管部门在国家确定的重要江河、湖泊设立的流域管理机构出具的报告。

第十四条 对案件所涉的有关专门性问题难以确定的,依据下列机构出具的鉴定意见或者报告,结合其他证据作出认定:

(一)司法鉴定机构就生态环境损害出具的鉴定意见;

(二)省级以上人民政府国土资源主管部门就造成矿产资源破坏的价值、是否属于破坏性开采方法出具的报告;

(三)省级以上人民政府水行政主管部门或者国务院水行政主管部门在国家确定的重要江河、湖泊设立的流域管理机构就是否危害防洪安全出具的报告;

(四)省级以上人民政府海洋主管部门就是否造成海岸线严重破坏出具的报告。

第十五条 各省、自治区、直辖市高级人民法院、人民检察院,可以根据本地区实际情况,在本解释第三条、第六条规定的数额幅度内,确定本地区执行的具体数额标准,报最高人民法院、最高人民检察院备案。

第十六条 本解释自2016年12月1日起施行。本解释施行后,《最高人民法院关于审理非法采矿、破坏性采矿刑事案件具体应用法律若干问题的解释》(法释〔2003〕9号)同时废止。

最高人民法院、最高人民检察院、中国海警局依法打击涉海砂违法犯罪座谈会纪要

（2023年6月6日）

……2022年7月、2023年2月，最高人民法院、最高人民检察院、中国海警局先后在福建、广东、海南、浙江四省召开座谈会，分析研判当前涉海砂违法犯罪的严峻形势，总结交流办理涉海砂刑事案件的经验做法，研究探讨办案中的疑难问题，对人民法院、人民检察院、海警机构依法打击涉海砂违法犯罪、统一法律适用标准达成了共识。

……现形成纪要如下。

一、关于罪名适用

1. 未取得海砂开采海域使用权证，且未取得采矿许可证，在中华人民共和国内水、领海采挖海砂，符合刑法第三百四十三条第一款和《非法采矿解释》第二条、第三条规定的，以非法采矿罪定罪处罚。

对于在中华人民共和国毗连区、专属经济区、大陆架以及中华人民共和国管辖的其他海域实施前款规定的行为，适用我国刑法追究刑事责任的案件，参照前款规定定罪处罚。

2. 具有下列情形之一的，对过驳和运输海砂的船主或者船长，依照刑法第三百四十三条第一款的规定，以非法采矿罪定罪处罚：

（1）与非法采挖海砂犯罪分子事前通谋，指使或者驾驶运砂船前往指定海域直接从采砂船过驳和运输海砂的；

（2）未与非法采挖海砂犯罪分子事前通谋，但受其雇佣，指使或者驾驶运砂船前往指定海域，在非法采砂行为仍在进行时，明知系非法采挖的海砂，仍直接从采砂船过驳和运输海砂的；

（3）未与非法采挖海砂犯罪分子事前通谋，也未受其雇佣，在非法采砂行为仍在进行时，明知系非法采挖的海砂，临时与非法采挖海砂犯罪分子约定时间、地点，直接从采砂船过驳和运输海砂的。

具有下列情形之一的，对过驳和运输海砂的船主或者船长，依照刑法第三百一十二条的规定，以掩饰、隐瞒犯罪所得罪定罪处罚：

（1）未与非法采挖海砂犯罪分子事前通谋，指使或者驾驶运砂船前往相关海域，在非法采砂行为已经完成后，明知系非法采挖的海砂，仍直接从采砂船过驳和运输海砂的；

（2）与非法收购海砂犯罪分子事前通谋，指使或者驾驶运砂船前往指定海域过驳和运输海砂的；

（3）无证据证明非法采挖、运输、收购海砂犯罪分子之间存在事前通谋或者事中共同犯罪故意，但受其中一方雇佣后，指使或者驾驶运砂船前往指定海域，明知系非法采挖的海砂，仍从其他运砂船上过驳和运输海砂的。

二、关于主观故意认定

3. 判断过驳和运输海砂的船主或者船长是否具有犯罪故意，应当依据其任职情况、职业经历、专业背景、培训经历、本人因同类行为受到行政处罚或者刑事责任追究情况等证据，结合其供述，进行综合分析判断。

实践中，具有下列情形之一，行为人

不能作出合理解释的,一般可以认定其“明知系非法采挖的海砂”,但有相反证据的除外:

(1)故意关闭船舶自动识别系统,或者船舶上有多套船舶自动识别系统,或者故意毁弃船载卫星电话、船舶自动识别系统、定位系统数据及手机存储数据的;

(2)故意绕行正常航线和码头、在隐蔽水域或者在明显不合理的隐蔽时间过驳和运输,或者使用暗号、暗语、信物等方式进行联络、接头的;

(3)使用“三无”船舶、虚假船名船舶或非法改装船舶,或者故意遮蔽船号,掩盖船体特征的;

(4)虚假记录船舶航海日志、轮机日志,或者进出港未申报、虚假申报的;

(5)套用相关许可证、拍卖手续、合同等合法文件资料,或者使用虚假、伪造文件资料的;

(6)无法出具合法有效海砂来源证明,或者拒不提供海砂真实来源证明的;

(7)以明显低于市场价格进行交易的;

(8)支付、收取或者约定的报酬明显不合理,或者使用控制的他人名下银行账户收付海砂交易款项的;

(9)逃避、抗拒执法检查,或者事前制定逃避检查预案的;

(10)其他足以认定的情形。

4. 明知他人实施非法采挖、运输、收购海砂犯罪,仍为其提供资金、场地、工具、技术、单据、证明、手续等重要便利条件或者居间联络,对犯罪产生实质性帮助作用的,以非法采矿罪或者掩饰、隐瞒犯罪所得罪的共同犯罪论处。

三、关于下游行为的处理

5. 认定非法运输、收购、代为销售或者以其他方法掩饰、隐瞒非法采挖的海砂及其产生的收益构成掩饰、隐瞒犯罪所得、犯罪所得收益罪,以上游非法采矿犯罪事实成立为前提。上游犯罪尚未依法裁判,但查证属实的,不影响掩饰、隐瞒犯罪所得、犯罪所得收益罪的认定。上游非法采挖海砂未达到非法采矿罪“情节严重”标准的,对下游对应的掩饰、隐瞒行为可以依照海洋环境保护法、海域使用管理法、治安管理处罚法等法律法规给予行政处罚。

6. 明知是非法采挖的海砂及其产生的收益,而予以运输、收购、代为销售或者以其他方法掩饰、隐瞒,一年内曾因实施此类行为受过行政处罚,又实施此类行为的,应当依照刑法第三百一十二条的规定,以掩饰、隐瞒犯罪所得、犯罪所得收益罪定罪处罚。多次实施此类行为,未经行政处罚,依法应当追诉的,犯罪所得、犯罪所得收益的数额应当累计计算。

7. 以掩饰、隐瞒犯罪所得、犯罪所得收益罪定罪处罚的,应当注意与上游非法采矿犯罪保持量刑均衡。

四、关于劳务人员的责任认定

8.《非法采矿解释》第十一条规定,对受雇佣提供劳务的人员,除参与利润分成或者领取高额固定工资的以外,一般不以犯罪论处,但曾因非法采矿、破坏性采矿受过处罚的除外。对于该条中“高额固定工资”的理解,不宜停留在对“高额”的字面理解层面,应当结合其在整个犯罪活动中的职责分工、参与程度等因素进行综合判断。

实践中,要注意结合本地区经济社会发展水平,以及采矿行业提供劳务人员的平均工资水平审查认定。一般情况下,领取或者约定领取上一年度本省(自治区、直辖市)同种类采矿、运输等行业提供劳务人员平均工资二倍以上固定财产性收益的,包括工资、奖金、补贴、物质奖励等,可以认定为“高额固定工资”。

9.具有下列情形之一的,一般不适用《非法采矿解释》第十一条“一般不以犯罪论处”的规定:

(1)明知他人实施非法采挖、运输、收购海砂犯罪,仍多次为其提供开采、装卸、运输、销售等实质性帮助或者重要技术支持,情节较重的;

(2)在相关犯罪活动中,承担一定发起、策划、操纵、管理、协调职责的;

(3)多次逃避检查,或者采取通风报信等方式为非法采挖海砂犯罪活动逃避监管或者为犯罪分子逃避处罚提供帮助的。

五、关于涉案海砂价格的认定

10.对于涉案海砂价值,有销赃数额的,一般根据销赃数额认定;对于无销赃数额,销赃数额难以查证,或者根据销赃数额认定明显不合理的,根据海砂市场交易价格和数量认定。

非法采挖的海砂在不同环节销赃,非法采挖、运输、保管等过程中产生的成本支出,在销赃数额中不予扣除。

11.海砂价值难以确定的,依据当地政府相关部门所属价格认证机构出具的报告认定,或者依据省级以上人民政府自然资源、水行政、海洋等主管部门出具的报告,结合其他证据作出认定。

12.确定非法开采的海砂价值,一般应当以实施犯罪行为终了时当地海砂市场交易价格或者非法采挖期间当地海砂的平均市场价格为基准。犯罪行为存在明显时段连续性的,可以分别按照不同时段实施犯罪行为时当地海砂市场交易价格为基准。如当地县(市、区)无海砂市场交易价格,可参照周边地区海砂市场交易价格。

六、关于涉案船舶、财物的处置

13.对涉案船舶,海警机构应当依法及时查封、扣押,扣押后一般由海警机构自行保管,特殊情况下,也可以交由船主或者船长暂时保管。

14.具有下列情形之一的,一般可以认定为《非法采矿解释》第十二条第二款规定的“用于犯罪的专门工具”,并依法予以没收:

(1)犯罪分子所有,并专门用于非法采挖海砂犯罪的工具;

(2)长期不作登记或者系“三无”船舶或者挂靠、登记在他人名下,但实为犯罪分子控制,并专门用于非法采挖海砂犯罪的工具;

(3)船舶、机具所有人明知犯罪分子专门用于非法采挖海砂违法犯罪而出租、出借船舶、机具,构成共同犯罪或者相关犯罪的。

15.具有下列情形之一的,一般可以认定为船舶所有人明知他人专门用于非法采挖海砂违法犯罪而出租、出借船舶,但是能够作出合理解释或者有相反证据的除外:

(1)未经有关部门批准,擅自将船舶改装为可用于采挖、运输海砂的船舶或者进行伪装的;

(2)同意或者默许犯罪分子将船舶改装为可用于采挖、运输海砂的船舶或者进行伪装的;

(3)曾因出租、出借船舶用于非法采挖、运输海砂受过行政处罚,又将船舶出租、出借给同一违法犯罪分子的;

(4)拒不提供真实的实际使用人信

息,或者提供虚假的实际使用人信息的;

(5)其他足以认定明知的情形。

16. 非法采挖、运输海砂犯罪分子为逃避专门用于犯罪的船舶被依法罚没,或者为逃避一年内曾因非法采挖、运输海砂受过行政处罚,又实施此类行为被追究刑事责任,而通过虚构买卖合同、口头协议等方式转让船舶所有权,但并未进行物权变动登记,也未实际支付船舶转让价款的,可以依法认定涉案船舶为"用于犯罪的专门工具"。

17. 涉案船舶的价值与涉案金额过于悬殊,且涉案船舶证件真实有效、权属明确、船证一致的,一般不予没收。实践中,应当综合行为的性质、情节、后果、社会危害程度及行为人认罪悔罪表现等因素,对涉案船舶依法处置。

18. 船主以非法运输海砂为业,明知是非法采挖海砂仍一年内多次实施非法运输海砂犯罪活动,构成共同犯罪或者相关犯罪的,涉案船舶可以认定为《非法采矿解释》第十二条第二款规定的"供犯罪所用的本人财物",并依法予以没收。

19. 海警机构对查扣的涉案海砂,在固定证据和留存样本后,经县级以上海警机构主要负责人批准,可以依法先行拍卖,并对拍卖进行全流程监管。拍卖所得价款暂予保管,诉讼终结后依法处理。

对于涉案船舶上采运砂机具等设施设备,海警机构在侦查过程中应当及时查封、扣押,人民法院原则上应当依法判决没收,或者交由相关主管部门予以拆除。

七、关于加强协作配合与监督制约

20. 案件发生后,犯罪嫌疑人、被告人从海上返回陆地的登陆地的海警机构、人民检察院、人民法院可以依法行使管辖权。"登陆地"既包括犯罪嫌疑人、被告人自行或者通过其他途径"主动登陆地",也包括被海警机构等执法部门押解返回陆地的"被动登陆地"。海警机构应当按照就近登陆、便利侦查的原则选择登陆地。

……

最高人民法院
关于充分发挥环境资源审判职能作用依法惩处盗采矿产资源犯罪的意见

(2022年7月1日,法发〔2022〕19号)

党的十八大以来,以习近平同志为核心的党中央把生态文明建设作为关系中华民族永续发展的根本大计,高度重视和持续推进环境资源保护工作。矿产资源是国家的宝贵财富,是人民群众生产、生活的物质基础,是山水林田湖草沙生命共同体的重要组成部分。盗采矿产资源犯罪不仅破坏国家矿产资源及其管理秩序,妨害矿业健康发展,也极易造成生态环境损害,引发安全事故。为充分发挥人民法院环境资源审判职能作用,依法惩处盗采矿产资源犯罪,切实维护矿产资源和生态环境安全,根据有关法律规定,制定本意见。

一、提高政治站位,准确把握依法惩处盗采矿产资源犯罪的根本要求(略)

二、正确适用法律,充分发挥依法惩处盗采矿产资源犯罪的职能作用

5. 严格依照刑法第三百四十三条及

《最高人民法院、最高人民检察院关于办理非法采矿、破坏性采矿刑事案件适用法律若干问题的解释》(以下简称《解释》)的规定,对盗采矿产资源行为定罪量刑。对犯罪分子主观恶性深、人身危险性大,犯罪情节恶劣、后果严重的,坚决依法从严惩处。

6. 正确理解和适用《解释》第二条、第四条第一款、第五条第一款规定,准确把握盗采矿产资源行为入罪的前提条件。对是否构成“未取得采矿许可证”情形,要在综合考量案件具体事实、情节的基础上依法认定。

7. 正确理解和适用《解释》第三条、第四条第二款、第五条第二款规定,对实施盗采矿产资源行为同时构成两种以上“情节严重”或者“情节特别严重”情形的,要综合考虑各情节,精准量刑。对在河道管理范围、海域实施盗采砂石行为的,要充分关注和考虑其危害堤防安全、航道畅通、通航安全或者造成岸线破坏等因素。

8. 充分关注和考虑实施盗采矿产资源行为对生态环境的影响,加强生态环境保护力度。对具有破坏生态环境情节但非依据生态环境损害严重程度确定法定刑幅度的,要酌情从重处罚。盗采行为人积极修复生态环境、赔偿损失的,可以依法从轻或者减轻处罚;符合《解释》第十条规定的,可以免予刑事处罚。

9. 正确理解和适用《解释》第十三条规定,准确把握矿产品价值认定规则。为获取非法利益而对矿产品进行加工、保管、运输的,其成本支出一般不从销赃数额中扣除。销赃数额与评估、鉴定的矿产品价值不一致的,要结合案件的具体事实、情节作出合理认定。

10. 依法用足用好罚金刑,提高盗采矿产资源犯罪成本,要综合考虑矿产品价值或者造成矿产资源破坏的价值、生态环境损害程度、社会影响等情节决定罚金数额。法律、行政法规对同类盗采矿产资源行为行政罚款标准有规定的,决定罚金数额时可以参照行政罚款标准。盗采行为人就同一事实已经支付了生态环境损害赔偿金、修复费用的,决定罚金数额时可予酌情考虑,但不能直接抵扣。

11. 准确理解和把握刑法第七十二条规定,依法正确适用缓刑。对盗采矿产资源犯罪分子具有“涉黑”“涉恶”或者属于“沙霸”“矿霸”,曾因非法采矿或者破坏性采矿受过刑事处罚,与国家工作人员相互勾结实施犯罪或者以行贿等非法手段逃避监管,毁灭、伪造、隐藏证据或者转移财产逃避责任,或者数罪并罚等情形的,要从严把握缓刑适用。依法宣告缓刑的,可以根据犯罪情况,同时禁止犯罪分子在缓刑考验期限内从事与开采矿产资源有关的特定活动。

12. 准确理解和把握法律关于共同犯罪的规定,对明知他人盗采矿产资源,而为其提供重要资金、工具、技术、单据、证明、手续等便利条件或者居间联络,结合全案证据可以认定为形成通谋的,以共同犯罪论处。

13. 正确理解和适用《解释》第十二条规定,加强涉案财物处置力度。对盗采矿产资源犯罪的违法所得及其收益,用于盗采矿产资源犯罪的专门工具和供犯罪所用的本人财物,坚决依法追缴、责令退赔或者没收。对在盗采、运输、销赃等环节使用的机械设备、车辆、船舶等大型工具,要综合考虑案件的具体事实、情节及工具的属性、权属等因素,依法妥善认定是否用于盗采矿产资源犯罪的专门工具。

14. 依法妥善审理国家规定的机关或者法律规定的组织提起的生态环境保护附带民事公益诉讼,综合考虑盗采行为人的刑事责任与民事责任。既要依法全面追责,又要关注盗采行为人的担责能力,保证裁判的有效执行。鼓励根据不同环境要素的修复需求,依法适用劳务代偿、补种复绿、替代修复等多种修复责任承担方式,以及代履行、公益信托等执行方式。支持各方依法达成调解协议,鼓励盗采行为人主动、及时承担民事责任。

三、坚持多措并举,健全完善有效惩治盗采矿产资源犯罪的制度机制(略)

最高人民法院
关于审理破坏森林资源刑事案件适用法律若干问题的解释

(2023年6月19日最高人民法院审判委员会第1891次会议通过,2023年8月13日公布,自2023年8月15日起施行,法释〔2023〕8号)

为依法惩治破坏森林资源犯罪,保护生态环境,根据《中华人民共和国刑法》、《中华人民共和国刑事诉讼法》、《中华人民共和国森林法》等法律的有关规定,现就审理此类刑事案件适用法律的若干问题解释如下:

第一条 违反土地管理法规,非法占用林地,改变被占用林地用途,具有下列情形之一的,应当认定为刑法第三百四十二条规定的造成林地"毁坏":

(一)在林地上实施建窑、建坟、建房、修路、硬化等工程建设的;

(二)在林地上实施采石、采砂、采土、采矿等活动的;

(三)在林地上排放污染物、堆放废弃物或者进行非林业生产、建设,造成林地被严重污染或者原有植被、林业生产条件被严重破坏的。

实施前款规定的行为,具有下列情形之一的,应当认定为刑法第三百四十二条规定的"数量较大,造成耕地、林地等农用地大量毁坏":

(一)非法占用并毁坏公益林地五亩以上的;

(二)非法占用并毁坏商品林地十亩以上的;

(三)非法占用并毁坏的公益林地、商品林地数量虽未分别达到第一项、第二项规定标准,但按相应比例折算合计达到有关标准的;

(四)二年内曾因非法占用农用地受过二次以上行政处罚,又非法占用林地,数量达到第一项至第三项规定标准一半以上的。

第二条 违反国家规定,非法采伐、毁坏列入《国家重点保护野生植物名录》的野生植物,或者非法收购、运输、加工、出售明知是非法采伐、毁坏的上述植物及其制品,具有下列情形之一的,应当依照刑法第三百四十四条的规定,以危害国家重点保护植物罪定罪处罚：

（一）危害国家一级保护野生植物一株以上或者立木蓄积一立方米以上的；

（二）危害国家二级保护野生植物二株以上或者立木蓄积二立方米以上的；

（三）危害国家重点保护野生植物，数量虽未分别达到第一项、第二项规定标准，但按相应比例折算合计达到有关标准的；

（四）涉案国家重点保护野生植物及其制品价值二万元以上的。

实施前款规定的行为，具有下列情形之一的，应当认定为刑法第三百四十四条规定的“情节严重”：

（一）危害国家一级保护野生植物五株以上或者立木蓄积五立方米以上的；

（二）危害国家二级保护野生植物十株以上或者立木蓄积十立方米以上的；

（三）危害国家重点保护野生植物，数量虽未分别达到第一项、第二项规定标准，但按相应比例折算合计达到有关标准的；

（四）涉案国家重点保护野生植物及其制品价值二十万元以上的；

（五）其他情节严重的情形。

违反国家规定，非法采伐、毁坏古树名木，或者非法收购、运输、加工、出售明知是非法采伐、毁坏的古树名木及其制品，涉案树木未列入《国家重点保护野生植物名录》的，根据涉案树木的树种、树龄以及历史、文化价值等因素，综合评估社会危害性，依法定罪处罚。

第三条 以非法占有为目的，具有下列情形之一的，应当认定为刑法第三百四十五条第一款规定的“盗伐森林或者其他林木”：

（一）未取得采伐许可证，擅自采伐国家、集体或者他人所有的林木的；

（二）违反森林法第五十六条第三款的规定，擅自采伐国家、集体或者他人所有的林木的；

（三）在采伐许可证规定的地点以外采伐国家、集体或者他人所有的林木的。

不以非法占有为目的，违反森林法的规定，进行开垦、采石、采砂、采土或者其他活动，造成国家、集体或者他人所有的林木毁坏，符合刑法第二百七十五条规定的，以故意毁坏财物罪定罪处罚。

第四条 盗伐森林或者其他林木，涉案林木具有下列情形之一的，应当认定为刑法第三百四十五条第一款规定的“数量较大”：

（一）立木蓄积五立方米以上的；

（二）幼树二百株以上的；

（三）数量虽未分别达到第一项、第二项规定标准，但按相应比例折算合计达到有关标准的；

（四）价值二万元以上的。

实施前款规定的行为，达到第一项至第四项规定标准十倍、五十倍以上的，应当分别认定为刑法第三百四十五条第一款规定的“数量巨大”、“数量特别巨大”。

实施盗伐林木的行为，所涉林木系风倒、火烧、水毁或者林业有害生物等自然原因死亡或者严重毁损的，在决定应否追究刑事责任和裁量刑罚时，应当从严把握；情节显著轻微危害不大的，不作为犯罪处理。

第五条 具有下列情形之一的，应当认定为刑法第三百四十五条第二款规定

的“滥伐森林或者其他林木”:

(一)未取得采伐许可证,或者违反采伐许可证规定的时间、地点、数量、树种、方式,任意采伐本单位或者本人所有的林木的;

(二)违反森林法第五十六条第三款的规定,任意采伐本单位或者本人所有的林木的;

(三)在采伐许可证规定的地点,超过规定的数量采伐国家、集体或者他人所有的林木的。

林木权属存在争议,一方未取得采伐许可证擅自砍伐的,以滥伐林木论处。

第六条 滥伐森林或者其他林木,涉案林木具有下列情形之一的,应当认定为刑法第三百四十五条第二款规定的“数量较大”:

(一)立木蓄积二十立方米以上的;

(二)幼树一千株以上的;

(三)数量虽未分别达到第一项、第二项规定标准,但按相应比例折算合计达到有关标准的;

(四)价值五万元以上的。

实施前款规定的行为,达到第一项至第四项规定标准五倍以上的,应当认定为刑法第三百四十五条第二款规定的“数量巨大”。

实施滥伐林木的行为,所涉林木系风倒、火烧、水毁或者林业有害生物等自然原因死亡或者严重毁损的,一般不以犯罪论处;确有必要追究刑事责任的,应当从宽处理。

第七条 认定刑法第三百四十五条第三款规定的“明知是盗伐、滥伐的林木”,应当根据涉案林木的销售价格、来源以及收购、运输行为违反有关规定等情节,结合行为人的职业要求、经历经验、前科情况等作出综合判断。

具有下列情形之一的,可以认定行为人明知是盗伐、滥伐的林木,但有相反证据或者能够作出合理解释的除外:

(一)收购明显低于市场价格出售的林木的;

(二)木材经营加工企业伪造、涂改产品或者原料出入库台账的;

(三)交易方式明显不符合正常习惯的;

(四)逃避、抗拒执法检查的;

(五)其他足以认定行为人明知的情形。

第八条 非法收购、运输明知是盗伐、滥伐的林木,具有下列情形之一的,应当认定为刑法第三百四十五条第三款规定的“情节严重”:

(一)涉案林木立木蓄积二十立方米以上的;

(二)涉案幼树一千株以上的;

(三)涉案林木数量虽未分别达到第一项、第二项规定标准,但按相应比例折算合计达到有关标准的;

(四)涉案林木价值五万元以上的;

(五)其他情节严重的情形。

实施前款规定的行为,达到第一项至第四项规定标准五倍以上或者具有其他特别严重情节的,应当认定为刑法第三百四十五条第三款规定的“情节特别严重”。

第九条 多次实施本解释规定的行为,未经处理,且依法应当追诉的,数量、数额累计计算。

第十条 伪造、变造、买卖采伐许可证,森林、林地、林木权属证书以及占用或者征用林地审核同意书等国家机关批准的林业证件、文件构成犯罪的,依照刑法第二百八十条第一款的规定,以伪造、变造、买卖国家机关公文、证件罪定罪处罚。

买卖允许进出口证明书等经营许可证明,同时构成刑法第二百二十五条、第二百八十条规定之罪的,依照处罚较重的规定定罪处罚。

第十一条 下列行为,符合刑法第二百六十四条规定的,以盗窃罪定罪处罚:

(一)盗窃国家、集体或者他人所有并已经伐倒的树木的;

(二)偷砍他人在自留地或者房前屋后种植的零星树木的。

非法实施采种、采脂、掘根、剥树皮等行为,符合刑法第二百六十四条规定的,以盗窃罪论处。在决定应否追究刑事责任和裁量刑罚时,应当综合考虑对涉案林木资源的损害程度以及行为人获利数额、行为动机、前科情况等情节;认为情节显著轻微危害不大的,不作为犯罪处理。

第十二条 实施破坏森林资源犯罪,具有下列情形之一的,从重处罚:

(一)造成林地或者其他农用地基本功能丧失或者遭受永久性破坏的;

(二)非法占用自然保护地核心保护区内的林地或者其他农用地的;

(三)非法采伐国家公园、国家级自然保护区内的林木的;

(四)暴力抗拒、阻碍国家机关工作人员依法执行职务,尚不构成妨害公务罪、袭警罪的;

(五)经行政主管部门责令停止违法行为后,继续实施相关行为的。

实施本解释规定的破坏森林资源行为,行为人系初犯,认罪认罚,积极通过补种树木、恢复植被和林业生产条件等方式修复生态环境,综合考虑涉案林地的类型、数量、生态区位或者涉案植物的种类、数量、价值,以及行为人获利数额、行为手段等因素,认为犯罪情节轻微的,可以免予刑事处罚;认为情节显著轻微危害不大的,不作为犯罪处理。

第十三条 单位犯刑法第三百四十二条、第三百四十四条、第三百四十五条规定之罪的,依照本解释规定的相应自然人犯罪的定罪量刑标准,对直接负责的主管人员和其他直接责任人员定罪处罚,并对单位判处罚金。

第十四条 针对国家、集体或者他人所有的国家重点保护植物和其他林木实施犯罪的违法所得及其收益,应当依法追缴或者责令退赔。

第十五条 组织他人实施本解释规定的破坏森林资源犯罪的,应当按照其组织实施的全部罪行处罚。

对于受雇佣为破坏森林资源犯罪提供劳务的人员,除参与利润分成或者领取高额固定工资的以外,一般不以犯罪论处,但曾因破坏森林资源受过处罚的除外。

第十六条 对于实施本解释规定的相关行为未被追究刑事责任的行为人,依法应当给予行政处罚、政务处分或者其他处分的,移送有关主管机关处理。

第十七条 涉案国家重点保护植物或者其他林木的价值,可以根据销赃数额认定;无销赃数额,销赃数额难以查证,或者根据销赃数额认定明显不合理的,根据市场价格认定。

第十八条　对于涉案农用地类型、面积,国家重点保护植物或者其他林木的种类、立木蓄积、株数、价值,以及涉案行为对森林资源的损害程度等问题,可以由林业主管部门、侦查机关依据现场勘验、检查笔录等出具认定意见;难以确定的,依据鉴定机构出具的鉴定意见或者下列机构出具的报告,结合其他证据作出认定:

(一)价格认证机构出具的报告;

(二)国务院林业主管部门指定的机构出具的报告;

(三)地、市级以上人民政府林业主管部门出具的报告。

第十九条　本解释所称"立木蓄积"的计算方法为:原木材积除以该树种的出材率。

本解释所称"幼树",是指胸径五厘米以下的树木。

滥伐林木的数量,应当在伐区调查设计允许的误差额以上计算。

第二十条　本解释自2023年8月15日起施行。本解释施行后,《最高人民法院关于滥伐自己所有权的林木其林木应如何处理的问题的批复》(法复〔1993〕5号)、《最高人民法院关于审理破坏森林资源刑事案件具体应用法律若干问题的解释》(法释〔2000〕36号)、《最高人民法院关于在林木采伐许可证规定的地点以外采伐本单位或者本人所有的森林或者其他林木的行为如何适用法律问题的批复》(法释〔2004〕3号)、《最高人民法院关于审理破坏林地资源刑事案件具体应用法律若干问题的解释》(法释〔2005〕15号)同时废止;之前发布的司法解释与本解释不一致的,以本解释为准。

最高人民法院、最高人民检察院关于适用《中华人民共和国刑法》第三百四十四条有关问题的批复

(2019年11月19日最高人民法院审判委员会第1783次会议、2020年1月13日最高人民检察院第十三届检察委员会第32次会议通过,2020年3月19日公布,自2020年3月21日起施行,法释〔2020〕2号)

各省、自治区、直辖市高级人民法院、人民检察院,解放军军事法院、军事检察院,新疆维吾尔自治区高级人民法院生产建设兵团分院、新疆生产建设兵团人民检察院:

近来,部分省、自治区、直辖市高级人民法院、人民检察院请示适用刑法第三百四十四条的有关问题。经研究,批复如下:

一、古树名木以及列入《国家重点保护野生植物名录》的野生植物,属于刑法第三百四十四条规定的"珍贵树木或者国家重点保护的其他植物"。

二、根据《中华人民共和国野生植物保护条例》的规定,野生植物限于原生地天然生长的植物。人工培育的植物,除古树名木外,不属于刑法第三百四十四条规定的"珍贵树木或者国家重点保护的其他植物"。非法采伐、毁坏或者非法收购、运输人工培育的植物(古树名木除外),构成盗伐林木罪、滥伐林木罪、非法收购、运输盗伐、滥伐的林木罪等犯罪的,

依照相关规定追究刑事责任。

三、对于非法移栽珍贵树木或者国家重点保护的其他植物，依法应当追究刑事责任的，依照刑法第三百四十四条的规定，以非法采伐国家重点保护植物罪定罪处罚。

鉴于移栽在社会危害程度上与砍伐存在一定差异，对非法移栽珍贵树木或者国家重点保护的其他植物的行为，在认定是否构成犯罪以及裁量刑罚时，应当考虑植物的珍贵程度、移栽目的、移栽手段、移栽数量、对生态环境的损害程度等情节，综合评估社会危害性，确保罪责刑相适应。

四、本批复自2020年3月21日起施行，之前发布的司法解释与本批复不一致的，以本批复为准。

最高人民法院
关于盗伐、滥伐幼竹或竹笋行为定罪量刑的数量标准如何确定问题的答复

（1996年9月11日，法明传〔1996〕365号）

安徽省高级人民法院：

你院皖高法(1996)135号《关于对盗伐、滥伐幼竹或竹笋能否比照幼树数额起点标准定罪的请示》已收悉。经研究，现答复如下：

根据最高人民法院、最高人民检察院1987年9月5日《关于办理盗伐、滥伐林木案件应用法律的几个问题的解释》第十一条规定的精神，对盗伐、滥伐幼竹或非食用性竹笋的定罪量刑的数量，可以参考盗伐、滥伐幼树的定罪量刑的数量标准。

最高人民法院研究室
关于对《关于非法运输盗伐滥伐林木罪定罪量刑标准的请示》的答复

（2007年12月12日，法研〔2007〕144号）

国家林业局森林公安局：

你局林公刑〔2007〕58号《关于非法运输盗伐滥伐林木罪定罪量刑标准的请示》收悉。经研究，同意你局来函中所提意见，即：对于非法运输盗伐、滥伐的林木的行为，应当适用《最高人民法院关于审理破坏森林资源刑事案件具体应用法律若干问题的解释》（已废止）第十一条规定的非法收购盗伐、滥伐林木罪的定罪量刑标准执行。

走私、贩卖、运输、制造毒品罪

全国法院毒品案件审判工作会议纪要

（2023年6月26日，法〔2023〕108号）

为全面贯彻落实党的二十大精神，深入学习贯彻习近平总书记对政法工作重

要指示精神和中央政法工作会议精神,认真落实习近平总书记关于禁毒工作重要指示精神和党中央禁毒决策部署,进一步加强毒品案件审判工作,推进新时代新征程人民法院禁毒工作持续高质量发展,最高人民法院于2023年2月16日在云南省昆明市召开了全国法院毒品案件审判工作会议。参加会议的有各省、自治区、直辖市高级人民法院、解放军军事法院和新疆维吾尔自治区高级人民法院生产建设兵团分院主管刑事审判工作的副院长等。最高人民法院党组成员、副院长高憬宏、杨万明、沈亮、李勇出席会议,高憬宏、杨万明讲话。

会议深入学习了习近平总书记关于禁毒工作重要指示精神,总结了党的十八大以来人民法院禁毒工作取得的成绩,分析了当前我国毒品犯罪的总体形势和主要特点,研究了毒品案件审判工作面临的突出问题,明确了推进人民法院禁毒工作持续高质量发展的各项举措,并对当前和今后一段时期人民法院禁毒工作作出部署。

会议认为,最高人民法院2008年印发的《全国部分法院审理毒品犯罪案件工作座谈会纪要》(以下简称《大连会议纪要》)和2015年印发的《全国法院毒品犯罪审判工作座谈会纪要》(以下简称《武汉会议纪要》),较好地解决了毒品案件审判中存在的一些突出法律适用问题,在一定时期内发挥了重要指导作用。随着毒品犯罪形势不断发展变化,审判实践中出现了一些新情况新问题,需要及时应对、有效解决。与会代表对《大连会议纪要》和《武汉会议纪要》的内容进行了系统总结,对以上两个纪要没有作出规定或者规定不尽完善的突出问题进行了认真讨论,达成了共识。现纪要如下。

一、总体要求(略)

二、罪名认定问题

(一)关于走私、贩卖、运输、制造、非法持有毒品行为

刑法第三百四十七条规定的走私、贩卖、运输、制造毒品罪是选择性罪名,确定罪名时不以行为实施的先后、毒品数量或者危害大小排列,一律按照刑法条文规定的顺序表述。对同一宗毒品实施了不同种犯罪行为且有确凿证据证明的,应当按照犯罪行为的性质并列确定罪名,毒品数量不重复计算,不实行数罪并罚。对同一宗毒品可能实施了不同种犯罪行为,但根据证据只能认定其中一种或者几种行为,认定其他行为的证据不属确实、充分的,则按照依法能够认定的行为性质定罪。对不同宗毒品分别实施了不同种犯罪行为的,应对不同行为并列确定罪名,累计毒品数量,不实行数罪并罚。

检察机关起诉指控或者原审法院判决确定的选择性罪名不准确或顺序不当的,审理法院可以减少部分罪名或者改动罪名顺序;检察机关指控了相关犯罪事实,但未适用相应选择性罪名的,在充分听取控辩双方意见的基础上,可以根据审理认定的事实,增加或者变更为相应选择性罪名,但上诉案件不得加重刑罚或者对刑罚执行产生不利于被告人的影响。

对于从贩毒人员住所、车辆等处查获的毒品,一般应认定为其贩卖的毒品。确有证据证明查获的毒品并非贩毒人员用

于贩卖,其行为另构成非法持有毒品罪、窝藏毒品罪等其他犯罪的,依法定罪处罚。

用毒品支付劳务报酬、偿还债务或者换取其他财产性利益的,以贩卖毒品罪定罪处罚。用毒品向他人换取毒品用于贩卖的,以贩卖毒品罪定罪处罚;双方以吸食为目的互换毒品,构成非法持有毒品罪等其他犯罪的,依法定罪处罚。

吸毒者因购买、存储毒品被查获,没有证据证明其有实施贩卖毒品等其他犯罪的故意,毒品数量达到刑法第三百四十八条规定的最低数量标准的,以非法持有毒品罪定罪处罚。吸毒者因运输毒品被查获,没有证据证明其有实施贩卖毒品等其他犯罪的故意,毒品数量达到上述最低数量标准的,一般以运输毒品罪定罪处罚。

购毒者接收贩毒者通过物流寄递方式交付的毒品,没有证据证明其有实施贩卖毒品等其他犯罪的故意,毒品数量达到刑法第三百四十八条规定的最低数量标准的,一般以非法持有毒品罪定罪处罚。代收者明知物流寄递的是毒品而代购毒者接收,没有证据证明其与购毒者有实施贩卖毒品等其他犯罪的共同故意,毒品数量达到上述最低数量标准的,对代收者一般以非法持有毒品罪定罪处罚。

制造毒品,除传统、典型的非法利用毒品原植物直接提炼和用化学方法加工、配制毒品的行为以外,还包括以改变毒品的成分和效用为目的用物理方法加工、配制毒品的行为。为欺骗购毒者或者逃避查缉等,对毒品掺杂使假,通过物理方法使毒品溶解、混合、吸附于某种物质,或者以自用为目的对少量毒品添加其他物质、改变形态的,不认定为制造毒品。

(二)关于代购毒品行为

明知他人实施毒品犯罪而为其代购毒品,未从中牟利的,以相关毒品犯罪的共犯论处。

代购者加价或者变相加价从中牟利的,以贩卖毒品罪定罪处罚。代购者收取、私自截留部分购毒款、毒品,或者通过在交通、食宿等开销外收取"介绍费""劳务费"等方式从中牟利的,属于变相加价。代购者从托购者事先联系的贩毒者处,为托购者购买仅用于吸食的毒品,并收取、私自截留少量毒品供自己吸食的,一般不以贩卖毒品罪论处。

没有证据证明代购者明知他人实施毒品犯罪而为其代购毒品,代购者亦未从中牟利,代购毒品数量达到刑法第三百四十八条规定的最低数量标准,代购者因购买、存储毒品被查获的,以非法持有毒品罪定罪处罚;因运输毒品被查获的,一般以运输毒品罪定罪处罚。

对于辩称系代购毒品者,应当全面审查其所辩称的托购者、贩毒者身份、购毒目的、毒品价格及其实际获利等情况,综合判断其行为是否属于代购,并依照前述规定处理。向购毒者收取毒资并提供毒品,但购毒者无明确的托购意思表示,又没有其他证据证明存在代购行为的,一般以贩卖毒品罪定罪处罚。

(三)关于涉麻醉药品、精神药品行为

走私、贩卖、运输、制造国家规定管制的、没有医疗等合法用途的麻醉药品、精神药品的,一般以走私、贩卖、运输、制造毒品罪定罪处罚。

确有证据证明出于治疗疾病等相关目的,违反药品管理法规,未取得药品相关批准证明文件,生产国家规定管制的麻醉药品、精神药品,进口在境外也未合法上市的国家规定管制的麻醉药品、精神药品,或者明知是上述未经批准生产、进口的国家规定管制的麻醉药品、精神药品而予以销售,构成妨害药品管理罪的,依法定罪处罚。

明知是走私、贩卖毒品的犯罪分子或者吸毒人员,而向其贩卖国家规定管制的、具有医疗等合法用途的麻醉药品、精神药品的,以贩卖毒品罪定罪处罚。依法从事生产、运输、管理、使用国家规定管制的麻醉药品、精神药品的人员,实施刑法第三百五十五条规定的行为的,区分不同情形,分别以非法提供麻醉药品、精神药品罪或者贩卖毒品罪定罪处罚。

确有证据证明出于治疗疾病等相关目的,违反有关药品管理的国家规定,未经许可经营国家规定管制的、具有医疗等合法用途的麻醉药品、精神药品的,不以毒品犯罪论处;情节严重,构成其他犯罪的,依法处理。实施带有自救、互助性质的上述行为,一般可不作为犯罪处理;确须追究刑事责任的,应依法充分体现从宽。

因治疗疾病需要,在自用、合理数量范围内携带、寄递国家规定管制的、具有医疗等合法用途的麻醉药品、精神药品进出境的,不构成犯罪。

明知他人利用麻醉药品、精神药品实施抢劫、强奸等犯罪仍向其贩卖,同时构成贩卖毒品罪和抢劫罪、强奸罪等犯罪的,依照处罚较重的规定定罪处罚。案件存在其他情形,符合数罪并罚条件的,依法定罪处罚。

(四)关于其他涉毒行为

利用信息网络,设立用于实施贩卖毒品,非法买卖制毒物品,引诱、教唆、欺骗他人吸毒或者传授制造毒品、非法生产制毒物品的方法等违法犯罪活动的网站、通讯群组,或者发布实施上述违法犯罪活动的信息,情节严重的,以非法利用信息网络罪定罪处罚。实施上述行为,同时构成贩卖毒品罪、非法买卖制毒物品罪、引诱、教唆、欺骗他人吸毒罪、传授犯罪方法罪等犯罪的,依照处罚较重的规定定罪处罚。利用信息网络,组织他人吸毒,构成引诱、教唆、欺骗他人吸毒罪等犯罪的,依法定罪处罚。

盗窃、抢夺或者抢劫毒品,构成盗窃罪、抢夺罪或者抢劫罪的,根据情节轻重依法量刑。盗窃、抢夺或者抢劫毒品后实施贩卖毒品等毒品犯罪的,依法数罪并罚。

不以提炼毒品或者非法买卖为目的,种植罂粟、大麻等毒品原植物,构成非法种植毒品原植物罪的,可以酌情从宽处罚;犯罪情节轻微不需要判处刑罚的,可以免予刑事处罚。

三、毒品数量、含量问题

走私、贩卖、运输、制造、非法持有刑法、司法解释明确规定了定罪量刑数量标准的毒品的,按照相关标准依法定罪量刑。对于刑法、司法解释未规定定罪量刑数量标准的毒品,参考已有折算标准,综合考虑其毒害性、滥用情况、受管制程度、纯度及犯罪形势、交易价格等因素,依法定罪量刑。涉案毒品既无定罪量刑数量标准,亦无折算标准的,应当委托有关专业机构确定涉案毒品的致瘾癖性、毒害性、纯度等,综合考虑其滥用情况、受管制程度及犯罪形势、交易价格等因素,依法定罪量刑。

走私、贩卖、运输、制造、非法持有两种以上毒品,刑法、司法解释明确规定了定罪量刑数量标准的,可以根据现有定罪量刑数量标准,将不同种类的毒品分别折算为海洛因的数量,以折算后累加的毒品总量作为定罪量刑的根据,但在裁判文书中,应当客观表述涉案毒品的种类和数量,不表述折算的毒品数量;刑法、司法解释未规定定罪量刑数量标准的,参照前述规定,综合考虑相关因素,依法定罪量刑。

根据现有证据能够认定被告人实施了毒品犯罪,但未查获毒品实物的,应当根据在案证据依法认定毒品数量。有确实、充分的证据证实毒品交易金额和单价的,可以据此认定毒品数量。制造毒品的,不应单纯根据制毒原料制成毒品率估算毒品数量。无法根据现有证据认定涉案毒品具体数量的,可以在事实部分客观表述毒品交易的金额、次数或者制毒原料的数量等,表明其实施毒品犯罪的情节、危害。对于未查获实物的甲基苯丙胺片剂(俗称"麻古"等,下同)、MDMA 片剂(俗称"摇头丸")等混合型毒品,可以根据在案证据证明的毒品粒数,参考相关案件中查获的同类毒品的一般重量计算毒品数量;在裁判文书中,则只客观表述根据在案证据认定的毒品粒数。

对于有吸毒情节的贩毒人员,一般应当按照其购买的毒品数量认定其贩毒数量,量刑时酌情考虑其吸食毒品的情节;购买的毒品数量无法查明的,按照能够证明的贩卖数量及查获的毒品数量认定其贩毒数量;确有证据证明其购买的部分毒品并非用于贩卖的,不计入其贩毒数量。

除司法解释另有规定或者为了逃避查缉等临时改变毒品常规形态的情形外,一般均应将查证属实的毒品数量认定为毒品犯罪的数量,并据此确定适用的法定刑幅度。涉案毒品纯度明显低于同类毒品的正常纯度的,量刑时可酌情考虑。

毒品成品、半成品的数量应当全部认定为制造毒品的数量,废液、废料不计入制造毒品的数量。制毒废液、废料的认定,可以根据其残存毒品成分的含量、外观形态、存放的容器和位置,结合被告人对制毒过程、查获毒品疑似物性质的供述和辩解等证据进行分析判断,必要时可以听取专业机构意见。

对于查获的相关毒品,未根据《最高人民法院、最高人民检察院、公安部办理毒品犯罪案件毒品提取、扣押、称量、取样和送检程序若干问题的规定》第三十三条进行鉴定的,应当要求公安机关委托鉴定机构进行含量鉴定。

对于含有两种以上毒品成分的混合型毒品,应当根据相关成分和含量鉴定,确定其所含不同毒品的成分及比例,并根据主要毒品成分和具体形态认定毒品种类、确定名称。混合型毒品中含有海洛因或者甲基苯丙胺(冰毒,下同)成分的,一般以海洛因或者甲基苯丙胺分别认定毒品种类;不含海洛因、甲基苯丙胺成分,或者海洛因、甲基苯丙胺含量极低的,可以根据混合型毒品中其他定罪量刑数量标准较低且含量较高的毒品成分认定毒品种类,并在量刑时综合考虑其他毒品的成分、含量和全案毒品数量。

四、共同犯罪问题

(一)一般规定

对于毒品共同犯罪,根据现有证据能够区分主从犯的,应当依法认定,不能因为涉案毒品数量巨大,就不加区分一律将在案被告人认定为主犯,或者实际上都按主犯处罚。部分涉案人员未到案,根据现有证据能够认定系共同犯罪,或者能够认定在案被告人系共同犯罪中的主犯的,应当依法认定。确有证据证明在案被告人起次要或者辅助作用的,不能因为部分共同犯罪人未到案而不认定为从犯,甚至认定为主犯或者实际上按主犯处罚。

区分毒品共同犯罪中的主犯和从犯,应当从犯意提起、具体分工、出资或者占有毒品的比例、约定或者实际分得毒赃的多少及共犯之间的相互关系等方面,准确认定共同犯罪人的地位和作用。为主出资者、毒品所有者或者起意、策划、纠集、组织、指使、雇用他人参与犯罪等起主要作用的,是主犯;起次要或者辅助作用的,是从犯。受指使、雇用实施毒品犯罪的,应当根据其在共同犯罪中具体发挥的作用准确认定为主犯或者从犯。对于在共同犯罪中起次要或者辅助作用的被告人,不能因其具有累犯、毒品再犯等从重处罚情节,而认定为主犯或者实际上按主犯处罚。

应当准确认定共同犯罪人的涉案毒品数量,并非对所有共同犯罪人均按照涉案毒品的总数量认定处罚。对毒品犯罪集团的首要分子,应当按照集团毒品犯罪的总数量认定处罚。对一般共同犯罪的主犯,应当按照其所参与的或者组织、指挥的毒品犯罪的数量认定处罚。对从犯,应当按照其所参与的毒品犯罪的数量认定处罚。

毒品共同犯罪中有多个主犯的,应当在全面考察各主犯实际发挥作用的差别、具体犯罪情节、危害后果的差异及主观恶性、人身危险性不同的基础上,对其中罪行更为严重者依法判处更重的刑罚。

对于从犯的处罚,不同的毒品案件不能简单类比。本案从犯的涉案毒品数量可能大于他案主犯,但对本案从犯的处罚并非必然重于他案主犯。依法认定为从犯的,无论主犯是否到案,也无论其涉案毒品数量是否大于他案主犯,均应依法从轻、减轻或者免除处罚。

(二)关于居间介绍买卖毒品

对于居间介绍买卖毒品行为,应当准确认定,并与居中倒卖毒品行为相区别。居间介绍者在毒品交易中处于中间人地位,发挥介绍联络作用,通常与交易一方构成共同犯罪,但不以牟利为要件。受购毒者或者贩毒者委托,为其提供交易信息、介绍交易对象、居中协调交易数量、价格,或者提供其他帮助,促成毒品交易的,属于居间介绍买卖毒品。居中倒卖者则属于毒品交易主体,与前后环节的交易对象是上下家关系,直接与上家、下家联系,自主决定交易毒品的数量、价格并赚取差价。

受贩毒者委托,为其居间介绍贩卖毒品的,与贩毒者构成贩卖毒品共同犯罪。明知购毒者以贩卖为目的购买毒品,受委托为其介绍联络贩毒者的,与购毒者构成贩卖毒品共同犯罪。受以吸食为目的的购毒者委托,为其提供购毒信息或者介绍认识贩毒者,毒品数量达到刑法第三百四十八条规定的最低数量标准的,一般与购毒者构成非法持有毒品共同犯罪;同时与贩毒者、购毒者共谋,联络促成双方交易的,与贩毒者构成贩卖毒品共同犯罪。

居间介绍者实施帮助行为,对促成毒品交易起次要或者辅助作用,一般应当认定为从犯。以居间介绍者的身份介入毒品交易,但在交易中实际已超出居间介绍者的地位,对交易的发起和达成起重要作用的,可以认定为主犯。

(三)关于运输毒品共同犯罪

二人以上同行运输毒品的,应当从是否明知他人带有毒品、有无共同运输毒品的犯意联络、有无实施配合、掩护他人运输毒品的行为等方面,综合审查认定是否构成共同犯罪。

受雇于同一雇主同行运输毒品,但受雇者之间没有共同犯罪故意,或者虽然明知他人受雇运输毒品,但各自的运输行为相对独立,既未实施配合、掩护他人运输毒品的行为,又分别按照各自运输的毒品数量获取报酬的,不认定为共同犯罪,受雇者对各自运输的毒品承担刑事责任。受雇于同一雇主分段运输同一宗毒品,但受雇者之间没有共谋的,也不认定为共同犯罪。雇用他人运输毒品的雇主,以及其他对受雇者起到一定组织、指挥作用的人员,与各受雇者分别构成运输毒品共同犯罪,对运输的全部毒品承担刑事责任。

五、死刑适用问题

要毫不动摇地坚持依法从严惩处毒品犯罪的方针,突出打击重点,依法严惩走私、制造和大宗贩卖毒品等源头性犯罪,依法严惩毒品犯罪集团首要分子、职业毒犯、累犯、毒品再犯等犯罪分子,依法严惩具有武装掩护毒品犯罪、以暴力抗拒查缉情节严重、参与有组织的国际贩毒活动等严重情节的犯罪分子,对其中罪行极其严重、依法应当判处死刑的,坚决依法判处,充分发挥死刑对于预防和惩治毒品犯罪的重要作用。同时,应当全面、准确地贯彻宽严相济刑事政策,体现区别对待,做到罚当其罪,综合考虑毒品数量、犯罪性质、情节、危害后果及被告人的主观恶性、人身危险性等因素,严格审慎地决定死刑适用,确保死刑只适用于极少数罪行极其严重的犯罪分子。

(一)一般规定

毒品数量是量刑的重要情节,但不是唯一情节。在对被告人决定死刑适用时,应当坚持"毒品数量+其他情节"的标准,不能仅因涉案毒品数量远超过实际掌握的死刑适用数量标准,就不加区分地判处一案多名被告人死刑,还应充分考虑不同被告人的不同犯罪情节。

毒品数量接近实际掌握的死刑适用数量标准,具有累犯,毒品再犯,利用、教唆未成年人走私、贩卖、运输、制造毒品,或者向未成年人出售毒品等法定从重处罚情节的,可以判处被告人死刑。

毒品数量刚超过实际掌握的死刑适用数量标准,具有多次走私、贩卖、运输、制造毒品,向多人贩卖毒品,在戒毒、监管场所贩卖毒品,向在校学生贩卖毒品,组织、利用残疾人等特定人员实施毒品犯罪,或者国家工作人员利用职务便利实施毒品犯罪等情节的,可以判处被告人死刑。

毒品数量达到实际掌握的死刑适用数量标准,具有下列情形之一的,可以不判处被告人死刑:(1)被告人自首或者立功的;(2)已查明的毒品数量未达到实际掌握的死刑适用数量标准,被告人到案后坦白司法机关尚未掌握的其他毒品犯罪,累计数量达到实际掌握的死刑适用数量标准的;(3)经鉴定,毒品纯度明显低于同类毒品正常纯度,掺杂掺假后数量达到实际掌握的死刑适用数量标准,或者有证据表明毒品纯度明显偏低但因客观原因无法鉴定的;(4)原本意图实施的毒品犯罪数量未达到实际掌握的死刑适用数量标准,确系或者不排除因受隐匿身份人员引诱,毒品数量达到实际掌握的死刑适用数量标准的;(5)其他不是必须判处死刑的。

毒品数量达到实际掌握的死刑适用数量标准,同时具有法定、酌定从严和从宽处罚情节的,应当在全面考察犯罪的事实、性质、情节和对社会危害程度的基础上,结合被告人的主观恶性、人身危险性等因素,审慎决定是否适用死刑。

审理毒品死刑案件,应当严格贯彻证据裁判原则,始终坚持证据审查判断认定的最高标准和最严要求,确保办案质量。全案未查获毒品的,一般不判处被告人死刑。主要犯罪事实中未查获毒品的,判处被告人死刑应当特别慎重。

(二)关于毒品共同犯罪的死刑适用

毒品共同犯罪案件的死刑适用,应当与涉案毒品数量、犯罪情节、社会危害性及被告人的主观恶性、人身危险性相适应。

涉案毒品数量超过实际掌握的死刑适用数量标准,但未达到数量巨大,依法应当判处死刑的,要进一步区分主犯间的罪责大小,一般只对其中罪责最大的一名主犯判处死刑。涉案毒品数量达到巨大以上,两名以上主犯的罪责均很突出,或者罪责稍小的主犯具有法定从重处罚情节,判处二人以上死刑符合罪刑相适应原则,并利于实现全案量刑平衡的,可以依法判处。涉案毒品数量刚超过实际掌握的死刑适用数量标准,共同犯罪人地位和作用相当或者责任大小难以区分,且均不具有法定从重处罚情节的,可以不判处被告人死刑。

对于部分共同犯罪人未到案的毒品案件,在案被告人罪行最为严重,或者在案被告人与未到案共同犯罪人均属罪行极其严重,即使共同犯罪人到案也不影响对在案被告人适用死刑的,可以依法判处在案被告人死刑。在案被告人的罪行不足以判处死刑,或者根据已查明的事实全案只宜判处未到案共同犯罪人死刑的,不能因为共同犯罪人未到案而对在案被告人适用死刑。在案被告人与未到案共同犯罪人的罪责大小难以准确认定,进而影响准确适用死刑的,不应对在案被告人判处死刑。

(三)关于毒品上下家犯罪的死刑适用

对于贩卖毒品的上下家,应当结合其贩毒数量、次数及对象范围,犯罪的主动性,对促成交易所发挥的作用,犯罪后果等因素,综合考虑其主观恶性和人身危险性,决定是否适用死刑。

对于买卖同宗毒品的上下家,涉案毒

品数量超过实际掌握的死刑适用数量标准，但未达到数量巨大的，一般不同时判处死刑；上家持毒待售或者已掌握毒品来源，主动联络销售毒品，积极促成毒品交易的，可以考虑判处上家死刑；下家积极筹资，主动向上家约购毒品，对促成毒品交易起更大作用的，可以考虑判处下家死刑。涉案毒品数量达到巨大以上的，也应综合考量上述因素决定死刑适用，同时判处上下家死刑符合罪刑相适应原则，并利于实现全案量刑平衡的，可以依法判处。

多名共同犯罪人、上下家针对同宗或者部分同宗毒品实施犯罪的，综合运用前述毒品共同犯罪、上下家犯罪的死刑适用原则予以处理。

（四）关于运输毒品犯罪的死刑适用

对于运输毒品犯罪，应当准确把握打击重点。依法严惩运输毒品犯罪集团首要分子，组织、指使、雇用他人运输毒品的主犯或者职业毒犯、毒品再犯，以及具有武装掩护运输毒品、以暴力抗拒查缉情节严重、以运输毒品为业、多次运输毒品等严重情节的被告人，对其中依法应当判处死刑的，坚决依法判处。

对于涉嫌为实施走私、贩卖、制造毒品犯罪而运输毒品，由于认定走私、贩卖、制造毒品犯罪的证据不充分而认定为运输毒品犯罪的被告人，在决定死刑适用时，应当与单纯受指使、雇用为他人运输毒品的情形有所区别。

对于受人指使、雇用运输毒品的被告人，应当充分考虑其在毒品犯罪链条中所处的地位和实际发挥的作用，体现区别对待，不能单纯根据涉案毒品数量大小或者所获报酬多少决定死刑适用。要综合考虑其运输毒品的次数和距离、犯罪的主动性和独立性、在共同犯罪中的地位和作用、社会危害大小、获利方式、主观恶性、人身危险性，结合毒品数量等因素，慎重适用死刑。对于确属受人指使、雇用运输毒品的被告人，具有不排除系初次运输毒品；被雇用者严密指挥或同行人员监视，从属性、辅助性明显；与雇用者同行运输毒品，处于被支配地位；或者确因急迫生活困难而运输毒品等情形之一的，即使毒品数量超过实际掌握的死刑适用数量标准，也可以不判处死刑。对于不能排除受人指使、雇用运输毒品的被告人，符合上述条件的，也可以考虑不判处死刑。

多人受雇同行或者分段运输毒品的，在决定死刑适用时，除各被告人运输毒品的数量外，还应当综合考虑其具体犯罪情节、参与犯罪程度、与雇用者的关系及其主观恶性、人身危险性等因素，同时判处二人死刑应当特别慎重。

（五）关于制造毒品犯罪的死刑适用

制造毒品是源头性犯罪，应当充分体现从严惩处的政策要求。已经制出粗制毒品或者半成品的，以制造毒品罪的既遂论处。应当综合考虑被告人制造毒品的种类、次数、规模，有无制出毒品成品，被查获时所处的制毒阶段，制出的毒品成品、半成品或者粗制毒品的数量、性状、含量及造成的危害后果等因素，决定死刑适用。

已制出的毒品成品数量达到实际掌握的死刑适用数量标准，又无法定、酌定从宽处罚情节的，可以判处被告人死刑。没有证据证明被告人曾制出毒品成品，仅查获毒品半成品，或者现有证据表明由于制毒原料、方法等问题实际无法制出毒品成品的,不得判处被告人死刑。已制出的毒品成品数量未达到实际掌握的死刑适用数量标准,或者仅制出粗制毒品的,判处被告人死刑应当慎重。

(六)关于非传统毒品犯罪的死刑适用

甲基苯丙胺片剂中的甲基苯丙胺含量相对较低,危害性亦有所不同,其死刑适用数量标准可以按照甲基苯丙胺的2倍左右掌握。

综合考虑致瘾癖性、毒害性、滥用范围和犯罪形势等因素,氯胺酮(俗称"K粉",下同)的死刑适用数量标准可以按照海洛因的10倍以上掌握。走私、贩卖、制造氯胺酮,数量超过上述标准,且犯罪情节严重、社会危害大,或者具有法定从重处罚情节的,可以判处死刑。

涉案毒品为刑法、司法解释未规定定罪量刑数量标准的新类型毒品的,一般不判处被告人死刑。对于刑法、司法解释规定了定罪量刑数量标准的新类型毒品,实施走私、制造或者大宗贩卖等源头性犯罪,毒品数量远超过实际掌握的死刑适用数量标准,被告人系犯罪集团首要分子、其他罪责更为突出的主犯,或者具有法定从重处罚情节,不判处死刑难以体现罚当其罪的,可以判处死刑。

(七)关于死缓限制减刑的适用

对于实施毒品犯罪论罪应当判处死刑,因案件的具体情况而被判处死缓的累犯,具有武装掩护毒品犯罪,以暴力抗拒查缉情节严重,或者曾因暴力犯罪被判处十年有期徒刑以上刑罚等情形之一的,为实现罚当其罪、确保量刑平衡,可以决定限制减刑。

六、主观明知认定问题

被告人到案后否认明知是毒品的,应当综合运用在案证据加以证明,必要时可要求检察机关补充提供相关证据。综合被告人供述,相关证人证言,从涉毒场所、物品上提取的痕迹、生物检材,从被告人体内或者贴身隐秘处查获的毒品,从被告人体表、随身物品上提取的毒品残留物,以及调取的物流寄递单据、资金交易记录、通信记录、行程轨迹信息等证据,足以证明被告人明知是毒品的,可以依法认定。

被告人到案后否认明知是毒品,又缺乏其他证据证明其明知的,可以根据其实施毒品犯罪的方式、过程及毒品被查获时的情形,结合其年龄、文化程度、生活状况、职业背景、是否有毒品违法犯罪经历及与共同犯罪人之间的关系等情况,综合分析判断。运用此方法认定明知的,应当认真审查被告人的辩解是否有事实依据、对异常行为的解释是否合理、是否存在被蒙骗的可能等,防止认定错误,在决定对被告人是否适用死刑时更要特别慎重。

具有下列情形之一,被告人不能作出合理解释的,可以认定其明知走私、贩卖、运输、非法持有的是毒品,但有证据证明其确实不知情或者确系被蒙骗的除外:(1)执法人员在口岸、机场、车站、港口、邮局、快递站点等场所检查时,要求申报为他人运输、携带、寄递的物品和其他毒品疑似物,并告知法律责任,但被告人未如实申报,在其运输、携带、寄递的物品中查获毒品的;(2)以伪报、藏匿、伪装等蒙蔽手段逃避海关、边防等检查,或者行程路线故意绕开检查站点，在其运输、携带、寄递的物品中查获毒品的；(3)在执法人员检查时有逃跑、藏匿、丢弃、试图销毁其携带的物品、弃车逃离或者其他逃避、抗拒检查行为，在其携带的物品或者遗弃的车辆中查获毒品的；(4)采用高度隐蔽方式运输、携带、交接物品，明显违背合法物品的惯常运输、携带、交接方式，从中查获毒品的；(5)以虚假的身份、地址或者物品名称办理托运、寄递手续，从托运、寄递的物品中查获毒品的；(6)采用隐匿真实身份、支付不等值报酬等不合理方式，指使、雇用他人运输、携带、寄递物品或者代为接收物流寄递的物品，从中查获毒品的；(7)为获取不同寻常的高额、不等值报酬，为他人运输、携带、寄递物品或者接收物流寄递的物品，从中查获毒品的；(8)其他可以认定被告人明知的情形。

七、隐匿身份人员实施侦查案件的处理问题

对于有证据证明被告人正在准备或者已经着手实施毒品犯罪，隐匿身份人员采取贴靠、接洽手段破获案件，不存在犯罪引诱的，应当依法处理。

隐匿身份人员在侦查活动中违反刑事诉讼法等相关规定，诱使本无犯意的人实施毒品犯罪的，属于“犯意引诱”。隐匿身份人员向被引诱人提供毒品或者毒资、购毒渠道的，其所提供的毒品、毒资、被引诱人从其提供的渠道购买的毒品及其证实被引诱人实施毒品犯罪的证据材料，不得作为认定被引诱人实施毒品犯罪的证据。排除上述证据后，在案证据达不到认定被引诱人有罪的证明标准的，应当依法作出证据不足、指控的犯罪不能成立的无罪判决。

隐匿身份人员诱使他人超出其原本意图实施的毒品犯罪数量，实施了更大数量的毒品犯罪的，属于“数量引诱”。对于因受“数量引诱”实施毒品犯罪的被告人，一般应当从轻处罚。特别是对于因受“数量引诱”而实施了对应更高量刑幅度或刑种的毒品犯罪的被告人，量刑时更应充分体现从宽。

被引诱人又诱使本无犯意的其他人实施毒品犯罪，或者诱使其他人超出原本意图实施了更大数量的毒品犯罪的，属于“间接引诱”。对于受“间接引诱”实施毒品犯罪的被告人，参照前述关于“犯意引诱”或者“数量引诱”的规定处理。

存在或者不排除存在其他不规范使用隐匿身份人员实施侦查的情形，影响定罪量刑的，应当作出有利于被告人的处理。

八、自首、立功问题

毒品犯罪中的自首情节具有较高司法价值，对于自首的被告人，一般应当依法从宽处罚。对于积极响应司法机关发布的敦促涉毒在逃人员投案自首通告，在通告期限内自行或者经亲属劝说、陪同投案，并如实供述犯罪事实的被告人，从宽处罚的幅度应当更大；有的虽不构成自首，量刑时也应充分考虑其自动投案情节，尽可能地兑现政策。

认定立功情节，应当充分考虑毒品犯罪线索发现、案件侦破及抓捕工作的特殊性。按照公安机关的安排，经现场或即时视频通讯方式指认、辨认其他犯罪嫌疑人(包括同案犯)，或者通过打电话、发信息、即时通讯等方式将其他犯罪嫌疑人(包括同案犯)约至指定地点,公安机关据此抓获该人员的;以及通过打电话、发信息、即时通讯等方式稳控其他犯罪嫌疑人(包括同案犯),对抓获该人员起到实质性协助作用的,可以认定为协助公安机关抓捕其他犯罪嫌疑人(包括同案犯)。具有到案后规劝其他犯罪嫌疑人(包括同案犯)投案、提供线索协助公安机关查获大量案外毒品等情形之一的,可以认定为其他有利于国家和社会的突出表现。

被告人提供毒品共同犯罪人、上下家的姓名、住址、体貌特征等基本情况,或者提供犯罪前、犯罪中使用、掌握的上述人员的联络方式、藏匿地址,公安机关据此抓获该人员的,虽不认定有立功表现,但量刑时可酌情考虑。

对于具有立功情节的被告人,是否从宽处罚及从宽处罚的幅度,应当根据犯罪性质、具体情节、危害后果、毒品数量及其主观恶性、人身危险性,结合立功的类型、价值大小等因素综合考量,以功是否足以抵罪为标准。对于部分被告人具有立功情节的案件,要注意共同犯罪人及上下家之间的量刑平衡。犯罪集团首要分子、罪责相对较大的主犯检举揭发其他罪行相对较轻的犯罪分子,或者协助抓获从犯、罪责相对较小的主犯构成立功的,量刑时应当从严掌握,如果被告人罪行极其严重,只有一般立功表现,功不足以抵罪的,可不予从宽处罚;如果其检举揭发的是其他案件中罪行同样严重的犯罪分子,或者协助抓获的是其他首要分子、罪责相对较大的主犯,功足以抵罪的,可以从轻或者减轻处罚。对于从犯、罪责相对较小的主犯立功,特别是协助抓获首要分子、罪责相对较大的主犯的,应当充分体现政策,依法从轻、减轻或者免除处罚。

九、累犯、毒品再犯问题

根据刑法规定,因走私、贩卖、运输、制造、非法持有毒品罪被判过刑的被告人,无论是在刑罚执行完毕或者赦免后,还是在缓刑、假释、暂予监外执行期间或者缓刑考验期满后,又犯刑法分则第六章第七节规定之罪的,均应认定为毒品再犯。对于上述在前罪缓刑、假释或者暂予监外执行期间又犯罪的被告人,应当对其所犯新的毒品犯罪依法从重处罚后,再与前罪依法并罚。

累犯、毒品再犯是法定从重处罚情节,即使本次毒品犯罪情节较轻,也要体现从严惩处的精神。尤其对于曾因严重暴力犯罪被判刑的累犯、刑罚执行完毕后短期内又实施毒品犯罪的再犯,以及在缓刑、假释或者暂予监外执行期间又实施毒品犯罪的再犯,应当严格依法从重处罚。

对于同时构成累犯和毒品再犯的被告人,在裁判文书中应当同时引用刑法关于累犯和毒品再犯的条款。对于因同一毒品犯罪前科同时构成累犯和毒品再犯的,量刑时不得重复从重处罚。对于因不同犯罪前科分别构成累犯和毒品再犯的,从重处罚幅度一般应大于上述情形。对于因不同现行犯罪分别构成累犯和毒品再犯的,应当对其所犯各罪分别予以从重处罚。

十、特定人员参与毒品犯罪问题

对于毒品犯罪分子为逃避打击,组织、利用残疾人、严重疾病患者、怀孕或者正在哺乳自己婴儿的妇女等特定人员实施毒品犯罪的案件,要做到区别对待,依法准确惩处。对于利用、教唆上述特定人员实施毒品犯罪的组织者、指挥者和教唆者,应当依法从严惩处,该判处重刑直至死刑的,坚决依法判处。对于被利用、被诱骗参与毒品犯罪的特定人员,可以从宽处罚。

对于利用自身特殊状况积极实施毒品犯罪,以及曾在取保候审、监视居住或者暂予监外执行期间又实施毒品犯罪的特定人员,应当从严把握上述强制措施和暂予监外执行的适用条件。

十一、涉案财物处理、财产刑适用问题

应当更加注重从经济上制裁毒品犯罪,切实加大制裁力度,依法追缴被告人的违法所得及其收益,充分发挥财产刑的作用。不能因为被告人没有财产,或者其财产难以查清、难以分割或者难以执行,就不判处财产刑或者判处与主刑不相匹配的财产刑。对于未依照相关规定,全面收集证明被告人财产状况的证据并随案移送财产清单和相关证据材料的,应当要求有关机关收集并移送。

应当更加注重审查证明涉案财物及其孳息的来源、性质、用途和权属情况的证据,并在裁判文书中写明对涉案财物及其孳息的具体处理情况。对查封、扣押、冻结的财物及其孳息,经查确属毒品犯罪的违法所得及其收益、供毒品犯罪所用的本人财物或者依法应当追缴的其他涉案财物的,应当判决没收上缴国库,但法律另有规定的除外。对于被告人将依法应当追缴的毒品犯罪涉案财物用于投资、置业,因此形成的财产及其收益;或者将依法应当追缴的毒品犯罪涉案财物与其他合法财产共同用于投资、置业,因此形成的财产中与涉案财物对应的份额及其收益,均应予以追缴。

审理黑社会性质组织、恶势力组织实施的毒品犯罪案件,依法应当追缴、没收的涉案财产无法找到、灭失或者与其他合法财产混合且不可分割的,可以判决追缴、没收其他等值财产或者混合财产中的等值部分。有证据证明被告人在毒品犯罪期间获得的财产高度可能属于黑社会性质组织犯罪的违法所得及其孳息、收益,被告人不能说明财产合法来源的,应当判决追缴、没收。

重大毒品犯罪案件的犯罪嫌疑人、被告人逃匿,在通缉一年后不能到案,或者犯罪嫌疑人、被告人死亡,依照刑法规定应当追缴其违法所得及其他涉案财产的,适用刑事诉讼法有关犯罪嫌疑人、被告人逃匿、死亡案件违法所得没收程序审理。经审理认为申请没收的财产高度可能属于违法所得及其他涉案财产的,应当裁定没收。

判处罚金刑,应当结合毒品犯罪的性质、情节、危害后果及被告人的获利情况、经济状况等因素,合理确定罚金数额。对于决定并处没收财产的毒品犯罪,判处被告人有期徒刑的,应当按照上述确定罚金数额的原则,确定没收个人部分财产的数额;判处无期徒刑的,可以并处没收个人全部财产;判处死缓或者死刑的,应当并处没收个人全部财产。

十二、缓刑适用及减刑、假释问题

应当从严掌握毒品犯罪被告人的缓

刑适用条件。对于毒品再犯,一般不适用缓刑。对于不能排除有多次贩毒嫌疑的零包贩毒被告人,因认定构成贩卖毒品等犯罪的证据不足而认定为非法持有毒品罪的被告人,以及引诱、教唆、欺骗、强迫他人吸毒的被告人,应当严格控制缓刑适用。

对于具有犯罪集团首要分子、累犯、毒品再犯等情节的毒品罪犯,应当从严掌握减刑条件,适当延长减刑起始时间、间隔时间,严格控制减刑幅度。应当严格审查毒品罪犯履行生效裁判中财产性判项的能力,对于确有履行能力而不履行或者不全部履行相关财产性判项的,一般不认定其确有悔改表现。对于刑法未禁止假释的上述毒品罪犯,应当严格控制假释适用。

十三、管辖问题

毒品犯罪的犯罪地,包括犯罪预谋地,毒资筹集地,交易进行地,毒品制造地,毒品和毒资、毒赃的藏匿地、转移地,走私或者贩运毒品的途经地、目的地等。主要利用计算机网络实施的毒品犯罪,犯罪地还包括用于实施犯罪行为的网络服务使用的服务器所在地,网络服务提供者所在地,犯罪过程中被告人、被害人使用的信息网络系统所在地等。

对于毒品案件中一人犯数罪、上下家犯罪、共同犯罪及共同犯罪的被告人实施其他犯罪的,一般应当并案审理。对于上下家犯罪的被告人实施的其他犯罪,以及他人实施的包庇毒品犯罪分子、窝藏毒品、为毒品犯罪洗钱等关联犯罪,并案审理有利于查明案件事实的,可以并案审理。对于分案起诉的毒品共同犯罪或者关联犯罪案件,合并审理更有利于查明案件事实、保障诉讼权利、准确定罪量刑的,可以并案审理。

因客观原因造成毒品共同犯罪或者密切关联的上下家犯罪分案审理且无法并案的,应当及时了解关联案件的审理进展和处理结果,充分保障被告人的质证权等诉讼权利,并注重量刑平衡。

最高人民法院研究室
关于如何处理边民出境种植罂粟问题的答复

(1995 年 8 月 2 日)

全国禁毒工作领导小组办公室:

你们送来的《关于处理边民出境种植罂粟的批复》(征求意见稿)收悉。经研究,我们认为:根据刑法第三条的规定,对于外国边民入境非法种植罂粟构成犯罪的,应当依照《全国人民代表大会常务委员会关于禁毒的决定》(以下简称《决定》)第六条的规定追究刑事责任;对于我国边民出境非法种植罂粟,如果查明其又以非法种植的罂粟为原料制造毒品的,应当根据《决定》第十三条的规定,以制造毒品罪追究刑事责任。

最高人民检察院关于安定注射液是否属于刑法第三百五十五条规定的精神药品问题的答复

（2002年10月24日，高检研发〔2002〕23号）

福建省人民检察院研究室：

你院《关于安定注射液是否属于〈刑法〉第三百五十五条规定的精神药品的请示》（闽检〔2001〕6号）收悉。经研究并征求有关部门意见，答复如下：

根据《精神药品管理办法》等国家有关规定，“能够使人形成瘾癖”的精神药品，是指使用后能使人的中枢神经系统兴奋或者抑制连续使用能使人产生依赖性的药品。安定注射液属于刑法第三百五十五条第一款规定的“国家规定管制的能够使人形成瘾癖的”精神药品。鉴于安定注射液属于《精神药品管理办法》规定的第二类精神药品，医疗实践中使用较多，在处理此类案件时，应当慎重掌握罪与非罪的界限。对于明知他人是吸毒人员而多次向其出售安定注射液，或者贩卖安定注射液数量较大的，可以依法追究行为人的刑事责任。

公安部禁毒局关于非法制造贩卖安钠咖立案问题的答复

（2002年11月5日，公禁毒〔2002〕434号）

甘肃省公安厅禁毒处：

你处《关于非法制造贩卖安钠咖立案标准的请示》收悉，现答复如下：

安钠咖属于《刑法》规定的毒品。根据《刑法》第三百四十七条第一款的规定，贩卖、制造毒品，无论数量多少，都应当追究刑事责任，予以刑事处罚。因此，对于非法制造、贩卖安钠咖的，不论查获的数量多少，公安机关都应当按照非法制造、贩卖毒品罪立案侦查。

同时你们《请示》中涉及的案例在全国极为罕见，饭店经营者直接向顾客（主要是过往就餐的汽车司机）推销毒品，犯罪情节恶劣，严重危害社会治安，不仅可以致使顾客吸毒成瘾，而就餐的司机吸食安钠咖后驾驶汽车，其吸毒后产生的不良反应将给交通安全带来很大隐患，随时可能导致严重后果，危及人民生命财产。因此，公安机关应当依法严厉打击此类毒品犯罪活动。

最高人民法院刑一庭关于审理若干新型毒品案件定罪量刑的指导意见

(2006年6月19日)

近年来,新型毒品案件频发,呈上升趋势。为坚决打击和有效遏制这类毒品犯罪的发展蔓延势头,统一司法标准,现作如下规定:

一、新类型毒品的定罪量刑数量标准暂按以下比例与海洛因进行折算:

1克海洛因=20克氯胺酮(化学名:2-(2-氯苯)2-甲氨基环己酮,俗称:K粉);

1克海洛因=20克美沙酮;

1克海洛因=10克替甲基苯丙胺(MDMA)(化学名:N,a-3,4亚甲基二氧甲基苯丙胺,俗称:摇头丸,迷魂药);

1克海洛因=10克替苯丙胺(MDA)(化学名:a-3,4亚甲基二氧苯丙胺,俗称:摇头丸,迷魂药);

1克海洛因=1000克三唑仑(化学名:8-氯-6-(邻-氯苯基)-1-甲基-4H-s-三氮唑(4,3-)1,4苯丙二氮杂卓,俗称:蓝精灵,海乐神);

1克海洛因=1500克安眠酮(又称甲喹酮);

1克海洛因=10000克氯氮卓(化学名:7-氯-2-甲氨基-5-苯基-3H1,4-苯丙二氮杂卓-4-氧化物,俗称:利眠宁,绿豆仔);

1克海洛因=10000克地西泮(化学名:俗称:安定);

1克海洛因=10000克艾西唑仑(化学名:俗称:舒乐安定);

1克海洛因=10000克溴西泮(化学名:俗称:宁神定);

二、对新型毒品要做含量鉴定,确定单一型毒品还是混合型毒品;如果是混合型毒品,要鉴定主要毒品成份及比例。对不符合要求的鉴定结论,应作重新鉴定或补充鉴定,否则不能作为定罪量刑的证据使用。因某种原因不能作出重新鉴定或补充鉴定的,应按有利于被告人的原则进行处理,判处重刑及死刑的应特别慎重。

三、对新型混合毒品的量刑应以其主要毒品成分为依据。将危害较大的主要几类毒品成分按其比例折算成海洛因后再确定数量量刑。

四、新型毒品案件适用死刑的主要对象是从事制造、走私等源头犯罪行为的首要分子和其他主犯,对仅从事了运输、贩卖等中间环节行为的犯罪分子,原则上可不适用死刑,尤其是立即执行。

五、上述规定仅供法院系统内部掌握,执行中遇到问题请及时层报我院刑一庭。

最高人民法院、最高人民检察院、公安部关于办理毒品犯罪案件适用法律若干问题的意见

（2007年11月8日）

一、关于毒品犯罪案件的管辖问题

根据刑事诉讼法的规定，毒品犯罪案件的地域管辖，应当坚持以犯罪地管辖为主、被告人居住地管辖为辅的原则。

“犯罪地”包括犯罪预谋地，毒资筹集地，交易进行地，毒品生产地，毒资、毒赃和毒品的藏匿地、转移地，走私或者贩运毒品的目的地以及犯罪嫌疑人被抓获地等。

“被告人居住地”包括被告人常住地、户籍地及其临时居住地。

对怀孕、哺乳期妇女走私、贩卖、运输毒品案件，查获地公安机关认为移交其居住地管辖更有利于采取强制措施和查清犯罪事实的，可以报请共同的上级公安机关批准，移送犯罪嫌疑人居住地公安机关办理，查获地公安机关应继续配合。

公安机关对侦办跨区域毒品犯罪案件的管辖权有争议的，应本着有利于查清犯罪事实，有利于诉讼，有利于保障案件侦查安全的原则，认真协商解决。经协商无法达成一致的，报共同的上级公安机关指定管辖。对即将侦查终结的跨省（自治区、直辖市）重大毒品案件，必要时可由公安部商最高人民法院和最高人民检察院指定管辖。

为保证及时结案，避免超期羁押，人民检察院对于公安机关移送审查起诉的案件，人民法院对于已进入审判程序的案件，被告人及其辩护人提出管辖异议或者办案单位发现没有管辖权的，受案人民检察院、人民法院应当报请上级人民检察院、人民法院指定管辖，不再自行移送有管辖权的人民检察院、人民法院。

二、关于毒品犯罪嫌疑人、被告人主观明知的认定问题

走私、贩卖、运输、非法持有毒品主观故意中的“明知”，是指行为人知道或者应当知道所实施的行为是走私、贩卖、运输、非法持有毒品行为。具有下列情形之一，并且犯罪嫌疑人、被告人不能做出合理解释的，可以认定其“应当知道”，但有证据证明确属被蒙骗的除外：

（一）执法人员在口岸、机场、车站、港口和其他检查站检查时，要求行为人申报为他人携带的物品和其他疑似毒品物，并告知其法律责任，而行为人未如实申报，在其所携带的物品内查获毒品的；

（二）以伪报、藏匿、伪装等蒙蔽手段逃避海关、边防等检查，在其携带、运输、邮寄的物品中查获毒品的；

（三）执法人员检查时，有逃跑、丢弃携带物品或逃避、抗拒检查等行为，在其携带或丢弃的物品中查获毒品的；

（四）体内藏匿毒品的；

（五）为获取不同寻常的高额或不等值的报酬而携带、运输毒品的；

（六）采用高度隐蔽的方式携带、运输毒品的；

（七）采用高度隐蔽的方式交接毒品，明显违背合法物品惯常交接方式的；

（八）其他有证据足以证明行为人应当知道的。

三、关于办理氯胺酮等毒品案件定罪量刑标准问题①

(一)走私、贩卖、运输、制造、非法持有下列毒品,应当认定为刑法第三百四十七条第二款第(一)项、第三百四十八条规定的“其他毒品数量大”:

1. 二亚甲基双氧安非他明(MDMA)等苯丙胺类毒品(甲基苯丙胺除外)100克以上;

2. 氯胺酮、美沙酮1千克以上;

3. 三唑仑、安眠酮50千克以上;

4. 氯氮䓬、艾司唑仑、地西泮、溴西泮500千克以上;

5. 上述毒品以外的其他毒品数量大的。

(二)走私、贩卖、运输、制造、非法持有下列毒品,应当认定为刑法第三百四十七条第三款、第三百四十八条规定的“其他毒品数量较大”:

1. 二亚甲基双氧安非他明(MDMA)等苯丙胺类毒品(甲基苯丙胺除外)20克以上不满100克的;

2. 氯胺酮、美沙酮200克以上不满1千克的;

3. 三唑仑、安眠酮10千克以上不满50千克的;

4. 氯氮䓬、艾司唑仑、地西泮、溴西泮100千克以上不满500千克的;

5. 上述毒品以外的其他毒品数量较大的。

(三)走私、贩卖、运输、制造下列毒品,应当认定为刑法第三百四十七条第四款规定的“其他少量毒品”:

1. 二亚甲基双氧安非他明(MDMA)等苯丙胺类毒品(甲基苯丙胺除外)不满20克的;

2. 氯胺酮、美沙酮不满200克的;

3. 三唑仑、安眠酮不满10千克的;

4. 氯氮䓬、艾司唑仑、地西泮、溴西泮不满100千克的;

5. 上述毒品以外的其他少量毒品的。

(四)上述毒品品种包括其盐和制剂。毒品鉴定结论中毒品品名的认定应当以国家食品药品监督管理局、公安部、卫生部最新发布的《麻醉药品品种目录》、《精神药品品种目录》为依据。

四、关于死刑案件的毒品含量鉴定问题

可能判处死刑的毒品犯罪案件,毒品鉴定结论中应有含量鉴定的结论。

公安部
关于在成品药中非法添加阿普唑仑和曲马多进行销售能否认定为制造贩卖毒品有关问题的批复

(2009年3月19日,公复字〔2009〕1号)

海南省公安厅:

你厅《关于在成品药中非法添加阿普唑仑和曲马多进行销售能否认定为毒品的请示》(琼公发〔2009〕2号)收悉。经商最高人民检察院有关部门,现批复如下:

一、阿普唑仑和曲马多为国家管制的

① 该条关于办理氯胺酮等毒品案件定罪量刑标准的规定中部分内容,与最高法2016年《关于审理毒品犯罪案件适用法律若干问题的解释》第一、二条不同,不同部分应以后者为准。

二类精神药品。根据《中华人民共和国刑法》第三百五十五条的规定,如果行为人具有生产、管理、使用阿普唑仑和曲马多的资质,却将其掺加在其他药品中,违反国家规定向吸食、注射毒品的人提供的,构成非法提供精神药品罪;向走私、贩卖毒品的犯罪分子或以牟利为目的向吸食、注射毒品的人提供的,构成走私、贩卖毒品罪。根据《中华人民共和国刑法》第三百四十七条的规定,如果行为人没有生产、管理、使用阿普唑仑和曲马多的资质,而将其掺加在其他药品中予以贩卖,构成贩卖、制造毒品罪。

二、在办案中应当注意区别为治疗、戒毒依法合理使用的行为与上述犯罪行为的界限。只有违反国家规定,明知是走私、贩卖毒品的人员而向其提供阿普唑仑和曲马多,或者明知是吸毒人员而向其贩卖或超出规定的次数、数量向其提供阿普唑仑和曲马多的,才可以认定为犯罪。

最高人民法院、最高人民检察院、公安部关于办理制毒物品犯罪案件适用法律若干问题的意见

(最高人民法院、最高人民检察院、公安部2009年6月23日颁布施行,公通字[2009]33号)

各省、自治区、直辖市高级人民法院、人民检察院、公安厅、局,新疆维吾尔自治区高级人民法院生产建设兵团分院、新疆生产建设兵团人民检察院、公安局:

为依法惩治走私制毒物品、非法买卖制毒物品犯罪活动,根据刑法有关规定,结合司法实践,现就办理制毒物品犯罪案件适用法律的若干问题制定如下意见:

一、关于制毒物品犯罪的认定

(一)本意见中的"制毒物品",是指刑法第三百五十条第一款规定的醋酸酐、乙醚、三氯甲烷或者其他用于制造毒品的原料或者配剂,具体品种范围按照国家关于易制毒化学品管理的规定确定。

(二)违反国家规定,实施下列行为之一的,认定为刑法第三百五十条规定的非法买卖制毒物品行为:

1. 未经许可或者备案,擅自购买、销售易制毒化学品的;

2. 超出许可证明或者备案证明的品种、数量范围购买、销售易制毒化学品的;

3. 使用他人的或者伪造、变造、失效的许可证明或者备案证明购买、销售易制毒化学品的;

4. 经营单位违反规定,向无购买许可证明、备案证明的单位、个人销售易制毒化学品的,或者明知购买者使用他人的或者伪造、变造、失效的购买许可证明、备案证明,向其销售易制毒化学品的;

5. 以其他方式非法买卖易制毒化学品的。

(三)易制毒化学品生产、经营、使用单位或者个人未办理许可证明或者备案证明,购买、销售易制毒化学品,如果有证据证明确实用于合法生产、生活需要,依法能够办理只是未及时办理许可证明或者备案证明,且未造成严重社会危害的,可不以非法买卖制毒物品罪论处。

(四)为了制造毒品或者走私、非法

买卖制毒物品犯罪而采用生产、加工、提炼等方法非法制造易制毒化学品的,根据刑法第二十二条的规定,按照其制造易制毒化学品的不同目的,分别以制造毒品、走私制毒物品、非法买卖制毒物品的预备行为论处。

(五)明知他人实施走私或者非法买卖制毒物品犯罪,而为其运输、储存、代理进出口或者以其他方式提供便利的,以走私或者非法买卖制毒物品罪的共犯论处。

(六)走私、非法买卖制毒物品行为同时构成其他犯罪的,依照处罚较重的规定定罪处罚。

二、关于制毒物品犯罪嫌疑人、被告人主观明知的认定

对于走私或者非法买卖制毒物品行为,有下列情形之一,且查获了易制毒化学品,结合犯罪嫌疑人、被告人的供述和其他证据,经综合审查判断,可以认定其"明知"是制毒物品而走私或者非法买卖,但有证据证明确属被蒙骗的除外:

1. 改变产品形状、包装或者使用虚假标签、商标等产品标志的;

2. 以藏匿、夹带或者其他隐蔽方式运输、携带易制毒化学品逃避检查的;

3. 抗拒检查或者在检查时丢弃货物逃跑的;

4. 以伪报、藏匿、伪装等蒙蔽手段逃避海关、边防等检查的;

5. 选择不设海关或者边防检查站的路段绕行出入境的;

6. 以虚假身份、地址办理托运、邮寄手续的;

7. 以其他方法隐瞒真相,逃避对易制毒化学品依法监管的。

三、关于制毒物品犯罪定罪量刑的数量标准[①]

(一)违反国家规定,非法运输、携带制毒物品进出境或者在境内非法买卖制毒物品达到下列数量标准的,依照刑法第三百五十条第一款的规定,处三年以下有期徒刑、拘役或者管制,并处罚金:

1. 1-苯基-2-丙酮五千克以上不满五十千克;

2. 3,4-亚甲基二氧苯基-2-丙酮、去甲麻黄素(去甲麻黄碱)、甲基麻黄素(甲基麻黄碱)、羟亚胺及其盐类十千克以上不满一百千克;

3. 胡椒醛、黄樟素、黄樟油、异黄樟素、麦角酸、麦角胺、麦角新碱、苯乙酸二十千克以上不满二百千克;

4. N-乙酰邻氨基苯酸、邻氨基苯甲酸、哌啶一百五十千克以上不满一千五百千克;

5. 甲苯、丙酮、甲基乙基酮、高锰酸钾、硫酸、盐酸四百千克以上不满四千千克;

6. 其他用于制造毒品的原料或者配剂相当数量的。

(二)违反国家规定,非法买卖或者走私制毒物品,达到或者超过前款所列最高数量标准的,认定为刑法第三百五十条第一款规定的"数量大的",处三年以上十年以下有期徒刑,并处罚金。

① 该条关于制毒物品犯罪定罪量刑的数量标准的规定今后不再适用,因为最高法2016年《关于审理毒品犯罪案件适用法律若干问题的解释》第七、八条已经对此作了新的规定。

公安部禁毒局关于汽车蓄电池标准液是否列入管制问题的答复

(2006年12月29日,公禁毒〔2006〕891号)

(1)对正规厂家生产的以稀硫酸为主的最终产品电瓶液不予管制。汽车蓄电池标准液(电瓶液、电解液)是80%－90%的浓硫酸加水及铁、砷、氯等物质组成的混合物,混合后以37%的稀硫酸为主,主要用作汽车蓄电池的添加液。考虑到汽车电瓶液、电解液的生产、经营和使用涉及面广量大,如果将其列入易制毒化学品管制的范围,将会增加公安机关的工作量。同时,就执法实践看,也尚未发现有汽车电瓶液、电解液流入非法渠道制造毒品的案例。综合以上因素,暂对正规厂家生产的以稀硫酸为主的汽车电瓶液、电解液不予管制。因此,购买和运输汽车蓄电池标准液均不需要办理备案证明。

(2)同时要加强对硫酸生产、经营和使用的监管,防止不法分子利用运输汽车电瓶液、电解液为名进行走私贩运硫酸制造毒品的活动。

公安部关于无运输备案证明承运易制毒化学品如何适用法律问题的批复

(2007年11月19日,公复字〔2007〕6号)

江苏省公安厅:

你厅《关于无运输备案证明承运易制毒化学品如何适用法律问题的请示》(苏公通[2007]238号)收悉。现批复如下:

一、《易制毒化学品购销和运输管理办法》第十八条规定:"运输易制毒化学品,应当由货主向公安机关申请运输许可证或者进行备案。"这里所称的"货主"指货物的所有权人。

二、对无运输备案证明承运易制毒化学品的,应当分别情况作出如下处理:

(一)对经过许可或者备案货主委托承运人运输易制毒化学品,而承运人未全程携带许可证或者备案证明的,根据《易制毒化学品管理条例》第四十一条对承运人进行处罚。

(二)对未经许可或者备案擅自运输易制毒化学品的,根据《易制毒化学品管理条例》第三十八条对货主进行处罚;根据《易制毒化学品管理条例》第四十一条对承运人进行处罚。

最高人民法院研究室
关于被告人对不同种毒品实施同一犯罪行为是否按比例折算成一种毒品予以累加后量刑的答复

(2009年8月17日,法研〔2009〕146号)

四川省高级人民法院:

你院川高法〔2009〕390号《关于被告人对不同种毒品实施同一犯罪行为是否按比例折算成一种毒品予以累加后量刑的请示》收悉。经研究,答复如下:

根据《全国部分法院审理毒品犯罪案件工作座谈会纪要》(已废止)的规定,对被告人一人走私、贩卖、运输、制造两种以上毒品的,不实行数罪并罚,量刑时可综合考虑毒品的种类、数量及危害,依法处理。故同意你院处理意见。

此复。

公安部
关于对已去除糖衣包装的新康泰克药品混合颗粒能否认定为制毒物品的意见

(2010年3月18日,公禁毒〔2010〕166号)

北京市公安局禁毒处:

你处《关于对已去除糖衣包装的新康泰克药品混合颗粒能否认定为制毒物品的请示》(禁毒办字[2010]12号)收悉。经商国家食品药品监督管理局,现提出以下意见:

你处查获的已去除糖衣包装的新康泰克药品混合颗粒实为去除了空心胶囊的颗粒,不用于预防、治疗、诊断人的疾病,且不具有功能主治、用法和用量,已不属于《药品管理法》规定的药品范畴。伪麻黄素是属于《易制毒化学品管理条例》列管的第一类易制毒化学品,依据《最高人民法院关于审理毒品案件定罪量刑标准有关问题的解释》(法释[2000]13号)、《最高人民法院、最高人民检察院、公安部关于办理制毒物品犯罪案件适用法律若干问题的意见》(公通字[2009]33号)规定,若检验发现缴获的新康泰克药品混合颗粒中含有伪麻黄素且成分含量达到制毒物品犯罪定罪量刑的有关数量标准,即应当依法处理。

最高人民法院研究室
关于贩卖、运输经过取汁的罂粟壳废渣是否构成贩卖、运输毒品罪的答复

(2010年9月27日,法研〔2010〕168号)

四川省高级人民法院:

你院川高法〔2010〕438号《关于贩卖、运输经过取汁的罂粟壳废渣是否构成贩卖、运输毒品罪的请示》收悉。经研究,答复如下:

最高人民法院研究室认为,根据你院提供的情况,对本案被告人不宜以贩卖、运输毒品罪论处。主要考虑:(1)被告人

贩卖、运输的是经过取汁的罂粟壳废渣，吗啡含量只有0.01%，含量极低，从技术和成本看，基本不可能用于提取吗啡；(2)国家对经过取汁的罂粟壳并无明文规定予以管制，实践中有关药厂也未按照管制药品对其进行相应处理；(3)无证据证明被告人购买、加工经过取汁的罂粟壳废渣是为了将其当作毒品出售，具有贩卖、运输毒品的故意。如果查明行为人有将罂粟壳废渣作为制售毒品原料予以利用的故意，可建议由公安机关予以治安处罚。

此复。

最高人民法院、最高人民检察院、公安部关于办理走私、非法买卖麻黄碱类复方制剂等刑事案件适用法律若干问题的意见

(2012年6月18日印发，法发〔2012〕12号)

为从源头上打击、遏制毒品犯罪，根据刑法等有关规定，结合司法实践，现就办理走私、非法买卖麻黄碱类复方制剂等刑事案件适用法律的若干问题，提出以下意见：

一、关于走私、非法买卖麻黄碱类复方制剂等行为的定性

以加工、提炼制毒物品制造毒品为目的，购买麻黄碱类复方制剂，或者运输、携带、寄递麻黄碱类复方制剂进出境的，依照刑法第三百四十七条的规定，以制造毒品罪定罪处罚。

以加工、提炼制毒物品为目的，购买麻黄碱类复方制剂，或者运输、携带、寄递麻黄碱类复方制剂进出境的，依照刑法第三百五十条第一款、第三款的规定，分别以非法买卖制毒物品罪、走私制毒物品罪定罪处罚。

将麻黄碱类复方制剂拆除包装、改变形态后进行走私或者非法买卖，或者明知是已拆除包装、改变形态的麻黄碱类复方制剂而进行走私或者非法买卖的，依照刑法第三百五十条第一款、第三款的规定，分别以走私制毒物品罪、非法买卖制毒物品罪定罪处罚。

非法买卖麻黄碱类复方制剂或者运输、携带、寄递麻黄碱类复方制剂进出境，没有证据证明系用于制造毒品或者走私、非法买卖制毒物品，或者未达到走私制毒物品罪、非法买卖制毒物品罪的定罪数量标准，构成非法经营罪、走私普通货物、物品罪等其他犯罪的，依法定罪处罚。

实施第一款、第二款规定的行为，同时构成其他犯罪的，依照处罚较重的规定定罪处罚。

二、关于利用麻黄碱类复方制剂加工、提炼制毒物品行为的定性

以制造毒品为目的，利用麻黄碱类复方制剂加工、提炼制毒物品的，依照刑法第三百四十七条的规定，以制造毒品罪定罪处罚。

以走私或者非法买卖为目的，利用麻黄碱类复方制剂加工、提炼制毒物品的，依照刑法第三百五十条第一款、第三款的规定，分别以走私制毒物品罪、非法买卖制毒物品罪定罪处罚。

三、关于共同犯罪的认定

明知他人利用麻黄碱类制毒物品制造毒品，向其提供麻黄碱类复方制剂，为

其利用麻黄碱类复方制剂加工、提炼制毒物品,或者为其获取、利用麻黄碱类复方制剂提供其他帮助的,以制造毒品罪的共犯论处。

明知他人走私或者非法买卖麻黄碱类制毒物品,向其提供麻黄碱类复方制剂,为其利用麻黄碱类复方制剂加工、提炼制毒物品,或者为其获取、利用麻黄碱类复方制剂提供其他帮助的,分别以走私制毒物品罪、非法买卖制毒物品罪的共犯论处。

四、关于犯罪预备、未遂的认定

实施本意见规定的行为,符合犯罪预备或者未遂情形的,依照法律规定处罚。

五、关于犯罪嫌疑人、被告人主观目的与明知的认定

对于本意见规定的犯罪嫌疑人、被告人的主观目的与明知,应当根据物证、书证、证人证言以及犯罪嫌疑人、被告人供述和辩解等在案证据,结合犯罪嫌疑人、被告人的行为表现,重点考虑以下因素综合予以认定:

1. 购买、销售麻黄碱类复方制剂的价格是否明显高于市场交易价格;

2. 是否采用虚假信息、隐蔽手段运输、寄递、存储麻黄碱类复方制剂;

3. 是否采用伪报、伪装、藏匿或者绕行进出境等手段逃避海关、边防等检查;

4. 提供相关帮助行为获得的报酬是否合理;

5. 此前是否实施过同类违法犯罪行为;

6. 其他相关因素。

六、关于制毒物品数量的认定

实施本意见规定的行为,以走私制毒物品罪、非法买卖制毒物品罪定罪处罚的,应当以涉案麻黄碱类复方制剂中麻黄碱类物质的含量作为涉案制毒物品的数量。

实施本意见规定的行为,以制造毒品罪定罪处罚的,应当将涉案麻黄碱类复方制剂所含的麻黄碱类物质可以制成的毒品数量作为量刑情节考虑。

多次实施本意见规定的行为未经处理的,涉案制毒物品的数量累计计算。

七、关于定罪量刑的数量标准①

实施本意见规定的行为,以走私制毒物品罪、非法买卖制毒物品罪定罪处罚的,涉案麻黄碱类复方制剂所含的麻黄碱类物质应当达到以下数量标准:麻黄碱、伪麻黄碱、消旋麻黄碱及其盐类五千克以上不满五十千克;去甲麻黄碱、甲基麻黄碱及其盐类十千克以上不满一百千克;麻黄浸膏、麻黄浸膏粉一百千克以上不满一千千克。达到上述数量标准上限的,认定为刑法第三百五十条第一款规定的“数量大”。

实施本意见规定的行为,以制造毒品罪定罪处罚的,无论涉案麻黄碱类复方制剂所含的麻黄碱类物质数量多少,都应当追究刑事责任。

八、关于麻黄碱类复方制剂的范围

本意见所称麻黄碱类复方制剂是指含有《易制毒化学品管理条例》(国务院令第445号)品种目录所列的麻黄碱(麻黄素)、伪麻黄碱(伪麻黄素)、消旋麻黄碱(消旋麻黄素)、去甲麻黄碱(去甲麻黄素)、甲基麻黄碱(甲基麻黄素)及其盐类,或者麻黄浸膏、麻黄浸膏粉等麻黄碱类物质的药品复方制剂。

---

① 该条关于定罪量刑的数量标准的规定今后不再适用,因为最高法2016年《关于审理毒品犯罪案件适用法律若干问题的解释》第七、八条已经对此作了新的规定。

最高人民法院、最高人民检察院、公安部、农业部、食品药品监管总局关于进一步加强麻黄草管理严厉打击非法买卖麻黄草等违法犯罪活动的通知

(2013年5月21日,
公通字〔2013〕16号)

各省、自治区、直辖市高级人民法院,人民检察院,公安厅、局,农业(农牧、畜牧)厅、局,食品药品监督管理局(药品监督管理局),解放军军事法院、军事检察院,新疆维吾尔自治区高级人民法院生产建设兵团分院,新疆生产建设兵团人民检察院、公安局、畜牧兽医局:

……现就有关要求通知如下:

……

三、依法查处非法采挖、买卖麻黄草等犯罪行为

各地人民法院、人民检察院、公安机关要依法查处非法采挖、买卖麻黄草等犯罪行为,区别情形予以处罚:

(一)以制造毒品为目的,采挖、收购麻黄草的,依照刑法第三百四十七条的规定,以制造毒品罪定罪处罚。

(二)以提取麻黄碱类制毒物品后进行走私或者非法贩卖为目的,采挖、收购麻黄草,涉案麻黄草所含的麻黄碱类制毒物品达到相应定罪数量标准的,依照刑法第三百五十条第一款、第三款的规定,分别以走私制毒物品罪、非法买卖制毒物品罪定罪处罚。

(三)明知他人制造毒品或者走私、非法买卖制毒物品,向其提供麻黄草或者提供运输、储存麻黄草等帮助的,分别以制造毒品罪、走私制毒物品罪、非法买卖制毒物品罪的共犯论处。

(四)违反国家规定采挖、销售、收购麻黄草,没有证据证明以制造毒品或者走私、非法买卖制毒物品为目的,依照刑法第二百二十五条的规定构成犯罪的,以非法经营罪定罪处罚。

(五)实施以上行为,以制造毒品罪、走私制毒物品罪、非法买卖制毒物品罪定罪处罚的,涉案制毒物品的数量按照三百千克麻黄草折合一千克麻黄碱计算;以制造毒品罪定罪处罚的,无论涉案麻黄草数量多少,均应追究刑事责任。

最高人民法院、最高人民检察院、公安部关于规范毒品名称表述若干问题的意见

(2014年8月20日印发,
法〔2014〕224号)

为进一步规范毒品犯罪案件办理工作,现对毒品犯罪案件起诉意见书、起诉书、刑事判决书、刑事裁定书中的毒品名称表述问题提出如下规范意见。

一、规范毒品名称表述的基本原则

(一)毒品名称表述应当以毒品的化学名称为依据,并与刑法、司法解释及相关规范性文件中的毒品名称保持一致。

刑法、司法解释等没有规定的,可以参照《麻醉药品品种目录》《精神药品品种目录》中的毒品名称进行表述。

(二)对于含有二种以上毒品成分的混合型毒品,应当根据其主要毒品成分和具体形态认定毒品种类、确定名称。混合型毒品中含有海洛因、甲基苯丙胺的,一般应当以海洛因、甲基苯丙胺确定其毒品种类;不含海洛因、甲基苯丙胺,或者海洛因、甲基苯丙胺的含量极低的,可以根据其中定罪量刑数量标准较低且所占比例较大的毒品成分确定其毒品种类。混合型毒品成分复杂的,可以用括号注明其中所含的一至二种其他毒品成分。

(三)为体现与犯罪嫌疑人、被告人供述的对应性,对于犯罪嫌疑人、被告人供述的毒品常见俗称,可以在文书中第一次表述该类毒品时用括号注明。

二、几类毒品的名称表述

(一)含甲基苯丙胺成分的毒品

1. 对于含甲基苯丙胺成分的晶体状毒品,应当统一表述为甲基苯丙胺(冰毒),在下文中再次出现时可以直接表述为甲基苯丙胺。

2. 对于以甲基苯丙胺为主要毒品成分的片剂状毒品,应当统一表述为甲基苯丙胺片剂。如果犯罪嫌疑人、被告人供述为"麻古""麻果"或者其他俗称的,可以在文书中第一次表述该类毒品时用括号注明,如表述为甲基苯丙胺片剂(俗称"麻古")等。

3. 对于含甲基苯丙胺成分的液体、固液混合物、粉末等,应当根据其毒品成分和具体形态进行表述,如表述为含甲基苯丙胺成分的液体、含甲基苯丙胺成分的粉末等。

(二)含氯胺酮成分的毒品

1. 对于含氯胺酮成分的粉末状毒品,应当统一表述为氯胺酮。如果犯罪嫌疑人、被告人供述为"K 粉"等俗称的,可以在文书中第一次表述该类毒品时用括号注明,如表述为氯胺酮(俗称"K 粉")等。

2. 对于以氯胺酮为主要毒品成分的片剂状毒品,应当统一表述为氯胺酮片剂。

3. 对于含氯胺酮成分的液体、固液混合物等,应当根据其毒品成分和具体形态进行表述,如表述为含氯胺酮成分的液体、含氯胺酮成分的固液混合物等。

(三)含 MDMA 等成分的毒品

对于以 MDMA、MDA、MDEA 等致幻性苯丙胺类兴奋剂为主要毒品成分的丸状、片剂状毒品,应当根据其主要毒品成分的中文化学名称和具体形态进行表述,并在文书中第一次表述该类毒品时用括号注明下文中使用的英文缩写简称,如表述为3,4 - 亚甲二氧基甲基苯丙胺片剂(以下简称 MDMA 片剂)、3,4 - 亚甲二氧基苯丙胺片剂(以下简称 MDA 片剂)、3,4 - 亚甲二氧基乙基苯丙胺片剂(以下简称 MDEA 片剂)等。如果犯罪嫌疑人、被告人供述为"摇头丸"等俗称的,可以在文书中第一次表述该类毒品时用括号注明,如表述为 3,4 - 亚甲二氧基甲基苯丙胺片剂(以下简称 MDMA 片剂,俗称"摇头丸")等。

(四)"神仙水"类毒品

对于俗称"神仙水"的液体状毒品,应当根据其主要毒品成分和具体形态进行表述。毒品成分复杂的,可以用括号注明其中所含的一至二种其他毒品成分,如表述为含氯胺酮(咖啡因、地西泮等)成分的液体等。如果犯罪嫌疑人、被告人供述为“神仙水”等俗称的,可以在文书中第一次表述该类毒品时用括号注明,如表述为含氯胺酮(咖啡因、地西泮等)成分的液体(俗称“神仙水”)等。

(五)大麻类毒品

对于含四氢大麻酚、大麻二酚、大麻酚等天然大麻素类成分的毒品,应当根据其外形特征分别表述为大麻叶、大麻脂、大麻油或者大麻烟等。

最高人民法院、最高人民检察院、公安部关于办理邻氯苯基环戊酮等三种制毒物品犯罪案件定罪量刑数量标准的通知[①]

(2014年9月5日,公通字〔2014〕32号)

各省、自治区、直辖市高级人民法院,人民检察院,公安厅、局,解放军军事法院、军事检察院,新疆维吾尔自治区高级人民法院生产建设兵团分院,新疆生产建设兵团人民检察院、公安局:

近年来,随着制造合成毒品犯罪的迅速增长,制毒物品流入非法渠道形势严峻。利用邻氯苯基环戊酮合成羟亚胺进而制造氯胺酮,利用1-苯基-2-溴-1-丙酮(又名溴代苯丙酮、2-溴代苯丙酮、α-溴代苯丙酮等)合成麻黄素和利用3-氧-2-苯基丁腈(又名α-氰基苯丙酮、α-苯乙酰基乙腈、2-苯乙酰基乙腈等)合成1-苯基-2-丙酮进而制造甲基苯丙胺(冰毒)等犯罪尤为突出。2012年9月和2014年5月,国务院先后将邻氯苯基环戊酮、1-苯基-2-溴-1-丙酮和3-氧-2-苯基丁腈增列为第一类易制毒化学品管制。为遏制上述物品流入非法渠道被用于制造毒品,根据刑法和《最高人民法院关于审理毒品案件定罪量刑标准有关问题的解释》《最高人民法院、最高人民检察院、公安部关于办理制毒物品犯罪案件适用法律若干问题的意见》等相关规定,现就办理上述三种制毒物品犯罪案件的定罪量刑数量标准通知如下:

一、违反国家规定,非法运输、携带邻氯苯基环戊酮、1-苯基-2-溴-1-丙酮或者3-氧-2-苯基丁腈进出境,或者在境内非法买卖上述物品,达到下列数量标准的,依照刑法第三百五十条第一款的规定,处三年以下有期徒刑、拘役或者管制,并处罚金:

(一)邻氯苯基环戊酮二十千克以上不满二百千克;

(二)1-苯基-2-溴-1-丙酮、3-氧-2-苯基丁腈十五千克以上不满一百五十千克。

二、违反国家规定,实施上述行为,达到或者超过第一条所列最高数量标准的,应当认定为刑法第三百五十条第一款规定的“数量大”,处三年以上十年以下有期徒刑,并处罚金。

---

① 该通知对非法生产、买卖制毒物品、走私制毒物品罪中“情节较重”“情节严重”的数量标准与最高人民法院2016年《关于审理毒品犯罪案件适用法律若干问题的解释》第七条的规定不一致,应以后者为准。

公安部
关于认定海洛因有关问题的批复

(2002年6月28日,
公禁毒〔2002〕236号)

甘肃省公安厅:

你厅《关于海洛因认定问题的请示》(甘公禁〔2002〕27号)收悉。现批复如下:

一、海洛因是以"二乙酰吗啡"或"盐酸二乙酰吗啡"为主要成分的化学合成的精制鸦片类毒品,"单乙酰吗啡"和"单乙酰可待因"是只有在化学合成海洛因过程中才会衍生的化学物质,属于同一种类的精制鸦片类毒品。海洛因在运输、贮存过程中,因湿度、光照等因素的影响,会出现"二乙酰吗啡"自然降解为"单乙酰吗啡"的现象,即"二乙酰吗啡"含量呈下降趋势,"单乙酰吗啡"含量呈上升趋势,甚至出现只检出"单乙酰吗啡"成分而未检出"二乙酰吗啡"成分的检验结果。因此,不论是否检出"二乙酰吗啡"成分,只要检出"单乙酰吗啡"或"单乙酰吗啡和单乙酰可待因"的,根据化验部门出具的检验报告,均应当认定送检样品为海洛因。

二、根据海洛因的毒理作用,海洛因进入吸毒者的体内代谢后,很快由"二乙酰吗啡"转化为"单乙酰吗啡",然后再代谢为吗啡。在海洛因滥用者或中毒者的尿液或其他检材检验中,只能检出少量"单乙酰吗啡"及吗啡成分,无法检出"二乙酰吗啡"成分。因此,在尿液及其他检材中,只要检验出"单乙酰吗啡",即证明涉嫌人员服用了海洛因。

食品药品监管总局、公安部、国家卫生计生委
关于公布麻醉药品和精神药品品种目录的通知

(2014年1月1日,食药监药化监〔2013〕230号)

各省、自治区、直辖市食品药品监督管理局、公安厅(局)、卫生厅局(卫生计生委),新疆生产建设兵团食品药品监督管理局、公安局、卫生局:

根据《麻醉药品和精神药品管理条例》第三条规定,现公布《麻醉药品品种目录(2013年版)》和《精神药品品种目录(2013年版)》,自2014年1月1日起施行。

附件:1. 麻醉药品品种目录(2013年版)
2. 精神药品品种目录(2013年版)

国家食品药品监督管理总局
中华人民共和国公安部
中华人民共和国国家卫生和计划生育委员会
2013年11月11日

附件1

麻醉药品品种目录(2013年版)

序号	中文名	英文名	CAS号	备注
1	醋托啡	Acetorphine	25333－77－1	
2	乙酰阿法甲基芬太尼	Acetyl-*alpha*-methylfentanyl	101860－00－8	
3	醋美沙多	Acetylmethadol	509－74－0	
4	阿芬太尼	Alfentanil	71195－58－9	
5	烯丙罗定	Allylprodine	25384－17－2	
6	阿醋美沙多	Alphacetylmethadol	17199－58－5	
7	阿法美罗定	Alphameprodine	468－51－9	
8	阿法美沙多	Alphamethadol	17199－54－1	
9	阿法甲基芬太尼	Alpha-methylfentanyl	79704－88－4	
10	阿法甲基硫代芬太尼	Alpha-methylthiofentanyl	103963－66－2	
11	阿法罗定	Alphaprodine	77－20－3	
12	阿尼利定	Anileridine	144－14－9	
13	苄替啶	Benzethidine	3691－78－9	
14	苄吗啡	Benzylmorphine	36418－34－5	
15	倍醋美沙多	Betacetylmethadol	17199－59－6	
16	倍他羟基芬太尼	Beta-hydroxyfentanyl	78995－10－5	
17	倍他羟基－3－甲基芬太尼	Beta-hydroxy-3-methylfentanyl	78995－14－9	
18	倍他美罗定	Betameprodine	468－50－8	
19	倍他美沙多	Betamethadol	17199－55－2	
20	倍他罗定	Betaprodine	468－59－7	
21	贝齐米特	Bezitramide	15301－48－1	
22	大麻和大麻树脂与大麻浸膏和酊	Cannabis and Cannabis Resin and Extracts and Tinctures of Cannabis	8063－14－7 6465－30－1	

续表

序号	中文名	英文名	CAS 号	备注
23	氯尼他秦	Clonitazene	3861 – 76 – 5	
24	古柯叶	Coca Leaf		
25	可卡因*	Cocaine	50 – 36 – 2	
26	可多克辛	Codoxime	7125 – 76 – 0	
27	罂粟浓缩物*	Concentrate of Poppy Straw		包括罂粟果提取物*，罂粟果提取物粉*
28	地索吗啡	Desomorphine	427 – 00 – 9	
29	右吗拉胺	Dextromoramide	357 – 56 – 2	
30	地恩丙胺	Diampromide	552 – 25 – 0	
31	二乙噻丁	Diethylthiambutene	86 – 14 – 6	
32	地芬诺辛	Difenoxin	28782 – 42 – 5	
33	二氢埃托啡*	Dihydroetorphine	14357 – 76 – 7	
34	双氢吗啡	Dihydromorphine	509 – 60 – 4	
35	地美沙多	Dimenoxadol	509 – 78 – 4	
36	地美庚醇	Dimepheptanol	545 – 90 – 4	
37	二甲噻丁	Dimethylthiambutene	524 – 84 – 5	
38	吗苯丁酯	Dioxaphetyl Butyrate	467 – 86 – 7	
39	地芬诺酯*	Diphenoxylate	915 – 30 – 0	
40	地匹哌酮	Dipipanone	467 – 83 – 4	
41	羟蒂巴酚	Drotebanol	3176 – 03 – 2	
42	芽子碱	Ecgonine	481 – 37 – 8	
43	乙甲噻丁	Ethylmethylthiambutene	441 – 61 – 2	
44	依托尼秦	Etonitazene	911 – 65 – 9	
45	埃托啡	Etorphine	14521 – 96 – 1	

续表

序号	中文名	英文名	CAS 号	备注
46	依托利定	Etoxeridine	469 - 82 - 9	
47	芬太尼*	Fentanyl	437 - 38 - 7	
48	呋替啶	Furethidine	2385 - 81 - 1	
49	海洛因	Heroin	561 - 27 - 3	
50	氢可酮*	Hydrocodone	125 - 29 - 1	
51	氢吗啡醇	Hydromorphinol	2183 - 56 - 4	
52	氢吗啡酮*	Hydromorphone	466 - 99 - 9	
53	羟哌替啶	Hydroxypethidine	468 - 56 - 4	
54	异美沙酮	Isomethadone	466 - 40 - 0	
55	凯托米酮	Ketobemidone	469 - 79 - 4	
56	左美沙芬	Levomethorphan	125 - 70 - 2	
57	左吗拉胺	Levomoramide	5666 - 11 - 5	
58	左芬啡烷	Levophenacylmorphan	10061 - 32 - 2	
59	左啡诺	Levorphanol	77 - 07 - 6	
60	美他佐辛	Metazocine	3734 - 52 - 9	
61	美沙酮*	Methadone	76 - 99 - 3	
62	美沙酮中间体	Methadone Intermediate	125 - 79 - 1	4 - 氰基 - 2 - 二甲氨基 - 4,4 - 二苯基丁烷
63	甲地索啡	Methyldesorphine	16008 - 36 - 9	
64	甲二氢吗啡	Methyldihydromorphine	509 - 56 - 8	
65	3 - 甲基芬太尼	3-Methylfentanyl	42045 - 86 - 3	
66	3 - 甲基硫代芬太尼	3-Methylthiofentanyl	86052 - 04 - 2	
67	美托酮	Metopon	143 - 52 - 2	

续表

序号	中文名	英文名	CAS 号	备注
68	吗拉胺中间体	Moramide Intermediate	3626 – 55 – 9	2 – 甲基 – 3 – 吗啉基 – 1,1 – 二苯基丁酸
69	吗哌利定	Morpheridine	469 – 81 – 8	
70	吗啡*	Morphine	57 – 27 – 2	包括吗啡阿托品注射液*
71	吗啡甲溴化物	Morphine Methobromide	125 – 23 – 5	包括其他五价氮吗啡衍生物,特别包括吗啡 – N – 氧化物,其中一种是可待因 – N – 氧化物
72	吗啡 – N – 氧化物	Morphine-N-oxide	639 – 46 – 3	
73	1 – 甲基 – 4 – 苯基 – 4 – 哌啶丙酸酯	1-Methyl-4-phenyl-4-piperidinol propionate (ester)	13147 – 09 – 6	MPPP
74	麦罗啡	Myrophine	467 – 18 – 5	
75	尼可吗啡	Nicomorphine	639 – 48 – 5	
76	诺美沙多	Noracymethadol	1477 – 39 – 0	
77	去甲左啡诺	Norlevorphanol	1531 – 12 – 0	
78	去甲美沙酮	Normethadone	467 – 85 – 6	
79	去甲吗啡	Normorphine	466 – 97 – 7	
80	诺匹哌酮	Norpipanone	561 – 48 – 8	
81	阿片*	Opium	8008 – 60 – 4	包括复方樟脑酊*、阿桔片*
82	奥列巴文	Oripavine	467 – 04 – 9	

续表

序号	中文名	英文名	CAS 号	备注
83	羟考酮*	Oxycodone	76－42－5	
84	羟吗啡酮	Oxymorphone	76－41－5	
85	对氟芬太尼	*Para*-fluorofentanyl	90736－23－5	
86	哌替啶*	Pethidine	57－42－1	
87	哌替啶中间体 A	Pethidine Intermediate A	3627－62－1	4－氰基－1－甲基－4－苯基哌啶
88	哌替啶中间体 B	Pethidine Intermediate B	77－17－8	4－苯基哌啶－4－羧酸乙酯
89	哌替啶中间体 C	Pethidine Intermediate C	3627－48－3	1－甲基－4－苯基哌啶－4－羧酸
90	苯吗庚酮	Phenadoxone	467－84－5	
91	非那丙胺	Phenampromide	129－83－9	
92	非那佐辛	Phenazocine	127－35－5	
93	1－苯乙基－4－苯基－4－哌啶乙酸酯	1-Phenethyl-4-phenyl-4-piperidinol acetate (ester)	64－52－8	PEPAP
94	非诺啡烷	Phenomorphan	468－07－5	
95	苯哌利定	Phenoperidine	562－26－5	
96	匹米诺定	Piminodine	13495－09－5	
97	哌腈米特	Piritramide	302－41－0	
98	普罗庚嗪	Proheptazine	77－14－5	
99	丙哌利定	Properidine	561－76－2	
100	消旋甲啡烷	Racemethorphan	510－53－2	
101	消旋吗拉胺	Racemoramide	545－59－5	
102	消旋啡烷	Racemorphan	297－90－5	

续表

序号	中文名	英文名	CAS 号	备注
103	瑞芬太尼*	Remifentanil	132875-61-7	
104	舒芬太尼*	Sufentanil	56030-54-7	
105	醋氢可酮	Thebacon	466-90-0	
106	蒂巴因*	Thebaine	115-37-7	
107	硫代芬太尼	Thiofentanyl	1165-22-6	
108	替利定	Tilidine	20380-58-9	
109	三甲利定	Trimeperidine	64-39-1	
110	醋氢可待因	Acetyldihydrocodeine	3861-72-1	
111	可待因*	Codeine	76-57-3	
112	右丙氧芬*	Dextropropoxyphene	469-62-5	
113	双氢可待因*	Dihydrocodeine	125-28-0	
114	乙基吗啡*	Ethylmorphine	76-58-4	
115	尼可待因	Nicocodine	3688-66-2	
116	烟氢可待因	Nicodicodine	808-24-2	
117	去甲可待因	Norcodeine	467-15-2	
118	福尔可定*	Pholcodine	509-67-1	
119	丙吡兰	Propiram	15686-91-6	
120	布桂嗪*	Bucinnazine		
121	罂粟壳*	Poppy Shell		

注:1. 上述品种包括其可能存在的盐和单方制剂(除非另有规定)。
2. 上述品种包括其可能存在的异构体、酯及醚(除非另有规定)。
3. 品种目录有*的麻醉药品为我国生产及使用的品种。

附件 2

精神药品品种目录(2013 年版)

第一类

序号	中文名	英文名	CAS 号	备注
1	布苯丙胺	Brolamfetamine	64638 - 07 - 9	DOB
2	卡西酮	Cathinone	71031 - 15 - 7	
3	二乙基色胺	3-[2-(Diethylamino)ethyl]indole	7558 - 72 - 7	DET
4	二甲氧基安非他明	(±)-2, 5-Dimethoxy-*alpha*-methylphenethylamine	2801 - 68 - 5	DMA
5	(1,2 - 二甲基庚基)羟基四氢甲基二苯吡喃	3-(1,2-dimethylheptyl)-7,8,9,10-tetrahydro-6,6,9-trimethyl-6*H*dibenzo[*b*,*d*]pyran-1-ol	32904 - 22 - 6	DMHP
6	二甲基色胺	3-[2-(Dimethylamino)ethyl]indole	61 - 50 - 7	DMT
7	二甲氧基乙基安非他明	(±)-4-ethyl-2, 5-dimethoxy-α-methylphenethylamine	22139 - 65 - 7	DOET
8	乙环利定	Eticyclidine	2201 - 15 - 2	PCE
9	乙色胺	Etryptamine	2235 - 90 - 7	
10	羟芬胺	(±)-N-[alpha-methyl-3, 4-(methylenedioxy)phenethyl]hydroxylamine	74698 - 47 - 8	N-hydroxy MDA
11	麦角二乙胺	(+)-Lysergide	50 - 37 - 3	LSD
12	乙芬胺	(±)-N-ethyl-alpha-methyl-3,4-(methylenedioxy)phenethylamine	82801 - 81 - 8	N-ethyl MDA
13	二亚甲基双氧安非他明	(±)-N, alpha-dimethyl-3,4-(methylene-dio-xy)phenethylamine	42542 - 10 - 9	MDMA

续表

序号	中文名	英文名	CAS 号	备注
14	麦司卡林	Mescaline	54－04－－6	
15	甲卡西酮	Methcathinone	5650－44－2(右旋体),49656－78－2(右旋体盐酸盐),112117－24－5(左旋体),66514－93－0(左旋体盐酸盐)	
16	甲米雷司	4-Methylaminorex	3568－94－3	
17	甲羟芬胺	5-methoxy-α-methyl-3,4-(methylenedioxy) phenethylamine	13674－05－0	MMDA
18	4－甲基硫基安非他明	4-Methylthioamfetamine	14116－06－4	
19	六氢大麻酚	Parahexyl	117－51－1	
20	副甲氧基安非他明	P-methoxy-alpha-methyl-phenethylamine	64－13－1	PMA
21	赛洛新	Psilocine	520－53－6	
22	赛洛西宾	Psilocybine	520－52－5	
23	咯环利定	Rolicyclidine	2201－39－0	PHP
24	二甲氧基甲苯异丙胺	2,5-Dimethoxy-*alpha*,4-dimethylphenethylamine	15588－95－1	STP
25	替苯丙胺	Tenamfetamine	4764－17－4	MDA
26	替诺环定	Tenocyclidine	21500－98－1	TCP
27	四氢大麻酚	Tetrahydrocannabinol		包括同分异构体及其立体化学变体

续表

序号	中文名	英文名	CAS 号	备注
28	三甲氧基安非他明	(±)-3,4,5-Trimethoxy-alpha-methylphenethyl-amine	1082-88-8	TMA
29	苯丙胺	Amfetamine	300-62-9	
30	氨奈普汀	Amineptine	57574-09-1	
31	2,5-二甲氧基-4-溴苯乙胺	4-Bromo-2,5-dimethoxy-phenethylamine	66142-81-2	2-CB
32	右苯丙胺	Dexamfetamine	51-64-9	
33	屈大麻酚	Dronabinol	1972-08-3	δ-9-四氢大麻酚及其立体化学异构体
34	芬乙茶碱	Fenetylline	3736-08-1	
35	左苯丙胺	Levamfetamine	156-34-3	
36	左甲苯丙胺	Levomethamfetamine	33817-09-3	
37	甲氯喹酮	Mecloqualone	340-57-8	
38	去氧麻黄碱	Metamfetamine	537-46-2	
39	去氧麻黄碱外消旋体	Metamfetamine Racemate	7632-10-2	
40	甲喹酮	Methaqualone	72-44-6	
41	哌醋甲酯*	Methylphenidate	113-45-1	
42	苯环利定	Phencyclidine	77-10-1	PCP
43	芬美曲秦	Phenmetrazine	134-49-6	
44	司可巴比妥*	Secobarbital	76-73-3	
45	齐培丙醇	Zipeprol	34758-83-3	
46	安非拉酮	Amfepramone	90-84-6	
47	苄基哌嗪	Benzylpiperazine	2759-28-6	BZP
48	丁丙诺啡*	Buprenorphine	52485-79-7	

续表

序号	中文名	英文名	CAS 号	备注
49	1－丁基－3－(1－萘甲酰基)吲哚	1-Butyl-3-(1-naphthoyl) indole	208987－48－8	JWH－073
50	恰特草	Catha edulis Forssk		Khat
51	2,5－二甲氧基－4－碘苯乙胺	2, 5-Dimethoxy-4-iodo-phenethylamine	69587－11－7	2C－I
52	2,5－二甲氧基苯乙胺	2, 5-Dimethoxyphenethylamine	3600－86－0	2C－H
53	二甲基安非他明	Dimethylamfetamine	4075－96－1	
54	依他喹酮	Etaqualone	7432－25－9	
55	[1－(5－氟戊基)－1H－吲哚－3－基](2－碘苯基)甲酮	(1-(5-Fluoropentyl)-3-(2-iodobenzoyl) indole)	335161－03－0	AM－694
56	1－(5－氟戊基)－3－(1－萘甲酰基)－1H－吲哚	1-(5-Fluoropentyl)-3-(1-naphthoyl) indole	335161－24－5	AM－2201
57	γ－羟丁酸*	Gamma-hydroxybutyrate	591－81－1	GHB
58	氯胺酮*	Ketamine	6740－88－1	
59	马吲哚*	Mazindol	22232－71－9	
60	2－(2－甲氧基苯基)－1－(1－戊基－1H－吲哚－3－基)乙酮	2-(2-Methoxyphenyl)-1-(1-pentyl-1H-indol-3-yl) ethanone	864445－43－2	JWH－250
61	亚甲基二氧吡咯戊酮	Methylenedioxypyrovalerone	687603－66－3	MDPV
62	4－甲基乙卡西酮	4-Methylethcathinone	1225617－18－4	4－MEC
63	4－甲基甲卡西酮	4-Methylmethcathinone	5650－44－2	4－MMC
64	3,4－亚甲二氧基甲卡西酮	3, 4-Methylenedioxy-N-methylcathinone	186028－79－5	Methylone

续表

序号	中文名	英文名	CAS号	备注
65	莫达非尼	Modafinil	68693 - 11 - 8	
66	1 - 戊基 - 3 - (1 - 萘甲酰基)吲哚	1-Pentyl-3-(1-naphthoyl) indole	209414 - 07 - 3	JWH - 018
67	他喷他多	Tapentadol	175591 - 23 - 8	
68	三唑仑*	Triazolam	28911 - 01 - 5	

第二类

序号	中文名	英文名	CAS号	备注
1	异戊巴比妥*	Amobarbital	57 - 43 - 2	
2	布他比妥	Butalbital	77 - 26 - 9	
3	去甲伪麻黄碱	Cathine	492 - 39 - 7	
4	环己巴比妥	Cyclobarbital	52 - 31 - 3	
5	氟硝西泮	Flunitrazepam	1622 - 62 - 4	
6	格鲁米特*	Glutethimide	77 - 21 - 4	
7	喷他佐辛*	Pentazocine	55643 - 30 - 6	
8	戊巴比妥*	Pentobarbital	76 - 74 - 4	
9	阿普唑仑*	Alprazolam	28981 - 97 - 7	
10	阿米雷司	Aminorex	2207 - 50 - 3	
11	巴比妥*	Barbital	57 - 44 - 3	
12	苄非他明	Benzfetamine	156 - 08 - 1	
13	溴西泮	Bromazepam	1812 - 30 - 2	
14	溴替唑仑	Brotizolam	57801 - 81 - 7	
15	丁巴比妥	Butobarbital	77 - 28 - 1	
16	卡马西泮	Camazepam	36104 - 80 - 0	
17	氯氮䓬	Chlordiazepoxide	58 - 25 - 3	
18	氯巴占	Clobazam	22316 - 47 - 8	

续表

序号	中文名	英文名	CAS 号	备注
19	氯硝西泮*	Clonazepam	1622－61－3	
20	氯拉革酸	Clorazepate	23887－31－2	
21	氯噻西泮	Clotiazepam	33671－46－4	
22	氯噁唑仑	Cloxazolam	24166－13－0	
23	地洛西泮	Delorazepam	2894－67－9	
24	地西泮*	Diazepam	439－14－5	
25	艾司唑仑*	Estazolam	29975－16－4	
26	乙氯维诺	Ethchlorvynol	113－18－8	
27	炔己蚁胺	Ethinamate	126－52－3	
28	氯氟革乙酯	Ethyl Loflazepate	29177－84－2	
29	乙非他明	Etilamfetamine	457－87－4	
30	芬坎法明	Fencamfamin	1209－98－9	
31	芬普雷司	Fenproporex	16397－28－7	
32	氟地西泮	Fludiazepam	3900－31－0	
33	氟西泮*	Flurazepam	17617－23－1	
34	哈拉西泮	Halazepam	23092－17－3	
35	卤沙唑仑	Haloxazolam	59128－97－1	
36	凯他唑仑	Ketazolam	27223－35－4	
37	利非他明	Lefetamine	7262－75－1	SPA
38	氯普唑仑	Loprazolam	61197－73－7	
39	劳拉西泮*	Lorazepam	846－49－1	
40	氯甲西泮	Lormetazepam	848－75－9	
41	美达西泮	Medazepam	2898－12－6	
42	美芬雷司	Mefenorex	17243－57－1	
43	甲丙氨酯*	Meprobamate	57－53－4	

续表

序号	中文名	英文名	CAS 号	备注
44	美索卡	Mesocarb	34262－84－5	
45	甲苯巴比妥	Methylphenobarbital	115－38－8	
46	甲乙哌酮	Methyprylon	125－64－4	
47	咪达唑仑*	Midazolam	59467－70－8	
48	尼美西泮	Nimetazepam	2011－67－8	
49	硝西泮*	Nitrazepam	146－22－5	
50	去甲西泮	Nordazepam	1088－11－5	
51	奥沙西泮*	Oxazepam	604－75－1	
52	奥沙唑仑	Oxazolam	24143－17－7	
53	匹莫林*	Pemoline	2152－34－3	
54	苯甲曲秦	Phendimetrazine	634－03－7	
55	苯巴比妥*	Phenobarbital	50－06－6	
56	芬特明	Phentermine	122－09－8	
57	匹那西泮	Pinazepam	52463－83－9	
58	哌苯甲醇	Pipradrol	467－60－7	
59	普拉西泮	Prazepam	2955－38－6	
60	吡咯戊酮	Pyrovalerone	3563－49－3	
61	仲丁比妥	Secbutabarbital	125－40－6	
62	替马西泮	Temazepam	846－50－4	
63	四氢西泮	Tetrazepam	10379－14－3	
64	乙烯比妥	Vinylbital	2430－49－1	
65	唑吡坦*	Zolpidem	82626－48－0	
66	阿洛巴比妥	Allobarbital	58－15－1	

续表

序号	中文名	英文名	CAS 号	备注
67	丁丙诺啡透皮贴剂*	Buprenorphine Transdermal patch		
68	布托啡诺及其注射剂*	Butorphanol and its injection	42408-82-2	
69	咖啡因*	Caffeine	58-08-2	
70	安钠咖*	Caffeine Sodium Benzoate		CNB
71	右旋芬氟拉明	Dexfenfluramine	3239-44-9	
72	地佐辛及其注射剂*	Dezocine and Its Injection	53648-55-8	
73	麦角胺咖啡因片*	Ergotamine and Caffeine Tablet	379-79-3	
74	芬氟拉明	Fenfluramine	458-24-2	
75	呋芬雷司	Furfennorex	3776-93-0	
76	纳布啡及其注射剂	Nalbuphine and its injection	20594-83-6	
77	氨酚氢可酮片*	Paracetamol and Hydrocodone Bitartrate Tablet		
78	丙己君	Propylhexedrine	101-40-6	
79	曲马多*	Tramadol	27203-92-5	
80	扎来普隆*	Zaleplon	151319-34-5	
81	佐匹克隆	Zopiclone	43200-80-2	

注:1. 上述品种包括其可能存在的盐和单方制剂(除非另有规定)。

2. 上述品种包括其可能存在的异构体(除非另有规定)。

3. 品种目录有*的精神药品为我国生产及使用的品种。

食品药品监管总局、公安部、国家卫生计生委关于将含可待因复方口服液体制剂列入第二类精神药品管理的公告[①]

（2015年4月3日发布，自2015年5月1日起施行，2015年第10号）

根据《麻醉药品和精神药品管理条例》的有关规定，国家食品药品监管总局、公安部、国家卫生计生委决定将含可待因复方口服液体制剂（包括口服溶液剂、糖浆剂）列入第二类精神药品管理。

本公告自2015年5月1日起实行。

特此公告。

食品药品监管总局
公安部
国家卫生计生委
2015年4月3日

公安部、国家食品药品监督管理总局、国家卫生和计划生育委员会、国家禁毒委员会办公室非药用类麻醉药品和精神药品列管办法

（2015年9月24日印发，自2015年10月1日起施行，公通字〔2015〕27号）

第一条　为加强对非药用类麻醉药品和精神药品的管理，防止非法生产、经营、运输、使用和进出口，根据《中华人民共和国禁毒法》和《麻醉药品和精神药品管理条例》等法律、法规的规定，制定本办法。

第二条　本办法所称的非药用类麻醉药品和精神药品，是指未作为药品生产和使用，具有成瘾性或者成瘾潜力且易被滥用的物质。

第三条　麻醉药品和精神药品按照药用类和非药用类分类列管。除麻醉药品和精神药品管理品种目录已有列管品种外，新增非药用类麻醉药品和精神药品管制品种由本办法附表列示。非药用类麻醉药品和精神药品管制品种目录的调整由国务院公安部门会同国务院食品药品监督管理部门和国务院卫生计生行政部门负责。

非药用类麻醉药品和精神药品发现医药用途，调整列入药品目录的，不再列入非药用类麻醉药品和精神药品管制品种目录。

第四条　对列管的非药用类麻醉药品和精神药品，禁止任何单位和个人生产、买卖、运输、使用、储存和进出口。因科研、实验需要使用非药用类麻醉药品和精神药品，在药品、医疗器械生产、检测中需要使用非药用类麻醉药品和精神药品标准品、对照品，以及药品生产过程中非

---

① 根据《刑法》第三百五十七条的规定“本法所称毒品，是指鸦片、海洛因、甲基苯丙胺（冰毒）、吗啡、大麻、可卡因以及国家规定管制的其提供能够使人形成瘾癖的麻醉药品和精神药品”，毒品包括国家规定管制的精神药品，而管制类的精神药品分为第一类和第二类两种，因而作为第二类的含可待因复方口服液体制剂（俗称摇头水、止咳水）在2015年5月1日以后就属于毒品。

药用类麻醉药品和精神药品中间体的管理,按照有关规定执行。

各级公安机关和有关部门依法加强对非药用类麻醉药品和精神药品违法犯罪行为的打击处理。

第十条 本办法自2015年10月1日起施行。

附表:

非药用类麻醉药品和精神药品管制品种增补目录

序号	中文名	英文名	CAS号	备注
1	N-(2-甲氧基苄基)-2-(2,5-二甲氧基-4-溴苯基)乙胺	2-(4-Bromo-2, 5-dimethoxyphenyl)-N-(2-methoxybenzyl)ethanamine	1026511-90-9	2C-B-NBOMe
2	2,5-二甲氧基-4-氯苯乙胺	4-Chloro-2, 5-dimethoxyphenethylamine	88441-14-9	2C-C
3	N-(2-甲氧基苄基)-2-(2,5-二甲氧基-4-氯苯基)乙胺	2-(4-Chloro-2, 5-dimethoxyphenyl)-N-(2-methoxybenzyl)ethanamine	1227608-02-7	2C-C-NBOMe
4	2,5-二甲氧基-4-甲基苯乙胺	4-Methyl-2,5-dimethoxyphenethylamine	24333-19-5	2C-D
5	N-(2-甲氧基苄基)-2-(2,5-二甲氧基-4-甲基苯基)乙胺	2-(4-Methyl-2, 5-dimethoxyphenyl)-N-(2-methoxybenzyl)ethanamine	1354632-02-2	2C-D-NBOMe
6	2,5-二甲氧基-4-乙基苯乙胺	4-Ethyl-2, 5-dimethoxyphenethylamine	71539-34-9	2C-E
7	N-(2-甲氧基苄基)-2-(2,5-二甲氧基-4-碘苯基)乙胺	2-(4-Iodo-2, 5-dimethoxyphenyl)-N-(2-methoxybenzyl)ethanamine	919797-19-6	2C-I-NBOMe
8	2,5-二甲氧基-4-丙基苯乙胺	4-Propyl-2, 5-dimethoxyphenethylamine	207740-22-5	2C-P

续表

序号	中文名	英文名	CAS 号	备注
9	2,5－二甲氧基－4－乙硫基苯乙胺	4-Ethylthio-2,5-dimethoxyphenethylamine	207740－24－7	2C－T－2
10	2,5－二甲氧基－4－异丙基硫基苯乙胺	4-Isopropylthio-2,5-dimethoxyphenethy lamine	207740－25－8	2C－T－4
11	2,5－二甲氧基－4－丙硫基苯乙胺	4-Propylthio-2,5-dimethoxyphenethylamine	207740－26－9	2C－T－7
12	2－氟苯丙胺	1-(2-Fluorophenyl) propan-2-amine	1716－60－5	2－FA
13	2－氟甲基苯丙胺	N-Methyl-1-(2-fluorophenyl)propan-2-amine	1017176－48－5	2－FMA
14	1－(2－苯并呋喃基)－N－甲基－2－丙胺	N-Methyl-1-(benzofuran-2-yl)propan-2-amine	806596－15－6	2－MAPB
15	3－氟苯丙胺	1-(3-Fluorophenyl) propan-2-amine	1626－71－7	3－FA
16	3－氟甲基苯丙胺	N-Methyl-1-(3-fluorophenyl)propan-2-amine	1182818－14－9	3－FMA
17	4－氯苯丙胺	1-(4-Chlorophenyl) propan-2-amine	64－12－0	4－CA
18	4－氟苯丙胺	1-(4-Fluorophenyl) propan-2-amine	459－02－9	4－FA
19	4－氟甲基苯丙胺	N-Methyl-1-(4-fluorophenyl)propan-2-amine	351－03－1	4－FMA
20	1－[5－(2,3－二氢苯并呋喃基)]－2－丙胺	1-(2,3-Dihydro-1-benzofuran-5-yl) propan-2-amine	152624－03－8	5－APDB
21	1－(5－苯并呋喃基)－N－甲基－2－丙胺	N-Methyl-1-(benzofuran-5-yl)propan-2-amine	1354631－77－8	5－MAPB

续表

序号	中文名	英文名	CAS 号	备注
22	6－溴－3,4－亚甲二氧基甲基苯丙胺	N-Methyl-(6-bromo-3,4-methylenedioxyphenyl) propan-2-amine		6－Br－MDMA
23	6－氯－3,4－亚甲二氧基甲基苯丙胺	N-Methyl-(6-chloro-3,4-methylenedioxyphenyl) propan-2-amine	319920－71－3	6－Cl－MDMA
24	1－(2,5－二甲氧基－4－氯苯基)－2－丙胺	1-(4-Chloro-2,5-dimethoxyphenyl)propan-2-amine	123431－31－2	DOC
25	1－(2－噻吩基)－N－甲基－2－丙胺	N-Methyl-1-(thiophen-2-yl)propan-2-amine	801156－47－8	MPA
26	N－(1－氨甲酰基－2－甲基丙基)－1－(5－氟戊基)吲哚－3－甲酰胺	N-(1-Amino-3-methyl-1-oxobutan-2-yl)-1-(5-fluoropentyl)-1H-indole-3-carboxamide	1801338－26－0	5F－ABICA
27	N－(1－氨甲酰基－2－甲基丙基)－1－(5－氟戊基)吲唑－3－甲酰胺	N-(1-Amino-3-methyl-1-oxobutan-2-yl)-1-(5-fluoropentyl)-1H-indazole-3-carboxamide	1800101－60－3	5F－AB－PINACA
28	N－(1－氨甲酰基－2,2－二甲基丙基)－1－(5－氟戊基)吲哚－3－甲酰胺	N-(1-Amino-3, 3-dimethyl-1-oxobutan-2-yl)-1-(5-fluoropentyl)-1H-indole-3-carboxamide	1801338－27－1	5F－ADBICA
29	N－(1－甲氧基羰基－2－甲基丙基)－1－(5－氟戊基)吲唑－3－甲酰胺	1-Methoxy-3-methyl-1-oxobutan-2-yl-1-(5-fluoropentyl)-1H-indazole-3-carboxamide	1715016－74－2	5F－AMB
30	N－(1－金刚烷基)－1－(5－氟戊基)吲唑－3－甲酰胺	N-(1-Adamantyl)-1-(5-fluoropentyl)-1H-indazole-3-carboxamide	1400742－13－3	5F－APINACA

续表

序号	中文名	英文名	CAS 号	备注
31	1－(5－氟戊基)吲哚－3－甲酸－8－喹啉酯	Quinolin-8-yl 1-(5-fluoropentyl)-1H-indole-3-carboxylate	1400742－41－7	5F－PB－22
32	1－(5－氟戊基)－3－(2,2,3,3－四甲基环丙甲酰基)吲哚	(1-(5-Fluoropentyl)-1H-indol-3-yl)(2,2,3,3-tetramethylcyclopropyl)methanone	1364933－54－9	5F－UR－144
33	1－[2－(N－吗啉基)乙基]－3－(2,2,3,3－四甲基环丙甲酰基)吲哚	(1-(2-Morpholin-4-ylethyl)-1H-indol-3-yl)(2,2,3,3-tetramethylcyclopropyl)methanone	895155－26－7	A－796,260
34	1－(4－四氢吡喃基甲基)－3－(2,2,3,3－四甲基环丙甲酰基)吲哚	(1-(Tetrahydropyran-4-ylmethyl)-1H-indol-3-yl)(2,2,3,3-tetramethylcyclopropyl)methanone	895155－57－4	A－834,735
35	N－(1－氨甲酰基－2－甲基丙基)－1－(环己基甲基)吲唑－3－甲酰胺	N-(1-Amino-3-methyl-1-oxobutan-2-yl)-1-(cyclohexylmethyl)-1H-indazole-3-carboxamide	1185887－21－1	AB－CHMINACA
36	N－(1－氨甲酰基－2－甲基丙基)－1－(4－氟苄基)吲唑－3－甲酰胺	N-(1-Amino-3-methyl-1-oxobutan-2-yl)-1-(4-fluorobenzyl)-1H-indazole-3-carboxamide	1629062－56－1	AB－FUBINACA
37	N－(1－氨甲酰基－2－甲基丙基)－1－戊基吲唑－3－甲酰胺	N-(1-Amino-3-methyl-1-oxobutan-2-yl)-1-pentyl-1H-indazole-3-carboxamide	1445583－20－9	AB－PINACA
38	N－(1－氨甲酰基－2,2－二甲基丙基)－1－戊基吲哚－3－甲酰胺	N-(1-Amino-3,3-dimethyl-1-oxobutan-2-yl)-1-pentyl-1H-indole-3-carboxamide	1445583－48－1	ADBICA

续表

序号	中文名	英文名	CAS 号	备注
39	N－(1－氨甲酰基－2,2－二甲基丙基)－1－戊基吲唑－3－甲酰胺	N-(1-Amino-3,3-dimethyl-1-oxobutan-2-yl)-1-pentyl-1H-indazole-3-carboxamide	1633766－73－0	ADB－PINACA
40	1－[(N－甲基－2－哌啶基)甲基]－3－(1－萘甲酰基)吲哚	(1-((1-Methylpiperidin-2-yl)methyl)-1H-indol-3-yl)(naphthalen-1-yl)methanone	137642－54－7	AM－1220
41	1－[(N－甲基－2－哌啶基)甲基]－3－(1－金刚烷基甲酰基)吲哚	(1-((1-Methylpiperidin-2-yl)methyl)-1H-indol-3-yl)(adamantan-1-yl)methanone	335160－66－2	AM－1248
42	1－[(N－甲基－2－哌啶基)甲基]－3－(2－碘苯甲酰基)吲哚	(1-((1-Methylpiperidin-2-yl)methyl)-1H-indol-3-yl)(2-iodophenyl)methanone	444912－75－8	AM－2233
43	N－(1－金刚烷基)－1－戊基吲哚－3－甲酰胺	N-(1-Adamantyl)-1-pentyl-1H-indole-3-carboxamide	1345973－50－3	APICA
44	N－(1－金刚烷基)－1－戊基吲唑－3－甲酰胺	N-(1-Adamantyl)-1-pentyl-1H-indazole-3-carboxamide	1345973－53－6	APINACA
45	1－(1－萘甲酰基)－4－戊氧基萘	(4-Pentyloxynaphthalen-1-yl)(naphthalen-1-yl)methanone	432047－72－8	CB－13
46	N－(1－甲基－1－苯基乙基)－1－(4－四氢吡喃基甲基)吲唑－3－甲酰胺	N-(2-Phenylpropan-2-yl)-1-(tetrahydropyran-4-ylmethyl)-1H-indazole-3-carboxamide	1400742－50－8	CUMYL－THPINACA
47	1－(5－氟戊基)－3－(4－乙基－1－萘甲酰基)吲哚	(1-(5-Fluoropentyl)-1H-indol-3-yl)(4-ethylnaphthalen-1-yl)methanone	1364933－60－7	EAM－2201

续表

序号	中文名	英文名	CAS 号	备注
48	1-(4-氟苄基)-3-(1-萘甲酰基)吲哚	(1-(4-Fluorobenzyl)-1H-indol-3-yl)(naphthalen-1-yl)methanone		FUB-JWH-018
49	1-(4-氟苄基)吲哚-3-甲酸-8-喹啉酯	Quinolin-8-yl 1-(4-fluorobenzyl)-1H-indole-3-carboxylate	1800098-36-5	FUB-PB-22
50	2-甲基-1-戊基-3-(1-萘甲酰基)吲哚	(2-Methyl-1-pentyl-1H-indol-3-yl)(naphthalen-1-yl)methanone	155471-10-6	JWH-007
51	2-甲基-1-丙基-3-(1-萘甲酰基)吲哚	(2-Methyl-1-propyl-1H-indol-3-yl)(naphthalen-1-yl)methanone	155471-08-2	JWH-015
52	1-己基-3-(1-萘甲酰基)吲哚	(1-Hexyl-1H-indol-3-yl)(naphthalen-1-yl)methanone	209414-08-4	JWH-019
53	1-戊基-3-(4-甲氧基-1-萘甲酰基)吲哚	(1-Pentyl-1H-indol-3-yl)(4-methoxynaphthalen-1-yl)methanone	210179-46-7	JWH-081
54	1-戊基-3-(4-甲基-1-萘甲酰基)吲哚	(1-Pentyl-1H-indol-3-yl)(4-methylnaphthalen-1-yl)methanone	619294-47-2	JWH-122
55	1-戊基-3-(2-氯苯乙酰基)吲哚	2-(2-Chlorophenyl)-1-(1-pentyl-1H-indol-3-yl)ethanone	864445-54-5	JWH-203
56	1-戊基-3-(4-乙基-1-萘甲酰基)吲哚	(1-Pentyl-1H-indol-3-yl)(4-ethylnaphthalen-1-yl)methanone	824959-81-1	JWH-210
57	1-戊基-2-(2-甲基苯基)-4-(1-萘甲酰基)吡咯	(5-(2-Methylphenyl)-1-pentyl-1H-pyrrol-3-yl)(naphthalen-1-yl)methanone	914458-22-3	JWH-370

续表

序号	中文名	英文名	CAS 号	备注
58	1-(5-氟戊基)-3-(4-甲基-1-萘甲酰基)吲哚	(1-(5-Fluoropentyl)-1H-indol-3-yl)(4-methyl-naphthalen-1-yl) methanone	1354631-24-5	MAM-2201
59	N-(1-甲氧基羰基-2,2-二甲基丙基)-1-(环己基甲基)吲哚-3-甲酰胺	N-(1-Methoxy-3,3-dimethyl-1-oxobutan-2-yl)-1-(cyclohexylmethyl)-1H-indole-3-carboxamide	1715016-78-6	MDMB-CHMICA
60	N-(1-甲氧基羰基-2,2-二甲基丙基)-1-(4-氟苄基)吲唑-3-甲酰胺	N-(1-Methoxy-3,3-dimethyl-1-oxobutan-2-yl)-1-(4-fluorobenzyl)-1H-indazole-3-carboxamide	1715016-77-5	MDMB-FUBINACA
61	1-戊基吲哚-3-甲酸-8-喹啉酯	Quinolin-8-yl 1-pentyl-1H-indole-3-carboxylate	1400742-17-7	PB-22
62	N-(1-氨甲酰基-2-苯基乙基)-1-(5-氟戊基)吲唑-3-甲酰胺	N-(1-Amino-1-oxo-3-phenylpropan-2-yl)-1-(5-fluoropentyl)-1H-indazole-3-carboxamide		PX-2
63	1-戊基-3-(4-甲氧基苯甲酰基)吲哚	(1-Pentyl-1H-indol-3-yl)(4-methoxyphenyl) methanone	1345966-78-0	RCS-4
64	N-(1-金刚烷基)-1-(5-氟戊基)吲哚-3-甲酰胺	N-(1-Adamantyl)-1-(5-fluoropentyl)-1H-indole-3-carboxamide	1354631-26-7	STS-135
65	1-戊基-3-(2,2,3,3-四甲基环丙甲酰基)吲哚	(1-Pentyl-1H-indol-3-yl)(2,2,3,3-tetramethylcyclopropyl) methanone	1199943-44-6	UR-144
66	2-氟甲卡西酮	1-(2-Fluorophenyl)-2-methylaminopropan-1-one	1186137-35-8	2-FMC
67	2-甲基甲卡西酮	1-(2-Methylphenyl)-2-methylaminopropan-1-one	1246911-71-6	2-MMC

续表

序号	中文名	英文名	CAS号	备注
68	3,4-二甲基甲卡西酮	1-(3,4-Dimethylphenyl)-2-methylaminopropan-1-one	1082110-00-6	3,4-DMMC
69	3-氯甲卡西酮	1-(3-Chlorophenyl)-2-methylaminopropan-1-one	1049677-59-9	3-CMC
70	3-甲氧基甲卡西酮	1-(3-Methoxyphenyl)-2-methylaminopropan-1-one	882302-56-9	3-MeOMC
71	3-甲基甲卡西酮	1-(3-Methylphenyl)-2-methylaminopropan-1-one	1246911-86-3	3-MMC
72	4-溴甲卡西酮	1-(4-Bromophenyl)-2-methylaminopropan-1-one	486459-03-4	4-BMC
73	4-氯甲卡西酮	1-(4-Chlorophenyl)-2-methylaminopropan-1-one	1225843-86-6	4-CMC
74	4-氟甲卡西酮	1-(4-Fluorophenyl)-2-methylaminopropan-1-one	447-40-5	4-FMC
75	1-(4-氟苯基)-2-(N-吡咯烷基)-1-戊酮	1-(4-Fluorophenyl)-2-(1-pyrrolidinyl) pentan-1-one	850352-62-4	4-F-α-PVP
76	1-(4-甲基苯基)-2-甲氨基-1-丁酮	1-(4-Methylphenyl)-2-methylaminobutan-1-one	1337016-51-9	4-MeBP
77	1-(4-甲氧基苯基)-2-(N-吡咯烷基)-1-戊酮	1-(4-Methoxyphenyl)-2-(1-pyrrolidinyl) pentan-1-one	14979-97-6	4-MeO-α-PVP
78	1-苯基-2-甲氨基-1-丁酮	1-Phenyl-2-methylaminobutan-1-one	408332-79-6	Buphedrone
79	2-甲氨基-1-[3,4-(亚甲二氧基)苯基]-1-丁酮	1-(3,4-Methylenedioxyphenyl)-2-methylaminobutan-1-one	802575-11-7	Butylone

续表

序号	中文名	英文名	CAS 号	备注
80	2－二甲氨基－1－[3,4－(亚甲二氧基)苯基]－1－丙酮	1-(3,4-Methylenedioxyphenyl)-2-dimethylaminopropan-1-one	765231－58－1	Dimethylone
81	乙卡西酮	1-Phenyl-2-ethylaminopropan-1-one	18259－37－5	Ethcathinone
82	3,4－亚甲二氧基乙卡西酮	1-(3,4-Methylenedioxyphenyl)-2-ethylaminopropan-1-one	1112937－64－0	Ethylone
83	1－[3,4－(亚甲二氧基)苯基]－2－(N－吡咯烷基)－1－丁酮	1-(3,4-Methylenedioxyphenyl)-2-(1-pyrrolidinyl)butan-1-one	784985－33－7	MDPBP
84	1－[3,4－(亚甲二氧基)苯基]－2－(N－吡咯烷基)－1－丙酮	1-(3,4-Methylenedioxyphenyl)-2-(1-pyrrolidinyl)propan-1-one	783241－66－7	MDPPP
85	4－甲氧基甲卡西酮	1-(4-Methoxyphenyl)-2-methylaminopropan-1-one	530－54－1	Methedrone
86	1－苯基－2－乙氨基－1－丁酮	1-Phenyl-2-ethylaminobutan-1-one	1354631－28－9	NEB
87	1－苯基－2－甲氨基－1－戊酮	1-Phenyl-2-methylaminopentan-1-one	879722－57－3	Pentedrone
88	1－苯基－2－(N－吡咯烷基)－1－丁酮	1-Phenyl-2-(1-pyrrolidinyl)butan-1-one	13415－82－2	α－PBP
89	1－苯基－2－(N－吡咯烷基)－1－己酮	1-Phenyl-2-(1-pyrrolidinyl)hexan-1-one	13415－86－6	α－PHP
90	1－苯基－2－(N－吡咯烷基)－1－庚酮	1-Phenyl-2-(1-pyrrolidinyl)heptan-1-one	13415－83－3	α－PHPP
91	1－苯基－2－(N－吡咯烷基)－1－戊酮	1-Phenyl-2-(1-pyrrolidinyl)pentan-1-one	14530－33－7	α－PVP

续表

序号	中文名	英文名	CAS 号	备注
92	1－(2－噻吩基)－2－(N－吡咯烷基)－1－戊酮	1-(Thiophen-2-yl)-2-(1-pyrrolidinyl)pentan-1-one	1400742－66－6	α－PVT
93	2－(3－甲氧基苯基)－2－乙氨基环己酮	2-(3-Methoxyphenyl)-2-(ethylamino) cyclohexanone	1239943－76－0	MXE
94	乙基去甲氯胺酮	2-(2-Chlorophenyl)-2-(ethylamino) cyclohexanone	1354634－10－8	NENK
95	N,N－二烯丙基－5－甲氧基色胺	5-Methoxy-N, N-diallyltryptamine	928822－98－4	5－MeO－DALT
96	N,N－二异丙基－5－甲氧基色胺	5-Methoxy-N, N-diisopropyltryptamine	4021－34－5	5－MeO－DiPT
97	N,N－二甲基－5－甲氧基色胺	5-Methoxy-N, N-dimethyltryptamine	1019－45－0	5－MeO－DMT
98	N－甲基－N－异丙基－5－甲氧基色胺	5-Methoxy-N-isopropyl-N-methyltryptamine	96096－55－8	5－MeO－MiPT
99	α－甲基色胺	alpha-Methyltryptamine	299－26－3	AMT
100	1,4－二苄基哌嗪	1,4-Dibenzylpiperazine	1034－11－3	DBZP
101	1－(3－氯苯基)哌嗪	1-(3-Chlorophenyl) piperazine	6640－24－0	mCPP
102	1－(3－三氟甲基苯基)哌嗪	1-(3-Trifluoromethylphenyl)piperazine	15532－75－9	TFMPP
103	2－氨基茚满	2-Aminoindane	2975－41－9	2－AI
104	5,6－亚甲二氧基－2－氨基茚满	5,6-Methylenedioxy-2-aminoindane	132741－81－2	MDAI

续表

序号	中文名	英文名	CAS 号	备注
105	2－二苯甲基哌啶	2-Diphenylmethylpiperi-dine	519－74－4	2－DPMP
106	3,4－二氯哌甲酯	Methyl 2-(3,4-dichloro-phenyl)-2-(piperidin-2-yl)acetate	1400742－68－8	3,4－CTMP
107	乙酰芬太尼	N-(1-Phenethylpiperidin-4-yl)-N-phenylacetamide	3258－84－2	Acetylfenta-nyl
108	3,4－二氯－N－[(1－二甲氨基环己基)甲基]苯甲酰胺	3,4-Dichloro-N-((1-(dimethylamino)cyclo-hexyl)methyl)benzamide	55154－30－8	AH－7921
109	丁酰芬太尼	N-(1-Phenethylpiperidin-4-yl)-N-phenylbutyramide	1169－70－6	Butyrylfent-anyl
110	哌乙酯	Ethyl 2-phenyl-2-(piperi-din-2-yl)acetate	57413－43－1	Ethylpheni-date
111	1－[1－(2－甲氧基苯基)－2－苯基乙基]哌啶	1-(1-(2-Methoxyphe-nyl)-2-phenylethyl)pi-peridine	127529－46－8	Methox-phenidine
112	芬纳西泮	7-Bromo-5-(2-chlorophenyl)-1,3-dihydro-2H-1,4-benzo-diazepin-2-one	51753－57－2	Phenazepam
113	β－羟基硫代芬太尼	N-(1-(2-Hydroxy-2-(thio-phen-2-yl)ethyl)piperidin-4-yl)-N-phenylpropanamide	1474－34－6	β-Hydroxy-thiofentanyl
114	4－氟丁酰芬太尼	N-(4-Fluorophenyl)-N-(1-phenethylpiperidin-4-yl)butyramide	244195－31－1	4-Fluorobu-tyrfentanyl

续表

序号	中文名	英文名	CAS 号	备注
115	异丁酰芬太尼	N-(1-Phenethylpiperidin-4-yl)-N-phenylisobutyramide	119618-70-1	Isobutyrfentanyl
116	奥芬太尼	N-(2-Fluorophenyl)-2-methoxy-N-(1-phenethylpiperidin-4-yl)acetamide	101343-69-5	Ocfentanyl

注:上述品种包括其可能存在的盐类、旋光异构体及其盐类(另有规定的除外)。

最高人民法院
关于审理毒品犯罪案件适用法律若干问题的解释

(2016年1月25日最高人民法院审判委员会第1676次会议通过,2016年4月6日公布,自2016年4月11日起施行,法释〔2016〕8号)

为依法惩治毒品犯罪,根据《中华人民共和国刑法》的有关规定,现就审理此类刑事案件适用法律的若干问题解释如下:

第一条 走私、贩卖、运输、制造、非法持有下列毒品,应当认定为刑法第三百四十七条第二款第一项、第三百四十八条规定的"其他毒品数量大":

(一)可卡因五十克以上;

(二)3,4-亚甲二氧基甲基苯丙胺(MDMA)等苯丙胺类毒品(甲基苯丙胺除外)、吗啡一百克以上;

(三)芬太尼一百二十五克以上;

(四)甲卡西酮二百克以上;

(五)二氢埃托啡十毫克以上;

(六)哌替啶(度冷丁)二百五十克以上;

(七)氯胺酮五百克以上;

(八)美沙酮一千克以上;

(九)曲马多、γ-羟丁酸二千克以上;

(十)大麻油五千克、大麻脂十千克、大麻叶及大麻烟一百五十千克以上;

(十一)可待因、丁丙诺啡五千克以上;

(十二)三唑仑、安眠酮五十千克以上;

(十三)阿普唑仑、恰特草一百千克以上;

(十四)咖啡因、罂粟壳二百千克以上;

(十五)巴比妥、苯巴比妥、安钠咖、尼美西泮二百五十千克以上;

(十六)氯氮卓、艾司唑仑、地西泮、溴西泮五百千克以上;

(十七)上述毒品以外的其他毒品数量大的。

国家定点生产企业按照标准规格生产的麻醉药品或者精神药品被用于毒品犯罪的,根据药品中毒品成分的含量认定涉案毒品数量。

第二条 走私、贩卖、运输、制造、非法持有下列毒品,应当认定为刑法第三百四十七条第三款、第三百四十八条规定的"其他毒品数量较大":

(一)可卡因十克以上不满五十克;

(二)3,4-亚甲二氧基甲基苯丙胺(MDMA)等苯丙胺类毒品(甲基苯丙胺除外)、吗啡二十克以上不满一百克;

(三)芬太尼二十五克以上不满一百二十五克;

(四)甲卡西酮四十克以上不满二百克;

(五)二氢埃托啡二毫克以上不满十毫克;

(六)哌替啶(度冷丁)五十克以上不满二百五十克;

(七)氯胺酮一百克以上不满五百克;

(八)美沙酮二百克以上不满一千克;

(九)曲马多、γ-羟丁酸四百克以上不满二千克;

(十)大麻油一千克以上不满五千克、大麻脂二千克以上不满十千克、大麻叶及大麻烟三十千克以上不满一百五十千克;

(十一)可待因、丁丙诺啡一千克以上不满五千克;

(十二)三唑仑、安眠酮十千克以上不满五十千克;

(十三)阿普唑仑、恰特草二十千克以上不满一百千克;

(十四)咖啡因、罂粟壳四十千克以上不满二百千克;

(十五)巴比妥、苯巴比妥、安钠咖、尼美西泮五十千克以上不满二百五十千克;

(十六)氯氮卓、艾司唑仑、地西泮、溴西泮一百千克以上不满五百千克;

(十七)上述毒品以外的其他毒品数量较大的。

第三条 在实施走私、贩卖、运输、制造毒品犯罪的过程中,携带枪支、弹药或者爆炸物用于掩护的,应当认定为刑法第三百四十七条第二款第三项规定的"武装掩护走私、贩卖、运输、制造毒品"。枪支、弹药、爆炸物种类的认定,依照相关司法解释的规定执行。

在实施走私、贩卖、运输、制造毒品犯罪的过程中,以暴力抗拒检查、拘留、逮捕,造成执法人员死亡、重伤、多人轻伤或者具有其他严重情节的,应当认定为刑法第三百四十七条第二款第四项规定的"以暴力抗拒检查、拘留、逮捕,情节严重"。

第四条 走私、贩卖、运输、制造毒品,具有下列情形之一的,应当认定为刑法第三百四十七条第四款规定的"情节严重":

(一)向多人贩卖毒品或者多次走私、贩卖、运输、制造毒品的;

(二)在戒毒场所、监管场所贩卖毒品的;

(三)向在校学生贩卖毒品的;

(四)组织、利用残疾人、严重疾病患者、怀孕或者正在哺乳自己婴儿的妇女走私、贩卖、运输、制造毒品的;

(五)国家工作人员走私、贩卖、运输、制造毒品的;

(六)其他情节严重的情形。

第五条 非法持有毒品达到刑法第三百四十八条或者本解释第二条规定的

"数量较大"标准,且具有下列情形之一的,应当认定为刑法第三百四十八条规定的"情节严重":

(一)在戒毒场所、监管场所非法持有毒品的;

(二)利用、教唆未成年人非法持有毒品的;

(三)国家工作人员非法持有毒品的;

(四)其他情节严重的情形。

第六条　包庇走私、贩卖、运输、制造毒品的犯罪分子,具有下列情形之一的,应当认定为刑法第三百四十九条第一款规定的"情节严重":

(一)被包庇的犯罪分子依法应当判处十五年有期徒刑以上刑罚的;

(二)包庇多名或者多次包庇走私、贩卖、运输、制造毒品的犯罪分子的;

(三)严重妨害司法机关对被包庇的犯罪分子实施的毒品犯罪进行追究的;

(四)其他情节严重的情形。

为走私、贩卖、运输、制造毒品的犯罪分子窝藏、转移、隐瞒毒品或者毒品犯罪所得的财物,具有下列情形之一的,应当认定为刑法第三百四十九条第一款规定的"情节严重":

(一)为犯罪分子窝藏、转移、隐瞒毒品达到刑法第三百四十七条第二款第一项或者本解释第一条第一款规定的"数量大"标准的;

(二)为犯罪分子窝藏、转移、隐瞒毒品犯罪所得的财物价值达到五万元以上的;

(三)为多人或者多次为他人窝藏、转移、隐瞒毒品或者毒品犯罪所得的财物的;

(四)严重妨害司法机关对该犯罪分子实施的毒品犯罪进行追究的;

(五)其他情节严重的情形。

包庇走私、贩卖、运输、制造毒品的近亲属,或者为其窝藏、转移、隐瞒毒品或者毒品犯罪所得的财物,不具有本条前两款规定的"情节严重"情形,归案后认罪、悔罪、积极退赃,且系初犯、偶犯,犯罪情节轻微不需要判处刑罚的,可以免予刑事处罚。

第七条　违反国家规定,非法生产、买卖、运输制毒物品、走私制毒物品,达到下列数量标准的,应当认定为刑法第三百五十条第一款规定的"情节较重":

(一)麻黄碱(麻黄素)、伪麻黄碱(伪麻黄素)、消旋麻黄碱(消旋麻黄素)一千克以上不满五千克;

(二)1-苯基-2-丙酮、1-苯基-2-溴-1-丙酮、3,4-亚甲基二氧苯基-2-丙酮、羟亚胺二千克以上不满十千克;

(三)3-氧-2-苯基丁腈、邻氯苯基环戊酮、去甲麻黄碱(去甲麻黄素)、甲基麻黄碱(甲基麻黄素)四千克以上不满二十千克;

(四)醋酸酐十千克以上不满五十千克;

(五)麻黄浸膏、麻黄浸膏粉、胡椒醛、黄樟素、黄樟油、异黄樟素、麦角酸、麦角胺、麦角新碱、苯乙酸二十千克以上不满一百千克;

(六)N-乙酰邻氨基苯酸、邻氨基苯甲酸、三氯甲烷、乙醚、哌啶五十千克以上不满二百五十千克;

(七)甲苯、丙酮、甲基乙基酮、高锰酸钾、硫酸、盐酸一百千克以上不满五百

千克;

(八)其他制毒物品数量相当的。

违反国家规定,非法生产、买卖、运输制毒物品、走私制毒物品,达到前款规定的数量标准最低值的百分之五十,且具有下列情形之一的,应当认定为刑法第三百五十条第一款规定的“情节较重”:

(一)曾因非法生产、买卖、运输制毒物品、走私制毒物品受过刑事处罚的;

(二)二年内曾因非法生产、买卖、运输制毒物品、走私制毒物品受过行政处罚的;

(三)一次组织五人以上或者多次非法生产、买卖、运输制毒物品、走私制毒物品,或者在多个地点非法生产制毒物品的;

(四)利用、教唆未成年人非法生产、买卖、运输制毒物品、走私制毒物品的;

(五)国家工作人员非法生产、买卖、运输制毒物品、走私制毒物品的;

(六)严重影响群众正常生产、生活秩序的;

(七)其他情节较重的情形。

易制毒化学品生产、经营、购买、运输单位或者个人未办理许可证明或者备案证明,生产、销售、购买、运输易制毒化学品,确实用于合法生产、生活需要的,不以制毒物品犯罪论处。

第八条 违反国家规定,非法生产、买卖、运输制毒物品、走私制毒物品,具有下列情形之一的,应当认定为刑法第三百五十条第一款规定的“情节严重”:

(一)制毒物品数量在本解释第七条第一款规定的最高数量标准以上,不满最高数量标准五倍的;

(二)达到本解释第七条第一款规定的数量标准,且具有本解释第七条第二款第三项至第六项规定的情形之一的;

(三)其他情节严重的情形。

违反国家规定,非法生产、买卖、运输制毒物品、走私制毒物品,具有下列情形之一的,应当认定为刑法第三百五十条第一款规定的“情节特别严重”:

(一)制毒物品数量在本解释第七条第一款规定的最高数量标准五倍以上的;

(二)达到前款第一项规定的数量标准,且具有本解释第七条第二款第三项至第六项规定的情形之一的;

(三)其他情节特别严重的情形。

第九条 非法种植毒品原植物,具有下列情形之一的,应当认定为刑法第三百五十一条第一款第一项规定的“数量较大”:

(一)非法种植大麻五千株以上不满三万株的;

(二)非法种植罂粟二百平方米以上不满一千二百平方米、大麻二千平方米以上不满一万二千平方米,尚未出苗的;

(三)非法种植其他毒品原植物数量较大的。

非法种植毒品原植物,达到前款规定的最高数量标准的,应当认定为刑法第三百五十一条第二款规定的“数量大”。

第十条 非法买卖、运输、携带、持有未经灭活的毒品原植物种子或者幼苗,具有下列情形之一的,应当认定为刑法第三百五十二条规定的“数量较大”:

(一)罂粟种子五十克以上、罂粟幼苗五千株以上的;

(二)大麻种子五十千克以上、大麻幼苗五万株以上的;

(三)其他毒品原植物种子或者幼苗

数量较大的。

第十一条 引诱、教唆、欺骗他人吸食、注射毒品，具有下列情形之一的，应当认定为刑法第三百五十三条第一款规定的“情节严重”：

（一）引诱、教唆、欺骗多人或者多次引诱、教唆、欺骗他人吸食、注射毒品的；

（二）对他人身体健康造成严重危害的；

（三）导致他人实施故意杀人、故意伤害、交通肇事等犯罪行为的；

（四）国家工作人员引诱、教唆、欺骗他人吸食、注射毒品的；

（五）其他情节严重的情形。

第十二条 容留他人吸食、注射毒品，具有下列情形之一的，应当依照刑法第三百五十四条的规定，以容留他人吸毒罪定罪处罚：

（一）一次容留多人吸食、注射毒品的；

（二）二年内多次容留他人吸食、注射毒品的；

（三）二年内曾因容留他人吸食、注射毒品受过行政处罚的；

（四）容留未成年人吸食、注射毒品的；

（五）以牟利为目的容留他人吸食、注射毒品的；

（六）容留他人吸食、注射毒品造成严重后果的；

（七）其他应当追究刑事责任的情形。

向他人贩卖毒品后又容留其吸食、注射毒品，或者容留他人吸食、注射毒品并向其贩卖毒品，符合前款规定的容留他人吸毒罪的定罪条件的，以贩卖毒品罪和容留他人吸毒罪数罪并罚。

容留近亲属吸食、注射毒品，情节显著轻微危害不大的，不作为犯罪处理；需要追究刑事责任的，可以酌情从宽处罚。

第十三条 依法从事生产、运输、管理、使用国家管制的麻醉药品、精神药品的人员，违反国家规定，向吸食、注射毒品的人提供国家规定管制的能够使人形成瘾癖的麻醉药品、精神药品，具有下列情形之一的，应当依照刑法第三百五十五条第一款的规定，以非法提供麻醉药品、精神药品罪定罪处罚：

（一）非法提供麻醉药品、精神药品达到刑法第三百四十七条第三款或者本解释第二条规定的“数量较大”标准最低值的百分之五十，不满“数量较大”标准的；

（二）二年内曾因非法提供麻醉药品、精神药品受过行政处罚的；

（三）向多人或者多次非法提供麻醉药品、精神药品的；

（四）向吸食、注射毒品的未成年人非法提供麻醉药品、精神药品的；

（五）非法提供麻醉药品、精神药品造成严重后果的；

（六）其他应当追究刑事责任的情形。

具有下列情形之一的，应当认定为刑法第三百五十五条第一款规定的“情节严重”：

（一）非法提供麻醉药品、精神药品达到刑法第三百四十七条第三款或者本解释第二条规定的“数量较大”标准的；

（二）非法提供麻醉药品、精神药品达到前款第一项规定的数量标准，且具有前款第三项至第五项规定的情形之一的；

(三)其他情节严重的情形。

第十四条　利用信息网络,设立用于实施传授制造毒品、非法生产制毒物品的方法,贩卖毒品,非法买卖制毒物品或者组织他人吸食、注射毒品等违法犯罪活动的网站、通讯群组,或者发布实施前述违法犯罪活动的信息,情节严重的,应当依照刑法第二百八十七条之一的规定,以非法利用信息网络罪定罪处罚。

实施刑法第二百八十七条之一、第二百八十七条之二规定的行为,同时构成贩卖毒品罪、非法买卖制毒物品罪、传授犯罪方法罪等犯罪的,依照处罚较重的规定定罪处罚。

第十五条　本解释自2016年4月11日起施行。《最高人民法院关于审理毒品案件定罪量刑标准有关问题的解释》(法释〔2000〕13号)同时废止;之前发布的司法解释和规范性文件与本解释不一致的,以本解释为准。

公安部、国家食品药品监督管理总局、国家卫生和计划生育委员会关于将卡芬太尼等四种芬太尼类物质列入非药用类麻醉药品和精神药品管制品种增补目录的公告

(2017年3月1日起施行)

根据《麻醉药品和精神药品管理条例》《非药用类麻醉药品和精神药品列管办法》的有关规定,公安部、国家食品药品监督管理总局和国家卫生和计划生育委员会决定将卡芬太尼、呋喃芬太尼、丙烯酰芬太尼、戊酰芬太尼四种物质列入非药用麻醉药品和精神药品管制品种增补目录。

公安部、国家食品药品监督管理总局、国家卫生和计划生育委员会关于将N－甲基－N－(2－二甲氨基环己基)－3,4－二氯苯甲酰胺(U－47700)等四种物质列入非药用类麻醉药品和精神药品管制品种增补目录的公告

(2017年7月1日起施行)

根据《麻醉药品和精神药品管理条例》《非药用类麻醉药品和精神药品列管办法》的有关规定,公安部、国家食品药品监督管理总局和国家卫生和计划生育委员会决定将N－甲基－N－(2－二甲氨基环己基)－3,4－二氯苯甲酰胺(U－47700)、1－环己基－4－(1,2－二苯基乙基)哌嗪(MT－45)、4－甲氧基甲基苯丙胺(PMMA)和2－氨基－4－甲基－5－(4－甲基苯基)－4,5－二氢恶唑(4,4′－DMAR)四种物质列入非药用类麻醉药品和精神药品管制品种增补目录。

本公告自2017年7月1日起施行。

国务院办公厅关于同意将N－苯乙基－4－哌啶酮、4－苯胺基－N－苯乙基哌啶、N－甲基－1－苯基－1－氯－2－丙胺、溴素、1－苯基－1－丙酮列入易制毒化学品品种目录的函

（2017年11月6日，
国办函〔2017〕120号）

公安部、商务部、卫生计生委、海关总署、安全监管总局、食品药品监管总局：

根据《易制毒化学品管理条例》第二条的规定，国务院同意在《易制毒化学品管理条例》附表《易制毒化学品的分类和品种目录》中增列N－苯乙基－4－哌啶酮、4－苯胺基－N－苯乙基哌啶、N－甲基－1－苯基－1－氯－2－丙胺为第一类易制毒化学品，增列溴素、1－苯基－1－丙酮为第二类易制毒化学品。

公安部、商务部、卫生计生委、海关总署、国家安全监管总局、国家食品药品监管总局关于将N－苯乙基－4－哌啶酮、4－苯胺基－N－苯乙基哌啶、N－甲基－1－苯基－1－氯－2－丙胺、溴素、1－苯基－1－丙酮5种物质列入易制毒化学品管理的公告

（2018年2月1日）

经国务院批准，4－苯胺基－N－苯乙基哌啶、N－苯乙基－4－哌啶酮、N－甲基－1－苯基－1－氯－2－丙胺和溴素、1－苯基－1－丙酮5种物质已列入《易制毒化学品管理条例》（以下简称《条例》）附表《易制毒化学品的分类和品种目录》，现将有关管理事项公告如下：

一、4－苯胺基－N－苯乙基哌啶和N－苯乙基－4－哌啶酮的管理

4－苯胺基－N－苯乙基哌啶简称4－ANPP，分子式C19H24N2，化学文摘登记号即CAS号21409－26－7，海关编码29333990.90；N－苯乙基－4－哌啶酮简称NPP，分子式C13H17NO，CAS号39742－60－4，海关编码29333990.90。该两种物质按照《条例》附表第一类易制毒化学品管理，其生产、经营、购买、运输和进出口活动执行非药品类易制毒化学品的有关规定。

二、N－甲基－1－苯基－1－氯－2－丙胺的管理

N－甲基－1－苯基－1－氯－2－丙

胺简称β－氯代甲基苯丙胺,又名氯代麻黄碱、氯麻黄碱,分子式 C10H14NCI · HCI,CAS 号 25394 －24 －5,海关编码 29397190.12。该物质按照《条例》附表第一类易制毒化学品管理,其生产、经营、购买、运输和进出口活动执行药品类易制毒化学品中麻黄素类物质的有关规定。

三、溴素和1－苯基－1－丙酮的管理

溴素又名溴、液溴,分子式 Br2,CAS 号 7726 －95 －6,海关编码 28013020.00;1－苯基－1－丙酮,又名苯基乙基甲酮、丙酰苯、乙基苯基酮,分子式 C9H10O,CAS 号 93 －55 －0,海关编码 29143990.90。该两种物质按照《条例》附表第二类易制毒化学品管理,其生产、经营、购买、运输和进出口活动执行非药品类易制毒化学品的有关规定。

本公告自 2018 年 2 月 1 日起施行。

公安部、国家卫生健康委员会、国家药品监督管理局关于将4－氯乙卡西酮等32种物质列入非药用类麻醉药品和精神药品管制品种增补目录的公告

(2018 年 8 月 16 日)

根据《麻醉药品和精神药品管理条例》《非药用类麻醉药品和精神药品列管办法》的有关规定,公安部、国家卫生健康委员会和国家药品监督管理局决定将4－氯乙卡西酮等 32 种物质列入非药用类麻醉药品和精神药品管制品种增补目录。

本公告自 2018 年 9 月 1 日起施行。

附表:

非药用类麻醉药品和精神药品管制品种增补目录

序号	中文名	英文名	CAS 号	备注
1	4－氯乙卡西酮	1－(4-Chlorophenyl)－2－(ethylamino)propan-1-one	14919 －85 －8	4-CEC
2	1－[3,4－(亚甲二氧基)苯基]－2－乙氨基－1－戊酮	1－(3,4-Methylenedioxyphenyl)－2－(ethylamino) pentan-1-one	727641 －67 －0	N-Ethylpentylone
3	1－(4－氯苯基)－2－(N－吡咯烷基)－1－戊酮	1－(4-Chlorophenyl)－2－(1-pyrrolidinyl) pentan-1-one	5881 －77 －6	4-Cl-α-PVP
4	1－[3,4－(亚甲二氧基)苯基]－2－二甲氨基－1－丁酮	1－(3,4-Methylenedioxyphenyl)－2－(dimethylamino)butan-1-one	802286 －83 －5	Dibutylone

续表

序号	中文名	英文名	CAS 号	备注
5	1－[3,4－(亚甲二氧基)苯基]－2－甲氨基－1－戊酮	1－(3,4-Methylenedioxyphenyl)－2－(methylamino)pentan-1-one	698963－77－8	Pentylone
6	1－苯基－2－乙氨基－1－己酮	1－Phenyl－2－(ethylamino)hexan-1-one	802857－66－5	N-Ethylhexedrone
7	1－(4－甲基苯基)－2－(N－吡咯烷基)－1－己酮	1－(4-Methylphenyl)－2－(1-pyrrolidinyl) hexan-1-one	34138－58－4	4-MPHP
8	1－(4－氯苯基)－2－(N－吡咯烷基)－1－丙酮	1－(4-Chlorophenyl)－2－(1-pyrrolidinyl) propan-1-one	28117－79－5	4-Cl-α-PPP
9	1－[2－(5,6,7,8－四氢萘基)]－2－(N－吡咯烷基)－1－戊酮	1－(5, 6, 7, 8-Tetrahydronaphthalen-2-yl)－2－(1-pyrrolidinyl)pentan-1-one		β-TH-Naphyrone
10	1－(4－氟苯基)－2－(N－吡咯烷基)－1－己酮	1－(4-Fluorophenyl)－2－(1-pyrrolidinyl) hexan-1-one	2230706－09－7	4-F-α-PHP
11	4－乙基甲卡西酮	1－(4-Ethylphenyl)－2－(methylamino) propan-1-one	1225622－14－9	4-EMC
12	1－(4－甲基苯基)－2－乙氨基－1－戊酮	1－(4-Methylphenyl)－2－(ethylamino)pentan-1-one	746540－82－9	4-MEAPP
13	1－(4－甲基苯基)－2－甲氨基－3－甲氧基－1－丙酮	1－(4-Methylphenyl)－2－(methylamino)－3-methoxypropan-1-one	2166915－02－0	Mexedrone
14	1－[3,4－(亚甲二氧基)苯基]－2－(N－吡咯烷基)－1－己酮	1－(3, 4-Methylenedioxyphenyl)－2－(1-pyrrolidinyl)hexan-1-one	776994－64－0	MDPHP

续表

序号	中文名	英文名	CAS 号	备注
15	1－(4－甲基苯基)－2－甲氨基－1－戊酮	1－(4-Methylphenyl)－2－(methylamino)pentan-1-one	1373918－61－6	4-MPD
16	1－(4－甲基苯基)－2－二甲氨基－1－丙酮	1－(4-Methylphenyl)－2－(dimethylamino)propan-1-one	1157738－08－3	4-MDMC
17	3,4－亚甲二氧基丙卡西酮	1－(3,4-Methylenedioxyphenyl)－2－(propylamino)propan-1-one	201474－93－3	Propylone
18	1－(4－氯苯基)－2－乙氨基－1－戊酮	1－(4-Chlorophenyl)－2－(ethylamino)pentan-1-one		4-Cl-EAPP
19	1－苯基－2－(N－吡咯烷基)－1－丙酮	1-Phenyl－2－(1-pyrrolidinyl)propan-1-one	19134－50－0	α-PPP
20	1－(4－氯苯基)－2－甲氨基－1－戊酮	1－(4-Chlorophenyl)－2－(methylamino) pentan-1-one	2167949－43－9	4-Cl-Pentedrone
21	3－甲基－2－[1－(4－氟苄基)吲唑－3－甲酰氨基]丁酸甲酯	N－(1-Methoxy-3-methyl-1-oxobutan-2-yl)－1－(4-fluorobenzyl)－1*H*-indazole-3-carboxamide	1715016－76－4	AMB-FUBINACA
22	1－(4－氟苄基)－N－(1－金刚烷基)吲唑－3－甲酰胺	N－(1-Adamantyl)－1－(4-fluorobenzyl)－1*H*-indazole-3-carboxamide	2180933－90－6	FUB-APINACA
23	N－(1－氨甲酰基－2,2－二甲基丙基)－1－(环己基甲基)吲唑－3－甲酰胺	N－(1-Amino－3,3-dimethyl-1-oxobutan-2-yl)－1－(cyclohexylmethyl)－1*H*-indazole-3-carboxamide	1863065－92－2	ADB-CHMINACA
24	N－(1－氨甲酰基－2,2－二甲基丙基)－1－(4－氟苄基)吲唑－3－甲酰胺	N－(1-Amino-3,3-dimethyl-1-oxobutan-2-yl)－1－(4-fluorobenzyl)－1*H*-indazole-3-carboxamide	1445583－51－6	ADB-FUBINACA

续表

序号	中文名	英文名	CAS 号	备注
25	3,3－二甲基－2－[1－(5－氟戊基)吲唑－3－甲酰氨基]丁酸甲酯	N －（1-Methoxy-3，3-dimethyl-1-oxobutan-2-yl）－1－（5-fluoropentyl）－1*H*-indazole-3-carboxamide	1715016－75－3	5F-ADB
26	3－甲基－2－[1－(环己基甲基)吲哚－3－甲酰氨基]丁酸甲酯	N－（1-Methoxy-3-methyl-1-oxobutan-2-yl）－1－(cyclohexylmethyl)－1*H*-indole-3-carboxamide	1971007－94－9	AMB-CHMICA
27	1－(5－氟戊基)－2－(1－萘甲酰基)苯并咪唑	(1－(5-Fluoropentyl)－1*H*-benzimidazol-2-yl)(naphthalen-1-yl)methanone	1984789－90－3	BIM－2201
28	1－(5－氟戊基)吲哚－3－甲酸－1－萘酯	Naphthalen-1-yl 1－（5-fluoropentyl）－1*H*-indole-3-carboxylate	2042201－16－9	NM－2201
29	2－苯基－2－甲氨基环己酮	2-Phenyl-2－(methylamino)cyclohexanone	7063－30－1	DCK
30	3－甲基－5－[2－(8－甲基－3－苯基－8－氮杂环[3,2,1]辛烷基)]－1,2,4－噁二唑	8-Methyl-2－(3-methyl－1,2,4-oxadiazol-5-yl)－3-phenyl-8-aza-bicyclo[3.2.1]octane	146659－37－2	RTI－126
31	4－氟异丁酰芬太尼	N－(4-Fluorophenyl)－N－(1-phenethylpiperidin-4-yl)isobutyramide	244195－32－2	4－FIBF
32	四氢呋喃芬太尼	N-Phenyl-N－(1-phenethylpiperidin-4-yl) tetrahydrofuran-2-carboxamide	2142571－01－3	THF-F

最高人民检察院
关于《非药用类麻醉药品和
精神药品管制品种增补目录》
能否作为认定毒品依据的批复

(2018年12月12日最高人民检察院第十三届检察委员会第11次会议通过,2019年4月29日公布,自2019年4月30日起施行)

河南省人民检察院:

你院《关于〈非药用类麻醉药品和精神药品管制品种增补目录〉能否作为认定毒品的依据的请示》收悉。经研究,批复如下:

根据《中华人民共和国刑法》第三百五十七条和《中华人民共和国禁毒法》第二条的规定,毒品是指鸦片、海洛因、甲基苯丙胺(冰毒)、吗啡、大麻、可卡因以及国家规定管制的其他能够使人形成瘾癖的麻醉药品和精神药品。

2015年10月1日起施行的公安部、国家食品药品监督管理总局、国家卫生和计划生育委员会、国家禁毒委员会办公室《非药用类麻醉药品和精神药品列管办法》及其附表《非药用类麻醉药品和精神药品管制品种增补目录》,是根据国务院《麻醉药品和精神药品管理条例》第三条第二款授权制定的,《非药用类麻醉药品和精神药品管制品种增补目录》可以作为认定毒品的依据。

此复。

公安部、国家卫生健康委、国家药监局
关于将芬太尼类物质列入
《非药用类麻醉药品和精神
药品管制品种增补目录》的公告

(2019年5月1日)

根据《麻醉药品和精神药品管理条例》《非药用类麻醉药品和精神药品列管办法》有关规定,公安部、国家卫生健康委员会和国家药品监督管理局决定将芬太尼类物质列入《非药用类麻醉药品和精神药品管制品种增补目录》。“芬太尼类物质”是指化学结构与芬太尼(N－[1－(2－苯乙基)－4－哌啶基]－N－苯基丙酰胺)相比,符合以下一个或多个条件的物质:

一、使用其他酰基替代丙酰基;

二、使用任何取代或未取代的单环芳香基团替代与氮原子直接相连的苯基;

三、哌啶环上存在烷基、烯基、烷氧基、酯基、醚基、羟基、卤素、卤代烷基、氨基及硝基等取代基;

四、使用其他任意基团(氢原子除外)替代苯乙基。

上述所列管物质如果发现有医药、工业、科研或者其他合法用途,按照《非药用类麻醉药品和精神药品列管办法》第三条第二款规定予以调整。

已列入《麻醉药品和精神药品品种目录》和《非药用类麻醉药品和精神药品管制品种增补目录》的芬太尼类物质依原有目录予以管制。

本公告自2019年5月1日起施行。

国家药监局、公安部、国家卫生健康委关于将含羟考酮复方制剂等品种列入精神药品管理的公告

（自2019年9月1日起施行，
国家药监局、公安部、国家卫生健康委
公告2019年第63号）

根据《麻醉药品和精神药品管理条例》有关规定，国家药品监督管理局、公安部、国家卫生健康委员会决定将含羟考酮复方制剂等品种列入精神药品管理。现公告如下：

一、口服固体制剂每剂量单位含羟考酮碱大于5毫克，且不含其它麻醉药品、精神药品或药品类易制毒化学品的复方制剂列入第一类精神药品管理；

二、口服固体制剂每剂量单位含羟考酮碱不超过5毫克，且不含其它麻醉药品、精神药品或药品类易制毒化学品的复方制剂列入第二类精神药品管理；

三、丁丙诺啡与纳洛酮的复方口服固体制剂列入第二类精神药品管理。本公告自2019年9月1日起施行。

特此公告。

国家禁毒委员会办公室关于防范非药用类麻醉药品和精神药品及制毒物品违法犯罪的通告

（2019年8月1日）

为切实加强对非药用类麻醉药品和精神药品、制毒物品的管控，有效遏制此类违法犯罪活动，根据国家相关法律法规规定，现将有关事项通告如下：

一、根据《中华人民共和国刑法》第350条之规定，严禁任何组织和个人非法生产、买卖、运输醋酸酐、乙醚、三氯甲烷或者其他用于制造毒品的原料、配剂，或者携带上述物品进出境。严禁任何组织和个人明知他人制造毒品而为其生产、买卖、运输前款规定的物品。

二、根据《中华人民共和国刑法》相关规定，明知某种非列管物质将被用于非法制造非药用类麻醉药品或精神药品而仍然为其生产、销售、运输或进出口的，按照制造毒品犯罪共犯论处。

三、根据《中华人民共和国禁毒法》第21条、第22条之规定，严禁任何组织和个人非法生产、买卖、运输、储存、提供、持有、使用麻醉药品、精神药品和易制毒化学品。严禁任何组织和个人走私麻醉药品、精神药品和易制毒化学品。

四、根据《非药用类麻醉药品和精神药品列管办法》之规定，非药用类麻醉药品和精神药品除《非药用类麻醉药品和精神药品管制品种增补目录》中列明的品种外，还包括其可能存在的盐类、旋光

异构体及其盐类。

五、根据《易制毒化学品管理条例》第5条之规定,严禁任何组织和个人走私或者非法生产、经营、购买、转让、运输易制毒化学品。严禁使用现金或者实物进行易制毒化学品交易。严禁个人携带易制毒化学品进出境,个人合理自用的药品类复方制剂和高锰酸钾除外。

六、根据《易制毒化学品进出口管理规定》第47条之规定,严禁任何组织和个人未经许可或超出许可范围进出口易制毒化学品,严禁个人携带易制毒化学品进出境,个人合理自用的药品类复方制剂和高锰酸钾除外。

七、邮政、物流、快递企业发现非法邮寄、运输、夹带疑似非药用类麻醉药品或精神药品、易制毒化学品等制毒原料或配剂的,应当立即向公安机关或者海关报告,并配合公安机关或者海关进行调查。邮政、物流、快递企业应当如实记录或者保存上述信息。

八、任何单位或者个人出租、转让其反应釜、离心机、氢气钢瓶等特种设备的,应当如实登记承租或者受让企业、个人信息,并及时将登记信息向所在地县(市、区)安全生产监管部门和公安机关报告。

九、明知某种非药用类麻醉药品和精神药品或制毒物品已在国外被列为毒品或易制毒化学品进行管制而仍然向该国生产、销售、走私的,将可能面临该国执法部门的刑事指控或制裁。

十、鼓励广大群众向公安等有关行政主管部门举报新精神活性物质等毒品或者制毒物品违法犯罪行为。对举报属实的,将按照有关规定予以现金奖励。相关部门将对举报信息严格保密,对举报人依法予以保护。

特此通告。

公安部、国家卫生健康委员会、国家药品监督管理局关于将合成大麻素类物质和氟胺酮等18种物质列入《非药用类麻醉药品和精神药品管制品种增补目录》的公告

(2021年3月15日公布,
2021年7月1日实施)

根据《麻醉药品和精神药品管理条例》《非药用类麻醉药品和精神药品列管办法》有关规定,公安部、国家卫生健康委员会和国家药品监督管理局决定将合成大麻素类物质和氟胺酮等18种物质列入《非药用类麻醉药品和精神药品管制品种增补目录》。

一、合成大麻素类物质。“合成大麻素类物质”是指具有下列化学结构通式的物质:

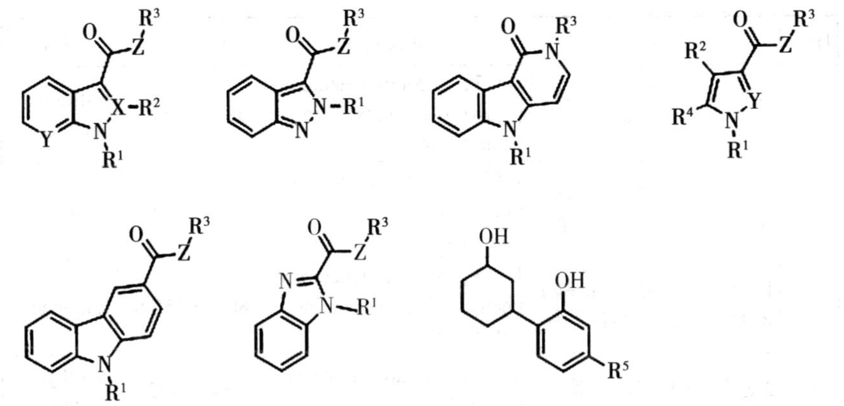

R1 代表取代或未取代的 C3 – C8 烃基;取代或未取代的含有 1 ~ 3 个杂原子的杂环基;取代或未取代的含有 1 ~ 3 个杂原子的杂环基取代的甲基或乙基。

R2 代表氢或甲基或无任何原子。

R3 代表取代或未取代的 C6 – C10 的芳基;取代或未取代的 C3 – C10 的烃基;取代或未取代的含有 1 ~ 3 个杂原子的杂环基;取代或未取代的含有 1 ~ 3 个杂原子的杂环基取代的甲基或乙基。

R4 代表氢;取代或未取代的苯基;取代或未取代的苯甲基。

R5 代表取代或未取代的 C3 – C10 的烃基。

X 代表 N 或 C。

Y 代表 N 或 CH。

Z 代表 O 或 NH 或无任何原子。

上述所列管物质如果发现医药、工业、科研或者其他合法用途,按照《非药用类麻醉药品和精神药品列管办法》第三条第二款规定予以调整。已列入《麻醉药品和精神药品品种目录》和《非药用类麻醉药品和精神药品管制品种增补目录》的合成大麻素类物质依原有目录予以管制。

二、氟胺酮等 18 种物质。(详见附表)

本公告自 2021 年 7 月 1 日起施行。

附表:

非药用类麻醉药品和精神药品管制品种增补目录

序号	中文名	英文名	CAS 号	备注
1	氟胺酮	2-(2-Fluorophenyl)-2-(methylamino) cyclohexan-1-one	111982-50-4	2-FDCK Fluoroketamine
2	(6a*R*,10a*R*)-3-(1,1-二甲基庚基)-6a,7,10,10a-四氢-1-羟基-6,6-二甲基-6*H*-二苯并[b,d]吡喃-9-甲醇	(6a*R*,10a*R*)-3-(1,1-Dimethylheptyl)-6a,7,10,10a-tetrahydro-1-hydroxy-6, 6-dimethyl-6*H*-dibenzo [*b*, *d*] pyran-9-methanol	112830-95-2	HU-210

续表

序号	中文名	英文名	CAS 号	备注
3	1-[3,4-(亚甲二氧基)苯基]-2-丁氨基-1-戊酮	1-(3, 4-Methylenedioxyphenyl)-2-(butylamino)pentan-1-one	688727-54-0	N-Butylpentylone
4	1-[3,4-(亚甲二氧基)苯基]-2-苄氨基-1-丙酮	1-(3, 4-Methylenedioxyphenyl)-2-(benzylamino)propan-1-one	1387636-19-2	BMDP
5	1-[3,4-(亚甲二氧基)苯基]-2-乙氨基-1-丁酮	1-(3, 4-Methylenedioxyphenyl)-2-(ethylamino)butan-1-one	802855-66-9	Eutylone
6	2-乙氨基-1-苯基-1-庚酮	2-(Ethylamino)-1-phenylheptan-1-one	2514784-72-4	N-Ethylheptedrone
7	1-(4-氯苯基)-2-二甲氨基-1-丙酮	1-(4-Chlorophenyl)-2-(dimethylamino) propan-1-one	1157667-29-2	4-CDMC
8	2-丁氨基-1-苯基-1-己酮	2-(Butylamino)-1-phenylhexan-1-one	802576-87-0	N-Butylhexedrone
9	1-[1-(3-甲氧基苯基)环己基]哌啶	1-(1-(3-Methoxyphenyl)cyclohexyl)piperidine	72242-03-6	3-MeO-PCP
10	α-甲基-5-甲氧基色胺	1-(5-Methoxy-1*H*-indol-3-yl)propan-2-amine	1137-04-8	5-MeO-AMT
11	科纳唑仑	6-(2-Chlorophenyl)-1-methyl-8-nitro-4*H*-benzo[*f*][1,2,4]triazolo[4,3-*a*][1,4]diazepine	33887-02-4	Clonazolam
12	二氯西泮	7-Chloro-5-(2-chlorophenyl)-1-methyl-1, 3-dihydro-2*H*-benzo[*e*][1,4]diazepin-2-one	2894-68-0	Diclazepam
13	氟阿普唑仑	8-Chloro-6-(2-fluorophenyl)-1-methyl-4*H*-benzo[f][1,2,4]triazolo[4,3-a][1,4]diazepine	28910-91-0	Flualprazolam
14	N,N-二乙基-2(2-(4-异丙氧基苯基)-5-硝基-1*H*-苯并[d]咪唑-1-基)-1-乙胺	N, N-Diethyl-2-(2-(4-isopropoxybenzyl)-5-nitro-1*H*-benzo[d]imidazol-1-yl)ethan-1-amine	14188-81-9	Isotonitazene

续表

序号	中文名	英文名	CAS 号	备注
15	氟溴唑仑	8-Bromo-6-(2-fluorophenyl)-1-methyl-4*H*-benzo[f][1,2,4]triazlol[4,3-a][1,4]diazepine	612526-40-6	Fubromazolam
16	1-(1,2-二苯基乙基)哌啶	1-(1,2-Diphenylethyl)piperidine	36794-52-2	Diphenidine
17	2-(3-氟苯基)-3-甲基吗啉	2-(3-Fluorophenyl)-3-methylmorpholine	1350768-28-3	3-FPM 3-Fluorophenmetrazine
18	依替唑仑	4-(2-Chlorophenyl)-2-ethyl-9-methyl-6*H*-thieno[3,2-f][1,2,4]triazolo[4,3-a][1,4]diazepine	40054-69-1	Etizolam

国务院办公厅关于同意将 α－苯乙酰乙酸甲酯等 6 种物质列入易制毒化学品品种目录的函

（2021 年 5 月 28 日，
国办函〔2021〕58 号）

公安部、商务部、卫生健康委、应急部、海关总署、药监局：

根据《易制毒化学品管理条例》第二条的规定，国务院同意在《易制毒化学品管理条例》附表《易制毒化学品的分类和品种目录》中增列 α－苯乙酰乙酸甲酯、α－乙酰乙酰苯胺、3,4－亚甲基二氧苯基－2－丙酮缩水甘油酸和 3,4－亚甲基二氧苯基－2－丙酮缩水甘油酯为第二类易制毒化学品，增列苯乙腈、γ－丁内酯为第三类易制毒化学品。

公安部、商务部、国家卫生健康委员会、应急管理部、海关总署、国家药品监督管理局关于将 3－氧－2－苯基丁酸甲酯、3－氧－2－苯基丁酰胺、2－甲基－3－［3,4－（亚甲二氧基）苯基］缩水甘油酸、2－甲基－3－［3,4－（亚甲二氧基）苯基］缩水甘油酸甲酯、苯乙腈和 γ－丁内酯 6 种物质列入易制毒化学品管理的公告

（2021 年 8 月 16 日公布，
2021 年 9 月 20 日实施）

经国务院批准，3－氧－2－苯基丁酸甲酯、3－氧－2－苯基丁酰胺、2－甲基－

3－[3,4－(亚甲二氧基)苯基]缩水甘油酸、2－甲基－3－[3,4－(亚甲二氧基)苯基]缩水甘油酸甲酯、苯乙腈和γ－丁内酯6种物质已列入《易制毒化学品管理条例》(以下简称《条例》)附表《易制毒化学品的分类和品种目录》,现将有关管理事项公告如下:

一、3－氧－2－苯基丁酸甲酯、3－氧－2－苯基丁酰胺、2－甲基－3－[3,4－(亚甲二氧基)苯基]缩水甘油酸和2－甲基－3－[3,4－(亚甲二氧基)苯基]缩水甘油酸甲酯的管理

3－氧－2－苯基丁酸甲酯又名α－乙酰基苯乙酸甲酯、α－苯乙酰乙酸甲酯,简称MAPA,化学文摘登记号即CAS号为16648－44－5,海关编码29183000.21;3－氧－2－苯基丁酰胺又名α－乙酰基苯乙酰胺、α－乙酰乙酰苯胺,简称APAA,CAS号为4433－77－6,海关编码29242990.61;2－甲基－3－[3,4－(亚甲二氧基)苯基]缩水甘油酸又名3,4－亚甲基二氧苯基－2－丙酮缩水甘油酸,CAS号为2167189－50－4,海关编码29329990.93;2－甲基－3－[3,4－(亚甲二氧基)苯基]缩水甘油酸甲酯又名3,4－亚甲基二氧苯基－2－丙酮缩水甘油酯,CAS号为13605－48－6,海关编码29329990.93。该四种物质按照《条例》附表第二类易制毒化学品管理,其生产、经营、购买、运输和进出口活动执行非药品类易制毒化学品的有关规定。

二、苯乙腈和γ－丁内酯的管理

苯乙腈,CAS号为140－29－4,海关编码29269090.81;γ－丁内酯,CAS号为96－48－0,海关编码29322090.31。该两种物质按照《条例》附表第三类易制毒化学品管理,其生产、经营、购买、运输和进出口活动执行非药品类易制毒化学品的有关规定。

本公告自2021年9月20日起施行。

国家药监局、公安部、国家卫健委关于调整麻醉药品和精神药品目录的公告

(自2024年3月18日起施行,
国家药品监督管理局、公安部、
国家卫生健康委员会公告
2023年第43号)

根据《麻醉药品和精神药品管理条例》有关规定,国家药品监督管理局、公安部、国家卫生健康委员会决定将奥赛利定等品种列入麻醉药品和精神药品目录。现公告如下:

一、将奥赛利定列入麻醉药品目录。

二、将苏沃雷生、吡仑帕奈、依他佐辛、曲马多复方制剂列入第二类精神药品目录。

三、将每剂量单位含氢可酮碱大于5毫克,且不含其它麻醉药品、精神药品或药品类易制毒化学品的复方口服固体制剂列入第一类精神药品目录。

四、将每剂量单位含氢可酮碱不超过5毫克,且不含其它麻醉药品、精神药品或药品类易制毒化学品的复方口服固体制剂列入第二类精神药品目录。

本公告自2023年7月1日起施行。

特此公告。

国家药监局、公安部、国家卫生健康委关于调整麻醉药品和精神药品目录的公告

(国家药监局、公安部、国家卫生健康委公告2023年第120号)

根据《麻醉药品和精神药品管理条例》有关规定,国家药品监督管理局、公安部、国家卫生健康委员会决定调整麻醉药品和精神药品目录。现公告如下:

一、将泰吉利定列入麻醉药品目录。

二、将地达西尼、依托咪酯(在中国境内批准上市的含依托咪酯的药品制剂除外)列入第二类精神药品目录。

三、将莫达非尼由第一类精神药品调整为第二类精神药品。

本公告自2023年10月1日起施行。

特此公告。

组织、强迫、引诱、容留、介绍卖淫罪与制作、贩卖、传播淫秽物品罪

公安部关于对同性之间以钱财为媒介的性行为定性处理问题的批复

(2001年2月18日,公复字〔2001〕4号)

广西壮族自治区公安厅:

你厅《关于对以金钱为媒介的同性之间的性行为如何定性的请示》(桂公传发[2001]35号)收悉。现批复如下:

根据《中华人民共和国治安管理处罚条例》和全国人大常委会《关于严禁卖淫嫖娼的决定》的规定,不特定的异性之间或者同性之间以金钱、财物为媒介发生不正当性关系的行为,包括口淫、手淫、鸡奸等行为,都属于卖淫嫖娼行为,对行为人应当依法处理。

自本批复下发之日起,《公安部关于对以营利为目的的手淫、口淫等行为定性处理问题的批复》(公复字[1995]6号)同时废止。

公安部关于以钱财为媒介尚未发生性行为或发生性行为尚未给付钱财如何定性问题的批复

(2003年9月24日,公复字〔2003〕5号)

山东省公安厅:

你厅《关于对以钱财为媒介尚未发生性行为应如何处理的请示》(鲁公发〔2003〕114号)收悉。现批复如下:

卖淫嫖娼是指不特定的异性之间或同性之间以金钱、财物为媒介发生性关系的行为。行为主体之间主观上已经就卖淫嫖娼达成一致,已经谈好价格或者已经给付金钱、财物,并且已经着手实施,但由于其本人主观意志以外的原因,尚未发生性关系的;或者已经发生性关系,但尚未给付金钱、财物的,都可以按卖淫嫖娼行

为依法处理。对前一种行为,应当从轻处罚。

最高人民法院、最高人民检察院关于办理组织、强迫、引诱、容留、介绍卖淫刑事案件适用法律若干问题的解释

(2017年5月8日最高人民法院审判委员会第1716次会议、2017年7月4日最高人民检察院第十二届检察委员会第66次会议通过,2017年7月21日公布,自2017年7月25日起施行,法释〔2017〕13号)

为依法惩治组织、强迫、引诱、容留、介绍卖淫犯罪活动,根据刑法有关规定,结合司法工作实际,现就办理这类刑事案件具体应用法律的若干问题解释如下:

第一条 以招募、雇佣、纠集等手段,管理或者控制他人卖淫,卖淫人员在三人以上的,应当认定为刑法第三百五十八条规定的“组织他人卖淫”。

组织卖淫者是否设置固定的卖淫场所、组织卖淫者人数多少、规模大小,不影响组织卖淫行为的认定。

第二条 组织他人卖淫,具有下列情形之一的,应当认定为刑法第三百五十八条第一款规定的“情节严重”:

(一)卖淫人员累计达十人以上的;

(二)卖淫人员中未成年人、孕妇、智障人员、患有严重性病的人累计达五人以上的;

(三)组织境外人员在境内卖淫或者组织境内人员出境卖淫的;

(四)非法获利人民币一百万元以上的;

(五)造成被组织卖淫的人自残、自杀或者其他严重后果的;

(六)其他情节严重的情形。

第三条 在组织卖淫犯罪活动中,对被组织卖淫的人有引诱、容留、介绍卖淫行为的,依照处罚较重的规定定罪处罚。但是,对被组织卖淫的人以外的其他人有引诱、容留、介绍卖淫行为的,应当分别定罪,实行数罪并罚。

第四条 明知他人实施组织卖淫犯罪活动而为其招募、运送人员或者充当保镖、打手、管账人等的,依照刑法第三百五十八条第四款的规定,以协助组织卖淫罪定罪处罚,不以组织卖淫罪的从犯论处。

在具有营业执照的会所、洗浴中心等经营场所担任保洁员、收银员、保安员等,从事一般服务性、劳务性工作,仅领取正常薪酬,且无前款所列协助组织卖淫行为的,不认定为协助组织卖淫罪。

第五条 协助组织他人卖淫,具有下列情形之一的,应当认定为刑法第三百五十八条第四款规定的“情节严重”:

(一)招募、运送卖淫人员累计达十人以上的;

(二)招募、运送的卖淫人员中未成年人、孕妇、智障人员、患有严重性病的人累计达五人以上的;

(三)协助组织境外人员在境内卖淫或者协助组织境内人员出境卖淫的;

(四)非法获利人民币五十万元以上的;

(五)造成被招募、运送或者被组织

卖淫的人自残、自杀或者其他严重后果的；

（六）其他情节严重的情形。

第六条 强迫他人卖淫，具有下列情形之一的，应当认定为刑法第三百五十八条第一款规定的“情节严重”：

（一）卖淫人员累计达五人以上的；

（二）卖淫人员中未成年人、孕妇、智障人员、患有严重性病的人累计达三人以上的；

（三）强迫不满十四周岁的幼女卖淫的；

（四）造成被强迫卖淫的人自残、自杀或者其他严重后果的；

（五）其他情节严重的情形。

行为人既有组织卖淫犯罪行为，又有强迫卖淫犯罪行为，且具有下列情形之一的，以组织、强迫卖淫“情节严重”论处：

（一）组织卖淫、强迫卖淫行为中具有本解释第二条、本条前款规定的“情节严重”情形之一的；

（二）卖淫人员累计达到本解释第二条第一、二项规定的组织卖淫“情节严重”人数标准的；

（三）非法获利数额相加达到本解释第二条第四项规定的组织卖淫“情节严重”数额标准的。

第七条 根据刑法第三百五十八条第三款的规定，犯组织、强迫卖淫罪，并有杀害、伤害、强奸、绑架等犯罪行为的，依照数罪并罚的规定处罚。协助组织卖淫行为人参与实施上述行为的，以共同犯罪论处。

根据刑法第三百五十八条第二款的规定，组织、强迫未成年人卖淫的，应当从重处罚。

第八条 引诱、容留、介绍他人卖淫，具有下列情形之一的，应当依照刑法第三百五十九条第一款的规定定罪处罚：

（一）引诱他人卖淫的；

（二）容留、介绍二人以上卖淫的；

（三）容留、介绍未成年人、孕妇、智障人员、患有严重性病的人卖淫的；

（四）一年内曾因引诱、容留、介绍卖淫行为被行政处罚，又实施容留、介绍卖淫行为的；

（五）非法获利人民币一万元以上的。

利用信息网络发布招嫖违法信息，情节严重的，依照刑法第二百八十七条之一的规定，以非法利用信息网络罪定罪处罚。同时构成介绍卖淫罪的，依照处罚较重的规定定罪处罚。

引诱、容留、介绍他人卖淫是否以营利为目的，不影响犯罪的成立。

引诱不满十四周岁的幼女卖淫的，依照刑法第三百五十九条第二款的规定，以引诱幼女卖淫罪定罪处罚。

被引诱卖淫的人员中既有不满十四周岁的幼女，又有其他人员的，分别以引诱幼女卖淫罪和引诱卖淫罪定罪，实行并罚。

第九条 引诱、容留、介绍他人卖淫，具有下列情形之一的，应当认定为刑法第三百五十九条第一款规定的“情节严重”：

（一）引诱五人以上或者引诱、容留、介绍十人以上卖淫的；

（二）引诱三人以上的未成年人、孕妇、智障人员、患有严重性病的人卖淫，或者引诱、容留、介绍五人以上该类人员卖淫的；

（三）非法获利人民币五万元以上的；

(四)其他情节严重的情形。

第十条 组织、强迫、引诱、容留、介绍他人卖淫的次数,作为酌定情节在量刑时考虑。

第十一条 具有下列情形之一的,应当认定为刑法第三百六十条规定的“明知”:

(一)有证据证明曾到医院或者其他医疗机构就医或者检查,被诊断为患有严重性病的;

(二)根据本人的知识和经验,能够知道自己患有严重性病的;

(三)通过其他方法能够证明行为人是“明知”的。

传播性病行为是否实际造成他人患上严重性病的后果,不影响本罪的成立。

刑法第三百六十条规定所称的“严重性病”,包括梅毒、淋病等。其它性病是否认定为“严重性病”,应当根据《中华人民共和国传染病防治法》《性病防治管理办法》的规定,在国家卫生与计划生育委员会规定实行性病监测的性病范围内,依照其危害、特点与梅毒、淋病相当的原则,从严掌握。

第十二条 明知自己患有艾滋病或者感染艾滋病病毒而卖淫、嫖娼的,依照刑法第三百六十条的规定,以传播性病罪定罪,从重处罚。

具有下列情形之一,致使他人感染艾滋病病毒的,认定为刑法第九十五条第三项“其他对于人身健康有重大伤害”所指的“重伤”,依照刑法第二百三十四条第二款的规定,以故意伤害罪定罪处罚:

(一)明知自己感染艾滋病病毒而卖淫、嫖娼的;

(二)明知自己感染艾滋病病毒,故意不采取防范措施而与他人发生性关系的。

第十三条 犯组织、强迫、引诱、容留、介绍卖淫罪的,应当依法判处犯罪所得二倍以上的罚金。共同犯罪的,对各共同犯罪人合计判处的罚金应当在犯罪所得的二倍以上。

对犯组织、强迫卖淫罪被判处无期徒刑的,应当并处没收财产。

第十四条 根据刑法第三百六十二条、第三百一十条的规定,旅馆业、饮食服务业、文化娱乐业、出租汽车业等单位的人员,在公安机关查处卖淫、嫖娼活动时,为违法犯罪分子通风报信,情节严重的,以包庇罪定罪处罚。事前与犯罪分子通谋的,以共同犯罪论处。

具有下列情形之一的,应当认定为刑法第三百六十二条规定的“情节严重”:

(一)向组织、强迫卖淫犯罪集团通风报信的;

(二)二年内通风报信三次以上的;

(三)一年内因通风报信被行政处罚,又实施通风报信行为的;

(四)致使犯罪集团的首要分子或者其他共同犯罪的主犯未能及时归案的;

(五)造成卖淫嫖娼人员逃跑,致使公安机关查处犯罪行为因取证困难而撤销刑事案件的;

(六)非法获利人民币一万元以上的;

(七)其他情节严重的情形。

第十五条 本解释自2017年7月25日起施行。

公安部
关于携带、藏匿淫秽 VCD 是否属于传播淫秽物品问题的批复

（1998 年 11 月 9 日，公复字〔1998〕6 号）

江苏省公安厅：

你厅《关于携带、藏匿淫秽 VCD 是否属传播淫秽物品的请示》（苏公厅〔1998〕449 号）收悉。现批复如下：

1990 年 7 月 6 日最高人民法院、最高人民检察院《关于办理淫秽物品刑事案件具体应用法律的规定》，已于 1994 年 8 月 29 日被废止，不再执行。对于携带、藏匿淫秽 VCD 的行为，不能简单地视为"传播"，而应注意广泛搜集证据，根据主客观相统一的原则，来判断是否构成"传播"行为。如果行为人主观上没有"传播"故意，只是为了自己观看，不能认定为"传播淫秽物品"，但应当没收淫秽 VCD，并对当事人进行必要的法制教育。此外，还应注意扩大线索，挖掘来源，及时查获有关违法犯罪活动。

最高人民法院、最高人民检察院、公安部
关于依法开展打击淫秽色情网站专项行动有关工作的通知

（公通字[2004]53 号，2004 年 7 月 16 日）

各省、自治区、直辖市高级人民法院，人民检察院，公安厅、局，新疆维吾尔自治区高级人民法院生产建设兵团分院，新疆生产建设兵团人民检察院，公安局：

……现就专项行动的有关工作通知如下：

一、充分认识开展打击淫秽色情网站专项行动的重要意义，切实增强政治责任感和工作紧迫感（略）

二、充分运用法律武器，突出打击重点

……

在专项行动中，要严格按照《刑法》、全国人民代表大会常务委员会《关于维护互联网安全的决定》和有关司法解释的规定，严格依法办案，正确把握罪与非罪的界限，保证办案质量。对于利用互联网从事犯罪活动的，应当根据其具体实施的行为，分别以制作、复制、出版、贩卖、传播淫秽物品牟利罪、传播淫秽物品罪、组织播放淫秽音像制品罪及刑法规定的其他有关罪名，依法追究刑事责任。对于违反国家规定，擅自设立互联网上网服务营业场所，或者擅自从事互联网上网服务经营活动，情节严重，构成犯罪的，以非法经营罪追究刑事责任。对于建立淫秽网站、网页，提供涉及未成年人淫秽信息、利用青少年教育网络从事淫秽色情活动以及顶风作案、罪行严重的犯罪分子，要坚决依法从重打击，严禁以罚代刑。要充分运用没收犯罪工具、追缴违法所得等措施，以及没收财产、罚金等财产刑，加大对犯罪分子的经济制裁力度，坚决铲除淫秽色情网站的生存基础，彻底剥夺犯罪分子非法获利和再次犯罪的资本。

要坚持惩办与宽大相结合的刑事政策，区别对待，审时度势，宽严相济，最大限度地分化瓦解犯罪分子；对于主动投案

自首或者有检举、揭发淫秽色情违法犯罪活动等立功表现的,可依法从宽处罚。

三、加强协调配合,形成打击合力

当前,淫秽色情网站违法犯罪活动不仅数量多,而且技术含量高,传播范围广,作案手段隐蔽,逃避打击能力强。各级公安机关、人民检察院、人民法院在办案中要坚持实事求是,科学、正确认识此类犯罪活动的特殊性,按照"基本事实清楚、基本证据确凿"的原则,不纠缠细枝末节,密切配合,齐心协力,依法从重从快打击利用淫秽色情网站的各种犯罪活动。公安机关应当组织专门力量,扎扎实实地做好侦查工作。淫秽色情网站所在地公安机关和淫秽色情网站制作、维护人居住地公安机关发现淫秽色情网站后均应立即依法立案侦查,全力侦破利用淫秽色情网站犯罪案件,抓捕犯罪嫌疑人。要切实做好证据的收集、固定和保全工作,将侦查中获取的电子数据制作成电子证据文档光盘作为证据随案件其他证据一并移送,为起诉和审判打下坚实基础;人民检察院对公安机关提请逮捕和移送审查起诉的犯罪嫌疑人,要依法从快批捕和提起公诉;人民法院对人民检察院提起公诉的案件,应当依法及时审判。各级公安机关、人民检察院、人民法院对案件定性、证据认定、案件管辖等有关问题发生分歧时,要加强沟通与协调,加快办案进度,提高办案效率,形成打击合力,有效震慑犯罪。

四、加大宣传力度,推动专项行动深入开展(略)

最高人民法院、最高人民检察院关于办理利用互联网、移动通讯终端、声讯台制作、复制、出版、贩卖、传播淫秽电子信息刑事案件具体应用法律若干问题的解释(一)

(2004年9月1日最高人民法院审判委员会第1323次会议、2004年9月2日最高人民检察院第十届检察委员会第26次会议通过,2004年9月3日公布,自2004年9月6日起施行,法释〔2004〕11号)

为依法惩治利用互联网、移动通讯终端制作、复制、出版、贩卖、传播淫秽电子信息、通过声讯台传播淫秽语音信息等犯罪活动,维护公共网络、通讯的正常秩序,保障公众的合法权益,根据《中华人民共和国刑法》、《全国人民代表大会常务委员会关于维护互联网安全的决定》的规定,现对办理该类刑事案件具体应用法律的若干问题解释如下:

第一条 以牟利为目的,利用互联网、移动通讯终端制作、复制、出版、贩卖、传播淫秽电子信息,具有下列情形之一的,依照刑法第三百六十三条第一款的规定,以制作、复制、出版、贩卖、传播淫秽物品牟利罪定罪处罚:

(一)制作、复制、出版、贩卖、传播淫秽电影、表演、动画等视频文件二十个以上的;

(二)制作、复制、出版、贩卖、传播淫秽音频文件一百个以上的;

(三)制作、复制、出版、贩卖、传播淫秽电子刊物、图片、文章、短信息等二百件以上的；

（四）制作、复制、出版、贩卖、传播的淫秽电子信息，实际被点击数达到一万次以上的；

（五）以会员制方式出版、贩卖、传播淫秽电子信息，注册会员达二百人以上的；

（六）利用淫秽电子信息收取广告费、会员注册费或者其他费用，违法所得一万元以上的；

（七）数量或者数额虽未达到第（一）项至第（六）项规定标准，但分别达到其中两项以上标准一半以上的；

（八）造成严重后果的。

利用聊天室、论坛、即时通信软件、电子邮件等方式，实施第一款规定行为的，依照刑法第三百六十三条第一款的规定，以制作、复制、出版、贩卖、传播淫秽物品牟利罪定罪处罚。

第二条 实施第一条规定的行为，数量或者数额达到第一条第一款第（一）项至第（六）项规定标准五倍以上的，应当认定为刑法第三百六十三条第一款规定的“情节严重”；达到规定标准二十五倍以上的，应当认定为“情节特别严重”。

第三条 不以牟利为目的，利用互联网或者移动通讯终端传播淫秽电子信息，具有下列情形之一的，依照刑法第三百六十四条第一款的规定，以传播淫秽物品罪定罪处罚：

（一）数量达到第一条第一款第（一）项至第（五）项规定标准二倍以上的；

（二）数量分别达到第一条第一款第（一）项至第（五）项两项以上标准的；

（三）造成严重后果的。

利用聊天室、论坛、即时通信软件、电子邮件等方式，实施第一款规定行为的，依照刑法第三百六十四条第一款的规定，以传播淫秽物品罪定罪处罚。

第四条 明知是淫秽电子信息而在自己所有、管理或者使用的网站或者网页上提供直接链接的，其数量标准根据所链接的淫秽电子信息的种类计算。

第五条 以牟利为目的，通过声讯台传播淫秽语音信息，具有下列情形之一的，依照刑法第三百六十三条第一款的规定，对直接负责的主管人员和其他直接责任人员以传播淫秽物品牟利罪定罪处罚：

（一）向一百人次以上传播的；

（二）违法所得一万元以上的；

（三）造成严重后果的。

实施前款规定行为，数量或者数额达到前款第（一）项至第（二）项规定标准五倍以上的，应当认定为刑法第三百六十三条第一款规定的“情节严重”；达到规定标准二十五倍以上的，应当认定为“情节特别严重”。

第六条 实施本解释前五条规定的犯罪，具有下列情形之一的，依照刑法第三百六十三条第一款、第三百六十四条第一款的规定从重处罚：

（一）制作、复制、出版、贩卖、传播具体描绘不满十八周岁未成年人性行为的淫秽电子信息的；

（二）明知是具体描绘不满十八周岁的未成年人性行为的淫秽电子信息而在自己所有、管理或者使用的网站或者网页上提供直接链接的；

（三）向不满十八周岁的未成年人贩卖、传播淫秽电子信息和语音信息的；

（四）通过使用破坏性程序、恶意代码修改用户计算机设置等方法，强制用户访问、下载淫秽电子信息的。

第七条 明知他人实施制作、复制、出版、贩卖、传播淫秽电子信息犯罪，为其提供互联网接入、服务器托管、网络存储空间、通讯传输通道、费用结算等帮助的,对直接负责的主管人员和其他直接责任人员,以共同犯罪论处。

第八条 利用互联网、移动通讯终端、声讯台贩卖、传播淫秽书刊、影片、录像带、录音带等以实物为载体的淫秽物品的,依照《最高人民法院关于审理非法出版物刑事案件具体应用法律若干问题的解释》的有关规定定罪处罚。

第九条 刑法第三百六十七条第一款规定的"其他淫秽物品",包括具体描绘性行为或者露骨宣扬色情的淫秽性的视频文件、音频文件、电子刊物、图片、文章、短信息等互联网、移动通讯终端电子信息和声讯台语音信息。

有关人体生理、医学知识的电子信息和声讯台语音信息不是淫秽物品。包含色情内容的有艺术价值的电子文学、艺术作品不视为淫秽物品。

最高人民法院、最高人民检察院关于办理利用互联网、移动通讯终端、声讯台制作、复制、出版、贩卖、传播淫秽电子信息刑事案件具体应用法律若干问题的解释(二)

(2010年1月18日最高人民法院审判委员会第1483次会议、2010年1月14日最高人民检察院第十一届检察委员会第28次会议通过,2010年2月2日公布,自2010年2月4日起施行)

为依法惩治利用互联网、移动通讯终端制作、复制、出版、贩卖、传播淫秽电子信息,通过声讯台传播淫秽语音信息等犯罪活动,维护社会秩序,保障公民权益,根据《中华人民共和国刑法》、《全国人民代表大会常务委员会关于维护互联网安全的决定》的规定,现对办理该类刑事案件具体应用法律的若干问题解释如下:

第一条 以牟利为目的,利用互联网、移动通讯终端制作、复制、出版、贩卖、传播淫秽电子信息的,依照《最高人民法院、最高人民检察院关于办理利用互联网、移动通讯终端、声讯台制作、复制、出版、贩卖、传播淫秽电子信息刑事案件具体应用法律若干问题的解释》第一条、第二条的规定定罪处罚。

以牟利为目的,利用互联网、移动通讯终端制作、复制、出版、贩卖、传播内容含有不满十四周岁未成年人的淫秽电子信息,具有下列情形之一的,依照刑法第三百六十三条第一款的规定,以制作、复制、出版、贩卖、传播淫秽物品牟利罪定罪处罚:

(一)制作、复制、出版、贩卖、传播淫秽电影、表演、动画等视频文件十个以上的;

(二)制作、复制、出版、贩卖、传播淫秽音频文件五十个以上的;

(三)制作、复制、出版、贩卖、传播淫秽电子刊物、图片、文章等一百件以上的;

(四)制作、复制、出版、贩卖、传播的淫秽电子信息,实际被点击数达到五千次以上的;

(五)以会员制方式出版、贩卖、传播淫秽电子信息,注册会员达一百人以上的;

(六)利用淫秽电子信息收取广告费、会员注册费或者其他费用,违法所得五千元以上的;

（七）数量或者数额虽未达到第（一）项至第（六）项规定标准，但分别达到其中两项以上标准一半以上的；

（八）造成严重后果的。

实施第二款规定的行为，数量或者数额达到第二款第（一）项至第（七）项规定标准五倍以上的，应当认定为刑法第三百六十三条第一款规定的“情节严重”；达到规定标准二十五倍以上的，应当认定为“情节特别严重”。

第二条 利用互联网、移动通讯终端传播淫秽电子信息的，依照《最高人民法院、最高人民检察院关于办理利用互联网、移动通讯终端、声讯台制作、复制、出版、贩卖、传播淫秽电子信息刑事案件具体应用法律若干问题的解释》第三条的规定定罪处罚。

利用互联网、移动通讯终端传播内容含有不满十四周岁未成年人的淫秽电子信息，具有下列情形之一的，依照刑法第三百六十四条第一款的规定，以传播淫秽物品罪定罪处罚：

（一）数量达到第一条第二款第（一）项至第（五）项规定标准二倍以上的；

（二）数量分别达到第一条第二款第（一）项至第（五）项两项以上标准的；

（三）造成严重后果的。

第三条 利用互联网建立主要用于传播淫秽电子信息的群组，成员达三十人以上或者造成严重后果的，对建立者、管理者和主要传播者，依照刑法第三百六十四条第一款的规定，以传播淫秽物品罪定罪处罚。

第四条 以牟利为目的，网站建立者、直接负责的管理者明知他人制作、复制、出版、贩卖、传播的是淫秽电子信息，允许或者放任他人在自己所有、管理的网站或者网页上发布，具有下列情形之一的，依照刑法第三百六十三条第一款的规定，以传播淫秽物品牟利罪定罪处罚：

（一）数量或者数额达到第一条第二款第（一）项至第（六）项规定标准五倍以上的；

（二）数量或者数额分别达到第一条第二款第（一）项至第（六）项两项以上标准二倍以上的；

（三）造成严重后果的。

实施前款规定的行为，数量或者数额达到第一条第二款第（一）项至第（七）项规定标准二十五倍以上的，应当认定为刑法第三百六十三条第一款规定的“情节严重”；达到规定标准一百倍以上的，应当认定为“情节特别严重”。

第五条 网站建立者、直接负责的管理者明知他人制作、复制、出版、贩卖、传播的是淫秽电子信息，允许或者放任他人在自己所有、管理的网站或者网页上发布，具有下列情形之一的，依照刑法第三百六十四条第一款的规定，以传播淫秽物品罪定罪处罚：

（一）数量达到第一条第二款第（一）项至第（五）项规定标准十倍以上的；

（二）数量分别达到第一条第二款第（一）项至第（五）项两项以上标准五倍以上的；

（三）造成严重后果的。

第六条 电信业务经营者、互联网信息服务提供者明知是淫秽网站，为其提供互联网接入、服务器托管、网络存储空间、通讯传输通道、代收费等服务，并收取服务费，具有下列情形之一的，对直接负责的主管人员和其他直接责任人员，依照刑法第三百六十三条第一款的规定，以传播

淫秽物品牟利罪定罪处罚:

(一)为五个以上淫秽网站提供上述服务的;

(二)为淫秽网站提供互联网接入、服务器托管、网络存储空间、通讯传输通道等服务,收取服务费数额在二万元以上的;

(三)为淫秽网站提供代收费服务,收取服务费数额在五万元以上的;

(四)造成严重后果的。

实施前款规定的行为,数量或者数额达到前款第(一)项至第(三)项规定标准五倍以上的,应当认定为刑法第三百六十三条第一款规定的"情节严重";达到规定标准二十五倍以上的,应当认定为"情节特别严重"。

第七条　明知是淫秽网站,以牟利为目的,通过投放广告等方式向其直接或者间接提供资金,或者提供费用结算服务,具有下列情形之一的,对直接负责的主管人员和其他直接责任人员,依照刑法第三百六十三条第一款的规定,以制作、复制、出版、贩卖、传播淫秽物品牟利罪的共同犯罪处罚:

(一)向十个以上淫秽网站投放广告或者以其他方式提供资金的;

(二)向淫秽网站投放广告二十条以上的;

(三)向十个以上淫秽网站提供费用结算服务的;

(四)以投放广告或者其他方式向淫秽网站提供资金数额在五万元以上的;

(五)为淫秽网站提供费用结算服务,收取服务费数额在二万元以上的;

(六)造成严重后果的。

实施前款规定的行为,数量或者数额达到前款第(一)项至第(五)项规定标准五倍以上的,应当认定为刑法第三百六十三条第一款规定的"情节严重";达到规定标准二十五倍以上的,应当认定为"情节特别严重"。

第八条　实施第四条至第七条规定的行为,具有下列情形之一的,应当认定行为人"明知",但是有证据证明确实不知道的除外:

(一)行政主管机关书面告知后仍然实施上述行为的;

(二)接到举报后不履行法定管理职责的;

(三)为淫秽网站提供互联网接入、服务器托管、网络存储空间、通讯传输通道、代收费、费用结算等服务,收取服务费明显高于市场价格的;

(四)向淫秽网站投放广告,广告点击率明显异常的;

(五)其他能够认定行为人明知的情形。

第九条　一年内多次实施制作、复制、出版、贩卖、传播淫秽电子信息行为未经处理,数量或者数额累计计算构成犯罪的,应当依法定罪处罚。

第十条　单位实施制作、复制、出版、贩卖、传播淫秽电子信息犯罪的,依照《中华人民共和国刑法》、《最高人民法院、最高人民检察院关于办理利用互联网、移动通讯终端、声讯台制作、复制、出版、贩卖、传播淫秽电子信息刑事案件具体应用法律若干问题的解释》和本解释规定的相应个人犯罪的定罪量刑标准,对直接负责的主管人员和其他直接责任人员定罪处罚,并对单位判处罚金。

第十一条　对于以牟利为目的,实施制作、复制、出版、贩卖、传播淫秽电子信息犯罪的,人民法院应当综合考虑犯罪的违法所得、社会危害性等情节，依法判处罚金或者没收财产。罚金数额一般在违法所得的一倍以上五倍以下。

第十二条 《最高人民法院、最高人民检察院关于办理利用互联网、移动通讯终端、声讯台制作、复制、出版、贩卖、传播淫秽电子信息刑事案件具体应用法律若干问题的解释》和本解释所称网站，是指可以通过互联网域名、IP 地址等方式访问的内容提供站点。

以制作、复制、出版、贩卖、传播淫秽电子信息为目的建立或者建立后主要从事制作、复制、出版、贩卖、传播淫秽电子信息活动的网站，为淫秽网站。

第十三条 以前发布的司法解释与本解释不一致的，以本解释为准。

最高人民检察院法律政策研究室对北京市人民检察院《关于利用移动存储介质复制、贩卖淫秽视频电子信息牟利如何适用法律问题的请示》的答复意见

（2015 年 4 月 7 日）

北京市人民检察院：

你院《关于利用移动存储介质复制、贩卖淫秽视频电子信息牟利如何适用法律问题的请示》（京检字〔2014〕167 号）收悉。经研究，答复如下：

以牟利为目的，利用手机存储卡、U 盘等移动存储介质复制、贩卖淫秽电子信息的，依照刑法第三百六十三条第一款的规定定罪处罚。有关定罪量刑标准可以参考《最高人民法院关于审理非法出版物刑事案件具体应用法律若干问题的解释》第八条规定，同时综合考虑移动存储介质数量、传播人数、获利金额等情节。对于移动存储介质中淫秽视频电子信息的数量计算以电子视频文件的个数为单位，一个淫秽文件视为一张影碟、一个软件、一盘录像带；具体定罪量刑标准，可以参考制作、复制、贩卖淫秽影碟、软件、录像带的相关规定。

最高人民法院、最高人民检察院关于利用网络云盘制作、复制、贩卖、传播淫秽电子信息牟利行为定罪量刑问题的批复

（2017 年 8 月 28 日最高人民法院审判委员会第 1724 次会议、2017 年 10 月 10 日最高人民检察院第十二届检察委员会第 70 次会议通过，2017 年 11 月 22 日公布，自 2017 年 12 月 1 日起施行，法释〔2017〕19 号）

各省、自治区、直辖市高级人民法院、人民检察院，解放军军事法院、军事检察院，新疆维吾尔自治区高级人民法院生产建设兵团分院、新疆生产建设兵团人民检察院：

近来，部分高级人民法院、省级人民检察院就如何对利用网络云盘制作、复制、贩卖、传播淫秽电子信息牟利行为定罪量刑的问题提出请示。经研究，批复如下：

一、对于以牟利为目的，利用网络云盘制作、复制、贩卖、传播淫秽电子信息的行为，是否应当追究刑事责任，适用刑法

和《最高人民法院、最高人民检察院关于办理利用互联网、移动通讯终端、声讯台制作、复制、出版、贩卖、传播淫秽电子信息刑事案件具体应用法律若干问题的解释》(法释〔2004〕11 号)、《最高人民法院、最高人民检察院关于办理利用互联网、移动通讯终端、声讯台制作、复制、出版、贩卖、传播淫秽电子信息刑事案件具体应用法律若干问题的解释(二)》(法释〔2010〕3 号)的有关规定。

二、对于以牟利为目的,利用网络云盘制作、复制、贩卖、传播淫秽电子信息的行为,在追究刑事责任时,鉴于网络云盘的特点,不应单纯考虑制作、复制、贩卖、传播淫秽电子信息的数量,还应充分考虑传播范围、违法所得、行为人一贯表现以及淫秽电子信息、传播对象是否涉及未成年人等情节,综合评估社会危害性,恰当裁量刑罚,确保罪责刑相适应。

此复。

(八)危害国防利益罪

最高人民法院
关于审理危害军事通信刑事案件
具体应用法律若干问题的解释

(2007 年 6 月 18 日最高人民法院审判委员会第 1430 次会议通过,2007 年 6 月 26 日公布,自 2007 年 6 月 29 日起施行,法释〔2007〕13 号)

为依法惩治危害军事通信的犯罪活动,维护国防利益和军事通信安全,根据刑法有关规定,现就审理这类刑事案件具体应用法律的若干问题解释如下:

第一条 故意实施损毁军事通信线路、设备,破坏军事通信计算机信息系统,干扰、侵占军事通信电磁频谱等行为的,依照刑法第三百六十九条第一款的规定,以破坏军事通信罪定罪,处三年以下有期徒刑、拘役或者管制;破坏重要军事通信的,处三年以上十年以下有期徒刑。

第二条 实施破坏军事通信行为,具有下列情形之一的,属于刑法第三百六十九条第一款规定的“情节特别严重”,以破坏军事通信罪定罪,处十年以上有期徒刑、无期徒刑或者死刑:

(一)造成重要军事通信中断或者严重障碍,严重影响部队完成作战任务或者致使部队在作战中遭受损失的;

(二)造成部队执行抢险救灾、军事演习或者处置突发性事件等任务的通信中断或者严重障碍,并因此贻误部队行动,致使死亡 3 人以上、重伤 10 人以上或者财产损失 100 万元以上的;

(三)破坏重要军事通信三次以上的;

(四)其他情节特别严重的情形。

第三条 过失损坏军事通信,造成重要军事通信中断或者严重障碍的,属于刑法第三百六十九条第二款规定的“造成严重后果”,以过失损坏军事通信罪定罪,处三年以下有期徒刑或者拘役。

第四条 过失损坏军事通信,具有下列情形之一的,属于刑法第三百六十九条第二款规定的“造成特别严重后果”,以过失损坏军事通信罪定罪,处三年以上七年以下有期徒刑:

(一)造成重要军事通信中断或者严重障碍,严重影响部队完成作战任务或者致使部队在作战中遭受损失的；

（二）造成部队执行抢险救灾、军事演习或者处置突发性事件等任务的通信中断或者严重障碍，并因此贻误部队行动，致使死亡3人以上、重伤10人以上或者财产损失100万元以上的；

（三）其他后果特别严重的情形。

第五条　建设、施工单位直接负责的主管人员、施工管理人员，明知是军事通信线路、设备而指使、强令、纵容他人予以损毁的，或者不听管护人员劝阻，指使、强令、纵容他人违章作业，造成军事通信线路、设备损毁的，以破坏军事通信罪定罪处罚。

建设、施工单位直接负责的主管人员、施工管理人员，忽视军事通信线路、设备保护标志，指使、纵容他人违章作业，致使军事通信线路、设备损毁，构成犯罪的，以过失损坏军事通信罪定罪处罚。

第六条　破坏、过失损坏军事通信，并造成公用电信设施损毁，危害公共安全，同时构成刑法第一百二十四条和第三百六十九条规定的犯罪的，依照处罚较重的规定定罪处罚。

盗窃军事通信线路、设备，不构成盗窃罪，但破坏军事通信的，依照刑法第三百六十九条第一款的规定定罪处罚；同时构成刑法第一百二十四条、第二百六十四条和第三百六十九条第一款规定的犯罪的，依照处罚较重的规定定罪处罚。

违反国家规定，侵入国防建设、尖端科学技术领域的军事通信计算机信息系统，尚未对军事通信造成破坏的，依照刑法第二百八十五条的规定定罪处罚；对军事通信造成破坏，同时构成刑法第二百八十五条、第二百八十六条、第三百六十九条第一款规定的犯罪的，依照处罚较重的规定定罪处罚。

违反国家规定，擅自设置、使用无线电台、站，或者擅自占用频率，经责令停止使用后拒不停止使用，干扰无线电通讯正常进行，构成犯罪的，依照刑法第二百八十八条的规定定罪处罚；造成军事通信中断或者严重障碍，同时构成刑法第二百八十八条、第三百六十九条第一款规定的犯罪的，依照处罚较重的规定定罪处罚。

第七条　本解释所称“重要军事通信”，是指军事首脑机关及重要指挥中心的通信，部队作战中的通信，等级战备通信，飞行航行训练、抢险救灾、军事演习或者处置突发性事件中的通信，以及执行试飞试航、武器装备科研试验或者远洋航行等重要军事任务中的通信。

本解释所称军事通信的具体范围、通信中断和严重障碍的标准，参照中国人民解放军通信主管部门的有关规定确定。

最高人民法院、最高人民检察院、公安部、商务部、国家市场监督管理总局、中央军委后勤保障部、中央军委装备发展部、中央军委训练管理部、中央军委国防动员部关于军地共同加强部队训练场未爆弹药安全风险防控的意见

（2022年10月22日，军训〔2022〕181号）

（十三）打击违法犯罪。非法进入训练场、不听制止的，破坏训练场围墙、围网

等周界防护设施的,依照军事设施保护法的有关规定处罚,符合刑法第三百六十九条第一款、第三百七十一条规定的,分别以破坏军事设施罪、聚众冲击军事禁区罪、聚众扰乱军事管理区秩序罪定罪处罚。挖捡、非法买卖未爆弹药,符合刑法第一百二十七条第一款、第一百二十五条第一款规定的,分别以盗窃弹药、爆炸物罪和非法买卖弹药、爆炸物罪定罪处罚。非法买卖未爆弹药拆解的炮弹引信、火炸药,符合刑法第一百二十五条第一款规定的,以非法买卖弹药、爆炸物罪定罪处罚。非法进入训练场挖捡炮弹残片,符合刑法第二百六十四条规定的,以盗窃罪定罪处罚。因敲击、拆解未爆弹药等行为引发爆炸,符合刑法第一百一十五条第二款、第二百三十三条、第二百三十五条规定的,分别以过失爆炸罪、过失致人死亡罪、过失致人重伤罪定罪处罚。明知是非法拆解的未爆弹药或者非法挖捡的炮弹残片及其所产生的收益而窝藏、转移、代为销售或者以其他方法掩饰、隐瞒,符合刑法第三百一十二条规定的,以掩饰、隐瞒犯罪所得、犯罪所得收益罪定罪处罚。有非法挖捡买卖行为,经教育后确有悔改表现,上交未爆弹药、炮弹残片或者销售炮弹残片违法所得的,可以依法从宽处罚;情节显著轻微危害不大不构成犯罪、构成违反治安管理行为的,依法给予治安管理处罚。

最高人民法院、最高人民检察院关于办理妨害武装部队制式服装、车辆号牌管理秩序等刑事案件具体应用法律若干问题的解释

(2011年3月28日最高人民法院审判委员会第1516次会议、2011年4月13日由最高人民检察院第十一届检察委员会第60次会议通过,2011年7月20日公布,自2011年8月1日起施行,法释〔2011〕16号)

为依法惩治妨害武装部队制式服装、车辆号牌管理秩序等犯罪活动,维护国防利益,根据《中华人民共和国刑法》有关规定,现就办理非法生产、买卖武装部队制式服装,伪造、盗窃、买卖武装部队车辆号牌等刑事案件的若干问题解释如下:

第一条　伪造、变造、买卖或者盗窃、抢夺武装部队公文、证件、印章,具有下列情形之一的,应当依照刑法第三百七十五条第一款的规定,以伪造、变造、买卖武装部队公文、证件、印章罪或者盗窃、抢夺武装部队公文、证件、印章罪定罪处罚:

(一)伪造、变造、买卖或者盗窃、抢夺武装部队公文一件以上的;

(二)伪造、变造、买卖或者盗窃、抢夺武装部队军官证、士兵证、车辆行驶证、车辆驾驶证或者其他证件二本以上的;

(三)伪造、变造、买卖或者盗窃、抢夺武装部队机关印章、车辆牌证印章或者其他印章一枚以上的。

实施前款规定的行为,数量达到第(一)至(三)项规定标准五倍以上或者造

成严重后果的，应当认定为刑法第三百七十五条第一款规定的“情节严重”。

第二条 非法生产、买卖武装部队现行装备的制式服装，具有下列情形之一的，应当认定为刑法第三百七十五条第二款规定的“情节严重”，以非法生产、买卖武装部队制式服装罪定罪处罚：

（一）非法生产、买卖成套制式服装三十套以上，或者非成套制式服装一百件以上的；

（二）非法生产、买卖帽徽、领花、臂章等标志服饰合计一百件（副）以上的；

（三）非法经营数额二万元以上的；

（四）违法所得数额五千元以上的；

（五）具有其他严重情节的。

第三条 伪造、盗窃、买卖或者非法提供、使用武装部队车辆号牌等专用标志，具有下列情形之一的，应当认定为刑法第三百七十五条第三款规定的“情节严重”，以伪造、盗窃、买卖、非法提供、非法使用武装部队专用标志罪定罪处罚：

（一）伪造、盗窃、买卖或者非法提供、使用武装部队军以上领导机关车辆号牌一副以上或者其他车辆号牌三副以上的；

（二）非法提供、使用军以上领导机关车辆号牌之外的其他车辆号牌累计六个月以上的；

（三）伪造、盗窃、买卖或者非法提供、使用军徽、军旗、军种符号或者其他军用标志合计一百件（副）以上的；

（四）造成严重后果或者恶劣影响的。

实施前款规定的行为，具有下列情形之一的，应当认定为刑法第三百七十五条第三款规定的“情节特别严重”：

（一）数量达到前款第（一）、（三）项规定标准五倍以上的；

（二）非法提供、使用军以上领导机关车辆号牌累计六个月以上或者其他车辆号牌累计一年以上的；

（三）造成特别严重后果或者特别恶劣影响的。

第四条 买卖、盗窃、抢夺伪造、变造的武装部队公文、证件、印章的，买卖仿制的现行装备的武装部队制式服装情节严重的，盗窃、买卖、提供、使用伪造、变造的武装部队车辆号牌等专用标志情节严重的，应当追究刑事责任。定罪量刑标准适用本解释第一至第三条的规定。

第五条 明知他人实施刑法第三百七十五条规定的犯罪行为，而为其生产、提供专用材料或者提供资金、账号、技术、生产经营场所等帮助的，以共犯论处。

第六条 实施刑法第三百七十五条规定的犯罪行为，同时又构成逃税、诈骗、冒充军人招摇撞骗等犯罪的，依照处罚较重的规定定罪处罚。

第七条 单位实施刑法第三百七十五条第二款、第三款规定的犯罪行为，对单位判处罚金，并对其直接负责的主管人员和其他直接责任人员，分别依照本解释的有关规定处罚。

（九）贪污贿赂罪

全国法院审理经济犯罪案件工作座谈会纪要

（2003年11月13日最高人民法院发布，自公布之日起施行，法〔2003〕167号）

为了进一步加强人民法院审判经济犯罪案件工作，最高人民法院于2002年6

月4日至6日在重庆市召开了全国法院审理经济犯罪案件工作座谈会。各省、自治区、直辖市高级人民法院和解放军军事法院主管刑事审判工作的副院长和刑庭庭长参加了座谈会,全国人大常委会法制工作委员会、最高人民检察院、公安部也应邀派员参加了座谈会。座谈会总结了刑法和刑事诉讼法修订实施以来人民法院审理经济犯罪案件工作的情况和经验,分析了审理经济犯罪案件工作面临的形势和任务,对当前和今后一个时期进一步加强人民法院审判经济犯罪案件的工作做了部署。座谈会重点讨论了人民法院在审理贪污贿赂和渎职犯罪案件中遇到的有关适用法律的若干问题,并就其中一些带有普遍性的问题形成了共识。经整理并征求有关部门的意见,纪要如下:

一、关于贪污贿赂犯罪和渎职犯罪的主体

(一)国家机关工作人员的认定

刑法中所称的国家机关工作人员,是指在国家机关中从事公务的人员,包括在各级国家权力机关、行政机关、司法机关和军事机关中从事公务的人员。

根据有关立法解释的规定,在依照法律、法规规定行使国家行政管理职权的组织中从事公务的人员,或者在受国家机关委托代表国家行使职权的组织中从事公务的人员,或者虽未列入国家机关人员编制但在国家机关中从事公务的人员,视为国家机关工作人员。在乡(镇)以上中国共产党机关、人民政协机关中从事公务的人员,司法实践中也应当视为国家机关工作人员。

(二)国家机关、国有公司、企业、事业单位委派到非国有公司、企业、事业单位、社会团体从事公务的人员的认定

所谓委派,即委任、派遣,其形式多种多样,如任命、指派、提名、批准等。不论被委派的人身份如何,只要是接受国家机关、国有公司、企业、事业单位委派,代表国家机关、国有公司、企业、事业单位在非国有公司、企业、事业单位、社会团体中从事组织、领导、监督、管理等工作,都可以认定为国家机关、国有公司、企业、事业单位委派到非国有公司、企业、事业单位、社会团体从事公务的人员。如国家机关、国有公司、企业、事业单位委派在国有控股或者参股的股份有限公司从事组织、领导、监督、管理等工作的人员,应当以国家工作人员论。国有公司、企业改制为股份有限公司后,原国有公司、企业的工作人员和股份有限公司新任命的人员中,除代表国有投资主体行使监督、管理职权的人外,不以国家工作人员论。

(三)"其他依照法律从事公务的人员"的认定

刑法第九十三条第二款规定的"其他依照法律从事公务的人员"应当具有两个特征:一是在特定条件下行使国家管理职能;二是依照法律规定从事公务。具体包括:(1)依法履行职责的各级人民代表大会代表;(2)依法履行审判职责的人民陪审员;(3)协助乡镇人民政府、街道办事处从事行政管理工作的村民委员会、居民委员会等农村和城市基层组织人员;(4)其他由法律授权从事公务的人员。

(四)关于"从事公务"的理解

从事公务,是指代表国家机关、国有公司、企业、事业单位、人民团体等履行组织、领导、监督、管理等职责。公务主要表现为与职权相联系的公共事务以及监督、管理国有财产的职务活动。如国家机关工作人员依法履行职责,国有公司的董

事、经理、监事、会计、出纳人员等管理、监督国有财产等活动,属于从事公务。那些不具备职权内容的劳务活动、技术服务工作,如售货员、售票员等所从事的工作,一般不认为是公务。

二、关于贪污罪

(一)贪污罪既遂与未遂的认定

贪污罪是一种以非法占有为目的的财产性职务犯罪,与盗窃、诈骗、抢夺等侵犯财产罪一样,应当以行为人是否实际控制财物作为区分贪污罪既遂与未遂的标准。对于行为人利用职务上的便利,实施了虚假平账等贪污行为,但公共财物尚未实际转移,或者尚未被行为人控制就被查获的,应当认定为贪污未遂。行为人控制公共财物后,是否将财物据为己有,不影响贪污既遂的认定。

(二)"受委托管理、经营国有财产"的认定

刑法第三百八十二条第二款规定的"受委托管理、经营国有财产",是指因承包、租赁、临时聘用等管理、经营国有财产。

(三)国家工作人员与非国家工作人员勾结共同非法占有单位财物行为的认定

对于国家工作人员与他人勾结,共同非法占有单位财物的行为,应当按照《最高人民法院关于审理贪污、职务侵占案件如何认定共同犯罪几个问题的解释》的规定定罪处罚。对于在公司、企业或者其他单位中,非国家工作人员与国家工作人员勾结,分别利用各自的职务便利,共同将本单位财物非法占有的,应当尽量区分主从犯,按照主犯的犯罪性质定罪。司法实践中,如果根据案件的实际情况,各共同犯罪人在共同犯罪中的地位、作用相当,难以区分主从犯的,可以贪污罪定罪处罚。

(四)共同贪污犯罪中"个人贪污数额"的认定

刑法第三百八十三条第一款规定的"个人贪污数额",在共同贪污犯罪案件中应理解为个人所参与或者组织、指挥共同贪污的数额,不能只按个人实际分得的赃款数额来认定。对共同贪污犯罪中的从犯,应当按照其所参与的共同贪污的数额确定量刑幅度,并依照刑法第二十七条第二款的规定,从轻、减轻处罚或者免除处罚。

三、关于受贿罪

(一)关于"利用职务上的便利"的认定

刑法第三百八十五条第一款规定的"利用职务上的便利",既包括利用本人职务上主管、负责、承办某项公共事务的职权,也包括利用职务上有隶属、制约关系的其他国家工作人员的职权。担任单位领导职务的国家工作人员通过不属自己主管的下级部门的国家工作人员的职务为他人谋取利益的,应当认定为"利用职务上的便利"为他人谋取利益。

(二)"为他人谋取利益"的认定

为他人谋取利益包括承诺、实施和实现三个阶段的行为。只要具有其中一个阶段的行为,如国家工作人员收受他人财物时,根据他人提出的具体请托事项,承诺为他人谋取利益的,就具备了为他人谋取利益的要件。明知他人有具体请托事项而收受其财物的,视为承诺为他人谋取利益。

(三)"利用职权或地位形成的便利条件"的认定

刑法第三百八十八条规定的"利用

本人职权或者地位形成的便利条件”,是指行为人与被其利用的国家工作人员之间在职务上虽然没有隶属、制约关系,但是行为人利用了本人职权或者地位产生的影响和一定的工作联系,如单位内不同部门的国家工作人员之间、上下级单位没有职务上隶属、制约关系的国家工作人员之间、有工作联系的不同单位的国家工作人员之间等。

(四)离职国家工作人员收受财物行为的处理

参照《最高人民法院关于国家工作人员利用职务上的便利为他人谋取利益离退休后收受财物行为如何处理问题的批复》规定的精神,国家工作人员利用职务上的便利为请托人谋取利益,并与请托人事先约定,在其离职后收受请托人财物,构成犯罪的,以受贿罪定罪处罚。

(五)共同受贿犯罪的认定

根据刑法关于共同犯罪的规定,非国家工作人员与国家工作人员勾结,伙同受贿的,应当以受贿罪的共犯追究刑事责任。非国家工作人员是否构成受贿罪共犯,取决于双方有无共同受贿的故意和行为。国家工作人员的近亲属向国家工作人员代为转达请托事项,收受请托人财物并告知该国家工作人员,或者国家工作人员明知其近亲属收受了他人财物,仍按照近亲属的要求利用职权为他人谋取利益的,对该国家工作人员应认定为受贿罪,其近亲属以受贿罪共犯论处。近亲属以外的其他人与国家工作人员通谋,由国家工作人员利用职务上的便利为请托人谋取利益,收受请托人财物后双方共同占有的,构成受贿罪共犯。国家工作人员利用职务上的便利为他人谋取利益,并指定他人将财物送给其他人,构成犯罪的,应以受贿罪定罪处罚。

(六)以借款为名索取或者非法收受财物行为的认定

国家工作人员利用职务上的便利,以借为名向他人索取财物,或者非法收受财物为他人谋取利益的,应当认定为受贿。具体认定时,不能仅仅看是否有书面借款手续,应当根据以下因素综合判定:(1)有无正当、合理的借款事由;(2)款项的去向;(3)双方平时关系如何、有无经济往来;(4)出借方是否要求国家工作人员利用职务上的便利为其谋取利益;(5)借款后是否有归还的意思表示及行为;(6)是否有归还的能力;(7)未归还的原因;等等。

(七)涉及股票受贿案件的认定

在办理涉及股票的受贿案件时,应当注意:(1)国家工作人员利用职务上的便利,索取或非法收受股票,没有支付股本金,为他人谋取利益,构成受贿罪的,其受贿数额按照收受股票时的实际价格计算。(2)行为人支付股本金而购买较有可能升值的股票,由于不是无偿收受请托人财物,不以受贿罪论处。(3)股票已上市且已升值,行为人仅支付股本金,其“购买”股票时的实际价格与股本金的差价部分应认定为受贿。

四、关于挪用公款罪

(一)单位决定将公款给个人使用行为的认定

经单位领导集体研究决定将公款给个人使用,或者单位负责人为了单位的利益,决定将公款给个人使用的,不以挪用公款罪定罪处罚。上述行为致使单位遭受重大损失,构成其他犯罪的,依照刑法的有关规定对责任人员定罪处罚。

（二）挪用公款供其他单位使用行为的认定

根据全国人大常委会《关于〈中华人民共和国刑法〉第三百八十四条第一款的解释》的规定，“以个人名义将公款供其他单位使用的”、“个人决定以单位名义将公款供其他单位使用，谋取个人利益的”，属于挪用公款“归个人使用”。在司法实践中，对于将公款供其他单位使用的，认定是否属于“以个人名义”，不能只看形式，要从实质上把握。对于行为人逃避财务监管，或者与使用人约定以个人名义进行，或者借款、还款都以个人名义进行，将公款给其他单位使用的，应认定为“以个人名义”。“个人决定”既包括行为人在职权范围内决定，也包括超越职权范围决定。“谋取个人利益”，既包括行为人与使用人事先约定谋取个人利益实际尚未获取的情况，也包括虽未事先约定但实际已获取了个人利益的情况。其中的“个人利益”，既包括不正当利益，也包括正当利益；既包括财产性利益，也包括非财产性利益，但这种非财产性利益应当是具体的实际利益，如升学、就业等。

（三）国有单位领导向其主管的具有法人资格的下级单位借公款归个人使用的认定

国有单位领导利用职务上的便利指令具有法人资格的下级单位将公款供个人使用的，属于挪用公款行为，构成犯罪的，应以挪用公款罪定罪处罚。

（四）挪用有价证券、金融凭证用于质押行为性质的认定

挪用金融凭证、有价证券用于质押，使公款处于风险之中，与挪用公款为他人提供担保没有实质的区别，符合刑法关于挪用公款罪规定的，以挪用公款罪定罪处罚，挪用公款数额以实际或者可能承担的风险数额认定。

（五）挪用公款归还个人欠款行为性质的认定

挪用公款归还个人欠款的，应当根据产生欠款的原因，分别认定属于挪用公款的何种情形。归还个人进行非法活动或者进行营利活动产生的欠款，应当认定为挪用公款进行非法活动或者进行营利活动。

（六）挪用公款用于注册公司、企业行为性质的认定

申报注册资本是为进行生产经营活动作准备，属于成立公司、企业进行营利活动的组成部分。因此，挪用公款归个人用于公司、企业注册资本验资证明的，应当认定为挪用公款进行营利活动。

（七）挪用公款后尚未投入实际使用的行为性质的认定

挪用公款后尚未投入实际使用的，只要同时具备“数额较大”和“超过三个月未还”的构成要件，应当认定为挪用公款罪，但可以酌情从轻处罚。

（八）挪用公款转化为贪污的认定

挪用公款罪与贪污罪的主要区别在于行为人主观上是否具有非法占有公款的目的。挪用公款是否转化为贪污，应当按照主客观相一致的原则，具体判断和认定行为人主观上是否具有非法占有公款的目的。在司法实践中，具有以下情形之一的，可以认定行为人具有非法占有公款的目的：

1. 根据《最高人民法院关于审理挪用公款案件具体应用法律若干问题的解释》第六条的规定，行为人“携带挪用的公款潜逃的”，对其携带挪用的公款部

分,以贪污罪定罪处罚。

2. 行为人挪用公款后采取虚假发票平账、销毁有关账目等手段,使所挪用的公款已难以在单位财务账目上反映出来,且没有归还行为的,应当以贪污罪定罪处罚。

3. 行为人截取单位收入不入账,非法占有,使所占有的公款难以在单位财务账目上反映出来,且没有归还行为的,应当以贪污罪定罪处罚。

4. 有证据证明行为人有能力归还所挪用的公款而拒不归还,并隐瞒挪用的公款去向的,应当以贪污罪定罪处罚。

五、关于巨额财产来源不明罪

(一)行为人不能说明巨额财产来源合法的认定

刑法第三百九十五条第一款规定的"不能说明",包括以下情况:(1)行为人拒不说明财产来源;(2)行为人无法说明财产的具体来源;(3)行为人所说的财产来源经司法机关查证并不属实;(4)行为人所说的财产来源因线索不具体等原因,司法机关无法查实,但能排除存在来源合法的可能性和合理性的。

(二)"非法所得"的数额计算

刑法第三百九十五条规定的"非法所得",一般是指行为人的全部财产与能够认定的所有支出的总和减去能够证实的有真实来源的所得。在具体计算时,应注意以下问题:(1)应把国家工作人员个人财产和与其共同生活的家庭成员的财产、支出等一并计算,而且一并减去他们所有的合法收入以及确属与其共同生活的家庭成员个人的非法收入。(2)行为人所有的财产包括房产、家具、生活用品、学习用品及股票、债券、存款等动产和不动产;行为人的支出包括合法支出和不合法的支出,包括日常生活、工作、学习费用、罚款及向他人行贿的财物等;行为人的合法收入包括工资、奖金、稿酬、继承等法律和政策允许的各种收入。(3)为了便于计算犯罪数额,对于行为人的财产和合法收入,一般可以从行为人有比较确定的收入和财产时开始计算。

六、关于渎职罪

(一)渎职犯罪行为造成的公共财产重大损失的认定

根据刑法规定,玩忽职守、滥用职权等渎职犯罪是以致使公共财产、国家和人民利益遭受重大损失为构成要件的。其中,公共财产的重大损失,通常是指渎职行为已经造成的重大经济损失。在司法实践中,有以下情形之一的,虽然公共财产作为债权存在,但已无法实现债权的,可以认定为行为人的渎职行为造成了经济损失:(1)债务人已经法定程序被宣告破产;(2)债务人潜逃,去向不明;(3)因行为人责任,致使超过诉讼时效;(4)有证据证明债权无法实现的其他情况。

(二)玩忽职守罪的追诉时效

玩忽职守行为造成的重大损失当时没有发生,而是玩忽职守行为之后一定时间发生的,应从危害结果发生之日起计算玩忽职守罪的追诉期限。

(三)国有公司、企业人员渎职犯罪的法律适用

对于1999年12月24日《中华人民共和国刑法修正案》实施以前发生的国有公司、企业人员渎职行为(不包括徇私舞弊行为),尚未处理或者正在处理的,不能按照刑法修正案追究刑事责任。

(四)关于"徇私"的理解

徇私舞弊型渎职犯罪的"徇私"应理解为徇个人私情、私利。国家机关工作人

员为了本单位的利益，实施滥用职权、玩忽职守行为，构成犯罪的，依照刑法第三百九十七条第一款的规定定罪处罚。

最高人民法院、最高人民检察院关于办理贪污贿赂刑事案件适用法律若干问题的解释

（2016年3月28日最高人民法院审判委员会第1680次会议、2016年3月25日最高人民检察院第十二届检察委员会第50次会议通过，自2016年4月18日起施行，法释〔2016〕9号）

为依法惩治贪污贿赂犯罪活动，根据刑法有关规定，现就办理贪污贿赂刑事案件适用法律的若干问题解释如下：

第一条 贪污或者受贿数额在三万元以上不满二十万元的，应当认定为刑法第三百八十三条第一款规定的“数额较大”，依法判处三年以下有期徒刑或者拘役，并处罚金。

贪污数额在一万元以上不满三万元，具有下列情形之一的，应当认定为刑法第三百八十三条第一款规定的“其他较重情节”，依法判处三年以下有期徒刑或者拘役，并处罚金：

（一）贪污救灾、抢险、防汛、优抚、扶贫、移民、救济、防疫、社会捐助等特定款物的；

（二）曾因贪污、受贿、挪用公款受过党纪、行政处分的；

（三）曾因故意犯罪受过刑事追究的；

（四）赃款赃物用于非法活动的；

（五）拒不交待赃款赃物去向或者拒不配合追缴工作，致使无法追缴的；

（六）造成恶劣影响或者其他严重后果的。

受贿数额在一万元以上不满三万元，具有前款第二项至第六项规定的情形之一，或者具有下列情形之一的，应当认定为刑法第三百八十三条第一款规定的“其他较重情节”，依法判处三年以下有期徒刑或者拘役，并处罚金：

（一）多次索贿的；

（二）为他人谋取不正当利益，致使公共财产、国家和人民利益遭受损失的；

（三）为他人谋取职务提拔、调整的。

第二条 贪污或者受贿数额在二十万元以上不满三百万元的，应当认定为刑法第三百八十三条第一款规定的“数额巨大”，依法判处三年以上十年以下有期徒刑，并处罚金或者没收财产。

贪污数额在十万元以上不满二十万元，具有本解释第一条第二款规定的情形之一的，应当认定为刑法第三百八十三条第一款规定的“其他严重情节”，依法判处三年以上十年以下有期徒刑，并处罚金或者没收财产。

受贿数额在十万元以上不满二十万元，具有本解释第一条第三款规定的情形之一的，应当认定为刑法第三百八十三条第一款规定的“其他严重情节”，依法判处三年以上十年以下有期徒刑，并处罚金或者没收财产。

第三条 贪污或者受贿数额在三百万元以上的，应当认定为刑法第三百八十三条第一款规定的“数额特别巨大”，依法判处十年以上有期徒刑、无期徒刑或者死刑，并处罚金或者没收财产。

贪污数额在一百五十万元以上不满

三百万元,具有本解释第一条第二款规定的情形之一的,应当认定为刑法第三百八十三条第一款规定的"其他特别严重情节",依法判处十年以上有期徒刑、无期徒刑或者死刑,并处罚金或者没收财产。

受贿数额在一百五十万元以上不满三百万元,具有本解释第一条第三款规定的情形之一的,应当认定为刑法第三百八十三条第一款规定的"其他特别严重情节",依法判处十年以上有期徒刑、无期徒刑或者死刑,并处罚金或者没收财产。

第四条 贪污、受贿数额特别巨大,犯罪情节特别严重、社会影响特别恶劣、给国家和人民利益造成特别重大损失的,可以判处死刑。

符合前款规定的情形,但具有自首,立功,如实供述自己罪行、真诚悔罪、积极退赃,或者避免、减少损害结果的发生等情节,不是必须立即执行的,可以判处死刑缓期二年执行。

符合第一款规定情形的,根据犯罪情节等情况可以判处死刑缓期二年执行,同时裁判决定在其死刑缓期执行二年期满依法减为无期徒刑后,终身监禁,不得减刑、假释。

第五条 挪用公款归个人使用,进行非法活动,数额在三万元以上的,应当依照刑法第三百八十四条的规定以挪用公款罪追究刑事责任;数额在三百万元以上的,应当认定为刑法第三百八十四条第一款规定的"数额巨大"。具有下列情形之一的,应当认定为刑法第三百八十四条第一款规定的"情节严重":

(一)挪用公款数额在一百万元以上的;

(二)挪用救灾、抢险、防汛、优抚、扶贫、移民、救济特定款物,数额在五十万元以上不满一百万元的;

(三)挪用公款不退还,数额在五十万元以上不满一百万元的;

(四)其他严重的情节。

第六条 挪用公款归个人使用,进行营利活动或者超过三个月未还,数额在五万元以上的,应当认定为刑法第三百八十四条第一款规定的"数额较大";数额在五百万元以上的,应当认定为刑法第三百八十四条第一款规定的"数额巨大"。具有下列情形之一的,应当认定为刑法第三百八十四条第一款规定的"情节严重":

(一)挪用公款数额在二百万元以上的;

(二)挪用救灾、抢险、防汛、优抚、扶贫、移民、救济特定款物,数额在一百万元以上不满二百万元的;

(三)挪用公款不退还,数额在一百万元以上不满二百万元的;

(四)其他严重的情节。

第七条 为谋取不正当利益,向国家工作人员行贿,数额在三万元以上的,应当依照刑法第三百九十条的规定以行贿罪追究刑事责任。

行贿数额在一万元以上不满三万元,具有下列情形之一的,应当依照刑法第三百九十条的规定以行贿罪追究刑事责任:

(一)向三人以上行贿的;

(二)将违法所得用于行贿的;

(三)通过行贿谋取职务提拔、调整的;

(四)向负有食品、药品、安全生产、环境保护等监督管理职责的国家工作人员行贿,实施非法活动的;

(五)向司法工作人员行贿,影响司法公正的;

(六)造成经济损失数额在五十万元

以上不满一百万元的。

第八条　犯行贿罪，具有下列情形之一的，应当认定为刑法第三百九十条第一款规定的“情节严重”：

（一）行贿数额在一百万元以上不满五百万元的；

（二）行贿数额在五十万元以上不满一百万元，并具有本解释第七条第二款第一项至第五项规定的情形之一的；

（三）其他严重的情节。

为谋取不正当利益，向国家工作人员行贿，造成经济损失数额在一百万元以上不满五百万元的，应当认定为刑法第三百九十条第一款规定的“使国家利益遭受重大损失”。

第九条　犯行贿罪，具有下列情形之一的，应当认定为刑法第三百九十条第一款规定的“情节特别严重”：

（一）行贿数额在五百万元以上的；

（二）行贿数额在二百五十万元以上不满五百万元，并具有本解释第七条第二款第一项至第五项规定的情形之一的；

（三）其他特别严重的情节。

为谋取不正当利益，向国家工作人员行贿，造成经济损失数额在五百万元以上的，应当认定为刑法第三百九十条第一款规定的“使国家利益遭受特别重大损失”。

第十条　刑法第三百八十八条之一规定的利用影响力受贿罪的定罪量刑适用标准，参照本解释关于受贿罪的规定执行。

刑法第三百九十条之一规定的对有影响力的人行贿罪的定罪量刑适用标准，参照本解释关于行贿罪的规定执行。

单位对有影响力的人行贿数额在二十万元以上的，应当依照刑法第三百九十条之一的规定以对有影响力的人行贿罪追究刑事责任。

第十一条　刑法第一百六十三条规定的非国家工作人员受贿罪、第二百七十一条规定的职务侵占罪中的“数额较大”“数额巨大”的数额起点，按照本解释关于受贿罪、贪污罪相对应的数额标准规定的二倍、五倍执行。①

刑法第二百七十二条规定的挪用资金罪中的“数额较大”“数额巨大”以及“进行非法活动”情形的数额起点，按照本解释关于挪用公款罪“数额较大”“情节严重”以及“进行非法活动”的数额标准规定的二倍执行。②

刑法第一百六十四条第一款规定的对非国家工作人员行贿罪中的“数额较大”“数额巨大”的数额起点，按照本解释第七条、第八条第一款关于行贿罪的数额标准规定的二倍执行。③

第十二条　贿赂犯罪中的“财物”，包括货币、物品和财产性利益。财产性利

---

① 根据该条规定，非国家工作人员受贿罪、职务侵占罪的数额较大的标准为 6 万元、数额巨大的标准为 100 万元。

② 根据该条规定，挪用资金罪中数额较大的标准为 10 万元、数额巨大的标准为 400 万元、挪用资金“数额较大不退还”的标准为 200 万元，挪用资金进行非法活动的入罪数额标准为 6 万元、挪用资金进行非法活动数额巨大的标准为 200 万元、挪用资金进行非法活动“数额较大不退还”的标准为 100 万元。

③ 根据该条规定，对非国家工作人员行贿罪数额较大的标准为 6 万元或者具有“向三人以上行贿”“将违法所得用于行贿”“通过行贿谋取职务提拔、调整”“向负有食品、药品、安全生产、环境保护等监督管理职责的国家工作人员行贿，实施非法活动”“向司法工作人员行贿，影响司法公正”“造成经济损失数额在五十万元以上不满一百万元”六种情形之一时为 2 万元，数额巨大的标准为 200 万元或者具有“向三人以上行贿”等六种情形之一时为 100 万元。

益包括可以折算为货币的物质利益如房屋装修、债务免除等,以及需要支付货币的其他利益如会员服务、旅游等。后者的犯罪数额,以实际支付或者应当支付的数额计算。

第十三条　具有下列情形之一的,应当认定为“为他人谋取利益”,构成犯罪的,应当依照刑法关于受贿犯罪的规定定罪处罚:

(一)实际或者承诺为他人谋取利益的;

(二)明知他人有具体请托事项的;

(三)履职时未被请托,但事后基于该履职事由收受他人财物的。

国家工作人员索取、收受具有上下级关系的下属或者具有行政管理关系的被管理人员的财物价值三万元以上,可能影响职权行使的,视为承诺为他人谋取利益。

第十四条　根据行贿犯罪的事实、情节,可能被判处三年有期徒刑以下刑罚的,可以认定为刑法第三百九十条第二款规定的“犯罪较轻”。

根据犯罪的事实、情节,已经或者可能被判处十年有期徒刑以上刑罚的,或者案件在本省、自治区、直辖市或者全国范围内有较大影响的,可以认定为刑法第三百九十条第二款规定的“重大案件”。

具有下列情形之一的,可以认定为刑法第三百九十条第二款规定的“对侦破重大案件起关键作用”:

(一)主动交待办案机关未掌握的重大案件线索的;

(二)主动交待的犯罪线索不属于重大案件的线索,但该线索对于重大案件侦破有重要作用的;

(三)主动交待行贿事实,对于重大案件的证据收集有重要作用的;

(四)主动交待行贿事实,对于重大案件的追逃、追赃有重要作用的。

第十五条　对多次受贿未经处理的,累计计算受贿数额。

国家工作人员利用职务上的便利为请托人谋取利益前后多次收受请托人财物,受请托之前收受的财物数额在一万元以上的,应当一并计入受贿数额。

第十六条　国家工作人员出于贪污、受贿的故意,非法占有公共财物、收受他人财物之后,将赃款赃物用于单位公务支出或者社会捐赠的,不影响贪污罪、受贿罪的认定,但量刑时可以酌情考虑。

特定关系人索取、收受他人财物,国家工作人员知道后未退还或者上交的,应当认定国家工作人员具有受贿故意。

第十七条　国家工作人员利用职务上的便利,收受他人财物,为他人谋取利益,同时构成受贿罪和刑法分则第三章第三节、第九章规定的渎职犯罪的,除刑法另有规定外,以受贿罪和渎职犯罪数罪并罚。

第十八条　贪污贿赂犯罪分子违法所得的一切财物,应当依照刑法第六十四条的规定予以追缴或者责令退赔,对被害人的合法财产应当及时返还。对尚未追缴到案或者尚未足额退赔的违法所得,应当继续追缴或者责令退赔。

第十九条　对贪污罪、受贿罪判处三年以下有期徒刑或者拘役的,应当并处十万元以上五十万元以下的罚金;判处三年以上十年以下有期徒刑的,应当并处二十万元以上犯罪数额二倍以下的罚金或者没收财产;判处十年以上有期徒刑或者无期徒刑的,应当并处五十万元以上犯罪数额二倍以下的罚金或者没收财产。

对刑法规定并处罚金的其他贪污贿赂犯罪,应当在十万元以上犯罪数额二倍以下判处罚金。

第二十条　本解释自2016年4月18日起施行。最高人民法院、最高人民检察院此前发布的司法解释与本解释不一致的,以本解释为准。

最高人民检察院关于贪污养老、医疗等社会保险基金能否适用《最高人民法院、最高人民检察院关于办理贪污贿赂刑事案件适用法律若干问题的解释》第一条第二款第一项规定的批复

(2017年7月19日最高人民检察院第十二届检察委员会第67次会议通过,2017年7月26日发布)

各省、自治区、直辖市人民检察院,解放军军事检察院,新疆生产建设兵团人民检察院:

近来,一些地方人民检察院就贪污养老、医疗等社会保险基金能否适用《最高人民法院、最高人民检察院关于办理贪污贿赂刑事案件适用法律若干问题的解释》第一条第二款第一项规定请示我院。经研究,批复如下:

养老、医疗、工伤、失业、生育等社会保险基金可以认定为《最高人民法院、最高人民检察院关于办理贪污贿赂刑事案件适用法律若干问题的解释》第一条第二款第一项规定的"特定款物"。

根据刑法和有关司法解释规定,贪污罪和挪用公款罪中的"特定款物"的范围有所不同,实践中应注意区分,依法适用。

此复。

最高人民检察院法律政策研究室对《关于界定"退耕还林补助款"性质的请示》的答复

(2017年2月17日,高检研〔2017〕6号)

陕西省人民检察院法律政策研究室:

《最高人民法院、最高人民检察院关于办理贪污贿赂刑事案件适用法律若干问题的解释》(以下简称《解释》)第一条二款(一)项规定的"特定款物"应当严格适用范围,不能随意做扩大解释。除了明确规定的救灾、抢险、防汛、优抚、扶贫、移民、救济、防疫、社会捐助九种特定款物以外,只有与所列举的特定款物具有实质相当性的款物才可以认定为本条规定的"特定款物",具体可以从事项重要性、用途特定性以及时间紧迫性等方面进行判断。

来函请示的"退耕还林补助款"不属于中央财政转移支付体系中的"财政专项扶贫资金",不具有与《解释》所列九种款物的实质相当性,不宜认定为《解释》所规定的"特定款物"。

最高人民检察院法律政策研究室对《关于贪污困难职工帮扶资金能否适用〈最高人民法院、最高人民检察院关于办理贪污贿赂刑事案件适用法律若干问题的解释〉的请示》的答复

(2020年5月25日,高检研〔2020〕4号)

河南省人民检察院法律政策研究室:

你室《关于贪污困难职工帮扶资金能否适用〈最高人民法院、最高人民检察院关于办理贪污贿赂刑事案件适用法律若干问题的解释〉的请示》(豫检研文〔2019〕3号)收悉。经研究,答复如下:

困难职工帮扶资金属于社会救助的组成部分,是工会履行社会救助的职责范畴。困难职工帮扶资金救助对象为困难职工群体,与民政部门的最低生活保障等救助资金具有相同性质,应属于"救济"款物。

最高人民法院关于被告人林少钦受贿请示一案的答复①

[2017年2月13日,(2016)最高法刑他5934号]

福建省高级人民法院:

你院闽高法〔2016〕250号《关于立案追诉后因法律司法解释修改导致追诉时效发生变化的案件法律适用问题的请示》收悉。经研究,答复如下:

追诉时效是依照法律规定对犯罪分子追究刑事责任的期限,在追诉时效期限内,司法机关应当依法追究犯罪分子刑事责任。对于法院正在审理的贪污贿赂案件,应当依据司法机关立案侦查时的法律规定认定追诉时效。依据立案侦查时的法律规定未过时效,且已经进入诉讼程序的案件,在新的法律规定生效后应当继续审理。

最高人民法院关于审理贪污、职务侵占案件如何认定共同犯罪几个问题的解释

(2000年6月27日最高人民法院审判委员会第1120次会议通过,2000年6月30日公布,自2000年7月8日起施行,法释〔2000〕15号)

为依法审理贪污或者职务侵占犯罪案件,现就这类案件如何认定共同犯罪问题解释如下:

第一条　行为人与国家工作人员勾结,利用国家工作人员的职务便利,共同

① 根据最高人民法院2016年《关于"最高人民法院公开各类司法依据文件"的答复》中的说明,这类属于具体个案的请示答复,其法律拘束力仅限于个案本身,而不具有普遍的法律效力,在其他案件中法官不能将上述答复直接作为裁判依据。

侵吞、窃取、骗取或者以其他手段非法占有公共财物的,以贪污罪共犯论处。

第二条 行为人与公司、企业或者其他单位的人员勾结,利用公司、企业或者其他单位人员的职务便利,共同将该单位财物非法占为己有,数额较大的,以职务侵占罪共犯论处。

第三条 公司、企业或者其他单位中,不具有国家工作人员身份的人与国家工作人员勾结,分别利用各自的职务便利,共同将本单位财物非法占为己有的,按照主犯的犯罪性质定罪。

最高人民法院
关于审理挪用公款案件具体
应用法律若干问题的解释

(1998年4月6日最高人民法院
审判委员会第972次会议通过,
自1998年5月9日起施行,
法释〔1998〕9号)

为依法惩处挪用公款犯罪,根据刑法的有关规定,现对办理挪用公款案件具体应用法律的若干问题解释如下:

第一条 刑法第三百八十四条规定的"挪用公款归个人使用",包括挪用者本人使用或者给他人使用。

挪用公款给私有公司、私有企业使用的,属于挪用公款归个人使用。

第二条 对挪用公款罪,应区分三种不同情况予以认定:

(一)挪用公款归个人使用,数额较大、超过三个月未还的,构成挪用公款罪。

挪用正在生息或者需要支付利息的公款归个人使用,数额较大,超过三个月但在案发前全部归还本金的,可以从轻处罚或者免除处罚。给国家、集体造成的利息损失应予追缴。挪用公款数额巨大,超过三个月,案发前全部归还的,可以酌情从轻处罚。

(二)挪用公款数额较大,归个人进行营利活动的,构成挪用公款罪,不受挪用时间和是否归还的限制。在案发前部分或者全部归还本息的,可以从轻处罚;情节轻微的,可以免除处罚。

挪用公款存入银行、用于集资、购买股票、国债等,属于挪用公款进行营利活动。所获取的利息、收益等违法所得,应当追缴,但不计入挪用公款的数额。

(三)挪用公款归个人使用,进行赌博、走私等非法活动的,构成挪用公款罪,不受"数额较大"和挪用时间的限制。

挪用公款给他人使用,不知道使用人用公款进行营利活动或者用于非法活动,数额较大、超过三个月未还的,构成挪用公款罪;明知使用人用于营利活动或者非法活动的,应当认定为挪用人挪用公款进行营利活动或者非法活动。

第三条 挪用公款归个人使用,"数额较大、进行营利活动的",或者"数额较大、超过三个月未还的",以挪用公款一万元至三万元为"数额较大"的起点,以挪用公款十五万元至二十万元为"数额巨大"的起点。挪用公款"情节严重",是指挪用公款数额巨大,或者数额虽未达到巨大,但挪用公款手段恶劣;多次挪用公款;因挪用公款严重影响生产、经营,造成严重损失等情形。

"挪用公款归个人使用,进行非法活动的",以挪用公款五千元至一万元为追究刑事责任的数额起点。挪用公款五万元至十万元以上的,属于挪用公款归个人使用,进行非法活动"情节严重"的情形之一。挪用公款归个人使用,进行非法活动,情节严重的其他情形,按照本条第一款的规定执行。

各高级人民法院可以根据本地实际情况,按照本解释规定的数额幅度,确定本地区执行的具体数额标准,并报最高人民法院备案。

挪用救灾、抢险、防汛、优抚、扶贫、移民、救济款物归个人使用的数额标准,参照挪用公款归个人使用进行非法活动的数额标准。

第四条　多次挪用公款不还,挪用公款数额累计计算;多次挪用公款,并以后次挪用的公款归还前次挪用的公款,挪用公款数额以案发时未还的实际数额认定。

第五条　"挪用公款数额巨大不退还的",是指挪用公款数额巨大,因客观原因在一审宣判前不能退还的。

第六条　携带挪用的公款潜逃的,依照刑法第三百八十二条、第三百八十三条的规定定罪处罚。

第七条　因挪用公款索取、收受贿赂构成犯罪的,依照数罪并罚的规定处罚。

挪用公款进行非法活动构成其他犯罪的,依照数罪并罚的规定处罚。

第八条　挪用公款给他人使用,使用人与挪用人共谋,指使或者参与策划取得挪用款的,以挪用公款罪的共犯定罪处罚。

最高人民检察院
关于挪用国库券如何定性问题的批复

(1997年10月13日,
高检发释字〔1997〕5号)

宁夏回族自治区人民检察院:

你院宁检发字〔1997〕43号《关于国库券等有价证券是否可以成为挪用公款罪所侵犯的对象以及国库券抵押贷款的行为如何定性的问题的请示》收悉。关于挪用国库券如何定性的问题,经研究,批复如下:

国家工作人员利用职务上的便利,挪用公有或本单位的国库券的行为以挪用公款论;符合刑法第三百八十四条、第二百七十二条第二款规定的情形构成犯罪的,按挪用公款罪追究刑事责任。

最高人民检察院
关于国家工作人员挪用非特定公物能否定罪的请示的批复

(2000年3月6日公布,
高检发释字〔2000〕1号)

山东省人民检察院:

你院鲁检发研字〔1999〕第3号《关于国家工作人员挪用非特定公物能否定罪的请示》收悉。经研究认为,刑法第

384条规定的挪用公款罪中未包括挪用非特定公物归个人使用的行为，对该行为不以挪用公款罪论处。如构成其他犯罪的，依照刑法的相关规定定罪处罚。

此复。

最高人民检察院
关于挪用失业保险基金和下岗职工基本生活保障资金的行为适用法律问题的批复

（2003年1月13日最高人民检察院第九届检察委员会第118次会议通过，2003年1月28日公布，自2003年1月30日起施行）

辽宁省人民检察院：

你院辽检发研字〔2002〕9号《关于挪用职工失业保险金和下岗职工生活保障金是否属于挪用特定款物的请示》收悉。经研究，批复如下：

挪用失业保险基金和下岗职工基本生活保障资金属于挪用救济款物。挪用失业保险基金和下岗职工基本生活保障资金，情节严重，致使国家和人民群众利益遭受重大损害的，对直接责任人员，应当依照刑法第二百七十三条的规定，以挪用特定款物罪追究刑事责任；国家工作人员利用职务上的便利，挪用失业保险基金和下岗职工基本生活保障资金归个人使用，构成犯罪的，应当依照刑法第三百八十四条的规定，以挪用公款罪追究刑事责任。

此复。

最高人民法院
关于挪用公款犯罪如何计算追诉期限问题的批复

（2003年9月18日最高人民法院审判委员会第1290次会议通过，2003年9月22日公布，自2003年10月10日起施行，法释〔2003〕16号）

天津市高级人民法院：

你院津高法〔2002〕4号《关于挪用公款犯罪如何计算追诉期限问题的请示》收悉。经研究，答复如下：

根据刑法第八十九条、第三百八十四条的规定，挪用公款归个人使用，进行非法活动的，或者挪用公款数额较大、进行营利活动的，犯罪的追诉期限从挪用行为实施完毕之日起计算；挪用公款数额较大、超过三个月未还的，犯罪的追诉期限从挪用公款罪成立之日起计算。挪用公款行为有连续状态的，犯罪的追诉期限应当从最后一次挪用行为实施完毕之日或者犯罪成立之日起计算。

此复。

最高人民法院
关于国家工作人员利用职务上的便利为他人谋取利益离退休后收受财物行为如何处理问题的批复

(2000年6月30日最高人民法院审判委员会第1121次会议通过,2000年7月13日公布,自2000年7月21日起施行,法释〔2000〕21号)

江苏省高级人民法院:

你院苏高法(1999)65号《关于国家工作人员在职时为他人谋利,离退休后收受财物是否构成受贿罪的请示》收悉。经研究,答复如下:

国家工作人员利用职务上的便利为请托人谋取利益,并与请托人事先约定,在其离退休后收受请托人财物,构成犯罪的,以受贿罪定罪处罚。

此复。

最高人民检察院法律政策研究室关于集体性质的乡镇卫生院院长利用职务之便收受他人财物的行为如何适用法律问题的答复

(2003年4月2日,〔2003〕高检研发第9号)

山东省人民检察院研究室:

你院《关于工人身份的乡镇卫生院院长利用职务之便收受贿赂如何适用法律问题的请示》[鲁检发研字(2001)第10号]收悉。经研究,答复如下:

经过乡镇政府或者主管行政机关任命的乡镇卫生院院长,在依法从事本区域卫生工作的管理与业务技术指导,承担医疗预防保健服务工作等公务活动时,属于刑法第九十三条第二款规定的其他依照法律从事公务的人员。对其利用职务上的便利,索取他人财物的,或者非法收受他人财物,为他人谋取利益的,应当依照刑法第三百八十五条、第三百八十六条的规定,以受贿罪追究刑事责任。

此复。

最高人民法院、最高人民检察院关于办理受贿刑事案件适用法律若干问题的意见

(2007年7月8日公布,法发〔2007〕22号)

为依法惩治受贿犯罪活动,根据刑法有关规定,现就办理受贿刑事案件具体适用法律若干问题,提出以下意见:

一、关于以交易形式收受贿赂问题

国家工作人员利用职务上的便利为请托人谋取利益,以下列交易形式收受请托人财物的,以受贿论处:

(1)以明显低于市场的价格向请托人购买房屋、汽车等物品的;

(2)以明显高于市场的价格向请托人出售房屋、汽车等物品的;

(3)以其他交易形式非法收受请托

人财物的。

受贿数额按照交易时当地市场价格与实际支付价格的差额计算。

前款所列市场价格包括商品经营者事先设定的不针对特定人的最低优惠价格。根据商品经营者事先设定的各种优惠交易条件,以优惠价格购买商品的,不属于受贿。

二、关于收受干股问题

干股是指未出资而获得的股份。国家工作人员利用职务上的便利为请托人谋取利益,收受请托人提供的干股的,以受贿论处。进行了股权转让登记,或者相关证据证明股份发生了实际转让的,受贿数额按转让行为时股份价值计算,所分红利按受贿孳息处理。股份未实际转让,以股份分红名义获取利益的,实际获利数额应当认定为受贿数额。

三、关于以开办公司等合作投资名义收受贿赂问题

国家工作人员利用职务上的便利为请托人谋取利益,由请托人出资,"合作"开办公司或者进行其他"合作"投资的,以受贿论处。受贿数额为请托人给国家工作人员的出资额。

国家工作人员利用职务上的便利为请托人谋取利益,以合作开办公司或者其他合作投资的名义获取"利润",没有实际出资和参与管理、经营的,以受贿论处。

四、关于以委托请托人投资证券、期货或者其他委托理财的名义收受贿赂问题

国家工作人员利用职务上的便利为请托人谋取利益,以委托请托人投资证券、期货或者其他委托理财的名义,未实际出资而获取"收益",或者虽然实际出资,但获取"收益"明显高于出资应得收益的,以受贿论处。受贿数额,前一情形,以"收益"额计算;后一情形,以"收益"额与出资应得收益额的差额计算。

五、关于以赌博形式收受贿赂的认定问题

根据《最高人民法院、最高人民检察院关于办理赌博刑事案件具体应用法律若干问题的解释》第七条规定,国家工作人员利用职务上的便利为请托人谋取利益,通过赌博方式收受请托人财物的,构成受贿。

实践中应注意区分贿赂与赌博活动、娱乐活动的界限。具体认定时,主要应当结合以下因素进行判断:(1)赌博的背景、场合、时间、次数;(2)赌资来源;(3)其他赌博参与者有无事先通谋;(4)输赢钱物的具体情况和金额大小。

六、关于特定关系人"挂名"领取薪酬问题

国家工作人员利用职务上的便利为请托人谋取利益,要求或者接受请托人以给特定关系人安排工作为名,使特定关系人不实际工作却获取所谓薪酬的,以受贿论处。

七、关于由特定关系人收受贿赂问题

国家工作人员利用职务上的便利为请托人谋取利益,授意请托人以本意见所列形式,将有关财物给予特定关系人的,以受贿论处。

特定关系人与国家工作人员通谋,共同实施前款行为的,对特定关系人以受贿罪的共犯论处。特定关系人以外的其他人与国家工作人员通谋,由国家工作人员利用职务上的便利为请托人谋取利益,收受请托人财物后双方共同占有的,以受贿罪的共犯论处。

八、关于收受贿赂物品未办理权属变更问题

国家工作人员利用职务上的便利为请托人谋取利益,收受请托人房屋、汽车等物品,未变更权属登记或者借用他人名义办理权属变更登记的,不影响受贿的认定。

认定以房屋、汽车等物品为对象的受贿,应注意与借用的区分。具体认定时,除双方交代或者书面协议之外,主要应当结合以下因素进行判断:(1)有无借用的合理事由;(2)是否实际使用;(3)借用时间的长短;(4)有无归还的条件;(5)有无归还的意思表示及行为。

九、关于收受财物后退还或者上交问题

国家工作人员收受请托人财物后及时退还或者上交的,不是受贿。

国家工作人员受贿后,因自身或者与其受贿有关联的人、事被查处,为掩饰犯罪而退还或者上交的,不影响认定受贿罪。

十、关于在职时为请托人谋利,离职后收受财物问题

国家工作人员利用职务上的便利为请托人谋取利益之前或者之后,约定在其离职后收受请托人财物,并在离职后收受的,以受贿论处。

国家工作人员利用职务上的便利为请托人谋取利益,离职前后连续收受请托人财物的,离职前后收受部分均应计入受贿数额。

十一、关于"特定关系人"的范围

本意见所称"特定关系人",是指与国家工作人员有近亲属、情妇(夫)以及其他共同利益关系的人。

十二、关于正确贯彻宽严相济刑事政策的问题

依照本意见办理受贿刑事案件,要根据刑法关于受贿罪的有关规定和受贿罪权钱交易的本质特征,准确区分罪与非罪、此罪与彼罪的界限,惩处少数,教育多数。在从严惩处受贿犯罪的同时,对于具有自首、立功等情节的,依法从轻、减轻或者免除处罚。

最高人民法院、最高人民检察院关于办理商业贿赂刑事案件适用法律若干问题的意见

(2008年11月20日)

为依法惩治商业贿赂犯罪,根据刑法有关规定,结合办案工作实际,现就办理商业贿赂刑事案件适用法律的若干问题,提出如下意见:

一、商业贿赂犯罪涉及刑法规定的以下八种罪名:(1)非国家工作人员受贿罪(刑法第一百六十三条);(2)对非国家工作人员行贿罪(刑法第一百六十四条);(3)受贿罪(刑法第三百八十五条);(4)单位受贿罪(刑法第三百八十七条);(5)行贿罪(刑法第三百八十九条);(6)对单位行贿罪(刑法第三百九十一条);(7)介绍贿赂罪(刑法第三百九十二条);(8)单位行贿罪(刑法第三百九十三条)。

二、刑法第一百六十三条、第一百六十四条规定的"其他单位",既包括事业单位、社会团体、村民委员会、居民委员会、村民小组等常设性的组织,也包括为组织体育赛事、文艺演出或者其他正当活动而成立的组委会、筹委会、工程承包队

等非常设性的组织。

三、刑法第一百六十三条、第一百六十四条规定的“公司、企业或者其他单位的工作人员”，包括国有公司、企业以及其他国有单位中的非国家工作人员。

四、医疗机构中的国家工作人员，在药品、医疗器械、医用卫生材料等医药产品采购活动中，利用职务上的便利，索取销售方财物，或者非法收受销售方财物，为销售方谋取利益，构成犯罪的，依照刑法第三百八十五条的规定，以受贿罪定罪处罚。

医疗机构中的非国家工作人员，有前款行为，数额较大的，依照刑法第一百六十三条的规定，以非国家工作人员受贿罪定罪处罚。

医疗机构中的医务人员，利用开处方的职务便利，以各种名义非法收受药品、医疗器械、医用卫生材料等医药产品销售方财物，为医药产品销售方谋取利益，数额较大的，依照刑法第一百六十三条的规定，以非国家工作人员受贿罪定罪处罚。

五、学校及其他教育机构中的国家工作人员，在教材、教具、校服或者其他物品的采购等活动中，利用职务上的便利，索取销售方财物，或者非法收受销售方财物，为销售方谋取利益，构成犯罪的，依照刑法第三百八十五条的规定，以受贿罪定罪处罚。

学校及其他教育机构中的非国家工作人员，有前款行为，数额较大的，依照刑法第一百六十三条的规定，以非国家工作人员受贿罪定罪处罚。

学校及其他教育机构中的教师，利用教学活动的职务便利，以各种名义非法收受教材、教具、校服或者其他物品销售方财物，为教材、教具、校服或者其他物品销售方谋取利益，数额较大的，依照刑法第一百六十三条的规定，以非国家工作人员受贿罪定罪处罚。

六、依法组建的评标委员会、竞争性谈判采购中谈判小组、询价采购中询价小组的组成人员，在招标、政府采购等事项的评标或者采购活动中，索取他人财物或者非法收受他人财物，为他人谋取利益，数额较大的，依照刑法第一百六十三条的规定，以非国家工作人员受贿罪定罪处罚。

依法组建的评标委员会、竞争性谈判采购中谈判小组、询价采购中询价小组中国家机关或者其他国有单位的代表有前款行为的，依照刑法第三百八十五条的规定，以受贿罪定罪处罚。

七、商业贿赂中的财物，既包括金钱和实物，也包括可以用金钱计算数额的财产性利益，如提供房屋装修、含有金额的会员卡、代币卡(券)、旅游费用等。具体数额以实际支付的资费为准。

八、收受银行卡的，不论受贿人是否实际取出或者消费，卡内的存款数额一般应全额认定为受贿数额。使用银行卡透支的，如果由给予银行卡的一方承担还款责任，透支数额也应当认定为受贿数额。

九、在行贿犯罪中，“谋取不正当利益”，是指行贿人谋取违反法律、法规、规章或者政策规定的利益，或者要求对方违反法律、法规、规章、政策、行业规范的规定提供帮助或者方便条件。

在招标投标、政府采购等商业活动中，违背公平原则，给予相关人员财物以谋取竞争优势的，属于“谋取不正当利益”。

十、办理商业贿赂犯罪案件,要注意区分贿赂与馈赠的界限。主要应当结合以下因素全面分析、综合判断:(1)发生财物往来的背景,如双方是否存在亲友关系及历史上交往的情形和程度;(2)往来财物的价值;(3)财物往来的缘由、时机和方式,提供财物方对于接受方有无职务上的请托;(4)接受方是否利用职务上的便利为提供方谋取利益。

十一、非国家工作人员与国家工作人员通谋,共同收受他人财物,构成共同犯罪的,根据双方利用职务便利的具体情形分别定罪追究刑事责任:

(1)利用国家工作人员的职务便利为他人谋取利益的,以受贿罪追究刑事责任。

(2)利用非国家工作人员的职务便利为他人谋取利益的,以非国家工作人员受贿罪追究刑事责任。

(3)分别利用各自的职务便利为他人谋取利益的,按照主犯的犯罪性质追究刑事责任,不能分清主从犯的,可以受贿罪追究刑事责任。

最高人民检察院法律政策研究室关于国有单位的内设机构能否构成单位受贿罪主体问题的答复

(2006年9月12日,〔2006〕高检研发8号)

陕西省人民检察院法律政策研究室:

你室《关于国家机关、国有公司、企业、事业单位、人民团体的内设机构能否构成单位受贿罪主体的请示》[陕检研发(2005)13号]收悉。经研究,答复如下:

国有单位的内设机构利用其行使职权的便利,索取、非法收受他人财物并归该内设机构所有或者支配,为他人谋取利益,情节严重的,依照刑法第三百八十七条的规定以单位受贿罪追究刑事责任。

上述内设机构在经济往来中,在账外暗中收受各种名义的回扣、手续费的,以受贿论。

最高人民法院、最高人民检察院关于在办理受贿犯罪大要案的同时要严肃查处严重行贿犯罪分子的通知

(1999年3月4日,高检会〔1999〕1号)

各省、自治区、直辖市高级人民法院、人民检察院,解放军军事法院、军事检察院:

近一时期,各级人民法院、人民检察院依法严肃惩处了一批严重受贿犯罪分子,取得了良好的社会效果。但是还有一些大肆拉拢、腐蚀国家工作人员的行贿犯罪分子却没有受到应有的法律追究,他们继续进行行贿犯罪,严重危害了党和国家的廉政建设。为依法严肃惩处严重行贿犯罪,特作如下通知:

一、要充分认识严肃惩处行贿犯罪,对于全面落实党中央反腐败工作部署,把反腐败斗争引向深入,从源头上遏制和预防受贿犯罪的重要意义。各级人民法院、

人民检察院要把严肃惩处行贿犯罪作为反腐败斗争中的一项重要和紧迫的工作，在继续严肃惩处受贿犯罪分子的同时，对严重行贿犯罪分子，必须依法严肃惩处，坚决打击。

二、对于为谋取不正当利益而行贿，构成行贿罪、向单位行贿罪、单位行贿罪的，必须依法追究刑事责任。“谋取不正当利益”是指谋取违反法律、法规、国家政策和国务院各部门规章规定的利益，以及要求国家工作人员或者有关单位提供违反法律、法规、国家政策和国务院各部门规章规定的帮助或者方便条件。

对于向国家工作人员介绍贿赂，构成犯罪的案件，也要依法查处。

三、当前要特别注意依法严肃惩处下列严重行贿犯罪行为：

1. 行贿数额巨大、多次行贿或者向多人行贿的；

2. 向党政干部和司法工作人员行贿的；

3. 为进行走私、偷税、骗税、骗汇、逃汇、非法买卖外汇等违法犯罪活动，向海关、工商、税务、外汇管理等行政执法机关工作人员行贿的；

4. 为非法办理金融、证券业务，向银行等金融机构、证券管理机构工作人员行贿，致使国家利益遭受重大损失的；

5. 为非法获取工程、项目的开发、承包、经营权，向有关主管部门及其主管领导行贿，致使公共财产、国家和人民利益遭受重大损失的；

6. 为制售假冒伪劣产品，向有关国家机关、国有单位及国家工作人员行贿，造成严重后果的；

7. 其他情节严重的行贿犯罪行为。

四、在查处严重行贿、介绍贿赂犯罪案件中，既要坚持从严惩处的方针，又要注意体现政策。行贿人、介绍贿赂人具有刑法第三百九十条第二款、第三百九十二条第二款规定的在被追诉前主动交代行贿、介绍贿赂犯罪情节的，依法分别可以减轻或者免除处罚；行贿人、介绍贿赂人在被追诉后如实交代行贿、介绍贿赂行为的，也可以酌情从轻处罚。

五、在依法严肃查处严重行贿、介绍贿赂犯罪案件中，要讲究斗争策略，注意工作方法。（略）

六、各级人民法院……

最高人民法院、最高人民检察院关于办理行贿刑事案件具体应用法律若干问题的解释①

（2012年5月14日最高人民法院审判委员会第1547次会议、2012年8月21日最高人民检察院第十一届检察委员会第77次会议通过，2012年12月16日公布，自2013年1月1日起施行，法释〔2012〕22号）

为依法惩治行贿犯罪活动，根据刑法有关规定，现就办理行贿刑事案件具体应用法律的若干问题解释如下：

---

① 该解释第一至四条的规定与最高法、最高检2016年《关于办理贪污贿赂刑事案件适用法律若干问题的解释》第七、八条的规定不一致。

第一条 为谋取不正当利益,向国家工作人员行贿,数额在一万元以上的,应当依照刑法第三百九十条的规定追究刑事责任。

第二条 因行贿谋取不正当利益,具有下列情形之一的,应当认定为刑法第三百九十条第一款规定的“情节严重”:

(一)行贿数额在二十万元以上不满一百万元的;

(二)行贿数额在十万元以上不满二十万元,并具有下列情形之一的:

1. 向三人以上行贿的;

2. 将违法所得用于行贿的;

3. 为实施违法犯罪活动,向负有食品、药品、安全生产、环境保护等监督管理职责的国家工作人员行贿,严重危害民生、侵犯公众生命财产安全的;

4. 向行政执法机关、司法机关的国家工作人员行贿,影响行政执法和司法公正的;

(三)其他情节严重的情形。

第三条 因行贿谋取不正当利益,造成直接经济损失数额在一百万元以上的,应当认定为刑法第三百九十条第一款规定的“使国家利益遭受重大损失”。

第四条 因行贿谋取不正当利益,具有下列情形之一的,应当认定为刑法第三百九十条第一款规定的“情节特别严重”:

(一)行贿数额在一百万元以上的;

(二)行贿数额在五十万元以上不满一百万元,并具有下列情形之一的:

1. 向三人以上行贿的;

2. 将违法所得用于行贿的;

3. 为实施违法犯罪活动,向负有食品、药品、安全生产、环境保护等监督管理职责的国家工作人员行贿,严重危害民生、侵犯公众生命财产安全的;

4. 向行政执法机关、司法机关的国家工作人员行贿,影响行政执法和司法公正的;

(三)造成直接经济损失数额在五百万元以上的;

(四)其他情节特别严重的情形。

第五条 多次行贿未经处理的,按照累计行贿数额处罚。

第六条 行贿人谋取不正当利益的行为构成犯罪的,应当与行贿犯罪实行数罪并罚。

第七条 因行贿人在被追诉前主动交待行贿行为而破获相关受贿案件的,对行贿人不适用刑法第六十八条关于立功的规定,依照刑法第三百九十条第二款的规定,可以减轻或者免除处罚。

单位行贿的,在被追诉前,单位集体决定或者单位负责人决定主动交待单位行贿行为的,依照刑法第三百九十条第二款的规定,对单位及相关责任人员可以减轻处罚或者免除处罚;受委托直接办理单位行贿事项的直接责任人员在被追诉前主动交待自己知道的单位行贿行为的,对该直接责任人员可以依照刑法第三百九十条第二款的规定减轻处罚或者免除处罚。

第八条 行贿人被追诉后如实供述自己罪行的,依照刑法第六十七条第三款的规定,可以从轻处罚;因其如实供述自己罪行,避免特别严重后果发生的,可以减轻处罚。

第九条 行贿人揭发受贿人与其行贿无关的其他犯罪行为,查证属实的,依照刑法第六十八条关于立功的规定,可以从轻、减轻或者免除处罚。

第十条 实施行贿犯罪,具有下列情形之一的,一般不适用缓刑和免予刑事处罚:

(一)向三人以上行贿的;

(二)因行贿受过行政处罚或者刑事处罚的;

(三)为实施违法犯罪活动而行贿的;

(四)造成严重危害后果的;

(五)其他不适用缓刑和免予刑事处罚的情形。

具有刑法第三百九十条第二款规定的情形的,不受前款规定的限制。

第十一条 行贿犯罪取得的不正当财产性利益应当依照刑法第六十四条的规定予以追缴、责令退赔或者返还被害人。

因行贿犯罪取得财产性利益以外的经营资格、资质或者职务晋升等其他不正当利益,建议有关部门依照相关规定予以处理。

第十二条 行贿犯罪中的"谋取不正当利益",是指行贿人谋取的利益违反法律、法规、规章、政策规定,或者要求国家工作人员违反法律、法规、规章、政策、行业规范的规定,为自己提供帮助或者方便条件。

违背公平、公正原则,在经济、组织人事管理等活动中,谋取竞争优势的,应当认定为"谋取不正当利益"。

第十三条 刑法第三百九十条第二款规定的"被追诉前",是指检察机关对行贿人的行贿行为刑事立案前。

(十)渎 职 罪

最高人民检察院
关于认真贯彻执行《中华人民共和国刑法修正案(四)》和《全国人民代表大会常务委员会关于〈中华人民共和国刑法〉第九章渎职罪主体适用问题的解释》的通知

(2003 年 1 月 14 日,
高检发研字[2003]1 号)

各省、自治区、直辖市人民检察院,军事检察院,新疆生产建设兵团人民检察院:

第九届全国人民代表大会常务委员会第三十一次会议于 2002 年 12 月 28 日通过了《中华人民共和国刑法修正案(四)》和《全国人民代表大会常务委员会关于〈中华人民共和国刑法〉第九章渎职罪主体适用问题的解释》(以下分别简称《刑法修正案(四)》和《解释》)。为保证《刑法修正案(四)》和《解释》的正确贯彻实施,现就有关问题通知如下:

一、要认真组织学习,正确领会立法精神。(略)

二、要严格依法办案,充分发挥检察机关的职能作用。《刑法修正案(四)》将走私液态废物、气态废物行为、非法雇佣童工行为、非法采伐、毁坏国家重点保护的植物行为、非法收购、运输、加工、出售珍贵树木或者国家重点保护的其他植物及其制品行为和非法运输盗伐、滥伐的林木行为,特别是将枉法执行判决、裁定行为,作为单独犯罪专门作了规定。《刑法修正案(四)》还加大了对生产、销售不符合标准的医用器材罪、走私罪、非法收购盗伐、滥伐的林木罪的打击力度。《解释》对刑法第九章渎职罪主体的适用问题作了明确规定。各级检察机关在办理相关案件的过程中,要严格按照《刑法修正案(四)》和《解释》的有关规定,依法进行立案侦查和批捕、起诉工作。要进一步加大查办和预防职务犯罪的工作力度,对于《解释》所规定的人员在代表国家机关行使职权时侵犯公民人身权利、民主权利,构成犯罪的,也应当依照刑法规定追究刑事责任。

三、要准确把握《刑法修正案(四)》和《解释》的时间效力,正确适用法律。《刑法修正案(四)》是对《刑法》有关条文的修改和补充,实践中办理相关案件时,应当依照《刑法》第十二条规定的原则正确使用法律。对于1997年修订刑法施行以后、《刑法修正案(四)》施行以前发生的枉法执行判决、裁定犯罪行为,应当依照《刑法》第三百九十七条的规定追究刑事责任。根据《立法法》第四十七条的规定,法律解释的时间效力与它所解释的法律的时间效力相同。对于在1997年修订刑法施行以后、《解释》施行以前发生的行为,在《解释》施行以后尚未处理或者正在处理的案件,应当依照《解释》的规定办理。对于在《解释》施行前已经办结的案件,不再变动。

四、各级检察机关……

最高人民检察院
关于渎职侵权犯罪案件
立案标准的规定

(2005年12月29日最高人民检察院第十届检察委员会第49次会议通过,2006年7月26日公布,自公布之日起施行,高检发释字〔2006〕2号)

根据《中华人民共和国刑法》、《中华人民共和国刑事诉讼法》和其他法律的有关规定,对国家机关工作人员渎职和利用职权实施的侵犯公民人身权利、民主权利犯罪案件的立案标准规定如下:

一、渎职犯罪案件

(一)滥用职权案[①](第三百九十七条)

滥用职权罪是指国家机关工作人员超越职权,违法决定、处理其无权决定、处理的事项,或者违反规定处理公务,致使公共财产、国家和人民利益遭受重大损失的行为。

涉嫌下列情形之一的,应予立案:

1. 造成死亡1人以上,或者重伤2人以上,或者重伤1人、轻伤3人以上,或者轻伤5人以上的;

2. 导致10人以上严重中毒的;

3. 造成个人财产直接经济损失10万元以上,或者直接经济损失不满10万元,但间接经济损失50万元以上的;

---

① 该立案标准与最高法、最高检2012年《关于办理渎职刑事案件适用法律若干问题的解释(一)》第一条的规定不一致。

4. 造成公共财产或者法人、其他组织财产直接经济损失20万元以上，或者直接经济损失不满20万元，但间接经济损失100万元以上的；

5. 虽未达到3、4两项数额标准，但3、4两项合计直接经济损失20万元以上，或者合计直接经济损失不满20万元，但合计间接经济损失100万元以上的；

6. 造成公司、企业等单位停业、停产6个月以上，或者破产的；

7. 弄虚作假，不报、缓报、谎报或者授意、指使、强令他人不报、缓报、谎报情况，导致重特大事故危害结果继续、扩大，或者致使抢救、调查、处理工作延误的；

8. 严重损害国家声誉，或者造成恶劣社会影响的；

9. 其他致使公共财产、国家和人民利益遭受重大损失的情形。

国家机关工作人员滥用职权，符合刑法第九章所规定的特殊渎职罪构成要件的，按照该特殊规定追究刑事责任；主体不符合刑法第九章所规定的特殊渎职罪的主体要件，但滥用职权涉嫌前款第1项至第9项规定情形之一的，按照刑法第397条的规定以滥用职权罪追究刑事责任。

（二）玩忽职守案①（第三百九十七条）

玩忽职守罪是指国家机关工作人员严重不负责任，不履行或者不认真履行职责，致使公共财产、国家和人民利益遭受重大损失的行为。

涉嫌下列情形之一的，应予立案：

1. 造成死亡1人以上，或者重伤3人以上，或者重伤2人、轻伤4人以上，或者重伤1人、轻伤7人以上，或者轻伤10人以上的；

2. 导致20人以上严重中毒的；

3. 造成个人财产直接经济损失15万元以上，或者直接经济损失不满15万元，但间接经济损失75万元以上的；

4. 造成公共财产或者法人、其他组织财产直接经济损失30万元以上，或者直接经济损失不满30万元，但间接经济损失150万元以上的；

5. 虽未达到3、4两项数额标准，但3、4两项合计直接经济损失30万元以上，或者合计直接经济损失不满30万元，但合计间接经济损失150万元以上的；

6. 造成公司、企业等单位停业、停产1年以上，或者破产的；

7. 海关、外汇管理部门的工作人员严重不负责任，造成100万美元以上外汇被骗购或者逃汇1000万美元以上的；

8. 严重损害国家声誉，或者造成恶劣社会影响的；

9. 其他致使公共财产、国家和人民利益遭受重大损失的情形。

国家机关工作人员玩忽职守，符合刑法第九章所规定的特殊渎职罪构成要件的，按照该特殊规定追究刑事责任；主体不符合刑法第九章所规定的特殊渎职罪的主体要件，但玩忽职守涉嫌前款第1项至第9项规定情形之一的，按照刑法第397条的规定以玩忽职守罪追究刑事责任。

（三）故意泄露国家秘密案（第三百九十八条）

故意泄露国家秘密罪是指国家机关工作人员或者非国家机关工作人员违反

---

① 该立案标准与最高法、最高检2012年《关于办理渎职刑事案件适用法律若干问题的解释（一）》第一条的规定不一致。

保守国家秘密法,故意使国家秘密被不应知悉者知悉,或者故意使国家秘密超出了限定的接触范围,情节严重的行为。

涉嫌下列情形之一的,应予立案:

1. 泄露绝密级国家秘密 1 项(件)以上的;

2. 泄露机密级国家秘密 2 项(件)以上的;

3. 泄露秘密级国家秘密 3 项(件)以上的;

4. 向非境外机构、组织、人员泄露国家秘密,造成或者可能造成危害社会稳定、经济发展、国防安全或者其他严重危害后果的;

5. 通过口头、书面或者网络等方式向公众散布、传播国家秘密的;

6. 利用职权指使或者强迫他人违反国家保守秘密法的规定泄露国家秘密的;

7. 以牟取私利为目的泄露国家秘密的;

8. 其他情节严重的情形。

(四)过失泄露国家秘密案(第三百九十八条)

过失泄露国家秘密罪是指国家机关工作人员或者非国家机关工作人员违反保守国家秘密法,过失泄露国家秘密,或者遗失国家秘密载体,致使国家秘密被不应知悉者知悉或者超出了限定的接触范围,情节严重的行为。

涉嫌下列情形之一的,应予立案:

1. 泄露绝密级国家秘密 1 项(件)以上的;

2. 泄露机密级国家秘密 3 项(件)以上的;

3. 泄露秘密级国家秘密 4 项(件)以上的;

4. 违反保密规定,将涉及国家秘密的计算机或者计算机信息系统与互联网相连接,泄露国家秘密的;

5. 泄露国家秘密或者遗失国家秘密载体,隐瞒不报、不如实提供有关情况或者不采取补救措施的;

6. 其他情节严重的情形。

(五)徇私枉法案(第三百九十九条第一款)

徇私枉法罪是指司法工作人员徇私枉法、徇情枉法,对明知是无罪的人而使他受追诉、对明知是有罪的人而故意包庇不使他受追诉,或者在刑事审判活动中故意违背事实和法律作枉法裁判的行为。

涉嫌下列情形之一的,应予立案:

1. 对明知是没有犯罪事实或者其他依法不应当追究刑事责任的人,采取伪造、隐匿、毁灭证据或者其他隐瞒事实、违反法律的手段,以追究刑事责任为目的立案、侦查、起诉、审判的;

2. 对明知是有犯罪事实需要追究刑事责任的人,采取伪造、隐匿、毁灭证据或者其他隐瞒事实、违反法律的手段,故意包庇使其不受立案、侦查、起诉、审判的;

3. 采取伪造、隐匿、毁灭证据或者其他隐瞒事实、违反法律的手段,故意使罪重的人受较轻的追诉,或者使罪轻的人受较重的追诉的;

4. 在立案后,采取伪造、隐匿、毁灭证据或者其他隐瞒事实、违反法律的手段,应当采取强制措施而不采取强制措施,或者虽然采取强制措施,但中断侦查或者超过法定期限不采取任何措施,实际放任不管,以及违法撤销、变更强制措施,致使犯罪嫌疑人、被告人实际脱离司法机关侦控的;

5. 在刑事审判活动中故意违背事实和

法律,作出枉法判决、裁定,即有罪判无罪、无罪判有罪,或者重罪轻判、轻罪重判的;

6. 其他徇私枉法应予追究刑事责任的情形。

(六)民事、行政枉法裁判案(第三百九十九条第二款)

民事、行政枉法裁判罪是指司法工作人员在民事、行政审判活动中,故意违背事实和法律作枉法裁判,情节严重的行为。

涉嫌下列情形之一的,应予立案:

1. 枉法裁判,致使当事人或者其近亲属自杀、自残造成重伤、死亡,或者精神失常的;

2. 枉法裁判,造成个人财产直接经济损失10万元以上,或者直接经济损失不满10万元,但间接经济损失50万元以上的;

3. 枉法裁判,造成法人或者其他组织财产直接经济损失20万元以上,或者直接经济损失不满20万元,但间接经济损失100万元以上的;

4. 伪造、变造有关材料、证据,制造假案枉法裁判的;

5. 串通当事人制造伪证,毁灭证据或者篡改庭审笔录而枉法裁判的;

6. 徇私情、私利,明知是伪造、变造的证据予以采信,或者故意对应当采信的证据不予采信,或者故意违反法定程序,或者故意错误适用法律而枉法裁判的;

7. 其他情节严重的情形。

(七)执行判决、裁定失职案(第三百九十九条第三款)

执行判决、裁定失职罪是指司法工作人员在执行判决、裁定活动中,严重不负责任,不依法采取诉讼保全措施、不履行法定执行职责,或者违法采取保全措施、强制执行措施,致使当事人或者其他人的利益遭受重大损失的行为。

涉嫌下列情形之一的,应予立案:

1. 致使当事人或者其近亲属自杀、自残造成重伤、死亡,或者精神失常的;

2. 造成个人财产直接经济损失15万元以上,或者直接经济损失不满15万元,但间接经济损失75万元以上的;

3. 造成法人或者其他组织财产直接经济损失30万元以上,或者直接经济损失不满30万元,但间接经济损失150万元以上的;

4. 造成公司、企业等单位停业、停产1年以上,或者破产的;

5. 其他致使当事人或者其他人的利益遭受重大损失的情形。

(八)执行判决、裁定滥用职权案(第三百九十九条第三款)

执行判决、裁定滥用职权罪是指司法工作人员在执行判决、裁定活动中,滥用职权,不依法采取诉讼保全措施、不履行法定执行职责,或者违法采取保全措施、强制执行措施,致使当事人或者其他人的利益遭受重大损失的行为。

涉嫌下列情形之一的,应予立案:

1. 致使当事人或者其近亲属自杀、自残造成重伤、死亡,或者精神失常的;

2. 造成个人财产直接经济损失10万元以上,或者直接经济损失不满10万元,但间接经济损失50万元以上的;

3. 造成法人或者其他组织财产直接经济损失20万元以上,或者直接经济损失不满20万元,但间接经济损失100万元以上的;

4. 造成公司、企业等单位停业、停产6个月以上,或者破产的;

5. 其他致使当事人或者其他人的利益遭受重大损失的情形。

(九)私放在押人员案(第四百条第一款)

私放在押人员罪是指司法工作人员私放在押(包括在羁押场所和押解途中)的犯罪嫌疑人、被告人或者罪犯的行为。

涉嫌下列情形之一的,应予立案:

1. 私自将在押的犯罪嫌疑人、被告人、罪犯放走,或者授意、指使、强迫他人将在押的犯罪嫌疑人、被告人、罪犯放走的;

2. 伪造、变造有关法律文书、证明材料,以使在押的犯罪嫌疑人、被告人、罪犯逃跑或者被释放的;

3. 为私放在押的犯罪嫌疑人、被告人、罪犯,故意向其通风报信、提供条件,致使该在押的犯罪嫌疑人、被告人、罪犯脱逃的;

4. 其他私放在押的犯罪嫌疑人、被告人、罪犯应予追究刑事责任的情形。

(十)失职致使在押人员脱逃案(第四百条第二款)

失职致使在押人员脱逃罪是指司法工作人员由于严重不负责任,不履行或者不认真履行职责,致使在押(包括在羁押场所和押解途中)的犯罪嫌疑人、被告人、罪犯脱逃,造成严重后果的行为。

涉嫌下列情形之一的,应予立案:

1. 致使依法可能判处或者已经判处10年以上有期徒刑、无期徒刑、死刑的犯罪嫌疑人、被告人、罪犯脱逃的;

2. 致使犯罪嫌疑人、被告人、罪犯脱逃3人次以上的;

3. 犯罪嫌疑人、被告人、罪犯脱逃以后,打击报复报案人、控告人、举报人、被害人、证人和司法工作人员等,或者继续犯罪的;

4. 其他致使在押的犯罪嫌疑人、被告人、罪犯脱逃,造成严重后果的情形。

(十一)徇私舞弊减刑、假释、暂予监外执行案(第四百零一条)

徇私舞弊减刑、假释、暂予监外执行罪是指司法工作人员徇私舞弊,对不符合减刑、假释、暂予监外执行条件的罪犯予以减刑、假释、暂予监外执行的行为。

涉嫌下列情形之一的,应予立案:

1. 刑罚执行机关的工作人员对不符合减刑、假释、暂予监外执行条件的罪犯,捏造事实,伪造材料,违法报请减刑、假释、暂予监外执行的;

2. 审判人员对不符合减刑、假释、暂予监外执行条件的罪犯,徇私舞弊,违法裁定减刑、假释或者违法决定暂予监外执行的;

3. 监狱管理机关、公安机关的工作人员对不符合暂予监外执行条件的罪犯,徇私舞弊,违法批准暂予监外执行的;

4. 不具有报请、裁定、决定或者批准减刑、假释、暂予监外执行权的司法工作人员利用职务上的便利,伪造有关材料,导致不符合减刑、假释、暂予监外执行条件的罪犯被减刑、假释、暂予监外执行的;

5. 其他徇私舞弊减刑、假释、暂予监外执行应予追究刑事责任的情形。

(十二)徇私舞弊不移交刑事案件案(第四百零二条)

徇私舞弊不移交刑事案件罪是指工商行政管理、税务、监察等行政执法人员,徇私舞弊,对依法应当移交司法机关追究刑事责任的案件不移交,情节严重的行为。

涉嫌下列情形之一的,应予立案:

1. 对依法可能判处3年以上有期徒刑、无期徒刑、死刑的犯罪案件不移交的;

2. 不移交刑事案件涉及3人次以上的;

3. 司法机关提出意见后,无正当理由仍然不予移交的;

4. 以罚代刑,放纵犯罪嫌疑人,致使犯罪嫌疑人继续进行违法犯罪活动的;

5. 行政执法部门主管领导阻止移交的;

6. 隐瞒、毁灭证据,伪造材料,改变刑事案件性质的;

7. 直接负责的主管人员和其他直接责任人员为牟取本单位私利而不移交刑事案件,情节严重的;

8. 其他情节严重的情形。

(十三)滥用管理公司、证券职权案(第四百零三条)

滥用管理公司、证券职权罪是指工商行政管理、证券管理等国家有关主管部门的工作人员徇私舞弊,滥用职权,对不符合法律规定条件的公司设立、登记申请或者股票、债券发行、上市申请予以批准或者登记,致使公共财产、国家和人民利益遭受重大损失的行为,以及上级部门、当地政府强令登记机关及其工作人员实施上述行为的行为。

涉嫌下列情形之一的,应予立案:

1. 造成直接经济损失 50 万元以上的;

2. 工商行政管理部门的工作人员对不符合法律规定条件的公司设立、登记申请,违法予以批准、登记,严重扰乱市场秩序的;

3. 金融证券管理机构工作人员对不符合法律规定条件的股票、债券发行、上市申请,违法予以批准,严重损害公众利益,或者严重扰乱金融秩序的;

4. 工商行政管理部门、金融证券管理机构的工作人员对不符合法律规定条件的公司设立、登记申请或者股票、债券发行、上市申请违法予以批准或者登记,致使犯罪行为得逞的;

5. 上级部门、当地政府直接负责的主管人员强令登记机关及其工作人员,对不符合法律规定条件的公司设立、登记申请或者股票、债券发行、上市申请予以批准或者登记,致使公共财产、国家或者人民利益遭受重大损失的;

6. 其他致使公共财产、国家和人民利益遭受重大损失的情形。

(十四)徇私舞弊不征、少征税款案(第四百零四条)

徇私舞弊不征、少征税款罪是指税务机关工作人员徇私舞弊,不征、少征应征税款,致使国家税收遭受重大损失的行为。

涉嫌下列情形之一的,应予立案:

1. 徇私舞弊不征、少征应征税款,致使国家税收损失累计达 10 万元以上的;

2. 上级主管部门工作人员指使税务机关工作人员徇私舞弊不征、少征应征税款,致使国家税收损失累计达 10 万元以上的;

3. 徇私舞弊不征、少征应征税款不满 10 万元,但具有索取或者收受贿赂或者其他恶劣情节的;

4. 其他致使国家税收遭受重大损失的情形。

(十五)徇私舞弊发售发票、抵扣税款、出口退税案(第四百零五条第一款)

徇私舞弊发售发票、抵扣税款、出口退税罪是指税务机关工作人员违反法律、行政法规的规定,在办理发售发票、抵扣税款、出口退税工作中徇私舞弊,致使国家利益遭受重大损失的行为。

涉嫌下列情形之一的,应予立案:

1. 徇私舞弊,致使国家税收损失累计

达10万元以上的;

2. 徇私舞弊,致使国家税收损失累计不满10万元,但发售增值税专用发票25份以上或者其他发票50份以上或者增值税专用发票与其他发票合计50份以上,或者具有索取、收受贿赂或者其他恶劣情节的;

3. 其他致使国家利益遭受重大损失的情形。

(十六)违法提供出口退税凭证案(第四百零五条第二款)

违法提供出口退税凭证罪是指海关、外汇管理等国家机关工作人员违反国家规定,在提供出口货物报关单、出口收汇核销单等出口退税凭证的工作中徇私舞弊,致使国家利益遭受重大损失的行为。

涉嫌下列情形之一的,应予立案:

1. 徇私舞弊,致使国家税收损失累计达10万元以上的;

2. 徇私舞弊,致使国家税收损失累计不满10万元,但具有索取、收受贿赂或者其他恶劣情节的;

3. 其他致使国家利益遭受重大损失的情形。

(十七)国家机关工作人员签订、履行合同失职被骗案(第四百零六条)

国家机关工作人员签订、履行合同失职被骗罪是指国家机关工作人员在签订、履行合同过程中,因严重不负责任,不履行或者不认真履行职责被诈骗,致使国家利益遭受重大损失的行为。

涉嫌下列情形之一的,应予立案:

1. 造成直接经济损失30万元以上,或者直接经济损失不满30万元,但间接经济损失150万元以上的;

2. 其他致使国家利益遭受重大损失的情形。

(十八)违法发放林木采伐许可证案(第四百零七条)

违法发放林木采伐许可证罪是指林业主管部门的工作人员违反森林法的规定,超过批准的年采伐限额发放林木采伐许可证或者违反规定滥发林木采伐许可证,情节严重,致使森林遭受严重破坏的行为。

涉嫌下列情形之一的,应予立案:

1. 发放林木采伐许可证允许采伐数量累计超过批准的年采伐限额,导致林木被超限额采伐10立方米以上的;

2. 滥发林木采伐许可证,导致林木被滥伐20立方米以上,或者导致幼树被滥伐1000株以上的;

3. 滥发林木采伐许可证,导致防护林、特种用途林被滥伐5立方米以上,或者幼树被滥伐200株以上的;

4. 滥发林木采伐许可证,导致珍贵树木或者国家重点保护的其他树木被滥伐的;

5. 滥发林木采伐许可证,导致国家禁止采伐的林木被采伐的;

6. 其他情节严重,致使森林遭受严重破坏的情形。

林业主管部门工作人员之外的国家机关工作人员,违反森林法的规定,滥用职权或者玩忽职守,致使林木被滥伐40立方米以上或者幼树被滥伐2000株以上,或者致使防护林、特种用途林被滥伐10立方米以上或者幼树被滥伐400株以上,或者致使珍贵树木被采伐、毁坏4立方米或者4株以上,或者致使国家重点保护的其他植物被采伐、毁坏后果严重的,或者致使国家严禁采伐的林木被采伐、毁坏情节恶劣的,按照刑法第397条的规定以滥用职权罪或者玩忽职守罪追究刑事责任。

（十九）环境监管失职案（第四百零八条）

环境监管失职罪是指负有环境保护监督管理职责的国家机关工作人员严重不负责任，不履行或者不认真履行环境保护监管职责导致发生重大环境污染事故，致使公私财产遭受重大损失或者造成人身伤亡的严重后果的行为。

涉嫌下列情形之一的，应予立案：

1. 造成死亡 1 人以上，或者重伤 3 人以上，或者重伤 2 人、轻伤 4 人以上，或者重伤 1 人、轻伤 7 人以上，或者轻伤 10 人以上的；

2. 导致 30 人以上严重中毒的；

3. 造成个人财产直接经济损失 15 万元以上，或者直接经济损失不满 15 万元，但间接经济损失 75 万元以上的；

4. 造成公共财产、法人或者其他组织财产直接经济损失 30 万元以上，或者直接经济损失不满 30 万元，但间接经济损失 150 万元以上的；

5. 虽未达到 3、4 两项数额标准，但 3、4 两项合计直接经济损失 30 万元以上，或者合计直接经济损失不满 30 万元，但合计间接经济损失 150 万元以上的；

6. 造成基本农田或者防护林地、特种用途林地 10 亩以上，或者基本农田以外的耕地 50 亩以上，或者其他土地 70 亩以上被严重毁坏的；

7. 造成生活饮用水地表水源和地下水源严重污染的；

8. 其他致使公私财产遭受重大损失或者造成人身伤亡严重后果的情形。

（二十）传染病防治失职案（第四百零九条）

传染病防治失职罪是指从事传染病防治的政府卫生行政部门的工作人员严重不负责任，不履行或者不认真履行传染病防治监管职责，导致传染病传播或者流行，情节严重的行为。

涉嫌下列情形之一的，应予立案：

1. 导致甲类传染病传播的；

2. 导致乙类、丙类传染病流行的；

3. 因传染病传播或者流行，造成人员重伤或者死亡的；

4. 因传染病传播或者流行，严重影响正常的生产、生活秩序的；

5. 在国家对突发传染病疫情等灾害采取预防、控制措施后，对发生突发传染病疫情等灾害的地区或者突发传染病病人、病原携带者、疑似突发传染病病人，未按照预防、控制突发传染病疫情等灾害工作规范的要求做好防疫、检疫、隔离、防护、救治等工作，或者采取的预防、控制措施不当，造成传染范围扩大或者疫情、灾情加重的；

6. 在国家对突发传染病疫情等灾害采取预防、控制措施后，隐瞒、缓报、谎报或者授意、指使、强令他人隐瞒、缓报、谎报疫情、灾情，造成传染范围扩大或者疫情、灾情加重的；

7. 在国家对突发传染病疫情等灾害采取预防、控制措施后，拒不执行突发传染病疫情等灾害应急处理指挥机构的决定、命令，造成传染范围扩大或者疫情、灾情加重的；

8. 其他情节严重的情形。

（二十一）非法批准征用、占用土地案（第四百一十条）

非法批准征用、占用土地罪是指国家机关工作人员徇私舞弊，违反土地管理法、森林法、草原法等法律以及有关行政法规中关于土地管理的规定，滥用职权，非法批准征用、占用耕地、林地等农用地以及其他土地,情节严重的行为。

涉嫌下列情形之一的,应予立案:

1. 非法批准征用、占用基本农田 10 亩以上的;

2. 非法批准征用、占用基本农田以外的耕地 30 亩以上的;

3. 非法批准征用、占用其他土地 50 亩以上的;

4. 虽未达到上述数量标准,但造成有关单位、个人直接经济损失 30 万元以上,或者造成耕地大量毁坏或者植被遭到严重破坏的;

5. 非法批准征用、占用土地,影响群众生产、生活,引起纠纷,造成恶劣影响或者其他严重后果的;

6. 非法批准征用、占用防护林地、特种用途林地分别或者合计 10 亩以上的;

7. 非法批准征用、占用其他林地 20 亩以上的;

8. 非法批准征用、占用林地造成直接经济损失 30 万元以上,或者造成防护林地、特种用途林地分别或者合计 5 亩以上或者其他林地 10 亩以上毁坏的;

9. 其他情节严重的情形。

(二十二)非法低价出让国有土地使用权案(第四百一十条)

非法低价出让国有土地使用权罪是指国家机关工作人员徇私舞弊,违反土地管理法、森林法、草原法等法律以及有关行政法规中关于土地管理的规定,滥用职权,非法低价出让国有土地使用权,情节严重的行为。

涉嫌下列情形之一的,应予立案:

1. 非法低价出让国有土地 30 亩以上,并且出让价额低于国家规定的最低价额标准的百分之六十的;

2. 造成国有土地资产流失价额 30 万元以上的;

3. 非法低价出让国有土地使用权,影响群众生产、生活,引起纠纷,造成恶劣影响或者其他严重后果的;

4. 非法低价出让林地合计 30 亩以上,并且出让价额低于国家规定的最低价额标准的百分之六十的;

5. 造成国有资产流失 30 万元以上的;

6. 其他情节严重的情形。

(二十三)放纵走私案(第四百一十一条)

放纵走私罪是指海关工作人员徇私舞弊,放纵走私,情节严重的行为。

涉嫌下列情形之一的,应予立案:

1. 放纵走私犯罪的;

2. 因放纵走私致使国家应收税额损失累计达 10 万元以上的;

3. 放纵走私行为 3 起次以上的;

4. 放纵走私行为,具有索取或者收受贿赂情节的;

5. 其他情节严重的情形。

(二十四)商检徇私舞弊案(第四百一十二条第一款)

商检徇私舞弊罪是指出入境检验检疫机关、检验检疫机构工作人员徇私舞弊,伪造检验结果的行为。

涉嫌下列情形之一的,应予立案:

1. 采取伪造、变造的手段对报检的商品的单证、印章、标志、封识、质量认证标志等作虚假的证明或者出具不真实的证明结论的;

2. 将送检的合格商品检验为不合格,或者将不合格商品检验为合格的;

3. 对明知是不合格的商品,不检验而出具合格检验结果的;

4. 其他伪造检验结果应予追究刑事责任的情形。

（二十五）商检失职案（第四百一十二条第二款）

商检失职罪是指出入境检验检疫机关、检验检疫机构工作人员严重不负责任，对应当检验的物品不检验，或者延误检验出证、错误出证，致使国家利益遭受重大损失的行为。

涉嫌下列情形之一的，应予立案：

1. 致使不合格的食品、药品、医疗器械等商品出入境，严重危害生命健康的；

2. 造成个人财产直接经济损失 15 万元以上，或者直接经济损失不满 15 万元，但间接经济损失 75 万元以上的；

3. 造成公共财产、法人或者其他组织财产直接经济损失 30 万元以上，或者直接经济损失不满 30 万元，但间接经济损失 150 万元以上的；

4. 未经检验，出具合格检验结果，致使国家禁止进口的固体废物、液态废物和气态废物等进入境内的；

5. 不检验或者延误检验出证、错误出证，引起国际经济贸易纠纷，严重影响国家对外经贸关系，或者严重损害国家声誉的；

6. 其他致使国家利益遭受重大损失的情形。

（二十六）动植物检疫徇私舞弊案（第四百一十三条第一款）

动植物检疫徇私舞弊罪是指出入境检验检疫机关、检验检疫机构工作人员徇私舞弊，伪造检疫结果的行为。

涉嫌下列情形之一的，应予立案：

1. 采取伪造、变造的手段对检疫的单证、印章、标志、封识等作虚假的证明或者出具不真实的结论的；

2. 将送检的合格动植物检疫为不合格，或者将不合格动植物检疫为合格的；

3. 对明知是不合格的动植物，不检疫而出具合格检疫结果的；

4. 其他伪造检疫结果应予追究刑事责任的情形。

（二十七）动植物检疫失职案（第四百一十三条第二款）

动植物检疫失职罪是指出入境检验检疫机关、检验检疫机构工作人员严重不负责任，对应当检疫的检疫物不检疫，或者延误检疫出证、错误出证，致使国家利益遭受重大损失的行为。

涉嫌下列情形之一的，应予立案：

1. 导致疫情发生，造成人员重伤或者死亡的；

2. 导致重大疫情发生、传播或者流行的；

3. 造成个人财产直接经济损失 15 万元以上，或者直接经济损失不满 15 万元，但间接经济损失 75 万元以上的；

4. 造成公共财产或者法人、其他组织财产直接经济损失 30 万元以上，或者直接经济损失不满 30 万元，但间接经济损失 150 万元以上的；

5. 不检疫或者延误检疫出证、错误出证，引起国际经济贸易纠纷，严重影响国家对外经贸关系，或者严重损害国家声誉的；

6. 其他致使国家利益遭受重大损失的情形。

（二十八）放纵制售伪劣商品犯罪行为案（第四百一十四条）

放纵制售伪劣商品犯罪行为罪是指对生产、销售伪劣商品犯罪行为负有追究责任的国家机关工作人员徇私舞弊，不履行法律规定的追究职责，情节严重的行为。

涉嫌下列情形之一的，应予立案：

1. 放纵生产、销售假药或者有毒、有害食品犯罪行为的;

2. 放纵生产、销售伪劣农药、兽药、化肥、种子犯罪行为的;

3. 放纵依法可能判处3年有期徒刑以上刑罚的生产、销售伪劣商品犯罪行为的;

4. 对生产、销售伪劣商品犯罪行为不履行追究职责,致使生产、销售伪劣商品犯罪行为得以继续的;

5. 3次以上不履行追究职责,或者对3个以上有生产、销售伪劣商品犯罪行为的单位或者个人不履行追究职责的;

6. 其他情节严重的情形。

(二十九)办理偷越国(边)境人员出入境证件案(第四百一十五条)

办理偷越国(边)境人员出入境证件罪是指负责办理护照、签证以及其他出入境证件的国家机关工作人员,对明知是企图偷越国(边)境的人员,予以办理出入境证件的行为。

负责办理护照、签证以及其他出入境证件的国家机关工作人员涉嫌在办理护照、签证以及其他出入境证件的过程中,对明知是企图偷越国(边)境的人员而予以办理出入境证件的,应予立案。

(三十)放行偷越国(边)境人员案(第四百一十五条)

放行偷越国(边)境人员罪是指边防、海关等国家机关工作人员,对明知是偷越国(边)境的人员予以放行的行为。

边防、海关等国家机关工作人员涉嫌在履行职务过程中,对明知是偷越国(边)境的人员而予以放行的,应予立案。

(三十一)不解救被拐卖、绑架妇女、儿童案(第四百一十六条第一款)

不解救被拐卖、绑架妇女、儿童罪是指对被拐卖、绑架的妇女、儿童负有解救职责的公安、司法等国家机关工作人员接到被拐卖、绑架的妇女、儿童及其家属的解救要求或者接到其他人的举报,而对被拐卖、绑架的妇女、儿童不进行解救,造成严重后果的行为。

涉嫌下列情形之一的,应予立案:

1. 导致被拐卖、绑架的妇女、儿童或者其家属重伤、死亡或者精神失常的;

2. 导致被拐卖、绑架的妇女、儿童被转移、隐匿、转卖,不能及时进行解救的;

3. 对被拐卖、绑架的妇女、儿童不进行解救3人次以上的;

4. 对被拐卖、绑架的妇女、儿童不进行解救,造成恶劣社会影响的;

5. 其他造成严重后果的情形。

(三十二)阻碍解救被拐卖、绑架妇女、儿童案(第四百一十六条第二款)

阻碍解救被拐卖、绑架妇女、儿童罪是指对被拐卖、绑架的妇女、儿童负有解救职责的公安、司法等国家机关工作人员利用职务阻碍解救被拐卖、绑架的妇女、儿童的行为。

涉嫌下列情形之一的,应予立案:

1. 利用职权,禁止、阻止或者妨碍有关部门、人员解救被拐卖、绑架的妇女、儿童的;

2. 利用职务上的便利,向拐卖、绑架者或者收买者通风报信,妨碍解救工作正常进行的;

3. 其他利用职务阻碍解救被拐卖、绑架的妇女、儿童应予追究刑事责任的情形。

(三十三)帮助犯罪分子逃避处罚案(第四百一十七条)

帮助犯罪分子逃避处罚罪是指有查禁犯罪活动职责的司法及公安、国家安全、海关、税务等国家机关工作人员,向犯罪分子通风报信、提供便利,帮助犯罪分子逃避处罚的行为。

涉嫌下列情形之一的,应予立案:

1. 向犯罪分子泄露有关部门查禁犯罪活动的部署、人员、措施、时间、地点等情况的;

2. 向犯罪分子提供钱物、交通工具、通讯设备、隐藏处所等便利条件的;

3. 向犯罪分子泄露案情的;

4. 帮助、示意犯罪分子隐匿、毁灭、伪造证据,或者串供、翻供的;

5. 其他帮助犯罪分子逃避处罚应予追究刑事责任的情形。

(三十四)招收公务员、学生徇私舞弊案(第四百一十八条)

招收公务员、学生徇私舞弊罪是指国家机关工作人员在招收公务员、省级以上教育行政部门组织招收的学生工作中徇私舞弊,情节严重的行为。

涉嫌下列情形之一的,应予立案:

1. 徇私舞弊,利用职务便利,伪造、变造人事、户口档案、考试成绩或者其他影响招收工作的有关资料,或者明知是伪造、变造的上述材料而予以认可的;

2. 徇私舞弊,利用职务便利,帮助5名以上考生作弊的;

3. 徇私舞弊招收不合格的公务员、学生3人次以上的;

4. 因徇私舞弊招收不合格的公务员、学生,导致被排挤的合格人员或者其近亲属自杀、自残造成重伤、死亡,或者精神失常的;

5. 因徇私舞弊招收公务员、学生,导致该项招收工作重新进行的;

6. 其他情节严重的情形。

(三十五)失职造成珍贵文物损毁、流失案(第四百一十九条)

失职造成珍贵文物损毁、流失罪是指文物行政管理部门、公安机关、工商行政管理部门、海关、城乡建设规划部门等国家机关工作人员严重不负责任,造成珍贵文物损毁或者流失,后果严重的行为。

涉嫌下列情形之一的,应予立案:

1. 导致国家一、二、三级珍贵文物损毁或者流失的;

2. 导致全国重点文物保护单位或者省、自治区、直辖市级文物保护单位损毁的;

3. 其他后果严重的情形。

二、国家机关工作人员利用职权实施的侵犯公民人身权利、民主权利犯罪案件

(一)国家机关工作人员利用职权实施的非法拘禁案(第二百三十八条)

非法拘禁罪是指以拘禁或者其他方法非法剥夺他人人身自由的行为。

国家机关工作人员利用职权非法拘禁,涉嫌下列情形之一的,应予立案:

1. 非法剥夺他人人身自由24小时以上的;

2. 非法剥夺他人人身自由,并使用械具或者捆绑等恶劣手段,或者实施殴打、侮辱、虐待行为的;

3. 非法拘禁,造成被拘禁人轻伤、重伤、死亡的;

4. 非法拘禁,情节严重,导致被拘禁人自杀、自残造成重伤、死亡,或者精神失常的;

5. 非法拘禁3人次以上的;

6. 司法工作人员对明知是没有违法犯罪事实的人而非法拘禁的;

7. 其他非法拘禁应予追究刑事责任的情形。

(二)国家机关工作人员利用职权实施的非法搜查案(第二百四十五条)

非法搜查罪是指非法搜查他人身体、

住宅的行为。

国家机关工作人员利用职权非法搜查,涉嫌下列情形之一的,应予立案:

1. 非法搜查他人身体、住宅,并实施殴打、侮辱等行为的;

2. 非法搜查,情节严重,导致被搜查人或者其近亲属自杀、自残造成重伤、死亡,或者精神失常的;

3. 非法搜查,造成财物严重损坏的;

4. 非法搜查 3 人(户)次以上的;

5. 司法工作人员对明知是与涉嫌犯罪无关的人身、住宅非法搜查的;

6. 其他非法搜查应予追究刑事责任的情形。

(三)刑讯逼供案(第二百四十七条)

刑讯逼供罪是指司法工作人员对犯罪嫌疑人、被告人使用肉刑或者变相肉刑逼取口供的行为。

涉嫌下列情形之一的,应予立案:

1. 以殴打、捆绑、违法使用械具等恶劣手段逼取口供的;

2. 以较长时间冻、饿、晒、烤等手段逼取口供,严重损害犯罪嫌疑人、被告人身体健康的;

3. 刑讯逼供造成犯罪嫌疑人、被告人轻伤、重伤、死亡的;

4. 刑讯逼供,情节严重,导致犯罪嫌疑人、被告人自杀、自残造成重伤、死亡,或者精神失常的;

5. 刑讯逼供,造成错案的;

6. 刑讯逼供 3 人次以上的;

7. 纵容、授意、指使、强迫他人刑讯逼供,具有上述情形之一的;

8. 其他刑讯逼供应予追究刑事责任的情形。

(四)暴力取证案(第二百四十七条)

暴力取证罪是指司法工作人员以暴力逼取证人证言的行为。

涉嫌下列情形之一的,应予立案:

1. 以殴打、捆绑、违法使用械具等恶劣手段逼取证人证言的;

2. 暴力取证造成证人轻伤、重伤、死亡的;

3. 暴力取证,情节严重,导致证人自杀、自残造成重伤、死亡,或者精神失常的;

4. 暴力取证,造成错案的;

5. 暴力取证 3 人次以上的;

6. 纵容、授意、指使、强迫他人暴力取证,具有上述情形之一的;

7. 其他暴力取证应予追究刑事责任的情形。

(五)虐待被监管人案(第二百四十八条)

虐待被监管人罪是指监狱、拘留所、看守所、拘役所、劳教所等监管机构的监管人员对被监管人进行殴打或者体罚虐待,情节严重的行为。

涉嫌下列情形之一的,应予立案:

1. 以殴打、捆绑、违法使用械具等恶劣手段虐待被监管人的;

2. 以较长时间冻、饿、晒、烤等手段虐待被监管人,严重损害其身体健康的;

3. 虐待造成被监管人轻伤、重伤、死亡的;

4. 虐待被监管人,情节严重,导致被监管人自杀、自残造成重伤、死亡,或者精神失常的;

5. 殴打或者体罚虐待 3 人次以上的;

6. 指使被监管人殴打、体罚虐待其他被监管人,具有上述情形之一的;

7. 其他情节严重的情形。

(六)报复陷害案(第二百五十四条)

报复陷害罪是指国家机关工作人员

滥用职权、假公济私,对控告人、申诉人、批评人、举报人实行报复陷害的行为。

涉嫌下列情形之一的,应予立案:

1. 报复陷害,情节严重,导致控告人、申诉人、批评人、举报人或者其近亲属自杀、自残造成重伤、死亡,或者精神失常的;

2. 致使控告人、申诉人、批评人、举报人或者其近亲属的其他合法权利受到严重损害的;

3. 其他报复陷害应予追究刑事责任的情形。

(七)国家机关工作人员利用职权实施的破坏选举案(第二百五十六条)

破坏选举罪是指在选举各级人民代表大会代表和国家机关领导人员时,以暴力、威胁、欺骗、贿赂、伪造选举文件、虚报选举票数或者编造选举结果等手段破坏选举或者妨害选民和代表自由行使选举权和被选举权,情节严重的行为。

国家机关工作人员利用职权破坏选举,涉嫌下列情形之一的,应予立案:

1. 以暴力、威胁、欺骗、贿赂等手段,妨害选民、各级人民代表大会代表自由行使选举权和被选举权,致使选举无法正常进行,或者选举无效,或者选举结果不真实的;

2. 以暴力破坏选举场所或者选举设备,致使选举无法正常进行的;

3. 伪造选民证、选票等选举文件,虚报选举票数,产生不真实的选举结果或者强行宣布合法选举无效、非法选举有效的;

4. 聚众冲击选举场所或者故意扰乱选举场所秩序,使选举工作无法进行的;

5. 其他情节严重的情形。

三、附则

(一)本规定中每个罪案名称后所注明的法律条款系《中华人民共和国刑法》的有关条款。

(二)本规定所称"以上"包括本数;有关犯罪数额"不满",是指已达到该数额百分之八十以上的。

(三)本规定中的"国家机关工作人员",是指在国家机关中从事公务的人员,包括在各级国家权力机关、行政机关、司法机关和军事机关中从事公务的人员。在依照法律、法规规定行使国家行政管理职权的组织中从事公务的人员,或者在受国家机关委托代表国家行使职权的组织中从事公务的人员,或者虽未列入国家机关人员编制但在国家机关中从事公务的人员,在代表国家机关行使职权时,视为国家机关工作人员。在乡(镇)以上中国共产党机关、人民政协机关中从事公务的人员,视为国家机关工作人员。

(四)本规定中的"直接经济损失",是指与行为有直接因果关系而造成的财产损毁、减少的实际价值;"间接经济损失",是指由直接经济损失引起和牵连的其他损失,包括失去的在正常情况下可以获得的利益和为恢复正常的管理活动或者挽回所造成的损失所支付的各种开支、费用等。

有下列情形之一的,虽然有债权存在,但已无法实现债权的,可以认定为已经造成了经济损失:(1)债务人已经法定程序被宣告破产,且无法清偿债务;(2)债务人潜逃,去向不明;(3)因行为人责任,致使超过诉讼时效;(4)有证据证明债权无法实现的其他情况。

直接经济损失和间接经济损失,是指立案时确已造成的经济损失。移送审查起诉前,犯罪嫌疑人及其亲友自行挽回的经济损失,以及由司法机关或者犯罪嫌疑人所在单位及其上级主管部门挽回的经济损失,不予扣减,但可作为对犯罪嫌疑人从轻处理的情节考虑。

(五)本规定中的“徇私舞弊”,是指国家机关工作人员为徇私情、私利,故意违背事实和法律,伪造材料,隐瞒情况,弄虚作假的行为。

(六)本规定自公布之日起施行。本规定发布前有关人民检察院直接受理立案侦查的国家机关工作人员渎职和利用职权实施的侵犯公民人身权利、民主权利犯罪案件的立案标准,与本规定有重复或者不一致的,适用本规定。

对于本规定施行前发生的国家机关工作人员渎职和利用职权实施的侵犯公民人身权利、民主权利犯罪案件,按照《最高人民法院、最高人民检察院关于适用刑事司法解释时间效力问题的规定》办理。

最高人民法院、最高人民检察院关于办理渎职刑事案件适用法律若干问题的解释(一)

(2012年7月9日最高人民法院审判委员会第1552次会议、2012年9月12日最高人民检察院第十一届检察委员会第79次会议通过,2012年12月7日公布,自2013年1月9日起施行,法释〔2012〕18号)

为依法惩治渎职犯罪,根据刑法有关规定,现就办理渎职刑事案件适用法律的若干问题解释如下:

第一条　国家机关工作人员滥用职权或者玩忽职守,具有下列情形之一的,应当认定为刑法第三百九十七条规定的“致使公共财产、国家和人民利益遭受重大损失”:

(一)造成死亡1人以上,或者重伤3人以上,或者轻伤9人以上,或者重伤2人、轻伤3人以上,或者重伤1人、轻伤6人以上的;

(二)造成经济损失30万元以上的;

(三)造成恶劣社会影响的;

(四)其他致使公共财产、国家和人民利益遭受重大损失的情形。

具有下列情形之一的,应当认定为刑法第三百九十七条规定的“情节特别严重”:

(一)造成伤亡达到前款第(一)项规定人数3倍以上的;

(二)造成经济损失150万元以上的;

(三)造成前款规定的损失后果,不报、迟报、谎报或者授意、指使、强令他人不报、迟报、谎报事故情况,致使损失后果持续、扩大或者抢救工作延误的;

(四)造成特别恶劣社会影响的;

(五)其他特别严重的情节。

第二条　国家机关工作人员实施滥用职权或者玩忽职守犯罪行为,触犯刑法分则第九章第三百九十八条至第四百一十九条规定的,依照该规定定罪处罚。

国家机关工作人员滥用职权或者玩忽职守,因不具备徇私舞弊等情形,不符合刑法分则第九章第三百九十八条至第四百一十九条的规定,但依法构成第三百九十七条规定的犯罪的,以滥用职权罪或者玩忽职守罪定罪处罚。

第三条 国家机关工作人员实施渎职犯罪并收受贿赂，同时构成受贿罪的，除刑法另有规定外，以渎职犯罪和受贿罪数罪并罚。

第四条 国家机关工作人员实施渎职行为，放纵他人犯罪或者帮助他人逃避刑事处罚，构成犯罪的，依照渎职罪的规定定罪处罚。

国家机关工作人员与他人共谋，利用其职务行为帮助他人实施其他犯罪行为，同时构成渎职犯罪和共谋实施的其他犯罪共犯的，依照处罚较重的规定定罪处罚。

国家机关工作人员与他人共谋，既利用其职务行为帮助他人实施其他犯罪，又以非职务行为与他人共同实施该其他犯罪行为，同时构成渎职犯罪和其他犯罪的共犯的，依照数罪并罚的规定定罪处罚。

第五条 国家机关负责人员违法决定，或者指使、授意、强令其他国家机关工作人员违法履行职务或者不履行职务，构成刑法分则第九章规定的渎职犯罪的，应当依法追究刑事责任。

以“集体研究”形式实施的渎职犯罪，应当依照刑法分则第九章的规定追究国家机关负有责任的人员的刑事责任。对于具体执行人员，应当在综合认定其行为性质、是否提出反对意见、危害结果大小等情节的基础上决定是否追究刑事责任和应当判处的刑罚。

第六条 以危害结果为条件的渎职犯罪的追诉期限，从危害结果发生之日起计算；有数个危害结果的，从最后一个危害结果发生之日起计算。

第七条 依法或者受委托行使国家行政管理职权的公司、企业、事业单位的工作人员，在行使行政管理职权时滥用职权或者玩忽职守，构成犯罪的，应当依照《全国人民代表大会常务委员会关于〈中华人民共和国刑法〉第九章渎职罪主体适用问题的解释》的规定，适用渎职罪的规定追究刑事责任。

第八条 本解释规定的“经济损失”，是指渎职犯罪或者与渎职犯罪相关联的犯罪立案时已经实际造成的财产损失，包括为挽回渎职犯罪所造成损失而支付的各种开支、费用等。立案后至提起公诉前持续发生的经济损失，应一并计入渎职犯罪造成的经济损失。

债务人经法定程序被宣告破产，债务人潜逃、去向不明，或者因行为人的责任超过诉讼时效等，致使债权已经无法实现的，无法实现的债权部分应当认定为渎职犯罪的经济损失。

渎职犯罪或者与渎职犯罪相关联的犯罪立案后，犯罪分子及其亲友自行挽回的经济损失，司法机关或者犯罪分子所在单位及其上级主管部门挽回的经济损失，或者因客观原因减少的经济损失，不予扣减，但可以作为酌定从轻处罚的情节。

第九条 负有监督管理职责的国家机关工作人员滥用职权或者玩忽职守，致使不符合安全标准的食品、有毒有害食品、假药、劣药等流入社会，对人民群众生命、健康造成严重危害后果的，依照渎职罪的规定从严惩处。

第十条 最高人民法院、最高人民检察院此前发布的司法解释与本解释不一致的，以本解释为准。

最高人民法院研究室
关于对滥用职权致使公共财产、国家和人民利益遭受重大损失如何认定问题的答复①

(2004年11月22日,法研〔2004〕136号)

浙江省高级人民法院:

你院浙〔2004〕194号《关于对滥用职权致使公共财产、国家和人民利益遭受重大损失如何认定的请示》收悉。经研究答复如下:

人民法院在审判过程中,对于行为人滥用职权,致使公共财产、国家和人民利益遭受的损失计算至侦查机关立案之时。立案以后,判决宣告以前追回的损失,作为量刑情节予以考虑。

最高人民检察院
关于合同制民警能否成为玩忽职守罪主体问题的批复

(2000年10月9日,高检发研字〔2000〕20号)

辽宁省人民检察院:

你院辽检发诉字(1999)76号《关于犯罪嫌疑人李海玩忽职守一案的请示》收悉,经研究,批复如下:

根据刑法第九十三条第二款的规定,合同制民警在依法执行公务期间,属其他依照法律从事公务的人员,应以国家机关工作人员论。对合同制民警在依法执行公务活动中的玩忽职守行为,符合刑法第三百九十七条规定的玩忽职守罪构成要件的,依法以玩忽职守罪追究刑事责任。

此复。

最高人民检察院
关于属工人编制的乡(镇)工商所所长能否依照刑法第397条的规定追究刑事责任问题的批复

(2000年10月31日,高检发研字〔2000〕23号)

江西省人民检察院:

你院赣检研发(2000)3号《关于乡(镇)工商所所长(工人编制)是否属于国家机关工作人员的请示》收悉。经研究,批复如下:

根据刑法第93条第2款的规定,经人事部门任命,但为工人编制的乡(镇)工商所所长,依法履行工商行政管理职责时,属其他依照法律从事公务的人员,应以国家机关工作人员论。如果玩忽职守,致使公共财产、国家和人民利益遭受重大损失,可适用刑法第397条的规定,以玩忽职守罪追究刑事责任。

此复。

---

① 该答复与最高法、最高检2012年《关于办理渎职刑事案件适用法律若干问题的解释(一)》第八条的规定不一致。

最高人民检察院
关于企业事业单位的公安机构
在机构改革过程中其工作人员能否
构成渎职侵权犯罪主体问题的批复

(2002 年 4 月 24 日最高人民检察院第九届检察委员会第 107 次会议通过,2002 年 4 月 29 日公布,自 2002 年 5 月 16 日起施行)

陕西省人民检察院:

你院陕检发研(2001)159 号《关于对企业事业单位的公安机构在机构改革过程中其工作人员能否构成渎职侵权犯罪主体问题的请示》收悉。经研究,批复如下:

企业事业单位的公安机构在机构改革过程中虽尚未列入公安机关建制,其工作人员在行使侦查职责时,实施渎职侵权行为的,可以成为渎职侵权犯罪的主体。

此复。

最高人民检察院
关于对海事局工作人员如何
使用法律问题的答复

([2003]高检研发第 1 号,2003 年 1 月 13 日)

辽宁省人民检察院研究室:

你院《关于辽宁海事局的工作人员是否为国家机关工作人员的主体认定请示》(辽检发渎检字[2002]1 号)收悉。经研究,答复如下:

根据国办发[1999]90 号、中编办函[2000]184 号等文件的规定,海事局负责行使国家水上安全监督和防止船舶污染及海上设施检验、航海保障的管理职权,是国家执法监督机构。海事局及其分支机构工作人员在从事上述公务活动中,滥用职权或者玩忽职守,致使公共财产、国家和人民利益遭受重大损失的,应当依照刑法第三百九十七条的规定,以滥用职权罪或者玩忽职守罪追究刑事责任。

最高人民检察院法律政策研究室
关于非司法工作人员是否可以构成
徇私枉法罪共犯问题的答复

(2003 年 4 月 16 日,〔2003〕高检研发第 11 号)

江西省人民检察院法律政策研究室:

你院《关于非国家机关工作人员是否可以构成徇私枉法罪共犯问题的请示》(赣检发研字[2002]7 号)收悉。经研究,答复如下:

非司法工作人员与司法工作人员勾结,共同实施徇私枉法行为,构成犯罪的,应当以徇私枉法罪的共犯追究刑事责任。

此复。

最高人民检察院关于工人等非监管机关在编监管人员私放在押人员行为和失职致使在押人员脱逃行为适用法律问题的解释

(2001年1月2日最高人民检察院第九届检察委员会第79次会议通过,自2001年3月2日起施行,高检发释字〔2001〕2号)

为依法办理私放在押人员犯罪案件和失职致使在押人员脱逃犯罪案件,对工人等非监管机关在编监管人员私放在押人员行为和失职致使在押人员脱逃行为如何适用法律问题解释如下:

工人等非监管机关在编监管人员在被监管机关聘用受委托履行监管职责的过程中私放在押人员的,应当依照刑法第四百条第一款的规定,以私放在押人员罪追究刑事责任;由于严重不负责任,致使在押人员脱逃,造成严重后果的,应当依照刑法第四百条第二款的规定,以失职致使在押人员脱逃罪追究刑事责任。

最高人民法院研究室关于违反经行政法规授权制定的规范一般纳税人资格的文件应否认定为"违反法律、行政法规的规定"问题的答复

(2012年5月3日,法研〔2012〕59号)

宁夏回族自治区高级人民法院:

你院宁高法(2012)33号《关于经行政法规授权以通知形式下发的规范一般纳税人资格的文件是否可以作为行政法规适用的请示》收悉。经研究,答复如下:

国家税务总局《关于加强新办商贸企业增值税征收管理有关问题的紧急通知》(国税发明电〔2004〕37号)和《关于加强新办商贸企业增值税征收管理有关问题的补充通知》(国税发明电〔2004〕62号),是根据1993年制定的《中华人民共和国增值税暂行条例》的规定对一般纳税人资格认定的细化,且2008年修订后的《中华人民共和国增值税暂行条例》第十三条明确规定:"小规模纳税人以外的纳税人应当向主管税务机关申请资格认定。具体认定办法由国务院主管部门制定。"因此,违反上述两个通知关于一般纳税人资格的认定标准及相关规定,授予不合格单位一般纳税人资格的,相应违反了《中华人民共和国增值税暂行条例》的有关规定,应当认定为刑法第四百零五条第一款规定的"违反法律、行政法规的规定"。

此复。

最高人民检察院关于买卖尚未加盖印章的空白《边境证》行为如何适用法律问题的答复

（2002年9月25日，高检研发〔2002〕第19号）

重庆市人民检察院研究室：

你院《关于对买卖尚未加盖印章的空白〈边境证〉案件适用法律问题的请示》[渝检（研）（2002）11号]收悉。经研究，答复如下：

对买卖尚未加盖发证机关的行政印章或者通行专用章印鉴的空白《中华人民共和国边境管理区通行证》的行为，不宜以买卖国家机关证件罪追究刑事责任。国家机关工作人员实施上述行为，构成犯罪的，可以按滥用职权等相关犯罪依法追究刑事责任。

最高人民检察院关于对林业主管部门工作人员在发放林木采伐许可证之外滥用职权玩忽职守致使森林遭受严重破坏的行为适用法律问题的批复

（2007年5月14日最高人民检察院第十届检察委员会第七十七次会议通过，自2007年5月16日起施行，高检发释字〔2007〕1号）

福建省人民检察院：

你院《关于林业主管部门工作人员滥用职权、玩忽职守造成森林资源损毁立案标准问题的请示》[闽检（2007）14号]收悉。经研究，批复如下：

林业主管部门工作人员违法发放林木采伐许可证，致使森林遭受严重破坏的，依照刑法第四百零七条的规定，以违法发放林木采伐许可证罪追究刑事责任；以其他方式滥用职权或者玩忽职守，致使森林遭受严重破坏的，依照刑法第三百九十七条的规定，以滥用职权罪或者玩忽职守罪追究刑事责任，立案标准依照《最高人民检察院关于渎职侵权犯罪案件立案标准的规定》第一部分渎职犯罪案件第十八条第三款的规定执行。

此复。

最高人民检察院法律政策研究室对贵州省人民检察院法律政策研究室《关于对刑法第410条“违反土地管理法规”如何理解问题的请示》的答复

（2017年3月14日，高检研〔2017〕9号）

贵州省人民检察院法律政策研究室：

你室《关于对刑法第410条“违反土地管理法规”如何理解问题的请示》以及相关案件材料收悉。经研究，答复如下：

1. 根据全国人大常委会有关立法解释，刑法第四百一十条规定的“违反土地管理法规”是指违反土地管理法、森林法、草原法等法律以及有关行政法规中关于土地管理的规定。农业部《草原征占用审核审批管理办法》是有关行政主管部门为执行草原法所作出的细化规定,属部门规章,不属于刑法第四百一十条规定的“土地管理法规”。

2. 请示所附案件涉嫌受贿和渎职犯罪。对于有关渎职行为,可以根据本案事实和证据情况,参照《土地管理法》第七十八条、《草原法》第六十三条,结合刑法第四百一十条的规定认定处理;构成犯罪的,以非法批准征收、征用、占用土地罪追究刑事责任。

最高人民法院、最高人民检察院、公安部
关于严格执行刑事诉讼法,切实纠防超期羁押的通知

(2003年11月12日,
法〔2003〕163号)

各省、自治区、直辖市高级人民法院、人民检察院、公安厅(局),解放军军事法院、军事检察院、总政治部保卫部:

目前,超期羁押现象在全国许多地方没有得到有效遏制,“前清后超”、“边清边超”、“押而不决”等现象仍然不断发生,人民群众反映强烈。各级人民法院、人民检察院和公安机关要坚持以“三个代表”重要思想为指导,坚持司法为民的工作要求,严格执行刑事诉讼法的有关规定,切实提高办理刑事案件的质量和效率,维护人民法院、人民检察院和公安机关的公正形象,坚决纠正和预防超期羁押现象,尊重和保障犯罪嫌疑人、被告人的合法权益。现就有关问题通知如下:

一、进一步端正执法思想,牢固树立实体法和程序法并重、打击犯罪和保障人权并重的刑事诉讼观念。(略)

二、严格适用刑事诉讼法关于犯罪嫌疑人、被告人羁押期限的规定,严禁随意延长羁押期限。犯罪嫌疑人、被告人被羁押的,人民法院、人民检察院和公安机关在刑事诉讼的不同阶段,要及时办理换押手续。在侦查阶段,要严格遵守拘留、逮捕后的羁押期限的规定;犯罪嫌疑人被逮捕以后,需要延长羁押期限的,应当符合刑事诉讼法第一百二十四条、第一百二十六条或者第一百二十七条规定的情形,并应当经过上一级人民检察院或者省、自治区、直辖市人民检察院的批准或者决定。在审查逮捕阶段和审查起诉阶段,人民检察院应当在法定期限内作出决定。在审判阶段,人民法院要严格遵守刑事诉讼法关于审理期限的规定;需要延长一个月审理期限的,应当属于刑事诉讼法第一百二十六条规定的情形之一,而且应当经过省、自治区、直辖市高级人民法院批准或者决定。

凡不符合刑事诉讼法关于重新计算犯罪嫌疑人、被告人羁押期限规定的,不得重新计算羁押期限。严禁滥用退回补充侦查、撤回起诉、改变管辖等方式变相超期羁押犯罪嫌疑人、被告人。

三、准确适用刑事诉讼法关于取保候审、监视居住的规定。人民法院、人民检察院和公安机关在对犯罪嫌疑人、被告人采取强制措施时,凡符合取保候审、监视居住条件的,应当依法采取取保候审、监视居住。对已被羁押的犯罪嫌疑人、被告人,在其法定羁押期限已满时必须立即释放,如侦查、起诉、审判活动尚未完成,需

要继续查证、审理的，要依法变更强制措施为取保候审或者监视居住，充分发挥取保候审、监视居住这两项强制措施的作用，做到追究犯罪与保障犯罪嫌疑人、被告人合法权益的统一。

四、坚持依法办案，正确适用法律，有罪依法追究，无罪坚决放人，人民法院、人民检察院和公安机关在刑事诉讼过程中，要分工负责，互相配合，互相制约，依法进行，避免超期羁押现象的发生。在侦查、起诉、审判等各个诉讼阶段，凡发现犯罪嫌疑人，被告人不应或者不需要追究刑事责任的，应当依法撤销案件，或者不起诉，或者终止审理，或者宣告无罪。公安机关、人民检察院要严格执行刑事诉讼法关于拘留、逮捕条件的规定，不符合条件的坚决不拘、不提请批准逮捕或者决定不批准逮捕。人民检察院对于经过两次补充侦查或者在审判阶段建议补充侦查并经人民法院决定延期审理的案件，不再退回公安机关；对于经过两次补充侦查，仍然证据不足、不符合起诉条件的案件，要依法作出不起诉的决定。公安机关要依法加强对看守所的管理，及时向办案机关通报超期羁押情况。人民法院对于人民检察院提起公诉的案件，经过审理，认为证据不足，不能认定被告人有罪的，要依法作出证据不足、指控的犯罪不能成立的无罪判决。第二审人民法院经过审理，对于事实不清或者证据不足的案件，只能一次裁定撤销原判、发回原审人民法院重新审判；对于经过查证，只有部分犯罪事实清楚、证据充分的案件，只就该部分罪行进行认定和宣判；对于查证以后，仍然事实不清或者证据不足的案件，要依法作出证据不足、指控的犯罪不能成立的无罪判决，不得拖延不决，迟迟不判。

五、严格执行超期羁押责任追究制度。超期羁押侵犯犯罪嫌疑人、被告人的合法权益，损害司法公正，对此必须严肃查处，绝不姑息。本通知发布以后，凡违反刑事诉讼法和本通知的规定，造成犯罪嫌疑人、被告人超期羁押的，对于直接负责的主管人员和其他直接责任人员，由其所在单位或者上级主管机关依照有关规定予以行政或者纪律处分；造成犯罪嫌疑人、被告人超期羁押，情节严重的，对于直接负责的主管人员和其他直接责任人员，依照刑法第三百九十七条的规定，以玩忽职守罪或者滥用职权罪追究刑事责任。

六、对于重大、疑难、复杂的案件，涉外案件，新类型案件以及危害国家安全案件涉及的适用法律问题，应及时报请全国人大常委会作出立法解释或者最高人民法院、最高人民检察院作出司法解释。

执行本通知的情况，请及时层报最高人民法院、最高人民检察院和公安部。

（十一）军人违反职责罪

最高人民检察院、解放军总政治部军人违反职责罪案件立案标准的规定

（2013年2月26日印发，自2013年2月28日起施行，政检[2013]1号）

为了依法惩治军人违反职责犯罪，保护国家军事利益，根据《中华人民共和国

刑法》《中华人民共和国刑事诉讼法》和其他有关规定,结合军队司法实践,制定本规定。

第一条 战时违抗命令案(刑法第四百二十一条)

战时违抗命令罪是指战时违抗命令,对作战造成危害的行为。

违抗命令,是指主观上出于故意,客观上违背、抗拒首长、上级职权范围内的命令,包括拒绝接受命令、拒不执行命令,或者不按照命令的具体要求行动等。

战时涉嫌下列情形之一的,应予立案:

(一)扰乱作战部署或者贻误战机的;

(二)造成作战任务不能完成或者迟缓完成的;

(三)造成我方人员死亡一人以上,或者重伤二人以上,或者轻伤三人以上的;

(四)造成武器装备、军事设施、军用物资损毁,直接影响作战任务完成的;

(五)对作战造成其他危害的。

第二条 隐瞒、谎报军情案(刑法第四百二十二条)

隐瞒、谎报军情罪是指故意隐瞒、谎报军情,对作战造成危害的行为。

涉嫌下列情形之一的,应予立案:

(一)造成首长、上级决策失误的;

(二)造成作战任务不能完成或者迟缓完成的;

(三)造成我方人员死亡一人以上,或者重伤二人以上,或者轻伤三人以上的;

(四)造成武器装备、军事设施、军用物资损毁,直接影响作战任务完成的;

(五)对作战造成其他危害的。

第三条 拒传、假传军令案(刑法第四百二十二条)

拒传军令罪是指负有传递军令职责的军人,明知是军令而故意拒绝传递或者拖延传递,对作战造成危害的行为。

假传军令罪是指故意伪造、篡改军令,或者明知是伪造、篡改的军令而予以传达或者发布,对作战造成危害的行为。

涉嫌下列情形之一的,应予立案:

(一)造成首长、上级决策失误的;

(二)造成作战任务不能完成或者迟缓完成的;

(三)造成我方人员死亡一人以上,或者重伤二人以上,或者轻伤三人以上的;

(四)造成武器装备、军事设施、军用物资损毁,直接影响作战任务完成的;

(五)对作战造成其他危害的。

第四条 投降案(刑法第四百二十三条)投降罪是指在战场上贪生怕死,自动放下武器投降敌人的行为。

凡涉嫌投降敌人的,应予立案。

第五条 战时临阵脱逃案(刑法第四百二十四条)

战时临阵脱逃罪是指在战斗中或者在接受作战任务后,逃离战斗岗位的行为。

凡战时涉嫌临阵脱逃的,应予立案。

第六条 擅离、玩忽军事职守案(刑法第四百二十五条)

擅离、玩忽军事职守罪是指指挥人员和值班、值勤人员擅自离开正在履行职责的岗位,或者在履行职责的岗位上,严重不负责任,不履行或者不正确履行职责,造成严重后果的行为。

指挥人员,是指对部队或者部属负有组织、领导、管理职责的人员。专业主管人员在其业务管理范围内,视为指挥人员。

值班人员,是指军队各单位、各部门

为保持指挥或者履行职责不间断而设立的、负责处理本单位、本部门特定事务的人员。

值勤人员，是指正在担任警卫、巡逻、观察、纠察、押运等勤务，或者作战勤务工作的人员。

涉嫌下列情形之一的，应予立案：

（一）造成重大任务不能完成或者迟缓完成的；

（二）造成死亡一人以上，或者重伤三人以上，或者重伤二人、轻伤四人以上，或者重伤一人、轻伤七人以上，或者轻伤十人以上的；

（三）造成枪支、手榴弹、爆炸装置或者子弹十发、雷管三十枚、导火索或者导爆索三十米、炸药一千克以上丢失、被盗，或者不满规定数量，但后果严重的，或者造成其他重要武器装备、器材丢失、被盗的；

（四）造成武器装备、军事设施、军用物资或者其他财产损毁，直接经济损失三十万元以上，或者直接经济损失、间接经济损失合计一百五十万元以上的；

（五）造成其他严重后果的。

第七条　阻碍执行军事职务案（刑法第四百二十六条）

阻碍执行军事职务罪是指以暴力、威胁方法，阻碍指挥人员或者值班、值勤人员执行职务的行为。

凡涉嫌阻碍执行军事职务的，应予立案。

第八条　指使部属违反职责案（刑法第四百二十七条）

指使部属违反职责罪是指指挥人员滥用职权，指使部属进行违反职责的活动，造成严重后果的行为。

涉嫌下列情形之一的，应予立案：

（一）造成重大任务不能完成或者迟缓完成的；

（二）造成死亡一人以上，或者重伤二人以上，或者重伤一人、轻伤三人以上，或者轻伤五人以上的；

（三）造成武器装备、军事设施、军用物资或者其他财产损毁，直接经济损失二十万元以上，或者直接经济损失、间接经济损失合计一百万元以上的；

（四）造成其他严重后果的。

第九条　违令作战消极案（刑法第四百二十八条）

违令作战消极罪是指指挥人员违抗命令，临阵畏缩，作战消极，造成严重后果的行为。

违抗命令，临阵畏缩，作战消极，是指在作战中故意违背、抗拒执行首长、上级的命令，面临战斗任务而畏难怕险，怯战怠战，行动消极。

涉嫌下列情形之一的，应予立案：

（一）扰乱作战部署或者贻误战机的；

（二）造成作战任务不能完成或者迟缓完成的；

（三）造成我方人员死亡一人以上，或者重伤二人以上，或者轻伤三人以上的；

（四）造成武器装备、军事设施、军用物资或者其他财产损毁，直接经济损失二十万元以上，或者直接经济损失、间接经济损失合计一百万元以上的；

（五）造成其他严重后果的。

第十条　拒不救援友邻部队案（刑法第四百二十九条）

拒不救援友邻部队罪是指指挥人员在战场上，明知友邻部队面临被敌人包围、追击或者阵地将被攻陷等危急情况请求救援,能救援而不救援,致使友邻部队遭受重大损失的行为。

能救援而不救援,是指根据当时自己部队(分队)所处的环境、作战能力及所担负的任务,有条件组织救援却没有组织救援。

涉嫌下列情形之一的,应予立案:

(一)造成战斗失利的;

(二)造成阵地失陷的;

(三)造成突围严重受挫的;

(四)造成我方人员死亡三人以上,或者重伤十人以上,或者轻伤十五人以上的;

(五)造成武器装备、军事设施、军用物资损毁,直接经济损失一百万元以上的;

(六)造成其他重大损失的。

第十一条　军人叛逃案(刑法第四百三十条)

军人叛逃罪是指军人在履行公务期间,擅离岗位,叛逃境外或者在境外叛逃,危害国家军事利益的行为。

涉嫌下列情形之一的,应予立案:

(一)因反对国家政权和社会主义制度而出逃的;

(二)掌握、携带军事秘密出境后滞留不归的;

(三)申请政治避难的;

(四)公开发表叛国言论的;

(五)投靠境外反动机构或者组织的;

(六)出逃至交战对方区域的;

(七)进行其他危害国家军事利益活动的。

第十二条　非法获取军事秘密案(刑法第四百三十一条第一款)

非法获取军事秘密罪是指违反国家和军队的保密规定,采取窃取、刺探、收买方法,非法获取军事秘密的行为。

军事秘密,是关系国防安全和军事利益,依照规定的权限和程序确定,在一定时间内只限一定范围的人员知悉的事项。内容包括:

(一)国防和武装力量建设规划及其实施情况;

(二)军事部署,作战、训练以及处置突发事件等军事行动中需要控制知悉范围的事项;

(三)军事情报及其来源,军事通信、信息对抗以及其他特种业务的手段、能力,密码以及有关资料;

(四)武装力量的组织编制,部队的任务、实力、状态等情况中需要控制知悉范围的事项,特殊单位以及师级以下部队的番号;

(五)国防动员计划及其实施情况;

(六)武器装备的研制、生产、配备情况和补充、维修能力,特种军事装备的战术技术性能;

(七)军事学术和国防科学技术研究的重要项目、成果及其应用情况中需要控制知悉范围的事项;

(八)军队政治工作中不宜公开的事项;

(九)国防费分配和使用的具体事项,军事物资的筹措、生产、供应和储备等情况中需要控制知悉范围的事项;

(十)军事设施及其保护情况中不宜公开的事项;

(十一)对外军事交流与合作中不宜公开的事项;

(十二)其他需要保密的事项。

凡涉嫌非法获取军事秘密的,应予立案。

第十三条　为境外窃取、刺探、收买、非法提供军事秘密案(刑法第四百三十一条第二款)

为境外窃取、刺探、收买、非法提供军事秘密罪是指违反国家和军队的保密规定,为境外的机构、组织、人员窃取、刺探、收买、非法提供军事秘密的行为。

凡涉嫌为境外窃取、刺探、收买、非法提供军事秘密的,应予立案。

第十四条　故意泄露军事秘密案(刑法第四百三十二条)

故意泄露军事秘密罪是指违反国家和军队的保密规定,故意使军事秘密被不应知悉者知悉或者超出了限定的接触范围,情节严重的行为。

涉嫌下列情形之一的,应予立案:

(一)泄露绝密级或者机密级军事秘密一项(件)以上的;

(二)泄露秘密级军事秘密三项(件)以上的;

(三)向公众散布、传播军事秘密的;

(四)泄露军事秘密造成严重危害后果的;

(五)利用职权指使或者强迫他人泄露军事秘密的;

(六)负有特殊保密义务的人员泄密的;

(七)以牟取私利为目的泄露军事秘密的;

(八)执行重大任务时泄密的;

(九)有其他情节严重行为的。

第十五条　过失泄露军事秘密案(刑法第四百三十二条)

过失泄露军事秘密罪是指违反国家和军队的保密规定,过失泄露军事秘密,致使军事秘密被不应知悉者知悉或者超出了限定的接触范围,情节严重的行为。

涉嫌下列情形之一的,应予立案:

(一)泄露绝密级军事秘密一项(件)以上的;

(二)泄露机密级军事秘密三项(件)以上的;

(三)泄露秘密级军事秘密四项(件)以上的;

(四)负有特殊保密义务的人员泄密的;

(五)泄露军事秘密或者遗失军事秘密载体,不按照规定报告,或者不如实提供有关情况,或者未及时采取补救措施的;

(六)有其他情节严重行为的。

第十六条　战时造谣惑众案(刑法第四百三十三条)

战时造谣惑众罪是指在战时造谣惑众,动摇军心的行为。

造谣惑众,动摇军心,是指故意编造、散布谣言,煽动怯战、厌战或者恐怖情绪,蛊惑官兵,造成或者足以造成部队情绪恐慌、士气不振、军心涣散的行为。

凡战时涉嫌造谣惑众,动摇军心的,应予立案。

第十七条　战时自伤案(刑法第四百三十四条)

战时自伤罪是指在战时为了逃避军事义务,故意伤害自己身体的行为。

逃避军事义务,是指逃避临战准备、作战行动、战场勤务和其他作战保障任务等与作战有关的义务。

凡战时涉嫌自伤致使不能履行军事义务的,应予立案。

第十八条　逃离部队案(刑法第四百三十五条)

逃离部队罪是指违反兵役法规,逃离部队,情节严重的行为。

违反兵役法规,是指违反国防法、兵役法和军队条令条例以及其他有关兵役方面的法律规定。

逃离部队,是指擅自离开部队或者经批准外出逾期拒不归队。

涉嫌下列情形之一的,应予立案:

(一)逃离部队持续时间达三个月以上或者三次以上或者累计时间达六个月以上的;

(二)担负重要职责的人员逃离部队的;

(三)策动三人以上或者胁迫他人逃离部队的;

(四)在执行重大任务期间逃离部队的;

(五)携带武器装备逃离部队的;

(六)有其他情节严重行为的。

第十九条　武器装备肇事案(刑法第四百三十六条)

武器装备肇事罪是指违反武器装备使用规定,情节严重,因而发生责任事故,致人重伤、死亡或者造成其他严重后果的行为。

情节严重,是指故意违反武器装备使用规定,或者在使用过程中严重不负责任。

涉嫌下列情形之一的,应予立案:

(一)影响重大任务完成的;

(二)造成死亡一人以上,或者重伤二人以上,或者轻伤三人以上的;

(三)造成武器装备、军事设施、军用物资或者其他财产损毁,直接经济损失三十万元以上,或者直接经济损失、间接经济损失合计一百五十万元以上的;

(四)严重损害国家和军队声誉,造成恶劣影响的;

(五)造成其他严重后果的。

第二十条　擅自改变武器装备编配用途案(刑法第四百三十七条)

擅自改变武器装备编配用途罪是指违反武器装备管理规定,未经有权机关批准,擅自将编配的武器装备改作其他用途,造成严重后果的行为。

涉嫌下列情形之一的,应予立案:

(一)造成重大任务不能完成或者迟缓完成的;

(二)造成死亡一人以上,或者重伤三人以上,或者重伤二人、轻伤四人以上,或者重伤一人、轻伤七人以上,或者轻伤十人以上的;

(三)造成武器装备、军事设施、军用物资或者其他财产损毁,直接经济损失三十万元以上,或者直接经济损失、间接经济损失合计一百五十万元以上的;

(四)造成其他严重后果的。

第二十一条　盗窃、抢夺武器装备、军用物资案(刑法第四百三十八条)

盗窃武器装备罪是指以非法占有为目的,秘密窃取武器装备的行为。

抢夺武器装备罪是指以非法占有为目的,乘人不备,公然夺取武器装备的行为。

凡涉嫌盗窃、抢夺武器装备的,应予立案。

盗窃军用物资罪是指以非法占有为目的,秘密窃取军用物资的行为。

抢夺军用物资罪是指以非法占有为目的,乘人不备,公然夺取军用物资的行为。

凡涉嫌盗窃、抢夺军用物资价值二千元以上,或者不满规定数额,但后果严重的,应予立案。

第二十二条　非法出卖、转让武器装备案(刑法第四百三十九条)

非法出卖、转让武器装备罪是指非法出卖、转让武器装备的行为。

出卖、转让，是指违反武器装备管理规定，未经有权机关批准，擅自用武器装备换取金钱、财物或者其他利益，或者将武器装备馈赠他人的行为。

涉嫌下列情形之一的，应予立案：

（一）非法出卖、转让枪支、手榴弹、爆炸装置的；

（二）非法出卖、转让子弹十发、雷管三十枚、导火索或者导爆索三十米、炸药一千克以上，或者不满规定数量，但后果严重的；

（三）非法出卖、转让武器装备零部件或者维修器材、设备，致使武器装备报废或者直接经济损失三十万元以上的；

（四）非法出卖、转让其他重要武器装备的。

第二十三条　遗弃武器装备案（刑法第四百四十条）

遗弃武器装备罪是指负有保管、使用武器装备义务的军人，违抗命令，故意遗弃武器装备的行为。

涉嫌下列情形之一的，应予立案：

（一）遗弃枪支、手榴弹、爆炸装置的；

（二）遗弃子弹十发、雷管三十枚、导火索或者导爆索三十米、炸药一千克以上，或者不满规定数量，但后果严重的；

（三）遗弃武器装备零部件或者维修器材、设备，致使武器装备报废或者直接经济损失三十万元以上的；

（四）遗弃其他重要武器装备的。

第二十四条　遗失武器装备案（刑法第四百四十一条）

遗失武器装备罪是指遗失武器装备，不及时报告或者有其他严重情节的行为。

其他严重情节，是指遗失武器装备严重影响重大任务完成的；给人民群众生命财产安全造成严重危害的；遗失的武器装备被敌人或者境外的机构、组织和人员或者国内恐怖组织和人员利用，造成严重后果或者恶劣影响的；遗失的武器装备数量多、价值高的；战时遗失的，等等。

凡涉嫌遗失武器装备不及时报告或者有其他严重情节的，应予立案。

第二十五条　擅自出卖、转让军队房地产案（刑法第四百四十二条）

擅自出卖、转让军队房地产罪是指违反军队房地产管理和使用规定，未经有权机关批准，擅自出卖、转让军队房地产，情节严重的行为。

军队房地产，是指依法由军队使用管理的土地及其地上地下用于营房保障的建筑物、构筑物、附属设施设备，以及其他附着物。

涉嫌下列情形之一的，应予立案：

（一）擅自出卖、转让军队房地产价值三十万元以上的；

（二）擅自出卖、转让军队房地产给境外的机构、组织、人员的；

（三）擅自出卖、转让军队房地产严重影响部队正常战备、训练、工作、生活和完成军事任务的；

（四）擅自出卖、转让军队房地产给军事设施安全造成严重危害的；

（五）有其他情节严重行为的。

第二十六条　虐待部属案（刑法第四百四十三条）

虐待部属罪是指滥用职权，虐待部属，情节恶劣，致人重伤、死亡或者造成其他严重后果的行为。

虐待部属，是指采取殴打、体罚、冻饿或者其他有损身心健康的手段，折磨、摧残部属的行为。

情节恶劣，是指虐待手段残酷的；虐待三人以上的；虐待部属三次以上的；虐待伤病残部属的，等等。

其他严重后果,是指部属不堪忍受虐待而自杀、自残造成重伤或者精神失常的;诱发其他案件、事故的;导致部属一人逃离部队三次以上,或者二人以上逃离部队的;造成恶劣影响的,等等。

凡涉嫌虐待部属,情节恶劣,致人重伤、死亡或者造成其他严重后果的,应予立案。

第二十七条 遗弃伤病军人案(刑法第四百四十四条)

遗弃伤病军人罪是指在战场上故意遗弃我方伤病军人,情节恶劣的行为。

涉嫌下列情形之一的,应予立案:

(一)为挟嫌报复而遗弃伤病军人的;

(二)遗弃伤病军人三人以上的;

(三)导致伤病军人死亡、失踪、被俘的;

(四)有其他恶劣情节的。

第二十八条 战时拒不救治伤病军人案(刑法第四百四十五条)

战时拒不救治伤病军人罪是指战时在救护治疗职位上,有条件救治而拒不救治危重伤病军人的行为。

有条件救治而拒不救治,是指根据伤病军人的伤情或者病情,结合救护人员的技术水平、医疗单位的医疗条件及当时的客观环境等因素,能够给予救治而拒绝抢救、治疗。

凡战时涉嫌拒不救治伤病军人的,应予立案。

第二十九条 战时残害居民、掠夺居民财物案(刑法第四百四十六条)

战时残害居民罪是指战时在军事行动地区残害无辜居民的行为。

无辜居民,是指对我军无敌对行动的平民。

战时涉嫌下列情形之一的,应予立案:

(一)故意造成无辜居民死亡、重伤或者轻伤三人以上的;

(二)强奸无辜居民的;

(三)故意损毁无辜居民财物价值五千元以上,或者不满规定数额,但手段恶劣、后果严重的。

战时掠夺居民财物罪是指战时在军事行动地区抢劫、抢夺无辜居民财物的行为。

战时涉嫌下列情形之一的,应予立案:

(一)抢劫无辜居民财物的;

(二)抢夺无辜居民财物价值二千元以上,或者不满规定数额,但手段恶劣、后果严重的。

第三十条 私放俘虏案(刑法第四百四十七条)

私放俘虏罪是指擅自将俘虏放走的行为。凡涉嫌私放俘虏的,应予立案。

第三十一条 虐待俘虏案(刑法第四百四十八条)

虐待俘虏罪是指虐待俘虏,情节恶劣的行为。

涉嫌下列情形之一的,应予立案:

(一)指挥人员虐待俘虏的;

(二)虐待俘虏三人以上,或者虐待俘虏三次以上的;

(三)虐待俘虏手段特别残忍的;

(四)虐待伤病俘虏的;

(五)导致俘虏自杀、逃跑等严重后果的;

(六)造成恶劣影响的;

(七)有其他恶劣情节的。

第三十二条 本规定适用于中国人民解放军的现役军官、文职干部、士兵及具有军籍的学员和中国人民武装警察部队的现役警官、文职干部、士兵及具有军籍的学员以及执行军事任务的预备役人员和其他人员涉嫌军人违反职责犯罪的案件。

第三十三条　本规定所称“战时”，是指国家宣布进入战争状态、部队受领作战任务或者遭敌突然袭击时。部队执行戒严任务或者处置突发性暴力事件时，以战时论。

第三十四条　本规定中的“违反职责”，是指违反国家法律、法规，军事法规、军事规章所规定的军人职责，包括军人的共同职责，士兵、军官和首长的一般职责，各类主管人员和其他从事专门工作的军人的专业职责等。

第三十五条　本规定所称“以上”，包括本数；有关犯罪数额“不满”，是指已达到该数额百分之八十以上。

第三十六条　本规定中的“直接经济损失”，是指与行为有直接因果关系而造成的财产损毁、减少的实际价值；“间接经济损失”，是指由直接经济损失引起和牵连的其他损失，包括失去在正常情况下可能获得的利益和为恢复正常管理活动或者为挽回已经造成的损失所支付的各种费用等。

第三十七条　本规定中的“武器装备”，是实施和保障军事行动的武器、武器系统和军事技术器材的统称。

第三十八条　本规定中的“军用物资”，是除武器装备以外专供武装力量使用的各种物资的统称，包括装备器材、军需物资、医疗物资、油料物资、营房物资等。

第三十九条　本规定中财物价值和损失的确定，由部队驻地人民法院、人民检察院和公安机关指定的价格事务机构进行估价。武器装备、军事设施、军用物资的价值和损失，由部队军以上单位的主管部门确定；有条件的，也可以由部队驻地人民法院、人民检察院和公安机关指定的价格事务机构进行估价。

第四十条　本规定自2013年3月28日起施行。2002年10月31日总政治部发布的《关于军人违反职责罪案件立案标准的规定（试行）》同时废止。

中国人民解放军军事法院关于审理军人违反职责罪案件中几个具体问题的处理意见

（1988年10月19日，〔1988〕军法发字第34号）

一、关于军职人员玩弄枪支、弹药走火或者爆炸，致人重伤、死亡或者造成其他严重后果的案件，是否一概以武器装备肇事罪论处的问题

军职人员在执勤、训练、作战时使用、操作武器装备，或者在管理、维修、保养武器装备的过程中，违反武器装备使用规定和操作规程，情节严重，因而发生重大责任事故，致人重伤、死亡或者造成其他严重后果的，依照《条例》第三条的规定，以武器装备肇事罪论处；凡违反枪支、弹药管理使用规定，私自携带枪支、弹药外出，因玩弄而造成走火或者爆炸，致人重伤、死亡或者使公私财产遭受重大损失的，分别依照《刑法》第一百三十五条、第一百三十三条、第一百零六条的规定，以过失重伤罪、过失杀人罪或者过失爆炸罪论处。

二、关于军职人员擅自将自己保管、使用的枪支、弹药借给他人，因而造成严重后果的，应当如何定性和适用法律问题

军职人员确实不知他人借用枪支、弹药是为实施犯罪，私自将自己保管、使用的枪支、弹药借给他人，致使公共财产、国家和人民利益遭受重大损失的,以《刑法》第一百八十七条规定的玩忽职守罪论处;如果在值班、值勤等执行职务时,擅自将自己使用、保管的枪支、弹药借给他人,因而造成严重后果的,以《条例》第五条规定的玩忽职守罪论处。

如果明知他人借用枪支、弹药是为了实施犯罪,仍将枪支、弹药借给他人的,以共同犯罪论处。

三、关于监守自盗军用物资的行为应如何定罪处罚问题

军职人员利用职务上的便利,盗窃自己经手、管理的军用物资的,符合贪污罪的基本特征,依照《刑法》第一百五十五条和全国人大常委会《关于惩治贪污罪贿赂罪的补充规定》,以贪污罪论处,从重处罚。

四、关于军职人员驾驶军用装备车辆肇事的,是定交通肇事罪还是定武器装备肇事罪的问题

军职人员驾驶军用装备车辆,违反武器装备使用规定和操作规程,情节严重,因而发生重大责任事故,致人重伤、死亡或者造成其他严重后果的,即使同时违反交通运输规章制度,也应当依照《条例》第三条的规定,以武器装备肇事罪论处;如果仅因违反交通运输规章制度而发生重大事故,致人重伤、死亡或者使公私财产遭受重大损失的,则依照《刑法》第一百一十三条的规定,以交通肇事罪论处。

五、关于军人在临时看管期间逃跑的,能否以脱逃罪论处问题

脱逃罪是指被依法逮捕、关押的犯罪分子,从羁押、改造场所或者在押解途中逃走的行为。军队的临时看管仅是一项行政防范措施。因此,军人在此期间逃跑的,不构成脱逃罪。但在查明他确有犯罪行为后,他的逃跑行为可以作为情节在处刑时予以考虑。

最高人民法院、最高人民检察院关于对军人非战时逃离部队的行为能否定罪处罚问题的批复

(2000年9月28日最高人民法院审判委员会第1132次会议、2000年11月13日最高人民检察院第九届检察委员会第74次会议通过,2000年12月5日公布,自2000年12月8日起施行,法释〔2000〕39号)

中国人民解放军军事法院、军事检察院:

〔1999〕军法呈字第19号《关于军人非战时逃离部队情节严重的,能否适用刑法定罪处罚问题的请示》收悉。经研究,答复如下:

军人违反兵役法规,在非战时逃离部队,情节严重的,应当依照刑法第四百三十五条第一款的规定定罪处罚。

此复。

七、指导性案例

（一）最高人民法院指导性案例①

潘玉梅、陈宁受贿案

（指导性案例3号，
2011年12月20日发布）

【裁判要点】

1. 国家工作人员利用职务上的便利为请托人谋取利益，并与请托人以“合办”公司的名义获取“利润”，没有实际出资和参与经营管理的，以受贿论处。

2. 国家工作人员明知他人有请托事项而收受其财物，视为承诺“为他人谋取利益”，是否已实际为他人谋取利益或谋取到利益，不影响受贿的认定。

3. 国家工作人员利用职务上的便利为请托人谋取利益，以明显低于市场的价格向请托人购买房屋等物品的，以受贿论处，受贿数额按照交易时当地市场价格与实际支付价格的差额计算。

4. 国家工作人员收受财物后，因与其受贿有关联的人、事被查处，为掩饰犯罪而退还的，不影响认定受贿罪。

王志才故意杀人案

（指导性案例4号，
2011年12月20日发布）

【裁判要点】

因恋爱、婚姻矛盾激化引发的故意杀人案件，被告人犯罪手段残忍，论罪应当判处死刑，但被告人具有坦白悔罪、积极赔偿等从轻处罚情节，同时被害人亲属要求严惩的，人民法院根据案件性质、犯罪情节、危害后果和被告人的主观恶性及人身危险性，可以依法判处被告人死刑，缓期二年执行，同时决定限制减刑，以有效化解社会矛盾，促进社会和谐。

① 最高人民法院发布的每个指导性案例包括“关键词”“裁判要点”“相关法条”“基本案情”“裁判结果”“裁判理由”六个部分，考虑到全文字数较多，故本书仅收录“裁判要点”部分。

杨延虎等贪污案

(指导性案例11号,
2012年9月18日发布)

【裁判要点】

1. 贪污罪中的“利用职务上的便利”,是指利用职务上主管、管理、经手公共财物的权力及方便条件,既包括利用本人职务上主管、管理公共财物的职务便利,也包括利用职务上有隶属关系的其他国家工作人员的职务便利。

2. 土地使用权具有财产性利益,属于刑法第三百八十二条第一款规定中的“公共财物”,可以成为贪污的对象。

李飞故意杀人案

(指导性案例12号,
2012年9月18日发布)

【裁判要点】

对于因民间矛盾引发的故意杀人案件,被告人犯罪手段残忍,且系累犯,论罪应当判处死刑,但被告人亲属主动协助公安机关将其抓捕归案,并积极赔偿的,人民法院根据案件具体情节,从尽量化解社会矛盾角度考虑,可以依法判处被告人死刑,缓期二年执行,同时决定限制减刑。

王召成等非法买卖、储存危险物质案

(指导性案例13号,
2013年1月31日发布)

【裁判要点】

1. 国家严格监督管理的氰化钠等剧毒化学品,易致人中毒或者死亡,对人体、环境具有极大的毒害性和危险性,属于刑法第一百二十五条第二款规定的“毒害性”物质。

2. “非法买卖”毒害性物质,是指违反法律和国家主管部门规定,未经有关主管部门批准许可,擅自购买或者出售毒害性物质的行为,并不需要兼有买进和卖出的行为。

董某某、宋某某抢劫案

(指导性案例14号,
2013年1月31日发布)

【裁判要点】

对判处管制或者宣告缓刑的未成年被告人,可以根据其犯罪的具体情况以及禁止事项与所犯罪行的关联程度,对其适用“禁止令”。对于未成年人因上网诱发犯罪的,可以禁止其在一定期限内进入网吧等特定场所。

臧进泉等盗窃、诈骗案

（指导性案例 27 号，
2014 年 6 月 23 日发布）

【裁判要点】

行为人利用信息网络，诱骗他人点击虚假链接而实际通过预先植入的计算机程序窃取财物构成犯罪的，以盗窃罪定罪处罚；虚构可供交易的商品或者服务，欺骗他人点击付款链接而骗取财物构成犯罪的，以诈骗罪定罪处罚。

胡克金拒不支付劳动报酬案

（指导性案例 28 号，
2014 年 6 月 23 日发布）

【裁判要点】

1. 不具备用工主体资格的单位或者个人（包工头），违法用工且拒不支付劳动者报酬，数额较大，经政府有关部门责令支付仍不支付的，应当以拒不支付劳动报酬罪追究刑事责任。

2. 不具备用工主体资格的单位或者个人（包工头）拒不支付劳动报酬，即使其他单位或者个人在刑事立案前为其垫付了劳动报酬的，也不影响追究该用工单位或者个人（包工头）拒不支付劳动报酬罪的刑事责任。

张某某、金某危险驾驶案

（指导性案例 32 号，
2014 年 12 月 18 日发布）

【裁判要点】

1. 机动车驾驶人员出于竞技、追求刺激、斗气或者其他动机，在道路上曲折穿行、快速追赶行驶的，属于《中华人民共和国刑法》第一百三十三条之一规定的“追逐竞驶”。

2. 追逐竞驶虽未造成人员伤亡或财产损失，但综合考虑超过限速、闯红灯、强行超车、抗拒交通执法等严重违反道路交通安全法的行为，足以威胁他人生命、财产安全的，属于危险驾驶罪中“情节恶劣”的情形。

马乐利用未公开信息交易案

（指导性案例 61 号，
2016 年 6 月 30 日发布）

【裁判要点】

刑法第一百八十条第四款规定的利用未公开信息交易罪援引法定刑的情形，应当是对第一款内幕交易、泄露内幕信息罪全部法定刑的引用，即利用未公开信息交易罪应有“情节严重”“情节特别严重”两种情形和两个量刑档次。

王新明合同诈骗案

(指导性案例62号,
2016年6月30日发布)

【裁判要点】

在数额犯中,犯罪既遂部分与未遂部分分别对应不同法定刑幅度的,应当先决定对未遂部分是否减轻处罚,确定未遂部分对应的法定刑幅度,再与既遂部分对应的法定刑幅度进行比较,选择适用处罚较重的法定刑幅度,并酌情从重处罚;二者在同一量刑幅度的,以犯罪既遂酌情从重处罚。

北京阳光一佰生物技术开发有限公司、习文有等生产、销售有毒、有害食品案

(指导性案例70号,
2016年12月28日发布)

【裁判要点】

行为人在食品生产经营中添加的虽然不是国务院有关部门公布的《食品中可能违法添加的非食用物质名单》和《保健食品中可能非法添加的物质名单》中的物质,但如果该物质与上述名单中所列物质具有同等属性,并且根据检验报告和专家意见等相关材料能够确定该物质对人体具有同等危害的,应当认定为《中华人民共和国刑法》第一百四十四条规定的"有毒、有害的非食品原料"。

毛建文拒不执行判决、裁定案

(指导性案例71号,
2016年12月28日发布)

【裁判要点】

有能力执行而拒不执行判决、裁定的时间从判决、裁定发生法律效力时起算。具有执行内容的判决、裁定发生法律效力后,负有执行义务的人有隐藏、转移、故意毁损财产等拒不执行行为,致使判决、裁定无法执行,情节严重的,应当以拒不执行判决、裁定罪定罪处罚。

郭明升、郭明锋、孙淑标假冒注册商标案

(指导性案例87号,
2017年3月6日发布)

【裁判要点】

假冒注册商标犯罪的非法经营数额、违法所得数额,应当综合被告人供述、证人证言、被害人陈述、网络销售电子数据、被告人银行账户往来记录、送货单、快递公司电脑系统记录、被告人等所作记账等证据认定。被告人辩解称网络销售记录存在刷信誉的不真实交易,但无证据证实的,对其辩解不予采纳。

于欢故意伤害案

（指导性案例93号，
2018年6月20日发布）

【裁判要点】

1. 对正在进行的非法限制他人人身自由的行为，应当认定为刑法第二十条第一款规定的“不法侵害”，可以进行正当防卫。

2. 对非法限制他人人身自由并伴有侮辱、轻微殴打的行为，不应当认定为刑法第二十条第三款规定的“严重危及人身安全的暴力犯罪”。

3. 判断防卫是否过当，应当综合考虑不法侵害的性质、手段、强度、危害程度，以及防卫行为的性质、时机、手段、强度、所处环境和损害后果等情节。对非法限制他人人身自由并伴有侮辱、轻微殴打，且并不十分紧迫的不法侵害，进行防卫致人死亡重伤的，应当认定为刑法第二十条第二款规定的“明显超过必要限度造成重大损害”。

4. 防卫过当案件，如系因被害人实施严重贬损他人人格尊严或者亵渎人伦的不法侵害引发的，量刑时对此应予充分考虑，以确保司法裁判既经得起法律检验，也符合社会公平正义观念。

王力军非法经营再审改判无罪案

（指导性案例97号，
2018年12月19日发布）

【裁判要点】

1. 对于刑法第二百二十五条第四项规定的“其他严重扰乱市场秩序的非法经营行为”的适用，应当根据相关行为是否具有与刑法第二百二十五条前三项规定的非法经营行为相当的社会危害性、刑事违法性和刑事处罚必要性进行判断。

2. 判断违反行政管理有关规定的经营行为是否构成非法经营罪，应当考虑该经营行为是否属于严重扰乱市场秩序。对于虽然违反行政管理有关规定，但尚未严重扰乱市场秩序的经营行为，不应当认定为非法经营罪。

付宣豪、黄子超破坏计算机信息系统案

（指导性案例102号，
2018年12月25日发布）

【裁判要点】

1. 通过修改路由器、浏览器设置、锁定主页或者弹出新窗口等技术手段，强制网络用户访问指定网站的“DNS劫持”行为，属于破坏计算机信息系统，后果严重的，构成破坏计算机信息系统罪。

2. 对于“DNS 劫持”,应当根据造成不能正常运行的计算机信息系统数量、相关计算机信息系统不能正常运行的时间,以及所造成的损失或者影响等,认定其是“后果严重”还是“后果特别严重”。

徐强破坏计算机信息系统案

(指导性案例 103 号,
2018 年 12 月 25 日发布)

【裁判要点】

企业的机械远程监控系统属于计算机信息系统。违反国家规定,对企业的机械远程监控系统功能进行破坏,造成计算机信息系统不能正常运行,后果严重的,构成破坏计算机信息系统罪。

李森、何利民、张锋勃等人破坏计算机信息系统案

(指导性案例 104 号,
2018 年 12 月 25 日发布)

【裁判要点】

环境质量监测系统属于计算机信息系统。用棉纱等物品堵塞环境质量监测采样设备,干扰采样,致使监测数据严重失真的,构成破坏计算机信息系统罪。

洪小强、洪礼沃、洪清泉、李志荣开设赌场案

(指导性案例 105 号,
2018 年 12 月 25 日发布)

【裁判要点】

以营利为目的,通过邀请人员加入微信群的方式招揽赌客,根据竞猜游戏网站的开奖结果等方式进行赌博,设定赌博规则,利用微信群进行控制管理,在一段时间内持续组织网络赌博活动的,属于刑法第三百零三条第二款规定的“开设赌场”。

谢检军、高垒、高尔樵、杨泽彬开设赌场案

(指导性案例 106 号,
2018 年 12 月 25 日发布)

【裁判要点】

以营利为目的,通过邀请人员加入微信群,利用微信群进行控制管理,以抢红包方式进行赌博,在一段时间内持续组织赌博活动的行为,属于刑法第三百零三条第二款规定的“开设赌场”。

张那木拉正当防卫案

（指导性案例114号，
2020年12月29日发布）

【裁判要点】

1. 对于使用致命性凶器攻击他人要害部位，严重危及他人人身安全的行为，应当认定为刑法第二十条第三款规定的“行凶”，可以适用特殊防卫的有关规定。

2. 对于多人共同实施不法侵害，部分不法侵害人已被制伏，但其他不法侵害人仍在继续实施侵害的，仍然可以进行防卫。

张竣杰等非法控制计算机信息系统案

（指导性案例145号，
2020年12月29日发布）

【裁判要点】

1. 通过植入木马程序的方式，非法获取网站服务器的控制权限，进而通过修改、增加计算机信息系统数据，向相关计算机信息系统上传网页链接代码的，应当认定为刑法第二百八十五条第二款“采用其他技术手段”非法控制计算机信息系统的行为。

2. 通过修改、增加计算机信息系统数据，对该计算机信息系统实施非法控制，但未造成系统功能实质性破坏或者不能正常运行的，不应当认定为破坏计算机信息系统罪，符合刑法第二百八十五条第二款规定的，应当认定为非法控制计算机信息系统罪。

陈庆豪、陈淑娟、赵延海开设赌场案

（指导性案例146号，
2020年12月29日发布）

【裁判要点】

以“二元期权”交易的名义，在法定期货交易场所之外利用互联网招揽“投资者”，以未来某段时间外汇品种的价格走势为交易对象，按照“买涨”“买跌”确定盈亏，买对涨跌方向的“投资者”得利，买错的本金归网站（庄家）所有，盈亏结果不与价格实际涨跌幅度挂钩的，本质是“押大小、赌输赢”，是披着期权交易外衣的赌博行为。对相关网站应当认定为赌博网站。

张永明、毛伟明、张鹭故意损毁名胜古迹案

（指导性案例147号，
2020年12月29日发布）

【裁判要点】

1. 风景名胜区的核心景区属于刑法

第三百二十四条第二款规定的“国家保护的名胜古迹”。对核心景区内的世界自然遗产实施打岩钉等破坏活动,严重破坏自然遗产的自然性、原始性、完整性和稳定性的,综合考虑有关地质遗迹的特点、损坏程度等,可以认定为故意损毁国家保护的名胜古迹“情节严重”。

2. 对刑事案件中的专门性问题需要鉴定,但没有鉴定机构的,可以指派、聘请有专门知识的人就案件的专门性问题出具报告,相关报告在刑事诉讼中可以作为证据使用。

龚品文等组织、领导、参加黑社会性质组织案

(指导性案例 186 号,
2022 年 11 月 29 日发布)

【裁判要点】

犯罪组织以其势力、影响和暴力手段的现实可能性为依托,有组织地长期采用多种“软暴力”手段实施大量违法犯罪行为,同时辅之以“硬暴力”,“软暴力”有向“硬暴力”转化的现实可能性,足以使群众产生恐惧、恐慌进而形成心理强制,并已造成严重危害后果,严重破坏经济、社会生活秩序的,应认定该犯罪组织具有黑社会性质组织的行为特征。

吴强等敲诈勒索、抢劫、故意伤害案

(指导性案例 187 号,
2022 年 11 月 29 日发布)

【裁判要点】

恶势力犯罪集团是符合犯罪集团法定条件的恶势力犯罪组织。恶势力犯罪集团应当具备“为非作恶、欺压百姓”特征,其行为“造成较为恶劣的社会影响”,因而实施违法犯罪活动必然具有一定的公然性,且手段应具有较严重的强迫性、压制性。普通犯罪集团实施犯罪活动如仅为牟取不法经济利益,缺乏造成较为恶劣社会影响的意图,在行为方式的公然性、犯罪手段的强迫压制程度等方面与恶势力犯罪集团存在区别,可按犯罪集团处理,但不应认定为恶势力犯罪集团。

史广振等组织、领导、参加黑社会性质组织案

(指导性案例 188 号,
2022 年 11 月 29 日发布)

【裁判要点】

在涉黑社会性质组织犯罪案件审理中,应当对查封、扣押、冻结财物及其孳息的权属进行调查,案外人对查封、扣押、冻结财物及其孳息提出权属异议的,人民法

院应当听取其意见，确有必要的，人民法院可以通知其出庭，以查明相关财物权属。

李开祥侵犯公民个人信息刑事附带民事公益诉讼案

（指导性案例192号，2022年12月26日发布）

【裁判要点】

使用人脸识别技术处理的人脸信息以及基于人脸识别技术生成的人脸信息均具有高度的可识别性，能够单独或者与其他信息结合识别特定自然人身份或者反映特定自然人活动情况，属于刑法规定的公民个人信息。行为人未经公民本人同意，未具备获得法律、相关部门授权等个人信息保护法规定的处理个人信息的合法事由，利用软件程序等方式窃取或者以其他方法非法获取上述信息，情节严重的，应依照《最高人民法院、最高人民检察院关于办理侵犯公民个人信息刑事案件适用法律若干问题的解释》第五条第一款第四项等规定定罪处罚。

闻巍等侵犯公民个人信息案

（指导性案例193号，2022年12月26日发布）

【裁判要点】

居民身份证信息包含自然人姓名、人脸识别信息、身份号码、户籍地址等多种个人信息，属于《最高人民法院、最高人民检察院关于办理侵犯公民个人信息刑事案件适用法律若干问题的解释》第五条第一款第四项规定的“其他可能影响人身、财产安全的公民个人信息”。非法获取、出售或者提供居民身份证信息，情节严重的，依照刑法第二百五十三条之一第一款规定，构成侵犯公民个人信息罪。

熊昌恒等侵犯公民个人信息案

（指导性案例194号，2022年12月26日发布）

【裁判要点】

1. 违反国家有关规定，购买已注册但未使用的微信账号等社交媒体账号，通过具有智能群发、添加好友、建立讨论群组等功能的营销软件，非法制作带有公民个人信息可用于社交活动的微信账号等社交媒体账号出售、提供给他人，情节严重的，属于刑法第二百五十三条之一第一款规定的“违反国家有关规定，向他人出售或者提供公民个人信息”行为，构成侵犯公民个人信息罪。

2. 未经公民本人同意，或未具备具有法律授权等个人信息保护法规定的理由，通过购买、收受、交换等方式获取在一定范围内已公开的公民个人信息进行非法利用，改变了公民公开个人信息的范围、目的和用途，不属于法律规定的合理处理，属于刑法第二百五十三条之一第三款规定的“以其他方法非法获取公民个人信息”行为，情节严重的，构成侵犯公民个人信息罪。

罗文君、瞿小珍侵犯公民个人信息刑事附带民事公益诉讼案

(指导性案例195号,2022年12月26日发布)

【裁判要点】

服务提供者专门发给特定手机号码的数字、字母等单独或者其组合构成的验证码具有独特性、隐秘性,能够单独或者与其他信息结合识别特定自然人身份或者反映特定自然人活动情况的,属于刑法规定的公民个人信息。行为人将提供服务过程中获得的验证码及对应手机号码出售给他人,情节严重的,依照侵犯公民个人信息罪定罪处罚。

武汉卓航江海贸易有限公司、向阳等12人污染环境刑事附带民事公益诉讼案

(指导性案例202号,2022年12月30日发布)

【裁判要点】

1. 船舶偷排含油污水案件中,人民法院可以根据船舶航行轨迹、污染防治设施运行状况、污染物处置去向,结合被告人供述、证人证言、专家意见等证据对违法排放污染物的行为及其造成的损害作出认定。

2. 认定船舶偷排的含油污水是否属于有毒物质时,由于客观原因无法取样的,可以依据来源相同、性质稳定的舱底残留污水进行污染物性质鉴定。

左勇、徐鹤污染环境刑事附带民事公益诉讼案

(指导性案例203号,2022年12月30日发布)

【裁判要点】

对于必要、合理、适度的环境污染处置费用,人民法院应当认定为属于污染环境刑事附带民事公益诉讼案件中的公私财产损失及生态环境损害赔偿范围。对于明显超出必要合理范围的处置费用,不应当作为追究被告人刑事责任,以及附带民事公益诉讼被告承担生态环境损害赔偿责任的依据。

刘某桂非法采矿刑事附带民事公益诉讼案

(指导性案例212号,2023年10月20日发布)

【裁判要点】

1. 跨行政区划的非法采砂刑事案件,可以由非法开采行为实施地、矿产品运输始发地、途经地、目的地等与犯罪行为相关的人民法院管辖。

2. 对于采售一体的非法采砂共同犯罪,应当按照有利于查明犯罪事实、便于生态环境修复的原则,确定管辖法院。该共同犯罪中一人犯罪或一环节犯罪属于管辖法院审理的,则该采售一体非法采砂

刑事案件均可由该法院审理。

3. 非法采砂造成流域生态环境损害，检察机关在刑事案件中提起附带民事公益诉讼，请求被告人承担生态环境修复责任、赔偿损失和有关费用的，人民法院依法予以支持。

黄某辉、陈某等8人非法捕捞水产品刑事附带民事公益诉讼案

（指导性案例213号，
2023年10月20日发布）

【裁判要点】

1. 破坏环境资源刑事案件中，附带民事公益诉讼被告具有认罪认罚、主动修复受损生态环境等情节的，可以依法从轻处罚。

2. 人民法院判决生态环境侵权人采取增殖放流方式恢复水生生物资源、修复水域生态环境的，应当遵循自然规律，遵守水生生物增殖放流管理规定，根据专业修复意见合理确定放流水域、物种、规格、种群结构、时间、方式等，并可以由渔业行政主管部门协助监督执行。

昆明闽某纸业有限责任公司等污染环境刑事附带民事公益诉讼案

（指导性案例215号，
2023年10月20日发布）

【裁判要点】

公司股东滥用公司法人独立地位、股东有限责任，导致公司不能履行其应当承担的生态环境损害修复、赔偿义务，国家规定的机关或者法律规定的组织请求股东对此依照《中华人民共和国公司法》第二十条的规定承担连带责任的，人民法院依法应当予以支持。

（二）最高人民检察院指导性案例[①]

施某某等17人聚众斗殴案

（检例第1号，2010年12月31日印发）

【要旨】

检察机关办理群体性事件引发的犯罪案件，要从促进社会矛盾化解的角度，深入了解案件背后的各种复杂因素，依法慎重处理，积极参与调处矛盾纠纷，以促进社会和谐，实现法律效果与社会效果的有机统一。

忻云龙绑架案

（检例第2号，2010年12月31日印发）

【要旨】

对于死刑案件的抗诉，要正确把握适

---

① 最高检发布的每个指导性案例主要包括“关键词”“要旨”“相关立法”“基本案情”“诉讼过程”“指导意义”几个部分，考虑到全文字数较多，故本书仅收录每个案例中的“要旨”部分和少数案例中的“指导意义”部分。

用死刑的条件,严格证明标准,依法履行刑事审判法律监督职责。

崔建国环境监管失职案

(检例第4号,2012年11月15日印发)

【要旨】

实践中,一些国有公司、企业和事业单位经合法授权从事具体的管理市场经济和社会生活的工作,拥有一定管理公共事务和社会事务的职权,这些实际行使国家行政管理职权的公司、企业和事业单位工作人员,符合渎职罪主体要求;对其实施渎职行为构成犯罪的,应当依照刑法关于渎职罪的规定追究刑事责任。

陈根明、林福娟、李德权滥用职权案

(检例第5号,2012年11月15日印发)

【要旨】

随着我国城镇建设和社会主义新农村建设逐步深入推进,村民委员会、居民委员会等基层组织协助人民政府管理社会发挥越来越重要的作用。实践中,对村民委员会、居民委员会等基层组织人员协助人民政府从事行政管理工作时,滥用职权、玩忽职守构成犯罪的,应当依照刑法关于渎职罪的规定追究刑事责任。

罗建华、罗镜添、朱炳灿、罗锦游滥用职权案

(检例第6号,2012年11月15日印发)

【要旨】

根据刑法规定,滥用职权罪是指国家机关工作人员滥用职权,致使"公共财产、国家和人民利益遭受重大损失"的行为。实践中,对滥用职权"造成恶劣社会影响的",应当依法认定为"致使公共财产、国家和人民利益遭受重大损失"。

胡宝刚、郑伶徇私舞弊不移交刑事案件案

(检例第7号,2012年11月15日印发)

【要旨】

诉讼监督,是人民检察院依法履行法律监督的重要内容。实践中,检察机关和办案人员应当坚持办案与监督并重,建立健全行政执法与刑事司法有效衔接的工作机制,善于在办案中发现各种职务犯罪线索;对于行政执法人员徇私舞弊,不移送有关刑事案件构成犯罪的,应当依法追究刑事责任。

杨周武玩忽职守、徇私枉法、受贿案

（检例第8号，2012年11月15日印发）

【要旨】

本案要旨有两点：一是渎职犯罪因果关系的认定。如果负有监管职责的国家机关工作人员没有认真履行其监管职责，从而未能有效防止危害结果发生，那么，这些对危害结果具有"原因力"的渎职行为，应认定与危害结果之间具有刑法意义上的因果关系。二是渎职犯罪同时受贿的处罚原则。对于国家机关工作人员实施渎职犯罪并收受贿赂，同时构成受贿罪的，除刑法第三百九十九条有特别规定的外，以渎职犯罪和受贿罪数罪并罚。

李泽强编造、故意传播虚假恐怖信息案

（检例第9号，2013年5月27日印发）

【要旨】

编造、故意传播虚假恐怖信息罪是选择性罪名。编造恐怖信息以后向特定对象散布，严重扰乱社会秩序的，构成编造虚假恐怖信息罪。编造恐怖信息以后向不特定对象散布，严重扰乱社会秩序的，构成编造、故意传播虚假恐怖信息罪。

对于实施数个编造、故意传播虚假恐怖信息行为的，不实行数罪并罚，但应当将其作为量刑情节予以考虑。

卫学臣编造虚假恐怖信息案

（检例第10号，2013年5月27日印发）

【要旨】

关于编造虚假恐怖信息造成"严重扰乱社会秩序"的认定，应当结合行为对正常的工作、生产、生活、经营、教学、科研等秩序的影响程度、对公众造成的恐慌程度以及处置情况等因素进行综合分析判断。对于编造、故意传播虚假恐怖信息威胁民航安全，引起公众恐慌，或者致使航班无法正常起降的，应当认定为"严重扰乱社会秩序"。

袁才彦编造虚假恐怖信息案

（检例第11号，2013年5月27日印发）

【要旨】

对于编造虚假恐怖信息造成有关部门实施人员疏散，引起公众极度恐慌的，或者致使相关单位无法正常营业，造成重大经济损失的，应当认定为"造成严重后果"。

以编造虚假恐怖信息的方式，实施敲诈勒索等其他犯罪的，应当根据案件事实和证据情况，择一重罪处断。

柳立国等人生产、销售有毒、有害食品,生产、销售伪劣产品案

(检例第12号,2014年2月20日印发)

【要旨】

明知对方是食用油经销者,仍将用餐厨废弃油(俗称"地沟油")加工而成的劣质油脂销售给对方,导致劣质油脂流入食用油市场供人食用的,构成生产、销售有毒、有害食品罪;明知油脂经销者向饲料生产企业和药品生产企业等单位销售豆油等食用油,仍将用餐厨废弃油加工而成的劣质油脂销售给对方,导致劣质油脂流向饲料生产企业和药品生产企业等单位的,构成生产、销售伪劣产品罪。

徐孝伦等人生产、销售有害食品案

(检例第13号,2014年2月20日印发)

【要旨】

在食品加工过程中,使用有毒、有害的非食品原料加工食品并出售的,应当认定为生产、销售有毒、有害食品罪;明知是他人使用有毒、有害的非食品原料加工出的食品仍然购买并出售的,应当认定为销售有毒、有害食品罪。

孙建亮等人生产、销售有毒、有害食品案

(检例第14号,2014年2月20日印发)

【要旨】

明知盐酸克伦特罗(俗称"瘦肉精")是国家禁止在饲料和动物饮用水中使用的药品,而用以养殖供人食用的动物并出售的,应当认定为生产、销售有毒、有害食品罪。明知盐酸克伦特罗是国家禁止在饲料和动物饮用水中使用的药品,而买卖和代买盐酸克伦特罗片,供他人用以养殖供人食用的动物的,应当认定为生产、销售有毒、有害食品罪的共犯。

胡林贵等人生产、销售有毒、有害食品,行贿;骆梅等人销售伪劣产品;朱伟全等人生产、销售伪劣产品;黎达文等人受贿,食品监管渎职案

(检例第15号,2014年2月20日印发)

【要旨】

实施生产、销售有毒、有害食品犯罪,为逃避查处向负有食品安全监管职责的国家工作人员行贿的,应当以生产、销售有毒、有害食品罪和行贿罪实行数罪并罚。

负有食品安全监督管理职责的国家机关工作人员,滥用职权,向生产、销售有毒、有害食品的犯罪分子通风报信,帮助

逃避处罚的,应当认定为食品监管渎职罪;在渎职过程中受贿的,应当以食品监管渎职罪和受贿罪实行数罪并罚。

赛跃、韩成武受贿、食品监管渎职案

(检例第16号,2014年2月20日印发)

【要旨】

负有食品安全监督管理职责的国家机关工作人员,滥用职权或玩忽职守,导致发生重大食品安全事故或者造成其他严重后果的,应当认定为食品监管渎职罪。在渎职过程中受贿的,应当以食品监管渎职罪和受贿罪实行数罪并罚。

陈邓昌抢劫、盗窃,付志强盗窃案

(检例第17号,2014年9月10日印发)

【要旨】

1. 对于入户盗窃,因被发现而当场使用暴力或者以暴力相威胁的行为,应当认定为"入户抢劫"。

2. 在人民法院宣告判决前,人民检察院发现被告人有遗漏的罪行可以一并起诉和审理的,可以补充起诉。

3. 人民检察院认为同级人民法院第一审判决重罪轻判,适用刑罚明显不当的,应当提出抗诉。

郭明先参加黑社会性质组织、故意杀人、故意伤害案

(检例第18号,2014年9月10日印发)

【要旨】

死刑依法只适用于罪行极其严重的犯罪分子。对故意杀人、故意伤害、绑架、爆炸等涉黑、涉恐、涉暴刑事案件中罪行极其严重,严重危害国家安全和公共安全、严重危害公民生命权,或者严重危害社会秩序的被告人,依法应当判处死刑,人民法院未判处死刑的,人民检察院应当依法提出抗诉。

张某、沈某某等七人抢劫案

(检例第19号,2014年9月10日印发)

【要旨】

1. 办理未成年人与成年人共同犯罪案件,一般应当将未成年人与成年人分案起诉,但对于未成年人系犯罪集团的组织者或者其他共同犯罪中的主犯,或者具有其他不宜分案起诉情形的,可以不分案起诉。

2. 办理未成年人与成年人共同犯罪案件,应当根据未成年人在共同犯罪中的地位、作用,综合考量未成年人实施犯罪行为的动机和目的、犯罪时的年龄、是否属于初犯、偶犯、犯罪后的悔罪表现、个人成长经历和一贯表现等因素,依法从轻或

者减轻处罚。

3. 未成年人犯罪不构成累犯。

马世龙(抢劫)核准追诉案

(检例第20号,2015年7月3日印发)

【要旨】

故意杀人、抢劫、强奸、绑架、爆炸等严重危害社会治安的犯罪,经过二十年追诉期限,仍然严重影响人民群众安全感,被害方、案发地群众、基层组织等强烈要求追究犯罪嫌疑人刑事责任,不追诉可能影响社会稳定或者产生其他严重后果的,对犯罪嫌疑人应当追诉。

丁国山等(故意伤害)核准追诉案

(检例第21号,2015年7月3日印发)

【要旨】

涉嫌犯罪情节恶劣、后果严重,并且犯罪后积极逃避侦查,经过二十年追诉期限,犯罪嫌疑人没有明显悔罪表现,也未通过赔礼道歉、赔偿损失等获得被害方谅解,犯罪造成的社会影响没有消失,不追诉可能影响社会稳定或者产生其他严重后果的,对犯罪嫌疑人应当追诉。

杨菊云(故意杀人)不核准追诉案

(检例第22号,2015年7月3日印发)

【要旨】

1. 因婚姻家庭等民间矛盾激化引发的犯罪,经过二十年追诉期限,犯罪嫌疑人没有再犯罪危险性,被害人及其家属对犯罪嫌疑人表示谅解,不追诉有利于化解社会矛盾、恢复正常社会秩序,同时不会影响社会稳定或者产生其他严重后果的,对犯罪嫌疑人可以不再追诉。

2. 须报请最高人民检察院核准追诉的案件,侦查机关在核准之前可以依法对犯罪嫌疑人采取强制措施。侦查机关报请核准追诉并提请逮捕犯罪嫌疑人,人民检察院经审查认为必须追诉而且符合法定逮捕条件的,可以依法批准逮捕。

蔡金星、陈国辉等(抢劫)不核准追诉案

(检例第23号,2015年7月3日印发)

【要旨】

1. 涉嫌犯罪已过二十年追诉期限,犯罪嫌疑人没有再犯罪危险性,并且通过赔礼道歉、赔偿损失等方式积极消除犯罪影响,被害方对犯罪嫌疑人表示谅解,犯罪破坏的社会秩序明显恢复,不追诉不会影响社会稳定或者产生其他严重后果的,对

犯罪嫌疑人可以不再追诉。

2. 1997 年 9 月 30 日以前实施的共同犯罪,已被司法机关采取强制措施的犯罪嫌疑人逃避侦查或者审判的,不受追诉期限限制。司法机关在追诉期限内未发现或者未采取强制措施的犯罪嫌疑人,应当受追诉期限限制;涉嫌犯罪应当适用的法定量刑幅度的最高刑为无期徒刑、死刑,犯罪行为发生二十年以后认为必须追诉的,须报请最高人民检察院核准。

马乐利用未公开信息交易案

(检例第 24 号,2016 年 5 月 31 日印发)

【要旨】

刑法第一百八十条第四款利用未公开信息交易罪为援引法定刑的情形,应当是对第一款法定刑的全部援引。其中,"情节严重"是入罪标准,在处罚上应当依照本条第一款内幕交易、泄露内幕信息罪的全部法定刑处罚,即区分不同情形分别依照第一款规定的"情节严重"和"情节特别严重"两个量刑档次处罚。

李丙龙破坏计算机信息系统案

(检例第 33 号,2017 年 10 月 12 日印发)

【要旨】

以修改域名解析服务器指向的方式劫持域名,造成计算机信息系统不能正常运行,是破坏计算机信息系统的行为。

【指导意义】

修改域名解析服务器指向,强制用户偏离目标网站或网页进入指定网站或网页,是典型的域名劫持行为。行为人使用恶意代码修改目标网站域名解析服务器,目标网站域名被恶意解析到其他 IP 地址,无法正常发挥网站服务功能,这种行为实质是对计算机信息系统功能的修改、干扰,符合刑法第二百八十六条第一款"对计算机信息系统功能进行删除、修改、增加、干扰"的规定。根据《最高人民法院、最高人民检察院关于办理危害计算机信息系统安全刑事案件应用法律若干问题的解释》第四条的规定,造成为一万以上用户提供服务的计算机信息系统不能正常运行累计一小时以上的,属于"后果严重",应以破坏计算机信息系统罪论处;造成为五万以上用户提供服务的计算机信息系统不能正常运行累计一小时以上的,属于"后果特别严重"。

认定遭受破坏的计算机信息系统服务用户数,可以根据计算机信息系统的功能和使用特点,结合网站注册用户、浏览用户等具体情况,作出客观判断。

曾兴亮、王玉生破坏计算机信息系统案

(检例第 35 号,2017 年 10 月 12 日印发)

【要旨】

智能手机终端,应当认定为刑法保护的计算机信息系统。锁定智能手机导致不能使用的行为,可认定为破坏计算机信

息系统。

【指导意义】

计算机信息系统包括计算机、网络设备、通信设备、自动化控制设备等。智能手机和计算机一样,使用独立的操作系统、独立的运行空间,可以由用户自行安装软件等程序,并可以通过移动通讯网络实现无线网络接入,应当认定为刑法上的“计算机信息系统”。

行为人通过修改被害人手机的登录密码,远程锁定被害人的智能手机设备,使之成为无法开机的“僵尸机”,属于对计算机信息系统功能进行修改、干扰的行为。造成10台以上智能手机系统不能正常运行,符合刑法第二百八十六条破坏计算机信息系统罪构成要件中“对计算机信息系统功能进行修改、干扰”“后果严重”的情形,构成破坏计算机信息系统罪。

行为人采用非法手段锁定手机后以解锁为条件,索要钱财,在数额较大或多次敲诈的情况下,其目的行为又构成敲诈勒索罪。在这类犯罪案件中,手段行为构成的破坏计算机信息系统罪与目的行为构成的敲诈勒索罪之间成立牵连犯。牵连犯应当从一重罪处断。破坏计算机信息系统罪后果严重的情况下,法定刑为五年以下有期徒刑或者拘役;敲诈勒索罪在数额较大的情况下,法定刑为三年以下有期徒刑、拘役或管制,并处或者单处罚金。本案应以重罪即破坏计算机信息系统罪论处。

卫梦龙、龚旭、薛东东非法获取计算机信息系统数据案

(检例第36号,2017年10月12日印发)

【要旨】

超出授权范围使用账号、密码登录计算机信息系统,属于侵入计算机信息系统的行为;侵入计算机信息系统后下载其储存的数据,可以认定为非法获取计算机信息系统数据。

【指导意义】

非法获取计算机信息系统数据罪中的“侵入”,是指违背被害人意愿、非法进入计算机信息系统的行为。其表现形式既包括采用技术手段破坏系统防护进入计算机信息系统,也包括未取得被害人授权擅自进入计算机信息系统,还包括超出被害人授权范围进入计算机信息系统。

本案中,被告人龚旭将自己因工作需要掌握的本公司账号、密码、Token令牌等交由卫梦龙登录该公司管理开发系统获取数据,虽不属于通过技术手段侵入计算机信息系统,但内外勾结擅自登录公司内部管理开发系统下载数据,明显超出正常授权范围。超出授权范围使用账号、密码、Token令牌登录系统,也属于侵入计算机信息系统的行为。行为人违反《计算机信息系统安全保护条例》第七条、《计算机信息网络国际联网安全保护管理办法》第六条第一项等国家规定,实施了非法侵入并下载获取计算机信息系统中存储的数据的行为,构成非法获取计算机信息系统数据罪。按照2011年《最高人民法院、最高人民

检察院关于办理危害计算机信息系统安全刑事案件应用法律若干问题的解释》规定，构成犯罪，违法所得二万五千元以上，应当认定为“情节特别严重”，处三年以上七年以下有期徒刑，并处罚金。

张四毛盗窃案

（检例第37号，2017年10月12日印发）

【要旨】

网络域名具备法律意义上的财产属性，盗窃网络域名可以认定为盗窃行为。

董亮等四人诈骗案

（检例第38号，2017年10月12日印发）

【要旨】

以非法占有为目的，采用自我交易方式，虚构提供服务事实，骗取互联网公司垫付费用及订单补贴，数额较大的行为，应认定为诈骗罪。

【指导意义】

当前，网络约车、网络订餐等互联网经济新形态发展迅速。一些互联网公司为抢占市场，以提供订单补贴的形式吸引客户参与。某些不法分子采取违法手段，骗取互联网公司给予的补贴，数额较大的，可以构成诈骗罪。

在网络约车中，行为人以非法占有为目的，通过网约车平台与网约车公司进行交流，发出虚构的用车需求，使网约车公司误认为是符合公司补贴规则的订单，基于错误认识，给予行为人垫付车费及订单补贴的行为，符合诈骗罪的本质特征，是一种新型诈骗罪的表现形式。

朱炜明操纵证券市场案

（检例第39号，2018年7月3日印发）

【要旨】

证券公司、证券咨询机构、专业中介机构及其工作人员违背从业禁止规定，买卖或者持有证券，并在对相关证券作出公开评价、预测或者投资建议后，通过预期的市场波动反向操作，谋取利益，情节严重的，以操纵证券市场罪追究其刑事责任。

周辉集资诈骗案

（检例第40号，2018年7月3日印发）

【要旨】

网络借贷信息中介机构或其控制人，利用网络借贷平台发布虚假信息，非法建立资金池募集资金，所得资金大部分未用于生产经营活动，主要用于借新还旧和个人挥霍，无法归还所募资金数额巨大，应认定为具有非法占有目的，以集资诈骗罪追究刑事责任。

叶经生等组织、领导传销活动案

(检例第41号,2018年7月3日印发)

【要旨】

组织者或者经营者利用网络发展会员,要求被发展人员以缴纳或者变相缴纳"入门费"为条件,获得提成和发展下线的资格。通过发展人员组成层级关系,并以直接或者间接发展的人员数量作为计酬或者返利的依据,引诱被发展人员继续发展他人参加,骗取财物,扰乱经济社会秩序的,以组织、领导传销活动罪追究刑事责任。

齐某强奸、猥亵儿童案

(检例第42号,2018年11月9日印发)

【要旨】

1. 性侵未成年人犯罪案件中,被害人陈述稳定自然,对于细节的描述符合正常记忆认知、表达能力,被告人辩解没有证据支持,结合生活经验对全案证据进行审查,能够形成完整证明体系的,可以认定案件事实。

2. 奸淫幼女具有《最高人民法院、最高人民检察院、公安部、司法部关于依法惩治性侵害未成年人犯罪的意见》(已废止)规定的从严处罚情节,社会危害性与刑法第二百三十六条第三款第二至四项规定的情形相当的,可以认定为该款第一项规定的"情节恶劣"。

3. 行为人在教室、集体宿舍等场所实施猥亵行为,只要当时有多人在场,即使在场人员未实际看到,也应当认定犯罪行为是在"公共场所当众"实施。

【指导意义】

(一)准确把握性侵未成年人犯罪案件证据审查判断标准

对性侵未成年人犯罪案件证据的审查,要根据未成年人的身心特点,按照有别于成年人的标准予以判断。审查言词证据,要结合全案情况予以分析。根据经验和常识,未成年人的陈述合乎情理、逻辑,对细节的描述符合其认知和表达能力,且有其他证据予以印证,被告人的辩解没有证据支持,结合双方关系不存在诬告可能的,应当采纳未成年人的陈述。

(二)准确适用奸淫幼女"情节恶劣"的规定

刑法第二百三十六条第三款第一项规定,奸淫幼女"情节恶劣"的,处十年以上有期徒刑、无期徒刑或者死刑。《最高人民法院、最高人民检察院、公安部、司法部关于依法惩治性侵害未成年人犯罪的意见》(已废止)第25条规定了针对未成年人实施强奸、猥亵犯罪"更要依法从严惩处"的七种情形。实践中,奸淫幼女具有从严惩处情形,社会危害性与刑法第二百三十六条第三款第二至四项相当的,可以认为属于该款第一项规定的"情节恶劣"。例如,该款第二项规定的"奸淫幼女多人",一般是指奸淫幼女三人以上。本案中,被告人具备教师的特殊身份,奸淫二名幼女,且分别奸淫多次,其危害性并不低于奸淫幼女三人的行为,据此可以认定符合"情节恶劣"的规定。

（三）准确适用"公共场所当众"实施强奸、猥亵未成年人犯罪的规定

刑法对"公共场所当众"实施强奸、猥亵未成年人犯罪，作出了从重处罚的规定。《最高人民法院、最高人民检察院、公安部、司法部关于依法惩治性侵害未成年人犯罪的意见》（已废止）第23条规定了在"校园、游泳馆、儿童游乐场等公共场所"对未成年人实施强奸、猥亵犯罪，可以认定为在"公共场所当众"实施犯罪。适用这一规定，是否属于"当众"实施犯罪至为关键。对在规定列举之外的场所实施强奸、猥亵未成年人犯罪的，只要场所具有相对公开性，且有其他多人在场，有被他人感知可能的，就可以认定为在"公共场所当众"犯罪。最高人民法院对本案的判决表明：学校中的教室、集体宿舍、公共厕所、集体洗澡间等，是不特定未成年人活动的场所，在这些场所实施强奸、猥亵未成年人犯罪的，应当认定为在"公共场所当众"实施犯罪。

骆某猥亵儿童案

（检例第43号，2018年11月9日印发）

【要旨】

行为人以满足性刺激为目的，以诱骗、强迫或者其他方法要求儿童拍摄裸体、敏感部位照片、视频等供其观看，严重侵害儿童人格尊严和心理健康的，构成猥亵儿童罪。

【指导意义】

网络环境下，以满足性刺激为目的，虽未直接与被害儿童进行身体接触，但是通过QQ、微信等网络软件，以诱骗、强迫或者其他方法要求儿童拍摄、传送暴露身体的不雅照片、视频，行为人通过画面看到被害儿童裸体、敏感部位的，是对儿童人格尊严和心理健康的严重侵害，与实际接触儿童身体的猥亵行为具有相同的社会危害性，应当认定构成猥亵儿童罪。

于某虐待案

（检例第44号，2018年11月9日印发）

【要旨】

1. 被虐待的未成年人，因年幼无法行使告诉权利的，属于刑法第二百六十条第三款规定的"被害人没有能力告诉"的情形，应当按照公诉案件处理，由检察机关提起公诉，并可以依法提出适用禁止令的建议。

2. 抚养人对未成年人未尽抚养义务，实施虐待或者其他严重侵害未成年人合法权益的行为，不适宜继续担任抚养人的，检察机关可以支持未成年人或者其他监护人向人民法院提起变更抚养权诉讼。

【指导意义】

《中华人民共和国刑法》第二百六十条规定，虐待家庭成员，情节恶劣的，告诉的才处理，但被害人没有能力告诉，或者因受到强制、威吓无法告诉的除外。虐待未成年人犯罪案件中，未成年人往往没有能力告诉，应按照公诉案件处理，由检察机关提起公诉，维护未成年被害人的合法权利。

《最高人民法院、最高人民检察院、公安部、司法部关于对判处管制、宣告缓刑的犯罪分子适用禁止令有关问题的规

定(试行)》第七条规定,人民检察院在提起公诉时,对可能宣告缓刑的被告人,可以建议禁止其从事特定活动,进入特定区域、场所,接触特定的人。对未成年人遭受家庭成员虐待的案件,结合犯罪情节,检察机关可以在提出量刑建议的同时,有针对性地向人民法院提出适用禁止令的建议,禁止被告人再次对被害人实施家庭暴力,依法保障未成年人合法权益,督促被告人在缓刑考验期内认真改造。

陈某正当防卫案

(检例第45号,2018年12月18日印发)

【要旨】

在被人殴打、人身权利受到不法侵害的情况下,防卫行为虽然造成了重大损害的客观后果,但是防卫措施并未明显超过必要限度的,不属于防卫过当,依法不负刑事责任。

朱凤山故意伤害(防卫过当)案

(检例第46号,2018年12月18日印发)

【要旨】

在民间矛盾激化过程中,对正在进行的非法侵入住宅、轻微人身侵害行为,可以进行正当防卫,但防卫行为的强度不具有必要性并致不法害人重伤、死亡的,属于明显超过必要限度造成重大损害,应当负刑事责任,但是应当减轻或者免除处罚。

【指导意义】

刑法第二十条第二款规定,“正当防卫明显超过必要限度造成重大损害的,应当负刑事责任,但是应当减轻或者免除处罚”。司法实践通常称本款规定的情况为“防卫过当”。

防卫过当中,重大损害是指造成不法侵害人死亡、重伤的后果,造成轻伤及以下损伤的不属于重大损害;明显超过必要限度是指,根据所保护的权利性质、不法侵害的强度和紧迫程度等综合衡量,防卫措施缺乏必要性,防卫强度与侵害程度对比也相差悬殊。司法实践中,重大损害的认定比较好把握,但明显超过必要限度的认定相对复杂,对此应当根据不法侵害的性质、手段、强度和危害程度,以及防卫行为的性质、手段、强度、时机和所处环境等因素,进行综合判断。本案中,朱凤山为保护住宅安宁和免受可能的一定人身侵害,而致侵害人丧失生命,就防卫与侵害的性质、手段、强度和结果等因素的对比来看,既不必要也相差悬殊,属于明显超过必要限度造成重大损害。

民间矛盾引发的案件极其复杂,涉及防卫性质争议的,应当坚持依法、审慎的原则,准确作出判断和认定,从而引导公民理性平和解决争端,避免在争议纠纷中不必要地使用武力。针对实践当中的常见情形,可注意把握以下几点:

一是应作整体判断,即分清前因后果和是非曲直,根据查明的事实,当事人的行为具有防卫性质的,应当依法作出认定,不能惟结果论,也不能因矛盾暂时没有化解等因素而不去认定或不敢认定;

二是对于近亲属之间发生的不法侵害,对防卫强度必须结合具体案情作出更为严格的限制；

三是对于被害人有无过错与是否正在进行的不法侵害，应当通过细节的审查、补查，作出准确的区分和认定。

人民检察院办理刑事案件，必须高度重视犯罪嫌疑人、被告人及其辩护人所提正当防卫或防卫过当的意见，对于所提意见成立的，应当及时予以采纳或支持，依法保障当事人的合法权利。

于海明正当防卫案

（检例第47号，2018年12月18日印发）

【要旨】

对于犯罪故意的具体内容虽不确定，但足以严重危及人身安全的暴力侵害行为，应当认定为刑法第二十条第三款规定的“行凶”。行凶已经造成严重危及人身安全的紧迫危险，即使没有发生严重的实害后果，也不影响正当防卫的成立。

【指导意义】

刑法第二十条第三款规定，“对正在进行行凶、杀人、抢劫、强奸、绑架以及其他严重危及人身安全的暴力犯罪，采取防卫行为，造成不法侵害人伤亡的，不属于防卫过当，不负刑事责任”。司法实践通常称这种正当防卫为“特殊防卫”。

刑法作出特殊防卫的规定，目的在于进一步体现“法不能向不法让步”的秩序理念，同时肯定防卫人以对等或超过的强度予以反击，即使造成不法侵害人伤亡，也不必顾虑可能成立防卫过当因而构成犯罪的问题。司法实践中，如果面对不法侵害人“行凶”性质的侵害行为，仍对防卫人限制过苛，不仅有违立法本意，也难以取得制止犯罪，保护公民人身权利不受侵害的效果。

适用本款规定，“行凶”是认定的难点，对此应当把握以下两点：

一是必须是暴力犯罪，对于非暴力犯罪或一般暴力行为，不能认定为行凶；

二是必须严重危及人身安全，即对人的生命、健康构成严重危险。在具体案件中，有些暴力行为的主观故意尚未通过客观行为明确表现出来，或者行为人本身就是持概括故意予以实施，这类行为的故意内容虽不确定，但已表现出多种故意的可能，其中只要有现实可能造成他人重伤或死亡的，均应当认定为“行凶”。

正当防卫以不法侵害正在进行为前提。所谓正在进行，是指不法侵害已经开始但尚未结束。不法侵害行为多种多样、性质各异，判断是否正在进行，应就具体行为和现场情境作具体分析。判断标准不能机械地对刑法上的着手与既遂作出理解、判断，因为着手与既遂侧重的是侵害人可罚性的行为阶段问题，而侵害行为正在进行，侧重的是防卫人的利益保护问题。所以，不能要求不法侵害行为已经加诸被害人身上，只要不法侵害的现实危险已经迫在眼前，或者已达既遂状态但侵害行为没有实施终了的，就应当认定为正在进行。

需要强调的是，特殊防卫不存在防卫过当的问题，因此不能作宽泛的认定。对于因民间矛盾引发、不法与合法对立不明显以及夹杂泄愤报复成分的案件，在认定特殊防卫时应当十分慎重。

侯雨秋正当防卫案

(检例第48号,2018年12月18日印发)

【要旨】

单方聚众斗殴的,属于不法侵害,没有斗殴故意的一方可以进行正当防卫。单方持械聚众斗殴,对他人的人身安全造成严重危险的,应当认定为刑法第二十条第三款规定的“其他严重危及人身安全的暴力犯罪”。

【指导意义】

刑法第二十条第三款规定的“其他严重危及人身安全的暴力犯罪”的认定,除了在方法上,以本款列举的四种罪行为参照,通过比较暴力程度、危险程度和刑法给予惩罚的力度作出判断以外,还应当注意把握以下几点:

一是不法行为侵害的对象是人身安全,即危害人的生命权、健康权、自由权和性权利。人身安全之外的财产权利、民主权利等其他合法权利不在其内,这也是特殊防卫区别于一般防卫的一个重要特征。

二是不法侵害行为具有暴力性,且应达到犯罪的程度。对本款列举的杀人、抢劫、强奸、绑架应作广义的理解,即不仅指这四种具体犯罪行为,也包括以此种暴力行为作为手段,而触犯其他罪名的犯罪行为,如以抢劫为手段的抢劫枪支、弹药、爆炸物的行为,以绑架为手段的拐卖妇女、儿童的行为,以及针对人的生命、健康而采取的放火、爆炸、决水等行为。

三是不法侵害行为应当达到一定的严重程度,即有可能造成他人重伤或死亡的后果。需要强调的是,不法侵害行为是否已经造成实际伤害后果,不必然影响特殊防卫的成立。此外,针对不法侵害行为对他人人身安全造成的严重危险,可以实施特殊防卫。

在共同不法侵害案件中,“行凶”与“其他严重危及人身安全的暴力犯罪”,在认定上可以有一定交叉,具体可结合全案行为特征和各侵害人的具体行为特征作综合判定。另外,对于寻衅滋事行为,不宜直接认定为“其他严重危及人身安全的暴力犯罪”,寻衅滋事行为暴力程度较高、严重危及他人人身安全的,可分别认定为刑法第二十条第三款规定中的行凶、杀人或抢劫。需要说明的是,侵害行为最终成立何种罪名,对防卫人正当防卫的认定没有影响。

人民检察院审查起诉时,应当严把事实关、证据关和法律适用关。根据查明的事实,犯罪嫌疑人的行为属于正当防卫,不负刑事责任的,应当依法作出不起诉的决定,保障无罪的人不受刑事追究。

广州乙置业公司等骗取支付令执行虚假诉讼监督案

(检例第52号,2019年5月21日)

【要旨】

当事人恶意串通、虚构债务,骗取法院支付令,并在执行过程中通谋达成和解协议,通过以物抵债的方式侵占国有资产,损害司法秩序,构成虚假诉讼。检察机关对此类案件应当依法进行监督,充分发挥法律监督职能,维护司法秩序,保护国有资产。

武汉乙投资公司等骗取调解书虚假诉讼监督案

（检例第53号，2019年5月21日）

【要旨】

伪造证据、虚构事实提起诉讼，骗取人民法院调解书，妨害司法秩序、损害司法权威，不仅可能损害他人合法权益，而且损害国家和社会公共利益的，构成虚假诉讼。检察机关办理此类虚假诉讼监督案件，应当从交易和诉讼中的异常现象出发，追踪利益流向，查明当事人之间的通谋行为，确认是否构成虚假诉讼，依法予以监督。

陕西甲实业公司等公证执行虚假诉讼监督案

（检例第54号，2019年5月21日）

【要旨】

当事人恶意串通、捏造事实，骗取公证文书并申请法院强制执行，侵害他人合法权益，损害司法秩序和司法权威，构成虚假诉讼。检察机关对此类虚假诉讼应当依法监督，规范非诉执行行为，维护司法秩序和社会诚信。

福建王某兴等人劳动仲裁执行虚假诉讼监督案

（检例第55号，2019年5月21日）

【要旨】

为从执行款项中优先受偿，当事人伪造证据将普通债权债务关系虚构为劳动争议申请劳动仲裁，获取仲裁裁决或调解书，据此向人民法院申请强制执行，构成虚假诉讼。检察机关对此类虚假诉讼行为应当依法进行监督。

江西熊某等交通事故保险理赔虚假诉讼监督案

（检例第56号，2019年5月21日）

【要旨】

假冒原告名义提起诉讼，采取伪造证据、虚假陈述等手段，取得法院生效裁判文书，非法获取保险理赔款，构成虚假诉讼。检察机关在履行职责过程中发现虚假诉讼案件线索，应当强化线索发现和调查核实的能力，查明违法事实，纠正错误裁判。

刘强非法占用农用地案

(检例第60号,2019年12月20日发布)

【要旨】

行为人违反土地管理法规,在耕地上建设“大棚房”“生态园”“休闲农庄”等,非法占用耕地数量较大,造成耕地等农用地大量毁坏的,应当以非法占用农用地罪追究实际建设者、经营者的刑事责任。

王敏生产、销售伪劣种子案

(检例第61号,2019年12月20日发布)

【要旨】

以同一科属的此品种种子冒充彼品种种子,属于刑法上的“假种子”。行为人对假种子进行小包装分装销售,使农业生产遭受较大损失的,应当以生产、销售伪劣种子罪追究刑事责任。

【指导意义】

对伪劣种子造成的损失应予综合认定。伪劣种子造成的损失是涉假种子类案件办理时的疑难问题。实践中,可由专业人员根据现场勘查情况,对农业生产产量及其损失进行综合计算。具体可考察以下几方面:一是根据现场实地勘察,邀请农业、气象、土壤等方面专家,分析鉴定农作物生育期异常的原因,能否正常结实,是减产还是绝收等,分析减产或者绝收面积、产量。二是通过审定的农作物区试平均产量与根据现场调查的往年产量,结合当年可能影响产量的气候、土肥等因素,综合评估平均产量。三是根据农作物市场行情及平均单价等,确定直接经济损失。

南京百分百公司等生产、销售伪劣农药案

(检例第62号,2019年12月20日发布)

【要旨】

1. 未取得农药登记证的企业或者个人,借用他人农药登记证、生产许可证、质量标准证等许可证明文件生产、销售农药,使生产遭受较大损失的,以生产、销售伪劣农药罪追究刑事责任。

2. 对于使用伪劣农药造成的农业生产损失,可采取田间试验的方法确定受损原因,并以农作物绝收折损面积、受害地区前三年该类农作物的平均亩产量和平均销售价格为基准,综合计算认定损失金额。

杨卫国等人非法吸收公众存款案

(检例第64号,2020年2月5日发布)

【要旨】

单位或个人假借开展网络借贷信息中介业务之名,未经依法批准,归集不特

定公众的资金设立资金池，控制、支配资金池中的资金，并承诺还本付息的，构成非法吸收公众存款罪。

【指导意义】

向不特定社会公众吸收存款是商业银行专属金融业务，任何单位和个人未经批准不得实施。根据《中华人民共和国商业银行法》第十一条规定，未经国务院银行业监督管理机构批准，任何单位和个人不得从事吸收公众存款等商业银行业务，这是判断吸收公众存款行为合法与非法的基本法律依据。任何单位或个人，包括非银行金融机构，未经国务院银行业监督管理机构批准，面向社会吸收公众存款或者变相吸收公众存款均属非法。国务院《非法金融机构和非法金融业务活动取缔办法》进一步明确规定，未经依法批准，非法吸收公众存款、变相吸收公众存款、以任何名义向社会不特定对象进行的非法集资都属于非法金融活动，必须予以取缔。为了解决传统金融机构覆盖不了、满足不好的社会资金需求，缓解个体经营者、小微企业经营当中的小额资金困难，国务院金融监管机构于2016年发布了《网络借贷信息中介机构业务活动管理暂行办法》等"一个办法、三个指引"，允许单位或个人在规定的借款余额范围内通过网络借贷信息中介机构进行小额借贷，并且对单一组织、单一个人在单一平台、多个平台的借款余额上限作了明确限定。检察机关在办案中要准确把握法律法规、金融管理规定确定的界限、标准和原则精神，准确区分融资借款活动的性质，对于违反规定达到追诉标准的，依法追究刑事责任。

王鹏等人利用未公开信息交易案

（检例第65号，2020年2月5日发布）

【要旨】

具有获取未公开信息职务便利条件的金融机构从业人员及其近亲属从事相关证券交易行为明显异常，且与未公开信息相关交易高度趋同，即使其拒不供述未公开信息传递过程等犯罪事实，但其他证据之间相互印证，能够形成证明利用未公开信息犯罪的完整证明体系，足以排除其他可能的，可以依法认定犯罪事实。

博元投资股份有限公司、余蒂妮等人违规披露、不披露重要信息案

（检例第66号，2020年2月5日发布）

【要旨】

刑法规定违规披露、不披露重要信息罪只处罚单位直接负责的主管人员和其他直接责任人员，不处罚单位。公安机关以本罪将单位移送起诉的，检察机关应当对单位直接负责的主管人员及其他直接责任人员提起公诉，对单位依法作出不起诉决定。对单位需要给予行政处罚的，检察机关应当提出检察意见，移送证券监督管理部门依法处理。

张凯闵等52人电信网络诈骗案

(检例第67号,2020年3月28日发布)

【要旨】

跨境电信网络诈骗犯罪往往涉及大量的境外证据和庞杂的电子数据。对境外获取的证据应着重审查合法性,对电子数据应着重审查客观性。主要成员固定,其他人员有一定流动性的电信网络诈骗犯罪组织,可认定为犯罪集团。

【指导意义】

(一)对境外实施犯罪的证据应着重审查合法性

对在境外获取的实施犯罪的证据,一是要审查是否符合我国刑事诉讼法的相关规定,对能够证明案件事实且符合刑事诉讼法规定的,可以作为证据使用。二是对基于有关条约、司法互助协定、两岸司法互助协议或通过国际组织委托调取的证据,应注意审查相关办理程序、手续是否完备,取证程序和条件是否符合有关法律文件的规定。对不具有规定规范的,一般应当要求提供所在国公证机关证明,由所在国中央外交主管机关或其授权机关认证,并经我国驻该国使、领馆认证。三是对委托取得的境外证据,移交过程中应注意审查过程是否连续、手续是否齐全、交接物品是否完整、双方的交接清单记载的物品信息是否一致、交接清单与交接物品是否一一对应。四是对当事人及其辩护人、诉讼代理人提供的来自境外的证据材料,要审查其是否按照条约等相关规定办理了公证和认证,并经我国驻该国使、领馆认证。

(二)对电子数据应重点审查客观性

一要审查电子数据存储介质的真实性。通过审查存储介质的扣押、移交等法律手续及清单,核实电子数据存储介质在收集、保管、鉴定、检查等环节中是否保持原始性和同一性。二要审查电子数据本身是否客观、真实、完整。通过审查电子数据的来源和收集过程,核实电子数据是否从原始存储介质中提取,收集的程序和方法是否符合法律和相关技术规范。对从境外起获的存储介质中提取、恢复的电子数据应当进行无污损鉴定,将起获设备的时间作为鉴定的起始基准时间,以保证电子数据的客观、真实、完整。三要审查电子数据内容的真实性。通过审查在案言词证据能否与电子数据相互印证,不同的电子数据间能否相互印证等,核实电子数据包含的案件信息能否与在案的其他证据相互印证。

(三)紧紧围绕电话卡和银行卡审查认定案件事实

办理电信网络诈骗犯罪案件,认定被害人数量及诈骗资金数额的相关证据,应当紧紧围绕电话卡和银行卡等证据的关联性来认定犯罪事实。一是通过电话卡建立被害人与诈骗犯罪组织间的关联。通过审查诈骗犯罪组织使用的网络电话拨打记录清单、被害人接到诈骗电话号码的陈述以及被害人提供的通话记录详单等通讯类证据,认定被害人与诈骗犯罪组织间的关联性。二是通过银行卡建立被害人与诈骗犯罪组织间的关联。通过审查被害人提供的银行账户交易明细、银行客户通知书、诈骗犯罪集团指定银行账户信息等书证以及诈骗犯罪组织使用的互联网软件聊天记录,核实聊天记录中是否出现被害人的转账账户，以确定被害人与诈骗犯罪组织间的关联性。三是将电话卡和银行卡结合起来认定被害人及诈骗数额。审查被害人接到诈骗电话的时间、向诈骗犯罪组织指定账户转款的时间，诈骗犯罪组织手机或电脑中储存的聊天记录中出现的被害人的账户信息和转账时间是否印证。相互关联印证的，可以认定为案件被害人，被害人实际转账的金额可以认定为诈骗数额。

（四）有明显首要分子，主要成员固定，其他人员有一定流动性的电信网络诈骗犯罪组织，可以认定为诈骗犯罪集团

实施电信网络诈骗犯罪，大都涉案人员众多、组织严密、层级分明、各环节分工明确。对符合刑法关于犯罪集团规定，有明确首要分子，主要成员固定，其他人员虽有一定流动性的电信网络诈骗犯罪组织，依法可以认定为诈骗犯罪集团。对出资筹建诈骗窝点、掌控诈骗所得资金、制定犯罪计划等起组织、指挥管理作用的，依法可以认定为诈骗犯罪集团首要分子，按照集团所犯的全部罪行处罚。对负责协助首要分子组建窝点、招募培训人员等起积极作用的，或加入时间较长，通过接听拨打电话对受害人进行诱骗，次数较多、诈骗金额较大的，依法可以认定为主犯，按照其参与或组织、指挥的全部犯罪处罚。对诈骗次数较少、诈骗金额较小，在共同犯罪中起次要或者辅助作用的，依法可以认定为从犯，依法从轻、减轻或免除处罚。

叶源星、张剑秋提供侵入计算机信息系统程序、谭房妹非法获取计算机信息系统数据案

（检例第68号，2020年3月28日发布）

【要旨】

对有证据证明用途单一，只能用于侵入计算机信息系统的程序，司法机关可依法认定为“专门用于侵入计算机信息系统的程序”；难以确定的，应当委托专门部门或司法鉴定机构作出检验或鉴定。

【指导意义】

审查认定“专门用于侵入计算机信息系统的程序”，一般应要求公安机关提供以下证据：一是从被扣押、封存的涉案电脑、U盘等原始存储介质中收集、提取相关的电子数据。二是对涉案程序、被侵入的计算机信息系统及电子数据进行勘验、检查后制作的笔录。三是能够证实涉案程序的技术原理、制作目的、功能用途和运行效果的书证材料。四是涉案程序的制作人、提供人、使用人对该程序的技术原理、制作目的、功能用途和运行效果进行阐述的言词证据，或能够展示涉案程序功能的视听资料。五是能够证实被侵入计算机信息系统安全保护措施的技术原理、功能以及被侵入后果的专业人员的证言等证据。六是对有运行条件的，应要求公安机关进行侦查实验。对有充分证据证明涉案程序是专门设计用于侵入计算机信息系统、非法获取计算机信息系统数据的，可直接认定为“专门用于侵入计

算机信息系统的程序”。

证据审查中,可从以下方面对涉案程序是否属于“专门用于侵入计算机信息系统的程序”进行判断:一是结合被侵入的计算机信息系统的安全保护措施,分析涉案程序是否具有侵入的目的,是否具有避开或者突破计算机信息系统安全保护措施的功能。二是结合计算机信息系统被侵入的具体情形,查明涉案程序是否在未经授权或超越授权的情况下,获取计算机信息系统数据。三是分析涉案程序是否属于“专门”用于侵入计算机信息系统的程序。

根据《最高人民法院、最高人民检察院关于办理危害计算机信息系统安全刑事案件应用法律若干问题的解释》第十条和《最高人民法院、最高人民检察院、公安部关于办理刑事案件收集提取和审查判断电子数据若干问题的规定》第十七条的规定,对是否属于“专门用于侵入计算机信息系统的程序”难以确定的,一般应当委托省级以上负责计算机信息系统安全保护管理工作的部门检验,也可由司法鉴定机构出具鉴定意见,或者由公安部指定的机构出具报告。实践中,应重点审查检验报告、鉴定意见对程序运行过程和运行结果的判断,结合案件具体情况,认定涉案程序是否具有突破或避开计算机信息系统安全保护措施,未经授权或超越授权获取计算机信息系统数据的功能。

姚晓杰等11人破坏计算机信息系统案

(检例第69号,2020年3月28日发布)

【要旨】

为有效打击网络攻击犯罪,检察机关应加强与公安机关的配合,及时介入侦查引导取证,结合案件特点提出明确具体的补充侦查意见。对被害互联网企业提供的证据和技术支持意见,应当结合其他证据进行审查认定,客观全面准确认定破坏计算机信息系统罪的危害后果。

【指导意义】

(一)立足网络攻击犯罪案件特点引导公安机关收集调取证据。对重大、疑难、复杂的网络攻击类犯罪案件,检察机关可以适时介入侦查引导取证,会同公安机关研究侦查方向,在收集、固定证据等方面提出法律意见。一是引导公安机关及时调取证明网络攻击犯罪发生、证明危害后果达到追诉标准的证据。委托专业技术人员对收集提取到的电子数据等进行检验、鉴定,结合在案其他证据,明确网络攻击类型、攻击特点和攻击后果。二是引导公安机关调取证明网络攻击是犯罪嫌疑人实施的证据。借助专门技术对攻击源进行分析,溯源网络犯罪路径。审查认定犯罪嫌疑人网络身份与现实身份的同一性时,可通过核查IP地址、网络活动记录、上网终端归属,以及证实犯罪嫌疑人与网络终端、存储介质间的关联性综合判断。犯罪嫌疑人在实施网络攻击后,威胁被害人的证据可作为认定攻击事实和因果关系的证据。有证据证明犯罪嫌疑人实施了攻击行为,网络攻击类型和特点与犯罪嫌疑人实施的攻击一致,攻击时间和被攻击时间吻合的,可以认定网络攻击系犯罪嫌疑人实施。三是网络攻击类犯罪多为共同犯罪,应重点审查各犯罪嫌疑人的供述和辩解、手机通信记录等,通过审查自供和互证的情况以及与其他证据间的印证情况,查明各犯罪嫌疑人间的犯意联络、分工和作用,准确认定主、从犯。四是对需要通过退回补充侦查进一步完善上述证据的,在提出补充侦查意见时,应明确列出每一项证据的补侦目的,以及为了达到目的需要开展的工作。在补充侦查过程中,要适时与公安机关面对面会商,了解和掌握补充侦查工作的进展,共同研究分析补充到的证据是否符合起诉和审判的标准和要求,为补充侦查工作提供必要的引导和指导。

(二)对被害单位提供的证据和技术支持意见需结合其他在案证据作出准确认定。网络攻击类犯罪案件的被害人多为大型互联网企业。在打击该类犯罪的过程中,司法机关往往会借助被攻击的互联网企业在网络技术、网络资源和大数据等方面的优势,进行溯源分析或对攻击造成的危害进行评估。由于互联网企业既是受害方,有时也是技术支持协助方,为确保被害单位提供的证据客观真实,必须特别注意审查取证过程的规范性;有条件的,应当聘请专门机构对证据的完整性进行鉴定。如条件不具备,应当要求提供证据的被害单位对证据作出说明。同时要充分运用印证分析审查思路,将被害单位提供的证据与在案其他证据,如从犯罪嫌疑人处提取的电子数据、社交软件聊天记录、银行流水、第三方机构出具的鉴定意见、证人证言、犯罪嫌疑人供述等证据作对照分析,确保不存在人为改变案件事实或改变案件危害后果的情形。

(三)对破坏计算机信息系统的危害后果应作客观全面准确认定。实践中,往往倾向于依据犯罪违法所得数额或造成的经济损失认定破坏计算机信息系统罪的危害后果。但是在一些案件中,违法所得或经济损失并不能全面、准确反映出犯罪行为所造成的危害。有的案件违法所得或者经济损失的数额并不大,但网络攻击行为导致受影响的用户数量特别大,有的导致用户满意度降低或用户流失,有的造成了恶劣社会影响。对这类案件,如果仅根据违法所得或经济损失数额来评估危害后果,可能会导致罪刑不相适应。因此,在办理破坏计算机信息系统犯罪案件时,检察机关应发挥好介入侦查引导取证的作用,及时引导公安机关按照法律规定,从扰乱公共秩序的角度,收集、固定能够证实受影响的计算机信息系统数量或用户数量、受影响或被攻击的计算机信息系统不能正常运行的累计时间、对被害企业造成的影响等证据,对危害后果作出客观、全面、准确认定,做到罪责相当、罚当其罪,使被告人受到应有惩处。

无锡 F 警用器材公司
虚开增值税专用发票案

(检例第 81 号,2020 年 11 月 24 日发布)

【要旨】

民营企业违规经营触犯刑法情节较轻,认罪认罚的,对单位和直接责任人员依法能不捕的不捕,能不诉的不诉。检察机关应当督促认罪认罚的民营企业合法规范经营。拟对企业作出不起诉处理的,可以通过公开听证听取意见。对被不起诉人(单位)需要给予行政处罚、处分或者需要没收其违法所得的,应当依法提出检察意见,移送有关主管机关处理。

【指导意义】

1. 对犯罪情节较轻且认罪认罚的涉罪民营企业及其有关责任人员,应当依法从宽处理。检察机关办理涉罪民营企业刑事案件,应当充分考虑促进经济发展,促进职工就业,维护国家和社会公共利益的需要,积极做好涉罪企业及其有关责任人员的认罪认罚工作,促使涉罪企业退缴违法所得、赔偿损失、修复损害、挽回影响,从而将犯罪所造成的危害降到最低。对犯罪情节较轻且认罪认罚、积极整改的企业及其相关责任人员,符合不捕、不诉条件的,坚持能不捕的不捕,能不诉的不诉,符合判处缓刑条件的要提出适用缓刑的建议。

2. 把建章立制落实合法规范经营要求,作为悔罪表现和从宽处罚的考量因素。检察机关在办理企业涉罪案件过程中,通过对自愿认罪认罚的民营企业进行走访、调查,查明企业犯罪的诱发因素、制度漏洞、刑事风险等,提出检察建议。企业通过主动整改、建章立制落实合法规范经营要求体现悔罪表现。检察机关可以协助和督促企业执行,帮助企业增强风险意识,规范经营行为,有效预防犯罪并据此作为从宽处罚的考量因素。

琚某忠盗窃案

(检例第 83 号,2020 年 11 月 24 日发布)

【要旨】

对于犯罪事实清楚,证据确实、充分,被告人自愿认罪认罚,一审法院采纳从宽量刑建议判决的案件,因被告人无正当理由上诉而不再具有认罪认罚从宽的条件,检察机关可以依法提出抗诉,建议法院取消因认罪认罚给予被告人的从宽量刑。

刘远鹏涉嫌生产、销售“伪劣产品”(不起诉)案

(检例第 85 号,2020 年 12 月 3 日发布)

【要旨】

检察机关办理涉企案件,应当注意保护企业创新发展。对涉及创新的争议案件,可以通过听证方式开展审查。对专业性问题,应当加强与行业主管部门沟通,充分听取行业意见和专家意见,促进完善相关行业领域标准。

【指导意义】

对创新产品要进行实质性审查判断,不宜简单套用现有产品标准认定为“伪劣产品”。刑法规定,以不合格产品冒充合格产品的,构成生产、销售伪劣产品罪。认定“不合格产品”,以违反《产品质量法》规定的相关质量要求为前提。《产品

质量法》要求产品“不存在危及人身、财产安全的不合理的危险”,“有保障人体健康和人身、财产安全的国家标准、行业标准的,应当符合该标准”的要求;同时,产品还应当具备使用性能。根据这些要求,对于已有国家标准、行业标准的传统产品,只有符合标准的才能认定为合格产品;对于尚无国家标准、行业标准的创新产品,应当本着既鼓励创新,又保证人身、财产安全的原则,多方听取意见,进行实质性研判。创新产品在使用性能方面与传统产品存在实质性差别的,不宜简单化套用传统产品的标准认定是否“合格”。创新产品不存在危及人身、财产安全隐患,且具备应有使用性能的,不应当认定为伪劣产品。相关质量检验机构作出鉴定意见的,检察机关应当进行实质审查。

许某某、包某某串通投标立案监督案

(检例第90号,2020年12月21日发布)

【要旨】

刑法规定了串通投标罪,但未规定串通拍卖行为构成犯罪。对于串通拍卖行为,不能以串通投标罪予以追诉。公安机关对串通竞拍国有资产行为以涉嫌串通投标罪刑事立案的,检察机关应当通过立案监督,依法通知公安机关撤销案件。

余某某等人重大劳动安全事故重大责任事故案

(检例第94号,2021年1月20日印发)

【指导意义】

(一)准确适用重大责任事故罪与重大劳动安全事故罪。……如果行为人的行为同时包括在生产、作业中违反有关安全管理的规定和提供安全生产设施或条件不符合国家规定,为全面评价其行为,应认定为重大责任事故罪。

宋某某等人重大责任事故案

(检例第95号,2021年1月20日印发)

【指导意义】

(一)安全生产事故调查报告在刑事诉讼中可以作为证据使用,应结合全案证据进行审查。安全生产事故发生后,相关部门作出的事故调查报告,与收集调取的物证、书证、视听资料、电子数据等相关证据材料一并移送给司法机关后,调查报告和这些证据材料在刑事诉讼中可以作为证据使用。调查报告对事故原因、事故性质、责任认定、责任者处理等提出的具体意见和建议,是检察机关办案中是否追究相关人员刑事责任的重要参考,但不应直接作为定案的依据,检察机关应结合全案证据进行审查,准确认定案件事实和涉案人员责任。……

黄某某等人重大责任事故、谎报安全事故案

(检例第96号,2021年1月20日印发)

【指导意义】

(一)准确认定谎报安全事故罪。一是本罪主体为特殊主体,是指对安全事故负有报告职责的人员,一般为发生安全事故的单位中负有组织、指挥或者管理职责的负责人、管理人员、实际控制人、投资人以及其他负有报告职责的人员,不包括没有法定或者职务要求报告义务的普通工人。二是认定本罪,应重点审查谎报事故的行为与贻误事故抢救结果之间是否存在刑法上的因果关系。只有谎报事故的行为造成贻误事故抢救的后果,即造成事故后果扩大或致使不能及时有效开展事故抢救,才可能构成本罪。如果事故已经完成抢救,或者没有抢救时机(危害结果不可能加重或扩大),则不构成本罪。构成重大责任事故罪,同时又构成谎报安全事故罪的,应当数罪并罚。

夏某某等人重大责任事故案

(检例第97号,2021年1月20日印发)

【要旨】

内河运输中发生的船舶交通事故,相关责任人员可能同时涉嫌交通肇事罪和重大责任事故罪,要根据运输活动是否具有营运性质以及相关人员的具体职责和行为,准确适用罪名。重大责任事故往往涉案人员较多,因果关系复杂,要准确认定涉案单位投资人、管理人员及相关国家工作人员等涉案人员的刑事责任。

【指导意义】

(一)准确适用交通肇事罪与重大责任事故罪。两罪均属危害公共安全犯罪,前罪违反的是"交通运输法规",后罪违反的是"有关安全管理的规定"。一般情况下,在航道、公路等公共交通领域,违反交通运输法规驾驶机动车辆或者其他交通工具,致人伤亡或者造成其他重大财产损失,构成犯罪的,应认定为交通肇事罪;在停车场、修理厂、进行农耕生产的田地等非公共交通领域,驾驶机动车辆或者其他交通工具,造成人员伤亡或者财产损失,构成犯罪的,应区分情况,分别认定为重大责任事故罪、重大劳动安全事故罪、过失致人死亡罪等罪名。需要指出的是,对于从事营运活动的交通运输组织来说,航道、公路既是公共交通领域,也是其生产经营场所,"交通运输法规"同时亦属交通运输组织的"安全管理的规定",交通运输活动的负责人、投资人、驾驶人员等违反有关规定导致在航道、公路上发生交通事故,造成人员伤亡或者财产损失的,可能同时触犯交通肇事罪与重大责任事故罪。鉴于两罪前两档法定刑均为七年以下有期徒刑(交通肇事罪有因逃逸致人死亡判处七年以上有期徒刑的第三档法定刑),要综合考虑行为人对交通运输活动是否负有安全管理职责、对事故发生是否负有直接责任、所实施行为违反的主要是交通运输法规还是其他安全管理

的法规等，准确选择适用罪名。具有营运性质的交通运输活动中，行为人既违反交通运输法规，也违反其他安全管理规定（如未取得安全许可证、经营资质、不配备安全设施等），发生重大事故的，由于该类运输活动主要是一种生产经营活动，并非单纯的交通运输行为，为全面准确评价行为人的行为，一般可按照重大责任事故罪认定。交通运输活动的负责人、投资人等负有安全监管职责的人员违反有关安全管理规定，造成重大事故发生，应认定为重大责任事故罪；驾驶人员等一线运输人员违反交通运输法规造成事故发生的，应认定为交通肇事罪。

（二）准确界定因果关系，依法认定投资人、实际控制人等涉案人员及相关行政监管人员的刑事责任。危害生产安全案件往往多因一果，涉案人员较多，既有直接从事生产、作业的人员，又有投资人、实际控制人等，还可能涉及相关负有监管职责的国家工作人员。投资人、实际控制人等一般并非现场作业人员，确定其行为与事故后果之间是否存在刑法意义上的因果关系是个难点。如果投资人、实际控制人等实施了未取得经营资质和安全生产许可证、未制定安全生产管理规定或规章制度、不提供安全生产条件和必要设施等不履行安全监管职责的行为，在此情况下进行生产、作业，导致发生重大伤亡事故或者造成其他严重后果的，不论事故发生是否介入第三人违规行为或者其他因素，均不影响认定其行为与事故后果之间存在刑法上的因果关系，应当依法追究其刑事责任。对发案单位的生产、作业负有安全监管、查处等职责的国家工作人员，不履行或者不正确履行工作职责，致使发案单位违规生产、作业或者危险状态下生产、作业，发生重大安全事故的，其行为也是造成危害结果发生的重要原因，应以渎职犯罪追究其刑事责任。

广州卡门实业有限公司涉嫌销售假冒注册商标的商品立案监督案

（检例第99号，2021年2月4日印发）

【要旨】

在办理注册商标类犯罪的立案监督案件时，对符合商标法规定的正当合理使用情形而未侵犯注册商标专用权的，应依法监督公安机关撤销案件，以保护涉案企业合法权益。必要时可组织听证，增强办案透明度和监督公信力。

【指导意义】

（一）检察机关办理侵犯知识产权犯罪案件，应注意审查是否存在法定的正当合理使用情形

办理侵犯知识产权犯罪案件，检察机关在依法惩治侵犯知识产权犯罪的同时，还应注意保护权利人的正当权益免遭损害。其中一个重要方面是应注意审查是否存在不构成知识产权侵权的法定情形。如《商标法》第五十九条规定的商标描述性使用、在先使用，《著作权法》第二十四条规定的合理使用，第二十五条、第三十五条第二款、第四十二条第二款、第四十六条第二款规定的法定许可，《专利法》第六十七条规定的现有技术、第七十五条规定的专利先用权等正当合理使用的情形，防止不当启动刑事追诉。对于当事人提出的立案监督申请，检察机关经过审查和调查核实，认定有在先使用等正当合理

使用情形,侵权事由不成立的,应依法通知公安机关撤销案件。

(二)正确把握商标在先使用的抗辩事由

商标注册人申请商标注册前,他人已经在同一种商品或者类似商品上先于商标注册人使用与注册商标相同或者近似并有一定影响的商标的,注册商标专用权人无权禁止该使用人在原使用范围内继续使用该商标,注册商标所有人仅可以要求其附加适当区别标识。判断是否存在在先使用抗辩事由,需重点审查以下方面:一是在先使用人是否在商标注册人申请注册前先于商标注册人使用该商标。二是在先使用商标是否已产生一定影响。三是在先商标使用人主观上是否善意。只有在全面审查案件证据事实的基础上综合判断商标使用的情况,才能确保立案监督依据充分、意见正确,才能说服参与诉讼的各方接受监督结果,做到案结事了。

姚常龙等五人假冒注册商标案

(检例第101号,2021年2月4日印发)

【要旨】

凡在我国合法注册且在有效期内的商标,商标所有人享有的商标专用权依法受我国法律保护。未经商标所有人许可,无论假冒商品是否销往境外,情节严重构成犯罪的,依法应予追诉。判断侵犯注册商标犯罪案件是否构成共同犯罪,应重点审查假冒商品生产者和销售者之间的意思联络情况、对假冒违法性的认知程度、对销售价格与正品价格差价的认知情况等因素综合判断。

仇某侵害英雄烈士名誉、荣誉案

(检例第136号,2022年1月26日印发)

【要旨】

侵害英雄烈士名誉、荣誉罪中的"英雄烈士",是指已经牺牲、逝世的英雄烈士。在同一案件中,行为人所侵害的群体中既有烈士,又有健在的英雄模范人物时,应当整体评价为侵害英雄烈士名誉、荣誉的行为,不宜区别适用侵害英雄烈士名誉、荣誉罪和侮辱罪、诽谤罪。《刑法修正案(十一)》实施后,以侮辱、诽谤或者其他方式侵害英雄烈士名誉、荣誉的行为,情节严重的,构成侵害英雄烈士名誉、荣誉罪。行为人利用信息网络侵害英雄烈士名誉、荣誉,引起广泛传播,造成恶劣社会影响的,应当认定为"情节严重"。英雄烈士没有近亲属或者近亲属不提起民事诉讼的,检察机关在提起公诉时,可以一并提起附带民事公益诉讼。

【指导意义】

(一)对侵害英雄烈士名誉、荣誉罪中的"英雄烈士"应当依照刑法修正案的本意作适当解释。本罪中的"英雄烈士",是指已经牺牲、逝世的英雄烈士。如果行为人以侮辱、诽谤或者其他方式侵害健在的英雄模范人物名誉、荣誉,构成犯罪的,可以适用侮辱罪、诽谤罪追究刑事责任。但是,如果在同一案件中,行为人的行为所侵害的群体中既有已牺牲的烈士,又有健在的英雄模范人物时,应当整体评价为侵害英雄烈士名誉、荣誉的行为，不宜区别适用侵害英雄烈士名誉、荣誉罪和侮辱罪、诽谤罪。虽不属于烈士，但事迹、精神被社会普遍公认的已故英雄模范人物的名誉、荣誉被侵害的，因他们为国家、民族和人民作出巨大贡献和牺牲，其名誉、荣誉承载着社会主义核心价值观，应当纳入侵害英雄烈士名誉、荣誉罪的犯罪对象，与英雄烈士的名誉、荣誉予以刑法上的一体保护。

（二）《刑法修正案（十一）》实施后，侮辱、诽谤英雄烈士名誉、荣誉，情节严重的，构成侵害英雄烈士名誉、荣誉罪。《刑法修正案（十一）》实施前，实施侮辱、诽谤英雄烈士名誉、荣誉的行为，构成犯罪的，可以按照寻衅滋事罪追究刑事责任。《刑法修正案（十一）》实施后，对上述行为认定为侵害英雄烈士名誉、荣誉罪，符合立法精神，更具有针对性，更有利于实现对英雄烈士名誉、荣誉的特殊保护。发生在《刑法修正案（十一）》实施前的行为，实施后尚未处理或者正在处理的，应当根据刑法第十二条规定的“从旧兼从轻”原则，以侵害英雄烈士名誉、荣誉罪追究刑事责任。

（三）侵害英雄烈士名誉、荣誉罪中“情节严重”的认定，可以参照《网络诽谤的解释》的规定，并可以结合案发时间节点、社会影响等综合认定。《网络诽谤的解释》第二条规定，同一诽谤信息实际被点击、浏览次数达到5000次以上，或者被转发次数达到500次以上的；造成被害人或者其近亲属精神失常、自残、自杀等严重后果的；二年内曾因诽谤受过行政处罚，又诽谤他人的；具有其他情节严重的情形的，属于“情节严重”。办理利用信息网络侵害英雄烈士名誉、荣誉案件时，可以参照上述标准，或者虽未达到上述数量、情节要求，但在特定时间节点通过具有公共空间属性的网络平台和媒介公然侵害英雄烈士名誉、荣誉，引起广泛传播，造成恶劣社会影响的，也可以认定为“情节严重”。对于只是在相对封闭的网络空间，如在亲友微信群、微信朋友圈等发表不当言论，没有造成大范围传播的，可以不认定为“情节严重”。

郎某、何某诽谤案

（检例第137号，2022年1月26日印发）

【要旨】

利用信息网络诽谤他人，破坏公众安全感，严重扰乱网络社会秩序，符合刑法第二百四十六条第二款“严重危害社会秩序”的，检察机关应当依法履行追诉职责，作为公诉案件办理。对公安机关未立案侦查，被害人已提出自诉的，检察机关应当处理好由自诉向公诉程序的转换。

【指导意义】

（一）准确把握网络诽谤犯罪“严重危害社会秩序”的认定条件。网络涉及面广、浏览量大，一旦扩散，往往造成较大社会影响，与传统的发生在熟人之间、社区传播形式的诽谤案件不同，通过网络诽谤他人，诽谤信息经由网络广泛传播，严重损害被害人人格权，如果破坏了公序良俗和公众安全感，严重扰乱网络社会公共秩序的，应当认定为《最高人民法院、最高人民检察院关于办理利用信息网络实施诽谤等刑事案件适用法律若干问题的解释》第三条规定的“其他严重危害社会秩序的情形”。对此,可以根据犯罪方式、对象、内容、主观目的、传播范围和造成后果等,综合全案事实、性质、情节和危害程度等予以评价。

(二)被害人已提起自诉的网络诽谤犯罪案件,因同时侵害公共利益需要适用公诉程序办理的,应当依法处理好程序转换。对自诉人已经提起自诉的网络诽谤犯罪案件,检察机关审查认为属于“严重危害社会秩序”,应当适用公诉程序的,应当履行法律监督职责,建议公安机关立案侦查。在公安机关立案后,对自诉人提起的自诉案件,人民法院尚未受理的,检察机关可以征求自诉人意见,由其撤回起诉。人民法院对自诉人的自诉案件受理以后,公安机关又立案的,检察机关可以征求自诉人意见,由其撤回起诉,或者建议人民法院依法裁定终止自诉案件的审理,以公诉案件审理。

岳某侮辱案

(检例第138号,2022年1月26日印发)

【要旨】

利用信息网络散布被害人的裸体视频、照片及带有侮辱性的文字,公然侮辱他人,贬损他人人格、破坏他人名誉,导致出现被害人自杀等后果,严重危害社会秩序的,应当按照公诉程序,以侮辱罪依法追究刑事责任。

【指导意义】

(一)侮辱他人行为恶劣或者造成被害人精神失常、自残、自杀等严重后果的,可以认定为“情节严重”。行为人以破坏他人名誉、贬低他人人格为目的,故意在网络上对他人实施侮辱行为,如散布被害人的个人隐私、生理缺陷等,情节严重的,应当认定为侮辱罪。侮辱罪“情节严重”,包括行为恶劣、后果严重等情形,如当众撕光妇女衣服的,当众向被害人泼洒粪便、污物的,造成被害人或者其近亲属精神失常、自残、自杀的,二年内曾因侮辱受过行政处罚又侮辱他人的,在网络上散布被害人隐私导致被广泛传播的,以及其他情节严重情形。

(二)侮辱罪“严重危害社会秩序”可以结合行为方式、社会影响等综合认定。侮辱罪属于告诉才处理的犯罪,但严重危害社会秩序和国家利益的除外。行为人利用信息网络侮辱他人犯罪案件中,是否属于“严重危害社会秩序”的情形,可以根据《最高人民法院、最高人民检察院关于办理利用信息网络实施诽谤等刑事案件适用法律若干问题的解释》的相关规定予以认定。行为人在网络上散布被害人裸照、视频等严重侵犯他人隐私的信息,造成恶劣社会影响的,或者在网络上散布侮辱他人的信息,导致对被害人产生大量负面评价,造成恶劣社会影响的,不仅侵害被害人人格权,而且严重扰乱社会秩序的,可以认定为“其他严重危害社会秩序的情形”,按照公诉程序依法追诉。

(三)准确认定利用网络散布他人裸照、视频等隐私的行为性质。行为人在与被害人交往期间,获得了被害人的裸照、视频等,无论其获取行为是否合法,是否得到被害人授权,只要恶意对外散布,均应当承担相应法律责任,情节严重的,要依法追究刑事责任。对上述行为认定为侮辱罪还是强制侮辱罪,要结合行为人的主客观方面综合判断。如果行为人以破坏特定人名誉、贬低特定人人格为目的，故意在网络上对特定对象实施侮辱行为，情节严重的，应当认定为侮辱罪。如果行为人出于寻求精神刺激等动机，以暴力、胁迫或者其他方式，对妇女进行身体或者精神强制，使之不能反抗或者不敢反抗，进而实施侮辱的行为，应当认定为强制侮辱罪。

钱某制作、贩卖、传播淫秽物品牟利案

（检例第139号，2022年1月26日印发）

【要旨】

自然人在私密空间的日常生活属于民法典保护的隐私。行为人以牟利为目的，偷拍他人性行为并制作成视频文件，以贩卖、传播方式予以公开，不仅侵犯他人隐私，而且该偷拍视频公开后具有描绘性行为、宣扬色情的客观属性，符合刑法关于“淫秽物品”的规定，构成犯罪的，应当以制作、贩卖、传播淫秽物品牟利罪追究刑事责任。以牟利为目的提供互联网链接，使他人可以通过偷拍设备实时观看或者下载视频文件的，属于该罪的“贩卖、传播”行为。检察机关办理涉及偷拍他人隐私的刑事案件时，应当根据犯罪的主客观方面依法适用不同罪名追究刑事责任。

【指导意义】

（一）准确界定“淫秽物品”“贩卖、传播行为”，依法严惩网络背景下传播淫秽物品犯罪。自然人的私人生活安宁和不愿受他人干扰的私密空间、私密活动、私密信息，依法不受侵犯。发生在酒店、旅馆、民宿等非公开空间内的性行为，属于隐私保护的范围。行为人偷拍他人性行为并经互联网传播扩散的视频，不仅侵害个人隐私，而且客观上具有描绘性行为的诲淫性，具有宣扬色情的危害性，符合刑法对“淫秽物品”的界定。行为人有偿提供互联网链接，他人付费后可以实时在线观看，与建立并运营“点对面”式互联网直播平台的传播行为性质相同，应当认定为贩卖、传播行为。

（二）行为人偷拍他人隐私，行为方式、目的多样，应当区分不同情形依法惩处。行为人非法使用偷拍设备窥探他人隐私，未贩卖、传播的，如果相关设备经鉴定属于窃听、窃照专用器材，造成严重后果的，应当以非法使用窃听、窃照专用器材罪追究刑事责任；如果行为人又将偷拍的内容贩卖、传播的，应当按照处罚较重的罪名追究刑事责任。行为人通过远程操控侵入他人自行安装的摄像头后台信息系统，对他人私密空间、行为进行窥探，进行遥控并自行观看，情节严重的，应当以非法控制计算机信息系统罪追究刑事责任；如果行为人在侵入上述计算机信息系统以后，又将偷拍的视频贩卖、传播的，应当按照处罚较重的罪名追究刑事责任。行为人以非法占有他人财物为目的，通过偷拍获取他人隐私，进而要挟他人、获取财物，构成犯罪的，应当以敲诈勒索罪追究刑事责任。上述行为尚未构成犯罪的，应当依法从严追究其行政违法责任。

柯某侵犯公民个人信息案

(检例第140号,2022年1月26日印发)

【要旨】

业主房源信息是房产交易信息和身份识别信息的组合,包含姓名、通信通讯联系方式、住址、交易价格等内容,属于法律保护的公民个人信息。未经信息主体另行授权,非法获取、出售限定使用范围的业主房源信息,系侵犯公民个人信息的行为,情节严重、构成犯罪的,应当依法追究刑事责任。检察机关办理案件时应当对涉案公民个人信息具体甄别,筛除模糊、无效及重复信息,准确认定侵犯公民个人信息数量。

【指导意义】

(三)认定公民个人信息数量,应当在全面固定数据基础上有效甄别。侵犯公民个人信息案件中,信息一般以电子数据形式存储,往往数据庞杂、真伪交织、形式多样。检察机关应当把握公民个人信息"可识别特定自然人身份或者反映特定自然人活动情况"的标准,准确提炼出关键性的识别要素,如家庭住址、电话号码、姓名等,对信息数据有效甄别。对包含上述信息的认定为有效的公民个人信息,以准确认定信息数量。

王某贩卖、制造毒品案

(检例第150号,2022年6月21日印发)

【要旨】

行为人利用未列入国家管制的化学品为原料,生产、销售含有国家管制的麻醉药品、精神药品成分的食品,明知该成分毒品属性的,应当认定为贩卖、制造毒品罪。检察机关办理新型毒品犯罪案件,应当审查毒品含量,依法准确适用刑罚。对于毒品犯罪所得的财物及其孳息、收益和供犯罪所用的本人财物,应当依法予以追缴、没收。

【指导意义】

(一)对于生产、销售含有国家管制的麻醉药品、精神药品成分的食品的行为,应当区分不同情形依法惩处。行为人利用未被国家管制的化学品为原料,生产、销售含有国家管制的麻醉药品、精神药品成分的食品,明知该成分毒品属性的,应当认定为贩卖、制造毒品罪。行为人对化学品可生成毒品的特性或者相关成分毒品属性不明知,如果化学品系食品原料,超限量、超范围添加足以造成严重食物中毒事故或者其他严重食源性疾病的,依法构成生产、销售不符合安全标准的食品罪;如果化学品系有毒、有害非食品原料,依法构成生产、销售有毒、有害食品罪。行为人犯贩卖、制造毒品罪,同时构成生产、销售不符合安全标准的食品罪或者生产、销售有毒、有害食品罪的,应当按照处罚较重的罪名追究刑事责任。行为人对于相关毒品成分主观上是否明知,不能仅凭其口供,还应当根据其对相关物质属性认识、从业经历、生产制作工艺、产品标签标注、销售场所及价格等情况综合认定。

(二)办理新型毒品犯罪案件,应当审查涉案毒品含量。根据刑法第三百五十七条的规定,毒品数量以查证属实的走私、贩卖、运输、制造、非法持有毒品的数量计算,不以纯度折算。新型毒品混于饮料、食品中,往往含有大量水分或者其他物质,不同于传统毒品。检察机关应当综合考虑涉案新型毒品的纯度和致瘾癖性、社会危害性及其非法所得等因素,依法提出量刑建议。

(三)认真审查涉案财物性质及流转情况,依法追缴涉毒资产。追缴涉毒资产是惩治毒品犯罪的重要内容,对于提升惩治毒品犯罪质效具有重要意义。检察机关应当依法引导侦查机关及时对涉案资产进行查封、扣押,全面收集、固定证据。对于侦查机关移送的涉案资产,要着重审查性质、权属及流转,严格区分违法所得与合法财产、本人财产与其家庭成员的财产,并在提起公诉时提出明确的处置意见。对于毒品犯罪所得的财物及其孳息、收益和供犯罪所用的本人财物,应当依法予以追缴、没收。

马某某走私、贩卖毒品案

(检例第151号,2022年6月21日印发)

【要旨】

行为人明知系国家管制的麻醉药品、精神药品,出于非法用途走私、贩卖的,应当以走私、贩卖毒品罪追究刑事责任。行为人出于非法用途,以贩卖为目的非法购买国家管制的麻醉药品、精神药品的,应当认定为贩卖毒品罪既遂。检察机关应当综合评价新型毒品犯罪的社会危害性,依法提出量刑建议。

【指导意义】

(一)审查涉案麻醉药品、精神药品的用途和行为人主观认知,依法认定走私、贩卖麻醉药品、精神药品行为的性质。麻醉药品、精神药品可以在医疗、教学、科研用途合法使用,也会被违法犯罪分子作为毒品使用。行为人向走私、贩卖毒品的犯罪分子或者吸毒人员贩卖国家管制的麻醉药品、精神药品,应当以贩卖毒品罪追究刑事责任。行为人出于其他非法用途,走私、贩卖国家管制的麻醉药品、精神药品,应当以走私、贩卖毒品罪追究刑事责任。行为人未核实购买人购买麻醉药品、精神药品具体用途,但知道其不是用于合法用途,为非法获利,基于放任的故意,向用于非法用途的人贩卖的,应当认定为贩卖毒品罪。对于"非法用途",可以从行为人买卖麻醉药品、精神药品是否用于医疗等合法目的予以认定。判断行为人对涉案毒品性质是否明知,除审查其供述外,还应结合其认知能力、学历、从业背景、是否曾有同类药物服用史、是否使用虚假身份交易等证据进行综合认定。

(二)准确认定非法贩卖国家管制的麻醉药品、精神药品行为的犯罪既遂。根据《最高人民检察院、公安部关于公安机关管辖的刑事案件立案追诉标准的规定(三)》的规定,贩卖毒品是指明知是毒品而非法销售或者以贩卖为目的而非法收买的行为。行为人出于非法用途,以贩卖为目的非法购买国家管制的麻醉药品、精神药品的,应当认定为贩卖毒品罪既遂。

(三)综合评价新型毒品犯罪行为的社会危害性,确保罪责刑相适应。涉案麻醉药品、精神药品往往具有数量小、纯度低等特点,检察机关提出量刑建议时,应当考虑毒品数量、折算比例、效能及浓度、交易价格、犯罪次数、违法所得、危害后果、行为人的主观恶性及人身危险性等各种因素。对于将麻醉药品和精神药品用于实施其他犯罪的,还应当考量其用途、可能作用的人数及后果、其他犯罪的社会危害性等,确保罪责刑相适应。

郭某某欺骗他人吸毒案

(检例第152号,2022年6月21日印发)

【要旨】

行为人明知系国家管制的麻醉药品、精神药品而向他人的饮料、食物中投放,欺骗他人吸食的,应当以欺骗他人吸毒罪追究刑事责任。对于有证据证明行为人为实施强奸、抢劫等犯罪而欺骗他人吸食麻醉药品、精神药品的,应当按照处罚较重的罪名追究刑事责任。检察机关应当加强自行补充侦查,强化电子数据等客观性证据审查,准确认定犯罪事实。

【指导意义】

(一)准确认定欺骗他人吸食国家管制的麻醉药品、精神药品行为的性质。当前,一些不法分子给他人投放新型毒品的违法犯罪案件增多,社会危害性大。对于行为人明知系国家管制的麻醉药品、精神药品而向他人的饮料、食物中投放,欺骗他人吸食的,应当以欺骗他人吸毒罪追究刑事责任。对于有证据证明行为人为实施强奸、抢劫等犯罪而欺骗他人吸食麻醉药品、精神药品的,应当按照处罚较重的罪名追究刑事责任。

(二)针对不同情形,依法认定涉案麻醉药品、精神药品为毒品。麻醉药品、精神药品的镇静、安眠等药用功效,往往成为行为人抗辩其毒品属性的借口,对此检察机关应当严格审查。对于有证据证明行为人明知系国家管制的麻醉药品、精神药品,仍利用其毒品属性和用途的,应当依法认定相关物品为毒品;行为人对于涉案物品系毒品主观上是否明知,应当根据其年龄、职业、生活阅历、有无吸贩毒史以及对物品的交付、使用方式等证据,运用经验法则和逻辑规则综合分析判断。

何某贩卖、制造毒品案

(检例第153号,2022年6月21日印发)

【要旨】

行为人利用原生植物为原料,通过提炼等方法制成含有国家管制的麻醉药品、精神药品的物质,并予以贩卖的,应当认定为贩卖、制造毒品罪。办理新型毒品犯罪案件,检察机关应当依法引导侦查机关开展侦查实验,查明案件事实。

【指导意义】

(一)准确区分利用原生植物制成的毒品和未管制原生植物。根据禁毒法第十九条的规定,禁止非法种植罂粟、古柯植物、大麻植物以及国家规定管制的可以用于提炼加工毒品的其他原植物。以国家未管制但含有国家管制的麻醉药品、精神药品成分的原生植物为原料,通过特定方法，将植物中国家管制的麻醉药品、精神药品成分提炼制成相关物质，相关物质具有使人形成瘾癖的毒品特征，应当认定为毒品。对于未被国家管制的原生植物，以及通过研磨等方式简单改变外在形态的植物载体，虽含有国家管制的麻醉药品、精神药品成分，不认定为毒品。

（二）依法认定从未管制原生植物中提炼麻醉药品、精神药品成分行为的性质。根据《最高人民检察院、公安部关于公安机关管辖的刑事案件立案追诉标准的规定（三）》的规定，制造毒品是指非法利用毒品原植物直接提炼或者用化学方法加工、配制毒品，或者以改变毒品成分和效用为目的，用混合等物理方法加工、配制毒品的行为。行为人明知某类植物系未被国家管制的原生植物，但含有国家管制的麻醉药品、精神药品成分，采取特定方法提炼出植物中国家管制的麻醉药品、精神药品成分，改变了原生植物的物理形态，使其具备毒品效用，应当认定为制造毒品行为。行为人从未管制原生植物中提炼出毒品并予以贩卖的，应当认定为贩卖、制造毒品罪。

阻断性侵犯罪未成年被害人感染艾滋病风险综合司法保护案

（检例第172号，2023年2月24日发布）

【要旨】

……行为人明知自己系艾滋病病人或感染者，奸淫幼女，造成艾滋病传播重大现实风险的，应当认定为奸淫幼女“情节恶劣”。对于犯罪情节恶劣，社会危害严重，主观恶性大的成年人性侵害未成年人案件，即使认罪认罚也不足以从宽处罚的，依法不予从宽。……

【指导意义】

（二）犯罪嫌疑人明知自己是艾滋病病人或感染者，奸淫幼女，造成艾滋病传播重大现实风险的，应当认定为奸淫幼女“情节恶劣”。行为人明知自己患有艾滋病或者感染艾滋病病毒，仍对幼女实施奸淫，放任艾滋病传播风险的发生，客观上极易造成被害人感染艾滋病的严重后果，主观上体现出行为人对幼女健康权、生命权的极度漠视，其社会危害程度与《中华人民共和国刑法》第二百三十六条第三款第二项至六项规定的情形具有相当性，应当依法认定为奸淫幼女“情节恶劣”，适用十年以上有期徒刑、无期徒刑或者死刑的刑罚。对成年人性侵害未成年人犯罪，应综合考虑案件性质、主观恶性、具体情节、社会危害等因素，从严适用认罪认罚从宽制度。对于犯罪性质和危害后果严重、犯罪手段残忍、社会影响恶劣的，可依法不予从宽。

惩治组织未成年人进行违反治安管理活动犯罪综合司法保护案

（检例第173号，2023年2月24日发布）

【要旨】

对组织未成年人在KTV等娱乐场所

进行有偿陪侍的,检察机关应当以组织未成年人进行违反治安管理活动罪进行追诉,并可以从被组织人数、持续时间、组织手段、陪侍情节、危害后果等方面综合认定本罪的“情节严重”。……

【指导意义】

(一)准确把握组织未成年人有偿陪侍行为的定罪处罚,从严惩处侵害未成年人犯罪。……检察机关办理此类案件,可以围绕被组织人数众多,犯罪行为持续时间长,采用控制手段的强制程度,色情陪侍方式严重损害未成年人身心健康等情形,综合认定为“情节严重”。

张业强等人非法集资案

(检例第175号,2023年5月11日发布)

【要旨】

违反私募基金管理有关规定,以发行销售私募基金形式公开宣传,向社会公众吸收资金,并承诺还本付息的,属于变相非法集资。向私募基金投资者隐瞒未将募集资金用于约定项目的事实,虚构投资项目经营情况,应当认定为使用诈骗方法。非法集资人虽然将部分集资款投入生产经营活动,但投资随意,明知经营活动盈利能力不具有支付本息的现实可能性,仍然向社会公众大规模吸收资金,还本付息主要通过募新还旧实现,致使集资款不能返还的,应当认定其具有非法占有目的。在共同犯罪或者单位犯罪中,应当根据非法集资人是否具有非法占有目的,认定其构成集资诈骗罪还是非法吸收公众存款罪。检察机关应当围绕私募基金宣传推介方式、收益分配规则、投资人信息、资金实际去向等重点判断非法集资人是否具有非法占有目的,针对性开展指控证明工作。

【指导意义】

(一)打着发行销售私募基金的幌子,进行公开宣传,向社会公众吸收资金,并承诺还本付息的,属于变相非法集资。私募基金是我国多层次资本市场的有机组成部分,在资本市场中发挥着重要作用。与公募基金不同,私募基金只需经过备案、无需审批,但不能以私募为名公开募集资金。检察机关办理以私募基金为名非法集资的案件,应当结合《中华人民共和国证券投资基金法》《私募投资基金监督管理暂行办法》等有关私募基金宣传推介途径、收益分配、募集对象等方面的具体规定,对涉案私募基金是否符合非法集资特征作出判断。违反私募基金有关管理规定,通过公众媒体或者讲座、报告会、分析会等方式向不特定对象宣传,属于向社会公开宣传;通过签订回购协议等方式向投资者承诺投资本金不受损失或者承诺最低收益,属于变相承诺还本付息;通过“拼单”“代持”等方式向合格投资者之外的单位和个人募集资金或者投资者累计超过规定人数,属于向社会公众吸收资金。在发行销售私募基金过程中同时具有上述情形的,本质上系假借私募之名变相非法集资,应当依法追究刑事责任。

(二)以发行销售私募基金名义,使用诈骗的方法非法集资,对集资款具有非法占有目的,应当认定集资诈骗罪。非法集资人是否使用诈骗方法、是否具有非法占有目的,应当根据涉案私募基金信息披露情况、募集资金实际用途、非法集资人归还能力等要素综合判断。向私募基金投资者隐瞒募集资金未用于约定项目的事实,虚构投资项目经营情况,应当认定为使用诈骗方法。非法集资人虽然将部分集资款投入生产经营活动,但投资决策随意,明知经营活动盈利能力不具有支付本息的现实可能性,仍然向社会公众大规模吸收资金,兑付本息主要通过募新还旧实现,致使集资款不能返还的,应当认定其具有非法占有目的。在共同犯罪或者单位犯罪中,由于行为人层级、职责分工、获利方式、对全部犯罪事实的知情程度不同,其犯罪目的也存在不同,应当根据非法集资人是否具有非法占有目的分别认定构成集资诈骗罪还是非法吸收公众存款罪。

郭四记、徐维伦等人伪造货币案

(检例第176号,2023年5月11日发布)

【要旨】

行为人为直接实施伪造货币人员提供专门用于伪造货币的技术或者物资的,应当认定其具有伪造货币的共同犯罪故意。通过网络积极宣传、主动为直接实施伪造货币人员提供伪造货币的关键技术、物资,或者明知他人有伪造货币意图,仍积极提供专门从事伪造货币相关技术、物资等,应当认定其在共同伪造货币犯罪中起主要作用,系主犯,对其实际参与的伪造货币犯罪总额负责。对于通过网络联络、分工负责、共同实施伪造货币犯罪案件,检察机关应当注重对伪造货币犯罪全链条依法追诉。

孙旭东非法经营案

(检例第177号,2023年5月11日发布)

【要旨】

对于为恶意透支的信用卡持卡人非法套现的行为,应当根据其与信用卡持卡人有无犯意联络、是否具有非法占有目的等,区分非法经营罪与信用卡诈骗罪。……

王某等人故意伤害等犯罪二审抗诉案

(检例第178号,2023年6月25日发布)

【要旨】

检察机关在办案中要加强对未成年人的特殊、优先保护,对于侵害未成年人犯罪手段残忍、情节恶劣、后果严重的,应当依法从严惩处。胁迫未成年人实施毒品犯罪、参加恶势力犯罪集团,采用暴力手段殴打致该未成年人死亡的,属于“罪行极其严重”,应当依法适用死刑。对于人民法院以被告方与被害方达成赔偿谅解协议为由,从轻判处的,人民检察院应当对赔偿谅解协议进行实质性审查,全面、准确分析从宽处罚是否合适。虽达成赔偿谅解但并不足以从宽处罚的,人民检察院应当依法提出抗诉,监督纠正确有错误的判决,贯彻罪责刑相适应原则,维护公平正义。

沈某某、郑某某贪污案

(检例第187号,2023年7月31日发布)

【要旨】

对于国家工作人员利用职务便利,在期货交易中通过增设相互交易环节侵吞公款的行为,可以依法认定为贪污罪。审查时重点围绕交易行为的异常性、行为人获利与职务便利之间的关联性进行分析论证。对于贪污犯罪数额,可以结合案件具体情况,根据行为人实际获利数额予以认定。庭审中,检察机关采取多媒体示证方式,综合运用动态流程模拟图、思维导图等全面展示证据,揭示犯罪行为和结果,增强庭审指控效果。

【指导意义】

(一)对于国家工作人员利用职务便利,在期货交易中通过增设相互交易环节侵吞公款的行为,可以依法认定为贪污罪。国家工作人员利用职务便利提前获知国有公司期货交易指令后,先用个人控制账户买入或卖出期货产品,再与国有公司账户进行相互交易的行为,属于在正常期货交易过程中增设相互交易环节,该行为直接造成国有公司交易成本提高,使本应归属国有公司的利益被个人占有,增设交易环节的行为与个人非法获利之间具有刑法上的因果关系,具有侵吞公共财产的性质,可依法认定为贪污罪。

(二)对于利用期货交易手段实施贪污犯罪的数额,可以结合案件具体情况,根据行为人实际获利数额予以认定,不扣除交易中亏损部分。行为人在期货交易中增加相互交易环节提高国有公司支出成本,侵占公共财产获利的,在认定贪污犯罪数额时,可以根据行为人获利手段、公共财产损失以及因果关系等情况,以行为人实际获利数额计算。对于行为人与国有公司交易的亏损部分,如果系行为人交易不当、市场反向变化造成,且国有公司并未因此降低交易成本的,可以认定为犯罪成本,不在犯罪数额中扣减。

桑某受贿、国有公司人员滥用职权、利用未公开信息交易案

(检例第188号,2023年7月31日发布)

【要旨】

检察机关在办理投融资领域受贿犯罪案件时,要准确认定利益输送行为的性质,着重审查投融资的背景、投融资方式、融资需求的真实性、行为人是否需要承担风险、风险与所获收益是否相符等证据。在办理国有公司人员滥用职权犯罪案件时,要客观认定行为造成公共财产损失的范围,对于国有公司应得而未获得的预期收益,可以认定为损失数额。在办理利用未公开信息交易犯罪案件时,对于内幕信息、未公开信息的范围、趋同性交易盈利数额等关键要件的认定,要调取证券监督管理部门、证券交易所等专业机构出具的认定意见,综合全案证据审查判断。

【指导意义】

(一)办理以投融资方式收受贿赂的职务犯罪案件,要综合审查投融资的背景、方式、真实性、风险性、风险与收益是否相符等证据,判断是否具备受贿罪权钱

交易的本质特征。对于利用股权收益权代持融资等投融资手段进行利益输送的受贿案件,检察机关应当着重审查投融资的背景情况、请托方是否有真实融资需求、投融资的具体方式、受贿人是否支付对价以及是否需要承担投资风险、风险是否与所获收益相符等情况。对于资本运作或相关交易异于正常市场投资,受贿人职务行为和非法获利之间紧密关联,受贿人所支付对价与所获收益明显不对等,具备受贿犯罪权钱交易特征的,依法认定构成受贿罪。

(二)渎职犯罪造成公共财产损失的范围包括国有单位因错失交易机会、压缩利润空间、让渡应有权益进而造成应得而未得的收益损失。实践中,渎职犯罪造成公共财产的损失范围一般为国有单位现有财产的实际损失,但在金融领域渎职犯罪案件中,介入交易规则变化、收益分配方式调整等因素,可能导致国有单位压缩利润空间、让渡应有权益,进而造成国有单位预期收益应得而未得。检察机关应当注重审查造成损失的原因是市场因素还是渎职行为,渎职行为的违规性、违法性,是否具有徇私舞弊情节等要素。对因渎职行为而不是市场因素造成预期收益损失的部分,一般应当计入公共财产损失范围。

李某等人挪用公款案

(检例第 189 号,2023 年 7 月 31 日发布)

【要旨】

办理金融领域挪用公款犯罪案件,应从实质上把握“归个人使用”等要件。对于为个人从事营利活动而违规使用单位公款,给公款安全造成风险,如果公款形式上归单位使用,但是实质上为个人使用的,可以认定挪用公款“归个人使用”。他人因行为人挪用公款犯罪直接获利,虽不构成犯罪或未被追究刑事责任,但主观上对利益违法性有认知的,对他人的直接获利应认定为违法所得,检察机关可以向监察机关提出建议,依法予以追缴或者责令退赔。

【指导意义】

(一)依法惩治金融领域挪用公款犯罪,应准确把握“个人决定”、“归个人使用”的本质特征。检察机关应将打击金融领域职务犯罪与防范化解金融风险紧密结合,针对内外勾结、手段复杂隐蔽的挪用公款犯罪,要从实质上把握犯罪构成要件。对于为下一步个人擅自挪用公款做铺垫准备,相关负责人在集体研究时采取虚构事实、隐瞒真相的方式,引导形成错误决策的,不影响对个人责任的认定。对于为个人从事营利活动而违规使用单位公款的行为,应重点审查使用公款目的、公款流转去向、公款潜在风险、违法所得归属等要素,如公款形式上归单位使用、实质上为个人使用的,可以认定挪用公款“归个人使用”。

(二)对于挪用公款犯罪中“归个人使用”后进行营利活动取得的财物和孳息,如能排除系善意取得,应依法追缴。对于行为人实施挪用公款犯罪取得的非法获利,应按照犯罪所得依法予以追缴。在特定情况下,其他不构成犯罪或未被追究刑事责任的相关人员也可能因行为人实施挪用公款行为获利,如能够证实该获利系因挪用公款犯罪行为而直接产生,相关人员主观上对收益的违法性有认知,不属于善意取得,检察机关可以建议监察机关根据《中华人民共和国刑法》《中华人民共和国监察法》《中华人民共和国监察法实施条例》等相关法律法规的规定,将该部分获利作为违法所得,依法予以没收、追缴。

宋某某违规出具金融票证、违法发放贷款、非国家工作人员受贿案

(检例第190号,2023年7月31日发布)

【要旨】

集体经济组织中行使公权力的人员是否属于国家工作人员,应当依据该集体经济组织股权结构、是否从事公务等要素审查判断。银行或其他金融机构工作人员违反规定,不正当履行职权或超越职权出具信用证或者保函、票据、存单、资信证明,情节严重的,构成违规出具金融票证罪。

【指导意义】

(一)对监察机关移送起诉的集体经济组织中行使公权力的人员所涉犯罪案件,应当重点审查其是否属于国家工作人员。对于集体经济组织注册资本中没有国有资本,所从事工作不具有“从事公务”属性的,相关人员不属于国家工作人员。农村信用合作社受计划经济体制影响和农村经济发展需要,在其改制为农村商业银行或农村合作银行前,系由农民、农村工商户、企业法人和其他经济组织以及本社职工自愿入股组成的农村合作金融机构,性质属于集体经济组织。根据《中华人民共和国监察法》第十五条第六项、《中华人民共和国监察法实施条例》第四十三条第三项规定,其管理人员是“其他依法履行公职的人员”。检察机关在审查监察机关移送起诉的此类人员涉嫌职务犯罪案件时,应当审查其是否具有国家工作人员身份,对其行为定性和所涉罪名作出准确认定。一般应当根据其所在信用社的股权结构进行判断,注册资本中没有国有资本,所从事工作不具有“从事公务”属性的,相关人员不属于国家工作人员。

(二)不具备出具保函、票据等金融票证资质的银行或其他金融机构工作人员,违规为他人出具金融票证,情节严重的,应当认定构成违规出具金融票证罪。国家有关金融法律、法规对金融票证出具条件及程序有严格规定,银行及其他金融机构内部也有严格的规章制度和业务规程,有出具金融票证资质的银行、金融机构工作人员违反法定程序、超越职权范围出具金融票证,情节严重的,构成违规出具金融票证罪。对于明知所在金融机构不具备出具金融票证资质,仍为他人出具相关金融票证,属于超越职权范围滥用职权,行为人主观恶性更深、社会危害性更大,对其依法定罪处罚不仅是刑法的应有之义,也符合常情常理和社会大众普遍认知,符合违规出具金融票证罪的,应依法予以认定。

周某某与项某某、李某某著作权权属、侵权纠纷等系列虚假诉讼监督案

（检例第192号，2023年7月27日发布）

【要旨】

冒充作者身份，以他人创作的作品骗取著作权登记，并以此为主要证据提起诉讼谋取不正当利益，损害他人合法权益，妨害司法秩序的，构成虚假诉讼。……

梁永平、王正航等十五人侵犯著作权案

（检例第193号，2023年7月27日发布）

【要旨】

办理网络侵犯著作权刑事案件，应当准确理解把握"避风港规则"适用条件，通过审查网络服务提供者是否明知侵权，认定其无罪辩解是否成立。涉案侵权视听作品数量较大的，可通过鉴定机构抽样鉴定的方式，结合权利人鉴别意见，综合认定作品是否构成实质性相似。对于涉案人员众多的网络知识产权案件，应根据涉案人员在案件中的地位、作用、参与程度以及主观恶性等因素，按照宽严相济刑事政策分层分类处理。

【指导意义】

（一）准确把握"避风港规则"适用条件，通过审查侵权作品来源、网络服务提供者是否明知侵权等因素，认定其无罪辩解是否成立。"避风港规则"通常是指权利人发现网络用户利用网络服务侵害其合法权益、向网络服务提供者发出通知后，网络服务提供者及时采取必要措施的，不承担侵权责任。司法实践中，部分网络服务提供者依据该规则主张不具有侵犯著作权的主观故意，进而提出不构成犯罪的辩解。对此，检察机关应准确把握"避风港规则"适用条件，重点从以下两个方面审查判断其无罪辩解是否成立：一是审查侵权作品来源。网络服务提供者组织上传侵权作品的，属于直接实施侵犯信息网络传播权的行为，不适用"避风港规则"。二是在网络用户上传侵权作品情形下，审查网络服务提供者是否明知侵权。如有证据证实网络服务提供者主观上明知作品侵权仍放任网络用户上传，或者未采取必要措施的，应认定具有主观故意，其无罪辩解不成立。

（二）涉案侵权视听作品数量较大的，可通过鉴定机构抽样鉴定的方式，结合权利人鉴别意见，综合认定作品是否构成实质性相似。基于视听作品创作特性，侵权人大量改编难度较大，且为迎合用户需求，一般采取完整复制作品的手段。检察机关办理涉及作品数量众多的侵犯视听作品著作权案件，可由鉴定机构抽取一定比例的作品开展实质性相似鉴定。同时，组织权利人鉴别。具体操作中，可按照一定标准，如影视作品特点、种类、来源、作案手法等，将涉案作品整体划分为多个互不重复的类别，再分别在每一类别中随机抽样。在此基础上，将抽样方法、鉴定和鉴别方法以及认定意见告知在案犯罪嫌疑人，听取意见。经审查，鉴别意见符合法定要求的，可作为证据使用。

（三）对于涉案人员众多的网络侵犯

知识产权犯罪,应根据宽严相济刑事政策对涉案人员分层分类处理。近年来,通过信息网络侵犯知识产权案件呈现出组织化、链条化特征,分工精细、人员结构复杂。检察机关办理涉案人员众多的网络侵犯著作权案件,应严格落实宽严相济刑事政策,依据涉案人员在共同犯罪中的地位、作用、参与程度、主观恶性等因素,区分对象分层分类予以处理。对于具有提起犯意、主导利益分配、组织管理平台等行为的,或者在共同犯罪中起主要作用的主犯,重点打击,从严追究;对于在共同犯罪中参与程度较低、受雇实施犯罪的其他涉案人员可认定为从犯,酌情从宽处理;对于临时招募人员,共犯意思联络较弱、情节轻微、危害不大的,综合考量处理效果,可不予追究刑事责任。

上海某公司、许林、陶伟侵犯著作权案

(检例第194号,2023年7月27日发布)

【要旨】

通过反向工程获取芯片中二进制代码后,未经许可以复制二进制代码方式制售权利人芯片的,应认定为复制发行计算机软件行为,违法所得数额较大或有其他严重情节的,以侵犯著作权罪追究刑事责任。对于以复制二进制代码方式制售权利人芯片的,应以二进制代码作为比对客体,综合全案证据认定计算机软件是否构成实质性相似。办案中应完善涉商业秘密证据的取证、鉴定、审查、质证方法,避免知识产权遭受"二次侵害"。

【指导意义】

(一)注重把握不同罪名认定标准,准确定性涉计算机软件类刑事案件。侵犯计算机软件的知识产权犯罪行为,可能触犯侵犯商标权犯罪、侵犯著作权犯罪和侵犯商业秘密犯罪。检察机关办理此类案件,需要结合案件事实和证据,依据不同罪名的构成要件准确定性,精准打击犯罪行为。司法实践中,对于通过反向工程获取芯片中二进制代码后,未经许可以复制二进制代码方式制售权利人芯片的,应认定为复制发行计算机软件行为,违法所得数额较大或有其他严重情节的,以侵犯著作权罪追究刑事责任。行为人制售的芯片上附着有与他人注册商标相同的标识,但该标识封闭于产品内部,未用于区分商品来源,不构成侵犯商标权犯罪。对于行为人从公开渠道购买芯片并从中提取二进制代码的,应注重审查其反向工程的辩解是否成立,综合认定是否构成侵犯商业秘密罪。

(二)对于以复制二进制代码方式制售权利人芯片的,应以二进制代码作为比对客体,综合全案证据认定计算机软件是否构成实质性相似。计算机软件实质性相似的认定,是办理侵犯著作权刑事案件的难点,司法实践中多通过源代码比对的形式审查认定。在行为人通过复制芯片中的固化二进制代码复制发行计算机软件情形下,无法通过计算机软件源代码比对的方式开展实质性相似鉴定。因同一计算机程序的源程序和目标程序为同一作品,可通过对芯片中二进制代码进行比对的方式,解决计算机软件实质性相似认定问题。对于查获侵权产品数量较大、采用抽样鉴定方式的,应确保样品具有代表性、随机性,规范样品提取、保存、送检流程。

罪犯向某假释监督案

（检例第195号，2023年10月16日发布）

【要旨】

……对既符合减刑又符合假释条件的案件，监狱未优先提请假释的，应依法监督监狱优先提请假释。……

罪犯杨某某假释监督案

（检例第196号，2023年10月16日发布）

【要旨】

人民检察院在日常监督履职中发现罪犯符合假释法定条件而未被提请假释的，应当依法建议刑罚执行机关启动假释提请程序。要准确把握禁止适用假释的罪犯范围，对于故意杀人罪等严重暴力犯罪罪犯，没有被判处十年以上有期徒刑、无期徒刑且不是累犯的，不属于禁止适用假释的情形，可在综合判断其主观恶性、服刑期间现实表现等基础上，对于符合假释条件的，依法提出适用假释意见。注重贯彻宽严相济刑事政策，对有未成年子女确需本人抚养且配偶正在服刑等特殊情况的罪犯，可以依法提出从宽适用假释的建议。

罪犯刘某某假释监督案

（检例第197号，2023年10月16日发布）

【要旨】

人民检察院办理涉及单位犯罪罪犯的假释监督案件，应分别审查罪犯个人和涉罪单位的财产性判项履行情况。对于罪犯个人财产性判项全部履行，涉罪单位财产性判项虽未履行或未全部履行，但不能归责于罪犯个人原因的，一般不影响对罪犯的假释。除实质化审查单位犯罪的罪犯原判刑罚、犯罪情节、刑罚执行中的表现等因素外，还应重点调查核实罪犯假释后对单位财产性判项履行的实际影响，实现假释案件办理“三个效果”有机统一。

罪犯邹某某假释监督案

（检例第198号，2023年10月16日发布）

【要旨】

人民检察院应当准确把握假释罪犯的服刑期限条件，被判处有期徒刑的罪犯“执行原判刑期二分之一以上”的期限，包括罪犯在监狱中服刑刑期和罪犯判决执行前先行羁押期限。……

隋某某利用网络猥亵儿童，强奸，敲诈勒索制作、贩卖、传播淫秽物品牟利案

(检例第200号，最高人民检察院
2024年2月22日发布)

【要旨】

对性侵害未成年人犯罪要依法从严惩处。行为人实施线上猥亵犯罪行为后，又以散布私密照片、视频相要挟，强迫未成年被害人与其发生性关系的，构成两个独立的犯罪行为，应分别认定为猥亵儿童罪和强奸罪。……

姚某某等人网络诈骗案

(检例第201号，最高人民检察院
2024年2月22日发布)

【要旨】

办理涉及众多未成年人的网络诈骗案件，应注重罪错未成年人分级干预，实现分类处理，精准帮教。依托侦查监督与协作配合机制，建议公安机关在全面收集证据、查清事实基础上，充分考量未成年人的涉案情节，综合判定其主观违法性认识，依法分类处置。在审查起诉时，结合社会调查、心理测评、风险评估等情况，对涉罪未成年人进行分类处理并开展精准帮教。……

李某某帮助信息网络犯罪活动案

(检例第203号，最高人民检察院
2024年2月22日发布)

【要旨】

办理未成年人涉嫌使用本人银行卡帮助信息网络犯罪活动罪案件，应当结合涉案未成年人身心特点，重点审查是否明知他人利用信息网络实施上游犯罪并提供帮助。对于主观恶性不大、社会危害较小且自愿认罪认罚的未成年人，坚持以教育、挽救为主，符合附条件不起诉的，依法适用附条件不起诉。……

【指导意义】

(一)检察机关办理未成年人帮助他人利用网络实施犯罪的案件，要坚持主客观相一致原则，重点审查行为人主观方面对上游犯罪是否明知，并提供了客观帮助行为。要综合全案证据和社会调查情况，认为涉罪未成年人知道或者应当知道上游系犯罪活动，自己行为具有帮助作用，可能共同造成危害结果的，应当认定其主观明知。未成年人客观上实施“供卡”等帮助支付结算的行为，符合帮助信息网络犯罪客观要件规定的，应按照主客观相一致原则，认定构成帮助信息网络犯罪活动罪。但如果经全案证据审查，认定未成年犯罪嫌疑人对上游是否系犯罪活动，以及犯罪的危害程度缺乏明确认识，即使在客观上对信息网络犯罪活动起到了帮助作用，因此获利，也不能认定为构成该罪。

(二)对未成年人使用本人银行卡实施的帮助他人利用网络犯罪行为，应当落

实宽严相济刑事政策，加强教育、挽救，依法准确适用不起诉、附条件不起诉。对于积极主动参与犯罪、犯罪情节严重的，应依法提起公诉。对被利诱参与犯罪、参与时间较短、违法所得、涉案数额较少，情节显著轻微危害不大的涉案未成年人，检察机关可以根据刑法第十三条的规定，对其不认定为犯罪。对于犯罪情节轻微，依照刑法规定不需要判处刑罚或者免除刑罚的，检察机关应当做出不起诉决定。对于犯罪情节较轻，符合附条件不起诉条件的，检察机关可以依法适用附条件不起诉，同时针对性开展考察、矫治。

八、司法机关研究意见

最高人民法院研究室关于如何执行没收个人全部财产问题的研究意见

（来源：《司法研究与指导》2012 年总第 1 辑）

刑法第五十九条规定："没收财产是没收犯罪分子个人所有财产的一部或者全部。没收全部财产的，应当对犯罪分子个人及其扶养的家属保留必需的生活费用。""在判处没收财产的时候，不得没收属于犯罪分子家属所有或者应有的财产。"第六十四条规定："犯罪分子违法所得的一切财物，应当予以追缴或者责令退赔。"据此，作为附加刑的没收个人全部财产，应当是没收犯罪分子个人合法所有的全部财产。如相关财产属于违法所得，应通过追缴、退赔程序予以追回；如相关财产确属犯罪分子家属所有或者应有的财产，也不得作为没收对象。在没收财产前，如犯罪分子的财产与其他家庭成员的财产处于共有状态，应当从中分割出属于犯罪分子个人所有的财产后予以没收。

最高人民法院研究室关于带领被害方抓捕同案犯能否认定为有立功表现问题的研究意见

（来源：《司法研究与指导》2012 年总第 1 辑）

共同犯罪嫌疑人带领被害方抓捕同案犯的行为，在同案犯被抓捕并被扭送司法机关的情况下，可以认定为有立功表现。

最高人民法院研究室关于原判有期徒刑的罪犯被再审改判无期徒刑应如何计算实际执行刑期问题的研究意见

（来源：《司法研究与指导》2012 年总第 2 辑）

原判有期徒刑的罪犯经再审改判为无期徒刑的，无期徒刑的执行期间从再审判决确定之日起计算。但是，改判前原判确定之日起已经执行的刑期，在决定假释时应当计算为无期徒刑实际执行的刑期。

最高人民法院研究室
关于磷化铝是否属于刑法规定的
毒害性物质的研究意见

（来源：《司法研究与指导》2012 年总第 1 辑）

磷化铝片剂属于刑法中规定的毒害性物质，但是结合磷化铝在粮食储存中被广泛使用以及案件的具体情况，可以对被告人从宽处理。

最高人民法院研究室
关于对运输货车自行滑坡造成
他人死亡如何定性处理问题的
研究意见

（来源：《司法研究与指导》2012 年总第 2 辑）

行为人严重超载与事故发生之间如有因果关系，行为人的行为已符合交通肇事罪的构成，但考虑到本案发生具有一定的偶发性，如通过民事赔偿能够化解矛盾，被害方不坚持追诉，也可不追究行为人的刑事责任。如行为人严重超载与事故发生之间不能认定存在因果关系，则应认定为意外事件。

最高人民法院研究室
纵容他人醉酒驾驶造成重大交通
事故定性问题的研究意见

（来源：《司法研究与指导》2012 年总第 2 辑）

对"纵容他人在道路上醉酒驾驶机动车造成重大交通事故"的，不宜以交通肇事罪追究刑事责任。主要考虑：将机动车交由醉酒者驾驶与指使、强令他人违章驾驶相比，行为人的主观故意明显不同，以交通肇事罪追究将机动车交由醉酒者驾驶的人的刑事责任，不符合共同犯罪原理，当事人之间对危害后果不存在共同罪过。

最高人民法院研究室
关于向非国家工作人员介绍贿赂
行为如何定性问题的研究意见

（来源：《司法研究与指导》2012 年总第 2 辑）

对于向非国家工作人员介绍贿赂行为，根据罪刑法定原则，不宜定罪处罚。但对于确已明显构成行贿共犯或者受贿共犯的，予以定罪处罚，也依法有据，并不违反罪刑法定原则。

最高人民法院研究室 对外国残损、变形硬币进行加工修复是否属于"变造货币"问题的研究意见

(来源:《司法研究与指导》2012年总第2辑)

对从废旧金属、洋垃圾中分拣的外国残损、变形硬币进行加工修复行为所涉情形较为复杂,应当区分情况处理:对其中内芯、外圈分离的硬币进行重新拼装,加工修复的,可以认定为"变造货币";对分拣出的外国硬币进行清洗、挑选,或者对扭曲变形的外国硬币进行敲打、压平,不应认定为"变造货币"。

最高人民法院研究室 关于制作、销售网络游戏外挂程序如何处理问题的研究意见

(来源:《司法研究与指导》2012年总第2辑)

对于制作、销售网络游戏外挂程序的行为,要全面综合判断行为的社会危害性,秉持刑法的谦抑性,慎用刑事制裁手段。对于社会危险性严重、确需追究刑事责任的制作、销售互联网游戏外挂程序行为,也应妥善选择适用罪名。对制作、销售网络游戏外挂程序的行为应以侵犯著作权罪定罪处罚,不宜适用非法经营罪、破坏计算机信息系统罪等其他罪名。

最高人民法院研究室 关于经营彩票"优化"、"缩水"业务定性问题的研究意见

(来源:《司法研究与指导》2012年总第1辑)

经营彩票"优化"、"缩水"业务是为彩民提供咨询服务的营利活动,由于目前国家有关彩票经营的规定并未禁止此种经营行为,不宜认定为犯罪。如果此种行为属于未经许可的擅自经营行为,可由行政机关予以行政处罚。

最高人民法院研究室 关于非法经营罪中"违法所得"认定问题的研究意见

(来源:《司法研究与指导》2013年总第3辑)

非法经营罪中的"违法所得",应是指获利数额,即以行为人违法生产、销售商品或者提供服务所获得的全部收入(即非法经营数额),扣除其直接用于经营活动的合理支出部分后剩余的数额。

最高人民法院研究室关于非法生产、销售、使用“伪基站”行为定性的研究意见

(来源:《司法研究与指导》2014年总第5辑)

一、关于生产、销售“伪基站”设备行为的定性。如果“伪基站”设备经有关部门依法认定为“窃听、窃照等专用间谍器材”的,对于未经许可生产、销售“伪基站”设备行为,可以认定为刑法第二百八十三条规定的“非法生产、销售窃听、窃照等专用间谍器材”。

二、关于使用“伪基站”设备群发短信行为的定性。根据刑法第二百五十三条之一的规定,非法获取公民个人信息罪的行为对象为“国家机关或者金融、电信、交通、教育、医疗等单位在履行职责或者提供服务过程中获得的公民个人信息”。行为人利用“伪基站”设备,非法获取公民手机卡中的用户身份识别信息(IMSI)、手机号码等信息,不属于刑法第二百五十三条之一规定的“公民个人信息”,不宜以非法获取公民个人信息罪定罪处罚。行为人利用“伪基站”设备,以非法占用电信频率的方式,破坏正在使用中的公用无线通信网络,在较大范围内较长时间造成用户通信中断,严重危害公共安全的,可以以破坏公用电信设施罪定罪处罚。

三、关于利用“伪基站”设备经营广告短信群发业务的定性。利用“伪基站”设备经营广告短信群发业务的行为,属于未经许可从事电信业务经营活动的行为,但根据《电信条例》第六十七条、第六十八条的规定,只有利用电信网络制作、复制、发布、传播第五十七条所列含有法律、行政法规禁止的内容的信息,实施第五十八条所列危害电信网络安全和信息安全的行为,以及实施第五十九条第二、三、四项所列扰乱电信市场秩序的行为,构成犯罪的,才能追究刑事责任。利用“伪基站”经营广告短信群发业务,不在上述范围内,故依法不能以非法经营罪论处。

最高人民法院研究室关于强迫借贷行为如何适用法律问题的研究意见

(来源:《司法研究与指导》2014年总第5辑)

采用暴力、威胁手段强迫他人借贷的,可以认定为刑法第二百二十六条第二项规定的“强迫他人提供或者接受服务”,情节严重的,以强迫交易罪论处;但是,以非法占有为目的,采用暴力、胁迫、要挟等手段强迫他人借贷,符合刑法第二百六十三条或者第二百七十四条规定的,以抢劫罪或者敲诈勒索罪论处。

最高人民法院研究室关于醉酒后在公共场所持刀连续捅刺致多人死伤行为如何定性问题研究意见

(来源:《司法研究与指导》2012年总第2辑)

醉酒后在公共场所持刀连续捅刺,致多人死伤的行为,宜定性为故意杀人罪

(故意伤害罪被吸收)。

最高人民法院研究室 关于第三方受到勒索是否属于绑架罪构成要件问题的研究意见

(来源:《司法研究与指导》2012 年总第 2 辑)

构成绑架罪,无需以行为人自行或者通过被绑架人向被绑架人的亲友明确告知绑架事实为要件,只要以勒索财物为目的绑架他人的,均应以绑架罪论处。

最高人民法院研究室 关于刑法二百五十三条之一第二款有关内容理解问题的研究意见

(来源:《司法研究与指导》2012 年总第 1 辑)

1. 刑法二百五十三条之一第二款"窃取或者以其他方法非法获取上述信息,情节严重的,依照前款的规定处罚"中的"上述信息",应当是指刑法二百五十三条之一第一款规定的国家机关、金融等相关单位"在履行职责或者提供服务过程中获得的公民个人信息"。

2. "非法获取公民个人信息罪"中的"公民"应当不限于中国公民。

最高人民法院研究室 关于持仿真玩具枪实施抢劫犯罪有关问题的研究意见

(来源:《司法研究与指导》2012 年总第 1 辑)

持仿真玩具枪实施抢劫,不应认定为"持枪抢劫"。

最高人民法院研究室 关于盗窃互联网上网流量如何认定盗窃数额的研究意见

(来源:《司法研究与指导》2014 年总第 5 辑)

盗窃互联网上网流量的,可以按照销赃数额认定盗窃数额。

最高人民法院研究室 关于入户盗窃但未窃得财物应如何定性问题的研究意见

(来源:《司法研究与指导》2013 年总第 3 辑)

对入户盗窃但未实际窃得任何财物的;应当以盗窃未遂论处。

最高人民法院研究室关于村民小组是否属于刑法第二百七十二条规定的“其他单位”问题的研究意见

(来源:《司法研究与指导》2012 年总第 1 辑)

刑法第二百七十二条规定的“其他单位”包括村民小组,村民小组组长可以成为挪用资金罪的犯罪主体。村民小组组长利用职务上的便利,挪用本单位资金归个人使用或者借贷给他人,数额较大、超过三个月未还的,或者虽未超过三个月,但数额较大、进行营利活动的,或者进行非法活动的,应当依照刑法第二百七十二条第一款的规定,以挪用资金罪定罪处罚。

最高人民法院研究室关于利用计算机窃取他人游戏币非法销售获利如何定性问题的研究意见

(来源:《司法研究与指导》2012 年总第 2 辑)

利用计算机窃取他人游戏币非法销售获利行为目前宜以非法获取计算机信息系统数据罪定罪处罚。

最高人民法院研究室关于对交警部门计算机信息系统中存储的交通违章信息进行删除行为如何定性的研究意见

(来源:《司法研究与指导》2012 年总第 2 辑)

违反国家规定,对交警部门计算机信息系统中存储的交通违章信息进行删除,收取违章人员的好处,应当认定为刑法第二百八十六条第二款规定的对计算机信息系统中存储、处理、传输的数据进行删除的操作,以破坏计算机信息系统罪定罪处罚。

最高人民法院研究室关于盗掘古文化遗址罪适用法律问题的研究意见

(来源:《司法研究与指导》2012 年总第 1 辑)

盗掘古文化遗址罪的犯罪对象为古文化遗址的保护范围,不包括建设控制地带。因行为人对保护范围与建设控制地带的界限认识不清,而在建设控制地带进行盗掘,从而未能实现盗掘古文化遗址的犯罪目的的,构成盗掘古文化遗址罪(未遂)。

最高人民法院研究室关于在局域网内制作、复制、传播淫秽电子信息行为适用法律问题的研究意见

(来源:《司法研究与指导》2012 年总第 1 辑)

互联网是指直接进行国际联网的计算机信息网络。互联网上网服务营业场所内部局域网不属于互联网,在互联网上网服务营业场所内部局域网内制作、复制、传播淫秽电子信息的行为不适用《最高人民法院、最高人民检察院关于办理利用互联网、移动通讯终端、声讯台制作、复制、出版、贩卖、传播淫秽电子信息刑事案件具体应用法律若干问题的解释》的规定。

最高人民法院研究室关于淫秽视频个数如何认定的研究意见

(来源:《司法研究与指导》2012 年总第 1 辑)

对淫秽视频以自然的个数计算认定,即不考虑各个视频的内容之间是否存在关联,只要行为人提供直接链接的视频是独立的视频文件,就认定为一个视频。

最高人民法院研究室关于共同受贿案件中受贿数额认定问题的研究意见

(来源:《司法研究与指导》2012 年总第 2 辑)

对于共同受贿犯罪,被告人"受贿所得数额"原则上应当以其参与或者组织、指挥的共同受贿数额认定。但在难以区分主从犯的共同受贿案件中,行贿人的贿赂款分别或者明确送给多人,且按照各被告人实际所得数额处罚更能实现罪刑相适应的,依法按照被告人实际所得数额,并考虑共同受贿犯罪情况予以处罚。

最高人民法院研究室关于如何理解私分国有资产问题的研究意见

(来源:《司法研究与指导》2012 年总第 1 辑)

县交通局稽查队代征的车船使用税、代办的个体工商管理费的返还款均属于利用国家公权力收取的费用,虽然系违法代收,但仍无法改变款项的公款性质。县交通局稽查队收到的停车费也属于公款。因此,县交通局稽查队代征的车船使用税、代办的个体工商管理费的返还款及停车费属于刑法第三百九十六条第一款所规定的"国有资产"。